MICHAEL BROADBENTS

Große Weine

Dieses Buch ist Daphne gewidmet, die mich seit fünfzig Jahren in meinem Beruf begleitet und unterstützt. Sie verpackte gemeinsam mit mir sehr alte Flaschen in sehr kalten Kellern, reiste mit mir zu Weinbergen und Veranstaltungen in aller Welt, war bei unzähligen Vorträgen und Degustationen als Mitverkosterin und Schriftführerin dabei, las die Textentwürfe und Druckfahnen meiner Bücher – und erwies sich als wichtige Kritikerin.

Zum Glück mag sie sogar Wein. Kann ich mir mehr wünschen?

Michael Broadbents
Große Weine

Notizen aus 50 Jahren
zu Weinen
aus drei Jahrhunderten

Mit einem Vorwort
von Hanspeter Reichmuth

Deutsch von
Reinhard Ferstl

Fachlektorat
Hanspeter Reichmuth

Hallwag

in Zusammenarbeit
mit CHRISTIE'S

Dank des Autors

Abgesehen von meiner Frau Daphne, der ich dieses Buch widme, bin ich vor allem auch den beiden »Heldinnen« zu Dank verpflichtet, die die Hauptlast der Arbeit trugen: Rita Mackintosh, die zwölf Monate lang alle meine Manuskripte in den Computer eintippte, und Fiona Holman, die den Text mit großer Geduld und unglaublicher Sorgfalt lektorierte. Ferner danke ich Adrian Webster für seine nie versiegende Begeisterung und seinen Zuspruch sowie natürlich dem ganzen Webster-Team.

Einen wichtigen Beitrag leisteten außerdem Rosemary Ward, meine langjährige, geduldige Sekretärin, die das Register zu meinen Verkostungsbüchlein neu verfasst und damit entscheidende Vorarbeit geleistet hat, und Susan Keevil für ihre inhaltlichen Nachforschungen und den Entwurf zu den Kästen. Wertvolle Unterstützung kam ferner von Dorothee Schneider und Janet Stansfield.

Zahlreiche Verkostungsnotizen in diesem Buch entstanden bei Handelsverkostungen und anderen Veranstaltungen im In- und Ausland. Viele meiner großzügigen Gastgeber und Verkostungspartner sind ab Seite 643 erwähnt.

Last not least geht ein ganz besonderer Dank an Dieter Bock, der großzügigerweise ein Büro und die entsprechenden Einrichtungen und Geräte am St James's Place zur Verfügung stellte. Unsere Beziehung ähnelt ein bisschen der von »Papa« Haydn (ich) zu den Esterhazys!

HINWEISE ZUR BENUTZUNG DIESES BUCHS

JAHRGANGSBEWERTUNG Jeder Jahrgang wird mit einer bestimmten Zahl von Sternen bewertet (siehe rechts); gegebenenfalls beschreibe ich auch die Wetterbedingungen während des Vegetationsverlaufs. (u) steht für einen Jahrgang von variabler, uneinheitlicher Qualität.

WEINNOTIZEN Auf den einführenden Text zu jedem Jahrgang folgen die einzelnen Weine in roter Schrift, geordnet nach Jahrgang und innerhalb des Jahrgangs in alphabetischer Reihenfolge (im Kapitel Bordeaux sind die *Premiers crus* vorangestellt, bei den roten Burgundern Romanée-Conti und bei den weißen Burgundern Montrachet). Gegebenenfalls folgt auf den Namen des Weins der des Erzeugers, des Guts bzw. der Domäne in **Fettschrift**. Daran schließen sich meine (aus meinen Notizbüchern zusammengestellten) Verkostungsnotizen an, die ich mit dem exakten Degustationszeitpunkt versehen habe, sofern ich den Wein öfter als einmal verkostet habe, sowie meine Bewertung in Form von Sternen. *Kursiv* gesetzte Informationen geben Aufschluss über Anlass und Zeitpunkt der letzten Degustation. Abschließend folgt gegebenenfalls eine Empfehlung, zu welchem Zeitpunkt der Wein am besten getrunken werden sollte.

ZEICHENSETZUNG In diesem Buch trenne ich »Erscheinungsbild«, »Nase« (Aroma, Bukett) und »Geschmack« durch Strichpunkte voneinander. In meinen Notizbüchern stehen die drei Elemente jeweils in einer eigenen vertikalen Spalte.

WEINBEWERTUNG In jedem Kapitel werden die Qualität und der Reifezustand der einzelnen Weine beurteilt. Ich verwende in diesem Buch durchgehend das Fünfsterne-System aus meinen Notizbüchern. Bei Blindverkostungen greife ich zwar gelegentlich zusätzlich auf ein 20-Punkte-System zurück, wende es aber nur auf einzelne, zu bestimmten Anlässen bewertete Weine an. Das 100-Punkte-System hat seine Mängel, denn es ist unflexibel und trägt Unterschieden zwischen einzelnen Flaschen sowie dem Verkostungskontext nicht Rechnung.

STERNESYSTEM

★★★★★	Hervorragend
★★★★	Sehr gut
★★★	Gut
★★	Ziemlich gut
★	Anständig, mittelmäßig, annehmbar
Kein Stern	Unzureichend, schwach (oder, bei alten Weinen, zu alt)

FRAGEZEICHEN Ergänze ich eine Bewertung durch ein Fragezeichen, bin ich mir über die weitere Entwicklung des Weins nicht sicher bzw. habe das Gefühl, dass ich ihn noch einmal verkosten sollte. Dasselbe gilt für die Bewertung eines bestimmten Jahrgangs, vor allem wenn die Weine für eine angemessene Beurteilung noch zu jung sind.

KLAMMERN Ich verwende sie, um Auskunft über die aktuelle Trinkbarkeit eines Weins zu geben und eine Prognose über die spätere Qualität eines jungen Gewächses aufzustellen. Hier einige Beispiele:

Die Bewertung ★(★★★) bedeutet, dass der Wein einen Stern verdient, wenn er jetzt getrunken wird (er ist also noch unreif); die drei zusätzlichen Sterne aber zeigen, dass sein Potenzial bei Erlangung der vollen Reife »sehr gut« ist.

Ein mit ★★★(★★) beurteilter Wein verheißt jetzt guten Trinkgenuss, verdient nach einer weiteren Flaschenalterung aber vermutlich das Prädikat »hervorragend«.

TRINKREIFE Bei manchen Weinen gebe ich vage die Trinkreife an, wobei ich mich an der Qualität des Jahrgangs, der bisherigen Leistung des Erzeugers und meinen Notizen orientiere, aber auch meine Erfahrung in die Waagschale werfe.

»Jetzt bis 2008« etwa bedeutet, dass der Wein bereits trinkreif ist, aber bis etwa 2008 auf dem Höhepunkt seiner Reife bleibt. Das heißt natürlich nicht, dass er danach plötzlich nachlässt. Sofern der Korken in Ordnung ist und die Lagerbedingungen gut sind, wird er relativ langsam schwächer werden.

Inhalt

Vorwort

Wie das Schlussbouquet eines grandiosen Feuerwerkes erscheint Michael Broadbents Opus magnum nun in deutscher Sprache. *Vintage Wine, Große Weine* – das Englische definiert das Deutsche und umgekehrt – ist ein Thema mit unzähligen Variationen. Und so liegt hier wohl die eigenartigste Biografie vor, die jemals verfasst worden ist: Ein Menschenleben spiegelt sich in Abertausenden von sinnlich wahrgenommenen und chronologisch aufgezeichneten Anmerkungen zu Lebensläufen großer Weine. Es dürfte die einzige dieser Art sein und es auch bleiben, denn die Umstände von Michael Broadbents Berufsleben kehren nicht wieder: 1950 bis 2000 war eine Zeit tief greifender Veränderungen in Weinbau, Handel und Konsum. Die bedeutendste war der technologische Fortschritt in der Weinbereitung, dank dem heute selbst große Gewächse rascher trinkreif werden und damit an jenem Reifepotenzial verlieren, welches Dekaden benötigt zu seiner Entfaltung. So sei Lob und Dank unseren Altvorderen, die es nicht besser wussten.

Nach über dreißig Jahren beruflicher und persönlicher Freundschaft mit Michael und nach deutschen Bearbeitungen all seiner Bücher mit Ausnahme des vorliegenden kann ich wohl sagen: Er war der richtige Mann am richtigen Ort zur richtigen Zeit. Die Fäden aller vinologischen Entwicklungen liefen bei ihm zusammen. Er nahm sie auf als Auktionator und Chronist, als Kritiker und Anreger, als Moderator, Lehrer und Essayist. Seine vielfältigen Talente hat er angesetzt auf besprechenswerte, also entwicklungsfähige Hochgewächse – nicht akademisch und nicht apodiktisch, sondern verständlich und diskutierbar. Gewachsen sind sie an den Vorverkaufs- und den großen, von Sammlern ausgerichteten Vergleichsproben, in Kellern von Weingütern und alten Schlössern, aber auch beim Picknick, im Flugzeug, im Restaurant, an Seminaren, im Büro, in Club- und Freundesrunden. Es ist diese Erfahrung mit weltweit verstreuten Örtlichkeiten, Anlässen und Gesellschaften, die sein Reden über Wein so treffend macht, oft begleitet von einer Prise Ironie, geschöpft aus dem Wissen um die Relativität allen geschmacklichen Urteilens und auch darum, dass keine Sprache die Vielschichtigkeit eines über lange Jahre gereiften Weines wiederzugeben vermag. Aber er hat es versucht und ist souverän geworden in Präzision und Nuancierung.

Michaels *Große Weine* ist sein offenstes und darum auch persönlichstes Buch geworden. Die darin manifeste Subjektivität ist so stark, aber halt auch so sehr von Erfahrung getragen, dass sie schon fast Objektivität beanspruchen könnte. Darum gewänne zu wenig Gegenwert, wer es bloß als Nachschlagewerk erwerben oder gar ein einzelnes Wort daraus auf seinen Sinn befragen würde. Man sollte es irgendwo aufschlagen und auf gut Glück zu lesen beginnen. Dann wird man feststellen, wie es hinführt in eine Erlebniswelt, in der man auf die heitere Seele des Weines stößt. Und dann wird man lächeln und genießen.

Schwyz, im Mai 2004 — *Hanspeter Reichmuth*

Einführung

»Welche Bezeichnungen können schon eine angemessene Vorstellung von einem Wein vermitteln, der durch das Alter die gebührende Milde bekommen hat und seine Entwicklung nur langer Lagerung verdankt…? Uns zu erzählen, er sei aufdringlich, flüchtig, zeitgebunden und so fort, träfe den Kern der Sache keineswegs. Die einzige zufrieden stellende und geistreiche Beschreibung ist der Vergleich mit anderen bekannten Geschmackseindrücken.«

Dr. Alexander Henderson, A History of Ancient and Modern Wines, *1824*

Und genau das ist mein Bestreben, wie der Leser bei einem Blick auf die Notizen aus meinen Verkostungsbüchlein feststellen wird.

Der Zweck dieses Buchs und mein Ausgangsmaterial

Ich will mit meinen Verkostungsnotizen nicht nur den Stil und die Qualität der einzelnen Weine verdeutlichen, sondern auch ihre Entwicklung nachzeichnen und – wichtiger noch – die Jahrgänge bewerten sowie gegebenenfalls die Witterungs- und Marktverhältnisse beschreiben, die dazu führen, dass sie unterschiedlich erfolgreich und bedeutend wurden. Der Haupttext basiert auf meinen handgeschriebenen Degustationsnotizen, deren Zahl mittlerweile auf über 85 000 Einträge angewachsen ist. Sie stehen alle in kleinen roten Büchlein – bislang 133 an der Zahl. Seit September 1952 wende ich dasselbe Schema an: In der Reihenfolge der Verkostung halte ich Datum, Anlass, Ort sowie den Namen des Weins fest und gebe in den drei Kategorien »Erscheinungsbild«, »Nase« und »Geschmack« eine kurze Beschreibung. Jedes Büchlein enthält ein Register, in dem auf die Seitenzahlen der Weine und Jahrgänge verwiesen wird. Das alles zu erstellen dauert natürlich seine Zeit und ist schon fast zur Obsession geworden, doch bewährt sich diese Vorgehensweise immer wieder.

Inhalt und Umfang

Ich entschuldige mich nicht für die Vorherrschaft französischer Weine in diesem Buch. Ich betrachte Frankreich als Wiege des feinen Weins, denn sieht man einmal ab von löblichen Ausnahmen wie dem Riesling in Deutschland sowie dem Sangiovese und Nebbiolo in Italien, hat jede Rebsorte und jeder Weinstil seinen Ursprung in Frankreich. Dort sind die klassischen Trauben der Welt am ehesten beheimatet: die mittlerweile allgegenwärtigen Cabernet Sauvignon und Merlot in Bordeaux, Pinot noir und Chardonnay in Burgund, Sauvignon blanc in Sancerre und Pouilly-Fumé, Chenin blanc in Anjou und der Touraine, der Gewurztraminer im Elsass (der deutsche Gewürztraminer ist anders, so wie sich auch der Elsässer Riesling von seinem deutschen Pendant unterscheidet) und der Syrah an der Rhône. Das heißt nicht, dass sämtliche französischen Gewächse aus diesen Rebsorten und Regionen besser sind als ihre Gegenstücke aus anderen Ländern, doch in ihrer besten und charakteristischsten Ausprägung sind sie für andere maßgebend.

Und wenn Bordeaux in diesem Buch dominiert, so liegt das nicht daran, dass ich Rotweine (und Sauternes) aus dieser Region bevorzuge oder dass Bordeaux seit dem Anfang meiner Laufbahn eine wichtige Rolle spielt. Bordeaux ist nun einmal ohne jeden Zweifel das größte und wichtigste Anbaugebiet der Welt. Es dominiert den Markt und kann auf eine lange, ruhmreiche Geschichte zurückblicken. Seine Reputation gründet sich nicht nur auf die großen Marken (Château Lafite und Pétrus beispielsweise sind zwar Güter, doch im Grunde stellen sie Marken dar). Nur wenige andere Weine haben ein solches Entwicklungspotenzial – sowohl was ihren Reifeprozess als auch ihren Preis anbelangt.

Wie ich an Wein herangehe

»Objektives« Degustieren gibt es nicht. Das Verkosten von Wein ist stets subjektiv: Wichtig ist, was Sie und ich von einer Provenienz halten. Ich betrachte mich nicht als »großen« Degustator, aber als gewissenhaften schon, wie es meine Notizen zeigen, die mittlerweile eine immense Bandbreite umfassen und seit 50 Jahren stets der gleichen Methode folgen. Nicht das bloße Wissen um den Wein steht im Mittelpunkt, sondern das Verständnis für seine Beschaffenheit (gleich Qualität) und sein Entwicklungspotenzial. Deshalb sind alle Proben datiert, wobei das letzte Verkostungsdatum besondere Bedeutung hat: Je jünger es ist, desto gültiger sind meine Feststellungen. Gleichzeitig aber ist ein zehn Jahre alter Eintrag besser als gar keiner und eine drei Jahrzehnte alte Notiz zu einem 100-jährigen Wein kann nach wie vor aktuell sein (vorausgesetzt, eine andere Flasche befindet sich in demselben Zustand). Das Bewertungssystem mittels Sternen und die Angaben zur Trinkbarkeit sind auf Seite 4 erläutert.

Warum sind so viele Weine nicht enthalten?

Das, so kann ich dem Leser versichern, ist nicht reiner Snobismus. Ich bin kein Verkoster, der nur Notizen macht. Meine Frau Daphne und ich trinken täglich Wein. Doch das Leben ist zu kurz, um es für ausdruckslose, nichts sagende Weine zu verschwenden. Wir genießen lieber gemeinsam eine halbe Flasche einer charaktervollen, qualitativ hochwertigen Kreszenz als sechs Flaschen Zechwein.

Die überwältigende Mehrheit der Weißweine und vor allem der trockenen Weißen sind jung getrunken ein erfrischender Genuss. Lediglich die klassischen Süßweine (beispielsweise aus Bordeaux, Deutschland und von der Loire) sowie eine Hand voll großer trockener Weißer wie Montrachet und Haut-Brion Blanc profitieren von einer Flaschenalterung. Die meisten Erzeugnisse werden so schnell wie möglich durch die Verteilerkette geschleust. Sie werden gekauft, registriert, getrunken und sogleich vom nächsten Jahrgang ersetzt, der – sofern überhaupt angegeben – nur geringe Bedeutung hat.

Ein weiterer Grund für meine Beschränkung auf bestimmte Provenienzen ist die enorme Zunahme der Zahl von Weinen auf dem Markt, die den Umfang eines jeden Buches sprengen würde. Die Welt wird buchstäblich von Weinen überschwemmt. Es ist unmöglich, sie alle zu erfassen – auch besteht dazu keine große Veranlassung. Man muss sich spezialisieren. Warum soll man Verkostungsnotizen über Gewächse veröffentlichen, die zwar einen gewissen Trinkgenuss bieten, denen es jedoch an einem klar definierbaren Charakter mangelt? Die meisten haben ohnehin keine Zukunft.

Ich bedauere einzig und allein, nicht genug Platz für eine tiefergehende Beschäftigung mit den vielen sehr guten Erzeugnissen aus Chile und wichtigen Anbauregionen Nordamerikas wie Washington, Oregon und dem Bundesstaat New York zu haben. Ein weiteres bedeutendes Land, das in meinem Buch fehlt, ist Österreich. Ich hege große Bewunderung für seine Weine, doch fallen sie größtenteils in die Kategorie der kurzlebigen Weißen – und die ausgezeichneten Roten der Pannobile-Gruppe gibt es noch nicht lange genug.

Man vergebe mir etwaige Sünden und Auslassungen. Vielleicht beim nächsten Mal.

Alarmstufe Eins: das Goldmedaillen-Syndrom

Oscar Wilde nannte die Fuchsjagd einmal »die Unsäglichen auf den Fersen der Ungenießbaren«. Was gewisse »Kultweine« und moderne »internationale« Rote anbelangt, so bin ich geneigt, das letzte Wort in »Untrinkbaren« abzuändern.

Wie so oft in unserer heutigen Zeit ist man einfach zu weit gegangen. Man hat Rotweine erzeugt, die schnell beeindrucken sollen. Derzeit sind farbtiefe Rote voller Frucht und Fleisch in Mode, die gefällig daherkommen und sich unproblematisch verkosten lassen. Sie werden mit Goldmedaillen ausgezeichnet. Weinautoren, die stets auf der Suche nach etwas Neuem sind, schreiben über sie. »Kritiker« auf beiden Seiten des Atlantiks überhäufen monumentale, überteuerte, in Kleinstmengen produzierte und kaum trinkbare Weine mit Lob. Die neueren Kultweine haben den Nachweis ihrer Klasse über einen längeren Zeitraum noch nicht erbracht. Ich bin hin- und hergerissen zwischen der Bewunderung für ihre Erzeuger, die viele Mühen auf sich nehmen, mit großer Hingabe arbeiten und ein großes Risiko in Kauf nehmen, und dem Unverständnis über ihren bombastischen Egotrip.

Leider bleibt auch Bordeaux vom Trend nicht verschont. Ich wage es kaum zu sagen: Die Weine vieler Châteaux werden einander im Stil immer ähnlicher und die einst markanten Unterschiede zwischen den einzelnen Appellationen schwinden immer mehr. Europäische Klassiker sollten für ihre Vielfalt, Finesse, Alterungsfähigkeit und vielseitige Einsetzbarkeit gepriesen werden können. Stattdessen werden wir bemüht mit dem Anbiedernden, Gesichtslosen, Modischen.

Ein Wort zum Schluss

Dieses Buch ist ein sehr persönliches, bisweilen eigenwilliges Werk. Ich lobe und tadle, ich kombiniere unverhohlene Bewunderung mit launischer Abneigung. Der Leser muss nicht meiner Meinung sein, aber das, was ich zu sagen habe, wird seine Gedanken beflügeln. Und was das Verkosten anbelangt – und darum geht es in diesem Buch schließlich vorwiegend –, so ist es schwierig, ja, manchmal sogar schlichtweg unmöglich, den Duft und Geschmack eines Weins in Worte zu fassen. Zum Glück muss man einen Wein nicht beschreiben, um ihn genießen zu können.

Dennoch liegen mir die Qualität und der Reifezustand eines Jahrgangs am Herzen, wie er also früher war, ob er nun trinkreif ist oder – im Falle eines jungen Gewächses – wie es um seine Zukunft bestellt ist, wobei ich mich ja bei meinen Einschätzungen auf Notizen aus erster Hand stützen kann.

Ich kann das Notieren von Verkostungseindrücken nur empfehlen. So kurz sie auch sein mögen, sie sind eine unschätzbare Gedächtnisstütze. Sie helfen, die Gedanken zu sammeln, und wenn sie sich wie bei mir zu einem Weintagebuch anhäufen, dann wird man zur Rückschau gerne auf sie zurückgreifen. Noch besser als ein Notizbuch aber ist ein Glas in der Hand!

Michael Broadbent, 2002

Roter Bordeaux

Warum widme ich so viel Zeit der Bewertung und Neubewertung von Kreszenzen der Vergangenheit, insbesondere aus Bordeaux, wo doch die ganze Welt förmlich vor Weinen überquillt? Zum einen neige ich dazu, von vorn zu beginnen, also einen historischen Abriss zu geben; zum anderen aber dominiert Bordeaux nach wie vor den Markt für feine Weine. Die Châteaux erzeugen die bekanntesten, geschätztesten und vor allem, in den letzten Jahrzehnten, auch die am meisten gehandelten Provenienzen der Welt.

Große Bedeutung hat das Wissen um Hintergründe und das Verständnis für die Zusammenhänge: Was verbirgt sich hinter den Etiketten, dem Weinnamen und dem Jahrgang? Alles andere als nebensächlich ist auch die Kenntnis der Unterschiede zwischen den Gütern und insbesondere den Jahrgängen. Und selbst der tatsächliche oder voraussichtliche Ablauf der Entwicklung jedes Weins ist von wesentlich mehr als nur akademischem Interesse.

Ein Wort zur Größe: Bordeaux ist mit nahezu 40 Distrikten die weltweit größte Region für den Anbau feiner Weine. In keinem anderen Weinbaugebiet der Welt gibt es so viele Erzeuger und andere unmittelbar im Weinhandel Beschäftigte.

Den größten Einfluss auf Bordeaux übt das maritime Klima aus. Vor allem die stets unvorhersehbaren Wetterschwankungen während der Wachstumssaison prägen den Stil und die Qualität der Gewächse; deshalb fasse ich den Witterungsablauf jedes Jahrgangs zusammen. Hinzu kommen die mikroklimatischen und geologischen Unterschiede, ganz zu schweigen von den Einflüssen menschlichen Handelns. Vergegenwärtigt man sich all diese Unwägbarkeiten, begreift man allmählich, dass in Bordeaux alles immer im Fluss ist.

Doch das ist nur der Anfang. Im Gegensatz zu den Weinen der allermeisten anderen Anbauregionen in Frankreich werden die Gewächse in Bordeaux nicht nur aus einer, sondern aus mehreren Rebsorten gekeltert, und das Verhältnis der angebauten Menge sowie der von jedem Château im endgültigen Verschnitt verwendeten Trauben trägt entscheidend zur einzigartigen Komplexität dieses Weins bei.

Eine weitere Rolle spielt die Zeit. Die meisten gut gemachten Weine halten sich eine gewisse Zeit, wenngleich ihre Lebensspanne kurz ist. Die Roten aus Bordeaux hingegen haben nicht nur Bestand, sondern – und das ist der springende Punkt – können sich in der Flasche entwickeln. Sie verwandeln sich von fruchtdominierten jungen Weinen zu duftenden, ausgewogenen, reifen und unendlich komplexen Kreszenzen. Das Nachzeichnen der Entwicklung eines Jahrgangs gehört zu den Hauptthemen meines Buchs und insbesondere dieses Kapitels.

Ich bin Engländer. Seit einem halben Jahrhundert widme ich mich dem Wein – und in dieser Zeit stand Bordeaux im Mittelpunkt, denn zum einen war ich durch meine Arbeit vorwiegend mit der Region befasst und zum anderen übt die Weinlandschaft dort eine nicht enden wollende Faszination auf mich aus. Ich verkoste und trinke zwar keineswegs ausschließlich Bordeaux-Weine, wie aus meinen Degustationsnotizen hervorgeht, doch kehre ich immer wieder zu ihnen zurück. Die Spitzengewächse der Anbauzone setzen nun einmal Maßstäbe.

Es ist nicht schwer, den reichen, roten, süßen und unkomplizierten »Goldmedaillenweinen« aus anderen Regionen und Ländern zu verfallen oder sich von dem glatten, gefälligen internationalen Geschmack einnehmen zu lassen, der in modernen Erzeugnissen vorherrscht. Ich möchte aber herausstreichen, dass rote – gute rote – Bordeaux-Weine keinesfalls »alte Hüte« sind; sie bleiben die besten Getränke überhaupt. Ihre Farbe betört nicht nur bei Kerzenlicht, sondern gibt Aufschluss über den Inhalt und sehr exakt auch über den Reifegrad des Weins; ihre Nase – oder ihr Geruch bzw. ihr Duft, ganz wie man will – ist nicht nur ein sinnliches Erlebnis, sondern regt den Speichelfluss an; sie sind kaum je zu wuchtig, zu alkoholreich; ihre Säure erfrischt, ihr Tannin – das aufdringlich sein kann, wenn der Wein nicht zum Essen getrunken wird – erfüllt mehrere Aufgaben. Gerbstoffe halten den Gaumen zwischen den einzelnen Bissen sauber und trocken. Sie sind Antioxidantien, die das Gewächs konservieren und – darüber sind sich auch Mediziner einig – unsere Arterien frei halten. Roter Bordeaux fördert die Verdauung, beschwichtigt das Gemüt und regt zu gepflegter Konversation an.

Roter Bordeaux wirkt auf vielerlei Ebenen; er spricht den Intellekt ebenso an wie die Sinne. Was kann man mehr verlangen?

Spätes 18. bis Ende 19. Jahrhundert

In diese überaus bewegte Epoche fallen Kriege und politische Wirren, Perioden des Wohlstands und schwere Zeiten, die die Briten im Gegensatz zu den Franzosen relativ unbeschadet überstanden. Während des gesamten von meinen Verkostungsnotizen abgedeckten Zeitraums dominierte roter Bordeaux – oder »Claret«, wie wir Engländer ihn nennen – den Weinmarkt. Die Briten schätzten ihn zwar schon seit dem Mittelalter als Getränk, dennoch überrascht es, dass die großen Gewächse bereits in der zweiten Hälfte des 18. Jahrhunderts gut eingeführt und anerkannt waren. Wir müssen dem unermüdlichen Forschergeist Thomas Jefferson für seine umfangreiche Korrespondenz danken, die während seines Aufenthalts als US-Bevollmächtigter in Frankreich entstand und sehr exakte Berichte über die Qualität der Weine enthielt.

Jefferson war unter anderem als Weinkenner mit universalem Geschmack bekannt. Während seiner Amtszeit als amerikanischer Botschafter bereiste er viele Weinbauregionen der Alten Welt. Im Mai 1787 begab er sich nach Bordeaux und besuchte dort mehrere bedeutende Châteaux. Bei seiner Rückkehr nach Paris hielt er fest: »Unter den Rotweinen sind vier Rebhänge von erster Qualität, 1. Chateau Margau *(sic)*... 2. La Tour de Segur (Latour)... 3. Houtbrion *(sic)* und Chateau de La Fite [Lafite].« Außerdem nannte er die jeweiligen Besitzer sowie die durchschnittliche Produktionsmenge der Güter. Nebenbei verwies er noch darauf, dass an der Spitze der zweiten Gewächse »Mme Rauzan's« stehe, eine außerordentlich tüchtige Dame, deren zwei Brüder auf der Guillotine hingerichtet wurden, obgleich sie beteuert hatten, keine Adeligen zu sein. Ch. Mouton, damals noch Branne-Mouton genannt, rangierte unter ferner liefen.

Sieht man einmal vom Hinweis auf Ho Bryen *(sic)* in Pepys Chronik ab, erschienen die heute bekannten Châteaux erst hundert Jahre später auf der Bildfläche. Zum Glück überstanden die Archive von Christie's die Luftangriffe der Deutschen auf London Anfang der 1940er-Jahre unbeschadet, obwohl das Firmengebäude völlig zerstört wurde. Die ersten erwähnten Weinberge waren Lafete *(sic)* und Chateau Margau *(sic)*. Sie tauchten 1788 in einem Katalog auf, also im Jahr nach Jeffersons Bordeaux-Besuch. Trotz der Napoleonischen Kriege und der relativ hohen Zölle auf französische Weinimporte blieb roter Bordeaux das wichtigste Getränk der britischen Upperclass. Er wurde im Fass versandt und von den Händlern unter ihrem eigenen Namen als »Claret« veräußert.

Im 19. Jahrhundert gewannen die Bordelaiser Châteaux und der Handel mit ihren Weinen immer mehr Bedeutung, auch wenn ein schwerer Oidium-Befall in den 1850er-Jahren, nur fünf Jahre vor der berühmten Klassifizierung, für einen Rückschlag sorgte. In dieser Zeit großen Wohlstands erwarben wohlhabende Bankiers und die reiche Bordelaiser Oberschicht Rebflächen und bauten hübsche Schlösser, unter denen Palmer und Pichon-Longueville (Baron) sicherlich zu den schönsten zählen. In Großbritannien wurde der Verkauf stark angekurbelt, als Premier Gladstone die Steuern für »leichte« Weine senkte. Das wirkte sich aber kaum auf die Spitzengewächse aus, die dank des allgemeinen Wohlstands und einiger überragender Jahrgänge weiter zuhauf in die Keller der Aristokratie und der zu neuem Reichtum gelangten bürgerlichen Mittelschicht wanderten. Dann aber überhitzte sich – nicht zum ersten und auch nicht zum letzten Mal – der Markt. 1870 erreichten die Preise unhaltbare Höhen und obwohl einige sehr gute Kreszenzen entstanden, machte sich erstmals ein neuer, verheerender Schädling in den Weinbergen bemerkbar: die Reblaus. 1878 war der letzte Spitzenjahrgang vor der *Phylloxera*-Invasion, denn schon 1879 hatte sich das todbringende Insekt festgesetzt und ein Gegenmittel war nicht in Sicht.

Kurz darauf kam für die Winzer der nächste Schlag: Mitte der 1880er-Jahre schädigte der Falsche Mehltau die Stöcke. Während die Reblaus die Qualität beeinträchtigte, minderte die Pilzkrankheit den Ertrag. Schwarze Zeiten für den Weinbau: Der Handel lief schlecht und die Erzeuger erzielten mit ihren Weinen zu niedrige Preise. Schließlich fand man heraus, dass dem Mehltau mit Kupfersulfat-Spritzungen beizukommen war (und noch ist) und die Weinberge sich von der Reblaus erholten, wenn man mit einheimischen Reisern veredelte amerikanische Unterlagen pflanzte. Nichtsdestotrotz verursacht der Mehltau noch heute Schäden und auch die Reblaus ist nicht ausgerottet. Der Jahrgang 1893 war ein Lichtblick in den ansonsten recht düsteren letzten Jahren des 19. Jahrhunderts, obgleich die Dekade mit dem 1899er fulminant ausklang.

Die Jahrgänge auf einen Blick

Hervorragend *****

1784, 1811, 1825, 1844, 1846, 1847, 1848, 1858, 1864, 1865, 1870, 1875, 1899

Sehr gut ****

1791, 1814, 1861, 1869, 1871, 1874, 1877, 1878, 1893, 1895, 1896

Gut ***

1787, 1803, 1832, 1863, 1868, 1887, 1888, 1892 (u), 1898 (u)

1784 *****

Der berühmteste Jahrgang jener Zeit, *entre deux révolutions*, zwischen dem amerikanischen Unabhängigkeitskrieg und der Französischen Revolution. In diesem Jahr wurde der spätere US-Präsident Thomas Jefferson zum amerikanischen Gesandten in Frankreich ernannt.

Ch. Lafitte *(sic)* Eine zwei Jahrhunderte später verkostete Flasche mit Schwund. Leider »umgekippt«, was aber nicht überrascht, oxidiert: dunkelbraune Farbe; Nase wie reiner Balsamico-Essig; trotz der reichhaltigen Komponenten – untrinkbar. *Der älteste Jahrgang auf Lloyd Flatts denkwürdiger Ch.-Lafite-Verkostung im Oktober 1988 in New Orleans.*

Ch. Margaux Einer der berühmtesten Weine dieses großen Jahrgangs. Jefferson überließ einem Freund aus seinem eigenen Bestand zwei Körbe mit 124 Flaschen zum Selbstkostenpreis. Als Rechtfertigung für den trotzdem noch hohen Preis schrieb er: »Das ist in der Tat eine stolze Summe, drei *livres* für jede Flasche, aber es handelt sich um Ch Margau *(sic)* des Jahres 1784, den ich selbst vor Ort gekauft habe (1787) und der deshalb echt ist.« Jefferson traute Weinhändlern nicht und bestand darauf, dass die Gewächse im Château auf Flaschen gezogen wurden. Er veranlasste seinen Agenten in Bordeaux, mit Prägesiegel versehene Flaschen zu besorgen (*étiquetté*, lautete seine Anweisung), damit man sie identifizieren könne. Es mussten der Jahrgang, der Name des Gutes und seine eigenen Initialen auf jedem Exemplar eingeritzt sein, also zum Beispiel »F« für »Frontignan«. Auf gewöhnlicheren Weinen waren nur die Initialen zu sehen (was er als *diamanté* bezeichnete).

Eine halbe Flasche des 1784er Margaux, die Marvin Shanken, Eigentümer des *Wine Spectator*, 1987 im Verlauf der Christie's-Versteigerung auf der Vinexpo in Bordeaux erstand und die ich auf sein Ersuchen hin im Château neu verkorkte – eine recht heikle Angelegenheit, bei der ein besorgter Paul Pontallier und sein *maître de chai* zugegen waren. Die Flasche hatte einen langen Hals, einen Körper mit geraden Wänden und trug die Gravur »1784 Ch Margau Th. J«. Die Füllhöhe befand sich knapp unterhalb der oberen Schulter, der schwarz gewordene Korken war überraschend lang. Etwas von dem Inhalt wurde in ein Glas gegossen; jeder von uns drei roch ausgiebig daran und nahm einen winzigen Schluck. Trotz seines oxidierten Zustands hatte der Wein eine recht gesunde rotbraune Farbe mit orangefarbenem Rand und ließ noch den Hauch einer Andeutung erkennen, wie wundervoll reich er einst gewesen sein musste. Es hatte keinen Sinn, die Flasche aufzufüllen, deshalb führte ich vorsichtig einen neuen, sich verjüngenden Korken ein und tauchte das Ende des Flaschenhalses in heißes Wachs – ein riskantes Unterfangen, denn altes Glas zerspringt leicht.

Das Ende der Geschichte: Ich brachte den Wein auf Marvin Shankens Kosten in einer Concorde nach New York. *Im August 1987 neu verkorkt und verkostet.*

Lloyd Flatt

Ein amerikanischer Luftverkehrsberater, der in den 1970er-Jahren bei Heublein und Christie's umfangreiche Einkäufe tätigte. Lloyd gehörte zu den ersten und großzügigsten Organisatoren von Degustationen. Sie fanden in New Orleans statt, wo er im French Quarter zwei Wohnungen besitzt, von denen eine ausschließlich als Keller genutzt wird. Er veranstaltete nur Vertikalverkostungen, die sich über zwei, drei Tage hinzogen und bedeutende Weine zum Thema hatten, zum Beispiel Ch. Mouton-Rothschild mit 75 Jahrgängen (1986), Ch. Ausone mit 56 Jahrgängen (1987) und Ch. Lafite mit 116 Jahrgängen, angefangen mit dem 1784er (1988). Lloyd ist ein überaus distinguierter Herr mit auffallendem Aussehen. Er trägt stets einen weißen Anzug und eine Augenklappe. Einmal fragte ihn auf einem Flughafen ein kleiner Junge, ob er ein Pirat sei. Er antwortete: »Ja, und jetzt geh weg.«

1787 ***

Ch. Lafitte *(sic)* Ein Jahrgang von trauriger Berühmtheit. Er war der erste der »Jefferson«-Weine, die auf den Markt kamen: Im Dezember 1985 wurde bei Christie's eine einzige Flasche versteigert. Natürlich kann ich mich noch lebhaft daran erinnern, denn vor dem Verkauf hatte niemand eine Vorstellung von seinem Wert, weshalb der Besitzer sich bereit erklärte, sie ohne Vorbehalt freizugeben. Statt der üblichen Schätzsumme im Katalog prägte ich den Begriff »unschätzbar«. Die Versteigerung begann bei rund 2000 Pfund Sterling, doch kletterte das Gebot schnell auf 7000 und weiter auf 10 000 Pfund Sterling. Zum Schluss waren nur noch zwei Interessenten im Rennen. Der Hammer fiel schließlich bei 105 000 Pfund Sterling, was nach wie vor als der höchste je bei einer Auktion erzielte Preis für eine einzelne Flasche Wein zu Buche steht. Der Käufer war Christopher Forbes, der Unterbieter Marvin Shanken. Noch am selben Abend wurde die Flasche in Forbes' Privatjet nach New York geflogen. Sie bekam einen Ehrenplatz im Forbes Museum, wo sie auf Jeffersons Esstafel in der Abteilung mit Erinnerungsstücken amerikanischer Präsidenten gestellt wurde. Kurze Zeit später rief mich die Kuratorin des Museums aufgeregt an. Wegen der Hitze der Scheinwerfer war der Korken geschrumpft und in die Flasche gefallen. Da das Exemplar zum Ansehen und nicht zum Trinken gedacht war, riet ich ihr nur, es mit einem Stöpsel wieder zu verschließen.

Ich habe diesen Jahrgang bislang zweimal verkostet, jedesmal unter Laborbedingungen. Die erste Flasche öffnete ich 1987 in München. Sowohl das Wachssiegel als auch der Korken sahen alt aus, der Wein selbst war bräunlich getönt, Nase und Geschmack merklich alt. Nach einer sehr langen Wartezeit teilte mir das Labor allerdings mit, dass die Flasche eine unbestimmte Menge von nach 1960 entstandenem Wein enthalten habe. Schreck, Entsetzen und viel Presse-Echo. Im August 1992 wurde dann eine halbe Flasche aus dem Originalposten von den zwei führenden Fachleuten auf dem Gebiet der Altersbestimmung untersucht, Dr. Bonani in Zürich und Professor Edward Hall in Oxford (sie erlangten vor allem durch ihre Arbeiten zum »Turiner Grabtuch« Bekanntheit). Man betraute mich wieder mit dem Entkorken und der Verkostung; zugegen waren Dr. Bonani, der Besitzer und ein Anwalt. Diesmal gab es keine Zweifel: Die Flasche war korrekt und nach einer langen und aufwändigen Untersuchung wurden auch der Korken sowie der Wein für völlig korrekt befunden. Meine Verkostungsnotizen: gelbbraun, keine Rotspuren, ein dunkelbrauner,

flockiger Bodensatz; verhaltene Nase, die sich trotz des oxidierten Charakters relativ reich, mit Restspuren von Frucht, öffnete; ein Hauch »Süße« am Gaumen und ein säuerlicher, ja, stichiger Abgang. *Zuletzt im August 1992 in Zürich verkostet.*
Ch. Margaux Eine ähnliche Flasche wie der Lafitte. Leichter Schwund, geschrumpfter schwarzer Korken, dicker, sandiger, rotbrauner Bodensatz, der Wein selbst tiefer als erwartet; Nase zunächst kaum vorhanden, lebte dann aber durch Luftkontakt mit ansprechender »Süße« auf; reichhaltig im Geschmack, schön ausgewogen. *Im September 1987 in Wiesbaden verkostet* ★★★★
Ch. Branne-Mouton (der Name von Mouton-Rothschild, bevor Rothschild das Gut 1853 aufkaufte). Eine Flasche ähnlicher Herkunft auf Mouton im Beisein des technischen Direktors, des *maître de chai* und einiger deutscher Sammler geöffnet. Jancis Robinson und ich waren die einzigen Engländer in der Runde. Es wäre beinahe zur Katastrophe gekommen: Statt die Wachskapsel abzuschneiden, verwendete der deutsche Sommelier einen kleinen Hammer. Das Glas bekam einen Sprung und der Wein begann auszulaufen. (Alte handgeblasene Flaschen zerbrechen leicht; die Wandstärke reicht von Eierschalen- bis Fingerdicke. Übrigens ist es riskant und oft sogar unmöglich, sehr alte Flaschen mit einer Prägung zu versehen.) So wurde eine Schale unter die Flasche gestellt, sodass der Wein, der zur Beruhigung einige Monate im Keller von Mouton gelegen hatte, schnell dekantiert war. Er zeigte sich tief bernsteinfarben; die Nase, anfänglich praktisch nicht vorhanden, öffnete sich ganz bemerkenswert. Keine Spur von Oxidation oder Essigsäure. Relativ reichhaltig und trotz der geringen Menge, die uns zum Verkosten zur Verfügung stand, tadellos trinkbar. Der altgediente *maître de chai* hatte nicht die geringste Erfahrung mit Weinen dieses Alters. Jancis und ich sahen uns nur an, zuckten mit den Schultern und genossen einfach die Erfahrung. *Im Juni 1986 auf Ch. Mouton-Rothschild degustiert* ★★★★

1791 ★★★★

In seinem Weinverkaufskatalog vom 23. Mai 1797 bot James Christie sechs Hogsheads roter erster Gewächse des 1791er-Jahrgangs an, die »besten Weine, die Frankreich seit vielen Jahren erzeugt hat«.
Ch. Margaux Eine zeitgenössische Flasche mit geriffeltem Hals und einem Etikett aus dem 19. Jahrhundert mit der Aufschrift »Claret Margaux«. Blass, wenig Rot. Wie bei den anderen verkosteten Weinen aus der damaligen Zeit war das Bukett eigenartig und ätherisch und öffnete sich hübsch, bei bemerkenswertem Duft und schöner Ausgewogenheit. *Bei Bipin Desais Margaux-Degustation im Mai 1987 in Los Angeles verkostet* ★★★★★

1799 ★★

Die Lese begann am 5. Oktober. Relativ hoher Ertrag von unbedeutender Qualität.
Ch. Lafite Aus Château-Beständen, 1953 neu verkorkt. Duftend, verblüht, aber faszinierend. *Der älteste Jahrgang bei Dr. Marvin Overtons epochaler Lafite-Degustation im Mai 1979 in Fort Worth (Texas), »moderiert« von Elie de Rothschild und mir* ★★★★

1803 ★★★

Durchschnittlich hoher Ertrag, gute Weine.
Ch. Lafite Aus Château-Beständen: warme Bernsteinfarbe; gesund, duftend; trocken, schlank, aber fest. *Auf der Lafite-Vertikaldegustation von Overton im Mai 1979* ★★★

1806 ★★

Durchschnittlicher Ertrag, kein außergewöhnlicher Ruf.
Ch. Lafite Mitte der 1950er-Jahre gehörte es zur Strategie von Lafite, die renommiertesten französischen Restaurants mit nicht minder prestigeträchtigen Weinen zu beliefern. In den 1970er- und 1980er-Jahren erschien eine ganze Reihe von Flaschen des Lafite von 1806 wieder auf dem Markt. Christie's bot mehrere Exemplare von Darroze in Villeneuve-de-Marsan, Caviar-Kaspia in Paris, Le Coq Hardi in Bougival und anderen Restaurants an. Sie erzielten sehr hohe Preise.

Nur ein einziger Eintrag: warme Bernsteinfarbe, orangegoldene Reflexe; angenehmes Bukett, fest und duftend. Vermutlich um 1953 im Château neu verkorkt. *Einer der schönsten alten Weine auf Flatts Lafite-Verkostung im Oktober 1988 in New Orleans* ★★★★

1811 ★★★★★

Der berühmteste »Kometen»-Jahrgang. Lesebeginn bereits am 14. September. Relativ hohe Erträge, sehr gute Weine.
Ch. Lafite Die Aufschrift auf dem Etikett lautete: »CHÂTEAU LAFITE grand Vin, JJ Van der Berghe, Bordeaux, recorked at the château in 1980«. Blasse Farbe mit Spuren von Rot; sogleich entgegenkommendes altes Bukett, das mich an Grüne Minze und danach an Chartreuse erinnerte; ein Hauch von »Süße« am Gaumen, charakteristischer, minziger Geschmack, Spuren von stützendem Tannin und Säure, gute Länge. *Der älteste Jahrgang bei Wilfred Jaegers Verkostung von Lafite-Jahrgängen aus der Zeit vor der Reblausinvasion; sie fand im Juni 2001 in seinem an einem Hang gelegenen Haus südlich von San Francisco statt* ★★★

Wilfred Jaeger

Ich war Herrn Jaeger zuvor noch nie begegnet und wusste nicht, dass er eine ganz außergewöhnliche Sammlung großer Weine besaß. Ein Spitzenkoch aus San Francisco bereitete das Essen zu, das um 15 Uhr begann und etwa drei Stunden später endete. Die zehn anwesenden Herren verkosteten und tranken Lafite der Jahrgänge 1811, 1832, 1858, 1864, 1865, 1870 und 1877; ihnen fügte der Gastgeber nachträglich noch den Latour 1864 und 1865 hinzu sowie ein paar andere Gewächse wie den Mouton 1945, den Yquem 1847 und Taylors Port von 1870, die allesamt an anderer Stelle in diesem Buch gebührend beschrieben sind. Was die Bandbreite der Weine, ihren Zustand und ihre uneingeschränkte Klasse anbelangt, so dürfte dieser spätnachmittägliche Lunch der beste meiner ganzen Karriere gewesen sein.

1814 ★★★★

Durchschnittlicher Ertrag, sehr gute Weine.
Ch. Lafite Aus Château-Beständen, in den 1950er-Jahren neu verkorkt. Farbe verblasst; Nase zunächst kaum vorhanden, öffnete sich jedoch – typisch für einen Lafite – im Verlauf der nächsten zwei Stunden. Alt, interessant. *Auf der Lafite-Degustation von Overton im Mai 1979 verkostet* ★★

1825 ★★★★★

Äußerst früher Lesebeginn am 11. September. Ziemlich normale Erträge und anfangs harte, tanninstarke Weine, die sich jedoch über einen langen Zeitraum hinweg gut entwickelten.

Ch. Lafite Auf dem Château neu verkorkt. Schöne Farbe; »hinreißendes« Bukett und dementsprechender Geschmack. *Auf der Lafite-Degustation von Overton im Mai 1979 verkostet* *****

Ch. Gruaud-Larose Eine überaus denkwürdige Flasche. Aus Château-Beständen. Von Len Evans bei Christie's erworben und bei meinem ersten Besuch in Australien von mir persönlich aus London mitgebracht, um bei einem Essen mir zu Ehren serviert zu werden. Das Flugzeug hatte Verspätung, sodass der Wein keine Zeit hatte, sich zu setzen. Doch er überlebte: sehr reichhaltiges, maulbeerartiges Bukett; angenehmer Geschmack. *Im Februar 1977 in Sydney verkostet* ****

1832 ***

Sehr kleiner Ertrag nach einem äußerst heißen Sommer. Weine von leidlich guter Qualität.

Ch. Lafite Vier Einträge. Die erste Flasche ein im Juni 1987 auf dem Château neu verkorktes und noch im Herbst desselben Jahres auf Rodenstocks jährlicher Verkostung geöffnetes Exemplar: ein sehr gutes Gewächs. Die zweite Flasche ein 1979 bei Christie's erworbenes Exemplar, zu dem ich mir bei Lloyd Flatts Lafite-Verkostung im Oktober 1988 folgende Notizen machte: positiv, kraftvoll, mit einer Art angesengtem Traubengeschmack infolge der Hitzewelle. Die dritte Flasche ein 1995 geöffnetes Exemplar, verblüht, doch lebendig; duftend; delikat, köstlich, doch leicht adstringierend. Ich beschrieb sie als »Arsen und Spitzenhäubchen«.

Vor kurzem eine hervorragende, 1980 neu verkorkte Flasche, weder blass noch zart, sondern tief und von reichem Aussehen; ein fehlerfreies, würziges, fast eukalyptusgetöntes Bukett; körperreich, ausgezeichneter Geschmack, sehr griffig und nach wie vor tanninstark. *Zuletzt bei Wilfred Jaeger im Juni 2001 verkostet* *****

1844 *****

Frühe Lese ab 15. September. Kleine Erträge und hohe Preise.

Ch. Lafite Zwei Einträge stehen zu Buche; beide Flaschen wurden 1953 neu verkorkt. Die erste ein bemerkenswert gutes Exemplar, das auf einer V.I.P.-Vorverkaufsdegustation von Heublein 1976 in New Orleans geöffnet wurde. Die zweite sehr ähnlich: schöne Farbe; opulentes, fast überreifes Bukett; recht »süßer«, lieblicher Geschmack, gute Gerbstoffe und Säure, große Länge. Der erste Wein, der mir klar machte, welch sensationelle Kreszenzen lange vor den gemeinhin als »Zeit vor der Reblausinvasion« bezeichneten Jahren 1858 bis 1878 entstanden. *Zuletzt bei Lloyd Flatts Lafite-Verkostung im Oktober 1988 degustiert* *****

1846 *****

Heißer Sommer, früher Lesebeginn (am 14. September), ziemlich hohe Erträge und sehr gute, stämmige Weine.

Ch. Lafite Zwei Flaschen mit ausgezeichneter Bewertung, die erste mit dem Streifbandetikett »Harvey's Selection«, verkostet bei Lloyd Flatts Degustation im Jahr 1988; ein Jahr später ein nicht minder eindrucksvolles Exemplar: fabelhaft tiefe Farbe; gutes, duftendes, anhaltendes Bukett; weiche, reife, samtige Tannine. *Zuletzt bei einem Essen auf dem Château im Juni 1989 getrunken* *****

1847 *****

Überreichliche Erträge und Weine, die widersprüchlich als »körperreich, doch exquisit« beschrieben wurden. Trotz der niedrigen Preise erachtete der englische Weinhandel diesen Jahrgang als zu delikat für den gröberen Geschmack seiner Klientel. Nicht so die Familie Cruse, das zu jener Zeit führende Haus unter den Bordelaiser »Händlerprinzen«, das enorme Mengen erwarb (stets aus Médoc-Châteaux, kaum je von Gütern aus St-Emilion oder Pomerol).

Ch. Margaux Das Etikett mit der Aufschrift »Cruse et Fils Frères Bordeaux« verdeutlicht, dass damals keineswegs alle ersten Gewächse auf dem Château abgefüllt wurden. Eine alles andere als zarte Magnum auf Desais Margaux-Verkostung: tief, intensiv; »süßes«, fruchtiges, fast marmeladiges Bukett; körperreich, kraftvoll. Fast zu gut, um wahr zu sein. *Im Mai 1987 in Los Angeles verkostet* ****

Ch. Rauzan Es ist vielleicht erwähnenswert, dass Jefferson den Wein von Mme Rauzan für das Spitzengewächs der *Deuxième-cru*-Kreszenzen aus dem Médoc hielt, quasi den »Super Second« der damaligen Zeit, der sogar einen Mouton um einiges übertraf.

Zwei Einträge, die sich beide auf Flaschen aus den Privatkellern von Lafite beziehen. Die erste vor Ort verkostet: ein bemerkenswert ausgewogener Wein, delikat und charmant; die zweite wurde 1986 bei Christie's von Rodenstock ersteigert: etwas gummiartig in der Nase, doch auch sehr »süß« mit angesengtem Fruchtgeschmack und guter Länge. *Zuletzt auf Rodenstocks 16. jährlicher Weinprobe im September 1995 verkostet. In Bestform* ****

1848 *****

Ähnlich hohe Erträge und Qualität wie 1847.

Ch. Lafite Drei Einträge. Als Erstes ein farbtiefer, großartiger Wein 1979 auf der Overton-Degustation, 1986 dann ein ausgetrocknetes Exemplar mit dünnem Geschmack und schließlich eine 1986 neu verkorkte Flasche mit der Etikettenaufschrift »R. Galos, Gérant«. Fast unbeschreiblich gut, trotz eines Hauchs von Restbitterkeit aus den Tanninen. *Zuletzt auf Lloyd Flatts Lafite-Degustation im Oktober 1988 verkostet. In Bestform* *****

Ch. Margaux Sehr früher Lesebeginn am 4. September, Produktion 12 000 Kisten. Eine Flasche aus den Privatkellern von Lafite, die Bipin Desai bei Christie's für seine Margaux-Marathonverkostung ersteigerte. Lebendiges und liebliches Erscheinungsbild (der Wein und Bipins Frau); erstaunlicher Duft, das Markenzeichen eines Margaux; vollendet in Gewicht, Geschmack und Säure. Ein wirklich köstlicher Wein. *Los Angeles, Mai 1987* *****

Um 1848

Ch. Bel-Air-Marquis d'Aligre Ein damals berühmter Wein. Obwohl er aber bereits mehrmals zur Versteigerung gelangte, wurde der exakte Jahrgang nie auf einem Etikett entdeckt. Drei Einträge Mitte der 1980er, fünf Flaschen Mitte der 1990er verkostet; von oxidiert bis blass, aber lebendig. »Eine verblühte Schönheit mit funkelnden Augen.« *Zuletzt im September 1995 verkostet. In Bestform* ***

1849 **

Durchschnittlicher Ertrag, mittelmäßige Weine. Nur ein Eintrag.

Ch. Ausone Neu verkorkt: herbstliche Farbe; rauchig, rosinig, hochgetönt; trocken, komplett, aber verblüht. *September 1987* ★★★

1852 ★

Durchschnittlicher Ertrag, leichte Weine.

Ch. Rausan-Ségla Aus den Lafite-Kellern. Altersschwach, mit flüchtigem, doch delikatem Bukett; »süß«, ein Hauch Karamell, allmählich hervortretende Säure. *Auf der jährlichen Rodenstock-Verkostung vom September 1995 degustiert* ★

1854–1855

Ich erwähne diese Jahrgänge, weil sie vermutlich den Tiefpunkt der ersten von insgesamt drei Katastrophen bildeten, die die Bordelaiser Rebflächen heimsuchten, nämlich des Echten Mehltaus *(Oidium tuckerii)*, der zu einer Ertragsminderung führt und die Traubenqualität stark beeinträchtigt. So wurden 1854 insgesamt nur 22 Tonneaux produziert, während es zwei Jahre zuvor noch 254 Tonneaux gewesen waren. Bei einer solchen Knappheit schossen die Preise in die Höhe. Paradoxerweise erfolgte gerade 1855 die berühmte Klassifizierung der Médoc-Güter.

Die Klassifizierung von 1855

Die im Jahr 1855 durchgeführte Klassifizierung der Châteaux von Bordeaux hat größtenteils noch heute Gültigkeit. Sie wurde einst von Napoleon III. für die Pariser Weltausstellung in Auftrag gegeben, um sicherzustellen, dass französische Würdenträger die besten Médoc- und Sauternes-Güter problemlos erkennen konnten. Man orientierte sich dabei an den Preisen, die ihre Gewächse erzielten. Rund einhundert Jahre später führte man auch für Graves und St-Emilion eine ähnliche Rangordnung ein. Nie klassifiziert wurde Pomerol. Man sollte nicht vergessen, dass damals die besten Weinberglagen klassifiziert wurden, während heute meist die Weine selbst das Maß sind.

1858 ★★★★★

1858 hatte man ein wirksames Gegenmittel zur Bekämpfung des Echten Mehltaus gefunden und wendete es auch an. Wie als Ausgleich für die vorangegangenen mageren Jahrgänge folgte auf den heißen Sommer gegen Ende September eine gelungene Lese. Nun begann eine Zeit großer Blüte für die Region und insbesondere für die Bordelaiser Händler.

Ch. Lafite Sieben Einträge. Der älteste Lafite-Jahrgang, den Christie's im Mai 1967 beim denkwürdigen Verkauf unter dem Motto »Finest and Rarest Wines« aus den Kellern von Lord Rosebery anbot (siehe Kasten Seite 516). Der Einzelposten bestand aus vier Magnumflaschen, die für 5300 Shilling die Kiste den Besitzer wechselten. Auf der Vorverkaufsdegustation zeigte er sich fest gewirkt, duftend, doch ausdünnend. Zwei Jahre später bei Overtons Lafite-Verkostung eine sehr gute Flasche aus dem Château. Weitere Flaschen von unterschiedlicher Qualität, doch alle bemerkenswert wohlschmeckend, zum Teil mit einem gewissen Säurespiel, das aber durch den Duft des Weins wettgemacht wurde. Die letzte der insgesamt sieben verkosteten Flaschen: warmer Bernsteinton; ein kurzes Aufbäumen des exquisiten, unverwechselbaren Lafite-Duftes; schlank, sauber, köstlich. *Zuletzt bei Lloyd Flatts Lafite-Degustation im Oktober 1988 probiert* ★★★★★

Ch. Mouton-Rothschild Drei Einträge. Alle Flaschen trugen das Etikett »Mouton, Bn de Rothschild, Proprietor, 1858 R. Galos Gérant, Bordeaux«, waren mit den Originalkorken verschlossen und wiesen eine gute Füllhöhe auf. Baron Nathaniel hatte 1853 Branne-Mouton auf dem Höhepunkt der Mehltauplage erworben, und die Zeit bis zur Klassifizierung 1855 erwies sich zu kurz, um die Qualität (und den Preis) noch zu heben. So blieb das Gut ein Deuxième cru classé. Zuerst auf dem Château verkostet: die Farbe ein ausgebleichtes Ziegelrot; ausgewogen; reich. Die zweite Flasche mit stark adstringierendem Tannin. Die dritte wie Kreosot. Zu schrecklich zum Verkosten. *Zuletzt im September 1987 degustiert. In Bestform* ★★★

Ch. Rauzan Zwei Flaschen, beide neu verkorkt und nicht etikettiert, aus den Privatkellern von Ch. Lafite, die erste dort 1986 verkostet: ungesunde Bernsteinfarbe; »feine Linoleum- und Gerstenzuckernase«; verblüht. Die zweite trotz ledrigem altem Tannin mit »süßem« Auftakt und Abgang. *Zuletzt im September 1995 degustiert. In Bestform* ★★★

1861 ★★★★

Schwerer Frost am 6. Mai verwüstete die Rebgärten. Sehr kleiner Ertrag. Gute, »elegante« Weine. Sie waren jedoch sehr teuer, wodurch sich der Markt zu überhitzen begann.

Ch. Latour Auf dem Etikett »Café Voisin«, der Name eines populären Pariser Restaurants. Bemerkenswert gut: delikat und duftend in Bukett und Geschmack. *Auf Kerry Paynes »Fête du Ch. Latour« im Juni 1981 verkostet* ★★★★

1862

Passable Erträge bei bescheidener bis mittlerer Qualität.

1863 ★★★

Geringe Ernte, deren Qualität damals als eher bescheiden eingestuft wurde.

Ch. Latour Nur einmal verkostet, obwohl eine Flasche auf Christie's Latour-Degustation in New York vor einigen Jahren angeblich der Star gewesen war. Das deckt sich auf jeden Fall mit meinen wesentlich früher entstandenen Notizen: unglaubliche Farbtiefe; schönes, anhaltendes Bukett; ein Hauch »Süße«, voller Körper und Frucht, weich, doch vollendet im Gleichgewicht. Ein großer Wein und das perfekte Getränk. *Im März 1970 bei einem Essen auf dem Château getrunken* ★★★★★

Ch. Laroze (Gruaud-Larose) Abgefüllt von einem Weinhändler namens Claridge im Londoner West End. Von den 24 Dutzend (in Fächer) eingelagerten »1865ern« blieben viele erhalten. In den Kellern auf Bodorgan (siehe auch Ch. Lafite und Ch. Kirwan 1865) und außerdem zweimal bei einer Vorverkaufsdegustation verkostet. Unterschiedliche Qualität: von reich bis pilzig; von fruchtig und pikant bis vermodert und spitzig. *August 1970 bis Januar 1971. In Bestform* ★

1864 ★★★★★

Vins complets. Einer der größten Jahrgänge des 19. Jahrhunderts. Trotz der Hitze während der Lese (ab 17. September) reichliche Erträge und großartig ausgewogene Weine.

Ch. Lafite Ich hatte das Privileg, diesen Wein – den wahrscheinlich feinsten des Jahrgangs und den größten Lafite des Jahrhunderts – bei sieben Gelegenheiten zu verkosten und zu trinken. Ob Königin Viktoria, die regelmäßig Sherry und roten

Bordeaux trank, sich seiner überirdischen Qualität bewusst war, weiß ich nicht, auf jeden Fall aber lag er in den königlichen Kellern und wurde Mitte der 1890er-Jahre von dort entnommen.

Erstmals 1976 verkostet: eine superbe Magnum von Cockburn und Campbell. Die zweite und denkwürdigste Flasche eine Jeroboam aus den Beständen von Mrs James de Rothschild, die in einem amerikanischen Keller gelegen hatte und deren Korken leider schadhaft war (siehe unten). Auf der Overton-Degustation 1979 ein tadelloses, neu verkorktes Exemplar aus dem Château; eine Flasche 1987 und eine weitere im Jahr 1988 auf Flatts Lafite-Verkostung, die 1986 vom *maître de chai* neu verkorkt worden war. Alle überragend.

Als Nächstes eine fast zu »süße« Flasche mit dem Etikett »Lafite Bon [Baron] de Rothschild, R. Galos« auf der Rodenstock-Verkostung 1995. Vor kurzem schließlich die reine Vollendung, komplett, ausgewogen. *Zuletzt bei Wilfred Jaegers Degustation im Juni 2001 verkostet* *****

Château Lafite 1864

Wenn man die Gelegenheit bekommt, einen Wein wie diesen zu verkosten, dann muss man immer mit einem ereignisreichen Verlauf rechnen. In eine besonders heikle Situation aber geriet ich einmal, als ich gebeten wurde, auf einem im Fernsehen ausgestrahlten Wohltätigkeitsdinner in Memphis im US-Bundesstaat Tennessee – die Teilnahme kostete 1000 US-Dollar pro Person – eine Rede zu halten. Der Schwund der verkosteten Flasche, einer Jeroboam, war beträchtlich und dem Geruch des Korkens nach zu urteilen bestand der Inhalt aus reinem Essig. Beim Dekantieren kristallisierte sich heraus, dass der Wein tatsächlich einen »Stich« hatte. Um die Situation zu retten, roch ich daran, nickte wissend und reichte ihn dem Gastgeber John Grisanti weiter, auf dass er den ersten Schluck trinke. Er nickte wie zur Zustimmung. Dann erklärte ich: »Das ist ein sehr alter Wein. Seine Trauben wurden im Herbst 1864 gelesen – in der Zeit also, in der General Sherman, dessen Truppen in Memphis stationiert waren, durch Georgia marschierte, um seine Unionssoldaten in die Schlacht mit den Konföderierten zu führen.« Und fügte hinzu: »Heute Abend trinken Sie nicht nur Wein, sondern Geschichte.«

Ch. Latour Aus dem Kellerbuch von Windsor Castle geht hervor, dass der königliche Butler zum 1864er Latour überging, nachdem der 1864er Lafite um 1874 aufgebraucht war.

Ein alter und zwei erst vor kurzem entstandene Einträge. Auf Paynes Latour-Verkostung im Jahr 1981 überwältigend, ja, fast unangenehm »süß«. Im März 2001 eine exquisite Flasche auf dem von Carl Geisel und Hardy Rodenstock ausgerichteten Weindinner im Münchener Hotel Königshof: fabelhaftes, würziges, nach Eukalyptus duftendes Bukett; vollendet in Geschmack, Gewicht und Ausgewogenheit. Noch immer tanninstark. Unlängst eine kühl aus dem Keller geholte Flasche für einen Vergleich mit dem Lafite: ein Exemplar mit Bildetikett und der Aufschrift »Château Latour 1864 Grand Vin Bordeaux«: ähnliche Farbe wie der Lafite; würziges Bukett, das nach 40 Minuten zerfiel; überbordend schmackhaft, köstlich. Distinguiert. Verehrungswürdig. *Zuletzt auf Wilfred Jaegers Degustation im Juni 2001 probiert* *****

Ch. Margaux Zwei Einträge; beide Flaschen von Cruse abgefüllt, dem dominierenden *négociant* in Bordeaux. Im Mai 1987 auf Desais Margaux-Verkostung mit einem glorreichen Duft nach Schwarzen Johannisbeeren, aber leicht stichig. Vier Monate später: Originalkorken, gute Farbe – aber keine alte Dame, etwas spitzig. *Zuletzt bei Rodenstocks Verkostung im September 1987 degustiert. In Bestform* *

Ch. Mouton-Rothschild Auf den Kapseln und Etiketten »R. Galos Gérant«. Ein reicher Wein, der wegen eines losen, schmierigen Korkens sauer geworden war. Eine weitere Flasche überlebte ihren bröseligen Korken und eine Füllhöhe auf mittlerer bis unterer Schulter: blass, doch mit gesundem Glanz; Nase bemerkenswert gesund, mit Spuren von Frucht. Entzückend. *Auf den Heublein-Vorverkaufsdegustationen 1974 und 1975. In Bestform* ***

Ch. Léoville *(sic)* Wachsversiegelung mit der Prägung »Claret. Greenwell Hutchinson«. Eine hervorragende Flasche aus einem der großartigsten Keller mit alten Weinen, die Christie's je versteigerte: dem von Fasque in Schottland. Der Wein, der nicht bewegt worden war, seit ihn Sir Thomas Gladstone Bt um 1868 erworben hatte, befand sich trotz seiner Farbschwäche in vollendetem Zustand; »süßes« Bukett, nicht die geringste Spur von Verfall. Ein »süßer« und sanfter Wein, der sich im Glas drei Stunden lang gut hielt. In meiner Begeisterung verlieh ich ihm sieben Sterne. *Im Mai 1972 verkostet* *****

1865 *****

Ein weiterer großer Jahrgang, stabiler als der 1864er und meiner Erfahrung nach der verlässlichste aus jener Zeit. Wieder sehr reiche Erträge bei frühem Lesebeginn am 6. September. Im Weinhandel herrschte Hochkonjunktur: Es wurden die höchsten Preise des Jahrhunderts erzielt, allen voran von Ch. Lafite (das exklusiv an sechs *négociants* verkaufte) und Ch. Latour, während Ch. Margaux durch einen Vertrag gebunden war und hinterherhinkte.

Ch. Lafite Diesem Wein begegnete ich erstmals in den Kellern von Bodorgan, dem Sitz der Meyrick-Familie in Anglesey, Nordwales: 104 Flaschen, die nicht mehr bewegt worden waren, seit man sie in ihr Fach gelegt hatte, mit der Kapselprägung »Lafite«, aber nicht markiertem Korken. Füllhöhe und Gesamtzustand perfekt (nur fünf Flaschen »mit leichtem Schwund«). Die erste Flasche im Keller verkostet: mittelblasse, doch hübsche Farbe; gesundes, aber verblühendes Bukett; austrocknend und magernd, aber noch lebendig (eine der Flaschen mit »leichtem Schwund« – bis zur Hälfte des Halses! – war »süßer«, aber auch etwas säurebetonter). Zwei weitere Einträge, einer von einer Vorverkaufsverkostung. Eine Flasche aus Lord Roseberys Keller, degustiert bei der Overton-Degustation im Jahr 1979: erstaunlich jugendlich, gut, reich. Vollendet im Gleichgewicht. Auf Rodenstocks Degustation 1995: Glaswappen mit dem Namen des Weins auf der Flaschenschulter und »R. Galos« auf dem Etikett. Leider eine Nase wie Blancmanger, medizinal, blechern. Flüchtig, oxidiert, mit unsauberem Nachgeschmack. Kürzlich eine 1980 im Château neu verkorkte Flasche: mitteltrocken, hübsche Farbe, bernsteinfarbener Rand; alternd und zunächst leicht malzig, bekam jedoch nach einer Stunde wieder »Oberwasser«. Trocken, stämmiger Stil, sehr tanninbetont. Überaus beeindruckend. *Zuletzt bei Jaegers Verkostung im Juni 2001 degustiert. In Bestform* *****

Ch. Latour Erstmals 1977 eine tiefe, reiche und bemerkenswerte Flasche aus dem Château. Ein Jahr später bei einem Essen auf dem Château: praktisch undurchsichtig, sah jünger aus als der ebenfalls verkostete 1920er; sehr duftend, hochgetönt; gewisse »Süße«, hübscher Duft, seidige Textur; fabelhaft trotz eines Hauchs Säure. Vor kurzem auf Rodenstocks Degustation vom März 2001 eine Flasche aus dem Café Anglais: angenehmes, reiches, fehlerloses Bukett; erstaunlich

»süß«, vollendet trotz der für den Jahrgang 1865 typischen Tanninstärke. Drei Monate später wie beim 1864er eine 1980 neu verkorkte Flasche, die für einen Vergleich mit dem Lafite beiläufig aus Jaegers Keller geholt wurde: nach wie vor recht tief, mit gutem reifem Rand; erneut Eukalyptus in der Nase; gut in Geschmack, Gleichgewicht, Zustand, Länge. Fehlerlos, trotz eines leichten Anflugs des für den Jahrgang charakteristischen adstringierenden Tannins. *Zuletzt auf Jaegers Degustation im Juni 2001 verkostet. In Bestform* *****

Ch. Gruaud Aus einem großen Posten, der 1991 aus einem 1872 gesunkenen Schiff geborgen wurde. Einige schreckliche Flaschen, eine ganz gut und eine weitere, die sich überraschend gut trank. *Im September 1993 im österreichischen Arlberg Hospiz verkostet. In Bestform* **

Ch. Kirwan Einer der überraschendsten und bemerkenswertesten Weine, denen ich während meiner langen Laufbahn bei Christie's je begegnet bin – und das auch noch aus reinem Zufall.

Um es kurz zu machen: Freunde von uns hatten ein Ferienhaus auf einem Grundstück gebaut, das Sir George Meyrick von Schloss Bodorgan in Nordwales gehörte. Meine Frau und ich schlugen zwei Fliegen mit einer Klappe, als wir im August 1970 ein Wochenende mit ihnen verbrachten und den Aufenthalt gleichzeitig für Arbeiten im Keller von Bodorgan nutzten. Bis Sonntagnachmittag waren wir mit dem Prüfen, Auflisten und Verpacken der Weine fertig. Kurz bevor wir wegfuhren, bemerkte ich ein Fach mit 25 unauffälligen Flaschen, die nicht etikettiert waren und eine Kapsel ohne Prägung aufwiesen. Ich war nach dem Einpacken der vielen großen Weine schon etwas müde und wollte die Flaschen unbekannter Herkunft zunächst mit nach London nehmen, dann aber siegte die Neugier und ich zog den Zapfen: Er trug deutlich erkennbar die Markierung »1865 Kirwan«. Nun bemerkte ich die schwachen Überreste des vertrauten ovalen Schulteretiketts von Claridge. Der Wein wies nach wie vor eine unglaublich tiefe Farbe und eine angenehme alte Nase auf; er zeigte sich reichhaltig mit feinem Geschmack und Abgang. Das war um 16 Uhr. Ich dekantierte den Wein oben in der Küche, ließ die Hälfte für Sir Georges Abendessen stehen und sprang mit dem Rest mehr oder weniger über die Mauer, um ihn schnellstens unseren Freunden zum Verkosten zu bringen. Was in meinem Glas übrig war, trank sich noch bis zu sechs Stunden danach gut. Im Oktober zwei Monate später war der Wein der Star auf der Vorverkaufsverkostung. Er wies keinerlei Anzeichen einer Alterung auf, keine seltsamen Gerüche und keine Säure. Die reine Vollendung. Peter Palumbo, einer meiner ältesten Freunde und Kunden, kaufte den gesamten Posten. Ein, zwei Flaschen wurden später – wieder über Christie's – an Hardy Rodenstock weiterverkauft. Sie bekamen bei seiner 1995er-Degustation Spitzenbewertungen. Kürzlich eine zweite Flasche verkostet, zwar noch eindrucksvoll tief, doch wegen des leichten Schwunds zeigte sie schließlich doch Alterserscheinungen. *Zuletzt im März 2001 verkostet. In Bestform* *****

Ch. Rausan-Ségla Eine eigenartige Flasche mit Füllniveau auf mittlerer Schulter, medizinal in der Nase und am Gaumen, ansonsten schmackhaft (1983 auf Lafite). In jüngerer Zeit eine nur als »Rausan« etikettierte Flasche: gute Farbe; gesunde, fruchtige Nase; wohlschmeckend, zitrusartige Säure. *Zuletzt im September 1995 verkostet. In Bestform* **

EINIGE ÄLTERE NOTIZEN ZU WEITEREN 1865ERN **Ch. Giscours** Warmer Farbton; duftend; ein Charmeur mit noch akzeptabler Säure im Abgang. *1986* ***; **Ch. Gruaud-Larose** Herbstliche, aber gesunde Farbe; reich, kraftvoll, adstringierend. *1976* ***; **Ch. Laroze** *(sic)* Vermutlich Gruaud-Larose, nicht St-Emilion. Ein Korken wie Kohle, doch gute Farbe; würzige Nase und »süß«, wohlschmeckend, doch medizinaler jodartiger, tanninstarker Abgang. *1987* ****

1866

Durchschnittliche Erträge und schreckliche Weine.

1867 **

Bescheidene Erträge und recht gewöhnliche, doch überteuerte Weine. Nur noch selten anzutreffen.

Ch. Mouton-Rothschild Herkunft: aus den Lafite-Privatkellern, von Christie's verkauft, auf Lafite neu verkorkt. Heller Bernsteinton; hochgetönt, malzig, ein Hauch Amylacetat; mager, sauber, aber spitzig. *Auf Lloyd Flatts Mouton-Degustation im April 1986 in New Orleans verkostet.*

Ch. Ducru-Beaucaillou Auf Lafite neu verkorkt, bei Christie's gekauft. Ein sehr attraktiver Wein: lebendiges Erscheinungsbild, herrlich reiches, reifes Bukett; am Austrocknen, aber blitzsauber. *Auf Rodenstocks Degustation im September 1987 verkostet* ****

1868 ***

Große Hitze, dann im August starke Regenfälle. Vor und nach der ungewöhnlich frühen Lese (Beginn 7. September) wieder sehr heiß. Überteuerte Weine; groß, hart, ohne Reiz. Nichtsdestotrotz einige erstklassifizierte Gewächse, die sich in den 1980ern in gutem Licht zeigten.

Ch. Lafite Das Geld floss in Strömen. In diesem Jahr zahlte Baron James de Rothschild einen enormen Preis (über vier Millionen Francs) für Lafite. Doch auch die »Händlerprinzen« befanden sich auf dem Höhepunkt ihrer Macht, denn selbst *Premier-cru*-Güter verkauften ihnen Wein in Barriques zur Abfüllung. Mein erster Eintrag bezieht sich auf eine als »Lafitte« etikettierte und von Cruse, dem erfolgreichsten unter den *négociants*, abgefüllte Flasche mit starkem Schwund. Der Wein wies nach wie vor eine reiche Farbe auf und war für seine niedrige Füllhöhe und sein Alter überraschend gut (auf einer Heublein-Vorverkaufsverkostung 1978). Vor einiger Zeit eine Flasche mit Originalkorken und perfekter Füllhöhe: reiche Hagebuttenfarbe; ein Bukett, das sich im Glas schön entfaltete; trotz seines Rufs ein Charmeur. *Zuletzt auf Flatts Lafite-Degustation im Oktober 1988 verkostet* ****

Ch. Margaux Produktion 14 000 Kisten. Ein schönes Exemplar mit interessantem Bukett, dessen Entwicklungskurve nach 45 Minuten im Glas den Höhepunkt erreichte und nach 90 Minuten wieder nach unten ging. Dazwischen reicher Geschmack (1983 auf Lafite). Vier Jahre später zwei leicht unterschiedliche Flaschen. Beide Weine mit gutem Erscheinungsbild, wobei der eine nach altehrwürdigem Weinkeller roch und der andere staubig und leicht sauer. Alle zwei aber »süß« und wohlschmeckend, eine komplett und tanninbetont, die andere pikanter. *Die beiden letzten Exemplare auf Desais Margaux-Degustation im Mai 1987 verkostet. In Bestform* ****

Ch. Latour Aus dem Château, neu verkorkt. »Nicht schlecht« notiert, trotz »firnisartiger« Nase, die »Senf und Dung« kombinierte. Würzig, säurebetont. *Auf Kerry Paynes Latour-Verkostung im Juni 1981 probiert.*

Ch. Rausan-Ségla Kurzer, markierter Originalkorken. Schlossabfüllung. Ziemlich tief, reich; sofort entgegenkommendes Bukett, reichhaltig, doch mit einem Hauch Bananen und schlimmeren Düften im Anzug. Nach zehn Minuten »bizarr«, sehr medizinal; eigenartiger Geschmack, erkleckliche »Süße« und passabler Körper, eigentlich ganz schmackhaft, zum Schluss mit nicht unerheblichem Biss. *September 1995* ★ *(gerade noch)*

1869 ★★★★

Noch ein Spitzenjahrgang aus der Zeit vor der Reblausinvasion. Enorm hohe Erträge und relativ früher Lesebeginn. Stämmige, komplette und meiner Erfahrung nach selbst im Alter noch recht verlässliche Weine. Allerdings habe ich keine Notizen neueren Datums, weshalb ich kurz rekapituliere:

Ch. Lafite Ausgezeichnet. Hundert Jahre nach der Lese erstmals verkostet. Peter Palumbo flog uns nach Paris zum Essen, wo er aus seinem privaten Kellerfach im Coq Hardi in Bougival eine Magnum holte, die trotz des schmierigen alten Originalkorkens wohlriechend, »weich und melancholisch« war. Als Nächstes eine auf dem Château neu verkorkte Flasche: wieder reich, reif, würzig. *Zuletzt auf Lloyd Flatts Lafite-Verkostung vom Oktober 1988 degustiert* ★★★★

Ch. Margaux Als ich eines Tages eine Flasche des 1784ers auf dem Château neu verkorkte, füllte der *maître de chai* gerade einen 1869er mit Füllhöhe auf mittlerer Schulter auf (wofür er einen 1970er verwendete, wie ich feststellte) und verkorkte ihn frisch. Davor verkostete ich ihn noch rasch. Trotz des Schwundes und einer gewissen Farbverschlechterung hatte er noch immer ein Bukett, das die typische Delikatesse und den Charme eines Margaux offenbarte. *August 1977* ★★★

Ch. Mouton-Rothschild Drei Flaschen, die alle 1980 auf Lafite neu verkorkt worden waren. Die beiden 1983 verkosteten Exemplare waren offen gesagt von unterschiedlicher Qualität, malzig und verwelkt, mit Schwund und im Verfall begriffen, die dritte anfangs »verblasst und schwach«, doch Bukett und Geschmack erholten sich. »Süß«, duftend. *Zuletzt auf Flatts Mouton-Verkostung im April 1986 degustiert* ★★★

WEITERE 1869ER **Carruades de Ch. Lafite** Unterschiedliche Flaschen, beide mit »Wildgeschmack«, eine wohlriechend und nach Rosen duftend, die andere zu säurebetont. *1988 auf Lafite verkostet. In Bestform* ★★★; **Ch. Marquis de Terme** Ausgezeichnet. *Ebenfalls auf Lafite verkostet, 1986* ★★★★; **Ch. Montrose** Von den 25 Dutzend Flaschen, die bei Claridge (nicht zu verwechseln mit dem Hotel) erworben und im Keller der Meyricks auf Hinton Admiral eingelagert wurden, waren noch 18 Dutzend vorhanden, als meine Frau und ich sie verpackten. Vier Einträge, zwei davon entstanden im Keller, gute Füllhöhe auf mittlerer Schulter, die beiden anderen bei der Vorverkaufsverkostung. Noch tiefe Farbe, das beste Exemplar mit reicher, alter, ledriger (tanninbetonter) Nase sowie bemerkenswert gutem Geschmack und Nachgeschmack, obwohl das Tannin noch sehr präsent war. *April und Oktober 1970. In Bestform* ★★★

1870 ★★★★★

Zusammen mit dem 1864er und dem 1865er einer der großartigsten klassischen Jahrgänge von rotem Bordeaux aus der Zeit vor dem Einfall der Reblaus. 1870 hatten die Preise allerdings ein unhaltbar hohes Niveau erreicht. Wie 1945 dezimierten Frühjahrsfröste die späteren Erträge, während ein sengend heißer Sommer den Zuckergehalt in die Höhe trieb und zu einer frühen Lese ab 10. September führte, die superreife, konzentrierte Weine erbrachte.

Ch. Lafite Einer der größten Weine aller Zeiten und im Bestzustand ein Kraftwerk, das mit jeder nur erdenklichen Komponente in Hülle und Fülle ausgestattet war. Im Prinzip ein so kraftvoller und tanninbeladener Wein, dass er ein halbes Jahrhundert lang buchstäblich nicht trinkbar blieb. Nichtsdestotrotz gab es Abfüllungen unterschiedlicher Qualität, und wie immer spielte auch die Herkunft eine Rolle. Ich hatte Gelegenheit, den 1870er Lafite bei 16 Anlässen zu verkosten und zu trinken. Die erste degustierte Flasche war jedoch ein untypisch blasses und adstringierendes Exemplar. Wie zur Wiedergutmachung dafür, dass es sich etwas gehen hatte lassen, verströmte es allerdings ein »süßes« Bukett«, das selbst im geleerten Glas noch lange verweilte. Das war 1966.

Die unzweifelhaft großartigsten Flaschen waren (und sind möglicherweise noch) die von Coningham abgefüllten Magnums aus Glamis Castle. Von den 48 im Jahr 1878 eingelagerten Exemplaren waren 41 nicht bewegt worden, bis ich und ein freundlicher Weinhändler in Perth sie für eine große Versteigerung bei Christie's 1971 abpackten. Um sicherzugehen, dass der Wein in Ordnung war, öffnete ich eine Flasche anlässlich eines vor dem Verkauf veranstalteten Essens im Sitzungssaal, an dem rund ein Dutzend bekannter Weinexperten teilnahm. Der Korken war gesund, das Füllniveau hoch, die Farbe so beeindruckend tief, dass man den Wein für einen 1970er halten hätte können; makellose Nase, ein Bukett, das im Glas erblühte. Auch am Gaumen vollendet. Ein schöner Wein. Zum Glück mochte ihn der 13. Earl of Strathmore, der ihn ursprünglich gekauft hatte, nicht – er muss überwältigend tanninbeladen gewesen sein. Wie der 1928er Latour brauchte er 50 Jahre, um überhaupt zur Trinkreife zu gelangen. André Simon, der Gründer der Wine and Food Society, wurde bei einem Essen 1934 einmal von seinem Gastgeber gebeten, seine ersten Reaktionen auf die Weine zu beschreiben. Sie beschwörten »Erinnerungen an Berkshire herauf«, so Simon, der 1870er Lafite lasse ihn gar an »die Erhabenheit der Königlichen Eiche« denken. Wenn das keine Weinansprache ist! Keine geröstete neue Eiche; keine Glyzerinklumpen, keine Berge süßer schwarzer Früchte. Atemberaubend …

Dann war da noch eine Flasche, die ich in Sir John Thompsons Keller auf Woodperry House öffnete, um zu sehen, ob der Korken markiert war. War er: »Pfungst 1870«. Fabelhafte Farbe, noch immer tanninbetont (1976). Später fünf, diesmal von Cruse in Bordeaux abgefüllte Exemplare aus der Ten-Broeck-Villa in Albany (New York), die ich auf den Heublein-Vorverkaufsverkostungen 1978 und 1979 degustierte. Der 1879 erworbene Weine befand sich noch immer in den Originalkisten und war in Papier mit dem Aufdruck »Cruse et Fils Frères« gehüllt. Jede Flasche trug an der Schulter ein Glasmedaillon mit der Aufschrift »Château Lafite Grand Vin«. Ihre Qualität war unterschiedlich, wobei die Besten überragend ausfielen. Selbst die Exemplare mit einer Füllhöhe auf der mittleren Schulter (die Folge geschrumpfter Korken) waren noch überraschend gut. Füllhöhe untere Schulter: natürlich oxidiert.

In etwa zur selben Zeit eine vollendete Magnum aus dem Woodperry-Keller, die Lenoir Josey auf einem großartigen Weindinner in Houston servierte, und eine trotz eines Füllniveaus auf der mittleren Schulter ebenfalls köstliche Flasche bei Overtons Lafite-Degustation.

Nicht alle hatten sich gut gehalten: eine oxidierte Londoner Abfüllung von Day & Watson, eine schlechte Cruse-Abfüllung mit Schwund und erst vor kurzem, 1996, zwei unterdurchschnittliche Magnumflaschen auf Rodenstocks Raritäten-Weinprobe. Selbst die Magnum aus Glamis war hochgetönt und jenseits ihrer besten Jahre, das zweite Exemplar aus demselben Posten etwas besser, allerdings mit einem sauren/käsigen, tanninbetonten Abgang.

Unlängst eine dem Anlass entsprechende, 1980 neu verkorkte Flasche: noch immer recht tief, mit feinem, mahagonibraunem, reifem Rand. Kurz nach dem Dekantieren verströmte der Wein einen köstlichen Mouton-artigen, würzigen Duft. Nach 30 Minuten im Glas erinnerte er mich an Martha's Vineyard Cabernet Sauvignon von Heitz: reines Eukalyptus am Gaumen; trocken, mit einem feinen Geschmack, der dem Bukett entsprach, wunderbare Länge, nach wie vor von den ursprünglichen Tanninen gestützt. *Zuletzt bei Wilfred Jaeger in den Bergen südlich von San Francisco verkostet, Juni 2001. In Bestform* *****

Ch. Latour Erstmals 1969 verkostet, damals uneingeschränkt fünf Sterne: tiefe, satte Farbe; große Tiefe in Duft und Geschmack; schön ausgewogen. Dann eine fehlerfreie schottische Abfüllung mit herrlichem, harmonischem Bukett; deutlich »süß«, körperreich, doch wie die früher degustierte Flasche weich am Gaumen. »Ein Nachgeschmack wie warmer Toast.« Der beste Wein auf Paynes Veranstaltung »Hommage an Latour«.

Vor einiger Zeit eine überragende Magnum: noch immer intensiv tief; verhalten, doch reich; ein Hauch »Süße«, vollendetes Gewicht, erneut weiche Textur. *Zuletzt auf einer Rodenstock-Veranstaltung im September 1996 verkostet* ****

Ch. Margaux In letzter Zeit nicht mehr verkostet. Drei Einträge aus dem Jahr 1987. Eine sehr gute, duftende und dennoch kraftvolle englische Abfüllung mit der Prägung »Monkhouse & Anderson 1st growth claret« auf dem Wachssiegel, gemeinsam mit einer etwas welken und säurebetonten, auf dem Château neu verkorkten Flasche. Die letzte, mit dem Etikett »Sèze Fils Frères«, hatte ihren Schwund bis zur mittleren Schulter hinunter nicht überlebt. Reichhaltig – aber oxidiert. *Zuletzt im August 1987 auf dem Château verkostet. In Bestform* ****

Ch. Mouton-Rothschild Eine großartige Flasche auf Lloyd Flatts Mouton-Verkostung: reiche Farbe; ein wechselhaftes Bukett, zunächst angesengt und teerig, entfaltete sich hervorragend, schien nach 40 Minuten den Höhepunkt erreicht zu haben, verblühte, lebte jedoch wieder auf und blieb noch zwei Stunden lang im Glas anregend. Trocken, doch reichhaltig, teerig, würzig (Zimt), kraftvoll, schön. *Im April 1986 verkostet* *****

Verkostung alter Weine

Alte Weine sind bisweilen erstaunlich gut, trotzdem muss man bestimmten Aspekten Rechnung tragen. Erstens darf man bei ihrer Degustation nie vergessen, wie alt sie sind. Zweitens spielt immer auch die Qualität des jeweiligen Jahrgangs eine Rolle. Der dritte, aber bei weitem wichtigste Gesichtspunkt ist ihre Lagerung: Wie lang und wie gut war die Flasche eingekellert? (Siehe auch Kasten Seite 21)

WEITERE, ZULETZT MITTE DER 1980ER VERKOSTETE 1870ER

Ch. Cos d'Estournel Hübsches hellbraunes Rot; großartiges Bukett, komplett, ausgewogen; unglaublich »süß«, ein massiver Wein, wie man es von einem St-Estèphe in einem Jahrgang dieses Kalibers auch erwartet. *1983* *****; **Ch. Gruaud-Larose** In den Lafite-Kellern neu verkorkt. Ähnliche warme Bernsteinfarbe; herrlich verhaltenes Bukett, Ingwer und Pfeilwurzelmehl; relativ »süß«, würzig, komplett. *1983* *****; **Ch. Montrose** Zwei Flaschen, beide praktisch fehlerfrei: Herbstfarbe; »süß« und reichhaltig in Bukett und Geschmack. *1986* *****

1871 ****

Nach dem kältesten Winter seit 1829/1830 verlief die Wachstumssaison ungleichmäßig und es wurden relativ geringe Erträge eingefahren. Die Weine fielen elegant aus, wurden aber vom englischen Handel für zu leicht befunden; zudem hatten sich die Händler sowieso im vorausgegangenen Jahrgang sehr stark eingedeckt. Nichtsdestotrotz blieben die Schotten, seit je begeisterte Anhänger von rotem Bordeaux, auf dem Markt präsent. Wie aber Professor George Saintsbury in seinem 1924 veröffentlichten, zukunftsweisenden Werk *Notes on a Cellar-Book* anmerkte, hatten die Preise mittlerweile ein solches Niveau erreicht, dass einige seiner Universitätskollegen in Edinburg allmählich auf Portwein als bevorzugtes Getränk nach dem Essen umstiegen (siehe Ch. Lafite unten).

Ch. Lafite Eine von 46 verbliebenen Flaschen aus dem Fach »Bin 49 Claret/after dinner/Château Lafite 1871« in Sir William Gladstones Keller im schottischen Fasque. Es war der kälteste Keller, in dem meine Frau und ich je gearbeitet haben, doch dank seiner feuchten Kühle blieben die vom ersten Baronet, dem Bruder des britischen Premierministers Gladstone, eingelagerten Weine bemerkenswert gut erhalten. Die Flaschen wiesen die für Lafite typischen kurzen Kapseln auf, hatten keine Etiketten, aber ausführlich markierte Korken. Die Füllhöhe war außergewöhnlich hoch; bei der Flasche, die ich öffnete, befand sie sich nur 6 mm unterhalb des Korkens. Der Korken selbst war »aufgedunsen und ziemlich feucht« – ich zitiere aus meinen vor dem Verkauf aufgeschriebenen Notizen – und der Wein hatte »eine hübsche, tiefe Farbe; angenehmes Bukett, das sich schön entwickelte; mittel(trocken), mittlerer Körper, ausgezeichneter Geschmack, schöner langer Abgang. Vollendet.« Ich gab ihm damals sechs Sterne! *Im Mai 1972 verkostet* *****

Ch. Léoville-Las-Cases Abgefüllt von Bell Rannie's in Perth. Ebenfalls aus dem Fasque-Keller, Wachssiegel mit der Prägung »BR Claret«, Füllhöhe 5 cm unterhalb des markierten Korkens. Nicht so farbtief, mehr Altersspuren in der Nase, etwas »Süße« und Gewicht, aber nicht die Länge des Lafite. *Mai 1972* ***

Ch. Léoville-Barton Originalkapsel und -korken. Hoher Füllstand. Tief; gesund, zedrig; lebhaft, am Austrocknen, schlank, aber gut. *Auf einer Rodenstock-Weinprobe im September 1987 verkostet* ***

1872 *

Der Lesebeginn am 22. September, nach heutigen Maßstäben nicht ungewöhnlich, war der späteste seit 1863. Der Verlauf der Vegetationsperiode wäre den Weinbauern Anfang der 1990er wohl nur allzu vertraut vorgekommen: Es herrschte gutes Wetter, bis zur Lesemitte schwere Regenfälle einsetzten. Relativ kleine Erträge, gewöhnliche Weine.

Ch. Lafite Bei vier Gelegenheiten verkostet, jede Flasche aus einem anderen Keller. Alle Weine ziemlich blass und sehr trocken, doch in der Bandbreite von verwelkt und firnisartig bis hin zu duftend, wohlschmeckend, aber säurebetont. *Zuletzt auf Lloyd Flatts Degustation im Oktober 1988 verkostet. In Bestform* **

1873

Die Reben wurden schwer geschädigt durch schreckliche Frühjahrsfröste, die drei Viertel der Ernte vernichteten. Minderwertige Weine.

1874 ★★★★

Vollständige Erholung: hohe Erträge, frühe Lese. Sehr gute Weine, mittlerweile unterschiedliche Qualität.

Ch. Lafite Bei 14 Gelegenheiten verkostet, das erste Mal 1967 eine maderisierte, neu verkorkte Flasche aus Lord Roseberys Keller. Anfang der 1970er ein großer Bestand von Cockburn in Leith abgefüllter Magnumflaschen mit dekorativen Glasmedaillons beziehungsweise Siegeln mit der Prägung »Brancepeth«, wie der ehemalige Sitz von Lord Boyne, dem Verkäufer, hieß. Zustand variabel. Zwei Flaschen zum Verkosten geöffnet, eine mit dem Hauch des Todes, die andere war verblüht, erholte sich jedoch wieder und gab ein wohlriechendes Bukett frei. Ein guter Wein.

Der bedeutendste Bestand stammte aus dem Woodperry House bei Oxford: 23 Dutzend Flaschen, vom Weinhändler marktschreierisch angepriesen als »Le tout *(sic)* première qualité, abgefüllt im Château, vollständig markierter Korken«, erworben von Sir John Thompsons Großvater und im Juli 1877 »gelegt«, also eingelagert. Fünf Jahre später schichteten er und sein Butler die Flaschen nach einer Überschwemmung um und unterlegten sie in den Fächern mit Sägemehl. Als meine Frau und ich sie einpackten, war das Sägemehl schwarz geworden, sodass wir beim Verlassen des Kellers – und nach dem Umräumen von 132 Flaschen – wie Bergarbeiter aussahen. Zwei der Flaschen, die ich als »Firsts« (erste Qualität, also mit guter Füllhöhe) katalogisierte, hatten eine hübsche ziegelrote Farbe, keine Spur von Verfall, sanft, duftend, zedrig in Nase und Geschmack. Die »Seconds« (zweite Qualität, also Füllhöhe auf mittlerer Schulter) waren von unterschiedlicher Qualität, eine Flasche mit schwarzem, schmierigem Korken: nicht schlecht, doch säurebetont, die andere mit einem Hauch Essigsäure. Die Exemplare mit Füllhöhe auf der unteren Schulter wurden weder eingepackt noch verkauft.

Eine weitere Flasche aus demselben Keller wurde 1979 bei der Overton-Degustation geöffnet. Sie war nicht nur gut, sondern steigerte sich im Glas sogar noch. Unlängst eine Flasche aus dem Woodperry-Keller, verblassend und gealtert; nach wie vor tanninbetont, schlank, aber sehr gut trinkbar. *Zuletzt auf der Vorverkaufsverkostung zur Lenoir-Josey-Sammlung im November 2000 in New York degustiert. Unterschiedliche Qualität. In Bestform* ★★★★

Ch. Latour In letzter Zeit nicht mehr verkostet. Eine überragende Flasche aus Lord Roseberys Keller, 1967 vor dem Verkauf degustiert, aber ein kränkelndes und spitziges Exemplar auf einer von Kerry Paynes Weinproben. *Zuletzt im Juni 1981 verkostet. In Bestform* ★★★★★

Ch. Mouton-Rothschild Zufällig gleich zwei Einträge vom Mai 1974, beide Flaschen mit der Aufschrift »R. Galos gérant« auf Kapsel und Etikett, beide mit nicht markiertem, weichem, schwammigem Korken und guter Füllhöhe. Die erste auf einer Heublein-Vorverkaufsverkostung, mit einem Anflug von Säure in der Nase und überreifer »Süße« am Gaumen, die zweite auf einem von Peter Palumbo ausgerichteten »Jahrhundert«-Essen im Coq Hardi in Bougival, eine weitaus bessere Flasche: ausgezeichnete Farbe; reichhaltig, ohne Verfallsspuren; weich, samtig, nach wie vor voll Frucht, langer Abgang. Das nächste Exemplar bei einem Essen auf Lafite, wo sie auch neu verkorkt worden war: zu tief; schokoladig; am Austrocknen, abflauender Geschmack. Eine identische Flasche in wesentlich besserem Zustand, mit schönem Bukett, das besser als der Geschmack war, trocken, viel Substanz verloren. *Zuletzt auf Flatts Lafite-Degustation im April 1986 verkostet. In Bestform* ★★★★★

Ch. Ausone Aus St-Emilion oder Pomerol wurden so gut wie keine Weine nach England verschifft, wo man nur Médoc-Provenienzen trank. Der älteste Ausone-Jahrgang, den ich je verkostet habe. Ausgezeichnete Farbe; sehr gute »zedrige, klassische« Nase; mittel-»süß«, vollendet in Gewicht, Ausgewogenheit und Geschmack. *Auf der Rodenstock-Verkostung vom September 1995 degustiert* ★★★★★

VIER WEITERE 1874ER (alle auf einer Rodenstock-Degustation im Jahr 1987 verkostet) **Ch. Gruaud-Larose** Einst ein großer Wein, trotz Füllhöhe auf mittlerer Schulter noch immer mit reichhaltigem Duft; **Ch. Léoville-Barton** Gutes Füllniveau. Intensiv; Nase malzig, fleischig, reichhaltig und rosinenartig. Guter Wein trotz hoher Säure ★★★; **Ch. Léoville-Poyferré** Hier nur erwähnt, um die Gefahren niedriger Füllhöhen zu veranschaulichen. Eine völlig oxidierte Magnum mit Füllniveau auf der unteren Schulter; **Ch. Pichon-Baron** Ausgezeichnete Füllhöhe: tief, rubinrot getönt; gesund; vollendet in Geschmack, Extrakt und Ausgewogenheit ★★★★

Woodperry House

Sir John Thompsons Herrenhaus aus dem 18. Jahrhundert in der englischen Grafschaft Oxfordshire. Sir John begeisterte sich wohl mehr für Rennpferde als für feine Weine. Als er sich in fortgeschrittenem Alter anschickte, Woodperry zu verkaufen, kam ein großartiger Weinkeller ans Tageslicht. (Ein befreundeter Master of Wine erzählte mir bei einem Essen, dass Sir John ihm den gesamten Inhalt für 300 Pfund Sterling angeboten habe, er aber zuerst noch mit mir darüber sprechen wollte …) Sir Johns Großvater hatte die Flaschen ursprünglich gekauft und eingelagert, doch sein Sohn hatte kein Interesse daran gezeigt. Als Sir John die alten Jahrgänge seinen Gästen auf Dinnerpartys gereicht hatte, waren die Weine bereits so alt, dass die erlauchten Herrschaften nur selten davon angetan waren. Der Keller wurde in drei Teile aufgeteilt. Als Daphne und ich die Weine 1976 einpackten, um sie zur Versteigerung bringen zu lassen, fanden wir heraus, dass der Bereich in der Nähe der Treppe mit Flaschen gefüllt war, die Sir John aus dem örtlichen Spirituosenladen gekauft hatte, um seine Gäste bewirten zu können; die alten Weine waren in ihren Fächern völlig unberührt geblieben. Christie's hat kaum jemals großartigere rote Bordeaux-Kreszenzen versteigert.

1875 ★★★★★

Noch reichlichere Erträge als 1874, angeblich die höchsten vom Anbeginn der Aufzeichnungen bis 1960. Perfekt ausgereifte Trauben erbrachten Weine von großer Eleganz und Finesse. Anscheinend fielen sie aber zu leicht für den britischen Markt aus, der sich sowieso mit dem 1874er reichlich eingedeckt hatte. Dennoch zeigten sich die erhaltenen 1875er (die meisten wurden früh getrunken) ebenso wie die 1929er und 1953er in ihrer Jugend »süß« und charmant und blieben trotz ihrer vergleichsweisen Delikatesse und des niedrigen Tanningehalts ein Jahrhundert lang ausgezeichnet trinkbar.

Ch. Lafite Über ein Dutzend Einträge, bis auf eine Flasche sämtliche Exemplare aus Sir George Meyricks Keller. Alle hatten Bleikapseln mit der Prägung »Lafite« und ein ganz außergewöhnliches Schulteretikett mit der Aufschrift »Geo Claridge 24 Road Lane London« sowie der Zahl »240« in der Mitte. Das Kellerschild gab genaue Auskunft: »Claridge Claret No 240 (Chat Lafite), 40 dozen packed (binned by) Mr Taylor June 1881. Price 75 shillings« (für das Dutzend); davon waren 15 Dutzend in einem einzigen Fach eingelagert und unberührt geblieben. Vorwiegend ausgezeichnete Füllhöhe, doch die »Seconds« (im Katalog definierte ich sie als Flaschen mit einer Füllhöhe »zwischen oberer und unterer Schulter« – heutzutage wären wir viel genauer: mittlere Schulter, obere Schulter usw.) wurden ebenfalls verkostet. Mein erster Eintrag (vom Mai 1970) entstand noch im Meyrick-Keller in Hinton Admiral: hübsche Farbe, »verblasst, aber lebendig und interessant«.

Einen Monat später öffnete ich in meinem Büro eine Flasche, um sie zusammen mit dem mittlerweile verstorbenen Jack Rutherford, Verkaufsagent bei Cruse und einer der feinsten Gaumen Englands, zu verkosten. Obwohl er den Wein verdeckt zum Probieren bekam, identifizierte er ihn sofort. Er war angenehm, von weichem Aussehen, unmittelbar nach dem Eingießen eine verblühte alte Dame, doch ein Bukett, das sich reich entfaltete, mit dem ingwerartigem Duft von Vollkornkeksen, der oft den feinsten reifen roten Bordeaux-Weinen entströmt. Weicher, sanfter Stil, seidige Textur und sehr reichhaltig. Köstlich. Eine schöne Kreszenz. Eine weitere, auf der Overton-Verkostung 1979 degustierte Meyrick-Flasche war relativ fade, allerdings erholte sich ihre Nase mit Anklängen an Bananenschalen, und nach vier Stunden war noch immer eine reiche rosinige Fruchtigkeit vorhanden. Vor einiger Zeit ein Exemplar gleicher Herkunft, doch essigsauer und nicht mehr trinkbar. *Zuletzt bei der »Serie« mit Weinen aus der Zeit vor der Reblausinvasion auf Rodenstocks Verkostung im September 1995 degustiert. In Bestform nach wie vor* ★★★★★

ZULETZT AUF RODENSTOCKS VERKOSTUNG 1987 BEI DER »SERIE« MIT ERSTEN GEWÄCHSEN VON 1875 DEGUSTIERT **Ch. Latour** Zwei Magnums, die beide 1980 auf dem Château neu verkorkt wurden und sehr eigenartig nach Medizinalshampoo rochen; **Ch. Margaux** Eine Doppelmagnum mit Schwund, Füllhöhe mittlere Schulter, doch mit ausgezeichnetem, tanninbetontem Geschmack. Ich beschrieb ihre Nase als »kandierte Veilchen und saubere Verbände« ★★★; **Ch. Mouton-Rothschild** Drei schlechte Flaschen. Dann zwei 1982 neu verkorkte Magnums. Ein hübscher Wein, doch begann das anfänglich süße und ausgewogene Bukett untypisch für einen Lafite nach 35 Minuten zu zerfallen. Ein schöner, kurzlebiger Schmetterling. *In Bestform* ★★★★; **Ch. Haut-Brion** Zwei Magnumflaschen, beide mit Füllhöhe im Bereich der mittleren Schulter. Erdig, schokoladig. *In Bestform* ★★★

ZWEI WEITERE ÄLTERE NOTIZEN Ein köstlicher **Ch. Desmirail** von Fernand Woltners Keller in Paris: hübsche Farbe; »süßes«, mildes, dann ätherisches altes Bukett; wohlschmeckend, pikant. *September 1987* ★★★★; **Ch. Pichon-Lalande** von Fasque. Feiner, vollständig markierter Korken. Hohes Füllniveau. Die reine Vollendung. *Mai 1972* ★★★★★

1876 ★

Schlechtes Wetter, magere Erträge, dürftige Weine.

Ch. Lafite In diesem Jahr wurde der Rebenschädling *Phylloxera vastatrix* auf Lafite entdeckt. Das Verhängnis nahm seinen Lauf. Eine Flasche mit eingefallenem Korken, eine weitere, ebenfalls im Château abgefüllte, erwies sich als angenehm. Ich muss einfach wiedergeben, was ich bei der Verkostung aufschrieb: »Der anfängliche Hauch einer Bananennote wird rasch von Gardenien, dann Rosen abgelöst – blumig« usw. Voilà. *Auf Flatts Lafite-Verkostung im Oktober 1988 degustiert* ★★★

1877 ★★★★

Durchschnittliche Erträge, leichte, charmante Weine – doch die Reblaus breitete sich rasch über die Bordelaiser Weinberge aus.

Ch. Lafite Ein archetypischer Lafite, fast voll rubinrot; ein Bukett, das im Glas schön erblühte; »süßlich«, vollmundig, doch seidig (eine Magnum aus dem Château im Jahr 1967). Dann auf Flatts Verkostung 1988 eine im Château neu verkorkte Flasche; blass, glanzhell, ansprechend; Nase duftend, leicht rauchig, erneut im Glas aufblühend. Ein vorzüglicher, »süßer« alter Wein mit guter Länge.

Vor kurzem war dieser Jahrgang der jüngste (!) Wein auf Wilf Jaegers Weinprobe: blässlich, mit relativ schwachem, offenem, bernsteinfarbenem Rand; zunächst ein Hauch Lakritze, doch nach zehn Minuten entwickelte sich ein reichhaltiges, recht fleischiges Bukett, das nach 90 Minuten erwartungsgemäß am Ende war. Nichtsdestotrotz zeigte sich der Wein am Gaumen sehr wohlschmeckend und bekundete gute Länge. Ich schrieb: »Zerfiel, aber zum Käse köstlich.« *Zuletzt im Juni 2001 verkostet. In Bestform* ★★★★

Ch. Latour In letzter Zeit nicht verkostet, doch mit 104 Jahren intensiv und duftend, mit leichten Zerfallsspuren, aber hübsch. *Juni 1981* ★★★★

Ch. Ausone Zuerst 1983 verkostet, eine neu verkorkte Flasche: vollendetes Gewicht in Kombination mit fragilem Wesen, schöne Textur. Später eine Flasche mit Lafite-artiger Delikatesse und in vollendetem Zustand. *Zuletzt auf Flatts Ausone-Verkostung im Oktober 1987 probiert* ★★★★★

ZWEI EINTRÄGE ÄLTEREN DATUMS **Ch. Haut-Bailly** Hervorragende Magnumflaschen auf dem Festessen zu André Simons 90. Geburtstag im Jahr 1967. André erzählte uns, das Château habe damals eine Goldmedaille für den besten Weinberg im Département Gironde verliehen bekommen ★★★★; **Ch. Branaire-Duluc-Ducru** Aus dem Keller mit »altem Wein« in Mme Teysonneaus Villa oberhalb des Parc Bordelais (der für »jungen Wein« war mit Burgundern der Jahrgänge 1919 bis 1929 gefüllt). Etikett von Calvet, Korken mit der Markierung »Château Duluc«. Eine hübsche, zarte, rosige Farbe; »süßes«, mildes, doch herrlich duftendes Bukett, ebenso der Geschmack. »Lavendel und alte Spitze«. Auf einem Essen des Bordeaux Club geöffnet. *1979* ★★★★★

1878 ★★★★

Über den Beginn der so genannten »Zeit vor der Reblausinvasion« ist man sich uneins, keineswegs aber über ihr Ende: Der 1878er war der letzte Jahrgang, der Ausklang einer Ära. Moderate Erträge, sehr gute Weine. Über 20 Flaschen des 1878ers verkostet, in letzter Zeit jedoch nur eine.

Ch. Branaire-Ducru Warme, rötliche Farbe; reifes, würziges Bukett nach verblühten Veilchen, auf seine Art gut, doch zerfallend; »süßer«, eher leichter, ansprechender Geschmack, doch mit nach vorn drängender Säure. Einer meiner »Arsen-und-Spitzenhäubchen«-Weine. *Nur eine von insgesamt 94 sehr beachtlichen Kreszenzen auf Hardy Rodenstocks dreitägiger Veranstaltung im Arlberg Hospiz in Österreich, September 1993* ★★

Die folgenden Weine zuletzt Mitte der 1980er verkostet Ch. Lafite Von de Luze abgefüllt: mittlere Schulter; an und für sich reichhaltig, doch unsauber. Es dürfte bessere Flaschen geben; Ch. Latour Ähnliche Füllhöhe, doch wesentlich attraktiver; Bukett nach reifen Maulbeeren; angenehmer Nachgeschmack ★★★★ Ch. Mouton-Rothschild Mehrere Flaschen in den späten 1970ern, allerdings schlechte Füllhöhen. Auf Flatts Mouton-Verkostung eine Magnum mit Füllhöhe im Bereich der unteren Schulter; überraschend gut am Gaumen ★★; Ch. Cos d'Estournel Eine welke alte Dame, ziemlich spitzig, aber duftend und sauber ★★; Ch. Gruaud-Larose Eine weitere Abfüllung von de Luze; hochgetönt; körperreich. Knapp daneben; Ch. La Mission Haut-Brion Der älteste der 66 Jahrgänge auf Bipin Desais La-Mission-Weinprobe. Neu verkorkt. Wohlriechend, »süß«, eher leicht, gute Länge ★★★; Ch. Pontet-Canet Blass, kein Rot, aber lebendig; herrlich dekadentes, überreifes Bukett; delikat, köstlich ★★★★

Und einige gute hundertjährige 1878er Ch. Mouton d'Armailhacq Abfüllung von Harvey's. Gute Farbe; komplett, feste Frucht, entwickelte und hielt sich gut ★★★; Ch. Peyrabon Sehr ansprechend ★★★; Ch. Rausan-Ségla Mit dem Etikett »Café Voisin« (Paris). Neu verkorkt und trotz Füllhöhe auf mittlerer Schulter bemerkenswert gut; feine Farbe; kein Verfall; sehr reicher, reiner Geschmack und duftender Nachgeschmack ★★★★

1879 ★★

Ein unsicheres Terrain. Späte Lese (9. Oktober), kleine Erträge, ein gewöhnlicher Jahrgang. Trotz des schlechten Wetters und seines miesen Rufs haben einige ansprechende Weine überlebt, darunter Ch. Lafite Auf dem Château neu verkorkt; trocken, leicht, wohlriechend, mild. *Auf Flatts Lafite-Verkostung im Oktober 1988* ★★★; Ch. Ausone Blässliche Bernsteinfarbe; zunächst verhaltenes und delikates Bukett, das später reich aufwallte und Anklänge an Pilzsuppe und Rosinen aufwies; leicht, doch reichhaltig, weich, köstlich. *Auf Flatts Ausone-Verkostung im Oktober 1987 degustiert* ★★

1880 ★

Schlechtes Frühjahr, gefolgt von unregelmäßiger Blüte und einer Lese mit kleinen Erträgen. Mittelmäßige Weine.

Zu diesem Jahrgang entstanden nur wenige Notizen Ch. Lafite Recht gut, aber im Abgang etwas »verkorkst«. *Auf Lloyd Flatts Lafite-Verkostung im Oktober 1988* ★★; Ch. Mouton-Rothschild Fünf Einträge mit unterschiedlichen Ergebnissen stehen bei mir zu Buche; alle Flaschen stammen aus der Villa Ten Broeck; einige beschrieb ich als »oxidiert«, fleischig und malzig, andere rochen nach Räucherspeckschwarte, manchmal zeigten sie sich auch als bemerkenswert guter alter Cabernet Sauvignon. In der Regel am Gaumen besser; wesentlich höhere Überlebensrate. Eher leicht, wohlschmeckend, manche ganz angenehm, trotz des hohen Säuregehalts. *Auf den Heublein-Vorverkaufsdegustationen in San Francisco, Atlanta und New Orleans, 1978–1980. In Bestform* ★★

1881 ★

Wechselhafte Wachstumssaison. Heißer Sommer, späte Lese (ab 2. Oktober). Kleine Erträge, mittelmäßige, »grüne«, tanninbetonte Weine.

Ch. Lafite Liebliche Farbe; wildbretartige Nase; etwas Frucht und griffig. *Auf Flatts Lafite-Verkostung im Oktober 1988* ★★ Ch. Latour Wenn man diesen Wein im Keller eines Sammlers oder in einem Auktionskatalog sieht, ist die Wahrscheinlichkeit groß, dass er aus Hinton Admiral stammt, dem Meyrick-Gut in Hampshire, denn von den 30 Dutzend im Mai 1894 eingelagerten und zum Preis von 100 Shilling (5 Pfund Sterling) das Dutzend erworbenen »Claridge Claret No 1 Chat Latour 1881« blieben 27 Dutzend unangetastet in den Originalfächern liegen. Ein außergewöhnlich harter, tanninbetonter Wein. Sir Georges Großvater scheint ihn ebenso wenig gemocht zu haben wie der Earl of Strathmore auf Glamis seinen 1870er Lafite (siehe Seite 17).

Zwar fehlten Flaschenetiketten (in kühlen und oft auch feuchten Landhauskellern eingelagerte Weine wurden wie Jahrgangsport kaum je etikettiert), doch die kurzen Kapseln wiesen die Markierung »Château Latour 1881 Grand Vin« auf, weshalb die Zuordnung keine Probleme bereitete. Ich verkostete 1970 im Keller eine Flasche mit Schwund: gute Farbe, doch zu spitzig. Eine weitere mit gutem Füllniveau auf der Vorverkaufsverkostung sechs Monate später: mehr als tief, praktisch undurchsichtig; trocken, ein mächtiger Wein mit beißend tanninstarkem Abgang. Erinnerte mich an manchen 1948er. Elf Jahre später probierte ich auf Kerry Paynes Latour-Verkostung ein Exemplar aus dem Château: fehlerfreies altes Bukett; »ein großer trockener Wein, wenn auch noch immer tanninbetont«. *Zuletzt im Juni 1981 degustiert. In Bestform* ★★★

Weitere, in der zweiten Hälfte der 1980er entstandene Notizen Ch. Mouton-Rothschild Neu verkorkt von Whitwham, einem Händler in Cheshire, der für seine gute Neuverkorkung bekannt ist: würzige Nase, ausgezeichneter Geschmack ★★★★; Ch. Cantenac-Brown Ebenfalls neu verkorkt, doch nicht von Whitwham: keine schlechte Nase, aber ausgetrocknet ★; Ch. Gruaud-Larose Gesund, jedoch adstringierend ★

Herkunft

Die Herkunft spielt vor allem bei alten Weinen eine entscheidende Rolle. Woher stammen die Flaschen? Wie wurden sie eingelagert? Wurden sie bewegt? Temperatur- und Luftfeuchtigkeit sind entscheidend. Als ich die Weinabteilung bei Christie's leitete, bestand ich stets darauf, die Weine selbst vor Ort in Augenschein zu nehmen, ihren Zustand zu überprüfen und später beim Verpacken zu helfen. Ich wollte einfach sicherstellen, dass die von mir katalogisierten Raritäten den potenziellen Käufern auch korrekt beschrieben wurden. Die Provenienzen aus dem Keller von Glamis Castle waren »von perfekter Herkunft«: Man hatte sie seit mehreren Generationen nicht mehr bewegt (siehe Ch. Lafite 1870 auf Seite 17) und unter »einwandfreien« Kellerbedingungen« gelagert, wie ich es nannte. Ein weiteres Beispiel perfekter Herkunft sind Lord Roseberys Flaschen aus der Zeit vor der Reblausinvasion: Sie waren in den idealen Kellern seiner beiden Häuser Mentmore und Dalmeny praktisch unberührt geblieben und konnten dort ruhig vor sich hin reifen (siehe Kasten Seite 516).

1882 ★

Zwei Plagen gleichzeitig suchen die Weinberge heim: Die Reblaus breitet sich aus und schwerer Mehltaubefall macht den Stöcken zu schaffen.Trotz reduzierter Erträge aber geraten die

Weine elegant, wenn auch sehr leicht. Man findet sie heute kaum noch.
Ch. Lafite Streifbandetikett von Balaresque, einem der führenden *courtiers* (den Bordelaiser Maklern, die nichts mit den britischen »Maklern« von heute gemein haben – siehe Kasten Seite 168). Schlechter Zustand, schlechter Geschmack. *Einer der dürftigsten Weine auf Flatts Lafite-Verkostung im Oktober 1988.*

1883

Wechselhafte Wachstumsbedingungen, relativ geringe Erträge und leichte, dünne, recht dürftige Weine.
Ch. Lafite Auf dem Château neu verkorkt. Blass, keine Spur von Rot; ein seltsames, wenn auch recht ansprechendes Bukett »wie kandierte Ananas«, schrieb ich; trocken, leicht, kurz, ausgewaschen. *Auf Lloyd Flatts Lafite-Degustation vom Oktober 1988 verkostet.*

1884–1885

Ein weiterer schlechter Jahrgang. Der Mehltau verursachte verheerende Schäden und machte eine Lese in zwei Durchgängen erforderlich. Allerdings ebbte die Reblausplage angeblich ab, was zu falschen Hoffnungen Anlass gab, denn das Schadinsekt blieb in vielen Weinbergen bis weit ins 20. Jahrhundert hinein aktiv und ist selbst heute noch mancherorts anzutreffen. Magere Zeiten auch für den Handel. Nur ein Eintrag, betreffend den 1884er **Ch. Giscours** Von Harvey's abgefüllt. Ein sanfter, unverwelkter und liebreizender Wein, den ich Anfang der 1970er verkostete ★★★

1886 ★★

Frühjahrsfröste und Mehltau reduzierten die Erträge, sodass abermals eine Lese in zwei Durchgängen erforderlich wurde. Eine Durststrecke.
Ch. Lafite Originalkorken, gute Füllhöhe. Gutes Erscheinungsbild; »süßes« und würziges Bukett; Geschmack, Ausgewogenheit und Abgang gut. *Auf Flatts Lafite-Verkostung vom Oktober 1988 degustiert* ★★★
Ch. Mouton-Rothschild Eine ermüdete Flasche mit verdorbenem Geschmack, Füllhöhe mittlere Schulter. *Auf Flatts Mouton-Degustation vom April 1986 verkostet.*

1887 ★★★

Relativ frühe Lese; Mehltau unter Kontrolle, doch nur halber Ertrag. Der beste Jahrgang zwischen 1878 und 1893.

VIERZEHN EINTRÄGE, die folgenden Weine zuletzt in der zweiten Hälfte der 1980er verkostet: **Ch. Lafite** Aus einem Keller der Familie Rothschild, 1976 verkostet: wohlriechend und attraktiv; eine weitere Flasche 1985, herrliche Nase nach »altem Efeu« und Steinkohleteer, süß, weich, delikat. Dann allerdings eine oxidierte Flasche mit Schwund auf Flatts Degustation im Oktober 1988. *In Bestform* ★★★; **Ch. Margaux** 1971 zwei bemerkenswert wohlriechende Flaschen aus den Kellern von Glamis Castle. Bernard Ginestet berichtete mir, dass der Duft nach «altem Efeu«, der mir erneut auffiel, von den mehltaubefallenen Trauben herrührte. Zwei zufällig ein Jahrhundert nach dem Lesejahr verkostete Flaschen waren leider oxidiert. *Das letzte Paar auf Desais Degustation im Mai 1987 verkostet. In Bestform* ★★★; **Ch. Latour** 1970 ein Exemplar mit Schwund und ohne Frucht. Später bei einem Essen auf Ch. Lafite: ein feines, tiefes, intensives Erscheinungsbild; ansprechendes Bukett, Vanille, Zeder, Mandarinen; »süßer« Auftakt, trockener Abgang. Ein guter Wein. *Zuletzt 1983 verkostet* ★★★★

ZWEI ÄLTERE EINTRÄGE Ch. Durfort-Vivens Spuren von Reichhaltigkeit; ein alter Knabe, anständig, aber altersschwach ★★; **Ch. Gruaud-Larose** In ausgezeichnetem Zustand, wenngleich adstringierend ★★

1888 ★★★

Mit dem 1878er vergleichbar. Der verdorbene Sommer wurde durch den herrlichen September wettgemacht. Trotz später Lese (ab 2. Oktober) gute Qualität bei reichlichen Erträgen, wobei die Weine in Stil und Eleganz den 1887ern ähneln.
Ch. Lafite Bordelaiser Etikett von Larose & Co, Korken mit der Jahreszahl 1888. 1972 eine bezaubernde halbe Flasche aus einem schottischen Keller. Eine weitere Flasche hatte während ihrer Kerkerhaft in den Kellern eines schwedischen Grafen kaum überlebt (1980 degustiert). Zuletzt ein auf dem Château neu verkorktes Exemplar, blass, kein Rot; eigenartiger, verkohlter Duft; trocken, leicht und ausgezehrt, als habe man dem Wein »bei lebendigem Leib die Haut abgezogen oder ihn durch einen Aktivkohlefilter laufen lassen«. *Die letzte Flasche auf Flatts Verkostung im Oktober 1988 degustiert. In Bestform* ★★★
Ch. Mouton-Rothschild Nur ein Eintrag. 1980 von Whitwham neu verkorkt; trübe; in Nase und Geschmack würzig, doch verblüht. *Auf Flatts Mouton-Verkostung ein Jahrhundert nach dem Erntejahrgang im Mai 1988 verkostet.*
Ch. Haut-Brion-La Mission *(sic)* Aus den Kellern der Familie Woltner, die das Château 1918 erwarb und seinen Namen in La Mission Haut-Brion umänderte. Anfangs war es schwer einzuschätzen, ob die kaffeeartige Nase das Ergebnis von Oxidation war oder einfach nur vom typischen Graves-Charakter stammte. Doch der Wein setzte sich mit gutem Geschmack, trotz einer leicht aufdringlichen Säure. *Auf Karl-Heinz Wolfs La-Mission-Degustation im Juni 1990 in Wiesbaden verkostet* ★★★

RELATIV FRÜH ENTSTANDENE NOTIZEN Ch. Latour Wohlriechendes »Efeu«-Bukett; leicht, bezaubernd und angenehm. *Im März 1983 auf Ch. Lafite degustiert* ★★★; und wesentlich früher, wobei man berücksichtigen muss, dass sie damals rund 70 Jahre alt waren: **Ch. Margaux** aus Glamis Castle, zwei Einträge: beide Weine wohlriechend, mild, hübsch ★★★; **Ch. Léoville** *(sic)* Gut gebaut ★★★; **Ch. Gruaud-Larose** Delikat, köstlich ★★★

1889 ★★

Trotz später Blüte hohe Erträge. Leidlich gute, elegante Weine.
Ch. Lafite 1975: blässlich, aber gesund; mit rosigem Schimmer; ein bezauberndes Bukett, das mich an eine alte Dame mit rosigen Wangen und leuchtenden Augen erinnerte; delikat und liebenswert. Vor einiger Zeit: ähnliches Erscheinungsbild; außerordentlich duftend in Nase und Geschmack, doch fest, mit trockenem Abgang. *Zuletzt auf Flatts Lafite-Verkostung im Oktober 1988 degustiert* ★★★

NUR EIN ÄLTERER EINTRAG Ch. Mouton-Rothschild Ähnliches Erscheinungsbild wie der Lafite; mild, schmackhaft, ein Hauch Minze; leicht, verblasst, kurz, aber entzückend. *Im Mai 1974 im Coq Hardi in Bougival verkostet* ★★★

1890 ★★

Kaltes Frühjahr, sehr schöner September, doch mittelmäßige Erträge. Körperreiche Weine.
Ch. Lafite Erstmals 1976 verkostet: Schlossabzug, Originalkapsel, markierter Korken, aus einem Rothschild-Keller in Paris: schöne Farbe; reifes, exquisites Bukett; reich, positiv, einnehmend, doch mit einem Hauch Säure. Eine ähnliche, ebenso ansprechende Flasche gleicher Herkunft auf Lloyd Flatts Verkostung. *Zuletzt im Oktober 1988 verkostet* ★★★
Ch. Latour Eine 1977 verkostete Flasche aus dem Château. Bukett »süß« und wildbretartig *(gibier)*, wie ein gut abgehangener Fasan. Ein schöner Wein. Zwei spätere Einträge, beide Weine pflaumenfarben; recht vegetabil, Muskatblüte und alter Efeu. Trotz des Rufs des Jahrgangs kein großer Latour, tanninbetont. Ein ordentliches Gewächs. *Zuletzt im November 1990 verkostet* ★★★ *(gerade noch)*

ÄLTERE EINTRÄGE **Ch. Margaux** Ein weißes Tuch wurde über den Billardtisch auf Ch. de la Fot gebreitet, damit ich eine Auswahl von Weinen aus dem uralten, unter einem Kuhstall eingerichteten Keller verkosten konnte. Trotz der Gastfreundschaft des Marquis de Vasselot beklagten sich meine Frau und unsere Kinder. Wir waren nämlich während unseres Osterurlaubs dort und es schneite. Der Margaux wies zwar Originalkapsel, -etikett und -korken auf, doch ließ er seinen gewohnten Charme vermissen, denn er hatte zu wenig Frucht und war irgendwie spröde. *April 1975* ★★; **Ch. Léoville-Poyferré** Eine Schönheit, fast so tief wie ein 1945er. Körperreich, guter Geschmack, verhaltene »Süße«. *März 1970* ★★★

1891 ★

Ungünstiger Frühjahrs- und Sommerverlauf. Die Weinberge litten unter einem neuen Schädling, dem Traubenwickler *(Cochylis)*, der die Erträge stark reduzierte. Die Lese begann spät (am 2. Oktober), verlief aber unter guten Bedingungen.
Ch. Lafite Erstmals 1976 eine 1957 neu verkorkte Flasche verkostet. Sie hatte ein elegantes zedriges, teeartiges Bukett. Attraktiv. Später aus demselben Rothschild-Keller in Paris eine fruchtige, honigartige, nach Erdbeeren duftende Flasche; »süß«, körperreicher. *Zuletzt auf Lloyd Flatts Lafite-Degustation im Oktober 1988 verkostet* ★★★

EIN ÄLTERER EINTRAG **Ch. Léoville-Poyferré** Überreifes, aber wohlriechendes Bukett, ebenso der Geschmack. Delikat, doch eine gewisse Fülle. *1978* ★★★

1892 ★ bis ★★★

Wer wollte da ein *vigneron* sein: Schwere Frühjahrsfröste dezimierten die Erträge um zwei Drittel, den Rest versengte ein 43°C heißer Schirokko am 14. August. Anschließend Hagelstürme. Geringe Erträge. Ungleichmäßige Qualität, eine gewisse Eleganz.
Ch. Lafite Aus den Kellern des Restaurants Caviar Kaspia in Paris, 1957 neu verkorkt: helle Farbe, leichter Stil; gesunder, delikater Duft; elegant (1976). Später ein weiterer Charmeur, abgefüllt in Bordeaux, leicht »süß«, feminin, langer trockener Abgang mit erfrischender Säure. *Zuletzt auf Lloyd Flatts Lafite-Verkostung im Oktober 1988 degustiert* ★★★
Ch. Margaux Drei Einträge. Die erste Flasche mit Originalkorken hatte einen reifen, fast exotischen Duft. Die zweite, 1987 auf Desais Margaux-Verkostung degustiert, war vermutlich neu verkorkt worden: attraktives Erscheinungsbild; fruchtige alte Nase; »süß«, leicht, ausgezehrt, doch köstlich. Unlängst ein Exemplar aus einem großen Bestand, den Whitwham auf einer Versteigerung von Christie's in Genf erwarb und 1979 neu verkorkte: sehr »süß«, doch verblasst, überraschend ansprechend. Ich verwendete meinen alten Ausdruck »Arsen und Spitzenhäubchen«. *Der älteste von 50 Jahrgängen auf Manfred Wagners Margaux-Verkostung im Januar 1997 in Zürich* ★★★
Ch. Canon Ein alter Eintrag, der meines Erachtens jedoch erwähnenswert ist. Abgefüllt von Calvet, mit dem meine Gastgeberin Mme Teysonneau verwandt war. Madame servierte ihn bei einem Sonntagsessen, als ich buchstäblich auf Händen und Knien eine Bestandsaufnahme in ihrem »Alte-Weine«-Keller durchführte – eine ziemlich schmutzige Angelegenheit. Doch der Keller enthielt die umfassendste von Christie's je versteigerte Sammlung von Château-Weinen aus der Zeit vor 1900. Absolut köstlich, wobei mich der Stil an den 1887er Margaux erinnerte: warme, hellbraune Farbe; sehr parfümierte Nase, hochgetönt, sehr entgegenkommend; ein leichter, hübscher Geschmack nach Efeublättern, vollendete Säure, köstlich. Im Grunde ein bisschen wie Madame selbst: Spitzenhäubchen (ohne Arsen). *Bordeaux, April 1979* ★★★★

EIN WEITERER ALTER EINTRAG **Ch. Latour** Mit 89 Jahren reich in Farbe, Nase und Geschmack. 1981 ★★★★

1893 ★★★★

Ein außergewöhnliches Jahr nach einer Reihe schlechter bis mittelmäßiger Jahrgänge. Auf ein warmes Frühjahr folgten eine frühe Blüte und ein brennend heißer Sommer. Hohe Erträge und ein außergewöhnlich reifes Traubengut bei frühem Lesebeginn am 15. August.

ZU MEINER ÜBERRASCHUNG STEHEN BEI MIR 50 EINTRÄGE ZU BUCHE, doch in den 1990ern verkostete ich nur zwei 1893er: **Ch. Dauzac** Eine Jeroboam; erstaunlich tief; malzig, einnehmend, überraschend gut; »süß«, doch noch immer tanninbetont. Bemerkenswert. *München, September 1993* ★★★; **Clos L'Eglise-Clinet** Magnumflaschen: zitrusartiger Duft; weicher, attraktiver, ungewöhnlicher Geschmack. *Eine von Rodenstocks Entdeckungen, verkostet im September 1990* ★★★ *Ich habe keine Ahnung, wie Hardy diese Raritäten auftreibt.*

ICH UNTERTEILE DIE RESTLICHEN EINTRÄGE ZU DEN 1893ERN in Verkostungszeiträume, wobei ich mich so kurz wie möglich fasse.
ZULETZT IN DEN SPÄTEN 1980ERN VERKOSTET
Ch. Lafite Als Erstes 1972 eine Flasche aus einem schottischen Keller mit dem Etikett »Larose & Cie«: tief, reich. Sieht man einmal von zwei sauren und oxidierten Flaschen ab, so lautet das Schlüsselwort: reich. Dann ein sehr süßes, angesengtes, rosiniges Bukett und ein fast karamellartiger reicher Geschmack auf Overtons epochaler Lafite-Verkostung 1979, bei der ich zu dem Schluss gelangte, dass die Trauben in fast rosinenartigem Zustand gelesen worden waren. 1987 degustierte ich eine fehlerlose Impériale. Der jüngste Eintrag bezieht sich auf eine von Whitwham 1974 neu verkorkte Flasche, voll und fruchtig, doch mit einem Anflug von flüchtiger Säure. *Der letzte von acht Einträgen, die auf Lloyd Flatts Lafite-Verkostung im Oktober 1988 entstanden. In Bestform* ★★★★
Ch. Margaux Mit diesem Wein kam ich erstmals 1971 in Kontakt; er war von immenser Farbtiefe, allerdings mit Perlen

am Rand, die oft unheilvolle Vorboten sind; in der Tat war seine angenehme, seidige Textur durch die Säure etwas beeinträchtigt. Zehn Monate später eine unglaublich reiche, fabelhaft komplette Sechssterneflasche, der ich 20 von 20 Punkten gab.

Das wohl großartigste Exemplar aber stammte aus dem Keller des Woodperry House, Schlossabfüllung, langer Korken, gute Füllhöhe: »süßes«, weiches, veilchenduftiges Bukett, keinerlei Anzeichen von Verfall; weiche, fast cremige Textur (1976). Im folgenden Jahr eine opulente Impériale, an der ich keinen Makel entdecken konnte. Vor einiger Zeit eine beim Verkauf des Kellers von Woodperry House erworbene Flasche, ein lebendiges Rubinrot; wohlriechendes Bukett – sicherlich das Markenzeichen eines Margaux; begann an Gewicht zu verlieren, doch noch immer schön ausgewogen. Ein äußerst ansprechender Wein. *Zuletzt während eines Abendessens bei David d'Ambrumenil im November 1989 verkostet* *****

Ch. Cheval Blanc Eine unglaublich tiefe, außergewöhnlich exotische Doppelmagnum. Wie schon früher einmal bemerkt: *hors classe. Mit Jacques Hébrard degustiert, dem im Juni 1987 auf Walter Eigensatz' Verkostung von 1893ern und 1929ern in Wiesbaden Tränen in die Augen traten.*

Ch. Pétrus Eine weitere Doppelmagnum auf derselben Verkostung. Kaffeeartige Nase; stämmig, hoher Extrakt, würziger tanninbetonter Abgang. Herkunft unbekannt, doch eindrucksvoll. *Wiesbaden, Juni 1987* **

Ch. Cos d'Estournel Zwei Magnums, neu verkorkt. Eine fehlerhaft, die andere lebendig, wildbretartig, schön zu trinken. *Auf Rodenstocks Weinereignis im September 1987* ****

Ch. Montrose Originalkorken. Fehlerlos, wohlriechend; weiche Frucht, doch eine Spur flüchtiger Säure. *Im Mai 1988 im Cercle de Vingt in Versailles verkostet* **

ZULETZT IN DER ERSTEN HÄLFTE DER 1980ER VERKOSTET Ch. Latour Zwei enttäuschende Flaschen, eine reich und wildbretartig in der Nase; ausgetrocknet, wohlriechend, ausgezehrt, doch sehr gut trinkbar. *Zuletzt 1981 auf dem Château verkostet. In Bestform* **; Ch. Mouton-Rothschild Vier Einträge, zwei Flaschen mit Schwund, doch faszinierend und gerade noch am Leben, die anderen beiden ausgezeichnete Exemplare mit dem opulenten, würzigen Mouton-Charakter, angenehm, rund und in wunderbarem Zustand. *Zuletzt 1981 degustiert. In Bestform* *****; Ch. Brane-Cantenac Schön. *1985* ****; Ch. Pichon-Lalande Ein oxidiertes Exemplar, ein weiteres wohlriechend; weiche, hübsche Textur. *1981. In Bestform* ***

ANDERE, SEIT DEN 1970ERN NICHT MEHR VERKOSTETE WEINE Ch. Figeac Reich, aber delikat ****; Ch. Gruaud-Larose Undurchsichtig; spröde **; Ch. Léoville *(sic)* Abgefüllt von Chalié Richards and Holdsworth: Bernsteinton; überreife Frucht, doch angenehm; wildbretartig, wohlschmeckend, gesund ***; Ch. Léoville-Poyferré Abgefüllt in Bremen, müde, aber durchhaltend ** Ch. Pape-Clément Ein weiterer wundervoller Wein aus dem Woodperry House: hübsche Farbe mit Mahagoniton; sanftes, zedriges Bukett; weich, unbeschwert, gesund, sehr ansprechend ****

1894 *

Die Weine hatten unter der übermäßigen Hitze des Vorjahres gelitten. Hohe Luftfeuchtigkeit begünstigte das Verrieseln *(coulure)*; auf Regen folgte eine späte Lese (ab 5. Oktober) bei niedrigen Erträgen.

ZULETZT ENDE DER 1980ER VERKOSTET Ch. Lafite Neu verkorkt: blass; duftendes altes Bukett nach »Spitze«; verwelkt, gebrechlich. *Oktober 1988* *; Ch. Ausone Mit Schwund und erdig, doch 1977 mit einer gewissen Delikatesse. Später eine hellbraun getönte, rosenrote Farbe; würzig, doch etwas firnisartig in Nase und Geschmack. *Oktober 1987* *; Ch. Kirwan Doppelmagnum: rubinroter Kern; Schokolade, Eiche und Vanille; voll, zum Kauen, sehr tanninstark; ausgeprägte Säure. *September 1988* *

1895 ****

Kein leichtes Jahr für die Weinbauern: bis Ende Juli nasses Wetter, im August und September Trockenheit und zur Lese schließlich übermäßige Hitze. Es war der erste Jahrgang, in dem einige Winzer lernten, wie man Weine bereitet, wenn das Traubengut bei gefährlich hohen Temperaturen heimgefahren wurde. In solchen Fällen unterbricht ein zu hoher Zuckergehalt den Gärprozess und lässt ein Übermaß an flüchtiger Säure entstehen. Allerdings holten damals, als noch keine önologischen Berater unterwegs waren, keineswegs alle Châteaux Rat ein. Zu den wenigen Gütern, die sich um Hilfe bemühten, gehörte Lafite: Der Verwalter bat einen befreundeten Wissenschaftler um Auskunft darüber, wie man den hohen Temperaturen begegnen könne. Man riet ihm, den Saft von der Maische zu ziehen, ihn eine Nacht lang in einem separaten Tank zu kühlen und ihn wieder zurückzupumpen, um die Vergärung fortzuführen. Bei einer anderen Gelegenheit wies man den *maître de chai* an, Eisklumpen in die überhitzten Bottiche zu geben. Heute sind natürlich ausgeklügeltere Kühlmethoden gebräuchlich.

Ch. Lafite Die Ergebnisse konnten sich sehen lassen. Ich war noch nie zuvor einer Abfüllung von »T. de Vial & Fils, Bordeaux« (auf der Kapsel zu lesen) begegnet, doch der Korken mit der Markierung »Vial« hatte 80 Jahre lang standgehalten: gute, leidlich tiefe Farbe; hübsches altes Zedernbukett, das sich köstlich entfaltete; entsprechender Geschmack, weich, ausgezeichneter Abgang. Vor einiger Zeit ein 1987 vom *maître de chai* neu verkorktes Exemplar (es war ursprünglich nicht im Château abgefüllt worden, denn während der Reblausplage von 1885 bis 1906 zog Lafite seinen Wein nicht selbst vor Ort auf Flaschen, sondern lieferte ihn in Barriques an die Händler, die diese Aufgabe übernahmen). Die neu verkorkte Flasche war nicht minder gut: tief; »süß«, lebendig, doch reich; gute Frucht und Länge. *Zuletzt bei Flatts Lafite-Degustation im Oktober 1988 verkostet* ****

Ch. La Mission Haut-Brion Der erste Eintrag entstand während der Lese 1978 bei einem Essen mit Jean Delmas auf dem Château; die Flasche war 1950 neu verkorkt worden. Eher blass, doch sehr angenehm; wohlriechendes altes Bukett, das mich an Efeublätter und Rebwurzeln erinnerte; delikat, ansprechend, köstlich, die leicht pikante Säure im Abgang wurde durch das Essen gemildert. Vor einiger Zeit ein weiteres, ebenfalls aus den Woltner-Kellern stammendes Exemplar, eine Flasche mit köstlichem Duft; leicht, stilvoll, sehr gut zu trinken. *Zuletzt auf Karl-Heinz Wolfs La-Mission-Verkostung im Juni 1990 verkostet* ***

1896 ****

Reichliche Erträge; feine, delikate Weine.

Ch. Lafite Füllte das Château seine Weine für den Hausgebrauch selbst ab oder übertrug es diese Aufgabe einem bevorzugten *négociant*? Die von mir 1976 verkostete Flasche stammte aus dem Pariser Keller des Baron Guy de Rothschild und war auf dem Gut neu verkorkt worden: sehr ansprechend, mit »süßem«, reifem Bukett; trocken, eher leicht, etwas pikant. Vor einiger Zeit hatte eine vom *maître de chai* neu verkorkte Flasche einen nicht ganz gesunden braunen Rand sowie eine malzige Nase und war säurebetonter. *Zuletzt auf Flatts Lafite-Verkostung im Oktober 1985 degustiert. In Bestform* ★★★

UNTER DEN ANDEREN ÄLTEREN NOTIZEN bezogen sich die besten auf **Ch. Brane-Cantenac** Wohlriechend, eindimensional, klammerte sich an das Leben. *1983 auf Lafite verkostet* ★★; **Ch. Giscours** Abfüllung von de Luze; köstliches Bukett; etwas verblasst, aber gesund. *1981* ★★★; **Ch. Montrose** Blässlich, aber gesund; alte Zeder und ein Rest Frucht; trocken, eher leicht, mild, die Tannine, die ihn 80 Jahre lang konserviert hatten, »hatten ihr Amt niedergelegt«. *1976* ★★★ *(gerade noch)*

1897 ★

Der Jahrgang erinnerte daran, dass in Bordeaux ein maritimes Klima herrscht; der Atlantik ist nur eine gute Stunde von Pauillac entfernt. 1897 mutierten die wohltuenden Meeresbrisen zu kräftigen, salzigen Küstenwinden, die die Reben versengten. Man erntete bei guten Witterungsbedingungen die kleinsten zwischen 1863 und 1910 gelesenen Erträge. Mittelmäßige Weine.

Ch. Lafite Das Restaurant Caviar Kaspia am Place Madeleine in Paris hat sich zwar auf Fisch spezialisiert, verfügt jedoch auch über einen unglaublich guten Keller mit roten Bordeaux-Weinen, in dem viele alte Lafite-Jahrgänge bis zurück in das Jahr 1806 liegen (mehrere wurden bei Christie's und später bei den Heublein-Auktionen in den USA verkauft). Der beste im Jahr 1976 von mir verkostete 1897er stammte aus diesen Beständen: ein hübscher, angenehmer, trockener und eleganter Wein, der 1957 auf dem Château neu verkorkt wurde. Zwei anschließend verkostete Flaschen litten unter Schwund, obwohl eine davon trotz einer an gut abgehangenes Federwild erinnernden Überreife sehr schmackhaft war; die andere indes fiel spitzig aus. Später ein blässliches, verwelktes, altersschwaches, aber gesundes Exemplar. *Zuletzt auf Flatts Lafite-Verkostung im Oktober 1988 degustiert. In Bestform* ★★

Ch. Latour Aus dem Château, neu verkorkt: gesunde Farbe; birnenartige Nase; trocken, leicht und delikat für einen Latour. *Zuletzt 1981 verkostet* ★

1898 ★★ bis ★★★

Die Hälfte des üblichen Ertrags. Tanninbetonte Weine, die eine beträchtliche Flaschenalterung benötigten; einige haben bis heute überlebt.

Ch. Lafite Zwei ähnliche Einträge im Abstand von zwölf Jahren. Beide Flaschen neu verkorkt. Rötliches Rehbraun. Abgesehen von einer eigenartigen, an teergetränktes Seil erinnernden Note in Nase und Geschmack ganz hübsch, leicht und wohlschmeckend. Die lebenserhaltenden Tannine nach wie vor präsent. *Zuletzt auf Flatts Lafite-Verkostung im Oktober 1988 degustiert* ★★★

Ch. Margaux Neu verkorkt. Hellbrauner Ton; reich, leicht stechende Nase. Noch immer tanninstark. *Auf Desais Margaux-Verkostung im Mai 1987 degustiert* ★

Ch. Le Curé-Bon-La-Madeleine Tyisch für Hardy Rodenstock, dass er eine Flasche aus diesem kleinen und wenig bekannten Château in unmittelbarer Nachbarschaft von Ch. Ausone aufgetrieben hat. Gute, relativ tiefe Farbe; anfänglich ein Duft nach überreifen Bananen, doch die dahinter verborgene Frucht drängte nach 20 Minuten an die Oberfläche. Am Gaumen ausgetrocknet, mager, aber mit guter Länge. *September 1988* ★★

André Tchelistcheff und der 1898er Lafite

Den großen jährlichen Heublein-Weinversteigerungen, die ich von 1969 bis 1982 leitete, gingen Verkostungsmarathons voraus, an denen über 500 potenzielle Käufer und Weinkenner teilnahmen. 1971 erschien André Tchelistcheff, der Doyen der Winzer im Napa Valley, auf einer Vorverkaufsdegustation in San Francisco, worauf wir ihn baten, einen der alten Weine zu öffnen und ihn zu beurteilen. Auf dem obersten Tisch hielten wir immer eine Reihe alter, seltener Flaschen zum Verkosten bereit. André wählte einen Lafite aus dem Jahr 1898, einer Zeit also, als Amerika noch nicht so viel Ahnung von Weinen hatte, aber eifrig bemüht war, seine Kenntnisse zu verbessern. Nach dem Öffnen und Dekantieren nahm André einen Schluck und murmelte mit reizendem französisch-russischem Akzent wie zu sich selbst, aber mit eingeschaltetem Mikrophon: »Das Verkosten alter Weine ist wie Sex mit einer alten Dame.« Im ganzen Saal wurde es still; er hielt kurz inne. Dann: »Das geht schon.« Eine weitere Pause. »Es kann sogar schön sein.« Noch ein Schluck, noch eine Pause: »Aber man braucht ein bisschen Fantasie.« Im Saal brach der reinste Aufruhr los. Was er gesagt hatte, sorgte nicht nur für Heiterkeit – auch wenn sich einige schockiert zeigten –, sondern war obendrein noch überaus treffend. Man muss bei Verkostungen eben mit allem rechnen.

WEITERE IN DEN 1980ERN VERKOSTETE WEINE **Ch. Latour** Schöne Farbe; am Rande des Verfalls, aber parfümiert; überraschend »süß« und leicht, weich, würzig und wohlriechend. *Bei einem Essen auf Ch. Lafite im Juli 1985 getrunken* ★★★★; **Ch. Brane-Cantenac** Herbstlicher Farbton; wohlriechende, reiche, geröstete Nase; verwelkend, pikant, wohlschmeckend. *Ebenfalls auf Ch. Lafite verkostet, März 1983* ★★★

DIE BESTEN DER ZULETZT MITTE DER 1970ER VERKOSTETEN WEINE **Ch. Mouton-Rothschild** In Nase und Gaumen ein sehr reifer, reicher, komplexer alter Knabe. Fest, gutes Stehvermögen mit fast 80 Jahren. *1975 auf dem Château verkostet* ★★★; **Ch. Villemaurine** Der erste alte Jahrgang, den ich von diesem Gut je verkostet habe. Das Château besitzt den spektakulärsten in römischer Zeit aus dem Fels gehauenen *cave* in St-Emilion. Ein köstlicher Wein für den, der süße Dekadenz mag. Sehr delikat, mit wohlschmeckendem Abgang. *1977* ★★★

1899 ★★★★★

Der erste der berühmten Zwillingsjahrgänge aus dem *fin de siècle*. Eine fast perfekte Wachstumsphase, die in einer Lese mit üppigen Erträgen gipfelte. Entsprechend stämmige Weine entstanden, die jedoch auch eine gewisse Delikatesse und große Finesse bekundeten. Steigende Preise. Zu meiner Überraschung habe ich den 1899er im Jahr 1967 45-mal verkostet.

Ch. Lafite Acht Einträge. Selbst in einem Jahrgang wie diesem verkaufte Lafite den Wein in Fässern (genauer gesagt per Tonneau, wobei vier Barriques rund 100 Dutzend Flaschen ergeben) an Bordelaiser *négociants* zur Abfüllung oder zum Weiterversand an andere Händler. 1971 verkostete ich den ersten Lafite dieses Jahrgangs; er war von Louis Mortier abgefüllt worden: leicht, fein, schöner Geschmack. Der »Château Lafite

Grand Vin« desselben Jahres war womöglich eine Abfüllung von Harvey's in Bristol. Er zeigte sich als hübscher, sanfter, zedriger und eleganter Wein. 1978 bei einer Heublein-Vorverkaufsverkostung zwei Flaschen aus der Villa Ten Broeck in New York, die seltsamerweise ein Etikett mit der Aufschrift »mise d'A. G. & E. Rothschild« trugen, die eine mit Schwund und »umgeschlagen«, die andere recht gut, »etwas spitzig, aber sauber«! Eine vorzügliche Flasche auf der Overton-Degustation 1979 und ein relativ firnisartiges Exemplar auf Lloyd Flatts Weinprobe 1988. Unlängst eine spektakuläre, neu verkorkte Doppelmagnum: wohlriechend, sanft, schön ausgewogen. *Zuletzt auf Walter Eigensatz' Weinprobe im Mai 1999 verkostet. In Bestform* *****

Ch. Margaux Zwei 1972 auf dem Château verkostete Flaschen, beide blass mit leichtem rötlichem Schimmer; eine mit reichhaltigem, faszinierendem, hochgetöntem Bukett und durchbrochener anfänglicher »Süße«, am Austrocknen; die andere sehr duftintensiv und wohlriechend, obwohl sie sich als »übersüß« erwies, hatte sie am Gaumen mehr Biss. Kein sonderlich aufregender Einstand. Ich überspringe 15 Jahre und komme zu zwei auf Desais Degustation verkosteten Flaschen, die eine mit einem Etikett von Pillet-Will (Graf Pillet-Will hatte das Schloss 1879 gekauft) und merklich ungesund; die andere offenbarte das für Margaux typische feminine Wesen in seiner verführerischsten Ausprägung. Sie bekundete eine lebendige, hübsche Farbe und ein schönes Bukett; merkliche »Süße«, keineswegs körperreich, wohlriechend, ansprechend. 1989 eine Impériale mit Originalkorken. Ein Wein mit satter Farbe und hübschen »Kirchenfenstern«. Sein »süßes«, duftendes Bukett fiel binnen 30 Minuten in sich zusammen. Exotischer Geschmack, aber letzten Endes eine überalterte Diva. *Zuletzt im September 1993 eine Jeroboam im österreichischen Arlberg blind verkostet. In Bestform* *****

Ch. Latour Erstmals 1967 verkostet, beeindruckende Farbe; leicht muffiger Flaschengeruch, der sich bald verzog und einer bemerkenswerten Frucht das Feld überließ; kein großer Wein, aber ein weicher und vollmundiger. Unausgeglichene Qualität – was wohl auf Lagerung und Herkunft zurückzuführen sein dürfte. Keine Flasche reichte an das erste verkostete Exemplar heran. *Zuletzt im März 1987 verkostet. In Bestform* *****

Ch. Mouton-Rothschild Eine 1969 verkostete Flasche wurde ihrem reichen, samtigen Erscheinungsbild nicht gerecht. Die Nase »so trocken wie Staub«. Um Reichhaltigkeit bemüht. Die nächste war angenehm, seidig, verblasst, aber komplett. Das beste Exemplar eine von Whitwham 1974 neu verkorkte Flasche: ansprechendes, lebendiges Erscheinungsbild; wohlriechend; leicht minziges Bukett; vollendetes Gewicht, angenehmer Geschmack, fester, trockener Abgang (auf Lloyd Flatts Mouton-Verkostung 1986). Vor einiger Zeit eine Doppelmagnum, weitaus opulenter, schokoladig; trocken, lebhaft, gute Länge, ein bisschen viel Säure. *Zuletzt auf der Eigensatz-Degustation von Großformaten im Mai 1989 verkostet. In Bestform* ****

Ch. Ausone Sehr reichhaltig, rosinig, leicht maderisiert. *Oktober 1987* **

Ch. Le Curé-Bon-La-Madeleine Eine gemeinsam mit dem 1898er verkostete Magnum. Sie sah müde aus, die alte Nase versuchte, nicht unterzugehen, bäumte sich aber noch ein letztes Mal auf – wie der Herzog von Clarence, bevor er in einem Fass mit Malmsey ertrank. Keine schlechte Frucht, doch ziemlich rauer Abgang. Eine Kuriosität. *Auf Rodenstocks Weinprobe vom September 1998 verkostet.*

Clos L'Eglise-Clinet Eine weitere Kuriosität von Rodenstock, eine blind verkostete Magnum: weiche, marmeladige Frucht in der Nase, konnte allerdings ihr Alter nicht verhehlen; »süßlich«, weich und ansprechend, doch mit ungewöhnlichem Geschmack. *September 1996* ***

Ch. Léovoille-Barton Die Sanftheit, Delikatesse und Finesse eines 1899ers in Reinkultur. Erstmals 1976 verkostet, ein sehr attraktives, reifes Erscheinungsbild; wohlriechendes, köstliches, leicht fruchtiges Bukett, das sich im Glas reichhaltig und biskuitartig öffnete. Mitteltrocken, mittelleicht (Gewicht), sanft und ansprechend, mit gutem, trockenem Abgang. Der nächsten Flasche gab ich bei einem Essen auf Ch. Lafite 1982 sechs Sterne und im Jahr darauf notierte ich mir – ebenfalls auf Lafite – das intensive, schöne, klare Erscheinungsbild; ein entgegenkommendes Bukett mit fast pomadiger Süße; mit sanftem Seufzer am Austrocknen. Vor einiger Zeit: blässlich; reiche angesengte, etwas spitzige Nase, die mich irgendwie an Farn erinnerte; ausgetrocknet, erfrischend. Ganz klar über den Höhepunkt hinaus, doch mehr als nur ein Schatten seiner selbst. *Zuletzt auf der Josey-Vorverkaufsverkostung im November 1990 in New York degustiert. In Bestform* *****

Ch. Brane-Cantenac Eine reiche, feine Flasche aus Glamis Castle, von Nathl Johnston abgefüllt und im Jahr 1971 verkostet. Später volle, feste, hübsche Textur, ausgewogen. Eine gute Ära für dieses Château. *Zuletzt im März 1983 auf Ch. Lafite verkostet, aus dem »Tauschkeller« des Gutes* ****

Weintausch

Dem Leser wird gelegentlich auffallen, dass ich eine ganze Reihe von Weinen aus den Kellern von Ch. Lafite bewertet habe, die von anderen Châteaux stammen. Es war unter den Spitzengütern – nicht nur den Premiers crus – durchaus üblich, Weine aus purer Höflichkeit und, wie ich vermute, auch aus Neugier auszutauschen. Diese Flaschen begannen sich im Keller anzuhäufen, denn wie man sich vorstellen kann, zogen es die Gastgeber vor, bei Empfängen und Essen überwiegend ihre eigenen Weine anzubieten.

IM MÄRZ 1983 AUSSERDEM DEGUSTIERT **Ch. Cantenac-Brown** Ein wirklich prachtvoller Wein: »Süß«, köstlich, gute Säure *****; **Ch. Léoville-Poyferré** Lafite-artig, herrlichen Duft verströmend. Sehr angenehmer Geschmack, leicht säurebetont ****

VON DEN SPÄTEN 1960ERN BIS MITTE DER 1970ER VIELE WEITERE CHÂTEAUX VERKOSTET Zu den besten gehörten: **Ch. Beychevelle**; **Ch. Gruaud-Larose**; **Ch. La Lagune** (»sogar noch besser als Mouton«); **Ch. Moulin-Riche** Der Zweitwein von Poyferré mit der falschen Kellerschildbeschriftung »Mouton-Riche« im Keller von Glamis Castle; **Ch. St-Pierre-Bontemps** (heute nur noch St-Pierre genannt).

1900–1919

Reichtum und Macht, dann der Krieg und seine Nachwehen. Die ersten Jahre des neuen Jahrhunderts waren geprägt von Glanz und Glorie, Opulenz und Pracht. Nicht alle aber befanden sich »auf der Sonnenseite des Lebens«. Gut ging es auf jeden Fall den Weinhändlern und Importeuren diesseits und jenseits des Atlantiks sowie den Bordelaiser *négociants* und insbesondere den »Händlerprinzen«, die bei ihren Geschäften mit den Erzeugern den Ton angaben. Dann kam der Erste Weltkrieg und die jungen, gesunden Männer mussten ihre Arbeitsplätze verlassen, um in den Kampf zu ziehen. Viele von ihnen kehrten nie wieder heim, wie die Kriegerdenkmäler in jeder Stadt und jedem Dorf bezeugen. Der Mangel an Arbeitern und Material machte den Winzern das Leben schwer. Und auch die Witterungsbedingungen linderten ihre Not nicht gerade: 1915 war ein Desaster. Dabei profitierten manche sogar vom Krieg. Weinhändler aus Nordfrankreich und den Niederlanden etwa konnten nach Bordeaux umsiedeln und dort Châteaux kaufen, unter ihnen Cordier, Ginestet und die Woltners. In der Regel aber erholte sich die Gesellschaft nur langsam von den Folgen des Krieges. Mit Inkrafttreten des Volstead Act vom Oktober 1919 ging für den US-amerikanischen Weinhandel eine Epoche des Wohlstands zu Ende: Die Prohibitionszeit hatte begonnen.

Die Jahrgänge auf einen Blick

Hervorragend *****
1900
Sehr gut ****
1904, 1911
Gut ***
1905, 1906, 1914, 1918, 1919

1900 *****

Der zweite der berühmten Zwillingsjahrgänge. Während der 1899er Finesse und Delikatesse bekundete, jenen femininen Charme also, der später mit dem 1929er und 1953er in Verbindung gebracht wurde, fiel der 1900er strukturierter (um einen modischen Begriff zu verwenden), ausgewogener und auf offensichtlichere Art eindrucksvoller aus. Es handelte sich jedoch auch um einen Jahrgang mit idealen Wetterverhältnissen, die für überreichliche Erträge und gleichmäßig herausragende Weine sorgten. Zumindest für jene, die sich auf die Bereitung von Spitzenweinen verstanden. Paradoxerweise aber profitierten die Erzeuger davon nicht. Die Händler hatten den 1899er zu guten Preisen aufgekauft; sie hatten Überschüsse und übten Druck auf die Besitzer der Châteaux aus, damit diese ihre Preise senkten.

Ch. Lafite Bei sechs Gelegenheiten verkostet. Uneinheitliche Qualität, was vorwiegend auf unterschiedliche Herkunft, die Lagerbedingungen und schlechte Korken zurückzuführen war. Ein möglicher Grund war aber auch, dass Lafite seinen Wein vorwiegend in Fässern verkaufte und sich darauf verließ, dass die verschiedenen *négociants* Ausbau und Abfüllung übernahmen, oder die Erzeugnisse in *barriques* an Abnehmer in Übersee verschiffte, damit diese den Inhalt auf Flaschen zogen; natürlich handelte es sich dabei nicht um x-beliebige Kundschaft, sondern um verlässliche Importeure und Händler.

Erstmals auf Dr. Marvin C. Overtons Lafite-Degustation verkostet, auf der jedes Jahrzehnt von den 1790ern bis zu den 1970ern vertreten war. Das Erscheinungsbild war bei hohem Füllniveau warm und ansprechend, nicht tief; das Bukett blühte im Glas großartig auf. Ein reicher, vollmundiger Wein, dessen lebensspendende Tannine und Säure nach wie vor präsent waren. Ich verlieh ihm 20 von 20 Punkten, eine seltene Bewertung. Anfang der 1980er eine aufregende *Réserve du Château*, deren überreifes wildbretartiges Bukett an eine alte Zigarrenkiste aus Zedernholz – oder an angesengte Haare – erinnerte. Bereits »über den Höhepunkt hinaus« und am Zerfallen, aber ein Genuss, solange sie aushielt. Ich überspringe die Flaschen mit Schwund und oxidiertem Inhalt, darunter auch ein sehr enttäuschendes Exemplar auf Lloyd Flatts Weinmarathon mit 116 Lafite-Jahrgängen von 1784 bis 1986, und komme zu einer ausgezeichneten Magnum, die 1991 auf dem Château neu verkorkt worden war: nach wie vor sehr »süß«, reich, gut in Geschmack und Länge, köstlich. *Zuletzt während der fünften »Serie« auf Hardy Rodenstocks Weinwochenende im September 1996 verkostet. In Bestform* *****

Ch. Latour Einer der großen Latour-Jahrgänge, wobei der Zustand natürlich von der Herkunft und dem Korken abhängt. Erstmals 1970 bei einem Essen auf dem Château – ein großes Privileg – verkostet. Das Erscheinungsbild des 70 Jahre alten Weins war herrlich: tief, mit entsprechendem Geschmack, noch immer ziemlich massiv und ausgesprochen griffig. Eine köstliche, unvergessliche Kreszenz. Ich übergehe eine 1978 degustierte Magnum – mit Schwund, aber trotzdem noch interessant – sowie ein enttäuschendes, oxidiertes und hölzernes Exemplar auf Kerry Paynes Verkostung »Hommage an Latour«. Vor einiger Zeit zwei sehr gute Magnumflaschen auf einer Latour-Verkostung, die ich für meinen deutschen Verlag, Hallwag, und die Züricher Weinhändler Reichmuth in einem meiner Lieblingshotels, dem Baur au Lac, leitete. Beide Magnums zeigten sich noch immer überraschend tief und gesund. Das Bukett war keineswegs zurückhaltend, sondern voll erblüht und kam einem ungeduldig entgegen. Ein »süßes«, reifes Vollblut, das nach 75 Minuten opulent und exotisch aus dem Glas aufstieg. Am Gaumen eine »Süße«, deren Verfall nahte, aber nach wie vor reife, reiche Frucht, Extrakt, Tannin und Säure sowie duftender Nachgeschmack. *Zuletzt im Oktober 1994 in Zürich verkostet. In Bestform* *****

Ch. Margaux Der beste Margaux-Jahrgang des Jahrhunderts. Ich verkostete ihn erstmals 1969, wobei mich das Bukett unter anderem an tiefen, reichen Burgunder erinnerte. Ein paar Jahre später ein von de Luze ausgeliefertes, aber im Château abgefülltes Exemplar, bei dem mir die beeindruckend tiefe Farbe auffiel; tiefer, doch zarter und »samtiger« Duft; seidig, schön ausgewogen: eine vollendete Kreszenz. Zwei nicht minder vollkommene Flaschen 1987, dann eine eigenartig ausgetrocknete Doppelmagnum 1993 in Hamburg und unlängst drei praktisch makellose Flaschen, die ich jeweils bei völlig unterschiedlichen Anlässen degustierte und die zufällig alle ein Etikett von Barton & Guestier aufwiesen; bei zweien wurde sogar ausdrücklich darauf hingewiesen, dass sie von B. & G. »reconditioned and recorked«, also wieder aufgefüllt und neu verkorkt worden waren. Die erste im Janur 2000 auf einem von Joshua Latner im Londoner Lanesborough Hotel veranstalteten, spektakulären Dinner, die zweite auf Manfred Wagners Margaux-Weinprobe in Zürich und die letzte bei einem Rodenstock-Essen im Münchener Hotel Königshof. Es ist überflüssig, sie einzeln zu beschreiben, sie waren allesamt überragend und verströmten denselben aus dem Glas drängenden Duft. Margaux in höchster Vollendung; süß, noch immer vollkommen ausgewogen, mit vielschichtigem Geschmack. Ein Wein, wie man ihn sich schöner nicht vorstellen kann. *Zuletzt im März 2001 verkostet. Mit Ausnahme einer Flasche alle *****. Es lohnt sich vielleicht darauf hinzuweisen, dass das von der Familie Geisel geführte Hotel Königshof trotz seiner nüchternen Fassade an Münchens zentralem Platz in jeder Hinsicht überragend ist.*

Château Margaux

Als ich 1979 in Bordeaux mit Mme Teysonneau speiste, nachdem ich den Sonntagmorgen auf Händen und Knien in ihrem Keller verbracht hatte (siehe 1892, Ch. Canon, Seite 23), erwähnte sie beiläufig, dass sie ihren gesamten Bestand an 1900er Château Margaux – rund elf Dutzend Flaschen, so weit ich mich erinnere – bei der Hochzeit ihrer Tochter verbraucht hatte, die kurz zuvor stattgefunden hatte. Welch eine Verschwendung.

Ch. Margaux Deuxième Vin Es lohnt sich, diesen Wein zu erwähnen, weil das Gut eine geringe Stückzahl von als Château Margaux katalogisierten Flaschen auf einer Auktion in Paris ersteigerte. Der Fehler wurde bei der Auslieferung entdeckt. Vorsicht also. Dabei war er recht gut, reich, reif, wildbretartig, samtig, mit gutem Abgang. *Bei einem Essen auf dem Château im April 1975 verkostet.*

Ch. Mouton-Rothschild Ein halbes Dutzend Einträge, aber keiner aus jüngster Zeit. Von uneinheitlicher Qualität, als Erstes 1970 eine ausgezeichnete Flasche, einige Monate später eine mit Essigstich. Ein gutes Exemplar aus den Privatkellern von Lafite, obwohl die Säure zu dominieren begann. Eine reiche, aber verblühte Provenienz auf Flatts Mouton-Verkostung, wenige Monate darauf eine »süße«, volle, fette und dichte Version. Wenn nur Philippe de Rothschild damals dabei gewesen wäre. *Zuletzt im Juni 1986 verkostet. In Bestform* ****

Ch. Branaire-Ducru Bewahrte seine Frucht, doch im Abgang austrocknend. *September 1992* ***

Clos L'Eglise-Clinet Relativ tiefes Rubinrot; seltsame, leicht stielige Nase und alter würziger Duft (Gewürznelken). Eine Magnum. Eine von Rodenstocks Entdeckungen. *September 1996.*

Ch. Pichon-Longueville, Lalande Erstmals 1987 verkostet. Außergewöhnlicher Duft, ein Hauch zu viel flüchtige Säure; reicher, voller, ansprechender Geschmack, der durch einen scharfen säuerlichen Abgang verdorben wurde. Vor einiger Zeit eine Jeroboam. Mit Originalkorken, der beim Ziehen brach. Relativ tief; alternd, eine Spur Zitrus, zerfallend; am Gaumen jedoch »süß«, voll, reichhaltig. Mit hübschem Geschmack, gutem Tannin und guter, dominierender Säure. *Auf der gleichen Rodenstock-Verkostung im September 1996 degustiert* ****

ZULETZT IN DER ZWEITEN HÄLFTE DER 1980ER VERKOSTET **Ch. Ausone** Unspektakulär. *1987* **; **Ch. Pétrus** In Schottland abgefüllt, Jahrgang und Name des Weinhändlers in Leith teilweise noch lesbar: kein Spur von Rot mehr vorhanden; zerfallen, doch wohlriechend; säurebetont, aber sauber. Würziger Nachgeschmack. *1986* **; **Ch. Brane-Cantenac** Herbstfarbe; »süß«, weich, delikat. *1985* ****; **Ch. Figeac** Wohlriechend, Granatapfelduft; sehr »süß«, lebendig, wie verwelkte Rosenblütenblätter. *1988* ****; **Ch. Gruaud-Larose** Satte Farbe; trocken, füllig, lebendig. *1984* ****; **Ch. La Mission Haut-Brion** Aus einem Woltner-Keller, leichter Schwund. »Spitzig« (säuerlich), aber wohlschmeckend. *1985* **; **Ch. Mouton d'Armailhacq** Orangerosa; durch Mercaptan (Halbester des Schwefelwasserstoffs) verdorben, wie alte Autoreifen. *1985*; **Ch. Tertre-Daugay** Eine tiefe, pflaumige, doch weiche, milde und delikate Doppelmagnum. *1987* ***

DIE BESTEN VOR LÄNGERER ZEIT ENTSTANDENEN EINTRÄGE **Ch. Léoville-Las-Cases** Aus Glamis Castle, mit Etikett von de Luze. Ausgezeichnete Füllhöhe, liebliche Farbe; wohlriechend, zedrig; weicher, hübscher Geschmack, fein, elegant. Eine Köstlichkeit für Auge, Nase und Gaumen. *1971* *****; **Ch. Pape-Clément** Gute Füllhöhe und Farbe; gesund; guter, lang anhaltender Geschmack. *1973* ****; **Ch. Rausan-Ségla** Variabel. *1981. In Bestform* *****

1901 *

Große Erträge bei unausgeglichener Qualität. Nur ein relativ alter Eintrag.

Ch. Latour Reichhaltiges »Kaffeebohnen«-Bukett; trocken, verblasst. *1981* **

1902 *

Passable Erträge, gewöhnliche Weine.

Ch. Lafite Erstmals auf der Overton-Verkostung 1979 degustiert: gut erhalten, exquisit in Bukett und Geschmack. Relativ leicht, wohlriechend, delikat, gute Säure. Auf Flatts Lafite-Verkostung ein ähnliches Erscheinungsbild, blass, aber rötlich; wohlriechend-würzig, aber trocken, leicht und dünn. *Zuletzt im Oktober 1988 verkostet* **

Ch. Ausone Mehrere Flaschen, alle mit Füllhöhe zwischen mittlerer und oberer Schulter und blässlichem, gesundem Schimmer; wohlriechend, delikates, aber wildbretartiges Bukett; trocken, leicht, schlank, mit verblassender Frucht, aber hübscher Säure. *August 1987* ***

Carruades de Ch. Lafite Der älteste Carruades, der mir je untergekommen ist; ich habe ihn bei vier Gelegenheiten degustiert, als Erstes kurz nachdem ich ihn 1981 erworben hatte. Neu verkorkt. Nase nach Pilzstielen; trocken, eigen, kurz, aber tadellos trinkbar. 1982 leicht sauer, die beste Flasche auf einem Dinner des Bordeaux Club im Jahr 1984: gesundes Leuchten; kräuterwürzige Nase, verblasst; delikater alter Geschmack. Scharfe Säure. Vor einiger Zeit erwartungsgemäß gealtert. Sehr trocken. Spitzig. *Zuletzt im Oktober 1988 verkostet. In Bestform* *** *(gerade noch)*

1903

Der dritte verdorbene Jahrgang in Folge. Eiskälte im April, sonnenscheinarmer Sommer. Kleine Erträge, schlechte Weine.

Ch. Lafite Am ehesten noch erwähnenswert wegen der Prägung auf der Schulter mit dem optimistischen Schriftzug

»Grand Vin 1903 Château Lafite«. Diese Flaschen wurden nicht vom Château verkauft, sondern von einem *négociant*. Leider oxidiert. *Oktober 1988.*
Ch. Latour Blass und spitzig. *November 1977.*

1904 ★★★★

Wiederaufschwung; wäre fast der beste Jahrgang zwischen 1900 und 1920 geworden. Ausgezeichnete Wachstumssaison, reichliche Erträge, sehr gute Weine. Eine überraschend große Zahl von Gewächsen verkostet.
Ch. Lafite Erstmals 1970 verkostet. Ein schlechter Einstand. Wohlriechend, aber adstringierend. Als Nächstes zwei Flaschen im Jahr 1976, beide oxidiert. Ein ausgezeichnetes Exemplar 1982 und einige Zeit später eine gute Flasche auf Lloyd Flatts Lafite-Verkostung. *Zuletzt im Oktober 1988 degustiert. In Bestform* ★★★★
Ch. Latour Nur ein Eintrag: tief und noch immer mit jugendlichem Aussehen; interessante Nase, gesund, zedrig, verschwitzte Socken (Tannin!), übergehend in alte Zigarren und nach 25 Minuten stechender Geruch wie in alten Ställen. Am Gaumen weniger kompliziert, etwas »süß«, weiche Tannine, sehr süffig. *Auf Harry Waughs Dinner für den Bordeaux Club im April 1987 verkostet* ★★★★
Ch. Malescot-St-Exupéry Pflaumenfarben; käsig, würzig, weich, ohne Kraft. *Auf Rodenstocks Malescot-Verkostung im September 1990* ★
Ch. La Mission Haut-Brion Bei zwei La-Mission-Verkostungen beurteilt: auf Desais Degustation anno 1985, trotz niedriger Füllhöhe überraschend gut. Wesentlich besser auf Karl-Heinz Wolfs Verkostung: lebhaft, duftig in Nase und Geschmack. Sehr trocken, leicht, gute Säure. *Zuletzt im Juni 1990 in Wiesbaden degustiert. In Bestform* ★★★★

Harry Waugh

Er begründete seinen Ruf Ende der 1940er und in den 1950er-Jahren als brillanter Weineinkäufer – und Verkäufer – bei Harvey's in Bristol. Waugh kam 1904 zur Welt und starb mit 97 Jahren bei bester geistiger Gesundheit. Man kannte ihn als zutiefst großzügigen, sympathischen Menschen und hervorragenden Verkoster mit Naturbegabung. Schwammige Weinbeschreibungen waren nicht seine Sache; instinktiv erfasste er das Wesen eines Gewächses. Sein Urteilsvermögen war äußerst präzise. Ich lektorierte drei, vier seiner Weintagebücher, als ich selbst noch im Berufsleben stand. Er diktierte seine Notizen auf Band und seine Frau Prue tippte sie. Als ich sie durchlas, war ich zunächst schockiert. Für ihn war jeder, dem er begegnete, »charmant« und »liebenswert«, die Orte bezeichnete er samt und sonders als »wunderschön« und die Weine als »prächtig«. Ich sagte: »Harry, ich kann das nicht alles veröffentlichen! Das glaubt dir keiner, es ist zu schön, um wahr zu sein!« Heute allerdings sehe ich seine Einstellung eher als »Queen-Mum-Syndrom«: Harry strahlte Wärme und Großzügigkeit aus und darauf reagierte jeder ebenso positiv.

Die besten in den 1980ern verkosteten 1904er **Ch. Brane-Cantenac** In alter, rustikaler Hochform (fast Bestform). *1982 auf Ch. Lafite verkostet* ★★; **Ch. Moulin-Riche** Der Zweitwein von Poyferré, neu verkorkt von Lalande, dem damaligen Besitzer. Bemerkenswert gut. Überraschend reich, wenngleich verblasst, delikat, ansprechend. *Aus Mme Lawtons Keller, den die Familie Lalande erbte; 1982 verkostet* ★★★★

Die besten meiner älteren Einträge **Ch. Cheval Blanc** Eine überragende Flasche aus Eduard Kressmanns Privatkeller (der Wein und sein Besitzer waren in etwa gleich alt, nämlich 73). Sanft, hübsch. *1977* ★★★★; **Ch. Cantemerle** Zufällig von Kressmann selbst abgefüllt: wohlriechend, delikat, ansprechend. *1976* ★★★★

1905 ★★★

Große Erträge, leichte, mäßig elegante Weine, mittlerweile von variabler Qualität, verblasst, aber wohlschmeckend. Rund ein Dutzend Einträge, die alle in den 1980ern entstanden.
Ch. Lafite Aus einem Pariser Familienkeller der Rothschilds: fein abgestufte Farbe; »süßes«, sanftes Ingwerstangenbukett; trocken, delikater, ansprechender Geschmack (1976). Vor einiger Zeit ein vermutlich aus demselben Keller stammendes Exemplar mit ähnlicher Nase. *Zuletzt auf Flatts Lafite-Verkostung im Oktober 1988 degustiert* ★★★★
Ch. Latour Mein erster Eintrag von 1981 zeigt, dass das Luftkissen in einer Flasche mit Füllniveau auf der unteren Schulter dem Wein bisweilen gut tun kann. Trotz der Brauntönung wies er eine sanfte, bemerkenswert unbeeinträchtigte Nase auf. Er war ausgezehrt, ließ sich aber recht gut trinken.

Mein nächster Eintrag bezieht sich auf eine Flasche aus einer altherrschaftlichen Villa im Norden des US-Bundesstaats New York. Der riesige, gut bestückte Keller enthielt einen Bestand an großartigen Provenienzen, die eigentlich gut gepflegt worden waren – sieht man einmal davon ab, dass der Butler beim Neuverkorken alle Weine durch Asbestpulver gefiltert hatte. Sie hatten zwar überlebt, wir konnten sie jedoch beim besten Willen nicht mehr in einer Christie's-Auktion zum Verkauf anbieten (auch um künftige Schadensersatzansprüche zu vermeiden) und mussten die Schätze schweren Herzens zurücklassen. Der vor Ort verkostete Latour von 1905 erwies sich sogar als recht gut, wenngleich die Filtrierung die Farbe geschwächt und dem Wein etwas von seinem wahren Körper genommen hatte. Schade. *März 1985.*
Ch. Margaux 1969 eine großartige Flasche verkostet: um 18.45 Uhr dekantiert, um 20.45 Uhr eingegossen und um 22.30 Uhr noch immer duftend. Ein Wein von immensem Charme; seidige Textur, mit im Zaum gehaltener Säure, überaus genussreich. Auf Desais Verkostung 1987 ebenfalls wohlschmeckend, aber säurebetonter. Vor einiger Zeit ein ähnliches Exemplar »mit delikatem Gleichgewicht«. *Zuletzt auf Lloyd Flatts Margaux-Degustation im Oktober 1988 verkostet. In Bestform* ★★★★
Ch. Cos d'Estournel Aus dem Château, 1983 neu verkorkt: keine Spur von Rot mehr vorhanden; verwelkt und zerfallend. *Im Januar 1990 in Miami.*
Ch. Figeac Eine umstrittene Magnum.Umgeschlagener, duftiger Geschmack, Vanille und Himbeeren, wobei letzterer Ton möglicherweise von sehr reifen Cabernet-franc-Trauben stammte. *Der älteste Wein auf Desais Figeac-Verkostung im Dezember 1989 in Paris. Bewertung ?*

Drei weitere zuletzt in den 1980ern verkostete Weine **Ch. Mouton-Rothschild** 1977 delikat, »fein, aber am Ende«. Fabelhaft reiche Farbe; nach nassem Rassehund riechend, köstlich. Trocken, schlank und ebenfalls am Ende. *Auf Lloyd Flatts Mouton-Verkostung im April 1986* ★
Ch. Brane-Cantenac Reicher, rustikaler Bauernhofcharakter, ähnlich manchem neueren Jahrgang. Ein eigenwilliger Geschmack, den man gewöhnt sein muss. *März 1983. Auf seine Weise* ★★★★

Ch. Gruaud-Larose Eine Flasche aus dem Château faserig und spitzig, die andere wunderbar wohlriechend, lebendig, erfrischend. *Auf den Heublein-Vorverkaufsdegustationen 1980 und 1981 **** (nur in Bestform)*

1906 ***

Die Saison begann zwar nass, doch litten die Reben unter der großen Hitze und Trockenheit im August, die die Erträge reduzierte und robuste Weine von guter Qualität entstehen ließ. Im letzten Jahrzehnt ist nur ein einziger Eintrag über diesen Jahrgang entstanden, doch die vorausgegangenen Notizen über die rund 80 Jahre alten Flaschen sind nach wie vor aktuell, denn manche haben sich bemerkenswert gut gehalten.

Ch. Lafite Erstmals 1970 verkostet. Sehr reicher, hübscher Geschmack. Eine gut aussehende Flasche von untadeliger Herkunft: recht »medizinal«, wohlschmeckend, doch leicht stichig (1976). Einige Zeit danach ein Exemplar mit blässlicher, rötlich-bernsteinfarbener Tönung; »süße«, biskuitartige Nase, die sich gefährlich schnell entfaltete, überreif, Stallgeruch, stinkende Buttersäure? Am Gaumen jedoch relativ »süß«, weich und wohlschmeckend. Exotisch. Bewegt sich am Abgrund, also aufpassen. *Zuletzt auf Flatts Verkostung im Oktober 1988 degustiert. In Bestform ****

Ch. Margaux Der beste Wein des Jahrgangs. Ein Dutzend Einträge, zwischen oxidiert und hervorragend schwankend. Als Erstes 1970 ein etwas zu braunes, sprödes Exemplar, dann eine höchst ansprechende Version mit mahagonibraunem Rand. 1975 eine weitere Schönheit, elegant, aber mit einem Hauch Adstringenz. 1982 vier Flaschen mit absteigender Füllhöhe aus den Kellern von Prunier Traktir in Paris, die beste mit Füllniveau im Bereich der oberen Schulter; recht tief, mit satter Farbe; »süßes«, altes, herrlich duftendes Bukett; weich, sanft reichhaltig und ausgewogen. Unlängst eine von Whitwham neu verkorkte Flasche: wohlriechend, ausdauernd; »süß« und bei aller Altersschwäche köstlich. Fast hinfällig, aber ein »Stehauffrauchen«. *Zuletzt auf Manfred Wagners Margaux-Verkostung im November 2000 degustiert. In Bestform *****

Einige etwas ältere Einträge **Ch. Latour** Farbe und Nase besser als der Geschmack. Stichig. *Juni 1981 **; **Ch. Mouton-Rothschild** 1965 neu verkorkt. Lebendiger, ansprechender, hübscher Geschmack, trockener Abgang. *April 1986 ****; **Ch. Haut-Brion** Ein blasses, irgendwie fast schon zu »süßes«, reiches, doch zerfallenes Exemplar (1972) und eine ausgezeichnete Flasche aus dem Dillon-Keller. *Dezember 1979 **** (in Bestform)*; **Ch. Ausone** Trotz der Füllhöhe wohlriechend und wohlschmeckend. Ein guter Wein. *Juni 1982 ****; **Ch. Brane-Cantenac** Aus dem Prunier-Keller in Paris, mit unterschiedlichen Füllhöhen, die hohen sehr gut, doch selbst die Exemplare mit Füllniveau im Bereich der mittleren oder unteren Schulter überraschend gut trinkbar. Fazit: besser eine nie bewegte Flasche mit Schwund aus einem perfekten Keller als ein umhergewandertes Exemplar mit guter Füllhöhe. *Herbst 1982. In Bestform ****; **Ch. Figeac** Hagebuttenfarbe; bescheidenes Bukett, das sich jedoch herrlich entfaltete; trocken, wohlschmeckend, etwas spitzig. *1989 ***; **Ch. Marquis de Terme** Zwei Flaschen, beide aus dem Pariser Keller von Fernand Woltner und beide im selben Monat getrunken, die erste in meinem Landhaus, ein schönes Exemplar, sehr komplett, reich, mit gutem Abgang, die zweite anlässlich eines Festessens zum 80. Geburtstag von George Rainbird (Verleger und ehemaliger Vorsitzender der Wine & Food Society) und wie dieser etwas knarrend. *März 1985. In Bestform ****

1907 **

Reichliche Erträge, heute aber kaum noch interessant.

Der Vollständigkeit halber **Ch. Lafite** Delikat, wohlriechend, doch von einem Essigstich gezeichnet. *Oktober 1988*; **Ch. Margaux** Die erste Flasche in Wien abgefüllt und mit etwas Wiener Charme (1975), die zweite ein neu verkorktes, gut aussehendes, aber stichiges Exemplar. *Mai 1987*; **Ch. Mouton-Rothschild** Zwei ähnliche Flaschen gleicher Herkunft, mit bemühtem Bukett. Gut trinkbar, aber für einen Mouton mager und zahm. *April 1986*; **Ch. Haut-Brion** Erdige Nase mit Tabakblätternote. Trocken, leicht, kurz. Eigen. *März 1983 **

1908 **

Ein durchschnittliches Jahr, doch haben manche Weine dank der Tannine überlebt.

Ch. Lafite Neu verkorkt und aus einem guten Pariser Keller. Hübsche Farbe; zedrig, sanft und reich zugleich, aber kein Mittelteil. Anständiger Abgang (1976). Ein maderisiertes, unsauberes Exemplar auf Lloyd Flatts Verkostung. *Zuletzt im Oktober 1988 degustiert. In Bestform ***

Ch. Latour Eine grandiose Flasche aus den Kellern der Gräfin de Beaumont in der Bretagne: 1974 stand wieder einmal ein Osterurlaub auf dem Programm, den meine Frau und ich damit zubrachten, einen Keller voller Flaschen einzupacken. Der Wein war nach wie vor tanninbetont, aber köstlich.

Ich verkostete 1976 ein weiteres ausgezeichnetes Exemplar auf Marvin Overtons zukunftsträchtiger Latour-Verkostung und 1981 eine farbtiefe Flasche mit gesunder Basis und ledrigen Tanninen. Einige Zeit später zwei Flaschen, eine oxidiert, die andere farblich am Ausbleichen, aber lebendig; sehr gute alte Nase mit Stallgeruch; trocken, ausgezehrt, doch noch immer mit Spuren von Frucht und erfrischender Säure. *Zuletzt im Dezember 1987 bei einem Essen des Last Friday Club im Ranji in Memphis, Tennessee, verkostet. In Bestform *****

Ch. Margaux Drei Einträge. Zwei entstanden auf der Desai-Verkostung 1987 und da Flaschen bisweilen variieren, war eine relativ »süß« und ansprechend, die andere jedoch unverwoben und kantig. Vor kurzem ein 1991 neu verkorktes Exemplar mit Etikett von Pillet-Will: eher blass; alte, recht gute zedrige Nase; halb-»süß«, mit ansprechendem Geschmack und gutem Stehvermögen. *Zuletzt auf Manfred Wagners Verkostung im Januar 1997 in Zürich degustiert. In Bestform ***

Ch. Mouton-Rothschild Zwei 1980 neu verkorkte Flaschen mit Originaletikett »Bn de Miollis«. Erstmals 1985 verkostet: Herbstfarbe; reichhaltiges, doch flüchtiges Bukett; lebhaft, wohlschmeckend, mit einer Spur von Säure. Eine identische Flasche auf Lloyd Flatts Verkostung. *Zuletzt im Oktober 1988 degustiert ***

Ch. Cheval Blanc In Magnumflaschen. Eine mit Pilznase, die andere mit herrlichem, »süßem« angesengtem Geschmack und wundervoller Säure. *Auf dem Château verkostet. In Bestform *****

Ch. Pétrus Rotton; exotisch duftend, doch rustikal; »süß«, dekadent überreife Opulenz. *Der älteste Jahrgang auf Hans-Peter Frericks' bemerkenswerter Pétrus-Verkostung in München, April 1986 ****

1909

Ein stürmischer August und Hagelschauer schädigten die ansonsten gesunde Frucht schwer. Sonniges Wetter Ende Septem-

ber rettete den Jahrgang. Durchschnittliche Erträge und leichte Weine, die ihren Höhepunkt schon lange überschritten haben.
Ch. Lafite Vier Einträge, der erste 1955. Ausgezehrt und dünn. *1969.*
Ch. Margaux Zerfallen (1987), oxidiert. *November 1990.*
Ch. Mouton-Rothschild 1980 neu verkorkt, eine Flasche nicht schlecht, die andere wie Stinkkäse. *April 1986.*
Ch. Haut-Brion Der bislang beste Wein des Jahrgangs. Reich, eigen, am Zerfallen, doch durchaus noch angenehm. *März 1982* ★★
Ch. Cheval Blanc Eine der ganz seltenen schlechten Flaschen aus diesem Château. Oxidiert. *September 1997.*
Ch. Léoville-Las-Cases In gewisser Hinsicht eine Besonderheit. Ein überraschend farbtiefer Wein; am Vergehen, doch noch mit etwas Frucht. Verdorben, aber interessant. *Eine halbe Flasche auf Michael Le Marchants Bauernhof in Somerset im Juni 1995 verkostet.*

ZWEI MITTE DER 1970ER VERKOSTETE WEINE, DIE SICH ANGESICHTS IHRES ALTERS GUT GEHALTEN HATTEN **Ch. Palmer** Eine charmante alte Dame ★★★; **Ch. Léoville-Poyferré** Ziemlich leicht, sanft, ausgezehrt, doch gesund ★★

1910

Schlechtes Wetter, Mehltau und späte Lese.

DER VOLLSTÄNDIGKEIT HALBER **Ch. Lafite** Dekadentes Bukett; mager, ausgezehrt, pikant. *Oktober 1988*; **Ch. Haut-Brion** Gilt als bester Wein des Jahrgangs. Einzige Verkostung 1971: leichtes, charmantes, entgegenkommendes Bukett; ein etwas trockener, sanfter Wein, verblasst, aber mit Müh' und Not durchhaltend ★★

1911 ★★★★

Eine kleine, aber gute Ernte trotz Stürmen, Mehltau, Schädlingen, Sommerhitze und Trockenheit.
Ch. Lafite Bemerkenswert ansprechend. Eine 1987 neu verkorkte Flasche auf Lloyd Flatts Verkostung. Für ihr Alter tadellos. *Oktober 1988* ★★★★
Ch. Latour Vier alte, aber noch aktuelle Einträge. Zwei Flaschen von derselben Herkunft wie der 1976 verkostete Margaux (siehe unten), beide neu verkorkt, eine minzig, mit einem leichten Stich, die andere vier Monate später mit sanfter, »süßer«, zerbrechlicher alter Nase; relativ leicht für einen Latour, am Verblühen, aber wohlriechend. Später verkostete ich eine kurze, säurebetonte Abfüllung der Berry Bros. und eine weitere mit dem Originalkorken des Châteaus: wohlschmeckend, kurz und mit prickelnder Säure. *Zuletzt im Juni 1981 degustiert. In Bestform* ★★
Ch. Margaux Sechs Einträge. Ein weiterer Charmeur, allerdings manchmal von etwas ungleichmäßiger Qualität. Erstmals 1976 eine neu verkorkte Flasche aus einem Rothschild-Keller verkostet: blumiger Rand, wohlriechend; kurzer, trockener Abgang. Ein Jahr später ein Exemplar derselben Herkunft. Für sein Alter eine feine, tiefe Farbe, außerdem wohlriechend und komplett, allerdings wirkte es etwas spröder. Dann zwei Flaschen auf einer Verkostung anno 1985, eine mit der Originalkapsel des Châteaus und dem Etikett von Pillet-Will, feminin und anziehend, die andere mit nicht markierter Kapsel, doch bestens erhaltenem Etikett und dem Aufdruck »1911«, leicht pilzige Nase und eine Spur von Verfall. Eine Flasche mit ähnlichem Erscheinungsbild zwei Jahre später auf einer Vorverkaufsdegustation. Pikant und wohlschmeckend, trotz geringfügig zu starker Bräune und einem reichen Bukett, das sich etwas zu sehr aufzublähen begann. Unlängst ein köstliches Exemplar, noch immer »süß«, reich, mit gutem Tannin und guter Säure. *Zuletzt auf der Josey-Vorverkaufsdegustation im November 1999 in New York degustiert* ★★★★
Ch. Mouton-Rothschild Erstmals 1972 degustiert, damals leicht, sanft, verblasst, doch gesund. 1983 eine Flasche mit einer Spur Amylacetat, die den ansonsten ansprechenden Wein verdarb. Vier Jahre später verkostete ich zwei wirklich schlechte Flaschen. Oxidiert. *Zuletzt im September 1987 degustiert. In Bestform* ★
Ch. Ausone Nur ein einziger Eintrag. »Süßes«, elegantes, würziges Bukett; schön entwickelt, schlank und lang. *Auf Lloyd Flatts Ausone-Verkostung im Oktober 1987 in New Orleans verkostet* ★★★
Ch. Cheval Blanc Geringer Ertrag: 12 hl/ha. Fünf Einträge, die ersten beiden aus den Jahren 1976 und 1977 beziehen sich auf Flaschen aus einem renommierten Pariser Keller. Beide mit Originalkorken und leicht, eine fleischig, malzig, aber mit reicher und interessanter Textur, die andere ausgetrocknet. Zehn Jahre später zwei von Cruse abgefüllte Magnums, beide »süß« und fleischig. Vor einiger Zeit: blass, sehr wenig Rot; delikates, fragiles altes Bukett und ebensolcher Geschmack. Gut abgehangenes Wild. *Zuletzt im September 1997 auf Karl-Heinz Wolfs Verkostung am Attersee in Österreich als zweitältesten von 50 Cheval-Blanc-Jahrgängen verkostet. In Bestform* ★★★

WEITERE IN DEN 1980ERN VERKOSTETE 1911ER **Ch. Gruaud-Larose** Zwei völlig oxidierte Flaschen (1976). Später: wohlriechend, aber verblasst. *1983* ★★; **Ch. Léoville-Poyferré** »Süß«, wohlriechend, leicht und mild. *1983* ★★; **Ch. La Mission Haut-Brion** Ungleichmäßige Qualität, gewisse Eleganz, frisch. *1987. In Bestform* ★★★; **Ch. Rausan-Ségla** Wohlriechend, »Waldaroma« (1977). Einige Zeit später: Herbstfarbe; fabelhaftes Bukett, in Geschmack und Länge grandios. *1985. In Bestform* ★★★★

DIE BESTEN DER ÄLTEREN EINTRÄGE **Ch. Cos d'Estournel** Delikat; ansprechender Geschmack und genug Fülle, um die pikante Säure zu kaschieren. *1976* ★★; **Ch. Figeac** Aus dem Château: würzig, duftend, seidige Textur. *1979* ★★★

1912 ★★

Aus der Sicht der Winzer nicht der unproblematischste Jahrgang, aber welcher ist das schon? Wechselhaftes Wetter: Hitze im Mai und ein kalter, nasser August, der durch einen schönen, warmen September wettgemacht wurde. Reichliche Erträge, leichte Weine.
Ch. Lafite Obwohl alle Flaschen neu verkorkt wurden und von guter Herkunft waren, fielen sie so wechselhaft aus wie die Wachstumsbedingungen. Die ersten drei Flaschen alle aus Baron Alain de Rothschilds Keller in Paris. Ich erinnere mich an meinen ersten Besuch im Dezember 1969. In meiner Unwissenheit rief ich an, um die Hausnummer zu erfragen. Man sagte mir, ich solle an der großen schwarzen Tür zur Linken klingeln. Das Haus und der Garten nahmen die gesamte Straßenseite ein! Von den drei verkosteten Exemplaren zeigte der blasseste nur noch einen Hauch Rot und war ausgetrocknet, die Anfang der 1970er degustierten beiden anderen Flaschen erwiesen sich als wohlriechend, aber am Verblühen. Köstlich. Zwei sehr gute Versionen 1971, die eine 1957 neu verkorkt, mild, zedrig; die andere mit fabelhaftem Bukett, minzig (Eukalyptus) und

ingwerartig. Hübsch. Eine weitere Flasche aus dem Château, blumig und wohlschmeckend. *Letztere auf Flatts Verkostung im Oktober 1988 degustiert. In Bestform* ★★★★
Ch. Latour Nur ein Eintrag. Bukett überraschend Lafite-ähnlich. Eine wohlschmeckende, aber verblühte alte Dame. *Juni 1981* ★★★
Ch. Margaux 1990 neu verkorkt. Etikett von Pillet-Will. »Süß« und sauer. Nicht schlecht für sein Alter. *Auf Wagners Verkostung im Januar 1997 degustiert* ★★

ZWEI WEINE AUF LLOYD FLATTS VERKOSTUNGEN **Ch. Mouton-Rothschild** Leider: stichig. *April 1986*; **Ch. Ausone** Leuchtende Bernsteinfarbe; bemühte sich – ansprechend, aber erwartungsgemäß weit über den Höhepunkt hinaus. *Oktober 1987.*

1913

Einer der desaströsesten Jahrgänge, zurückzuführen auf Schädlinge und miserables Wetter.
Ch. Margaux Original-Kapsel des Châteaus und Pillet-Will-Etikett. Roch nach Muscheln und altem Efeu, obwohl er sich an der Luft verbesserte. Säurebetont. Hätte schlimmer sein können. *Auf Wagners Verkostung im Januar 1997 degustiert.*

EBENFALLS NICHT RUHMREICH **Ch. Lafite** Schlechte Flasche, aber ich bezweifle, ob eine Neuverkorkung viel gebracht hätte; **Ch. Latour** Zwei Exemplare aus dem Château, neu verkorkt. Wohlriechend (1977); »süß« und würzig. *1981* ★★; **Ch. Ausone** Frisch gesammelte Pilze, schlank, Frucht verlierend, aber wohlschmeckend. *1984* ★

1914 ★★★

Der August fiel heiß aus; am 14. des Monats begann der Krieg. Die erste Kriegslese erbrachte geringe Erträge bei guter Qualität.
Ch. Lafite Zwei sehr ähnliche Einträge Mitte der 1970er: hübsche Farbe; delikat, wohlriechend, zedrig in Nase und Geschmack. Trocken. Zu wenig Länge. Vor einiger Zeit maderisiert, kurz. *Zuletzt auf Flatts Lafite-Verkostung im Oktober 1988 degustiert. In Bestform* ★★
Ch. Margaux Gesunde Farbe; der erste Dufthauch erinnerte an ein spanisches Klo, doch der muffige Geruch verzog sich nach drei Minuten und öffnete sich hübsch; ziemlich »süß«, überraschend gut, obwohl ich ihn meinem Kreis verblühter alter Damen zuordnete. *Auf Manfred Wagners Verkostung im November 2000 in Zürich verkostet* ★★★ *(gerade noch)*
Ch. La Mission Haut-Brion Schlug sich wacker auf zwei La-Mission-Verkostungen, der von Desai 1985 und einer weiteren einige Jahre später: fast cremiger Duft; »süß«, ansprechend. *Zuletzt im Juni 1990 auf Karl-Heinz Wolfs Verkostung in Wiesbaden degustiert* ★★★

WEITERE NOTIZEN ZU WEINEN, DIE ICH ZULETZT AUF LLOYD FLATTS VERKOSTUNGEN DEGUSTIERTE **Ch. Mouton-Rothschild** Zerfallener Duft, ausgetrocknet. Er fällt in meine Kategorie »Arsen und Spitzenhäubchen«. *April 1986* ★; **Ch. Ausone** Ein wohlriechender Charmeur. Eindeutig eine gute Periode für das Château. *Oktober 1987* ★★★

EIN ÄLTERER EINTRAG **Ch. Gruaud-Larose** In London abgefüllt, hübsche Farbe, Nase und Geschmack gesund. Trotz eines Hauchs Endsäure sehr gut trinkbar. *Juli 1980* ★★★

1915

Jedes nur erdenkliche Problem plagte die Winzer: Regen, hohe Luftfeuchtigkeit, Mehltau. Wegen eines Mangels an Arbeitskräften und Materialien wurden einige Weinberge aufgegeben.

1916 ★★

Nasses Frühjahr, warmer August und schönes Wetter zur Lese. Harte, tanninbetonte, langlebige, doch reizlose Weine. Nur zwei Provenienzen in den letzten zehn Jahren verkostet, außerdem einige kurze Einträge aus den 1980ern.
Ch. Cantemerle Vier Flaschen verkostet, alle aus den Kellern von Mme Binaud, einer alten Bekannten, deren Familie das Gut gehörte. Der älteste von einem Dutzend Jahrgängen, die ich vor Ort in ihrem Bordelaiser Keller und in ihrem Landhaus (1983) sowie wesentlich später bei der Auswahl für die Versteigerung verkostete. Die gut erhaltenen Exemplare waren angenehm in Geschmack und Textur, delikat und ansprechend, eine Flasche schrecklich oxidiert. *Zuletzt auf der Vorverkaufsverkostung im April 1996 degustiert.*
Ch. La Mission Haut-Brion Wohlriechend, kraftvoll (1978 auf dem Château); ledrig (1985); duftend, voll entwickelt, reichhaltig – wie Castrol-XL-Motorenöl; reich, knorrige Zeder und charakteristischer Tabakgeschmack. *Zuletzt im Juni 1990 verkostet* ★★
Ch. Siran Blass; übelriechend; reich, aber spitzig. *Zuletzt auf einer Vorverkaufsdegustation im September 1993 verkostet* ★

ZULETZT IN DEN 1980ERN VERKOSTET **Ch. Lafite** (aus dem Woltner-Keller) Reich, überreif, gute Frucht, tanninbetont. *Oktober 1998* ★; **Ch. Latour** Erstmals 1974 verkostet, austrocknend, ledrig; auf dem Château ein Exemplar, dessen anfängliche Essigsäure verschwand, aber stielig und kurz (1975); eine neu verkorkte Flasche sehr wohlschmeckend, sehr tanninbeladen (1977); 1981 am Durchhalten; gesund, aber so lala. *Zuletzt im April 1987 verkostet* ★; **Ch. Mouton-Rothschild** Mager, dürr, vertrocknet. *April 1986*; **Ch. Ausone** Ausgezeichnet für sein Alter. *Oktober 1987* ★★★; **Ch. Léoville-Poyferré** Adstringierend (1970); dann reich und köstlich. *Zuletzt im Oktober 1981 verkostet* ★★★ *(in Bestform)*

EINE KURIOSITÄT AM RANDE
Ch. La Lagune Eine Abfüllung von Moll & Moll, die ich 1967 auf dem einst für seinen großartigen Weinkeller berühmten Schloss Castlemilk in Schottland ausgrub, was fast wörtlich zu nehmen ist. Sieben relativ ähnliche Bewertungen, verkostet vor Ort, bei der anschließenden Vorverkaufsdegustation und zuletzt auf einer Dinnerparty. Gut erhalten, aber meinen Gästen schmeckte er nicht. Ich nahm früher an, dass alle auf Auktionen oder in Sammlerkellern gesichteten Exemplare aus Castlemilk stammten (die Flaschen hatten ein auffallendes Bildetikett und waren in London abgefüllt worden); eine reiche, getoastete, spröde Château-Abfüllung aber belehrte mich 1973 eines Besseren. *In Bestform* ★★

1917 ★★

Gute Witterungsbedingungen und eine frühe Lese, bei der vorwiegend Frauen, Kinder und Greise als Arbeitskräfte eingesetzt wurden. Charmante, mittlerweile ermüdete Weine. Riskant.
Ch. Latour Erstmals 1973 bei Joseph Berkmanns wegweisender »Dinnerverkostung« degustiert (jeder hatte vier Reihen à vier Gläser vor sich stehen und dazu ein Gericht – aber es

funktionierte): tiefes, jugendliches Erscheinungsbild (der 1917er und damals auch Joseph); Nase wie altes Pergament, aber am Gaumen reichhaltig. Sieben weitere Einträge, die sich unter anderem auf eine Abfüllung der Berry Bros. bezogen. Unlängst bei einem Essen auf Lafite blind verkostet: wildbretartige Nase, reich, ansprechend; ein Hauch »Süße«, schönes Gewicht, köstlicher Geschmack. *Zuletzt im September 1998 verkostet. In Bestform* ★★★

Weitere in den 1980ern verkostete 1917er **Ch. Lafite** Unbeständige Qualität. *Oktober 1988. In Bestform* ★★★; **Ch. Margaux** Ansprechende, hübsche Frucht. *Zwei Flaschen im Mai 1987 verkostet* ★★★; **Ch. Pétrus** Beißend, überreif, scharf. *April 1986.*

Ältere Einträge **Ch. Léoville-Barton** Über ein halbes Jahrhundert alt, seidig, fest, gute Länge. *1969* ★★★★; **Ch. Gruaud-Larose** Reich, reif, doch mit spitzigem Abgang. *1976-1977* ★★; **Ch. Durfort-Vivens** Zwei Einträge, uneinheitliche Qualität. *Beide aus dem Jahr 1978. In Bestform* ★★

1918 ★★★

Guter Sommer, schön ausgereifte Trauben, Lese kurz vor dem Waffenstillstand, nach wie vor Arbeitskräftemangel.

Ch. Latour Zum ersten Mal 1974 verkostet, eine Flasche aus dem De-Beaumont-Keller, leider sauer und faserig, aber ein paar Jahre später eine ausgezeichnete, farbtiefe, vollendet ausgewogene Flasche aus dem gleichen Keller. Als Nächstes eine oxidierte Magnum, dann ein raues, sprödes Exemplar. Vor einiger Zeit vier Flaschen mit guter Füllhöhe: schlank, ausgemergelt, Wildbretnote in Nase und Geschmack. Duft durch die pikante Säure intensiviert, doch am Austrocknen. *Zuletzt im Oktober 1994 auf der Latour-Verkostung von Hallwag und Reichmuth im Baur au Lac in Zürich degustiert* ★★

Ch. Mouton-Rothschild Zwei neu verkorkte Flaschen auf der Flatt-Verkostung. Die eine fad, die andere mit überreifer »Süße« in der Nase, aber am Austrocknen (1988). Später ein 1985 neu verkorktes Exemplar: weiches Rubinrot; wohlriechend, alternd, aber gut trinkbar. *Zuletzt im Dezember 2000 verkostet. In Bestform* ★★★

Ch. La Mission Haut-Brion Leicht, pfefferig, dünner werdend (1978 auf dem Château); wohlschmeckend, kurz (1985). Vor einiger Zeit ein säurebetontes Exemplar mit Korkgeschmack. Was mir ins Bewusstsein ruft, dass man beim Verkosten alter Weine nun einmal Flaschen mit ganz individuellem Charakter degustiert. Herkunft und Zustand sind von entscheidender Bedeutung. *Zuletzt im Juni 1990 verkostet. In Bestform* ★★

Ch. Siran Sehr »süß«, wohlschmeckend, für sein Alter gut. *Im Oktober 1983 auf der Vorverkaufsverkostung von Christie's degustiert* ★★

Weitere in den 1980ern verkostete 1918er **Ch. Lafite** Erstmals 1969 verkostet, »ausgetrocknet… passé«. Unterschiedliche Bewertungen im Verlauf der 1970er, von zwei oxidierten Flaschen bis hin zu zwei alten, reichen, wohlriechenden, lebendigen und gut erhaltenen Exemplaren. Ähnlich eine neu verkorkte, auf der Flatt-Verkostung degustierte Version. *Zuletzt im Oktober 1988 verkostet. In Bestform* ★★★; **Ch. Margaux Grand Vin** Tief; reichhaltig, ansprechend. *Mai 1989*; **Ch. Margaux 2ème Vin** Gealtert, aber duftend, gut durchhaltend (1973), schlank, Kieferngeschmack. *Mai 1987*; **Ch. Ausone** Eine neu verkorkte Magnum aus dem stets verlässlichen Nicolas-Keller in Paris. Satte Farbe; grandioses Bukett; ausgezeichnet trotz einer die Zähne belegenden Adstringenz. Eine gute Zeit für Ausone. *Oktober 1982* ★★★★; **Ch. Calon-Ségur** Verblasst, aber passabel. *Juni 1987* ★; **Ch. Léoville-Poyferré** erzeugte, sofern das Wetter mitspielte, im zweiten und dritten Jahrzehnt des 20. Jahrhunderts außergewöhnlich gute Weine. Eine seidige, vollendete Flasche aus Jean Calvets Keller in Bordeaux (1974). Später ein weiteres gesundes und wohlschmeckendes Exemplar. *Oktober 1981* ★★★★

1918er, die sich nach über einem halben Jahrhundert in gutem Zustand befanden **Ch. Certan 'Mme Demay'** ★★; **Ch. Gruaud-Larose** ★★★★; **Ch. Haut-Bailly** ★★

1919 ★★★

Kein leichtes Jahr für die Weinbauern. Gute Wetterbedingungen während der Blüte verhießen einen guten Jahrgang, doch ein regnerischer Juli mit hoher Luftfeuchtigkeit machte alle Hoffnungen zunichte, denn er begünstigte die Entstehung von Mehltau, vor allem der gefährlicheren Variante, dem Echten Mehltau *(Oidium)*. Im August folgte sengende Hitze. Wer mit dem aufgewärmten Traubengut zurecht kam, dem gelangen gute Weine; einige Güter allerdings bereiteten Gewächse mit einem Übermaß an flüchtiger Säure, durch die die Weine in die Nähe von Essig gerückt wurden.

Ch. Lafite Reichlich gute Weine dank wirkungsvoller Regelung der Gärtemperatur. Erstmals 1976 verkostet: wohlschmeckend, trocken; auf Flatts Verkostung ein wohlriechendes, würziges, stilvolles Exemplar. *Zuletzt im Oktober 1988 verkostet* ★★★

Ch. Haut-Brion Vier unterschiedliche Bewertungen in den 1970ern. Eine köstliche Flasche auf einer Heublein-Vorverkaufsdegustation 1980: geschmacksintensiv, fruchtig, gerade noch annehmbare Säure. »Ein sehr guter 1919er.« Vor einiger Zeit eine Flasche mit tiefer Walnussfarbe, am Rand hellbraungrün; eine Spur Eisen, fast rostig, dann ein gewürznelkenartiges Bukett, das bis zum Ende des Essens anhielt; sehr trocken, körperreich, ein reicher, eigenartig medizinaler Geschmack – so lauteten meine Notizen bei dieser Blindverkostung. Ich hatte von Anfang an auf Graves getippt, jedoch die Eleganz eines Haut-Brion vermisst. *Zuletzt während eines Essens bei den Berry Bros. im September 1993 degustiert* ★★★

Ch. La Mission Haut-Brion Fünf Einträge, variierend von oxidiert bis reich, reif und nach gut abgehangenem Wild schmeckend. »Süß«, doch mit einer gewissen Bitterkeit und merklicher Säure. *Zuletzt im Oktober 1992 verkostet. In Bestform* ★★

Ch. Gruaud-Larose Eine Magnum 1976 auf dem Château, Bukett nach feuchtem Laub; reich, doch noch immer tanninbetont, eine Spur Säure, guter Nachgeschmack. Drei weitere Magnumflaschen: alle mit guter Farbe; Bukett mit der »Süße« des Zerfalls; am Austrocknen. *Zuletzt im September 1993 verkostet. In Bestform* ★★

Ch. Siran Sehr »süß«, wohlschmeckend, ansprechend. *Auf einer Vorverkaufsdegustation im Oktober 1993 probiert* ★★★

Zuletzt in den späten 1970ern und frühen 1980ern verkostete 1919er **Ch. Latour** Drei zwischen 1971 und 1976 entstandene Einträge zu Flaschen von unterschiedlicher Herkunft. Gewisse Zerfallsspuren und Adstringenz, hält aber gerade noch aus. Blass und hübsch, leicht, aber reichhaltig. *Zuletzt im Januar 1981 verkostet. In Bestform* ★★; **Ch. Margaux** Füllhöhe mittlere bis untere Schulter, blässliches, doch lebendiges Aussehen; am Zerfallen, aber duftend; die Süße von gut abgehangenem Wildbret – nach wie vor ein schöner Wein! *Dezember 1980* ★★

1920–1929

Für die Bordelaiser Rotweinlandschaft erwiesen sich die 1920er und 1980er als die beiden erfolgreichsten Jahrzehnte des 20. Jahrhunderts und vielleicht sogar aller Zeiten. Die Zahl der großen Jahrgänge war zwar etwas geringer als in der Zeit vor der Reblausinvasion, andererseits aber verteilten sie sich vor dem Einfall des Schädlings auf über vier Jahrzehnte.

Man verbindet die 1920er heute gern mit »Backfischen«, Cocktails und generell mit Lebens- und Spielfreude – gleichzeitig jedoch auch mit Arbeiterunruhen. Wein war nach wie vor das Vorrecht der reichen Oberklasse, die ausschließlich Provenienzen aus den bewährten, vertrauten klassischen Anbaugebieten Europas trank (Amerika befand sich damals im Würgegriff der Prohibition). Gerade Bordeaux bediente den Markt gut, denn die Region wartete nicht nur mit großartigen Jahrgängen auf, ihre Weine – selbst die allerbesten – blieben trotz einer gewissen Überhitzung des Marktes Ende der 1920er durchaus erschwinglich. Das Beziehungsgeflecht zwischen dem *négociant*, seinem Importeur, dem »Abfüller« und den unzähligen Weinhandelsfirmen in Familienbesitz funktionierte gut – bisweilen auf Kosten der Erzeuger.

Das Jahrzehnt klang mit einem furiosen Finale aus – den berühmten, wenn auch ungleichen Zwillingen 1928 und 1929. Sie standen exemplarisch für das, was Bordeaux immer wieder so faszinierend macht: Wein aus demselben Rebberg, von derselben Rebsorte, auf dieselbe Art bereitet und aus demselben Fasskeller kann von Jahr zu Jahr ganz anders ausfallen – dank des maritimen Klimas und der unendlich vielfältigen Wetterbedingungen während der Wachstums- und Reifephase.

Die Jahrgänge auf einen Blick

Hervorragend *****
1920, 1926, 1928, 1929
Sehr gut ****
1921
Gut ***
1924

1920 *****

Ein großartiger Start in eines der besten Jahrzehnte, die Bordeaux je erlebt hat. Dabei hätte man den Jahrgang beinahe abschreiben müssen, denn ein außergewöhnlich kalter Juli und August begünstigte die Entstehung von Fäulnis und reduzierte die Erträge. Der sonnige September rettete die Ernte. Geringe Erträge, hohe Qualität.

Ch. Lafite Mein Mentor Harry Waugh beschrieb ihn 1967 als »den derzeit wohl vollendetsten roten Bordeaux« (und er war damals Direktor von Ch. Latour!). Erstmals 1979 auf der Overton-Verkostung von 1979 probiert: warmer, lieblicher Duft; milder, duftiger Geschmack. Neun Jahre später eine anfangs an Pilzsuppe erinnernde Nase, die sich jedoch kühn steigerte, wohlriechend, mit einer Spur Malz. Besser am Gaumen: elegant, stilvoll, gute Länge, aber nicht ganz in Ordnung. *Zuletzt im Oktober 1988 verkostet. In Bestform* *****

Ch. Latour Amüsanterweise hatte Harry Waugh ein Jahr davor (1966) erklärt, dass dieser Wein »Lafite übertrifft«, und Eduard Cruse erklärte ihn sogar zum »besten aller ersten Gewächse«. Mein erster Eintrag entstand 1970: »weich, samtig, mit Mouton-artigem Cabernet-Duft; ein opulenter Wein auf seinem Höhepunkt«. Zwei weitere ausgezeichnete Bewertungen Mitte der 1970er, seither aber nur einmal verkostet, und zwar eine überragende Sechssterneflasche auf Kerry Paynes Degustation: sehr »süß«, Tiefe, Länge und Nachgeschmack fabelhaft. *Leider seit Juni 1981 nicht mehr getrunken* *****

Ch. Margaux Ein recht monumentaler Margaux, alles andere als feminin und vibrierend. Nur zwei Einträge: reich, ausdauernd; mächtig, streng, sehr trockener Abgang – aber gut (1971). Als Nächstes eine neu verkorkte Magnum: komplett; delikates und »mild opulentes« Bukett. Gute Länge, spröde, erneut den trockenen Abgang angemerkt. *Zuletzt im Oktober 1988 verkostet. In Bestform* ***

Ch. Mouton-Rothschild 1972 ein sehr reichhaltiges, würziges, großartiges Bukett, das lediglich minimal gealtert war. Ein trockener, mittelleichter, gut ausgewogener, hübscher Wein. Leider nur noch ein einziger weiterer Eintrag: gebleichtes Ziegelrot; eine Duftexplosion, ingwerartig, scharf, Tee und viele weitere Noten; weich, reich, Eichennuancen, vollendete Ausgewogenheit und Länge. *Einer der Spitzenweine auf Lloyd Flatts Mouton-Verkostung im April 1986 in New Orleans* *****

Ch. Haut-Brion Auf dem Etikett »Héritiers Larrieu«. Orangeton; alte Vanille – André Simon erinnerte der Wein an »die majestätische Würde der Rotbuche«; füllig, geschmeidig, aber mit einer Spur Malz. *April 1987* **

Ch. Cheval Blanc Großartig, aber warten Sie, bis wir beim 1921er sind! Erstmals 1978 verkostet, durch Schwund verdorben. 1984 gut, aber mit einem Anflug flüchtiger Säure. Dann eine ausgezeichnete Magnum: mit grandios entwickeltem Bukett und Geschmack. Sehr »süß«, körperreich, wohlriechend (1986 auf dem Château). Vor einiger Zeit: eindrucksvolle Farbe; anfangs ein Hauch frisch gesammelter Pilze; merklich »süß«, ein typischer Zug von Cheval-Blanc-Weinen aus den 1920ern, guter Körper, der Geschmack wesentlich besser als die Nase. *Zuletzt im September 1997 bei Karl-Heinz Wolfs Verkostung mit Blick auf den Attersee in Österreich degustiert. In Bestform* *****

Ch. La Mission Haut-Brion Geröstet und reich (1978). 1985 Flaschen von unterschiedlicher Herkunft, eine ein Charmeur, die andere zwar brauner, aber außerordentlich wohlriechend. Einige Zeit später eine Doppelmagnum: ansprechend, wildbretartig; Zitrusnuance; »knarrend und zerfallend«, aber immer noch köstlich. *Auf einer weiteren Weinprobe von Karl-Heinz Wolf, diesmal im Juni 1990 in Wiesbaden. In Bestform* ****

Ch. Cantemerle Warmes Rotbraun; in der Nase alte Eiche (Baum, nicht Fass); »süß«, eher leicht, sehr ansprechender Geschmack, aber ein Hauch Essigsäure im Abgang. *Aus dem Binaud-Keller, verkostet im Oktober 1955* ***

Ch. Olivier Dänische Abfüllung (von Schalburg). Mehrere Flaschen verkostet, alle aus Baron Rabens gut gefülltem, gut erhaltenem, kühlem, trockenem Keller auf Schloss Aalholm. Leichte Unterschiede, zwei Flaschen »verblühte alte Damen mit ›süßem‹ Mittelteil, aber Falten«. Vorwiegend wohlriechend und liebreizend, einige ein bisschen säuerlich. Interessant die Olivier-Etiketten, auf denen das Château mit Türmchen zu sehen ist; in ihm wurde 1330 Eduard, Prinz von Wales, geboren, der berühmte »Schwarze Prinz«. *Zuletzt im Mai 1992 verkostet.*

EINIGE ANDERE 1920ER, DIE BEI IHRER LETZTEN VERKOSTUNG IN DEN 1980ERN IN RECHT GUTER VERFASSUNG WAREN **Ch. Brane-Cantenac** Erstmals 1976 verkostet: für sein Alter sehr gut. Noch einmal in seinem siebten Lebensjahrzehnt degustiert. *Oktober 1986* ★★★; **Ch. Gruaud-Larose** 1976 gut. Reich, wohlschmeckend, aber allmählich zerfallend. *März 1983* ★★; **Ch. Palmer** Reich, fein (1973). Später überreif, sehr »süß« und burgunderartig. *Oktober 1984* ★★★; **Ch. Pichon-Lalande** Relativ blass, zartes Granatrot; hübsches, reichhaltiges, delikates, altes Zedernholzbukett; wohlschmeckend, erfrischend. *1980 bei zwei Anlässen verkostet* ★★★★

EINIGE DER NUR IN DEN 1970ERN VERKOSTETEN WEINE **Ch. Branaire-Ducru-Sarget** *(sic)* ★★; **Ch. Certan** ★★; **Ch. Durfort-Vivens** ★★★; **Ch. Léoville-Las-Cases** Belgische Abfüllung ★★; **Ch. Léoville-Poyferré** ★★★; **Ch. Petit-Village** ★★★; **Ch. Phélan-Ségur** ★★★; **Ch. Rauzan-Gassies** ★★★; **Ch. Rausan-Ségla** ★★

1921 ★★★★

Der heißeste Sommer und die früheste Lese seit 1893, mit den üblichen Begleiterscheinungen: angesengte Trauben, überhitzte Behälter. Trotzdem einige großartige Weine mit reichlich Alkohol, Extrakt und Tanninen.

Ich durchbreche die übliche Rangfolge von Gütern und beginne mit einer bis dato einzigartigen Verkostung von 1921ern auf Hardy Rodenstocks Weinwochenende im September 1995. Alle Gewächse waren in Magnumflaschen abgefüllt und wurden blind verkostet. Nachfolgend eine Zusammenfassung meiner Notizen, die vor dem Enthüllen der Flaschen entstanden. In der Reihenfolge des Servierens, beginnend mit einem gesunden, recht ansprechenden *Cru bourgeois* aus dem Médoc, nämlich **Ch. Parempuyre**; als Nächstes ein oxidierter **Ch. Montrose** und ein charmanter, hübscher **Ch. Gruaud-Larose**. Dann die ebenfalls blind verkostete Haupt-»Serie«, wieder in Magnums: **Ch. Lafite** Neu verkorkt. Alte Nase, die, typisch für einen Lafite, im Glas erblühte; gut, aber irgendwie adstringierend – machte als Essensbegleiter einen besseren Eindruck; **Ch. Margaux** Meine zweithöchste Bewertung: erdiges, wohlriechendes Bukett; »süß«, komplett, ansprechend in Geschmack, Gewicht und Länge; **Ch. Haut-Brion** Etwas zu braun und mit oxidiertem Einschlag – hätte ich es gewusst, hätte ich die typische Graves-Nase einkalkuliert, denn am Gaumen war der Wein mit seinem erdigen Tabakgeschmack wesentlich leichter zu erkennen. Gute Länge. Er wurde nach und nach besser; **Ch. Latour** Tief; wohlriechend, eine Spur Harz; eigenartig »süß«, sehr wohlschmeckend, doch untypisch. Trotzdem eine gute Bewertung; **Ch. Mouton-Rothschild** Ähnliche Nase (wie der Latour), aber minzig, mit Eukalyptusnote; würziger Geschmack, der mich an einen Martha's Vineyard von Heitz erinnerte. Adstringierend; **Ch. Cheval Blanc** Sehr tief, undurchsichtiger Kern; alte, eichengetönte, ledrige Nase; körperreich, kraftvoll, ausgezeichnete Tannine, eine Spur Adstringenz. Hohe Bewertung; **Ch. Pétrus** Fast undurchsichtig, mit braunerem Rand als der Cheval Blanc; die zunächst verhaltene eichengetönte, tanninstarke Nase öffnete sich fabelhaft; sehr »süßer«, sehr reichhaltiger, hübscher Geschmack von Anfang bis Ende. Meine höchste Bewertung; **Ch. Ausone** Charakteristische Ausone-Nase, ziemlich Graves-artig, erinnert mich immer an braunes Papier und alten Tee; hübsches Gewicht, aber rau; **Ch. L'Eglise-Clinet** Tief, satt; verhalten, öffnete sich dann aber schön; angenehmes Gewicht, guter Geschmack, trockener Abgang und jenes schwer fassbare Element, das man Charme nennt. Hohe Bewertung.

KÜRZER GEFASSTE EINTRÄGE, NUN IN DER ÜBLICHEN REIHENFOLGE MIT DEN PREMIERS CRUS ZUERST

Ch. Lafite Nur ein Eintrag vor 1990. »Süß«, positiv entgegenkommend, ledrige Tannine. *Auf Flatts Verkostung im Oktober 1988 degustiert* ★★

Ch. Latour 1976 und 1986 schlechte Flaschen. Extrem gut auf Paynes Verkostung 1981; alternd, aber mit guter Frucht; sehr »süß«, mit einer Spur von Verfall, aber ansprechend. *September 1994. In Bestform* ★★★★★

Ch. Margaux Ein Hauch des Todes, am Zerfallen (1970); fast Pétrus-artige Fruchtintensität; ein »süßer«, reicher, heißer, angesengter Charakter; große Länge und Finesse (eine Magnum anno 1987). Unlängst ein 1988 neu verkorktes Exemplar, »süß«, voll, köstlich. *Zuletzt auf Wagners Weinprobe im Januar 1997 verkostet. In Bestform* ★★★★★

Ch. Mouton-Rothschild Mehrere Einträge, keine einzige »Niete«. Als Erstes zwei Flaschen 1972; reich, angenehm; stämmige, tanninbeladene Weine. Drei weitere gute Bewertungen Mitte der 1980er. Vor einiger Zeit eine Jeroboam: reife Nase nach gut abgehangenem Fasan; »süß«, wildbretartig, auch wohlschmeckend, voll, reich, weicher, aber fester Abgang. Baute nach 20 Minuten ab. *Zuletzt im September 1998 bei einem Essen auf dem Château verkostet, als sich die Baronesse Philippine wie immer als großartige Gastgeberin erwies; zugegen waren meine reichen, distinguierten Freunde, die Palumbos, Mark Birley, die Lloyd-Webbers, Olga und Dieter Bock und einige reizende Damen* ★★★★★

Ch. Haut-Brion Erstmals 1974 verkostet, mild, gesund. Eine sehr gute Flasche aus dem Dillon-Keller: wohlriechendes, delikates Bukett, »süß«, gute Textur, elegant; komplett (1974). Alternd, aber reich (Dezember 1992). (Siehe auch die Rodenstock-Verkostung 1995, weiter oben). *In Bestform* ★★★★

Ch. Ausone Zwei sehr gute frühe Einträge: körperreich, reich, fleischig, ausgezeichnet. *Oktober 1988* ★★★★

Ch. Cantemerle Erstmals 1971 verkostet: ein apfelfruchtiger alter Mann, verwelkt, säuerlich. Vor einiger Zeit: hellbraunrötlich; »süß«, »warm«, Bukett nach Karamell und Trüffeln, dann nach angesengten Veilchen (nun, das habe ich mir damals eben notiert). Guter Geschmack. Trockener Abgang. *Aus Mme Binauds Keller, im Oktober 1995 verkostet* ★★★

Ch. Cheval Blanc Zweifellos der Star des Jahrgangs, mit dem das Gut seinen Ruf begründete. Keine früheren Einträge, aber fünf völlig übereinstimmende Bewertungen Mitte der 1980er. Vollendung. *Siehe auch die nachstehende Verkostung von 1995* ★★★★★

Ch. Cheval Blanc Belgische Abfüllung von Vandermeulen. Leider »oxo«-diert, reichhaltige Bananennote. Schade. Die anderen Vandermeulen-Abfüllungen waren besser. *Der älteste rote Bordeaux auf Frans de Cocks spektakulärem Weinwochenende im Dezember 1995 in Paris.*

Ch. Latour-à-Pomerol Bescheiden als »Grand Vin« und »Premier Grand Cru« etikettiert. Immense Tiefe; viel zu »süß«,

dick, reichhaltig und zum Kauen. Wie so oft bei Pomerol-Weinen eindrucksvoll, aber ohne Finesse. *Im März 2001 in München verkostet* ★★
Ch. Pétrus Abgesehen von der 1995 degustierten Magnum zwei in den 1980ern verkostete Flaschen, eine von konzentrierter »Süße« und mit schönem Geschmack, die andere etwas verhaltener und mit mehr Säure ★★★★★
Ch. La Mission Haut-Brion Unglaublich reiches, geröstetes, getoastetes Bukett; ausgezeichnet (1978). Später zwei Magnumflaschen, die erste am Rand ins Braune übergehend; reich, weich, dicht (1985). Einige Zeit danach: wohlriechend, scharf, angesengt; »süßer«, angenehmer, sehr reicher Geschmack, gute Länge. *Zuletzt im Juni 1990 verkostet* ★★★★
Ch. Siran Tief; reich, malzig; gute Länge, nach wie vor tanninbetont. *Auf einer Vorverkaufsdegustation im Oktober 1993 verkostet* ★★

DIE BESTEN MEINER ÄLTEREN EINTRÄGE, ALLE WEINE ETWA 50 JAHRE ALT **Ch. La Lagune** Sehr ansprechend ★★★; **Ch. Léoville-Las-Cases** Gesund ★★; **Ch. Léoville-Poyferré** Untypisch gebacken und erdig ★★★; **Ch. Marquis de Terme** Reich ★★★; **Ch. Palmer** Überreif ★; **Ch. Pichon-Lalande** In Bestform charmant ★★★; **Ch. Rauzan-Gassies** Sehr gut, gutes Durchhaltevermögen ★★★

1922 ★

Das Frühjahr und der Frühsommer verliefen gut, aber ein kalter, nasser September verdarb den Jahrgang. Enorme Erträge, doch wechselhafte Qualität. Wer spät erntete, kam noch am besten davon. Kein Jahrgang, nach dem es sich Ausschau zu halten lohnt. Nur ein Eintrag aus jüngerer Zeit.
Ch. Siran Trocken, gebrechlich, wohlschmeckend. *Auf der Vorverkaufsverkostung im Oktober 1993* ★★

ZULETZT IN DEN 1980ERN VERKOSTET **Ch. Lafite** Eine verblühte alte Dame mit scharfer Zunge (1984) und eine oxidierte Flasche (1988); **Ch. Latour** Von oxidiert bis überraschend hübsch (1975 bis 1977). Zweifellos spät gelesen und der beste Wein des Jahrgangs. Wohlriechend, schmackhaft. *Zuletzt 1981 verkostet. In Bestform* ★★★; **Ch. Pétrus** Zwei in Bordeaux abgefüllte Magnumflaschen mit Kressmann-Kapsel. Eine schokoladig, die andere wie Erdbeergelee, außerdem säurebetont. *September 1987*; **Ch. Beychevelle** Eine schreckliche halbe Flasche. *Januar 1989.*

1923 ★★

Eine weitere späte Lese. Mäßige Qualität.
Ch. Lafite Die erste Flasche eine Abfüllung von Barton & Guestier: reifes Hellbraun; guter Geschmack, doch ins Spitzige umschlagend. Auf Flatts Verkostung eine eigenartige Flasche mit reizlosem Aussehen, die sich aber als überraschend attraktiv herausstellte (1988). Unlängst ein Exemplar mit Originalkapsel und Füllhöhe an der oberen Schulter: blässliches Orange; alte, rauchige Nase; trocken, leicht »käsig«. *Zuletzt im Dezember 1997 auf einer Vorverkaufsverkostung in New York degustiert. In Bestform* ★★
Ch. Latour Fast so tief wie der 1926er; eigenartig, alte Schokolade; »süß«, genügend reichhaltig, aber mit kurzem trockenem Abgang (1973); eine so gut wie undurchsichtige Magnum, der man das Alter anmerkte, mehr Pilz- als Fruchtnoten; besser am Gaumen. Reich. Robust. *Seit Juni 1981 nicht mehr verkostet. In Bestform* ★★
Ch. Latour Belgische Abfüllung, Vandermeulen. Weit besser erhalten als der Schlossabzug. Überraschend gesund. Delikat (für einen Latour) mit leichter Frucht in der Nase; attraktiver Geschmack, eher leicht, erfrischende Säure. *Im Dezember 1995 auf de Cocks Verkostung in Paris degustiert* ★★

WEITERE PASSABLE ODER ZUMINDEST RECHT INTERESSANTE 1923ER, DIE ICH ZULETZT IN DEN 1980ERN VERKOSTET HABE **Ch. Margaux** Ein köstlicher, charmanter Wein. Erstmals 1960 eine Magnum verkostet: aromatisch; leicht, »süß«, samtig. Ein Jahrzehnt später ein Exemplar mit fein abgestufter Farbe, die in einem satten mahagonifarbenen Rand auslief; Bukett von Himbeeren und Zedernholz; reich, seidig, aber verblüht. Später eine vermutlich neu verkorkte Flasche: hübsch; gesund; eher leicht, kurz. *Zuletzt im Oktober 1988 verkostet. In Bestform* ★★★; **Ch. Haut-Brion** 1969 eine fast verblichene Doppelmagnum, die, gestützt von ihrer Reichhaltigkeit und ihrem Extrakt, wieder dem Grabe entstieg. 1976 eine kränkelnde Flasche. Außerdem ein viel zu »süßes«, wildbretartiges Exemplar; delikat, wohlschmeckend, aber spitzig. *Zuletzt im Mai 1981 in Florida verkostet. In Bestform* ★★; **Ch. Cheval Blanc** Blass; wohlriechend, alt, aber nicht zerfallen. Fest und gesund. *Im September 1986 auf dem Château verkostet* ★★; **Grand Cru des Carruades, Près Château Lafite** Auf dem Etikett »Ginifers, Propriéteur« und in diagonaler roter Schrift »Mise Bouteille authentique«, eine Rarität. Ich hatte mehrere halbe Flaschen erworben, die als Carruades de Château Lafite katalogisiert worden waren. Ich nehme an, es handelte sich um anmaßende Doppelgänger, die außerdem auch gar nicht sonderlich gut waren. *Zum Essen getrunken, Chippenham Lodge, April 1992* ★★ (mit Vorbehalt); **Ch. Larose** *(sic)* Vermutlich St-Emilion. Eine Flasche aus einem großen Bestand, der in den Kellern des dänischen Schlosses Aalholm mit Sachverstand abgefüllt worden war: hübsch; lebendig; »süß«, leicht, weich, angenehm. *Auf einer Vorverkaufsverkostung im November 1989 degustiert* ★★★ **Ch. Pétrus** In Bordeaux abgefüllt und mit dem Etikett »1er grand cru F. Laport fils Négociant«. Überraschend wohlriechend und trotz Überreife ungewöhnlich elegant. Blecherner Einschlag. Trockener Abgang. *April 1986* ★★; **Ch. Siran** Neutrale Nase; weich, recht ansprechend. *Oktober 1993* ★★

1924 ★★★

Trotz eines unschönen Frühjahrs und nassen Sommers konnten bei hohen Erträgen ansprechende Weine bereitet werden, denn wie 1978 rettete ein Bilderbuch-September die Ernte. »Himmlisch dekadent; mit immer deutlicher spürbarem Alter, aber opulentem Charme«, möchte ich mich – nicht Parker – zitieren. Ich habe eine erstaunliche Zahl von Einträgen zu Buche stehen; fast hundert sind zusammengekommen, viele davon stammen aus den 1970ern, was zum Teil auf die hohe Zahl der Flaschen zurückzuführen ist, die damals auf den Markt gelangt ist. In einem Christie's-Katalog von 1973 sind 21 1924er aus einem einzigen französischen Keller aufgelistet, darunter sämtliche Premiers crus.
Ch. Lafite In Bestform gehört dieser Wein zu meinen bevorzugten alten Lafite-Jahrgängen, denn er weist die Leichtigkeit des Wesens, den Charme und die Eleganz auf, die beispielsweise auch dem 1953er eigen sind. Die ersten Flaschen habe ich 1971 und 1977 verkostet; sie wiesen eine Lafite-Kapsel sowie ein Streifbandetikett von Cruse auf, waren allerdings nicht gut. Dann 1979 ein hellbraunes, attraktives Exemplar mit »Waldaroma« und eine überragende Sechssterneflasche aus dem Keller der Familie Dillon in New Jersey. Das, so beschloss ich, war

Lafite in seiner exquisitesten, delikatesten Ausprägung. Die reine Vollendung. Als Nächstes 1986 eine wohlriechende, köstliche Flasche trotz krümeligem Korken; 1988 eine Magnum, verblüht, doch mild fruchtig; und noch im Herbst desselben Jahres eine weitere hübsche Flasche. Vor einiger Zeit eine spröde Marie-Jeanne und drei Exemplare, die Eric de Rothschild anlässlich der französischen Ausgabe der *Weinnotizen* zu einem Essen bei Christie's in Paris mitbrachte: eine attraktiv, ätherisch, leicht; die zweite wirkte trockener; die dritte ließ mich auf meine Standardbeschreibung »Arsen und Spitzenhäubchen« zurückgreifen, war aber am Gaumen besser; weich, sehr süffig. *Zuletzt im November 1993 verkostet. In Bestform* *****

Ch. Margaux Ein weiterer Charmeur. Als Erstes 1975 eine weiche, reife Flasche mit lang anhaltendem Geschmack bei den Ginestets im Château. Auf der Desai-Verkostung ein voll entwickeltes, köstliches Exemplar. Dann eine faszinierend eigentümliche, um 19 Uhr dekantierte und um 22.30 Uhr servierte Magnum bei einem Essen in der Domaine de Chevalier. Sie war 1978 neu verkorkt worden, auf dem Etikett stand »1924«, doch der Korken war mit der Jahreszahl 1920 markiert! Höchst beeindruckende Farbe; Bukett und Geschmack recht etwas angesengt, gut abgehangenes Wild – die »Süße« des Verfalls, aber trockener Abgang. Körperreich, noch immer fruchtig. Zurückblickend könnte es sich durchaus um einen Margaux von 1920 gehandelt haben. Vor einiger Zeit eine verlässlicher zuzuordnende Flasche, da mit Originalkorken, aber wegen Schwund und zweifellos schlechter Lagerung schwer enttäuschend. *Zuletzt auf Wagners Verkostung im Januar 1997 degustiert. In Bestform* *****

Ch. Latour Eine ausgezeichnete, reiche, tanninbetonte, 1968 neu verkorkte Flasche auf Overtons Verkostung von erstklassifizierten Gewächsen im Jahr 1976. Zwei voneinander abweichende Exemplare auf Heublein-Degustationen. 1980, also im Jahr darauf, eine angenehme Flasche, die jedoch ziemlich am Ende war. 1981 eine Version in gutem Zustand; 1996 eine oxidierte Magnum. Unlängst eine 1966 neu verkorkte, gut trinkbare Flasche: erstaunlich tiefe Farbe; ausgezeichnete, würzige Zedernholznase, mit einem Hauch Eukalyptus, später, als sich der Lufteinfluss bemerkbar machte, wie gemahlener Kaffee. Gute Frucht und guter Geschmack, allerdings etwas austrocknend. *Zuletzt im Februar 1999 auf dem Festessen zum 50-jährigen Bestehen des Bordeaux Club bei Christie's verkostet; passte gut zu Rarebit (Käsetoast) aus Abergavenny. In Bestform* *****

Ch. Mouton-Rothschild Philippe de Rothschild war gerade 20 Jahre alt, als er 1922 die Verwaltung von Mouton übernahm. 1924 saß er bereits fest im Sattel und dieser Jahrgang offenbart seine ganze Brillanz und Begeisterungsfähigkeit. Zwei Höchstnoten; als Erstes eine Jeroboam auf Rodenstocks Weinprobe 1985, dann eine Flasche auf Flatts Vertikalverkostung von Mouton-Weinen im Jahr darauf: hübsche Farbe; delikates, ausgewogenes Bukett, das sich im Glas entfaltete; üppiger Geschmack, vorzüglich in Länge und Abgang. (1973 ersteigerte Peter Morrell, ein New Yorker Weinhändler, eine Doppelmagnum dieses Jahrgangs für die damals enorme Summe von 230 Pfund Sterling. Er flog über Nacht nach London, nahm an der Auktion teil und kehrte noch am selben Nachmittag zurück. Sein Coup machte jede Menge Schlagzeilen.) *Zuletzt im März 1986 verkostet* *****

Ch. Mouton-Rothschild Belgische Abfüllung von Vandermeulen. Wohlriechend, teeartig, etwas metallisch, mit pfefferiger Frucht. Ein sehr »medizinaler« Pauillac. Reich, lebhaft, guter Geschmack, leicht spitzig. *Im Dezember 1995 in Paris verkostet* ***

Baron Philippe de Rothschild

Das etablierte, konservative Bordeaux wurde von einem vorwitzigen Playboy namens Philippe de Rothschild aus der Lethargie gerissen, der 1922 mit 20 Jahren das etwas vernachlässigte, 1853 vom englischen Zweig der Rothschilds erworbene Familiengut Ch. Mouton übernommen hatte. Als Erstes versetzte Philippe das Establishment mit der plötzlichen Entscheidung in Aufregung, seinen eigenen Wein ausschließlich im Château selbst abzufüllen – damals unter den Grands crus eine Seltenheit. Als Nächstes überraschte er damit, dass er einen befreundeten Künstler, Carlu, damit beauftragte, ein höchst untraditionelles Art-déco-Etikett für seinen ersten erfolgreichen Jahrgang, den 1924er, zu entwerfen (ein Vorbote kommender Entwicklungen). Bordeaux stand unter Schock. Mouton war über lange Zeit hinweg so sehr vernachlässigt worden, dass man es bei der Klassifizierung von 1855 als nicht gut genug für den Rang eines Premier cru classé erachtet hatte. Das wurmte Philippe sehr, denn von Anfang an arbeitete er unermüdlich darauf hin, den Wein zu verbessern und zu fördern, bis Ch. Mouton-Rothschild 1973 schließlich den Status eines ersten Gewächses zugesprochen bekam. Der Baron war eine brillante, einnehmende Persönlichkeit, die neue Wege zu beschreiten wagte.

Ch. Cheval Blanc Nur ein Eintrag: blass, gesunder Schimmer; duftendes altes Wildbretbukett, das sich schön öffnete. Rauchiger Geschmack, auf seine dekadente Art attraktiv. *Auf Karl-Heinz Wolfs Verkostung im September 1997 in Österreich degustiert* ***

Ch. Batailley Ein verlässlicher Wein, selbst mit 70 Jahren noch. Trocken, wohlriechend, hübsches Gewicht und guter Biss, erfrischende Säure. *Während eines Bordeaux-Club-Essens bei Hugh Johnson in Saling Hall, Essex, getrunken, Juli 1995* ***

Ch. Branaire-Duluc-Ducru Wohlschmeckend, aber kurz. *Oktober 1992* **

Ch. Dauzac Eine verwelkte, aber charmante alte Dame. *September 1990* ***

Ch. Ducru-Beaucaillou Von unterschiedlicher Qualität; bei der ersten Verkostung 1967 spröde und adstringierend. Dann eine überraschend ansprechende halbe Flasche. Vor einiger Zeit eine Jeroboam: tief; Austernduft; trocken, Pilzgeschmack. *Zuletzt im September 1993 verkostet. In Bestform* **

Ch. Gruaud-Larose Jeroboam-Flaschen: 1990 überreif, exotisch. Einige Zeit später zerfallen, ausgetrocknet. *Zuletzt auf Rodenstocks Mammutweinprobe von Gruaud-Gewächsen im September 1993 degustiert.*

Ch. Larose Wie der 1923er auf Aalholm abgefüllt und erstmals bei einem Essen im August 1987 mit Baron Raben-Levetzau verkostet, als wir über den Verkauf seiner Weine sprachen. Seither mehrere Flaschen, darunter auch Exemplare, die ich auf der anschließenden Versteigerung erwarb. Alle wirklich recht hübsch. *Zuletzt bei Sonntagslunch mit Wein im August 1994 getrunken* ***

Ch. Palmer Mehrere Einträge aus der Mitte der 1970er, einschließlich einer Impériale, die ich als »sexy *demi-mondaine* von ungewissem Alter, aber opulentem Charme« beschrieb. In jüngerer Zeit: eher ein alter Mann von säuerlichem Naturell, besser in der Nase als am Gaumen – doch mit einer gewissen heruntergekommenen Eleganz. *Zuletzt im September 1994 verkostet. In Bestform* ***

ANDERE ZULETZT IN DEN 1980ERN VERKOSTETE 1924ER **Clos Fourtet** Etwas uneinheitlich. Überreife Säure, die durch das Essen gemildert wurde. *Bei einem Essen mit Peter Wallenberg nach der Besichtigung seines Kellers auf Drottningholm im März 1987 verkostet* ★★; **Ch. Léoville-Las-Cases** 1962 eine adstringierende, aber wohlschmeckende Impériale; eine von Whitwham neu verkorkte Magnum, nachdem sie von Customs & Excise geöffnet worden war! Sie hatte überlebt: schönes Bukett; angenehm, geschmeidig, wohlschmeckend. *Zuletzt im Mai 1980 verkostet. In Bestform* ★★★; **Ch. La Mission Haut-Brion** Uneinheitlich. Eine schöne Flasche aus den Woltner-Kellern (1978); auf Desais Verkostung ein verkorkstes Exemplar (1985). Eine »verschlossene, staubige« Magnum und eine beeindruckendere Doppelmagnum mit guter Frucht, aber etwas hölzern. *Die letzten beiden im Juni 1990 bei Karl-Heinz Wolfs Essen mit La-Mission-Verkostung degustiert. In Bestform* ★★; **Ch. Nenin** Uneinheitlich. In Bestzustand seidig und fest. *Mai 1989* ★★★; **Ch. Tertre-Daugay** Reich, aber austrinken, bevor er verwelkt. *März 1983* ★★

Schlossabzug

Die Abfüllung im Château selbst setzte sich erst zur Mitte des 20. Jahrhunderts durch. Zuvor waren praktisch alle Weine von den négociants *und Händlern auf Flaschen gezogen worden. In den frühen 1920er-Jahren beschloss Baron Philippe de Rothschild, dass damit Schluss sein müsse. Unmittelbar nach der Reblausinvasion war aufgrund der daraus resultierenden Weinknappheit die Versuchung für skrupellose Weinhändler zu groß, ein Gewächs hinter dem Rücken des Erzeugers zu verschneiden beziehungsweise zu »strecken«. Der junge Baron überzeugte die Premiers crus erfolgreich davon, dass die Abfüllung der Weine an ihrem Entstehungsort ein Garant für Authentizität und Qualität sei. Bald folgten andere Châteaux ihrem Beispiel.*

AUSGEWÄHLTE 1924ER, DIE SICH IN DEN 1970ERN IN GUTER VERFASSUNG ZEIGTEN **Ch. Chasse-Spleen** Ein pikanter Charmeur ★★; **Ch. Desmirail** Köstlich ★★★; **Ch. Duhart-Milon** Würzig, wohlschmeckend ★★; **Ch. Giscours** Am Verblassen, aber attraktiv. Außerdem eine sehr gute Abfüllung von Justerini & Brooks: tief, fest, reichhaltig ★★★; **Ch. Pape-Clément** Ein leichter, harter, erdiger Graves ★★; **Ch. Pichon-Lalande** Reinrassig, anhaltend. Fein. Seidig. ★★★★ **Ch. Rausan-Ségla** Überreif, wohlschmeckend ★★

1925

Von den beiden Nachbarjahrgängen 1924 und 1926 in den Schatten gestellt und trotz hoher Erträge vom Bordelaiser Handel ignoriert. Mittlerweile zu alt.

KURZ ZUSAMMENGEFASST **Ch. Lafite** Uneinheitliche Notizen. Ein schlechter Wein. *Zuletzt im Oktober 1988 verkostet*; **Ch. Latour** Spät gelesen; wie immer versuchte man, selbst in einem schlechten Jahrgang einen anständigen Wein zu bereiten. *Juni 1981* ★; **Ch. Mouton-Rothschild** Uneinheitlich, von fad und oxidiert bis verhalten duftend und adstringierend. *Zuletzt im April 1986 verkostet*; **Ch. Ausone** Eine recht gute Magnum. Zum Kauen, robust. *Oktober 1987* ★; **Ch. Calon-Ségur** Bordelaiser Abfüllung von Eschenauer. Überraschend gut. *Dezember 1992* ★★

1926 ★★★★★

Ein großer Jahrgang. Die Lese nach einem langen, heißen Sommer erbrachte bei geringem Ertrag Weine von hoher Qualität, die in den boomenden Endzwanzigern zu enormen Preisen auf den Markt gebracht wurden (in den Vereinigten Staaten herrschte noch die Prohibition).

Ch. Lafite Eindeutig ein Wein aus einem heißen Jahr, erstmals 1975 während eines Essens bei den Berry Bros. verkostet. Opulente Reife, großartig. Eine weitere, 1987 neu verkorkte Flasche, wohlriechend, aber mit einer Spur Adstringenz (1977). Leider eine enttäuschende, umgeschlagene Flasche auf der großartigen Overton-Verkostung 1979 und eine nicht viel bessere Version auf Lloyd Flatts Degustation. Vor einiger Zeit zwei Flaschen, die Eric de Rothschild großzügigerweise zum Essen anlässlich meiner Wahl zum »Mann des Jahres« in der Zeitschrift *Decanter* mitbrachte. Leichte Unterschiede zwischen den Flaschen, doch beide köstlich, wohlriechend, mit anhaltendem Nachgeschmack. *Zuletzt im März 1993 verkostet. In Bestform* ★★★★

Ch. Latour Ein halbes Dutzend beständig hervorragender Bewertungen, wobei der erste Eintrag im Juli 1966 entstand, gerade als ich bei Christie's anfing – in einem leeren Büro und ohne Sekretärin. Drei exzellente Flaschen in den 1970ern, »seidig, fabelhaft, gut entwickelt«; zwei vollendete Flaschen auf dem Château, eine »delikat, *à point*« und eine, »der man das Alter nicht ansah«. Kürzlich ein Exemplar mit hohem Füllniveau; recht tiefes sattes Rubinrot; fehlerloses Bukett, Eukalyptus; mitteltrocken, nicht so körperreich wie erwartet, würzig, wirklich angenehm. *Zuletzt im Dezember 2000 mit Paolo Pong verkostet* ★★★★★

Ch. Margaux Einträge von Mitte der 1970er bis Ende der 1980er, beständig gut, mit dem unnachahmlichen Margaux-Duft, der sich im Glas entfaltete. Entsprechender Geschmack. Reich, aber delikat. *Zuletzt auf Desais Verkostung im Mai 1987 in Los Angeles degustiert* ★★★★★

Ch. Mouton-Rothschild Erneut einheitliche Bewertungen, allesamt gut, eine Normalflasche, eine Magnum und eine Jeroboam. Alle sehr tief mit undurchsichtigem Kern; reich, reif, wohlriechend, würzig »medizinal«. »Süß«, weich, hübsch, nach wie vor recht tanninbetont. *Letztere Flasche eine Magnum, verkostet auf Flatts Mouton-Degustation im April 1986* ★★★★★

Ch. Haut-Brion Meiner Ansicht nach der beste Haut-Brion bis 1945. Bei unterschiedlichen Anlässen verschiedene Flaschenformate bewertet, als Normalflasche, Magnum und Jeroboam. Die denkwürdigsten Exemplare – diejenigen, die mich als Erstes beeindruckten – stammten aus dem Keller der Familie Dillon in Dunwalke, New Jersey, und wurden 1979 bei Christie's versteigert. Unter den anderen großen Weinen aus diesem Bestand fanden sich neun Dutzend Magnums und 13 Dutzend Flaschen des 1926er Haut-Brion, alle in tadellosem Zustand. Doch Haut-Brion ist in erster Linie ein Graves und seine Nase sowie sein Geschmack sind sehr charakteristisch, ganz anders als die anderen Premiers crus aus dem Médoc, sieht man einmal von seiner Finesse ab. Das Bukett fällt normalerweise erdiger aus, manchmal ingwerartig, tabakähnlich, nach »versengtem Farn«, wie ich mir notierte. Kürzlich ein immer noch fast undurchsichtiges Exemplar; ausgewogene, reiche Nase; relativ »süß«, geschmacksintensiv, kraftvoll, stilistisch dem 1928er sehr nah. *Zuletzt im September 2000 bei Len Evans' Essen für den Single-Bottle Club im Hunter Valley verkostet* ★★★★★

Ch. Ausone Zwei Flaschen mit geringfügig unterschiedlicher Füllhöhe auf Flatts Ausone-Verkostung. Tief, satt; in Bestform würzig, duftend; weich und fleischig für einen Ausone. *Zuletzt im Oktober 1987 verkostet* ★★★★

Ch. Cheval Blanc Einer der größten Weine, die ich je verkostet habe, besser noch als der 1921er und 1929er, ja, sogar der 1947er – zumindest damals, im Jahr 1967, als ich ihn bei einem Essen der Berry Bros. erstmals degustierte. Er war zwar nicht farbtief und wies einen mahagonibraunen Rand auf, erwies sich aber als der kompletteste, reichste und sicherlich der »süßeste« und ausgewogenste Wein, den man sich vorstellen kann. Zwei Flaschen waren vier Stunden vor dem Servieren dekantiert worden. Ich konnte nicht glauben, dass es sich um Bordeaux handelte und ging, recht unhöflich, mit meinem Glas zum Fenster, das zur St James Street hinausführte, um die Farbe besser beurteilen zu können und mich auf die honigartige Nase sowie den reichhaltigen Geschmack zu konzentrieren. Ich hielt den Wein für einen großen Burgunder. Weitere gute Bewertungen in den 1970ern. Später eine gut erhaltene Magnum, delikat und am Verblassen, aber mit Finesse und großer Länge. *Zuletzt im Mai 1987 verkostet* ★★★★★ *Er dürfte nach wie vor großartig sein.*

Ch. Pétrus Zwei Einträge, eine Normalflasche (1986) und eine Doppelmagnum. Tief, satt, intensiv; opulent, reife Feigen, Maulbeeren, Moschus; »süß«, stämmig, würzig, noch immer tanninbetont. *Zuletzt 1987 verkostet* ★★★★★

Ch. Cantemerle Blass, ausgebleicht, aber glanzhell; eigenartig reich und schwitzig; »süß«, köstlich. *Aus dem Binaud-Keller, März 1996* ★★★

Ch. Dauzac Eine Doppelmagnum: samtiges Purpurrot; wechselhaft in Nase und Geschmack, mal stärker werdend, mal abflauend, »süßer« Auftakt, trockener Abgang. Wohlriechend, aber kurz. *Bei Hardy Rodenstocks abschließendem Essen im September 1990 verkostet* ★★★ *(gerade noch)*

Ch. Ducru-Beaucaillou 1975 tief, fein, zedrig, am Austrocknen, was mehr oder weniger auch für eine 21 Jahre später verkostete Impériale galt. Bukett von knorriger Eiche; etwas stielig, stallartiger alter Geschmack, wohlriechend, gute Länge. *Zuletzt im September 1996 blind in München degustiert* ★★★

Ch. Léoville-Poyferré Eine Impériale, blässlich, gesund, mildes Bukett; Gewicht, Geschmack und Ausgewogenheit schön. Elegant. Einer der letzten in einer Reihe sehr guter Poyferré-Jahrgänge (der endgültig letzte war der 1929er). *September 1990* ★★★★

Ch. La Mission Haut-Brion Fabelhafte Farbe, aber 1973 ein bisschen wie ein staubiger alter Mann. 1978 eine großartige Flasche, seidig und elegant – nicht so, wie man es normalerweise von dem in der Regel maskulinen La Mission erwartet. 1985 erneut ein untypischer Charakter bei einem Exemplar aus dem Woltner-Keller, das jedoch im Glas sauer wurde. Vor einiger Zeit eine Flasche derselben Herkunft (bei der Christie's-Versteigerung des Woltner-Kellers erworben), ein Hauch von Korkgeschmack in der Nase, minzig, erholte sich, dann der Duft nach frischen Steinpilzen. Am Austrocknen, an Gewicht verlierend, aber eine charaktervolle, denkwürdige Magnum. *Zuletzt im April 1996 während eines Essens bei Christen Sveaas in Oslo verkostet. In Bestform* ★★★★

Ch. La Tour Haut-Brion Ich war nie von diesem grobschlächtigeren jüngeren Bruder von La Mission begeistert. Allerdings interessante Nase, feiner reichhaltiger Tee, dann rauchig und nach 25 Minuten Anklänge an den Geruch einer alten Dampflokomotive. Reicher, rauchiger Graves-Geschmack, am Altern, sehr tanninbetont, rau. *März 2001* ★★

Weitere 1926er mit guter Bewertung in den 1980ern

Ch. Calon-Ségur Trotz dreier schlechter Bewertungen in den 1970ern zwei gute Magnumflaschen: undurchsichtig; stämmig; voll, tanninstark, keine Spur von Verfall. *Mai 1981. In Bestform* ★★★★; **Ch. Cos d'Estournel** Gesund, »süß«, vollendet in Geschmack, Ausgewogenheit und Abgang. *März 1982. In Bestform* ★★★★★; **Ch. Duhart-Milon** In jeder Hinsicht reichhaltig. Vanille und Leder. *November 1983* ★★★★; **Ch. Figeac** Wohlriechend, warm, biskuitartig; am Austrocknen, aber attraktiv. *Dezember 1989* ★★★; **Ch. Olivier** Dänische Abfüllung. Hübsch. *Juli 1989* ★★★; **Ch. Rauzan-Gassies** Überraschend gut, aber am Austrocknen. *Juli 1993* ★★★

1927

Ein Jahrgang wie ich: Obwohl sein Grundstock mit der ausgezeichneten Lese von 1926 gelegt wurde und der Wein in einem angenehmen, milden Mai zur Welt kam, ging es von da an bergab. Kaltes, nasses und windiges Wetter erbrachte eine schreckliche Ernte und sehr schlechte Weine. Zumindest ich habe überlebt.

Ch. Latour Bekannt für seine Fähigkeit, selbst in schlechten Jahrgängen gute oder zumindest passable Weine zustande zu bringen – so auch 1927. Zwei gute Exemplare aus den Kellern der Familie de Beaumont, dann eine blasse, ausgewaschene und dürre Flasche bei einer Weinprobe in San Francisco. *Zuletzt im Juni 1981 verkostet. In Bestform* ★★

Ch. Margaux Ein alter Eintrag, doch der Wein zeigte sich in wesentlich besserem Licht als der gleichzeitig verkostete Romanée-Conti. *April 1971* ★★

Carruades de Mouton-Rothschild Es ist kaum bekannt, dass sowohl Ch. Lafite als auch Ch. Mouton Weinberge auf dem benachbarten Carruades-Plateau besitzen. Lafite hatte den Namen bereits benutzt, als Philippe de Rothschild ihn diesem Jahrgang gab, seinem ersten misslungenen (es entstand in diesem Jahr kein »grand vin«). Mir gefiel nicht nur, dass er aus meinem Geburtsjahr stammte, sondern auch, dass er ein schönes Etikett von Carlu trug. Ein sehr seltener Wein, doch es gelang mir, zwei Magnumflaschen zu bekommen, eine mit starkem Schwund, die andere gab ich dem Baron, als er sie in meinem Büro sah. Später kaufte ich einen Posten, der mehrere halbe Flaschen des Jahrgangs umfasste. *Sie erwiesen sich als überraschend köstlich. Zuletzt im Mai 1990 verkostet* ★★★

Ch. Ducru-Beaucaillou Eine Magnum ohne sichtbares Zeichen der Herkunft. Hübsche Farbe; Reste von Frucht; schlank, säurebetont. *September 1990* ★★

1928 ★★★★★

Der erste der berühmten Zwillingsjahrgänge, beide großartig, aber in Gewicht und Stil völlig entgegengesetzt. Wie entstanden diese massiv tanninbeladenen Weine? Die Sommerhitze ließ dicke Beerenschalen entstehen, aus denen kräftige Farb- und Gerbstoffe extrahiert wurden. Die außergewöhnlich guten Reifebedingungen sorgten für Reichhaltigkeit und beträchtlichen Alkoholgehalt. Der langlebigste Jahrgang der Dekade.

Da die Weine kurz vor der Weltwirtschaftskrise auf den Markt kamen, blieben große Mengen unverkauft. Manche Händler hatten in ihren Kellern noch nach dem Zweiten Weltkrieg Bestände des 1928ers liegen; sogar in den 1950ern stand er noch auf manchen Listen. Unter anderem deshalb habe ich auch so viele Einträge – fast 200 – zu Buche stehen, denn in meinen Anfangsjahren im Weinhandel von 1953 bis 1959 verkostete ich zahlreiche Flaschen. Der Rest oder vielmehr der Großteil meiner Einträge entstand während meiner Tätigkeit bei Christie's ab 1966 sowie bei zahlreichen Degustationen.

Ch. Latour Ich stelle ihn voran, denn er erwies sich als Star des Jahrgangs – und ist es nach wie vor. Wie der 1870er Lafite erwies er sich als so dicht, kraftvoll und tanninbitter, dass es ganze 50 Jahre dauerte, bis er weich genug war, um getrunken werden zu können. Ich hatte das Privileg, ihn 16-mal verkosten zu dürfen, und konnte seine Entwicklung ab 1953 verfolgen, als ich ihn als »enorm, viel zu tanninbeladen« beschrieb. Sehr spröde, doch in Tannine eingehüllt und samtig, öffnete sich in den 1970ern. Ich hielt ihn in den 1980ern auf seinem Höhepunkt angekommen: intensiv farbtief; würzig, Zimt- und Zedernholzbukett; trotz seines Tannins überraschend »süß« und samtig, maskulin, mit großer Konzentration und Länge. Doch es geht weiter. Vier beeindruckende Flaschen mit fabelhaftem Bukett, aber noch immer sehr tanninstark, ja, sogar harsch (1994 in Zürich). Ein oxidiertes Exemplar, dann eine ausgezeichnete Flasche, wohlriechend, hervorragend trinkbar. *Zuletzt auf Joshua Latners Dinner im Januar 2000 verkostet. In Bestform* ★★★★★

Ch. Lafite Kein Vergleich mit dem Latour; vielmehr wirkten sowohl der 1928er als auch der 1929er wie unterernährte Zwillinge. Schlechte Bewertungen in den 1970ern, »dünner werdend«, »pilzig«, »adstringierend« oder einfach nur »fade«. Manchmal ein Lafite-Duft, der sich bemerkbar zu machen versuchte. Unlängst eine sehr seltsam schmeckende, minzige, scharfe Flasche auf der Verkostung von 1928ern in San Juan. *Zuletzt im November 1998 verkostet. In Bestform* ★★

Ch. Margaux Acht Einträge. Leichte Unterschiede zwischen den einzelnen Flaschen, doch im Großen und Ganzen sehr gut: farbtief; »süßes«, angesengtes, duftendes Zedernholzbukett; »süß, gebräunt und tanninbetont«. Damals (1976) verwendete ich zum ersten Mal die Formulierung »Eisenfaust im Samthandschuh«. Wie um zu zeigen, dass sich bei der Verkostung in San Juan nicht alle 1928er unter Form präsentierten, war der Margaux überragend, ein »vollmundiges Kraftwerk«. In jüngster Zeit: etwas zu »süß« und karamellartig; reich, doch immer noch sehr tanninbetont. *Zuletzt auf Manfred Wagners Verkostung im November 2000 in Zürich degustiert. In Bestform* ★★★★★

Ch. Mouton-Rothschild Vier schlechte Flaschen in den 1960ern und 1970ern, die erst in jüngerer Zeit wettgemacht wurden: wohlriechend, »süß«, lebhaft, in San Juan attraktiv und trotz seines Alters bemerkenswert »süß« am Gaumen, leichter als erwartet. Köstlich. *Zuletzt im Juni 2000 auf Paolo Pongs Dinner bei Jancis Robinson verkostet. In Bestform* ★★★★

Ch. Mouton-Rothschild Belgische Abfüllung von Vandermeulen: undurchsichtig; fast zu »süß«, entfaltete sich aber duftend; voller Frucht, lebhaft, tanninbetont. *Im Dezember 1995 bei de Cock in Paris getrunken* ★★★★

Ch. Haut-Brion Eine sonderbare Zeit für Haut-Brion. Eigenartige Kellerkunst. Keine einzige angenehme Flasche von 1970 bis vor kurzem. Es überrascht mich, dass die Dillons das Château 1935 kaufen wollten, nachdem sie den 1928er und 1929er, vor allem aber den 1930er, 1931er und 1932er verkostet hatten. Fast ein Dutzend Einträge, von oxidiert bis seltsam beeindruckend, eine Art »gedünstete Opulenz«. Bei Latners Essen im Januar 2000 verdorben und fünf Monate später dick, »gekocht«, sehr tanninbetont. *Keine Bewertung.*

Ch. Ausone Hatte Anfang der 1980er viel Farbe verloren, präsentierte sich aber trotz einer Pilznote in der Nase recht ausgewogen. Drei unterschiedliche, vorwiegend schlechte Flaschen auf Flatts Ausone-Verkostung. Vor kurzem eine schöne Farbe, die auf vollendete Reife schließen ließ; ein Bukett, das mich immer an Herbstlaub erinnert, auf seine Weise wohlriechend; am Gaumen überraschend voll und reich, mit guter Länge und Säure. *Zuletzt im November 1998 in San Juan auf Puerto Rico verkostet. Keiner meiner Lieblings-1928er, aber in Bestform* ★★★

Ch. Cheval Blanc Nicht annähernd so gut wie der 1929er. Sieben kritische Bewertungen ab 1955. Etwas Duft und Charme, aber verblüht. »Baumduft« – unangenehmer Blumengeruch wäre angemessener: Geranien (Ascorbinsäure). *Zuletzt im Juni 2000 verkostet. In Bestform* ★★

Ch. Cheval Blanc Belgische Abfüllung von Vandermeulen. Zwei Einträge: grandios, erinnerte mich an den 1926er (1995 in Paris verkostet). Später: reich, fleischig und ohne die bei Schlossabzügen üblichen Fehler – aber schließlich war die Flasche auch bei Christie's gekauft worden! *Auf einem Rodenstock-Essen im März 2001 verkostet* ★★★

Ch. Pétrus Zwei Einträge, der erste von 1984, marmeladig, wie eine Zinfandel-Spätlese. Vor einiger Zeit: undurchsichtig, konzentriert; in der Nase Melasse, am Rand der Oxidation; eigenartiger Geschmack, sehr tanninbetont. *Zuletzt im September 1996 eine Magnum auf Rodenstocks Weinprobe degustiert.*

Ch. Brane-Cantenac Ein ansprechendes Exemplar, »süß«, doch noch immer tanninbetont. *Auf der Josey-Vorverkaufsverkostung im November 2000 degustiert* ★★★★

Ch. Calon-Ségur Ein Château, dessen Weine beim britischen Handel und seinen Kunden sehr gefragt waren. Deshalb kamen viele Einträge zusammen, der erste 1954. Ich arbeitete damals für Saccone & Speed, einen der führenden »Edel«-Weinhändler. Der 1928er stand für 26 Shilling pro Flasche (heute 1,80 Euro) auf der Liste. Beständig tief, mundfüllend, tanninbetont. Unlängst alternd, aber noch immer tief. In der Nase »alte Eiche und Mokka«; spröde. Ein altmodischer St-Estèphe. *Zuletzt im November 1998 verkostet. In Bestform* ★★★★

Ch. Cantemerle 1985 und 1998 als »verblühte alte Dame« beschrieben. Beide Flaschen stammten aus dem Binaud-Keller, die zuletzt verkostete war von Whitwham neu verkorkt worden. Ein sehr wohlriechender, stilvoller, hübscher Wein. Wirklich charmant, wenngleich etwas spitzig. *Zuletzt auf Dr. Thomas' Verkostung im November 1998 in Puerto Rico degustiert* ★★★

Dom. de Chevalier Zwei Einträge, die bei einem Essen auf der Domaine entstanden, das erste Mal 1981 mit dem charmanten Claude Ricard (wir spielten nach dem Essen Klavier und wechselten uns zwei Stunden lang ab; ich hatte genug Wein getrunken, um meine Hemmungen zu verlieren, aber nicht unkonzentriert zu werden). Vor kurzem ein Exemplar mit dem neuen Besitzer Olivier Bernard. Nach weiteren 17 Jahren in der Flasche erwies sich der Wein als nicht mehr ganz so undurchsichtig; man merkte ihm wie schon zuvor sein Alter an, dennoch war er »süß« und wohlriechend, mit gutem Körper und guter Länge. *Zuletzt im April 1998 verkostet* ★★★★

Ch. Ducru-Beaucaillou Überraschenderweise fand ich nur zwei Einträge neueren Datums: beide Flaschen leuchtend und hübsch; hochgetönt, doch verblüht; »süß«, lebhaft, etwas Charme, weicher Auftakt, spitziger Abgang. *Im November 1998 und bei Paolo Pong im Juni 2000 verkostet* ★★★

Ch. Montrose Bei der ersten Verkostung 1955 ein großer schwarzer, ansprechender, kraftvoller, tanninbetonter Wein. 1990 etwas zerfallend, eine magere, spröde Flasche. Vor kurzem noch immer relativ tief; makellose Nase; Körper und Geschmack voll, reicher Extrakt. Nach wie vor tanninbetont. *Zuletzt bei Paolo Pong im Juni 2000 verkostet* ★★★★

Ch. Mouton d'Armailhacq Farbe, Frucht und Gewicht verlierend, aber weich und köstlich. *Im Mai 1993 zum Essen getrunken* ★★★

Ch. Trotanoy Prächtig. *September 1986* ★★★★★

Bei der Degustation zum 70. Jahrestag des 1928ers Ich leitete diese außergewöhnliche Veranstaltung in San Juan, Puerto Rico, im November 1998. Alle Weine waren von Dr. Charles Thomas aus Nashville, Tennessee, gestiftet worden. Die folgenden Notizen beziehen sich auf die 33 Châteaux, die ich nicht schon weiter oben erwähnt habe. Ch. Carbonnieux Tot. Dieser Wein war nie für ein langes Leben gemacht; Ch. Cos d'Estournel Etikett von Nicolas in Paris. Geschmacksintensiv; sehr gut. Mit früheren Einträgen übereinstimmend ★★★★; Ch. Desmirail Réserve Nicolas. Gut durchhaltend. Fest. Tanninstark ★★★; Ch. Durfort-Vivens Etwas Margaux-Charme, getrocknete Frucht, adstringierend ★★; Ch. L'Evangile Trotz Füllhöhe im Bereich der unteren Schulter überraschend wohlriechend, mit seidiger Pomerol-Textur. Zuvor, 1996, eine Magnum mit ungewöhnlicher Erdbeernote in Nase und Geschmack ★★★; Ch. Gruaud-Larose Mehrere ältere Einträge, angefangen 1956 mit einer guten, aber ledrigen Flasche. Zuletzt ein neu verkorktes Exemplar mit Nicolas-Etikett: tief; gesund; trocken und schlank ★★; Ch. Léoville-Las-Cases Würzig, Eukalyptusnote; komplett, köstlich. Ebenfalls mit vielen früheren Einträgen übereinstimmend. Fast schon üppig für einen 1928er ★★★★; Ch. Lynch-Bages Trotz der Beliebtheit dieses Gutes bei den britischen Verbrauchern überraschenderweise nur ein Eintrag. In Bordeaux abgefüllt; sehr Pauillac-artige Austernnase, aber am Gaumen rau und die Zähne belegend; Ch. La Mission Haut-Brion Mehrere uneinheitliche Einträge, einige sehr gut, keine Fehler. Auf der Verkostung von 1928ern eine feine Flasche mit originalem »langem, langem Korken«. Ein Kraftwerk. Noch immer energiegeladen ★★★★; Ch. Nenin Verblasste Frucht. Erfrischend, aber spitzig; Ch. Pichon-Lalande Im Château abgefüllt, mit Nicolas-Etikett: wohlriechend, gut in Geschmack und Länge. Etwas adstringierend, was den Charme jedoch nicht beeinträchtigte ★★★; Ch. Rauzan-Gassies Recht gut; reich, aber spitzig ★; Ch. Rausan-Ségla Von der Wine Society in London gut abgefüllt: überzeugend tiefe, gesunde Farbe; guter, dichter Geschmack ★★★★; Ch. Rouget In den 1950ern neu verkorkt. Wunderschöne Farbe, sehr gutes »süßes« Bukett; körperreich, angesengter Geschmack ★★★; Ch. Talbot In Bordeaux von Kressmann abgefüllt. Am Ende.

Ältere Einträge Ch. Bouscaut Erdig, maskulin. *1984* ★★★; Ch. Lascombes Magnum: spröde, tanninbetont. *1981* ★★; Ch. Duhart-Milon Fest, spröde, gesund. *1983* ★★

1929 ★★★★★

Ein wundervoller Jahrgang und das Ende einer Ära. Die besten Weine waren der Inbegriff an Eleganz und Finesse.

Ch. Lafite Uneinheitliche Qualität. Nicht gerade Lafite in Hochform. Nur ein wirklich bewunderungswürdiges Exemplar, eine 1988 verkostete Flasche, hübsches, entgegenkommendes Bukett, »süß«, sehr ansprechender Geschmack, etwas säurebetont. *Zuletzt 1989 eine opulente, aber auf der Kippe stehende Jeroboam verkostet. In Bestform* ★★★ *(gerade noch)*

Ch. Latour Ein Wein der Superlative. Weicher und zugänglicher als der 1928er. 16 Einträge seit 1955, fast alle mit fünf Sternen. (Ich war im Herbst 1955 von Saccone & Speed zu Harvey's in Bristol gewechselt und hatte mein Büro in London.) Stets farbtief, verschiedene – meist unzutreffende – Beschreibungen des Buketts: reiche, aber verhaltene Nase von altem Zedernholz, würzig (wieder Eukalyptus, Gewürznelken und Salbei), »medizinales« Pauillac-Bukett usw. Am Gaumen in der Regel »süß«, weich und üppig für einen Latour – ganz anders als der monumentale, tanninbeladene 1928er –, samtig, lang anhaltend. Vor einiger Zeit eine vollendete Magnum im Rahmen einer Latour-»Serie« auf Rodenstocks Weinwochenende. *Zuletzt im Dezember 1995 verkostet* ★★★★★

Neuverkorkung

Eine manchmal notwendige, aber nicht unproblematische Prozedur. Bei längerer Lagerung neigen Korken dazu, auszutrocknen und ihre Elastizität zu verlieren. Dadurch steigt die Gefahr, dass Luft in die Flasche gelangt und der Wein oxidiert. In vielen Châteaux ist es daher üblich, den eigenen Wein alle 15 bis 20 Jahre neu zu verkorken, um ein ungestörtes Reifen und die längstmögliche Lebensspanne zu gewährleisten. Bisweilen werden die Flaschen bei dieser Gelegenheit auch gleich aufgefüllt, idealerweise mit Wein desselben Jahrgangs. Bei älteren und selteneren Kreszenzen gibt man aber auch einen jüngeren Jahrgang hinzu. Eine im oder durch das Château neu verkorkte Flasche gibt dem Besitzer beziehungsweise Käufer zwar eine gewisse Sicherheit, ich persönlich ziehe jedoch Flaschen mit dem Originalkorken vor. Denn sobald eine Flasche Schwund aufweist, sollte sie ausgetrunken – oder abgelehnt – werden.

Ch. Margaux Zehn Einträge. Ein unzuverlässiger Jahrgang, in Bestzustand aber mit charakteristischem Wohlgeruch und überbordendem Charme. In jüngerer Zeit eine außergewöhnlich reichhaltige Flasche auf Manfred Wagners Verkostung im Jahr 1997 und ein ausgezeichnetes Exemplar als Bestandteil der Margaux-»Serie« auf Rodenstocks Weinwochenende: attraktive, nicht tiefe Farbe; köstliches Bukett, die für Margaux typischen kandierten Veilchen; »süß«, sehr reich, duftend. Angenehmer alter Geschmack. *Zuletzt im November 2000 verkostet. In Bestform* ★★★★★

Ch. Mouton-Rothschild In der zweiten Hälfte der 1960er und während der 1970er war dieser Jahrgang der Star im Auktionssaal. Ich beschrieb ihn als »eine große Diva – weltberühmt, aber nicht ohne Makel«. Über 20 Einträge stehen bei mir zu Buche. Der Wein wirkte immer wie kurz vor dem Umschlagen. Fleischig, oftmals fehlerhaft, immer aufregend. Und stets mit dem unnachahmlichen Cabernet-Duft eines Mouton. *Zuletzt im Mai 1989 verkostet. In Bestform* ★★★★★

Ch. Haut-Brion Sehr eigenartig. Len Evans und ich wären auf dem allerersten Dinner des »Single-Bottle Club« in Sydney fast darüber in Streit geraten – in Anwesenheit der feinsten Gaumen Australiens und des Premierministers. Len liebte den Wein, ich nicht. Ein seltsamer, beständiger gekochter Ton. Erhitzter Most? Eher wie schwarzer Sirup oder Port. Eindeutig Geschmackssache. *Viele Einträge, zuletzt im Mai 1989 verkostet.*

Ch. Cheval Blanc Einer der großen 1929er. Mehrere bewundernde Einträge von 1971. Ein reiches, rosig getöntes Ziegelrot mit runden »Tränen« bzw. »Kirchenfenstern«; unbeschreibliches Bukett, vollendeter Duft. Ein milder, sanfter, grandioser Wein. Vollkommen. *Zuletzt im Mai 1989 verkostet* ★★★★★

Ch. Pétrus Zwei Einträge, der erste von Walter Eigensatz' Impériale-Degustation im Jahr 1989, dann eine Doppelmagnum auf einer Rodenstock-Verkostung. Ich prüfte letzteres Exemplar im Keller. Es wies die Originalkapsel des Châteaus auf, doch die Herkunft war unbekannt. Der Wein zeigte sich äußerst beeindruckend, mit einem Gewicht wie ein 1928er, tiefes Bernsteinbraun mit fleischigem, schokoladigem Rand und einer recht groben Textur, die ich als »Freibauer mit schmutzigen Stiefeln« beschrieb. Nicht die Subtilität der

Spitzen-Médocs. *Zuletzt im September 1998 verkostet. In Bestform* ★★★
Ch. Beychevelle Orangeton; »süß« und vanillig in Nase und Geschmack. Eine angenehme alte Dame. *Auf einer Vorverkaufsverkostung im Mai 1993* ★★★
Ch. Calon-Ségur Eine köstliche Magnum: Frucht und Veilchen; lebendiger Geschmack, Ausgewogenheit und Länge ausgezeichnet, aus einer Blütezeit von Calon. *Zuletzt im September 1996 verkostet* ★★★★★
Ch. Cantemerle Wohlriechender, charmanter, schöner Geschmack, der durch den wuchtigen Abgang etwas geschmälert wurde. *Im Oktober 1995 im Binaud-Keller degustiert* ★★★
Ch. La Mission Haut-Brion Acht Einträge. Ein großartiger 1929er, einer der besten La-Mission-Jahrgänge aller Zeiten und mit Sicherheit der reichhaltigste. Allerdings von uneinheitlicher Qualität, die beste Flasche aus den Originalkellern von Woltner. (Henri und Fernand, die Söhne von Frédéric, der das Gut gekauft hatte, führten es von 1926 bis zu ihrem Tod in den 1970ern als Partner. Sie waren innovative Kellermeister und Verwalter.) *Zuletzt im Juni 1990 verkostet. In Bestform* ★★★★★

ZWEI BERÜHMTE 1929ER **Ch. Léoville-Poyferré** Der letzte Atemzug eines Weins von großer Finesse, den ich leider nicht auf seinem Zenit degustiert habe; **Ch. Pontet-Canet** Großartig, als ich ihn 1956 bei Harvey's zum ersten Mal verkostete. Seither weniger gute Flaschen. *Zuletzt im März 1987 degustiert. In Bestform* ★★★★★

WEITERE ZULETZT IN DEN 1980ERN VERKOSTETE 1929ER
Dom. de Chevalier Eine im Château abgefüllte Magnum und eine dänische Abfüllung von Schloss Aalholm, beide überragend. Delikat, wohlriechend, vollendet ausgewogen. *Zuletzt im Oktober 1982 verkostet* ★★★★★; **Ch. L'Enclos** Wunderschöne Farbe; weich, sehr reich, fleischig. *Juli 1989* ★★★★; **Ch. Figeac** Beständige Bewertungen über einen Zeitraum von 20 Jahren hinweg. Reich, fast roastbeefartig; voll, reichhaltig, scharf und tanninbetont. *Zuletzt im Dezember 1989 verkostet* ★★★★; **Clos Fourtet** Viele Einträge, der erste 1954. Vermutlich der beste Fourtet aller Zeiten. Tadellos. Köstlich. *Zuletzt im Oktober 1983 verkostet* ★★★★; **Ch. Gruaud-Larose** Süßsauer; reif, weich, doch mit säuerlichem Einschlag. *Zuletzt im November 1986 verkostet* ★★★; **Ch. Haut-Bailly** Ein erstaunlich reichhaltiger Graves. *Juni 1988* ★★★; **Ch. Léoville-Las-Cases** »Süß«, voll, reich, fleischig, tanninbeladen. *Oktober 1984* ★★★; **Ch. Marquis de Terme** »Süß«, reich, noch immer fruchtig. *Zuletzt im Juli 1988 verkostet. In Bestform* ★★★★; **Ch. Rauzan-Gassies** Uneinheitlich, die beste Flasche aber aus Schloss Aalholm, abgefüllt von Kjaer und Sommerfeldt, nach wie vor die bedeutendsten traditionellen Weinhändler in Kopenhagen. *Zuletzt im Juli 1989 verkostet* ★★★★

1930–1939

Eines der schwierigsten Jahrzehnte für Bordeaux, unter dem Erzeuger wie Händler gleichermaßen litten. Es begann mit drei schrecklichen Jahrgängen. In ihnen entstanden schlechte Weine, für die sich keine Abnehmer fanden. Auch Frankreich litt unter der Weltwirtschaftskrise. Die Weinbauern verzweifelten, die Erzeuger verloren Geld und manch ein Château wechselte für einen Schleuderpreis den Besitzer. Zu den bekanntesten Gütern, die in neue Hände übergingen, gehörte Ch. Haut-Brion. Es wurde 1935 von Clarence Dillon aufgekauft, Mitglied einer begüterten amerikanischen Bankiersfamilie. (Angeblich wollte er eigentlich Ch. Cheval Blanc erstehen, aber es herrschte Nebel, und Haut-Brion, in einem Vorort von Bordeaux gelegen, war leichter zu erreichen.)

Das Ende der Prohibition im Jahr 1933 fiel mit einer Besserung der Wetterbedingungen und einem gewissen Handelsaufschwung zusammen, allerdings erholte sich der amerikanische Markt nur langsam. Die britischen Händler und ihre Kunden wiederum waren mit 1928ern, 1929ern und älteren Jahrgängen reichlich eingedeckt. 1933 führte der *Guide Michelin* sein auf Sternen basierendes Bewertungssystem ein. Zu den wenigen französischen Restaurants, die die begehrten drei Sterne errangen, gehörte das berühmte Chapon Fin in Bordeaux.

1935 führte Frankreich sein System der *appellation contrôlée* ein, um die Qualität seiner Erzeugnisse zu verbessern und die Namen der Weine zu schützen. 1937 erholte sich der Markt etwas und so nahm man diesen Jahrgang hoffnungsfroh auf. Doch wie die folgenden Verkostungsnotizen zeigen, entledigten sich seine Weine nie so ganz ihrer Adstringenz.

Die Jahrgänge auf einen Blick

Hervorragend *****
Keiner
Sehr gut ****
1934
Gut ***
1933

1930

Schlechtes Wetter, miserable Weine, kein Markt und generell schwere Zeiten für jedermann.

Ch. Latour Der einzige 1930er, den ich je verkostet habe, dafür gleich bei zwei Gelegenheiten. 1981 auf den ersten Blick eine schöne rubinrote Farbe; leichtes, würziges Bukett, das abzuheben versuchte, am Gaumen aber dünn und säurebetont. Später ein ähnlicher Eintrag, doch wirkte der Wein robuster und dichter und klang mit einer sauren Note aus. *Zuletzt im November 1990 bei einem Essen auf dem Château verkostet.*

1931

Eine mäßige Ernte erbrachte kümmerliche Weine, die jedoch eine Spur besser als die 1930er ausfielen. Wirtschaftskrise. Kein Markt.

Ch. Lafite Neu verkorkt. Blass, stumpf; eine eigenartige »weiche, flaumige« Nase, die sich irgendwie verworren öffnete. Im Geschmack gar nicht einmal so schlecht, aber rau und säurebetont. *Auf Flatts Lafite-Verkostung im Oktober 1988 degustiert.*

Ch. Latour Trotz des Rufs von Latour, das Beste aus einem schlechten Jahr zu machen, durch drei Einträge zur Bedeutungslosigkeit verdammt. Firnisartig, mager, unausgewogen. *Zuletzt im September 1981 verkostet.*

Ch. Margaux Eine bessere Flasche als erwartet auf Wagners Margaux-Verkostung. Eigenartiger, verblassender Duft; »süßlich«, leicht, schmackhaft, aber kurz. *November 2000.*

Ch. Haut-Brion Trotz seines Melasse-Charakters hätte der Wein damals schlimmer sein können. Reichhaltige, malzige Nase; trocken, trinkbar, aber firnisartig und säurebetont im Abgang. Mehrere Einträge. *Zuletzt im Juni 1989 auf dem Dinner zur Feier des runden Geburtstags von Mutsuo Okabayashi (und meiner Frau) in Tokio degustiert.*

Ch. La Mission Haut-Brion Sicherlich der beste überlebende 1931er. Mehrere Einträge. Farbtief; überraschend gesund; angesengte reichhaltige Tabaknase und -geschmack. Trockener, säurebetonter Abgang. Die Woltner-Brüder gaben ihr Bestes. *Zuletzt im Juni 1980 auf Karl-Heinz Wolfs La-Mission-Verkostung in Wiesbaden degustiert.*

Ch. Pichon-Lalande Man merkte ihm das Alter und den Zustand an: alte Bananenschalen. Der Geschmack besser als die Nase. Erfrischende Säure – passte recht gut zu Lammbraten. *Im Oktober 1995 auf einer weiteren Okabayashi-Verkostung mit Essen in Tokio degustiert.*

1932

Der dritte und wohl schlechteste Jahrgang des schauderhaften Trios. Sehr späte Lese unter wechselhaften Bedingungen, magerer Ertrag, miserable Weine. Es wäre interessant zu wissen, ob unter Einsatz moderner Lese- und Bereitungstechniken bessere Weine entstanden wären. Allerdings konnte oder wollte sich in dieser Krisenzeit sowieso niemand diese Provenienzen leisten.

Ch. Latour Versuchte wie immer das Beste aus der Situation zu machen. Trotz beeindruckender Farbe mit knarrenden Gelenken. Ausgetrocknet und spitzig. *Im November 1990 aus reiner Neugier bei einem Essen im Château geöffnet.*

1933 ***

Eine weitere ertragsarme Lese, diesmal aber wegen kräftiger Winde während der Blüte. Relativ leichte, ansprechende Weine. Abgesehen vom La Mission aber habe ich in der letzten Dekade keine 1933er verkostet. Die Leichtigkeit und der Charme des Jahrgangs fand meines Erachtens seine reinste Ausprägung im **Ch. Margaux**, den ich in den 1950ern und 1960ern degustiert habe, sowie in dem in den 1970ern verkosteten **Ch. Cheval Blanc**.

Ch. La Mission Haut-Brion Reich, reif, doch schon in den 1970ern am Zerfallen. Uneinheitliche Qualität. Selbst die an sich wohlschmeckende Flasche der Woltners hatte eine kantige Säure. *Zuletzt im Juni 1990 verkostet. In Bestform* ★★

Zuletzt in den 1980ern verkostet **Ch. Lafite** Bei der ersten Verkostung 1955 leicht, delikat, köstlich. Ein ähnlicher Eintrag 1980. Später ein leicht »muffiger« Flaschengeruch, der sich gut verzog; reich, schmackhaft, wohlriechend. *Zuletzt im Oktober 1988 verkostet. In Bestform* ★★★★; **Ch. Latour** In den 1960ern und 1970ern weich und fast überreif. Schöne Farbe; zedrig, für einen 1933er fülliger Körper, guter Geschmack, wirkte aber immer kurz vor dem Umschlagen. Eine gefährliche Gratwanderung. *Zuletzt im Juni 1981 verkostet. In Bestform* ★★★; **Ch. Mouton-Rothschild** 1955 ziemlich kurz und herablassend als »trocken, lebhaft, fein und trinkbar« beschrieben. Ein Zeitsprung von 30 Jahren: Auf Lloyd Flatts Verkostung zwei halbe Flaschen, eine zerfallen, die andere köstlich, wenngleich mit Wildtönen. *Zuletzt im April 1986 verkostet. In Bestform* ★★★

Berry Bros.

Charles Walter Berry erwähnt in seinem 1934 veröffentlichten Buch In Search of Wine *beiläufig, dass die Berry Bros. den gesamten 1933er-Jahrgang aus den Châteaux Beychevelle und Rausan-Ségla aufkauften, wobei der Jahrgang aus letzterem Gut nur 11 % Alkohol hatte.*

1934 ★★★★

Der beste Jahrgang der Dekade. Der Regen im September rettete die Trauben nach zweimonatiger Dürre. Üppige Lese, sehr gute Weine. Mittlerweile riskant, doch die besten Exemplare lassen sich nach wie vor gut trinken.

Ch. Lafite Uneinheitliche Qualität. In den 1950ern und 1960ern notierte ich mir eine gewisse Härte, doch sogar damals schon ein leichter Alterston. Seltsamerweise bessere Beurteilungen in den 1970ern. Sehr reifes Aussehen, das Bukett verschiedentlich als reich, wohlriechend, komplex beschrieben; angenehmer Geschmack, charmant. Zwei schlechte Flaschen in den 1980ern, doch eine großartige Magnum auf Lloyd Flatts Verkostung. Sehr »süß«, reichhaltig im Geschmack, in ausgezeichnetem Zustand, doch immer wieder Überreife notiert. *Zuletzt im Oktober 1988 verkostet. In Bestform* ★★★★

Ch. Latour Ebenfalls typisch für die Jahrgänge Mitte der 1930er. Erstmals 1955 verkostet. 1958 beschrieb ich ihn als »sehr groß, aber weich ... strebt seinem Höhepunkt zu«. In den 1970ern einige spitzige Flaschen. 1980 der Geruch nach »alten Kellern und gekochtem Fenchel«, wieder Überreife notiert. Vier Flaschen auf der Latour-Verkostung in Zürich. Trotz ihrer hübschen mahagonibraunen Farbe und eines aufregenden, wenngleich abbauenden Dufts eine Enttäuschung am Gaumen. Ich schrieb: »Kräuselt sich wie abgefallenes Laub.« Wohlriechend, aber pikant, adstringierend. *Zuletzt im Oktober 1994 verkostet. In Topform* ★★★ *und sicher nicht besser werdend.*

Ch. Margaux 15 Einträge. Trotz einiger schlechter, zweifellos mangelhaft eingekellerter Flaschen mein Lieblings-1934er. Ein Margaux durch und durch. Allerdings machte sich die Kurzlebigkeit der 1930er-Jahrgänge recht früh bemerkbar, sogar schon Mitte der 1950er und noch stärker Anfang der 1970er. Doch er hält wacker durch. Auf Wagners erster Verkostung 1997: reiches, keksartiges Bukett – allerdings auch wie abgehangenes Wild! »Süß« am Gaumen, positive Frucht, sehr tanninbeladen. Vor kurzem eine geschmacksintensive Flasche. Sehr ansprechendes Bukett, doch für wahre Größe reicht es nicht ganz. *Eine hohe Bewertung auf Manfred Wagners zweiter Margaux-Verkostung im November 2000. In Bestform* ★★★★

Ch. Mouton-Rothschild Bevor ich 1953 bei Harvey's begann, beschrieb Harry Waugh ihn schlicht als »schöne Flasche, die ihren Zenit erreicht«. Als ich zwei Jahre später bereits unter seinen Fittichen arbeitete, war ich etwas nüchterner: »sehr voll« (Erscheinungsbild); »tief und fein« (Bukett); »noch immer sehr, sehr trockene Tannine, (doch) weicher Geschmack, fein, aber ohne Flitter«. Sowohl ich als auch der Wein reiften im Lauf der Jahre heran, denn in den 1960ern entstanden anerkennendere Notizen. In den 1970ern fünf vorwiegend kritische Einträge, wobei ich fast immer die relativ hohe Säure erwähnte. Das zugleich allerbeste und zuletzt verkostete Exemplar eine 1953 neu verkorkte Jeroboam »Rés du Baron«: lebendig, intensiv; anfänglich verhalten, doch komplett, öffnete sich nach und nach. Angenehm und – für einen Mouton – relativ verhalten. »Süß«, relativ körperreich, köstliche Frucht, ausgezeichnete Tannine und Säure. »Ein vollendetes Getränk.« *Zuletzt im September 1987 verkostet. Riskant, aber in Bestform* ★★★★★

Ch. Cheval Blanc Der vielleicht feinste und meiner Ansicht nach der verlässlichste 1934er. Erstmals 1978 verkostet: »Reich, delikat, ätherisch, exquisit.« Seither mehrere bewundernde Notizen, einschließlich eines Eintrags von 1986, der sich auf eine Magnum von strahlender Farbe bezog, das wunderschöne Bukett reif, sich sanft zurückziehend, aber noch nicht am Zerfallen. Gut gebaut. Alle Komponenten im Gleichgewicht. Vor kurzem eine weitere Magnum mit Füllhöhe im oberen Bereich der mittleren Schulter, etwas trüb; Nase enttäuschend neutral, weit besser am Gaumen; »süß«, komplett, mit Eleganz verblühend, aber noch gut trinkbar. *Zuletzt im Dezember 2000 verkostet. In Bestform* ★★★★★

Ch. Pétrus Farbtief, sehr reich, »dick«, erinnerte mich ein bisschen an den Haut-Brion von 1929. Eine Flasche, bei der die Säure die Oberhand gewann, und später eine Impériale. Ich habe keine Ahnung, wo Hardy Rodenstock diese Weine auftreibt. Es gibt für die Zeit vor 1945 einfach keine Aufzeichnungen über Produktion, Bestand oder Verkauf. Ich kann nur sagen, dass das Großformat köstlich war. *Zuletzt im September 1990 verkostet* ★★★★

Ch. Cantemerle Zwei Einträge. Ein sehr guter Wein. Vollendete Farbe; »süß«, gesund und wohlriechend. Nie ein schweres Gewächs, wobei sein leichter, eleganter Stil Philippe de Rothschild gefiel, der mir anvertraute, dass er als Getränk einen Cantemerle seinem kraftvolleren Mouton vorzog. Aus dem Binaud-Keller. Damals gehörte das Château der Familie von Henrÿ (*sic*) Binauds Frau. *Im Oktober 1995 verkostet* ★★★★

Dom. de Chevalier Sieht man einmal von den Altersspuren ab, dann handelt es sich um einen fast makellosen Wein. 1981 drei Einträge: voll entwickelt, mit zauberhaftem mitteltiefem, reifem Erscheinungsbild und einem verhaltenen Bukett, das sich wohlriechend öffnete, als die Luft es aus seiner Schale lockte. Eine vergleichbare Flasche köstlich »süß«, ähnlich einem 1947er, wie ich mir 1984 bei einem Essen auf dem Gut notierte. Zehn Jahre später Altersspuren, doch komplett und ausgewogen, mit seidiger Textur und guter Säure. *Zuletzt im April 1994 bei einem weiteren Essen auf der Domaine verkostet* ★★★

Ch. Duhart-Milon Mit Anmut verblühend. *November 1992* ★★

Ch. Gruaud-Larose Ein ungewöhnlicher Jahrgang für einen normalerweise sehr fruchtigen Gruaud und für einen 1934er ziemlich spröde. Entsprechend bezeichnete ich ihn mit 30 Jahren als trocken, ja, sogar als hart. Kürzlich eine Magnum als zähneschmelzend trocken, wobei sich die kantige Säure nach dem verheißungsvollen Bukett als rechte Enttäuschung erwies. *Zuletzt im September 2000 auf Len Evans' großartigem Weindinner im Hunter Valley verkostet* ★★

Gruaud-Larose-Faure Von de Luze ausgeliefert, von Chr. Stausholm abgefüllt und zur Versteigerung aus dem ausgezeichneten Keller von Schloss Aalholm geholt. Dazu möchte ich auf zweierlei Aspekte hinweisen: Erstens standen die besten dänischen Weinhändler in punkto Abfüllerfahrung und -Know-how den Besten unter ihren britischen Kollegen in nichts nach und leisteten sogar oft bessere Arbeit als die Châteaux selbst, und zweitens hat ein nach dem Einkauf in einem perfekten Keller eingelagerter Wein die besten Überlebenschancen. *Im Juli 1989 zusammen mit dem Einpackteam (Daphne und Brian Ebbeson) verkostet* ★★★

Ch. La Mission Haut-Brion Die Woltners in Höchstform. Einer der feinsten 1934er, der sich obendrein gut hält. Tiefe, satte Farbe; reiches, reifes, wohlriechendes, zedriges, fruchtbepacktes Bukett; »süß«, kraftvoll, aber nicht schwer, hübscher Geschmack und Abgang. *Zuletzt im Juni 1990 verkostet* ★★★★★

Ch. Rausan-Ségla Eine pflaumenfarbene, wohlriechende Jeroboam. Guter Geschmack, griffig. *September 1990* ★★★★

Ch. Siran Köstlicher Geschmack, gute Länge. *Auf einer Vorverkaufsverkostung im Oktober 1993 degustiert* ★★★

Weitere, zuletzt in den 1980ern verkostete 1934er

Ch. Haut-Brion Uneinheitliche Qualität, aber eine Verbesserung gegenüber dem 1928er und insbesondere dem 1929er. Ein halbes Dutzend Einträge, der beste aus dem Jahr 1955: »Außerordentlich lebhaft, phantastische Fülle; erdige Schärfe.« Später eine Flasche mit einem Geschmack nach Feigensirup. *Zuletzt im Mai 1981 verkostet. In Bestform* ★★★; **Ch. Ausone** Vermutlich Anfang der 1940er in Bestform. 1983 köstlicher Duft, jedoch austrocknend, außerdem zwei überreife, reiche, aber zerfallende Flaschen auf Flatts Verkostung. *Zuletzt im Oktober 1987 verkostet, aber nie in Bestform degustiert. Jetzt nur noch* ★; **Ch. L'Angélus** Eine sehr lebhafte, attraktive Abfüllung von Kjaer & Sommerfeldt aus Aalholm. *Juli 1989* ★★★★; **Ch. Beychevelle** Eine schöne Abfüllung von Chr. Stausholm, ebenfalls von Schloss Aalholm. Strahlend; delikat, duftend. Ein köstlicher Wein. *Zuletzt im September 1989 verkostet* ★★★★; **Carruades de Ch. Lafite** Reifes, schokoladiges Bukett; schlank; am Gaumen spröder. *Oktober 1988*★★; **Ch. Cos d'Estournel** Mit altbackenem St-Estèphe-Charakter, bei der ersten Verkostung 1955 etwas spröde und enttäuschend und seither nicht anders geworden. *Zuletzt im Mai 1986 mit Bruno Prats auf Ch. Marbuzet verkostet* ★★ *(gerade noch)*; **Ch. Figeac** Eigenständig, intensiv, reich, etwas über den Höhepunkt hinaus und von uneinheitlicher Qualität. Mehrere Einträge. *Zuletzt im Dezember 1989 verkostet* ★★ *(Glückssache und eine Frage des persönlichen Geschmacks)*; **Ch. Palmer** Nicht überzeugend, hat das Haltbarkeitsdatum schon lange überschritten. *Im Oktober 1984 verkostet* ★; **Ch. Talbot** Aus Schloss Aalholm, diesmal aber ein Schlossabzug. Hochgetönt, guter Geschmack. Ein Hauch von Endsäure. *Mai 1988* ★★★

1935 ★★

Reichliche Erträge, moderate Qualität. Der britische Weinhandel hatte sich mit dem 1934er eingedeckt, deshalb wurden kaum 1935er eingekauft. Ich habe nur wenige Flaschen verkostet.

Ch. La Mission Haut-Brion Drei Einträge, alle auf Flaschen aus den Woltner-Kellern bezogen. In Bestzustand eine Vanille-, Blancmanger- und Milchnote; relativ »süßer«, blumiger Geschmack. *Zuletzt im Juni 1990 auf Wolfs La-Mission-Verkostung degustiert. In Bestform* ★★★

Zwei weitere 1935er

Ch. Latour Zwei Einträge: auf der de-Beaumont-Vorverkaufsverkostung 1974 wohlschmeckend, aber säurebetont. Auf der Fête de la Fleur eine Flasche mit lebendigem Erscheinungsbild, sehr trocken und pikant. *Zuletzt im Juni 1981 verkostet* ★; **Dom. de Chevalier** Leblose Farbe; malzige Nase; verblasst, aber interessant. *Juli 1987.*

1936

Nicht viel besser als der 1935er und größtenteils vom britischen Weinhandel ignoriert. Nichtsdestotrotz stehen bei mir über zwei Dutzend Einträge zu Buche, die vorwiegend in den 1960ern und 1970ern entstanden.

Ch. Margaux Nur auf den beiden Margaux-Verkostungen von Manfred Wagner degustiert. Auf der ersten im Jahr 1997 eine Anfang der 1980er neu verkorkte Flasche, merklich alt, ausgetrocknet. Auf der zweiten ein besseres Exemplar: attraktive, reife Farbe mit gelbem Ton; seltsam in Nase und Geschmack, unverwoben, »klammert sich mit letzter Kraft ans Leben«. Spitziger Abgang. *Zuletzt im November 2000 verkostet. Kann man sich schenken.*

Ch. La Mission Haut-Brion Vier Einträge. Unterschiedliche Qualität, in optimalem Zustand jedoch gesund, gut entwickelt; käsige Nase, aber charmant. Die zuletzt verkostete Flasche war unattraktiv. *Der letzte Eintrag vom Juni 1990. In Bestform* ★★

Weitere, zuletzt in den 1980ern verkostete 1936er

Ch. Latour Widersprüchliche Notizen Mitte der 1970er, eine Flasche duftend, wohlriechend und charmant, eine weitere »grün« und spitzig. Ein einigermaßen gutes Exemplar aus dem Keller von de Beaumont und später eine köstliche Version, die mit meinem Eintrag von 1976 übereinstimmte. *Zuletzt im Juni 1981 verkostet. In Bestform* ★★★; **Ch. Mouton-Rothschild** Uneinheitliche Qualität. Vorwiegend wohlriechend, doch verblasst. *Zuletzt im April 1986 verkostet. In Bestform* ★★; **Ch. Ausone** Trotz mangelnder Tiefe in Farbe, Nase und Geschmack ein warmer, offen gewirkter, delikater und charmanter Wein. *Oktober 1987* ★★★; **Ch. Cheval Blanc** Wohlschmeckend, aber mit zu wenig Fleisch. Trocken, säurebetont. *Eine im September 1986 verkostete Magnum*; **Ch. La Fleur-Pétrus** Alternd, aber noch Frucht vorhanden; weich, etwas Fleisch, überraschend wohlschmeckend. *Im Dezember 1984 bei Corney & Barrow in der Helmet Row (einer malerischen Ecke in der City of London) verkostet* ★★★

1937 ursprünglich ★★★★, jetzt nur noch ★★

Ich habe diesen Jahrgang früher ebenso hoch wie den 1934er eingestuft, doch obwohl er zweifellos der zweitbeste des Jahrzehnts ist, steht er in meiner Rangordnung großer roter Bordeaux-Jahrgänge heute weit hinten. Die Probleme sind auf das Wetter zurückzuführen. Es gab zwar keinen Regen, aber auch nicht sonderlich viel Sonne. Von Mai bis Mitte September war es kühl, obwohl die Trauben unter guten Bedingungen gelesen werden konnten. Nach 1945 stürzte sich der unter akutem Weinmangel leidende Handel auf die zu Kriegsanfang abgefüllten, erhalten gebliebenen Flaschen, die daraufhin in den späten 1940ern größtenteils aufgebraucht wurden. Zufällig habe ich noch die mit meinen Notizen versehene Saccone-&-Speed-Preisliste vom Winter 1954/1955 vorliegen. Wir führten damals zwar auch noch einige 1926er, 1928er, 1929er und 1934er, aber beträchtlich mehr Flaschen des 1937ers. »Einige Weine dieses ausgezeichneten Jahrgangs sind noch immer nicht reif«, schrieb der distinguierte Einkäufer Sir Guy Fison Bt., »aber die folgenden Provenienzen haben sich ideal entwickelt.« Darunter war auch ein Ch. Branaire-Ducru für 18 Shilling und 6 Pence (nach heutigen Maßstäben 1,30 Euro!) und ein Ch. Margaux für 35 Shilling. Als ich zu Harvey's ging, stand dort auf der für 1954/1955 gültigen Liste eigenartigerweise nur ein einziger 1937er, nämlich ein Ch. Lynch-Bages, aber gleichzeitig auch ein paar 1947er und 1949er.

Was war schief gegangen? Die Weine waren von Anfang an tanninbetont, doch schlugen sie um in Adstringenz. Meine Abneigung wurde bestätigt, als ich 60 1937er verkostete, denen Hardy Rodenstock einen ganzen Tag seines Weinwochenendes im Jahr 1988 widmete. Ich weiß nicht, wie lang es gedauert hat, bis Hardy all diese Gewächse aufgetrieben hatte. Obwohl einige Exemplare keine besondere Füllhöhe aufwiesen, war es doch eine unschätzbare Erfahrung.

Ich fasse mich kurz. Zunächst einige Châteaux, deren 1937er ich in den 1990ern verkostet habe:

Ch. Latour Nicht mein Lieblings-Latour, denn obwohl die Weine einige ansprechende Züge aufwiesen, begann doch jeder meiner 14 Einträge – der erste aus dem Jahr 1955 – mit dem Wort »adstringierend«. Von den drei zuletzt verkosteten Flaschen einige mahagonifarbene, »überraschenderweise nicht schlechte, reiche, aber adstringierende Flaschen«, die der mittlerweile verstorbene Peter Sichel im Juni 1995 auf Ch. Palmer bei einem Essen zum 40. Jahrestag des ersten Besuchs von meiner Frau und mir in Bordeaux servierte. Vor kurzem bei Hugh Johnsons Dinner für den Bordeaux Club ein Exemplar mit fast Mouton-artiger Würze, wohlriechend, aufregend – doch machte der Kontext den Unterschied aus. *Zuletzt im August 1999 auf Saling Hall in Essex verkostet. In Bestform* ***

Ch. Haut-Brion Einer der besten 1937er. Erstmals 1975 verkostet, seltsame teeartige Nase und – Überraschung, Überraschung – »adstringierend«. Eine weitere Flasche mit tief konzentriertem Erscheinungsbild und ebensolcher Nase; nicht schlecht, aber mit einem »aufdringlichen, die Zähne belegenden tannig-sauren« Abgang. Eine der besten Flaschen stammte – natürlich – aus dem Dillon-Keller (1979). Vor einiger Zeit eine Magnum mit überraschend jugendlichem Aussehen, ledrig, alter Tabak, am Gaumen spürbar gealtert. Rau. *Zuletzt im September 1995 verkostet. In Bestform* **

Ch. Cheval Blanc Ein weiterer guter, erstmals 1960 verkosteter 1937er. Beständige Qualität: ein weicher, recht guter Mittelteil am Gaumen, der mit tanninbetonter Textur endete. Als Letztes eine Magnum, etwas pilzig in der Nase, relativ »süß« und weich – abgesehen von einer Attacke auf die Zähne. *Zuletzt im September 1997 auf Karl-Heinz Wolfs ausgezeichneter »Weinart«-Verkostung von Cheval Blanc in Österreich verkostet* ***

Ch. La Mission Haut-Brion Erwartungsgemäß einer der besten 1937er. Übereinstimmende Einträge: buchstäblich undurchsichtig, enorme Fülle und fruchtig in Nase und Geschmack. Wohlriechendes, charakteristisches Graves-Bukett und »Tabak«-Geschmack. Sehr »süß«. Komplett. Beeindruckend, aber tannin- und säurebeladen. *Zuletzt im Juni 1990 verkostet* ****

Ch. Mouton d'Armailhacq Abgesehen von einer oxidierten Magnum ein ansprechender Wein mit charakteristischem würzigem Cabernet-Aroma und Geschmack, nicht unähnlich seinem großen Vetter, dem Mouton *Grand Vin*, oder dem Lynch-Bages. Stilvoll, aber trotzdem ein typischer 1937er. *Zuletzt im September 1994 verkostet. In Bestform *** (gerade noch)*

Ch. Canon Würziges, wohlriechendes Bukett; »süß«, lebhaft, fruchtig, elegant. Ein ausgezeichneter 1937er. *Im September 1988 eine Magnum degustiert* ****

Dom. de Chevalier Satte Farbe; sehr duftend; »süß«, erdig. Ich dachte, es handle sich um einen 1947er. 1988 eine sehr gute Magnum, eine weitere in Topform. *Im September 1998 auf dem Gut verkostet* ***

WEITERE, ZULETZT 1988 VERKOSTETE ERSTKLASSIFIZIERTE GEWÄCHSE **Ch. Lafite** Erstmals 1974 verkostet und – ob Sie es glauben oder nicht – »adstringierend«. Danach einige ausgezeichnete Magnums, 1979 eine sanfte, wohlriechende, zedrige Flasche. Mehrere Exemplare in den 1980ern, mehrmals als spitzig, aber aufregend beschrieben, schlank, faserig, undankbar, aber gesund. *Zuletzt während eines Essens im Konferenzsaal von Christie's im September 1988 die »für Lafite typische Delikatesse« notiert. In Bestform* ***; **Ch. Margaux** Ein guter 1937er. Hübsche Farbe, charmant und duftend, in den 1970ern die typische Säure des Jahrgangs 1937 kaum spürbar. Mit angemessener Eleganz reifend, wobei Körper, Frucht und Extrakt das griffige Tannin und die Säure im Zaum hielten. *Zuletzt im September 1988 verkostet* ***; **Ch. Mouton-Rothschild** Massives, wuchtiges, derbes Aussehen; »stark riechende alte Stiefel« (!), reich, aber gewisse Verfallsspuren, Anfang der 1970er mit »mächtiger Säure«. In den 1980ern – milde ausgedrückt – von unterschiedlicher Qualität. Eine medizinale, karamellartige, überreife Flasche und eine Magnum mit hübschem Aussehen, »süßem«, schön entwickeltem, zedrigem Cabernet-Bukett; die gute Frucht im Gleichgewicht mit der enorm griffigen Struktur. *Zuletzt im September 1988 verkostet. In Bestform* ***; **Ch. Ausone** Eines kann man von Ausone mit Sicherheit sagen: Die Weine sind anders. Ich stelle oft einen seltsamen »farn«- und herbstlaubartigen Geschmack fest. Das Bukett ist nicht minder eigenartig, kann sich jedoch duftend öffnen. Der 1937er bildet da keine Ausnahme – sieht man einmal von der Säure ab. *Zuletzt im September 1988 eine Magnum degustiert. In Bestform* ***; **Ch. Pétrus** Eine spitzige Jeroboam mit Korkgeschmack und eine pflaumenfarbene, relativ »süße« Magnum. Wohlschmeckend, doch für einen Pétrus mager. *Beide Flaschen im September 1988 verkostet. In Bestform* ***

EINE LISTE MIT ZULETZT 1988 VERKOSTETEN 1937ERN VON UNTERSCHIEDLICHER QUALITÄT **Ch. Beychevelle** Reich, duftend, aber austrocknend und verblasst. *In Bestform* ***; **Carruades de Ch. Lafite** Eine wohlriechende, delikat ausgewogene Magnum und eine trübe, ausgetrocknete Flasche. *In Bestform* ***; **Ch. Ducru-Beaucaillou** Eine Magnum. Köstlich ***; **Ch. La Fleur-Pétrus** Reifes Bukett, ausgesprochen wohlschmeckend, pappige Säure **; **Ch. La Gaffelière** Fruchtig, aber spitzig **; **Ch. Léoville-Barton** Eine charmante, delikate Abfüllung von Corney & Barrow und später eine magere tanninbetonte Magnum **; **Ch. Marquis de Terme** Vier Einträge. Reich, lebhaft, wohlschmeckend. *In Bestform* ***; **Ch. Montrose** Selbst Mitte der 1950er noch mit Tannin überladen, aber einige wohlriechende Flaschen und eine gehaltvolle Magnum. *In Bestform ein guter 1937er* ***; **Ch. Palmer** Sehr reich, aber über den Höhepunkt hinaus. Allerdings einer der 1937er mit der geringsten Adstringenz. *In Bestform* **; **Ch. Pichon-Baron** Ausgezeichnetes Bukett, gute Frucht, sehr tanninbetont ***; **Ch. Pichon-Lalande** Neu verkorkt. Hochgetönt, sehr wohlschmeckend, zerbrechlich, viel Säure **; **Ch. Pontet-Canet** Trotz der hohen Säure attraktiv ***; **Ch. Rausan-Ségla** Mager, aber nicht schlecht **;

Ch. Trotanoy Eine Magnum. Köstliche Frucht, aber harter Abgang ★★; Vieux Ch. Certan Guter Geschmack, aber etwas flüchtig ★★

Unter den zahlreichen weiteren verkosteten 1937ern wiesen viele eine niedrige Füllhöhe auf; sie sind bestenfalls riskant und schlimmstenfalls oxidiert. Meiden Sie diesen Jahrgang, falls die Flaschen nicht ein gutes Füllniveau haben und von verlässlicher Herkunft sind.

1938 ★

Kalter, stürmischer Sommer. Hohe Erträge, aber späte Lese. Mittelmäßige Weine, die zu Beginn des Zweiten Weltkriegs abgefüllt wurden.
Ch. La Mission Haut-Brion Die ersten Einträge aus dem Jahr 1978. Erneut gelang es den Woltners, in einem schwierigen Jahr einen guten Wein zu erzeugen. Er präsentierte sich auf Bipin Desais Verkostung 1985 in guter Verfassung: lebendig, attraktiv, würzig, maskulin und »wie ein geringerer 1948er«. Auf Karl-Heinz Wolfs Verkostung in Wiesbaden überraschend gefällig und leicht zugänglich. *Zuletzt im Juni 1990 degustiert* ★★★

ZULETZT IN DEN 1980ERN VERKOSTETE ERSTKLASSIFIZIERTE GEWÄCHSE Ch. Lafite In einer hellgrünen Kriegsflasche. Delikates würziges Bukett; schlank, fest und gesund. *Oktober 1988* ★★; Ch. Latour Erstmals 1966 verkostet: »Weder korkelnd noch oxidiert noch sauer, aber schlecht.« In den 1970ern uneinheitliche Qualität. Die als Letztes verkostete Flasche war für einen Latour leicht, zwar angenehm, aber verblassend. *Zuletzt im Juni 1981 degustiert* ★; Ch. Mouton-Rothschild Überreif, knarrend, trocken und säurebetont. *April 1986.*

EINIGE ÄLTERE EINTRÄGE, die besten waren Ch. Cheval Blanc; Ch. Calon-Ségur; Ch. Rausan-Ségla.

1939

Hohe Erträge, leichte, aber duftende Weine.
Ch. La Mission Haut-Brion Wie 1938 bewährte sich bei den Woltners in diesen schwierigen Kriegszeiten die gute Pflege der Weinberge und ihr Können im Keller. Zwei gute Flaschen, die erste auf Desais La-Mission-Verkostung 1985, die zweite einige Zeit später ein bei der Versteigerung der Woltner-Keller verkauftes Exemplar, probiert auf Karl-Heinz Wolfs Degustation in Wiesbaden. Ein würziger, fruchtiger Wein, ein Hauch Vanille und Jod – sehr Graves-artig, sehr La-Mission-typisch. Überraschend delikat und wohlschmeckend, doch nicht ohne einen Hauch von Endsäure. *Zuletzt im Juni 1990 verkostet* ★★★ *(gerade noch).*

ZULETZT IN DEN 1980ERN VERKOSTET Ch. Lafite Blass; ein Bukett, das sich wohlriechend entwickelte; leicht, schlank, aber wohlschmeckend. *Oktober 1988* ★★★; Ch. Latour 1964 interessant, aber müde geworden. 1978 ein Hauch von Fäulnis, aber trotzdem gewisse Eleganz. Später eine Flasche aus ungefärbtem Glas: lebloses Braun, oxidiert. *Zuletzt 1981 degustiert. Meiden, sofern Füllhöhe und Herkunft nicht gut sind*; Ch. Mouton-Rothschild 1978 akzeptabel, aber säurebetont. Ein Jahrzehnt später eine Kriegsflasche: gesunde Farbe, aber in Nase und Geschmack alles andere als gesund: überreif und sauer. *Zuletzt im April 1988 verkostet*; Ch. Figeac Als Erstes eine grüne Kriegsflasche, gute Füllhöhe, aber ein Hauch Banane, zerfallend. Ein paar Monate später: »süße«, fast schokoladige Nase; ein Hauch von kantiger Säure. *Auf Desais Verkostung im Dezember 1989 in Paris degustiert. In Bestform* ★

1940–1949

Fünf Kriegsjahrgänge, darunter ganz ansehnliche, wie wir noch sehen werden. Hinzu kommen fünf Nachkriegsjahre, von denen drei sogar Spitzenweine erbrachten. Bordeaux lag zwar abseits der großen Kriegsschauplätze, wurde aber vom Vichy-Regime regiert und stand bis zum Ende des Zweiten Weltkriegs unter deutscher Besatzung. Glück im Unglück: Man benötigte – und produzierte – auch im Krieg Wein. So blieb die größte Sorge im Grunde der Mangel an Arbeitskräften und Material.

In einer heiklen Lage befanden sich auch die *négociants*. Sie mussten mit den Deutschen Geschäfte machen, womit sie sich zwangsläufig dem Vorwurf der Kollaboration aussetzten. Nach Kriegsende wurde es daher zum Teil recht unangenehm für sie. Die größte Herausforderung aber war der Neuaufbau des Handels. Viele traditionelle Märkte hatten schwer gelitten und standen wirtschaftlich auf schwachen Beinen. So waren die unmittelbaren Auswirkungen des Kriegs in Großbritannien bis in die 1950er-Jahre hinein zu spüren. Da kamen den Bordelaiser Winzern der 1945er, 1947er und 1949er wie gerufen. Allenthalben füllten die Händler ihre Lager mit diesen Jahrgängen, die sie aus heutiger Sicht zu Schleuderpreisen erstanden. Unterstützung bekamen sie dabei überraschend vom ansonsten sehr sparsamen Schatzkanzler der Labour Party, Stafford Cripps, der die britischen Importzölle auf Wein mit unerwarteter Weitsicht senkte.

Die Jahrgänge auf einen Blick

Hervorragend *****
1945, 1947, 1949
Sehr gut ****
Keine
Gut ***
1943, 1946, 1948

1940 **

Wesentlich besser als der 1939er, doch machten sich die harten Kriegsbedingungen mit einem Mangel an Arbeitskräften und Material bemerkbar. Durchschnittliche Erträge. Einige ansehnliche Weine, allerdings uneinheitliche Qualität.

Ch. Lafite Sehr gute Füllhöhe. Tiefes, sattes Rotbraun; verhalten, doch harmonisch. Schmackhaft. *Oktober 1988* **

Ch. Latour Neun Bewertungen. Kräftige, klassische Cabernet-Sauvignon-Nase und -Geschmack. 1967 kantig und noch immer unreif. Mitte der 1970er (kurzer Kriegskorken) überraschend zugänglich, samtig und geschmacksintensiv. Sehr entgegenkommendes, wohlriechendes Bukett, reich und stämmig. Auch in jüngerer Zeit noch farbtief und frucht- sowie tanninbeladen. *Zuletzt im September 1990 auf einer Vorverkaufsdegustation in Chicago verkostet* ***

Ch. Margaux Nur in halben Flaschen verkostet, das letzte Paar bei Manfred Wagners Margaux-Degustation. Bei beiden Exemplaren Füllhöhe obere Schulter. Blässliche, ins Orange spielende Farbe; Mokka und Toffee in der Nase. Am Gaumen besser: »süß«, ansprechend, trotz einer säuerlichen Note sehr geschmacksintensiv. Hält sich gut. *Zuletzt im Januar 1997 in Zürich verkostet* ***

Ch. Mouton-Rothschild Drei Flaschen bei Lloyd Flatts Degustation, eine mit Füllhöhe auf mittlerer Schulter, zwei schultervoll. Letztere mit schöner Farbe; überbordend duftendes Bukett; »süß«, weich und ansprechend, mit sehr trockenem Abgang. *April 1986. In Bestform* ****

Ch. Cheval Blanc Eine duftende, wohlschmeckende Magnum. *Im September 1986 auf dem Château verkostet* ****

Ch. La Mission Haut-Brion Alle verkosteten Flaschen aus den Woltner-Kellern. Erstmals bei der Vorverkaufsdegustation 1978 verkostet, später auf Desais Weinprobe und schließlich auf Wolfs La-Mission-Verkostung. Ausnahmslos in ausgezeichnetem Zustand. Kein großer La Mission, doch sehr wohlriechend, reich, fest. Praktisch vollkommen. *Zuletzt im Juni 1990 verkostet* ****

Ch. La Tour Haut-Brion »Süß«, duftend, aber kurz. *Im Juni 1990 verkostet* ***

WEITERE GUTE, IN IHREM DRITTEN UND VIERTEN JAHRZEHNT VERKOSTETE 1940ER **Ch. Haut-Brion**; **Ch. Calon-Ségur**; **Ch. Palmer**.

1941 *

Schwierige Lese, kleine Erträge. Der Jahrgang stand in schlechtem Ruf, was die wenigen von mir verkosteten Exemplare aber nicht ganz bestätigten.

Ch. Lafite In Bukett und Geschmack wunderschön entwickelt, würzig, duftend, lebendig und sauber. *Oktober 1988* ****

Ch. Latour 1969 und 1978 als »spröde« bezeichnet; allerdings leicht für einen Latour, schmackhaft, gewisser Charme und überraschend duftender Nachgeschmack. *Zuletzt 1981 verkostet. In Bestform* **

Ch. La Mission Haut-Brion Einheitliche Beurteilungen bei der Vorverkaufsverkostung 1978, bei Desai 1985 und bei Wolf. Alle Flaschen stammen aus Woltners Kellern. Pflaumig rotbraune Farbe; üppiges Bukett mit Kaffeenote; eher leicht, schmächtig, verabschiedet sich mit einem Hauch Säure. *Zuletzt verkostet im Juni 1990* *

1942 **

Ein schlechter September machte nach gutem Frühjahr und Sommer die Hoffnungen zunichte. Kleine Ausbeute »nützlicher« Weine. Mittlerweile uneinheitliche Qualität.

Ch. Margaux Nur ein Eintrag. Grüne Kriegsflasche mit schlichter Kapsel. Gesundes, funkelndes, leuchtendes Erscheinungsbild; leicht, zarter Duft mit lebhafter Frucht; tadellos, gesund, delikat, wohlschmeckend, jedoch mit spitzigem Abgang. *Bei der Wagner-Degustation im November 2000 verkostet* *** *(gerade noch)*

Ch. La Mission Haut-Brion Leicht unterschiedliche Exemplare bei den beiden großen La-Mission-Verkostungen. Desai

1985: leichter, zarter Duft, doch Zerfallserscheinungen. Einige Zeit später bei Karl-Heinz Wolfs Degustation: ein hübsch anzusehender Wein, aber »süßer« und in besserem Zustand. Ungewöhnlich feminin für einen La Mission. *Zuletzt im Juni 1990 probiert. In Bestform* ★★★

Ch. Palmer Satt mahagonifarben; trocken, eher leicht, spitz, aber trinkbar. *Bei einer Vorverkaufsverkostung im Mai 1991 degustiert* ★★

ANDERE IN DEN 1980ER-JAHREN VERKOSTETE GROSSE 1942ER **Ch. Lafite** Mehrere unverbindliche Einträge in den 1970er-Jahren. Eine gute Flasche bei Flatts Verkostung: gesund, attraktiv, angenehm entwickelt, fruchtig. *Zuletzt im Oktober 1988 verkostet. In Bestform* ★★★★; **Ch. Latour** Als 20-Jähriger undurchsichtig und »überladen«, später als »alternd« charakterisiert; kurz und ohne Reiz. *Letzte Verkostung im Juni 1981* ★; **Ch. Mouton-Rothschild** Ebenfalls kurz, doch zumindest merklich wohlriechend und schmackhaft, wenn auch auf wackeligen Beinen. *März 1983* ★★; **Ch. Ausone** Außergewöhnlich gut, einer der besten 1942er. Satte, reife Farbe; ausgewogenes Bukett, duftend, erfrischend. *Bei Flatts Ausone-Degustation im Oktober 1987 verkostet* ★★★★; **Ch. Cheval Blanc** Spitzig. Es dürfte bessere Exemplare geben. *Dezember 1987*; **Ch. Figeac** Ansprechend, wohlriechend, aber verblasst. *Dezember 1989* ★★★; **Ch. La Fleur-Pétrus** Insgesamt gesehen mager und trocken, doch mit gutem Geschmack. *Dezember 1980* ★★★; **Ch. Lascombes** Sein Körper hängt durch wie der Bauch eines Fußballers in Rente. Allerdings gute Farbe und anständige Frucht. *Februar 1985* ★★; **Ch. Petit-Village** Befand sich damals in Händen der Familie Ginestet. Später überließ Pierre das Gut seiner Schwester, Mme Prats, und ihrem Sohn Bruno von Cos d'Estournel. Farbtief; ausgewogenes Cabernet-franc-Bukett; ein guter, stämmiger Wein. *Bei einem Essen mit Bruno Prats auf seinem Ch. Marbuzet verkostet, Mai 1986* ★★★

1943 ★★★

Der beste Kriegsjahrgang. Insgesamt entstanden reiche, fruchtige, aber kurze Weine. Die besten sind noch immer gut trinkbar. Über 50 Einträge.

Ch. Lafite Nur einmal bei Lloyd Flatts spektakulärer Degustation verkostet: gesunde, fehlerfreie Nase, die sich zu einem schönen, delikaten Bukett entfaltet – ein typisches Lafite-Merkmal. Einer Notiz zufolge am Gaumen »etwas seltsam«, aber wohlschmeckend. *Oktober 1988* ★★★

Ch. Margaux Erstmals 1975 verkostet: tief; mit feinem Bukett und Geschmack, in gutem Zustand; immer wieder auf den abrupten Abgang hingewiesen. Trotzdem immer ein interessanter Wein, selbst wenn er »am Abgrund entlangbalanciert«. *Zuletzt im Februar 1988 verkostet. In Höchstform* ★★★★

Ch. Latour Soeben habe ich einen Blick in meine Notizen vom April 1954 geworfen, die entstanden, als ich noch bei Saccone arbeitete: »voll« (Erscheinungsbild), »zunächst unspektakulär, doch mit Obertönen beladen« (Nase), »etwas hart, verbessert sich vielleicht nicht sonderlich. Eigenartig, aber fruchtig und großartiger Geschmack«. Mitte der 1960er »stramm« (kräftig, stämmig) notiert. In den 1970ern veränderte er seine Farbe und ging in ein blasseres, aber hübsches Herbstrot über. Sein Bukett hielt ich für ebenso gut wie das des 1945ers, schön entwickelt, »delikat, doch konzentriert«. Reich, lebendig, wohlschmeckend, doch zu wenig Länge. *Zuletzt im Juli 1981 verkostet. In Bestform* ★★★★ *(dürfte nach wie vor auf der Höhe sein)*

Ch. Mouton-Rothschild Baron Philippe, dessen Frau in einem Konzentrationslager umkam, befand sich während des Kriegs nicht auf seinem Gut. Es wurde in seiner Abwesenheit von einer alten Verwalterin mit Umsicht und Fleiß geführt. Der 1943er Mouton konnte erst im August 1946 abgefüllt werden; obendrein musste man sich noch mit den relativ minderwertigen Korken aus Kriegszeiten begnügen. Der Jahrgang begegnete mir erstmals 1975 in Form einer Flasche aus einem privaten Keller in Australien. Er begeisterte mich nicht. Ich habe allerdings viele gute Mouton-Rothschild auf dem Château selbst getrunken, darunter auch den Jahrgang 1943. Bei einem Sonntagsessen im März 1983: um 10 Uhr vormittags entkorkt und um 13.30 Uhr eingegossen, dazu weich gekochte Eier, die ein Bediensteter mit weißen Handschuhen auf einem geflochtenen Tablett zusammen mit Toast reichte. Der Qualität des Mouton tat das keinen Abbruch: fantastisch kräftige Farbe; leicht muffiger Geruch, der sich jedoch bald verflüchtigte und einer wundervollen Würze das Feld überließ, erst gegen Ende des Essens um 15.30 Uhr nachlassend. Ein schönes, geschmacksintensives Trinkvergnügen. Drei Jahre später eine weitere ansprechende Flasche: sich schön öffnende Nase, wie ein Strauß von Aromen, Mouton-typisches Cassis-Bukett und unnachahmlicher Geschmack. *Zuletzt im April 1986 verkostet* ★★★★★

Ch. Haut-Brion Erstmals 1959 verkostet, damals ein weicher, sehr angenehmer Wein, nicht so unausgewogen wie manch ein 1943er. In den 1970ern noch in guter Verfassung, doch seit 1978 nicht mehr degustiert. Müsste nach wie vor gut trinkbar sein. ★★★

Ch. Cheval Blanc Zweimal verkostet. 1974 gut entwickelt. Später sattes, reifes Erscheinungsbild; ausgewogen; »süß«, vollendet in Gewicht und Geschmack. *Zuletzt im Mai 1993 bei den Berry Bros. zum Mittagessen getrunken* ★★★★

Ch. Ausone Lebendig, »süß«, ansprechend, gut, reich und abgerundet. Wie andere 1943er etwas kurz. *Oktober 1982* ★★★

Ch. Beychevelle Blass; frisch; trocken, etwas hölzern. *Im Mai 1993 auf einer Vorverkaufsdegustation verkostet* ★

Ch. Cap de Mourlin Ein unter der Last der Jahre schon ächzender, doch attraktiver St-Emilion, der älteste der elf (roten) Jahrgänge, die anlässlich der Feierlichkeiten zum 5-jährigen Bestehen der Académie du Vin de Bordeaux im Grand Théâtre der Stadt serviert wurden. *Zuletzt im Juni 1998 verkostet* ★★

Ch. Cos d'Estournel Vier Einträge seit 1974. Zedernholzduft, sehr angenehme Nase; am Gaumen reichhaltig, doch mit einer Spur Säure und der für den 1943er typischen Kürze. *Zuletzt im Juni 1988 verkostet. In Bestform* ★★★

Ch. Figeac Historisch. Der erste von Thierry Manoncourt nach seiner Rückkehr ins Château vinifizierte Jahrgang. Der junge Mann leistete gute Arbeit und bereitete einen Wein von außergewöhnlicher, erdbeerartiger »Süße«, faszinierendem Geschmack und guter Ausgewogenheit. *Thierry brachte die Flasche im Dezember 1989 aus seinem Keller zur Figeac-Verkostung von Desai in Paris mit* ★★★

Ch. Gruaud-Larose 1975 eine ausgezeichnete Beurteilung: sehr reifes, duftiges Bukett; feiner Geschmack und gute Ausgewogenheit, allerdings etwas spröde. In jüngerer Zeit: reichhaltige, pflanzliche Nase, frische, gute Frucht, doch rauer Abgang. *Zuletzt im September 1993 eine Magnum verkostet. In Bestform* ★★★

Ch. La Mission Haut-Brion Drei gute Bewertungen, je einmal bei den Degustationen von Desai und Wolf, sehr geschmacksintensiv, reich und reif. Unlängst eine blassgrüne Flasche aus Kriegszeiten: noch immer recht farbtief; Bukett und Geschmack erdig, nach frisch gesammelten Pilzen, mit Wald- und Herbstaromen. Alternd, doch »süß« und tanninbetont. *Zuletzt im Juni 1997 bei einem Essen mit Danielle und Christian Pol-Roger in Epernay verkostet. In Bestform* ★★★★

Ch. Siran Wohlriechend in Nase, Geschmack und Nachgeschmack. *Oktober 1997* ★★★★

1944 ★★

Ein vergessener, relativ schlecht bewerteter Jahrgang. Ziemlich hoher Ertrag an leichten Weinen unterschiedlicher Qualität, darunter einige Charmeure.

Ch. Lafite Einer dieser Charmeure, vor allem in seiner Jugend. Erstmals 1986 verkostet; ausführliche Notizen, die man wie folgt zusammenfassen kann: »Fein, weich und seidig am Gaumen; das Beste ist das Bukett.« Auch bei Flatts Verkostung in der Nase am besten, am Gaumen ein Hauch von Malz. *Zuletzt im Oktober 1988 degustiert. Je nach Lagerung variable Qualität, ein Risiko.*

Ch. Latour Fünf Mitte der 1950er entstandene Einträge. Kein großer Latour, doch mit gewissem Charme. Schärfe und pikante Säure. *Zuletzt im Juni 1983 verkostet. In Bestform* ★★

Ch. Mouton-Rothschild Wie der 1943er verspätet, nämlich 1947, abgefüllt. Ein unnachahmlich würziges, reiches, hochgetöntes Bukett; »süß«, wohlschmeckend, doch geringfügig rau. *April 1986* ★★★

Ch. Haut-Brion Erhalten gebliebene halbe Flaschen mit unterschiedlichen Füllhöhen, doch delikat und gesund (1979). Kürzlich ein Exemplar mit Füllniveau auf der unteren Schulter und einer alten, honigartigen, würzigen Nase; »süß«, dicht, ein Hauch Vanille, ausgezeichnete Säure. Das Luftkissen in dieser Flasche mit Schwund scheint dem Wein sehr gut getan zu haben. *Trank sich während einer Degustation auf einem Seminar von British Airways bei Mosimann im April 1998 überraschend gut. In Bestform* ★★★

Ch. La Mission Haut-Brion 1977 relativ blass, voll ausgereift, aber mit leichtem Milchton. Vor einiger Zeit eine Flasche aus den Woltner-Kellern mit ansprechendem Bukett, doch seltsamen Obertönen. »Süß«, eher leicht, gealtert, aber hübsch. Kurz. *Zuletzt im Juni 1996 verkostet* ★

Ch. Pontet-Canet Von Cruse, dem Besitzer, versandt und durch deren Londoner Agenten abgefüllt: 1970 reif und köstlich. Ein Jahrzehnt später: Ziegelrot mit Rubinspuren; großartiger Geschmack mit leichten, seidigen, wildlederartigen Tanninen. Ein Charmeur. *Zuletzt im Mai 1989 auf einer Dinnerparty zu Hause getrunken* ★★★★

1945 ★★★★★

Vielleicht einer der größten Jahrgänge des 20. Jahrhunderts, der meiner Ansicht nach sogar den 1961er in den Schatten stellt. Eine frühe Lese erbrachte fabelhafte, langlebige Weine von allerhöchster Qualität. Die minimalen Erträge waren auf die schweren Spätfröste im Mai zurückzuführen, die die knospenden Rebstöcke buchstäblich kalt erwischten. Ein trockener, sengend heißer Sommer ließ Weine von außerordentlicher Reife, Konzentration und Kraft entstehen. Obendrein profitierten die Winzer – auch wenn sie es damals nicht so recht zu schätzen wussten – von zwei glücklichen Umständen: Zum einen waren während des Kriegs nur wenige Rebhänge neu bepflanzt worden, weshalb man auf alte oder zumindest ausgewachsene Stöcke zurückgreifen konnte; und zum anderen bedienten sich die Kellermeister traditioneller Bereitungsmethoden. Neue Eichenfässer waren ebenso noch Zukunftsmusik wie die Einflüsse önologischer Berater. Die besten und am besten gelagerten Provenienzen präsentieren sich nach wie vor in hervorragender Verfassung. Ich wurde zur richtigen Zeit geboren und bin gerade rechtzeitig in das Weingeschäft eingestiegen, um den 1945er erleben zu dürfen. So enthalten meine Notizbücher mehr als 200 Bewertungen von Weinen aus diesem großartigen Jahr.

Ch. Lafite Ich hatte leider keine Gelegenheit, diesen Wein aus dem Fass zu verkosten, da ich damals in der Armee diente und bei meinem Einstieg in den Weinhandel im Jahr 1952 die meisten Händler ihre besten 1945er schon verkauft hatten. Was ich aber versäumt habe, konnte ich mittlerweile gutmachen. Meine früheste Bewertung des 1945er Lafite stammt aus dem Jahr 1967, als sich meine erste Saison bei Christie's dem Ende zuneigte. Seither sind fast 30 Einträge über diesen Wein entstanden. Die Bandbreite der verkosteten Exemplare reicht von halben Flaschen bis hin zu Doppelmagnums. Ich habe den 1945er bei den unterschiedlichsten Gelegenheiten degustiert, doch die Abweichungen zwischen den Flaschen waren bemerkenswert gering. Allerdings muss man sich vergegenwärtigen, dass selbst der Lafite von 1945 nicht an die Farbtiefe, das Gewicht und die Intensität eines Latour oder Mouton heranreicht. Er ist und bleibt eben ein Lafite. Ich habe von Anfang an seine mittlere Tiefe und sein schon früh reifes Aussehen, vor allem aber auch sein finessereiches delikates Bukett, seine Fülle an Geschmacksnuancen und den langen Nachhall festgehalten.

Meine jüngsten Bewertungen beziehen sich auf eine makellose, 1993 auf der Eigensatz-Verkostung degustierte Magnum und eine weitere Magnum, die bei Christen Sveaas' großartigem Essen in Oslo serviert wurde und trotz einer Füllhöhe auf der mittleren Schulter ebenfalls außergewöhnlich gut ausfiel. Der Korken war in tadellosem Zustand, sodass das Luftkissen dem Wein gut getan haben muss. Der Wein ließ kräftige »Kirchenfenster« und eine schöne Farbe von mittlerer Tiefe, allerdings keine große Intensität erkennen – ganz im Gegensatz zu den ebenfalls gereichten Margaux und La Mission, deren Farbintensität sich dicht an die Glaswand zu pressen schien. In nahezu all meinen Einträgen habe ich über die Jahre hinweg den herrlichen Duft hervorgehoben, der sich nach 15 bis 20 Minuten im Glas entfaltet. Beim Essen mit Sveaas, aber auch schon bei früheren Begegnungen mit dem 1945er, fiel mir die »Süße« des Weins auf, der ich – wie sollte es anders sein? – einen Hinweis auf die Reichhaltigkeit, Weichheit und die gut eingebetteten Tannine hinzufügte. Eine Offenbarung am Gaumen. *Zuletzt im April 1996 verkostet* ★★★★★

Ch. Latour Ein großes Gewächs. Sicher einer der besten Latour-Weine aller Zeiten. Er ist jetzt schon bestens trinkbar, wird aber sicher noch auf Jahre hinaus lebendig bleiben. Wie der Lafite blieb er mir in meinen Anfangsjahren im Weinhandel versagt. Mein erster Eintrag stammt vom Oktober 1967: »farbtief«; sehr reicht, »bepackt« (Bukett); trocken, äußerst kraftvoll und jugendlich für einen 22-Jährigen, mit reichlich Tannin und Säure. »Ein gutes, strammes Gewächs«, schrieb ich damals. So geht es munter weiter durch alle 28 Bewertungen der nächsten drei Jahrzehnte. Mit fortschreitender Reife machte sich eine zunehmende »Süße« bemerkbar. Auf den verschiedenen Essensempfängen und Degustationen im Lauf der Jahre hielt ich ein breites Spektrum an Eindrücken fest: stets farbtief, undurchsichtiger Kern; würziges Bukett, Eukalyptus, Zedernholz, Rauchtee (Lapsang), käsig (nicht ammoniakartig, sondern eine Art schweißelndes Tannin). Körperreich, reichhaltig, komplett, seidige Tannine, komplex, enorme Länge. Die beste Flasche: eine Doppelmagnum aus Lenoir Joseys Keller, die ich bei einem Dinner der Wine and Food Society 1983 in Houston verkostete. Sie war als Letztes an der Reihe und stellte die vorausgegangenen »Stars«, darunter ein Lafite und ein Margaux aus dem Jahr 1953, der exquisite Mouton von 1949 und andere Größen, in den Schatten. *Zuletzt* *anlässlich eines Essens in einem reizenden Seerestaurant in Pfäffikon bei Zürich nach Manfred Wagners Margaux-Degustation im November 2000 verkostet* *****

Ch. Margaux Eine fabelhafte Kreszenz. Nichts Zartes oder Feminines haftete diesem 1945er an, zumindest nicht in seinen ersten Jahren. Von Anbeginn an farbtief, mit wunderschöner Reichhaltigkeit und Intensität; in den 1970er-Jahren mit Latour-ähnlicher Massivität und Tanninstärke. Seinen Duft, das Markenzeichen eines Margaux, habe ich verschiedentlich als reife Maulbeeren, kandierte Veilchen, Zigarrenkisten aus Zedernholz und cremig umschrieben – immer aber als herrlich empfunden. Am Gaumen verbessern sich die anfänglichen Tannine mittlerweile und zeigen sich weich und samtig. Der Höhepunkt zweier Essen des Bordeaux Club, die 1996 im Caius College in Cambridge und im Oktober 2000 in John Jenkins' jakobinischem Herrenhaus Childerley Hall stattfanden. Eine lebendige, großartig duftende Flasche auf Sveaas' Empfang und ebenfalls ein Exemplar in Bestform auf den beiden Margaux-Verkostungen von Wagner in den Jahren 1997 und 2000. *Zuletzt im November 2000 in Zürich verkostet* *****

Ch. Mouton-Rothschild Baron Philippe war rechtzeitig zur Lese zurückgekehrt. Seinen Wein etikettierte er passenderweise als *L'Année de la Victoire*, »das Jahr des Sieges«. In diesem großen, doch ertragsarmen Jahrgang füllte er 151 744 halbe und ganze Flaschen ab, 2091 Magnums und nur 116 *grands formats* (dazu zählen Doppelmagnums, Jeroboams und Impériales). Ich habe für den 1945er die Bezeichnung »ein Churchill des Weins« geprägt, will heißen: Dieses Gewächs ist sofort zu erkennen, komplex, immer wieder aufs Neue faszinierend, unvergesslich und zur Legende geworden. Das einzige erstklassifizierte Gewächs, das ich in seiner Jugend verkostet habe. Im Juli 1954 schrieb ich: »Dunkel, tief, (doch) durchscheinend; erstaunliche Nase. Überhaupt nicht wie andere rote Bordeaux, würzig, indisches Mango-Chutney (!). Reichlich mit Tanninen, Säure und allen guten Dingen ausgestattet. Voll und geschmacksintensiv.« Abgesehen vom Chutney trifft alles noch zu. Als Erstes fällt seine außergewöhnliche Farbe ins Auge. Mehr als einmal habe ich diese Kreszenz allein an ihrem Aussehen erkannt. Nicht minder einzigartig fällt ihr Bukett aus, ja, es gehört zu den erstaunlichsten Düften, die je einem Traubenprodukt entströmt sind! Die Kraft und Würze dieses Weins brechen aus dem Glas wie ein plötzlicher Vulkanausbruch am Ätna: Zimt, Eukalyptus, Ingwer und der britische Hustensirup Friars Balsam (einmal notiert!) steigen in die Nase. Eigentlich unbeschreiblich, schlicht einmalig, unnachahmlich und sowohl deshalb als auch aufgrund seines Erscheinungsbildes bei mehreren Blindverkostungen umgehend »erraten«. Einen mit diesem Gewächs vergleichbaren Wein gibt es nicht. Sein Geschmack ist im Geruch enthalten, sein Aroma findet sich am Gaumen wieder. Noch immer wunderschön – eine scheinbar nie ermüdende Provenienz. Man darf gespannt sein auf das nächste halbe Jahrhundert. *Zuletzt bei Wilfred Jaegers Abendessen in den Bergen blind verkostet und sofort erkannt, Juni 2001* ****** *(sechs Sterne)*

Ch. Haut-Brion Ein weiterer überragender Wein, vermutlich der beste Haut-Brion aller Zeiten. Über ihn schrieb der große Degustator Harry Waugh 1953 kurz und bündig: »Wirklich gut, ein himmlischer Wein.« Und er hatte Recht, wie immer. 1959 notierte ich mir den bodenverbundenen Reichtum, voll, doch gleichzeitig weich, »ein großer Wein aus einem großen Jahr«. 1974 wähnte ich ihn »in seinem Zenit« – doch dieser hält bis heute an! Gut zwei Dutzend Einträge stehen in meinen Notizbüchern, vorwiegend Normalflaschen, lediglich eine einzige Magnum, aber auch einige belgische Abfüllungen (Dimets & Lyssens). Es gelingt diesem Wein, Konzentration und Eleganz zu vereinen. Trotz der enormen Tannine des Jahres 1945 wirkt er relativ unaufdringlich – zumindest fügen sich die Gerbstoffe bestens in das Gesamtbild ein. All seine Vorzüge zu beschreiben ist schlicht unmöglich: beständige Farbtiefe, »warmes Rubinrot«, wie ich erst kürzlich festgehalten habe, mit sattem, mahagonifarbenem, reifem Rand; ein – natürlich – wohlriechendes Bukett. Bei der Durchsicht meiner Notizen fielen mir außerdem folgende Beschreibungen ins Auge: »Vanilleschokolade«, Tabak, erdig, ausgewogen, Honigwabe, ein Hauch Lakritze; seidige Struktur, frische Frucht, saftig, vollendetes Gewicht, große Länge. Ein sanfter Riese. Bei alledem darf man nicht vergessen: Es handelt sich um einen Premier cru classé aus Graves und nicht aus dem Médoc. *Zuletzt im Dezember 2000 verkostet* *****

Lenoir Josey III

Der Ölmagnat aus Houston (Texas, USA), Weinkenner, Sammler und führendes Mitglied der Wine & Food Society, gehörte zu den ersten Weinkunden von Christie's (seit Anfang der 1970er). Er begann als junger Mann in den Zwanzigern, sich einen Keller aufzubauen, und kannte wie alle besessenen Sammler keine Grenzen. (Er besitzt übrigens auch eine Zinnsoldatensammlung von Weltgeltung.) In den letzten Jahren platzte sein Weinlager aus allen Nähten, weshalb er Christie's mit einer Auktion beauftragte. Sie fand im November 2000 statt und zählte zu den bis dato hochkarätigsten Versteigerungen einer Einzelsammlung in den USA. Unter den vielen angebotenen Pretiosen befanden sich z. B. Weine, die einst auf Glamis Castle in Schottland eingelagert und dort seit drei Generationen nicht bewegt worden waren.

Ch. Ausone Erstmals im April 1955 verkostet. »Groß und schwarz. Würzig-pikant. Fein gewirkt, doch alles andere als trinkreif.« 20 Jahre später nach wie vor adstringierend, und 1986 verwies ich auf seine feine, tiefe Farbe sowie den kräftigen, typischen Geschmack nach »getrocknetem Herbstlaub«. Mangel an Frucht bei hohem Gerbstoffgehalt. Keine Einträge aus jüngerer Zeit; zuletzt eine Magnum bei Flatts Degustation, die allerdings verdorben war. *Letztmals im Oktober 1987 verkostet. Schwer einzuschätzen, in Bestform wahrscheinlich* ****

Ch. Cheval Blanc Er war schon über 20 Jahre alt, als ich ihn das erste Mal verkostete: »Wohlriechend, entgegenkommend, mit etwas zu viel flüchtiger Säure, die seine Reichhaltigkeit betonte«, am Gaumen eine gewisse »Süße«. Kein Schwergewicht, aber ein Wein von feiner Konsistenz und mit langem, trockenem Abgang. Ganz anders als der gigantische 1947er, typischer in Duft, Struktur und Eleganz. Leider in letzter Zeit nicht mehr verkostet, doch 1987 leicht verblasst. Auf der großen Eigensatz-Degustation geschmacksintensiv, allerdings mit saurem Einschlag. Es muss Probleme bei der Vinifizierung gegeben haben. *Zuletzt im Mai 1993 verkostet. In Bestform* ****

Ch. Pétrus Bei der ersten Verkostung 1974 eine herbe Enttäuschung. In den 1980ern ein halbes Dutzend wesentlich besserer Bewertungen, mit denen er seinem formidablen Ruf und seinem mittlerweile horrenden Preis gerecht wurde. Bei einem Essen in Los Angeles mit einem guten alten Freund, dem verstorbenen George Reece, notierte ich mir: »Der 1931er Noval Jahrgangs-Port unter den roten Bordeaux-Weinen, obwohl er eigentlich kein Bordelaiser Gewächs im strengen

Sinne ist, das der durchschnittliche Weintrinker eher mit einem schlankeren und wohl auch subtileren Médoc verbindet.« Wie dem auch sei, der 1945er-Jahrgang von Pétrus ist eine höchst beeindruckende Kreszenz mit lebhafter, tiefer Farbe; ein Bukett, das sich grandios entfaltet. Keine Frage, am Gaumen »süß«, voller Frucht, geschmacksintensiv und für einen großen Wein außergewöhnlich elegant. Auf einer Degustation im Jahr 1986 fast schon zu reich, auf Arthur Hallés denkwürdiger Verkostung 1987 aber in Bestzustand, obwohl der Sommelier die Weine in der falschen Reihenfolge geöffnet und dekantiert hatte. Doch das tat dem Genuss keinen Abbruch – im Gegenteil: Wir waren verblüfft vom vollendeten Bukett, das sich fabelhaft entwickelte. Maulbeeren, Brombeeren, ein Hauch Ingwer und scheinbar nie ermüdend. Erst nach zwei Stunden im Glas begann der Duft allmählich leicht zu verblassen. Im Mund sämtliche Komponenten vorhanden. »Fast zu gut, um wahr zu sein«, notierte ich mir und vergab bei einer Verkostung prompt 20 von 20 Punkten. Meine letzte Bewertung bezieht sich auf eine der unglaublichsten Degustationen, die ich je erlebt habe. Karl-Heinz Wolf wollte während einer von J.J. Prüm veranstalteten Verkostung zum Essen eine in Belgien abgefüllte Jeroboam servieren. Sie trug die Aufschrift *Château Pétrus/1er des Grand Crus* (sic) *de Pomerol and bottled by Aug. Delgouffre & Co.* Sie war natürlich schon einige Stunden gestanden, aber als man den Korken gegen 16 Uhr entfernte, präsentierte sich uns der Inhalt als reiner Essig. Mein Gastgeber reichte umgehend Magnums des Ch. Pichon-Lalande von 1982. Aus reiner Neugier aber gossen wir uns gegen 21.30 Uhr die Jeroboam-Flasche ein weiteres Mal ein. Sie ließ zwar nach wie vor essigsaure Obertöne erkennen, hatte sich aber zu jedermanns Verblüffung erholt und begann sich in der Nase angenehm zu entwickeln. Natürlich schmeckte sie noch spitzig, doch auch auf seltsame Weise erfrischend, und passte gut zu Kalbsbries und gedünstetem Spargel! *Zuletzt im April 1999 mit Blick auf den Attersee verkostet. In Bestform* ★★★★

Jean-Pierre Moueix

Jean-Pierre Moueix gehört wohl zu den gewieftesten Persönlichkeiten im Bordeaux-Handel. Sein Unternehmen ist in bescheidenen Büros in Libourne angesiedelt und hat sich auf die Weine vom rechten Ufer spezialisiert. Dass der bis nach dem Zweiten Weltkrieg in der Bordelaiser Rebenlandschaft unbedeutende Bereich Pomerol zu einem Fixpunkt in der Weinwelt aufstieg, geht zum Großteil auf das Konto des mittlerweile in den Ruhestand getretenen Händlers. 1945 freundete er sich mit Mme Loubat, der Besitzerin von Ch. Pétrus, an und sicherte sich das exklusive Vertriebsrecht für alle Weine dieses Guts. Als Mme Loubat 1961 starb, erwarb er von ihrem Neffen einen 50-prozentigen Anteil an dem Château. Pétrus avancierte zum »Kultwein«. Heute leitet Jean-Pierres Sohn Christian, wie sein Vater ein Kavalier alter Schule, die Moueix-Besitzungen und -Firmen.

Jeder dieser 1945er Spitzenweine darf getrost als groß bezeichnet werden – und doch unterscheiden sie sich grundlegend voneinander. Wohl kaum einer der Château-Besitzer und sicher keiner der *maîtres de chai* hat Weinspionage betrieben und der Konkurrenz in den Keller geschaut, um ein paar Tricks zu erfahren. Jeder ist seinen ganz eigenen Weg gegangen, ohne sich von äußeren Umständen auch nur im Geringsten beeinflussen zu lassen. Kein gewandter önologischer Berater stand irgend jemandem zur Seite, vom »internationalen« Publikumsgeschmack hatte man noch nie gehört und weit und breit war kein Weinkritiker in Sicht! 1945 war ein besonders erfolgreiches Jahr in Pomerol, ja, die Anbauregion wurde durch die Nachkriegsjahrgänge überhaupt erst ins Bewusstsein der Weinwelt gerückt. Davor hatten ihre Erzeugnisse bestenfalls die Niederländer zu schätzen gewusst.

Ch. Gazin Einer der ersten großen Pomerol-Weine, die ich je verkostete: 1964 »kraftvoller Stoff«, 1967 »seidig und vollendet austariert«, 1969 »eine Eisenfaust im Samthandschuh«. Acht Einträge zwischen 1964 und 1974. Weiterhin ansprechende Farbe; »süßes«, altes Zedernholzbukett; noch immer reichhaltig, samtig, vollendet. *Zuletzt im November 1992 verkostet* ★★★★★

Ch. La Conseillante Eine weitere hervorragende Kreszenz. Ich habe sie stets bewundert, diese leicht unterschätzten, aber nie unter ihrem Wert verkauften Weine. Erstmals 1977 verkostet; 1986 zwei reife, reiche Abfüllungen von Harvey's, außerdem eine gute dänische Abfüllung (Schalberg) aus Schloss Aalholm, die zwar an Gewicht verloren hatte, aber nach wie vor weich, delikat und ansprechend war. Vor kurzem eine überragende Magnum bei einem Essen von Len Evans' »Single-Bottle Club«: fabelhafte Frucht, vollendete Ausgewogenheit, komplett. *Zuletzt im September 2000 im australischen Hunter Valley verkostet* ★★★★★

Ich durchbreche bewusst die übliche Reihenfolge mit einem großartigen Graves:

Ch. La Mission Haut-Brion Der 1945er buhlt mit dem 1929er um den Platz des besten Jahrgangs aus diesem Haus. Ich hatte kaum je von den Woltners gehört, als ich den La Mission des letzten Kriegsjahres zum ersten Mal verkostete, doch viele Bewertungen in den 1970ern und 1980ern bekräftigten seinen Status. Drei Einträge aus den letzten zehn Jahren: 1994 bei den Lloyd-Webbers: farbtief; kraftvolles, »stallartiges« Bukett, grandios scharf und hochgetönt. 1995 bei Peter Ziegler: mit 50 Jahren noch herrlich reich und duftend; körperreich, fabelhafter Geschmack, nach wie vor tanninstark. Zuletzt eine Magnum mit charakteristisch tabakartigem Kieselgeschmack, sehr »süß«, voll, reich, würzig. *Zuletzt im April 1996 bei einem Essen mit Christen Sveaas in Oslo verkostet* ★★★★★

Eine Auswahl aus den vielen kürzlich verkosteten klassifizierten Médoc-Gewächsen

Ch. Batailley Erstmals 1957 degustiert; in den 1970ern charakteristisch schöne Frucht, 1986 ein besonders guter Eintrag. Mittlerweile alternd, ziemlich vegetabil und verblühend. *Zuletzt im Juli 1995 bei Hugh Johnsons Bordeaux-Club-Essen verkostet. Früher* ★★★★, *jetzt* ★★

Ch. Calon-Ségur In den Nachkriegsjahren entstanden auf diesem Château die vermutlich besten Weine, die das Gut je hervorgebracht hat. Sie haben sich hervorragend gehalten. Diese Kreszenz war, glaube ich, der erste 1945er, den ich je verkostete: »Schön gerundet. In jeder Hinsicht gefällig.« Im Oktober 1952 noch zu jung. Viele gute Bewertungen in den 1960ern und 1970ern. 1966 »fruchtig, doch spröde«, frucht- und geschmacksintensiv. Drei Einträge aus jüngerer Zeit: tiefe, samtige, reiche Mahagonifarbe; reife Nase, ein Hauch Vanille und Kaffee, fleischig, zedrig; reich, allerdings etwas austrocknend. Noch immer tanninstark; weiterhin beeindruckend. *Zuletzt im Dezember 1995 verkostet. In Bestform* ★★★★

Ch. Cantemerle Ein schöner Wein. Charakteristisch wohlriechend und für einen 1945er recht sanft. Bemerkenswert ansprechende Flaschen bei Desai 1986 und ein verhaltenes, aber weiches, reiches und wunderschönes Exemplar aus Mme Binauds Keller. *Zuletzt im Oktober 1995 verkostet* ★★★★

Ch. Gruaud-Larose Viele Einträge. Erst ab 1954 allmählich trinkbar. Frucht ist wohl das Markenzeichen eines Gruaud – und diesen Zug offenbarte der Jahrgang neben anderen Vorzügen auf seinem Höhepunkt in den 1970ern. Allerdings tanninbeladen von Anfang bis Ende. 1994 eine volle, fruchtige, sehr wohlriechende, doch auch sehr trockene, tanninbetonte Magnum, 1996 eine ungewöhnliche Dame-Jeanne, ein beeindruckendes, sehr geschmacksintensives Exemplar auf einem Dinner von British Airways, obwohl sich die Säure allmählich bemerkbar machte, und unlängst eine sensationelle Jeroboam, tief rubinrot, vieldimensional, fruchtbeladen, nach einer halben Stunde allerdings vertrocknend und zerfallend. *Zuletzt im September 1998 verkostet. In Bestform* ★★★★

Ch. Langoa-Barton Ein wundervoller Wein. In Bordeaux abgefüllt von Barton-Guestier: angenehm, reich, intensiv (1974, 1981); wohlriechend, lebendig (1986) und erst in jüngster Zeit mit gänzlich ausgereiftem Erscheinungsbild; grandioses, reiches Bukett; ausgezeichneter Zederngeschmack und trockener Abgang. *Beim Essen mit Liliane, Eva und Anthony Barton getrunken, September 1998* ★★★★★

Ch. Léoville-Barton 1954 noch rau, tanninbeladen und völlig unreif. Wurde in den 1960ern weicher; Anfang der 1970er eine ausgezeichnete Abfüllung der Berry Bros. und einen überragenden Schlossabzug; auch eine Abfüllung von Corney & Barrow. Vor einiger Zeit eine ansprechende, duftende, zedrige Château-Abfüllung. *Zuletzt im April 1991 verkostet. In Bestform* ★★★★

Ch. Léoville-Poyferré 1954 und 1955 Abfüllungen von Saccone & Speed, die ich als 27-jähriger »Neuling« im Weingeschäft dort verkostete. Schönes Bukett, aber spröde; dasselbe gilt für 1986 degustierte Flaschen. In jüngerer Zeit eine im Château abgefüllte Magnum, alternd, am Verblassen, Frucht verlierend, aber trotzdem noch attraktiv. *Zuletzt bei einem von Rodenstock organisierten Wochenende im September 1996 verkostet. In Bestform* ★★★★*, jetzt* ★★

Ch. Lynch-Bages In den 1950ern und 1960ern verkostet. Beste Bewertung 1986, als der Wein einen charakteristischen, fast übertriebenen Cabernet-Sauvignon-Duft nach Schwarzen Johannisbeeren verströmte. Vor kurzem eine herausragende belgische Abfüllung (bei Christie's gekauft): strahlend; hübsches Bukett; herrlicher, würziger Eukalyptusgeschmack. Köstlich, aber wir blieben nicht dabei, denn innerhalb von 20 Minuten zerfiel der Wein. *Im Februar 2000 bei einem Essen in der Strandvilla von Weiser auf St. Bart verkostet* ★★★★

Ch. Talbot Der stets verlässliche, schlankere 4e-cru-»Vetter« von Gruaud. Vom Start weg ausnahmslos allerbeste Bewertungen – nun, nicht ganz von Anfang an, denn ich trank ihn das erste Mal 1976 bei einem Essen mit Pierre Cordier, als dieser halbisoliert auf seinem Château residierte (seine Frau Pierrette lebte in großem Stil in Bordeaux). Im Verlauf des Last Friday Club Lunch bei Raji in Memphis 1997 eine sehr reife, wildbretartige, erstaunlich »süße« und köstliche Magnum, 1998 eine feine »ziegelige«, nach wie vor tanninbetonte Jeroboam und jüngst bei einem Essen im Londoner Mirabelle als Gast von Pierre Cordiers Töchtern, den Eigentümerinnen von Talbot, eine wunderschöne Doppelmagnum. *Zuletzt im April 2000 verkostet* ★★★★★

WEITERE IN DEN 1980ERN UND FRÜHEN 1990ERN DEGUSTIERTE 1945ER **Ch. Cos d'Estournel** Vollendet in Geschmack, Textur, Ausgewogenheit. *Februar 1986* ★★★★*;* **Ch. Croizet-Bages** Guter Geschmack. Etwas säurebetont. *August 1991* ★★★; **Ch. Ducru-Beaucaillou** Der erste 1945er, den ich je verkostet habe. September 1952: »Zu trocken und rau!« Kurz: ein harter, tanninbetonter 1945er. Unterschiedliche Bewertungen. Geschmacksintensiv, aber im Nachgeschmack nach wie vor etwas rau. *Zuletzt im Dezember 1990 verkostet. In Bestform* ★★★; **Ch. La Dominique** 1954 ungenießbar tanninstark; 1961 noch immer nicht trinkreif, doch in den 1980ern ein reicher, aufregender Wein. *Zuletzt im Juli 1988 degustiert* ★★★★; **Clos L'Eglise** Unterschiedliche Qualität. Reich, aber rau. *Zuletzt im Februar 1986 verkostet. In Bestform* ★★; **Ch. L'Enclos** Der leichteste und trockenste Pomerol, von Cruse in den späten 1940ern im Fass ausgeliefert. Seidig, reich, aber mit trockenem Abgang. *Zuletzt im Februar 1986 verkostet. In Bestform* ★★★; **Ch. Figeac** Außerordentlich »süß«, fast Mouton-artige Kraft und Nase. Überladen mit Tannin. *Dezember 1989* ★★★; **Ch. La Fleur-Gazin** Uneinheitliche Qualität. Eine gute Bewertung Anfang der 1970er. Später wartete man vergeblich auf seinen Duft und die seidige Pomerol-Textur. *Zuletzt im Februar 1986 verkostet. In Bestform* ★★★; **Ch. Le Gay** Uneinheitliche Qualität, aber einige Flaschen fabelhaft reich und sehr konzentriert. Tanninbetont, doch mit hervorragendem Abgang. *Zuletzt im Juli 1990 degustiert. In Höchstform* ★★★★★; **Ch. Grand-Puy-Lacoste** Leichte Unterschiede zwischen den einzelnen Flaschen, eine wegen eines schlechten Korkens verdorben. Dann ein undurchsichtiges, intensives Exemplar mit lebhafter, klassischer Pauillac-Nase, körperreich, konzentriert, gut erhalten. Langlebig. *Letzte Verkostung im Juni 1988* ★★★★★; **Ch. Léoville-Las-Cases** Mehrere sehr unterschiedliche Einträge, jedoch meist ausgezeichnet, am besten eine von Cruse im Fass ausgelieferte und in Dänemark von Kjaer & Sommerfeldt abgefüllte Flasche aus Schloss Aalholm: fabelhafte Farbe; reiches, aufblühendes Bukett, aber noch sehr tanninstark. *Zuletzt im Juli 1989 degustiert. In Bestform* ★★★★★; **Ch. Malescot St-Exupéry** Mehrere Einträge. Das für einen Malescot typische Cassis-Aroma der Cabernet-Traube; hübsche frische Frucht. *Zuletzt im Februar 1986 verkostet. In Bestform* ★★★★*;* **Ch. Montrose** In seiner Jugend erwartungsgemäß hart, aber trotz Reichhaltigkeit und Würze schlank und ledrig. Ein guter Wein, solange er nicht völlig austrocknet. *Zuletzt im Februar 1986 verkostet* ★★★ *(eventuell* ★★★★*)*; **Ch. Mouton d'Armailhacq** Immer ein Charmeur, sogar schon 1945. Mehrere Einträge: pikant, stilvoll, wohlschmeckend, in Topzustand köstlich. *Zuletzt im Februar 1986 verkostet. In Bestform* ★★★★; **Ch. Nenin** Unterschiedliche Qualität. Zum Kauen, »süß«, schokoladig, grobe Textur. *Zuletzt im September 1996 verkostet. In Bestform* ★★★; **Ch. Palmer** Verschiedene Abfüllungen und entsprechend unterschiedliche Einträge. Einige ausgezeichnete Versionen, aber trotz Lebendigkeit und guter Frucht ohne die typische Reichhaltigkeit eines feinen 1945ers. *Zuletzt im Dezember 1986 verkostet. In Bestform* ★★★★; **Ch. Pichon-Baron** Mehrere stark voneinander abweichende Einträge: von trocken bis reich und markant. *Zuletzt im Februar 1986 degustiert. In Bestform* ★★★; **Ch. Pontet-Canet** Im Besitz von Cruse und von diesem auch (in Bordeaux) abgefüllt. Alles in allem ein ausgezeichneter 1945er, 1954 natürlich noch hart, aber schon mit großem Aromareichtum. Bis weit in die 1960er hinein streng; die besten Exemplare – »süß«, reich und weicher – ab den späten 1970ern bis Mitte der 1980er verkostet. *Zuletzt im Juni 1990 degustiert. In Bestform* ★★★★; **Ch. Rausan-Ségla** Viele Einträge, unterschiedliche Abfüllungen unterschiedlicher Qualität; am besten drei im Château abgefüllte Magnums in der zweiten Hälfte der 1970er. *Letztmals im Juli 1988 degustiert. In Bestform* ★★★★; **Ch. Rauzan-Gassies** Der Beginn einer langen Schwächeperiode dieses Guts. Mehrere Einträge. Nicht gut. *Zuletzt im Februar 1986 verkostet*; **Clos René** Cruse, der vorwiegend mit klassischen Médoc-Weinen in Verbindung gebracht wird, hegte große Wertschätzung für die Nachkriegs-Pomerols. Der Clos René war der Liebling der Londoner Vertretung und wurde den Kunden von Harvey's in den 1950ern durch Harry Waugh nähergebracht. Meine erste Notiz stammt allerdings aus dem Jahr 1974: »Großartige Nase; fabelhafter Geschmack; perfekt im Gleichgewicht. Die Vollendung.« Später als »Bauer mit roten Wangen« beschrieben. *Zuletzt im Februar 1986 verkostet. In Bestform* ****; **Ch. La Tour Haut-Brion** Rau und grob. *Zuletzt im Juni 1990* degustiert *; **Ch. Trotanoy** Großartig, unglaublich reich, voll entwickelt. *Zuletzt im Februar 1986 verkostet. In Bestform* *****; **Vieux Ch. Certan** Ein enormer Wein. Mitte der 1970er ausgezeichnet. Variable Qualität. *Zuletzt im Februar 1986 verkostet. In Bestform* ****

DIE BEEINDRUCKENDSTEN ANDEREN NUR AUF BIPIN DESAIS MARATHON-DEGUSTATION IM JAHR 1986 VERKOSTETEN 1945ER **Ch. Brane-Cantenac** ****; **Dom. de Chevalier** ***; **Ch. La Fleur-Pétrus** ***; **Ch. La Gaffelière** *****; **Ch. Haut-Bailly** ****; **Ch. Kirwan** ****; **Ch. La Pointe** ****; **Ch. Pichon-Lalande** ***; **Ch. La Tour de Mons** *****

1946 ***

Der Sommer war gut genug, doch die erste Septemberhälfte fiel sehr nass aus. Späte Lese bei heißen Temperaturen. An sich überhaupt kein schlechter Jahrgang, doch ging er, eingeklemmt zwischen den beiden Großen 1945 und 1947, unter und wurde größtenteils ignoriert.

Ch. Lafite Nur zwei Einträge. Auf Lloyd Flatts Verkostung 1988 überraschend gut: schöne Farbe und weiche Fruchtnase, kein schlechter Geschmack, »zum Kauen«, aber ohne Kraft und die für Lafite typische Eleganz. Vor einiger Zeit eine Flasche aus einem zum Verkauf angebotenen, weil nicht mehr erwünschten Bestand in einem Keller der Familie Rothschild, blass, hölzerne Nase und spitzig. *Zuletzt im März 1996 auf einer Vorverkaufsdegustation verkostet. In Bestform* *** *(gerade noch).*

Ch. Latour Fünf Einträge zwischen 1964 – tanninbeladen – und 1976, um diese Zeit vermutlich auch im Zenit, allerdings mit einem Anflug von rauer Säure. 1981 gesund, aber kurz, später eine oxidierte Flasche. *Zuletzt im Juni 1990 verkostet. In Bestform* **

Ch. Mouton-Rothschild Bei der ersten Verkostung 1971 bemerkenswert gut, beeindruckend farbtief; reich, fruchtig, die für einen Mouton typische Cabernet-Nase. Ein großer Wein, damals trinkbarer als der 1945er. 1988 eine weitere gute Bewertung: keine Anzeichen eines Verfalls, aber schlank. 1986 noch immer tief und würzig, etwas spröde – doch eine hohe Bewertung. Bei der jüngsten Verkostung nach wie vor reich und fruchtig, allerdings mit hoher Säure. Ich hielt ihn bei der Blindverkostung für einen 1947er oder einen 1949er. *Zuletzt im März 1989 verkostet* ****

Ch. La Mission Haut-Brion Vier Einträge, alle Flaschen aus den Woltner-Kellern. Erstmals 1978 verkostet: hübsche Farbe, wohlschmeckend, säurebetont, aber für den Jahrgang gut. 1981 bei Wolfs Verkostung, wohlschmeckend, schlank, doch etwas adstringierend. Dann eine oxidierte Flasche. *Zuletzt im Juni 1990 verkostet. In Bestform* **

WEITERE 1946ER **Ch. Lascombes** *1985* ***; **Ch. Baret** Undurchsichtig, wundervoll reiche Nase und fabelhafter alter Graves-Geschmack. *Teil eines großen Bestands aus dem Château, September 1983* ****

1947 *****

Der zweite der drei großen Nachkriegsjahrgänge. Auf den immer heißer werdenden Sommer folgte eine Lese unter fast tropischen Bedingungen. Die Trauben wiesen einen außergewöhnlich hohen Zuckergehalt auf, doch die Hitze brachte ernsthafte Probleme beim Gärprozess mit sich; eine ganze Reihe von Weinen wurde durch hohe flüchtige Säure beeinträchtigt. Insgesamt gesehen entstanden ausgesprochen reiche, fast sinnliche Weine, obwohl einige gefährlich am Rande des Abgrunds entlangspazieren.

Ch. Lafite Eine Melange aus Reichhaltigkeit und Charme. Bei fast zwanzig Gelegenheiten verkostet, erstmals 1958. 1959 bewertete ich ihn als fehlerlos: wirklich schön, voll im Geschmack, perfekt im Gleichgewicht. Mitte der 1960er und gelegentlich auch in den 1970ern allerdings entdeckte ich eine »stechende«, leicht spitzige Säure, trotzdem noch ein köstlicher Wein. In den 1980ern »Charme und Kraft«, ein herrlich reiches, wohlriechendes, ansprechendes Gewächs. Auf der großen Premier-cru-Magnumverkostung von Eigensatz im Jahr 1993 hielt ich den Lafite für den hervorragendsten Wein seiner »Serie«. Vor einiger Zeit auf dem Sveaas-Dinner sehr guter Geschmack, aber mit aufkommender kantiger Säure (1996). Später eine Flasche mit weicher werdendem Erscheinungsbild und Bukett. Noch immer recht »süß«, mild, gut trinkbar, aber mit nach vorn drängender Säure. *Zuletzt auf Rodenstocks Weinwochenende im September 1998 verkostet* **** *Austrinken.*

Ch. Latour Erwartungsgemäß ein großer Wein, aber nach einer ganzen Reihe von Einträgen zu schließen eine unberechenbare Diva. Erstmals im Mai 1954 verkostet: »Ein sehr großer Wein«, ein Jahrzehnt später »trocken, voll, groß und rau«. Kurzum: Er brauchte Zeit. 1966 zu viel flüchtige Säure, in den 1970ern eine gewisse Sprödheit. Reichhaltigkeit, kombiniert mit merklicher Säure im Verlauf der Entwicklung. Unterschiedliche Einträge, in den 1980ern aber oftmals gut, wohlriechend und schmackhaft, in den letzten zehn Jahren nur wenige Bewertungen. 1993 eine stämmige, lebendige Magnum und schließlich eine Flasche, die ihre unverdorbene Farbtiefe allmählich verlor; »klassische«, aber alternde Nase; am Rand, noch immer körperreich, tanninbetont mit duftendem Nachgeschmack. *Zuletzt im September 1996 eine Magnum verkostet. In Bestform* ****

Académie du Vin de Bordeaux

Die Großen und die Guten. Der Zusammenschluss wurde 1947 mit dem Ziel gegründet, den hohen Standard der Weine seiner illustren Mitglieder – ausnahmslos ehrwürdige, äußerst traditionsreiche Erzeuger – zu wahren. Die Akademie organisiert außerdem Vorträge und Präsentationen zu Ehren von Schriftstellern. 1973 hat man mich zum Ehrenmitglied ernannt. Präsident ist Graf Alexandre de Lur Saluces.

Ch. Margaux Im September 1958 notierte ich: »Groß, aber weich. Fast fertig, schöner Geschmack«, aber da der Wein und ich sich weiterentwickelten, stellte ich ein Jahrzehnt später fest: »Ohne den femininen Charme eines Margaux, sogar etwas grob und säurebetont.« Mehrere Male taucht ferner »Samt« auf, ebenso »ein mächtiger und recht unnachgiebiger Wein« (1977). 1987 zwei Londoner Abfüllungen von Hankey Bannister, eine oxidiert, die andere mild und attraktiv; auf de Cocks Verkostung eine sehr »süße«, gesunde, doch überzüchtete Vandermeulen-Flasche. In den letzten zehn Jahren drei unterschiedliche Einträge. Zwei auf Manfred Wagners Margaux-Verkostungen, eine 1998 verkorkte, »fast übermächtige«, höchst beeindruckende Flasche aus dem verlässlichen Nicolas-Keller, aber auf der zweiten Veranstaltung eine sehr geschmacksintensive, jedoch spitzige Flasche mit Füllhöhe auf der mittleren Schulter. 1997 auf Kaplans Essen mit 1947ern eine gesunde, ausgewogene, gut gebaute Magnum, allerdings etwas »vierschrötig«. *Zuletzt im November 2000 verkostet. Uneinheitliche Qualität, nicht die gewohnte Brillanz eines Margaux, aber in Bestform* ★★★★

Ch. Mouton-Rothschild Bei der ersten Verkostung 1961 jugendlich. Ein Wein aus einem »wundervollen Jahrgang«, begeisterte Notizen in den 1970ern mit Hinweis auf die großartige Nase, Konzentration, Tiefe, den fabelhaften Geschmack und Nachgeschmack. Gegen Ende des Jahrzehnts »spürbare Säure«. Eine herrlich reiche, weiche, fleischige, fast vollendete Flasche auf Flatts Degustation 1986. Und so geht es weiter. Vor einiger Zeit bei Sveaas' Essen in Oslo eine fast karikaturhafte Mouton-Würze in der Nase, mit sehr »süßem«, exotischem Geschmack und Nachgeschmack. Kürzlich eine weitere neu verkorkte Nicolas-Flasche mit exquisitem Bukett. Ein grandioser Wein. Trotz der latenten Säure blieb er perfekt austariert. *Zuletzt im März 2001 bei einem Essen von Rodenstock verkostet. In Bestform mindestens* ★★★★★ *Einer der großen 1947er.*

Ch. Haut-Brion Nur vier Einträge. Im Alter von zehn Jahren »Bukett und Geschmack wunderschön, aber viel zu stark, um mit Genuss getrunken werden zu können«. 1971 stilvoll, hart und stahlig. Doch die Zeit heilt alle Wunden – und sorgt dafür, dass Weine sich gut entwickeln: eine überragende Magnum auf Eigensatz' Verkostung 1993. Wenig später eine erdige, »süße«, weiche, fabelhafte Flasche. *Zuletzt im September 1995 verkostet. Reifte zwar nicht gerade vom Keller- zum Wunderkind heran, in Bestform aber immerhin* ★★★★

Ch. Ausone Nur dreimal verkostet, eine Magnum und zwei Normalflaschen, alle sehr gut. *Zuletzt im Mai 1993 degustiert* ★★★★

Ch. Ausone Belgische Abfüllung von Vandermeulen. Blind verkostet: sehr wohlriechend; gut ausgewogen, mit zitrusartiger Frucht und Säure. Ein sehr ansprechender Wein. *Im Dezember 1995 auf Frans de Cocks Verkostung degustiert* ★★★★

Ch. Cheval Blanc Diese Provenienz sollte auf meiner Liste von 1947ern an erster Stelle stehen, denn sie ist nicht nur die beeindruckendste, berühmteste (und teuerste) Kreszenz des Jahrgangs, sondern zweifellos einer der größten Weine aller Zeiten. Mit ihm wurde das Château zwar nicht berühmt – man kannte es bereits vorher –, doch öffnete er der Weinwelt die Augen. Erstmals im März 1959 verkostet: »Sehr voll im Geschmack, weich am Gaumen, aber mit sehr trockenem, fast bitterem Abgang. Großartige Qualität.« Noch begeistertere Einträge Mitte der 1960er: »Voll, *sehr reich*, seidig, vollendet« und als Randnotiz »schlug Lafite und Margaux aus dem Rennen«! Drei extrem gute Abfüllungen von Harvey's, dazwischen grandiose Schlossabzüge einschließlich einer unglaublich reichen, fetten, reifen, herrlichen Magnum mit hohem Alkoholgehalt. Ich könnte noch lange so weiterschreiben, denn ich hatte das Privileg, den 1947er Cheval Blanc bei weit über zwei Dutzend Gelegenheiten zu verkosten, zu trinken und zu beurteilen. Ich gestehe allerdings, seine immense Konzentration und »Süße« als »portartig« charakterisiert zu haben; obendrein – kaum wage ich es zu schreiben – ziehe ich die Eleganz des 1966ers vor! Meine besten Einträge entstanden in den 1980ern, als er sich meines Erachtens im Zenit befand: »Riesig, weich, komplett, rund, fabelhafte Konzentration« und so weiter, aber auch »ohne Charme«. Seine ursprüngliche Undurchsichtigkeit entwickelte sich inzwischen zu einer mittleren bis leidlichen Farbtiefe. In Hochform präsentierte er sich bei Latners Essen: hübsches Bukett; die überdeutliche »Süße« verschwunden, allerdings sehr reich und kraftvoll (14 % Alkohol) mit leicht teerartigem Geschmack. Nach wie vor beeindruckend. Vor kurzem fehlerfrei, aber – ich traue mich kaum, es zu sagen – unspektakulär. *Im Mai 2000 bei einem Dinner der Förderer des Russischen Nationalorchesters im Londoner Spencer House verkostet* ★★★★★

Ch. Cheval Blanc Belgische Abfüllung: 1977 zwei Flaschen mit dem Etikett »J van der Meulen-Decannière« verkostet, beide reich, sehr wohlschmeckend, aber mit ausgeprägter Säure. Ein weiteres Exemplar vor einiger Zeit auf de Cocks Degustation in Paris, ich glaube, nur mit der Aufschrift »Vandermeulen«: intensiv farbtief; gesundes Bukett, reichlich Frucht in der Nase und am Gaumen, reich, mit einem besänftigten, leicht säurebetonten Abgang. *Zuletzt im Dezember 1995 verkostet* ★★★★

Ch. Pétrus Erwartungsgemäß großartig. Erstmals verkostet, nachdem er bereits fast ein Vierteljahrhundert mühelos hinter sich gebracht hatte. Er war fabelhaft: tief, reich, rund, mehr als fehlerfrei, makellos. Ich musste weitere 15 Jahre warten, bis ich wieder die Gelegenheit bekam, ihn zu degustieren. Ich hielt ihn für einen 1945er, 1947er oder 1949er und tippte schließlich auf letzteren Jahrgang. Zwar hatte ich mich getäuscht, lag aber im Grunde gar nicht so weit daneben. Undurchsichtig, reich, reif, »süß«, voll, stämmig. 1990 merkte ich den reifen Rand und die etwas malzige Nase an, die unbeirrbar im Glas verweilte. Unglaublich »süß«, doch so körperreich, dass der Alkohol richtiggehend brannte. Ich gebe es nur ungern zu, aber das ist nicht der Weinstil, der mir behagt. Vielleicht gar nicht einmal so schlecht, denn man muss schon ein Multimillionär sein, um sich diese Kreszenz leisten zu können. Ich gebe allerdings zu, dass ich auf der Eigensatz-Verkostung eine vollendete Magnum verkostet habe. *Zuletzt im Mai 1993 degustiert* ★★★★★

Ch. Pétrus Drei Vandermeulen-Abfüllungen, die erste 1977, gesund, aber ohne die Größe und das »Fett« des Schlossabzugs, dann zweimal in Paris; leicht unterschiedliche Flaschen – oder lag es an mir? Ein großartiges, kraftvolles, den Mund füllendes Exemplar auf der Verkostung, dann eine stämmige, beeindruckende, aber charmante und tanninbetonte Flasche beim Essen noch am selben Tag. *Zuletzt im Dezember 1995 verkostet. In Bestform* ★★★★★

ANDERE 1947ER **Ch. Batailley** Mir hat dieser Wein schon seit der ersten Verkostung 1955 immer gefallen. 1989 tief und reich und nach wie vor gut trinkbar. *Zuletzt 1992 verkostet* ★★★★; **Ch. Calon-Ségur** Erstmals 1954 verkostet und für 16 Shilling die Flasche (gut 1 Euro) als Château-Abfüllung auf der Verkaufsliste von Saccone & Speed. Damals nicht gerade preiswert. Aber ein »schöner großer Wein«. Mehrmals verkostet, unter anderem eine ausgezeichnete dänische Abfüllung und seltsamerweise sechs durchweg gute Exemplare in den 1990ern. Jetzt voll ausgereift, Bukett und Geschmack angenehm. Noch immer überraschend tanninstark, ansonsten aber perfekt. *Zuletzt im September 1997 auf einem Grands-crus-Dinner bei Christie's degustiert* ★★★★★; **Ch. La Croix-de-Gay** Kratzend rau. *März 2001*; **Dom. de Chevalier** Eine elegante, lebendige und wohlriechende Magnum. *September 1996* ★★★★; **Ch. Ducru-Beaucaillou** Trotz der »Süße« von Anfang an mit spürbarer Säure. Unlängst eine reiche, aber kantige Doppelmagnum mit oxidativer Kaffeenote. Kein sonderlich guter Ducru. *Zuletzt im September 1996 verkostet. In Bestform* ★★; **Clos L'Eglise** *(sic)* In Pomerol findet man einen großen Wirrwarr ähnlicher Namen. In den 1970ern zwei reichhaltige, stämmige »männliche« Magnumflaschen ★★★; **Ch. L'Eglise-Clinet** Eine faszinierende Doppelmagnum, am Rücken mit dem Streifbandetikett »Jacobus Boelen«, einst ein renommierter Amsterdamer Weinhändler. Undurchsichtig, pflaumenfarben; sehr »süße«, leicht karamellartige Nase; sehr voll, reich, fruchtbeladen. Ausgezeichnet, obwohl die Säure durchstach (der Wein war von M. P. Lasserre von Clos René bereitet worden, der auch für den großen Ch. Cheval Blanc von 1947 verantwortlich zeichnete). *Eine großartige Rodenstock-Entdeckung, verkostet im September 1998* ★★★★★; **Clos L'Eglise-Clinet** (sehr verwirrend!) Eine Abfüllung von Jean Terrioux in Pauillac. Intensiv, der Geschmack besser als die Nase. Gute Länge. *März 2001* ★★★; **Ch. Figeac** In opulenter Höchstform. Oftmals kurz vor dem Umschlagen, aber schafft es immer, das Gleichgewicht zu wahren. Mehrere gute Einträge in den 1980ern. Unlängst zwei Flaschen mit Originalkorken, eine ausgetrocknet, doch bezaubernd, die andere »süß«, positiv und attraktiv. *Zuletzt im April 1997 verkostet. In Bestform* ★★★★; **Ch. La Fleur** Von der ersten Verkostung an (1955) ein bewunderungswürdiger Wein. Seither mehrere Abfüllungen degustiert, darunter eine ausgezeichnete Version von Schalburg aus Schloss Aalholm. Zufällig auch Baron Rabens Lieblingswein. Vor einiger Zeit eine herrlich reichhaltige, duftende Abfüllung von Vandermeulen. *Zuletzt im Dezember 1995 verkostet* ★★★★★; **Ch. Gruaud-Larose** Die ersten drei Einträge entstanden 1954, als der Wein bereits reich, reif und fruchtig und »für einen 1947 recht weit entwickelt« war. Wesentlich später zwei Flaschen, die eine 1993 neu verkorkt, trocken, mit gutem Geschmack und griffig, die zweite »süßer« und reichhaltiger entwickelt, mit guter Gruaud-Frucht. *Zuletzt im April 1997 auf einem von Kaplan in Chicago ausgerichteten Essen mit 1947ern verkostet. In Bestform* ★★★★; **Ch. Haut-Bailly** In Skandinavien sehr beliebt. Von den vier verkosteten Flaschen stammten drei schwedische Abfüllungen aus Peter Wallenbergs Keller. Alle fielen sehr blass aus, doch das Bukett öffnete sich wie bei einem Mouton. »Süß.« Gute Länge. Das vierte Exemplar eine dänische Abfüllung von Schloss Aalholm, die auf einem Essen der Commanderie de Bordeaux in Oslo serviert wurde. Wesentlich farbtiefer; duftende Vanillenase; voll, reich, mit guter Frucht und ausgezeichneter Säure. *Zuletzt im April 1996 verkostet. In Bestform* ★★★★; **Ch. Latour-à-Pomerol** Sehr tief, undurchsichtiger Kern; Bukett wie reichhaltiger Tee; »süß«, Geschmack, Extrakt, Tannin und Säure ausgezeichnet. *März 2001* ★★★★; **Ch La Mission Haut-Brion** Sieben vergleichbare Einträge seit 1973, darunter zwei Magnumflaschen, eine auf Desais Verkostung, die andere erst in letzter Zeit: ein farbtiefer Wein mit sehr charakteristischer Nase und dem Geschmack nach »getrocknetem Herbstlaub«, »Tabak«, »Zeder«. Ich bemerkte sogar »Gips« am Gaumen. Ein außerordentlich reicher, typischer Graves, mit dem die Woltners hervorragendes Geschick bewiesen. *Zuletzt im April 1997 bei Stephen Kaplans Essen mit 1947ern verkostet* ★★★★★; **Ch. Mouton d'Armailhacq** Reife Farbe mit Orangeton; alternd; ein »medizinaler« Pauillac-Geschmack, aber spitzig. *Aus Stuart Levers Keller, einer Scheune in der englischen Grafschaft Oxfordshire, serviert bei tropischen Temperaturen während eines Essens unter freiem Himmel im Juli 1994*; **Ch. Nenin** Eine undurchsichtige Magnum; erdbeerartiger Duft; anständiger Geschmack, aber stark tanninbetonter Abgang. *September 1996* ★★; **Ch. Pavie** Eine Londoner Abfüllung von Cruses Vertretung: ein charmanter Wein, hübsch und lang (1974), und zwei Abfüllungen von Vandermeulen. Wohlschmeckend und ausgewogen (1977), kürzlich eine reiche, aber müde gewordene Flasche. *Zuletzt im März 2001 bei Rodenstocks Essen mit 1947ern in München verkostet. In Bestform* ★★★; **Ch. Pichon-Baron** Drei schlechte Flaschen 1974 und 1977, eine ausgezeichnete dänische Abfüllung von Schloss Aalholm und eine bei Christie's ersteigerte Marie-Jeanne, die bei einer Verkostung Bestandteil einer »Serie« mit 1947ern war: tief, mahagonibraun; klassisches, eichengetöntes, ausgewogenes Bukett; ansprechender Geschmack, in ausgezeichnetem Zustand. *Zuletzt im September 1996 verkostet. In Bestform* ★★★; **Ch. Pichon-Lalande** Mehrere Einträge zwischen 1954 und 1969. Reich und reif, aber mit flüchtiger Säure. Vor einiger Zeit eine schlanke, aber wohlschmeckende und säurebetonte Magnum (1996) sowie eine bessere Magnum mit Originalkorken auf Stephen Kaplans Essen mit 1947ern: gute Frucht, ziegelige, pflaumenartige Frucht; sehr wohlschmeckend, überaus tanninbetont. *Zuletzt im April 1997 im Chicagoer Ritz Carlton verkostet. In Bestform* ★★★; **Ch. Pontet-Canet** Ein halbes Dutzend Einträge. 1956 köstlich weich und wohlschmeckend, 1973 eine wunderbar erhaltene, von Cruse abgefüllte Jeroboam (das Château füllte nie selbst ab), in den 1980ern einige Male verkostet, darunter eine Doppelmagnum zu gebackenem Brie – brrr! *Zuletzt im Oktober 1992 verkostet. In Bestform* ★★★★; **Ch. Rouget** Aus den Nachkriegsjahrgängen dieses Pomerol-Guts kam eine ganze Reihe von Weinen auf den britischen Markt, ich kann jedoch nur einen einzigen Eintrag aus jüngerer Zeit finden. Die Flasche wurde von Lenoir Josey ersteigert: sehr satte Herbstfarbe; ein leichter Anflug von Holz; »süß«, reich, tanninbetont, gesund. *Auf der Josey-Vorverkaufsverkostung im November 2000 degustiert* ★★★; **Ch. Siran** Weich, reich, »süß«, ansprechend. *Auf einer Vorverkaufsverkostung im Oktober 1993 degustiert* ★★★★; **Vieux Ch. Certan** Zwei Flaschen mit leichten Unterschieden auf Kaplans Essen mit 1947er-Jahrgängen, eine weicher, weiniger, beide recht streng und spröde für einen 1947er, aber jede gut zu trinken. *Zuletzt im April 1997 verkostet. In Bestform* ★★

1948 ★★★

Ein recht guter Jahrgang, der vom Handel allerdings weitgehend ignoriert wurde, da er so unvorteilhaft zwischen den beiden Großen 1947 und 1949 eingezwängt war. Es hätte aber schlimmer kommen können, denn auf einen außerordentlich guten Frühling folgte ein kalter Sommer. Zudem litten die Stöcke unter Verrieseln, was den Ertrag an Trauben reduzierte, die jedoch bei gutem Lesewetter geerntet werden konnten. Einige Weine stellten eine aggressive Männlichkeit zur Schau und hatten zu wenig Charme, andere wiederum verströmten einen angenehmen Duft.

Ch. Lafite Als ich ihn im Dezember 1954 das erste Mal verkostete, hielt ich ihn für einen ansprechenden Wein. Harry Waugh, der mich unter seine Fittiche nahm, fasste ihn als »gut und preiswert« zusammen. Ich bezeichnete ihn später als mild, aber ohne Länge – er schien eine stumme Phase zu durchlaufen. Zwei Jahrzehnte später merkte man ihm das Alter an, er war überreif, reich und aufregend (bei einem großartigen Essen 1974 im Schloss Leeds in der Grafschaft Kent). Leicht uneinheitliche, aber gute Bewertungen in den 1980ern: »jetzt vollendet«, »delikat«, »lebhaft«, »köstlich«, entfaltete sich unter

Lufteinwirkung, wie so oft bei einem Lafite. *Zuletzt bei Jack Plumbs Bordeaux-Club-Essen im Christ's College von Cambridge degustiert. In Bestform* ★★★★

Ch. Latour 1956 »grün« und völlig unfertig. Später würzig, mit Schwung, aber adstringierend. Ehrlich gesagt kein sonderlich ausgewogener Wein. Rau, tanninbetont und abweisend. *Zuletzt im März 1989 verkostet. In Bestform* ★★★

Ch. Margaux Zum Glück kein fleischiger 1948er. Mehr Charme, obwohl seine Reichhaltigkeit von der hohen Säure überdeckt wurde, als ich ihn 1975 das erste Mal verkostete. Eine gute Flasche 1980 im Pariser Coq Hardi: wohlriechend, ausgewogen, besser im Gleichgewicht und ohne Altersspuren. Ein Zeitsprung von über 20 Jahren: sehr wohlriechend; »süß«, reich, hübscher Geschmack, gute Länge. Ein eleganter 1948er. Es lohnte sich zu warten. *Zuletzt im Februar 1998 bei einem weiteren Kaplan-Essen verkostet* ★★★★

Ch. Mouton-Rothschild Ein charakteristisch reicher, aufregender Wein, in seiner Jugend »grün«, brauchte weit über 20 Jahre, um seine wahren Vorzüge zu zeigen. Eine gut entwickelte Magnum 1986 auf Flatts Mouton-Verkostung, ein ähnlich ansprechendes Exemplar auf einer Degustation von Latour- und Mouton-Weinen in Wiesbaden. *Zuletzt im März 1989 verkostet* ★★★

Ch. Haut-Brion Nur zwei Einträge: 1990 eine selbstsichere Flasche – fast hätte ich »dickköpfig« geschrieben – mit Tabakgeschmack, die zehn Jahre später durch eine fast vollendete Magnum wettgemacht wurde: reich, reif; »süßes«, ausgewogenes Bukett; Geschmack und Gewicht ansprechend, allerdings meiner Ansicht nach etwas austrocknend. *Zuletzt bei einem Rodenstock-Essen im März 2001 verkostet. In Bestform* ★★★★

Bordeaux Club

Gegründet 1947 von Allan Sichel, Professor Sir John (Jack) Plumb und Harry Waugh (alle sind mittlerweile verstorben, die beiden letztgenannten 2001 im Alter von 88 bzw. 97 Jahren). Derzeit gehören dem Club sechs Mitglieder an: Dr. Neil McEndrick, Master des Gonville & Caius College in Cambridge (im Text einfach nur »Caius College« genannt), John Jenkins, Besitzer des landwirtschaftlichen Guts Childerley Hall in Cambridgeshire, Hugh Johnson (Saling Hall, Essex), Dr. Louis Hughes (Urologe in der Harley Street mit Spezialgebiet Zeugungsfähigkeit), Simon Berry von den Berry Bros. und ich. Wir laden uns abwechselnd zum Essen ein und öffnen dafür unsere allerbesten Flaschen.

Ch. Cheval Blanc Aus irgendeinem Grund viele Einträge, weit über ein Dutzend, manchmal zusammen mit dem 1947er verkostet (ich kann mich noch gut daran erinnern, als Edmund Penning-Rowsell ihn in den 1970ern bei einem Essen im Londoner Travellers' Club dem 1947er vorzog). Erstmals 1961 verkostet, ein großer Wein, reichlich Frucht, aber unfertig. In den nächsten zwei Jahren als »Portwein« bezeichnet, »nicht sehr attraktiv, aber interessant«. Es dauerte im Grunde rund 20 Jahre, bis er zu sich fand. Ich habe in den 1980ern sieben gute Flaschen verkostet, die bei weitem nicht alle im Château auf Flaschen gezogen worden waren, darunter eine angesengtrosinige, portweinartige Abfüllung von Averys (ein britischer Händler, der noch Ende der 1960er Cheval Blanc abfüllte) und vier ausgezeichnete dänische Abfüllungen, von Eschenauer *en barrique* versandt und von K. Dorph-Peterson abgefüllt. Auf Schloss Aalholm lagerten 182 Flaschen in drei Fächern. Ich weiß es so genau, weil Daphne und ich zusammen mit Brian Ebbeson, zufällig Däne und Mitarbeiter der Londoner Weinabteilung von Christie's, den riesigen Keller an einem Wochenende verpackten: eine harte, staubige Arbeit. Rund 18 Jahre später eine tiefe, intensive, noch immer rote Magnum: ziemlich pfefferig, aber »süß«, mit lebhafter Frucht. *Zuletzt im September 1997 zusammen mit dem 1947er auf Karl-Heinz Wolfs Cheval-Blanc-Verkostung in Österreich degustiert. In Bestform* ★★★★

Ch. Pétrus Lediglich zwei Einträge: eine schwarze, pflaumenfarbene Flasche mit angesengter, reifer, ziemlich schweißelnder und fast zu »süßer« Nase, 1986 noch mächtig, stark und tanninbetont. Auf der »Stockholm«-Verkostung in London eine nicht ganz so unverhohlen aggressive Flasche, »süßer«, weicher, fleischiger. *Zuletzt im April 1990 verkostet. In Bestform* ★★★★

Ch. Beychevelle Hart, unnachgiebig. *Mai 1993* ★

Ch. Calon-Ségur In den 1960ern nicht trinkbar. Noch tanninbetont, aber gut. Nicht zu vergleichen mit dem 1947er und dem 1949er. *Zuletzt im Dezember 1992 verkostet* ★★

Clos L'Eglise-Clinet Undurchsichtig, adstringierend, sehr tanninstark. Eine Magnum. *September 1996* ★

Ch. L'Evangile Undurchsichtig; lebendige Frucht; hübsche Textur, seidige Tannine. Eine Magnum. *September 1996* ★★★★

Ch. La Fleur 1996 eine Magnum. Tief, samtig; kaum ein Bukett; undefinierbare, aber süße Frucht. Auf Rodenstocks La-Fleur-Degustation eine weitere Magnum: reich und attraktiv. *Zuletzt im August 1998 verkostet. In Bestform* ★★★★

Ch. Latour-à-Pomerol Eine Magnum: reich, fast melasseartig in der Nase; »süß«, voll, reich, zum Kauen. *September 1996* ★★★★

Ch. Léoville-Barton Einer der exquisitesten Weine, die ich je verkostet habe. Der mit Abstand ansprechendste 1948er und in punkto Duft und Delikatesse gleichrangig mit dem 1949er Mouton. Erstmals 1971 bei einem Essen mit einem alten Freund aus dem Weinhandel, Rob Kewley, verkostet, einem der ersten Masters of Wine, der später bei einem Flugzeugabsturz ums Leben kam (der Pilot hatte auf dem kleinen Flughafen von Dijon nicht aufgetankt, weil ihm der Treibstoff zu teuer war. Auf dem Weg nach Hause ging das Kerosin aus und die Maschine stürzte ab). Der Wein hatte ein hübsches reifes Granatrot, ein fabelhaft »süßes«, reifes Bukett, was auch für Geschmack, Tannin und Säure galt, Gleichgewicht und Eleganz waren perfekt. Mein Gastgeber machte den Fehler, aus seinem Keller eine weitere Flasche zu holen. Sie war gut, aber wie eine zweite Tasse Tee, das heißt, einfach nicht so frisch. Irgendwann einmal muss Anthony Barton meine Notizen gelesen haben, denn er servierte diesen Jahrgang blind beim Essen. Er war wunderschön, unnachahmlich, und ich sagte, dass es nur ein 1948er sein könne. *Zuletzt im Juni 1992 beim Nichtstun auf Ch. Langoa verkostet* ★★★★★

Ch. La Mission Haut-Brion Ein großer 1948er. 1966 fabelhaftes Bukett, ansprechender rauchiger Geschmack. Als er 30 Jahre alt war und von einem würzigen, erdigen Geschmack sowie einem wohlriechenden Nachgeschmack getragen wurde, bezeichnete ich ihn erneut als »fabelhaft«. Mitte der 1980er eine Reihe schlechter Flaschen. Ein wunderschönes, noch immer undurchsichtiges, »süßes«, fleischiges Exemplar mit seidigen, wildlederartigen Tanninen auf Wolfs Verkostung 1990. Unlängst etwas Farbe verlierend, aber mit reichem samtigem Erscheinungsbild; alternd, aber sehr wohlriechend; sehr typischer Graves-Charakter, ausgesprochen trocken, aber mit reichlich Frucht und Persönlichkeit. *Zuletzt im April 1998 beim Essen in der Domaine de Chevalier verkostet (wo sämt-*

liche Jahrgänge degustiert wurden, deren Jahreszahl mit »8« endet). In Bestform ★★★★★

Ch. Nenin Eine der attraktivsten Magnums in Rodenstocks Pomerol-»Serie«. Reich, sanft, Vanille, tanninbetont, mit schönem Nachgeschmack. *September 1996* ★★★★

Ch. Siran Getoasteter Charakter. Noch immer tanninbetont. *Oktober 1993* ★★★

Ch. Palmer 1954 ein »großer fruchtiger Wein«. 1970 tanninbeladen. Unlängst: lebendiges Rubinrot; reich, keksartig, dann Stallgeruch – ein scharfer, fast beißender Geruch wie in Pferdeställen. Leicht spitziger Abgang, aber passte gut zu Rindfleisch. *Im Februar 1998 auf Kaplans Essen mit 1947ern im Four Seasons von Los Angeles verkostet* ★★★★

Die besten vor längerer Zeit verkosteten Weine mit gutem Potenzial **Ch. Cantemerle; Ch. Chasse-Spleen; Dom. de Chevalier; Ch. La Dominique; Ch. Haut-Bailly; Ch. Léoville-Las-Cases; Ch. Lynch-Bages; Ch. Malescot-St-Exupéry; Ch. Pape-Clément; Ch. Pavie; Ch. de Pez.**

1949 ★★★★★

Der dritte des großen Nachkriegstrios. Stilistisch ganz anders als der konzentrierte 1945er und der reife, opulentere 1947er. Den besten Kreszenzen – und es gab viele äußerst stilvolle Weine – fehlte sogar manchmal das enge Korsett oder auch das Übermaß, das die beiden anderen erwähnten Jahrgänge auszeichnete.

Aber was um alles in der Welt braucht man für Witterungsbedingungen, um solche Weine erzeugen zu können? Sicher keine vorhersehbaren, ja, nicht einmal solche, die man begreifen kann. Das Jahr begann mit dem trockensten Januar und Februar überhaupt. Die stets entscheidende Blüte fand bei kaltem Regenwetter statt, was zum schlimmsten Verrieseln führte, an das man sich erinnern konnte. Die Erträge wurden dadurch stark reduziert. Es folgte warmes Wetter, das sich zu einer fast nie dagewesenen Hitzewelle steigerte: Am 11. Juli wurden im Médoc 43°C gemessen. Anschließend fegten Stürme über das Land und schließlich klang die Saison mit einer Lese bei schönem Wetter aus.

Bei den Händlern und ihren Kunden war dieser zu vernünftigen Preisen angebotene Jahrgang sehr beliebt; Lafite verlangte 1954 ganze 24 Shilling die Flasche, weshalb der Jahrgang schon im Jahr darauf völlig ausverkauft war.

Die besten Provenienzen sind nach wie vor großartig, aber ein riskantes Vergnügen; Lagerbedingungen und Herkunft spielen eine entscheidende Rolle.

Ch. Lafite Nach über 20 Bewertungen im Lauf von mehr als 45 Jahren würde ich diesen Wein als kapriziös, zumindest aber von wechselhafter Qualität bezeichnen. Die Bandbreite reicht von einer absolut enttäuschenden ersten Verkostung im März 1955 bis hin zu einer würzigen, an- und aufregenden Flasche im September 2000. Doch ich springe. In den frühen 1970ern adstringierend, verblühend, aber mit pikantem Geschmack. »Bei weitem nicht der Charme eines Mouton oder die Ausgewogenheit eines Latour«, notierte ich mir 1979 bei einem Essen des Saintsbury Club. Eine voll ausgereifte Impériale auf Marvin Overtons Dinner zu seinem 50. Geburtstag in Fort Worth. Anfang der 1980er Jahre vollreif, im Lauf des Jahrzehnt mehr als nur eine Spur Überreife. Das heißt nicht, dass der Wein nicht angenehm zu trinken gewesen wäre. Ich notierte mir mehrmals seine Delikatesse und weiche Textur, etwas schlank, zitrusartig (Säure), mager, wildbretartig – manche Flaschen besser, manche nicht so gut. *Zuletzt im September 2000 bei Len Evans' »Single-Bottle-Club«-Geburtstagsessen verkostet. In Bestform* ★★★★★

Ch. Latour Ein äußerst guter Wein, keine Frage. Weit über zwei Dutzend Einträge mit nur einer oder zwei missratenen Flaschen. Erstmals im Dezember 1954 verkostet: »Sehr dunkel. Voll (im Geschmack), groß und rau.« Mitte der 1960er noch immer »grün« und rau, tanninbeladen, allerdings auch mit einer feinen klassischen Zedernholznase und herrlichem Geschmack, ferner großer Länge. Zehn Einträge zeichnen die Entwicklung während der 1970er- und 1980er-Jahre nach. Gegen Ende des letztgenannten Jahrzehnts erreichte er seine »Höchststufe der Vollendung«, obwohl ich mehrmals geringfügig zu viel Säure feststellte. 1993 auf dem »Vier-Jahrgänge«-Dinner eine vollendete Flasche, reich und komplett, und 1996 eine blind verkostete Magnum, bei der ich ein nach wie vor sehr tiefes Erscheinungsbild, gleichzeitig jedoch einen reifen mahagonifarbenen Rand anmerkte; klassische, leicht alternde Pauillac-Nase; reich, körperreich, extrem tanninbetont, aber mit duftendem Nachgeschmack. Kürzlich: hübsche Farbe; vollendete Nase, reich, perfekt im Gleichgewicht. Fabelhaft. *Zuletzt im November 2000 auf der Josey-Vorverkaufsverkostung in New York degustiert* ★★★★★ *Bei guter Lagerung steht ihm noch ein langes Leben bevor.*

Ch. Margaux Ein Margaux von archetypischer Eleganz und mit überbordendem Duft. Ich werde nie meine erste Begegnung mit diesem Wein im Jahr 1958 bei einem Hochzeitsessen für jüngere Gäste im Lake District vergessen. Als man mich bat, den Wein auszuwählen, suchte ich nach etwas nicht allzu Teurem und bestellte vier Flaschen »Margaux« für 15 Shilling die Flasche. Der Ober brachte sie und zeigte mir das Etikett. Ich bemerkte, dass es sich nicht um die einfache Appellation Margaux handelte, den ich haben wollte, sondern um einen im Gut abgefüllten Ch. Margaux von 1949. Als ich das ansprach, kam der Ober noch einmal, um mir mitzuteilen, der Geschäftsführer habe ihm bestätigt, dass es sich um genau den Wein handele, den wir bestellt hätten. Des einen Unwissenheit, des anderen Glück. Ich beschrieb ihn als »sehr fein, voll, weich und rund«. Ansonsten waren das Essen und der Service so schlecht, dass wir uns darüber beschwerten und schließlich nur den Wein bezahlen mussten!

Ch. Margaux versandte seinen Wein wie Ch. Cheval Blanc manchmal in Hogsheads an britische Weinhändler, die ihn dann abfüllten. Sie leisteten in der Regel gute Arbeit, aber Anfang der 1970er kam mir eine scharfe und spröde Abfüllung von Chalié Richards unter, während ich 1986 eine sehr gute Flasche der Spitzenhändler Block Grey and Block aus den Kellern des Earl of Dundee verkostete. Schlossabzüge schienen mir in den späten 1980ern auf ihrem Höhepunkt angelangt zu sein. Drei Einträge in den letzten zehn Jahren: viel Farbe verloren; in der Nase verblasst, aber charmant und, wichtiger noch, entwickelte sich ausgesprochen wohlriechend im Glas; am Gaumen fast karamellartig »süß«, eher leicht, aber mit einem Hauch zu viel Säure (bei einer »Serie« mit blind verkosteten 1949ern hielt ich ihn für einen Cheval Blanc). Die letzten beiden Exemplare bei Manfred Wagners Margaux-Vertikalverkostungen, die beste Flasche 1997, Füllhöhe im oberen Bereich der mittleren Schulter, hübsche Herbstfarbe; ein Anflug von pilzigem Flaschengeruch aufgrund des Schwunds, der sich jedoch verzog und einer reichen Frucht Platz machte. Am Gaumen angenehme »Süße«, hübsche Textur, aber alternd und nicht so grandios wie erwartet. Zwei weitere Flaschen bei der zweiten Veranstaltung, die eine mit ähnlicher Füllhöhe wie das soeben beschriebene Exemplar sehr »süß« und wohlschmeckend, gut, aber mit spürbarer Säure. Die andere rotbraun, oxidiert. Ich verzichtete darauf, sie zu verkosten. *Zuletzt im November 2000 degustiert. In Bestform *****, aber aufpassen.*

Ch. Mouton-Rothschild Zweifellos der feinste 1949er. Ein Wein, der in Bestzustand einen unnachahmlichen Duft verströmt und vollendete Konsistenz unter Beweis stellt. Er war Baron Philippes Lieblingswein. Ich durfte den Wein glücklicherweise 18-mal verkosten, das erste Mal 1963, als ich sein herrliches, unglaublich reiches, reifes Cabernet-Sauvignon-Bukett und den »sehr reichen, weichen, fabelhaften« Geschmack festhielt, ihm allerdings damals nur vier Sterne gab. Der fünfte tauchte Mitte der 1970er auf: eine vollendete Flasche mit wohlriechender Cabernet-Nase und trotz ihrer Reichhaltigkeit mit dem Markenzeichen des 1949er-Jahrgangs, der Delikatesse. Ein schöner Wein. Neun Einträge in den 1980ern, jedes Mal fünf Sterne, zweimal vergab ich sogar sechs Sterne (auch ein Exemplar mit Korkgeschmack war dabei), sie bekundeten den Cassis-Duft, den Charme und die Delikatesse, wie sie für einen Mouton typisch sind. Zu dieser Zeit befand sich der Wein in seinem Zenit. Bei der letzten Verkostung wirkte er vollreif, aber lebendig, mit überbordendem exotischem Bukett; aufregend, aber ich hatte den Eindruck, er trocknete allmählich aus. *Zuletzt im September 1993 bei Farr Vintners' Latour- und Mouton-Degustation mit Essen verkostet. In Bestform ****** (sechs Sterne).*

Ch. Haut-Brion Ein eigenartiger Wein. Wie es eben oft ist: 1954 schrieb ich »schwer einzuordnen, wirkt wie ein 1947er, (am Gaumen) leichter, als er aussieht«. Trocken. »Ein grüner Zug.« Ende der 1950er war das Grün verschwunden, ich notierte mir »weich«. Mitte der 1960er Geschmack und Gleichgewicht angenehm, erfrischend und »süffig«. Ein Haut-Brion zeichnet sich zwar von jeher durch Eleganz aus, hat aber eine sehr charakteristische Nase, die erdiger ausfällt als bei den Weinen der Médoc-Güter, mit einem Hauch von Kaffee und Tabakblättern im Duft. Ich hielt ihn Mitte der 1980er auf seinem Höhepunkt angelangt. Nur ein Eintrag aus letzter Zeit: noch immer sehr tief und ziemlich intensiv; relativ verhaltene Nase (verglichen mit beispielsweise einem Mouton), eine Spur Honig; ein Wein von großer Kraft und Länge mit einem Endgeschmack von angesengtem Heidekraut (ich muss es wissen: Ich bin in den Mooren von Yorkshire aufgewachsen!). *Zuletzt im September 1998 bei einem Essen im Château mit der Familie und Jean Delmas *****

Ch. Ausone Ein seltsamer Weinstil. Erstmals in den 1950ern verkostet und Gefallen daran gefunden, aber in den 1970ern auf seinen spröden, brackigen, einem 1948er ähnlichen Geschmack hingewiesen. Man muss sich auf einen Ausone einstellen und Lloyd Flatt hatte für seine Vertikaldegustation eine vollendete Flasche aufgetrieben: herrliche Farbe; reiches, sehr würziges Bukett; ziemlich »süß«, weich, fleischig, gute Länge. *Ein guter Abschluss, Oktober 1987. In Bestform *****

Ch. Cheval Blanc Ein weiterer wundervoller Wein, der zusammen mit dem Ch. Mouton-Rothschild und dem Ch. Margaux diesen Jahrgang in seiner Perfektion verkörpert. Ich weiß nicht warum, aber ich habe diese Kreszenz bei fast drei Dutzend Gelegenheiten verkostet, das erste Mal im August 1954 und danach immer wieder in den 1960ern, 1970ern und 1980ern, darunter eine Abfüllung von Justerini & Brooks und zwei von Corney & Barrow, die alle ausgezeichnet waren. In der zweiten Hälfte der 1970er schien er mir in Bestform; ich beschrieb ihn verschiedentlich als fabelhaft, tief, herrlich, reif (Erscheinungsbild); »zerdrückte reife Maulbeeren« (zweimal), mit pflaumiger Nase und Cabernet-franc-Duft; am Gaumen von mittlerer »Süße« und Gewicht, reich, »ruhig«, weich, reif – die ganze Palette. Einige Flaschen von unterschiedlicher Qualität in den 1980ern, aber insgesamt »fabelhaft«. Vier Einträge in den 1990ern: wunderschöne, einnehmend attraktive Magnumflaschen, komplett, ausgewogen und fleischig auf Rodenstocks Verkostungen 1993 und 1994, außerdem eine überzeugend tiefe, klassische, schöne Flasche mit stützenden Tanninen und ebensolcher Säure bei Wolfs Vertikalverkostung 1997. (Jacques Hébrard – der Familie seiner Frau gehört das Château – erzählte uns übrigens, dass 1949 ein problemloser Jahrgang gewesen sei und die Lese vom 26. September bis 9. Oktober stattgefunden habe; der Ertrag sei mit 24 hl/ha niedrig gewesen und man habe alte Barriques verwendet.) Unlängst eine Flasche aus meinem eigenen Keller, leider etwas trüb, aber mit einem aufsteigenden, intensiven Bukett. »Süß« genug zwar, aber ehrlich gesagt etwas enttäuschend. *Zuletzt im Februar 1998 bei meinem Essen für den Bordeaux Club bei Christie's verkostet. In Bestform ******

Emile Peynaud

Ein berühmter Bordelaiser Önologe und Lehrer, der mit seinen Untersuchungen die Weinwelt seit den 1950ern nachhaltig beeinflusst. Seine Karriere begann, als er sich 1949 im Önologischen Institut der Universität von Bordeaux mit Jean Ribéreau-Gayon zusammentat. Heute gilt Peynaud als Stammvater aller praxisorientierten Önologen. Durch seine intensive Beschäftigung mit allen Details der Weinbereitung gelangte er zu einem unerreichten Verständnis für diesen Prozess, den man bislang hingenommen hatte, ohne ihn groß zu hinterfragen. Bei seinen Forschungsbemühungen konzentrierte Peynaud sich auf die Erzeugung von sauber schmeckenden Weinen durch Regelung des Gärprozesses und Vermeidung bakterieller Verschmutzungen. Peynaud überließ als Erster im Keller und chai *nichts mehr dem Zufall, angefangen von der Auswahl gesunder Trauben bis hin zu hygienisch einwandfreien Bedingungen bei der Abfüllung. Er mochte es gar nicht, wenn man Weine als »peynaudisiert« bezeichnete – obwohl der Begriff nach wie vor häufig verwendet wird. Man könne den Boden nicht verändern und außerdem würden die Weine für sich sprechen, erklärte er. Einmal sagte er mir augenzwinkernd, dass ich eine leichte Aufgabe hätte, denn ich könne über die »reizenden Damen« sprechen und schreiben, während er sich mit quengelnden Bälgern herumschlagen müsse …*

Ch. Pétrus Schwer, einen Makel zu finden. Fünf Einträge. Alle Komponenten *in excelsis*! Beeindruckend tief; reife, fleischige, maulbeerartige Nase; »süß«, vollmundig, samtig und weich trotz der lebenserhaltenden Tannine. *Zuletzt im Mai 1993 verkostet ******

Ch. Pétrus Belgische Abfüllung (Vandermeulen). Anscheinend spät abgefüllt und keinesfalls so tief wie der Schlossabzug. Würzige, eukalyptusartige Nase; »süß« genug, aber zu wenig Fleisch. Schlanker, trockener Abgang. *Bei Frans de Cocks Verkostung im Dezember 1995 in Paris degustiert ***

Ch. Calon-Ségur Ein Beispiel dafür, wie schnell diese Nachkriegsjahrgänge vom britischen Handel gekauft und wieder verkauft wurden: Das überaus beliebte Ch. Calon-Ségur bereitete in den Jahren 1945, 1947 und 1949 besonders gute Weine, aber keiner war in den frühen 1950ern noch zu bekommen. Den 1928er und 1937er hingegen hatten Saccone & Speed sogar 1954 noch auf ihrer Verkaufsliste.

Der Verkaufserfolg dürfte wohl auch der Grund dafür gewesen sein, dass ich das große Nachkriegstrio erst sehr spät in Riech- und Sichtweite bekam. Als ich den 1949er Calon im

Jahr 1994 schließlich doch noch verkosten durfte, zeigte er sich von einer grandiosen, schlichtweg vollendeten Seite. Im Jahr darauf eine etwas schlankere, aber elegante Magnum. *Zuletzt im September 1995 degustiert* ★★★★ *Auch wenn es völlig überflüssig ist, es zu erwähnen: Es lohnt sich noch immer, auf Auktionen nach ihm Ausschau zu halten. Man weiß nie, ob man nicht doch noch auf ein Exemplar stößt.*

Ch. Cantemerle Immer eines meiner bevorzugten Güter, zumindest bis vor kurzem. Der 1949er wies eine besonders schöne Farbe und in seiner Jugend (1977 bis 1983) ein exquisit wohlriechendes Bukett auf. 1996 eine spitzige und eine überragende halbe Flasche vor dem Verkauf von Mme Binauds Keller und noch im selben Jahr eine von Hardy Rodenstock gekaufte, sehr ansprechende Marie-Jeanne. *Zuletzt im September 1996 verkostet. In Bestform* ★★★★

Ch. Figeac Ein früher Erfolg von Thierry Manoncourt, aber er hatte auch Glück, denn die Wachstumsphase verlief perfekt. Ich verkostete den Wein schon sieben Jahre nach der Lese: ein »voller, weicher, großer Wein« (ich verlor nicht viel Worte; vielleicht verstand ich ihn einfach noch nicht!). Ein hervorstechendes Merkmal ist seine extravagante Frucht, der herrliche Duft und auf Desais Verkostung in Paris ein Geschmack, den ich als »Himbeeren mit Sahne« beschrieb. Zum Glück stehen nicht wenige Einträge zu Buche, unter anderem auch über eine ansprechende, wohlriechende, elegante Magnum im Jahr 1994 und unlängst ein praktisch vollendetes Exemplar: überraschend farbtief, aber mit vollreifem Rand; Bukett und Geschmack »süß«, reich und absolut köstlich. Ein Wein, in dem man die Manoncourts wiederfindet, den eigenständigen (fast hätte ich »exzentrisch« geschrieben) und sicherlich charaktervollen Thierry und die lebendige, charmante Marie-France. *Zuletzt im September 1998 beim Eröffnungsessen eines von der Familie Manoncourt auf Figeac veranstalteten Wochenendes mit »Fünfsterneweinen« verkostet* ★★★★★

Ch. La Fleur Einer der besten von insgesamt 32 La-Fleur-Jahrgängen, die Rodenstock vorstellte: eine wohlriechende, opulente Magnum. »Süß«, voll, reich, Frucht, Gleichgewicht und Abgang gut. Und für einen Wein von solch offensichtlicher Grandezza auch viel Charme. *September 1998* ★★★★★

Ch. Léoville-Las-Cases Eine alte Flasche aus meinem eigenen Keller. Füllhöhe obere Schulter. Überraschend »süß«, ansprechende Frucht und Delikatesse, aber ein scharfer, spitziger, trockener Abgang. *Im Dezember 1995 bei meinem Essen für den Bordeaux Club verkostet* ★★★

Ch. La Mission Haut-Brion Der Höhepunkt des langen Wirkens der Woltners auf La Mission, nach Angaben der Familie der beste La Mission aller Zeiten und auf einer Stufe mit dem 1929er. Ein Dutzend Einträge, der erste 1971, wobei ich sicher bin, dass alle verkosteten Flaschen aus den Originalkellern stammten – wir hatten in den 1970ern bei Christie's zwei große Versteigerungen von Woltner-Beständen. Alle herausragend, mit Ausnahme einer schon etwas zerfallenden Doppelmagnum mit hoher, doch noch annehmbarer flüchtiger Säure. In Topzustand immer maskuliner und selbstbewusster als die Weine des erstklassifizierten Nachbarn, farbtief, mit ausgeprägtem Bukett, kräftig, mit Noten von Zedernholz, Lakritze, Melasse, Gewürzen und Mokka. Am Gaumen »süß«, reich, erdig, mit herrlich samtiger Textur, »geröstetes Farnkraut, trockenes Herbstlaub und Tabak«. *Zuletzt im September 1998 verkostet. Mit einer Ausnahme* ★★★★★

Ch. Rausan-Ségla Mehrere Einträge ab 1954. Unterschiedliche Qualität. Die zuletzt verkostete Flasche ein »Ausbund an Düften«, reich, ansprechend, doch tanninbetont. *Zuletzt im Januar 1991 verkostet. In Bestform* ★★★★

Ch. Siran Im Geschmack besser als in der Nase. Reichhaltigkeit und Margaux-Charme. *Im Oktober 1993 auf einer Vorverkaufsdegustation verkostet* ★★

Vieux Ch. Certan Tief; »altes Zedernholz«; Geschmack und Gewicht klassisch, »süßer« Mittelteil am Gaumen, reich, tanninbetont. *Im Dezember 1995 bei Frans de Cocks Essen in Paris verkostet* ★★★

Weitere, zuletzt in den 1980ern verkostete 1949er

Ch. Beychevelle In Topform. So elegant wie die Fassade des Châteaus, das eines der schönsten in ganz Bordeaux ist. Viele Einträge. *Zuletzt im März 1983 verkostet* ★★★★★; **Ch. Certan** Ein weicher, samtiger, wohlriechender Charmeur. *Zuletzt im Januar 1989 verkostet* ★★★★; **Ch. La Conseillante** Sicherlich ein großes Jahr für Pomerol. Eine wunderschöne und eine maderisierte Flasche. *Zuletzt im April 1982 verkostet. In Bestform* ★★★★; **Ch. Cos d'Estournel** Erstmals 1954 verkostet und seither noch mehrere Male. *Zuletzt im März 1984 degustiert. In Bestform* ★★★★; **Ch. Grand-Puy-Lacoste** Ein beständig gut geführtes, höchst verlässliches Château. Der 1949er überragend. *Februar 1988* ★★★★; **Ch. Lynch-Bages** Viele Einträge über die Jahre hinweg. Würziger, Mouton-ähnlicher Cabernet-Charakter, lebhaft. *Zuletzt im April 1988 verkostet. In Bestform* ★★★★; **Ch. Montrose** In Höchstform und überaus beeindruckend; massiv, tanninbetont, brauchte mindestens 20 Jahre Flaschenalterung. Jetzt »süß«, reif, würzig, mit seidigen Tanninen. *Zuletzt im April 1985 verkostet* ★★★★; **Ch. Palmer** Etwas frühreif. Bei der ersten Verkostung im Juli 1954 sehr entgegenkommend, dann bei unserem ersten Besuch in Bordeaux im Juli 1955 eine denkwürdige Flasche beim Essen mit Peter Sichel auf dem Château; ein unvergesslicher Tag auch für Daphne, die nach dem Essen ein Wespennest aufscheuchte. Die Tiere suchten Zuflucht in ihrem Haar, das damals noch kastanienbraun war. *Zuletzt im November 1986 verkostet, damals bereits mit Altersspuren, aber einer wundervollen Reichhaltigkeit und Reife* ★★★★; **Ch. Talbot** Von unterschiedlicher Qualität. Maskuliner als sein »Vetter« Gruaud. Ein gealterter Klassiker. *Zuletzt im Oktober 1984 verkostet. In Bestform* ★★★

1950–1959

Bordeaux begann sich von den Folgen des Krieges zu erholen. Die Erzeuger renovierten ihre Châteaux und bepflanzten die Rebflächen neu, die Händler füllten ihre Bestände auf. Noch immer gaben die *négociants* den Ton an, und nachdem die alten Verbindungen wieder geknüpft waren, liefen bei den britischen Abfüllern (Importeuren) und ihren Kunden, den Weinhändlern, die Geschäfte im Handumdrehen bestens. Gentleman verkaufte an Gentleman, der wiederum an Gentleman verkaufte. (Das änderte sich grundlegend, als ich 1952 in den Weinfachhandel einstieg!) Außerdem herrschte nur wenig Wettbewerb. Die Amerikaner begannen trotz der Bemühungen von Alexis Lichine und Schoonmaker erst allmählich guten Bordeaux zu schätzen und zu trinken. Schlichtweg nicht existent war der Markt in Australien und Asien. 1950 gründete eine Reihe von unternehmungsfreudigen, weitsichtigen Erzeugern und *négociants* die *Commanderie de Bordeaux*, die auch heute noch, nach einem halben Jahrhundert, floriert und in aller Welt aktive »Sektionen« unterhält.

In Großbritannien hatte nahezu jede Stadt – zumindest jede Hauptstadt einer Grafschaft – neben ihrem Schneider, Schuster oder Sattler wenigstens einen guten Weinhändler. Dabei handelte es sich in der Regel um Familienbetriebe. Damals brauten und verkauften Brauereien noch selbst Bier, und Lizenzen für den Einzelhandelsverkauf alkoholischer Getränke waren nur schwer zu bekommen. Doch allmählich begannen sich die Verhältnisse zu ändern. Die Knappheit an Arbeitskräften und die Angst vor Erbschaftssteuern veranlassten viele Weinhändler, ihre Familienbetriebe an Brauereien zu verkaufen, die daraufhin Spirituosenladenketten aufbauten, in denen vorwiegend preiswertere Gewächse angeboten wurden. Doch die Listen der Weinhändler wurden nach wie vor von Kreszenzen aus Bordeaux dominiert, gefolgt von Burgundern und deutschen Provenienzen sowie natürlich Sherry, Port und Champagner. Mehr wurde selten angeboten. Es war eine Zeit, in der die betuchteren Briten noch jeden Tag anständigen roten Bordeaux und an den Wochenenden sogar *Premiers crus* trinken konnten – wenn auch vielleicht auf Kosten der Château-Besitzer, die sehr wenig verdienten. Doch diese Ära ging zu Ende. Nichtsdestotrotz entstanden einige schöne Weine. Überdurchschnittlich viele gute Jahrgänge waren zu verzeichnen, darunter mein Favorit, der 1953er, sowie der 1959er, der sich nicht nur als beeindruckendster des Jahrzehnts erwies, sondern sogar als einer der größten des Jahrhunderts in die Weingeschichte eingegangen ist.

Die Jahrgänge auf einen Blick

Hervorragend *****
1953, 1959
Sehr gut ****
1952 (u), 1955
Gut ***
Keine

1950 **

Ergiebige Lese bei fast doppelt so hohen Erträgen wie 1949, doch ungleichmäßige Qualität. Der britische Weinhandel importierte die Gewächse als nützliche, preiswerte »Lückenfüller« oder Alltagsrote. Pomerol, Margaux und Graves schlugen sich am besten. Einige Weine haben sich gut gehalten.

Ch. Lafite Mit neun Jahren: liebliche Nase, attraktiv, geschmeidig, gefällig. Im Lauf der nächsten vier Jahrzehnte sehr ähnliche Notizen, schmackhaft, etwas Charme. Vor einiger Zeit eine Magnum, der man das Alter anmerkte, voll entwickelt, wohlriechend; charakteristischer Lafite-Geschmack, ein Hauch Säure, deshalb lediglich ein erfrischender Wein. Kein großer 1950er. *Zuletzt im Château verkostet, Juni 1988* **

Ch. Latour Viele Einträge. Mit zehn Jahren überraschend weich und für einen Latour gut trinkbar. »Absolut befriedigend«, sehr wohlschmeckend. Jedoch nicht so gut wie ein Ch. Margaux (1968 und 1970). Vermutlich Mitte der 1970er auf dem Höhepunkt, aber 1988 schöne Farbe, duftend, komplex und schmackhaft, wenngleich nicht sehr lang. Im Jahr darauf eine gute Flasche, kürzlich allerdings ein schrecklich oxidiertes Exemplar. *Zuletzt im September 1996 degustiert. In Bestform* **

Ch. Margaux Der beste 1950er. Ich verkostete ihn bei seiner Abfüllung Ende April 1953. Schon in diesem Stadium hielt ich fest: »Charmant, elegant. Dürfte früh trinkreif sein.« Viele Einträge in den 1950ern und 1960ern, 1973 erachtete ich ihn auf dem Gipfel. Stets ein attraktives Gewächs mit einer femininen Zartheit und einem Stil, wie sie für einen Margaux typisch sind. Vor kurzem ein sanfter, etwas verblassender Duft; noch immer mit etwas »Süße« und Charme. *Zuletzt im Mai 1987 verkostet* **** *Müsste nach wie vor gut sein, wird aber sehr zerbrechlich.*

Ch. Mouton-Rothschild Erstmals 1956 verkostet. Wie die anderen seines Jahrgangs weich und frühreif, ein Wein zum Trinken, nicht zum Einlagern. Meine beste Bewertung bekam er 1975, als er zur Hochform aufgelaufen schien: ansehnliche Farbe, schöne, wenngleich nicht sonderlich Mouton-typische Nase, schmackhaft und sehr fest gewirkt. Mitte der 1980er aber stellte ich einen Anflug von Sprödheit, ja, sogar Härte fest. Kürzlich eine würzige, doch eigenartige Magnumflasche, schlank und mit spitzigem Abgang. *Zuletzt im April 1996 bei einem Essen der Commanderie de Bordeaux in Oslo verkostet. In Bestform* ***, *jedoch nachlassend.*

Ch. Haut-Brion 1955 noch unentwickelt und so lala; zwei Jahrzehnte später ganz angenehm entwickelt, mit ansprechend reichem Geschmack. Seither jedoch nicht mehr verkostet. *Letzte Verkostung im Juni 1975* ***, *hat sich möglicherweise gut gehalten.*

Ch. Ausone In seiner Jugend besser. Mit sieben Jahren duftend und angenehm zu trinken, überlebte allerdings kaum ein Vierteljahrhundert. Unausgewogen, aber nicht plump. *Zuletzt im Oktober 1987 verkostet.*
Ch. Cheval Blanc Einmal nicht in Bestform. 20 Einträge in über 30 Jahren. Keine konstante Qualität, zum Teil, weil er von mehreren britischen Weinhändlern, von Bordelaiser *négociants* und vom Château selbst abgefüllt wurde. Uncharakteristisch »rau«, »spröd«, »enttäuschend«, »spitzig«, ja, sogar »firnig«, seltener »elegant«, »lieblich« und so weiter. Meine besten Bewertungen in den 1970ern. Bordeaux Club 1995: Trotz reicher Textur machte sich das Alter bemerkbar. Unlängst überraschend farbtief, ansonsten eine ähnliche Notiz. *Zuletzt bei Karl-Heinz Wolfs Cheval-Blanc-Degustation verkostet, September 1997. In Bestzustand* ★★
Ch. Pétrus Nur ein Eintrag. Kraftvoll, würzig. Auf *der »Stockholm«-Verkostung degustiert, April 1990* ★★★★
Ch. L'Evangile Ein tiefer, »süßer«, dichter Wein, abgefüllt von den renommierten Bremer Weinimporteuren Reidemeister & Ulrichs. *März 2001* ★★★
Ch. La Fleur Drei Einträge. Die ersten beiden entstanden auf einer von Dr. Arne-Curt Bergers »Parker-100«-Degustationen im Oktober 1993 im Hamburger Le Canard. Eine in den USA erworbene Flasche erwies sich als oxidiert, die andere stammte von Moueix direkt aus dem Château: immens tiefes Erscheinungsbild; verhaltene, doch massive, »süße«, leicht angesengte Nase; sehr »süß«, außerordentlich kraftvoll, sehr hoher Extrakt, frucht- und tanninbeladen. Enorm beeindruckend bei der Verkostung, aber kaum als Essensbegleiter geeignet. Der dritte Eintrag bezieht sich auf eine während Rodenstocks monumentaler La-Fleur-Verkostung degustierte Magnum. Ähnliche Notiz und Reaktion: undurchsichtig; »süße«, angesengte, melasseartige Nase; in jeder Hinsicht reichhaltig, erneut hoher Extrakt, im Charakter einem Côte-Rôtie von Guigal nicht unähnlich. Konzentriert und auf jeden Fall sehr beeindruckend. Wer aber will schon mit einem Ringer ins Bett? *Zuletzt im September 1998 degustiert, als Monument* ★★★★★, *für die Trinkbarkeit* ★
Ch. La Mission Haut-Brion Dank dem Können der Familie Woltner erwartungsgemäß einer der besten 1950er. Eine erkleckliche Zahl von Einträgen, darunter vier Fünfsterne-Bewertungen in den frühen 1970ern: wundervolle Farbe mit mahagonirotem Rand; äußerst feste, tiefe, würzige, erdige Nase »vom Kaliber eines *Premier cru*«; angenehm seidiger Geschmack, sehr reich, schön und voll entwickelt. Später »süß« und harmonisch in Bukett und Geschmack, herrliche Frucht und Ausgewogenheit. 1990 eine pfeffrige, doch überraschend reiche, füllige, fleischige Flasche, 1996 »rauchig« und etwas aggressiv. Vor kurzem ein Hauch Jod in der Nase, am Gaumen vegetabil. Ein viel größerer Genuss, als es sich anhört: gute Textur und Frucht. Definitiv ein guter 1950er. *Zuletzt im Juni 2000 degustiert* ★★★★

Die Woltners

Frédéric Woltner erwarb Château La Mission Haut-Brion im Jahr 1918. Die eigentlichen Erneuerer aber waren seine beiden Söhne Fernand und Henri. Henri übernahm die Leitung 1921 und blieb bis zu seinem Tod 1974 die treibende Kraft des Guts. Die Woltners führten als Erste Edelstahltanks ein, die anfangs noch mit Glas ausgekleidet waren. Ihr erster großer Wein entstand 1929, seine Blütezeit aber erlebte das Château in den Nachkriegsjahren. Ihren absoluten Höhepunkt erreichten sie mit dem atemberaubenden 1959er.

WEITERE ZULETZT IN DEN 1980ERN VERKOSTETE, BEDEUTENDE 1950ER **Ch. Beychevelle** *April 1989* ★★★; **Ch. Figeac** *Dezember 1989. In Bestform* ★★★; **Ch. Le Gay** *April 1984* ★★★★

1951

Schreckliches Wetter, scheußliche Weine: dünn, sauer, verblasst. Meiden. Nicht einmal **Ch. Latour** oder die Woltners auf **Ch. La Mission Haut-Brion** konnten den Elementen trotzen. **Ch. Lafite** Blass, dünn, zerfallen und stichig; **Ch. Mouton-Rothschild** Überraschend schmackhaft, doch hohl und kurz.

1952 ★★ bis ★★★★

Bei diesem Jahrgang legte sich der britische Weinhandel mächtig ins Zeug. Sowohl Harvey's als auch Saccone & Speed, meine beiden Arbeitgeber zur damaligen Zeit, listeten eine große Bandbreite von 1952ern zum Einlagern auf. Saccone & Speed stellten ihrem Angebot voran: »Wir führen ein weiteres umfassendes Sortiment feiner Weine der Jahrgänge 1945, 1947 und 1949. Sie werden bei Erreichen des Reifezustandes freigegeben« (wobei ich allerdings vermute, dass die besten Provenienzen bereits an bevorzugte Kunden verkauft worden waren).

Die meisten roten Bordeaux-Weine wurden von Händlern abgefüllt. Klassifizierte Gewächse wie Ch. Calon-Ségur waren für durchschnittlich 12 britische Shilling die Flasche zu haben – das entsprach rund der Hälfte des Preises des im Château abgefüllten *Premier cru*. Die Preise waren anständig, was im Grunde nichts anderes hieß, als dass die Erzeuger nicht allzu viel verdienten. Das Interesse für Wein in den Vereinigten Staaten begann gerade erst aufzuflammen und ein Markt für Qualitätswein außerhalb des (verarmten) Europa existierte nicht. Wir hatten Bordeaux für uns.

Die Wachstumsphase verlief bis September sehr zufriedenstellend, dann setzte kaltes und wechselhaftes Wetter ein. Die Lese erfolgte relativ früh und ich vermute, die Unreife eines Teils des Leseguts ist für die uneinheitliche Qualität des Jahrgangs verantwortlich: Die besten Ergebnisse waren in Graves und am rechten Ufer zu verzeichnen, etwas härter und unnachgiebiger fielen die Médoc-Weine aus.

Ich war noch zu sehr Neuling im Weinhandel, als die 1952er eingekauft wurden. Deshalb entstand das Gros meiner zahlreichen Einträge in den 1960ern, als die Weine als reif genug erachtet wurden, um auf die Listen gesetzt zu werden. Damals gehörte ich auch Harveys Einkaufsausschuss für Tischweine an, sodass ich das Geschäft von beiden Seiten kennen lernte.

Ch. Lafite Wie viele Weine aus dem Médoc erwies sich auch er als relativ unangenehmer, enttäuschender Wein, wenngleich er in der ersten Hälfte der 1960er durchaus ansprechend ausfiel. Mein bester Eintrag bezieht sich auf eine wohlschmeckende Magnum, die ich 1980 verkostete. 1998 zwei weitere Magnumflaschen, die beide 1983 auf Lafite neu verkorkt wurden: von unterschiedlicher Qualität und am Zerfallen. Mein letzter Eintrag betrifft eine Magnum, die während eines Festessens im Restaurant »The Dairy« auf Waddesdon Manor, dem Schloss der Rothschilds in Buckinghamshire, geöffnet wurde. Ich erfuhr später, dass Eric de Rothschild ursprünglich den (exquisiten) 1953er vorgeschlagen hatte, doch wurde stattdessen der 1952er ausgewählt. Da man mich eingeladen hatte, etwas über den Wein zu erzählen, musste ich mich zwischen einem ehrlichen und einem wohlwollenden Kommentar entscheiden, denn Jacob (Lord) Rothschild war zugegen. Ich schrieb auf die Speisekarte und später auch in mein rotes Büchlein: »Relativ tief, etwas fad, mit offenem (schwachem) Rand; kann sein Alter nicht verhehlen, Duft mit Anklängen an so etwas wie Rote Bete und Schweiß; halbsüß, mittlerer Körper, Pilznoten, austrocknend und tanninstark.« Gegen *gougères* und *salade persillée* aber konnte er sich behaupten. *Zuletzt im Dezember 2000 verkostet. In Bestform* ★★

Ch. Latour Mit diesem Jahrgang kam Latour nicht sonderlich zurecht. So schrieb ich in meinem frühesten Eintrag aus dem Jahr 1962 »rau und unfertig«. In den 1970ern präsentierte er sich durchweg spröde und tanninbetont, in den 1980ern je nach Herkunft von wechselhafter Qualität. 1990 milderte bei einem Essen im Château das Lamm die Rauheit des Weins nicht, obwohl er sich nach wie vor mit recht beeindruckendem Erscheinungsbild und duftend zeigte. Vor einiger Zeit mein 21. Eintrag, eine schön alternde Magnum; voll entwickeltes Bukett; »süß«, sehr reich, doch nach wie vor tanninbetont. Wird er ein zweiter 1928er? Ich bezweifle es. *Zuletzt im September 1993 degustiert. In Bestzustand* ★★★

Ch. Margaux Galt einmal als einer der besten 1952er, doch das trifft heute nicht mehr zu. Ein Dutzend Einträge. In den ersten 20 Jahren seines Lebens in der Entwicklung verzögert und streng. Eine meiner besten Bewertungen ist gleichzeitig die untypischste für diesen Wein: in Dänemark abgefüllt, von einem englischen Händler erworben, der die Flasche an einen Importeur in New York weiterverkaufte. Von dort gelangte sie nach Tokio, wo ich 1989 das Vergnügen hatte, sie mit einem guten japanischen Kunden im Hotel Imperial zu trinken. Kürzlich bei drei gänzlich unterschiedlichen Gelegenheiten »käsig« notiert. Last not least: »süß«, kernig, guter Geschmack, aber adstringierend. *Zuletzt bei Manfred Wagners Vertikalverkostung degustiert, November 2000* ★★

Ch. Mouton-Rothschild Sechs Einträge, aber keiner mehr in den 1990ern. Nichtsdestotrotz bekomme ich beim Blick auf meine Notizen den Eindruck, dass die lebhafte Farbe, der Duft und der Geschmack die harten Tannine mehr als wettmachen. Es lohnt sich, nach ihm Ausschau zu halten. *Zuletzt im April 1986 degustiert* ★★★★

Ch. Haut-Brion Mit Sicherheit einer der 1952er, die sich am besten halten. Sieben Einträge aus den 1960ern und 1970ern, wobei die früheren gut ausfielen; später trotz eines typisch erdigen Graves-Charakters Anzeichen des Zerfalls. 1987 ein schwer einzuordnender Eintrag, doch gut in Form bei einer kürzlichen Verkostung von Haut-Brion- und La-Mission-Kreszenzen. Tiefer als der 1953er; markantes, leicht schokoladiges, erdiges Bukett, das sich gut entfaltete. Erwartungsgemäß härter als der 1953er, mit zitrusartiger Frucht; guter Geschmack, doch sehr tanninbeladen. Schier endloser Abgang. *Letzte Verkostung bei einer Degustation, die ich für das Londoner Weinhandelshaus La Réserve durchführte, Juni 2000* ★★★★

Ch. Ausone Viele Einträge, sowohl über Schlossabzüge als auch in Belgien abgefüllte Exemplare und britische Flaschen (von Averys und Harvey's). Im Wesentlichen sehr gut, obwohl seltsam mit seiner überreifen Farbe und der eigenartigen Nase. Ziemlich uneinheitlich. Ich hätte ihn in den frühen 1960ern auf seinem Höhepunkt eingestuft, wäre mir auf de Cocks Pariser Verkostung 1995 nicht eine sehr gute Abfüllung von Vandermeulen untergekommen (von dem ich bereits zuvor schon einige verkostet hatte): nicht tief, aber reiche Farbe; hübsche sanfte Frucht, »angesengt«, gute Tiefe, vollendetes Gewicht, sein Gerbstoff und seine Säure konservieren ihn und erfrischen. *Zuletzt im Dezember 1995 verkostet. In Bestform* ★★★

Ch. Cheval Blanc Definitiv einer der besten 1952er, fast von Anfang an bis zum Ende – wobei hinzugefügt werden muss, dass sein Ende noch nicht einmal annähernd abzusehen ist. Weit über ein Dutzend Einträge. Der erste vom Juli 1954 etwas zurückhaltend, doch begann sich meine Einschätzung zu verbessern, als ich 1960 eine sehr ansehnliche, sehr trinkbare Abfüllung aus Schottland degustierte (vom Whisky-Hersteller Gloag in Perth, besser bekannt für seinen Scotch »Famous Grouse«). Um 1970 notierte ich: liebliche, seidige Textur, perfekt ausgewogen. Zwei ebenfalls gute Bewertungen 1987 und 1990. Kürzlich: sehr tief, reifer Rand; sehr guter, klassischer Cheval-Blanc-Duft und -Geschmack, sehr »süß«, guter Körper, hübsches Gewicht (12,6 % Alkohol) und tanninstarke Textur. Relativ geringer Ertrag von 31 hl/ha. *Zuletzt auf Wolfs Vertikalverkostung degustiert, September 1997. In Bestzustand* ★★★★

Ch. Pétrus Sechs Einträge, einer davon über eine schlechte Flasche. Charakteristisch farbtief; fein gewoben, kombiniert Kraft und Fleisch; die »Süße« und der hohe Alkoholgehalt verschleiern die anhaltend kräftigen Gerbstoffe. *Letzte Verkostung im April 2000* ★★★★★

Weitere in den 1990ern verkostete 1952er

Ch. Canon-La-Gaffelière Schmackhaft, »süß« und lebendig, aber über den Höhepunkt hinaus und mit hervordrängender Säure. *Auf dem Château bei einem Essen mit Stephan Graf von Neipperg verkostet, der mehr aus dem 1952er gemacht hätte. April 1998* ★★

Ch. Cantemerle Ein weit überdurchschnittlicher Médoc aus einer guten Ära. Drei Einträge, der jüngste entstand in Mme Binauds Keller: gute Farbe; sehr schönes Bukett; ein verblüffend lebendiger Wein, dessen Frucht und Tannine gleichauf sind. *Zuletzt im April 1996 degustiert* ★★★★

Ch. L'Evangile In Bordeaux von Eschenauer abgefüllt. Voll ausgereift, doch bemerkenswert erhalten, mit guter alter Frucht und weichen Tanninen. *Während einer großen Degustation für die Zeitschrift* Vinum *in Zürich verkostet, April 1998* ★★★

Ch. La Fleur Unverwobene Nase, zeigte Alterserscheinungen, erholte sich jedoch ein wenig. Austrocknend. Enttäuschend. *August 1998*

Layton

Ich kam nicht mit einem silbernen Tastevin im Mund zur Welt, sondern habe meine Laufbahn im Weingeschäft 1952 ganz unten begonnen. Zunächst arbeitete ich ein Jahr lang als Auszubildender bei Tommy Layton in der Londoner Duke Street, wo ich Keller fegte, Bestellungen entgegennahm und Wein mit dem Lieferwagen zu noblen Häusern in Mayfair fuhr. Diese Arbeit war alles andere als gut bezahlt. In meinem ersten Jahr habe ich gerade zweimal Trinkgeld bekommen: Eines belief sich auf sechs Pence und stammte von einer Lady aus Aberdeen, das zweite von einem jüdischen Herrn. War ich vielleicht sogar von Anfang an ein Glückspilz? Auf jeden Fall habe ich viel gelernt und jede Menge nützlicher Kontakte in der Branche geknüpft.

Ch. La Mission Haut-Brion Ja, auf die Woltners kann man sich verlassen. Ein weiterer erfolgreicher Jahrgang, obwohl nicht alle Flaschen in Bestzustand waren. Auf Karl-Heinz Wolfs Verkostung, wo sich der 1952er in guter Form präsentierte, gab ich ihm 1990 fünf Sterne. Überraschend von der Familie Schÿler bei einem Essen auf ihrem Château Kirwan serviert: sehr »süß«, reich, erdig; ein Hauch von Jod im Nachgeschmack. »Langlebig und angenehm zu trinken« (ich erriet sogar den Jahrgang!). Kürzlich eine ähnlich gute Flasche, würzig, doch nicht so aggressiv maskulin wie sonst. Kernige, sehr gute Frucht. Köstlich. Ein »breitschultrigerer Wein« als der Ch. Haut-Brion. *Zuletzt auf der seltsamerweise im Irish Club am Eaton Square durchgeführten La-Réserve-Verkostung degustiert, Juni 2000. In Hochform* ★★★★★

WEITERE 1952ER, DIE SICH IN DEN 1980ERN IN GUTER VERFASSUNG ZEIGTEN **Ch. L'Angélus** Eine beinahe perfekte dänische Abfüllung aus Schloss Aalholm. *Juli 1989* ★★★★★; **Ch. Beychevelle** Aus einer Spitzenphase. *Mai 1986* ★★★★; **Dom. de Chevalier** Ein guter 1952er, dem jedoch der übliche Chevalier-Charme fehlt. *März 1982* ★★★; **Ch. Figeac** Für einen Figeac trocken, doch schmackhaft, überaus fest gewoben. *Dezember 1989* ★★★; **Ch. Langoa-Barton** Eine Abfüllung von Barton & Guestier. Maskulin. *November 1989* ★★★; **Ch. Léoville-Las-Cases** In den 1960ern und 1970ern in nicht sonderlich gutem Zustand – zumindest in meinen Augen. Außerdem einige nicht verlässliche Abfüllungen. Die bei weitem beste war eine dänische Abfüllung von Schloss Aalholm: zedrig, weich, fleischig. *In Bestzustand* ★★★★; **Ch. Léoville-Poyferré** Ein Wein aus keiner guten Phase, zum Teil weil er von jungen, bei einer umfassenden Neubepflanzung der Rebflächen gesetzten Stöcken stammte. Mitte der 1970er noch am besten. Später ohne Frucht und Charme. *Oktober 1985* ★; **Ch. Montrose** Ich habe Montrose in den 1950ern sehr bewundert. Klassische, fruchtige, tanninreiche Weine, die eine lange Flaschenalterung benötigen. Ein guter Wein, allerdings mit Tannin, das die Zähne belegt. *Oktober 1986* ★★★ *Hält sich.*

1953 ★★★★★

Einer meiner absoluten Lieblingsjahrgänge. Er vereint Duft, Finesse und Charme und verkörpert die Quintessenz eines roten Bordeaux – das Gegenstück zu den Kraftmeiern aus jüngerer Zeit. Wie so oft in Bordeaux mit seinem maritimen Klima und der wechselhaften Witterung keine uneingeschränkt ideale Wachstumsperiode. Der heiße, sonnige Sommer und die günstig verlaufende Reifephase wurden Mitte September jäh von schwerem Regen unterbrochen. Die darauf folgende späte Lese erbrachte jedoch Weine, die schon im Fass leicht und lieblich waren: als Säuglinge hübsch, in der Pubertät ohne Probleme, als Teenager wohlerzogen, in ihrer Blüte elegant, lebendig und charmant, ein Midlife ohne Crisis, mit Würde alternd. Sofern man sie nicht schlecht behandelte.

Ch. Lafite Ein schöner Wein – Lafite in seiner bezauberndsten Ausprägung. Kein Vorwärtsstürmer, kein Angeber, sondern ein Jahrgang mit exquisitem Charme und Finesse. Glücklicherweise durfte ich diese Kreszenz schon rund drei Dutzend Mal in allen möglichen Flaschengrößen von halben Flaschen bis Jeroboams, an den unterschiedlichsten Orten und bei vielerlei Gelegenheiten verkosten. Angeblich wurde er über einen Zeitraum von neun Monaten hinweg abgefüllt, so dass gewisse Schwankungen zu erwarten gewesen wären. Ich kann nur sagen, dass ich nie eine schlechte Flasche getrunken habe (getrunken wohlgemerkt, nicht verkostet: ein Gewächs wie dieses spuckt man nicht aus). Unlängst hatte ich trotz seiner Reife und Delikatesse den Eindruck, als würde er wie der 1875er die Zeiten überdauern. Ein Wein wie dieser lässt sich nicht in Worte fassen – sie können ihm nicht gerecht werden. Wenn Sie je in der glücklichen Lage sind, ihn ins Glas zu bekommen, lassen Sie ihn für sich sprechen. *Mein jüngster Eintrag bezieht sich auf eine vollendete Magnum, verkostet auf Walter Eigensatz' Degustation von Großformaten in Wiesbaden, Mai 1993* ★★★★★ *Mittlerweile ist er über den Höhepunkt hinaus und man muss wohl mit einer gewissen Gebrechlichkeit rechnen, sofern man nicht eine perfekte Flasche aus einem idealen Keller erwischt.*

Ch. Latour Es herrscht Übereinstimmung darüber, dass dies kein großer Wein ist; der 1952er hatte mehr Charakter, der 1955er war ausgewogener. Bei der Durchsicht meiner fast 20 Einträge indes stelle ich fest, dass er trotz seines flüchtigen Abgangs meist vier Sterne bekommen hat. Einige exotische olfaktorische Beschreibungen in den 1980ern, unter anderem »Austern, Ozon und Muscheln« – die Nase eines guten Pauillac; schließlich sind die sandigen Strände nur eine Autostunde entfernt – »auffallend eukalyptusartiger Cabernet-Duft« und, um eine Bemerkung des unvergessenen André Simon über einen reifen Latour zu zitieren, »mit dem majestätischen Habitus der Königseiche«. Vor einiger Zeit eine sehr tiefe, recht intensive Magnum verkostet, gut, aber nicht groß (September 1996), im Monat darauf eine fürchterlich oxidierte Flasche bei einem »BYOB«-Essen in New York. Es war töricht, diese Flasche mitzubringen. Unlängst ein sofort entgegenkommendes Bukett, reif, ja, sogar gealtert, ziegelartig, leicht medizinal (wieder ein Pauillac-Duft); »süßer«, reifer Auftakt, eine Spur von Verfall, aber immer noch ein reicher und tanninbeladener Wein. *Das letzte Exemplar begleitete ein geschmortes Rib-Eye-Steak in Pomerol-Sauce bei einem Weindinner von Crédit Suisse im Shangri-La-Hotel in Hongkong, Oktober 1999. In Bestform* ★★★★

Ch. Margaux Welch ein Wein! Einer der schönsten Margaux-Jahrgänge, der neben dem großen 1959er und 1961er den Unsinn widerlegt, dass guter Wein auf Margaux erst nach der Übernahme durch Mentzelopoulos 1977 bereitet worden sei. Ich erinnere mich daran, dass Harry Waugh, Weineinkäufer bei Harvey's, 1954 schrieb: »Lieblich, tief, ein durch und durch ausgezeichneter Wein, zu gut, um ausgespuckt zu werden.« Ein großer Degustator mit präzisem Urteilsvermögen. Ich verkostete den Jahrgang 1961 zum ersten Mal und empfand ihn bei einer Reihe weiterer Gelegenheiten verschlossen und unfertig. Ende der 1960er öffnete er sich und Anfang der 1970er verwendete ich einander sehr ähnliche Beschreibungen: reich, rauchig, lieblich, seidig, weich, samtig, großartig usw. In den 1980ern ein gehaltvoller Charmeur in perfektem Gleichgewicht und von großer Länge. Sechs meiner über 20 Einträge in den 1990ern: ein (in Florida) verkostetes Exemplar war eine »gebrechliche, verblühende alte Dame«, was neuere Notizen aber nicht bestätigten. Bei den beiden Vertikalverkostungen von Manfred Wagner die erste Flasche pure Vollendung, eine großartige Kreszenz die zweite, leider oxidiert. Zu den allerfeinsten Exemplaren zählte eine von mir bei einer Auktion von Christie's 1994 erworbene Flasche, die ich bei meinem für den Bordeaux Club ausgerichteten Essen im Februar 1998 reichte (um 16 Uhr geöffnet, um 18 Uhr dekantiert und um 20.20 Uhr eingegossen). Der Wein hatte ein schönes, zedriges Bukett und verströmte nach einer Stunde im Glas einen teeartigen Duft. »Süß«, köstlich, nach wie vor mit festem Kern, zugänglich, trockener Abgang. Auf Josh Latners Essen im Januar 2000 ansprechend, aber leicht verwelkend; zwei Tage darauf beim jährlichen Dinner des III Form Club im Boodle's Club überraschenderweise ein schönes Exemplar. *Zuletzt im November 2000 verkostet (Wagners schlechte Flasche). In Topzustand* ★★★★★

Ch. Mouton-Rothschild In seinem zehnten Jahr erstmals verkostet, von da an ein überaus köstlicher Wein. Nahezu 20 Einträge stehen bei mir zu Buche, nicht ein einziges Mal habe ich ihn tiefer als sensationell eingestuft – 1972 ließ ich mich sogar dazu hinreißen, ihm wegen höchster Vollendung sechs Sterne zu geben. Ich beschrieb damals sein Aussehen als »tief und kernig und gleichmäßig«, was aber nicht allzu ernst gemeint war, denn mehr als mitteltief fiel er nie aus. Doch wie bei jedem Mouton gefällt sein glitzernder, funkelnder Duft und Geschmack, seine Würze, sein Schwung. Nie erlebt man mit ihm einen Augenblick der Langeweile – genau so, wie es einst bei Baron Philippe selbst der Fall war und wie es auch seine Tochter Philippine heute in Reinkultur vorexerziert. Mein jüngster Eintrag bezieht sich auf eine perfekte, zwar etwas verhaltene, doch köstliche Flasche, verkostet auf de Cocks *Dîner du samedi* in Paris, und ein herrliches Exemplar, das das unnachahmliche Aroma Schwarzer Johannisbeeren und duftende, vielschichtige Geschmacksnuancen entfaltete. Faszinierende Länge. *Zuletzt im November auf der Josey-Vorverkaufsdegustation bei Christie's in New York verkostet* *****

Ch. Haut-Brion Dies war einer der ersten Weine, die ich je aus dem Fass verkosten konnte, als ich im Juli 1955 zum ersten Mal nach Bordeaux reiste. Ich hatte zwar bereits drei Jahre im Weinhandel hinter mir, doch noch nicht allzu viel Erfahrung in der Degustation sehr junger Gewächse. Und wie viele andere musste ich feststellen, dass es auch nichts weiter war als das: eine Erfahrung. Die schwarzviolette Flüssigkeit zog einem den Mund zusammen und färbte die Zähne (dürfte allerdings der Verdauung förderlich gewesen sein). Auf jeden Fall war ich nicht sonderlich beeindruckt. Elf Jahre später hielt ich fest: liebliches Bukett, relativ erdig im Geschmack, seidige Tannine, Frucht und »weinig«. 1996 öffnete und verkostete ich amüsanterweise eine Flasche in der Küche von Prinz Rupert Löwensteins Haus in Ham in der Grafschaft Surrey. Vollreif, »rotbackig«; eine außergewöhnliche Duftwolke, leicht rosinig; trocken, tanninbeladen, aber gut. Im Jahr darauf leider eine ungenießbare Flasche bei meinem eigenen Essen für den Bordeaux Club. Schließlich ein köstliches Exemplar auf der La-Réserve-Degustation: liebliche Farbe, leuchtend, hübsche Tönung; ein schönes Bukett, das von einem firnisartigen Anflug geringfügig beeinträchtigt wurde; köstlicher, angesengter, intensiver, erdiger Geschmack. *Zuletzt im Juni 2000 verkostet. In Topzustand* *****

Ch. Ausone Nur fünf Einträge, keiner davon aus jüngerer Zeit. In seiner Jugend (1956) sehr ansprechend. Ein guter 1953er. Eine besonders gute Bewertung Mitte der 1950er, als er voll entwickelt schien. Auf Flatts Degustation extrem trocken. *Zuletzt im Oktober 1987 verkostet. In Bestform* ****

Ch. Cheval Blanc Wie vorauszusehen, im Grunde ein Charmeur, obwohl weder alle Flaschen im Château abgefüllt wurden noch ausnahmslos in gutem Zustand waren. Exakt zwei Dutzend Einträge, die 1956 mit Proben für den Handel begannen und die ganze Entwicklung von schmackhafter, aber »grüner« Jugendlichkeit bis hin zur Vollreife in der ersten Hälfte der 1970er dokumentieren. Darunter vier qualitativ unterschiedliche Abfüllungen von Harvey's, die beste ein 1987 verkostetes Exemplar von zartester Perfektion. Aus jüngerer Zeit: 1995 bei Barry Phillips Silberjubiläumsessen eine sehr »süße«, weiche, elegante Flasche aus seinem berühmten Keller in Chilgrove – die Art von rotem Bordeaux, den ich am liebsten ohne Essen trinken würde, obwohl er sich als idealer Begleiter eines Filets vom Aberdeen-Rind erwies. Eine hervorragende Flasche auf Wolfs Vertikaldegustation 1997: keinesfalls sonderlich farbtief, ein zartes, weiches Ziegelrot mit Rubinspuren; die Art von Duft, die mit Macht aus dem Glas drängt. Mokka, ein Hauch Lindenblüten; ein überaus köstlicher Wein mit vollendet verwobenen Komponenten. Im Stil leicht und nur 12 % Alkohol. Vor kurzem zwei Flaschen aus einem Privatkeller in Kalifornien, eine oxidiert, die andere, eine von Vandermeulen abgefüllte Version, war in Ordnung, doch fehlte ihr der typische Charme eines 1953ers. *Letzmals im März 1999 verkostet. In Bestform* *****

Ch. Pétrus Das Gut gehörte 1953 gemeinsam Jean-Pierre Moueix und der formidablen Mme Loubat, die in ihrem Kompagnon einen ebenbürtigen Mitstreiter gefunden hatte. Ich zitiere einmal mehr Harry Waugh beim Verkosten einer Probe aus dem Fass: »In jeder Hinsicht fein, geschmeidig, mit viel Rasse. Eine Schönheit.« In der Tat: Unter den 18 Einträgen, die seit 1956 entstanden, findet sich nicht eine einzige schlechte Bewertung. Der Pétrus war ein Frühstarter, angenehm zu trinken, zur Vollendung aber schwang er sich meines Erachtens in den 1970ern auf. Das gilt auch für eine ziemlich gute, aber nicht große Abfüllung von Harvey's, die ich 1976 verkostete (zum Preis siehe Ch. Calon-Ségur weiter unten). Mitte der 1980er hatte der normale Schlossabzug Reife erlangt und ein recht tiefes Erscheinungsbild, zeigte jedoch einen leichten orangen Alterston, wobei Nase und Geschmack voll entwickelt waren. In dieser Zeit machte ich in der Nase Vanille, Fenchel, Zedernholz und Gewürz aus. Er war nicht so »süß«, wie ich erwartet hatte, sondern voll und fleischig. Wenn er auch einem Spitzen-Médoc ähnelte, so war er doch ein relativ ungehobeltes Gewächs, dem es an Finesse fehlte. 1990 ein lebendiger Duft, fest, doch begann er einen Hauch Säure im Nachgeschmack zu offenbaren. Vor einiger Zeit eine vollendete Magnum auf der Eigensatz-Degustation in Wiesbaden. *Zuletzt im Mai 1993 verkostet. In Topzustand* *****

Weitere, vor nicht allzu langer Zeit (in den 1990ern) verkostete 1953er

Ch. Beychevelle Vom Start weg einer meiner Lieblings-1953er. 1954 eine Fassprobe: ein leichter, fruchtiger Charmeur. Ich denke aber, er befand sich in den frühen 1970ern in seinem Zenit, denn es fehlte ihm die Kraft für ein langes Leben. Nichtsdestotrotz präsentierte er sich bei der letzten Verkostung »warm«, zedrig und noch immer angenehm zu trinken. *Zuletzt im Mai 1993 auf einer Vorverkaufsdegustation verkostet. In Bestform* **** *Austrinken.*

Ch. Calon-Ségur Damals ein bei den britischen Händlern und ihren Kunden sehr beliebtes Château, das sehr guten Wein bereitete. Harvey's hatte 1956 32 eigene Abfüllungen »zum Einlagern«. Der Verkaufspreis eines Calon-Ségur betrug 11 Shilling (rund 80 Cent) die Flasche (der ebenfalls von Harvey's abgefüllte Ch. Pétrus war natürlich teurer: 16 Shilling – gut 1 Euro!). Da es sich um unseren Hauptwarenbestand handelte, liegen mir ab Februar 1955 viele Verkostungsnotizen vor. Der Calon war groß und fruchtig und schon in den frühen 1960ern gut trinkbar. Dann folgt eine Lücke von 20 Jahren: eine überragende, im Château abgefüllte Magnum, für einen 1953er sehr farbtief; herrliche alte Zedernholznase; mittlerweile (1983) weich, samtig, komplett, rund und ausgewogen. *Zuletzt im Januar 1997 bei einem Essen mit Camilla und Alistair Sampson verkostet. In Bestform* *****

Carruades de Ch. Lafite Eine schlechte Kopie des *grand vin*. Für zu Hause eingekauft. Unterschiedliche Qualität. In Bestzustand ein weicher, leichter, zugänglicher Charmeur. *Zuletzt im März 2001 verkostet. In Bestform* ***, *in dieser aber nicht oft anzutreffen.*

Ch. Cos d'Estournel Ein weiterer seinerzeit recht beliebter Wein und ein Frühstarter. Viele Einträge, die jüngsten mit hervorragender Bewertung: »Überraschend tief für einen 1953er; herrliches, duftendes Bukett. Roter Bordeaux in seiner allerbesten Ausprägung, Geschmack, Gewicht und Ausgewogenheit großartig.« *Zuletzt im Februar 1999 beim Essen mit einem alten Freund aus dem Weinhandel, David Rutherford, verkostet. In Bestform* *****

Ch. Figeac Ein ausgezeichneter Wein. Anfang der 1960er »süß«, fett, angenehm und gut entwickelt. In Hochform ging es weiter durch die 1970er. 1986 hatte er meines Erachtens die Reichhaltigkeit und Reife eines 1959ers und die Festigkeit eines 1961ers erlangt. Vor einiger Zeit bei einem Essen des Bordeaux Club: sehr originelles Bukett, »leicht karamellig, Tee und Tabak« – Hugh Johnson beschrieb es als »Balsam und Honig«. Ein weicher, zugänglicher, erdiger Wein mit trockenem Abgang. Jenseits seiner besten Tage, aber köstlich. *Zuletzt im März 1995 verkostet. In Bestform* *****

Ch. Grand-Puy-Lacoste Eines meiner bevorzugten Châteaux in Bordeaux. Es gehörte damals einem Junggesellen, Raymond Dupin, der durchweg ausgezeichnete und stets verlässliche Weine bereitete. Das war lange bevor ich ein paar Kisten von jedem Jahrgang zu kaufen begann; ich verkostete den 1953er, als er bereits 20 Jahre hinter sich hatte. Neun sehr gute Einträge. Seinen absoluten Zenit hatte er in den frühen 1980ern. Unlängst eine Impériale: reiche, reife Farbe; zunächst eine pilzige Note, entfaltete sich dann aber herrlich. Am Gaumen Reife und die »Süße« des Alters. Wohlriechend. Gute Länge und Nachgeschmack. Ein köstlicher Wein, obwohl er allmählich fadenscheinig zu werden beginnt. *Zuletzt im September 1996 auf Rodenstocks Weinwochenende verkostet. In Bestform* *****

Ch. Gruaud-Larose Ein weiterer duftender und fruchtiger 1953er. Meine beste Bewertung bekam er 1985, als ich ihn auf seinem Höhepunkt wähnte: hübsche, leuchtende Farbe; fabelhaft reifes Bukett mit Anklängen an heiße Ziegel, Zedernholz; Gewicht, Geschmack und Ausgewogenheit perfekt. Vor kurzem eine sinnliche Impériale. *Zuletzt im September 1993 zusammen mit 31 anderen Gruaud-Jahrgängen verkostet* *****

Ch. Lynch-Bages Ein äußerst beliebter Wein. Zur Veranschaulichung: Harry Waugh schrieb 1954: »Köstlicher, wunderschön voller Geschmack. Ein Wein, auf den man setzen kann. Möchte mindestens 40 Hogsheads für 30 Pfund Sterling kaufen.« 30 Pfund für ein Fass mit dem Inhalt von 25 Dutzend Flaschen, das entspricht etwas über einem Pfund pro Dutzend ab Keller. Goldene Zeiten also für die britischen Weinhändler und ihre Kunden, nicht aber für die Château-Besitzer. Als ich diesen Wein im März 1956 erstmals degustierte, kostete er 10 Shilling (umgerechnet etwa 70 Cent) pro Flasche. Sicherlich einer der attraktivsten und trinkbarsten 1953er. Anfangs fehlte ihm das übliche Tanninrückgrat. 1972, als mein vorletzter Eintrag entstand, war er voll ausgereift. Zuletzt ein hübscher Wein mit weichem Erscheinungsbild und einem Bukett, das seinen Wohlgeruch sofort verströmte. Ideal in Gewicht, »Süße« und Ausgewogenheit. Die Vollendung. *Letztmals im Mai 1994 bei David Carter verkostet, der den Wein gekauft hatte, als er Ende der 1950er noch auf der Universität studierte. Wie weise. Und wie geduldig* *****

Ch. La Mission Haut-Brion Ein vorhersehbar guter Wein. Was den Preis anbelangt, so beschrieb ihn Harry Waugh 1954 als »schön, ausgezeichnet, aber mit 112 Pfund Sterling pro Hogshead zu teuer« (das Fass von Calvet). Ich verkostete ihn im Juli des darauf folgenden Jahres aus dem Fass und stimmte mit seiner Einschätzung völlig überein, konnte mich jedoch nicht zu einer Bemerkung über den Preis durchringen. In den späten 1950ern und in den 1960ern, 1970ern und 1980ern zahlreiche Einträge, keine Flasche weniger als gut, doch mit sehr eigenartigen Geschmacksnoten, darunter angesengt, verbrannt, gipsig, getrockneter Farn, Tabak und ein leicht aggressives maskulines Wesen. Kein leichtgewichtiger 1953er, aber reichlich Duft und etwas Eleganz. In jüngerer Zeit einige Normalflaschen und eine Magnum: noch immer beeindruckend, auf der La-Réserve-Verkostung in Charakter und Stil völlig anders als der Haut-Brion. *Zuletzt im Juni 2000 verkostet. In Bestform* ***** *und wird auf der Höhe bleiben.*

Ch. Mouton d'Armailhacq Ein weiterer Charmeur: ausnehmend guter Wein, 1960 »fruchtig und ausgewogen«, dann aber 30 Jahre lang nicht mehr verkostet, »hübsche alte Zedernnase«, fest, aber delikat. Beginnt auszutrocknen. *Zuletzt im November 1992 verkostet. In Bestform* ****

Ch. Pichon-Lalande Ein schöner 1953er. Elegant. Stilvoll. Neun Einträge, zwei Marie-Jeannes (1978 und 1986), bei beiden Gelegenheiten die seidige Textur und den herrlichen Duft notiert. Eine Reihe von Réserve-Nicolas-Flaschen noch im selben Jahr, eine hübsch, die andere litt unter einem schlechten Korken. Vor einiger Zeit trotz des reifen Randes ein überraschend tiefes und intensives Exemplar mit erstaunlichem Geschmack, würzig, aber adstringierend. Als Nächstes auf einer von Weinart organisierten Pichon-Lalande-Verkostung mit Essen eine Magnum, nicht so tief, voll entwickelt, mit sanftem, wohlriechendem, ausgewogenem, zedrigem Bukett und angenehmem Geschmack. Eher leicht, austrocknend, mit schwächlichem Abgang. *Zuletzt im November 1994 verkostet. In Bestform* **** *Verblasst jetzt. Austrinken.*

Ch. Siran Neu verkorkt. Gut entwickelt, sehr »süß«, weich. *Auf einer Vorverkaufsverkostung im Oktober 1993 degustiert* ***

Ch. Talbot Ich war von diesem Gewächs in seiner Jugend nicht sonderlich angetan und selbst nach zehn Jahren in der Flasche hielt ich es für etwas rau und uncharmant. Gerade das aber macht ja die Faszination eines guten Bordeaux aus und beweist, warum er eingekellert werden sollte und Zeit zum Reifen braucht. Stutzig wurde ich, als ich 1975 eine ausgesprochen attraktive Abfüllung von Avery verkostete. In der ersten Hälfte der 1980er, als ich den Wein auf dem Höhepunkt angekommen sah, zwei ausgezeichnete Bewertungen, aber auch zwei Einträge jüngeren Datums: 1995 eine delikate, wohlriechende, erfrischende und ausgesprochen charmante Doppelmagnum, im Jahr darauf eine fast perfekte Impériale – sie bekam sehr gute Noten. Dann eine angemessen gute, reiche, reife Magnum aus dem Château, köstlich, aber allmählich austrocknend. *Zuletzt im April 2000 bei einem Essen der Cordier-Töchter, Mme Bignon und Mme Rustmann, verkostet. In Bestform* ****

Ch. Trottevieille Eine Entdeckung. Fast irreal tiefes Erscheinungsbild; verhaltene, aber ausgewogene Nase; auch überraschend voll und reich, kräftig, aber mit einer gewissen grobschlächtigen, für einen 1953er untypischen Maskulinität. *Der neunte Wein der elf Premiers grands crus classés aus St-Emilion, die im Juni 1995 beim Dîner Millésimes de Collection auf dem Château verkostet wurden* ***?

Die besten der in den 1980ern verkosteten 1953er

Ch. Certan-de-May Ein schöner Wein, viele Einträge. Vor einiger Zeit eine wohlriechende Abfüllung von Harvey's. *Zuletzt im Juni 1987 verkostet* **** *Austrinken*; **Ch. La Conseillante** Immer verlässlich. *September 1983* ***; **Ch. Ducru-Beaucaillou** Es erscheint mir heute ganz außergewöhnlich, dass ein roter Deuxième cru classé von einer Privatperson, nämlich einem Arzt in Cheshire, *en barrique* gekauft und abgefüllt werden konnte. Vermutlich aber wurde er ebenso gut wie im Château selbst auf Flaschen gezogen; ein guter Wein, aber kein großer Ducru. *Zuletzt im Februar 1989 verkostet* ***; **Ch. Giscours** *Zuletzt im März 1981 verkostet*

★★★★; **Ch. Langoa-Barton** Zwischen 1956 und 1983 mehrere Abfüllungen von Harvey's verkostet. Die Flaschen mit den besten Füllhöhen gut, aber mittlerweile verblassend. *Zuletzt im Dezember 1983 degustiert. In Bestform* ★★★; **Ch. Léoville-Barton** Interessanterweise hat man ganz wenig Wein im Château auf Flaschen gezogen. Zum Glück waren die Abfüllungen von Harvey's und den Berry Bros. sehr gut. Ein wunderschöner Wein, Mitte der 1970er in seinem Zenit. *Zuletzt im Juli 1988 verkostet* ★★★★, *aber jetzt austrinken*; **Ch. Léoville-Las-Cases** Eine Köstlichkeit. *Zuletzt im Juli 1988 verkostet* ★★★★★; **Ch. Palmer** Eine unvergessliche Verkostung aus dem Fass bei meinem ersten Besuch in Bordeaux im Juli 1955. Wohlriechend. Die Schlossabzüge und Abfüllungen von Harvey's Mitte der 1970er auf dem Höhepunkt. *Zuletzt im September 1986 verkostet* ★★★; **Ch. Rausan-Ségla** Verschiedene englische und schottische Abfüllungen, die besten von David Sandeman. Sehr reichhaltig. *Zuletzt im Oktober 1988 verkostet. In Bestform* ★★★, *aber austrinken*; **Ch. Rauzan-Gassies** Bevor das Château seine Talfahrt begann, entstand ein recht guter 1953er. *Auf einer Vorverkaufsdegustation im September 1989 verkostet* ★★; **Ch. Prieuré-Lichine** Alexis Lichine und sein 1953er in allerbester Hochform. *Oktober 1988* ★★★★; **Vieux Ch. Certan** Ausgewogen, seidig, nach wie vor perfekt. *April 1984* ★★★★★

1954

Einer der schlimmsten Sommer seit Beginn der Aufzeichnungen. Der britische Weinhandel hatte sich mit dem 1952er und 1953er in Ausgaben gestürzt. Gleichzeitig erwartete man den 1955er. Nicht einmal zwei Dutzend Einträge, davon nur wenige aus der letzten Zeit. Der Vollständigkeit halber:

Ch. Latour Versuchte seinem Ruf gerecht zu werden, auch in einem schlechten Jahr einen anständigen Wein zuwege zu bringen. Selbst nach zehnmaliger Verkostung bin ich davon noch nicht überzeugt. Stämmig, grobschlächtig, stumpf. *Zuletzt im März 1989 verkostet* ★

Ch. Margaux Professor Sternby neigt dazu, einen mit eigenartigen Weinen auf die Probe zu stellen. Seltsamerweise hatte diese Flasche (1996) ein Streifbandetikett von 1954, doch der Korken war mit der Jahreszahl 1952 gekennzeichnet. Mach's nicht noch einmal, Nils! Wurde auf Wagners Vertikalverkostung angemessen nüchtern beurteilt. Zwar blass und mit orangefarbener Tönung, in Nase und Geschmack aber gar nicht einmal so schlecht. Ledrige Tannine und kurz. *Januar 1997* ★

Ch. Mouton-Rothschild Im Fass dünn. Flaschen von sehr unterschiedlicher Qualität. Wohlschmeckend, aber kurz. *Zuletzt im März 1989 verkostet. In Bestform* ★

Weitere 1954er **Ch. Ausone** Recht gut. *Oktober 1987* ★★; **Dom. de Chevalier** Um 1970 in relativ guter Verfassung. Seither Flaschen von unterschiedlicher Qualität. *Zuletzt im März 1990 verkostet. In Bestform* ★★; **Ch. La Mission Haut-Brion** Etwas Charme, wohlschmeckend, leicht bitterer Abgang. *Zuletzt im Februar 1985 verkostet* ★★

1955 ★★★★

Ein sehr guter, etwas unterschätzter, doch nützlicher Jahrgang, der heute vernachlässigt wird, was er aber nicht verdient hat. Insgesamt günstiges Wetter. Ein warmer, sonniger Sommer, willkommene Regengüsse im September und eine Lese unter guten Bedingungen bei passablen Erträgen. Mir scheint, ich habe zum 1955er mehr Einträge als zu jedem anderen Jahrgang der Fünfzigerjahre – sie gehen buchstäblich in die Hunderte. Seit 1989 allerdings sind nicht einmal mehr 40 Bewertungen entstanden.

Ch. Lafite Ein köstlicher, fast perfekter Lafite-Jahrgang. Viele Einträge. Anfang der 1960er trügerisch weit fortgeschritten, entwickelte sich aber – wie so oft – in Duft und Geschmacksnuancen weiter. Wenn man die Geduld, die Gelegenheit und die Zeit hat, ein faszinierender Wein; allerdings sollte kein Hauch Adstringenz seinen anhaltenden Geschmack und Nachgeschmack verderben. In gewisser Weise verkörpert er alle Vorzüge, die moderne Verkoster und Weinautoren geringschätzen: Delikatesse, Charme, Subtilität, Länge und ein Gewicht – beziehungsweise das mangelnde Gewicht –, das diese Art von Wein zum perfekten Getränk oder »Essensbegleiter« macht. Eine wunderschöne Frau, die ihren Charme nur langsam offenbart und Geduld sowie Verständnis braucht. *Zuletzt im August 2000 verkostet* ★★★★★ *Sollte nach wie vor köstlich sein.*

Ch. Latour Ein sehr guter Wein, kompletter und ausgewogener als der 1952er und 1953er. In Stil und Gewicht dem Lafite entgegengesetzt. Von Anfang an ein tief purpurroter, tanninbetonter, fruchtbepackter Wein. Alles andere als frühreif, braucht vielmehr Zeit, um in der Flasche zu reifen; Bukett und Geschmack entwickelten sich in den 1960ern und 1970ern beständig weiter. Erst mit 40 Jahren fand er zu sich selbst. Danach noch einige weitere Einträge, leichte Unterschiede zwischen den Flaschen, was wie immer auf die Herkunft und den Zustand zurückzuführen ist; fünf Bewertungen seit Mitte der 1990er, eines der besten Exemplare habe ich am Silvesterabend 1997 mit meiner Familie geöffnet. Es beruhigt immer, wenn man einen langen Originalkorken aus dem Hals zieht. Tadellos zu trinken, mit schönem altem Geschmack und verhaltenen Tanninen. Eine weitere wundervolle Flasche auf John Jenkins' Essen für den Bordeaux Club. Nach wie vor sehr tief, überraschend intensiv und jugendlich im Erscheinungsbild; ein voll entwickeltes Bukett, klassisch, Zedernholz, wohlriechend und etwas alternd, aber am Gaumen tadellos. Eine passable, aber etwas säurebetonte Flasche auf einer Vorverkaufsverkostung in Los Angeles (1999) und eine beeindruckende, aber nicht makellose Magnum mit bratensaftartiger Nase und pfefferigem Abgang bei Len Evans' Dinner im australischen Hunter Valley. Schließlich ein Exemplar mit tiefer, gesunder Farbe; vollendet in Nase, Geschmack, Gleichgewicht und Länge. Komplett. Makellos. *Zuletzt im Februar 2001 während eines Essens bei Jeffrey Benson verkostet* ★★★★★ *Wird noch lange, lange auf der Höhe bleiben.*

Ch. Margaux Ein schöner Wein mit charakteristischem Duft und Charme. Zeigte sich in beständig guter Verfassung, zwischen den beiden bei Wagners Vertikalverkostungen von 1997 und 2000 degustierten Flaschen lag nur ein halber Punkt. Ausgewogen, wohlriechend; »süß«, perfekt im Gleichgewicht, köstlich im Geschmack (keine besonders originelle Beschreibung, das gebe ich zu, aber das war nun einmal mein Eindruck). Das vielleicht ungewöhnlichste Ereignis war die Verkostung von fünf halben Flaschen, von denen zwei für Evans' Essen des Single-Bottle Club im September 2000 ausgewählt wurden. Bukett und Geschmack weich und sanft, etwas verblassend und eine Spur zu trocken. *Zuletzt im November 2000 verkostet. In Bestform* ★★★★★

Ch. Mouton-Rothschild Ein spektakulärer Wein, der in den 1980ern wohl in opulenter Höchstform war. Er kam erst langsam in Fahrt und noch 1961 notierte ich »beladen«, braucht Zeit und ist mit 36 Shilling die Flasche (umgerechnet 2,50 Euro) sehr teuer. Mit den 16 in den 1960ern und 1970ern entstandenen Einträgen zeichnete ich seine Entwicklung und insbesondere den Aufbau des intensiven, charakteristischen Cassis-Dufts nach. Vor einiger Zeit eine farbreiche, voll ausgereifte Magnum mit guter, lebendiger Frucht, Lebhaftigkeit und trockenem Abgang. *Zuletzt im Dezember 1995 bei Peter Zieglers herausragender Verkostung im Schlosshotel Erbach in Deutschland degustiert (nicht zu verwechseln mit Erbach im Rheingau)* *****

Ch. Haut-Brion Ein breites Spektrum an Einträgen ab 1961, aus denen eine relativ rasche Enwicklung hervorgeht. Schon mit zehn Jahren als »sehr reif« beschrieben. Ausgesprochen gute Bewertungen in den 1970ern, mit einer besonders schönen, »zugänglichen, eleganten« Flasche aus Dillons Keller im Jahr 1979. 1983 ein spröder Touch. Vor einiger Zeit auf Zieglers Verkostung eine reichhaltig duftende Magnum mit deutlichem tabakartigem Duft, trocken und etwas unbeugsam. Der Geschmack beschwörte Erinnerungen an Glutreste in einem erlöschenden Feuer herauf. Als Nächstes eine erfrischende, aber leicht raue Flasche, die anfangs ein hübsches Bukett mit Anklängen an angesengtes Farnkraut erkennen ließ. Vor kurzem leider eine schlechte Flasche in Balham im Süden Londons. *Zuletzt im Februar 2001 verkostet. In Bestform* ****

Ch. Ausone Nicht verkostet.

Ch. Cheval Blanc In Hogsheads an britische Weinhändler geliefert, einige ausgezeichnete Berry-Bros.-Abfüllungen, die sich 30-jährig schön trinken ließen: reich, weich, erdig, komplett abgerundet – keine harten Kanten, ein Hauch des für Cheval Blanc typischen Eisens (aus dem Boden) im Abgang, aber genau die richtige Dosis. Die Schlossabzüge etwas uneinheitlich, 1978 notierte ich mir: Eine tiefe, ziegelrote Doppelmagnum, mittlere »Süße«, weich, hübsch, außerdem ein Exemplar mit braunem Rand und »ruhiger« Zedernholz-Karamellnase, wobei sowohl die Farbe als auch der Karamellton auf einen leichten Verfall hindeuteten, ferner seltsame Beschreibungen wie »samtig und rostige Nägel« oder »zu weich, zu rund, zu verfault«! Letztere Flasche muss zu warm gelagert worden sein. Wie zum Beweis dafür, dass sie ein Ausreißer gewesen war, eine fabelhafte 40-jährige Version auf Zieglers Degustation, der ich 19 von 20 Punkten gab. Im Jahr darauf eine gute, aber nicht makellose Magnum auf Wolfs Vertikalverkostung: fleischiger, dichter, aber erfrischend. *Zuletzt im September 1997 verkostet. In Bestform* *****

Ch. Pétrus Fünfmal verkostet, als Erstes 1967 eine tanninbeladene Magnum; in den 1970ern »riesig«, »samtig«, »mit wildlederartiger Textur«. 1983 »fantastisch, doch kein Médoc« – womit meine für die Degustatoren der alten Schule typische Voreingenommenheit bestätigt wurde! Eine gute, kraftvolle Flasche bei John Jenkins' Essen für den Bordeaux Club 1993. Später ein nicht ganz so farbtiefes Exemplar, reifer, entwickelter – doch trotz seiner Reichhaltigkeit noch immer tanninstark. *Zuletzt im Dezember 1993 bei Zieglers denkwürdiger Samstagsverkostung degustiert* ****

Weitere bedeutende 1955er, die ich zuletzt in den 1990ern verkostete

Ch. Batailley Köstlich, Ziegel, Zedernholz, abgefüllt von G. F. Grant (weiß der Himmel, wo wir die aufgetrieben haben; sie muss von einem Lastwagen gefallen sein). *Auf einem Essen von Christie's im Juli 1995 verkostet* ***

Ch. Beychevelle Mit dieser Art von Jahrgang kam Beychevelle gut zurecht. Mehrere Einträge, schon mit nur vier Jahren ein eher leichter, gefälliger Trinkgenuss; 1986 schön entwickelt. Vor einiger Zeit ein reiches »Milchschokolade«-Bukett, süffig. Dürfte mittlerweile ermüden. *Zuletzt im Mai 1993 verkostet. In Bestform* ****

Ch. Calon-Ségur Ein guter 1955er. Erstmals 1959 verkostet. Voll, fruchtig und für einen St-Estèphe nicht zu tanninlastig. In den 1960ern und 1970ern gut trinkbar, in den 1980ern aber brach sich die Säure Bahn. In jüngerer Zeit nur einmal verkostet: merklich alternd. *Zuletzt im März 1999 verkostet. In Bestform* *** *Mittlerweile aber riskant.*

Carruades de Ch. Lafite Eine überraschend raue, tanninbetonte Impériale. *Oktober 1992* *

Ch. Ducru-Beaucaillou Erstmals im März 1956 eine Fassprobe bei Harvey's verkostet. Sehr angenehm. Man hatte mehrere Barriques nach Bristol gesandt, bei deren Abfüllung ich zugegen war – ein Kellerarbeiter saß am Hahn und reichte die gefüllte Flasche seinem Kollegen weiter, der sie verkorkte. Das geschah am 18. Dezember 1957. (In einer Notiz heißt es, dass das Château seinen 1955er im April 1958 abfüllte.) Trotzdem überraschend geringe Unterschiede zwischen den Flaschen; Notizen wie »seidig«, »weich« und »fein« ziehen sich durch die zehn in den 1970ern entstandenen Einträge. Dann eine Lücke von fast 20 Jahren: eine neu verkorkte Magnum aus dem Château, die Xavier Borie für das Essen nach der Großformatverkostung von Eigensatz spendierte. Satt reife Farbe; ausgewogenes Bukett, Zedernholz, »warme Ziegel«; »süß«, Geschmack, Gewicht und Ausgewogenheit perfekt, obwohl der Nachgeschmack auf etwas Müdigkeit schließen ließ. *Zuletzt im Juli 1995 verkostet. In Bestform* ****

Ch. La Fleur Wohlriechend, »warm«; perfekt im Gleichgewicht, lebendig, gut durchhaltend. *Auf Rodenstocks großer Vertikaldegustation von La-Fleur-Weinen im August 1998 in München verkostet* ****

Die Familie Sichel

Es haben sich mittlerweile zwei Zweige der Familie Sichel etabliert. Auf der franko-britischen Seite sind Allan Sichel von Sichel & Co in Bordeaux und sein Sohn Peter aktiv. Peter und ich waren enge Freunde und Altersgenossen. Er begleitete Daphne und mich bei unserem ersten Besuch in Bordeaux im Jahr 1955. Die Sichels erwarben 1938 einen Anteil an Ch. Palmer und halten noch immer eine Minderheitsbeteiligung an dem Gut. 1961 kaufte Peter Ch. d'Angludet. Seine Söhne (alle fünf) führen die Güter nun mit geschickter Hand als Familienunternehmen. Das Besondere an Peter: Er war die aufrichtigste, unaufdringlich einflussreichste und am meisten geachtete Persönlichkeit im Bordelaiser Handel. Leider verstarb er 1998; wir vermissen ihn sehr. Der andere Zweig der Familie ist durch seine Liebfrauenmilch »Blue Nun« bekannt geworden. Er wird geführt vom urbanen, allgegenwärtigen Peter M. F. Sichel (ein Hobbyradfahrer wie ich), der in New York lebt.

Ch. Gruaud-Larose Ein schöner Wein, vollendete Exemplare in den 1960ern und 1970ern, darunter auch gute Abfüllungen von Harvey's und Dolamore (einem Familienunternehmen, das in Bedeutungslosigkeit versank, nachdem es von der Baker Street weggezogen war). 1981 die Farbe verlierend, aber duftend und wunderschön ausgereift, 1986 verblassend und zuletzt 1998 eine schrecklich umgeschlagene Doppelmagnum. Im September 1993 wiederum eine überreife Jeroboam, die sich köstlich trinken ließ. *Letztmals im September 1998 verkostet. In Bestform* **** *Jetzt allerdings riskant.*

Ch. Lagrange (St-Julien) Unterschiedliche Qualität. In den 1970ern auf seinem Höhepunkt. Eine unlängst verkostete Flasche hatte keinen schlechten Geschmack, war aber überreif. *Zuletzt im Oktober 1996 verkostet. In Bestform* ** *Meiden.*

Ch. La Lagune Stets ein Eigenbrötler mit ganz eigenem Duft und ebensolcher »Süße«. Mokka, eher leicht, erfrischend. *Gestiftet von Peter Sichel bei einem Essen zu unserem 50-jährigen Jubiläum auf Ch. Palmer im Juni 1985* *** *Hält mit Mühe durch.*

Ch. Lanessan Besser für sein Kutschenmuseum bekannt. Dänische Abfüllung: gerade gut genug. *Auf einer Vorverkaufsdegustation im November 1996 in Amsterdam degustiert. Meiden.*

Ch. La Mission Haut-Brion Kein sanfter, unkomplizierter 1955er. Trotz seiner Reichhaltigkeit und Weinigkeit 1966 aggressiv tanninstark. In den frühen 1970ern verdarb ein bitterer Einschlag den Abgang. Ende des Jahrzehnts hatte sein Bukett sich zur Vollendung entwickelt und war trotz einer gewissen Bissigkeit sehr schön. Mitte der 1980er voll entfaltet, weicher, »süß« und reif. Vor kurzem mit erstaunlich würzigem Bukett, Eukalyptus, Himbeeren – fast wie ein 1945er Mouton. Ein begeisternder Wein, lebhafte Frucht, aber leicht spitziger Abgang. *Zuletzt auf der La-Réserve-Verkostung im Juni 2000 degustiert. In Bestform* ***** *Dürfte nach wie vor sehr gut sein.*

Ch. Mouton d'Armailhacq Auf dem Etikett »Baron Philippe«. 1963 eine angenehme Château-Abfüllung und 1968 eine recht unerwartete Abfüllung der Britsh Transport Hotels (BTH führte damals eine Reihe von Spitzenhotels in England und Schottland und verfügte über einen ausgezeichneten Keller). Mitte der 1980er und einige Jahre später aromatisch und überreif. *Zuletzt im Januar 1993 verkostet. In Bestform* ** *Kann man sich schenken.*

Ch. Palmer 1961 »für einen roten Bordeaux sehr delikat«, bald darauf und auch in den 1970ern einige weniger schmeichelnde Notizen, unter anderem »scharf«, »ein Hauch von flüchtiger Säure«, »recht stumpf«. Eine bessere Beurteilung Mitte der 1980er: »Elegant, aber nicht groß.« Vor einiger Zeit eine »leichte, unbeschwerte, charmante Dame mittleren Alters, der der Schlüpfer hervorguckt«. *Zuletzt im Januar 1995 verkostet, eine weitere von Peter Sichel bei einem Essen auf dem Château zur Verfügung gestellte Flasche. In Bestform* *** *Mittlerweile umgekippt.*

Ch. Pavie Seltsam? Nur ein Eintrag. Ich bleibe bei sexistischen Vergleichen: Das Bukett erinnerte mich an teure, unmoderne Kleider im Schrank einer Witwe. Trocken, schlank, eigenartiger Geschmack, aber ein unbeschwerter Trinkgenuss. *Im September 1998 eine Doppelmagnum verkostet* ***?

Ch. Pichon-Lalande 400 im Château abgefüllte Kisten kamen im April 1958 in den Docks von Bristol an. Ich verkostete den Wein fünf Monate später. »Sehr fest, ausgezeichneter Geschmack, teuer« (er wurde auf Harvey's Liste als »Wein zum Lagern« geführt und kostete 19 Shilling die Flasche, umgerechnet also 1,30 Euro, womit er nicht einmal halb so teuer war wie der 1947er Latour auf der »Trinkliste«). Einige uneinheitliche Notizen, bis ich 1993 eine Marie-Jeanne verkostete, gut entwickelt, schön im Gleichgewicht. Natürlich voll ausgereift: »Weich, reich, jetzt vollendet.« *Zuletzt im Juni 1998 bei einem Essen auf Ch. d'Yquem verkostet. In Bestform* **** *Bei guter Kellerhaltung auf jeden Fall noch gut.*

Ch. Siran Hübsches Gewicht, »süß«, weich, ansprechend. *Im Oktober 1993 auf einer Vorverkaufsverkostung degustiert* ***

Ch. Talbot Zwischen 1959 und 1978 acht beständig lobende Einträge, alle Flaschen entweder von Harvey's oder im Schloss abgefüllt: gute Qualität, ausgewogen, rund. Farblich, doch nicht geschmacklich abbauend. Dann ein Sprung von 20 Jahren. Eine von Nicolas in Paris abgefüllte Version, mittlerweile mit etwas schwachem Erscheinungsbild, aber einem Bukett, das sehnlichst darauf wartet, freigesetzt zu werden und all seinen Charme verströmen zu können. Ausgewogen, weich, »süß«. Hielt im Glas gut aus. *Zuletzt im Februar 1998 auf einer von mir geleiteten Verkostung von »Bordeaux-Spitzenweinen« während der Internationalen Nahrungsmittel- und Weinmesse in Palm Beach degustiert. In Bestform* *****

1956

Entsetzlich. Auf einer Stufe mit dem 1951er. Mager, dünn, allerdings auch einige annähernd trinkbare Weine. Meist aber kommt das Trinken einer Strafe gleich. Meiden.

Ch. Lafite Der Vollständigkeit halber von Lloyd Flatt in die Lafite-Vertikalverkostung von 1988 aufgenommen. Natürlich chaptalisiert, leicht, angenehm – aber kurz. Unlängst ein 1992 neu verkorktes Exemplar (wenngleich auf dem Korken selbst »1991« stand). Keine Spur von Rot mehr; Nase überraschend reich und lebendig – aber gealtert. *Zuletzt auf einer Vorverkaufsdegustation im März 1996 verkostet.*

Ch. Latour Ein halbes Dutzend Einträge. Latour bemühte sich nach Kräften, seinem Ruf, selbst in schlechten Jahren passable Weine hervorzubringen, gerecht zu werden. 1970 überraschend farbtief und recht gut, jedoch kurz. Ende der 1970er ein schmackhafter, aber spitziger Cabernet-Charakter; in den 1980ern »rau«, »wohlschmeckend«, »verhalten«, »säurebetont«. Vor einiger Zeit eine überraschende Jeroboam. *Zuletzt im Oktober 1992 verkostet.*

Ch. La Mission Haut-Brion Widersprüchliche Einträge: leicht, trocken, schlank und kurz – auf Desais Vertikalverkostung 1985 eigentlich untypisch für einen La Mission. Vor einiger Zeit eine bei Christie's versteigerte Flasche aus den Woltner-Kellern: überraschend trocken, reich und zum Kauen, aber mit seltsamer Schweißnote in der Nase. *Zuletzt im Juni 1990 verkostet. In Bestform* **

1957 *

Der britische Handel tat gar nicht gut daran, diesen Jahrgang zu kaufen, obwohl er damals in recht hohem Ansehen stand. Wie immer war das Wetter in erster Linie für die vorwiegend schlechte Qualität verantwortlich: Hitze im März, die vorzeitig geöffneten Knospen wurden von Aprilfrösten geschädigt, schlechte Blütephase, »der kälteste August seit Beginn der Aufzeichnungen«, Lese unreifer Trauben während einer Hitzewelle Anfang Oktober. Aggressive, adstringierende Weine, wenngleich auch einige besonders in ihrer Jugend wohlschmeckende, trinkbare Exemplare.

Ch. Lafite Eine attraktive Probe von Cruse im Oktober 1958, ich merkte jedoch in den 1970ern die pikante Säure an. Trotz der ausgeprägten, aber noch annehmbaren Säure, auf die ich oft mit dem Hinweis »erfrischend« anspiele, genoss ich die (fünf) in den 1980ern verkosteten Flaschen, obwohl auch die Begriffe »mager«, »am Zerfallen« und »vanillig und firn« auftauchen. Ich erinnere mich an eine lustige Verkostung im Jahr 1984, als Eric de Rothschild den Wein mit Austern und Würsten servierte, was beim sonntäglichen Imbiss auf Lafite anscheinend üblich war. *Zuletzt im März 1990 verkostet* *

Ch. Latour Einer der Latour-Jahrgänge, die ich am wenigsten mag. So adstringierend wie der 1937er. Beeindruckende, aber irreführende Farbe. Zwei schlechte Flaschen in den späten 1980ern. *Seit März 1989 nicht mehr verkostet.*

Ch. Margaux Im Fass mit merklichem Bitterton (August 1958). In den 1970ern »verkorkst«, »spitzig«, »uninteressant«; 1981 »rau und unausgewogen«. Ich prognostizierte, dass er sich wie der 1937er entwickeln würde. Vor kurzem: saure Nase; schmackhaft, doch mager und sehr säurebetont. *Zuletzt bei Wagners Vertikalverkostung im November 2000 degustiert. Meiden.*

Ch. Mouton-Rothschild 1961 ein schön fruchtiger Cabernet-Geschmack, mit 32 Shilling pro Flasche (etwa 2,20 Euro) jedoch nicht billig; in den 1970ern verhüllte seine Reichhaltigkeit die Säure. Wohlriechend, schmackhaft, charmant, mit der rauen Säure eines 1957ers. *Zuletzt im März 1989 verkostet* ★

Ch. Haut-Brion Was man von einem 1957er eben erwarten kann. Meinen Notizen zufolge ein »47-Tonneaux-Ertrag«. Damals wurde noch nicht groß selektiert. Im Oktober 1958 aus dem Fass verkostet: wohlschmeckend und ausgewogen, allerdings mit »Biss«. Unterschiedliche Bewertungen in den 1970ern und 1980ern, »ledrig«, »erdig«, »lose verwoben« – auch »hübsch« und »seidig«. 1985 ein paar Mal »rau« und »würzig«. Vor kurzem auf der La-Réserve-Verkostung eine hübsche Farbe mit dem orangefarbenen Rand, den ich mit Reife und hohem Tanningehalt verbinde, doch in der Nase überraschend ansprechend: ein Hauch Vanille, ausgewogen, erfrischend – aber nach einer Stunde im Glas ging es mit ihm bergab und er begann unangenehm zu riechen. Nichtsdestotrotz ein recht guter Geschmack, trotz der Tannine und der hohen Säure. *Zuletzt im Juni 2000 verkostet* ★

Ch. Ausone Zu meiner Überraschung sehr wenig Einträge. Als Erstes 1958 eine fast burgunderartige, weiche, schokoladige Fassprobe. In den 1960ern und 1970ern zwischen streng und relativ attraktiv schwankend, dabei aber immer mit merklicher Endsäure. Eine zurückhaltende Bewertung 1987 auf Flatts Ausone-Verkostung. Kürzlich: vollreif, schwacher Rand; süße »alte Eiche« (ein Waldaroma); »süßer« Auftakt, rauer Abgang. *Zuletzt auf einer Vorverkaufsdegustation in New York verkostet. Wenn er Ihnen noch einmal unterkommt, bieten Sie nicht mit.*

Ch. Beychevelle Zwei sehr gute, doch ziemlich säurebetonte Abfüllungen von Army & Navy Stores. Vor einiger Zeit eine Flasche aus dem Château: Nase wie heiße Schokolade (englische Cadbury-Schokolade, sage ich mal); altes Holz, attraktiv, aber natürlich mit der für 1957 typischen Säure. *Zuletzt im Mai 1993 verkostet* ★★

Ch. Cheval Blanc Die Rebstöcke waren durch strenge Fröste bis –4°C im Februar 1956 fast vollständig erfroren. Einige erholten sich wieder, aber Quantität und Qualität waren stark beeinträchtigt. Keine Verkostung der Jahrgänge 1956 und 1957 von Cheval Blanc.

Ch. Cissac Seit ich den von einem gewissen Dr. Snell in Cheshire abgefüllten 1953er verkostete, habe ich immer ein Faible für Cissac und seinen Besitzer, Monsieur Vialard, gehabt. Der 1957er war der älteste von 20 Jahrgängen auf einer Vorverkaufs-Werbeverkostung. Leider konnte er nicht verhehlen, dass er alt und sauer geworden war. *April 1996.*

Dom. de Chevalier Der älteste der Jahrgänge mit der Endziffer 7 (sieht man einmal von Warres wundervollem 1927er Jahrgangs-Port ab; siehe Seite 548): kräftige »Kirchenfenster«, dick; der Geruch und fast auch das Gewicht eines Stoßes Ziegelsteine. »Süß«. Interessant. *Im September 1998 auf der Domaine verkostet* ★

Clos Fourtet Eine Jeroboam, schlank, aber geschmeidig, tanninbetont. *Oktober 1992* ★★

Ch. Lynch-Bages Mein Lieblings-1957er. Seine flüchtige Säure betont das Bukett und den Geschmack noch. Im Fass typisches Aroma von Schwarzen Johannisbeeren in Nase und Geschmack. In den 1960ern und 1970ern gut bewertete Flaschen, darunter auch eine sehr gute Abfüllung von Harvey's und eine sehr schlechte der British Transport Hotels (ich erinnere mich daran, dass ich empfahl, den Posten zu vernichten). Das beste Exemplar war eine in Bordeaux abgefüllte Flasche: 1972 ausgezeichnetes Aroma, trocken, stämmig und sehr wohlschmeckend, 1985 eine ähnliche Flasche. Vor einiger Zeit eine weitere Bordelaiser Abfüllung aus David Carters tadellosem Keller, jetzt ausgetrocknet (der Wein, nicht der Keller!). *Zuletzt im Mai 1994 verkostet. In Bestform* ★★★

Ch. La Mission Haut-Brion Der beste 1957er überhaupt, was dem Können der Woltners und der Tatsache, dass der Wein aus ihren Kellern stammt, zu verdanken ist. Ich muss hier einfach den Eintrag von der Desai-Vertikalverkostung 1985 wiedergeben: »Fast so undurchsichtig wie ein 1961er; attraktives Bukett – ruhige See, heiße Kiesel, Sack [Sackleinen wohlgemerkt; es wundert mich, dass ich nicht 'und Asche' hinzufügte] und Jod. Ebensolcher Geschmack.« Einige Zeit später reiche Frucht, pfefferig, Tannine. *Zuletzt im Juni 1990 auf Wolfs Vertikalverkostung degustiert* ★★★★ *Es lohnt sich, nach diesem Wein Ausschau zu halten.*

Ch. Pétrus Orangefarbener Rand; »käsig«, spirituosenartig; »süß« und mild, mit gerade noch annehmbarer Säure. *Auf einer Vorverkaufsverkostung im Oktober 1996 in New York degustiert* ★

Ch. Pichon-Baron Fünf Einträge, angefangen 1957 mit einer Fassprobe. 1983 schien er mir »überraschend ansprechend« und in seinem Zenit; erfrischende, aber nicht übermäßige Säure. Unlängst eine Magnum mit tiefem, mahagonibraunem Rand, in Nase und Geschmack »süß«, reif, erdig. Noch annehmbare Säure, obwohl der Abgang ins Adstringierende abglitt. *Zuletzt im September 1998 beim Essen im Château verkostet. In Bestform* ★★★

WEITERE PASSABLE 1957ER, DIE ICH ZULETZT IN DEN 1980ERN VERKOSTET HABE **Ch. Beychevelle** Elegant, wohlschmeckend. *1987* ★★★; **Ch. Gruaud-Larose** Eine fruchtige, aber säurebetonte Magnum. *1983* ★★; **Ch. Léoville-Las-Cases** Rau, aber wohlschmeckend. *1985* ★★

1958 ★★

Ein zugänglicher, spät gelesener, unkomplizierter Jahrgang, der vom ausgezeichneten, teuren 1959er völlig ausgestochen wurde. Britische Kenner von rotem Bordeaux priesen seine unterschätzten Qualitäten und den günstigen Preis. Der Handel indes hatte stark auf den 1957er gesetzt und hielt sich nun zurück, um den 1959er zu kaufen. Obwohl man anfangs prognostiziert hatte, dass der 1958er ein schnell reifender Wein sein würde, der binnen zehn Jahren seinen Höhepunkt erreicht, überdauerten die besten Vertreter wesentlich länger. Doch auch sie verblassen mittlerweile oder sind bereits verblüht.

Ch. Lafite In seiner (und meiner) Jugend gefiel mir dieser Wein nicht, aber 1975 beschrieb ich ihn immerhin als »zart, feminin, reif und attraktiv«. Auf der Flatt-Verkostung in den 1980ern eine gute Normalflasche und eine spektakuläre Impériale. Seither nur noch einmal degustiert: mittelblasses, vollreifes Erscheinungsbild, Nase und Geschmack ansprechend. Er gefiel mir. *Zuletzt im März 1996 auf einer Vorverkaufsverkostung zusammen mit sieben weiteren am Abgrund stehenden Jahrgängen aus einem Rothschild-Keller degustiert* ★★

Ch. Haut-Brion Zehn Einträge. Ein relativ dumpfer, uninteressanter 1958er. Erschien mir Mitte der 1970er auf seinem

Höhepunkt und war zu dieser Zeit durchaus beachtlich. Später ein rauer Ton. *Zuletzt im Oktober 1992 eine Jeroboam verkostet. In Bestform* ★★. *Auf dem absteigenden Ast.*

Ch. Cheval Blanc Späte Lese (6.–19. Oktober). Der erste gelungene Jahrgang nach dem großen Frost. Vorwiegend gute Bewertungen von den 1970ern bis Mitte der 1980er: weich, angenehm, keine harten Kanten, »duftende Zeder«. Bescheidene 11,6% Alkohol. Unlängst eine unbekannte englische Abfüllung, ziemlich farbtief; ein Hauch »Linoleum« in der Nase; »süßer«, voller, reicher als erwartet. *Zuletzt im September 1997 auf Wolfs Vertikaldegustation verkostet. In Bestform* ★★★. *Verblasst.*

Ch. Pétrus Mit diesem Jahrgang wäre das Gut wohl nicht zu seinem gegenwärtigen Ruhm gelangt. Zwar beeindruckend – aber nur bis zu einem gewissen Punkt. »Süß«, aber »kantig«. *Zuletzt im April 1990 verkostet* ★★ *Wird wohl kaum in besserer Verfassung zu finden sein.*

Ch. La Mission Haut-Brion Übereinstimmende Einträge. Mokka-artige Nase, relativ reich, aber kurz. Vor kurzem eine Flasche mit überraschend beeindruckender, relativ roter Farbe; »süß«, ausgewogen, aber deutlich chaptalisierte Nase; dichter, fruchtiger Geschmack. Ein sehr guter 1958er. *Zuletzt im April 1998 bei einem Essen in der Dom. de Chevalier verkostet* ★★

Ch. Beychevelle Eigenartig: ausgetrocknet. *Mai 1993.*

Ch. Giscours »Süße«, ausgewogene, voll entwickelte Nase; ein interessanter Wein mit seltsamem Aufwärtstrend im Geschmack. Austrocknend. *September 1995* ★★

Weitere, zuletzt in den 1980ern verkostete 1958er

Ch. Margaux Alles andere als ein *grand vin*. Nicht schlecht, jedoch austrocknend. *Zuletzt im Mai 1981 verkostet* ★; **Ch. Latour** In seiner Jugend schwerfällig; würzig, aber kurz. Etwas duftend, aber uninteressant. *Zuletzt im März 1989 verkostet* ★; **Ch. Mouton-Rothschild** Versuchte in den 1970ern nach Kräften interessant zu sein. Später hohl und kurz. *Zuletzt im März 1989 verkostet* ★, *bevor er sich ganz verabschiedete*; **Ch. Ausone** Reichhaltiger Duft, guter Geschmack, mittlerweile aber leicht und mager. *Zuletzt im Oktober 1987 verkostet. In Bestform* ★★★

1959 ★★★★★

Ein großartiger, beim britischen Weinhandel äußerst beliebter Jahrgang. Zwar stilisierten ihn die Gelehrten zum »Jahrhundertjahrgang« und die Bordelaiser zum *très grand vin* hoch, doch selbst wenn es ihm etwas an Säure mangelte, lagen die Optimisten gar nicht einmal so weit daneben. Andererseits meint der hoch angesehene Professor Peynaud: Wenn ein Wein sämtliche wichtigen Komponenten – Alkohol, Extrakt, Frucht und Tannin – in Hülle und Fülle besitzt, dann ist ein hoher Säuregehalt nicht nur nicht unerlässlich, sondern sogar entbehrlich. Der 1959er reifte unter sehr förderlichen Wachstumsbedingungen und insbesondere in einem schönen, warmen Sommer heran, auf den Mitte September Regen folgte, der die Trauben anschwellen ließ. Die Lese begann rund eine Woche später.

Ch. Lafite Einer der besten Lafite aller Zeiten, ganz anders als der delikat duftende 1953er und gut haltbar. Ich hatte keine Gelegenheit, ihn in seiner Jugend zu verkosten, ja, ich muss sogar überrascht feststellen, dass meine erste Bewertung erst im Mai 1975 bei einer Heublein-Vorverkaufsdegustation entstand, als der Wein bereits gut entwickelt war, allerdings auch noch viele Jahre vor sich hatte. Ich konnte das Handicap jedoch glücklicherweise aufholen, sodass sich mittlerweile knapp drei Dutzend Einträge angesammelt haben. Abgesehen von der einen oder anderen schlecht gelagerten Flasche hatte ich es stets mit einem bewunderungswürdigen Gewächs zu tun. Es war immer von beeindruckend tiefer Farbe, obwohl natürlich mittlerweile ein mahagonifarbener, reifer Rand zu erkennen ist. Eine der interessantesten und aufschlussreichsten Verkostungen organisierte 1994 Weinart in Aschau südöstlich von München. Verglichen wurden dabei (blind) die besten 1959er und 1961er. Obwohl sich der 1961er Lafite sehr wohlriechend präsentierte, stellte ich beim 1959er eine tiefere Maulbeerfarbe fest und eine reiche, ausgewogene Nase; überdies war er »süßer«, voller, kompletter. Auf meinem Bordeaux-Club-Essen 1996 konnte ich mit einer vollendeten Flasche aufwarten. Nachdem die Flasche 24 Stunden lang aufrecht gestellt worden war, zog ich um 17.45 Uhr den Korken, dekantierte den Wein eine Stunde später und goss ihn um 20.20 Uhr ein, damit er genügend Zeit hatte, sich im Glas zu entwickeln – was er dann auch tat. 1998 eine ausgezeichnete Magnum neben anderen grandiosen Weinen aus N. K. Yongs Keller bei einem Essen in seinem Haus in Singapur. Sie hatte von allem überreichlich – lediglich an Charme mangelte es ihr vielleicht etwas. Und was ist nun das Besondere am 1959er Lafite? Die außergewöhnliche Fähigkeit, nicht nur sogleich einen Zedernholzduft zu verströmen, sondern – eine Lafite-Spezialität – auch vielfältige Duftalleen und subtile Nebenstraßen zu beschreiten und dabei lange im Mund zu verweilen. Mit jedem Schluck entdeckt man eine weitere Duft- und Geschmacksfacette. Zudem lässt sich dieser Wein auch hervorragend trinken und genießen. *Zuletzt im Dezember 2000 verkostet* ★★★★★

Ch. Latour Ein herrlicher, übermächtiger Wein. Er ist scheinbar von nie nachlassender Kraft. 40 Einträge seit Juli 1963. Anfangs eine schwarzpurpurne Farbe, eine fruchtbepackte Nase, körperreich, sein Extrakt und die schiere Kraft scheinen seine intensiven Tannine zu absorbieren, teilweise zu verhüllen. Er hat, um André Simon wieder zu zitieren, den »majestätischen Habitus der Königseiche«! In den späten 1960ern durchlief er meines Erachtens eine dumpfe Periode, in der seine Sprödheit sehr deutlich spürbar war. In den 1970ern »mächtig«, »massiv«, »Samt in Flaschen«, in den 1980ern veränderten sich Farbe, Nase und Kraft kaum. Nach wie vor undurchsichtig, wohlriechend, doch pfefferig, mit herrlicher Frucht zwar, auf der Hallwag/Reichmuth-Verkostung 1994 aber noch immer hart und tanninbetont – Züge, die wenig später bei einer weiteren, im selben Jahr auf der Weinart-Blindverkostung degustierten Magnum noch deutlicher hervortraten. 1995 behauptete sich der 1959er Latour im Rahmen einer Latour-»Serie« bei einer Rodenstock-Verkostung problemlos gegen den 1945er und 1961. Mit Abstand die beste Provenienz bei einem Essen auf Latour »für die internationale Presse«; bei Hugh Johnsons Dinner für den Bordeaux Club trotz der Füllhöhe auf mittlerer Schulter ein »Mundfüller«. Eine ziemlich harte Flasche bei Len Evans im australischen Hunter Valley. Kürzlich ein Exemplar ohne Anzeichen von Schwäche, mit undurchsichtigem Erscheinungsbild, das auf das wunderschön entwickelte Bukett, den ausgezeichneten Geschmack und das vollkommene Gleichgewicht einstimmte – ein so perfekter Wein, dass er den Reifeprozess ein weiteres Vierteljahrhundert fortsetzen kann. *Zuletzt im Dezember 2000 bei einem Essen des Russischen Nationalorchesters in Hatchlands in der englischen Grafschaft Surrey verkostet* ★★★★(★★)!

Ch. Margaux Trotz seines tiefen Erscheinungsbildes schon bei der ersten Degustation in den frühen 1960ern reif und ansprechend. In den 1970ern wies ich auf den für einen Margaux typischen, unnachahmlichen Parfümduft und Charme hin, kein Mangel an Säure. Auch in den 1980ern, als er nicht mehr ganz so intensiv wirkte und mehr Reife erkennen ließ, bedachte ich noch fast alle Flaschen mit fünf Sternen. 1994 zusammen mit dem 1961er in Aschau verkostet, beide mit vollreifem Aussehen und einem Anflug von Orange am Rand. Bei dieser Gelgenheit kam mir der 1961er duftender und charmanter vor, obwohl ich glaube, dass sich der 1959er nicht in Bestform präsentierte; dasselbe gilt auch für ein Exemplar auf Wagners erster Margaux-Vertikalverkostung. Bei der zweiten allerdings zeigte sich eine 1986 neu verkorkte Flasche in herausragender Verfassung und bekam meine höchste Bewertung noch vor dem 1961er. Mittlerweile mitteltiefe Farbe; hübsches »warmes«, reiches, gutmütiges, komplettes, ausgewogenes Bukett: »süß«, voll, reich und rund. Zurückblickend aber stellte ich fest, dass von den 29 verkosteten Flaschen etwa ein halbes Dutzend enttäuschend bis verdorben gewesen waren, was überwiegend auf unzureichende Füllhöhen und schlechte Korken zurückzuführen war. *Zuletzt im Dezember 2001 verkostet. In Bestform hervorragend* *****

Ch. Mouton-Rothschild »Alle Herrlichkeit auf Erden«, schrieb ich 1991 und das gilt noch heute. Bei zwei Dutzend Gelegenheiten verkostet, das erste Mal im März 1963, nur eine einzige Flasche weniger als erstklassig. Anfangs tief, aber nicht so schwarz oder lebendig wie ein Latour, bewahrte seine Farbe jedoch unbeirrt bis in die 1990er hinein, dabei stets satt, mit einem Hauch von Rubinrot. Aber lassen wir die Farbe, das Bukett und der Geschmack machen diese Kreszenz zu einem der anregendsten, einem der größten Mouton-Jahrgänge. Auf Weinarts Blindverkostung von 1994 schlug er den 1961er um Haaresbreite und sicherte sich meine höchste Bewertung der gesamten Degustation, wobei ich vor allem auf seine Ausgewogenheit und die »Teekiste voller Gewürze« in der Nase sowie den fabelhaften Geschmack hinwies. Gewürze, Eukalyptus – wieder notiert – und eine frische Lebendigkeit, die das Bukett unterstützte: Auch auf Vorverkaufsverkostungen in New York 1996 und 1999 war er die feinste Provenienz. (Die Weinkenner unter den Christie's-Kunden bekommen vor jeder Versteigerung allerbeste Gewächse serviert.) Beim Hatchland-Dinner in Surrey lieferte er sich ein Gefecht mit dem 1959er Latour und begeisterte durch die sprühende Direktheit des Buketts sowie eine fabelhafte Geschmacksintensität. Eine Bravourleistung zur Unterstützung des Russischen Nationalorchesters. Vor kurzem eine vollendete Flasche auf einer weiteren großartigen Veranstaltung von Hardy Rodenstock. *Zuletzt im März 2001 verkostet* ***** *Wird noch lange auf der Höhe bleiben.*

Ch. Haut-Brion Es liegen Welten zwischen einem Haut-Brion, dem vielleicht ältesten Spitzen-Château in Bordeaux, und seinen Pendants im Médoc. Das Mesoklima ist anders, aber vor allem – oder sollte ich schreiben »unter allem«? – der Boden, der tiefgründige Graves-Kies. Erscheinungsbild, Nase und Geschmack der Weine sind grundverschieden, und doch hat ein Graves Eleganz und Finesse. Zunächst einmal und zu aller Anfang – den Anfang machte übrigens ein Eintrag im Oktober 1964, der erste von insgesamt drei Dutzend – unterscheidet er sich farblich sehr stark von den drei oben erwähnten 1959ern aus dem Médoc. Nicht so tief, sondern braun und mit einem etwas irreführenden reifen Rand. Sein Bukett bekundete die weiche Erdigkeit, die sich in den 1970ern beständig entwickelte, ein Duft nach warmen Ziegeln – oder vielmehr heißen provenzalischen Dachziegeln – mit tiefer Zedernholz- und Tabaknote, der sich stets im Glas entfaltet, wohlriechend, am Gaumen verweilend, während die anfängliche Sprödheit in Weichheit übergeht. Eine der besten Flaschen verkostete ich im Mai 1984: Die anfängliche »Tabakblätter«-Nase entwickelte einen delikaten Duft nach »altem Farnkraut« und mündete schließlich nach 50 Minuten in »süße«, reine Ausgewogenheit und Wohlgeruch. Am Gaumen voller Frucht, lose gewirkt, doch mit konzentriertem, fabelhaftem Geschmack und guter Länge. Ein Jahrzehnt danach eine mit dem 1961er konkurrierende, aber nicht ganz so tiefe Flasche mit reiferem Aussehen: leicht angesengt, schokoladig, aber wohlriechend; ein recht »süßer«, kraftvoller und sehr alkoholstarker Wein. Auf einer Verkostung 1995 nicht minder vollendet, mit wunderschönem, vollreifem, braunem Rand und einem Bukett, das aus dem Glas quoll. Beim Essen auf Ch. Langoa sehr »süß« – mit jenem typischen erdigen Geschmack nach Tabakblättern. Vor kurzem wäre er fast der beste Wein auf der Haut-Brion- und La-Mission-Verkostung von La Réserve gewesen: eine herrliche Farbabstufung; alternd, aber »süß« und weich, nach einer Stunde im Glas mit hübschem Duft nach Honigwabenrand. Ein positiver, »süßer« Auftakt und weich. Alle Komponenten arbeiteten harmonisch zusammen. *Zuletzt im Juni 2000 verkostet* *****

Ch. Ausone Nur fünf Einträge; bei der ersten Verkostung 1971 in guter Verfassung. Bei einer Doppelverkostung 1994 erinnerte der 1959er in der Nase etwas an einen Haut-Brion: Mokka, Gewürze, pfefferig, sich öffnend, »kalter Tee und Kaffee«; ein nicht minder seltsamer Geschmack, braunes Papier, Herbstlaub. Trocken und spröde, der 1961er war kompletter. Unlängst von mittlerer Tiefe; wieder Herbstlaub, aber sehr wohlriechend, entfaltete sich reichhaltig. Diesmal wirkte er außerordentlich »süß« und reich, stämmig, zum Kauen, noch immer tanninbetont. *Zuletzt im Juni 1997 auf dem Premier-grand-cru-Essen mit St-Emilion-Weinen degustiert. Ein sehr guter Ausone* ****

Ch. Cheval Blanc Schwierige Vinifizierung bei großer Hitze, doch entstand letztendlich ein schöner Wein, in den 1970ern »süß« und weich, obwohl er neben dem 1961er seltsamerweise trocken und etwas spröde wirkte. Es muss sich um eine nicht optimale Flasche gehandelt haben (1994), denn bei demselben Essen kam nach dem oben erwähnten 1959er Ausone ein köstliches, lebendiges Exemplar an die Reihe, mit geringfügig angesengtem Bukett und leicht rosiniger Frucht, erneut sehr »süß« am Gaumen, reich, grandios, Tannin und Säure perfekt. Eine sehr ähnliche Flasche auf Wolfs Vertikalverkostung. *Zuletzt im September 1997 verkostet. In Bestform* *****

Ch. Pétrus In seiner Jugend nicht verkostet, aber vorhersehbar »süß« und fleischig bei der ersten Degustation 1972. 1990 und 1993 in guter Verfassung, außerdem im Jahr darauf auf der sehr aufschlussreichen gemeinsamen Weinprobe von Wolf und Weinart degustiert, als er nicht ganz gegen die Herrlichkeit des 1961ers ankam, obwohl er sich als großer, reicher, voll ausgereifter Wein zeigte. *Zuletzt im November 1994 verkostet* ***** *Hat noch viel Zeit.*

WEITERE GUTE 1959ER **Ch. Beychevelle** Mehrere englische Abfüllungen, die besten aus den höchst verlässlichen Army-&-Navy-Kellern. Ein ausgewogener, voll entwickelter, samtiger »Mundfüller«. 1983 vermutlich in seinem Zenit. Ein Jahrzehnt später ein guter Schlossabzug. *Zuletzt im Mai 1992 verkostet. In Bestform* **** *Mittlerweile jedoch am Verblühen.*

Ch. Brane-Cantenac Reif, aber austrocknend. *Im April 1998 auf dem Château verkostet* **

Ch. Calon-Ségur Die große Zahl der englischen Abfüllungen verwirrt, doch fielen sie größtenteils gut aus. Vor einiger Zeit auf dem Galadiner nach der Weinart-Verkostung eine hervorragende, natürlich im Château abgefüllte Jeroboam: »süß«, körperreich, konzentriert wie ein 1961er und sehr tanninbetont. Sie passte nicht gut zum Steinbutt. *Zuletzt im November 1994 verkostet. In Bestform* ★★★★

Dom. de Chevalier 1983 gut in Form und vor einiger Zeit eine ganz ausgezeichnete Magnum, brombeerfarben, verhaltene, doch reiche und fruchtige Nase, entfaltete sich im Glas hervorragend. Körperreich, wohlriechend, sehr tanninbetont. Claude Ricard in meisterlicher Höchstform. *Zuletzt im November 1994 in Aschau verkostet* ★★★★

Ch. Cissac Zur Veranschaulichung, was ein relativ unbedeutendes Médoc-Gut in einem Jahrgang wie dem 1959er zu erreichen vermag. Mehrere Flaschen verkostet, darunter auch 1967 eine aus Dr. Snells Hausabfüllung. Seither noch drei Exemplare, alle makellos. »Süß«, voll, reich, tanninbetont. *Zuletzt im September 1995 beim Essen mit den Vialards im Château verkostet* ★★★★

Ch. La Conseillante Klar, mit kirschroten Spuren; schöner Geschmack; reiche seidige Pomerol-Textur. Erstklassig. *Im November 1994 bei einem Essen in Aschau verkostet* ★★★★

Ch. Cos d'Estournel In seinem Zenit ein ausgezeichneter 1959er. Gut gemacht, schön ausgewogen, sehr tanninbetont. Charme und Biss. Vor einiger Zeit eine Flasche mit herbstlicher Farbe, überreifem Bukett und gutem Geschmack, immer noch tanninstark. *Zuletzt im Januar 1990 verkostet* ★★★★★ *Hat seinen Höhepunkt aber hinter sich.*

Ch. Ducru-Beaucaillou Mehrere Einträge. Anfangs tief und tanninbetont, alle Flaschen gut – bis auf eine: »Hühnermist«, Guano-Nase (ein Problem mit dem Phenol, erzählte man mir), reich, aber verdorben. Vor einiger Zeit ein Exemplar, dessen ursprüngliche Farbe matter und reifer geworden war; würzige Frucht, etwas rustikal; trocken, mit kaltem, zurückhaltendem Geschmack und anhaltendem Tannin. *Zuletzt im November 1994 verkostet. In Bestform* ★★★

Ch. L'Eglise-Clinet Zwei Einträge aus jüngerer Zeit: nach wie vor mit undurchsichtigem Kern; sehr »süß«, voll, reich und fleischig (1995). Als Nächstes eine 1961 in Belgien abgefüllte Flasche, Nase und Geschmack sehr markant, öffnete sich allmählich, zum Schluss köstlich. Belgien schätzte traditionell die Weine aus Pomerol zu einer Zeit, als der britische Handel und seine Bordelaiser Stammhäuser diese Provenienzen als zu unbedeutend für den Markt im Vereinigten Königreich erachteten. Nur 6 ha Rebfläche, Durchschnittsproduktion 1200 Flaschen im Jahr. Viel zu unbedeutend, als dass man sich damit abgab! Heute ein Kultwein! *Zuletzt im Juli 1998 bei einer Vertikalverkostung von Rodenstock degustiert. In Bestform* ★★★★

Ch. Figeac Nur ein Eintrag, entstanden auf der bereits erwähnten Blindverkostung mit einander gegenübergestellten 1959ern und 1961ern. Beeindruckend tief, aber mit braun werdendem Rand; Bukett offen, grasig, »Tee und Mottenkugeln«, eigen; »süß«, mit einer Spur Eisen aus dem Boden und scharfem würzigem Abgang. Ein »Auf-und-Ab«-Wein. *November 1994* ★★★

Ch. Grand-Puy-Lacoste Ein großer, ernsthafter, tanninbetonter, langsam reifender Wein, in den 1960ern und 1970ern hart, in den 1980ern entwickelte er sich und erreichte Mitte der 1990er seinen Zenit. Großartige klassische Zedernnase, die sich »süß« öffnete. Am Gaumen gut ausgestattet, aber schlanker als erwartet und mit guter Frucht. Komplett. *Zuletzt im September 1995 verkostet* ★★★★ *Und dürfte nach wie vor gut sein.*

Ch. Gruaud-Larose Viele Einträge, viele Abfüllungen, alle gut, denn damals waren die erfahrensten britischen Händler am zuverlässigsten, wobei vor allem die Abfüllungen der Army-&-Navy-Stores erwähnenswert sind. Ich muss zugeben, dass ich auf der Weinart-Blindverkostung viel darauf verwettet hätte, dass es sich bei dem 1959er um einen 1961er handelte. Der 1959er war ausgesprochen trocken, streng und tanninbeladen, allerdings auch sehr reif in seinem Erscheinungsbild und mit »süßer«, würziger Nase. *Zuletzt im November 1994 verkostet* ★★★★ *Wird immer noch gut sein.*

Ch. Guillot Ein weiteres in England kaum bekanntes Pomerol-Gut, das von anderen nordeuropäischen Ländern bevorzugt wird. In diesem Fall eine dänische Abfüllung. Mahagonibraune Farbe; spröde. *Oktober 1995* ★★

Ch. d'Issan Bei der ersten Verkostung rau und unfertig. Entwickelte sich gut. Zuletzt eine Bordelaiser Abfüllung von Cruse degustiert. Die Familie Cruse ist nach wie vor im Besitz dieses wunderschönen, von einem Graben umgebenen, versteckten Margaux-Schlosses. Ein schöner, stämmiger, gut trinkbarer Wein. *Der älteste der drei d'Issan-Jahrgänge bei einem Dinner des Saintsbury Club im April 1994* ★★★

Ch. Langoa-Barton Ich hätte erwartet, dass der 1959er aus festerem Stoff gestrickt ist. Aber er verströmte einen wundervollen Duft. *Zuletzt im Juni 1992 verkostet* ★★★★

Ch. Latour-à-Pomerol Sehr tief. Wie so oft – sogar bei Spitzen-Pomerols – am Gaumen interessanter als in der Nase. Trifft auf jeden Fall auch auf ihn zu. Fülle und Geschmack klassisch. Komplett. *September 1998 zähneknirschend* ★★★★★, *aber nur für den Geschmack*

Ch. Léoville-Poyferré Ich war nicht allzu begeistert von den verschiedenen englischen Abfüllungen, die ich in den 1960ern verkostete. In den 1970er erschienen mir die Schlossabzüge wesentlich ausgewogener. Unlängst ein weicher, »süß« gewordener, kompletter und köstlicher Geschmack. Kurzum: Poyferré in Höchstform. *Zuletzt im Februar 1997 in New York verkostet* ★★★★

Ch. Lynch-Bages In seiner Jugend untypisch hart und uncharmant. Die Weine von zwei weiteren verlässlichen Abfüllern, den Berry Bros. und IECWS (der Wine Society), schmeckten um 1970 gut. Vor einiger Zeit reif, mit Orangeton; voll entwickeltes Bukett mit der charakteristischen hochgetönten, würzigen Cabernet-Nase eines Pauillac, die aus dem Glas drängte. »Der Mouton des armen Mannes«, merkte ich herablassend an. Ein schöner Wein, der sich hält. *Zuletzt im November 1994 verkostet* ★★★★

Ch. Malartic-Lagravière Ein Beispiel für eine weitere großartige Abfüllung, diesmal von Christopher (bevor der nach eigenem Bekunden älteste Weinhändler in London leider von der Bildfläche verschwand). Ein tiefer, anregender, köstlicher Graves. »Lebt jetzt gefährlich.« *Januar 1992* ★★★★

Ch. Malescot-St-Exupéry 1992 eine Impériale: voll, fruchtig. Kürzlich eine reiche Flasche mit Rubinton und wundervoller maulbeerartiger Frucht. Trockener Abgang. *Zuletzt im September 1999 verkostet. In Bestform* ★★★★

Ch. La Mission Haut-Brion Die Woltners in Höchstform. Es dauerte 20 Jahre, bis der Wein sein Tannin teilweise unter Kontrolle hatte. In den 1990ern anfangs verhalten, aber bestens entwickelt. Sehr »süßer«, tabakartiger Graves-Geschmack und eine perfekte elliptische Entwicklungskurve (1994). Kürzlich eine hervorragende Flasche auf der Verkostung von La Réserve: tief, intensiver als der Haut-Brion, kirschrot getönt; auch wohlriechender, »erdig«, »Käserinde«, »angesengter Tabak«, »Kieselgeschmack«, mit lebhafter Frucht, die sich reichhaltig öffnete; adstringierender als der Haut-Brion, lebhaftere Frucht, aggressiver, Tannin und Säure ausgezeichnet. *Zuletzt im Juni 2000 verkostet* ★★★★★ *Wird sich noch lange halten.*

Ch. Montrose Damals bei den Händlern sehr beliebt. In den 1970ern unter anderem eine feine Abfüllung von Justerini &

Brooks. 1979 »breitschultrig«, 1983 »ein Fels, auf den man bauen kann«. Ein gehaltvoller Wein, dessen Komponenten sich parallel entwickelten. Zwei neuere Einträge, der bemerkenswerteste entstand bei Hugh Johnson: immer noch tief und samtig, aber mit vollreifem Rand; eine klassische Zedernholznase, die sich köstlich öffnete; eine gewisse reife »Süße«, ziemlich, aber nicht zu körperreich, fleischig, komplett, mit genug Tannin und Säure, um noch jahrelang in Form zu bleiben. *Zuletzt im August 1999 verkostet* ★★★★★

Ch. Palmer Ebenfalls sehr beliebt, und das nicht nur wegen seines englischen Namens; von den Händlern häufig abgefüllt. 1989 eine überragende, reife, fleischige, würzige, muskulöse Magnum; 1994 leider eine Flasche mit Korkgeschmack, die sowieso vom 1961er ausgestochen worden wäre. Kürzlich mitteltief, vollreif; klassisches Zedernholzbukett; großartige »Süße« und Reife, schöner Geschmack, herrlich reich und ausgewogen. *Zuletzt im Februar 2001 bei dem von Farr Vintners und Mähler-Besse organisierten Dinner im Londoner Restaurant Ransome's Dock verkostet* ★★★★

Ch. Pape-Clément Nicht die beste Zeit des Guts, aber in den 1960ern und 1970ern verschiedene Flaschen mit einigem Charme und Duft verkostet. 1983 ein guter Schlossabzug und ein Jahr später ein schlechtes, hölzernes Exemplar. Lediglich ein Eintrag aus jüngerer Zeit: eine grässliche Impériale bei einem bescheidenen, von 31 Weinen begleiteten Essen, bei dem der ehemalige deutsche Bundespräsident Dr. Scheel als Ehrengast zugegen war. Ebenfalls typisch für Rodenstocks Großzügigkeit war ein Auftritt des berühmten blinden Tenors Andrea Bocelli. Ach ja, der Wein: vegetabiles Bukett, aber »süß« nach vorn drängend; sehr erdiger Graves-Geschmack, tanninbetont. Mir gefiel sein Nachgeschmack nicht. *Zuletzt im September 1996 im Münchner Hotel Königshof verkostet. In Bestform* ★★★★

Ch. Pichon-Baron Tief, tanninbetont. Beeindruckend. In den 1980ern in großartiger Höchstform. Noch immer tanninstark, aber austrocknend. *Zuletzt im Februar 1992 verkostet. In Bestform* ★★★★

Ch. Pichon-Lalande In seiner Jugend uneinheitliche Bewertungen aufgrund unterschiedlicher Abfüllungen. Ich erwartete von diesem Jahrgang einen archetypischen Lalande und nach zwei Einträgen aus jüngerer Zeit zu urteilen hat er sich als gut erwiesen: auf einer Rodenstock-Verkostung im September 1994 hübsches, fruchtiges, wohlriechendes, würziges Bukett; trocken, in Gewicht und Geschmack vollendet, reich, aber geschmeidig (von Nicolas, Paris). Zwei Monate später eine ausgesprochen spektakuläre Impériale: fast undurchsichtig; fruchtig, stämmig, pfefferig, ein Bukett, das an sein angestammtes Terroir und seinen *chai* erinnerte. *Zuletzt im November 1994 bei Karl-Heinz Wolfs Pichon-Lalande-Essen in Aschau verkostet. In Bestform* ★★★★★

Ch. Trotanoy Beeindruckend tief; gute Frucht; »süßer«, sehr guter Geschmack, aber eine überraschende raue Note. *September 1995* ★★★

Ch. La Tour Haut-Brion Anfangs eine harte Nuss und eine gröbere Version des La Mission, aber wohlriechend, Frucht, Tannin und Säure gut. *Zuletzt im Juni 1990 verkostet. In Bestform* ★★★ *Hält sich, aber ob er sich auch verbessert?*

Vieux Ch. Certan Zu Beginn und zum Schluss etwas spröde, schien Mitte der 1970er im Zenit zu sein und stellte eine samtige Pomerol-Textur zur Schau. Vor einiger Zeit vollreif; Nase besser als der Geschmack, denn obwohl man ihm das Alter anmerkte, war er reich und duftend. Trocken, etwas spröde, sehr tanninbetont, entfaltete sich jedoch und hinterließ einen »süßen« Eindruck. Zum Schluss bedachte ich ihn mit einer sehr hohen Bewertung. *Zuletzt im September 1994 verkostet. In Bestform* ★★★★

EIN PAAR DER BESTEN IN DEN 1980ERN VERKOSTETEN 1959ER (mit der Sternebewertung der letzten Degustation)
Ch. Batailley Gute Frucht, attraktiv, wenig Länge. *1983* ★★; **Ch. Canon** Herrliches Bukett, schöner Wein. *1985* ★★★★; **Carruades de Ch. Lafite** Frucht und Geschmack gut. *1983* ★★★; **Ch. La Lagune** Reich, Geschmack, Frucht und Gewicht schön. *1983* ★★★★; **Ch. Léoville-Barton** Reich, tief, im Abgang »süß«. Ein Charmeur. *1989* ★★★★★; **Ch. Léoville-Las-Cases** Ein Musterbeispiel für einen hervorragenden roten Bordeaux. *Juni 1986* ★★★★; **Ch. Pontet-Canet** Verschiedene Abfüllungen. *1987. In Bestform* ★★★★; **Ch. Rausan-Ségla** Reichhaltig, aber tanninbetont. *1983* ★★?; **Ch. Talbot** Verschiedene Abfüllungen. Beeindruckend reich. *1987. In Bestform* ★★★

1960-1969

Diese Dekade umfasst einige der besten, aber auch schlimmsten Jahrgänge, die die Bordelaiser Rotweinlandschaft je erlebt hat. Ich betrachte das Jahrzehnt als Übergangszeit, in der sich die Schwerpunkte in der Weinwelt etwas verlagerten, obwohl Bordeaux seine führende Rolle beibehielt.

1961 führte in Großbritannien die Abschaffung der vertikalen Preisbindung, mit der die unterste Wiederverkaufsgrenze festgesetzt worden war, zu fieberhaften Preissenkungen. Die Einzelhandelslizenzen für alkoholische Getränke wurden zwar noch streng kontrolliert, doch starteten die Supermärkte Mitte der 1960er mit enormem finanziellem Aufwand und ausgefeilter Taktik eine Kampagne, um die begehrten Lizenzen zu erlangen. An der Spitze dieses Feldzugs stand die Tesco-Kette mit meinem ehemaligen Kollegen Jimmy Duggan als federführendem Organisator. Die Initiative war ein weiterer Nagel im Sarg des britischen Weinhandels, obwohl es den verbliebenen Unternehmen nach wie vor gut ging. Allerdings hatte sich die überkommene Struktur in der Branche aufgelöst. Für Christie's war das ein günstiger Zeitpunkt, um das Weinauktionsgeschäft wiederzubeleben, das während des Weltkriegs zum Erliegen gekommen war und wegen der Beschränkungen nach 1945 nicht sogleich wieder aufgenommen werden konnte. Und auch meine Stunde schlug. Ich hatte bei Harvey's in Bristol die Position des Verkaufsdirektors für ganz Großbritannien erreicht und suchte nach neuen Herausforderungen. Im Sommer 1966 kehrte ich Harvey's den Rücken und ging zu Christie's, um dort eine auf Weinauktionen spezialisierte Abteilung aufzubauen. Die erste Versteigerung fand noch am 11. Oktober desselben Jahres statt. 32 Auktionen standen in der ersten Saison auf dem Programm, darunter die wegweisende Versteigerung »Feinste und seltenste Weine« vom 31. Mai 1967, mit der sich Christie's als führendes Haus im Weinauktionsgeschäft etablierte. Angeboten wurde eine großartige Auswahl von Spitzengewächsen, darunter die beiden Lafite-Keller von Lord Rosebery mit Flaschen aus der Zeit vor der Reblausinvasion. Zum ersten Mal zeigten auch Sammler aus Übersee Interesse an den angebotenen Raritäten – was damals noch sehr ungewöhnlich war, denn ein internationaler Markt für feine Weine im heutigen Sinne existierte vor 1966 nicht. Christie's erste Saison erwies sich als wegweisend. Und damals wie heute dominierte Bordeaux die Auktionsszene.

Die Jahrgänge auf einen Blick

Hervorragend *****
1961
Sehr gut ****
1962, 1964, 1966
Gut ***
Keiner

1960 *

Nach dem grandiosen 1959er hatte niemand mit einem weiteren Superjahrgang wie dem 1961er gerechnet. Der 1960er galt seinerzeit als leichter, relativ preiswerter Wein, mit dem man sich die Zeit vertreiben konnte, während man auf den 1959er wartete. Im Grunde war das Wetter auch gar nicht so schlecht, obwohl ein kalter Sommer das Ausreifen der Trauben verhinderte. In letzter Zeit habe ich nur noch wenige Flaschen verkostet und zum Glück auch kaum noch welche gesehen.

Ch. Lafite Zahlreiche Einträge, vorwiegend aus den 1960ern. Sie spiegeln in vielerlei Hinsicht die Schwäche des Jahrgangs wider. Als Portwein hätte man ihn gar nicht erst »deklariert«. Er war zwar wohlriechend, doch mangelte es ihm an Farbe (keine Sonne, dünne Beerenschalen, wenig Extraktion). Er verdiente es kaum, in eine Impériale abgefüllt zu werden, wie ich sie kürzlich verkostet habe. *Zuletzt im September 1990 degustiert.*

Ch. Cheval Blanc Im August 1960 ähnelten die Reben »welken Rosen«. Die späte Lese erbrachte bei geringen Erträgen leichte Weine, die von Anfang an blass und frühreif waren. Herbstlich welk, aber wohlschmeckend. Unlängst: keine schlechte Farbe, immer noch rot, aber mit schwachem Rand. Ein Hauch Vanille in der Nase, die sich lustlos öffnete, ein Anflug von Eisen am Gaumen. Kein schlechter Geschmack, aber säurebetont. *Zuletzt auf Wolfs Vertikalverkostung im September 1997 degustiert.*

Ch. Beychevelle Eine Magnum: blass, leicht. Verfallen. *Mai 1993.*

EINIGE ANDERE, IN DEN 1980ERN VERKOSTETE 1960ER, die alle auf dem absteigenden Ast waren: **Ch. Margaux** In seiner Jugend adstringierend. Leicht, aromatisch, chaptalisiert, trinkbar. *Juli 1984* **; **Ch. Latour** Anfänglich duftend, doch pikant. Keine schlechte Farbe, zedrige Nase, aber kurz und scharf. *März 1989* **; **Ch. Mouton-Rothschild** In den 1970ern einer der angenehmsten 1960er, pikant, an Äpfel erinnernd, seither trotz seiner Kürze und hohen Säure recht gute Beurteilungen. *März 1989* ** **Ch. Haut-Brion** Mitte der 1960er relativ gut trinkbar, Anfang der 1970er aber vorzeitig gealtert. Leicht, dabei gesund, ziemlich attraktiv. *Mai 1985* **; **Ch. Ducru-Beaucaillou** Leicht, stilvoll, aber ein Hauch von Bitterkeit. *Februar 1980* *; **Ch. Figeac** Von unterschiedlicher Qualität und riskant. In Bestform recht wohlschmeckend. *März 1985*; **Ch. Lafon-Rochet** Leicht, schmackhaft, gesund, aber ohne viel Charakter und kurz. *Juli 1985* *; **Ch. La Lagune** Oftmals ein Sonderling, der gegen den Strom schwimmt. Wirklich überraschend »süß«, fleischig und wohlausgewogen. *Juni 1985* **

1961 *****

Ein grandioser Jahrgang, der oft mit dem 1945er verglichen wird, denn beide haben einiges gemeinsam. Zunächst einmal erledigte die Natur den Rebschnitt: 1945 reduzierten Fröste den zu erwartenden Ertrag beträchtlich, während 1961 Niederschläge die Pollen wegschwemmten. Auf hartnäckigen Regen im Juli folgte im August eine Trockenperiode. Daran schloss sich ein sehr sonniger September an, der kleine, dickschalige, gut genährte Trauben erbrachte. Aus ihnen ließen sich tieffarbene, reife, gleichzeitig konzentrierte und tanninbetonte Weine keltern.

Die Meinungen sind geteilt. Manche sind von der Überlegenheit des 1961ers überzeugt, andere – auch ich – halten den 1945er für großartiger. Es besteht bei ihm allerdings die Gefahr, dass die Tannine die Frucht überleben. Wie dem auch sei, 1961 entstanden einige fabelhafte Weine.

Da mir über 1000 Einträge zu diesem Jahrgang vorliegen, muss ich radikal aussortieren. Ich fange mit einem der besten 1961er an – dem zweifellos größten Palmer aller Zeiten.

Ch. Palmer Die altgediente Palmer-Belegschaft kann auf jahrzehntelange Erfahrung zurückblicken, doch ich bezweifle, ob sie den genauen Grund für den Erfolg ihres 1961ers nennen kann. Trotz – vielleicht auch wegen – der bizarren Wachstumsbedingungen hatte der Wein ein ungewöhnliches Zucker- und Säuregleichgewicht erlangt und war perfekt ausgereift. Ich gebe zu, als ich ihn das erste Mal in Form einer Abfüllung der Berry Bros. degustierte, beschrieb ich ihn als tief, fein, mit samtigem Erscheinungsbild, »leicht spröde, doch reich am Gaumen« und »offen gestanden enttäuschend«, was aber mehr mit mir als mit der Londoner Abfüllung zu tun hatte. Das war im Januar 1972, er hatte also schon eine gewisse Reife erlangt. Zum Glück konnte ich bei den folgenden (zwei Dutzend) Einträgen, die sich allesamt auf Château-Abfüllungen bezogen, die anfängliche Geringschätzung wieder gutmachen. 1973 lobte ich seine Nase und den Geschmack, beide sehr reich und bemerkenswert konzentriert, und verlieh ihm fünf Sterne. Auf Dr. Taams epochaler Horizontalverkostung von 1961ern gab ich ihm 1978 20 von 20 Punkten für seine »burgundisch anmutende Reichhaltigkeit und die reife Maulbeerfrucht. Komplex, wohlriechend« und so weiter. In den 1980ern 16 von ähnlich glühender Begeisterung getragene Bewertungen. 1994 gehörte er bei der Wolf-Verkostung in Aschau zu den unvergesslichsten Weinen und bekam die höchste Bewertung aller 1961er und 1959er. Im Jahr darauf eine grandiose Flasche beim Essen des Saintsbury Club: ein seidiges, ausgewogenes Bukett, das loslegte wie Michael Schumacher am Start. Körperreich und doch elegant, fleischig, aber auch geschmeidig. 1998 öffnete ein alter Freund aus dem Weinhandel, Jim Hood, mutig zwei Flaschen bei einem Essen in Bristol, obwohl wir, soweit ich mich erinnere, einschließlich unserer Frauen nur zu sechst waren und eine Person sogar noch eine Erkältung hatte. Kürzlich eine Flasche bei Len Evans' Essen für den »Single Bottle Club« im australischen Hunter Valley. Mittlerweile natürlich nicht mehr so tief, aber mit unbeschreiblich schönem Bukett und Geschmack. Die reine Vollendung. *Zuletzt im September 2000 verkostet ★★★★★★ Wird auf der Höhe bleiben.*

Ch. Lafite Ich verkostete den 1961er Lafite das erste Mal im Juni 1975: »fein, trocken, ansprechend, elegant, lang«. In den 1980ern das typische Understatement eines Lafite und seine Fähigkeit, sich im Glas zu entfalten, wobei ihm die sofortige Wirkung eines Mouton oder Latour oder auch eines kalifornischen Spitzen-Cabernets fehlte. Trotzdem viele Fünfsterne-Bewertungen – milde, würzige, seidige Tannine, eine gewisse Delikatesse und immer großartige Länge. Anfang der 1990er zwar nach wie vor satte Farbe, aber bereits etwas Reife. Bei Wolfs Verkostung 1994 in Aschau öffnete sich das anfangs wohlriechende, reiche und zedrige Bukett im Glas und wurde noch vielschichtiger, weshalb er am Schluss einen halben Punkt vor dem 1959er lag, obwohl dieser »süßer« und kompletter war. Typisch für Rodenstock, dass er eine »Serie« aus fünf Lafite-Jahrgängen zusammenstellte, die alle in Impériales abgefüllt waren; das Bukett wie soeben beschrieben, ich bemerkte aber einen recht trockenen Abgang. Die erste von mir für La Réserve geleitete Degustation war eine Vertikalverkostung von 1961ern im März 1999, wo auch mein ausführlichster Eintrag der letzten Zeit entstand. Ausgezeichnete Füllhöhe im unteren Halsbereich. Eine attraktive, reiche, überzeugende Farbe mit perfekter Farbabstufung vom Zentrum des Glases bis zum Rand. Um 20.00 Uhr eingegossen und verkostet, Reife und Flaschenalter notiert. Exakt 30 Minuten später hatte der Wein an Komplexität gewonnen und ein reiches, würziges, »keksartiges« Bukett entwickelt. Er hatte die »Süße« von voll ausgereiften Trauben und Alkohol, einen vollmundigen Geschmack, sehr gute Tannine und Säure. Komplett. Ein Essensbegleiter, der das Essen auch braucht. Meine Frau, die meine Verkostungsnotizen stets aufschreibt, wenn ich eine Degustation leite, fügt für gewöhnlich ihre eigenen Bemerkungen ein, diesmal war es »ein leichter Fernet-Branca-Geschmack«. Also wirklich! *Zuletzt im Mai 1999 auf einer Vorverkaufsdegustation in New York verkostet. In Bestform ★★★ Hält sich. Man sollte ihm Zeit zum Atmen lassen.*

Ch. Latour Bei der ersten Verkostung im Herbst 1968 ein enorm beeindruckender, wunderschön ausgewogener, aber erwartungsgemäß »noch immer strenger« Wein. In den 1970ern immer wieder auf große Farbtiefe, herrliche Konzentration, Reichhaltigkeit und Länge hingewiesen – er entwickelte sich aber nur langsam. Bei zwei Verkostungen in den 1980ern verlieh ich ihm sechs Sterne, vier für den Eindruck, den er damals schon hinterließ, und zwei für künftige Grandezza. Bei den acht zuletzt verkosteten Flaschen fiel zuerst die Farbtiefe und die Lafite-artige Nase auf, die sich etwas langsam öffnete. Auch überraschend »süß«, doch mit sehr tanninbetontem Abgang (1994 in Aschau). 1997 eine »hölzerne« Flasche mit Korkgeschmack bei einem Essen des Saintsbury Club. Ein Käsesoufflé rettete sie halbwegs. Bei der La-Réserve-Verkostung trotz des außerordentlich »süßen«, die Nase füllenden Buketts ein Mammutwein, bei dem alle Komponenten im Übermaß vertreten waren. Vor kurzem eine superbe Flasche bei Josh Latners Essen. *Zuletzt im Januar 2000 verkostet ★★★★(★★) Lebt noch ein halbes Jahrhundert.*

Ch. Margaux Ein weiterer großartiger 1961er, den ich erstmals im Herbst 1964 verkostet habe. Damals bereits ein schöner Wein, obwohl natürlich »grün« und unfertig. Auf seinen Duft und seine Eleganz wies ich erstmals im Verlauf seiner Entwicklung in den 1970ern hin. 1981 reich, komplex, ausgewogen, wundervoller »Saft« – hatte noch »20 Jahre Entwicklung« vor sich. Bald darauf hielt ich ihn für ein »perfektes Getränk«, das fünf Sterne wert war, wohlriechend und erfrischend, später notierte ich mir seine Reichhaltigkeit und Konzentration. In den 20 zwischen 1980 und 1990 entstandenen Einträgen stehen mit schöner Regelmäßigkeit fünf Sterne. In jüngerer Zeit neun Notizen. Eine Flasche (von mehreren) auf einer Weinverkostung von Christie's 1980, eine weitere im American Club in Tokio. Eine alternde, aber »süße« und fleischige Magnum von Corinne Mentzelopoulos im März 1990 während des Margaux-Dinners im Brooks's Club in London. Auf Wagners Vertikalverkostung im November 2000 etwas von seiner ursprünglichen Farbtiefe verloren, voll entwickeltes Bukett; »süßer« Auftakt, trockener Abgang, Körper, Frucht und Geschmack ausgezeichnet. Großartige Länge, immer noch konzentriert. Eine sehr ähnliche Beschreibung auf einem Rodenstock-Essen im März 2001. Kürzlich eine vollendete Magnumflasche bei einem Essen mit der Bacchus Society of America. Das Bukett sprang förmlich aus dem Glas, »süße«, brombeerartige Frucht, angesengt, wohlriechend; erstaunlich »süß«, mit leichten Altersspuren, aber wunderschön. Der Beweis, dass herausragende Weine auf Margaux schon lange vor dem Kauf des Guts durch Mentzelopoulos im Jahr 1977 bereitet wurden. *Zuletzt im Juni 2001 verkostet* ★★★★★ *Jetzt auf dem Höhepunkt, wird dort aber noch lange bleiben.*

Ch. Mouton-Rothschild Ich verkostete den 1961er erstmals im Juli 1963, in der Zeit also, in der er abgefüllt wurde. Er war extraktreich und tanninbeladen. Wäre er weicher ausgefallen, hätte man ein Loblied auf ihn gesungen – »körbeweise Frucht« usw. – und er hätte eine Goldmedaille bekommen. Was er natürlich sicher verdient hätte, aber nicht für seine Trinkbarkeit. Zum Glück gab es damals noch keine »Weinkritiker« und weder weinliebende Profiautoren noch professionelle Weinliebhaber konnten sich in den Druckmedien austoben! Trotzdem zeigte er eine erstaunliche Reichhaltigkeit und Reife; ungewöhnliche Konzentration und Länge, allerdings blieb er während der ganzen 1970er-Dekade unfertig. Gegen Ende der 1980er traten schließlich die weichen, fleischigen Vorzüge hervor. Die beste, als vollendet beschriebene Flasche auf Lloyd Flatts Verkostung 1986 (eine andere war oxidiert).

In den 1990ern allerdings entstanden nur vier Einträge: nicht mehr undurchsichtig, reif; in Bukett und Geschmack ansprechend, wohlriechend und würzig. Trockener und lebhafter als der voll entwickelte 1959er, den ich in Aschau in seiner großartigsten Ausprägung verkostete. Die letzten beiden Flaschen in New York degustiert. Auf einem Wohltätigkeitsdinner von Zachys/Christie's und dank eines erstaunlich großzügigen Gastgebers während eines »BYOB«-Dinners bei Christie's in der Park Avenue: mit einem Bukett von Mouton-ähnlicher »Grazie und Duftintensität«, hervorragend, gut trinkbar. Ich weiß nicht, ob er »doppelt dekantiert«, also nach dem Dekantieren wieder in die Flasche zurückgefüllt worden war. Er erwies sich als fein, lebhaft, mit merklich trockenem Abgang. *Zuletzt im Februar 1997 verkostet* ★★★★★ *Ich würde raten, ihn auf jeden Fall in seinem Zenit zu verkosten – falls das machbar ist. Allerdings wird er noch geraume Zeit nicht nachlassen.*

Ch. Haut-Brion Erstmals im Juli 1963 kurz nach der Abfüllung verkostet. Roter Graves – selbst ein Spitzenwein wie der Haut-Brion – entwickelt sich sehr schnell, was allerdings auch irreführend sein kann. Nach meinen Notizen zu urteilen entwickelte sich die Nase aber auf jeden Fall wohlriechend und schon mit sechs Jahren war der Wein attraktiv und erfrischend, wenngleich in seinem Wesen noch unfertig. Ein Jahrzehnt später zeigte er Reife und Aromen, die meiner Ansicht nach charakteristisch für Haut-Brion-Gewächse sind: heiß, kieselartig, tief, erdig, angesengt; am Gaumen angenehme Textur, »sanft, aber fest«. Bei einem Essen des Bordeaux Club 1980 »rund, aber noch nicht fertig«. Mitte der 1980er trotz der anhaltenden Farbtiefe »elegant«, »wohlgeraten«, »schön ausgewogen« – bei zwei Gelegenheiten auch »unvollständig«. Nur vier weitere Einträge. »Süß«, mit perfekt integriertem Tannin und ebensolcher Säure. Eine superbe Magnum: reich, komplett, ausgewogen, gute Länge. Eine sehr hohe Bewertung 1994 auf der Blindverkostung in Aschau. Vor kurzem eine Magnum, die sich als der mit Abstand beste Wein auf einer sehr eigenartigen Degustation im Pariser Musée Baccarat erwies. Es konnte sich nur um einen Haut-Brion handeln. Und obwohl er gewisse Altersspuren zeigte, war er exzellent. *Zuletzt im Mai 2000 verkostet* ★★★★★, *wird aber nie so groß werden wie der 1945er.*

Ch. Ausone Wenn es um Ausone geht, fehlt es mir immer an Einträgen. Der Wein dieses Gutes war offen gesagt nie ein Lieblingsgewächs der Briten. Er hat einen ganz eigenen Geschmack, darüber hinaus war seine Qualität im Lauf der Jahre Schwankungen unterworfen. Die Lage der Rebflächen an den Hängen vor der mittelalterlichen Stadt St-Emilion unterscheidet sich frappant von denen der erstklassifizierten Médoc-Gewächse bei Pauillac. Die Traubenmischung ist anders, ebenso das Mesoklima und der Boden. Vielleicht ist es deshalb verständlich, dass ich in meinem ersten Eintrag, der entstand, als der Wein zehn Jahre alt war, zwar auf seinen Stil und seine Eleganz hinwies, aber hinzufügte, er sei »nicht so groß wie die meisten Médoc-Weine von 1961«. Mitte der 1980er zeigte er allerdings ein reiches, aber reifes Erscheinungsbild, ein gut entwickeltes Bukett und einen korrekten, jedoch seltsamen »Herbstlaub«-Geschmack. Auf der Verkostung 1994 in Aschau hatte er eine lebhafte Farbe; ein leichtes, aber ausgewogenes, etwas würziges, duftendes Bukett; komplett, aber spröde, mit schlankem, trockenem, tanninbetontem Abgang. Eine kurz darauf beim Galadiner servierte Jeroboam wirkte merklich »süßer« (vielleicht lag es am Essen), konzentriert, aber mit leicht sandpapierartiger Textur. Unlängst eine ausgezeichnete Flasche, die Neil McKendrick bei seinem Essen für den Bordeaux Club präsentierte: reich, aber reif; das (mir vertraute) Bukett nach »Herbstlaub und braunem Papier«, aber mit großer Tiefe; nachdrücklich und überraschend fleischig und reich, trotz unnachgiebiger Tannine und Säure. *Zuletzt im Juni 1998 im Caius College in Cambridge verkostet* ★★★★

Ch. Cheval Blanc Ich bin ein großer Bewunderer dieses Vetters von Ausone (Cheval Blanc und Ausone sind die einzigen beiden als *Premier grand cru classé A* klassifizierten St-Emilion-Güter). 1967 einfach ein »hübscher, reicher, samtiger Wein«. Ein Jahrzehnt später bei Dr. Taams Verkostung bemerkte ich erstmals einen Anflug der für den 1947er typischen portweinartigen Reichhaltigkeit in der Nase, lockerer gewirkt und nicht so offensichtlich großartig wie seine Pendants aus dem Médoc. 1983 eine uneingeschränkte Fünfsterne-Bewertung. Fabelhaft tiefe Farbe, ein weiterer Hinweis auf Port – diesmal jedoch genauer spezifiziert: Fonseca! »Süß«, weich, von vollendeter Reife und genau richtig. Ich sehe am Rand einen Hinweis auf seinen Preis. Er war 1961 von der IECWS, der Wine Society, zu 30 Shilling die Flasche gekauft worden. 14 weitere, vorwiegend lobende Bewertungen in den 1980ern und gerade einmal vier Einträge im letzten Jahrzehnt, die jedoch alle gut ausfielen; erneut die »Süße« bekräftigt, aber auch die vollendete Ausgewogenheit. Der mit Abstand beste Wein *hors classe* bei einem außergewöhnlichen Essen im Jahr 1996, brillant auf Wolfs umfangreicher Vertikaldegustation 1997, mit einem vielschichtigen, fast exotischen Bukett, das im Glas sogar noch reichhaltiger wurde. Gute Länge, leicht nussig, Walnuss im Geschmack und Nachgeschmack. Vor kurzem drei Flaschen, zwei mit einem Anflug von Oxidation (eine Folge der Lagerung), die dritte aber sehr gut. *Zuletzt im März 2002 beim Dinner des Russischen Nationalorchesters im Londoner Spencer House degustiert. In Bestform* ★★★★★

Ch. Pétrus Einige Zeit lang verständlicherweise der Star bei Versteigerungen. Obwohl ich ihn 1967 das erste Mal verkostete, wurde mir seine großartige, erstaunliche Frucht und seine samtige Reichhaltigkeit erst 1978 so richtig bewusst. In den 1980ern folgten acht von glühender Bewunderung getragene Bewertungen. Die Farbe »so schwarz wie eine ägyptische Nacht«, opulent »reich, reich, reich«, würzig, sogar pfefferig (Alkohol), stämmig und doch samtig, mit weicher, reifer, maulbeerartiger Frucht, fleischig, »fast überladen«, »ein Wein für einen Eisenbahnaufsichtsratsvorsitzenden« – was recht altmodisch klang, also besser: eine Kreszenz für einen Ölscheich oder Ölbaron, weil man kein Weinexperte zu sein braucht, um ihn genießen zu können, sondern sich förmlich in ihm suhlen kann, aber gleichzeitig superreich sein muss, um ihn in einem Restaurant bestellen oder auch nur im Keller haben zu können. Aber Schluss mit herablassenden Bemerkungen. Der Wein ist ein superber, fast unschlagbarer »Mundfüller«. Von meinen zwei jüngsten Einträgen kann man eine vergessen, denn sie bezieht sich auf eine Flasche, die im Januar 2000 auf einer Dinnerparty als »angeblicher Pétrus 1961« vorgestellt wurde. Sie hatte eine Wachskapsel, die nicht ganz koscher aussah, und einen Korken mit der Markierung 1988! Zurück also ins Jahr 1994 und zu einem überragenden Exemplar, »süß«, Körper und Frucht überbordend voll. Ein Berg von einem Wein. Köstlich. *Zuletzt im November 1994 auf Wolfs Degustation von 1961ern und 1959ern blind verkostet ***** und kein Ende in Sicht.*

Die Bacchus Society of America

Die 1959 gegründete Gesellschaft organisiert Veranstaltungen, auf denen Größen der Weinwelt gewürdigt werden, zuletzt Alexandre de Lur Saluces (von Yquem) und die Familie Egon Müller (von der Saar). Ich bin ebenfalls ein Ehrenmitglied, da ich 1992 die Auszeichnung der Gesellschaft für lebenslange Verdienste um den Wein erhalten habe. Die derzeitigen Mitglieder verbindet ihre Liebe zum Essen und zum Wein. Alle besitzen umfangreiche Weinsammlungen, die sie auch perfekt in Szene zu setzen wissen. Ein gewählter »Mr. Gourmet« organisiert einmal jährlich ein »Bacchus«-Wochenende.

AUSGEWÄHLTE KLASSIFIZIERTE GEWÄCHSE UND ANDERE UNGEWÖHNLICH FEINE 1961ER, DIE ICH IN DEN 1990ERN VERKOSTET HABE

Ch. Batailley Abgefüllt von Justerini & Brooks: von intensiver Tiefe; anfänglich eine relativ staubige Nase, dann verhaltener Brombeerduft; voller Frucht und Geschmack. *Bei Hugh Johnsons Essen für den Bordeaux Club im Juli 1995 verkostet *****

Ch. Beychevelle Eine ganze Reihe von Einträgen. Obwohl viele voll des Lobs sind, vor allem was einige ausgezeichnete Abfüllungen der Berry Bros. anbelangt, so scheint der Wein doch in den 1980ern auf seinem Zenit gewesen zu sein. Kürzlich eine Impériale in Aschau, nichts sagende Vanillenase und ein Hauch Essigsäure, von zwei weiteren Flaschen die eine oxidiert und die andere mit überreifer, firnisartiger Nase; besser am Gaumen, ausgetrocknet, beißend, nicht überzeugend. *Zuletzt im März 1999 bei der La-Réserve-Verkostung von 1961ern degustiert. In Bestform ****, jetzt aber aufpassen.*

Ch. Calon-Ségur Eine breite Palette von Bewertungen, seit 1967 insgesamt 22. Überraschenderweise entwickelte er sich relativ schnell, obwohl er »sich wie eine erfolgreiche Ehe mit der Zeit verbessert«, wie ich schrieb. Seinen Höhepunkt erreichte er Mitte der 1980er. Zufällig bezieht sich mein jüngster Eintrag auf eine Flasche von Gloag in Perth, deren Abfüllungen ich 1985 das erste Mal degustierte. Mittlerweile vollreif, mit warmem orangefarbenem Ton, köstlich zedrigem Geschmack und guter Länge. *Zuletzt im Februar 1994 verkostet. In Bestform ****, wird nun aber zweifellos müde.*

Ch. Canon 1984 eine wunderschön reiche, erdige, wohlriechende Flasche auf einer Vorverkaufsverkostung in New York und 13 Jahre später eine mitteltiefe Magnum mit Rubinton und einem vollen, reichen Geschmack, der die Tannine im Zaum hielt. Makellos. *Zuletzt im Juni 1997 beim Essen mit* Premiers grands crus *aus St-Emilion auf dem Schloss verkostet *****

Dom. de Chevalier Mehrere Einträge. Seine Statur schien in den 1980ern noch mächtiger zu werden. 1986 gab ich einer Flasche die außergewöhnliche Bewertung ****(**): Ihr Bukett entwickelte »fabelhafte Würze«, am Gaumen »fein, perfekt integrierter Extrakt, Konzentration«. Eine grandiose Magnum 1984 in Aschau, verhaltene, doch köstliche, erdbeerartige Nase; wohlgestaltet, Geschmack, Textur und Länge gut. Eine sehr hohe Bewertung. Unlängst während Hugh Johnsons Dinner für den Bordeaux Club mit Beaufort- und Minolette-Käse serviert. Er schien sich neue Dimensionen erschlossen zu haben; das Bukett wurde »süßer«, teeartig, rauchig, sehr tanninbetont (was zum Käse passte). Aber trocknet er vielleicht aus? *Zuletzt im Dezember 1997 auf Saling Hall in Essex verkostet *****

Ch. Ducru-Beaucaillou Ein überragender 1961er, was fast 40 Einträge aus über 22 Jahren bestätigen. Vom Start weg ausgezeichnet. In den 1980ern durchweg fünf Sterne. Vor einiger Zeit eine superbe Magnum in Aschau, voll entwickelt, reich, ansprechend, komplett. Auf der La-Réserve-Verkostung von 1961ern im Jahr 1999 rötlich, reif, mit orangefarbenem Rand; das schönste Bukett, das man sich vorstellen kann, ein Bilderbuchklassiker, perfekt gereift, »süß«, mit einem Duft nach Zigarrenkisten aus Zedernholz, weich, zurückhaltend. Auf dem Höhepunkt. Kürzlich mit Altersspuren, aber köstlich. Ausgedehnter Geschmack, Tannin und Säure immer noch präsent. *Zuletzt im Juli 2001 bei einem Essen mit Anthony Hanson im Londoner Carlton Club degustiert *****. Nachdem man dem Sommelier angeboten hatte, den Wein ebenfalls zu verkosten, schenkte er sich gleich ein ganzes Glas ein!*

Clos L'Eglise In den 1980ern wohlriechend und fleischig. Immer noch tief. Außergewöhnliches Bukett nach Ziegenkäse und Schokolade! »Süß.« Fest. *Zuletzt im Februar 1992 verkostet ***?*

Ch. L'Evangile Ein wunderschöner Wein. Kräuterartige, würzige Nase; »süß«, fruchtbepackt, angenehme Textur. *Zuletzt im Februar 1992 verkostet ******

Ch. Figeac In den 1960ern ein Hinweis auf den hohen Anteil an Cabernet Sauvignon, in den 1980ern eine burgunderartige Opulenz. Beständig »süß«, lässt aber mittlerweile eine gewisse Reife erkennen. Schönes Bukett; weich, stämmig, guter Geschmack, griffig. *Zuletzt im November 1994 auf der Verkostung in Aschau degustiert ***** Bleibt weiter auf der Höhe.*

Ch. La Fleur Eine herrliche Magnum. Nicht so tief wie erwartet, aber mit sehr wohlriechendem Bukett, »süß«, würzig, keksartig; körperreich, lebendig, tanninbetonter Abgang. *Zuletzt bei einem Rodenstock-Essen im August 1998 verkostet ***** Langlebig.*

Ch. Grand-Puy-Lacoste Vier englische Abfüllungen verkostet, unter anderem von Saccone & Speed und den Berry Bros., Ende der 1960er alle gut, 1980 noch einmal eine Flasche der Berry Bros. Der Rest Schlossabzüge. Ein erstrangiger, klassischer, aber verhaltener Pauillac. Nach wie vor tanninbetont. *Zuletzt im Februar 1992 verkostet ***** Hat noch ein langes Leben vor sich.*

Ch. Gruaud-Larose Einer der ansprechendsten 1961er. Knapp 20 Einträge über drei Jahrzehnte hinweg. Mit Ausnahme der zuletzt verkosteten Flasche, die etwas unterdurchschnittlich ausfiel, alle gut, insbesondere auf der Aschauer Verkostung: reifes, ausladendes Bukett; »süß«, weich, reich, rund, mit guter Länge und schönem Abgang. Eine weitere »fleischige« Flasche 1998 beim Essen mit Michael Edwards und Hugo Kindersley im Albany, Piccadilly. *Zuletzt auf der La-Réserve-Degustation von 1961ern im März 1999 verkostet. In Bestform ******

Ch. Léoville-Las-Cases Ich verfolge seine Entwicklung seit fast vier Jahrzehnten. Stets recht beeindruckend, ausgenommen Flaschen von eigenartig unterschiedlicher Qualität auf Dr. Taams wegweisender Horizontaldegustation von 1961ern im Jahr 1978 und einer »Exponentialverkostung« der Wine Society 1998 in New York, mit einem weichen, aber tanninbetonten Exemplar wie »knorrige Eiche«. Unlängst zwei unübertreffliche Flaschen, eine im Irish Club 1999 in London, die andere während eines Essens in Pfäffikon bei Zürich nach Wagners Margaux-Vertikalverkostung. *Zuletzt im November 2000 degustiert. In Bestform* ★★★★★

Ch. Lynch-Bages Über 30 Einträge, angefangen 1967 mit zwei guten Abfüllungen von Lupton (einem überaus respektablen Handelshaus und Familienunternehmen, das kurze Zeit später Konkurs machte), außerdem von Hay & Sons in Sheffield (einst berühmt, doch seit langem von der Bildfläche verschwunden) und von Saccone (nicht so gut wie die Château-Abfüllungen); in den 1970ern und 1980ern eine gute niederländische Abfüllung und eine essigsaure Flasche der Wine Society; 1990 eine herausragende Abfüllung der Berry Bros. Das war jedoch nur ein repräsentativer Querschnitt durch die vielen englischen Abfüllungen eines sehr populären Châteaus. Seit 1990 siebenmal verkostet, alle gut, mit Ausnahme eines Exemplars – einer köstlichen, aber müde gewordenen Flasche auf der La-Réserve-Verkostung 1999. Zuletzt – welche Überraschung – eine von Findlater Mackie abgefüllte Magnum, die in den frühen 1960ern gekauft und seither gut gelagert wurde: reiche, immer noch beeindruckend tiefe Farbe; schöne Nase mit charakteristischem, jedoch verhaltenem Lynch-Bages-Duft nach »Cassis«, einem Hauch »Süße«, hübschem Gewicht, weich, rund, ausgewogen, mit gut integrierten Tanninen. Ein vollendeter Wein. *Zuletzt im Mai 2001 bei Clare und David Carter in Gloucestershire beim Sonntagsessen verkostet* ★★★★★ *Auf dem Höhepunkt.*

Dr. John Taams

Der Arzt in der niederländischen Kleinstadt Groot-Ammer wurde ungewollt zum Pionier der heute als »Horizontalverkostung« bekannten Weinproben (ein Jahrgang, mehrere Châteaux). Die erste Degustation vom Mai 1968 trug den Titel »Comment se Developpent (sic) Les Grands Crus 1961 de Bordeaux«. Die Teilnehmerschar setzte sich aus Degustatoren, Weinliebhabern und Fachleuten aus der Weinwelt zusammen. Marvin Overton ließ einige Jahre später seine spektakulären »Vertikalverkostungen« folgen (ein Château, mehrere Jahrgänge); die erste hatte Latour zum Thema und fand 1976 in Fort Worth in Texas statt. (Siehe Seite 107.)

Ch. Malescot-St-Exupéry Seltsamerweise hat dieses klassifizierte Margaux-Gut etwas mit Ch. Lynch-Bages in Pauillac gemein: eine charakteristische Cabernet-Nase mit Anklängen an Schwarze Johannisbeeren. Einst recht beliebt, jetzt wieder mit steigender Formkurve. Weit über 30 relativ einheitliche Einträge, die beiden letzten beziehen sich auf zwei Flaschen mit dem typischen Malescot-Duft: sehr tief, sehr Cabernet-artig; konzentriert, komplett, mit herrlich würzigem Geschmack (bei einem Essen des Bordeaux Club 1996). Außerdem nicht minder charakteristische Exemplare während eines Dinners des Saintsbury Club. *Zuletzt im April 1998 degustiert* ★★★★ *Hält sich noch.*

Ch. La Mission Haut-Brion Viele Einträge aus über zwei Jahrzehnten. Ein monumentaler, vieldimensionaler Wein, sehr beeindruckend auf der Klassischen Weindegustation in Zürich: undurchsichtig, intensiv, konzentriert; ausgewogenes Bukett mit der für Graves typischen Erdigkeit, wohlriechend, Lakritze; »süß«, kraftvoll, mit sandiger Textur, tanninbetont. Sechs Monate darauf eine Magnum mit wesentlich reiferem Erscheinungsbild und stärker gealterter Nase als das soeben beschriebene Exemplar oder der parallel verkostete 1959er. Auch Mokka, Schokolade und große Kraft. Reif, aber mit einer Spur Bitterkeit. Ehrlich gesagt, ich zog den 1959er vor. *Zuletzt im November 1994 bei der Weinart-Verkostung in Aschau degustiert* ★★★★★ *Bleibt noch in Bestform.*

Ch. Pape-Clément Gut, aber nicht groß. Relativ einheitliche Einträge aus den späten 1970ern. Sehr reich, sehr erdig, mit markantem »Tabak«-Geschmack und guter Länge – bei einem Mittagessen unter sengender Sonne 1994 in Stuart Levers Garten in Gloucestershire. Einige Zeit später ein Exemplar mit reifem Erscheinungsbild; sehr »süß«, weich. *Zuletzt im Oktober 1996 auf einer Vorverkaufsverkostung in New York degustiert* ★★★ *Bald trinken.*

Ch. Pichon-Baron Meine frühesten, Mitte der 1960er bis Mitte der 1970er entstandenen Einträge zu ausnahmslos englischen Abfüllungen fielen gut aus, aber von drei Château-Abfüllungen in den 1980ern waren zwei merklich »spitzig«, mit hoher flüchtiger Säure, die buchstäblich einen sauren Geschmack im Mund hinterließ. Das Ansehen des Weins retteten eine anständige Flasche 1992 und zuletzt ein beeindruckend tiefes Exemplar mit überraschend gefälliger Nase: Frucht, Vanille, eine duftende Marmeladigkeit, entsprechender Geschmack. Insgesamt schlank, würzig, griffig, aber nicht zu tanninbetont. *Zuletzt auf der von mir im März 1989 geleiteten La-Réserve-Verkostung degustiert* ★★★★ *Bald austrinken.*

Ch. Pichon-Longueville-Lalande Viele Einträge, angefangen mit einer guten, aber unfertigen Grant-Abfüllung 1967 und einer »geschmorten« Abfüllung von J. Lyons 1973 – ich erwähne Lyons in London vor allem deshalb, weil seine Abfüllungen die unzuverlässigsten waren, wohl weil die Weine zu lang im Fass lagen. Vor einiger Zeit auf der Blindverkostung von Weinart: zwar satte Farbe, aber ein Anflug von Orange am Rand; lebendiges, wohlriechendes Bukett mit Aussicht auf mehr; vollmundig, komplett, sehr tanninbetont. *Zuletzt im November 1994 in Aschau verkostet. In Bestform* ★★★★★

Ch. Smith-Haut-Lafitte Ich hatte mich nie groß gekümmert um dieses schön gelegene Graves-Château, das eines der größten Güter der Region war, bevor es von der dynamischen Familie Cathiard 1990 übernommen wurde. Zum Glück gruben sie für eine Vertikalverkostung mit acht Weinen eine Magnum des raren 1961er-Jahrgangs aus. Da die Flasche nicht viel Zeit gehabt hatte, sich zu setzen, dekantierte ich sie rund 15 Minuten vor der Degustation. Sie hatte einen vollreifen, mahagonibraunen Rand; alternde Nase, aber noch reich und würzig. »Süß«, entspannt auf dem Weg zur Oxidation. Trockener Abgang. Ein hübscher Wein. *Im Juli 2000 auf einer Masterclass für die Chaîne des Rôtisseurs im La Caudalie verkostet* ★★★★ *(gerade noch). Austrinken.*

Ch. Talbot Seit Mitte der 1970er beständig gute Qualität. Vor kurzem: bereits mitteltief, mit schöner Farbabstufung zum fast hellbraunen Rand hin; reizvolles, aus der Flaschenalterung entstandenes Bukett, Wildbret, Lakritze und nach 90 Minuten ein delikater Blumenduft; »süß«, hübsches Gewicht, gute Säure, gut eingebettetes Tannin. Ein Charmeur. *Zuletzt im März 1999 auf der La-Réserve-Verkostung von 1961ern degustiert* ★★★★★ *Jetzt sehr schön. Warum noch warten?*

WEITERE GUTE BIS AUSGEZEICHNETE 1961ER, DIE ICH ALLE ZULETZT IM FEBRUAR 1992 VERKOSTET HABE **Ch. Boyd-Cantenac** Ein bestechender Charmeur ★★★; **Ch. Branaire-Ducru** Köstlich, aber nicht groß ★★★; **Ch. Brane-Cantenac** Uneinheitliche Qualität. Eine weiche, attraktive Magnum. *In*

Bestform ★★★; **Ch. Cantemerle** Delikatesse und Charme. *In Bestform* ★★★★; **Ch. Clinet** Kaffeeartige Nase. Kraftvoll ★★★★; **Ch. Cos Labory** Tief; duftend; schlank, wohlschmeckend ★★★; **Ch. Haut-Batailley** Fast übertriebener Pauillac-Duft nach Schwarzen Johannisbeeren, lebendig, seidig, köstlich ★★★★; **Ch. Latour-à-Pomerol** Zwei Einträge, beide ausgezeichnet. »Süß«, fleischig, ein fabelhafter Mundfüller. Ein Pomerol in allerbester Ausprägung ★★★★★; **Ch. Léoville-Barton** Ein Dutzend Einträge. Abgesehen von zwei schlechten Flaschen ein reicher, doch eleganter Wein. *In Bestform* ★★★★★; **Ch. Léoville-Poyferré** Verschiedene Abfüllungen, alle gleich gut. Schien Mitte der 1980er im Zenit zu stehen. *In Bestform* ★★★★; **Ch. Montrose** Ich wies zwar schon Mitte der 1960er auf seine Qualität hin, erkannte aber erst in der zweiten Hälfte der 1970er seine massive Statur und prophezeite ihm ein langes Leben: »30 Jahre«. Mitte der 1980er beschrieb ich ihn als archetypischen Montrose, weich, doch tanninbetont, samtig, aber trocken, mit der wundervollen Konzentration eines 1961ers. Sehnig, stark adstringierend ★★★(★★) *Weitere 20 Jahre*; **Ch. Mouton-Baron-Philippe** Wohlriechend. Das Cassis-Aroma der Cabernet-Traube, »Erdbeeren und Gardenien«. Schlank. Wohlschmeckend. Kein *grand vin*, aber angenehm ★★★ *Bald austrinken*; **Ch. Rausan-Ségla** Durchdringendes Bukett; voller Körper, reich, lang, immer noch tanninbetont ★★★★; **Ch. St-Pierre** Reich, reif, Nase und Geschmack zedrig ★★★; **Vieux Ch. Certan** Wechselhafte Qualität, bei den beiden letzten Verkostungen aber gut: Kaffee- und Ingwerbukett; »süß«, weich, fleischig, gute Frucht und Säure ★★★★

NICHT ALLE 1961ER GELANGEN. Die folgenden Weine fielen schlecht bis nicht sonderlich gut aus, als ich sie in den 1990ern verkostete: **Ch. Belgrave** (Pauillac); **Ch. La Cabanne**; **Clos Fourtet**; **Ch. Fourcas-Hosten**; **Ch. Gazin**; **Ch. Giscours**; **Ch. Lafon-Rochet**; **Ch. Lagrange** (St-Julien); **Ch. La Pointe**; **Ch. Prieuré-Lichine**; **Ch. Rauzan-Gassies**.

ABSCHLIESSEND EINIGE PASSABLE BIS GROSSARTIGE 1961ER, DIE ICH ZULETZT IN DEN 1980ERN VERKOSTET HABE.
Es lohnt sich, nach ihnen Ausschau zu halten: **Ch. Chasse-Spleen** ★★★★; **Ch. La Gaffelière** ★★★; **Ch. Le Gay** ★★★★; **Ch. d'Issan** ★★★★; **Ch. Kirwan** ★★; **Ch. Langoa-Barton** ★★★; **Ch. Pontet-Canet** ★★★★; **Ch. Trotanoy** ★★★★★

Dr. Louis Skinner

Der ehemalige Dermatologe ist ein enger Freund von mir und obendrein der kenntnisreichste Connaisseur von gutem Wein und Essen in meinem Bekanntenkreis. Wir begegneten uns erstmals 1969. Lou gründete das Miami-Kapitel der Wine & Food Society, der Commanderie de Bordeaux und anderer Weingesellschaften. Er richtete ferner einige der denkwürdigsten Verkostungen aus, die ich zum Teil mitorganisierte und leitete – insbesondere die Degustation von 20- bzw. 25-jährigem rotem Bordeaux des Jahrgangs 1961. Lou befindet sich längst im Ruhestand und lebt in einem ganz im Stil der 1930er-Jahre gehaltenen Haus in Coral Gables, einer eleganten, parkähnlichen Wohngegend in Florida.

1962 ★★★★

Der 1962er wurde durch die Qualität und Grandezza des vorausgegangenen Jahrgangs völlig in den Schatten gestellt. Weil der 1961er aber wegen der geringen Erträge sehr selten und für die Zeit auch ausgesprochen teuer war, erwiesen sich die reichlichen Erträge des äußerst guten 1962ers nach einer zufrieden stellenden Saison als recht nützlich. Ich habe diesen mittlerweile etwas unterbewerteten und zum Großteil unbeachtet gebliebenen Jahrgang immer gemocht. Besonders erfolgreich fiel er in Pomerol aus.

Erstmals im Oktober 1964 verkostet; das Gros der überaus zahlreichen Einträge entstand in den 1970ern und 1980ern. Die meisten Weine erreichten Mitte der 1970er bis Mitte der 1980er ihren Höhepunkt, sind aber nach wie vor gut trinkbar. Weil sie außerdem größtenteils in Vergessenheit geraten und relativ preiswert sind, lohnt es sich, auf Auktionen oder bei spezialisierten Händlern und Maklern nach ihnen Ausschau zu halten.

Ich konzentriere mich im Folgenden auf Weine, die ich seit Mitte der 1980er verkostet habe.

Ch. Lafite Viele Einträge. Ein für viele 1962er typischer Rotton, der auf eine relativ hohe, aber meist annehmbare, erfrischende Säure hindeutet. Mehrere Flaschen in jüngerer Zeit, unter anderem eine 1996 verkostete Impériale mit krautiger, vegetabiler Nase, die sich schön öffnete, und einem noch besseren Geschmack, allerdings mit zitrusartiger Säure im Abgang. Zwei Jahre später eine Doppelmagnum, auch sie mit verblassender Farbe und Alterston in der Nase, schlank und ausgezehrt. *Zuletzt im November 1998 bei einer Verkostung von Christie's im American Club in Tokio vor der jährlichen Weinversteigerung degustiert. In Bestform schlank, elegant* ★★★★

Ch. Latour Kurz nach der Abfüllung tief purpurrot, fruchtbepackt, aber rau und tanninbetont. Entwickelte sich in den 1970ern und 1980ern gut, bei mehreren Gelegenheiten bedachte ich ihn mit fünf Sternen. Unlängst eine noch immer farbtiefe Magnum mit guter Frucht, deren Nase allerdings Zeichen des Zerfalls erkennen ließ. Überraschend »süß«, aber tanninbetont. Etwas stielig (1996 blind verkostet). Vor kurzem ähnliche Tiefe mit rötlichen Spuren; klassische Médoc-Nase und sehr guter Geschmack, Körper und Abgang. *Zuletzt bei einem Essen von David Orr auf Ch. Rausan-Ségla im September 1998 degustiert. In Bestform* ★★★★

Ch. Margaux Im Oktober 1964 aus dem Fass verkostet. Im Stil leicht, aber rau, ein Zug, der bis Anfang der 1980er präsent blieb. In der Zwischenzeit entwickelte sich das Bukett weiter und war Mitte der 1980er voll ausgereift. 1998 eine spontan dekantierte Flasche im La Turpina, einem kleinen, beliebten, für seine einheimischen Gerichte berühmten Restaurant in der Altstadt von Bordeaux: weiches Kirschrot; wohlriechend, korrekt, aber mit der für den Jahrgang 1962 typischen Säure. Das Bukett öffnete sich »wie gut abgehangenes Fleisch« – was aber auch daran gelegen haben könnte, dass am offenen Herd gekocht wurde! Als Letztes auf Wagners zweiter Margaux-Vertikalverkostung degustiert und dort in guter Verfassung: diesmal rubinrot; wohlriechendes, keksartiges Bukett von beträchtlicher Tiefe, schlank, wohlschmeckend, aber mit einem spitzigen Einschlag. *Zuletzt im November 2000 verkostet* ★★★★

Ch. Mouton-Rothschild Bei der ersten Verkostung im Mai 1965 deutliches Cabernet-Aroma von Schwarzen Johannisbeeren, das auch in den 1970ern präsent blieb. Ansprechender Geschmack, etwas delikat, in den 1980ern ziemlich tanninbetont. In den letzten zehn Jahren nur dreimal verkostet, unter anderem auf einer Mouton-Degustation, die ich für die Hollywood Wine Society leitete (1998): köstlich duftende Flaschen mit angenehmer, lebendiger Frucht. Vor kurzem noch immer recht reiche Farbe, »süß« und wohlriechend. *Zuletzt im Mai 1999 auf einer Vorverkaufsverkostung in New York degustiert* ★★★★

Ch. Haut-Brion Erstmals im Oktober 1964 aus dem Fass verkostet. Vielleicht etwas mehr als nur jugendliche Adstringenz, mit tiefem, erdigem, attraktiv-reichem Geschmack, der sich in den 1970ern weiterentwickelte. »Weich«, »samtig«, »sehr gute Säure«, »langlebig«. In den 1980ern »Süße«, Eleganz und schöne Textur. Eine gut trinkbare Magnum auf Rodenstocks Eröffnungsessen 1995: »süß«, erfrischend. Meine 19. Notiz entstand beim Essen mit Michael Edwards in Albany: immer noch recht tief und jugendlich für einen 36-Jährigen (der Wein, nicht Edwards), mit typischer Erdigkeit und der Eleganz eines Haut-Brion. Säure, aber erfrischend und nicht aufdringlich. *Zuletzt im August 1998 verkostet* ★★★★

Ch. Ausone Nur fünf Einträge, der erste entstand erst 1971. Auf Lloyd Flatts Vertikalverkostung 1987: vollreif, leicht, delikat, wohlriechend, mit guter Länge. »Einer der ansprechendsten Ausone-Weine, die ich je verkostet habe«, schrieb ich damals. *Seit 1987 nicht mehr degustiert* ★★★★

Ch. Cheval Blanc Über 20 Einträge. Im Oktober 1965 trotz seiner jugendlichen Strenge eher leicht, öffnete sich jedoch in den 1970ern rasch, ansprechend, dabei schlank und vielleicht zu kurz. Nur eine Bewertung aus jüngerer Zeit: merklich rote Farbe; verhaltenes Bukett, das sich aber nach knapp 30 Minuten schön entfaltet hatte; »mittelsüß«, schöner Geschmack, ausgewogen. Die für den 1962er-Jahrgang typische Säure, auf die der rote Ton hingedeutet hatte, war nicht zu sehr spürbar. *Zuletzt im September 1997 auf Karl-Heinz Wolfs Vertikalverkostung in Österreich degustiert* ★★★★ *Kann man auch weiterhin trinken. Kostet einen Bruchteil des 1959ers, 1961ers oder 1982ers.*

Ch. Pétrus Durchweg gute Einträge seit 1967, ausgenommen eine »hölzerne« Magnum, die ich Mitte der 1980er verkostete. Mittlere Tiefe, eine Spur Rubinrot, aber reif; schönes, reiches Bukett; trockener als erwartet, mit einem Hauch von Endsäure, aber sehr ansprechend. *Zuletzt im November 1994 bei einem Essen in bester Gesellschaft in der Londoner Lefevre Gallery degustiert* ★★★★

Ch. Beychevelle Kam nur langsam in Gang, entwickelte sich jedoch Mitte der 1980er sehr schön. Reich, würzig, »fast die Qualität eines 1961ers«. *Zuletzt im Mai 1993 verkostet* ★★★★

Ch. Calon-Ségur Eine ansehnliche Zahl von Verkostungen, angefangen mit einer rauen, bitteren Abfüllung von Harvey's im Jahr 1966. Verschiedene andere Abfüllungen in den 1970ern, als er allmählich seine für St-Estèphe typische Sprödheit abzulegen begann. In den 1980ern gut entwickelt, mit einer besonders schönen Nase, Körper, Extrakt und Geschmack ausgezeichnet, doch nach wie vor jugendlich. *Zuletzt im Oktober 1992 verkostet* ★★★

Ch. Figeac In der Jugend (März 1966) wesentlich ansprechender als der Calon, öffnete sich relativ rasch, »attraktiv, gut gemacht«. Wie immer viel Frucht und Charakter, doch auch eine gewisse Rustikalität. Unlängst ein gut entwickeltes rubinrotes Exemplar; minziges, wohlriechendes Bukett mit einem Hauch Karamell. Schöner, lebendiger, ausgezeichneter Abgang. *Bei meinem Essen für den Bordeaux Club im November 1995 verkostet* ★★★★

Ch. Gruaud-Larose Viele Einträge. Vom Start weg einer meiner Lieblings-1962er. In gewisser Hinsicht das Figeac-Äquivalent im Médoc: fast immer voller Frucht, mit reichem Charakter, aber in diesem Jahr etwas schlanker als üblich. 1994 eine »süße«, fleischige, sehr fruchtige Doppelmagnum, die durch den für den Jahrgang typischen säurebetonten Abgang leicht beeinträchtigt war. Vor einiger Zeit eine von Armin Diel beim Essen überraschenderweise nach einem 1986er und 1988er Le Pin servierte Flasche. Das Bukett des um 22.00 Uhr dekantierten Weins wurde wie ich um 22.45 Uhr müde (es war bereits das sechste Gewächs, das wir im Anschluss an eine Degustation von Armins eigenen Kreszenzen verkosteten). Aber unzweifelhaft ein großartig »süßer«, fleischiger Wein. *Zuletzt im November 1995 auf dem Schlossgut Diel im Nahe-Tal verkostet* ★★★★

Ch. Léoville-Las-Cases Ein herausragender 1962er. Viele Einträge. Ein guter Einstand im Oktober 1965 und vier Jahre später ein »ausgewogener, verhaltener Klassiker« in einer Abfüllung der Berry Bros. In den 1970ern und 1980ern durchweg ansprechend. Nur eine Bewertung aus jüngerer Zeit, eine fast vollkommene Magnum: weiches Rubinrot; harmonisches, ziegelartiges Bukett; mit »Süße«, Gewicht, Geschmack und Ausgewogenheit. Rundum gut. Beginnt gerade erst auszutrocknen. *Zuletzt im September 1998 bei einem Essen im La Turpina in Bordeaux mit Norman Rushs Gruppe von Ärzten aus Jackson, Mississippi, degustiert* ★★★★★

Ch. Magdelaine Reich, samtig, seidige Tannine. *Zuletzt im Mai 1991 verkostet* ★★★

Ch. Malescot St-Exupéry Schmackhaft, aber Tannin und Säure machten das Omelett buchstäblich platt. *Zuletzt im September 1990 verkostet* ★★

Ch. La Mission Haut-Brion Wer meine Degustationsnotizen bisher in chronologischer Reihenfolge gelesen hat, kennt bereits genügend Kostproben meiner Lobgesänge auf die Woltner-Brüder. Von ihrem 1962er bin ich allerdings weniger begeistert, obwohl er durchaus ein beeindruckender Wein ist. Kraftvoll, hoher Alkoholgehalt, lebendig, sehr wohlschmeckend, doch mit allgegenwärtiger Säure. Vor kurzem ein Exemplar mit entgegenkommendem, aber stechendem Bukett; reicher, erdiger, ziegelartiger Eisengeschmack. Säurebetont. *Zuletzt im März 1999 bei einem »BYOB«-Essen in New York verkostet* ★★

Ch. Palmer Recht viele Einträge, alle Flaschen ansprechend, angefangen 1965 mit einer guten Abfüllung von Harvey's. Seinen Zenit erreichte der Wein meines Erachtens in den frühen 1970ern. 1976 ein farbtiefes Exemplar; zedriges, weiniges Bukett; ein Hauch »Süße«, die in einen trockenen, tanninbetonten Abgang mündete. Reich und wohlschmeckend. Dann eine Unterbrechung von fast einem halben Jahrhundert. Eine Doppelmagnum mit nicht markierter Kapsel, Streifbandetikett, aber voll gekennzeichnetem Korken aus den Kellern des Saintsbury Club in der Vintners' Hall, die ich sehr zum Leidwesen der anderen Mitglieder bei einer Tombola gewonnen habe! Da sie aus dem Geburtsjahr meines Sohns stammt, öffnete ich sie beim Essen zu seinem 40. Geburtstag im Brooks's Club. Die Farbe war immer noch recht tief, aber herbstlich. Beim Dekantieren gab der Wein einen willkommenen Schwall von Zedernholzduft frei. Sein Geschmack entsprach dem Bukett, alt, aber noch fruchtig und etwas am Austrocknen. Er ließ sich gut trinken. *Zuletzt im Januar 2002 verkostet* ★★★★

Ch. Pichon-Lalande Nicht viele Einträge, was mich etwas überraschte. Eine unbeständige Londoner Abfüllung 1969, im Jahr darauf aber ein wesentlich interessanteres Exemplar von Christopher: »Rau, fruchtig, braucht Zeit.« Entwickelte sich Mitte der 1970er jedoch gut. Eine »nicht allzu interessante« Impériale 1987. Unlängst eine attraktivere Jeroboam, »für ihr Alter gut«; schöner Geschmack, hübsches Gewicht. Lebendiger, trockener, säurebetonter Abgang. *Zuletzt im November 1997 bei Bob Dickinsons Essen für die Bacchus Society in Norman's Restaurant in Coral Gables verkostet* ★★★★

Ch. Rauzan-Gassies Weiterhin in einer Schwächephase, verdiente den Rang eines zweitklassifizierten Gewächses nicht. Dick, marmeladig, zu kurz. *Zuletzt im September 1990 verkostet. Meiden.*

Ch. Talbot Ein beruhigend verlässlicher Wein. Insgesamt zufrieden stellende Bewertungen. Als Erstes im April 1966 eine Abfüllung von Harvey's, gerade einmal drei Monate bevor ich zu Christie's ging. Eine gute Abfüllung auch von Paten in Peterborough, 1976 außerdem ein schönes Exemplar von Saccone, eine von Kinloch mit zu viel flüchtiger Säure und Ende der 1980er fast die beste Flasche überhaupt, eine dänische Abfüllung von Kjaer & Sommerfeldt. Auch Schlossabzüge. Alles in allem zedrig, recht komplex, wohlschmeckend, mit der pikanten Säure des Jahrgangs 1962. *Zuletzt im Oktober 1992 eine Doppelmagnum verkostet* ★★★★
Ch. La Tour de Mons Lange Zeit ein sehr verlässlicher *Cru bourgeois supérieur* aus Soussans im »Großraum Margaux«, damals im Besitz der Héritiers Dubos von Ch. Cantemerle. Mehrere Einträge relativ neuen Datums, alle aus den Kellern von Mme Binaud, einer geborenen Dubos. Ich kaufte einen größeren Posten für den Privatgebrauch. Kürzlich meine letzte Flasche, gefällig, unverhohlen reife Farbe; reifes, leicht schokoladiges Bukett mit einem Hauch Zitrus; unbeschwerter Trinkgenuss, mit der für den Jahrgang charakteristischen, erfrischenden Säure. *Zuletzt im Januar 2001 degustiert* ★★★ *Herbstlich, schlägt um.*

WEITERE GUTE, ZULETZT AUF RODENSTOCKS UMFANGREICHER HORIZONTALVERKOSTUNG VOM SEPTEMBER 1987 DEGUSTIERTE 1962ER **Ch. Batailley** Eine stämmige, reiche Château-Abfüllung ★★★; **Ch. Beauséjour** Fest, fruchtig ★★★; **Ch. Belair** Hatte etwas vom Ausone-typischen Herbstlaubcharakter. Wohlriechend, elegant, gefällig ★★★; **Ch. Brane-Cantenac** Eigenartig reichhaltig★★ *Austrinken*; **Ch. Canon** Fest, reich, voll entwickelt ★★★★; **Carruades de Ch. Lafite** Ein »süßer« Charmeur. *Oktober 1988* ★★★ *Austrinken*; **Ch. La Conseillante** Weich, reich, gute Qualität. *Juli 1988* ★★★★; **Ch. Cos d'Estournel** Uneinheitlich. Eine besonders wohlriechende Abfüllung von J. & B. *In Bestform*★★★; **Ch. Croizet-Bages** Köstlich ★★★; **Ch. Ducru-Beaucaillou** Viele Einträge. »Süß«, lebendig, schön. *Juni 1988. In Bestform* ★★★★ *Austrinken*; **Ch. La Fleur-Pétrus** »Süß«, reif, aber tanninbetont ★★★; **Ch. La Gaffelière-Naudes** Attraktiv, wohlschmeckend, aber von Säure geprägt ★★ *Austrinken*; **Ch. Gazin** Gefällig, wohlschmeckend, austrocknend. *In Bestform* ★★★ *Austrinken*; **Ch. Grand-Puy-Lacoste** Viele Einträge, mehrere Abfüllungen. Wohlriechend, gute Frucht, klassisch. *In Bestform* ★★★★; **Ch. Haut-Batailley** Wohlriechend, würzig, wohlschmeckend, etwas Fleisch, aber insgesamt schlank ★★★★; **Ch. Langoa-Barton** Verschiedene Abfüllungen, sehr wohlriechend, gute Frucht, schönes Gewicht, lebendig. *November 1989* ★★★; **Ch. Lascombes** Ein guter 1962er. Wohlgeformt, »süß«, komplett – mit erfrischender Säure. *In Bestform* ★★★; **Ch. Léoville-Barton** Anfangs spröde. Reiche Farbe, klassische Zedernholznase, schlank und elegant ★★★; **Ch. Léoville-Poyferré** Leichter Stil, gefälliger Charme ★★★ *(gerade noch)*; **Ch. Lynch-Bages** Ein typisch überschwänglicher Wein, doch die Säure begann sich nach vorn zu drängen ★★; **Ch. Montrose** Mehrere Einträge. Ansprechender Wein, wohlschmeckend, schlank, trockener Abgang ★★★; **Ch. Mouton-Baron-Philippe** Lebendig, wohlriechend, gefällig ★★★ *Austrinken*; **Ch. Pape-Clément** Viele Einträge, nur wenige aus jüngster Zeit. Einer meiner Lieblings-1962er. Wohlriechend und charmant, aber über den Höhepunkt hinaus. *In Bestform* ★★★★; **Ch. Pavie** Reich, reif, rustikal ★★★; **Ch. La Pointe** Einer der besten La-Pointe-Weine, solange ich denken kann. Hübsche Farbe, reiche Nase, seidige, von absolut annehmbarer Säure durchwirkte Textur ★★★★; **Ch. Pontet-Canet** Sehr viele Einträge, verschiedene Abfüllungen (nie vom Château selbst). Hochgetönt, ansprechend, »der Säureschwanz wedelte mit dem Hund« ★★; **Ch. Rausan-Ségla** Viele Einträge. Anfangs »grün«, jetzt weicher geworden. Recht delikat und stilvoll ★★★; **Clos René** Ein Wein, den Harry Waugh im Grunde »entdeckt« und Harvey's gut abgefüllt hat. Reich, fleischig, erdig, mit einem Schuss Zitrone im Abgang ★★★ *Austrinken*; **Ch. de Sales** Eine mehr oder weniger seidige Abfüllung von Harvey's. »Süß« und zugänglich ★★★ *Austrinken*; **Ch. Smith-Haut-Lafitte** Intensiv, wohlriechend, elegant ★★★★; **Vieux Ch. Certan** Eine Eisenfaust im Samthandschuh. Voll, aber mit schlankem, trockenem Abgang ★★, *mittlerweile möglicherweise* ★★★

1963

Kalter Sommer, im Weinberg trat Fäule auf. Leichte, säurebetonte Weine. Ziemlich miserabel, aber nach so vielen großen Jahrgängen bestand kein Anlass, ihn zu kaufen.
Ch. Lafite Selbst die wenigen *Cuves* lagen weit unter dem Niveau eines *grand vin*. Blass, wässerig; auf blecherne Weise wohlriechend. Dünn, kurz. *Zuletzt im Oktober 1988 verkostet.*
Ch. Margaux Mehrere Einträge. Kürzlich auf zwei Vertikalverkostungen von Wagner degustiert: blässlich, hellbraun getönt; sehr leicht, blecherne Seetangnase und entsprechender Geschmack (1997). Später ein Exemplar mit haarsträubendem Fischgeruch und schrecklichem Geschmack. *Zuletzt im November 2000 verkostet.*
Ch. Mouton-Rothschild Auf Flatts Vertikalverkostung 1986 mild und harmlos, 1989 bei Frericks' Degustation überraschend »süß«, aber blechern und mager. Wohlriechend, dabei medizinisch und verwelkt. *Zuletzt im September 1990 verkostet.*

1964 ★★★★

Man sollte sich von dem Glauben verabschieden, dass der 1964er mehr als »nur« ein sehr guter Jahrgang gewesen sei – und dennoch wurde seine Qualität einzig und allein von örtlichen Regenschauern während der Lese beeinträchtigt, die vor allem in Pauillac und St-Estèphe niedergingen und einige bedeutende Châteaux in Mitleidenschaft zogen. Latour begann früh mit der Ernte und erzeugte einen Spitzenwein. Lafite, Mouton-Rothschild, Lynch-Bages und Calon-Ségur allerdings wurden allesamt mit heruntergelassenen Hosen erwischt. Wie sich aber noch herausstellen wird, erbrachten selbst die vom Regen durchweichten Weinberge einige sehr wohlschmeckende Weine. Nichtsdestotrotz muss man einräumen, dass die allerbesten 1964er südlich des Médoc in Graves entstanden und am rechten Ufer einige herausragende Pomerol- und St-Emilion-Gewächse das Licht der Welt erblickten.

Für mich stehen der 1962er und der 1964er in enger Beziehung zueinander. Beide sind von gleicher Qualität, aber recht unterschiedlichem Stil. Während der 1962er, wie wir gesehen haben, schlank, lebendig und säurebetont daherkam, gab sich der 1964er stämmiger, runder und fruchtiger, wie ich mit meinen Notizen aufzeigen zu können hoffe. Wie immer waren wechselhafte Bedingungen während der Wachstumsphase die Ursache. 1964 folgte auf einen angenehm warmen Frühling eine sehr zufrieden stellende Blüte, die einen großen Ertrag versprach. Der heiße, trockene Sommer und die idealen Reifebedingungen im September veranlassten die meisten Châteaux, um die dritte Woche des Monats mit der Lese zu beginnen. Im Médoc hatten fast alle Güter bereits mehr als die Hälfte des Traubenguts eingefahren – manche waren am 8. Oktober schon fertig –, als es zwei Wochen lang ununterbrochen zu regnen begann. Wer die Ernte noch nicht abgeschlossen hatte, machte unbeirrt weiter oder wartete. Manche Güter, beispielsweise Lynch-Bages, beendeten die Lese erst am 24. Oktober. Die Erzeuger vom rechten Ufer kamen glimpflich davon, weil Merlot eine früh reifende Sorte ist. Ich weise im Folgenden auf einige Lesezeitpunkte im Médoc hin.

In meinen Notizbüchern stehen zu diesem Jahrgang mehrere hundert Einträge über insgesamt mehr als 250 Châteaux. Viele entstanden natürlich Ende der 1960er. Die meisten Flaschen wurden Mitte der 1970er bis Mitte der 1980er getrunken, als sie ihren Höhepunkt erreicht hatten. Nachfolgend eine Auswahl der am häufigsten verkosteten Gewächse.

Ch. Lafite Die Lese begann am 26. September und endete am 16. Oktober; in den letzten neun Tagen regnete es. Trotzdem fiel das Ergebnis nicht allzu schlecht aus. Eine ganze Reihe schwach duftender Flaschen, zwei aus jüngerer Zeit in Großformaten, eine überreife Jeroboam mit Efeublätterduft und -geschmack, recht ansprechend, aber adstringierend (1994), und eine Impériale, die in der Nase besser war als im Geschmack. Eine verblühte – vorzeitig gealterte – Dame. Am Zerfallen. *Zuletzt im September 1998 verkostet* ★

Ch. Latour Buhlt mit dem Ch. Pétrus um den Titel des besten 1964ers. Die Lese begann am 25. September und wurde rechtzeitig vor dem Regeneinbruch am 7. Oktober abgeschlossen. Viele Einträge (über 30), als Erstes eine sehr ansprechende »süßfruchtige« Fassprobe im April 1965. Anfang der 1970er gut, aber noch immer spröde und unfertig, allerdings kurze Zeit später »wie ein 1959er«. 1978 schrieb ich: »Wird sich vermutlich wie ein 1943er entwickeln« – was hieß, dass er reich, aber stumpf ausfallen würde. Dann öffneten sich seine Nase und sein Geschmack und ließen in den 1980ern das Fleisch und den reichhaltigen Charakter des Weins erkennen. In den 1990ern bei einem Dutzend Anlässen verkostet bzw. getrunken, jedes Mal sehr gut, mit Ausnahme einer oxidierten Flasche.

Die kontinuierliche Entwicklung des 1964ers zeigt beispielhaft, von welch immenser Bedeutung die Flaschenalterung für einen roten Spitzen-Bordeaux ist. Er wird immer vielschichtiger. Bei den letzten drei Verkostungen ein wunderbarer Wein, mollig, perfekt im Gleichgewicht, rund und »süß«, doch immer noch mit tanninbetontem Abgang (bei einem Essen des Bordeaux Club im Jahr 1997). Dann eine Verkostung für die Bank Bär 1998 in Zürich, bei der er im Begriff war, seine ursprüngliche Farbtiefe zu verlieren. Bukett aus Zedernholz und alter Eiche (vom Baum, nicht vom Fass). Vollreifer, hübscher Geschmack. Kürzlich bei Paolo Pongs »Dinnerverkostung« in guter Verfassung. *Oktober 2000* ★★★★★

Ch. Margaux Die Lese begann am 21. September und endete am 15. Oktober, überschnitt sich also um eine Woche mit der Regenperiode. Und das merkt man. Erstmals eine Fassprobe im April 1965; der weiche, feminine Charakter wurde bald offenkundig. In den 1970ern empfand ich ihn als zu gefällig und auch in den 1980ern war ich bei den wenigen Gelegenheiten, bei denen ich ihn verkosten konnte, nicht allzu beeindruckt. Meine zwei Bewertungen aus jüngerer Zeit entstanden beide auf Wagners Verkostungen; 1997 ein gesundes, überraschend festes, aber unspektakuläres Exemplar und wenig später eine 1994 neu verkorkte Flasche, tiefer, überzeugender, »süßer«, reicher, griffiger und in guter Verfassung. *Zuletzt im November 2000 verkostet* ★★

Ch. Mouton-Rothschild Spät gelesen. Die Ernte begann am 1. Oktober und war am 16. Oktober abgeschlossen. Als ich im Mai 1965 das erste Mal eine Fassprobe verkostete, bewertete ich ihn als leicht und gefällig, aber ohne den üblichen Cabernet-Sauvignon-Charakter in Duft und Geschmack. Seither entstanden über ein Dutzend Einträge, viele davon in den 1970ern und 1980ern, durchaus attraktiver Geschmack, aber ausnahmlos Notizen wie »keine Länge«, »dünnhäutig«, »kein Fleisch«. Seit der Mouton-Verkostung von Frericks und Wodarz im März 1989 in Wiesbaden nicht mehr degustiert, damals leicht, wohlschmeckend, nicht überzeugend. *Zuletzt im März 1989 verkostet. In Bestform* ★★

Ch. Haut-Brion Mehrere Einträge in den 1980ern, fünf in den letzten zehn Jahren. Ein vollreifes, intensives Erscheinungsbild; Nase wie Weichkäse; während eines Essens bei Christie's zu Ehren von Jack (Sir John) Plumb rauchig, sehr erdig, trocken. Zuletzt eine sehr ausgewogene, erdige Flasche. *Während Paolo Pongs Essen bei Jancis Robinson im Oktober 2000 verkostet (als wie immer Nick kochte)* ★★★★

Ch. Ausone 1965 aus dem Fass verkostet, für einen so jungen Wein weich und »süß«. Entwickelte sich in den 1970ern ansprechend. Ich stellte oft einen tabakartigen Duft fest, der mich an einen Graves erinnert. Feine Qualität. Gut trinkbar, etwas Charme. Ein schöner 1964er. *Zuletzt im Juni 1989 verkostet* ★★★★

Ch. Cheval Blanc Lese vom 22. September bis 9. Oktober. Einer der schönsten 1964er. Eine feine, fruchtige Fassprobe und eine stete, durchweg angenehme Entwicklung, 1973 »voll, weich, samtig, stilvoll und rund«. In der zweiten Hälfte der 1980er voll entwickelt, grandios. Vier Einträge aus jüngerer Zeit: 1994 in der Londoner Lefevre Gallery perfekt; »süß«, reich, 1995 beim Essen mit Dr. Lou Skinner, einem der unbekannten Helden der amerikanischen Wein- und Gourmetszene, ebenfalls vollkommen; auf der Weinart-Vertikalverkostung 1997 eine relativ enttäuschende Magnum – Jacques Hébrard erzählte uns, dass der Wein schwierig zu vinifizieren gewesen sei. Der Ertrag lag bei 37 hl/ha, der Alkoholgehalt war relativ niedrig (12%). Bei Paolo Pongs Degustation im Jahr 2000 alternd, aber gut entwickelt; recht »süß«, doch mittlerweile auch schlank und am Austrocknen.

Dann ein fast vollkommenes Exemplar im Dezember 2001 bei Hugh Johnsons Essen für den Bordeaux Club: ausgewogen, *à point*, trockener Abgang. Kürzlich mit roten Spuren, die auf flüchtige Säure hinwiesen; reif, »ziegelartig«; »süß«, reich, gute Frucht, immer noch etwas Tannin und leichte Säure. *Zuletzt im April 2002 bei einem Essen der Förderer des Russischen Nationalorchesters im Londoner Spencer House verkostet. In Bestform jetzt* ★★★★

Ch. Pétrus Jean-Pierre Moueix hatte zwar das alleinige Vertriebsrecht für die Weine des Châteaus, kaufte aber 1964 trotzdem einen 50-prozentigen Anteil am Gut. Vom Start weg ein wundervoller Wein, mit unerhört viel Frucht und auch sonst allem Guten ausgestattet; fleischig, wohlriechend – bei einigen Verkostungen merkte ich einen Hauch flüchtiger Säure an. 1999 auf einer Vorverkaufsverkostung in New York eine sehr »süße«, sehr reiche, gut ausgewogene Flasche. Kürzlich bei einem Essen für das Russische Nationalorchester eine superbe Doppelmagnum aus Tom Blacks Keller: beeindruckend tief und noch immer jugendlich; verhaltene, aber ausgewogene und komplette Nase (beim Pétrus und einer ganzen Reihe anderer Pomerol-Weine ist das Bukett meines Erachtens allerdings nie so interessant wie der Geschmack und die Konsistenz im Mund). Ich brauchte schon sehr viel Fantasie, um überhaupt den Ausdruck »Bukett« zu verwenden. Aber welch ein herrlicher Wein am Gaumen. Tief, reich. Dabei nicht überwältigend kraftvoll. *Zuletzt im Dezember 2000 bei Mosimann in London verkostet* ★★★★★

Einige weitere, zuletzt in den 1990ern verkostete 1964er

Ch. L'Angélus Eine spektakuläre Jeroboam, die angeblich die beste je abgefüllte Flasche ihrer Art gewesen sein soll. Ein grandioser Wein, aber jetzt vollreif. *September 1998* ★★★★

Ch. d'Angludet Makellos: weich, reif, ansprechend. Juni 1992 ★★★★

Ch. Beychevelle Bemerkenswert »süß«, weich, superb. *Zuletzt im Mai 1993 verkostet. In Bestform* ★★★★

Ch. Canon Eine schöne Kreszenz, die beim *Dîner Millésimes de Collection* auf Ch. Trottevieille mit dem 1971er Cheval Blanc um den Titel des besten Weins konkurrierte: reiche Farbe; ausgewogen, wohlriechend; warmer Charakter, füllig, reich, ansprechend. *Zuletzt im Juni 1995 verkostet* ★★★★

Ch. Canon-La-Gaffelière Absolut auf dem Höhepunkt. Könnte sich nicht mehr weiterentwickeln. Ein schöner Wein. *Im April 1998 beim Essen auf dem Château verkostet* ★★★★ *(aber nicht mehr lange).*

Ch. Cantemerle Eine gute, wohlschmeckende Magnum, aber für einen 1964er schlank. *März 1996* ★★

Dom. de Chevalier Mehrere Bewertungen, vorwiegend ausgezeichnet. Mitte der 1980er in seinem Zenit: zart, perfekt im Gleichgewicht, weich, fleischig. Vor einiger Zeit zwei Flaschen, von Schröder und Schÿler nach London versandt, von den Berry Bros. abgefüllt, bei Christie's gekauft und bei einem Essen auf dem Gut blind verkostet. Ich hätte bei meinem ersten Eindruck bleiben sollen, schließlich befand ich mich in Bordeaux. Seine Zartheit erinnerte mich aber an Italien, weshalb ich von meinem ursprünglichen Standpunkt abrückte. Der Wein hatte etwas Hölzernes und Sprödes an sich und ließ den gewohnten Charme vermissen. Am Austrocknen. *Zuletzt im April 1994 verkostet. In Bestform* ★★★★, *aber auf dem absteigenden Ast.*

Ch. Figeac Der Bordelaiser *négociant* de Luze verschaffte sich immer wieder einen Marktvorteil, indem er Fassproben für Londoner Händler herbeischaffte, damit sich diese, wie im vorliegenden Fall, schon im Februar nach der Lese eine Vorstellung vom neuen Wein machen konnten. Relativ gut, obwohl in meinen Anfang bis Mitte der 1970er entstandenen Einträgen die Beurteilungen »enttäuschend« und »zu früh« zu finden sind. 1980 wurde allerdings bei einem Dinner auf Gravetye Manor in Sussex eine unglaublich starkfarbene Impériale »angezapft« und im Jahr darauf verkostete ich eine Doppelmagnum, die ich als »sanften Riesen« beschrieb. Noch besser auf Desais Figeac-Verkostung in Paris: Der Jahrgang war rund geworden, mit reichem, feigenähnlichem Geschmack. Deshalb notierte ich kurz darauf: »Wie eine Concorde«, also unruhiger Start, steiler Aufstieg, dann Überschallgeschwindigkeit, ab Mitte der 1970er-Jahre auf Reiseflughöhe. Bei Thierry Manoncourts Weinen kommt keine Sekunde Langeweile auf. Wenn ich an Figeac denke, fällt mir immer auch Thierry ein. *Zuletzt im Dezember 1989 verkostet. In Bestform* ★★★★ *und dürfte nach wie vor ausgezeichnet sein.*

Ch. La Fleur Sollte eigentlich großartig ausfallen, war aber hölzern. *September 1998.*

Ch. La Fleur-Pétrus Besser als der La Fleur, aber tanninbeladen und streng. *September 1994* ★★

Ch. La Mission Haut-Brion Mehrere Einträge. Nicht zum ersten Mal bemerkte ich, dass in die Weine der Woltners geringfügig zu viel flüchtige Säure gekrochen war, obwohl diese oft den Geschmack unterstreicht. Dennoch 1999 eine sehr gute Magnum beim Essen mit David Rutherford und seiner Frau: nicht so spröde, wie sie hätte sein können, sondern mit gefällig weicher Nase und dem typischen erdigen und tabakgetönten Abgang. Vor kurzem ein teeriges Exemplar mit würziger Nase, sehr »kiesigem« Geschmack und trockenem Abgang. *Zuletzt im Oktober 2000 bei Paolo Pongs Essen mit 1964ern verkostet. In Bestform* ★★★★, *ich neige jedoch dazu, den Wein herabzustufen.*

Ch. Moulinet Verwirrenderweise gibt es sowohl in Pomerol als auch in St-Emilion ein Château Moulinet. Den Wein aus letzterem Gut mochte ich und trank ihn in seinen Anfangstagen auch mit Genuss. Dann stieß ich auf eine eigenartige Flasche, die zwar ein hübsches weiches Erscheinungsbild, »süße« Frucht und guten Geschmack bekundete und sich daher gut trinken ließ, aber einen adstringierenden Abgang nach der Art eines 1962ers hatte. *Im Dezember 1994 zu Hause verkostet* ★★★ *(gerade noch).*

Ch. Pavie Viele Einträge. Abfüllungen von uneinheitlicher Qualität. Alles in allem, aber auf jeden Fall Ende der 1970er und in den frühen 1980ern, vollreif, »süß«, abgerundet. In jüngster Zeit nur einmal degustiert, eine Jeroboam mit kräftigem Mokka- und Kaffeeladenduft; trocken, alternd, ein Hauch Essigsäure. Einige säuerliche Bemerkungen über die schlechte Traubenqualität und alte Fässer. Ich denke aber, es lag mehr am Zustand der Flasche. *Zuletzt im September 1998 verkostet. In Bestform* ★★★★

Ch. Pichon-Lalande Lese vom 23. September bis 12. Oktober. Ein guter Wein. Selbst in seinen Anfangstagen (1967) weich und angenehm. Mehrere weitere Flaschen verkostet, alle »attraktiv«, darunter auch eine tiefe, pfefferige Impériale mit einem Hauch Anis. 1985 voll entwickelt, opulent. Unlängst erinnerte mich sein Erscheinungsbild an den alten Labrador meines Vaters, wenn er auf dem Rücken lag und darauf wartete, gekitzelt zu werden: weich, reif, warme hagebuttenrote und orange Farbe mit offenem Rand; ein sogleich entgegenkommendes Bukett, weich, ansprechend, mild angesengt, zedrig; am Gaumen ein angemessener Hauch »Süße« mit sauberem, trockenem Abgang. Etwas verblasst, aber noch gut in Form. *Der älteste Jahrgang bei der Pichon-Lalande-Masterclass von Christie's im März 1995* ★★★★ *Bald austrinken.*

Ch. Rauzan-Gassies Warum dieser Wein sich unter den neun recht guten Gewächsen befand, die bei einem Essensempfang für die internationale Presse gereicht wurden, weiß ich nicht. Das Château befand sich in einer Krise und der 1964er war zwar trinkbar, verbesserte den Ruf des Guts aber nicht im Geringsten. Er wurde vom später servierten, großartigen 1959er Latour in den Schatten gestellt. *Zuletzt im Juni 1999 auf Ch. Latour verkostet* ★

Vieux Ch. Certan Welch ein Kontrast zwischen dem Gassies (oben), einem kümmerlichen Margaux-Vertreter, und dem »Vieux«, einem verlässlichen Pomerol-Wein. Nur zwei Einträge: 1980 sehr komplett, wohlausgewogen, vollreif, doch fehlte ihm zu dem etwas zu lang gebratenen englischen Lamm »ein leichter Pep«; vor einiger Zeit außerdem eine schöne, weiche, runde Magnum, die die ideale Trinkreife erreicht hatte. *Im September bei einem Rodenstock-Essen blind verkostet* ★★★★

Einige der besten (und schlechtesten) noch nicht erwähnten 1964er, die ich zuletzt in den 1980ern verkostet habe. Es war unmöglich, 250 Einträge hier wiederzugeben, deshalb nachfolgend eine kleine Auswahl: **Ch. Croizet-Bages** Reich, reif, ansprechend. *März 1986* ★★★; **Ch. Gazin** Früher sehr gut, aber mittlerweile alternd, dabei aber noch immer reich. *Dezember 1985* ★★★; **Ch. Gruaud-Larose** Lese vom 24. September bis 17. Oktober. Uneinheitliche Qualität, aber nicht nur wegen der unterschiedlichen Abfüllungen. *Februar 1989. In Bestform* ★★★; **Ch. Langoa-Barton** Plump, spröde, am Zerfallen. *Dezember 1985*; **Ch. Léoville-Las-Cases** Lese vom 24. September bis 9. Oktober. Viele, vorwiegend gute Bewertungen – aber kein großer Wein. *1989* ★★★; **Ch. Léoville-Poyferré** Viele Bewertungen, in den 1960ern und 1970ern von uneinheitlicher Qualität. Zuletzt »weich und trinkbereit«. *Februar 1986* ★★★ *Austrinken*; **Ch. Montrose** Vom 21. September bis 2. Oktober gelesen, also lange bevor der Regen kam. Erstmals aus dem Fass verkostet und bereits spürbar gut. Montrose in stämmiger Höchstform. Ansprechend, klassisch, tanninbetont, langlebig. *April 1987* ★★★★ *und weitere Steigerungen möglich*; **Ch. Palmer** Lese vom 21. September bis 8. Oktober, also noch vor dem Regen. Trotzdem enttäuschend. Als unelegant und robust beschrieben. *Seit 1981 nicht mehr verkostet* ★★; **Ch. Pape-Clément** Recht gut, mit charakteristischem Graves-Geschmack. Aber nicht so gut wie der 1962er. *Oktober 1989* ★★; **Ch. Rouget** Wirft das »Holzgerüst« oft ab und kann dann sehr attraktiv geraten. Ein guter, runder Pomerol. *Juli 1984* ★★★; **Ch. de Sales** Das 40-ha-Gut ist in seinem Distrikt mit ansonsten sehr kleinen Weinbergen ein wahrer Riese und erzeugt in der Regel gefällige, frühreife Weine zu vernünftigen Preisen. Der 1964er war lose gewirkt, mit ansprechendem Geschmack, hatte aber nicht die Klasse eines Spitzen-Pomerol. *Juni 1983* ★★★ *Austrinken*; **Ch. Trotanoy** Ich hatte von diesem für gewöhnlich äußerst beeindruckenden Château mehr erwartet. *September 1987* ★

EIN PAAR WEITERE 1964ER, die ich gern noch einmal verkosten würde: **Ch. Grand-Puy-Lacoste**; **Ch. Lafon-Rochet**; **Ch. Léoville-Barton**; **Ch. du Tertre**; **Ch. La Tour de Mons**.

1965

Ein nasser, miserabler Sommer erbrachte einen mageren Ertrag und unangenehme, kurze, säurebetonte Weine. In letzter Zeit nur noch selten verkostet. Kann man vergessen.

Ch. Lafite Anfangs in Hochform ein leichter Wein zum Essen. Geringfügig besser als der 1963er, was nicht viel sagt. *Zuletzt im Juli 1988 auf einer Vorverkaufsdegustation verkostet.*

Ch. Latour Ein leichter Wohlgeruch, rau, noch immer etwas Tannin. Man machte das Beste aus dem schlechten Jahrgang. *Zuletzt im März 1989 verkostet* ★

Ch. Mouton-Rothschild Blass, aber hübsch. Bemühte sich sehr, ein Mouton zu sein. *Zuletzt im März 1989 verkostet.*

Ch. Haut-Brion Gute Farbe; trocken, leicht, passabel. *Zuletzt im März 1985 verkostet.*

Ch. La Mission Haut-Brion Ein in vielerlei Hinsicht überraschender Wein, farbtief und wohlriechend. Ein annehmbarer 1965er. *Zuletzt im September 1990 verkostet* ★★

Ch. Montrose Nur alte Einträge, aber zusammen mit dem Latour und La Mission noch der beste 1965er ★★

Ch. Margaux *Non-millésimé*, nicht als Jahrgang deklariert. Ein verständlicher, aber misslungener Versuch, durch einen 1966 auf den Markt gebrachten Verschnitt der Jahrgänge 1963, 1964 und 1965 einen trinkbaren Wein zu erzeugen. Der Handel ignorierte ihn und so wurde das Experiment nicht wiederholt. Ein Eintrag aus jüngerer Zeit: blässlich, mit teerigem Rand; in der Nase schwacher Tee und Melasse, aber bald verblassend. Leicht. Adstringierend. *Im November 2000 auf Wagners Vertikaldegustation verkostet.*

1966 ★★★★

Einer meiner Lieblingsjahrgänge. Ich habe ihn immer wieder als »schlanken Langstreckenläufer« beschrieben. Wuchsbedingungen: frühe Blüte, kühler, ziemlich trockener Sommer, aber ein sehr heißer, sonniger September, der die Trauben gut zum Ausreifen brachte, und schließlich ein Lesebeginn unter guten Bedingungen am 6. Oktober.

Wie beim 1964er liegen mir mehrere hundert Einträge zu weit über 200 Châteaux vor – die nachfolgenden Verkostungsnotizen stellen also nur die Spitze des Eisbergs dar. Erwartungsgemäß sind nach nunmehr fast 40 Jahren viele Weine, die nicht zur obersten Spitzenkategorie gehören, bereits über ihren Höhepunkt hinaus und von den Regalen oder aus den Kellern verschwunden.

Ch. Lafite Dieser Jahrgang gehört zu jener Art Wein, die als... nun ja, als anständig, aber keineswegs aufregend durchgehen könnte, wenn man ihn nicht mit Sorgfalt behandeln würde. Er braucht zweifellos reichlich Luft, reichlich Zeit im Dekantiergefäß und im Glas. Man muss ihn wie eine schüchterne Person behutsam hofieren, damit er seine wahren Qualitäten offenbart. Mehr als zwei Dutzend über einen langen Zeitraum verteilte Einträge liegen mir vor. In Bestform ist dieser Wein die Quintessenz meines »schlanken Langstreckenläufers«. Allerdings fielen nicht alle Bewertungen hervorragend aus. 1995 schmuggelte Rodenstock schlitzohrig eine wohlriechende Flasche aus dem Nicolas-Keller in Paris in eine »Serie« von blind verkosteten Gewächsen aus der Zeit vor der Reblausinvasion. Sie war, ehrlich gesagt, mehr als schlank. Sie wirkte rau. Im Jahr darauf in New York bei einer Verkostung von erstklassifizierten 1966ern zur Feier des 30-jährigen Bestehens der Weinabteilung von Christie's: Der Lafite präsentierte sich elegant, aber erneut etwas »kantig«. In der Woche darauf auf den Tag genau 30 Jahre nach meiner ersten Versteigerung am 11. Oktober 1966 verkostete ich bei einem sehr aufwändigen Dinner im Great Room in der Londoner King Street gleich drei Impériales; die beste war großartig, hatte eine gute Füllhöhe und einen farbtiefen Korken mit samtigem Ende. Ein Duft, wie nur ein Lafite ihn freigeben kann. Angenehmer Geschmack, schlank, gute Länge. Ein unbeschwert trinkbereiter Wein. Ich weiß nicht, woher die anderen beiden Impériales stammten, aber eine hatte einen groben Korken mit alten Rüsslerspuren. Etwas oxidiert, doch schien der Inhalt noch einmal Oberwasser zu bekommen. Wir tranken diese Flasche zuletzt. Die dritte Impériale war ein Desaster. Beim Entfernen der Kapsel wimmelte es in dem leicht eingefallenen Korken von lebenden Käfern, doch nach dem Entfernen des krümeligen Zapfens erwies der Inhalt sich zu unserer Überraschung als besser als die Nr. 2! Unlängst eine klassische Jeroboam, degustiert bei einer Verkostung, die ich für das Magazin *Vinum* in Zürich leitete: ausgewogen, erfrischend, aber mit verblassender Frucht. *Zuletzt im April 1998 verkostet. In Bestform* ★★★★, *ist aber schon über die Ziellinie hinaus.*

Ch. Latour Rund ein Dutzend Einträge, doch keiner vor 1976. Hatte in dieser Zeit eine erwartungsgemäß herrliche Farbtiefe mit undurchsichtigem Zentrum. Enorm, gut ausgestattet, samtig, unfertig. Eigentlich der am langsamsten reifende 1966er. Sieben Bewertungen aus den 1990ern, die alle höchst zufriedenstellend ausfielen. Zum Beispiel 1998 in der Züricher Bank Bär: kraftvoll, Gleichgewicht und Geschmack ausgezeichnet. Im Frühjahr darauf eine schöne Flasche mit Anklängen an »alte Eiche«, gezähmten, aber noch überaus präsenten Tanninen und einen Monat später ein Exemplar auf der Vinexpo in Bordeaux bei der von mir und dem Organisator Christopher Burr geleiteten »Degustation des Jahrhunderts« mit allen Spitzen-1966ern, nicht nur aus Bordeaux. Der Latour war die reine Vollendung: schöne Farbe; wohlriechendes Zedernholzbukett, Geschmack und Zustand makellos. Im Oktober 2000 eine gut trinkbare Flasche bei einem Essen des Saintsbury Club. Ein wohlschmeckender Wein mit schöner Textur, der sich Zeit lässt. Kürzlich: undurchsichtiges Zentrum; »süßes« altes, zedriges Bukett mit ersten Altersspuren; ein sehr gehaltvoller Wein mit trockenem Abgang. »Jetzt sehr schön.« *Zuletzt im Dezember 2001 bei Hugh Johnsons Essen für den Bordeaux Club auf Saling Hall verkostet* *****

Ch. Margaux Mitte der 1970er als elegant, fruchtig, schlank, doch mit (festem) Zentrum beschrieben. Ein Jahrzehnt darauf mit dem unnachahmlichen Margaux-Duft, gut abgerundete Form, Fleisch und Länge schön. Doch auch etwas mager und mit trockenem Abgang. Auf dem »Wine-Experience«-Galadiner 1966 in New York ebenfalls in guter Verfassung, etwas verhaltene Nase, bis er beschloss, sich zu entspannen und zu öffnen. Noch immer tanninbetont. Am aufschlussreichsten waren Manfred Wagners zwei Margaux-Vertikalverkostungen in Zürich; die Notizen und Bewertungen, die bei den beiden Veranstaltungen entstanden, ähnelten sich. In beiden Fällen (1997 und 2000) war es interessant zu sehen, wie gut sich das Bukett entwickelte – nach rund 45 Minuten hatte es seinen Höhepunkt erreicht. Beide Flaschen in gutem Zustand, Geschmack, Textur und Länge sehr schön. *Zuletzt im November 2000 verkostet* **** *Lässt sich Zeit.*

Ch. Mouton-Rothschild Ein überwältigender Wein. Als (relativ) junges Gewächs nach sieben Jahren in der Flasche zwar sehr wohlschmeckend, aber spröd, mit rauem Einschlag, jedoch sanft. Beim Essen im Rahmen des »Krug Award for Excellence« in Inigo Jones' Bankettthaus in Whitehall unfertig. In den 1980ern Bukett und Geschmack merklich verschlossen. Vor einiger Zeit fast vollendete Flaschen, die ich ebenfalls in London bei einem Mouton-Essen im Brooks's Club verkostete, zu dem Philippine de Rothschild 1994 geladen hatte; sein Duft quoll förmlich aus dem Glas – alle Anzeichen von Rauheit hatten sich verflüchtigt. Allerdings glaubte ich zu erkennen, dass er, wenn auch mit Eleganz, allmählich verwelkte. Als Nächstes bei dem im vorigen Eintrag erwähnten Galadiner eine herrliche Flasche mit ähnlich verhaltenem Bukett, die sich jedoch wunderschön öffnete: voll, reich und tanninstark. Unlängst ein Exemplar mit mehr Anzeichen von Reife und braunem Rand, in der Nase etwas gealtert, aber am Gaumen gehaltvoll und uneingeschränkt köstlich. *Zuletzt im September 1998 beim Essen mit Hervé Berland im »Grand Mouton« verkostet* **** *Aber nicht mehr allzu lange warten.*

Ch. Haut-Brion Zu meiner Überraschung mehrere Dutzend Einträge, angefangen mit einer beeindruckenden Fassprobe im November 1967. Ich habe diesen Wein bei allen nur erdenklichen Anlässen getrunken, unter anderem beim mittlerweile verstorbenen Dr. King in Atlanta (der einen großartigen Keller besaß) oder mit meinem Freund Morales Doria in Mexiko-Stadt. Vor allem in den 1980ern entstanden viele Bewertungen, die ausnahmslos gut ausfielen: »Eleganz«, »komplett«, »perfekte Frucht«, »wunderbar im Fleisch« sind nur einige der Beschreibungen aus meinen Notizen. Vor geraumer Zeit eine ausgezeichnete Flasche, die ich zu meinem Essen für den Bordeaux Club 1994 bei Christie's servierte: Füllhöhe im unteren Halsbereich, tadelloser Korken, um 17.45 Uhr geöffnet, eine Stunde später dekantiert und um 20.15 Uhr serviert. Farbe noch immer tief und satt; typischer Haut-Brion-Duft nach Tabak und Eisen, entwickelte sich köstlich, teeartig, sehr »süß«, fülliger Körper, schöner Geschmack, erdiger tanninbetonter Abgang. Dann eine bemerkenswert gute Doppelmagnum beim Jubiläumsdinner zum 30-jährigen Bestehen der Weinabteilung von Christie's: Die Traubenlese und der Gärprozess fanden statt, als Christie's seine erste Weinversteigerung veranstaltete. Aus historischer Genauigkeit erwähne ich außerdem noch eine überreife, etwas oxidierte, in New York degustierte Flasche. *Zuletzt im Oktober 2001 verkostet. In Bestform* ****

Ch. Ausone Ein guter Wein. Wie immer eigen. Anfang der 1970er stilvoll und elegant; auf Flatts Verkostung 1987 sehr wohlriechend und schmackhaft, seither allerdings nicht mehr degustiert. *Zuletzt im Oktober 1987 verkostet* ****

Ch. Cheval Blanc Ich habe dem 1966er stets den Vorzug vor dem großen 1947er gegeben, denn obwohl Letzterer ein enorm beeindruckendes Gewächs ist, verkörpert der Jahrgang 1966 doch Eleganz in ihrer reinsten Ausprägung. Im November 1967 eine Fassprobe, die verständlicherweise leicht »grün« und tanninbetont war, aber in den 1980ern entwickelte er sich bestens und ich zeichnete ihn mehrmals mit fünf Sternen aus. In den letzten zehn Jahren fünfmal verkostet, unter anderem 1994 eine zusammen mit den anderen erstklassifizierten Gewächsen von 1966 servierte Flasche bei meinem Essen für den Bordeaux Club. Trotz des schlechten, bröseligen Korkens war sie köstlich und offen gesagt der beste Wein von allen. Kein verhaltenes Bukett, sondern ein sofort zugänglicher Duft, der sich aber trotzdem weiter mit Bravour steigerte. Sehr »süß«, ansprechender Zedernholzgeschmack, gut in Körper und Gewicht. Absolut ausgewogen. Eine Fünfsterneflascheauf der »Jahrhundert«-Verkostung 1996 in New York und zwei großartige Exemplare von Dick Edmunds zur Feier seiner 30-jährigen Mitgliedschaft im Boodle's Club sowie meiner ebenso langen Tätigkeit für Christie's. Im Jahr darauf bei Karl-Heinz Wolfs Cheval-Blanc-Vertikalverkostung eine elegante Magnum mit einem Duft, der so lebendig und angenehm war, dass er förmlich aus dem Glas »tanzte«, wie ich es beschrieb. M. Hébrard erklärte mir, dass der Ertrag mit 20 hl/ha sehr niedrig gewesen sei und auch der Alkoholgehalt bei bescheidenen 12,2 % gelegen habe. Welch ein Gegensatz zu den plumpen, fruchtbepackten, vordergründigen Weinen, die heute in gewissen Kreisen – und nicht nur auf der anderen Seite des Atlantiks – so beliebt sind. Ein roter Bordeaux in Reinkultur eben. *Zuletzt im September 1997 verkostet* *****

Ch. Pétrus Vermutlich ist das genau der Weinstil, den alle nachahmen wollen. Ich muss allerdings zugeben, dass er in der Tat enormen Eindruck auf mich machte, angefangen von einer »kräftig gebauten« Fassprobe 1967, auf die eine Reihe beachtlicher Verkostungen in den 1980ern folgte. Tief, so dick, dass der Extrakt schon fast sichtbar war. Eine nicht minder gehaltvolle, fast malzige Nase, die jedoch einen angenehmen Duft entwickelte. »Süß«, körperreich, dabei tanninstark. Er wirkt, als habe man die Trauben nicht gepresst, sondern ihren zuckerbeladenen Saft abtropfen lassen. *Zuletzt im April 1990 verkostet* ***** *Langlebig.*

Weitere, in den 1990ern verkostete 1966er

Ch. Batailley Immer verlässlich, 1966 sicherlich sehr gut, womöglich sogar in absoluter Höchstform, da der angenehm fruchtige Stil die Schlankheit des Jahrgangs betonte. Noch immer recht tief; eine sich herrlich öffnende Nase mit Laub- und Walddüften – oder lag es an Hugh Johnsons Baumbestand? Reich und mäßig vollmundig, mit attraktivem Cabernet-Sauvignon-Einschlag im Endgeschmack. *Zuletzt im Juli 1995 bei Hugh Johnsons Essen für den Bordeaux Club verkostet* ****

Ch. Beychevelle Ich mochte ihn schon im Fass und das hat sich bis zum heutigen Tage nicht geändert. Er entwickelte sich trügerisch früh, wobei sein Stil jahrgangstypisch ausfiel. *Zuletzt im Mai 1993 verkostet* ****

Ch. Calon-Ségur Viele Einträge. 1969 rau und tanninbeladen, doch bis Mitte der 1970er entwickelte er eine klassische Zedernnote in Nase und Geschmack, fest und trocken. Im Lauf der 1980er schüttelte er seinen typischen spröden St-Estèphe-Charakter weiter ab. Kürzlich eine hervorragende Abfüllung von Avery in Bristol: Farbe, Bukett und Geschmack schön. Weich, *à point*. Der ideale rote Bordeaux. *Zuletzt im Oktober 2001 bei einem Essen des Saintsbury Club verkostet* *****

Ch. La Conseillante Eine wundervolle Kreszenz. Ich verkostete sie einmal bei einem einsamen Essen in prachtvollem Ambiente auf Sandricourt, John Goellets Gut nördlich von Paris, nachdem ich zuvor auf Händen und Knien herumgekrochen war, um den dortigen Keller zu sichten – ein unvergessliches Erlebnis. Immer noch farbtief; alternd, attraktiv, ziegelig und reich in Bukett und Geschmack. Perfekter Körper (wie das Mädchen, das sich um mich kümmerte und zum Beispiel das Bad einlaufen ließ) und schöne Textur. *Zuletzt im Mai 1995 verkostet* **** *Immer noch tanninbetont.*

Ch. Cos d'Estournel Vom Start weg ein herrlicher Wein, wobei der »Start« in diesem Fall schon im Februar nach der Lese stattfand, was wohl auf das Konto von de Luze ging, der wieder einmal allen anderen voraus sein wollte. Zehn beständig gute Bewertungen in den 1970ern und 1980ern, mit einem Volltreffer (fünf Sterne) im Jahr 1990. Seither nur noch ein paar Mal verkostet. Eine 1988 neu vekorkte Flasche, die ich bei einer Versteigerung von Christie's 1996 erwarb und 1998 bei meinem Essen für den Bordeaux Club servierte. Ich sorgte dafür, dass sie reichlich Luft bekam, indem ich den Korken um 16.00 Uhr zog, sie um 18.00 Uhr dekantierte und den Wein um 20.20 Uhr eingoss. Die Mühe lohnte sich, denn das Bukett entfaltete sich wunderbar wohlriechend, zedrig, teeartig; »süß«, köstlich, gefällig und charmant, doch im Kern ausdauernd. Zuletzt zwei Wochen später bei meinem »Réserve Tasting of Premier Bordeaux Wine« in Palm Beach degustiert. Eine vorzügliche Flasche, für einen 1966er weich, angenehme Frucht, köstlich. Roter Bordeaux in Höchstform. *Zuletzt im Februar 1998 verkostet* ****

Ch. Ducru-Beaucaillou Rund zwei Dutzend Einträge aus den 1970ern und 1980ern. Sehr gut, allerdings ohne die unmittelbare Zugänglichkeit des Cos, relativ streng und unnachgiebig. Häufig mit fünf Sternen bedacht (*** für die Trinkbarkeit, ** für die weitere Entwicklung). Seidige Textur, zart im Fleisch, ein Wein mit Klasse, wenngleich etwas abweisend. *Zuletzt im Februar 1992 verkostet. Immer noch* ***(*)

Ch. L'Eglise-Clinet »Elevé by A&R Barrière Frères« und vermutlich in Belgien abgefüllt. Auf dem Etikett zwar allzu marktschreierisch angepriesen, doch in der Tat ziemlich gut. Angenehmer, fleischiger Duft; perfekt ausgereift, reich, mit trockenem Abgang. Früher am besten – trotzdem heute eines der gesuchtesten Châteaux in Pomerol. *April 1997* ***

Ch. Figeac Eine weitere verfrühte Fassprobe, doch schon damals weich und attraktiv, was sich auch in den 1970ern und 1980ern nicht änderte. Bei den letzten beiden Gelegenheiten beschrieb ich die verkosteten Flaschen unabhängig voneinander als typische Manoncourt-Weine voller Frucht und Charakter. Der Jahrgang zeigte sich auf der *Premier-grand-cru*-Verkostung im Mai 1997 in gutem Licht: äußerst ansprechend, überaus charaktervoll, der Duft erinnerte mich an Liguster. Fünf Monate darauf ein Exemplar direkt aus Bob Dickinsons fabelhaftem Keller, die sich nur langsam öffnete. Aber gut. *Zuletzt im November 1997 bei einer Degustation in Jodi und Bobs Haus in Florida verkostet* *****

Ch. La Fleur Ein weiterer heute sehr in Mode gekommener, teurer Pomerol-Wein, der aber früher wie viele kleine Châteaux – vermutlich sogar die meisten – in diesem mit Kellereien vollgepackten Distrikt vorwiegend von den Belgiern gehandelt und geschätzt wurde. Unzweifelhaft ein wunderschöner Wein. Immer noch tiefes, recht jugendliches Aussehen; einer der ansprechendsten Düfte aller Pomerol-Weine; guter Körper, im Gleichgewicht, der hohe Gehalt überdeckt die beträchtlichen Tannine. Einer der besten von insgesamt 32 La-Fleur-Jahrgängen, mit denen Hardy Rodenstock 1996 beim Essen aufwartete. *Zuletzt im September 1998 verkostet* *****

Ch. Gazin Und noch eine überraschend weiche, angenehme Fassprobe, die ich im Februar 1967 in London verkostet habe. Samtig, aber sehr tanninstark, in seinem zwanzigsten Jahr voll entwickelt. Unlängst eine Jeroboam, die mich an den ausgezeichneten 1945er erinnerte, den ich in meinen Anfangsjahren im Weinhandel degustierte. Erstaunlich »süße« Nase, in der sich der reife, himbeerartige Cabernet-franc-Charakter Bahn brach. Gute Frucht, Fleisch, komplett. Ein köstlicher Trinkgenuss. *September 1998* ****

Ch. Grand-Puy-Lacoste Stets ein Langstreckenläufer. Von diesem Château kaufe ich mittlerweile jeden Jahrgang. Meinen ersten Eindruck von dem 1966er bekam ich 1971 mit einer angenehmen, pikanten Abfüllung von Justerini & Brooks. Auf einer Verkostung des Weinmagazins *Decanter* 1979 weicher als der Ducru; Mitte der 1980er ein gut herangereifter, charakteristisch sehniger Klassiker. *Zuletzt im April 1993 verkostet* **** *und entwickelt sich noch immer weiter.*

Ch. Gruaud-Larose Ende der 1970er zwar gut trinkbar, Anfang der 1980er aber mehrere Male als unfertig bezeichnet. Verschiedene Flaschen »voll entwickelt«, »voller Frucht und Extrakt«, »lebendig«, »nach wie vor tanninbetont« – also ein ziemliches Durcheinander von Notizen. Im April 1994 eine wohlriechende, gehaltvolle, zedrige Doppelmagnum auf dem Château, auffallend körperreich und mit Frucht, Extrakt und Tannin beladen. Zwei Monate später ein höchst ansprechendes Exemplar, stilvoll, reif, gut trinkbar. *Zuletzt im Juni 1994 auf Chippenham Lodge beim Lunch mit Meg und Eddie Penning-Rowsell getrunken* ****

Ch. Haut-Batailley Sechs sehr gute Einträge. Stilistisch so zuverlässig elegant, wie die Weine aus dem Nachbargut Batailley verlässlich stämmig und fruchtig sind. Mitte der 1970er noch leicht unfertig, aber zehn Jahre später hatte ihn die Flaschenalterung verändert. Bei einem weiteren köstlichen Essen degustiert, diesmal auf Sandricourt, nachdem ich mich wieder einmal im Keller grimmig entschlossen durch den Staub gewühlt hatte. Als man mich bat, einen Wein zu bringen, entschied ich mich für den Haut-Batailley: Er wies eine tiefe, reiche, reife Mahagonifarbe auf; vollendetes Bukett und ansprechender Zedernholzduft. Wunderbar erfrischend – vielleicht weil ich es mir verdient hatte! Ich notierte: »Roter Bordeaux in Bestform.« *Zuletzt im Mai 1995 verkostet* ****

Ch. d'Issan Ich mag diesen Wein, aber er kann unterschiedlich ausfallen, wie es auch bei den Abfüllungen des Jahrgangs 1966 der Fall war. Mehrere Einträge, eine besonders denkwürdige Flasche 1983 beim Essen mit Lionel Cruse und seiner Mutter auf Issan, ihrem hübschen Château mit Burggraben. Mitte der 1980er anscheinend im Zenit, aber noch einige Jahre später eine sehr gute Abfüllung der Berry Bros. bei einem Essen des Saintsbury Club (Anthony Berry betätigte sich bis vor kurzem als »Einkellerer«, was recht hilfreich war!). Ansprechend weinig, Textur und Gewicht hübsch. Lebendig. Er machte die zähen Kalbsmedaillons weicher. *Zuletzt im April 1994 verkostet* ***

Ch. La Lagune Dieses Château im Haut-Médoc liegt zwischen der Südgrenze von Margaux und der Stadt Bordeaux, weshalb der Boden dem von Graves ähnelt. Der oft burgunderartige 1966er war merklich »süß« und duftend. Mehrere einheitliche

Einträge, der jüngste bezog sich auf eine äußerst beeindruckende, blind verkostete Doppelmagnum. Ich habe sie nicht erkannt, doch der Wein war gut in Form, hatte eine schöne Frucht und einen schönen Abgang, sodass ich hinzufügte: »Ein perfektes Gewächs.« *Zuletzt auf einem Rodenstock-Essen im September 1998 verkostet* ★★★★

Ch. Lascombes Mein erster Eintrag aus dem Jahr 1971 lautete schlicht »köstlich«. Mehrere unterschiedliche Bewertungen in den 1980ern, beeindruckend tief, am Gaumen besser als in der Nase. Kürzlich eine Flasche mit zwar tiefem, aber einem auf den nahenden Tod hindeutenden mahagonifarbenen Rand; Bukett nach duftender alter Eiche; reife »Süße«, knorrige Frucht, stark adstringierendes Tannin. *Zuletzt bei einer Lascombes-Vorverkaufsverkostung im September 2001 degustiert. Jetzt* ★★ *Am besten meiden.*

Ch. Léoville-Las-Cases Eine viel versprechende Fassprobe im Februar 1967 und auch danach eine Reihe ziemlich guter Bewertungen, sieht man einmal von zwei untypisch schlechten Abfüllungen von Army & Navy Stores ab. In den frühen 1980ern mochte ich ihn sehr gern, er war grazil, mit »seidigen Tanninen und perfekter Länge«. Drei Einträge aus jüngerer Zeit, eine Flasche von Nicolas in Paris abgefüllt: ein eindrucksvoller, stämmiger, »maskuliner« Wein, der im Four Seasons von Los Angeles hoffnungslos unpassend zu Santa-Barbara-Channel-Spot-Garnelen und Ravioli mit französischen schwarzen Wintertrüffeln serviert wurde. Unser großzügiger Gastgeber Stephen Kaplan hätte es wissen müssen, aber vielleicht lag es auch am Küchenchef: Sie wollen immer zeigen, was sie können, verstehen aber selten etwas von Wein! Bei unserem alljährlichen Winterurlaub auf St Bart's eine perfekte Flasche beim Essen mit den Weisers in ihrer Strandvilla. Makellos. *Zuletzt im Februar 2000 verkostet* ★★★★

Ch. Léoville-Poyferré Ansprechend, reicht aber nicht an den Léoville-Las-Cases heran. *Zuletzt im Oktober 1992 verkostet* ★★★

Ch. Lynch-Bages Ich dachte, Lynch-Bages und der Jahrgang 1966 wären eine klassische Kombination. Für Weine in Bestzustand trifft das auch zu; sie zeigen dann unnachahmlichen Schwung und Würze. Der älteste von 13 Lynch-Bages-Jahrgängen bei einem Treffen des '33 Club in der Brüsseler Wine Bar, alles andere als ein idealer Verkostungsort – zu voll. Der Wein jedoch war gut; überraschend »süß«, wenngleich zum Schluss austrocknend. Gewicht, Ausgewogenheit und Geschmack gut. *Zuletzt im November 1995 verkostet. In Bestform* ★★★★

Ch. Lynch-Moussas Ebenfalls überraschend »süß« und ansprechend, trotzdem noch tanninbetont. *Februar 1993* ★★★

Ch. La Mission Haut-Brion Meiner Meinung nach der letzte große Wein der Woltners. Ich hatte das Privileg, ihn bei 20 Gelegenheiten verkosten zu dürfen. Die Woltners bezeichneten den Jahrgang als »unproblematisch«. In den 1970ern ein reicher, stämmiger, gut gewirkter, dabei vielschichtiger Wein. Trotz seiner Statur konnte ich mir Bemerkungen über seine Säure nicht verkneifen, insbesondere bei einem Weindinner im Gidleigh Park Hotel in Devon (1996). Ich will den Wein nicht durch halbherziges Lob herabsetzen, ganz im Gegenteil. Er ist in der Tat beeindruckend, einer der großen 1966er. Und trotzdem ist die flüchtige Säure etwas hoch. Später merkte man ihm sein Alter an, er wies kräftige »Kirchenfenster« auf, hatte aber einen wässrigen Rand; Nase am Zerfallen, Mokka und Eisen, leicht gekochter Tabak. Sehr griffig, schöne Frucht und Länge. Erfrischend. *Zuletzt im September 1998 verkostet. Sollte eigentlich* ★★★★★ *haben, aber mehr als* ★★★ *kann ich nicht rechtfertigen.*

Ch. Montrose Ein Klassiker seiner Art. Zwei unterschiedliche, frühreife Fassproben. In jedem späteren Eintrag weise ich auf das Tannin hin, aber so ist der gute alte Montrose nun einmal. Ich komme lieber gleich zu einem vollkommenen Exemplar, einer gemeinsam mit dem Cos degustierten und erstandenen Flasche, die ich bei meinem Essen für den Bordeaux Club 1998 servierte. Jetzt mitteltief, reiche Farbe, reif; eine schwer einzuschätzende Nase; trocken, etwas spröde, massiv, noch immer tanninbetont. Irgendwann wird er schon werden. *Zuletzt im Februar 1998 verkostet* ★★★(★★)!

Ch. Mouton-Baron-Philippe Ein unernster, durch und durch charmanter Wein, aber auch einer mit Steherqualitäten. Unlängst eine Magnum, die Philippine de Rothschild bei einem angemessen aufwändigen Diner nach dem Opus One von 1987 und vor einer Jeroboam des 1921er Mouton *grand vin* servierte. Der Wein war eine wahre Freude. Elegant, köstlicher Geschmack, eine leichte Pfeffernote im Abgang. *Zuletzt im September 1998 verkostet* ★★★★

Ch. Palmer Außergewöhnlich gut, nicht ganz wie der 1961er, aber bestens austariert. Viele Einträge, exakt 22, um genau zu sein; sie entstanden zum Teil dank meiner langjährigen Freundschaft mit Peter Sichel, den ich sehr vermisse. Alle gut, einschließlich ausgezeichneter Abfüllungen der Army & Navy Stores, der Berry Bros. und von Quellyn Roberts (in Chester). Mehrere Bewertungen neueren Datums, darunter zwei interessante, bei einem Essen von Jim Hood in Bristol degustierte Flaschen, eine vom Gut selbst, die andere von der Wine Society abgefüllt. Sie fielen unterschiedlich aus; die Abfüllung der Wine Society hatte ein reiferes Erscheinungsbild und es dauerte eine Ewigkeit, bis sich ihr Bukett entfaltet hatte. Sie war »süß«, reich, geradlinig und tanninstark. Ich gab ihr tatsächlich den Vorzug, da ich ihre Nase für ansprechender und würziger hielt; der Geschmack ein Quäntchen zu »süß«, aber sehr interessant, hübsch, stilvoll. Eine sehr gute Flasche auf einer Vorverkaufsverkostung 1999 in New York. Und schließlich der älteste und beste der insgesamt vier von Michael Le Marchant servierten Palmer-Jahrgänge, ein Exemplar mit vollreifem Erscheinungsbild und leichtem Orangeton; Bukett fabelhaft – kein anderes Wort wäre angemessen –; »süß«, Geschmack, Gleichgewicht und Abgang schön. *Zuletzt im August 1998 bei den Le Marchants verkostet* ★★★★★

Ch. La Pointe Trank sich hervorragend. *Januar 1993* ★★★★

Ch. Rausan-Ségla Eine Fassprobe im Februar 1967: rau, aber mit gutem Potenzial. Anfang der 1970er überraschend weich, doch fest – falls das überhaupt möglich ist – und wohlschmeckend. Eine Reihe sehr guter Bewertungen Mitte der 1980er: köstlich, elegant, perfektes Gewicht, trockener Abgang, aber ohne bittere Tannine. Unlängst eine köstliche Flasche, relativ »süß«, gute Textur, »weinig« (nun ja, zumindest *ich* weiß, was ich damit meine) und perfekter Reifegrad. Ein ausgesprochen stilvoller, sehr Margaux-typischer 1966er. *Zuletzt im April 1997 beim Essen auf Ségla mit David Orr verkostet* ★★★★

Ch. Talbot Durchweg ansprechend, »süß«, gehaltvoll und gut ausgereift. *Zuletzt im Dezember 1990 verkostet* ★★★★

Ch. La Tour Haut-Brion Der Zweitwein von La Mission interessiert mich normalerweise nicht, da ich ihn für zu grobschlächtig halte. Bei den wenigen Gelegenheiten allerdings, bei denen ich den 1966er degustierte, empfand ich ihn als überraschend »süß« und weich. *Zuletzt im Juni 1990 verkostet* ★★★

Ch. La Tour de Mons Man kann nicht alles haben. Ich stufte diesen *Cru exceptionnel* als gleichrangig mit dem ausgezeichneten Chasse-Spleen ein, doch unter den drei nicht sonderlich beeindruckenden roten Bordeaux-Weinen, die bei einem Essen des Saintsbury Club verkostet wurden, nahm er den zweiten

Platz ein. Die Abfüllung von Avery überzeugte mich nicht sehr; sie alterte merklich und war zu lose verwoben. Ein weiterer Beweis, dass die meisten roten Bordeaux unter *Cru-classé*-Niveau nicht so gut reifen wie die höher klassifizierten Gewächse. Sie werden einfach nur älter und entwickeln keine zusätzlichen Facetten. Dieser Wein hätte mit 30 Jahren nicht mehr serviert werden sollen. Mehr als zehn Jahre verkraftet er nicht. *April 1996* ★

Einige weitere, zuletzt in der zweiten Hälfte der 1980er degustierte 1966er Ch. L'Angélus Mitte der 1970er auf seinem Höhepunkt. *November 1986* ★★★ *Austrinken*; **Ch. Boyd-Cantenac** Gefällig, zugänglich, kurz. *November 1986* ★★; **Ch. Branaire-Ducru** Nur drei Einträge. »Eine Überraschung und ein Genuss.« Wohlriechend. Ein Hauch von Würze und Eleganz. *November 1986* ★★★★; **Ch. Brane-Cantenac** Zehn sehr uneinheitliche Bewertungen, der Geschmack Mitte der 1970er angenehm, in den 1980ern aber überreif. *November 1986. Besser meiden*; **Ch. Canon** Mehrere gute Einträge. Stämmig, aber elegant, grandioser Duft. *September 1986* ★★★★; **Ch. Canon-La-Gaffelière** Nicht seine beste Zeit. Anfang der 1970er leicht und gefällig. Später gemischte Bewertungen. *November 1986* ★★★ *(im Zweifel für den Wein). Am besten austrinken*; **Ch. Cantemerle** Immer elegant und stilvoll. Brauchte Zeit, um zu seiner Form zu finden. Wohlriechend, lebendig. *November 1986* ★★★, *eventuell* ★★★★; **Ch. Cantenac-Brown** »Großspurig«, selten elegant, aber gut trinkbar. *September 1986* ★★★; **Carruades de Ch. Lafite** Ein Wein von welkem Charme. *November 1986* ★★; **Dom. de Chevalier** Ein klassischer Graves, von Claude Ricard wunderschön gemacht. Wohlriechend und fest. *Oktober 1989* ★★★★; **Ch. Croizet-Bages** Nie groß, aber immer angenehm. Prima Frucht, reif und trinkbereit. *November 1986* ★★★ *Bald trinken*; **Ch. Duhart-Milon** Jetzt weich, reif, angenehm. *November 1989* ★★★ *Bald austrinken*; **Ch. Fourtet** Unspektakulär. Schlank. Trockener Abgang. *November 1986* ★★; **Ch. La Gaffelière** Zunächst ein Auf und Ab, doch Mitte der 1980er weich, reich, komplett. *1986. In Bestform* ★★★ *Austrinken*; **Ch. Giscours** Mehrere Einträge. Legte seine anfängliche grüne Unreife anscheinend nie ab. Meine beste Bewertung vom Februar 1986. Ausgezeichnete Nase. Trocken, schlank. *November 1986* ★★; **Ch. Haut-Bailly** Immer gut gemacht, den anderen ein Stück voraus. Ein Charmeur. »Süß«, duftend. *November 1986* ★★★★; **Ch. Lafon-Rochet** Ich habe diesen Wein immer als ziemlich spröde und zu frucht- und körperarm empfunden, doch der 1966er fiel recht gut aus und entwickelt sich sogar noch weiter. *November 1986* ★★(★)?; **Ch. Lanessan** Uneinheitlich. Wer noch einen findet, sollte ihn trinken. *November 1986* ★★; **Ch. Langoa-Barton** Schlank, erfrischend, gute Länge. *November 1986. In Bestform* ★★★; **Ch. Léoville-Barton** »Ein 1966er wie aus dem Bilderbuch« – einer meiner schlanken Langstreckenläufer. Wohlriechend, fest, elegant. *November 1989* ★★★★; **Ch. La Louvière** Ein weiterer beständig gut gemachter Graves, der mehr Bekanntheit verdient hätte. Farbe, Duft und Geschmack schön. *März 1987* ★★★; **Ch. Magdelaine** Ein schöner Wein. Ich kann keinen Makel an ihm entdecken. *Juni 1989* ★★★★; **Ch. Malescot-St-Exupéry** Ein ziemlicher Blender, aber schmackhaft. *November 1986* ★★; **Ch. Marquis de Terme** Unterschiedliche Flaschen. Tief, reich, robust. *Januar 1987. In Bestform* ★★; **Ch. Nenin** Mitte der 1970er ein klassischer Pomerol. Gewicht und Stil sehr gefällig. Äußerst elegant. Voll entwickelt. *November 1986* ★★★★ *Austrinken*; **Ch. Pape-Clément** Viele Flaschen verkostet, unter anderem auch eine Abfüllung der Berry Bros. in den 1970ern. Nicht die beste Zeit des Guts, aber ein schmackhafter Wein. *November 1986* ★★?; **Ch. Pavie** Ein 1966er der leichten Sorte, der schon Anfang der 1980er reif war. Einige Jahre später eine voll entwickelte Flasche, gut in Form und mit hübscher Textur. *November 1986*; **Ch. Pichon-Baron** Man könnte meinen, dass der tiefe, konzentrierte, stämmige Baron erst in jüngster Zeit so geworden ist. Dem ist jedoch nicht so. Beeindruckend, aber zu wenig Finesse und Grazie. *November 1986* ★★★; **Ch. Pichon-Lalande** Stilistisch dem soeben erwähnten Gut mit dem ähnlichen Namen völlig entgegengesetzt. Der Lalande ist ein weicherer, duftenderer Wein. Ansprechende Frucht. *November 1986* ★★★★; **Ch. Trotanoy** Ein herrlicher Wein. Fruchtbepackt, doch mit allen Komponenten am rechten Fleck und wohlriechend. *September 1987* ★★★★

Weitere sehr gute 1966er-Pomerols, die ich ebenfalls in den 1980ern verkostet habe Ch. La Croix-de-Gay; **Ch. La Fleur-Pétrus**; **Ch. Latour-à-Pomerol**; **Ch. Petit-Village**; **Ch. de Sales**; **Vieux Ch. Certan**.

1967

Die Wasserstoffblondine unter den Jahrgängen: anfangs attraktiv, doch bald begann sich der schwarze Haaransatz zu zeigen. Was nicht an den Kellermeistern lag, die die Weine wegen der unreifen Trauben stark chaptalisieren mussten.

Ch. Lafite Mehrere Einträge. Im März 1969 aus dem Fass: überraschend tief, doch rau; in den frühen 1970ern um Wohlgeruch bemüht, doch im Mittelteil schwach. Unlängst: Farbe verloren; dünn und blechern. *Zuletzt im März 1996 auf einer Vorverkaufsverkostung degustiert.*

Ch. Latour Anfangs tiefe rotbraune Pflaumenfarbe und so gut, wie man es von einem Jahrgang wie diesem nicht besser erwarten kann, Mitte der 1970er mit wirklich sehr hübscher Nase; weich, generös, nicht ausgefeilt. Bei einem Essen des Saintsbury Club 1997 überraschend angenehm, nach wie vor ziemlich farbtief, die Nase entfaltete sich recht duftend. Um einiges besser als die ungenießbaren Kalbsmedaillons, die es dazu gab. Dann als überaus passender Begleiter eines gegrillten Schweinebratens in Memphis, Tennessee, allerdings sehr uneinheitlich, überwiegend ausgetrocknet, einige Exemplare hölzern. *Zuletzt im September 1999 verkostet. In Bestform* ★★

Ch. Margaux In den 1970ern gut gemacht, weich und gefällig. Schien sich bei einem Essen des Madeira Club in Savannah 1980 in seinem Zenit zu befinden. Die letzten beiden Einträge entstanden auf Wagners Margaux-Vertikalverkostungen. 1997 »süß«, aber rau, mit nach vorn drängender Säure. Bei der zweiten Verkostung ein Bukett wie Schmelzkäse, leicht hölzern; in der Nase besser als am Gaumen, relativ leicht, säurebetont. *Zuletzt im November 2000 verkostet* ★ *Kann man vergessen.*

Ch. Mouton-Rothschild Anfang der 1970er war diese »unechte Blondine« sogar ganz angenehm. Mangelndes Gleichgewicht und etwas spitz, als die Chaptalisierung an Wirkung zu verlieren begann. Aber der Wein überlebte. Unlängst ein blasser, rosiger Schimmer; etwas angesengte Nase; überraschend »süß« und wohlschmeckend, doch auch leicht und kurz. *Zuletzt bei einer Vorverkaufsverkostung im September 1997 in New York degustiert* ★★

Ch. Cheval Blanc Eine überraschend frühe Lese; mit der Ernte der Merlot-Trauben begann man bereits am 7. September. Außerdem *nicht* chaptalisiert. In den 1970ern sieben unterschiedliche Flaschen, am weichsten und trinkbarsten dürfte er wohl Mitte der 1980er gewesen sein. Auf der New Yorker Vorverkaufsverkostung von 1997 dem Mouton merklich überlegen. »Süß«, aber kurz. Eine Woche später bei Wolfs Vertikaldegustation in Österreich ein nicht sehr überzeugendes Erscheinungsbild; lebendige, scharfe, würzige Nase; wirkte viel trockener, rau, grob gewirkt, ein Hauch Vanille, kurz. *Zuletzt im September 1997 verkostet* ★★ *Ein selten fader Cheval Blanc.*

Ch. Pétrus Pomerol lag 1967 klar vor dem Médoc, was den früh gelesenen Merlot-Trauben zu verdanken ist. Mitte der 1970er und in den 1980ern gehaltvoll, aber charakterisiert durch »Formlosigkeit« und »fehlenden Zusammenhalt«. Bei einer weiteren Vorverkaufsverkostung von Christie's in New York für einen Pétrus eher blass, mit orangefarbenem Einschlag, scharf, Nase nach »alten Ställen«. »Süß.« Ein ganz ansehnlicher 1967er. *Zuletzt im Mai 1999 verkostet* ★★

Ch. Beychevelle Süßliche Nase; wohlschmeckend, aber spitzig. *Zuletzt im März 1993 verkostet.*

Ch. Cantemerle Weit über ein Dutzend Einträge. Ein guter 1967er. Etwas Frucht und Charme, aber mit rauen Kanten. *Zuletzt im März 1996 eine Flasche aus Mme Binauds Keller verkostet* ★★

Dom. de Chevalier Anfang der 1970er köstlich, aber kurz. War damals vermutlich in der Blüte seiner Jahre, etwas Gehalt, 1992 bezeichnete ich ihn als »einen der besten 1967er«. Unlängst vollreif; zurückhaltende Nase, keine scharfen Kanten; anfänglich »süß«, doch mit einem Hauch von Adstringenz. *Zuletzt im September 1998 bei einem Essen auf der Domaine zusammen mit allen anderen Jahrgängen mit der Endziffer 7 verkostet* ★

Ch. Cos d'Estournel Duftend, dünn. *Zuletzt im Mai 1992 verkostet* ★

Ch. Ducru-Beaucaillou Sieben Einträge. Ein recht guter 1967er, funkelnd, trocken, lebendig, wohlschmeckend. *Zuletzt im Mai 1992 verkostet* ★★

Ch. La Gaffelière Verblasst, am Altern; »kantig«, ansonsten aber ein relativ guter 1967er. *Bei der La-Fleur-Vertikalverkostung im September 1998 degustiert* ★★

Ch. Larcis-Ducasse Wenn die Journalisten in Massen zu den Frühjahrsverkostungen nach Bordeaux strömen, statten wir verschiedenen Châteaux einen Besuch ab. Ich war noch nie zuvor auf diesem Gut gewesen (es liegt bei Pavie). Mein Gastgeber servierte zum Essen einige seiner Weine. Der 1967er reichte zwar nicht an seinen überragenden 1985er und den sehr guten 1970er heran, zeigte sich aber in ganz passabler Form. »Süß«, gehaltvoll, wohlriechend, in der Nase Vanillin; etwas am Zerfallen, aber eine gewisse »Süße«. *Im April 2000 auf dem Château verkostet* ★★

Ch. Léoville-Las-Cases Erstmals im Juni 1969 verkostet. Für einen Las-Cases leicht, aber von Monsieur Delon gut bereitet. Sechs ziemlich gute Bewertungen im Verlauf der 1970er: »Zedrig«, »elegant«, »gefällig«. Mit zehn Jahren wohl auf dem Höhepunkt. Dann ein Zeitsprung von 14 Jahren: reiche Nase; relativ weich, ein leidlich guter 1967er. *Zuletzt im Mai 1992* ★★ *(fast* ★★★*)*

Ch. Lynch-Bages Nur dreimal verkostet. Im Juni 1969 wohlschmeckend, pikant. Mitte der 1970er war ich einmal völlig verwirrt: Ich hatte ihn für einen schlechten Burgunder gehalten! Vor einiger Zeit schrieb ich einfach nur »mittelmäßig«. Der Familie Cazes gelang es nicht, etwas aus diesem zugegeben nicht sonderlich inspirierenden Jahrgang zu machen. *Zuletzt im Mai 1992 verkostet* ★

Ch. Malescot-St-Exupéry Mitte der 1970er zweimal »grün«, mit kantiger Säure. Vor einiger Zeit eine schlanke, lebendige, recht angenehme Impériale. *Zuletzt im September 1990 verkostet* ★ *Wegtrinken.*

Ch. La Mission Haut-Brion Einer der besten 1967er, der mit einem tiefen, reichen, erdigen Geschmack einen guten Start hinlegte. Essigsaurer Touch – eine Art kränkliche Säure im Abgang, was jedoch durch den relativ hohen Gehalt gut kaschiert wurde. Mitte der 1980er beträchtlicher Farbverlust. Allerdings guter Geschmack. *Zuletzt im Juni 1990 verkostet.*

Ch. Montrose Ein Dutzend Einträge. Streng, rau, abweisend, »keine Zukunft«. 1986 dann eine sehr trockene Jeroboam mit hoher flüchtiger Säure, vier Jahre später eine entschieden bessere, reiche Flasche mit ledrigen Tanninen. Nicht schlecht, aber mit zu wenig Körper und ohne den typischen Charmolüe-Charme. *Zuletzt im Mai 1992 verkostet* ★ *Meiden.*

Ch. Palmer Über ein Dutzend Einträge, die vorwiegend in den 1970ern enstanden. Verschiedene Abfüllungen, einschließlich zweier entsetzlicher Exemplare von Corney & Barrow, eines oxidiert, das andere mit einer Nase »wie austretendes Gas«, stichig, beißend. Die Abfüllung der Berry Bros. indes war nicht viel besser, mehr Frucht, aber spitziger Abgang. 1980 schien der Wein im Zenit, hatte allerdings im Mittelteil oder in der Länge nicht viel zu bieten. Ein halbes Dutzend Einträge in den 1990ern. Der älteste Jahrgang bei einer Palmer-Vertikalverkostung 1994 bei einem Weinkurs von Christie's, eine Château-Abfüllung: Nase wie Linoleum und alter Käse (meine Frau, die bei meinen Vorträgen meine Verkostungsnotizen mitschreibt und durchaus auch ihre eigenen hinzufügt, merkte »Marzipan« an). Unausgewogen, erfrischend, aber vom großartigen 1970er völlig in den Schatten gestellt. Eigentlich ein unfairer Vergleich. Vor kurzem eine annehmbare Magnum der Berry Bros. auf einem Bordeaux-Essen von Christie's. Man merkte ihr das Alter an. Trocken, schlank, wohlriechend, aber ... (weiter bin ich nicht gekommen – weder mit dem Eintrag noch mit dem Wein). *Zuletzt im Juli 1998 verkostet. In Bestform* ★

Ch. Pichon-Baron Kein sehr guter Wein. 1978 etwas Frucht, aber eine melasseartige Süße in der Nase; leicht, kraftlos. Mitte der 1980er eine eigenartige Nase, trocken, mager. Vor einiger Zeit eine hölzerne, malzige Nase; schlecht. *Zuletzt im Mai 1992 verkostet. Meiden.*

Ch. Siran Überraschend attraktiv; seidig. *Zuletzt im Oktober 1993 verkostet* ★★

Einige weitere, zuletzt in den 1980ern verkostete 1967er Ch. Ausone Schokoladige, chaptalisierte Nase; schwache Mitte, aber angenehmer, wenngleich milchiger Geschmack. *Oktober 1987* ★; **Ch. Brane-Cantenac** Recht annehmbar, aber kurz und säurebetont. *Mai 1987* ★; **Ch. Calon-Ségur** Mitte der 1970er bis Mitte der 1980er leicht, geradlinig, gefällig. Später trocken, sauber, lebendig, kurz. *Juni 1987* ★; **Ch. Prieuré-Lichine** »Süß«, wohlschmeckend, annehmbare Säure. Ein guter 1967er. *Oktober 1988* ★★; **Ch. Rausan-Ségla** In den 1970ern gewisser Charme, wohlschmeckend, aber wenig Substanz. Vor einiger Zeit alternd, kaum noch Rot vorhanden, mehr eine Art Bernstein-Mahagonibraun. Trotz der »Süße« ein »schwachbrüstiger« Wein. *April 1989.*

1968

Seit den 1930ern hatte es nicht mehr so viele schlechte Jahrgänge innerhalb einer einzigen Dekade gegeben. Ein entsetzliches Jahr, woran ganz und gar der kalte Frühling, eine unregelmäßige Blüte und der kälteste und nasseste August seit vielen Jahren schuld war, obwohl der Juli nicht allzu schlecht ausgefallen war. Reichliche Erträge, ab 4. Oktober bei schönem Wetter gelesene, unreife Trauben.

Ch. Lafite Hätte sich ein Beispiel an Cheval Blanc nehmen und deklassieren sollen, denn dieser blassrosa, seichte und kurze Jahrgang war seinem Ruf alles andere als förderlich. *Zuletzt im*

Oktober 1988 verkostet. »Ein Skelett von einem Wein, aber trinkbar.«

Ch. Latour Offenbarte schon im Fass seine Bitterkeit sowie den Mangel an Körper und Länge. Später nicht untrinkbar. Vor geraumer Zeit eine wohlriechende Magnum, etwas Frucht, aber schlank und trocken. *Zuletzt im September 1990 verkostet.*

Ch. Haut-Brion Ein annehmbarer 1968er, aber nicht ganz in Ordnung. *Zuletzt im Mai 1985 verkostet.*

Ch. Pétrus 1979 gekocht, robust und rau. 1988 notierte ich »stark chaptalisiert«, vor einiger Zeit aber eine überraschend gute Flasche. Allerdings mit braunem Rand; Nase wie alte Teeblätter; »süßer«, schöner Geschmack und fast seidige Pomerol-Textur. *Zuletzt im April 1990 verkostet **? Ich würde nicht darauf wetten. Vielleicht der einzige Pétrus-Jahrgang, den die Taiwanesen zu Recht mit Coca-Cola mischen.*

Ch. Beychevelle Anfang der 1970er nicht unattraktiv, war aber bald ausgetrocknet, mager und spitzig. Vor einiger Zeit: blass, schokoladig; »süß«, schlank und scharf. *Zuletzt im Mai 1993 verkostet.*

Dom. de Chevalier Der viel bewunderte Claude Ricard musste sich entscheiden, ob er eine Laufbahn als Konzertpianist einschlagen oder die Domäne übernehmen sollte. Ich glaube, dieser Wein wurde von einem Konzertpianisten bereitet. Man merkt ihm das Alter an, außerdem ist er kurz. Verkostet auf einem von Olivier Bernards Essensempfängen mit Jahrgängen, die alle auf die Ziffer 8 endeten. *Letzter Eintrag vom April 1998.*

Ch. La Mission Haut-Brion Ein dickes Plus für Fernand und Henri Woltner, weil sie sich um diesen schrecklichen Jahrgang bemühten. Zwei Einträge: 1985 leicht, trocken, kurz, etwas rau, aber schmackhaft. Etwas später zwar mit einem gewissen Duft, aber einem seltsam kränklichen Geschmack. *Zuletzt im Juni 1990 verkostet.*

International Wine & Food Society (IWFS)

Die 1933 von André Simon gegründete Wine & Food Society organisierte ihre erste Veranstaltung, ein Essen mit Elsässer Spezialitäten, im Jahr 1934. Ziel der Gesellschaft war es, den Standard britischer Küche zu heben und das Verständnis für Wein zu fördern. Zu diesem Zweck fanden regelmäßige Diners und Degustationen statt. Man bat mich Anfang der 1950er-Jahre, dem IWFS-Vorstand beizutreten. Ich wurde zu einer Zeit Präsident, als die sehr aktiven Amerikaner im Begriff waren, die Federführung in der Gesellschaft zu übernehmen. Es entbrannten hitzige Diskussionen (die amerikanischen Vorstandsmitglieder waren sehr überrascht, wie aggressiv ich sein konnte!) und es gelang mir, die Machtübernahme abzuwenden. Heute ist die IWFS ein internationaler Verein und natürlich in den Staaten sehr stark vertreten. Dort finden regelmäßige Sitzungen statt, bei denen es in der Regel um ein bestimmtes Thema geht.

André starb 1970 im Alter von 94 Jahren. Ich kann mich noch gut an sein schlohweißes Haar, sein rosiges Gesicht und sein außergewöhnliches Gedächtnis erinnern. Er war der »Churchill« des Weins und der guten Küche – der lebende Beweis, dass Wein der Gesundheit förderlich ist. Niemand ist seither auch nur annähernd an ihn herangekommen. Eine große Persönlichkeit.

SCHNELL NOCH ZWEI WEITERE 1968ER, DIE ICH IN DEN 1980ERN VERKOSTET HABE **Ch. Ducru-Beaucaillou** »Süß«, chaptalisiert, kurz. *Juni 1982*; **Ch. Gruaud-Larose** Ganz gelungen. Weich, wohlschmeckend, aber rau. *Oktober 1983* *

III Form Club

Manchmal auch »Third Form Club« geschrieben. Der Club wurde kurz nach dem Ende des Zweiten Weltkriegs von zwei vorwiegend in London aktiven Mitgliedern des Weinhandels gegründet. Er veranstaltet für gewöhnlich vier Verkostungen jährlich und einmal alle zwölf Monate ein Dinner im Brooks's Club. Ich bin 1968 beigetreten. Zum Glück geht es dem Club gut. Zu verdanken ist das dem Zulauf jüngerer Mitglieder, die uns Ältere mit ihren Degustationsfähigkeiten förmlich in den Schatten stellen.

1969

Noch ein unreifer, säuerlicher Jahrgang, der durch die sehr ungleichmäßigen Witterungsbedingungen verdorben wurde. Sieht man einmal von der oft scharfen, allgegenwärtigen Säure ab, so erwiesen sich einige Weine in jungen Jahren aber als recht wohlschmeckend. Leider trieben eine hohe Inflation und die große Nachfrage die Preise allmählich in die Höhe. Doch das war erst der Anfang.

Wenn mich meine Erinnerung und meine Notizen nicht täuschen, fand 1969 die erste von Edmund Penning-Rowsells »Premiers-crus-Degustationen« statt, bei denen jeweils zehn Jahre nach der Lese Gewächse der Châteaux Lafite, Latour, Margaux, Mouton-Rothschild, Haut-Brion, Ausone, Cheval Blanc und Pétrus verkostet und getrunken wurden – faszinierende und aufschlussreiche Erfahrungen, vor allem aber faire Vergleiche, denn alle Flaschen hatten in Eddies perfektem, steingefliestem Keller seit dem Kauf ungestört vor sich hin reifen können. Mehr über diese Degustationen im Lauf des Buchs. Siehe außerdem den Kasten auf der nächsten Seite.

Ch. Lafite Wohlriechend, charmant, »amüsant« und schmackhaft, 1974 und 1976 allerdings Flaschen mit pikanter Säure. Später eine interessante Komplexität, aber etwas dünn. Ein zehnjähriges Exemplar bei den Penning-Rowsells degustiert: duftend; Eisen und Meerwasser, mit einer medizinalen Nase, die mich an den Geruch von Dr. Gilchrists Praxis aus meiner Kindheit in Yorkshire erinnerte. Pikant, wohlschmeckend, verführerisch, allerdings etwas dünn. Ein knappes Jahrzehnt später: überraschend attraktiv, mit erfrischender Säure. *Zuletzt im Oktober 1988 verkostet ***, aber ohne Zukunft.*

Ch. Latour Erstmals 1974 verkostet, insgesamt sieben Einträge, in denen ausnahmslos das Wort »rau« vorkam. Mit zehn Jahren das tiefste der erstklassifizierten Gewächse, ein mundfüllender, aber fader Wein. Vor einiger Zeit der Hauch eines Dufts, jedoch stielig, tanninbetont – und rau. *Zuletzt im März 1989 verkostet* *

Ch. Margaux Sechs Einträge in den 1970ern. Auf Eddies Verkostung von »Zehnjährigen«: sehr leichte, delikate Nase, aber »kalt« und pfefferig; pikant, wohlschmeckend, kurz, flach, dabei säurebetont. Ein Zeitsprung zu Wagners aufschlussreichen Margaux-Vertikaldegustationen. Auf der ersten 1997 blässlich, vollreif; anfänglicher Mandarinenduft, dann aber krautig; besser als erwartet, allerdings mit einem die Zähne belegenden Tannin, zitrusartige Säure. Auf der zweiten Verkostung: wohlriechender; leichter Stil. Trocken, schlank, säurebetont. *Zuletzt im November 2000 verkostet.*

Ch. Mouton-Rothschild Aus dem Fass weich und entgegenkommend. Keine widerspenstige Säure spürbar. Trotz der Leichtigkeit und des Wohlgeschmacks aber ein für Mouton untypischer, ziemlich ausdrucksloser Charakter. Mit zehn Jahren sehr »grün«, mit anständiger Länge, aber pfefferigem und mächtigem Abgang. Wirkte in den 1980ern annehmbarer, wohlriechend, wenngleich schlank, trocken und säurebetont. *Zuletzt im März 1989 verkostet* ⋆

Ch. Haut-Brion Im Mai 1970 aus dem Fass rau und adstringierend. Mitte der 1970er charakteristisch erdig und mit einer gewissen Weichheit. Bei allen Verkostungen von Penning-Rowsell bestand ich darauf, den Haut-Brion zuerst zu verkosten, denn er unterscheidet sich in seinem Charakter sehr stark von den erstklassifizierten Gewächsen aus dem Médoc. Er präsentierte sich in leidlicher Verfassung und mit guter Farbe; »süße«, eisengetönt-erdige Nase; hübscher, fester Geschmack, allerdings spröde, wenn auch nicht gerade hart. Nur noch ein einziger weiterer Eintrag: trocken, wohlschmeckend, annehmbare Säure, aber kurz. *Zuletzt im Mai 1985 verkostet* ⋆

Ch. Ausone Ich weiß nicht, was auf der Degustation von 1979 mit dem Ausone los war, aber unter den insgesamt vier in meinen Verkostungsnotizen zu Buche stehenden Einträgen schlug diese Flasche als einzige aus der Art: ein recht guter 1969er. Leicht, schlank, aber schmackhaft. *Zuletzt im Februar 1993 verkostet* ⋆⋆

Ch. Pétrus Entwickelte sich nur langsam, aber 1974 war er der kompletteste und abgerundetste unter den Erstklassifizierten. Ich erinnere mich, wie ich während Frericks' außergewöhnlichem Pétrus-Degustationsabend in München Seite an Seite mit Christian Moueix saß, eine Magnum genoss und eine riesige Dose Kaviar verspeiste. Zwischendurch unterhielt uns ein Tanzbär. Sowohl Christian als auch ich fanden den Kaviar besser als seinen 1969er. *Zuletzt im April 1986 verkostet* ⋆⋆

Ch. Cheval Blanc Nur ein Eintrag, entstanden auf Karl-Heinz Wolfs Weinart-Verkostung in Österreich. Wir erfuhren, dass der Ertrag mit 19 hl/ha sehr klein gewesen sei. Überraschend hoher Alkoholgehalt für diesen Jahrgang (13 % – der 1962er hatte bei 11,5 %, der 1960er bei 12 % gelegen). Eigenartige Nase, mit der man nur schwer zurechtkam. Schlank, säuerlich, scharfer Abgang. Zum Essen besser. *September 1997.*

EINIGE WEITERE, ZULETZT ZWISCHEN 1985 UND 1995 VERKOSTETE 1969ER

Ch. Beychevelle 1970 schaffte de Luze eilends eine Fassprobe nach London und bot dem Handel ein Hogshead-Fass (rund 25 Dutzend Flaschen) zu 228 Pfund Sterling an. Der Wein war stielig, aber stilvoll. Viel später kamen Konkurrenzangebote auf den Markt (August 1971), die aber nach wie vor im Fass lagen. Mitte der 1970er: nicht die übliche Eleganz, etwas schroff und mit flacher, trockener Nase; angenehm, aber kurz und dünn. 1981 »unverwoben« und hoher Säuregehalt. Zwölf Jahre später eine ähnliche Magnum. *Zuletzt im Mai 1993 verkostet* ⋆

Ch. Cantemerle Blass; leicht; trocken, dünn, säuerlich. *April 1996.*

Ch. Cos d'Estournel Dumpfe, später pfefferige Fassproben. Zu 204 Pfund Sterling das Hogshead angeboten, aber den Preis nicht wert. Mitte der 1970er enorme Säure; bei einem großen Essen zum 70. Geburtstag von Lord Pritchard serviert – eine schlechte Wahl. Lord Pritchard war ehemaliger Vorsitzender von Allied, dem damals wohl bedeutendsten Brauereiunternehmen in England. Der Wein war rau – aber schließlich hatte auch Derek Pritchard etwas von der für Lancashire typischen Rauheit an sich. Vor einiger Zeit: medizinal, dünn und blechern. *Zuletzt im Mai 1992 verkostet. Meiden.*

Ch. Ducru-Beaucaillou Im Fass in sehr guter Verfassung, doch die für den Jahrgang typische pikante Säure verdarb seine Entwicklung. Ende der 1970er rau und ohne Charme. Ein Sprung von über 20 Jahren, einzige Bemerkung: »Für einen 1969er gut.« *Zuletzt im Mai 1992 verkostet* ⋆⋆

Ch. Gruaud-Larose Auch von diesem Wein entstanden in den 1970ern viele Einträge: Er begann ganz gut, aber ich bezeichnete ihn als »spitzig«, »dürr« und »rau«. Seinen Tiefpunkt erreichte er Ende der 1970er. Überraschenderweise schien er sich ein Jahrzehnt später noch einmal gefangen zu haben und war erstaunlich »süß«, trotz der Säure. *Zuletzt im November 1989 verkostet* ⋆⋆

Ch. La Mission Haut-Brion Ein Leichtgewicht unter den La-Mission-Weinen. Relativ gutes Bukett, doch am Gaumen »mager, abweisend und säurebetont«. *Zuletzt im Juni 1990 verkostet.*

EINIGE WEITERE ANNEHMBARE, ZULETZT IN DEN 1980ERN VERKOSTETE 1969ER **Ch. Batailley**; **Ch. Branaire-Ducru**; **Ch. Dauzac**; **Ch. La Gaffelière** (Naudes); **Ch. Magdelaine**; **Ch. Montrose**; **Ch. Pichon-Lalande**; **Ch. La Tour Haut-Brion**.

Eddie Penning-Rowsell

Der »Doyen« unter den Weinautoren mit Bordeaux als Spezialgebiet – seines Zeichens Verleger, Schriftsteller, Journalist, Mann von Bildung und Besitzer eines Privatkellers, den er im Lauf eines halben Jahrhunderts zu einer bemerkenswerten Weinsammlung aufbaute. Eddies lebenslange Begeisterung für den Wein nahm 1937 ihren Anfang, als seine Frau von ihrem Arbeitgeber, der BBC, einen jahrgangslosen Beaujolais als Abschiedsgeschenk bekam. Aus diesem an sich bescheidenen Anfang erwuchs eine detaillierte, umfangreiche Kenntnis insbesondere der Weine von Bordeaux, einer Region, der er zur Lesezeit regelmäßig einen Besuch abstattete. In bester Erinnerung sind mir Eddie und seine Frau Meg vor allem als Gastgeber einer Reihe von Verkostungen geblieben, bei denen wir in ihrem Landhaus in Oxfordshire alljährlich zehn Jahre alte rote Bordeaux-Weine degustierten (zusammen mit Jancis Robinson und unseren jeweiligen Ehegatten). Oftmals waren unsere Partner wesentlich bessere Degustatoren als wir Fachleute. Das erste Dinner fand 1969 statt. Leider verstarb Eddie im März 2002 kurz vor seinem 88. Geburtstag.

1970–1979

Zurückblickend war dies eines der schlimmsten Jahrzehnte für roten Bordeaux: ein überhitzter Markt, schlechtes Wetter, die Wirtschaftskrise Mitte der 1970er und ein riesiger Weinskandal.

Warum war der Markt aus den Fugen geraten? Inflation und ein trügerischer Zweitmarkt trugen die Schuld. In Großbritannien hatten sich die Einzelhandelspreise zwischen den Kriegen und bis weit in die 1950er hinein kaum verändert. In den 1960ern indes setzte eine Teuerung ein – zunächst langsam, doch gegen Ende des Jahrzehnts immer schneller. 1970 hatte die jährliche Inflationsrate zweistellige Zahlen erreicht, weshalb die Menschen von Geldwerten auf Immobilien und Sachgüter umstiegen. Speziell in Bordeaux gesellten sich noch eine stark gestiegene natürliche Nachfrage und das Aufkommen von »Weininvestitionsmodellen« hinzu. Gerade der 1970er-Jahrgang schien ein gefundenes Fressen für Spekulanten zu sein und glücklicherweise erfüllten seine gute Qualität und der hohe Ertrag die Erwartungen. Doch es war absehbar, dass der neue zweigeteilte Markt sich ernsthaft überhitzen würde. Der Weinhandel musste mit der Entwicklung Schritt halten und die Bordelaiser *négociants* schütteten mit ein oder zwei löblichen Ausnahmen Öl ins Feuer. Der 1971er fiel, wie wir noch sehen werden, wesentlich ertragsärmer aus, wenngleich seine Qualität ebenfalls stimmte. Mittlerweile hatten die Preise ihren Höchststand erreicht. Als der schlechte 1972er zu noch höheren Preisen gehandelt wurde, kam es zu Turbulenzen. Verheerende Folgen hatte schließlich die Ölkrise: Die kleineren Banken, das Immobiliengeschäft und der Weinmarkt brachen zusammen. Mit zwei weiteren misslungenen Jahrgängen, dem 1973er und 1974er, setzte sich die Misere fort. Die Nachfrage fiel drastisch, und über zwei Jahre lang gab es in Bordeaux keinen Cashflow. Den Erzeugern und *négociants* ging es schlecht. Als Absatzplattform boten sich Auktionen an. Mitte der 1970er fanden bei Christie's deshalb auch die größten Versteigerungen der Firmengeschichte statt – für Bass Charrington, Delor, die Cordier-Châteaux und andere Anbieter. Die umgesetzten Mengen waren riesig, die Preise niedrig. Bei einer einzigen Auktion beispielsweise wurden 2000 Kisten des 1970er Mouton-Rothschild für durchschnittlich 74 Pfund Sterling versteigert. Zwei Posten à hundert Kisten erzielten jeweils 54 und 55 Pfund Sterling. Goldene Zeiten für Schnäppchenjäger also. Jeder Posten wurde an den Mann gebracht. Zum Glück stimmten sich Lafite und Mouton zum ersten Mal in ihrer Geschichte ab und ließen ihre Weine gerade zu dem Zeitpunkt versteigern, als der Markt sich zu erholen begann. Die Auktion fand 1976 statt, als der 1975er *vin de garde* freigegeben wurde.

Der Weinskandal wäre nicht einmal der örtlichen Presse eine Randnotiz wert gewesen, wären die Übeltäter, Cruse et Fils Frères, die zu den renommiertesten »Händlerprinzen« überhaupt zählten, nicht so sorglos vorgegangen. Man erwischte sie, als sie die Unterlagen für einige sehr gewöhnliche Rot- und Weißweine fälschten. Es ging also gar nicht um feine Weine oder bedeutende Châteaux. Es hieß, sie hätten bei ihrem Umgang mit den Behörden anfangs eine gewisse Arroganz an den Tag gelegt. Doch der Hochmut kam vor dem Fall, genauer gesagt 1974: Sie verloren ihr Gesicht und ihren guten Ruf; ein älteres Mitglied der Familie Cruse beging sogar Selbstmord. Der Skandal auf dem Höhepunkt der Weinkrise in Bordeaux läutete das Ende der traditionellen *négociants* ein, die den Bordelaiser Handel so lange dominiert hatten. Allmählich aber erholte man sich von den Rückschlägen. Im nächsten Jahrzehnt schwang sich der Markt, wie wir gleich sehen werden, wieder zu neuen, diesmal stabileren Höhen auf.

Die Jahrgänge auf einen Blick

Hervorragend *****
Keiner

Sehr gut ****
1970, 1971, 1975

Gut ***
1976 (u), 1978

1970 ****

Ein in vielerlei Hinsicht sehr wichtiger Jahrgang: Er hatte eine hohe (anfangs überschätzte) Qualität und kam gerade zum rechten Zeitpunkt. Das brachte schlagartig einen Weinboom in Gang, der sich während der miserablen Jahrgänge 1967, 1968 und 1969 schon angekündigt hatte. Man hatte allen Grund zu glauben, dass der Jahrgang 1970 außerordentlich zufriedenstellend ausfallen würde, und hielt ihn wie 30 Jahre später den »Milleniumsjahrgang« für sehr wichtig. Die Witterungsbedingungen deuteten trotz wechselhaftem Wetter auf einen großen Wein hin: erfolgreiche Blüte, große Hitze und Trockenheit im Juli, ein von Regen durchsetzter August mit kühlen wie auch heißen, sonnigen Abschnitten; dann eine lange, heiße Reifeperiode, die in eine Anfang Oktober begonnene erfolgreiche Ernte mit hohen Erträgen mündete. Ungewöhnlich war, dass alle wichtigen Rebsorten – Cabernet Sauvignon, Cabernet franc, Merlot (in der Regel die als Erstes gelesene Traube) und Petit Verdot (meist die letzte) – etwa zur gleichen Zeit voll ausreiften. Was eigentlich verheißungsvoll klingt, aber in der Praxis seine Tücken hat, denn bei solch hohen Erträgen ist es schwierig, alle Trauben gleichzeitig zu vergären und »unter Dach und Fass« zu bringen. Sämtliche Behälter waren bis an den Rand gefüllt.

Ich erinnere mich, dass angesichts der galoppierenden Inflation die »ganz Schlauen« Kapital aus der Entwicklung zu schlagen und auf den Investitions- bzw. Spekulationszug aufzuspringen versuchten. So manche dubiose Investitionsgesellschaft trat an mich heran und bat mich, ihr mit meinem Namen und Rat zur Seite zu stehen. So etwas hat es zuvor schon gegeben und wird es auch immer wieder geben. Am Anfang steht ausnahmslos ein Höhenflug des Marktes – und am Ende eine Krise.

Und die Weine selbst?

Ich möchte nicht prahlerisch erscheinen, aber meine roten Notizbüchlein quellen vom Frühjahr 1971 bis zum heutigen Tag förmlich über vor Verkostungsnotizen zu 1970ern aus Bordeaux. Ich musste so strikt auswählen wie noch nie. In den folgenden Einträgen zeichne ich die Entwicklung der bedeutendsten 1970er im Lauf der letzten drei Jahrzehnte nach.

Ch. Lafite Fast hätte ich diesen Wein nie aus dem Fass verkostet. Im August 1971 beging ich den Fehler, ohne vorherige Anmeldung im Château zu erscheinen. Man setzte mich zwar nicht direkt vor die Tür, bedeutete mir aber, mich zu einer Gruppe zu gesellen und zu warten. Dann sperrte der würdevolle, ausgesprochen wichtige *maître de chai* die Türen auf und wir folgten ihm wie Schafe. Als wir an den jüngsten Barriques vorbeitrotteten, erklärte ich dem *maître*, dass ich eigentlich nur gekommen sei, um den 1970er zu verkosten, worauf er erwiderte, wenn er *jedem* eine Kostprobe seines Weins gäbe, hätte Lafite nichts mehr zu verkaufen! Derart zurechtgewiesen, ließ ich mich weiterschieben. Am oberen Ende der Treppe vermittelte uns der Führer neben den Eisentoren zum *cave privée*, dem Privatkeller, einen Eindruck vom immensen Wert der staubigen alten Flaschen, indem er uns erzählte, dass ein einziges Exemplar des 1844ers bei einer Versteigerung für den Preis von 5000 US-Dollar den Besitzer gewechselt habe. Ich tippte ihm auf die Schulter und erlaubte mir die schüchterne Bemerkung, dass das Ganze im Mai des Jahres in San Francisco stattgefunden habe und ich der Auktionator gewesen sei. Da ging ein Ruck durch den alten Knaben, er machte fortan viel Aufhebens um mich und überreichte mir sogar eine Broschüre zur Geschichte von Lafite. Ach ja, und den 1970er durfte ich nun auch verkosten. Er war sehr beeindruckend: tief; voll junger Frucht; reich, doch bereits mit ersten Anzeichen von Eleganz. Rund 26 Einträge dokumentieren seinen Werdegang. Die folgende Zusammenfassung vermittelt hoffentlich einen Eindruck davon.

Der 1970er Lafite entwickelte sich alles andere als langsam – seine Nase und sein Geschmack begannen sich schon im Verlauf der 1970er zu öffnen. 1979 zeigte er auf Dr. Marvin Overtons großartiger Lafite-Verkostung bereits, was in ihm steckte. Hier meine Notizen: (Erscheinungsbild) mitteltief, reich, attraktiv, noch unentwickelt; (Nase) intensiv, sehr fruchtig, stellte ein stärkeres Cabernet-Sauvignon-Aroma zur Schau (als der vorausgegangene und nachfolgende Jahrgang), entwickelte sich reichhaltig, keksartig; mitteltrocken, relativ körperreich, »reif und abgerundet«.

Wundervolle Entwicklung in den 1980ern. 1981 »wirklich so gehaltvoll wie ein 1934er oder 1920er«. Opulentes Bukett. Weiche, samtige Textur. »Absolut köstlich«, »jetzt vollendet«. Und so ging es weiter. Kein Superstar, aber wohlschmeckend, appetitanregend würzig, zedrig. Uneingeschränkt fünf Sterne. Mitte der 1980er »überraschend trinkbar«, eine großartige Länge – die Franzosen nennen sie *persistence* –, die Bewunderung verdient, ebenso der Nachgeschmack. Ich glaube, zu dieser Zeit befand er sich auf dem Gipfel.

Ein halbes Dutzend Einträge im Verlauf der letzten zehn Jahre. 1996 eine selbst an Rodenstocks eigenen Maßstäben gemessen fabelhafte Degustation; wir verkosteten – blind – eine ganze »Serie« großer Weine in Magnumflaschen. Es mag ein wenig schrullig wirken, aber ich zog den 1870er von Glamis Castle dem 1970er vor. Letzterer wies einen Anflug von Essigsäure am Gaumen auf. Immer noch tanninbetont. Sehr charaktervoll. Noch im selben Herbst eine sehr gute Flasche auf dem alljährlichen Essen des Wine Committee im Athenaeum (der Club, nicht das Hotel). Nach einem verhaltenen Start entfaltete er das Bukett so wunderschön, wie es eben nur ein Lafite kann. Reich, aber recht viel Säure. Im Jahr darauf bei einem Einführungsessen der Bacchus Society in Coral Gables eine absolut enttäuschende Jeroboam, was jedoch an der schlechten Lagerung gelegen haben muss. Kürzlich mittelblass, vollreif, leichter Orangeton; ausgesprochen reif, käsig, mit medizinalem Pauillac-Bukett; überraschend »süß«, ansprechend, Tannin und Säure sehr präsent. Er wollte zum Essen getrunken werden. *Zuletzt bei einer Verkostung vor einer Versteigerung in Genf degustiert. In Bestform ★★★★, doch sehr stark auf dem absteigenden Ast.*

Ch. Latour Ein immens beeindruckender Wein. 30 Einträge, die sich von der ersten Fassprobe im Januar 1971 und einer weiteren im April 1972 bis heute kaum unterscheiden. Er scheint sich nicht von der Stelle zu bewegen, selbst wenn man ihn sich einmal ohne seine verständlich hohe Tanninlast denkt. Ich habe ihn bei allen möglichen Anlässen verkostet und getrunken – das heißt, mehr »gekaut«. Wie der »König der Löwen« verleiht er seiner Macht und Bedeutung sichtbaren Ausdruck. Seit kurzem kann man gerade einmal einen Anflug von Reife erkennen; seine Nase lässt sich fast nicht beschreiben, denn im Gegensatz zum König der Löwen tritt sie kaum in Erscheinung. Man muss ihn tagelang dekantieren und stundenlang im Glas entfalten lassen. Ein konzentrierter, nach wie vor sehr tanninbetonter »Mundfüller«. Bei Rodenstocks Blindverkostung von großen Weinen zog ich wie beim Lafite den 1870er vor – er war einfach viel trinkbarer. Eine bizarre Kombination erlebte ich, als er zu »Elchbraten in Sorgham-Melasse mit Süßkartoffeln und Heidelbeersauce« bei Hal Lewis' Einführungsessen gereicht wurde, einer alljährlich stattfindenden »Zecherei« der Bacchus Society, in Memphis, Tennessee (September 1999). *Zuletzt beim Millennium-Weindinner von Zachys und Christie's in New York verkostet. Mai 1999 ★★★★★ Einige von Ihnen wird er noch in 50 Jahren erfreuen.*

Ch. Margaux Ein großer Wein, aber natürlich wesentlich zugänglicher als der Latour. Nicht so viele Einträge und auch nicht aus dem Fass verkostet. 1974 war er tief, reich und komplex; die 1980er durchstapfte er entschlossen und – für einen Margaux – fleischig. 1987 beschrieb ich ihn als etwas »kantig« und »verschlossen«. Wohlriechend, aber nicht gerade einnehmend. Die beiden aufschlussreichsten Einträge – und der jüngste – entstanden wieder einmal auf Wagners Vertikalverkostungen, der erste 1997, der zweite drei Jahre später. Fast identische Notizen. Jetzt mitteltief, schöne Farbe; verhaltene Nase, doch ausgewogen, »süß«, gute Frucht, öffnete sich nur langsam; mittlere »Süße«, mittlerer Körper, gehaltvoll, gute Frucht, griffig und ausgewogen, die lebenserhaltenden Tannine und die Säure waren im Zaum gehalten. *Zuletzt im November 2000 verkostet ★★★★ Austrinken oder noch weiter lagern.*

Ch. Mouton-Rothschild Ich halte diesen Wein für nicht optimal, so beliebt er auch sein mag und so hohe Preise er erzielt (im Herbst 2001 lag der Auktionspreis bei 920 Pfund Sterling die Kiste, gegenüber 800 Pfund für den Haut-Brion, 820 Pfund für den Lafite und erstaunlichen 2600 Pfund für den Latour). 1974 zum ersten Mal verkostet, recht tief und massiv, aber nicht im Übermaß, eine angenehme, »süße« Frucht in Nase und Geschmack. Ende der 1970er begann mir erstmals eine gewisse Schlankheit und Sprödheit aufzufallen. In den

1980ern tauchen Notizen auf wie »dürr«, »ein gewaltiger Aufwärtstrend bei der Säure«, »hochgetönt« (Nase), »etwas kantig«, mehr Säure als Tannin, »etwas schlank« auf, doch auch auf seine Struktur und die gute Frucht wies ich hin. Meine letzten vier Einträge enthalten alle einen Hinweis auf eine Spur zu viel Säure. Auf einer Vorverkaufsverkostung 1994 mehr flüchtige Säure als üblich; eine raue, tanninbetonte Impériale, »passte aber gut zu Hähnchen-Cassoulet« (1996); »sehr wohlriechend, Tee, Zedernholz, hielt gut durch«, aber ein Hauch Säure (1998 auf der Mouton-Verkostung der Hollywood Wine Society). Unlängst tief, aber es fehlte etwas; ziemlich wohlriechend, mit Mouton-typischer Intensität; eher schlank und etwas rau, wenngleich mit der würzigen Cassis-Note eines Mouton. *Zuletzt bei Hal Lewis' Einführungsessen im September 1999 in Memphis verkostet *** Gut als schmackhafter Wein, aber im Gegensatz zum Latour würde ich ihn nicht einkellern und darauf hoffen, dass er seine Säure im Lauf der Zeit ablegt.*

Ch. Haut-Brion Wesentlich beständiger und geradliniger in der Entwicklung, nicht übermäßig tief oder sonst irgendwie übertrieben. Ehrlich, könnte man sagen. 20 Einträge aus den Mitt-Siebzigern. Zunächst relativ kraftvoll und tanninbetont, Anfang der 1980er dann bereits mit etwas Reife und immer dem charakteristischen Geruch und Geschmack, der sich so schwer beschreiben lässt, ohne abfällig zu wirken: »Kiesig«, »Jod«, »Tabak«, gelegentlich Karamell, »rauchig«. In jüngerer Zeit eine ausgezeichnete Flasche, die mein alter Freund Geoffrey de Luze 1995 bei einem Essen auf Paveil großzügigerweise öffnete. Der Wein hatte eine fabelhafte Farbe und Nase; recht »süß«, körperreich, »rauchiger Charakter, aber kein Tabak«, *à point*, ließ sich perfekt trinken. Mittlerweile auch mit vollreifem Aussehen, auf der Verkostung vor dem Verkauf des Khoury-Kellers 1997 »ausgezeichnet«. Unlängst ein Exemplar von Neil McKendrick bei seinem Essen für den Bordeaux Club: »süß«, weich, fleischig, aber mit einer Andeutung von getrocknetem Herbstlaub und spitzigem Abgang. *Zuletzt im Juni 1998 im Caius College in Cambridge verkostet **** War meiner Ansicht nach Mitte der 1980er in Bestform.*

Ch. Ausone Nur sechs Einträge. Nie sehr farbtief, eher pflaumenfarben als purpurn. Allerdings gute »Kirchenfenster« und ein ganz eigener, seltsam ansprechender Duft, Vanille, Erdbeere, eine erdige Note; angesengt, weich, doch spröde, wenig Länge. *Zuletzt im Juni 1995 bei einer Verkostung von* Premiers grands crus classés *aus St-Emilion verkostet und vom Käse gut unterstützt ****

Ch. Cheval Blanc Mehr als erstklassig. Ich erinnere mich daran, dass er aus einer von einer dänischen Weinzeitschrift organisierten Blinddegustation mit 1970ern als Sieger hervorging. Im April 1972 konnte ich ihn aus dem Fass verkosten. Er hatte eindeutig eine viel versprechende Zukunft vor sich. In meinen Notizen tauchen immer wieder Hinweise auf »Eleganz« und perfektes Gleichgewicht auf. Allerdings kein monumentales Gewächs. Die meisten meiner Notizen entstanden in den 1980ern, nur zwei sind aus jüngerer Zeit. Bei einer Vorverkaufsverkostung in New York 1997 gut in Form, perfekt entwickelt. Noch im selben Jahr auf Wolfs Degustation in Österreich: hübsche weiche Farbe; süßes, »angesengtes« Bukett, wohlriechend, klassisch, große Tiefe; »Süße« und Körper im mittleren Bereich. Guter, reifer Geschmack. Kürzlich weich, gehaltvoll, mit köstlichem Nachgeschmack. Sehr gut, aber »über den absoluten Höhepunkt hinaus«. *Zuletzt im April 2002 bei einem Dinner des Russischen Nationalorchesters im Londoner Spencer House degustiert ******

Ch. Pétrus Im April 1972 fein, reich, aber nicht allzu tief, wenngleich ein grandioser »Mundfüller«. Entwickelte sich relativ schnell, 1976 weich, schön austariert, dann Anfang der 1980er ein erstaunlicher Geschmack nach reifen Maulbeeren, recht hoher Alkoholgehalt, beeindruckend, schön. Mehr als nur fleischig, aber noch nicht fett. Dann allerdings ein recht kühler Eintrag 1990 bei einer »Serie« mit Pétrus-Weinen: sehr »süß«, doch verhalten und meines Erachtens auch mit zu wenig Frucht. In den 1990ern nur dreimal bewertet, als Letztes eine Doppelmagnum, relativ voll, stämmig, spröde und unerwartet kurz. *Zuletzt im September 1995 verkostet *** Ob das den astronomisch hohen Preis rechtfertigt? (Im Juni 2001 wurde eine Kiste bei Christie's für 7200 Pfund Sterling ersteigert – zum Trinken, hoffe ich.)*

Mir liegt eine enorme Vielzahl von Einträgen über Weine weiterer Châteaux vor, ich muss also strikt auswählen. Ich habe den Eindruck, dass der Jahrgang generell überbewertet wurde und sein »perfektes Gleichgewicht« gar nicht so perfekt war.

Ch. Batailley Neun durchgehend gute Bewertungen seit 1974. Unlängst: ein klassischer roter Bordeaux, Geschmack und Gleichgewicht ausgezeichnet. *Zuletzt im Juli 1998 während eines Essens bei Jonathan Lyons verkostet *** Trinkreif.*

Ch. Beauséjour-Bécot Ebenfalls verlässlich. Vor einiger Zeit mit ansprechender Farbe, reif; süße, leicht marmeladige Frucht; »süß«, weich, zum Kauen, sehr angenehm, doch noch immer tanninbetont. *Zuletzt im April 1998 im Amsterdamer Hotel Pulitzer nach einer von mir geleiteten Degustation verkostet *****

Ch. Belair Vorsicht bei Belairs und Bel-Airs. Es gibt ein unbedeutendes Gut namens Bel-Air in Pomerol, ein (Bel Air) Marquis d'Aligre im Médoc, dessen Weine man nur selten findet, und eben *dieses* Belair neben Ch. Ausone, das damals denselben Besitzer hatte. Das wäre klargestellt, nun zum Wein, zu dem mir nur ein einziger Eintrag vorliegt: rau, hölzern und schrecklich. *Im Juni 1997 bei einem wichtigen Essen in St-Emilion verkostet.*

Ch. Beychevelle Ein guter Wein. Reiche, purpurne, stilvolle Fassproben 1971 und 1972. Ende der 1970er gut entwickelt, 1988 voll ausgebaut. 1997 begann er ein bisschen zu zerfallen, obgleich er nach wie vor attraktiv war. Jetzt voll entwickelt, vielleicht mit etwas zu wenig Ausdrucksschärfe und Charakter. *Zuletzt im September 1999 verkostet ****

Ch. Branaire-Ducru Aus dem Fass weich und schokoladig. Ein gewisser Charmeur, doch die Säure begann sich nach vorn zu drängen. Kürzlich eine dumpfe, staubige Jeroboam, der man das Alter anmerkte. *Zuletzt im Dezember 1994 beim Weihnachtsessen der Weinabteilung von Christie's verkostet ** Austrinken (was wir auch gemacht haben).*

Ch. Brane-Cantenac Reichlich Geschmack und gute Frucht, doch ein eigenartiger, wenngleich nicht unangenehmer rustikaler, überreifer Bauernhofcharakter. *Zuletzt im Februar 1993 verkostet ****

Ch. Calon-Ségur Im Fass wohlriechend und fruchtig. Entwickelte sich in den 1980ern angenehm. Kürzlich mit guter reifer Farbe, merklich »süß«, gesund, gut trinkbar. *Zuletzt im Juni 1998 bei einer internen Christie's-Degustation verkostet ****

Ch. Canon Zehn beständig gute Bewertungen seit 1974. Reich, gut gewirkt, ausgewogen, lebendig, sehr attraktiv. Vielleicht ein kleines bisschen schroff. Harmonische Nase, gefällig, angenehm, voll entwickelt. *Zuletzt im September 1998 beim Essen auf Ségla mit David Orr, der auch Canon leitet, verkostet **** Jetzt in Bestform.*

Ch. Cantemerle Das für den Jahrgang typische Gewicht und der Stil standen diesem einstigen Charmeur nicht gut zu Gesicht. Untypisch spröde, aber nicht schlecht. *Zuletzt im Februar 1993 verkostet* ★★ *Wenig Besserung zu erwarten.*

Ch. Cantenac-Brown Von Anfang an unfertig. Ein angenehmer, doch uneleganter Wein. *Zuletzt im Februar 1993 verkostet* ★★★

Ch. Chasse-Spleen Ich bewundere dieses gut geführte Château an sich. Dieser Jahrgang fiel zwar gut aus, war aber in seiner Jugend ungewöhnlich streng, zäh und tanninbetont. 25 Jahre später: eine Doppelmagnum, alternd, trocken, etwas am Zerfallen. Offen gesagt der Beweis dafür, dass selbst der beste *Cru bourgeois* aus dem Médoc nur älter, nicht unbedingt aber besser wird. *Zuletzt im März 2001 beim Essen auf dem Château verkostet* ★

Ch. Carbonnieux Jung und frisch am besten. Der 1970er fiel ernsthafter aus, war aber offen gesagt nicht allzu gut. *Zuletzt bei einem Essen auf dem Château im Februar 1993 degustiert* ★

Dom. de Chevalier Ein sehr guter Wein. Das Gros meiner Einträge entstand zwischen 1974 und 1986. Ziemlich tiefes Rubinrot; reicher, würziger Duft und Geschmack. Vor einiger Zeit blind verkostet, noch immer tief, aber reif; eine zugleich klassische und erstklassige Nase, die sich grazil öffnete, gute Textur, Länge, Frucht. Meine beste Bewertung einer ausgewählten Reihe von 1970ern. *Zuletzt im September 1994 verkostet* ★★★★

Ch. Cissac Ein Wein zum Trinken, nicht zum Sammeln. Ich habe eine sehr große Bandbreite von Jahrgängen dieses Guts verkostet, die allesamt anständige Gebrauchsweine waren. 14 Einträge zum 1970er, also muss ich ihn erwähnen. Sonderlich gut aber war er nicht. Eine von Louis Vialard zur Verfügung gestellte Flasche auf einer Cissac-Verkostung für den Trust des Prince of Wales auf Sherborne in Dorset zeigte sich in guter Verfassung. *Zuletzt im April 1996 auf einer Cissac-Vertikalverkostung im Savoy degustiert* ★★★

Cos d'Estournel Bruno Prats' erster Jahrgang auf Cos. Eine Menge Einträge. Alle gut, doch sehr ausgeprägtes Tannin; mehrere Bewertungen in den 1990ern, die ausführlichste auf einer Cos-Masterclass bei Christie's: hübsche reiche Farbe; ausgeglichen reifes Bukett, »Kerzenwachs«; trotz des offenkundigen Tannins sanft, ansprechend, lebendig und ohne eine Spur von Schwäche. Kürzlich eine Impériale, gehaltvoll, ziemlich komplex, schönes Gewicht, gut trinkbar und »in der Form seines Lebens«. *Zuletzt im Oktober 2000 bei einem Essen des Saintsbury Club verkostet* ★★★★

Ch. Croizet-Bages Lebendig und fruchtig. *Zuletzt im Februar 1993 verkostet* ★★★

Ch. Ducru-Beaucaillou Von Latour einmal abgesehen, stufe ich Ducru und Cheval Blanc als die besten 1970er ein. Über zwei Dutzend Mal verkostet, angefangen mit einer klassischen, konzentrierten Fassprobe im April 1972. Entwickelte sich langsam, aber Mitte der 1980er komplett, ausgewogen, »gut ausgestattet«, »großartig«, »fast Latour-ähnlich in Gewicht und Klasse«. Anhaltender Abgang. »Perfekt.« In der letzten Dekade zehnmal verkostet. Die letzten Einträge beziehen sich auf eine überragende, ausgewogene Impériale mit »süßer« Nase sowie klassischem, für St-Julien typischem Gewicht und Geschmack (1997 in Coral Gables), ein in Geschmack und Ausgewogenheit vollendetes Exemplar, das aber am Austrocknen war, wenn ich es mir recht überlege (1998 bei Jean Ramet in Bordeaux). Schließlich eine sehr gute Flasche, »korrekt – passt aber nicht zu stark gewürzten Bordelaiser Gerichten«. *Zuletzt bei einer etwas bizarren Verkostung »Rollin' on the River« an Bord der Memphis Queen III im September 1999 degustiert. In Bestform* ★★★★★

Ch. Duhart-Milon Fruchtig, aber rau und säurebetont. *März 1992* ★

Ch. L'Evangile Gehaltvoll, zum Kauen, robust. Zu wenig Charme. *Zuletzt im Mai 1991 verkostet* ★★ *Hat sich mittlerweile vielleicht geöffnet.*

Ch. Figeac Ein ausgezeichneter 1970er. Die Weine von Figeac setzen sich aus mehr oder weniger gleich großen Anteilen Merlot, Cabernet franc und – für St-Emilion ungewöhnlich – Cabernet Sauvignon zusammen. Mitte der 1970er war der Figeac in meinen Verkostungsnotizen ziemlich häufig vertreten. Er hätte bei einer Degustation großer dänischer Abfüllungen von 1970 fast den Spitzenplatz belegt. In den 1980ern verwies ich auf seinen grandiosen, erhebenden Duft und Geschmack. Ein Wein voller Widersprüche; Delikatesse und enorme Frucht, kräftig, reife Tannine. 1994 im Gidleigh Park Hotel in Devon erste Anzeichen eines leichten Verfalls, im Jahr darauf aber fast ausgelassen, sehr erdig, ein Anflug von Eisen, stützende Tannine. *Zuletzt im Juni 1995 verkostet* ★★★★★

Ch. La Fleur Eine meiner höchsten Bewertungen auf Rodenstocks La-Fleur-Verkostung mit 32 Jahrgängen. Erstaunlich frisch und duftend für einen 28-Jährigen; körperreich, konzentrierte Frucht, sehr beeindruckend. Aber kein Wein zum Essen – zu kraftvoll. Übrigens wurde kein neues Holz verwendet. *September 1998* ★★★★★

Ch. La Fleur-Pétrus Ein ernsthafter Wein. In den frühen 1980ern, als ich ihn erstmals verkostete, reich, reif, merkliche Säure; außerdem die unnachahmliche Pomerol-Struktur. Bei den letzten beiden Gelegenheiten ein Hauch Malz oder Karamell in der Nase, die sich anschließend mit einer würzigen Note öffnete. Ein ziemlich »süßer«, fleischiger, robuster Wein, der ausgezeichnet zu Wild passt. *Zuletzt im Juni 1995 verkostet* ★★★★

Les Forts de Latour Köstlich, würzig. Ein guter Wein zum Trinken. *Zuletzt im November 1990 verkostet* ★★★

Clos Fourtet Ein Jahrgang aus einer Zeit, in der sich auch das Gut in einer Krise befand. Kein guter 1970er. Säuerlich. Dann vier Abfüllungen der Berry Bros.: zwar alternd, aber gut trinkbar. *Zuletzt im Juli 1996 beim Essen mit Jean und Yuri Galitzine auf Holywell Hall verkostet* ★★★★ *für das Wochenende,* ★★ *für den Wein.*

Ch. La Gaffelière Ein gewisser rustikaler Überschwang, kombiniert mit dem Charme schmackhafter Früchte, oft merklich hohe Säure spürbar. Ein anständiger, wohlschmeckender »Mundfüller«. Trank sich gut, kann mittlerweile aber das Alter nicht mehr verhehlen. *Zuletzt im Juni 1995 verkostet. Gerade noch* ★★★ *Wird nicht besser werden.*

Ch. Giscours Das krasse Gegenteil eines Margaux. Kein femininer Charme, keine Zartheit, eher ein Rugby-Spieler. Nichtsdestotrotz sehr beeindruckend. Von Anfang an intensive Farbtiefe. Stark gebaut, fruchtbepackt – oder sollte man besser sagen: komprimiert? Dennoch wohlriechend. Bei 20 Gelegenheiten verkostet, zuletzt eine oxidierte Flasche zu Hause. Sie begann auf jeden Fall zu altern, wobei die gute, kernige Frucht mit den mittlerweile rau gewordenen Tanninen im Wettstreit lag (1998). Bei Louis Hughes' erstem Essen für den Bordeaux Club im Londoner Saville Club aber auch ein Exemplar mit bemerkenswert jugendlichem Aussehen und guter Frucht, dessen Nase sich nach einer Stunde im Glas wunderschön und wohlriechend geöffnet hatte; »süß«, voll, attraktiv, ein Hauch Teer und mit guter Säure. Zwei Monate später nach wie vor erstaunlich undurchsichtig, konzentriert, trocken, voll, pfeffrig, tanninbetont. »Ein großer 1970er«, fügte ich hinzu. *Zuletzt im März 2001 verkostet, die Art Wein, die mich beeindruckt, die ich aber nicht sonderlich mag.* ★★★★★ *für die, die ihn mögen.*

Ch. Gloria Ein Werk von Henri Martin. In den 1980ern in Hochform. Jetzt zwar angenehm weich und wohlschmeckend, aber sehr trocken im Abgang. *Zuletzt im Januar 1994 verkostet* ★★★

Ch. Grand-Puy-Lacoste Ein weiteres seriöses Gewächs, diesmal aus Pauillac. Im Fass konzentriert, langsam reifend. 20 Einträge dokumentieren seine Entwicklung. Ich bin eigentlich ein Fan dieses Weins, doch der 1970er enttäuschte mich. Er versuchte zwar in den 1980ern »abzuheben«, doch sein Tannin hielt ihn beharrlich am Boden. Bei den letzten vier Gelegenheiten – Dinnerpartys bei mir und eine Masterclass von Christie's – präsentierte er sich fast portartig und weit jenseits seines Höhepunkts; er zerfiel im Glas und blieb ausgetrocknet liegen. Manche Flaschen sind recht gut. Ich ziehe die jüngeren Jahrgänge dieses Guts vor. *Zuletzt im April 1999 verkostet. Leider* ★★

Ch. Gruaud-Larose Buchstäblich Dutzende von Einträgen, die zumeist Mitte der 1970er und in den späten 1980ern entstanden. Wie üblich voll kerniger Frucht, wie Marmelade aus Oxford, doch auch unnachgiebig tanninstark, bisweilen sogar spitzig. Zuletzt allerdings »süß«, immer noch voller Frucht und gut trinkbar. *Im April 1999 bei einem Essen des Saintsbury Club zu Rinderlende getrunken. In Bestform* ★★★

Ch. Haut-Bailly Eine gute, erdige, Graves-typische Fassprobe. So richtig Feuer allerdings fing ich erst 1978: Der Wein war wohlriechend und reif, weich und schön ausgewogen. Seither durchweg köstlich. Eine hübsche reife Farbe, Bukett und Geschmack weich und harmonisch. Würziger Abgang. Trank sich gut. *Zuletzt bei einer Vorverkaufsverkostung von Christie's im Juni 1997 degustiert* ★★★★

Ch. Haut-Batailley Entwickelte sich langsam, ist aber nun »flügge« geworden, reifes Aussehen, reiches Bukett und schöne Tiefe. *Zuletzt im Februar 1993 verkostet* ★★★★

Ch. Larcis-Ducasse Beim Essen auf dem Château blind verkostet. Reif, eindeutig ein guter Jahrgang, obwohl die an sich recht ausgewogene, voll entwickelte Nase nicht sehr ausgeprägt war. Am Gaumen besser. Schönes Gewicht, guter Geschmack. Kein großer 1970er, aber ein angenehmer Trinkgenuss. *April 2000* ★★★

Ch. Lascombes Nicht mein Lieblings-Château, aber fünf gute Einträge, reich, fleischig (bis 1986). 1994 etwas schroff, aber auf einer Vorverkaufsverkostung gut in Form: tief; wohlriechend; reif, körperreich, gute Frucht, alle Komponenten ziemlich gut austariert. *Zuletzt im September 2001 verkostet. In Bestform* ★★★

Ch. Léoville-Barton Bei der ersten Verkostung 1979 noch immer unfertig und untypisch »robust«. In den 1980ern vier unbefriedigende Bewertungen. 1991 uneinheitliche Flaschen, manche weich, andere mit hoher Säure. Unlängst eine Magnum, die trotz ihres guten reifen Erscheinungsbildes, einer Nase mit Anklängen an Pflaumen, Feigen und Walnüsse sowie recht guter Frucht und Textur mager und »am Auseinanderfallen« war. Kein Charmeur. *Zuletzt im April 1999 bei einem Essen in Österreich verkostet* ★★

Ch. Léoville-Las-Cases Nach einer spröden Fassprobe öffnete sich der Wein bald. 15 gleichmäßig verteilte Einträge, die alle gut ausfielen. Ein Klassiker und Gentleman, herrliche Frucht, beeindruckend und trotz seines Fleisches nach wie vor tanninbetont. Jetzt reif; typische Zedernholznase, Gleichgewicht und Geschmack sehr gut. *Zuletzt im Juli 1996 beim Essen mit meinem ehemaligen Chef bei Christie's, Guy Hannen, degustiert* ★★★★

Ch. Léoville-Poyferré Anscheinend nur zwei Einträge, diese aber immerhin aus der letzten Zeit. 1993 eine eigenartige, schokoladige, schlechte Flasche und ein halbwegs ansprechendes Exemplar mit gedämpfter zedriger Nase; straff, Abgang trocken und recht säurebetont. *Zuletzt im Februar 1997 beim Lunch in New York verkostet. In Bestform* ★★ *Kann man sich schenken.*

Ch. Lynch-Bages Ein undurchsichtiger, konzentrierter Cabernet, im Fass sehr wohlschmeckend, mit dem für das Château üblichen, unverkennbaren Cassis-Aroma, das sich relativ schnell entwickelte, außerdem Zimt, Frucht und Tannin – Ende der 1970er und auch in den 1980ern köstlich. Ein halbes Dutzend beständig guter Bewertungen in den 1990ern, darunter auch eine bei einer Blindverkostung von Impériales aus dem 1970er-Jahrgang entstandene Notiz. Ich hielt ihn für einen Mouton-Rothschild! Schwungvoll, wohlschmeckend, köstlich. *Zuletzt im September 1999 in Memphis verkostet* ★★★★

Ch. Magdelaine Hübsche Farbe; fabelhaftes Bukett; »süß«, köstlich. *Februar 1993* ★★★★

Ch. La Mission Haut-Brion Wie der Mouton nicht einwandfrei: zu säurebetont. Es begann im April 1972 mit einer undurchsichtigen, hochkonzentrierten, großartigen Flasche. Der Wein betörte und beeindruckte auch weiterhin, doch 1978 notierte ich mir erstmals einen »rauen Abgang« mit einem Fragezeichen. In den 1980ern sieben bei den unteschiedlichsten Gelegenheiten entstandene Einträge, in denen ich ausnahmslos auf die meines Erachtens hohe flüchtige Säure hinwies. Unlängst noch immer tief rubinrot; fruchtige, aber »pfefferige« und säuerliche Nase; trocken, voll, lebhaft und kräftig. Interessant, aber unausgewogen. *Zuletzt im Juli 1994 beim Essen in Chelsea verkostet* ★★

Ch. Montrose Ein Jahrgang, wie er Montrose behagt. Ähnlich dem La Mission von intensiver Farbtiefe, mit Frucht und Tannin bepackt. 1980 »großartig, aber zu schwer für ein Mittagessen (in der Londoner City)«! Massiv, Latour-ähnlich, gehaltvoll, vollmundig, aber unnachgiebig. Fünf Einträge aus jüngerer Zeit: aufregender, reicher, grandioser Geschmack, aber noch immer sehr tanninbetont. 1997 eine Jeroboam »gut, aber nicht groß«. Hochgetönter, rauer, tanninstarker Abgang. *Zuletzt im Juni 1998 bei einem Essen des Bordeaux Club verkostet* ★★(★★) *Ich denke, irgendwann wird er schon noch werden.*

Ch. Mouton-Baron-Philippe 15 Einträge. Einmal Charmeur, *nicht* immer Charmeur. Befand sich vermutlich Anfang der 1980er auf dem bescheidenen Gipfel seiner Laufbahn: »Ließ sich schön trinken.« Unlängst am Austrocknen. *Zuletzt im September 1997 verkostet* ★★

Ch. Marquis d'Alesme-Becker Ein paar pfeffrige niederländische Abfüllungen und zwei Schlossabzüge, eine auf Barbados degustiert, die zweite vor geraumer Zeit in Genf. In Großbritannien selten und ich weiß auch, warum. *Zuletzt im Mai 1992 verkostet* ★

Ch. Palmer Ein sehr guter 1970er und einer der Spitzenjahrgänge dieses Châteaus überhaupt. Ich verkostete ihn zwar erst 1979 das erste Mal, doch seither sind sehr viele Einträge entstanden – allein im letzten Jahrzehnt 20. Sie sind sich so ähnlich, dass es keinen Sinn hat, auch nur einen Bruchteil davon wiederzugeben. Bei einem Essen auf Palmer verriet man uns den Traubensatz, angefangen mit Cabernet Sauvignon, dessen Anteil bei 30,5 % lag. Der Prozentsatz von Merlot lag sogar noch höher, was äußerst ungewöhnlich ist, aber wenn man die von Cabernet franc und Petit Verdot hinzurechnete, kam man nicht auf 100 %. Vielleicht habe ich aber auch die Zahlen falsch verstanden. Der Jahrgang zeigt zwar mittlerweile etwas Reife, doch ist er nach wie vor ein schöner, reicher, ausgewogener Wein, der sich hervorragend trinken lässt. *Zuletzt im Mai 2001 mit der Commanderie de Bordeaux aus Detroit beim Essen auf dem Château verkostet* ★★★★★

Ch. Pape-Clément Mehrere Einträge aus den 1970ern, Anfang der 1980er in guter Verfassung. *Zuletzt im Juli 1994 bei einem Essen unter freiem Himmel verkostet* ★★ *Noch immer sehr tanninbetont.*

Ch. Pavie Dieser Wein war nie ein großer 1970er, aber er »trank sich hervorragend«. *Zuletzt im März 1997 in New York bei einem Abendessen nach einer Auktion degustiert* ★★★

Ch. Pichon-Baron Fünf vorwiegend kritische Einträge. Enttäuschend. *Zuletzt im Februar 1993 verkostet.*

Ch. Pichon-Lalande 1972 eine köstliche Fassprobe, seither eine erkleckliche Anzahl guter Bewertungen. Auf jeden Fall sehr schmackhaft und in der zweiten Hälfte der 1980er auf dem Höhepunkt. 1994 eine Jeroboam mit reichem, scharfem Bukett, doch mit eigenartigem Teergeschmack. Unlängst eine Flasche, der man (wie mir) das Alter anmerkte. Sehr gut trinkbar. *Zuletzt im Mai 1997 bei einem Essen des Weinmagazins* Decanter *anlässlich meines 20-jährigen Jubiläums als Kolumnist und meines 70. Geburtstags verkostet* ★★★

Ch. Pontet-Canet In Bordeaux von Cruse abgefüllt und kein guter Wein. Stielig, ohne Charakter. Uneinheitlich. Alles andere als anregend. *Zuletzt im Februar 1993 verkostet. Meiden.*

Ch. Rausan-Ségla Ein ziemlich gutes Gewächs. Fest, fleischig, gute Frucht. Noch immer tanninbetont. *Zuletzt im September 1998 bei einem Essen im Château degustiert* ★★★

Ch. de Sales Köstlich. Für einen 1970er leicht und unbeschwert. Zuletzt im März 1991 verkostet ★★ *Austrinken.*

Ch. St-Pierre-Sevaistre Mitte der 1970er bis Mitte der 1980er entstanden mehrere Einträge, die sich zu meiner Überraschung wie folgt lesen: »Ansprechend, gehaltvoll, keksartig«, »weich, reif, fleischig, jetzt vollendet« (1985). Unlängst »zum Kauen«, voller Frucht, immer noch tanninstark, ein Schuss Mandarine, gut trinkbar. *Zuletzt im November 1995 bei einem Festessen zum 25-jährigen Bestehen des IWFS-Kapitels von Northampton in Hambleton Hall, einem der besten englischen Landhotels, zu Fasan getrunken* ★★★★ *Es lohnt sich, nach ihm Ausschau zu halten.*

Ch. Talbot Wird immer schon sehr gern getrunken, aber ich kann bis heute nicht so recht verstehen, warum. Eindeutig ein gehaltvoll-rustikaler Bordeaux für den hühnerzüchtenden Nobelfarmer und auch bei First-Class-Fluggästen von British Airways beliebt. Robust, in der Regel schlanker und maskuliner als ein Gruaud. Ein reifer 1970er, der jedoch auf der Kippe steht. Vor kurzem als 17. von 20 Weinen beim »Imperial Dinner« in Pokolbin im australischen Neusüdwales verkostet; ich notierte mir notgedrungen knapp: »Tief; Bauernhofgerüche, trockener Abgang.« Kam einem »Sattelleder«-Shiraz aus dem Hunter Valley noch am nächsten. *Zuletzt im September 2000 degustiert* ★★★

Ch. La Tour Haut-Brion Viele Einträge von gemeinsamen Verkostungen mit dem La Mission, aber sehr eigenartig, eine Nase wie die verbrannte Oberfläche von Reispudding und kürzlich wie nasser Hund. *Zuletzt im Februar 1993 verkostet. Da ist mir der Reispudding ja noch lieber.*

Ch. Trotanoy Erstmals 1977 verkostet, damals undurchsichtig, vollmundig, gehaltvoll, lang. Dann eine Lücke von fast 20 Jahren. Nicht mit sonderlich ausgeprägtem Charakter, aber mit makellosem Bukett und vollendetem Geschmack. Samtig, sehr fleischig. *Zuletzt im Januar 1998 beim Essen mit N. K. Yong in Singapur verkostet* ★★★★(★)

EIN PAAR VON VIELEN 1970ERN, DIE SICH IN DER ZWEITEN HÄLFTE DER 1980ER IN GUTER VERFASSUNG ZEIGTEN **Ch. L'Angélus** *Oktober 1985* ★★★★; **Ch. d'Angludet** *März 1986* ★★★; **Ch. Latour-à-Pomerol** Tief, reich, tanninbetont. *April 1987* ★★★(★)

ÄLTERE EINTRÄGE, ABER GUTES POTENZIAL **Ch. Canon-La-Gaffelière**; **Ch. La Conseillante**; **Ch. Clerc-Milon**; **Ch. Citran**; **Ch. Coufran**; **Clos René**; **Ch. La Louvière**; **Ch. Siran**.

1971 ★★★★

Relativ kleine Erträge, aber gute Qualität. Ein Jahrgang, der sehr hoch gehandelt wird. Er kam auf den Markt, als sich dieser gerade überhitzte, und wurde von den Bordelaisern über-, von den Briten hingegen unterschätzt. Viele andere Jahrgänge erwiesen sich als besser. Der Wettergott schien den Erzeugern am rechten Ufer und vor allem in Pomerol und Graves geneigter gewesen zu sein. Einige Spitzen-Médocs fielen letztendlich kümmerlich aus, waren aber damals die teuersten Weine überhaupt.

Ch. Lafite Kein *grand vin*. In seinen Anfangstagen wies ich auf seinen schwachen Rand sowie die mangelnde Frucht und Substanz hin. Anfang der 1980er indes gelang es ihm, den Anschein von Eleganz und Wohlgeruch zu erwecken. Ich notierte mir: »Unsauber«, »auf dem absteigenden Ast«, »lebt gefährlich«, doch auch »schlank, aber wohlschmeckend«. Unlängst ein spitziges Exemplar im Brooks's Club, seltsame Nase, schwach, aber ganz gefällig. Zum Glück kam noch Besseres nach. *Zuletzt im Juni 1996 verkostet* ★

Ch. Latour Ebenfalls 20 Einträge. In Gewicht und Stil so völlig anders als seine erstklassifizierten Nachbarn in Pauillac. Mehr Substanz, besser ausgewogen, aber einfach nicht anregend. Im Fass rau und dumpf, versuchte sich in den 1980ern verzweifelt zu öffnen, blieb eher ungehobelt und unnachgiebig. Ein halbes Dutzend Einträge in den letzten zehn Jahren, die am wenigsten erwartete Flasche 1994 im Maison Belle Epoque in Epernay, eingezwängt zwischen einem 1892er Perrier Jouët (mit *Foie gras*) und einem 1985er Belle Epoque rosé (mit *Tarte Tatin aux poires*). Später eine wohlriechende, lebendige, aber spröde Impériale, ein unaufdringlich »guter« 1971er, aber vor kurzem ein Exemplar, das von Ausone und Cheval Blanc in den Schatten gestellt wurde. Tanninbetont. Adstringierend. *Zuletzt im September 1999 verkostet* ★★★*? Ich weiß es einfach nicht.*

Ch. Margaux Wesentlich attraktiver als der Lafite oder Latour. Zwar weniger Einträge, doch ab Mitte der 1970er gut dokumentiert. Offenbarte ein Jahrzehnt später beträchtlichen Charme mit delikatem, wohlriechendem Bukett und lebendiger Frucht. Fast identische Notizen bei einem Essen 1996, trotz des vollreifen Erscheinungsbildes. Im Jahr darauf bei der ersten Vertikalverkostung von Wagner »süß«, wohlschmeckend, erfrischend, etwas Charme, aber knapp daneben. Jetzt vollreifes Aussehen mit rötlicher Bernsteinfarbe und einem ins Leere laufenden, orangefarbenen Rand. Anfänglich eine attraktive »Laubhumus«-Nase, die sich reichhaltig öffnete. Relativ »süß«, Gewicht und Form gut, schlank, aber muskulös. *Zuletzt im November 2000 verkostet* ★★★ *Unnötig, noch länger zu warten.*

Ch. Mouton-Rothschild 1974 konzentrierte Frucht; gut gebaut, aber zwischen »zugänglich« und »attraktiv« fanden sich immer wieder Bewertungen wie »rau« und »schlank«; Ende der 1980er voll entwickeltes Bukett. Seither nur ein Eintrag. Farbe nicht mehr so tief, aber gut, vollreif. Wohlriechend. Große Geschmacksfülle, überraschend reiche, robuste Frucht und gute Länge. *Zuletzt im November 1990 verkostet* ★★★★ *Es lohnt sich, ihn im Auge zu behalten.*

Joseph Berkmann

Joseph Berkmann organisierte eine Anzahl exzellenter Weindiners. Er war meines Wissens der Erste, der bei einem Essen eine ganze Reihe von Jahrgängen eines einzigen Weins servierte. Seine erste Veranstaltung – ein »englisches Dinner mit einer Auswahl von roten Bordeaux-Weinen des Jahrgangs 1945«, bei dem sämtliche erstklassifizierten Gewächse vertreten waren – fand 1971 statt; damals war er noch ein renommierter Londoner Restaurantbesitzer. Später pflegte er eine breite Palette von Jahrgängen eines einzigen Châteaus zu öffnen. Ich glaube, ich war bei allen Essen dabei. Im Mittelpunkt standen jeweils: Ch. Mouton-Rothschild, 12 Jahrgänge von 1893 bis 1955 (1972); Ch. Latour, 14 Jahrgänge von 1917 bis 1962 (1973); Ch. Haut-Brion und Ch. La Mission Haut-Brion (1974). Bei jedem Ereignis war der Besitzer des jeweiligen Guts anwesend. Zu den Gästen zählten neben mir unter anderem Harry Waugh, Edmund Penning-Rowsell, Quentin Crewe und weitere führende englische Weinautoren bzw. -degustatoren. Heute ist Joe Berkmann als Weinimporteur sehr aktiv.

Ch. Haut-Brion Ein guter Wein. Wurde immer besser; 1990 eine besonders gute Bewertung: »Weich, fleischig, elegant.« Im Jahr darauf eine schöne Doppelmagnum, seidig, »jetzt perfekt«, aber kurz davor, etwas auszutrocknen. Kürzlich ein reiches, fleischiges, kiesiges, durch Flaschenalterung entstandenes Bukett; »süß«, »elegant«, eigenständig, gute Länge. *Zuletzt im Januar 1999 auf einer Vorverkaufsverkostung in London degustiert* ★★★★

Ch. Ausone 15 Tage nach dem Abstich im Februar 1972 aus dem Fass verkostet. Ein faszinierender, gewürznelkenartiger Geschmack. Farbtiefer als der 1970er, hübsche Textur, seidige Tannine (Mitte der 1980er). 1990 war das Bukett entwickelt und der charakteristische, eigenartige, angesengte Laubgeschmack setzte sich durch. Unlängst eine recht intensive Farbe mit samtigem Schimmer; gehaltvolles, unverkennbares Bukett. Relativ »süß«, kraftvoll, Geschmack nach »verbranntem Packpapier«, doch gut trinkbar. *Zuletzt im September 1999 beim Essen in Memphis verkostet* ★★★★ *Wahrscheinlich jetzt auf dem Höhepunkt.*

Ch. Cheval Blanc Für mich der Star des Jahrgangs, angefangen von einer wohlriechenden Fassprobe. Durchquerte die 1980er leichtfüßig. »Geschmack und Textur wunderschön«, perfekt im Gleichgewicht, scheinbar mühelose Entwicklung. Zehn Einträge, verkostet in München und Luzern sowie in Österreich bei Wolfs Vertikaldegustation in Form einer Jeroboam; wieder einmal in Memphis; bei einem unvergesslichen Essen in der Krone in Assmannshausen am Rhein in Gesellschaft zweier brillanter, exzentrischer Kellermeister, nämlich August Kesseler (aus dem Rheingau) und Jim Clendenen (vom kalifornischen Gut Au Bon Climat). Jedes Mal nahezu gleichlautende Notizen: »Süß«, duftend, elegant, stilvoll, sehr ansprechend. Kürzlich mein Favorit auf einem Cheval-Blanc-Dinner für das Russische Nationalorchester (mit den Jahrgängen 1947, 1959, 1961, 1964 und 1970). *Zuletzt im April 2002 im Londoner Spencer House verkostet* ★★★★★

Ch. Pétrus Gehaltvoll, körperreich (13,5 % Alkohol), im Fass tanninbeladen. Meine besten Bewertungen Mitte der 1980er, als seine Kraft und sein Tannin von der samtigen Textur und dem Fleisch, wie sie für Pomerol typisch sind, im Zaum gehalten wurde. In der Nase verhaltener, fleischiger als das Pendant von Cheval Blanc, das schließlich nur einen Steinwurf weit weg steht. Beeindruckend, wohlriechend, aber eher ein dumpfes Instrument. *Zuletzt bei der Verkostung vor der Versteigerung des Josey-Kellers im November 1990 degustiert. In Bestform* ★★★★

Ch. Beauséjour-Bécot Schon eigenartig, wie die Namen mancher Weine Erinnerungen in mir heraufbeschwören. Bei diesem Gewächs muss ich an den guten alten Monsieur Bécot denken, einen gewissenhaften Kellermeister, der sich einmal mit den örtlichen Weinbehörden anlegte. Eine lange Geschichte, die schon ewig zurückliegt. Fleischig der Wein, ziemlich gehaltvoll. Unlängst: »Süß, sehr eigenständig und attraktiv, schöner Geschmack und griffig.« Bei einer Verkostung von *Premiers grands crus* eine meiner besten Bewertungen. *Zuletzt im Juni 1997 degustiert* ★★★★

Ch. Beychevelle Gute Bewertungen. Elegant, schön abgerundet. Voll ausgereift. *Zuletzt im Mai 1993 verkostet* ★★★

Ch. Calon-Ségur Recht ansprechend, aber als ich ihn bei einem Essen des Saintsbury Club das letzte Mal verkostete, hatte er eine Nase nach Rohrzucker; mild im Geschmack, relativ nichts sagend. *Eine unbekannte englische Abfüllung, verkostet im April 1996* ★★

Ch. Cos d'Estournel Kein brillanter 1971er. Schon seit seiner Jugend schlank, aber zugänglich. Achtmal verkostet, unter anderem eine wohlriechende, bei Christie's ersteigerte Impériale, die sich zum Glück als guter Essensbegleiter erwies (1994). Unlängst erneut in der Nase besser als am Gaumen. Schlank und am Austrocknen. *Zuletzt im September 1997 verkostet* ★★

Ch. L'Eglise-Clinet Gehaltvoll, ein Hauch von Toffees; »süß«, hoher Extrakt, beeindruckend. *März 2001* ★★★★

Ch. La Fleur Nur zwei Einträge aus jüngerer Zeit: jugendlicher Einschlag; fabelhaftes Bukett; reich, geschmeidig und ansprechend, von Tannin und Säure gut gestützt. *Zuletzt im November 1999 bei einer Christie's-Verkostung im American Club in Tokio degustiert* ★★★★★

Ch. Gruaud-Larose Viele Einträge. Die traditionell feste Frucht trat in den frühen 1970ern deutlich hervor, schien jedoch schlanker und sehniger als sonst. Ziemlich tanninbetont, aber recht stilvoll. *Zuletzt im September 1993 verkostet* ★★★

Ch. Kirwan Zweimal verkostet, 1976 nicht viel mehr als durchschnittlich. Kürzlich eine Impériale, deren Inhalt dem Format nicht ganz gerecht wurde. Zwar relativ gute Frucht, aber ein wenig Adstringenz. *Zuletzt im September 1994 verkostet* ★★

Ch. Lascombes »Süße«, attraktive Nase; seidig-ledrige, tanninbetonte Textur, gute Länge. *Auf einer Vorverkaufsverkostung im September 2001 degustiert* ★★★

Ch. Léoville-Las-Cases Entwickelte sich nur langsam. Guter Geschmack, gute Textur. *Zuletzt im März 1992 verkostet* ★★★

Ch. Palmer Vom großartigen 1970er in den Hintergrund gedrängt und anfangs arg am Kämpfen. Er brauchte Zeit und zeigte sich auf einer Palmer-Vertikalverkostung bei Christie's in guter Verfassung: Farbe wie Mahagoni-Wurzelholz; harmonische Nase, die sich duftend öffnete; ein eigenartig »süßer« Auftakt, der in einen sehr trockenen Abgang mündete. Gute Frucht, Textur, schlank, aber charmant. *Zuletzt im Juli 1994 verkostet* ★★★★

Ch. Pichon-Lalande Erlangte früh die Reife. Stilistisch dem Baron völlig entgegengesetzt. Locker gewirkt, vollreif, immer noch sehr ansprechend. *Zuletzt im Januar 1998 verkostet* ★★★

Ch. Siran Schwache Farbe; Nase und Geschmack leicht, aber »süß«. *Zuletzt im Oktober 1993 degustiert* ★★ *Austrinken*

Ch. Trotanoy Achtmal verkostet, als Erstes ein gehalt- und stilvolles Exemplar Mitte der 1970er. Ein Jahrzehnt darauf schien er mit seinem reichen, samtigen Reiz fast den Pétrus auszustechen. Weitere zehn Jahre später eine gelungene Kombination aus Reichhaltigkeit und Eleganz. Mittlerweile mit reifem Aussehen; schöne Nase, Ausgewogenheit, Geschmack und Gleichgewicht perfekt. *Zuletzt im Januar 1998 bei einem herrlichen Weindiner mit Melina, einem großartigen Koch, und N. K. Yong in Singapur degustiert* ★★★★★

ZAHLREICHE BEDEUTENDE 1971ER, DIE ICH ALLE IM NOVEMBER 1990 ZUM LETZTEN MAL VERKOSTET HABE

Ch. Brane-Cantenac Zu meiner Überraschung schöner Duft, seidig, sanft, wohlriechend ★★★

Ch. Branaire-Ducru Jetzt voll ausgereift. Sehr charakteristisches Bukett; reichhaltiger Geschmack ★★★

Ch. Canon Ein sehr ansprechender Wein. Wohlriechend, für einen Canon sehnig, lebendig und interessant ★★★★

Ch. Cantemerle Ein Jahrgang, wie er für Cantemerle ideal ist. Schon im Fass elegant. Köstlicher Duft, schöner Geschmack, gut ausgestattet. Fast exotisch ★★★ *Dürfte nun auf dem Höhepunkt sein.*

Ch. Certan-de-May Auf L'Evangile bereitet. Einer dieser malzigen, gehaltvollen Pomerol-Weine. Natürlich reichlich Frucht und Fleisch ★★★★ *für die, die diesen Stil mögen.*

Dom. de Chevalier Jetzt voll ausgebaut, doch noch immer mit viel stützendem Tannin ★★★

Ch. La Dominique Gehaltvoll, seidig, tanninbetont ★★★★

Ch. Ducru-Beaucaillou Fest, wohlschmeckend, in der Jugend zugänglich und elegant, später etwas überreif, mit rauem Abgang ★★?

Ch. L'Enclos Ein weiterer erfolgreicher Pomerol. »Süß«, reich ★★★★

Ch. L'Evangile Und noch ein Pomerol, diesmal sehr tanninstark ★★(★)

Ch. Figeac Einer von Thierry Manoncourts Lieblingsweinen. Charakteristisch überschwänglich. War meines Erachtens in den frühen 1980ern am besten. Macht aber Spaß ★★★★ *Austrinken.*

Ch. La Fleur-Pétrus Manchmal ist ein Pomerol am Gaumen besser als in der Nase (wenn Sie verstehen, was ich meine). Über einen Zwölfjahreszeitraum hinweg reich, ansprechend und sehr griffig ★★★★

Les Forts de Latour Ihm fehlt natürlich die *gravitas* des *grand vin*, trotzdem ein anständiges Gewächs. Etwas mager ★★★

Ch. Grand-Puy-Lacoste Seit den späten 1970ern stilvoll, fest, schmackhaft. Dann eine Lücke von zehn Jahren. Hat sich unwesentlich verändert. Lebendig, schlank, gut ★★★(★)

Ch. La Grave Trigant-de-Boisset Heute einfach als Château La Grave bezeichnet. Moueix kaufte es 1971. Kein leichtes Jahr. Die Reben wurden vom Hagel schwer geschädigt. Moueix riskierte viel, als er den Wein ganze drei Jahre im Fass liegen ließ. Als ich ihn das letzte Mal verkostete, waren Bukett und Geschmack sensationell gut ★★★★★

Ch. Haut-Bailly Ausgezeichnet. Entwickelte sich beständig und fast harmonisch. Ein gehaltvoller, erdiger Graves, der sich gut trinken lässt. Dürfte jetzt in Bestform sein ★★★★

Ch. La Lagune Anders – weder Médoc noch Graves (die Reben stehen auf Graves-ähnlichem Boden). Ein Anflug von Schroffheit ★★

Ch. Latour-à-Pomerol Wohlriechend, gehaltvoll, attraktiv ★★★★

Ch. Magdelaine Gut ausgebaut. Reich. Mir gefiel er ★★★

Ch. Malescot-St-Exupéry In der Nase besser als am Gaumen. Wohlschmeckend, aber ob eine weitere Flaschenalterung seine harten Kanten abrundet? ★★?

Ch. La Mission Haut-Brion Wesentlich besser als der 1970er: Wohlgeruch, ausgewogen, lang. Schön ★★★★

Ch. Montrose Viele Einträge. Relativ schlank und enttäuschend ★★

Ch. Pape-Clément Beweist, dass 1971 die Graves-Weine besser ausfielen als ihre Pendants aus dem Médoc ★★★★

Ch. Pavie Viele Einträge. Eleganter als der 1970er ★★★

Ch. Pichon-Baron Pikante Frucht, eindringlich, sehr tanninbetont ★★

Ch. Talbot In den 1970ern etwas verhaltene Einträge. »Trocken, recht rau«, 1983 und 1984 »gut zum Essen«. Ansprechende Farbe, schlank, aber wohlschmeckend ★★★

Ch. La Tour Haut-Brion Eine Verbesserung gegenüber dem 1970er. Wohlriechend, trocken, schlank ★★★

Vieux Ch. Certan Von einem für Pomerol so optimal verlaufenen Jahrgang kann man im Grunde nichts anderes erwarten als ein so köstliches Exemplar. Gehaltvoll, aber im Stil leichter als einige der schweren Jungs. Seidiges Tannin ★★★★

EINIGE WEITERE 1971ER, DIE SICH IN DER ZWEITEN HÄLFTE DER 1980ER IN GUTEM LICHT ZEIGTEN **Ch. Batailley** Sehr gut trinkbar, aber zu wenig Finesse ★★; **Ch. La Gaffelière** Weich und köstlich ★★★; **Ch. Giscours** Dem 1970er nicht unähnlich, ein recht massiver Wein. Reich, fleischig, tanninbetont ★★★★; **Ch. Haut-Batailley** Elegant. Schön ausgewogen ★★★★; **Ch. Langoa-Barton** Ein Charmeur ★★★; **Ch. Léoville-Barton** Wohlriechend, schönes Gewicht. Klasse und Stil ★★★★; **Ch. Lynch-Bages** Reich und wohlschmeckend, aber relativ kraftlos ★★; **Ch. Rausan-Ségla** Fast möchte ich ihn als »Blender« bezeichnen. Andererseits aber auch seidig und köstlich. Ein Anflug von Säure ★★

1972

Die Katastrophe nahte. Man wusste, dass es sich um einen schlechten Jahrgang handelte – trotzdem trieb man die Preise über jedes vernünftige Maß hinaus. Das führte neben den bereits beschriebenen Problemen zum Zusammenbruch des Markts. Kaltes Frühjahr, späte Blüte, etwas Wärme im Juli und ein schrecklich kalter, nasser August, auf den immerhin ein durchaus schöner September und Oktober folgten. Die Lese gehörte zu den spätesten seit Beginn der Aufzeichnungen und erbrachte einen relativ hohen Ertrag nicht ausgereifter Trauben von ungleichmäßiger Qualität. Meiden.

Ch. Lafite Nicht so durch und durch misslungen wie der 1963er, 1965er oder 1968er, aber ein kraftloser Frühstarter. Dank einer gewissen Selektion entstanden einige duftende Weine, die die Bezeichnung *grand vin* jedoch nicht verdienten. Trinkbar. *Zuletzt im Juni 1990 verkostet* ★

Ch. Latour Wurde seinem Ruf, auch in einem schlechten Jahr einen halbwegs guten Wein zuwege zu bringen, kaum gerecht. »Trocken, kurz, gewöhnlich.« *Zuletzt im März 1989 verkostet.*

Ch. Margaux Immerhin ein Versuch. In der Jugend recht eindrucksvolle Tiefe, ansprechend, aber mit bitteren Tanninen. 1983 eine ziemlich gute Doppelmagnum, wohlriechendes Bukett, am Gaumen etwas hart. Zweimal bei Wagners Vertikaldegustation verkostet, das erste Mal 1997 und dort unterdurchschnittlich: schlank, seltsam, aber trinkbar. Eher blass, mit schwachem Rand; Nase und Geschmack besser als erwartet. Etwas »Süße«, ein Spritzer Frucht, annehmbare Säure. *Zuletzt im November 2000 verkostet* ★★ *(gerade noch).*

Ch. Mouton-Rothschild Nicht eindeutig auszumachende Farbe; ein Hauch des typischen Schwarzjohannisbeer-Aromas; unausgewogen. Wie eine hässliche Schwester, die von Startänzer Robert Helpmann zum Tanz ausgeführt wird. *Zuletzt im März 1989 verkostet* ★

Ch. Haut-Brion Sehr blass. Zog im Kampf mit den unreifen Trauben den Kürzeren. Nur ein Eintrag. *August 1985.*
Ch. Ausone Ebenfalls nur einmal degustiert, nämlich auf Lloyd Flatts Vertikalverkostung. Keine schlechte Nase, leicht, etwas hohe Säure. *Oktober 1987.*
Ch. Cheval Blanc 1975 hübsche Farbe, leicht, gefällig. Etwas mehr als 20 Jahre später eine Magnum: orangefarbener Rand, unverwoben, Pilze; Nase und Geschmack erinnerten mich an einen überalterten »Herbstlaub«-Ausone. *Zuletzt im September 1997 bei Wolfs Vertikalverkostung degustiert.*
Ch. Pétrus Mehrere Einträge. Ehrlich gesagt schlecht. *Zuletzt im April 1987 verkostet.*

EINIGE WENIGE IN DEN 1990ERN VERKOSTETE 1972ER
Ch. Beychevelle Zehn Einträge. Chaptalisiert, rau – aber mit Andeutungen an den für Beychevelle typischen Duft und Charme. *Mai 1993* ★; **Ch. Cantemerle** Im Fass überraschend wohlriechend und fruchtig. Schöne Farbe und nach wie vor ein lebendiges Erscheinungsbild. Trocken, etwas rau. *April 1996* ★; **Ch. Gruaud-Larose** Zwei Einträge. 1975 relativ gute Frucht, aber kurz. Beim zweiten Mal nicht recht viel anders: ein Potpourri aus Früchten, raue Essigsäure. *September 1993.*

EINIGE WEITERE IN DER ZWEITEN HÄLFTE DER 1980ER VERKOSTETE 1972ER **Ch. Calon-Ségur** Nicht so schlecht, wie er aussah. Trocken, leicht, pikant. *Mai 1986*; **Ch. Ducru-Beaucaillou** Einer der besten 1972er. Relativ duftend und wohlschmeckend; »blecherner« Abgang. *Mai 1987* ★★; **Ch. La Lagune** In seinen ersten Jahren keine schlechte Frucht. Etwas »Süße«, die von einem kratzenden Abgang abgelöst wurde. *September 1989*; **Ch. Montrose** Nicht schlecht. Wohlriechend, trocken, mager, rau. *Oktober 1985*; **Ch. Palmer** Bis zu seinem achten Lebensjahr annehmbar. »Nase voll« – was man deuten kann, wie man will. *Oktober 1984*; **Ch. Talbot** Ein annehmbarer 1972er. Trocken, leicht, etwas fruchtig. *März 1982*; **Ch. La Tour-Haut-Brion** Ich zog ihn dem La Mission vor. Recht ansprechend. *November 1986* ★★

1973 ★★

Die Château-Besitzer müssen ganz schön draufgezahlt haben. Denn obwohl die Wachstumssaison mit einem schönen Sommer und einer guten Reifephase – unterbrochen nur durch einen nassen Juli – relativ günstig verlief, hatte man weder Lust noch das Geld, um sich im Weinberg ins Zeug zu legen, geschweige denn kräftig auszudünnen. Das führte zu einem hohen Ertrag an Weinen, die im Grunde nicht schlecht waren, aber besser ausfallen hätten können. Im Frühjahr 1974 fehlte allerdings ein Absatzmarkt. Statt die Erzeuger zu rügen, sollte man Verständnis für sie haben.
Ch. Lafite Recht viele Einträge. In seiner Jugend war dieser Jahrgang relativ ansprechend, vor allem sein (chaptalisiertes) Bukett. In allen in den 1980ern entstandenen Verkostungsnotizen taucht das Adjektiv »wohlriechend« auf. »Köstlich«, »der perfekte Wein zu einem leichten Essen« usw. Mitte der 1990er allerdings verabschiedete er sich schon deutlich. Eine Magnum (1994) hatte einen Geruch, der mich an ein öffentliches Schwimmbad, an Seetang und an Eisen erinnerte; sehr trocken, wobei der blecherne Cabernet-Geschmack von den Fisch- und Austernnoten nicht gerade gestützt wurde. Unlängst blass; verwelkte Nase; nichts mehr zu bieten. »Muss getrunken werden.« *Zuletzt 1996 auf einer Vorverkaufsverkostung degustiert* ★
Ch. Latour In den frühen 1980ern tief, »pflaumenfarben«, überraschend »charmant« für einen jungen Latour und auf dem Gipfel angelangt. Im Verlauf der 1980er machten sich die mangelnde Frucht, der Anflug von Rauheit und Stieligkeit sowie seine Kürze immer stärker bemerkbar. Mein letzter Eintrag entstand vor über zehn Jahren: »Zu wenig Frucht, aber für einen Latour leicht und zugänglich.« *Zuletzt im Dezember 1990 verkostet* ★★
Ch. Margaux Nur drei Einträge. Ende der 1970er bemerkenswert geradlinig, mittelblass; in der Nase und am Gaumen duftend und charmant. Bei Penning-Rowsells »Zehnjahresverkostung« 1993 war der Margaux-Wohlgeruch das beste Merkmal des degustierten Exemplars, dem es ansonsten an allem mangelte. Bei der ersten Vertikalverkostung von Wagner war er nicht mit von der Partie, bei der zweiten präsentierte er sich in der Nase etwas eigenartig. James Suckling beschrieb ihn als »kiesig«. Am Gaumen besser. »Süß, leicht, säurebetont, trinkbar.« *Zuletzt im November 2000 verkostet* ★
Ch. Mouton-Rothschild Keine Bewertungen aus jüngerer Zeit, aber 1977 leicht, »feine« Nase, ganz hübsch, recht säurebetont. Das einzig Verlässliche an ihm war seine Unberechenbarkeit. Mit zehn Jahren eine überraschend verhaltene Nase, blecherne Säure. Auf Flatts Verkostung unbeschwert (1986). Später voll entwickelte, chaptalisierte Nase; eher leicht, gefällig. Kurz. *Zuletzt im März 1989 verkostet* ★
Ch. Haut-Brion Nur ein paar Einträge. Der zweitbeste Wein einer »Serie« von erstklassifizierten Gewächsen 1983. Einige Zeit später körperreicher als erwartet, weich, doch unmissverständlicher Graves-Geschmack nach »Eisen und Tabak«, Struktur und Nachgeschmack gut. *Zuletzt im Juli 1987 verkostet* ★★★
Ch. Ausone Nur ein Eintrag, entstanden auf Flatts Ausone-Degustation. Blässlich, bereits mit Braunton; kein schlechtes Bukett; insgesamt trocken und etwas säurebetont. *Zuletzt im Oktober 1987 verkostet* ★
Ch. Cheval Blanc Ein ganz ansehnlicher 1973er. Mitte der 1980er in guter Verfassung, weich, sanft, wohlschmeckend. Eine gute Magnum 1986 auf dem Château und eine weitere bei Wolfs Vertikalverkostung in Österreich. Orangeton, kräftige »Kirchenfenster«; ein Hauch frischer Pilze, medizinale Nase; am Gaumen besser, gefälliger als der 1972er und 1974er, aber eindimensional. Niedriger Alkoholgehalt (11,8 %). *Zuletzt im September 1997 degustiert* ★
Ch. Pétrus Um dem Jahrgang etwas mehr Gehalt zu verleihen, brachte man Opfer und selektierte das Lesegut streng, was eine noch kleinere Produktion als sonst üblich nach sich zog. Hat es sich ausgezahlt? Aus dem Fass ein auf jeden Fall beeindruckend purpurner Wein (1974), aber locker gewirkt und bitter. Mitte der 1980er etwas kantig und unspektakulär. Später nicht mehr so tief; gutes, lebendiges Merlot-Aroma; füllig, »fleischig«, recht stilvoll (1994). Auf einer Vorverkaufsverkostung in New York; hübsche Farbe; honigartige Nase; eine Spur Karamell, trockener Abgang. *Zuletzt im Dezember 1997 verkostet* ★★ *Ein ziemlich guter 1973er, der jedoch nicht mehr besser wird.*

WEITERE, ZULETZT IN DEN 1990ERN VERKOSTETE 1973ER
Ch. Beychevelle Ein Dutzend Einträge. Unscheinbar. *Zuletzt im Mai 1993 verkostet. Ignorieren.*
Ch. Brane-Cantenac Vorzeitig gealtert, »rustikal«, recht wohlschmeckend, säurebetont. *Zuletzt im März 1990 verkostet.*
Ch. Cos d'Estournel Ein typischer 1973er aus dem Médoc. In seiner Jugend ziemlich ansprechend, aber merklich adstringierend. Trotz der prickelnden Säure ein unkomplizierter, gefälliger Genuss. *Zuletzt im Januar 1990 verkostet* ★★

Ch. Ducru-Beaucaillou Kam nur langsam in Fahrt. In letzter Zeit recht ansprechend, aber mit zu wenig Substanz. *Zuletzt im September 1993 verkostet* ★★

Ch. La Fleur Ein Beweis für die Vorteile, die eine kleine Rebfläche bei der Selektion der besten reifen Merlot-Trauben mit sich bringt. Leicht, lebendig, attraktiv, nicht lang, aber erfrischend. *Zuletzt im August 1998 verkostet* ★★★

Ch. Grand-Puy-Lacoste Viele ähnliche Bewertungen 1976: ein (für einen Lacoste) leichter, chaptalisierter Charakter, doch ein angenehmer Trinkgenuss, wohlriechend und mit einer gewissen Delikatheit. Anfang der 1980er in seinem Zenit. Kürzlich ein Hauch Kirschrot, schwacher Rand; duftend, aber alternd. Eigenartiger Austerngeschmack. *Zuletzt im März 1999 anlässlich der Veröffentlichung der dritten dänischen Ausgabe meines Werks* Weine prüfen, kennen, genießen *bzw.* Vin Smagning *bei Gyldendals in Kopenhagen verkostet* ★

Saintsbury Club

Ein 1931 von André Simon zu Ehren von Professor George Saintsbury (1845–1933) mitbegründeter Club. Saintsbury verfasste die wegweisenden Notes on a Cellarbook *– eines der ersten echten Werke der Weinliteratur. Es basiert auf seinen kaum zu entziffernden handschriftlichen Notizen in einem abgegriffenen Schulheft. Zweimal im Jahr findet jeweils möglichst kurz vor oder nach dem 23. Oktober, Saintsbury's Geburtstag, und dem 23. April, seinem Namenstag, eine Sitzung, sprich: ein Essen, statt, bei denen ich stets dabeizusein versuche. Saintsbury war, um ganz ehrlich zu sein, ein verdrießlicher alter Professor für Rhetorik an der Universität von Edinburg. Zunächst hielt ich ihn auch für einen alten Langweiler, bis ich seine berühmten* Notes *noch einmal las und sein Wissen zu schätzen begann. Als man Saintsbury mitteilte, dass man ihm zu Ehren einen Diners Club gründen werde, zeigte er sich etwas undankbar und lehnte eine Teilnahme ab (andererseits war er schon sehr alt und krank). Der Club hat rund 50 Mitglieder, bei denen es sich um Persönlichkeiten aus Recht, Literatur, Medizin und Weinhandel – und natürlich ausnahmslos Weinbegeisterte – handelt. Ich wurde 1973 Mitglied.*

Ch. Gruaud-Larose Einer der Spitzen-1973er. Überzeugende Farbe, Mitte der 1970er voller Lebenskraft und Tannin. Mitte der 1980er in Höchstform. Einige Zeit darauf fleischig, aber etwas dumpf. *Zuletzt im Januar 1990 verkostet* ★

Ch. Malescot-St-Exupéry Ausdruckslos, aber gut chaptalisiert und immer noch ein sehr angenehmer Wein. *Zuletzt im September 1990 verkostet* ★★★

Ch. La Mission Haut-Brion Wohlschmeckend, duftig und für einen La Mission ziemlich leicht. Gefällig, zugänglich, kurz. *Zuletzt im Juni 1990 verkostet* ★★

Ch. Palmer Ende der 1970er wohlschmeckend, ein Jahrzehnt später ging ihm die Luft aus. Vor einiger Zeit angenehm, etwas Charme. *Zuletzt im Mai 1991 eine Flasche aus dem Château verkostet* ★★ *Austrinken.*

Ch. Talbot Nach unauffälligem Start zeigte er sich in den frühen 1980ern gut in Form. Mittlerweile relativ blass; wohlriechend; zugänglich, aber pikant. *Zuletzt im Juni 1991 degustiert* ★★ *Austrinken.*

Weitere, zuletzt in der zweiten Hälfte der 1980er verkostete 1973er **Ch. Batailley** Hohl. Die »Blondierung« im Haar wusch sich aus. Säurebetont. *Juli 1987*; **Ch. Branaire-Ducru** Ein gefälliger, eher leichter, schmackhafter Wein. *Mai 1984* ★ *Lässt sich wahrscheinlich noch recht gut trinken*; **Ch. Calon-Ségur** Anfangs ganz ansehnlich. In den frühen 1980ern leidlich gute Bewertungen. Wurde überreif, ganz ansprechend, aber ziemlich am Ende. *Juni 1987*; **Ch. Croizet-Bages** Recht gut. Stilvoll, aber verabschiedet sich jetzt. *1986* ★; **Ch. d'Issan** So sieht meines Erachtens ein leichter Wein zum Mittagessen aus. *Juni 1985* ★★; **Ch. La Lagune** Gehaltvoller als die meisten 1973er aus dem Médoc. Gut bewertet, vor allem in den frühen 1980ern. Sehr »süß«, schokoladig, wohlschmeckend. Nicht schlecht. *Januar 1987* ★★; **Ch. Lascombes** Die anfängliche Tiefe und Konzentration verflog bald. Opulent, aber eigenartig. Aufdringlich üppig, schmackhaft, allerdings riskant. *April 1988* ★; **Ch. Léoville-Las-Cases** Monsieur Delon hatte den 1973er nicht so ganz im Griff. Chaptalisiert. Leicht bitter. *Januar 1984*; **Ch. Léoville-Poyferré** Nicht schlecht, aber sehr fortgeschrittenes Reifestadium. *Zuletzt im Januar 1984 verkostet*; **Ch. Lynch-Bages** Ein annehmbarer 1973er. Wenigstens interessant, mit pikanter Frucht. *April 1987* ★★; **Ch. Montrose** Gewöhnlich. *April 1988*; **Ch. Pichon-Baron** In seiner Jugend delikates Bukett; gefällig. Bei der letzten Degustation recht wohlschmeckend und attraktiv. *April 1988* ★★; **Ch. Prieuré-Lichine** Ein passabler Charmeur. Duftend, pikant, schmackhaft. *Oktober 1988* ★★; **Ch. Rausan-Ségla** Guter Anfang und zufrieden stellende Entwicklung. Etwas Frucht, ein bisschen rau, aber wohlschmeckend. *Mai 1986* ★★; **Ch. Smith-Haut-Lafitte** In der Jugend unreif, aber stilvoll. Nase und Geschmack ziemlich vegetabil (Rote Bete). Natürlich chaptalisiert, trotz alledem aber ein seidiger Charmeur. *Oktober 1987, fast* ★★★; **Ch. La Tour Haut-Brion** Für einen 1973er ziemlich reiches Erscheinungsbild, wohlduftend und sehr schmackhaft. Vor einiger Zeit relativ eindringlich, charaktervoll, sehr trockener Abgang. *April 1987* ★★★

1974

Bordeaux war am Boden und das schien man auch den Weinen anzumerken. Wie immer gab das Wetter die Qualität und Quantität vor. Die Saison begann mit einer guten Blüte, die Aussicht auf beträchtliche Erträge versprach. Der schöne trockene Sommer sorgte dafür, dass die Beerenhäute dick wurden. Doch der Reifeprozess wurde durch den Regen beeinträchtigt, der Ende September einsetzte. Das nasse, kalte Wetter hielt die ganze Lese im Oktober an. Die Trauben schwollen in festen, dicken Schalen. Leider war der Behang nicht ausgedünnt worden. Obendrein hatte man das Lesegut kaum selektiert und auch bei den Behältern war man nicht allzu wählerisch gewesen. So entstanden Unmengen an Wein von mittelmäßiger Qualität. Auf die Beschreibung vieler in der zweiten Hälfte der 1970er degustierten Weine verzichte ich. Die Flaschen, die schon Anfang bis Mitte der 1980er schlecht waren, dürften mittlerweile schrecklich schmecken. Mit Ausnahme der meisten erstklassifizierten Gewächse habe ich das Gros der nachfolgend besprochenen Weine zum letzten Mal in den 1990ern degustiert. Die Einträge enthalten die so ziemlich vernichtendsten Bewertungen meiner gesamten Sammlung.

Ch. Lafite In den ersten Jahren nicht verkostet. Der älteste nützliche Eintrag entstand im März 1985 auf Penning-Rowsells »Zehnjahresverkostung«. Überraschend wohlriechend, sogar sehr intensiv duftend, doch irgendwann bescherte er mir einen Anflug von Chlor und nach rund 90 Minuten im Glas beschrieb ich ihn als »opulent, aber verdorben«. (Bei diesen Verkostungen von erstklassifizierten Gewächsen dekantierte ich die Weine für gewöhnlich um etwa 18 Uhr und ließ sie einer nach dem anderen zum Essen servieren, allerdings relativ schnell hintereinander, wobei die Gläser auf dem Tisch stehen blieben.) Ende 1988 war er sicherlich voll ausgebaut, doch meine Einträge enthalten immer wieder Bemerkungen wie »etwas hohl«, »blechern und überreif«, »kurz«. Kein Jahrgang zum Einkellern. *Zuletzt im Oktober 1988 verkostet.*

Ch. Latour Erstmals kurz nach dem Abfüllen verkostet. In meinen um 1980 entstandenen Einträgen tauchen Beschreibungen wie »rau«, »dürr«, »verdrehter (säuerlicher) Abgang«, »hager« auf. Bei Penning-Rowsells Degustation im März 1985 war die Farbe ganz ansehnlich, doch die Nase wollte sich nicht so recht öffnen. Ziemlich körperreich, guter, wenngleich ausdrucksarmer Geschmack. Der Erstklassifizierte mit der aussichtsreichsten Zukunft, aber alles andere als ein Überflieger. Auf der Degustation von Frericks und Wodarz »passabler Geschmack. Tanninbetont. Kurz«. *Zuletzt im März 1989 verkostet* ⋆

Ch. Margaux Vier Einträge. Blässlich rosa, 1980 recht duftend und wohlschmeckend. Mit etwas mehr als zehn Jahren eher rubinrot; verschlossener, hochgetönter, aber sanfter Duft. Trocken, kurz, lebendig, sehr schmackhaft und etwas Charme, aber mit rauem Abgang und kurz. Meine nächsten Bewertungen entstanden bei den Wagner-Degustationen. 1997 ein gar nicht einmal so schlechter, »medizinaler«, angesengter Wohlgeruch; leidlicher Geschmack, aber schlank, spröde und kantiger Abgang; bei der zweiten Degustation ein fades, trauriges Erscheinungsbild; medizinaler, schrecklicher Geschmack. Alles andere als eine Rakete, eher ein Blindgänger. *Zuletzt im November 2000 verkostet.*

Ch. Mouton-Rothschild Ein frühreifer Schnellstarter, Ende der 1970er mit recht ansprechender Frucht, aber rau. Rubinfarben: relativ gut – erinnerte im Duft an einen Margaux, aber bei der Penning-Roswell-Verkostung gleichrangig mit dem Latour. Später, in den 1980ern, ein verdorbenes Cabernet-Aroma und ein blecherner, medizinaler Geschmack. Trinkbar, aber … *Zuletzt im März 1989 verkostet.*

Ch. Haut-Brion Einer der besseren Vertreter seines Jahrgangs. 1976 leicht, aber robust und kurz. 1985 ziemlich schönes Rubinrot, verhalten, hart, aber mit dem unverkennbaren Haut-Brion-Geschmack. Mittlere Länge. Vor einiger Zeit eine gewisse »Süße«, seidige Tannine, ein angenehmer, zugänglicher Genuss. *Zuletzt im Juni 1990 verkostet* ⋆⋆

Ch. Ausone Wieder einmal bei der ersten Begegnung besser: etwas Frucht und zumindest interessant (1978). Rasche Entwicklung. Blass, mit Orangeton; schwache Nase; Geschmack nach Herbstlaub. *Zuletzt im Oktober 1987 verkostet.*

Ch. Cheval Blanc Eine Hand voll Einträge. Der Wein war auf Penning-Rowsells Degustation sehr bemüht, doch ich zog den Haut-Brion und die erstklassifizierten Médoc-Gewächse vor. Der Geschmack nicht schlecht, aber hohl. Auf Karl-Heinz Wolfs dreitägiger Cheval-Blanc-Verkostung mit 50 Weinen wurde er unmissverständlich in seine Schranken gewiesen: eine rubingetönte Magnum; etwas lebendige Frucht, Vanille; bescheidene Frucht am Gaumen, kurz, rauer Abgang, »dürr«. *Zuletzt im September 1997 degustiert.*

Ch. Pétrus Auf Penning-Rowsells Verkostung im März 1985 der bei weitem beste erstklassifizerte 1974er: tiefer, voller, reicher. Auf Frericks' Pétrus-Degustation in München allerdings eine relativ schlechte Magnum, schlanker und tanninbetont. *Zuletzt im April 1986 verkostet* ⋆

Weitere, zuletzt in den 1990ern verkostete 1974er

Ch. Beychevelle In der Nase Vanillin, trocken, relativ gute Textur. *Zuletzt im August 1993 degustiert* ⋆

Ch. Cantemerle Erstmals 1981 während eines Flugs mit der Concorde nach New York verkostet. Keine gute Wahl: unsaubere Nase, kurz, fad und trocken. Wer hatte bloß diesen ungeeigneten Wein für das »Flaggschiff« von British Airways ausgesucht? Ich jedenfalls nicht, denn ich stieß erst 1984 zum Verkostungsgremium für BA! Nur noch ein einziger Eintrag: geringfügig besser als der 1972er, was nicht viel heißt. *Im März 1996 auf einer Vorverkaufsverkostung degustiert.*

Ch. La Fleur »Süß«, keine schlechte Nase; unausgewogen, mit rauem, trockenem, hartem und tanninbetontem Abgang. Einer der schlechtesten Jahrgänge dieses an sich ausgezeichneten Pomerol-Guts. *Zuletzt im August 1998 verkostet.*

Ch. Malescot-St-Exupéry Reines Jod. Trocken, rau, schrecklich. *Zuletzt im September 1990 degustiert.*

Noch ein paar 1974er, die ich zuletzt in der zweiten Hälfte der 1980er verkostet habe

Ch. Brane-Cantenac Schwefel hinderte einen schlechten Wein daran, noch schlechter zu werden. *Oktober 1985*; **Ch. Calon-Ségur** Nicht schlecht; recht gefällig, aber wie er es schaffte, rau und weich zugleich zu sein, weiß ich nicht. Kurz. *Juni 1987* ⋆; **Ch. La Conseillante** Orangeton, positiver Geschmack, etwas Länge. *Oktober 1985* ⋆⋆; **Ch. Ducru-Beaucaillou** Mehrere Einträge. Leicht, aber robust, tanninbetont, uninteressant. *Oktober 1985*; **Ch. Duhart-Milon** Wieder einmal die rostige, orangegetönte Überreife. »Süß«, seltsamer Geschmack, spitziger Abgang. *Oktober 1989*; **Ch. Figeac** Pikante Nase; unverwoben, aber angenehm zu trinken. *Oktober 1985* ⋆⋆; **Les Forts de Latour** Etwas Frucht und Fleisch, die sich an den ausgemergelten Körper klammerten. Etwas rau; alles in allem aber nicht schlecht. *April 1987* ⋆; **Ch. Gazin** Etwas Frucht, aber mager und tanninbetont. *Oktober 1985*; **Ch. La Grave-Trigant-de-Boisset** Ein guter 1974er. Rubinrote Farbe; Nase und Geschmack anständig und offen; Edelkastanie und Gewürze. *November 1985* ⋆⋆⋆; **Ch. Gruaud-Larose** Eine gute, feste und fruchtige Fassprobe und auch danach recht ansprechend. Angenehmer Geschmack. Ein spitziger, aber annehmbarer 1974er. *Oktober 1988* ⋆⋆; **Ch. Léoville-Poyferré** Gerade noch annehmbar. *Zuletzt im Oktober 1985 verkostet*; **Ch. Lynch-Bages** Viele Einträge. »Medizinal«, was in diesem Fall heißt: mit dem Geruch nach Scharpien, Verbandsmull und Jod – die groteske Karikatur des ansonsten üblichen Pauillac-Dufts von Lynch-Bages. Auch ein Anflug von Fäulnis. Vielleicht hat man versucht, ihn zu schienen. *Im November 1985 verkostet*; **Ch. Montrose** Plumpudding; pflaumenfarben, ein Pudding von einem Wein, aber einer, der von einer verknöcherten alten Schulmatrone zubereitet wurde: trocken, streng, abweisend; **Ch. Smith-Haut-Lafitte** Für einen 1974er wirklich sehr wohlriechend und würzig. Man konnte sich anscheinend neue Eichenfässer leisten. Mehr ein Hammerschmied als ein »Haut-Smith« und alles andere als ein Lafite. *November 1986* ⋆⋆; **Ch. Talbot** War anscheinend regelmäßig und häufig bei transatlantischen British-Airways-Flügen mit dabei und gar nicht einmal so schlecht. *Zuletzt im Januar 1986 bei einem Überschallflug in knapp 20 km Höhe degustiert* ⋆⋆; **Ch. La Tour Haut-Brion** »Süß«, aber unfertig; erneut dieser eigenartige medizinale Geschmack, aber wenigstens fruchtig und gut trinkbar. *November 1986.*

1975 ⋆⋆⋆⋆

Obwohl dieser Jahrgang im Frühjahr 1976 unter den gegebenen Handelsbedingungen, die sich wieder leicht gebessert hatten, als *vin de garde* deklariert wurde, entwickelte er sich letzten Endes doch uneinheitlich, ja, eine Zeit lang war er sogar umstritten. Er fiel zweifellos besser als die drei vorangegangenen Jahrgänge aus und war sicherlich interessant, um nicht zu sagen, eine Herausforderung. Ich muss zugeben, dass ich anfangs vom hohen allgemeinen Qualitätsniveau beeindruckt war. In den letzten zehn Jahren allerdings stelle ich doch Unterschiede fest, sowohl unter den Châteaux als auch in der Entwicklung der Weine.

Die Wetterbedingungen fielen wesentlich vorteilhafter als in den Jahren zuvor aus: ein milder Frühling, ein günstiger Verlauf der Blüte und ein heißer, trockener Sommer mit etwas willkommenem Regen, der die Trauben vor der Lese ab Ende September anschwellen ließ. Die Sommerhitze und -trockenheit hatte zwar den Zuckergehalt in die Höhe getrieben, ließ aber auch die Beerenhäute dick werden. So entstanden Weine mit guter Frucht, hohem Alkoholgehalt, dunkler Farbe und viel Tannin. Und eben diese Gerbstoffe waren – und sind noch immer – für die kontroverse Beurteilung des Jahrgangs verantwortlich.

Ch. Lafite Eigenartigerweise begann man auf Lafite die Lese exakt am selben Tag wie 1959. Der Wein gab mit seiner ansprechenden Frucht und dem schönen würzigen Geschmack auf jeden Fall einen guten Einstand, als ich ihn zwölf Monate später erstmals aus dem Fass verkostete. Er öffnete sich wunderschön, schwoll im Glas noch an und gewann an Komplexität; allerdings konnte seine Reichhaltigkeit das Tannin nicht ganz kaschieren. Bei Penning-Rowsells »Zehnjahresverkostung« in ziemlich guter Verfassung (allerdings kaum je auf einem Spitzenplatz). Es stellte sich die Frage, ob die Frucht und der Extrakt das Tannin in Schach halten würden. 1995 in Malmö bei Nils Sternbys Degustation von 1975ern (nicht nur aus Bordeaux) eine sehr eigenständige, in Nase und Geschmack stark duftende Magnum. Ausgesprochen präsente Tannine. Ich gab dem (blind verkosteten) Wein dieselbe hohe Bewertung wie dem Latour, aber stufte ihn etwas schwächer ein als den Mouton. Unlängst eine recht enttäuschende Flasche auf einer ziemlich festlichen Dinnerparty: reifes Aussehen; Nase – wie ich fand – nach »Eisen«, unterlegt von Lakritze. Ich fügte hinzu: »Oje, nicht besonders gut.« *Zuletzt im September 1998 auf Lafite verkostet. In Bestform ★★★, aber ich bezweifle, ob er sich noch steigern wird.*

Ch. Latour Weit über zwei Dutzend Einträge. Ein Jahr nach der Lese noch sehr undurchsichtig. Verglichen mit weiteren in den späten 1970ern degustierten 1975ern hochkomplex, allerdings ließ seine Tiefe nach, wenn auch nicht seine Jugendlichkeit. Schöner Mittelteil am Gaumen. Tanninbetont, doch gut eingehüllt und kurz nach dem zehnten Geburtstag der Wein mit dem besten Gleichgewicht. In den letzten zehn Jahren acht ziemlich gleichlautende Bewertungen: »Köstlich.« 1990 besser als der 1978er, doch auf einer Verkostung 1995 »zu tanninbetont, zu adstringierend«. Zum Essen besser als ohne – mehr noch, er ruft förmlich nach Begleitung zu einer Mahlzeit. Er trug auf jeden Fall dazu bei, dass das Lammfilet bei einem Einführungsessen der Vintners' Company bewältigt werden konnte (1997). Zuletzt bei John Jenkins' Essen für den Bordeaux Club verkostet. Jenkins' Frau ist eine wundervolle Köchin und ihre Ente brauchte keine stützende Begleitung. Der Latour war wohlriechend, etwas ledrig, aber mit guter Frucht und ebensolchem Geschmack. Natürlich immer noch tanninstark. *Zuletzt im September 1998 auf Childerley Hall degustiert ★★★ Lässt sich nicht nur weiter lagern, sondern könnte sich sogar noch steigern.*

Ch. Margaux Einer der besseren 1975er. Vier Einträge in den 1980ern: wohlschmeckend, wohlschmeckend, wohlschmeckend, etwas Margaux-Charme, aber sehr tanninbetont. Drei Bewertungen in den letzten zehn Jahren. Bei der ersten Wagner-Verkostung ein attraktives Bukett, doch seltsame Austernnote (die mir allerdings bei Médoc-Weinen des Öfteren auffällt), metallischer Einschlag. »Süße« und Extrakt kaschieren das Tannin. »Ein guter 1975er.« Auch am Gaumen in guter Verfassung, allerdings ebenfalls mit einer ähnlichen »Seebrisen«-Note. Weich. Gute Länge – eine meiner höchsten Bewertungen auf Sternbys Degustation von 1975ern. Mein jüngster Eintrag entstand auf Wagners zweiter Verkostung. Diesmal »Teeblätter«, etwas essigsauer, aber nicht unattraktiv«. Besser als erwartet. Ansehnliche Frucht, die das Tannin einhüllt. *Zuletzt im November 2000 verkostet ★★★*

Ch. Mouton-Rothschild Auf einer Verkostung 1979 wie eine scharf gemachte Bombe, die darauf wartet, hochzugehen. Vollgepackt, konzentriert, viel versprechend. Und er erfüllte seine Versprechen auch. Knapp 20 Einträge, bei denen ich zumeist auf den würzigen Duft eingehe – aber auch auf das zahnfärbende Tannin. Unter den sieben zwischen seltsam und superb angesiedelten Flaschen, die ich in den letzten zehn Jahren degustiert habe, befand sich auch eine Magnum, der ich eine hohe Bewertung gab: »Sehr ansprechend, aber etwas adstringierend« (Teil eines längeren Eintrags, der 1994 auf einer groß angelegten Verkostung entstand). 1995 eine weitere Magnum: noch immer tief und beeindruckend, lebhaft, Körper und Geschmack voll, weich, mit kraftvollem Abgang. In New York 1996 mehrere Flaschen: etwas außer Form, Nase mit Mokkanote, zum Kauen, robust, »unelegant«, völlig unpassend zu *Foie gras chaud* serviert. Am Rand ins Braune übergehend; lebendig, gutes Fleisch, aber wieder mit enormem Tannin. Unlängst nicht mehr farbtief; Nase »o.k.«, aber »unattraktiv, instabil« und mit abweisender Säure im Abgang. Hätte es eigentlich mit reifem Käse aufnehmen müssen, was aber nicht der Fall war. *Zuletzt im Juni 1999 auf dem Fête-de-la-Fleur-Diner auf Château Pontet-Canet verkostet. In Bestform ★★★★ (gerade noch). Ich glaube, es lohnt sich, meinen alten Vergleich mit Jane Mansfield wieder einmal zu bemühen: »Bösartig, launisch und großartig.«*

Ch. Haut-Brion Ein Dutzend Einträge. Im Fass nicht übermäßig beeindruckend (September 1976), aber ein Quintett vorwiegend bewundernder Bewertungen in den Jahren 1978 und 1979: »Gut verwoben«, »sanfte Frucht«, »reich, wohlduftend«, nur ein einziger Hinweis auf das Tannin. Schien in den 1980ern farblich und auch in anderer Hinsicht zuzulegen, aber es tauchten Bemerkungen wie »rauer Tee«, »sehr trockener, tanninbetonter Abgang«, »streng« zur Charakterisierung der Nase und des Geschmacks auf. Die letzten drei Einträge entstanden alle auf bedeutenden Degustationen: 1994 eine spröde, erdige Magnum (ich verkostete sie blind und hielt sie für einen La Mission); 1995 auf einer Verkostung von 1975ern Nase wie Reispudding mit Ambrosia, Tabak- und Herbstlaubgeschmack, Länge und Nachgeschmack – der mir sehr gefiel! – gut. Kürzlich bereits mit orangebraunem Rand; reiches, attraktives, leicht rauchiges Bukett; guter Geschmack und Körper. »Komplett.« *Zuletzt im Januar 1999 auf einer Vorverkaufsverkostung degustiert ★★★★*

Ch. Ausone Wie üblich eigen und widersprüchlich. Im März 1979 bildete seine »süße«, fast marmeladige und schokoladige Nase einen starken Kontrast zu dem strengen Geschmack. Ein sehr ausführlicher Eintrag – zu lang, um wiedergegeben zu werden – auf Desais Verkostung von 1975ern im Jahr 1984 bei Sotheby's. Auf jeden Fall Bukett und Geschmack faszinierend, »angesengt«, wobei seine Reichhaltigkeit und Rauheit im Clinch miteinander lagen. Unlängst in Malmö auf einer von mir geleiteten, sehr umfangreichen Verkostung roter 1975er aus

Bordeaux: der von mir immer wieder gern bemühte Vergleich mit »Herbstlaub« – sowohl in der Nase als auch am Gaumen. Recht gute Länge – aber tanninbeladen. *Zuletzt im April 1995 degustiert* ★★★

Ch. Cheval Blanc Mehr als dreimal so viele Einträge wie zum Ausone – nicht weil ich Letzteren meide, sondern weil ich eben mehr mit Cheval Blanc zu tun habe. Allerdings ziehe ich das »weiße Pferd« dem römischen Dichter (Ausonius) vor. Ein relativ eleganter 1975er, der allerdings keineswegs gegen das allgegenwärtige 1975er-Tannin immun ist. Auf der Verkostung 1995 in Malmö eine meiner höchsten Bewertungen: kräftige »Kirchenfenster«, »öffnete sich angenehm« (die Nase, nicht die Fenster); auf Frans de Cocks Essen 1995 in Paris unverkennbar ein Wein vom rechten Ufer, aber tanninbetont. Auf Wolfs Vertikalverkostung 1997 eine explosionsartige Entfaltung von »Süße« nach 20 Minuten schüchterner Zurückhaltung; »süß«, gehaltvoll, hoher Extrakt, zum Kauen und tanninbetont. Als Nächstes 1999 in Tokio dieselbe erhebende »Süße« in der Nase, die sich auch am Gaumen zeigte. »Ein sehr guter 1975er, aber ausgesprochen tanninbetont.« Vor kurzem eine Jeroboam auf Eigensatz' »Rotwein«-Galadiner: weich, ein reifer kirschroter Ton anstelle der für die 1975er typischen Rostorange-Farbe. Verschlossen, leicht firnisartig, öffnete sich jedoch reichhaltig; am Gaumen besser, schlanke Frucht, trockener Abgang. *Zuletzt im November 2001 im Hotel Eden Parc in Bad Schwalbach verkostet. In Bestform* ★★★★

Michel Bettane

Frankreichs einflussreichster Weinjournalist und Degustator. Er und ich waren verblüfft über die Médoc-Weine von 1975, denn sie erschienen uns unausgewogen und wir wussten nicht, ob sie sich zum Besseren oder Schlechteren entwickeln würden. Im Juni 1993 organisierte man im neuen Fasskeller von La Tour-Carnet speziell für uns eine Verkostung, auf der wir eine breite Palette von Château-Weinen aus dem Médoc blind verkosteten. Anschließend verglichen wir unsere Notizen. Wir kamen erwartungsgemäß zu dem Schluss, dass gut gemachte, konzentrierte und extraktreiche Kreszenzen noch Bestand haben würden, während das bei ihren unzureichend bereiteten, dürren und schlechten Gegenstücken wohl kaum der Fall sein würde. Das dürfte wohl für jeden Jahrgang gelten! Zufällig stellte sich außerdem heraus, dass La Tour-Carnet den schlechtesten Wein der gesamten Verkostung gestellt hatte!

Ch. Pétrus Bei der ersten Verkostung an seinem zehnten Geburtstag ein tiefer, reicher, fleischiger und beeindruckender Wein – und das ist er bis heute geblieben. Ich weiß nicht mehr, wie ich es geschafft habe, 1995 in Malmö eine »bescheidene« Degustation mit 118 1975ern an einem einzigen Tag über die Bühne zu bringen. Ich weiß nur noch aus meinen Notizen, dass ich die drei Höchstwertungen an Pétrus, La Fleur und Mouton vergeben habe. Bei einer weiteren Verkostung noch im selben Jahr war ich nicht minder beeindruckt: dick, samtig, voller Frucht, zum Kauen… die Liste ließe sich noch lange fortführen. *Zuletzt im Dezember 1995 bei de Cocks Essen in Paris verkostet* ★★★★★

Es hat gar keinen Sinn, im Detail auf meine überraschend ausführlichen Verkostungsnotizen zu den 118 in Malmö degustierten 1975ern einzugehen. Die Weine wurden nach Distrikt vorgestellt, wobei die Qualität erwartungsgemäß von unbedeutenden *Crus bourgeois* über viele klassifizierte Gewächse bis hin zu allen Erstklassifizierten reichte. Ein großer Vorteil der Degustation war die Möglichkeit, jeweils zwei Flaschen jedes Weins verkosten zu können, die sich fast alle als qualitativ gleichwertig erwiesen. Hier eine Auswahl der wichtigsten und interessantesten Kreszenzen (was nicht unbedingt dasselbe sein muss). Ich habe sie alle im März 1995 zum letzten Mal verkostet, falls nichts anderes angegeben ist:

Ch. Batailley Ein guter 1975er und typischer Batailley, gefälliger, fruchtiger Stil, das Tannin gut verhüllt ★★★

Ch. Beauséjour-Bécot Reiche, robuste Frucht. Tanninbetont. Zuletzt im November 1985 verkostet ★★★

Ch. Belair Trocken. Weder Geschmack noch Abgang. Nur Tannin. *Auf einer Vorverkaufsverkostung im Dezember 2001 degustiert (der Wein war allerdings aus Argentinien gekommen).*

Ch. Beychevelle Recht gut. Viele Einträge. »Süß«. Gute Frucht, aber sehr tanninbetont. *Zuletzt im Mai 1993 verkostet* ★★

Ch. Boyd-Cantenac Leidliche Qualität. Weich, doch pikant ★★

Ch. Branaire-Ducru Fast schon zu »süß«. Attraktive Frucht. Tannin und Säure präsent ★★

Ch. Brane-Cantenac Etwas übertriebene, »medizinale« Frucht, aber ansprechender Geschmack. Tannin und Säure ausgeprägt ★★

Ch. Calon-Ségur Klassische Nase; überraschend »süß«, Gewicht und Länge ansehnlich, Tannin und Säure zahm ★★★

Ch. Canon Farbverlust. Zurückhaltend. Verhülltes Tannin ★★

Ch. Cantemerle Mehrere Einträge, einige davon erst aus jüngster Zeit. Weiches Rubinrot passend zur weichen Frucht. Wohlriechend. Fleischig. Trotz merklicher Tannine überraschend ausgewogen. *Zuletzt im Dezember 1998 verkostet* ★★★

Ch. Cantenac-Brown Viele Einträge. Pfefferige Frucht. Rau ★★

Ch. Carbonnieux Wohlriechend. Schmackhaft. Zugänglich ★★ *Austrinken.*

Dom. de Chevalier Nase wie Reispudding mit Sahne. Sehr wohlschmeckend. Ansprechend. Gute Länge. Spürbare Säure ★★★

Ch. La Conseillante Schönes Bukett. Voll. Reich. Ein Hauch Lakritze. Tanninbetont. Adstringierend ★★★

Cos d'Estournel Im Fass bitter tanninbetont. Öffnete sich gut. Weiches, ausgewogenes Bukett, aber trotz seines guten Geschmacks letztendlich zu tanninstark. *Zuletzt im Juni 1993 verkostet. In Anbetracht des Tannins* ★★★

Ch. Coufran Sehr verlässlich. 100 % Merlot, was für einen St-Estèphe ungewöhnlich ist. Kein großer, aber ein guter 1975er. »Süß« und zugänglich ★★★

Ch. La Croix Gehaltvoll, rustikal, schmackhaft, aber adstringierend ★★

Ch. Ducru-Beaucaillou Viele Einträge. Gute Farbe; klassische Zedernholznase; der Frucht und dem Extrakt gelang es fast, die seidig-ledrigen Tannine zu kaschieren. *Zuletzt im Juni 1999 degustiert* ★★★

Ch. Duhart-Milon 1984 beschrieb ich ihn als den Pétrus von Pauillac, mit einem Nachgeschmack wie ein La Tâche. Naja, nicht ganz. Aber auf jeden Fall ein Pauillac. Wohlriechend ★★★?

Ch. Durfort-Vivens Pikant, etwas über den Höhepunkt hinaus, aber attraktiv ★★ *Austrinken.*

Clos L'Eglise »Süße«, gute Frucht und griffig ★★★★

Dom. de l'Eglise Fast exotisches, fleischiges Bukett. Sehr »süß«, gehaltvoll, aber mit einer Spur von Adstringenz ★★★

Ch. L'Eglise-Clinet Unweit der ziemlich hässlichen Kirche von Pomerol gibt es zahlreiche Clinets. Schlank. Raue Frucht. Enttäuschend tanninstark. *September 1998* ★★

Ch. Figeac Noch exzentrischer als sonst. Bei einer großen Rotweinverkostung in Frankfurt außerdem einige schlechte Flaschen degustiert. 1995 auf der umfangreichen Verkostung in

Malmö mit Orangeton; »dick«, aber duftend und am Gaumen wesentlich besser, wenngleich adstringierend. Unlängst eine korkige, kraftvolle, tanninbetonte Impériale. *Meiden.*

Ch. La Fleur 1993 sehr tief, aber mit Orangeton; »Seetang«; trocken, rau, kraftvoll, aber nicht sehr ansprechend. Anscheinend ein »100-Punkte-Parker«. Nichts für mich. Unlängst recht neutrale Nase, die zu stolz und desinteressiert war, um sich zu öffnen. In der dichten Frucht ein Hauch Zitrus. Spröde. Sehr tanninbetont. Ich hoffe, dass Parker, den ich übrigens sehr bewundere, auch in 20 Jahren noch aktiv ist und nachsehen kann, ob der Wein wie Rip van Winkle aufgewacht ist. *Zuletzt im Dezember 1995 verkostet* ★★★★?

Ch. La Fleur-Pétrus Ich ziehe ihn seinem Fast-Namensvetter bei weitem vor. Zwei Einträge aus jüngerer Zeit: tief; herrlich »süß«, strahlendes Bukett; körperreich, sehr gehaltvoll, fast vollkommen – aber sehr tanninbetont ★★★(★★) *Ich würde eher auf ihn als auf den La Fleur setzen.*

Ch. Gazin Voll ausgebaut. Attraktives Bukett, aber ohne Tiefe. Zugänglich. Ein Hauch Adstringenz ★★ *Austrinken.*

Ch. Giscours Viele Einträge. Beeindruckende Farbe; überraschend gutes Bukett, als es sich öffnete. Reichlich Frucht. Schön griffig. Tanninstark. *Zuletzt im April 1995 verkostet* ★★★

Ch. Grand-Puy-Lacoste Mehrmals verkostet. Eine äußerst ansprechende Magnum in Malmö, gute Textur, schöne Frucht. Tannin und Säure annehmbar. *Zuletzt im Juni 1993 verkostet* ★★★(★)

Ch. La Grave-Trigant-de-Boisset Vornehmes Bukett; elegante, seidige Tannine, aber etwas Adstringenz ★★★

Ch. Gruaud-Larose Im Fass beeindruckend. Entwickelte sich nur langsam. Ein Hauch Orange; ausgezeichnete Nase; überraschend »süßer« Auftakt mit attraktivem Duft und Geschmack und einem sehr trockenen, adstringierenden Abgang. *Bei einem Essen des Bordeaux Club für Jack Plumb im Juni 1997 eine Magnum verkostet, die gut zum Rindfleisch passte* ★★★★

Ch. Langoa-Barton Weich; fast überreif. Aber schlank. Auf jeden Fall interessant. *Zuletzt im Februar 1992 verkostet* ★★ *Bald trinken.*

Ch. Lascombes Mehrere unterschiedliche Einträge, in denen unter anderem auch eine den Mund zusammenziehende Adstringenz erwähnt wird. Kürzlich: undurchsichtig; harte, ledrige, fast hölzerne Nase; körperreich, sehr tanninbetont, ansehnlicher Extrakt, aber am Austrocknen. *Zuletzt im September 2001 auf einer Vorverkaufsverkostung degustiert* ★★

Ch. Latour-à-Pomerol Gehalt-, aber nicht sehr charaktervoll. Robuste Frucht »zum Kauen«. Eine Spur Adstringenz ★★★

Ch. Laujac Am Gaumen besser als in der Nase. Schöne Frucht. Gute Länge und Textur ★★★

Ch. Léoville-Barton Ich mochte ihn in seiner Jugend sehr gern, aber er zeigte eine untypische Rustikalität in Nase und Geschmack. Ziemlich »süß« und reif, doch leicht blechern und tanninlastig. *Zuletzt im Oktober 1993 verkostet* ★★

Ch. Léoville-Las-Cases Mehrere Einträge. Wesentlich besser als der oben genannte Léoville-Barton – reicher, voller, gute Frucht, Länge und Extrakt, denen es fast gelang, das Tannin zu überspielen. Unlängst wohlriechend und gut trinkbar. *Zuletzt bei einem Essen des Saintsbury Club im Oktober 1997 verkostet* ★★★★

Ch. Léoville-Poyferré Kein sonderlich guter 1975er, ja, nicht einmal ein guter Poyferré. »Medizinale« Nase. Relativ reich und wohlschmeckend, aber »kantig«. *Zuletzt im Dezember 2001 verkostet* ★★

Ch. Magdelaine Schwacher Rand, »süß«, doch schlank. Passables Tannin. *Juni 1997* ★★

Ch. La Mission Haut-Brion Viele Einträge. Wie immer eigenständig. Es konnte sich nur um einen La Mission handeln. Reich, lebendig, überraschend »süßer« Abgang und Nachgeschmack trotz der mehr als nur andeutungsweise spürbaren Adstringenz, die gut zum Käse-Soufflé passte. *Zuletzt im Juni 2000 bei einem Essen des Bordeaux Club im Caius College in Cambridge degustiert* ★★★★

Ch. Montrose Im Fass erwartungsgemäß hart; entwickelte sich wie üblich nur langsam. Klassisch. Geschmack und Textur schön. Würzig. Seidige Tannine und leichte Adstringenz. ★★★★(★) *Hat noch eine Zukunft.*

Ch. Meyney Relativ tiefe Magnum, gute Frucht ★★★

Ch. Les-Ormes-de-Pez Gehaltvoll. Gute Frucht und Ausgewogenheit ★★★

Ch. Pichon-Lalande Viele Einträge. War von Anfang an wesentlich besser als der Wein aus dem benachbarten Château Pichon-Lalande. In den letzten zehn Jahren neunmal verkostet, die letzten beiden Male beim Essen auf dem Gut. Für einen 1975er bemerkenswert gut – reich, wohlschmeckend, voller Frucht, die Tannine komplett eingebunden. *Zuletzt im Juni 2000 bei den Feiern zu May de Lencquesaings 75. Geburtstag degustiert* ★★★★

Ch. Pontet-Canet Mittlerweile fast ein Grenzfall; gewisser Körper, Tannin und Säure ausgeprägt ★★★ *(gerade noch).*

Ch. Prieuré-Lichine Orangefarbener Rand; genug Frucht; ein recht attraktiver Wein. Pikant. *Zuletzt im Juni 1993 verkostet* ★★ *Austrinken.*

Ch. Rausan-Ségla Mehrere Einträge. Eigenständig. Geschmack und Gewicht schön und fest, mit der für die 1975er typischen griffigen Textur ★★★★

Ch. de Sales Der ideale Club-Wein. Nie teuer, immer trinkbar. Viele Einträge. Reich, rund, gefällig ★★★ *Austrinken.*

Ch. St-Pierre-Sevaistre Klassisch. Geschmack, Gewicht und Gleichgewicht gut ★★★

Ch. Smith-Haut-Lafitte Sehr duftend und wohlriechend, aber mit einem sich in die Zähne krallenden Tannin ★★

Ch. Talbot Eine erkleckliche Zahl von Einträgen, die besten aus der Mitte der 1980er. In letzter Zeit gute Nase, reifer Geschmack – aber adstringierend ★★★

Ch. Trotanoy Von Anfang an beeindruckend gehaltvoll und in seiner Entwicklung noch nicht am Ende angelangt. Farbe inzwischen mittleres Rubinrot und reif. Relativ »süß«, mit reichhaltiger Frucht, die den hohen Tanningehalt gut kaschierte. *Zuletzt im November 1999 auf Christie's Vorverkaufsverkostung in Tokio degustiert* ★★★★

Vieux Ch. Certan »Süß«, füllig, gute Frucht, ansprechend ★★★★

EINIGE ANSTÄNDIGE 1975ER, die aus der Masse der zu adstringierenden, pikanten und rauen oder einfach nur unterdurchschnittlichen Weine herausragten: **Ch. Bouscaut**; **Ch. La Cabanne**; **Ch. de Camensac**; **Ch. Chasse-Spleen**; **Ch. Le Crock**; **Les Forts de Latour**; **Ch. de Fieuzal**; **Clos des Jacobins**; **Ch. Lynch-Bages**; **Ch. Malartic-Lagravière**; **Ch. Malescot-St-Exupéry**; **Ch. Moulinet-Lasserre**; **Ch. Mouton-Baronne-Philippe**; **Ch. Nenin**; **Ch. Palmer**; **Ch. Pape-Clément**; **Ch. Pavie**; **Ch. Petit-Village**; **Ch. de Pez**; **Ch. Pichon-Baron**; **Ch. Poujeaux**; **Ch. Siran**; **Ch. La Tour Haut-Brion**; **Ch. La Tour de Mons**

1976 ★★ bis ★★★★

Ein Jahrgang von unzweifelhaftem Charme. Nach einem Vierteljahrhundert sind noch eine ganze Reihe köstlicher Weine zu finden, das Gros aber hat seine beste Zeit mittlerweile hinter sich.

Man darf allerdings nicht vergessen, dass die meisten roten Bordeaux-Gewächse nicht die Struktur besitzen, um mit den Provenienzen aus besser gelegenen und begünstigteren Gütern zu konkurrieren. Viele erreichen ihren Zenit nach vier bis sieben Jahren; in einem guten Jahrgang bleiben sie vielleicht sogar bis zu ihrem zwölften Lebensjahr auf der Höhe. Darüber hinaus aber entwickeln die an sich tadellosen Weine der so genannten *petits châteaux* mit zunehmenden Jahren keine zusätzlichen Nuancen und Facetten – sie werden einfach nur älter.

Und welche Witterungsbedingungen brachten nun den charmanten 1976er hervor? Zunächst einmal war es in Nordwesteuropa außergewöhnlich heiß: England litt unter einer alarmierenden Trockenheit, die zwar Ende August von Regenfällen unterbrochen wurde, aber bis zum Frühjahr des nächsten Jahres anhielt. In Bordeaux blieb es warm. Weil der Knospenansatz und die Blüte sehr zeitig einsetzten, lief auch die Reifephase ziemlich rasch ab, was den frühesten Lesebeginn des ganzen Jahrzehnts – am 15. September – nach sich zog. Man könnte nun annehmen, dass dabei sehr dunkle, alkoholstarke und tanninbetonte Weine entstehen hätten müssen. Doch die geringen Niederschläge führten zu einem Mangel an Fleisch, weshalb die Gewächse eher schlank als geschmeidig ausfielen. Zweifellos aber handelt es sich um attraktive Weine zu vernünftigen Preisen, die zur rechten Zeit auf den Markt kamen.

Ch. Lafite Einmal Charmeur, (fast) immer Charmeur. Allerdings nutzte sich die Eroberungsstrategie diesmal etwas früh ab. Fast hätte man ihn in den 1980ern für einen 1953er halten können, so zugänglich und wohlschmeckend präsentierte er sich nach dem Abfüllen in den 1980ern, als das Gros meiner Notizen entstand. Über sechs Einträge aus den letzten zehn Jahren, wobei ich eine Flasche mit Korkgeschmack außer Acht lasse, nicht jedoch ein bestens trinkbares Exemplar, das ich auf einem Essen der Bacchus Society 1997 verkostete: ein Duft, der mich an Orangenblüten erinnerte. Sehr »süß«, genug Fleisch, köstlich. Auf einer Vorverkaufsverkostung 1999 in New York hatte ich den Eindruck, dass ihm sein Charme allmählich abhanden kam. Dann Magnumflaschen, die bei einem Essen der Domaines Barons de Rothschild im Londoner Brooks's Club geöffnet wurden: Ich agierte diesmal nicht wie bei früheren Empfängen als Ko-Kommentator und genoss das Ereignis still in einer Ecke des Great Subscription Room, einem der schönsten Säle von ganz London, bis mich Eric de Rothschild um meine Meinung bat und ich seiner Bitte Folge leistete. Der 1976er war tiefer als erwartet; sein Bukett reif und tadellos ausgewogen; gute Frucht, schön zu trinken, aber mit kantigen Tanninen. Passte gut zum walisischen Rarebit (Käsetoast). *Zuletzt im November 2000 verkostet* ★★★★, *aber mittlerweile über den Höhepunkt hinaus.*

Marvin Overton

Ein Neurologe aus Fort Worth in Texas. Bei seiner zukunftsweisenden Latour-Verkostung 1976 wurden 47 Jahrgänge von 1899 bis 1972 geöffnet. Eine Lafite-Degustation im Jahr 1979 umfasste 36 Jahrgänge von 1799 bis 1979. Leider sind ihm missionarischer Glaubenseifer und Bibeltexte heute wichtiger als Wein...

Ch. Latour Fast 20 Einträge. Im Fass erwartungsgemäß undurchsichtig und streng, legte allerdings die tief purpurfarbene Robe im Lauf seiner Entwicklung nicht ab. Mitte der 1980er ein recht abweisender Wein. Nur drei Einträge aus den letzten zehn Jahren, das beste Exemplar voll ausgebaut; mit der »Süße« reifer Trauben und relativ hohem Alkoholgehalt. Auf einem Athenaeum-Weindinner 1976 eine wirklich köstliche Kreszenz, doch kürzlich bei einem Essen in Memphis nicht so beeindruckend, sondern »unspektakulär«. *Zuletzt im Dezember 1997 verkostet* ★★★

Ch. Margaux Ich hätte gedacht, dass die Kombination Margaux und 1976 ein im Himmel geschlossener Bund sein müsse. Leider war es bestenfalls eine Vernunftehe vor dem Standesamt. Der Wein entstand gegen Ende der Ära Ginestet; die Familie befand sich in finanziellen Schwierigkeiten und konnte sich nicht einmal ein paar alte Frauen leisten, die die Trauben aussortierten. Die letzten Einträge entstanden auf Wagners aufschlussreichen Vertikalverkostungen. Bei der ersten im Jahr 1997 entwickelte er einen verblühten Duft und etwas Charme; relativ »süß«, hübsches Gewicht, ganz guter Geschmack, doch mit säuerlichem Einschlag. Auf der zweiten Degustation sehr reifes, offenes Erscheinungsbild mit dem für den 1975er typischen Orangeton. Wohlriechendes Bukett, das sich wie ein Geschiedener auf Brautschau anbot. Walter Eigensatz glaubte in ihm »die Süße des Todes« zu bemerken. Er hatte einen gewissen welken Charme und musste getrunken werden. Den Gefallen tat ich ihm gern. *Zuletzt im November 2000 degustiert* ★★★

Ch. Mouton-Rothschild Auch von ihm hätte ich etwas mehr erwartet. In den 1980ern mit lebhaftem Wohlgeruch, würzig, aber fast die falsche Art von Länge: dünn und spitz. Mittlerweile von mittlerer Tiefe, am Rand ins Braune übergehend; »süße«, lebhafte Cabernet-Nase; trocken, erfrischend (1997). Das Bukett »welk, aber duftend«, schlank, gefällig, aber auch nicht mehr. *Zuletzt im März 1998 auf einer Mouton-Verkostung für die Hollywood Wine Society degustiert* ★★

Ch. Haut-Brion Im Fass gut. Seither bei einem Dutzend Gelegenheiten verkostet, in besonders guter Verfassung in der zweiten Hälfte der 1980er, gut ausgebaut und ausgewogen. Unlängst eine wahrhaft erdige Tabaknase und ein ebensolcher Geschmack, mit einem trockenen Abgang, der nunmehr von einem Anflug von Bitterkeit durchsetzt war. *Aber ein guter Wein zum Essen; im Juli 1999 letztmals verkostet* ★★★★ *Bald trinken.*

Ch. Ausone Präsentierte sich trotz seiner langjährigen Reputation und der bevorstehenden Renaissance in wechselhafter Form. Pascal Delbecks erster Jahrgang als Kellermeister. Leider nur wenige Einträge, aber reich, attraktiv, kräuterwürzig (Salbei), entgegenkommendes Bukett; lebhaft, aber spitz. *Zuletzt 1985 verkostet* ★★★★ *Dürfte sich nach wie vor gut halten.*

Ch. Cheval Blanc Das Eisen im Boden war in diesem Jahrgang oft sehr präsent, wie etwa bei der ersten Verkostung im Frühjahr 1978. Er nahm unter den erstklassifizierten Gewächsen auf Penning-Rowsells »Zehnjahresverkostung« die Spitzenposition ein (allerdings war Ausone nicht vertreten). Ende der 1980er und Anfang der 1990 auf dem Gipfel: »süß«, schöne Textur, köstlich. Unter all den Großen und weniger Großen auf Wolfs großartiger Degustation von 1997 zeigte er sich sehr stilvoll und mit etwas Charme, begann jedoch auszutrocknen; was sich auf einer Vorverkaufsverkostung einige Monate später bestätigte. Trotzdem attraktiv. *Zuletzt im Dezember 1997 degustiert* ★★★★ *Bald wegtrinken.*

Ch. Pétrus Ein guter, aber keineswegs großer Wein. Neunmal verkostet, angefangen von seinem – zumindest vor mir – ersten, satt maulbeerfarbenen Auftritt. Kritische Beurteilungen Mitte der 1980er, vielleicht weil ich mehr erwartet hatte. Vor einiger Zeit trank er sich zwar gut und zeigte gutes Gewicht und schönen Geschmack, doch hatte ich den Eindruck, sein anfangs angenehmes Bukett ließ im Glas etwas nach. Die letzte Verkostung lasse ich außer Acht, denn die Flasche hatte einen leichten Korkgeschmack und war spröde. *Zuletzt im Dezember 1997 kurz auf einer Vorverkaufsverkostung in New York degustiert ***? Ob er noch eine Zukunft hat?*

WEITERE, IN DEN 1990ERN VERKOSTETE 1976ER

Ch. Beychevelle Zehn Einträge bis 1984; seither nur noch einer. Ungewöhnlich schlank und tanninbetont. *Zuletzt im Mai 1993 degustiert ** Bald austrinken.*

Ch. Batailley Reif. Gute Nase und wohlschmeckend. Weich. Schön ausgewogen. *Im Juni 1995 beim Essen auf dem Château verkostet ****

Ch. Cantemerle 1980 in köstlicher, delikater Bestform. Noch immer angenehm zu trinken, aber die Säure drängt sich nach vorn. *Zuletzt im April 1990 verkostet ** Austrinken.*

Ch. Cantenac-Brown Auffallende »schokoladige« Frucht. »Süß«. Weich. Trinkreif. Als Warnung ein Hauch Tannin und Säure. *April 1994 ** Wegtrinken.*

Ch. Chasse-Spleen Anfang der 1980er unser Alltagsroter zu Hause – kein extravagantes Vergnügen, wie ich Ihnen versichern kann. »Genussreich, köstlich.« Jetzt voll ausgereift und leicht nachlassend. *Zuletzt im April 1990 degustiert ** Austrinken.*

Ch. Cissac Auf einer Cissac-Verkostung im Londoner Savoy und auf einer Vorverkaufsverkostung in guter Verfassung. Reich und wohlriechend, als wolle er seinen Status als *Cru exceptionnel* untermauern. *Trank sich im April 1996 gut ****

Ch. La Dominique Seit langem einer meiner Favoriten. Vollreif. Ziemlich »süß«. *Juni 1998 ****

Ch. L'Eglise-Clinet Funkelnd, reif; unglaublich »süßer«, aufblühender Wohlgeruch; der Geschmack so gut, wie das Aussehen versprach. Reicher, fruchtiger, trockener Abgang, *à point. Auf einem Rodenstock-Weinwochenende im September 1998 degustiert *****

Ch. Figeac Ich erwartete von ihm nach der Abfüllung, dass er mich eroberte, doch er erwies sich als überraschend abweisend. Im Lauf der darauf folgenden Jahre allerdings zeigte er sich dann doch in – charakteristischer – Hochform. Sein Geschmack verteilte sich im Mund wie das sprichwörtliche burgundische »Pfauenrad«. Vor einiger Zeit sehr entgegenkommend, attraktiv, voll ausgebaut. Außergewöhnlicher Geschmack. *Zuletzt im September 1993 verkostet ***** Bald trinken.*

Ch. Grand-Puy-Lacoste Ich schreibe diese Zeilen kurz nachdem ich meinen Auftrag für die Jahrgänge 1999 und 2000 bestätigt habe – ich kaufe den Lacoste nämlich jedes Jahr. Wenn ich an ihn denke, fällt mir immer als Erstes das Wort »kompromisslos« ein. Selbst in einem so zugänglichen Jahrgang wie dem 1976er. Aber auch unzweifelhaft stilvoll. Jetzt perfekt. *Zuletzt im Januar 1992 verkostet *****

Ch. Gruaud-Larose Überraschend uneinheitliche Bewertungen. Mitte der 1980er gut trinkbar, doch trotz seiner charakteristischen Frucht etwas schlank für einen Gruaud. *Zuletzt im Mai 1990 verkostet ****

Ch. La Lagune Viele Einträge, zeigte sich bei vergleichenden Degustationen in den frühen 1980ern in seinem besten Licht. Sehr reif. Reich in Erscheinungsbild und Nase. Sehr »süß«, köstlich. Ende der 1980er nahezu vollendet. Unlängst eine gut trinkbare Doppelmagnum. *Zuletzt im September 1993 verkostet *****

Ch. Langoa-Barton Fast 20 Einträge seit 1980. Robuster und maskuliner als der Léoville, entwickelte sich aber recht schnell. Ende der 1980er fand ich, er müsse ausgetrunken werden, denn es fehlte ihm die Länge, und die Säure begann sich durchzusetzen. *Zuletzt im Januar 1992 verkostet ***

Ch. Latour-à-Pomerol Eigenständig. Sehr ansprechend. Gut. Trocken. Gesund. *Auf einer Vorverkaufsverkostung im Dezember 1997 degustiert ****

Ch. Léoville-Barton Wohlriechend: Zedernholz und Früchte; gutes Gewicht, angenehm, erfrischend. *Zuletzt im März 1992 verkostet *** Jetzt trinken.*

Ch. Léoville-Las Cases Beständig gute Bewertungen seit 1984, allerdings war ich vor einiger Zeit etwas enttäuscht von einigen Doppelmagnums. (Ich merke, das hört sich etwas blasiert an. Aber so war es nun einmal.) Jetzt ein hübsches, weiches Rubinrot; fest, noch immer tanninbetont. Ausgezeichnet zum Essen. *Zuletzt im September 1993 verkostet *****

Ch. Lynch-Bages 1977 erstmals aus dem Fass verkostet; sehr charakteristische Cabernet-Sauvignon-Note, noch rau. Bei späteren Verkostungen Ende der 1970er und Anfang der 1980er ein oberflächlicher Charmeur, attraktiv. Kürzlich vollreif; nach wie vor wohlschmeckend, nicht sonderlich schlagkräftig, trockener Abgang. Vielleicht nicht die beste Vorführflasche, musste aber getrunken werden. *Zuletzt im Dezember 2001 verkostet ** Austrinken.*

Ch. La Mission Haut-Brion Duft, Charakter, Charme. Ausnahmslos von höchster Bewunderung getragene Notizen im Verlauf der 1980er. Ihm fehlt bestenfalls die Länge eines großen Jahrgangs. Außerdem etwas Bitterkeit im Abgang. *Zuletzt im Juni 1990 verkostet *****

Ch. Montrose Ein bisschen wie der Lacoste ein kompromissloser Wein. Schlimmstenfalls verschlossen und bestenfalls von sich selbst überzeugt. Gute Frucht, griffig, seidig eingehüllte Tannine. Jetzt reif; Tannin mit leichter Schweißnote in der Nase, aber »süß« und reichhaltig. *Zuletzt im September 1996 verkostet **** Bleibt noch auf der Höhe.*

Ch. Pavie Nicht der Charmeur, den ich erwartet hatte. »Süß«, dann scharf. Schlank. Ganz gut zu Fisch. *Bei einem* Premier-grand-cru-*Essen im Januar 1997 verkostet ***

Ch. Petit-Village Im Fass verschlossen, öffnete sich jedoch ziemlich schnell, Anfang der 1980er köstlich wohlriechend. 1986 gut ausgebaut, weich, fleischig, doch mit bitteren Tanninen. Unlängst eine Doppelmagnum: elegant; voll entwickelt. Merlot-typische Weichheit, Fleisch und Textur. *Zuletzt im September 1993 verkostet *****

Ch. Pichon-Lalande Konnte es gar nicht erwarten, auf den Tisch zu kommen. Anfang der 1980er sicher ein köstliches Trinkvergnügen. 1985 schrieb ich: »Roter Bordeaux in seiner bezauberndsten Ausprägung.« Unlängst bei einem Dinner mit Leitern und Sekretären der »Most distinguished clubs of the world« gut zu trinken. *Zuletzt im Oktober 1997 im Carlton Club in der St James's Street degustiert *****

Ch. de Sales Ein äußerst leichter Wein. *Zuletzt im März 1992 degustiert ***

Ch. Talbot Mehrere Einträge. Jetzt reif, stilvoll, wohlschmeckend, gut trinkbar, allerdings mit nach vorn drängender Säure. *Zuletzt im September 1996 bei Christie's eine Probeflasche aus einem exzellenten Pariser Keller verkostet **** Bald trinken.*

WEITERE, IN DER ZWEITEN HÄLFTE DER 1980ER VERKOSTETE 1976ER **Ch. Calon-Ségur** Angenehmer Geschmack, aber etwas verwelkt und kurz. *Juni 1987 ***; **Ch. Cos d'Estournel** Ein guter 1976er. Gewicht und Geschmack angenehm. *Juni 1988 ****; **Ch. Ducru-Beaucaillou** Offen gesagt sehr widersprüchliche Notizen. Sicherlich keine Mimose: vollmundig, überraschend tanninbetont. *Februar 1988. Wahrscheinlich ***, müsste aber noch einmal verkostet werden*; **Ch. Duhart-Milon** Hübsche Farbe; wohlriechend, pikant. Ein Wein für das Abendessen nach dem Theaterbesuch. *November 1986 ***;

Ch. Giscours Überrascht mich immer wieder. Einer der dunkelsten, robustesten und tanninbetontesten 1976er. Offenbarte jedoch auch Frucht und Fleisch, gut trinkbar. *März 1988* ★★★; **Ch. Grand-Puy-Ducasse** In Stil und offen gesagt auch Qualität immer ganz anders als der Lacoste. Bereits überreif, etwas umgeschlagen, aber eigenartig angenehm zu trinken. *Juli 1989* ★★; **Ch. Léoville-Poyferré** Kann seinen Nachbarn nicht das Wasser reichen. *November 1986* ★★; **Ch. Magdelaine** Ein schöner Wein. Reif bis an die Grenze zur Opulenz; ein Wein in der Blüte seiner Jahre. *Seit Juli 1987 nicht mehr verkostet. In Bestform* ★★★★ *Ich hoffe, seine Blütezeit ist noch nicht vorbei*; **Ch. Palmer** Ein köstlicher Wein. *Oktober 1986* ★★★★ *(vermutlich auch heute noch köstlich)*; **Ch. Pape-Clément** Legte einen Schnellstart hin, aber hatte nicht die Kraft, den Kurs zu halten. *Oktober 1989* ★★ *Austrinken*; **Ch. Troplong-Mondot** Ziemlich verlässlich. Ein Wein, den ich mit Genuss trinke, vor allem wenn es sich um einen leichten Jahrgang wie den 1976er handelt. *März 1985* ★★★ *Austrinken*; **Ch. Trotanoy** Verdient wahrscheinlich eine bessere Bewertung, aber auf jeden Fall tief, dick, reich und fleischig. *September 1988* ★★★★*? Zweifellos nach wie vor gut in Form.*

1977

Der schlimmste Jahrgang einer bestenfalls wechselhaften Dekade. Frühjahrsfröste, den ganzen Sommer über Regen und der trockenste (aber keineswegs sonnigste) September seit Beginn der Aufzeichnungen. Der Wein hatte im Grunde keine Chance. Nachdem wir uns mit den beiden vorausgegangenen Jahrgängen eingedeckt hatten, brauchten wir ihn sowieso nicht.

Wenige Flaschen degustiert, am aufschlussreichsten war die »Zehnjahresverkostung« von sieben erstklassifizierten Gewächsen bei Penning-Rowsell 1987.

Ch. Lafite Hätte noch viel schlechter ausfallen können. Um Duft und Wohlgeschmack bemüht, aber trocken, schlank und spitzig. *Zuletzt im September 1989 verkostet* ★ *Es lohnt sich nicht, nach ihm Ausschau zu halten – nicht einmal aus reiner Neugier.*

Ch. Latour Der beste der sieben Erstklassifizierten bei Penning-Rowsells Verkostung 1987. Kräftig chaptalisiert, konnte aber dennoch nicht überzeugen. Für einen Latour ziemlich leicht. Etwas spröde, aber nicht unangenehm. *Zuletzt im September 1989 verkostet* ★

Ch. Margaux Erst nach sechs Jahren das erste Mal verkostet; dem La Tâche des Jahrgangs 1975, der in Burgund katastrophal ausgefallen war, überraschend ähnlich. 1987 durchaus wohlriechend, delikat und griffig, aber zwei Einträge aus jüngerer Zeit zeigten deutlich, wo seine Grenzen liegen. Der erste entstand auf Wagners Margaux-Vertikalverkostung 1997: blässlich, Orangeton; Nase und Geschmack leicht, angesengt, schokoladig. Leicht, schlank, kantig, aber nicht unattraktiv – »ein leichter Wein zum Mittagessen«. Doch das war noch vor der zweiten Degustation: ein Schwächling mit Rohrzuckernase und einem Geschmack nach Herbstlaub. *Zuletzt im November 2000 verkostet.*

Ch. Mouton-Rothschild War vermutlich 1978 in Bestform und der fleischigste, gehaltvollste der sieben Weine, allerdings fehlte ihm die Länge. Bei der letzten Verkostung blass; eine verwässerte Version des Mouton-Aromas. Trocken, leicht, zugänglich, kurz. *Zuletzt auf der Verkostung von Frericks und Wodarz im März 1989 degustiert* ★

Ch. Haut-Brion Nur einmal auf Pennings-Rowsells Verkostung mit den anderen zehnjährigen Erstklassifizierten degustiert. Mit seinem Geruch und Geschmack nach rauchigem Tabak und Herbstlaub fast eine Karikatur. Kurz. Bitterer Einschlag. Trauriges Ende. *Zuletzt im Dezember 1987 verkostet.*

Ch. Ausone Auch hier nur ein Eintrag, der ebenfalls entstand, als der Wein zehn Jahre alt war, diesmal allerdings nicht bei Penning-Rowsell, der nur selten einen Ausone im Keller hatte, sondern auf Lloyd Flatts Vertikalverkostung. Nicht schlecht: weich, zugänglich, kurz. *Oktober 1997* ★

Die Familie Mentzelopoulos

André Mentzelopoulos, ein sehr reicher Franzose, kaufte 1977 Margaux, das vielleicht renommierteste Château in ganz Bordeaux. Der 1978er war sein erster Jahrgang. André nahm sogleich tief greifende Verbesserungen in Weinberg und Keller in Angriff und restaurierte auch das historische Schloss. Seit seinem verfrühten Tod im Jahr 1980 steht seine Tochter Corinne mit viel Charme und Entschlossenheit an der Spitze eines erstklassigen Teams.

Ch. Cheval Blanc Schlug sich bei Penning-Rowsells »Zehnjahresverkostung« stets wacker. 1987 errang er die zweitbeste Bewertung. Ein Jahrzehnt später war er der erste, aber keineswegs der älteste Wein auf Karl-Heinz Wolfs monumentaler dreitägiger Vertikalverkostung. Wir erfuhren, dass es viele Probleme gegeben hatte. Die Lese begann nicht nur spät, sie fiel auch noch schrecklich mager und kurz aus – nach ganzen fünf Tagen war man fertig. Trotz seines etwas ungesunden überreifen Orangetons war der Wein nicht schlecht. Die reiche, rauchige Nase öffnete sich wie ein staubiger alter Teppich. Etwas »Süße«. Bitterer Abgang. *Zuletzt im September 1997 verkostet.*

Ch. Pétrus Mit überraschend – oder auch nicht überraschend – tiefem Aussehen. In der Nase besser als am Gaumen. Pflaumenartige Frucht. Konstant trocken, kiesige Textur, sehr tanninbetont. *Zuletzt im September 1988 verkostet* ★

Einige andere 1977er, die ich in den 1990ern verkostet habe

Ch. Beychevelle Stark chaptalisierte Nase wie Blancmanger auf Toast. Trocken und spitzig. *Mai 1993.*

Ch. Chasse-Spleen Bestätigte seinen Ruf als eines der besten Güter außerhalb der Cru-classé-Kategorie. Legte sich mit diesem Jahrgang auf jeden Fall ins Zeug: überraschend tief; »süß«, fruchtig; kein schlechter Geschmack, aber kurz und mit säurebetontem Abgang. *Januar 1993* ★

Ch. Ducru-Beaucaillou Im Fass nicht schlecht. Vor einiger Zeit ziemlich blass, reifer Orangeton; eher vegetabil als fruchtig; recht guter Geschmack. *Zuletzt im Dezember 1990 verkostet* ★

Ch. La Fleur Man muss Hardy Rodenstock einfach für seine Geduld und Beharrlichkeit bewundern. Er spürt manchmal über einen langen Zeitraum hinweg Weine auf und baut sich Sammlungen auf, die er dann mit seinen Freunden verkostet. Auch den 1977er ließ er nicht aus. Dieser sah ungewöhnlich schwach und stumpf aus; Nase und Geschmack aber erwiesen sich als überraschend »süß«. Attraktiv, wenn auch nicht ganz fest verwoben. Kurz, *à point* – besser kann man es in einem so miserablen Jahrgang nicht erwarten. *August 1998* ★★

Ch. Gloria Nicht gerade ein Grund zum Jubeln, aber sehr um Wohlgeruch bemüht. Leicht, schlank, wohlschmeckend. *September 1990* ★

Ch. Gruaud-Larose Wenn jemand den Karren aus dem Dreck ziehen kann, dann Gruaud; fast wäre es dem Gut auch diesmal gelungen. Angenehme Nase; adäquater Körper, Geschmack und Textur recht angenehm. Natürlich kurz. *Januar 1988* ★★

Ch. La Mission Haut-Brion Der letzte der beiden brillanten Woltner-Brüder, Ferdinand, starb in diesem Jahr. Damit ging eine Ära zu Ende. Dieser Wein ist so ziemlich der beste 1977er. Er zeigte sich auf mehreren Verkostungen in guter Verfassung, wobei die Flaschen alle aus den Woltner-Kellern stammten und zumeist über Christie's verkauft worden waren. *Zuletzt im Juni 1990 verkostet und recht gut trinkbar* ★★★

Ein paar weitere 1977er, die ich in der zweiten Hälfte der 1980er zuletzt verkostet habe **Ch. Léoville-Poyferré** Blass; leicht, aber duftend; wohlschmeckend, trockener Abgang. Annehmbare Säure. *Juni 1986* ★★; **Ch. Pichon-Baron** Faulige Trauben. Stark aufgezuckert. Lebendige, aber raue Nase; würzig, doch hohl, tanninbetont, Endsäure. *April 1987.*

1978 ★★★

Fast spiegelbildlich zum 1976er-Jahrgang. Die Wachstumssaison verlief schrecklich. Ende August waren die Château-Besitzer am Verzweifeln – die Katastrophe nahte. Dann schlug das Wetter plötzlich um und ließ die Trauben bei wolkenlosem Septemberhimmel und ununterbrochenem Sonnenschein ausreifen, bis nach der ersten Oktoberwoche die Lese begann. 1978 war, um Harry Waughs viel zitierten Ausspruch zu wiederholen, »das Jahr des Wunders«.

Aber konnte der Umschwung in letzter Minute wieder gutmachen, was die miserable Saison zuvor verdorben hatte? Bis zu einem gewissen Punkt durchaus, allerdings habe ich so meine Zweifel, was die Ausgewogenheit der Weine anbelangt. Die besten sind sehr gut, die meisten aber befinden sich auf dem absteigenden Ast.

Ch. Lafite Nur acht Einträge. Der erste entstand auf einer Masters-of-Wine-Degustation von 1975ern im Mai 1982. Nicht schlecht, aber unbeeindruckend. Mitte der 1980er ging der Wein aus sich heraus; er wurde ansprechend, ja, eindringlich und zeigte gute Länge sowie guten Abgang. Verzweifelt versuchte er den flüchtigen Duft zu bewahren und war tatsächlich wohlschmeckend und elegant, wenngleich etwas schlank. Mittlerweile voll aufgeblüht und mit reifem Aussehen; eindeutig ein Lafite, korrekt, aber mit kantiger Säure. *Zuletzt im Juni 1998 in der Weinabteilung von Christie's in New York verkostet* ★★★ *Behalten Sie ihn noch.*

Ch. Latour Der erste von insgesamt 14 gleichmäßig über die Jahre verteilten Einträgen entstand bei Harvey's En-Primeur-Degustation im Juni 1980, wo die Kiste übrigens zu 159 Pfund Sterling angeboten wurde: »Undurchsichtig«, dumpf, konzentriert, intensiv. Trotzdem schien er relativ schnell an Farbe zu verlieren und sich zu öffnen. Pfefferiges Cabernet-Aroma und tanninbetont vor Christie's erster und einziger Weinversteigerung in Washington (1981); würzig, Zimtnase, 1982 auf der Masters-of-Wine-Degustation recht gut in Form. Auf Penning-Rowsells »Zehnjahresverkostung« gleichrangig mit dem Lafite, begann aber bald darauf auszutrocknen und Anfang der 1990er fehlte ihm bereits die Überzeugungskraft. Eine relativ schwache Magnum auf einer Latour-Verkostung 1996; ein Jahr später »nicht überzeugend«. Beim Essen mit Paul Bowker im Restaurant The Square mit Altersspuren, aber einer gewissen Reichhaltigkeit. Im Mai 1998 und einen Monat danach ziemlich weich und angenehm. Kürzlich auf einer Wine-Experience-Verkostung eine recht müde gewordene Flasche, der man ihr Alter anmerkte. *Zuletzt im Oktober 2001 in New York verkostet* ★★

Ch. Margaux Ein in mehrfacher Hinsicht wichtiger Jahrgang, in erster Linie aber, weil André Mentzelopoulos mit ihm seinen Einstand gab, der Margaux kurz vorher erworben hatte. Er investierte zwar große Summen in Verbesserungen wie z. B. die Drainage, doch wäre es ein Fehler, die Qualität der zuvor von der Familie Ginestet bereiteten Gewächse zu schmälern, denn nach den minderwertigen Jahrgängen Mitte der 1970er konnte man über die Gewächse jedes Weinguts die Nase rümpfen. Man braucht sich nur den 1961er anzusehen, den ich erst vor kurzem wieder verkostet habe, um zu erkennen, dass auch in der Ära vor Mentzelopoulos große Kreszenzen entstanden.

Ich habe den 1978er erstmals im April 1979 verkostet. Schon damals war er weich und geschmeidig, aber schließlich handelte es sich auch um eine »Merlot-Mischung« vor dem endgültigen Verschneiden. Im Januar darauf bei Harvey's En-Primeur-Verkostung (Großhandelspreis 133,50 Pfund Sterling die Kiste) undurchsichtig, reif und duftend. Bei einer von mir für das Madison Hotel in Washington (1981) geleiteten Degustation in guter Verfassung, ein herrliches, intensives Purpurrot, Fleisch, Frucht und Gleichgewicht gut. Auf Desais Vertikalverkostung 1987 würzig und mit seidiger Tanninstruktur. Unlängst bei weiteren Vertikaldegustationen nicht mehr so tief, reifer; voll entwickeltes Bukett, hübsche Textur, aber tanninbetont und am Altern (Hollywood Wine Society, 1995). Schließlich bei Manfred Wagners Margaux-Verkostungen. Sehr ähnliche Bewertungen, gewisse »Süße«, mittlerer Körper und prickelnde Endsäure. *Die letzten Einträge entstanden im Januar 1997 und November 2000* ★★★ *Ein guter Wein, aber über den Höhepunkt hinaus.*

Ch. Mouton-Rothschild 1982 bei der Masters-of-Wine-Verkostung pflaumenfarben, sehr wohlschmeckend. Bei Flatts Vertikaldegustation 1986 dicht, verhüllt und bescheiden, auf Penning-Rowsells »Zehnjahresverkostung« unspektakulär. Bei einem Essen 1994 dem gleichzeitig verkosteten 1976er gar nicht unähnlich und recht ansprechend. Unlängst bei einem Wohltätigkeitsdinner in New York nicht gerade ideal zu *Homard du Maine aux cèpes et au curry.* Er hat überlebt. Stilvoll. Angenehm zu trinken. *Zuletzt im Dezember 1996 verkostet* ★★★ *(gerade noch). Nicht der beste Mouton.*

Ch. Haut-Brion Bei Harvey's En-Primeur-Verkostung im Januar 1980 (Preis 158,50 Pfund Sterling) unmittelbar entgegenkommend und angenehm. »Ein Frühstarter?« Sein charakteristischer Graves-Duft und -Geschmack entwickelten sich Anfang der 1980er weiter und waren mit zehn Jahren ansprechend reif. 1994 zwei Flaschen aus den Kellern eines schottischen Schlosses; die beiden Weine unterschieden sich geringfügig voneinander, der eine war »alt und kantig«, mit aufklarender, aber immer noch spitziger Nase, der andere fiel besser und fester aus. Unlängst: mittlerweile mit Orangeton; seltsame, etwas pappkartonartige Nase und ein Geschmack, der mich an Packpapier erinnerte. Entweder geht es mit dem Wein bergab oder die letzten Flaschen waren nicht repräsentativ. *Zuletzt im Januar 1999 auf einer Vorverkaufsverkostung degustiert* ★★?

Ch. Ausone Wenn ich Packpapier schreibe, kommt mir Ausone in den Sinn. Das Gut befand sich zwar angeblich in einer Phase des Wiederaufschwungs, aber ich verwendete kürzlich – und nicht zum ersten Mal – den Begriff »Herbstlaub«, wenngleich der Wein einen gewissen Wohlgeruch entwickelte. Er war anfangs »trocken«, Mitte der 1980er enorm tanninbeladen und schlank, nach zehn Jahren eigenständig und intensiv – aber wieder mit »Herbstlaub«. *Zuletzt im Juni 1998 verkostet* ★★ *Trocknet aus.*

Ch. Cheval Blanc Einer der zufriedenstellendsten 1978er. Schon in den frühen 1980ern verwies ich auf seinen Gehalt und seine gute Frucht, weich und würzig, schöne Textur. Meine beste Beschreibung entstand 1988: »Lebendige Frucht, lebhaft ... verbindet Rundheit und ansehnliche Länge. Sozusagen ein elliptischer Wein.« Drei Einträge aus jüngerer Zeit – auf Wolfs Vertikalverkostung 1997 mit merklichem Cabernet-franc-Duft, außerdem »süß«, relativ gute Frucht, aber ein trockener, überraschend rauer Abgang. Im Dezember desselben Jahres eine wesentlich attraktivere Flasche auf Hugh Johnsons Essen für den Bordeaux Club in seinem Laden in der St James's Street: hübsche Farbe; weich, ziegelig, offenes Bukett; perfekt im Gleichgewicht, komplett, köstlich. Auch auf einer Vorverkaufsverkostung in Los Angeles sehr wohlriechend und charakteristisch, allerdings mit einer Spur Säure, die man nicht bemerkt hätte, wenn man ihn zum Essen getrunken hätte. *Zuletzt im März 1999 verkostet* ★★★★

Ch. Pétrus Aus ziemlich offensichtlichen Gründen verkoste und trinke ich Pétrus-Weine nicht so oft wie andere Gewächse. Bei den acht Gelegenheiten, bei denen ich den 1978er ins Glas bekam, gelangte ich zu der Überzeugung, dass er gar nicht so gut ist. Er hat sicherlich etwas Eigenartiges an sich, da er exotische Frucht mit einer seltsamen Fleischigkeit verbindet, dabei aber wohlriechend und auf eine eigenwillige Art attraktiv ist.

Nachdem ich dem Saintsbury Club eine Kiste Magnumflaschen gestiftet hatte, schlug ich dem »Einkellerer« Anthony Berry vor, dass wir ihn doch verkaufen und mit dem Erlös einen guten jungen Lafite sowie andere Weine erstehen sollten, da er auf Versteigerungen so lächerlich überzogene Preise erziele. Was wir dann auch getan haben! Als das auf einem anschließenden Essen in der Vintners' Hall bekannt gegeben wurde, beschwerten sich einige Mitglieder lautstark darüber, da sie noch nie Gelegenheit gehabt hatten, einen Pétrus zu verkosten. Man stellte mich zur Rede, aber ich erklärte, dass ich die Kiste ja dem Club überlassen hätte. Ich hätte sie auch behalten und einen ansehnlichen, aber unverdienten Gewinn einstreichen können! In jüngerer Zeit bei einem Essen mit den Suffolks 1993: gut trinkbar, obwohl er einen reifen Vacherin-Käse zum Gegner hatte. 1995 eine fleischige Impériale, wohlriechend, mit sandiger Textur und am Austrocknen. *Zuletzt im Dezember 2000 während Donald Kahns Essen bei Mosimann für die Förderer des Russischen Nationalorchesters degustiert* ★★★

In den 1990ern habe ich nicht allzu viele 1978er degustiert. Hier die interessantesten und aufschlussreichsten:

Ch. Beychevelle Eindeutig von ungleichmäßiger Qualität. Zwei unterschiedliche Flaschen bei einer kommentierten Beychevelle-Vertikalverkostung für den Tasting Club im Buck's Club in Mayfair. Blässlich, reif; beide etwas übelriechend, käsig; eine »süß« und zum Kauen, die andere lebendiger und sauberer. *Zuletzt im Dezember 1997 verkostet* ★ *Nicht zu empfehlen.*

Ch. Bonnet Eine sehr angenehme Überraschung. André Lurton öffnete sie gegen Ende eines Essens: tiefe, lebhafte Farbe, allerdings auch reif; Bukett und Geschmack sehr »süß« und reif, die Nase entfaltete sich mit der Zeit, teeartig. Reich, seidig, bemerkenswerte Länge. *Im Oktober 2001 auf Grézillac in Entre-Deux-Mers degustiert* ★★★

Ch. Branaire-Ducru Anfangs tiefes Rubinrot, entwickelte sich schnell. Oberflächlich ansprechendes Bukett, würzig, leicht, ein sehr angenehmer Wein. *Zuletzt im April 1993 bei einem Staatsbankett im Buckingham-Palast degustiert* ★★★ *Bald trinken.*

Ch. Brane-Cantenac Ein ziemlich guter oder zumindest sehr gut trinkbarer 1978er. Relativ »süß«, weich, zum Kauen und reif (ein Brane scheint oft eine gewisse Reife, ja, sogar eine an Bauernhofgerüche erinnernde Überreife zu bekunden, insbesondere in der Nase). Tanninbetonter Abgang, aber sehr charaktervoll. *Zuletzt im März 1990 verkostet* ★★★ *Bald trinken.*

Ch. Cantenac-Brown Bertrand du Vivier hatte einen großen Vorrat davon und bat mich, ihn zu veräußern. Ich bin zwar kein großer Fan von Cantenac-Brown, fand ihn jedoch gar nicht so schlecht: vollreif, untypisch schlank, mit leichtem, trockenem, tanninbetontem Abgang. *Eine Probeflasche im September 1995 verkostet* ★★ *Einige tauchen vielleicht noch auf.*

Ch. Chasse-Spleen Normalerweise halte ich nach diesem meist verlässlichen Wein Ausschau. Aber der 1978er fiel ein bisschen rau aus. *Zuletzt im April 1994 verkostet* ★

Dom. de Chevalier Ein jugendliches Kirschrot und anfangs rau, reifte bis Ende der 1980er aber gut heran. Charakteristisches, vornehmes, wohlriechendes Bukett; stilvoll, gutes Gewicht, schlanke, für Graves typische Erdigkeit, duftender Nachgeschmack. *Zuletzt im September 1992 aus Magnumflaschen verkostet* ★★★★ *Relativ bald trinken.*

Ch. Clarke Baron Edmond de Rothschild erwarb das Château, als die Qualität der Bordelaiser Jahrgänge auf dem Tiefstpunkt angelangt war. Seine *Premier-cru-classé*-Vettern müssen befürchtet haben, dass der Name und das Kapital der Rothschilds diesen *Cru bourgeois* wie von Zauberhand in die bessere Château-Gesellschaft befördern könnten. Ihre Sorge war unbegründet. Anfang der 1980er trank sich dieser Wein wahrscheinlich ganz gut. *Bei der letzten Verkostung im August 1999 ausgetrocknet.*

Ch. La Conseillante Sechs Einträge. Er fing ganz gut an und stellte alle angenehmen Eigenschaften dieses bewundernswerten Guts zur Schau. Um 1985 befand er sich meiner Meinung nach auf dem Gipfel; seither ist mir ein gewisses Übermaß an flüchtiger Säure aufgefallen. Sein Reichtum franste aus. Fruchtig, aber schlanker als erwartet. *Zuletzt im Februar 1990 verkostet. In Bestform* ★★★

Cos d'Estournel Viele Einträge. Uneinheitlich. Auf Bob Pauls Verkostung von 1978ern mit zehn Jahren in guter Verfassung; das waren aber auch ziemlich viele andere Weine dieses Jahrgangs. Zurückblickend kann man sagen, dass sie in dieser Zeit vermutlich auf dem Höhepunkt waren. Seit den ausgehenden 1980ern eine korkige Flasche in der Bastion der Konservativen, dem Carlton Club (ob das ein Menetekel künftiger Entwicklungen war?), weich, wohlriechend, aber verwelkt; bei einer meiner alljährlichen Verkostungen in Lyford Cay (1997) Frucht verlierend, austrocknend, aber erfrischend. Ein Jahr später auf einer »Exponentialverkostung« in New York etwas Charme und Frucht, hübsches Gewicht, aber mit einem die Lippen kitzelnden Säure- und Tanningehalt. *Zuletzt im Dezember 1998 verkostet. In Bestform* ★★★ *Am Austrocknen.*

Ch. Coufran Eine denkwürdige Verkostung auf dem Bankett der Fête de La Fleur auf Coufran im Juni 1988, als ich die Ehre hatte, dieses Ereignis leiten zu dürfen. Mit zehn Jahren war der Wein auf seinem absoluten Höhepunkt und äußerst ansprechend. Noch immer recht schön. *Zuletzt im Juni 1991 verkostet* ★★★

Ch. Ducru-Beaucaillou Ziemlich viele Einträge, 16, um genau zu sein. Erstmals im Juni 1979 aus dem Fass verkostet. Wie bereits erwähnt, standen die meisten 1978er, selbst diese Kategorie von Weinen, mit zehn Jahren vermutlich in ihrem Zenit. Auch die besten Bewertungen dieses Weins stammten aus den späten 1980ern. 1995 beim *Ban-de-vendanges*-Diner auf Château La Tour-Carnet »so gut trinkbar, wie es seinen Möglichkeiten entspricht«, »nur geringfügig hohl«. Ein etwas schmeichelhafterer Eintrag entstand bei einem Essen der Bacchus Society: »Ein guter 1978er«, ansprechende Frucht. Leicht rauer Abgang. *Zuletzt im November 1997 verkostet. In Bestform* ★★★

Ch. L'Eglise-Clinet Reif, brauner Rand; süße Frucht in der Nase und am Gaumen, aber merklich alternd, kantig, über den Höhepunkt hinaus. *September 1998* ★

Ch. L'Evangile Anfang der 1980er wohlriechend und ansprechend. Auf Bob Pauls »Zehnjahres-Horizontalverkostung« in gutem Zustand: tief, stilvoll, faszinierend, fleischig. Nur ein Hauch der für die 1978er typischen pikanten Säure. *Zuletzt im August 1991 verkostet* ★★★★ *Ich würde aber nicht länger warten.*

Ch. La Fleur Ziemlich enttäuschend. »Süß« genug, aber mit eigenartiger breiiger Textur. Als Essensbegleiter besser. *Auf Rodenstocks Vertikalverkostung vom September 1998 degustiert* ★★?

Ch. Fombrauge Ein relativ unbedeutendes St-Emilion-Gut, dessen Weine ich in der Regel als sehr angenehm und preisgünstig empfunden habe. Die hier beschriebene Flasche entdeckte ich im Getränkeschrank des Wochenendhauses eines Freundes in Bosham, West Sussex. Ohne große Erwartungen öffnete ich sie zum Sonntagsessen. Der Wein war zwar herbstlich, mit »welkem und gelbem« Rand, leicht, aber gesund und öffnete sich zu meiner Überraschung sehr angenehm im Glas – wahrscheinlich sogar zur Überraschung des Weins selbst, denn er hatte sich daran gewöhnt, so lange unangetastet herumzustehen (nicht zu liegen, wohlgemerkt). Und er passte gut zu köstlichem kaltem Lachs. *Zuletzt im August 1999 verkostet* ★★

Les Forts de Latour Ich beschrieb ihn anfangs als »dickstämmige Art von Wein«. Man bemerkte keinen Charme – und erwartete ihn auch nicht. Mehrere Einträge, letztmals in knapp 20 km Höhe an Bord der Concorde verkostet. Immer noch ziemlich tief und intensiv, doch bereitete der Bodensatz einige Probleme, denn er wurde nicht dekantiert. Interessante Nase; weich, etwas korkig (nicht korkelnd), tanninbetont, aber im Grund gut trinkbar. *Zuletzt im Dezember 1997 verkostet* ★★

Ch. Giscours Nicht direkt »dickstämmig«, aber insgesamt dick, mit Substanz, mit allem gut ausgestattet außer Finesse und Charme. Fruchtbepackt. Buchstäblich zum Kauen. Recht viele Aufzeichnungen. 1995 im Savoie in Margaux degustiert, das wir eine Zeit lang scherzend als »Savoy« bezeichneten. Doch das Restaurant bot von jeher ein ausgezeichnetes Preis-Leistungs-Verhältnis und wurde lange Zeit von den Bordelaiser Château-Besitzern und Geschäftsleuten frequentiert. »Süßes«, ausgewogenes, voll ausgebautes Bukett, aber etwas am Austrocknen. Kürzlich beim alljährlichen III-Form-Club-Essen: immer noch bemerkenswert tief, fast undurchsichtig, reich, marmeladig, etwas teerige Nase. »Süß.« Attraktiv. Ein guter 1978er. *Zuletzt im Januar 2001 im Londoner Boodle's Club verkostet* ★★★

Ch. Gruaud-Larose Fast 20 einheitliche Einträge, was heißt, dass die charakteristische Gruaud-Frucht zwar omnipräsent war, aber in diesem Jahrgang untypisch mager und rau ausfiel. Meine letzte Bewertung entstand zugegebenermaßen während eines Weihnachtsessens bei Christie's unter Kollegen, beim Essen und bei eventuell eingeschränktem Urteilsvermögen. »Trinkt sich ganz ordentlich«, schrieb ich. Und auch sein Bukett fiel mir auf: »Reif, mit Stallmistnote« – womit ich natürlich nicht auf die Anwesenden zielte. *Zuletzt im Dezember 1998 verkostet.*

Ch. Haut-Bailly Blass, welk; zugänglich, trockener Abgang. Ziemlich enttäuschend. Lag es nur an dieser einen Flasche? *Auf einer Vorverkaufsverkostung im Dezember 2001 degustiert* ★

Ch. Haut-Batailley Ich mag den Stil und habe auch gleich vier Kisten des schönen Jahrgangs 2000 bestellt. Der 1978er präsentierte sich anfangs in Form einer gefälligen Fassprobe in guter Verfassung, obwohl Mitte der 1980er einige zurückhaltende Notizen entstanden. Bei einer Verkostung 1989 vollkommen, »süß«, weich und ansprechend. Vor einiger Zeit aber schien er sich zu verabschieden: blässlich, vollreif; eine untypische rustikale, ja, sogar übelriechende Nase. Am Gaumen besser, aber überraschend tanninbetont und rau. *Zuletzt im April 2001 mit dem Tasting Club bei den Berry Bros. degustiert. Wäre zum Essen besser gewesen* ★★

Ch. Kirwan Pflaumenfarben, gekochte Frucht und Vanille; eine gewisse Weichheit und etwas Fleisch, aber nicht überzeugend. *Zuletzt im Dezember 1990 verkostet* ★★

Ch. Lagrange (Pomerol) Ein oft übersehener Pomerol (seinen Namensvetter in St-Julien kennt man dagegen umso besser). Ein »süßer«, zugänglicher, attraktiver 1978er. *Mai 1992* ★★★

Ch. La Lagune Ein sehr verlässlicher 1978er. Über ein Dutzend Einträge. Er trank sich stets gut, ob als »süße«, robuste Fassprobe oder bei späteren Verkostungen und Essen. Unlängst auf einem Essensempfang für Citibank-Kunden bei Christie's (1995) immer noch überraschend farbtief; »süß«, weich – doch etwas viel Alkohol, »ein guter 1978er«. Bei einem Essen des St-James's-Kapitels der IWFS im unaufdringlichen, doch erstklassigen Cadogan Hotel in London ebenfalls »süß«, weich und ansprechend. *Zuletzt im April 1997 verkostet* ★★★

Ch. Langoa-Barton Dieser Wein erreicht nur selten die Klasse und Vollkommenheit des Léoville-Barton. (Das Schloss selbst hingegen verbindet allerbeste französische Eleganz mit vollendetem britischem Landhausstil.) 1978 jedoch landete das Gut einen Treffer. Der Jahrgang stand gegen Ende der 1980er in seinem Zenit: würzig, wohlschmeckend, gefällig und zugänglich. Zwei Verkostungen aus jüngerer Zeit: jetzt vollreif, mit orangefarbenem Rand; in der Nase und am Gaumen eine gewisse Reife. Trocken, lebendig, aber noch immer wohlschmeckend (1996). Unlängst einige Magnumflaschen bei einem Essen des Saintsbury Club. Pflaumenfarben; erneut mit gewissen Altersspuren, obwohl er im Glas wieder »süßer« zu werden schien. Muss getrunken werden. *Zuletzt im April 1997 verkostet. In Bestform* ★★★

Ch. Léoville-Barton Ehrlich gesagt enttäuchend. In seiner Jugend besaß er, was nicht ungewöhnlich ist, etwas Babyspeck. In späteren Einträgen habe ich des Öfteren auf seine spürbare, wenngleich nicht allzu beunruhigende Säure hingewiesen, vor kurzem außerdem auch auf einen harten, tanninbetonten Einschlag. In den letzten zehn Jahren nur zweimal verkostet, zuletzt »mittel, reif, käsig, so lala«. *Auf einer Vorverkaufsverkostung im Januar 1994 degustiert* ★★

Ch. Léoville-Las-Cases Im Juni 1979 und Januar 1980 eine beeindruckende Fassprobe. Entwickelte sich beständig und gut, erreichte meines Erachtens gegen Ende der 1980er seine Bestform. Ein Wein, der einem wie so oft zusätzliche Dimensionen eröffnet. 1991 beschrieb ich ihn nach dem Verkosten als »politische Glanzleistung«. Auf einer Vorverkaufsverkostung 1993 in guter Verfassung – er bekam auch eine ziemlich hohe Bewertung –, aber kürzlich: würzige Nase, jedoch schwer fassbar. Trocken, verliert an Gewicht, nicht schlecht, aber unspektakulär. *Zuletzt im November 1999 verkostet. In Bestform* ★★★★, *aber auf dem absteigenden Ast.*

Ch. Léoville-Poyferré Alternd, aber »süß« und ganz attraktiv. *Dezember 2001* ★★

Ch. Lynch-Bages Fruchtig und wohlschmeckend, aber ohne das übliche Flair. Mehr noch: des Öfteren stielig und hölzern. Kürzlich eine ansprechende, leuchtende Farbe; lebendiges, interessantes Bukett, das jedoch nicht gestützt wurde. Natürlich wohlschmeckend, aber ein eher schlanker Wein mit leicht spitzigem, rauem Abgang. *Zuletzt im Dezember 2001 verkostet* ★★

Ch. Malescot-St-Exupéry Stilistisch fast schon sorglos draufgängerisch: auffallende Frucht, eine Art grober Cassis-Duft. Nicht unattraktiv, aber nicht unbedingt ein Wein, den man zum Essen bestellen würde. Schlank, unnötig aggressiv. *Zuletzt im September 1990 verkostet* ★★

Ch. La Mission Haut-Brion Ich war während der 1978er Lese auf La Mission. Ungetrübter blauer Himmel. Ein La Mission zeigt etwas von der unerschütterlichen Zuversicht eines Malescot, doch das war nicht alles: Er hat noch so viel mehr zu bieten. Ich äußerte zwar in meinen ersten Einträgen Vorbehalte, doch bei den beiden jüngsten Bewertungen waren sie verschwunden. Ein nach wie vor tiefer, höchst ansprechender, voll ausgebauter Tabakgeschmack (1995 mit dem Bordeaux Club) und bei einer Eröffnungs-»Serie« von La-Mission-Jahrgängen fast undurchsichtig, kompromisslos; süße Frucht, nach wie vor jugendlicher Duft; voll, fleischig, herrlich zu trinken. Ein großer Wein und ein amüsanter 1978er. *Zuletzt im September 1998 bei einem Rodenstock-Weinwochenende verkostet* ★★★★★

Ch. Montrose Ein Dutzend Einträge. Erwartungsgemäß verschlossen, aber mit Tiefe und Potenzial. Dann Fleisch und Textur erkennbar. Drei Einträge aus jüngerer Zeit, tief, doch mit überraschendem bernsteinfarbenem Rand. Trotzdem ein guter Wein (bei einem Essen im Sitzungssaal bei Christie's 1994). Die interessanteste Verkostung erlebte ich allerdings bei mir zu Hause während einer sehr weinseligen Dinnerparty, als ich ihn zusammen mit einem der größten portugiesischen Roten degustierte, einem Barca Velha, auch er ein Jahrgang 1978. Sie hatten einiges gemeinsam, doch wieder bemerkte ich beim Montrose den reifen Orangerand – er erinnerte mich an das Hinterteil eines Pavians. Sehr gut. Auf dem Höhepunkt oder höchstens ein Stückchen darüber hinaus, mit sehr trockenem Ausklang. *Zuletzt im Juli 1999 verkostet* ★★★★ *(gerade noch).*

Andrew Lloyd-Weber

Heute sind wir gute Freunde – doch unsere erste Begegnung verlief nicht ganz ungetrübt. Während einer wichtigen von mir geleiteten Weinversteigerung kam es zu einem schlimmen Missverständnis: Ich beschloss, Andrews Gebote nicht mehr anzunehmen, weil ich keine Ahnung hatte, um wen es sich handelte! Er und seine beiden gelinde gesagt »leger gekleideten« Begleiter waren darüber alles andere als erfreut. Andrew stand damals mitten in den Vorbereitungen zu seinem Musical Jesus Christ Superstar *und sein Name war natürlich noch nicht in aller Munde. Nachdem ich aber meinen Fauxpas erkannt hatte, lud ich ihn zwei Monate später zum Essen bei Christie's ein, entschuldigte mich und erklärte, warum ich mich so benommen hatte. Ich hatte Angst, dass ein einziger, bei Christie's völlig unbekannter Bieter alle Spitzenweine aufkaufen würde. Andrew hatte großzügigerweise Verständnis für die Zwickmühle, in der ich mich befunden hatte. Das Ganze wäre nicht passiert, wenn er sich vor der Auktion zu erkennen gegeben hätte. Rückblickend muss ich sagen, dass der Zwischenfall zweifellos der peinlichste Vorfall meiner ganzen Laufbahn als Auktionator gewesen ist.*

Ch. Palmer Ein schöner Wein und ein sehr guter 1978er. Viele Einträge, allein sieben aus den letzten zehn Jahren. In seinen Anfangstagen verführerisch reich, reif, mit maulbeerartiger Frucht; voll, weich und fleischig. Was mich 1985 zu dem Schluss gelangen ließ, dass er nicht mehr besser werden könne. Abgesehen von einem eigenartigen »austrocknenden« Exemplar erwies er sich bei Hugh Johnson 1997 als faszinierender Begleiter des Sassicaia und Cheval Blanc, beide ebenfalls Jahrgang 1978: ziemlich vegetabil, Merlot-typisch, eigenständig, ein Hauch Lakritze, muss getrunken werden. 1999 vollreif, köstlich, aber am Verwelken und beim Essen etwas rau. Kürzlich »süß«, attraktiv, ansehnliche Länge, Restspuren von Tannin und Säure. Ansonsten *à point. Zuletzt im Februar 2001 im Londoner Ransome's Dock bei einem Palmer-Dinner verkostet* ★★★★ *Am besten bald trinken.*

Ch. Pavie-Decesse Wohlriechend, eigenständig, gutes Fleisch, attraktiv. *November 1990* ★★★ *Bald trinken.*

Ch. Pichon-Baron Bei Verkostungen Mitte der 1980er gut in Form, kraftvoll, würzig. Wunderbare Komponenten, aber vielleicht ein bisschen grob. Kürzlich reich, reifes Aussehen; alte, eichige Nase; schmackhaft, aber spitzig. Auch wenn diese letzte Flasche vielleicht nicht als repräsentativ gelten kann, weil sie nicht in Topzustand war, so befindet sich der 1978er Baron doch auf dem absteigenden Ast. *Zuletzt im Dezember 2001 verkostet. In Bestform* ★★★

Ch. Pichon-Longueville, Comtesse de Lalande In diesem Jahr übernahm Mme de Lencquesaing das Château von ihrem Bruder Alain Miailhe (deshalb hier der vollständige Titel), indem sie buchstäblich den Kürzeren zog. Ich bin versucht, Mme de Lencquesaing als *formidable* zu beschreiben; sie ist eine warmherzige, zugängliche Person mit schier unerschöpflicher Energie. Auf jeden Fall drückte sie ihrem ersten Jahrgang gleich ihren Stempel auf: ein guter, gehaltvoller, fruchtiger, würziger Wein. Viele Einträge, davon ein halbes Dutzend aus den letzten zehn Jahren. Aber wie fast alle 1978er wurde er letztendlich den Erwartungen nur zum Teil gerecht. Eine Auswahl: zedrig, korrekt; »süßer« Mittelteil, aber weder gehaltvoll noch überzeugend genug (zu Ente 1997 im Gidleigh Park Hotel in Devon); eine minzige, fleischige Impériale, die sich gut hielt (Bacchus Society, 1997); reich, reif, aber ein leichter Korkgeschmack (1997). Überraschend tief; gutes, reiches Bukett, doch enttäuschend. Rauer Abgang. *Zuletzt im Mai 1999 bei einer Vorverkaufsverkostung in Genf degustiert. In Bestform* ★★★★ *Variabel.*

Ch. Siran Trank sich gut. *September 1995* ★★★

Ch. Talbot Viele sehr übereinstimmende Einträge – Probleme bereitet eher meine Unbeständigkeit. Ich bewundere Talbot einerseits, empfinde andererseits aber seinen überreifen, »gebieterisch rustikalen« Geruch und Geschmack, wie er im 1978er zum Ausdruck kommt, als schwer ergründbar. Geschmackssache eben. *Zuletzt im Januar 1993 verkostet* ★★★

Ch. Trotanoy Ein wundervoller Wein. Beeindruckend vollmundig, aber auch charmant. Recht »seidig, süß, reich, rund, köstlich«. *Zuletzt im Mai 1991 verkostet* ★★★★★

VON DEN VIELEN IN DER ZWEITEN HÄLFTE DER 1980ER VERKOSTETEN 1978ERN haben fast alle ihre beste Zeit hinter sich und sollten bald getrunken werden. (Die Sterne gelten für den damaligen Zustand.) **Ch. Boyd-Cantenac** Köstlich. *Januar 1987* ★★★; **Ch. Canon** Gehaltvoll. Alle Komponenten vorhanden. *Mai 1985* ★★★★; **Ch. Canon-La-Gaffelière** Reich, erdig, angenehm. *Juli 1989* ★★★; **Ch. Cantemerle** Unterschiedlich. *Juni 1986. In Bestform* ★★★; **Ch. Certan-de-May** Ein schöner Wein. *1988* ★★★★; **Ch. Clerc-Milon-Mondon** Fleischig, aber mit tanninbitterem Abgang. *September 1989* ★★; **Ch. Durfort-Vivens** Außerordentlich fruchtig und würzig. *September 1986* ★★★★; **Ch. Figeac** Überbordend, fast exotisch. *Dezember 1989* ★★★; **Ch. Le Gay** Köstlich. *April 1988* ★★★★★; **Ch. Gazin** Fleischig, würzig, samtige Tannine. *Februar 1988* ★★★★; **Ch. Grand-Puy-Ducasse** Unbeeindruckend. *Juli 1989* ★; **Ch. Grand-Puy-Lacoste** Wohlriechend, elegant, lebendig, gute Textur. *Februar 1989* ★★★★; Ch. d'Issan Weich, fleischig, elegant. *Februar 1988* ★★★; Ch. Lagrange (St-Julien) Wohlschmeckend, schlank, sehr tanninbetont. *November 1989* ★; Ch. Lascombes Ganz gut. *Januar 1988* ★★; Ch. Latour-Martillac Recht hübsch. *Oktober 1989* ★★; Ch. Lynch-Moussas Überraschend fruchtig und attraktiv. *Oktober 1988* ★★; Ch. Malartic-Lagravière Recht wohlschmeckend. *Juli 1989* ★★; Ch. Mouton-Baronne-Philippe Schlank, geschmeidig, zugänglich. *Oktober 1989* ★★★; Ch. Pontet-Canet Nicht sehr gut. *Januar 1989*; Ch. Prieuré-Lichine Reich, reif, attraktiv. *Oktober 1998* ★★★; Ch. Rauzan-Gassies Schlecht. *April 1989*; Ch. La Tour-Carnet Für seine Klasse nicht gut genug. *Juni 1988* ★★; Ch. La Tour Haut-Brion Tief, gehaltvoll, gut. *Oktober 1986* ★★★

1979 ★★

Ein hoher Ertrag, der höchste seit 1934. Kleine, dickschalige Beeren, infolgedessen sehr tanninbetonte Weine ohne Fleisch. Weil sich die britischen Händler zuhauf mit den Jahrgängen 1975, 1976 und 1978 eingedeckt hatten, konnte man den 1979er kaum an den Mann bringen, obwohl er der letzte wirklich günstige Bordeaux war, bevor die Preise mit dem 1982er dann weiter nach oben kletterten (und Schlagzeilen machten).

In der Regel befanden sich die 1979er Mitte der 1980er-Jahre auf ihrem Höhepunkt, vor allem die vom rechten Ufer. Danach aber begann sich der Mangel an Frucht, Fleisch und Extrakt bemerkbar zu machen und ließen das Tannin wie ein hohes, trockenes Gerüst übrig. Sieht man einmal von den großen Pomerol-Gewächsen ab, so kann man sich diesen Jahrgang schenken.

Ch. Lafite Wie ein übellauniges Kind, das sein fürsorglicher Vater aus der Wiege holt, so zeigte sich dieser Wein an seinem ersten Geburtstag im Vorfeld eines Lafite-Essens im Londoner Restaurant Boulestin. Rau und heiser. In der ersten Hälfte der 1980er war er hart und sehr tanninstark, hatte aber eine gute Länge. Auf Pennings-Rowsells »Zehnjahresverkostung« ließen Nase und Geschmack allmählich den Lafite-typischen Duft durchschimmern, allerdings auch einen Hauch von Adstringenz.

Aus den letzten zehn Jahren liegen mir nur vier Einträge vor. 1994 in Stockholm: pfefferig, hochgetönt; fest, wohlschmeckend, aber trocken. 1996 bei einer »Staffel« aus vier Lafite-Impériales würzig, gute Frucht, aber rau, sehr tanninbetont. 1997 mit der Bacchus Society eine weitere Impériale: attraktiv, genug Frucht und insbesondere genug Extrakt und Tannin, um dem Brie mit einer Kruste aus schwarzen Trüffeln und Mascarpone etwas entgegenzusetzen. Kürzlich Jamie Guises letzte Magnum (siehe auch den 1867er Château d'Yquem aus dem Keller seines Vaters): immer noch tief, reich, ansprechend; eindeutig gut, eindeutig Lafite – er öffnete sich duftend; recht ansprechend, doch nach wie vor tanninbeladen. *Zuletzt im Juli 1999 bei einem Sonntagsessen verkostet* ★★★

Ch. Latour Ich blicke auf eine Reihe ziemlich abscheulicher Bewertungen, die während der 1980er-Jahre entstanden. Ehrlich gesagt kann ich mich an keinen einzigen Wein erinnern, geschweige denn einen Latour, den ich so grob abfällig beschrieben habe: Er roch nach »alten Socken«, »schwitzendem Fett« (bei einer späteren Verkostung), »Tierfett, Schweinefleisch und Schuhcreme«, »sehr käsig, Verbände« – ich bin nicht darauf eingegangen, ob es sich um Scharpien, Mull mit Minzduft oder Verbände über bestimmten Wunden handelte – und »Dung«. »Zum Glück am Gaumen besser als in der Nase.« Immerhin. Unlängst eine wesentlich wohlwollendere Bewertung auf einer Vorverkaufsverkostung in London: (jetzt) mitteltief, noch immer jugendlich; sehr reiche Nase, allerdings sehr tanninstark, öffnete sich recht angenehm; trocken, guter Geschmack, eher leicht und mit tanninbetontem Abgang. Insgesamt bin ich nicht allzu angetan von ihm und ich bezweifle, ob er jemals sein strenges schottisches Wesen ablegen wird. *Zuletzt im Januar 1999 verkostet* ★★

Ch. Margaux Mentzelopoulos' zweiter Jahrgang. Weit über ein Dutzend Einträge vom Herbst 1981, immer wieder auf den Duft hingewiesen. Auch wohlschmeckend, aber das raue 1979er Tannin konnte er nur schwer abschütteln. Die letzten drei Einträge entstanden zufällig alle auf Vertikalverkostungen, der erste 1995 während eines Weinwochenendes der Hollywood (Florida) Wine Society: kirschrot; mit einem Bukett, das sich schnell entfaltete; lebendig, für einen 1979er überraschend attraktiv. Als Nächstes auf Wagners Degustation 1997: noch immer sehr tief und intensiv; auch wohlriechendes, »süßes«, leicht »fleischiges« Bukett und ebensolcher Geschmack. Sehr tanninbetont und meiner Meinung nach auch ein Anflug von Essigsäure. Beim dritten Mal nicht viel anders, »süßer« als erwartet, guter Geschmack, schlank und mit ledriger, vom Tannin beherrschter Textur. *Zuletzt im November 2000 verkostet* ★★★ *Ich bezweifle, ob er sich noch groß verändert.*

Ch. Mouton-Rothschild Reichlich Duft und Geschmack, aber mit der für 1979er typischen tanninschwarzen Teerbürste bestrichen. Gutes Fleisch, ansehnliche Frucht, würzig. Ein attraktiver, wenngleich schlanker Wein. Etwas rau und sehr tanninbetont. *Zuletzt im Oktober 1990 verkostet* ★★★

Ch. Haut-Brion Erstmals im April 1980 bei einer Handelsverkostung des Verbands französischer Weinbauern degustiert. Die Weine öffneten sich bereitwillig. Allerdings fielen mir vor allem ihre Sprödheit, die rauen Tannine und die relativ niedrigen Preise auf. Zwei Einträge aus neuerer Zeit: tief, reiches Aussehen; reife »Ziegel«-Nase; guter Geschmack; ziemlich tanninbetont (auf einer Vorverkaufsverkostung 1997 in New York). Als Nächstes bei der Feier zum fünfjährigen Bestehen der Académie du Vin de Bordeaux im Grand Théâtre der Stadt: reifes Aussehen, »tanninstark« und wenig sonst anzumerken. Insgesamt wurden 13 Weine verkostet. Zu den sehr ehrenwerten Tischnachbarn gehörten Philippine de Rothschild und Monsieur Beaumarchais (es war schon ein Erlebnis, einem Nachfahren des berühmten Schriftstellers zu begegnen). Kürzlich: tief, dunkel kirschroter Ton, kräftige »Kirchenfenster«; leider mit Ausnahme der hohen Säure, auf die schon die eben erwähnte Farbe hindeutete, unspektakulär. Ein Hauch von Lakritze, öffnete sich mit einem Anflug von Karamell; am Gaumen überraschend »süß«, aber durch die Adstringenz verdorben, die ein zusammenziehendes, trockenes Gefühl im Mund hinterließ. Du hast es versucht, Hugh, aber... *Zuletzt im Dezember 2001 bei Hugh Johnson auf Saling Hall verkostet. In Bestform* ★★

Ch. Ausone Wie üblich der Außenseiter, und zwar gleich in mehrfacher Hinsicht; erstens beim Erscheinungsbild: blass, Rosaton; zweitens in der Nase: »Anklänge an Erdbeeren und Schokolade«, eigenständig und attraktiv; drittens ansprechender als seine Jahrgangsgenossen, zumindest die aus dem Médoc. Lebendige Frucht, seidige tanninbetonte Textur. *Zuletzt auf Penning-Rowsells »Zehnjahresverkostung« im Februar 1989 degustiert* ★★★

Ch. Cheval Blanc Einer der besten 1979er, der sich auf einer groß angelegten Masters-of-Wine-Verkostung 1984 in herausragender Verfassung zeigte. Mit zehn Jahren starkfarben, mit schön ausgebautem Bukett, »Gewürznelken, Zimt und Honig«; grazil, elegant. Ein Jahrzehnt später beim Essen mit Matts

Hanson vom Le Coq Blanc in Stockholm: »Süße« und Gewicht angenehm, zugänglich, leicht chaptalisierter Stil (man erzählte mir, 1978 habe man im Château die Weine zum ersten Mal chaptalisiert). Unlängst eine Magnum: sehr reifes Erscheinungsbild; in der Nase merkliche Vanillinnote; überraschend angenehm, mit seiner »ledrig-derben Seidentextur« gut zu *Coq au vin* (wobei es sich bei dem *vin* natürlich um einen Cheval Blanc handelte). *Zuletzt im September 1997 auf der Wolf/ Weinart-Vertikalverkostung in Österreich degustiert* ★★★★

Ch. Pétrus Zehn Einträge. Entwickelte sich nur langsam. Ungefähr zehn Jahre lang schwer beladen, aber nicht einwandfrei ausgewogen, stark von Tannin und Säure durchdrungen. Anfang der 1990er begann er in Normalflaschen etwas von seiner Farbe zu verlieren, war wohlriechend, aber pfefferig, in Großformaten aber nach wie vor tief, mit jugendlich rubinroter Farbe; als Erstes 1994 eine zusammen mit anderen Spitzen-Pomerols von 1979 blind verkostete Jeroboam: ein »Kraftwerk«, voller Frucht und Tannin. Ein Jahr später zwischen dem 1978er und dem 1988er verkostet, alle drei in einer Impériale wie eine prätorianische Garde: lebhafte Frucht in Nase und Geschmack, »klassisch«, tanninbetont – machte zum Essen einen besseren Eindruck. *Beide auf Weinwochenenden von Rodenstock verkostet, die letzte im September 1995* ★★★★

Ch. Beychevelle Erstmals im April 1980 aus dem Fass degustiert: praktisch undurchsichtig; gute Frucht, Tannine mit Schweißnote; selbst in diesem Reifestadium schon stilvoll. Entwickelte sich gut. Noch immer ziemlich farbtief; reiche Zedernholznase; körperreich für einen Beychevelle, fleischig und tanninbetont. *Zuletzt im Mai 1993 verkostet* ★★★

Ch. Boyd-Cantenac Es wäre durchaus zu verstehen, wenn man in einem Jahrgang wie dem 1979er die Finger von einem Boyd lassen würde, doch er erwies sich als recht gut: noch immer tief, »dick« (Extrakt), ziemlich gute Frucht; überraschend »süß«, reich – und tanninbetont. *Zuletzt im Januar 1998 während einer Vorverkaufsverkostung degustiert* ★★★

Ch. Calon-Ségur Im Frühjahr nach der Lese intensiv purpurn, voller Frucht. Das Bukett entwickelte sich ansprechend und erwies sich als sein bester Zug, denn obwohl er beim ersten Schluck »süß« wirkte, war ihm ein schlanker, adstringierender Einschlag eigen. Muss zum Essen getrunken werden. *Zuletzt im Februar 1990 verkostet* ★★★

Dom. de Chevalier Die meisten Einträge Mitte der 1980er: tief, mit einem Bukett, das sich nur langsam entwickelte, gute Textur, reich, aber etwas rau. *Zuletzt im September 1993 verkostet* ★★★

Cos d'Estournel Ein örtlich ziemlich begrenzter, aber schwerer Sturm dezimierte den Ertrag beträchtlich. Im Fass (April 1980) sogar noch zäher als der Montrose. Er verbesserte sich im Lauf der 1980er. Sein Bukett lässt sich nur schwer aus der Reserve locken, ist aber wohlriechend. Lebendige Frucht. Ein guter Wein. *Zuletzt im Januar 1990 verkostet* ★★★

Ch. La Croix-de-Gay Magnumflaschen: tief, gut ausgebautes Bukett, weich, samtige Tannine. *Bei einem Essen der Commanderie de Bordeaux zu Ehren der Hospitaliers de Pomerol im Mai 1995 in Bristol verkostet, als ich über die »Weine von Pomerol« referierte* ★★★

Ch. Ducluzeau Ich konnte der Versuchung nicht widerstehen. Der Name dieses Weins aus Listrac erinnert mich an Peter Sellers' französischen Detektiv. Der erste Eindruck überraschend »süß« und »nicht unattraktiv«. *Auf einer Vorverkaufsverkostung im September 1996 degustiert* ★★

Ch. Ducru-Beaucaillou Tatsache ist: Sosehr wir den inzwischen verstorbenen Jean-Eugène Borie auch mochten und bewunderten, sein Ducru konnte recht banal und schwunglos sein. Nach einer spröden Fassprobe keine begeisterten Bewertungen, stielig, hölzern, die letzte Flasche leider mit Korkgeschmack. *Zuletzt im September 1997 verkostet. Vielleicht hatte ich einfach nur Pech.*

Dom. de L'Eglise Eine nicht sonderlich beeindruckende Doppelmagnum. Der Wein mit der geringsten Tiefe. Sein Geschmack nach getrockneten Blättern und seine Sprödheit erinnerten mich an einen schlecht geratenen Ausone. Nase wesentlich besser. *Zuletzt im September 1994 verkostet* ★

Ch. La Fleur Gehörte zur Gruppe der 1979er Spitzen-Pomerols, diesmal aber in (vier) Normalflaschen: sehr tief; wohlriechendes Bukett, ein Hauch Zitrussäure, leichter Mokkaton; etwas »Süße«, wundervolle Textur, reich im Geschmack. *Zuletzt im September 1994 verkostet* ★★★★★

Ch. La Fleur-Pétrus Der zweite der vier großen 1979er: tief, intensiv, lebendiges Aussehen, kräftige »Tränen«. Lebendig, »weiche Frucht«; gehaltvoll, abgerundet, fleischig, tanninbetont. *Zuletzt im September 1994 verkostet* ★★★★

Ch. Giscours Die meisten Einträge Mitte der 1980er, sehr große Übereinstimmung zwischen ihnen: kraftvoll, reich, nachdrücklich, aber elegant. Ein Eintrag aus jüngerer Zeit: Die Nase musste aus der Reserve gelockt werden, öffnete sich aber binnen Minuten schön. *Zuletzt im April 1995 verkostet* ★★★(★) *Braucht noch Zeit.*

Ch. Gruaud-Larose Ein Wein, der sich mit jedem gut stellt. Viele Einträge. Charakteristisch fruchtbepackt. Tief, pflaumenfarben. Reichhaltige, reife Médoc-Düfte. Ein Mundfüller! Adelnde Tannine. Unlängst: noch immer reiche Farbe, sehr gut, leicht karamellige Nase; gute Frucht, eigenartiger Endgeschmack nach »ausgemisteten Ställen«, der raue Tannine offenlegte. Muss zum Essen getrunken werden. *Zuletzt bei einer Vorverkaufsverkostung im Dezember 1997 degustiert.*

Ch. Kirwan Ein guter 1979er, allerdings ist man beim Essen mit den Besitzern des Guts auch nicht ganz objektiv. Hübsches Gewicht und wohlschmeckend. Sehr erfrischend. *Zuletzt im September 1998 verkostet* ★★★

Ch. La Lagune Rubinrot; würzig; angenehm. Gefälliger Tannin/Eisen-Abgang. *Zuletzt im Januar 1993 verkostet* ★★★

Ch. Lascombes Uneinheitliche Notizen. Reiche Farbe; eine gewisse Reife und »Süße«, aber mit einem die Zähne belegenden Tannin und zahnschmelzender Säure. *Zuletzt im April 1992 verkostet* ★★

Ch. Léoville-Barton Ich wünschte, ich könnte mehr dazu sagen. Er lässt sich sehr gut trinken, aber man hat den Eindruck, als seien alle Komponenten durch ein Sieb gefiltert worden. Wohlriechend, gewiss; schlank, aber mit etwas Fleisch; erfrischend. In letzter Zeit habe ich ihn allerdings nicht mehr degustiert. *Zuletzt im Januar 1990 verkostet* ★★★

Ch. Léoville-Las-Cases Fast 20 Einträge vom Frühjahr 1980 bis Mitte der 1980er und immer sehr beeindruckend. Danach bemerkte ich jedoch prosaischere Eigenschaften, zedrig, aber erdig, natürlich recht gute Frucht, tanninbetont. Mein letzter Eintrag entstand bei einer Degustation des British-Airways-Verkostungsgremiums, wo er als »startbereit« bezeichnet wurde! Ironischerweise stellte er sich allerdings beim alljährlichen Dinner der BA-Degustatoren im Waterside Inn in Bray als eindeutig hölzern und erdig heraus. *Zuletzt im November 1996 verkostet* ★★?

Ch. Lynch-Bages Ebenfalls viele Einträge, als Erstes eine nicht allzu aufregende Fassprobe. Er entwickelte Mitte der 1980er eine charakteristischere, für Lynch-Bages typische Cabernet-Würze, zeigte sich allerdings schlank und streng. Auf einer Vertikalverkostung für den '33 Club in Brüssel notierte ich kurz und knapp: noch immer tief; tanninbetont; nicht schlecht.

Hält gut durch. *Zuletzt auf einer Vorverkaufsverkostung im Dezember 1997 degustiert* ★★★(★)

Ch. Palmer Die Serie eindeutig überdurchschnittlicher Weine setzte sich fort. Ein halbes Dutzend übereinstimmender Einträge ab Mitte der 1980er: grandiose Farbe; fleischig reife Frucht in Nase und – für einen 1979er – am Gaumen. Was mein jüngster Eintrag bestätigte, obwohl das Tannin nun blank lag: ein schlanker, gemilderter, würziger, die Zähne belegender Abgang. Gute Länge. Braucht Essen an seiner Seite. *Zuletzt bei der exponentialen (ich muss das Wort immer wieder nachsehen) Verkostung im Dezember 1998 in New York degustiert* ★★★

Ch. Pape-Clément Braun-orangefarbener, reifer Rand; »ziegelige« Graves-Nase; am Gaumen erdig, Kieselgeschmack. Spitziger Abgang. *Zuletzt im September 1997 bei einer Vorverkaufsverkostung degustiert* ★

Ch. Pavie Ein sehr guter 1979er. Lebendige Frucht; ein reicher Extrakt, der die anhaltenden Tannine und Säure kaschierte. *Im Juni 1998 beim* Millésimes-de-Collection-*Essen in St-Emilion degustiert* ★★★★

Pavillon Rouge de Ch. Margaux Ich war gespannt, wie der zweite Pavillon von Mentzelopoulos ausfallen würde. Wohlriechend, kräftig, schlank, attraktiv. »Ein überteuerter Heranwachsender.« *Seit November 1990 nicht mehr verkostet* ★★

Ch. Pichon-Longueville-Lalande Über ein Dutzend vorwiegend bewunderungsvoller Einträge, von der Fassprobe bis in die frühen 1990er hinein voll lebhafter, frischer Frucht, aufregend. Zwei neuere, nüchternere Notizen, die auf Lalande-Vertikalverkostungen entstanden und die ich hier sehr kurz zusammenfasse. Als Erstes 1994 eine Impériale beim Essen während der Weinart-Probe: sehr tief, immer noch mit jugendlichem Aussehen; eine schwer fassbare Nase; Geschmack »süß«, (nach dem 1985er) relativ schlank und tanninbetont. Letztmals auf der Pichon-Lalande-Masterclass von Christie's, am Gaumen interessanter als in der Nase, aber zu wenig im Gleichgewicht. *Zuletzt im März 1995 verkostet. In Bestform* ★★★★ *Bald trinken.*

Ch. La Tour Haut-Brion Komplex, ziemlich eigenartig; trocken, mit nachlassender Sprödheit, lebendig, fruchtig. *Zuletzt im Juni 1990 verkostet* ★★★

Ch. Trotanoy Vom Start weg ein beeindruckender Wein, tief, »reich« wäre eine Untertreibung, mit der unnachahmlichen seidigen Pomerol-Textur. Der letzte von acht Einträgen bezog sich auf zwei Magnumflaschen: ein »süßer«, fleischiger, jedoch nicht »aufdringlicher« Wein. Frucht und Geschmack gut. Herrlich. *Zuletzt im September 1994 verkostet* ★★★★★

EINE AUSWAHL AUS DEN VIELEN IN DEN 1980ERN VERKOSTETEN 1979ERN, darunter gute, schlechte und neutrale; zu berücksichtigen sind die abträglichen Tannine und die nachlassende Frucht: **Ch. d'Angludet** ★★★; **Ch. Batailley** ★★; **Ch. Branaire-Ducru** ★★★; **Ch. Brane-Cantenac** ★★★; **Ch. Canon** ★★★★; **Ch. Canon-La Gaffelière** ★★★; **Ch. Cantemerle** ★★; **Ch. Chasse-Spleen** ★★★; **Ch. Croizet-Bages** ★★★; **Ch. Dassault** ★★★; **Ch. Figeac** ★★★; **Ch. La Fleur-Gazin** ★★★★; **Ch. Les Forts-de-Latour** ★★★; **Ch. La Gaffelière** ★★; **Ch. Gloria** ★★★; **Ch. Grand-Puy-Ducasse** ★; **Ch. Grand-Puy-Lacoste** ★★★★; **Ch. La Grave-Trigant-de-Boisset** ★★★; **Ch. Haut-Bailly** ★★★; **Ch. Haut-Batailley** ★★★★; **Ch. Lagrange** (St-Julien) ★; **Ch. Lanessan** ★★; **Ch. Langoa-Barton** ★★★; **Ch. Latour-à-Pomerol** ★★★★; **Ch. Léoville-Poyferré** ★★★; **Ch. La Louvière** ★★★; **Ch. Magdelaine** ★★★; **Ch. Marquis de Terme**; **Ch. Montrose** ★★★★; **Ch. Mouton-Baronne-Philippe** ★★; **Ch. Pavie-Decesse** ★★★; **Ch. Petit-Village** ★★★; **Ch. Pichon-Baron** ★★; **Ch. La Pointe** ★★★

1980–1989

Die 1980er waren zweifellos ein großes Jahrzehnt und umfassten ebenso viele herausragende Jahrgänge wie die 1920er. Im Gegensatz zu den frühen 1930ern und Mitt-1970ern, als schlechtes Wetter und Krisen für magere Zeiten sorgten, lachte den Winzern in den 1980ern wirtschaftlich und klimatisch die Sonne. Freilich blieben wechselhafte Witterungsbedingungen naturgemäß nicht aus, doch konnte man sich über wesentlich besseres Wetter und – noch wichtiger – eine Trendwende bei der Nachfrage freuen. Die Weinhändler waren zwar nicht völlig gelähmt, zeigten aber auch nicht gerade große Marktpräsenz und füllten ihre Bestände auf. Die großen Brauereien in Großbritannien hatten sich einmal die Finger verbrannt und ließen sie fortan mehr oder weniger vom Weingeschäft. So blieben Privatkunden die wichtigsten Käufer von En-Primeur-Gewächsen. In den Vereinigten Staaten und in noch ferneren Gefilden ließ der 1982er die Weinliebhaber aufhorchen. Die Preise hatten sich erholt und die Vorteile des neuen Wohlstands wurden offenkundig: Die Château-Besitzer konnten nunmehr ihre Anlagen renovieren, modernere Tanks installieren, vermehrt neue Fässer einsetzen und sogar Weinbergmauern neu hochziehen. Die bedeutendste Veränderung für den Verbraucher aber war der steigende Aufwand für die Weinbergpflege: Durch Rebschnitt und Behangausdünnung senkte man die Erträge und hob die Weinqualität, während für den *grand vin* nur noch die besten Behälter zur Verwendung kamen. Ein weiterer Trend der 1980er war die Zunahme von »Zweitweinen« aus nicht ganz so guten Tanks und Trauben von jüngeren Stöcken. Während der Krise Mitte der 1970er hatte man sich diese strikte Auslese und Sorgfalt nicht leisten können.

In den 1950ern waren beratende Önologen so gut wie unbekannt gewesen. Ihr Vorläufer war Professor Ribereau-Gayon, als bekanntester Kellerexperte jedoch etablierte sich Emile Peynaud, ein Mann von beträchtlichem Einfluss. Er behauptete stets, dass es lediglich seine Aufgabe sei, Fehler zu verhindern oder zu korrigieren. Den Vorwurf, die Châteaux-Weine im Médoc würden »peynaudisiert», wies er als überaus unfair zurück. In den 1980ern tauchte eine neue Kaste von Beratern auf, die engagiert wurden, um den Kellermeistern mit Rat zur Seite zu stehen und – hoffentlich – die Qualität der Weine zu verbessern. Von »Designerweinen» allerdings wusste man zum Glück noch nichts.

Die Jahrgänge auf einen Blick

Hervorragend *****
1982, 1985, 1989
Sehr gut ****
1986, 1988
Gut ***
1981, 1983

1980 *

Während die letzte Dekade mit einem lauten Knall zu Ende gegangen war, begann die neue eher mit einem leisen Heulen. Ein kühles Frühjahr, eine späte und ungleichmäßige Blüte, ein kalter Juni, ein nasser, bescheidener Sommer und ein früh einsetzender Herbst verlängerten den Reifeprozess. Die sehr späte Lese im Oktober erbrachte einen durchschnittlichen Ertrag unterdurchschnittlicher Weine.

Ch. Lafite Der Inbegriff des leichten Essensbegleiters. Bei den letzten sechs Verkostungen Mitte der 1990er erfüllte er diese Funktion auch tadellos. Alle Flaschen entstammten einer Magnumkiste aus meinem Keller; drei wurden bei aufeinander folgenden Essen im Sitzungssaal von Christie's mit Genuss konsumiert und drei zu Hause getrunken. Gleichlautende Einträge zu allen: mitteltief, ein Hauch Mahagoni, reif; moderat duftendes Bukett, das sich recht hübsch öffnete, ein Hauch Jod, im Stil leicht, schmackhaft, erfrischend. Alles andere als ein 1959er oder 1961, aber angenehm zu trinken. (Und die Gäste sind immer vom Etikett angetan!) *Zuletzt im Mai 1996 verkostet* **

Ch. Latour Gilt zwar als »ernsthafter« als der Lafite, ist aber nicht halb so angenehm zu trinken. Allerdings muss ich einräumen, dass ich ihn seit 1990 nicht mehr verkostet habe. Auf Frericks' und Penning-Rowsells Verkostungen war sein bester Zug das aufblühende Bukett. Ansonsten trotz seiner Frucht adstringierend. Vielleicht ist er mittlerweile etwas zugänglicher geworden. *Zuletzt im März 1990 verkostet* **?

Ch. Margaux Einer der wenigen erstklassifizierten Weine, die ich aus dem Fass verkosten konnte (Oktober 1981), für den Jahrgang farbtiefer als erwartet, außerdem wohlriechend. Die interessanteste Flasche degustierte ich auf dem Château in Anwesenheit von Emile Peynaud, der uns wissen ließ, dass die Trauben ab 17. Oktober gelesen wurden, es sich also um die späteste Lese des ganzen Jahrhunderts handelte. In guter Verfassung auf Desais Verkostung 1987 und auf Penning-Rowsells »Zehnjahresverkostung«: rubinrot, zunächst pfefferig, öffnete sich jedoch würzig. Seidige Tannine, lebendig, kurz. Der erste meiner Einträge aus neuerer Zeit entstand 1997 auf Wagners Verkostung (als Paul Pontallier bestätigte, dass die Lese sehr spät begann, aber den 4. Oktober als Startzeitpunkt nannte): trocken, recht guter Geschmack, sehr tanninbetont. Eine bescheidene Bewertung. Als Nächstes auf einer Vorverkaufsverkostung Erscheinungsbild und Nase »schwer zu beschreiben«. Eher leicht, am Austrocknen, mit »versickerndem Ende«. Bei Wagners zweiter Vertikaldegustation eine großzügigere Bewertung: etwas »Süße«, zu wenig Fleisch, ein zugänglicher »leichter Essensbegleiter«. *Zuletzt im November 2000 verkostet* **

Ch. Mouton-Rothschild Ich fühlte mich geschmeichelt, als Baron Philippe mich bat, die Degustationsnotizen für seinen ersten, 1983 veröffentlichten Etiketten-Ausstellungskatalog zu schreiben. Außerdem gab mir das einen Vorwand, Flaschen der neuesten Jahrgänge anzufordern, die ich noch nicht verkostet hatte. Der 1980er, so hieß es, sei im Juni 1982 abgefüllt worden, war also noch ziemlich jung. Auf Penning-Rowsells »Zehnjahresverkostung« war seine Erscheinung nicht sonderlich überzeugend und auch sein Bukett erwies sich als nicht so aufregend, wie man es nicht auch in einem leichten Jahrgang hätte erwarten können. Trotzdem ein gefälliger Wein mit gerade genug Frucht, dabei etwas rau. Sollte Philippine ein weiteres Etikettenbuch planen, gibt sie mir hoffentlich die Gelegenheit, meine Notizen auf den neuesten Stand zu bringen. *Zuletzt im März 1990 verkostet* ★★

Ch. Haut-Brion Ein, zwei nicht beeindruckende Bewertungen, dann auf Penning-Rowsells »Zehnjahresverkostung« mit Essen ein Bukett, das sich im Glas duftend entfaltete, nachdem man ihm Zeit gelassen hatte. Am Gaumen relativ leicht, mit dem unverkennbaren ziegeligen, tabakartigen Pessac-Geschmack. Etwas kurz. Kürzlich auf Len Evans' Kostümball »Imperial Dinner« in Robert's Restaurant in Pokolbin, Neusüdwales, verkostet. Wir bekamen genau vorgegeben, in welcher Aufmachung jeder zu erscheinen hatte. Eine Australierin beispielsweise gab in Aussehen und Haltung eine bemerkenswerte Königin Viktoria ab, während sich ein bedauernswerter Gast als Hitler verkleiden hatte müssen (er machte seine Sache gar nicht schlecht; ich glaube, Len mochte ihn nicht). Daphne und ich mussten als Marie-Antoinette und Ludwig XVI. gehen. Ich wollte mich billig mit einem mit Tomatensauce befleckten T-Shirt durchmogeln, ließ es mir aber dann doch nicht nehmen, auch noch in weißen Strumpfhosen aufzutreten. Wären nicht die Watteperücken gewesen, hätten wir wirklich herrlich hochherrschaftlich ausgesehen. Der Wein war recht gut. *Zuletzt im September 2000 verkostet* ★★

Ch. Ausone Nur zwei Einträge. 1987 auf Lloyd Flatts Verkostung: blass, dünn, blechern, unverwoben und kurz. Als Zehnjähriger besser. Ganz angenehm, aber locker gewirkt. *Zuletzt im März 1990 degustiert* ★ *Austrinken.*

Ch. Cheval Blanc Eine gut bewertete Fassprobe. Auf Penning-Rowsells Verkostung zum besten der erstklassifizierten Zehnjährigen erkoren. Am Gaumen besser als in der Nase; »süß«, seidige Textur, elegant. Unlängst der zweite Wein der ersten »Serie« von Wolfs dreitägigem Cheval-Blanc-Marathon. Gesundes Aussehen; attraktives Bukett, ein Hauch von Eisen, »süß«; sanfte Frucht, trockener Abgang. Jetzt gut zu trinken. Wird wohl kaum noch besser. *Zuletzt im September 1997 verkostet* ★★★

Ch. Pétrus 1986 lud Hans Peter Frericks in seiner Heimatstadt München im Einsäulensaal der Residenz zu einer aufwändigen Pétrus-Verkostung. Für die Verkostung wurde der 1980er in einer Magnum bereitgestellt, während man zum Essen eine Impériale reichte. Sie war etwas umgeschlagen, würzig, ein »Blender«, aber angenehm zu trinken. Was wir dann auch taten, und zwar zu Kaviar, der in rauen Mengen aufgetischt wurde. Ich saß neben Christian Moueix, der mit mir einer Meinung war, dass »der Beluga großartig ist, aber dem Pétrus nicht geholfen hat«! Als Nächstes 1990 auf Penning-Rowsells Degustation eine Flasche bescheideneren Ausmaßes: reif, Maulbeernote, ein »Blender«. Das war auch meine letzte Verkostung, denn die Doppelmagnum auf Rodenstocks Eröffnungsessen war oxidiert. *Zuletzt im September 1995 daran gerochen. In Bestform* ★★

ANDERE, ZULETZT IN DEN 1990ERN VERKOSTETE 1980ER

Dom. de Chevalier In seiner Jugend nicht verkostet und 16-jährig auf dem Château bereits mit Orangeton; ziemlich schokoladige Vanillinnase. Chaptalisiert, erdig, Eisentannat im Abgang. Unlängst eine seltsame, aus dem Keller der Weinabteilung »befreite« Flasche, die ich in meinem Büro dekantierte und zu einem wichtigen Essen mit Christa und Bob Paul in meinem Club mitschleppte. Blasse, hübsche Farbe; angenehm in Nase und Geschmack; etwas »Süße«, eher leicht und mit demselben leicht bitteren Eisengeschmack im Abgang, den ich schon einmal bemerkt hatte. *Zuletzt im Oktober 1998 verkostet* ★★

Ch. Figeac Nur ein Eintrag. Ein »blasser und interessanter« 17-Jähriger, »süß«, überraschend attraktiv, doch kurz. *Zuletzt im September 1997 verkostet* ★★ *Austrinken.*

Ch. La Fleur 1987 bereits reif und ziemlich leicht. Auf Rodenstocks Vertikalverkostung bestenfalls unbeeindruckend: vollreif, schwacher Rand, ziemlich gut, aber nicht mehr. Als Nächstes eine süßliche, attraktive, aber schlanke, lebendige und leicht »kantige« Flasche bei Rodenstocks Vertikalverkostung 1998. Im Jahr darauf eine ziemlich ähnliche Verkostungsnotiz, schlank und etwas spitzig (aber sicherlich keine Geisha). *Zuletzt im November 1999 im American Club in Tokio verkostet* ★

Ch. Les Forts de Latour Mehrere Einträge. Unlängst: eine gute, reife Farbe; würzige Cabernet-Sauvignon-Nase; guter Geschmack, doch ein Hauch von Adstringenz. *Zuletzt im November 1998 verkostet* ★★

Ch. Lynch-Bages Mehrere Einträge. Ein lebhafter, leicht fruchtiger Wein. Unlängst blässlich, mit schwachem Rand, aber am Gaumen schlank und duftend, ein angenehmer Wein zum Abendessen nach dem Theaterbesuch! *Zuletzt im November 1995 bei der Verkostung des '33 Club in Brüssel degustiert* ★★

Ch. La Mission Haut-Brion Recht gute Farbe; trocken, leicht, spröde. Mehrere Einträge. *Zuletzt im Juni 1999 verkostet* ★

EINIGE DER IN DER ZWEITEN HÄLFTE DER 1980ER VERKOSTETEN WEINE **Ch. Brane-Cantenac** O.k., wenn man Hühnermist mag; **Ch. Calon-Ségur** ★★ *Austrinken*; **Ch. »Certan, De May de Certan«** *(sic)* Der Name macht mehr her als der Wein selbst ★★; **Ch. Croizet-Bages** Ein rauer Einschlag ★; **Ch. Duhart-Milon** Schmackhaft, säurebetont, kurz ★; **Ch. Grand-Puy-Lacoste** Rau, tanninbetont ★; **Ch. Langoa-Barton** Ein ansprechender Essensbegleiter ★★; **Ch. Léoville-Las-Cases** Einer der besten 1980er ★★★ *Trotzdem austrinken*; **Ch. Léoville-Poyferré** Zu wenig Charakter. Kurz. **Ch. Mouton-Baronne-Philippe** Leicht, dünn, kurz, doch mit Delikatesse und nicht ohne Geschmack ★★; **Ch. Palmer** Einer der besten 1980er ★★★; **Ch. Pichon-Lalande** Fast ein Charmeur ★★; **Ch. Pontet-Canet** Leicht, trocken, spitzig; **Vieux Ch. Certan** Firnisartig. *In Bestform* ★★

1981 ★★★

Ein guter roter Bordeaux, den man nicht zum Vorzeigen oder als Investition kauft, sondern zum Trinken. Die Witterungsbedingungen waren günstig: Die Reben blühten frühzeitig bei heißem, trockenem Wetter, das sich den ganzen Sommer hindurch fortsetzte. Ein paar Regentropfen im September ließen die Trauben schwellen, doch zur Lese am 1. Oktober klarte es wieder auf. Ein besonders in Pomerol erfolgreicher Jahrgang.

Ch. Lafite Der Prototyp des Jahrgangs, zumindest was Médoc anbelangte. Nach zehn Jahren in guter Verfassung: »Weich, sanft duftend; Frucht, Geschmack und Textur gut« (auf Penning-Rowsells Verkostung 1991). Seither nur noch fünf Einträge, eine ganz unerwartete Flasche beim Essen in Chile mit María Ignacia und Jorge Eyzaguirre auf ihrem revitalisierten Gut Los Vascos. Im März 1994 trocken, schlank, sehr trinkbar. Ein gleichlautender Eintrag ein paar Jahre später bei einem »BYOB«-Essen in New York – er kam nicht ohne Essen aus, was zum Glück auch vorhanden war. Außerdem auf zwei

Vorverkaufsverkostungen, die erste in London: reif, offenes Erscheinungsbild; voll entwickelte Nase, Zedernholz, wohlriechend; ansehnliches Gewicht, lebendig, köstlicher Geschmack. Vier Monate später schließlich verwies ich auf seinen trockenen, schlanken Charakter. *Zuletzt im Mai 1999 in Genf degustiert* ★★★ *Bald trinken.*

Ch. Latour Weder groß noch charmant, sondern gemessen an Latour-Maßstäben im Grunde sogar ziemlich gewöhnlich. Vielleicht nicht gerade der ideale Jahrgang für das Gut. Trotz alledem ziemlich körperreich; keksartige Zedernholznase mit gewisser Tiefe; ein ausgesprochen guter Geschmack und lebendige Frucht, allerdings ohne Länge und mit enorm tanninbetontem Abgang. In letzter Zeit nicht mehr verkostet, dürfte sich aber auf jeden Fall geöffnet haben und etwas weicher geworden sein. *Zuletzt im Juni 1991 verkostet* ★★(★★)?

Ch. Margaux Machte im September 1982 im Fass einen guten Eindruck. Als ich ihn jedoch im Mai darauf auf dem Château degustierte, wurde ich fast umgeworfen von dem alles durchdringenden Geruch nach nassem Beton. Man hatte kurz zuvor den neuen Zweitjahreskeller angelegt, indem man auf der anderen Straßenseite direkt neben dem Haupt-Fasskeller ein riesiges Loch gegraben und es mit Beton ausgeschalt hatte. Zum Schluss legte man darüber wieder einen Rasen an, sodass heute vom Keller nichts mehr zu sehen ist. Damals war ich mir sicher, dass der beißende Geruch die Eichen-Barriques durchdringen und den Duft und Geschmack des Weins beeinträchtigen würde. Bei Durchsicht meiner Verkostungsnotizen allerdings kann ich keinen Hinweis darauf entdecken, obwohl ich bei meinem letzten Besuch den Betongeruch nach wie vor als allgegenwärtig empfand. In seiner Jugend war der Wein sehnig und tanninbetont. Mit zehn Jahren noch immer farbtief; lebendige Frucht, schlank, rau, aber wohlschmeckend. Als Nächstes auf der ersten von Wagners »definitiven« (ich hasse das Wort) Verkostungen im Jahr 1997 ziemlich wohlriechend, etwas vegetabil; am Gaumen besser. »Süß«, schlank, frisch. Im Jahr darauf bei einer Veranstaltung der Académie du Vin de Bordeaux ein gut entwickelter Margaux-Wohlgeruch; überraschend »süß« und fleischig, allerdings auch mit einem seltsam trockenen, leicht säurebetonten Abgang. Noch ein Jahr später in New York: »Schlank und schmackhaft.« Auf Wagners jüngster Degustation mit weichem, reifem Bukett, ein Hauch von Zitrusfrucht, aber im Glas verblühend, ansonsten wie schon beschrieben. Insgesamt aber attraktiv und *à point*. *Zuletzt im November 2000 verkostet* ★★★ *Bald austrinken.*

Ch. Mouton-Rothschild Ein Dutzend Einträge. War in den ersten zehn Jahren eindeutig auf seinem Höhepunkt und in dieser Zeit sehr attraktiv, insbesondere auf Penning-Rowsells 1981er-Verkostung im Juni 1991. Wirklich köstlich, vor allem das aromatische, würzige Bukett und der lebendige, fruchtige Geschmack. Gerade genug Fleisch, aber eine gewisse Bitterkeit der Tannine. Bei einer Vorverkaufsverkostung 1994 eine Flasche aus einem schottischen Keller mit schöner Frucht und angenehmem Geschmack. Ein paar Jahre später beim Essen auf Chippenham Lodge im Beisein der Penning-Rowsells und der Averys reiche Farbe, aber beträchtliche Reife, wohlriechend, doch mit leicht vegetabiler Nase; lebhaft, wohlschmeckend, leider mit ziemlich verdrehtem säurebetontem Abgang. Der nächste Eintrag entstand bei einem Gourmet-Dinner im Grand Bay Hotel in Coconut Grove (Florida): immer noch jugendlich, intensiv und mit der für einen Mouton typischen würzigen Cabernet-Sauvignon-Nase, aber auch rau und sehr tanninbetont. Das in der Pfanne angebratene Täubchen verbesserte ihn nicht. Eine weitere Flasche aus meinem Keller auf dem Land: »Jetzt trinkbereit«, aber mit zweifelhafter Zukunft. Unlängst lebendig, schlank, wohlschmeckend und säurebetont. *Zuletzt im Januar 1999 auf einer Vorverkaufsverkostung degustiert* ★★★ *Wird aber nicht besser werden.*

Ch. Haut-Brion Ein sehr guter 1981er, aber auf ganz eigene Weise. Die Begriffe elegant und weinig kamen mir in den Sinn. Ausgewogener und nicht so dramatisch wie der La Mission an derselben Straße. Mit zehn Jahren reiche, reife Farbe; hochgetönter Duft; die Schlankheit des 1981er-Jahrgangs, aber gute Struktur. Und natürlich »Tabak«, erdig (ich schrieb auch »Ziegelstaub«, was sich zwar schrecklich anhört, aber irgendwie den Charakter traf). 1997 während eines mit Joan, der Herzogin von Mouchy, und Jean Delmas geführten Auktionsgesprächs – ein bisschen eine Spezialität von mir – im großen Versteigerungssaal von Christie's in der Park Avenue verkostet. Wir und die Zuhörer hatten alle ein Glas des 1981ers vor uns, der zwar gut war und sich in allerbester Gesellschaft befand, aber nicht zu der Art von Wein gehörte, die ich ohne Essen trinke. Kürzlich stellte er mit seinem ausgezeichneten Geschmack, der guten Länge, seinem Tannin und der annehmbaren Säure einige andere Spitzen-1981er in den Schatten. *Zuletzt im Januar 1999 auf einer Vorverkaufsverkostung in London degustiert* ★★★★

Ch. Ausone Ausone liegt auf einer anderen Wellenlänge. Nur ein paar Einträge. Auf jeden Fall ein guter Wein. Ein Hauch Malz, Tabak, getrocknetes Farnkraut, erdig – nicht übermäßig anders als ein Graves, aber doch merklich unterschiedlich. *Zuletzt im Juni 1991 verkostet* ★★★

Ch. Cheval Blanc Ein Wein, mit dem ich keine Probleme habe. Keine vernichtende Kritik durch minimales Lob, keine Entschuldigungen. Im September 1982 erstmals aus dem Fass verkostet. Sehr gut. In den 1980ern wies ich durchweg auf seine natürliche »Süße« hin. An seinem zehnten Geburtstag in guter Verfassung: wohlriechend, kraftvoll, attraktiv. Eine ansprechende Farbabstufung, guter Reifeprozess; schöne Frucht, griffig; leicht rauchiger Geschmack, ausgewogen, aber mit reichem Tannin (1994 im Baur au Lac in Zürich). Trank sich im selben Jahr bei der Weihnachtsfeier der Weinabteilung von Christie's hervorragend. Unlängst eine beeindruckende Impériale: undurchsichtiges Zentrum; »süß«, guter Geschmack, vollendetes Gewicht (12,6 % Alkohol), ein Hauch Eisen. Trockener Abgang. *Zuletzt im September 1997 auf der Cheval-Blanc-Verkostung von Wolf/Weinart degustiert* ★★★★ *mit Blick auf den Attersee in Österreich.*

Ch. Pétrus Mit einem Jahr Babyspeck im fortgeschrittenen Stadium, erstaunlich voll, fleischig, reich, komplett. Entwickelte Mitte der 1980er ein würziges Bukett. Als neunjähriger frühreifer Jugendlicher spielte er den Unnahbaren, lockte aber trotzdem. Mit zehn Jahren nahm ich ihn nach vierstündigem Dekantieren zu den Penning-Rowsells mit, wo er sich ganz unverschämt aufspielte. Opulent, aber stumpf. Auf meiner Klassischen Weindegustation in Zürich bildete er zusammen mit dem Cheval Blanc ein großartiges Paar: überraschend weniger tief und intensiv als sein Partner; mit reifer, reicher Maulbeerfrucht; fleischiger, abgerundet, kraftvoller Abgang, aber ohne die Subtilität und Finesse des Cheval Blanc. Unlängst als Bestandteil einer wirklich großartigen Gruppe aus über 50 Spitzenweinen bei Christies's Vorverkaufsverkostung in New York. »Süß«. Köstlich. *Zuletzt im Dezember 1997 verkostet* ★★★★

Zur Veranschaulichung ihres Zustands eine Reihe von 1981ern, die ich in der zweiten Hälfte der 1990er verkostete

Ch. Brane-Cantenac In einem Jahrgang wie diesem nicht gerade mein Lieblingswein. Deutlich chaptalisiert und schon bald mit reifem Orangeton. Eine mehr als sonst umgeschlagene Nase, aber ich muss auch zugeben, sehr viel Geschmack. 1990 empfahl ich »jetzt bis 1996 trinken«. Drei Jahre nach Ablauf dieser Frist: sicherlich voll entwickelt, aber schlank und säurebetont. *Zuletzt im Januar 1999 verkostet ★★ Austrinken.*

Ch. Canon Ein guter Wein. 1989 gut zu trinken. Sieben Jahre später voll ausgebaut, »süß«, ausgewogen, schöne Frucht. Köstlich. *Zuletzt im März 1996 verkostet ★★★★ Bald trinken.*

Ch. Chasse-Spleen Ein schönes Beispiel dafür, wie sich gute Arbeit in Weinberg und Keller auszahlt. In der Jugend farbtief, reifte beständig heran, im Stil leicht, aber durchweg attraktiv. Was sich auch kürzlich bestätigte: wesentlich ansprechender als die gemeinsam mit ihm degustierten klassifizierten Gewächse. *Zuletzt im April 1994 verkostet ★★★ Austrinken.*

Dom. de Chevalier Mehrere Einträge. Würzig, duftend, gehaltvoll, aber tanninbetont. Ein die Geschmacksnerven forderndes Experiment beim Essen auf der Domäne. Eine Flasche wurde um 12.30 Uhr dekantiert und um 14.10 Uhr eingegossen, die andere erst kurz vor dem Eingießen dekantiert. Es war ein Unterschied zu erkennen. Die erste Flasche zeigte einen Anflug von Oxidation, war »süß«, weich, angenehm, zugänglich, aber mit Altersspuren (13 Jahre); die frisch dekantierte hingegen hatte wesentlich weniger Luftkontakt gehabt und war in der Nase verschlossener, schien fester, trockener, würziger und überraschend tanninbetont. Sechs Teilnehmer am Tisch zogen die gut belüftete, neun die frisch eingegossene vor. *Zuletzt im April 1994 verkostet ★★ bis ★★★*

Ch. Cos d'Estournel Ein Wein mit den Maßen 70-30-30 (Cabernet Sauvignon, Merlot, neue Eiche). Eine köstliche Fassprobe, die de Luze im April nach der Lese nach London brachte. Zeigte sich auch weiterhin gut in Form. Michèle Prats informierte die Teilnehmer meiner Verkostung 1990 in Florida darüber, dass während der Lese ein heftiger Regen niedergegangen sei, »der die Konzentration und den Charme etwas beeinträchtigte«, was wir aber nicht bemerkten. Der Wein war köstlich. Unlängst bewies er auf der »Exponentialverkostung« sogar beträchtlichen Charme und schmackhafte Säure. Ein sehr attraktiver Wein, weit besser als der 1978er, der folgte. *Zuletzt auf der Exponentialverkostung im Dezember 1998 in New York verkostet ★★★★ Bald trinken.*

Ch. La Croix-du-Casse Ich erwähne ihn, weil er mir nicht oft unterkommt. Ich weiß nicht mehr, woher ich ihn bekommen habe. Köstlich »süß« und *à point*. *Im Dezember 1994 zu Hause verkostet ★★★ Man weiß eben nie!*

Ch. L'Eglise-Clinet Hardy Rodenstock schätzte als einer der Ersten die herausragende Qualität dieses in der großen weiten Welt relativ unbekannten Weins, der im Schatten von Berühmtheiten wie Pétrus und in letzter Zeit auch Le Pin stand. Der 1981er gehörte zu einer Serie von 15 verkosteten Jahrgängen und stellte unter Beweis, dass auch die Pomerol-Weine von der für den Jahrgang typischen Schlankheit nicht verschont blieben. Außerdem wie einige andere führende Pomerols mit nicht sonderlich interessanter Nase. Sehr griffig. Hat hoffentlich ein langes Leben vor sich. *Zuletzt im September 1998 verkostet ★★★(★)?*

Ch. Figeac Nicht mein Lieblings-Jahrgang von Figeac. »Stielig«, »hart«, »hölzern, wenngleich wohlschmeckend«; »rostfarbener Rand«, »trocken«, »ledrig«. Diese Notizen entstanden zwischen 1984 und 1990. 1996 bei einem »BYOB«-Essen in New York wesentlich bessere Magnumflaschen, recht angenehm ohne Essen, aber mit »leichtem hölzernem Abgang«. Unlängst eine eigenständige, wohlschmeckende Flasche auf einer Vorverkaufsverkostung in Los Angeles. *Zuletzt im Februar 1998 verkostet ★★ Variabel.*

Ch. La Fleur Auf derselben Degustation in Los Angeles degustiert, ebenfalls etwas trocken und rau für einen Spitzen-Pomerol. Ließ sich mit Kalbsnieren etwas besser trinken. *Ende August 1998 verkostet ★★(★)?*

Ch. Giscours Erwies sich als »süßer«, robuster Wein ohne die für 1981er typische Schlankheit. 1995 immer noch sehr tief; groß und fleischig. Unlängst recht guter Geschmack und Extrakt, mit einer Art medizinaler Médoc-Note am Gaumen, die ich schon bei früheren Gelegenheiten bemerkt hatte. *Zuletzt im Juni 1998 verkostet ★★★ Ein guter 1981er, aber völlig ohne Charme oder Finesse.*

Ch. Grand-Puy-Lacoste Lacoste ist, wie bereits erwähnt, eines der unbekannten Glanzlichter des Médoc, insbesondere von Pauillac, und stets von kompromisslos guter Qualität. Mit dem 1981er begann ich erstmals ernsthaft, mir regelmäßig mehrere Kisten jedes Jahrgangs anzuschaffen. Aus diesem Grund habe ich auch viele Einträge vorliegen und konnte seine Entwicklung detaillierter verfolgen als die anderer Weine, angefangen von einer Fassprobe im April 1982. (Es amüsiert mich übrigens, dass ein führender Weinkritiker so lange brauchte, bis er die Vorzüge dieses Weins erkannte – fairerweise muss man allerdings sagen, dass er Anfang der 1980er noch keine Erfahrung hatte und die Qualität der Weine damals nicht so offensichtlich gut war wie die von Jahrgängen aus der letzten Zeit.)

Das Bukett dieses von Haus aus langsam reifenden Weins begann sich erst Ende der 1980er zu öffnen, blieb aber auch danach schlank und trocken. Seither 16 Einträge, die alle zu Hause entweder an Wochenenden oder auf Dinnerpartys entstanden. Mitte der 1990er nahm er ein reiferes Aussehen an, als 1981er aber hatte er zu dieser Zeit gerade erst begonnen, etwas weicher zu werden. Trotzdem lautet eine Notiz von 1996: »Jetzt vollendet.« Ich halte ihn für einen ziemlich guten Vertreter seiner Klasse in diesem recht schlanken Jahrgang (er ist ein *Cinquième cru classé* wie der offenherzigere Lynch-Bages). *Zuletzt im September 2001 verkostet ★★★*

Ch. Gruaud-Larose Interessant zu sehen, wie ein fleischiger, fruchtiger Gruaud mit einem schlanken Jahrgang wie dem 1981er zurechtkommt. Und er kam zurecht. In seinen Anfangstagen ein reicher, weicher, »rustikaler« Wein zum Kauen. 1995 immer noch recht beeindruckend, mit jugendlichem Rubinrot; eine sofortige Duftentfaltung, obwohl ich den Eindruck hatte, dass es im Glas unangenehm ächzte. Relativ »süß«, fleischig, medizinaler Eisen-/Tanningeschmack und zu wenig Länge, vor allem nach dem Genuss einiger 1970er bei Neil McKendricks wie immer ausgezeichnetem Essen für den Bordeaux Club. Kürzlich reiche Farbe, aber voll ausgereift. Eindringliche Nase. Wohlschmeckend, aber mit einer Art reifer Bauernhofnote und rustikalem Abgang. *Zuletzt auf der Josey-Vorverkaufsverkostung im November 2000 in New York degustiert ★★★★ Bald trinken.*

Ch. Kirwan Der Jahrgang 1981 war mit schuld daran, dass dieser *Troisième cru classé* den Ruf erlangte, seine Möglichkeiten nicht voll auszuschöpfen. In den letzten Jahren wirkte er wie ein Pendel, das zu weit schwang. Obwohl viele, wenngleich nicht alle 1981er schlank ausfielen, war der Kirwan »ausgemergelt« und mangelhaft. Der älteste Rote auf dem Eröffnungsdinner der La Cité Mondiale du Vin in Bordeaux: schwacher Rand; etwas korkig; nicht schlecht, »hübsches Gewicht, ein Hauch von Zitrus«. *Zuletzt im April 1994 verkostet ★★ Kann man vergessen.*

Ch. Latour-à-Pomerol Ziemlich farbtief; trank sich gut. Gute Tannine. Weder schlank noch besonders fleischig. *Im Dezember 1999 mit Mogens Nielson im Londoner Caviar House degustiert ★★★ Hält sich noch.*

Ch. Léoville-Las-Cases Im September 1982 bei einer Fassprobe mit dem klugen, fähigen Monsieur Delon ein intensives Purpurrot, zedrig, kein großer Wein – allerdings von einer gewissen Delikatesse. Es fehlte ihm zwar die übliche Vielschichtigkeit, doch entwickelte er sich im Verlauf der 1980er gut, verhalten, aber ansprechend, Frucht und Fleisch gut. Aus meinen jüngsten Einträgen geht zwar ein reiferes Erscheinungsbild hervor, aber auch seine Schlankheit und seine ledrigen Tannine (1993), wenngleich er sich bei einem Essen des Wine Club in Hambleton Hall ziemlich gut trinken ließ: samtig im Aussehen; ein Hauch Mokka. Kürzlich bei Len Evans' Imperial Dinner nur kurz als »spröde« bewertet. *Zuletzt im September 2000 degustiert. In Bestform *** Am Austrocknen.*

Ch. Lynch-Bages In meiner Beschreibung des Grand-Puy-Lacoste nannte ich den Lynch-Bages »offenherzig«. Nun, im Jahr 1981 hatte er sein Herz auf jeden Fall am rechten Fleck. Eine Serie bewundernder Notizen, sein Geschmack und seine Lebendigkeit machten die weniger robusten Komponenten und den geringfügigen Mangel an Länge wett. 1996 kernige, duftende Frucht, kein großer Wein. Trinkbereit. 1997 bei einer Verkostung in Brüssel gut in Form. Ein Jahr später eine Magnum beim Essen auf Pichon-Baron. Nach wie vor ziemlich farbtief, aber allmählich reif; überraschend gehaltvoll und extraktreich in Nase und Geschmack, was die Tannine gut kaschierte. *Zuletzt im September 1998 verkostet **** Ein guter 1981er. Dürfte sich gut halten.*

Ch. La Mission Haut-Brion In der Jugend würzig, aber aggressiv. Gegen Ende des Jahrzehnts dann aber mit reicher, reifer Frucht in der Nase, lebendigem Geschmack und bitteren Tanninen. Auf einer Vorverkaufsverkostung 1997 eine »spröde« Flasche, bei einer Versteigerung eine etwas explizitere Beschreibung: ziemlich tief; reich, eichige Nase mit »Waldaroma« und einem Hauch Eisen; etwas »Süße«, körperreich, ziemlich gut mit Tannin und Säure ausgestattet. Charakteristisch maskulin. *Zuletzt im Januar 1999 verkostet ***(*)*

Ch. Montrose Ich hätte gedacht, dass der Montrose 1981 nicht nur schlank, sondern spröde ausfallen würde, weshalb mich die duftende Fassprobe und seine relativ entspannte Entwicklung überraschte. Einträge aus der jüngeren Zeit deuten darauf hin, dass sein Bukett so verführerisch wie früher sowie »süß« und fleischig ausfällt, das Gleiche gilt für den Geschmack, wenn auch das Tannin vom Extrakt nicht ausreichend gestützt wird (1996). Auf einer neueren Verkostung bestätigte sich dieser Eindruck. *Zuletzt im Februar 1998 in Los Angeles verkostet *****

Ch. Palmer In der Jugend wohlriechend und würzig. Mitte der 1980er »süß« und fleischig – aber kein großer Wein. Ansehnliche Länge, etwas Charme. Einer bewundernden Bewertung nach zu urteilen vermutlich 1990 auf dem Gipfel seiner Entwicklung. Kürzlich vollreif in Aussehen, Nase und Geschmack. Ein Anflug von Bernsteinorange am Rand. Etwas »Süße«, gehaltvoll, aber mit gehörigem Biss. *Zuletzt im Mai 2001 beim Essen auf dem Château verkostet ****, sollte aber bald getrunken werden.*

Ch. Pichon-Longueville, Baron Mit dem – damals – vollen Titel, nicht zu verwechseln also mit dem La Comtesse. Die beiden Blaublütigen schenkten sich nichts. Seltsamerweise hatte sich die Fassprobe vom Frühjahr 1982 fast die Frucht des Comtesse zugelegt. Beständig ansprechend, aber zu wenig Länge und ein Anflug von Säure. Kürzlich eine Flasche aus einem guten schottischen Keller, trotz der ziemlich pfefferigen Nase überraschend »süß« und für einen 1981er gar nicht schlank. *Zuletzt im Januar 1999 bei einer Vorverkaufsverkostung degustiert ****

Ch. Pichon-Longueville, Comtesse (Das »Lalande« wurde zeitweilig fallen gelassen.) Farbtiefer, wohlriechender; mit »scharfem, würzigem Eukalyptusgeschmack und ausgezeichnetem Nachgeschmack«. Acht Einträge seither. 1990 gut ausgebautes Bukett und schöner Geschmack. Als Nächstes eine Magnum bei einem von vielen Weinen begleiteten Essen zu Hause: reifend, Nase und Geschmack klassisch, gutes Tannin (1994). Im Jahr darauf im Hamburger Le Canard: noch immer ein Hauch von Rubinrot und auffallend kräftige »Tränen«; ein ansprechendes, reifes Maulbeeraroma, das sich wunderschön entfaltete; zwar herrlich reich und fleischig, doch mit ziemlich hohem Tanningehalt, der beim Essen des Rehs den Mund zwischen den Bissen schön reinigte! Unlängst immer noch reich und reif: voll im Geschmack, gut verhülltes Tannin. *Zuletzt im Januar 1999 auf einer Vorverkaufsverkostung degustiert *****

Ch. Prieuré-Lichine Nicht die Art Jahrgang, mit der Prieuré gut zurechtkommt. Leicht, gefällig, einnehmend. *Zuletzt im Dezember 1993 verkostet ** Austrinken.*

Ch. St-Pierre Zwei Flaschen, die weniger gut ausfielen als erwartet, eine aber schlecht und bitter, die andere mit ausgewogenem Bukett; weicher und recht ansprechend. *Januar 1994 * Ich würde es nicht riskieren.*

Ch. de Sales Vollreif, sah zehn Jahre älter aus, alternd. Am Austrocknen. Hat nicht die Klasse und Kraft, in einem Jahrgang wie dem 1981er zu bestehen. *April 1995 **

Ch. Talbot Wie schlug sich der verlässliche alte Reservewein in einem Jahrgang wie dem 1981er? Ein Dutzend Einträge geben darüber Auskunft. Ein ziemlich hoher Anteil Cabernet Sauvignon übrigens (71%). Für einen 1981er beständig tief, dick, intensiv; charakteristisch reif, leicht übelriechendes Talbot-Aroma; gehaltvoll, aber sehr tanninbetont. Ähnliche Bewertungen in den 1990ern. 1994 bei einem Bordeaux-Weinkurs von Christie's noch immer farbtief, mit reifem mahagonifarbenem Rand; »angesengtes«, »süßes«, ausgewogenes Bukett mit jenem eigenartig reifen Geruch, diesmal Jod. Stämmig, alkoholstark, glatte Tannine; sehr trockener Abgang. Ähnliche Notizen bei einem weiteren dieser Kurse noch im selben Jahr. *Zuletzt im November 1994 verkostet *****

Ch. La Tour Haut-Brion Tanninstark. Gewicht und Geschmack gut (1986). Elf Jahre später: reich, erdig und besser als der gleichzeitig degustierte La Mission. *Zuletzt im Dezember 1997 verkostet *** Hält sich.*

Kurze Notizen über weitere, zuletzt Ende der 1980er oder Anfang der 1990er verkostete 1981er

Ch. L'Angélus Für einen 1981er weich und fleischig. *Juli 1990 ****; **Ch. Beauregard** Ein Pomerol. Unentschlossen. Schlank. Kurz. *September 1990 **; **Ch. Beychevelle** Würzig, aber hohl und trocken. Bitterer Abgang. *März 1991 **; **Ch. Branaire-Ducru** Reif. Lebendige Frucht. Leichter, zugänglicher Stil. *Juni 1991 ***; **Ch. Calon-Ségur** Mäßig schlank. Sehr tanninbetont. *September 1990 **; **Ch. Canon-La Gaffelière** Ein Hauch von »Süße«. Ziemlich leicht, schlank, wohlschmeckend. *Januar 1991 ***; **Ch. Cantenac-Brown** Für einen 1981er »süß«, marmeladig, robust. *Januar 1988 ***; **Ch. Croizet-Bages** Lebendig, fruchtig, pikant. *Juli 1990 ****; **Ch. Ducru-Beaucaillou** Wohltuende, erfrischende Frucht und Säure. Zurückhaltend: ein roter Bordeaux, wie geschaffen für Engländer. *Oktober 1987 ****; **Ch. Duhart-Milon** Gutes Bukett; insgesamt trocken, aber mit etwas Fleisch. Gut gemacht. Wohlschmeckend. *September 1990 ****; **Ch. L'Evangile** Eigenständig, abgerundeter Pomerol-Stil, mit Extrakt. Eichenholznote. *September 1989 ****; **Les Forts de Latour** Massiv, rau, mit tannin- und säurebetontem

Abgang. *Januar 1988* ★★?; **Clos Fourtet** »Süße«, weiche Frucht. Flach und tanninbetont. *September 1990* ★; **Ch. La Gaffelière** Attraktiv. Lebendig, duftend. *Juni 1991* ★★★; **Ch. Gazin** Mit seinem jugendlichen Charme wickelte er mich um den Finger. Weich, fruchtig und fleischig, hinterließ aber einen sehr trockenen Eindruck. *Oktober 1990* ★★★; **Ch. La Grave-Trigant-de-Boisset** Ein guter Wein. Zum Kauen, gehaltvoll. *Juni 1988* ★★★★; **Ch. Haut-Bailly** Sehr tief. Würzig. Lebendig, sehr erfrischend. *Oktober 1989* ★★★★; **Ch. d'Issan** Für einen 1981er tief, fleischig. *April 1989* ★★★★; **Ch. Lafon-Rochet** Immer schon bestenfalls schlank – umso mehr 1981. *November 1989* ★; **Ch. La Lagune** Ein einnehmender Wein, der durch einen Hauch flüchtiger Säure sowohl auf- als auch abgewertet wurde. *Juli 1990* ★; **Ch. Lascombes** Leicht, aber gut geformt. *November 1990* ★★★; **Ch. Léoville-Barton** Schlank, unnachgiebig. Mit der Zeit wird sich zeigen, was in ihm steckt. *März 1991* ★★?; **Ch. Léoville-Poyferré** Feste Frucht, aber sehr adstringierende Tannine und zahnschmelzende Säure. *Juli 1989* ★★; **Ch. La Louvière** »Süße«, weiche Frucht, abgerundet, aber kurz. *Mai 1988* ★★★; **Ch. Mouton-Baronne-Philippe** Ein normalerweise eleganter und schlanker Wein, wobei letzterer Zug 1981 noch betont wurde. Dennoch etwas Fleisch, das mit ansprechend lebendiger Frucht einherging. *August 1987* ★★★; **Ch. Nenin** Voll entwickelt, »süß«, wohlschmeckend, ein Hauch Säure. *September 1990* ★; **Ch. Pape-Clément** Ziemlich »süß«, Geschmack und Länge gut. Mehr Säure als Tannin. *Dezember 1990* ★★; **Ch. Pavie** Wohlriechend. Schöner Geschmack. Frucht, Länge und Nachgeschmack gut. *September 1990* ★★★; **Ch. Pontet-Canet** Würzig; weich, reich, gute Säure. *Juli 1989* ★★★

1982 ★★★★★

Ein Meilenstein, der zeigte, dass der Markt sich vollständig erholt hatte, ja, mehr noch: dass die Kombination aus besten Voraussetzungen und Qualitätserwartungen dem wirtschaftlichen Klima entsprach. Der 1982er war der erste wirklich wichtige und genau zur richtigen Zeit eintreffende *vin de garde* seit 1970 und vielleicht auch das erste generell als »Investitionswein« angepriesene Gewächs der Nachkriegszeit. Wie aber hat er sich entwickelt und wie sieht seine Zukunft aus?

Zunächst einmal aber zu den klimatischen Bedingungen, die der Geburt dieses Jahrgangs vorausgingen. Die Wachstumsperiode verlief optimal. Frühe, gleichmäßige Blüte. Ein heißer, trockener Sommer und eine am 14. September gestartete Lese bei großer Hitze. Die früh reifende Merlot-Traube hatte ein sehr hohes Mostgewicht. Dann schlug das Wetter um und es gab zwei Tage heftigen Regen. Ich war vor Ort und prophezeite einen Jahrgang wie den 1964er. Die Sonne und frischen Brisen ließen die Cabernet-Trauben normaler ausreifen – reiche, tanninbetonte Weine waren die Folge. Die schweren Jungs haben noch immer reichlich Schlagkraft und Standvermögen.

Ch. Lafite Vor 1985 zwar nicht verkostet, doch selbst zu diesem Zeitpunkt gab ich ihm ohne zu zögern potenzielle fünf Sterne. Seither sind ungefähr zwei Dutzend gleichmäßig über die Jahre verteilte Einträge zusammengekommen. Eines ist gewiss: Der 1982er Lafite ist kein zartes Mauerblümchen. Im Lauf der 1980er entwickelte sich das Lafite-Bukett sehr schön. Auf Penning-Rowsells »Zehnjahresverkostung« noch immer ausgeprägt farbtief, intensiv; würzige, recht kraftvolle Nase, die noch keinerlei Anzeichen von Müdigkeit zeigte. Die detailliertesten und nützlichsten Verkostungsnotizen entstanden bei drei aufeinander folgenden Degustationen erstklassifizierter Gewächse. Offenkundig wurde dabei, wie nahe sie in punkto Tiefe und Qualität beieinander liegen. Auf Kaplans 1982er-Abend in Chicago im Jahr 1997 gut ausgebaut, außergewöhnlicher Geschmack, voller Frucht, wohlriechend. Auf Rodenstocks Weinwochenende 1998 »blind verkostet«: Er wirkte hochgetönt und lebendig und lag einen halben Punkt hinter den anderen Hochgewächsen aus dem Médoc. Auf einer gemischten Verkostung von 1982ern im März 2000 in Hamburg waren seine Länge und sein Duft die herausragendsten Merkmale. Kürzlich noch immer beeindruckend tief und vergleichsweise jugendlich; gut entwickeltes, »süßes« und ausgewogenes Bukett. Ein Mundfüller, der viel zu bieten und auch noch viel in petto hat. *Zuletzt im April 2001 auf der La-Réserve-Verkostung von 1982ern aus Pauillac degustiert* ★★★★(★) *Noch einmal mühelos 20 Jahre?*

Ch. Latour Ich habe einen Vermerk, wonach 17 054 Kisten des *grand vin* und 7832 Kisten des Les Forts erzeugt wurden. Die Hälfte meiner Einträge entstand in den 1980ern, der erste im September 1984, als der Wein abgefüllt wurde; eine undurchsichtige, dumpfe, massive Kreszenz. Auf Penning Rowsells »Zehnjahresverkostung« war er so groß und dicht, dass ich ihn als »Mund- und Gabelwein« beschrieb. Auf Kaplans Degustation 1997 mit schöner Frucht und ebensolchem Wohlgeruch – weil er blind verkostet wurde, hielt ich ihn für einen Mouton. Eine hohe Bewertung bei einer neuerlichen Blinddegustation, wo ich ihn als kräftig gebaut bezeichnete. Beginnt nun etwas von seiner Farbe zu verlieren und in seinem Erscheinungsbild und Bukett reifer zu werden: ein hübsches Zedernholz- und Bleistiftbukett; »süß«, voller Frucht, reichlich Tannin und noch immer »zum Kauen« (Hamburg 2000). Kürzlich mit »warmen«, reifen Düften nach Zedernholz und Roten Johannisbeeren. Überraschend »süß« und sehr angenehm, obwohl ihn die Tannine fest im Griff haben. Köstlich. *Zuletzt im April 2001 auf der La-Réserve-Verkostung degustiert* ★★★(★★) *Hat noch 20 herrliche Jahre vor sich.*

Ch. Margaux Erstmals im Mai 1983 und ein zweites Mal im September 1984 aus dem Fass verkostet, zwei Monate bevor der *grand vin* abgefüllt wurde. Bei jeder Gelegenheit bezauberte und betörte er, wie so oft, durch sein Aroma und seine mundfüllende Reife. Ein Sprung zu Penning-Rowsells »Zehnjahresverkostung«: Ich gab ihm in solch hehrer Gesellschaft eine ziemlich hohe Bewertung; sein Bukett öffnete sich im Lauf des Essens großartig im Glas; schöne Beerenfrucht, lebendig. Köstlich. Auf Kaplans Verkostung von 1982ern im Jahr 1997 erriet ich zumindest, dass es sich um den Margaux handelte, und gab ihm die Spitzennote; ich freue mich auch, dass ich ihn 1998 bei Rodenstocks »Serie« identifizierte – ich erkannte ihn am erblühenden Bukett. Die beiden Wagner-Degustationen waren besonders aufschlussreich, da er jedesmal zusammen mit dem 1983er verkostet wurde. Auf der 1997er-Verkostung bezeichnete ich den 1983er als feminin und den 1982er als maskulin, weil Letzterer mehr Kraft und weniger Eleganz erkennen ließ. Zwischen den beiden Wagner-Veranstaltungen notierte ich mir 1999 in Tokio »locker gewirkt«, gute Frucht, (noch) sehr tanninstark. Auf der zweiten Wagner-Degustation: sehr wohlriechend, der Duft eines heißen Jahrgangs; »süßer« als der 1983er, alkoholstark, viel Extrakt und ein sehr trockener, tanninbetonter Abgang. *Zuletzt im November 2000 verkostet* ★★★(★★) *Langlebig.*

Ch. Mouton-Rothschild Herrlich. Der überdurchschnittliche hohe Cabernet-Sauvignon-Anteil (80 %) war unverkennbar. Exakt zwei Dutzend Einträge seit 1985 und keine Niete darunter. Mit zehn Jahren noch immer undurchsichtig und jugendlich; Nase und Geschmack mit massiver Würze, doch auch reichlich Fleisch, einen halben Punkt hinter dem Pétrus meine Nummer Zwei. Und so weiter und so fort. 1996 auf der Verkostung von 1982ern in Brüssel eine reife, maulbeerartige Cabernet-Nase; intensive, dramatische, wildlederartige Tannine. Unfertig. Auf Kaplans Verkostung von 1982ern kräftig gebaut, dick, sehr tanninbetont. Bei einer Degustation der Hollywood Wine Society 1998 noch immer stilvoll. Eine nicht ganz so begeisterte Bewertung beim Essen des Athenaeum House and Wine Committee: »Ein Anflug von Teer« in der Nase, »stumpf, beeindruckend, aber unspektakulär« (April 2001). Doch drei Tage später die Wiedergutmachung, obwohl ich dem reichen, reifen Cabernet-Sauvignon-Bukett ein »teerig« hinzufügte: »Heute Abend besser als letzten Montag.« Locker gewirkt, »im Abgang grober« (als der Lafite). *Zuletzt im April 2001 auf der La-Réserve-Verkostung von 1982ern aus Pauillac degustiert* ★★★★(★)

Ch. Haut-Brion 12 000 Kisten erzeugte das Gut in diesem Jahr, weit weniger als die anderen *Premiers crus classés*. Etliche Einträge. Stilistisch ganz anders als die Konkurrenz, sehr gut – und ein sehr ungewöhnlicher Traubensatz von etwa 50:50 im Verhältnis Cabernet Sauvignon und Merlot auf dem tiefen Pessac-Boden. Bei Penning-Rowsells »Zehnjahresverkostungen« habe ich stets darauf bestanden, den Haut-Brion als Erstes zu degustieren, da er so eigenständig ist. So auch diesmal, wo er zwar gut ausfiel, aber meine schlechteste Bewertung bekam. Das Wort »eigenständig« tauchte auch in meinen bei einer Verkostung von erstklassifizierten 1982ern für Christie's in Hongkong entstandenen Notizen auf: »Süß«, erdig (1995). Der Spitzenwein beim Essen der Fête de la Fleur 1997: sehr »süß«, gute Frucht, reich, charaktervoll. Auf Rodenstocks Blindverkostung unverkennbar: nun mit reifem, voll entwickeltem Bukett, ansprechender Geschmack (1998). Seltsamerweise sehr tanninbetont, mit einer metallischen Note, die von den ziemlich fetten Lammkoteletts gut umgewandelt wurde (beim Essen auf dem Château 1998). »Braucht Zeit« (1999 auf Latour). Kurze Zeit später: leuchtendes, reifes Ziegelrot; »süß«, nun sehr weich, gehaltvoll, komplett. Integrierte Tannine. *Zuletzt bei der Haut-Brion-Degustation der Masters of Wine im Januar 2000 degustiert* ★★★★★ *Großartig.*

Ch. Ausone Ein weiterer 50:50-Traubenmix, diesmal Merlot und Cabernet franc. Während der Lese herrschte große Hitze, sodass die Trauben in außerordentlich reifem Zustand eingefahren wurden und der Zuckergehalt zwar hoch, doch die Säure niedrig lag. Nach Angaben des *Wine Spectator* hatte Pascal Delbeck »eine winzige« Menge Weinsäure hinzugefügt. Was ich jedenfalls nicht bemerkte, als ich im Mai 1983 eine Fassprobe degustierte. Fünf Jahre und ein paar Einträge später bedachte ich ihn bei der Penning-Rowsell-Degustation mit einer ziemlich guten Bewertung: eine ausgewogene Nase, die mich an Daphnes Reispudding erinnerte; sehr »süß« und meiner Ansicht nach bereits vollreif. Bei Kaplans Essen mit 1982ern (1997) eine beeindruckende Magnum, voller Frucht, mit dem Geschmack von »Herbstlaub und Packpapier« (daran erkenne ich einen Ausone); köstlich, schön zu trinken (in New York noch im gleichen Jahr). Kürzlich ein weiteres Mal in New York: sehr attraktiv. *Zuletzt im Mai 1999 verkostet* ★★★★ *Kann man trinken, wenn es einem passt.*

Ch. Cheval Blanc Es lohnt sich, die eigenartige Verschnittformel zu erwähnen: Cabernet franc 60 %, Merlot 34 %, Cabernet Sauvignon nur 1 %, aber Malbec 5 %. Erstmals aus dem Fass mit dem immer freundlichen und hilfsbereiten, aber etwas bedauernswerten Jacques Hébrard verkostet, dessen Frau und Schwägerinnen das Gut geerbt hatten. Ein charmanter, gewinnender Wein, in dem aber mehr steckte, als man auf den ersten Blick erkannte. In Gewicht und Stil ein krasser Gegensatz zu den Médoc-Gewächsen oder auch zum Pétrus. 1995 eine groß angelegte Horizontalverkostung von 1982ern in Hongkong, wo er der (vergleichsweise) leichteste der Erstklassifizierten war, ein schöner Wein. Als Nächstes auf der Horizontaldegustation in Brüssel (1996) mit jeweils zwei Flaschen von jedem Jahrgang – zur Sicherheit: eine undramatische, aber ausgewogene Nase. Am Gaumen interessanter: »Süß«, elegant, stilvoll. Auf Kaplans Veranstaltung 1997 bekam er unter einer Vielzahl von 1982ern meine höchste Punktzahl zusammen mit dem Pétrus und dem Le Pin. Noch im selben Sommer in Österreich bei der ausgedehnten Cheval-Blanc-Verkostung eine Magnum: Der Wein zeigte mittlerweile beträchtliche Reife, einen orangefarbenen Rand und »Kirchenfenster«, die denen der Kathedrale von Durham in nichts nachstanden; reiches, ziegeliges Bukett; gut ausgebaut, mit Extrakt, aber auch einem leicht bitteren tannin- und eisenbetonten Abgang. Monsieur Hébrard, der ebenfalls anwesend war, informierte uns, dass der Ertrag mit 55 hl/ha sehr hoch gelegen habe. Zufällig bemerkte ich denselben bitteren, adstringierenden Eisenabgang bei Rodenstocks Verkostung (1998), wo eine Magnum geöffnet wurde. Im Jahr darauf in guter Verfassung, mit schönem Geschmack, noch immer tanninbetont. *Zuletzt im November 1999 bei einer Christie's-Verkostung in Tokio degustiert* ★★★★(★) *Hat noch ein gutes Leben vor sich.*

Ch. Pétrus Lange Zeit einer der Stars im Auktionssaal, was auch nicht verwundert. Seltsamerweise erstmals 1985 auf der Simi Winery in Sonoma mit Thelma Long, der in Kalifornien wohlbekannten Starwinzerin, verkostet. Es war sehr mutig von Thelma, ihren »regulären« Cabernet Sauvignon (nicht die Reserve-Version) gemeinsam mit einer Reihe von erstklassifizierten 1982ern zu öffnen. Der Simi schlug sich wacker und blieb nur einen halben Punkt unter dem Pétrus. Bei der ersten vergleichenden Verkostung wurde er mit anderen zehnjährigen Hochgewächsen degustiert. Er erhielt die höchste Bewertung, recht seltene 19 von 20 Punkten. Als Nächstes eine enorm beeindruckende Doppelmagnum mit einer Spur von Reife; »süße«, wohlriechende, ausgewogene Nase und dementsprechender Geschmack. Sehr griffig, ein schöner Wein, der Zeit braucht (bei einem Rodenstock-Essen 1995). Im darauf folgenden Monat in Hongkong ähnliche Notizen: schön, reich, fleischig. 1996 in Brüssel ein ähnlich mit Samt ausgeschlagener Mundfüller, allerdings glaubte ich einen Mangel an Subtilität und einen unzureichenden Abgang zu erkennen. Dann auf Kaplans Essen mit 1982ern zu Nüsschen vom Virginia-Lamm, mittlerweile nicht mehr so farbtief; Bukett voll ausgebaut, verdiente jedes Lob, mit dem man ihn überhäufen konnte. *Zuletzt im April 1997 verkostet* ★★★★★ *Immerwährendes Leben.*

Es ist schlicht unmöglich, die Weine von 250 Châteaux – ein Drittel klassifiziert bzw. von vergleichbarer Qualität – zu berücksichtigen, wobei ich die Mitte der 1980er verkosteten unbedeutenderen Gewächse gar nicht mit eingerechnet habe. Ich muss also sehr selektiv vorgehen und beschränke mich auf die in letzter Zeit verkosteten Weine.

Ch. Batailley Verlässlich wie immer. Jetzt vollreif, mit einem Bukett, das sich köstlich entfaltete; »süßlich«, zum Kauen, gute Länge, trockener Abgang. *April 2001* ★★★★

Ch. Beauregard Eine bemerkenswert gute Magnum, gehaltvoll, entgegenkommend, robuste Frucht. *April 1994* ★★★★

Ch. Belgrave (Pauillac) Zu Recht bescheiden. *Oktober 1998* ★★

Ch. Belgrave (St-Laurent) Der neue Besitzer ging sehr großzügig mit neuer Eiche um. *Juni 1999* ★★

Ch. Beychevelle Viele Einträge. Im Fass beeindruckend, ja, sogar elegant (Mai 1983), kam aber etwas langsam in Fahrt.

1999 eine hübsche Farbe; überraschend blumig; deutlich »süß«, köstlich, mit Kraft und Länge. Kürzlich: öffnete sich nur langsam, aber duftend, sowohl in der Nase als auch am Gaumen. Um ehrlich zu sein, empfand ich ihn als etwas verschlossen, mit zu wenig Finesse und für den Jahrgang nicht gut genug. *Zuletzt im November 2001 zum Rinderfilet »The Upper's Reward« beim jährlichen Schwanenfest in der Vintners' Hall degustiert* ★★★

Ch. Boyd-Cantenac Stämmig, fruchtig, tanninbetont. *August 1990* ★★★

Ch. Branaire-Ducru Acht Einträge. Alle gut. Weich, stilvoll, im Fass ansprechend, entwickelte sich gleichmäßig. Bewahrt seine Farbe noch immer, rubinrot, intensiv; wohlriechend, würzig, Eukalyptusnase; »süß«, vollmundiger, herrlicher Geschmack. *Zuletzt im April 1998 in Amsterdam verkostet* ★★★★

Ch. Brane-Cantenac Von der Fassprobe bis zum mittleren Alter ein Wein der ländlichen, rustikalen Art. Noch vor zehn Jahren ein reifer orangefarbener Rand. Voll, fleischig, vollmundig, aber nach wie vor tanninbetont. *Zuletzt im Juni 1991 verkostet* ★★★?

Ch. Calon-Ségur Im Fass robust, tanninbetont. Zwei Einträge aus jüngerer Zeit, die im Abstand von einem Monat bei Essen in New York und Chicago entstanden. Gute Farbe mit der für 1982er typischen Dichte; in der Nase eine Melange aus Eiche, Lakritze und sogar Kampfer. Ein guter Calon alten Stils, mit hübscher Frucht, nicht allzu sehr darum bemüht zu gefallen, noch immer tanninstark. *Zuletzt im April 1997 verkostet* ★★(★) *Schwer einzuschätzen.*

Ch. Canon Begann im Fass so, wie er sich auch später präsentierte. Nicht der übliche weiche, entspannte Wein. Härterer Tobak. Zehn Einträge. Voll entwickeltes Erscheinungsbild und schöne Nase, reich; »süß«. Doch mit trockenem Abgang (1996). Im Jahr darauf eine ansprechende Magnum; krautig, reich, dann fleischig; reife »Süße«, die ausgezeichnete Frucht und der sehr gute Extrakt kaschierten den beträchtlichen Tanningehalt, der für einen leicht bitteren Abgang sorgte. *Zuletzt auf Kaplans Essen mit 1982ern im April 1997 verkostet* ★★★★

Ch. Cantemerle Diesem Wein stehe ich mit gemischten Gefühlen gegenüber. Im Fass intensiv, fruchtig. Im Alter von sechs Jahren scheinbar nahtlos gewirkt, doch drei später entstandene Einträge offenbaren ein Tannin, das die vordergründige Reife Lügen straft. Geschmack, Textur und Länge gut, reich. Trotz des Rinderfilets tanninstark. Hatte auf keinen Fall den Charme und die Eleganz der Weine aus der Blütephase des Guts (Mitte der 1950er). Aber es handelte sich schließlich auch um einen 1982er. *Zuletzt im November 1995 zum Essen verkostet* ★★★(★) *Im Zweifel für den Wein.*

Ch. Cantenac-Brown Von Anfang an unbeeindruckend. Fadenscheinig und tanninbetont. *Zuletzt im Oktober 1993 verkostet* ★

Ch. Certan-de-May Ein halbes Dutzend relativ gleichlautender Einträge. Tief, fest; beeindruckende, ausgewogene Nase, die interessanter wird, wenn man sich noch einmal mit ihr befasst. »Süß«, fleischig, ausgezeichnete Konsistenz (Textur), komplett – auf einem Essen des Bordeaux Club im Caius College (Cambridge, 1996). Der Eindruck bestätigte sich bei Kaplans Essen mit 1982ern und unlängst erneut: weich, zum Kauen. *Zuletzt im März 1999 bei einer Vorverkaufsverkostung in Los Angeles degustiert* ★★★★ *Jetzt schön zu trinken.*

Ch. Chasse-Spleen Unmengen von Einträgen, da ich ihn für zu Hause gekauft hatte. Reich in Farbe, Nase und Geschmack. Wurde seinem Ruf gerecht. Und im Gegensatz zu vielen anderen roten *Crus bourgeois* hielt er nicht nur aus, sondern hatte noch nach 15 Jahren ein Bukett, das sich im Glas öffnete. *Zuletzt im Mai 1997 beim Essen auf dem Land verkostet* ★★★★ *Ich würde nicht mehr länger warten und habe ihn sowieso schon weggetrunken.*

Ch. Cissac Ein erneuter Beweis dafür, dass sich in einem Jahrgang wie dem 1982er einige ausgezeichnete *Crus bourgeois* gut halten können. Eine ansehnliche Zahl von Einträgen. Gute Frucht und griffig. *Zuletzt im April 1996 verkostet* ★★★

Ch. Clarke Ein weiteres, im Besitz des Baron Edmond de Rothschild befindliches Château aus dem Hinterland des Médoc. *Befriedigend, aber nicht mehr. April 1998* ★★

Ch. Clerc-Milon Noch ein Rothschild-Wein (diesmal von Baron Philippe). Mehrere Einträge. Voll entwickelt; reif, gute Tiefe; voller, reicher Geschmack; guter, trockener Abgang. *Zuletzt im Mai 2000 degustiert* ★★★★

Ch. La Conseillante Ein grandioser Wein. Ich erinnere mich, dass ich eines Tages nach Hause eilen musste, um einen Ersatz für eine von drei – meine letzten drei – Magnumflaschen des Lafite zu holen, die einen Korkgeschmack aufwies und daher nicht trinkbar war. Die beiden eilends dekantierten La-Conseillante-Flaschen erwiesen sich als mehr als nur ein Ersatz – sie ließen sich sehr viel besser trinken. Der Lafite hingegen war völlig unfertig. Viele Einträge, meine letzte Flasche servierte ich bei meinem Essen für den Bordeaux Club. Warum soll ich sie lang beschreiben? Sie und mein Lieblingswein, der Cheval Blanc von 1985, waren perfekt. *Zuletzt im Dezember 1999 verkostet* ★★★★★

Ch. Cos d'Estournel 14 Einträge zeichnen seine Entwicklung nach, angefangen mit der überraschend zugänglichen Fassprobe im Mai 1983. Später schien er unnachgiebiger zu werden. Unter den in jüngerer Zeit verkosteten Flaschen befanden sich gute Exemplare, die jedoch 1997 von einer ganzen Reihe der insgesamt etwa 30 bei Kaplans 1982er-Degustation verkosteten Weine in den Schatten gestellt wurden. Noch im selben Jahr eine ziemlich kraftvolle Jeroboam, die in Bob Dickinsons Keller schon um 12.30 Uhr für ein Abendessen der Bacchus Society dekantiert wurde. Meine beste und neueste Bewertung: gute Farbe, reifer, rotbrauner Rand; eine fast perfekte Flasche, sanft, ausgewogen; überraschend »süß«, aber mit trockenem Abgang, gute Frucht. Attraktiv. *Zuletzt im März 2000 bei einer vergleichenden Verkostung von 1982ern und 1989ern im Hotel Louis C. Jacob in Hamburg degustiert* ★★★★

Ch. Ducru-Beaucaillou Ich besuchte das Château am 21. September, also gerade einmal sechs Tage nachdem die Lese begonnen hatte. Die Merlot-Trauben wurden als Erstes eingebracht. Jean-Eugène Borie erzählte mir, dass das Mostgewicht außergewöhnlich hoch gewesen sei, so hoch wie beim 1947er. Ich verkostete den Wein erst im darauf folgenden Frühjahr das erste Mal. Eindeutig gutes Potenzial. Das Gros meiner Einträge entstand in den 1980ern, seither habe ich ihn nur noch vier Mal verkostet. Ein ziemlich unspektakulärer 1982er, der schlanker als andere Jahrgangsgenossen ausfiel. Auf Kaplans Essen mit 1982ern (1997) allerdings reiche Nase, gute Textur, trockener Abgang. Im Herbst desselben Jahres eine von drei Impériales (der Jahrgänge 1970, 1978 und 1982) bei Bob Dickinsons Einführungsessen im Biltmore, Coral Gables, in spektakulärem Ambiente. Alle saßen an einer sehr langen Tafel, wie bei einem Staatsbankett auf Windsor Castle. Der 1982er war noch immer enorm tief; ein sehr guter, gehaltvoller Wein, nicht schlank, aber weiterhin sehr tanninbetont. *Im November 2001 bei einem Imbiss im Vintners' Court ein guter Begleiter von schottischer Rinderlende* ★★★

Ch. L'Eglise-Clinet Nur drei relativ neue Einträge. Sehr gut, aber ziemlich streng. Textur eher grob als Pomerol-seidig. Tanninbetont. Unlängst eine »süße«, fast cremige Magnum mit reifer Nase; recht körperreich, sehr fruchtig. Tanninstark. *Zuletzt im September 1998 verkostet ★★★★(★) Braucht noch Zeit.*

Ch. L'Evangile Beständig gut. Acht Einträge aus dem Jahr 1989. Ein ansprechender, fleischiger Pomerol, vollmundig, abgerundet, enorm frucht- und tanninbeladen, aber nicht so fett wie andere (1996). Sehr charakteristischer Duft, lebendige Frucht, griffig, geringfügig schlank (1997). »Ansehnliche Schlagkraft, gute Länge.« *Zuletzt im Dezember 1997 bei einer Vorverkaufsverkostung in New York degustiert ★★★★*

Ch. Feytit-Clinet Zwei Einträge. Das erste Mal mit dem Besitzer verkostet. Nach dem vollendeten 1971er Climens und *Foie gras* mit dem Veuve Clicquot Femme du Vin 1992 hatte er einen schweren Stand! Etwas rustikal. Fleischig, erdig. *Zuletzt im Juni 1995 beim Essen auf dem Land verkostet ★★*

Ch. Figeac Man kann Thierry Manoncourt sicher nicht vorwerfen, langweilige Massenweine zu erzeugen. 14 Einträge, die – so sollte es auch sein – häufiger beim Essen als auf Verkostungen entstanden. Ich habe sie alle genossen. Bei den letzten drei oder vier Gelegenheiten wurde er unter anderem zu frischem Spargel und kräftigem französischem Käse serviert; natürlich habe ich mich nicht beklagt (1998). Im Herbst desselben Jahres bei einem Jahrgangsessen des Weinmagazins *Decanter* schön zu trinken; im Restaurant Che in seltsamer Gesellschaft, sehr eigenständig, voll ausgebaut (1999). Unlängst hielt er bei einem weiteren Essen des Bordeaux Club im Caius College in Cambridge mühelos mit dem 1988er und 1990er Lafite mit. »Süß«, gehaltvoll, zum Kauen, trinkreif. *Zuletzt im Juni 2000 verkostet ★★★★. Bald trinken.*

Ch. La Fleur Zwei Einträge aus jüngerer Zeit. Ein merklich reifes, himbeerartiges Cabernet-franc-Aroma; gute Frucht, große Länge, aber mit schlankem, tanninbetontem Abgang. *Zuletzt im September 1998 bei Rodenstocks La-Fleur-Vertikalverkostung eine Magnum degustiert ★★★(★)*

Clos Fourtet Mehrere Einträge aus seiner Jugend. In jüngster Zeit wechselhafte Kritiken. Unbeeindruckend, am Austrocknen (bei einem Essen 1995 in St-Emilion). Kürzlich in recht guter Verfassung, mit attraktivem Bukett; etwas »Süße«, Tannin und Säure gut. Nicht aufregend. *Zuletzt im April 1998 bei einer Verkostung von 1982ern in Amsterdam degustiert ★★*

Ch. Le Gay Eine furchterregend undurchsichtige Magnum; noch immer jugendliche Frucht, pfefferig. Meines Erachtens verdorben durch den rauen, bitteren, beißenden Abgang. *September 1998 ★★★? Ein grober Klotz. Ich würde nicht mehr warten.*

Union des Grands Crus

Ein Verband führender Bordelaiser Châteaux, deren erste Verkostung für den Handel und für Weinjournalisten in Großbritannien im Jahr 1982 von Steven Spurrier und mir bei Christie's organisiert wurde. Die UGC veranstaltete in den letzten Jahren bedeutende Degustationen zur Bewertung des jeweiligen Jahrgangs im Frühjahr nach der Lese. Neubewertungen finden jeweils im Jahr darauf in London statt.

Ch. Giscours Einträge aus 15 Jahren. Für einen 1982er ungewöhnlich alkoholschwach (12 %). Recht wohlriechend, lebendige Frucht, sehr tanninbetont (April 1998). Im Herbst desselben Jahres gut entwickelte Frucht, aber rauer tanninbetonter Abgang. *Zuletzt im September 1998 verkostet ★★*

Ch. Grand-Puy-Lacoste Wieder einmal Unmengen von Einträgen, da ich mehrere Kisten für den privaten Gebrauch erstand. Wie immer aus dem Fass höchst beeindruckend, entwickelte sich aber nur langsam. Ich bedauere, meine Vorräte zu früh weggetrunken zu haben. Die wenigen Flaschen, die mir geblieben sind, werden mich wohl bis an mein Lebensende begleiten. Die jüngsten Notizen, die bei Verkostungen entstanden: lebendig, scharf, langlebig (Brüssel, 1996). Der älteste Jahrgang auf einer Grand-Puy-Lacoste-Vertikalverkostung während einer Masterclass von Christie's (März 2000), eine Flasche aus meinem Privatkeller: in guter Verfassung, beeindruckend dichtes Erscheinungsbild; wunderschönes Bukett (obwohl Daphne unfreundlicherweise »wie das eines verschlagenen Figeac« hinzufügte). Reichlich Frucht und Fleisch, trocknete jedoch zugegebenermaßen aus, bevor er voll erblüht war. Kürzlich eine harte Flasche mit stieliger Nase (Daphne nannte sie »korkelnd«; ich denke, dieses Mal hatte sie Recht). Außerordentlich adstringent. *Zuletzt im März 2001 auf der La-Réserve-Verkostung von 1982ern degustiert. In Bestform* ★★(★★)

Robert Parker

Mit seiner begeisterten Fürsprache für den 1982er Bordeaux machte er sich einen Namen. Der einstige Anwalt in Baltimore (USA) ist heute der einflussreichste Weinkommentator und -kritiker der Welt. Er schreibt sehr ausführliche Beurteilungen von Weinen und Jahrgängen und verwendet ein umstrittenes 100-Punkte-Bewertungssystem.

Ch. Gruaud-Larose Viele Einträge. In seinen Anfangstagen gut, mit der Frucht, dem Fleisch und dem aufregenden Charakter, die ich normalerweise von ihm erwarte. Alle Komponenten schienen vorhanden zu sein, doch in mehreren Bewertungen der letzten Zeit erschien das Wort »fade«. »Gut, aber...« Auf der umfangreichen Verkostung von 1982ern in Brüssel eine beeindruckende Farbe; fruchtige, zedrige Nase; vollmundig und tanninbetont, »hat noch ein gutes Leben vor sich«. Auf Kaplans Degustation war er beladen, aber sehr tanninbetont. Unlängst erwartungsgemäß vom 1985er Mouton in den Schatten gestellt. Verglichen mit ihm relativ verschlossen. Ich bin vom 1982er Gruaud also nicht allzu begeistert. *Zuletzt im Dezember 1997 verkostet. In Bestform ★★(★★)?*

Ch. Haut-Bailly Eigenständig, reich, erdig, »süß«. *Zuletzt im Dezember 1993 verkostet ★★★★*

Ch. Haut-Batailley Schlank, wie es für den Jahrgang typisch ist, ohne die übliche Eleganz, aber wie immer verlässlich. Lebendig. Erfrischend. *Zuletzt im März 2001 verkostet ★★★*

Ch. Lagrange (St-Julien) Immer noch enorme Tiefe; Nase und Geschmack charakteristisch, nach wie vor fruchtbepackt. Harter tanninbetonter Abgang. *Zuletzt im April 1997 verkostet ★★(★) Ich bezweifle, dass er die Kurve noch kriegt.*

Ch. La Lagune Eine große Zahl von Einträgen aus 15 Jahren. Abgesehen von einer beim Essen des Bordeaux Club getrunkenen Flasche, die ein Mitglied schlau mit »Unterholz« charakterisierte, die ich jedoch für korkelnd befand, mit »eingeschränktem« Abgang. Auf Kaplans 1982er Degustation 1997 definitiv mit Korkgeschmack. Bei meiner Verkostung 1996 in Brüssel eine »süße«, fleischige, sehr ansprechende Flasche. Zwei Jahre später vollendet ausgereift, in der Nase ein gewisser Alterston, aber ein köstlicher Geschmack, weich, gute Länge, ausgeprägtes Tannin. Kürzlich leichte, doch spürbare Unterschiede zwischen den Flaschen, trotz der Lagerung in einem guten Landhauskeller. Die beste von vier Flaschen zeigte eine angenehme »Süße«, guten Körper und etwas Fleisch, war aber noch immer tanninbetont. *Im Januar 2002 bei der Familie Guise verkostet. In Bestform* ★★★★

Ch. Langoa-Barton Erstmals im September 1983 aus dem Fass verkostet, mit undurchsichtigem Einschlag, aber fleischig. Entwickelte sich wohlriechend, 1993 bekam er seine beste Bewertung: überraschend »süß«, ziemlich körperreich, zum Kauen, robuste Frucht. Trinkreif. Unlängst eine ziemlich hölzerne, sehr tanninstarke Flasche. *Zuletzt im September 1995 verkostet. In Bestform* ★★★ *Trocknet eventuell aus.*

Ch. Latour-à-Pomerol Mitteltief; sehr »süßes«, fleischiges Bukett, fast zum Kauen; trocken, gut gebaut, tanninbetont. *Im April 1997 bei Kaplans Essen mit 1982ern degustiert* ★★(★)

Ch. Léoville-Barton Im Fass ganz anders als der Langoa. Fleisch, Geschmack und Länge sehr schön, aber ein Anflug von Schlankheit. Ein halbes Dutzend Einträge aus der letzten Zeit, alle gut, aber stets die hohe Tanninlast vermerkt. Die beiden vorausgegangenen Einträge entstanden zufällig beim Essen bei den Laidlaws am Londoner Chelsea Square (immer in hehrer Gesellschaft): weiterhin ziemlich farbtief; beide Male beschrieb ich das Bukett als »klassisch«; ein ziemlich kraftvoller Wein, nach wie vor tanninstark, aber gut trinkbar. Unlängst führte Anthony Barton seine Gäste – vorwiegend Bordelaiser *négociants* und *courtiers* – mit einem erstaunlichen, ja, herrlichen Trick an der Nase herum, indem er ihnen ein und denselben Wein, nämlich seinen 1982er Léoville, in zwei Flaschengrößen servierte: in einer Standardflasche und einer Doppelmagnum. Beide waren sehr gut, eindeutig unterschiedlich, und zwar so sehr, dass ich den ersten Wein (in der Normalflasche) für den 1959er und den zweiten (in der Doppelmagnum) für den 1961er hielt, wobei mir Letzterer fester, nicht so reif und tanninbetonter erschien. Nur Pierre Lawton durchschaute das Spiel und tippte richtig auf den 1982er in unterschiedlich großen Flaschen! Sehr aufschlussreich. *Zuletzt im Oktober 2001 beim Essen auf Langoa degustiert* ★★★★(★)

Ch. Léoville-Las-Cases Eine seltene Gelegenheit, zumindest für mich, einen Wein im Herbst kurz nach der Lese aus dem Tank zu verkosten. Erstaunlich, wie etwas so Kraftvolles sich in etwas Trinkbares verwandeln kann. Allerdings entwickelte sich der Jahrgang langsam. Die neun Einträge der letzten zehn Jahre geben einen interessanten Abriss seiner Entwicklung bei Verkostungen und Essen. Selbst Mitte der 1990er empfand ich ihn immer noch als unfertig und sehr tanninbetont. Bei Kaplans Verkostung von 1982ern war sein Bukett überraschend entgegenkommend, reich, keine harten Kanten; gute Textur und Länge. Aber nach wie vor ein ziemlich schlanker, tanninbetonter Abgang. Kürzlich noch immer beeindruckend farbtief, mit kräftigen »Tränen«; ziemlich konzentriert, Spitzenqualität, »köstlich«, mit einem »Aber« wegen des Tannins. *Zuletzt im März 2000 bei der Degustation von 1982ern und 1989ern in Hamburg verkostet* ★★★(★), *hoffentlich irgendwann einmal* ★★★★. *Nur wann?*

Ch. Léoville-Poyferré Ich war von den Fassproben nicht beeindruckt und fand, dass ihm etwas fehlte. Er entwickelte ein wohlriechendes Bukett und ich beschrieb ihn als überraschend »süß«, mit großartigem Geschmack, aber schraubstockartigem »Griff« (eine Magnum 1997). Kürzlich im Glas fast undurchsichtig, aber in der Nase reif, erneut auf die »Süße« hingewiesen, leicht teeriger Geschmack und sehr tanninstark. *Zuletzt im Januar 2000 bei einem Essen der Commanderie in Bristol degustiert* ★★(★) *Kein großer 1982er. Ich bezweifle, dass er das Tannin abbauen kann.*

Ch. Lynch-Bages Von Anfang an ein köstlicher, wohlschmeckender Wein (dessen Ende noch nicht abzusehen ist). Mit intakten Tugenden, wenn auch nicht gerade der Jungfräulichkeit. Viele Einträge, die sich alle ziemlich wiederholen, weshalb ich zum jüngsten springe: jetzt mitteltrocken; mit kirschrotem Zentrum und einer Farbe, die sich an den Rand des Glases drängt; ein erwartungsvolles Bukett, toastartige, ansprechende Frucht; »süßer« Auftakt, köstlicher Geschmack, samtige Textur, trocken, aber übertrieben tanninbetont. *Zuletzt im März 2001 auf der La-Réserve-Verkostung von 1982ern degustiert* ★★★★(★)

Ch. Magdelaine »Fleischige« Nase; sehr »süße«, schöne Frucht, ein Hauch von Eisen. *Zuletzt im Juni 1995 verkostet* ★★★★ *Jetzt köstlich.*

Ch. Malescot-St-Exupéry Die schwächeren Malescot-Jahrgänge verurteile ich gelegentlich »durch sehr verhaltenes Lob«. Nicht so den 1982er. Vom Start weg fruchtig, 1990 gut trinkbar und vor einiger Zeit köstlich wohlriechend; »süß«, weich, Frucht zum Kauen, gut ausgewogen, trockener Abgang. *Zuletzt im Dezember 1998 bei einem sehr formellen »Club«-Essen im Hambledon Hall verkostet, einem ausgesprochen komfortablen Landhotel am Rutland Water* ★★★★

Ch. La Mission Haut-Brion Viele Einträge, der erste entstand zwei Monate nach der Abfüllung im September 1984. Ein fleischiger Genuss. In den 1980ern offenbarte er so ziemlich jeden Zug, der für einen La Mission in Bestform typisch ist, trug jedoch schwer am Tannin. In meinen jüngsten Notizen, entstanden bei Verkostungen Mitte der 1990er, verweise ich auf die Farbtiefe, wobei der bernsteinbraune Rand allerdings auf eine gewisse Reife hindeutet; außerdem eine typisch erdige, tabakartige, leicht malzige Nase und ein ebensolcher Geschmack. Tanninbeladen. *Zuletzt im April 1997 verkostet* ★★★(★) *Könnte sich vielleicht einmal zu einem Fünfsternewein entwickeln – eine Geschmackssache aber bleibt er allemal.*

Ch. Monbousquet Ich begegne diesem Grand cru aus St-Emilion nicht sehr oft, aber einmal verkostete ich ihn mit großem Vergnügen – und einigem Erstaunen – dreimal in drei Wochen. Die Flaschen stammten vermutlich aus den Beständen des Direktors von Christie's. *Zuletzt im Dezember 1999 verkostet* ★★★

Ch. Montrose Der Jahrgang 1982 und Montrose – eine ernst zu nehmende Allianz, wie sich zeigte. In jüngster Zeit nicht mehr verkostet, harmonisch, ausgezeichneter Geschmack, aber die reife »Süße« konnte das adstringierende Tannin kaum mildern. *Zuletzt im Februar 1992 degustiert. Damals* ★(★★★★), *jetzt vermutlich* ★★★(★★) *Ein Langstreckenwein.*

Ch. Mouton-Baronne-Philippe Sechs übereinstimmende Einträge in den letzten zehn Jahren, jedoch keiner aus jüngster Zeit. Reich, jetzt reif; sehr gut, voll ausgebauter Cabernet-Wohlgeruch; trocken, für einen 1982er schlank. Ließ sich gut trinken. Eine Flasche aus meinem eigenen Keller, als ich Julie und Tubby Bacon unser libanesisches Restaurant »Mes' Amis« *(sic)* vor Ort vorstellte. Die Bacons aus Chicago mit Zweitwohnsitz in London haben ein Hobby: Sie gehen liebend gern essen. Von ihnen stammt der beste private Restaurantführer für London, ein für mich und meine Frau unschätzbar wertvoller Begleiter. *Zuletzt im Oktober 1999 verkostet* ★★★★

Ch. Palmer Seltsamerweise kein sehr guter 1982er. Erstmals im Mai 1983 mit Franck Mähler-Besse verkostet (ein *négociant*, dessen Familienunternehmen rund zwei Drittel von Palmer gehören), also gut einen Monat nachdem die Assemblage durchgeführt wurde. Es war auch interessant, den fast fertig verschnittenen Wein aus neuen und »alten«, vermutlich zweijährigen Fässern zu verkosten. Keiner der beiden war so beeindruckend, wie ich erwartet hatte; das gilt auch für zwei Fassproben, die ich im Herbst des Jahres degustierte. 1985 »etwas wässerig und unzureichend«. Unlängst insgesamt trocken, streng und mit fraglicher Länge (bei Kaplans Verkostung 1997). Dann eine farbtiefe Impériale, recht gutes Bukett, teerig, dann Frucht; Kalk, zum Kauen (ein sehr typischer Wesenszug der 1982er), körperreich, beeindruckend, was vermutlich zum Teil auch an der Flaschengröße und dem feierlichen Anlass lag, aber ohne Finesse und Charme. *Zuletzt im November 1997 bei Bob Dickinsons Einstandsessen im Biltmore Hotel in Coral Gables (Florida) verkostet* ★★(★)

Ch. Pavie Mehrere gute Einträge, von Anfang an gefällig. Unlängst: reif; schön ausgebautes Bukett. »Süß«, weich, attraktiv und der trinkreifste der »Serie« mit Weinen vom rechten Ufer auf Kaplans Verkostung von 1982ern. *Zuletzt im April 1997 verkostet* ★★★★ *Bald trinken.*

Pavillon Rouge de Ch. Margaux Rubinrot; würzig; schlank. Recht gut zu trinken. *Zuletzt im März 2000 verkostet* ★★★ *Bald trinken.*

Ch. Petit-Village Voll ausgebaut, wohlriechend, vertrauter Pomerol-Duft. »Süß«, ziemlich kraftvoll. Für sich – ohne Essen – getrunken ein köstlicher Wein. *Zuletzt im Januar 1996 verkostet* ★★★★ *(ganz, ganz knapp). Bald trinken.*

Ch. Pichon-Longueville-Baron Einträge mit einheitlichem Tenor. Kürzlich: jetzt reif; reiche Nase, ungewöhnliche Kombination am Gaumen; überraschend »süß«, doch mit knochentrockenem Abgang. *Zuletzt im April 2001 verkostet* ★★(★) *Lohnt sich das Warten? Für mich nicht.*

Ch. Pichon-Longueville, Lalande Mit und ohne Essen getrunken. Unmengen von Einträgen – naja, 20, um genauer zu sein, die meisten aus den letzten zehn Jahren: hübsche Farbe, gut gepolstert, köstlich. »Süße« und Frucht. Mit trockenem Abgang, schließlich ist er ein 1982er. *Zuletzt im April 2001 bei der La-Réserve-Verkostung von 1982ern degustiert* ★★★★★ *Runter mit ihm.*

Ch. Le Pin Ich hätte nicht gedacht, dass die im November 1983 verkostete, reiche, fruchtige halbe Flasche von Importeur Richard Walford sich zu einem der Stars im Auktionssaal entwickeln würde; aber auch die Familie Thienpont hatte, als sie erstmals mit einer winzigen Parzelle Land in der Nähe von Petit-Village und ihrem eigenen Vieux Château Certan experimentierte, nicht damit gerechnet, dass ihr Le Pin einmal zum sündhaft teuren Kultwein avancieren und sogar den Pétrus in den Schatten stellen würde. Zwei bewundernde Einträge aus den 1980ern. Kürzlich: sehr gut. Eine sehr hohe Bewertung auf Kaplans Verkostung mit 1982ern. Herrliche Nase, sehr fruchtig, sehr eigenständig; »süß«, weich, samtig, voller Frucht. Wohlriechend. *Zuletzt im April 2001 verkostet* ★★★★(★)

Ch. Pontet-Canet 1988 schrieb ich: »Muss noch einmal verkostet werden.» Was auch geschah. Aber ich mag ihn immer noch nicht: leicht teerige Klebernase, pikante Frucht, hart. Adstringierend. *Zuletzt im April 2001 verkostet.*

Ch. Prieuré-Lichine Ich war mit dem extrovertierten, charmanten Alexis Lichine befreundet und stattete Prieuré regelmäßig einen Besuch ab. Als ich an einem Donnerstag, dem 23. September, mit ihm speiste, erzählte er mir, dass sein Merlot, mit dessen Lese man am Montag begonnen habe, bereits geerntet sei und man gerade die Cabernet-Sauvignon-Trauben einfahre. Ich erwähne das, weil am rechten Ufer die hochreifen Merlot-Beeren bei großer Hitze am Wochenende davor gelesen worden waren, als das Wetter umschlug. Am Montagabend fuhr ich bei sintflutartigem Regen von Bordeaux zu Prieuré. Die Sonne und Meeresbrisen trockneten die Trauben zwar »wie Wäsche an der Leine«, doch die Witterung hatte sich geändert. Ich glaube, Alexis hatte diesmal einen falschen Zeitpunkt für seine Lese erwischt, denn sein 1982er ist für den Jahrgang etwas schwach geraten und nicht mehr als ein erfrischendes Getränk. *In letzter Zeit nicht mehr verkostet, das letzte Mal im Dezember 1992* ★★

Ch. Rausan-Ségla Zahlreiche Einträge, aber keiner aus der letzten Zeit. Kein großer 1982er. Schlank und pikant. *Zuletzt im Mai 1991 verkostet* ★?

Ch. Rauzan-Gassies Wie eine Art zweieiiger Zwilling von Ségla, schlank und sehr tanninbetont. *Zuletzt im Juni 1999 verkostet.*

Ch. Rochemorin Eines von André Lurtons vielen Gütern, das wie die anderen beharrlich und behutsam renoviert wurde. Ein AC Graves aus Martillac: vollreif, mit Orangeton; reiche, ziegelige Nase, ausgewogen, würzig; voller, reicher Geschmack, reif, kraftvoll (13,5 % Alkohol), gute Länge, aber immer noch tanninbetont. *Im Oktober 2001 beim Essen auf Château Bonnet verkostet* ★★★

Ch. Sociando-Mallet Dieses *Cru bourgeois* aus dem Médoc hat in den letzten Jahren für seine Weine viel Beifall bekommen. Hardy Rodenstock servierte bei einer Blindverkostung schlitzohrig eine Flasche zwischen dem Haut-Brion und dem Margaux und hoffte, uns damit auszutricksen und gleichzeitig die Qualität dieses Gewächses zu beweisen. Es gelang ihm nicht ganz, denn der Sociando hatte eine eigenartige, hochgetönte Nase und einen nicht minder seltsamen Geschmack. Allerdings auch lebendig und mit guter Länge. Zitrusartige Säure im Abgang. *September 1998. Auf seine Art* ★★★

Ch. Talbot Aus dem Fass beeindruckend, entwickelte sich zu einem vollen und fleischigen Wein. Eine ganze Reihe von Einträgen aus den 1990ern. Die letzten beiden Male eine Magnum verkostet. Das erste Mal beim Essen auf dem Château: voll entwickelt; reich; »süß«, gehaltvoll, *à point*, »hat keinen Sinn, ihn noch zu lagern«, das zweite Mal mit den Eigentümern im Mirabelle: tief, samtig, »süß« und robust. *Zuletzt im April 2000 verkostet* ★★★★ *Bald trinken.*

Ch. Trotanoy Die Temperaturen in den Tanks veranschaulichen die große, fast schon tropische Hitze während der Lese: Am 16. September betrug sie 33 °C, am 19. September 21 °C, am 20. September 23 °C, am 21. September stieg sie auf 25 °C am Morgen und erreichte am Nachmittag 26 °C. Am 22. September, dem Tag meines Besuchs, war es 29 °C heiß. 1989 zeigte sich der Wein sehr eigenständig, voller Fleisch und Frucht und natürlich tanninbetont. Kürzlich mit den Bachmanns in San Francisco verkostet. Er war sehr gut. Nichts deutete darauf hin, dass er »gebacken» worden war. Nur ein vollkommen reicher Wein. *Zuletzt im Dezember 2000 verkostet* ★★★★

Vieux Ch. Certan Während die Thienponts mit ihrem winzigen Ableger, Ch. Le Pin, herumspielten, mussten sie auf »Vieux» gegen die Hitze kämpfen. Ehrlich gesagt, als ich den Wein 1989 erstmals verkostete, fand ich ihn nicht besonders ansprechend. Kürzlich mit einem Abgang, der durch bitteres, äußerst adstringierendes Tannin verdorben war. An den Maßstäben des Guts selbst und anderen 1982ern aus Pomerol gemessen vergleichsweise unnahbar und ausgezehrt. Enttäuschend. *Zuletzt im Januar 1996 verkostet* ★(★)?

Ch. Violette Kein Mauerblümchen. Ein tiefer, kraftvoller, sehr tanninstarker Pomerol. *Im April 1998 bei einer Verkostung für die Zeitschrift* Résidence *in Amsterdam degustiert* ★★★(★)

Kurze Bewertungen einiger anderer 1982er, die ich zuletzt in den 1990ern verkostet habe **Ch. de Camensac** ★★; **Ch. Capbern-Gasqueton** ★★★; **Ch. Coufran** ★★★; **Ch. Dauzac** ★★★; **Ch. Desmirail** ★★; **Ch. Durfort-Vivens** ★★; **Ch. Ferrière** ★★; **Ch. Fombrauge** ★★; **Ch. Gazin** ★★★★; **Ch. Grand-Puy-Ducasse** ★★; **Ch. d'Issan** ★★★; **Ch. Kirwan** ★★?; **Ch. Labégorce-Zédé** ★★★; **Ch. Lascombes** ★★★; **Ch. Malartic-**

Lagravière; Ch. Marquis d'Alesme-Becker ★★★; Ch. Marquis de Terme ★★; Ch. Les Ormes-de-Pez ★★★; Ch. Pape-Clément ★★★; Ch. Phélan-Ségur ★★; Ch. Plince ★★; Ch. Pouget ★★; Clos René ★★★; Ch. Trottevieille ★★

1983 ★★★

Die Jahrgänge 1983 und 1981 standen für mich immer in einer sehr engen Beziehung zueinander. Sie zeigen in der Tat einige Gemeinsamkeiten, etwa ihren Stil und ihr Gewicht. Beide sind oder waren zumindest wesentlich Bordeaux-charakteristischer als der doch ganz anders geartete und etwas »unenglische« 1982er, der nicht dem Typus vom roten Bordeaux entsprach, den wir Engländer gern trinken. Gemeinsam haben sie ferner, dass sie getrunken und nicht aufgehoben werden sollten. Dabei ist der 1983er nunmehr auch bereits über 20 Jahre alt, wenngleich er für Leute meines Alters keineswegs als angejahrt gilt.

Selbst in guten Jahrgängen und unter optimalen Bedingungen werden die unbedeutenderen Weine der *petits châteaux* am besten mit vier bis acht Jahren getrunken. Einige der besser gemachten, fester strukturierten Gewächse können sich auch zehn oder zwölf Jahre halten. Danach aber entwickeln sie sich kaum noch weiter und werden nur noch älter.

Schockiert hat mich allerdings, dass selbst die klassifizierten Médoc-Kreszenzen des Jahrgangs 1983 mit 16 Jahren deutliche Anzeichen von Altersmüdigkeit erkennen ließen. Feststellen musste ich das bei einer Verkostung von 23 Châteaux-Weinen der Zeitschrift *Decanter* im Dezember 1999 (die Erstklassifizierten waren allerdings nicht mit von der Partie).

Das Wetter verlief 1983 recht gut, denn trotz des schlechten Starts wurde es rechtzeitig zur Blüte schön und auch der Sommer fiel heiß und trocken aus. Die Lese wurde gegen Ende September begonnen und fand unter idealen Bedingungen statt, weshalb hohe Erträge aus den Weinbergen geholt werden konnten und gute Provenienzen entstanden. Möglicherweise aber war die Ernte auch zu hoch ausgefallen, denn die Gewächse erwiesen sich als wässerig. Übereinstimmung bestand darin, dass Margaux der erfolgreichste Distrikt war. Aber vielleicht sollte ich die Weine für sich sprechen lassen.

Ch. Lafite Er begann zunächst charmant und duftend; bei Lloyd Flatts monumentaler Lafite-Verkostung 1988 stellte ich ihn sogar auf eine Stufe mit dem 1985er: gute Farbe; attraktive Frucht in Nase und Geschmack. Gutes Gewicht. Ziemlich tanninbetonter Abgang – aber schließlich steckte er ja noch in den Kinderschuhen. Ein paar Jahre später hielt ich ihn für überwältigend trocken. »Braucht Essen« (immerhin ist ein Lafite ja der Essensbegleiter schlechthin). Vier weitere Einträge aus jüngerer Zeit, der detaillierteste entstand im April 1995 bei der ersten Christie's-Masterclass in New York: doppelt dekantiert, gute reiche Farbe und reifer rotbrauner Rand; Bukett leicht und duftend, aber mit hartem Zentrum, leicht firnisartig und ohne viel Entwicklung im Glas. Schlank, mit einem Hauch des eigenartigen, für Pauillac typischen Austernmuschelgeschmacks. Im Jahr darauf bei einer »Serie« von fünf Impériales von Lafite zunächst verschlossen, doch dieses Mal öffnete sich das Bukett wunderschön. Anscheinend ein ziemlich kraftvoller Wein, reich, tanninbetont, mit trockenem Zitrushauch im Abgang. Bei den Feiern zum 50-jährigen Bestehen der Académie du Vin de Bordeaux: wohlriechend, ein Hauch von »Süße«, mit »kantiger Säure« und generell trocken. Kürzlich beim 19. Essen der Commanderie de Bordeaux in Bristol verkostet, wo allerdings nicht so sehr der Wein für Aufsehen sorgte, sondern meine Rede, die mehr unfeine Anekdoten als üblich enthielt, was dem Anlass nicht so sehr angemessen war. Die fein gekleideten Damen waren wie weiland Königin Viktoria überhaupt nicht »amused« und die medaillenbehängten Honoratioren aus Bristol dachten, ich sei verrückt geworden. Schon nach meiner Rede beim ersten Essen vor vielen Jahren dachte ich, man würde mich nicht mehr einladen. Seit dem letzten Mal aber weiß ich es gewiss. Der Lafite, der überraschenderweise den Blauschimmelkäse überstand, war recht enttäuschend. Kein Charme. Kurz: ein passabler Lafite, aber am Austrocknen. *Zuletzt im Januar 2000 verkostet. In Bestform ★★★★, mittlerweile aber würde ich ★★★ geben.*

Ch. Latour Erstmals im September 1984 im Fasskeller verkostet. Intensives Purpurrot, aber nicht die übliche Undurchsichtigkeit. Allerdings ziemlich körperreich und über und über bepackt mit jugendlicher Frucht. Dann fünf Jahre lang nicht mehr degustiert. Das erste Mal wieder bei der Verkostung von Frericks und Wodarz in Wiesbaden. Kein Schwergewicht, aber reich, fleischig und fein. Mehrere Notizen aus jüngerer Zeit: tief, samtig; ein wohlriechendes Zedernbukett, das sich reich öffnete. »Süßer« als erwartet, Frucht und Geschmack gut (1998 bei einem Essen des Bordeaux Club im Caius College in Cambridge). Im selben Jahr beim Weihnachtsessen der Christie's-Weinabteilung – wir waren nie knauserig (ich habe auch gar nicht gefragt, woher die Weine stammten). Gut ausgebautes Bukett. Wieder überraschend »süß«, was zusammen mit dem Fleisch und der guten Frucht die Tannine und die Säure kaschierte. Ich fügte hinzu: »Der trinkreifste und trinkbarste Latour überhaupt – erstaunlich.« *Zuletzt im Dezember 1998 verkostet* ★★★★

Ch. Margaux Der Jahrgangsbeste. War es nur ein Zufall, dass es sich um den Einstandsjahrgang des viel bewunderten Paul Pontallier auf Margaux handelte? Für gewöhnlich empfinde ich den Margaux mit seinem lebhaften Purpurrot, seinem fruchtbetonten Aroma und dem dramatischen Geschmack im Fass als außerordentlich ansprechend. Man nimmt die dazugehörigen Tannine als selbstverständlich hin und geht inspiriert und mit schwarzen Zähnen aus dem Fasskeller! So war es auch, als ich den 1983er zwölf Monate nach der Lese erstmals degustierte. Ich habe ihn bei mehreren Anlässen gemeinsam mit dem 1982er degustiert und stufte ihn bei Lay & Wheelers Margaux-Abend 1990 sogar höher ein als diesen. Später allerdings entschied ich mich doch für den 1983er, obwohl beide enorm beeindruckend ausfielen – er hatte einfach dieses Quäntchen Finesse mehr. Glücklicherweise konnte ich den Wein in den letzten zehn Jahren bei über einem Dutzend Gelegenheiten verkosten. Dreimal trank er sich bei den verschiedenen Essen unseres Bordeaux Club hervorragend, auf einer Wein-Experience-Degustation 1995 in New York indes zeigte er sich nicht in seinem besten Licht (für die rund tausend Teilnehmer hatte man Dutzende von Flaschen allein dieses Jahrgangs geöffnet). Bei äußerst lehrreichen Vertikalverkostungen mit der Hollywood Wine Society ab 1995 wurde er jedesmal in derselben »Serie« wie der 1982er serviert, wobei sich herausstellte, dass der 1983er ein etwas grandioseres Bukett und einen lebendigeren Geschmack hatte. Den stilistischen Unterschied bemerkte ich auch auf den beiden Wagner-Verkostungen in Zürich (die erste fand 1997 statt). Ein doppelter Hochgenuss war das Margaux-Dinner im Londoner Brooks's Club im März 2000, einmal wegen des 1983ers, aber auch wegen unseres einzigen weiblichen Gastes, Corinne Mentzelopoulos, die die älteren Mitglieder durch ihren Esprit und ihr gutes Aussehen schier aus der Fassung brachte. Wenn ich den 1983er Margaux zusammenfassen müsste, würde ich ihn wie bei John Jenkins' Essen im Oktober 2000 beschreiben: wunderschöne Farbe, mitteltief und noch immer jugendlich; mit einem unschlagbaren, aus dem

Glas aufsteigenden Margaux-Wohlgeruch; »süß«, weich und gehaltvoll. Er füllt den Mund mit intensivem, nicht enden wollendem Geschmack. *Zuletzt im November 2000 auf Manfred Wagners Margaux-Vertikalverkostung in Zürich degustiert* *****

Ch. Mouton-Rothschild Erstmals im September 1984 mit dem mittlerweile verstorbenen, legendären *maître de chai* Raoul Blondin in seinem Reich, einem winzigen Verkostungszimmer, degustiert. Die Abfüllung des 1982ers war gerade abgeschlossen worden. Eine gute lebhafte Farbe, aber nicht sehr tief. Sehr Cabernet-typische Cassis-Note. Schon auf Flatts Mouton-Verkostung 1986 war sein Duft verlockend, er entwickelte sich danach aber noch weiter, große Fruchttiefe und dementsprechender Geschmack, allerdings auch eine gewisse Sprödheit. Nur vier Einträge in den letzten zehn Jahren, der beste entstand auf einer Verkostung von erstklassifizierten Gewächsen, die ich 1995 bei Christie's für die Citibank leitete. Reich entwickelt und mit reifem Mahagonirand; pfefferiger, sehr fruchtiger, an Schwarze Johannisbeeren erinnernder Cabernet-Sauvignon-Duft; »süß« und aufregend, aber ich bemerkte eine sehr hohe Säure und das blank liegende Tannin. Bei einer Verkostung der Hollywood Wine Society mit neun Jahrgängen ging er dem 1982er voraus. Zweifellos ein höchst ansprechender Wein, der tannin- und säurebetonte Abgang im Rahmen. Anregender Geschmack. »Mehr oder weniger trinkreif», fügte ich hinzu. *Zuletzt im März 1998 verkostet* ****

Ch. Haut-Brion Fünf Einträge, der erste vom September 1984, entstanden auf dem Château. Textur, Länge und Wein gut. Seine jugendliche Nase erinnerte mich seltsamerweise an Pferdeställe. 1997 und 1998 beschrieb ich zwei Flaschen unabhängig voneinander als »süß«, ziemlich karamellartig und mit »Rohrzucker»-Note. Der übliche erdige, tabakartige Geschmack, ziemlich tanninbetont. Der jüngste und nützlichste Eintrag entstand auf einer von Clive Coates moderierten Masters-of-Wine-Degustation mit Jean Delmas und Robert Luxembourg. Delmas teilte uns mit, dass am 4. und 5. Juli Hagelschauer Schäden im Weinberg verursacht hätten und der August zwar heiß gewesen sei, aber wegen der hohen Luftfeuchtigkeit auch Botrytis-Probleme mit sich gebracht habe. Mit 17 Jahren ein offener, reifer orangebrauner Rand; voll entwickelte, leicht übelriechende und stielige Nase, der man das Alter anmerkte. Vegetabiler als der 1985er und meiner Meinung nach auch am Austrocknen. *Zuletzt im Januar 2000 verkostet* *** *Kein großer Haut-Brion. Muss getrunken werden.*

Ch. Ausone Ein guter Ausone: eher wie ein reicher, eleganter Pomerol, seidige Textur, gute Länge. So beschrieb ich ihn 1987. In neuerer Zeit auf Penning-Rowsells »Zehnjahresverkostung«: jetzt vollreif, mit ziemlich schwachem Rand; voll entwickeltes Bukett, »süß«, weich, Vanillin, erinnerte mich an zusammenrollendes Herbstlaub. »Süß«, weiche Textur, locker gewirkt, zum Kauen. *Zuletzt im Juni 1993 verkostet* ****

Ch. Cheval Blanc Ein wirklich schöner Wein. 1985 intensiv, fleischig, tanninbetont. Bei Penning-Rowsells »Zehnjahresverkostung« mit erstklassifizierten Gewächsen gab ich ihm eine Spitzenbewertung. Perfekt zu trinken – als reiner Trinkgenuss; gehört zu den wenigen roten Bordeaux-Weinen, die nicht die Unterstützung eines Gerichts brauchen, obwohl er 1995 bei einem Essen von John Jenkins für den Bordeaux Club gut zu Explorateur-Käse passte. Drei Jahre später erneut eine Flasche von Jenkins, der einen ansehnlichen Vorrat in seinem Keller gehabt haben muss. Bei einer Rodenstock-Verkostung 1994 eine herausragende Doppelmagnum, duftend, »süß«, voller Frucht, gute Länge, aber merkliche Tannine, 1997 auf Wolfs berühmter Vertikaldegustation wohlriechend, lebhaft, wunderschöner Geschmack mit Tanninen und noch ausgeprägterer Säure. Er hatte einen hohen Alkoholgehalt von 13 %, der nur noch vom 1990er mit 13,6 % übertroffen wurde – die meisten Jahrgänge lagen bei 12 bis 12,5 %. Bei John Jenkins' jüngstem Essen für den Bordeaux Club auf Childerley Hall schlichtweg unbeschreiblich, so »süß«, so bezaubernd und mit solch »schmelzendem Charme«. *Zuletzt im September 1998 verkostet* *****

Ch. Pétrus Erstmals 1986 auf Frericks' grandiosem Pétrus-Event verkostet: eine intensive, rubinrote Magnum, fast marmeladige »Süße« und Reichhaltigkeit, doch am Gaumen nach wie vor hart. 1990 erste Anzeichen von Reife, 1993 aber leider meine niedrigste Bewertung unter den acht Erstklassifizierten bei Penning-Rowsells »Zehnjahresverkostung«. Ich empfand ihn als überraschend schlank und tanninbetont und zog sogar den Ausone (geringfügig) vor. Unlängst eine beeindruckende Doppelmagnum mit lebendiger, angenehmer Frucht in Nase und Geschmack, gute Textur, aber sehr trockener Abgang. *Zuletzt im September 1995 bei Rodenstocks Eröffnungsessen degustiert* ****

UNMENGEN VON 1983ERN FINDEN SICH IN MEINEN NOTIZBÜCHERN – hier eine Auswahl der interessantesten und wichtigsten. Sie vermitteln hoffentlich einen Eindruck von diesem Jahrgang gestern und heute.

Ch. L'Angélus Im Frühjahr 1984 eine ansprechende Fassprobe; im Herbst desselben Jahres bei der ersten Verkostung in London für die Union des Grands Crus bei Christie's war ich »von seinem Wohlgeruch betört«. Schien 1987 bereits alles gegeben zu haben, denn als ich ihn mit sieben Jahren zum letzten Mal verkostete, wurde er bereits dünner und hatte merklich Farbe verloren; etwas zu »süß« und zugänglich (der Stil hat sich kürzlich stark verändert). *Zuletzt im Mai 1990 verkostet* *** *Aber austrinken.*

Ch. Batailley Mehrere Einträge, die letzten bei zwei Essen im Sitzungssaal von Christie's innerhalb eines Monats: gefällig, zugänglich, weiche Frucht, trinkreif. *Zuletzt im Januar 1995 verkostet* ***

Ch. Beauséjour-Duffau-Lagarrosse »Süß«, reich, attraktiv. *Oktober 1993* ***

Ch. Beychevelle Insgesamt ein guter 1983er. Anfangs würzig und sehr tanninbetont, noch immer ziemlich aggressiv, fruchtig und wohlschmeckend, aber mit »wuchtigem Abgang« (1996 beim Essen im Londoner Athenaeum), bei einer Beychevelle-Vertikalverkostung 1997 nicht ganz so kraftvoll, eher »süß, köstlich, gut trinkbar«. Bei einer *Decanter*-Verkostung unter den austrocknenden Médoc-Weinen. *Zuletzt im Dezember 1999 degustiert* *** *Wird wohl noch eine Weile so bleiben.*

Ch. Branaire-Ducru Schien blass (vermutlich chaptalisiert) und schnell reifend, nicht allzu beeindruckend, hielt aber gut durch und war mit zehn Jahren recht attraktiv. Ein Anflug von rauer Frucht. *Zuletzt im Dezember 1993 verkostet* ** *Austrinken.*

Ch. Brane-Cantenac Im Fass wohlriechend und köstlich. 1990 vollreife, »reiche, kaffeeartige Nase«, reif, aber mit rauem Abgang. Ähnliche Notizen zehn Jahre später: »Süß, reif, ziemlich schokoladige Nase«, »interessanter Geschmack, attraktiv, aber verabschiedet sich rau«. *Die letzte Notiz entstand im Dezember 1999 bei einer Blindverkostung* *** *Bald austrinken.*

Ch. Calon-Ségur Nur drei Einträge. Eine nicht beeindruckende Fassprobe, vier Jahre später eine wohlschmeckende, aber tanninbetonte Flasche. Mit zehn Jahren vordergründig attraktiv, Nase und Geschmack chaptalisiert, »aber rauer Abgang«, dadurch eine seltsame Ähnlichkeit mit den 1983ern der zwei vorangegangenen Châteaux. Voll ausgereift. *Zuletzt im Dezember 1993 bei einer Vorverkaufsverkostung degustiert* ★★ *Austrinken.*

Ch. Canon Ein ansprechender Wein, dessen Komponenten sich im Herbst 1984 alle in gutem Licht zeigten. 1996 bei einer Verkostung Canon gegen Lynch-Bages ein schönes, weiches, glattes, reifes Aussehen; sehr »süß«, etwas rustikal, schokoladige, voll entwickelte Nase; schöne reife Tannine und lebendige Säure, leicht im Stil, aber gute Länge. Drei Monate später pries ich zwar bei einer Flasche aus meinem eigenen Keller die Farbe und Nase, fügte jedoch hinzu: »Etwas ausdruckslos.« *Zuletzt bei einem Sonntagsessen im Juni 1996 verkostet. In Bestform* ★★★★ *Aber austrinken.*

Ch. Cantemerle Im Oktober 1984 untypisch robust, ohne Charme. 1987 entwickelte sich eine recht gute Nase, die sich jedoch zwölf Jahre später wieder verflüchtigt hatte. Am Austrocknen. *Zuletzt im Dezember 1999 blind verkostet* ★

Dom. de Chevalier Ein Charmeur. Acht Einträge. Von der Fassprobe bis ins »mittlere Alter« wohlriechend, elegant, aber tanninbetont. Jetzt reif, schön zu trinken. *Zuletzt 1993 beim Essen der Fête de la Fleur auf der Domaine verkostet* ★★★ *Bald austrinken.*

Ch. Cos d'Estournel Weit über ein Dutzend Mal verkostet, angefangen von einer sehr »medizinalen«, ja, sogar »übelriechenden« und ausgesprochen tanninbetonten Fassprobe. In den 1980ern ähnliche Notizen mit Variationen. Er gehörte zu meinen Hausweinen, deshalb konnte ich ihn regelmäßig trinken; meine letzte Flasche leerte ich 1997 – sie bekam die beste Bewertung. Dann ein paar Jahre später ein blind verkostetes Exemplar, Farbe, Nase und Geschmack vollreif. Ein Hauch von »Süße«, ansprechend, aber sehr tanninbetont und adstringierend. *Zuletzt im Dezember 1999 verkostet. In Bestform* ★★★ *Wird nicht besser werden.*

Ch. La Croix-du-Casse Gehört den Besitzern des bekannteren Château Clinet. Eindeutig ein Pomerol-Wein, rubinrot, reich, Körper und Geschmack gut. Eine Art Edel-Mundwasser, verkostet bei einem Essen der Commanderie de Bordeaux in der Nähe von Oslo. *April 1996* ★★★

Ch. Desmirail Bei einer Verkostung von 1983er Margaux-Gewächsen in Bestform. Wohlschmeckend, elegant. Damals schätzte ich, dass er von 1990 bis 1998 auf dem Höhepunkt seiner Entwicklung sein würde. Damit lag ich ziemlich richtig, denn im Jahr darauf war er schon mehr als vollreif, zeigte Altersspuren und einen adstringierenden Abgang. *Zuletzt im Dezember 1999 verkostet* ★★ *Austrinken.*

Ch. Ducru-Beaucaillou Ein sehr guter 1983er, nach einer korrekten, purpurnen und tanninbetonten Fassprobe sowie einem halben Dutzend später verkosteter Flaschen zu schließen. 1993 der beste von insgesamt neun jahrgangsgleichen Gewächsen, Bukett voll entwickelt, wohlriechend, Anklänge an Feigen, sehr »süß«, zum Kauen. 1998 bei der *Decanter*-Verkostung attraktiv und in guter Verfassung: reif, guter Geschmack, gute Länge – für einen 1983er. *Zuletzt im Dezember 1999 verkostet* ★★★★ *Trinken, solange er noch so gut ist.*

Ch. Duhart-Milon Ein schlanker, aber immer duftender Wein – besonders der 1983er. Acht übereinstimmende Einträge über einen Zeitraum von zwölf Jahren hinweg. Auf der *Decanter*-Blindverkostung 1999 wohlschmeckend, aber säurebetont. Kürzlich: gut zu trinken, aber das Tannin und die Säure drängten die Frucht in den Hintergrund. *Zuletzt im Juni 2000 bei einem Essen im Sitzungssaal von Christie's verkostet* ★★★ *Austrinken.*

Ch. L'Eglise-Clinet Sehr tief, ziemlich intensiv; eine reiche, aber recht malzige, melasseartige Nase; am Gaumen besser. Alle Komponenten in Hülle und Fülle vorhanden. *Zuletzt im September 1998 verkostet* ★★★, *möglicherweise* ★★★★

Ch. L'Evangile 1991 etwas frech »wie Portwein ohne Zucker« bezeichnet. Er war ziemlich »süß«, wie das bei Rotweinen eben möglich ist. Auf jeden Fall starkfarben, große Fruchttiefe und viel Tannin. Einige Jahre später bemerkte ich mehr Reife; ausgewogen; reich, reif, tanninbetont. Nicht mein bevorzugter Weinstil, aber ein beeindruckender 1983er. *Zuletzt im Mai 1993 bei der Londoner Weinhandelsmesse verkostet* ★★★, *jetzt vielleicht sogar* ★★★

Ch. Figeac Ein köstliches Gewächs. Drei Bewertungen in den späten 1980ern, tief, pflaumenfarben; reich, würzig, verlockend; ein Mund voll Geschmack, tanninbetont, aber mit wundervollem Nachgeschmack. In den letzten zehn Jahren vier Einträge. Im April 1994 war der (für St-Emilion) hohe Cabernet-Sauvignon-Anteil in der Nase sehr ausgeprägt, »süßer«, fester Erd-/Eisen-Geschmack. Fünf Monate später eine sehr wohlriechende Doppelmagnum, gute Länge, seidige, Pomerol-artige Textur. Unlängst eine köstliche Flasche beim Eröffnungsdiner zum Verkostungswochenende der Union des Grands Crus. *Zuletzt im April 1997 in den spektakulären, von Kerzen erleuchteten Kellern auf Château Villemaurine verkostet* ★★★★

Ch. La Fleur Eine superbe Magnum: zedrig, Cabernet-franc-Duft. Reich, würzig, ansprechend. *September 1998* ★★★★

Clos Fourtet Nur einen Steinwurf von Villemaurine entfernt und mit ähnlichen alten, aus dem Fels gehauenen Bruchsteinkellern ausgestattet. Clos Fourtet war zufällig das erste Château, dem ich je einen Besuch abstattete, ein kühles, feuchtes Gemäuer. Zwei Fassproben des 1983ers im Frühjahr und Herbst nach der Lese, die erste noch unfertig, die zweite nicht sehr anregend. Dann ein Sprung von 23 Jahren: Er hat die Zeit gut überdauert, angenehme, gut entwickelte Nase; recht guter Geschmack, aber mit eigenartigem, trockenem, »angesengtem« Abgang. *Zuletzt im Juni 1997 verkostet* ★★ *Austrinken.*

Bipin Desai

Ein Arzt indischer Herkunft, der in Südkalifornien lebt. Bipin organisiert mit sehr viel Engagement und Energie bedeutende Verkostungen. Bei der ersten, an der ich teilnahm, wurden 1983 31 Weine des Jahrgangs 1959 degustiert. Es folgte eine Probe mit 1945ern; später war ich außerdem noch als Kommentator bei Vertikalverkostungen von Gewächsen der Châteaux La Mission Haut-Brion, Margaux und Figeac dabei. Die Veranstaltungen sind zwar zum Teil gewerblicher Natur, da man für die Teilnahme zahlen muss, doch sind sie für die Besitzer der jeweiligen Châteaux sehr interessant und oftmals auch nützlich. So waren beispielsweise die de Mouchys 1987 bei der La-Mission-Haut-Brion-Degustation dabei, wo sie eine breite Palette von Jahrgängen vergleichen konnten, die sie bislang noch nicht nebeneinander verkosten hatten können. 1987 kamen Corinne Mentzelopoulos und Paul Pontallier zu Desais Margaux-Vertikalverkostung.

Ch. Giscours Ich hatte mich so an den dunklen Giscours »zum Kauen« gewöhnt, dass ich ganz überrascht von dem 1983er war, der so köstlich ausfiel und im Fass einen Anflug von Delikatesse aufwies – später erkannte ich dann, dass der Distrikt Margaux, wie bereits eingangs erwähnt, in diesem Jahrgang besonders erfolgreich abgeschnitten hatte. Als Fünfjähriger wohlschmeckend und fleischig. Meine ausführlichsten Einträge, die zu lang sind, um hier wiedergegeben zu werden, entstanden bei den drei Bordeaux-Weinkursen. Generell hatte ich den Eindruck, dass der Wein zwar fruchtig und wohlschmeckend ausfiel, die stachelbeerartige Säure aber etwas mehr als nur »erfrischend« war. Sicherlich vollreif, mit Mahagoniton, in der Nase allerdings tiefer als manch anderer 1983er. *Zuletzt im Juni 1995 verkostet. Ein guter Giscours und ein ziemlich guter 1983er* *** *Bald trinken.*

Ch. Grand-Puy-Lacoste Der dritte Jahrgang, von dem ich eine erkleckliche Anzahl von Flaschen kaufte, deshalb liegen mir sehr viele Verkostungsnotizen vor. Leider habe ich alles schon weggetrunken, wenngleich im Gegensatz zu gar nicht einmal so wenigen 1983ern aus dem Médoc noch recht viel Leben in diesem Wein steckte. Er wurde seinerzeit unterbewertet und zu billig angeboten, sodass er nicht unbedingt ein extravaganter Luxus war. Ich hatte zum Glück nicht nur das Vergnügen, seine Entwicklung nachzuzeichnen, einfach indem ich mich aus meinem eigenen Keller bediente, wir konnten uns und unsere Gäste obendrein mit einem wirklich guten, früh eingekauften roten Bordeaux verwöhnen.

Nicht ganz so langsam reifend wie größere Jahrgänge, hatte sich aber in seinem zehnten Jahr gut entwickelt, obwohl er noch immer ziemlich tanninstark war. Sogar nach 15 Jahren profitierte er noch von längerem (fast halbtägigem) Dekantieren. Ich glaube, ich habe ihn gerade zur rechten Zeit aufgebraucht, denn meine letzte Flasche trank ich mit Freunden beim Essen ein paar Tage nach meinem Geburtstag: Der Wein war 17, ich 73. Er war auf jeden Fall noch immer ziemlich tief, hatte jedoch ein reifes, voll ausgebautes, unmittelbar entgegenkommendes Bukett; »süß«, wohlschmeckend, charmant und mit schönem Nachgeschmack, *à point. Zuletzt im Mai 2000 bei einer Dinnerparty in unserer Londoner Wohnung verkostet* ****

Ch. Gruaud-Larose Legte einen spektakulären Start hin. Neben dem 1981er ausgesprochen opulent. Dann schien er eine pubertäre Phase zu durchlaufen, aus der er als flügge gewordener, fleischiger Jugendlicher hervorging. 1995 eine gute, reiche und reife Flasche in Bestform bei einem Essen des Bordeaux Club. Bei der *Decanter*-Verkostung 1999 voll ausgebaut, »süß«, attraktiv, ziemlich ausgewogen. Ende der 1990er voll entwickelt. Kürzlich charakteristisch fruchtig und wohlschmeckend, aber mit ziemlicher Säure im Abgang. *Zuletzt im Oktober 2001 bei einem Essen des Saintsbury Club verkostet* *** *Lebendig, aber bald trinken.*

Ch. Haut-Bailly Im April 1984 eine köstliche Fassprobe, dann eine Lücke von 12 Jahren, voll ausgereift, sehr Graves-artig, für einen 1983er überraschend robust. Vier weitere, beständig gute Einträge. Roter Graves entwickelt sich in der Regel zwar schnell, bleibt jedoch länger auf dem »Plateau der Vollendung«, als man erwartet. Kürzlich reich, reifes Aussehen; schwer zu beschreibendes erdiges Mokka- und Zigarrenblattbukett und ebensolcher Geschmack. Er schien im Glas »süßer« zu werden. *Zuletzt im April 2002 bei einer Christie's-Masterclass degustiert* **** *Jetzt sehr schön.*

Ch. Haut-Batailley Einer meiner Lieblingsweine. Der 1983er stellte schon im Fass seine Eleganz und seinen Charme unter Beweis. Er erschien mir als Frühstarter, aber aus irgendeinem Grund hatte ich 16 Jahre lang keine Gelegenheit mehr, ihn zu verkosten. Danach war er natürlich voll ausgereift, ein zugänglicher Wein. Das bei einer Degustation so präsente Tannin ist fast nicht zu spüren, wenn man ihn zum Essen trinkt; es erfrischt dann lediglich und hält den Mund sauber und trocken – als Verdauungshilfe sozusagen. Und dazu ist ein guter roter Bordeaux auch da. *Im Dezember 1999 blind verkostet* ****, *aber gegenüber ihm bin ich so voreingenommen wie gegenüber dem Haut-Bailly.*

Ch. d'Issan 1984, 1987, 1990 und bei der Médoc-Verkostung der Zeitschrift *Decanter* 1999 degustiert: nicht schlecht, schlank und kürzlich nach wie vor rau. Ein mittelmäßiger 1983er. *Zuletzt im Dezember 1999 verkostet* *

Ch. Kirwan 1984, 1990 und zehn Jahre danach noch einmal verkostet. Das Château im Besitz von Schröder & Schÿler befand sich zwar nicht gerade in einer Blütephase, schlug sich aber noch immer wesentlich besser als das nahe gelegene Issan und lieferte den Beweis dafür, dass nicht alle 1983er aus Margaux großartig ausfielen. Jetzt vollreif, aber Nase und Geschmack nicht allzu interessant. Kein schlechter Wein. *Zuletzt im April 2000 beim Essen auf Château Talbot degustiert* **

Ch. Labégorce-Zédé Im Besitz der Familie Thienpont. Nur zwei Einträge. Ein wesentlich besserer Margaux als die Gewächse der beiden zuvor erwähnten Güter. 1990 sehr hohe Bewertungen, überraschend tief; sehr wohlriechend; Stil und Abgang leicht »süß« und bezaubernd. *Zuletzt im März 1999 in Brüssel mit Jacques Thienpont verkostet, dessen Familie das Château gehört* ****

Ch. Lafon-Rochet Gott sei Dank nur ein Eintrag. Eigenartig. Am Austrocknen. Ob er jemals anders war? *Dezember 1999.*

Ch. Lagrange (St-Julien) Drei recht gute Bewertungen 1988. In jüngster Zeit von unterschiedlicher Qualität. Etwas Wohlgeruch, trockener Abgang. *Zuletzt im Dezember 1999 bei der* Decanter-*Verkostung von 1983ern degustiert* *

Ch. La Lagune Eine überraschend hohe Zahl von Einträgen vom Mai 1984; würzig, guter Geschmack. Zwei kritische Bewertungen 1988. Schien 1990 am reifsten, besten und trinkbarsten. Kürzlich sehr enttäuschend, austrocknend. *Zuletzt im Oktober 2000 an einem »Zigarren- und Portweinabend« im Londoner Brooks's Club sozusagen im Vorprogramm verkostet* **

Ch. Langoa-Barton Etwas profan. *Bei einer Verkostung im März 1999 in Kopenhagen mit einem »Jetzt in etwa trinkreif« bedacht* **

Ch. Lascombes Wurde dem Ruf des 1983er-Jahrgangs in Margaux auf jeden Fall gerecht. Bei der ersten Verkostung im Februar 1985 noch immer im Fass und dort hervorragend. 1990 und 1998 verwies ich auf seinen fast an den 1982er heranreichenden Gehalt und Extrakt. Jetzt vollreif, mehrschichtiges Bukett; merklich »süß«, attraktiver Geschmack und gute Länge. *Zuletzt im Dezember 1999 auf der* Decanter-*Verkostung von 1983ern blind degustiert* ****

Ch. Léoville-Barton Von Anfang an ein schlanker, tanninbetonter Wein. Schien sich um 1990 in seinem Zenit zu befinden, allerdings noch immer etwas rau. Seither nur noch ein Eintrag: ausdruckslos, streng, nach wie vor zu tanninbetont. *Zuletzt im März 1997 beim Essen verkostet* * *Enttäuschend.*

Ch. Léoville-Las-Cases Von einem ganz anderen Schlag. Zwar ebenfalls tanninbetont, aber zumindest mit viel stützender Substanz. Unlängst rubinfarben, lebendige, würzige Frucht; etwas Intensität und für einen 1983er aus St-Julien vielschichtig. *Zuletzt im Dezember 1998 in New York verkostet* ***(*)

Ch. Léoville-Poyferré Mehrmals verkostet, als Erstes eine schlanke, aber geschmeidige Fassprobe. Entwickelte sich stetig, wohlriechend, aber um 1990 mit ziemlicher Säure. Kürzlich sehr geradlinig. Das Musterbeispiel eines roten Bordeaux (ich gebe allerdings zu, dass ich ihn bei der Blindverkostung für einen Margaux hielt). *Zuletzt im Dezember 1999 verkostet* *** *Jetzt trinken.*

Ch. Lynch-Bages Ganz zu Anfang schrieb ich: »Warum können nicht alle so zugänglich und köstlich sein?« 1984 nicht weniger als vier Fassproben, allesamt bezaubernd, was auch für die Mitte der 1990er verkosteten Flaschen gilt: Cassis-Duft,

Charme, reich und zugänglich. 1994, 1995 und 1996 jedoch der Vermerk »enttäuschend«. Dann bei einem Essen in Brüssel wieder köstlich und »ein Charmeur«. *Zuletzt im April 1997 verkostet. Ich riskiere es und gebe ihm mindestens* ★★★

Ch. Malescot-St-Exupéry Wie so oft leicht umgeschlagen, leidlich attraktiv, gefällig. Ich weiß, ich bin etwas herablassend. Um 1990 einige Male verkostet. Kürzlich »ganz gut trinkbar« (mit meinem Vorsitzenden). *Zuletzt im Oktober 1998 verkostet* ★★

Ch. Marquis de Terme 1990 passabel. Jetzt alternd, unverwoben, Schweißnote, stielig, rauer Abgang. *Bei einer* Decanter-*Verkostung von 1983ern im Dezember 1999 nicht gut.*

Ch. La Mission Haut-Brion Ein sehr guter Wein. Gleich von Anfang an würzig, lebendig, körperreich. Gute Bewertungen 1990. Unlängst noch immer sehr farbtief, allerdings mit reifer werdendem Rand; eine ziemlich harte Nase mit Spirituosenton; voll, reich, eindringlich – und ein Hauch von rostigem Eisen! *Zuletzt im Dezember 1997 bei einem Wohltätigkeitsdinner in New York verkostet* ★★(★★)?

Ch. Montrose Auch mit ihm fing es gut an und ging charakteristisch würzig und tanninbetont weiter. 1990 zwar beeindruckend, aber hätte meines Erachtens noch viel mehr Zeit in der Flasche gebraucht. Bei einer *Decanter*-Blindverkostung vor kurzem allerdings vollreifes Aussehen und recht wohlriechend, aber am Austrocknen. *Zuletzt im Dezember 1999 verkostet* ★★(★)? *Soll man es riskieren, ihn noch aufzubewahren?*

Ch. Mouton-Baronne-Philippe Reicher Geschmack, aber wie immer schlank, wohlriechend und mit etwas Charme. *Zuletzt im Dezember 1993 verkostet* ★★★

Ch. Palmer Früher hieß es einmal, er enthalte einen ungewöhnlich hohen Anteil von Petit Verdot, doch der derzeitige Geschäftsführer erzählte mir, dass er nur 2,4 % betragen habe. Wie dem auch sei, ich empfand den Wein schon in seiner Jugend als hart und stielig und bis in die 1980er hinein etwas rau. Acht weitere Einträge, der beste entstand 1995 bei einer Verkostung für Wein & Co in Wien: ein Charmeur, voll ausgebaut – doch auch mit hartem Tannin und einer Textur »zum Kauen«. Ich erwartete mehr, aber es kam nicht (1999). Kürzlich unterschiedliche Flaschen, eine korkig, die andere ein bisschen widersprüchlich, mit »süßem« Auftakt, aber sehr tanninbetont, außerdem meiner Meinung nach am Austrocknen. *Zuletzt im Februar 2001 beim Palmer-Essen von Farr Vintners verkostet* ★★ *Ein enttäuschender Palmer.*

Ch. Pichon-Longueville, Lalande Viele Einträge, zweimal 1984, reich, reife Frucht, aber natürlich tanninbetont, reifte gut und wurde vielschichtiger. In den letzten zehn Jahren bei zehn Gelegenheiten verkostet und ehrlich gesagt in der Qualität etwas uneinheitlich. Auf dem Höhepunkt war er meines Erachtens in der ersten Hälfte der 1990er. »Jetzt sehr gut trinkbar« (1994), »schönes Fleisch... eine Freude« (1995), wohlschmeckend, aber mit einem Hauch von Adstringenz (April 1999) und noch im selben Jahr geradlinig, nicht überwältigend. Kürzlich eine Jeroboam: noch immer jugendliche Pflaumenfarbe; überraschend tiefe, reiche, leichte Mokkanase; »süßer« Auftakt, reicher Extrakt, trockener Abgang. *Zuletzt im Oktober 2001 bei Eigensatz in Bad Schwalbach verkostet* ★★★ *Bald trinken.*

Ch. Prieuré-Lichine Fünf Einträge. Seit dem Frühjahr 1984 durchweg enttäuschend. *Zuletzt im Juli 1999 verkostet* ★

Ch. Rausan-Ségla Ein guter Wein. Fest, gutes Fleisch, stilvoll. Sanfter Wohlgeruch. Guter Geschmack und griffig. Wahrscheinlich in der ersten Hälfte der 1990er auf dem Höhepunkt. *Zuletzt im Dezember 1999 verkostet* ★★★★ *Wird aber nicht mehr besser.*

Ch. St-Pierre Stinkkäse; adstringierend. *Dezember 1999.*

Ch. Talbot Von Anfang an reich, rustikal – erinnerte mich immer an einen köstlich riechenden Bauernhof. Keine Ahnung, warum ich ihn mag. Jetzt überentwickelt, mit merklich säurebetontem Abgang. *Zuletzt im Dezember 1999 bei der* Decanter-*Verkostung degustiert* ★★

Ch. Tertre-Rotebœuf Ich glaube, mit diesem Jahrgang habe ich zum ersten Mal einen Eindruck von dem neuen »Kultwein« bekommen. Ganz ordentlich. Meine Frau und ich tranken ihn zwischen zwei unserer Lieblings-Alltagsweine, dem Charles Heidsieck Brut Réserve und einem zehnjährigen Tawny von Graham. *Im Dezember 1994 am Sonntag vor Weihnachten verkostet* ★★

Ch. La Tour-de-By Ich stattete diesem schönen, Mitte des 19. Jahrhunderts erbauten Herrenhaus erstmals 1995 einen Besuch ab. Der Turm wirkt etwas windig – er wurde 1825 auf dem Fundament einer alten niederländischen Mühle erbaut. Besitzer Marc Pagès ist ein etwas reservierter, würdevoller, distinguierter Herr und – es wird ihm nicht gefallen, dass ich das erwähne – Träger des Croix de Guerre. Doch zur Sache: Er bereitet einen der besten und verlässlichsten *Bourgeois*-Weine im nördlichen (Bas-)Médoc. Ich habe einige seiner Weine verkostet – der 1983er war der älteste: vollreif, ausgewogen, leichter Stil, gefällig. Seither behalte ich das Gut im Auge. *Zuletzt im September 1995 verkostet* ★★★

Vieux Ch. Certan Ein schöner Wein. Überraschend tief, mit gut entwickelter Nase; »süß«, weich, ansprechend, »jetzt am besten« (1995). Doch vier Jahre später entdeckte ich weitere gute Eigenschaften: kräftige »Tränen«, reichen Extrakt und samtige Tannine. *Zuletzt im März 1999 verkostet* ★★★★ *Keine Eile.*

Commanderie de Bordeaux

Die 1950 zur Förderung der Bordelaiser Weine gegründete und heute außerordentlich erfolgreiche Gesellschaft unterhält 60 Kapitel in aller Welt, die regelmäßig Essen und Verkostungen veranstalten. Ich wurde zunächst Ehrenmitglied und später Vollmitglied des Kapitels in New Orleans (1983). Die Commanderie ist besonders in den USA aktiv. In England ist sie weniger stark vertreten: Es gibt unter anderem ein Kapitel in Manchester und ein weiteres in Bristol, das ich zweimal bei sehr festlichen Anlässen – beim Eröffnungsdinner und bei der Feier zum 10-jährigen Jubiläum – mit ungebührlichen Vorträgen schockierte. Das neueste Kapitel wurde in London gegründet. Besonders gern erinnere ich mich an Veranstaltungen amerikanischer Kapitel, bei denen ich Vorträge hielt oder die Gastgeber begleitend unterstützte, etwa beim jüngsten Treffen des Detroit-Kapitels in Bordeaux, wo ich zwischen anderen Terminen zwei wunderschöne Tage in anregender Gesellschaft verbrachte.

KURZE BEWERTUNGEN EINIGER ANDERER 1983ER (mit dem Datum der letzten Verkostung) **Ch. d'Angludet** Köstlich. *1997* ★★★; **Ch. Beauregard** Elegant. *1995* ★★★; **Ch. Belair** *1990* ★★★; **Ch. Boyd-Cantenac** Ganz gut. *1996* ★★; **Ch. Chasse-Spleen** Für seine Kategorie außerordentlich gut. *1997* ★★★★; **Ch. Coufran** *1995* ★★; **Ch. Dauzac** *1990* ★★; **Ch. Durfort-Vivens** *1990* ★★; **Ch. La Gaffelière** *1993* ★★; **Ch. Gazin** *1996* ★★★; **Ch. Larcis-Ducasse** *1999* ★★; **Ch. Malartic-Lagravière** *1993* ★★★; **Ch. Pichon-Baron** *1988* ★★★; **Ch. Le Pin** *1988* ★★★★; **Ch. Pontet-Canet** *1988* ★★★; **Ch. Rauzan-Gassies** *1990* ★?; **Ch. Siran** *1990* ★★

1984 ★ bis ★★

Das größte Problem dieses Jahrgangs war die misslungene Merlot-Ernte, die am rechten Ufer zu einem ernsthaften Mangel und Ungleichgewicht führte und am linken eine zu hohe Dominanz der Cabernet-Trauben mit sich brachte. Verschlimmert wurde das Ganze durch die zu hohen Weinpreise, die zum Teil noch über denen für den 1983er und sogar den 1982er lagen. Wie immer war vor allem das Wetter für die Qualitätsprobleme verantwortlich, wenn auch nicht für die Preise. Der April war warm und sorgte für einen Vegetationsschub. Auf einen kühlen Mai folgte ein außerordentlich heißer und trockener Juni. Er war der eigentliche Ursprung allen Übels, denn er verursachte ein Verrieseln der Reben. Vor allem die Merlot-Stöcke waren davon betroffen. Der leidlich warme Sommer wurde von einem September mit hoher Luftfeuchtigkeit abgelöst. Für zusätzliche Probleme im sowieso schon nassen Oktober sorgte schließlich der Wirbelsturm »Hortensia«.

Die von Merlot dominierten Weinberge in Pomerol erwischte es besonders schlimm. Pétrus beispielsweise konnte nur minimale Mengen ernten, denn seine Rebflächen waren praktisch zu 100 % mit dieser Rebe bestockt. Im Médoc wirkte sich die Merlot-Pleite nicht ganz so katastrophal aus, denn dort spielt die Sorte nur sehr selten die Hauptrolle. Allerdings erhöhte sich durch den Mangel an Merlot-Trauben der sowieso schon beträchtliche Cabernet-Sauvignon-Anteil im Verschnitt zusätzlich. Durch die Probleme während der Reife- und Erntezeit fehlte es den Weinen an Gleichgewicht. Wieder einmal stehe ich tief in der Schuld von Hardy Rodenstock, der mir Gelegenheit gab, während einer einzigen Degustationsrunde auf seiner 13. Raritäten-Weinprobe im Oktober 1992 eine breite Palette von 1984er-Spitzenweinen (insgesamt 18 an der Zahl) zu verkosten – natürlich alle blind.

Ch. Lafite Mit vier Jahren rau und tanninbetont. 1985 mit seidiger Textur, doch sehr trockenem Abgang. Auf Rodenstocks 1984er-Blindverkostung in leidlicher Verfassung: chaptalisierte Vanillinnase, die sich aber öffnete. Klassischer Geschmack, dabei schlank und tanninstark. Trotz der tiefen Farbe war der aussagekräftige Rand etwas schwach und ließ die Intensität vermissen. Nur vier Flaschen in der ersten Hälfte der 1990er verkostet, ausnahmslos Magnums aus meinem eigenen Keller, seither kein weiteres Exemplar mehr. Während eines Essens bei Christie's, für das ich – nicht zum ersten Mal – meine eigenen Weine zur Verfügung stellte, erwies er sich als gut trinkbarer, zufrieden stellender Wein, der sich aber durch nichts hervortat. Zwei Flaschen noch im selben Jahr am Heiligabend zu Hause und am 1. Weihnachtsfeiertag mit der ganzen Familie im Haus eines Freundes in Somerset getrunken. Er passte sehr gut zu den Kerzen, Keksen und Wunderkerzen. Ein Jahr später eine etwas interessantere Magnum, die ich für eine CD-Rom-Verkostung dekantiert hatte. Zum Glück hatten wir alle Zeit der Welt, denn es dauerte fast zwei Stunden, bis sich sein Bukett zeigte. Unlängst eine weitere Magnum auf dem Dinner zu Daphnes 65. Geburtstag. Zwar ziemlich tief und wie die Jubilarin mit gewissen Reifespuren, doch insgesamt trocken und hart, mit gerade noch ausreichender Frucht. Zum Glück habe ich keine Flasche mehr übrig. *Zuletzt im Juli 1996 verkostet* ★★

Ch. Latour Erstmals im Fass verkostet und dort erwartungsgemäß rau und tanninbetont. 1989 bei der Degustation von Frericks und Wodarz entwickelte sich seine von der Cabernet-Traube dominierte Würze recht schön. Allerdings unverwoben und mit einem bitteren Hauch. 1992 zusammen mit den anderen erstklassifizierten Gewächsen blind verkostet, wohlriechende, vegetabile Nase (»gekochter Kohl« – er roch ein bisschen streng). Robust. Raue Frucht. Im darauf folgenden Jahr bei einem Essen des Bordeaux Club auf Childerley Hall zu *Salade tiède rustique* (lauwarmem Bauernsalat) und *Noisette de chevreuil* (Nüsschen vom Zicklein): sehr tief, hübsche rubinrote Farbe. In der Nase wesentlich besser, sehr ausgeprägtes Cabernet-Sauvignon-Aroma und ebensolcher Geschmack. Trocken, lebendig – aber von einem Abgang verdorben, der an Hühnermist erinnerte. *Zuletzt im Mai 1993 verkostet. Nicht zu empfehlen.*

Hardy Rodenstock

Der Münchner begann in den 1970ern, sich mit dem Kauf feiner und seltener Weine bei Christie's zu beschäftigen. Er ist ein überaus großzügiger Veranstalter bedeutender Weinereignisse, zu denen er seine engen Freunde einlädt. Auch ich gehöre zu diesen Glücklichen. Ein ganzes Jahr lang ist Hardy damit beschäftigt, die Verkostungen zu organisieren, auf denen eine außerordentlich hohe Zahl von Weinen der Spitzenkategorie gereicht wird. In diesem Buch nehme ich immer wieder Bezug auf seine alljährlichen Degustationen. Die erste fand 1980 statt und umfasste rund 40 Weine. Ich war das erste Mal 1984 dabei, als wir uns im Restaurant Fuente in Mülheim trafen. Bei diesem formellen Ereignis wurden in acht »Serien« 75 Weine geöffnet. Wir begannen um 12 Uhr mittags und beendeten die Verkostungen um Mitternacht mit mörderischen Kopfschmerzen! Später entwickelten sich daraus zwei- oder dreitägige Weinwochenenden in Wiesbaden, dann im Arlberg Hospiz in Österreich, auf Château d'Yquem und schließlich im ausgezeichneten Münchner Hotel Königshof. Jede Veranstaltung muss Hardy ein Vermögen kosten, ganz zu schweigen von der Zeit und der Mühe, die für die Organisation aufgewendet werden müssen. Dabei ist Hardy ein bemerkenswert bescheidener Mann geblieben. Die Herkunft seiner seltenen Weine gibt er allerdings unter keinen Umständen preis, obgleich er nicht wenige davon bei Christie's ersteigert hat. Dank seiner unglaublichen Großzügigkeit hatte ich nicht nur das Privileg, eine enorme Bandbreite großer und sehr seltener Gewächse verkosten zu dürfen, sondern lernte auch einen sehr großen Kreis von Weinliebhabern und -sammlern kennen und bin selbst zu einer festen Größe auf seinen Veranstaltungen geworden.

Ch. Margaux 1987 rauer Abgang. Sehr tanninbetont. Bei Rodenstocks Blindverkostung 1992 einen halben Punkt hinter dem Mouton. Undurchsichtig; reichlich Brombeerfrucht in der Nase und am Gaumen. Auch ziemlich »süß«. Dann auf den beiden Vertikalverkostungen von Wagner degustiert, das erste Mal 1997. Man teilte uns mit, dass der Wein fast vollständig aus Cabernet Sauvignon bereitet worden wäre und der Merlot-Anteil bei nur 5 % gelegen hätte. Er war besser, als ich erwartet hatte, griffig und mit ganz anständiger Frucht. Aber unausgewogen, verdreht, etwas käsig. Bei der zweiten Verkostung erneut auf Käse hingewiesen, doch schimmerte diesmal der Cabernet-Sauvignon-Charakter durch. Keine gute Flasche. Schlank, etwas hölzern, sogar mit leichtem Korkgeschmack. *Zuletzt im November 2000 verkostet* ★★★, *aber ich würde auch von ihm die Finger lassen.*

Ch. Mouton-Rothschild Vielleicht ist es ganz gut, dass ein Mouton einen hohen Anteil von Cabernet Sauvignon verträgt. Beim 1984er sind die Cabernet-Sauvignon-Komponenten in der Nase und am Gaumen noch dominierender als sonst, insgesamt aber fällt der Wein wegen der mangelnden Reife rau aus.

Seit der Fassprobe im April 1986 – reichlich Frucht, aber rau – mehrmals verkostet. 1989 hart, wohlschmeckend, »aber ungelenk«. Bei Rodenstocks Blindverkostung meiner Ansicht nach mit knappem Abstand der beste Wein: sehr tiefes Kirschrot; reich, robust, keksartig, Cabernet-Nase. Ein massiver Wein voller Frucht und Tannin. *Zuletzt im Oktober 1992 verkostet* ★★★ *(gerade noch).*

Ch. Haut-Brion Nur in einziges Mal verkostet, und zwar blind: offen gestanden, schlecht, mit rustikaler Hühnermistnase, dabei würzig. Später mit einem Geruch nach weggeworfenen Zigaretten, obwohl sich der unangenehme Flaschengeruch allmählich verzog. Etwas »Süße«, auf obskure Weise sehr schmackhaft. Rauer, trockener Abgang. *Zuletzt im Oktober 1992 verkostet. Nicht zu empfehlen.*

Ch. Ausone Nicht verkostet.

Ch. Cheval Blanc Die ansprechende Farbe ist sein hervorstechendstes Merkmal. Bittere Tannine, die gut zu Lammkoteletts passten (1990). Unter einwandfreieren Bedingungen – man muss sich bei Blindverkostungen gut konzentrieren – kein sonderlich auffallendes Erscheinungsbild, etwas eigenartige Nase, auf seine Art recht attraktiv (ich schrieb »Cheval Blanc?«). »Süß«, keine schlechte Frucht, seidige/wildlederartige Tannine und ganz gute Länge. *Zuletzt im Oktober 1992 verkostet* ★★ *Einer der besseren 1984er.*

Ch. Pétrus Als ich im Frühherbst 1984 durch die Weinberge spazierte, war kaum eine Traube zu sehen; der Merlot-Ertrag war fast völlig vernichtet worden. Allerdings nur fast, denn Rodenstock ließ seine Blindverkostung kühn mit einer Flasche dieses Jahrgangs ausklingen. Ihr zunächst verhaltenes, laubartiges, krautiges Bukett öffnete sich wohlriechend. Etwas »Süße«, eine Melange aus weicher Frucht und lebendigem Wesen. Tanninbetonter Abgang mit Eisennote. *Zuletzt im Oktober 1992 verkostet* ★★★

Weitere, zuletzt in den 1990ern verkostete 1984er

Ch. L'Evangile Keine schlechte Nase. Leicht, trocken, spitzig. *Mai 1991* ★ *Austrinken.*

Ch. Fieuzal Normalerweise ein gut gemachter Graves. Zwar mit auffälligem Cabernet-Sauvignon-Einschlag, aber sehr seltsamer, leicht duftender Geschmack. *Beim Abschlussessen der Union des Grands Crus im April 1994 serviert* ★

Ch. La Fleur Moderate Farbe; etwas Frucht, aber keine Entwicklung. Trocken, schlank, rau. *April 1998* ★

Ch. Grand-Puy-Lacoste Er gehört zu den Lacoste-Jahrgängen, die ich mir nicht zugelegt habe. Zwar recht wohlriechend, doch schlank, mit scharfer Frucht und zitrusartiger Säure. *Einer der schlechtesten der insgesamt 14 im Juni 1995 auf dem Château verkosteten Jahrgänge von 1981 bis 1994.*

Ch. Kirwan Mit neun Jahren vollreifes Erscheinungsbild, hochgetönt, Duft nach gekochten Süßigkeiten (Bonbons) und magerer Geschmack. Wahrscheinlich stark chaptalisiert. *Auf einer Vorverkaufsverkostung im Dezember 1993 degustiert. Austrinken.*

Ch. Léoville-Barton Auf derselben Verkostung degustiert wie den Kirwan und wegen seines Erscheinungsbildes, seiner Nase und seines Geschmacks ebenso schlecht bewertet. Bei ihm allerdings ein Karamellgeruch. Trocken. Rau. *Dezember 1993.*

Ch. Liversan Es ist ungewöhnlich, alte Jahrgänge auf der Weinliste relativ gewöhnlicher französischer Restaurants zu sehen, aber ich fand schnell heraus, warum. Ziemlich tote Farbe, zu viel Orange; schlechte, umgeschlagene Nase; rau, hölzern; ausgetrocknet. Gerade noch trinkbar. *Im September 1998 im Restaurant »des Yachts« in Pauillac verkostet. Liversan? Lebertran wäre ein angemessenerer Name.*

Ch. Montrose Ich war neugierig, wie sich der elf Jahre alte 1984er machen würde. Zwei Flaschen, eine mit einer Nase wie Rohrzucker, trocken, tanninbetont, die andere »süßer« und wohlschmeckender. *Auf Anthony Byrnes Verkaufsverkostung im April 1995 degustiert. In Bestform* ★★ *Ich frage mich, ob ihn überhaupt jemand gekauft hat.*

Ch. Pichon-Lalande Aus irgendeinem Grund stehen fünf Einträge zu Buche. Eine ganz gute Jeroboam 1992 auf einer Verkostung von 1984ern. Zwei Jahre später »nicht schlechte, raue Frucht« und kurz darauf »weicher und milder als erwartet«, was aber nicht viel heißt. Kürzlich mit May de Lecquesaing (stammte der Wein von ihr?) während des Millenniumsessens der Zeitschrift *Decanter* bei der Vinopolis-Eröffnung in London degustiert. Noch immer tief, etwas Fleisch und Cabernet-typisch griffig … aber leider nicht dem Anlass entsprechend. *Zuletzt im Juli 1999 verkostet* ★

Die folgenden Weine habe ich zuletzt im Oktober 1992 auf Rodenstocks Blindverkostung von 1984ern degustiert.

In der Reihenfolge der Verkostung:

Ch. Branaire-Ducru (Jeroboam) »Süße«, chaptalisierte Nase; schönes Gewicht, fruchtig, aber rau ★

Ch. Léoville-Barton (Impériale) Tief kirschrot; lebendige Frucht, wohlriechend; etwas Tiefe und »Fleisch«, aber rau und tanninbetont. Passable Länge ★★ *Wird wohl nicht mehr besser werden.*

Ch. Léoville-Las-Cases (Jeroboam) Tief, einer der intensivsten Weine; Vanillin, Zedernholznase und -geschmack recht gut. Fest eingebundene Frucht, zu trocken; tanninbetont und bitter ★★

Ch. Beychevelle (Magnumflaschen) Klar; »süße«, marmeladige, chaptalisierte Nase, die sich recht gut öffnete. Ein eigenartig ansprechender Duft. Etwas einnehmende Frucht. Das Essen trug dazu bei, die bitteren Tannine zu kaschieren ★★★

Ch. Ducru-Beaucaillou (Jeroboam) Gute Farbe und »Kirchenfenster«; »süße«, attraktive Nase, ein Hauch Karamell, öffnete sich wohlriechend. Am Gaumen etwas strenger. Trockene, ledrige Tannine, ohne Essen rau. Ziemlicher Biss ★★★ *(gerade noch).*

Ch. Cos d'Estournel (Jeroboam) Tief; verhalten; trocken, ledrige, tanninbetonte Textur. Ziemlich ansprechend (zu Schwein!), aber etwas rau und verblassend ★★★ *(gerade noch).*

Ch. Lynch-Bages Im Fass undurchsichtig. Ziemlich gewöhnlich und stielig, raue Textur (1988). Einige später entstandene Einträge. Auf der Verkostung von 1984ern im Jahr 1992 eine Jeroboam, sehr tief, intensiv; mit charakteristischer wohlriechender Cabernet-Frucht und ebensolchem Geschmack. Trocken, etwas rau, aber erfrischend. Ein attraktiver 1984er ★★★

Ch. Margaux und **Ch. Haut-Brion** Bereits besprochen – siehe Seite 133–4.

Ch. La Mission Haut-Brion Frühere Einträge: pflaumenfarben; recht gute Nase; fleischiger als erwartet, aber kurz (1990). 1992 mehr oder weniger dasselbe Ergebnis: lebendige Frucht, robust, »medizinaler« Geschmack, charakteristischer »Tabak«-Abgang ★★★

Dom. de Chevalier Ausgewogenes Bukett; gute Frucht, guter Geschmack. Tannin und Säure im Gleichgewicht. Ein zufriedenstellender 1984er ★★★★

Ch. Lafite, Mouton, Latour und **Cheval Blanc** Bereits beschrieben – siehe Seite 133–4.

Ch. Figeac Für einen St-Emilion ungewöhnlich niedriger Merlot-Anteil (nur etwa 30 %), der Rest Cabernet franc, deshalb von der geringen Merlot-Ernte relativ unbeeinträchtigt. Meine frühen Einträge deuten auf fortgeschrittene Reife hin, was sich 1992 nicht bestätigte. Recht lebhaftes Bukett, ein Hauch flüchtiger Säure, öffnete sich schön. Sehr wohlschmeckend, aber mit sehr trockenem, sprödem, säurebetontem Abgang ★★

1985 ★★★★★

Ich habe mich sehr auf eine Überarbeitung der Notizen zu diesem Jahrgang gefreut und gehofft, dass eine erneute Durchsicht meine Eindrücke bestätigen würde. Er scheint all das in sich zu vereinen, was einen guten Bordeaux ausmacht: das Gewicht, die Ausgewogenheit, den Charakter. Auf jeden Fall ist er mein Lieblingsjahrgang dieser großartigen Dekade und verkörpert roten Bordeaux in seiner besten Ausprägung.

Aber wie und warum? Eigentlich ganz einfach: Nach einem der kältesten Winter seit Beginn der Aufzeichnungen, als die Reben zum Glück ruhten, in manchen Distrikten allerdings auch beträchtliche Frostschäden erlitten, stellte sich eine zeitige, erfolgreiche Blüte ein, die auf eine frühe Lese und beträchtliche Erträge hoffen ließ. Nach einem langen, heißen Sommer fand die Lese unter Idealbedingungen statt. Nur Pechvögel oder Pfuscher vermasselten ihren 1985er.

Nachdem ich meine Verkostungsnotizen alle eingesehen habe, bin ich mehr denn je davon überzeugt, dass der 1985er einer der besten Jahrgänge überhaupt ist – perfekt als Trinkgenuss und perfekt zum Einlagern.

Ch. Lafite Ich kann mich natürlich glücklich schätzen. Es ist mein Beruf, mein Hobby und mein Vergnügen, so oft Weine von dieser Qualität zu verkosten, was nicht immer auf Kosten anderer geschieht, wie ich Ihnen versichern kann. Fast zwei Dutzend Einträge zum 1985er Lafite stehen bei mir zu Buche, sodass ich seine Entwicklung zwar nicht von seinen Anfängen im Fass, aber doch ab Oktober 1988 nachzeichnen kann. Er ist in einem Dutzend seit 1992 entstandener Notizbücher jeweils mindestens einmal vertreten und wurde bei den verschiedensten Gelegenheiten verkostet, in jüngerer Zeit zum Beispiel bei Masterclasses (New York 1995), Essen bei Christie's (1999) und ebenfalls 1999 passenderweise im New Court, der Rothschild-Bank in der Londoner City. Mehrere Weindiners: bei der James Beard Foundation 1995 in New York, für Crédit Suisse 1999 im Shangri-La in Hongkong oder bei einer Kaplan-Degustation, diesmal mit den großen 1985ern, im April 2000 in Chicago. Dann im darauf folgenden Monat zu Hause (eine Magnum) und so weiter. Mit Ausnahme von schnörkellosen Mittag- und Abendessen gehört das Leiten bzw. »Moderieren« von Verkostungen zu meinen häufigsten Aufgaben. Und fast immer muss ich für mein Abendessen ein Lied anstimmen, was zum Glück stets ein Vergnügen ist.

Aber wie ist der 1985er Lafite nun ausgefallen? Bei Lloyd Flatts monumentaler Lafite-Degustation 1988 gab ich ihm eine meiner höchsten Bewertungen (19 von 20 Punkten). Mit drei Jahren hatte er eine sehr tiefe, hübsche Purpurfarbe; eine »süße«, reiche, sehr wohlriechende Nase und am Gaumen gute Frucht, alle Komponenten gut gefügt. Nicht *zu* massiv oder *zu* trocken und überhaupt von allem nicht *zu* viel, lediglich mit ausgezeichnetem Potenzial. Er entwickelte sich beständig, kaum ein Ausreißer unter meinen Einträgen. Wie sehr viele Lafite-Jahrgänge ist auch er zwar nicht unbedingt verschlossen, aber auch nicht gerade ein extrovertierter Wein, sondern einer, der einen langsamen Striptease vollführt und mit jedem Schnüffeln und jedem Schluck etwas mehr von sich preisgibt. Noch immer ziemlich farbtief, mit dunklem, samtigem Zentrum; ein nach wie vor jugendlicher 15-Jähriger mit der unnachahmlichen ziegeligen, im Glas aufblühenden Austernmuschelnase. Perfekt in Gleichgewicht, Ausgewogenheit, Textur und kontrollierter Entfaltung. Er zeigt sich weiterhin ziemlich tanninbetont und ist zwar köstlich zu trinken, aber braucht noch Zeit. Mein letzter Eintrag bezieht sich auf eine vortreffliche Magnum, die ich auf einer Dinnerparty zu Hause verkostete, die aber ebenfalls noch ein langes Leben vor sich gehabt hätte. Unlängst eine gelinde gesagt überraschend aufgetauchte Flasche, die mein Freund Christian Sauska aus seinem New Yorker Keller in sein Apartment in Budapest mitbrachte und die wir mit seinem Kellermeister Zanos Arvay in einem Straßenrestaurant zwischen Tokay und Saraspatak tranken. Sie hatte die Reise gut überstanden. *Zuletzt im August 2000 (in Ungarn) verkostet* ★★★★(★) *Jetzt köstlich, hält sich aber noch mühelos 20 Jahre.*

Ch. Latour Nicht ganz so viele, aber gut verteilte Einträge, der erste entstand kurz vor der Schönung im September 1986. Erwartungsgemäß intensiv purpurrot, beladen mit Schwarzer Johannisbeerfrucht, voll, tanninbetont, dabei überraschend fleischig. In seinem fünften Lebensjahr natürlich immer noch sehr tief, aber mit einer Nase, die sich gut entwickelte: Schokolade, Kaffee, Kekse, Tabak – ein ganzer Haufen süßer, interessanter Aromen; »süße« Reife am Gaumen – ein Merkmal, auf das ich immer wieder hingewiesen habe –, ziemlich massiv gebaut, relativ hoher Alkohol- und Tanningehalt, was aber ein Gefühl der Wärme hinterließ. Ein gehaltvoller, breitschultriger Wein. Aus den in der zweiten Hälfte der 1980er entstandenen Einträgen gebe ich hier nur zwei wieder. Der erste entstand bei einer »Réserve-Verkostung erstklassiger Bordeaux-Weine«, der zweite auf der Internationalen Nahrungsmittel- und Weinmesse im Februar 1998 in Palm Beach: mitteltief und mit reifem Erscheinungsbild, mahagonifarbener Rand; zunächst verhaltenes Bukett, das sich jedoch großartig öffnete; herrlich »süß« und voller Frucht. Länge und Abgang gut. Noch immer tanninbetont. Unlängst in erstklassifizierter Begleitung bei Stephen Kaplans Verkostung von 1985ern: jetzt ausgereiftes, fast fleischiges Bukett, das sich im Glas wunderschön entfaltete und nach einer Stunde voll entwickelt war, mit »Keksnoten«. Ich ließ den Wein nicht unberührt. Nach dieser Stunde war nur noch wenig im Glas! Am Gaumen ein volles, reiches Gewächs, fast mit Mokkageschmack, ein ausgezeichneter trockener Abgang. *Zuletzt im April 2000 im Four Seasons in Chicago verkostet* ★★★★(★) *Jetzt wunderschön, hat aber noch eine große Zukunft vor sich.*

Ch. Margaux Zweimal aus dem Fass verkostet, und zwar im Juni und August 1987: ein tiefer, schon damals wohlriechender, fleischiger, vollmundiger Wein, allerdings mit den Mund zusammenziehenden Tanninen. Mit fünf Jahren waren diese Tannine weich und seidig geworden und der Wein ließ bereits die für Margaux so charakteristische Nase und Eleganz erkennen. Samt in Flaschen. Mit neun Einträgen zeichnete ich in den 1990ern seine Entwicklung nach. Am aufschlussreichsten waren Wagners zwei Vertikalverkostungen, die erste 1997. In einer ausgezeichneten »Serie« konnten wir die Tugenden der 1980er-Jahrgänge schön miteinander vergleichen. Der 1985er Margaux beispielsweise war nicht so tief und hatte ein weicheres Erscheinungsbild als der 1986er, präsentierte sich aber in der Nase wesentlich entwickelter. Ein grandioser, fruchtiger Charmeur, was sich am Gaumen bestätigte. Eine meiner höchsten Bewertungen bei dieser Degustation mit insgesamt 48 Jahrgängen. Identische Noten bei Wagners nächster Degustation im November 2000, vielleicht sogar noch fabelhafter entwickelt: »Süß«, voll, reich, Frucht und Gleichgewicht perfekt. Ein kleiner Sprung zurück zu Kaplans Degustation von 1985ern im April 2000, wo er sich fast jeder Beschreibung entzog. »Weich, feminin, doch entschlossen.« *Zuletzt im Novem-*

ber 2000 verkostet ★★★★★ Jetzt herrlich, aber hat noch viele schöne Jahre vor sich.

Ch. Mouton-Rothschild Ich hatte auch die Ehre und das Vergnügen, diesen Wein im Juni 1986 im Fass zu verkosten. Auf Mouton degustiert man allerdings nicht direkt aus dem Fass. Im Fall des 1986ers bekam ich eine Fassprobe im kleinen Verkostungszimmer des *maître de chai* serviert. Der Wein war natürlich von einer fabelhaften Tiefe, aber nicht undurchsichtig, hatte eine herrlich junge Frucht, die den Aufbau über einem festen Fundament bildete. Ein Anflug von Schlankheit, aber gut im Fleisch. Schon im Dezember 1990 hatte er zu reifen begonnen und entfaltete eine unnachahmliche, grandiose Cabernet-würzige Mouton-Nase; etwas Eleganz, schöne Textur und ansprechender Nachgeschmack. 18 weitere Einträge, und selbst wenn ich genug Platz hätte, wäre es überflüssig, ja, langweilig, sie alle wiederzugeben, denn sie wiederholten sich. Ich habe mir daher meine 1995 entstandenen Notizen angesehen, als er sich in einem Zwischenstadium der Reife befand. Leider empfand ich ihn beim 15. Grand-Awards-Bankett in New York als »überraschend robust und uncharmant. Hätte mehr erwartet«. Das *Filet mignon* war ausgezeichnet, es muss also das Stimmengewirr und der Lärm im Ballsaal des Marriott Marquis schuld gewesen sein. Vielleicht aber lag es auch an mir, denn im Januar 1996 beschrieb ich sein Bukett während meines Essens für den Bordeaux Club als »exotischen, schönen Cabernet-Sauvignon-Duft und um 21.40 Uhr sehr wohlriechend«. Man beachte den Zeitpunkt: Ich hatte den Korken um 16.30 Uhr gezogen, den Wein um 17.40 Uhr dekantiert und um 20.50 Uhr serviert. Daneben reichte ich noch den 1934er und 1988er Pol Roger, den 1989er Laville-Haut-Brion, den Cheval Blanc, Lafite und Mouton von 1985, den 1959er Lafite (den besten von allen) und den Suau, einen 1985er Barsac. Ach ja, und den Hine Grande Champagne von 1966, der 1967 eingeführt und 1982 abgefüllt wurde. Lauter eigenartige Flaschen. Ich habe keinen großartigen Keller.

Kurz zurück zum Mouton. Zwei exakt 15-jährige Flaschen waren mitteltief, eine noch immer hart, aber wohlriechend, mit schöner Textur, weich, fruchtig. Die andere seltsamerweise mit ansprechendem »süßem« Bukett, aber einem Anflug von Holz und Säure. Beide im November 2000 bei einem Weindinner zu Hause degustiert. Kürzlich bei einem weiteren Essen für den Bordeaux Club, zu dem diesmal Dr. Louis Hughes, ein neues Mitglied, geladen hatte: der typische exotische Mouton-Wohlgeruch; weich, wohlschmeckend, lebendig, aber mit einem Hauch von Adstringenz. *Zuletzt im Januar 2001 im Londoner Savile Club verkostet ★★★★★ Ein aufregender Wein, der in seinem Zenit steht und dort auch noch problemlos mindestens zehn Jahre ausharrt.*

Ch. Haut-Brion In seiner Jugend nicht verkostet. Im Herbst 1992 war ich von ihm nicht sonderlich angetan. Als ich das erste Mal an ihm roch, zeigte er sich reich, aber rau. Hier nun weitere Einträge, um das Bild geradezurücken. Als Erstes auf Edmund Penning-Rowsells »Zehnjahresverkostung« von erstklassifizierten Gewächsen im Juli 1995: ziemlich tief, noch jugendlich; anfangs verhalten, öffnete sich aber. Ansprechend, würzig, ingwerartig, nahezu perfekt. Trotz der anfänglichen Sprödheit eine hohe Bewertung für den Geschmackseindruck. Guter erdiger Geschmack, schön im Gleichgewicht. Großes Potenzial. Noch im selben Jahr bei einer Verkostung von erstklassifizierten 1985ern im Gidleigh Park Hotel in Devon. Auf jeden Fall eigenständig – ein Haut-Brion ist nun einmal anders; am Gaumen hatte er einen »mineralischen« Geschmack nach heißen Kieseln, überwältigend trocken, mit bitterem Tannin. »Braucht Zeit.« Bei einem ziemlich langweiligen Essen im Dezember 1998 im Sitzungssaal von Christie's allerdings zeigte er seine Klasse. Mit 15 Jahren ein interessanterer Eintrag, entstanden bei einer Masters-of-Wine-Degustation von Haut-Brion-Gewächsen, auf der uns Jean Delmas informierte, dass 1985 »ein trockenes Jahr war und eines der heißesten des ganzen Jahrhunderts. Etwas Nebel im September förderte die Traubenreife auf Haut-Brion«, was mich wundert. Aber der Wein zeigte sich in guter Verfassung, mit nach wie vor jugendlich gutem Aussehen; »süß«, köstlich, sehr gute Länge. Kürzlich fiel mir bei Kaplans Abend mit 1985ern eine ziemlich vegetabile Nase auf, die sich wohlriechend öffnete; wundervolle Eleganz und Textur, »Tabak in Geschmack und Abgang«. *Zuletzt im April 2000 verkostet ★★★★★ Jetzt wunderschön, aber bleibt noch auf der Höhe.*

Ch. Ausone Wie üblich wenig Einträge. Nur vier. Als Erstes mit zwei Jahren verkostet, eine ansprechende Flasche auf Lloyd Flatts Ausone-Degustation in New Orleans; gefällig, »süß«. Dann zehn Jahre nach der Lese das zweite Exemplar bei Penning-Rowsells Staffel von Erstklassifizierten: schön ausreifend; gut, aber in Nase und Geschmack eine eigenartige Note von »angesengtem Packpapier«; dabei weich und ansprechend. Kürzlich bei Kaplans Eröffnungsessen zum Weinwochenende mit 1985ern: jetzt mit vollreifem Erscheinungsbild; Bukett nach Karamell, dann Teeblättern und nach zwei Stunden ein merklich reifer Cabernet-franc-Duft. Am Gaumen nicht ganz so begeisternd. Das übliche »Herbstlaub«. *Zuletzt im April 2000 im (ausgezeichneten) Restaurant Tru in Chicago verkostet ★★★ Jetzt trinkreif.*

Ch. Cheval Blanc Einer meiner absoluten Lieblingsweine. Meiner Meinung nach vollkommen. Sehr viele Einträge – 20, um genau zu sein, mehrmals degustierte ich Flaschen aus meinem eigenen Keller. Ich habe nur noch zwei kostbare Exemplare übrig. Es wäre zu teuer, den Bestand wieder aufzufüllen. Erstmals im September 1986 aus dem Fass verkostet, wahrscheinlich im Keller, in dem die Weine im zweiten Jahr ausgebaut wurden. Tief purpurrot; verhaltene, schmucke Nase; gut gebaut, gute Frucht, Zimt bzw. würzige neue Eiche. Zwar beeindruckend, aber ehrlich gesagt entdeckte ich keinen Hinweis auf die kommende Größe. Bei der nächsten Verkostung im März 1991 allerdings, als ich zum ersten Mal eine Flasche öffnete, nachdem ich ein paar Kisten gekauft hatte, war der Wein nicht wiederzuerkennen. Ich dekantierte ihn nicht, sondern goss ihn direkt ein (beim Sonntagsessen auf dem Land). Ein anfänglicher Hauch von Eisen, Gewürznelken und Minze, dann nach Luftkontakt reich, fast stechend. Am Gaumen merklich »süß«. Voller Frucht und köstlich für sich, ohne Essen, zu trinken. Fast mit dem Gehalt und Extrakt des 1982ers. Mit zehn Jahren neben sieben anderen erstklassifizierten Gewächsen degustiert, zwar schön in Nase, Geschmack und Textur, bekam aber nicht meine Höchstwertung. Anschließend noch mehrere hervorragend trinkbare Flaschen beim Essen zu Hause und natürlich mit den Mitgliedern des Bordeaux Club. Erwartungsgemäß auch bei Kaplans 1985er-Verkostung in perfektem Zustand. Kürzlich zwischen dem ausgezeichneten, seltenen Barca Velha 1978 (Ferreiras »Douro-Lafite«) und dem 1962er La Tâche bei einem Weindinner zu Hause degustiert. Um 19.45 Uhr dekantiert, zwei Stunden später serviert: jetzt mitteltief, reich, mit reifem Rand; ein schönes, voll ausgebautes Bukett; »Süße«, Körper, Geschmack, Tannin und Säure perfekt. *Zuletzt im Juni 2000 verkostet ★★★★★ Jetzt vollendet, aber noch etwa zehn weitere Jahre gut ausgewogen.*

Ch. Pétrus Erstmals an seinem fünften Geburtstag bei Johann Bjürklunds Pétrus-Degustation verkostet. Noch immer rubinrot, wirkte aber bereits voll entwickelt; reife, reiche Maulbeerfrucht. Mit zehn Jahren neben den anderen erstklassifizierten Gewächsen zugänglich, opulent, fantastisch fruchtbepackt, konzentriert, vollmundig. Teilte sich den Spitzenplatz mit dem Mouton, der ein geringfügig feineres Bukett vorzuweisen hatte, während der Pétrus am Gaumen einen leichten Vorsprung hatte. Kürzlich mit 15 Jahren: reifes Aussehen, reich, komplett. *Zuletzt bei Stephen Kaplans 1985er-Verkostung im April 2000 degustiert* ***** *Jetzt vollkommen. Lebt noch weitere 20 Jahre.*

Ch. Batailley Ein archetypischer Batailley, mehr Fruchtgenuss als Finesse. Viele Einträge. Mit etwa zehn Jahren wohl auf dem Gipfel. 1994 jedenfalls sah er bereits schön ausgereift aus, wobei seine Nase das herausragendste Merkmal war. Am Gaumen trotz eines »süßen« Auftakts ein Hauch Pfefferminze und bei aller Weichheit eine kantige Säure. (Beim Bordeaux-Weinkurs von Christie's verkostet. Brauchte dringend Essen.) Unlängst eine ausgesprochen gefällige Fruchtigkeit, vielleicht etwas »teerig«, was ich schon bei mehreren Pauillac-Weinen festgestellt habe. *Zuletzt im Juni 1997 beim Essen mit dem Conseil des Crus Classés du Médoc auf Haut-Brion degustiert* ***

Ch. Beychevelle Einige nicht sehr beeindruckende Fassproben im Mai 1986, eine weitere Verkostung im August desselben Jahres kurz nach der Abfüllung (die am 11. Juli abgeschlossen worden war; der Merlot-Anteil betrug angeblich 25–26%); wirkte bei dieser Gelegenheit überraschend weich und zugänglich. In seinem fünften Jahr charakterisierte ich ihn als undurchsichtig, mit guter Tiefe und brombeerartiger Frucht, gefällige »Süße« und Fleisch. Bei einer Beychevelle-Verkostung 1997 wunderschön entwickelt, allerdings tanninbetonter als erwartet. Mit 15 Jahren nicht mehr ganz so tief, offener und entspannter; außerordentlich lebhafte Frucht; »süßer« und weicher als erwartet und ein überraschend rustikaler Einschlag. Aber ansprechend. *Zuletzt bei Kaplans 1985er-Verkostung im April 2000 degustiert* **** *Bald trinken.*

Ch. Branaire-Ducru Mit zwei Jahren: leidlich gefällig, aber nicht sehr beeindruckend. Mit fünf Jahren: wohlriechend, angenehm, aber mehr auch nicht. Als Nächstes und Letztes Magnumflaschen exakt zehn Jahre nach der Lese: eine positive, noch immer rubinrote Farbe; leichtes fruchtiges Bukett, das im Glas nachzulassen schien. Lebendig, ein Hauch von Schwarzen Johannisbeeren, aber mittelmäßiger Abgang. War vermutlich nie in »Bestform«. *Assez bien. Zuletzt bei der Christie's-Veranstaltung »Essen mit Michael Broadbent« im Oktober 1995 in Hongkong verkostet* ** *Austrinken.*

Ch. Brane-Cantenac Im April 1987 sehr typisch, sehr eigenständig, »süß«, voll, abgerundet, fleischig (hört sich nach einer Mätresse eines reichen viktorianischen Gentleman an, die in einer unauffälligen Villa im St John's Wood versteckt lebt). Vor einiger Zeit eine überdurchschnittliche Bewertung bei einer umfangreichen *Decanter*-Verkostung von 1985ern aus dem Médoc. Vollreife Farbe, ein Hauch Orange; offener, warmer, einhüllender Duft (»Ich bin nur ein Vogel im güldenen Käfig«). Gehaltvoll. Frucht, Geschmack und Länge gut. *Zuletzt im September 1994 verkostet. Großzügige* **** *Genießen, solange er so gut ist.*

Ch. Calon-Ségur Das Problem bei einer Fassprobe ist, dass man nie weiß, wann sie abgezogen wurde. Eine merklich seltsame Probe im Mai 1986. Im September desselben Jahres bei einer direkten Verkostung aus dem Fass wesentlich besser. Ein weiteres Problem des Calon-Ségur: Er kann sich als recht strenger St-Estèphe erweisen. Im April 1987 kaschierten seine »Süße« und sein Extrakt das Tannin und ein paar Jahre später waren alle Komponenten vorhanden. Drei weitere Verkostungen, zuletzt eine seltsame Flasche aus meinem Keller auf dem Land, die sich bei einer kleinen Dinnerparty in gutem Licht zeigte. Jetzt in Erscheinungsbild, Nase und Geschmack voll ausgereift. Bezaubernd, weich, trinkreif, aber am Altern. *Zuletzt im Mai 2000 verkostet* **** *Aber demnächst trinken.*

Ch. de Camensac Ein selten anzutreffendes klassifiziertes Gewächs, das in der Regel etwas unter seinen Möglichkeiten bleibt, in diesem Jahrgang aber auf der Höhe war. Aus irgendeinem Grund sind rund ein Dutzend Einträge zusammengekommen, die meisten zwischen 1988 und 1991 – und alle fielen überraschend gut aus. Ein »süßer«, weicher, zugänglicher Wein. Auch bei der *Decanter*-Verkostung 1994 zeigte er sich in recht guter Verfassung: vollreif; ausgewogen; weiche Frucht, ziemlich vollmundig. Kürzlich leider eine Flasche mit Korkgeschmack bei einer ziemlich feierlichen Verkostung in Bordeaux. *Zuletzt im Juni 1997 degustiert. In Bestform* ***

Ch. Canon Unmengen von Einträgen, denn ich habe ein paar Kisten gekauft und den Wein einige Jahre lang gern getrunken. Im Fass (Mai 1986) erschien er mir zunächst recht voll, robust und tanninbetont, nach rund elf Monaten aber hatte er sich schön entwickelt, denn trotz einer recht harten, scharfen Nase zeigte er sich ziemlich »süß«, fleischig und gut gefügt. Am meisten schätzte ich seine »süße«, reiche, angesengte Frucht, den weichen Auftakt, sein Fleisch und die leicht erfrischende Säure. Auf seinem Höhepunkt war er meines Erachtens Mitte der 1990er, denn bei den letzten Verkostungen fiel mir auf, dass die Säure die Oberhand gewinnt. *Zuletzt im August 2001 verkostet* *** *Austrinken.*

Ch. Canon-La-Gaffelière Ein guter Wein, von der ersten Degustation im April 1987 bis zum heutigen Tag. Trank sich in seinem fünften Jahr perfekt. Kürzlich eine Magnum, jetzt ziemlich ausgereift. »Süß«, mit überraschend vollem, reichem, dichtem Charakter. *Zuletzt im April 1994 beim Essen auf Ch. Beauregard verkostet* *** *Bald trinken.*

Ch. Cantemerle Ich wollte eigentlich etwas über den »Fall der Mächtigen« schreiben, denn ich hatte den exquisiten Charakter dieses Weins aus den 1950ern und besonders im Jahr 1955, als er zu den Besten seines Jahrgangs gehörte, in guter Erinnerung gehabt. Nach der Durchsicht meiner Verkostungsnotizen, angefangen mit einer guten, dichten, tanninbetonten Fassprobe im April 1987, komme ich zu dem Schluss, dass die Besitzer sich 1985 mächtig ins Zeug gelegt und einen anständigen Wein zuwege gebracht haben, der in seinem fünften Lebensjahr sogar bemerkenswert gut ausfiel. Bei der *Decanter*-Verkostung von 1985ern etwas ausdruckslos und trotz seiner guten Frucht schlanker als erwartet. Ein ähnlicher Eintrag im März 1997, trotz leichter Unterschiede zwischen den Flaschen ein vollreifer, weicher, süßlicher, sehr angenehmer Geschmack. *Zuletzt im Juli 1997 während eines Essens zu Daphnes Geburtstag im Londoner Restaurant Wilton's verkostet. In Bestform* *** *Bald trinken.*

Ch. Chasse-Spleen Zwar nur selten, wenn überhaupt unterbewertet, doch auf jeden Fall ein Kandidat für eine Neuklassifizierung. Den besten Beleg dafür liefert der 1985er. Im Fass überragend, danach eine beständige Entwicklung. Unlängst immer noch überraschend farbtief, Nase, Gewicht, Geschmack und Ausgewogenheit gut. Passte zu *Suprême de Faisan Bonne-Femme* in der Wohnung des Lord Mayor im Mansion House. Sir John Chalstrey, ein Chirurg, war Shrieval Sheriff, als ich bei den Wahlen zum Lay Sheriff im entscheidenden Wahlgang das Ziel um nur 16 Stimmen verfehlte. Was vielleicht gar nicht so schlecht war, denn ein ganzes Jahr lang bei Essensempfängen im Kostüm zu erscheinen wäre schon eine arge Tortur gewesen – außer wenn es immer so guten Wein wie den Chasse-Spleen gegeben hätte. *Zuletzt im Oktober 1996 verkostet* ***

Dom. de Chevalier Für ein Gut von solch bescheidener Größe (man erzeugt durchschnittlich nur 4500 Kisten pro Jahr) hat die Domaine einen beständig guten Ruf, den der ausgezeichnete 1985er bestätigte. Im Fass tief und wohlriechend. Entwickelte sich gut. Vor einiger Zeit mitteltiefe, warme, reife Farbe; ausgewogenes, leicht würziges Bukett. Ein ausgesprochen angenehmer Trinkgenuss. *Zuletzt im März 2001 beim Essen auf einem benachbarten Château in Pessac-Léognan verkostet ★★★★ Jetzt gut, hält sich aber noch.*

Ch. La Conseillante Wäre wohl einer meiner Lieblings-Pomerols, aber den 1985er habe ich nur einmal verkostet. Mit sieben Jahren beeindruckend tief; reiche, klassische Nase; »süße«, lebendige, herrliche Frucht. *Zuletzt im Juni 1992 verkostet. Damals ★★★(★) Dürfte jetzt perfekt sein.*

Ch. Cos d'Estournel Ein schöner Wein. Für mich der perfekte Cos, selbst schon ganz am Anfang: Man spürte bereits im Fass seine Eleganz, Frucht und natürlich jugendliche Würze. Mit fünf Jahren immer noch satt rubinrot; »süße«, ausgewogene Nase; perfekt in Gleichgewicht und Harmonie – bei solchen idealen Voraussetzungen kann nichts schiefgehen. Mein elfter Eintrag entstand bei Kaplans Verkostung von 1985ern im Four Seasons: nach wie vor jugendliches Erscheinungsbild; ein Hauch von Jod in der Nase, aber reich, reif und ansprechend. Fleischig, komplett, köstlich. Beim jährlichen Weindinner des Knickerbocker Club in New York: im Aussehen dem zuerst servierten 1990er Cos verwirrend ähnlich; auch in Nase und Charakter ähnlich, aber eine Spur leichter (12,5 % gegenüber 13 % beim 1990er), weicher, aber noch immer mit stützendem Tannin. *Zuletzt im Oktober 2000 verkostet ★★★★★ Ein roter Bordeaux wie aus dem Bilderbuch. Jetzt trinken oder noch fünf bis zehn Jahre lagern.*

Ch. Ducru-Beaucaillou Ich sage es nur ungern, aber dieser Jahrgang war unterdurchschnittlich. Ein sehr gewöhnlicher Wein, sogar einige schlechte Flaschen. Im Fass trocken, mit zu wenig Länge, 1989 bei einer Verkostung ähnlich. Bei der zweiten *Decanter*-Degustation von 1985ern im Jahr 1994 eine schlechte Flasche, die zweite »so lala«. Ein schrecklich korkelndes Exemplar auf Kaplans 1985er-Verkostung im April 2000, dann wieder ganz gut bei der jüngsten Weinprobe von Farr Vintners. *Zuletzt im Oktober 2001 verkostet. In Bestform ★★★ Bald trinken.*

Ch. L'Eglise-Clinet Für einen 1985er tief. Samtig. Ein schön entwickeltes Bukett, das ein bisschen etwas vom weichen Charakter des 1989ers hatte; ziemlich »süß«, schöner Geschmack, Feigenfrucht, relativ griffig und reichlich Charme. *Auf Rodenstocks L'Eglise-Clinet-Vertikalverkostung im Juli 1998 degustiert ★★★★★ Jetzt schön. Hält noch lange.*

Ch. L'Evangile Ein Charmeur. Nur zwei Einträge; im eleganten Ambiente des Londoner Spencer House im Mai 1991 mit herrlichem Bukett. Kürzlich: tiefes, samtiges Erscheinungsbild; gute Frucht, erweiterte sich im Glas; »süß«, reich, reif, seidige Tannine. Komplett. *Zuletzt bei Kaplans 1985er-Verkostung im April 2000 degustiert ★★★★★ Jetzt trinken oder noch warten.*

Ch. Feytit-Clinet Eine »Cuvée de la Comète«. Alte Stöcke. Beim Essen mit dem Besitzer verkostet, der in seinem wunderschönen Haus bei Poitiers für uns kochte. Ein überaus attraktiver Wein, angenehmer Geschmack, schön zu trinken. *Im Juni 1999 bei einem angenehmen Zwischenstopp auf dem Weg zur Vinexpo in Bordeaux verkostet ★★★*

Ch. de Fieuzal Ich mag die Roten aus Graves sehr. Sie sind in einem Jahrgang wie dem 1985er ein zugänglicher und ansprechender Trinkgenuss. Schon bei den ersten Verkostungen im Mai nach der Lese und im darauf folgenden April gut. Seither vier weitere Einträge. 1997 im Gidleigh Park Hotel in Devon ein ziemlich rustikaler, ungewöhnlicher Geschmack, »süß«, reich und ideales Gewicht für einen Wein zum Essen (nur 12 % Alkohol). Kürzlich in Bukett und Geschmack die »süße«, warme, erdige Ausstrahlung eines reifen Graves. Lebendig. Hält sich gut. *Zuletzt im April 2000 beim Essen auf dem Château verkostet ★★★★ Jetzt trinkreif.*

Ch. Figeac Ein sehr guter »Gaumenkitzler« dieses Guts. Im Fass verlockend: wohlriechend und voll im Geschmack, 1989 mit schön integrierter Frucht und Eiche. Als Nächstes bei einer vergleichenden Verkostung von 1985ern im Gidleigh Park Hotel: jetzt ausgereift, der blasseste unter den degustierten Weinen, warmer, rotbrauner Rand; voll entwickeltes Bukett, sehr charakteristisch und originell, mit einem Hauch von Karamell und »angesengtem Packpapier«, öffnete sich wohlriechend. Ein ausgesprochen eigenständiger Wein, aber fast immer attraktiv und charmant. *Zuletzt im November 1997 verkostet ★★★★*

Ch. La Fleur Drei Einträge aus jüngerer Zeit. Auf Rodenstocks Vertikalverkostung (1998) blind degustiert, wegen seiner leicht rauen Ader hielt ich ihn für den 1988er. Bei einem ansonsten ausgezeichneten Weindinner in Hamburg hatte er keine gleichwertigen Gegner. Er war ansprechend, ausgewogen, »süß«, mit seidiger Textur, aber trockenem, tanninbetontem Abgang. *Zuletzt im März 2000 verkostet ★★★★★*

Ch. La Fleur-Pétrus Eine Impériale. »Süß« – ein Hauch Karamell –, gute Frucht und Tiefe; am Gaumen ausgezeichnet, klassisch, ein Anflug von »Weichkäse« und geringfügig adstringierend, was aber vom Essen (ein Fleischgericht mit einem deutschen Namen, den ich vergessen habe) in den Hintergrund gedrängt wurde. *Im September 1994 auf Rodenstocks 15. Raritäten-Weinprobe im österreichischen Arlberg Hospiz verkostet ★★★★*

Ch. Gazin Nur ein Eintrag: »Gehaltvoll, beeindruckend, fleischig, Tannin und Säure gut.« *Juni 1992 ★★★★ Bald trinken.*

Ch. Giscours Mit zwei Jahren recht ansprechend, aber 1989 wurde die süße Frucht von einem kaum merklichen Malzton in der Nase abgeschwächt. Die eigenartige »Malzextrakt«-Nase bemerkte ich auch im darauf folgenden Jahr, als er mir ausdruckslos und chaptalisiert erschien. Der chaptalisierte Zug fiel mir bei einer späteren Verkostung erneut auf. Mittlerweile voll ausgereift; hochgetönt, unverwoben. Ehrlich gesagt ein enttäuschender 1985er. *Zuletzt im April 1996 verkostet ★★*

Ch. Grand-Puy-Ducasse Ein guter Ducasse, aber ein durchschnittlicher 1985er. Eine wohlriechende, würzige Fassprobe (Mai 1986). Unverwoben, tanninbetont (1989). Im Jahr darauf »ein recht guter Mundfüller«. Bei der *Decanter*-Verkostung von 1985ern aus dem Médoc: gute Farbe, jetzt reif; minzige, unausgewogene Nase. Wohlschmeckend, aber mit zitrusartiger Säure im Abgang. *Zuletzt im September 1994 verkostet ★★*

Ch. Grand-Puy-Lacoste Viele Einträge, weil ich einen Posten gekauft und noch immer einige Flaschen vorrätig habe. Sein Werdegang – ein Lacoste entwickelt sich stets langsam – begann mit einer festen, würzigen Fassprobe. Im Jahr darauf eine »undurchsichtige, aufrichtige« Flasche. 1989 beeindruckend, aber verhalten. Mit zehn Jahren im Rahmen einer Verkostung von 14 Weinen auf dem Château degustiert. Meine dritthöchste Bewertung (der 1982er und 1990er errangen jeweils einen Punkt mehr), aber reich, komplett, klassisch. Mit Ausnahme eines Eintrags, den ich mir im März 2000 bei einer Grand-Puy-Lacoste-Degustation im Rahmen einer Masterclass von Christie's notierte, entstanden alle weiteren Verkostungsnotizen zu Hause. Mit 15 Jahren weicher geworden, aber noch immer intensiv, mit ziemlich reifem Rand; eine wohlriechende, zedrige, erfrischende Nase, die sich im Glas wunderschön entfaltete: »süßer« Auftakt, weich, gehaltvoll, Frucht und Mittelteil gut. Köstlich. Ein Charmeur. Ein ähnlicher Eintrag einen Monat später beim Essen. *Zuletzt im Dezember 2001 verkostet ★★★★★ Jetzt schön zu trinken. Noch 10 bis 15 Jahre auf der Höhe.*

Ch. Gruaud-Larose Komischerweise keine Einträge aus seinen Anfangstagen. Im fünften Jahr aber in Höchstform: wohlriechend, Fleisch und Länge gut. Mit neun eine Zwischennotiz auf der ersten *Decanter*-Verkostung von 1985ern: »Süß«, gehaltvoll, sehr gefällig. Weine dieses Stils und dieser Qualität werden nicht mit 21 Jahren »volljährig«, sondern schon mit 15. Kein »beeindruckend tiefes« Erscheinungsbild mehr, dafür ein weicheres, leuchtenderes Granatrot; Bukett und Geschmack voll entwickelt, reich, gute Frucht, offen, fleischig. *Zuletzt im April 2000 degustiert ★★★★ An der Grenze zum Fünfsternewein. Keine Zeichen von Schwäche.*

Ch. Haut-Bages-Libéral Kein Gewächs, dem ich normalerweise viel Aufmerksamkeit widme, aber abgesehen von einer schlechten Fassprobe alle sieben Einträge gut. Kurzum: ein schöner, perfekt ausgewogener Wein. *Zuletzt im Juni 1998 bei einem Essen der Distillers' Company verkostet ★★★★ Bald trinken.*

Ch. Haut-Bailly Ein weiterer Wein, den ich gekauft und genossen habe. Kürzlich mitteltief, am Rand mit Reifespuren; »süßer« teeartiger Duft; »süß«, gutes Gewicht, schöner Geschmack, mild, Tannin und Säure gut gezügelt. *Zuletzt im April 2002 bei einer Masterclass von Christie's verkostet ★★★★★ Jetzt vollendet.*

Ch. Haut-Batailley Ganz anders als der Haut-Bailly, wobei jeder das Beste seiner Provenienz verkörperte, Pauillac und Graves. Der für gewöhnlich schlanke, lebendige und elegante Wein fiel 1985 unglaublich »süß« und fleischig aus. Gute, reife Frucht. Sehr attraktiv. Eine meiner höchsten Bewertungen auf der *Decanter*-Blindverkostung von 1985ern aus dem Médoc. *September 1994 ★★★★★*

Ch. d'Issan Ihn hätte man sicher nicht mit einem Graves oder Pauillac verwechseln können. Ein etwas verstecktes Gut, im konkreten wie übertragenen Sinne. Im Fass wohlriechend, wie es sich für einen Margaux gehört. Kam nur schwer in Gang, aber in seinem fünften Jahr ausgewogen und ansprechend. 1994 blind verkostet: beträchtliche Reife; Bukett und Geschmack weich und »warm«, mit reifer Frucht. Unlängst mit einem aus dem Glas quellenden Bukett, etwas locker gewirkt und vom wesentlich kraftvolleren Gruaud ausgestochen. *Zuletzt im Juni 1997 beim Essen auf Château Haut-Brion verkostet ★★★★ (gerade noch). Bald trinken.*

Ch. Lafon-Rochet Nicht mein Lieblings-St-Estèphe, aber in diesem Jahrgang gut zusammengefügt und wesentlich weniger spröde als sonst. Mehrere Einträge, seit der Blindverkostung von 1985ern im Jahr 1994 allerdings nicht mehr degustiert. In Erscheinungsbild und Nase mit Reifespuren. Gehaltvoll, zedrig; gutes Gewicht, schöner Stil. Ungewöhnlich elegant. *Zuletzt im September 1994 verkostet ★★★ Bald trinken.*

Ch. La Lagune Im Frühjahr nach der Lese gehaltvoll und sehr würzig. Entwickelte sich in Nase und Geschmack reichhaltig. Eine Flasche »leicht enttäuschend«, ohne den »burgundertypischen Reiz« eines Lagune – aber er war auch zwischen dem Gruaud und dem Cheval Blanc eingekeilt (1997 bei der 1985er-Verkostung im Gidleigh Park Hotel in Devon). Kürzlich »eigenständig, attraktiv«. *Zuletzt im Dezember 2000 beim Weihnachtsessen der Weinabteilung von Christie's im Restaurant Che verkostet ★★★ Jetzt trinkreif.*

Ch. Langoa-Barton Neigt jung zu einer gewissen Rauheit, zeigt sich aber in einem Jahrgang wie 1985 in Bestform. Mehrere Einträge aus jüngerer Zeit. 1994 bei einer Blindverkostung in guter Verfassung, reiche Frucht, gut ausgewogen. Kürzlich: köstlich, perfekt im Gleichgewicht, guter Geschmack. Jetzt in Bestform. Das musste auch ich sein, denn ich saß beim Eröffnungsessen einer Verkostungswoche am selben Tisch wie Liliane und Anthony Barton. *Im März 1999 auf Château Gazin verkostet ★★★★ Hält sich noch.*

Ch. Lascombes Mehrere gleichmäßig über die Jahre verteilte Einträge. »Süß«, Gewicht, Geschmack und Ausgewogenheit ansprechend. *Zuletzt im September 2001 bei einer Vorverkaufsverkostung degustiert ★★★*

Ch. Léoville-Barton Trotz einer Reihe nicht allzu bewunderungsvoller Einträge ein Klassiker. Tief, reich, »süß« und zugänglich, bei der *Decanter*-Verkostung 1994 mit besonders schöner Nase. Im März 2001 noch immer gute Farbtiefe, aber reifer, hellbrauner Rand: wunderschönes Bukett, wohlriechend, gut verwoben. Am Gaumen ansprechend, stilistisch eher leicht, erfrischend trockener Abgang. Kurz darauf: nach wie vor tief, schöne Textur, wundervoll im Fleisch. *Zuletzt im Oktober 2001 auf Langoa verkostet ★★★★★ Für mich der perfekte rote Bordeaux. Jetzt bis 2015.*

Ch. Léoville-Las-Cases Ich hatte das Privileg, diesen Wein mit dem höflichen, aber zurückhaltenden Monsieur Delon im Mai 1986 aus dem Fass verkosten zu dürfen. Alle Komponenten waren wohlplatziert und warteten darauf, im Wein unaufhaltsam der Reife entgegenzustreben. Tief, reich, intensiv. Aber selbst mit zehn Jahren noch unreif. Mit 15 in guter Verfassung, komplett, wunderschön ausgewogen (bei der Kaplan-Verkostung im April 2000). Vor kurzem: immer noch beeindruckend tiefes und reiches Erscheinungsbild; ein vielschichtiges Bukett, in dem so viel vorzugehen schien – Tee, Herbstlaub, Melasse – und das sich immer noch weiterentwickelte: »Süß«, mit kraftvollem Latour-ähnlichem Charakter und Gewicht (ihre benachbarten Rebflächen sind im Grunde nur durch eine kleine *jalle*, einen Entwässerungsgraben, getrennt). Alkoholstark, fast zum Kauen. Noch immer unreif. *Zuletzt bei einer Masterclass von Christie's im März 2001 degustiert ★★★★(★) Sagen wir 2010 bis 2020.*

Ch. Léoville-Poyferré Etwas unbeschwerter und zugänglicher als die beiden anderen Léovilles, obwohl ich ihn 1996 bei einer Vorverkaufsverkostung in Amsterdam als »überraschend trocken und etwas spröde« bezeichnete. Das Problem bei diesen Vorverkaufsverkostungen ist die zu große Zahl von Weinen und eifrigen Degustatoren. Man hat nicht die Muße, sich eingehend mit einem Gewächs zu beschäftigen, geschweige denn, darauf zu warten, dass es sich öffnet. Vor kurzem allerdings hatte ich zwei Stunden Zeit, mich an vier Jahrgängen des Léoville-Trios – den »drei Tenören« – zu erbauen, da gab es keine Entschuldigung mehr. Tiefer und reicher in der Farbe als der Barton; »Zedernholzbleistift«, angesengte, erdige Nase, die sich erst nach 20 Minuten öffnete: ansprechend, ausgewogen. Ein wundervoll »süßer« Einstieg, ein guter Mittelteil und eine Adstringenz, die den Mund austrocknete. *Zuletzt im März 2001 verkostet ★★★★(★) Vielleicht am besten zwischen 2005 und 2015.*

Ch. Lynch-Bages Fast 20-mal verkostet, angefangen mit ein paar undurchsichtigen, fleischigen, würzigen Tropfen aus einer Pipette und danach eine Fassprobe im Mai 1986. Im darauf folgenden April wohlriechend, gut ausgestattet, früh und fast verblüffend viril entwickelt. Mit fünf Jahren: eine tiefe, intensive Farbe von Schwarzkirschen; lebendiges, minziges, reines Aroma von Schwarzen Johannisbeeren; insgesamt trocken, relativ konzentriert. »Ein maskuliner 1985er. Braucht Zeit und Essen», schrieb ich auf einer Verkostung, die ich für Cathay

Pacific in Hongkong leitete. Der ebenfalls anwesende Geschäftsführer war Rod Eddington, heute Direktor von British Airways! 15-jährig war der Wein dann voll entwickelt, wohlriechend, »süßer«, sehr entgegenkommend. Kürzlich: noch immer ziemlich tief, mit einem fast zu extrovertierten Bukett, das sich zu sehr bemühte, den Erwartungen (und dem Preis) gerecht zu werden. Trotzdem gut. *Zuletzt im Dezember 2000 bei einem Essen mit dem japanischen Weinexperten Rie Yoshitaki und drei chinesischen Weinliebhabern im Restaurant Cassia am Londoner Berkeley Square verkostet* ***** *Jetzt bis 2020.*

Ch. La Mission Haut-Brion Nur vier Einträge aus einer Spanne von zehn Jahren. Grandios reife Frucht. Mit einem Bukett, das ich verschiedentlich mit Maulbeeren, Ziegelstaub, Eisen, Jod und Tabak verglich. Körperreich. Maskulin. *Zuletzt im April 2000 verkostet* ***(**) *2010 bis 2020 und darüber hinaus. Lebt auf jeden Fall länger als ich!*

Vinexpo

Eine riesige Wein-Biennale am Stadtrand von Bordeaux, die 1985 zum ersten Mal stattfand. Als einzige Veranstaltung dieser Art lockt sie weltweit Besucher aus der Weinbranche an, die unter einem einzigen, einen Kilometer langen Dach zusammenkommen. Die Messe wird mit jedem Mal größer und ist ein ausgezeichneter Vorwand, alte Freunde zu treffen und an der Seite der unterschiedlichsten Fachleute Weine zu verkosten. Den meisten Spaß machen die zahllosen Partys, die jeweils am Abend in den Châteaux der Umgebung stattfinden. Unter den Châteaux wird reihum die Fête de la Fleur ausgerichtet, ein aufwändiges Festessen für befreundete Weinkenner. Selbstverständlich versucht ein jeder, den Vorgänger zu übertreffen. Man trat vor der ersten Messe an mich heran und fragte mich, ob Christie's eine Versteigerung feiner Weine im Gegenzug für einen kostenlosen Stand organisieren würde. Ich sagte natürlich zu.

Ch. Montrose Sieben Einträge. Erwartungsgemäß im Fass beeindruckend. Meine Spitzenbewertung (19 von 20 Punkten) 1994 bei der *Decanter*-Blindverkostung von 1985ern. 2000 nicht mehr undurchsichtig, mitteltief, reif; klassischer Duft. Kürzlich: jetzt mitteltief, aber reiche Farbe mit offenem, reifem Rand; eine Nase, die an alte Eiche (als Baum, nicht als Fass) erinnerte, »süß«, eine große Tiefe, die sich allmählich öffnete, blumig, komplex; ein guter Wein, aber immer noch streng, spröde und tanninbetont. *Zuletzt im Januar 2002 zu Hause verkostet* ***(*) *Zu gegebener Zeit vielleicht einmal fünf Sterne.*

Ch. Mouton-Baronne-Philippe Mehrere Einträge. Robuster als erwartet. Schien mit zehn Jahren auf dem Höhepunkt, als ich ihm bei einem Bordeaux-Weinkurs von Christie's eine besonders gute Bewertung gab: weiches Rot, reich, reifer werdend; sehr angenehmes, harmonisches Aroma nach schwarzen Früchten – Anklänge an Himbeeren und Erdbeeren; stilvoll, perfektes Gewicht, ziemlich gute Länge. Köstlich (Januar 1995). Kürzlich: gut, aber vom *grand vin* in den Schatten gestellt. *Zuletzt im März 1998 bei einem Mouton-Seminar der Hollywood Wine Society verkostet* **** *Jetzt bis 2010.*

Ch. Palmer ein Dutzend beständig guter Einträge, angefangen mit »wohlriechend, aber tanninbetont« (1989) über »hochgetönte Frucht, immer noch tanninbetont« (1994) bis hin zu »nach wie vor ein Hauch von Rubinrot, wohlriechend, perfektes Gewicht, adstringierender als erwartet« (1997). Dazwischen Variationen zum selben Thema. Kürzlich: weiches, reifes, offenes, anhaltendes Vanillin-Bukett. Reich im Geschmack. Ein guter, aber kein großer Palmer. *Zuletzt im April 2000 verkostet* **** *Jetzt bis 2015.*

Ch. Pichon-Longueville, Baron Ein Dutzend Einträge. Zwei aus jüngerer Zeit, beide innerhalb eines Monats bei meinen so genannten Masterclasses entstanden. Die erste fand auf Cordeillon-Bages in Pauillac statt, die zweite auf dem luxuriösen mittelalterlichen Château de Bagnols im Beaujolais. Beide Flaschen stammten aus dem Schloss, eine war schrecklich korkig, die andere »süß«, mit reicher Frucht; weich, ein ziemlich kraftvoller 1985er, aber schön im Gleichgewicht. Köstlich. *Zuletzt im September 1998 verkostet. In Bestform* **** *Jetzt bis 2010.*

Ch. Pichon-Longueville-Lalande Zahlreiche Einträge. Im Fass »fruchtbepackt«, mit fünf Jahren reich und fleischig und um den zehnten Geburtstag herum fast identische Notizen. Auf einer Verkostung 1999 so richtig in seinem Element: wirkte sogar im Aussehen fleischig; charakteristische, wohlriechende, elegante, weiche, reife, erdige Nase, nach 30 Minuten im Glas von explosiver, ansprechender Duftfülle. Das gleiche Ergebnis bei einer weiteren Degustation noch im selben Monat. »Trinkreif.« Vor einiger Zeit beim Essen mit May de Lencquesaing und ihrem Neffen Gildas d'Ollone »ein vollkommener Trinkgenuss«. *Zuletzt im Oktober 2000 auf dem Château verkostet* ***** *Jetzt bis 2020.*

Ch. Le Pin Meine fernöstlichen Freunde dürften seiner allmählich überdrüssig werden. Ich habe ihn nur einmal verkostet. Nicht sehr tief, reif, entspannt; ein sehr eigenartiger, hochgetönter Duft nach kandierten Veilchen. Am Gaumen nicht minder seltsam. Reife Cabernet-franc-Note? Etwas rauer Abgang. *Zuletzt auf Kaplans 1985er-Verkostung im April 2000 degustiert. Bewertung?*

Ch. Pontet-Canet Unterschiedliche Einträge, angefangen von einer fruchtigen, tanninbetonten Fassprobe. Unlängst: Nase mit Schweißnote; sehr eigenartiger, erdiger Kieselgeschmack und spitziger, adstringierender Abgang. *Zuletzt im September 1994 bei der* Decanter-*Verkostung von 1985ern blind degustiert* **?

Ch. Prieuré-Lichine »Schwungvoll« ist das richtige Wort. Wohlriechend, pikant, schlank, aber fruchtig. Meine beiden jüngsten Einträge entstanden innerhalb von zwei Monaten. Reich, rot, reifend; äußerst ansprechende weiche Frucht – Merlot-Nase und -Geschmack mit Maulbeernote. Gute Länge. Trockener Abgang. *Zuletzt im November 1994 verkostet* **** *Dürfte jetzt köstlich sein.*

Ch. Rausan-Ségla Zehnmal verkostet, als Erstes eine charakteristisch dicht verwobene Fassprobe. Kein superschneller »Speedy Gonzalez«, aber reichlich Duft und Geschmack. Eine hohe Bewertung auf der *Decanter*-Blindverkostung 1994. Kürzlich: herrlicher Duft, lebendig, aber ein rauer Einschlag. Braucht Luft – und Zeit. *Zuletzt im April 2000 verkostet* **(**) *Sagen wir 2010 bis 2015.*

Ch. Rauzan-Gassies Halb so oft verkostet wie den ihm überlegenen Nachbarn. Ein guter Gassies, besser gesagt, so gut, wie ein Gassies eben sein kann. Warum der Conseil des Crus Classés du Médoc ihn aber als Begleiter der anderen sieben sehr guten Roten auswählte, weiß ich nicht. Nicht schlecht, ein Hauch von Sprödheit. Sonst nicht viel. *Zuletzt im Juni 1997 beim Essen auf Haut-Brion degustiert* *

Clos René Einer der 1985er, die ich mir für zu Hause angeschafft habe. Ein samtiger, sehr reicher, ausgewogener Pomerol. Voll, fruchtig, trockener Abgang. *Zuletzt im Januar 1996 verkostet* **** *Austrinken (bei mir schon geschehen).*

Ch. Talbot Mit Talbot verbindet mich eine Hassliebe. Der Wein zeichnet sich durch eine sehr ausgeprägte Bauernhofnote aus, die sich vor allem in der Nase bemerkbar macht. Aber ich mag den 1985er irgendwie. Den Höhepunkt – wenn auch nicht die Vollendung – seiner zugänglichen, charmanten Trinkbarkeit sah ich in seinem zehnten Jahr gekommen (auf einem Christie's-Weindinner in Hongkong): köstlich tiefes, samtiges Aussehen; weich, »süß«, reif. *Auf einer Vorverkaufsverkostung im Mai 1999 in Genf gut in Form* ★★★★ *Jetzt bis 2010 trinken.*

Ch. Tertre-Rotebœuf Ein relativ neuer »Kultwein«. Beeindruckend, aber nicht mein Fall. Zweimal verkostet, beide Male »unverwoben« notiert, einmal auf die Nase, das andere Mal auf den Geschmack bezogen. Gehaltvoll. Alkoholisch; zu würzig; dick, grober, tanninbetonter Abgang. *Zuletzt 2000 verkostet* ★(★★★)? *Braucht Zeit, aber ich bin nicht bereit zu warten.*

Ch. La Tour-de-By Um 1985 begann ich allmählich auf diesen beständig gut gemachten, relativ preiswerten *Cru bourgeois* aufmerksam zu werden. Der 1985er war mit 10 Jahren auf dem Höhepunkt. Reif. Wohlschmeckend. *Zuletzt im Dezember 1995 beim Essen auf Chippenham Lodge getrunken* ★★★ *Warum noch länger liegen lassen?*

Ch. Trotanoy 1994 eine erwartungsgemäß eindrückliche Impériale mit seidiger Textur. Als Nächstes eine satt rubinrote, »süße«, dichte Flasche bei einem Mittagessen im Sitzungssaal von Christie's in der Park Avenue. (Ich wusste nicht, dass Christie's die Gäste in New York so verwöhnt. Auch der 1989er wurde gereicht.) Wieder einmal – dank Stephen Kaplan – eine sehr interessante Flasche mit weichem, fast milchigem Bukett und einer sanften Frucht, die nach 20 Minuten urplötzlich einen außergewöhnlichen Cabernet-franc-Duft offenbarte. Kraftvoll. Ein leichter Anflug von Tinte. *Zuletzt im April 2000 verkostet* ★★★(★) *2010 bis 2020.*

Vieux Ch. Certan Weich, sanft und reich in Aussehen, Nase und Geschmack. Wohlriechend. Ein schöner Wein. *April 2000* ★★★★★ *Jetzt bis 2015.*

BEI MIR STEHEN VIEL ZU VIELE 1985ER ZU BUCHE, ALS DASS ICH SIE ALLE IM DETAIL BESCHREIBEN KÖNNTE. Die folgenden Weine habe ich alle nach 1995 degustiert: **Ch. d'Angludet** Reif, voll ausgebaut ★★★; **Ch. L'Arrosée** Wohlriechend, schlank ★★★★; **Ch. Beauséjour-Duffau-Lagarrosse** ★★★; **Ch. La Cabanne** In der Schule mussten wir ein französisches Gedicht lernen. Es begann mit »Ma cabanne est pauvre« (ich konnte mir nie mehr als die erste Zeile merken und verstanden habe ich noch weniger). Weich. Voll ausgereift ★★★; **Ch. La Cardonne** Köstlich. Ich verstehe nicht, warum die Domaines Rothschild das Château verkauften ★★★; **Ch. Certan-de-May** ★★★; **Ch. Clerc-Milon-Mondon** Reizend, aber säuerlich ★★; **Clos du Clocher** ★★; **Ch. Fourcas-Dupré** ★★★; **Ch. Larmande** ★★★; **Ch. Larcis-Ducasse** ★★★★; **Ch. Marquis de Terme** ★★; **Ch. du Tertre** ★★★; **Ch. La Tour-Carnet** Zur Abwechslung einmal ★★★; **Ch. La Tour-Figeac** ★★★

NOCH EIN PAAR 1985ER, DIE SICH IN DEN FRÜHEN 1990ERN ALS VIEL VERSPRECHEND ERWIESEN (wie üblich mit der damals gültigen Bewertung) **Ch. Beauregard** ★★★; **Ch. Bon-Pasteur** ★★★; **Ch. La Croix-de-Gay** ★★★(★); **Ch. La Croix-Toulifaut** ★★★; **Ch. L'Enclos** ★★★; **Ch. Fourcas-Hosten** ★★; **Clos Fourtet** ★★(★); **Ch. Gloria** ★★★; **Ch. Moulinet** ★★★; **Ch. Plince** ★★★

1986 ★★★★

Ich muss gestehen, dass mein erster, zweiter und letzter Eindruck von diesem Jahrgang voneinander abwichen. Anfangs konnte ich mir keinen Reim auf den 1986er machen. Als dann der 1988er auf den Markt kam, erkannte ich einige Gemeinsamkeiten und stufte beide Jahrgänge als fest und in ihrer Entwicklung relativ langsam ein. Aber kann die ergiebigste Lese seit dem Zweiten Weltkrieg – sie übertraf die des 1985ers noch einmal um 15 % – wirklich Weine von echter Klasse erbringen? Dem 1985er gelang es, Quantität und Qualität unter einen Hut zu bringen, doch herrschten damals auch andere Witterungsbedingungen. 1986 öffneten sich die Knospen erst spät, obwohl sich das Wetter schließlich besserte und die Blüte erfolgreich ablief. Der Sommer war heiß und trocken, bis gegen Ende September auf etwas wohltuenden Regen ein schlimmer Sturm folgte, der auf die Stadt Bordeaux und ihre Umgebung 10 cm Regen niedergehen ließ. Die Lese begann in den letzten Septembertagen und setzte sich bei herrlichem Wetter bis weit in den Oktober hinein fort. Nach der Durchsicht einer großen Zahl von Verkostungsnotizen habe ich nun ein klareres Bild vom Jahrgang bekommen und glaube, die eingangs gestellte Frage beantworten zu können.

Alles in allem erbrachte das Jahr 1986 harte, tanninbetonte Weine, die sich eventuell – aber wirklich nur eventuell – als gut erweisen können, wenn alles optimal läuft und man ihnen Zeit lässt. Ich würde aber nicht darauf wetten. Vertrauen habe ich nur in den Mouton und ein, zwei weitere Gewächse. Natürlich sind sie alle gute »Essensbegleiter« und werden auch kaum still und heimlich umschlagen, ohne dass man es mitbekommt.

Ch. Lafite Erstmals bei einer Verkostung der Union des Grands Crus bei Christie's 1988 degustiert. Vier Einträge in letzter Zeit: versucht zu reifen; wohlriechend, aber hart; lebendig, zitrusartige Frucht, tanninbetont. Erfrischend. Unfertig (1996). Noch immer ziemlich intensiv; verhalten, leicht pfefferig, wacht gerade erst auf; etwas »Süße«, aber die Zähne belegende Tannine (1998 blind verkostet). Unlängst eine Magnum: noch immer sehr tief, dick (Extrakt), aber mit überraschend reifem, orangefarbenem Rand, aus dem ich schließe, dass die Tannine die Frucht dominieren (wie bei einigen 1975ern). Sehr »medizinal«, Eisen, typische Lafite-Nase; zugänglicher als erwartet, gute Frucht im Mittelteil, aber harte Kanten. Ein bisschen wie ein 1962er oder auch ein 1966er. *Zuletzt im Januar 1999 zu Hause bei einem Essen mit gleichzeitigem Kindergeburtstag verkostet* (★★★★) *Ich vermache meinen Kindern Emma und Bartholomew zwei Magnumflaschen – falls Daphne sie nicht vorher trinkt!*

Ch. Latour Ich erwartete einen untrinkbaren Mammutwein, aber er hatte vom Start weg (eine Fassprobe im September 1987) schöne Frucht und gutes Fleisch, wenngleich er eindeutig ein langlebiges Gewächs ist. Obwohl er sich in seiner Jugend sehr, sehr tanninbetont zeigte, ließ er sich immer faszinierend trinken. Nur ein Eintrag aus jüngerer Zeit. Blind verkostet, auf einer Stufe mit dem Mouton, aber überraschenderweise nicht so tief, gefälliger und attraktiver als der Lafite. Schön ausgewogen. Lebendige Frucht. *Zuletzt am fünften Tag von Rodenstocks einwöchigem Yquem-Marathon im September 1998 in München einfach zur Abwechslung degustiert* (★★★★) *2015 bis 2025.*

Ch. Margaux Es macht immer Spaß, ihn aus dem Fass zu verkosten. Ich hatte glücklicherweise dreimal Gelegenheit dazu, das erste Mal im Juni nach der Lese: jede Menge Frucht, Fleisch und Würze, was einen über eine gewisse Sprödheit und den Tanningehalt hinwegsehen lässt. Ein maskuliner Margaux. Ein halbes Dutzend Einträge aus letzter Zeit, zwei stammen von Wagners Margaux-Vertikalverkostungen. Bei der ersten 1997 rau, hart, würzig; eindringlich, konzentriert. 1998 blind verkostet: eine Nase wie nasse Haselnüsse; wieder merklich rau. Im März 2000 bei einem Margaux-Dinner im Brooks's Club:

zwar sehr wohlriechend, aber am Gaumen streng und kantig, schlank und ausgemergelt. Auch das Roastbeef half ihm nicht sonderlich. Acht Monate später auf Wagners zweiter Verkostung wesentlich besser. Nach wie vor undurchsichtig und jugendlich im Aussehen; eine lebendige Frucht, die sich wunderschön öffnete; »süße«, ansprechende Frucht, attraktiv, aber sehr tanninstark. *Zuletzt im November 2000 verkostet* ★(★★★)? *Braucht viel Zeit.*

Ch. Mouton-Rothschild Steht zu Recht im Ruf, der bei weitem beste 1986er zu sein. Schon bei unserer ersten Begegnung 1989 ein spektakuläres Gewächs: lebhaftes Purpurrot; intensiver Sortenduft; dicht fruchtbepackt. In letzter Zeit beeindruckende Flaschen beim Mouton-Dinner im Brooks's Club 1994: zunächst pfefferige Nase, die aber dann zum Leben erwachte; am Gaumen die Süße reifer Trauben und Alkohol. Körperreich, voll im Geschmack, fabelhafte Frucht, sehr trockener Abgang. Bei der Mouton-Verkostung 1998: tief, aber nicht mehr undurchsichtig; reife Cabernet-Düfte; »tief, gehaltvoll, tanninbetont, langes Leben«. Kürzlich blind verkostet: intensiv, noch immer jugendlich; hochgetönt; wohlriechend; erdig, fleischig, Geschmack und Länge gut. Sehr tanninbetont (ich zog den 1982er vor). *Im September 1998 an Rodenstocks Weinwochenende verkostet* ★★(★★★) *2012 bis 2030.*

Ch. Haut-Brion Nur drei Einträge. Erstmals 1990 mit Jean Delmas auf La Mission verkostet. Beeindruckend, zum Kauen, tanninbetont und im damaligen Reifestadium adstringierend. Als Nächstes reich, weiche Mitte, entwickelte einen mahagonifarbenen Rand; Vanille, erdig, würzig; »süß«, fleischig, dabei schlank und sehr tanninbetont (1995 bei einer Verkostung von erstklassifizierten Gewächsen für die Citibank). Unlängst wieder einmal bei einer Blindverkostung von 1982ern und 1986ern: öffnet sich; allerdings übelriechende Jodnase. Ich hatte das Gefühl, er war am Zerfallen. Am Gaumen erdig, dicke Textur und etwas rau. Schwer einzuschätzen. *Zuletzt im September 1998 verkostet* ★★? *Ich bin sicher, er wird sich am Riemen reißen, aber wann das der Fall ist, steht in den Sternen.*

Ch. Ausone Nicht verkostet.

Ch. Cheval Blanc Zwei Einträge: 1990 schlank und ziemlich rau. Als Nächstes eine Magnum auf der Wolf/Weinart-Vertikalverkostung: sehr tief, ziemlich intensiv, doch »erst der leiseste Hauch von Reife« erkennbar; wohlriechend, aber in Nase und Geschmack pfefferiger als der 1985er (mehr Cabernet franc). Allerdings gute, feste Frucht und ein passender Begleiter von Rindfleisch. *Zuletzt im März 1997 verkostet* ★★(★★) *Wird noch gut werden – 2010 bis 2020.*

Ch. Pétrus Nur einmal verkostet. Sehr beeindruckend: lebendiges Rubinrot; »süße« Nase, öffnete sich wunderschön; sehr »süßer«, gehaltvoller, körperreicher Karamellgeschmack und -nachgeschmack. *April 1990. Damals* (★★★★★), *jetzt* ★★★★(★), *müsste mittlerweile sehr gut zu trinken sein. Langlebig.*

Ch. L'Angélus Die ersten vier Einträge stammen aus den Jahren 1988 bis 1990. Ein im Wesentlichen »süßer«, fleischiger, adstringierender Wein. Kürzlich: ziemlich beeindruckend, ein Hauch der für 1986 typischen Schlankheit, aber kraftvoll. Tanninstark. *Im Mai 1999 bei einem Empfang für eine deutsche Delegation bei Christie's verkostet* ★★(★) *Ein mittelfristiger Wein.*

Ch. Batailley Das Château hat eine größere Chance als viele Médoc-Güter, einen fruchtigen, zugänglichen 1986er hinzubekommen. Das beweist einer der Einträge aus jüngerer Zeit (1997 beim Essen auf dem Schloss entstanden). Beim zweiten Mal eine gewisse Schroffheit, außerdem sehr tanninbetont. *Zuletzt im Dezember 2000 verkostet* ★★★? *Hängt stark von den Umständen ab, unter denen er degustiert wird. Hat aber eine Zukunft.*

Ch. Beychevelle Zehnmal verkostet, als Erstes eine Fassprobe. Neun nicht allzu schmeichelnde Einträge: »Schlank«, »sehnig«, »adstringierend« tauchten auf. Die beiden jüngsten Einträge widersprechen sich leider etwas. Auf einer Verkostung von neun Jahrgängen im Jahr 1997 »überraschend süß, gute Frucht, aber adstringierend und die Zähne belegend«. Dann an Bord der Concorde auf dem Flug nach New York zwar tief und noch immer von jugendlichem Aussehen, doch weicher als erwartet. Muss an der Höhe, der Geschwindigkeit und den hohen Erwartungen gelegen haben. *Zuletzt im Oktober 1999 verkostet* ★★(★) *Nicht schlecht, aber ich würde nicht auf ihn setzen.*

Ch. Branaire-Ducru Zwei kurze Einträge, beide aus neuerer Zeit. Pflaumenfarben; verhalten; unspektakulär, tanninbetont. *Zuletzt im Oktober 1999 verkostet* ★★

Ch. Canon Mehrere Einträge. Unlängst: ziemlich reifes Erscheinungsbild; karamellig-schokoladige Nase; würzig, schlank und für einen Canon ziemlich viel Biss. *Zuletzt im März 1996 verkostet* ★★(★)?

Ch. Chasse-Spleen Wieder einmal der Beste seiner Klasse. Gut gemacht. Reich, dichte »Schokolade mit Tanninüberzug«. *Zuletzt im April 1998 verkostet* ★★★

Ch. Cos d'Estournel Erstmals auf Michèle Prats' Präsentation im Jahr 1990 verkostet. Der erste Jahrgang, bei dem Cabernet-franc-Trauben zum Einsatz kamen – aber nur 2 % (Cabernet Sauvignon 65 %, Merlot 33 %). Neun Einträge. Ziemlich viel Frucht, Wohlgeruch und Adstringenz. Allerdings vor kurzem auf Cos eine überraschend attraktive Doppelmagnum: noch immer tief, lebendig, aber reifer werdend; sehr »süß«, »zum Kauen«. Sehr »untypisch für einen St-Estèphe«, gehaltvoll, mit seidigen Tanninen. *Zuletzt im März 2001 beim Abschlussessen der Verkostungswoche für die Presse in Bordeaux degustiert* ★★★(★)

Ch. Desmirail Fünf Einträge. Bei Verkostungen (*Decanter* 1996) und Essen überraschend attraktiv. Unlängst: recht gute Frucht, in der Nase und am Gaumen »süß«, allerdings in einen tanninbetonten Abgang mündend. *Zuletzt im April 1997 verkostet* ★★★ *Trinken, solange er noch so gut ist.*

Ch. L'Eglise-Clinet Vier Einträge. Undurchsichtig, intensiv. Verhalten, leicht grün. Trockener als erwartet, würzig, dabei rau und tanninbetont. Vor einiger Zeit eine Normalflasche und eine Doppelmagnum, eine der am wenigsten ansprechenden der »Serie« 1982 bis 1994. *Zuletzt im September 1996 verkostet* (★★)? *Die Zeit wird es zeigen.*

Ch. L'Evangile Tief, ziemlich intensiv; gute reiche Frucht und Fleisch. Weiter entwickelt als die 1986er aus dem Médoc. *Zuletzt im September 1998 beim Essen auf Lafite verkostet, wo sich zur sowieso schon illustren Gesellschaft noch die Bartons und Nicholas Soames, der es mühelos mit einem zweiten Fasan aufnahm, gesellten* ★★★★

Ch. de Fieuzal Ich habe keine Ahnung, warum mir zu diesem Wein so viele Einträge vorliegen, aber sie sind alle ziemlich positiv ausgefallen. Hübsche Frucht, stilistisch eher leicht, lebendig, ziemlich viel Tannin. Unlängst: jetzt mitteltief, reifer werdend, »süße«, erdige Graves-Nase; guter Geschmack, aber raue, ledrige Tannine. »Hat noch ein schönes Stück Weg vor sich.« *Zuletzt im März 1998 beim Essen mit der Union des Grands Crus auf Château Lagrange verkostet* ★★★

Ch. La Fleur Tief; »süße« Frucht; ziemlich körperreich, gehaltvoll, fleischig. Sehr zufrieden stellend. (Blind verkostet hielt ich ihn für den 1985er.) *Einer der 32 von Hardy Rodenstock im August und September 1998 in München vorgestellten Jahrgänge (in »Serien«, abwechselnd mit 15 Jahrgängen L'Eglise-Clinet und 125 Jahrgängen Yquem) verkostet* ★★★(★)

Ch. Giscours Anfangs »Port und Pflaumen«. Eigenartig reiche Frucht. In neueren Einträgen unter anderem beschrieben mit

»unverwoben« (Nase), » leicht im Stil«, was ich jetzt kaum glauben kann, und »nicht überzeugend« (*Decanter* 1996). Auch eine einsame halbe Flasche mit ganz angenehmem Geschmack und lebhafter Frucht. *Zuletzt im April 1996 zu Hause verkostet* ★★

Ch. Grand-Puy-Lacoste Ein beeindruckender 1986er, ja, einer der besten, wenn man bereit ist, darauf zu warten, dass dieser sehnige Wein heranreift. Mehrere Einträge aus seinen Anfangstagen. Nur eine aus der letzten Zeit: eine überzeugende Farbpalette, beginnende Reife; frische, interessante Nase, harter Kern mit Fruchthülle. Ein aufregender Wein, lebhaft, fruchtig, mit guten, trocknenden Tanninen. *Zuletzt im März 2000 bei einer Grand-Puy-Lacoste-Masterclass verkostet* ★★(★★) *2010 bis 2020.*

Ch. Haut-Bailly Ganz ungewöhnlich zu 100 % aus Cabernet Sauvignon, da 1986 überhaupt keine Merlot-Trauben geerntet werden konnten. 2001 auf dem Château eine Doppelmagnum, ziemlich farbtief, aber bereits ein reifes Aussehen; entfaltete sich schön. Erst kürzlich: sehr wohlriechendes Bukett; erdig, mineralisch, »heiße Fliesen«. Braucht Zeit. *Zuletzt im April 2002 bei einer Masterclass von Christie's degustiert* ★★★

Ch. d'Issan In guter Verfassung. *Im Mai 2000 beim Millennium-Dinner der Worshipful Company of Distillers in der Painted Hall in Greenwich verkostet* ★★★

Ch. Kirwan Ein etwas gefälliger neuer Stil. Noch immer sehr tief und jugendlich; sicherlich wohlriechend; »süß« und sehr viel »neue Eiche«. *Zuletzt im März 2001 beim Essen auf Chasse-Spleen verkostet* ★★(★)

Ch. Langoa-Barton Erstmals 1988 degustiert – sehr würzig. 1990 beschrieb ich ihn als »schlaksigen, raubeinigen Jugendlichen«. Nach weiteren sieben Jahren reifte der Junge schön heran. Wohlriechend, gut zu Lamm. *Zuletzt im November 1997 bei einem Essen im Sitzungssaal von Christie's verkostet* ★★★

Ch. Lascombes Ziemlich reif; wohlriechende Nase; gute Frucht und würziger Nachgeschmack. Verhüllte Tannine. *Zuletzt im Januar 1996 blind verkostet* ★★★

Ch. Léoville-Barton Anfangs tief, würzig mit »gut eingepackten Tanninen«. Das traf nach zehn Jahren auf der *Decanter*-Verkostung in noch stärkerem Maß zu. Ich zog in diesem Entwicklungsstadium den Langoa vor. Kürzlich noch immer praktisch undurchsichtig; eine Nase aus »Eisen«; gute Frucht, aber schmallippig, schlank und tanninbetont. *Zuletzt im September 1998 beim Essen auf Yquem mit den Palumbos, Lloyd-Webbers, Mark Birley und Damen verkostet* ★★(★★) *Es folgte der 1986er Yquem, der etwas süßer ausfiel, aber ebenfalls noch 10 bis 20 Jahre brauchte, um zur vollen Reife zu gelangen!*

Ch. Lynch-Bages Ein Wein, der richtiggehend aus dem Fass sprang, um einem entgegenzukommen. Geschmacksintensiv, mit einer Lebenskraft und Frucht, die von den Tanninen ablenkte. Mehrere Einträge aus letzter Zeit, drei davon entstanden innerhalb von drei Wochen, der erste im ausgezeichneten Restaurant Jean Ramet, reich, aber enorm tanninstark, die beiden anderen bei Masterclasses auf Château Cordeillan-Bages und Château de Bagnols (im südlichen Beaujolais): beeindruckend tief, doch mit irreführend reifem Rand; fleischig, reif, ledrig, Zedernholz- und »Käserinden«-Bukett – ein recht aufregender Wein; hübsche Frucht, aber etwas schlank. Ein angenehmer Trinkgenuss, trotz des stark adstringierenden Abgangs. *Zuletzt im Oktober 1998 verkostet* ★★(★★) *2008 bis 2018*

Ch. Palmer Frühe Verkostungsnotizen: gedämpfte Maulbeernote, wohlriechend, tanninbetont. 1995 bei einer für Wein & Co in Wien geleiteten Verkostung: sehr »süße« Nase, die voll entwickelt wirkte; weich, zugänglich (nur 12 % Alkohol), bittersüßer Abgang. »Ein untypischer 1986er.« Kürzlich beim Essen mit Julia und Guy Hands (dem Finanzjongleur von Nomura) sowie zwei Kollegen von Christie's im Restaurant Che verkostet. Ich dekantierte die Flasche (zweimal) um 11.45 Uhr. Etwas harte Nase, aber recht ansprechende Frucht, erfrischend, nicht zu tanninbetont. *Zuletzt im September 1999 verkostet* ★★★ *Jetzt bis 2015.*

Ch. Paveil de Luze Ein sehr gut aussehendes Schloss in Familienbesitz, das verlässliche, aber nur selten langlebige Weine bereitet. Es interessierte mich also, wie sich ein Paveil nach 13 Jahren gehalten hatte. Voilà: jetzt ausgereift, wahrscheinlich in seinem Zenit; gut, fest, nicht zu tanninbetont. *Im Juni 1999 beim Essen mit Patricia und (Baron) Geoffroy de Luze verkostet* ★★★ *(gerade noch). Geoffroy gab einen Kurs, als ich Mitte der 1950er bei Saccone & Speed ein junger Angestellter war.*

Ch. Petit-Village Der Eröffnungswein beim Tasting Club: ein eher leichtes Rubinrot mit reifem Aussehen, fast Graves-artiger, erdiger Charakter mit einem Hauch Teer in der Nase. »Süßlich«, weich, trinkreif. *Im April 2000 bei den Berry Bros. verkostet* ★★★ *Bald trinken.*

Ch. Pichon-Lalande Ein Dutzend Einträge. Gute, ziemlich hochgetönte Frucht. Nach zehn Jahren pflaumenfarben, scharfe Brombeerfrucht in der Nase und am Gaumen. Relativ entgegenkommend, aber tanninbetont. Beim Essen auf dem Château im Juni 2000: »Süß«, reich, vollmundig, mit einem Extrakt, der den tanninbetonten Abgang kaschierte. Vier Monate später war er der älteste von sechs Lalande-Jahrgängen: »Süß«, reich, »ein Hauch Melasse« in der Nase; lebendig, schlank, trocken, trank sich gut. *Zuletzt im Oktober 2000 auf einer Masterclass im Les Prés d'Eugénie verkostet, Christine und Michel Guérards exquisitem Kurhotel mit Restaurant* ★★★ *Fast vier Sterne. Könnte sie auch durchaus noch erreichen.*

Ch. Talbot Ein Langsamstarter, in seinem zehnten Jahr allerdings sehr gefällig: tief, samtig; gute reiche Frucht, »süß« und nicht zu tanninbetont. Kürzlich bei einem Abschlussessen für Weinjournalisten: ziemlich reifes Erscheinungsbild; reich, ein Hauch von Talbot-typischem »Eisen«, »süß«, attraktiv, mit einem Anflug von Bitterkeit im Abgang. *Zuletzt im März 2001 auf Cos d'Estournel verkostet* ★★★ *Jetzt bis 2015.*

Ch. du Tertre Kein Margaux, der mir oft begegnet. Jetzt reif, mit einem Hauch von Orange; ansprechende Frucht, »verschwitztes« Tannin; ziemlich »süßer«, lebendiger, guter Geschmack und »Biss«. *Bei einer Vorverkaufsverkostung im Januar 1999 degustiert* ★★★ *(gerade noch). Bald austrinken.*

Anthony Barton

Die Bartons, eine Familie anglo-irischen Ursprungs, sind in Bordeaux bereits seit dem frühen 18. Jahrhundert vertreten. Anthony führt seit dem Ableben seines Onkels im Jahr 1986 die Güter Langoa und Léoville-Barton. Mir gefällt vor allem sein geradliniges Vorgehen: Anthonys Weine sind ausgezeichnet, aber nie überteuert. Er ist kein Schaumschläger und mag übertriebenen Pomp ebenso wenig wie leeres Gerede und Humbug. Zusammen mit Eva lebt er auf Château Langoa, in dem sich sowohl in den Gärten als auch im wunderschönen Interieur beste französische und englische Tradition vereinen.

Die folgenden Weine habe ich bei der *Decanter*-Blindverkostung von 1986ern aus dem Médoc im Januar 1996 verkostet (teilweise zum letzten Mal)

Ch. Brane-Cantenac Reiches, zedriges Bukett; überraschend »süß«, guter Extrakt, tanninbetont (1992). Auf der *Decanter*-Verkostung Frucht und Geschmack sehr attraktiv. Eine meiner höchsten Bewertungen ★★★

Ch. de Camensac Voll ausgereift, offen gewirkt. Für frühen Trinkgenuss ★★

Ch. Cantemerle Schon in seinem zweiten Jahr überraschend »süß« und entgegenkommend. Recht attraktiv ★★★ *Bald trinken.*

Ch. Clerc-Milon Zwei Einträge. In der Nase »Feigensirup«. Gute Frucht, aber spröde und tanninbetont. *Zuletzt im Januar 1996 verkostet* ★★(★)

Ch. Cos Labory Reich, reif; Frucht und Eiche; ziemlich »süß«, voll im Geschmack ★★★

Ch. Croizet-Bages Angesengt, Geruch und Geschmack irgendwie chaptalisiert und mit Karamellnote. Untypisch für den Jahrgang ★★

Ch. Durfort-Vivens Beeindruckend tief, doch ziemlich reif; »süßes«, würziges, attraktives Bukett; trocken, schlank, recht gute Frucht. Tanninbetont ★★(★)

Ch. Gruaud-Larose Mehrere sehr gute Bewertungen, vor allem in den ersten Jahren, große Farbfülle, reife Frucht, »Süße«. Mit zehn Jahren erschien mir die Nase etwas verhalten; am Gaumen aber »süß«, gefällig, zugänglich, nicht zu tanninbetont, mit erfrischender Säure. Ein hübscher Wein ★★★(★) *Jetzt bis 2015.*

Ch. Lafon-Rochet Unentschlossene Nase, die sich nach zwei Stunden im Glas köstlich öffnete; für einen Lafon in einem Jahrgang wie diesem fruchtiger und interessanter als erwartet ★★★

Ch. Lagrange (St-Julien) Vier Einträge. Als Zehnjähriger ansprechende, reiche, samtige Farbe; ausgewogenes Bukett, aber mit merklichem Tannin; überraschend »süß«, gute Frucht, Textur und Geschmack schön. Komplett. Eine unerwartet hohe Bewertung, was nicht herablassend gemeint ist ★★★★ *Jetzt bis 2012.*

Ch. Léoville-Poyferré Mehrere ältere Einträge. 1996 war vom »Schweißfuß«-Geruch, der vom Tannin herrührte, nur noch der Schweiß übrig geblieben, was ich durch einen »Hauch Vanille« ergänzte. Etwas »Süße«, scharf, schlank, aber attraktiv und mit ziemlich viel Kraft ★★★

Ch. Lynch-Moussas Ich war auch überrascht, als man diesen Wein aufdeckte (zur Erinnerung: Alle 10-jährigen Médoc-Gewächse wurden blind verkostet). Ziemlich gut entwickelte Nase; geradlinig, eher voller Körper; passable Frucht, schlank, tanninbetont. *Besser als* ★★, *aber nicht gut genug für* ★★★. *Dürfte bald so gut sein, wie es sein Potenzial eben zulässt.*

Ch. Malescot-St-Exupéry Viermal verkostet, 1990 einmal eine ungenießbar spröde Impériale. Mit zehn Jahren reif; robuste Frucht; recht angenehm, leidlich ausgewogen. Nicht so exotisch im Geschmack wie sonst ★★★ *Sagen wir 2005 bis 2015.*

Ch. Marquis d'Alesme-Becker Ein weiterer »Aristokrat« aus Margaux. Besser als sein Vetter, der Marquis de Terme, aber nicht gänzlich überzeugend ★★

Ch. Marquis de Terme Am Gaumen besser als in der Nase, was aber nicht viel sagt ★★

Ch. Montrose Wie immer ein ernsthafter, langsam reifender Wein. Mit zehn Jahren noch immer sehr farbtief und mit jugendlichem Erscheinungsbild; eine Nase, die große Tiefe und kommende Genüsse andeutete; ziemlich »süßer« Auftakt, sehr gute Frucht, aber geradlinig. Ziemlich verlässlich und langlebig ★★(★★) *2005 bis 2015.*

Ch. Mouton-Baronne-Philippe Nicht der übliche schwächliche Charmeur. Gute feste Frucht, aber sehr tanninbetont ★(★★) *2005 bis 2015.*

Ch. Pontet-Canet Unverwoben, aber interessantes Bukett; überraschend »süß«, voll und fruchtig. Sehr tanninbetont ★★(★)

Ch. Rausan-Ségla Undurchsichtig, pflaumenfruchtig; »süß«, füllig, reichlich Eiche, stilvoll. Sehr ansprechend ★★★(★)

Ch. St-Pierre (oder Bontemps et Sevaistre, wie es früher hieß) Alte Eiche, ganz und gar unattraktiv.

Weitere, bei unterschiedlichen Gelegenheiten verkostete 1986er

Ch. Léoville-Las-Cases Nur zwei Einträge. Auf der Masters-of-Wine-Degustation von 1990 ein immens beeindruckender Wein. Bei der Wein-&-Co-Verkostung in Wien ebenso gut, aber noch entwickelter, wenngleich noch immer pefferig, mit Zedernholznase; ein feiner, fester, trockener Wein. *Zuletzt im November 1995 verkostet, damals* ★★(★★), *jetzt aber zweifellos noch weiter ausgebaut. Sagen wir 2010 bis 2020.*

Ch. La Mission Haut-Brion Mehrere Einträge, aber keine aus jüngster Zeit. Zweifellos ein guter 1986er, eine herrliche Frucht, die von den Tanninen unterdrückt wird. Wird sich hoffentlich eines Tages öffnen. *Zuletzt im November 1990 verkostet. Damals* (★★★★) *Schätzungsweise 2010 bis 2020.*

Ch. Pichon-Baron Ein sehr guter 1986er. Acht ziemlich gute Bewertungen, die letzten beiden entstanden innerhalb von drei Monaten. Pflaumenfarben, voller Frucht, etwas spröde, aber mit ansprechendem Nachgeschmack. Eine Nase, die einem das Wasser im Mund zusammenlaufen ließ und in der der 80-prozentige Cabernet-Sauvignon-Anteil sehr deutlich zu erkennen war. Am Gaumen beeindruckend, ziemlich körperreich, weiche Frucht, aber lebhaft. Köstlich, doch unreif. *Zuletzt im April 1996 bei einer Verkostung der Commanderie de Bordeaux in Oslo degustiert* ★★★(★) *2005 bis 2015.*

Ch. Le Pin Nachdem wir einen Nachmittag lang Armin Diels Nahe-Weine degustiert hatte, öffnete der Winzer beim Essen einen sehr guten Meursault und zwei halbe Flaschen Le Pin für uns, als Erstes den 1986er. Außerordentlicher, »süßer«, samtiger, maulbeerreicher Charakter; füllig und fleischig. *Im November 1995 auf dem Schlossgut Diel verkostet* ★★★★

Ch. de Sales Gute Frucht; robust, angenehm reifend. *Im Mai 1995 mit den Hospitaliers de Pomerol in Bristol degustiert* ★★★ *Bald trinken.*

Ch. Smith-Haut-Lafitte »Süß«, zugänglich, erfrischend. *Zuletzt im November 1990 verkostet. Damals* ★★(★) *Bald trinken, würde ich vorschlagen.*

Ch. Sociando-Mallet Geschickt in eine Blindverkostung von erstklassifizierten Gewächsen mit hineingeschmuggelt, einerseits, um uns übers Ohr zu hauen, und andererseits, um die Qualität und den Stil dieses *Cru exceptionnel* aus dem Médoc unter Beweis zu stellen. Farbtief und nach wie vor unreif; »klassische Nase«, Cabernet-Note, leicht pfefferig, gut, aber ohne Entwicklung im Glas; trocken, lebhafte Frucht, gute Länge, komplett, aber sehr tanninbetont – was allerdings auch für den 1986er Margaux galt. Am Gaumen bewertete ich ihn genauso hoch wie den Margaux und den Haut-Brion (von 1986). Nachher ist man immer gescheiter: Der Schlüssel zu seiner Herkunft wäre sein Unvermögen gewesen, zusätzliche Nuancen zu entwickeln. *Gehörte auf Rodenstocks Weinwoche vom September 1998 zu einer »Serie«* ★★★ *Sinnlos, ihn länger aufzubewahren.*

Weitere 1986er, nach denen es sich Ausschau zu halten lohnt **Ch. Canon-La-Gaffelière; Ch. Coufran; Ch. Haut-Bages-Monpelou; Ch. La Louvière; Ch. Les Ormes-de-Pez; Ch. Prieuré-Lichine.**

1987

Eine ziemlich wackelige »Brückenspanne« zwischen den beiden festen, um nicht zu sagen, harten Pfeilern 1986 und 1988, die es den Bordeaux-Liebhabern ermöglichte, vom köstlichen 1985er zum grandiosen 1989er zu gelangen.

Klimatisch verlief der Saisonauftakt nicht allzu gut: Ein langer, kalter Winter und Frühling und ein feuchter Juni brachten eine langgezogene, ungleichmäßige Blütephase mit sich, während der Juli und August unfreundlich und kühl ausfielen. Der September begann mit Regen, war ansonsten aber schön und sonnig. Auf ihn folgte allerdings ein unsteter Oktober, sodass die Trauben bei nassgrauem Wetter eingefahren werden mussten. Trotzdem wurde ein durchschnittlicher Ertrag halbwegs gesunder Weine erzielt.

In der ersten Hälfte der 1990er galten die 1987er als zugängliche, süffige Essensbegleiter. Man bekam sie in Restaurants zu Preisen, die so moderat waren wie ihre Qualität.

Ch. Lafite Nicht allzu beeindruckender Start. Ein halbes Dutzend Einträge, die vorwiegend Mitte der 1990er entstanden. Aus reiner Neugier griff ich 1995 bei einer Dinnerparty in eine Kiste mit Magnumflaschen und verkostete das erste Exemplar zu Wachteln: schlank, wohlschmeckend, spitziger Einschlag. Im Januar darauf bei einem Geschäftsessen: weiche rubinrote Farbe; angenehme Nase, trocken und eher schlank. Ein Jahr später nahmen Jancis Robinson und ich ohne große Erwartungen an Eddie Penning-Rowsells »Zehnjahresverkostung« von erstklassifizierten Gewächsen teil, waren aber natürlich gespannt darauf, wie sie im Vergleich zueinander ausfielen. Der Lafite erwies sich als überraschend tief, pflaumenfarben, bereits mit gewisser Reife; Nase überhaupt nicht schlecht; »Süße« und Körper im mittleren Bereich, schlanke Frucht, locker verwoben, schnell abklingender, stumpfer Abgang. *Zuletzt im Juni 1997 verkostet* ★★

Ch. Latour Im Mai 1989 abgefüllt und im April darauf erstmals verkostet. Wirkte wie ein Frühstarter, was sich später bestätigte. Mit zehn Jahren fehlte ihm die gewohnte Tiefe und Intensität; verhaltene Nase; bemühte sich, einen guten Eindruck zu hinterlassen, aber für einen Latour schwach. *Zuletzt im Juni 1997 bei Penning-Rowsells Verkostung degustiert* ★★ *Ein anständiger Wein für mittelfristigen Genuss.*

Ch. Margaux Im April und Juni 1988 im Fass rau und schlank, im April 1989 – noch einmal aus dem Fass verkostet – sehr würzig. Bekam bei der »Zehnjahresverkostung« meine niedrigste Bewertung. Ich glaubte eine etwas hohe flüchtige Säure auszumachen, außerdem dürr und sehr adstringierend. Bei den beiden Wagner-Verkostungen vor und nach Penning-Rowsells Degustation probiert. Beim ersten Mal nicht unattraktiv, mit überraschend ausgewogener Nase, doch verblassendem Wohlgeruch. Eine gewisse »Süße« und Weichheit. Rauer Abgang. Bei der zweiten Margaux-Vertikalverkostung ziemliche Reife erkennbar. Am Gaumen zwar eine gewisse »Süße« und Weichheit, doch die Nase meines Erachtens ziemlich weit unter dem Margaux-üblichen Standard. Ich notierte »nicht sehr hübsch«. *Zuletzt im November 2000 verkostet* ★★ *Austrinken.*

Ch. Mouton-Rothschild Nur drei Einträge: attraktiver Trinkgenuss mit mittellanger Lebensdauer (1990). Nach zehn Jahren schöne Farbe; attraktive, keksartige, fruchtige Nase, die nach 50 Minuten im Glas kraftlos geworden war, als habe sie sich bei dem Versuch verausgabt, dem 1986er hinterherzulaufen. Mit Abstand das beste Bukett. Am Gaumen würzig, eigenständig, angesengt, etwas chaptalisiert, verabschiedete sich aber mit bitterem Abgang. *Zuletzt im Juni 1997 verkostet* ★★

Ch. Haut-Brion Auch von ihm lediglich zwei Einträge. Nach nur drei Jahren schon ziemlich gut entwickelt. Mit zehn Jahren recht gute Farbe und charakteristische Haut-Brion-Nase; warme Fliesen, keksartig, öffnete sich wie der Mouton köstlich. »Süß«, zum Kauen, angenehm, würziger Tabakgeschmack, trockener Abgang. Mir gefiel er. *Zuletzt im Juni 1997 verkostet* ★★★ *Aber nicht mehr länger warten.*

Ch. Ausone Edmund Penning-Rowsell war nicht gerade der größte Liebhaber von Ausone. Der Wein fand sich nicht in seinem geräumigen Keller und auch seine Gäste hatten Schwierigkeiten, Flaschen aufzutreiben.

Ch. Cheval Blanc Erstmals 1989 auf dem Château verkostet: wohlriechend, leicht und zugänglich. Bei Penning-Rowsells Degustation attraktive Farbe, reifer Rand; Karamellnase. Sehr »süßer«, leicht angesengter, erdiger Geschmack. Der zugänglichste Wein. Fünf Monate später auf Karl-Heinz Wolfs Vertikaldegustation von 96 Cheval-Blanc-Jahrgängen erneut karamellige Nase, obwohl sie sich recht reich öffnete; leichter Stil, lebendige Frucht, rauchiger Geschmack. Gar nicht einmal so schlecht. *Zuletzt im September 1997 in Österreich verkostet* ★★★ *Bald trinken.*

Ch. Pétrus Nur ein Eintrag, entstanden auf Penning-Rowsells Verkostung. Schönes Rubinrot; verhaltene Nase, aber gute Frucht. Am Gaumen ebenso hoch bewertet wie der Haut-Brion. Sehr wohlriechend. Lebhafte Frucht. Bitterer Abgang. *Juni 1997* ★★(★)

Das Gros der restlichen Einträge zu 1987ern entstand Anfang der 1990er, als sie am trinkreifsten waren. Um aber einen Eindruck von ihnen aus den späten 1990ern zu vermitteln, hier ein Abriss:

Dom. de Chevalier Noch immer mit einem Anflug pflaumenfarbener Jugendlichkeit, aber einem schwachen, offenen Rand; überraschend gute Frucht in Nase und Geschmack. Sehr reich. Ein Hauch Eisen und Adstringenz. *Bei einem von Olivier Bernards Essen verkostet, diesmal mit (sieben) Weinen, deren Jahreszahl auf die Ziffer 7 endet* ★★ *Trinkbar.*

Carruades de Ch. Lafite Leicht. Wohlriechend. Ein gefälliger, angenehmer Trinkgenuss. *Im September 1997 beim Essen im »Dairy« auf Waddesdon Manor in Buckinghamshire nach einem Weinkurs von Christie's und den Domaines Rothschild verkostet* ★★ *für die Qualität,* ★★★ *für die Trinkbarkeit.*

Ch. L'Eglise-Clinet Schwacher Rand; vegetabile, chaptalisierte Nase; interessanter Geschmack, ein Hauch Lakritze , lebendige, zitrusartige Frucht. *Im Juli 1998 bei der Farr-Vintners-Degustation mit Denis Durantou verkostet, dessen Urgroßvater 1882 die verschiedenen Parzellen von Clos L'Eglise und der Domaine de Clinet zusammengeführt hatte – insgesamt 4,5 ha in unmittelbarer Umgebung der Kirche St-Jean-de-Pomerol* ★★

Ch. Lynch-Bages Wenn jemand bei einem Jahrgang wie dem 1987er Wunder bewirken kann, dann Jean-Michel Cases. Fast wäre es ihm auch tatsächlich gelungen, denn die ersten Fassproben vom Oktober 1988 und Mai 1989 waren ansprechend würzig und bekundeten gute Frucht, obwohl es mit dem Abgang haperte. Bei einer Vertikalverkostung mit 13 Jahrgängen wurde der Wein dann eindeutig in seine Schranken gewiesen: schlank, medizinale Nase; überraschend »süß«, aber kurz, mit sandpapierrauem Tannin und spitzigem Abgang. *Zuletzt im November 1995 bei der Verkostung des '33 Club in Brüssel degustiert* ★ *Austrinken.*

Pensées de La Fleur Der erste Jahrgang des Zweitweins von La Fleur: karamellig, chaptalisiert; zugänglich, gefällig, leicht schokoladiger Geschmack mit pfefferigem Abgang. *August 1998* ★ *Ein Kuriosum.*

Kurze Notizen zu einigen anderen, in den frühen 1990ern verkosteten 1987ern **Ch. Beychevelle** Würzig. Gewürznelkenöl. *1991* ★★; **Ch. Cantemerle** Überraschend attraktiv. *1994* ★★★; **Ch. La Conseillante** Für einen 1987er sehr gut. *1990* ★★★; **Ch. Cos d'Estournel** Eine schlechte Bewertung. *1990*; **Ch. Duhart-Milon** Zugänglich. *1990* ★★; **Ch. L'Evangile** »Süß«, zugänglich. *1991* ★★; **Ch. de Fieuzal** Angenehm. *1990* ★★; **Ch. Grand-Puy-Lacoste** Eigenartige, fischige, metallische

Nase und unangenehmer Abgang. *1995*; **Ch. Gruaud-Larose** »Süß«, zugänglich. *1994* ★★; **Ch. Léoville-Las-Cases** Nicht schlecht, aber ohne Charakter. *1990* ★★; **Ch. La Mission Haut-Brion** Charakteristisch. *1990* ★★★; **Ch. Palmer** »Grün«, aber attraktiv. *1991* ★★; **Ch. Pape-Clément** 50 % neue Eiche, was für den Wein zu viel war. Eigenartig reich; rauchige Eichennase. Recht hübsch. *1992* ★★; **Ch. Pontet-Canet** Medizinale Scharpiennase, teeriger Geschmack. *1991*; **Ch. Prieuré-Lichine** Ein leichter Essensbegleiter. *1990* ★★

Viele 1989 verkostete 1987er waren recht gefällig, aber selbst wenn mir ein aktueller Eintrag vorläge, hätten sie im Großen und Ganzen in den frühen 1990ern getrunken werden müssen.

1988 ★★★★

Der vorletzte Jahrgang einer ausgesprochen interessanten Dekade und der erste eines Trios aus sehr guten Jahrgängen. Er erinnert stark an den 1986er, mit dem er sich zeitweise ein Kopf-an-Kopf-Rennen lieferte. Heute bin ich der Meinung, dass der anfangs etwas überbewertete 1988er sich allmählich als eigenständiger Jahrgang mit ernsthaften, langlebigen Roten etabliert.

Zum Klima, das einen stärkeren Einfluss auf Qualität und Quantität hat als alles andere: Der Frühling 1988 fiel nasser aus als üblich, sodass viel gespritzt werden musste; die Blüte fand dann unter wechselhaften Bedingungen statt. Im Sommer war es von Juli bis September trockener als üblich, wobei die monatlichen Temperaturen allerdings im durchschnittlichen Bereich lagen. Als unter zufrieden stellenden Bedingungen spät mit der Lese begonnen wurde, waren die Trauben reif und dickschalig, weshalb farbtiefe, tanninbetonte Weine entstanden.

Ich halte den 1988er daher für einen sehr guten, derzeit unterbewerteten Jahrgang. Letzten Endes aber wird die Zeit entscheiden, ob die Tannine die Oberhand gewinnen.

Ch. Lafite Es ist nicht nur unangenehm, sondern der reine Selbstbetrug, in einem kalten Keller einen jungen Wein in kalten Gläsern aus dem Fass zu verkosten – und bei einem relativ harten Gewächs wie dem 1988er noch schwieriger, als es ohnehin schon ist. Meine brauchbareren Verkostungsnotizen stammen daher von Mitte der 1990er. Der erste detaillierte Eintrag entstand bei einer von mir organisierten und geleiteten Verkostung im März 1995 im Millionärsrefugium Lyford Cay auf den Bahamas. Der Lafite in der Magnumflasche war lebhaft, mit Brombeeraroma. Am Gaumen überraschend angenehm (für einen so harten Jahrgang) und nicht so streng tanninbetont wie erwartet. Fleischig, aber natürlich noch unfertig. Als Nächstes 1997 eine spröde Flasche, dann auf Penning-Rowsells »Zehnjahresverkostung« von Erstklassifizierten ziemlich tief; eine wohlriechende, leicht teeartige, gut entwickelte Nase; »süß«, »ziemlich eigenartiger Geschmack» und weiche Tannine. Kürzlich bei einem Essen des Bordeaux Club (um 17.45 Uhr dekantiert, ungefähr um 20.30 Uhr serviert): sehr tief, undurchsichtiges Zentrum; attraktive, stark vanillinartige Nase; überraschend »süß«, schlank, mit gutem Geschmack und verhüllten Tanninen. *Zuletzt im Juni 2000 in der Master's Lodge im Caius College in Cambridge verkostet* ★★(★★) *Im besten Fall wohl 2010 bis 2025.*

Ch. Latour Meine frühen Verkostungen lagen nicht sehr günstig. Als Erstes unmittelbar nach der Schönung im April 1989, dann kurz nach der Abfüllung im September 1990 degustiert. Naturgemäß sehr tief: »Maulbeerfarbenes Zentrum, purpurroter Rand.« Reichlich unfertige Frucht; kraftvoll, aggressiv und adstringierend. Zwei Monate später eine Farbe wie Kirsch-Brandy, intensiver als der 1989er, die Nase beruhigte sich bereits, duftendes Zedernholz und Cabernet Sauvignon. Gute Frucht, mit Fleisch um die Muskeln. Ein Vergleich von Stil und Entwicklung der erstklassifizierten Gewäche zehn Jahre nach der Lese ist immer sehr aufschlussreich. Der Latour fiel beeindruckend tief und intensiv aus; verhaltene, aber harmonische Nase; köstlicher Geschmack, natürlich körperreich, gute Länge und ein etwas brandiger, lebhafter Abgang. Komplett. *Zuletzt im Juli 1998 mit Jancis Robinson, Eddie Penning-Rowsell und unseren Ehepartnern – allesamt gute Degustatoren – verkostet* ★★(★★) *Ein guter Wein für mittellange Lagerung, zirka 2012 bis 2020.*

Ch. Margaux Bei der Verkostung im April 1989 auf dem Château teilte uns Paul Pontallier mit, dass die Rebstöcke ab Juli 1988 unter Stress gestanden hätten, was ihre Reife verzögert habe. Die Fassprobe war undurchsichtig, mit intensiv violettem Rand; wohlriechend, mit Frucht und würziger neuer Eiche. Die Abfüllung fand Ende August bis Anfang September 1990 statt: Mitte Oktober verkostete ich den Wein dann das nächste Mal. Noch immer sehr würzig, aber ansprechend. Auf Manfred Wagners erster Vertikalverkostung 1997 hatte der aus einer Doppelmagnum verkostete 1988er (wir tranken ihn während unserer »Imbisspause«) eine, wie ich es nenne, »italianide« Nase, immer noch sehr würzig und eichengetönt; ziemlich »süß«, ein großer, fruchtiger, tanninbetonter Wein. Im Juli des darauf folgenden Jahres war Penning-Rowsell an der Reihe, sodass ich den Margaux nun an der Seite seiner Jahrgangsgenossen verkosten konnte: lebhafte Frucht, ein Duft, der mich an einen nassen Retriever nach einem Tag im Moor erinnerte (ich jage zwar nicht, wuchs aber im berüchtigten Saddleworth Moor in Yorkshire auf). Am Gaumen köstlich, mit interessanter Textur. Zufällig besuchte ich während der Lese im September 1998 mit Freunden Margaux und aß an einem langen Tisch mit den Erntehelfern. Unser einfaches, aber herzhaftes Mahl wurde geschickt durch Flaschen des 1988er-Jahrgangs bereichert. Zwar noch unfertig, aber ausgesprochen griffig und ein »Gaumenschmaus«. Kürzlich auf Wagners zweiter Margaux-Vertikaldegustation: nach wie vor ziemlich farbtief; lebendig und wohlriechend, mit einer Nase, die mich diesmal nicht an durchnässte Hunde, sondern an Pferdeställe erinnerte (ich reite auch nicht mehr, aber Sie wissen schon, was ich meine). Überrascht hat mich, dass er weicher und duftender als erwartet ausfiel, obwohl er nach dem 1989er schlank und astringierend wirkte. Nichtsdestotrotz ein sehr guter Wein mit beträchtlicher Länge und mit Zukunft. *Zuletzt im November 2000 verkostet* ★★(★★) *Reif möglicherweise sogar fünf Sterne. Etwa 2010 bis 2020.*

Ch. Mouton-Rothschild Erstmals im November 1990 verkostet, rund vier Monate nach der Abfüllung. Er sah jünger als der 1989er aus, verhaltene Nase, dabei überraschend »süß«, natürlich sehr tanninbetont und fleischiger als erwartet. Acht Jahre lang nicht mehr degustiert: Dann hatte sich das Bukett geöffnet und war würzig geworden; reicher, angesengter Geschmack (auf dem Mouton-Seminar der Hollywood Wine Society im März 1998). Vier Monate später zeigte er auf Penning-Rowsells »Zehnjahresverkostung«, wie reich sein Bukett und Geschmack waren. Trotzdem noch jugendliches Erscheinungsbild, reiche, toastartige Nase, die mich damals an warmen Tee und nach einer Stunde an »eingeweichte Vollkornkekse« erinnerte. Am Gaumen viel Frucht, köstlicher Geschmack, ein zugänglicher Trinkgenuss (bei den »Zehnjahresverkostungen« wurden alle Weine zum Essen serviert), sehr reich, aber mit leicht bitterem Abgang. *Zuletzt im Juli 1998 verkostet* ★★★(★) *2008 bis 2020.*

Ch. Haut-Brion Erste Verkostung am 26. November 1990, drei Tage bevor er abgefüllt werden sollte. Intensive Farbe, voller Frucht und Extrakt, samtig, doch sehr tanninbetont. Als Nächstes im »Nick's« (ziemlich nobel) nach der Port-Degustation meines Sohns Bartholomew in Jackson, Mississippi, im April 1997 zum Essen getrunken: fleischig, aber unfertig. Ein Jahr später auf Penning-Rowsells Verkostung immer noch ziemlich intensiv und unreif. Um 19.10 Uhr dekantiert, wie immer als erstes der acht erstklassifizierten Gewächse eingegossen (um 19.55 Uhr). Es dauerte eine halbe Stunde, bis sich die Nase öffnete, und eine weitere halbe Stunde, bis sie zu ihrer harmonischen, warmen, ziegeligen, teeartigen Form fand. Leicht angesengter Geschmack, gute Länge, trocken und im Abgang etwas rau. Kürzlich auf der Masters-of-Wine-Verkostung von Haut-Brion-Jahrgängen: dickfarbiges Zentrum, aber reifer werdend; blumige, zitrusartige Nase, allerdings auch die verhaltenste des Triumvirats 1988–1989–1990 und nicht annähernd so großartig wie die des 1985ers und 1982ers. Trotzdem gute Tannintextur und mokkaähnlicher Geschmack. Adstringierend, mit Gerbstoffen und einer Säure, die sich förmlich in die Zähne krallten. *Zuletzt im Januar 2000 verkostet* ★★(★), *schüttelt sein Tannin vielleicht noch ab.*

Ch. Ausone Meine erste Notiz zum 1988er Ausone entstand bei Penning-Rowsells »Zehnjahresverkostung«. Wie gewöhnlich nicht so tief wie die anderen Erstklassifizierten und mit dem reifsten Rand; eine eigenartige, verschlossene, »trockene« Nase, die mich an Austernmuscheln erinnerte. Nach einer Stunde im Glas schließlich attraktiv, offen und entspannt; ein (zumindest verglichen mit den Pauillac-Weinen) nicht minder eigenartiger, milder »Herbstlaub«-Charakter. Eher schlank, mit grobsandiger Textur. Im darauf folgenden Januar mitteltief, ein Hauch von Kirschrot; außerordentlich »süß« und nussig. Ich gab ihm eine sehr hohe Bewertung. Körper, Geschmack, Gleichgewicht und Länge ausgezeichnet. Es ist übrigens interessant, Verkostungsnotizen von Weinen, die man zwei Stunden lang beim Essen eingehend studiert hat, mit jenen zu vergleichen, die auf großen Vorverkaufsverkostungen eilends »im Vorbeigehen« entstanden. Sie können sich wesentlich voneinander unterscheiden. Wie hier zum Beispiel. *Zuletzt im Januar 1999 bei einer Vorverkaufsverkostung von Christie's in London degustiert. Im Zweifel für den Wein* ★★★★ *2005 bis 2015.*

Ch. Cheval Blanc Nur drei Einträge. Der erste vom April nach der Lese: praktisch undurchsichtig und trotz seines jugendlichen Charakters bemerkenswert entgegenkommend, mit hübscher Frucht und ansprechendem Extrakt. Sechs Jahre später bei der Citibank-Verkostung: noch immer beeindruckend tief; harte Nase, aber »süß«, mit einer Andeutung von Vanille und Tabak; weich, doch tanninbetont, erfrischend, harmonisch. Im Jahr darauf (1997) bei Wolfs großer Vertikalverkostung um Reife bemüht. Lebendige Cabernet-franc-Frucht (Cabernet franc hatte 1988 einen 65-prozentigen Anteil im Verschnitt), aber meines Erachtens fehlte diesmal der übliche Cheval-Blanc-Charme. »Braucht Zeit.« Auf Penning-Rowsells »Zehnjahresverkostung« weitaus weniger Farbtiefe und bereits einige Anzeichen von Reife. Der tabakartige Geschmack, den ich zuvor (1996) bemerkt hatte, war erneut vorhanden. Insgesamt aber eine »süße« und ansprechende Nase. *Zuletzt im Juli 1998 verkostet* ★★★(★) *Jetzt bis 2015, möglicherweise auch länger.*

Ch. Pétrus Nur zwei Einträge. Der erste aus dem Jahr 1995 bezog sich auf eine Impériale mit gehöriger Power. Intensive, konzentrierte Frucht. Enorm beeindruckend. Der zweite entstand bei Penning-Rowsells »Zehnjahresverkostung«. Ansprechendes, mitteltiefes, ziemlich intensives Erscheinungsbild; sehr attraktive, reife, maulbeerartige Frucht; ein bisschen ein »bemühter« Wein mit scharfem, alkoholischem Abgang. Sehr gut, aber ohne Charme und Finesse. *Zuletzt im Juli 1998 verkostet* ★★(★) *Vielleicht bin ich überkritisch.*

Ch. L'Angélus Ein ziemlich neuer, moderner St-Emilion. Ich habe ihn im Frühjahr 1989 zweimal verkostet. Neue Eiche stand stark im Vordergrund, aber man konnte noch immer reichlich Frucht ausmachen. Exakt zwölf Monate später: schöne Entwicklung, reiches Erscheinungsbild; »süß«, leicht schokoladige Nase; attraktiv, aber unfertig. Unlängst war er der Eröffnungswein einer *Premier-grand-cru*-Verkostung von Gewächsen aus St-Emilion: ziemlich tiefes Rubinrot; mit Frucht und Extrakt gut ausgestattet, aber mit sehr hohem Tannin- und Säuregehalt. *Zuletzt im Juni 1997 verkostet* ★★(★) *Ich fand, er war in diesem unnachgiebigen Jahrgang zu sehr bemüht. Vermutlich jetzt gut trinkbar.*

Ch. Beychevelle 1989 eindeutig zedrig und würzig. Binnen Jahresfrist hatte sich die Nase geöffnet, am Gaumen »Süße«. Beides bestätigte sich 1995 auf einer Mammutverkostung von British Airways: hohe Punktzahl für das Bukett und eine der höchsten für den reichen, fruchtigen, angesengten Geschmack, der die für den Jahrgang typischen Tannine völlig kaschierte. Zwei Jahre später bei einer Beychevelle-Vertikalverkostung (des Tasting Club im Buck's Club) war ich ziemlich beeindruckt, aber seine ledrigen Tannine waren präsenter geworden. Dennoch »süßer« und reicher, als ich erwartet hatte. Ich öffnete meine letzte Flasche kürzlich bei einem kleinen Sonntagsessen mit Gästen. Jetzt mitteltief; schöne »alte Eiche«, leicht käsiges Bukett; ziemlich »süß«, weich, zum Kauen, trinkreif. Ein guter 1988er. *Zuletzt im Mai 2001 verkostet* ★★★ *Jetzt bis 2010.*

Ch. Branaire-Ducru Fünfmal verkostet, ein undurchsichtiges, »verschlossenes«, unfertiges Debüt eingeschlossen. Ein unbeschwerter, fruchtiger Stil entwickelte sich. 1995 auf dem Bankett der Fête de La Fleur eine etwas krautige Nase und ein seltsam duftender Geschmack, »süß«, sehr tanninbetont und »etwas unbeholfen«. Dann eine detailliertere Verkostungsnotiz beim Bordeaux-Weinkurs von Christie's: attraktive Farbe und Abstufung; ein Hauch von Firnis, »wie stark lackierte neue Fässer« – nur dass neue Barriques nicht lackiert werden! Und weiter: schöne, lebendige Frucht, ein Hauch von Schokolade und Teer. Überraschend »süß« für einen 1988er – aber das galt auch für das Nachbargut Beychevelle. Dick und tanninbetont. Letzten Endes gefiel er mir nicht, denn ich fügte noch ein »Pfui« hinzu. *Zuletzt im März 1997 verkostet* ★★ *Interessant. Ich bezweifle aber, ob noch etwas aus ihm wird.*

Ch. Beauséjour-Bécot Fenchelduft. Köstlich. *September 1998* ★★★

Ch. Calon-Ségur Auf der *Grand-cru*-Verkostung im April 1989 in Bordeaux zwar nicht sonderlich beeindruckend, doch bei der traditionellen, aufschlussreichen Anschlussdegustation zwölf Monate später undurchsichtig, intensiv, gut ausgewogen, ansprechende Frucht. Als Nächstes an seinem zehnten Geburtstag verkostet: noch immer sehr tief, mit kräftigen »Tränen«; sehr gute Nase. Überraschend »süßer« Auftakt, Körper, Frucht und Gleichgewicht gut. Nach wie vor tanninstark. *Zuletzt im Dezember 1998 beim »Classic Wine Dinner« im Spa Hotel von Bath degustiert* ★★(★) *2005 bis 2015.*

Ch. Canon Sechs Einträge. Im April 1989 undurchsichtig, viel Frucht, sehr tanninbetont. Im April ein Jahr später ein sich entfaltender, überschwänglicher, aber nicht teurer Wein. Dann ein Zeitsprung ins Jahr 1996 zu einer faszinierenden Verkostung im Gidleigh Park Hotel in Devon: sechs Jahrgänge Canon und Lynch-Bages, zwei einander ergänzende Gegensätze. Der 1988er Canon weicher und »süßer« als der Lynch-Bages und tanninbetonter als der 1989er. Im April 1997 elegant, aber schlank für einen Canon. Ein sehr guter 1988er – ein Urteil, das ich bei einem Geschäftsessen wiederholte. »Etwas abweisend für einen Canon« (1999). Kürzlich beim Essen zu Hause: nun nicht mehr so tief, reifer werdend; eigenartige Nase, leicht sauer, teeartig, aber am Gaumen zugänglich. Trockener Abgang. *Zuletzt im Mai 2001 verkostet ★★★ Vergessen Sie das Tannin und trinken Sie ihn bald.*

Ch. Canon-La-Gaffelière Erstmals im April 1989 und dann wieder 1990 verkostet. Die anfangs bitteren Tannine rangen mit viel Frucht um die Vorherrschaft. Im April 1998 beim Essen auf dem Château mit dem gewissenhaften, dynamischen Stephan von Neipperg, seiner charmanten Gräfin und ihrem brillanten »Weinmacher« Stéphane Derenoncourt degustiert. Ein deutscher Graf mit Gattin und ein junger Mann aus der Bretagne ohne vorherige Weinerfahrung – das war etwas Neues für das engstirnige St-Emilion! Aber es funktioniert. Die Nase des 1988ers war noch immer pfefferig und erinnerte mich an Spargel. »Süß«, fleischig, ein guter 1988er. Gott sei Dank musste ich nach dem Bollinger von 1989, sieben Roten (nicht nur von Neipperg), einer österreichischen Trockenbeerenauslese und einem Eiswein aus der Pfalz nicht mehr fahren. Ich habe gut geschlafen und bin wie immer mit klarem Kopf aufgewacht, um den nächsten Degustationstag in Angriff zu nehmen. Vor einiger Zeit beim Essen der Union des Grands Crus im Rathaus von Bordeaux: noch immer ziemlich tief; teerige Nase; kraftvoll und tanninbetont. *Zuletzt im April 1999 verkostet ★★★(★) 2006 bis 2015.*

Ch. Carbonnieux Das erste Mal im April 1989, das zweite Mal 1990 verkostet. Ein sehr konsequenter, unprätentiöser Wein, stilistisch leicht und nicht für lange Lagerung gedacht. Am Gaumen besser als in der Nase. Zeigte sich bei einem Bordeaux-Weinkurs von Christie's 1995 in gutem Licht. Schon Anzeichen von Reife, ziemlich schwacher Rand; lebendige Nase mit Anklängen an Schwarze Johannisbeeren; leicht (12 % Alkohol) und trocken, »ausgemergelt«, aber erfrischend. Kürzlich schlank und tanninbetont. *Den letzten Eintrag im März 1999 auf einer Vorverkaufsverkostung in Los Angeles hastig hingekritzelt ★★ Ein leichter Essensbegleiter, kein Wein zum Einlagern.*

Carruades de Ch. Lafite »In der Kühle des Kellers« klingt zwar schön, aber beim Verkosten sind diese Bedingungen nicht erstrebenswert, denn kalte Weine lassen sich nicht leicht degustieren: lebendig, purpurn, verschlossen und tanninstark. Besser im darauf folgenden Jahr (1990). Acht Jahre später nach wie vor ziemlich tief, aber mit weichem Kirschrot; wohlriechend, zedrig; Gewicht, Geschmack und Fleisch ansprechend. Vielleicht auch elegant, aber da es sich um den Jahrgang 1988 handelte, fehlte der typische Carruades-Charme. *Zuletzt im Dezember 1998 beim »Classic Wine Dinner« im Spa Hotel in Bath degustiert ★★(★) 2005 bis 2012.*

Ch. Clerc-Milon Tief, samtig; sehr »süß«, fleischig. Ein guter Trinkgenuss. *Im Februar 1998 beim Essen im Londoner Brooks's Club verkostet ★★★*

Ch. Clinet Ich mag den Clinet nicht sonderlich – er ist ein »Parker-Wein«. Aber ich war bei der ersten Verkostung einer Fassprobe dieses seltsamen, apfelfruchtigen, Rhône-ähnlichen Weins in der Minderheit. Ohne vorher einen Blick auf meine Verkostungsnotizen geworfen zu haben, beschrieb ich ihn eine Woche später in London mit »Bratapfel und Gewürznelken«, außerdem »eigenartig, stielig, mit Rhône-Geschmack«. Im April 1990 dann »Kresse und Gewürz« und ein ansprechenderer Brombeergeschmack. Kürzlich beim Essen in den aus dem Stein gehauenen Kellern auf Villemaurine notierte ich mir »lebhaft, schlank und elegant«, »ein sehr guter 1988er«. Vielleicht hatte die Mehrheit und Mr. Parker doch Recht! *Zuletzt im April 1997 verkostet ★★★ 2005 bis 2012.*

Ch. Cos d'Estournel Cos war neben Ducru und Las-Cases eines der aus der Reihe tanzenden Güter, die keine Flaschen für die jährlichen Verkostungen der Union des Grands Crus für internationale Journalisten zur Verfügung stellten. Mein erster Eindruck des 1988ers stammt daher vom Januar 1990, als ich an einer Cos-Degustation in Florida teilnahm. Undurchsichtig, kräftig, ansprechend. Drei Monate später in London: schöne Frucht, sehr tanninbetont. Die beiden jüngsten Einträge entstanden beide auf Masterclasses von Christie's, die erste 1996 bei einer Cos-Vertikaldegustation: sehr beeindruckend, nach wie vor unreif, mit violetten Spuren; fruchtbepackte Nase und eine Säure, die einem den Mund wässrig machte, öffnete sich, mutete wie eine Concorde an, die ihre endgültige Flughöhe erreicht, reicher Duft und Tiefe. Doch ziemlich viel Säure und rau. Zwei Jahre später der Eröffnungswein auf einer Horizontalverkostung von roten 1988ern aus Bordeaux. Zehn Jahre hatten seine kratzenden Tannine nicht beschwichtigen können. Nicht mehr ganz so tiefe Farbe, blasspurpurner Rand. Fleisch, Frucht und Geschmack gut. *Zuletzt im Juli 1998 verkostet ★★(★★) 2008 bis 2016.*

Ch. La Croix-de-Gay Beständig gute Bewertungen von seiner Jugend bis zur letzten Verkostung. Nie sehr tief – jetzt noch weniger – und mit reifem Erscheinungsbild; das ursprüngliche »Ensemble aus Kirschen und Himbeeren« (es stammte vermutlich von reifen Cabernet-franc-Trauben) wurde »mit neuer Eiche aufgepeppt«, als lediglich »süß« und ansprechend beschrieben, mit entsprechendem Geschmack. Köstlich und zugänglich, aber nicht ohne Tannin. *Zuletzt im April 1996 bei einer Vorverkaufsverkostung degustiert ★★★★ Jetzt bis 2012.*

Ch. Ducluzeau Ein robuster, tanninstarker Wein, der im Maison du Vin in Sauternes gut zu Entrecôte passte. Es war schon sehr spät und Brigitte Lurton und ich hatten gerade die Verkostung von 30 Jahrgängen ihres Château Climens hinter uns gebracht. Zufällig saß am Nachbartisch Jean Borie, dem Ducluzeau gehört und der dort auch zur Welt gekommen war. Ich glaube, er war in der Gegend, um Weine für unseren bevorzugten Aperitif aus Bordeaux, Lillet, zu kaufen. *Oktober 2001 ★★*

Ch. Ducru-Beaucaillou Wie bei Cos muss hier der Berg zum Propheten kommen. Da Ducru nicht an organisierten Verkostungen teilnimmt, muss man sich privat anmelden, um die erstklassifizierten Gewächse auf Ducru degustieren zu können. Im April 1989 ein klassischer, verhaltener Ducru, aber adstringierend. 1990 merkte ich an, dass er eine lange Flaschenalterung bräuchte. Neun Jahre später zwar nicht mehr so tief, doch mit reicher, keksartiger, voll entwickelter Nase und gutem Geschmack, die in der Jugend so ausgeprägte Adstringenz jetzt als »etwas kantig« charakterisiert. Zum Essen zweifellos besser. *Zuletzt im Januar 1999 verkostet ★★(★) 2006 bis 2015.*

Ch. Duhart-Milon Zwei frühe Einträge. Gute Frucht, aber schüchtern. Hart und verhalten. Im zehnten Jahr tief, immer noch intensiv und unfertig; sehr Pauillac-typisches Aroma; kraftvoll, mit gutem »Punch«. Ein Langstreckenläufer. *Zuletzt im September 1998 auf Waddesdon Manor in Buckinghamshire verkostet ★(★★) 2010 bis 2020.*

Ch. L'Eglise-Clinet In jüngerer Zeit dreimal verkostet, das erste Mal bei einer Vertikal-Blindverkostung im Jahr 1996: undurchsichtig, samtig; »süß«, weich, Vanillin-Nase. Körperreich, hoher Alkohohlgehalt (ich hielt ihn für den 1990er), aber insgesamt trocken und etwas rau. Als Nächstes im Juli 1998 auf einer Farr-Vintners-Vertikalverkostung: noch immer samtig; pfefferig, anregende Nase mit Tanninnote; fest, schlank, tanninbetont. Zwei Monate später eine Kostprobe aus einer Impériale nach einem musikalischen Intermezzo während eines Essens – ich glaube, es war bei der Veranstaltung, zu der Hardy Rodenstock den begabten blinden Tenor Andrea Bocelli für einen Auftritt engagiert hatte. Der Wein war so voll und reich wie die Arien des Maestro. Gute Frucht und Fleisch, das die Tannine kaschierte. *Zuletzt im September 1998 verkostet* ★★★(★) *Jetzt bis 2015.*

Ch. Fieuzal In seinen Anfangstagen gefiel mir dieser Wein sehr, obwohl er fast zu gefällig und würzig war. Kürzlich mit »rustikaler« Nase, ziemlich »süß«, »ein angenehmer 1988er«. Gut zu trinken. *Zuletzt im April 1997 beim Essen verkostet* ★★★ *Bald trinken.*

Ch. Figeac Viele Einträge. Anfangs undurchsichtig, verschlossen und konzentriert. Später reich parfümierter Cabernet-Sauvignon-Charakter und neue Eiche, angenehme Textur. Unlängst: jetzt mitteltief, aber beeindruckend; Frucht und Charme; »süß«, eigenständig, ein sehr zugänglicher 1988er beim Essen mit dem gastfreundlichen Monsieur Fourcroy auf seinem Château Franc-Mayne. Am 2. April vor dem Essen badeten alle seine Gäste in der Sonne, als sei es Juni: wolkenloser Himmel, kein Lüftchen, Temperaturen um 21 °C, vor der Schlossmauer, vor der wir saßen, sogar 26 °C. Und doch befürchteten die Château-Besitzer in St-Emilion, dass der Frost ihren kostbaren Knospen schaden könnte. Drei Monate später ein Exemplar mit hübscher, lebhafter Frucht, einer sehr ausgeprägten Eichennote und nicht minder präsentem, sehr trockenem, leicht bitterem Abgang. *Zuletzt im Juli 1997 beim Essen zu Hause verkostet* ★★★(★) *Hoffentlich überdauert die Frucht die Tannine.*

Ch. La Fleur Viel ziemlich raue Frucht. Lebendig. Kurzer, trockener Abgang. *Im August 1998 blind verkostet (ich hielt ihn für den 1986er)* ★(★★) *2005 bis 2012.*

Ch. Grand-Puy-Lacoste Im April 1989 und 1990 unnachgiebig, ja, praktisch unbeweglich. Seither mehrere Einträge, da ich jedes Jahr einen Posten Lacoste kaufe. Bei der Christie's-Masterclass 2000 ziemlich tief und intensiv; weigerte sich, mehr als eine Andeutung seines betörenden Dufts preiszugeben. Zwar »süß« und fruchtbeladen, aber noch immer unnachgiebig. Kürzlich ein erster Versuch zu reifen; ansprechende, klassische, ziegelartige Nase; voll im Geschmack, weiches Fleisch im Mittelteil, aber trockener, tanninbetonter Abgang. Braucht Essen und Zeit. Ich gebe meine restlichen Flaschen nicht her. *Zuletzt im September 2001 verkostet* ★★(★★) *2010 bis 2020.*

Ch. Gruaud-Larose Im April 1989 verschlossen, tanninbetont und bitter, aber zwölf Monate später die charakteristische Gruaud-Frucht, robust und natürlich tanninbeladen. 1994 eine Vertikalverkostung auf dem Château: mittlerweile reiches Bukett, reif und würzig, komplett, doch sehr tanninbetont. Drei Jahre später fast identische Notizen. *Zuletzt im Januar 1997 bei der Marques-&-Domaines-Degustation verkostet* ★★(★★) *Wird sich noch gut trinken lassen, aber die stützenden Tannine kaum je loswerden. In etwa 2007 bis 2014.*

Ch. Haut-Bailly Tief, samtig; ein gehaltvoller, »ziegelartiger« Graves. Fleischig, erdig, mit einem Extrakt, der die Tannine im Zaum hielt. Ein sehr guter 1988er. *Im Dezember 1998 beim Essen auf Hambleton Hall in Rutland verkostet* ★★★★ *Jetzt bis 2015.*

Ch. Haut-Batailley Tief, lebhaft und nicht sehr gleichgmäßig. Die letzten beiden Einträge entstanden beim Essen im Londoner Brooks's Club. Brauchte reichlich Dekantierzeit, aber für einen 1988er gut trinkbar. Noch im selben Monat ein ähnlicher Eintrag, dem ich »trocken, schlank und ohne den üblichen Charme« hinzufügte. *Zuletzt im April 1997 mit meinem Sohn, seiner Frau und ihren Verwandten verkostet* ★(★★) *2010 bis 2020.*

Ch. d'Issan Ich mochte ihn von Anfang an; nicht ein einziges Mal tauchte das Wort »Tannin« auf. 1994 zu Hause eine gut entwickelte Flasche. Überraschend »süß«, recht griffig (womit wir allerdings doch wieder beim Tannin wären). *Zuletzt im April 1994 verkostet* ★★★

Ch. Kirwan Von Anfang an zögerlich. Midlife-Crisis oder das verflixte siebte Jahr? Nicht überzeugend. Tanninbetont. *Im Januar 1995 bei einer Verkostung für British Airways degustiert* ★(★) *Kann man übergehen.*

Ch. Léoville-Barton Bei beiden Eröffnungsverkostungen »ein verschlossener Klassiker«. Frucht, Geschmack und Duft ansprechend. Gut auch auf einer Horizontalverkostung zehnjähriger 1988er im Rahmen einer Masterclass: glanzhell, fein, aber verschlossen, ein Hauch von »Süße«, langer Nachhall, köstlich. Einige Monate später ein Hinweis auf sein maskulines Wesen; aber ein feiner Wein. *Zuletzt im Dezember 1998 beim »Classic Wine Dinner« im Spa Hotel von Bath degustiert* ★★(★) *2008 bis 2016.*

Ch. Léoville-Las-Cases Drei Verkostungen in letzter Zeit. Offen gestanden unbeeindruckend, möglicherweise eine schlechte Flasche (1995 bei einer British-Airways-Verkostung für die First Class). Gut, schön entwickelte Nase, weiche Frucht, was aber durch den unnachgiebigen Geschmack konterkariert wurde. Guter Extrakt im Widerstreit mit den Tanninen (auf einer Farr-Vinters-Degustation im Januar 2000). Kürzlich trotz seines jugendlichen Aussehens in der Nase gewisse Alterserscheinungen; fleischig, Eisentannat im Abgang. *Zuletzt im April 2001 beim Essen des Wine Committee im Londoner Oxford und Cambridge Club verkostet* ★(★★★) *Ich nehme an, er wird sich noch zusammenreißen.*

Ch. Lynch-Bages Sieben Einträge. Toastig, würzig, in seiner Jugend mit einer mundfüllenden Frucht. Mit acht Jahren im Gidleigh Park Hotel in Devon Seite an Seite mit dem Canon verkostet: tiefer, intensiver, noch immer jugendlich; lebendig, schlank, erfrischend, aber mit einem die Zähne belegenden Tannin. Unfertig. Ein Jahr darauf ähnliche Notizen. Kürzlich nicht »süß-sauer«, sondern »süß« und weich, aber tanninbetont. Sucht noch immer nach seiner Linie. *Zuletzt im März 2001 beim Essen auf Cos d'Estournel verkostet* ★★(★★) *Ich gebe die Hoffnung nicht auf.*

Ch. Mouton-Baronne-Philippe Um 19.45 Uhr dekantiert, öffnete sich schnell und zeigte einen Mokkaton in Nase und Geschmack. Füllig, weich, aber tanninbetont. Ein köstlich gehaltvoller Wein. *Im August 2000 beim Essen verkostet* ★★★ *Bald bis 2010.*

Ch. Palmer Im Fass ziemlich gut, reiche, toastige Nase und fleischige Frucht. Ein Jahr später nicht mehr so beeindruckend, versuchte aber 1990 und 1991, sich zu öffnen. Der nützlichste Eintrag entstand auf der Horizontalverkostung von 1988ern bei Christie's: reiche Farbe, aber mit reifem, rotbraunem Rand; weich, »süß«, ein »Rohrzucker«-Duft, der sich ansprechend öffnete. Süße, gute Frucht, scharfer, leicht bitterer Abgang. Angenehm zu trinken, wurde aber seinem Ruf als »Super Second« nicht gerecht. *Zuletzt im Juli 1998 verkostet* ★★★ *Bald trinken.*

Ch. Pavie Im April 1989 schlank, eichenbetont, tanninstark. Öffnete sich ein Jahr später köstlich. Zu Beginn der Lese 1995 mit meinem alten Freund, dem mittlerweile verstorbenen Jean-Paul Valette, beim Essen verkostet. Zwar tief, aber bereits mit gewisser Reife. Vanillin-Nase. Trocken, attraktiv, doch sehr tanninbetont. In seinem zehnten Jahr auf Yquem verkostet, Wort für Wort dieselbe Beschreibung. *Zuletzt im Juni 1998 verkostet* ★(★★) *(gerade noch). Braucht noch zwei, drei Jahre.*

Ch. Pavie-Decesse Jean-Paul leistete auf Decesse bessere Arbeit. Dieser Wein gehörte zu meinen Alltagsroten; ich hatte einen Posten halber Flaschen von Justerini gekauft. Abgesehen von einem hoffnungslos oxidierten Exemplar zeigten sie ansehnlichen Extrakt und waren angenehm zu trinken. Meine anfänglichen Erwartungen wurden jedoch nicht erfüllt. *Zuletzt im Oktober 1996 verkostet ★★ Austrinken.*

Ch. Pichon-Baron Ein halbes Dutzend Einträge. Im Frühjahr nach der Lese purpurn und fest verwoben. Entwickelte sich ein Jahr später gut, bald darauf köstlich voll und fleischig. In seinem zehnten Lebensjahr mit Monsieur Matignon auf dem Château verkostet: ziemlich »süß«, reich, sehr gute Frucht. Machte einen guten Eindruck. Kürzlich: reifer werdend; lebendige, reife Beerennase; gute Länge und griffiges Tannin. *Zuletzt im Oktober 2001 bei Farr Vintners verkostet ★★★(★) Jetzt bis 2015.*

Ch. Pichon-Lalande Etwa um diese Zeit begann ein Streit zwischen beiden Pichon-Gütern. May de Lencquesaing beklagte sich darüber, dass Pichon-Longueville durch Verzicht auf seinen Titel »Baron« den Eindruck erwecke, dass der Comtesse de Lalande lediglich sein Zweitwein sei! Obendrein bereiteten die neuen Besitzer auf der anderen Straßenseite ziemlich gute Weine. Der Lalande war zwar nicht so unmittelbar beeindruckend wie der Baron, doch meine letzten drei Einträge fielen durchweg anerkennend aus und endeten jedes Mal mit »ein guter 1988er«. Zwei Verkostungen zehn Jahre nach der Lese, die erste beim Essen auf Château Brane-Cantenac und die zweite drei Monate später bei der Masterclass von Christie's mit 1988ern: reiche Farbe; gute Frucht, ein Hauch Lavendel und »Meeresbrise«; vollmundig, »süß«, kaschierte Tannine. Zwei Einträge aus jüngster Zeit: reifer mahagonifarbener Rand; »süß«, fleischig. Ein guter, reifer 1988er. »Jetzt köstlich.« *Zuletzt im Oktober 2001 bei Farr Vintners verkostet ★★★★ Jetzt bis 2012.*

Ch. Le Pin Nur eine halbe Flasche. Trockener, eichengetönter, mit zitrusartiger Säure. Lebendige Frucht. Kein schlechter Wein. *Im November 1995 mit dem 1986er auf dem Schlossgut Diel in der Pfalz verkostet ★★★★*

Ch. Prieuré-Lichine Frucht und Fleisch vom Start weg ausgesprochen attraktiv. Nach zehn Jahren immer noch jugendlich; wohlriechend, charakteristisch schlank, dabei wohlschmeckend und erfrischend. Ein guter Prieuré und ein gefälliger 1988er. *Zuletzt im Dezember 1988 beim Weindinner im Spa Hotel von Bath verkostet ★★★ Jetzt bis 2010.*

Ch. Rausan-Ségla Nur drei Einträge. Das erste Mal 1995 bei einem Rauzan-Ségla-Essen im Londoner Brooks's Club verkostet (das Château änderte 1994 seinen Namen von Rausan in Rauzan): undurchsichtig, gute Frucht, aber unreif. Fünf Jahre später zweimal binnen fünf Monaten. Lebhaft, »gut zu Käse«! (Beim Essen auf Château Talbot.) Ganz anders als der gleichzeitig degustierte Pichon-Lalande: tiefer, ausgeprägteres Rubinrot; ansprechendes, lebendiges, erfrischendes Bukett; ein eleganter, schlanker Margaux, dem es gelang, weiche Frucht und ziemlich sperriges Tannin in Einklang zu bringen. *Zuletzt im September 2000 bei der Verkostung »France in Your Glass« degustiert ★★★(★) 2008 bis 2020.*

Vieux Ch. Certan Erstmals in Brüssel bei einer Degustation von zwei Thienpont-Weinen, dem Vieux Château Certan und dem Labégorce-Zédé, verkostet. Der Pomerol war tiefer und ungehobelter, der Margaux lebendiger, härter und tanninbetonter (1999). Als Nächstes eine überraschende, spektakuläre Impériale mit der Bacchus Society auf dem Weg zur Verleihung eines Preises für sein Lebenswerk an Egon Müller in Scharzhof an der Saar. Tief, am Rand nach wie vor jugendlich; wohlriechend; schlank, sehr tanninbetont, doch große Geschmacksfülle. *Zuletzt beim Essen in der Traube in Grevenbroich verkostet ★★★★ In diese provinzielle, unaussprechliche deutsche Kleinstadt wagt man sich eigentlich nur, um Dieter Kaufmanns Küche zu genießen, seinen sehr umfangreichen, hochkarätigen Weinkeller zu plündern und nach dem Essen zu den ruhigsten und behaglichsten Zimmern hinaufzusteigen, die man sich vorstellen kann.*

Unter den vielen anderen 1988ern, die ich in der zweiten Hälfte der 1990er verkostet habe, lassen sich die meisten Médoc- und Graves-Weine mit vier Worten zusammenfassen: »Gute Frucht, schlank, tanninbetont.« Die Gewächse vom rechten Ufer waren in der Regel fleischiger, aber – wie bereits festgestellt – ebenfalls sehr tanninstark. Wie man sich denken kann, wirkten die Weine, die ich nur in ihrer Jugend verkostet habe, noch tanninbeladener. Die folgenden Kreszenzen zeigten gutes Potenzial (die Sternebewertungen gelten für den damaligen Zustand): **Ch. d'Angludet** ★★(★★); **Ch. Brane-Cantenac** ★★★; **Ch. Chasse-Spleen** ★★★; **Dom. de Chevalier** ★★★(★); **Ch. Durfort-Vivens** ★★(★); **Ch. L'Evangile** ★★(★★); **Ch. Gazin** ★★(★); **Ch. Giscours** ★★(★★); **Ch. Labégorce-Zédé** ★★(★); **Ch. Lafon-Rochet** ★(★★); **Ch. La Lagune** ★★(★); **Ch. Langoa-Barton** ★(★★); **Ch. Lynch-Moussas** ★★★; **Ch. Malartic-Lagravière** ★★★; **Ch. La Mission Haut-Brion** ★★(★★); **Ch. Montrose** ★(★★★); **Ch. Pape-Clément** ★★★; **Ch. de Pez** ★★(★); **Ch. La Pointe** ★★★; **Ch. Talbot** ★★(★★)

1989 ★★★★★

Zweifellos ein großer Jahrgang. Er ließ das Jahrzehnt mit einem furiosen Schlussakkord ausklingen.

Ursprünglich hatte ich geplant, dieses Kapitel ausnahmsweise um ein Jahr zu erweitern, da der 1988er, 1989er und 1990er ein so formidables und gleichzeitig so unterschiedliches Trio bilden. Aber auch die reguläre Einteilung hat ihren Vorteil, denn so beginnt die nächste Dekade wie beim Zwillingsjahrgang 1899 und 1900 mit einem glänzenden Auftakt.

Zum Wetter. Im Mai war die Vegetation ihrer Zeit um drei Wochen voraus. Auf eine frühe Blüte unter ausgezeichneten Bedingungen folgte der heißeste Sommer seit 1949 und die früheste Lese seit 1893. Die Beeren reiften zwar voll aus, doch von den Tanninen konnte man das nicht behaupten. Später geerntete Trauben wiesen weichere Gerbstoffe auf, was aber auf Kosten der Säure ging.

In ihrer Jugend waren die Weine fast ohne Ausnahme höchst ansprechend. Ich persönlich rechnete mit einem weiteren Jahrgang wie dem 1985er, der meines Erachtens aber vielschichtiger ausfallen und sich vielleicht sogar als Frühstarter erweisen würde. Doch die beiden Jahrgänge entschlossen sich quasi zum Rollentausch: Die Tannine des 1989ers entwickelten sich wesentlich ausgeprägter und verwandelten die Weine in sehr viel langlebigere Gewächse, als ich prognostiziert hatte. Es entstanden viele hervorragende Kreszenzen.

Ch. Lafite Es ist wohl fast überflüssig, in einem Jahrgang wie diesem das Aussehen und den Geschmack eines Lafite im Frühjahr und Herbst 1990 zu beschreiben. Ich werde immer wieder gebeten zu erklären, wie man einen jungen Bordeaux im Fass beurteilt. Das hätte ich auch meinen Mentor Harry Waugh fragen sollen, den ich weiter vorne als einen der besten Degustatoren von rotem Bordeaux bezeichnet habe. Als dieses Buch entstand, war Harry leider bereits 97 Jahre alt und etwas vergesslich, wenngleich schlank und körperlich in außerordentlich guter Verfassung. Das Verkosten indes gehörte zu seinen natürlichen Begabungen – seine Sinne reagierten fast automatisch.

Die wichtigsten Bewertungsfaktoren beim Degustieren junger Bordeaux-Gewächse sind das Erscheinungsbild mit seiner Tiefe, der reichen Farbe und der Intensität sowie der Geschmack, wobei das Vorhandensein und Gleichgewicht der Komponenten und seine Länge eine Rolle spielen. Natürlich sollte der Wein auch gut riechen, ein vertrautes Aroma und einen nicht forcierten Duft aufweisen. Seine eigentlichen Vorzüge und seine Schönheit allerdings offenbaren sich erst mit zunehmender Reife. Als ich den 1989er Lafite im Frühjahr 1990 das erste Mal verkostete, war er undurchsichtig, intensiv und lebhaft purpurrot; in der Nase lebendige junge Frucht, aber verschlossen; voll, fest, fleischig, mit adstringierenden Tanninen. Nach einem weiteren sechsmonatigen Aufenthalt im Barrique war kaum ein Unterschied zu erkennen. Erst im darauf folgenden Frühjahr, genauer gesagt im April 1991, begann er, im Zaum gehalten von der Würze neuer Eiche (Gewürznelken, Zimt, Vanillin), Form anzunehmen. Seine Komplettheit und Länge machten Hoffnung auf eine gute, ja, sogar ziemlich ausgedehnte Zukunft. Wenn sich das, was die Franzosen *persistence* nennen, genau messen ließe, könnte man daraus die Lebensdauer eines Weins errechnen, fällt mir gerade ein.

Das nächste Treffen mit dem 1989er hatte ich im März 1995 bei einer Lafite-Vertikalverkostung, die ich in Lyford Cay auf den Bahamas leitete und auf der ausnahmslos Magnumflaschen geöffnet wurden. Es war eine Vertikaldegustation der besonderen Art, denn auf dem Programm standen der 1989er, der 1988er, der 1985er, der 1983er und der 1982er. Der 1989er zeigte sich tief, hatte aber seine ursprüngliche Undurchsichtigkeit verloren und wies eine weiche Rubinfarbe mit jener Dichte und Reichhaltigkeit auf, die ich auf einen hohen Extraktgehalt zurückzuführen pflege. In der Nase war er nach dem Eingießen »undurchsichtig«, zedrig, harmonisch (ohne harte Kanten) und tief (er hatte eindeutig noch viel zu bieten). Nach 30 Minuten begann er sich zu öffnen. Sehr reich, mit dem schwitzigen Geruch, der den Tanningehalt mehr als nur andeutet, und reichlich Frucht, die ihm als eine Art Feigenblatt zum Verhüllen seiner Männlichkeit diente. Definitiv kein Mauerblümchen, sondern ein substanzvoller Wein mit großer Zukunft. Zwei Monate später, bei meiner ersten Christie's-Masterclass in New York, eine Vertikalverkostung von 1989ern: würzig; »süß«, viel Frucht, aber nicht viel Alkohol, der bei (für rote Bordeaux-Weine) idealen 12,5 % lag.

Ich springe zu Penning-Rowsells stets faszinierender, aufschlussreicher »Zehnjahresverkostung« von Hochgewächsen. Sie wurden alle etwa um 18.30 Uhr dekantiert und in ziemlich kurzen Abständen ab 20.00 Uhr serviert, sodass wir sie im Verlauf der nächsten zwei Stunden während des Essens prüfen und genießen (und natürlich trinken) konnten. Sie waren allesamt gut. Der Lafite zeigte erste Anzeichen von Reife. Ich bewertete ihn am Gaumen als gleichrangig mit dem Latour und in der Nase mit dem Mouton (7/7) – auch Jancis Robinson, Eddie Penning-Rowsell und ihre Ehepartner verwenden ein 20-Punkte-Schema mit der Verteilung 3-7-10 (für Erscheinungsbild, Nase und Geschmack). Auf jeden Fall ein schöner Wein, komplett, mit sehr duftendem Nachgeschmack. Mein nächster und bislang letzter Eintrag entstand bei einer Dinnerparty zu Hause. Trotz der warmen, reichen, reifen Farbe mit einem leichten Orangeton am Rand wies der Wein einen außergewöhnlichen, sehr reichen »Auftakt«, schönes Gewicht, gute Frucht sowie reichlich Tannin und Säure auf. Sehr gut, aber unfertig. Und die Nase? Ich hatte den Vorteil, dass ich schon beim Dekantieren (der Magnum) um 16.30 Uhr riechen und degustieren konnte: sehr reich, undurchdringliche Tiefe und Konzentration. Um 18.10 Uhr »süßer«, reicher, wohlriechender und nachdem meine Gäste gegangen und mir das Spülen und Polieren der Riedel-Gläser überlassen hatten noch immer herrlich duftend und teeartig. *Zuletzt im Mai 2001 verkostet ★★★★(★) Vergessen Sie ihn für mehrere Jahre und denken Sie erst etwa 2010 bis 2030 wieder an ihn.*

Ch. Latour Ebenfalls im Frühjahr und Herbst 1990 verkostet: schwarz wie eine ägyptische Nacht, die 100 % neue Eiche sehr präsent. Der Latour ist unreif nie leicht zu verkosten und noch im November desselben Jahres hätte man genauso gut »den Laden zusperren«, den Wein einkellern und ihn vergessen können, obwohl er einen betörenden Zedernholz- und Cabernet-Sauvignon-Duft verströmte und alle Komponenten im Übermaß vorhanden waren. Bei der Masterclass im April 1995 in New York sicherlich beeindruckend, doch wie der Lafite nur mit 12,5 % Alkohol, obwohl es sich um einen großen Wein handelte. In der Nase eine ausgeprägte Cabernet-Note, die den Mund wässrig machte, breit gefächert; im Geschmack erfrischende Säure und ein bitterer, tanninbetonter Abgang. 1999 bei den Penning-Rowsells nicht ganz so tief, leuchtendes Rubinrot; sehr wohlriechende Nase; eigenständig, voll im Geschmack, lebhaft, komplett. Keine Bitterkeit vermerkt, aber mehr Säure als die anderen erstklassifizierten Gewächse. Kürzlich eines von acht Großformaten, alles *Premiers crus* mit Ausnahme des Figeac (der Lafite erwies sich außerdem als 1995er), die der legendäre Walter Eigensatz beim Essen servierte. Eine Jeroboam: Meine Notizen hatten eine fast unheimliche Ähnlichkeit mit dem zwei Jahre zuvor bei Penning-Rowsell entstandenen Eintrag. Ein fabelhafter Wein, trotz seines kantigen, tanninbetonten Abgangs. *Zuletzt im Oktober 2001 in Eigensatz' Eden Parc Hotel in Bad Schwalbach verkostet ★★★(★) Wenn die adstringierenden Tannine weicher werden, eventuell fünf Sterne. In etwa 2010 bis 2025.*

Ch. Margaux Erstmals im April 1990 auf dem Château verkostet. Man muss nicht unbedingt in Sevilla geboren worden sein, um sich vom aufreizenden Decolleté, dem wirbelnden Rock und dem stolzen Habitus einer Flamenco-Tänzerin angezogen zu fühlen. So ist es auch mit dem Duft und dem Schwung eines jungen Margaux, vor allem wenn man ihn – wie ich fast immer – mit Paul Pontallier verkostet, der mit seiner ansteckenden Begeisterung sogar Statistiken faszinierend präsentieren kann: zeitige Lese ab 10. September; eine Mischung aus 77–78 % Cabernet Sauvignon, rund 15 % Merlot, 5 % Petit Verdot und 2–3 % Cabernet franc, die alle in etwa zur selben Zeit voll ausreiften; 12,7 % Alkohol. Er pries die weichen Tannine, die dem Wein »Süße« verleihen und die Säure senken. Mein nächster Eintrag entstand auf einer Vertikalverkostung im März 1995: mehr Fleisch als der 1990er, aber ausgeprägte Tannine. Auf einer weiteren Degustation von erstklassifizierten Gewächsen acht Monate darauf: »Süße, ansprechende Frucht, aber gehörige Kraft.« Auf der ersten von Wagners Margaux-Verkostungen 1997 tiefe, samtige Farbe und wundervolle Frucht, bekam zusammen mit dem 1985er und 1945er von allen an diesem einen Tag degustierten 48 Jahrgängen meine höchste Bewertung. Bei Penning-Rowsell im Juni 1999 nach wie vor relativ farbtief und jugendlich. Sehr entgegenkommende Nase, eine Art Minzeduft, gleichrangig mit dem Mouton und – ob Sie es glauben oder nicht – dem Ausone! Allerdings am Gaumen etwas schlank und mit sehr trockenem Abgang. Bei Wagners zweiter Vertikalverkostung im November 2000 platzierte ich ihn hinter dem 1945er auf dem zweiten Rang. »Süß«, weich, reich – ein schöner Wein. Zuletzt blind aus einer Jeroboam degustiert: sehr tief, fast undurchsichtig, Kirschton, aber mit Reifespuren; angesengtes, würziges Bukett; trockener als erwartet, streng, fest, dabei mit sehr gutem Geschmack (ich hielt ihn für den Mouton). *Zuletzt im Oktober 2001 bei Eigensatz in Bad Schwalbach degustiert ★★★★(★) 2010 bis 2025.*

Ch. Mouton-Rothschild Ebenfalls in seiner Jugend ein aufregender Wein, mit dem unnachahmlichen würzigen Cassis-Aroma, fleischig und fruchtig. Zwölf Monate nach der Lese pfefferig, kraftvoll, die Tannine eher bitter. Im darauf folgenden Frühjahr (1991) empfand ich ihn als weitaus exotischer als den 1990er. »Süß.« Fabelhaft. Im September 1995 wartete Rodenstock vorzeitig mit einer Impériale auf: sehr trocken. Einige Monate später auf einer Verkostung, die ich für Goldman Sachs bei Christie's in Frankfurt leitete, einige Flaschen (ich glaube, es waren zwei) mit wundervoller, den Mund füllender Frucht. Nicht mehr undurchsichtig, tiefe Schwarzkirschenfarbe. Superb duftend, minziger, pfefferiger Wohlgeruch und ansprechender, lebendiger Cabernet-Sauvignon-Geschmack. Vor einiger Zeit auf einer vergleichenden Verkostung von 1989ern und 1982ern, diesmal in Hamburg, verwies ich auf seine »Tränen«, das fantastische Bukett und den nicht minder herrlichen Geschmack. Ein Hauch von Jod, schöne Frucht im Mittelteil, für den exklusiven Mouton-Geschmack und -Charakter sorgte der hohe Cabernet-Sauvignon-Anteil. Schlanker als erwartet und noch immer sehr tanninbetont. *Zuletzt im März 2000 bei der Weinprobe des Hotels Louis C. Jacob in Hamburg degustiert ★★★(★★)* 2010 bis 2030.

Ch. Haut-Brion Ein wundervoller Wein. Tief, reich und würzig, »süß«, fleischig, gut mit allem ausgestattet (November 1990). Im darauf folgenden Frühjahr gemeinsam mit dem La Mission verkostet, überragend. Dann neun Jahre lang nicht mehr degustiert, natürlich nun nicht mehr so tief, ziemlich gut entwickelt; angesengte, getoastete, reife Nase und ebensolcher Geschmack; »geröstete Kaffeebohnen«. Leicht rau und erdig (bei einer Blindverkostung von 1989ern im Jahr 1998). Bei der »Zehnjahresverkostung«: rubinrot; weich, wohlriechend, würzig; für den 1989er-Jahrgang charakteristisch »süß« und reich, elegant. Ein leicht teeriger, trockener Abgang. 1999 in Tokio erneut »reich« notiert. Zwei Einträge 2000, mit fast identischen Beschreibungen: mitteltief, reifer werdend, sanfte, weiche Farbe; Nase und Geschmack warm, reich, leicht erdig. Ein Bukett, das sich wunderschön öffnete; wieder sanft und weich notiert, »süß«, voll, reich, schöner Geschmack, aber mit zahnschmelzender Säure. Kürzlich eine Doppelmagnum: reich, fruchtig, aber bereits mit leicht adstringierendem Abgang. *Zuletzt im November 2001 in Eigensatz' Eden Parc Hotel in Bad Schwalbach verkostet ★★★(★★) 2010 bis 2025.*

Ch. Ausone Tief, eichengetönt; Frucht, Würze, Nachgeschmack – und Zukunft – gut (im November 1990 bei einer Verkostung von 1989ern in St-Emilion). Neun Jahre später bei Penning-Rowsell eine der höchsten Bewertungen, die ich bei diesen »Zehnjahresverkostungen« je vergeben habe. Fein, irreführend reifes Aussehen; harmonischer, aber eigenartig ansprechender Duft nach »Teeblättern und Packpapier«; köstlicher Geschmack, aber die seidigen, ledrigen Tannine verliehen ihm ziemliche Kraft. Kürzlich eine Magnum: sehr eigenständiger Geschmack, schlank, aber duftend, seltsam weich und zum Kauen, aber mit adstringierendem Abgang. *Zuletzt im November 2001 in Eigensatz' Eden Parc Hotel in Bad Schwalbach verkostet ★★★(★★) 2008 bis 2020.*

Ch. Cheval Blanc Erstmals bei einer Verkostung degustiert, die der mittlerweile verstorbene Jean-Paul Valette im Maison du Vin in St-Emilion für mich organisierte. Vielschichtiger als die anderen *Premiers grands crus* aus St-Emilion. Interessanterweise zwar »nicht annähernd das Gewicht der erstklassifizierten Gewächse aus dem Médoc«, aber mit einem höheren Alkoholgehalt: 13 %. Ein Wein mit viel Charme und Eleganz. Bei der New Yorker Masterclass 1995 musste ich auf die »gotischen Kirchenfenster« hinweisen (eine Eigenart von mir); ein in der Nase und am Gaumen erfrischender Wein. Köstlich »süß«, kein »Kraftmeier«. Zwei Jahre später auf der Cheval-Blanc-Verkostung von Wolf/Weinart wesentlich reifer als der 1990er: »süß«, reif, weiche Tannine, erneut ein Hinweis auf seinen »Charme«. Man informierte uns, dass die Lese zwischen dem 7. und 27. September, also sehr früh stattgefunden habe und der Ertrag ziemlich hoch gewesen sei. Als Nächstes in seinem zehnten Jahr verkostet: reifes Aussehen; vollendet ausgewogen; ein sehr leichter Stil, der leichteste von allen acht Erstklassifizierten. Trotzdem ein schöner Wein. Kürzlich eine blind verkostete Jeroboam: reiche, schokoladige Mokkanase – es konnte sich nur um einen Wein vom rechten Ufer handeln; weich, zum Kauen, elegant, ansprechend. *Zuletzt im Oktober 2001 in Eigensatz' Eden Parc Hotel in Bad Schwalbach verkostet ★★★★★ Jetzt bis 2015.*

Ch. Pétrus Erstmals im November 1990 verkostet. Ein ernsthafter, großer Wein: undurchsichtig, intensiv, purpurn; vollbepackt und kraftvoll (13,5 % Alkohol, ein ganzes Prozent mehr als die erstklassifizierten Gewächse aus dem Médoc) – angeblich das Ergebnis einer rigorosen »Behangausdünnung« zur Verringerung der Anzahl von Trauben pro Stock und zur Konzentration der Beeren. Im Juni 1991 erneut aus dem Fass verkostet: entwaffnend »süß«, aber sehr tanninbetont. Als Nächstes 1995 bei Rodenstocks Eröffnungsessen eine Doppelmagnum: noch immer sehr tief und intensiv, hatte aber einen wunderbaren Duft entwickelt; »süß«, stämmig, eichengetönt, würzig. Drei Jahre später schlitzohrig einer blind verkosteten »Serie« hinzugefügt und falsch als »nicht Pétrus« notiert, auf einer Stufe mit dem Außenseiter-Wein, dem Darmagi von Gaja. Bei Penning-Rowsells »Zehnjahresverkostung« 1999 nach wie vor tief, jugendlich, mit undurchsichtigem Zentrum; leicht schokoladige Nase. Wie so oft, sogar bei den Spitzen-Pomerols, am Gaumen wesentlich interessanter: »süß«, reich, voller Frucht, abgerundet – aber erneut ein Hinweis auf die etwas grobe Textur (1998 »raues Tannin«). Kürzlich eine Doppelmagnum: noch immer praktisch undurchsichtig; gute Frucht, Trüffeln; ziemlich körperreich, ein Hauch von Sprödheit, gute Textur (was mir zu denken geben hätte sollen), großartige Länge. Ich hielt den blind verkosteten Wein für einen Latour. *Zuletzt im November 2001 in Eigensatz' Eden Parc Hotel in Bad Schwalbach verkostet ★★(★★★) 2015 bis 2030.*

Ch. Batailley Im Fass angenehm, nach sieben Jahren sehr angenehm, jetzt zweifellos köstlich. Hübsches, tiefes, weiches Kirschrot; in der Nase lebendige »schwarze Früchte«, erfrischende Säure. *Zuletzt bei einem Bordeaux-Weinkurs von Christie's im März 1996 verkostet ★★★ Jetzt bis 2010.*

Ch. Beychevelle Die Worte »fleischig« und »würzig« tauchen im November 1990 und ein weiteres Mal nach zehn Jahren auf. »Süß«, reif, attraktiv. *Zuletzt im März 1999 bei einem abendlichen Büfett im leider mittlerweile verwaisten Château verkostet ★★★ Jetzt bis 2012.*

Ch. Bonnet, **de Cruzeau** und **Rochemorin**. Alles Weine von André Lurton, jeder mit seinem eigenen Charakter, allesamt ausgesprochen gut. *Im März 2001 auf La Louvière degustiert ★★★*

Ch. Branaire-Ducru Eines der beiden Médoc-Châteaux, das schon im August die Lese begann: Am 31. August um 9.00 Uhr morgens startete man in einer Parzelle mit jungen Merlot-Stöcken die Ernte. Erstmals im November 1990 verkostet, Geruch nach neuer Eiche, Frucht, Gewürz, robuste Tannine. Im achten Jahr immer noch mit jugendlichem Ton; ein verhaltener, sanfter Wohlgeruch, der sich attraktiv öffnete. Die Süße reifer Frucht, aber nach wie vor tanninbetont. *Zuletzt im April 1997 beim Essen auf Branaire verkostet *** 2005 bis 2015.*

Ch. Canon Bei der ersten Verkostung im November 1990 eine aufdringliche Note. Selbst damals aber wohlriechend, schöne Entwicklungskurve (elliptisch: elegant anschwellend und wieder abklingend). Gute Nase; weiche, robuste Frucht, zugänglicher Stil, köstlich. *Zuletzt im März 1996 bei einer Verkostung im Gidleigh Park Hotel in Devon degustiert **** Jetzt bis 2012.*

Ch. Cantemerle Anfangs undurchsichtig, alle Komponenten korrekt vorhanden. Im achten Jahr nach wie vor tief; Frucht und Fleisch gut, aber unfertig. *Zuletzt beim Essen im Brooks's Club verkostet **(*) 2005 bis 2015.*

Ch. Cantenac-Brown Im Fass fehlte ihm meines Erachtens die Überzeugungskraft. Trank sich im Juni 1997 auf der Fête de la Fleur (auf dem Château) und auch später beim Essen der Union des Grands Crus in Bordeaux gut: in der Nase ein Hauch von Kaffee; gute Textur; ein erfrischender Spritzer Zitrusfrucht. »Überraschend attraktiv«, merkte ich etwas herablassend an. *Zuletzt im April 1999 verkostet *** Jetzt bis 2010.*

Ch. Chasse-Spleen Ein verlässlicher »Clubwein«. Gerade richtig. Gute Frucht. Schön trinkbar. *Im Februar und Mai 1998 verkostet *** Bald trinken.*

Ch. Clinet Drei Einträge. Als Erstes 1995 eine Doppelmagnum, sehr tanninbetont, sehr eichengetönt, aber mit guter Nase. Dann 1997 zu viel Extrakt und Tannin. Nicht der Weinstil, der mir gefällt. Unlängst tief, mittlere Intensität, etwas übelriechend (wegen der Tannine?); ungewöhnlicher, eigenständiger Geschmack, stämmig, reich, rau. Der raue, tanninbetonte Abgang machte das stark gewürzte Rindfleisch gefügig. *Zuletzt im September 1998 beim Essen am fünften Tag von Rodenstocks Yquem-Marathon blind verkostet *(**)*

Ch. La Conseillante Ein weiterer Pomerol, aber schon viel eher mein Weinstil. Ein opulent fruchtiges Bukett; 1994 eine Magnum mit fabelhaftem Geschmack. Gewürznelken, Zimt, Tannin, hohe Bewertung und gute Zukunft. Im darauf folgenden Jahr erneut degustiert, wieder auf Rodenstocks Verkostung, diesmal aber eine Doppelmagnum mit voll ausgebautem Bukett; wesentlich offener gewirkt, dabei noch immer sehr eichengetönt und tanninstark. *Zuletzt im September 1995 verkostet. Damals (****), jetzt wahrscheinlich ***(*)*

Ch. Cos d'Estournel Erstmals 1995 bei zwei Degustationen in New York zusammen mit anderen 1989ern verkostet: Schwarzkirschenfarbe; »warme«, toastige Nase, die sich schön öffnete; gute Frucht, rund, viel Substanz (13 % Alkohol). Vier weitere Einträge, verlor Farbe, reifer Rand; die Nase roch etwas nach dem Karton, aus dem die Gläser stammten; am Gaumen besser, aber mit einem Hauch von Bitterkeit, irgendetwas fehlte. 1999 bei der Grand-Awards-Verkostung von »Super Seconds« des Jahres 1989 in New York verkostet: mitteltief, samtig, aber mit leicht schwachem, reifem Rand; »süße«, aber schweißelnde Nase, am Gaumen überraschend »süß«. Schöne Frucht. Sehr zugänglich, doch geringfügig bittere Note. Gut ja, aber »super«? Kürzlich eine Doppelmagnum: tief; sehr wohlriechend; trocken, lebendig, fest, elegant. Tanninbetonter Abgang. *Zuletzt im Oktober 2001 in Bad Schwalbach verkostet ***(*) Bald bis 2015.*

Ch. Ducru-Beaucaillou Nur zwei Einträge. Erwartungsgemäß undurchsichtig, verhalten, aber komplett (November 1990). Als Nächstes mitteltief, »glänzend«; reiche Nase, dabei etwas kantig; »süß«, Frucht, Tannin und Säure gut. *Zuletzt im Januar 1999 bei einer Vorverkaufsverkostung degustiert. Gut, aber nicht inspirierend **(*) 2008 bis 2018.*

Ch. Durfort-Vivens Es macht schon Spaß, im Januar 1995 bei einer British-Airways-Verkostung für die First Class aus einer Palette von 35 roten Bordeaux-Kreszenzen einen Wein auszuwählen, zu wissen, dass er Ende 1996 an Bord ist, und ihn schließlich im darauf folgenden Frühjahr bei einem Flug, BA 299 nach Chicago, selbst zu trinken (eigentlich aus zweiter Hand, denn ein freundlicher Leiter des Kabinenpersonals brachte ihn mir aus dem vordersten Bereich, da ich mit Club Class reiste). In den paar Jahren war er schön herangereift und hatte seine verhüllten Tannine enthüllt. »Süß«, weich, wohlschmeckend, auf eine milde Art griffig, passte gut zum BA-Essen – wenn auch nicht zum Flugpreis. *Zuletzt im April 1997 in großer Höhe verkostet *** Bald trinken.*

Ch. L'Eglise-Clinet Einer von Rodenstocks Lieblingsweinen, den er regelmäßig auf seine Gäste loslässt, 1995 und 1996 beispielsweise in Doppelmagnums. Als Erstes eine ziemlich seltsame Nase, aber sehr gute Textur, undurchsichtig, unreifes Aussehen; würzig, streng; sehr trockene, bittere Tannine. Die beiden jüngsten Magnumflaschen: tief, pflaumenfarben; Ligusterduft, etwas übelriechende, überreife Nase; »süß«, weich, fleischig bis hin zur Opulenz (es wurde keine neue Eiche verwendet). Insgesamt ein köstlicher Wein. »Dekadent«, um einen von Robert Parkers Lieblingsbegriffen zu verwenden. *Zuletzt im September 1998 verkostet. Ein Wein für Hedonisten ***(*)*

Clos L'Eglise-Clinet Sehr tief, aber am Rand braun; schokoladige, statische Nase; ziemlich »süß«, robust, fade, uninteressant. *Im Oktober 2001 in Bad Schwalbach verkostet ***

Ch. Figeac Figeac in wohlriechender, vollmundiger, wohlschmeckender Hochform. Offenbarte schon im Fass seine »Süße«, Würze und seinen Charme. Unlängst bei einer von Marie-France und Thierry Manoncourt mit ihrem Schwiegersohn Comte Eric d'Aramon, der das Gut nun führt, für Freunde ausgerichteten, wunderschönen Dinnerparty: schon in der Farbe üppig; grandiose Frucht, entwickelt, abgerundet; ein voller, fleischiger Mundfüller mit verhülltem Tannin. Kürzlich bei einer Blindverkostung von *Premier-cru*-Großformaten des Jahrgangs 1989 in Bad Schwalbach: wie immer sehr eigenständig, keineswegs makellos (ich empfand den Rand als ein bisschen schwach und die Nase fast dekadent »süß«, außerdem ein hölzerner Ton); die Doppelmagnum bekam zur Freude von Thierry Manoncourt eine Spitzenbewertung. Sie war unwiderstehlich reich und wohlriechend, mit guter Länge und würzigem Abgang. *Zuletzt im Oktober 2001 verkostet *****

Ch. La Fleur In Magnumflaschen: nach wie vor undurchsichtig, »süß«, voll, fleischig. Grandios. *September 1998 ***** Jetzt bis 2025.*

Ch. La Fleur-Pétrus Von Moueix 1952 gekauft. 80 % Merlot, 20 % Cabernet franc. Jetzt mit reifem Aussehen; reich, aber etwas schlank, mit guter Pomerol-Textur und ansprechendem Geschmack. Ein Trinkgenuss. *Im November 1999 bei einer Bordeaux-Index-Verkostung in den Kellern des Londoner Stafford Hotel degustiert **** Jetzt bis 2015.*

Clos Fourtet Im Frühjahr und Herbst 1990 ein sehr tiefes, pflaumiges Purpurrot, aber gut, reich, weiche Frucht. 1997 reifer werdend, ziemlich rustikaler Charakter, sehr »süß« und reif. Gut zu trinken (beim Essen auf Château Franc-Mayne). Zwei Jahre später reich und zum Kauen (mit André Lurton auf dem Château, einem seiner vielen Güter). Schließlich eine Flasche zu Hause, jetzt ziemlich reif, Nase und Geschmack voll entwickelt. Gehörte früher zu den St-Emilion-Weinen, die ich am wenigsten mochte, 1989 aber köstlich. *Zuletzt im Februar 2000 verkostet *** Bald trinken.*

Ch. Le Gay Zwei Einträge im Abstand von zwei Tagen, der zweite von einer Blindverkostung, was eine nützliche, aufschlussreiche Erfahrung ist – nicht so sehr, weil man herausfinden muss, um welchen Wein es sich handelt, sondern weil man prüfen kann, inwieweit die Notizen übereinstimmen. Zum Glück ähnelten sie sich tatsächlich! Schöne, tiefe, reiche Farbe; reife Maulbeerfrucht, ein Anflug von Minze; sehr eigenständig, voller Frucht, etwas Finesse und Eleganz, würziger tanninbetonter Abgang. *Zuletzt im September 1998 verkostet* ★★★(★★) *2005 bis 2025.*

Ch. Gazin Fiel 1989 ebenfalls ausgezeichnet aus und zeigte sich im darauf folgenden Herbst in guter Verfassung: lebhaft, reich, tanninbetont. In seinem zehnten Jahr tief, samtig; reiche, »fleischige« Nase; »süß« und ziemlich massiv. *Zuletzt im April 1998 bei den von Neippergs auf Canon-La-Gaffelière verkostet* ★★★(★) *2005 bis 2015.*

Ch. Giscours Ich bin seit vielen Jahren ein Mousquetaire d'Armagnac, konnte bislang aber nur einmal zur einer Veranstaltung kommen, nämlich zum 36. Grand Chapitre im Jahr 1994. Es war ein beseelendes Erlebnis. Nach einem Armagnac als Aperitif wurde ein seltsamer örtlicher Roter serviert, anschließend ein Château Filhot mit *Foie gras*. Als Nächstes kam ein voller, fleischiger, tanninbetonter Giscours mit *Magret de canard* an die Reihe, gefolgt von Eau de vie und Champagner – und zwar in dieser Reihenfolge. Ich schlief gut. Ein Jahr später beim Essen auf Savoie (in Margaux) ließ ein Niederländer, dem das Restaurant zu drei Vierteln gehörte, wie sich später herausstellte, eine Flasche an unseren Tisch bringen. Voll entwickelte Nase mit eigenartigem Auftrieb im Geschmack. Allerdings begann der Wein meines Erachtens auszutrocknen. *Zuletzt im September 1995 verkostet* ★★

Ch. Grand-Puy-Ducasse Trockene, lebhafte Frucht, aber ich konnte keine für den Jahrgang typische Reichhaltigkeit oder Qualität erkennen. *Im Mai 1998 bei einer Vorverkaufsverkostung degustiert* ★★

Ch. Grand-Puy-Lacoste Ein wirklich schöner Wein. Undurchsichtig; reicher Pauillac-Charakter; voll von allem Guten. Ich habe ein paar Kisten gekauft und trinke ihn immer noch gern. Viele Einträge, die nicht alle zu Hause entstanden. Ich habe einige Flaschen nach Lyford Cay auf den Bahamas schicken lassen und damit meine Verkostung 1995 eröffnet. Tiefe, ansprechende Farbe; Unmengen von Frucht und Extrakt. Entwickelt sich normalerweise langsam, aber der 1989er strahlt Gesundheit aus und ist bereits gut trinkbar. Zuletzt zu Hause verkostet und eigens für diesen Eintrag eine Flasche dekantiert: schön anzusehen, Bukett und Geschmack »süß«. Ideal zu Daphnes Roastbeef und Yorkshire Pudding. *Zuletzt im September 2001 degustiert* ★★★★★ *Jetzt bis 2015.*

Ch. Gruaud-Larose Ein maßgeschneiderter Jahrgang für Gruaud. Fünf Einträge, angefangen im November 1990 mit einem undurchsichtigen, fruchtbepackten Exemplar bis hin zu einer weicheren, reiferen, fleischigen Flasche mit entwickelter Nase acht Jahre später. Kürzlich zwar mit reichem, jetzt reifem Erscheinungsbild und reifem, würzigem Bukett, doch auch überraschend griffig und tanninbetont. *Zuletzt bei einer Farr-Vintners-Verkostung im Oktober 2001 degustiert, allerdings nur oberflächlich* ★★★(★) *Bald bis 2020.*

Ch. Haut-Bailly Im Fass fehlerlos und auch nach zehn Jahren über jede Kritik erhaben: ein tiefer, reicher, weicher, charakteristisch erdiger Graves-Wein, dessen Fleisch die stattlichen Tannine gut überdeckt. Kürzlich: noch immer beeindruckend tief; sehr »süß«, reich, doch perfekt im Gleichgewicht. Ein typisch ansprechender 1989er. *Zuletzt im April 2002 bei einer Christie's-Masterclass degustiert* ★★★★(★) *Jetzt bis 2025.*

Ch. Lagrange (St-Julien) Ziemlich tief; reich; zum Kauen, etwas grob, aber Extrakt, Tannin und Säure gut. *Im März 2001 beim Essen auf Château Cos d'Estournel verkostet* ★★★ *Jetzt bis 2015.*

Ch. Lascombes Zwei Einträge aus der letzten Zeit. Starkfarben, aber grobe Textur (1999). Seltsam bittere Tannine. *Zuletzt im September 2001 verkostet* ★★ *Ich muss ihn noch einmal probieren.*

Ch. Léoville-Barton In der Regel unterscheiden sich die beiden *Deuxièmes crus* aus St-Julien inhaltlich und stilistisch beträchlich: Während der Barton sehr korrekt und englisch auftritt, gibt sich der oben erwähnte Gruaud französischer. Ein Wettstreit zwischen dem Gentleman und der gut gebauten jungen Matrone. Nur 1989 legte der stocksteife Barton einmal eine lässigere Haltung an den Tag. Etwas fleischiger und reifer als üblich, vielschichtiger als sonst, mehr Körper, Frucht, Textur und natürlich Länge. Mehrere Einträge von der Wiege bis zur Volljährigkeit. *Zuletzt 1999 bei der Grand-Awards-Verkostung von »Super Seconds« des Jahres 1989 in New York verkostet* ★★★★(★) *2005 bis 2025.*

Ch. Léoville-Las-Cases Man bekommt nicht oft Gelegenheit, einen Las-Cases im Säuglingsstadium zu verkosten. Monsieur Delon hatte stets etwas dagegen, seinen Wein neben anderen Gewächsen auf Verkostungen zu präsentieren oder Fassproben zur Verfügung zu stellen. Der erste von insgesamt einem halben Dutzend Einträgen entstand 1995: äußerst beeindruckend, schon vollkommen harmonisch, ein Fünfsterne-Wein im Werden. Ein Sprung von fünf Jahren zur Farr-Vintners-Verkostung: in guter Verfassung, »süß«, geht völlig aus sich heraus. Reich, dabei aber tanninbetont. *Zuletzt im Januar 2000 verkostet* ★★★(★) *2005 bis 2030.*

Ch. Léoville-Poyferré Angeblich die beste Weinberglage im ganzen Médoc. Von der Mitte des 19. Jahrhunderts bis 1929 entstand hier Wein von allerhöchster Qualität. 1989 zu alter Form zurückgekehrt. Makellos, im Fass ein »Bilderbuchwein«, nach fünf Jahren nach wie vor undurchsichtig, mit Brombeerfrucht beladen. Ein Klassiker in den Startlöchern. *Seit Januar 1995 nicht mehr verkostet. Damals* (★★★★), *jetzt vermutlich* ★★★★(★) *Etwa 2005 bis 2030.*

Ch. La Louvière Fünf Einträge aus jüngerer Zeit, vier davon entstanden zu Hause. Reiche Frucht und viel Extrakt. Gut trinkbar. Absolut köstlich. Kürzlich gut reifend; weich, fleischig, *à point*, dabei griffig. *Zuletzt im Oktober 2001 beim Essen mit André Lurton verkostet* ★★★★ *Jetzt bis 2015.*

Ch. Lynch-Bages In der Regel besser, als sein *Cinquième-cru-classé*-Status vermuten lässt. Früher nannte man ihn etwas abfällig den »Mouton des armen Mannes«. Das trifft heute nicht mehr zu – die Käufergruppe, die ihn noch vor Mitte der 1960er trank, kann ihn sich heute nicht mehr leisten. Er hat sich also »gemacht« und ist regelmäßig beladen mit anregender Frucht und sehr geschmacksintensiv. 1989 aber war er vielleicht zu sehr bemüht. In vielen Einträgen weise ich darauf hin, dass er mehr Frucht als Charme hat. 2000 im Hotel Louis C. Jacob in Hamburg: noch immer tief, intensiv; vibrierende Frucht, ein Hauch von Himbeeren; ein großer, vollmundiger Wein, obwohl ich auch einen Hauch von Bitterkeit im Abgang feststellte, der sich allerdings im Lauf der Zeit legen wird, da bin ich mir sicher. Kürzlich eine Jeroboam: fast undurchsichtig, noch immer jugendlich; würzig; geschmacksintensiv, ziemlich gut in der Säure. *Zuletzt im Oktober 2001 in Bad Schwalbach degustiert* ★★★(★) *2008 bis 2020.*

Ch. Mouton-Baronne-Philippe Im Fass und auch sieben Jahre danach noch rubinrot. Mehr Fleisch als sonst, aber fest gewirkt und tanninstark. *Zuletzt im Dezember 1996 verkostet. Damals* ★★(★★) *Jetzt bis 2015.*

Ch. Palmer In Hochform. Oft verkostet, angefangen mit einer grandiosen, üppig ausgestatteten Fassprobe bis hin zur Grand-Awards-Verkostung von »Super Seconds« in New York. Jetzt reifer werdend; reich, reif (52 % Merlot), offen, keksartig; »süß«, Frucht und Geschmack köstlich. Nach wie vor tanninbetont. *Zuletzt im Oktober 1999 verkostet* ★★★★(★) *Jetzt bis 2015.*

Ch. de Pez Ein beständig guter *Cru exceptionnel* aus St-Estèphe. Ich verstehe, warum Monsieur Rouzaud vom Champagnerhaus Roederer beschloss, sein Potenzial besser auszuschöpfen. Der 1989er muss ihn beeindruckt haben: Er war überraschend fruchtig und tanninstark. *Zuletzt im April 1996 bei einer Vorverkaufsverkostung degustiert* ★★(★) *Jetzt bis 2010.*

Ch. Pichon-Baron Bevor AXA das Gut kaufte und Michel Cazes die Leitung übernahm, wäre er sicher nie auf einer Liste von »Super Seconds« aufgetaucht. Im Fass zeigte er auf jeden Fall beachtliches Potenzial. Mein einziger weiterer Eintrag entstand auf der Grand-Awards-Verkostung in New York: noch immer praktisch undurchsichtig; reich, leicht teerige Nase; ein großer, reifer, fleischiger Wein. *Zuletzt im Oktober 1999 verkostet* ★★★(★) *2005 bis 2025.*

Ch. Pichon-Lalande Nach einem schwierigen Start – einer schlechten Fassprobe – acht weitere Einträge, alle gut, angefangen mit einer wirklich sehr schönen, üppigen *und* eleganten Flasche (im März 1995 bei einer Masterclass von Christie's). Noch im selben Monat bei einer vergleichenden Verkostung in Brüssel weicher, reicher, appetitanregender als der Palmer. Kürzlich noch immer tief, aber mit reifem Erscheinungsbild; fabelhafte, reiche, reife Frucht in Nase und Geschmack. Fleischig, fast mollig, weiche Tannine. *Zuletzt im Oktober 2000 in Eugénie-les-Bains bei einer Vertikalverkostung für »France in Your Glass« degustiert* ★★★★★

Ch. Le Pin Eine »geheimnisvolle«, blind verkostete Magnum: sehr »süß«, mokkaartig, ziemlich wenig Finesse; kraftvoll, reich, tanninbeladen (Michel Bettane bezeichnete ihn als »sexy«). Beim Essen während des dritten Tages von Hardy Rodenstocks fünftägigem Yquem-Marathon verkostet. Dem Küchenchef im Münchner Hotel Königshof gelang es, sechs Mittag- und sechs Abendessen zu kreieren, die allesamt von brillantem Einfallsreichtum zeugten und jeweils die passenden Gerichte zu Hardys außerordentlich breit gefächerter Weinpalette enthielten. Es war ermüdend, aber wir haben es alle überlebt. *September 1998* ★★★(★★) *2010 bis 2030.*

Ch. La Pointe Hinsichtlich Größe, Stil und Preis könnte der Kontrast zwischen diesem Pomerol-Wein und dem Le Pin kaum größer sein! Mehrere Einträge liegen mir vor: vollreif; angenehme, leicht minzige Nase; sehr »süß«, zugänglich, gute Säure. Kurz. *Zuletzt im September 1998 beim Essen auf dem Château verkostet* ★★★ *Bald trinken.*

Ch. Talbot Als Erstes eine seltsame Fassprobe mit feigenartiger Nase. Auf einer Verkostung im Jahr 1995 beschrieb ich diesen Wein als »vegetabil« und brachte trotz seiner guten Frucht meine Zweifel über seinen Abgang zum Ausdruck. Kürzlich mit jetzt besser vertrautem, normalerem Bukett, zedrig, »alte Eiche« (der Baum, nicht das Fass); ein ziemlich gehaltvoller Wein. *Zuletzt während meiner Auktionsgespräche im März 1997 in New York verkostet* ★★★ *(andere würden ihn vielleicht höher bewerten). Jetzt bis 2015.*

Ch. Tertre- Roteboeuf Ein außergewöhnlicher »Kultwein« aus St-Emilion, der seit den 1980ern sehr groß in Mode ist. Vielleicht habe ich mich bei meiner ersten Verkostungsnotiz 1998 unbewusst von seinem Namen beeinflussen lassen, auf jeden Fall merkte ich seine fleischige Nase an, die mich an »gekochten Schinken« erinnerte. Voller, reicher, angesengter Nachgeschmack. Kürzlich noch immer tief, reich, intensiv, ungewöhnlich, eigenartig verschwitzte (tanninbetonte) Nase; »süß«, köstlich, reiche Textur – fast wie Jahrgangsport. *Zuletzt im März 2001 bei einer vom Besitzer François Mitjavile geleiteten Verkostung in London degustiert* ★★(★★★)? *Jetzt bis 2025?*

KURZE BEWERTUNGEN VON EINIGEN DER ZAHLREICHEN IN DER ZWEITEN HÄLFTE DER 1990ER VERKOSTETEN 1989ER
Ch. d'Angludet ★★★; **Ch. d'Armailhac** ★★★; **Ch. Bon-Pasteur** ★★★★ *Jetzt trinkreif;* **Ch. Bouscaut** ★★★; **Ch. Canon-La Gaffelière** ★★★(★); **Dom. de Chevalier** ★★★★; **Ch. Clerc-Milon** ★★(★); **Ch. La Dominique** ★★★(★); **Ch. Duhart-Milon** ★★★; **Ch. La Gaffelière** ★★★; **Ch. La Grave-Trigant-de-Boisset** ★★★; **Ch. Haut-Batailley** ★★★; **Ch. d'Issan** ★★★★; **Ch. Labégorce-Zédé** ★★★; **Ch. Langoa-Barton** ★★★(★); **Ch. Latour-à-Pomerol** ★★★(★); **Ch. Magdelaine** ★★★(★); **Ch. La Mission Haut-Brion** ★★★(★); **Ch. Montrose** ★★(★★); **Ch. Moulinet** ★★; **Ch. Pape-Clément** ★★★(★); **Ch. Pavie** ★★★; **Ch. Pontet-Canet** ★★?; **Ch. Prieuré-Lichine** ★★★; **Ch. Rausan-Ségla** ★★★(★); **Ch. Siran** ★★★; **Ch. La Tour-de-By** ★★★

1990–1999

Das Jahr 1990 markiert das Ende einer Ära und zugleich den zunächst verheißungsvollen Beginn eines Jahrzehnts der enttäuschten Hoffnungen, knappen Fehlschläge und ordentlichen, aber nicht überragenden Jahre. Selbst die guten Jahrgänge der Dekade – und manche fielen sogar sehr gut aus – müssen sich am 1990er messen lassen, so wie der ambitionierte Sohn einer Sportlegende immer mit seinem berühmten Vater verglichen wird. Nachdem man zufrieden, ja, euphorisch auf die 1980er zurückblickte, die sich mit dem großartigen Doppel 1989/1990 fulminant verabschiedet hatten, war die Enttäuschung über die verregneten Jahre 1991 bis 1993 umso größer. Wie dem auch sei, die Keller waren ohnehin zum Bersten voll. Da stellte sich der 1995er ein – gerade zur rechten Zeit. Mit ihm bekam der Handel in Bordeaux und London neuen Auftrieb.

In wessen Händen aber lag der Handel? Die *négociants-éleveurs*, die großen Unternehmen, die Händler mit eigenem Lager, sie waren so gut wie verschwunden. Kaum jemand hatte noch eigene Bestände; vielmehr betätigte man sich nun als Weinmakler. In Großbritannien unterhielten lediglich die traditionsverhafteten, doch überraschend dynamischen Berry Bros. sowie eine Hand voll weiterer Weinhändler in London und der Provinz noch ihre Lager. Zwar waren die Auktionshäuser Christie's und Sotheby's nach wie vor gut im Geschäft, doch die Makler hatten einen erklecklichen Anteil des Handels an sich gerissen und konnten auf eine solvente Klientel in aller Welt zählen. Bordeaux hielt weiter einen hohen Stellenwert in ihrem Portfolio. Nur in den Vereinigten Staaten waren die Pfründe im Weinhandel noch klar verteilt: Importeure sowie Groß- und Einzelhändler blieben mehr oder weniger bei ihren Leisten.

Die Amerikaner haben nur einen Fehler: Sie lassen sich zu sehr von Weinkritikern, speziell dem im Grunde bewundernswerten Robert Parker, beeinflussen. Wie wichtig aber sind die Amerikaner und ihre geschmacklichen Vorlieben? Ein Blick auf die Zahlen gibt Aufschluss: Großbritannien wie auch Deutschland importierten 1999 sowohl vom Wert als auch von der Menge her mehr Bordeaux-Weine als die Vereinigten Staaten. Eigentlich sollten sich die Erzeuger nicht um den von den USA vorgegebenen internationalen Trend scheren und das tun, worauf sie sich am besten verstehen: gute, solide, als Essensbegleiter ideale Rote zu bereiten – Pferde für die Rennstrecke sozusagen. Und noch etwas: Wäre es nicht langweilig, wenn alle Jahrgänge stilistisch und qualitativ gleich ausfielen? Bordeaux bringt dank seines maritimen Klimas sowohl große, langlebige Gewächse als auch preiswerte Tropfen für den alltäglichen Genuss hervor.

Die Jahrgänge auf einen Blick

Hervorragend *****
1990

Sehr gut ****
1995, 1996 (u), 1999 (u)

Gut ***
1993 (u), 1994, 1997, 1998 (u)

1990 *****

Dieser ausgezeichnete Jahrgang ist mit dem 1989er eng verwandt, gleicht ihm aber keineswegs aufs Haar.

Zunächst zu den Vegetationsbedingungen. Januar, Februar und März waren ungewöhnlich warm und sonnig. Am 24. Februar kletterte die Quecksilbersäule auf 25 °C, was die Vegetation aus dem Winterschlaf weckte. Auf nutzbringenden Aprilregen folgte ein sehr heißer, trockener, sonniger Mai. Die Blüte war uneinheitlich und lang. Das behagte den Merlot-Reben einigermaßen, tat den Cabernet-Sauvignon-Stöcken aber weniger gut. Der sengend heiße Juli mit knapp 39 °C am 21. des Monats verzögerte allerdings die Reife, da die Säfte kaum mehr stiegen. Auch der August fiel warm und trocken aus; im Gegensatz zum Vorjahr tat das dem Reifeprozess jedoch keinen Abbruch. Etwas Regen zur rechten Zeit ermöglichte im September eine Lese ab der Monatsmitte. Die Merlot-Beeren präsentierten sich alles in allem in bemerkenswert gutem Zustand und wiesen einen rekordverdächtigen Zuckergehalt auf. Die später reifenden Cabernet-Sauvignon-Trauben lagen klein und dick in den Körben und waren mit konzentriertem Saft und reichlich farbgebenden Substanzen gefüllt.

Ch. Lafite Trotz der trügerisch purpurroten Tönung ein überraschend weicher und unkomplizierter Wein, obwohl mir der gleichzeitig verkostete 1989er besser zusagte (1991 auf dem Château). Sein zugänglicher, unbeschwerter, duftiger Stil fiel mir auch auf der Masters-of-Wine-Degustation von 1990er-Weinen im November 1994 auf. Auf der denkwürdigen Eigensatz-Blindverkostung mit 144 der weltweit besten Roten aus den 1990ern erntete er Lob für seine Eleganz, aber Kritik wegen seiner mangelnden Kraft. Der Duft des Lafite scheint ein Eigenleben zu führen. Seine körperliche Reife wurde – nicht zum ersten Mal übrigens – exemplarisch von einer Magnum zur Schau gestellt, die man bei einem von Rodenstocks alljährlichen Weinwochenenden (1998) öffnete. Auf Penning-Rowsells »Zehnjahresverkostung« von erstklassifizierten Gewächsen waren Jancis Robinson und ich sehr gespannt. Wir wurden nicht enttäuscht: Alle Weine befanden sich plus-minus einem Punkt auf ein und demselben Niveau, wobei der Lafite gleichauf mit dem Margaux und Latour lag. Er war nach wie vor ziemlich farbtief, pflaumenfarben, doch mit Reifespuren; das Bukett entwickelte sich gut; weich, gehaltvoll, gute Länge, komplett – es fehlte ihm nur noch etwas Zeit in der Flasche. Dass er noch nicht trinkreif war, zeigte sich bei einem Lafite-Essen mit Eric de Rothschild im Londoner Brooks's Club. Der Rebhuhnbraten hatte dem Wein nichts entgegenzusetzen. Das äußerst ansprechende Bukett und der Geschmack kamen zwar gut an, dennoch ist es seltsam, wie ein in seiner Jugend so bezauberndes und zugängliches Gewächs sich so verschließen kann. Man darf auf sein Wiedererwachen gespannt sein. *Zuletzt im November 2000 verkostet* ★★★(★★) *2015 bis 2040?*

Ch. Latour Weniger Einträge. Ich habe ihn am selben Tag wie den Lafite auf dem Château verkostet und einen deutlichen Unterschied festgestellt. Im April nach der Lese kein attraktiver und zugänglicher Stil. Groß und schwarz; streng; färbte die Zähne schwarz; sehr tanninbetont. 1993 »großartig«. Auf der Masters-of-Wine-Degustation von 1990er-Jahre-Gewächsen ein Jahr später hatte sich seine Nase gut entwickelt; am Gaumen überraschend »süß«. Auf dem Eigensatz-Weinmarathon im Jahr 1996 undurchsichtig und intensiv; voller Körper, raues Tannin, säurebetonter Abgang. Noch im selben Jahr bei einem Rodenstock-Essen neben anderen erstklassifizierten Gewächsen blind verkostet: erdiges und würziges Bukett, das sich schön entfaltete. Trotz des Tannins bekundete er einen köstlichen Geschmack und war keineswegs der Mammutwein, den ich erwartet hatte. Vor kurzem hielt ich bei einer Verkostung mit allen anderen Hochgewächsen seine wundervolle Tiefe und sein facettenreiches Wesen fest; klassische, zedrige Pauillac-Nase; eine gewisse reife »Süße«, voll im Geschmack, ledrige, tanninbetonte Textur, gute Länge und trockener Abgang. *Zuletzt bei den Penning-Rowsells im Juni 2000 verkostet* ★★★★(★) *Kein langlebiger 1928er, aber ein ausdauernder, schön ausgewogener Wein. Etwa 2010 bis 2030.*

Ch. Margaux Ebenso viele Einträge wie beim Lafite. 1990 dünnte man den Behang sehr stark aus: 30% der Trauben wurden entfernt. Ebenfalls im April 1991 erstmals degustiert. Das übliche intensive Purpurrot, neue Eiche, schlank, stilvoll, geschmeidig. Zwei Jahre später auf einer Margaux-Masterclass bei Christie's: reif, rund, himbeerartiges Aroma. Elegant. Beeindruckend. Auf der Masters-of-Wine-Degustation 1994 köstliche Frucht, 1995 perfekt im Gleichgewicht. Bei einer Eigensatz-Verkostung mit 1990er-Weinen (1996) wirkte er, eingeklemmt zwischen den schweren Jungs aus der Neuen Welt, relativ zugänglich. Noch im selben Jahr bei einer Blindprobe eine fast Pomerol-artige Textur mit einem Anflug von Bitterkeit, mit einer Entwicklung im Bukett, wie es nur ein Margaux kann – oder können sollte. 1998 bei einer weiteren Blinddegustation wundervoll duftend im Mund. Wie der Lafite von 1990 zwar sehr schön im Körper, aber unreif. Nicht einmal der Charme von Corinne Mentzelopoulos und schon gar nicht das Hühner-Consommé konnten ihn ganz aus der Reserve locken (bei einem Margaux-Dinner im Londoner Brooks's Club im April 2000). Fünf Monate später bei Manfred Wagners Vertikalverkostung in Zürich: reiche, keksartige Nase, enorme Tiefe; »süß«, fleischig, voller Frucht, ausgezeichnete Länge. Ich stufte den 1989er ein kleines bisschen höher ein. Dennoch war der 1990er ausgezeichnet und läuft nun allmählich zu seiner Hochform auf. *Zuletzt im November 2000 verkostet* ★★★ *bis* ★★★★(★) *2010 bis 2025.*

Ch. Mouton-Rothschild 1991 zog ich den 1989er vor, der natürlich einen Schnellstart hingelegt hatte und auch schon ein Jahr älter war. Rund zwei Jahre nach der Abfüllung aber hatte der 1990er eine fast explosiv reiche, würzige Nase entwickelt; sehr »süß«, voll und mit allerlei Gutem bepackt. Die beiden nächsten Verkostungen überspringe ich (zwei schlechte Flaschen auf der Eigensatz-Verkostung). Auf der Mouton-Präsentation der Hollywood Wine Society von 1998 ein voll entwickeltes Bukett, schön in Textur und Länge. Ein weiterer Zeitsprung zu Penning-Rowsells »Zehnjahresverkostung« zwei Jahre später: neben den anderen Erstklassifizierten eine nach wie vor tiefe Farbe; ein Bukett, das energisch aus dem Glas drängte, um sich gebieterisch zu öffnen, allerdings sehr ausgeprägte Würze neuer Eiche – zwar ansprechend, aber mit Eiche verhält es sich wie mit Knoblauch im Essen: Sie sollte vorhanden, aber nicht aufdringlich sein. »Süß«, reich, lebhaft, etwas schlank, mit ruppigen Tanninen und spitzer Säure. Ein eindrucksvolles Gewächs, das sich jedoch noch Zeit ausbedingt. *Zuletzt im Juni 2000 verkostet* ★★★(★★) *2005 bis 2020.*

Ch. Haut-Brion Im April 1991 wurden dieses und die bereits genannten erstklassifizierten Gewächse auf den jeweiligen Châteaux verkostet. (So nebenbei eine Fassprobe zu ordern ist zwecklos – man muss sich schon anmelden und persönlich vor Ort erscheinen.) Der Haut-Brion präsentierte sich dicht, hart, aber duftend, muskulös und elegant. Als ich auf der Masters-of-Wine-Verkostung (November 1994) bei ihm angelangt war, war nur noch wenig übrig – aber dieser Rest zeigte sich in bestem Licht. Eine eindeutige Graves-Kreszenz mit weichem, erdigem Wesen. Unverkennbar auch bei einer Rodenstock-Degustation von *Premiers crus* aus den 1990ern: zugängliche Frucht, leicht sandige Textur (1998). Unlängst auf einer weiteren Masters-of-Wine-Verkostung von Haut-Brion-Weinen (Januar 2000): jetzt mittlere Tiefe mit entspanntem, offenem, reifem Rand; eine reiche, schokoladige Mokkanase, die sich wunderschön entfaltete; »süß«, weich, fester als der 1989er, perfekt austariert, voller, duftiger, doch mit trockenem Abgang. Schließlich auf Penning-Rowsells »Zehnjahresverkostung« ähnliche Notizen wie bei der Verkostung davor. Überraschend »süß«; Geschmack, Statur und Textur schön, mit stützendem Tannin. (neben dem Margaux und Lafite meine höchste Bewertung). *Zuletzt im Juni 2000 verkostet* ★★★★(★) *2005 bis 2025.*

Walter Eigensatz

Ein großer Mann in jedem Sinne des Wortes. Der Schweizer ist mit Karina verheiratet, die drei Kliniken und das Eden Parc Hotel in Bad Schwalbach besitzt. Ich traf Walter erstmals auf den Rodenstock-Verkostungen in den frühen 1980ern und lernte ihn später als ebenso großzügigen Gastgeber kennen. Seine Degustationen sprengen wie er selbst jeden Rahmen: Die großen roten Bordeaux-Weine der Jahrgänge 1893 und 1929 beispielsweise servierte er ausnahmlos in Jeroboams. Außerdem richtete er die Weinprobe »Die 144 weltbesten roten 1990er« sowie unlängst die faszinierenden Weiß- und Rotweinverkostungen auf Schloss Johannisberg und in Bad Schwalbach aus.

Ch. Ausone Superb. Im April 1991 eine Degustation mit Pascal Delbeck, der genau weiß, wie der eigenwillige Ausone behandelt werden muss. Nur noch zwei weitere Einträge. Als der Wein bei der Eigensatz-Verkostung von 1990er-Gewächsen die siebte Runde eröffnete, zeigte er sich nicht von seiner besten Seite, denn er musste sich behaupten gegen Allegrinis La Poja aus Italien, den Lloyd Reserve Coriole Syrah aus Australien und andere exotische, aber interessante Provenienzen – alle blind verkostet. Er wurde zwar von niemandem zum Sieger erkoren, konnte sich aber sehen lassen. Allerdings erwies er sich auch im vorteilhafteren Kontext von Penning-Rowsells »Zehnjahresverkostung« als Außenseiter. Mittlerweile mit reiferem Aussehen; verhaltenes, ansprechendes Bukett; weicher, »süßer« Auftakt, lebhaft, wohlriechend, mit sehr trockenem »herbstlichem« Abgang. *Zuletzt im Juni 2000 verkostet* ★★(★★) *2005 bis 2015.*

Ch. Cheval Blanc Sechs Einträge, der erste entstand im April 1991 anlässlich eines Besuchs im Château mit allen rund fünf Dutzend internationalen Weinjournalisten. Ein höchst einnehmender Wein, perfekt im Gleichgewicht und zugänglich. Auf der Masters-of-Wine-Degustation von 1990ern im Jahr 1994 unmittelbar entgegenkommend, sehr »süß«, sehr reich – ein grandioser Wein. Ein ähnlicher Eintrag von der Eigensatz-Marathonverkostung, als er sich in relativ zuträglicher Gesellschaft befand. Allerdings stufte ich den La Conseillante am höchsten ein und gab ihm einen halben Punkt mehr (1996, blind verkostet). Bei einem Eröffnungsessen der Union des Grands Crus in den spektakulären unterirdischen, von vielen hundert Kerzen erhellten Kellern von Ch. Villemaurine wiederum ließ er alle hinter sich und errang fünf Sterne (1997). Eine Magnum bei der Vertikaldegustation von Wolf und Weinart 1997: tiefer als der 1989er; sehr »süß«, offen, leichte Karamellnote in der Nase; »süß«, voll, reich (angeblich ein hoher Merlot-Anteil), stark eichenbetonter Abgang. Kürzlich eine tiefe, samtige Farbe mit reifem Rand; offenes, entspanntes Bukett, vollendete Harmonie; »süß«, erdig, seidige Textur, würzige Eiche und guter, trockener Abgang. *Zuletzt bei Penning-Rowsell im Juni 2000 verkostet ★★★★(★) Jetzt bis 2015.*

Ch. Pétrus Erstmals im Juni 1991 aus dem Fass verkostet. Dicht, voller Frucht und Fleisch. Weniger tanninbetont als der 1989er. Zwölf Monate später zeigte er eine Woche vor der Abfüllung ein Fünfsternepotenzial. Als Nächstes bei der häufig erwähnten Eigensatz-Verkostung mit 144 Spitzen-1990ern aus aller Welt blind verkostet. Er befand sich in der Gesellschaft illustrer Namen wie La Tâche, Pavillon Ermitage, Latour, La Turque (mit Abstand das beste Gewächs der »Serie«) usw. Zufällig musste er 1996 bei einer Rodenstock-»Serie« von 1990ern ein weiteres Mal gegen den La Turque antreten. Nur ein halber Punkt trennte die beiden, wobei der Pétrus kantig und tanninbetont ausfiel. Im Jahr darauf bei einem Festessen der Union des Grands Crus vor der erfolgreichsten Versteigerung einer Einzelsammlung, die je bei Christie's über die Bühne gegangen war: tief und samtig; voller Frucht und Fleisch. Sehr beeindruckend, sehr tanninbeladen. Kürzlich bei der letzten »Zehnjahresverkostung« von Eddie Penning-Rowsell in den 1990ern: noch immer sehr farbtief; dicke, robuste, fleischige Nase, doch konnte man die schweißelnden Tannine riechen; relativ »süß«, voll, reich, komplett, aber mit trockenem, ziemlich grobem Abgang. Geschmackssache eben. Ich halte ihn für ausgezeichnet und nehme an, dass er im Lauf der Zeit noch weicher wird. *Letztmals im Juni 2000 verkostet ★(★★★)? 2015 bis 2025.*

ICH HABE EINE UNMENGE VON 1990ERN VERKOSTET, kann also leider nur einen Bruchteil nennen, womit ich mich vermutlich bei einigen Erzeugern nicht allzu beliebt mache. Andererseits ist dieses Buch kein erschöpfendes Verzeichnis, das jedes Château und jeden Jahrgang auflistet. Das würde den Rahmen sprengen und wäre auch wenig aufschlussreich. Andere Weinautoren und -kritiker bieten einen wesentlich detaillierteren Abriss. An dieser Stelle sei der Leser an den Zweck meines Buchs erinnert: Es soll die Entwicklung der Weine vom Fass zur Flasche und schließlich zur Reife dokumentieren.

Sofern nichts anderes angegeben ist, stammen die ersten Notizen zu allen nachfolgend beschriebenen Gewächsen von der Degustation der Union des Grands Crus im April 1991. Die Union richtet alljährlich eine Reihe von Verkostungen aus, die innerhalb von vier Tagen in jedem großen Bordelaiser Distrikt stattfinden.

Ch. L'Angélus Stilistisch ein sehr moderner, offener St-Emilion. Dunkel, teerig, »Melasse«. Andererseits machte er auf der Eigensatz-Verkostung von 1990ern aus aller Welt er eine gute Figur: schöne Frucht, wenngleich noch nicht richtig verwoben; scharf, lebhaft, ziemlich konzentriert, mit beißenden Tanninen im Abgang. *Zuletzt im Juni 1996 verkostet ★★(★) oder ★★★★, falls er nach Ihrem Geschmack ist.*

Ch. d'Armailhac (früher Mouton-Baronne-Philippe) Erstmals im Juni 1992 degustiert: Frucht noch »grün«; dennoch überraschend »süß«, weich, reich und rund. Sieben Jahre später: noch immer satt rubinrot; »süß«, angesengte Nase; angenehmes Gewicht (12,5 % Alkohol), einnehmend im Geschmack. Noch tanninlastig. Kürzlich: jetzt mittlere Tiefe, weiche, hübsche Farbe mit reifem Rand; ein Bukett, das sich sofort erschließt, reif, reich, förmlich aus dem Glas quellend; lebendige, erfrischende Frucht, nach wie vor »süß«, aber mit trockenem Abgang. *Zuletzt im November 2001 beim Essen zu Hause verkostet ★★★(★)*

Ch. Batailley Mein erster Eintrag entstand im März 1994, kurz nachdem ich mir einen Vorrat vorwiegend halber Flaschen für den Privatgebrauch zugelegt hatte (ich *schreibe* nicht nur über Weine; meine Frau und ich trinken sie zu jedem Essen mit Genuss). Er war jedoch auch 1997 bei einem Bordeaux-Weinkurs von Christie's mit dabei. Vom verflixten siebten Jahr nichts zu spüren: reiche Farbe; schön gefügte Nase, allmählich weicher werdend, erinnerte mich an zerdrückte reife Himbeeren; merklich »süß«, reich, fruchtige, aber unaufdringliche Tannine. Mein Vorrat ging bald zur Neige und so stammt mein letzter Eintrag von einem Essen der Distillers' Company. Ein schöner Wein. *Zuletzt im Juni 1998 degustiert ★★★ Bald austrinken.*

Ch. Beauséjour-Bécot Reif. Trinkt sich gut. *März 2001 ★★★ Demnächst aufbrauchen.*

Ch. Beychevelle Lediglich vier Einträge. Der erste entstand bei einer British-Airways-Verkostung künftiger Weine für die Concorde: undurchsichtig; gute Fruchttiefe in der Nase und am Gaumen. Wohlriechend, Eisentannat, Eiche im Nachgeschmack. Kein sonderlich ausgeprägtes Tannin. Jetzt sehr gut trinkbar. *Zuletzt im Oktober 1997 bei der Beychevelle-Vertikaldegustation des Tasting Club bewertet ★★★★ Jetzt bis 2015.*

Ch. Canon-La-Gaffelière Ein guter Wein. Noch immer reiche Farbe, reifer werdend; Nase zedrig, mit Anklängen an Schwarze-Johannisbeer-Pastillen; am Gaumen sehr »süß«, alkoholstark (14 %), gute Frucht, trockener Ausklang. *Zuletzt bei einem Bordeaux-Weinkurs von Christie's im März 1997 verkostet ★★★(★) Jetzt bis 2015.*

Ch. Cantenac-Brown Mitte der 1990er außergewöhnliche, fast dekadent reiche Nase, aber guter Geschmack und griffig. Vor kurzem etwas festgefahren. *Zuletzt im März 1998 verkostet. Ich entscheide mich für ★★★ Demnächst austrinken.*

Ch. Certan-de-May Für einen Siebenjährigen überraschend reifes Aussehen; gefälliges, ausgewogenes Bukett; trügerisch sanfter Auftakt, verabschiedete sich mit äußerst tanninbetontem Abgang. Seidige Textur. *Vertrat bei einer Bordeaux-Verkostung in Lyford Cay auf den Bahamas im Februar 1997 den Distrikt Pomerol ★★(★★) Vermutlich jetzt trinkreif, doch dürfte ihm ein langes Leben beschieden sein.*

Dom. de Chevalier Eine gute Bewertung im April 1991. Vielschichtig, ein von der Cabernet-Traube geprägter Jahrgang. Mitte der 1990er lebhaft und überraschend tanninstark. Kürzlich ein Bukett wie Kandiszucker; »süßlich«, weich, aber mit trockenem Abgang. Elegant. *Zuletzt im Juni 1996 verkostet ★★★(★) Jetzt bis 2015.*

Ch. Clerc-Milon 1994 reife, rustikale, robuste Frucht. Sieben Jahre später: mittlere Tiefe; derselbe »rustikale« Bauernhofgeruch, der mich an Talbot erinnert, vielschichtig; sehr »süß«, fast schokoladig am Gaumen, weich, zum Kauen, aromatisch, gut trinkbar. *Zuletzt im November 2001 bei einem Essen zu Hause getrunken ★★★★ Jetzt bis 2010.*

Ch. Clinet Im Fass schwarz, malzig, pflaumig. Ich beachtete ihn nicht weiter. Zwei Einträge aus jüngerer Zeit, der ausführlichste entstand beim Bordeaux-Weinkurs von Christie's im März 1999: nach wie vor farbtief, samtig; gute reife Nase mit erdbeerartiger Frucht, aber eigenartig; »süß«, wirkte trotz eines Alkoholgehalts von nur 12,5 % kraftvoll. Bei einem Essen in Bordeaux im darauf folgenden Monat sehr tanninlastig. Nicht mein Weinstil. *Zuletzt im April 1999 degustiert. Etwas für Clinet-Anhänger ★★★(★) Vermutlich sehr langlebig.*

Ch. La Conseillante Das ist ein Wein, wie ich ihn mag. In diesem Jahrgang natürlich im Fass undurchdringlich, doch bereits harmonisch und hochklassig. Auf der Marathon-Blindverkostung der weltbesten 1990er im Jahr 1996 glaubte ich einen schönen Pinot-Geschmack auszumachen – es stellte sich heraus, dass die zehnte »Serie« der Merlot-Traube gewidmet war! Ich überspringe eine weitere gute Bewertung und komme zum jüngsten Eintrag: noch immer sehr tief; ein mächtiger, reicher, mundfüllender Wein, »süß« und ausgewogen. *Zuletzt im März 1999 bei einem Essen im Ch. de Malle getrunken ★★★★ Jetzt bis 2015.*

Ch. Cos d'Estournel Lag 16 Monate in zu 100 % neuer Eiche. Erstmals im März 1993 verkostet: reiche Frucht, »gute Zukunft«. Als Nächstes 1994 auf der Masters-of-Wine-Verkostung von 1990er-Jahrgängen degustiert: kräftiger Mokkaduft, Röstnote, wohlriechend; im Stil leichter als der Montrose, ansprechend. Ein halbes Dutzend weiterer Einträge. Ab Mitte der 1990er allmählich reifer werdend; ein Hauch Vanille, faszinierende, köstliche Nase; die anfängliche »Süße« mündete in einen überwältigend trockenen Abgang, aber guter, reicher Mittelteil. 1998 erneut lebendiger Duft, gut entwickelt, im Bukett Ingwer- und Schokoladennote; attraktiv und charmant; »läuft zu guter Form auf«. Vor kurzem: gut zu trinken, aber tanninbetont. *Zuletzt im Oktober 2000 im New Yorker Knickerbocker Club verkostet ★★★(★) Jetzt bis 2015.*

Ch. Ducru-Beaucaillou Erstmals im Oktober 1994 bei einer British-Airways-Verkostung für die Concorde degustiert: undurchsichtig, unverwoben, leicht hölzern; voll, aber streng. Ein »Langstreckenwein« – gleich in zweierlei Hinsicht. Zwei Monate später auf der Masters-of-Wine-Degustation erneut leicht hölzern, doch diesmal am Gaumen gefälliger. Auf einer Vorverkaufsverkostung im Janur 1999 noch immer »unverwoben«, guter Körper und viel Tannin. Vier Monate später weiterhin tief und intensiv, doch etwas raue Zedernholznase, »nicht in Hochform«. Nichtsdestotrotz am Gaumen gut gebaut und »manierlich«, aber noch nicht komplett. Ein ziemlich enttäuschender Ducru. *Letztmals im Mai 1999 während einer Verkostung im Hotel Richemond in Genf degustiert ★★*

Ch. L'Eglise-Clinet Vier Einträge, der erste vom Juni 1996. Auf der Eigensatz-Blinddegustation von 1990er-Jahrgängen, eingezwängt zwischen einem Spottswoode Cabernet Sauvignon und einem Le Pergole Torte, ausdruckslos mit einem Hauch Malz, dann Rohrzucker; »süß«, gefällig. Drei Monate später auf Rodenstocks erster Vertikal-»Serie«, der 1998 eine weitere folgte. Zum Glück ähnliche Notizen: tiefes, intensives Rotbraun, jedoch mit ersten Anzeichen von Reife; reich, lebendige Frucht; relativ »süß«, voll, fleischig, trockener Abgang. Vor kurzem auf einer Bordeaux-Index-Degustation mit Weinen vom rechten Ufer: noch immer jugendlich gutes Aussehen; ein Hauch Spargel in der Nase und »unbeeindruckend« – allerdings wurde er zwischen einem La Fleur-Pétrus von 1989 und dem wundervollen Vieux Châteaux Certan von 1961 blind verkostet. Ansonsten guter Geschmack, wenngleich etwas rau und im Abgang sehr tanninbetont. *Zuletzt im November 1999 verkostet ★★(★★)? Braucht Zeit.*

Ch. L'Evangile Drei Einträge. Eine glorreiche, goldene Jugend. Im Mai 1991 so dick, dass man ihn sich fast aufs Brot streichen hätte können. Fünf Jahre danach: auf dem Weg zur Reife, starke »Tränen«; in der Nase Milchschokolade und Vanillin; fleischig, gute Frucht, kaschierte Tannine. *Letztmals im Juni 1996 verkostet ★★★★★ Jetzt bis 2015.*

Ch. de Fieuzal Im April 1991 im Fass charaktervoll, rauchig, in der Nase eine Eichennote, gute Frucht und Länge. Als Nächstes voll und fleischig, aber bitterer Abgang (1998 bei Daphnes Geburtstagsessen im Waterside Inn in Bray). Kürzlich: noch immer jugendlich; wieder »charaktervoll«, ein Hauch von Mandarinen. Sehr gut, muss aber unbedingt zum Essen getrunken werden. *Zuletzt im April 2001 bei einem Essen im Gidleigh Park Hotel in Devon verkostet ★★★(★) 2005 bis 2015.*

Ch. Figeac Eine Fünfsterne-Fassprobe und vier weitere Einträge, der letzte entstand auf einer vergleichenden Degustation. Mittlerweile voll ausgereift, mit offenem, entspanntem, rotbraunem Rand; weiches, »süßes«, keksartiges Bukett. Keine scharfen Kanten. Am Gaumen »süß«, fruchtig, mit einem leicht erdigen Ton. Absolut köstlich. *Zuletzt im Oktober 1999 bei einer France-in-Your-Glass-Veranstaltung in George Blancs Restaurant in Vonnas verkostet ★★★★★ Jetzt bis 2010.*

Ch. La Fleur Ein einziger Eintrag. Mit anderen Weinen blind degustiert. Mitteltief, kräftige »Tränen«; vegetabile, zedernartige Nase mit seltsamem Unterbau; zu »süß«, erdig, sehr tanninstark. *Zuletzt beim Verkostungsmarathon von Eigensatz im Juni 1996 verkostet. Wird sich vermutlich gut entwickeln. Derzeit wahrscheinlich ★★(★★) Etwa 2008 bis 2015.*

Ch. Le Gay Fast scheinen Fleur und Gay miteinander verwandt, denn auf der Blindverkostung von Weinen vom rechten Ufer fiel mir ein sehr sonderbarer vegetabiler Duft und ein Hauch Pfefferminze auf. Angenehmer, leicht minziger Geschmack, allerdings schlank, gute Länge, trockener Abgang. *Zuletzt auf der Bordeaux-Index-Degustation im November 1999 verkostet ★★(★★) 2006 bis 2012.*

Ch. Gazin Im Fass undurchsichtig und tanninbeladen. Gehörte mit zu den besten Weinen bei einer der kältesten und ungemütlichsten Verkostungen, die ich je geleitet habe: sehr tief; sehr wohlriechend, köstliche Frucht und gute Textur (North Carolina, Oktober 1995). 1997 beim Festessen zum 20-jährigen Jubiläum der Zeitschrift *Decanter* sehr schön. Vor einiger Zeit noch immer tief; »süß«, reich, gehaltvoll. *Zuletzt beim Essen auf Yquem im Juni 1998 verkostet ★★★★ Jetzt bis 2012.*

Ch. Grand-Puy-Lacoste Unmengen von Einträgen. Erstmals bei einer Masters-of-Wine-Degustation von 1990er-Jahrgängen im Jahr 1994 bewundert: »Süße«, köstliche Frucht, verhüllte Tannine. Ich hatte mir damals bereits mehrere Kisten gesichert, doch mein nächster Eintrag stammt von einer Vertikalverkostung, die Xavier Borie freundlicherweise 1995 im Château ausrichtete. Nach dem 1982er meine zweithöchste Bewertung aller 1990er: undurchsichtig, intensiv, unreif; in der Nase intensive Frucht, reicher Cabernet-Sauvignon-Duft, würzig; voller Frucht, Tannin und Eisen. Als Nächstes im Oktober 1995 bei der allerersten moderierten Weinverkostung in Südkorea, wo er sich als beeindruckendster der sieben 1990er aus Bordeaux erwies. Ein Wein mit allen Komponenten für ein langes Leben. Ich öffnete kürzlich eine Flasche nur deshalb, weil ich sehen wollte, wie sie sich entwickelt hatte. Der Inhalt war noch immer hart und unnachgiebig und damit das krasse Gegenteil des 1989ers, den wir beim Abendessen am Vortag genossen hatten. *Zuletzt zu Hause im September 2001 verkostet* ★(★★★) *2010 bis 2020.*

Ch. Haut-Bailly Als Erstes eine Fassprobe, dann im April 1991 im Château direkt vom Fass verkostet. Außergewöhnlicher Duft; reich, scharf, tanninbetont, gute Frucht und Länge. Sieben weitere Bewertungen. Geschmack, Textur und Säure Mitte der 1990er sehr schön. Ich muss mir einige Flaschen gekauft haben, denn die nächsten Einträge entstanden Ende der 1990er beim Essen zu Hause: erste Anzeichen von Reife, aber auch reiche, dicke Farbkonzentration; ein schönes teeriges, erdiges Graves-Bukett; vollmundig, trockener, schneidiger Abgang. Unlängst eine ähnliche Beschreibung: »Süß«, würzig, etwas schlank. Braucht noch mehr Zeit. *Zuletzt im April 2002 verkostet* ★★★(★) *2005 bis 2015.*

Ch. Labégorce-Zédé Zwei Einträge, die beide im Abstand von acht Monaten in Belgien entstanden. Vollendete, relativ tiefe, überzeugende Farbe; duftend, fruchtig, weich; ausgezeichnete reife Frucht, im Gleichgewicht. *Zuletzt im November 1999 in Brüssel verkostet* ★★★(★) *Jetzt bis 2010.*

Ch. Lafon-Rochet Auf der Masters-of-Wine-Verkostung 1994 noch unverwoben und etwas adstringierend. Der Eröffnungswein auf der von mir geleiteten Degustation in Südkorea: dunkel kirschrot; schön aufblühende Nase; anständige Frucht, schlank, tanninstark. Etwas mager. *Letztmals im Oktober 1995 im Hotel Shilla in Südkorea verkostet* ★★(★) *Jetzt bis 2010.*

Ch. La Lagune Ebenfalls 1995 bei der ersten moderierten Verkostung in Südkorea degustiert. Hatte die Reise gut überstanden. Würzig, tanninbetont. Später farbtief, reich, schön zusammengefügt. Trockener Abgang. *Zuletzt im September 1998 bei einem Essen im ausgezeichneten Restaurant Le St-Julien in der gleichnamigen Gemeinde verkostet* ★★★(★) *Jetzt bis 2010.*

Ch. Lanessan Mehrere Einträge: relativ farbtief und reich; krautig; eine gewisse »Süße«, attraktiver Geschmack, seidige Tannine. *Zuletzt im Mai 1995 bei einer Blindverkostung von 1990er-Weinen in Bordeaux degustiert* ★★(★)

Ch. Larcis-Ducasse Ich wusste so gut wie nichts über dieses Château im unteren Hangbereich unterhalb von St-Emilion, bis ich dort übernachtete. Zum Essen reichte man uns den 1990er, der mich so beeindruckte, dass ich eine Magnum mitnahm, die ich ein halbes Jahr später zu Hause bei einem Essen öffnete: reichhaltig, bekömmlich, lebhaft, köstlich. Gut trinkbar auch bei einem Empfang der Union des Grands Crus vor kurzem. *Die jüngste Notiz schrieb ich in den* chais *von Ch. d'Yquem im März 2001* ★★★ *Jetzt trinkreif.*

Ch. Lascombes Fünf Bewertungen: Auf einer British-Airways-Degustation im Oktober 1994 für die Concorde in guter Verfassung. Einen Monat später reif, sehr »süß«, robuste Frucht. Unlängst mit gewissen Altersspuren; gut zu trinken, aber unspektakulär. *Zuletzt im April 2000 beim Essen mit Journalisten auf Talbot verkostet* ★★★ *Bald trinken.*

Ch. Latour-à-Pomerol 1996 bei Eigensatz' denkwürdiger Verkostung von 1990ern nur in leidlicher Verfassung, im Jahr darauf aber eine enorm beeindruckende Impériale: im Erscheinungsbild dick; »süß«, fleischig; harmonisches, wenngleich statisches Bukett; am Gaumen ebenfalls »süß«, körperreich, reich. *Letztmals im Juni 1997 bei einem von mir geleiteten Christie's-Weindinner im Hamburger Übersee-Club verkostet* ★★★★ *Jetzt bis 2010.*

Ch. Léoville-Barton Erstmals im April 1993 verkostet: hübsche Farbe, ausgezeichnetes Potenzial. Auch auf der Masters-of-Wine-Degustation 1994 in guter Form: reich, Gleichgewicht und Geschmack gut. Sechs weitere Bewertungen. Hier ein Eintrag aus jüngerer Zeit: harmonisch, trotz eines tanninbetonten Abgangs keine scharfen Kanten. Bei einer Bordeaux-Degustation des Weinreiseveranstalters France in Your Glass in Vonnas (1999) perfektes Gewicht (12,5 % Alkohol). Im Jahr darauf bei einem Treffen des Bordeaux Club auf Childerley Hall: tiefes Rubinrot; »klassisch«; passte erstaunlich gut zu »Wildentenpaprika«. Bei der »Drei-Léovilles«-Degustation von Christie's im März 2001 nicht in Bestform: alte Eiche, Zigarettenstummel und angesengtes Packpapier. Zum Glück alles andere als ein typischer 1990er Léoville-Barton, denn sieben Monate danach wieder außerordentlich beeindruckend: tief, aber mit reifem Erscheinungsbild; »süß«, eine klassische Nase, die sich schön entwickelte; am Gaumen genauso »süß«, komplett, mit einer Reichhaltigkeit, die die Tannine kaschierte. *Zuletzt im Oktober 2001 auf dem Château verkostet* ★★★(★) *2008 bis 2020.*

Ch. Léoville-Las-Cases Erstmals im Juni 1992 auf dem Château verkostet: tief; stumpf; »süße« Frucht, extraktreich, okay. Eine hohe Bewertung bei der Masters-of-Wine-Degustation 1994. Schlug sich 1996 auf der Blindverkostung von 1990er-Jahrgängen in Luzern mehr als wacker: wohlriechend, seidige Textur. Vor kurzem: wundervoll tief, reich, aber reif (musste dekantiert werden); verhalten, doch ausgewogen; ein kraft- und gehaltvoller Wein mit sowohl seidigen als auch wuchtigen Tanninen. *Zuletzt im März 2001 bei der »Drei-Léovilles«-Degustation von Christie's verkostet* ★★★(★★) *2010 bis 2025.*

Ch. Léoville-Poyferré Im Juni 1992 auf dem Château erstmals verkostet: sehr farbtief; zu viel Eiche; sehr tanninstark. Auf der Masters-of-Wine-Degustation 1994 anders als der Léoville-Barton, aber mit ebenso hoher Bewertung. 1999: intensiv, samtig; Schwarze Johannisbeeren, ansprechend, würzig, große Tiefe; die »Süße« von reifen Trauben und Alkohol (13 %), gute Länge. Nach wie vor sehr tief, aber schön reifend; ähnliche Notizen zu Nase und Geschmack. »Süß«, aber überwältigend tanninstark. Ich fügte »perfekt« und »verheißungsvolle Zukunft« hinzu. *Zuletzt im März 2001 bei der »Drei-Léovilles«-Verkostung von Christie's degustiert* ★★★(★★) *2010 bis 2025.*

Ch. La Louvière Eine angenehme Fassprobe im April 1991. »Ein zugänglicher Frühstarter«, der allerdings gute Kondition zeigte. Reiche Farbe; reife Nase; »süßlich«. Weich, attraktiv, *à point. Zuletzt im März 2001 bei einem Essen auf Smith-Haut-Lafitte verkostet* ★★★ *Bald trinken.*

Ch. Lynch-Bages Auf der Masters-of-Wine-Degustation 1994 wohlriechend und würzig. Anschließend neun sehr ähnliche Einträge in der zweiten Hälfte der 1990er-Jahre (ausgenommen eine korkelnde Flasche). 1995 der Eröffnungsjahrgang auf der Lynch-Bages-Degustation des '33 Club in Brüssel: tief, reich, samtig; »süß« in Nase und Geschmack; feste, lebhafte, maulbeerartige, reife Frucht, perfekt im Gleichgewicht. 1996 in Luzern die höchste Zahl von Stimmen in seiner »Serie« mit sämtlichen Spitzen-1990ern aus aller Welt. 1997 im Maison du Cygne in Brüssel: Geißblattnote im Duft; sehr attraktiver Geschmack und schöne Textur. Unlängst: nach wie vor farbtief; ein Hauch Menthol; schön im Körper, guter Geschmack. *Zuletzt im Mai 2001 auf dem Château verkostet* ★★★(★) *Jetzt bis 2015.*

Ch. La Mission Haut-Brion Erstmals im April 1991 auf dem Gut verkostet: undurchsichtig; schöne Frucht, Tiefe; lebendig, sehr gute Länge, großes Potenzial. Bei einer Blindverkostung von 1990ern im Jahr 1996: »Süß«, unverkennbar Graves, erdig, angesengt. 1999 nicht mehr farbintensiv, reift gut aus; scharfe, angesengte Nase; beeindruckend, maskulin, mit die Zähne belegenden Tanninen. Kürzlich um 17.45 Uhr dekantiert, erste Notiz um 19.15 Uhr: tief, reich, undurchsichtiges Zentrum;

Erde und Eisen. Um 20.45 Uhr »bot er alles auf«: relativ »süß«, reich, ein Hauch Eisen, trockener Abgang, gut trinkbar. Zwei Stunden später atmete der Rest in meinem Glas einen weichen, reichen Mokkaduft aus. *Zuletzt im Juni 2000 auf Neil McKendricks Essen für den Bordeaux Club im Caius College in Cambridge verkostet* ★★★★(★) *Kann man jetzt schon trinken, besser aber 2010 bis 2025.*

Ch. Montrose Nur zwei Einträge. Auf der Masters-of-Wine-Degustation 1994 »süße«, käsige, deutlich stallmistartige Nase, kraftvoll, mit Frucht, Tannin und Säure beladen. Zwei Jahre später allerdings bekam er trotz seines tiefen, samtigen Aussehens bei der Blindverkostung von Spitzen-1990ern aus aller Welt unter allen 144 Weinen meine niedrigste Bewertung, denn der Bauernhofgeruch und -geschmack behagte mir überhaupt nicht. Aber es lag nicht nur an der einen Flasche – ich ging herum und erschnüffelte diesen Zug bei allen sechs geöffneten Exemplaren. Auch bei anderen Degustatoren kam der Wein nicht allzu gut weg. Und doch wurde der Jahrgang von der Weinkritik gelobt. Vielleicht machte er gerade eine schwierige Phase durch. Ich will ihn zu einem späteren Zeitpunkt noch einmal prüfen. *Letzte Verkostung im Juni 1996. Bewertung?*

Ch. Les Ormes-de-Pez Undurchsichtiges Zentrum, versuchte vergeblich zu reifen. Nase unverwoben und rau. Enorm tanninbeladen. Wäre zum Essen besser gewesen. *Im Mai 2001 im* chai *von Lynch-Bages verkostet* (★★★)? *2008 bis 2015.*

Ch. Palmer Im April 1991 eine Fassprobe, im Juni desselben Jahres auf dem Château verkostet. Eindeutig ein großes Potenzial: tief, »süß«, weiche Frucht, gute Länge und weiche Tannine. Gut auch 1994 auf der Masters-of-Wine-Degustation von 1990ern: attraktiv, duftend. Im Jahr darauf in Brüssel zwar ebenfalls gut, doch war der Pichon-Lalande beeindruckender. Bei der Mammutverkostung von 1990ern in Luzern stand er in einer Runde mit Größen wie dem Ornellaia sowie den beiden ausgezeichneten kalifornischen Cabernets von Grace Vineyards und Dunn gleichauf mit dem Haut-Brion. 1999 bei einer 1990er-Verkostung für einen Weinkurs von Christie's ein »relativ leichtgewichtiger Charmeur«, woraufhin Daphne feststellte, dass seine Alkoholstärke bei bescheidenen 12 % lag. Die beiden nächsten Einträge entstanden binnen weniger Tage: noch immer recht tief und intensiv, mit kräftigen »Tränen«. Die Nase zweimal als käsig bezeichnet, außerdem reich, schokoladig; am Gaumen unglaublich »süß«, reichlich Frucht und Gewürze – mithin ein schöner Wein, der zwar zu Entenconfit gereicht wurde, den man aber auch ohne Mahlzeit sehr genießen kann. *Zuletzt im Februar 2001 bei einem Farr-Vintners-Empfang mit Mähler-Besse-Weinen im Ransome's Dock in London verkostet* ★★★★ *Jetzt bis 2015.*

Ch. Pape-Clément Bei der ersten Verkostung im April 1991 hieß es, dass wegen der uneinheitlichen Ausreifung der Trauben das Lesegut besonders sorgfältig aussortiert hatte werden müssen. Die Behälter ließ man »ausbluten«, wodurch 12 % des Safts entfernt wurden. Undurchsichtig, beeindruckend, im Stil eher ein Médoc als ein Graves; der Ausbau in zu 75 % neuer Eiche verlieh ihm einen würzigen, tanninbetonten Abgang. Mitte der 1990er recht widersprüchliche Notizen. Auf einer Blindverkostung von 35 1990ern in Bordeaux (1995) »süß«, erdig, köstlich; trotz beträchtlicher Konzentration und guter Frucht allerdings mit einer Bitternote im Endgeschmack. *Zuletzt im Juni 1996 blind verkostet. Dürfte mittlerweile etwas weicher geworden sein. Schätzungsweise* ★★★(★) *2006 bis 2015.*

Ch. Pichon-Baron Zehn Einträge aus fünf Jahren. Auf der Masters-of-Wine-Verkostung 1994 sehr farbtief und »süß«, jedoch trotz seines Gehalts eine gewisse Leichtigkeit. Mitte der 1990er mehrere Bewertungen unter unterschiedlichen Bedingungen. 1996 wirkte er bei einer Cabernet-Verkostung von 1990ern in einer gemischten »Serie« voll und streng. Mehrere Male notierte ich mir »recht teerig«; im Jahr darauf zusammen mit dem Lynch-Bages sogar Anklänge an »Kreosot und Lakritze«. Mein ausführlichster Eintrag entstand bei einer Verkostung im Rahmen eines Weinkurses von Christie's im März 1999. Kurz: nach wie vor verheißungsvoll farbtief; mit einem lebendigen Aroma aus schwarzen Beeren, das sich schwelgerisch öffnete. Sehr fruchtig und griffig, »braucht noch sechs Jahre«. Alle Weine der Degustation waren bei Farr Vintners gekauft worden. Der Baron kostete umgerechnet 91 Euro die Flasche, der Palmer ebenso viel. Für den Poyferré mussten 86 Euro, für den La Mission 104 Euro und für den Clinet 118 Euro bezahlt werden. *Zuletzt im April 1999 bei einem Essen im Rathaus von Bordeaux verkostet* ★★★(★) *2005 bis 2020.*

Ch. Pichon-Lalande Erstmals im Oktober 1991 aus dem Fass verkostet: undurchsichtig; schöne reife Frucht und Fleisch. Es ist immer wieder interessant, die beiden sowohl geographisch als auch im übertragenen Sinne gegenüber liegenden Pichon-Châteaux zu vergleichen und zu verkosten. Auf der Masters-of-Wine-Degustation 1994 nahm sich der Pichon-Lalande neben dem Baron wesentlich weniger farbtief aus und zeigte in Duft und Geschmack eine angenehme, von einem Mokkaton unterlegte Frucht. Köstlich. Mit 12,5 % hatte er außerdem auch etwas weniger Alkohol als sein 13-prozentiger Rivale. Mehrere weitere, unter den unterschiedlichsten Rahmenbedingungen entstandene Einträge, immer wieder auf die Mokkanote hingewiesen. 1996 in Lyford Cay auf den Bahamas eine von Zachys zum Listenpreis von umgerechnet 83 Euro erworbene Flasche. Gut in Form auf der Frankfurter Verkostung noch im selben Jahr: schöne Nase und enorme Tiefe – ein fleischiges, üppiges Gewächs. Kürzlich: nach wie vor sehr farbtief, aber nun mit reifem Erscheinungsbild; Kaffee, Ingwer und Vollkorn in der Nase; am Gaumen entsprechend. Aber noch immer tanninbetont. *Zuletzt im September 2000 bei einer Degustation des Reiseveranstalters France in Your Glass in Les Prés d'Eugénie verkostet* ★★★★(★) *Jetzt bis 2015.*

Ch. Pontet-Canet Ich hege eine tiefe Abneigung gegen diesen Wein. Sechs Einträge: 1994 »unverwobene Nase, fürchterlich teeriger Geschmack«; 1995 reichhaltig, eigenartig, teerig. 1999 auf einem British-Airways-Flug nach Miami: Moschusduft, trocken, spröde, »sehr seltsamer Geschmack«, ein Hauch Teer und Bauernhofnoten, schrecklich eisenhaltiger Abgang. Doch er war sehr beliebt, sodass keine einzige Flasche mehr vorrätig war (ich war in die First Class versetzt worden!). Vier Monate später »ein unangenehm teeriger Geschmack«. *Mein letzter Eintrag entstand ironischerweise im Juni 1999 während eines Essens anlässlich der Fête de la Fleur im Château selbst.*

Ch. Prieuré-Lichine Einer der besten Prieuré-Jahrgänge aller Zeiten. Im April 1991 lebhafte, purpurrote Frucht. Kürzlich ein 14 l fassendes Balthasar-Großformat, praktisch noch undurchsichtig; reiches, ausgewogenes Bukett; »süß« und fleischig. *Im Juli 1999 auf dem Millenniums-Empfang des* Decanter *im Londoner Vinopolis degustiert* ★★★★ *Jetzt bis 2015.*

Ch. Rausan-Ségla Ein halbes Dutzend Einträge, angefangen mit einer eindrucksvollen Fassprobe im April 1991: undurchsichtig; reiche Frucht; elegant, gute Textur. Beständige Entwicklung im Lauf der 1990er; bei einem von David Orr ausgerichteten Essen mit Rauzan-Ségla-Weinen 1995 im Londoner Brooks's Club außerordentlich »süße«, fleischige, »fabelhaft gute« Flaschen. Zwei Notizen aus jüngerer Zeit: jetzt relativ geradlinig, weich und zum Kauen. Ausgewogen. Auch ohne Essen schön zu trinken. *Zuletzt im September 2000 in Eugénie-les-Bains verkostet* ★★★★ *Jetzt bis 2015.*

Ch. Sénéjac Ein Familiengut in Le Pian, Haut-Médoc, das 1973 vom Grafen Charles de Guigné übernommen wurde. Ein anständiger, wenngleich etwas adstringierender Wein. Nebenan ein Leclerc-Supermarkt, wo man billig tanken kann. *Mai 1999* ★★

Ch. Smith-Haut-Lafitte Im April 1991 erstmals verkostet: weiche Frucht, aber etwas kurz. Seither über ein halbes Dutzend Einträge. 1995 robust, komplett. Noch im selben Jahr: Médoc-Festigkeit, gepaart mit Margaux-Delikatesse. Dabei befand ich mich in Seoul! 1999 in Vonnas: duftend, »süß«, reif, gefällig. Unlängst eine beeindruckende Magnum: schöne, noch immer tiefe Farbe; würzig, duftig; »süß«, vollmundig, Frucht und Extrakt gut. *Zuletzt im Juni 2000 bei einer Masterclass mit Smith-Haut-Lafitte-Weinen für die Chaîne des Rôtisseurs auf dem Château selbst degustiert. Ich vergab viel zu großzügig* ★★★(★★), *doch realistischer wäre* ★★★(★)

Ch. Sociando-Mallet Ein in Mode gekommener *Bourgeois* aus dem Médoc. Erstmals bei einer von Rodenstocks Blindverkostungen degustiert, wo er schlitzohrig zwischen dem Mouton und dem Haut-Brion aus dem gleichen Jahr serviert wurde. Ich erkannte ihn nicht, gab ihm aber die niedrigste Bewertung dieser »Serie«. Als Nächstes 1999 bei einer Verkostung von Farr Vintners: eigenartig, interessant, »süß«, aber zu bemüht. Im Jahr darauf in Hamburg: ausgewogen, beeindruckend, aber nicht subtil. Vor kurzem auf David Peppercorns Drängen noch einmal verkostet: recht modern, ragte merklich aus seiner Kategorie heraus, doch ich ziehe echte Médoc-Weine solchen im Pomerol-Stil vor. *Zuletzt im Oktober 2001 bei Farr Vintners unter den üblichen beengten Bedingungen verkostet* ★★★(★)

Ch. La Tour-de-By Ich fragte den distinguierten, schweigsamen Besitzer, Marc Pagès, was die Rosette an seinem Revers zu bedeuten habe, und er antwortete: *croix de guerre* – ein Verdienstkreuz aus dem Krieg. Ich kaufte seinen 1990er beim ersten Mal von James Seely; er war so preisgünstig, dass ich mir seither die meisten Jahrgänge angeschafft habe. Im Lauf der 1990er ein halbes Dutzend übereinstimmender Einträge, die vorwiegend bei mir zu Hause entstanden. Reiche Frucht, schöner Geschmack und ein Extraktreichtum, der der neuen Eiche Paroli bietet. *Zuletzt im April 1999 beim Essen im Rathaus von Bordeaux verkostet* ★★★ *Jetzt bis 2010.*

Ch. La Tour-Carnet Ein klassifiziertes Gewächs, das ständig unter den Erwartungen bleibt, 1990 aber annehmbar ausfiel. Mehrere nicht sonderlich begeisterte Notizen, mit einer »süßen« Nase, die besser als der Geschmack ausfiel. Kein großer Wein (12 % Alkohol). Eichennote, spröde. *Letzte Verkostung im Februar 1998* ★(★) *Kann man auch jetzt schon austrinken.*

Weitere Weine, die ich zuletzt Mitte der 1990er verkostete

Ch. Patache d'Aux Ein Musterbeispiel dafür, dass es viele weitere beachtliche Rote ohne Klassifizierung gibt. Erstmals 1994 im Rahmen einer großen Degustation von British Airways blind verkostet, machte einen guten Eindruck auf mich: tief, bereits reifer werdend; reife Nase; Geschmack, Körper und Länge gut, »gewisse Eleganz«. Wir wählten ihn für die Club World von BA aus. Im Herbst darauf begegnete ich ihm während des Flugs BA 117 nach New York wieder. Zum Glück noch immer gut. Attraktiv, aber weiterhin tanninbetont. Kürzlich beim Essen mit den Vorständen und Sekretären der Distinguished Clubs of the World im Pratts Club in St. James's nach einer Verkostung von Spitzen-Roten aus Bordeaux im traditionellen Carlton Club degustiert. Auf jeden Fall ein guter »Clubwein«, aber noch etwas unreif. *Letztmals im Oktober 1997 probiert* ★★(★) *Trotz seines Tannins trinkt man ihn am besten, solange er noch genug Frucht hat.*

Ch. Pavie Im April 1991 eine reife, ausgewogene Fassprobe. Auf der Masters-of-Wine-Verkostung 1994 in guter Verfassung, mit einer Nase, die sich reif öffnete, und guten, seidigen Tanninen. Ein weiches, dunkles Kirschrot mit ersten Anzeichen von Reife, was aber durch den trockenen, etwas bitteren, tanninschweren Abgang widerlegt wurde. In der Nase eine angenehme Himbeerfrucht, außerdem würzig (1995 auf der Verkostung für Goldman Sachs bei Christie's in Frankfurt). Zum Essen wesentlich besser als nur für sich genossen. Für einen 1990er schlank, erfrischend, mit »süßem« Nachgeschmack. *Zuletzt im April 1997 beim Eröffnungs-Festmahl der Union des Grands Crus in den Kellern von Villemaurine verkostet* ★★★

Ch. de Pez Ein weiterer gut gemachter, in der Regel sehr verlässlicher *Cru exceptionnel*, der in diesem Jahr auf sich aufmerksam machte. »Süße«, üppige, angenehme Nase und am Gaumen alles, was dazugehört. *Auf einer Vorverkaufsverkostung im April 1996 degustiert* ★★★ *Jetzt bis 2010.*

Ch. Plince Vier Einträge. Gefällige, duftende Nase und weiche Frucht in Begleitung bitterer Tannine. *Zuletzt 1996 verkostet* ★★(★)

Ch. Le Pin Meine zweithöchste Bewertung einer im Juni 1996 bei der Blinddegustation der weltbesten 1990er verkosteten »Serie«, zu der noch Pétrus, Latour, La Fleur und La Tâche gehörten: »Süße«, ansprechende Nase, Gewicht und Geschmack perfekt, gut integrierte Tannine und Säure (lediglich Guigals La Turque schlug ihn um einen halben Punkt). Noch im selben Jahr präsentierte er sich erneut in guter Form, musste aber wieder dem La Turque und einem weiteren Hermitage, dem Ermitage Le Pavillon, den Vortritt lassen. *Zuletzt im September 1996 bei einer von Rodenstocks Blindverkostungen degustiert* ★★★★ *Jetzt bis 2012.*

Ch. Talbot Drei Einträge. Ein attraktiver, ja, aufregender Wein. Schon 1995 angenehm zu trinken. Hübsche Farbe; »süß«, zum Kauen, fast mit dem Extrakt des 1982er-Jahrgangs. *Zuletzt im April 1997 auf Villemaurine verkostet* ★★★(★) *Jetzt bis 2012.*

Ch. Tertre-Rotebœuf Würzige Eiche; »süß«, weich, dicht. *Zuletzt im September 1996 verkostet* ★★★★ *Jetzt bis 2012.*

Ch. Troplong-Mondot Ein in seiner Jugend ansprechender Wein mit guter Brombeerfrucht, wurde bei zwei Blindverkostungen vor einiger Zeit aber von anderen weit übertroffen. *Letztmals im September 1996 verkostet* ★★(★) *Bald trinken.*

Ch. Trottevieille Drei Einträge. Brauchte am 1. Weihnachtsfeiertag 1996 noch Luft, obwohl ich ihn doppeldekantierte. Und die bekam er auch, denn das nächste Mal tranken wir ihn unter freiem Himmel bei einem Picknick mit der Familie in Badminton. Ein recht anständiger, gut trinkbarer Wein, nicht mehr und nicht weniger. *Zuletzt im Mai 1997 bei einem Reitturnier in Badminton verkostet* ★★(★★)

Die folgenden Weine habe ich von November 1994 bis Januar 1995 verkostet (die Sterne geben einen Hinweis auf Qualität und Potenzial) **Ch. d'Angludet** Zugänglicher Stil ★★(★); **Ch. Branaire-Ducru** Gute Frucht ★★(★) *Mehr Sterne?*; **Ch. Brane-Cantenac** Sehr attraktiv ★★(★★); **Ch. Calon-Ségur** Positiv, vollmundig ★★★★; **Ch. Canon** Attraktiv ★★★, *möglicherweise sogar* ★★★★; **Ch. Cantemerle** Gefällig ★★(★★); **Ch. Duhart-Milon** Schlank, fruchtig, sehr tanninbetont ★(★★) *Mehr Sterne?*; **Ch. Giscours** Reiche Frucht; im Stil leichter als erwartet ★★(★); **Ch. Grand-Puy-Ducasse** ★★(★); **Ch. Gruaud-Larose** Herrliche Frucht. Langer Abgang ★★★(★); **Ch. Haut-Batailley** »Süß«, zugänglich, charmant ★★★; **Ch. d'Issan** Duftend, charmant ★★★(★); **Ch. Kirwan** Tief, reich, tanninstark ★★(★); **Ch. Lagrange** (St-Julien) Gute

Frucht ★(★★); **Ch. Langoa-Barton** Fest ★★★; **Ch. Loudenne** Meist schwach und uninteressant. Nur im allerbesten Fall ★★★; **Ch. Malartic-Lagravière** Leicht im Stil, kurz, kantig ★★; **Ch. Malescot-St-Exupéry** Duftend, krautig, lebendige Frucht ★★(★) *(gerade noch)*; **Ch. Marquis de Terme** Gewisse Fülle. Tanninlastig ★(★)?; **Ch. Millet** (Graves) Sehr attraktiv. Frühreif ★★★; **Ch. Olivier** Weich und fruchtig. Frühreif ★★★; **Ch. Petit-Village** Reich. Tanninbetont ★★(★★); **Ch. Siran** Sehr wohlriechend. Leicht im Stil, doch viel Tannin ★(★★)

DIE FOLGENDEN WEINE HABE ICH NUR EINMAL IM JUNI 1992 VERKOSTET, sie zeigten jedoch gutes Potenzial. **Ch. La Fleur-Pétrus** Seltsamer Stil, köstlicher Geschmack (★★★★); **Ch. La Grave-Trigant** Reif, ländlich, eigenständig (★★★★); **Ch. Magdelaine** Sehr charaktervoll, lebhafte Frucht, gute Länge (★★★★)

1991 ★ bis ★★

Das launische Bordelaiser Klima sorgte dafür, dass man nach dem grandiosen 1990er mit diesem Jahrgang wieder auf dem Boden der Tatsachen landete. Der Januar und Februar waren trocken; ein paar Tage Frost und Schnee konnten den ruhenden Stöcken nicht schaden. Auch der März geriet trocken und mild, sodass die Vegetation aus dem Winterschlaf erwachte. Der erste Rückschlag kam im April. Der Monat fiel zwar vorwiegend mild aus und auch die Niederschläge bewegten sich im durchschnittlichen Bereich, doch kam es in der Region in der Nacht zum 21. und 22. zu einem plötzlichen Temperatursturz auf –8 °C. Die schweren Fröste ließen die Reben förmlich erstarren und machten den neuen Trieben buchstäblich über Nacht den Garaus. Erhebliche Ernteeinbußen waren die Folge. Die Lese, das wusste man schon jetzt, würde in diesem Jahr klein ausfallen.

Die Kälte hielt den Mai hindurch an. In der ersten Junihälfte war es relativ warm und trocken, in der zweiten herrschte nasses Wetter vor. Das verzögerte und verlängerte die unregelmäßige Blüte. Der Juli brachte heißes, aber auch regnerisches Wetter und damit Fäulnisgefahr mit sich. Ein heißer, trockener August – der heißeste seit 1926 – schürte die Hoffnung, dass der 1961er Jahrgang mit seinen kleinen, reifen, konzentrierten Trauben sich vielleicht wiederholen würde. Leider regnete es gegen Ende des zunächst viel versprechenden Septembers acht Tage lang, wodurch alle Erwartungen zunichte gemacht wurden.

Von Zeit zu Zeit stelle ich fest, dass man gern den Châteaux in Bordeaux die Schuld zuschiebt, wenn ein Jahrgang keine Spitzenkreszenzen erbringt, obwohl überwiegend die Launen des maritimen Klimas für die Qualitätsschwankungen verantwortlich sind. Die Gironde lässt sich nicht mit heißeren Regionen wie zum Beispiel Kalifornien, dem Kap oder dem Hunter Valley vergleichen. Gott sei Dank, denn wäre es für den intelligenten Verbraucher nicht langweilig, wenn jeder Bordelaiser Jahrgang regelmäßig über 90 Punkte bekommen würde? Vielfalt ist das Salz des Lebens und so bringt diese Region Gewächse von unendlicher Stil-, Qualitäts- und Preisvielfalt hervor – keine Medaillen-, sondern Trinkweine eben.

Ich habe zwar nicht viele 1991er verkostet, halte den Jahrgang aber für nützlich. Mit ihm kann man sich die Zeit vertreiben, während man auf den 1995er und die ganz großen Kaliber, den 1989er und 1990er, wartet. Das Gros der folgenden Notizen entstand im November 1995 auf der Masters-of-Wine-Degustation von 1991ern in der Londoner Paintners' Hall.

Ch. Lafite Erstmals im November 1995 auf der Masters-of-Wine-Degustation von 1991ern verkostet: kein sonderlich tiefes Rubinrot; mild, wohlriechend, verschlossen, etwas Tiefe; überraschend »süß«, leichter Stil, schlank, attraktiv. Bekam eine meiner höchsten Bewertungen der ganzen Degustation. Kürzlich eine Magnum bei einer Dinnerparty zu Hause: noch immer ansprechend rubinrot; lebendige Frucht, etwas »Süße«; Geschmack, Tannin und Säure angenehm. Es mag sich herablassend, ja, hinterhältig anhören, aber ich empfand ihn als »wirklich bemerkenswert trinkbar«. *Zuletzt im Dezember 2000 verkostet* ★★(★) *Jetzt bis 2010.*

Ch. Latour November 1995: reiche Farbe; eigenartige, »medizinale« Nase; Zedernholz und Frucht, ein Geschmack, der mich an Eichenrinde erinnerte, großartige Länge. Als Nächstes: erneut ein Hinweis auf die Zedernnote; »süß«, sehr angenehmer Geschmack; griffig, aber trotzdem jetzt trinkreif. *Zuletzt im September 1998 auf dem Château verkostet* ★★★ *Jetzt bis 2015.*

Ch. Margaux Der Regen verhinderte Besseres. Kleiner Ertrag (18 hl/ha), zu Beginn der Niederschlagsperiode eilends gelesen. Im November 1995: ziemlich farbtief; gute Tiefe in der Nase; »Süße« und Körper mittel. Sehr ansprechende Frucht. Eine relativ hohe Bewertung. Fünf Jahre später mit ersten Anzeichen beginnender Reife; anfangs schokoladige Nase, hatte sich aber nach 30 Minuten wohlriechend geöffnet; später ein Hauch von Teer und Karamell, nach zwei Stunden im Glas völlig verblasst. Anständiger Geschmack, leidlich komplett, trinkt sich recht gut. *Zuletzt im November 2000 auf Wagners Vertikalverkostung degustiert* ★★★ *(gerade noch).*

Ch. Mouton-Rothschild Philippine bat mich, für die neue Ausgabe des Buchs über Mouton-Etiketten einige Zeilen zu diesem Wein zu schreiben, und schickte mir ein paar Flaschen zum Verkosten. Der 5 cm lange Korken war zu hart und bröselig für meinen Screwpull-Korkenzieher, weshalb ich auf eine Variante mit breiten Federzungen zurückgreifen musste, die ich normalerweise nur bei alten Korken einsetze. In der Nase ein bisschen stielig, etwas Würze, öffnete sich ein wenig. Am Gaumen mehr Tiefe als erwartet. Insgesamt schlank und trocken (Februar 1995). Nur neun Monate später auf der Masters-of-Wine-Degustation eine viel bessere Bewertung. Wesentlich weiter entwickelte Nase, reich, Ingwernote; ziemlich kraftvoll, überraschend viel Tannin und Säure. Zwei Jahre darauf: leuchtendes Kirschrot; angesengte, keksartige Mokkanase; lebhaft, passte recht gut zu Kalb, das den etwas besseren Abgang aufwertete. *Zuletzt im Juni 1997 verkostet, als ich ein Christie's-Dinner im Hamburger Übersee-Club leitete* ★★★ *(gerade noch). Recht bald trinken.*

Ch. Haut-Brion, Ch. Ausone, Ch. Cheval Blanc Nicht verkostet.

Ch. Pétrus 1991 deklassiert und nicht auf den Markt gebracht.

NEUERE EINTRÄGE ZU WEITEREN 1991ERN

Ch. Duhart-Milon Der Eröffnungswein bei einem Essen auf Lafite: schlank, recht gute Frucht, nahm es mannhaft mit *Homard Breton, Sauce Don Carlo* auf, war aber nicht halb so interessant wie die Gäste – Anthony Barton mit Frau, Mark Birley, Lynne Guinness, die Palumbos sowie Serena und Nicholas Soames. *Bei einem Essen im September 1998 verkostet, zu dem Eric de Rothschild geladen hatte* ★★ *Demnächst trinken.*

Ch. L'Eglise-Clinet Ziemlich tief, erste Anzeichen von Reife; sehr angenehme Frucht; mehr Körper als erwartet. Guter trockener Abgang. Stephen Browett (von Farr Vintners) zufolge kostete der Wein ursprünglich 60 Francs die Flasche, aber niemand wollte ihn haben. Passte auf jeden Fall gut zu luftgetrocknetem Schinken, Lauch und Trüffelöl-Vinaigrette. *Im Juli 1998 mit Denis Durantou bei Farr Vintners' Veranstaltung »Eine Nacht im Pomerol-Himmel« verkostet *** Demnächst trinken.*

Les Forts de Latour Ziemlich tief, reifer Rand; »süß«, zugänglich, sehr gut zu trinken. *Im September 1998 auf dem Château verkostet *** Bald trinken.*

Ch. Grand-Puy-Lacoste Den 1991er dieses Guts lasse ich mir schon seit einiger Zeit schmecken. Allerdings konnte ich ihn erst im Juni 1995 anlässlich eines Besuchs auf dem Château das erste Mal verkosten. Xavier Borie hatte eine Degustation von zehn Jahrgängen vorbereitet. Der Wein entwickelte sich bereits gut; sehr entgegenkommende Nase, schlank, »medizinal«, kräuterwürzig; »süß«, mittlerer Körper, Frucht und Geschmack zugänglich. Noch im Herbst desselben Jahres recht gut trinkbar (zu Hause), allerdings beschloss ich, ihn noch eine Weile in Ruhe zu lassen. Als Nächstes degustierte ich ihn bei einem Essen im August 2000, wo er mir bemerkenswert tief und jugendlich erschien; robust, gute Frucht, fester als viele 1993er. Noch einige weitere Flaschen bei Mittag- und Abendessen genossen, nun reifer, »gedämpfter», allerdings mit gut entwickelter Cabernet-Nase. Kürzlich zum Essen auf dem Land eigens geöffnet, um zu sehen, wie er sich machte. Zum Glück ließ er sich gut trinken. Für einen 1991er »süß« und reich. Gute Frucht. *Zuletzt im September 2001 verkostet ***(*) Ein bewundernswert guter 1991er. Jetzt bis 2012.*

Ch. Haut-Bages-Averous Ein verlässlicher Cazes-Wein. Ansprechende Frucht, fest, ein Hauch Eisen. *September 1996 *** Jetzt trinken.*

Ch. Labégorce Hier hat man viel Geld investiert. Was vielleicht ganz gut war. Bereits reif; in der Nase und am Gaumen ziemliche Wollenote. *Im März 2001 beim Essen auf Chasse-Spleen verkostet ** Austrinken.*

Ch. Labégorce-Zédé Ganz anders als das soeben beschriebene Gewächs. Eröffnete eine Verkostung von Weinen der belgischen Familie Thienpont in der Schule für das Hotel- und Gaststättengewerbe in Bruges. Es schmeichelte mir, ein Publikum aus lauter Professoren und Geistesgrößen vor mir zu haben, doch die Beleuchtung war nicht gut. Die anfangs verhaltene Nase öffnete sich mit einem zedrigen Margaux-Duft, dann kam eine angesengte Kaffeenote zum Vorschein. Anklänge an Frucht, mittleres Gewicht, erfrischende Säure, im Abgang eine Bitternote, die man nicht bemerkt hätte, wenn man ihn zum Essen getrunken hätte. *November 1999 ** Bald trinken.*

Ch. Léoville-Barton Mitteltief, schwacher Rand, reifer werdend; medizinaler Einschlag, lebhafte Frucht, öffnete sich mit einem laubartigen, aber schlanken Duft; mitteltrocken, leicht im Stil, schlank, erfrischend an der Grenze zur Adstringenz, trockener Abgang. *Im Oktober 2001 auf dem Château (Langoa) verkostet ** Zum Trinken, nicht zum Lagern.*

Ch. Léoville-Las-Cases Sichel & Co. bot ihn 1994 für die Concorde an. Für einen so unpopulären Jahrgang sehr beeindruckend, weshalb das Angebot angenommen wurde. Ich sehe gerade, dass ich ihn im darauf folgenden Jahr bei einem Flug nach New York verkostete. Gut ausgewogen. Leider seit der Masters-of-Wine-Verkostung 1995 nicht mehr degustiert: eine wirklich gute, klassische, zedrige Nase; bestrickender Geschmack, aber schlank. *Zuletzt im November 1995 degustiert *** Müsste jetzt ausgezeichnet trinkbar sein.*

Ch. Lynch-Bages Nur ein einziger kurzer Eintrag. Sehr gute Farbe, lebhafte Frucht. *Im April 1995 bei einer Verkostung von Anthony Byrne degustiert **? Dürfte sich jetzt ganz passabel trinken lassen.*

Ch. Marsan Bestand überwiegend aus dem deklassierten La Fleur-Pétrus, von dem statt der üblichen 3500 Kisten nur 650 erzeugt wurden. Angeblich war auch etwas Pétrus dabei, was Christian Moueix aber nicht bestätigte. Eine Eintagsfliege. Jugendlich, intensiv, etwas korkelnd, lebhafte Frucht, dabei sehr tanninbetont. *Während eines Essens bei Corney & Barrow im November 1995 degustiert. Ein Kuriosum. Bald trinken?*

Ch. Palmer 1995 bei der Masters-of-Wine-Verkostung von 1991ern in guter Verfassung: rubinrot; oberflächlich attraktive Nase; ziemlich penetranter Geschmack. Kürzlich: reifend, »süße«, würzige, eichenbetonte Nase; hübsche Frucht, leidlich guter Extrakt, eher leichtgewichtig (12 % Alkohol), gute Säure. *Zuletzt im April 1998 bei einer Werbeveranstaltung für mein Buch »Meine Lieblingsweine« in Mannheim verkostet ** Bald trinken.*

Ch. Phélan-Ségur War nie ein großer St-Estèphe, aber dieser Jahrgang fiel überraschend angenehm aus und ließ sich gut trinken. *Im April 1995 beim Essen der Union des Grands Crus im Rathaus von Bordeaux verkostet ** Zum Trinken, nicht zum Einlagern.*

Ch. Pichon-Baron Nur ein einziger Eintrag. Recht ungnädig als »etwas dünn und unbeeindruckend« bezeichnet. *Im April 1996 nach einer Verkostung von Cazes-Weinen im Londoner Cavalry Club degustiert ***

Ch. Pichon-Lalande Drei Einträge neueren Datums, die alle auf dem Château entstanden. Zunächst bei einem Büfett nach einer Verkostung von 1998er-Pauillac-Weinen im März 1999. Bereits reife Farbe und Nase; merklich »süß«, angesengt, zum Kauen. Als Nächstes beim Essen im Juni 2000, in etwa zu der Zeit, als May de Lencquesaing ihren 75. Geburtstag feierte. »Schokoladig, überraschend süß.« Und schließlich: rubinroter Schimmer; klassischer und zedriger als erwartet; trank sich trotz eines Hauchs von Eisen und Tannin gut. *Zuletzt im März 2001 beim Essen mit May und ihrem Neffen Gildas d'Ollone verkostet *** Jetzt bis 2010.*

Ch. Le Pin Aus der einzigen von diesem Wein abgefüllten Impériale verkostet. Zur Verfügung stellten sie Jacques Thienpont und seine Frau Fiona, geb. Morrison, ein Master of Wine. Man ließ der Flasche zwei Stunden Zeit, sich zu setzen, dann wurde sie bei einem Essen im Anschluss an meine Verkostung mit Thienpont-Weinen im Brüsseler La Maison du Cygne serviert. Überraschend tief für einen 1991er, undurchsichtiges Zentrum; eigenartige Nase, ein Hauch von »Virol«, ein malziges britisches Stärkungsmittel von anno dazumal. Ich kann mich noch gut an die Vorkriegsplakate mit dem Spruch »Virol – blutarme Mädchen brauchen es« erinnern. Am Gaumen reich, fleischig, aber faseriger Abgang. Dennoch ein seltener Genuss. Mein Kollege David Elswood versteigerte die leere Flasche später für Docteurs sans Vacances. *Im März 1999 in Brüssel verkostet. Wahrscheinlich ****

Ch. La Tour-de-By Sozusagen unser Alltagsroter für daheim, hauptsächlich zwischen 1994 und 1998 verkostet; einige Flaschen habe ich aber noch. Ich schreibe zu diesem Wein in der Regel keine ausführlichen Verkostungsnotizen und trage nur das Datum ein, denn er ist zum Trinken und nicht zur Analyse gedacht. Kurz: rubinrot; in der Nase und am Gaumen überraschend »süß«, attraktive Frucht. Ein Hauch tanniniger Bitterkeit. *Zuletzt im Mai 1998 beim Sonntagsessen auf Chippenham Lodge getrunken ***

Die folgenden Weine habe ich zuletzt bei der Masters-of-Wine-Verkostung von 1991ern im November 1995 degustiert, falls nichts anderes angegeben ist (die Bewertung entspricht grob dem damaligen Stand) **Ch. Beauséjour-**

Duffau-Lagarrosse ★★; Ch. Beychevelle Sehr entgegenkommend, wohlriechend in der Nase, zugänglich, eichenbetonter Stil ★★★; Ch. Branaire-Ducru Sehr entgegenkommend, ein Hauch Karamell, angenehmer Geschmack, schlank, eher leicht im Stil ★★; Ch. Brane-Cantenac Offen, entwickelt, würzig, zarter trockener Abgang ★★★; Ch. Cantenac-Brown Schokoladig; trocken, schlank, tanninbetont ★★; Ch. Dauzac Zugänglicher Stil. Wohlschmeckend. Neue Eiche ★★; Ch. Desmirail Chaptalisiert. »Süß«, leicht. Kurz ★; Ch. Ducru-Beaucaillou Frucht und Geschmack sehr attraktiv ★★★; Ch. Durfort-Vivens Schlank ★; Ch. La Fleur-de-Gay »Süß«, voll, reich, fruchtig. Sehr eichenlastig ★★; Ch. Giscours Eigenartige Nase, ansprechende Frucht. Leicht im Stil ★★★; Ch. Gruaud-Larose Tief, samtig; reich, rustikal; fruchtbepackt. Ein guter 1991er ★★★; Ch. d'Issan Klassische Nase; gute Frucht. Sehr eichenbetont ★★★; Ch. Langoa-Barton Klassisch, Zedernholzduft; weiche Frucht, schönes Gewicht, sehr attraktiv ★★★; Ch. Lagrange (St-Julien) Wohlriechend, Zedernholznote, leicht stielig; trocken, würzig, neue Eiche, schlank ★★; Ch. Marquis d'Alesme-Becker »Süß«, aber rau ★; Ch. Pavie Reich, zum Kauen, ansprechende Frucht ★★★; Ch. Petit-Village ★; Ch. Prieuré-Lichine ★★; Ch. Rauzan-Gassies Chaptalisiert, zugänglich, verpatzter Abgang ★; Ch. St-Pierre Sehr würzig, neue Eiche; Geschmack und Gewicht schön. Im Stil eher leicht ★★; Ch. Talbot Reich, voller Frucht, ein guter 1991er ★★★

1992 ★

Der hoch geachtete, kluge und erfahrene, mittlerweile leider verstorbene Peter Sichel schrieb in einer frühen Kritik zu diesem Jahrgang: »Vor 30 Jahren wäre der 1992er eine Katastrophe gewesen.« Dank Fäulnisbekämpfung, kosten- und zeitaufwändigem Aussortieren unreifer und ungesunder Trauben, strenger Auswahl von Tanks sowie technischen Fortschritten in der Weinbereitung konnten die gut geführten Châteaux nach den schrecklichen Wachstums- und Erntebedingungen das Ruder herumreißen und genießbare Weine produzieren. Im niederschlagreichsten Sommer seit über einem halben Jahrhundert fiel etwa doppelt so viel Regen wie üblich (sogar wesentlich mehr als 1987 oder 1984); seit 1980 hatte es obendrein nicht mehr so wenige Sonnenstunden gegeben. Doch die Fäulnis hatte sich schon früher in den Weinbergen breit gemacht. Schwere Regenfälle im Juni verzögerten und verlängerten die Blüte und ließen die Trauben letztendlich ungleichmäßig ausreifen. Auch vor und nach der Lese herrschten weit unterdurchschnittliche Witterungsbedingungen. Die Böden waren durchtränkt, die Beeren verwässert und unterschiedlich reif. Am wenigsten litten noch die Merlot-Stöcke, während es die Cabernet-Sauvignon-Trauben voll erwischte. Dabei fielen die Erträge sogar noch höher aus als im bisherigen Rekordjahr 1990. Die Erntemenge war aber auch die einzige Gemeinsamkeit zwischen beiden Jahrgängen.

Ch. Lafite Nur ein Eintrag: eine eigenartige Magnum, die ich am Heiligabend mitnahm zu meiner Tochter und meinem Schwiegersohn und dort am 1. Weihnachtsfeiertag öffnete. Sie wies einen leichten Bodensatz auf, weshalb ich sie um 11.15 Uhr in einen offenen Krug dekantierte, damit sie reichlich Luft bekam. Etwa um 14.30 Uhr versammelte sich die Familie um den Tisch. Nicht tief, bereits am Reifen; eine ziegelige Nase, die sich gegen die Tischknaller und Wunderkerzen durchsetzen konnte; ein leichtes, chaptalisiertes, erfrischendes Getränk. *Im Dezember 1999 auf der Saintsburyhill Farm verkostet* ★★ *(gerade noch). Austrinken.*

Ch. Latour Da ich um den Ruf von Latour weiß, selbst in einem schlechten Jahr einen guten Wein zu bereiten, müsste ihr 1992er überdurchschnittlich ausfallen. Leider konnte ich es noch nicht nachprüfen.

Ch. Margaux Zwei Einträge, die beide auf Manfred Wagners Vertikalverkostungen entstanden. 1997: schwacher Rand; lose verwoben, vegetabil, eine gewisse Delikatesse, öffnete sich »süß«; weicher als erwartet, aber schlank und mit zu wenig Frucht. Drei Jahre später verblasste die Nase im Glas, ein Hauch Lakritze, unverwoben; ein »halbsüßer« chaptalisierter Geschmack, kurz und rau. *Zuletzt im November 2000 verkostet* ★ *(gerade noch).*

Ch. Mouton-Rothschild Im Februar 1995 schickte man mir eine Flasche, damit ich die Weinbewertungen für das aktualisierte Buch über Mouton-Etiketten auf den neuesten Stand bringen konnte. Ein noch kürzerer Korken als 1991. Es hatte aber auch keinen Sinn, für diesen nicht für ein langes Leben im Keller gedachten Jahrgang lange Korken zu verwenden. Pflaumiges Purpurrot; ein brombeerartiges Cabernet-Aroma, in der Nase relativ »süß«, doch seine olfaktorische Entwicklungskurve, um es einmal gestelzt auszudrücken, war relativ kurz. Ein eher leichter, fruchtiger Stil, recht attraktiv. Schlank. Eiche im Abgang und tanninbetont. Im Jahr darauf wurde er bei meinen Auktionsgesprächen mit der geistreichen, sprühenden Philippine de Rothschild dem Publikum auf Tabletts serviert. Der Wein war tiefer als erwartet, das Erscheinungsbild noch immer jugendlich. Nase und Geschmack zunächst rau und sehr tanninbetont – ohne Essen also nicht gerade ein idealer Wein, aber gegen Ende unseres Dialogs hatte er sich geöffnet und in ein erfrischendes, »süßes« Gewächs verwandelt. *Zuletzt im Dezember 1996 bei Christie's in der Park Avenue verkostet* ★(★) *Austrinken, solange er noch erfrischt.*

Ch. Haut-Brion Mit einem etwas tieferen und reicheren Aussehen, als ich erwartet hatte; recht gute Frucht, ein Hauch von »Süße«, aber mit eigenartiger, grober, dichter Textur und ausgeprägter Säure. *Im April 1995 auf Anthony Byrnes Verkostung degustiert* ★ *Austrinken.*

Ch. Cheval Blanc Eine Magnum auf der Wolf/Weinart-Verkostung in Österreich. Man ließ uns wissen, dass die Lese, in der es ununterbrochen geregnet hatte, am 9. Oktober abgeschlossen war. Mittlere, bereits gut entwickelte Farbe; seltsame Nase, ein Hauch Schokolade; trocken, offenkundige, würzige neue Eiche, kaum als Cheval Blanc zu erkennen. *September 1997, kaum* ★ *Austrinken.*

Ch. Pétrus Bei einer blind verkosteten »Serie« von fünf Magnumflaschen stammten vier von Spitzengütern vom rechten Ufer, während es sich beim fünften Exemplar um Chapoutiers Ermitage Le Pavillon handelte. Später wurde enthüllt, dass die Nummer Eins ein Pétrus gewesen war. Er hatte das, was ich oft als »100-Parkerpunkte«-Farbtiefe beschreibe; stämmige Nase, pfefferig, mit einem Hauch von Stieligkeit; anfangs trocken und überraschend komplett, lebhaft und tanninbetont. Zwar streng, wurde aber mit dem Essen »süßer«. *Im September 1996 im Rahmen der zweiten »Serie« bei Rodenstocks Essen in München verkostet* (★★) *Ein guter 1992er, aber schwer zu sagen, wie er sich entwickeln wird.*

Weitere bedeutende 1992er

Ch. d'Armailhac Erstmals bei einer Blindverkostung von British Airways im Dezember 1994 degustiert: tief, jugendlich; lebhafte Frucht, Vanillinnote; angenehmer Geschmack, komplett, stilvoll, aber adstringierend. Ein Jahr später ein ähnliches Ergebnis bei einer umfangreichen Blindverkostung, bei der auch zehn 1992er mit von der Partie waren. Weitere zwölf

Monate später: immer noch tief und jugendlich, aber unangenehm rau. Das zähe Brüstchen einer Norfolk-Ente half da auch nichts. *Zuletzt im November 1996 bei einem Essen der Wine Trade Benevolent Society in der Londoner Vintners' Hall verkostet ★ Nach dem ersten jugendlichen Aufbäumen jetzt ein pickeliger Heranwachsender.*

Ch. Calon-Ségur Würzige, schokoladige Nase; ziemlich gute Frucht und Textur. Fragwürdiger Abgang. *Zuletzt im November 1995 blind verkostet ★★ Bald trinken.*

Ch. Cantemerle Erstmals im April 1994 bei der umfangreichen Verkostung der Union des Grands Crus in London degustiert. Eine durchschnittliche Bewertung: keine schlechte Farbe; in der Nase ausdruckslos; Körper und Frucht mittel. Wesentlich besser bei der nächsten Degustation, einer Blindverkostung von 64 roten Bordeaux-Gewächsen, darunter viele 1992er und 1993er: anständige Farbe; eichenbetont, Brombeerfrucht; in der Nase und am Gaumen leicht »gekocht«. Ein recht großer Wein. Gehörte neben drei 1993ern zu den besten Weinen der Verkostung. *Zuletzt im November 1995 degustiert ★★ Nicht schlecht für einen 1992er. Trinkt sich vermutlich jetzt ziemlich gut.*

Ch. Cos d'Estournel Bei zwei Mammut-Blinddegustationen 1995 und 1997 bewertet, dazwischen außerdem bei einer kleineren Handelsverkostung 1996. Beeindruckend tief und doch irgendwie nicht überzeugend. Das galt auch für Nase und Geschmack, obwohl er etwas Körper hatte und besser als erwartet schmeckte. *Assez bien. Zuletzt im Juni 1997 verkostet ★★ Bald trinken.*

Ch. La Dauphine Ich hatte immer ein Faible für die Weine dieses eleganten Châteaus unweit der Dordogne – und nicht nur, weil ich dort mit Harry Waugh zum *gentilhomme d'honneur de Fronsac* ernannt wurde, nachdem ich die erste Werbeversteigerung von Fronsac-Gewächsen überhaupt organisiert hatte (1970 bei Christie's). *Ein anständiger 1992er, der bei der Vorstellung der Originalausgabe von Hubrecht Duijkers ausgezeichnetem* Weinatlas Bordeaux *im Oktober 1997 geöffnet wurde ★★ Bald trinken.*

Ch. Ducru-Beaucaillou Nur ein Eintrag. Offen gewirkte, chaptalisierte Nase; »saurer Geschmack«, geschmeidige Tannine. *Im Januar 1995 blind verkostet. Vielleicht ist er mittlerweile etwas besser geworden, ich denke aber, man kann ihn vergessen.*

Ch. L'Eglise-Clinet Hardy Rodenstock und Farr Vintners haben sich sehr ins Zeug gelegt, um die Weine dieses winzigen Châteaus bekannt zu machen, doch selbst der brillante Durantou konnte aus dem 1992er nicht viel machen. Als Erstes eine Magnum, 1996 mit dem Pétrus blind verkostet: stielige Nase, spröde, bitter. Bei Farr Vintners im Juli 1998 wieder bitter und schließlich eine Jeroboam, diesmal bei Rodenstocks fünftägiger Marathonverkostung in München. Immer noch tief; schlank, tanninbetont. »Im Augenblick nicht gut trinkbar« war eine Untertreibung. *Zuletzt im September 1998 verkostet ★ Wird er sich je gut trinken lassen?*

Ch. Grand-Puy-Lacoste Zum Teil aus Loyalität, zum Teil aus Neugier getrunken. Ich glaube, von dem 1992er habe ich nur ein paar Kisten gekauft. Vielleicht hätte ich mit dem Verstand und nicht mit dem Gefühl entscheiden sollen, denn er gehörte zu den schlechtesten Jahrgängen der auf dem Château verkosteten Weine. Nase nicht schlecht, »ein Hauch von Seetang«, aber deutliche Cabernet-Frucht; am Gaumen indes schlank, metallisch, mit einer an den Zähnen kratzenden Adstringenz. *Juni 1995. Ein Lacoste entwickelt sich immer langsam, aber beim 1992er habe ich nicht viel Hoffnung.*

Ch. Haut-Batailley Deutlich ansprechender als der Lacoste und der Ducru, die anderen 1992er der Familie Borie. Ziemlich reifes Erscheinungsbild; offen, brombeerartige Frucht, allerdings ein Anflug von Gummi. Am Gaumen besser. Etwas reich und fruchtig. *Im November 1995 blind verkostet ★★ Bald trinken.*

Ch. Lascombes Schwacher Rand; leichte, käsige, chaptalisierte Nase; rauer Zahnbelag. Meiden. *Zuletzt im September 2001 bei einer Vorverkaufsverkostung degustiert.*

Ch. Léoville-Barton Machte bei der Verkostung der Union des Grands Crus im April 1994 einen recht guten Eindruck: »süß«, eichenbetont, passable Länge. Als Nächstes 1998 bei einem American-Airlines-Flug nach Miami über Puerto Rico. Wohlriechende Bauernhofnase (der Wein, nicht die Flugkabine); etwas rau, bitterer, tanninbetonter Abgang, allerdings nicht schlecht zu Rind. Kürzlich eindeutig der schlechteste Wein des ganzen Jahrzehnts: in der Nase Herbstlaub und Melasse; trocken, schlank, mit einer Adstringenz, die sich in die Zähne krallte. *Zuletzt im Oktober 2001 auf dem Château verkostet.*

Ch. Léoville-Las-Cases Deutlich besser als der Barton (siehe oben): gute Farbe und Frucht; positiver Geschmack, Eichennote, sehr tanninbetont. *Im April 1995 bei einer Handelsverkostung degustiert ★★ Bald trinken.*

Ch. Rausan-Ségla Bei der Verkostung der Union des Grands Crus im Jahr 1994 in recht guter Verfassung, doch im Jahr darauf bei einer Blindverkostung – unter anderem mit 1985ern, 1989ern und 1990ern – völlig deklassiert; seltsame Nase, flüchtige Säure; blecherner Metallgeschmack. *Zuletzt im Januar 1995 verkostet. Meiden.*

Ch. Tertre-Roteboeuf Ich weiß nicht genau, was dieser Wein bei einer Vorverkaufsverkostung zu suchen hatte, aber er war auf seine »übersüße« Art sehr attraktiv und angenehm. *April 1996 ★★★ Bald trinken.*

Ch. de Valandraud Der zweite Jahrgang dieses Kultweins aus St-Emilion. Ich verkostete ihn erstmals blind im Rahmen einer »Serie« aus Gewächsen vom rechten Ufer. Undurchsichtig, intensiv; ausladende, »süße«, brombeerartige, harmonische Nase; ziemlich »süßer«, reicher, fruchtiger, guter Geschmack (Rodenstock-Verkostung 1996). Kürzlich bei einer weiteren Blindverkostung von Weinen vom rechten Ufer: ähnliches Erscheinungsbild; sehr entgegenkommende, übertriebene, reiche Schokolade- und Mokkanase; am Gaumen viel zu schokoladig. Zum Essen, nicht zum Trinken. *Zuletzt im November 1999 bei einer Bordeaux-Index-Verkostung im Londoner Stafford Hotel degustiert. Ein beeindruckender 1992er, aber einfach nicht der Weinstil, den ich mag.*

Hier eine Auswahl der 58 1992er, die ich bei der Verkostung der Union des Grands Crus im April 1994 in London bewertet, seither aber nicht mehr degustiert habe. Die Sterne gelten für den jeweiligen Zustand zum Zeitpunkt der Verkostung. Einige Gewächse sind mittlerweile besser geworden, viele lassen sich nun gut trinken, sehr wenige allerdings hatten eine große Zukunft. Berücksichtigen muss man überdies einen gewissen Babyspeck und den anfänglichen Reiz der Chaptalisierung. Doch mit ihr verhält es sich wie mit einer gefärbten Blondine: Irgendwann einmal kommt die wahre Haarfarbe wieder zum Vorschein. **Ch. L'Angélus** Beeindruckend tief; gute Frucht, leidlich im Fleisch, sehr tanninbetont ★★★; **Ch. d'Angludet** Verhalten; sehr gefällig, ein Frühstarter ★★; **Ch. Beauregard** Sehr tief; »süß«, reichlich Frucht, gute Eiche ★★★; **Ch. Beychevelle** Überraschend »süß«, recht attraktiv ★★; **Ch. Brane-Cantenac** Schwache Farbe; sehr »süß«, offen, zugänglich, nicht überzeugend ★; **Ch. Branaire-Ducru** »Süß« und zugänglich ★★; **Ch. Canon** Unverwoben; am Gaumen besser. Etwas »Süße«, recht hübsche Frucht, ein Frühstarter

; **Ch. Cantenac-Brown Beeindruckend tief; ansprechende Frucht und Eiche ***; **Ch. Chasse-Spleen** Überraschend »süß«, zum Kauen, leicht im Stil. Kein Grund zum Feiern **; **Ch. Citran** Sehr tief; gute Frucht und Eiche. Ziemlich reich, aber tanninbetont ***; **Ch. Clinet** Immense Tiefe; eigenständig; gefällig, zugänglich, doch tanninbetont. Zu eichenlastig ***; **Ch. Coufran** Unnachgiebig; »süße« Frucht; akzeptabler Extrakt. Sehr tanninbetont **; **Ch. Croizet-Bages** Nicht überzeugend. Etwas »Süße«. Ein Hauch Jod *; **Ch. Dauzac** »Süß«, weich, ausdruckslos **; **Ch. Durfort-Vivens** Entgegenkommende Nase, schwitzige Tannine; sehr »süß«, offen, zugänglich **; **Clos Fourtet** Tief; gute Frucht; einschmeichelnde Eiche, zugänglich ***; **Ch. Figeac** Ansprechend entwickelte Frucht. Leichter, zugänglicher Stil **; **Ch. Fourcas-Hosten** Ein hübscher Wein ** (die Exemplare von Fourcas-Dupré waren alle hölzern); **Ch. Gazin** Fleischig; »süß«, reich, ebenfalls einnehmend ***; **Ch. Grand-Mayne** Sehr tief; gute Frucht; reichlich Eiche **; **Ch. Grand-Puy-Ducasse** Unverwoben, hart; keine schlechte Frucht, aber adstringierend *; **Ch. Gruaud-Larose** Tief; gute Frucht; weich, attraktiv. Ein guter 1992er ***; **Ch. Kirwan** Sehr tief. Gute Frucht. Pfefferiger Abgang ***; **Ch. Labégorce** In der Nase hart; trocken, schlank, wohlschmeckend, aber viel zu viel Eiche **; **Ch. Lafon-Rochet** Tief; hart; schlank *; **Ch. Lamarque** Besser bekannt wegen der Autofähre, die von Blaye aus über die Gironde fährt. Ein schönes Schloss, aber ein unbedeutender Wein **; **Ch. Langoa-Barton** Sehr »süß«. Geschmack nach dunkler Schokolade ***; **Ch. Léoville-Poyferré** Etwas hölzern; trocken, streng, tanninbetont *; **Ch. Loudenne** Schönes Schloss, schrecklicher Wein; **Ch. Lynch-Bages** Reiche Farbe; recht gute Nase; »süß«, locker gewirkt *** *Wahrscheinlich jetzt angenehm zu trinken*; **Ch. Malescot-St-Exupéry** Reiche Farbe, fleischig, tanninbetont; Frucht nicht schlecht **; **Ch. Monbrison** Schrecklich. Eisentannat?; **Ch. Montrose** Tief; klassisch; mittlere »Süße«, mittlerer Körper. Gute Frucht und Länge. Ein guter 1992er ***; **Ch. Les Ormes-de-Pez** Tief; schwitzige Tanninnase; überraschend »süß«, fruchtig und attraktiv ***; **Ch. Palmer** Geschmack und Länge gut. Schlank. Nicht genug Frucht, um die Eiche zu kaschieren ***; **Ch. Pavie** »Süß«, für einen 1992er reich, attraktiv ***; **Ch. Petit-Village** Trinkbar *; **Ch. Phélan-Ségur** Bauernhof- und Seetangnoten; **Ch. Pichon-Baron** Tief; gute Frucht; »süß«, überraschend gut. Besser als der 1993er ***; **Ch. Pichon-Lalande** Tief, reich; Frucht und Geruch nach Rohrzucker; ziemlich körperreich, geradlinig. Ein guter 1992er ***; **Ch. Pontet-Canet** Erscheinungsbild, Nase und Geschmack reich. Sehr »süß«. Fleischig. Ein guter 1992er ***; **Ch. Prieuré-Lichine** Offen gewirkt, eichen- und tanninbetont *; **Ch. Rauzan-Gassies** Blässlich; schokoladig; »süß«, ausdrucksschwach *; **Ch. Siran** Rosa, feminin und stilvoll **; **Ch. Talbot** Sehr »süß«, offen gewirkt, zugänglich **; **Ch. La Tour-de-By** Bemerkenswert gut. Gut gemacht **(*); **Ch. La Tour-Carnet** *Assez bien* *; **Ch. Troplong-Mondot** Unerwartet attraktiv. Gefällig »süß«, mit Frucht, Fleisch und Eiche ***; **Ch. Villemaurine** Erfrischend, zitrusartig. Offen. Zugänglich **

1993 ** bis ***

Ein uneinheitlicher Jahrgang. Ausschlaggebend war nicht so sehr Glück, sondern gute Keller- und Weinbergwirtschaft, Sorgfalt und Auslese, wie Peter Sichel in seinem Bericht zum vorausgegangenen Jahrgang hervorhob (siehe Seite 165). Wieder einmal bereiteten die Niederschläge Probleme. Im Gegensatz zu 1991, als der Regen nach einer ansonsten ausgezeichneten Saison gerade zur falschen Zeit niederging, oder zu 1992, als die Ernte beinahe völlig weggewaschen wurde, regnete es 1993 mit 160 von 365 Tagen zwar häufiger als in den beiden Jahren davor, doch die Wachstumsphase verlief ganz ungewöhnlich: In den ersten drei Monaten waren die knospenden Rebstöcke fast am Verdursten, während sie anschließend drei Monate lang buchstäblich ertränkt wurden. Am niederschlagsreichsten fiel der September aus.

Trotz dieser Wetterlaunen aber präsentierten sich die Reben in wesentlich besserer Verfassung, als man es unter diesen Umständen hätte erwarten können. Mitte September waren die Merlot-Trauben fast perfekt ausgereift. Weil Regen den Saft verdünnt, bereiteten vor allem die später reifenden Cabernet-Sauvignon-Reben Probleme. Deshalb waren Sorgfalt und Auslese so wichtig.

Dank der Union des Grands Crus de Bordeaux konnte ich zum einen bei der Eröffnungsverkostung für internationale Weinautoren im April 1994 in Bordeaux (1) und zum anderen bei der Degustation für den Handel in der Merchant Taylors' Hall in der City of London (2) eine breite Palette von 1993ern probieren. Bei letzterer Veranstaltung handelt es sich um eine eintägige Verkostung, bei der die Gutsbesitzer ihre Weine nach Distrikt geordnet auf Tischen anbieten. Kein ideales Umfeld, denn wegen der begrenzten Zeit und des Gedränges kann man nur oberflächliche Eindrücke gewinnen. Zumindest aber lassen sich die Ergebnisse der vorausgegangenen Verkostung in Bordeaux überprüfen, die entspannter und geregelter abläuft, in der man zudem sitzen kann und vier Tage Zeit hat. Im November 1997 fand in der City of Londen ferner eine aufschlussreiche Masters-of-Wine-Degustation in der Stainer's Hall statt (3).

Ch. Lafite Erstmals im November 1997 bei der Masters-of-Wine-Verkostung von 1993ern degustiert: mitteltief; überraschend gut entwickelte Nase, »süß« und weich. Attraktiv. Passable Länge. Fünf Jahre später hatte sich nicht viel geändert. Kürzlich eine »Test«-Magnum beim Essen, die einem Trio bei Bartholomews Dinner zum 40. Geburtstag drei Tage später vorausging: wohlriechend; relativ weich, zugänglich; geradlinig, schlank. Ließ sich ganz gut trinken. *Zuletzt im Januar 2002 verkostet* ** *Hält sich, wird aber zeitlebens nur ein angenehmer Wein bleiben.*

Ch. Latour Erstmals im April 1997 mit Christian Le Sommer verkostet, dem damaligen Verwalter des Châteaus: noch immer unreif; attraktiv, Zedernholznase; insgesamt trocken, eher schlank, aber gut. Sechs Monate später: nicht so tief wie erwartet; eine offene, sehr attraktive Zedernholz- und Cabernet-Nase; wirkte »süßer«, kein schwergewichtiger Latour. *Zuletzt bei der Masters-of-Wine-Verkostung im November 1997 degustiert. Damals* *** *Dürfte sich mittlerweile ganz gut trinken lassen.*

Ch. Margaux Vier Einträge, der älteste vom Januar 1997, entstanden bei Manfred Wagners erster Vertikalverkostung: zunächst »grün«, harte, lebhafte Frucht, mit einer Nase, die sich recht ansprechend öffnete; keine schlechte Frucht, aber schlank, mit rauem Abgang. Noch im selben Jahr auf der Masters-of-Wine-Verkostung »süßer«, weich und komplett. Als Nächstes mit Paul Pontallier auf dem Château: pflaumenfarben; ganz hübsche Frucht, aber unspektakulär (September 1998). Zuletzt eine ausführlichere Bewertung auf Wagners zweiter Vertikalverkostung: erneut weiche Frucht in der Nase und am Gaumen; leicht wässeriger, chaptalisierter Charakter, aber gut zu trinken. Kein sonderlich bemerkenswerter Margaux. *Zuletzt im November 2000 verkostet* ** *Bald trinken.*

Ch. Mouton-Rothschild Erstmals im April 1995 verkostet: tiefes, jugendliches Rubinrot; die Frucht und Eiche von einem seltsamen minzigen, krautigen, honigartigen, rustikalen Duft unterlegt; leichter Stil, attraktiv. Im folgenden November bei der Eröffnung der Ausstellung Les Arts du Vin in Brüssel: etwas Fleisch, aber sehr tanninbetont und noch völlig ungeeignet zum Trinken. Nach weiteren zwei Jahren hatte er sich in einen guten Wein verwandelt und etwas von seiner unnachahmlich würzigen Nase sowie »Süße« entwickelt. Trotzdem kein langlebiges Gewächs. *Zuletzt im November 1997 auf der Masters-of-Wine-Verkostung degustiert *** Bald trinken.*

Ch. Haut-Brion Nur ein Eintrag aus letzter Zeit: mitteltief, offener Rand, Reifespuren; in der Nase eine reiche Melange aus Kaffee und Frucht (kalter Kaffee und Schokoladepulver, meinte jemand); ausgeprägter Zitruscharakter, im Stil zugänglich, aber mit trockenem Abgang. *Im Januar 2000 bei der Masters-of-Wine-Verkostung von Haut-Brion-Gewächsen degustiert ** Bald trinken.*

Ch. Cheval Blanc Im April 1994 im Fasskeller verkostet: ausgesprochen tief, feiner violetter Rand; sehr gute, frische junge Frucht; trocken, mittlerer Körper, runde Tannine. Als Nächstes eine Magnum bei der Wolf/Weinart-Vertikalverkostung. Monsieur Hébrard ließ uns wissen, dass es während der Ernte sehr kalt gewesen sei. Die Merlot-Lese habe man am 20. September abgeschlossen, während die Cabernet-franc-Trauben fünf Tage später unter Dach und Fach gewesen seien; als endgültigen Traubensatz habe man 50:50 gewählt. Noch immer ziemlich tief und intensiv; gute junge Frucht; trocken; überraschend eindringlich, tanninbetont. *Zuletzt im September 1997 verkostet **(*) Jetzt bis 2012.*

Ch. Ausone und **Ch. Pétrus** Nicht verkostet. Der Leser fragt sich vielleicht, warum. Leider fiel mir dieses Manko erst auf, als das Buch an einen aufmerksamen Drucker und einen noch aufmerksameren Verleger geliefert wurde. Das nächste Mal.

Weitere verkostete 1993er

Ch. d'Angludet 45 % Cabernet Sauvignon, 35 % Merlot, 15 % Cabernet franc, 5 % Petit Verdot. 1994 in Bordeaux (1) ein angenehmer Jugendlicher. Die letzten drei Male bei Bordeaux-Kursen von Christie's degustiert. Detaillierte, gleichlautende Notizen. Ansprechendes, reiches Kirschrot; wohlriechende Frucht. Weich, aber erfrischend. *Zuletzt im Februar 1998 verkostet *** Bald trinken.*

Ch. d'Armailhac 49 % Cabernet Sauvignon, 26 % Merlot, 23 % Cabernet franc, 2 % Petit Verdot. Erstmals bei einer Verkostung für British Airways im November 1995 degustiert: gute harte Frucht, sehr tanninbetont und ledrig. Zwei Jahre später gute Farbtiefe; würziges Aroma; attraktive, robuste Frucht (3). Kürzlich bei einer Pauillac-Degustation von Weinen der Domaines Barons de Rothschild verkostet, bei der die oben genannte Kompositionsformel bekannt gegeben wurde. Tiefes, glänzendes Granatrot; ansprechende, zarte, minzige Eukalyptusnase; bereits Anzeichen von Flaschenalterung, »mit einer schönen Entwicklungskurve am Gaumen«. Fest. Mittlere Länge. *Zuletzt im September 1998 auf Waddesdon Manor in Buckinghamshire verkostet **(*) Jetzt bis 2010.*

Ch. Batailley Gehörte zu den Châteaux, die ihre Weine auf keiner Verkostung der Union des Grands Crus zur Degustation anbieten wollten, aber problemlos Musterflaschen für die Masters-of-Wine-Verkostung zur Verfügung stellten. Im November 1997: undurchsichtiges Zentrum; »süß« und wie üblich ziemlich fruchtbeladen und attraktiv. Kürzlich bei einem Bordeaux-Weinkurs von Christie's als Pauillac-Vertreter verkostet. Die detaillierten Notizen, in denen ich erneut auf die kräftige Frucht und den guten Geschmack hinwies, schrieb meine Frau mit, die geduldig bei all meinen Vorträgen beziehungsweise Verkostungen mit dabei ist. Ein sehr qualitätsbeständiger Wein mit stets moderatem Preis. *Zuletzt im Mai 1999 verkostet *** Jetzt bis 2010.*

Ch. Beychevelle Vier Einträge, der erste vom April 1994 (1): sehr trocken, würzig, »getrocknete Schwarze Johannisbeeren«. Im Jahr darauf (2): ziemlich rau, mit bitteren Tanninen. Bei der Masters-of-Wine-Verkostung (3) öffnete er sich etwas und zeigte einen recht angenehmen Duft. Kürzlich mitteltief, offener Rand; »süße«, schwitzige, rustikale Nase, Geschmack nicht schlecht, aber auch nicht beeindruckend. *Zuletzt im März 1999 bei einem Abendbüfett auf dem Château verkostet ** Eher trinken als aufbewahren.*

Ch. Cantenac-Brown Vier Einträge. Anfangs unter den Margaux-Gewächsen eine ziemlich gute Bewertung: im Stil zugänglich, wenig Intensität. Gut entwickelt, mit charakteristisch robustem, schokoladigem Charakter, attraktiv, zugänglich. *Zuletzt im April 1998 mit Henri Lurton auf dem Château verkostet. Großzügige ***, aber im Auge behalten.*

Ch. Clerc-Milon 50 % Cabernet Sauvignon, 34 % Merlot, 13 % Cabernet franc, 3 % Petit Verdot. Erstmals auf der Masters-of-Wine-Verkostung (3) degustiert: würzige Pauillac-Frucht; sehr wohlschmeckend, »für mittelfristigen Genuss«. Als Nächstes im Januar 1998 bei einem französischen Galadiner auf der *Seaborn Spirit* vor Sumatra degustiert. Scharf. Mehr Reife erforderlich, »aber zu Steak okay«. Im Herbst desselben Jahres: weiter ziemlich jugendlich; gute Zedernholz-Jod-Nase; weich, dabei mit festem, trockenem Abgang. »Ein Essensbegleiter.« *Zuletzt im September 1998 bei der Verkostung auf Waddesdon Manor in Buckinghamshire degustiert *(**) 2005 bis 2012.*

Farr Vintners

Der erste und sicherlich erfolgreichste der neuen Kaste britischer Weinmakler, die es noch nicht gab, als ich bei Christie's 1966 mit Weinversteigerungen begann. Farr unterscheidet sich von anderen Maklern dadurch, dass er Lagerbestände unterhält. In den letzten 20 Jahren haben Stephen Browett und Lindsay Hamilton ihr Unternehmen gut etabliert und sich einen wohlverdienten internationalen Ruf erarbeitet. Ihr Angebot besteht zu 70 % aus Bordeaux-Weinen (alt wie neu), doch auch ihre Palette an Burgundern, Rhône-Weinen und anderen Klassikern ist sehr gefragt.

Ch. Clinet Anfangs tief violett; verschlossene Eichennase; fest, fleischig. Kürzlich: noch immer undurchsichtig, intensiv, reiche »Tränen«; Brombeer und Teer; anfangs hielt ich ihn für einen sehr guten Wein, allerdings hatte er einen schroffen Abgang. Je öfter ich an ihm nippe, desto weniger gefällt er mir. *Zuletzt im November 2000 bei der Verkostung »Rheingauer Giganten« in der Krone in Assmannshausen degustiert **?*

Ch. La Dominique Ein 15-ha-Gut direkt neben Cheval Blanc. Machte bei den beiden ersten Verkostungen einen guten Eindruck; bemerkenswert vor allem die tiefe, samtige Farbe. Mein detailliertester Eintrag entstand bei einer Degustation, die ich für den Nassauer »Bezirk« der Chaîne des Rôtisseurs leitete. Noch immer tief, intensiv, mit blauviolettem Rand; lebhafte, himbeerartige Frucht, die einem das Wasser im Mund zusammenlaufen ließ, »Pferdeställe«; eher »süß«, voller Frucht und Geschmack, dabei nur 12 % Alkohol. Weiche Tannine, körperreich. *Zuletzt im Februar 1998 verkostet **(**) Jetzt bis 2010.*

Ch. L'Eglise-Clinet Nur ein Eintrag: tief, nach wie vor unreif; reiche Nase, Tiefe; geringfügig »süß«, Frucht und Körper gut. Lebhafter, trockener Abgang. *Im Juli 1998 bei Farr Vintners verkostet* ★★★ *Jetzt bis 2012.*

Ch. L'Evangile Trotz seiner sehr tiefen Farbe und der Tannine am Gaumen überraschend zugänglich und offen (1). Ein ähnlicher Eintrag auf der Masters-of-Wine-Verkostung (3). Unlängst: ein körperreicher, gut trinkbarer Wein. *Zuletzt im Mai 2000 beim Essen getrunken* ★★★ *Ein sehr attraktiver, früh trinkreifer 1993er.*

Ch. Feytit-Clinet Ein Mix aus 85 % Merlot und 15 % Cabernet franc, der Alkoholgehalt bei üblichen 12,5 %. Kein Wein, der mir oft begegnet, doch Steven Spurrier, Mitbegründer der Christie's-Weinkurse, wählte ihn für eine Reihe von Bordeaux-Verkostungen als Pomerol-Vertreter aus. Auf jeden Fall beeindruckend, besonders interessante Nase; dicht, bekömmlich, nach einer Stunde im Glas ansprechend. Schien sich im Mund wie ein Burgunder zu öffnen und zu entwickeln. *Im Juli 1997 und Februar 1998 verkostet* ★(★★) *Es lohnt sich, ihn im Auge zu behalten.*

Ch. La Fleur Tief; lebhafte, aber statische Nase; Frucht und Fleisch gut. *Im August 1998 bei Rodenstocks Vertikalverkostung degustiert* ★★★★ *(gerade noch). Jetzt bis 2010.*

Ch. La Fleur-Pétrus Der winzige, kompakte Pomerol-Distrikt ist voll von Châteaux mit verwirrend ähnlichen Namen – es gibt zuhauf Fleur-, Pétrus- und Eglise-Provenienzen; die meisten sind sehr gut, wie auch der würzige Wein dieser Kellerei im Besitz von Moueix. *Im Januar 1998 bei der Bunch-Verkostung am Corney-&-Barrow-Tisch degustiert* ★★(★) *2003 bis 2012.*

Ch. Fombrauge Eine Komposition aus 60 % Merlot, 30 % Cabernet franc und 10 % Cabernet Sauvignon. Ein guter alter, verlässlicher Wein, der bei drei Bordeaux-Weinkursen in jüngerer Zeit verkostet wurde. In sich ruhend, angenehm. Wenig intensiv. *Zuletzt im Mai 1999 verkostet* ★★ *Austrinken.*

Ch. Grand-Puy-Lacoste Erste Eindrücke auf der Verkostung der Union des Grands Crus im April 1995 in London (2): schlank und rau. Nur zwei Monate später in wesentlich besserer Verfassung bei einer aufschlussreichen Vertikalverkostung auf dem Château, wo ich Zeit für einen ausführlicheren Eintrag hatte: tiefes Rubinrot; attraktives Cabernet-Aroma mit Eichennote; gute Frucht, passabler Extrakt, ledrige Tannine. Im Juni 1997 beim abschließenden Essen der France-in-Your-Glass-Veranstaltung auf Château de Bagnols: eine Nase, die sich schön öffnete; guter Geschmack, aber mit Tanninen, die den Mund austrockneten. Kürzlich eine weitere detailliertere Bewertung bei einer Lacoste-Masterclass von Christie's (April 1999), die sich wie folgt zusammenfassen lässt: noch immer ziemlich tief und jugendlich; keine sehr klar konturierte Nase, öffnete sich aber würzig, ein Hauch Ingwer und Mandarine. Überraschenderweise »süßer« als der 1995er, robust, dabei mit etwas grober Textur und bitterem Abgang. Kürzlich eine Flasche aus meinem eigenen Keller: noch immer jugendliches Erscheinungsbild, aber gute reiche Nase, schöner Essensbegleiter. *Zuletzt bei einem Sonntagsessen auf Chippenham Lodge verkostet. Ein guter 1993er, der sich bis zu einem gewissen Grad noch verbessern wird* ★★(★) *2005 bis 2010.*

Ch. Gruaud-Larose Ein Wein für reiche Großbauern, denn ich entdeckte auf der Londoner Verkostung vom April 1995 (2) in ihm einen ziemlich penetranten Dunggeruch und 1997 bei einer Degustation von Maisons, Marques & Domaines am Gaumen »einen Anflug von Bauernhofnoten«. Noch im selben Jahr reife Frucht, in der Nase wieder »leicht bauernhofartig«; »süße«, gute Frucht, komplett und mit ansprechendem Nachgeschmack. Kürzlich ein einziges Glas bei einem Ostersonntagsmahl im Gidleigh Park Hotel in Devon. Ich mag den Wein, trotz seines rustikalen Charakters. *Im April 2001 zuletzt verkostet* ★★★(★) *Jetzt bis 2012.*

Ch. Haut-Bailly 65 % Cabernet Sauvignon, 25 % Merlot und 10 % Cabernet franc. Zahlreiche Einträge. Machte auf der Eröffnungsverkostung der Union des Grands Crus im April 1994 (1) einen guten Eindruck. Die nächsten acht Einträge entstanden bei einer Reihe von Bordeaux-Verkostungen im Rahmen von Christie's-Weinkursen zwischen April 1996 und März 1999. Anhand meiner detaillierten Verkostungsnotizen konnte ich die Entwicklung des Weins gut nachvollziehen. Im Erscheinungsbild änderte sich die Farbe von einem Rubinrot mit blauviolettem Rand zu einem hübsch abgestuften dunklen Kirschrot; wohlriechende, fruchtige Nase, anfangs geringfügig hart, entwickelte jedoch ein sanfteres, zuträglicheres, leicht erdiges und keksartiges Bukett; am Gaumen zunächst eine den Mund füllende Frucht mit leicht adstringierendem Tannin, später eine gut strukturierte »Süße«, trinkbereit. Kürzlich angenehm reich, Gewicht (12,5 % Alkohol) und Geschmack gut. *Zuletzt im Juni 2001 bei einer Vertikalverkostung von 1990ern auf dem Château degustiert* ★★★(★) *Jetzt bis 2010.*

Ch. Kirwan 40 % Cabernet Sauvignon, 30 % Merlot, 20 % Cabernet franc, 10 % Petit Verdot. So sehr ich meinen alten Freund Jean-Henri Schÿler und seine Familie mag, ihr *Troisième cru classé* von Kirwan ist nicht formstabil. Hier meine vier ziemlich verhaltenen Einträge: »Undurchsichtig; gefällig, sehr viel Eiche, ohne Charme« – April 1994 (1); »enttäuschend« – April 1995 (2); »Geruch nach Tabak und neuer Eiche« und »sehr fruchtig, aber harter Abgang« – April 1996 (bei einer Verkostung für die Commanderie de Bordeaux) und schließlich »dicke Frucht; so lala, am Gaumen austrocknend«. *Zuletzt im März 2001 beim Essen auf Cos d'Estournel degustiert* ★(★) *Austrinken.*

Ch. Labégorce-Zédé 50 % Cabernet Sauvignon, 35 % Merlot, 10 % Cabernet franc und 5 % Petit Verdot. Bei drei Bordeaux-Weinkursen von Christie's zwischen Dezember 1998 und dem darauf folgenden Mai im Anschluss an den Haut-Bailly verkostet. Er veranschaulichte, was die Familie Thienpont mit einem *Cru bourgeois* aus Margaux zu bewerkstelligen vermag. Detaillierte, gleichlautende Einträge, genauer gesagt: ziemlich tiefes, weiches, samtiges Kirschrot; sehr wohlriechend, »süß«, eigenständige Nase; lebhafte Frucht, geringfügig schlank, ziemlich viel Tannin, gute Säure. *Zuletzt im Mai 1999 verkostet* ★★(★) *Jetzt bis 2010.*

Ch. Langoa-Barton 70 % Cabernet Sauvignon, 15 % Merlot, 8 % Petit Verdot, 7 % Cabernet franc. Ich habe diesen Jahrgang anscheinend ziemlich genau unter die Lupe genommen, denn ich degustierte ihn bei den beiden Verkostungen der Union des Grands Crus im April 1994 und 1995, der Masters-of-Wine-Verkostung von 1993ern und bei zwei Bordeaux-Weinkursen von Christie's, bei denen immer die ausführlichsten Notizen entstehen, weil ich mit den Teilnehmerinnen und Teilnehmern die verschiedenen Facetten jedes Weins ausführlich durchgehe. Außerdem bietet eine fast zweistündige Degustation im Sitzen, bei der acht Weine verkostet und erörtert werden, nicht nur Gelegenheit, ähnliche Gewächse miteinander zu vergleichen, sondern man kann auch beobachten, wie sich die Weine über einen Zeitraum von mindestens 30 Minuten entfalten – meine Frau ist dabei die Zeitnehmerin meiner Bewertungen. Bei beiden Bordeaux-Weinkursen entwickelte sich der Langoa im Glas sehr interessant, wobei sich der anfängliche lebhafte Zedernholzduft wunderschön öffnete. Auch am Gaumen stellte er seine Klasse unter Beweis: gut gebaut, aber tanninbetont. *Zuletzt im Februar 1998 bei einem Bordeaux-Weinkurs von Christie's degustiert* ★★★(★) *2005 bis 2012.*

Ch. Léoville-Barton Ein guter 1993er, der sich auf der Eröffnungsverkostung im April 1994 (1) und der Masters-of-Wine-Verkostung (3) in guter Verfassung zeigte: klassisch, Zedernholzduft; gute Länge. Zwischen diesen beiden Veranstaltungen degustierte ich den Barton als ersten Wein auf einer Weinprobe für Goldman Sachs bei Christie's in Hamburg und kürzlich auf dem Château bei einer Vertikalverkostung des ganzen Jahrzehnts, die auch am aufschlussreichsten war: noch immer überraschend tief und jugendlich; leicht angesengte, offene Frucht, unverwobene Nase mit einem Hauch Teer; nicht zu trocken, hübsche Textur – seidige Tannine, passable Länge. Letztere Bewertung mag überkritisch wirken, doch half sie mir, den Wein zu erkennen, als meine Frau mir die Gläser in wahlloser Reihenfolge reichte, damit ich sie blind verkoste. Bei der abschließenden Analyse ein ziemlich geradliniges, anständiges Gewächs für den Genuss zwischendurch. *Zuletzt im Oktober 2001 verkostet* ★★(★) *2005 bis 2012.*

Ch. Lynch-Bages Der Kontext ist alles entscheidend – nun ja, fast. Eine gute Bewertung auf der Eröffnungsverkostung 1994 (1) und im Jahr 1995 (2): gut, lebhaft. Zwölf Monate später als erste Kreszenz auf einer Lynch-Bages- und Pichon-Baron-Degustation in Brüssel probiert, mit einem Geschmack, den die bitteren Tannine leicht beeinträchtigten. Als Nächstes für die Chaîne des Rôtisseurs in Nassau degustiert; köstlich lebhafte Cabernet-Nase; »süß«, weich, insgesamt tanninbetont. Kürzlich eine enttäuschende Flasche in ziemlich lauter Gesellschaft im beliebten Restaurant Lion d'Or in Arcins. *Zuletzt im Juni 2000 verkostet. In Bestform* ★★(★) *2005 bis 2011.*

Ch. Palmer Vom Start weg (April 1994) ein sehr attraktiver 1993er. Ausgeprägt »süß«, komplett. Der Eröffnungswein bei meiner Bordeaux-Verkostung für die Chaîne de Rôtisseurs in Nassau: ziemlich dicke Pflaumenfarbe; verschlossene, weiche, fleischige Nase und »wundervolle Tiefe«; reiche Frucht, trotz des bescheidenen Alkoholgehalts von 12 % gut zu trinken. *Zuletzt im Februar 1998 verkostet* ★★(★★) *Jetzt bis 2010*

Ch. Pavie 60 % Merlot, 30 % Cabernet franc, 10 % Cabernet Sauvignon. 1994 reich, weich, zugänglich und attraktiv. Kürzlich bei einem Bordeaux-Weinkurs von Christie's: gute, tiefe Farbe; schöne Nase, ein Anflug von Erdbeeren und Pfeffer; robuste Frucht, den Mund zusammenziehende Tannine. Ansprechender als erwartet und neueren Jahrgängen bei weitem vorzuziehen. *Zuletzt im Juli 2001 verkostet* ★★★

Ch. Pichon-Baron Acht Einträge, der erste von der Eröffnungsverkostung (1): anfangs raue Jugend, öffnete sich aber bald, »reich, voll«. 1995 (2) und bei zwei Degustationen 1997 eine gute Bewertung, wobei ein paar Mal das Wort »robust« auftaucht. Ein kompletterer Eintrag in Frankfurt: beeindruckende Farbe; vielschichtige Nase, Frucht, Teer und Kastanien; ein überzeugender, vollmundiger Wein. (13 % Alkohol.) Zwei weitere Flaschen 1998. Etwas Reife, gute Frucht, zum Kauen. *Zuletzt im September 1998 auf dem Château verkostet* ★★★(★) *2006 bis 2012.*

Ch. Talbot Ein Hauch Zitrus und seidige, tanninbetonte Textur (1). »Süße«, feste Frucht (2). Beeindruckende Farbe; entgegenkommende, rustikale, dabei blumige Nase; voller Frucht, attraktiv (3). Beim Essen der Fête de la Fleur vor kurzem ließ der blumige Zug nach und es drängten Bauernhofnoten nach vorn; ein Hauch von Adstringenz, der aber von der *Poitrine de caneton* gut aufgefangen wurde. *Zuletzt im Juni 1999 auf Château Pontet-Canet verkostet* ★★(★) *Jetzt bis 2010.*

Ch. Trotanoy Ein paar Einträge aus jüngerer Zeit: entgegenkommende, reife, harmonische Nase; sehr »süß«, voller Frucht, köstlich. Ebenfalls tanninbetont. *Zuletzt im Januar 1998 auf der Bunch-Verkostung degustiert* ★★(★★) *Jetzt bis 2010.*

Eine Vielzahl von Einträgen liegt mir vor, insgesamt 350, nicht mitgezählt einige *petits châteaux*, die ich 1996 und 1997 für den privaten Gebrauch erstanden habe. Nachfolgend eine Reihe neuerer Bewertungen von bedeutenden Gütern, die ich im April 1994 (1), im Frühjahr 1995 (2) beziehungsweise bei der Masters-of-Wine-Verkostung im November 1997 (3) erstmals degustiert habe.

Ch. L'Angélus (1) Undurchsichtig, intensiv; schwer zu beschreibende Nase: eine Kombination aus Frucht, Teer und Holz. Statisch, aber duftend; außerdem etwas »süß« und reich, ziemlich spröde, mit harten Tanninen. Als Nächstes eine Verkostung im Ritz im April 1996, bei der mehrere Winzer ihre Weine vorstellten. Monsieur Hubert de Bouard präsentierte drei Jahrgänge, darunter auch seinen 1993er, den ich als »süß«, fleischig, mit ansprechendem Geschmack und schöner Textur beschrieb. Im darauf folgenden Jahr eine gute Bewertung, aber tanninbetont. *Zuletzt im November 1997 auf der Masters-of-Wine-Verkostung (3)* ★(★★) *Vermutlich jetzt bis 2012 am besten.*

Ch. Branaire-Ducru Alle drei Einträge entstanden auf den Verkostungen (1), (2) und (3), wo der Wein unter den St-Julien-Gewächsen zu finden war, wie es sich gehört. Tiefere Farbe als der Beychevelle; anfangs ein Hauch rauer Stieligkeit; Frucht und Gewicht recht gut. Griffiges Tannin. Zu wenig Länge. *Zuletzt im November 1997 bei der Masters-of-Wine-Verkostung (3) degustiert* ★(★) *2005 bis 2012.*

Ch. Brane-Cantenac Wie bei allen drei Verkostungen unter den Margaux-Gewächsen zu finden. Anfangs ziemlich farbtief, mit offener Frucht und eichenbetonter Nase und Würze. Etwas übertriebene pikante Frucht in der Nase; einmal »gefällig«, bei allen drei Anlässen »attraktiv«. Ziemlich gut entwickelt und zugänglich. *Zuletzt im November 1997 bei der Masters-of-Wine-Verkostung (3) degustiert* ★★★ *Jetzt bis 2010.*

Ch. Canon Ebenfalls bei allen drei eingangs erwähnten Verkostungen degustiert. Meine beste Bewertung entstand bei der Eröffnungsverkostung, wo ich praktisch ein Loblied auf den Wein sang: weich, reich, voll, körperreich und so weiter. Auf der Masters-of-Wine-Verkostung (3) keinesfalls zurückhaltend, aber die Flasche war schlecht und hölzern. *Zuletzt im November 1997 auf der Masters-of-Wine-Verkostung (3) degustiert. In Bestform* ★★(★★) *Jetzt bis 2010.*

Ch. Chasse-Spleen Ragte wie üblich aus seiner Klasse heraus. Bei der Eröffnungsverkostung (1) recht ansprechende Frucht, ein Hauch von Eleganz, allerdings auch jugendliches, bitteres Tannin. Ein Hauch von »Süße«, lebhaft, sauber, angenehm, mit erfrischender Säure. *Zuletzt im November 1997 bei einer Verkostung für Christie's-Kunden in Frankfurt degustiert* ★★★ *Jetzt bis 2010.*

Dom. de Chevalier Überraschend »süße«, offene und runde Nase auf der Eröffnungsverkostung (1), am Gaumen allerdings weniger beeindruckend. Auf der Masters-of-Wine-Verkostung (3) ebenso entgegenkommende Nase; »süß«, attraktiv. Noch im selben Monat entstand ein detaillierterer Eintrag auf der Christie's-Degustation in Frankfurt, denen ich »Charme« sowie »angenehmes Gewicht« (nur 12 % Alkohol) hinzufügte. *Zuletzt im November 1997 bei einer Verkostung für Christie's-Kunden in Frankfurt degustiert* ★★★ *Jetzt bis 2010 trinken.*

Ch. Cos d'Estournel Ein weiteres klassifiziertes Château, das den Verkostungen der Union des Grands Crus fernbleibt, weshalb ich den Jahrgang erst bei einer Präsentation von Dent & Reuss im März 1996 das erste Mal degustierte: sehr attraktives Rubinrot; »süß«, weich, aber schwitzig (Tannin); stilvoll, lebhafte Frucht, sehr attraktiv. Eine weitere Bewertung bei der Masters-of-Wine-Verkostung (3): »Süß«, aber schlank, tanninbetonter Abgang. Ein hübscher Wein. *Zuletzt im No-*

vember 1997 auf der Masters-of-Wine-Verkostung (3) degustiert ★★(★) *2006 bis 2015.*

Ch. Ducru-Beaucaillou Die Bories bieten ihre Weine bei den früh stattfindenden Verkostungen der Union des Grands Crus nicht an, weshalb mir nur ein einziger, nicht sehr hilfreicher Eintrag vorliegt, den ich eilends beim Herumgehen auf der Masters-of-Wine-Verkostung (3) niedergeschrieben habe. Tief; eichig; tanninbetont; trocken, etwas Würze, pfefferiger Abgang. Nicht allzu beeindruckend. Vielleicht hat er sich mittlerweile geöffnet und gleichzeitig gesetzt. *Zuletzt im November 1997 auf der Masters-of-Wine-Verkostung (3) degustiert* ★★*? Änderungen vorbehalten.*

Ch. Duhart-Milon Ein ansprechender Wein. Auf der Masters-of-Wine-Verkostung (3) würzige, gute Frucht. Kürzlich bei einem Domaines-Barons-de-Rothschild-Essen im Londoner Brooks's Club zu Rebhuhn serviert. »Süße« (chaptalisierte) Nase; bei beiden Anlässen notierte ich »zum Kauen«. Sehr angenehm zu trinken. *Zuletzt im November 2000 verkostet* ★★★ *Bald trinken.*

Ch. de Fieuzal Roter Graves dieser Kategorie entgeht zum Glück (für Leute, die Wein tatsächlich trinken) der Aufmerksamkeit von Spekulanten. Bei der Eröffnungsverkostung (1) undurchsichtig, intensiv; unverwoben; trotz guter Frucht spürbar tanninstark. Exakt ein Jahr später im April 1996 hatte er seinen jugendlichen Überschwang teilweise abgelegt und im Oktober 1997 nahm er es bei einem Galadiner von France in Your Glass ziemlich gut mit Rinderfilet auf. Obwohl er sich aber in der Nase »süß« und weich zeigte, blieb das raue Tannin weiterhin präsent. Kaum ein Monat später hatte er sich etwas beruhigt, war relativ zugänglich und ansprechend. *Zuletzt im November 1997 auf der Masters-of-Wine-Verkostung (3) degustiert* ★★(★) *Gerade noch. Jetzt bis 2008.*

Ch. Figeac Ein ungewöhnlicher Traubensatz für St-Emilion: 35 % Cabernet Sauvignon, 35 % Cabernet franc, 30 % Merlot, wobei die erstgenannte Traube bei der Eröffnungsverkostung (1) für das ausgeprägte Aroma nach Schwarzen Johannisbeeren verantwortlich war. Zwölf Monate später bei der zweiten Union-des-Grands-Crus-Verkostung lebhafte Frucht, köstlich. Im Februar 1997 der Eröffnungswein auf einer Bordeaux-/Burgund-Verkostung in Lyford Cay. Ein Potpourri aus Früchten: pflaumenfarben; weiche Frucht, ein Hauch Erdbeeren und Kirschen, die im Glas aufblühten. Ansprechender Wein. Neun Monate später: »Süß«, attraktiv, zugängliche Frucht. *Zuletzt im November 1997 auf der Masters-of-Wine-Verkostung (3) degustiert, fast* ★★★★ *Jetzt bis 2018.*

Ch. Lafon-Rochet 70 % Cabernet Sauvignon, 30 % Merlot. Lafon, ein Nachbar von Cos d'Estournel mit Blick auf Lafite, bereitet einen spröden Wein, der gelegentlich wie die Karikatur eines St-Estèphe von einst ausfällt, obwohl er sich auf der Eröffnungsverkostung der Union des Grands Crus (1) in guter Form und besser als erwartet präsentierte. Das gilt auch für die zweite Degustation (2), als ich auf seine gute Frucht und das Tannin hinwies. Für den bereits erwähnten Bordeaux-Weinkurs, bei dem ich Zeit hatte, ihn ausführlich zu verkosten, war er als typischer Vertreter seines Distrikts ausgewählt worden: tief, samtig, Schwarzkirschenfarbe; gute Nase, ein Hauch Menthol, tanninbetont; rau, hart, »viel zu plumpe Frucht«, die Art von tanninbetontem Abgang, die mich an Beton erinnert. *Zuletzt im November 1997 bei der Masters-of-Wine-Verkostung (3) degustiert* (★★) *Etwa 2005 bis 2010.*

Ch. Larmande Weit über zwei Dutzend Einträge, weil ich von Justerini einen Posten für Dinnerpartys gekauft habe. Als Erstes aber verkostete ich ihn bei den beiden Degustationen der Union des Grands Crus, und zwar jedes Mal in Begleitung anderer St-Emilion-Weine. Er machte einen guten Eindruck: beeindruckende Farbtiefe; konzentriert, brombeerartig, neue Eiche, Tannin und Säure. Zurückblickend kann ich es gar nicht glauben. Auf jeden Fall schaffte ich ihn mir im darauf folgenden Jahr an und begann ihn bei mehreren Mittag- und Abendessen im Dezember 1996 zu trinken und zu verkosten. Ein Jahr später verlor er allmählich etwas an Farbe und war zwar nach wie vor angenehm zu trinken, doch drängte sich die Säure allmählich nach vorn. Eine zum Mittagessen geöffnete Flasche steigerte sich bis zum Abend noch. Auf jeden Fall habe ich den ganzen Vorrat aufgebraucht. »Pflück deine Rosenknospen, solange sie blüh'n«, hätte Robert Herrick gesagt. *Im November 1997 aufgebraucht. Vielleicht gar nicht so schlimm* ★★ *Austrinken.*

Ch. Léoville-Las-Cases Ich habe keine Ahnung, wie das Institute of Masters of Wine es geschafft hat, Monsieur Delon zu überreden, sich von drei Flaschen zu trennen. Wohlriechend, Zedernholzduft; feste, überzeugende Frucht. *Zuletzt im November 1997 auf der Masters-of-Wine-Verkostung (3) degustiert* ★★(★) *2005 bis 2012.*

Ch. Léoville-Poyferré Fünf beständig gute Bewertungen, entstanden bei den Verkostungen (1), (2) und (3) sowie zuletzt auf einer Christie's-Degustation in Frankfurt. Die Nase durchlief drei Entwicklungsstadien: großartige Frucht, sirup- und honigartig, sehr angenehm; ein moderat »süßer«, weicher, fruchtiger Wein mit korrektem, trockenem Abgang. *Zuletzt im November 1997 bei einer Verkostung für Christie's-Kunden in Frankfurt degustiert* ★★(★★) *2005 bis 2012.*

Ch. Pichon-Lalande Drei Einträge, von denen zwei bei den Verkostungen (1) und (2) und die dritte bei einer Weinprobe für Goldman Sachs in Frankfurt entstanden. Nicht so intensiv wie der rivalisierende »Baron«; »süßer« und fleischiger. Ein ansprechender Essensbegleiter. *Zuletzt im November 1996 verkostet* ★★★ *Dürfte jetzt bis 2010 trinkreif sein.*

Ch. Rausan-Ségla Bei allen drei Verkostungen (1), (2) und (3) degustiert: ein ernst zu nehmend guter 1993er. Sanft, reichlich neue Eiche; komplett, beeindruckend. *Zuletzt im November 1997 bei der Masters-of-Wine-Verkostung (3) degustiert* ★★(★★) *Jetzt bis 2010.*

Ch. Smith-Haut-Lafitte In dieses große Gut in Pessac-Léognan wurde viel Zeit und Geld investiert. Vielleicht zu eichenlastig, aber wenn ich mich auf ein einziges Wort beschränken müsste, würde ich »lebhaft« schreiben. Fünf Einträge: Bekam bei einer einleitenden Graves-»Serie« meine höchste Bewertung. 1997 auf dem Château: köstlich, zu gut gewürztem Hähnchen getrunken. Bei der Hallwag-Pressekonferenz in Frankfurt zur Vorstellung des Buchs *Weinatlas Bordeaux* von Hubrecht Duijker lebendig, »süß«, aufregend. Kürzlich bei einem Essen der Chaîne des Rôtisseurs auf dem Château verkostet. Würzig, schlank, sehr wohlschmeckend. Passte gut zu Hasenbraten. *Zuletzt im Juni 2000 verkostet* ★★★ *Jetzt bis 2010.*

Vieux Ch. Certan Anfangs Abgang und Säure mit Mandarinennote. Attraktiv. Kürzlich: ansprechend, »süß«, ausgewogenes Bukett; weich, schöne Textur, guter Abgang. Sehr ansprechend. *Zuletzt im November 1997 bei einer Verkostung von Christie's in Frankfurt degustiert* ★★★★ *Jetzt bis 2008.*

Einige weitere 1993er, die ich vor allem bei der Verkostung der Union des Grands Crus im April 1994 in Bordeaux (1) und 1995 in London (2) verkostet habe, einige außerdem auch auf der Londoner Masters-of-Wine-Verkostung von 1993ern im November 1997 (3) sowie bei anderen Anlässen. In alphabetischer Folge: **Ch. Beauregard** (1) 55 % Merlot, 45 % Cabernet franc – 1993 wurde kein Cabernet Sauvignon verwendet. 60% neue Eiche. Ausgeprägte Eiche, aber Frucht und Extrakt gut. In der Nase »angesengtes Karamell«. Passable Frucht. *1998* ★★ *Bald trinken*; **Ch. Canon-La-Gaffelière** (1) Anfangs undurchsichtig; köstliche weiche Brombeernase; »süß«, gute Frucht, griffig ★★★? *Jetzt trinken*; **Ch. Cantemerle** Ein anständiger 1993er, reicher als erwartet ★★★ *Bald trinken*; **Ch. Carbonnieux** Ein guter Wein. Gehört eher zu den Frühstartern ★★ *Austrinken*; **Ch. Certan-de-May** (3) Wohlriechend, attraktiv; schlank, trockener Abgang ★★ *Bald trinken*; **Ch. Clarke** (1) Trocken, eichig, würzig ★★ *Bald trinken*; **Ch. La Conseillante** Schöner Wein. Entgegenkommend, wohlriechende Brombeerfrucht; offen gewirkt, fleischig, dabei sehr tanninbetont ★★★★ *Jetzt bis 2008*; **Ch. Cos Labory** (1), (2) und (3): Würzig, wohlriechend, schlank, trocken ★★ *Bald trinken*; **Ch. Coufran** (1) Jugendlich, ansprechend, aber hart. *Trotzdem* ★★ *Bald trinken*; **Ch. Dassault** (1) und (2): »Süß«, offen, wohlriechend, entgegenkommend. Lebhaft, wohlschmeckend ★★★ *Bald trinken*; **Ch. Dauzac** Viel versprechender Anfang. Feste Frucht. Recht guter Geschmack ★★★ *Bald trinken*; **Ch. Durfort-Vivens** (1) Zu eichenlastig, hohl, chaptalisiert ★ *Austrinken*; **Ch. Ferrière** Reichlich Frucht, »süß«, attraktiv ★★★; **Ch. Fonréaud** (1) Brombeerartig, gefällig, würzig ★★★ *Austrinken*; **Ch. Fourcas-Dupré** (1) Raue Frucht; **Ch. Fourcas-Hosten** (1) Gute Konsistenz ★★; **Ch. Fourtet** Seltsame, zitrusartige pikante Säure. Nicht so konzentriert, wie sein undurchsichtiges Erscheinungsbild vermuten ließ. *Wahrscheinlich* ★★ *Bald trinken*; **Ch. Franc-Mayne** (1) Anfangs ein Geschmack nach unreifen Birnen. Ließ sich ganz gut trinken ★★ *Aufbrauchen*; **Ch. Grand-Mayne** (2) »Süß«, Frucht zum Kauen, attraktiv ★★★ *Bald trinken*; **Ch. Grand-Puy-Ducasse** Sehr tanninbetont. Schlank ★★ *Bald trinken*; **Ch. Haut-Bergey** (1) Undurchsichtig, sehr würzig, eichenbetont ★★ *Bald trinken*; **Ch. d'Issan** (3) »Süß«, attraktiv ★★★ *Bald trinken;* **Ch. Lagrange** (St-Julien) Eichig, streng tanninbetont (★★?); **Ch. Larrivet-Haut-Brion** (1) Reif, rustikal, Zitrusnase; schlank, aber sehr wohlschmeckend ★★ *Austrinken*; **Ch. Lascombes** (1) Nach einem schlechten Start attraktiv, zugänglich ★★ *Bald trinken*; **Ch. La Louvière** (1) Wohlriechend, insgesamt trocken, schlanke Frucht ★★ *Bald trinken*; **Ch. Magdelaine** Frucht, Geschmack und Stil außergewöhnlich ansprechend, so wie man es von einem Moueix-Wein eben erwartet ★★★★ *Jetzt bis 2008*; **Ch. Malartic-Lagravière** (1) Sehr eichenlastig. Bescheidene Frucht. Irgend etwas fehlt ihm ★; **Ch. Malescot-St-Exupéry** (1) und (2): Anfangs verschlossen, pfefferig; (3) Würzig, robust ★★; **Ch. Malescasse** Gut im Fleisch. Komplett ★★ *Austrinken*; **Ch. Marquis de Terme** (2) Gefällige Eichennote. Recht ansprechend ★★ *Bald trinken*; **Ch. Maucaillou** Gut gemacht. Schlank, würzig, tanninbetont ★★ *Bald trinken*; **Ch. Montrose** (1) Der beste St-Estèphe, gut gebaut, überraschend »süß« ★★★★ *Jetzt bis 2009*; **Ch. Nenin** (1) Undurchsichtig, samtig; »süß«, weich, zugänglich. *1998* ★★ *Austrinken*; **Ch. Les Ormes-de-Pez** (1) Gute Frucht, gut gemacht, harte Tannine. *1998* ★★★; **Ch. Pape-Clément** (1) Sehr gute Nase. Eigenständig. Jetzt relativ blass; angenehm, wohlriechend; überraschend »süß«, weich, zugänglich. *1998* ★★ *Austrinken*; **Ch. Pavie-Decesse** (1) Reich, aber verhalten. Ein guter Wein ★★★; **Ch. Petit-Village** (1) 80% Merlot, 10% Cabernet franc, 10% Cabernet Sauvignon. Zunächst sehr tief; reiche, herrlich feigenartige Frucht; fleischig, aber schlank. *1998* ★★★ *Demnächst trinken*; **Ch. Phélan-Ségur** (1) Begann ganz gut, in gemischter Gesellschaft aber rau und uninteressant. *1998* ★★; **Ch. La Pointe** (1) 80% Merlot, 20% Cabernet franc. Vom Start weg sehr »süß«, gefälliger, zugänglicher Stil. *1998* ★★★ *Austrinken*; **Ch. Pontet-Canet** Vier Einträge. Gute Frucht. Überzeugend ★★★ *Jetzt bis 2008*; **Ch. Prieuré-Lichine** (1) Gefällige Eiche und Frucht ★★★ *Zweifellos jetzt gut zu trinken*; **Ch. Rauzan-Gassies** (1) Ein schlechter Wein. Zu wenig Körper. »Schrecklich«; **Ch. Siran** Fünf Einträge. Leidlich elegant, schöne Frucht und Textur, reife Frucht, schlank ★★★; **Ch. La Tour-Figeac** Schwach. Der schlechteste Wein der St-Emilion-»Serie« (1). Nur mäßig gut gemacht, zum Kauen, sehr tanninbetont. *Meiden.*

1994 ★★★

Trotz eines neuerlichen verregneten Septembers ein überraschend guter Jahrgang, der allerdings vom 1995er in den Schatten gestellt wurde.

Der Winter 1993/1994 gehörte zu den wärmsten seit Beginn der Aufzeichnungen. Das Jahr begann mit milden Temperaturen und normalen Niederschlägen. Ende März öffneten sich die Knospen, aber die ersten Apriltage waren kalt und verregnet. Am 15. des Monats suchten schwere Fröste die gesamte Region heim. Sie verringerten das Ertragspotenzial um rund 50%, in manchen Weinberglagen sogar um 70 bis 100%. Dann schlug das Wetter um und die Quecksilbersäule kletterte auf 20 °C. Diese Wärmeperiode hielt bis in den Mai hinein an und regte die Reben zum neuerlichen Austrieb an. Der Juni und Juli waren heiß; eine Hitzewelle beschleunigte die Blüte. Das warme Wetter setzte sich den ganzen August hindurch fort. Jeder bereitete sich wie schon im Vorjahr auf eine frühe Lese vor, doch dann überschwemmten schwere Regenfälle ab 7. September die Region. Die am 9. des Monats begonnene Lese musste unterbrochen werden. Sie wurde am 19. September wieder aufgenommen, wobei das Gros der Trauben um den 24. und 25. September unter Dach und Fach kam. Danach regnete es erneut. Einige Châteaux beschlossen zu warten, bis am 28. wieder schönes Wetter einsetzte, sodass die Lese in manchen Cabernet-Sauvignon-Weinbergen bis zum 7. Oktober dauerte.

Wegen der Frühjahrsfröste fielen die Erträge gering aus, doch mit der Güte der früh gelesenen Merlot- und Cabernet-franc-Trauben konnte man zufrieden sein; lediglich bei Cabernet Sauvignon musste man sich mit ungleichmäßiger Qualität bescheiden.

Weinbauern sind wahrlich nicht zu beneiden.

Ch. Lafite In der Jugend in guter Verfassung: ziemlich tief, gute Frucht, ein »Frühstarter« (bei der Masters-of-Wine-Verkostung im November 1998). Die später entstandenen Notizen fielen nicht ganz so schmeichelhaft aus. Trocken und in einer anderen Liga als der schöne, fleischige 1999er, den ich im Juni 2000 auf dem Château gleichzeitig mit ihm verkostete. Vor kurzem notierte ich mir bei einer Blindverkostung: »Versucht zu reifen«; eine klassische Médoc-Nase, die sich im Glas ansprechend öffnete, am Gaumen aber trocken, rau und tanninbetont. Wird wohl noch einmal Oberwasser bekommen, zum großen Wein aber hat er das Zeug nicht. *Zuletzt im März 2001 bei einer »Serie« von erstklassifizierten 1994ern auf einer Rodenstock-Weinveranstaltung degustiert* ★★(★) *Etwa 2006 bis 2015.*

Ch. Latour Erstmals auf der Masters-of-Wine-Verkostung von 1994ern im November 1998 degustiert: nicht so tief wie erwartet; positiv, wohlriechend; überraschend »süß«, reich, attraktiver Geschmack, aber natürlich tanninbetont. Der einzige weitere Eintrag entstand bei Rodenstocks Blindverkostung von 1994ern: reiche Farbe, aber trotzdem das erstklassifizierte Gewächs mit dem reifsten Erscheinungsbild; robuste Frucht, etwas »Süße«, zum Kauen, ausgeprägte Tannine. Die Bewertungen lagen sehr dicht beeinander, ich hatte ihm aber drei Punkte mehr gegeben, als der Latour im Durchschnitt bekommen hatte. *Zuletzt im März 2001 verkostet ★★(★) 2005 bis 2012.*

Ch. Margaux Es ist immer interessant, gemeinsam mit Paul Pontallier Weine zu degustieren und ihm zuzuhören. Mein erster Eintrag zum 1994er entstand im September 1995 in seinem Verkostungszimmer. Paul erzählte mir, dass während der Lese sintflutartige Regenfälle, gefolgt von etwas Sonnenschein und trocknenden Winden, eingesetzt hätten. Die Merlot-Trauben seien wie 1982 sehr stark ausgereift, der potenzielle Alkoholgehalt habe bei 13 % gelegen. Der junge Wein wies ein mitteltiefes Rubinrot auf; die Nase bekundete wie so oft in diesem Stadium bereits den typischen ansprechenden Margaux-Duft; gute Frucht, anständiger Extrakt, leidliche Länge, aber ebenso hohe Tannine wie 1988, sogar fast so hoch wie 1986. Bei der Masters-of-Wine-Verkostung im November 1998 bemerkte ich eine kräftige Kaffee-Mokka-Nase mit dem schwitzigen Geruch, den ich mit Tannin in Verbindung bringe. Allerdings reich. Exakt zwei Jahre später auf Manfred Wagners Vertikalverkostung unverwobene Nase, kantig und enorm tanninbeladen. Auf Rodenstocks Blindverkostung schließlich bemerkte ich einen leichten Schokoladenduft und gab ihm trotz der allgegenwärtigen Tannine eine hohe Bewertung wegen seines Dufts. *Zuletzt im März 2001 verkostet ★(★★) 2006 bis 2015.*

Ch. Mouton-Rothschild Eines Tages im März 1998 stieß ich im Keller meines Landhauses auf ein paar Einzelflaschen. Ich wählte vier 1994er aus, zwei von Kendall-Jacksons Cabernets (aus Kalifornien), einen La Tour-de-By – nicht ganz fair, gewiss – und den Mouton, der, wie ich erfreut feststellte, eine tiefe, reiche, samtige Robe aufwies; ein lebhaftes, intensives, würziges Cabernet-Sauvigon-Aroma; »große Länge«, sehr tanninbetont. Ein paar Tage später verkostete ich ihn zusammen mit dem 1995er, den mir Philippine de Rothschild geschickt hatte, damit ich Bewertungen für das Buch über Mouton-Etiketten schrieb. Er hielt dem Vergleich nicht stand und wirkte schlank, im Gegensatz zum reichen 1995er. Ein paar Monate später auf der Masters-of-Wine-Verkostung zeigte er sich in wesentlich besserem Licht, vor allem weil so viele andere 1994er nur mittelmäßig ausfielen. Eine weitere alte, zu Hause verkostete Flasche: in meinen großen Riedelgläsern sehr wohlriechend, gute Frucht, trockener Abgang (Februar 2000). Kürzlich mit den anderen erstklassifizierten 1994ern blind verkostet. Ich gab ihm dieselbe Punktzahl wie dem Lafite, empfand ihn aber als ledrig und vermisste das Mouton-typische Flair. *Zuletzt im März 2001 verkostet ★(★★)? Die Zeit wird es zeigen.*

Ch. Cheval Blanc »Kaltes Jahr, viel Regen«, informierte uns Monsieur Hébrard auf der Mammut-Vertikalverkostung von Wolf/Weinart im September 1997. Die Magnum war im Auftakt charakteristisch »süß«, schlank und hatte einen adstringierenden Abgang. Auf der Masters-of-Wine-Verkostung im darauf folgenden Jahr machte der Wein beim direkten Vergleich mit anderen 1994ern eine weitaus bessere Figur und bekam sogar meine höchste Bewertung. Ansprechender Wohlgeruch, schöner Geschmack. Auf Rodenstocks Blindverkostung landete er in meiner Rangskala auf dem zweiten Platz: gut entwickelte, »süße« und schokoladige Nase und ebensolcher Geschmack. Keine Spur von übermäßigem Tannin. Ein eindeutiger Beweis dafür, dass der 1994er am rechten Ufer ein Erfolgsjahrgang war. *Zuletzt im März 2001 verkostet ★★★(★) Jetzt bis 2012.*

Ch. Pétrus Ein einziger Eintrag, entstanden auf Rodenstocks Verkostung: tiefer als der Cheval Blanc, relativ harte und uninteressante Nase, allerdings guter Geschmack und verhüllte Tannine. *März 2001 ★★(★) Befand sich vielleicht im »verflixten 7. Jahr«.*

Ich war bei der Eröffnungsverkostung der Union des Grands Crus im Frühjahr 1995 in Bordeaux nicht dabei, konnte aber im April 1996 zur Nachfolgeveranstaltung in London und im November 1998 zur Masters-of-Wine-Verkostung von 1994ern gehen. Ausführlichere Notizen entstanden auf British-Airways-Degustationen (bei denen stets blind verkostet wird), bei Weinkursen von Christie's und anderen Gelegenheiten.

Ch. Beychevelle Erstmals im April 1996: ziemlich schroff und dicht. Machte im Jahr darauf einen guten Eindruck bei einer British-Airways-Blindverkostung von 1994ern, 1995ern und 1996ern, wo ihre Tauglichkeit für die First Class und die Concorde-Keller geprüft wurde: leidlich attraktive Frucht und Eiche. Noch im selben Jahr (1997) der jüngste einer Reihe von Beychevelle-Jahrgängen: verhalten, trocken, schlank, so lala. Auf der Masters-of-Wine-Verkostung überraschend blass, ziemlich hohle, chaptalisierte Nase; eher leicht im Stil, zum Kauen. Nicht beeindruckend. *Zuletzt im November 1998 verkostet ★★ Austrinken.*

Ch. Branaire-Ducru Der erste Eindruck, schöne Textur und Frucht, bestätigte sich auf einer British-Airways-Verkostung ein Jahr später. Ein Hinweis auf das Tannin. Bei einem Sonntagsessen im August 1998 eine übrig gebliebene Flasche: überraschend »süße«, robuste Frucht. Wir tranken sie. Noch im selben Jahr: gedämpfte, würzige Nase; Frucht und etwas Biss. Nicht schlecht, aber auch nicht mehr. *Zuletzt im November 1998 auf der Masters-of-Wine-Verkostung degustiert ★★ Austrinken.*

Ch. Cantemerle Ein zurückhaltender Eintrag auf der Masters-of-Wine-Verkostung, schwacher Rand; mittelmäßige Nase; »süß«, weich, robust. Die nächsten beiden Einträge entstanden an Bord der *Crystal Symphony* (übrigens ein ausgezeichnetes Kreuzfahrtschiff) bei einer der seltenen Fahrten, an denen ich als Dozent teilnahm. Bereits deutliche Anzeichen von Reife; nicht sehr charaktervoll; etwas Frucht, ein Hauch von »Süße«. Enttäuschend. *Zuletzt im September 1999 auf dem Meer verkostet ★★ Austrinken.*

Ch. Certan-de-May Erstmals im Februar 1998 bei einer Bordeaux-Verkostung für die Chaîne des Rôtisseurs in Nassau degustiert: schlank, hart, ausgemergelt und tanninbetont. Unreif. Kein besonders guter Anfang. In besserer Form im Herbst desselben Jahres, als ich auf seine ziemlich gute Frucht und Tiefe hinwies, ihn allerdings auch als zu eichenlastig bezeichnete. *Zuletzt im November 1998 auf der Masters-of-Wine-Verkostung degustiert ★★(★) 2005 bis 2011.*

Ch. Cos d'Estournel Erstmals im September 1995 auf dem Château verkostet. Man informierte uns, dass mittels des Saignée-Verfahrens vor der Vergärung Wasser aus den Behältern abgezogen worden sei (bereits in den vorausgegangenen drei Jahrgängen hatte man auf diese Methode der Mostkonzentration zurückgegriffen und den Saft um bis zu 15 % »eingedickt«). Die Merlot-Trauben holte man noch vor dem Regen aus den Weinbergen; am 15. September war die Lese abgeschlossen – fünf Tage später hatte man auch die Cabernet-Sauvignon-Stöcke abgeerntet. Das Ergebnis: ein beeindruckend tiefes Aussehen; fest gewirkte Nase; reife, aber intensive Tannine, recht gute Länge. Bei der Masters-of-Wine-Verkostung 1998 gehörte der Cos zu den farbtiefsten Gewächsen aus dem ganzen Médoc. Gute Nase mit Tabak und Frucht; eigenartiger Geschmack, gute Länge. Kürzlich bei einer Bordeaux-Verkostung für das Nassau-Kapitel der IWFS: ziemlich gute Frucht, etwas Fleisch. Ein respektabler 1994er. *Zuletzt im Februar 1999 verkostet ★★(★) Jetzt bis 2009.*

Dom. de L'Eglise Stielig; ziemlich »süß« und weich, aber mit bitterem, eisen- und tanninbetontem Abgang. *Im Juni 1997 auf* *einer British-Airways-Verkostung degustiert* ★★? *Nicht gut genug.*

Ch. L'Eglise-Clinet Erstmals 1996 während eines Rodenstock-Weinwochenendes bei einer Vertikalverkostung von acht Jahrgängen blind und in wahlloser Reihenfolge degustiert: tief, intensiv, unreif; attraktive, Pétrus-artige Frucht, allerdings metallischer. Hart. Bitter. Ich hielt ihn für einen älteren, tanninbetonteren Jahrgang. Farr Vintners organisierte im Juli 1998 eine weitere Vertikalverkostung: leicht schokoladig; keine schlechte Frucht, aber rau, mit bitterem Ende. Kürzlich geschickt in eine blind verkostete »Serie« erstklassifizierter Gewächse hineingeschmuggelt: Ich muss gestehen, ich hatte keine Ahnung, um welchen Wein es sich handelte. Ziemlich duftend; etwas Charme, aber enorm tanninbeladen. *Zuletzt im März 2001 bei einem Rodenstock-Wochenende verkostet* ★(★★) *2006 bis 2010.*

Ch. Giscours Erstmals 1996 bei der Verkostung der Union des Grands Crus degustiert: verhalten; am Gaumen besser als in der Nase. Ein Anflug von Teer. Im darauf folgenden Jahr blind verkostet: Vanillin (Eiche); Brombeerfrucht, tanninbetont. Wurde mit zunehmender Flaschenalterung »süßer«. Gewisse Reichhaltigkeit. Erneut ein »tanniniger« Unterton. *Zuletzt im November 1998 bei der Masters-of-Wine-Verkostung degustiert* ★(★) *Müsste noch etwas weicher werden, ein Aufbewahren aber lohnt sich nicht.*

Ch. Gruaud-Larose Ein kurzer Eintrag von der Eröffnungsverkostung der Union des Grands Crus im April 1996 und der Masters-of-Wine-Verkostung kurze Zeit später. Wenn Gruaud es nicht schafft, einen anständigen, fruchtigen Wein zuwege zu bringen, dann kann es niemand. Zum Glück gelang es. Wohlriechend, reich; sehr »süß«, genug Frucht, nicht zu tanninbetont. Entwickelte sich früh. *Zuletzt im November 1998 verkostet* ★★★ *Jetzt bis 2008.*

Ch. Haut-Bailly Leichter, fruchtiger Stil, etwas adstringierender Abgang (1996). Eine gute Bewertung auf der Masters-of-Wine-Verkostung: seidig, attraktiv. Kürzlich auf dem Château bei einer Vertikalverkostung mit Weinen aus dem ganzen Jahrzehnt degustiert. Die Flasche war schon am Vorabend geöffnet worden: sehr erdige Graves-Nase; etwas »Süße«, gute Frucht, aber im kalten Fasskeller dominierte das Tannin. *Zuletzt im Juni 2001 mit der Gutsverwalterin Véronique Sanders verkostet* ★★(★) *Braucht noch etwas Zeit.*

Ch. Lascombes Bekam auf der Degustation der Union des Grands Crus (1996) und der Masters-of-Wine-Verkostung (1998) eine schlechte Bewertung für die Nase: hölzern, Korkgeschmack. Am Gaumen beträchtlich besser, aber sehr tanninstark. Noch jugendliches Erscheinungsbild; feste Frucht, überraschend angenehme Textur. *Zuletzt im September 2001 auf einer Vorverkaufsverkostung degustiert* ★★ *Hat keinen Sinn, ihn zu lagern.*

Ch. Léoville-Barton Einer der besten Weine auf der Union-des-Grands-Crus-Verkostung von 1994ern im April 1996: etwas »Süße«; perfekt im Gleichgewicht, gute Länge, Frucht und Eiche. »Klassisch.« Mit demselben Wort charakterisierte ich auf der Masters-of-Wine-Verkostung 1998 auch die Nase, außerdem ein Hinweis auf die Länge. Der beste St-Julien. Fast gleichlautende Notizen im darauf folgenden Jahr: noch immer beeindruckend tiefes, jugendliches Erscheinungsbild; unprätentiöse, lebhafte Zedernholznase. Fest. Komplett. Kürzlich: tiefer und reicher als der 1993er; trocken, eichenbetont, erneut fest. Ein guter 1994er. *Zuletzt im Oktober 2001 auf dem Château degustiert* ★★★(★) *2006 bis 2012.*

Ch. Léoville-Las-Cases Auf der Masters-of-Wine-Verkostung (1998): gute Farbe; Tannin in der Nase – eine Art Schweißnote, die jedoch am Gaumen von der »Süße« kaschiert wurde. Körper und Frucht ziemlich gut. Auf der Verkostung in Lyford Cay auf den Bahamas gleichauf mit dem Léoville-Barton. Schöne Zedernholznase; trotz des völlig normalen Alkoholgehalts von 12,5 % recht massiv und konzentriert. Kürzlich noch immer pflaumenfarben; verhaltene Nase; schöne Frucht, Tannine eher rau. Muss zum Essen getrunken werden. *Zuletzt im Januar 2000 bei einer Farr-Vintners-Verkostung flüchtig degustiert. Ein guter 1994er* ★★(★★) *2006 bis 2012.*

Ch. Léoville-Poyferré Im April 1996 zweimal verkostet, das erste Mal bei Monsieur Cuveliers Stand im Londoner Ritz, das zweite Mal einen Tag später beim Herumbummeln auf der Degustation der Union des Grands Crus: anfangs etwas »grün« und rau, dabei aber recht ansprechende Frucht. Leichter als erwartet. Dann im darauf folgenden Jahr bei zwei Blindverkostungen des British-Airways-Weingremiums, als wir das Gewächs für die First Class auswählten. Auf der Masters-of-Wine-Verkostung in recht guter Verfassung: würzige, gute Frucht, eichenbetont (1998). Es machte Spaß, die Kreszenz, die man vorher ausgewählt hatte, bei zwei Flügen dann auch tatsächlich zu trinken: beim Flug BA 008 von Tokio nach London und BA 10 von Sydney nach Bangkok. Ein schöner Zeitvertreib und eine Verdauungshilfe. In letzter Zeit drei einheitliche Einträge auf Bordeaux-Weinkursen von Christie's: noch immer intensiv farbtief: wohlriechend, zedrig; ziemlich vielschichtig; ein Hauch »Süße«, fleischig, aber rau, sehr trockener Abgang. Gar nicht einmal so schlecht! *Zuletzt im März 2002 verkostet* ★★★

Ch. La Louvière 64 % Cabernet Sauvignon, 30 % Merlot, 3 % Cabernet franc, 3 % Petit Verdot. Erstmals im April 1996 verkostet: trocken, sehr streng und unnachgiebig. Interessant, was vier Jahre bewirken können. Wir präsentierten ihn innerhalb von sieben Monaten bei drei Bordeaux-Weinkursen von Christie's als typischen Graves-Vertreter. Zwar sehr farbtief, doch mit ersten Anzeichen von Reife; schokoladige, rauchige, eichenbetonte Nase; der erste Schluck »süß«, aber mit trockenem Abgang, im Mittelteil leidliche weiche Frucht. Gut gemacht – braucht aber mehr Zeit. *Zuletzt im Oktober 2000 verkostet* ★(★★) *2004 bis 2009.*

Ch. Lynch-Bages Ein paar eilends niedergeschriebene Einträge im Abstand von einem Jahr: bemerkenswert entgegenkommende, hochgetönte Nase; sehr eigenständiger Geschmack, leichter Pauillac-Charakter, »medizinal«. *Assez bien. Zuletzt im Juli 1995 verkostet* ★★ *Jetzt bis 2008.*

Ch. Malescot-St-Exupéry Sowohl auf der Grands-Crus-Degustation (1996) als auch auf der Masters-of-Wine-Verkostung (1998) »schroff« notiert, doch mit einer guten Dosis Malescot-Frucht. Die Nase ist sein bestes Stück. Etwas »Süße«, sehr wohlschmeckende Cabernet-Nase und pikanter Geschmack. Angenehm. *Zuletzt im März 2001 beim Essen auf Chasse-Spleen verkostet* ★★★ *(gerade noch). Bald trinken.*

Ch. Montrose Erstmals im September 1995 mit Monsieur Lemoine im Château verkostet. Wie viele aus dem Fass degustierte Gewächse überraschend »süß« und würzig, ja, köstlich. Zwei Jahre später in der Nase fast zu süß. Ein guter Wein, aber mit sehr ausgeprägten Tanninen. Auf der Masters-of-Wine-Verkostung in guter Verfassung. Noch immer sehr tief; gute Nase, Frucht und Kaffeenote; gut gemacht. Komplett. *Zuletzt im November 1998 verkostet. Ein guter 1994er* ★★(★★) *2006 bis 2012.*

Ch. Palmer Im April 1996: Vanillin; überraschend »süß« und dicht. Zwei Jahre später auf der Masters-of-Wine-Verkostung etwas farbschwächer; »süß«, zugänglich, attraktiv. Dann innerhalb von vier Tagen bei zwei Palmer-Degustationen verkostet.

Hier der Beweis, dass man nicht allzu viel auf Verschnittstatistiken geben sollte: Die Familie Sichel gab bekannt, dass der 1994er ein Mix aus 54 % Cabernet Sauvignon, 36,8 % Merlot, 7,6 % Cabernet franc und 1,6 % Petit Verdot sei, während auf der Verkostung von Mähler-Besse (der Familie gehören rund 70 % von Palmer) der Direktor von 50 % Cabernet Sauvignon, 47 % Merlot, 2 % Petit Verdot und 1 % Cabernet franc sprach. Wie dem auch sei: ein robuster, ziemlich rauer Wein zum Kauen, zwischen dem 1995er und dem 1990er etwas schlank und unnahbar. *Zuletzt im Februar 2001 verkostet ★(★) 2005 bis 2010.*

Ch. Pape-Clément Schöne Frucht, aber sehr eichenlastig (April 1996). Am Vintex-Stand (Vinexpo 1997) »süß«, jedoch geringfügig schroff und mit rauem Tanninbiss. Öffnete sich aber nur vier Jahre nach der Lese angenehm. »Süß«, sehr ansprechend, mit rauchigem, eichenbetontem Abgang. *Zuletzt im November 1998 verkostet ★★(★) Jetzt bis 2008.*

Ch. Pavie Erstmals mit meinem alten Freund, dem mittlerweile verstorbenen Jean-Paul Valette, im September 1995 auf dem Château aus dem Fass verkostet: natürlich farbtief; sehr ausgeprägte Frucht; trocken, fest, erkleckliche Säure. Auf der Masters-of-Wine-Verkostung (1996): »Süß«, weich, zugänglich, geradlinig. Ein ähnlicher Eintrag im darauf folgenden Jahr auf der Vinexpo. *Zuletzt im Juni 1997 verkostet ★★ Bald trinken.*

Ch. Pichon-Baron Bei den ersten drei Verkostungen »überraschend süß«. Reich, zum Kauen (1996). Minzige, schokoladige Nase; ein Anflug von Teer, rau, ledrig (Mai 1997). Ein Monat später bei einer Blindverkostung: erneut teerig, aber am Gaumen wesentlich ansprechendere Frucht. Vier Jahre nach der Lese entwickelte er sich schön; entgegenkommende, »medizinale« Pauillac-Nase, ebensolcher Geschmack, feste Pauillac-Frucht am Gaumen. *Zuletzt im November 1998 verkostet ★★★ 2005 bis 2010.*

Ch. Pichon-Lalande Ein halbes Dutzend Einträge, alle gut, auf der Verkostung der Union des Grands Crus (1996) schöne Länge – nicht gerade die Stärke vieler 1994er –, 1997 Frucht und Körper gut, ebenfalls 1997 eine gute Kombination aus Frucht und Eiche; bei der Masters-of-Wine-Verkostung 1998 »süß«, reiche Frucht – und eine ziemlich hohe Bewertung. Kürzlich bei zwei Verkostungen von France in Your Glass in Eugénie-les-Bains: öffnete sich mit einer Reichhaltigkeit, die fast an animalische Bauernhofgerüche erinnerte. Überraschend »süß«. Ein guter 1994er. *Zuletzt im Oktober 2000 verkostet ★★★★ 2006 bis 2012.*

Ch. Rauzan-Ségla (Man beachte die Schreibweise ab dem 1994er-Jahrgang: statt »Rausan« nunmehr »Rauzan«) Fünf gute Einträge. Bei der Eröffnungsverkostung von 1994ern ein »süßer«, ansprechender Geschmack, aber 1997 in Frankfurt, nach dem 1995er verkostet, ein rauer Anflug, Textur und Geschmack jedoch gut. Zurück in Gesellschaft anderer 1994er: wieder in glänzender Verfassung, im Erscheinungsbild etwas Reife; Nase und Geschmack gut entwickelt (1998). Würzig. Guter, trockener Abgang. Eine ähnliche Bewertung neben vier anderen 1994ern in Lyford Cay (1999), aber ausgeprägteres Tannin. Kürzlich bei meiner Rauzan-Ségla- und Pichon-Lalande-Verkostung in Eugénie: lebhafte Frucht, zunächst verschlossen, öffnete sich aber nach einer Stunde faszinierend; Körper und Frucht schön, gut gemacht, ausgezeichneter Geschmack, aber nach wie vor sehr tanninbetont. *Zuletzt im September 2000 verkostet ★★(★★) 2006 bis 2012.*

Ch. Smith-Haut-Lafitte Ich glaube, mir gefiel dieses Gewächs in seiner Jugend besser, als ich auf seinen Merlot-typischen Körper und den ebenfalls für diese Traube charakteristischen Gehalt hinwies. Im April 1996 eine hohe Bewertung. Ein Jahr später auf der Vinexpo »süß«, robust, der erdige Graves-Charakter begann sich bemerkbar zu machen. Attraktiv. Als Nächstes 1998 eine Magnum beim Essen mit Florence und Daniel Cathiard. Nase und Geschmack erschienen mir etwas angesengt. Kürzlich bei einer Vertikalverkostung im Restaurant La Caudalie, nicht schlecht, aber von den besseren Jahrgängen 1990 und 1995 in den Hintergrund gedrängt. *Zuletzt im Juni 2000 verkostet. Am Rande von ★★★ Bald trinken.*

Ch. Talbot Fünf etwas uneinheitliche Einträge. Auch diesen Wein fand ich in seiner Jugend besser: tief; würzig, lebhafte Frucht, attraktiv, tanninbetont (April 1998). Ein Jahr später in guter Entwicklung begriffen, reich, zum Kauen. Als Nächstes eine ziemlich fürchterliche Flasche bei einer Blindverkostung mit 17 weiteren 1994ern: raue Nase; am Gaumen rustikal und rostig (Tannin). Eine wesentlich bessere Bewertung bei der Masters-of-Wine-Verkostung: würzig, reich. Kürzlich der Eröffnungswein bei einer Talbot-Verkostung, an die sich ein Essen anschloss. Durch die Veranstaltung führten elegant Nancy Bignon und Lorraine Rustmann, die Eigentümerinnen von Talbot und Töchter des verstorbenen Jean Cordier. *Zuletzt im April 2000 im Londoner Mirabelle degustiert ★★(★) Jetzt bis 2009.*

Vieux Ch. Certan Auch hier ein guter Einstand: ziemlich »süß«, weich und ansprechend (eine Fassprobe 1996). Machte auch auf der Masters-of-Wine-Verkostung von 1994ern einen guten Eindruck. Bei der Verkostung von Thienpont-Weinen im März 1998 in Brüssel indes wurde er von anderen Jahrgängen völlig in den Schatten gestellt: »Irgendwie unspektakulär«, schrieb ich. Noch im selben Jahr bei einer weiteren Verkostung der beiden Thienpont-Weine Vieux Château Certan und Labégorce-Zédé in Belgien in besserer Verfassung: »Gar nicht schlecht«, mit hübscher Frucht, die einem den Mund wässerig machte; Geschmack und Länge recht gut. Ein überzeugender Wein, wesentlich besser, als der Ruf des Jahrgangs vermuten ließe. *Zuletzt im November 1999 verkostet ★★(★) 2005 bis 2010.*

EINE AUSWAHL WEITERER 1994ER, die ich auf der Verkostung der Union des Grands Crus im April 1996 in Bordeaux (1), der Londoner Masters-of-Wine-Verkostung vom November 1998 (2) und bei anderen Gelegenheiten degustierte.

Ch. L'Angélus Im April 1996 im Londoner Ritz: hart und ziemlich körperreich. Mit vier Jahren: immer noch tief; mit dicker, stämmiger Frucht beladen. Beeindruckend, ein guter 1994er, aber nicht mein Stil. *Zuletzt im November 1998 verkostet (2) ★(★★) 2004 bis 2010.*

Ch. d'Armailhac Erstmals im September 1998 auf Château Mouton-Rothschild verkostet: gedämpfte Maulbeernote; köstliche Frucht. *Zuletzt im November 1998 (2) ★★ Zum Trinken, nicht zum Aufbewahren.*

Ch. Batailley Interessant, was andere Fluggesellschaften anbieten. Trank sich im Januar 1998 während des Flugs SQ 143 von Bali nach Singapur recht gut. Zehn Monate später eine wesentlich bessere Bewertung: tief; sehr wohlriechend; »süß«, überzeugende Frucht. Ein guter, sehr schön trinkbarer 1994er. *Zuletzt im November 1998 verkostet (2) ★★★ Bald aufbrauchen.*

Ch. Brane-Cantenac Trocken, tanninbetont, charakterlos (1). Reif; Kaffee und Gewürz; fade. *Zuletzt im November 1998 verkostet (2) ★*

Ch. Calon-Ségur Sehr frühreif, in Erscheinungsbild, Nase und Geschmack entwickelt. Überraschend »süß«. Robust. Fest. Attraktiv. *Zuletzt im November 1998 verkostet (2) ★★★ Bald trinken.*

Ch. Cantenac-Brown Der erste Eindruck war der beste. Etwas »Süße«, positiv, griffig (1). In der Nase teerig und blechern;

raues Tannin. Ob Zeit wirklich alle Wunden heilt? *Zuletzt im November 1998 verkostet* ★?

Dom. de Chevalier Zwar ansprechend, aber auch sehr tanninbetont und mit zu viel Eiche (1). Im Jahr darauf: marmeladige, eichenbetonte Nase; reichlich Frucht, etwas Klasse, aber rauer Abgang. *Zuletzt im Juni 1997 bei einer Blindverkostung für British Airways degustiert. Müsste mittlerweile etwas weicher geworden sein* ★(★)?

Ch. Clerc-Milon Gute Frucht, sehr tanninbetont (2). Unmittelbar ansprechend, wohlriechend, mit einem Cabernet-Aroma, das einem den Mund wässerig macht; trocken, schlank, lebhaft, stilvoll. *Zuletzt im Januar 1999 bei der IWFS-Verkostung in Lyford Cay auf den Bahamas degustiert* ★★★ *Trinken, solange er noch so lebhaft und frisch ist.*

Ch. La Dominique Ziemlich enttäuschend. Schlechte Nase, am Gaumen bescheiden (Juni 1997). Kürzlich: etwas Frucht (Daphne notierte: »Faule Eier«); sehr trocken, sandpapierartige Textur. *Zuletzt im Februar 1999 in Lyford Cay verkostet. Gerade gut genug für einen Jagdausflug.*

Ch. L'Enclos 82 % Merlot, 16 % Cabernet franc, 2 % Malbec. Bei mehreren Bordeaux-Weinkursen von Christie's in letzter Zeit als typischer Pomerol-Vertreter dabei. Wunderschöne, honigartige, weiche Nase, die sich »süß« entwickelte, erinnerte an Vollkornkekse; gut gebaut, elegant, bis zum zähnebelegend tanninbetonten Finale keine harten Kanten. *Zuletzt im März 2000 verkostet* ★(★★) *2005 bis 2010.*

Ch. Grand-Puy-Lacoste Der jüngste Wein bei der Vertikalverkostung vom Juni 1995 auf dem Château. Gut in Form; gute, intensiv würzig-eichenbetonte Cabernet-Sauvignon-Nase und ebensolcher Geschmack. Kürzlich: hat nicht mehr den jugendlichen Reiz, ziemlich streng und unnachgiebig. Braucht Zeit. *Zuletzt im November 2001 eine Flasche aus meinen eigenen Beständen verkostet* (★★) *2006 bis 2012.*

Ch. Kirwan Nase und Geschmack reich und keksartig. Viel Eiche (1). Zwei Jahre später ein fast gleichlautender Eintrag. »Süße«, lebhafte Tannine und Säure. *Zuletzt im November 1998 verkostet (2)* ★★★ *Jetzt bis 2008.*

Ch. Lafon-Rochet Lebhafte Frucht, charakteristisch tanninbetont (1). Überraschend attraktive Fruchtigkeit. Allgegenwärtiges Tannin. Ob er im Lauf der Zeit zu einem angenehmen Wein heranreifen wird? *Zuletzt im November 1998 verkostet* (★★)?

Ch. Lagrange (St-Julien) »Süß«, reich, ansprechend (1). Auf einer Verkostung 1997 mit etwas weniger Babyspeck als zu Anfang. Harte Nase, aber eine angenehme »Süße«, die das Tannin besänftigte. *Zuletzt im November 1998 verkostet* ★★★ *2005 bis 2010.*

Ch. Langoa-Barton Ein Anflug von Teer; fruchtig, robust (1). Beim zweiten Mal ein Hauch »grüner« Stieligkeit; guter, aber spröder Abgang. Die maskuline Version des Léoville. *Zuletzt im November 1998 verkostet* ★(★) *2005 bis 2010.*

Ch. Larmande Mehr Holz als Eiche; fast korkig. Streng (1). Als Nächstes eine Flasche aus dem Château, die ich ohne viel Genuss (oder Dankbarkeit) beim Sonntagsessen auf Chippenham Lodge konsumierte. Nase nicht allzu schlecht, aber am Gaumen schroff und hölzern. *Zuletzt im Februar 2001 verkostet. Leider nicht zu empfehlen.*

Ch. Lynch-Moussas Trotz des beeindruckenden Aussehens ein einfacher Wein ohne Länge. Bei einer Blindverkostung in der Nase besser, etwas Frucht. *Zuletzt im Juni 1997 verkostet* ★

Ch. La Tour-de-By Der durchschnittliche Traubensatz: 55 % Cabernet Sauvignon, 40 % Merlot, 3 % Cabernet franc, 2 % Petit Verdot. Erstmals im September 1995 auf dem schön an der Gironde gelegenen Schloss aus dem 19. Jahrhundert verkostet. Nach Ansicht von Marc Pagès ist sein 1994er mit dem 1988er vergleichbar. Der Wein bekundete zwar lebhafte Frucht, doch ich empfand ihn als sehr tanninbetont. Trotzdem schickte mir Pagès freundlicherweise eine Kiste, aus der meine Frau und ich uns seit 1997 bedienen. Gute Frucht, überraschend »süß«, aber etwas rau. *Zuletzt im Mai 1998 verkostet* ★(★)

KURZE EINDRÜCKE VON WEITEREN 1994ERN, die ich bislang nur ein einziges Mal degustiert habe – entweder bei der Verkostung der Union des Grands Crus im April 1996 (1), der Masters-of-Wine-Verkostung vom November 1998 (2) oder bei anderen Anlässen. **Ch. Canon** Hölzern, rau (1) ★; **Ch. Canon-La-Gaffelière** Fleischig, attraktiv (1) ★★★; **Ch. Carbonnieux** Blass; ein Frühentwickler (1) ★★; **Ch. Clinet** Tief, lebhaft, sehr tanninbetont. *Im April 1996 im Ritz verkostet* ★★★; **Ch. La Conseillante** Krautig; wohlriechend, eichenwürzig, sehr attraktiv (1) ★★(★); **Ch. Le Crock** Eigenartige, käsige Nase; raue Tannine. *Im April 1996 im Ritz degustiert* ★; **Ch. Croizet-Bages** Eher blass; lebhafte Frucht; leicht im Stil, rau (2) ★(★); **Ch. Desmirail** Erscheinungsbild und Geschmack in fortgeschrittenem Entwicklungsstadium. Leichter Stil (2) ★★; **Ch. Ducru-Beaucaillou** Lebhafte Frucht; tanninstark. Nicht anregend (2) ★(★); **Ch. Duhart-Milon** Reiche Farbe; positive Frucht; sehr attraktiv, für frühen Trinkgenuss (2) ★★★; **Ch. Durfort-Vivens** Frühreif; chaptalisiert; »süß«, weich, zugänglich (2) ★★; **Ch. L'Evangile** Frucht, Tiefe, Länge und Biss sehr gut (2) ★★(★★); **Ch. Figeac** Es überrascht mich, dass mir nur ein einziger Eintrag vorliegt. Würzige Nase; »süß«, attraktiv, ein Hauch von Bitterkeit (2) ★★(★); **Ch. La Fleur-Pétrus** Gute, lebhafte Frucht (2) ★★★; **Ch. La Gaffelière** Frühreif. »Süß«, gekochter Charakter (2) ★★; **Ch. Gazin** Fleischige Nase; reich, fruchtig, attraktiv (1) ★★★; **Ch. Haut-Batailley** Angenehm, zugänglich, offen, gefällig. Kein »ernster« Wein (2) ★★★ *Bald trinken*; **Ch. Larcis-Ducasse** Eichenwürzig; gekocht, hohl, ein Hauch Bitterkeit. *Im Juli 2000 zu Hause degustiert* ★; **Ch. Marquis de Terme** Sehr tief; unreife Kirschen; »süß«, robust, zum Kauen, schroff (2) ★; **Ch. La Mission Haut-Brion** Glänzend; eine stielige Frucht, die sich schön öffnete; positiv, attraktiv, tanninstark. Guter Wein (2) ★(★★) *2005 bis 2010*; **Ch. Pavie-Decesse** Seltsam. Fast malzig (1); **Ch. Paveil-de-Luze** Chaptalisierte Nase; leichter Stil, nicht überzeugend. Ein leichter Essensbegleiter, weshalb wir ihn auch zum Essen tranken. *Dezember 1998* ★ *Aufbrauchen*; **Ch. La Pointe** Überraschend tief; etwas »Süße« und Tiefe, gut gebaut, komplett (1) ★★★; **Ch. Pontet-Canet** Dicht; hart; voll und reicher als erwartet (1) ★★★; **Ch. Prieuré-Lichine** Pflaumenfarben; lebhaft, wohlriechend, sehr tanninbetont (1) ★(★); **Ch. Rauzan-Gassies** In der Nase besser als am Gaumen. Recht gute erdbeerartige Frucht, aber rauer, tanninbetonter Abgang (2) ★; **Ch. Siran** Reiche Frucht, Extrakt, Tannin und Säure (1) ★★★; **Ch. Sociando-Mallet** Kein Jahrgang, mit dem der neue Ruf gefestigt hätte werden können. Gute Nase, aber rauer, tanninbetonter Abgang. *Im Mai 1998 bei einer Vorverkaufsverkostung degustiert* ★; **Ch. Trotanoy** Ein sehr guter Wein. Kirschartige Frucht; »süß«, attraktiv (2) ★★(★)

1995 ★★★★

Nach den letzten vier nicht sehr erhebenden Jahrgängen wurde der 1995er vom Handel und den Verbrauchern gleichermaßen begrüßt. Zum ersten Mal seit 1990 fand wieder ein groß angelegter En-Primeur-Verkauf statt. Vielleicht wurde zu viel Aufhebens um ihn gemacht, was die Preise in die Höhe trieb. Dennoch erwies er sich als guter Jahrgang und ich neige fast dazu, ihm noch einen weiteren Stern hinzuzufügen. Aber warten wir ab.

Auf einen sehr milden Winter, dessen üppige Niederschläge mit dazu beitrugen, die Grundwasserreserven aufzufüllen, folgte ein guter, früher Auftakt der Wachstumssaison bei stabiler Witterung. Die Knospen öffneten sich regulär und noch vor Ende Mai setzte die Blüte ein. Im Sommer war es so trocken wie seit 20 Jahren nicht mehr und mit Temperaturen bis 30 °C obendrein außergewöhnlich heiß. Auch der Reifeprozess setzte früh ein. Kurzum: Alles deutete auf einen außergewöhnlichen Jahrgang hin. Schon am 11. September konnte mit der Lese begonnen werden. Sie wurde jedoch jäh von heftigen Regenfällen unterbrochen, die schließlich zu leichten Schauern abebbten. Sie hielten bis 20. September an. Anschließend nahmen die meisten Châteaux die Lese wieder auf und beendeten sie bei immer wärmerem Wetter und goldenen Herbsttagen.

Einige Merlot-Parzellen litten unter dem anfänglichen Regen, aber die Cabernet-franc- und Cabernet-Sauvignon-Ernte verlief sehr erfolgreich, wobei letztere Traube einen fast nie dagewesenen Zuckergehalt erreichte. Insgesamt entstanden reife, feste Weine mit beträchtlichem Charme und guten Zukunftsaussichten.

Ch. Lafite Erstmals im November 1997 auf einer groß angelegten Vorverkaufsverkostung in New York mit einem Dutzend Spitzenweinen des 1995er-Jahrgangs verkostet und dort in guter Verfassung. Exakt zwei Jahre später bei der Masters-of-Wine-Verkostung von 1995ern: tiefe, reiche Farbe; Nase ebenso reich, mit ziemlich ingwerartigem Duft, schwitzigen Tanninen und beträchtlicher Tiefe; »süß«, gute Frucht, weicher Mittelteil am Gaumen, ausgeprägt tanninstark. Kürzlich bekam er bei einer Blindverkostung einer »Serie« von erstklassifizierten 1995ern Spitzenbewertungen von mir. Im Grunde schnitten alle Gewächse mit durchschnittlich 93 bis 96 Punkten gut ab. Der Lafite hatte ein noch immer jugendliches Aussehen; eine tiefe, klassische, reiche Nase, die sich schön öffnete; »süß«, Extrakt und Frucht gut, Tannin und Säure jetzt besser integriert. Elegant, fest, gute Zukunft. Kürzlich zum Abschluss einer »Serie« mit Doppelmagnums von 1989ern blind verkostet. Ich hatte einen 1989er erwartet, aber der 1995er Lafite war versehentlich dazwischengeraten. Kein Wunder, dass ich ihn als anders empfand. Es fehlte ihm die »Süße« und der Gehalt der erstklassifizierten Gewächse von 1989, fast ein Hauch von Adstringenz, aber fest, elegant und gute Zukunft. *Zuletzt im November 2001 beim Eigensatz-Essen verkostet* ★★(★★★) *2007 bis 2025.*

Ch. Latour Bei der ersten Verkostung des 1995ers auf dem Château im April 1997 notierte ich mir: 100 % neue Eiche. Wie erwartet sehr intensiv, mit undurchsichtigem Zentrum; herrlich »süße« und wohlduftende Nase; gute Konsistenz, gut integriert, sehr trockener, tanninbetonter Abgang. Als Nächstes bei der bereits erwähnten Vorverkaufsverkostung im November 1997: mehr Körper und Frucht als der Lafite. Auf der Masters-of-Wine-Verkostung 1999 sehr gut, aber kolossal tanninlastig. Bei Rodenstocks Blindverkostung von erstklassifizierten 1995ern etwas schokoladige Nase, außerdem ein Anflug von Teer; »süß«, reif, sehr trocken, wirkte aber nicht mehr ganz so erdrückend tanninbetont. Ein feiner Wein. Langlebig. *Zuletzt im März 2001 verkostet* (★★★★★) *2020 bis 2030 oder noch länger.*

Ch. Margaux Fünf Einträge, der erste entstand im April 1997 sieben Monate vor der Abfüllung. Ich verkostete ihn gemeinsam mit dem 1996er. Enorme stilistische Unterschiede zwischen beiden Jahrgängen; der 1995er war stärker von einer schwer fassbaren, undefinierbaren Weinigkeit geprägt; komplett, herrliche junge Frucht, die den Mund ausfüllte, gut integrierte Tannine und perfektes Gleichgewicht. Ein Jahr nach der Abfüllung, wieder auf dem Château: reife, harmonische Nase; Extrakt und Frucht gut. Auf der Masters-of-Wine-Verkostung 1999 hatte er etwas von seiner ursprünglichen Farbtiefe verloren; »süß«, charakteristischer Margaux-Duft; Geschmack und Länge schön. Als Nächstes auf Manfred Wagners Vertikalverkostung vom November 2000: voll entwickeltes Bukett; ein Hauch von Zitrusfrucht und trockener Abgang. Kürzlich bekam er bei einer Blindverkostung meine zweithöchste Bewertung aller erstklassifizierten 1995er. Reift schön heran; angesengte Mokkanase und ebensolcher Geschmack, sehr tanninbetont. Ich gestehe, dass ich ihn nicht als Margaux erkannte und sogar hinzufügte: »Nicht mein Stil.« Oje. Dabei ist er wirklich ein schöner Wein und wird sich weiter gut entwickeln. *Zuletzt im März 2001 verkostet* ★(★★★) *2007 bis 2020.*

Ch. Mouton-Rothschild Ebenfalls fünf Einträge, die ersten beiden entstanden im Dezember 1997 in New York. Auf der Vorverkaufsverkostung lebhafte Frucht und pfefferig, aber beim Essen am selben Abend noch ziemlich ungeeignet zum Trinken. Im darauf folgenden Frühjahr ein Eintrag für das Etikettenbuch von Mouton: undurchsichtig, samtig; eine Nase wie Zedernholzbleistifte, öffnete sich wohlriechend; »süß«, voll, guter Extrakt, anregender Geschmack – 12,5 % Alkohol. Im November 1999 begann er sich auf der Masters-of-Wine-Verkostung allmählich zu öffnen, in der Nase eine eigenständige, charakteristische, würzige Schwarzjohannisbeernote; köstlich lebhafter Geschmack und grandioser Endgeschmack. Meine höchste Bewertung auf der Rodenstock-Blindverkostung, die er sich allerdings mit drei weiteren erstklassifizierten Gewächsen teilen musste. *Zuletzt im März 2001 verkostet* ★(★★★★)

Ch. Haut-Brion Erstmals im Dezember 1997 auf einer Vorverkaufsverkostung in New York degustiert: tief, samtig; harmonisch; sehr trockener Abgang. Als Nächstes im September 1998 als Eröffnungswein auf der Masters-of-Wine-Verkostung von Haut-Brion-Gewächsen: Textur und Gewicht schön (13 % Alkohol), elegant. Auf einer weiteren Masters-of-Wine-Verkostung von 1995ern im November 1999 unter anderem »köstlicher Geschmack, große Länge«. Drei Monate später sehr detaillierte Notizen von einer dritten Masters-of-Wine-Verkostung, bei der Haut-Brion-Weine vertikal degustiert wurden: tiefes, lebhaftes Rubinrot mit reifendem Rand; etwas kirschartige Frucht, die sich 30 Minuten lang im Glas reich entwickelte; attraktive Frucht, zum Kauen, gut gebaut, guter trockener Abgang (Monsieur Delmas meinte, dass der 1995er weicher, glatter und runder als der 1996er sei und rundere, mildere Tannine habe). Eine weitere Spitzenbewertung auf Rodenstocks Blindverkostung von erstklassifizierten 1995ern. Ein schöner Wein. *Zuletzt im März 2001 verkostet* ★★(★★★) *2005 bis 2020.*

Ch. Ausone Das erste Jahr, in dem Alain Vauthier die Geschicke lenkte. Wie üblich nicht sehr viele Einträge, aber immerhin zwei; beide entstanden innerhalb eines Monats. Auf der Masters-of-Wine-Verkostung bei weitem nicht so tief wie die anderen Erstklassifizierten; eine eindringliche, angesengte Mokka- und Eichennase; entsprechender Geschmack. Sehr »süß« und attraktiv, obwohl ich gewisse Vorbehalte hatte. Kurz danach bei einer Blindverkostung: wohlriechende Nase, erneut Mokka, außerdem Vanille; schönes Gewicht, angenehmer Geschmack. Stilvoll. Trockener Abgang. *Zuletzt im November 1999 bei der Bordeaux-Index-Blindverkostung von Weinen vom rechten Ufer degustiert* ★★(★★) *2005 bis 2015.*

Ch. Cheval Blanc Eine überraschend »süße«, schokoladige, reiche, würzige Magnum auf der Wolf/Weinart-Vertikalverkostung vom September 1997. Drei Monate später: köstlicher Geschmack und Nachgeschmack. Im darauf folgenden Herbst zusammen mit Pierre Lurton auf dem Château degustiert: fast wildbretartige »Süße«; reich und zum Kauen (64 % Merlot, sagte man mir). Ebenso bewundernde Einträge auf der Masters-of-Wine-Verkostung von 1995ern im November 1999, eine detailliertere Beurteilung außerdem von der Bordeaux-Index-Blindverkostung mit Weinen vom rechten Ufer im selben Monat, wo ich mir unter anderem notierte: »Viel zu schokoladig«, ein (angenehmer, nostalgischer) Anflug von Pferdestall; schlank, aber wohlschmeckend. Zwar taucht die Notiz »schokoladig« auch auf Rodenstocks Blinddegustation noch einmal auf, doch gab ich ihm dort die gleiche hohe Spitzenbewertung und fügte hinzu: »Süß, zugänglich«, »schnell reifend« und »großer Charme«. *Zuletzt im März 2001 verkostet* ★★★(★) *Jetzt bis 2015.*

Ch. Pétrus Gehörte auf Rodenstocks Blindverkostung zur zweiten »Serie«, die erstklassifizierte Gewächse der Jahrgänge 1994, 1995, 1996 und 1997 enthielt: mitteltief, hübsche Farbe, reift bereits; gute Nase, zunächst etwas stielig, aber eine erstklassige Entwicklung; »süßer« als erwartet (ich wusste nicht, dass es sich um einen Pétrus handelte), guter Geschmack, Extrakt und eingebundenes Tannin. Er erhielt die höchste (durchschnittliche) Gesamtbewertung, obwohl das Niveau sehr einheitlich hoch war und die Weine nur 2 von 100 Punkten trennten, wobei meine eher im unteren Bereich angesiedelt waren. *Im März 2001 in München verkostet* ★★★(★★) *2006 bis 2020.*

WEITERE 1995ER Ich war bei keiner der beiden Union-des-Grands-Crus-Verkostungen dabei. Die meisten Einträge entstanden auf der Masters-of-Wine-Verkostung von 1995ern im November 1999, einige außerdem auch beim Mittag- und Abendessen in unserer Londoner Wohnung beziehungsweise in unserem Wochenendhaus bei Bath. Immer wenn eine Flasche geöffnet wird, mache ich mir zuerst vor dem Essen und noch einmal während des Essens Notizen.

Ch. L'Angélus 50 % Merlot, 47 % Cabernet franc, 3 % Cabernet Sauvignon. Tief, samtig, intensiv, beeindruckend; attraktive Frucht; sehr »süß«, körperreich, Geschmack und Textur ansprechend. Ein »schnell reifender Wein«. Wird sich sicher noch weiter entwickeln. Zufällig entstanden meine beiden nächsten Einträge innerhalb von 14 Tagen, der erste im November 1999 auf der Masters-of-Wine-Verkostung: sehr »süß«, voll, reich, mit die Zähne belegenden Tanninen. Eine kritischere Bewertung bei der Bordeaux-Index-Blindverkostung mit Weinen vom rechten Ufer: Ich zog die Nase (Mokka, Schokolade, gute Tiefe) dem Geschmack vor, der zwar stämmig, beeindruckend sowie voller Frucht und Extrakt war, aber den Charme vermissen ließ. *Zuletzt im November 1999 verkostet* ★★(★★) *2005 bis 2015.*

Ch. d'Armailhac Erstmals bei dem von Robin Kelly geleiteten Mouton-Seminar der Hollywood Wine Society im März 1998 verkostet: gute Frucht. Ein Charmeur. Als Nächstes eine Flasche aus dem Château mit ersten Anzeichen von Reife, gute schwere »Tränen«; »süß«, sehr fruchtig; perfekt im Gleichgewicht, lebhaft im Geschmack. *Zuletzt vor und während eines Sonntagsessens auf Chippenham Lodge im Mai 2001 degustiert* ★★★(★) *Jetzt bis 2015.*

Ch. Batailley Mehr als ein halbes Dutzend Einträge. Erstmals bei einer Handelsverkostung von Freddie Price in der Weinbar Davy's unweit von Christie's degustiert; von Anfang an »ein mustergültiger Batailley«. Als Nächstes bei einer umfangreichen British-Airways-Blindverkostung im Juni 1997. Unter den 44 roten Bordeaux-Weinen befanden sich 15 1995er. Der Batailley schlug sich wacker und war auf jeden Fall in der engeren Auswahl: »Süß«, voll, robust. Auf der Masters-of-Wine-Verkostung im November 1999 fast zu gut, um wahr zu sein: angenehm und köstlich. Kürzlich bei einer Masterclass von France in Your Glass in Eugénie-les-Bains gemeinsam mit dem Lynch-Bages verkostet. Noch immer ein jugendlich blauviolettes Erscheinungsbild; archetypische Nase, ansprechender Geschmack. Natürlich nach wie vor tanninlastig. *Zuletzt im Dezember 2001 verkostet* ★★★(★) *2005 bis 2015.*

Ch. Beychevelle 60 % Cabernet Sauvignon, 28 % Merlot, 8 % Cabernet franc und 4 % Petit Verdot – eine gute Melange der klassischen Médoc-Rebsorten. Erstmals im Juni 1997 auf der British-Airways-Verkostung degustiert, bekam eine meiner drei höchsten Bewertungen der gesamten Auswahl (der Jahrgänge 1992 bis 1996): Textur und Fleisch angenehm, hübsches Gewicht, zugänglicher Stil. Kürzlich auf einer ausgesprochen interessanten Degustation aller klassifizierten St-Julien-Gewächse des Jahrgangs 1995 im Londoner Vinopolis: Farbe im Normalbereich, ein Anflug von Mahagoni, versuchte zu reifen; wohlriechend, erfrischend, in der Nase »Zedernholz-Bleistifte«; reiche Frucht, angenehmer Körper (12,5 % Alkohol), im Mittelteil grobkörnig, trockener Abgang. *Zuletzt im März 2000 verkostet* ★★★(★) *2004 bis 2015.*

Ch. Branaire-Duluc-Ducru (so der volle Titel). 70 % Cabernet Sauvignon, 22 % Merlot, 5 % Cabernet franc und 3 % Petit Verdot. Erstmals im Juni 1997 auf der Masters-of-Wine-Verkostung degustiert: sehr »süß«, reichlich Frucht als Gegengewicht zur Branaire-üblichen Eichenlast. Als Nächstes beim Eröffnungsessen der Union des Grands Crus im März 1999 in Bordeaux: gut trinkbar, lebhafter, ansprechender Stil. Kürzlich auf der St-Julien-Verkostung von 1995ern im Vinopolis: dickes Zentrum, lange »Tränen«, geringfügig schwacher Rand; eine wohlriechende, lebhafte Frucht, die einem den Mund wässerig machte; ein Hauch von »Süße«, guter Körper (13 % Alkohol), trockener Abgang. Ein zugänglicher »Essensbegleiter«. *Zuletzt im März 2000 verkostet* ★★★(★) *2005 bis 2015.*

Ch. Clerc-Milon Würzig, tanninbetont, lebhaft, aber auch ein Schnellstarter (1997 bei Christie's verkostet). Der letzte der acht Weine 1999 bei der Bordeaux-Verkostung in Lyford Cay auf den Bahamas: Ich übergehe Daphnes »Mottenkugeln«, denn ich empfand die Nase als weich, »süß« und erdbeerartig; interessanterweise nur 12 % Alkohol. Zum Kauen, schokoladig, ein ansprechender Wein. Eine ziemlich enttäuschende Flasche auf dem Château: »Süße«, fleischige, »dicke« Cabernet-Nase und ein ebensolcher Geschmack, der allerdings beeinträchtigt wurde vom rauen, trockenen Abgang und einer ausgeprägten Adstringenz, die nicht einmal mehr das Lamm kompensieren konnte. *Zuletzt im Mai 2001 beim Essen auf Chippenham Lodge verkostet* ★★★ *Kommt vielleicht noch zu sich.*

Ch. Cos d'Estournel Erstmals im Juni 1999 bei einer vergleichenden Degustation von Cos- und Pichon-Lalande-Weinen aus vier Jahrgängen verkostet. Interessant die Unterschiede im Stil; der Cos war ziemlich tief und intensiv; zunächst stumpf, dann drängte sich die Frucht am Gaumen fast zu »süß« und reif nach vorn, keineswegs ein Leichtgewicht (13 % Alkohol). Vier Monate später bei James Sucklings Verkostung von »Super Seconds« auf der New Yorker Wine-Experience-Degustation, die Bruno Prats Sohn Jean-Guillaume kommentierte: hübsche, reiche, samtige Farbe; breite, teeartige Ingwernase; reich, würziger »Tabak«; »frisch, Zucker und Säure schön im Gleichgewicht«. Auf der Masters-of-Wine-Verkostung schließlich verwies ich erneut auf die zu ausgeprägte »Süße« und Mokkanote in Nase und Geschmack. Ein Wein für Amerikaner? *Zuletzt im November 1999 verkostet* ★★★(★) *2005 bis 2015.*

Ch. La Dauphine Ich habe ihn schon immer gemocht – und auch Christian Moueix gefiel er, denn in den 1990ern erwarb er überraschend dieses Fronsac-Château und weitere Güter im selben Distrikt. Bald darauf – genauer gesagt, im Jahr 2000 – verkaufte er sie allerdings wieder, wobei er mir freimütig anvertraute, dass er ein Angebot bekommen hatte, das er nicht hatte ablehnen können. Wie dem auch sei, 1995 erwarb ich bei Justerini & Brooks einige halbe Flaschen für den privaten Gebrauch. Der Wein war mit fünf Jahren köstlich. *Zuletzt im Oktober 2000 beim Abendessen auf Chippenham Lodge verkostet* ★★★

Ch. Dauzac Sehr tief, samtig, intensiv; wohlriechend, etwas Eiche; Gewicht, Geschmack, Konsistenz und Fleisch angenehm. *Im Oktober 2001 beim Essen auf Château Bonnet mit André Lurton, der Dauzac seit 1992 berät* ★★★(★)

Ch. Ducru-Beaucaillou 65 % Cabernet Sauvignon, 25 % Merlot, 5 % Cabernet franc, 5 % Petit Verdot. Auf der Masters-of-Wine-Verkostung reich, aber sehr tanninbetont. Vier Monate später bei der St-Julien-Degustation im Vinopolis: »Dick«, angesengt, leichte Petrol-, Mokka- und Toastnote; »süß«, reich, sehr gute Frucht im Mittelteil, 13 % Alkohol, Röstnote, eichen- und tanninbetonter Abgang. *Zuletzt im März 2000 verkostet* ★★(★★) *2006 bis 2015.*

Ch. Durfort-Vivens Wie angenehm, einem 1997 für British Airways ausgewählten, damals stilvollen, aber rauen und tanninbetonten Wein auf einem BA-Flug wieder zu begegnen: sehr wohlschmeckend, aber noch immer ziemlich tanninstark. *Zuletzt auf dem Flug BA10 von Sydney nach Bangkok verkostet (wenn man seine Frau nach Bangkok mitnimmt, muss man Korkengeld zahlen – sagt Len Evans)* ★★(★) *Jetzt bis 2012.*

Ch. L'Eglise-Clinet Hardy Rodenstock gebührt das Verdienst, erstmals die Aufmerksamkeit auf Denis Durantous Talent gelenkt zu haben, und auch Farr Vintners förderte das Château. Mein erster Eintrag entstand bei einer Verkostung von 1995ern vor einem Wohltätigkeitsessen von Christie's in New York. Anschließend 1998 zwei Vertikalverkostungen im Abstand von zwei Monaten, die erste Flasche im Juli bei Farr Vintners, leider hoffnungslos korkelnd, die zweite in München blind verkostet: sehr gut, obwohl der 1982er, 1985er und 1989er höhere Bewertungen bekamen. Kürzlich schmuggelte Hardy – nicht zum ersten Mal – ein Exemplar in eine Blindverkostung von erstklassifizierten 1995ern: noch immer sehr tiefes, unreifes Erscheinungsbild; ein Duft, der dem Glas nur zögerlich entstieg, aber am Gaumen enorm beeindruckend, voll und reich. Ich hatte keine Ahnung, um welchen Wein es sich handelte, und gab ihm mit dem Cheval Blanc, Mouton und Haut-Brion die höchste Bewertung. *Zuletzt im März 2001 verkostet* ★★(★★) *2005 bis 2015.*

Ch. L'Enclos Kürzlich bei zwei Bordeaux-Weinkursen von Christie's der Pomerol-Vertreter. 82 % Merlot, 17 % Cabernet franc und – ganz ungewöhnlich – 1 % Malbec. Tief, rotbrauner Rand; köstlicher weicher Fruchtduft, der einem auf halbem Weg entgegenkommt; »süß«, seidige Textur, fleischige Frucht, trockener Abgang. *Zuletzt im März 2002 verkostet* ★★★(★)

Ch. Figeac Erstmals im September 1998 bei einem stilvollen Essen auf dem Château mit Mark Birley, den Lloyd-Webbers, den Palumbos sowie Olga und Dieter Bock verkostet. Der 1995er war der erste von vier köstlichen Jahrgängen, die man uns servierte: stilvoll, aber jugendlich und gut zu trinken. Als Nächstes im Oktober 1999 bei einer Verkostung von 1995ern und 1990ern für Gäste von France in Your Glass in Vonnas, dem winzigen französischen Dörfchen, das von Georges Blancs luxuriösem Gourmettempel völlig dominiert wird. Der Figeac typisch wohlriechend, ein Hauch von Himbeeren (reife Cabernet-franc-Trauben?), gut entwickelt und eindringlicher als der 1990er. »Süß«, fleischig, 13 % Alkohol. Bei der Masters-of-Wine-Verkostung ein schöner Aufwärtstrend bei der Frucht, aber noch immer tanninbetont. *Zuletzt im November 1999 verkostet* ★★★(★) *2006 bis 2016.*

Ch. La Fleur-Pétrus 90 % Merlot, 10 % Cabernet franc. Bei der Masters-of-Wine-Verkostung im November 1999 fast zu süß. Überzeugend, reifer werdend; harmonisch – ein Bukett mit echten Qualitäten; gehaltvoll, körperreich (13,5 % Alkohol), weich, fleischige Frucht, ein Extrakt, der das Tannin kaschiert. Schöner Wein. *Zuletzt im Juli 2001 bei einer Bordeaux-Degustation in Eugénie-les-Bains verkostet* ★★★(★)

Ch. Giscours »Süß«, passable Frucht, eichenbetontes Tannin (Juni 1997). Im Juni 1999 eine mittelmäßige Beurteilung. Fünf Monate später weitere nicht allzu wohlwollende Kommentare: würzig; keine schlechte Frucht, schlanker als erwartet. *Zuletzt auf der Masters-of-Wine-Verkostung im November 1999 degustiert* ★(★)?

Ch. Grand-Puy-Lacoste Für die Grand-Puy-Lacoste-Masterclasses im April 1999 und im März 2000 stellte ich Flaschen aus meinem eigenen Bestand zur Verfügung; zwischen den beiden Masterclasses fand außerdem noch eine Masters-of-Wine-Verkostung statt. Typisch, archetypisch, ein Wein in einem Jahrgang wie diesem verkörpert meiner Ansicht nach den zurückhaltenden, unspektakulären Pauillac in Reinkultur – Zeit ist alles, was er braucht. Er entwickelt sich gelassen, als würde er darauf warten, bis sich alle Bestandteile gut arrangiert haben: Frucht, die »Süße« reifer Trauben, das Muskelspiel, eine gewisse Schlankheit, Eleganz. Kürzlich eine Flasche zum Abendessen auf Chippenham Lodge, um zu sehen, wie er sich entwickelte. Allmählich lässt er sich gut trinken. *Zuletzt im Dezember 2001 verkostet* ★★★(★) *2010 bis 2020.*

Ch. Gruaud-Larose 60 % Cabernet Sauvignon, 30 % Merlot, 7 % Cabernet franc, 3 % Petit Verdot. Im Mai 1997 tief, reif, minzig, reich. Zwei Monate später auf der Masters-of-Wine-Verkostung: pflaumenfarben, glatte Textur. Bei der St-Julien-Verkostung von 1995ern: allmählich reifer werdend; erneut minzig, eine Nase, die sich schön öffnete; weiche, fleischige Frucht, pfefferiger Abgang. Ein sehr typischer Gruaud. *Zuletzt im März 2000 verkostet* ★★★(★★) *Jetzt bis 2015.*

Ch. Haut-Bailly Auf der Masters-of-Wine-Verkostung im November 1999: voll ausgebaute Nase; überraschend »süß«, reich, schöne Frucht und Eiche. Zwei Jahre später auf dem Château: Gewicht und Gleichgewicht perfekt. Noch immer tanninbetont. Kürzlich sehr wohlriechend; »süß«, gut gebaut, ansprechend. *Zuletzt im April 2002 bei einer Christie's-Masterclass verkostet* ★★★(★★) *Jetzt bis 2012.*

Ch. Labégorce-Zédé Frühere Jahrgänge dieses beständig gut gemachten *Bourgeois* aus Margaux habe ich vorwiegend bei Thienpont-Degustationen verkostet. Später diente uns der 1995er als guter Alltagsroter für zu Hause, bis wir ihn aufgebraucht hatten. Vielleicht hätte ich ihn länger lagern sollen. Tief, samtig; leicht stielig; reich, voller Frucht. *Zuletzt im Oktober 1999 auf Chippenham Lodge verkostet* ★★(★) *2005 bis 2010.*

Ch. Lagrange (St-Julien) 66 % Cabernet Sauvignon, 27 % Merlot und 7 % Petit Verdot. Das größte klassifizierte Weingut in St-Julien, ein gut geführter Betrieb. Nur zwei Einträge: im Juni 1997 gute Frucht und griffig, eine detailliertere Bewertung bei der St-Julien-Verkostung von 1995ern: wunderschöne Farbe, ein Anflug von Blauviolett; ansprechende Zedernholznase, wohlriechend, ziemlich viel Eiche; trocken, ein guter Wein, im Abgang spürbare Tannine, aber nicht hart. Braucht Essen – und Zeit. *Zuletzt im März 2000 im Vinopolis, der »Weinstadt«, zwischen mächtigen, aus Ziegeln gemauerten Bögen südlich der Themse verkostet* ★★(★★) *2006 bis 2016.*

Ch. La Lagune Früher erzeugte dieses Château den »Burgunder des Médoc«. Inzwischen habe ich das Gefühl, es versucht um jeden Preis, nicht aufzufallen. Erstmals im April 1999 verkostet: ziemlich »süß«, dabei aber sehr tanninbetont. Recht gehaltvoll. Die nächste Verkostung war ganz amüsant. Die rund 80 Weinautoren, die sich im April eine Woche lang nach Bordeaux begeben, werden großzügig in den verschiedenen Châteaux untergebracht. Die Gästezimmer von Lagune sind ziemlich nüchtern, und nach einem anstrengenden Verkostungstag sehnten wir drei auf dem Schloss untergebrachten Weinautoren uns nach einem erfrischenden Getränk – und nach einem Essen. Auf der Karte stand Champagner; glücklicherweise gehört La Lagune Ayala. Man reichte uns eine Flasche. Weißwein gab es nicht, deshalb holte ich ein Exemplar hervor, das mir André Lurton mitgegeben hatte. Es wurde eine Flasche roter Bordeaux gebracht – der 1995er: tief rubinrot; »süßlich«, weich, sehr eichenbetont, angenehm. Um unser angeregtes Gespräch am Laufen zu halten, opferte ich schließlich meine letzte Flasche des 1994er Broadbent-Port, den ich eigentlich für unsere (abwesende) Gastgeberin mitgebracht hatte. Am Schluss amüsierten wir drei uns köstlich. Wenigstens verlangte man kein Korkengeld von uns. *Zuletzt im März 2001 verkostet* ***

Ch. Lascombes Tief, noch immer mit jugendlichem Aussehen; recht angenehme Frucht, eine ganz leichte Stieligkeit; am Gaumen besser. Nach wie vor tanninbetont. *Im September 2001 auf einer Vorverkaufsverkostung degustiert* **(*)

Ch. Léoville-Barton 72 % Cabernet Sauvignon, 20 % Merlot, 8 % Cabernet franc. Neunmal verkostet, angefangen mit einer guten Fassprobe im Mai 1996. Im Jahr darauf schlank, aber wohlriechend. Drei Einträge vom Oktober 1999, der erste entstand in George Blancs Restaurant in Vonnas, der nächste beim jährlichen Weindinner des Knickerbocker Club in New York: beeindruckend, kraftvoll. Am Tag darauf bei der Verkostung von »Super Seconds« so korrekt und gentlemanlike wie Anthony Barton, der seinen Wein vorstellte. Einen Monat später auf der Masters-of-Wine-Verkostung: köstlich, ein »Mundfüller«, würzig. Das traf noch mehr auf die verkostete Flasche im Vinopolis und den Eröffnungswein bei der Verkostung »Drei Léovilles – drei Jahrgänge« von Christie's im März 2001 zu: erfrischend, charmant, insgesamt trocken. Kürzlich bei einer Degustation von Weinen aus dem gesamten Jahrzehnt: tiefer als der 1990er, reich, dicht; wohlriechend, harmonische Nase mit ganz anderem Charakter als der 1991er, 1992er und 1993er; Geschmack und Textur schön. Mokka, Eiche; tanninbetonter Abgang. Klassisch. *Zuletzt im Oktober 2001 auf dem Château verkostet* ***(**) *2005 bis 2020.*

Ch. Léoville-Las-Cases 65 % Cabernet Sauvignon, 19 % Merlot, 13 % Cabernet franc und 3 % Petit Verdot – in der Regel liegt der Petit-Verdot-Anteil höher. Auf der Masters-of-Wine-Verkostung im November 1999 wohlriechend, aber enorm tanninbeladen. Wie viel eine Degustation wert ist, bei der man sitzen kann, zeigte sich bei den nächsten beiden Gelegenheiten. Leider ist hier nur Platz für einen Bruchteil meiner Verkostungsnotizen. Zusammengefasst: enorm beeindruckendes Erscheinungsbild; »süße«, reiche Nase, voller Frucht. (Im März 2000 entdeckte ich, dass meine Frau, die bei meinen Vorträgen meine Bewertungen mitschreibt, »brummel, brummel« hinzugefügt hatte. Jemand sagte einmal, mir zuzuhören sei »der Triumph des Willens über das Murmeln«.) Am Gaumen kaschierten seine natürliche »Süße« und der reiche Extrakt das Tannin. Der erste Eintrag entstand im Vinopolis, der jüngste bei der »Drei-Léovilles«-Verkostung von Christie's: keine harten Kanten, harmonische Nase; vollmundig; trotz der Tannine weich. *Zuletzt im März 2001 verkostet* *(****) *2008 bis 2020.*

Ch. Léoville-Poyferré 65 % Cabernet Sauvignon, 25 % Merlot, 8 % Petit Verdot, 2 % Cabernet franc. Ein halbes Dutzend Mal verkostet, als Erstes eine sehr gute, reiche Fassprobe im April 1996. Zwei gute Bewertungen 1997: überraschend »süß« und attraktiv, trotz der unreifen, rauen Tannine. Auf der Masters-of-Wine-Verkostung 1999: nicht mehr so tief; ein Hauch Zitrus, ansprechende Frucht und erfrischende Säure. Im März 2000 im Vinopolis: sehr überzeugend, unmittelbare Wirkung, vollmundig. Kürzlich samtig, wohlriechend, Schwarze Johannisbeeren und ein Hauch angesengter Torf; gut gebaut, moderat kraftvoll, schlank, trocken und spröde. »Braucht noch fünf bis zehn Jahre.« *Zuletzt im März 2001 bei der »Drei-Léovilles«-Verkostung von Christie's degustiert* **(**) *2006 bis 2016.*

Ch. Lynch-Bages Zehn Einträge, drei davon entstanden 1997. Ein ausgesprochen berechenbarer Wein. Bei der ersten Verkostung im Juli deutlich unfertig, begann aber im Herbst des Jahres, sich zu entwickeln. Fast undurchsichtiges Erscheinungsbild. Kurz darauf, im Oktober 1997, ein Hauch Süße und Fleisch, mit einem Anflug von Meeresbrise. Bei drei Masterclasses von France in Your Glass zwischen 1997 und 2000 mit dabei, änderte allmählich seine Farbe, öffnete sich und offenbarte den Duft und die Lebhaftigkeit, wie sie für einen Lynch-Bages charakteristisch sind. Machte auf der Masters-of-Wine-Verkostung einen guten Eindruck. Bei einer Verkostung für die Chaîne des Rôtisseurs im Lion d'Or im Médoc der beste Wein: »Süß«, köstlich. *Zuletzt im Juni 2000 verkostet* ***(**) *Jetzt bis 2015.*

Ch. La Mission Haut-Brion Erstmals im Dezember 1997 bei einer Verkostung in New York vor einem Essen degustiert: völlig unreif, maskulin, rau und trocken. Zwei Jahre später: erste Anzeichen der charakteristischen Mokkanase; sehr gute, lebhafte Frucht, ausgedehnter, tanninbetonter Abgang. *Zuletzt im November 1999 auf der Masters-of-Wine-Verkostung degustiert* **(**) *Etwa 2008 bis 2020.*

Ch. Montrose Im November 1999 auf der Masters-of-Wine-Verkostung: nicht so tief, aber auf jeden Fall so tanninbetont wie erwartet. Unentwickelte Nase. Fruchtbepackt. Kürzlich: jetzt lebhafte, reife Nase mit verborgener Tiefe; ansprechender Geschmack, schön griffig. *Zuletzt im Oktober 2001 bei Farr Vintners verkostet* **(***) *Wird sich 2006 bis 2020 als Siegertyp erweisen.*

Ch. Palmer Für einen Médoc-Wein ein ungewöhnlich hoher Merlot-Anteil: 50,8 %, der Rest Cabernet Sauvignon. Schon bei der Verkostung einer Fassprobe aus einer halben Flasche im Mai 1996 wurde seine Qualität offenkundig. Zielstrebig entwickelte er sich weiter. Einer der »Super Seconds« bei der Wine-Experience-Veranstaltung im Oktober 1999 in New York: ziemlich tief, samtig, lebendige Frucht; sehr tanninbetont. Bei der Masters-of-Wine-Verkostung im November 1999 absolut köstlich. Später im Abstand von vier Tagen bei der Sichel- und der Farr-Vintners-/Mähler-Besse-Verkostung degustiert: nach wie vor sehr tief; das Bukett brauchte Zeit, um aus sich herauszugehen. Ein schöner Wein, für mich in Stil, Gewicht und Qualität eine Kreuzung aus dem 1959er und dem 1966er. *Zuletzt im Februar 2001 verkostet* ***(**) *2005 bis 2015.*

Ch. Pichon-Baron Erstmals im April 1996 auf der Cazes/AXA-Verkostung im Londoner Cavalry Club degustiert: schon damals etwas Eleganz spürbar, die aber von Eiche und Tannin dominiert wurde. Die anderen sechs Einträge offenbaren eine langsam fortschreitende Entwicklung. 1997 dreimal als »korrekt, aber leicht adstrinigerend« bezeichnet, außerdem zwei Bewertungen bei Masterclasses im Jahr 1998. Ein die Zähne belegendes Tannin. Ehrlich gesagt, ich fand, er verdiente seinen Platz unter den »Super Seconds« nicht und war auch auf der

Masters-of-Wine-Verkostung noch ein bisschen rau. *Zuletzt im November 1999 verkostet* (★★★)? *Offen gesagt enttäuschend.*
Ch. Pichon-Lalande 45 % Cabernet Sauvignon, 40 % Merlot, 15 % Cabernet franc (kein Petit Verdot – normalerweise liegt der Anteil dieser Rebsorte bei 8 %, 1995 aber hatte die Sommerhitze ihr Wachstum gestoppt). Viele Einträge. Das genaue Gegenteil des Weins vom Nachbargut Baron. Weicher, »süßer«, wohlriechender, wenngleich im Juni 1997 noch immer mit ledrigen Tanninen. Entwickelte sich beständig, aber die Flaschen, die May de Lencquesaing für das Millenniums- und »Mann-des-Jahres«-Dinner der Zeitschrift *Decanter* zur Verfügung stellte (der »Mann« war diesmal Jancis Robinson!), präsentierten sich zwar voller Frucht, aber sehr tanninbitter. Nichtsdestotrotz glaube ich, dass der 1995er im Herbst des Jahres seinen Platz unter den »Super Seconds« verdiente. Eigenständig, duftend; »süß«, reich, zum Kauen (auf der Masters-of-Wine-Verkostung) und ebenso wohlriechend, fast wildbretartig auf einer Lalande-Degustation in Eugénie-les-Bains. *Zuletzt im Oktober 2000 verkostet* ★★(★★) *2008 bis 2020.*
Ch. Smith-Haut-Lafitte Relativ viele Einträge, die entweder auf dem Château oder im nahe gelegenen La Caudalie entstanden, dem elegant-rustikalen Kurhotel und Restaurant der Familie Cathiard. Auf jeden Fall ein gut gemachter, attraktiver 1995er. Überraschend »süß«, gute Frucht im Mittelteil und trockener Abgang. *Zuletzt im März 2001 verkostet* ★★★(★) *2005 bis 2015.*
Ch. Talbot 66 % Cabernet Sauvignon, 24 % Merlot, 5 % Cabernet franc, 2 % Petit Verdot und – ganz ungewöhnlich – 3 % Malbec. Bei der British-Airways-Verkostung vom Juni 1997 in guter Verfassung: wohlriechend, zedrig; gute Frucht. Auf der Masters-of-Wine-Verkostung ein Hauch der typischen Talbot-Bauernhofnote – ein reifer, rustikaler Geruch; ansprechende »Süße«, aber natürlich nach wie vor tanninbetont (November 1999). Vier Monate später eine detaillierte Bewertung bei der St-Julien-Degustation von 1995ern im Vinopolis. Nicht so tief wie einige andere 1995er, aber sehr elegantes Erscheinungsbild; ein wirklich wunderschöner Wohlgeruch, Bleistifte aus Zedernholz (diesmal keine Bauernhofdüfte); interessante Textur, lebhafte Frucht, geradlinig, etwas grob, trockener Abgang. *Zuletzt im März 2000 verkostet* ★★(★★) *2005 bis 2015.*

Eine Auswahl aus den vielen anderen, zwischen 1997 und 2002 verkosteten 1995ern **Ch. d'Angludet** Nase, Extrakt und Geschmack sehr gut ★★★; **Ch. d'Arcins** Ein unbedeutender Médoc-Wein, aber angenehm ★★; **Ch. Beauséjour-Duffau-Lagarrosse** (da soll einer sagen, nur deutsche Namen seien kompliziert) Eine von vielen halben Flaschen, die ich mir kürzlich für den privaten Konsum zugelegt habe ★★★; **Ch. du Bosq** Weitere halbe Flaschen von Justerini. Sehr gute Frucht. Für diese Klasse Wein ein perfekter Jahrgang ★★★; **Ch. Brane-Cantenac** Lose gewirkt, Kaffeebohnengeschmack ★★; **Ch. Canon** »Süß«, würzig; köstlich, aber auch tanninbetont ★★★(★); **Ch. Canon-La-Gaffelière** Ein Charmeur mit erdbeerartiger Frucht ★★★; **Ch. Cantemerle** »Süß«, ingwerartig; Geschmack und Gewicht gut ★★★; **Ch. Cantenac-Brown** Gute Frucht, angenehm ★★★; **Ch. Certan-de-May** Ein Hauch Lakritze; ungewöhnlicher Geschmack und Stil ★★★?; **Ch. Certan-Guiraud** Sehr tief; eigenartig »süß«, interessant ★★?; **Dom. de Chevalier** Lebhaft, mit einer Nase, die sich rasch öffnete; etwas rau, müsste aber mittlerweile sehr gut sein ★★★?; **Ch. Cissac** Undurchsichtig; gut, aber braucht noch Zeit ★★(★); **Ch. Clinet** Undurchsichtig; eigen, teerig; ziemlich »süß«, konzentriert. Auf seine Weise sehr gut ★★★; **Ch. La Croix-du-Casse** Eine weitere halbe Flasche von Justerini & Brooks. Nase und Geschmack rustikal. Fleischig. »Geröstete, eisengetönte Tannine« ★★(★); **Ch. Desmirail** Ziemlich gute Margaux-Nase und -Frucht. Robust und etwas grob. Weitere Flaschenalterung müsste die Kanten abrunden ★★(★); **Dom. de L'Eglise** (nicht zu verwechseln mit Eglise-Clinet) Im Stil zugänglich. Nicht viel Klasse ★★; **Ch. L'Etoile** Unbekanntere Graves-Weine bieten in einem Jahrgang wie diesem in der Regel ein sehr gutes Preis-Leistungs-Verhältnis ★★; **Ch. L'Evangile** Leider nur ein einziger Eintrag (aus der letzten Zeit): attraktive Frucht; Geschmack, Textur und Länge schön ★★★★; **Ch. Feytit-Clinet** »Cuvée de la Comète« (von sehr alten Reben). Guter robuster Geschmack ★★★; **Ch. La Fleur** Mild, stilvoll, tanninbetont (auf einer Rodenstock-Vertikalverkostung degustiert) ★★★★; **Ch. Gazin** Schokoladig; ansprechend, im Stil leichter als der La Fleur ★★★; **Ch. Grand-Puy-Ducasse** Schreckliche Nase; medizinal, bitter; **Ch. Kirwan** »Ein guter Merlot-Jahrgang.« Reichlich neue Eiche, die aber durch Körperreichtum kompensiert wird ★★★(★)?; **Ch. Lafon-Rochet** Charakteristisch hart, eichenbetont, schlank, aber mit gutem Geschmack ★★(★); **Ch. Langoa-Barton** Tief, noch immer jugendlich; wunderschöne Zedernholznase, die sich ansprechend öffnete; gute Frucht. Trockener Abgang ★★★; **Ch. Larmande** Frucht und Fleisch. Bitterer, tanninbetonter Abgang ★★(★); **Ch. Lynch-Moussas** Ein guter Wein. Alle Komponenten im Einklang ★★★; **Ch. Magdelaine** Sehr eigenständig. »Süß.« Gute Länge ★★★; **Ch. Prieuré-Lichine** Überraschend »süß«. Fruchtig. Ansprechend ★★★; **Ch. Rauzan-Ségla** Würzig, eichig, reich, stilvoll ★★★(★); **Ch. Rauzan-Gassies** »Süß«, zum Kauen, aber kein *Deuxième-cru*-Niveau ★★; **Clos René** Ansprechende, harmonische Nase; betörend, fleischig, weiche Tannine ★★★(★); **Ch. Roc-de-Combes** François Mitjavile und sein Sohn haben etwas aus diesem bescheidenen Château an den Côtes de Bourg gemacht. Der Wein ist nun reich, ungewöhnlich und sehr charaktervoll ★★★; **Ch. de Sales** Zugänglich, gefällig ★★★; **Ch. St-Pierre** »Süß«, schokoladig; geröstete Eiche, etwas zu viel des Guten. Ein bisschen vulgär und grob ★★; **Ch. du Tertre** Eigenartige Obertöne; gute Frucht, aber raue, metallische Tannine (ein alter Eintrag) (★★)?; **Ch. Tertre-Rotebœuf** Tief; reich; »süß«, zum Kauen ★★★★; **Ch. La Tour-Figeac** Tief; guter Extrakt und Geschmack ★★★; **Ch. Tronquoy-Lalande** Eine meiner »Alltags«-Halbflaschen. Noch immer undurchsichtig. Sehr tanninlastig, aber gut zu Daphnes Lammeintopf! ★★; **Ch. Troplong-Mondot** Gute Frucht, griffig ★★; **Ch. Trotanoy** Der letzte, aber sicher nicht schlechteste 1995er: »Süß«, fruchtbeladen ★★★★★

1996 ★★ bis ★★★★

Obwohl der ansprechende 1995er diesem Jahrgang die Schau stahl, fiel der 1996er besser aus, als man zunächst gedacht hatte – bei näherem Hinsehen sogar sehr viel besser. Nach Durchsicht meiner Notizen komme ich zu dem Schluss, dass er ein stark unterschätzter Jahrgang ist.

Doch zunächst zum alles entscheidenden Klimaverlauf: Die gelegentlichen Frosteinbrüche im Februar und März kamen viel zu früh, um Schaden anzurichten, verzögerten den Austrieb allerdings bis Mitte April. Die Blüte verlief früh und gleichmäßig und war am 20. Juni abgeschlossen. Das sehr heiße Juniwetter setzte sich fort und es blieb warm bis zum August, der kühl anfing, aber mit hohen Tagestemperaturen und kalten Nächten ausklang. Die anfangs hohen Erwartungen wurden zunächst gedämpft, weil Regen vor der Lese die früh reifende Merlot-Traube verwässerte und in Pomerol sowie St-Emilion eine Ertragsminderung nach sich zog. Wesentlich besser kam man im Médoc davon, wo nur halb so viel Niederschläge fielen, obwohl es gegen Ende September erneut regnete. Die spät gelesenen Cabernet-Trauben waren von hoher Qualität, weshalb reiche, ziemlich konzentrierte Weine entstanden. Es lohnt sich, diesen Jahrgang im Auge zu behalten.

Ch. Lafite Es gibt einige Keller, in denen ich gut verkosten kann, aber der von Lafite gehört nicht dazu, denn er ist zu kalt. Den ersten Eindruck vom 1996er bekam ich quasi im Vorbeigehen auf dem Weg zum Essen im Château. In meinem unzureichenden Eintrag steht nur, dass er tief, komplett und von guter Länge war. Ein paar Jahre später zeigte er sich auf der Masters-of-Wine-Verkostung von 1996ern im November 2000 in sehr guter Verfassung: noch immer pflaumenfarben und unreif; erdiger als erwartet, aber wohlriechend und tief. Am Gaumen ein lebhafter, schöner Geschmack und gute Länge. Zuletzt auf Rodenstocks Blindverkostung von erstklassifizierten Gewächsen der Jahrgänge 1994 bis 1997 verkostet. Leichte Unterschiede zwischen den einzelnen Exemplaren. Beide Flaschen (des 1996ers) mit undurchsichtigem Zentrum, die erste etwas vegetabil, aber dennoch ein klassischer Cabernet; ziemlich rau. Bei der zweiten Frucht, Tannin und Säure besser. Interessiert nahm ich nach dem Aufdecken aller Flaschen zur Kenntnis, dass die durchschnittlichen Bewertungen der recht erfahrenen Degustatoren sich nur geringfügig unterschieden und zwischen 92 und 95 Punkten lagen; die meisten hatten 93 oder 94 vergeben. Wie so oft ein Wein, für den man Zeit und Geduld braucht. *Zuletzt im März 2001 verkostet (★★★★) Eventuell 2012 bis 2030?*

Ch. Latour Ich verkostete den *grand vin* erstmals im September 1998 im Château. Nach dem köstlichen 1997er zeigte er sich verhalten und streng. Sehr tanninbetont. Nur ein paar Jahre später auf der Masters-of-Wine-Verkostung von 1996ern wirkte er zwar tief, schien sich aber weiterentwickelt zu haben. Beim ersten Schnüffeln dem Lafite sehr ähnlich – ich gab ihm dieselbe Bewertung (18 von 20 Punkten – ich verwende das 100-Punkte-System nur, wenn meine Gastgeber darauf bestehen und das Umfeld sich eignet). Außerdem überraschend »süß«. Zum Kauen. Gute Frucht, sehr trockener Abgang. Auf der Rodenstock-Blindverkostung von erstklassifizierten 1996ern aber bekam er meine zweitbeste Bewertung – zwei Punkte über dem Schnitt. Schöne Farbe; ein Hauch Mokka, wohlriechend; stilvoll, sehr guter Geschmack, im Abgang seidig-ledrige Tannine. *Zuletzt im März 2001 verkostet (★★★★) 2015 bis 2030.*

Ch. Margaux Der *grand vin* setzt sich aus 85 % Cabernet Sauvignon und Cabernet franc, 10 % Merlot und 5 % Petit Verdot zusammen. Es macht immer wieder Spaß, auf Margaux zu verkosten; im April 1997 degustierte ich gleichzeitig den 1995er und den 1996er, die sich im Stil sehr stark voneinander unterscheiden. Der 1996er war natürlich undurchsichtig; verschlossen, aber mit klassischer Frucht; im Geschmack schön, schlank, mit würzigem, tanninbetontem Abgang. Ich fügte hinzu: »Eindeutig ein Wein mit Finesse, wie eine Schwimmweltmeisterin sehnig, stromlinienförmig, gut gebaut, mit festen, schön definierten Pectoralis-Muskeln.« Als Nächstes einen Monat nach der Abfüllung im September 1998 eine Flasche kurz vor dem Essen mit den Lesearbeitern. Dunkel kirschrot; lebhafte, feste, scharfe Frucht; schlank, elegant und kraftvoll zugleich. Gutes Potenzial. Eine weitere Degustation im April 2000 auf dem Château, als Paul Pontallier uns anvertraute, dass der 1996er einer seiner Lieblingsjahrgänge sei. Vollmundig, sehr tanninbetont, großes Potenzial. Noch im selben Herbst eine äußerst hohe Bewertung bei der Masters-of-Wine-Verkostung. Vollkommene Farbe; eine Nase, die sich »süß« entwickelte, am Gaumen mit weichem Auftakt und duftigem Abgang. Bei der zweiten Vertikalverkostung von Manfred Wagner erwies er sich erneut als dem 1995er unterlegen, in der Nase ein Hauch Teer, Gewürz und Zitrusfrucht. Sehr tanninbetont. Im darauf folgenden Frühjahr bei Rodenstocks Blinddegustation von erstklassifizierten Weinen wiederum bekam er mit dem Cheval Blanc meine höchste Bewertung. Auffallend aber war bei dieser Verkostung, dass die Punktzahlen aller Degustatoren außergewöhnlich nahe beieinander lagen. Ich empfand ihn als »süßesten« aller Weine, mit wunderschöner Frucht und verhüllten Tanninen. *Zuletzt im März 2001 verkostet (★★★★) 2010 bis 2020.*

Ch. Mouton-Rothschild Wie bei den anderen erstklassifizierten Médoc-Gütern muss man sich hier für eine Verkostung einen festen Termin mit Datum und genauer Uhrzeit geben lassen. Ich tauche in der Regel mit Steven Spurrier auf. Im September 1998 durften wir also den Médoc-»Stall« der Rothschilds mit d'Armailhac, Clerc-Milon und dem *grand vin* der beiden Jahrgänge 1996 und 1997 degustieren. Wir besprachen die Weine mit Hervé Berland, der uns informierte, dass der 1996er *grand vin* sich aus 77 % Cabernet Sauvignon, 13 % Merlot und 10 % Cabernet franc zusammensetzte. Außergewöhnliche Nase, gerösteter Mokkaduft; »süßer«, voller, reicher Cabernet-Geschmack und Endgeschmack. Im November 2000 bekam er auf der Masters-of-Wine-Verkostung meine Spitzenbewertung. Reicher Extrakt; reife, wunderschön duftende, »vielfältige« Nase. Sehr schön. Im darauf folgenden Frühjahr erneut »Mokka«; »süß«, robust, ein Hauch von bitteren Tanninen. Aber ein feiner Wein. *Zuletzt im März 2001 degustiert (★★★★★) 2012 bis 2030.*

Ch. Haut-Brion Nur fünfmal verkostet, das erste Mal im September 1998 mit Jean Delmas auf dem Château; mitteltief, pflaumenfarben; in der Nase und am Gaumen weicher und harmonischer als der ebenfalls verkostete 1997er. Schöne Textur, mittelmäßige Länge. Als Nächstes auf der Masters-of-Wine-Verkostung von Haut-Brion-Gewächsen im Januar 2000 degustiert. Noch immer mit jugendlich gutem Aussehen; sehr wohlriechend, erdig, Mokkanote – Delmas bezeichnete ihn als »sehr charakteristischen Pessac, verbrannte Marmelade und … (ich kann meine eigene Schrift nicht entziffern!), ein Wein mit einem hohen Restzuckergehalt und viel Säure«. Auf jeden Fall eine reiche, robuste Kreszenz mit tannin- und eisenbetontem Abgang und Nachgeschmack. Zehn Monate später auf der Masters-of-Wine-Verkostung von 1996ern schrieb ich: »Ein ganz anderes Kaliber.« Hohe Bewertung. Schön gehaltvoll, ansprechende Textur. Kürzlich mit sechs weiteren erstklassifizierten 1996ern blind verkostet. Jetzt mitteltief, kräftige »Tränen«; fruchtbepackte Nase, wohlriechend; »süß«, ein ziemlich voller Körper, der die Tannine und die Säure kaschierte, komplett, schöner Geschmack. Ich gab ihm eine überdurchschnittlich hohe Bewertung und stellte ihn auf eine Stufe mit dem Margaux. *Zuletzt im März 2001 auf einem von Rodenstocks Weinessen degustiert (★★★★) 2008 bis 2025.*

Ch. Cheval Blanc Erstmals im April 1997 auf dem Château verkostet. Weder sehr tief noch sehr intensiv, aber reich; ansprechende, junge Nase, außergewöhnlich pfirsichduftig; entsprechender Geschmack. Zum Kauen, attraktiv. Auf der Masters-of-Wine-Verkostung vom November 2000 sah er aus, als würde er ziemlich schnell reifen; sehr wohlriechend, diesmal mit »weichen Himbeeren«. Perfekt im Gleichgewicht. »Ein Charmeur.« Auf der bereits erwähnten Blindverkostung von Rodenstock nicht viel anders. Entwickelte sich gut. Ein schönes Gewächs. *Zuletzt im März 2001 verkostet ★★★★ 2006 bis 2018.*

Ch. Ausone Erstmals im April 1998 im spektakulären Keller des Schlosses verkostet, der eigentlich mehr eine von den Römern in den Stein gehauene unterirdische Höhle ist: beeindruckend tief, ziemlich intensiv, eine gewisse Schlankheit und Maskulinität. Kürzlich auf der Masters-of-Wine-Verkostung von 1996ern: sehr entgegenkommende Nase und meiner Ansicht nach ziemlich alkoholstark; mitteltrocken und mittelvoller Körper. Sehr geradlinig. Ausone, einst für seine wechselhafte Form bekannt, scheint neuerdings wieder frische Energie getankt zu haben, ist sich aber trotzdem treu geblieben. *Zuletzt im November 2000 verkostet* (★★★★) *Etwa 2008 bis 2020.*

DEN NÄCHSTEN 1996ERN MÖCHTE ICH ETWAS VORAUSSCHICKEN: Ein junger roter Bordeaux-Wein weist zunächst einen purpurnen Ton, aber unterschiedliche Farbtiefe und -intensität auf. In der Nase verbündet sich mehr oder weniger ein junges Fruchtaroma mit Eiche. Tannin dominiert. Bei der Verkostung im darauf folgenden Frühjahr notiere ich mir nur die Auffälligkeiten, also etwa außergewöhnlich tief oder blass, eichenbetont oder mit harten Tanninen, außerdem eine generelle Bemerkung zur Qualität und zum Stil. Die Eröffnungsverkostungen fanden alle im April 1997 in bestimmten Gastgeber-Châteaux in den jeweiligen Distrikten statt, während die eingehende Degustation der 1996er im November 2000 in London anberaumt war. Abgesehen von den erstklassifizierten Gewächsen sind die Weine dort sehr fair und demokratisch nach Distrikten und in alphabetischer Ordnung arrangiert.

Ch. L'Angélus Der erste Wein auf der Eröffnungsverkostung mit Gewächsen vom rechten Ufer im April 1997 auf Château Franc-Mayne (12 St-Emilion- und 11 Pomerol-Weine). Alle Flaschen waren recht kalt, was mir die Arbeit nicht gerade erleichterte. Undurchsichtig; gedämpfte, unbestimmte Nase; passable Frucht, aber harte Tannine. Dreieinhalb Jahre später etwas Farbe verloren, aber noch immer ziemlich tief; in der Nase und im Geschmack stämmig und fruchtbeladen. Sehr trockener Abgang. Beeindruckend. *Zuletzt im November 2000 auf der Masters-of-Wine-Verkostung von 1996ern degustiert* (★★★★) *2006 bis 2015.*

Ch. d'Armailhac 55 % Cabernet Sauvignon, 25 % Merlot, 20 % Cabernet franc. Mehrere Einträge: gedämpfte Maulbeernote; Frucht und Geschmack »süß« und köstlich. Natürlich tanninbetont. Kürzlich: ziemlich farbtief, mit dicker Taille; lebhafte, interessante Nase; kernige Frucht, erfrischend, aber etwas rau. *Zuletzt im Juli 2001 beim Bordeaux-Weinkurs von Christie's degustiert* ★★(★) *2004 bis 2012.*

Ch. Batailley Im Juni 1997 bei einer Verkostung von British Airways: undurchsichtig; leicht verkohlter Duft mit einem Hauch Karamell; »süß«; volle, reiche Frucht, attraktiv. Kürzlich: intensiv, noch immer mit jugendlich blauviolettem Rand; schöne Nase, »gut zusammengefügt«. »Ein guter Wein für mittellange Lagerung.« *Zuletzt im Juni 2000 bei einer Masterclass von France in Your Glass in Eugénie-les-Bain verkostet* (★★★) *2006 bis 2015.*

Ch. Beauregard Im April 1997: brombeerartige Frucht; trocken, ein recht beeindruckender, jugendlicher Pomerol. Als Nächstes nicht sehr farbtief; leicht schokoladig, ansprechend, zugänglich. *Zuletzt im November 2000 verkostet* ★★★ *Jetzt bis 2012.*

Ch. Beauséjour-Bécot Positive, gute Frucht und Textur, sehr lebhaft (April 1997). Harmonisch; »süß«, weich, zugänglich, dabei komplett (November 2000). Vor kurzem noch immer jugendlich; reiche Nase, aber meines Erachtens am Gaumen zu eichenbetont. *Zuletzt im März 2001 beim Eröffnungsessen der Union des Grands Crus auf Château d'Yquem verkostet* ★(★★) *2006 bis 2015.*

Ch. Bernadotte Ein 1995 von May de Lencquesaing erworbenes *Cru-bourgeois*-Gut, das ihr Neffe Gildas d'Ollone führt. Erstmals im September 1998 auf Pichon-Lalande verkostet: gute, lebhafte, würzige Frucht. Dann beim Essen mit Gildas, nachdem wir gemeinsam musiziert hatten (er auf der Flöte, ich am Klavier): »Süß«, reich, ließ sich gut trinken. *Zuletzt im Oktober 2001 verkostet* ★★★

Ch. Beychevelle Ziemlich gute Frucht, mokkaartige Nase. Im Oktober 1999 bei einer Blindverkostung für British Airways leidlich gut beurteilt. Eine fast identische Bewertung auf der Masters-of-Wine-Verkostung, obwohl ich ihn nicht ganz so wohlwollend beschrieb: leicht stinkende, erdige, rustikale Nase. Am Gaumen besser. *Zuletzt im November 2000 verkostet* ★★? *Hat das Potenzial, sich noch zu steigern.*

Ch. Branaire-Ducru Nur ein Eintrag: attraktive rubinrote Farbe; in Nase und Geschmack lebhaft und duftend. Wie immer sehr stark ausgeprägte Eiche. Schlank. Raue Tannine. *November 2000* (★★★) *2008 bis 2016.*

Ch. Brane-Cantenac Ein Château der Familie Lurton. Im April 1997 verkostete ich die Margaux-Palette blind. Beeindruckendes Erscheinungsbild; etwas Frucht, aber schwitzige Tannine, später »Liguster« und ein Anflug von Zitrus; Körper und Frucht angenehm. Kürzlich: pflaumenfarben; ziemlich »süß«, reich, mit lebhafter Frucht. Der Wein dieses Guts wies einst einen »Bauernhof«-Einschlag auf, hat sich aber mittlerweile deutlich gesteigert. *Zuletzt im November 2000 verkostet* ★★(★★) *2006 bis 2016.*

Ch. Calon-Ségur Erstmals auf einer British-Airways-Blindverkostung degustiert, auf der ich ihm nur eine bescheidene Bewertung gab. Auch bei der Masters-of-Wine-Verkostung war ich nicht sehr beeindruckt. Nicht sonderlich tief; ein ganz angenehmer, »süßer«, zugänglicher Wein, allerdings mit einem Anflug von Schroffheit. *Zuletzt im November 2000 verkostet* ★(★) *Jetzt bis 2012.*

Ch. Canon Das Château hatte zu dieser Zeit mit Problemen zu kämpfen, weil das Fungizid, mit dem die in den 1980ern im Fasskeller installierten Holzbalken behandelt worden waren, sich in der Luft angereichert und die Qualität der Fässer beeinträchtigt hatte. Bei der Verkostung im April 1997 eine leicht ungesunde Nase; eigenartiger Geschmack wie roter Douro. Auch andere Degustatoren bemerkten, dass etwas nicht ganz stimmte. Später schien der Wein sich aber wieder gefangen zu haben. Seine Nase hatte sich geöffnet und war nun voll ausgebaut; im Stil »süß«, offen und zugänglich – aber ein eigenartiger Geschmack nach zermahlenen Stielen im Abgang. *Zuletzt im November 2000 verkostet* (★★)? *Bald trinken.*

Ch. Canon-La Gaffelière Im April 1997: undurchsichtig, intensiv; verschlossen, später ziemlich ungesund; positiv, »italianid«, sehr tanninbetont. Ich kann nicht sagen, dass ich sonderlich von ihm angetan gewesen wäre, aber im April des darauf folgenden Jahres hatte er sich beruhigt: gute Frucht; ein kraftvoller Wein. *Zuletzt im April 1998 auf dem Château verkostet* ★(★★), *möglicherweise auch vier Sterne. Etwa 2006 bis 2016.*

Ch. Cantemerle Erstmals im April 1997 degustiert: voll im Geschmack, reiche Frucht, gefällige würzige Eiche. Kürzlich bei Farr Vintners eine kurze Notiz im Vorbeigehen: »Attraktiv, aber …« Ein anständiger Wein, mehr nicht. *Zuletzt im Oktober 2001 verkostet* ★★ *Jetzt bis 2010.*

Ch. Cantenac-Brown April 1997: ganz gefällig, zum Kauen, etwas schwach. Entwickelte sich gut. Ein erdiger Ton, zugänglich, attraktiv. »Mittlere Lebenserwartung.« *Zuletzt im November 2000 verkostet* ★★(★) *2006 bis 2015.*

Ch. Les Carmes-Haut-Brion April 1997: eine wohlriechende Unmittelbarkeit in der Nase; eigenständig, schnell reifend. Ein Anflug der Graves-typischen »Tabak«-Note, gut im Fleisch.

Ein hübscher Wein. *Zuletzt im März 2001 bei einem Essen der Union des Grands Crus verkostet* ★★★ *Jetzt bis 2012.*

Ch. Chasse-Spleen Wieder einmal wesentlich besser, als seine offizielle Klassifizierung es vermuten ließ. Im April 1997: tiefes samtiges Violett; guter Geschmack, Zedernholz, im Abgang eine Zitrusnote. Ansehnliches Gewicht (12,8 % Alkohol). *Zuletzt im Juni 2000 beim Abendessen auf Chippenham Lodge verkostet* ★★★ *Jetzt bis 2012.*

Dom. de Chevalier April 1997: reichlich Frucht, komplett, aber meiner Meinung nach etwas schwerfällig und uncharmant. Eine bessere Bewertung auf der Masters-of-Wine-Verkostung: charaktervoll, guter Geschmack. Alles da. *Zuletzt im Oktober 2001 verkostet* ★★(★★) *2006 bis 2016.*

Ch. Clerc-Milon 60 % Cabernet Sauvignon, 30 % Merlot, 10 % Cabernet franc. Erstmals im September 1998 auf Mouton verkostet: undurchsichtig; verhaltene Nase, aber großartiger Auftakt und fabelhafte Textur. Natürlich tanninbetont. Machte auch auf der Masters-of-Wine-Verkostung einen guten Eindruck. Füllig, komplett. *Zuletzt im November 2000 verkostet* ★(★★) *2006 bis 2016.*

Ch. La Conseillante April 1997: etwas schlank; sehr wohlriechend, eichenbetont. Eine meiner höchsten Bewertungen auf der Masters-of-Wine-Verkostung: »Absolut zufriedenstellend in Geschmack, Gewicht und Gleichgewicht. Tannin und Säure ausgezeichnet.« *Zuletzt im November 2000 verkostet* ★(★★★) *2006 bis 2016.*

Ch. Cos d'Estournel Ein hoher Anteil von Cabernet Sauvignon, lange Reifephase. Säurebetonter Jahrgang. Auf der Verkostung von British Airways im Juni 1997 noch immer sehr tanninlastig und rau, allerdings mit guter Frucht. Machte im Oktober 2000 bei der »Top-Ten«-Degustation auf der New Yorker Wine-Experience-Veranstaltung von sich reden. Ähnliche Farbe wie der mit ihm verkostete 1996er Barossa Estate aus Südaustralien; eine sehr gute, breite, wohlriechende Nase, die sich im Glas reich öffnete. Ein trockener Wein voller Cabernet-Frucht. »Braucht Zeit.« Im darauf folgenden Monat ähnlich gut entwickelte Nase. Geschmack, Stil, Gewicht, Tannintextur gut. Noch immer tief und pflaumenfarben; »süße«, schwitzige, tanninbetonte Nase; überraschend reich und rustikal. Ein interessantes Gewächs. *Zuletzt ein flüchtiger Eintrag vom Oktober 2001* ★★(★★) *2004 bis 2015.*

Ch. La Croix-de-Gay Im April 1997 und November 1999: ein ungewöhnlicher Duft, den ich auf Cabernet franc zurückführte, doch diese Traube hat im Verschnitt nur einen Anteil von 10 % (80 % Merlot, 10 % Cabernet Sauvignon), reife Frucht, attraktiver Geschmack. Kürzlich: versucht zu reifen, aber nach wie vor mit blauviolettem Rand; milde, harmonische Nase; seidige Textur, weicher, austrocknender Abgang. *Zuletzt im Juli 2001 bei einem Bordeaux-Weinkurs von Christie's degustiert* ★★★(★) *2004 bis 2015.*

Ch. L'Eglise-Clinet Erstmals im April 1998 im Fasskeller mit Denis Durantou verkostet: fabelhafte Frucht mit Veilchen-Obertönen; »süß«, füllig, köstlich. Als Nächstes wieder in Begleitung von Denis bei der Farr-Vintners-Vertikalverkostung im Juli 1998: »Ein echter Pomerol-Jahrgang«, sagte man uns. Zweifellos eine schöne Magnum. Fleischig, Geschmack nach kleinen Beeren. Zwei Monate später auf einer weiteren Vertikalverkostung, diesmal von einem ernsthaften Bewunderer von Durantou, nämlich Hardy Rodenstock. Wirklich ein sehr ansprechender, fleischiger Wein. Kürzlich noch einmal bei einer von Hardys Degustationen, diesmal einer Blindverkostung von sieben 1996ern, die alle fast gleich gut waren. Der L'Eglise-Clinet auf demselben Niveau wie die davor und danach verkosteten Latour und Mouton. Weil man hinterher immer klüger ist, wies ich abschließend noch auf das Pomerol-Markenzeichen hin, die seidige Tannintextur. *Zuletzt im März 2001 verkostet* ★(★★★) *2006 bis 2016.*

Ch. de Fieuzal Einer von mehreren beständig guten Pessac-Léognan-Weinen, die es verdienten, bekannter zu werden. Vier durchweg gute Einträge vom April 1997, auf einer British-Airways-Degustation zwei Monate später mit betörendem, würzigem Duft und Geschmack, reife Maulbeerfrucht. Sehr attraktiv. Bei der Masters-of-Wine-Verkostung noch immer sehr farbtief, mit reicher, cremiger Note und einem außerordentlich ansprechenden Geschmack. Fünf Monate später ein sehr entgegenkommendes, erdiges Graves-Bukett; »süß«, weich, sehr charaktervoll. Ich kann ihn nur empfehlen. *Zuletzt im April 2001 mit dem Tasting Club bei den Berry Bros. degustiert* ★★(★★) *Jetzt bis 2015.*

Clos Fourtet April 1997: undurchsichtig, gebändigte Frucht, beeindruckend, aber hart. Reifere Farbe; wohlriechend; gute Länge; sehr attraktiv, »eine enorme Steigerung gegenüber früher«. *Zuletzt im November 2000 verkostet; gerade noch* ★★(★★) *2006 bis 2012.*

Ch. Giscours Ganz anders als die großen, fleischigen Weine, die in den 1970ern in diesem Château entstanden. Keineswegs undurchsichtig und dicht, eher das Gegenteil. Zwar wohlriechend, mit weichem Auftakt, doch eher schlank und ziemlich säurebetont (April 1997). Im Herbst desselben Jahres unverwoben, birnen- und apfelähnliche Frucht, aber am Gaumen weich und duftig. Kürzlich: öffnete sich ansprechend; »süß«, zugänglich, ein Frühstarter. *Zuletzt im November 2000 verkostet* ★★★ *Jetzt bis 2010.*

Ch. Grand-Puy-Lacoste Erstmals im Juni 1997 gemeinsam mit Xavier Borie auf Ducru verkostet. Ausgeprägtes Cabernet-Sauvignon-Aroma nach Schwarzen Johannisbeeren; konzentriert, voller Frucht. Kürzlich: nicht mehr so tief – »vollendete Farbe«, «perfekte Frucht« in der Nase und am Gaumen. Auch vollendet ausgewogen. Eine meiner Spitzenbewertungen auf der Masters-of-Wine-Verkostung von 1996ern. Ich bin froh, dass ich mir einen Vorrat zugelegt habe. *Zuletzt im November 2000 verkostet* (★★★★), *zu gegebener Zeit vielleicht fünf Sterne. 2008 bis 2025.*

Ch. La Grave Trigant-de-Boisset Mittel, entspannt; ein sehr attraktiver Wein, leichter Tanninbiss. *Oktober 2001* ★★★(★) *Bald bis 2015.*

Ch. Gruaud-Larose In typischer Bestform. Kurz: undurchsichtig; charaktervoll, würzig, gute Frucht (April 1997). Machte auf der Blindverkostung von British Airways im Oktober 1999 einen guten Eindruck. Jetzt lebhafte rubinrote Farbe; vielschichtige Frucht in Nase und Geschmack. Gut verhüllte Tannine. Bekam auf der Masters-of-Wine-Verkostung unter allen St-Julien-Weinen meine höchste Bewertung. *Zuletzt im November 2000 verkostet* ★(★★★★) *2006 bis 2020.*

Ch. Haut-Bailly Erstmals auf der Eröffnungsverkostung von Graves-Weinen im April 1997 degustiert: samtig, überzeugend; »süß«, in der Nase ein leichter Honigton; bereits geschmeidig, Frucht und Extrakt gut. Auch auf der Masters-of-Wine-Verkostung 2000 in guter Verfassung: reich, komplett, gut gemacht. 2001: noch immer ziemlich tief, leichter Brombeerton in der Farbe und eigenartigerweise auch in der Nase. Ein Hauch Vanille. Kürzlich: »Süße« Frucht; reicher, lebhafter Graves-Charakter. Braucht noch Zeit in der Flasche. Ein sehr attraktiver Wein. *Zuletzt im April 2002 bei Christie's verkostet* ★★(★★)

Ch. Haut-Batailley Reiche Farbe; reif; gehaltvoll, aber tanninbetont. Stilvoll. Braucht Zeit. *Oktober 2001* ★★(★★) *2005 bis 2015.*

Ch. Kirwan Ein Wein im neuen Kirwan-Stil, den das Château Michel Rolland verdankt. Erstmals bei der Margaux-Degustation im April 1997 verkostet: tief, reich; Nase und Geschmack reich und konzentriert, mit feigen- und pflaumenartigem Cabernet-Sauvignon-Charakter. Eichenbetont. Gefällig. Auf der Masters-of-Wine-Verkostung sehr gut entwickelte Nase, schokoladig; ein voller, reicher, sehr tanninbetonter Wein. Er bekam von bestimmten Weinkritikern sehr hohe Punktzahlen, was die Verkaufszahlen in die Höhe schnellen ließ. *Zuletzt im November 2000 verkostet* ★(★★★), *wenn man diesen Stil mag. Etwa 2006 bis 2015?*

Ch. Labégorce-Zédé Erstmals verkostet bei einer Degustation von Weinen der beiden großen Thienpont-Châteaux (das andere ist Vieux Château Certan), die ich im März 1999 in Brüssel leitete: mitteltief, glänzende, attraktive Farbe; eine lebhafte, junge Sortennase, die sich wohlriechend öffnete; kernig, im Stil eher leicht, würzige Frucht. Ich kaufte anschließend bei Justerini einige halbe Flaschen für den privaten Gebrauch. Pflaumenfarben; frische, lebhafte Frucht. Angenehm. *Zuletzt im Juli 2001 verkostet* ★★(★) *Jetzt bis 2012.*

Ch. La Lagune Sehr tief; voll reicher, stämmiger Frucht. Zu gebratener Entenbrust. Gerade das Richtige für ein Einführungsessen der Distillers. *Verkostet im November 2001* ★★(★) *Bald bis 2010.*

Ch. Larcis-Ducasse Ein ziemlich schnell reifender Wein; leidlich duftend; »süße«, weiche Frucht (ich vermute einen hohen Merlot-Anteil), angenehm, aber nicht sehr überzeugend (April 1997). Die nächsten beiden Einträge entstanden zu Hause: gefälliger Trinkgenuss. *Zuletzt im Januar 2001 verkostet* ★★★ *Jetzt bis 2010.*

Ch. Larrivet-Haut-Brion 55 % Cabernet Sauvignon, 45 % Merlot. 1997: schlank, wohlschmeckend, aber zu eichenlastig. Bei einem Bordeaux-Weinkurs von Christie's ein detaillierter Eintrag. Kurz: undurchsichtiges Zentrum; gute Frucht, öffnete sich schön; ein lebhafter, hübscher Wein, insgesamt trocken. *Zuletzt im Juli 2001 verkostet* ★★(★) *2004 bis 2010.*

Ch. Lascombes Drei Einträge. Ehrlich gesagt, war ich nicht beeindruckt. Schlanke Frucht, locker verwoben (April 1997); auch in der Nase verhalten und nicht überzeugend, wenngleich wohlschmeckend, »etwas Charme« (auf der Masters-of-Wine-Verkostung 2000). Seltsame, malzige Nase; reicher, angesengter Mokkageschmack. *Zuletzt im September 2001 bei einer Lascombes-Vorverkaufsverkostung degustiert* ★★ *2004 bis 2010.*

Ch. Léoville-Barton Machte bei der Eröffnungsverkostung der Union des Grands Crus im April 1997 einen guten Eindruck: undurchsichtig; zedrig; gut im Geschmack, seidig-ledrige, tanninbetonte Textur, duftiger Abgang. Bei der Masters-of-Wine-Verkostung im November 2000: klassischer Duft, ähnliche Textur, gute Länge, aber säurebetont. Kürzlich: jetzt pflaumenpurpurn; in der Nase Mokka und Kaffee, fleischiger als der 1995er; lebhafte Frucht, schlank, gut, aber ziemlich spitzig. *Zuletzt im November 2001 bei einer Vertikalverkostung mit Weinen der 1990er-Jahre auf dem Château verkostet* ★(★★) *2008 bis 2016.*

Ch. Léoville-Poyferré Lebhaftes Purpurrot; Teernote; attraktiv, sehr tanninbetont (April 1997). Gut auch auf der Verkostung von British Airways zwei Monate später: wohlriechend; gute Frucht, hochklassig, aber etwas zu eichenlastig. Kürzlich beeindruckend tief; reif, etwas rustikaler als erwartet; »süß«, recht viel Frucht, Tannin und Säure. Ein schöner Wein. *Zuletzt im November 2000 verkostet* ★★★(★) *2005 bis 2015.*

Ch. Lynch-Bages April 1997: ziemlich intensives Purpurrot; ein Anflug von Teer; »süße«, gute Frucht, griffig. Als Nächstes auf einer Lynch-Bages/Batailley-Masterclass im Juni 2000. Zwar noch immer beeindruckend farbtief, doch bereits mit ersten Anzeichen von Reife; Nase und Geschmack jetzt gut entwickelt, »süß«, köstlich, ziemlich körperreich (13 % Alkohol), kaschierte Tannine. Fünf Monate später harmonisch, weiche Frucht, ein attraktiver Wein. *Zuletzt im November 2000 auf der Masters-of-Wine-Verkostung von 1996ern degustiert* ★★(★★) *2006 bis 2016.*

Ch. Montrose Der Jahrhundertwein der Familie Charmolüe. 65 % Cabernet Sauvignon, 25 % Merlot, 10 % Cabernet franc. Traditionelle Vergärung in Eichenbehältern, zu 20 % in neuer Eiche. Bei der Eröffnungsverkostung im April 1997 der beste St-Estèphe: verschlossene Nase, am Gaumen aber außergewöhnlich reich, körperreich und fruchtig. Als Nächstes beim »Top-Ten«-Seminar des *Wine Spectator* in New York mit nun reicherem Bukett, große Tiefe; »süßer« und körperreicher als der Nachbar und Rivale Cos d'Estournel. Lebhafter, trockener Abgang. Einen Monat später auf der Masters-of-Wine-Verkostung: schöne Farbe, kirschrotes Zentrum; reich, voll, robust, komplett, beeindruckend. *Zuletzt im November 2000 verkostet* ★(★★★★) *2006 bis 2026.*

Ch. Palmer Fünf Einträge. Bekam im April 1997 unter allen blind verkosteten Margaux-Gewächsen meine höchste Bewertung: würzige, neue Eiche, guter Körper. »Ein femininer Palmer«, notierte ich mir, nachdem die Namen aufgedeckt worden waren. 1999 auf einer Blindverkostung für die First Class von British Airways und die Concorde degustiert (sehr wohlüberlegt von British Airways, für die Zukunft so gut vorzusorgen). Sicherte sich auf der Masters-of-Wine-Verkostung von 1996ern (November 2000) gemeinsam mit dem Château Margaux meine höchste Bewertung aller 19 Margaux-Weine: reiches, wohlriechendes Bukett, in dem sich zusätzliche Dimensionen auftaten; ansprechender Geschmack, allen anderen weit voraus. Kürzlich gab Palmer-Direktor Bernard de Lange bei der Sichel-Degustation im Februar 2001 und im selben Monat noch einmal bei Farr Vintners bekannt, dass die Merlot-Trauben sehr stark ausgereift waren. Der Wein hatte zwar viel zu bieten, doch empfand ich ihn in diesem Stadium als sehr tanninlastig, mit einem zitrusartigen Anflug von Säure. Wird zweifellos noch einmal zulegen. *Zuletzt im Februar 2001 verkostet* ★★(★★) *2008 bis 2018.*

Ch. Pape-Clément Ich gab ihm bei der Graves-Verkostung (April 1997) eine ziemlich hohe Bewertung: würzig; voller Frucht und Extrakt. Gehaltvoll. Interessant. Bei einer Blindverkostung von British Airways 1999: zwar tief, doch mit ersten Zeichen von Reife, der unverwechselbare Graves-Geschmack und -Stil sehr ausgeprägt. Etwas rau und erdig. Kürzlich mit voll entwickelter Nase, offen, reich; komplett, sehr tanninbetont. *Zuletzt im November 2000 verkostet* ★★(★★) *2008 bis 2016.*

Ch. Pichon-Baron Im April 1997: gute Frucht, schön ausgewogen, aber etwas spitzig. Im darauf folgenden September auf dem Château trocken, lebhaft, fest, tanninbetont. 76 % Cabernet Sauvignon, der Rest Merlot. Weder Cabernet franc noch Petit Verdot im *grand vin* von 1996. Zwei Jahre später: reiche, aber verhaltene Frucht, Röstnote, in Nase und Geschmack etwas Ingwer. Sehr wohlschmeckend, würzige Eiche. *Zuletzt im November 2000 verkostet* ★★(★★) *2006 bis 2015.*

Ch. Pichon-Lalande 46 % Cabernet Sauvignon, 34 % Merlot, 12 % Cabernet franc und 8 % Petit Verdot. Ein interessanter Traubensatz: 30 % weniger Cabernet Sauvignon als im benachbarten Baron, deshalb mit »süßerem« Geschmack. Im April 1997 allerdings zeigten sich alle 1996er aus Pauillac in guter Verfassung, der Lalande natürlich undurchsichtig, bereits sehr wohlriechend; abgerundet. Als Nächstes auf einer Vertikalverkostung im Oktober 2000: jetzt mit samtiger Schwarzkirschenfarbe; lebhaft, zedrig; schlanker als der 1995er, aber gute Frucht und vielschichtig. Im Monat darauf neben 13 anderen Pauillac-Gewächsen dem Grand-Puy-Lacoste ebenbürtig, wenngleich im Stil ganz anders. Reiche Frucht, reicher Körper. Attraktiv. *Zuletzt im November 2000 verkostet* ★★(★★) *2006 bis 2018.*

Ch. Prieuré-Lichine Ansprechender Cabernet-Geschmack, würzig, weicher als vermutet (April 1997). Hochgetönt, stilvoll (1999), eher schlank, Frucht und Eiche, trockener Abgang (2000). Nach wie vor ziemlich tief; »süß«, gute Frucht. Ein guter Prieuré. *Zuletzt im März 2001 beim Essen auf Chasse-Spleen verkostet* ★★(★) *2005 bis 2015.*

Ch. Rauzan-Ségla Machte auf den Verkostungen 1997 und 2000 einen ausgezeichneten Eindruck: schlank, aber elegant, lebhafte Frucht ★★★(★) *2005 bis 2015.* (Ségla, der Zweitwein, schnitt 2001 bei Weinkursen von Christie's ebenfalls bemerkenswert gut ab.)

Ch. Rol Valentin Mein einziger Eintrag zu diesem 1,9 ha großen Kultweingut in St-Emilion. Rau, streng, tanninbetont. Wird wohl noch interessanter werden. *Im November 1999 bei der Bordeaux-Index-Verkostung mit Weinen vom rechten Ufer degustiert; sie stand unter dem Motto »Moderne kontra Tradition«. Ich mag den Wein nicht und es fällt mir schwer, eine Zukunftsprognose zu erstellen.*

Ch. Smith-Haut-Lafitte Die Familie Cathiard ist stets darauf bedacht, die Ergebnisse ihrer Investitionen und harten Arbeit ins rechte Licht zu rücken. Ich verkostete ihren roten 1996er (sie bereiten auch einen guten reinsortigen, trockenen Sauvignon blanc) aus 60 % Cabernet Sauvignon, 30 % Merlot und 10 % Cabernet franc erstmals gemeinsam mit ihnen im März 1997: beeindruckend tief; komplex, wohlriechend; kernig, schlank und lebhaft – eine Beschreibung, die auch auf Florence und Daniel zutrifft. Im darauf folgenden Monat gab der Wein eine ansehnliche Vorstellung im Verbund mit 18 roten Graves-Gewächsen, wies aber jenen leichten spitzigen Zug auf, den ich schon bei anderen 1996ern bemerkt hatte. Im Oktober 1999 bei einer Blindverkostung von British Airways: sehr »süße«, offene, etwas seltsame Nase; kaffeeartiger Geschmack und etwas grobe Textur. Im Jahr darauf wie viele neue Rote zu eichenlastig. *Zuletzt im November 2000 verkostet* ★(★★) *2006 bis 2012.*

Ch. Sociando-Mallet Ein Gut mit ansehnlichem Weinbergbesitz nördlich von St-Estèphe, das Jean Gouffreau praktisch auf *Cru-classé*-Niveau gebracht hat, weshalb seine Weine entsprechend hohe Preise erzielen. Auf jeden Fall beeindruckend; reich, reif; stämmig, trotz des Tannins »süß« und köstlich. *Im Oktober 2001 bei Farr Vintners verkostet* ★★★(★) *2006 bis 2012.*

Ch. Talbot Rund 60 % Cabernet Sauvignon, 26 % Merlot, 5 % Petit Verdot, 3 % Cabernet franc. »Ein guter alter, bewährter Wein«, der in England von jeher beliebt ist. Erstmals im April 1997 zusammen mit seinen Jahrgangsgenossen degustiert. Der anfängliche Duft erinnerte mich an gepfeffertes Sägemehl, doch dann trat gute Frucht zutage. Schönes Gewicht, allerdings in diesem Stadium noch zu eichenbetont. Bei einer Blindverkostung von British Airways im Oktober 1999 bekam er hohe Bewertungen und wurde für die First Class ausgewählt. Die beiden Schwestern, denen das Château gehört, stellten ihn im April 2000 im Londoner Mirabelle ausgewählten Weinautoren vor. Ich fand ihn köstlich »süß« und fruchtig. Sieben Monate später: jetzt mitteltiefe Pflaumenfarbe; sehr charakteristisch, reif und rustikal – die Spekulanten mögen das –, »süß«, für einen 1996er körperreich, guter Geschmack, weiche Frucht. *Zuletzt im November 2000 verkostet* ★★(★★) *2005 bis 2018.*

Ch. Trotanoy Reich und duftend. Komplett. Gute Länge. Ein ausgezeichneter Wein. *Zuletzt im November 2000 verkostet* ★★★★

Ch. Trottevieille Machte auf einer Blindverkostung von British Airways im November 1997 mit seiner attraktiven, jugendlichen Frucht einen recht guten Eindruck. Geraume Zeit danach schichte mir Philippe Castéja, ein alter Freund, überraschend eine Kiste. Ein hübscher Wein, Frucht und Gewicht recht gut, eher schlank (1999 und danach). Allerdings muss ich gestehen, dass ich in letzter Zeit nicht mehr allzu viel Lust auf ihn hatte: trocken, ziemlich eigenartige, pikante Säure. Ich bezweifle, ob Philippe ihn mir noch einmal schickt. *Zuletzt im März 2001 verkostet* ★(★) *Austrinken.*

Vieux Ch. Certan In jüngster Zeit zweimal verkostet, das erste Mal im Mai 1999 in Brüssel: lebhafter, würziger Cabernet-Duft und -Geschmack. Acht Monate später: leuchtende Farbe; ausgewogen und mit noch nicht ausgeschöpftem Potenzial; kräftig, tanninbetont, gute Textur und Zukunft. *Zuletzt im November 1999 im Alumni Hotelexi OLV in Bruges für* Wijngustatic *verkostet* ★★★★

NACHFOLGEND EINE AUSWAHL AUS DEN VIELEN 1996ERN, die ich im April 1997 in Bordeaux (1) beziehungsweise im November 2000 in London (2) sowie bei weiteren Gelegenheiten verkostet habe: **Ch. d'Angludet** Eine seltsame »Früchtemischung«; Textur und Geschmack reich (1) ★★★; **Ch. Balestard-La-Tonnelle** (1) ★★; **Ch. Belair** Leichter, zugänglicher Stil (2) ★★★; **Ch. Belgrave** (St-Laurent) Ein Wein, der unter Michel Rolland eine Renaissance erlebt – dicht; gute, reiche Frucht, voll und würzig (2) ★★★; **Ch. Bouscaut** (1) und (2) ★★; **Ch. Boyd-Cantenac** Voll ausgebaut; »süß«, zum Kauen, grob (2) ★★; **Ch. La Cabanne** Frucht und Fleisch gut (1) ★★★; **Ch. Camensac** Unspektakulär (1) ★★; **Ch. Cap de Mourlin** (1) ★★; **Ch. Carbonnieux** Pikant. Leicht im Stil. Duftiger Abgang (1) und (2) ★★; **Carruades de Ch. Lafite** Sehr wohlriechend; schlank, ansprechend. *September 1998* ★★★; **Ch. Chantegrive** Jede Menge neuer Investitionen hier, was man auch merkt. Leichter Stil, elegant und wie die meisten Graves-Gewächse seiner Kategorie ein Frühentwickler (1) ★★★; **Ch. Citran** Ich habe irgendwie das Gefühl, dass in diesem Jahr ein südafrikanischer Kellermeister auf dem Château arbeitete. Auf jeden Fall ein neuer Stil: sehr tief, lebhaft; attraktive Nase, Zitrusnote, tanninbetont; sehr Cabernet-typisch, sehr würzig, reichlich neue Eiche, schlank. Zu bemüht? (1) ★★★; **Ch. Clarke** Oberflächlich blumige, duftende Nase und ebensolcher Geschmack. Recht ansprechend. Leicht im Stil. Obwohl das Château den Rothschilds gehört, ein »bürgerlicher« Listrac (1) ★★; **Ch. Clinet** Nicht so tief und verhaltener als erwartet, doch am Gaumen mit mehr Pep. Zur Abwechslung einmal ein Clinet, den ich mag (2) ★★★; **Ch. Cos Labory** Bemüht sich sehr. Überraschend »süße«, reife Frucht, aber schlank und tanninbetont (1) und (2) ★★★; **Ch. Coufran** Ein gut gemachter Wein. Wohlriechend, würzig, schöne Textur. Lebhafte Frucht (praktisch 100% Merlot) (1) und *Juli 1998* ★★★; **Ch. Croizet-Bages** Anfangs Cassis pur. Unwiderstehlich (1). Nicht ganz so begeistert (2) ★★★?; **Ch. Dassault** »Süß«, viel Extrakt, gefällig (1) ★★; **Ch. Dauzac** Verbesserungen im Gange. Reiche, reife, pikante Frucht; ziemlich »süß«, fleischig, charaktervoll, attraktiv – und trotzdem fehlt etwas (1) und (2) ★★★; **Ch. Desmirail** (1) und (2) ★★; **Ch. La Dominique** Ein guter Wein (1) ★★★; **Ch. Ducru-Beaucaillou** Aus irgendeinem Grund nur ein Eintrag. Überraschend »süßer« Angriff; trocken, leicht schroffer Abgang

(★★?); Ch. Duhart-Milon Pikant, stilvoll, zugänglich ★★; Ch. Durfort-Vivens Attraktiver Geschmack. Ein Frühentwickler (1) und (2) ★★; Ch. L'Evangile Frucht und Körper. Gute Länge (1) ★★★; Ch. Ferrière Leicht, zugänglich, kurz (2) ★★; Ch. Figeac Leider nur ein Eintrag. Natürlich eigenständig. Mild und leicht im Stil, ansprechend, aber nicht überzeugend (1) ★★?; Ch. La Fleur-de-Gay Reiche Frucht und Eiche (2) ★★★; Ch. Fonréaud (1) ★★; Les Forts de Latour Verschlossen; überraschend »süß«, fruchtig und griffig (1) und *September 1998* ★★★; Ch. Fourcas-Dupré Eine ähnliche Nase wie der Hosten. Etwas rau (1) ★★; Ch. Fourcas-Hosten In der Nase ein rauer Einschlag, ansonsten aber ein süffiger Wein (1) und *Juli 1998* ★★; Ch. Franc-Mayne Ein großer Wein. Sehr tanninbetont (1) ★★; Ch. La Gaffelière Ansprechende Nase; »süß«, etwas harte Tannine. Braucht Zeit ★★★; Ch. Gazin Tief, reich; »süß«, duftiger Abgang (1) und (2) ★★★; Ch. Grand-Mayne Trocken, würzig, gute Länge (1) ★★; Ch. Grand-Puy-Ducasse Ein guter Ducasse. Ziemlich entwickelt, reife Frucht; zum Kauen, geringfügig schroff (1) und (2) ★★★; Ch. Haut-Bages-Libéral Reiche, rustikale, robuste Frucht, dabei schlank, lebhaft, attraktiv (1) und *April 2001* ★★★; Ch. d'Issan Lebhafte Frucht. Attraktiv (2) ★★★; Ch. Lafon-Rochet »Süß«, offen gewirkt (1) ★★★; Ch. Lagrange (St-Julien) Lebhaft, duftend, angenehm (2) ★★★; Ch. Latour-Martillac Weich, »süß« und zugänglich (1) ★★★; Ch. Lynch-Moussas Beeindruckend tief; wohlriechend, würzig; eigen, Zitrusnote, gute reife Frucht. Eichenbetont. *April und Juni 1997* ★★; Ch. Malartic-Lagravière Trügerisch groß, doch anfangs verhalten, geht in einen leichten, zugänglichen Stil über (1) und (2) ★★★; Ch. Malescot-St-Exupéry Anfangs rau, unfertig. Entwickelter Duft und Geschmack. Lebhaft. Ein spitzer Zug (1) und (2) ★★, *möglicherweise* ★★★; Ch. Marquis de Terme Gut gemacht. Breit, weich, fleischig (1) und (2) ★★★;

Institute of Masters of Wine

Ein Institut, vor dem die anspruchsvollsten, härtesten Weinprüfungen der Welt abgelegt werden. Besteht man sie, darf man sich »Master of Wine« nennen – eine Auszeichnung, die ich 1960 errang. 1970 wurde ich zum Direktor des Instituts ernannt. Die ersten Prüfungen fanden 1953 statt, mit dem Ziel, eine hohe Berufsqualifikation einzuführen, die dem Ausbildungsniveau anderer akademischer Stände entspricht. Derzeit gibt es nicht einmal 250 Masters of Wine – ein Beleg für die hohen Anforderungen, die bei den Prüfungen gestellt werden. Eine entsprechend wertvolle Bereicherung sind erfolgreiche Absolventen für die Weinwelt. Das Institut führt regelmäßig Degustationen durch, bei denen einzelne Regionen oder Erzeuger (Châteaux) im Mittelpunkt stehen. Ich nehme in diesem Buch immer wieder Bezug auf sie.

Ch. La Mission Haut-Brion Nur ein Eintrag: sehr charakteristisch, würzig; nicht so aggressiv maskulin, aber dennoch ziemlich unnachgiebig und tanninbetont (2) ★★★★; Ch. Monbrison Lebhaft. Attraktiv ★★★; Ch. Nenin (1) ★★; Ch. Olivier Eigenständig. »Süße«, Geschmack und Länge überraschend gut (1) und (2) ★★★; Ch. Pavie Buchsbaumduft; im Stil eher leicht, Charme (1) ★★★; Ch. Pavie-Decesse Fast kratzend. Zu tanninlastig (1) ★; Ch. Petit-Village Attraktiver Duft. Recht angenehm. Trockener Abgang (1) und (2) ★★; Ch. Phélan-Ségur Gute Frucht. Spröde, aber attraktiv. Langlebig (1) ★★★; Ch. La Pointe Tief, voll, körperreich. Ein guter Wein (1) ★★★; Ch. Pontet-Canet Sehr gut – ich bin versucht, überraschend gut zu schreiben. Attraktive Nase; schöne, lebhafte Frucht, schlank, aber geschmeidig (1) ★★★; Ch. Rauzan-Gassies Anfangs unerwartet tief, im vierten Jahr nicht mehr so beeindruckend. Aber gute Nase, reich, würzig; am Gaumen positiv; lebhaft, ein leicht grober Zug und etwas adstringierend. Ein guter Gassies (1) und (2) ★★★; Ch. Siran Ziemlich »süß«, voll im Geschmack, guter Körper und positiv (1) ★★★; Ch. La Tour-Carnet Frischer Wind im Château. Ich empfand ihn als zu würzig, Zimt, Eiche, dabei trügerisch attraktiv (1) ★★★?; Ch. La Tour-de-By Einer meiner Lieblingsroten für den privaten Konsum zu Hause – Frucht und Körper überraschend gut (1). *Zuletzt im Februar 2001 verkostet* ★★★; Ch. La Tour Haut-Brion »Süß«, eigenständig; wesentlich weicher und »süßer« als erwartet (2) ★★★

1997 ★★★

Insgesamt ein überraschend nützlicher, sehr gut trinkbarer Jahrgang, wenngleich er überteuert auf den Markt kam. Bei der Durchsicht meiner Verkostungsnotizen fällt mir auf, dass immer wieder die Begriffe »früh« und »lang« auftauchen. Ein selten warmer Februar und das heißeste Frühjahr seit einem halben Jahrhundert zogen einen ungewöhnlichen frühen Austrieb nach sich, der sich dann allerdings in die Länge zog und uneinheitlich verlief. Auch die Blüten öffneten sich sehr früh, was in der Regel willkommen ist, weil es auf eine zeitige Lese hoffen lässt – diesmal aber lief die Blüte wie der Austrieb langsam und wechselhaft ab. Der Mai fiel kühl und nass aus, was zum Verrieseln der Reben und zur Kleinbeerigkeit führte – Störungen, die sich nur schwer bekämpfen lassen und den zu erwartenden Ertrag reduzieren. Regen im Mai und Ende Juni brachte zusätzlich Fäulnisprobleme mit sich. Zum Glück war es in der zweiten Augusthälfte und auch während der ungewöhnlich frühen und – wieder – langen Lese heiß und sonnig. Einige Châteaux begannen früh mit der Ernte, während andere eher auf phenolische Reife setzten, wobei hier besonders die spät reifende Cabernet-Sauvignon-Traube von Nutzen war.

Mir liegen rund 300 Einträge zu 135 Châteaux vor; viele Gewächse verkostete ich das erste Mal bei der Degustation der Union des Grands Crus in Bordeaux im Frühjahr nach der Lese beziehungsweise ein Jahr später in London. Auch fand im November 2001 eine nützliche Masters-of-Wine-Verkostung statt, bei der ich einige Lücken füllen konnte und frühere Beurteilungen bestätigt fand. Bei weiteren geselligen Anlässen habe ich außerdem viele unbekanntere Bordelaiser Rote dieses Jahrgangs mit Genuss getrunken.

Wieder einmal bin ich Hardy Rodenstock zu Dank verpflichtet, der im März 2001 zu einer aufschlussreichen Blindverkostung von erstklassifizierten Gewächsen aus diesem und aus drei weiteren Jahren lud. Wir kannten weder die vier Jahrgänge noch die Reihenfolge der Châteaux innerhalb jedes Jahrgangs.

Insgesamt gesehen hat sich der 1997er als ansprechender Jahrgang erwiesen, der jetzt trinkreif ist.

Ch. Lafite Der *grand vin* wurde im Mai 2000 abgefüllt. Als Erstes eine – ziemlich oberflächliche – Verkostung aus dem Fass vor einem Essen auf dem Château im September 1998. Der Wein hatte nicht die Qualität des 1996ers, war aber recht schön im Fleisch.

Bei Rodenstocks Blindverkostung im März 2001 gute Farbe, intensiv, jugendlich; »klassische Tee- und Mokka«-Nase, die sich rasch, ansprechend und wohlriechend öffnete. Kurz: Der Wein gab eine gute Vorstellung. Der mitteltrockene Auftakt ging in einen trockenen, sehr tanninbetonten Abgang über. Gut, aber noch etwas rau. Er bekam meine zweithöchste Bewertung, die sich auch als exakt die Durchschnittspunktzahl der Runde für ihn erwies. Sehr geradlinig, ein guter Wein mit mittellanger Zukunft. Bei der Masters-of-Wine-Verkostung »süß«, angesengt, kräuterwürzig. Kürzlich beim Essen mit der Familie am 1. Weihnachtsfeiertag »überraschend gut trinkbar« (eine Magnum). *Zuletzt im Dezember 2001 verkostet ★★★ Jetzt bis 2010.*

Ch. Latour Der Verschnitt enthielt keinen Anteil Petit Verdot, da die Rebsorte von Fäulnis befallen worden war. Im September 1998 zusammen mit dem 1996er auf dem Château das erste Mal verkostet: tief, ziemlich intensiv; ein Hauch Lakritze; unerwartet »süß«, ja, köstlich, mit angenehmem, eichenbetontem Endgeschmack. Eine neuerliche Verkostung im März des darauf folgenden Jahres. Er gefiel mir ausgezeichnet; ich notierte ein Himbeer- und Zedernholzaroma. Wieder »süß«. »Schöne Frucht. Komplett.« Auf Rodenstocks Blindverkostung hielt ich den Geschmack für besser als die Nase, die ich als »süß«, leicht schokoladig, reich und dicht beschrieb. Etwas schlank. Eine gute Bewertung, aber ein paar Punkte unter dem Durchschnitt. *Zuletzt im November 2001 verkostet (★★★★) Kein durchschlagender Latour, aber mir gefiel seine »Süße«. Etwa 2010 bis 2020.*

Ch. Margaux Erstmals im November 2000 auf Wagners Vertikalverkostung degustiert. Paul Pontallier beschrieb den Jahrgang als schwierig und erklärte, dass für den *grand vin* eine strenge Selektion des Leseguts erforderlich gewesen sei. Angenehmes, mitteltiefes Erscheinungsbild. Farbe, Nase und Geschmack attraktiv. Früher reif als der 1998er, die Nase bereits voll entwickelt, leicht schokoladig und nach drei Stunden im Glas immer noch reich, attraktiv, mit einer Spur von Kokosnuss. Ein Hauch »Süße«. Wohlriechend. Auf Rodenstocks Blindverkostung vom März 2001 in der Nase und am Gaumen beruhigend ähnlich. Voll im Geschmack. Bekam mit meine beste Bewertung. Kürzlich bei der Masters-of-Wine-Verkostung: kirschartiger Duft; trocken, ein Hauch Kaffee/Mokka. *Zuletzt im November 2001 verkostet ★★(★★) Jetzt bis 2012.*

Ch. Mouton-Rothschild Erstmals im September 1998 mit Hervé Berland eine Fassprobe verkostet. Eine kleine Ernte, aus der 55 % der Trauben für den *grand vin* ausgewählt wurden. 77 % Cabernet Sauvignon, 13 % Merlot, 6 % Petit Verdot und 4 % Cabernet franc. Fünf Wochen an der Maische, sechs im Holz, nur 80 % neue Eiche. In diesem Stadium noch immer undurchsichtig und intensiv; gedämpft, aber mit lebhaftem Cabernet-Sauvignon-Aroma; überraschend körperreich, Extrakt und Tannine gut. Als Nächstes ein Eintrag vom März 1999: Nase wie frisch gesägtes Holz, Gewürz; lebhafte Frucht. Im März 2001 blind verkostet: nach wie vor tief; verhaltene Nase, zunächst pfefferig, öffnete sich aber allmählich; »ein schlanker Zug«. Er bekam dieselbe Bewertung wie der Latour, zwei Punkte unter dem allgemeinen Konsens. Kürzlich: wohlriechend, lebhaft, trockener Abgang. *Zuletzt im November 2001 auf der Masters-of-Wine-Verkostung degustiert (★★★★) Braucht Zeit. 2010 bis 2020.*

Ch. Haut-Brion Der Traubensatz: 43 % Cabernet Sauvignon, 43 % Merlot und 14 % Cabernet franc. Drei Einträge, der erste entstand, als ich mit Jean Delmas und Jancis Robinson im April 1998 auf La Mission das gesamte Sortiment der 1997er Haut-Brion-Gewächse verkostete: ziemlich tief, samtige Farbe; »fleischig«, charakteristische Frucht; »süß«, ziemlich körperreich, sehr gehaltvoll, aber ausgesprochen tanninbetont, mit dichtem Graves-Charakter. Als Nächstes im »Verkostungszimmer mit Aussicht« auf dem Château. Neue Eiche, sehr wohlriechend, lebhaft, Schwarzjohannisbeerfrucht. Ein guter Wein. Im März 2001 blind verkostet: noch immer sehr unreifes Aussehen; offen gesagt die schlechteste Nase von allen – am Gaumen besser, schmackhaft, aber mit die Zähne belegenden Tanninen. Bei der Masters-of-Wine-Verkostung wiederum machte er einen sehr guten Eindruck: weich, attraktive Frucht, gute Länge. *November 2001 ★★★★ 2007 bis 2015.*

Ch. Ausone Erstmals aus dem Fass verkostet. Enorm beeindruckend: sehr tief, intensiv, fabelhafte Farbe; in diesem Stadium verschlossen, aber würzig (neue Eiche); im Mittelteil süße Frucht, massiv tanninbeladen. Kürzlich noch immer sehr tanninbetont, aber mit sehr guter, lebhafter Frucht. Ein ausgezeichneter Ausone. *Zuletzt im November 2001 auf der Masters-of-Wine-Verkostung degustiert ★★★(★★) 2008 bis 2020.*

Ch. Cheval Blanc Ich bin von den Weinen dieses Guts hingerissen. Erstmals im April 1998 mit Pierre Lurton auf dem Château verkostet, danach ein weiteres Mal im September des Jahres. Man klärte uns auf, dass der Wein – ein Verschnitt aus 60 % Cabernet franc und 40 % Merlot von 35 ha Rebfläche – durchschnittlich 18 Monate in mittelstark eingebrannten neuen Eichenfässern zugebracht habe, die von fünf verschiedenen Küfereien geliefert worden seien. Alle drei Monate Abstich durch Schwerkraft, nach 15 Monaten Schönung mit frischem Eiweiß und einer Prise Salz. Wie üblich nicht so farbtief wie die erstklassifizierten Médoc-Gewächse; leichte Vanillin- und Himbeernase; unerwartet »süß«, mit guter Frucht, Extrakt und weichem Tannin. Bei einer Verkostung im Juni 2000 auf dem Château recht ähnliche Notizen, aber wohlriechender. Meine höchste Bewertung bei Rodenstocks Blindverkostung im März 2001, einen Punkt über dem Durchschnitt: intensiv, stilvoll, gute Länge. »Süß«, köstlich. Ein Genuss für sich allein, ohne Essen, genossen. *Zuletzt im November 2001 bei der Masters-of-Wine-Verkostung degustiert ★★★★★ 2004 bis 2018.*

Karl-Heinz Wolf

Ein in Österreich lebender Deutscher. Er organisierte einige der denkwürdigsten Verkostungen, an denen ich je teilgenommen habe: 1986 Latour und Mouton-Rothschild, 1990 La Mission Haut-Brion, 1994 in Aschau eine vergleichende Verkostung von roten 1959ern und 1961ern aus Bordeaux, 1997 eine Cheval-Blanc-Degustation mit 50 Weinen und 1999 70 Moselweine von J. J. Prüm. Zu Reichtum gelangte er, als er in den 1980ern sein Lebensmittelunternehmen für eine beträchtliche Summe verkaufte. Seine Leidenschaft ist der Handel mit Weinen und zeitgenössischer Kunst über sein Unternehmen Weinart. An den vielen Verkostungen, die er in Deutschland und Österreich veranstaltet, nehmen private Sammler teil.

Ch. Pétrus Nur ein Eintrag, entstanden auf Hardy Rodenstocks Blindverkostung von erstklassifizierten Gewächsen: nicht so tief wie erwartet (nach dem Enthüllen) und pflaumenfarben; im Geschmack besser als in der Nase, die meine niedrigste Bewertung bekam. »Mittelsüß«, ziemlich grobe Frucht. Meine Punktzahl lag fünf Punkte über seinem Durchschnitt, der wiederum der dritthöchste der ziemlich einheitlichen Jahrgangsbewertungen war. *Zuletzt im März 2001 verkostet (★★★) 2010 bis 2020?*

WEITERE 1997ER, die ich bei den Weinproben der Union des Grands Crus im März und April 1998 in Bordeaux (1) sowie im April 1999 in London (2) und bei der Masters-of-Wine-Verkostung von 1997ern im November 2001 (3) degustiert habe. (Die Sternebewertungen und Angaben zum voraussichtlichen »Reifepotenzial« entstanden zum Zeitpunkt der Degustationen.)

Ch. L'Angélus Sehr tief, reich; gute Frucht, Tiefe; »süß«, zum Kauen, sehr fruchtig, sehr tanninbetont (2) und (3) ★★(★) *2005 bis 2012.*

Ch. d'Angludet 58 % Cabernet Sauvignon, 35 % Merlot, der Rest Cabernet franc und Petit Verdot. Ein sehr lebhafter, attraktiver, wohlriechender, beerenfruchtiger Wein (1) ★★★ *Bald trinken.*

Ch. d'Armailhac 55 % Cabernet Sauvignon, 22 % Merlot, der Rest Cabernet franc. Vier Wochen an der Maische, 45 % neue Eiche. Verkostet auf Château Mouton-Rothschild, das erste Mal im September 1998. Als Nächstes im März 1999, ziemlich tief, glänzendes Rubinrot; köstliche, fleischige Frucht, Cabernet Sauvignon und Eiche. Anfangs »süß«, weiche Frucht, leicht im Stil, etwas locker gewirkt (3) ★★★ *Jetzt bis 2010.*

Ch. Balestard-La-Tonnelle Wohlriechend. Im Stil leicht (1) ★★ *Für baldigen Trinkgenuss.*

Ch. Batailley In der Regel verlässliche, beständige Qualität. *Juni 2000* ★★ *Für baldigen Trinkgenuss.*

Ch. Beauregard »Süße«, portweinartige Pomerol-Nase. Eigenständiger Geschmack, schöne Textur (1) ★★ *Bald trinken.*

Ch. Beauséjour-Bécot Tief; elegant, Eiche, feine Frucht. Zuletzt auf dem Château: gute Frucht, köstlich (1) ★★★ *Jetzt bis 2008.*

Ch. Belgrave (St-Laurent) Ziemlich duftend, attraktive Frucht (1). *Zuletzt im September 1999 im Londoner Vinopolis verkostet* ★★ *Jetzt bis 2008?*

Ch. Bernadotte Der erste Jahrgang seit der Übernahme dieses *Cru-bourgeois*-Guts durch May de Lencquesaing im Jahr 1995. Ein beherzter Versuch. Himbeerartige Frucht, lebhaft, pfefferig, gute Tannine. *Im September 1998 auf Pichon-Lalande verkostet* (★★) *Jetzt bis 2008?*

Ch. Beychevelle Sehr eichenbetont, trügerisch attraktiv; »süß«, im Stil eher leicht (2) und (3) ★★★ *Jetzt bis 2010.*

Ch. Branaire (früher Branaire-Ducru – »neue Besen kehren gut«) Ansprechendes Erscheinungsbild; »süß«, wohlriechend, kräuterwürzig – Liguster; »süß«, gute Frucht, sehr wohlschmeckend. Reichlich neue Eiche (1) und (2) ★★★ *2005 bis 2010.*

Ch. Brane-Cantenac Ich stand dem Wein aus diesem Château mit gemischten Gefühlen gegenüber, aber unter einem der allgegenwärtigen Lurton-Söhne entstehen hier nun ganz gute Weine. Drei einigermaßen einheitliche Einträge: immer noch ziemlich tief und jugendlich; neue Eiche, in der Nase und im Geschmack harmonisch. Guter Geschmack nach weichen Früchten, der das Tannin verhüllt. Köstlich. *Zuletzt im August 2001 bei einer Verkostung für British Airways degustiert* ★★★ *2005 bis 2012.*

Ch. La Cabanne Ein reicher, feigenartiger Pomerol aus 92 % Merlot. Charakteristische, lebhafte Frucht und Textur (1) ★★★ *Jetzt bis 2008.*

Ch. Calon-Ségur Wie in alten Zeiten: duftendes Cabernet-Aroma, trocken, lebhaft, gut. *Zuletzt im Mai 2001 bei einer Verkostung für das Detroiter Kapitel der Commanderie de Bordeaux (eine großartige Gruppe) im Relais de Margaux degustiert* ★★★ *2007 bis 2012.*

Ch. Canon Ein Château unter englischer Führung im Besitz von Chanel. »Süße«, fruchtige Nase; weich, locker gewirkt, trockener Abgang. Köstlich (1) und (2) ★★★ *Jetzt bis 2008.*

Ch. Canon-La-Gaffelière Schon ungewöhnlich, dass ein deutscher Graf – Stephan von Neipperg – in einem doch eher provinziellen Distrikt wie St-Emilion so voll integriert ist. Aber er und seine Weine haben einen tadellosen Ruf, wenngleich die Gewächse meiner Meinung nach etwas zu konzentriert ausfallen. Der 1997er zeigt feigenartige Frucht und gute Länge (1) und (2) ★★★ *2005 bis 2015.*

Ch. Cantemerle Ein schroffer Zug, sehr tanninbetont. Sehr »süße« Nase und gefällige Frucht. Hat nicht den Charme der Weine aus der Blütezeit des Guts Mitte der 1950er-Jahre (1), (2) und (3) ★★ *Jetzt bis 2007.*

Ch. Cantenac-Brown Ein großes, reizloses Château, das irgendwie an ein Mädcheninternat erinnert. Wohlriechend, leichte Rostnote; Textur, Extrakt und Geschmack gut (1) ★★★ *2005 bis 2008.*

Ch. Cap de Mourlin Eines der unzähligen kleinen, aber guten St-Emilion-Güter. Offen gewirkt, ein Hauch Mandarine; pikant, wohlschmeckend (1). *Jetzt bis 2010.*

Ch. Carbonnieux Immer ein verlässlicher, im Stil leichter, früh trinkreifer roter Graves: lebhafte Frucht. Süffig (1) ★★ *Jetzt bis 2008.*

Carruades de Ch. Lafite Gut im Fleisch. Wohlschmeckend. *September 1998* ★★★ *Jetzt bis 2010.*

Ch. Chasse-Spleen Ein beständig gut gemachter Wein, der stets aus seiner *Bourgeois*-Klasse herausragt. Entwickelte sich in dem einen Jahr, das zwischen den Verkostungen (1) und (2) lag, sehr schön ★★★ *2005 bis 2015.*

Dom. de Chevalier Sehr wohlriechend; Geschmack und Substanz gut (1) und (3) ★★(★) *2005 bis 2012.*

Ch. Citran Ein weiterer guter *Cru bourgeois* aus dem Médoc. Ansprechende Nase; attraktiver Stil, guter Geschmack (1) und (2) ★★★ *2005 bis 2015.*

Ch. Clarke Ein *Cru bourgeois* aus Listrac im Besitz von Baron Edmond de Rothschild. Der Wein zeichnet sich durch einen ansprechenden fruchtigen Geschmack aus (1) ★★★ *Bald trinken.*

Ch. Clerc-Milon Ich gebe zu, dass ich mir nur schwer merken kann, wem aus der Rothschild-Familie dieses Château nun gehört. Im September 1998 und März 1999 auf Mouton verkostet: ziemlich beladen mit neuer Eiche, würzig, aber wohlriechend und attraktiv. Im Juli 2001 bei einer Masterclass von France in Your Glass in Eugénie-les-Bains: frische, fruchtige, charakteristische Nase nach Schwarzen Johannisbeeren; elegant, feminin, die eichigen Tannine verklingen allmählich. Kürzlich ein frisches Sortenaroma; lebhaft, schlank und wohlschmeckend. *Zuletzt im November 2001 verkostet* ★★★ *Jetzt bis 2010.*

Ch. Clinet Tief; reich und feigenartig; sehr eigenständig, »süß«, konzentriert. Beeindruckend, aber nicht mein Stil (1) und (2) ★★★★ *2006 bis 2016.*

Ch. La Conseillante Seit langem ein beständig gut gemachter Wein. In der Nase unmittelbar zugänglich, mandarinenartiger Duft; ziemlich »süß«, Frucht und Gleichgewicht gut. Ein köstlicher Wein (1), (2) und (3) ★★★★ *2005 bis 2020.*

Ch. Cos d'Estournel Im April 1998 nahm mich die herrliche junge Frucht des Weins gefangen. Lebhaft. Eichenbetont. Kürzlich einer der tiefsten und intensivsten 1997er auf der Masters-of-Wine-Verkostung. In der Nase etwas unverwoben, aber am Gaumen reich, mit trockenem Abgang. *Zuletzt im November 2001 verkostet* ★★(★★) *2005 bis 2012.*

Ch. Cos Labory Würzig, kräuterartig; guter Geschmack, raues Tannin (1) ★★★? *2006 bis 2015.*

Ch. Coufran Seit langem einer meiner Lieblingsroten der *Crus-bourgeois*-Klasse. Fast 100 % Merlot, was ungewöhnlich für einen St-Estèphe ist. Beeindruckend tief; wohlriechend; merklich »süß«, Frucht und Körper gut. Tanninbetont (1) und (2) ★★★ *2005 bis 2012.*

Ch. La Croix-de-Gay Tief, reich, Feigenfrucht; gehaltvoll, ansprechende Textur (1) ★★★ *2005 bis 2012.*

Ch. Croizet-Bages Wohlriechend, attraktiv; im Stil leicht und erfrischend (1) und (3) ★★★ *Jetzt bis 2008.*

Ch. Dassault Charakteristische Frucht; guter Extrakt, zum Kauen, etwas ungehobelt (1) ★★★ *2004 bis 2010.*

Ch. La Dominique Wohlriechend, würzig; Fleisch und Frucht schön, aber ziemlich bitterer, tanninbetonter Abgang (1) und (2). *Zuletzt im April 1999 verkostet* ★★★?

Ch. Ducru-Beaucaillou Erstmals im September 1998 auf dem Château verkostet. Recht gute Frucht, unaggressiv (im ersten Jahr im Fass reduzieren sich die Tannine um 30%). Ein zugänglicher Ducru (3) ★★★ *Jetzt bis 2008.*

Ch. L'Eglise-Clinet Denis Durantou hat einen guten Ruf, den er auch verdient, denn sein Wein ist wirklich beeindruckend. Erstmals im April 1998 auf dem Château verkostet: intensives, jugendliches Violett; im Aroma wohlschmeckend; voller Frucht, mit einem Extrakt, der die Tannine kaschiert. Hardy Rodenstock hat viel getan, um den brillanten Durantou bekannt zu machen, und seine Weine bei Blindverkostungen immer wieder unter die erstklassifizierten Gewächse geschmuggelt. In diesem Jahrgang erhielt er die höchste Gesamtnote; ich lag vier Punkte darunter, gab ihm allerdings einen Punkt mehr als dem Latour. *Zuletzt im März 2001 verkostet* ★★★★ *2008 bis 2020.*

Ch. L'Evangile Kräftiger, Rhône-artiger Charakter. Schokoladig. Zum Kauen. Weich, aber säurebetonter Abgang (1) und (3) ★★★ *Gerade noch. Jetzt bis 2008.*

Ch. Figeac Wohlriechend, leicht im Stil, köstlich, frühreif (1) und (2) ★★★★ *2004 bis 2015.*

Ch. La Fleur-Pétrus Guter Extrakt, lebendige Frucht, erfrischende Säure, trockener Abgang (3) ★★★

Ch. Fonroque Beeindruckend. Weich. *Auf einem Weindiner des Conseil Interprofessionnel du Vin de Bordeaux im Dezember 2000 degustiert* ★★ *Jetzt bis 2010.*

Les Forts de Latour Erstmals im September 1998 aus dem Fass verkostet. Wirkte »süß« und zugänglich. Eine erstaunliche himbeerartige Nase; gute Frucht, ansprechend. *Zuletzt im März 1999 auf dem Château verkostet* ★★★ *2005 bis 2012.*

Ch. Fourcas-Hosten Leicht im Stil, weich, wohlschmeckend (ich zog ihn dem Fourcas-Dupré vor) (1) ★★ *Jetzt bis 2010.*

Clos Fourtet Intensiv. Zitrusartige Frucht und Säure (1) ★★ *Jetzt bis 2012.*

Ch. Franc-Mayne Einander widersprechende Notizen. Bei der Eröffnungsverkostung (1) gute, reiche Frucht und Textur (ich zog ihn dem Grand-Mayne vor), aber zwischen einem 1989er und einem 1990er (von anderen Châteaux) ziemlich schlank und rau. Es kommt eben auf den Kontext an! *Zuletzt im März 2000 verkostet. Im Zweifel für den Wein, deshalb* ★★★ *Etwa 2007 bis 2012.*

Ch. Gazin Kräftige »Tränen«; eine feigenartige Nase, die sich »süß« entwickelte; eigenständiger Geschmack, füllig, robust, trockener Abgang (1) und (2) ★★★ *2005 bis 2015.*

Ch. Giscours Zugänglich, »süß«, zum Kauen, kurz (1) und (3) ★★ *Jetzt bis 2008.*

Ch. Grand-Puy-Lacoste Ein hoher Anteil Cabernet Sauvignon. Fleischig, vollmundig (im Mai 2001 mit dem Detroiter Kapitel der Commanderie de Bordeaux verkostet). Fünf Monate später im Hôtel St James in Bordeaux: jetzt relativ weiche, sanfte Farbe mit entsprechender Nase. Kürzlich testete ich zu Hause ein Exemplar aus den drei Kisten, die ich aus Bordeaux mitgebracht hatte. Weiter entwickelt, als ich dachte, aber mit ausgeprägten Tanninen. *Zuletzt im Oktober 2001 verkostet* ★★★ *Jetzt bis 2012.*

Ch. Gruaud-Larose Beim zweiten Mal »süß«, abgerundet, köstlich (1) und (2) ★★★★ *2007 bis 2015.*

Ch. Haut-Bages-Libéral Am Gaumen besser als in der Nase. Überraschend »süß« und weich. (1) und *im April 2001 mit dem Tasting Club bei den Berry Bros. verkostet* ★★ *2005 bis 2010.*

Ch. Haut-Bailly Lebhafte Frucht, Vanillin; hat nicht die Tiefe des 1996ers und 1998ers, aber ansprechend und zugänglich (1). *Zuletzt im Juni 2001 auf dem Château verkostet* ★★ *Jetzt bis 2010.*

Ch. Haut-Batailley Reift gut heran. Immer stilvoll. »Süß«, angenehm. *Letzte Verkostung (3)* ★★★ *Jetzt bis 2010.*

Ch. Kirwan 1993 veränderte ein neuer Kellermeister von Clinet den Stil des Weins. Ein ungewöhnlicher 1997er: undurchsichtig; eigenartige, reiche, würzige, eichenbetonte Nase; ziemlich kraftvoll, trockener, tanninbetonter Abgang. Mal sehen, wie er sich entwickelt (1) (★★★)?

Ch. Lafon-Rochet Es konnten in diesem Jahrgang nur 55% des normalen Ertrags gelesen werden. Zwei Einträge vom April 1998: gute Frucht, gerade genug Fleisch. Tanninbetont. Kürzlich der Eröffnungswein auf einer Horizontalverkostung von 1997ern: dunkles Kirschrot; überraschend intensiv; ansprechende Nase, ziemlich wohlschmeckend. Ein guter Lafon. *Zuletzt im Oktober 2001 im Hôtel St James in Bordeaux verkostet* ★★★ *2005 bis 2012.*

Ch. Lagrange (St-Julien) Ein in japanischer Hand befindliches, gut geführtes Château. Dreimal verkostet, einmal etwas spitzig. Komplett, wohlschmeckend, würzig, im neuen Stil. *Zuletzt im Juni 1999 verkostet* ★★★ *2007 bis 2015.*

Ch. La Lagune *Assez bien.* Trockener Abgang. *Oktober 1999 und (3)* ★★ *Jetzt bis 2008.*

Ch. Langoa-Barton Ein schöner Wein. Wirkte »süßer« und voller als der Léoville (siehe unten). Gute Frucht, komplett. Tanninbetont (1) und (2) ★★★ *2008 bis 2018.*

Ch. Larcis-Ducasse Ich hatte diesem Château in St-Emilion unweit von Pavie nie viel Beachtung geschenkt, bis ich während einer Verkostung der Union des Grands Crus dort übernachtete. Monsieur Gratiot gab mir ein paar Flaschen seines 1997ers, der attraktiv war und sich gut trinken ließ (1) *Außerdem im Juli und September 2001 zu Hause* (★★) *Jetzt bis 2010.*

Ch. Larmande Reich, eindringlich, beeindruckend. Sehr tanninstark (1) ★★(★) *2008 bis 2012.*

Ch. Larrivet-Haut-Brion Ansprechende Frucht; seidig-ledrige Textur, Graves-Geschmack (1) ★★★ *Jetzt bis 2012.*

Ch. Lascombes Hochgetönt, muskulös; eher leicht, frühreif. *Zuletzt im September 2001 verkostet* ★★ *Jetzt bis 2012.*

Ch. Latour-Martillac Gute Frucht (1) ★★ *Jetzt bis 2008.*

Ch. Léoville-Barton Wirkte bei der Degustation vom April 1998 maskulin und rau, aber ein Jahr später unerwartet »süß« und köstlich. *Zuletzt im Oktober 2001 auf dem Château verkostet* (★★★★) *2007 bis 2018.*

Ch. Léoville-Las-Cases Ziemlich tief; eine sehr entgegenkommende Nase, tief und »süß«; reich, ziemlich kraftvoll. Verhülltes Tannin. Ein guter 1997er (3) ★★★★ *2004 bis 2012.*

Ch. Léoville-Poyferré Bereitet derzeit einen schönen Wein. Vier Einträge, alle gut. Trotz seines jugendlichen Aussehens eine sehr entgegenkommende, »warme« Zedernholznase; leicht, etwas Charme, eichenbetont, gute Länge. Trockener Abgang (3) ★★★★ *2006 bis 2012.*

Ch. Lynch-Bages Sechs Einträge. Vom Start weg einer der attraktivsten 1997er. Mit der für Lynch-Bages typischen Cassis-Frucht, komplett, erfrischend (3) ★★★(★) *2005 bis 2012.*

Ch. Lynch-Moussas Kräuterwürzig. Wohlschmeckend, aber im Stil leicht (1) ★★ *Jetzt bis 2010.*

Ch. Magdelaine Aroma und Geschmack mit Himbeernote. Lebhaft. Ansprechend (3) ★★ *Bald trinken.*

Ch. Marquis de Terme In Nase, Aroma und Geschmack sehr würzig und Cabernet-typisch (1) ★★★ *Jetzt bis 2010.*

Ch. La Mission Haut-Brion Im April 1998 auf dem Château: weich, zugänglich, attraktiver Geschmack, wie ein junger Port. Kürzlich: angesengte Eichen- und Mokkanase; voll im Geschmack, zum Kauen, ziemlicher Biss (3) ★★★ *2006 bis 2015.*

Ch. Monbousquet Obwohl das Gut eher »auf der falschen Seite der Straße« liegt, nämlich in Richtung der Gironde, bereitet es bemerkenswert erfolgreiche St-Emilion-Weine. Tief und nach wie vor jugendlich; fleischige, reife, offene Nase; »süß«, gutes Gewicht. Trinkt sich trotz des sehr trockenen Abgangs recht gut. *Zuletzt im Oktober 2001 bei einer Horizontalverkostung von 1997ern zusammen mit einer kleinen Gruppe, die am France-in-Your-Glass-Wochenende im Hôtel St James in Bordeaux teilnahm, degustiert* ★★★ *Jetzt bis 2010 trinken.*

Ch. La Mondotte Sehr tief, reich, massiv, beeindruckend. Im Besitz von Stephan von Neipperg, mit dem talentierten Stéphane Derenoncourt als Kellermeister. *Im April 1998 auf Canon-La-Gaffelière verkostet* (★★★)? *2007 bis 2015.*

Ch. Montrose Die zuverlässige Familie Charmolüe bereitete einen guten 1997er. Klassisch. Komplett (1) ★★★(★) *2005 bis 2015.*

Ch. Olivier Der Schwarze Prinz, 1330 hier geboren, hätte diesen Wein gutgeheißen (1) ★★★ *2005 bis 2012.*

Ch. Les Ormes-de-Pez Ansprechend. Leicht im Stil. Zugänglich, kurz (1) ★★ *Jetzt bis 2010.*

Ch. Palmer Bei fünf der insgesamt sechs Verkostungen auf die schokoladige Mokkanase hingewiesen. Geringfügig schlank, doch robust und mit sehr trockenem Abgang. Etwas Charme. Ein attraktiver 1997er. *Zuletzt im März 2002 nach Edmund Penning-Rowsells Begräbnis verkostet* ★★(★) *Bald bis 2008.*

Ch. Pape-Clément Ein frischer Wind durchweht den ältesten Weinberg in Bordeaux. Ausgesprochen reicher, guter Geschmack, komplett. Sehr gut trinkbar. *Zuletzt im August 2001 bei einer Verkostung für British Airways degustiert* ★★★ *Jetzt bis 2012.*

Ch. Pavie Sehr wohlriechend und ansprechend. Ich ziehe ihn neueren Jahrgängen bei weitem vor (2) ★★★ *Jetzt bis 2010.*

Ch. Pavie-Decesse »Süß.« Köstlich (2) ★★★ *Jetzt bis 2010.*

Ch. Petit-Village Schön in Textur, Geschmack und Tiefe. Ein pikanter Anflug, aber überraschend gut zu trinken. *Zuletzt im April 2001 bei den Berry Bros. mit dem Tasting Club degustiert* ★★★ *Jetzt bis 2010.*

Ch. Phélan-Ségur Leicht im Stil. Nicht so hübsch wie die Frau des Besitzers (1) ★★ *Jetzt bis 2007.*

Ch. Pichon-Baron Einheitliche Einträge. Wohlriechend, »süß«, weich, zugänglich. *Zuletzt im August 2001 verkostet* ★★★ *Jetzt bis 2008.*

Ch. Pichon-Lalande Sechs Einträge. Frucht und Körper ziemlich gut, ansprechend, aber schlanker als gedacht, mit einem Hauch von Adstringenz. *Zuletzt im November 2001 verkostet* ★★? *2006 bis 2012.*

Ch. Pontet-Canet Mit 78 ha Rebfläche eines der größten Güter im Médoc. Verarbeitete nur 36 % der Lese zum *grand vin*. Vier Einträge. Anfangs scharf und tanninbetont, lebhafte Frucht, aber rau. Öffnete sich, »süß«, gute Frucht. Zugänglich. Eher spitzig als scharf. *Zuletzt im Juni 1999 verkostet* ★★(★)? *2007 bis 2012.*

Ch. Rauzan-Gassies Gute Farbe und Frucht. Hat sich gegenüber früher enorm gesteigert (1), (2) und (3) ★★★ *2003 bis 2008.*

Ch. Rauzan-Ségla Ein stilvoller 1997er. Wohlriechend und direkt; fein. Köstlich; duftende, lebhafte Frucht; schlank, fest, gute Länge (3) ★★★★ *2007 bis 2012.*

Ch. Siran Im Geschmack besser als in der Nase. Ein »süßer«, weicher, zugänglicher Charakter, der durch den rauen, tanninbetonten Abgang etwas beeinträchtigt wurde (1) und (2) ★★(★) *2007 bis 2012.*

Ch. Smith-Haut-Lafitte Florence und Daniel Cathiard haben ihre ganze Energie und Begeisterung (und ihr gesamtes Geld) in dieses Gut gesteckt, was man auch merkt. Drei Einträge. Ein reicher, eichenbetonter, fleischiger, im Stil moderner Graves. *Zuletzt im Juni 2000 im Restaurant La Caudalie mit der Chaîne des Rôtisseurs aus Detroit verkostet* ★★★ *Jetzt bis 2010.*

Ch. Talbot Drei einheitliche Einträge. Anfangs sehr tanninbetont; köstliche Frucht; »süß«, reif, relativ zugänglich. *Zuletzt im November 2001 verkostet* ★★★ *Jetzt bis 2010.*

Ch. Tertre-Rotebœuf Einer jener modernen, schokoladigen, sehr »süßen«, dicklichen, übertriebenen Weine. Offen gesagt schrecklich. *Im Mai 2000 bei der Millenniumsgala der Zeitschrift* Alles über Wein *in Mainz verkostet. Für den, der's mag* ★★★

Ch. La Tour-Carnet »Süß«, schmackhaft. Eine große Steigerung gegenüber früheren Jahrgängen. Gehörte einmal zu den schlechtesten klassifizierten Médoc-Gütern (1) ★★ *2005 bis 2010.*

Ch. La Tour-de-By Ich verfolge die Entwicklung dieses ausgezeichneten Guts aus dem Bas-Médoc schon seit geraumer Zeit. Attraktiv. Gut zu trinken, doch tanninbetont. *Zuletzt im März 2002 verkostet* ★★ *Jetzt bis 2008.*

Ch. La Tour Haut-Brion Weich, zugänglich, »süß«, wie junger Portwein. *Im April 1998 auf La Mission Haut-Brion verkostet* ★★★ *Jetzt bis 2010.*

Ch. Troplong-Mondot Beeindruckende Farbe; guter Merlot-Wohlgeruch; weich und fleischig, »italianid«, doch mit sehr trockenem Abgang. *Im Mai und Juli 2001 degustiert* ★★ *2005 bis 2010.*

Ch. Trotanoy Reiche Farbe; cremige Vanille- und Mokkanase; »süß«, zum Kauen und trotz der Tannine zugänglich (3) ★★★(★) *2004 bis 2012.*

Vieux Ch. Certan Sehr charakteristisches Aroma; gute Frucht, ansprechend im Geschmack (1) ★★ *Jetzt bis 2012.*

1998 ★★ bis ★★★

Wie so viele Bordeaux-Jahrgänge der letzten Zeit von unterschiedlicher Qualität. Wenn die Wetterbedingungen nicht ideal sind, hängt viel von der Umsicht und dem Geschick der einzelnen Château-Besitzer beziehungsweise ihrer Kellermeister ab. Überdies wird immer häufiger ein önologischer Berater engagiert, wodurch sich der Stil der Weine etwas vereinheitlicht.

Ein milder, regnerischer Winter und der trockene, sonnige, warme Frühling ließen die Reben zeitig austreiben. Im April war es kalt und nass, Anfang Mai hingegen so schön, dass die Blüte so früh wie im ganzen Jahrzehnt nicht einsetzte – nicht zuletzt auch, weil man von Spätfrösten verschont geblieben war. Der Juni wiederum verlief wechselhaft, während es im August zu trocken und heiß war: Am 10. und 11. August kletterte die Quecksilbersäule bis auf 39 °C. Das ließ die Rebblätter welken, röstete die Trauben und verhinderte ein Steigen des Saftes. Der September war eine klimatische Berg- und Talfahrt mit gutem Wetter, Stürmen und Sonnenschein in der zweiten Hälfte, während der Oktober schwere Regenfälle mit sich brachte. Die fast immer früh reifende Merlot-Traube wurde vor den starken Niederschlägen gelesen, wovon Pomerol und St-Emilion profitierten. Im Médoc kam man wegen des hohen Cabernet-Anteils nicht so gut weg. Insgesamt fuhr man die zweithöchste Erntemenge des gesamten Jahrhunderts ein. Ich habe rund 200 Einträge zu zahlreichen Châteaux vorliegen, die überwiegend bei den alljährlichen Frühjahrsverkostungen der Union des Grands Crus 1999 in Bordeaux und 2000 in London entstanden. Die Sterne in Klammern beziehen sich auf die voraussichtliche Qualität der Weine beim Erreichen der Vollreife.

Ch. Lafite 81 % Cabernet Sauvignon und 19 % Merlot. Kein Cabernet franc oder Petit Verdot. Nur einmal verkostet. Sehr tief, intensiv; verschlossen, aber muskulös; komplett. Es fiel mir ehrlich gesagt schwer, ihn in diesem frühen Stadium zu degustieren, vor allem weil es erst 9.30 Uhr war (um 9.00 Uhr hatte ich bereits den Mouton verkostet). Aber was sein muss, muss sein! *Im April 1999 auf dem Château verkostet.*

Ch. Latour Undurchsichtig; zunächst verschlossen, dann mit ansprechender Frucht; trocken, körperreich, eher schlank, gute Länge. Ich zog den 1997er vor, aber die Zeit wird zeigen, wie er sich entwickelt. *Im März 1999 auf dem Château verkostet* (★★★) *2010 bis 2025?*

Ch. Margaux Erstmals im April 1999 im Fasskeller verkostet: ziemlich tief, pflaumenfarben; »süßer« Auftakt, trockener Abgang, gute Frucht. Als Nächstes bei Wagners Vertikalverkostung eine ähnliche Beschreibung, aber nach einiger Zeit im Glas ein enormer Ausstoß von Frucht und Eiche, nach einer Stunde ein Hauch Karamell, nach drei Stunden ausgeprägt exotisch. Lebhaft, trocken und fruchtig. *Zuletzt im November 2000 in Zürich verkostet* (★★★★) *2010 bis 2025.*

Ch. Mouton-Rothschild Der klassische Mouton-Traubensatz: 86 % Cabernet Sauvignon, 12 % Merlot und 2 % Cabernet franc – 57 % der Ernte wurden für den *grand vin* verwendet. Im März 1999 undurchsichtig, intensiv; komplett; mehr Körper und Frucht als der 1997er. Kürzlich mit Patrick Léon: würzig, wohlriechend, sehr ausgeprägtes »Mouton«-Aroma; gute Frucht und Länge. Sehr tanninbetont, dabei körperreich. *Zuletzt im April 2000 auf dem Château verkostet* (★★★★) *2012 bis 2025.*

Ch. Cheval Blanc Nur ein Eintrag: sehr tief, samtig; wohlriechend, würzig, reich, tanninbetont, gute Länge. Gut, aber in diesem Stadium nicht gerade ein Charmeur. *Im März 1999 auf dem Château aus dem Fass verkostet* (★★★?) *Ich muss ihn einfach noch einmal degustieren.*

Ch. Haut-Brion 55 % Merlot, 35 % Cabernet Sauvignon, 10 % Cabernet franc. Tief, noch immer pflaumenfarben; die Nase anfangs »süß«, aber mit beträchtlicher Tiefe, entwickelte eine reichhaltige Teernote; »Süße« und Gewicht angenehm, füllt den Mund, wohlriechende Frucht, gute Länge und Biss. Meiner Meinung nach der beste Jahrgang seit dem 1989er und 1990er. *Im Oktober 2001 auf dem Château verkostet* (★★★★) *Ein ziemlich langlebiger Wein, sagen wir 2012 bis 2025.*

Ch. Ausone und **Ch. Pétrus** Noch nicht verkostet.

Ausgewählte Châteaux des Jahrgangs 1998 Ich habe sie bei den Verkostungen der Union des Grands Crus im März und April 1999 in Bordeaux (1), im Mai 2000 in London (2) und bei anderen Anlässen degustiert.

Ch. Angélus (In diesem Jahr wurde das »L'« aus dem Namen gestrichen.) Sehr tief; ein würziger, eichenbetonter, tanninstarker Wein voller Frucht. *Zuletzt im Januar 2000 verkostet* (★★★) *2005 bis 2012.*

Ch. d'Angludet 58 % Cabernet Sauvignon, 35 % Merlot, 5 % Petit Verdot und 2 % Cabernet franc. Tief, charaktervoll, lebhaft, wohlschmeckend (1) und (2). Noch immer tanninbetont, mit eichenbetontem Nachgeschmack. *Zuletzt im Januar 2001 bei den Sichel-Verkostungen im Londoner Hotel Searcy's degustiert* (★★★) *2007 bis 2015.*

Ch. d'Armailhac Tief, samtig; lebhaft, eichenbetont; schlank, wohlschmeckend, insgesamt trocken, weichere Tannine. *Im März 1998 und April 2000 auf Mouton-Rothschild verkostet* (★★★) *2007 bis 2015.*

Ch. Batailley Duftend; »süß«, weich, zum Kauen. *August 2001* (★★★) *2004 bis 2012.*

Ch. Beauregard (Pomerol) Blumig; attraktiv, offen gewirkt (1) (★★) *2004 bis 2010.*

Ch. Beauséjour-Bécot Tief, samtig; ansprechende Frucht und »süßer«, leichter Stil (1). *Zuletzt im Januar 2000 verkostet* (★★★) *2004 bis 2010.*

Ch. Beychevelle Wohlriechend, zedrig; schlank, fest, positiv, aber unspektakulär (1) und (2) (★★★) *Die Zeit wird es zeigen.*

Ch. Bouscaut Gute Nase; schöner Körper und wohlschmeckend. Seidige Tannine (1) und (2) (★★★) *2004 bis 2012.*

Ch. Branaire Ein Hauch Lakritze, Zedernholz, reich, robust, eichen- und tanninbetont (1) und (2) (★★★★) *2007 bis 2015.*

Ch. Brane-Cantenac Seltsam duftend; attraktiv, schlank, würzig, seidige Tannine (1) und (2) (★★★★) *2007 bis 2015.*

Ch. Canon Wohlriechend; Körper und Länge gut. Sehr tanninbetont (1). *Zuletzt im Januar 2000 verkostet* (★★★) *2005 bis 2012.*

Ch. Canon-La-Gaffelière In seiner Jugend tief samtig-purpurrot; faszinierende Nase, ein Hauch Veilchen und »Süße«. Schönes Gewicht. Schlank und aristokratisch wie sein Besitzer, der Graf von Neipperg (1) (★★★★) *2006 bis 2015.*

Ch. Cantemerle Wird bei Verkostungen immer unter Haut-Médoc geführt, ist aber das der Stadt Bordeaux am nächsten gelegene klassifizierte Château, dessen Boden eher dem von Graves weiter südlich ähnelt (1) (★★★) *2007 bis 2015.*

Ch. Cantenac-Brown Nicht mehr schokoladig. Wohlriechend, würzig; gute Frucht, lebhaft, geringfügig schlank (1) und (2). *Zuletzt im August 2001 verkostet* (★★★) *2007 bis 2015.*

Ch. Cap de Mourlin Sehr tief, samtig; reiche, entgegenkommende Nase; offen gewirkt, Frucht und Körper gut (1) (★★★) *2005 bis 2010.*

Ch. Carbonnieux Normalerweise leicht im Stil, fester als gewöhnlich. Ein guter Wein (1) und (2) (★★★) *2004 bis 2010.*

Ch. Chasse-Spleen Immer verlässlich, interessant, gute Frucht, griffig (1) (★★★) *2005 bis 2012.*

Dom. de Chevalier Eigenständig, stilvoll; ziemlich »süß« und reich, wohlschmeckend, tanninbetont (1) und (2) (★★★★) *2006 bis 2015.*

Ch. Citran Frucht und Fleisch, schlank, aber Geschmack und Länge gut (1) (★★★) *2005 bis 2012.*

Ch. Clarke Undurchsichtig, konzentriert, streng, tanninbetont (1) (★★)? *2008 bis 2015.*

Ch. Clerc-Milon Wohlriechend, eichenbetont; »süß«, körperreich, attraktiv. *Im März 1999 und April 2000 auf Mouton-Rothschild verkostet* (★★★★) *2006 bis 2012.*

Ch. Clinet Reich, malzig, teerig; voll, reich, würzig. Sehr tanninbetont. Viele sind von Clinet beeindruckt, aber der Wein ist nicht mein Stil (1) (★★★) *2006 bis 2012.*

Ch. La Conseillante Frucht und Geschmack ausgesprochen attraktiv, gut zusammengefügt, schöne Textur und Eleganz (1) (★★★★) *2005 bis 2015.*

Ch. Cos Labory Ungewöhnlicht tief und beeindruckend (1) und (2) (★★★) *2005 bis 2012.*

Ch. Coufran Merlot-fruchtig, gut gemacht, komplett (1) (★★★) *2005 bis 2012.*

Ch. Couvent des Jacobins Tief, pflaumenfarben; jugendlich; etwas »süß« und weich, trockener Abgang. Braucht Zeit. *August 2001* ★★(★) *2004 bis 2010.*

Ch. Croizet-Bages Verlässliche Cabernet-Sauvignon-Frucht und Fleisch (1) (★★★) *2005 bis 2012.*

Ch. La Dominique Zwei Einträge. Kräftige »Tränen«; ausgeprägter Wohlgeruch, leicht metallisch; fruchtig, zum Kauen, guter Körper, tanninbetont (★★★) *2005 bis 2012.*

Ch. Duhart-Milon Schlank, wohlschmeckend. *Im März 1999 auf Château Lafite verkostet* (★★★) *2007 bis 2015.*

Ch. Durfort-Vivens Reich, zum Kauen, tanninbetont (2) (★★★) *2007 bis 2015.*

Ch. Ferrière Jetzt in den fähigen Händen der Familie, die auch die Châteaux Chasse-Spleen, Citran und Haut-Bages-Libéral besitzt, weshalb die Weine merklich besser geworden sind. Sehr eichenbetont, wohlriechend, ansprechend (1) und (2) (★★★) *2006 bis 2012.*

Ch. Figeac Charakteristisch, wie immer wohlschmeckend und duftend; »süß«, zugänglich, etwas Delikatesse und Charme ★★★(★) *Bald bis 2012.*

Les Forts de Latour Würzig. Dem 1997er, dem ich etwas den Vorzug gab, nicht unähnlich. Braucht mehr Zeit. *Im März 1999 auf Latour verkostet* (★★★) *2007 bis 2015.*

Ch. Fourcas-Dupré Eichenbetont, schlank, tanninig (1) (★★) *2006 bis 2012.*

Ch. Fourcas-Hosten Schroffere Frucht, ein Frühstarter (1) *2004 bis 2010.*

Ch. Fourtet Wohlriechend, komplett, gute Textur (1). *Zuletzt im Januar 2000 verkostet* (★★★) *2006 bis 2015.*

Ch. Franc-Mayne Intensiv. Beeindruckend, füllige Frucht (1) (★★★) *2004 bis 2010.*

Ch. La Gaffelière Klassisch. Komplett. Eichenbetont, würzig (1) *Zuletzt im Januar 2000 verkostet* (★★★) *2004 bis 2012.*

Ch. Gazin Eigenartige, teeähnliche, minzige Nase; weiche Frucht, seidige Textur (1) (★★★) *2005 bis 2015.*

Ch. Giscours Wohlriechend, würzig (Gewürznelken), ein Hauch Teer und Mandarine, sehr »süß«, reich, vom schlanken, trockenen, eichenbetonten Abgang dominiert. Braucht Zeit (1) und (2) (★★★★) *2008 bis 2020.*

Ch. Grand-Mayne Seltsame, malzige Nase; gehaltvoll, aber grobe Textur, bittere Tannine. Braucht noch Zeit (1) (★★)?

Ch. Greysac Eines der verlässlichsten Güter aus dem (Bas) Médoc. Guter Geschmack, früh trinkreif (1) (★★★) *Jetzt bis 2009.*

Ch. Gruaud-Larose Einer der besten 1998er: voll, reich, wohlduftend, ziemlich »süß«. Ein unbeschwerter Trinkgenuss, aber nach wie vor tanninbetont (1) und (2). *Zuletzt im April 2001 verkostet* (★★★★) *2007 bis 2020.*

Ch. Haut-Bailly War lange Zeit einer meiner Lieblingsweine. Die beste Merlot-Ernte aller Zeiten (41 % in der Komposition). Mitteltief, reich, schöne, lebhafte, erdbeerartige Frucht; ansprechend im Geschmack, »süß«, aber etwas spröde (1) *Zuletzt im April 2002 auf einer Christie's-Masterclass verkostet* (★★★★) *2005 bis 2015.*

Ch. Kirwan Einige sehen vielleicht eine »Renaissance« kommen, auf jeden Fall ein neuer Stil und beeindruckend; tief; eichenbetont, konzentriert; »süß«, voller Frucht, zum Kauen. Mehr maskuline Selbstsicherheit als femininer Margaux-Charme (1) und (2) *2009 bis 2015.*

Ch. Lafon-Rochet Auch hier ein Wandel. Wesentlich zugänglicher als der einstige spröde Stil, der mich immer an den Betonkeller des Guts erinnerte. Seltsame ligusterartige Nase, aber attraktiver Geschmack (1) und (2) (★★★) *2005 bis 2012.*

Ch. Lagrange (St-Julien) Drei Einträge. Seltsamer Duft; sehr eichenlastig, adstringierend. Braucht Zeit (1) und (2) *Zuletzt im August 2001 verkostet* (★★★)? *2008 bis 2015.*

Ch. Langoa-Barton Wohlriechend; gute Frucht, griffig. Immer runder und eine Spur grober als der Léoville (1) und (2) (★★★) *2007 bis 2015.*

Ch. Larcis-Ducasse »Süße« Frucht und Eiche. Ansprechend (1) (★★★) *2003 bis 2010.*

Ch. Larmande Sehr duftend, fruchtig, würzig. Entschieden attraktiv (1) ★★★ *2003 bis 2012.*

Ch. Larrivet-Haut-Brion Undurchsichtig; voll, reich, fruchtig; weich, doch mit rauem Abgang. *August 2001* ★★(★) *2004 bis 2010.*

Ch. Latour-Martillac Gute Frucht, aber spröde (1) (★★★) *2004 bis 2010.*

Ch. Léoville-Barton Anfangs sehr tief, samtig; trocken, sehnig, gute Länge. Liefert immer eine beeindruckende Vorstellung (1) und (2). Kürzlich: reiche Purpur-»Robe«; zunächst verhalten, öffnete sich dann aber, gehaltvoll, mit fast butterkeksartiger »Süße« am Gaumen und im Abgang. Tanninbetont, eichig. *Zuletzt im Oktober 2001 auf dem Château verkostet* (★★★★) *2008 bis 2020.*

Ch. Léoville-Poyferré Reichlich neue Eiche, ein Duft nach frisch geschnittenem Holz; Frucht und Stil gut (1) und (2) (★★★) *2005 bis 2020.*

Ch. La Louvière Ein höchst verlässliches Familiengut der Lurtons. Frucht, Fleisch, Geschmack, Intensität gut. Anfangs adstringierend (1) (★★★) *2005 bis 2015.*

Ch. Lynch-Bages Sehr tief; reich, brombeerartiges Cabernet-Sauvignon-Aroma; voller Frucht und Charakter, doch mit recht aufdringlicher neuer Eiche. So attraktiv er auch sein mag, man sollte ihm Zeit zum Atmen lassen (1) und (2) (★★★★) *2007 bis 2015.*

Ch. Lynch-Moussas »Süß«, weich, offen gewirkt, ein Frühentwickler (1) und (2). *Zuletzt im August 2001 verkostet* ★(★) *Jetzt bis 2010.*

Ch. Magdelaine Weich, zum Kauen, zugänglich. *Januar 2000* (★★★) *2004 bis 2010.*

Ch. Malescot St-Exupéry Eigenständiger brombeerartiger Cabernet-Sauvignon-Charakter, spröde, tanninbetont. Braucht Zeit (1) (★★★)? *2007 bis 2015.*

Ch. Marquis de Terme Überraschend »süß«, leicht im Stil (1) und (2) ★(★) *Jetzt bis 2010.*

Ch. Maugey Ein selbstbewusster »Fast«-Kultwein namens Le Jean-Marc (der Vorname des Besitzers Maugey), der anscheinend beweisen will, was inmitten der großen Region Entre-Deux-Mers möglich ist. Auf dem Rückenetikett im Stil der Neuen Welt sind die exakten Traubenanteile (68 % Merlot, 17 % Cabernet franc, 10 % Cabernet Sauvignon, 5 % Malbec) und Produktionszahlen angegeben: Normalflaschen (3600), Magnums, Doppelmagnums usw. und sogar sieben »Nabuchodonozors« (*sic*): noch immer jugendlich, lange »Tränen«; rote Beeren, Kaffee und Lakritze; reich, ideales Gewicht (12,5 % Alkohol), voller Frucht, ein vom Extrakt verhülltes Tannin. *Im März 2002 eine Flasche von Hardy Rodenstock zu Hause getrunken* (★★★) *Jetzt bis 2010?*

Ch. La Mission Haut-Brion 65 % Merlot, 35 % Cabernet Sauvignon. Jugendlich; wohlriechend, gute Frucht und Tiefe, eine Teernote, die sich im Glas intensivierte; viel Substanz, voller Frucht, Eiche, gute Länge, trockener Abgang. *Im Oktober 2001 auf dem Château verkostet* (★★★★) *2010 bis 2025.*

Ch. Monbrison Verdient es, bekannter zu werden. Tief, reich, lebhafte Frucht, tanninbetont, gute Länge (1) und (2) (★★★) *2007 bis 2012.*

Ch. Olivier Attraktiv, würzig, zu viel neue Eiche (1) (★★) *2005 bis 2015.*

Ch. Les Ormes-de-Pez Zuverlässig attraktiv (2) (★★★) *2005 bis 2012.*

Ch. Palmer Nur ein Eintrag: tief, pflaumenfarben; würzig, schokoladig; »süß«, reich, zugänglich. *Im April 1999 auf dem Château verkostet* (★★★) *2007 bis 2015.* (Ich habe auch Palmers neuen Alter Ego verkostet, einen für baldigen Konsum gedachten Zweitwein; er präsentierte sich im Februar 2001 zwar ziemlich »süß«, aber auch rau und tanninbetont.)

Ch. Pape-Clément Eine perfekte Reblage, am Hang etwas oberhalb von La Mission Haut-Brion, die den Weinen die typische Teer- und Tabaknote mitgibt, wie sie für Gewächse aus der Gemeinde Talence typisch ist. Wohlriechend. Wieder einmal ein guter Wein (1) (★★★★) *2006 bis 2015.*

Ch. Pavie Undurchsichtig, intensiv; zu »süß«, voll, fleischig, geröstet. Ein Wein im neuen Stil (1). *Zuletzt im Januar 2000 verkostet* (★★) *für mich,* (★★★★) *für den, der's mag. 2006 bis 2012?*

Ch. Pavie-Decesse Hat denselben Besitzer wie Pavie. Nase wie Rohrzucker, auf seine Weise wohlriechend; attraktiv im Geschmack und Gewicht, aber sehr tanninlastig (1) (★★★) *2005 bis 2012.*

Ch. Petit-Village Reich, weiche Textur, ansprechend (1) (★★★) *2005 bis 2015.*

Ch. de Pez Ein verlässlicher Wein, vor allem seit der gewissenhafte Claude Rouzaud (von Champagne Roederer) das Gut erworben hat. »Süß«, fleischig, kurz. *Eine Fassprobe im Januar 1999 verkostet* (★★) *2004 bis 2010.*

Ch. Pichon-Baron Scharfe, würzige Frucht und Eiche; kraftvoll, dichte Frucht, beeindruckend, aber ohne Charme; ein Hauch Teer (1) und (2) *2008 bis 2016.*

Ch. Pichon-Lalande Vier Einträge. Das genaue Gegenteil des Pichon-Baron, des Konkurrenzguts im Besitz von AXA auf der anderen Seite der Straße. Gute Frucht, sehr angenehm, natürlich noch immer tanninbetont. *(1), (2) und im April und Oktober 2000 auf dem Château verkostet* (★★★) *2008 bis 2016.*

Ch. La Pointe Reich, sehr schmackhaft, gute Textur, lose verwoben (1) ★★ *2004 bis 2014.*

Ch. Pontet-Canet Noch immer mit merklicher Teernote in der Nase, aber gehaltvoll und komplett, ein guter Wein (1) und (2) (★★★), *möglicherweise* (★★★★) *2007 bis 2015.*

Ch. Prieuré-Lichine Tief; süß duftend; nicht so schlank wie früher, aber immer noch ein pikanter Einschlag (1) und (2) (★★★) *2005 bis 2012.*

Ch. Quinault Alain und Françoise Raynaud erwarben das Anwesen 1997. Ihr Gewächs ist mittlerweile zum neuen Kultwein avanciert, der zwar als St-Emilion klassifiziert ist, doch von Reben stammt, die auf tiefer gelegenen (nicht so guten) Flächen in der Nähe von Libourne und der Dordogne wachsen. Trotzdem sind die Stöcke sehr alt (zwischen 1930 und 1961 gepflanzt). Ich mag und bewundere Dr. Alain Raynaud, der seit kurzem Präsident der Union des Grands Crus ist, empfinde diesen Wein aber als sehr bemüht. Undurchsichtig, intensiv; reiche feigenartige Frucht; »süß«, voll, sehr würziger eichenbetonter Nachgeschmack. *Im April 1999 eine Fassprobe verkostet* (★★)?

Ch. Rauzan-Gassies Brachte lange Zeit schlechte Leistung, hat sich aber enorm gesteigert. Wohlriechend, ansprechend, etwas schlank und adstringierend (1) und (2). *Zuletzt im August 2001 verkostet* (★★★) *2007 bis 2015.*

Ch. Rauzan-Ségla Tief, intensiv; sofort entgegenkommend, würziger, eichenbetonter Wohlgeruch; etwas »Süße«, köstlich im Geschmack, gute, feste Frucht, scharfer Abgang (1) und (2) (★★★★) *2008 bis 2018.*

Ch. Respide Genau die Art von unbeschwertem, unbedeutendem Graves-Wein, die ich mag: süße, weiche Frucht, leicht (12 % Alkohol), ansprechend. *Im Februar 2002 zu Hause verkostet* ★★ *Bald trinken.*

Sanctus Ein weiterer neuer Kultwein von Patrick Baseden und seinem chilenischen Cousin Aurelio Montes de Baseden, auf dessen Konto schon andere berühmte Weine gehen. Vorhersehbar farbtief; »süße« Brombeer- und Eichennase; ein voller, reicher, weicher, fleischiger Wein mit eichenbetontem Endgeschmack. *Eine Fassprobe, verkostet im Mai 1999* ★★★? *Keine Vorgeschichte. Kleine Produktion. Ob noch etwas für eine spätere Beurteilung übrigbleiben wird?*

Ch. Siran Ein guter »Mundfüller«, positiv, würziger, eichenbetonter Geschmack und Nachgeschmack (1) und (2) (★★★) *2006 bis 2012.*

Ch. Smith-Haut-Lafitte Mit einem Wohlgeruch von Mokka, Schokolade, Tabak; reicher Extrakt (1) (★★★) *2005 bis 2012.*

Ch. Talbot Sehr stark am traditionellen Talbot-Stil orientiert, reich, aber rustikal; sehr ansprechende Frucht und Körper, seidige, ledrige Tannine. Ein guter Wein (1) und (2) (★★★★) *2007 bis 2015.*

Ch. Tertre-Rotebœuf Ein weiterer Kultwein von einem leidenschaftlichen Kellermeister, François Mitjavile. Durchschnittliche Jahresproduktion: 2200 Kisten. Ich bewundere ihn und seinen konzentrierten, fruchtigen Wein. *Im März 2001 auf einer Präsentation von Corney & Barrow degustiert* (★★★★)

Ch. La Tour-Carnet Seit das Gut einen neuen Kellermeister hat, ist es mit dem Wein steil bergauf gegangen. Lebhafte Frucht, reichlich neue Eiche, attraktiv, aber sehr tanninbetont (1). *Zuletzt im August 2001 verkostet* (★★★) *2007 bis 2012.*

Ch. La Tour-de-By Drei Einträge aus jüngerer Zeit. Mein bevorzugter Alltagswein aus dem (Bas-)Médoc. Gut gemacht, »süß«, duftend, lebhafte Frucht. Angenehm. *Zuletzt im August 2001 zu Hause verkostet* ★(★) *Bald bis 2008.*

Ch. La Tour Haut-Brion Tief, jugendlich; Eiche und Brombeere; wohlriechend, reichlich Frucht, Eiche und griffige Textur. *Oktober 2001* (★★★) *2005 bis 2015.*

Vieux Ch. Certan »Süß«, weich, würzig; etwas leicht im Charakter, attraktiv, trockener Abgang (1) (★★★) *2005 bis 2012.*

1999 ★★ bis ★★★★

Es wird immer schwieriger, eine allgemeine Jahrgangsbewertung abzugeben. Sicher ist nur eines: Die Sorgfalt, das Geschick (und gelegentlich auch das Quäntchen Glück) des Kellermeisters, des Besitzers und gegebenenfalls des beratenden Önologen geben den Ausschlag und entscheiden, ob ein Wein gut oder schlecht ausfällt. In den letzten Jahren wurde wesentlich mehr Aufmerksamkeit auf die Weinbergpflege verwendet, denn wie heißt es so schön: Guter Wein entsteht nur aus guten Trauben.

Dass man aber am Ende einer Saison wie 1999 gute Trauben von den Stöcken schnitt, grenzt an ein Wunder. Manche halten den Jahrgang für den schwierigsten und kostspieligsten seit Menschengedenken. Im warmen Winter 1998/1999 wurden die Grundwasservorräte aufgefüllt. Der Januar und Februar verliefen kühl und ungewöhnlich trocken, aber der Austrieb erfolgte bei nicht minder ungewöhnlicher Hitze. Auch im April und Mai war es sehr heiß, doch wegen der hohen Luftfeuchtigkeit musste früh gespritzt werden. Aufgrund der außerordentlich hohen Temperaturen Ende Mai blühten die Reben früh. In den ersten Junitagen fegten Stürme über die Weinberge hinweg, was ein leichtes Verrieseln nach sich zog, doch den Rest des Monats und den ganzen Juli hindurch war es wieder sehr heiß. Wegen des wechselhaften Augusts verzögerte sich die *véraison* (der mit einer Farbänderung der Beeren einsetzende Reifeprozess), doch die drei Wochen bis zum 5. September verliefen ideal, denn es war trocken und warm. Jäh unterbrochen wurde das Hoch von einem schweren Gewitter, das von Libourne bis St-Emilion verheerende Hagelstürme niedergehen ließ. Das Winzerdasein ist ein hartes Los! Aber wer erzeugte nun guten Wein? Die, die rechtzeitig spritzten, den Behang ausdünnten, die Trauben sortierten und nur die besten Fässer wählten. Insgesamt entstanden einige sehr angenehme Weine, allerdings hielt sich der Markt etwas zurück, weil man abwartete, wie der 2000er ausfallen würde.

Ch. Lafite Welch hoher Aufwand auf Lafite betrieben wird, lässt sich an der Zahl der Lesearbeiter – 420 begannen am 20. September mit der Lese der Merlot-Trauben und am 27. September mit Cabernet Sauvignon – und der strengen Auswahl der Fässer ermessen. Nur 40 % der Ernte wurde für den *grand vin* verwendet, ein Verschnitt aus 74 % Cabernet Sauvignon, 18,5 % Merlot, 6 % Cabernet franc und 1,5 % Petit Verdot. Das Ergebnis war, um mit den Worten eines respektablen britischen Weinhändlers zu sprechen, »ein spektakulärer Lafite«. Bislang nur zweimal verkostet, beide Male Fassproben auf dem Château, das erste Mal im April 2000, das letzte Mal zwei Monate später. Tiefes, intensives, überzeugendes Erscheinungsbild mit fast undurchsichtigem, samtigem Zentrum; ansprechend, »süß«, fleischig, jugendliches Aroma; am Gaumen eine gewisse »Süße«, nicht aussagekräftig, aber gutes »Mundgefühl« und seidige Tannine. Viel versprechende Zukunft. *Zuletzt im Juni 2000 verkostet* (★★★★) *2015 bis 2030.*

Ch. Latour Tief, pflaumenfarben; wohlriechend – ein Hauch von Veilchen und Eiche; »süß«, körperreich, weiche Reife, attraktiv, ein klassischer Latour. *Im März 2001 auf dem Château verkostet* (★★★★★) *2015 bis 2025.*

Ch. Margaux 77 % Cabernet Sauvignon, 15 % Merlot, der Rest Cabernet franc und Petit Verdot. Erstmals im März 2000 aus dem Fass verkostet, lebhaft purpurrot, sehr »süß«, fleischig, ansprechende Frucht – weicher und »süßer« als der 1998er, wenngleich nicht so konzentriert. Als Nächstes bei Manfred Wagners Vertikalverkostung im November 2000 in Zürich, wo er der Eröffnungsjahrgang war: attraktive Frucht- und Eichennase; nach drei Stunden ausgeprägt exotisch, voller Frucht und Eiche, aber gut integriert. Kürzlich auf dem Château ein erstaunlicher Wohlgeruch; sehr »süß«, zum Kauen, aber neben dem 2000er ein Anflug von Rauheit. Der 1999er wurde während meines letzten Besuchs am 25. Juni 2001 gerade abgefüllt: 200 000 Flaschen des *grand vin*, das sind 40 % der Gesamtproduktion. *Zuletzt im März 2001 auf dem Château verkostet* (★★★★) *2015 bis 2030.*

Ch. Mouton-Rothschild 78 % Cabernet Sauvignon, 4 % Cabernet franc und 18 % Merlot. Erstmals zusammen mit Patrick Léon auf dem Château neben dem 1998er verkostet – ähnliche Farbe, mehr fleischige Frucht, reife Cabernet-Note und Eiche, nicht so würzig. Sehr »süß«, schwankte zwischen Geschmeidigkeit und unfertiger Reife. Als Nächstes mit Hervé Berland degustiert: tief, samtig; ein »geröstetes« Cabernet-Aroma, das sich wunderschön öffnete. Erneut »fleischig«, trockener Abgang und Charme (★★★★) *Ein attraktiver Wein – etwa 2012 bis 2030 trinkreif.*

Ch. Haut-Brion 55 % Merlot, 35 % Cabernet Sauvignon und 10 % Cabernet franc. Gemeinsam mit dem 1998er verkostet und verglichen mit ihm sehr frühreif im Aussehen; würzige, sehr duftende Nase; ein Anflug von »Süße«, seidige Tannine, schöne Textur, gute Säure. Sehr attraktiv, allerdings fehlt ihm der »Drive« des 1998ers. *Oktober 2001* (★★★★) *2008 bis 2025.*

Ch. Ausone und **Ch. Pétrus** Noch nicht verkostet.

Ch. Cheval Blanc 55 % Merlot und 45 % Cabernet franc. Pierre Lurton lieferte uns einige interessante Informationen, vor allem über die Lese, die eine für die Rebstöcke stressfreie Saison zum Abschluss brachte. Die Trauben waren ab 13. September physiologisch reif; die Merlot-Ernte dauerte vom 14. bis 18. September. Wegen starker Regenfälle musste die Lese vom 19. bis 21. September unterbrochen werden. Vom 22. bis 28. September brachte man den Cabernet franc unter Dach und Fach. »Sehr gesunde Trauben, seit 1989 hatten sie nicht mehr so gut ausgesehen.« Ungewöhnlich tief, praktisch undurchsichtig; verhalten, aber wohlriechend und eichenbetont in Nase und Geschmack. Reif, körperreich, trockener Abgang. Beeindruckend. *Im April 2000 auf dem Château verkostet* (★★★★) *2010 bis 2030.*

Das Gros meiner Einträge zu 1999ern entstand bei den Verkostungen der Union des Grands Crus im April 2000 in Bordeaux (1) und im Mai 2001 in London (2), außerdem bei ein paar wenigen anderen Gelegenheiten aus jüngerer Zeit. Nachfolgend eine Auswahl der besten oder zumindest interessantesten der insgesamt etwa 150 verkosteten Weine:

Ch. Angélus Voller Frucht und Geschmack. Sehr tanninbetont (2) (★★★★)

Ch. d'Angludet 50 % Cabernet Sauvignon, 45 % Merlot und 5 % Petit Verdot. Drei Einträge. Sehr charakteristisch, reifer und »süßer« als der 1998er, Körper und Frucht gut. Seidigledrige Tannine. Wieder einmal besser, als seine Klassifizierung als *Cru bourgeois* vermuten lässt. *(1), im Januar 2000 und (2)* (★★★)

Ch. d'Armailhac Tief, zedrig, fleischig; sehr gute Frucht. Immer ein köstlich schmeckender Wein mit Flair. *Zuletzt im März 2001 auf dem Château verkostet* (★★★★) *2008 bis 2015.*

Ch. Batailley Zwei Einträge. Verlässlich, zugänglicher Stil. Fruchtbepackt, gute Textur, für frühen Trinkgenuss. *Zuletzt im August 2001 verkostet* (★★★) *2004 bis 2010.*

Ch. Beauséjour-Bécot Ich kenne die Familie Bécot seit etwa 20 Jahren. Wir machten Bekanntschaft miteinander, als wir eines Tages bei Christie's einen Werbeverkauf für das Château veranstalteten. Die neue Generation, die nun am Ruder ist, bereitet zuverlässig einen der angenehmsten und stilvollsten St-Emilion-Weine. Geschmack, Länge und Tannin gut (1) und (2) (★★★) *2006 bis 2012.*

Ch. Bernadotte Fast hätte ich geschrieben, dass dieses Weingut ein neues Spielzeug von May de Lencquesaing ist, angemessener aber wäre wohl, es als ein weiteres Eisen in ihrem Feuer zu bezeichnen. Das Château befindet sich zwar unweit von Pichon-Lalande, ist aber schwierig zu finden. Doch die Suche lohnt sich, denn hier bleibe und spiele ich gerne (in Begleitung von Mays Neffen Gildas d'Ollone, einem talentierten Flötisten). Mehrere Einträge, die vorwiegend auf Pichon-Lalande entstanden. Attraktive Frucht. *Zuletzt im März 2001 verkostet* (★★) *2003 bis 2008.*

Ch. Beychevelle Schade, dass dieses wunderschöne Château innen so unansehnlich ist. Die Familie Achille-Fould hat das Schloss mitsamt den Stilmöbeln vor ewigen Zeiten geräumt. Trotzdem entstehen hier einige ansprechende Weine. Der 1999er fiel »süß« und fruchtig aus (1) und (2) (★★★★) *2008 bis 2016.*

Ch. Bouscaut Ein duftender, »süßer« und zugänglicher Graves-Wein (1) und (2) (★★★) *2004 bis 2012.*

Ch. Branaire Drei Einträge. Hier wurde viel in neue Fasskeller und Ausrüstung investiert. In den Weinen vielleicht etwas zu viel neue Eiche. Brombeerartiger Duft. Gute Frucht. Etwas schlank. Sehr tanninbetonter Abgang (1) und (2). Kürzlich zurückhaltend, aber kraftvoll. *August 2001* (★★★) *2006 bis 2015.*

Ch. Brane-Cantenac Entwickelt sich im Stil beständig weiter und erinnert mich an den früheren, schokoladigen Charakter von Cantenac-Brown (siehe unten) – obwohl beide Güter nichts miteinander zu tun haben. Voller Frucht, Eiche und Tannin. Dürfte ein guter Wein werden (1) und (2) (★★★★) *2008 bis 2015.*

Ch. de Camensac Beeindruckend tief; gute Frucht; »süß«, schöner Körper, aber adstringierend. *Im August 2001 blind verkostet* ★(★★) *2004 bis 2010.*

Ch. Canon 50 % Merlot, was einen »süßen«, im Stil leichten Wein ergab, der mich an den 1985er erinnerte (1) und (2) ★★★ *2004 bis 2012.*

Ch. Canon-La-Gaffelière Außerordentlich hochgetönt, ungewöhnlicher Duft, eine Spur von Tee; »süß«, gut im Geschmack, aber schlank, zwar nur eine geringe Andeutung von Eleganz, aber auf jeden Fall beeindruckend (1) und (2) ★★★ *2006 bis 2015.*

Ch. Cantemerle Attraktiv, aber ohne die Eleganz der Weine aus seiner Blütezeit (Mitte der 1950er-Jahre) (1) ★★★ *2006 bis 2015.*

Ch. Cantenac-Brown »Süße« Frucht; Eiche und Tannin (1) (★★★) *2006 bis 2015.*

Carruades de Ch. Lafite 69 % Cabernet Sauvignon und 31 % Merlot. Ein Schatten des *grand vin*, aber trotzdem stilvoll. Entgegenkommende Zedernholznase; weiche, reife Frucht (1) ★★★ *2005 bis 2012. Dürfte angenehm zu trinken sein.*

Ch. Chasse-Spleen Würde zweifellos mindestens auf *Cinquième-cru*-Niveau hochgestuft werden, falls es jemals eine Neuklassifizierung der Châteaux in Bordeaux gäbe. Gute Frucht und eine Länge, die den *Bourgeois*-Gütern im Médoc oftmals fehlt (1) ★★★★ *2006 bis 2012.*

Dom. de Chevalier Eben weil ich Olivier Bernard sehr bewundere, war ich zugegebenermaßen besorgt, als ich erfuhr, dass man neue Weinberge gekauft und einen hochmodernen Fasskeller eingericht hatte. Obwohl die geschickte Hand von Claude Ricard fehlt, entstehen hier jetzt attraktive Weine. Der 1999er ist im Stil zugänglich und leichter als erwartet, außerdem (bei einer jüngsten Verkostung) etwas schlank, gut, allerdings mit adstringierendem Einschlag. Die Zeit wird zeigen, wie er sich entwickelt. *(1), (2) und im August 2001* (★★★) *2006 bis 2015.*

Ch. Citran Frucht, guter Mittelteil und Abgang (1) (★★★) *2005 bis 2012.*

Ch. Clerc-Milon »Süße«, fleischige Frucht. Ansprechend. *Im April 2000 und Mai 2001 auf Mouton-Rothschild verkostet* (★★★) *2006 bis 2012.*

Ch. Clinet Charakteristisch dunkel; teerig; reich, dabei mit enorm zahnbelegenden Tanninen. Dieses Pomerol-Château hat viele Anhänger, ich gehöre nicht dazu (2) ★ *oder* ★★★★ *(je nach Geschmack). 2008 bis 2012.*

Ch. La Conseillante Typisch für Pomerol: Der Kontrast zwischen diesem Wein und dem Clinet (siehe oben) könnte kaum größer sein. Nicht farbtief, nicht extraktüberladen, wesentlich zugänglicher, dabei mit erfrischendem Tannin und ebensolcher Säure (1) und (2) (★★★★) *(gerade noch). 2006 bis 2012.*

Ch. Coufran Dank 100 % Merlot ein weicher, fruchtiger und fleischiger Wein (1) (★★★) *2005 bis 2012.*

Ch. Dassault Ich kenne diesen Wein für Fluggesellschaftsdirektoren praktisch nur vom Sehen, doch der 1999er hat mich beeindruckt (1) (★★★) *2005 bis 2012.*

Ch. Dauzac Hier wurde etwas Geld investiert. Sehr »süß«, Frucht, Extrakt und Eichenspuren (1) (★★★) *2002 bis 2012.*

Ch. La Dominique Trotz des undurchsichtigen Zentrums offen gewirkt und deutlich weich. »Süß«, fruchtig. Eigenständig, mit zusätzlichen Nuancen. Zugänglich, frühreif. *(1) und September 2001* ★★(★) *Jetzt bis 2008.*

Ch. Ducru-Beaucaillou In seinen Anfangstagen schwer fassbar, doch mit Klasse. Hat eine elegante Zukunft vor sich (1) (★★★★) *2008 bis 2020.*

Ch. Duhart-Milon 90 % Cabernet Sauvignon und 10 % Merlot. Sehr wohlriechend, Jungbäumchen und Reneklođen; reife Frucht, griffig. *Im April 2000 auf Lafite verkostet* (★★★) *2005 bis 2012.*

Ch. Durfort-Vivens Frucht und Körper recht gut, aber etwas zu »süß« und zugänglich. *(2) und August 2001* ★(★) *Jetzt bis 2009.*

Ch. de Ferrande Ein etwas unterschätzter Graves-Wein. Attraktiv (1) (★★★) *2004 bis 2010.*

Ch. de Fieuzal Ein guter, lebhafter, wohlschmeckender Graves. *Im April 2000 auf dem Château degustiert* (★★★) *2004 bis 2010.*

Ch. Figeac Hatte einige Probleme. Seltsame Obertöne, die hoffentlich abklingen (1) und (2). *Bewertung? Ich muss ihn noch einmal verkosten.*

Les Forts de Latour Entgegenkommend, »süß«, weich, entwickelt sich bereits ansprechend. *Im März 2001 auf Latour verkostet* ★★★ *2005 bis 2012.*

Clos Fourtet Einst ein sehr fader, steifer, nach Pappkarton schmeckender Wein, jetzt wohlriechend, fruchtig und weich (1) ★★(★★) *Jetzt bis 2010.*

Ch. La Gaffelière Duftend, fruchtig, »angesengt und nach Ruß schmeckend«. »Süß.« Weich, mit einem typischen Anflug von Säure, die mir im Lauf der Jahre oft aufgefallen ist (1) und (2) ★(★★) *Jetzt bis 2010.*

Ch. Gazin Der 1945er war großartig, was dem Château noch heute nachhängt. Ich hatte immer schon ein Faible für diesen Betrieb. Tief, samtig; »süß«, attraktiv, frühreif (1) ★(★★) *Bald bis 2010.*

Ch. Giscours Von den Fehlschlägen der 1970er ist hier nichts mehr zu spüren. Jetzt reiche Farbe, »süß«, attraktiv. Zitrusgetönte Säure. Gutes Potenzial (1) und (2) (★★★) *2007 bis 2015.*

Die Grand-Puy-Châteaux spielen Jahr für Jahr in verschiedenen Ligen – **Grand-Puy-Lacoste** hat Substanz und Stil, braucht aber in der Regel Flaschenalterung, **Grand-Puy-Ducasse** schleppt sich so voran; der 1999er war unverkennbar seltsam und ohne Abgang. Für Lacoste (1) also (★★★★), *2010 bis 2020;* Ducasse verdient nur ★ *und kann vergessen werden.*

Ch. Gruaud-Larose Ein köstlicher 1999er. Frucht, Körper und Würze. Wird einmal ein sehr einnehmender Wein werden (1) und (2) (★★★★) *2007 bis 2020.*

Ch. Haut-Bailly Ostern 2001 abgefüllt. Als Erstes eine Fassprobe im April 2000, dann auf dem Château verkostet. Ein beständig gut gemachter, stilvoller Wein, eines meiner Lieblingsgewächse aus Pessac-Léognan – nicht übertrieben, kein Blender, einfach nur extrem gut. *Zuletzt im Juni 2001 auf dem Château verkostet* ★★★★ *2006 bis 2016.*

Ch. Haut-Batailley Die Namen dieses Châteaus und des letztgenannten verwechselt man leicht, nicht aber ihre Gewächse. Der Haut-Batailley ist die zuverlässig eleganteste und charmanteste Kreszenz unter den Pauillac-Weinen der Familie Borie, was der 1999er beispielhaft zum Ausdruck bringt. *Im April 2000 auf Ducru verkostet* ★★★★ *2006 bis 2016.*

Ch. Kirwan Reich, teerig, Melassenase. »Süß«, fleischig, intensiv. Auf seine Weise sehr gut, aber etwas übertrieben (1) und (2) (★★★)? *2006 bis 2015?*

Ch. Lafon-Rochet Minze und Liguster; weich, fruchtig, eichenbetont, tanninstark (1) (★★★) *2007 bis 2015.*

Ch. Lagrange (St-Julien) Interessanter Geschmack, lebhafte Frucht, sehr trockener Abgang. Braucht Zeit. *(1), (2) und August 2001* (★★★) *2007 bis 2015.*

Ch. La Lagune Geführt von der erfahrenen, bewundernswerten Madame Jeanne Boyrie. Der Wein ist nicht mehr so unverwechselbar wie früher, als man ihn den »Burgunder des Médoc« nannte, aber der 1999er wird sich zu einem attraktiven Wein entwickeln (1) (★★★) *2006 bis 2015.*

Ch. Langoa-Barton In der Jugend unnachgiebig. Ein substanzvoller, allerdings geringfügig schlanker und sehr trockener Wein (1) und (2) (★★)? *2008 bis 2016.*

Ch. Larcis-Ducasse Nachdem ich bei einem Besuch auf dem Château unlängst einen ausgezeichneten 1990er und einen wunderschönen 1985er getrunken habe, bin ich auf dieses leicht vernachlässigte St-Emilion-Gut neben Pavie aufmerksam geworden. Wie viele im Frühjahr nach der Lese aus dem Fass verkostete Weine mit gewinnender Frucht (1) und (2) (★★★) *2005 bis 2015.*

Ch. Larmande Eine charmante kleine Kellerei in St-Emilion. Kürzlich wurde von außen viel in das Château investiert, was man sieht – und schmeckt. Jetzt beeindruckend reich. Ein angenehmer Wein (1) und (2) (★★★) *2004 bis 2010.*

Ch. Lascombes Ein ziemlich seelenloses Château. Der 1999er ist der erste Jahrgang des neuen »Regisseurs« Bruno Lemoine, der früher auf Montrose arbeitete. Auf jeden Fall ein sehr positiver und ausgesprochen griffiger Wein, dessen raue Spur sich noch verflüchtigen wird (1) und (2) (★★★)? *2007 bis 2015.*

Ch. Léoville-Barton Ein überragender 1999er. Bei den beiden ersten Verkostungen »tief, samtig« und selbst nach erst 18 Monaten im Fass mit herrlicher Nase und köstlichem Geschmack (1) und (2). Kürzlich sehr gut, ein reicher Mokkaton in der Nase und am Gaumen. Guter Körper, sehr eichen- und tanninbetont. *Zuletzt im Oktober 2001 auf dem Château verkostet* (★★★★) *2006 bis 2020.*

Ch. Léoville-Poyferré Nähert sich wieder einmal an den Stil und die Eleganz der glorreichen Vergangenheit an (siehe der Jahrgang 1929 auf Seite 42). Keineswegs ein großer Wein, eher ein gut gebauter, mustergültiger St-Julien (1), (2) und *August 2001* (★★★★) *2006 bis 2020.*

Ch. Lynch-Bages Enttäuscht nur selten; meist freue ich mich sogar auf diesen Wein. Typisch würzige Frucht (1). *Zuletzt im Mai 2001 auf dem Château verkostet* (★★★★) *2006 bis 2020.*

Ch. Lynch-Moussas Tief, reifer Rand; scharf, aber wohlriechend, mit dem Pauillac-typischen Duft nach »Austernmuscheln«; geradlinig, trockener Abgang. *Zuletzt im August 2001 bei einer Blindverkostung von British Airways degustiert* (★★) *2002 bis 2009.*

Ch. Malescot-St-Exupéry Kontinuierliche Verbesserungen hier. Interessant. »Sehr Malescot-typisches« Aroma nach Schwarzen Johannisbeeren; etwas vordergründige Frucht, aber reichlich Geschmack. Sehr tanninbetont (1) (★★★) *2007 bis 2016.*

Ch. Maucaillou Sehr verlässlich. Gute Frucht und Würze (1) ★★ *Bald bis 2007.*

Ch. La Mission Haut-Brion 50 % Merlot, 42 % Cabernet Sauvignon, 8 % Cabernet franc. Zunächst verschlossen, öffnete sich dann aber; ein Hauch von »Süße«; Gewicht und Frucht schön, griffig, relativ zugänglich. Nicht so kraftvoll wie der 1998er. *Zuletzt im Oktober 2001 auf dem Château verkostet* (★★★★) *2008 bis 2015.*

Ch. Palmer Die Hälfte der Ernte wurde deklassiert. Der *grand vin* herrlich samtig; intensiv duftend, überraschend »süß«, würzig. *Im April 2000 auf dem Château verkostet* (★★★★) *2006 bis 2020.*

Ch. Pape-Clément Nutzt die überragenden Weinberglagen optimal aus und ist jetzt wieder einer der Stars von Pessac-Léognan. *Régisseur* Larramona ließ uns wissen, dass die Cabernet-Sauvignon-Trauben sehr reif eingefahren wurden und einen potenziellen Alkoholgehalt von 13,5 % bis 14 % hatten (1) und (2) (★★★★) *2005 bis 2015.*

Ch. Pavie Es wird viel Aufhebens um die enormen Veränderungen gemacht, die die neuen Eigentümer hier durchgeführt haben. Mir haben offen gesagt die ausgesprochen angenehmen Weine des sympathischen Jean-Paul Valette besser gefallen. Jetzt entstehen hier 100-Punkte-Weine im Côte-Rôtie-Stil, die sehr – besser gesagt etwas – en vogue sind. Undurchsichtig; teerig, lakritzartig; ziemlich kraftvoll, konzentriert, angesengt, mit Teer und Tannin im Abgang. Man darf gespannt sein, wie er sich letztendlich entwickelt (1) (★★) *für mich,* (★★★★) *für einige andere.*

Pavillon Rouge de Ch. Margaux Wohlriechend, ganz anders als der *grand vin*, schlank, aber wohlschmeckend (1) (★★) *2004 bis 2010.*

Ch. Pichon-Baron Mit höherem Zuckergehalt als 1998. Anfangs und auch im Jahr darauf war ich recht beeindruckt, doch vor kurzem entdeckte ich bei einer Blindverkostung einen groben, »rustikalen« Zug. Sehr tanninbetont. *(1), (2) und im August 2001* (★★★)? *Man wird sehen.*

Ch. Pichon-Lalande Mehr Merlot (47 %) als Cabernet Sauvignon (37 %), was für einen Pauillac ungewöhnlich ist. Weich, mit einer nachgiebigen fleischigen Frucht, die die ausgeprägten Tannine und die kräftige Säure kaschierte (1) und (2). *Zuletzt im August 2001 verkostet* (★★★★) *2006 bis 2016.*

Ch. Pontet-Canet Gute Frucht, aber äußerst tanninbetont (1) und (2) (★★★) *2009 bis 2020.*

Ch. Prieuré-Lichine Stéphane Derenoncourt siedelte kürzlich von Canon-La-Gaffelière in St-Emilion auf dieses Weingut über, mit dem Auftrag, das einst schlanke, aber wohlriechende Gewächs in einen reicheren Wein zu verwandeln. Er ist ein Médoc und ein Prieuré geblieben. Zum Glück lassen sich der Boden und das Mikroklima von St-Emilion nicht verpflanzen! Trotzdem ein schöner Jahrgang (1) und (2) (★★★) *2005 bis 2012.*

Ch. Rauzan-Gassies Auch dieses Château ist im Wandel begriffen. Zunächst gefiel mir die teerige Melassenase nicht, aber im darauf folgenden Jahr fand ich, dass sie sich gefunden hatte. Lebhaft. Sehr tanninbetont (1) und (2) ★★★ *(gerade noch). 2006 bis 2015.*

Ch. Rauzan-Ségla Seine Renaissance setzt sich fort: ein wohlriechender, würziger, »süßer«, lebhafter Wein (1) und (2) (★★★★) *2006 bis 2020.*

Ch. Talbot Anfangs beeindruckend tief. Sehr eichenbetont, lebhafte Cabernet-Frucht; für einen Talbot »süß«, fand schön zu sich. Möglicherweise ein Frühentwickler (1) und (2). *Zuletzt auf einer Talbot-Verkostung in London degustiert* (★★★★) *2005 bis 2015.*

Vieux Ch. Certan Ein sehr guter Jahrgang, weich rubinrot; sehr reiche, wohlduftende Nase; »süß«, trotz des Tannins unerwartet zugänglich (1) und (2) (★★★) *2005 bis 2015.*

2000 und die Zukunft

Der Jahrgang 2000 wurde natürlich mit einer Mischung aus Hoffen und Bangen erwartet. Wegen der Jahrtausendwende rechnete der Handel mit einem beträchtlichen Verkaufsvolumen, sofern der Wein sich nicht als unsäglich erweisen würde. Letzten Endes war man recht zufrieden, vor allem angesichts des uneinheitlichen 2001ers.

Wie aber sieht die Zukunft aus? Wie immer spielen das Wetter und der Markt die Hauptrolle. Sie hängen zusammen. Wie wir bereits gesehen haben, gibt das Klima generell die Qualität und den Stil vor, während ein gesunder Markt unerlässlich ist, damit sich die Räder der Wirtschaft weiter drehen. Man kann es auch direkter ausdrücken: Wenn Verbraucher und Sammler nicht den angemessenen Preis zahlen wollen, kann es sich der Erzeuger nicht leisten, einen feinen Wein zu bereiten. Wer daran zweifelt, braucht nur die Bedingungen zwischen Mitte der 1970er und Mitte der 1980er zu vergleichen. Und noch ein weiterer Faktor spielt eine Rolle: der Wettbewerb. Die ganze Welt scheint mittlerweile Wein zu produzieren. Die Bordelaiser Rebsorten wie Cabernet Sauvignon und Merlot sind allgegenwärtig, Cabernet franc hat noch nicht Weltgeltung erlangt, klettert aber in der Beliebtheitsskala nach oben, und sogar Petit Verdot und Malbec werden mit zunehmendem Erfolg zu »Tafelwein« verarbeitet. Einige Gewächse auf Cabernet-Basis erreichen zwar inzwischen ein so hohes Preisniveau, dass sie sich allmählich selbst ins Marktabseits befördern, doch die meisten bieten ein sehr günstiges Preis-Leistungs-Verhältnis, vor allem Provenienzen aus Australien und Chile. Ich habe ganz bewusst den Ausdruck »Tafelwein« in Anführungszeichen gesetzt, da der meines Erachtens sowieso lächerliche Begriff Tafelwein streng genommen nur für die unterste Qualitätskategorie steht. In Italien hingegen kann man *vino da tavola* heute für Verschnitte verwenden, die oft Cabernet Sauvignon enthalten und alles andere als gewöhnlich sind, ja, mitunter sogar sehr gut geraten. Viele Weine der Neuen Welt und »neue« Bordeaux-Kopien der Alten Welt haben gemeinsam, dass sie im Grunde keine idealen »Tafelweine« sind; sie haben zu viel Gehalt, drängen das Essen in den Hintergrund und erfrischen nicht; man sollte sie also am besten nicht zu einer Mahlzeit trinken. Anständiger roter Bordeaux hingegen ist als Essensbegleiter gedacht und wird am besten *zum* Essen genossen.

Ein Wort zu Investition und Spekulation. Dafür eignen sich nur Kreszenzen hoher Qualität und Spitzenjahrgänge, was die Auswahl beträchtlich verkleinert. Obendrein darf man wie bei allen Finanzprodukten nicht vergessen, dass sich Preise – und Werte – verändern können, nach oben wie nach unten. Investitionen sind zumeist gut begründet, Spekulationen dagegen oft riskant. Im Grunde aber sind Spekulationen nichts Neues und gehören zum Bordeaux-Markt, seit es diesen Markt gibt. Die Zeit zwischen den 1860er- und 1960er-Jahren unterscheidet sich von den 1970er- und 1980er-Jahren dadurch, dass damals die Händler spekulierten, während das heute eine Domäne der Privatleute geworden ist.

Am vernünftigsten ist es, sich an die traditionelle Vorgehensweise zu halten und seine Lieblingsweine jung einzukaufen und zu lagern, damit man sie nach zehn oder auch mehr Jahren, wenn sie trinkbar sind, zum Primeurpreis genießen kann. Hat man zu viel davon und hat sich ihre Qualität gut entwickelt, dann lassen sie sich auf dem Markt wieder absetzen. Da Wein ein Konsumgut ist, steigt sein Wert mit zunehmender Reife und abnehmenden Beständen.

Ich bin Optimist. Aber natürlich bin ich auch voreingenommen. Roter Bordeaux ist seit Jahrhunderten deshalb so erfolgreich, weil er einfach das perfekte Getränk ist: Seine vielfältigen Rotschattierungen sind ansprechend und aufschlussreich, seine Nase erfrischt, und wenn sie sich öffnet, kann sie unendlich viele Nuancen preisgeben. Roter Bordeaux schmeckt gut und säubert den Gaumen zwischen jedem Bissen einer Mahlzeit. Die bei jungen Jahrgängen oft harten Tannine haben antioxidative Eigenschaften. Sie konservieren nicht nur den Wein, sondern halten angeblich auch unsere Arterien sauber. Roter Bordeaux, vor allem wenn es sich um feinen Wein handelt, ist ein subtiles, faszinierendes Getränk. Er spricht alle unsere Sinne an und fördert die Verdauung! Kurzum: Bordeaux-Wein ist gut und gesund.

2000 *** bis *****

Die Wachstumssaison verlief in Bordeaux wie immer wechselhaft. Der Jahresanfang und das Frühjahr waren mehr als mild. Die überdurchschnittlichen Märztemperaturen zogen einen frühen Austrieb nach sich. Obwohl sich aber die Wärmeperiode den April und Mai hindurch fortsetzte, regnete es viel. Ende Mai setzte die Blüte ein. Feucht blieb es auch in den bedrückend wolkenverhangenen Monaten Juni und Juli. Wie 1978 rettete eine fast ununterbrochene Schönwetterperiode das Jahr, wobei die Hitze im Millenniumsjahrgang sogar noch einen Monat früher einsetzte als damals: Den ganzen August und September hindurch fiel kein Regen. Die Reifebedingungen waren sehr gut, wovon die Merlot-Stöcke profitierten und, sofern man abwartete und zum rechten Zeitpunkt mit der Lese begann, auch die spät reifende Cabernet Sauvignon.

2000 war unzweifelhaft ein Jahr von ziemlich gleichförmig guter Qualität, in dem einige wirklich herausragende Weine entstanden. Jeder ernsthaft geführte Keller sollte ein paar ausgesuchte Provenienzen dieses Jahrgangs enthalten.

Ch. Lafite Ein erstaunlich hoher Anteil von Cabernet Sauvignon (93,3 %) mit 6,7 % Merlot, wobei die endgültige Assemblage 10 % Presswein enthielt. Nur 36 % der gesamten Ernte wurden zum *grand vin* verarbeitet. Eine Fassprobe im März

2001: undurchsichtig, intensiv purpurroter Rand; lebhaft, wohlriechend, ausgeprägtes Cabernet-Sauvignon-Aroma und ebensolcher Geschmack; »süß«, wunderbar reif, körperreich, ausgedehnt, mit trockenem, ledrigem tanninbetontem Abgang (★★★★★) *Ein großer Wein, dem ein langes Leben bevorsteht.*

Ch. Latour 77 % Cabernet Sauvignon, 16 % Merlot, 4 % Cabernet franc und 3 % Petit Verdot. Der *grand vin* hatte einen Anteil von 48 % am gesamten Lesegut. Eine Fassprobe, verkostet im März 2001 auf dem Château: sehr tief, samtig, undurchsichtiges Zentrum, intensiv purpurroter Rand; zunächst verschlossen, reich, würzig, Veilchen, sehr Cabernet-typisch; voll, hart, würzig, tanninbetont. Dichtere Tannine und höhere Säure als der 1999er (★★★★★) *Langlebig.*

Ch. Margaux Der *grand vin* machte 40 % der Erntemenge aus; 80 % Cabernet , 10 % Merlot, ungewöhnlich hohe 7 % Petit Verdot und 3 % Cabernet franc. Im März 2001 eine Fassprobe mit Paul Pontallier verkostet; er beschrieb seinen Cabernet Sauvignon als »nicht von dieser Welt ... ein neuer Standard ... ein Spitzenjahrgang«. Ziemlich tief, Schwarzkirschenfarbe, blauvioletter Rand, kräftige »Tränen«; wie üblich keine Zurückhaltung im Duft des jungen Margaux, himbeerartiger Wohlgeruch; »süß«, füllig, konzentriert, dicht, fest, mit schöner Frucht – aber sogar noch mehr Tannin als der 1986er. Als Nächstes im Erstjahres-Fasskeller verkostet. Kurz: beeindruckend. *Zuletzt im Juni 2001 beim Herumspazieren auf dem Château mit der Bacchus Society vor dem Essen verkostet* (★★★★★) *Klassisch, ein Wein für lange Lagerung. (Während unseres Besuchs wurde der 1999er gerade abgefüllt.)*

Ch. Mouton-Rothschild Der *grand vin* setzte sich aus 86 % Cabernet Sauvignon und 14 % Merlot zusammen (kein Cabernet franc, da zu unreif). Im März 2001 zusammen mit Hervé Berland eine Fassprobe auf dem Château verkostet: sehr tief, samtig; dunkle Brombeerfarbe; Duft nach bitteren Veilchen, scharfe Frucht und Eisen; trocken, voll, hart, konzentriert. Beeindruckend, aber nicht so sinnlich exotisch wie der 1989er oder 1990er im selben Stadium. *Auf Mouton verkostet* (★★★★★) *Hat ein langes Leben vor sich.*

Ch. Haut-Brion Undurchsichtig; reich, große Tiefe; ausgezeichnete Frucht, komplett, reiche Textur, samtige Tannine, große Länge. *Im März 2001 auf dem Château degustiert* (★★★★★) *Klassisch. Langlebig.*

Ch. Ausone 55 % Cabernet franc und 45 % Merlot. Im Juni 2001 mit Alain Vauthier im unterirdischen Keller aus dem Fass verkostet. Vauthier vertraute mir an, dass die Komposition auch Cabernet Sauvignon, Petit Verdot und Carmenère enthalten werde. Sehr tief, samtig, intensiv; Frucht und Würze herrlich; sehr, sehr gut, die Eiche verlieh dem Wein einen ausgeprägten Geschmack nach Gewürznelken, gute Länge. Ein grandioser Ausone (★★★★★) *Langlebig.*

Ch. Cheval Blanc 53 % Merlot und 47 % Cabernet franc. Ein sehr erfolgreicher Jahrgang mit einem natürlichen Alkoholgehalt von 14,9 %, bei den Merlot-Weinen durchschnittlich 13,7 %, in keinem Fass unter 13,2 %. Strenge Selektion für den *grand vin*, für den nur 55 % der Erntemenge verwendet wurden: undurchsichtig, intensiv, enorm beeindruckend; in der Nase verschlossen und mit verhüllter Frucht, am Gaumen aber vollmundig, fruchtig und fleischig. Ein köstliches Gewächs. *März 2001* (★★★★★) *Langlebig.*

Ch. Pétrus Im Juni 2001 eine Fassprobe mit Christian Moueix in den J.-P.-Moueix-Büroräumen in Libourne: sehr tief, ziemlich intensiv; »süß«, reich, irgendwie absolut einzigartig; am Gaumen sehr »süß«, Frucht und Fleisch schön. Komplett. Hat das Zeug zu einem großen Pétrus (★★★★★) *Langlebig.*

FALLS NICHTS ANDERES ANGEGEBEN WURDE, habe ich die folgende, sehr breit gefächerte Auswahl von 2000ern im März 2001 bei den Degustationen der Union des Grands Crus de Bordeaux verkostet. Sie fanden auf verschiedenen Gastgeber-Châteaux im Beisein einer nicht minder großen Auswahl internationaler Weinautoren statt.

Bei diesen Verkostungen wurde die Farbtiefe der Weine offenkundig: Viele waren im Zentrum recht undurchsichtig und hatten einen intensiven violetten Rand. Wie alle jungen roten Bordeaux-Gewächse in einem Jahrgang von dieser Qualität waren – sind – die Weine fast ohne Ausnahme reichlich mit Tanninen ausgestattet. Ich spare mir daher endlose Wiederholungen und nehme nur dann Bezug auf das Erscheinungsbild, wenn es außergewöhnlich dunkel ist oder nicht die übliche Farbtiefe hat. Und auch auf die Tannine verweise ich nur, wenn sie im Übermaß vorhanden sind (der Einsatz neuer Eiche scheint immer beliebter zu werden) oder ein Mangel bemerkbar ist.

Die meisten der nachfolgenden Weine haben eine gute mittelfristige Lebenserwartung von acht bis 15 Jahren, falls nichts anderes angegeben ist.

Ch. Angélus Intensiv, sehr eichenbetont, ansprechender Veilchenduft; süß, voll, reich, konzentrierte Frucht und Eiche. Will beeindrucken, was auch gelingt. Aber wo bleibt die Finesse? (★★★)

Ch. d'Angludet Sehr tief; wohlriechend, charakteristisch, fast blumig; schwer zu beschreiben, aber ein guter Wein (★★★)

Ch. d'Armailhac Von immenser Farbtiefe, fast schwarz; Brombeer- und Kaffeearoma; voll, fleischig, aber sehr tanninbeladen. *Im März 2001 auf Mouton-Rothschild verkostet* (★★★★)

Ch. Beauséjour-Bécot Lebhaft, intensiv, Nase und Geschmack eichenbetont, körperreich, aber noch unverwoben, mit sehr eichenbeladenem, würzigem Abgang (★★★)

Ch. Belair (St-Emilion) Mittlere Tiefe und Intensität, blauvioletter Rand, kräftige »Tränen«; anfangs ein Geruch nach Sägemehl, dann »süße«, wohlriechende Frucht; am Gaumen ähnlich. Schlank. Sehr trockener, harter Abgang. *Im Juni 2001 mit Christian Moueix in Libourne verkostet* (★★★)?

Ch. Beychevelle Verblüffend Cabernet-artige, eichenbetonte Nase; Brombeeren und Gewürze; sehr positiver Geschmack, gute Frucht, attraktiv. Im Stil ganz anders als der Beychevelle von einst (★★★★)?

Ch. Bouscaut Tief, samtig; Fleisch und Frucht gut, entwickelte einen mandarinenartigen Duft; trocken, griffig und lang, Tannin und zitrusartige Säure (★★★)

Ch. Branaire Angenehm, geradlinig, ein Hauch Himbeeren, öffnete sich mit ausgeprägtem Vanillinduft; gute Frucht, schönes Gewicht, pikanter Abgang – etwas spitzig (★★★★)?

Ch. Brane-Cantenac Mitteltief; Geschmack und Länge gut (★★★★)

Ch. Canon Unverwoben, schwitzig, fast übelriechend; stämmig, dumpf, sehr tanninbetont, bitterer Abgang. Eigentlich einer meiner bevorzugten St-Emilion-Weine, in der Regel verlässlich fruchtig und charmant. Ich hoffe, er entwickelt sich erwartungsgemäß (★★)?

Ch. Canon-La-Gaffelière Kräftige »Tränen«; wohlriechend, würzig; sehr »süß«, fruchtig, reich, aber nicht überkonzentriert. Sehr tanninbetont (★★★★)

Ch. Cantemerle Ein Anflug von Tee (nicht Earl Grey), »süß«, in Nase und Geschmack reich. Feste Frucht, zugänglich im Stil (★★★★)

Ch. Cantenac-Brown Breit, fleischig; seidige Tannine, zum Kauen; sehr gute Länge (★★★★)

Ch. Carbonnieux Rubinrote Farbe; anfangs verschlossen, dann aber ein Hauch Mandarine; fest, schlank, im Jahr 2000 auch mit guter Frucht und muskulös (★★★) *Ein guter Wein, aber oft ein Frühentwickler.*

Ch. Les Carmes-Haut-Brion Sehr eigen, eine Spur von Zwiebeln und Zitrus; ziemlich »süß«, sehr wohlschmeckend (★★★) *Ein Frühstarter.*

Carruades de Ch. Lafite 51,4 % Cabernet Sauvignon, 42,3 % Merlot, 4,9 % Cabernet franc und 1,4 % Petit Verdot: frisch, lebhafte Frucht. *Auf Lafite verkostet* (★★★★)

Ch. Certan-Marzelle Hart, ein Duft nach frisch geschnittenem Holz, eine Spur Melasse; sehr »süß«, sehr eigenständig. Nicht mein Stil. *Im Juni 2001 in den Moueix-Büros in Libourne verkostet. Für mich* (★★★), *für die Schickeria* (★★★★)

Dom. de Chevalier Reich, geröstete Eiche, Mokka in der Nase und im Geschmack; mittlerer bis kräftiger Körper, reich, gute Länge. Auffällig der Unterschied zwischen diesem auf vergrößerten Rebflächen und in einem hochmodernen, mit Edelstahltanks ausgestatteten Keller entstandenen Wein von heute und den delikateren, duftenderen Gewächsen des früheren Eigentümers Claude Ricard, der den Besitz 1983 verkaufte. Der aktuelle Besitzer Oliver Bernard hat Ricards Leidenschaft für dieses immer noch recht kleine Pessac-Léognan-Gut geerbt, ist jedoch mit der Zeit gegangen (★★★★)

Ch. Clerc-Milon 67 % Cabernet Sauvignon. Ausgeprägtes Cabernet-Aroma, seltsamer Duft, schwitzige Tannine; trocken, gute Frucht, aber harter, tanninbetonter Abgang. *Im März 2001 auf Mouton degustiert* (★★★)

Ch. Clinet Undurchsichtig, intensiv; »süß«, feigenartige Üppigkeit und Eiche; ziemlich »süß«, auf jeden Fall reich, fast »gepresst«, konzentrierte Frucht und sehr tanninbetont. Ich sehe seinen Reiz, habe den Stil aber nie so recht gemocht. *Für mich* (★★★), *für Clinet-Bewunderer* (★★★★)

Ch. La Conseillante Ein 12-ha-Weingut im Besitz der Familie Nicolas, das seit langem zu meinen bevorzugten Pomerol-Weinen zählt. Ich verkostete den 2000er im März 2001 zum ersten Mal: 80 % Merlot, 20 % Cabernet franc, Durchschnittsalter der Stöcke 40 bis 45 Jahre: sehr tief, fast undurchsichtig, offener blauvioletter Rand; Brombeerfrucht, wohlriechend, eichen- und tanninbetont; »süß«, reich, sehr wohlschmeckend, verhüllte Tannine. Als Nächstes bei einem kurzfristigen Besuch im Juni, als mich Arnaud de Lamy empfing, der im Januar 2000 als Verwalter auf das Château kam. Ein ähnlicher Eintrag, gute Konzentration, würziger, eichenbetonter Abgang. Einige Tage später auf der Verkostungsbank in den J.-P.-Moueix-Büros in Libourne: eine Nase, die mich an kaltes Roastbeef erinnerte. Gewürznelkenartig. Guter Wein. *Im Juni 2001 letztmals verkostet* (★★★★)

Ch. Cos d'Estournel Subtil, wohlriechend, aber verschlossen und mit schwitzigen, ledrigen Tanninen; »süß«, fast wie Fruchtsalat – köstlich. Natürlich tanninstark (★★★★★) *Wird sich gut halten.*

Ch. Cos Labory Wohlriechend, ein Hauch Zitrus; geradlinig. Trockener Abgang (★★★)

Ch. La Croix-de-Gay Tief, samtig; verschlossen, hart, leicht stielig; »süß«, geschmacksreich, aber noch tanninbetont. Beeindruckend (★★★★) *Braucht Zeit.*

Ch. Croizet-Bages Unterschiede zwischen den Flaschen, von denen keine sonderlich ansprechend ausfiel. Eine mit blecherner Fleischextraktnase, die andere in der Nase so unangenehm, dass ich sie nicht einmal mehr verkostet habe. Das Château sollte seine Fassproben sorgfältiger auswählen.

Ch. Dassault Schöner violetter Rand; intensiv, scharf, Brombeerfrucht; »süß«, körperreich, Geschmack ansprechend (★★★)

Ch. Dauzac Schlanke Frucht, bittere Eiche; schlank, aber wohlschmeckend (★★★)

Ch. La Dominique Reich, brombeerartig, schwitzige Tannine; ziemlich »süß«, voll, reich, in Hülle und Fülle mit allen richtigen Komponenten ausgestattet (★★★★)

Ch. Duhart-Milon Verschlossen, hart, unnachgiebig; ein trockener, eigenartiger Teer- und Eisengeschmack, sehr tanninbetont. *Im März 2001 auf Lafite verkostet* (★★★)?

Clos L'Eglise 70 % Merlot, 15 % Cabernet franc und 15 % Cabernet Sauvignon. In Nase und Geschmack konzentriert, »süß«, fruchtbepackt, verhüllte, aber bittere Tannine (★★★★)

Ch. Ferrière Wohlriechend, Veilchen, eichenbetont; ein Hauch von »Süße«, gute Frucht, aber schlank (★★★)

Ch. de Fieuzal In dieses Château hat man in letzter Zeit viel investiert. Der 2000er: tief, ziemlich intensiv; leicht geröstete Eichennase, aber insgesamt duftend und ansprechend; reich, gehaltvoll, trockener Abgang (★★★★)

Ch. Figeac Sehr tief, aber von mittlerer Intensität; weich, wohlriechende Frucht, ein Duft von Himbeeren und Veilchen; »süß«, zugänglich, ansprechend, trockener Abgang. Wie immer charaktervoll und sehr wohlschmeckend (★★★★)

Ch. La Fleur-Pétrus Tief, reiche Farbe; scharfe Frucht, ein Hauch Zitrus, öffnete sich sehr schön; »süß«, ansprechende Frucht, sehr tanninbetont. *Im Juni 2001 in den Büros von J. P. Moueix in Libourne verkostet* (★★★★★) *Ein schöner Wein für mittelfristige bis lange Lagerung.*

Ch. Fonplégade Ich erinnere mich noch, als ich eines Nachts aufwachte, mich verlief und einen dunklen Flur entlangtastete und schließlich im Schlafzimmer von Armand Moueix landete, dem kürzlich verstorbenen Besitzer. Ich glaube, der 2000er war sein letzter Jahrgang – und einer seiner besten: sehr attraktive Frucht und Tiefe (★★★★)

Forts de Latour 65 % Cabernet Sauvignon und 35 % Merlot; 40 % der Ernte. Mittlere Intensität; lebhaft, etwas stielig, öffnete sich aber gut; überraschend »süß«, moderater Körper, insgesamt schlank und sehr tanninbetont. *Auf Château Latour verkostet* (★★★★)

Clos Fourtet Gegenüber früher enorme Verbesserungen, aber leider verkauften die Lurtons, die für den frischen Wind verantwortlich zeichneten, das Château. André Lurton vertraute mir an, dass er es veräußert hatte, um den Kindern etwas Bargeld geben zu können! (Was in der Tat schwierig ist, wenn das ganze Vermögen aus Weinbergen und Immobilienbesitz besteht.) Ein trockener, kraftvoller Wein mit guter Frucht und bitterem, tanninlastigem Abgang (★★★)

Ch. Franc-Mayne In belgischer Hand, Erzeuger des »Mandarin Napoléon«. Hier kann man komfortabel übernachten (keine dunklen Korridore wie auf Fonplégade, siehe oben). Würzige Eiche; attraktive Frucht, ziemlich »süß«, aber mit recht rauem Abgang (★★★)

Ch. La Gaffelière Ich habe diesen Wein früher sofort erkannt, weil er nach flüchtiger Säure roch. Dem ist heute nicht mehr so. Schlanke und – für einen St-Emilion – würzige Nase; trocken, sehr eigenständig, trockener Abgang. Ich weiß nicht, ob ich nicht vielleicht doch den fleischigeren, exotischeren, nicht ganz makellosen Gaffelière von einst vorziehe. *Im Juni 2001 in den Moueix-Büros in Libourne verkostet* (★★★)

Ch. Gazin »Süß«, offen gewirkt, brombeerartige Frucht; »süß«, breit und offen im Stil, gute Frucht, eichenbetonter Abgang. *Im Juni 2001 in den Moueix-Büros in Libourne degustiert* (★★★★)

Ch. Giscours Verhalten, aber gute Frucht; mittlere »Süße«, fleischig. Ziemlich gehaltvoll (★★★★)

Ch. Grand-Mayne Wohlriechend, scharfe Eiche, Tiefe; interessanter und ansprechender Fruchtgeschmack (★★★)

Ch. Grand-Puy-Ducasse Leider reicht dieser Wein bei weitem nicht an den Grand-Puy-Lacoste heran (siehe nächste Seite).

Leicht blecherne, teerige Nase; keine schlechte Frucht, Länge und Abgang passabel, aber mit den Mund zusammenziehenden Tanninen (★★)

Ch. Grand-Puy-Lacoste 78 % Cabernet Sauvignon, 20 % Merlot und 2 % Cabernet franc. Schönes dunkles, samtiges Zentrum, ziemlich intensiv; sehr wohlriechend, reif, ausgeprägtes Pauillac-typisches Cabernet-Aroma; mitteltrocken, fest, reichlich Frucht und Tannin. Weil ich mit Xavier Borie schon lange befreundet bin und seit vielen Jahren regelmäßig einige Kisten kaufe, konnte ich ihm noch ein paar Flaschen des 2000ers entlocken – er hatte nämlich den gesamten Jahrgang mehr oder weniger im Voraus verkauft! (★★★★★) *Ein langlebiger Wein.*

Ch. La Grave (früher La Grave-Trigant-de-Boisset) Mittlere Intensität; süße Frucht, ein Hauch von Himbeeren (von reifen Cabernet-franc-Trauben, die aber nur einen Anteil von 15 % hatten). »Süß«, zugänglich, attraktiv. *Im Juni 2001 in den Moueix-Büros in Libourne verkostet* (★★★★)

Ch. Gruaud-Larose Lebhafter blauvioletter Rand; interessante Aromen würziger Frucht; im Geschmack sehr charakteristisch, Körper und Frucht (★★★★★)

Ch. Haut-Bages-Libéral Ein eher unbekanntes *Cinquième-cru-classé*-Gut in Pauillac, das von der fähigen Claire Villars geführt wird: fast undurchsichtig; eigenartiger Stil, leicht käsige Frucht (mein Mentor Harry Waugh gebrauchte den Begriff »käsig« nicht in einem abwertenden Sinn; es handelt sich vermutlich um eine Tanninnote), öffnete sich, ein Anflug von Teer; mitteltrocken, beeindruckend, reife Fruht und Extrakt, sehr wohlschmeckend, vielleicht etwas kurz. Optimistische (★★★★)

Ch. Haut-Bailly Nur 50 % der Ernte wurden für den *grand vin* verwendet. Erstmals im März 2001 verkostet: scharf, wohlriechend, Frucht und Geschmack gut. Beim nächsten Mal: sehr tief; gute junge Frucht; trocken, eichenbetont, würzig. Einer meiner bevorzugten roten Graves-Weine. *Zuletzt im Juni 2001 im Fasskeller verkostet* (★★★★)

Ch. Haut-Batailley 75 % Cabernet Sauvignon und 25 % Merlot. Sehr tief, samtig, ziemlich intensiv; frische, ausgeprägte Frucht, verhaltene Eichennote; überraschend »süß« und weich, körperreich, verhülltes Tannin, gute Säure. Ich war hingerissen von diesem Wein und bestellte nach meiner Rückkehr ein paar Kisten. *Im März 2001 mit Xavier Borie auf Ducru verkostet* (★★★★★) *Ein Charmeur für mittellange Lagerung.*

Hosanna (früher Certan-Giraud) Ein sehr eigenartiger neuer Name. Ich muss jedoch zugeben, dass ich vom köstlich lebhaften Wohlgeruch dieses Weins sehr angetan war; am Gaumen »Süße« und ausgesprochen angenehme Frucht. Dabei sehr tanninbetont. Christian Moueix hat mir erklärt, wie der neue Name zustande kam – aber ich habe es vergessen. *Im Juni 2001 in den Moueix-Büros in Libourne verkostet* (★★★★★)

Ch. d'Issan 69 % Cabernet Sauvignon und 31 % Merlot. Die endgültige Assemblage fand im Januar 2001 statt, 60 % der Trauben wurden zum *grand vin* verarbeitet, 50 % neue Eiche: blauvioletter Rand; eigenartig, noch unverwoben, weich, würzig (Gewürznelken), am Gaumen besser, eichenbetont, ansprechend, Zitrusnote (★★★)

Ch. Kirwan Praktisch undurchsichtig; reiche Brombeerfrucht; als er sich öffnete, trat eine ausgeprägte Vanillinnote zutage, schokoladig; am Gaumen ein schroffer Zug, reichlich neue Eiche. Eine von Michel Rolland initiierte Renaissance. Ob der Wein jetzt noch ein Margaux-Gewächs ist? (★★★★)

Ch. Lafon-Rochet Mittlere Intensität, kräftige »Tränen«; hochgetönt, ein Hauch Zitrus und Teer; »mittelsüß«, Brombeerfrucht, sehr wohlschmeckend. Ein guter Lafon (★★★★)

Ch. Lagrange (ein St-Julien-Gut; in ganz Bordeaux gibt es noch vier weitere Lagrange-Châteaux) Anfangs hart, erdig, dann mokkaartig; trocken, sehr geröstete Mokkanote, stämmig, dichte Textur (★★★)

Ch. La Lagune Tief, samtig, blauvioletter Rand; anfangs hart und staubig, dann aber trat eine gute Frucht zutage; »süß«, reich, fruchtig, zugänglich, trockener Abgang (★★★)

Ch. Langoa-Barton Undurchsichtig, intensiv, lebhaft; wohlriechend, anfangs leicht stielig, dann eine Spur Teer und Melasse, öffnete sich »süß« und fast karamellartig; mitteltrocken, mittleres Gewicht, geradlinige Frucht und Eiche (★★★★)

Ch. Larcis-Ducasse Sehr entgegenkommende Frucht und Eiche; ansprechend, aber schlank, sehr eichenbetont, bitterer Abgang. Braucht Zeit, um sich zu setzen (★★★)

Ch. Larmande Seltsame Nase, Frucht und Körper recht gut (★★)

Ch. Larrivet-Haut-Brion Tief; fest, Nase und Geschmack Graves-typisch, mit ausgeprägter Röstnote, komplett, »süß«, beeindruckend (★★★★)

Ch. Lascombes Verschlossen, ein harter Zug, aber interessanter Duft; sehr ausgeprägter, leicht medizinaler Médoc-Geschmack, scharfer, trockener Abgang (★★★★)

Ch. Latour-à-Pomerol Ausgeprägte Cassis-Frucht (trotz eines Traubensatzes von 90 % Merlot und 10 % Cabernet franc ohne auch nur einen Tropfen Cabernet Sauvignon); ziemlich »süß«, gute Frucht, mit typisch seidiger Textur und ledrigem, tanninbetontem Abgang. *Im Juni 2001 in den Moueix-Büros in Libourne verkostet* (★★★★★)

Ch. Latour-Martillac »Süße«, schokoladige, mokkaartige Pessac-Léognan-Nase; gute Frucht, griffig, schlank, sehr tanninbetont (★★★)

Ch. Léoville-Barton Sehr tief; verschlossen, korrekt, ein Hauch von Zedernholzduft, der sich wohlriechend und süß entwickelte; mittlere »Süße«, mittlerer Körper, sehr geradliniger Geschmack und Stil, köstlich, im Abgang allerdings eine etwas zu offensichtliche Eichennote. Ausgesprochen verlässlich und nie überteuert (★★★★★)

Ch. Léoville-Las-Cases Für den *grand vin* wurden 35,19 % der Ernte verwendet; der endgültige Verschnitt enthielt 76,8 % Cabernet Sauvignon, 14,4 % Cabernet franc und 8,8 % Merlot – kein Anteil Petit Verdot oder Presswein. Tiefes Brombeer- und Zedernholzaroma, ein Hauch Himbeere (aus reifen Cabernet-franc-Trauben); überraschend süße, reife Frucht, gute Länge, wohlriechend, tannin- und säurebetonter Abgang. Ein fabelhafter Wein. Zu Alain Delons Zeiten war es ziemlich schwer, in den Fasskeller zu kommen, und der Sohn hat seine merkwürdige Sturheit geerbt, obwohl ich natürlich sehr gut verstehe, wie lästig die endlosen Störungen sein können, vor allem wenn ständig Urlauber auf Besichtigungstour hereinschneien. Steven Spurrier und ich zählen auf Isabelle Bachelard – sie verschafft uns schon Zutritt! Die Mühe lohnt sich. *Im März 2001 auf dem Château verkostet, besser gesagt, im Büro, denn ein Château gibt es nicht* (★★★★★) *Hat eine große Zukunft.*

Ch. Léoville-Poyferré Duftende Frucht und Eiche, öffnete sich sehr schön; »mittelsüße«, weiche, ansprechende Frucht, köstlich im Geschmack, mit trockenem, leicht bitterem Abgang. (Es heißt, Poyferré nenne eine der perfektesten Weinberglagen in ganz Bordeaux sein Eigen. Von der Mitte des 19. Jahrhunderts bis 1929 entstanden hier einige der besten Roten in Bordeaux. Zum Glück hat das Gut in den letzten Jahren wieder zur alten Form zurückgefunden.) (★★★★★)

Ch. La Louvière André Lurtons ganzer Stolz in Graves, ein Gut, an dem er viel Freude hat. Harmonische, gute Frucht in der Nase und am Gaumen, »süß«, leichte Röstnote, fleischig, ausgewogen, trockener tanninbetonter Abgang (★★★★)

Ch. Lynch-Bages Gute Frucht, aber ohne das typische, offenkundige Cabernet-Sauvignon-Aroma, wobei sich die Nase fast wie gekochte Süßigkeiten mit einem Bonbonduft öffnete; »süß«, sehr ansprechend. Trockener Abgang. Tadellos (★★★★★)

Ch. Lynch-Moussas »Süß« – zu »süß«, ansprechend, ziemlich gefällige Frucht (★★★) *Ein Frühentwickler.*

Ch. Magdelaine Ich habe dieses St-Emilion-Gewächs immer gemocht. Es verdient einen wesentlich höheren Bekanntheitsgrad. Tief, ziemlich intensiv; Zedernholz (Daphne behauptete »Narzissen« – sie blühen gerade, während dieses Buch entsteht; ich muss einmal daran riechen); »süß«, Frucht und Fleisch angenehm. *Im Juni 2001 in den Moueix-Büros in Libourne verkostet* (★★★★)

Ch. Malartic-Lagravière Wohlriechende, geröstete Graves-Nase mit reichem »Zwiebelschalen«-Unterton; »süß«, füllig, fleischig, Extrakt und Frucht gut (★★★★)

Ch. Malescot-St-Exupéry Dieser Wein zeichnete sich immer schon durch eine merkliche Cabernet-Sauvignon-Sortennase aus, diesmal mit einer etwas blechernen, metallischen Note; trocken, schlank, sehr sortentypischer Geschmack. Interessante Entwicklungen laufen hier ab (★★★★)?

Ch. Marquis de Terme Pflaumenfarben; in der Nase frisch geschnittenes Holz, sehr eichenbetont, Frucht und Fleisch ansprechend, aber knochentrockener Abgang (★★★)

Ch. La Mission Haut-Brion Undurchsichtiges Zentrum, samtig, intensiv, reiches Brombeeraroma und ebensolcher Geschmack. Am Gaumen sehr schön. Griffiger als der Haut-Brion. *Im März 2001 auf dem Château verkostet* (★★★★★) *Hat eine große Zukunft vor sich.*

Ch. Monbrison Samtiges Rubinrot; gute Frucht in Nase und Geschmack. Angenehme Textur. Ein anständiger Wein (★★★★)

Ch. Monbousquet Ein St-Emilion-Gut »auf der falschen Seite der Straße«, nämlich dem tief gelegenen Areal zwischen der langen, geraden D670 und der Dordogne. Gérard Perse bereitet hier einen beeindruckenden Wein: fast schwarz; Geruch nach zerdrückten Brombeeren, gepresstem Kaviar und Teer; »süß«, reichlich Marmelade, sehr eichenbetont. Bewundernswert, aber offen gesagt nicht mein Stil. *Auf Pavie verkostet* (★★★)?

Ch. Olivier Ein großartiges Schloss mit Türmchen in den Wäldern bei Léognan. Hier kam 1330 Eduard, Prince of Wales, genannt der »Schwarze Prinz«, zur Welt. Dieser Wein hätte sicher sein Gefallen gefunden: kräftige »Tränen«; gute Frucht und Tiefe; »mittelsüß«, schlank, tanninbetont, zitrusfruchtige Säure (★★★)

Ch. Les Ormes-de-Pez Undurchsichtig; in der Nase und am Gaumen eine seltsame Mischung aus Zitrusfrucht und Fleisch. Sehr wohlschmeckend (★★★)

Ch. Palmer Der *grand vin* setzt sich aus 53 % Cabernet Sauvignon und 37 % Merlot zusammen (obwohl der Traubenanteil in den Weinbergen 47 % Cabernet Sauvignon, 47 % Merlot und 6 % Petit Verdot beträgt). Im März 2001 verkostete ich im Keller des Guts die erste Fassprobe dieses Jahrgangs: tief, samtig; verschlossen, überwiegend würzige Eiche; raue Frucht, aber Körper und Länge gut, ziemlich hohe Säure. *Im Mai erneut degustiert, keine Veränderung* (★★★★★) *Langlebig.*

Ch. Pape-Clément Sehr charakteristische, tabakartige Pessac-Nase, erfrischende Zitrusfrucht – eine Marmeladennote, die zum Toast passte! Sehr reich, wohlschmeckend, aber mit sehr (zu?) eichenbetontem Endgeschmack. Trotzdem beeindruckend (★★★★)

Ch. Pavie 70 % Merlot, 20 % Cabernet franc und 10 % Cabernet Sauvignon. Sehr tief, samtig; tabakartig, schwitzige Tannine; »süß«, körperreich, am Gaumen Kohle und Teer. Beeindruckend – aber die Weine des verstorbenen Jean-Paul Valette gefielen mir wesentlich besser, da sie sehr viel trinkbarer waren. *Im Fasskeller verkostet. Für mich* ★★, *für Weinwettbewerbe und unsere amerikanischen Freunde* (★★★★★)

Ch. Pavie-Decesse Konzentriert, teerig; ziemlich »süß«, körperreich, gut im Geschmack, aber zu extraktreich. Nichts für mich. *Auf Pavie degustiert* (★★★)

Pavillon Rouge de Ch. Margaux »Süß«, duftend, körperreich, mit Margaux-typischem Charme. Dichter und ganz anders als frühere Pavillon-Jahrgänge (★★★★)

Ch. Petit-Village Undurchsichtig; sehr eigenständig, schlank, eichenbetont, wohlduftend, charmant; »süß«, erfrischende Zitrusfrucht, sehr austrocknender Abgang (★★★★)

Ch. Phélan-Ségur Eigenartige, käsige Nase; trocken, charakteristische Frucht, aber rau. Ich wünschte, ich könnte Besseres schreiben, denn wir alle mögen die Besitzer und ich bin – mit Verlaub – förmlich hingerissen von Madame Gardinier, dem Inbegriff französischer Schönheit und Anmut (★★) *Ich kann es gar nicht erwarten, zum Essen eingeladen zu werden.*

Ch. Pichon-Lalande Ein ungewöhnlich hoher Anteil der sehr reifen, spät gelesenen Cabernet-Sauvignon-Traube. 12,8 % Alkohol, Säure 3,5 g/l. »Süß«, gute, lebhafte, reife Frucht. *Im März 2001 mit May de Lencquesaing und ihrem Neffen Gildas d'Ollone auf dem Château verkostet* (★★★★★)

Ch. Pichon-Longueville Lebhafter blauvioletter Rand; reich, würziges Cabernet-Aroma; »süß«, gute Frucht, Extrakt, Fleisch, ausgeprägter Cabernet-Charakter, reichlich Eiche. Ansprechend (★★★★)

Ch. La Pointe Undurchsichtig; eigenständig, pfefferig, ein seltsamer blecherner Einschlag; sehr trocken, bittere Tannine. Braucht Zeit (★★★)

Ch. Pontet-Canet Ein sehr großes, gut gelegenes Pauillac-Château in unmittelbarer Nachbarschaft von Mouton-Rothschild. Seine Weine waren über die Jahre hinweg von wechselhafter Qualität und noch vor zehn Jahren wies ich mit Missfallen auf den ausgeprägten Teercharakter hin. In der Nase und am Gaumen zwar noch immer eine Spur »Teer«, aber nun ein reiches, gut gebautes Gewächs mit Tiefe und Länge (★★★★)

Ch. Prieuré-Lichine Sehr tief, intensiv; würziger, minziger Wohlgeruch; nicht die übliche schlanke Frucht, aber überraschend reich, mit dichtem Cabernet-Charakter (★★★★)

Ch. Quinault Ich bin von diesem Weinstil nicht sonderlich angetan: übertrieben undurchsichtig, intensiv; Melasse und Teer; »süß«, konzentriert, beeindruckend, aber irgendwie sonderbar und nicht das, was man als Engländer von einem ausgezeichneten Getränk wie rotem Bordeaux erwartet. *Auf Pavie verkostet* (★★)?

Ch. Rauzan-Gassies Es geht weiter aufwärts mit diesem Wein. Elegante Frucht in der Nase, ein Hauch von Orangenschale, dann duftend und teeartig; »süßer«, dichter Cabernet-Mittelteil. Ein schöner Wein (★★★★)

Ch. Rauzan-Ségla Setzt die erfolgreiche Serie stilvoller, gut gemachter Jahrgänge fort. Sehr entgegenkommendes Aroma, gute Frucht, ein Unterbau aus schwitzigem Tannin; ausgezeichnetes Gewicht, schöner Stil, elegant, mit wohlriechendem eichenbetontem Abgang und Nachgeschmack (★★★★★) *Ein guter Wein für lange Lagerung.*

Ch. Siran Praktisch undurchsichtig; positive, attraktive Frucht; angenehme »Süße«, Textur, stilvolle Reichhaltigkeit, eichenbetonter Abgang (★★★★) *Fast fünf Sterne.*

Ch. Smith-Haut-Lafitte »Süß«, in der Nase und im Geschmack Eiche mit sehr ausgeprägter Röstnote. Gehaltvoll, ziemlich körperreich, sehr tanninbetont (★★★★)

Ch. Talbot Sehr eichenbetont, ein Hauch Zitrus, süße Brombeernote; Frucht und Gewicht gut. Ausgeprägte Eichennote und ein Anflug von Schärfe im Abgang. Braucht Zeit, um zu sich zu finden (★★★★)

Ch. La Tour-Figeac Seltsamer Duft und Geschmack nach frisch geschnittenem Holz und verwelkten Veilchen; »süß« (★★)? *Ein Frühstarter.*

Ch. La Tour Haut-Brion Nachdem die Familie Dillon das Gut 1983 erworben hatte, pflanzte sie ziemlich viel Merlot neu an. Die alten Stöcke erbrachten auf jeden Fall einen nicht ganz so aggressiven La Tour. Der 2000er: erwartungsgemäß undurchsichtig und intensiv, mit typischer Schärfe, aber auch wohlriechend, Geschmack und Nachgeschmack schön. Von allen Jahrgängen, an die ich mich erinnere, einer der besten. *Auf La Mission Haut-Brion verkostet* (★★★★)

Ch. Troplong-Mondot Auch hier Duft und Geschmack nach frisch geschnittenem Holz; »süß«, interessant, reiche Frucht, verhüllte Tannine (★★★)

Ch. Trotanoy Sehr tief, undurchsichtiger Kern, intensiv; reiche Brombeer- und Zedernholznase von beträchtlicher Tiefe; »süße«, dichte Frucht. Genauso großartig, wie ich es erwartet habe. *Im Juni 2001 in den Moueix-Büros in Libourne verkostet* (★★★★★)

Vieux Ch. Certan Ein weiteres meiner Lieblings-Châteaux in Pomerol. Seit langem im Besitz der belgischen Familie Thienpont. 70 % Merlot, 20 % Cabernet franc, 10 % Cabernet Sauvignon. Eine erste Fassprobe im März 2001: undurchsichtig; reich, würzig, eichenbetont, attraktiv; trocken, gehaltvoll, mit leicht schlankem Zug. Als Nächstes aus (Séguin-Moreau-) Fässern eine Woche nach dem Schönen degustiert: tief, samtig; »süß«, relativ zugänglich, aber natürlich tanninbetont. Eine vor dem Schönen abgefüllte Fassprobe aus einer halben Flasche war ganz anders, nämlich reicher, mit ausgezeichneten weichen Tanninen. Mit Alexandre Thienpont verkostet, der mir anvertraute, dass man zu einem einheitlichen Preis und nicht wie im Médoc in verschiedenen Tranchen verkaufe. *Im Juni 2001 auf dem Château degustiert* (★★★★)

Weitere 2000er, vorwiegend *Cru-bourgeois*-Weine, die ich im März 2001 auf Gastgeber-Châteaux in Form von Fassproben verkostet habe: **Ch. d'Agassac** Ein unglaublich malerisches historisches Kleinod von einem Schloss mit Burggraben und Türmchen. Ich konnte der Versuchung nicht widerstehen, es zu zeichnen, als ich gerade dem nahe gelegenen La Lagune einen Besuch abstattete. Intensiv, blauviolett; ziemlich offenkundiger Vanilleduft und himbeerartige Aromen; fülliger Körper und Geschmack, mittelmäßige Länge, tanninbetont (★★★); **Ch. Balestard-La-Tonnelle** »Süß«, karamellig; ein früh reifender, »offenherziger« Wein (★★★); **Ch. Beauregard** (Pomerol) Tief blauviolett; komplexe Nase, frisch, jung, stielig, sehr eichenbetont; »süß«, reich, ziemlich frucht- und tanninbeladen (★★★); **Ch. Bernadotte** Würzig, trügerisch attraktiv (★★★); **Ch. Cap-de-Mourlin** Zwei Einträge: undurchsichtig; Teer und Melasse; ein schroffer Zug, sehr tanninbetont (★★)?; **Ch. Chasse-Spleen** Samtig, wohlschmeckend, komplett (★★★★); **Ch. Clarke** Geschmack und Körper gut (★★★); **Ch. Fourcas-Dupré** Hart (★★); **Ch. Fourcas-Hosten** Wohlriechend, scharf, tanninbetont (★★★); **Ch. Fonréaud** Guter Wein (★★★); **Ch. de France** Offen, wohlriechend, »süß« und mit Röstnote in Nase und Geschmack. Schönes Gewicht, sehr trockener Abgang (★★★); **Ch. Greysac** In der Nase frisch geschnittenes Holz, geschmeidig; **Ch. Haut-Bergey** Sehr entgegenkommende geröstete Nase; trocken, schlank, eichenbetonter Abgang (★★); **Ch. Labégorce** Tief, samtig; überraschend harmonisch, ja, sahnig; gute Frucht, zum Kauen (★★★★); **Clos du Marquis** (der Zweitwein von Léoville-Las-Cases) 68 % Cabernet Sauvignon, 24,5 % Merlot, 4,9 % Petit Verdot und 2,6 % Cabernet franc (40% der Gesamternte). Praktisch undurchsichtig, verschlossen, aber gut; unerwartet »süß«, reife Frucht (★★★★); **Ch. Maucaillou** Lebhafte Frucht, würzig (★★★★); **Ch. Pique-Caillou** Leichter, erfrischender, offener, zugänglicher Stil (★★) *Für baldigen Trinkgenuss*; **Ch. Potensac** Attraktive, verhaltene Frucht; sehr »süß«, köstlich im Geschmack, lebhaft. Lediglich die Länge fraglich (★★★); **Ch. Poujeaux** Hart, aber okay (★★★); **Ch. La Tour-de-By** Schlank, würzig (★★★)

Weißer Bordeaux

Derzeit sind nur rund 14% der Bordelaiser Weine weiß. Meist handelt es sich dabei um trockene Gewächse, die zu rund 70% unter der einfachen Appellation Bordeaux auf den Markt kommen. Die einzigen Süßweine von Rang werden im Sauternais und in Barsac – Enklaven in der Region Graves – sowie in Ste-Croix-du-Mont und Loupiac am gegenüber liegenden (rechten) Ufer der Garonne bereitet.

Die Süßweine herrschen in diesem Kapitel vor, weil sie langlebig sind und wie die Spitzengewächse des Tokaji Aszú oder die feinsten deutschen Weine mit zunehmendem Alter besser werden. Trockener weißer Bordeaux hingegen ist von wenigen Ausnahmen abgesehen für baldigen Konsum gedacht. Deshalb finden sich meine Einträge zu trockenen weißen Bordeaux-Weinen überwiegend unter den neueren Jahrgängen, sieht man einmal ab von den wenigen Spitzenweinen aus Pessac-Léognan, dem nördlichsten und besten Teil der Region Graves unweit der Stadt Bordeaux. Trockener weißer Bordeaux wurde traditionell aus einer Komposition von Sémillon und Sauvignon blanc bereitet, obwohl heute Sauvignon blanc oft auch reinsortig verarbeitet wird.

Die Appellation Sauternes setzt sich aus den fünf Gemeinden Sauternes, Bommes, Preignac, Fargues und Barsac zusammen und umfasst ein relativ kleines, kompaktes Gebiet im südlichen Teil von Graves bei Langon. Diese fünf Gemeinden profitieren von einem einzigartigen Mikroklima, das dank des Zusammentreffens zweier Flüsse entsteht, nämlich der breiten, den Gezeitenschwankungen unterworfenen, warmen Garonne und dem winzigen, kühlen Ciron, der in den Pyrenäen entspringt. An manchen Herbsttagen bilden sich hier Morgennebel, die vom warmen, der Reife förderlichen nachmittäglichen Sonnenschein wieder vertrieben werden. Der Nebel begünstigt die Entstehung des Botrytis-Pilzes, der in Frankreich *pourriture noble*, »Edelfäule«, genannt wird. Er konzentriert den natürlichen Zuckergehalt und die Weinsäure der reifenden Beeren. In manchen Jahren wie zum Beispiel 1970 kann auch aus nicht von Botrytis befallenem Lesegut Wein bereitet werden, der zwar süß ist, dem aber doch die Vielschichtigkeit der edelsüßen Kreszenzen fehlt. Die wichtigsten Rebsorten für Süßweine sind Sémillon, eine gut etablierte, verlässliche und zum Glück für Botrytis anfällige Traube, und die säurebetontere Sauvignon blanc, die Schwung und Gleichgewicht in die Assemblage mit einbringt. In manchen Weinen kommt auch noch ein kleiner Anteil der traubigen, aromatischen Muscadelle zum Einsatz.

Barsac ist die größte Sauternes-Gemeinde und bringt wegen ihrer tiefen Lage einen charakteristischen Weinstil hervor. Sie hat Anrecht auf eine eigene Appellation, ihre Weine dürfen aber auch unter der AOC Sauternes in den Handel gelangen. Viele Spitzengüter haben sich für die Bezeichnung Barsac statt Sauternes entschieden. Übrigens gibt es keinen »trockenen Sauternes«: Sauternes ist traditionell und von Rechts wegen immer süß. Zwar darf in den fünf Gemeinden auch trockener Weißwein erzeugt werden, doch hat er in der Regel einen ganz bestimmten Namen, wie der »Y« von Château d'Yquem, »Ygrec« gesprochen, und der »R«, der trockene Weiße von Château Rieussec, die allerdings beide unter der schlichten Appellation Bordeaux AC auf den Markt kommen.

Wenn man erfahren will, was das Besondere an Yquem ist, braucht man nur dem Château einen Besuch abzustatten. Es steht in erhöhter Lage auf einem Berg, umgeben von endlos langen Rebzeilen, die sich den Hang hinunterziehen – eine perfekte Kombination aus Lage, Bodenbeschaffenheit, Wasserhaushalt und Rebsorten. Ebenso dominant wie das Schlossgebäude selbst ist seit dem 18. Jahrhundert der Wein, sowohl was die Qualität als auch den Preis betrifft. Das Gut gehörte von den 1780er-Jahren bis in die jüngste Zeit hinein der Familie Lur Saluces. Noch heute führt Graf Alexandre de Lur Saluces das Gut.

Der Süßwein von Yquem ist bekannt für seine Langlebigkeit und entwickelt sich wie ein Tokaji Aszú Eszencia und die feinsten Madeiras gut in der Flasche. Er ist seit langem der Stolz von Kennern und Sammlern, zu denen auch der beherzte Hardy Rodenstock gehört. Seine ganz außergewöhnliche fünftägige Verkostung von 125 Yquem-Jahrgängen im September 1998 beherrscht die nachfolgenden Seiten.

1784–1899

Wann man in Sauternes mit der Bereitung von Süßweinen begann, ist nicht genau bekannt. Vielleicht wusste man schon vor den Ungarn in Tokaj (siehe Seite 489) oder den Deutschen im Rheingau (Seite 410) um die Vorzüge spät gelesener Trauben oder sogar den Nutzen der Botrytis. Sicher ist, dass bereits im 18. Jahrhundert in Sauternes Süßwein bereitet wurde und Yquem seinen Ruf schon lange vor dem Ende des Jahrhunderts begründet hatte.

Zwei Ereignisse sollen hier nicht unerwähnt bleiben: Der Eigentümerwechsel auf Château d'Yquem im Jahr 1785, als das Gut von der Familie Sauvage in die Hände der Aristokratendynastie Lur Saluces überging, sowie die Korrespondenz zwischen Thomas Jefferson und den neuen Besitzern mit dem anschließenden Bordeaux-Besuch des damaligen Amerikanischen Gesandten, sprich: Botschafters, in Frankreich im Mai 1787. Von Paris aus schrieb Jefferson am 18. Dezember 1787 Monsieur Diquem *(sic)* folgenden Brief (in französischer Sprache):

»Da ich noch nicht die Ehre hatte, Ihre Bekanntschaft zu machen, bitte ich Sie um Nachsicht dafür, dass ich mir die Freiheit erlaube, einen Brief an Sie direkt zu richten. Ich benötige für meinen Aufenthalt in Frankreich einen kleinen Vorrat an weißen Sauterne-Weinen für meinen persönlichen Verbrauch ... Mir ist bekannt, dass Ihr Cru einer der besten Sauterne ist und würde es vorziehen, ihn direkt aus Ihren Händen zu erhalten, denn ich möchte sichergehen, dass er unverfälscht, gut und gesund ist. Erlauben Sie mir daher, mein Herr, Sie zu fragen, ob Sie noch über einen Posten Sauterne allererster Qualität des Jahres 1784 verfügen und mir freundlicherweise 250 Flaschen überlassen könnten ...«

Die Antwort, ebenfalls auf Französisch, lautete wie folgt: »Chateau d'Yquem, 7. Juni 1788. Als Monsieur d'Yquems Schwiegersohn und Eigentümer all seiner Besitztümer habe ich die Ehre, mein Herr, auf Ihren Brief an ihn zu antworten. Ich habe [den 1784er] mit der größten gebotenen Sorgfalt abgezogen und abgefüllt ... Ihr sehr bescheidender und untertänigster Diener/Comte de Lur Saluces.« Die Übersendung von »Cinq Caisses de vin de Cinquante Bouteilles« wurde von Jeffersons Agent in Bordeaux abgewickelt und der Posten über Rouen nach Paris transportiert.

Die genaue Herkunft mehrerer alter Jahrgänge ist nicht bekannt; ich habe ihren Zustand, ihre Farbe, ihren Geruch und ihren Geschmack so beschrieben, wie ich sie vorgefunden habe, wenngleich dem naturgemäß Grenzen gesetzt sind. Viele dieser uralten Weine scheinen bemerkenswert gut erhalten, wie man feststellen wird, und lassen sich ausgesprochen gut trinken. Hinweisen möchte ich ferner darauf, dass die Keller von Château d'Yquem relativ wenig alte Jahrgänge enthalten. Leider sind die neu verkorkten und wahrscheinlich auf dem Gut wieder aufgefüllten Exemplare oft nicht so gut wie unangetastete Flaschen. Manchmal wird ein Wein aber auch frisch verkorkt, um seine Authentizität feststellen und seinen Wert erhalten zu können. Ich kann Besitzern dieser seltenen, wunderschönen Kreszenzen nur wärmstens empfehlen, ihre Schätze nie neu verkorken zu lassen, ganz gleich, wie tief der Füllstand ist.

Die Qualität der Jahrgänge aus der Zeit bis 1899 entspricht im Wesentlichen dem im Kapitel Roter Bordeaux nachgezeichneten Verlauf (siehe Seite 9): Höhepunkte bilden die Zeit vor der Reblausinvasion und der Wiederaufschwung in den 1890er-Jahren.

Sauternes-Jahrgänge auf einen Blick

Hervorragend *****
1784, 1802, 1811, 1831, 1834, 1847, 1864, 1865, 1869, 1875, 1893

Sehr gut ****
1787, 1814, 1825, 1828, 1841, 1848, 1858, 1871, 1874, 1896, 1899

Gut ***
1818, 1822, 1851, 1859, 1861, 1870

1784 *****

Der berühmteste Jahrgang des ausgehenden 18. Jahrhunderts ist vorwiegend dank der Originalkopien der Briefe von Thomas Jefferson (siehe oben und Seite 206) gut dokumentiert.

Ch. d'Yquem Im Januar 1788 auf dem Château abgefüllt. Flaschen mit abfallenden Schultern und zeitgenössischer Rädchengravierung »Ch d'Yquem ThJ 1784«. Erstmals bei Rodenstocks Raritäten-Weinprobe 1985 in Wiesbaden in Anwesenheit des Grafen Alexandre de Lur Saluces verkostet. Herrlich tiefes Bernsteingold im Dekantiergefäß. Glanzhell; duftend, Vanille; immer noch süß, cremig, köstlich. Dann auf Rodenstocks einwöchiger Yquem-Degustation in München verkostet. Ich entfernte den kurzen, bröseligen Originalkorken, Füllhöhe mittlere Schulter. Der Wein hatte eine warme Mahagoni-Bernstein-Farbe mit ausgeprägtem gelbgrünem Rand. Anfangs zeigte sich die Nase brüchig alt, doch nach 15 Minuten beruhigte sie sich und offenbarte einen bemerkenswert reichen, scharfen Honigduft. Nach weiteren 30 Minuten hatte sie sich voll entfaltet: sehr süß, melasseartig. Noch einmal 15 Minuten später verglich ich die Nase mit einem (so schrieb ich es damals) »Vollblutpferd, das auf sauberes Stroh pinkelt«. Zum Glück fand ich diese Note nicht auch noch am Gaumen wieder; der Wein war wirklich sehr gut trinkbar, hatte einen schönen alten Geschmack und einen guten Abgang. *Zuletzt im September 1998 auf Rodenstocks Yquem-Verkostung in München degustiert* ****

1787 ★★★★

Ch. d'Yquem Eine etwas bauchigere Flasche mit langem Hals. Füllniveau auf oberster Schulterhöhe. Gravur mit dem Namen des Weins, der Jahreszahl und Jeffersons Initialen. Tiefes Bernsteinbraun mit apfelgrünem Rand; Bukett nach angesengten Rosinen, ansprechend, beträchtliche Tiefe. Nach wie vor trinkbar, mit einer fabelhaften Säure, die den melasseartigen Geschmack und die dicke Konsistenz förmlich zerschnitt. *Im September 1998 bei Rodenstocks Yquem-Verkostung in München degustiert. Ich teilte ein Glas mit Michel Bettane, dem vielleicht berühmtesten französischen Degustator, und Helmut Romé vom österreichischen Magazin* Falstaff ★★★

Thomas Jefferson

Bevor Jefferson dritter Präsident der Vereinigten Staaten wurde, vertrat er sein Land von Mai 1784 bis Oktober 1789 als Gesandter in Frankreich. Einmal schrieb er: »Guter Wein ist eine tägliche Notwendigkeit für mich.« Als der bekannte Weinkenner im Mai 1787 Bordeaux einen Besuch abstattete, orderte er an Ort und Stelle den 1784er Margaux und andere erstklassifizierte Gewächse. Weil Jefferson Weinhändlern nicht traute und darauf bestand, dass seine Flaschen auf dem Château abgefüllt wurden, lieferten seine Bordelaiser Makler Flaschen mit seinen Initialen, damit sie genau zugeordnet werden konnten (Etiketten waren damals noch nicht üblich und auch die heute gebräuchlichen 12er-Kisten kannte man noch nicht; Wein wurde traditionell in Körben zu 50 Flaschen transportiert). Ferner orderte Jefferson weitere Spitzengewächse für sich und den damaligen US-Präsidenten George Washington, wies seinen Makler aber auch hier an, die Weine mit dem Namen und den Initialen TJ und GW zu beschriften, um jeden Zweifel über den Inhalt und seinen Eigentümer auszuräumen.

Der 1784er Château d'Yquem und Margaux sowie der 1787er Château Lafite und Branne-Mouton, auf die in diesem Buch Bezug genommen wird, stammen aus einem kleinen Posten, der angeblich in Jeffersons Besitz war oder zumindest von ihm bestellt wurde. Der gegenwärtige Besitzer schweigt sich zwar über die Herkunft der Flaschen aus, doch spricht vieles für ihre Echtheit. Sie wurden unabhängig von zwei Glasfachleuten bei Christie's untersucht und stammen zweifellos aus jener Zeit. Ein namhafter Experte der British Library hat ferner bestätigt, dass die eingravierten Lettern und Ziffern im damals gebräuchlichen Stil ausgeführt sind.

Bei einem Besuch auf Yquem gestattete mir Graf Alexandre de Lur Saluces kürzlich, den Originalband aus den Archiven in Augenschein zu nehmen, in dem Jeffersons Kauf vermerkt wurde.

1802 ★★★★★

Ch. Yquem Etikettiert als »Château-Yquem, Perrault, Chalon s/Saône«. Die Lese begann am 23. September. Gute Farbe für sein Alter, aber nicht glanzhell; leicht maderisiert, doch ansonsten reich, mit Spuren von Karamell und Vanille. Im Geschmack besser als erwartet. Reich und mit trockenem Abgang. Gute Säure. *Im August 1998 in München verkostet* ★★★

Hinweis: Von 1789 bis 1855 nannte man den Wein »Yquem«, davor und danach hingegen »d'Yquem«.

1811 ★★★★★

Der berühmte »Kometenjahrgang«.
Ch. Yquem Erstmals 1986 auf dem Château verkostet. Eine zeitgenössische, mundgeblasene Flasche mit der Aufschrift »Château Yquem, Marquis A M de Lur Saluces, 1811, Grand Vin Sauternes«. Schwarzer Korken. Schöne Weinfarbe, rosinig, noch immer süß. Neun Jahre später auf Rodenstocks 16. jährlicher Raritäten-Weinprobe: abgenutztes Etikett. Gold; hochgetönte Aprikosennote; Gerstenzuckergeschmack mit aggressiver Säure. Kürzlich eine Flasche mit ähnlichem Etikett wie das 1986 verkostete Exemplar: süßer Duft. Erinnerte mich an Himbeeren und Sahne. Beträchtliche Tiefe und Länge. Trockener Abgang. *Zuletzt im September 1998 verkostet* ★★★★

1814 ★★★★

Ch. Yquem Die Lese begann am 29. September. Erstmals 1995 verkostet: blässliche orangegetönte Goldfarbe; vanilleartige »Blancmanger«-Nase; guter Geschmack, aber kantige Säure. Kürzlich eine Flasche mit dem Etikett »Château Yquem, Lur Saluces, 1814«. Weicher, dunkler Originalkorken. Füllhöhe obere Schulter. Schöne Farbe; reich, pfirsichartig, perfekt – fast zu gut; schokoladiger Geschmack, wohlriechender Nachgeschmack. Michel Bettane und ich sahen uns erstaunt an. Wir waren uns einig: ein wirklich köstlicher Wein. *Zuletzt im September 1998 in München verkostet* ★★★★★

1818 ★★★

Ch. Yquem Lesebeginn am 17. September. Ein ähnliches Etikett wie der 1814er. Ausgetrockneter Originalkorken. Füllhöhe im unteren Halsbereich. Eine Nase, der man das Alter anmerkte, angesengt, aber wohlriechend; süß, voll, fett, scharf, mit positivem rosinenartigem Geschmack. *Im September 1998 in München verkostet* ★★★★

1822 ★★★

Ein außergewöhnlich heißes, trockenes Jahr.
Ch. Yquem Ungewöhnlich frühe Lese ab 27. August. Aufschrift »Château Yquem, Lur Saluces, 1822, Grand Vin«. Kurzer, leicht schwammiger Korken. Ziemlich tiefe Bernsteinfarbe; gute Frucht, leicht angesengtes Bukett; nachlassende Süße und eine (Fäulnis-)Pilznote im Abgang. *Im September 1998 in München verkostet* ★★

1825 ★★★★

Ch. Yquem Am 11. September wurde mit der Lese begonnen. Vier Einträge. Die erste Flasche eine Bordelaiser Abfüllung des *négociant* Chabeau. Füllniveau im oberen Bereich der mittleren Schulter. Der Höhepunkt von Bud Moons Yquem-Verkostung 1988 in Chicago. Als Nächstes eine bei Christie's erworbene und 1994 verkostete Flasche mit einem Etikett von Brossault, Chalon-sur-Saône. Teefarben; herrliches altes Karamell- und Vanillebukett; sehr reich, große Länge. Ein Jahr später eine ähnliche Flasche: Crème brûlée, trockener Abgang. Kürzlich ein Exemplar mit Bleikapsel, auf der »1825 G Paillère & Fils, Bordeaux« eingeprägt war. Originalkorken, Füllniveau oberste Schulterhöhe. *Zuletzt im September 1998 verkostet. In Bestform* ★★★★

1828 ★★★★

Ch. Yquem Lese ab 15. September. Vollständig etikettiert. Eher blass, gedämpft, Nase »so lala«; moderater Geschmack, karamellig, trockener Abgang. Enttäuschend. *Im September 1998 verkostet* ★

1831 ★★★★★

Ch. Yquem Die Lese begann am 14. September. Originalkorken. Füllhöhe obere Schulter. Blässlich, am Rand hellgrün; Himbeeren und Sahne, zu »süß«, übertrieben. Am Gaumen sehr süß, schönes Gewicht. In ausgezeichnetem Zustand. *Im September 1998 verkostet* ★★★★

1834 ★★★★★

Ch. Yquem Frühe Lese ab 9. September. Ähnliches Etikett wie der 1814er, aber mit dem Zusatz »Sauternes«. Kurze blassgoldene Kapsel, kurzer, geschrumpfter Korken. Füllhöhe auf oberster Schulterhöhe. Schöne Tönung mit orangefarbenen Reflexen; reiches, duftendes Bukett von großer Tiefe; sehr reich, sauber, ansprechend. *Im September 1998 verkostet* ★★★★

1838 ★★

Ein mittelmäßiger Jahrgang bei den Roten, der in Sauternes etwas besser ausfiel.

Ch. Yquem Lesebeginn am 29. September. Etikett, Kapsel und Korken ähnlich wie beim 1834er. Füllhöhe obere Schulter. Braungetönte Bernsteinfarbe; malzige, firnisartige, oxidierte Nase; unsauberer Abgang. *Im September 1998 ohne große Freude verkostet.*

1840 ★★

Ch. Yquem Lesebeginn 17. September. Originalkorken. Füllhöhe obere Schulter. Warmes Bernsteinbraun im Aussehen, nicht glanzhell; alte Nase, aber etwas Duft. Am Gaumen wesentlich besser: reich, klassisch, gute Säure. *Im September 1998 verkostet* ★★★ *(gerade noch).*

1841 ★★★★

Ch. Yquem Am 18. September begann die Lese. Originalkorken. Füllhöhe obere Schulter. Bernstein-Mahagoni-Farbe; leider oxidiert, die abklingende Reichhaltigkeit wurde vom Geruch überreifer Bananen überdeckt. Der Geschmack wurde von einem seltsamen, unsauberen Abgang verdorben. *Im September 1998 verkostet. Es können nicht alle gut sein!*

1846 ★★

Ch. Yquem Lesebeginn 14. September. Originalkorken. Füllhöhe obere Schulter. Glanzhell, ziemlich ansprechendes firnisartiges Gelb; Nase weder charakteristisch noch gut; seltsamer Geschmack, reich – aber spröde. *Im September 1998 verkostet.*

Hinweis: Die 125 Yquem-Jahrgänge auf Hardy Rodenstocks fünftägiger Monumentaldegustation im September 1998 wurden nicht in strenger chronologischer Reihenfolge verkostet, sondern zu passenden »Serien« aus jeweils acht Jahrgängen zusammengefasst (siehe Kasten Seite 254).

1847 ★★★★★

Zweifellos der größte Sauternes-Jahrgang aller Zeiten. Beim polnischen und russischen Adel standen Sauternes-Weine in hohem Ansehen. Dieser Jahrgang allerdings brach alle Rekorde, als der Großherzog Konstantin, ein Bruder des Zaren, 1859 für ein 900-l-Fass des 1847er Yquem 20 000 Francs bezahlte.

Ch. Yquem Lesebeginn 25. September. Bei acht Gelegenheiten verkostet. Drei Mal im April und einmal im September 1986: alle erstaunlich gut, Weine mit verblüffender Kraft und Konzentration. Eine Flasche von Cruse, Bordeaux, auf Bud Moons Yquem-Verkostung 1988 war ein Desaster. 1995 farbdick; rosinenartig; intensiv süß, große Länge. Auf der großen Yquem-Degustation 1998 attraktives Bernsteingold; überwältigend süße Nase (Michel Bettane verglich sie mit »Zuckerbonbons«); immense Süße, fabelhafter Geschmack, unglaublicher Abgang. Kürzlich eine überragende Flasche mit kurzer Goldkapsel und Originalkorken: fehlerloses Bukett, ausgewogen, herrliche Entfaltung im Glas; sehr reich, ausgezeichneter Geschmack, in Säure, Länge und Abgang vollkommen. *Zuletzt im Juni 2001 auf Wilfred Jaegers bemerkenswerter Verkostung von Kreszenzen aus der Zeit vor der Reblausinvasion degustiert* ★★★★★★!

1848 ★★★★

Ch. Yquem Lesebeginn 20. September. 1987 auf Yquem eine Flasche mit dem Etikett eines Bordelaiser Händlers namens »L Tampier« und dem Originalkorken degustiert: sehr süß, sahnig, honigartig, Vanille- und Orangenblütenbukett und entsprechender Geschmack. Als Nächstes auf Bud Moons Verkostung ein Schlossabzug: buttergelbe Farbe; sanftes, weiches, sahniges Bukett; Säure und Geschmack gut. Kürzlich ein Exemplar mit Originalkorken, der die Prägung »Yquem Grand Vin« trug. Füllhöhe obere Schulter. Sehr gute Farbe, goldene Reflexe; leicht firnisartige, aber reiche Nase, große Tiefe. Kraftvoll, körperreich, komplett, gute Säure. *Zuletzt im September 1998 verkostet* ★★★★

1851 ★★★

Ch. Yquem Lesebeginn 27. September. Originalkorken. Füllhöhe obere Schulter. Warme Orange-Bernstein-Farbe; honigartiges, »Karamellbonbon«-ähnliches, duftendes Bukett; etwas am Austrocknen, angesengter Gerstenzuckergeschmack und gute Säure. *Zuletzt im September 1998 verkostet* ★★★★

1858 ★★★★

Ch. d'Yquem Lesebeginn 27. September. Nach der Klassifizierung der besten weißen Bordeaux-Süßweine von 1855, bei der Yquem als einziges *Premier grand cru classé* eingestuft wurde, führte man das »d'« wieder ein. Die Familie Lur Saluces verkaufte zwar ihre Weine immer wieder *en barrique* an Bordelaiser *négociants*, aber meines Wissens nie an britische Weinhändler.

Erstmals 1981 eine halbe Flasche mit dem Etikett »Ch Yquem Sauternes, Keyl & Co, Bordeaux«, der Kapselprägung »K & C« und dem Brandzeichen »Yquem 1858« auf dem Korken. Füllhöhe untere Schulter und daher oxidiert, obwohl ich eine »süße alte Sémillon-Nase« feststellte. Ich habe mir jedoch auch einmal aufgeschrieben, dass zur Zeit der Klassifizierung von 1855 nur Sauvignon-blanc-Trauben gekeltert wurden, was ich allerdings kaum glauben kann. Als

Nächstes eine Flasche aus einem schottischen Keller mit einem Glassiegel und der Prägung »Château Yquem, Haut Sauternes, Grand Cru«, verkostet 1986 auf dem Château. Trotz des leicht geschrumpften Korkens und einer Nase wie Tokaji Eszencia köstlich, reich und konzentriert. Kürzlich ein Exemplar mit einer damals in Bordeaux recht gebräuchlichen kurzen Kapsel, einem stark verschmutzten Etikett, einem Jahrgangs-Streifbandetikett und einer Füllhöhe bei der oberen Schulter. Und schließlich eine weitere Flasche, die viel zu gut war, um wahr zu sein, mit sehr wohlriechender Himbeer- und Sahnenase und ebensolchem Geschmack. Angelo Gaja, der bei der Verkostung ebenfalls zugegen war, rätselte, ob es sich vielleicht um einen Eiswein handelte (bei einer Lese Ende September wohl kaum). *Zuletzt im September 1998 verkostet* ★★★★?

1859 ★★★

Ch. d'Yquem Lesebeginn 23. September. 1994 auf dem Château neu verkorkt. Neues Etikett. Normale Füllhöhe, zweifellos aufgefüllt. Trotzdem gealtert, leicht firnisartig, karamellig, hielt aber gut durch. Reich, scharf. *Im September 1998 verkostet* ★★★

Ch. Rieussec Schlossabzug, gute Füllhöhe. Der einzige weitere 1859er, den ich je verkostete. Farbe wie brauner Sherry; Bukett und Geschmack erstaunlich kraftvoll, reich und tief, bewahrt von der hohen Madeira-artigen Säure. *September 1987* ★★★★★

1861 ★★★

Ch. d'Yquem Lesebeginn 22. September. Zwei ähnliche Einträge. Erstmals 1985 verkostet. Kürzlich: Originalkorken, Farbe, Bukett und Geschmack wie Melasse. Eine richtiggehende »Essenz« infolge des hohen Zuckergehalts, des niedrigen Alkohols und der sehr hohen Säure, die die Maderisierung verhinderte. Ich gab ihm eine sehr gute Bewertung. *Zuletzt im September 1998 verkostet* ★★★★

1864 ★★★★★

Einer der größten Bordeaux-Jahrgänge für Rote und Weiße gleichermaßen.

Ch. d'Yquem Die Lese begann am 17. September. Zweimal verkostet, beide Flaschen mit der Aufschrift »Château Yquem, 1864, Bottled by Cruse & Fils Frères, Bordeaux«. Kurze, nicht gekennzeichnete Originalkorken. Trotz des hineinrutschenden Korkens (was bei altem Sauternes gar nicht so selten vorkommt) ein fast perfektes Exemplar bei der Verkostung 1987 auf Yquem. Kürzlich überraschend blass; rauchiges Karamellbukett; ausgetrocknet, nicht sehr sauber. *Zuletzt im September 1998 verkostet. In Bestform* ★★★★★

1865 ★★★★★

Ein weiterer großer Bordeaux-Jahrgang aus der Zeit vor der Reblausinvasion, sowohl für Rot- als auch für Weißweine.

Ch. d'Yquem Lesebeginn 15. September. Erstmals 1987 eine Flasche mit ähnlichem Etikett wie der 1864er. Ein Bukett, das sich in der Nase schön entwickelte; süß, weich, delikat, perfekt. Unlängst eine 1992 auf dem Château neu verkorkte Flasche, in der Nase alternd, karamellisiert, aber irgendwie korrekt. Leider ausgetrocknet wie ein überalterter Sportler. *Zuletzt im September 1998 verkostet. In Bestform* ★★★★★

1867 ★★

Ch. d'Yquem Die Lese begann am 18. September. Ein alter, aber bemerkenswerter Eintrag: eine Flasche mit starkem Schwund, nur noch zu drei Vierteln voll, obwohl sie aus einem ansonsten ausgezeichneten Posten stammte, den ich für Sir Anselme Guise Bt. (gesprochen »Ansem Gais«) auf Elmore Court in Gloucestershire verpackte und später verkaufte. Undurchsichtig, buchstäblich schwarz; stark maderisiert, karamellartig, doch sauber. Die hohe Zucker- und Extraktkonzentration wurde von der nicht minder hohen Säure gestützt. Überraschend köstlich. Kürzlich eine Abfüllung von Barton & Guestier: eher blass, eine korkige, aber nicht korkelnde Nase, köstlicher Geschmack. *Zuletzt im September 1998 verkostet* ★★★

1868 ★★

Ch. d'Yquem Früher Lesebeginn am 7. September. Zwei Einträge: 1971 eine ausgetrocknete Flasche und kürzlich ein Exemplar mit ähnlichem Etikett wie der 1867er: »Château Yquem, 1868, Barton & Guestier, Bordeaux«. Helle goldgelbe Farbe, auf jeden Fall zu blass für sein Alter (wahrscheinlich einst mit einer kräftigen Dosis Schwefeldioxid haltbar gemacht). Eigenartig ätherische, spritige, bierartige Nase. Weder sehr süß noch körperreich. Auf jeden Fall aber interessant. Die Säure hielt ihn auf den Beinen. *Zuletzt im September 1998 verkostet* ★

Ch. Coutet Zwei perfekte Flaschen aus Sir John Thompsons Keller (siehe Kasten über Woodperry House auf Seite 19) mit Etiketten von Pfungst & Co. Dank des kühlen Landhauskellers in bemerkenswert gutem Zustand. Der Wein war nicht mehr bewegt worden, seit Sir Johns Großvater ihn gekauft hatte. *Im Juni und September 1977 verkostet* ★★★★

1869 ★★★★★

Ein großer Jahrgang.

Ch. d'Yquem Lesebeginn 15. September. Fünf Einträge. Die erste Flasche 1969 mit einer Farbe wie Amoroso Sherry, herrliches Crème-brûlée-Bukett und ebensolcher Geschmack. Als Nächstes eine überragende Magnum zum hundertjährigen Jubiläum dieses Weins, getrunken mit Peter Palumbo im Coq Hardi in Bougival. 1984 eine gute Flasche, vier Jahre später eine weitere mit Cruse-Etikett und einem Bukett wie »Apfelauflauf, Pfirsich und Crème brûlée«. Kürzlich ein Exemplar mit öligem Originalkorken, wieder Cruse-Etikett und einem Inhalt, der ebenso großspurig war wie das Messingdrahtgeflecht um die Flasche: warme Bernsteinfarbe mit orangegoldenen Reflexen; bezauberndes, sahniges, ausgeglichenes Crème-brûlée- und Orangenblüten-Bukett, das sich exotisch öffnete. Süßer, eindringlicher Himbeer-Vanille-Geschmack, sehr wohlriechend, aber ziemliche Säure. Wie das möglich war? Egal, der Wein war köstlich. *Zuletzt im September 1998 verkostet* ★★★★★

Ch. La Tour-Blanche Unglaublich farbtief. Wirkte bei Kerzenlicht wie Rotwein; intensive, reiche Vanille-Fondant-Nase; nach wie vor süß, wie die Karamellschicht auf einer Crème brûlée. Dem soeben beschriebenen Yquem überraschend ähnlich. Grandios. *1982 beim Essen auf Lafite verkostet* ★★★★★

1870 ★★★

Ein großer Jahrgang bei den Roten, aber nicht so sehr bei den Weißen.

Ch. d'Yquem Lesebeginn am 26. September. Nur ein enttäuschender Eintrag. Originalkorken. Leichter Schwund. Schwache Nase, im Geschmack besser, eher schlank. *September 1998* ★★

1871 ★★★★

Ch. d'Yquem Mit der Lese wurde am 26. September begonnen. Erstmals 1985 verkostet: Château-Abfüllung, dunkles Gelbbraun; reiches, aber irgendwie scharfes Bukett, alter »kräftiger Honig«, hielt gut durch; süß, eindringlich, pappiger Geschmack, Säurerückgrat. Als Nächstes eine Flasche mit Füllhöhe bei der oberen Schulter; attraktive Bernsteinfarbe, reiche, geröstete Nase, ein süßer, kraftvoller, konzentrierter Wein auf Bud Moons Yquem-Verkostung. *Zuletzt im Februar 1988 verkostet. In Bestform* ★★★★

1872

Die Familie Lur Saluces muss sich in Schwierigkeiten befunden haben, denn in diesem Jahr ging »der ganze Bestand aus den Kellern des Marquis de Lur Saluces« für eine »Pauschalsumme« an Monsieur Jules Clavelle. Es handelte sich dabei um 240 Barriques des 1871er Yquem, 440 Barriques des 1870er Yquem und 20 Barriques des 1865er Yquem, außerdem 40 Barriques des 1868er Coutet, 32 Barriques des 1865er Coutet (in Flaschen) und 28 Barriques des 1865er Filhot (ebenfalls in Flaschen). Alle drei Châteaux gehörten damals der Familie Lur Saluces.

Nicht einmal Rodenstock konnte eine Flasche des 1872er Yquem für seine Marathonverkostung auftreiben (siehe Kasten auf Seite 254).

Botrytis cinerea

Bei der Botrytis, in Deutschland Edelfäule und in Frankreich pourriture noble *genannt, handelt es sich um einen Schimmelpilz, der für die Trauben entweder katastrophale oder ausgesprochen vorteilhafte Folgen haben kann. In seiner häufigsten Ausprägung, der Graufäule, ist die Krankheit der Feind jedes Winzers, als Edelfäule hingegen umso segensreicher – vor allem für die glücklichen Weinbauern in den nebelverhangenen Winkeln von Sauternes und Barsac in Bordeaux, im Loire-Tal oder in den Weinbergen an der Mosel. Die Botrytis perforiert die Trauben, bis in den Beeren nur noch eine verdickte, mit Zucker angereicherte Essenz übrig bleibt, aus der beim Gärprozess ein außergewöhnlich süßer, konzentrierter Wein entsteht. Dünnschalige Rebsorten wie Sémillon, Chenin blanc und Riesling sind besonders anfällig für Edelfäule; zudem verfügt jede dieser Trauben über die hohe Säure, die notwendig ist, um die intensive Süße des Safts auszugleichen. Edelfaule Weine haben ein immenses Alterungspotenzial.*

1874 ★★★★

Ein sehr guter Jahrgang aus der Zeit vor der Reblausinvasion.
Ch. d'Yquem Die Lese begann am 25. September. Mehrere Einträge aus den 1970ern. Uneinheitlicher Zustand, abhängig von der Füllhöhe, Feigensirup bis Crème brûlée. Kürzlich eine 1994 auf dem Château neu verkorkte Flasche: undurchsichtig, zu braun; Nase nach altem Karamell; reich, aber ausgetrocknet. Ich habe keine Ahnung, warum Besitzer von alten Yquem-Jahrgängen ihre Flaschen neu verkorken lassen und warum der Kellermeister auf Yquem Weine dieser Prozedur unterwirft, deren »Verfalldatum« schon lange abgelaufen ist. Es ist vielleicht nicht sinnlos, aber auf jeden Fall riskant. *Zuletzt im September 1998 verkostet.*

1875 ★★★★★

Ein für seine Delikatesse und Eleganz bekannter Jahrgang.
Ch. d'Yquem Die Lese begann am 24. September. Alle vier Einträge beziehen sich auf Flaschen, die von Bordelaiser Händlern abgefüllt wurden. 1978 war eine Abfüllung der Brandenburg Frères trotz ihrer niedrigen Füllhöhe ausgezeichnet. Zwei Ende der 1980er degustierte Cruse-Flaschen: eine praktisch perfekt, reich, ausgewogen, die andere mit einer Füllhöhe im oberen Bereich der mittleren Schulter, blasser, sauer, ausgetrocknet. Kürzlich eine weitere Cruse-Abfüllung: blässliches Bernsteingold; recht gut, aber schwer einzuschätzendes Bukett, reich, eindringlich. *Zuletzt im September 1998 verkostet. In Bestform* ★★★★★

1876 ★★

Ch. d'Yquem Lesebeginn am 26. September. Die von uns verkostete Flasche wies noch den Originalkorken mit Brandzeichen auf. Verschlossene Nase; sahnig, guter Geschmack, keine Altersspuren, trockener Abgang. *Im September 1998 auf Rodenstocks Marathonverkostung degustiert* ★★★
Ch. Coutet **Lur Saluces** Originalkapsel, -etikett und -korken. Füllhöhe mittlere Schulter. Die Farbe eines alten Sercial Madeira; eine Spur Malz, austrocknend. *1988 verkostet* ★★
Ch. La Tour-Blanche 1987 neu verkorkt. Nase nach »Zucker und vergorenem Honig«. Völlig ausgetrocknet. *Im Mai 1988 bei Maurice Renauds sechsstündigem Essen in Versailles verkostet.*

1878

Im Médoc ein guter, in Sauternes ein schlechter Jahrgang.

NUR EIN ALTER EINTRAG **Ch. Filhot** **Lur Saluces** Blass und braun; oxidiert, wie Madeira; ausgetrocknet, verwelkt und säuerlich. *1976*

1880 ★

Ch. Filhot **Lur Saluces** Originalkapsel, -etikett und -korken. Ausgezeichnete Füllhöhe. Schöne Farbe; reiches altes Bukett und ebensolcher Geschmack, aber völlig ausgetrocknet. *1987* ★

1881

Eine schlimme Zeit für die Bordelaiser Rot- und Weißweinlandschaft gleichermaßen. Die Reblaus verwüstete die Weinberge und man suchte noch immer verzweifelt nach einem Bekämpfungsmittel (siehe aber Ch. d'Yquem von 1899).

NUR EIN ALTER EINTRAG **Ch. d'Arche** Man stelle sich trockene Melasse vor. *1983*

1884

Als hätten die Weinbauern nicht schon genug gelitten, kam zur Reblaus auch noch der Mehltau hinzu.

ZWEI ALTE EINTRÄGE **Ch. d'Yquem** Überraschend attraktiv. Obwohl der Wein vor dem Verfall stand, hielt er sich gut. *1984*; **Ch. de Rayne-Vigneau** Ansprechend, aber kurz. *1970* ★★

1886

Der Mehltau war nun in der gesamten Region ein ernstes Problem.

Ch. d'Yquem Späte Lese vom 1. bis 28. Oktober. Originalkorken, gutes Füllniveau. Ziemlich dumpfes Erscheinungsbild; reich, aber leicht firnisartig; sehr süß, überraschend positiver und attraktiver Geschmack, aber ich denke, die »eingelegten Veilchen« und die hochgetönte Säure sind zum Großteil auf den Mehltau zurückzuführen. *Im September 1998 verkostet* ★★★

1887

Eine weitere vom Mehltau verdorbene Ernte.

Ch. d'Yquem Späte Lese vom 10. bis 28. Oktober. 1996 neu verkorkt. Schwach im Aussehen; alte Bananenschalen, spitzig, am Ende. *September 1998.*

»Ch. Sauternes« Ein von den Brandenburg Frères in Bordeaux versandter Wein mit einem merkwürdigen Namen. Leichter Schwund. Sehr gute goldene Farbe; alte, süße, edelfaule Crème-caramel-Nase; noch immer süß, guter Geschmack, trockener Abgang. *Eine erstaunliche halbe Flasche, degustiert bei einer Vorverkaufsverkostung im Februar 1992 in Chicago* ★★★

1888 ★

Ch. d'Yquem Lange Lese vom 27. September bis 30. Oktober. Am Austrocknen, spröde (1977). Unlängst ein 1996 neu verkorktes Exemplar: hochgetönt, harte Kanten. Nase wie Bual Madeira; trocken, eindringlich, Melasse im Nachgeschmack. *Zuletzt im September 1998 verkostet.*

1890 ★★

Ch. d'Yquem Mehrere alte Einträge aus der ersten Hälfte der 1970er. Verschiedene Füllhöhen. In Bestform weich und ansprechend (1975). Unlängst reiche Farbe; karamellisierte Nase, reich, aber nach 80 Minuten im Glas schon fast ungesund süß (ich versuche mein Glas immer möglichst lange stehen zu lassen, um den Einfluss der Luft auf die Entwicklung des Weins zu beobachten). Süßlicher alter Gerstenzuckergeschmack. *Zuletzt im September 1998 eine Magnum verkostet. In Bestform* ★★★

1891 ★★

Ch. d'Yquem Zwei Einträge. Als Erstes eine 1988 neu verkorkte Flasche: Bernsteingold; sehr reich, aber malzig; völlig ausgetrocknet. Unsauberer Abgang. Der älteste Jahrgang auf Manfred Wagners Yquem-Verkostung 1992 in Zürich. Kürzlich ein Exemplar mit Füllhöhe im unteren Halsbereich, aber schlechter Nase, »kalt«, fischig, leicht duftend, dann süß, schließlich verblasst. Ebenfalls ausgetrocknet, rau und unsauber. *Zuletzt im September 1998 verkostet.*

1892 ★

Ch. d'Yquem Vier Einträge, unterschiedliche Flaschen. 1975 recht gut. 1984 bei der Verkostung auf Schloss Johannisberg der älteste Yquem-Jahrgang: gesund und noch immer ziemlich süß. 1988 eine trübe, oxidierte Flasche. Unlängst ein trotz guter Füllhöhe korkelndes Exemplar, am Gaumen besser als in der Nase. Noch immer reich, schlank, wohlschmeckend – aber verdorben. *Zuletzt im September 1998 verkostet. In Bestform* ★★

1893 ★★★★★

Endlich ging es wieder aufwärts, sowohl was das Wetter als auch den Markt betraf. Dennoch gab es Probleme: Wegen des heißesten Sommers seit Beginn der Aufzeichnungen war 1893 ein heikles Jahr für die Roten, Sauternes hingegen kam wie 1921 gut weg. Schwierigkeiten bereitete generell die Beherrschung der Gärtemperaturen.

Ch. d'Yquem Bei drei ausnahmslos denkwürdigen Gelegenheiten verkostet. Als Erstes 1995 auf Peter Zieglers herausragender Raritäten-Weinprobe im Schlosshotel Erbach: warmes Bernsteinorange; tiefes, reiches Honigbukett, das an reife Aprikosen, Pfirsiche und überreife Trauben erinnerte; sehr reich, kraftvoll, ziemlich hohe flüchtige Säure, alkoholstark, beeindruckend. Als Nächstes 1996 zu *Foie gras* bei einem großen Weindinner in Oslo, das der bedeutende Weinsammler Christen Sveaas (siehe unten) ausrichtete; eine ähnliche Beschreibung wie bei der 1995 degustierten Flasche: unglaubliche Kraft, fast stechend, in perfektem Zustand (ich gab ihr sechs Sterne!). Kürzlich am vierten Tag von Hardy Rodenstocks Yquem-Marathon in München eine 1996 auf dem Château neu verkorkte Flasche, offen gesagt nicht so gut wie die anderen: stärkerer Mahagoniton in der Farbe; in der Nase ein Anflug von »Firnis« und ein bitterer karamellisierter Nachgeschmack mit Orangenote. *Zuletzt im September 1998 verkostet. In Bestform* ★★★★★ *oder mehr.*

WEITERE, ÄLTERE EINTRÄGE **Clos Haut-Peyraguey** Bei meinem Essen für den Bordeaux Club sehr gut. *1981*; **Ch. Suduiraut** Trotz der Füllhöhe auf mittlerer Schulter immer noch süß und köstlich. *1985.*

Christen Sveaas

Ein norwegischer Weinsammler von internationalem Rang. 1996 lud er in Oslo zu einem wundervollen Essen mit großen Weinen, das er mit dem Yquem von 1893 zu Foie gras *eröffnete. Allein die Klasse der in dieser Nacht verkosteten Jahrgänge ist kaum noch zu übertreffen. Das Weindinner mit elf erstklassifizierten Gewächsen schloss er übrigens mit einem weiteren Yquem ab, dem überragenden 1921er.*

1894

Ein Besorgnis erregender Rückfall.

Ch. d'Yquem Oberste Schulterhöhe; blässlich gelber Bernsteinton; seltsame kaffeeartige Nase und ein Geschmack, der mich an angesengtes Heidekraut erinnerte (ich wuchs in den Yorkshire-Mooren auf, wo die Heide jedes Jahr abgebrannt wurde). Trocken. *Im September 1998 verkostet.*

1895

Ch. d'Yquem 1981 eine Flasche mit Füllniveau auf mittlerer Schulter, ausgetrocknet, hefig, säurebetont. Unlängst trotz sehr guter Füllhöhe zu blass, ebenfalls ausgetrocknet, aber wohlriechend. *Zuletzt im September 1998 verkostet.*

Château de la Fot

Einige Jahre lang verbrachten meine Familie und ich den Osterurlaub in Frankreich damit, Weine in alten Kellern zu verpacken. Daphne und die Kinder füllten die Kartons, während ich in der Sonne saß – behauptet jedenfalls meine Frau. Einmal führte uns eine unvergessliche Verpackungsmission nach Château de la Fot. Der Besitzer, der Marquis de Vasselot – ich meine mich zu erinnern, dass er damals Präsident des französischen Schweinezüchterverbands war –, lagerte seine alten Flaschen in einem Keller unter dem Kuhstall. Es schneite an jenen Ostertagen, was die Arbeit zu einer sehr frostigen und doppelt unangenehmen Angelegenheit machte. Allerdings genossen wir das seltene Privileg, in den Genuss der Gastfreundschaft des Marquis zu kommen. Eines Abends legten wir eine Decke über den Billardtisch und verkosteten die gesamte Bandbreite seiner Weine einschließlich des Filhot von 1896, außerdem einige großartige alte Cognacs.

1896 ★★★★

Ch. d'Yquem Drei Einträge. Bei der Yquem- und Schloss-Johannisberg-Degustation 1984 in hervorragendem Zustand, fast schon ölig reich, bekam meine Spitzenbewertung. Auf Rodenstocks Weinmarathon 1998 nicht ganz makellos, reich, aber ätherischer, sehr gute Säure und trockener Abgang. Kürzlich eine Einzelflasche: blasser Bernsteinton; Bukett nach alten Aprikosen und Honig; reiner Karamellgeschmack, ausgezeichnete Säure. Ich weiß nicht, woher sie stammte. *Zuletzt im Januar 2000 verkostet. In Bestform* ★★★★★

ÄLTERE EINTRÄGE **Ch. Filhot** Zweimal verkostet: am Austrocknen, verblüht. *Im April 1975 auf Château de la Fot verkostet*; **Ch. Sigalas-Rabaud** Schöne Farbe, Honigbukett; reich, scharf. *1975* ★★★

1899 ★★★★

Ch. d'Yquem Lese vom 19. September bis 21. Oktober. Die Rebstöcke auf Yquem blieben bis zum Endes des 19. Jahrhunderts unveredelt. Vier Einträge: 1973 alt, aber interessant; 1985 eine Flasche mit schlimmem Schwund, karamellisiert. Im Jahr darauf auf Schloss Johannisberg in gutem Zustand: ein Bukett nach »duftendem Farn«, das sich im Glas sahnig öffnete; kein Schwergewicht wie der 1893er, sanfter und charmanter. Kürzlich: warme Bernsteinfarbe; angenehme, süße Nase, die zu verblassen begann, »mittelsüß«, Geschmack und Säure gut. Trockener Abgang. *Zuletzt im September 1998 verkostet. In Bestform* ★★★★

Ch. Coutet Mitteltiefe Bernsteinfarbe; sehr reich, Gerstenzucker und Crème brûlée; nicht mehr »süß«, aber noch sehr gehaltvoll. Auf seine Weise ausgezeichnet. Trockener Abgang. *Im März 2002 auf Wilfred Jaegers Weindinner in San Francisco degustiert* ★★★

Ch. Filhot Leider eine Flasche mit Korkengeschmack. Trotz dieses Handicaps noch immer süß und mit sehr guter Länge. *Im März 2002 auf Wilfred Jaegers Weindinner in San Francisco verkostet.*

WEITERE, ÄLTERE EINTRÄGE **Ch. Suduiraut** Zweimal verkostet: Karamellcreme (1981), Orangenblüten, glänzend. *1985*; **Ch. La Tour-Blanche** Guter Zustand. *1981*

1900–1929

Die wirtschaftlichen und klimatischen Bedingungen während dieses Zeitraums entsprechen im Wesentlichen denen, die bereits im Kapitel Roter Bordeaux beschrieben wurden (siehe Seite 27). Die Qualität der einzelnen Jahrgänge spricht für sich. Der Tiefpunkt war 1915 erreicht, während man Ende der 1920er Triumphe feierte. Nachfolgend sind die besten Jahrgänge aus dieser Zeit aufgelistet. Jeder genannte Vier- oder Fünfsternewein von hoher Qualität und untadeliger Herkunft dürfte sich auch heute noch in ausgezeichnetem Zustand befinden.

Ein praktischer Tipp: Füllhöhen bis 7 cm unterhalb des Korkens sind im Gegensatz zum entsprechenden Niveau bei alten roten Bordeaux-Gewächsen nichts Ungewöhnliches. Solche Weine können noch immer gesund sein.

Sauternes-Jahrgänge auf einen Blick

Hervorragend *****
1906, 1921, 1929

Sehr gut ****
1900, 1904, 1909, 1926, 1928

Gut ***
1914, 1918, 1920, 1923, 1924

1900 ****

Der zweite der Zwillingsjahrgänge vom *fin de siècle*, der bei den Weißen vielleicht nicht ganz so erfolgreich ausfiel wie bei den Roten.

Ch. d'Yquem Die Lese zog sich vom 19. September bis zum 29. November hin. Vier Einträge, sehr unterschiedliche Flaschen, wobei wie immer das Füllniveau, der Zustand und die Herkunft den Ausschlag gaben. 1972 ein wunderschönes Exemplar; 1984 eine Flasche mit einer Füllhöhe bei der unteren Schulter, maderisiert, aber noch immer süß und am Leben. Das interessanteste Exemplar war eine Bordelaiser Abfüllung von H. Wulffe mit einem Bukett nach Muskatnuss und altem Honig; konzentriert, aber ohne Länge (1988 in Chicago verkostet). Kürzlich eine 1990 neu verkorkte Flasche: wohlriechend, guter Geschmack, eindringlich, aber ausgetrocknet und im Abgang etwas spitzig. *Zuletzt im September 1998 bei Rodenstocks Marathon in München verkostet. In Bestform* ***

Ch. d'Arche Eine Überraschung und Köstlichkeit. Bernsteingold; schöner Orangenblütenduft, der mich an den 1945er oder 1953er Yquem erinnerte. Noch immer süßer, wunderbarer Geschmack, gute Länge und Finesse, perfekte Säure. *Im September 1996 bei Rodenstocks 17. Weinprobe in München degustiert* ****

1901 *

Ch. d'Yquem Lese vom 13. September bis 5. Oktober. 1996 neu verkorkt. Angesengte, karamellisierte Nase; reich, duftend; mitteltrocken, blumig, sauber. *Im September 1998 auf Rodenstocks Verkostung degustiert* *

1902

Ch. d'Yquem Lese vom 30. September bis 31. Oktober. 1996 neu verkorkt. Geschickt dem Jahrgang 1802 zur Seite gestellt, aber diesem unendlich unterlegen; oxidiert, Geruch nach Reispudding und Bananenschalen; ausgetrocknet, fast knirschend. *August 1998.*

1903 **

Ch. d'Yquem Lese vom 24. September bis 30. Oktober. 1996 neu verkorkt. Grüne Tönung; Karamell, Pfirsiche, Blüten; nach wie vor süß, Geschmack, Kraft und Länge gut. *Im August und September 1998 auf Rodenstocks fünftägiger Yquem-Degustation verkostet* ***

1904 ****

Der beste Jahrgang zwischen 1900 und 1906.

Ch. d'Yquem Lese vom 17. September bis 14. Oktober. 1994 neu verkorkt. Gute Farbe; eigenartige, leichte, Manzanilla-artige Nase; schlank, uninteressanter Geschmack, trockener Abgang. *Im August 1998 verkostet* *

WEITERE, ÄLTERE EINTRÄGE Ch. Coutet Farbtief; sehr reich, in perfektem Zustand. *1979* ****; Ch. Filhot Tiefe Bernsteinfarbe; sehr wohlriechend; karamellisiert, aber köstlich. *1987* ***; Ch. de Rayne-Vigneau Das Château befand sich in einer Hochphase. Zwei Einträge, hoher Extrakt, grandios. *Zuletzt 1981 verkostet* *****; Ch. La Tour-Blanche Sahniges Bukett mit Mandarinennote; kraftvoll, geschmacksintensiv, attraktiv, doch am Austrocknen. *1985* ***

1905

Ch. d'Yquem Lese vom 13. September bis 16. Oktober. 1993 neu verkorkt. Nase hochgetönt, reich, »ölig« (wie reifer Riesling). Fast schon zu süß. Griffig. *August 1998* ** *(gerade noch).*

1906 *****

Ein klassischer Sauternes-Jahrgang, bei guter Lagerung noch immer schön.

Ch. d'Yquem Lese vom 11. September bis 24. Oktober. Zweimal verkostet, das erste Mal 1985 ein herausragendes Exemplar: Farbe wie Amoroso Sherry; intensives, reiches ätherisches Bukett; seidige Textur, große Länge. Kürzlich eine Flasche mit weichem Originalkorken in schlechtem Zustand. Tiefes Bernsteinbraun – kein gutes Zeichen; hochgetönte, Madeira-artige Nase, die aber zu sich fand und mich an zerdrückte Sultaninen erinnerte. Von immenser Süße und Kraft, griffig, leicht maderisiert. Von einem Einzelhändler in den USA erworben. *Zuletzt im August 1998 verkostet. In Bestform* *****

WEITERE, ÄLTERE EINTRÄGE Ch. d'Arche Undurchsichtig, malzig. *1985*; Ch. Lafaurie-Peyraguey Fabelhaft reich. *1976* ****

1907

Ch. d'Yquem Lese vom 4. September bis 31. Oktober. 1995 neu verkorkt. Korkelnd, aber nicht völlig schlecht; ausgetrocknet, dennoch wohlschmeckend. *Im August 1998 verkostet* ★

1908

Ch. d'Yquem Lese vom 16. September bis 22. Oktober. 1995 neu verkorkt. Farbe wie Melasse bzw. Pedro-Ximénez-Wein; eine Nase wie ein Malmsey von 1863, kantig, geschmacksintensiv, reiner *rancio*-Geruch; Geschmack nach Trockenpflaumen und verbrannten Rosinen. *August 1998.*

1909 ★★★★

Die armen Sauternes-Weinbauern mussten in dieser Zeit ein deprimierendes Auf und Ab der Witterungsbedingungen erdulden. Jahrgänge wie der 1906er und der 1909er aber machten die Fehlschläge wieder wett.

Ch. d'Yquem Lese vom 21. September bis 12. November. 1984 auf Schloss Johannisberg im Rheingau eine superbe Flasche: reich, ausgesprochen stämmig, mit einem Geschmack nach *Marrons glacés* (kandierte, in Zuckersirup eingemachte Esskastanien). Kürzlich ein 1995 neu verkorktes Exemplar in schlechtem Zustand. Ich frage mich, warum nach dem ganzen Neuverkorken auf dem Château noch so viele alles andere als zufrieden stellende Flaschen in Umlauf sind? Vielleicht wäre es besser, wenn man ihnen den Korken ließe, an den sie seit langem gewöhnt sind, und sie einfach trinken würde. Wie dem auch sei, sie war trotz ihrer ansprechenden Farbe und ihres schönen Dufts ausgetrocknet und schmeckte eher wie ein alter Tokaji Aszú Eszencia. *Zuletzt im August 1998 verkostet. In Bestform* ★★★★

EIN ÄLTERER EINTRAG Ch. Lafaurie-Peyraguey Superb. *Gehörte zu einer Reihe von Jahrgängen aus dem Château, die vor der großen Cordier-Versteigerung bei Christie's im September 1976 degustiert wurden* ★★★★

1911

Ch. d'Yquem Zwei Einträge. 1992 eine Flasche mit Füllniveau auf oberster Schulterhöhe; eigenartige, hochgetönte Nase; ausgetrocknet, so gut wie kein Fett oder Fleisch, aber mit sauberem Abgang. Später ein 1996 neu verkorktes Exemplar, das ich mit dem 1811er blind verkostete. Kein Vergleich – der uralte Jahrgang war besser. Stämmige, gekochte Zuckernase; firnisartiger Geschmack, mittelmäßiger Abgang. *Zuletzt im September 1998 verkostet.*

1912

Ch. d'Yquem Lese vom 29. September bis 13. November. Zweimal verkostet, das erste Mal 1988, irreführend jugendliches Vanille- und Birnenaroma, aber trocken, rau und unsauber. Unlängst eine 1996 neu verkorkte, bessere Flasche: Bernsteinfarbe; in der Nase etwas korkelnd und leicht karamellisiert; noch immer ziemlich süß, recht ansprechender Karamell- und Aprikosengeschmack. *Zuletzt im August 1998 verkostet* ★

Ch. Lafaurie-Peyraguey Originalkorken und -etikett mit der Aufschrift »Fred Grédy, Proprietor« (die Familie Cordier erwarb das Château nach dem Ersten Weltkrieg). Leuchtende Oloroso-Farbe; karamellisiert, aber ziemlich gut. *April 1985* ★★

1913 ★★

Ch. d'Yquem Lese vom 18. September bis 30. Oktober. 1988 auf der Moon-Verkostung eine merkwürdig blasse, völlig ausgetrocknete Flasche. Unlängst: gelbe Bernsteinfarbe; eigenartig neutrale Nase; ziemlich trocken, uninteressant. *Zuletzt im August 1998 verkostet.*

EIN ÄLTERER EINTRAG Ch. Lafaurie-Peyraguey Schönes Bukett; mittelsüß, schwungvoll. Aus den Château-Kellern. *Im September 1976 auf der Cordier-Vorverkaufsverkostung degustiert* ★★★

1914 ★★★

Ch. d'Yquem Lese vom 14. September bis 8. November. Drei Flaschen verkostet: zwei fein und reich (1969 und 1973). Unlängst ein 1994 neu verkorktes Exemplar. Lebhafte, schöne Farbe; sehr seltsame, etwas hochgetönte Nase, schokoladig, dann ein leicht dekadenter Vanilleton; ein nicht minder eigenartiger Geschmack nach Pfirsichschalen. Sehr trockener Abgang. *Zuletzt im August 1998 verkostet. In Bestform* ★★★★

WEITERE, ÄLTERE EINTRÄGE Ch. Caillou Ein ansprechender, für sein Alter sehr guter Barsac; Geschmacksnoten nach Honig und Minze. *1988* ★★★; Ch. Filhot Seine Reichhaltigkeit ließ die bernsteinbraune Farbe und den unverkennbar maderisierten Geschmack in den Hintergrund treten; Ch. Lafaurie-Peyraguey Wunderschön. *1976* ★★★★; Ch. de Rayne-Vigneau Gesund, aber am Austrocknen. *1975* ★★

1915

Ein fürchterlicher Kriegsjahrgang. Château d'Yquem bereitete keinen Wein.

1916

Ch. d'Yquem Lese vom 30. September bis 12. November unter schwierigen Bedingungen. 1995 neu verkorkt. Überraschend reich, was den leichten Korkengeschmack und unsauberen Abgang in den Hintergrund drängte. *Zuletzt im August 1998 verkostet.*

1917

Ch. d'Yquem Die Lese fand vom 13. September bis 24. Oktober statt. 1996 neu verkorkt. Reiche Farbe; recht gutes Bukett, alte Vanille und Orangenblüten; gerade noch genug Süße, ansonsten müde. *Im August 1998 verkostet* ★

1918 ★★★

Die Kriegerdenkmäler in jedem Dorf und jeder Stadt Frankreichs erinnern an das Blutvergießen in den Schützengräben des Ersten Weltkriegs. In den Weinbergen mussten die Frauen die Arbeit leisten – ganz gleich, ob jung, alt oder lahm. Es herrschte ein Mangel an Arbeitskräften und an Material.

Ch. d'Yquem Die späte Lese wurde am 1. Oktober begonnen und am 8. November, drei Tage vor dem Waffenstillstand, abgeschlossen. Eine blassgrüne Kriegsflasche. 1993 neu verkorkt. Erstaunlich blass, mit feinem, zerfallenem Bodensatz; attraktives, wohlriechendes Bukett; relativ süß, eher leicht, guter Geschmack, trockener Abgang. *Im August 1998 verkostet* ★★★

Ch. Climens Zwei gute Einträge: 1984 eine Flasche mit reichem Geschmack, der an »Lanolin, Vaseline und Lemon Curd (Brotaufstrich mit Zitrone)« erinnerte. Habe wirklich ich das geschrieben? Kürzlich bei Frans de Cocks herausragendem Weinwochendende in Paris: schöne Farbe; stark botrytisierte Nase; üppige Crème brûlée in Bukett und Geschmack. Sehr süß, durchdringender Nachgeschmack. *Zuletzt im Dezember 1995 verkostet* ★★★★

Ch. Lafaurie-Peyraguey Schöne Bernsteinfarbe mit lindgrüner Tönung; Bukett und Geschmack herrlich. Noch immer süß, weich, gute Länge und duftiger Nachgeschmack. *Im September 1990 verkostet* ★★★★

1919 ★★

Ch. d'Yquem Obwohl die Lese in Sauternes um den 20. September begann, machten sich die Lesehelfer auf Yquem erst ab dem 3. Oktober in die Weinberge auf; Ende des Monats war die Ernte eingefahren. Zwei ziemlich gleichlautende Einträge, der erste von Moons Verkostung 1988 in Chicago. Unerwartet blasse zitronengelbe Farbe; verhaltene, aber recht gute Nase; mittelsüß, guter, sauberer, positiver Geschmack und gute Säure. *Zuletzt im August 1998 verkostet* ★★

Vom Umgang mit altem Sauternes

Ein Sauternes ist sehr langlebig. Dank seines Gehalts bildet sich eine Schutzschicht um den Korken, die ihn – wie das Öl in einem Auto – feucht und funktionsfähig hält, sodass er nur sehr selten schlecht wird. Allerdings ist beim Öffnen auch äußerste Sorgfalt vonnöten. Wenn man ihm mit dem Korkenzieher zu eifrig zu Leibe rückt, rutscht der Korken schnell in die Flasche. Am besten verhakt man die Spitze mit dem Korken und dreht die Spindel dann mit so wenig Druck wie möglich hinein. Ich stehe dem Neuverkorken von Sauternes-Flaschen äußerst skeptisch gegenüber. Es ist nur sehr selten notwendig und verbessert den Wein nicht. Im Gegenteil: Wenn ich neu verkorkte Flaschen und solche mit Originalzapfen nebeneinander degustiere, dann schneiden Erstere in der Regel schlechter ab. Und was die Langlebigkeit betrifft: Gute Jahrgänge halten sich 50 Jahre und länger, weniger gute zehn bis 15 Jahre.

1920 ★★★

Ein erstklassiger Sauternes-Jahrgang, der jedoch vom großartigen 1921er in den Schatten gestellt wurde.

Ch. d'Yquem Die Lese begann mehr oder weniger parallel zum restlichen Sauternes am 17. September und war exakt einen Monat später abgeschlossen. Nur zwei Einträge, die viele Jahre auseinander liegen. 1955 ein im Niedergang begriffenes Exemplar, aber nicht schlecht. Kürzlich eine Flasche mit Originalkorken: blässliche altgoldene Farbe; ziemlich guter würziger Duft, ausgetrocknet, kurz. *Zuletzt im September 1998 verkostet* ★

Ch. Doisy-Dubroca Drei halbe Flaschen aus den Kellern von Prunier-Traktir in Paris. Die ersten beiden verkostete ich auf den Vorverkaufsdegustationen im Oktober und Dezember 1982. In gutem Zustand, wohlriechend, ein Hauch Karamell, gute Frucht, ausgezeichnete Säure. Kürzlich eine weitere halbe Flasche: trotz Füllhöhe auf der mittleren Schulter und etwas tiefer Farbe noch immer süß und ansprechend. *Zuletzt im Mai 1998 im Büro verkostet* ★★★

Ch. Lafaurie-Peyraguey Reich, drall und großartig, 1976 zweimal verkostet. Vor einiger Zeit: Bernsteinorange; Pfirsichblüten und Honig; ziemlich süß, herrlich, eindringlich; große Länge, toffeeartiger Abgang. *Zuletzt im September 1994 auf Rodenstocks 15. Raritäten-Weinprobe im Arlberg Hospiz in Österreich verkostet* ★★★★

1921 ★★★★★

Zweifellos der größte Jahrgang des 20. Jahrhunderts, vor allem der Yquem wurde legendär. Nach dem heißesten Sommer seit 1893 enthielten die Trauben enorm viel Zucker, was einen hohen Alkohol- und Restzuckergehalt des fertig vergorenen Weins nach sich zog.

Ch. d'Yquem Ein Koloss. Der gehaltvollste Yquem seit dem überragenden 1847er und vielleicht sogar aller Zeiten. Ein Rat: Lassen Sie sich von seiner dunklen Farbe nicht abschrecken. Sie ist korrekt – was übrigens in gewissem Maß auch für die Yquem-Jahrgänge 1929 und 1937 gilt.

Ich bin natürlich verwöhnt. Aber das Verkosten großer Weine gehört nun einmal zu meinem Beruf, und ich hatte das Privileg und Vergnügen, den 1921er bei zuletzt über 30 Gelegenheiten aus Magnums wie auch aus Normalflaschen verkosten, nein, trinken zu dürfen, denn nicht einmal ich spucke diesen Jahrgang aus. Nicht alle haben fünf Sterne bekommen, denn wie immer spielen die Herkunft, die Lagerung und der Zustand des Korkens eine Rolle. Die meisten aber waren unvergesslich.

Als eine der ungewöhnlichsten Flaschen erwies sich eine Schweizer Abfüllung (der 1921er war der letzte Jahrgang, den Lur Saluces im Fass verkaufte). Die grüne Glasflasche trug ein hübsches Etikett und war mit einem kurzen Korken verschlossen. Abgesehen von den (harmlosen) Weinsteinkristallen – in der Schweiz kann es im Winter ziemlich kalt werden – zeigte sich der Inhalt köstlich. Ich habe festgestellt, dass die Unterschiede zwischen den einzelnen Exemplaren eher auf Flaschenabweichungen zurückzuführen sind als auf die Entwicklung des Weins, die seit ungefähr 30 Jahren ziemlich stillzustehen scheint.

Statt wahllos einige Einträge herauszugreifen, möchte ich auf zwei Verkostungen und drei nicht allzu weit zurückliegende Essen eingehen. Die erste dieser Flaschen degustierte ich auf Peter Zieglers Verkostung in Deutschland. Sie gehörte zur achten und letzten »Serie« und kam zwischen dem 1893er und dem 1945er Yquem an die Reihe. Der letzte Wein der »Serie« war übrigens von Schönborns Erbacher Marcobrunn Trockenbeerenauslese. Ich gab dem 1893er und dem 1921er gleich hohe Bewertungen, zog den 1945er Yquem aber vor.

Christen Sveaas' Essen 1996 wurde mit dem 1893er eröffnet und schloss mit einem grandiosen 1921er (dem ich sechs Sterne gab). Bei Rodenstocks Yquem-Marathon 1998 bekam er meine höchste Bewertung, die noch geringfügig über der für den 1869er und den 1937er lag (bei insgesamt 125 während der ganzen Woche degustierten Jahrgängen). Als sinnliches Vergnügen erlebte ich ihn auf Josh Latners Essen im Londoner Lanesborough Hotel im Januar 2000. Und bei der letzten Verkostung war er die reinste Vollendung.

Abschließend möchte ich die Elemente und Abweichungen in Erscheinungsbild, Nase und Geschmack beschreiben. Er ist zwar auf keinen Fall dunkel, variierte bei den letzten fünf Verkostungen aber im Aussehen von ziemlich tief und bestenfalls altgolden sowie einer Farbe, die mich an einen alten Oloroso Sherry erinnerte, bis hin zu einem Bual-Madeira-Ton mit ausgeprägtem apfelgrünem Rand. Das Bukett war sehr reich, natürlich mit Honignote, Pfirsich, Gerstenzucker (gekocht und als Zuckerwatte), intensiv, dabei wohlriechend, »Custard-Creme« und sehr unverfälschte Crème brûlée. Am Gaumen zwischen süß und sehr süß, was wohl vom Kontext abhing, unzweifelhaft reich, kraftvoll, ja, eindringlich, große Länge und Intensität, mit stützender Säure, die ihn am Leben hielt. Eine der sublimen Erfahrungen im Leben. *Zuletzt im Dezember 2000 eine Flasche, die Paolo Pong zu einem Essen bei Jancis Robinson mitbrachte* ★★★★★

Ch. Lafaurie-Peyraguey 1968 eine Flasche aus Sir Gerald Kellys Keller: ein Bukett »jenseits der Reife«; schöner alter Geschmack, die unverfälschte Süße aber war am Abklingen. Vor einiger Zeit: angesengt, Tokajer-artig, reiches rosiniges Bukett; geschmacksintensiv, Geschmack nach verbrannten Toffees, mit einer Reichhaltigkeit, die der an den Zähnen kratzenden Säure etwas entgegenzusetzen hatte. *September 1990* ★★★★

WEITERE 1921ER, ÄLTERE EINTRÄGE **Ch. Climens** Zwei Einträge. Der ersten Flasche mangelte es an Reichhaltigkeit (1977), die zweite war schwer (1985) – nicht so gut wie der 1929er, der 1937er oder die großen Jahrgänge nach dem Zweiten Weltkrieg; **Ch. Coutet** Zwei beständige Einträge: großartig, schöne Säure; ein sehr guter Coutet. *1971; 1976* ★★★★★; **Ch. Guiraud** Eine Londoner Abfüllung von Geo Tanqueray. Madeira-ähnliche Nase, am Gaumen »überraschend ansprechend«. *1969* ★★★; **Ch. de Rayne-Vigneau** Eine Flasche oxidiert, mit hefigem Abgang, die andere überragend, mit einem zunächst zugeknöpften Bukett, das aber schön aufblühte, kraftvoll, fein. *Bei zwei Anlässen im Jahr 1976 verkostet. In Bestform* ★★★★★; **Ch. de Ricaud** (Loupiac) Geschmack und Gleichgewicht sehr gut. *1982* ★★★; **Ch. Suduiraut** Nur ein Eintrag. Ausgezeichnet. *1975* ★★★★★; **Ch. La Tour-Blanche** Vier Einträge. Die erste Flasche vollendet, eine korkelnd, zwei sehr gut. *Alle 1987 verkostet. In Bestform* ★★★★★

1922 ★

Ertragreiche Ernte, aber leichte, mangelhafte Weine.

Ch. d'Yquem Früher (für manche zu früher) Lesebeginn am 12. September und Ende am 14. Oktober. Drei Einträge, der erste aus dem Jahr 1971: müdes Erscheinungsbild; matte Nase; verlor Süße und Körper – hatte wahrscheinlich auch nie viel. Dann 1976 eine mittelmäßige, austrocknende Flasche. Unlängst ein 1992 neu verkorktes Exemplar: am Altern, aber gut, später sehr karamellig; nicht schlecht, obwohl der alte Geschmack von einem knirschend trockenen, säurebetonten Abgang etwas beeinträchtigt wurde. Ich hielt ihn für den 1822er (wir verkosteten blind in Weinpaaren, die jeweils einhundert Jahre auseinander lagen)! *Zuletzt im August 1998 verkostet. In Bestform* ★★ *(gerade noch).*

Ch. de Myrat Ein relativ unbedeutendes Barsac-Gut. Nur ein älterer Eintrag, eine halbe Flasche mit Füllhöhe auf der unteren Schultermitte. Sie erwies sich als überraschend reich, ein »unerwartetes Vergnügen«. Das sollte aber auch selbstverständlich sein, denn der Myrat galt zum Zeitpunkt der Klassifizierung von 1855 als der nach Climens feinste Wein von Barsac. Leider wurde der Weinberg von seinem adeligen Besitzer gerodet, weil er sich einfach nicht auszahlte. Der liebenswürdige Graf Xavier de Pontac, Angehöriger einer der ältesten Familien in Bordeaux – ihr gehörten im 17. Jahrhundert Château Haut-Brion und andere Güter –, bepflanzte ihn Ende der 1980er-Jahre mutig neu, hatte jedoch Pech, weil von 1991 bis 1994 eine Reihe der schwächsten Jahrgänge der letzten Zeit folgte. Mittlerweile erholen er und sein Wein sich allmählich wieder. *Zuletzt im Juni 1988 verkostet* ★★

WEITERE 1922ER, ÄLTERE EINTRÄGE **Ch. Lafaurie-Peyraguey** Leicht, ganz gut, kurz. *1976* ★; **Ch. de Rayne-Vigneau** Gesund, guter Geschmack, sanft ausgewogen. *1994* ★★

1923 ★★★

Ein leidlich guter Jahrgang.

Ch. d'Yquem Lese vom 26. September bis 10. November. Mehrere Einträge aus den 1970ern, alle Flaschen gut, aber am Austrocknen. Unlängst ein 1995 neu verkorktes Exemplar: schwache Farbe; mittelmäßige Nase; Vanilleschokolade, nicht überzeugend. *Zuletzt im September 1998 verkostet. In Bestform* ★★

Ch. d'Arche Ziemlich tiefe Bernsteinfarbe; karamellisierte Nase; süß, eine hohe Säure peppte ihn auf. *Im Mai 1998 bei Christie's verkostet.*

Cru d'Arche-Pugneau Nicht mit dem *Deuxième cru classé* Château d'Arche (siehe oben) zu verwechseln. Ein überraschend köstlicher Wein, noch immer süß. *Zuletzt im März 1992 verkostet. In Bestform* ★★★★

Ch. Filhot Gerstenzuckernase, aber trotz des guten Geschmacks ausgetrocknet. *Im September 1998 beim Essen mit den Schÿlers auf Château Kirwan verkostet* ★

ÄLTERE EINTRÄGE **Ch. Coutet** Eine bemerkenswert gute halbe Flasche von Schröder & Schÿler. Nase wie ein alter Coteaux du Layon Chenin von der Loire. Reich und fein. *1971* ★★★; **Ch. Guiteronde** Ein Beweis dafür, wie wichtig die Lagerung ist. Einige ansprechende halbe Flaschen von Prunier in Paris. *Im Oktober und Dezember 1982 bei Vorverkaufsverkostungen degustiert* ★★★★

1924 ★★★

Eine herrliche, für die Reife ideale Septembersonne rettete den verregneten Sommer. Unterbewertet.

Ch. d'Yquem Lese vom 26. September bis 10. November. Vier unterschiedliche Einträge. 1977 eine köstliche Flasche, 1984 beim »Wettbewerb« auf Schloss Johannisberg hingegen ein enttäuschendes Exemplar. Zwei Jahre später bei einer Vorverkaufsverkostung von Christie's in Chicago wesentlich besser: Altgold mit Orangeton; wunderschön duftendes Bukett; praktisch perfekt. Unlängst eine 1996 neu verkorkte Flasche: Das zunächst magere Bukett öffnete sich nach 10 Minuten im Glas reichhaltig, aber nicht lange. Am Gaumen besser, sogar ziemlich reich. *Zuletzt im September 1998 verkostet. In Bestform* ★★★★

Ch. Guiraud Vier halbe Flaschen 1976 und 1988, unterschiedliche Qualität. Alles in allem bemerkenswert gut. Tiefe Farbe; karamellisiert, aber köstlich. Nach wie vor ziemlich süß, reif, reich, geschmacksintensiv. Gute Länge. *Zuletzt im Juni 1997 in Cambridge bei Neil McKendricks Essen für den Bordeaux Club verkostet. In Bestform* ★★★★

Ch. de Rayne-Vigneau Originalkorken. Gute Füllhöhe. Schöne Goldfarbe; lanolinartiges Bukett, das sich im Glas süß öffnete; zwar alles andere als unverfälschte Süße, aber in ausgezeichnetem Zustand, eine Mandarinennote, Länge und Nachgeschmack gut. *Am Neujahrstag 1994 beim Essen auf Chippenham Lodge mit den Gästen Christa und Bob Paul sowie Jill Priday verkostet* ★★★★ *(Was für ein Wochenende! Wir müssen ständig beschwipst gewesen sein, denn ich servierte am Silvesterabend acht Weine, zum Neujahrs-Mittagessen sieben Flaschen mit einem 1962er Noval Nacional zum Abschluss und sechs Weine noch am selben Abend.)*

Ch. des Tastes Nicht der erste, aber der älteste Barsac-Epigone aus Ste-Croix-du-Mont vom anderen Garonne-Ufer. Köstlich.

Sahniger, honigartiger Orangenblütenduft und -geschmack. Ausgezeichnete Säure. *Passte perfekt zu Daphnes Hühnerleberpastete beim Sonntagsessen auf Chippenham Lodge im August 1994* ★★★★

ÄLTERE EINTRÄGE **Ch. Climens** Trotz des lockeren Korkens schön. *1977* ★★★★; **Ch. Filhot** Am Austrocknen, aber insgesamt noch sehr reich. *1979* ★★★; **Ch. Guiteronde** Weitere halbe Flaschen aus dem Prunier-Keller, merkwürdigerweise nicht so gut wie der 1923er, aber dennoch recht ansprechend. *1982* ★★; **Ch. Lafaurie-Peyraguey** Ein großartiger, saftiger Wein, allerdings dauerte es zwei Stunden, bis er sich von seinem anfänglichen muffigen Flaschengeruch erholt hatte. *1977. In Bestform* ★★★★; **Clos du Pape** Bordelaiser Abfüllungen von Turpin, eine reich und geschmacksintensiv, die andere mit fabelhafter Farbe, etwas kratziger Säure, aber gutem Stehvermögen. *Beide 1972 verkostet* ★★; **Ch. Rabaud-Promis** Kraftvoll, klassisch. Gut zu trinken. Ebenfalls aus dem Prunier-Traktir-Keller in Paris. *1982 verkostet* ★★★★; **Ch. St-Amand** Zwei Flaschen 1974, beide ausgezeichnet, dann bei einem Essen auf einem Weinwochenende in der Studley Priory bei Oxford mehrere Flaschen, Füllhöhe und Zustand unterschiedlich. *Zuletzt 1979 verkostet. In Bestform* ★★★

1925

Ch. d'Yquem Lese vom 7. Oktober bis 24. November. Zwei Flaschen im Abstand von 30 Jahren verkostet, trotzdem fast identisch. Ein schrecklicher Wein: verkorkst, scharf, ausgetrocknet, mit bitterem spritigem Abgang. *Zuletzt eine 1996 neu verkorkte Flasche im September 1998 degustiert. Meiden.*

1926 ★★★★

Ch. d'Yquem Lese vom 29. September bis 27. Oktober. Ein halbes Dutzend Einträge, der erste aus dem Jahr 1975 – ein ansprechendes Exemplar. Mitte der 1980er aber beträchtliche Flaschenabweichungen. Unlängst ein 1996 neu verkorktes Exemplar, zu blass, schwache Nase, schlechter Geschmack, kurz. Absolut enttäuschend. Bekam eine meiner niedrigsten Bewertungen der gesamten fünftägigen Yquem-Verkostung in München. *Zuletzt im September 1998 degustiert. In Bestform* ★★★

Ch. de Rayne-Vigneau Zwei Flaschen 1969, eine mit fabelhaft goldener Farbe und ebenso kostbarem Geruch und Geschmack, die andere nicht so frisch, aber trotzdem reich und ansprechend. *Zuletzt im November 1990 verkostet. In Bestform* ★★★★

Ch. St-Amand Ein unbekannteres Gut in Preignac. Viele Einträge, unterschiedliche Bewertungen. Zwei gute Abfüllungen von Prunier: 1982 und ein weiteres Mal über zehn Jahre später: süß, reich und attraktiv. *Zuletzt im Februar 1993 verkostet* ★★★

ÄLTERE EINTRÄGE **Ch. Climens** Sieben beständig gute Einträge zwischen 1957 und 1960, seither nicht mehr degustiert. »Nektar«. *Zuletzt 1960 verkostet* ★★★★★, **Ch. Filhot** Uneinheitliche Qualität. 1976 ein schlechtes Exemplar, 1988 eine ziemlich gute halbe Flasche; **Ch. Rabaud-Promis** Zweimal degustiert. Fade, enttäuschend (1976). Reiches Bukett, aber eine Spur Harz, am Austrocknen, jedoch schön (1977). *In Bestform* ★★★

1927

Eine schreckliche Saison, die für Rote und trockene Weiße gleichermaßen verheerend verlief. In Sauternes indes kam man in den Genuss eines goldenen Herbstes. Sauternes und Port sind die einzigen Weine meines Alters, mit denen ich mein Geburtsjahr gebührend feiern könnte.

Ch. d'Yquem Die Lese begann – wahrscheinlich aus purer Verzweiflung, um zu retten, was noch zu retten war – am 29. September und endete am 27. Oktober, wahrscheinlich mit mehr Grau- als Edelfäule auf den Trauben. Erstmals auf Rodenstocks Marathon 1998 eine 1996 neu verkorkte Flasche: sehr tiefe, warme Bernstein-Mahagoni-Farbe; leicht oxidierte Nase (wenngleich die Pedanten darauf bestehen, dass ein Wein entweder oxidiert oder nicht oxidiert ist – so wie eine Frau nicht ein bisschen schwanger sein kann), ein Geruch – das Wort »Bukett« wäre vermessen – wie leicht fischiger, öliger, verbrannter Honig. Am Gaumen aber gar nicht so schlecht. Komplett. 1998 zog ich ihn dem 1924er und 1926er vor. Kürzlich mit Originalkapsel, markiertem Korken und vollständigem Etikett. Von André Maurois aus Bordeaux verschifft und von Vintage Wines Inc. in New York importiert; ein zweites Streifbandetikett trug die Aufschrift »D R Recher & Co, Chicago«; dann ging es weiter zu Tawfiq Khourys Keller in San Diego. Schließlich landete die Flasche wieder in New York und wurde bei der spektakulär erfolgreichen Khoury-Versteigerung von Christie's im Dezember 1990 von meinem Sohn als Geburtstagsgeschenk für mich gekauft, wobei ich allerdings darauf bestand, dass er anwesend sein müsse, wenn ich sie öffnete. Obwohl sie viel herumgewandert war, zeigte sie sich in erstaunlich gutem Zustand, so tief wie das davor zuletzt verkostete Exemplar, mit karamellisierter Nase, dabei reich und köstlich. *Zuletzt im Januar 1999 zu Hause mit der ganzen Familie verkostet* ★★★

Ch. de Rayne-Vigneau Ein köstliches Bukett aus Pfirsichen, Aprikosen, Honig und Gewürzen. Noch immer reich, aber mit abruptem Abgang. Zwei vergleichbare Einträge. *Zuletzt im Mai 1990 an meinem Geburtstag verkostet* ★★★

WEITERE 1927ER, ÄLTERE EINTRÄGE **Ch. Climens** Für das Jahr bemerkenswert gut. Drei 1977 entstandene Einträge ★★; **Ch. Doisy-Védrines** Der beste Wein des Jahrgangs. Reich. Ausgewogen. *1981* ★★★★; **Ch. Filhot** Ausgetrocknet. *1981*; **Ch. Lafaurie-Peyraguey** Reiche Nase, aber säuerlich. *1976*; **Ch. La Tour-Blanche** Sechsmal getrunken und für das Jahr beständig gut. *Zuletzt 1984 verkostet* ★★

1928 ★★★★

Der erste von zwei Sauternes-Jahrgängen mit herausragenden Weinen, die sich in Gewicht und Stil allerdings unterschieden. Auch für die bedeutenden trockenen weißen Bordeaux-Gewächse war es ein ausgezeichnetes Jahr. Manche dieser Kreszenzen haben bis heute überlebt.

Ch. d'Yquem Lese vom 24. September bis 8. November. In den 1970ern und 1980ern weit über ein Dutzend Mal in den verschiedensten Kontexten verkostet, fast immer mit fünf Sternen bedacht, wobei ich aber auf die uneinheitliche Farbe hinwies, die von Zitronengold bis zu reichem, warmem Bernstein reichte; allerdings hatte der Jahrgang nie eine so dunkle Farbe wie der 1929er. Ausgesprochen interessant, ja, einzigartig, war die Verkostung von zwei 1928er-Flaschen auf Rodenstocks Yquem-Degustation 1998, die eine neu verkorkt, die andere mit Originalkorken, was meine bereits erwähnten Vorbehalte gegen die Neuverkorkung bestätigte. Genauer gesagt, die Nase der 1990 neu verkorkten Flasche war zwar sehr süß und reich, aber unverwoben und karamellisiert, und auch der volle, reiche Geschmack hatte einen rauen Anflug. Die Flasche mit Originalkorken wies eine bessere Farbe auf, hatte ein ungleich schöneres, sehr ausgewogenes, überaus tiefes Bukett und fiel merklich süßer aus. Geschmack, Länge und Nachgeschmack herrlich. Kürzlich eine leider nicht mehr gute Flasche: ein Braun, das auf den nahen Tod hindeutete, die Nase erinnerte an Malmsey und Butterkekse, der Geschmack an Toffees. Der Spender dieser Flasche, ein amerikanischer Weinkenner, räumte ein, dass er die Flasche in seinem eigenen Keller neu verkorkt und aufgefüllt hatte (womit, frage ich mich). *Zuletzt im November 1998 in San Juan (Puerto Rico) verkostet, als ich eine Degustation zum 70. Geburtstag des Weinjahrgangs 1928 leitete. In Bestform* *****

Ch. Caillou Eine köstliche Magnum, überraschend voll, reich, geschmacksintensiv, mit einer ausgezeichneten Säure, die den Wein nicht nur am Leben hielt, sondern die Käsesorten, zu denen er passenderweise gereicht wurde, förmlich »zerschnitt«. *Im September 1996 bei einem Weindinner von Rodenstock in München verkostet* ****

Ch. Climens Neun beständig gute, vorwiegend in den 1970ern und 1980ern entstandene Notizen. Kürzlich ein Exemplar in prächtigem Bernsteingold; betörend komplexe Botrytis-Nase, die sich im Glas entfaltete; noch immer ziemlich süß, mit der für den 1928er typischen Frische und Säure und einem relativ trockenen Abgang. *Der 16. von insgesamt 17 Weinen (einschließlich roter Bordeaux-Gewächse und Burgunder), die im November 1998 auf der Verkostung von 1928ern in San Juan (Puerto Rico) serviert wurden* ****

Ch. Filhot Mehrmals verkostet. In Bestform lebhaft und wohlschmeckend. *Zuletzt im September 1990 degustiert* **

Ch. de Rayne-Vigneau Zugegeben, das ist ein *Premier cru*, während der soeben erwähnte Filhot als *Deuxième* firmiert. Die Klassenunterschiede werden ein ums andere Mal offenkundig. Mehrere Einträge: 1985 Bukett, Duft und Geschmack exquisit, abklingende Süße, aber ansonsten perfekt. Unlängst sehr reich, geschmacksintensiv, jedoch etwas müde. *Zuletzt eine Flasche aus dem »Naturkeller« eines bekannten kalifornischen Weinkenners, degustiert bei der Verkostung von 1928ern in San Juan im November 1998. In Bestform* ****

Ch. Suduiraut Drei Einträge. Ein überragender Wein. Orangegetöntes Bernsteingold; fabelhaftes Bukett, lebhaft, wohlriechend, getrocknete Aprikosen; noch immer süß, von immenser Tiefe und Komplexität. 1984, 1988 und 1998 in San Juan eine Flasche aus dem perfekt geführten Keller von Ben Ichinose, einem der ersten amerikanischen Sammler unserer Zeit. Der Suduiraut war übrigens der feinste Wein aller 17 1928er. *Zuletzt im November 1998 verkostet* *****

TROCKENE WEISSE **Pavillon Blanc de Ch. Margaux** Zwei Einträge, der erste von 1987: leuchtend gelb; trockener, fülliger Körper; ausgezeichnete Länge und Säure. Kürzlich eine ähnliche Beschreibung, aber nach dem Degustieren im Büro nahm ich ihn mit in den Brooks's Club zum Essen, wo ich den Pavillon Blanc von 1986 auf der Liste stehend vorfand und ihn in den Gläsern je zur Hälfte mit dem 1928er mischte – mit hervorragendem Ergebnis: Der alte Wein brachte den Charakter, der junge die Kraft. *Zuletzt im Mai 1993 verkostet* ***

1929 *****

Großartig. Der beste Sauternes-Jahrgang zwischen 1921 und 1937. Wie in diesen beiden Jahren gerieten die Weine farbtief. Einige gute trockene Weiße haben überlebt.

Ch. d'Yquem Lese vom 20. September bis 9. Oktober. Mit Ausnahme einer einzigen Flasche (der neu verkorkten; siehe unten) alle die reinste Perfektion. Bei mehreren denkwürdigen Verkostungen degustiert. Ein kurzer Abriss: leichte Farbunterschiede, meist aber ein tiefes, reiches Bernsteingold, manchmal auch ein rosa getöntes Hellbraun; Pfirsiche und Sahne, Aprikosen (ich muss sie einfach erwähnen, weil sie so überaus passend sind), geschälte Sultaninen, manchmal auch leicht schokoladig, immer reich und intensiv. Außerdem stets süß, scheint nie auszutrocknen, mit einem Geschmack, der ein Konzentrat aller soeben erwähnten Duftnoten bildet, große Länge und exquisiter Nachgeschmack. Der Ausreißer war eine 1994 neu verkorkte Flasche, die trotz ihres Reizes (vor allem einer Spur kandierter Veilchen, die mich an einen feinen alten Cognac oder vielleicht einen raffinierten Bual Madeira erinnerten) nicht so süß ausfiel und verglichen mit der gleichzeitig verkosteten, nicht neu verkorkten Flasche einen trockenen und rauen Abgang hatte. *Zuletzt im August 1998 verkostet. In Bestform* *****

Ch. Climens Fünf Einträge seit 1965. Weicher und sahniger als der 1928er. »Vollendet. Wird sich nicht mehr verbessern« (1980). Ich habe ihn zwar in letzter Zeit nicht mehr verkostet, doch ist der 1929er einer der größten Jahrgänge dieses beständig gut gemachten Sauternes, genauer gesagt, *Premier cru* aus Barsac. Bei der letzten Verkostung wesentlich mehr »Crème« und weitaus weniger »brûlée« als bei den meisten alten Sauternes-Gewächsen. Perfekt. *Zuletzt im März 1983 degustiert* *****

Ch. Doisy-Daëne Eine belgische Abfüllung von Vandermeulen. Superb. Buchstäblich glühende Farbe; reiches Bukett mit Lemon Curd (Brotaufstrich mit Zitrone) und Aprikosen; süß, voll, fast schon stämmig und sehr wohlriechend. Bekam eine meiner höchsten Bewertungen auf Frans de Cocks erstaunlicher Verkostung von 33 Vandermeulen-Abfüllungen, bei der auch erstklassifizierte Gewächse und große Jahrgänge mit dabei waren. *Im Dezember 1995 in Paris verkostet* *****

Ch. Filhot Hurra! Einer der besseren Filhot-Jahrgänge. Mehrere beständige Einträge in den 1960ern und 1970ern. Kürzlich reich, fleischig, Bukett und Geschmack karamellisiert. Ziemlich süßer, positiver Geschmack, im Abgang schöne Textur. *Zuletzt im September 1995 verkostet* **** *(gerade noch).*

WEITERE 1929ER, ÄLTERE EINTRÄGE **Ch. Bastor-Lamontagne** Eine herausragende halbe Flasche. *1973* ****; **Ch. Guiraud** Einer der besten Jahrgänge dieses Guts – weich, reich, reif. *1981 als Zuschauer mit Peter Palumbo in seiner Loge in der Albert Hall verkostet* ****; **Ch. Laville** Beide Exemplare Bordelaiser Abfüllungen von Eschenauer. Die erste Flasche war 1978 hochgetönt und säurebetont, die andere, sechs Jahre darauf verkostete hatte eine fabelhafte Farbe; intensives, aber weiches Botrytis-Bukett, das sich im Glas zwei Stunden lang gut hielt; Geschmack und Gleichgewicht perfekt. *Bei meinem Essen für den Bordeaux Club 1984 verkostet* ****; **Ch. de Ricaud** (Loupiac) Halbe Flaschen aus dem Prunier-Keller: Kräuterduft, eindringlicher, schöner Geschmack, ihm fehlt lediglich die Länge der hochklassigen Provenienzen vom gegenüber liegenden Ufer der Garonne. Mehrere Einträge. 1982 und *1986 verkostet* ***; **Ch. Rieussec** Karamell und Sahne – schön. *1977* ****

TROCKENE WEISSE **Ch. Laville Haut-Brion** Fehlerlos. Ausgewogenes, honigartiges Bukett mit Nuancen, die auf Flaschenalterung zurückzuführen sind, Geschmack, Fleisch, Gleichgewicht ausgezeichnet. *Aus den Familienkellern der Woltners, verkostet im Juni 1999* ****; **Pavillon Blanc de Ch. Margaux** Eine Farbe wie alter Armagnac; in der Nase rauchig; alternd, aber durchaus angenehm. *September 1990* *

1930–1949

Bordeaux blieb von der Weltwirtschaftskrise nicht verschont. Die Erzeugung und der Verkauf von Weinen – weiß wie rot – waren stark beeinträchtigt. Hinzu kamen in den 1930ern katastrophale Wetterbedingungen. Lediglich der 1934er und vor allem der 1937er hatten echte Qualität. Gut gelagerte Sauternes-Flaschen aus diesen beiden Jahrgängen können noch heute in bemerkenswert gutem Zustand sein. Und das Wunder der Nachkriegsjahrgänge kann man nicht erklären, sondern nur schätzen und genießen.

In diesem Abschnitt werden einige trockene Weiße der Spitzenklasse erwähnt; sie verdeutlichen exemplarisch die Qualität und das Durchhaltevermögen von Gewächsen aus den bedeutenden Châteaux und Jahrgängen. Der Markt für Weißweine blieb unter Berücksichtigung der wirtschaftlichen Situation relativ konstant. Der Verkauf florierte in erster Linie bei den billigen Süßweinen, also den Sauternes-Imitationen. Das Interesse an großem Sauternes hingegen ließ ungeachtet der Qualität nach.

Sauternes-Jahrgänge auf einen Blick

Hervorragend *****
1937, 1945, 1947, 1949
Sehr gut ****
1934, 1942, 1943
Gut ***
1935, 1939, 1944

1930

Der Sturz in den Abgrund. Fürchterliches Wetter. Der Yquem wurde gar nicht erst erzeugt.

1931

Fast genauso schlecht – Wetter wie Markt.
Ch. d'Yquem Lese vom 22. September bis 5. November. Bei einem halbend Dutzend Anlässen verkostet. Warum so oft? Ich weiß, dass man das nicht verrät, aber in diesem Jahr kam meine Frau zur Welt. Wir beide wurden in schrecklichen Weinjahrgängen geboren – sieht man einmal von Port ab. (Unsere Kinder, Jahrgang 1959 und 1962, sind da besser dran.) 1968 eine überraschend gesunde Flasche, allerdings eigenartig pikant. Immer wieder auf die hohe Säure hingewiesen. Farbvariationen von ziemlich blass bis tief bernsteinartig (im Dekantiergefäß sah der Wein eher wie ein Roter aus); ungesund süße, malzige Nase; noch immer reich, mit trockenem, säurebetontem Abgang. Kürzlich eine weitere, unsinnigerweise neu verkorkte Flasche, die dieser Prozedur 1997 unterworfen wurde: essigsaure Pilznase; ausgetrocknet, scharf und unsauber. *Zuletzt im September 1998 in München verkostet. In Bestform* *

1932

Der Dritte eines Schreckenstrios, entstanden während der Wirren der Weltwirtschaftskrise. Schon seltsam, wie schlechtes Wetter, ein schlechter Jahrgang und schlechte Zeiten manchmal zusammenfallen.
Ch. d'Yquem Lese vom 14. Oktober bis 21. November. Nur ein einziges Mal verkostet, und zwar eine 1991 neu verkorkte Flasche. Mahagonifarbenes Zentrum; stämmige, angesengte, schokoladige Nase, die sich zu meiner Überraschung recht duftend öffnete. Auch süßer als erwartet. Im Geschmack Gerstenzucker und Karamell. Hätte schlimmer sein können. *Im September 1998 verkostet* *

1933 *

Ch. d'Yquem Lese vom 18. September bis 14. Oktober. Meine erste Begegnung mit diesem Jahrgang (1990) war entmutigend, denn der Korken rutschte in die Flasche. Blancmanger-Nase; nach wie vor ziemlich süß, die Säure hielt den Wein am Leben – und den Korken an der Oberfläche. 1992 eine ausgetrocknete Flasche. Sechs Jahre später ein 1991 neu verkorktes Exemplar: etwas blass; schlechte, unverwobene Nase, die sich im Nichts verlor. Erneut völlig ausgetrocknet. Rau. *Zuletzt im September 1998 verkostet. In Bestform gnädigerweise* *

WEITERE, ÄLTERE EINTRÄGE Ch. Filhot Herrliche Farbe, aber ausgetrocknet und säurebetont. *1978*; **Ch. Lafaurie-Peyraguey** Zwei Flaschen verkostet, die eine ölig und nicht gut, die andere ziemlich reich. *1976 aus Château-Beständen verkostet. In Bestform* ***

TROCKENE WEISSE Ch. Laville Haut-Brion Ansprechende Farbe; schöne Frucht; Mandelkerngeschmack, säurebetont. *Juni 1990* **; **Ch. La Louvière** Wohlriechende, wächserne, alte Sémillon-Nase; schlank, gute Säure. *März 1988* ***. Ich habe in letzter Zeit mit dem gegenwärtigen Besitzer André Lurton einige Louvière-Jahrgänge verkostet und war beeindruckt von ihrer guten Alterungsfähigkeit.

1934 ****

Erste, hoffnungsfroh stimmende Anzeichen für eine Erholung. Trotzdem noch magere Zeiten.
Ch. d'Yquem Eine frühe Lese vom 7. September bis 4. Oktober. Zwei erfreulich beständige, praktisch identische Einträge. Erstmals auf der Moon-Verkostung von 1988 degustiert. Beide Flaschen »mitteltief, warmes Aussehen«; das Bukett – wohlriechend, »klassisch, honigartig« – öffnete sich im Glas. Ziemlich süß, voller Körper und Geschmack, reich. *Zuletzt eine nicht neu verkorkte Flasche bei Rodenstocks Yquem-Degustation vom September 1998 verkostet* ****
Ch. des Tastes (Ste-Croix-du-Mont) Vier einheitlich gute Bewertungen in den 1970ern (als ich sie wohl auch gekauft habe), kürzlich eine köstliche Überraschung für die Mitglieder des Bordeaux Club während meines Essens bei Christie's, als ich sie zu *Foie gras* servierte. Reiche Bernsteinfarbe mit apfelgrünem Rand; honigartiges Lanolin-Bukett; mittelsüßer, köstlich reifer Aprikosengeschmack und ausgezeichnete Säure. Ich dekantierte den Wein kurz vor dem Servieren, in erster Line, um

allen die rötliche Farbe zu zeigen. Ich hatte auch noch einen ausgezeichneten 1996er Loupiac als Reserveflasche in petto und probierte sogar den alten Champagner-Trick aus, beide Weine in ein und demselben Glas zu mischen, wobei der alte Jahrgang für den Charakter und der junge für die Kraft sorgen sollte. Ein interessantes Experiment, aber letzten Endes beschlossen wir einstimmig, beide Gewächse getrennt zu trinken. *Zuletzt im Dezember 1999 verkostet* ★★★★

WEITERE, ÄLTERE EINTRÄGE **Ch. Coutet** Perfektes Bukett; lebhaft, stilvoll. *1983* ★★★★★; **Ch. Filhot** Schön, aber zweitklassig. *1987* ★★; **Ch. Lafaurie-Peyraguey** Mehrere ausgezeichnete halbe Flaschen. *1978* ★★★★

TROCKENE WEISSE Ein ausgezeichneter Jahrgang. **Ch. Laville Haut-Brion** Praktisch makellos. *Juni 1990* ★★★★★; **»Vin de Château Lafite«** Mit Carruades-Korken. Ansprechend, aber eindimensional. *1978* ★★

1935 ★★★

Ch. d'Yquem Lese vom 16. September bis 31. Oktober. Recht viele Einträge aus den 1970ern und 1980ern. Abweichungen zwischen den Flaschen, von ungesundem Blassgelb bis hin zu Schweißgeruch. Dazwischen aber sehr ansprechende Exemplare, immer wieder erschienen die Begriffe »Delikatesse« und »Eleganz« in meinen Notizen. Kürzlich eine 1996 neu verkorkte Flasche: reiche Farbe; wohlriechend, mit hochgetöntem Bukett nach eingelegten Veilchen, das mich an einen feinen alten Sercial Madeira erinnerte. Guter Geschmack, süßer Auftakt und merklich trockener Abgang. *Zuletzt im September 1998 verkostet. In Bestform* ★★★

TROCKENE WEISSE **Ch. Laville Haut-Brion** Durch die Flaschenalterung hatte der Wein die Farbe und das Bukett eines Barsac angenommen. Natürlich vom Anfang bis zum Ende trocken, aber nach wie vor ausgezeichnet. *Eine Flasche aus den Woltner-Kellern, im Juni 1990 bei Karl-Heinz Wolfs Verkostung in Wiesbaden degustiert* ★★★★

1936 ★★

Ch. d'Yquem Lese vom 21. September bis 23. November. Kein großer Yquem. 1988 bei Bud Moons Degustation: Orangeton; merkwürdige Nase, erinnerte mich an pochierten Lachs, andere Verkoster aber an Wildkirschen; wohlschmeckend, schlank. Kürzlich ein 1995 neu verkorktes Exemplar: im Erscheinungsbild ähnlich; Duft nach zerdrückten Rosinen und altem Sercial; mittelsüß, im Geschmack nicht schlecht, schlank, aber sauber. *Zuletzt im September 1998 verkostet* ★

ÄLTERE EINTRÄGE **Ch. d'Arche** Durchweg ansprechend. Eine preiswerte Entdeckung. Viele Einträge. *Zuletzt 1985 verkostet* ★★★

TROCKENE WEISSE **Ch. Laville Haut-Brion** Rau, säuerlich, Lindenblütenbukett. Sehr trocken, stielig, mit einer Säure, die sich förmlich in die Zähne krallte. *Im Juni 1990 bei Wolfs Degustation von Woltner-Weinen verkostet* ★

1937 ★★★★★

Einer der ganz großen Sauternes-Höhepunkte, auf einer Stufe mit den Spitzen-Jahrgängen aus der Zeit vor der Reblausinvasion und dem 1929er, wenngleich vielleicht nicht so monumental wie der 1921er.

Ch. d'Yquem Lese vom 21. September bis 6. November. Rund ein Dutzend Einträge, die überwiegend in den 1980ern entstanden. Bei guter Kellerhaltung mit Sicherheit noch großartig. Zwar von Natur aus ein Wein mit einer eher tiefen Farbe, aber nicht so dunkel wie der Yquem von 1921 und 1929. Ist sie Bernsteinbraun, sollte man mit einem maderisierten, malzigen Charakter rechnen. In regulärer Bestform ein leuchtendes Bernsteingold mit Spuren von Orange; ein Bukett mit allen Komponenten, die ich in meinen Einträgen zu früheren Jahrgängen bereits mehrfach genannt habe, diesmal allerdings nicht enden wollend, tiefer denn je und überreichlich vorhanden. Noch immer süß, konzentriert, ein köstlicher Nektar von nicht nachlassender Persistenz. Eine 1988 verkostete Magnum mit »explosivem Bukett und fast unanständig schmackhaft«. Unlängst eine trotz ihres ziemlich firnisgetönten, angesengten, rosinenartigen Dufts herausragende Flasche; sehr süß, enorm reich, fleischig, fast fett ... und so weiter. Sie hatte einen Importeur an der US-Westküste, einen kalifornischen Privatkeller und ihre letzte Reise, die sie wahrscheinlich gar nicht direkt nach München führte, überlebt. *Zuletzt im September 1998 verkostet. In Bestform* ★★★★★

Ch. Coutet Mehrere einheitliche Einträge, die überwiegend in den 1970ern entstanden. Eine 1981 verkostete Flasche ausgezeichnet. Kürzlich ein Exemplar mit ziemlich tiefer Goldfarbe, das wieder einmal aus dem Dekantiergefäß serviert wurde und fast wie Rotwein aussah; alte Nase, Aprikosenhaut und Karamell; jetzt mittelsüß, aber mit gutem reichem Geschmack, ziemlich kraftvoll, mit scharfem alkoholischem Abgang und der für 1937er typischen lebhaften Säure. *Die letzte Flasche aus Paolo Pongs Keller, im Juni 2000 bei Nick Lander und Jancis Robinson getrunken* ★★★★

WEITERE SEHR GUTE, ZULETZT 1988 VERKOSTETE 1937ER **Ch. Climens** Sechs Einträge. Ein hervorragender Climens, sahnig, reich, ansprechend ★★★★★; **Ch. Gilette, »Crème de Tête«** Reiche »Tränen« beziehungsweise »Kirchenfenster« in der Art gotischer Spitzbögen; Honig, Stroh, Vanille und Minze; sehr süß, viel Säure ★★★★; **Ch. Lafaurie-Peyraguey** Viele gute Einträge. Voll im Geschmack, honigartig. Etwas am Austrocknen, aber noch immer großartig ★★★★★

ÄLTERE EINTRÄGE **Ch. de Ricaud, »Crème de Tête«** (Loupiac) Superb, perfekt im Gleichgewicht, herrlicher Geschmack. *1979 bei drei Gelegenheiten verkostet* ★★★★; **Ch. Suduiraut** Flaschenabweichungen. *1980. In Bestform* ★★★; **Ch. Voigny** Charmant, wohlriechend. *1983* ★★★

TROCKENE WEISSE Sie standen ebenfalls in einem ausgezeichneten Ruf, doch irgendwann begann die auch bei den Roten dieses Jahrgangs so unausgewogene Säure überhand zu nehmen. **Ch. Bouscaut** Bernsteinfarbe; sahnig, honigartig; trocken, etwas kurz. 1988 und *im Juni 1992 auf dem Château verkostet* ★★★

1938 ★★

Ein mittelmäßiger, in den ersten Kriegstagen abgefüllter Jahrgang.

Ch. d'Yquem Lese vom 12. September bis 29. Oktober. Nur einmal verkostet. Eine 1990 neu verkorkte Flasche: hochgetönt, Altersspuren; am Austrocknen, schlank, aber wohlschmeckend. *Im September 1998 verkostet* ★

1939 ★★★

Leidlich gut.
Ch. d'Yquem Lese vom 24. September bis 22. November. Fünf Flaschen mit unterschiedlichen Füllhöhen verkostet. 1972 schöner Geschmack, langer, schnittig-eleganter Abgang. 1983 ausgezeichnet: ansprechende Farbe, reiches Bukett; gehaltvoll, fett, gute Länge. Weitere Exemplare »medizinal«. Kürzlich ein ziemlich reicher Karamell- und Rosinencharakter mit harzigem Oberton. Noch immer süß, fleischig. *Zuletzt im September 1998 verkostet. In Bestform* ★★★★

ÄLTERE EINTRÄGE **Ch. Rabaud-Promis** Hübsche Farbe; süßes, mildes Bukett, guter Geschmack, aber säurebetont. *1976* ★★; **Ch. La Tour-Blanche** Sehr gut, aber mit trockenem Abgang. *1976* ★★★

1940 ★

Ein schlechter Kriegsjahrgang.
Ch. d'Yquem Lese vom 30. September bis 6. November. Eine beachtliche Flasche 1988 bei der Moon-Degustation, kürzlich ein 1991 neu verkorktes, nicht so gutes Exemplar: blässlich und mit müdem Aussehen; eine Nase wie alter Bual Madeira; am Austrocknen, verwelkt, aber noch durchhaltend. *Zuletzt im September 1998 verkostet. In Bestform* ★

EIN SEHR GUTER TROCKENER WEISSER **Ch. Laville Haut-Brion** Ziemlich Loire-artiges Chenin-blanc-Aroma mit einem Hauch Zitronade. Guter Körper, fest, in feinem Zustand. *Juni 1990* ★★★★

1941

Schwieriges Kriegsjahr.
Ch. d'Yquem Lese vom 13. Oktober bis 22. November. 1992 völlig ausgetrocknet. Unlängst eine 1995 neu verkorkte Flasche. Gute Farbe; angesengte, rosinige, scharfe Nase; am Austrocknen, aber reich und eindringlich. Kurzer trockener Abgang. *Zuletzt im September 1998 in München verkostet* ★

EIN TROCKENER WEISSER **Ch. Laville Haut-Brion** Trocken, fest, schlank, säurebetont. Aber in ausgezeichnetem Zustand. *Juni 1990* ★★★

1942 ★★★★

Sehr guter Wetterverlauf. Trotz kriegstypischer Knappheit an Arbeitskräften und Material exzellente Ergebnisse.
Ch. d'Yquem Lese vom 5. September bis 19. Oktober. Drei Einträge, leichte Abweichungen, insgesamt recht gut. Erstmals 1980 eine Flasche in perfektem Zustand verkostet. 1984 bei der Schloss-Johannisberg-/Yquem-Degustation: mildes, wohlriechendes Bukett, in dem nichts auf den Körper und die Kraft des Weins hindeutete. Unlängst ein Exemplar mit Originalkorken und Füllhöhe im unteren Halsbereich; ziemlich farbtief; sehr reiche, stark honigartige Toffeenase. Bewahrte seine Süße mit ansprechendem rosinigem Geschmack, ähnlich einem reifen Tokaji Aszú, 5 *puttonyos*, und auch mit vergleichbarer Säure. *Zuletzt im September 1998 verkostet. In Bestform* ★★★★

TROCKENE WEISSE Ein guter Jahrgang. **Ch. Laville Haut-Brion** Schön ausgewogen und in ausgezeichneter Verfassung. *Juni 1990* ★★★

1943 ★★★★

Insgesamt der zufriedenstellendste Kriegsjahrgang.
Ch. d'Yquem Lese vom 14. September bis 12. Oktober. 1972 gut, aber am Austrocknen. Seither vier beständig gute Einträge: warme Bernsteinfarbe mit Orangeton; klassisches Bukett, sehr entgegenkommend; leidlich süß, reich und positiv, 1984 mit einer ziemlich hohen flüchtigen Säure, die den Duft betonte. Unlängst ein Exemplar mit einem New Yorker Streifbandetikett von Danflou, Originalkorken, sehr gute Füllhöhe: in Stil, Bukett und Geschmack stämmig und altmodisch, süß, gute Länge und Säure. *Zuletzt im September 1998 auf Rodenstocks Weinmarathon verkostet. In Bestform* ★★★★
Ch. Climens Erstmals 1963 degustiert: altgolden, eindringlich, fest. 1970 ansprechend, perfekt im Gleichgewicht. Unlängst: gute Füllhöhe; attraktives, wächsernes Butterblumengelb; wohlriechend, Honig und Vanille; leicht nachlassende Süße, aber feiner Geschmack und ausgezeichneter Zustand. *Zuletzt im April 1996 mit Jane und Barney Wilson in Hungerford verkostet* ★★★★
Ch. Coutet 1958 reich, fein, aber mit nachlassender Süße. Kürzlich eine belgische Abfüllung (mit blassgrüner Kriegsflasche). Warmer Bernsteinton; alte Aprikosen – ehrlich gesagt etwas übertrieben; im Geschmack nicht schlecht, aber ausgetrocknet. *Zuletzt im Juni 2000 bei Jancis Robinson mit dem 1937er verkostet* ★★
Ch. Rabaud Ringelblumengold; alter Honig und Karamell; verliert seine unverfälschte Süße. *Im Mai 1997 bei einem Christie's-Essen verkostet* ★★★
Ch. Suau Gelb; am Austrocknen, enttäuschend. *Dezember 1992* ★

TROCKENE WEISSE Ein Fünfsterne-Jahrgang; allerdings sind nur noch wenige Flaschen zu finden, denn das Gros wurde in der entbehrungsreichen Zeit unmittelbar nach dem Krieg von durstigen Kehlen konsumiert. **Ch. Haut-Brion** Anfangs ein merklich schaler Hauch, der wahrscheinlich auf den schmierigen Korken und den leichten Bodensatz zurückzuführen war. Öffnete sich jedoch reichhaltig; das Bukett mit Duftnuancen, die von der Flaschenalterung herrührten, hielt sich drei Stunden fabelhaft. Für einen trockenen Weißen süß, körperreich. *Im April 1990 bei einem Essen des Bordeaux Club degustiert* ★★★★; **Ch. Laville Haut-Brion** Körperreich, fest, gut, hat aber nicht die Klasse des 1945ers und 1949ers. *Juni 1990* ★★★

1944 ★★★

Gut, aber mittlerweile von unterschiedlicher Qualität.
Ch. d'Yquem Lese vom 19. September bis 14. Oktober. Erstmals 1981 verkostet. Drei gute, einheitliche Einträge: Bernsteingold mit Orangeton, lebhafter apfelgrüner Rand; mehrere Hinweise auf das schöne »Honigbukett«, »Lanolin«, »Orangenblüten«; sehr ansprechender Geschmack, gute Länge, trockener, duftiger Abgang. Die letzte verkostete Flasche mit Originalkorken und einer Füllhöhe knapp im unteren Halsbereich hatte den Transport nach und von Chicago problemlos überstanden. *Zuletzt im September 1998 in München verkostet* ★★★★

1945 ★★★★★

Eine ertragsarme Lese unter schwierigen Nachkriegsbedingungen, die jedoch Weine von hervorragender Qualität erbrachte. Auch ausgezeichnete trockene Weiße.

Ch. d'Yquem Lese vom 10. September bis 20. Oktober. Eine beträchtliche Anzahl von Einträgen, der erste aus dem Jahr 1969, alle Flaschen grandios. Kein opulenter Yquem, sondern ein eleganter und doch konzentrierter »Honig-und-Blüten«-Wein. In meinen Notizen erscheinen immer wieder »Kleehonig« und »Orangenblüten«, auch wenn es nicht sonderlich originell ist. Eine ausgesprochen schöne Farbe, warmes, reines Gold; ein perfektes Bukett, das sich im Glas wie eine Seerose öffnete; noch immer süß, intensiv, große Länge. 1995 bei Peter Zieglers Verkostung großer Weine die reinste Perfektion, ebenso bei Rodenstocks Yquem-Marathon, obwohl die Flasche zweimal den Atlantik überquert hatte. *Zuletzt im September 1998 in München verkostet* ***** *Bleibt noch ein weiteres Vierteljahrhundert auf der Höhe.*

Ch. Doisy-Daëne Zweimal mit vergleichbarem Ergebnis verkostet, einmal bei einem denkwürdigen Dinner mit 1945ern in der Britischen Botschaft in Paris. Zu *Glace à l'orange et fromages* serviert und weit über dem für einen *Deuxième cru* aus Barsac üblichen Niveau, ein Bukett mit Anklängen an Pfirsiche, Aprikosen und Gerstenzucker, außerdem mit Noten, die auf die Edelfäule und die Flaschenalterung zurückzuführen waren. Etwas am Austrocknen, aber reich, Länge und Abgang ausgezeichnet. Zwölf Monate später hervorragend zu leicht geräucherter *Foie-gras*-Terrine und Quitten-Confit. Kürzlich eine ähnliche Flasche, aber blasser. *Zuletzt im November 1996 bei einem British-Airways-Treffen (mit Essen) im Waterside Inn in Bray verkostet. In Bestform* *****

Ch. Lafaurie-Peyraguey Vier beständig gute Bewertungen. Als Erstes 1976 ein fabelhaftes, sehr feines Exemplar; 1984 wohlriechend, konzentriert, superb. Auf Peter Zieglers monumentaler Verkostung 1995 eine grandiose Flasche, die eine meiner höchsten Bewertungen bekam: perfektes Bernsteingold; ansprechendes Kleehonig-Bukett, noch immer süß und reich, herrlicher Geschmack. Vor einiger Zeit eine erstaunlich gute Flasche, die ein Mitglied der Gruppe aus Jackson, Mississippi, im Bordelaiser Maison du Vin auf dem Weg zum Essen im Restaurant La Tupina erstand, wo wir sie schnell dekantierten (wegen des leicht pudrigen Bodensatzes) und mit großem Genuss tranken. Eindringliches Bukett, sehr reich, angesengte Rosinen. Geschmack, Gewicht und ausgleichende Säure perfekt. *Zuletzt im September 1998 verkostet* *****

Ch. Rieussec Nur wenige Touristen, die der Insel St. Bart in der Karibik regelmäßig einen Besuch abstatten, unterhalten dort wohl einen Keller mit Spitzenweinen. Einer von ihnen ist Ron Weiser, der derzeitige US-Botschafter in der Slowakei. Der Rieussec war das vorletzte von insgesamt acht bei einem Weindinner verkosteten Gewächsen (vier bekamen fünf Sterne, die anderen vier jeweils vier): Farbe, Bukett und Geschmack herrlich, mit einer fantastischen Säure, die den 55-jährigen Sauternes am Leben hielt. *Im Februar 2000 in Weisers Strandvilla verkostet* *****

TROCKENE WEISSE Ein großer Jahrgang für Spitzengewächse aus Graves. Ch. Laville Haut-Brion Mehrere Flaschen verkostet, die alle aus den Familienkellern der Woltners stammten. Dank der Flaschenalterung ein Yquem-typischer Honigduft, am Gaumen trocken, fest und stahlig. *Zuletzt im Juni 2000 bei Wolfs Verkostung in Wiesbaden degustiert* *****

1946

Nach reichlich Regen und Fäulnis rettete große Hitze zur Lese den Jahrgang. Nur selten anzutreffen – zum Glück.

Ch. d'Yquem Die Lese fand zwischen dem 9. September und dem 19. November statt. Zweimal verkostet, das erste Mal 1988: Originalkorken, Füllhöhe im oberen Bereich der mittleren Schulter. Schlechte Farbe, versuchte dem Grab zu entsteigen. Kürzlich eine weitere Flasche, die ihre Operation (eine Neuverkorkung 1997) nur mit Mühe überlebt hatte. Ein Anflug alter Bananenschalen; mittelsüß, karamellisiert. *Im September 1998 auf Rodenstocks Yquem-Marathon in München verkostet.*

1947 *****

Ein heißer Sommer mit frühem Lesebeginn am 15. September bei großer Hitze. Herrlich reife, reiche Weine.

Ch. d'Yquem Lese vom 13. September bis 13. Oktober. Erstmals 1954 verkostet: »Unvergleichlich, üppig.« Seither noch 14 Mal degustiert, keine einzige schlechte Flasche. Perfektes, leuchtendes Bernsteingold mit apfelgrünem Rand; das Bukett wie üblich, nur von allem mehr, dabei trotzdem völlig ausgewogen; noch immer bemerkenswert süß, vollmundig, mit angesengtem, für einen heißen Jahrgang typischen Charakter. Einen solchen Wein muss man immer dekantieren. Sein reinstes, leuchtendes Gold kommt in einem Dekantiergefäß bei Kerzenlicht am besten zur Geltung. Die zuletzt degustierte Flasche, vor vielen Jahren von Browne-Vinters in New York importiert, überstand den Kelleraufenthalt und ihre letzte Reise zurück nach München bestens. *Zuletzt im September 1998 verkostet* *****

Ch. Climens Ein Dutzend Einträge. 1965 vollkommen, verlor Anfang der 1980er allerdings etwas von seiner anfänglichen Süße. Einer der großartigsten Climens-Jahrgänge aller Zeiten. Wieder einmal eine leuchtende Bernsteinfarbe, wie Taft mit reingoldenen Reflexen durchzogen; trotz des Gehalts lebhaft, minzig, reife Nektarinen, Crème brûlée, in Geschmack, Gewicht und Gleichgewicht perfekt, mit cremiger Textur und nicht enden wollendem Nachgeschmack. *Zuletzt im Januar 1995 bei Barry Phillips' »Silberjubiläumsdinner« im White Horse in Chilgrove degustiert* *****

Ch. Climens Eine belgische Abfüllung von Vandermeulen. Orangegetönt; stämmig, karamellisiert; nicht so süß wie die Schlossabzüge und vielleicht etwas kurz. Insgesamt aber ziemlich gut. *Im Dezember 1995 auf Frans de Cocks Vandermeulen-Verkostung in Paris degustiert* ***

Ch. Coutet Viele Flaschen verkostet, die nicht alle auf dem Château abgefüllt worden waren. Schon Mitte der 1960er und Anfang der 1970er etwas am Austrocknen, aber nach wie vor reich. In Bestform voll, fett, gehaltvoll und weich. Ein guter Coutet. In Lebègues 1990 verkosteter Londoner Abfüllung waren alle Komponenten vorhanden. 1993 Pfirsich und Honig. Unlängst eine belgische Abfüllung von Vandermeulen, die trotz eines Buketts, das sich im Glas schön entfaltete, insgesamt etwas schlank und säurebetont ausfiel und die für den Jahrgang typische Reichhaltigkeit und Süße vermissen ließ. *Zuletzt im Dezember 1995 in Paris verkostet. In Bestform* ****

Ch. Doisy-Daëne Nur einmal eine belgische Vandermeulen-Abfüllung verkostet. Sehr hoch bewertet. Ein schöner, nach wie vor süßer Wein, den ich weit höher einstufte, als es seiner Klassifizierung als *Deuxième cru* entsprach. *Im Dezember 1995 in Paris verkostet* ****

Ch. Farburet Ein unbekanntes Barsac-Gut, das ich weder vorher noch nachher je wieder verkostet habe. Kapsel, Korken und Streifbandetikett nicht markiert, trotz Füllhöhe auf der mittleren Schulter bemerkenswert gut. Eindeutig ein hoher Sémillon-Anteil. Wohlriechend, süß und lebhaft. *Im Keller von Christie's*

entdeckt und im Juli 1994 bei einem Essen im Sitzungssaal mit großem Vergnügen getrunken ★★★★
Ch. Rieussec Der feinste Sauternes in meinem allerersten roten Verkostungsbüchlein: »Flüssiges Gold, reich und kraftvoll ...« (November 1952). Ende der 1960er taucht allerdings in sieben Einträgen immer wieder die Notiz »am Austrocknen« auf. 1990 eine köstliche weiche, fette Londoner Abfüllung von Lebègue. Vor einiger Zeit eine Flasche, die ich um 17.50 Uhr entkorkte und um 21.00 Uhr dekantierte (im Gefäß eine herrliche Farbe). »Die reinste Vollendung, sahnig und doch lebhaft.« Gegen das Birnen-Soufflé aber konnte er sich nicht behaupten. *Der zehnte Wein bei meinem Essen für den Bordeaux Club im Mai 1994* ★★★★★

WEITERE 1947ER, ÄLTERE EINTRÄGE **Ch. Doisy-Védrines** Duft nach Orangen-Sorbet; am Austrocknen, aber reich. Wirklich schön. *1971* ★★★★; **Ch. Filhot** Man merkte ihm schon 1965 das Alter an ★★; **Ch. Gilette** Enttäuschende Nase; sehr süß, »ölig und eindringlich«. *1990* ★★; **Ch. Lafaurie-Peyraguey** Überragend. *1976* ★★★★★; **Ch. Suduiraut** Tief, reich, lebhaft. *1970* ★★★★; **Ch. La Tour-Blanche** Herrlicher Geschmack, seidige Textur. *1990* ★★★★

TROCKENE WEISSE **Ch. Laville Haut-Brion** Bernsteinfarbe; reines Bienenwabenbukett; trocken, eindringlich, reich, aber enttäuschender Abgang, wohl aus Säuremangel. *Juni 1990* ★★★

1948 ★★

Relativ gut, aber nicht reich genug. Wirtschaftlich uninteressant, da er zwischen zwei großen Jahrgängen eingeklemmt war. Man trifft ihn heute nur noch selten an.
Ch. d'Yquem Lese vom 24. September bis 13. November. Mit sechs Jahren voll und fruchtig, aber nicht so hochklassig wie erwartet. 1961 bereits tief altgoldene Farbe, ziemlich reich und nicht »pappig süß«, wie ich mir einmal notierte. Zehn Jahre später ließ seine Süße teilweise nach, er wurde verschlossen und hatte nicht die Länge eines 1949ers, was ich 1987 bestätigt fand. Zwei gute Flaschen auf dem Kaplan-Essen 1998: »Angesengte Butterkekse.« Kürzlich eine 1993 neu verkorkte Flasche: etwas fades Aussehen; Nase fast zu süß, »Orangenschalenextrakt«; lebhafter, guter Geschmack und Zustand. Hohe Säure. *Zuletzt im September 1998 verkostet. In Bestform* ★★★

WEITERE, ÄLTERE EINTRÄGE **Ch. Climens** Orangeton; Bukett und Geschmack fabelhaft, aber »muss getrunken werden«. Halbe Flaschen, 1981 und *1986 verkostet* ★★★★; **Ch. Coutet** Mein erster verkosteter Coutet, eine Abfüllung von Christopher: reich, bezaubernd. *1953* ★★★; **Ch. Doisy-Védrines** Blassgolden; am Austrocknen, aber angenehm. *1977* ★★

1949 ★★★★★

Ein großer, noch immer überragender Jahrgang.
Ch. d'Yquem Lese vom 27. September bis 17. Oktober (der trockenste Oktober seit Beginn der Aufzeichnungen). Über ein Dutzend Einträge, in den 1960ern ansprechend, weich, komplett. In den 1970ern vier schöne Exemplare, 1984 eine nicht mehr steigerungsfähige Flasche. 1995 im Pariser Hotel Carré des Feuillants für Flaschenalterung und Edelfäule typische, reiche Honig- und Aprikosennoten. Kürzlich: Originalkorken, auf dem Etikett »Kobrand Corp. New York, via Delor«. Mittlerweile blasser geworden, aber ansprechend; exquisites Blumen- und Orangenblütenbukett; immer noch süß und fleischig, trockener Abgang. Ein Wein mit Stil und Charme. Bekam auf Rodenstocks Verkostung in München eine meiner höchsten Bewertungen. Kürzlich: »Prachtvoll« (der Wein, nicht unser Gastgeber). *Zuletzt im September 2000 bei Len Evans' Essen für den »Single Bottle Club« zu seinem 70. Geburtstag im Hunter Valley verkostet* ★★★★★

DIE BESTEN EINTRÄGE aus den späten 1970ern bis späten 1980ern **Ch. Climens** Seit 1962 fast so viele Einträge wie zum Yquem, allerdings keine mehr aus jüngster Zeit. Einer der besten Jahrgänge dieses beständig guten Châteaus. Nicht so farbtief wie der Yquem, schlanker, aber sahnig und hervorragend ausgewogen. *1977* ★★★★★; **Ch. Coutet** Auch für Coutet ein guter Jahrgang. 1956 eine feine Sichel-Abfüllung. Ein Jahrzehnt später »altgold«, reich und reif. Zuletzt eine halbe Flasche: ausgezeichneter Geschmack, ausgewogen. *1983* ★★★★★; **Ch. de Rayne-Vigneau** Perfekt. *1987* ★★★★★

TROCKENE WEISSE Ein guter Jahrgang. **Ch. Laville Haut-Brion** Etwas uneinheitlich, in Bestform aber goldgelb; schöne, reife, »wächserne« Sémillon-Nase; trocken, etwas hohe Säure, aber delikat und duftend. *Zuletzt im Juni 1990 bei Karl-Heinz Wolfs Verkostung degustiert* ★★★★

1950–1969

Die trockenen Weißen, vor allem die hochklassigen Graves-Weine, verkauften sich beständig gut, wenngleich zu Preisen, die fast nicht mehr wirtschaftlich waren. Ein Großteil der Massenerzeugnisse aus Graves allerdings kam schlecht gemacht, oft oxidiert und meistens mit einer zu hohen Schwefeldosis zum »Schutz« der Weine auf den Markt. Etwas besser fielen die Süßweine aus, doch ich kann mich noch gut daran erinnern, dass sie während des gesamten Zeitraums von den *négociants* marktschreierisch als »Sauternes Nr. 1, 2 oder 3« mit leichten Qualitäts- und Süßeunterschieden feilgeboten wurden. Das schadete den eigentlichen Sauternes-Gewächsen ebenso wie die Liebfrauenmilch den ambitionierten deutschen Weingütern. Trotzdem entstanden einige überragende Sauternes-Jahrgänge, die sich zum Teil noch heute hervorragend trinken lassen.

Sauternes-Jahrgänge auf einen Blick

Hervorragend *****
1955, 1959, 1967
Sehr gut ****
1953, 1962
Gut ***
1952, 1961, 1966

1950 **

Den ziemlich feuchten Sommer machte ein goldener Herbst teilweise wieder wett. Interessanterweise bezogen sich meine ersten Einträge alle auf Abfüllungen von Harvey's in Bristol. Nur Yquem wurde im Château auf Flaschen gezogen.
Ch. d'Yquem Lese vom 20. September bis 27. Oktober. Graf Alexandre de Lur Saluces mag den 1950er – ich nicht. Mir missfällt seine Nase, die ich verschiedentlich mit »ölig«, »firnisartig« und »Mandelkerne« (zwischen 1964 und 1984 kam dieser Vergleich regelmäßig vor, nämlich insgesamt achtmal) umschrieb. 1988 allerdings war ich schon nicht mehr so kritisch und noch einmal ein Jahrzehnt später notierte ich mir (bei einer Flasche mit Originalkorken): schlanker als die vorausgegangenen großen Jahrgänge, aber wohlschmeckend. *Zuletzt im September 1998 in München verkostet* **

WEITERE, ÄLTERE EINTRÄGE **Ch. Climens** Reich, aber erfrischend. *1965* ****; **Ch. Coutet** Ein Dutzend Einträge, angefangen 1954 mit »großartig ausgewogen«. 1955 eine reiche Abfüllung von Harvey's (der Einzelhandelspreis betrug damals 17 Shilling und 9 Pence die Flasche). Sehr hoher Alkoholgehalt von 16 %, 6 ° Baumé. In den 1960ern und 1970ern weich und perfekt ausgewogen. David Peppercorn öffnete auf seiner Dinnerparty 1981 eine von seinem Familienunternehmen Osborne's in Margate abgefüllte Flasche: Vanillecreme-Geschmack, etwas am Austrocknen. Schließlich ein guter Schlossabzug: tief, reich, honigartig und noch immer ziemlich süß. *Zuletzt 1983 verkostet. In Bestform* ****; **Ch. Doisy-Védrines** Eine köstliche Abfüllung von Harvey's. *1955* ****; **Ch. Gilette, »Crème de Tête«** 20 Jahre im Tank, kein Holzkontakt. Reich, fett, eigenständig, aber ausgezeichnet. *1984* ****; **Ch. Roumieu** Lebhaft, ausgezeichnet. *1958* ****; **Ch. de Tastes** (Ste-Croix-du-Mont) Feine Farbe; schönes Botrytis- und Honigbukett; mittelsüß. Leicht im Stil. *1977* ***; **Ch. La Tour-Blanche** 1954 »riesig«, schwerfällig, fruchtig und köstlich. Vier Jahre später eine nicht ganz so übertriebene Beschreibung, aber noch immer körperreich. *1958* ***

1951

Ein katastrophales Jahr. Nicht verkostet. Kein Yquem erzeugt.

1952 ***

Schon besser. Die Lese begann früh am 17. September, allerdings mit unterschiedlichem Erfolg. Auf Yquem wurde die gesamte Ernte durch Hagel zerstört. Der 1952er war der erste Sauternes-Jahrgang, den wir bei unserem Einstandsbesuch in Bordeaux im Juli 1955 aus dem Fass verkosteten. In letzter Zeit habe ich nur noch wenige 1952er degustiert.

ALTE EINTRÄGE **Ch. Climens** Eine Fassprobe 1954 »so lala«, bei der Verkostung aus dem Fass auf dem Château gut, aber ich zog den Coutet vor. Von 1959 bis 1982 neun wesentlich wohlwollendere Bewertungen zu unterschiedlichen Abfüllungen. Gut, aber nicht groß, mit wenig Spielraum für Verbesserungen. *1982* ***; **Ch. Coutet** Im Juli 1955 kommentierte meine Frau den Wein bei ihrer ersten Verkostung sprachgewandt mit »comme miel«, was dem Kellermeister gefiel. Eine altgoldene, attraktive, aber austrocknende Abfüllung von Harvey's. *1972* ***

TROCKENE WEISSE Ein guter Jahrgang für Spitzengewächse aus Graves. Sie zeigten zum Teil die Festigkeit und Maskulinität von Roten aus dem Médoc. **Ch. Haut-Brion** Mitte der 1970er außerordentlich gut, delikat, ähnlich einem feinen weißen Burgunder, aber wohlriechender und würziger. *1975* ****. *Könnte bei tadelloser Lagerung noch immer gut sein;* **Ch. Laville Haut-Brion** Spröde, interessant. *1990* **

1953 ****

Ansprechende Weine. Die besten trinken sich noch immer gut.
Ch. d'Yquem Vom 2. Oktober bis 10. November geerntet. Erstmals im Juli 1995 auf dem Château aus dem Fass verkostet: »Extrem reich und voll«, obwohl ich damals den 1953er Coutet vorzog! Anfang der 1970er fand ich den 1955er ebenfalls besser, würdigte jedoch die Delikatesse und den schönen Nachgeschmack des 1953ers. 1983 in Deutschland mit seiner »tanzenden Fruchtigkeit« und einer gewissen Leichtigkeit eine schöne Begleitung und Ergänzung zu *Foie gras*, 1985 ein Honig- und Blüten-Charmeur, der dem *Millefeuille à la crème légère* beim Essen der Marin County Wine & Food Society 1985 in Kalifornien gut standhielt. 1988 eine perfekte, ausgewogene und lebendige Flasche und kürzlich mein achter Eintrag: zwar stets ein etwas blasser Jahrgang, doch im Alter begann er eine mahagonifarbene Tönung anzunehmen; ein irgendwie schwerer

Duft; gute Länge, süß. Er gehört nach wie vor zu meinen Lieblings-Yquems, obwohl er von den drei großen Nachkriegsjahrgängen 1945, 1947 und 1949 ganz klar ausgestochen wird. *Zuletzt im September 1998 auf Rodenstocks Marathonverkostung in München degustiert* ★★★★

Meine erste Yquem-Verkostung

Sie fand im Jahr 1950 bei Dr. Thomas Kerfoot statt, einem Freund der Familie, der unweit von uns in Cheshire lebte und ein Mann von großem Geschmack war. (Er besaß ein bedeutendes Pharmazieunternehmen in Lancashire.) Wir saßen an einem schönen Sommerabend in seinem Garten, tranken Yquem und aßen Nektarinen. Ich war gerade aus der Armee entlassen worden und studierte Architektur. Von Wein hatte ich keine Ahnung. In der Familie tranken wir ihn zwar zum Essen, aber das waren keine besonderen Gewächse. Bei Kerfoot kam ich zum ersten Mal mit wirklich großen Kreszenzen in Berührung – neben dem Yquem durfte ich nämlich auch noch von einem Lafite probieren. Ich bin Thomas Kerfoot, der schon seit langem verstorben ist, zu großem Dank verpflichtet, denn ich glaube, dass diese ersten Eindrücke von Hochgewächsen in meinem Unterbewusstsein gespeichert blieben und wie ein zeitverzögerter Funke später meine Liebe zum Wein entzündeten.

Ch. Filhot 1970 im Stil ziemlich leicht, ganz angenehm, aber nicht herausragend. Zwei Jahrzehnte später Orange und Limette – die Farbe, nicht der Geschmack; offen gesagt enttäuschend. Ziemlich hart und karamellig. *Zuletzt im Oktober 1990 verkostet* ★★

Weitere, ältere Einträge **Ch. Climens** und **Ch. Coutet** Beide im Fass ansprechend; **Ch. Doisy-Daëne** Ein perfektes Bukett mit Anklängen an Pfirsiche, Sahne und geschmolzenen Gerstenzucker. *1986* ★★★★; **Ch. Gilette, »Crème de Tête«** »Doux«: fabelhaft, mit ungewöhnlicher himbeerartiger Pikanz; mittelsüß, pfirsichgetönter Endgeschmack. Charmant. *1987* ★★★★; **Ch. Roumieu** Perfekt. *1979* ★★★★

Trockene Weisse Einige gute Graves-Gewächse, aber die meisten dürften mittlerweile über den Höhepunkt hinaus sein. **Ch. Haut-Brion** Ansprechende Frucht, honigartige Reife dank Flaschenalterung, trocken, charakteristisch, ungewöhnlich – eine zusammen mit dem 1955er blind verkostete Magnum. *Im September 1996 in München verkostet* ★★★

1954

Späte Lese, ununterbrochener Regen. Ich habe nur den Yquem verkostet.

Ch. d'Yquem Lese vom 9. Oktober bis 16. November. Unterschiedliche Qualität: 1971 unverwoben und säurebetont, 1983 eine überraschend reiche Flasche. Unlängst Vanille und Kandiszucker; stämmig, eindringlich, kräftige Säure. Schwere Zeiten, aber der Verkauf dieses Jahrgangs schadete dem Ruf von Yquem (siehe auch unter 1963). *Zuletzt im September 1998 verkostet* ★

1955 ★★★★★

Wie als Ausgleich für den 1954er eine perfekt verlaufene Saison und fast ebenso perfekte Sauternes-Weine. Noch immer sehr schön.

Ch. d'Yquem Lese vom 17. September bis 28. Oktober, 14 % Alkohol, 4,5 ° Baumé. Erstmals im Oktober 1958 aus dem Fass verkostet: blass, fruchtig, aber mit einem ausgeprägten Schwefelton. Begann Anfang der 1960er allmählich an Farbe zu gewinnen, süß, weich, fett, dabei mit guter ausgleichender Säure. Öffnete sich Ende der 1960er und Anfang der 1970er; wunderschön. 1980 ein tiefes Orangegold, das mich an den 1929er erinnerte; intensiv reich, sehr süß – aber beim Jubiläumsdinner des Institute of Masters of Wine von einer zuckerigen *Crème brûlée* auf der Stelle erschlagen. Vier weitere Einträge in den 1980ern: »Ein erstaunliches orangerosafarbenes Bernsteingold mit blass zitronengelbem Rand«, noch immer ausgesprochen süß, sehr reich, gute Länge und schöner Nachgeschmack. Durch die hohe Säure (einschließlich eines Anteils flüchtiger Säure, die bei der Qualitätskontrolle des Quebec Liquor Board in Montreal für unzumutbar erachtet wurde) im Zaum gehalten und aufgefrischt. 1994 eine grandiose Flasche beim Essen in der Sonne. Unlängst: zu tief für einen Jahrgang aus den 1950ern; stämmige, klassische, karamellisierte Nase; süß, voll, komplett, verhüllte Säure, ausgezeichneter Abgang. *Zuletzt im September 1998 beim Yquem-Marathon in München verkostet* ★★★★★

Die 1950er-Jahre

Die fabelhaften Vier aus Sauternes – der 1952er, der 1953er, der 1955er und (als Bester von allen) der 1959er – blieben zunächst weitgehend unbeachtet. Das war vielleicht auf die plumpe Verkaufsstrategie der négociants *zurückzuführen, die die Weine ohne Rücksicht auf die feineren Unterschiede zwischen den Châteaux an den Mann zu bringen versuchten. Vielleicht lag es aber auch nur daran, dass damals Rote und trockene Weiße in Mode waren. Billige Sauternes-Imitationen standen zwar hoch im Kurs, doch die Leute, die die Originale aus den Spitzengütern zu schätzen gewusst hätten, machten sich wenig aus Süßwein. Vielleicht konnten die Briten sie in ihrer Menüfolge auch nicht unterbringen – im Gegensatz zu den Franzosen, die sie mit Pâté oder zu Käse servierten. Und als Aperitif? Gott bewahre!*

Ch. Climens Zwei reife, reiche Abfüllungen von Harvey's Mitte der 1960er. Sehr wohlriechend, würzig, Pfefferminz- und *Crème-caramel*-Bukett; ansprechend, füllig, ausgewogen – 1988 ein ebenbürtiger Begleiter von *Foie gras*. Unlängst: Bukett und Geschmack grandios und reif. Nicht zu fett, gerade richtig. Perfekt eben. *Zuletzt im Dezember 1998 beim Weihnachtsessen der Weinabteilung von Christie's verkostet* ★★★★
Ch. Gilette, »Crème de Tête« 25 Jahre in Zementtanks. Nach fünf Jahren in der Flasche wundervoll reich. Zehn Jahre später war ich nicht mehr allzu begeistert. Seinem Bukett fehlte die Entwicklung eines klassischen Sauternes. Kraftvoll. Ziemlich harter Abgang. *Zuletzt im Juni 1990 verkostet* ★★?
Ch. Lafaurie-Peyraguey Eine Hand voll Einträge: 1976 fabelhaft reich, mit appetitanregender Säure. Kürzlich vom 1959er etwas in den Hintergrund gedrängt. Höhergetönt, nicht so süß, aber gute Länge und Säure. *Zuletzt im September 1994 verkostet* ★★★★
Ch. Sigalas-Rabaud 1969 eine gute schottische Abfüllung, 1977 aber ein Schlossabzug, der besser ausfiel: charakteristisches Gelb; herrliches Bukett, konzentrierter Geschmack. Eine ansprechende Flasche beim Essen der Catering-and-Wine-Abteilung von British Airways im Waterside Inn in Bray: jetzt Altgold; wächserne Sémillon- und Orangenblütennase; süß, aber mit trockenem, karamellartigem Abgang. Unlängst bei einer

Sigalas-Rabaud-Vorverkaufsverkostung: am Austrocknen, kraftvoll, karamellisiert. *Zuletzt im März 1997 verkostet* ★★★

ÄLTERE EINTRÄGE **Ch. Coutet** 1959 »schwach«; 1960 zog ich den 1957er vor, 1967 aber eine gute, fette, kräftige und trotzdem weiche Abfüllung von Harvey's (ich muss ihn noch einmal verkosten!); **Ch. Doisy-Védrines** Zwischen 1959 und 1973 fast ein Dutzend Einträge, alle gut, trotz der verschiedenen Abfüllungen (von Cruse oder der Wine Society). Zunächst blässlich, später aber mit immer kräftigerem Bernsteingold. Sehr schönes Bukett. Verlor zwar zum Schluss allmählich seine ursprüngliche Süße, aber trotzdem ein ansprechendes Gewächs. *Zuletzt 1973 verkostet* ★★★★; **Ch. Filhot** Hurra, ein recht guter Filhot! Reif, wohlschmeckend, schöner Abgang. 1964, 1968 und *1971 verkostet* ★★★; **Ch. Liot** Eine Entdeckung von Harry Waugh. Für seine Klasse ausgezeichnet und 1958 mit einem Preis von 12 Shilling und 6 Pence pro Flasche sicherlich günstig – der Yquem von 1950 kostete dreimal so viel! Fett, fast sirupartig. *1959* ★★★; **Ch. de Rayne-Vigneau** Ein schöner Wein. Von 1963 bis 1978 vier Einträge, immer farbtiefer, nach wie vor süß. *1978* ★★★★; **Ch. Suduiraut** Anfang der 1970er oft verkostet: Altgold; merkliche Botrytis-Noten und auf die Flaschenalterung zurückzuführende Nuancen; Geschmack und Gleichgewicht perfekt. Klassisch. *Zuletzt 1972 verkostet* ★★★★ *(vermutlich noch immer sehr gut).*

TROCKENE WEISSE Ein gutes Jahr. **Ch. Haut-Brion** Fünf Einträge: ein sehr trockener, geschmacksintensiver Wein, der 1958 noch eindeutig unreif war. Mitte der 1970er hatte er an Farbtiefe gewonnen, entwickelte ein reiches, komplexes Bukett und einen ebensolchen Geschmack. Kürzlich eine rein goldgelbe, ziemlich spröde Magnum. *Zuletzt im September 1996 verkostet* ★★★★; **Ch. Laville Haut-Brion** In der zweiten Hälfte der 1970er vollendet; Anfang der 1980er in guter Verfassung. Vor einiger Zeit: eine ähnliche Farbe wie der Haut-Brion, aber in der Nase etwas überentwickelt. Erreichte um das 20. Lebensjahr sein Reifeplateau. *Zuletzt im Juni 1990 verkostet. In Bestform* ★★★★★

1956

Ein entsetzlicher Jahrgang. Schlechtes Wetter in allen entscheidenden Phasen, obwohl eine Besserung in letzter Minute doch noch eine Lese ermöglichte, die allerdings ziemlich planlos ablief.

Ch. d'Yquem Eine späte und lange Lese, die am 8. Oktober begonnen und am 21. November abgeschlossen wurde, erbrachte ein paar wenige brauchbare Trauben, aus denen Weine mit 14 % Alkohol und 4,5 ° Baumé bereitet wurden. Insgesamt fünf Einträge, der erste vom Oktober 1958, als der Wein noch im Fass lag: fruchtig, aber säurebetont und schwefelig. Anfang der 1960er öffnete er sich weich, lebhaft und ansprechend, eher leicht, Barsac-ähnlich. Ende der 1980er ein tiefes Bernsteinorange, wohlschmeckend, aber rau und kurz. Unlängst ein Exemplar mit schwachem Rand; in der Nase eigenartig wohlriechend, überraschend süß, dabei schlank. *Zuletzt im September 1998 in München verkostet* ★★

1957 ★★

Kuriose Wetterbedingungen mit dem kältesten Sommer und heißesten Oktober seit Beginn der Aufzeichnungen, wobei Letzterer vorteilhaft für die Sauternes-Weine war, den trockenen Weißen aber eher schadete.

Ch. d'Yquem Lese vom 30. September bis 30. November. Enttäuschend, dabei Mitte der 1960er nicht unattraktiv, 1969 perfekt zu *Foie gras*. Ende der 1980er ziemlich tiefes Bernsteinorange; eine Spur Mercaptan, die allerdings verflog, als sich der Wein im Glas öffnete. Beständig süßer, eindringlicher, toffeeartiger Geschmack, ausgeprägte, für den Jahrgang typische Säure, zu wenig Länge. Unlängst blasser und mit schwachem Rand; unverwobene Nase; nach wie vor süß und kraftvoll, aber kein großer Yquem. *Zuletzt im September 1998 in München verkostet* ★★

WEITERE, ÄLTERE EINTRÄGE **Ch. Coutet** Ein Dutzend Mal verkostet, als Erstes 1958 eine schön ausgewogene Fassprobe, Anfang der 1960er lebhaft, sauber, bis in die frühen 1970er hinein eine Reihe sehr guter Abfüllungen von Harvey's, mittelsüß, Bukett und Säure erfrischend Barsac-ähnlich ★★★ *Möglicherweise nach wie vor gut*; **Ch. Rieussec** Fünf gleichförmig gute Bewertungen zwischen 1958 und *1971* ★★★; **Ch. Suduiraut** Geschmack und Ausgewogenheit ausgezeichnet. *1970* ★★★★

1958 ★★

Guter Sommer, späte Lese. Leidlich gute Weine, die aber zu Recht vom großen 1959er in den Schatten gestellt wurden.

Ch. d'Yquem Fünf Einträge. 1964 reich und reif. Fünf Jahre später ein Anflug von Altgold, überraschend gut für den Jahrgang, voll ausgereift. Mit 30 Jahren sehr süß, eindringlich, im Geschmack besser als in der Nase. 1995 »etwas vordergründig« und »unbeholfen«, bot bei Barry Phillips' »Silberjubiläumsdinner« im White Horse in Chilgrove dem Brandy-Snap-*Millefeuille* erfolgreich Paroli. Unlängst: Nase und Geschmack mit angesengter Karamellnote, etwas fett, scharfer Abgang. *Zuletzt im September 1998 in München verkostet. In Bestform* ★★★

WEITERE GUTE, ZULETZT VOR LÄNGERER ZEIT VERKOSTETE 1958ER **Ch. Coutet** *1978* ★★★; **Ch. Suduiraut** *1983* ★★★★

1959 ★★★★★

Ein großer Jahrgang. Nach einem langen heißen Sommer mit etwas Regen vor der Lese konnten in der Hitze konzentrierte Trauben mit hohem Zuckergehalt geerntet werden, aus denen monumentale Sauternes-Kreszenzen entstanden.

Ch. d'Yquem Eine fast schon unverschämt hohe Zahl von Einträgen, die zufällig in sehr gleichmäßigen Abständen entstanden. Von Anfang an ein Wein mit reicher Farbe, tiefe, etwas moschusduftige Nase, mit fünf Jahren – also gar nicht so lange nach der Abfüllung – weich, reif und üppig. Blühte in den 1970ern schön auf, konzentriert, großartig. Immer tiefere Farbe, warmes Altgold, fabelhaftes *Crème-brûlée*-Bukett, hoher Extraktgehalt (1980 bei einem Lafite-Essen im alten Boulestin zu *Brie de Meaux*). 1983 prophezeite ich ihm ein 50-jähriges Leben, sein Duft erinnerte mich an Großmutters Enteneierpudding. In den 1980ern durchweg Lobeshymnen, 1994 eine doppelt denkwürdige Flasche beim Essen in Eaton Square mit Madeleine und Andrew Lloyd-Webber. 1998 ein ziemlich tiefes Gold mit einem Anflug von Orange; hochgetöntes Pfirsichhautbukett; nach wie vor sehr süß, Fleisch und Fett fabelhaft, Länge und Abgang großartig. Kürzlich: reiches Aprikosen- und Lindenblütenbukett von großer Tiefe; süß, kraftvoll, mit einer exzellenten Säure, die den üppigen Körper in Schach hielt. Ein scharfer, trockener Abgang mit einer Spur Karamell. *Zuletzt im März 2002 bei Wilfred Jaegers zweitem Essen in San Francisco blind verkostet* ★★★★★

Ch. Climens Nur zweimal verkostet, das erste Mal 1972: ein ausgezeichneter, fester, schwergewichtiger Barsac. Kürzlich: ansprechendes, mittelhelles Orangegelb mit offenem, limettengrün getöntem Rand; in der Nase mit Altersspuren, ein Hauch Karamell; ziemlich süß, kraftvoll, dabei schlank, ein Hauch Vanille und gute Säure. *Zuletzt im März 2002 bei Wilfred Jaeger blind verkostet* ★★★

Ch. Doisy-Daëne Ein *Deuxième cru* aus Barsac, der 1959 zur Hochform auflief. Ausgeprägt gelb; wohlriechendes Bukett, Vanille, wieder »Enteneierpudding«; süße, lebhafte Frucht, traubig, gute Säure. *Im November 1994 beim Weinart-Galadiner in der Residenz in Aschau verkostet* ★★★★

Ch. Gilette, »Crème de Tête« Bernsteinorange, wächserner Schimmer; ansprechendes reifes Aprikosenbukett und entsprechender Geschmack, lebhaft, ausgezeichnete Säure, langer karamellartiger Nachgeschmack. *Im November 1997 bei Bob Dickinsons »Mr.-Gourmet«-Dinner in Miami verkostet* ★★★★

Ch. Guiraud Viele, vorwiegend in der zweiten Hälfte der 1960er entstandene Einträge; unter anderem verkostete ich auch fünf ziemlich ausdruckslose Abfüllungen von J. Lyons. Alle Schlossabzüge gut, aber nicht großartig. Mitte der 1970er mit Honig- und Vanillenoten, nicht so fett wie erwartet, etwas abruptes Ende. Unlängst nach einer grandiosen Madeira-Verkostung bei Bill Baker in Somerset: ziemlich tiefes Bernsteingold; Gerstenzucker und Lemon Curd (Brotaufstrich mit Zitrone), trockener Abgang. *Zuletzt im April 1994 verkostet. In Bestform* ★★★

Clos Haut-Peyraguey Blumiges Bukett; süß, geschmacksintensiv, eindringlich. *September 1993* ★★★★

Ch. Lafaurie-Peyraguey Mitte der 1960er zwei gute Abfüllungen von Percy Fox (Cordiers Verkaufsvertreter). Vermutlich Mitte der 1970er auf dem Höhepunkt. Fabelhaftes Beerenauslese-Bukett, sehr reich, großartige Frucht und Säure. Unlängst: verhaltene Nase; sehr süß und körperreich, für einen 1959er überraschend viel Säure. *Zuletzt im September 1994 verkostet* ★★★★

Ch. Rieussec 1984 und 1985 zwei ausgezeichnete halbe Flaschen, beide von Sichel versandt und von meinem ehemaligen Arbeitgeber Saccone & Speed abgefüllt. Bei meinem Essen für den Bordeaux Club im Juli 1992 eine herausragende Château-Abfüllung mit Gestenzuckernase, fabelhaft reich, perfekt im Gleichgewicht. Kürzlich bei Farr Vintners eine Flasche im Vorbeigehen unter nicht sehr adäquaten Bedingungen verkostet. *Zuletzt im Januar 1999 verkostet. In Bestform* ★★★★

Ch. Sigalas-Rabaud Mitte der 1980er in vollendetem Zustand. Zwei Einträge aus jüngster Zeit: in der Nase und am Gaumen »Aprikosen«. Ein ansprechender, ziemlich gehaltvoller Wein. Zweimal Vanille und »Gerstenzucker« notiert. *Zuletzt im April 1999 in Karl-Heinz Wolfs Restaurant Landart in Österreich verkostet* ★★★★

Ch. Suduiraut Über ein Dutzend bewundernder Einträge: in den 1970ern »klassisch«, »ein Schwergewicht«, fett, reich und ansprechend. In den 1980ern warmes Bernsteingold; fabelhaft reich und reif in Bukett und Geschmack, wohlriechend, perfekt. 1997 bei den Dickinsons in Miami: blumiges, sahniges Orangenblüten-Bukett; süß, aber nicht allzu gehaltvoll oder fett. Große Länge. Ein schöner Wein. Kürzlich: Bernsteinorange; vielleicht bildete ich mir Orangenblüten im Bukett und am Gaumen ein. Süß, fett, konzentriert. Ein Wein von beträchtlicher Kraft und guter Länge. Bei einer Blindverkostung zusammen mit dem Yquem und Climens stuften ihn die meisten Degustatoren sogar noch höher als den Yquem ein. Beide herrlich. *Zuletzt im März 2002 bei Jaegers zweitem Essen verkostet* ★★★★★ *Hält sich noch einmal 20 Jahre.*

Ch. La Tour-Blanche Überragend. Reiche Farbe, sehr süß, grandioser Geschmack, ausgezeichnete Säure. *Im November 1994 in Aschau verkostet* ★★★★★

TROCKENE WEISSE Für trockene Weißweine war es 1959 in Bordeaux zu heiß; zudem reiften die Trauben zu stark aus. Die meisten Flaschen wurden in den frühen 1960ern weggetrunken. Probleme bereitete die flüchtige Säure.

Ch. Laville Haut-Brion Brüniertes Gold; honigartig; mitteltrocken, fülliger Körper, ansprechender Geschmack. *Juni 1990* ★★★★

Ygrec Fabelhaft reiche Farbe; hohe flüchtige Säure, die den Geschmack aber unterstrich. *Der älteste und beste Jahrgang, den ich im September 1986 bei einer Vertikalverkostung von Ygrec-Jahrgängen auf Château d'Yquem degustierte* ★★★★

1960 ★

Ein kalter, nasser Sommer, der eher den trockenen Weißen behagte.

Ch. d'Yquem 1964 stufte ich die Nase viel zu optimistisch als »grün«, aber ansprechend ein und verglich den Wein mit dem 1962er. Am Gaumen leicht, »beißend« und etwas adstringierend. Hatte bis 1972 anscheinend noch einmal Auftrieb bekommen, endete allerdings mit einem harten, leicht bitteren Abgang. 1988 wohlriechend, würzig, klassisch im Geschmack, zitrusartige Säure, ein Jahrzehnt später trotz seiner blassen Zwiebelschalenfarbe in der Nase überraschend süß, recht guter Geschmack, im Ausklang mit Biss. *Zuletzt im September 1998 in München verkostet* ★★, *aber kann man übergehen.*

TROCKENE WEISSE Ziemlich viele 1960er verkostet, die größtenteils uninteressant waren. Am besten, wie so oft, der **Ch. Laville Haut-Brion** Frisch und attraktiv. *1978* ★★

1961 ★★★

Die schlechte Blüte, eine Trockenheit im August und ein sonniger September reduzierten die Erträge. Der Sauternes fiel gut aus, aber es fehlte ihm die Üppigkeit des 1959ers.

Ch. d'Yquem Lese vom 9. September bis 26. Oktober. Ein Dutzend Einträge, vier davon aus den 1960ern. 1964 ein achtbarer Einstand. 1967 »geschmacksintensiv, braucht Zeit«. In der zweiten Hälfte der 1970er widersprüchliche Notizen, »ziemlich hart und abweisend«, dann »voll, reich, konzentriert«. Die Wahrheit lag irgendwo dazwischen! Von 1987 bis heute erscheint mit ziemlicher Regelmäßigkeit der Hinweis auf Gerstenzucker. Außerdem süß, reich, kraftvoll, trockener Abgang. Auf Rodenstocks Yquem-Verkostung Flaschenabweichungen, ein Exemplar mit angesengtem Rosinengeschmack und sehr trockenem, säurebetontem Endgeschmack, die zweite lebhaft, attraktiv, nicht groß. Ein ziemliches Durcheinander an Notizen, vermutlich eine Folge von Flaschenabweichungen. *Zuletzt im September 1998 verkostet. In Bestform* ★★★

Ch. Climens Neun Einträge. Mitte der 1960er bis Mitte der 1970er reich und ansprechend. Bis 1980 schön gereift, 1986 »vermutlich auf dem Höhepunkt«. 1990 und 1993 mit Altersspuren in Farbe und Nase, dabei reif, honigartig, fleischig und mit wunderbarer Säure. Unlängst weich, wohlriechend, etwas am Austrocknen, aber sehr gut. *Im Juli 1995 bei Hugh Johnsons Essen für den Bordeaux Club verkostet* ★★★★

Ch. Coutet Sieben gute Einträge seit 1964. Kein Schwergewicht, aber von Anfang an ansprechend. Erreichte 1980 seine volle Reife, reich, gut verwoben. Dann ein Sprung von 14 Jahren zu einem interessanten Vergleich zwischen Lovibonds Londoner Abfüllung und einem Schlossabzug. Beide mit ähnlicher Farbe, das Lovibond-Exemplar ziemlich duftend, mit himbeerartigem, leicht künstlichem Geschmack. Weitaus besser die Château-Abfüllung, süß, honigartig, weich, ausgewogen, fleischig. *Die beiden letzten Flaschen brachten Belle und Barney Rhodes im Mai 1994 zu Jancis Robinson mit* ***

Ch. Doisy-Védrines 1964 frische junge Frucht, 1975 am Aufblühen, attraktiv, aber zu wenig Tiefe, unlängst eine reizvolle Abfüllung von Avery: ansprechendes Bernsteingold; im Bukett Schokolade und Gerstenzucker, leicht karamellisiert; geschmacksintensiv. Gute Säure. *Zuletzt im Januar 1998 beim Essen mit dem Furcht einflößenden Jim Hood aus Bristol verkostet* ***

Ch. Rieussec 1965 attraktiv, Barsac-typisches Gewicht, lebhaft, Ende der 1960er und in den frühen 1970ern in guter Form, in dieser Zeit unter anderem auch eine sehr gute Abfüllung von Harvey's verkostet. Irgendwie aber schien dem Wein etwas zu fehlen. Kürzlich süß, weich, seltsam karamellartig, mit einem Anflug von Pfirsichkernen, den ich nie mag. Außerdem machte ihm der Pudding den Garaus. Ich protestierte wie immer! *Zuletzt im August 1999 bei Hugh Johnson auf Saling Hall verkostet. In Bestform* ***

WEITERE, ÄLTERE EINTRÄGE **Ch. Guiraud** Viele Einträge, unterschiedliche Flaschen, alle gut. *Zuletzt 1976 verkostet* ***; **Ch. Lafaurie-Peyraguey** *1983* ***; **Ch. La Tour-Blanche** *1987* ****

TROCKENE WEISSE Insgesamt in Graves besser als in Sauternes, obwohl das Gros mittlerweile ausgelaugt oder bereits getrunken ist.

Ch. Laville Haut-Brion Viele Einträge. Er erinnert mich an den 1989er, den ich wie den 1961er vier Jahre nach der Lese als »besten Laville aller Zeiten« bezeichnete. Gute Bewertungen in den 1970ern und 1980ern, gewann an Komplexität. Zwei schlechte Flaschen bei einer Verkostung 1990. Unlängst: schönes Goldgelb; weiche, reiche, reife Sémillon-Nase; ausgezeichnet, ziemlich nussig im Geschmack, gute Säure. *Zuletzt im März 1997 bei einem Vorverkaufsessen zu Ehren von Tawfiq Khoury in New York verkostet. In Bestform* ****

ÄLTERE EINTRÄGE **Pavillon Blanc de Ch. Margaux** Mit dem *grand vin* qualitativ fast auf einer Stufe. Schöne Farbe; wohlriechend, trocken, aber reich im Geschmack und mit ausgezeichneter Säure. *1987* **** *Wahrscheinlich noch immer gut.*

1962 ****

Viel besser als der 1961er, überragend, elegant, aber ohne den Gehalt und Körper des 1959ers. Durch den kalten, nassen Frühling verzögerte sich die Blüte, die aber dennoch erfolgreich verlief. Nach einem warmen, ziemlich trockenen Sommer brachten leichte Regenschauer und Sonne die Trauben zum Ausreifen und förderten die »Edelfäule«. Die Saison klang aus mit einer erfolgreichen Lese bei warmem, schönem Herbstwetter.

Ch. d'Yquem Lese vom 2. Oktober bis 15. November. Oft verkostet, angefangen mit einer Fassprobe im Oktober 1964. Weitere Einträge aus den späten 1960ern und frühen 1970ern, sieben aus den 1980ern, aber nur einer aus jüngster Zeit. Beständige Entwicklung von ausgezeichnet, aber unfertig (Anfang der 1970er) bis hin zu voll aufgeblüht (in der Mitte der 1980er). »Honig und Blüten« (klingt wie Rasierwasser), »Gerstenzucker und Orangenblüten«, »Mandarinen und reife Pfirsiche«. Stets mit einer Eleganz, die die Süße im Zaum hielt. Es wird nicht sonderlich überraschen, dass er nach 36 Jahren eine zu tiefe, rötliche Bernsteinfarbe angenommen hatte; angesengte, pflaumenartige Nase; rosinenartig, fast spitzig. Eigentlich enttäuschend, aber vielleicht lag es an der Flasche oder der Umgebung. *Zuletzt im September 1998 beim Yquem-Verkostungsmarathon in München degustiert. In Bestform* **** *Bald trinken.*

Ch. Climens Seit 1964 viele einheitlich gute Einträge. Vor einiger Zeit: perfektes, ausgewogenes, sahniges Bukett; süß, füllig, Aprikosen, wundervolle Säure. *Zuletzt im Januar 1993 verkostet* ****

Ch. Coutet Zehn beständig gute Einträge. 1967 reich, aber lebhaft, 1968 für einen Barsac fett. Mit zehn Jahren fest und nach wie vor jugendlich. Nie sehr süß, immer mit guter, fast zitronenartiger Säure. Gewann an Farbe, aber nie sonderlich tief; ein helles Gelbgold; blumiges Bukett; ansprechender Geschmack und Nachgeschmack. Unlängst: schönes Bukett, Aprikosen, Vanille. Ein außergewöhnlich guter Coutet mit Barsac-typischer Finesse. *Zuletzt im August 1999 bei Hugh Johnsons Essen für den Bordeaux Club auf Saling Hall verkostet* ****

Ch. Doisy-Védrines Voll, reich, bemerkenswert gut, wirkte aber neben dem Yquem auch etwas schroff. *Im Februar 1997 bei einem BYOB-Essen in New York verkostet* ****

Ch. Guiraud 1973 eine schlechte Flasche. Dann zwei wirklich gute Einträge Anfang der 1980er reif, reich, aber lebhaft. Vor einiger Zeit: Bernsteinorange; ansprechende Gerstenzuckernase; noch immer süß, gut im Körper, fast fett, mit Orangenblütengeschmack und fabelhafter Säure. *Im Januar 1995 bei Harry Waughs Essen für den Bordeaux Club verkostet* ****

Ch. Sigalas-Rabaud Herrliche Farbe; süßes, seidiges, ausgewogenes Bukett; reich, kaftvoll. Nur ein bisschen ungehobelt – es fehlt ihm die entscheidende Finesse. *Zuletzt im April 1990 verkostet* ****

ÄLTERE EINTRÄGE **Ch. Doisy-Daëne** *1978* ***; **Ch. Rayne-Vigneau** *1973 potenzielle* ****; **Ch. Rieussec** Wohlriechend, aber mit schwachem Mittelteil. *1982* **; **Ch. Suduiraut** Ein beständig schöner Wein. Altmodisch im Stil. Vollreif, hatte aber bei der letzten Verkostung noch Jahre vor sich. *1982* ****(*)

TROCKENE WEISSE Einige attraktive Weine, die ihren Zenit mittlerweile meist schon überschritten haben. **Ch. Haut-Brion** Hielt sich besser als der Laville, aber nicht mehr verkostet seit *1988* ***; **Ch. Laville Haut-Brion** Mit fünf Jahren köstlich. Bis 1982 entstanden 14 gute Bewertungen: gewann an Farbe, ein fester, vollmundiger Wein. Immer trocken. Variabel, ermüdete Mitte der 1970er vielleicht etwas. *Zuletzt im Juni 1990 auf Wolfs La-Mission- und Laville-Verkostung in Wiesbaden degustiert. In Bestform* ***; **Ygrec** Würzig, duftend, elegant und mit Eleganz alternd. *1986* ****

1963

Unsäglich. Der erste eines kümmerlichen Trios. Den unglücklichen Erzeugern kann man kaum einen Vorwurf machen, denn die Wetterbedingungen waren vom Anfang bis zum Ende miserabel.

Ch. d'Yquem Die Lese fand vom 4. Oktober bis 20. November unter schrecklichen Bedingungen statt. Dieser Wein hätte nie auf den Markt kommen dürfen. Der Marquis de Lur Saluces (sein Neffe Graf Alexandre war erstmals 1967 für einen Jahrgang verantwortlich) traf hier eine schwer erklärbare Fehlentscheidung – vielleicht aus wirtschaftlicher Not. Erstmals 1969 verkostet: ungesunde, braun getönte Bernsteinfarbe; vorzeitig gealtert, in der Nase und am Gaumen ölig. Versuchte sich in der ersten Hälfte der 1970er am eigenen Schopf aus dem Sumpf zu ziehen: flach, kurz. Einige Flaschen gelangten auf den britischen Markt und ich kann mich noch gut erinnern, als das Savoy Hotel seinen Bestand über Christie's loszuwerden versuchte. Zwei Flaschen auf Rodenstocks Marathonverkostung, eine mit der Aufschrift »1972 abgefüllt«. Farblich und geschmacklich recht verschieden: die eine blässlich gelb, im Stil eher leicht, verwelkt, die andere tiefer, orangefarbener; Nase nach vertrockneten alten Äpfeln, aber süß und recht kraftvoll. Eigentlich nicht schlecht. *Zuletzt im September 1998 in München verkostet. Meiden.*

1964

Ein viel versprechendes Jahr mit einem heißen Sommer und reifen Tauben. Wer früh las (Erzeuger von trockenen Weißen und Roten also), kam gut weg, doch sintflutartige Regenfälle ruinierten die Ernte in Sauternes.

Ch. d'Yquem Wurde nicht erzeugt. Vielleicht musste der alte Marquis deshalb seinen 1963er verkaufen.

Ch. Climens Erstmals 1968 verkostet: »Überraschend gut für sein Alter.« Mitte der 1970er bedachte ich ihn mit verhalten guten und gerade deshalb vernichtenden Beurteilungen. Kürzlich: schwacher Rand; die Nase besser als erwartet, aber ausgetrocknet und karamellartig, scharfer Abgang. *Der älteste und (mit 13,3 % Alkohol) schwächste von insgesamt 30 im Oktober 2001 mit Bérénice Lurton auf dem Château verkosteten Jahrgängen* ⋆

Ch. Sigalas-Rabaud Orangegold; karamellisiert; nicht schlecht. *Dezember 1992* ⋆

Ältere Einträge, keiner mehr als ein Stern **Ch. Guiraud** *1982*⋆; **Ch. Lafaurie-Peyraguey** Ungesundes Gelb, aber in Nase und Geschmack nicht schlecht. *1978* ⋆; **Ch. La Tour-Blanche** Ein merkwürdiger Wein, reich, aber säurebetont. *1970* ⋆

1965

Der dritte Katastrophenjahrgang in Folge, dem fürchterliche Witterungsbedingungen mit schweren Regenfällen und einer fäulnisfördernden Luftfeuchtigkeit den Garaus machten. Hinzu kam, dass niemand mehr Süßweine trinken wollte. Die Château-Besitzer verzweifelten.

Ch. d'Yquem Unter großen Schwierigkeiten vom 22. September bis 30. Oktober gelesen. Lebègue präsentierte 1967 eine Fassprobe. Im Grunde gar nicht so schlecht. Allerdings hatten zwei 1988 dekantierte Flaschen eine blassgelbe Farbe, die erste eine ölige Petrolnase, sodass ich sie gar nicht mehr verkostete, die andere war verwelkt, seltsam, ausgetrocknet. Ein Jahrzehnt später: tiefe Bernsteinfarbe; Aprikosen – eine wesentlich bessere Nase als erwartet. Ein Hauch von Süße, angesengter, toffeeartiger Geschmack. Trockener Abgang. Oje! *Zuletzt im September 1998 in München verkostet.*

Ch. Climens Nicht auf den Markt gebracht.

Ein letzter Eintrag Ch. Suduiraut Überraschend reich. Dank einer äußerst selektiven (und damit teuren und unwirtschaftlichen) Lese sowie eines erfahrenen Kellermeisters – den Begriff »Weinmacher« gab es damals noch nicht! – recht charaktervoll.

1966

Es brachen wieder bessere Zeiten an. Trotzdem ließen sich Sauternes-Gewächse weiterhin nur schwer absetzen. Nach einem ungewöhnlich kühlen und trockenen Sommer wurde es erst im September so richtig warm, sodass schlanke, feste und sehnige Weine entstanden.

Ch. d'Yquem Lese vom 15. September bis 9. November. Ein Dutzend Mal verkostet, angefangen mit einer Fassprobe im Oktober 1967: in guter Verfassung, reich, schön im Gleichgewicht. Mein wichtigstes Element, die »Ausgewogenheit«, tauchte in meinen Notizen 1972 auf, aber spätere Einträge fielen etwas uneinheitlich aus. Sauternes wird leider sehr oft mit übersüßen Desserts serviert. Mitte der 1970er bemerkte ich eine gewisse Schärfe (Säure), der jedoch »Schwung und Finesse fehlten«. Trotzdem während der 1980er gute Bewertungen, die Farbe wurde leicht, aber merklich tiefer, schönes klassisches, honigartiges »Gerstenzucker«-Bukett, ziemlich eindringlich, schaffte es irgendwie, fett und schlank gleichzeitig zu sein. Vor einiger Zeit nach einer Reihe von Lafaurie-Peyraguey-Weinen (1994) überwältigend intensiv und karamellartig. Wurde auf Rodenstocks Yquem-Verkostung (1998) vom 1967er deutlich übertroffen und begann seine anfängliche Süße etwas zu verlieren. Kürzlich mit überraschend tiefer Orange-Bernsteinfarbe; karamellisiertes Gerstenzucker-Bukett; reicher Geschmack. *Im September 1999 bei Hal Lewis' Einführungsessen anlässlich seiner Wahl zum »Mr. Gourmet« im Peabody Hotel in Memphis perfekt zur* Foie-gras-*Terrine* ⋆⋆⋆⋆

Ch. Climens In der Jugend nicht beeindruckend, wurde aber mit der Zeit besser und entwickelte ein ausgeprägteres, leuchtenderes Gelb. Wohlschmeckend, Bitternote (1982). Kürzlich eine im Keller entdeckte, einsame halbe Flasche: jetzt ein tiefes Orange; stark karamellisierte Nase und Geschmack. Süß. Stämmig. *Zuletzt im Oktober 2001 auf dem Château verkostet* ⋆⋆

Ch. Sigalas-Rabaud Verblüffend leuchtendes Gelb und überraschend trocken. Gute Säure. *Im März 1997 auf der Sigalas-Rabaud-Vorverkaufsverkostung bei Christie's degustiert* ⋆⋆

Weitere, zuletzt in den 1980ern verkostete 1966er Ch. Bastor-Lamontagne *Januar 1987* ⋆⋆; **Ch. Guiraud** *Juni 1982* ⋆⋆⋆; **Ch. Lafaurie-Peyraguey** *Mai 1983* ⋆⋆⋆ *(gerade noch)*; **Ch. Suduiraut** *Juli 1985* ⋆⋆⋆⋆

Trockene Weisse Günstigere Bedingungen für die trockenen Weißen. Einige feste trockene Graves-Gewächse, die jedoch heute kaum noch von Interesse sind.

Ch. Laville Haut-Brion Nur 1500 Kisten wurden acht bzw. neun Monate nach der Lese abgefüllt. Mit fünf Jahren in gutem Zustand, ein archetypischer Laville. Ungewöhnliche Pubertätsphase in den späten 1970ern, wohlerzogen, aber etwas ungehobelt. Mit 25 Jahren erschien er mir auf seinem absoluten Höhepunkt. *Zuletzt im Juni 1990 verkostet* ⋆⋆⋆⋆

Ygrec Einer der besten Jahrgänge einer Reihe von Weinen, die ich 1986 auf Yquem verkostete, was sich später bestätigte: wohlriechende Honignase; ähnlich dem *grand vin*, leidlich trocken, gut gebaut, gute Länge. *Zuletzt im September 1990 verkostet* ⋆⋆⋆

1967 ⋆⋆⋆⋆⋆

Ein herausragender Jahrgang, der beste seit 1959. Die entscheidende Blüte setzte spät ein, was immer auch eine späte Lese nach sich zieht. Diese Verzögerung und ein nasser September bereiteten den Trauben für trockene Weiße und rote Bordeaux-Weine Probleme. In Sauternes hingegen profitierte man von einer Schönwetterperiode Ende September und Bedingungen, die die Entstehung der Edelfäule begünstigten und stilvolle Weine entstehen ließen. Die besten sind noch heute großartig.

Ch. d'Yquem Lese vom 26. September bis 25. Oktober. Der erste große Jahrgang von Graf Alexandre de Lur Saluces, auf den er natürlich besonders stolz ist.

Das Bukett öffnet sich wie das eines feinen reifen, erstklassifizierten Médoc-Gewächses oder klassischen Montrachet und blüht im Glas auf. Sogleich nach dem Eingießen Honig; nach zehn Minuten Ananas; nach 30 Minuten ein fast unbeschreiblicher Duft – das Wort »Göttertrunk« kommt mir in den Sinn. Nach einer Stunde sublim. Ich bin natürlich privilegiert, aber hoffentlich nicht verwöhnt. Einen Wein wie diesen nehme ich nicht als selbstverständlich hin. Ich habe den 1967er Yquem fast 50-mal verkostet und seine Vorzüge jedes Mal genossen, wenngleich ich einige sehr ausgeprägte Unterschiede in der Farbe und mehr noch im Geschmack festgestellt habe, was ich entweder auf den Zustand der einzelnen Flaschen (bzw. ihre Lagerung) oder, häufiger noch, auf die dazu gereichten Speisen zurückführe.

Das erste Mal habe ich den 1967er im Frühjahr 1973 auf dem Château verkostet. Alexandre de Lur Saluces bezeichnete ihn als »einen der besten Yquems dieses Jahrhunderts«. Ich hielt ihn für grandios, aber es war noch zu früh, um Genaueres zu sagen. Anfangs ein mittelblasses Gold, tiefer als der 1966er, aber vom Start weg mit faszinierender Nase. Viele Einträge entstanden, als er zehn Jahre alt war: »Großartig«, »Minze und Muskat«, »Lanolin« (das Sémillon-Element), natürlich auch »honigartige Edelfäule«. *Botrytis cinerea* verleiht dem Bukett und Geschmack stets zusätzliche Dimensionen. Ende der 1970er hatte sich die Farbe zu einer Art Buttergold gewandelt. Natürlich immer auch süß. 1981 schrieb ich: »Scheint nun gänzlich auf dem Höhepunkt angelangt zu sein», gut verwoben, ausgewogen, perfekt im Gleichgewicht und mit der lebenswichtigen, ausgleichenden Säure.

1983 im Züricher Dolder Grand Hotel beim Dinner, gegeben vom Weinhaus meines Übersetzers Hanspeter Reichmuth anlässlich der Veröffentlichung der ersten Ausgabe meiner *Weinnotizen*, zu *Feuilleté au foie de canard frais et truffe* verkostet. Ein Jahr später richteten Prinz Metternich und Graf Alexandre de Lur Saluces gemeinsam eine bislang beispiellose Doppel-Vertikalverkostung auf Schloss Johannisberg aus, die mit dem 1967er Yquem und der Trockenbeerenauslese von Schloss Johannisberg aus demselben Jahr eröffnet wurde. Jeder Wein war auf seine Weise vollkommen. Der Yquem hatte, wie Walter Eigensatz es ausdrückte, eine Farbe wie brüniertes Gold; in der Nase zeigte er sich voller und schwerer, entfaltete sich aber grandios und hatte nach 90 Minuten im Glas den Gipfel seiner Perfektion erreicht. In den 1980ern vertiefte sich seine Farbe hin zu Bernstein- und Altgold; mehrere Male notierte ich mir Orangenblüten und reife Pfirsiche; reich, reif, große Länge, überragender Nachgeschmack.

1994 war er der älteste und bei weitem konzentrierteste und beeindruckendste Jahrgang auf einer Yquem-Vertikalverkostung in Aspen, 1995 »fünf Sterne«, 1998 zweimal verkostet, einmal auf Rodenstocks Yquem-Marathon, ein wohlriechendes, »tanzendes« Lindenblütenbukett, perfekt in Gewicht und Finesse; das zweite Mal bereicherte er ein Galadiner auf Château Haut-Brion. Der beste Wein auf einer eigenartigen Verkostung in Paris und schließlich eine Magnum auf Len Evans' Essen für den »Single Bottle Club« im Hunter Valley anlässlich seines 70. Geburtstags: erste Altersspuren, karamellartig und bärbeißig wie unser Gast (in Wirklichkeit aber fabelhaft). *Zuletzt im September 2000 verkostet* *****

Ch. Climens 14,1 % Alkohol, 84 g/l Restzucker. In seiner Jugend charakteristisch reich und positiv. Kürzlich: mitteltiefes Gelbgold, lindgrüner Rand; eine eigenartig unverwobene Nase, leicht minzig, sahnig, eine Spur Harz, öffnete sich später, wohlriechender Gerstenzucker. Ziemlich süß, sehr charakteristisch, würzig, trockener Abgang. Charmant, aber nicht großartig. *Im Oktober 2001 auf dem Château verkostet* ***

Ch. Gilette, »Crème de Tête« Die Familie Médeville ist seit dem 18. Jahrhundert im Besitz dieses Châteaus. Trotz der weit zurückreichenden Tradition dieses Guts beschrieb Stephen Brook den Wein einmal als »bizarrsten Sauternes überhaupt«. Warum? Er wird nur in herausragenden Jahren bereitet und nicht in Holz, sondern in großen Tanks bis zu 25 Jahre lang ausgebaut. Ich habe nur einen einzigen Eintrag vorliegen: Butterblumengelb; minzige Nase; sehr eindringlich. Hartes Ende. *Im Oktober 1990 mit Birnen und Haselnüssen verkostet* **

Ch. Guiraud Viele Einträge, ein Wein von beständiger Qualität, nicht groß, aber gut. Als Erstes 1974 ein reiches Exemplar, die Farbe ging mit zunehmender Reife von Gelbgold über Bernstein zu Altgold über. In den 1980ern in guter Verfassung, honigartiges Botrytis-Bukett, ein Hauch Pfefferminze; süß, eine Spur Karamell, guter langer Geschmack und Abgang. »Lebt noch 20 Jahre«, notierte ich mir 1984. Kürzlich messingfarben, mit etwas Weinstein; »Altgold«-Nase und -Geschmack. Etwas am Austrocknen, aber reich, mit sehr guter Säure. Jenseits seines Höhepunkts, um ehrlich zu sein. *Zuletzt im Mai 2001 beim Essen mit David Carter und Frau in Gloucestershire verkostet* ****

Ch. Sigalas-Rabaud Dreimal verkostet. In der Nase Passionsfrucht und Ananas; in Geschmack, Gleichgewicht und Abgang ausgezeichnet (1981). 1992 sehr gut. Kürzlich der beste von insgesamt neun Jahrgängen (von 1955 bis 1984): sehr wohlriechend, vollendet; mittelsüß, gute Länge, ausgezeichnete Säure. *Zuletzt im März 1997 bei einer Vorverkaufsverkostung degustiert* ****

Ch. Suduiraut Eines meiner bevorzugten Sauternes-Güter. Es wird von Madame Frouin und ihrer Familie geführt und wartet mit beständig guten Weinen auf. Der 1967er soll angeblich besser als der Yquem sein, aber ich habe sie beide nebeneinander verkostet und der Yquem hat die Nase knapp vorn. Fast 20 Einträge. Gute Farbe, in den 1970ern Nase, Geschmack und Ausgewogenheit ausgezeichnet. In den 1980ern »himmlische Marmelade« (also wirklich!), minziger Gerstenzucker, cremige Aprikosen, *Crème caramel* und natürlich eine perfekte honiggetönte Botrytis-Note; am Gaumen beständig süß, reich, kraftvoll, aber nicht im Entferntesten zu schwer oder pappig süß.

Eine Flasche dekantierte ich, weil sie einen leichten Bodensatz hatte, es hätte sich aber schon allein wegen der herrlichen Farbe im Dekantiergefäß gelohnt. Der Wein begann zwar allmählich seine unverfälschte Süße zu verlieren, war aber sehr schön. Noch im selben Monat ein Exemplar mit leuchtend warmer Goldfarbe; ein Bukett, das im Glas aufblühte; sehr duftig, aber etwas Fleisch verlierend. Praktisch perfekt (alle 1996). *Zuletzt im März 1997 in London bei einem Essen des Saintsbury Club verkostet – noch immer grandios, zumindest, als ich ihn vor den gebackenen Feigen mit Mascarpone-Eis verkostete* ****

Ch. La Tour-Blanche Zweimal verkostet, zufällig beide Male Abfüllungen von Dolamore: reines Gold; leicht, wächsern, Austernmuschelnnase (glaube ich wenigstens); jetzt trinkreif (1986). Ziemlich süß und reich, guter intensiver Geschmack. *Im Januar 1994 bei einem Essen des Bordeaux Club im Christ's College in Cambridge verkostet, einem jener seltenen Ereignisse in der Geschichte des Club, zu denen Jack Plumb auch die Frauen einlud* ***

ICH HABE IM LAUFE DER JAHRE VIELE WEITERE 1967ER VERKOSTET, aber keinen von den nachfolgend genannten in letzter Zeit. **Ch. Coutet** Viele Einträge. Perfekt zu Erdbeeren und Sahne. *Zuletzt 1983 verkostet* ***; **Ch. de Fargues** Ein Gut im Besitz von Lur Saluces. Erstmals verführt wurde ich von dem 1967er dieses Châteaus bei der Asher-Storey-Versteigerung 1974. Gegen Ende der 1970er trank ich ihn mehrmals mit größtem Vergnügen: golden; reifte wunderschön heran; ansprechend im Geschmack und schön ausgewogen. Etwas am Austrocknen, aber es lohnt sich trotzdem noch, nach ihm Ausschau zu halten. *Zuletzt 1985 verkostet* ****; **Ch. Lafaurie-Peyraguey** In der zweiten Hälfte der 1970er dank perfekter Edelfäule sehr ansprechend ****; **Ch. Rieussec** Feiner, klassischer Geschmack, reich und lang. *Zuletzt 1984 verkostet* ****

TROCKENE WEISSE Kein schlechter Jahrgang. Zum Glück haben noch einige wenige Flaschen überlebt.
Dom. de Chevalier Olivier Bernard führt seine Gäste nur zu gern mit Blindverkostungen an der Nase herum, bei denen Jahrgänge mit derselben Endziffer verkostet werden – diesmal war es die »7«. Sein 1967er *Blanc* zeigte einen Anflug von Adstringenz, war aber sehr gut trinkbar. *September 1998* ** (Erwartungsgemäß aber stach der 1927er Warre alle anderen Weine aus.)
Ch. La Louvière Ein etwas unterbewerteter Graves, der in alten und »ungewöhnlichen« Jahrgängen wie diesem oft sehr gut ausfällt. *Im Juni 1991 bei der Fête de la Fleur in Bordeaux aus Magnumflaschen verkostet* ***

1968

Je weniger über diesen Jahrgang gesagt wird, desto besser ist es. Kalt, keine Sonne, unreife Trauben.
Ch. d'Yquem Man kann nicht behaupten, sie würden es nicht versuchen. Es muss nicht einfach gewesen sein, passende Trauben zu finden. Im April 1973 lag der Wein noch immer im Fass. Erwartungsgemäß wollte man mich ihn nur widerwillig verkosten lassen, obwohl ich es aus reiner Neugier tat: tiefe Bernsteinfarbe mit wässerigem Rand; zwar süß, sogar ein Anflug von Gehalt, aber hohe Säure und bitter. 20 Jahre später: Mahagonifarbe; harte, medizinale, karamellisierte Nase; trocken, mit einem Geschmack nach angesengtem Farnkraut. Kürzlich: ein fischiger Karamellgeschmack, der vermutlich schlechteste Wein auf Rodenstocks Yquem-Marathon in München. *Zuletzt im September 1998 verkostet.*

1969 *

Nasses Frühjahr, schlechte Blüte – kurzum: schrecklich. Ein goldener Herbst rettete die Weinbauern in Sauternes.
Ch. d'Yquem Im April 1983 erstmals aus dem Fass verkostet. Ziemlich blass, lebhaft, recht ausgeprägte Säure. Fünf Jahre später Lanolinnote und zitronenartige Säure. Dann eindringliche Nase, unlängst noch immer blässlich und mit schwachem Rand; allerdings wesentlich ansprechender im Bukett und Geschmack, als ich erwartet hatte. Süßlich, leicht im Stil, hervortretende Säure. *Zuletzt im September 1998 verkostet* ** *(gerade noch).*
Ch. Climens Lese vom 10. Oktober bis 5. November. Hagel im Juli reduzierte den Ertrag, der bei nur 5 hl/ha lag; insgesamt wurden 19 500 Flaschen abgefüllt. 14 % Alkohol, 76 g/l Restzucker. Climens »versuchte das Beste daraus zu machen«. 1973 mit gewissen Zeichen von Klasse, 1976 grasig, eher leicht, 1984 pikant, aber wohlschmeckend. Mit 32 Jahren bernsteingolden, die tiefste Farbe aller zwischen 1964 und 1999 verkosteten Climens-Jahrgänge; Nase und Geschmack süß, reich und karamellisiert; mittelsüß, lebhafte Frucht, gute Säure. *Zuletzt im Oktober 2001 auf dem Château verkostet* **

WEITERE, ÄLTERE EINTRÄGE **Ch. Coutet** Leicht, nicht schlecht. *1975* *; **Ch. Doisy-Védrines** Die Berry Bros. hätten diesen Wein nicht abfüllen sollen; **Ch. Guiraud** Ein Hauch von Harmonie. *1984* **; **Ch. Lafaurie-Peyraguey** Bernsteingold; Marzipan in Nase und Geschmack. Wurde von Mandel-Mousseline erschlagen, erholte sich anschließend aber wieder etwas. *1986* *; **Ch. Rieussec** Fünf Einträge von 1976. Anfangs eine bittere Note, aber später wohlriechend und ansprechend. Für einen Rieussec blass; herrlich reiche Nase, aber etwas übertrieben. Ein guter 1969er. *Zuletzt bei einer Vorverkaufsverkostung 1986 degustiert* ***; **Ch. Sigalas-Rabaud** Nicht schlecht **; **Ch. Suduiraut** Legte sich wie Climens und Avis (»we try harder«) ins Zeug. Gute Farbe, ziemlich süß, Geschmack nach Toffees und Äpfeln. *Zuletzt 1988 in Palm Beach verkostet* **

1970 bis 1989

Zwei absolut entgegengesetzte Jahrzehnte. Die 1970er begannen relativ gut, dann folgten die Ölkrise, eine sofortige Rezession und der völlige Zusammenbruch des Markts für Bordeaux-Weine, der allerdings die Weißen nicht so sehr traf, da die Spekulanten vor allem die Roten ins Visier genommen hatten. Die Preise für Sauternes waren nach wie vor unwirtschaftlich niedrig. Interessanterweise unterschieden sich die beiden guten Sauternes-Zwillingsjahrgänge 1970/1971 und 1975/1976 sehr stark voneinander, wie meine Verkostungsnotizen hoffentlich zeigen werden. In der nächsten Dekade befanden sich eher die roten Trockenen als die weißen Süßweine obenauf, sowohl was ihre Qualität als auch den Marktwert anbelangte, obwohl der 1983er Sauternes großartig ausfiel. Die 1980er klangen mit dem ersten Jahrgang eines herausragenden Trios aus. Mitte der 1980er brachte eine Neuentwicklung beträchtliche Vorteile für die finanzstarken Sauternes-Châteaux: die Cryoextraktion oder Gefrierkonzentration. In weniger guten Jahrgängen lässt sich Lesegut dadurch retten, dass man die Trauben 20 Stunden vor dem Pressen einfriert und dadurch den Wasseranteil reduziert. Das 1985 eingeführte Verfahren wurde erstmals 1987 von Yquem angewandt.

In den 1980ern wurden die Bereitungsverfahren für trockene Weiße enorm verbessert, was zu einem großen Teil Professor Denis Dubourdieu von der Universität von Bordeaux zu verdanken ist. Meiner Ansicht nach aber schoss man im Bemühen, die faden, schwerfälligen Graves-Gewächse durch frische, schlanke, fruchtige und säurebetonte Weine zu ersetzen, über das Ziel hinaus. Sauvignon blanc und neue Eiche passen nicht zueinander: Ist eine dieser Komponenten im Übermaß vorhanden, geraten die Weine vordergründig attraktiv, sind aber letztendlich Blender. Ausgewogenheit ist das A und O.

Sauternes-Jahrgänge auf einen Blick

Hervorragend *****
1971, 1975, 1983, 1989

Sehr gut ****
1976, 1985 (u), 1986, 1988

Gut ***
1970, 1979, 1982

1970 ***

Das erste Jahr der neuen Dekade brachte eine Wende zum Besseren, doch die reifen Trauben hatten mehr Zucker als Säure. In Sauternes trieb ein goldener Herbst den Zuckergehalt des Leseguts in die Höhe, verhinderte aber gleichzeitig die Ausdehnung des Botrytis-Pilzes. Ich halte diesen Jahrgang für überbewertet, denn es entstanden schwerfällige, ungehobelte Weine, denen der reiche Gehalt aus edelfaulen Trauben und der Schwung der 1971er fehlt.

Ch. d'Yquem Eine 1973 verkostete Fassprobe: blass, zitronengelber Rand, aber reich, im Abgang eine Bitternote. In der zweiten Hälfte der 1970er wurde er runder und entwickelte eine reife, lanolinartige Nase; schöner Körper im Gleichgewicht. In den 1980ern immer farbtiefer, aber obwohl er insgesamt harmonisch wirkte, fehlte ihm die Edelfäule. 1990 bezeichnete ich ihn erstmals als »stämmig«, »sehr gut, aber uninteressant«. 1996 eine eindringliche, im Abgang aber austrocknende Magnum. Ein Jahr später in Miami ein ähnlicher Eintrag. Unlängst bernsteingolden, noch immer ziemlich süß, schwer, alkoholstark, eine Spur Karamell. *Zuletzt im September 1998 in München verkostet* *** *Bald trinken.*

Ch. Climens 14 % Alkohol, 79 g/l Restzucker. Zwischen 1970 und 1985 mehrere Male verkostet: mittelsüß, keine Edelfäule. Jetzt mitteltiefes Gelb; minzig, leicht firnisartig, unverwobene Nase, die im Glas etwas nachließ; eine gewisse Süße, im Geschmack besser als in der Nase, ein bisschen schwerfällig, »stämmig«, aber mit guter Säure. Von Anfang an vom 1971er völlig in den Schatten gestellt. *Zuletzt im Oktober 2001 auf dem Château verkostet* **

Ch. Filhot Bei der ersten Verkostung 1974 blass, zitronengelber Rand, ansprechender, aber »grüner« Duft. Dann eine Lücke von fast einem Vierteljahrhundert und erst wieder bei einem von Christie's organisierten Essen im Brooks's Club mit acht Sauternes- und Barsac-Weinen verkostet, zu dem Graf Xavier de Pontac geladen hatte. De Pontacs Vorfahren hatten schon zu Samuel Pepys' Zeiten im 17. Jahrhundert ihren Wein im »Pontac's Head« feilgeboten. Leider war der Filhot, der mittlerweile ein ziemlich tiefes Bernsteingold angenommen hatte, ausgetrocknet und karamellisiert. *Zuletzt im Mai 1998 verkostet* *

Ch. de Rayne-Vigneau Insgesamt sechs Einträge. 1981 »ein ordentlicher Wein, aber nicht mehr auf dem klassischen Niveau von früher«; 1983 »Kerosin und Pfirsichkerne, unbeeindruckend«; 1984 nicht begeisternd und schließlich drei sehr unterschiedliche Flaschen, die ich auf Mud Island in Memphis, Tennessee, verkostete: alle farbtief, eine mit Pilznase, die zweite nicht schlecht, die dritte weicher, süßer, sahniger und karamellig. Nicht gut, selbst wenn man von einem nicht optimalen Zustand ausgeht. *Zuletzt im September 1999 verkostet. In Bestform* **

Ch. Rieussec 1974 nicht die übliche goldene Farbe, aber mit milder, sanft honiggetönter Nase, am Gaumen ziemlich reich. Gut, aber der Botrytis-Charakter fehlt, blässliche Farbe, eine deutliche Pfefferminznote, nicht so dicht und stämmig wie manche 1970er. In der zweiten Hälfte der 1980er schöne Säure. Vor einiger Zeit etwas kräftigere Farbe, noch immer süß, mit ansprechendem Geschmack. *Zuletzt im Dezember 1995 bei einem Weihnachtsessen der Weinabteilung von Christie's degustiert. In Bestform* ****

Ch. Suduiraut Wenn jemand in diesem Jahr einen großen Wein zuwege gebracht hätte, dann Suduiraut. Anfangs überraschend blass, Mitte der 1970er bis Anfang der 1980er aber mit ansprechendem Bukett und Geschmack. Zweimal als »stämmig« bezeichnet, unter anderem in meinem jüngsten

Eintrag: mehr Farbe; duftende Vanillenase; noch immer ziemlich süß, aber mit hartem Abgang. *Zuletzt im November 1990 beim Essen vor und nach einem* Soufflé glacé Grand Marnier *verkostet* ★★★

ÄLTERE EINTRÄGE Ch. Bastor Lamontagne Nichts Besonderes. *1982* ★; **Ch. Coutet** Zwischen 1974 und 1978 oft verkostet. Ganz angenehm, aber ich notierte mir: »Je öfter ich die 1970er zu Gesicht bekomme, desto weniger gefallen sie mir.« Verlor der Besitzer den Mut, bevor er das Château verkaufte? Kürzlich immer noch eher blass, mit parfümiertem Bukett und ansprechendem Geschmack. »Jetzt bezaubernd.« *Zuletzt 1986 bei einem Essen der Commanderie de Bordeaux verkostet* ★★; **Ch. Guiraud** Fünf Einträge, entstanden in der zweiten Hälfte der 1970er, seither nicht mehr verkostet. Anfang hielt ich ihn für gut, aber keinesfalls ein Schwergewicht; später empfand ich ihn als zu blass; keine großartige Entwicklung in der Nase, am Gaumen ein Anflug von Pfirsichkernen. Insgesamt enttäuschend. *Zuletzt 1979 verkostet* ★; **Ch. Lafaurie-Peyraguey** Sechs Einträge, die alle Mitte der 1970er entstanden. Schien 1975 auf dem Höhepunkt. Blassgelb, dominierender Sémillon-Charakter, zu wenig Fleisch, nicht sehr süß. *Zuletzt 1977 verkostet* ★★

WEITERE ÄLTERE EINTRÄGE Ch. Broustet Hohl. *1976*; **Ch. Doisy-Védrines** Attraktiv. *1978* ★★; **Ch. Roumieu-Lacoste** Fest, sahnig, kraftvoll. *1983* ★★★; **Ch. Sigalas-Rabaud** *1976* ★★; **Ch. La Tour-Blanche** Ansprechend, jedoch nicht klassisch. *1977* ★★

TROCKENE WEISSE Ein gutes Jahr für die Spitzenweine aus Graves **Dom. de Chevalier** Geschmack, Textur und Ausgewogenheit schön. *Zuletzt 1988 verkostet* ★★★★; **Ch. Haut-Brion** Kraftvoll, stahlig, langlebig, aber nur in seinen frühen Jahren verkostet. *1973*; **Ch. Laville Haut-Brion** Wohlriechend, intensiv, vollmundig. *1986* ★★★★

1971 ★★★★★

Ein schöner, sonniger Sommer, ideale Reifebedingungen und Botrytis-Befall brachten einen ausgezeichneten Sauternes-Jahrgang hervor.

Ch. d'Yquem Der beste Jahrgang zwischen 1967 und 1975. In den 1980ern durchweg gut, mit einem ansprechenden, blumigen, honigartigen Edelfäule-Bukett als hervorstechendstem Merkmal, aber auch kraftvoll und reich, lang und säurebetont. Beim Münchner Yquem-Marathon etwas unter meinen Erwartungen (außerdem eine korkelnde Flasche), was aber am Kontext gelegen haben mag, denn ich verkostete gleichzeitig noch viele andere großartige Yquem-Jahrgänge. Kürzlich gut zu Schimmelkäse-*Crème-brûlée* (!): reiche Farbe; Gerstenzucker- und Karamellnase; süß und reich, ein Kraftwerk von einem Wein mit perfekter ausgleichender Säure. Hat noch Zeit. *Zuletzt im September 1999 auf dem »Mr.-Gourmet«-Essen in Memphis verkostet* ★★★★★

Ch. Climens Ein himmlischer Nektar. Auf einer Stufe mit dem 1929er und 1949er. In vier *tris*, Durchgängen, wurden vom 8. Oktober bis zum 3. November Trauben mit perfektem Edelfäulebefall gelesen. Ertrag 12 hl/ha, lange, sechswöchige Gärung in Barriques, rund 33 000 Flaschen *Premier vin*, 13,9 % Alkohol, 99,5 g/l Restzucker.

Ich vergleiche Climens oft mit Cheval Blanc. Beide Châteaux genießen seit langem einen guten Ruf und bereiten stilvolle, finessenreiche Weine von höchster Qualität, wie dieser Jahrgang zur Genüge unter Beweis stellt. Insgesamt neun Einträge, die überwiegend in den 1980ern entstanden, »jeder Versuch ein Volltreffer«, würde ein Jahrmarktschreier wohl rufen! Schönes, lebhaftes, wächsernes Gelb mit goldenen Spuren; Nase und Gaumen in perfekter Harmonie. Ziemlich eindringlich, dabei ideales Gewicht. Im Verlauf seiner Entwicklung schien die Farbe immer ansprechender, der Geschmack immer ausgedehnter zu werden. 1988 die reinste Vollendung. Als Nächstes 1995 in der Landhausküche eines etwas exzentrischen Besitzers, dem einer der besten französischen Weinkeller gehört, zu *Terrine de foie gras* getrunken: reines Goldgelb; untadeliges, nahtloses Bukett, »Fruchtcreme«; etwas am Austrocknen, aber reich, elegant und von sahniger Textur. Kürzlich: jetzt reichgolden mit grünem Rand und orangefarbenen sowie limettengrünen Reflexen; sogleich nach dem Eingießen ein verblüffend reiches, fast zu reiches, butteriges Bukett, Lanolin, Karamellbonbons, große Tiefe; sehr süß, körperreich und herrlich in Geschmack, Gehalt und Tiefe. *Zuletzt im Oktober 2001 auf dem Château verkostet* ★★★★★ *Wird noch ein Vierteljahrhundert lang begeistern.*

Ch. Coutet, »Cuvée Madame« Die Spitzen-Cuvée, die nur in großen Jahren bereitet wird. Zweifellos gut; goldene Farbe; ein Bukett nach süßen reifen Pfirsichen, das förmlich aus dem Glas springt; süßer als der Standardwein, wundervoller Stil, sehr lebhaft, große Länge, herrlicher Nachgeschmack. Eine durch und durch entzückende Magnum. Von diesem Wein ist noch mehr zu erwarten. *März 1992* ★★★★★

Ch. de Fargues Graf Alexandre de Lur Saluces' 1971er zeigte sich auf einer Verkostung, die ich für die Bank Bär in Zürich leitete, in absoluter Höchstform: Gelbgold; orangefarbene Reflexe; auch auf die Gefahr hin zu langweilen, muss ich wieder einmal auf die gut ausgebaute Honig- und *Crème-brûlée*-Note verweisen; natürlich süß, Geschmack, Körper und Säure ausgezeichnet. Praktisch perfekt. *April 1998* ★★★★★

Ch. Filhot Dieses *Deuxième-cru*-Gut in Sauternes gehört einem Zweig der Familie Lur Saluces. Es beeindruckt mich allerdings nur selten, obwohl es über ein imposantes Château verfügt und von Jefferson, der Bordeaux 1787 einen Besuch abstattete, gleich hinter Yquem auf Rang zwei eingestuft wurde. Filhot war Anfang der 1970er in einem heruntergekommenen Zustand, wuchs aber 1971 über sich hinaus und bereitete eine gute, ungewöhnlich fleischige Kreszenz. *Im Juni 1999 auf Château Latour verkostet* ★★★★

Ch. Sigalas-Rabaud Leuchtendes Butterblumengelb; herrlich duftendes Bukett, aber nicht so süß wie erwartet. Gute Länge. *Im März 1997 auf einer Vorverkaufsverkostung degustiert* ★★★

EINIGE ANDERE, ZULETZT IN DEN 1980ERN VERKOSTETE SAUTERNES-WEINE, nach denen Ausschau zu halten sich lohnt **Ch. Coutet** (der reguläre Wein, nicht die Cuvée Madame) Zehn beständig gute Bewertungen, entstanden Mitte der 1970er bis Mitte der 1980er: stilvoll, ausgewogen. *Zuletzt 1986 verkostet* ★★★★; **Ch. Rieussec** Kein Schwergewicht, stilvoll, attraktiv. Drei gute Einträge. *Zuletzt 1984 verkostet* ★★★★; **Ch. Suduiraut** Zwei Einträge. Nicht so süß und groß wie erwartet. *Zuletzt 1980 verkostet* ★★

EINIGE ÄLTERE EINTRÄGE Ch. Doisy-Daëne Zu blass, zu grasig; recht reich und fett, aber kein ernst zu nehmendes Gewächs. *1979* ★★; **Ch. Lafaurie-Peyraguey** Mit fünf Jahren eine seltsame, herbstliche Nase, Blätter und Nüsse; nicht sonderlich beeindruckend. Blässlicher, neuer leichter Stil; mittelsüß, nicht unattraktiv, aber auch nicht gut genug. *1978* ★; **Ch. Sigalas-**

Rabaud Frische Minzeblätter und Honig; weich, fleischig, schöne Säure. *1979* ★★★

TROCKENE WEISSE Ein ausgesprochen erfolgreiches Jahr, vor allem für die Spitzenweine aus Graves, die bei guter Lagerung noch immer hervorragend sein können, wenngleich die Flaschenalterung natürlich den Charakter des Weins verändert. **Ch. Laville Haut-Brion** 1978 und 1979 beeindruckend. Ein sehr interessanter Wein. Henri Woltner beließ einige Trauben wesentlich länger als üblich an den Stöcken – eigentlich so lange wie möglich. Der Most muss also einen sehr hohen Zuckeranteil gehabt haben, was sich in einem Alkoholgehalt von 13,5 % widerspiegelte. Verblüffend funkelnde Bernsteinfarbe; ein Bukett wie reifer Barsac, voll, reich, honigartig; mit einer Reife, die dem Wein einen Hauch von Süße verlieh, Länge und Nachgeschmack hervorragend. *Zuletzt im Juni 1990 verkostet* ★★★★★; **Dom. de Chevalier** Trocken. Perfekt im Gleichgewicht. *1985* ★★★★; **Ygrec** Reich, fest, dabei elegant. *1986* ★★★★

1972

Ein schlechtes Jahr. Ungeeignete Wetterbedingungen. Viele Weine, auch die von Yquem, wurden deklassifiziert. Zwei Châteaux, die sich gegen das Schicksal stemmten, sind unten aufgeführt. Alle machten Verluste, denn niemand wollte den Wein haben, als er auf den Markt kam.
Ch. Climens Späte Lese, zwei bis drei *tris* zwischen 8. November und 5. Dezember. 14 % Alkohol, 76 g/l Restzucker. Zehn Einträge, neun davon in den 1980ern. Stark schwefelige Nase, aber nicht schlecht. Verdorben wurde der Wein für mich von dem pappigen Pfirsichkerngeschmack, den ich nicht ausstehen kann. Kürzlich am Altern, aber nach wie vor süß und besser als erwartet. *Zuletzt im Oktober 2001 auf dem Château verkostet* ★ *Austrinken oder meiden.*
Ch. Suduiraut Sechs Einträge, der erste von 1978, keine Länge, ein säuerlicher Einschlag. Bekam in den 1980ern noch einmal Oberwasser, obwohl ich eine Leimnote in der Nase bemerkte. Der beste 1972er, mäßig süßer Gerstenzuckergeschmack. Scharfer säuerlicher Abgang. *Zuletzt 1989 verkostet* ★★

1973 ★★

Ein ungünstiger Vegetationsverlauf. Bordeaux lag noch immer am Boden. Einige halbwegs passable Weine entstanden. Ich habe in letzter Zeit nur wenige verkostet. Sie hätten auch schon Mitte der 1980er weggetrunken werden müssen.
Ch. d'Yquem Nur drei Einträge. Mit elf Jahren eine ansprechende goldene Farbe; unerwartet reich in Nase und Geschmack. Elegant und mit überraschend guter Länge. Vier Jahre später öffnete sich das Bukett und erinnerte mich an Erdbeeren. Sehr wohlschmeckend, ein spitziger Einschlag. Kürzlich hochgetönter Duft; süß, öffnete sich im Mittelteil, aber leicht rauer, ungewöhnlicher Abgang. *Zuletzt im September 1998 in München verkostet* ★★★ *(gerade noch).*
Ch. Climens Zwischen 15. Oktober und 10. November in drei *tris* gelesen. Sehr wenig Edel-, aber umso mehr Graufäule. Hoher Alkohohlgehalt (14 %) und Restzuckeranteil (94 g/l). Ich verkostete ihn erstmals 1977, als ich ihn als recht gut, aber nicht begeisternd einstufte. Über die 1980er verteilt eine Reihe von Einträgen. Der Wein öffnete sich, wurde etwas gehaltvoller. Mit 12 Jahren etwas süßer und körperreicher als erwartet. Gegen Ende der 1980er war er weit davon entfernt auszutrocknen und wurde noch einmal süßer, erschien mir aber nicht ganz verwoben. 1991 ein wächsernes Gelb; butterige, fast ölige Nase; reich, Geschmack nach Caramac (ein Karamell-Schokoriegel), fleischig. Kürzlich ein leichter, recht guter, sahniger Duft; noch immer süß, reich, eindringlich, mit Karamell-Nachgeschmack. War vermutlich Ende der 1980er auf seinem Höhepunkt. *Zuletzt im Oktober 2001 mit Bérénice Lurton auf dem Château verkostet* ★★★ *Bald trinken.*

EINE AUSWAHL ANDERER WEINE, die ich vorwiegend in den 1980ern verkostet habe **Ch. Caillou** Süß, schlank, wohlschmeckend. *1982* ★★; **Ch. Coutet** Reife Sémillon-Note, Geschmack und Säure markant. *1981* ★★; **Ch. Doisy-Dubroca** In einem Jahr wie diesem kann man von einem *Deuxième cru* aus Barsac nicht viel erwarten. Eindringlich und mit guter Säure. *1981* ★★; **Ch. Filhot** Für ihn gilt dasselbe. Nicht fett genug, aber durchaus charmant. Perfekt zu *Foie gras*. 1981 und *1983* ★★; **Ch. Nairac** Gut, aber ohne Finesse. 1979 und *1982* ★★; **Ch. de Rayne-Vigneau** Drei Einträge. Unterschiedliche Flaschen. Bernsteingold. Süß, etwas Fett. Recht gut, aber nicht die übliche Klasse. *1981* ★★

TROCKENE WEISSE Es entstanden einige relativ gute Graves-Weine, die um 1977 auf dem Höhepunkt waren. Jetzt ist es mit ihnen vorbei.

Tris

Ein tri *ist ein Lesedurchgang im Weinberg, bei dem man einzelne edelfaule Trauben oder sogar Beeren einsammelt. Auf Yquem beispielsweise können in einem bescheidenen Weinjahrgang wie 1973 bis zu zwölf Durchgänge erforderlich werden, bei denen man jeweils nur die Traubenbeeren für einige wenige Flaschen herausholt. Dazu braucht man sehr erfahrene Lesehelfer, denn in manchen Jahren werden die einzelnen Weinbergareale unterschiedlich stark von der Edelfäule befallen; manchmal variiert der Befall sogar von einem Rebstock zum anderen. Der potenzielle Alkohohlgehalt kann sich von Rebe zu Rebe unterscheiden. Auch in Deutschland, im Elsass und an der Loire werden Weinberge für die Süßweinherstellung mehrmals auf edelfaules Traubengut hin durchgekämmt.*

1974 bestenfalls ★

Kalt, feucht und fürchterlich. Mit Ausnahme von ein, zwei passablen Barsac-Weinen allenthalben ein Fiasko. Ich habe in letzter Zeit keine 1974er mehr verkostet und es lohnt sich auch nicht, nach ihnen zu suchen. Kein Yquem.
Ch. Climens Eine ungleichmäßige Lese mit vier *tris* zwischen dem 12. Oktober und dem 18. November. Anfangs viel Botrytis, dann aber gab es Probleme mit dem Regen. 14 % Alkohol, wenig Zucker (62 g/l). In der ersten Zeit nicht verkostet, 14 Jahre nach der Lese aber recht gut. Wächserne Sémillon-Nase, honigsüß und säurebetont; vollmundig und eindringlich, respektables Gleichgewicht, erfrischende Säure. Kürzlich blässlich, stämmig, fett, in der Nase verhalten; trocknet etwas aus, aber besser als erwartet. *Zuletzt im Oktober 2001 auf dem Château verkostet* ★ *Austrinken.*
Ch. Coutet Grasig, stämmig, schwerfällig, fett, leicht karamelisiert. Fischiger Abgang. *Zuletzt 1982 verkostet.*

1975 ★★★★★

Ein herausragender Jahrgang in Sauternes, einer der besten des gesamten Jahrzehnts. Frühjahrsfröste, ein heißer, trockener

Sommer, etwas willkommener Regen im September und anschließend gute Lesebedingungen. Ausgezeichneter Edelfäulebefall und stützende Säure.

Ch. d'Yquem 14 Einträge. Zweifellos ein schöner Wein. Erstmals 1981 auf Margaux verkostet, als seine jugendliche Säure noch sehr ausgeprägt war. Die Farbe veränderte sich von hellem Gold Anfang der 1980er zu reicherem Gold, das anfangs unreife, leicht raue Bukett wurde mit der Zeit blumiger und pfirsichartiger, wobei ihm seine Süße, sein Körper, seine Lebenskraft und seine Länge als gemeinsamer Nenner dienten. Bei Frans de Cocks fabelhaftem Weinwochenende in Paris Flaschen zu Ortolan – eigentlich ein streng geschützter Vogel. Beim Einführungsessen der Bacchus Society in Coral Gables stach er den 1970er durch seine schiere Herrlichkeit aus und bei der Münchner Verkostung lag er gleichauf mit dem 1959er, unterschied sich aber im Stil von diesem. Kürzlich absolut perfekt: sahniges, honigartiges Orangenblütenbukett von unergründlicher Tiefe; reich, Gewicht, Geschmack, Gleichgewicht und Länge perfekt, hat noch einmal 20 Jahre vor sich. *Zuletzt im November 2000 auf der Josey-Vorverkaufsverkostung in New York degustiert* ★★★★★

Ch. Climens Extrem gut, verbindet Kraft und Finesse und reicht qualitativ sogar fast an den 1971er heran. Vom 27. September bis zum 22. Oktober in vier *tris* gelesen, ausgezeichnete Edelfäule, kleiner Ertrag (7,2 hl/ha), hohe Qualität. Sehr alkoholstark (14,6 %) und viel Restzucker (96 g/l). 90 % der Ernte wurden zum *Premier vin* verarbeitet, insgesamt 25 000 Flaschen. Erstmals 1982 verkostet, acht gute Bewertungen. Kürzlich: mittleres Gold; blumiges, honigartiges Bukett, wundervoll reich und von einer Tiefe, die einem immer neue Dimensionen eröffnete; süß, körperreich, großartige Konzentration und Länge. *Zuletzt im Oktober 2001 auf dem Château verkostet* ★★★★★ *Noch einmal 20 Jahre.*

Ch. Coutet Nur drei Einträge. Stämmig, leicht grasig, schon bald nach der Abfüllung sehr reich und geschmacksintensiv. Die denkwürdigste Degustation fand 1982 bei einem Essen im Sitzungssaal von Christie's im Beisein der unlängst verstorbenen H. M. Queen Elizabeth the Queen Mother statt. Kürzlich: jetzt goldene Farbe; Sémillon-typische Honig- und Gewürznote, der Sauvignon-Anteil sorgte für die blitzblanke Säure. Sehr reich, eindringlich, aber nicht fett, mit stachelbeerähnlichem, säurebetontem Abgang. *Zuletzt im Februar 1994 bei einem Weindinner im Gidleigh Park Hotel in Devon verkostet* ★★★★

Ch. Guiraud 1978 merkwürdige Nase, am Gaumen pikant. 1982 wohlriechend, aber unverwoben, mit dem für Sauvignon typischen »Katzenpisse«-Aroma als Oberton, aber attraktiv und wohlschmeckend. Kürzlich in der Farbe wesentlich tiefer geworden, Goldorange, jetzt mit honigartiger Reife dank Flaschenalterung und Botrytis-Bukett; sehr angenehm im Geschmack. *Zuletzt im Dezember 1999 beim Weihnachtsessen der Weinabteilung von Christie's verkostet* ★★★

Ch. Lafaurie-Peyraguey Eine trübe, undefinierbare Fassprobe, aber schöne Säure (April 1976). Zwei Jahre später keine große Entwicklung erkennbar, in der Nase »leicht gekochtes Gras«; ziemlich dumpf. 1991 etwas besser. Kürzlich: hübsche Farbe, ein Bukett wie Creme von der *Crème brûlée*; süß, reich, stämmig, mit scharfem alkohol- und säurebetontem Abgang. Aber ansprechend. *Zuletzt im November 1998 bei einer Wine-Encounter-Masterclass der Zeitschrift* Decanter *verkostet* ★★★

Ch. de Malle Leider nicht so schön wie das Château selbst oder so elegant wie die Comtesse de Bournazel. Zu blass, zu grün; reich, aber mit Mandelgeschmack (1982). Kürzlich zwei Flaschen, die eine mit Korkengeschmack, die andere nah dran, nicht sehr gut, mit Vanille in der Nase und Kernnote im Abgang. *Zuletzt im Dezember 2000 beim Christie's-Essen zu Odette Ryans 30. Geburtstag verkostet* ★

Ch. Rieussec Zeigte sich mit drei Jahren vielversprechend, allerdings auch mit scharfem, trockenem, unreifem Abgang und rosinenartigem Nachgeschmack. Gute Entwicklung in den frühen 1980ern. Ein Ausreißer wegen der tiefen, sehr auffälligen orangegetönten Bernsteinfarbe sowie der stämmigen, beerenausleseartigen Nase und Konzentration. »Auf seine Weise großartig«, notierte ich mir im September 1982. Entwickelte sich gut, musste unterwegs gegen *Charlotte au chocolat* und Himbeer-Soufflé antreten. Anfang der 1990er ausgesprochen üppig, voll, fett, mit seidiger Säure. Unlängst mit angesengtem, karamellisiertem Bukett; intensiv reich, aber etwas am Austrocknen. Stämmig, in Nase und Geschmack fast wie ein Bual Madeira. Eigenständig. *Zuletzt im Februar 1996 bei Mentzendorfs Verkostung degustiert* ★★★★

Ch. Sigalas-Rabaud Drei Jahre nach der Lese schien der Sauvignon-Anteil zu dominieren, mangelnde Länge. 1975 und 1982 bei *Decanter*-Degustationen sehr eigenartig, noch immer rau und unreif, mit Sauvignon-Nachgeschmack. Kürzlich frisch, entgegenkommend, mit einer Spur Fleisch, Lemon Curd, Pfirsich und »dem Geruch eines neuen Tennisballs« (wirklich!). Gut im Geschmack, aber mit zu wenig Intensität und einem scharfen, harten, trockenen Abgang. *Eine eilige Verkostung beim Wine Encounter der Zeitschrift* Decanter *im November 1998* ★★

Ch. Suduiraut Ein herausragender Wein vom Anfang bis zum Ende, wann immer das auch kommen mag. Den Anfang – wenigstens aus meiner Sicht – machte eine Verkostung auf dem Château im April 1978. Gute Farbe, edelfauler Charakter in Nase, Geschmack und Säure. Im Abgang eine leichte Bitternote. Nach vier Jahren zu einem tiefgoldenen, reichen Wein mit klassischem Bukett und Geschmack herangereift. (Unverwechselbar. Bei der *Decanter*-Blindverkostung erkannt.) Zwei nicht minder bewundernde Einträge 1988: ausgewogen, voll entwickelt, wohlriechend, Pfirsich und Blüten; sehr süß, aber mit trockenem Abgang, große Länge, Kraft und Lebendigkeit. *Zuletzt im September 1997 bei einer Vorverkaufsverkostung in New York degustiert* ★★★★★

Kurze Notizen zu einigen der sehr zahlreichen in den 1980ern zuletzt verkosteten 1975ern **Ch. d'Arche** Nichts Besonderes. 1978, *1982* ★; **Ch. Doisy-Védrines** Positiv, stilvoll. 1978, 1982, *1986* ★★★★; **Ch. de Fargues** Reingolden; sehr wohlschmeckend, gute pikante Säure. *1983* ★★★★; **Ch. Filhot** Zu blass, grasig im Stil. 1978, *1982* ★★; **Ch. Guiteronde** Blass, zu viel Schwefel; fett, reich. *1982 bis 1983* ★★; **Clos Haut-Peyraguey** Butterblumengelb; ziemlich kraftvoll, harter Abgang. »Braucht Zeit.« *1982* ★★★; **Ch. Liot** Angenehm und preisgünstig. 1979, 1980, 1981; *1982* ★★★; **Ch. Nairac** Wie ein Graves mit Flaschenalterung. Etwas künstlicher Geschmack. *1982*; **Ch. Rabaud-Promis** Tiefes Gelb; Minze, Rosinen, »Feigensirup«; sehr süß, reich, ansprechend, Kopfweh. *1987* ★★★; **Ch. de Rayne-Vigneau** Nicht so gut wie früher, zugänglich, gefällig, weich, angenehm. *1981 bis 1982* ★★; **Ch. Romer du Hayot** Blass, kräuterwürzig; voller als erwartet und mit mehr Säure. *1982 bis 1983* ★★★; **Ch. Suau** Nicht beeindruckend. *1981, 1982 und 1983*; **Ch. La Tour-Blanche** Mehrere Einträge, leicht im Stil, im Allgemeinen nicht beeindruckend. 1976 aus dem Fass, 1982 bis 1983; *1987* ★

Trockene Weisse Einige ausgezeichnete Weine, trocken, etwas spröde. Ausschau halten aber sollte man nur noch nach den Besten.

Ch. Haut-Brion Anfang der 1980er blass; Vanillenase, Chardonnay-artig; trocken, fest, unreif. Unlängst in der Farbe tiefer; sehr charakteristische Eisen- und Erdnote in Nase und Geschmack mit eindeutiger Verwandtschaft zum roten *grand vin*. Trocken, ziemlich körperreich, streng. Als ich als Gastdozent auf der *Seabourn Spirit* reiste, brachte mir der Sommelier diesen Wein, nachdem sich ein Passagier darüber beschwert hatte. An sich war er gesund, aber ich verstand, warum der »Kunde« ihn nicht gemocht hatte. Er war nicht gerade leicht und außerdem zu alt. *Zuletzt im Januar 1998 im Südchinesischen Meer verkostet. Geschmackssache.*

1976 ★★★★

Dieser Jahrgang war von Anfang an ansprechend, doch letzten Endes werden nur die besten überleben. Außergewöhnliche Hitze und Trockenheit prägten das Jahr; gründlich ausgereifte Trauben, fast perfekt in Sauternes.

Ch. d'Yquem Weil die Botrytis-Fäule sich rasch ausbreitete, wurde vom 21. September bis 13. Oktober in aller Eile gelesen. Ein Dutzend Einträge, erste Verkostung 1983 auf dem Château: sahnig, reich, intensiv und fabelhaft. Gute Bewertungen in den 1980ern, eine relativ hohe flüchtige Säure, die für den Quebec Liquor Board unannehmbar wäre. Auch in den 1990ern mehrmals verkostet und getrunken, dreimal bei Essen mit dem Saintsbury Club in den Jahren 1995, 1998 und 2000 (wir scheinen einen großen Vorrat zu haben!). Einmal beschrieb ich ihn als etwas »schwerfällig und ungehobelt«, was aber auch am Himbeer-Soufflé gelegen haben kann. Ansonsten nichts als bewundernde Beurteilungen, eine Farbe, die von Mal zu Mal tiefer wurde, und die üblichen, ziemlich regelmäßig erscheinenden Bukett- und Geschmacksbeschreibungen. Im Dezember 2000 merkte ich seine Süße und Länge an, obwohl ich einen Hauch von karamellartiger Reife dank Flaschenalterung entdeckte. Voll entwickelt. Kürzlich: Orangegold; Duft nach alten Aprikosen und *Crème brûlée*; süß, voll, reich, etwas karamellisiert. *Zuletzt im Dezember 2001 bei Hugh Johnsons Essen für den Bordeaux Club zu* Tarte frangipane aux figues *verkostet* ★★★★ *Ich denke aber, er lässt nach.*

Ch. Climens Ein heißer, trockener Sommer, schöne Trauben, aber vom 1. bis 23. Oktober waren mehr als vier *tris* nötig und obwohl die zunächst goldenen Trauben fast Schokoladenfarbe annahmen, stellte sich keine Edelfäule ein. Hoher Ertrag, fast 30 000 Flaschen des *Premier vin*. Ziemlich hoher Alkoholgehalt (14,3 %) und viel Restzucker (114 g/l). In den 1980ern durchweg superb, reich und fett für einen Barsac. Goldene Farbe, »Kirchenfenster« wie gotische Spitzbögen, mit fast jeder erdenklichen Duft- und Geschmacksnuance ausgestattet, reich, dabei lebhaft. Kürzlich: verhalten, ein winziger firnisartiger Einschlag in der Nase, aber gute Tiefe; süß, lebhaft, körperreich, leicht würziger Abgang, *à point*. *Zuletzt im Oktober 2001 auf dem Château verkostet* ★★★★ *Jetzt auf dem Höhepunkt.*

Ch. Coutet Leicht variable Notizen, verbesserte sich mit zunehmender Reife. 1983 attraktiv, aber unterentwickelt. Bis 1990 drei nicht so gute Bewertungen: »Zu blass«, »nicht süß genug«, hohe (flüchtige) Säure, ein typisches Merkmal der 1976er, was auf die große Hitze während der Lese zurückzuführen war, eine Spur Pfirsichkerne. Bei den Essen des Bordeaux Club 1996, 1998 und 2000 kam er sehr gut an, seine Farbe war goldener als früher, aber nicht tief; kräuterartig, grasig, kresseähnlich; ein ansprechender Geschmack, den die Säure stützte und lebhafter machte. Angenehm, gut, aber keineswegs großartig. *Zuletzt im Oktober 2000 auf Childerley Hall degustiert* ★★★ *Bald trinken.*

Ch. Doisy-Védrines Viermal verkostet, das erste Mal 1978. Spürbar botrytisiert. Kürzlich: gute Farbe; Nase etwas unnachgiebig; mittelsüß, weicher Gerstenzuckergeschmack und -nachgeschmack. Ziemlich hohe Säure. *Zuletzt im Juli 1992 verkostet* ★★★

Ch. Guiraud Stets ziemlich farbtief, Mitte der 1980er altes Bernsteingold, fleischig im Stil, bereits karamellähnlich. Kürzlich mit der honigartigen, auf die Flaschenalterung zurückzuführenden Reife eines guten Jahrgangs, kraftvoll, mit einem Geschmack, der mich an Eiswein erinnerte, Alkohol und Säure angemerkt. Nicht schlecht, aber auch nicht gut genug. *Zuletzt im September 1998 verkostet* ★★ *Austrinken.*

Ch. Lafaurie-Peyraguey Komischerweise nur ein einziger Eintrag. Ich bin kein großer Bewunderer von Lafaurie, fand den 1976er jedoch erstaunlich gut: enorm reich, mit firnisartiger, hochgetönter Nase, toffeeartig, fruchtig, nach 30 Minuten im Glas aber erinnerte er mich an alte Äpfel auf einem Heuboden. Stämmig, gute Länge, trockener Abgang. *Im November 1998 auf der Masterclass »Decanter Encounter« im opulenten Landmark Hotel in Marylebone (London) verkostet* ★★★ *Bald trinken.*

Ch. Rieussec Fast ein Dutzend Einträge, immer auf die charakteristische, sehr deutliche Farbtiefe und -opulenz hingewiesen, außerdem auch auf das fast exotische Bukett und den entsprechenden Geschmack. Sehr reich, etwas Karamell, ein bisschen übertrieben, aber ein Genuss. Der Tschaikowsky von Sauternes. Der jüngste Eintrag entstand bei John Plumbs Essen für den Bordeaux Club im Christ's College in Cambridge. *Zuletzt im Januar 1997 verkostet* ★★★★

Ch. Sigalas-Rabaud Eine Hand voll Einträge. Ansprechendes, weiches Bukett, fett, aber im Stil Barsac-ähnlich (1980). Kürzlich auf der *Decanter*-Verkostung ganz anders als der Lafaurie-Peyraguey, gesund, leuchtender und frischer, trotz einer Spur von Braun im Gold; grasige Traubigkeit; am Austrocknen, aber erfrischend, minzig, harter Abgang. *Zuletzt im November 1998 bei der Wine-Encounter-Masterclass der Zeitschrift* Decanter *verkostet* ★★ *Austrinken.*

Ch. Suduiraut Ich kann mich noch gut daran erinnern, als ich diesen Wein im April 1978 auf dem Château verkostete. Er war ausgesprochen köstlich, aber Madame Frouin prophezeite damals, dass sich ihr 1975er eines Tages als der Bessere der beiden erweisen würde. Bei einer Suduiraut-Verkostung 1983 meinte sie, dass der 1976er nun auf dem absteigenden Ast sei, und lobte erneut den 1975er. Ich habe die Farbe, Reichhaltigkeit und schwungvolle Kraft des Suduiraut immer bewundert (das Gut gehört mittlerweile AXA). *Zuletzt im November 1998 am Ende meiner Präsentation von Rotweinen des Jahrgangs 1928 in San Juan verkostet* ★★★★

EINIGE WEITERE BARSAC- UND SAUTERNES-WEINE, die ich überwiegend in den 1980ern verkostet habe **Ch. Bastor-Lamontagne** Viele Einträge. Angenehm. Gutes Preis-Leistungs-Verhältnis. 1981 und *1984* ★★★; **Ch. Doisy-Daëne** Leicht im Stil, gefällig, gut gemacht. *1980* ★★★; **Ch. de Fargues** In alten Yquem-Fässern gereift. Honigartig, kraftvoll, hohe flüchtige Säure, aber ansprechend. *1985* ★★★; **Ch. Filhot** Ein Frühentwickler. Bei Terence Conrans 50. Geburtstag im Oktober 1981 schrieb ich: »Eine gewisse Schwerfälligkeit und ganz nett« (sowohl der Wein als auch mein Gastgeber!). Grasig. Auf seine Weise gut. *Zuletzt 1993 verkostet* ★; **Ch. Liot** Leicht im Stil. Unbeeindruckend. *1982* ★; **Ch. Menota** Ein unbekannter Barsac. Farbtief, unglaublich konzentrierte Nase; sehr süß, reich, etwas »ungehobelt«. Ich bin gespannt darauf, wie er sich entwickelt hat: Ist er superb oder bereits auf dem absteigenden Ast? *1982* ★★★?; **Ch. Nairac** Hart, schlank, alkoholisch, enorm trockener Abgang. *1989*; **Ch. Romer du Hayot** Blass, aber fett. Eine grasige Nuance. *1983* ★★★

Trockene Weisse Einige sehr ansprechende Graves-Gewächse, die zwar noch trinkbar sind (**Ch. Haut-Brion**, **Ch. Laville Haut-Brion** und **Dom. de Chevalier**), aber mittlerweile ihren Höhepunkt hinter sich haben.

1977

Schlechtes Wetter, schlechte Weine. Schuld war der kalte Sommer und der trockenste September seit Beginn der Aufzeichnungen.

Ch. d'Yquem Zwischen den vielen von Graufäule befallenen Trauben hat man anscheinend einige brauchbare Beeren entdeckt und gelesen. Ich habe den Wein zweimal verkostet, das erste Mal 1983, und beide Male taucht im Zusammenhang mit der Farbe das Wort »überraschend« auf, beim Münchner Marathon außerdem noch »überraschend wohlriechend« und »überraschend gut«. Insgesamt betrachtet lässt seine anfängliche Rauheit und Härte auf ziemlich viel Säure schließen. Einmal etwas anderes. *Zuletzt im September 1998 verkostet* ★ *(gerade noch).*

Ch. Climens Legte sich wie schon bei früheren schlechten Jahrgängen mächtig ins Zeug. Frostschäden, kleiner Ertrag (4 hl/ha), zwei *tris* zwischen 10. und 24. Oktober. 14 % Alkohol und 101 g/l Restzucker. 1987 ein paarmal verkostet: »Nicht gänzlich schlecht.« Kürzlich überraschend süß (was überhaupt nicht überrascht hätte, wenn ich einen Blick auf die Analysewerte geworfen hätte), reich, karamellig mit recht gutem, trockenem Abgang. *Zuletzt im Oktober 2001 auf dem Château verkostet. In Bestform* ★★ *Austrinken.*

Ch. Sigalas-Rabaud Es hat dem Château nicht gut getan, dass es diesen Wein bei einer Werbeverkaufsveranstaltung anbot. Bei der Vorverkaufsverkostung hatte er einen eigenartigen Geruch und Geschmack, der mich an alte Ställe erinnerte. *März 1997.*

1978 ★★

Kaltes Frühjahr, nasser Sommer und ein langer sonniger Herbst, der die Trauben ausreifen ließ, aber in Sauternes die Edelfäule verhinderte.

Ch. d'Yquem Ehrlich gesagt ein schlechter Yquem. Nur 15 % der Ernte – knapp 60 000 Flaschen – kamen überhaupt als Yquem auf den Markt. Dieser Jahrgang war der blasseste einer vertikalen Verkostung 1983 auf dem Château, in der Nase und im Geschmack nicht schlecht, aber schlank und säurebetont. Mit zehn Jahren butterblumengelb, eine eigenartig seifige Nase, dabei kurz und rau. Noch einmal zehn Jahre später: jetzt Orange und nicht glanzhell: unruhige, unverwobene Nase; leicht trocken, karamelliger toffeeartiger Geschmack. Schwerfällig. *Zuletzt im September 1998 verkostet.*

Ch. Climens Trotzte wieder einmal mit Erfolg den Widrigkeiten. Späte Lese vom 30. Oktober bis 23. November, wenig Botrytis, bescheidener Ertrag (10 hl/ha), aber eine ansehnliche Produktion von 40 000 Flaschen. 14,2 % Alkohol, 106 g/l Restzucker. Zwei ziemlich gute Bewertungen Mitte der 1980er: wohlriechend, zugänglich, kurz. Im April 2000 beim Essen in der Domaine de Chevalier in Pessac-Léognan sehr gelb, überraschend gut. In jüngster Zeit leichte Flaschenabweichungen: das erste Exemplar ausgewogen, wächsern, eine Spur von Fleisch und Kernen, das zweite sahniger. Beide noch immer ziemlich süß, lebhaft und mit gutem Geschmack, das zweite Gewächs sauberer. *Zuletzt im Oktober 2001 auf dem Château verkostet. In Bestform* ★★★ *Austrinken.*

Ch. Coutet Wie immer blasser als der Climens. 1984 ein Geruch nach warmer Brotkruste, gut gemacht, wächserne Frucht, lebhafte Säure. Unfertig. Unlängst von einer Jeroboam des 1921er Mouton-Rothschild völlig in den Schatten gestellt. Noch immer blass, grasig, im Stil leicht. Recht gut geraten. *Zuletzt im September 1998 bei einem großartigen Essen für einige sehr distinguierte Gäste verkostet, zu dem Baronne Philippine de Rothschild auf Mouton-Rothschild geladen hatte* ★★

Ch. Rieussec Ein Eintrag: tiefe Bernsteinfarbe – wie üblich; in der Nase Vanille, *Crème brûlée*; süß, ausgezeichnete ausgleichende Säure. Ansprechend, *à point. Im November 2000 bei einem Essen der Domaines de Rothschild im Londoner Brooks's Club verkostet* ★★★★

Ch. Sigalas-Rabaud Minzig; mittelsüß, Kerne, rau, pappig. *Im März 1997 auf einer Vorverkaufsverkostung degustiert* ★

Ch. Suduiraut 80 % Sémillon, 20 % Sauvignon blanc. Relativ blass und kein Schwergewicht vom alten Schlag. 1983 immer noch unreif und mit einer Spur Schwefeldioxid. 1986 erinnerte mich seine Nase an Spargel und Nektarinen: köstlich, ausgewogen, die beiden Rebsorten waren noch immer nicht ganz verwoben, der Wein schien aber trotzdem zur Hochform aufgelaufen zu sein. Zwei Jahre später eine nicht mehr so lobende Bewertung. *Zuletzt im Juni 1988 verkostet. In Bestform* ★★★

Trockene Weisse Ein erfolgreicher Jahrgang, aber die meisten Gewächse werden mittlerweile müde.

Ch. Haut-Brion Dieser Wein profitiert in der Regel von der Flaschenalterung und war 1987 sicherlich besser als 1985 – wobei die als Erstes verkostete Flasche beträchtliches Potenzial offenbarte. Ein Jahrzehnt später blitzsauber, beeindruckend, aber nicht aufregend. Kürzlich: noch immer ziemlich blass, mit einer Spur Strohgelb; trocken, eindringlich, ein Hauch Vanille, sehr gute Säure. Man darf diesen Wein nicht zu kalt servieren und muss ihm Zeit zum Atmen lassen. *Zuletzt im März 1999 bei einem BYOB-Essen in New York verkostet* ★★★

Ch. Laville Haut-Brion Anfangs blass, wohlriechend, trocken, aber schlank. Später eine ansprechende, butterige Nase; relativ trocken, aber reich, weich, mit duftigem Nachgeschmack. Dürfte nach wie vor ausgezeichnet sein. *Zuletzt im April 1990 verkostet* ★★★★

Ch. Carbonnieux Nie groß, immer verlässlich und am besten jung zu genießen. Dennoch mit 13 Jahren gut trinkbar: sanftes Bukett, honigartige Reife dank Flaschenalterung, Zitronennoten. Natürlich trocken, gute Säure. *Zuletzt im April 1991 auf dem Château verkostet* ★★

Dom. de Chevalier 1982 zugänglich und attraktiv, etwas unverwoben, mit verblasster Nase; trocken, aber reich. »Verbesserte sich bei näherem Kennenlernen« (1986). Unlängst verhalten, in der Nase aber mit honigartiger Reife dank Flaschenalterung; sehr trocken, schlank, gute Länge, etwas hohe Säure. Für einen 20-Jährigen gut erhalten – dank Schwefel. *Im April 1998 beim Essen auf der Domaine verkostet* ★★

Pavillon Blanc de Ch. Margaux Der erste Jahrgang nach dem Kauf des Guts durch Mentzelopoulos und der beste Pavillon, der mir je untergekommen ist. In letzter Zeit habe ich ihn zwar nicht mehr getrunken, doch meine drei und zehn Jahre nach der Lese entstandenen Notizen sind voll des Lobes. Faszinierende Nase, die mich zum Teil an einen reifen Chenin blanc von der Loire oder einen guten Chardonnay aus dem Napa Valley erinnerte; trocken, fest, ausgewogen. Dürfte nach wie vor köstlich sein. *Zuletzt im April 1988 verkostet* ★★★★

Ygrec 50 % Sémillon, 50 % Sauvignon blanc, 100 % neue Eiche. Im März 1981 abgefüllt. Sechs Einträge, der erste entstand ein Jahr nach der Lese, als der Wein noch unfertig war. 1987 schon gut entwickelt, aber seither zwei weniger gute Einträge. Es wird interessant sein zu sehen, wie er sich entwickelt hat. *Zuletzt im September 1990 verkostet. In Bestform* ★★★

1979 ★★★

Die Sauternes-Gewächse gerieten besser als die trockenen weißen Bordeaux-Weine, weil auf die kalte, von vielen Regenschauern durchsetzte Saison eine späte Lese folgte.

Ch. d'Yquem Die Lese zog sich lange hin: Am 15. September begann der erste, am 29. November der letzte *tri*. Elf Einträge, als Erstes im Februar 1983 eine halbe Flasche verkostet. Im September des Jahres notierte ich mir allerdings bei einer Degustation mit Alexandre de Lur Saluces: »Vor 4 Monaten auf Flaschen gezogen.« Vielleicht hatte man die halben Flaschen zuerst abgefüllt. Auf jeden Fall zeigt das Datum, wie lang ein Yquem in der Barrique reift. Nach fünf Jahren farbintensiver; komplett, ansprechend; eindringlich, gute Länge. 1990 eine Spur Gerstenzucker und Karamell. 1984 bei einer Verkostung von zehn Jahrgängen in Aspen unter ferner liefen, 1995 bei einer Vorverkaufsverkostung blass und etwas schlank, ebenfalls 1995 eine Magnum mit merklicher Säure, 1997 bei einer neuerlichen Vorverkaufsverkostung süß und wohlschmeckend. Kürzlich: jetzt reines Gelbgold; süß und sahnig in Bukett und Geschmack. Guter Körper. Trockener, säurebetonter Abgang ohne den Pfirsichkerncharakter, der mir bei früheren Verkostungen aufgefallen war. *Zuletzt im September 1998 in München degustiert* ★★★

Ch. Climens Bei sehr gutem Wetter gelesen, drei *tris* zwischen 15. Oktober und 10. November. Zu trocken, deshalb kaum Edelfäule. 14 % Alkohol und ein niedriger Restzuckergehalt von 72 g/l. Fünf Einträge: immer wieder »Pfirsichkerne«, eine Geschmacksnote, die ich nicht mag, obwohl man mir sagt, dass sie in Ordnung ist. Kürzlich mittelblasses Gelbgold; zweischichtige Nase, ein Anflug von Karamell und Pfirsichkernen, öffnete sich jedoch wohlriechend; süßer, karamelliger Geschmack, wächserne Textur. Kräuterwürzig, aber kein Spitzen-Climens. *Zuletzt im Oktober 2001 auf dem Château verkostet* ★★ *Bald trinken.*

Ch. Coutet 80 % Sémillon, 15 % Sauvignon blanc, 5 % Muscadelle. Mit fünf Jahren elegant, aber unfertig. 1987 noch immer unverwobene Nase, aber ein Jahr später wie aus einem Stück gegossen und köstlich. Ausgesprochen glänzendes Erscheinungsbild; eine wohlriechende Nase, die einem den Mund wässerig machte; gute Länge und Säure, allerdings an der Seite des Yquem und Rabaud-Sigalas nach wie vor vergleichsweise blass; duftend, mit seltsamem Vanilleton, der mich an Enteneierpudding erinnerte. Nicht sehr süß, leicht im Stil, aber mit ziemlicher Säure. *Zuletzt im September 1994 auf Rodenstocks 15. Raritäten-Weinprobe verkostet* ★★★

Ch. Guiraud Sechs Einträge. 1983 reich, fast schokoladig. Ziemlich gute Entwicklung. Kürzlich eine positive, klassische Nase; leidlich süß, angenehmer Geschmack und sehr guter Nachgeschmack. *Zuletzt im Januar 1991 verkostet* ★★★

Ch. Rieussec Bei einem Besuch im Laden des Quebec Liquor Board in Montreal 1983 entstanden ausführliche Notizen. Preis: 19,55 kanadische Dollar, ein günstiger Kauf. Der Wein brauchte aber noch Zeit. Reich, kraftvoll, allerdings zu wenig Finesse, kurzer scharfer Abgang. *Zuletzt im Oktober 1991 verkostet* ★★

Ch. Sigalas-Rabaud Das kleinste *Premier-cru*-Gut in Sauternes. Eine Reihe von Einträgen. Mit fünf Jahren überraschend blass, gefällige, entgegenkommende Nase, Lanolin und Honig; süß, aber etwas schlank und mit leicht pappigem, säurebetontem Abgang. Kürzlich bei der Vorverkaufsverkostung des Châteaus in gutem Zustand. *Zuletzt im März 1997 verkostet* ★★★

Weitere, in den 1980ern verkostete Sauternes-Gewächse **Ch. de Fargues** Reich, positiv. *1983* ★★★; **Ch. Filhot** 65 % Sémillon, 33 % Sauvignon blanc, 2 % Muscadelle. Nicht gerade mein Lieblings-Château. Bereitet oft Weine, die die Klassifizierung als *Deuxième cru* mehr als verdienen, der 1979er aber fiel besonders ansprechend aus: überraschend wohlriechend, lebhaft, frische Säure, mit einer leicht traubigen Note, die ihm vom Muscadelle-Anteil verliehen wurde. 1986 und *1987* ★★★; **Ch. Lafaurie-Peyraguey** Süß, Geschmack und Fleisch schön. Gute Länge. *1987* ★★★; **Ch. de Malle** In der Jugend blass und unbeeindruckend. In der Nase eine Spur Leim. Nicht schlecht. 1983 und *1986* ★★; **Ch. Raymond-Lafon** Ein guter Wein, fett, warmer, reicher Abgang. 1986 und *1987* ★★★; **Ch. Rayne-Vigneau** Grasig, ziemlich süß, lebhaft, sehr ausgeprägte Kernnote. *1985* ★★; **Ch. Suduiraut** Mehrere Einträge im Verlauf der 1980er, aber keiner aus jüngster Zeit. Anfangs füllig und fett, aber ohne Edelfäule, Flair und Finesse. Ein reicher, ziemlich vordergründiger Wein. *Zuletzt 1988 verkostet* ★★★

Trockene Weisse Etwas verwässerte, aber wohlschmeckende Weine. **Ch. Laville Haut-Brion** Sechsmal verkostet, kein Exemplar entsprach dem üblichen hohen Standard. Kürzlich für sein Alter blass; charakteristisch, recht gute Frucht; weich und meiner Meinung nach mit zu wenig Säure. *Zuletzt im Dezember 1997 bei einer Vorverkaufsverkostung in New York degustiert* ★

1980 ★

Ein unglücklicher Start in ein Jahrzehnt, das sich in Bordeaux noch als eines der besten aller Zeiten erweisen sollte. Das kalte, schreckliche Wetter zu Beginn der Saison zog eine schlechte Blüte nach sich. Ein heißer und trockener August, dann schlug das Wetter erneut um und der September verlief kalt und nass. Eine sonnige Phase Ende September rettete Sauternes.

Ch. d'Yquem Späte Lese vom 20. Oktober bis 18. November. Fünf Einträge, die alle die unterdurchschnittliche Qualität des Jahrgangs bestätigen. Befand sich wohl 1991 auf seinem Höhepunkt: reizvolle Düfte, Minze, Feigen, Quitte, Orangenblüten; reich, aber mit scharfer, loser Endsäure. Bekam 1994 in Aspen meine schlechteste Bewertung und auch auf Rodenstocks Marathon stufte ich ihn niedrig ein: eigenartig minzige Nase; mittelsüß, schlank, markante Säure. *Zuletzt im September 1998 verkostet. Kaum* ★

Ch. Climens Späte Lese vom 27. Oktober bis 13. November bei überwiegend schönem Wetter mit etwas Regen am Schluss; drei *tris*. Nachdem sich die Edelfäule einmal festgesetzt hatte, breitete sie sich schnell aus, sodass letztendlich 85 % als *Premier vin* abgefüllt werden konnten, was rund 25 000 Flaschen entspricht. 14,2 % Alkohol und 76 g/l Restzucker. Sechs Einträge, fünf davon entstanden in der zweiten Hälfte der 1980er: Bukett »mit gewisser Opulenz«, reicher als erwartet. Kürzlich: tiefes Bernsteingold; seltsame Nase, Erdbeere, Möbelpolitur und Karamell; wirkte wesentlich süßer, als die Analysedaten (siehe oben) vermuten ließen, kraftvoll, ein Hauch Ingwer und Pfeffer. *Zuletzt im Oktober 2001 auf dem Château verkostet* ★ *Hat seinen bescheidenen Höhepunkt schon lange hinter sich.*

Ch. de Fargues Wesentlich besser als sein berühmter Vetter Yquem. Ansprechende Nase und Geschmack. *Februar 1990* ★★

Ch. Liot Blass und fahl. Harte, grasige, unverwobene Nase; süß, nicht schlecht. *Im April 1994 bei einer Vorverkaufsverkostung degustiert.*

Weitere, in den 1980ern verkostete Sauternes-Weine **Ch. Filhot** Grasige, kräuterartige, kernige Frucht. Recht gut, aber ohne große Zukunft. *1984* ★★; **Ch. Guiraud** Eine halbe Flasche, zum Kochen gekauft, aber natürlich vorher noch verkostet. Minzig, karamellig, kurz. Gerade richtig für den Topf. *1989* ★; **Ch. de Rayne-Vigneau** Sehr blass, kümmerliche Nase, hat wenig zu bieten. *1985*; **Ch. Rieussec** Ich war glücklicherweise zur rechten Zeit am rechten Ort und konnte den Wein mit Eric de Rothschild und Professor Peynaud verkosten, kurz nachdem die Rothschilds das Gut übernommen hatten. Allerdings kein guter Start, was den Jahrgang anbelangte. Seltsamerweise gefiel mir der *Deuxième vin* besser als die *Crème de tête* – Ersterer war reicher und flacher, Letzterer zwar auch reich, aber rau. *September 1984* ★★, *ich bin mir aber nicht sicher*; **Ch. Suduiraut** Nur einmal in seiner Jugend verkostet. In der Regel verlässlich und auch der 1980er war besser als erwartet. Ziemlich ausgewogen. *1980* ★★?

Trockene Weisse Substanzlose Weine, die mittlerweile verwelkt sind.

1981 ★★

Ein heißer, trockener Sommer ließ gute Trauben heranreifen, während Regen und Sonne im Herbst die Entstehung der Edelfäule förderten.

Ch. d'Yquem Lese vom 5. Oktober bis 13. November. Ein halbes Dutzend Einträge. Sicherlich ein ziemlich untypischer Yquem. In meinen Einträgen finden sich Notizen wie »eigenartig, duftend, Petrolnote, gekochter Lachs«, »würzig, seltsam, Makronen«, später »Ananasschalen« und natürlich Gerstenzucker. Am Gaumen hohe Säure, scharf, würzig, schlank, »merkwürdiger Duft«. Im Grunde aber besser, als es sich anhört! In Aspen »anders«, schlank und kurz. In München altes Strohgold, schwacher Rand; voll, reich, aber seltsam. Kürzlich erfrischend, besser als gedacht. *Zuletzt im September 1998 beim Essen auf Rauzan-Ségla verkostet* ★★

Ch. Climens Lese vom 6. bis 20. Oktober, drei *tris* bei überwiegend schönem Wetter mit etwas Regen zum Schluss. Zwar recht große Ernte, aber nur 37 % davon wurden bei einem niedrigen Ertrag von 7 hl zum *Premier vin* verarbeitet, was 22 000 Flaschen ergab. 14 % Alkohol, 76 g/l Restzucker. Sechs Einträge ab der Mitte der 1980er bis 1991. Wohlriechend, kräuterwürzig, »Senf und Kresse«. Ein Jahrzehnt später unterschiedliche Flaschen: die erste mitteltiefes Gelbgold; ungehobelt, ein Hauch Noisette; mittelsüß, ziemlich harter, karamellisierter Abgang. Die zweite blasser, eine Spur Kleehonig; trockener Abgang, irgend etwas fehlte. *Zuletzt im Oktober 2001 auf dem Château verkostet. In Bestform* ★★ *Der Nächste, bitte.*

Ch. Coutet Nur einmal verkostet. Sehr ansprechend in Nase und Geschmack. Ich hielt ihn (damals) für besser als den Climens. *Juli 1989* ★★★

Ch. Filhot Leicht, mild, angenehm. *Im Mai 1989 bei einem Essen des Bordeaux Club verkostet* ★★

Ch. Lafaurie-Peyraguey Drei gute Einträge. Wohlriechend, sahnig, Gerstenzucker und Ananas. Süß. Etwas Gehalt und Körper. Gut gemacht. *Zuletzt im Juli 1990 verkostet* ★★★

Ch. de Malle Überraschend gut für dieses Château und den Jahrgang. Ansprechende Farbe; leicht, honigduftig; süß, im Körper etwas schlank. Passable Länge. *Juli 1990* ★★

Ch. de Rayne-Vigneau Blass; Wasserkresse im Duft; ziemlich süß, *assez bien*. Passte zu französischem Käse. *Oktober 1989* ★★★

Ch. Rieussec Sieben Einträge aus jüngerer Zeit. Wie immer Altgold; gute Nase, süß, honigartig, aber bei vier Verkostungen unabhängig voneinander »Kresse« notiert, außerdem Gras und Sellerie. Für einen 1981er süß und ungewöhnlich gut, mit einem Geschmack, der sich schön entfaltete. Eindringlich. Machte sich kürzlich ganz gut, obwohl er unpassenderweise zu *Tarte fine aux pommes caramélisées* gereicht wurde. *Im Mai 1997 zu meinem 70. Geburtstag und dem 20-jährigen Bestehen der Zeitschrift* Decanter *im Les Jardins des Gourmets im Londoner Stadtteil Soho verkostet* ★★★

Ch. Romer du Hayot Mittelmäßig. Säuerlicher Abgang. *Zuletzt zweimal im Juli 1990 verkostet.*

Ch. Sigalas-Rabaud Wohlriechend; Geschmack und Säure gut. Eine gewisse Delikatesse. *Im März 1997 auf der Vorverkaufsverkostung degustiert* ★★★

Noch ein Sauternes, den ich in den 1980ern verkostet habe
Ch. Guiraud Mittelmäßig. 1983; *1987* ★

Trockene Weisse Einige recht gute Weine, die allerdings mittlerweile das »Verfalldatum« weit überschritten haben – ausgenommen vielleicht die drei folgenden (wobei ich den **Ch. Haut-Brion** nie verkostet habe): **Ch. Laville Haut-Brion** Drei gute Einträge. *Zuletzt im Oktober 1988 degustiert* ★★★; **Dom. de Chevalier** Seit Mitte der 1980er nicht mehr probiert, aber ein stilvoller, eleganter Wein. *Zuletzt im Mai 1985 degustiert* ★★★; **Pavillon Blanc de Ch. Margaux** In Nase und Geschmack attraktiv, rauchig, fruchtig und duftend; gute Säure. *Zuletzt im November 1990 verkostet* ★★★

1982 ★★

In diesem Jahrgang wurde wieder einmal deutlich, wie launisch das maritime Klima in Bordeaux sein kann. Ein sonniger Sommer und ein außergewöhnlich heißer September ließen reichlich vollreife Trauben entstehen. Willkommene Schauer förderten die Entstehung der Edelfäule, bis sintflutartige Regenfälle die Botrytis-Pilze förmlich wegwuschen und in den Weinbergen von Sauternes alle Hoffnung auf einen guten Jahrgang schwand.

Ch. d'Yquem Um von der Reife der Trauben, ihrem hohen Zuckergehalt und der um sich greifenden Edelfäule zu profitieren, begann man schon am 16. September mit der Lese. Nach dem 24. September schlug jedoch das Wetter um. Es gab anschließend zwar noch mehrere *tris* bis zum 5. November, aber die dabei eingefahrenen Trauben wurden nicht mehr verwertet. Yquem, mit 102 ha eines der größten Güter in Bordeaux, hatte 1982 einen Ertrag von ganzen 3 hl/ha. Diese relativ geringe Menge wurde bis März 1986 im Fass belassen. Der Wein setzte sich aus 80 % Sémillon und 20 % Sauvignon blanc zusammen, wie ich mir notierte. Erstmals verkostet habe ich den Wein 1988, als gleich zwei Einträge entstanden: herrliche goldene Farbe und eine etwas unstete Nase, am Gaumen aber besser. Bei der Verkostung in Aspen wurde der 1982er in einer Doppelmagnum serviert. Er kombinierte eine reiche, sahnige Nase mit sehr erfrischender Säure. »Bezaubernd.« Bei einer Degustation, die ich für die Banque Communale in Brüssel leitete, wurde er von insgesamt 16 Bordeaux-Weinen des Jahrgangs 1982 als letzter serviert. Ich hatte mich bald an das unbritische, etwas ausgelassene Publikum gewöhnt! Der Wein war etwas besser erzogen – wächsern, rauchig, voll und intensiv. Kürzlich stufte ich ihn als nicht viel höher als den 1981er und weit hinter dem 1988er, 1989er und 1990er ein. Trotzdem war er nicht schlecht – ich stelle ihn nur nicht auf eine Stufe mit den großen *Premiers crus* aus dem Médoc. *Zuletzt im September 1998 in München verkostet* ★★

Ch. Climens Lese von Anfang Oktober bis Anfang November. Die ersten beiden Wochen schönes Wetter, Botrytis-Befall, aber Regen in der dritten Woche schwemmte den Pilz weg. Zwei *tris*, der letzte fand in aller Eile statt. Insgesamt ein guter Jahrgang mit einem für Climens sehr hohen Ertrag von 23 hl/ha; 66 % wurden zum *Premier vin* verarbeitet (für den der Ertrag bei 15 hl/ha lag), was insgesamt 60000 Flaschen ergab. 13,8 % Alkohol, 84 g/l Restzucker. Mitte der 1980er wohlriechend, süß, fleischig, aber stumpf. Kürzlich mittelblass; zunächst verhalten, dann wohlriechend, blumig; noch immer süß, eine Spur Pfirsichkerne, hart, ohne Charme. *Zuletzt im Oktober 2001 verkostet* ★★★ *Eine Verbesserung ist nicht zu erwarten.*
Ch. Nairac Golden; hohl, grasig; ziemlich süß, eindringlich, aber mittelmäßig. *Juli 1992* ★
Ch. Raymond-Lafon 1986 süß, voll, alkoholstark. An einem warmen Sommerabend bei Kerzenlicht auf der Terrasse: gute Farbe (wie es bei Kerzenlicht auch sein sollte); weich, »warm«, pfirsichartiges Bukett; etwas dicklich, reich, mit trockenem Abgang. *Zuletzt im März 1995 bei einer Verkostung unter freiem Himmel mit Abendessen für VIP-Kunden von Christie's in Coconut Grove in Florida verkostet* ★★★
Ch. Rieussec Nur drei Einträge, die aber ziemlich gut ausfielen. Komplett, weich, sanft, gute Länge; eher stämmig als schwungvoll. *Zuletzt im Mai 1991 bei einem Essen im Sitzungssaal von Christie's verkostet* ★★★
Ch. Suduiraut Die in der Sonne gebackenen Trauben wurden außergewöhnlich früh ab 16. September gelesen. 14 % Alkohol. Erstmals 1988 verkostet: süß, stämmig; minzig, würzig; gute Länge und Säure. Einige Zeit später: wachsgelb; reiches Bukett; sehr süß, körperreich. In guter Verfassung. *Zuletzt im November 1992 beim Martin Bamford Memorial Dinner in Dorchester in London verkostet* ★★★★
Ch. Suduiraut, »Cuvée Madame« Lese am 26. September. Reicher und kraftvoller als der oben genannte Wein des Guts. Wundervoll ausgewogen. *Juni 1988* ★★★★★ *Dürfte jetzt perfekt sein.*

EINIGE WEITERE, IN DEN 1980ERN VERKOSTETE BARSAC- UND SAUTERNES-WEINE **Ch. St-Amand** Reine Gerstenzuckernote. Süß, angenehm, aber auch ein kleines Kraftwerk. *1986* ★★; **Ch. Lafaurie-Peyraguey** Süß, zuckerig, schwerfällig. *1985* ★★; **Ch. Lamothe** Selten. Süß, kraftvoll, gute Länge, aber mit brandigem Alkohol und säurebetontem Abgang. *1986* ★★

TROCKENE WEISSE Ein erfolgreicher Jahrgang für die trockenen Weißen aus Bordeaux. Die Spitzenweine kann man sich durchaus noch anschaffen.
Ch. Haut-Brion Erstmals im Mai 1983 verkostet. Ein beeindruckender, kraftvoller Wein, der allerdings noch eine lange Flaschenalterung braucht. 1990 »ein wundervoller Mundfüller«, »entwickelt sich noch weiter«. In der Tat: nach fast zehn weiteren Jahren zwar noch immer ziemlich blass, aber mit großartigem Bukett, wohlriechend, nussig, öffnete sich im Glas wie ein großer Montrachet, Ananas, Vanille, Pfirsiche. Mitteltrocken – keinesfalls trocken, köstlicher Geschmack, schöne Länge. *Zuletzt im Januar 1999 bei einer Vorverkaufsverkostung in London degustiert* ★★★★(★)
Ch. Laville Haut-Brion Erstmals 1984 verkostet. Unfertig, aber beeindruckend. 1990 eine eindringliche, eigenständige Flasche, die sich gut trank; trotzdem noch steigerungsfähig. Kürzlich nach wie vor blass; verhaltene, aber ausgewogene Nase; trocken, etwas spröde, Geschmack und Säure gut. *Zuletzt im April 1999 in Karl-Heinz Wolfs bezauberndem Landart-Restaurant im österreichischen Tanglberg verkostet* ★★★(★)
Ch. Laville Haut-Brion, »Crème de Tête« Lese sehr reifer Trauben ab 10. September, bis Mai 1983 in der Barrique. Nach einem Jahr Flaschenalterung verkauft. 1984 minzig, frisch, nervig. Eine beeindruckende, fleischige Kreszenz. Unpassenderweise als Aperitif geöffnet, hätte aber zu Fisch getrunken werden müssen. *Zuletzt im April 1988 bei einem Margaux-Dinner im Brooks's Club verkostet.*

EBENFALLS SEHR GUT **Dom. de Chevalier** Nur 200 Kisten erzeugt, deshalb schwer zu finden. *1985. Damals* ★★★(★★)

1983 ★★★★★

Die nahezu idealen Vegetationsbedingungen erbrachten – in Sauternes – relativ hohe Erträge und den besten Jahrgang zwischen 1975 und 1989. Auf einen nassen Frühling folgte im Juni und Juli heißes, trockenes Wetter. Regen im August und frühen September ließ die Winzer etwas zittern, aber dann erwiesen sich Frühnebel und warme Tage als ideale Bedingungen für die Verbreitung der Edelfäule.
Ch. d'Yquem Eine Vielzahl bewundernder Einträge, die einander so sehr ähneln, dass es keinen Sinn hat, sie in allen Einzelheiten zu wiederholen. Wie immer verkostete ich den Wein bei den verschiedensten Gelegenheiten, angefangen von formalen Verkostungen wie der Vertikaldegustation 1988 in Chicago oder dem Yquem-Marathon zehn Jahre später in München bis hin zu Essensempfängen in Chicago, New York, im Caius College in Cambridge und einmal auf dem Château, als er von einem sehr salzigen Roquefort erdrückt wurde. Nie sehr farbtief, jetzt orangegolden, das Bukett mit den üblichen Duftnoten, Aprikosen, ein edelfauler Honigton, *Crème brûlée*, aber außerordentlich intensiv, ein süßer, sahniger Wein, der seine beträchtliche Kraft und Intensität noch verbirgt. Herausragend, aber noch immer in der Entwicklungsphase. *Zuletzt eine Jeroboam, verkostet im November 2000 im Hotel Eden Parc in Bad Schwalbach beim Rot- und Weißwein-»Gipfel«* ★★★★★
Ch. Climens Superb. Ranggleich mit dem 1971er. Lese vom 6. Oktober bis 4. November, drei bis vier *tris* bei sehr gutem Wetter. Ziemlich hoher Ertrag, vom *Premier vin* wurden 60000 Flaschen abgefüllt, 14,4 % Alkohol, 96 g/l Restzucker. Erstmals exakt ein Jahr nach der Lese verkostet: enorm beeindruckend, mit der Kraft und Festigkeit, die auf ein langes Leben hindeuten. Selbst damals schon ein leuchtendes Gelbgold, in der Nase ein honigartiges Sémillon-Aroma. Auf Peppercorns Climens-Verkostung 1987 in gutem Zustand, ein Wein mit Charme und Finesse, was damals auch für Serena Sutcliffe galt (bevor sie zur Konkurrentin wurde!). Ein Jahrzehnt später beim Essen auf Château Bouscaut: herrliche Farbe, »Lemon Curd« (Zitroneneierbutter) und poliertes Gold; Aprikosen und Sahne, Lanolin und Honig; im Geschmack ansprechend süß, aber schlanker als erwartet. Stilvoll, ausgezeichnete Säure. Kürzlich noch immer ziemlich tiefe, reiche Farbe; ein reiches Honigbukett, das sich majestätisch öffnete; sehr süß, körperreich, gehaltvoll, dabei fest, gute Länge und langes Leben. *Zuletzt im Oktober 2001 auf dem Château verkostet* ★★★★★ *Jetzt wunderschön und noch ein Vierteljahrhundert lang perfekt.*
Ch. Coutet Nur zwei Einträge, die beide bei Neil McKendricks Essen für den Bordeaux Club entstanden. 1995 für einen so reichen Jahrgang blass; im Stil grasig, aber wohlriechend; bei der ersten Degustation mittelsüß, bei der zweiten sehr süß – was nicht so ungewöhnlich ist, da unzählige äußere Bedingungen eine Rolle spielen, z. B. das Wetter, die Jahreszeit (die Essen fanden jeweils im März und Juni statt) und die Desserts, die in

der eleganten, ja, üppig ausgestatteten Master's Lodge in eine exotische Richtung gehen. Die Farbe intensivierte sich jedoch, jetzt voll entwickelt, weich und reich, ein Hauch Karamell im Endgeschmack, was immer noch besser ist als die Leimnote vom ersten Mal. *Zuletzt im Juni 1998 verkostet* ★★★

Ch. Doisy-Daëne Blass, Tropenfrüchte; süß, im Stil leicht, lebhaft. *Februar 1993* ★★★★ *Bald trinken.*

Ch. Doisy-Védrines Erstmals im Oktober 1984 aus dem Fass verkostet. Unverwoben, schwefelig und mit aufdringlicher Säure. Dann ein Zeitsprung von 13 Jahren: eine »köstliche, aber etwas verspielte« Flasche aus meinem eigenen Keller, die bei einem Essen von Christie's und dem Bordeaux Club zu Ehren von Jack (Sir John) Plumb serviert wurde. Sechs Monate später bei einem Dinner der Wine and Food Society in Memphis ein ausgezeichnetes, aber zu warmes Exemplar zu *Foie-gras*-Galantine. Kurz darauf bei meinem Essen für den Bordeaux Club eine Flasche zu Käse. Jetzt golden; Vanille, Orangenblüten; leichter Barsac-Stil, dabei süß und ausgewogen. *Zuletzt im Februar 1998 verkostet* ★★★★

Ch. Filhot Mit vier Jahren sehr deutlich unterscheidbare Komponenten: die Schwarzjohannisbeernote und Säure der Sauvignon-blanc-Traube sowie der sanfte, honigartige Wachscharakter der Sémillon. Fleisch und Geschmack gut. Die nächsten beiden Einträge entstanden bei den jährlichen Essen des III Form Club im Londoner Boodle's Club, der erste 1994: köstlich, voll entwickelt. Kürzlich: sehr süß, Geschmack und Körper schön, zitrusartige Säure, »kein großer 1983er, aber ein sehr guter Filhot«. *Zuletzt im Januar 2000 verkostet* ★★★

Ch. Lafaurie-Peyraguey 1985 mit einer Nase wie geröstete Marshmallows (süße Schaumbällchen); süß, voll, lebhaft, schöne Länge. Kürzlich golden; sahniges Bukett; Gerstenzuckergeschmack und Säure gut. *Im Februar 1992 bei einem Essen der Commanderie de Bordeaux in Miami verkostet* ★★★★

Ch. de Malle Leider kein besonderer 1983er. *April 1991* ★

Ch. Nairac Wohlriechend, leicht, lebhaft. *April 1991* ★★

Ch. de Rayne-Vigneau Mehr als ein halbes Dutzend Einträge, der erste vom Oktober 1984 und schon damals sehr schön. 1987 in guter Verfassung, einmal bei einer Vorverkaufsverkostung: wohlriechend, wunderschön in Geschmack und Länge; das zweite Mal mit kraftvoller Säure als Gegengewicht zu *Foie gras et sa gelée au Porto* und schließlich im selben Monat noch einmal zu *Symphonie de Sorbets*, einer nicht so passenden Begleitung. Eine herrliche halbe Flasche mit Honig- und Puddingnuancen. 1999 ebenfalls in gutem Zustand: wunderschöne Farbe, in der Nase ausgewogen, Gewicht und Geschmack gut, »fleischig, doch geschmeidig«, sehr gute Säure. *Zuletzt zwei identische Einträge, die beide bei Essen des Saintsbury Club entstanden, der jüngste im Oktober 2001* ★★★★

Ch. Rieussec 75 % Sémillon, 22 % Sauvignon blanc und 3 % Muscadelle. Erstaunlich viele Einträge (mehr als 20). Als Erstes 1984 den neuen Wein mit Professor Peynaud und Eric de Rothschild verkostet, anschließend gleich noch einmal bei einem denkwürdigen Essen auf Lafite. Dann eine beständige Parade von ausnahmslos guten Flaschen, mehrere besondere Anlässe, 1993 bei Micky Suffolk seltsamerweise zu *Tarte Tatin* vor dem Pétrus von 1978 zu *Vacherin;* kämpfte mit Gelee von Roten Johannisbeeren, mit Apfelkuchen und grünem Apfel-Sorbet, mit Himbeer-Soufflé (bei der Vintners' Company) und so weiter. Ich verkoste den Wein jeweils, bevor die Kunstwerke der Patissiers den Nektar in eine »Spülflüssigkeit« verwandeln.

Typisch für Rieussec ist die ungewöhnlich tiefe Farbe, ein Bernsteinton mit Orangetönen; sowohl die Nase als auch der Geschmack sind gleich reichhaltig, fast exotisch. In den späten 1990ern voll entwickelt, beim 19. jährlichen Essen der Commanderie de Bordeaux in Bristol vor einer meiner weniger erfolgreichen Reden köstlich. Wird noch länger bezaubern. *Zuletzt im Dezember 2000 bei einem Benefizessen des Russischen Nationalorchesters in Hatchlands in Surrey verkostet* ★★★★

Ch. Suduiraut Hier begann die Lese am 26. September, der Zuckergehalt lag bei 306 g/l. Trotzdem hatte ich – auch als alter (gealterter!) Bewunderer – so meine Vorbehalte, denn ich bemerkte sowohl in der Nase als auch im Geschmack Pfirsichkerne und Marzipan, was ich überhaupt nicht mag. Jetzt ein helles Gold; wohlriechend, nussig; nicht so süß wie erwartet. *Dennoch eine gute Bewertung auf der letzten Verkostung im Mai 2000 beim Millennium-Dinner der Distillers' Company in der Painted Hall in Greenwich* ★★★

WEITERE, IN DER ZWEITEN HÄLFTE DER 1980ER VERKOSTETE SAUTERNES-WEINE **Ch. Guiraud** Bleich, grasig, schwefelig; am Gaumen besser. *Zuletzt im Oktober 1987 verkostet* ★★ *Muss ihn noch einmal verkosten;* **Ch. Haut-Peyraguey** Weich, süß, Senf- und Kressegeschmack. *Mai 1987* ★★; **Ch. Rabaud-Promis** Ein guter Wein. *Zuletzt im September 1989 verkostet* ★★★; **Ch. Romer du Hayot** Gold mit wächsernem Glanz; weiche wächserne Textur. Ansprechendes Bukett; süß, lebhafte Säure. *Oktober 1989* ★★★

TROCKENE WEISSE

Ch. Haut-Brion In der Mitte der 1980er blass; in der Nase Rösttöne von der Eiche; trocken, fest, eigenständig. »Große Zukunft.« Eine interessante Verkostung bei einem Essen der Bacchus Society zusammen mit dem Laville (siehe unten). Der Haut-Brion war tiefer, weiniger und kraftvoller. Vollmundig (13,5 bis 14 % Alkohol) und beeindruckend. *Zuletzt im September 1999 in Memphis, Tennessee, verkostet* ★★★★

Ch. Laville Haut-Brion Erstmals im September 1984 sechs Wochen vor der Abfüllung im Fass verkostet. Unverwoben, aber aufregend. Kürzlich mit dem Haut-Brion: sehr blass, zitronenartig, machte den Mund wässerig und öffnete sich nach einer Stunde im Glas mit erstaunlichem Honigduft. Ausgesprochen trocken, fest, elegant, schlank, ein spröder Hauch. *Zuletzt im September 1999 verkostet* ★★★★(★)

Pavillon Blanc de Ch. Margaux 100 % Sauvignon blanc, in neuen Eichen-Barriques vergoren und ausgebaut. Wächsernes Gelbgrün; vielschichtiger Duft; ziemlich leicht, lebhafte Säure. Attraktiv, spielt aber nicht in derselben Liga wie der Laville Haut-Brion. *Zuletzt im November 1990 verkostet* ★★★

1984 ★ bis ★★

Unbeständiges Wetter, ungleichmäßige Blüte. Ein schöner Sommer, im September jedoch starke Regenfälle, die die Sauternes-Lese bis Mitte Oktober verzögerten. Botrytis-Befall rettete den Jahrgang. Nicht für lange Lagerung geeignet.

Ch. d'Yquem Lese vom 15. Oktober bis 13. November. Erstmals fünf Jahre nach der Ernte auf dem Château verkostet; ich war überrascht, wie viel Reizvolles er zu bieten hatte. Nach weiteren fünf Jahren 1994 in Aspen verkostet, als die »Serie« von zehn Jahrgängen bereits zur Hälfte durchdegustiert war: Ich gab ihm eine bescheidene Bewertung, weil ich seine Nase als etwas ölig und karamellig empfand, aber auch hier war er wieder besser als erwartet. Süß, etwas fett und mit scharfem, trockenem Abgang. Kürzlich am vierten Tag von Rodenstocks Marathon 1998 eine ähnliche Bewertung. Mittelsüß, eindringlich, eher ungehobelt. Erneut Karamell. *Zuletzt im September 1998 in München verkostet* ★★

Ch. Climens Deklassiert.

Ch. de Fargues Dieses Château im Besitz von Lur Saluces bereitet, wie bereits erwähnt, bisweilen attraktivere Weine als Yquem. Ich mag die Nase, den Geschmack und die Säure dieses Jahrgangs. *Juni 1989* ★★★
Ch. de Rayne-Vigneau Ein Blender. Vanillenase; mittelsüß, scharf und schrecklich. *Im Juli 1992 bei einer Verkostung von 41 Dessertweinen für British Airways, darunter 16 Sauternes-Gewächse, degustiert.*
Ch. Sigalas-Rabaud Sehr blass; Minze und Kresse. Mittelsüß, guter Geschmack, aber kurz. Ich zog den gleichzeitig verkosteten 1981er bei weitem vor. *März 1987* ★★
Ch. Suduiraut Scheint sich mit seiner Minzeblätternote in Nase und Geschmack irgendwie dem Lafaurie-Peyraguey anzunähern. Süß, recht gut. *Nur ein früher Eintrag vom Juni 1988* ★★★?

TROCKENE WEISSE Unreife, säurebetonte Weine. **Dom. de Chevalier** Mit drei Jahren eichig; würzig, spröde, voll im Geschmack. Grün, grasig, leidlich wohlriechend. Sehr trocken. Säurebetont. Interessant, mehr nicht. *Zuletzt im September 1996 verkostet.*

1985 ★ bis ★★★★

Auf den harten Winter folgte schönes, trockenes Wetter im Frühjahr, Sommer und Herbst mit einem September, der zu den trockensten seit Beginn der Aufzeichnungen gehörte. In Sauternes ließ die Trockenheit die Zuckerkonzentration der Trauben in die Höhe schnellen, doch fehlte die für die Entstehung der Edelfäule wichtige Feuchtigkeit. Weine von unterschiedlicher Qualität.
Ch. d'Yquem Späte, selektive und ausgedehnte Lese vom 1. Oktober bis 19. Dezember. Ein halbes Dutzend Einträge. Erstmals 1989 verkostet: ansprechend, harmonisch, gute Säure. Seither beständig gute Bewertungen. 1994 in Aspen. 1996 beim Essen mit den Pauls in Coral Gables. Beeindruckend, doch völlig anders als die delikate Scharzhofberger Auslese, die ich in Luzern wie den Yquem aus einer Magnum verkostete. Wohlriechend und angenehm, der beste Wein der »Serie 1980 bis 1987« in München. Kürzlich zu *Hudson Valley Duck Foie gras*, mit aufblühendem, durchdringendem Bukett und schönem Geschmack, Gewicht und Charme. *Im April 2000 bei Stephen Kaplans 1985er-Verkostung in Chicago degustiert* ★★★★
Ch. Climens Späte Lese vom 23. Oktober bis 15. November, vier *tris*, zu wenig Botrytis, die die Beeren zu spät befiel. *Passerillé*, was rosinenartige Trauben mit hohem Zuckergehalt erbrachte. Hoher Ertrag, 56 000 Flaschen des *Premier vin*. 14 % Alkohol, 101 g/l Restzucker. Erst bei meinem Essen für den Bordeaux Club im Jahr 1999 erstmals verkostet. Blassgolden; blumig; ansprechend in Geschmack, schön ausgewogen, gut im Fleisch, ein Hauch von Karamell, aber ein trockenerer Abgang als erwartet. Zwei Jahre später: entgegenkommendes blumiges Bukett, ein Hauch von Lindenblüten; sehr süß, kraftvoll, fett, reich, toffeeartig. *Zuletzt im Oktober 2001 auf dem Château verkostet* ★★★★ *Jetzt bis 2015.*
Ch. Doisy-Daëne Sehr blass; unstete, grasig-minzige Nase; reich, fast malzig. *Im April 1994 auf einer Vorverkaufsverkostung degustiert* ★
Ch. Guiraud Erstmals im April 1987 verkostet (zwei Einträge): minzig, fruchtig, süß, lebhaft. Einige Zeit später: ansprechende goldene Farbe; harmonisch, toffeeartig; zu wenig Frucht, kraftvoll. *Juli 1992* ★★★
Ch. de Malle Blassgelb; entgegenkommende Nase; süß, ziemlich körperreich, im Nachgeschmack Pfirsichkerne. *April 1994* ★
Ch. Rieussec Duft nach Walnuss und Gerstenzucker; reich, gute Textur und Säure (1989). Zwei Jahre später: reingolden; Vanille, Honig; süß, sehr ansprechend. *Zuletzt im Dezember 1991 im Waterstone's in Manchester verkostet* ★★★
Ch. Suau Ein selten anzutreffender *Deuxième cru* aus Barsac. Helles Gold; reich, etwas ölig in der Nase; süß, angenehm duftiger Geschmack. Passte gut zum Aprikosenkuchen und den englischen Käsesorten. *Im Januar 1991 bei einem meiner Essen für den Bordeaux Club bei Christie's degustiert* ★★
Ch. Suduiraut Eine enttäuschende Phase. Erstmals 1988 verkostet. Als Nächstes bei einer Blinddegustation: blässlich; in der Nase grasig; schlechter Geschmack, kurz. *Juli 1992* ★

TROCKENE WEISSE Es entstanden einige schöne Gewächse mit Durchhaltevermögen. Wenn ich hier nur die Spitzenweine aufzähle, dann liegt das daran, dass die meisten trockenen Weißen binnen zwei bis vier Jahren getrunken werden müssen.
Ch. Haut-Brion 1987 aus einer Impériale verkostet, aber noch viel zu jung, wenngleich beeindruckend und mit gutem Potenzial. 1991 öffnete er sich zwar im Glas, war aber nach wie vor unreif. Kürzlich noch immer blass; entgegenkommend duftig; trockener, nussiger Geschmack, beträchtlicher Körper und guter Abgang. Ich hatte aber mehr erwartet. *Zuletzt beim Essen zum 50-jährigen Bestehen des Bordeaux Club im Februar 1999 verkostet* ★★★
Ch. Laville Haut-Brion Eigenartiger Duft nach Kampfer, reiner Vanille und Gesichtspuder. Insgesamt trocken und schlank, mit guter Säure. Wie so oft ein interessanter, wenn auch etwas eigener Wein. *Im April 2000 bei Stephen Kaplans Essen mit 1985ern im Four Seasons in Chicago verkostet* ★★★
Dom. de Chevalier Erstmals 1985 aus dem Fass verkostet: »Wie ein frühreifes Kind, das es gar nicht erwarten kann zu reden und zu gehen.« Ananas-, Aprikosen- und Birnenaromen, die Würze neuer Eiche. Vier Jahre später wohlriechend; ideales Gewicht, ausgewogen, schöner Geschmack. *Zuletzt im September 1990 verkostet* ★★★ *Müsste noch immer gut sein.*
Pavillon Blanc de Ch. Margaux Blass, limettenfarben; ausgeprägtes Sauvignon-blanc-Aroma nach »Katern«, Minze und »Achseln«; schlank, duftend, traubig, säurebetont. Sicherlich kein Mauerblümchen. *September 1990* ★★★, *aber für frühen Trinkgenuss.*
Ygrec Erstmals im September 1986 verkostet, als die jugendliche Säure noch sehr dominierte. Drei Jahre später wurden Körper und Gehalt des Weins durch die Säure schön konturiert. 1990 farbintensiver; kleehonigartige Reife dank Flaschenalterung, entwickelte einen »Blancmanger«- und später einen »Hibiskus«-Duft; 1994 trocken, seltsamer Geschmack, stämmig, aber ausgewogen. Zwei Jahre darauf mit nun sehr ausgeprägtem Sémillon-Charakter, aber einem Hauch von Kerosin, der mich an einen Riesling erinnerte. Schöner, reicher Geschmack. Ein guter Ygrec mit einem großen »Aber«. *Zuletzt im September 1996 verkostet* ★★

1986 ★★★★

Das Jahr begann viel versprechend mit einem schönen Frühjahr und setzte sich mit einer erfolgreichen Blüte sowie einem perfekten Sommer nicht minder verheißungsvoll fort. Wie schon 1990 aber stellten sich mit der Lese schwere Regenfälle ein. Die anschließenden feuchten Nebeltage förderten die Entstehung der Botrytis. Von uneinheitlicher Qualität.
Ch. d'Yquem Lese vom 5. Oktober bis 10. November. Erstmals 1992 verkostet: Sahne und Minze; kraftvoll, gutes Potenzial. Als Nächstes in Aspen (1994): nach wie vor unreif. Seither

ein halbes Dutzend Einträge, die meisten 1998 und 1999, alle gut, aber auch nicht mehr. Ziemlich blass für einen Yquem; eindringliche Nase, Minze, Honig, Aprikosen – das übliche Repertoire. Beim Bankett zum 50-jährigen Bestehen der Académie du Vin de Bordeaux »so lala«, bei einem Essen auf Yquem im Beisein der Lloyd-Webbers, der Palumbos, Dieter Bocks und seiner Frau, Mark Birleys und weiterer Freunde »in gutem Zustand«, was dem Anlass auch angemessen war. Bei der nächsten Degustation in Hongkong noch besser, sehr wohlriechend, mit guter Zukunft. Dann eine leidlich gute Bewertung in München. Kürzlich ein ansprechendes, blumiges Exemplar, stilvoll, gute Säure. *Zuletzt im November 1999 im American Club in Tokio verkostet* ★★★, *vielleicht einmal* ★★★★

Ch. d'Arche Mittelsüß, lebhaft, trocken, säurebetonter Abgang. Bei Verkostungen 1992, 1994 und 1996 mit dabei. *Zuletzt im April 1996 bei einer Degustation von British Airways verkostet – und nicht ausgewählt* ★

Ch. Climens Lese vom 6. bis 23. Oktober, starker Botrytis-Befall, drei *tris*, 40 000 Flaschen des *Premier vin* (50 % der Erträge), 10 000 Flaschen des *Deuxième vin*, der Rest deklassiert. 14,5 % Alkohol, 101 g/l Restzucker. 1990 bemerkte ich Flaschenabweichungen, ein Jahrzehnt später zwar eine ansprechende goldene Farbe, aber ich mochte die Nase nicht und machte mir nicht mehr die Mühe, den Wein zu verkosten. Im darauf folgenden Jahr auf dem Château: ziemlich hart, wenngleich mit nach Honig duftender Nase; süß, fest, etwas Geschmack, im Abgang karamellartig und trocken zugleich. Enttäuschend. *Zuletzt im Oktober 2001 verkostet* ★★

Ch. Coutet Für einen Coutet ziemlich süß und voll. 1990 dachte ich, er würde sich »wahrscheinlich mit zunehmendem Flaschenalter verbessern«, was aber leider nicht der Fall war. 1994 eine weitere winzige halbe Flasche ohne Länge. Kürzlich hingegen ein recht ansprechendes Exemplar mit Honignase; Geschmack und Säure gut. *Im November 1999 mit den Pauls in ihrer Londoner Wohnung verkostet* ★★

Ch. Doisy-Daëne Schöne zarte Frucht, in der Nase harmonisch, aber kurz, verliert sich im Abgang. *Zuletzt im Juni 1991 verkostet* ★★

Ch. Filhot 1990: grasig, kräuterwürzig. Als Nächstes blind verkostet: gewöhnlich, unverwoben; eindringlich, Karamellnote. *Juli 1992* ★★

Ch. Guiraud Schöner, blumiger Duft, kurz nach der Abfüllung »in delikatem Gleichgewicht«. 1990 bemerkte ich einen Hauch von Muscadelle, doch kam der Geschmack nicht im Entferntesten an den Duft heran. Ziemlich süß, aber bei einer kürzlichen Verkostung einer »Serie« von Dessertweinen nicht sonderlich ansprechend. *Zuletzt im April 1996 verkostet* ★★

Ch. Lafaurie-Peyraguey Eine Verbesserung gegenüber dem früheren, leicht grasigen Stil. 1990 sehr süß, Körper und Geschmack voll. Mein Favorit bei einer Verkostung von 24 1986ern. Vor einiger Zeit kraftvoll-peppig, köstlich, »einer der besten Lafaurie-Weine aller Zeiten«. *Zuletzt im Dezember 1991 verkostet* ★★★★★

Ch. Lamothe-Guignard Außerhalb Großbritanniens selten anzutreffen, was nach dem 1986er zu urteilen auch kein Wunder ist. Zwar reiche Nase, aber mit einem Anflug von Apfelkernen; stämmig, leicht hölzern (keine neue Eiche), kraftvoller Abgang. Nicht gerade der anmutigste Sauternes. *Im April 1994 bei einer Vorverkaufsverkostung degustiert* ★

Ch. Liot Ich hatte immer schon ein Faible für den unprätentiösen Liot. Der 1986er war anständig, aber nicht sonderlich aufregend. Etwas Fleisch. »Ein bisschen vordergründig.« *Im April 1994 auf einer Vorverkaufsverkostung degustiert* ★★

Ch. Nairac Ein weiterer bescheidener Barsac-Wein. 90 % Sémillon, 6 % Sauvignon blanc und 4 % Muscadelle. Meine ersten Einträge fielen gelinde gesagt uneinheitlich aus. Kürzlich trotz seines bleichen, nicht sehr hellen Erscheinungsbilds mit ansprechender wächserner (Sémillon-)Nase; süß, mit schöner delikater Frucht. Im Grunde köstlich. Vielleicht aber empfand ich ihn auch nur wegen der Umgebung besser. *Zuletzt im Oktober 1995 bei einer von mir geleiteten Verkostung im Hotel Shilla in Südkorea verkostet. Wahrscheinlich* ★★

Ch. de Rayne-Vigneau Einer der besten 1986er aus Sauternes. Über ein halbes Dutzend ziemlich guter Einträge liegen mir vor. Als Erstes verkostete ich im Juni 1987 eine schöne Fassprobe. Im Jahr darauf kräuterwürzig, sehr süß. 1990 wurde die Farbe wärmer. 1991, 1992, 1994 und 1997 in gutem Zustand, das letzte Mal bei einem Essen des Conseil des Crus Classés du Médoc auf Haut-Brion verkostet, bei dem der erste und der letzte Wein gar nicht aus dem Médoc stammten.

Kaum hatte ich (im Juli 2001) diesen Absatz fertig geschrieben, musste ich von meinem Büro aus zu einem Bordeaux-Weinkurs von Christie's eilen. Zufällig war der 1986er Rayne-Vigneau dort als Sauternes-Vertreter ausgewählt worden. Nachfolgend meine Bemerkungen zu diesem Wein, mitgeschrieben von meiner Frau: »Schöne Farbe, Tutanchamun-Gold mit zitronengelber Tönung; ansprechendes, reifes, wächsernes Sémillon-Bukett, Honig (natürlich), ein Sauvignon-Element, das einem den Mund wässerig macht, und beträchtliche Tiefe. Süßer Auftakt mit der lebensnotwendigen ausgleichenden Säure. Gut. Leicht minzig im Geschmack, noch immer sehr frisch, schöne Länge.« Ähnliche Notizen bei zwei anschließenden Weinkurs-Verkostungen bzw. -Vorträgen. *Zuletzt im März 2002 degustiert* ★★★★

Ch. Rieussec Mehrere Einträge aus den 1990ern. Zweimal pfirsichartig und in der Nase leicht ölig, außerdem »wie türkischer Honig«, aber jedes Mal am Gaumen Marzipan mit einer Kernnote. Trotzdem ein süßer, fleischiger Wein. Mein anerkennendster Eintrag entstand bei einem Essen der Commanderie de Bordeaux in einem Vorort von Oslo. Kurz: wohlriechend, reich, schöner Geschmack, aber im Abgang wieder diese Kernnote. Ziemlich gut zu *Bread and butter pudding* 1997 im Brooks's Club, aber kürzlich beträchtliche Flaschenabweichungen bei einem Essen des III Form Club: eine Farbpalette zwischen Blassgelb und warmem Orange, wobei die bleicheren Weine lebhaft und frisch ausfielen. Alle süß, mit guter Säure. *Zuletzt im Januar 2002 verkostet. In Bestform* ★★★

Ch. Sigalas-Rabaud Blässlich, grüngetönt; in der Nase eine Sauvignon-typische Minzenote; moderate Süße, leicht im Stil. *Im April 1994 bei einer Vorverkaufsverkostung degustiert* ★★★ *(gerade noch).*

Ch. Suduiraut Mit zwei Jahren gut in Form. Blumig, honigartig, dabei blass und eher schlank. Dann ein ziemlich ausführlicher Eintrag vier Jahre nach der Lese. Kürzlich: charakteristischer Duft, weiche Pfirsich- und Aprikosennote mit entsprechendem Geschmack. Fleischig, aber delikat. *Zuletzt im Dezember 1991 verkostet. Hat noch viel Zeit* ★★★★

Weitere Barsac- und Sauternes-Weine, die ich nur einmal oder zuletzt 1990 verkostet habe **Ch. Broustet** ★★; **Ch. Caillou** Kräuterwürzig, süß, weich ★★; **Ch. Doisy-Dubroca** Reich, gute Länge ★★★; **Ch. Doisy-Védrines** »Feinster Honig«, guter Geschmack ★★★★; **Ch. Clos Haut-Peyraguey** Leicht, süß, fett und kurz ★; **Ch. Rabaud-Promis** Ausgewogen, delikat im Stil, guter Abgang ★★★★; **Ch. Romer du Hayot** Schöner Wein ★★★★; **Ch. Suau** Angenehm, mit guter Säure ★★★; **Ch. La Tour-Blanche** Ein abweichender Eintrag, ansonsten süß, voll, fett ★★★

TROCKENE WEISSE Ein erfolgreicher Jahrgang für Güter, die früh ernteten. Auf **Ch. Haut-Brion** indes fiel die Lese überreichlich aus; der Wein war entsprechend verwässert und wurde nicht auf den Markt gebracht. Die meisten anderen trockenen Weißen wurden mit Recht jung getrunken und haben wahrscheinlich kaum bis heute überlebt. **Ch. Carbonnieux** Trocken, geradlinig und unspektakulär. *Zuletzt im Februar 1992 verkostet* ★; **Ygrec** Trocken, säurebetont. *Zuletzt im September 1992 verkostet* ★

1987 ★

Ein kühler Frühling mit ungleichmäßig verlaufener Blüte. Im Sommer war es generell warm und trocken, doch die Lese in Sauternes wurde von schweren Stürmen Anfang Oktober verdorben. So oder so wurde der 1987er von den nachfolgenden drei Jahrgängen völlig deklassiert.

Ch. d'Yquem Lese vom 30. September bis 6. November. Erstmals im Juni 1992 verkostet: reich, weich, aber ohne Länge. Als Nächstes auf der Verkostung 1994 in Aspen messingfarben; wohlriechend, aber unverwoben; ein Hauch Marzipan, harter Abgang. In München zu meiner Überraschung mehr oder weniger der beste Jahrgang der »Serie 1980 bis 1987«; nach wie vor unverwoben, aber süß, mit überraschend gutem Gewicht und Geschmack. *Zuletzt im September 1998 in München verkostet. In Bestform* ★★★ *(gerade noch).*

Ch. d'Arche Blassgolden; wohlriechend, leichter Stil, kurz. *Juli 1992* ★★

Ch. Climens Deklassiert.

Ch. de Fargues Ansprechende Farbe; eigenartige Nase; süß, ziemlich körperreich, Gerstenzuckergeschmack. Hart. Kränkliche Säure. *Bei einer Verkostung von British Airways im April 1996 verkostet* ★★

TROCKENE WEISSE Insgesamt gesehen waren die Lesebedingungen bei den trockenen Weißen besser als bei den Süßweinen, da man die Trauben vor den Stürmen einfuhr. Es sind allerdings nicht mehr viele Weine übrig. In jüngerer Zeit habe ich nur noch ein Gewächs verkostet: **Dom. de Chevalier** Recht ausgewogene Nase, Lanolin und Vanille. Trocken, ein klassischer Graves, wohlriechend, trank sich gut. *Im September 1998 beim Essen auf der Domaine verkostet* ★★★

1988 ★★★★

Der erste eines bis dato beispiellosen Trios höchst erfolgreicher Sauternes-Jahrgänge. Das Frühherbstwetter nach einem sturmreichen Sommer förderte die Ausbreitung der Edelfäule und bot ideale Lesebedingungen. Ich hatte diesem Jahrgang zunächst fünf Sterne gegeben und ihn als hervorragend eingestuft. Obwohl er zweifellos sehr gut ist, denke ich nun, dass er mit den beiden darauf folgenden Jahrgängen, insbesondere dem 1990er, nicht ganz mithalten kann.

Ch. d'Yquem Ein halbes Dutzend Einträge. Erstmals im Juni 1992 kurz nach der Lese verkostet. 1993 eine Doppelmagnum beim Farr-Vintners-Essen. Als Nächstes 1994 in Aspen der jüngste einer Vertikalreihe von zehn Jahrgängen; ich bewertete ihn ebenso hoch wie den ältesten, den 1967er. Schon jetzt goldfarben; intensives Bukett, ausgewogen, sahnig. Frisch, bezaubernd, gute Länge – die Franzosen nennen es *persistence*. 1995 beim Eröffnungsessen von Rodenstocks 16. jährlicher Verkostung gemeinsam mit dem kraftvollen 1989er verkostet: lebhaft und finessereich. Zwei Jahre später öffnete sich sein sahniges Bukett im Glas wunderschön; perfektes Gewicht. Mit zehn Jahren beim Yquem-Marathon aus einer Doppelmagnum verkostet: blasser als erwartet, mit verhaltener Nase, aber sehr süß, intensiv reich, fleischig. Hat noch eine lange Zukunft vor sich. Kürzlich (2000) bei Len Evans' »Imperial Dinner« vor dem 1983er: sehr süß, Fleisch und Abgang gut. Im darauf folgenden Jahr honigartige Tiefe, ziemlich kraftvoll, perfekte Säure. *Zuletzt im November 2001 beim Weiß- und Rotwein-»Gipfel« auf Schloss Johannisberg verkostet* ★★★★★ *Langes Leben.*

Ch. Climens Ein ausgezeichneter Jahrgang, stark botrytisierte Trauben, die bei bester Herbstsonne vom 17. bis 29. Oktober in drei, in manchen Parzellen sogar in vier *tris* geerntet wurden. Durchschnittsertrag 18 hl/ha, beim *Premier vin* (67 % der Ernte) nur 12 hl/hal. Hoher Alkoholgehalt (14,4 %) und viel Restzucker (106 g/l). Erstmals im April 1989 aus dem Fass verkostet. Eine ziemlich stämmige, butterige Nase; sehr süß, voll, reich, intensiv. Höchst beeindruckend. Sieben Jahre später bei einem Essen des Bordeaux Club nun Barsac-typischer, kresseartig, mineralisch, lebhaftes Bukett, nicht mehr so süß und kraftvoll, aber ausgedehnter Abgang. Mit zehn Jahren erwachsen geworden, perfekt im Gleichgewicht, herrlich. Kürzlich bei Neil McKendricks Essen für den Bordeaux Club blasser als erwartet, duftendes Bukett mit Ligusternote; sahniger, ausgezeichneter Geschmack, perfekte Säure. Beim letzten Mal: sehr reiches, wohlriechendes, nussiges Bukett; jetzt dicht, verschlossen, mit marzipanartigem Geschmack und guter Säure. Befindet sich vielleicht in den Wechseljahren. *Zuletzt im Oktober 2001 auf dem Château verkostet* ★★★(★)?

Ch. Coutet Erstmals 1996 bei einem spätabendlichen Bar-Guest-Essen im Inner Temple verkostet, zu dem meine Tochter eingeladen hatte: gut, aber noch nicht voll entwickelt. 1998 eine Coutet-typische minzige, kresseartige Nase, lebhaft, in guter Verfassung. Dann mit Hühnerleber-Parfait: helle Goldfarbe; sehr gutes Bukett, eine Melange aus edelfaulem Sémillon- und erfrischendem Sauvignon-Charakter. Gutes Gewicht, sehr guter Geschmack, lebhafter, trockener Abgang. Kürzlich ideal zu *Foie gras*: ansprechende, blumige Nase; süßer, nicht minder blumiger Geschmack und gute Säure. *Zuletzt im Januar 2002 beim Essen mit Carol und Jamie Guise in Sherston in der englischen Grafschaft Wiltshire verkostet* ★★★★

Ch. de Fargues Schöne Farbe. Süß, gute Säure. Im Geschmack besser als in der Nase. *Im April 1996 verkostet* ★★★

Ch. Filhot Überraschend blass; gute Botrytis-Nase. Sehr süß, voll, reich, Frucht, Körper und Säure gut. Vielleicht lag es am Kontext, aber er schien mir ein ungewöhnlich guter Filhot zu sein. *Im September 1994 beim 36. Grand Chapitre de la Compagnie des Mousquetaires d'Armagnac zu einheimischer* Foie gras *getrunken* ★★★★

Ch. Guiraud Trotz einer trüben Fassprobe im April 1989 herrliche Nase und immense Süße. Im darauf folgenden Jahr fand ich sein Potenzial bestätigt. 1994 lebhaft, gut. 1997 sehr gut, braucht aber noch Zeit. Kürzlich hielt er bei einem Essen des Distillers' Installation Court *Profiteroles* (Brandteigkugeln) und frischen Himbeeren erstaunlich gut stand: goldgelb; schönes, duftendes Orangenblütenbukett; süß, wirklich sehr gut. *Zuletzt im November 2001 verkostet* ★★★★

Ch. Lafaurie-Peyraguey Im April 1989 eine sehr gute, allerdings unverwobene Fassprobe. Fünf Jahre später reiches Honigbukett, gut gebaut. Kürzlich zu Ingwer- und Macadamianuss-Soufflé beim jährlichen Swan Feast in der Vintners' Hall: Gelbgold; Vanille, eine Spur Honig, leicht traubig; süß, füllig, eindringlicher Geschmack, sehr gute Säure. Noch immer etwas hart im Abgang. *Zuletzt im November 2001 verkostet* ★★★(★)

Ch. Lamothe-Guignard Sehr ansprechende Farbe, süß, gutes Gewicht. *November 1998* ★★(★)

Ch. Liot Ein halbes Dutzend beständig guter Einträge 1997 und 1998, die alle bei Bordeaux-Weinkursen von Christie's entstanden. Gute Farbe, wächserner Glanz; wohlriechend, ein Hauch von Gewürzen; ein harmonischer Wein von beträchtlichem Charme. Für seine Klasse ausgezeichnet, wird sich noch weiterentwickeln. *Zuletzt im Dezember 1998 verkostet* ***(*)
Ch. de Malle Eine trübe Fassprobe, gut, aber kurz. Unlängst ziemlich blass; in der Nase wohlriechend und minzig. Schlank und leicht. *Zuletzt im April 1989 bei einem Essen auf der Domaine de Chevalier verkostet* **
Ch. Nairac Im April 1989 eine trübe Fassprobe. Im April des darauf folgenden Jahres recht angenehm. Sehr süß, aber eindeutig ein *Deuxième cru*. *Zuletzt im April 1994 verkostet* **
Ch. Rabaud-Promis Eigenartige, leicht malzige Nase; sehr süß, voll, reich. *April 1994* **, *eventuell jetzt* ***
Ch. Raymond-Lafon Gute Farbe, duftende Nase und angenehmer Geschmack. Gute Säure. *Dezember 1997* ***
Ch. de Rayne-Vigneau Eine enorm beeindruckende Fassprobe, was sich zwölf Monate später bestätigte. Schönes Honigbukett; sehr süß, hoher Extrakt, grandios. *Zuletzt im April 1999 verkostet* ****
Ch. Sigalas-Rabaud Zwei Einträge, der erste aus dem Jahr 1994. Grasige, kresseartige Nase; leidlich süß, einigermaßen gut. Ich hatte mehr erwartet. *Zuletzt im Dezember 1997 während eines Wohltätigkeitsessens bei Christie's verkostet* **
Ch. Suduiraut Im April 1994 trübe und bitter, aber beeindruckend und mit großem Potenzial. Zwölf Monate später hatte sich die Puppe in einen Schmetterling verwandelt: Goldton, entgegenkommend, strahlte Kraft und Schönheit aus. Unlängst leichte Honignote, beruhigte sich, selbstbewusst, nicht zu süß. *Zuletzt im April 1997 im Maison du Cygne in Brüssel verkostet* ****
Ch. La Tour-Blanche Nur ein Eintrag. Eigenartige, ölige Nase mit leichter Kernnote. Sehr süß, fett, reich. *April 1994* ***? *Ich muss ihn noch einmal verkosten.*

TROCKENE WEISSE Der nasse September mit hoher Luftfeuchtigkeit war der Entstehung guter trockener Weißer nicht gerade förderlich. Wer früh erntete, kam am besten weg. In letzter Zeit nur noch wenige Gewächse verkostet. **Ch. Haut-Brion** und **Ch. Laville Haut-Brion** Ich habe die beiden Spitzengewächse aus Graves seit 1990 nicht mehr degustiert, doch damals waren beide ausgezeichnet. Sie dürften sich jetzt gut trinken lassen; **Dom. de Chevalier** Eine gute Fassprobe im April 1989; Frucht, Duft und Geschmack gut. Ausgeprägte Eichennote. Unlängst klassische, wächserne, sahnige Nase; ziemlich trocken, voll im Geschmack, die Würze neuer Eiche, gute Länge. *Zuletzt im April 1998 beim Essen auf der Domaine verkostet* ***; **Ygrec** Ziemlich neutrale Nase. Trocken. Behagt mir ehrlich gesagt nicht so recht. *September 1996.*

1989 *****

Ein extrem heißer Sommer ließ die Trauben voll ausreifen und gab ihnen einen sehr hohen Zuckergehalt mit auf den Weg. Hinzu kam Morgennebel, der die Entstehung der hoch erwünschten Edelfäule begünstigte. Herrliche Sauternes-Kreszenzen. Der beste Jahrgang der Dekade.
Ch. d'Yquem Man kann diesen Wein nicht mehr aus dem Fass verkosten, sondern muss bis zu seiner Freigabe warten. Mein erster Eintrag, ein Loblied auf den Wein, entstand im September 1995: superb, kraftvoll, aber nicht exzessiv. Zwei Monate später bei den »Grand Tastings« von Wine Experience: unzweifelhaft sehr schön. 1996 im Münchner Königshof eine sahnige, fleischige Magnum. Vor einiger Zeit eine weitere Verkostung von Hardy Rodenstock: mitteltiefes Gelbgold mit ausgeprägten »Tränen«; eine Unmittelbarkeit im Bukett, als habe es ungeduldig in der Flasche gewartet, um sich beim Öffnen sogleich zu entfalten. Hochgetönt, Honig, Pfirsiche, Aprikosen; körperreich, komplett, mit ziemlich viel Säure und anhaltendem Geschmack. Hat ein langes Leben vor sich. *Zuletzt im September 1998 verkostet* ****(*)
Ch. Bastor-Lamontagne Großer Weinbergbesitz (78 % Sémillon, 17 % Sauvignon blanc, der Rest vermutlich Muscadelle). Das relativ unbedeutende Gut hat zwar nur *Cru-bourgeois*-Status, kann aber sehr attraktive Weine bereiten. Erstmals 1994 in St-Emilion verkostet und mit viel Genuss zum Essen getrunken – wahrscheinlich zu *Foie gras* (ich habe mir das Menü nicht notiert). Später von Steven Spurrier für drei 1996 von mir geleitete Sitzungen des Bordeaux-Weinkurses bei Christie's ausgewählt. Beeindruckend reiches Erscheinungsbild, attraktives Bukett, das ich verschiedentlich mit reifen Pfirsichen, Vanille, Milchschokolade, einem Hauch Stachelbeeren (infolge der Säure), Wachs, Lanolin und reinem Honig beschrieb – die ganze Palette eben! Süß, leicht traubig im Geschmack, nicht ohne Kraft, fleischig, hoher Alkoholgehalt (14,5 %), gute ausgleichende Säure. Kurzum: beständig und wie immer vergleichsweise günstig zu haben. *Zuletzt im November 1996 verkostet* ***
Ch. Climens Großartig. Eine als verfrüht erachtete Lese, die vom 25. September bis 9. Oktober in drei *tris* über die Bühne ging. Bescheidener Ertrag von 11 hl/ha. Nur zwei Wochen in der Barrique vergoren (normalerweise sind es drei), 42 000 Flaschen des *Premier vin*, ein rekordverdächtiger Alkohol- und Restzuckergehalt von jeweils 14,5 % und 123 g/l. Fünf Einträge, der erste aus dem Jahr 1991: glänzende Farbe; üppig, honigartig, große Länge. 1993 eine gute Entwicklung erkennbar, dann ein Sprung von acht Jahren: tiefes Gelbgold; ansprechende, tiefe Orangenblütennase und Geschmack. Sehr süß, voll, reich, dabei elegant. *Zuletzt im Oktober 2001 auf dem Château bei einer großartigen, aufschlussreichen Morgenverkostung von 30 Jahrgängen (1964 bis 1999, einschließlich des 2001ers, der noch im Tank »arbeitete«) zusammen mit Bérénice Lurton degustiert* ***** *Jetzt grandios, wird noch Generationen erfreuen.*
Ch. Doisy-Daëne Ein *Deuxième-cru*-Château aus Barsac, das 1989 erwartungsgemäß einen sehr attraktiven Wein bereitete. Erstmals im Juni 1991 verkostet: köstlich. Als Nächstes 1994 auf einer Vorverkaufsverkostung in guter Verfassung: sahnige Nase, reich, gut gemacht. Noch beeindruckender auf einer Degustation, die ich für Christie's in Frankfurt leitete: reines Tutanchamun-Gold; köstliche Nase; honigsüß, mit einer Säure, die einem den Mund wässrig machte. Natürlich süß – »ein Charmeur«. Kürzlich zu Käse. *Zuletzt im Mai 1998 bei einem Essen des St-James-Kapitels der Wine & Food Society im Londoner Halcyon Hotel verkostet* ****
Ch. Doisy-Védrines Das größte der drei *Deuxième-cru*-Châteaux, die einstmals alle zum Doisy-Gut gehörten (das dritte ist Dubroca). Im April und Juni 1991 üppig und saftig. Drei Jahre später beim Eröffnungsessen der Cité Mondiale du Vin verkostet, Bordeaux' berüchtigter Kopie des Londoner Vinopolis: süß und honigartig, »nicht zu schwer«. Jetzt bernsteingolden, honigartige Reife dank Flaschenalterung, nicht so süß wie der Daëne, eine Spur Karamell, aber mit grandiosem Geschmack und guter Länge. *Zuletzt im April 1998 verkostet* ****
Ch. Lafaurie-Peyraguey Im April und Juni 1991 in gutem Zustand: wohlriechend, blumig, Gewürznelken, Walderdbeeren, hochgetönte Honignote; auch ziemlich gut zu verkosten. Bei

einem Christie's-Essen in New York reich, gute Textur, selbstsicher. Kürzlich blassgolden, reich, im Bukett scharf. »Süß und schön.« *Zuletzt im Mai 1999 bei einer Vorverkaufsverkostung in Genf degustiert* ★★★★

Ch. Liot Erstmals im April 1994 verkostet: »Süß, sehr gut für seine Kategorie.« Im Jahr darauf hatte er wie der 1988er sehr zufrieden stellende Einsätze bei Bordeaux-Weinkursen von Christie's: lebhaft, Honigmelone, fleischig, kräuterwürzig. *Zuletzt im März 1996 verkostet* ★★★★

Ch. Nairac Gemischtes Echo. Im April und Juni 1991 sehr duftend, »Hyazinthen«, »außergewöhnlich, unklassisch«, attraktiv, aber versickerte im Abgang. Drei Jahre später etwas realistischere Notizen: lebhaft, Vanille, sehr süß, körperreich und (für einen Nairac) recht gut. Als Nächstes eine schreckliche Musterflasche, die ein an sich verlässlicher Importeur für eine Blindverkostung von British Airways zur Verfügung gestellt hatte. Wurde natürlich nicht ausgewählt. *Zuletzt im April 1996 verkostet. In Bestform* ★★★

Ch. Rieussec Erstmals im März 1991 verkostet: kräuterwürzig, reich, gute Länge, im Abgang aber noch hart. Vier Monate später mit bewundernswertem Duft und Geschmack. 1994 für einen Rieussec zwar ungewöhnlich blass, aber sehr süß und auf samtige Art kraftvoll. Später ähnliche Einträge, wieder »kraftvoll«, nussig im Geschmack. Nicht groß, aber gut, könnte sich recht gut entwickeln. *Zuletzt im Februar 1996 bei Mentzendorfs Rieussec-Seminar verkostet* ★★★

Ch. Suduiraut Acht Einträge. 1995 auf einer Verkostung für Goldman Sachs in New York ein herausragender Einstand. Bei einem Fête-de-la-Fleur-Bankett in Bordeaux 1997 sehr schön, aber nicht kalt genug. Mehrere Verkostungen, eigentlich die meisten, bei verschiedenen Essensempfängen. Immer superb. *Zuletzt im April 2000 bei einem Diner der Fête de la Fleur auf der Domaine de Chevalier serviert, diesmal kühl genug* ★★★★★

Ch. Suduiraut, »Crème de Tête« Korken mit der Kennzeichnung »Madame de Suduiraut«. 14,5 % Alkohol, 146 g/l Restzucker: Orangegold; orangenduftiges Bukett, im Geschmack kandierte Orangen. Kraftvoll, aber weich. Hervorragend. *Im September 1998 auf Chateau Suduiraut verkostet* ★★★★★

KURZE NOTIZEN ZU WEITEREN, ZULETZT 1994 VERKOSTETEN SAUTERNES-WEINEN **Ch. d'Arche** Leicht im Stil, geradlinig ★★; **Ch. Broustet** Blass, eigenständig, blumig, ein bisschen kurz ★★★; **Ch. Guiraud** Blass, leichter als erwartet, lebhaft ★★★; **Ch. Lamothe-Guignard** Süß, ziemlich reich, scharf, harter Abgang. Braucht Flaschenalterung ★★?; **Ch. de Malle** Reich. Ein Anflug von Härte ★★(★)?; **Ch. Sigalas-Rabaud** Sehr wohlriechend; sehr süß, lebhaft, Geschmack nach Eiche. »Eigenartig, aber ansprechend« ★★★; **Ch. La Tour-Blanche** Sehr süß, fett, reich ★★★

SAUTERNES-WEINE, DIE ICH NUR 1991 VERKOSTET HABE **Ch. Coutet** Schon ungewöhnlich, den Alkoholgehalt bis auf die zweite Stelle hinter dem Komma genau zu bekommen (13,54 %), Restzucker 102 g/l, Säure 4,6 g/l. Ein schöner Wein, Melone und frische Grapefruit; sehr süß, pfirsichartiger »Babyspeck«, Länge, Potenzial und Nachgeschmack gut. Mal sehen, ob ich ihn irgendwo auftreiben kann; **Ch. Filhot** Lebhaft und schlank. Kein großer 1989er, eventuell ★★; **Ch. Rabaud-Promis** 13,8 % Alkohol, 110 g/l Restzucker, 4 g/l Säure. Nicht sehr beeindruckend. Es fehlt ihm die Überzeugungskraft ★★?; **Ch. de Rayne-Vigneau** Ansprechend, eine gewisse Delikatesse im Geschmack. Gute Länge, gutes Potenzial ★★★★

TROCKENE WEISSE Ein außergewöhnliches Jahr, in dem einige erstaunliche Gewächse entstanden. Wegen der großen Sommerhitze reiften die Trauben vorzeitig aus, enthielten zu viel natürlichen Zucker und zu wenig Säure. Um diesem Problem Herr zu werden, las man bereits im August und frühen September.

Ch. Haut-Brion Kleine Ernte, sehr kleine Erträge, Lese im August. Erstmals im November 1990 verkostet, in einer Reihe jüngerer Jahrgänge hatte er die gelbste Farbe. Die anfangs »unterkühlte« Nase öffnete sich explosiv. Überraschend süß für einen trockenen Graves. Im April 1991, zwei Monate nach der Abfüllung, fand ich seinen außergewöhnlichen Charakter und seine hohe Qualität bestätigt. Sechs Jahre später unter zugegebenermaßen schwierigen Bedingungen verkostet: ansprechend, in der Nase sahnig, aber etwas spröde. *Zuletzt im Dezember 1997 auf einer Vorverkaufsverkostung in New York degustiert* ★★★(★)?

Ch. Laville Haut-Brion Als ich diesen Wein im November 1990 auf La Mission mit dem unergründlichen Jean Delmas erstmals verkostete, war ich überwältigt. Ich hatte soeben den schönsten jungen Wein getrunken, der mir – ganz gleich, aus welchem Anbaugebiet – je untergekommen war. Exotische, jugendliche Aromen, am Gaumen sinnlich. Ein Jahr später fand ich diesen Eindruck bestätigt. Aromatisch. »Der beste Laville aller Zeiten.« Es wurden nur wenige Flaschen abgefüllt, deshalb ist er teuer und schwer zu bekommen, aber ich sah zufällig einen Posten 1989er auf O. W. Loebs Liste zu einem stolzen Preis pro Kiste. Dann entdeckte ich, dass es sich auch noch um »Kisten« zu je sechs Flaschen handelte. Trotzdem orderte ich eine Kiste, aber als ich sie öffnete, sah ich, dass man mir nur drei Flaschen zugestanden hatte! Die erste Flasche öffnete ich bei meinem Essen für den Bordeaux Club im Januar 1996. Der Wein betörte uns förmlich. Als Nächstes im Dezember 1997 gleich dreimal degustiert – auf einer Vorverkaufsverkostung, einem Wohltätigkeitsessen und einem Dinner nach einer Versteigerung in New York: beständig verführerisch, golden, sahnig, herrlich vollmundig.

Im September 1998 bei einem feierlichen Essen auf Haut-Brion mit dem Herzog und der Herzogin de Mouchy, er ein alter Eton-Absolvent, sie die einstige Prinzessin von Luxemburg und Enkelin von Clarence Dillon, der Haut-Brion 1935 erworben hatte. Mit dabei waren außerdem ihr Sohn Graf Robert von Luxemburg, der inzwischen zum Geschäftsführenden Direktor des Guts ernannt wurde, und natürlich Jean Delmas. Ich hatte das Gefühl, der Wein begann etwas auszutrocknen. Auf jeden Fall hatte er seinen Babyspeck verloren, obwohl das Bukett so sahnig und pfirsichduftig wie immer war. Der Steinbutt passte ausgezeichnet zu ihm.

Kürzlich öffnete ich meine zweite Flasche: Sie war sehr gut, aber etwas enttäuschend, wie eine zweite Tasse Tee. Er wirkte eichenbetonter und spröder. *Zuletzt im Dezember 1999 bei meinem Essen für den Bordeaux Club verkostet. In Bestform* ★★★★★

KURZE NOTIZEN ZU EINIGEN ANDEREN TROCKENEN WEISSWEINEN **Dom. de Chevalier** Zwei Einträge, der erste entstand auf der Domaine ein Jahr nach der Lese. Butter, Vanille, unterlegt von köstlicher Frucht. Kürzlich Körper und Länge gut, genügend Säure. *Zuletzt im März 1998 verkostet* ★★★★; **Pavillon Blanc de Ch. Margaux** 100 % Sauvignon blanc. Eichenbetont, reife, attraktive Nase; mitteltrocken, eindringlich, köstlich, mit gedämpftem Heilbutt (bei einem Margaux-Dinner im Londoner Brooks's Club mit der bezaubernden Corinne Mentzelopoulos). *März 2001* ★★★★

1990–1999

Eine wechselhafte Dekade für Sauternes, während die trockenen Weißen weniger Probleme hatten. Die Châteaux in der Graves-Region, die sowohl Rot- als auch trockene Weißweine erzeugen, haben einen eindeutigen Vorteil: Ihre Weißen sind schnell abgefüllt und verkauft, sodass sie im Nu über willkommenen Cashflow verfügen. So sehr man Sauternes-Weine schätzt und bewundert, die Preise, die sie erzielen, entschädigen die Gutsbesitzer leider kaum für die Risiken und hohen Produktionskosten. Zum Glück gibt es die Cryoextraktion, ein ebenso nützliches wie umstrittenes Verfahren. Sauternes-Châteaux, die sich die dafür erforderliche, teure Ausrüstung anschafften, konnten in den ersten Jahren der Dekade zumindest die schlimmsten Folgen der Flaute lindern.

Sauternes-Jahrgänge auf einen Blick

Hervorragend *****
1990, 1996

Sehr gut ****
1995, 1997, 1998, 1999

Gut ***
Keine

1990 *****

Der letzte einer Trilogie herausragender Sauternes-Jahrgänge. Wie 1989 ließ ein heißer, trockener Sommer die Trauben voll ausreifen (höchster Zuckergehalt seit 1929). Zunächst befürchtete man, dass es für die Botrytis zu trocken sein würde, doch wohldosierter Regen im August und September zerstreute die Sorgen und ließ früh Edelfäule entstehen. Somit waren die Bedingungen für die Bereitung großer Süßweine praktisch perfekt.

Zurückblickend und nach der Durchsicht all meiner Verkostungsnotizen glaube ich, dass der 1990er der beste Sauternes-Jahrgang seit Jahrzehnten gewesen ist. Es herrschten so vorzügliche Bedingungen, dass so gut wie niemand einen schlechten Wein erzeugte und sogar die gewohnheitsmäßigen Problemgüter Ansehnliches zustande brachten.

Ch. d'Yquem Lese vom 28. September bis 10. Oktober. Abfüllung 1994. Der höchste Ertrag seit 1893. Im April 1997 bekamen ich und eine Gruppe internationaler Weinautoren erstmals Gelegenheit, den Wein kurz vor seiner Freigabe zu verkosten. Er hatte bereits eine reiche Goldfarbe angenommen. Als Nächstes bemerkte ich eine überraschende Karamellnote in der Nase und auch im Abgang, außerdem eine leichte Nuance, die ich mittlerweile als »Noisette« bezeichne. Generell beeindruckend, kraftvoll, aber nur 13 % Alkohol. Noch im Herbst desselben Jahres stufte ich ihn bei einer *Decanter*-Blindverkostung von 16 1990ern zugegebenermaßen nicht so hoch ein wie einige andere Provenienzen des Jahrgangs. Ich hatte aber auch überhaupt keinen Blick auf das Etikett erhaschen können! Ein Jahr darauf war er beim Abschlussessen von Rodenstocks Yquem-Marathonverkostung als 122. Wein zwischen dem 1983er und dem 1991er jedoch die reine Perfektion. Anthony Barton servierte den 1990er bei einem Essen auf Langoa, und im Dezember wurde er vom *Wine Spectator* zu einem der »10 besten Weine des Jahres« gekürt. Eine Auswahl aus meinen jüngsten Einträgen: klares Gelbgold, in der Nase perfekte Reichhaltigkeit und Reife; »klassisch«, sehr süß, voll, fleischig, samtig, reich im Geschmack, perfekt im Gleichgewicht. »Jetzt vollendet, hat aber noch eine große Zukunft vor sich.« *Zuletzt bei der Wine-Experience-Veranstaltung im Dezember 1998 in New York verkostet* *****

Ch. Climens Ein weiterer herausragender Wein. Die stark von Botrytis befallenen Trauben wurden während einer ununterbrochen heißen und sonnigen Schönwetterperiode in nur drei *tris* vom 17. September bis 4. Oktober gelesen. Der Ertrag lag nach der Selektion bei 10 hl/hl. Weil der Most so gehaltvoll ausfiel, zog sich die Gärung in kleinen Eichen-Barriques ungewöhnlich lange hin und dauerte zweieinhalb Monate. Vom *Premier vin* wurden knapp 37 000 Flaschen abgefüllt. 13,6 % Alkohol und ein außergewöhnlich hoher Restzuckergehalt von 130 g/hl. Erstmals 1997 bei einer Blindverkostung von 1990ern des Weinmagazins *Decanter* degustiert. Ich gab ihm eine hohe Bewertung und verkostete ihn, als alle Kreszenzen aufgedeckt worden waren, noch einmal sorgfältig. Keine Frage, ein schöner Wein, blumig, in der Nase eine Ligusternote; süß, reich, voll im Geschmack, Ausgewogenheit und Abgang ausgezeichnet. Kürzlich ein reiches Bernsteingold; in der Nase und am Gaumen tief, reif, reich und harmonisch. Natürlich sehr süß, ansprechende Frucht, komplett. *Zuletzt im Oktober 2001 auf dem Château verkostet* ***** *Grandios, aber man sollte ihm noch fünf bis zehn Jahre Zeit lassen. Lebt fast ewig.*

Ch. Coutet Ein guter Wein. Bekam bei der Blindverkostung ebenfalls eine hohe Bewertung. Voll, reich, Fleisch und Fett. *Im September 1997 bei der* Decanter-*Verkostung degustiert* *****

Ch. de Fargues 1997 im Gidleigh Park Hotel in Devon köstlich, zu West Country Cheese degustiert, was seine jugendliche Aggressivität bändigte. Blassgolden; wohlriechend, Lanolin und Minzeblätter; süß, aber eher schlank, köstliches Vanille- und Honigbukett. *Zuletzt im November 2001 beim Essen im Eden Parc Hotel in Bad Schwalbach verkostet* ***(*)

Ch. Lafaurie-Peyraguey Im April 1991 eine beeindruckende Fassprobe, wuchtig, eindringlich, nicht der alte, leichte, minzige Stil. 1997 bei der *Decanter*-Verkostung reich, aber unverwoben, eine wesentlich bessere Beurteilung: Farbe, Geschmack und Gleichgewicht gut. *Zuletzt im Oktober 1999 beim jährlichen Essen der Wine Society in Hongkong degustiert* ****

Ch. de Malle Vier Einträge. Üppig, fleischig, eindringlich, im Fass »eindeutig der beste De-Malle-Jahrgang aller Zeiten«. 1997 bei einer Blindverkostung mit hoher Bewertung: »Opulent«, komplett. Unlängst: erstaunlich reich, Aprikosen und Pfirsiche. *Zuletzt im März 1999 beim Essen auf dem Château, einem nationalen Kulturdenkmal, mit der Gräfin Bournazel und ihrem Sohn verkostet* ****

Ch. de Rayne-Vigneau Im April und Juni 1991 aus dem Fass verkostet. Verhaltene Nase, am Gaumen voll, alkoholstark, hart, ohne Charme. Im Geschmack besser als im Duft, lebhaft, passable Länge. Nach nur 13 Monaten hatte er sich beruhigt und ließ auf eine gute Zukunft hoffen, sehr süß, honigartig, hohe Säure. *Zuletzt im Juli 1992 verkostet. Jetzt mindestens* ****

Ch. Rieussec 20 Monate in der Barrique, 14,5 % Alkohol. Erstmals im Juni 1991 verkostet: reingolden, nicht das tiefe Orange einiger älterer Jahrgänge; reich, reif, lebhaft, wohlschmeckend. Als Nächstes bei der schrecklichsten Verkostung meines Lebens an einem kalten Oktobernachmittag des Jahres 1995 in den Bergen von North Carolina unter freiem Himmel. Der Wein war allerdings sehr schön. Dann 1996 auf dem Château, wo er sich schön öffnete. Bei einer weiteren seltsamen Weinprobe, die ich für den Grafen von Schönborn in Pommersfelden leitete, einem riesigen deutschen Palast inmitten eines Felds! Sehr süß, trockener Abgang. Aus irgendeinem Grund erinnerte er mich an in Rum eingelegte Rosinen. Auf der *Decanter*-Verkostung ansprechend, aber »geringfügig fett«. Im Januar 1998 an einem weiteren ungewöhnlichen Verkostungsort während eines Vortrags auf dem luxuriösesten aller Kreuzfahrtschiffe, der *Seabourn Spirit*, vor Sumatra. Einen Monat später, erneut in exotischem Ambiente, gleichermaßen ausweichende Einträge: jetzt ein schönes reines Gold; ein Bukett wie »Litschis und Rosenblüten«, fast wie Gewürztraminer, Pfirsiche, Aprikosen und wie üblich Honig; natürlich süß, Fleisch und Geschmack ansprechend, gute Länge. Ich prophezeite ihm ein langes Leben. *Zuletzt im Februar 1998 bei einer Bordeaux-Verkostung für die Chaîne des Rôtisseurs in Nassau degustiert* ★★★★★

Ch. Suduiraut Ein halbes Dutzend Einträge: bei der ersten Verkostung, einer Fassprobe im März 1991, beeindruckend, vor allem Farbtiefe, Körper und Kraft infolge des hohen Alkoholgehalts von 15 %. Drei Verkostungen später bewertete ich ihn bei einer Blinddegustation des British-Airways-Ausschusses 1996 sehr gut, aber stämmig, fast stechend; brauchte noch viel mehr Zeit in der Flasche. Bei der *Decanter*-Blindverkostung von 1990ern wohlriechend, aber wieder mit scharfem Abgang.

Im Herbst desselben Jahres eine wesentlich wohlwollendere Bewertung, vielleicht wegen des Ambiente im Château de Bagnols, einem der luxuriösesten Schlösser in ganz Frankreich: mittlerweile ziemlich tiefes Orangegold; Honig und Blüten (hört sich wie Shampoo an), ausgesprochen duftend; süß, fett, körperreich, leicht karamellig, blumig, gute Säure, was auch für eine Flasche galt, die ich bei einer Masterclass ein Jahr später zur selben Zeit und am selben Ort degustierte. *Zuletzt im Oktober 1998 auf Château de Bagnols bei Villefranche verkostet* ★★★★★

Ch. La Tour-Blanche In der Jugend hart und aufdringlich, seither aber beständig gute Einträge. Auf Walter Eigensatz' Galadiner im Luzerner Palace Hotel 1996 schön, honigartig; sehr süß, große Länge. Zwölf Monate später war er bei einer Buchpräsentation von Hallwag in Frankfurt völlig zu Recht bei Hugh Johnsons Verkostung »Edle Süßweine« mit dabei. Unlängst auf der *Decanter*-Verkostung von 1990ern nach wie vor fett, fleischig und süß. *Zuletzt im September 1997 verkostet* ★★★★★

WEITERE KURZE EINTRÄGE ZU WEINEN, die ich überwiegend 1997 zuletzt verkostet habe **Ch. d'Arche** Harmonisch und sehr gut. *Nur einmal im Juni 1991 aus dem Fass verkostet* ★★★★; **Ch. Bastor-Lamontagne** Ähnliche Notizen wie beim d'Arche; sehr süß und intensiv. Für seine Kategorie ★★★★★; **Ch. Broustet** Ansprechend, honigartig, eher leicht im Stil und köstlich. Für seine Kategorie ★★★★; **Ch. Doisy-Daëne** Im Fass: kraftvoll, beeindruckend, ohne Finesse. Später: harmonische Nase, süß, stämmig, trockener Abgang ★★★; **Ch. Doisy-Védrines** Im Fass wohlriechend, gute Säure. Gelb, substanzreich, was umso stärker zur Geltung kam, als er sich auf der Vinexpo im Juni 1997 in Gesellschaft blasser, heller Rheinweine befand, dabei aber überraschend trocken. Im Herbst desselben Jahres: eine Spur von Orange; süß, mild; erneut »stämmig« ★★★; **Ch. Filhot** Im Fass schlank und wohlschmeckend. Später sehr wohlriechend, süß, eigenständig, ein trockener Zug mit ziemlich hoher flüchtiger Säure, ansonsten sehr gut ★★★; **Ch. Clos Haut-Peyraguey** Wohlriechend, eindringlich, scharfer Abgang ★★★; **Ch. Lamothe-Guignard** Reiche Farbe, süß, kraftvoll ★★★★; **Ch. Nairac** Im April und Juni 1991 im Fass verkostet. Schön duftend. »Ananas und gekochte Süßigkeiten ... ein guter Nairac.« 1994 sehr süß, aber hart. Im Abgang eine Botrytis-Note und fett ★★★; **Ch. Romer du Hayot** Im Stil grasig, kresseartig. Ziemlich gut, aber braucht Zeit. *Nur einmal im Juni 1991 aus dem Fass verkostet* ★★; **Ch. Sigalas-Rabaud** Sehr süß, reich, kraftvoll. Bei der nächsten Verkostung 1997 ähnliche Notizen, außerdem noch würzig, im Bukett mit Honignote. Ein guter Wein ★★★★

Sauternes und Essen

Wann soll man einen Sauternes trinken? Er ist ein klassischer Begleiter zu Foie gras *oder* Pâté *zu Beginn einer Mahlzeit – obwohl diese reichhaltige Kombination einem für den Rest des Essens den Appetit nimmt. Ich persönlich ziehe es vor, ihn nach dem Essen zu Käse zu servieren. Die meisten wollen Sauternes leider zum Dessert trinken. Das funktioniert aber nur, wenn sämtliche Ingredienzen etwas weniger süß ausfallen. Welchen Sinn hat es, mit enormem Aufwand eine supersüße Kreszenz zu bereiten – auf Yquem gewinnt man pro Rebstock nur ein Glas –, wenn sie sich nach einem Stück süßem Konfekt in einen trockenen Weißen verwandelt? Bei schwierigen Kombinationen sollte man den Wein auf jeden Fall vorher probieren.*

TROCKENE WEISSE Trotz des heißen Sommers waren Säure und Alkohol besser im Gleichgewicht als bei den 1989ern. Mit Ausnahme der Spitzengewächse sollten die trockenen Weißweine mittlerweile alle getrunken worden sein.

Ch. Haut-Brion Erstmals im April 1991 auf dem Château verkostet. Ein schöner Wein, voll, fest, mit großem Potenzial. Sechs Jahre später: gute Farbe; ein ziemlich eigener Stil, wächsern, ein Hauch Vanille, eigenständig; fester trockener Abgang, etwas vordergründig. Noch etwas in der Flasche altern lassen und dann wieder probieren. *Zuletzt im Juni 1997 auf dem Château verkostet* ★★★(★)

Ch. Laville Haut-Brion 60 % Sémillon, 40 % Sauvignon blanc. Im April 1991 ausgeprägtes Goldgelb; sanft duftendes, jugendliches Aroma, Ananas und Eiche. Süßer als der Haut-Brion. Sechs Jahre später bei einer Vorverkaufsverkostung in New York: sahnige Nase, eine leichte Kernnote. Im Jahr darauf mit Jean Delmas verkostet: ein sehr selbstbewusstes Gelb; verschlossenes, wächsernes Bukett, sehr ausgeprägter Sémillon-Charakter. Mitteltrocken. Ein hochklassiger Wein. *Zuletzt im September 1998 verkostet* ★★★(★)

Dom. de Chevalier Im März 1991 eine Fassprobe: ansprechend, entgegenkommend, schön ausgewogen. Kürzlich: Farbe, Nase und Geschmack gut, aber unspektakulär. *Zuletzt im März 1999 bei einem Eröffnungsessen der Union des Grands Crus verkostet* ★★★★

1991

Ein Rückfall in schlechte alte Zeiten. Wechselhafte Witterungsbedingungen. Sauternes war noch stärker von Aprilfrösten betroffen als die Rotweindistrikte im Norden und Osten. Es folgte ein nasser Sommer, der vor allem im August von schweren

Regenfällen geprägt war. Im September besserte sich das Wetter etwas. Am 21. des Monats wurde es plötzlich ungewöhnlich heiß, doch binnen einer Woche sanken die Temperaturen auf 10 °C. In Sauternes begann die Lese so früh wie schon seit Jahren nicht mehr und endete in den meisten Gütern um den 17. Oktober. Für die Lesearbeiter war sie eine rechte Mühsal, denn sie mussten die von Graufäule befallenen Trauben von den edelfaulen trennen. 1992 fand keine Frühjahrsverkostung statt.
Ch. d'Yquem Lese vom 2. Oktober bis Mitte November. Der 125. Yquem-Jahrgang. Kleine Produktion, 90 000 Flaschen. Das letzte Mal auf Rodenstocks fünftägigem Yquem-Marathon im September 1998 in München verkostet. Der Wein wurde im ausgezeichneten Hotel Königshof beim abschließenden Galadiner mit dem letzten Gang serviert. Unser Gastgeber und der Chefkoch hatten mit erstaunlichem Einfallsreichtum und vorausschauender Planung sechs »leichte« Mittagessen und sechs Abendessen zusammengestellt, die alle unverwechselbar, angemessen und köstlich waren. Die Abendessen setzten sich aus sechs Gängen zusammen, zu denen jeweils vier bis acht, zum Teil blind verkostete Weine gereicht wurden.

Leider ließ der 1991er die beispiellose Veranstaltung nicht mit einem fulminanten Schlussakkord, sondern eher mit einem kläglichen Misston ausklingen. Nun, ganz so schlecht war er nicht, außerdem gab es Flaschenabweichungen. An meinem Tisch hatte er eine blässlichgelbe Farbe mit einem strohgelben Hauch; eine eigenartige, leichte Nase mit einem Anflug von alten Äpfeln; eher schlank und säurebetont. Noch im selben Monat verkostete ich den 1991er ganz für sich auf Yquem mit Madame Garby, der jungen, attraktiven und mit beiden Beinen auf der Erde stehenden Kellermeisterin – er wurde bei dieser Solovorstellung also nicht wie zwölf Tage zuvor in München vom großen 1990er ausgestochen. Ein Bukett aus reifen Melonen mit einem überraschenden Honigton; leidlich süß, würzig, ein Geschmack nach würzigem Honig und Karamell, hohe Säure. *Zuletzt im September 1998 auf dem Château verkostet* ⋆
Ch. Climens Die Lese wurde überraschend zeitig am 17. September gestartet, da sich die Edelfäule, die den Jahrgang rettete, schon so früh ausgebreitet hatte. Leider fiel vom 25. des Monats bis zum bitteren Ende am 9. Oktober Regen. Es gab nur zwei *tris*. Wegen der Frühjahrsfröste blieb der Ertrag mit lediglich 5 hl/ha gering; insgesamt wurden 20 000 Flaschen abgefüllt. Der Alkohol lag bei regulären 14 %, der Restzuckergehalt mit 67 g/l niedrig. Ziemlich blasse Farbe; stark karamellisierte, nussige Nase; überraschend süß und zuckerig, im Stil stämmig. *Im Oktober 2001 auf dem Château verkostet* ⋆ *Zum Trinken, nicht zum Lagern.*
Ch. Nairac Gelbgolden; mittelsüß, etwas lose verwoben, aber überraschend ansprechend im Geschmack. Säure. *März 1998* ⋆

Trockene Weisse Mit der Lese wurde am 15. September begonnen. Wer früh erntete, kam noch am besten weg. Sehr kleine Erträge. Ich habe nur wenige Weine dieses Jahrgangs verkostet und keinen für lange Lagerung empfohlen.

1992 ⋆

Ein weiterer nasser, verhangener Jahrgang, der vor allem in Sauternes katastrophal ausfiel, weil die Sonne zu wenig schien und es viel zu nasskalt war, sodass sich die so segensreiche Edelfäule nicht ausbreiten konnte.
Ch. d'Yquem Es wurden nur 60 Barriques Wein bereitet. Deklassiert.
Ch. Climens Wie schon in früheren Jahren erzeugte man dank sorgfältiger, aufwändiger Traubenselektion einen mehr als passablen Wein. Mittelblasses Goldgelb; Nase und Geschmack ganz außergewöhnlich, mit Mandarinennote. Minzig und überraschend ansprechend für einen so mageren Jahrgang. *Im März 1999 beim Eröffnungsessen der Union des Grands Crus auf Château Gazin zum ersten Gang serviert* ⋆⋆ *(für den Versuch).*

Ein Quartett von Barsac- und Sauternes-Weinen, die ich im April 1994 verkostet habe **Ch. Doisy-Védrines** Eigenartige, zweischichtige Malz- und Limettennase; süß, schlank, grasig, aber auf seine Weise ansprechend ⋆⋆; **Ch. Lafaurie-Peyraguey** Goldgetönt; Honig und Minze; süß und für den Jahrgang überraschend gut, voll, reich, fruchtig ⋆⋆⋆; **Ch. Nairac** Nur magere 300 Flaschen pro Hektar, das letzte Drittel der Lese wurde praktisch ausgelöscht. Mit den verbliebenen Trauben bereiteten die Heeters einen mittelsüßen, lebhaften, nicht unattraktiven Wein ⋆⋆; **Ch. de Rayne-Vigneau** Ein weiteres Gut, das sich Mühe gab und allen Widrigkeiten zum Trotz tatsächlich einen Treffer landete: leicht honiggetönte Nase; süß, köstlich, pfirsichartiger Geschmack. Ich bezweifle, ob sich seine Komponenten gut genug im Gleichgewicht befinden, um dem Wein ein längeres Leben zu verleihen. Es wird interessant sein zu sehen, wie er sich entwickelt ⋆⋆⋆

Trockene Weisse Die Trauben wurden in der ersten Septemberhälfte vor der Sintflut gelesen. Es entstanden leichte, frische und fruchtige Gewächse, die sich als früh trinkreife Weine gut an den Mann bringen ließen.
Ch. Laville Haut-Brion Sehr leuchtendes Gelb; unverwoben, Butter und Karamell; am Gaumen wesentlich besser, fest, duftig, gute Säure und überraschend gute Länge. *Im September 1998 bei James Lawthers Weißweinprobe auf Château Cordeillan-Bages in Pauillac degustiert* ⋆⋆⋆
Dom. de Chevalier Der erste Wein, der im Juni 1999 beim Graves-Eröffnungsessen auf Château Malartic-Lagravière serviert wurde: blass; angenehme Nase; überraschend attraktiv. Zehn Monate später Nase und Geschmack schwach und schlank, aber etwas Länge und gute Säure. *Zuletzt im April 2000 auf der Domaine verkostet* ⋆⋆

1993

Eine weitere Saison, die buchstäblich ins Wasser fiel. Das Wetter zur Herbstmitte war für Sauternes katastrophal und ließ einen der schlechtesten Süßwein-Jahrgänge aller Zeiten entstehen. Schwarz- und Graufäule eroberten die Weinberge. Nichtsdestotrotz präsentierten zehn mutige beziehungsweise optimistische Châteaux ihre Weine im April 1994 auf La Tour-Blanche (wo die Frühjahrsverkostungen für Sauternes stattfinden) den Weinjournalisten. Ein oder zwei davon habe ich seither noch einmal verkostet. Mir taten die Weinbauern offen gesagt Leid. Selbst wenn man berücksichtigt, dass einige Fassproben unfertig ausfielen, hatte der Jahrgang nicht viel zu bieten.
Ch. Climens Deklassiert.
Ch. Doisy-Védrines Eine gar nicht einmal so schlechte Fassprobe, minzige Nase; gerade noch süß genug, eher leicht, scharfer pfefferiger Abgang. Exakt zwei Jahre später in der Nase noch immer »grün« und unverwoben; schien auszutrocknen, klar zu trocken und zu hart für einen Dessertwein. Ein guter kräftiger Jahrgang zu Käse! *Zuletzt im April 1996 verkostet* ⋆ *für den Versuch.*
Ch. Lafaurie-Peyraguey Der beste Wein auf der Eröffnungsverkostung: ein duftiger, etwas ungewöhnlicher Charakter. Lebhaft, recht guter Geschmack. Ein Jahr später etwas Fett und

Fleisch, harter Abgang. Weit unterdurchschnittlich. *Zuletzt im April 1995 bei der Verkostung von 1993ern der Union des Grands Crus in London degustiert* ★★ *(gerade noch).*
Ch. Romer du Hayot Süß, weich, überraschend kraftvoll. *April 1996* ★★

Weitere Barsac- und Sauternes-Weine, die ich nur einmal auf der Eröffnungsverkostung von Fassproben am 6. April 1994 degustiert habe: **Ch. Broustet** Ziemlich gut ★★; **Clos Haut-Peyraguey** Schrecklich; **Ch. Lamothe** Zwei »hölzerne« Flaschen; **Ch. Lamothe-Guignard** Gute Nase; nicht sehr süß, aber nicht schlecht ★; **Ch. Myrat** Eigenartig ölig, Kerosinnase und -geschmack; **Ch. Nairac** Eigentlich noch nicht verkostungsreif. Trüb; chlorartige Nase, die mich an ein öffentliches Schwimmbad erinnerte; bittere Note. Hat kaum eine Chance, aber vielleicht erholt er sich ja noch; **Ch. Rabaud-Promis** Fauliger Geschmack, bitter, leider alles andere als viel versprechend; **Ch. Rieussec** Gute Farbe; recht reiche Nase; unspektakulär, aber ein guter Versuch ★

Trockene Weisse Der Jahrgang verlief für die Weißen sicherlich wesentlich günstiger als für die Süßweine. Nach dem offiziellen Lesebeginn wurden die Trauben eilends eingefahren. Vier Weine verkostet, einer davon ist erwähnenswert:
Ch. Laville Haut-Brion Nur ein einziger Eintrag. Sehr blass; milde, duftende Nase; trocken und leicht für einen Laville, ein Hauch Zitrone, sehr ansprechend – für kurzfristigen Genuss. *Im September 1998 beim Essen auf Rauzan-Ségla verkostet* ★★★

1994 ★

Eine wesentlich bessere Saison als im Vorjahr, obwohl Regenfälle Mitte September die Reben in Sauternes in Mitleidenschaft zogen. Lange, riskante Lese. Das Wetter besserte sich zwar schließlich, doch der Jahrgang stand auf der Kippe zwischen der Edelfäule auf der einen und dem Untergang auf der anderen Seite. Spätleser erzielten die besten Ergebnisse. Ich kann mich jedoch noch gut daran erinnern, dass sämtliche Gutsbesitzer auf der Eröffnungsverkostung im Frühjahr nach der Lese auf La Tour-Blanche angesichts einer solchen Aufeinanderfolge schlechter Jahrgänge schier verzweifelten.
Ch. d'Yquem Spät gelesen, im Frühjahr 1998 auf Flaschen gezogen und zwölf Monate später verkostet. Orangegold; verhalten; süß und etwas kraftlos. *Im April 1999 auf dem Château degustiert* ★★
Ch. Climens Lese vom 21. September bis 15. Oktober bei Nässe. Drei *tris*, ein geringer Ertrag, der durch strenge Selektion noch weiter reduziert wurde. 14 % Alkohol, 76 g/l Restzucker, 34 000 Halbliterflaschen. Merklich blass in der Farbe; eine leichte, wohlriechende, aber oberflächliche Nase; ziemlich süß, eigenartiger Gerstenzuckergeschmack, zu wenig Länge. Bérénice Lurton erzählte mir später, dass er sich am Nachmittag gesteigert habe und im Augenblick zwar noch immer »reizlos« sei, aber »einige Jahre lang vergessen werden müsse«. *Im Oktober 2001 auf dem Château verkostet* ★★ *Wird möglicherweise noch besser, sagen wir 2004 bis 2010.*

Die meisten nachfolgend bschriebenen 1994er habe ich nur im April 1996 verkostet: **Ch. Broustet** Sehr eigenartiger Geschmack. Ein Hauch Ingwer; **Ch. de la Chartreuse** Stämmig, recht gut im Geschmack, aber unspektakulär ★; **Ch. Doisy-Védrines** Nicht schlecht ★★; **Ch. Lafaurie-Peyraguey** Besser als erwartet, süß, etwas fett ★★; **Ch. Liot** Wesentlich besser als erwartet. Zuletzt 1999 verkostet ★; **Ch. de Malle** Ebenfalls überraschend attraktiv, Minze und Honig, ein Hauch Karamell ★★; **Ch. Nairac** Schwache Nase, mittelsüß, gar nicht einmal so schlecht ★★; **Ch. Rayne-Vigneau** Sahnig, positiv, reich, gute Säure, scharfer Abgang. Einer der besten 1994er ★★★ *(gerade noch)*; **Ch. Roland** Selten anzutreffen. Ich habe im Château übernachtet, aber es ist so schrecklich wie der Wein, obwohl der 1994er besser als erwartet ausfiel ★; **Ch. Suduiraut** Glanzhell; attraktiv; ziemlich süß, eindringlich, gute Säure. *1995* ★★★; **Ch. La Tour-Blanche** Anfangs trüb, grasig, unreif, eindringlich. Entwickelte sich recht gut: schöne Farbe; sahnig, Vanille; sehr süß, reich. 1995 und *1996* ★★★

Trockene Weisse Die Trauben profitierten von den äußerst günstigen Wachstumsbedingungen und wurden überwiegend gelesen, bevor Mitte September die Regenfälle einsetzten.
Ch. Haut-Brion Zweimal degustiert, das erste Mal auf einer Vorverkaufsverkostung, das zweite Mal bei einem Wohltätigkeitsessen; blasses Grüngold; sehr wohlriechendes Bukett, das sich ansprechend öffnete; trocken, schöner Geschmack, frisch, ziemlich kraftvoll, gute Säure. Wie so oft etwas spröde. *Im Dezember 1992 bei Christie's in New York degustiert* ★★★(★)
Ch. Laville Haut-Brion Sehr blass; leicht, verhaltene Nase; mitteltrocken, eher schlank und überraschend eichenbetont. Passte gut zu Filet vom Wildseebarsch. *Im Juni 2000 bei einem Essen des Bordeaux Club in der Master's Lodge im Caius College in Cambridge verkostet* ★★(★)?
Pavillon Blanc de Ch. Margaux Blässlich, leichter Grünton; wohlriechend, Pfefferminze; mittel – nicht trocken; angenehm aromatisch, mit leicht würzigem Abgang. *Passte gut zu einem leichten (Fisch-)Essen zwischen der zweiten und dritten »Serie« auf Manfred Wagners Vertikalverkostung von 50 Margaux-Jahrgängen im November 2000 in Zürich* ★★★

1995 ★★★★

Es brachen wieder bessere Zeiten an. Eine günstige Wachstumssaison bis Mitte September, dann einige Tage Regen und ab 20. des Monats ein goldener Herbst. Einige Châteaux starteten zwar zwischen 6. und 13. September erste kleine *tris*, aber die meisten warteten ab. Drei Viertel der Trauben blieben an den Stöcken, sodass sich die Edelfäule rasch ausbreiten konnte. Als die Beeren reif genug waren, drängte die Zeit, weshalb man die Lese in der zweiten Oktoberwoche im Rekordtempo über die Bühne brachte.
Ch. d'Yquem Nachdem die große Gruppe internationaler Weinjournalisten einige 1999er Fassproben von Sauternes-Gewächsen verkostet hatte, wurde ihr das Privileg zuteil, den soeben freigegebenen Yquem von 1995 zu *Pâté-de-Foie-gras*-Häppchen verkosten zu dürfen. Graf Alexandre de Lur Saluces stellte seine junge Kellermeisterin vor, die einigen von uns ins Gedächtnis rief, dass die Rebfläche von Yquem zu den größten in ganz Bordeaux gehört, sich aus insgesamt 103 ha Weinbergen mit 80 % Sémillon und 20 % Sauvignon blanc zusammensetzt und der Wein dreieinhalb Jahre in Holz ruht. Der 1995er hatte eine gute Farbe und eine wohlriechende, reiche Pfirsichnase, in der noch viel mehr steckte; er war selbstverständlich süß, reich, aber keinesfalls plump. Scharfer Alkohol (13,8 %) und gute Säure mit einem Hang zu etwas hoher flüchtiger Säure, was nicht ungewöhnlich ist. Ansprechend. Lange Zukunft. *Im April 2000 verkostet* ★★★(★) *Etwa 2015 bis 2035.*
Ch. Climens Wieder einmal eine verregnete Lese mit einer sehr raschen Ausbreitung des Botrytis-Pilzes. Lese vom 18. September bis 24. Oktober. Zwei *tris*, strenge Selektion, 14 % Alkohol, 74 g/l Restzucker, 45 % der Erträge wurden für den *Pre-*

mier vin verwendet, Produktionsmenge 30 000 Flaschen. Blassgolden; honigartig, dabei »grün« und unverwoben; ziemlich süß, Extrakt und Länge moderat. Enttäuschend, obwohl Bérénice Lurton berichtete, dass sich der 1995er wie der Vorjahreswein beruhigt habe und am Nachmittag in wesentlich besserer Verfassung gewesen sei. »Zeit lassen.« *Im Oktober 2001 vor einem sehr späten Mittagessen auf dem Château verkostet* ***?

Ch. Coutet Leicht, ziemlich zarte, minzige Nase; süß, lebhaft, attraktiv. *September 1998* *** *Trinkreif.*

Ch. Lafaurie-Peyraguey Erstmals 1998 bei einer *Decanter*-Masterclass verkostet: glanzhelles und schönes, warmes Goldgelb; absolut überzeugende »Creme-von-der-*Crème-brûlée*«-Note, honigartiges Bukett; süß, körperreich, scharfer Alkohol und säurebetonter Abgang. Attraktiv. Kann etwas mehr Flaschenalter gebrauchen. Kürzlich einfach nur sehr gut. *Zuletzt im April 1999 verkostet* ***(*) *Jetzt bis 2015.*

Ch. Rabaud-Promis Blass; minziger grasiger Stil; süß vom Anfang bis zum Ende. Ein schöner Wein. *Mai 1998* ***(*)? *2003 bis 2015.*

Ch. Rieussec Recht gute Farbe; reiches Bukett; etwas seltsam im Geschmack, aber gutes Potenzial. *Mai 1998* **(*)? *2003 bis 2015.*

Ch. Sigalas-Rabaud Ansprechendes Grüngold; sehr frisch, attraktiv, entgegenkommend; guter Geschmack nach Honig und Pfirsichen, aber ein scharfer, harter, trockener Abgang. Braucht Zeit. *November 1998* **(*) *2005 bis 2015.*

Ch. Suduiraut Auf einer Handelsverkostung 1996 erstmals degustiert und für sehr gut befunden. Sehr blass, sicherlich blasser als erwartet; gute Frucht und Tiefe; süß, fett, voller Frucht, köstlich im Geschmack. Kürzlich ähnlich, mit besonders attraktivem Bukett, sehr wohlriechend, aromatisch, Orangenblüten; leicht im Stil, aber wohlschmeckend, mit etwas hartem, trockenem Abgang. Weitere Flaschenalterung tut ihm gut. *Zuletzt im Oktober 1999 beim alljährlichen Weindinner des Knickerbocker Club in New York verkostet* ***(*) *2003 bis 2020.*

Ch. La Tour-Blanche Leuchtendes Goldgelb; Honig und Kresse; ziemlich süß, lebhaft, ansprechender Geschmack, kernige Säure. *Im April 1998 bei einer »Weinprobe Bordeaux 1995« in Köln verkostet* **** *Jetzt bis 2015.*

KURZE NOTIZEN zu *Deuxièmes crus* sowie unbedeutenderen Barsac- und Sauternes-Châteaux **Ch. Broustet** In der Nase ein jodartiger Einschlag; sehr süßer, aber unattraktiver Geschmack. *1997*; **Ch. du Dragon** Ein teurer Cordier-Wein, wohlriechend, nicht süß genug, hart im Abgang. *1996* *; **Ch. Lamothe** Sehr blass; süß, karamellartig, trockener Abgang. Recht gewöhnlich. *1998* *; **Ch. Liot** Bemerkenswert gut für seine Klassifizierung: wohlriechend, süß, mit einer Nase, die einem den Mund wässerig machte, öffnete sich ansprechend. Zwei Einträge. *1999* ***; **Ch. de Malle** Blass; duftend, blumig; mittelsüß, lebhaft. Ansprechend. 1998 und *1999* ***

TROCKENE WEISSE Für sie herrschten gute Bedingungen. Ein wesentlich größerer Ertrag als 1994 und eine frühe Lese, die überwiegend zwischen 28. August und 4. September stattfand. Die unbedeutenden Provenienzen dürften mittlerweile weggetrunken worden sein, das Gros der besseren befindet sich jetzt wohl auf dem Höhepunkt, aber die Spitzengewächse haben Klasse und Stehvermögen.

Ch. Haut-Brion Eine attraktive Nase, die sich im Glas öffnete; am Gaumen ein Hauch Vanille und eine Pfirsichkernnote. Länge und Nachgeschmack gut. *Der erste – und beste – Wein beim Fête-de-la-Fleur-Bankett auf Pontet-Canet im Juni 1999* ***(*) *2003 bis 2015.*

Dom. de Chevalier Sehr blass; verschlossen, eine leichte würzige Eichennote; trocken, komplett, wie aus einem Guss, fest. *Im April 2000 auf der Domaine verkostet* *** *Jetzt bis 2010.*

Ch. Smith-Haut-Lafitte Blässlich, aber positiv; sehr duftend; mitteltrocken, würzig, Melonen- und Ananasnote. *Zuletzt im Juni 2000 im Restaurant La Caudalie verkostet* ***

1996 *****

Ein interessantes, besonders in Sauternes erfolgreiches Jahr, was auf das fast zufällige Zusammenwirken einiger spezifischer Umstände zurückzuführen ist. Die wechselnden Witterungsbedingungen während der Wachstumsphase waren für den langen, verzögerten Reifeprozess der Reben verantwortlich, der wiederum Weine mit wundervollem Aroma entstehen ließ. Davon profitierte insbesondere die Sauvignon-blanc-Traube, die vor den anscheinend unvermeidlichen Niederschlägen im September gelesen worden war. Die Edelfäule tauchte erstmals Ende August im Weinberg auf, was ein Ausdünnen der Trauben erforderlich machte, da einige schon vor Lesebeginn geschrumpft waren. Die ersten beiden *tris* verliefen wegen des Regens nicht ideal, aber der dritte Durchgang – der auf Yquem zufällig der erste war – und der vierte nach einem letzten Botrytis-Befall am 17. Oktober fanden unter perfekten Bedingungen statt und erbrachten reiche, gut gebaute Weine.

Im April 1997 verkostete ich zum ersten Mal eine breite Palette von insgesamt 23 Weinen aus Barsac und Sauternes. In diesem jungen Stadium sind viele naturgemäß verschwommen oder trübe, einige noch nicht einmal verkostungsreif. Trotzdem bekommt man selbst bei einer viel zu frühen Degustation einen ersten Eindruck von der potenziellen Qualität des Jahrgangs.

Ch. d'Yquem Nicht verkostet. 2002 noch nicht freigegeben, verspricht dem Vernehmen nach aber ein außergewöhnlich feiner Wein zu werden.

Ch. Climens Lese vom 24. September bis 24. Oktober. Rascher, intensiver Botrytis-Befall. Trotz des Regens erbrachten die beiden *tris* einen sehr guten Ertrag. Bérénice Lurton zufolge »reintönig und von großer Konzentration«. 66 % der Trauben wurden zum *Premier vin* verarbeitet, 34 % zum Zweitwein Cyrès de Climens. Auf die Vergärung, die etwas länger als üblich verlief, folgte ein einmonatiger Aufenthalt in den Barriques. 13,9 % Alkohol, 104 g/l Restzucker. Wie Yquem steht Climens über den anderen Châteaux und präsentiert seine Weine nie bei den regelmäßigen Aprilverkostungen nach der Lese, da es diesen Zeitpunkt als verfrüht erachtet und die endgültige Assemblage noch in weiter Ferne liegt. Deshalb degustierte ich den 1996er erst im Juni auf dem Schloss das erste Mal: blasser als erwartet; klassische, schön konturierte Nase mit etwas Säure, die mich an Renekloden erinnerte; süß, schönes Fett, gute Länge, trocken, mit hartem Abgang. Kürzlich Pfirsichkerne in der Nase und am Gaumen, mit einer beträchtlichen Süße, die durch spätere Analysen bestätigt wurde. Reiche Textur. Braucht Zeit. *Zuletzt im Oktober 2001 auf dem Château verkostet* **(**) *2006 bis 2030.*

Ch. Lafaurie-Peyraguey Schon bei der Eröffnungsverkostung ein Anflug von Gold in der Farbe; sehr ausgeprägter Edelfäulecharakter, Aprikosen, stämmig im Stil; süß, eindringlicher guter Geschmack, Länge und Säure. Zwei Jahre nach der Lese: jetzt hochglänzend; sehr eigenständig, entgegenkommend, kräuterwürzige Minze und Kresse, eine Nase, die einem den Mund wässerig machte; sehr süß, körperreich (14 % Alkohol), positiv, am Gaumen pfirsichartig, mit appetitanregender Säure. Köstlich, doch mit noch unausgeschöpftem Potenzial. *Zuletzt* *im November 1998 auf meiner* Decanter-*Masterclass verkostet* ★★★(★) *Bald trinkreif bis 2020.*

Ch. Liot Im Juni 1997 attraktiv, positiv, ausgeprägt süß und auf seine Weise beeindruckend. Auf zwei Christie's-Weinkursen in letzter Zeit gut in Form: schöne buttergelbe Farbe, grüne und goldene Reflexe; sanfte, süße, minzige, honigartige Nase mit appetitanregender Säure; süß, angenehmes Gewicht (14 % Alkohol), köstlicher Geschmack, erfrischende Säure. *Zuletzt im Oktober 2000 verkostet* ★★★, *für seinen Rang* ★★★★. *Jetzt bis 2010 trinken.*

Ch. Nairac Anfangs verschwommen und hart. Ein paar Monate später sahnig, fleischig, guter Geschmack. Kürzlich mit tieferer, jetzt angenehm goldener Farbe; in der Nase honigartiger Edelfäulecharakter; süß, ansprechend, sehr guter Abgang. *Zuletzt im März 2001 verkostet* ★★★★ *für seinen Rang. Jetzt bis 2010.*

Ch. Rieussec 90 % Sémillon, 7 % Sauvignon blanc und 3 % Muscadelle. Ertrag 25 hl/ha und damit etwas über dem gutsüblichen Durchschnitt. 100 g/l Restzucker. Positive Farbe, aber anfangs nicht glanzhell; unverwobene Nase, pfefferig, doch mit inhärenter Qualität. Am Gaumen besser, Honig und Würze. Unlängst Goldgelb; sehr ausgeprägtes Bukett, Eiche und Honig; ziemlich süß und fett, eindringlich, gute Textur. *Zuletzt im September 1998 mit Charles Chevalier auf dem Château verkostet. Wahrscheinlich* ★★(★★★)

Ch. Sigalas-Rabaud 14 % Alkohol, 118 g/l Restzucker, 4,5 g/l Gesamtsäure, 0,90 g/l flüchtige Säure. Leichte Honignote, schon in diesem frühen Stadium mit klassischer Nase; guter Geschmack, etwas Charme, honiggetönter Abgang. 18 Monate später: zunächst verschlossenes Bukett, sahnig, ein Anflug von Minze und Bienenwaben, gute Säure. Süß, im Stil dem benachbarten Lafaurie ähnlich – und auch tatsächlich vom selben Kellermeister bereitet. *Zuletzt im November 1998 bei der* Decanter-*Masterclass degustiert* ★★★(★★) *Bald bis 2020.*

Ch. Suduiraut Anfangs hart und verschlossen, gut, aber »ziemlich maskulin«. Zwei Monate später hatte er sich beruhigt, aber die Nase blieb verhalten. Süß, guter Geschmack, harter Abgang. Brauchte noch Zeit. Kürzlich mit angenehm entwickelter minziger, grasiger Nase; mittelsüß, schlank, elegant, gute Säure. Der Kellermeister vertraute uns an, dass die Erträge mit 20 hl/ha »recht hoch« ausgefallen seien. Im Juni 1998 abgefüllt. Die endgültige Komposition enthielt nur einen geringen Anteil Sauvignon blanc. *Zuletzt im September 1998 auf dem Château verkostet* ★★(★★★) *2005 bis 2020? Man wird sehen.*

Das Gros der folgenden 1996er degustierte ich bei der Sauternes-Eröffnungsverkostung im April 1997 auf La Tour-Blanche: **Ch. Coutet** Blässlich, glänzend; jugendliche Stachelbeer- und Ananasnote, Edelfäule und Patisserie! Süß, gute Länge und Nachgeschmack, aber nicht gänzlich überzeugend. Noch sehr früh. Wird wohl noch werden ★★(★); **Ch. Guiraud** Unbestimmte Farbe; verschlossen, aber mit aufkeimendem Wohlgeruch; ziemlich süß, in Gewicht und Stil Barsac-ähnlich, etwas Finesse, trockener Abgang. Gutes Potenzial ★★(★★); **Clos Haut-Peyraguey** Bei der Eröffnungsverkostung etwas verschwommen, zeigte aber in der Nase und am Gaumen bereits seine Kraft und Klasse. Verhalten, zunächst Pfirsiche, blühte dann im Glas auf; sehr süß, gehalt- und kraftvoll, aber nicht zu eindringlich, mit reichem Abgang ★★★(★★) *Verdient mehr Bekanntheit*; **Ch. Rabaud-Promis** Jugendliche, ziemlich acetonartige Ananasnase; mittelsüß, hochgetönt, ausgeprägte Säure. Frühreif ★★(★) *Müsste sich gut entwickeln*; **Ch. de Rayne-Vigneau** Anfangs verschwommen; blumige Nase; süß, kraftvoll, reiche Honignote. Zwei Monate später hatte er sich etwas beruhigt, guter Geschmack, griffig. *Zuletzt im Juni 1997* ★★★(★★) *Dürfte noch ausgezeichnet werden. 2005 bis 2020*; **Ch. La Tour-Blanche** Nach wie vor verschwommen; mit einer sehr guten Nase, die sich im Glas öffnete; ziemlich kraftvoll, dabei elegant, Länge und Potenzial gut ★★(★★★)?

Eine Auswahl von *Deuxièmes crus* und unbedeutenderen Gewächsen aus Barsac und Sauternes, die ich seit April und Juni 1997 nicht mehr verkostet habe: **Ch. d'Arche** Süßer und fetter als erwartet ★★★; **Ch. Bastor-Lamontagne** Unbestimmt, scharf, eindringlich, aber zunächst säurebetont. Wurde mit der Zeit besser: blass, minzig, eher schlank, aber mit angenehmem Geschmack ★★★; **Ch. Broustet** Eigenartige Nase, aufdringlich. Kein gesundes Exemplar ★★?; **Ch. Caillou** Unbestimmt und unfertig, aber mit gewissem Potenzial ★★?; **Ch. Doisy-Daëne** Köstlich, sehr süß, wohlriechend, eher schlank ★★★★; **Ch. Filhot** Blass, limettengetönt; frische, junge, grasige Nase; leidlich süß, eindringlich, hart, schlank ★★?; **Ch. Lamothe** Grün, unfertig, eindringlich, hat eine einigermaßen gute Zukunft vor sich ★★★; **Ch. Lamothe-Guignard** Honig und Minze; süß, fett, ein Hauch Karamell. Attraktiv ★★★; **Ch. de Malle** Gute Farbe; mit einer honigartigen Edelfäulenote, die durch eine stachelbeerartige Säure konterkariert wird. Etwas reifes Fett, trockener Abgang ★★?; **Ch. Romer du Hayot** Eigenartig duftende Nase und Geschmack, dominanter Sauvignon-Charakter. Schwer einzuschätzen. Letztendlich aber sollte die Güte des 1996er-Jahrgangs den Ausschlag geben ★★?; **Ch. Suau** Süß, geradlinig, jugendliche Säure, gutes Potenzial ★★★

Abschließend möchte ich noch auf die sehr guten Süßweine verweisen, die am rechten Ufer der Garonne in Ste-Croix-du-Mont und insbesondere in Loupiac entstanden.

Trockene Weisse Sie fielen gut aus, aber nicht so großartig wie ihre Pendants in Sauternes. Die Sauvignon-blanc-Lese begann am 12. September und wurde in den meisten Gütern vor dem Regen abgeschlossen. In den Sémillon-Weinbergen verlief die Ernte etwas uneinheitlicher. Trotzdem erbrachte die Assemblage der beiden Rebsorten gute Provenienzen. Die besten werden sich gut halten.

Schon die Sauternes-Gewächse präsentieren sich auf den viel zu früh angesetzten Verkostungen im Frühjahr nach der Lese in unterschiedlichen Entwicklungsphasen und Trinkbarkeitsstadien, doch bei den trockenen Weißweinen ist es noch schlimmer. Sie erscheinen verschwommen, trüb, milchig und alles andere als bekömmlich. Ich verkoste sie zu diesem Zeitpunkt nur ungern. Natürlich entwickeln sich die meisten ziemlich schnell. Bei den allermeisten aber handelt es sich um »Sprinter« – trocken, erfrischend und für baldigen Trinkgenuss gedacht. Aus diesem Grund zähle ich nur wenige auf.

Ch. Haut-Brion Trotz der »kalten«, spröden, nussigen Nase nicht so trocken wie vermutet, gutes Gewicht, schöner Geschmack und große Länge. *Im September 1998 auf dem Château verkostet* ★★(★★) *Jetzt bis 2010.*

Dom. de Chevalier Etwas übereilt schon im Juni 1997 bei einem Essen auf der Domaine serviert: noch immer trüb, aber trocken, fest, lebhaft und am Gaumen gut. Drei Jahre später hatte er sich fast bis zur Unkenntlichkeit verändert: ein Anflug von neuer Eiche und »waldaromaartiger« Pikanz; natürlich noch immer merklich trocken, sehr ausgeprägter Sauvignon-Charakter, attraktiv, säurebetont. *Im April 2000 auf der Domaine verkostet* ★★★

1997 ★★★★

Wie im restlichen Bordeaux ein klimatisches Auf und Ab. Die Saison begann mit einem ungewöhnlich warmen Februar und dem heißesten Frühjahr seit 50 Jahren. In Sauternes allerdings stellten sich noch im April Fröste ein. Die Reben trieben vorzeitig aus und auch die Blüte begann drei Wochen früher als sonst, zog sich aber in die Länge. Der Mai fiel kühl aus, doch der Regen Ende Juni und im August bereitete keine Probleme. Allerdings verlief die Lese dann doch unter schwierigen Bedingungen, da sich gute und faulige Trauben über die ganzen Rebflächen verteilten, was arbeitsintensive, zeitraubende *tris* beziehungsweise Selektionen nach sich zog. Ausgesprochen niedrige Erträge.

Ch. d'Yquem Noch nicht freigegeben (Stand: 2002).

Ch. Climens Auf den frühen Lesestart am 11. September folgte eine langgezogene Ernte, die erst am 30. Oktober abgeschlossen war – in einem herrlich heißen und sonnigen Monat mit sehr guter Botrytis-Entwicklung. Vierwöchige Vergärung in der Barrique. 80 % der Ernte wurden zum *Premier vin* verarbeitet, für den der Ertrag bei 8 hl/ha lag, was rund 32 000 Flaschen ergab. 14,2 % Alkohol, bescheidene 77 g/l Restzucker. Mittelblasses Goldgelb; sehr entgegenkommende Nase mit dem reichen, würzigen, gewürznelkenartigen Duft neuer Eiche; mittelsüß, sehr pfirsich- und nussartiger Geschmack und Nachgeschmack, schlanker als der 1998er. Bérénice Lurton bezeichnet ihn als »sehr großen Jahrgang«. Es lohnt sich auf jeden Fall, ihn im Auge zu behalten. *Im Oktober 2001 auf dem Château verkostet* ★(★★), *möglicherweise sogar eine 4-Sterne-Zukunft. Etwa 2007 bis 2020.*

Die Etikettierung von Spitzenweinen

Yquem verwendete als eines der ersten Güter Etiketten, die sich nicht mehr so einfach fälschen oder entfernen lassen. Sie enthalten spezielle Kennzeichnungen, die nur unter ultraviolettem Licht sichtbar sind.

EINE REIHE WEITERER 1997ER AUS SAUTERNES UND BARSAC, die wie üblich etwas verfrüht Anfang April 1998 auf La Tour-Blanche degustiert wurden. Insgesamt zeigte sich ihre Klasse, wobei die *Premier-cru-classé*-Weine den *Deuxièmes crus* und *Crus bourgeois* überlegen waren. Bei den Sauternes-Frühjahrsverkostungen bekommen wir die Größe der Rebflächen und den Traubensatz mitgeteilt – Informationen also, die sehr nützlich sind.

PREMIERS CRUS AUS SAUTERNES UND BARSAC, die ich erstmals im April 1998 vekostete, falls nichts anderes angegeben ist:

Ch. Coutet 38,9 ha; 75 % Sémillon, 23 % Sauvignon blanc und 2 % Muscadelle. Zwei Jahre im Holz. Farbe, Nase, Geschmack und Abgang gut. Ein sehr guter Wein. *Potenzielle* ★★★★, *etwa 2004 bis 2015.*

Ch. Guiraud Eine große Rebfläche von 100 ha; 65 % Sémillon, 35 % Sauvignon blanc, zweieinhalb Jahre Ausbau in der Barrique. Zunächst trüb, aber wohlriechend und positiv. Im Frühjahr des darauf folgenden Jahres war ich nicht mehr so zuversichtlich: eigenartiger Aprikosen- und Pfirsichhautgeschmack, bissige Säure. *Zuletzt im April 1999 verkostet. Die Zeit wird es zeigen.*

Clos Haut-Peyraguey Nur 15 ha Rebfläche; 83 % Sémillon, 15 % Sauvignon blanc, 2 % Muscadelle. Zwei Jahre in der Barrique. Verschwommen, aber mit guter edelfauler, traubig-minziger Nase; eindringlich, noch immer harsch, schönes Potenzial ★(★★) *2004 bis 2015.*

Ch. Lafaurie-Peyraguey 40 ha Weinberge; 93 % Sémillon, 5 % Sauvignon blanc, 2 % Muscadelle. Ausgeprägte gelbe Farbe, aber bei der Eröffnungsverkostung verschwommen. Gute Botrytis-Nase; süß, fleischig, schöner Geschmack, was sich zwölf Monate später bestätigte. Blass, süß, sahnig, schön griffig. *Zuletzt im April 1999 verkostet* ★★(★★) *Etwa 2004 bis 2020.*

Ch. Rabaud-Promis 33 ha; 80 % Sémillon, 18 % Sauvignon blanc, 2 % Muscadelle. Zwei Jahre Ausbau, zur Hälfte im Tank und in der Barrique. Wohlriechend, traubig; ziemlich süß, recht attraktiv, aber unspektakulär. Gute Säure ★(★★) *2003 bis 2015.*

Ch. de Rayne-Vigneau 80 ha; 75 % Sémillon, 23 % Sauvignon blanc, 2 % Muscadelle. Liegt im Allgemeinen 18 bis 24 Monate im Eichenfass. Trüb; unfertige Nase; am Gaumen aber süß, voll, fett, leicht minzig, gute Länge und Säure ★★(★★), *zu gegebener Zeit vielleicht fünf Sterne. 2004 bis 2020.*

Ch. Rieussec 75 ha; 90 % Sémillon, 8 % Sauvignon blanc, 2 % Muscadelle. Zwei Jahre in der Barrique. Anfangs eine eigenartige Nase, die mich an Kondensmilch erinnerte. Sehr süß, fett, reich, seltsamer Abgang. Im Herbst desselben Jahres klares Goldgelb; ausladend, ausgewogen, in Nase und Geschmack pfirsichartig und cremig. Sehr süß (120 g/l Restzucker), ausgezeichnete ausgleichende Säure, Länge und Abgang gut. *Im September 1998 auf dem Château verkostet* ★★(★★★) *2004 bis 2020.*

Ch. Sigalas-Rabaud Nur 14 ha Rebfläche; 85 % Sémillon und 15 % Sauvignon blanc. Zwei Jahre in Tanks und Barriques. Anfangs nicht glanzhell, aber beeindruckend: wohlriechend; sehr süß, körperreich, guter Abgang, ansprechend ★★(★★★) *2003 bis 2015.*

Ch. Suduiraut Im Juni 1999 abgefüllt. 86 ha Rebfläche; 80 % Sémillon, 20 % Sauvignon blanc. 18 bis 24 Monate in Barriques, von denen alljährlich 20 % ausgetauscht werden. Schon bei der ersten Verkostung beeindruckend; klassische Botrytis-Honignote; Körper und Säure gut. Noch im Herbst desselben Jahres bemerkenswert gut entwickelt und entgegenkommend. Süßer als der 1996er, ausgezeichnete Säure. Unlängst schön entwickelt, ziemlich kraftvoll und eindringlich. *Zuletzt im April 1999 verkostet* ★★(★★★) *2004 bis 2020.*

Ch. La Tour-Blanche Ein Gut in Staatsbesitz mit Landwirtschaftsschule, daher der übergenaue Traubenanteil (ich hatte eigentlich zwei Stellen hinter dem Komma erwartet, aber so oder so kommen unter dem Strich nicht 100 % heraus!). 30 ha; 77,5 % Sémillon, 19,5 % Sauvignon blanc, 2,7 % Muscadelle. 15 bis 21 Tage in neuem Holz vergoren, anschließend zwei Jahre in der Barrique. In der Nase und am Gaumen gut, honigartige Botrytis-Note, sahnig, Vanille, Minze und Eiche. Nicht so süß wie manche anderen Gewächse, aber mit gutem Körper und Geschmack ★★(★★★) *2004 bis 2020.*

***DEUXIÈMES CRUS* UND UNBEDEUTENDERE SAUTERNES- UND BARSAC-GEWÄCHSE**, die ich im April 1998 erstmals verkostete:

Ch. Bastor-Lamontagne 50 ha, davon 7 ha gepachtet; 78 % Sémillon, 17 % Sauvignon blanc, 5 % Muscadelle. 18 Monate in der Barrique. Anfangs trüb; Kleehonig, süß, lebhafte, gute Frucht. Zwei Jahre später hatte sich der Trub verzogen, limettengelbe Farbe mit goldenen Reflexen; in der Nase Anklänge an Milchschokolade; sehr süß, recht ansprechend, etwas Körper und Fett. Ein preiswerter, unprätentiöser Wein, der in diesem Jahr eindeutig gut ausfiel. *Zuletzt im April 2000 verkostet* ★★★ *Jetzt bis 2010 trinken.*

Ch. Broustet 16 ha; 68 % Sémillon, 20 % Sauvignon blanc und ein ungewöhnlich hoher Anteil von 12 % Muscadelle. Sehr minzig, kräuterwürzig, süß, eindringlich ★★★ *Bald trinken.*

Ch. Caillou 13 ha; 90 % Sémillon, 10 % Sauvignon blanc. Unfertig, rau, aber mit gutem, geradlinigem Geschmack. Müsste sich ganz gut entwickeln ★★★ *Etwa von jetzt an bis 2010.*
Ch. Doisy-Daëne 15 ha; 70 % Sémillon, 20 % Sauvignon blanc, 10 % Muscadelle. Zwei Jahre in Barriques. Klassisch, würzig; sehr süß, körperreich, im Geschmack gut. Eichenbetonter Nachgeschmack ★★★, *möglicherweise* ★★★★ *2004 bis 2015.*
Ch. Doisy-Védrines 27 ha; 80 % Sémillon, 20 % Sauvignon blanc. Zwei Jahre in der Barrique. Schon jetzt mit Honignote, traubig; Körper und Geschmack gut. Ausgewogen. Zwölf Monate später in gutem Zustand: sehr entgegenkommende Nase und duftiger Nachgeschmack ★★★★ *2004 bis 2015.*
Ch. Filhot 16 ha; nur 55 % Sémillon, 40 % Sauvignon blanc, 5 % Muscadelle. Unfertig, aber recht wohlriechend; mittelsüß, trockener Abgang ★★? *2003 bis 2010.*
Ch. Lamothe Mit 7,5 ha das kleinste Sauternes-Gut; 85 % Sémillon, 10 % Sauvignon blanc, 5 % Muscadelle. Gute Farbe, unentwickelt, aber etwas Charme. Interessanter Geschmack ★★★ *2003 bis 2010.*
Ch. Lamothe-Guignard 17 ha. Ein sehr hoher Sémillon-Anteil von 90 %, 5 % Sauvignon blanc und 5 % Muscadelle. Im Stil stämmig, sehr süß, etwas karamellig ★★★? *2005 bis 2012.*
Ch. de Malle 27 ha; 75 % Sémillon, 23 % Sauvignon blanc und 2 % Muscadelle. Ziemlich süß, für einen de Malle fett, ein Hauch Karamell ★★★ *(gerade noch). 2003 bis 2010.*
Ch. de Myrat 22 ha; 88 % Sémillon, 8 % Sauvignon blanc, 4 % Muscadelle. Zwei Jahre in Barriques. Duftende Botrytis-Note; mittelsüß, anfangs hart. Ob er sich noch öffnen wird? ★★? *2007 bis 2010.*
Ch. Nairac 16 ha; 90 % Sémillon, 6 % Sauvignon blanc, 4 % Muscadelle. Positiver Geschmack; wohlriechend; sehr süß, gehaltvoll, fett, trockener Abgang. Ein guter Nairac ★★★ *2003 bis 2012.*
Ch. Romer du Hayot 16 ha; 70 % Sémillon, 25 % Sauvignon blanc, 5 % Muscadelle. Gewicht und Stil gut, Gerstenzuckergeschmack ★★★ *2003 bis 2012.*
Ch. Suau 8 ha; 80 % Sémillon, 10 % Sauvignon blanc, 10 % Muscadelle. Grasig; seltsamer firnisartiger Geschmack. Ich hoffe, er fängt sich wieder ★★?

TROCKENE WEISSE Nicht so gut wie die Süßweine, denn obwohl die Lese früh begann (18. August), fehlte den Sauvignon-blanc-Trauben mit hohem Zuckergehalt die Säure. Es dominierte eher die spät reifende Sémillon, wodurch die Graves-Verschnitte breiter im Stil wurden und gute Fruchttiefe zeigten, aber die Lebhaftigkeit der Sauvignon blanc vermissen ließen.
Ch. Haut-Brion Erstmals im Frühjahr 1998 auf dem Château verkostet. Köstliche junge Nase, würzig, süß und weich, wie Blancmanger; eine Kombination aus reifen Trauben und Alkohol ergab überraschend »süße« Weine. Körperreich, ansprechend, ein Hauch Adstringenz. Dürfte eine gute mittellange Zukunft vor sich haben. *Im April 1998 verkostet* ★★★(★★) *2005 bis 2015.*
Ch. Laville Haut-Brion 80 % Sémillon, 20 % Sauvignon blanc. Die Lese begann am 18. August. Gute Farbe; junges Ananasaroma und ebensolcher Geschmack; reich, aber nicht so »süß« wie der Haut-Brion. Okay. Trockener Abgang. Dürfte sich als gut erweisen. *Im April 1998 auf La Mission Haut-Brion verkostet* ★★★(★★) *2005 bis 2015.*
Dom. de Chevalier Erstmals im April 1998 verkostet. Sehr blass; wohlriechend, pikanter, dominierender Sauvignon-blanc-Duft; mitteltrocken, köstliche Frucht. Zwei Jahre später lebhaftes Aroma, attraktiv, vielleicht etwas kurz. *Zuletzt im April 2000 auf der Domaine verkostet* ★★★ *Jetzt bis 2010.*

Ch. Talbot, »Caillou Blanc« Einer der wenigen weißen Médoc-Weine. Ziemlich blass, eine Spur von Grün; sehr eigen, nicht im Entferntesten wie seine Vettern aus Graves; leidlich trocken, füllig im Geschmack, Vanille und Geleedrops. Profitiert vielleicht von etwas mehr Flaschenalterung. *Im Mai 2001 beim Essen zu Hause aus einer Magnum verkostet* ★★? *Jetzt bis 2005.*

1998 ★★★★

Der dritte gute, aber nicht große Sauternes-Jahrgang in Folge. Bis zu einem gewissen Grad waren damit die mageren Jahre zu Beginn des Jahrzehnts wieder wettgemacht. Die Wachstumssaison begann gut, warm und sonnig, der Austrieb erfolgte früh. Im April mussten die Winzer mit kaltem, nassem Wetter vorlieb nehmen, doch nach der ersten Maiwoche wurde es wieder trocken und sonnig, sodass die Blüte gegen Ende des Monats rasch und gleichmäßig verlief. Auf einen normalen Juni und Juli folgte ein extrem heißer August, der die Reben bei Temperaturen um 39 °C buchstäblich röstete. Ein kühlerer, angenehmer September, einige Stürme, ab der Monatsmitte Sonne. Anfang Oktober setzten schwere Regenfälle ein. Die besten Sauternes-Weine wurden aus den sehr reifen, von Botrytis befallenen Trauben bereitet, die man mit den ersten *tris* zwischen 16. und 29. September und dann wieder ab 10. Oktober einige Tage nach den schlimmsten Niederschlägen von den Stöcken holte.
Ch. d'Yquem Zum Zeitpunkt der Niederschrift dieses Kapitels (April 2002) noch nicht zum Verkosten freigegeben.
Ch. Climens Am 25. September begann bei sehr guten Bedingungen die Lese. Die Edelfäule breitete sich rasch aus, doch gegen Ende der Ernte, die am 16. Oktober abgeschlossen wurde, stellte sich wechselhaftes Wetter ein. Drei *tris*, ein Ertrag von 13,3 hl/ha, vier bis sechs Wochen Vergärung in Barriques, 19 Monate Ausbau in Barriques von verschiedenen Küfereien. 64 % des Ertrags wurden für die Bereitung des *Premier vin* verwendet, was 36 650 Flaschen ergab. 14,2 % Alkohol und 86 g/l Restzucker. Climens stellt wie Yquem seinen Wein nicht wie die anderen Châteaux bei den alljährlich stattfindenden Frühjahrsverkostungen auf La Tour-Blanche vor, und zwar aus einem sehr triftigen Grund: Zu dieser Zeit befindet sich der Wein noch in den ersten Barriques und ist nicht komponiert. Die »Haupt-Assemblage« des 1998ers fand im September 1999 statt; als ich ihn aber im darauf folgenden Frühjahr das erste Mal verkostete, lag er nach wie vor im Fass: blasse Farbe und noch nicht glanzhell; jedoch sehr wohlriechend, mit beträchtlicher Tiefe. Wirklich sehr gut. Exakt ein Jahr später: schöne Nase, duftende Orangenblüten, nach eineinhalb Stunden im Glas wie ein Laden voller Naschereien; sehr süß, sehr reich, etwas gehaltvolles Konfekt, würzig (Gewürznelken, neue Eiche), gute Länge und Nachgeschmack. *Zuletzt im Oktober 2001 auf dem Château verkostet* ★★(★★) *Ein ansprechender Wein mit guter Zukunft, etwa 2010 bis 2025.*

DIE MEISTEN NACHFOLGENDEN EINTRÄGE entstanden auf der Sauternes-Eröffnungsverkostung am 1. April 1999.
Ch. Coutet Wohlriechend, zugänglich, ansprechend, aber nicht übermäßig beeindruckend. Dürfte sich aber noch als gut erweisen ★(★★)? *2005 bis 2015.*
Ch. Guiraud Unfertig. Ein Hauch von Toffees. Mittelsüß. Unspektakulär ★★ *Ich muss ihn noch einmal verkosten.*
Ch. Lafaurie-Peyraguey Ich sehe einmal über sein trübes Erscheinungsbild hinweg: komplexe, minzige Botrytis-Nase mit mandarinenartiger Säure. Süß, kraftvoll, beeindruckend ★(★★★) *2006 bis 2015.*

Clos Haut-Peyraguey Reines Goldgelb; eine sehr gute Nase, die sich ansprechend öffnete. Erinnerte mich an Liguster. Sehr süß, reich, honigartig, Länge und Säure gut. Leicht pappig, aber mit guter Zukunft. Verdient es, bekannter zu werden ★★(★★) *2004 bis 2015.*

Rodenstocks Yquem-Marathon von 1998

Als Rodenstock mir anvertraute, dass er eine fünftägige Verkostung von 125 Yquem-Jahrgängen plane, war meine erste, besser gesagt, zweite Reaktion ein ungläubiges Kopfschütteln. Wie um alles in der Welt sollte man, selbst wenn es sechs Monate vorher angekündigt wurde, im Frühherbst eine ganze Woche Zeit finden, Weine aus einem einzigen Château zu verkosten – noch dazu Süßweine? Natürlich schrieb ich mir das Datum in meinen Terminkalender: Ankunft in München am Sonntag, dem 30. August 1998, Abreise nach dem üblichen Galadiner am Samstag, dem 6. September. Und natürlich war ich dabei. Wie immer hatte Hardy das Ganze perfekt organisiert und die Verkostungen gut abgestimmt. Man hatte genügend Zeit zu degustieren und darüber nachzudenken; manche Weine wurden verdeckt gereicht, andere zu Jahrgangs-»Serien« zusammengefasst. Es erfordert schon die ganze Konzentration, Kreszenzen blind zu degustieren, die genau 100 Jahre auseinander liegen.

An die morgendlichen Degustationen schloss sich ein Essen an. Der Chefkoch im Hotel Königshof hatte eine meisterhafte Speisenfolge aus Mittag- und Abendessen zusammengestellt, die jeden Tag anders war und von passenden Weinen begleitet wurde. Zusätzlich zu den Yquem-Verkostungen hatte man zwei weitere Vertikaldegustationen eingefügt: 32 Jahrgänge La Fleur (1945 bis 1995) und 15 Jahrgänge L'Eglise-Clinet (von 1947 bis 1996). Hinzu kamen Weine zum Mittag- und Abendessen. Meine Aufzeichnungen füllen Band 118 meiner Verkostungsnotizen. Insgesamt wurden 284 Weine von höchster Qualität geöffnet. Es nahmen zwei Dutzend Degustatoren teil, die vorwiegend aus Europa stammten, doch auch aus Hongkong war eine Gruppe angereist. Ich darf gar nicht daran denken, was diese mehr als denkwürdige Veranstaltung unseren Gastgeber gekostet hat! Ein einmaliges Ereignis. Ich behaupte nur ungern, dass etwas »Maßstäbe setzt«, aber bei Rodenstocks Yquem-Marathon traf das wirklich zu.

Ch. Rabaud-Promis Verhalten, minzig, säurebetont; nicht sehr süß, dumpfer Abgang und karamelliger, säuerlicher Nachgeschmack ★★?

Ch. de Rayne-Vigneau Trüb; die Nase so sahnig, dass sie mich an einen Melkraum erinnerte; geringfügig hart und etwas ungehobelt. Bekam keine hohe Bewertung. Aber es ist ja noch früh (★★★)?

Ch. Rieussec Der beste Wein auf der Eröffnungsverkostung. Zwar nicht glanzhell, aber ein ausgeprägtes Goldgelb; süß, sahnig, Vanille, klassisch; sehr süß, sehr reich, im Geschmack ein honigartiger Edelfäulecharakter ★(★★★) *2005 bis 2020.*

Ch. Sigalas-Rabaud Reich, honigartig; sehr süß, schöner Geschmack, klassisch ★(★★★) *2006 bis 2015.*

Ch. Suduiraut Sehr süß, lebhaft, attraktiv. Fragwürdiger Abgang. *Wahrscheinlich* ★(★★★)

Ch. La Tour-Blanche Nase und Geschmack mit edelfauler Gerstenzuckernote. Fest. Gute Länge ★(★★★) *2005 bis 2015.*

DEUXIÈMES CRUS UND UNBEDEUTENDERE SAUTERNES- SOWIE BARSAC-WEINE, die ich am 1. April 1999 kurz verkostete (alle Weine sollten jetzt bis etwa 2012 getrunken werden): **Ch. d'Arche** Gewicht und Geschmack gut ★★★; **Ch. Bastor-Lamontagne** ★★; **Ch. Broustet** Sehr süß, eine Säure, die sich in die Zähne krallte ★★; **Ch. Caillou** Honigartige Botrytis-Note; stämmig, eine gewisse Länge, aber zu wenig Säure? ★★; **Ch. Doisy-Daëne** Reich, gute Tiefe; eine Spur Toffee, reich, es fehlt ihm der Schwung des Védrines ★★; **Ch. Doisy-Védrines** Duftend, attraktiv; lebhafter Barsac-Stil, passable Länge ★★★★; **Ch. Filhot** Pikantes Sauvignon-Aroma, wohlriechend; am Gaumen gewöhnlich, kurz, säurebetont ★; **Ch. Lamothe** Reich, etwas Tiefe, stämmiger Stil ★★★; **Ch. Lamothe-Guignard** Karamellisiert, krustig, trockener Abgang ★★; **Ch. de Malle** Trotz des hohen Sémillon-Anteils eindeutig ein Sauvignon-blanc-Aroma; sehr süß, leicht im Stil, lebhaft, traubiger Geschmack. Gute Säure ★★★; **Ch. de Myrat** Blumig, attraktiv; süß, stämmig im Stil ★★★ *(gerade noch)*; **Ch. Nairac** Noch nicht verkostungsreif (2002). Ungewöhnlich reiche Nase, aber am Gaumen schlank. Jugendliche Säure ★★, *eventuell* ★★★; **Ch. Suau** Reingoldene Farbe, im Erscheinungsbild ansprechender als in der Nase oder im Geschmack ★★

TROCKENE WEISSE Wegen der außerordentlichen Hitze im August wurden früh vollreife Trauben gelesen. Als Erstes kam um den 1. September die Sauvignon blanc an die Reihe. Die Weine waren den 1997ern nicht unähnlich und neigten zur Säurearmut, zeigten sich aber vielleicht in einem etwas besseren Licht als die Vorjahresgewächse.

Ch. Haut-Brion 50 % Sémillon, 50 % Sauvignon blanc. Ein stämmiger, schwerfälliger, aber sehr gehaltvoller und körperreicher Wein. Beeindruckend, aber ich zog den 1999er vor. *Im Oktober 2001 auf dem Château verkostet* ★★(★★) *2004 bis 2015.*

Ch. Laville Haut-Brion 78 % Sémillon, 22 % Sauvignon blanc. Reiches, jugendliches Ananasaroma, tiefer als der 1999er. Mehr Substanz, mehr Frucht, griffiger, komplett, eichenbetont. Gute Säure. *Im Oktober 2001 auf Haut-Brion verkostet* ★★(★★) *2004 bis 2015, möglicherweise länger.*

DIE MEISTEN DER VIELEN PESSAC-LÉOGNAN-WEINE, die ich auf der Eröffnungsdegustation am 31. März 1999 probierte, waren trüb und einfach noch nicht verkostungsreif. In guter Verfassung allerdings zeigten sich **Ch. Chantegrive** (nach den jüngsten Verbesserungen entstehen hier nun sehr gute Weine), **Dom. de Chevalier**, **Ch. Haut-Bergey** und **Ch. La Louvière**.

IM MÄRZ 2001 VERKOSTET **Ch. Latour-Martillac** Trocken, schlank und viel zu eichig; **Ch. Smith-Haut-Lafitte** So lebhaft wie Madame Cathiard.

1999 ★★★★

Eine zufrieden stellende, einheitlichere Wachstumssaison mit einem goldenen Herbst, der einen ausgezeichneten Botrytis-Befall und den fünften sehr guten Sauternes-Jahrgang in Folge nach sich zog. Kleine Ernte mit ausgezeichnetem Potenzial.

Ch. Climens Örtliche Regenschauer am 25. September. Lese vom 29. September bis 18. Oktober mit schnell um sich greifendem, intensivem Botrytis-Befall. Die Lese verlief anfangs ausgezeichnet, doch nach dem ersten *tri* war das Wetter weniger günstig und nach dem zweiten »nicht mehr so interessant«. Vier Wochen Vergärung in der Barrique, 63 % des Ertrags wurden zum *Premier vin* verarbeitet, rund 23 000 Flaschen abgefüllt. 14,2 % Alkohol, 91 g/l Restzucker.

Climens präsentiert, wie bereits erwähnt, auf der alljährlichen Eröffnungsverkostung für die ansehnliche Schar internationaler Weinjournalisten keine Proben. Man verkostet den Wein in der Regel nach vorheriger Anmeldung auf dem Château. Zufallsbesucher sind nicht willkommen; außerdem lässt sich das Château im tiefer gelegenen Barsac nur schwer finden, denn es fehlen wie bei Yquem entsprechende Wegweiser. Am 4. April 1999 aber demonstrierte Bérénice Lurton, Mitglied der bedeutendsten Bordelaiser Weinfamilie, einer kleinen, privilegierten Gruppe echter Fachleute, warum sie ihre Gewächse im Frühjahr nach der Lese nicht zur Verkostung freigibt. In dieser Zeit ruht der Wein noch in Barriques von verschiedenen Küfereien, darunter die bekannten *tonneliers* Demptos und Séguin-Moreau, und befindet sich in einem sehr unfertigen Entwicklungsstadium. Bérénice wählte einige Fässer aus, damit wir uns von den beträchtlichen Abweichungen zwischen ihnen überzeugen konnten. Und sie unterschieden sich wirklich, sieht man einmal ab von der jugendlich trüben Farbe. Im ersten Fass war der Wein wohlriechend und blumig, süß, lebhaft und ziemlich griffig, im zweiten würziger, reicher und fetter, im dritten nicht ganz so süß, im vierten traubig, reich, kraftvoll und so weiter. Die letzte Probe aus dem besten Fass zeigte sich am wohlriechendsten, butterigsten, süßesten und reichsten. Auf Climens gibt es keinen Sauvignon blanc, sondern ausschließlich Sémillon, wobei die Variationen auf die unterschiedlichen »Parzellen« in den Weinbergen und in den Fässern zurückzuführen sind. Die Gewächse waren alles andere als fertig und so verstrich bis zur endgültigen Assemblage, einem entscheidenden Prozess, noch geraume Zeit: Sie fand etwa im September 2000 statt.

Kürzlich: ein jugendliches Aroma, noch immer unverwoben, aber frisch, blumig, sehr ansprechend, mit apptetitanregender Säure; süß, sehr wohlduftend, nach wie vor ausgesprochen eichenbetont; sehr angenehmer Geschmack, gute Länge und Zukunft. *Zuletzt im Oktober 2001 auf dem Château verkostet* (★★★★) *2010 bis 2025.*

Ch. Guiraud Bei der ersten Verkostung mit minzigem Sauvignon-Charakter; mittelsüß, trockener würziger Abgang. Etwas mehr als ein Jahr später mit einem Anflug von Mandarinen in der Nase; sehr süß und reich. Scharf im Abgang. *Zuletzt im Mai 2001 verkostet* (★★★★) *2006 bis 2020.*

Ch. Lafaurie-Peyraguey Auf der Eröffnungsverkostung duftend, erinnerte mich an Kamille; süß, schlank und fest. Ein Jahr später empfand ich ihn als süßesten Wein der Gruppe, schon fast zu süß und zu reich. Beeindruckend. *Zuletzt im Mai 2001 degustiert* (★★★★) *Sagen wir 2006 bis 2020.*

Ch. de Rayne-Vigneau Ein guter Auftakt: sehr wohlriechend, Pfirsiche, reife Orangen, Honig; sehr süß, eindringlich, komplett, schön. Kürzlich: klares blasses Gold; erfüllte seine anfänglichen Versprechen. *Zuletzt im Mai 2001 verkostet* (★★★★★) *2006 bis 2025.*

Ch. Sigalas-Rabaud Erschien mir beim ersten Mal am besten. Konfekt. Ich muss ihn noch einmal verkosten. *Bewertung?*

Ch. Suduiraut Öffnete sich gut: Melone und Honig; süß, Geschmack, Gehalt, Länge und Nachgeschmack gut. Erschien mir nicht spektakulär, aber eindeutig gut. *Zuletzt im Mai 2001 verkostet* (★★★★) *2006 bis 2020.*

Ch. La Tour-Blanche Verschlossen, pfirsichartige, säurebetonte Nase; sehr süß, reich, hoher Extrakt und gute Säure. Als Nächstes noch immer mit jugendlichem Ananasaroma, wirkte nicht mehr so süß, aber stämmig, mit reicher Textur und leicht karamellartigem Abgang. *Zuletzt im Mai 2001 verkostet* (★★★), *vielleicht einmal vier Sterne. 2006 bis 2020.*

DIE FOLGENDEN *PREMIERS CRUS* AUS BARSAC UND SAUTERNES verkostete ich am 1. April 2000: **Clos Haut-Peyraguey** Unüblicher Pfefferminzduft und -geschmack. Aber ansprechend (★★★)?; **Ch. Rieussec** Trüb, aber mit reichem Aussehen; sehr gute Nase, würzig, butterig, honigartig; sehr süß, komplett, Länge und Nachgeschmack gut, hohe Säure (★★★★)

DIE FOLGENDEN *DEUXIÈMES CRUS* UND WENIGER BEDEUTENDEN GEWÄCHSE AUS SAUTERNES UND BARSAC habe ich nur im April 2000 verkostet, falls nichts anderes angegeben ist: **Ch. Bastor-Lamontagne** Gute Frucht, ziemlich griffig; entwickelt sich gut, Vanille, reife Melonen, Lanolin; ansprechende Frucht und gute Säure. *Zuletzt im Mai 2001 verkostet* (★★★); **Ch. Broustet** Sehr süß, gewürznelkenartig – neue Eiche. Vermutlich (★★); **Ch. Caillou** Ganz gut (★★); **Ch. Doisy-Daëne** Nicht sehr süß, lebhaft (★★); **Ch. Doisy-Védrines** In guter Verfassung; schöne Farbe; süßer, butteriger Sémillon-Duft, Edelfäulenote; reich, vollmundig, komplett. *Zuletzt im Mai 2001 verkostet* (★★★★); **Ch. Lamothe** Würzig, scharf, aufdringlich. Wird sich beruhigen (★★)?; **Ch. Lamothe-Guignard** Dominierender Sémillon-Charakter, süß, etwas Körper (★★★); **Ch. de Malle** Recht gute Tiefe; sehr süß, ansprechend (★★★★); **Ch. de Myrat** Goldene Farbe; Karamellnase; überraschend trocken, körperreich (★); **Ch. Nairac** Einer der besten Nairac-Weine überhaupt: schöne Aprikosen- und Lanolinnase; überraschend süß, Geschmack, Körper und Abgang ausgezeichnet. *Zuletzt im Mai 2001 verkostet* (★★★★); **Ch. Romer du Hayot** Sehr minzig, ausgeprägter Sauvignon-blanc-Oberton; mittelsüß, ziemlich griffige Säure. Wird sich wohl noch steigern (★★★)

TROCKENE WEISSE Für die trockenen Weißen verlief das Jahr nicht minder zufriedenstellend. Die Lese fand in Pessac bei großer Hitze ab 30. August statt, die Sauvignon-blanc-Trauben wurden wie üblich zuerst geerntet. Paradoxerweise allerdings stattete die Sauvignon blanc die Weine mit Kraft aus, während die später gelesene Sémillon die Frucht beisteuerte. Beide erreichten einen natürlichen Alkoholgehalt von mehr als 12 %.

Ch. Haut-Brion 65 % Sémillon, 35 % Sauvignon blanc. Mittelblass, sehr glanzhell, jugendlicher Limettenton; anfangs ein Pfefferminzduft, dann eher eine »wächserne« Sémillon-Note. Mittel – ein Hauch von Süße, perfekt im Gleichgewicht, eine ansprechende junge Ananasnote im Geschmack und Abgang. Mehr Säure als der 1998er. *Im Oktober 2001 auf dem Château verkostet* (★★★★) *Gutes Potenzial.*

Ch. Laville Haut-Brion 75 % Sémillon, 25 % Sauvignon blanc. Ziemlich blass; jugendliche Zitronen- und Ananasnote, öffnete sich ansprechend; mitteltrocken, mittelleicht im Charakter, stilvoll, angenehmer Geschmack, trockener Abgang. *Im Oktober 2001 auf Haut-Brion verkostet* (★★★★) *Vermutlich in seiner Jugend köstlich, zwischen 2005 und 2010 wahrscheinlich in einer verschlossenen beziehungsweise dumpfen Phase, danach wieder schön. Man darf gespannt sein.*

Dom. de Chevalier Zwei Einträge, in beiden verwies ich auf den sehr Sauvignon-blanc-typischen Schwung und Geschmack. Dürfte jetzt *à point* sein. *Zuletzt im April 2000 verkostet* ★★★

Aile d'Argent Der relativ neue trockene Weiße wird von Philippine de Rothschilds ausgezeichnetem Team bereitet. Trotzdem fand ich den 1999er etwas langweilig – und teuer ★★★ *für die, die ihn sich leisten können.*

UNTER DEN WEISSEN 1999ERN AUS PESSAC-LÉOGNAN, die ich bei der Eröffnungsverkostung im April 2000 degustierte, zog ich den unaufdringlich beständigen **Ch. La Louvière**, den »modischen« **Ch. Smith-Haut-Lafitte** und den **Ch. Bouscaut** vor. Die anderen Gewächse waren noch nicht verkostungsreif. Alle aber sind für frühen Trinkgenuss gedacht.

2000–2001

Die trockenen Weißen verkaufen sich von selbst. Wenn man aber die Enttäuschung und manchmal auch Verzweiflung der Winzer nach einer schlechten Lese mit all ihren finanziellen Folgen verstehen will, muss man nach Sauternes blicken. Und dann wird auch die Erleichterung verständlich, mit der der leidlich gute »Millenniums«-Jahrgang 2000 und der wirklich herausragende 2001er aufgenommen wurden. Die Kollegen an Loire, Rhein oder Mosel können frei entscheiden, ob sie einen Teil der Trauben noch am Stock hängen lassen, nachdem ihre wirtschaftlich erfolgreicheren, gängigen trockenen oder halbtrockenen Weine unter Dach und Fach sind. Doch die Sauternes-Güter bereiten nur einen einzigen Weinstil. Und deshalb geht es für sie jedes Jahr aufs Neue fast um alles oder nichts.

2000 uneinheitlich, bestenfalls ★★★

Der Millenniums-Jahrgang war in Sauternes nicht gerade ein durchschlagender Erfolg. Man erzielte gemischte Resultate – Château Nairac in Barsac beispielsweise konnte überhaupt keinen Wein bereiten.

Die Sauternes-Eröffnungsverkostung der Union des Grands Crus für Journalisten fand am 26. März 2001 wie üblich auf La Tour-Blanche statt. Sie war gut organisiert und man hatte sogar die Möglichkeit, Blindverkostungen durchzuführen. Die meisten Château-Besitzer waren anwesend und wie immer sehr um ihre »Zöglinge« besorgt. Sie (die Weine) präsentierten sich dieses Jahr als bunt gemischter Haufen. Da die Verkostung noch früher als im Vorjahr stattfand – nach Ansicht der meisten Fachbesucher viel zu früh –, ließen sich die Erzeugnisse nur schwer verkosten oder bewerten. So waren allein die Weine von 12 der insgesamt 20 Châteaux zwischen »verschwommen« und »trüb« angesiedelt und nur sechs »glanzhell«. In der Nase reichten sie von unfertig und hart bis hin zu sahnig und wohlriechend. Alle fielen süß aus, manche sogar sehr süß.

Ch. Climens Im Fass verkostet – noch nicht die endgültige Komposition; blassgelb; wohlriechend, würzig; mittelsüß, schöner Körper, aber nicht fett. Dürfte gut herauskommen. Voraussichtlich werden nur 10 000 bis 11 000 Flaschen des *Premier vin* abgefüllt. *Im Oktober 2001 auf dem Château verkostet.*

UNTER DEN *PREMIERS CRUS* AUS SAUTERNES zeigten die folgenden Weine das beste Potenzial: **Ch. Lafaurie-Peyraguey** Traubig; sehr süß, vollmundig, schön; **Ch. de Rayne-Vigneau** Ausgezeichnet; **Ch. Rieussec** Eine erstaunliche Farbe wie mattes Messing; aber auch erstaunlich süß, fett und voll; **Ch. Sigalas-Rabaud** Gut, doch eher schlank; **Ch. Suduiraut** Passabel.

UNTER DEN NORMALEN STERBLICHEN ZU FINDEN **Ch. Broustet**, **Ch. Bastor-Lamontagne** und **Ch. Doisy-Védrines** waren alle gut, **Ch. Filhot** überraschend gut, **Ch. Lamothe-Despajols** (mir neu) und **Ch. de Malle** ebenfalls gut.

TROCKENE WEISSE Die Pessac-Léognan-Weine wurden am 27. März 2001 verkostet. Die Journalistengruppe, zu der ich gehörte, degustierte auf Smith-Haut-Lafitte. Nur bei der Sauternes-Verkostung auf La Tour-Blanche sind alle Journalisten (2001 waren es fast 100) an ein und demselben Ort versammelt. Für alle anderen Weine wird man in kleine Gruppen eingeteilt, was in der Regel ganz gut funktioniert.

Die jungen trockenen Weißen sehen in der Regel noch schlimmer aus als die Sauternes-Gewächse. Die meisten sind so jugendlich unfertig, dass ich ein Verkosten in diesem Stadium als nicht hilfreich empfinde. Auch wenn man nur selten eine so komplette Auswahl degustieren kann, wäre der beste Zeitpunkt eher der Juni oder vielleicht auch Oktober (im Jahr nach der Lese), vielleicht sogar ein Datum nach der Abfüllung. Trotzdem ist es interessant, sie einmal in einem so jungen Zustand zu probieren, um ihre Entwicklung besser verfolgen zu können.

Ch. Haut-Brion In der Nase zwar noch immer unbestimmt, doch mit viel Charakter und Tiefe. Nicht wie so oft im Stil spröde, sondern süßer, weicher und körperreicher als der Laville Haut-Brion. Ansprechend. Beträchtliches Potenzial. *Zuletzt im März 2001 im Beisein von Graf Robert de Luxembourg, Joan de Mouchys Sohn (jetzt Geschäftsführender Direktor auf dem Gut) und dem »Urgestein« Jean Delmas auf La Mission Haut-Brion verkostet* (★★★★) *Sagen wir 2005 bis 2020.*

Ch. Laville Haut-Brion Ebenfalls leicht verschwommen; wohlriechende Nase, jugendliche Ananas- und Eichennote; trocken, sehr gut. Ich vermisste allerdings das aufregende Wesen des fast überwältigenden 1989ers. *Ebenfalls im März 2001 auf La Mission Haut-Brion verkostet* (★★★)?

EIN PAAR WEITERE TROCKENE WEISSE aus Pessac-Léognan, die sich im März 2001 schon in recht guter Verfassung zeigten: **Dom. de Chevalier** Wie üblich; **Ch. Pape-Clément** Ein Wein, nach dem es sich Ausschau zu halten lohnt; **Ch. Smith-Haut-Lafitte.**

2001 (★★★★★)

Ich befand mich zum Glück während der Lese in Barsac. Sie begann um den 10. Oktober, und als ich zur bemerkenswerten Vertikalverkostung auf Climens anreiste, war der Himmel wolkenlos und die Lesearbeiter hatten alle Hände voll zu tun. Am Tag darauf hatte sich ein starker Morgennebel über die Gegend gelegt, den die Sonne bis zum Mittag wieder vertrieb. Perfekte Bedingungen für die Edelfäule also, wie überhaupt in ganz Sauternes herrliches Lesewetter herrschte. Halten Sie Ausschau nach diesen Weinen und lagern Sie sie für Ihre Enkel ein!

Ch. d'Yquem Graf Alexandre de Lur Saluces war hellauf begeistert: Es herrschten perfekte Lesebedingungen. Wenn er seine Politik aber nicht ändert, wird diesen Wein vor 2006 leider niemand verkosten können.

Ch. Climens Ich konnte den Most vor der Vergärung kurz verkosten, doch mein Urteil sollte immer detailliert und sachdienlich sein. Deshalb möchte ich Bérénice Lurton zitieren, die bestätigte, dass die Wetterbedingungen und der Edelfäulebefall ideal seien, und den 2001er »den schönsten Wein, den ich je gesehen habe« nannte. Ihr Weinbaudirektor und Önologe Christian Bronstant verglich ihn sogar mit dem 1989er.

Während ich an diesem Buch schreibe, ist noch kein 2001er verkostungsreif. Fest steht aber: Es entsteht ein großer Jahrgang, der sich wie bereits erwähnt als Muss für jeden Sauternes-Liebhaber erweisen wird.

Roter Burgunder

Die Verkostungsnotizen zu Bordeaux nehmen in diesem Buch breiten Raum ein. Das mag den Eindruck erwecken, als würde ich die Gewächse aus Burgund nicht so hoch schätzen. Deshalb möchte ich diesem Kapitel vorausschicken, dass ich Burgund und die Burgunder, die Region und den Wein, sehr mag. Verglichen mit Bordeaux ist es viel leichter, diesem Landstrich einen Besuch abzustatten. Eine Fahrt von Dijon aus nach Süden – nicht auf der *autoroute*! – ist ein Erlebnis. Zunächst begegnet man zuhauf Wegweisern, die zu den wie Perlen aufgereihten Dörfern mit so wohlklingenden Namen wie Gevrey-Chambertin, Chambolle-Musigny, Vougeot und Vosne-Romanée führen, dann streift man das Städtchen Nuits-St-Georges, um schließlich über die alte befestigte Stadt Beaune bis nach Pommard, Volnay und darüber hinaus weiterzufahren. Die Weinberge scheinen auf dieser Route kein Ende zu nehmen, die *côtes*, die Hänge, sie sehen aus wie ein regelmäßig gewobener Teppich aus Reben.

Im Gegensatz zu Bordeaux mit seinem maritimen Klima und den vielen Rebsorten herrscht in dem rund 600 km langen Band von Nord nach Südost ein kontinentales Klima vor; außerdem beschränkt man sich auf eine einzige Rebsorte: Pinot noir. Ein weiterer wesentlicher Unterschied aber ist die Landverteilung. Burgund besteht nicht aus zahlreichen Châteaux inmitten ihrer Weinberge, sondern aus unzähligen Lagen in der Hand verschiedener Eigentümer, die jeweils bestimmte Parzellen oder auch nur einzelne Rebzeilen besitzen – darunter einige bedeutende und viele unbedeutende. Die Art und Weise, wie sie ihre Stöcke pflegen und ihre Weine bereiten, ist ein Thema mit unendlichen Variationen.

Hier ist kein Platz für historische Ausführungen, doch vieles deutet darauf hin, dass in Burgund schon vor der Ankunft der Römer Wein angebaut wurde. Nach dem Zerfall des Römischen Reichs und einer Epoche finsteren Barbarentums begannen klösterliche Niederlassungen erneut Weinbau zu betreiben. Doch erst ab dem frühen Mittelalter erschlossen die Benediktiner und Zisterzienser sowie später die burgundischen Herzöge und andere Aristokraten die Region wieder für den Weinbau und bestockten Flächen, die später Berühmtheit erlangten. Als Jefferson der Gegend in den 1780er-Jahren einen Besuch abstattete, gab es bereits eine feste Weinberghierarchie, aber keine Klassifizierung im Bordelaiser Sinne – sieht man einmal von einer inoffiziellen Rangfolge in der bedeutenden Abhandlung eines gewissen Dr. Lavalle ab, die 1855 (zufällig im selben Jahr, in dem man auch Bordeaux klassifizierte) veröffentlicht wurde und 1861 die Grundlage für die offizielle Unterteilung der besten burgundischen Lagen in *Grands crus* bildete.

Den zweiten Rang bilden die *Premiers crus*, dann folgen in absteigender Reihenfolge die Village-Kategorie, die regionalen Appellationen und schließlich die generelle AOC Bourgogne. »Chambertin« beispielsweise ist ein *Grand cru*, »Gevrey-Chambertin, Clos St-Jacques« ein *Premier cru* und »Gevrey-Chambertin« ohne Zusatz ein Village-Wein. (In Bordeaux hingegen bilden die *Premiers crus classés* die Spitzenkategorie, während die *Grands crus*, wie sie etwa in St-Emilion gebräuchlich sind, wesentlich weniger *grand*, großartig, sind.) Auf den nachfolgenden Seiten habe ich keinen Unterschied zwischen *Grands crus* und *Premiers crus* gemacht – die Weine werden innerhalb der Jahrgänge einfach alphabetisch geordnet.

In Burgund reicht es nicht, das Dorf und den Lagennamen zu kennen: Wesentlich wichtiger sind der Name und der Ruf des jeweiligen Erzeugers. Und das macht die Region so undurchschaubar und faszinierend zugleich. Wenn man sich in die Weinlandschaft Burgund wagt, bleiben Enttäuschungen nicht aus, wie meine Verkostungsnotizen gleich zeigen werden. Ein Spitzengewächs aus diesem Anbaugebiet aber ist eine sublime, nicht zu übertreffende Erfahrung.

Freilich sind meine Notizen kein komplettes burgundisches Weinverzeichnis, sondern sollen wie überall in diesem Buch den Hintergrund, die Qualität, den Stil und den Entwicklungsverlauf von Gewächsen eines bestimmten Jahrgangs beschreiben, wie und wann sie mir untergekommen sind. Leider konnte ich mir als Angestellter von Christie's keine dreimonatigen Aufenthalte in Burgund leisten.

Ich liste die Weine der Domaine de la Romanée-Conti (DRC) vor allen anderen Gewächsen eines Jahrgangs auf, nicht nur weil sie vielleicht den roten Burgunder in seiner vollendetsten Ausprägung verkörpern, sondern vor allem weil sie hinsichtlich Charakter, Qualität und Entwicklungspotenzial die Richtmarke für den jeweiligen Jahrgang vorgeben. Es gibt zwar viele weitere großartige Weingüter, doch keine Domaine – zumindest keine, die ich kenne – spiegelt die generelle Güte jedes Jahrgangs so gut wider.

19. Jahrhundert

Wie andere Weinbaugebiete war auch Burgund nicht gegen die gefürchtete Reblaus gefeit. Sie traf hier jedoch etwas später als in Bordeaux ein und wurde an der Côte de Beaune erstmals 1878 registriert. Die Schäden, die sie anrichtete, waren verheerend. Erst 1887 begann man allmählich und eher widerwillig amerikanische Veredelungsunterlagen als einzig mögliche Gegenmaßnahme zu akzeptieren. Damit ging die lange Ära des *propinage* oder »Absenkens«, bei dem ein Trieb der Rebe zur Erde gebogen wird, um dort Wurzeln zu schlagen, unwiderruflich zu Ende.

Leider wusste die britische Upperclass feine Burgunder damals nicht so zu schätzen wie Weine aus Bordeaux. Das hatte allerdings mehr mit historischen Gegebenheiten und Gewohnheiten als mit Qualität und Alterungsfähigkeit zu tun, denn im Gegensatz zur landläufigen Meinung sind die besten Burgunder langlebige Gewächse. Es ist schade, dass nicht mehr Flaschen aus den vorzüglichen Kellern britischer Landhäuser zum Wiederverkauf gekommen sind, um das unter Beweis zu stellen. Die wenigen Exemplare aus dem 19. Jahrhundert, die ich degustiert habe, stammen überwiegend aus Frankreich, aus Burgund selbst oder aus den Kellern reicher US-Bürger. Ich habe die großen Jahrgänge des vorletzten Jahrhunderts weiter unten aufgelistet, weil vielleicht die geringe Chance besteht, dass noch die eine oder andere verstaubte Flasche auftaucht, wenngleich meine Notizen nur wenige Jahre abdecken. Aus den gleichen Gründen sind einige kurze Einträge zu mindestens einhundert Jahre alten Kreszenzen aufgelistet, vor allem jenen aus den Kellern der Domaine du Château de Beaune, die gelegentlich noch auf den Markt kommen.

Die Jahrgänge auf einen Blick

Hervorragend *****
1811 (der Kometenjahrgang), 1846, 1865, 1875

Sehr gut ****
1802, 1806, 1815, 1819, 1822, 1825, 1834, 1848, 1859, 1864, 1869, 1870, 1878, 1887

Gut ***
Nur nach 1850: 1858, 1877, 1885, 1886, 1893, 1894, 1898

1858 ***

Corton, Clos du Roi **Labaume-Aîné** Aus den Familienkellern: verwelkt, aber gesund und ansprechend. *1967* ***

1864 ****

Ein sehr guter Jahrgang aus der Zeit vor der Reblausinvasion.

Beaune, Clos de la Mousse **Dom. du Ch. de Beaune** Drei Einträge, zwei davon entstanden auf Heublein-Vorverkaufsverkostungen, der dritte beim Essen mit Lloyd-Flatt, einem der Hauptkäufer: für sein Alter farbtief, schöne alte Pinot-Nase; wenig Körper, aber ansonsten fehlerlos. *Zuletzt im Oktober 1987 verkostet* ****

1865 *****

Ein fantastischer Jahrgang, der tiefe, feste, wohlschmeckende Kreszenzen erbrachte.

Beaune, Première Cuvée, Grizot **Bouchard Père** Vier Einträge zwischen 1977 und 1987, die überwiegend bei den Heublein-Vorverkaufsverkostungen entstanden. Alle gut: schöne Farbe, reich; gute Frucht, intensiver Geschmack, noch immer stützende Tannine. *Zuletzt im Oktober 1987 beim Essen mit Lloyd Flatt verkostet* *****

La Romanée, Tête de Cuvée **Bouchard Père** Wohlriechend; »süß«, weich, dabei fest. Grandios. *Im Mai 1981 auf der Heublein-Vorverkaufsverkostung degustiert* *****

Volnay, Santenots **Bouchard Père** Drei Einträge, zwei von Heublein-Vorverkaufsverkostungen. Sehr gute rauchige Pinot-Nase; guter, leichter Volnay-Charakter. Vor einiger Zeit: überraschend tiefe Farbe; gesund, reich, leicht »gekochtes« Vanillebukett; sehr guter Geschmack, komplett, ein Anflug von Teer; Tannin und Säure ausgezeichnet. *Zuletzt im November 1995 beim Essen mit Joseph Henriot, dem neuen Besitzer von Bouchard Père, verkostet* ****

Clos Vougeot **Bouchard Père** Entstand vor der Aufteilung des Clos in kleine Parzellen (siehe Kasten auf Seite 260). Zuletzt 1960 neu verkorkt. Wunderschöne Farbe; »süße« Nase, keine Anzeichen eines Verfalls, reife »Süße« am Gaumen, eindringlicher, doch abgeschlossener Geschmack. Frucht, Extrakt, Alkohol, Tannine und Säure gut. *Zuletzt im Mai 1981 bei der Heublein-Vorverkaufsverkostung degustiert* *****

Romanée-Conti Auf dem Etikett »S. Guyot, Masson & fils & J. Chambon Petits fils de J. M. Dufault-Blochet«. Mittelblass, warme Bernsteinfarbe mit rötlichem Zentrum, für sein Alter gute Farbe; »süßes«, verschlossenes, trotz leichter Altersspuren praktisch fehlerloses Bukett, öffnete sich nach nur 15 Minuten duftend und hielt sich gut; am Gaumen mitteltrocken, gute Länge und Säure. In bemerkenswertem Zustand. *Der älteste Jahrgang bei Wilfred Jaegers beispielloser Burgunder-Degustation im März 2002 in San Francisco* ***** (Siehe auch Vosne-Romanée Cuvée Duvault-Blochet auf Seite 323.)

1893 ***

Pommard (vermutlich eine englische Abfüllung) Eine halbe Flasche aus den Kellern des Duke of Beaufort auf Badminton House. Noch gute Farbe, in der Nase und am Gaumen »süß«. Bemerkenswert gut trinkbar. *Im August 1992 in Zürich gemeinsam mit dem Lafite von 1787 verkostet* ***

1898 ***

Bonnes-Mares **Faiveley** Drei Flaschen, die ich alle Anfang der 1980er verkostete. Gute Füllhöhen; bemerkenswert farbtief; gesundes Bukett, fehlerlos; ein Hauch von »Süße«, körperreich, alkohol- und extraktreich, fleischig, angesengt, im Geschmack abgerundet, trockener Abgang. *Zuletzt im August 1981 beim Essen zu Hause verkostet* ****

1900–1929

Dieses Kapitel umfasst 30 höchst interessante Jahre, in denen der Erste Weltkrieg eine Zäsur setzte.

Anfang des 20. Jahrhunderts bereiteten den Winzern nach wie vor die Reblaus und die Umstrukturierung der Weinberge Kopfzerbrechen. Zudem brachen mit der Gründung der Station Œenologique in Beaune und dem ersten Gesetz gegen Weinfälschung sowie zum Schutz der Herkunftsbezeichnungen moderne Zeiten an. 1919 folgten weitere rechtliche Maßnahmen zur Festlegung von Gemeinde- und Lagengrenzen und 1929 schließlich die Ächtung von Hybrid- oder anderen ungeeigneten Reben. Die meisten Burgunder wurden in dieser Zeit *en barrique* zu lokalen Weinhändlern gebracht und dort abgefüllt. Der Burgunder-Handel selbst befand sich in der Hand der Kaufleute von Beaune und Nuits-St-Georges; nur wenige Einzelgüter waren dem Endverbraucher direkt bekannt. Die meisten aus dieser Zeit verkosteten Flaschen stammen aus Frankreich, insbesondere aus dem unglaublichen Barolet-Keller.

Nach Dr. Barolets Ableben verkauften seine beiden betagten Schwestern den gesamten Bestand des Kellers an das in Schweizer Besitz befindliche *négociant*-Unternehmen de Villamont. Die erste Tranche von fast 1500 Kisten (die Jahrgänge 1911 bis 1959) wurde von Christie's direkt aus dem Keller heraus in Beaune versteigert, um die Preise auszuloten und den Namen Barolet bekannt zu machen, der bislang nur den belgischen Privatkunden von Barolet Vater und Sohn ein Begriff gewesen war. Die Auktion vom Dezember 1969, der ich den Titel »Collection du Dr. Barolet« gab, war ein großer Erfolg. Die Preise lagen dank des bemerkenswert guten Zustands der Flaschen weit über dem üblichen Niveau. Der Öffentlichkeit blieb allerdings verborgen, dass nur ein Bruchteil des Gesamtbestands unter den Hammer kam. So umfasste der Keller unter anderem noch rund 2000 Flaschen des Clos de la Roche von 1921, die in drei großen Fächern gelagert waren. Sie wurden anschließend neu verkorkt und über den Handel in den 1970ern auf den Markt gebracht. Die Originalabfüllungen, die ich vor Ort und bei Vorverkaufsverkostungen in Paris, Genf und London degustierte, waren ausgezeichnet.

Die zweite bedeutende Sammlung gehörte Madame Teysonneau in Bordeaux. Nachdem ich einen ganzen Sonntag lang ihre roten Bordeaux-Weine aus der Zeit vor der Reblausinvasion sortiert hatte – der umfassendste Bestand dieser Art, der je über Christie's verkauft wurde –, fragte mich die gute Frau, ob ich auch den »Keller mit jungen Weinen« sehen wollte. Ich fror, war schmutzig und müde, konnte aber der Versuchung nicht widerstehen und ließ ihn mir zeigen. Wie sich herausstellte, war er voller Burgunder von Calvet – und enthielt als jüngstes Gewächs den 1929er!

Ich habe aus den drei Jahrzehnten die besten Jahrgänge ausgewählt. Jeder Wein von höchster Qualität und untadeliger Herkunft aus der Vier- und Fünfsterne-Kategorie müsste jetzt noch ausgezeichnet sein. Ein Tipp: Füllhöhen bis zu 7 cm unterhalb des Korkens sind bei alten roten Burgundern nichts Ungewöhnliches und anders als bei betagten Bordeaux-Gewächsen kein Zeichen für einen bedenklichen Inhalt. Wie immer aber spielen natürlich auch die Herkunft, die Lagerbedingungen und der Zustand des Korkens eine Rolle.

Die Jahrgänge auf einen Blick

Hervorragend *****
1906, 1911, 1915, 1919, 1929

Sehr gut ****
1904, 1920, 1923, 1926, 1928

Gut ***
1914, 1916, 1918, 1921, 1924

1900 **

Starke Regenfälle während der Lese steigerten die Erträge, aber drückten die Qualität. Nur zwei ältere Einträge.

Chambertin, Tête de Cuvée F. Chauvenet Erstaunlich reich, etwas übertrieben. *Aus einem Keller in New England, im Mai 1977 verkostet* ***

Nuits-Calvet Aus Madame Teysonneaus Keller in Bordeaux. Zwei Einträge. Gute Farbe; reich; »süß«, weich. 1978 und *1979 verkostet* ***

1904 ****

Der erste sehr gute Jahrgang seit 1887. Heißer trockener Sommer. Frühe Lese ab 15. September.

Chambertin Jules Regnier Lebhaft, allerdings sehr wenig Rot; gealtert, aber attraktiv, am Verwelken, doch wohlschmeckend. *Im Juni 1984 auf einer Vorverkaufsverkostung bei Christie's in Chicago degustiert* ***

Grand-Musigny Faiveley Ersteigert und bei einigen Dinnerpartys serviert. Ziemlich blass; zunächst gealterte Nase, ein Hauch Vanille, überreif, wohlriechend; merklich »süß«, leicht, elegant, delikat, trotzdem reich. *Zuletzt im Juli 1981 zu Hause verkostet* ***

Richebourg J. Calvet Herrliche rosige Farbe; in der Nase entwickelte sich ein reicher, angesengter, alter Pinot-Duft und Geschmack. Seidige Perfektion. *Im Mai 1986 bei Christie's verkostet* ****

1906 *****

Ein großer Jahrgang. Die Wachstumssaison verlief ideal, der heiße Sommer schraubte den Zuckergehalt nach oben und reduzierte gleichzeitig die Erträge, indem er den Traubensaft konzentrierte. Frühe Lese.

Chambertin, Clos de Bèze **Faiveley** Eine Jeroboam bei einem Rodenstock-Essen für 50 Leute: blässlich, offener Rand, aber ansprechend, kräftige »Tränen«; interessant, reich, vielschichtig, leicht pikante Frucht; »mittelsüß«, reich, weich, doch geschmacksintensiv. Für sein Alter ausgezeichnet. *Im September 1996 in München verkostet* *****

Richebourg Eine weitere Jeroboam. Aus einem belgischen Keller, erstanden bei Sotheby's. Handgeschriebenes Etikett mit der Signatur »Krug«. Kleiner Korken ohne Markierung, deshalb vermutlich in einem Privatkeller abgefüllt – in Belgien unter Weinkennern eine gängige Praxis. Ein ähnliches Erscheinungsbild wie der Chambertin weiter oben. Anfangs ein altes, verblasstes Efeu- und Ligusterbukett, das sich jedoch wohlriechend öffnete; am Gaumen ebenfalls etwas »süß«, reich, sehr wohlschmeckend, doch mit trockenem, »farnartigem« Abgang. *Auf demselben Rodenstock-Essen im September 1996 in München verkostet* ***

Romanée-St-Vivant **Dufouleur** Eine erstaunlich gute halbe Flasche. Rotbraune Hagebuttenfarbe, blassgelber Rand; schönes, duftendes, altes Bukett nach Roter Bete, das sich im Glas entfaltete, »süße«, herrliche, maulbeerähnliche Frucht; »süßer«, schöner, rauchiger Geschmack, gute Länge und Intensität, ausgezeichneter Abgang. Spontan geöffnet und undekantiert eingegossen. *Im April 1990 beim Essen zu Hause verkostet* ****

1911 *****

Ein großer klassischer Burgunder-Jahrgang. Ähnliche Witterungsbedingungen wie 1906. In letzter Zeit nicht mehr degustiert.

Chambertin, Clos de Bèze **Guichard Protherot** Trotz des beträchtlichen Schwunds überraschend gut. *Oktober 1981* **

Corton, Clos du Roy *(sic)* Fester, nicht markierter Korken. Blasse, orangegetönte Bernsteinfarbe; zartes Bukett, verblasst, aber angenehm; ein erstaunlich kraftvoller Wein mit reichlich »Süße« und Alkohol. *Aus Lady Birleys Keller in Sussex, verkostet im November 1980* ***

Clos de Vougeot **Lupé-Cholet** Bröseliger Korken. Gute Füllhöhe für sein Alter. Herbstliche Farbe, mahagonifarbenes Zentrum, bernsteingelber Rand; reiche, rauchige alte Pinot-Nase – Rote Bete und kalter Tee. Feiner, reicher alter Geschmack. *Aus einem Keller bei Biarritz, im November 1987 verkostet* ****

Santenay **Dr. Barolet** Der älteste Jahrgang im Barolet-Keller. Uneinheitlich. Kaum noch Farbe vorhanden, etwas sauer. Andere Flaschen waren angeblich besser. *Zuletzt im Dezember 1969 bei einer Vorverkaufsverkostung degustiert.*

1914 ***

Ein rarer Kriegsjahrgang.

Romanée-St-Vivant **Marey-Monge** Ein seltener Jahrgang aus der Zeit vor der DRC; sehr reiche rotbraune Hagebuttenfarbe; »süße«, ausgesprochen vegetabile, wurzelartige alte Pinot-Nase von beträchtlicher Tiefe, dann mit einem säuerlichen Anflug, später erdig, angesengtes Farnkraut; außerordentlich »süß«, körperreich, großartiger Geschmack mit Länge und Tiefe. Ein großer Wein. Ich hielt ihn für einen 1937er. Eine Flasche aus Madame Marey-Monges Keller, die der ehemalige DRC-Kellermeister André Noblet bekam. *Von Aubert de Villaine zum Abschluss der weiter unten erwähnten St-Vivant-Verkostung im November 1995 verdeckt serviert* *****

Clos de Tart Neu verkorkt. Noch immer sehr reich getönte Farbe, bernsteinbrauner Rand; alter Bauernhofgeruch, dann weiches Leder; sehr »süß«, guter, alter rauchiger Pinot-Geschmack und -Nachgeschmack. An seinem Rand nagt schon die Säure. *Im Oktober 1990 mit Patrice Noyell von Mommessin auf Clos de Tart verkostet* ** *(Mein alter Freund Patrice wurde mittlerweile zum Geschäftsführer von Pol Roger ernannt.)*

Clos de Vougeot und seine Besitzerschar

Der Clos de Vougeot ist der größte Grand cru *an der Côte d'Or und einer der wenigen burgundischen Clos, die auch noch tatsächlich ein* clos, *also ein von einer Mauer umgrenzter Weinberg, geblieben sind. Zisterziensermönche fügten ihn im 12., 13. und 14. Jahrhundert aus Parzellen zusammen, die der Kirche als Schenkungen überlassen worden waren. Das 50 ha große Stück Land wurde 1336 ummauert und blieb unter der Obhut der Klosterbrüder bis nach der Französischen Revolution, als man es 1818 an Julien-Jules Ouvrard verkaufte. (Die Weine gewannen damals stetig an Renommee.) Der Clos de Vougeot blieb bis 1889 in der Hand eines einzelnen Besitzers, wurde danach aber wegen des komplizierten französischen Erbrechts immer weiter unterteilt, weshalb er heute über 80 Eigentümer hat, die jeweils nur ein paar Rebzeilen ihr Eigen nennen. Wegen der stark variierenden Bodenbeschaffenheit innerhalb des* clos *fallen auch die Burgunder der vielen Besitzer in Stil und Qualität sehr unterschiedlich aus, obwohl sie alle Anspruch auf das* Grand-cru-*Prädikat haben.*

1915 *****

Gutes Wetter während der gesamten Wachstumssaison erbrachte einen hohen Ertrag hervorragender Trauben, die früh gelesen werden konnten. Ich habe in letzter Zeit keine Weine mehr verkostet, gebe aber die Hoffnung nicht auf!

Bonnes-Mares Vermutlich in London abgefüllt. Schöne Farbe; reiches altes Pinot-Bukett und ebensolcher Geschmack. Kraftvoll, dabei seidig. *Mai 1967* ****

Chambertin, Vieux Cépages **Labaume-Aîné** Superreif, alter Pinot-Geschmack, reich, honigartig, verwelkend, aber köstlich. *Aus dem Labaume-Keller, der Ende der 1960er über Christie's verkauft wurde* ***

Musigny Händler unbekannt. Hohes Füllniveau und guter, langer, unmarkierter Korken. Blässlich, wenig Rot, aber sehr gesunder Glanz. Zunächst in der Nase und am Gaumen ziemlich leicht, delikat und verblasst, schöpfte aber noch einmal Kraft und entwickelte sich reich im Glas. Im Geschmack lebhaft, sauber und erfrischend. Trocken, leicht säurebetonter Abgang. *Im Oktober 1980 bei der Vorverkaufsverkostung von Lady Birleys Keller verkostet* **

Musigny **Labaume-Aîné** Orangeton; opulentes Bukett, das mich an gut abgehangenen Fasan erinnerte. Köstlich, aber am Umschlagen. *Im Dezember 1968 vor dem Verkauf des Labaume-Kellers degustiert* ****

Musigny, Tête de Cuvée **Bouchard Père** Sehr blass; alt, fein, gesund. *Im Mai 1973 eine Flasche aus den Bouchard-Kellern in Beaune bei einer Heublein-Vorverkaufsverkostung degustiert* **

Nuits, Cailles **Morin** Exquisit. *Juni 1977* ****

1916 ★★★

Ein seltener Kriegsjahrgang. Früher einmal »leicht und stilvoll«, aber mittlerweile verblasst. Nur drei vor längerer Zeit entstandene Einträge.
Aloxe-Corton **Labaume-Aîné** Überraschend feines, facettenreiches Bukett für sein Alter und seine Kategorie; am Gaumen reich, aber unausgewogen. *August 1967* ★★
Gevrey-Chambertin Vermutlich in Burgund abgefüllt. In der Nase und am Gaumen ein »süßer«, reicher, alter Pinot-Charakter mit Röstnote. *Im Oktober 1980 aus einem niederländischen Privatkeller bei einer Vorverkaufsverkostung in Amsterdam degustiert* ★★★

1917 ★★

Kleine Erträge, mittelmäßige Weine. Selten anzutreffen. Ich habe nur einen einzigen alten Eintrag vorliegen.
Beaune, Clos des Avaux **Labaume-Aîné** Schöne Farbe, aber verblasst; alte, erdige Nase; am Gaumen besser, ansprechend, pikant, erfrischend. *Mai 1968* ★★

1918 ★★★

Günstig verlaufene Ernte, überdurchschnittliche Qualität. Selten.
Chambolle-Musigny, Charmes **Labaume-Aîné** Dank Madame Labaume, deren Keller Christie's 1968 verkaufte, konnte ich eine große Bandbreite seltener Jahrgänge aus dieser Zeit verkosten. Obwohl die Einträge älteren Datums sind, lassen sie Rückschlüsse auf die Qualität und den Zustand von heute zu. Gelegentlich trifft man noch einzelne Flaschen an. Ein Wein, so charmant wie der Name des Weinbergs: delikates Bukett, am Gaumen aber bemerkenswert reich. Elegant. Fest. Ausgewogen. *August 1967* ★★★

1919 ★★★★★

Ein großer Jahrgang. Unterdurchschnittliche Erträge, herrlich reife Weine. Über zwei Dutzend Einträge, doch nur vier aus den 1980ern und lediglich einer aus jüngster Zeit.
Beaune, Clos des Avaux **Dom. du Ch. de Beaune** Hübsche Farbe; anfangs erinnerte mich die Nase an kaltes Meerwasser, doch dann entwickelte sie einen frischen Duft; leicht »süß«, Geschmack und Säure schön. Perfekt. *Im Oktober 1987 bei Lloyd Flatt in New Orleans verkostet* ★★★★★
Chambolle-Musigny **Dr. Barolet** Einer der schönsten und verlässlichsten Barolet-Burgunder. Mehrere Einträge von Vor- und Nachverkaufsverkostungen zwischen 1969 und 1970. Kürzlich mittelblass, gesunder Glanz; Nase und Geschmack ebenfalls gesund, anhaltend. Wirklich bemerkenswert gut. *Zuletzt im November 2000 auf der Josey-Vorverkaufsverkostung in New York degustiert* ★★★★
Hospices de Beaune (unbekannte Cuvée) **Calvet** Aus Madame Teysonneaus Bordelaiser Keller mit »jungen Weinen«. 1979 eine perfekte Flasche. Im darauf folgenden Jahr ein Exemplar mit guter tiefer Farbe; reiche, angesengte, wildbretartige Pinot-Nase; reich und samtig, fest, trocken, leicht säurebetonter Abgang. *Zuletzt im Februar 1989 beim Essen mit Peter Palumbo verkostet* ★★★★
Musigny **de Vogüé** Mittelblass, mit rosa Wangen; ein höchst ungewöhnlicher Wohlgeruch, Kirschen und Williamsbirne; »süß«, delikater Geschmack, kirschartige Frucht, positiv, Länge und Nachgeschmack gut. *Ein schöner Wein, einer der ansprechendsten unter den 55 bemerkenswerten Burgundern aus den Kellern von Wilfred Jaeger, die im März 2002 während drei Verkostungssitzungen, zwei Essen und einem Sonntagsmahl verkostet wurden* ★★★★★
Nuits-St-Georges **Faiveley** Korken ohne Brandzeichen, mit dunklen Flecken und schrumpeligem, mit Weinkristallen überzogenem Ende. Mitteltiefe Farbe, natürlich vollreif; leicht pilzige alte Nase, die sich im Glas reichhaltig entfaltete; mittlere »Süße« und mittleres Gewicht. Wie so oft alkoholstark, aber im Stil eher leicht. Elegant, glatt, guter trockener Abgang. *Im Mai 1982 beim Essen im Houston House Hotel bei Edinburgh verkostet* ★★★★
Richebourg **C. Marey Liger-Belair** Himmel, was für ein Geruch: reifer Stilton-Käse; gekochter alter Pinot-Geschmack. Alles andere als delikat, unziemliche Säure. *Im März 2002 bei Jaeger verkostet. Nur der Vollständigkeit halber erwähnt.*
Volnay, Frémiets, Clos de la Rougeotte **Dom. du Ch. de Beaune** Sehr schwere Flasche, Original-Bildetikett. Ziemlich farbtief; trocken; am Ende, aber trinkbar. *Im März 2002 bei Wilfred Jaeger verkostet.*

1920 ★★★★

Ein guter Einstand für eines der besten Jahrzehnte, das man in Burgund je erlebt hat. Viel zu wenig Sonne im Juli und August verzögerte die Reife der Trauben in einer ansonsten guten Wachstumsperiode. Die Lese Ende September fand unter idealen Bedingungen statt. Geringe Produktion.
Chambertin Cuvée Héritiers Latour **L. Latour** Mittelblass, aber glanzhell und schön; ein Hauch des Chambertin-typischen »fischigen« Pinot-Charakters, leicht rauchiges, wächsernes Bukett von bestechendem Stil und hoher Qualität; mitteltrocken, sehr lebhaft, wohlschmeckend, mit schlankem, sehnigem Charakter. Perfekt. *Im Oktober 1980 beim Verkauf von Fernand Woltners Pariser Keller gekauft und im Juni 1981 beim Essen serviert* ★★★★★
Charmes-Chambertin Korken mit einem kaum zu entziffernden Restaurantnamen – Foyot? – als Brandzeichen. Erstmals beim Essen zu Hause verkostet. Ich verstieß gegen die burgundische Tradition, dekantierte den Wein und servierte ihn vier Stunden später. Selbst danach entwickelte sich das Bukett noch duftend im Glas. Köstlich. Kürzlich mit ähnlichem Korken und 9 cm Schwund (das ist nicht schlecht für sein Alter und bei Burgundern kaum ein Problem). Blässlich, aber sehr gute Farbe; gesund, reich, stämmig, öffnete sich wie schon beim ersten Mal und hielt gut an; etwas »Süße«, sehr reich – wurde vielleicht mit einem kräftigen Rhône-Wein oder Cognac verstärkt, wer weiß. Ein spitziger Einschlag, aber ansonsten gut trinkbar. *Zuletzt im März 1994 bei einem Essen von Christie's verkostet. In Bestform* ★★★★
Pommard **Pierre Ponnelle** Äußerst gute Füllhöhe und Farbe; konnte sein Alter nicht verhehlen, wildbretartig, eine Spur Teer und Pilze; ein Hauch Lakritze, am Austrocknen. Man darf von einem Village-Wein dieses Alters, der von einem *négociant* stammt, nicht allzu viel erwarten, aber man weiß ja nie. Die Suche nach alten Weinen macht Spaß – gelegentlich landet man einen Volltreffer, ein andermal ist es zum Verzweifeln. *Im März 2000 beim Essen mit Camilla und Alistair Sampson, Antiquitätenhändler und Raritätenjäger, verkostet.*

DREI CALVET-BURGUNDER AUS MADAME TEYSONNEAUS KELLER, die ich vor dem Verkauf im August 1979 verkostete:
Aloxe-Corton Süß, leicht, komplett, aber kurz ★★; Chambertin Ziegelrot; reiches Bukett; »süß«, ziemlich körperreich,

verhaltener Geschmack. In perfektem Zustand ****; Chambolle-Musigny Orange Mahagonifarbe; weich, reich, wohlriechend; »süß«, komplett, schön ****

1921 ***

Ein außergewöhnlich heißer Sommer. Frühe Lese.
Romanée-Conti Auf dem Etikett »de Villaine & J. Chambon Petits fils de J. M. Dufault-Blochet«. Beeindruckend tief, dabei mit weichem, warmem Rot; zunächst eine etwas staubige Nase mit einem Hauch von Korken oder Holz, die sich jedoch nach fünf Minuten reich entfaltet hatte; sehr »süßer«, sehr guter Geschmack, beträchtliche Kraft, jedoch mit Verfallsspuren. Ausgedehnter Abgang, mehr Säure als Tannin. *Im März 2002 bei Wilfred Jaegers Degustation von seltenen Burgundern verkostet* **
Charmes-Chambertin **Dr. Barolet** Großartige Farbe; ein Bukett, das sich fabelhaft entwickelte; ein voller, reicher, ausgewogener Wein, »über dem der Todesengel schwebt«. *Im Oktober 1969 in den Originalkellern in Beaune mit Harry Waugh verkostet* *****
Richebourg **Belgische Abfüllung von Vandermeulen** Mitteltief; fast so fest wie ein 1928er, dick, »gekocht«, leicht maderisiert, aber mit stämmiger Frucht; sehr »süß«, eigenartig aromatischer Geschmack, sehr duftend, Vanille. Mehr als nur interessant. *Im Dezember 1995 bei Frans de Cocks Vandermeulen-Weinprobe im Le Carré des Feuillants in Paris verkostet* ***
Clos de la Roche **Dr. Barolet** Wie bereits in der Einführung erwähnt, befanden sich in drei großen gemauerten Fächern allein rund 2000 Flaschen dieses Weins. Ein halbes Dutzend Einträge. Erstmals mit Harry Waugh im Oktober 1969 im Hof über den Kellern verkostet (im Keller selbst roch es zu streng), anschließend noch einmal bei den verschiedenen Vorverkaufsverkostungen und anderen Anlässen. Offen gesagt von uneinheitlicher Qualität, Unterschiede zwischen den Flaschen mit Originalkorken und den Exemplaren, die von dem in Schweizer Besitz befindlichen *négociant*-Haus de Villamont neu verkorkt worden waren. Letztere blass, rosa getönt; sehr wohlriechend; trocken, leicht im Gewicht, ganz angenehm, die (gemeinsam mit dem 1985er) verkosteten Flaschen mit Originalkorken reicher in der Farbe, aber vollreif; stechende, scharfe Nase; ziemlich körperreich, am Austrocknen, aber eindringlich. Kürzlich: blässlich, aber gesund; sehr gute, leicht angesengte Nase; ausgezeichnet im Geschmack, nach wie vor tanninbetont. *Zuletzt im November 2000 bei der Josey-Vorverkaufsverkostung in New York degustiert. In Bestform* ****
Clos de Tart **Belgische Abfüllung von Vandermeulen** Eher blass, offen; mit Altersspuren und einem Anflug von Oxidation, der sich jedoch verlor; rau, aber gut zum Essen. *Im Dezember 1995 bei Frans de Cock in Paris verkostet* *
Volnay **L. Grivot** Blind verkostet: mitteltief, schöne Farbe, vollreif; gesunde Nase, aber etwas am Altern, ein Hauch Pilze, leicht vegetabil – was mich darauf brachte, dass es sich um einen Burgunder handeln musste; süß, eindeutig ein Wein aus einem großen Jahrgang, aber weich und sehr ansprechend zu trinken. Für sein Alter bemerkenswert. *Im Juni 1997 beim Essen mit Danielle und Christian Pol Roger in Epernay verkostet* ****

1922 *

Eine Flut mittelmäßiger Weine, die von den beiden sehr guten Nachbarjahrgängen vom Markt gedrängt wurden. Nicht verkostet.

1923 ****

Ein ertragsarmer Jahrgang von hoher Qualität.
Santenay-Volnay *(sic)*, Hospices, Cuvée Gauvin **Etikett von Berry Bros. & Rudd** Lebhafte Farbe; eine leichte Pilznote, die sich aber verzog; ein Hauch von »Süße«, doch am Austrocknen. Entwickelte sich nach einer Weile an der Luft zum Charmeur. *Im Juni 1989 eine seltene halbe Flasche, die Mutsuo Okabayashi gegen Ende seines großartigen Weindinners in Tokio öffnete* ***

EINIGE ÄLTERE EINTRÄGE Beaune **Dr. Barolet** Aufpassen: Einen großen Teil dieses Weins erachtete ich als nicht gut genug für die ursprüngliche Barolet-Versteigerung. Von unterschiedlicher Qualität. *Zuletzt 1981 verkostet. In Bestform* **; Musigny **Calvet** Drei Flaschen, alle aus Madame Teysonneaus Keller und alle gut. Mit Musigny-typischer Femininität und Eleganz. *1981* ***; Romanée, La Tâche *(sic)* **Berry Bros.** Originalkorken, gute Füllhöhe. Rötlicher Glanz; wohlriechend, süße Vanille und alte Eiche, geringe Verfallsspuren; hoher Extrakt, guter Geschmack, ein rauer Zug. *1984* ***; Savigny, Hospices, Cuvée Fouquerand **Dr. Barolet** Gekauft, ausgebaut und abgefüllt von Dr. Barolets Vater, der dieses außergewöhnliche Unternehmen gründete. Schöne Farbe; edles Bukett; fein in Geschmack und Textur. Einer der besten Weine bei der Barolet-Versteigerung. *Dezember 1969* ****

1924 ***

Trotz unfreundlicher Witterung entstanden einige angenehme Weine. In jüngster Zeit nicht mehr verkostet. Mein bester alter Eintrag bezieht sich auf eine 45-jährige Flasche Volnay, Santenots **Labaume-Aîné** Mahagonifarbe; »süß«; weich, ausgesprochen angenehm. *1968* ***

1925 *

Den schlechten Ruf dieses Jahrgangs (der Traubenwickler reduzierte den Ertrag um die Hälfte) bestätigten die in den 1960ern und 1970ern verkosteten Weine nicht. Unter anderem ein überraschend attraktiver Santenay **Dr. Barolet**, in den frühen 1980ern außerdem ein ausgezeichneter Chambertin **Héritiers Latour**.

1926 ****

Kaltes Wetter beeinflusste die Blüte, und eine lange Trockenperiode während des Sommers reduzierte die Erträge. Dennoch entstanden einige äußerst gute Gewächse.
Corton, Clos de la Vigne au Saint **L. Latour** Warmes, geröstetes, ligusterartiges Bukett; »Süße« und Körper mittel, ansprechender rauchiger, alter Pinot-Geschmack, feminin, ausgezeichnete Säure. *Einer der besten von insgesamt 16 alten Burgundern aus einem Schweizer Keller, die ich im Mai 1995 bei Corney & Barrow verkostete* ***
Ch. Corton-Grancey **L. Latour** Das interessanteste Merkmal dieser Flasche war der sehr lange Korken. Er hatte jedoch den etwas oxidierten Einschlag, der zweifellos auf schlechte Lagerung zurückzuführen war, nicht verhindern können. Ansprechende Farbe, damals Hagebuttenorange. *Im Mai 1995 bei Corney & Barrow verkostet.*
Corton, Clos du Chapitre **L. Latour** Wirklich schade. Auch für Louis-Fabrice Latour enttäuschend, der nach London gereist war, um einige Flaschen zu verkosten, die einst von seinem

Großvater Louis Latour senior (zum Zeitpunkt der Degustation 91 Jahre alt) abgefüllt worden waren. *Im Mai 1995 bei Corney & Barrow degustiert.*

Nuits-St-Georges **Belgische Abfüllung von Vandermeulen** Eher blass, gealtert, natürlich reif; ein Anflug des für Pinot-Weine charakteristischen Rote-Bete-Aromas, das ansprechend aufblühte; Frucht, Geschmack, Zustand und Tannin gut, erfrischende Säure. *Mit der beste Wein der acht sehr guten Vandermeulen-Burgunder, die auf Frans de Cocks Weindinner im Dezember 1995 in Paris verkostet wurden* ★★★★

Der Burgunder-Markt

Damals wurden Burgunder wie die meisten anderen Weine in Fässern zur Abfüllung an Händler oder sogar Privatkunden geliefert. Diese Praxis war in traditionellen Märkten wie Belgien, den Niederlanden, der Schweiz und Dänemark üblich, wo es wie in Großbritannien viele qualitätsbewusste Händler gab. Die meisten Weine gingen durch die Hand der großen burgundischen négociants. *Sie unterhielten enge Geschäftsbeziehungen zu Importeuren, die die Posten wiederum zur Abfüllung an die Händler lieferten. Diese arbeiteten fachmännisch und verlässlich – die Qualität hing eher von der Ware ab, die sie von den* négociants *geliefert bekamen. Weine für den Überseemarkt wurden in Flaschen verschickt.*

1927

Ein kalter, nasser Sommer, geringe Erträge, der schlimmste Jahrgang der Dekade. Meiden.

NUR VIER EINTRÄGE, keiner aus jüngster Zeit. Zweimal **Romanée-Conti** Besser als erwartet, aber unterschiedlich, beide blass, wenig Rot; eine pilzig, die andere alt, aber in der Nase »süß«, leicht und gesund, dünn. Nicht gerade ideal, um mein Geburtsjahr damit zu feiern. *Zuletzt 1971 verkostet;* außerdem zweimal **Gevrey-Chambertin** **Faiveley** Ebenfalls variabel, eine Flasche lebhaft, die andere essigsauer. *Zuletzt 1981 verkostet.*

1928 ★★★★

Fröste im Frühjahr, Regen und Hagel im Juni, ein sengend heißer August und wieder Hagel, der die Erträge dezimierte. Was blieb, war allerdings von hoher Qualität. Den Weinen fehlte die Eleganz der 1929er, doch zeigten sie sich stämmig, verlässlich und langlebig.

Romanée-Conti Auf der Domaine neu verkorkt. Ein ähnliches Etikett wie der 1921er. Mitteltief, lebhafte Farbe mit kirsch- und rubinroten Reflexen sowie reifem, hellbraunem Rand; ein sehr »süßes«, ausgewogenes, reiches, fast fleischiges Bukett, das sich gut hielt, am Gaumen ziemlich »süß«, ausgezeichnet, lebhaft, Gewürznote mit Jodeinschlag (wegen des Eisens im Boden), sehr guter Geschmack, der im Glas noch »süßer« zu werden schien. *Im März 2002 bei Wilf Jaeger verkostet* ★★★★★

Pommard-Epenots **Dr. Barolet** Früher einer der besten Barolet-Weine. Viele Einträge, mit Ausnahme von zwei Flaschen alle gut. Ein unlängst verkostetes Exeplar nicht so gut, von de Villamont neu verkorkt, kaum noch Rot vorhanden; hochgetönte Nase, firnisartig, wie Nagellack; trinkbar, aber nicht korrekt (1998 auf der Verkostung von 1928ern in San Juan degustiert). Unlängst eine Flasche, die aus dem ersten Barolet-Verkauf stammte: mittelblass, am Rand mahagonifarben-hellbraun; ein betörender Walderdbeerenduft; trocken, gut im Geschmack, aber eher schlank und nach wie vor mit den für den Jahrgang typischen Tanninen. Kürzlich mitteltiefe, ansprechende Farbe; anfangs eine ziemlich käsige alte Nase, dann fleischig, wie Bratensauce, eindeutig ein oxidierter Zug, aber trotz der scharfen, kantigen Säure sehr wohlschmeckend. Insgesamt allerdings eine Enttäuschung, denn Barolets Epenots und Rugiens gehörten bei der ersten Versteigerung 1969 zu den Spitzenweinen. *Im März 2002 bei der ersten von zwei Paarverkostungen mit 1928ern und 1929ern während Wilfred Jaegers zweitem Abendessen mit Degustation probiert* ★

Clos de Tart **Belgische Abfüllung von Vandermeulen** Offen, attraktiv, kräftige »Tränen«; eigenartiger, »süßer«, sehr entgegenkommender, erdbeerartiger Duft, eine geringe marmeladige Note; ziemlich »süß«, fülliger Körper, Geschmack, Länge und allgemeiner Zustand sehr gut. *Im März 2002 mit der beste Wein bei Frans de Cocks Verkostung von 1926ern aus Nuits-St-Georges in Paris* ★★★★

Clos de Vougeot **Pasquier-Desvignes** »aux domaines du Marquisat depuis 1420« Ziemlich tiefes, intensives Erscheinungsbild; auffällige, aber gesunde Nase; »süß«, komplett, ein fleischiger Zug, doch überraschend gut im Geschmack. *Im März 2002 bei Wilf Jaeger verkostet* ★★★

Vosne-Romanée **C. Marey Liger-Belair** Mitteltief; alt, leicht käsig; »süß«, füllig, trockener Abgang. *Passte im Februar 1993 bei einem Gourmetessen in New York ganz gut zu Fasan* ★★★

1929 ★★★★★

Ein grandioser Jahrgang, der üppige Erträge mit hoher Qualität verband. Finessenreiche, reife, elegante Weine, die sofort ihren Reiz entfalteten und sich bei guter Lagerung zum Teil gut hielten.

Aloxe-Corton, Les Brunettes **L. Latour** Niemand schien zu wissen, wer mit den »Brunettes« gemeint war – und es ist auch egal. Lange »Tränen«, blass, kein Rot mehr vorhanden; verschlossen und fleischig in Nase und Geschmack. Nun ja, nicht gänzlich schlecht. *Eine Flasche aus dem wenig erfreulichen Schweizer Keller, im Mai 1995 bei Corney & Barrow verkostet.*

Beaune, Clos du Roi **L. Latour** Noch schlimmer. Oxidiert. Eine herbe Enttäuschung. Schuld ist allein die schlechte Lagerung. *Mai 1995.*

Chambertin, Cuvée Héritiers Latour **L. Latour** Kein Rot mehr; eine mit Bananenschalen zugedeckte Frucht; wohlschmeckend, aber säurebetont. Beeriger Abgang. *Im Mai 1995 bei Corney & Barrow degustiert. Siehe oben.*

Chambertin **Belgische Abfüllung von Vandermeulen** Lebhafte Farbe, noch leicht kirschrot; blumig, fruchtig, ein Hauch von alten Äpfeln, insgesamt aber ansprechend; eine von rauer, spitziger Säure durchwirkte »Süße«. Ziemlich aggressiv. *Im Dezember 1995 bei Frans de Cocks Verkostung in Paris degustiert* ★

Chambolle-Musigny, Amoureuses **Seguin Manuel** Gute Farbe, rotes Zentrum; »süßes« Bukett; gesund, wohlschmeckend, mehr als nur interessant. *Im Februar 1998 bei Stephen Kaplans fabelhaftem Essen in Los Angeles seltsamerweise nach dem Taylor Port von 1955 serviert* ★★★

Pommard, Rugiens **Dom. du Ch. de Beaune** Ziemlich farbtief; wohlriechend, ein Hauch Vanille; ansprechende Süße, aber auch eine scharfe, das Zahnfleisch reizende Säure. *Im März 2002 bei Wilfred Jaegers Burgunder-Verkostung degustiert* ★

Romanée-St-Vivant Marey-Monge Lebhafte, warme Hagebuttenfarbe; anfangs mit Altersgeruch, der jedoch bald verschwand, »süß«, weich, duftend, nach 30 Minuten mit dem scharfen Geruch von Pferdeställen; sehr »süßer«, ansprechender, reicher, schokoladiger Geschmack, gute Länge und Säure. Komplett. *Im November 1995 bei Aubert de Villaines St-Vivant-Verkostung auf der Domaine degustiert* *****

Romanée-St-Vivant, Les Quatre Journaux L. Latour Oxidiert. Welchen Sinn hat es, sich an alte Weine in schlechtem Zustand zu klammern? Corney & Barrow dürften bereut haben, sich für eine solche Verkostung hergegeben zu haben. *Mai 1995.*

Volnay, Caillerets, Ancienne Cuvée Carnot Dom. du Ch. de Beaune Mitteltief, noch immer mit rubinrotem Ton; in der Nase fleischig; füllig, trocken, angesengt, teerig, »süßer« Mittelteil und guter Abgang. Ich habe ihn genossen. *Im November 1995 zum Essen in den Bouchard-Kellern getrunken* ***

Vosne-Romanée, Les Beaumonts Dr. Barolet Tief, reich, reif; zwiespältige Nase, ein Hauch Malz; Geschmack nach geteertem altem Eichenholz. Trinkbar, hat aber seit der ersten Barolet-Versteigerung 1969 abgebaut (eine Folge schlechter Lagerung, nehme ich an). *Zuletzt im Februar 1992 bei einer Vorverkaufsverkostung von Christie's degustiert.*

Clos Vougeot Faiveley Angenehmes Bukett, im Gehalt aber leicht ölig; »süß«, anfangs ein Geschmack nach alten Pilzen, später besser. *Im März 2002 bei Wilfred Jaeger verkostet. Der Vollständigkeit halber.*

Clos Vougeot, Ch. de la Tour Moreau Sehr gute Füllhöhe; etwas blass, aber mit gesundem Schimmer; die »Süße« eines gut abgehangenen Fasans, leicht spitzig. Wir haben ihn trotzdem getrunken. *Im März 2000 bei den Sampsons verkostet* *

1930–1949

Wirtschaftskrise, Krieg und eine Reihe wunderbarer Nachkriegsjahrgänge prägten diese beiden Jahrzehnte wie andernorts auch. Burgund war in den 1930ern erfolgreicher als Bordeaux. Vor allem der 1937er geriet herausragend.

Es hatte zwar schon in den beiden vorausgegangenen Jahrzehnten rechtliche Maßnahmen zur Regelung der Weinwirtschaft gegeben, doch erst 1930 erkannte man die Pinot noir endgültig als »edle« burgundische Rotweintraube an. Noch wichtiger aber war 1935 die Verabschiedung der Gesetze zur *Appellation d'Origine Contrôlée* (AOC). In den 1930ern wagten einige große Weingüter erstmals den Schritt zur eigenen Abfüllung. Den örtlichen *négociants* behagte das überhaupt nicht, doch hatten sie nicht die Finanzkraft, viel dagegen zu unternehmen.

Um den erwachenden Burgunder Weinmarkt vor den Verheerungen der Wirtschaftskrise zu schützen, taten sich 1934 führende Erzeuger zusammen und gründeten die *Confrérie des Chevaliers du Tastevin*. Zehn Jahre später erwählten sie das imposante Château du Clos de Vougeot zum Veranstaltungsort ihrer Feste und insbesondere ihrer spektakulären, ausgedehnten Bankette, zu denen Mitglieder von Königshäusern, Stars, Künstler, Weinkenner und andere Berühmtheiten eingeladen werden, um sich dem internationalen Kreis von Burgunder-Liebhabern anzuschließen.

Die Jahrgänge auf einen Blick

Hervorragend *****
1937, 1945, 1949

Sehr gut ****
1933, 1934, 1943, 1947

Gut ***
1935, 1942

1930 *

Eine miserable Lese. Blasse, dünne, unausgewogene Weine.

Beaune, Clos des Mouches **Dr. Barolet** Vielleicht sollte man Barolet den »Pestalozzi« unter den *négociants* nennen, denn er verstand sich vortrefflich auf die *élevage*, die »Erziehung« der ihm anvertrauten Weine. Den Clos des Mouches verkostete ich erstmals mit Harry Waugh im Oktober 1969 im Hof über den Barolet-Kellern. Kein feiner, aber ein gesunder Wein. Da ein ansehnlicher Posten gut erhaltener Flaschen vorrätig war, nahm ich 20 Kisten in die Auktion. Ich erwarb selbst einige Exemplare und servierte die letzte Flasche bei einer Dinnerparty zu Hause: schöne Hagebuttenfarbe (ein Hellbraun mit Orangetönen); köstliche Nase; sehr wohlschmeckend, köstlich erfrischende Säure. Selbst John Avery war überrascht. *Zuletzt im April 1995 auf Chippenham Lodge verkostet* *** *(Das Haus Avery in Bristol ist seit langem für seine Burgunder berühmt.)*

Morey St-Denis **Dr. Barolet** Reich, seidig, aber etwas adstringierend. *1969 auf der Barolet-Vorverkaufsverkostung degustiert.*

1931

Von Juli bis Mitte September war es kalt und regnerisch. Zur späten Lese stellte sich schließlich die Sonne ein. Allerdings war kein Markt mehr vorhanden und die leichten, adstringierenden Weine verleiteten nur wenige zum Kauf. Dr. Barolet gab jedoch sein Bestes. Die 13 Kisten mit Normalflaschen und Magnums aus seinem Keller waren gar nicht so schlecht.

Chambolle-Musigny, Charmes Wurden 1964 alle verkauft, wenn auch zu niedrigen Preisen.

Richebourg **DRC** Erstmals 1995 bei einem Essen von Mutsuo Okabayashi in Tokio zu Ehren meiner Frau Daphne verkostet. Die Flasche war 1988 auf der Domaine neu verkorkt worden: ansprechende, warme, herbstliche Farbe; ausgezeichnetes altes, duftendes Pinot-Bukett; »süß«, verhalten, weich, fleischig – eindeutig chaptalisiert – mit rauchigem Endgeschmack. Als Nächstes eine Flasche, die ich während eines Essen zu Daphnes 65. Geburtstag bei Christie's öffnete: ausgezeichnete Füllhöhe, sehr guter Originalkorken. Ich dekantierte sie um 18.30 Uhr und goss den Wein um 20.30 Uhr ein. Sehr blass, keinerlei Rot mehr; rauchige alte Nase mit einem Hauch Lakritze; »süß«, überraschend ansprechender Geschmack, reich, erfrischende Säure. *Zuletzt im Juli 1996 verkostet* ***

1932

Die Saison verlief gar nicht einmal so schlecht: reguläre Blüte ab 25. Juni, ein unfreundlicher Juli, aber den ganzen August bis in die letzte Septemberwoche hinein warmes, trockenes Wetter, gefolgt von heftigen Stürmen. Mit der Lese begann man extrem spät. Wie in den beiden vorausgegangenen Jahren fehlte ein Absatzmarkt – zumindest wurden keine Weine nach Großbritannien exportiert, denn der Handel hatte noch immer Überschüsse an 1928ern und 1929ern. Nicht verkostet.

1933 ****

Ein sehr guter, aber mengenmäßig nur gering ausgefallener Jahrgang. Stilvolle, elegante Weine. Ich habe sie vor 1980 des Öfteren verkostet, seither aber nicht mehr. Die degustierten Gewächse hatten ihren Höhepunkt zwischen 35 und 40 Jahren. Der mit Abstand beste Wein war der Romanée-St-Vivant **Ponnelle**, abgefüllt in Brighton, gefolgt vom Chambertin, Clos de Bèze **Damoy**, dem samtigen Volnay **Labaume-Aîné** und dem Beaune, Vignes Franches **L. Latour**; unter den verschiedenen **Barolet**-Weinen außerdem der Bonnes-Mares und Corton, Clos du Roi.

1934 ****

Perfekte Wachstumsbedingungen. Der größte Ertrag des ganzen Jahrzehnts; reife, gut gebaute Weine. Heutzutage hätte man zu schnell wachsende, überreichlich an den Stöcken hängende Trauben durch Behangausdünnung dezimiert. Außerdem war es sogar während der Lese noch außergewöhnlich heiß, was bei der Vergärung einige Probleme nach sich zog, die man heute ebenfalls problemlos in den Griff bekommen hätte. So blieb der potenziell große Jahrgang lediglich ein sehr guter. Die kleinen Winzer wollten unbedingt verlorene Zeit wettmachen und wieder etwas Geld verdienen, weshalb sie so viel wie möglich den Händlern verkauften, die ihrerseits einen Vorrat an Weinen für den langsam neu erwachenden Markt brauchten.

La Tâche **Berry Bros. & Rudd** Eine höchst interessante Flasche aus dem Keller einer Vanderbilt-Villa im Norden des US-Bundesstaats New York. Abgefüllt von den Berry Bros.: gute klassische Nase; ein Hauch Zitrone; sehr »süßer«, köstlicher Geschmack und Abgang. Ich stattete in London den Berry Bros. einen Besuch ab und fand in ihren Archiven einen Beleg dafür, dass der Wein 1937 als »La Tache Romanee« für 118 Shilling das Dutzend bei Kreditkauf und 108 Shilling das Dutzend (umgerechnet nur etwas mehr als 7 Euro) bei Barzahlung angeboten worden war! *Der erste von vier 1934ern auf Wilf Jaegers zweiter Verkostung mit Essen im März 2002 in San Francisco* *****

Grands-Echézeaux **DRC** Ebenfalls aus dem Vanderbilt-Keller. Mit einem Bildetikett und der Aufschrift »Berry Bros & Co«, darunter »Domaine de la Romanée-Conti, Bourgogne«: verschlossene, fleischige Nase; voll, reich, angesengter Geschmack, Kraft und Länge. *Bei Wilfred Jaeger im März 2002 verkostet* ****

Domaine de la Romanée-Conti

Die Domaine de la Romanée-Conti, im Text als DRC abgekürzt, gilt schon lange als »Perle« im Zentrum der Côte de Nuits. Seit Jahrhunderten schätzt man ihre Weine wegen ihrer Kraft, Finesse und Langlebigkeit. Die Aufzeichnungen der Domaine reichen zurück bis ins Jahr 1512 zu den Mönchen von St-Vivant. Die Familie de Villaine, der das Weingut derzeit gehört, erwarb den Besitz in den 1870er Jahren.

Die Domaine nennt zwei monopole*-Lagen ihr Eigen, Romanée-Conti (1,81 ha) und La Tâche (6,06 ha). Außerdem hält sie wesentliche Anteile an den* Grands crus *Richebourg, Grands-Echézeaux, Romanée-St-Vivant und Echézeaux. Der 1934er war der erste Jahrgang, in dem der La Tâche als exklusives, alleiniges DRC-Produkt erschien, denn im Jahr davor hatte man die letzte dazugehörige Parzelle von der Familie Liger-Belair erworben. Ferner gehört der Domaine mit 0,68 ha noch ein winziger Anteil an Le Montrachet. Wegen der hohen Qualität und des notwendigerweise geringen Ertrags herrscht unter den Reichen der Welt stets eine große Nachfrage nach den Weinen, weshalb ein DRC sehr teuer ist.*

Die Domaine nummeriert seit 1953 alle Flaschen. Dadurch kann man die Herkunft jedes Exemplars gegebenenfalls bis zum Originalfass zurückverfolgen. Ich spare mir in diesem Kapitel den Zusatz DRC hinter den Alleinbesitzungen Romanée-Conti und La Tâche.

Chambolle-Musigny **Poulet** Mitteltief, offener Rand, blass mahagonifarben; leicht schokoladig, ein für den schnellen Verkauf gemachter Vorkriegs-Burgunder, trotzdem in sehr gutem Zustand – nicht hochklassig, aber angenehm zu trinken. *Im Februar 2001 beim Essen mit den Bensons in London verkostet* ***

Chambolle-Musigny, Les Amoureuses **Dr. Barolet** Erstmals 1969 vor der Barolet-Versteigerung degustiert: reich, reif, wildbretartiges Bukett, ein schöner Wein. Blässlich, angenehme Farbe; zartes, ausgewogenes Bukett; ein Hauch von »Süße«, perfektes Gewicht, lebhafter, köstlicher Geschmack. Praktisch fehlerlos. *Zuletzt im September 2001 bei Len Evans' Essen für den Single Bottle Club im Hunter Valley verkostet* ****

Chambolle-Musigny, Les Charmes »Collection du Dr. Barolet, shipped by François Martenot, négociant-éleveur à Savigny-lès-Beaune«. Ich notierte mir außerdem, dass die Flasche von »Copel Ltd, Algonquin, Illinois« importiert worden war, ein Unternehmen, das ich noch aus den 1970ern kannte. Ich vermute, dass Martenot ein Pseudonym von de Villamont war und die Flasche nach der Barolet-Versteigerung von Christie's im Jahr 1969 verschickt worden war: Nase und Geschmack eigenartig, seltsam ansprechend, ziemlich künstlich, ein Hauch Erdbeerduft, scharfer, aber erfrischender Abgang. *Im März 2002 bei Wilfred Jaeger verkostet* **

Pommard, Les Epenots **Dr. Barolet** Bei den Barolet-Vorverkaufsverkostungen von uneinheitlicher Qualität, am Altern, aber gehaltvoll. Mittelblass, orangefarbener Rand; fleischige Nase; sehr wohlschmeckend, aber mit scharfem, leicht säurebetontem Abgang. *Zuletzt im November 2000 bei der Josey-Vorverkaufsverkostung in New York degustiert* ***

Romanée-St-Vivant **J. Drouhin** »Vin des Anciens Celliers des Rois de France et Des Ducs de Bourgogne«, auf dem Streifbandetikett »1934/tirage d'Origine«, eine Flasche von H. Graf-Lecocque, Drouhins Alleinvertreter in Belgien. Das hat vielleicht sogar die Vanderbilts beeindruckt – mich versetzte es auf jeden Fall in Erstaunen: reifes, aber verhaltenes Bukett; körperreich, geringfügig malzig, reich, gute Länge, sauberer Abgang. Ein angenehmer Trinkgenuss. *Im März 2002 bei Wilfred Jaeger verkostet* ****

EINIGE WEITERE 1934ER AUS DEN KELLERN DES DR. BAROLET **Chambolle-Musigny** Sehr gut **** (obwohl eine 1992 neu verkorkte Flasche orange und verfallen war); **Chambolle-Musigny, Charmes** (45 Dutzend zu einem hohen Preis verkaufte Flaschen) Von uneinheitlicher Qualität. *In Bestform* *****; **Grands-Echézeaux** Ein Hauch Adstringenz, ansonsten aber sehr gut. *Zuletzt 1986 verkostet* ****; **Pommard, Rugiens** Wirklich sehr gut; **Volnay** und **Volnay, Clos des Chênes** Alle gut.

DIE FOLGENDEN IN DEN 1980ERN VERKOSTETEN 1934ER waren ausgezeichnet: **La Tâche; Chambolle-Musigny** **Labaume Aîné**; **Clos des Lambrays** Großartig; der **Musigny** **de Vogüé** und der **Volnay, Caillerets, Ancienne Cuvée Carnot** **Bouchard Père** dürften nach wie vor köstlich sein.

1935 ***

Manche bezeichneten den 1935er als sehr guten Jahrgang. Zur Lesezeit galt er als »sauber und gesund«, zudem fuhren die Winzer reichliche Erträge ein. Doch die Lager des britischen Handels waren noch voll, weshalb nur wenige Weine eingekauft wurden. In Belgien hingegen bestand anscheinend eine viel höhere Nachfrage nach dem Jahrgang, denn Dr. Barolet hatte acht verschiedene 1935er in seinem Keller, zum Teil in beträchtlicher Zahl. Einen einzigen älteren Eintrag möchte ich erwähnen.

Grands-Echézeaux **»Du Domaine de la Romanée-Conti«** »George Thienpont à Etichove«, vermutlich eine belgische Abfüllung. (Die Thienponts sind alteingesessene belgische Weinhändler und derzeit die Besitzer von Vieux Château Certan sowie Labégorce-Zédé in Bordeaux.) Farbtief; ansprechendes Bukett;

»süßlich«, ziemlich körperreich, gesund, aber wenig subtil, mit alkoholbetontem Abgang. *Im April 1986 beim Essen im Restaurant Arnaud's in New Orleans verkostet* ★★★★

Savigny, Hospices, »Cyrot«, vermutlich die **Cuvée Fouquerand** **Dr. Barolet** Einer der beiden besten Barolet-Weine: mit einer für heiße Jahrgänge typischen Tiefe in der Farbe, der Nase und dem »sonnenverbrannten« Geschmack. Ziemlich körperreich, trockener Abgang. *Im Dezember 1969 bei der Vorverkaufsverkostung degustiert* ★★★★

1936 ★

Geringe Erträge und wechselhafte, in der Regel weit unterdurchschnittliche Qualität. Vom britischen Handel wurde dieser Jahrgang völlig ignoriert. Er wurde vom hervorragenden 1937er überstrahlt und geriet in Vergessenheit. Nicht verkostet.

1937 ★★★★★

Der unstrittig beste Jahrgang dieses schwierigen Jahrzehnts, auch wenn der 1934er ihm knapp auf den Fersen ist. Die Wachstumssaison verlief nahezu ideal, was der warmen Witterung ab Mai und den ganzen Sommer hindurch zu verdanken war. Bemängeln könnte man allenfalls, dass die Reben fast schon zu viel Sonne und zu wenig Regen abbekamen: Die wenigen Tropfen, die im September fielen, reichten nicht aus, um die Trauben anschwellen zu lassen. So begann die Lese am 27. des Monats unter ausgezeichneten Bedingungen. Die Erträge waren zwar klein und nur rund halb so hoch wie 1934, doch konnte man konzentriertere, tanninhaltigere Trauben ernten, weshalb sich die Spitzengewächse als außerordentlich lange haltbar erwiesen.

Der vom Handel heiß ersehnte Spitzenjahrgang erwies sich in den weindurstigen Vorkriegsjahren als überaus nützlich. Als man mich 1952 bei Saccone & Speed einstellte, standen die 1937er dort nach wie vor auf der Verkaufsliste – in einer Zeit also, als auch die 1945er, 1947er und 1949er als Weine »zum Einlagern« geführt wurden. Deshalb hatte ich Gelegenheit, viele 1937er zu verkosten. Und es wurden noch mehr, als ich 1966 zu Christie's ging, vor allem in den 1970ern und 1980ern. Leider sind mir in letzter Zeit nur noch wenige dieser Kreszenzen untergekommen.

Romanée-Conti Ein großer Wein. Ich verkostete ihn erstmals 1957 beim Essen mit einem Kunden, einem Obstbauern aus Cheshire mit einem fabelhaften Keller. Ich zitiere aus Band 3 meiner Verkostungsnotizen: »Groß und schwarz, streng und konzentriert; süßlich, geschmacksintensiv. Auf derselben Stufe wie der 1945er Mouton. Noch mindestens weitere zehn Jahre gut« (ich war erst fünf Jahre im Weingeschäft). Als Nächstes 1972 bei Christie's, dann sieben Jahre später bei einem Essen im Sitzungssaal von Christie's: »Noch immer ziemlich tief … in der Nase überreif und wildbretartig, aber von opulenter Reichhaltigkeit und attraktiv … der Geschmack schien sich auszudehnen und im Glas immer reicher zu werden.« Später eine Magnum, die bei einem Rodenstock-Weinwochenende mehr als 60 rote 1937er aus Bordeaux förmlich an die Wand spielte: ziemlich tiefe, warme, herbstliche Farbe; reifes, reiches, klassisches, Pinot-typisches »Rote-Bete«-Bukett, wohlriechend, nachhaltig; sehr »süß«, substanz- und körperreich. Wie beim Tanz der sieben Schleier offenbarte sich mit jedem vorsichtigen Atemzug und Schluck ein Stückchen mehr von diesem Wein. Kürzlich eine Flasche aus dem Vanderbilt-Keller mit Originalkorken: nicht so tief wie erwartet, rötliche Farbe mit hell gelbbraunem Rand; in der Nase eine säuerliche Jodnote, aber offen und ausgewogen; »süß«, guter Geschmack, etwas spitzig und schlank, mit der für den Jahrgang typischen kantigen Säure. Ich habe schon bessere Flaschen verkostet und denke, dass er sich nun doch auf Talfahrt befindet. *Zuletzt im März 2002 auf Wilf Jaegers Degustation getrunken* ★★

Richebourg **DRC** Erstmals 1988 eine Magnum bei einem Rodenstock-Essen verkostet: großartig, sehr »süß«, große Geschmackstiefe und griffiger als der Romanée-Conti. Kürzlich unvermindert in Bestform. Original-Bleikapsel, langer Korken, sehr gute Füllhöhe, zusätzliche Streifbandetiketten. »Red Burgundy Wine« – ein guter Anfang – »Imported by National Wine & Liquor Importing Company« (in den USA). Noch immer beeindruckend tief, reicher, reifer mahagonifarbener Rand; ausgezeichnetes, »süßes« Bukett mit Zitrusnote – die jahrgangstypische Säure; nach 30 Minuten Mokka, nach zwei Stunden im Glas noch immer gut, aber etwas nachlassend; am Gaumen außerordentlich »süß«, abgerundet, perfekt im Geschmack, eine Reichhaltigkeit, die die stützenden Tannine verhüllte, große Länge. Groß auch die Überraschung. *Eine von drei fabelhaften Flaschen, die von Fritz Hatton in einem Pacific-Palisades-Keller entdeckt und im März 1999 bei Christie's in Los Angeles verkostet wurden* ★★★★★

Corton **Doudet-Naudin** Diese Firma mit Sitz in einer Villa in Savigny-lès-Beaune hatte bis in die 1960er hinein eine beträchtliche Anhängerschaft in Großbritannien. Die Weine waren sofort zu erkennen und zeigten einen schokoladigen Charakter. Viele, wenn nicht sogar die meisten der Nachkriegs-Burgunder auf der Liste eines der renommiertesten Londoner Weinhändler stammten von Doudet-Naudin. Und ich muss sagen, dass sich unter den vielen DN-Weinen, die ich im Lauf der Jahre verkostet habe, keine einzige Flasche befand, die nicht in mindestens sehr gut trinkbarem Zustand war – so alt sie auch gewesen sein mag. Zum 1937er: eine ansprechende, blässliche, vollreife, herbstliche Farbe; attraktive, angesengte Nase; ungewöhnlicher, aber angenehmer Geschmack, jedoch am Austrocknen. *Im Dezember 1996 bei einer Vorverkaufsverkostung von Christie's degustiert* ★★

Zuletzt in den 1980ern verkostete Spitzen-1937er

La Tâche Großartig, dehnte sich aus, unvergesslicher Nachgeschmack. *Zuletzt im März 1980 verkostet* ★★★★★

Gevrey-Chambertin **Leroy** Reif, elegant, ansprechend. *1984 mit Lalou Bize verkostet* ★★★★

Clos des Lambrays Vielschichtig, lebhaft, aromatisch. *Zuletzt im September 1988 verkostet* ★★★★

Mazis-Chambertin **Leroy** Schöner Geschmack, weicher, trockener Abgang. *1980* ★★★★

Nuits-St-Georges, Premier Cru **Thomas Bassot** Rauchiger Pinot-Charakter; »süß«, schöner Geschmack, gute Länge. *September 1988* ★★★★

Volnay, Hospices, Cuvée Blondeau **C. Giroud** Herrliches Bukett; ausgezeichneter Geschmack, weich, duftig, trockener Abgang. *1980* ★★★★

1938 ★★

Wechselhaftes Wetter und späte Lese. Kriegsabfüllung, wegen der allgemeinen Materialknappheit blieb ein Teil des Weins bis nach dem Krieg im Fass. Nur neun Einträge, einer aus jüngerer Zeit.

Romanée-St-Vivant **Marey-Monge** Eine seltene Flasche aus dem Keller von Madame Marey-Monge, die der frühere DRC-

Kellermeister überreicht bekam. Einer von drei alten Jahrgängen, die nach einer St-Vivant-Vertikalverkostung mit Weinen von 1994 bis 1966 serviert wurden. Blässliche, rötlichbraune Hagebuttenfarbe; am Altern, aber duftend, ein Anflug von Veilchen, entwickelte fleischige, angesengte Düfte; merkliche Fäulnisnote, schlank, gute Länge, aber sehr säurebetont. *Im November 1995 bei Aubert de Villaines St-Vivant-Degustation verkostet* ★

EIN WEITERER BEDEUTENDER 1938ER, DEN ICH IN DEN 1980ERN VERKOSTETE
La Tâche Warme, vielschichtige, herbstliche Farbe; außergewöhnliche, schokoladige Nase; »süß«, »exquisit, strahlend« und mit nachhaltigem Geschmack. Ein Glas, das James Halliday beim Essen im La Pyramide in Vienne großzügigerweise an unseren Tisch brachte. *Im September 1984 verkostet* ★★★★★

ÄLTERE EINTRÄGE **Corton** **Dr. Barolet** Mit Harry Waugh im Hof über den Barolet-Kellern direkt vor der Stadtmauer von Beaune verkostet. Die Farbe passte zum diffusen Herbstlicht und den goldenen Blättern. In der Nase und am Gaumen reich und fest. Wir wählten aus dem sehr großen Bestand 25 Dutzend Kisten für die Barolet-Versteigerung aus. *Im Oktober 1969 verkostet* ★★★

1939 ★★

Durchschnittlich hoher Ertrag, späte Lese. Wer über die für eine Selektion der besten Trauben nötigen Arbeitskräfte und Mittel verfügte, bereitete gute Weine. Kriegsabfüllung. Nicht exportiert. Selten.

NUR EINEN WEIN VERKOSTET Von wem wohl? Natürlich von **Dr. Barolet**: **Morey-St-Denis** Von de Villamont neu verkorkt: gute Farbe; leicht, kurz, aber angemessene Länge, ganz angenehm. *Dezember 1971* ★★

1940 ★★

Ein harter Winter und ein schöner Frühling, danach hätte fast der Mehltau die Ernte vernichtet. Wer mit den Bedingungen zurechtkam, bereitete einige sehr gute Weine.

VIER ALTE EINTRÄGE, drei **DRCs**, alle 1980 im Coq Hardi in Bougival verkostet: **Romanée-Conti** Opulentes Bukett, am Gaumen reich, schöner Abgang ★★★★; **La Tâche** Reif, »geröstet«, reich, ansprechend ★★★; **Richebourg** Überraschend zart und delikat, am Verblassen, aber mit Charme und Eleganz ★★★; und noch ein Wein von Maxim in Paris, den ich 1978 verkostete: **Chambertin, Tête de Cuvée** **Thomas Bassot** Pilzduft ★★

1941 ★

Etwas Mehltau. Schwierige Lese unreifer Trauben bei kalter, feuchter Witterung. Löschte den Durst der vom Krieg gebeutelten Bevölkerung. Trotz seines schlechten Rufs waren die einzigen beiden 1941er, die ich je verkostete, überraschend gut. **Corton** **Dr. Barolet** Bei der Vorverkaufsverkostung und auch später in guter Verfassung. *Zuletzt 1971 verkostet* ★★★; **Chambolle-Musigny** **Drouhin** Eine »süße«, weiche, würzige, wohlriechende Magnum. *Im Februar 1983 beim Essen mit Drouhins Vertreter Parry de Winton verkostet* ★★★

1942 ★★★

Ein zweifellos guter, ungewöhnlich früh gelesener Jahrgang.
La Tâche 1996 eine Flasche aus Prinz Rupert Löwensteins Keller: hübsche, warme, leuchtende Mahagonifarbe; eine zunächst verschlossene, reiche, leicht malzige, vegetabile Nase, gute Tiefe; mitteltrocken, mittlerer Körper, lebhaft, geschmacksintensiv, gute Länge, »süßer« Abgang. Als Nächstes eine grüne Kriegsflasche; blässlich, gesunder Schimmer; wohlriechende alte Pinot-Nase, die bald einen mokkaartigen Rohrzuckerduft entwickelte; »süß«, mit Eleganz am Verwelken, guter fester, trockener Abgang. *Zuletzt im April 1998 verkostet, der älteste Wein bei Wagners La-Tâche-Degustation. In Bestform* ★★★★
Richebourg **DRC** Von unveredelten Rebstöcken aus der Zeit vor der Reblausinvasion. Hellgrüne Kriegsflasche. Langer, umfassend markierter Korken mit tief verfärbter, samtiger Unterseite. Mittelblass, ansprechend; zunächst verhalten, entwickelte aber bald ein gutes reifes Pinot-Aroma, dann von perfekter »Süße«; auch am Gaumen »süß«, reich, angesengt, kraftvoll, gute Länge. *Im Juli 1996 bei Prinz Löwenstein in Ham, Surrey, verkostet* ★★★★
Chambertin-Ruchottes **Thomas Bassot** Erstmals 1981 bei einer Heublein-Vorverkaufsverkostung eine Flasche von Maxim in Paris degustiert. Als Nächstes 1990: blass, doch gesund; ansprechendes Bukett, das mich an welkende Blätter erinnerte; weich, aber mit einer Spur Säure. Kürzlich Flaschen aus Benno Friedmans Keller, die von einem Heublein-Verkauf in New Orleans stammten. Ein Exemplar mit Korkengeschmack, die Ersatzflasche blässlich; rauchige Vanillenase und »himmlische Rote-Bete-Note«; ausgezeichneter Geschmack, ziemliche Säure. *Zuletzt im Dezember 1997 bei einem Essen des Last Friday Club im Raji's in Memphis verkostet. In Bestform* ★★★
Grands-Echézeaux **Leroy** Kriegsflasche, Streifbandetiketten von Leroy; langer Korken. Weiche, blässliche Mahagonifarbe mit grünlichem Rand; ein Hauch Lakritze, dann ein tiefer, reifer, fleischiger Pinot-Duft; trocken, mittlerer Körper, gesunder, angesengter Geschmack, gute Länge, griffige Säure. *Im Juli 1996 im Löwenstein-Keller verkostet* ★★★

1943 ★★★★

Der beste Jahrgang während des Kriegs. Frühjahr, Sommer und Herbst verliefen fast perfekt. Gute Qualität, allerdings war die Ernte wegen Spätfrösten im Mai und örtlichem Hagel im Juli dezimiert worden. Bei optimaler Lagerung müssten sich die Weine noch in bemerkenswert gutem Zustand befinden.
Romanée-Conti Immer noch von unveredelten Rebstöcken. Original-Wachssiegel mit Prägung, Etikett, markierter Korken, ziemlich gute Füllhöhe 5 cm unterhalb des Korkens. Mittelblasse Farbe, orangefarbener Rand und rötlicher Schimmer; zunächst verschlossen, aber gesund, nach 30 Minuten reich, keksartig, fleischig, eine Stunde später voll entwickelt, ein perfekter alter Pinot-Duft, der nach zwei Stunden verblasste; Deutlich »süßer«, reifer Geschmack, vollendete Reife, ziemlich gute Länge und ansprechender Abgang. *Aus einem guten Privatkeller in San Francisco, verkostet im März 1997 bei Christie's in Los Angeles* ★★★★
La Tâche Erstmals verkostete ich 1977 in Melbourne eine Flasche, die mit dem Auto vom Keller meines Gastgebers in ein chinesisches Restaurant transportiert worden war. Sie überlebte die Fahrt und das »Süß-Saure« mit Ach und Krach, schade war es trotzdem um sie. Irgendwann in den 1980ern verkaufte besagter Gastgeber, ein Freund von mir, seines Zeichens Violinvirtuose und kenntnisreicher Weinsammler, eine ganze

Reihe seiner alten Burgunder über Christie's in London (wir hätten sie nicht versteigert, hätte ich nicht vorher seinen exzellenten Keller gesehen). Den La Tâche erwarb zufällig Barney Wilson, der ihn bei einer ausgezeichneten Dinnerparty in Hungerford servierte. Eigentlich wurden zwei Flaschen geöffnet, die eine mit reicher Farbe und einem blumigen Bukett, das über einem charakteristisch vegetabilen, Pinot-typischen Rote-Bete-Aroma schwebte; sehr reich, sehr gehaltvoll, sehr gut. Für einen 1943er vielleicht nicht genug Grandezza. Die zweite Flasche war reich und geschmacksintensiv, doch man merkte ihr in der Nase und am Gaumen das Alter an. *Zuletzt im April 1996 bei Jane und Barney Wilson verkostet. In Bestform* ★★★★

Chambolle-Musigny, Premier Cru **Thomas Bassot** Eine weitere Flasche aus dem Maxim-Keller. Sie gehörte zu einem Posten, den ich zwischen 1969 und 1981 vor den in den ganzen USA veranstalteten Heublein-Versteigerungen verkostete, und wurde bei einem dieser Verkäufe im Jahr 1971 von Lloyd Flatt erstanden, dem wohlbekannten, überaus großzügigen Sammler, der sein zweites Haus in New Orleans ganz seinen Weinen gewidmet hatte. Nach seiner Scheidung musste er seinen gesamten Keller veräußern, was ihm das Herz gebrochen haben muss. Die Auktion war eine der besten Versteigerungen einer Einzelsammlung, die Christie's in den USA je durchführte. Der Chambolle-Musigny gehörte zu den 49 Gewächsen, die bei der Vorverkaufsverkostung degustiert wurden. Er hatte mit allen anderen den sehr guten Zustand gemein und war nicht sehr farbtief; rauchige Pinot-Nase, trocken, mit gutem Geschmack. *Zuletzt im September 1990 bei Christie's in Chicago verkostet* ★★★

Manfred Wagner

Der schweigsame Schweizer, ein ehemaliger Banker, hat ein Hobby und eine Passion: den Wein. Auch im Ruhestand sammelt er weiterhin große Gewächse für seine erstaunlich guten Vertikalverkostungen. Sie sind meines Erachtens von enormer Bedeutung, weil sie die Einordnung der jeweiligen Jahrgänge in einen zeitlichen Kontext ermöglichen. Wagners Degustationen finden in der Regel zu seinem Geburtstag statt. Er lädt zu ihnen jedes Mal eine kleine Gruppe befreundeter Händler und Weinliebhaber vorwiegend aus Deutschland und der Schweiz ein. Die Verkostungen finden im Züricher Airport Hilton statt und dauern stets einen Tag. Ich war bislang bei vier dieser Ereignisse dabei: zwei groß angelegten Margaux-Vertikaldegustationen, die erste zur Feier seines 50. Geburtstags 1997, die zweite 2001; einer Yquem-Weinprobe 1992 und der La-Tâche-Vertikaldegustation von 1998 im Beisein von Aubert de Villaine, die mit dem Jahrgang 1942 begann. Auf alle Veranstaltungen nehme ich in diesem Buch wiederholt Bezug.

Richebourg **Leroy** Aus demselben australischen Keller wie der La Tâche. Auch von ihm wurden zwei Flaschen geöffnet. Leichte Unterschiede. Das erste Exemplar mit ansprechendem, weichem, leuchtendem Rot; trocken, stämmig, alkoholstark, trotzdem schlank, sehr wohlriechend. Die zweite etwas tiefer; sehr entgegenkommend; Vanilleduft; »süßer«, elegant, stilvoll, gute Länge; trockener Abgang. *Im April 1996 bei den Wilsons in Hungerford degustiert* ★★★★

Ich habe noch weitere gute 1943er verkostet, aber nicht mehr in letzter Zeit. Der beste war ein großartiger **Richebourg** der **DRC** »mit einer erhebenden, sich ausweitenden zweiten Entwicklungsstufe im Geschmack« ★★★★★; **Vosne-Romanée** **Lejay-Lagoute** ★★★★; **Clos St-Denis** **Thomas Bassot** ★★★ und zwei sehr gute Flaschen von **Bouchard Père**, der **Beaune, Grèves** und der **Clos de la Mousse**, beide ★★★

1944 ★

Fiel buchstäblich ins Wasser. Leichte Weine, wenig Farbe. Schade, denn die Vegetationsphase verlief bis zum 8. September ideal. Genau an diesem Tag wurde Beaune von den Alliierten befreit und es setzte ein Regen ein, der bis Ende Oktober anhielt und die verspätet eingeleitete Ernte verdarb.

Nur einen Wein verkostet, nämlich 1959 einen verwässerten **Romanée-Conti**.

1945 ★★★★★

Ein großer Jahrgang. Obwohl der Krieg in Europa zu Ende gegangen war, bereitete der Arbeitskräfte- und Materialmangel weiter Probleme. In den Weinbergen sorgten starke Fröste im März und April für schwere Rückschläge, doch die nicht geschädigten Stöcke profitierten von einem wunderschönen Frühjahr: Die Blüte setzte bereits am 20. Mai ein – der früheste Beginn zwischen 1940 und 1977 – und war auch schnell vorüber. Am 21. Juni verwüstete ein plötzlicher, schwerer Orkan zehn der wichtigsten Weindörfer an der Côte de Beaune. Der Sommer war heiß und trocken. Nachdem den Rebschnitt im Frühjahr die Natur erledigt hatte und es den Sommer über nur wenig regnete, fiel auch die Ernte gering aus, erbrachte aber konzentrierte Trauben von hoher Qualität.

Wegen der geringen Produktion und des großen Nachkriegsdursts sind nur wenige 1945er erhalten geblieben. Ich habe in meinen Anfangsjahren im Weinhandel viele Flaschen verkostet, in letzter Zeit aber nur noch relativ wenige zu Gesicht bekommen.

Romanée-Conti Aus Trauben von den letzten unveredelten Stöcken bereitet. Gesamtproduktion 600 Flaschen – Aufzeichnungen über eine Abfüllung von Magnums oder Jeroboams liegen nicht vor. Die im Mai 2000 bei der »Verkostung seltener Weine« im Pariser Musée Baccarat geöffnete Flasche bestand angeblich aus zwei umgefüllten Normalflaschen. Leider war sie wie eine ganze Reihe anderer Gewächse bei dieser Degustation eine herbe Enttäuschung. Mitteltief, korrekter Rand und puderiger Bodensatz; in der Nase mit Altersspuren, erinnerte mich an alte Lammkoteletts; ausgesprochen kraftvoll und tanninbetont. Es handelte sich vermutlich um einen 1945er, doch war die Flasche nicht gut gelagert worden. Am darauf folgenden Morgen wurde übrigens eine Jeroboam (in Burgund das Äquivalent einer Doppelmagnum) zu Christie's gebracht, die eine alte Kapsel sowie ein überzeugendes Haupt- und altes Halsetikett aufwies, doch die Domaine weigerte sich, ihre Echtheit zu bestätigen. Damit konnte man auch sie vergessen. Kürzlich ein Exemplar mit nicht bedenklichen 4,5 cm Schwund (alle anderen lagen etwa bei 3 cm); mitteltief, reiche Farbe; erstaunlich »süßes« Bukett, nach 10 Minuten schwarze Trüffeln und ein Hauch Lakritze, nach 30 Minuten unbeschreiblich herrlich, erinnerte mich an frische Himbeeren; »süß«, fest, würzig, reiche Textur, perfekte lebhafte Frucht, große Länge. Der herausragende Wein einer dreitägigen Burgunder-Verkostung in perfekter Umgebung an einem freundlichen Vorfrühlingstag auf einer Anhöhe mit Blick auf die San Francisco Bay. Ein Dank an Wilf Jaeger, unseren überaus großzügigen, kenntnisreichen und dennoch bescheidenen, zurückhaltenden Gastgeber. *Zuletzt im März 2002 verkostet ****** (sechs Sterne).*

La Tâche Die letzte Verkostung liegt zwar schon geraume Zeit zurück, doch handelt es sich um einen so großartigen Wein, dass ich ihn nicht aussparen möchte. Erstmals 1961 bei einem Essen verkostet, zu dem ich Alain de Vogüé (von Veuve Clicquot) und meinen damaligen Direktor George McWatters zu mir nach Hause eingeladen hatte. Ein enorm beeindruckendes Gewächs, das sich damals jedoch erst allmählich zu öffnen begann. 22 Jahre später war der 1945er der älteste und mit Abstand beste von 26 La-Tâche-Jahrgängen bei einer Präsentation, die Aubert de Villaine für die Recherchen zu einem Buch organisierte, das Christie's in Auftrag geben wollte. Am stärksten fiel die Farbtiefe ins Auge, die ganz anders war als die in der Regel nicht überzeugende Tönung eines reifen Pinot; vor allem aber verströmte er ein außerordentlich breit gefächertes Duftspektrum, das von großer Kraft zeugte und sich unablässig ausweitete; reich, große Länge und das herrliche Markenzeichen der Burgunder, das »Pfauenrad«, das sich im Mund öffnete. *Seit 1983 nicht mehr verkostet, aber unvergessliche* *****

Richebourg DRC Mitteltief; köstlich reifes, erdiges Bukett, das auch nach zweieinhalb Stunden noch ausgezeichnet war; ein »süßes« Kraftwerk von einem Wein, sehr griffig, reichlich Tannin und Säure. Nur ein verschwindend geringer säuerlicher Alterston. *Im März 2002 bei Wilfred Jaegers zweiter Verkostung in San Francisco degustiert* *****

Chambertin J. Drouhin Sehr gute Farbe, doch in der Nase und am Gaumen enttäuschend, hölzern, am Rande eines Korkengeschmacks, Verfallsspuren. Schade. Selbst Wilfred Jaeger kann einmal Pech haben. *März 2002.*

Die Heublein-Versteigerungen

Heublein war der Erfolg nicht entgangen, den Christie's mit den Weinversteigerungen verbuchte. Also beschloss er, es dem Londoner Haus gleichzutun, und kündigte optimistisch »Die erste bedeutende nationale Auktion seltener Weine« an. Nachdem er sich gegen Vereitelungsversuche durch den Handel zur Wehr gesetzt hatte, fand die erste Veranstaltung im Mai 1969 in Chicago statt. Ich durfte sie leiten und erschien etwas nervös, aber wie aus dem Ei gepellt im Cutaway mit einer Nelke im Knopfloch. Zum Glück erwies sich Heubleins Optimismus als gerechtfertigt: Die jährlichen Auktionen wurden bald zum wichtigsten Termin im US-amerikanischen Weinkalender. Und mir gaben sie Gelegenheit, die neue Generation von Sammlern wie Lloyd Flatt zu treffen und viele seltene Kreszenzen zu verkosten, etwa die Flaschen aus Bouchards Keller unter der Stadtmauer von Beaune.

Ch. Corton-Grancey L. Latour Zwei Einträge, der erste entstand 1996 auf einer Vorverkaufsverkostung in New York. Ansprechende, angesengte reife Pinot-Nase; ein kraftvoller Wein in ausgezeichnetem Zustand. Kürzlich eine Flasche von Nicolas in Paris: weich, mit rosigen Wangen; »süß«, reich, reif, trocken, ein Hauch Mokka, sehr angesengt, aber ein Genuss. *Zuletzt im März 2002 bei Jaegers Dinnerverkostung degustiert* ****

Grands-Echézeaux Grivelet Bernard Grivelet, ein Mann mit einer etwas wechselvollen Karriere, füllte in den 1950ern für Harvey's einige vordergründig überzeugende Weine ab. Ich kann mich noch gut erinnern, als ich ihm 1957 auf Chambolle-Musigny mit Harvey's-Kollegen begegnete – bei einem sehr angenehmen Tee auf dem Rasen. Unlängst eine Magnum mit anständiger Farbe und einer gesunden, etwas fleischigen Nase; sie war am Austrocknen, aber nicht schlecht. Eine Magnum-Sechserkiste erzielte damals 2000 Dollar, während man eine Zwölferkiste mit Normalflaschen der überragenden Scharzhofberger Goldkapsel Auslese schon für 300 Dollar bekam. *Im Dezember 1996 bei einer Vorverkaufsverkostung in New York degustiert* **

Pommard, Rugiens François Gaunoux Schöne Farbe; sehr gutes Bukett; ein Hauch reifer »Süße«, köstlich lebhafter Geschmack, trockener Abgang. *Im März 2002 bei Wilf Jaeger verkostet* *****

DIE BESTEN AUS RUND ZWEI DUTZEND ÄLTEREN EINTRÄGEN **Clos des Lambrays** Ausgesprochen reichhaltig und tief; erinnerte mich an den 1947er Pétrus, erstaunlich süß, sieben Einträge, der letzte aus dem Jahr *1987* *****; **Musigny, Vieilles Vignes** de Vogüé Bei meinem ersten Aufenthalt in Burgund 1958 eine »sehr kräftige, übermächtige, aber feine« Magnum. Später eine seidige Magnum und eine ausgezeichnete Normalflasche, aber ein leider schlecht neu verkorktes Exemplar *1985. In Bestform* *****; **Musigny** de Vogüé Eine seltsame Hybridflasche: Der Wein trug ein Bonnes-Mares-Etikett, hatte aber einen Korken mit dem Brandzeichen Musigny, musste also von letzterer Lage stammen: weich, samtig, fein (1960); lange Lebenserwartung. *1984* *****; **Chambolle-Musigny** Faiveley Ein wohlriechendes »Kraftwerk«. *1985* *****; **Gevrey-Chambertin** Leroy *1984* ****

1946 ***

Wurde trotz seiner Qualität unfairerweise verschmäht. Leidlich gute, sonnige Vegetationsphase mit Aussicht auf reichliche Erträge, bis es im August hagelte. Anschließend eine kalte Regenperiode. Der Lese ging eine warme letzte Septemberhälfte voraus. Nur wenige Weine dieses zwischen dem 1945er und dem 1947er eingezwängten Jahrgangs fanden Käufer.

Chambertin A. Rousseau Ziemlich gute Farbe, sehr starker Bodensatz; in der Nase und am Gaumen noch immer gesund, sehr gut für sein Alter und seinen Jahrgang. *Im November 2000 auf der Josey-Vorverkaufsverkostung in New York degustiert* ***

DIE EINZIGEN ANDEREN 1946ER, die ich verkostet habe: **Beaune, Hospices, Cuvée Rousseau-Deslandes** Dr. Barolet Tief, reich. *1969* ***; **Chambertin** Thomas Bassot *Bei Heublein-Verkostungen in den späten 1970ern und frühen 1980ern degustiert* ***

1947 ****

Ein wundervoll reicher Jahrgang aus einer Saison, die ausgezeichnet verlief: warmer Sommer, vollreife Trauben und eine frühe Lese ab 16. September. Trotz der Probleme, die eine Ernte und Vergärung bei großer Hitze mit sich bringt, wirken die Burgunder von 1947 rückblickend stabiler als ihre Pendants aus Bordeaux. Selbst die Besten aber sind mittlerweile voll entwickelt. »Pflücke die Rosen, solange sie blühn«, könnte man sagen – allerdings werden diese herrlichen Rosen am Rand mittlerweile etwas braun. Zum Glück begann ich meine Laufbahn im Weinhandel in den frühen 1950ern, als die 1947er importiert wurden, was überwiegend im Barrique erfolgte. Die Qualität der Weine und Händlerabfüllungen in Großbritannien war damals beruhigend hoch, sieht man einmal von gelegentlichen gewinnbringenden »Streckungen« bei *négociants* und Händlern gleichermaßen ab.

La Tâche 1987 mittelblass; wohlriechend, angesengt, leicht malziges Bukett, sehr »süß«. Große Kraft und Länge. Kürzlich eine Flasche, die trotz 7 cm Schwund eine ähnliche Farbe und einen hübschen Schimmer hatte; mehr als überreif, in der Nase wildbretartig, am Gaumen Bananenschalen. Hätte schlimmer sein können. *Zuletzt im April 1998 bei Wagners La-Tâche-Vertikalverkostung degustiert. In Bestform* ★★★★

Chassagne-Montrachet Bouchard Père Farbe, Bukett und Geschmack reich. Sehr »süß«. Ein Hauch von Toffee. *Im September 1990 bei der Vorverkaufsverkostung zu Flatts Sammlung degustiert* ★★★★

Clos Vougeot Dufouleur Tief, reich; Vanille, Pflaumen; eigenartiger Geschmack, sehr tanninbetont. *Februar 1993* ★ *Interessant, mehr nicht.*

Beaune, Clos du Roi P. Monnieux Gute Sortennase, lebhaft, köstlich; »Süße«, Gewicht, Geschmack, Länge und erfrischende Säure angenehm. *Im Mai 1995 bei Corney & Barrow degustiert* ★★★

Beaune, Grèves Ropiteau-Mignon Ihm merkte man das Alter leider mehr als deutlich an. Im Nachgeschmack getrocknetes Farnkraut. *Juli 1995.*

Chambertin, Clos de Bèze Lebègue-Bichot Wenn Hardy Rodenstock eine 1947er Jeroboam für sein Abschlussessen (für 50 Gäste) in München auftreiben will, dann gelingt ihm das auch: mittelblass, gesund, attraktiv; gesunde Nase; sehr wohlschmeckend, aber mit kantiger Säure. *September 1996* ★★

Corton Belgische Abfüllung von Vandermeulen Recht gute Farbe, aber leider oxidiert. *Im Dezember 1995 in Paris verkostet.*

Pommard, Les Grands-Epenots Louis Poirier Tief; sehr reiche, rauchige Pinot-Nase und ein ebensolcher Geschmack, der jedoch vom Abgang verdorben wurde. *Im Juli 1995 bei einer Verkostung des III Form Club im Boodle's Club degustiert.*

Romanée-St-Vivant Abfüllung von Reidemeister & Ulrichs, Bremen (nach wie vor einer der führenden deutschen Weinhändler) Neu verkorkt. Sehr gute Farbe; ansprechendes Bukett, wohlriechende reife Pinot-Nase; »süß«, ziemlich körperreich, reich, griffig. *Im November 1997 bei einem Essen mit seltenen Weinen bei den Breuers in Rüdesheim verkostet* ★★★★

Romanée-St-Vivant Seguin Manuel Reiche Robe; stämmig, etwas »gekocht«, aber nachhaltig, schien mit der Zeit finessereicher zu werden; »süß«, voll, körperreich. *Im Mai 1995 bei Corney & Barrow verkostet* ★★

Vosne-Romanée Belgische Abfüllung von Vandermeulen Gute Farbe, warm, ansprechend; anfangs leichte, gefällige Frucht in der Nase, auf die sogleich eine eigenartige ungesunde Note folgte, von der er sich aber nach 30 Minuten wieder erholte, reich, stämmig; Reife, »Süße«, Körper, Frucht, Geschmack und Gleichgewicht angenehm. *Im Dezember 1995 bei Frans de Cocks Weinprobe degustiert* ★★★

Ein älterer Eintrag Musigny de Vogüé Erstmals 1957 (den Vieilles Vignes) verkostet: feines, delikates Bukett und bezaubernder Geschmack. Ein schöner Wein. Einer der herausragenden 1947er, mit dem das Gut sich in seinem Zenit befand. 1982 bei Layton gegen Ende des Essens, als ich mit Port rechnete, blind verkostet. Ich hielt die Farbe und Nase für nicht ganz in Ordnung, aber der Geschmack brachte mich auf die richtige Spur. Wegen des starken Bodensatzes dekantiert. Perfekte Farbe. Sehr charakteristisches, rauchiges Bukett. Herrlicher Geschmack. Reich. Noch immer sehr tanninbetont. Zwei Jahre später auf Khourys De-Vogüé-Verkostung eine oxidierte Flasche mit niedriger Füllhöhe, eine zweite grandios reich und reif. Fragiles Bukett, »Arsen und Spitzenhäubchen«. Fabelhafte Wärme und Länge. *Zuletzt im Oktober 1984 verkostet. In Bestform* ★★★★★

Weitere 1947er, die sich in den 1990ern in guter Verfassung präsentierten Beaune, Marconnets Bouchard Père Reich, reif. *1983 in Memphis verkostet* ★★★★; **Corton** C. Giroud »Süß«, voll, weich, rund. *Dezember 1980* ★★★★; **Grands-Echézeaux** Morin Uneinheitliche Qualität, in Bestform aber weich, reif, ansprechend. *1981* ★★★★; **Mazis-Chambertin** Abfüllung von Avery in Bristol Opulent, angesengt, vegetabil, Walnussgeschmack. *1985 mit Len Evans im Hunter Valley degustiert* ★★★

Frans de Cock

Ein belgischer Geschäftsmann und Weinkenner mit großartigem Keller. Er organisierte eine der denkwürdigsten Degustationen, an denen ich je teilgenommen habe. Sie fand an einem Wochenende im Dezember 1995 in Paris statt. Die bemerkenswerte Ansammlung großer Weine umfasste einige herausragende Spitzen-Bordeaux und -Burgunder des 1947er-Jahrgangs, die von Vandermeulen in Belgien abgefüllt worden waren.

1948 ★★

Ziemlich gute Weine mit ganz eigenem Charakter. Wie der 1946er wurden sie vom britischen Handel, der sich auf die Nachbarjahrgänge 1947 und 1949 konzentrierte, weitgehend ignoriert. Wechselhaftes Wetter. Der Spätfrühling und Frühsommer fielen zu kalt und nass aus, aber von der Augustmitte bis zur Lese Anfang Oktober war es schön. Die Qualitätspalette reicht von müde bis sehr gut. Beide DRC-Weine, **La Tâche** und **Richebourg**, waren in ihrer Jugend äußerst beeindruckend, sogar mit zehn Jahren noch »groß und schwarz«. Seinen Höhepunkt erreichte der La Tâche in den 1980ern. Bei guten Lagerbedingungen müssten die 1948er der DRC nach wie vor einen reichen, vollmundigen Trinkgenuss bieten.

1949 ★★★★★

Ein perfekter Ausklang des Jahrzehnts. Einer meiner Lieblings-Jahrgänge aus Burgund. Die entscheidende Blütephase fand bei beunruhigend wechselhaftem, regnerischem Wetter statt, danach aber herrschten musterhafte Bedingungen mit viel Wärme und Trockenheit, um die Trauben auszureifen und zu konzentrieren, und genügend Regen, um sie vor der Lese ab 27. September anschwellen zu lassen. Elegante, ausgewogene Weine, die Besten sind der Inbegriff eines Burgunders. Der 1949er füllte die britischen Privatkeller und die Schatzkammern der Händler. Ich habe im Rahmen meiner beruflichen Tätigkeit Ende der 1960er viele dieser Kreszenzen verkostet, außerdem rund ein Dutzend ausgezeichneter Exemplare in den 1970ern, in letzter Zeit aber leider nicht mehr viele zu Gesicht bekommen.

La Tâche Sehr gute Farbe, weiches, rubinrotes Zentrum mit perfekter Abstufung hin zum reifen, herbstlichen Rand; Bukett und Geschmack reich und rauchig, gute mittlere Frucht, ziemliche Säure, im Abgang merkte man ihm das Alter an. *Im April 1998 bei Manfred Wagners La-Tâche-Vertikalverkostung degustiert* ★★★

Chambertin **A. Rousseau** Ein großer Wein: reicher, voll entwickelter, vegetabiler Pinot-Duft, eine durchdringende, die Nebenhöhlen säubernde Nase; sehr kraftvoll und eindringlich, Geschmack, Textur und Nachgeschmack erstaunlich. *Im November 1995 beim Marcobrunn- und Chambertin-Essen auf Schloss Reinhartshausen verkostet* *****

Chambolle-Musigny, Les Charmes **Doudet-Naudin** Erstmals 1988 verkostet: Bukett nach in Alkohol eingelegten Walnüssen und nassem Stroh; »süßer«, köstlicher Geschmack, gute Länge. Kürzlich bei Len Evans' Geburtstagsmarathon überraschend nach dem La Tâche von 1969 und 1961 gereicht: nach wie vor gute Farbe; die für Doudet-Naudin typische, »süße«, schokoladige Nase; »Süße« und Körper angenehm und erwartungsgemäß gesund, auch wenn ihm der namengebende Charme fehlte. *Zuletzt im November 2000 im Hunter Valley verkostet* ***

Corton **L. Jadot** Sehr tief; fleischige, fast vulkanisch erdige Nase, kerngesund; sehr »süß«, körperreich, hoher Extrakt und Alkohol, ziemlich hohe Säure. Beeindruckend. *Im Oktober 1990 beim Essen mit André Gagey und seinem Sohn Pierre-Henry in der Hostellerie de Levernois bei Beaune verkostet* ****

La Romanée **Dom. de la Romanée** Mit Streifbandetikett von Thomas Bassot. Füllhöhe 4 cm unterhalb des Korkens. Bei einer Blindverkostung zwischen den Romanée-Conti von 1959 und 1952 hineingeschmuggelt. Mitteltief (ich hielt ihn für einen 1945er); verhalten, aber reich; gewisse Altersspuren, eine Pilznote, tanninbetont. *Im März 2002 bei Wilfred Jaegers Burgunder-Verkostung degustiert* **

Volnay, Santenots **Camille Giroud** Tief, aber mit bernsteinfarbenem Rand; köstlich reife Wildbretnote, angesengtes, schokoladiges Bukett; »süß«, nach wie vor mit Lebenskraft, sehr schön. *Im Januar 1990 beim Abschlussessen zum Weinwochenende der Hollywood Wine Society verkostet* ****

Vosne-Romanée **François Gros** Gute Farbe; reiche, leicht gekochte Pinot-Nase mit einem Hauch von Himbeeren; »süßer«, angenehmer, angesengter Geschmack, ausgewogen, komplett. *Im November 1997 beim Essen im Gidleigh Park Hotel in Devon mit Len Evans und Brian Crozer verkostet* ****

EINIGE INTERESSANTE 1949ER, DIE ICH IN DEN 1980ERN VERKOSTETE **Bonnes-Mares** **de Vogüé** Die Domäne befand sich 1949 in einer Blütephase, die 1984 verkostete Magnum aber war verwelkt und säuerlich. *1984* *; **Chambertin** **Leroy** Nachdem das Bukett einen »vibrierenden Parfümduft« verströmt hatte, fiel es in sich zusammen; am Gaumen aber kraftvoll, scharf, dabei duftig. *1988* ***; **Charmes-Chambertin** **Pariser Abfüllung von Prunier** Zwei Einträge: nach wie vor ein ziemlich großer, attraktiver Wein. *1982* **; **Gevrey-Chambertin, Les Cazetiers** **Leroy** Sehr tief, aber gealtert; »süß«, schokoladiges Bukett und ebensolcher Geschmack. Elegant, aber mit einer Spur flüchtiger Säure und bitterem Abgang. »Ansonsten großartig.« *1984* ****; **Mazis-Chambertin** **Leroy** Undurchsichtig, massiv, tanninbeladen, aber am Altern. *1984* ****; **Richebourg** **Leroy** Bemerkenswert tief; ansprechendes altes Bukett und entsprechender Geschmack, hat aber seine besten Jahre bereits hinter sich, brüchig. *1985* ***; **Nuits-St-Georges** **Charles Noëllat** Duftend, charmant, wohlschmeckend. *1984* ****; **Clos Vougeot** **Charles Noëllat** Gesunder Schimmer; Vanille, ansprechend im Geschmack, fest, nach wie vor tanninbetont, guter Abgang. *1984* ****

ABSCHLIESSEND DIE BEIDEN GROSSARTIGSTEN 1949ER, DIE ICH IN DEN 1970ERN VERKOSTET HABE **Musigny** **de Vogüé** Für Musigny und den gesamten Jahrgang der Inbegriff von Finesse und Eleganz. Grandiose Farbe, die in einem georgianischen Dekantiergefäß aufglühte; opulentes Bukett und ein Duft, den kaum je ein Wein erreicht hat; reich, dabei fest, schön nachhaltiger Geschmack *****; **Romanée-St-Vivant** **Marey-Monge** Fabelhaftes, fast exotisches Bukett; kraftvoll, doch perfekt gebaut. Ein Burgunder in höchster Vollendung *****

1950–1969

In den frühen 1950ern gelangen zwar einige sehr gute Jahrgänge, ansonsten aber war man vorwiegend mit der Neubepflanzung und Verjüngung alter Weinberge sowie dem Ausmerzen von »Rebinseln« mit minderwertigen Stöcken befasst. Ab Mitte der 1950er gewann außerdem die langfristige Klonforschung an Bedeutung.

Neben diesen Bestrebungen um Qualitätsverbesserung gab es aber auch Tendenzen, die AOC-Gesetze durch »Strecken« echter Burgunder zu umgehen, indem man Weine tankweise von der Rhône, aus dem Midi und aus anderen Anbaugebieten herbeischaffte. Ich stieg 1952 in den Weinhandel ein und arbeitete zuerst bei den Laytons, dann bei Saccone & Speed und von 1955 bis 1966 bei Harvey's in Bristol. Bald merkte ich, dass ein erklecklicher Anteil des nach Großbritannien importierten Burgunders keineswegs zu 100 % aus dem bestand, was er vorgab zu sein. Damals wurden nur 15 % der burgundischen Gewächse von den Erzeugern selbst abgefüllt. Den Handel dominierten die *négociants*, die den Importeuren lieferten, wonach sie und deren Kunden verlangten, nämlich bekannte Namen zu akzeptablen Preisen. Ich kann mich noch gut erinnern, als ich eines Tages für einen Verkostungsclub eine Horizontaldegustation der bekanntesten Village-Weine von der Côte d'Or organisierte. Mit dabei waren Santenay, Pommard, Volnay, Beaune, Nuits-St-Georges und Gevrey-Chambertin – alle aus einem bekannten Burgunderhaus. Es stellte sich heraus, dass die Flaschen mehr oder weniger gleich schmeckende Variationen ein und desselben Themas, sprich: des Weins, waren. Aber auch die britischen Weinhändler, eigentlich geschickte und erfahrene Abfüller, waren nicht gegen das »Strecken« und Verschneiden gefeit. Im Großen und Ganzen bekam man das, wofür man bezahlt hatte, und Beschwerden waren selten.

Ich habe viele hundert Einträge vorliegen, die größtenteils nicht mehr aktuell sind. Da man die Weine meist zum Trinken, kaum zum Lagern und nie als Investition kaufte, haben nur noch wenige überlebt. Dennoch lohnt es sich, in vergessenen Kellern oder auf Auktionen nach gewissen Provenienzen zu suchen – vor allem nach 1952ern und 1959ern, aber auch nach 1962ern, 1964ern, 1966ern und 1969ern.

Die Jahrgänge auf einen Blick

Hervorragend *****
1959, 1962, 1969
Sehr gut ****
1952, 1953, 1961 (u), 1964, 1966
Gut ***
1955, 1957

1950 *

Burgund ist generell anfällig für Hagelstürme, doch im Juli, August und September dieses Jahres bekamen die Weinberge mehr ab als üblich. Die beiden letzten Sommermonate fielen überdies nass aus. Trotzdem begann die Lese relativ früh am 18. September. Die vom Regen angeschwollenen Trauben erbrachten Massen leichter Weine von bescheidener Qualität. Der britische Handel war am 1950er nicht interessiert, denn zum einen hatte er sich reichlich mit dem 1949er eingedeckt und zum anderen fehlte ihm das Geld für Einkäufe.

Ich habe diesen Jahrgang in letzter Zeit nicht mehr verkostet. Neun Einträge stammen aus den 1960ern und 1979ern und nur zwei aus den 1980ern: **Volnay, Hospices, Cuvée Jehan de Massol** Aus den Kellern der Familie Quancard, zwei Flaschen mit 5 cm Schwund: blass, aber attraktives Zwiebelschalenbraun (eine im Mittelalter für Burgunder typische Farbe); etwas nach Vanille duftendes Pinot-Bukett; leicht, aber mit guter Länge und Säure. *1989. In Bestform* ***; **Vougeot, Clos du Prieuré** Pierre Ponnelle Zwei ähnliche Einträge: mitteltiefe Farbe; zartes, aber reiches Bukett, das sich im Glas öffnete und seinen Duft über lange Zeit hielt; weicher, ziemlich kurzer, aber schöner Geschmack. In gutem Zustand. *Zuletzt 1984 verkostet* ***

1951

Ein schrecklicher Sommer. Die Lese verzögerte sich bis zum 15. Oktober. Es wurden keine Weine importiert. Ich habe nur wenige verkostet – in letzter Zeit überhaupt keinen mehr –, aber in meinen etwa sechs Einträgen finden sich ein paar überraschend gute Bewertungen: **Grands-Echézeaux** Poulet Frères Gute Farbe, dicke »Tränen«, schöner, sauber konturierter Pinot-Duft, nachhaltig; »süß«, weich, ansprechend, mit ausgezeichneter Säure. Mein Gastgeber Bernard (Barney) Rhodes hatte die Lösung parat: Der Wein war aus jungen deklassierten Trauben der neu gepflanzten Romanée-Conti-Stöcke bereitet worden. *1986* ***; **Clos des Lambrays** Blässlich; bemerkenswert attraktive Nase mit geröstetem, schokoladigem, chaptalisiertem Pinot-Charakter; kurz und säurebetont, aber »gar nicht schlecht«. *1981* **; **La Tâche** Lebhafte, rosige Farbe; gesunde, für einen Pinot typische »Rote-Bete«-Nase; trocken, lebhaft, gesund. *1985* **

Als Harry Waugh und ich die Barolet-Keller in Beaune 1969 erstmals in Augenschein nahmen, verkosteten wir zunächst einige unbedeutendere Jahrgänge und waren verblüfft über die ausgezeichneten »Behandlungsergebnisse« des guten Doktors. Unter anderem degustierten wir den 1951er **Chambolle-Musigny**. Damals, vor und nach dem Verkauf, sowie im darauf folgenden Jahr entstanden vergleichbare Einträge. Keine schlechte Farbe, aber wässeriger Rand; überraschend gesunder und attraktiver Geschmack, reif, leicht pfefferig.

1952 ****

Einer meiner Lieblingsjahrgänge aus diesem Jahrzehnt; feste, gut strukturierte, verlässliche Weine. Es lohnt sich, sie aufzuspüren. Viele Einträge, vor allem aus meiner Zeit bei Harvey's in Bristol, doch sind diese mittlerweile ein halbes Jahrhundert alt. Aus dem sehr guten Jahrgang wäre ein großer geworden, hätte nach Trockenheit im Juni und ein paar Regenschauern in einem ansonsten sehr heißen Juli und August ein kühler September den Winzern nicht einen Strich durch die Rechnung gemacht. Ziemlich späte Lese ab 7. Oktober.

Romanée-Conti Keine nummerierten Flaschen. 1945 wurde die Erzeugung aus den unveredelten alten Reben unwirtschaftlich, weshalb man sich schließlich für die Rodung und Neupflanzung von Stöcken auf amerikanischen Veredelungsunterlagen entschied. 1952 war der erste große Jahrgang, der aus Trauben von den jungen Pflanzen bereitet wurde. Mittlere, rötlich-bernsteinfarbene Tönung; würziges, leicht minziges, weiches, ausgewogenes Bukett, das bald einen fleischigen, kieselartigen Geruch entwickelte und nach einer Stunde zerfallen war. Anfangs am Gaumen sehr »süß«, sehr »warm«, sehr reich, doch konnte er sein Alter nicht verhehlen und hatte einen seltsamen, leicht essigsauren Abgang. Eine Flasche in einem nicht guten Zustand? *Im März 2002 bei Wilfred Jaegers beispiellosem, ausgedehntem Romanée-Conti-Essen verkostet* **

Richebourg DRC Erstmals 1967 verkostet: spröde und reich. Als Nächstes 1979: nach wie vor farbtief; gut entwickelte Nase; ein tiefer, samtiger Wein mit rundem Fleisch über starken Knochen. Kürzlich eine Magnum von Aubert de Villaine, verkostet nach der St-Vivant-Vertikaldegustation: Farbe und Bukett herbstlich, Letzteres zunächst verschlossen, öffnete sich aber betörend und facettenreich; am Gaumen »süß« und fest, Geschmack, Gleichgewicht, Länge und Abgang ausgezeichnet. Man merkte ihm das Alter an, aber er war noch voller Leben. *Im Oktober 2001 auf der Domaine verkostet* *****

Romanée-St-Vivant Von Jadot exportiert, von Vandermeulen abgefüllt Gute Farbe; ziemlich marmeladige Nase; sehr süß, reich, köstlich. In ausgezeichnetem Zustand. Die letzte Vandermeulen-Abfüllung, die bei Frans de Cocks Abschlussessen serviert wurde. *Im Dezember 1995 im Pariser Carré des Feuillants verkostet* ****

EINIGE ZULETZT IN DEN 1980ERN VERKOSTETE SPITZEN-1952ER

Romanée-Conti Ein in jeder Hinsicht großer Wein. Mehrmals verkostet, Normalflaschen wie Magnums: reif, opulent, komplex – der Inbegriff des Burgunders. *Zuletzt 1982 bei den Khourys verkostet* ***** *Ist sicher noch immer hervorragend.*

Musigny de Vogüé Wohlriechend, lebhaft, massiv und maskulin für einen Musigny, dabei weich und ansprechend. *1984 bei den Khourys degustiert* *****

Nuits-St-Georges, Clos des Porrets H. Gouges Tief; Trüffeln; reich, fest, tanninbeladen. *1981 auf der Domaine verkostet* *****

Richebourg Lebègue-Bichot Eine Jeroboam: breit, dehnte sich aus, reich, reif, ausgezeichnet im Gleichgewicht, komplett. *1985* ****

AUS DEN VIELEN ALTEN EINTRÄGEN ragen folgende Weine heraus: **La Tâche** *****; **Grands-Echézeaux** J. Drouhin *****; **Pommard, Grands Epenots, Clos des Citeaux** Abfüllung von Avery ****; **Romanée-St-Vivant** L. Latour ****

1953 ****

Ein ausgesprochen wohlgeratener Jahrgang aus einer Saison, die fast das genaue Gegenteil des Vegetationsverlaufs von 1952 war. Auf einen milden Frühling folgten ein kalter, nasser Juni und Juli. Der August und September waren warm und trocken. Am 29. September begann eine unproblematische Lese, die reife Trauben einbrachte.

Die Weine fielen nicht so stämmig aus wie 1952, waren jedoch von Anfang an sehr ansprechend und überaus beliebt. Ich kann mich noch gut daran erinnern, als Harry Waugh im Mai 1956 im Oxforder All Souls College eine Verkostung organisierte. Es standen 13 1953er bereit, angefangen von einem Côte de Beaune-Villages für 110 Shilling das Dutzend bis hin zu einem Richebourg für 218 Shilling, wobei ich mir zum Letzteren notierte: »Ein schöner, voller Wein. Von großer Herkunft.« So war das damals. Ich hätte ihn fast selbst aus dem Fass abfüllen können, denn im Sommer 1955 arbeitete ich das erste Mal in den Kellern meines neuen Arbeitgebers Harvey's in Bristol. Heute sind nur noch wenige 1953er in Umlauf. Sie befanden sich vermutlich Mitte der 1970er bis Mitte der 1980er in ihrem Zenit.

La Tâche Schon erstaunlich, wie diese DRC-Weine in ihrer Jugend farblich zwischen beeindruckender Tiefe (beim 1945er) und irreführender Blässe (wie beim 1953er) variieren können. 1966 mit vollreifem Erscheinungsbild, köstlich wohlriechend, ansprechend, aber scheinbar schon auf dem Höhepunkt. Bis 1983 hatte er sich jedoch unverdrossen weiterentwickelt und verströmte die archetypischen La-Tâche-Düfte; vollmundig im Geschmack, doch leicht im Stil, mit unaufdringlich stützendem Tannin und ebensolcher Säure. Kürzlich war auf Wagners La-Tâche-Vertikalverkostung das »süße«, reich entwickelte Bukett sein hervorragendstes Merkmal. Seltsam eindringlich. Nicht so anregend, wie ich erwartet hatte. *Zuletzt im April 1998 verkostet. In Bestform* ****

Chambolle-Musigny Patriarche Eine kleine Überraschung: ansprechende süße Pinot-Nase; sehr »süß«, ein wunderschöner Geschmack. *Im Juli 1995 bei einer Verkostung des III Form Club degustiert* ***

Richebourg R. Bouillon, M. Rossin Reich, aber mit offenem Rand, Orangeton; sehr duftendes, korrektes Pinot-Bukett, das im Glas in sich zusammenfiel; wohlschmeckend, aber etwas schlank und mit spitzigem Abgang. *Im Mai 1995 auf der merkwürdigen Burgunder-Verkostung bei Corney & Barrow degustiert* **? *Ein Wein, dem man nicht noch einmal zu begegnen braucht.*

EINIGE DER BESTEN, ZULETZT IN DEN 1980ERN VERKOSTETEN WEINE **Chambertin** Héritiers Latour *1984* ****; **Mazis-Chambertin** Leroy *1984* ****; **Romanée-St-Vivant, Les Quatre Journaux** L. Latour *1985* ****

Und wenn Sie jemals dem **Romanée-Conti** und **Grands-Echézeaux** von DRC begegnen, sagen Sie mir Bescheid. Ich würde die beiden nur zu gern wieder einmal treffen.

1954 **

Jahrgänge sind entweder im Nu vergriffen oder werden übergangen. Auch der 1954er war ein Ladenhüter, was nicht weiter verwundert, denn die Importeure und Händler hatten sich wohlweislich kräftig mit den beiden vorausgegangenen Jahrgängen eingedeckt. Hinzu kam, dass die Qualität des 1955ers schon offenkundig war, als der 1954er gerade abgefüllt wurde. Der Sommer fiel ins Wasser, doch ein warmer, sonniger Herbst rettete die Ernte. Quantität statt Qualität, so lautet das Motto dieses Jahrgangs.

Romanée-Conti Blässlich, »warme« Farbe, offener Rand; ein voll entwickeltes, chaptalisiertes, doch wohlriechendes Bukett mit erstaunlichem muskateller- und rosinengetöntem Duft und Nachgeschmack. »Süß«, angesengt. Eine kleine Überraschung.

Einer von mehreren eigenartigen Jahrgängen aus Rupert Löwensteins Keller, verkostet im Juli 1996 mit Charles Hawkins in der Küche des Prinzen in Ham, Surrey ★★★
Richebourg DRC Ich hatte angenommen, dass die Domaine mit Ausnahme des **Romanée-Conti** und **La Tâche** (Letzteren verkostete ich 1983 auf dem Gut) alle Weine deklassiert hatte. Dann allerdings entdeckte ich den 1954er Richebourg als Nr. 4 einer Reihe von DRC-Roten auf der New Yorker Wine-Experience-Veranstaltung: blässlich, mit orangefarbenem Rand; ein eigenartig überreifer Duft; sehr »süß«, reich, seltsam, aber attraktiv. *Oktober 1991* ★★

1955 ★★★

Ein zweifellos guter Jahrgang. Die besten Gewächse zeigen Finesse, lassen aber die Maskulinität und das Durchhaltevermögen des 1952ers sowie den reifen Charme des 1953ers vermissen. Beim Handel kam der 1955er gut an. Harvey's beschrieb ihn in seiner Weinliste vom Herbst 1957 als »ganz und gar uneinheitlichen Jahrgang«, trotzdem stand er 1959 als einziger Wein im Abschnitt »lagerfähige Kreszenzen«.

Trotz des kalten Junis und der späten Blüte befanden sich die Stöcke im August in ausgezeichnetem Zustand. Anfang Oktober wurden die gut ausgereiften Trauben »unter den besten Bedingungen seit 20 Jahren« gelesen. Ich beschrieb den Jahrgang als »goldenen Herbst der britischen Abfüller«. Die Abfüllungen fielen verlässlich aus, verlässlicher sogar als die Weine aus Burgund selbst, denn das »Panschen« und der himmelschreiende Missbrauch von Village-Namen waren dort an der Tagesordnung. Die britischen Kunden zeigten sich jedoch rundum zufrieden und freuten sich über die günstigen Preise.

Der erste Eindruck von Harvey's war der richtige gewesen, denn von einigen bemerkenswerten Ausnahmen abgesehen taugten die Provenienzen nicht für lange Lagerung. Den Weinen von der Côte de Nuits fehlten Länge und Körper, während die Roten von der Côte de Beaune leicht ausfielen und Mitte der 1960er im Zenit standen.
Chambertin Leroy Ziemlich blass, sehr reif im Aussehen; »süße« Vanillenase, »sehr Leroy-typisch«. Irreführende Nase, denn er war ziemlich kraftvoll und wohlschmeckend, gut, aber nicht groß. *Im Mai 2000 bei der eigenartigen Baccarat-Verkostung in Paris degustiert* ★★
Latricières-Chambertin Belgische Abfüllung von Vandermeulen Ziemlich tief; dick, »gekocht«, aufdringlich, leichte Himbeernote; »süß«, marmeladige Frucht, duftiger, trockener Abgang. *Im Dezember 1995 bei Frans de Cocks Verkostung in Paris degustiert* ★★

EINIGE AUSGEZEICHNETE 1955ER, DIE ICH IN DEN 1980ERN VERKOSTET HABE **Bonnes-Mares** de Vogüé *1984* ★★★★; **Chambertin, Clos de Bèze** Leroy ★★★★; **Chambolle-Musigny** und **Ch. Corton-Grancey** Louis Latour, *beide 1984 und* ★★★★. *Sie müssten alle noch köstlich sein.*

Seit den 1970ern habe ich keine einzige der einst sehr zahlreichen englischen Abfüllungen mehr verkostet. Die besten Abfüllungen der renommierten Häuser aber müssten aller Voraussicht nach noch in guter Verfassung sein.

1956

Miserabel. Nicht nur der schlechteste Jahrgang der Dekade, sondern einer der fürchterlichsten aller Zeiten. Aber »schießen Sie nicht auf den Pianisten«, schuld war das Klima, in erster Linie das kalte und unablässige Regenwetter, das den ganzen Juli und August andauerte und die Ausbreitung von Schädlingen und Krankheiten förderte. Die heiße Septembersonne kam zu spät, um noch etwas zu retten, und die Lese der dezimierten Erträge war ein einziges Desaster. Mit modernem Know-how hätte man vielleicht das Schlimmste verhindern können. Aber weder der Handel noch die Weintrinker brauchen einen solchen Jahrgang.
La Tâche Seltsamerweise vier Einträge, der erste entstand 1981 auf der Domaine: Flaschen von unterschiedlicher Qualität, beide kurz. Ein weiteres Mal 1983 auf der Vertikalverkostung für die Recherchen zu einem DRC-Buch: etwas zu dick und braun; fauliger Geruch; schlank, säuerlich. Kürzlich auf Wagners Vertikalverkostung nicht so blass wie erwartet, lebhaft, mit einem Anflug von Grün am Rand; ein erstaunliches Bukett, das wie der Geist aus der Flasche stieg, alte Rote Bete, faszinierend und nach einer Stunde im Glas ausgesprochen opulent und scheinbar unbeschwert – er erinnerte mich an das letzte Klavierrezital von Horowitz. Am Gaumen noch immer »süß«, Geschmack nach duftendem Packpapier, ansprechender angesengter Abgang. *Zuletzt im April 1998 in Zürich verkostet. In Bestform* ★★

NUR NOCH ZWEI WEITERE 1956ER VERKOSTET **Romanée-Conti** DRC Blass; überraschend reife alte Nase, aber trocken, dünn und knorpelig. *1972* ★; **Gevrey-Chambertin, Cazetiers** Leroy Blass, rosa getönt; in der Nase und am Gaumen ein fauliger Einschlag. *1984*.

1957 ★★★

Kaum von Interesse, obwohl er in den frühen 1960ern und Mitte der 1970er recht beliebt war. Provenienzen, die über genügend Frucht und Körper verfügten, um der hohen Säure etwas entgegenzusetzen, fielen wohlschmeckend und schwungvoll aus. Für die schwankende Qualität war wieder einmal das Wetter verantwortlich, das in der ersten Saisonhälfte ganz gut verlief und im Juni in einem »Hitze-Crescendo« gipfelte. Auch Anfang Juli war es noch warm, doch dann begann eine kühle Regenperiode. Relativ hohe Erträge unreifer Trauben mit zu wenig Zucker und zu viel Säure.

Ich habe sehr viele Einträge vorliegen, die überwiegend vor 1970 entstanden – die Hälfte stammt sogar aus der Zeit vor 1965. Das Gros der englischen Abfüllungen spielt heute keine Rolle mehr. In letzter Zeit nur noch wenige 1957er verkostet.
Charmes-Chambertin E. Brocard Eine Kuriosität aus den Christie's-Kellern, die als Erstes von meinem Kollegen Duncan McEuen für eine Burgunder-Verkostung des III Form Club 1995 ans Tageslicht gebracht wurde: ziemlich eigenartige Zitrusnase mit einem Anflug von gekochten Bonbons und der unverkennbaren Säure des 1957er-Jahrgangs. Eine zweite Flasche im Jahr darauf aus einer zum Teil kunterbunten Mischung, die ich für eine CD-ROM degustierte; für sein Alter eine recht gute Farbe; ausgewogene mokkaartige Nase, die nach zwei Stunden im Glas überraschend »süß« und köstlich wurde; schönes Gewicht, positiv, »warm«, annehmbarer säuerlicher Anflug. *Zuletzt im Januar 1996 verkostet* ★★
Charmes-Chambertin Chanson Reiche Farbe, allerdings am Rand ein Orangeton; sehr charakteristische, »fischige«, Chambertin-typische Austernmuschelnase, im Grunde sehr ansprechend, etwas Vanille, anhaltend; leichte »Süße«, guter Körper, gute Länge und lebhafte Säure. Für den Jahrgang und sein Alter überraschend gut. *Bei der seltsamen Corney-&-Barrow-Degustation von alten Burgundern im Mai 1995 verkostet* ★★

Clos de Tart Mit fünf Jahren spitzige, aber ansprechend hochgetönte Säure und Wohlgeruch. Nach 28 Jahren blässlich und mit schwachem Aussehen; nicht mehr viel Nase; guter Geschmack und trockener Abgang. *Zuletzt im März 1990 verkostet* **

Aus den wenigen, zuletzt in den 1980ern verkosteten 1957ern ragen zwei heraus: **La Tâche** Mit drei Jahren hell, reif, wohlriechend, äußerst ansprechend und unmittelbar trinkreif. 25 Jahre später eine Jeroboam: noch immer ziemlich blass, mit reifem Aussehen; ansprechend reifes, Pinot-typisches Rote-Bete-Aroma, fast schon zu exotisch. Ausgetrocknet, aber mit faszinierendem Geschmack und der jahrgangstypischen pikanten Säure. *1985* ****; **Musigny** Roumier Köstlich, »süß« in Bukett und Geschmack. *1980* ***

1958 **

Der britische Handel hatte zu viele 1957er gekauft und als der 1958er so weit war, wurde die Qualität des 1959ers bereits offenkundig. Die 1958er wurden in Großbritannien weder abgefüllt noch angeboten, ja, in den Einzelhandelslisten von Harvey's aus der ersten Hälfte der 1960er nicht einmal erwähnt.
Echézeaux DRC Eigenartige, fleischige, nicht sehr charaktervolle Nase, die aber dann »süßer« wurde; auch am Gaumen nicht völlig überzeugend. Ausgetrocknet und ziemlich kurz. *Juli 1996* *

Und noch ein älterer Eintrag La Tâche Warme, rötliche Farbe; »süß«, Nase und Geschmack etwas karamellig. *1983* **

1959 *****

Endlich wieder ein Spitzenjahrgang, der für mich zugleich auch das Ende einer Ära markiert. Die Wetterbedingungen für die Blüte im Juni waren ideal, der Juli und August heiß und trocken. Dann fiel etwas Regen, der die Trauben vor der früh eingeleiteten Schönwetterernte ab 14. September noch rechtzeitig anschwellen ließ. Eine Rekordlese von Weinen hoher Qualität.

Zu diesem Jahrgang liegen mir mehr Einträge vor als zu jedem anderen mit Ausnahme des 1964ers, das Gros aber entstand natürlich in den 1960ern, als ich nicht nur im Weinausschuss von Harvey's saß, sondern auch mit der Einrichtung der exklusiven, Harvey's-eigenen Weinabteilungen in großen Kaufhäusern beschäftigt war. Auch in den 1970ern kamen mehrere Dutzend gute Einträge zusammen; in den 1980ern waren es immer noch über zwei Dutzend. Doch die Zeit vergeht, und so habe ich im letzten Jahrzehnt nicht einmal mehr ein Dutzend degustiert.
Romanée-Conti Produktion 9607 Flaschen. Erstmals 1964 bei der großen jährlichen Lebègue-Degustation in den monumentalen Gewölben unter der London Bridge Station verkostet: erstaunlich reich und konzentriert. 1979 noch immer völlig unreif, aber 15 Jahre später wunderbar entwickelt: mitteltiefe Farbe; weiches, samtiges, fleischiges, harmonisches Bukett mit einer Andeutung von Maulbeeren; gehaltvoll, reich, vollmundig. Trockener Abgang. Kürzlich eine Flasche mit der Nummer 0929: ziemlich tief, reiche Farbe; »süße«, ausgewogene Nase, reiche Frucht, fast marmeladig (Erdbeeren, Himbeeren), große Tiefe, fehlerlos; schöner Geschmack, Tannin und Säure nach wie vor ausgezeichnet, mit der typischen Geschmackspersistenz eines Romanée-Conti. Bekam eine meiner höchsten Bewertungen aller Weine. *Im März 2002 auf Wilf Jaegers Romanée-Conti-Essen degustiert* ***** *Jetzt perfekt, aber hat noch viele Jahre vor sich.*
Richebourg DRC Verhalten, aber reif und korrekt; »süß«, weich, reich, komplett, mit griffiger Säure. *Einer der sieben 1959er, die im März 2002 bei Jaegers zweitem Burgunder-Essen in San Francisco verkostet wurden* *****
Beaune, Hospices, Cuvée Nicolas Rolin F. Protheau Farbe, Nase und Geschmack reich. *März 1990* ****
Chambolle-Musigny Dr. Barolet Ein interessanter Wein. Als Harry Waugh und ich im Oktober 1969 vorweg die Barolet-Weine in Beaune verkosteten, lag der 1959er noch immer im Fass – und war in einem sehr guten Zustand, auch wenn er in den zehn Jahren etwas Farbe verloren hatte. Vor dem Verkauf notierte ich mir: »Fein, reif, schwere Perlen (kräftige Tränen); süße, schöne, keksartige Nase; mitteltrocken, weich und delikat, für einen 1959er eher leicht.« Ich gab ihm eine hohe Bewertung und die 50 Kisten verkauften sich gut. Später erwarb das in Schweizer Hand befindliche *négociant*-Haus de Villamont den gesamten Bestand aus vielen tausend Kisten für den späteren Weiterverkauf. Zahlreiche Flaschen wurden neu verkorkt.

Mein letzter Eintrag bezieht sich auf eine neu verkorkte Flasche. Gute Farbe; reiche, rauchige Nase und ebensolcher Geschmack. Ein anständiger, aber unspektakulärer Wein. *Zuletzt im September 1990 auf der Lloyd-Flatt-Vorverkaufsverkostung in Chicago degustiert. In Bestform* ****
Chambolle-Musigny L. Latour 1971 reich, robust im Geschmack. Kürzlich sehr tief; gute Nase; reich, ausgezeichnet im Gleichgewicht. *Zuletzt im Juli 1995 bei einer Verkostung des III Form Club degustiert* ****
Ch. Corton-Grancey L. Latour 1995 eine wolkige, schokoladige, weiche, dichte, aber gekochte Flasche. Beim Essen anlässlich des zweihundertjährigen Bestehens von Latour zum Glück weitaus bessere Magnumflaschen: fein, farbtief; überraschend zarte Nase, erdiger, wurzelartiger Pinot-Charakter; reich und kraftvoll, voller Frucht und Lebenskraft. Hat noch Jahre vor sich. Das Essen war eine nervenzerreißende Angelegenheit, denn ich musste bis 00.30 Uhr warten, bis ich meine Rede halten konnte. Zufällig stand am nächsten Abend am selben Ort und zur selben Zeit eine weitere Ansprache auf dem Programm, diesmal beim Bankett der Chevaliers du Tastevin. Am Sonntag hatte ich endlich eine willkommene Ruhepause! *Zuletzt im Juni 1997 auf Château de Clos Vougeot verkostet* ****
Chambertin Leroy Blass; gekochte Rote Bete, dabei reich und reif, nachhaltig; ein eigenartiger, angesengter, überreifer Geschmack. Alternd und etwas spitzig. *Im März 2002 bei Wilf Jaegers Dinnerverkostung degustiert* *
Corton Dom. du Ch. de Beaune In der Nase besser als am Gaumen; reifes, angesengtes, gut entwickeltes Corton-Bukett; »süß-sauer«, sehr trinkbar, aber etwas kantige Säure. *Im März 2002 bei Wilf Jaeger degustiert* ***
Grands-Echézeaux Gros Colette Ich muss zugeben, dass ich verwirrt bin. Es gibt mehrere Mitglieder der Familie Gros, aber auf dem Etikett folgte Colette hinter Gros. Der Wein jedenfalls hatte eine reiche Farbe; Nase korrekt, reif, angesengt, ausgewogen; trocken, schlank, Geschmack ganz gut, aber ein wenig spitzig im Abgang (ist nicht persönlich gemeint). *Im März 2002 bei Jaeger verkostet* ***
Grands-Echézeaux Leroy Zwei Einträge, der erste entstand 1994 beim Galadiner von Weinart im Aschauer Restaurant Residenz: sehr gut, voll entwickeltes Bukett; reicher, voller, rauchiger Geschmack. Ziemlich griffige Säure. Ein paar Jahre

später bei einer Dinnerparty in Lyford Cay auf den Bahamas: reich, eine schokoladige Nase, die sich später mit einem Duft nach »altem Honig« und Tabak öffnete. Am Gaumen schön, »süß«, minzig, Mokka im Endgeschmack. *Zuletzt im Februar 1996 verkostet* ★★★

Le Musigny **L. Jadot** Dunkel kirschrot, reifer Rand; duftende Nase mit einem Anflug von Karamell; »süß«, körperreich, scharf, pfefferig, noch immer tanninbetont, auf seine Weise gut, aber nur eine Spur besser als die Massenburgunder, die den Markt früher überschwemmten. *Im März 2002 auf Wilfred Jaegers erstem Burgunder-Essen verkostet* ★★★

Richebourg **Viénot** Erstmals 1980 auf einer Vorverkaufsverkostung in London degustiert: tief, reif; ein guter Wein, körperreich, weich, reich im Geschmack. Fast 20 Jahre später hatten ihn die Zeit und vermutlich auch die schlechte Lagerung in einen blassen, eigenartigen, müden alten Wein verwandelt. *Zuletzt im Mai 1999 bei einer weiteren Vorverkaufsverkostung, diesmal in Genf, degustiert. In Bestform* ★★★★

La Romanée **Dom. du Ch. de Vosne-Romanée** Blässlich, offen; reife, fleischige, »süße«, vegetabile Nase; am Gaumen »süß«, attraktiv, ziemlich griffige Endsäure, mit dem Charme eines alten Blaubarts. *Im März 2002 bei Wilf Jaegers Burgunder-Verkostung degustiert* ★★★

Ruchottes-Chambertin **Louis d'Armont** Mir neu. Eine ziemlich harte medizinale Nase mit scharfen Kanten, die sich aber gut öffnete; am Gaumen besser, allerdings wurde der Geschmack durch den säuerlichen Abgang verdorben. *Im Mai 1996 eine Flasche aus einem Schweizer Keller verkostet* ★

Clos Vougeot **J. Drouhin** Von den insgesamt 50 ha, die dieser riesige ummauerte Weinberg umfasst, gehören Drouhin 0,6 ha im mittleren Abschnitt und 0,3 ha im unteren Teil. »Süß«, reich, abgerundet, ansprechend. *Januar 1993* ★★★★

Clos de Vougeot **Jacques Prieur** Orangeton; gute rauchige Pinot-Nase; fest, trocken, tanninbetonter Abgang. *Juli 1995* ★★

EINIGE DER ALLERBESTEN, ZULETZT IN DEN 1980ERN VERKOSTETEN 1959ER La Tâche Überragend. *1985* ★★★★★; Beaune, Hospices, Cuvée Rousseau-Deslandes Eine Magnum der **Berry Bros.** Kraftvoll, spröde, »gut für weitere 20 Jahre«. *1988* ★★★★; Corton **Doudet-Naudin** Erwartungsgemäß tief, »süß«, solide und beeindruckend. Ich hatte das Gefühl, dass er sich fast wie Kuchen hätte schneiden lassen und ewig halten würde. *1983* ★★★; Corton, Bressandes **Leroy** Reich und zum Kauen. *1985* ★★★; Mazis-Chambertin **Leroy** Voll, fest, sehr griffig. Langlebig. *1984* ★★★★; Mazis-Chambertin **Marquis de Villeranges** Voll im Geschmack, noch immer tanninbetont. *1987* ★★★★; Musigny, Tasteviné **Faiveley** Reich. *1987* ★★★★; Musigny, Vieilles Vignes **de Vogüé** Großartig. *1984* ★★★★★; Nuits-St-Georges, Ch. Gris **Lupé-Cholet** Reich, reif. *1984* ★★★★; Pommard, Epenots **L. Latour** *1983* ★★★; Richebourg **Leroy** Eindringlich, braucht Zeit. *1988* ★★★; Romanée-St-Vivant **Viénot** Wohlriechend, stilvoll. *1984* ★★★★; Volnay, Caillerets **Bouchard Père** Elegant, wohlriechend. *1987* ★★★★; Volnay, Caillerets **Clair-Daü** Ein schöner Wein. *1981* ★★★★★

UND DIE BESTEN FRÜHEN EINTRÄGE Echézeaux und Grands-Echézeaux, beide von der **DRC**.

1960

Ein weiterer Jahrgang, den niemand wollte. Schuld daran war ein schlechter Sommer. Große Erträge ungleichmäßig ausgereifter, aber vorwiegend unreifer Trauben. Ich habe nur zwei überhaupt verkostet: Beaune Vignes Franches Gekocht und spitzig. *1980*; außerdem ein junger, leichter, nicht unattraktiver Volnay **Ropiteau** *1966*.

1961 in Bestform ★★★★

Immer wieder geht man fälschlicherweise davon aus, dass ein großer Jahrgang in Bordeaux auch in Burgund hervorragend ausfällt und umgekehrt. Dabei vergisst man, dass die eine Region ein maritimes und die andere ein kontinentales Klima hat. Und das ist nur einer von vielen Faktoren. 1961 ist ein typisches Beispiel für die Verschiedenartigkeit der beiden Anbaugebiete.

Die Saison begann zunächst äußerst verheißungsvoll. Der Frühling war warm, die Vegetation im Mai für die Jahreszeit ungewöhnlich weit fortgeschritten. Die Probleme begannen mit einer außergewöhnlich langen, ungleichmäßigen Blüte, an die sich ein Schlechtwettersommer anschloss. Im September wurde es wieder schön und warm. Die Lese fand unter guten Bedingungen ab dem 25. statt. Die Erträge lagen beträchtlich unter dem Durchschnitt. Die Qualität war zwar besser als erwartet, doch nicht generell so hoch, dass sie Preise gerechtfertigt hätte, die 50 % über denen des großartigen 1959ers lagen. Ich habe viele 1961er verkostet, aber relativ wenige seit 1990.

Romanée-Conti Nur ein Eintrag aus neuerer Zeit: farbtief, mit ausgeprägten, schweren »Tränen«; eine herrlich reiche, brombeerartige, ausgewogene »italianide« Nase, die sich noch nach einer Stunde im Glas entwickelte; »süß«, ein großer Wein. *Im November 1995 im Essraum der Lesearbeiter auf der Domaine verkostet* ★★★★

La Tâche **DRC** Erstmals bei der großen alljährlichen Lebègue-Veranstaltung 1964 verkostet. Diese Degustationen bildeten den Saisonhöhepunkt des Londoner Weinhandelsjahres. Unter meinen 49 Notizen, die damals im Oktober entstanden, findet sich eine komplette DRC-Palette, zum Teil aus vier Jahrgängen, jeweils sechs Jahrgänge Margaux und Haut-Brion, fünf Jahrgänge Yquem und andere Weine, die der »Zirkusdirektor« Harvey Prince in den von Kerzen erleuchteten Alkoven der höhlenartigen Keller unterhalb des Bahnhofs an der London Bridge mit großem Aufwand präsentierte. Hier aber nun meine Verkostungsnotizen zum La Tâche: »Trocken, eher leicht, dünn und grün.« (Den Echézeaux, Grands-Echézeaux und Richebourg habe ich seither nicht mehr degustiert; ich gab dem Letzteren den Vorzug.) 1972 »reich, mit ausgeprägter Säure«, 1983 empfand ich ihn dann als voll ausgereift, bemängelte aber seinen »rauen, spitzigen Abgang« und fügte hinzu: »Kann dem 1962er nicht das Wasser reichen.« Was auch stimmt.

Dann eine wohlriechende, eindringliche und beeindruckende Jeroboam bei einer großen Rodenstock-Verkostung mit Essen im Jahr 1996. 1998 bei Manfred Wagners Vertikaldegustation erneut wohlriechend, aber auch »mit festem Zentrum und hartem, scharfem Abgang«. Eine relativ ähnliche Notiz bei den Feiern zu Len Evans' 70. Geburtstag, obwohl ich ihn zusätzlich als attraktiv, trocken und mit etwas Delikatesse bezeichnete. Vom 1969er allerdings wurde er völlig in den Schatten gestellt. *Zuletzt im September 2000 bei Len Evans' Essen für den »Single Bottle Club« im Hunter Valley verkostet* ★★★ *oder um Haaresbreite* ★★★★, *je nach Anlass.*

Romanée-St-Vivant **Marey-Monge** Ausgeprägter orangefarbener Rand; eigenartige, leicht fischige/malzige Nase, aber am Gaumen weich, seidig und attraktiv. *Im Februar 1992 bei einer Vorverkaufsverkostung in Chicago degustiert* ★★★

Chambertin **A. Rousseau** Eine Magnum: warm, reif, am Rand hellbraun-orange; seltsam minzige »Efeu«-Nase mit Waldduft;

sehr »süß«, weich, ansprechend; diesmal »vegetabil«, gute Länge, gut integriertes Tannin. *Der älteste Jahrgang einer der Domaine von Armand Rousseau gewidmeten, von Master of Wine Roger Bohmrich gut präsentierten Verkostung auf dem 10. Wochenendseminar der Hollywood Wine Society im März 1995* ★★★★

Ch. Corton-Grancey **L. Latour** Erstmals 1971 verkostet: tiefe, reiche, fleischige Pinot-Nase und ebensolcher Geschmack. Ein schöner Wein. Kürzlich der älteste von zehn Jahrgängen, die ich bei einem Seminar der Hollywood Wine Society vorstellte: »Süß«, lebhaft, köstlich. *Zuletzt im März 1998 verkostet* ★★★★

Clos de la Roche **P. Ponnelle** Damals hätte ich beinahe Harvey's den Rücken gekehrt und mich den britischen Verkaufsvertretern von Ponnelle angeschlossen. In letzter Minute sagte ich undankbarerweise ab. Was vielleicht gar nicht so schlecht war, denn sonst wäre ich nie zu Christie's gekommen. Strahlend; lebhafte, fruchtige Nase, die sich herrlich entfaltete; sehr »süß«, ziemlich körperreich, Geschmack und Länge gut. *Im Januar 1990 beim Abschlussessen der Hollywood Wine Society degustiert* ★★★★

Clos de la Roche **Remoissenet** Der Geruch weckte in mir Erinnerungen an den Tame Valley Tennis Club, Tennisschuhe, staubige Hard Courts, die zu einem hölzernen Clubhaus umfunktionierte Scheune, Abwässer der Papiermühle im Fluss Tame, der Viadukt. Ein fleischiger, leicht abgestandener Geschmack. *Im Juli 1995 bei einer Verkostung des III Form Club degustiert.*

Clos de Vougeot, Le Prieuré **Pierre Ponnelle** Gute Farbe; »süße«, leicht marmeladige Nase; reich, gesund, etwas pfefferig und mit hartem Abgang. *Im September 1996 eine Jeroboam, degustiert auf Hardy Rodenstocks Abschlussessen in München* ★★

EINE AUSWAHL DER VIELEN, ZULETZT IN DEN 1980ERN VERKOSTETEN 1961ER **Beaune, Grèves, Vigne de l'Enfant Jésus** **Bouchard Père** Zwei sehr schöne Magnumflaschen: voll ausgebaut, reif, opulent; Holzkohlegeschmack, ein Anflug von harter Säure. *September 1982. In Bestform* ★★★★; **Bonnes-Mares** **de Vogüé** Granatrot; reif, »süß«, samtig (1971), ausgewogen, gut gebaut. *1989* ★★★★; **Musigny, Vieilles Vignes** **de Vogüé** Unterschiedlich, in Bestform würzig und wohlduftend. *1984* ★★?; **Chambertin, Clos de Bèze** **J. Drouhin** Köstlich samtig (1971), ein Kraftwerk (1973), herrliche Farbe; unglaublich reich, reif, »doch irgendwie unfertig«, enorm, hohe Qualität. *1980* ★★★★(★); **Le Corton** **Bouchard Père** Reich, bekömmlich, maskulin. *1981* ★★★★; **Clos Vougeot** **Noëllat** Warm, lebhaft, duftend. *1984* ★★★★

1962 ★★★★★

Zweifellos besser als der 1961er, aber ich denke, dass man das damals gar nicht so richtig erkannte, denn der Handel beklagte sich über die Preise, die so hoch waren wie für den vorausgegangenen Jahrgang.

Neben weiteren Tugenden hat der 1962er noch einen ganz besonderen (sehr subjektiven) Vorzug: Einer der Weine bekam meine seltene Sechssterne-Bewertung: der La Tâche.

Ein kühles Frühjahr mit guten Bedingungen während der Blüte im Juni, anschließend ein passabler Juli, ein schöner, warmer August und einige willkommene Regenfälle im September. Die späte, erst am 8. Oktober in Angriff genommene Lese erbrachte gesunde, vollreife Trauben. Natürlich findet man heute nicht mehr viele Vertreter dieses Jahrgangs, doch es lohnt sich, die Augen offen zu halten.

Romanée-Conti Auf der Lebègue-Verkostung 1964 trocken, rau, tanninbeladen und ungenießbar. 1977 noch immer verschlossen und hart. Ein Jahrzehnt später, just ein Vierteljahrhundert nachdem die Trauben ihre letzte Reife erhalten hatten, eine Jeroboam: jetzt mitteltiefe Farbe, reich, aber reif; ein nach wie vor verhaltenes Bukett, das 20 Minuten brauchte, um sich zu entflechten, aber nach einer halben Stunde im Glas Substanzreichtum mit Rösttönen zeigte. Noch immer körperreich, eindringlich, vollmundig – und mit einem weiteren Vierteljahrhundert Entwicklung vor sich. Kürzlich eine Flasche mit der Nummer 047465, ein Import von Frederick Wildman. Mitteltief, offen, vollreifer Rand; »süße«, ausgewogene Nase, fabelhaft reich und tief, entfaltete sich mit wunderschönem, »süßem«, rauchigem Wohlgeruch, nach einer Stunde voll entwickelt, hielt sich noch eine weitere Stunde; am Gaumen »süß«, ausgezeichnet im Geschmack, große Länge, gute Säure. *Im März 2002 bei Wilfred Jaegers dritter Verkostungsrunde, dem DRC-Essen, degustiert* ★★★★★ *Perfekt, doch ist von ihm noch mehr zu erwarten. Das soll mir eine Lehre sein. Nie wieder werde ich voreilig einen unreifen Romanée-Conti »verdammen«. Wäre er in seiner frühesten Jugend zugänglich und vordergründig fruchtig gewesen, hätte er nicht dieses großartige Reifestadium erreicht.*

La Tâche DRC-Weine sind oft in ihrer frühesten Jugend entwaffnend unattraktiv, manchmal blass und nicht selten sehr hart. Bei der bereits mehrfach erwähnten Lebègue-Verkostung im Oktober 1964 erschien er mir ziemlich leicht im Charakter, aber binnen acht Jahren hatte er sich schön entfaltet. 1973 war er bereits tiefer, »süßer« und opulenter geworden, und bei einem spätabendlichen Essen 1976 erfüllte er den ganzen Raum mit seinem Duft. 1983 zwei höchst bewundernde Einträge: Er hatte ein fast exotisches Bukett und einen vielschichtigen Geschmack entwickelt, der sich im Mund wie das berühmte »Pfauenrad« auffächerte. Kürzlich bei einer Dinnerparty zu Hause: Füllhöhe 4 cm unter dem Korken; mitteltiefe, offene, vollreife Farbe; in der Nase »duftende Rote Bete«; reich, fabelhaft, perfekt. Unter meinen Gästen waren Len Evans, der mit Recht auf seinen Gaumen stolz ist, und (Lord) Rudolf Russell. Alle Weine wurden verdeckt serviert – mit dabei waren unter anderem ein 1949er Château-Chalon mit seinem unverwechselbaren Geschmack, der 1985er Corton-Charlemagne von L. Latour, der große Barca Velha von 1978, mein Liebling Cheval Blanc von 1985 und ein Taylor von 1935. Len wurde zu seinem Leidwesen jedes Mal von Rudolf ausgestochen. Er tröstete sich damit, dass der Sohn eines Herzogs mit einem unfairen Vorsprung ins Rennen gehe, weil er mit dieser Klasse Wein praktisch aufgewachsen sei! *Zuletzt im Juni 2000 in unserer Londoner Wohnung verkostet* ★★★★★★ *(sechs Sterne).*

Richebourg **DRC** 1964 wie so oft seltsam trocken, leicht und substanzlos, doch schon in diesem Stadium ganz anders als der La Tâche, obwohl die Rebstöcke nur einen Steinwurf weit voneinander entfernt sind und das Traubengut in denselben Kellern vinifiziert wird. Nach drei Jahren hatte er den Schock der Geburt überwunden und entwickelte sich einladend. Kürzlich mit dem Romanée-Conti (siehe oben) verkostet: farbtief; ein unmittelbarerer Wohlgeruch und ganz anders als der Romanée-Conti; ein schöner Trinkgenuss, der noch viel Zeit vor sich hat. *Zuletzt im September 1997 verkostet* ★★★★(★)

Grands-Echézeaux **DRC** Ebenfalls bei der Lebègue-Verkostung 1964 erstmals degustiert. Damals wirkte er relativ zugänglich und entwickelt. Auf einer weiteren Lebègue-Verkostung 1987 hatte er schon ein fortgeschrittenes Reifestadium erreicht: tiefe, reiche Farbe; komplexes Bukett; fabelhafte Farbe – »Safran«, »Gewüznelken«, perfekt im Gleichgewicht. Vollkommen. 1986 noch immer »süß« und ausgesprochen griffig. Als Nächstes 1995 bei Corney & Barrow: sehr wohlriechend, elegant, mit dem leicht fischigen Pinot-Duft, der mir schon 1972 aufgefallen war; sehr »süßer«, herrlich reicher Geschmack, der sich im Mund entfaltete und einen überaus duftigen Nachgeschmack hinterließ. Kürzlich: voll und entgegenkommend, »süß«, mit dem typisch wurzelartigen Bukett eines alten Pinot; reif und reich, geschmacksintensiv, beträchtliche Kraft und große Länge. *Zuletzt im März 2002 bei Wilfred Jaegers Eröffnungsessen mit Verkostung in San Francisco als ersten von drei 1962ern blind degustiert* *****

Bonnes-Mares de Vogüé Reiche Farbe; lebhaftes, feines, reifes Bukett; ausgezeichneter Geschmack, reife Frucht, Körper, Länge und Eleganz. »Süßer« Abgang. *Im März 2002 bei Wilfred Jaegers Verkostung in San Francisco degustiert* *****

Chambertin Camus Mittelblass; verschlossene Nase, zerfiel aber im Glas; alternd, am Austrocknen. *Im März 2002 bei Wilfred Jaegers erstem Essen in San Francisco degustiert.*

Die besten Weine der wenigen in den 1980ern verkosteten 1962er **Musigny, Vieilles Vignes** de Vogüé Die reinste Verkörperung eines Pinot; fein, aromatisch, wohlduftend. *September 1984* ***** *Dürfte nach wie vor ausgezeichnet sein*; **Mazis-Chambertin** Leroy Sehr schön. *September 1984* ****, *mittlerweile wahrscheinlich über den Höhepunkt hinaus.*

Unter den rund drei Dutzend seit den 1970ern nicht mehr verkosteten Weinen waren die mit Abstand besten und aller Voraussicht nach auch langlebigsten: **Beaune, Hospices, Cuvée Maurice Drouhin** J. Drouhin ****; **Clos de la Roche** J. Drouhin ****; **Bonnes-Mares** Clair-Daü ****; **Chambertin** Bouchard Père ****; **Corton** L. Jadot ****; **Nuits-St-Georges, Argillières** Leroy ****; **Volnay, Hospices, Cuvée Général Muteau** Abfüllung der Berry Bros. ****; **Vosne-Romanée, La Grande-Rue** H. Lamarche ****

1963 *

Ich gab diesem Jahrgang widerwillig einen Stern. Die erste Jahreshälfte verlief völlig normal. Im Juli gab es etwas Regen, im August sogar ziemlich viel. Ab 18. September und den Oktober hindurch war es warm und sonnig. Die späte Lese zog sich in die Länge und endete am 2. November bei Sonnenschein. Sie erbrachte blasse, säurebetonte, mittelmäßige Weine. Der Handel ließ wohlweislich die Finger von diesem Jahrgang. Ich habe insgesamt nur sechs Weine verkostet.

La Tâche Nur drei Einträge zum La Tâche von 1963: trocken, schlank, keine schlechte Frucht und zumindest interessant. *Zuletzt im Oktober 1983 verkostet* *

1964 ****

Ein wirklich sehr guter Jahrgang. Er erbrachte reiche, fleischige und ziemlich gehaltvolle Weine, die sich im Stil sehr vom 1962er und 1966er unterschieden. Auf einen außergewöhnlich harten Winter folgte eine perfekte Blüte im Juni. Der Sommer war heiß, fast zu heiß. Trockenheit dezimierte den Ertrag etwas, doch stellte sich zur Reife ideales Wetter mit abwechselnd Regen und Sonne ein. Ab 18. September konnten die Trauben bei idealen Bedingungen eingefahren werden. Man merkte bald, dass ein erstklassiger Jahrgang im Werden begriffen war und so wurden bei der Auktion der Hospices de Beaune Rekordpreise erzielt.

Zum 1964er liegen mir mehr Einträge vor als zu jedem anderen Jahrgang, doch entstanden sie überwiegend bis Mitte der 1970er. Seit den späten 1980ern sind mir leider nur noch sehr wenige Flaschen untergekommen.

Romanée-Conti Erstmals im Oktober 1967 bei der alljährlichen Handelsverkostung von Lebègue zusammen mit dem 1966er verkostet. In diesem jungen Stadium erwartungsgemäß farbschwach und sehr unentwickelt, aber mit schönem Geschmack und Potenzial. Dann ein Quantensprung von fast 30 Jahren. Noch immer eher blass bis mitteltief, jetzt aber vollreif; die Nase still und selbstzufrieden, doch gut. Der Geschmack hatte wesentlich mehr zu bieten, ziemlich »süß«, körperreich, reich, kraftvoll, geschmacksintensiv, noch immer mit seidigen Tanninen. *Zuletzt im Juli 1996 in Prinz Löwensteins Keller in Ham degustiert* **** *Befindet sich auf dem Höhepunkt, wird aber weiter zufrieden stellen.*

Grands-Echézeaux DRC War im Gegensatz zum 1961er, 1962er und 1966er bei der Lebègue-Verkostung von 1967 seltsamerweise nicht dabei. 1971 blass und unentwickelt, 1972 ein »süßer«, pikanter Stil, »der sich gut entwickeln könnte«. Fast 20 Jahre später: mittelblass, schimmernd, reif; »süße«, fleischige Nase mit einem Anflug von »nassen Kartons«; ziemlich »süß«, Geschmack und Länge gut, zwar voll ausgereift, aber noch immer griffig. *Zuletzt im Oktober 1991 bei einer DRC-Verkostung der New Yorker Wine-Experience-Veranstaltung degustiert* ****

Aloxe-Corton, Vieilles Vignes Michel Couvreur Sélection Thévenot bereitete diesen Wein eigentlich aus Trauben von 20-jährigen Reben. Ich verkostete ihn erstmals 1972 im Dorf Bouze-lès-Beaune. Nach fast 20 Jahren noch immer sehr angenehm, lebendig, griffig. *Zuletzt im September 1990 verkostet* *** *Wird auch weiterhin gut zu trinken sein.*

Chapelle-Chambertin Leroy War der erste Jahrgang einer »Serie« mit sechs 1964ern von Leroy: sehr wohlriechendes Bukett; »süß«, weich, sehr reich, gute Länge. Köstlich. *Im März 2002 bei Jaegers Verkostung degustiert* **** *Austrinken.*

Ch. Corton-Grancey L. Latour Ich hatte mehr erwartet, als ich ihn zehn Jahre nach der Lese das erste Mal in den Büros des Londoner Importeurs verkostete. Zwei Jahre später präsentierte er sich bei einem Essen mit Louis-Latour-Weinen in besserer Verfassung: pflaumenfarben; »süß«, reich, recht seidig, aber nicht fein und meiner Ansicht nach etwas »gekocht«. Bei der Latour-Vertikalverkostung, die ich für die Hollywood Wine Society leitete, zeigte er allerdings in der Nase eine gute, kirschartige Frucht; »süß«, weich, abgerundet, »wärmend«, köstlich, aber nicht groß. *Zuletzt im März 1998 verkostet* ***

Corton, Hospices, Cuvée Charlotte Dumay Leroy Mittelblass, ein Hauch von Kirschrot; anfangs ein Alterston, der sich jedoch bald verzog, leicht angesengte, für den 1964er-Jahrgang typische Hitzespuren, »süße« Frucht; guter, reicher, nussiger Geschmack. Trockener Abgang. *Im März 2002 bei Wilfred Jaegers Verkostung degustiert* ***

Moulin-à-Vent, Vieilles Vignes L. Latour Von Frederick Wildman importiert. Gute Farbe; leicht essigsauer; am Gaumen besser, trocken, ein rauer Einschlag und sandige Textur. Diente Wilf als »Kuckucksei«, wobei er sich an einigen meiner in den 1970ern entstandenen Einträge über ein paar Moulin-à-Vent-Flaschen von 1947 orientierte, von denen einer einem festen, reifen Pinot zu ähneln begonnen hatte. Dieser hier wirkte aber zweifelsfrei wie ein müder Gamay (danach ist man immer klüger). Trotzdem ein guter Versuch. *Im März 2002 bei Wilf Jaegers Verkostung großer Burgunder degustiert* *

Musigny J. Drouhin Der erste von sieben blind verkosteten Musignys von 1964: mittelblass, leichter Rosaton, offener, reifer Rand; »süß«, attraktiv, zart duftend, öffnete sich würzig und hielt gut aus (zweieinhalb Stunden lang); am Gaumen ziemlich »süß«, passabler Körper (13 % Alkohol), leicht kiesige Textur, trockener Abgang. *Im März 2002 bei Wilfred Jaeger verkostet *** Bald trinken.*

Musigny, Vieilles Vignes Coron Auf dem Etikett stand: »Erzeugt von de Vogüé, Besitzer, in Chambolle-Musigny … abgefüllt und versandt von Coron Père et fils … exklusiv importiert für Esquin Imports«. Ich kannte Esquin gut – er gehörte Ende der 1960er und in den frühen 1970ern zu den ersten Christie's-Kunden. Mitteltief; ziemlich hochgetönte Pinot-Nase nach »gekochten Roten Beten«, wobei mir diesmal auch eine erdbeerartige Entwicklung auffiel; trocken, streng, passabler Körper (13 % Alkohol), etwas spitzig, aber mit köstlichem Geschmack. *Im März 2002 bei Wilfred Jaeger verkostet* ***

Musigny Faiveley Angenehmes Erscheinungsbild; »süß«, sehr attraktiv, voll ausgereift, schließlich mit Erdbeernote; »Süße« und Geschmack angenehm, reich, geradlinig. *Im März 2002 auf Wilfred Jaeagers Verkostung degustiert* ***

Musigny Leroy (auf dem Etikett »Le Roy«) Gute Farbe; zunächst ein essigsaurer Einschlag, verschlossen, entwickelte aber innerhalb von 45 Minuten einen exotischen Erdbeermarmeladeduft, zu dem der trockene, etwas grobe und kurze Geschmack einen starken Kontrast bildete. *Im März 2002 bei Jaeger verkostet* *

Musigny J. Prieur Von Wildman importiert. Tiefe, aber ziemlich unattraktive Farbe; sehr »süße«, leicht malzige Nase, die im Glas eine süße Karamellbonbon- oder Butterkeksnuance entwickelte; »mittelsüß«, stämmig, keine schlechte Frucht, aber seltsam. *Im März 2002 bei Jaeger verkostet* *

Musigny, Vieilles Vignes de Vogüé Ansprechende Farbe; ausgeprägt blumiges Bukett, leicht angesengt, entwickelte einen fast Cabernet-franc-artigen Himbeerduft; trocken, absolut köstlich im Geschmack und große Länge. Der Alkoholgehalt betrug zwar angeblich nur 11,5 %, aber man sagte mir, das sei lediglich ein wegen rechtlicher Vorschriften routinemäßig angegebener Wert gewesen. *Im März 2002 als Bestandteil von Wilfred Jaegers Leroy-»Serie« verkostet **** Bald trinken.*

Pommard, Epenots Leroy Wohlriechend, aber nicht sehr entgegenkommend, anfangs »süß« und mit Altersspuren, aber Geschmack, Tannin und Säure gut, ziemlich schlank, mit leicht rauem, trockenem Abgang. Ein recht guter Wein. *Im März 2002 bei Wilfred Jaeger degustiert ** Etwas knöcherig.*

Clos de la Roche J. Drouhin 1975 äußerst elegant, schön ausgewogen. Vor einiger Zeit in Aussehen, Nase und Geschmack alternd, aber stilvoll. Das Bukett entwickelte sich gut, verblasste dann allerdings; am Gaumen kraftvoll, musste jedoch getrunken werden. *Zuletzt im April 1992 bei einem Essen des Saintsbury Club in der Vintners' Hall degustiert *** Austrinken.*

Clos de la Roche Leroy Blässlich, weich; gute Frucht, wie viele alte Burgunder, »süß-sauer«, klassischer Geschmack, schlank, trocken, gute Länge. *Im März 2002 bei Wilfred Jaeger verkostet* ***

Romanée-St-Vivant Leroy Eine Spur Kirschrot; sehr »süße«, attraktive Vanillenase, entfaltete sich mit Mokkaton; auch am Gaumen sehr »süß«, zum Kauen, leicht angesengter, ansprechender Nachgeschmack. *Im März 2002 bei Wilfred Jaeger verkostet* ****

Savigny-lès-Beaune Leroy Sehr »süße«, lebhafte Frucht, vegetabil; reich, guter Körper, ein rauer Anflug und ziemliche Säure. *Im März 2002 im Rahmen der Leroy-»Serie« bei Wilfred Jaegers Verkostung degustiert* ***

Volnay, Clos des Chênes Ropiteau Blässlich, weich, reif, orange-rötlichbraune Hagebuttenfarbe; mit einer ausgeprägten Note gekochter Roter Bete, ein echter Pinot eben; »süß«, gefällig, vollreif, am Gaumen mit einem winzigen Anflug von Wildgeschmack, gute Säure, attraktiv. Eine Kuriosität, die ich in meinem Keller entdeckte. *Sie bereicherte im März 2000 ein bescheidenes Abendessen zu Hause* ***

Grands und Premiers crus

In Burgund rangieren Premiers crus (erste Gewächse) hinter den Grands crus (großen Gewächsen). Der Adelstitel Grand cru ist 34 erstklassigen Lagen (in Chablis, an der Côte de Nuits und der Côte de Beaune) vorbehalten. Premiers crus sind wesentlich zahlreicher zu finden.

Das ist etwas verwirrend für alle, die eher mit der Bordelaiser Klassifizierung vertraut sind, in der ein Premier cru die höchste Qualitätsstufe (im Médoc und in Sauternes) darstellt. Noch verwirrender ist die Rangordnung in St-Emilion, wo Premiers grands crus classés die Spitzenstellung einnehmen, gefolgt von Grands crus classés und einer großen Schar von Grands crus auf dem dritten Rang. In Bordeaux liegt ein Premier cru classé wie Château Lafite außerdem ausschließlich in der Hand eines einzigen Eigentümers, der die darauf wachsenden Trauben auch allein pflegt und zu Wein verarbeitet. In Burgund hingegen kann eine Grand- oder Premier-cru-Lage unter mehreren Besitzern aufgeteilt sein, deren Erzeugnisse sich in Stil und Qualität zum Teil erheblich voneinander unterscheiden.

AUS DEN VIELEN, ZULETZT IN DEN 1980ERN VERKOSTETEN 1964ERN RAGEN FOLGENDE HERAUS: **Richebourg** DRC *****; **Chapelle-Chambertin** Leroy ***; **Grands-Echézeaux** Leroy ***; **Mazis-Chambertin** Leroy *****; **Nuits-St-Georges, Premier Cru** Leroy *****; **Clos des Corvées** Leroy ****; ein **Musigny** aus Pierre Ponnelles Privatkeller ****; eine **Musigny**-Magnum von Avery ****; **Nuits-St-Georges, Porrets-St-Georges** H. Gouges ****; **Nuits-St-Georges, Les Pruliers** H. Gouges ****; **Romanée-St-Vivant** L. Latour ****; **Volnay, Caillerets** Le Pousse d'Or ****

UND DIE BESTEN ÄLTEREN EINTRÄGE **La Tâche**; **Beaune, Hospices, Clos des Avaux** Eine Abfüllung von de Villamont; **Bonnes-Mares** de Vogüé; **Chambertin** Trapet; **Chambertin** A. Rousseau; **Chambolle-Musigny, Amoureuses** Roumier; **Corton, Bressandes** Thévenot; **Latricières-Chambertin** J. Regnier; **Nuits-St-Georges** H. Gouges.

1965

Ein im wahrsten Sinne des Wortes hinweggespülter Jahrgang, der vielleicht fürchterlichste der Nachkriegszeit. In einigen Distrikten lag die Zahl der Sonnenstunden unter denen von 1910. Anfang September waren die Weinberge vom Regen völlig durchweicht. Der Reifeprozess hatte noch gar nicht eingesetzt und in den kleinen Trauben mit dicht gedrängt wachsenden Beeren breitete sich die Fäule rasch aus. Am 8. September fegte der schlimmste Sturm seit Menschengedenken über Burgund hinweg. Die Erde wurde die Hänge hinuntergeschwemmt; die Weinberge schwammen buchstäblich davon. Am 12. Oktober begann die Lese, in deren Verlauf sich die Sonne durchsetzte. Die Domaine de la Romanée-Conti, die wie üblich spät mit der Ernte begann, konnte etwas Wein bereiten.

The Wine & Spirit Trade Record, eine Monatszeitschrift mit langer Tradition, war schlecht beraten, als sie schrieb: »Die Weine des 1965er-Jahrgangs sind in den meisten Fällen von ausgezeichneter Qualität.« Wahrscheinlich stammte die Information von demselben Korrespondenten, der auch schon 1963 als »zweifellos gutes Jahr« bezeichnet hatte. Bald darauf wurde das einst renommierte Handelsjournal eingestellt. Der Herausgeber, mein alter Freund Hector King, war der Erste, der mein *Wine Tasting* (dt. *Weine prüfen, kennen, genießen*) zu schätzen wusste und 1963 herausbrachte. Ich werde nie erfahren, ob mein bis dato einzigartiges Buch die Zeitschrift vom Markt fegte oder der *Record* sich mit seinen begeisterten Berichten zu den zwei schlimmsten Burgunder-Jahrgängen aller Zeiten selbst ins Aus manövrierte.

Ich habe vier 1965er verkostet, zwei davon von der DRC: 1972 degustierte ich den **La Tâche** nach einer DRC-Verkostung bei Christie's, wo er als leichter Essensbegleiter serviert wurde, und 1974 bei der Lebègue/DRC-Verkostung im Londoner Restaurant Quaglino: ziemlich blass, minzig, rau und säurebetont. Als Nächstes probierte ich ihn aus reiner Neugier bei einer Vertikaldegustation auf der Domaine, als er farbtiefer geworden zu sein schien, aber gleichzeitig zu braun war; merkwürdiger Duft; leicht, lebhaft, wohlschmeckend, aber noch immer säurebetont. *1983*; **Grands-Echézeaux**, ebenfalls bei den Verkostungen 1972 und 1974 degustiert: faserig, rau, dünn, unausgewogen.

1966 ★★★★

Gute Qualität und Quantität. Nicht groß, aber stilvoll. Die Sorte Wein, die ich mag. Die Saison begann nicht allzu vielversprechend: Im Frühjahr waren einige Hagelschäden zu beklagen. Auch der Sommer verlief nicht allzu gut, doch gegen Ende August besserte sich das Wetter. Der September war sonnig und mild; ein paar Regentropfen ließen die Trauben anschwellen. Gegen Ende des Monats wurde unter außerordentlich guten Bedingungen die Lese gestartet. Leider war ich nicht dabei, denn ich bereitete zu jener Zeit gerade meine erste Weinauktion vor, die am 11. Oktober bei Christie's stattfand (siehe Kasten Seite 540).

Romanée-Conti, eines meiner Lieblingsgüter in Burgund, hat seinen Beinamen »Juwel in der Perlenkette der Côte de Nuits« zweifellos verdient. Bei der ungewöhnlich frühen Präsentation der Weine im Jahr 1967 war der Romanée-Conti reicher und größer als die anderen DRC-Gewächse. Ein Jahrzehnt später nicht mehr so tief, reifer; reich, reif, immer noch mit gehöriger Kraft. 1984 und 1987 weich und klassisch. Kürzlich eine Flasche mit der Nummer 07054, ein Import von Wine Warehouse in Los Angeles. Mittelblass, »warm«, etwas schwacher, offener, bernsteingelber Rand; verschlossene, aber ausgewogene Nase; »süßer«, ausgezeichneter, lebhafter Geschmack, Gewicht und Länge schön, tanninbetonter Abgang. Eine entwaffnend »un«-tiefe, wenig überzeugende Farbe, doch der Wein zeigte sich in gutem Licht. *Zuletzt im März 2002 bei Wilfred Jaegers DRC-Verkostung degustiert* ★★★★

La Tâche Im Gegensatz zu früheren Jahrgängen war der jugendliche La Tâche schon auf der großen Lebègue-Verkostung im Herbst 1967 aromatisch und anregend. Fünf Jahre später gehörte er zu den Stars auf der Christie's/DRC-Degustation. Mitte der 1970er bei einer DRC-Verkostung keinesfalls blass und unbestimmt, sondern tieffarben und positiv, fast schon zu opulent, überschwänglich, samtig, dabei schwungvoll.

Im Mai 1983 stattete ich der Domaine mit Christopher Fielden und dem mittlerweile verstorbenen John Arlott, seines Zeichens Cricket-Sportreporter, Weinliebhaber und Weinautor, einen Besuch ab, um ein DRC-Buch zu besprechen. Bei dieser Gelegenheit lud man uns zu einer Vertikalverkostung von La-Tâche-Weinen ein. Der 1966er war tief; wohlriechend; lebhaft, reich, perfekt im Gleichgewicht (und der 1966er Montrachet, den wir bei einem sehr einfachen Essen danach bekamen, mehr als denkwürdig – er war der größte trockene Weißwein, den ich je getrunken habe). Nur einige Monate später begann er am Rand erste Reifespuren zu zeigen, während sein Bukett und der Geschmack voll erblühten, um nicht zu sagen, erglühten. 1992 grandios, seither noch dreimal verkostet: 1996 bei Prinz Rupert Löwenstein superb, eindringlich, »riesig und tanninbetont«, und zu Beginn des darauf folgenden Jahres innerhalb weniger Tage in New York ein leicht hölzernes, tanninbetontes Exemplar, das zum Essen in ein Restaurant mitgebracht wurde, dem man aber nicht genug Zeit ließ, sich zu öffnen, außerdem eine Flasche aus Tawfiq Khourys Keller mit vollreifem Aussehen, stämmig, würzig, »süß« und kraftvoll, mit bemerkenswerter, kräftiger Säure. *Zuletzt im Februar 1997 in New York verkostet. In Bestform* ★★★★★

Grands-Echézeaux DRC Offenbarte seinen reichen Gehalt schon im Oktober 1967, als er dem Handel erstmals vorgestellt wurde. 1971 präsentierte er sich bei einem Essen in der Nase und am Gaumen wunderschön entwickelt. 1972 zog ich ihn bei der Verkostung von Lebègue und Christie's dem 1962er und sogar dem 1966er La Tâche vor – was wirklich ein großes Lob war. 1977 hatte er etwas an Farbe verloren, war aber sehr reich und stellte das unnachahmliche »Pfauenrad« der DRC zur Schau. Kürzlich eine neu verkorkte Flasche: rötlich-hellbraun, reif, mit außergewöhnlicher, Pinot-typischer »Fischhaut«-Nase, die sich wohlriechend entfaltete; körperreich, sehr »süß«, ausgezeichnete Länge, tanninbetont. *Zuletzt im Juli 1996 bei Prinz Rupert Löwenstein verkostet* ★★★★(★) *Entwickelt sich noch weiter.*

Der Widerwillen der Burgunder gegen das Dekantieren

Ein reifer roter Burgunder hat in der Regel etwas Bodensatz – es ist mir daher ein Rätsel, warum die Burgunder nicht dekantieren! Ich persönlich befürworte das Dekantieren, ganz gleich, wie die Traditionalisten dazu stehen. Wer nicht dekantiert, braucht eine sehr ruhige Hand und muss das Glas zur Flasche bringen (nicht umgekehrt). Natürlich muss man mit dem Eingießen aufhören, sobald der Bodensatz den oberen Halsbereich erreicht hat. Ich kann mich noch daran erinnern, als einer meiner Gastgeber, ein bekannter Weinkenner, einmal eine Magnum des Richebourg – den Jahrgang habe ich vergessen – dadurch verdarb, dass er auf der Anrichte acht Gläser aufreihte, eines nach dem anderen bis zum bitteren Ende füllte und dabei jedem einen Teil des Bodensatzes quasi als tödliche Mitgift verabreichte! Das Dekantieren ist eine viel sicherere Angelegenheit.

Romanée-St-Vivant Marey-Monge/DRC 1966 verpachtete die Familie Marey-Monge der DRC einen Teil dieses bedeutenden Weinbergs. Erstmals bei der Vorverkaufsverkostung zur »Fifth Anniversary Premier National Auction of Rare Wines« degustiert, die ich 1973 in Atlanta, Georgia, leitete. Die Flasche stammte aus einem großen Burgunder-Keller des New Yorker Restaurants Le Pavillon: ein feiner, reicher Wein; trank sich gut. Zwei Jahre später: fabelhaft reich, »intensiv wohlschmeckend«, mit langem, trockenem Abgang. Vier weitere Einträge aus jüngerer Zeit, der erste entstand im November 1995 auf der Domaine und machte wieder einmal den eigenartigen Widerwillen der Burgunder gegen das Dekantieren offenkundig: eine leicht trübe Flasche; »süß«, kraftvoll, mit genug Tannin, um den aufdringlichen Käsesorten zu widerstehen. Am darauf folgenden Tag erneut bei einer Vertikaldegustation von St-Vivant-Weinen verkostet: fast ungesund »süße« Nase, Himbeeren, rosenähnlicher Duft; reicher, himmlischer Geschmack. Einen Monat später bei einer Vorverkaufsverkostung in New York: überschwänglich blütenduftige Nase; sehr reif, köstlich. Kürzlich beim Essen im Anschluss an eine »Nachfolge«-Vertikalverkostung: jetzt mitteltief, reife, aber gesunde Farbe; wohlriechend, Nase wie »verfeinerte Rote Bete«; »süß«, reif, schöner Geschmack, aber noch immer ziemlich säurebetont. *Zuletzt im Oktober 2001 auf der Domaine verkostet* ****

Echézeaux DRC Erstmals 1967 auf der Lebègue-Degustation verkostet: natürlich purpurfarben; sehr reich im Aroma und Geschmack. »Süß« und schwungvoll. 30 Jahre nach der Lese mittelblass, am Rand hellbraun, mit schönem warmem Schimmer; wohlriechende »fischige« Pinot-Nase; voll im Geschmack, eindringlich, gute Länge, tanninbetont. Im darauf folgenden Jahr zwei Einträge: jetzt hagebuttenfarben; herrliche weiche, angesengte Rote-Bete-Nase; sehr »süß«, mit ausgezeichneter Säure. Am nächsten Tag im selben New Yorker Restaurant gemeinsam mit dem La Tâche verkostet, wesentlich entgegenkommender und wieder sehr »süß«. Einen Monat später im März 1997 mit herrlich reifem Pinot-Duft, der zwar nach einer halben Stunde nachließ, doch der schöne, reife Geschmack dehnte sich im Mund aus. Köstlich, aber mit einer Spur von Verfall. Kürzlich sehr wohlriechend, eigenständig, Bukett und Geschmack entgegenkommend. Gewicht und Zustand perfekt. Trockener Abgang. *Zuletzt im Juni 1999 mit allen 1966ern bei der von Christie's veranstalteten »Verkostung des Jahrhunderts« degustiert, die Christopher Burr und ich auf der Vinexpo in Bordeaux leiteten* *****

Bonnes-Mares A. Ligneret Gute Farbe; leicht gekochte, schokoladige Nase, aber »süß«, füllig und mit recht gutem Geschmack. *Noch immer tanninbetont. Im Mai 1996 eine Flasche aus einem Schweizer Keller in Genf degustiert* **

Corton P. de Marcilly Vollreif, kein Rot mehr; man merkte ihm das Alter an, trockener Abgang. *Im November 1996 bei einer Vorverkaufsverkostung in Amsterdam degustiert* *

EINE REIHE SUPERBER 1966ER, DIE ICH ZULETZT IN DEN 1980ERN VERKOSTET HABE **Richebourg** DRC 1967 einfach nur als »reich« beschrieben. 1972 nicht mehr so farbtief, aber reich und eindringlich. 1984 mit »vollständig erwachtem« Bukett; trocken, voll, aber schlank. Fabelhafter Duft. *September 1984* ***** *Dürfte nach wie vor ausgezeichnet sein – bei guter Lagerung (die übliche Voraussetzung)*; **Chambertin** A. Rousseau Chambertin und Rousseau in Hochform. Herrlich. Kraft und Charakter. *Oktober 1987* *****; **Chambolle-Musigny** Leroy Noch immer rubinrot; entwickelte sich wohlriechend; »süß«, Frucht und Geschmack gut, schöne Säure. *Januar 1984* ***; **Corton, Clos de la Vigne au Saint** L. Latour Ein »Weltergewicht« unter den Corton-Weinen, sehr ansprechend. *Zuletzt im August 1989 verkostet* **** *Hält sich*; **Corton, Bressandes** Remoissenet Erstmals 1974 bei einer Avery-Verkostung degustiert: reich, gehaltvoll und trotz Ölkrise teuer. 1980 noch immer mit tiefer, intensiver Farbe, zwei Jahre später mit duftender »Schokoladenkuchen«-Nase; von Anfang bis Ende »süß«. Ein schwergewichtiger Corton. *Zuletzt im August 1982 verkostet* ****; **Musigny, Vieilles Vignes** de Vogüé Auf Khourys De-Vogüé-Degustation verkostet: klassisch, perfekt ausgewogen; fein, wohlschmeckend, Gleichgewicht und Länge. Ein Hauch der für 1966er typischen Schlankheit, aber hochklassig. *Oktober 1984* *****

AUS DEN FRÜHEN EINTRÄGEN RAGTEN FOLGENDE HERAUS: **Corton-Bressandes** Chandon de Briaille; **Gevrey-Chambertin** Dzikowsky; **Latricières-Chambertin** Trapet; **Nuits-St-Georges, Les St-Georges** H. Gouges; **Romanée-St-Vivant** Bouchard Père; außerdem drei ausgezeichnete **Clos Vougeot**: Drouhin-Laroze, Moreau-Fontaine und **Ch. de la Tour** von Morin.

1967 **

Nach dem Sublimen eine Rückkehr zum Profanen. Dabei hätte es ein guter Jahrgang werden können. Zunächst einmal erledigte die Natur mit verbreitetem Frost am 4. Mai den Rebschnitt. Der Sommer verlief warm und sonnig und wiegte die Erzeuger in Sicherheit. Aus Nachlässigkeit – oder kurzsichtigem Sparwillen – verzichtete man auf die Bestäubung zum Schutz der Trauben vor Krankheiten. Entsprechend katastrophale Folgen hatte im September eine ununterbrochene Regenperiode von zehn Tagen. Mit Beginn der Lese am 2. Oktober aber wurde es wieder schön. Einige Weine waren ausgesprochen alkoholreich, ansonsten variierte die Qualität sehr stark – was aber nicht nur an den beschädigten Trauben lag, sondern auch an der Ungeduld einiger Kellermeister, denen der Gärprozess zu lange dauerte.

Der Markt war allerdings sehr aktiv, obwohl die Folgen der Kreditrestriktion in Großbritannien die Nachfrage etwas dämpften. Es wurde merklich mehr Wein in Flaschen statt in Großgebinden an die britischen Weinhändler geschickt.

Zum 1967er liegen mir ebenso viele Einträge wie zum 1966er-Jahrgang vor. In den 1980ern habe ich jedoch nur noch wenige Flaschen verkostet und in letzter Zeit sogar nur mehr eine.

Romanée-St-Vivant Ich übergehe eine in den 1980ern degustierte Flasche mit Korkengeschmack und komme gleich zur nächsten, die 1995 als zweitältester von insgesamt 18 Jahrgängen bei einem Weinwochenende auf der Domaine geöffnet wurde. Zu meiner Überraschung eine ansprechende, reiche Farbe, noch immer rot (obwohl das oft auf hohe flüchtige Säure hindeutet); nicht minder überraschend die Nase und der Geschmack, beide reich und ausgewogen; gute Tiefe, »mittelsüß«, attraktiv, eher schlank, aber mit »scharfem«, trockenem, säurebetontem Abgang. *Zuletzt im November 1995 verkostet* **

WEITERE 1967ER, DIE IN DEN 1980ERN IN GUTEM ZUSTAND WAREN **La Tâche** 1972: blass, rosa getönt und pikant. Als Nächstes mit Orangeton; »süß«, oberflächlich; schlank, fest und drahtig. *Mai 1987* **; **Chambertin** Leroy Herbstlich braun; jetzt überraschend reich und gehaltvoll; guter Geschmack, aber spröde und kurz. *April 1985* **; **Mazis-Chambertin** Leroy Reiche Farbe; in der Nase reif; fest, lebhaft, Geschmack, Länge und Nachgeschmack anständig. Ein guter 1967er. *September 1984* ***; **Vosne-Romanée** Jean Grivot Sehr »süß«, samtige Textur, Tannin und Säure gut. *September 1984* ****; **Vosne-Romanée, Tasteviné** Clerget 1972 leicht, schlank, wohlriechend, später blass und vollreif; Vanilleduft; »bittersüß«, aber sehr gut trinkbar. *Zuletzt im August 1983 verkostet* ***

AUS DEN SEHR ZAHLREICHEN IN DEN 1970ERN VERKOSTETEN 1967ERN ragten insbesondere die folgenden Weine heraus: **Bonnes-Mares** L. Jadot; **Chambertin** A. Rousseau; **Gevrey-Chambertin, Clos de la Justice** Bertagna; **Musigny** de Vogüé;

Clos Vougeot Faiveley und Misserey; **Chambolle-Musigny** in einer bemerkenswerten Abfüllung von Avery.

1968

Schlechte Weine, dünn und unreif. Die Saison begann zwar gut, doch war es im Juni viel zu heiß. Dann machte sich die Sonne rar. Im Juli und August gab es zu wenig Sonne und zu viel Regen. Ende September begann man mit der Lese, doch der Schaden war nicht mehr gutzumachen. Der Markt betrachtete den Jahrgang als Katastrophe und die Hospices de Baune sagten sogar ihre Auktion ab, was nur ganz selten vorkommt.

ABGESEHEN VON EINIGEN BEAUJOLAIS-GEWÄCHSEN habe ich nur drei Weine aus Burgund verkostet: **Vosne-Romanée, Beaumonts** Pierre Ponnelle Zweimal 1983 degustiert: blass, orange-hellbraun; würzige, medizinale Nase; stark chaptalisiert, daher eine gewisse vordergründige »Süße«, wenig Körper, aber recht wohlschmeckend. Und in den 1970ern: **Romanée-Conti** Überraschend tief, aber zu stark geschminkt; **Fixin, Les Arvelets** G. Berthaud Ein leichter »Quickie«.

1969 *****

Ich glaube, es dauerte eine gewisse Zeit, bis man erkannte, dass der 1969er der bei weitem beste Jahrgang des ungewöhnlich guten Trios 1969–1970–1971 war. An der anfänglichen Geringschätzung waren vielleicht die Bordeaux-Liebhaber schuld, die nur zu gut wussten, wie mager und spitzig die Weine aus ihrer bevorzugten Region ausfielen, und deshalb auch für die Burgunder kein gutes Wort übrig hatten. Dabei lebt dieser Jahrgang gerade von seiner ausgezeichneten Säure, die ihn am Leben hält und stützt.

Am Beginn der Wachstumssaison stand ein kaltes, regnerisches Frühjahr. Die späte Blüte wurde zum Glück durch eine sehr schöne Reifephase im Juli und August wettgemacht. Sie ließ gut entwickelte Trauben wachsen, die sogar dem kalten und nassen September trotzten. Ab 5. Oktober fand bei außergewöhnlich schönem Wetter die Ernte statt, die einen kleinen Ertrag an gesundem, reifem Lesegut erbrachte.

Ich habe in den 1970ern und 1980ern eine ganze Menge 1969er verkostet, unter denen sich ungewöhnlich viele ausgezeichnete Kreszenzen befanden. Glücklicherweise sind mir auch vor kurzem noch einige köstliche Vertreter dieses Jahrgangs untergekommen.

La Tâche Neunmal verkostet, als Erstes bei einer verfrühten Lebègue-Degustation im Jahr 1972, als das Erscheinungsbild des Weins keine Rückschlüsse auf seine Fülle und Reichhaltigkeit zuließ. 1974 hatte er zwar eine tiefere Farbe als der 1970er, ließ am Rand aber allmählich etwas Reife erkennen – ein eigenartiger Schwebezustand, der einem amerikanischen Kunden nur schwer plausibel zu machen ist. 1983 bei der La-Tâche-Verkostung auf der Domaine fest, wohlschmeckend, schlank, dabei ausgewogen. Noch im selben Herbst hatte ich allerdings den Eindruck, als ob ihm das Flair des 1962ers oder des feinen 1966ers völlig fehlte. Es dauerte weitere sechs Jahre, bis er sich öffnete. Erst 1990 hatte er sich schön entwickelt und verströmte ein fabelhaftes Bukett bei aufregendem, verfeinertem Geschmack.

Auf Manfred Wagners La-Tâche-Vertikalverkostung 1998 eine offene, reife Farbe; in der Nase anfangs mit Altersspuren, öffnete sich aber sehr wohlriechend, mit Andeutungen an Tee und Erdbeeren; »mittelsüß«, voll, reich, schöne Textur und köstlicher Geschmack, fest, trocken, noch immer tanninbetont. (Aubert de Villaine erzählte uns, dass der La Tâche kurz vor Einsetzen des Reifeprozesses im Juli durch Hagel in Mitleidenschaft gezogen worden sei, was den Ertrag reduziert habe.) Unlängst eine Magnum kurz vor einer Verkostung von 1961ern bei Len Evans' Essen für den »Single Bottle Club«: sehr gute Farbe; ein vollendet ausgewogenes Bukett, das meines Erachtens einen Anflug von Vanille enthielt; herrlicher Geschmack, duftiger Nachgeschmack. Einfach vollkommen. *Zuletzt im September 2001 verkostet ***** Befindet sich auf dem Gipfel, hat aber noch viele Jahre vor sich.*

Grands-Echézeaux DRC 1972 blässlich und rosa, nicht annähernd so tief und purpurn, wie ich erwartet hatte; frisches, jugendliches, intensiv duftendes Aroma; trocken, im Stil trügerisch leicht, dabei fest und mit lebenserhaltender jugendlicher Säure. 23 Jahre nicht mehr verkostet, dann: voll ausgebaut; schöne, duftende Sortennase mit einem fleischigen Zug; ziemlich »süß«, mittleres Gewicht, duftiger, trockener Abgang. Schon erstaunlich, wie einen diese DRC-Weine zunächst auf eine verblüffende Art und Weise an der Nase herumführen, bis sie – wie beim Auslauf einer Achterbahn – mit einem Mal mühelos das letzte Stück Weg entlanggleiten. *Zuletzt im Januar 1995 bei Barry Phillips' »Silberjubiläumsdinner« im White Horse in Chilgrove verkostet* *****

Romanée-St-Vivant DRC Ziemlich tief, reiche Farbe; komplette, ausgewogene Nase, aber kantiger und nicht so entwickelt wie der 1971er; ziemlich »süß«, körperreich, fest, sehr gut, erfrischend und mit einer das Leben verlängernden Säure. Ein schöner Wein. *Zuletzt im November bei der St-Vivant-Vertikalverkostung auf der Domaine degustiert ****(*) Hat noch ein langes, untadeliges Leben vor sich.*

Bonnes-Mares de Vogüé Ein wunderbarer Wein, der seine Reise von Ann Arbor in Michigan zur Insel Saint-Barthélemy auf den Kleinen Antillen schadlos überstand. Ich bemerkte in der Flasche einen leichten, puderigen Bodensatz, nachdem ich ihn (klugerweise) dekantiert hatte: schöne Farbe; mit wunderschön reifer, eleganter Pinot-typischer »Rote-Bete«-Nase – wie es sich gehört; ausgezeichnet im Geschmack, große Länge, aber ein eigenartig tanninbetonter Abgang. Sehr erfrischend. *Im Februar 1999 bei Ron Weisers Essen auf Saint-Barthélémy verkostet* ****

Bonnes-Mares Clair-Daü Magnumflaschen: eine oxidiert, die andere reich, mit einem Hauch Pfefferminze; weich, anfangs ansprechend, zerfiel aber nach einiger Zeit im Glas. Lag es am Wein oder der Herkunft? *Beide Flaschen im März 1992 in Boston verkostet. In Bestform* **

Bonnes-Mares Drouhin-Laroze Ziemlich farbtief; recht gut; weich, angenehm, gut zu trinken, aber mit etwas bissiger Endsäure. *Im Oktober 1998 bei einem Essen des Saintsbury Club verkostet* ***

Bonnes-Mares A. Ligneret Mitteltief, reifes Aussehen; in Nase und Geschmack ziemlich »süß« und ansprechend reich. Trinkbar, aber auf keinen Fall hochklassig. *Im Mai 1996 bei einer Vorverkaufsverkostung in Genf degustiert* **

Corton, Clos Fiètres E. Voarick Der achte von insgesamt 15 Weinen, die zu einem Bankett unter dem Motto »Der Osten trifft den Westen im Süden« im Restaurant River Terrace auf Mud Island serviert wurden. Ich verkostete zwei Flaschen, die eine war ein bisschen verkorkst, verbesserte sich jedoch im Glas, die andere besser, wohlriechender. Beide aber enttäuschend. Schlecht gelagert. Man kann nicht zu vorsichtig sein. *Im September 1999 in Memphis, Tennessee, verkostet.*

Ch. Corton-Grancey L. Latour Ich meine mich erinnern zu können, dass dieser Wein der beste einer Reihe von Corton-

Grancey-Gewächsen war, die die Importeure Ende der 1970er vorstellten, kann aber den dazugehörigen Eintrag nicht finden. Auf jeden Fall war er eindeutig eine der herausragenden Provenienzen, die bei einer Vertikalverkostung mit acht Jahrgängen auf einem Seminar der Hollywood Wine Society geöffnet wurden: gute Frucht; trocken, fest, gute Länge. *Zuletzt im März 1998 verkostet* ★★★★

Echézeaux Leroy Offener, vollreifer Rand; etwas »gekochte« Pinot-Nase; ziemlich »süßer«, attraktiver Geschmack, gute Säure. Ein eher vordergründiger Wein, der gegen Kuhmilchkäse aus dem US-Bundesstaat New York keine Chance hatte. *Im Februar 1998 bei Stephen Kaplans Essen in Chicago verkostet* ★★★

Gevrey-Chambertin, Clos St-Jacques Fernand Pernot 1977 unglaublich tief, wohlriechend und komplex. 1984 eine beeindruckende Magnum. Ein paar Jahre später noch immer ziemlich tief; mit einem Bukett, das sich im Glas wohlriechend entwickelte; trotz des ansehnlichen Aufgebots an Tanninen und Säure deutlich »süß« und weich. Köstlich. Ein 1969er in Reinkultur. *Zuletzt im Januar 1990 beim Essen mit den Peppercorns verkostet* ★★★★ *Wahrscheinlich noch immer gut.*

Musigny, Vieilles Vignes de Vogüé Galt als Lieblingswein des Grafen. Auf Khourys De-Vogüé-Verkostung 1984 mit Orangeton; eigenständig und elegant, aber etwas spitzig. 1987 eine wesentlich bessere Flasche. Ein Jahr später wieder ein sehr reifer Orangeton, honigartiges Bukett, aber am Altern. Unlängst: attraktive Farbe; ausgesprochen reiche Sortennase; am Gaumen sehr »süß«, auf seine Art grandios, aber jetzt an der Grenze zur Überreife und »fast spitzig«. *Zuletzt im September 1997 bei einer Vorverkaufsverkostung in New York degustiert* ★★ *In britischen Kellern liegen vermutlich bessere Flaschen, aber seine Zeit läuft unerbittlich ab.*

Nuits-St-Georges, Les Argillières Thomas Bassot Wieder einmal eine Flasche aus einem US-Keller: blässlich, reif, Orangeton; eigenartige fleischige Nase wie altes Stroh; wohlschmeckend, aber erneut etwas spitzig. *Im Oktober 1996 auf einer Vorverkaufsverkostung in New York degustiert* ★★

Volnay, Caillerets Bouchard Père Mitteltief, reif; rauchige Pinot-Nase; trocken, reich, ausgezeichnet im Geschmack, sehr gute Säure. *Im Juli 1995 beim jährlichen Essen des III Form Club im Londoner Boodle's Club verkostet* ★★★

Clos de Vougeot Drouhin-Larose Frisches, lebhaftes Rubinrot; vorzügliches, lebhaftes Bukett, Geschmack, Tannin und Säure schön. Diesmal aus einem guten englischen Keller (unter der Vintners' Hall in London). *Im Oktober 1994 bei einem Essen des Saintsbury Club verkostet* ★★★★ *Muss vermutlich jetzt ausgetrunken werden.*

EINIGE DER BESSEREN, ZULETZT IN DEN 1980ERN VERKOSTETEN 1969ER **Richebourg** DRC *1986* ★★★★; **Beaune, Hospices, Clos des Avaux** (unbekannter Abfüller) *1986* ★★★★; **Chambertin** Leroy *1989* ★★★★; **Chambertin** Trapet *1989* ★★★★; **Echézeaux** DRC *1983* ★★★★★; **Gevrey-Chambertin, Cazetiers** Leroy *1984* ★★★; **Gevrey-Chambertin, Clos St-Jacques** Clair-Daü *1985* ★★★; **Clos de la Roche** Dujac *1981* ★★★★; **Clos Vougeot** Felix Clerget *1986* ★★★; **Clos Vougeot** Jean Grivot *1989* ★★★; **Clos Vougeot** Henri Lamarche *1984* ★★★; **Clos Vougeot** Mugneret *1987* ★★★★

1970–1989

Man kann die beiden Jahrzehnte zwar nicht unbedingt als turbulent bezeichnen, eine Periode großer Kontraste aber waren sie allemal – im Stil wie in der Qualität. Die 1970er begannen zunächst gut, doch bald war Schluss mit dem fast schon übertriebenen Boom. Hinzu kamen schlechte Wetterbedingungen, die für den 1973er, 1974er und 1975er katastrophale Folgen hatten. Der fürchterliche 1977er-Jahrgang zwang die Spitzenkellereien, das Lesegut mit großer Sorgfalt zu selektieren. Erst in den 1980ern bekam man die Regelung der Gärtemperaturen unter problematischen Bedingungen in den Griff. Der 1978er fiel jedoch hervorragend aus.

Eine wichtige Rolle spielte damals der Beitritt Großbritanniens zur EWG, auch wenn man das heute nicht so gerne hört (und vielleicht wohlweislich vergessen hat). Bis 1971 wurden Ernten, die die zulässige Menge überschritten, nicht einfach deklassiert, sondern man »wusch« die Überschüsse, indem man sie nach Großbritannien exportierte, wofür man lediglich eine Versandrechnung brauchte – das vorgeschriebene *acquit vert* blieb europäischen Kunden vorbehalten. Der britische Handel nahm mit Genugtuung zur Kenntnis, dass er die Rosinen aus dem Kuchen erhielt, während die Kollegen auf dem Kontinent in den Genuss der minderwertigen, aber durch offizielle Bestimmungen verkehrsfähigen Weine kamen. Die Ankunft der »wahren Burgunder« traf die Engländer daher wie ein Schlag, denn statt der farbtiefen, schokoladigen Gewächse, an die sie gewöhnt waren, setzte man ihnen fast nicht mehr wiederzuerkennende Rote vor, die oft viel blasser waren und ganz anders schmeckten als die geschickt komponierten Kreszenzen aus der guten alten Zeit. Manche Fachleute mutmaßten sogar, dass die Erzeuger ihre Bereitungsmethoden geändert und den Gärprozess beschleunigt hätten, um die Weine schneller auf den Markt bringen zu können. Vielleicht steckte mehr als nur ein Körnchen Wahrheit darin, denn die Vinifizierung war damals immer noch ein Glücksspiel.

Eine wichtige Entwicklung waren die Bestrebungen mancher Erzeuger, die *négociants* zu umgehen und ihre Weine selbst abzufüllen, wenngleich der überwältigenden Mehrheit der Winzer sowohl der Anreiz als auch das Know-how zur Direktvermarktung fehlte. Doch die Erzeugerabfüllungen bekamen weiteren Auftrieb durch die Eröffnung der Autobahn nach Paris im Jahr 1976 und einer Abfahrt ganz in der Nähe von Beaune. Damit rückte die Côte d'Or für die immer zahlreicheren Direktkäufer in erreichbare Nähe.

Rückblickend kann man sagen, dass die 1980er-Jahre in Burgund nicht so erfolgreich verliefen wie in Bordeaux. Dennoch verkörpern zwei Jahrgänge meines Erachtens die Quintessenz des köstlichen Burgunders. Qualitativ und wirtschaftlich ging es in dieser Dekade jedenfalls steil nach oben und der 1985er sowie der 1988er gehören zu den ansprechendsten Jahrgängen der jüngeren Zeit.

Vor allem unter den *vignerons* war aus meiner Sicht auch eine veränderte Einstellung zu beobachten. Die jüngere Winzergeneration hatte zwar nicht die Erfahrung ihrer Altvorderen, doch verfügte sie über die bessere technische Qualifikation und ging ihrer Arbeit auch mit mehr Innovationsgeist und Qualitätsbewusstsein nach. Während die Väter noch ihren eigenen Weg gingen, interessierten sich die Söhne und Töchter für das, was ihre Berufskollegen bewerkstelligten; sie verglichen sogar ihre Ergebnisse und verkosteten gegenseitig ihre Weine. Mit der Gründung des Bureau Interprofessionnel du Vin de Bourgogne (BIVB) klang das Jahrzehnt aus.

Die Jahrgänge auf einen Blick

Hervorragend *****
1978, 1985, 1988

Sehr gut ****
1971, 1986, 1989

Gut ***
1972, 1976, 1979, 1980 (u), 1983 (u), 1987

1970 **

Einer der Jahrgänge, »die mit einem Paukenschlag auftraten und sich mit einem Misston verabschiedeten«. Er bildete einen willkommenen Puffer zwischen den beiden überragenden Jahren 1969 und 1971. Außerdem richteten die Briten ihr Augenmerk auf Bordeaux und konzentrierten sich auf den 1970er aus dieser Region, der sich aber als überbewertet erwies.

Abgesehen von einem missratenen Frühjahr verlief die Wachstumssaison überdurchschnittlich. Auf eine erfolgreiche Blüte folgte ein sonniger Juli. Das gute Wetter hielt bis zur Lese ab Ende September an und setzte sich auch noch im Oktober fort, sodass man einen hohen (zu hohen) Ertrag reifer Trauben ernten konnte. Zunächst begrüßte man den Jahrgang mit einer gewissen Euphorie, weshalb die Preise bei der Versteigerung in den Hospices de Beaune im November alle Rekorde brachen. Doch den Weinen fehlte es an fester Säure und – obwohl sie anfangs attraktiv erschienen – auch an Kraft. Es mag nicht ganz fair sein, aus den relativ wenigen Einträgen einen generellen Schluss zu ziehen, doch ich bin davon überzeugt, dass sich die Anschaffung der meisten 1970er nicht lohnt.

La Tâche Ein halbes Dutzend gleichmäßig über die Jahre verteilter Einträge, der erste von der Lebègue-Verkostung 1974: deutlich blass, aber wohlschmeckend, mit einer Spur jugendlicher Säure. Als Nächstes 1983 auf der La-Tâche-Vertikalverkostung: sehr wohlriechend, aber auch eine gewisse Härte, außerdem trocken. 20 Jahre nach der Lese eine reiche, reife und komplexe Magnum, eindringlich und mit guter Länge. Harmonisch, aber »ein bisschen wenig Schwung«. Dann eine Flasche beim Neujahrsessen 1994 auf dem Land. Ich notierte mir eine Füllhöhe von 4,5 cm unterhalb des Korkens. Vollreifes Aussehen mit Hagebuttenfarbe, einem Anflug von Orange und einem zitronengelb-hellbraunen Rand; ansprechende, reiche, angesengte Pinot-Nase; spürbar trocken, gutes Gewicht, attraktiver »Rote-Bete«-Geschmack und -Nachgeschmack. Vier Jahre später auf Wagners La-Tâche-Vertikalverkostung: blässlich, ansprechend, offen; wieder »angesengt«, »süßes«, ausgewogenes Bukett, das aber nach einer Stunde im Glas verblüht war; Geschmack nicht schlecht, aber jetzt zu wenig Frucht, ziemlich hart, mit trockenem Abgang. Unlängst: duftendes Bukett; wohlschmeckend, aber mit brandigem alkoholischem Abgang, überraschend kantig und rau vor dem »Täubchen *en vessre (sic)* mit Südstaaten-Getreide«. *Zuletzt im September 1999 beim Einführungsessen des frischgebackenen »Mr. Gourmet« Hal Lewis in Memphis verkostet *** Austrinken.*

Grands-Echézeaux **DRC** Nur ein einziger, nicht allzu aktueller Eintrag: ziemlich tief; würzig; beeindruckend. *Im Januar 1990 beim Essen in San Juan verkostet. Damals ***(*) Dürfte sich nach wie vor gut trinken.*

Chapelle-Chambertin **Bouchard Père** Mehrere Einträge aus einem Zeitraum von zehn Jahren. 1980 blässlich, hübsche Farbe; ziemlich reich in der Nase, aber insgesamt trocken und ohne den Stil und Geschmack, den ich erwartet hatte. Zehn Jahre später blass, orange getönt; »feuchter Karton«, trocken, nicht schlecht, aber nicht gut genug. *Zuletzt im Januar 1990 verkostet * Zeitverschwendung.*

Corton **Dom. du Ch. de Beaune** Mittelmaß in jeder Hinsicht – im Erscheinungsbild, der Nase, der »Süße« und dem Gewicht. Voll ausgebaute Nase, etwas »bauschig zart«, weich, musste getrunken werden. Was wir denn auch getan haben: Er begleitete einen Rehrücken. *Im Oktober 1994 bei einem Essen des Saintsbury Club verkostet ***

Morey-St-Denis **L. Latour** Mehrmals verkostet, das erste Mal 1977: trocken, elegant, guter Geschmack, fest. Hatte noch Potenzial. Später weich, aber mit genug Tannin und Säure, um ihn zusammenzuhalten. Ansprechend, aber nicht aufregend. *Im August 1990 verkostet. Damals ***, aber jetzt austrinken.*

Musigny **Dom. Jacques Prieur** Mitteltief; gekochte Rote Bete; »süß«, reich, sehr gut trinkbar, aber nicht mit der Eleganz oder dem Charme, wie sie für einen Musigny charakteristisch sind. *Im September 1999 bei Hal Lewis' »Mr.-Gourmet«-Essen verkostet *** (gerade noch).*

UND ZWEI ENTTÄUSCHENDE WEINE **Chambolle-Musigny, Les Amoureuses, Réserve des Taillandiers** Gute Farbe, aber auch nicht viel mehr; gekochte Nase; kein schlechter Geschmack, spitziger Einschlag. *Im Mai 1996 in Genf verkostet*; **Morey-St-Denis** **L. Latour** Füllhöhe 5 cm unter dem schlechten Korken – kein gutes Zeichen. War auch tatsächlich nicht gut: oxidiert. Eine Katastrophe. Ich hatte den Wein schon geraume Zeit im Keller gehabt und ihn natürlich unter tadellosen Bedingungen gelagert, musste ihn aber letztendlich durch einen 1970er Giscours ersetzen. Man kann nicht immer Glück haben. *Im Mai 2001 vor dem Essen zu Hause verkostet.*

EINIGE ZULETZT IN DEN 1980ERN VERKOSTETE 1970ER **Bonnes-Mares** **de Vogüé** In der zweiten Hälfte der 1970er recht attraktiv: ansprechende Farbe; in der Nase und am Gaumen klassisch, aber ohne das Flair, die Eleganz und den Stil eines Bonnes-Mares in Bestform. Weich und komplett ausgereift. *April 1980. Damals *** Austrinken*; **Chambolle-Musigny, Amoureuses** **de Vogüé** Enttäuschend. Mit einem übertriebenen Duft, den meine Frau als »Fischleim und Paraffin« beschrieb. *Oktober 1984 **; **Corton, Clos du Roi** **Pierre Ponnelle** Reif, angesengt, gefällig, trocken, kommerziell. *Mai 1986 ***; **Corton, Maréchaudes** **Mérode** Mehrere Einträge. Bis Ende der 1970er zwar blass, aber ganz duftend. Mitte der 1980er allerdings am Verblühen, verlor seine Farbe – kein Rot mehr, schließlich mit öliger, übertriebener Nase und hefigem Abgang. *Mai 1986*; **Corton, Pougets** **L. Jadot** 1977 reich und kraftvoll, 12 Jahre später: blasser, »süße« Nase, köstlicher Geschmack. *April 1989 *** Wahrscheinlich noch immer gut trinkbar*; **Gevrey-Chambertin** **L. Latour** 1977 voll ausgereift. Mit 18 Jahren schwache Nase, uninteressant. Nur ein für den schnellen Verkauf gedachter Village-Wein (im wahrsten Sinne des Wortes). *April 1988 * Kann man vergessen*; **Gevrey-Chambertin** **Leroy** So blass, dass ich ihn für einen 1977er hielt, obwohl sich das Bukett schön öffnete. Trocken, offen gewirkt, dabei fest. Gute Länge. *September 1984. Damals *** Schleppt sich jetzt wahrscheinlich nur noch mühsam voran*; **Gevrey-Chambertin, Combe aux Moines** **Faiveley** Orangeton; Nase und Geschmack fast dekadent »süß«. Trotzdem ganz ordentlich. *September 1988. Damals ***, jetzt wahrscheinlich auf dem absteigenden Ast*; **Musigny, Vieilles Vignes** **de Vogüé** Rosa Wangen; »süßes«, schokoladiges, duftendes Bukett; am Austrocknen und etwas hart für einen 1970er, hat aber wahrscheinlich noch mehr zu bieten. *Oktober 1984. Damals ***(*) Trinkt sich jetzt vermutlich gut*; **Vougeot, Clos de la Perrière** **Bertagna** Blass, rosiger Ton; verschlossen, leichtgewichtig, trocken, recht gut. *November 1986 ***

Aus den anderen in den 1970ern verkosteten Weinen ragen nur wenige heraus, sodass es sich nicht lohnt, näher auf sie einzugehen.

1971 ****

Der solideste und aus meinen Einträgen zu schließen mit Abstand verlässlichste des Trios 1969, 1970 und 1971. Er stand zwar im Ruf, etwas hart, unnachgiebig und »untypisch« zu sein, doch gerade in dieser Hinsicht hat er sich in den letzten 30 Jahren sehr gut weiterentwickelt. Zur Blüte herrschten etwas wechselhafte Bedingungen, und ein schwerer Hagelsturm im August zog vor allem die Côte de Beaune in Mitleidenschaft, ansonsten aber verlief die Saison zufriedenstellend. An das schöne Wetter in der ersten Septemberhälfte schloss sich ab 16. September die Lese an, bei der man eine kleine Ernte reifer Trauben einfuhr. Die bedeutenden Weingüter und Spitzen-*négociants* bereiteten wunderbare Kreszenzen, die noch immer köstlich sind. Wie immer sollte man die für den Massengeschmack produzierten Kommerzweine meiden.

Romanée-Conti 1974 trügerisch weit entwickelt, wurde jedoch im Verlauf der nächsten neun Jahre farbtiefer und voller. Im Mai 1983 mit opulentem, hervortretendem Wohlgeruch; ein »süßer«, mächtiger, komplexer und kompletter Wein. Kürzlich eine Flasche mit der Nummer 02835 und der Kennzeichnung »Imported by W&S Specialty, Kansas City« zusammen mit dem 1978er verkostet. Mitteltief, warm, weich, offen; verhaltener als der 1978er, aber sehr gut, mit einer unverfälschten, klassischen Pinot-Nase, die sich wohlriechend entfaltete; sehr »süß«, sehr reich und komplett – alle Komponenten in vollem Umfang vertreten und gut integriert, mit einem Extrakt, der das

Tannin kaschierte (13 % Alkohol). Herausragend. *Im März 2002 bei Wilfred Jaegers unvergleichlicher Romanée-Conti-Verkostung in seinem Haus in den Bergen südlich der San Francisco Bay degustiert* *****

Verschneiden und Strecken

Bevor Großbritannien 1971 der EWG beitrat, war das Strecken und Verschneiden von Wein unter den burgundischen négociants *und britischen Händlern eine weit verbreitete Praxis. Man »verbesserte« natürlich vor allem die bekannten Village-Namen von der Côte d'Or zwischen Gevrey-Chambertin im Norden und Santenay im Süden, außerdem praktisch alle marktgängigen Appellationen dazwischen. Die Gewächse wurden aus mehreren Gründen verfälscht: Einerseits wollte man beispielsweise einen Pommard – neben dem Nuits-St-Georges der gefragteste Burgunder – billiger als die Konkurrenz feilhalten. Andererseits sollte dem Verbraucher aber auch die Art von Burgunder geboten werden, die er seit Generationen gewöhnt war.*

Zwei Beispiele sollen die Problematik veranschaulichen. In den 1960ern sprach ich eines Tages mit einem bekannten, hoch angesehenen négociant *aus Beaune beim Essen über das Problem der Weinpanscherei und -fälschung. Mein Gastgeber erzählte mir daraufhin von einer Zwickmühle, in der er sich einmal befunden hatte: Eine große britische Hotelgruppe hatte eine große Zahl von Barriques eines berühmten* Grand cru *bestellt, die dessen Durchschnittsproduktion bei weitem überstieg. Da der* négociant *keinen guten Kunden verlieren wollte, erfüllte er den Auftrag und meinte unbekümmert, wenn er es nicht getan hätte, hätte ein anderer Händler einen noch schlechteren Wein geliefert.*

Als ich 1957 bei Harvey's tätig war, nahmen Harry Waugh und ich eines Tages drei Santenay-Gewächse mit nach Burgund, die wir von zwei Importeuren, darunter einem Direktimporteur, gekauft hatten. Dann luden wir einen örtlichen Makler und drei, vier Erzeuger aus Santenay zu einer Blindverkostung ein. Sie beschrieben den ersten – die Art Wein, die Harvey's britische Kunden als »Bonne-Cuisine«-Burgunder schätzten – ohne zu zögern als gut gemachte Komposition, die vermutlich einen beträchtlichen Anteil von Côtes-du-Rhône-Wein enthielt. Den zweiten, eine tieffarbene, dichte, »süße« Version, charakterisierten sie als goût américain, *womit sie andeuteten, dass er mit Wein aus dem Midi oder sogar aus Algerien »gedopt« worden war. Und den dritten, ein ziemlich blasses Gewächs mit ungewöhnlichem Geschmack, identifizierten sie einstimmig als »wahren Santenay«.*

Auch die Briten aber bekamen zum Teil verschnittene und gestreckte Produkte vorgesetzt: Einige der renommiertesten Weinhändler im Königreich peppten ihre bewunderten Burgunder mit Port oder sogar Brandy auf.

La Tâche Neun Einträge. Bei Lebègues Eröffnungsverkostung 1974 rosa angelaufen und hochgetönt, 1977 noch zurückhaltend, aber nach zehn Jahren öffnete er sich wohlriechend. 1982 dann Magnumflaschen: »Ambrosische Rote Bete«, reich, aber nach wie vor tanninbetont. 1983 kam ich auf der Domaine in den seltenen Genuss einer so genannten »Diagonalverkostung«, das heißt, einer gleichzeitigen Vertikal- und Horizontaldegustation mit allen anderen DRC-Kreszenzen von 1971, bei der der 1971er La Tâche vergleichsweise verhalten wirkte. Hardy Rodenstock servierte 1989 eine Jeroboam: Der Inhalt war trotz seiner kräftigen Tannine etwas »süßer« geworden, zeigte gute Farbe und einen wundervollen Duft. 1992 eine weitere Jeroboam bei einem Essen der Bacchus Society in Boston zu meinen Ehren: ein wundervoller Wein mit »mehrdimensionaler« Frucht, Körper, Länge und Tannin. Kürzlich auf Manfred Wagners Vertikalverkostung: noch immer gute Farbe; herrlich duftendes, anhaltendes Pinot-Bukett, »süß«, großartig im Gleichgewicht. *Zuletzt im April 1998 in Zürich verkostet* ***** *Hat noch ein langes Leben vor sich.*

Richebourg DRC Es erstaunt mich immer wieder, wie unterschiedlich die DRC-Gewächse ausfallen können, obwohl die Rebflächen nah beieinander liegen und die Weine im selben Keller bereitet werden. Bei der Lebègue-Eröffnungsverkostung 1974 waren der »geröstete« Richebourg und der La Tâche einander völlig entgegengesetzt. 1977 weich und abgerundet, auf der Horizontalverkostung 1983 farbtiefer als früher, ja, sogar der dunkelste und intensivste aller DRCs von 1971 (DRC-Gewächse haben die ganz außergewöhnliche Fähigkeit, mit zunehmendem Flaschenalter mehr Farbe anzunehmen), mit einer sich ausdehnenden, reichen Pinot-Nase und einem ebensolchen Geschmack. Kürzlich eine Magnum: noch immer reiche Farbe, aber mit ersten Anzeichen von Reife; herrliches Bukett; »süßer« Auftakt, Veilchengeschmack, große Länge. *Zuletzt im September 1990 verkostet. Damals* ****(*), *jetzt zweifellos perfekt.*

Grands-Echézeaux DRC Teuer, obwohl er selbst 1974 nur halb so viel kostete wie der Romanée-Conti. 1977 in einer pubertären Phase, doch 1980 ein gut entwickelter, energiegeladener Jugendlicher. 1983 stilvoll, elegant, wohlriechend, mit einer tiefen Farbe, die allerdings bereits etwas Reife zeigte. Mit »süßen 17« im Februar 1988 fein, superb und sehr vielversprechend. Kürzlich eine Magnum bei Wilf Jaegers DRC-Degustation: bräunlich, reifer Rand; sehr »süße«, vollreife, herrlich tiefe, sehr nachhaltige Nase nach »gekochten Roten Beten« (ein ehrenwerter Gast verglich das Bukett mit »verwelkenden Blüten«, eine Folge des Hagels). »Süßer« Auftakt, schöner Geschmack, aber ausgesprochen trockener Abgang. *März 2002* ****

Romanée-St-Vivant DRC Ich hatte immer schon ein Faible für den St-Vivant, doch wird ihm nicht so viel Aufmerksamkeit zuteil wie einigen anderen Gewächsen aus dem DRC-»Stall«. Ich stelle ihn auf dieselbe Stufe wie den Grands-Echézeaux. Er ist vielleicht etwas unmittelbar zugänglicher als die ganz »schweren Jungs« und war bei der ersten Verkostung 1974 auf jeden Fall köstlich. 1983 verströmte er außerdem einen charakteristischen Duft und zeigte sich elegant. 1989 allmählich vollreif; ein herrliches Bukett, das im Glas erblühte; eindringlich, von Tannin und Säure gut gestützt. Ein weiterer guter Eintrag 1991: »Stilvoll.« Unlängst: sehr ansprechende Farbe, kräftige »Tränen«; voll entwickeltes Bukett, das förmlich aus dem Glas quoll; »süß«, duftend, angesengt, große Tiefe; jetzt sehr süß am Gaumen, körperreich (14 % Alkohol), reich im Geschmack, ein Hauch von zitrusfruchtigem Schwung und noch immer tanninbetont. *Zuletzt im November 1995 bei einer St-Vivant-Degustation auf der Domaine verkostet* *****

Beaune, Hospices, Cuvée Brunet Abfüllung von Covins Voll ausgereift; »Rote-Bete«-Aroma; guter Geschmack, trockener Abgang. *Im November 1996 auf einer Vorverkaufsverkostung in Amsterdam degustiert* ***

Beaune Grèves, Vignes de l'Enfant Jésus Bouchard Père Ein schöner Wein, 1977 mit maulbeerreifer Frucht. Ein Jahrzehnt später ausgezeichnet, vollmundig. Vor einiger Zeit: noch immer in gutem Zustand. *Zuletzt im September 1990 verkostet. Damals* **** *Dürfte nach wie vor gut sein.*

Bonnes-Mares, Vieilles Vignes Clair-Daü Reif; Nase erdig und blumig zugleich, vegetabil und nach Veilchen duftend, entfaltete sich fabelhaft; »süß«, voll, weich, dabei eindringlich, reich, aber mit trockenem Abgang. *Im Januar 1990 während eines Essens bei den Peppercorns degustiert ★★★★★ Wird noch immer gut sein.*

Bonnes-Mares G. Roumier Korrekt, offen, reifer Rand; schöne, gut entwickelte Pinot-Nase, die sich »süß« öffnete; weich, »süß«, ansprechende Textur, sehr trockener Abgang. *Im März 2002 bei Wilf Jaegers Essen mit Verkostung in San Francisco degustiert ★★★★ Jetzt bis 2010.*

Charmes-Chambertin L. Latour Ziemlich blass, sehr wenig Rot; am Gaumen besser als in der Nase, was aber nicht viel heißt. *Im Oktober 1996 bei einem BYOB-Essen in New York verkostet ★*

Corton, Clos des Fiètres E. Voarick Zwei Flaschen: mitteltief, brauner Rand; beide gut; eine leuchtender und köstlicher. Ein Anflug von Erdbeeren. *Im September 1999 bei einem Essen unter dem Motto »Der Osten trifft den Westen im Süden« degustiert ★★★*

Die Auktion in den Hospices de Beaune

Die berühmte Weinversteigerung findet traditionsgemäß am dritten Novembersonntag in Beaune statt. Da es sich um eine Werbeveranstaltung handelt und der Erlös wohltätigen Zwecken zugute kommt, liegen die Preise für die Weine aus den Hospices-eigenen Rebflächen in der Regel weit über dem eigentlichen Marktwert, dienen aber als Barometer für den neuen Jahrgang. Das Geld geht an die gemeinnützigen Organisationen des Hôtel Dieu, das 1443 von Nicolas Rolin gegründet wurde. Ich kann mich noch gut erinnern, als ich 1971 zum ersten Mal bei der Versteigerung anwesend war. Ich leitete für gewöhnlich Auktionen, bei denen pro Stunde durchschnittlich 220 Posten an den Mann gebracht wurden, und wunderte mich deshalb sehr darüber, wie viel Zeit hier verstrich, bis ein Posten den Besitzer wechselte, denn man zündete eine Kerze an und derjenige, dessen Gebot galt, sobald die Flamme verlosch, bekam den Zuschlag – ein sehr mittelalterliches Ritual. Die Festivitäten vor und nach der Auktion werden mit viel Pomp und Aufwand begangen und gehören zu den Höhepunkten des burgundischen Weinkalenders.

Echézeaux Leroy Ich hatte mich eigentlich auf einen lustigen, entspannten Abend mit meinem Sohn im French Quarter gefreut, doch schließlich blieben wir beim Essen mit sieben Weinen im angesagten Restaurant Emeril hängen: ausgezeichnetes Menü und schöne Weine, die von Kellermeister Leo Verde eifrig präsentiert und von mir etwas unfreundlich angenommen wurden. Der Echézeaux war etwas trübe, obwohl sich die Nase schön weit, weich und würzig öffnete. Guter Geschmack. Trockener Abgang. *Im November 1997 in New Orleans verkostet ★★★*

Morey-St-Denis A. Lignier Einer von neun 1971ern aus einem Schweizer Keller, wobei dieser der beste von fünf neutralen, durchschnittlichen Weinen aus dem Haus Lignier war. *Im Mai 1996 bei einer Vorverkaufsverkostung in Genf degustiert. In Bestform ★★*

Musigny de Vogüé Blässlich, weich und hübsch; anfangs eine angesengte, schokoladige Mokkanase, aber gute Frucht; am Gaumen enttäuschend, eine Kombination aus überreifer, dekadenter »Süße« und sehr trockenem, spitzigem Abgang. *Im März 2002 bei Jaegers Verkostung degustiert ★ Sollte eigentlich besser sein.*

Volnay, Les Taillepieds H. de Montille Vollreif, offener Rand; eine »süße«, reife »Rote-Bete«-Sortennase, die sich entfaltete und wohlriechend anhielt; »süßer«, reicher, ausgezeichneter Geschmack. *Der erste Wein auf Wilf Jaegers großartiger dreitägiger Burgunderverkostung im März 2002 ★★★★ Jetzt bis 2012.*

Vosne-Romanée Jean Bridron Voll ausgebaut; unverwoben; nicht schlecht – nur langweilig; **Gevrey-Chambertin** Bridron und **Chambolle-Musigny** Bridron Ebenfalls mittelmäßig. Dieselbe Herkunft, dieselbe Vorverkaufsverkostung. Man hätte sie nicht für den Verkauf annehmen sollen. Das soll uns eine Lehre sein. *Alle im Mai 1996 verkostet. In Bestform ★★*

Clos Vougeot Hudelot Reich, geröstet; kraftvoll, eindringlich, dabei ausgewogen. Beeindruckend. *Im Januar 1990 bei Becky Wassermans Burgunder-Seminar der Hollywood Wine Society verkostet ★★★★*

DIE BESTEN, ZULETZT IN DEN 1980ERN VERKOSTETEN 1971ER **Beaune, Hospices, Cuvée Nicolas Rolin** Abgefüllt in Beaune für Hedges & Butler; reiche Farbe; anregendes Bukett; fabelhafter Geschmack, Eleganz, Länge. Seit 1980 nicht mehr verkostet. *Damals ★★★★★ Den vielen durchschnittlichen Burgundern der Abfüller um Lichtjahre voraus. Dürfte noch immer gut sein*; **Bonnes-Mares** L. Jadot Nur um die Qualität und Verlässlichkeit eines großen burgundischen *négociant* aufzuzeigen: geröstet, reich und wohlriechend. *März 1985 ★★★★*; **Bonnes-Mares** de Vogüé Tief, reich, gehaltvoll; und **Musigny, Vieilles Vignes** de Vogüé Elegant, prächtig. *Beide im Oktober 1984 verkostet und beide mindestens ★★★★ Müssten noch immer gut sein*; **Chambertin, Clos de Bèze** J. Drouhin Ein weiteres überragendes Burgunder-Haus; nach 14 Jahren immer noch reich und rubinrot; grandioser, anschwellender Geschmack. Perfekt. *November 1985 ★★★★★ Sicherlich noch immer gut*; **Chambolle-Musigny, Les Amoureuses** de Vogüé Kein femininer, sondern eher ein körperreicher Chambolle. »Die Liebenden« haben sich ins Zeug gelegt. *Oktober 1984 ★★★★*; **Charmes-Chambertin** A. Rousseau Opulent. *Juli 1982 ★★★★, die er wohl auch heute noch verdient*; **Echézeaux** J. Drouhin Lebhaft, fest, wohlriechend, elegant. *November 1985 ★★★★*; **Gevrey-Chambertin** Trapet »Süß«, reich, stämmig, trockener Abgang. *November 1983 ★★★★ Nur ein Village-Wein, aber mit dem jahrgangstypischen Gehalt.*

1972 ★★★

Ein Jahrgang, der von den Briten größtenteils missverstanden und von den Franzosen überbewertet wurde, obwohl das heute kaum mehr eine Rolle spielt. Ich habe in den 1970ern sehr viele 1972er verkostet. Sie waren positiv, wohlschmeckend, fest, sehr gut trinkbar, aber nicht stilvoll; außerdem fiel mir im Abgang eine viel sagende Bitterkeit auf.

Die Wachstumsperiode verlief ziemlich ungewöhnlich. Der strenge Winter mit Schnee im Januar und Februar wurde von einem warmen Frühling abgelöst, auf den allerdings ein kalter, trockener Sommer folgte. Ein warmer, regenreicher September rettete die Saison. Obwohl die enormen Erträge weit über der zulässigen Obergrenze lagen und der britische Handel kein Interesse zeigte (es wurden nur wenige Weine zum Abfüllen nach England geschickt), gaben die Preise nicht nach. Der wie immer spät lesenden Domaine de la Romanée-Conti gelangen die mit Abstand besten Weine. Heute lohnt kaum noch ein 1972er die Anschaffung.

La Tâche Sieben Einträge. Ein typischer Vertreter seines Jahrgangs: im September 1975 auf der Domaine und im November desselben Jahres in London reich und kraftvoll. 1980 dem 1971er weit voraus, entgegenkommende Nase, reich, gute Textur. Mitte der 1980er gute Frucht und Tiefe und 1989 Reifespuren, »dramatisch süß«, mit unnachahmlichem La-Tâche-Duft. Acht Jahre später mit schwächer werdender Farbe und vollreif; sehr reiches, entgegenkommendes Bukett; guter Geschmack, reich, dabei tanninbetont. Als ich ihn unlängst gemeinsam mit den Jahrgängen 1969, 1970 und 1971 verkostete, kam es mir vor, als hätte er seinen Endpunkt erreicht: mitteltief, schimmernd; leicht angesengte Nase, nach 90 Minuten im Glas »verfeinerte Bete« – was immer ich damit gemeint haben mag; leicht karamellig im Geschmack, nicht schlecht, aber kantig. *Zuletzt im April 1998 auf Wagners La-Tâche-Vertikalverkostung degustiert* ** *Hält gerade noch durch.*

Chambertin, Clos de Bèze J. Drouhin Blass, sehr wenig Rot; schlank, ausgetrocknet. *Im Dezember 1997 auf einer Vorverkaufsverkostung in New York degustiert* *

Gevrey-Chambertin, Lavaux-St-Jacques Leroy Stumpfe Pflaumenfarbe von mittlerer Tiefe; lebhafte, aber verhaltene Pinot-Nase; positiv, lebhaft, ein Anflug wildbretartiger Überreife, sehr trockener Abgang. *Im November 1995 bei der Marcobrunn/Chambertin-Verkostung mit Essen auf Schloss Reinhartshausen degustiert* **

Musigny, Vieilles Vignes de Vogüé Mitte der 1980er in guter Verfassung, aber kurz. Einige Zeit später: gute Farbe; parfümiertes Pinot-Aroma; trocken, lebhaft, fruchtig. Gute Säure und griffig. *Zuletzt im Januar 1990 verkostet* *** *Hält sich wahrscheinlich gut.*

Pommard, Rugiens, Tastevinè Gaunoux Blässlich, voll ausgereift; ein guter reifer Pinot-Geruch, der mich an die Schusterwerkstatt im Londoner Bahnhof Hammersmith Station erinnerte; »süß«, erdig, reif, erfrischende Säure. *Im Januar 1998 in Singapur verkostet* ***

Clos St-Denis Dujac Eine Jeroboam: herrlich reif, duftend; Pinot-Nase und -Geschmack. *April 1993* ***

Einige der nicht besonders zahlreichen 1972er, die ich zuletzt in den 1980ern verkostet habe Romanée St-Vivant DRC/Marey-Monge 1975 blass, aber mit festem Rückgrat. 1980 reich und elegant. Wunderschön entwickelt. *September 1989* **** *Müsste nach wie vor schön sein*; Bonnes-Mares de Vogüé Ein guter Wein. Keine Spur von Bitterkeit. *Oktober 1984* ***; Ch. Corton-Grancey L. Latour 1975 reich, aber spröde. Später eine übrig gebliebene Einzelflasche. *Mai 1986. In Bestform* *** *Trinkt sich jetzt vermutlich ganz gut*; Gevrey-Chambertin, Cazetiers Leroy Reich, eigenständig, Geschmack und Gleichgewicht gut. *September 1984* ***; Mazis-Chambertin Leroy Rosa und hübsch, stilvoll. *September 1984* ***; Nuits-St-Georges, Boudots J. Grivot Tief, reich, sehr tanninbetont. *September 1984* *** *Dürfte aller Voraussicht nach überlebt haben*; La Romanée Dom. de la Romanée Trocken, gute Länge, ein schöner Wein. *Dezember 1987* ***

Unter den vielen in der zweiten Hälfte der 1970er verkosteten 1972ern machten die folgenden einen ausgezeichneten Eindruck: Romanée-Conti DRC; Richebourg DRC; Grands-Echézeaux DRC; Nuits-St-Georges; Clos des Corvées Leroy; Clos de la Roche A. Rousseau; Clos St-Denis Dujac; Vosne-Romanée, Aux Brûlées R. Engel.

1973

Kann man getrost vergessen. Wie in Bordeaux fielen ungünstige Witterung, schlechte Qualität und Überproduktion mit einer sinkenden Nachfrage zusammen. Bei günstigeren Marktbedingungen und einer Kellerwirtschaft auf heutigem Niveau hätte man vielleicht etwas aus dem Jahrgang machen können.

Die Saison begann zunächst auch vielversprechend. Nach einem günstigen Blüteverlauf rechnete man mit einer frühen Lese und hohen Erträgen. Bis Mitte Juli war es so heiß wie seit 1945 nicht mehr. Dann kam der Regen und hörte nicht mehr auf, sodass sich die Lese bis 18. Oktober hinzog. Man fuhr die drittgrößte Ernte in vier Jahren ein, die übermäßig viele leichte, wässerige Weine ohne Säure erbrachte. Sie waren relativ preiswert zu haben, doch auch mit dem etwas kratzenden Charme und ihrer begrenzten Trinkbarkeit war es bald vorbei.

La Tâche Der einzige 1973er, den ich seit den 1980ern noch verkostet habe. 1977 unbeeindruckend, trocken, leicht im Stil, ein bitterer Anflug, aber zumindest ein Versuch. Nach drei weiteren Jahren in der Flasche vorzeitig gealtert, aber etwas mehr Farbe, brauner Rand. Dennoch ein offenes, ansprechendes Bukett, zarte Frucht und attraktiver Nachgeschmack. Unlängst bei Wagners Vertikalverkostung degustiert, dank der ich ihn gut in den jahrgangsgeschichtlichen Kontext einordnen konnte: eher mattes Erscheinungsbild; in der Nase anfangs nicht schlecht, ein Hauch von Rohrzucker, keine Tiefe, obwohl er sich nach eineinhalb Stunden im Glas mit der Andeutung eines Dufts geöffnet hatte – wie ein verblühter, von einem Grab gestohlener Strauß. Ziemlich trocken, leicht und nicht sehr interessant. *Zuletzt im April 1998 verkostet* *

Die anderen DRC-Weine waren weit unter dem Durchschnitt: Im »Pfauenrad« des Romanée-Conti fehlten eine ganze Menge Federn; Richebourg Blass, rosa und bescheiden; Grands-Echézeaux Schwach und wässerig. Der einzige andere anständige Wein, den ich in den 1980ern noch verkostet habe, war der Beaune, Theurons von L. Jadot »Süß«, überraschend eindringlich, hat sich mit großer Wahrscheinlichkeit gut gehalten.

Fast hätte ich geschrieben: Kommen wir lieber zum 1974er. Aber wie wir noch sehen werden, folgten gleich ein paar schreckliche Jahrgänge hintereinander. Erst 1976 war die Talsohle durchschritten. Aber der Vollständigkeit halber …

1974

Ich will Bordeaux und Burgund nicht ständig miteinander vergleichen, aber manche Jahrgänge haben in Stil und Qualität eine fast schon unheimliche Ähnlichkeit, während bei anderen, beispielsweise dem 1961er und 1962er, die Rollen völlig vertauscht wurden. Den Burgundern von 1974 fehlte wie ihren Pendants aus Bordeaux gelinde gesagt die Eleganz.

Die Blüte verlief ungleichmäßig, doch über den warmen, sonnigen Sommer konnte man sich nicht beklagen. Im September allerdings machten Kälte und Regen den Weinbauern einen Strich durch die Rechnung. In der dritten Woche des Monats wurden die Trauben bei schrecklich nassem und windigem Wetter gelesen. Die Wirtschaftsflaute hielt an, die Preise der Hospices de Beaune sackten um 25 % ab und in Übersee fanden sich fast keine Käufer.

La Tâche Aufmerksame Beobachter haben es vielleicht schon bemerkt, dass die DRC-Weine etwas mit den Gewächsen von Latour gemeinsam haben, denn dank später Lese und strikter Selektion können sie selbst in einem schlechten Jahrgang ganz gut gelingen. »Ganz gut«, wie ich betonen möchte. 1974 wurde ordentlich chaptalisiert, was den Vorteil hat, unreifes Lesegut aufzuwerten und dem Wein dadurch eine Art Süße zu verleihen, die sich allerdings wie ein falsches Lächeln nicht lange aufrecht erhalten lässt. Meine Einträge aus den 1980ern fielen ziemlich ähnlich aus: eigenartiger, gekochter Fruchtduft; ober-

flächlich ansprechend, aber rau und säurebetont, mit pappiger Textur. Wieder einmal half Manfred Wagner mit seiner Verkostung, die Weine ins rechte Licht zu rücken. Bei seiner Degustation war übrigens auch Aubert de Villaine zugegen, denn selbst ein Erzeuger hat nicht alle Tage Gelegenheit, über 30 Jahrgänge seines eigenen Weins zu probieren. Mittleres Aussehen, offen, schimmernd, vollreif; ein essigsaurer Zug, der im Glas zwar verschwand, aber eindeutig feststellbar war. Am Gaumen trocken und spitzig. *Zuletzt im April 1998 in Zürich verkostet.*
Clos de Tart Brauner Rand; erdig, vegetabil, »Irish Stew und Malzmilch«; überraschend »süß«, eindringlich, malzig und säurebetont. *Im Oktober 1990 auf der Domaine verkostet.*

UNTER DEN ANDEREN, ZULETZT IN DEN 1980ERN VERKOSTETEN 1974ERN waren die besten eines ziemlich schrecklichen Haufens: Grands-Echézeaux **DRC** Wohlschmeckend, aber säurebetont; Richebourg **DRC** Wohlriechend weinig; Chambertin, Clos de Bèze **Ropiteau** Wohlriechend, elegant, ausgewogen; Pommard, Clos de la Platière **Prince de Mérode** »Pinot-Nase und -Geschmack fabelhaft reich.«

RÜCKBLICKEND STELLE ICH FEST, DASS ICH IN DEN AUSGEHENDEN 1970ERN EINE GANZE MENGE 1974ER VERKOSTET HABE, doch die einzigen erwähnenswerten waren der Gevrey-Chambertin, Combottes und der Clos de la Roche des jungen Jacques Seysses (**Dujac**) sowie ein erwartungsgemäß attraktiver Pernand-Vergelesses, Méthode ancienne von **Doudet-Naudin** Ziemlich tief und körperreich.

1975

Der dritte kalte und nasse Jahrgang in Folge. Ein Jammer, denn die Vegetation verlief dank einem schönen Spätfrühjahr und Frühsommer sowie einem heißen Juliende zunächst aussichtsreich. Sieht man einmal von dem in Burgund fast unvermeidlichen und unberechenbaren Hagel ab, war die entscheidende Reifephase von Ende August bis in den September hinein von hoher Luftfeuchtigkeit, Nässe und Sturm geprägt. Überall machte sich Fäulnis breit. Die Lese brachte faulige Trauben und schlechte, dünne Weine bei Erträgen, die um ein Drittel unter dem Wert von 1974 lagen und nur halb so hoch wie 1973 waren. Der Markt hatte 1974 und 1975 den absoluten Tiefpunkt erreicht. Selbst in den ersten Jahren habe ich nur sehr wenige Weine verkostet – und auch die waren schlecht. Heute sind sie kaum noch interessant.
La Tâche Auf der Eröffnungsverkostung für den Handel 1980 der blasseste 1975er aus der DRC; man konnte die Fäule förmlich riechen; zudem fehlte den Weinen Festigkeit und Griffigkeit. Im darauf folgenden Herbst aber war er zumindest als La Tâche erkennbar, obwohl mich seine Nase an »feuchten Farn« und der Geschmack an Lakritze erinnerte. 1983 hatte er sich wieder etwas gefangen: Der La-Tâche-Duft versuchte verzweifelt, sich bemerkbar zu machen; »süß«, leicht, wohlschmeckend, aber kurz. Unlängst bei Wagners aufschlussreicher Vertikalverkostung: ziemlich blass, mit schwachem Rand und Orangeton; eine leichte Rote-Bete-Nase, die nach einer Stunde einen fast übertriebenen, aber geraume Zeit anhaltenden Duft mit Zitruseinschlag entwickelt hatte. Am Gaumen mittelmäßig, medizinal, mit trockenem Abgang. *Zuletzt im April 1998 in Zürich verkostet.*

DIE ANDEREN IN DEN FRÜHEN 1980ERN VERKOSTETEN DRC-»MITSTREITER« Sie waren zwar nicht gänzlich unattraktiv, verdienten ihren Namen aber nicht: Romanée-Conti Hatte vorzeitig einen Orangeton angenommen, eigenständige Nase und überraschend kraftvoll; Richebourg Ein müder Abklatsch seiner selbst; Grands-Echézeaux Offen gewirkt, kantige Säure; Romanée-St-Vivant Zunächst säuerlich, bei einer späteren Verkostung aber »süßer« und voller als erwartet, wohlschmeckend und stilvoll, aber mit bitterem Abgang; Echézeaux Der Letzte im Team hatte eine klare Farbe; karamellartige, chaptalisierte Nase; hohl, locker gewirkt, ein gewisser Duft, aber kantige Endsäure. Ich weiß zwar, dass DRC-Gewächse noch einmal unvermutet durchstarten können, denke aber, dass die genannten Weine bestenfalls von akademischem Interesse sind.

Chevaliers du Tastevin

Die Bruderschaft wurde während der Weltwirtschaftskrise in den 1930ern mit dem Ziel gegründet, das Interesse an den burgundischen Weinen und den Handel mit ihnen zu fördern. Für die Chevaliers und ihre Gäste werden regelmäßig Bankette auf dem Hauptsitz der Bruderschaft, dem Château du Clos de Vougeot, abgehalten. Das ausgefeilte, lebhafte Zeremoniell zieht sich ziemlich in die Länge, was einem aber hilft, die vielen Gänge und Weine zu verkraften. Ich hatte die Ehre, zwei chapitres auf Clos Vougeot leiten zu dürfen – beim ersten Mal als Nachfolger der eleganten Catherine Deneuve!

Die Chevaliers du Tastevin unterhalten mittlerweile Zweigstellen in aller Welt. Ihre häufigen Sitzungen sind stets sehr unterhaltsam. Ich war das erste Mal in den 1960ern bei einem Essen zu Gast. 1975 schlug man mich sogar unerwartet zum »Ritter« des Kapitels in New Orleans, nachdem ich dort spontan zu einem Essen erschienen war.

1976 ★★★

Ich habe diesen Jahrgang auf drei Sterne zurückgestuft, denn trotz seiner Tugenden waren die Weine von Anfang an unausgewogen und zu tanninbetont, was sich bis heute nicht geändert hat.

Was war das Problem? In Nord- und Mitteleuropa war der Sommer so heiß, dass man schon eine Trockenheit fürchtete. Die Trauben wurden in der Sonne förmlich gebacken und ihre dicken Schalen gaben den Weinen bei der Vergärung nach der frühen Lese im September nicht nur ungewöhnlich viel Farbstoffe, sondern auch harte Tannine mit auf den Weg.

Nichtsdestotrotz begann sich der Markt von der Krise und den Auswirkungen der letzten drei miserablen Jahrgänge allmählich zu erholen. Der Verkauf lief gut, obwohl es zu Beginn des neuen Jahres etwas Widerstand gegen die hohen Preise gab. Derzeit und in den nächsten fünf bis zehn Jahren läuft dieser Jahrgang ein Rennen gegen die Zeit: Werden die beeindruckend gebauten, aber noch immer sehr tanninbetonten Gewächse austrocknen oder zugänglicher werden?
Romanée-Conti 1979 intensiv, konzentriert, aber in Nase und Geschmack noch unentwickelt, sehr reich und mit großartig durchdringendem Nachgeschmack. 1982 der tiefste des DRC-»Teams«. Fünf Jahre später kraftvoll. 1989 voll entwickelt, mit himmlischem, »fast schon theatralischem« Pinot-Wohlgeruch; »süß«, vollmundig, aber noch immer hart. Vor einiger Zeit mit reicher, ausgewogener Nase; »süß«, substanzreich und kraftvoll. *Zuletzt im Februar 1992 verkostet* ★★★★
La Tâche Neun Einträge, der erste entstand im Frühjahr 1980 bei der Eröffnungsverkostung der Londoner Agenten. Gute Farbe und Frucht; wohlschmeckend, elegant, aber mit ziemlich

hoher Endsäure. Im darauf folgenden Herbst hart, tanninbetont, unnachgiebig, doch 1982 bahnte sich das unnachahmliche La-Tâche-Aroma kraftvoll und parfümiert seinen Weg aus dem Glas. Bei der La-Tâche-Vertikalverkostung 1983 auf der Domaine in gutem Zustand, aber unfertig. 1985 gewann sein ätherischer Charakter weiter an Kontur und er begann sein »Pfauenrad« aufzufächern. 1987 erste Anzeichen von Reife und ein unmittelbar entgegenkommendes Bukett. Wundervoller Geschmack, aber schlank. 1992 zweimal in New York verkostet, das erste Mal eine Flasche bei einer Vorverkaufsverkostung, das zweite Mal eine Flasche, die ein amerikanischer Kunde brachte. Er hatte ein australisches Streifbandetikett und ein Halsetikett von Leroy gesehen und war verständlicherweise misstrauisch geworden. Zufällig kannte ich den Verkäufer Berek Segan, Eigentümer von Emerald Wines in Melbourne und Leroy- sowie DRC-Agent. Er hatte einen ausgezeichneten Keller. Zum Glück waren meine am selben Tag bei der Vorverkaufsveranstaltung (von Weinen aus einem amerikanischen Keller) und später im Büro zur »verdächtigen« Flasche entstandenen Notizen identisch: blässlich, voll ausgereift; weich, »süß«, offen, mit charakteristischem »Rote-Bete«-Duft; »süß«, weich, gute Frucht, jedoch mit ausgeprägt tannin- und säurebetontem, aber langem Abgang. Unlängst: wohlriechend, aber am Verblassen, »mittelsüß«, aber mit scharfem, tanninbetontem Abgang. *Zuletzt im April 1998 auf Wagners Vertikalverkostung degustiert* ** *Müsste eigentlich das Zeug zu vier Sternen haben, aber ich weiß nicht, ob die Frucht das Tannin überlebt.*

Richebourg **DRC** Hatte 1980 von allen 1976ern der DRC das frühreifste Erscheinungsbild, unentwickelte Nase, aber mit gutem, festem, breitschulterigem Geschmack, der sich im Mund entfaltete. Nach einigen Jahren hatten Nase und Geschmack sich gut entwickelt, »süß«, in jeder Hinsicht schön; gut ausgestattet. Ein Jahrzehnt später noch immer eher blass und nun zweifelsfrei reif; »süßes«, duftendes Bukett; weicher Mittelteil, aber sehr tanninbetont und noch für etwa eine weitere Dekade gut. *Zuletzt im Februar 1992 verkostet* **** *Es würde mich interessieren, wie er sich entwickelt hat.*

Romanée-St-Vivant **DRC** 1980 trocken, eindringlich. 1982 hatte er begonnen, sich zu öffnen, seidige Textur, aber abrupter, adstringierender Abgang. Im darauf folgenden Sommer ließen der St-Vivant-Duft und die Reichhaltigkeit das Tannin vergessen. Einige Zeit später: schlank, trocken, tanninbetont und leider mit leichtem Korkengeschmack. *Zuletzt im Februar 1992 verkostet. In Bestform* **** *Trinkt sich vermutlich noch immer gut, falls er nicht austrocknet.*

Grands-Echézeaux **DRC** Warme, reife Farbe; reifes, elegantes, leicht aromatisches »Bukett nach zerdrückten Kirschen«; reifer Pinot-Duft, gute Textur, trockener Abgang. *Im März 2002 bei Wilfred Jaegers Dinnerverkostung in San Francisco degustiert* **** *Bald trinken.*

Beaune, Grèves, Vignes de l'Enfant Jésus **Bouchard Père** Ein paar Einträge aus jüngerer Zeit: auf einer Vorverkaufsverkostung 1997 in recht guter Verfassung, im Jahr darauf voll ausgebaut, mit guter, reifer Nase und ebensolchem Geschmack. Das für den 1976er charakteristische Tannin fiel mir gar nicht auf, wahrscheinlich weil es kräftigen Käse zum Wein gab. *Zuletzt im September 1998 beim Essen mit Tim Stanley-Clark und seiner Frau verkostet* ***

Bonnes-Mares **G. Roumier** Mitteltief, noch immer ein Hauch Kirschrot; sehr »süße«, reife, köstliche Nase, aber ein verdächtiger – leicht übelriechender – Unterton; sehr rau, trocken, gute Länge, aber nicht in Topzustand. *Im März 2002 bei Wilfred Jaegers Verkostung degustiert* *

Chambertin **A. Rousseau** Jetzt blässlich, offen, rosiger Ton; süßes, reifes, leicht rauchiges Aroma; »süß«, reich, aber keineswegs stämmig. Die für die 1976er typischen Tannine waren präsent, aber mündeten lediglich in einen guten, trockenen Abgang. *Mai 1999* ***

Corton, Clos du Roi **Terres Vigneuses** Mir neu. Gute Farbe, etwas Rubinrot; ansprechend, füllig, in der Nase und am Gaumen reif. Noch immer tanninbetont. *Im Oktober 1996 beim Essen im Porcelli in New York verkostet* ***

Corton, Clos du Roi **Voarick** Bei einem Essen des British-Airways-Verkostungsausschusses im Waterside Inn in Bray zwei sehr unterschiedliche Flaschen verkostet, was nicht sehr aufschlussreich war. Die erste mit leichtem Rubinton; ausgewogene Nase, gute Frucht, leicht rauchig; trocken, lebhaft, noch immer tanninbetont. Die zweite tiefer und reicher im Aussehen, mit samtigem Schimmer; in der Nase weicher und reicher, aber mit schweißelndem Tanningeruch und einem Hauch Lakritze; »süßer«, voller – ganz anders als die erste. *November 1996* ***

Corton, Hospices, Cuvée Dr. Peste Sehr tief, sogar ziemlich dunkel, allerdings mit reifem Rand; fleischige Nase; ziemlich »süß«, körperreich, konzentriert, aber mit leicht grobem, tanninbetontem Abgang. *Im November 1995 beim Essen bei Bouchard Père in Beaune verkostet* ***

Corton, Hospices, Cuvée Charlotte Dumay Der hochgeschätzte André Gagey von Jadot war sehr über den hohen Tanningehalt der 1976er besorgt und ließ den Weinen mehr Zeit als üblich, damit sie etwas weicher wurden. Diese Cuvée hat man zweieinhalb Jahre nach der Lese in Magnumflaschen abgefüllt. Mit 14 Jahren weiche und ausgewogene Nase, mit einer Vanillenote, die vom Eichenfass herrührte; ein guter, reicher, vollmundiger Wein, aber noch immer hartnäckig tanninbetont. *Januar 1990* ****

Musigny **J. Drouhin** Mein bewunderndster Eintrag: schöne tiefe Farbe; reiche, dabei elegante Nase; fabelhafter Geschmack, eindringlich, gute Länge, trockener Abgang, relativ unaufdringliche Tannine. *Oktober 1990* **** *Sollte noch immer köstlich sein.*

Clos de Tart Fünf Einträge. Ein bizarrer Wein, erstmals 1980 verkostet: mit hoher flüchtiger Säure ausgestattet, deshalb ein rosaroter Farbton und eine hochgetönte Nase mit Zitruseinschlag. Wohlschmeckend, aber blechern. 1983 ebenso. 1985 eine bessere Magnum, pflaumenfarben, am Gaumen marmeladig, schaffte es, weich und rau gleichzeitig zu sein. Fünf Jahre später verlieh ihm die flüchtige Säure eine lebhafte Farbe, hob das Bukett an und verstärkte den Geschmack. Durchweg tanninbetont. Er mag bizarr gewesen sein, genossen habe ich ihn trotzdem. *Zuletzt im Oktober 1990 verkostet* *** *Mittlerweile wahrscheinlich altersmager.*

Volnay, Les Taillepieds **de Montille** Gemeinsam mit dem 1971er verkostet. Mitteltief, ein irreführend jugendliches Kirschrot, das sich allerdings als Vorbote kommenden Unheils erwies: essigsaure Überreife, in der Nase fast eine Spur Amylacetat, am Gaumen spitzig. *Eine schlechte Flasche, verkostet im März 2002 bei Wilfred Jaegers Burgunder-Essen.*

VIELE ZULETZT IN DEN 1980ERN VERKOSTETE 1976ER, die ausnahmslos tanninbetont waren. Hier einige der besten: Grands-Echézeaux **DRC** Mehrere Einträge: intensiv, fabelhafter Fruchtkern, anschließend aber hart. *1982* ****; Echézeaux **DRC** Lebhaft und wohlriechend. *1982* ***; Echézeaux **Moillard** Reiche Farbe, wohlschmeckend. *1988* ***; Echézeaux **Mongeard-Mugneret** Der Beste der drei Echézeaux. *1989* ****; Bonnes-Mares **de Vogüé** Mit harten Tanninen und Säure beladen. »Braucht Zeit.« *1984* ***?; **Gevrey-Chambertin, Varoilles** **Dom. de Varoilles** Der Wein wurde schnell in Tanks gefüllt, »damit das Tannin die Frucht nicht verdrängte«. »Süße«, geröstete Pinot-Nase; trocken, sehr reich, doch rau. Ich glaube nicht, dass es etwas gebracht hat. *1985* *** *(gerade noch)*; **Morey-St-Denis** **Dujac** Der unermüdliche Forschergeist Jacques Seysses wagte ein Experiment. Er öffnete zwei Flaschen aus derselben Cuvée: Ein Wein hatte ein Jahr im Barrique verbracht, der andere zwei. Mir gefiel der zweite besser: tiefer, reicheres Aussehen, wohlriechender, opulenter, mit reicher Textur. Aber eine vergleichende Beurteilung fiel schwer, denn beide waren erst vier Jahre alt. *1981. In Bestform* *** *Vielleicht auch vier Sterne*; **Volnay, Champans** **d'Angerville** Elegant, aber keineswegs ein leichter, femininer Volnay, sondern sogar ziemlich kraftvoll – und tanninbetont. *1986* ***

AUS DEN NUR IN DEN SPÄTEN 1970ERN VERKOSTETEN 1976ERN ragten wenige heraus. Die besten Vertreter waren der **Corton** **Bonneau du Martray** ***, der **Corton Bressandes** **Chandon de Briailles** ***, der **Ch. Corton-Grancey** **Latour** **** und ein gut gebauter Village-Wein, der **Gevrey-Chambertin** von **A. Rousseau** ***

1977

Ein sehr schwieriger Jahrgang, woran das seltsame Wetter schuld war. Der Handel reagierte zunächst verhalten optimistisch, ließ dann aber wohlweislich die Finger davon, denn zum einen hatte er sich mit dem 1976er eingedeckt und zum anderen sparte er sich die verbliebenen Ressourcen für den ausgezeichneten 1978er.

Die Wachstumssaison begann recht aussichtsreich mit einem idealen, frostfreien Frühling und einer Blüte bei perfektem Wetter. Man rechnete mit ansehnlichen Erträgen. Dann begann es zu regnen und im Juli verging kein Tag ohne Niederschläge. In der ersten Augusthälfte schien eine Zeit lang die Sonne, dann entluden sich Gewitter über den Weinbergen. Wegen des nassen Wetters musste sehr oft gegen Fäulnis gespritzt werden – bei der DRC ganze 13 Mal (1976 hatten sieben Durchgänge genügt). Im September besserte sich das Wetter und blieb freundlich bis zur relativ spät begonnenen Lese Anfang Oktober, als erneut Regen einsetzte. Doch es gab noch weitere Probleme, die nicht an die Öffentlichkeit gelangten: Unter anderem düngten die Weinbauern zu stark und verabreichten ihren Reben zu viel Stickstoff. Ein bedeutender Erzeuger in Gevrey-Chambertin hatte mit enormen Schwierigkeiten zu kämpfen, die er im Nachhinein auf Bleigehalt in den Glasflaschen schob. Doch das war nicht der wahre Grund. Betroffen waren eine ganze Reihe von Weinen, darunter der Chambertin und der Clos de Bèze; obendrein litt sein Ruf. Ich konnte sie alle verkosten, doch waren sie überwiegend nicht in einem Zustand, der eine Freigabe für den Markt ratsam erscheinen ließ. Kellereien, die es sich leisten konnten, zu warten und selektiv zu lesen, erzeugten Weine mit ziemlich guter Farbe, hoher Säure und ansehnlichem Alkoholgehalt.

Die gewohnheitsmäßig spät erntende DRC wartete bis zur dritten Oktoberwoche und selektierte mit enormem Aufwand nur die wirklich gesunden Trauben. Mit einer malolaktischen Vergärung im Dezember reduzierte man die hohe Säure. Alles in allem war der Jahrgang eine kostspielige Angelegenheit, doch wenn man sich die Ergebnisse ansieht, lohnte sich der Aufwand offen gesagt nicht, auch wenn die anfangs verkosteten Weine interessant ausfielen. Am besten waren der **La Tâche**, der **Richebourg** und der **Grands-Echézeaux**. Man kann der Domaine nicht vorwerfen, dass sie es nicht versucht hätte.

NUR WENIGE DER RESTLICHEN VERKOSTETEN 1977ER bekamen mehr als einen Stern. Zu den Einäugigen unter den Blinden zählten: **Gevrey-Chambertin, Cazetiers** **Leroy** **; **Grands-Echézeaux, Tasteviné** **Barrault-Lucotte** **; **Morey-St-Denis, Clos Bussière** **George Roumier** **; **Vougeot, Clos de la Perrière** **Bertagna** **

1978 *****

Endlich wieder ein großer Jahrgang. Dabei sah es zunächst gar nicht danach aus, denn das Wetter war durchzogen. Das Frühjahr und der Frühsommer fielen so kalt aus, dass sich Austrieb und Blüte verzögerten. Um die dritte Augustwoche kam dann die Sonne zum Vorschein. Den ganzen September und bis in den Oktober hinein herrschten ideale Bedingungen, was den Jahrgang rettete. Um den 11. Oktober leitete man an der Côte d'Or die Lese ein, die einen kleinen, aber gesunden Ertrag und alkoholstarke, bemerkenswert aromatische Weine von guter Farbtiefe erbrachte. Die Preise kletterten früh in die Höhe und lagen im Vergleich zum Vorjahr um 100 % höher. Manche Händler waren gar nicht glücklich über den Anstieg und befürchteten einen Kaufstreik. Doch ihre Sorge erwies sich als unbegründet.

Romanée-Conti Großartig. Erstmals 1983 auf der Domaine verkostet. Zwei Flaschen mit leichten Unterschieden als Folge unterschiedlicher Serviertemperaturen, denn eine war direkt aus dem kühlen Keller geholt worden. Ziemlich tief; harmonisch, aber verhalten; reich, massiv gebaut, wobei mir die kältere Flasche trockener und würziger erschien. Nach weiteren zwei Jahren hatte er sich kaum weiterentwickelt: wohlriechend, komplett, fruchtbepackt. Mehr Flaschenalterung war nötig. Dann ein Sprung von 15 Jahren: nicht mehr so tief; eine »klassische« Pinot-Nase nach »angesengtem Leder« und »Roten Beten«, die sich nach nur 20 Minuten im Glas über und über duftend entfaltete, sehr reich und tief; »süß«, wundervoll, vollmundig im Geschmack, elegant, trockener Abgang. Hatte noch viele Jahre vor sich. Im September 2000 auf Loggerheads, Len Evans' beeindruckendem Haus im Hunter Valley: tiefes, exotisches Bukett; »mittelsüß«, voll, weich – ein vieldimensionaler Wein. Kürzlich eine Flasche mit der Nummer 001256, ein Import der Domaine Chandon. Der erste und jüngste von elf klassischen Romanée-Conti-Weinen: mittlere Farbe, lebhaft im Aussehen, offener bernsteingelber Rand; »süß«, reich, schöner Duft, ein reines reifes »Rote-Bete«-Sortenbukett, das sich im Glas entfaltete, weiche Frucht, eine Spur Himbeeren; auch am Gaumen »süß«, körperreich (bei moderaten 13 % Alkohol), interessante Textur, pfefferige Säure und ein seltsamer, fast spritziger Abgang. *Zuletzt im März 2002 bei Wilfred Jaegers DRC-Sonntagsessen verkostet* ***** *Jetzt bis 2012.*

La Tâche Nur ein schmaler Weg trennt die Lagen La Tâche und Romanée-Conti, doch im Stil liegen zwischen ihren Weinen Welten. Während ein Romanée-Conti durch Konzentration, Vielschichtigkeit und Grandezza besticht, ist ein La Tâche meiner Ansicht nach zugänglicher, mehr Tschaikowsky als Beethoven, elegant, opulent, wohlriechend. Insgesamt acht Einträge, der erste aus dem Jahr 1981: eine lebhaft purpurne Robe; bereits opulent; fruchtbeladen, reich, elegant. 1983 zwei Flaschen: wohlriechend, parfümiert, hat aber noch viel mehr zu bieten; gut gebaut, schlank, blumig, dabei fest. Ein Jahrzehnt später beim Essen auf Schloss Ramholz mit voll erblühtem Bukett; ziemlich »süß«, natürlich reich, aber im Abgang mit leichter Bitternote. Ein – eigentlich ein Unwort in diesem Buch! – »definitiver« Eintrag 1998 auf Wagners Vertikalverkostung, dank der er sich gut in den Kontext einordnen ließ: spontan entgegenkommend, kraftvoll, differenziert, dann mit einer eigenartig »fischigen« Pinot-Note (Anchovis), die nach einer Phase der Zurückhaltung noch einmal erblühte. Etwas »Süße«, stämmig – hoher Alkohol. Kürzlich: reifer Rand; eine reife, ansprechende Nase, die nach 20 Minuten förmlich aus dem Glas quoll; weich, wunderschön im Geschmack, gute Länge, trockener Abgang. *Zuletzt im September 2000 bei Len Evans' rauschender Feier zu seinem 70. Geburtstag auf Loggerheads im Hunter Valley verkostet* *****

Grands-Echézeaux DRC Erstmals 1983 auf der Domaine verkostet: ziemlich tief, reich und pflaumenfarben; wohlriechend, fein; »süß«, vollmundig, fest, große Länge und Zukunft. Kürzlich: leichter Farbverlust, lief in einen etwas schwachen Rand aus; in der Nase fast ungesund »süß«, sogar marmeladig, aber mit trockenem, etwas rauem Abgang. Hätte besser sein müssen. *Ebenfalls zuletzt im September 2000 auf Loggerheads im Hunter Valley verkostet. In Bestform* *****

Romanée-St-Vivant DRC Erstmals 1983 auf der Domaine verkostet: beeindruckende Farbe, am Rand noch immer jugendliches Purpurrot; etwas verhaltene Nase, pfefferig, fest, zunächst verschlossen, öffnete sich aber gut, insgesamt trocken, lebhaft, mit reichem, sortentypischem Nachgeschmack. Als Nächstes 1995 bei der St-Vivant-Vertikalverkostung auf der Domaine: ausgesprochen tief, noch immer rubinrot; sehr reiches, angesengtes, wohlriechendes Bukett, das sich im Glas immer weiter entfaltete, bis es sich nach einer Stunde fast schokoladig süß präsentierte; auch am Gaumen war der Wein »süßer« geworden, obwohl er sich schließlich mit einem trockenen, ausgedehnten Abgang verabschiedete. Voll im Geschmack. Bekam hinter dem 1971er meine zweithöchste Bewertung der gesamten »Serie« (bis 1994). Kürzlich: voll ausgebautes Bukett, quoll förmlich aus dem Glas; »süßer« Auftakt, trockener Abgang, elegant. Die Quintessenz eines Burgunders. *Zuletzt im September 2000 im Hunter Valley verkostet* *****

Eine Auswahl weiterer 1978er

Beaune, Cent Vignes Ch. de Meursault Sehr gute, reife Pinot-Nase; »süß«, Frucht, Geschmack und Gewicht gut. Trinkreif. *Im April 1998 im historischen Zunfthaus zur Meisen in Zürich für* Vinum *verkostet* **** *Jetzt trinken.*

Bonnes-Mares Clair-Daü Sehr offene »Tränen«; reif, wohlriechend, aber mit ziemlich »gekochtem« Pinot-Charakter; weich, dabei schlank. Enttäuschend. *Im Dezember 1997 bei einem Essen der Memphis Wine & Food Society verkostet* **

Bonnes-Mares J. Drouhin In den frühen 1980ern in guter Verfassung. Zuletzt noch immer sehr tief, mit dunkel kirschrotem Zentrum; herrliches Bukett mit kirschartiger Frucht; perfekte »Süße«, ziemlich stämmig, dabei aber nicht aufdringlich, schöner Geschmack mit reifer Maulbeerfrucht. *Alle Komponenten perfekt im Gleichgewicht. Zuletzt im Oktober 2001 bei einem Essen mit Claude und Frédéric Drouhin verkostet* *****

Chambolle-Musigny, Charmes Remoissenet Tief, intensiv; körperreich, voller Frucht; altmodisch im Stil, recht einfach, aber ansprechend. *Im Januar 1990 bei einer Burgunder-Verkostung in Florida degustiert* *** *Nicht groß, müsste aber überlebt haben.*

Ch. Corton-Grancey L. Latour 1981 in gutem Zustand, hatte eine Zukunft. 1990 etwas weniger Farbe, blässlich und mit Rosaton; ein »warmes«, ausgeprägtes Pinot-Aroma; füllig, fest, immer noch trocken und tanninbetont. Eine enttäuschende Flasche bei einer Vertikalverkostung mit acht Weinen: alte, käsige Nase; gekocht und spitzig. *Zuletzt im März 1998 bei meinem Louis-Latour-Seminar für die Hollywood Wine Society verkostet. In Bestform* ***?

Musigny Clair-Daü Weich, reif, Sortennase; ziemlich vegetabil, erdig. Bitternote. Ohne den Stil, Charme und femininen Charakter eines Musigny. *Im Dezember 1997 in Memphis verkostet* *

Richebourg J. Drouhin Reich, ausgereift; eine ebenso reiche und reife Nase, die sich im Glas ausdehnte; »süß«, vollmundig, herrlich zu trinken, aber noch immer tanninbetont. *Im Mai 1990 vor dicht gedrängtem Publikum bei Wine Japan in Tokio verkostet* ***** *Müsste jetzt auf dem Höhepunkt sein.*

Clos de la Roche Dujac Superb. Erstmals 1995 beim Essen im Le Montrachet in New York verkostet: fabelhaft, drängendes Bukett, »süß«, wohlriechend, mit entsprechendem Geschmack. Säure und Gleichgewicht perfekt. Kürzlich: mitteltief, reif; aromatische, Pinot-typische »Rote-Bete«-Nase, herrlicher Wohlgeruch; schöner Geschmack, etwas schlank und ziemlich griffige Tannine. *Zuletzt im November 2000 bei einem Essen vor dem Verkauf des Josey-Kellers in New York verkostet* ****

Clos de la Roche A. Rousseau Süßer, stämmiger, reifer Pinot-Charakter; »süß«, reich; köstlich. *Im Mai 1999 in Genf verkostet* ****

Clos de Tart 1987 opulent. 1990 gut ausgebaut, brauner Rand; Geruch nach reifem Pinot und gegrillten Würstchen, entwickelte sich exotisch; reiche, reife Frucht. Später als »attraktive, dralle, mannbare, parfümierte Dirne« beschrieben! Zuletzt zog er sich elegant zurück, aber noch immer intensiv duftend; würzig und mit trockenem Abgang. Irgendetwas fehlte ihm. *1992 bei einem Essen der Bacchus Society in Boston verkostet* **

Volnay, Caillerets Pousse d'Or Komplettes, ausgewogenes Bukett; herrlich im Geschmack, sehr wohlriechend, etwas schlank, tanninbetont und mit ziemlich hoher Säure. *Januar 1990* ****

Vosne-Romanée, Beaumonts Remoissenet Reif; gute Sortennase; etwas »Süße«, angesengter Pinot-Geschmack, gutes Tannin und erfrischende Säure. *Im April 1997 bei Michael Rugers Seminar im Winefest in Sarasota, Florida, verkostet* ***

Vosne-Romanée, Aux Brûlées H. Jayer Sehr tiefe, reiche Farbe, dunkel kirschrotes Zentrum, kräftige »Tränen«; anfangs verschlossen, dehnte sich jedoch im Glas aus; »mittelsüß«, körperreich, reich, konzentriert, Geschmack, Gleichgewicht, Griffigkeit, Säure perfekt – und viel Leben. Bestätigte Jayers ausgezeichneten Ruf uneingeschränkt. *Im Dezember 1995 bei Frans de Cocks Essen im Carré des Feuillants in Paris verkostet* *****

Vosne-Romanée, Cros Parantoux H. Jayer Noch besser: tief, stämmig, reiche Farbe und ebensolches Bukett. Mit Extrakt beladen, aber dadurch nicht schwerfällig geworden, eine Nase, die sich wunderschön entfaltete; erstaunlich »süß«, konzentriert, herrliche Länge, großartiger Nachgeschmack, noch immer tanninbetont. Erinnerte mich an einen Richebourg von DRC in Hochform. *Im Dezember 1995 beim selben Essen (siehe oben) verkostet* ***** *Hat noch Jahre vor sich.*

Clos Vougeot Coron Blässlich, voll ausgebaut; rechte gute, duftende Pinot-Nase und ebensolcher Geschmack. »Süß«. *Im September 1997 auf einer Vorverkaufsverkostung in New York degustiert* *

Clos Vougeot Noëllat Mitte der 1980er ausgezeichnet. Kürzlich: noch immer ziemlich tief; klassische, reife Pinot-Nase und ebensolcher Geschmack. *Im April 2000 bei einem Essen des Saintsbury Club zu Lamm getrunken* ****

Die folgenden, Ende der 1980er-Jahre zuletzt verkosteten 1978er müssten noch gut trinkbar sein: **Echézeaux** Mongeard-Mugneret Wohlriechend, lebhaft, wundervoller Geschmack. *1989* ****; **Pommard, Vignots** R. Monnier Sehr »süß«, ein schöner Wein. *1989* ***; **Romanée-St-Vivant, Quatre Journaux** L. Latour Sehr reich, tief, große Zukunft. *1987* ****; **Volnay, Clos des Chênes** Lafarge Fruchtbeladen, sehr tanninbetont, hat viel Klasse. *1989* ****; **Vosne-Romanée, Beaumonts** Jean Grivot Ein reicher, vollmundiger Wein mit großer Länge und seidigen Tanninen. *1989* ****

Und einige ausgewählte 1978er, die Mitte der 1980er Potenzial zeigten **Richebourg** DRC Alles im Überfluss vorhanden *****; **Beaune, Clos du Roi** Tollot-Beaut Wohlriechend, sehr tanninbetont ***; **Corton, Perrières** Dubreuil-Fontaine Üppig, ausgewogen, viel Alkohol, tanninbetont ****; **Mazis-Chambertin** Leroy Fabelhafter Geschmack, gut gefügt ****; **Musigny, Vieilles Vignes** de Vogüé Elegant ****; **Clos Vougeot** Noellat Ausgezeichnet, fest im Geschmack. *1984* ****

1979 ***

Ein guter, gesunder, ertragreicher Jahrgang. Im März und April verzögerte sich zwar kältebedingt die Vegetationsentwicklung, und auch der Austrieb Anfang Mai war von Frösten begleitet. Aber abgesehen von drei kräftigen Hagelstürmen – der schlimmste zog im Juni eine Schneise der Verwüstung durch die Weinberge zwischen Nuits-St-Georges und Chambolle-Musigny – konnte man sich im Sommer über schönes Wetter freuen. Gegen Ende September begann eine ansehnliche Ernte gesunder Trauben. Die Preise auf der Auktion der Hospices de Beaune gaben um 18 % nach. Der 1979er präsentiert sich zwar nicht so ausgewogen wie der 1978er, trotzdem aber entstanden einige attraktive Weine, die nach wie vor in guter Verfassung sind.

Romanée-Conti Nur einmal verkostet, dafür aber unvergesslich. 15 Jahre nach der Lese eine Jeroboam: mitteltiefe, facettenreiche Farbe, aber offen und voll ausgebaut; ein sensationelles, unbeschreiblich herrliches Bukett; »süß«, voller Leben und Kraft, fabelhaft in Geschmack, Länge und Abgang. Wäre fast von Kässpätzle ruiniert worden. *Im September 1994 beim Eröffnungsessen zu Rodenstocks 14. Raritäten-Weinprobe degustiert* *****

La Tâche Erstmals im September 1981 auf der Domaine verkostet. Der Wein war drei Monate vorher auf die Flasche gezogen worden und noch unruhig. Trotzdem gute Frucht und sehr wohlriechend, mit ausgezeichnetem Geschmack. Lalou Bize erklärte, dass er in 20 Jahren auf dem Höhepunkt sein werde, Aubert de Villaine aber meinte: »Zehn!« 1991 zeigte er sich bei einer DRC-Verkostung in New York in guter Verfassung: voll entwickeltes, »fantastisches« Bukett; beeindruckend »süß«, füllig, sehr wohlschmeckend, griffig und mit fabelhaftem Nachgeschmack. Ein weiteres Mal 1998 auf Wagners Vertikalverkostung. Aubert de Villaine berichtete, dass der Hagel im Juni die Erträge auf 12 hl/ha reduziert habe. Jetzt blässliche, hübsche Farbe; sehr charakteristischer Duft mit einem Hauch Malz, was Aubert auf die Tannine zurückführte; sehr »süß«, sehr reich, körperreich; große Länge, sehr trockener Abgang. *Zuletzt im März 1998 in Zürich verkostet* ****

Romanée-St-Vivant DRC Im November 1995 auf der Domaine verkostet: ansprechende, offene, reife Farbe; eine »süße«, »warme«, angesengte und leicht rosinige Nase, die sich wohlriechend entfaltete; außerordentlich »süß«, positiv, vegetabil, eher schlank, trotz mäßigem Abgang gut. Zwei Jahre später auf einer Vorverkaufsverkostung in New York: nicht mehr viel Rot, aber mit ansprechendem DRC-Bukett und -Geschmack, kraftvoll, parfümiert. *Zuletzt im September 1997 verkostet* **** *(gerade noch).*

Beaune, Grèves Avery Ein schöner Wein, wohlriechend, Frucht, Gewicht und Textur gut. *Dezember 1990* ****

Beaune, Clos des Mouches J. Drouhin 1981 bei Drouhin verkostet. Zwar farbtief, doch meines Erachtens zu kurz. Neun Jahre später, wieder in Drouhins Verkostungszimmer: nur noch wenig Rot; voll entwickeltes Bukett; »süß«, reich, fruchtig und trinkreif. *Zuletzt im Oktober 1990 verkostet. Damals* *** *Austrinken.*

Beaune, Clos des Ursules L. Jadot Gute reife Nase; ganz ordentliches Gewicht, etwas schlank, attraktiv. *April 1991* ***

Chambertin, Cuvée Héritiers Latour L. Latour Mitteltiefe Farbe; guter, »süßer« Pinot-Duft; trocken, guter Körper, allerdings etwas schlank und äußerst tanninstark. *Im November 1995 beim Marcobrunn- und Chambertin-Diner auf Schloss Reinhartshausen im Rheingau verkostet* ***? *Eventuell vier Sterne, wenn die Tannine sich gut einfügen.*

Chassagne-Montrachet Gagnard-Delagrange Ein guter Wein. *September 1990* ***

Corton, Clos des Cortons Faiveley Farbe, Bukett und Geschmack reich. Voll. Komplett. *Januar 1993* ****

Ch. Corton-Grancey L. Latour Über ein halbes Dutzend Einträge. Erstmals im Oktober 1980 verkostet: stielig, rau, unreif, aber mit gutem Geschmack. 1981 und 1983 wenig begeisterte Notizen, aber 1987 hatte er sich geöffnet. 1990 bei einer Corton-Grancey-Vertikalverkostung: vollreif im Erscheinungsbild; herrlich reifer, voll entwickelter Duft; weich, würzig, reiche Frucht, aber eine bittere Endnote (die man mit Essen nicht bemerkt hätte). Mein nächster Eintrag widerspricht dem letzten etwas, denn bei einem Essen 1996 bemerkte ich einen etwas spitzigen Abgang. Im Jahr darauf der älteste Jahrgang einer Vertikalverkostung mit zehn Weinen: vollreif; ziemlich fleischiger, feigenartiger Geruch; guter Geschmack, griffig. *Zuletzt im Juni 1997 bei den Feiern zum 200-jährigen Bestehen von Latour unter freiem Himmel am Fuß des Weinbergs verkostet* *** *Hält sich noch.*

Clos de la Roche Dujac Unterschiedliche Einträge. Erstmals 1981 verkostet: reich, würziger Abgang. 1985 ein leichter Moschusduft und etwas bitterer Endgeschmack; 1990 eine Flasche aus meinem eigenen Keller: wieder ein bitterer Abgang, zusätzlich eine Tannin- und Eisennote, aber fabelhaft reiches Bukett. Bekam Dujac Hagel ab? *Zuletzt im November 1990 verkostet* **?

Clos de Tart Etwas mehr Rot (Säure?) als der 1978er; eine fruchtige Nase, die sich wohlriechend entfaltete; »süß«, ausgewogen, sehr angenehm. *Im Oktober 1990 auf der Domaine verkostet* ***

Vosne-Romanée, Cros Parantoux H. Jayer Mitteltief, im Zentrum etwas Rubinrot; mit Altersspuren, aber herrlichem Bukett, reif und anregend; mitteltrocken, guter Körper, noch immer sehr lebhaft, duftiger trockener Abgang (geringe Abweichungen zwischen den Flaschen). Jayers Parantoux ist mittlerweile der Star bei Versteigerungen; die besten Jahrgänge erzielen haarsträubend hohe Preise. *Im September 1994 bei einem Rodenstock-Essen verkostet* ****

Weitere qualitätvolle 1979er, die bei ihrer letzten Verkostung in den späten 1980ern beträchtliches Potenzial zeigten: **Chambolle-Musigny, Charmes** L. Jadot Reich, wohlschmeckend, tanninbetont. *März 1989* ***; **Pommard, Ch. de Pommard** Jean-Louis Laplanche »Süß«, würzig, vollmundig, mit breit gefächertem »Pfauenrad«. *Februar 1986* ★★★★; **Clos de la Roche** Ponsot Füllig und doch elegant, schöne Textur. *November 1987* ★★★★; **Volnay, Premier Cru** Hubert de Montille Ein stilvoller Volnay. Helles Rot, jugendlich, gut gemacht. *April 1986* ★★★

1980 ★★ bis ★★★

Ungleichmäßige Qualität und ein noch immer angeschlagener Markt. Die durchschnittlichen Auktionspreise der Hospices de Beaune sanken noch einmal um 17 % – der zweite Rückgang in Folge. Kälte zum Jahresbeginn und im Frühling verzögerte den Austrieb. Erneut kühl im Juni, was zu einer langen, ungleichmäßigen Blüte führte. Man rechnete mit einer kleinen Ernte und Lesegut von variabler Qualität. Die Sommertemperaturen wiederum lagen über dem Schnitt und die Hitze hielt in den September hinein an. Kurz vor der am 10. Oktober begonnenen Lese regnete es etwas. Wer spät erntete, erzielte die besten Ergebnisse. Der Jahrgang hielt manche Überraschung bereit, aber leider habe ich in den 1990ern nur wenige dieser Weine verkostet. Bei guter Lagerung müssten sie nach wie vor Freude bereiten.

La Tâche Späte Lese. Erstmals 1981 aus dem Fass verkostet: »süße«, schokoladige, chaptalisierte Nase, passabler Körper, leidliche Länge. Als Nächstes 1983 bei der La-Tâche-Vertikalverkostung auf der Domaine: blässliches Rosa; etwas gekochte Frucht; trügerisch leicht im Stil. Wieder einmal konnte ich 1998 dank Manfred Wagners La-Tâche-Vertikalverkostung den 1980er in seinen geschichtlichen Kontext einordnen: Eine Flasche aus den DRC-Kellern, im Erscheinungsbild ziemlich blass und offen; eine unmittelbar ansprechende Frucht, die bald einen fleischigeren, »süßeren«, ziemlich reichen Zug bekam. Mittlere »Süße« und mittlerer Körper, eher schlank, aber sehr wohlschmeckend. Unlängst ein überraschendes Duftpaket; leicht im Stil, doch alkoholstark, schöner Geschmack, wieder eher schlank. *Zuletzt im März 1999 bei einem BYOB-Essen in New York verkostet* ★★★ *Trinken, solange er noch gut ist.*

Romanée-St-Vivant DRC Ebenfalls spät gelesen. Bei der Verkostung aus dem Fass 1981 ziemlich blasses, jugendliches Blauviolett, anständiger Körper und gute Frucht, besser im Gleichgewicht als erwartet und mit würzigem Nachgeschmack. 15 Jahre nach der Ernte überraschend gut in Form: mittlerweile natürlich mit reifem Rand; die Nase hob fast wie eine Concorde ab: ein Durchstarten des Dufts, »süße«, weiche Frucht, Jod, dann ging es mit gedrosselten Turbinen weiter und nach 15 Minuten kam ein weiterer Duftschub, bis das Bukett die Reiseflughöhe erreicht hatte; sehr »süß«, komplett, voll entwickelt, reich, leicht schokoladig. Sehr attraktiv. *Zuletzt im November 1995 bei der St-Vivant-Vertikalverkostung auf der Domaine degustiert* ★★★★ *Trinken, bevor er zum Sinkflug ansetzt.*

Beaune, Clos des Mouches J. Drouhin 12,4 % Alkohol, 3,6 g/l Gesamtsäure. Der Eröffnungsjahrgang der 1980er-Verkostung, die Robert Drouhin freundlicherweise für mich arrangierte, damit ich einen besseren Überblick über die Dekade bekam. Mit nunmehr zehn Jahren eine gewisse Reife; eine voll entwickelte Nase, die wie der St-Vivant innehielt, um wieder an Fahrt zu gewinnen und sich wunderschön zu öffnen. Fest, ein Anflug von Härte, gute Säure, trockener Abgang. *Oktober 1990* ★★★ *Bald trinken.*

Gevrey-Chambertin, Cazetiers H. de Villamont Vollreif; etwas verblühte Nase; »süß«, leicht, ganz angenehm. *Im November 1999 bei einer Vorverkaufsverkostung von Christie's in Tokio degustiert* ★★ *Austrinken.*

Gevrey-Chambertin, Clos St-Jacques A. Rousseau Reiche, reife Farbe; herrlicher Pinot-Duft, wohlriechend; »süß«, mittleres Gewicht, sehr wohlschmeckend und mit außerordentlich attraktivem »Pfauenrad«. *Im März 1995 beim Tenth Anniversary Great Wine Seminar in Florida im Rahmen einer Rousseau-Verkostung unter der Leitung von Roger Bohmrich, einem von mehreren amerikanischen Masters of Wine, verkostet* ★★★★ *Bald trinken. (Trotz des großspurigen Titels wurden diese jährlich stattfindenden Weinwochenenden von meinem alten Freund Robert Maliner hervorragend organisiert. Es gab viele wirklich große Weine zu verkosten. Ich hatte die Ehre, eine ganze Reihe dieser Veranstaltungen zu »moderieren«. 2002 fand angeblich die letzte überhaupt statt.)*

EINE AUSWAHL DER ERFOLGREICHSTEN 1980ER, DIE ICH IN DEN SPÄTEN 1980ER-JAHREN VERKOSTET HABE **Chambertin, Clos de Bèze** Jacques Prieur Wohlriechend, lebhaft, eine Spur von Bitterkeit im Abgang. *1986* ★★★; **Gevrey-Chambertin, Cazetiers** Philippe Leclerc Würzig, nussig, lebhafte Frucht; pikante Säure. *1989* ★★★; **Cazetiers** G. Serafin Ansprechender Wohlgeruch, schöne Tiefe; »süß«, weich, griffig. *1989* ★★★; **Musigny** de Vogüé Würzig; Gewicht und Frucht, Tannin und Säure gut. Trocken, leicht bitterer Abgang. *1989* ★★

WEITERE 1980ER, DIE ICH ETWA FÜNF JAHRE NACH DER LESE VERKOSTET HABE **Aloxe-Corton** Tollot-Beaut ★★★; **Vosne-Romanée, Cros Parantoux** H. Jayer Gewann 1982 in Mâcon eine Goldmedaille. Auf jeden Fall beeindruckend ★★★★; **Clos Vougeot, Ch. de la Tour** Morin ★★★; auch **A. Rousseau**, **Dujac** und **H. Gouges** erzeugten einige überdurchschnittliche Weine. Die meisten anderen bekamen nur einen oder zwei Sterne – sie waren nicht unattraktiv, doch fehlte ihnen das Stehvermögen.

1981 ★★

Gilt in Burgund als schlechter Jahrgang, doch ganz so übel war er nicht – zumindest nicht in seinen Anfangsjahren. Anscheinend gelangen nur jenen Weinbauern passable Weine, die spät ernteten und ihr Traubengut am stärksten selektierten. Die Vegetationsperiode wurde mit einem warmen Frühjahr eröffnet, doch Fröste beschädigten die Knospen und reduzierten damit automatisch den Ertrag. Von da an war das Wetter abgesehen von einem kurzen sonnigen Intermezzo im August schlecht und auch die späte Hauptlese vom 24. September bis 5. Oktober wurde immer wieder von Regenfällen unterbrochen. Anschließend besserten sich die Bedingungen etwas, was den Spätlesern zugute kam. Ich habe nicht allzu viele Verkostungsnotizen anzubieten, aber der Jahrgang ist mittlerweile ohnehin kaum mehr interessant.

La Tâche Der jüngste Jahrgang einer im Mai 1983 auf der Domaine verkosteten Folge von La-Tâche-Weinen, die bis zum großen 1945er zurückreichte: Ich notierte mir nur kurz »frisch, leicht im Stil«. Zwei Jahre später bei einer Degustation der DRC-Agenten in London bereits ziemlich entwickelt, zugängliche Frucht, weich, lose verwoben, ziemlich reif. Auf Wagners Vertikalverkostung erinnerte mich Aubert de Villaine daran, dass die Saison sehr nass und schwierig verlaufen sei und selbst die gewohnheitsmäßigen Spätleser nur kleine Erträge geerntet hätten. Erwartungsgemäß ziemlich blass und im Aussehen voll ausgereift; eine »süße«, offene, ziemlich gut entwickelte, wohlriechende Nase, die allerdings innerhalb von 40 Minuten in sich zusammenfiel und nach rund einer Stunde malzig geworden war. Am Gaumen aber »süß« und zugänglich, duftig und mit einer gewissen Delikatesse. *Zuletzt im April 1998 verkostet* ** *Austrinken.*

Romanée-St-Vivant DRC Nur zwei Einträge. Der erste entstand bei der Verkostung im November 1985 in London: »süße«, erdige, eindimensionale Nase; offen, lose verwoben. Zehn Jahre später auf der Domaine im Mittelfeld der St-Vivant-Vertikalverkostung: zwar keineswegs tief, aber mit reicherem Aussehen als der 1982er, nicht so blass; ziemlich gute Nase; weich, »süß«, ausgewogen und komplett, ein Hauch von Mokka, blühte nach einem Schwächeanfall plötzlich wieder auf und hielt sich lange. Lebhafter, beerenartiger Geschmack, interessante Tanninstruktur, wesentlich besser als erwartet. *Zuletzt im November 1995 verkostet* *** *(gerade noch). Aber bald trinken.*

Beaune, Clos des Mouches J. Drouhin Der zweite Jahrgang der Verkostung mit allen 1980ern in Drouhins Probenraum. Mit 12 % überraschend wenig Alkohol, Säure 3,6 g/l. Schon nach neun Jahren voll entwickeltes Erscheinungsbild, schwacher, wässeriger Rand; »süß«, nicht sehr klar konturierte Nase, die nach einer Stunde im Glas oxidierte und einen malzigen Ton annahm; eher leicht, kurz, mit hartem, geringfügig säurebetontem Abgang. *Im Oktober 1990 verkostet. Damals* * *und seither nicht mehr verkostet. Ich bezweifle aber, dass er sich verbessert hat.*

Clos des Lambrays Dom. des Lambrays, Saier Blass, schokoladig, sehr »süß«, aber am Altern. *Im Mai 1992 bei einer Vorverkaufsverkostung in Genf degustiert* *

Morey-St-Denis L. Jadot »Pflanzliche« Pinot-Nase; »nussig«, ganz gefällig, trockener Abgang. Auf André Gagey kann man sich immer verlassen – er reißt das Ruder selbst in schlechten Jahren noch herum: ein trinkbarer Wein, den der Regen nicht völlig verwässert hat. *Juni 1990* **

Musigny de Vogüé Zweimal verkostet, beide Male nicht »Vieilles Vignes« notiert. Erstmals im Oktober 1990 auf der Domaine am Tag nach dem Besuch bei Drouhin, ebenfalls für einen Vergleich von Jahrgängen der Dekade. Unmittelbar entgegenkommendes Bukett, voll entwickelt, mit einer hochgetönten Frucht, die sich im Glas wohlriechend öffnete; etwas »Süße«, mittelschwer, weich, aber schlank, ziemlich kurz, etwas Tannin. Neun Jahre später eher blass, aber nach wie vor schön; reiche, fleischige Pinot-Nase mit einem Hauch von Malz; gut im Geschmack und überraschend kräftige Endsäure. *Zuletzt im Januar 1999 bei einer unerwartet umfangreichen Vorverkaufsverkostung bei Christie's in London degustiert* ** *Auf jeden Fall schmackhaft, aber ohne langen Atem.*

ICH HABE 1985 DIE GESAMTE PALETTE DER DRC-WEINE VERKOSTET, SEITHER ABER NUR MEHR DIE ZWEI BEREITS ERWÄHNTEN GEWÄCHSE (siehe oben). Hier die anderen: **Romanée-Conti** Wie üblich mehr Gehalt als der Rest, aber ziemlich viel Tannin und Säure zur Unterstützung des weichen Fruchtgeschmacks; **Richebourg** Nicht so breitschulterig wie üblich und mit sehr ausgeprägter Säure; ich bevorzugte den **Grands-Echézeaux**, fortgeschritten und wohlschmeckend, und den **Echézeaux**, der in der Regel eine Stufe darunter anzusiedeln ist und angenehm, würzig und leicht bitter war. Ich habe bei den DRC-Weinen die Erfahrung gemacht, dass sie zuweilen sehr irreführend sind. Selbst pickelige Mädchen wachsen zu attraktiven jungen Frauen heran – zu mächtigen Matronen hingegen nie.

VON DEN RELATIV WENIGEN ANDEREN 1980ERN, DIE ICH IN DER ZWEITEN HÄLFTE DER 1980ER VERKOSTET HABE, gefielen mir die folgenden ganz gut: **Charmes-Chambertin** Bernard Bachelet Reich, rustikal, »süß«, füllig, trotz einer leichten Bitternote angenehm. *1986* **; **Chassagne-Montrachet, Clos de la Boudriotte** Bachelet-Ramonet Irreführend blass, wohlriechend. *1987* **; **Gevrey-Chambertin** A. Rousseau Wohlriechend, attraktiv, ausgeprägte Säure. *1987* **

1982 **

Der 1982er in Burgund lässt sich in keiner Weise mit seinem Bordelaiser Pendant vergleichen, denn er erreichte weder dessen Qualität noch nahm ihn der Markt begeistert auf. Dabei verlief die Saison gut: warmes zeitiges Frühjahr, frühe Blüte, ein schöner Sommer und heißer September sowie freundliches Wetter bis in den Oktober hinein. Die Lese ab 20. September erbrachte reife Trauben. Was also ging schief? Lag es an der Überproduktion oder der mangelnden Konzentration infolge von Rekorderträgen?

Ein sehr ausgeprägtes Merkmal der 1982er ist ihre blasse Farbe. Mit ihrem leichten Rot und dem schwachen offenen Rand gehen sie kaum als »rote« Burgunder durch. Doch Rotwein und vor allem roter Burgunder muss keine tiefe Farbe haben, um gut zu sein; Pinot-noir-Trauben haben nämlich eine dünne Schale und geben während der Vergärung nur dann etwas mehr Farbpigmente ab, wenn sie in den Genuss einer heißen Reifeperiode mit viel Sonne gekommen sind.

La Tâche Bei der Eröffnungsverkostung im November 1985: würziges Sortenaroma; trocken, fest, bereits mit dem unverwechselbaren La-Tâche-Nachgeschmack. Elf Monate später: sehr wohlriechende, ausgewogene Nase; vielleicht mit geringfügig »süßerem«, nachhaltigem Pinot-Geschmack, gute Säure. Ich gab ihm drei Sterne als Minimum. Als Nächstes auf Wagners Vertikalverkostung: dieselbe mittelblasse Farbe, aber jetzt mit warmem Rosenton und fadem Rand. Leider korkelte sie und war »umgekippt«. Ich muss mir also ein gültiges Urteil vorbehalten. *Zuletzt im April 1998 verkostet* ***? *Wahrscheinlich am besten bald trinken.*

Romanée-St-Vivant DRC Im Herbst 1985: ziemlich blass, noch immer mit unreif purpurnem Ton; sehr wohlriechende Aromen nach »Früchten und Wurzeln«; eindringlich, gute Länge, Tannin und Säure. Fünf Jahre später schien er in der Einzelhaft etwas Farbe bekommen zu haben, war aber »süß« und voll im Geschmack. Anfang 1991 fand ich, dass er etwas Farbe verloren hatte – was aber nicht so wichtig war, denn bei einer Verkostung spielt die Beleuchtung eine entscheidende Rolle. Attraktiv. Sehr gut trinkbar. Kürzlich auf der St-Vivant-Vertikalverkostung (der Jahrgänge 1967 bis 1991) auf der Domaine. Offenes Erscheinungsbild, vollreif, ansprechendes Leuchten; weiche, wohlriechende, leicht angesengte Nase; entwickelte sich »süß« und zugänglich und verströmte einen leichten Duft. Am Gaumen »süß«, sehr charakteristisch, sehr burgundisch (ganz anders als ein Bordeaux), erschien mir allerdings etwas chaptalisiert und trotz seiner griffigen Tannine kurz. *Zuletzt im November 1995 verkostet* *** *(gerade noch).*

EINE REIHE WEITERER, ZULETZT NACH 1990 KURZ VERKOSTETER 1982ER

Beaune, Clos des Mouches J. Drouhin Erstmals 1989 beim Essen verkostet, ein gründlicherer Eintrag aber entstand im darauf folgenden Jahr bei Drouhins Vertikalverkostung von Weinen aus den 1980ern: mittelblass; bereits mit vollreifem Aussehen und wie bei so vielen Burgundern mit ziemlich schwachem, offenem Rand. Die Nase ebenfalls voll ausgebaut, hatte sich gesetzt, harmonisch, nachhaltig; etwas »Süße«, mittelschwer (Alkohol 12,8 %), trinkreif, etwas Tannin, mäßige

Säure (3,5 g/l). *Zuletzt im Oktober 1990 verkostet. Damals* *** *Die regelmäßigen »Jahrzehnt«-Verkostungen sind sehr aufschlussreich, denn sie ermöglichen die treffende Einschätzung eines jeden Jahrgangs. Kein Wein zum Lagern.*

Bonnes-Mares L. Jadot Blasser, vegetabil, wurde seinem *Grand-cru*-Status und dem Renommee des *négociant* leider nicht gerecht. *Juli 1990* * *Seine Statur hat sich in den letzten Jahren sicher nicht gebessert.*

Bonnes-Mares G. Roumier Ein führender Erzeuger mit 1,8 ha in diesem *Grand cru* (zum Vergleich: de Vogüé gehören 1,5 ha). Nur ein Eintrag: anständige Farbe, attraktive, reife Sortennase und ebensolcher Geschmack. Angenehm zu trinken. *Im Oktober 2000 bei einem Essen des Christie's-Weinkurses im Londoner Boodle's Club verkostet* *** *Bald trinken.*

Chapelle-Chambertin Trapet Zwei Flaschen, beide blass, eine mit geringem Rotton, die andere ohne jede Rotspur; die erste offen, mit »süßer«, gekochter Pinot-Nase, die zweite schokoladiger, eine weich und kurz, die andere mit etwas mehr Biss. *Sie waren nicht in schlechtem Zustand, sie konnten nur nicht besser. Februar 1991. Enttäuschend.*

Corton, Clos de la Vigne au Saint Amance Nase und Geschmack ziemlich gut, lebhafter als erwartet. Ein kleines Hurra! *Juni 1991* ***

Ch. Corton-Grancey L. Latour Erstmals 1990 verkostet: blässlich, offen; leicht gekochte Nase; »süß«, weich, mit Bitternote. Unlängst direkt unterhalb des Weinbergs im Freien und damit nicht gerade bei idealen Bedingungen für eine kritische Beurteilung verkostet, aber am Orangeton war das sehr willkommene Sonnenlicht nicht schuld; ansonsten ähnlich wie die erste Flasche. Positiv im Geschmack, griffiger als erwartet. *Im Juni 1997 bei der Verkostung mit Essen zum 200-jährigen Bestehen von Latour degustiert* *** *Angenehm, aber nicht für längere Lagerung geeignet.*

Gevrey-Chambertin A. Rousseau Zugegebenermaßen kein *Grand cru*, sondern einer von Rousseaus Village-Weinen. Aber wenn nicht einmal er einen anständigen 1982er zuwege bringt, wer dann? Blass, fast zwiebelschalenfarben; schwache Nase, »nur ein staubiger alter Pinot-Duft«; minimale Frucht, gekochter – chaptalisierter – Geschmack, trockener Abgang. *Januar 1991* * *Damals kaum und heute sicher gar nicht mehr interessant.*

Musigny de Vogüé Ich glaube, er stammte nicht von alten Rebstöcken und hat mich bei der Vertikalverkostung der Domaine 1990 auch überhaupt nicht beeindruckt: fleischig, käsig, ohne den Charme, die Eleganz und die Finesse eines Musigny. *Oktober 1990* *

Musigny, Vieilles Vignes de Vogüé Zusammen mit dem 1981er verkostet, in der Nase wesentlich weiter entwickelt; »süß«, reich, trinkreif. *Im Januar 1999 bei einer Musigny-Vorverkaufsverkostung in London degustiert* *** *Bald trinken.*

Nuits-St-Georges L. Jadot Dieses bedeutende Unternehmen führte seine jährlichen Degustationen in der Regel an einem heißen Tag bei stets dichtem Gedränge im Savoy Hotel durch, gefolgt von einem zweifellos sehr kostspieligen Nobelessen. Nicht gerade ideale Verkostungsbedingungen, zumindest nicht für mich. Ich bezeichnete den Wein damals als vegetabil und schweißelnd, was auch für die meisten Degustatoren galt; »süß«, breite Basis, leicht säurebetont. Unter den gegebenen Umständen nicht schlecht. *Juni 1990* ** *Damals trinkreif.*

Clos de Tart Mit drei Jahren schwacher Rand und Rosaton, ziemlich wohlriechend und pikant, konterkarierte die Leichtigkeit in Stil und Charakter mit einer gewissen Alkoholschwere und dem Charme eines eingefrorenen Lächelns. Nach fünf Jahren mit anregender Pikanz, jetzt rau und etwas adstringierend. *Zuletzt im Oktober 1990 verkostet* **?

Clos Vougeot, Tastevinage Unbekannter Abfüller. Etiketten mit einem Hinweis auf die *Tastevinage* deuten darauf hin, dass der Wein in seiner Jugend bei einer Verkostung auf dem Château du Clos de Vougeot dabei war und von einer bunt gemischten Schar professioneller Degustatoren und ernsthafter Laienverkoster zumindest anerkennend gewürdigt wurde. Ich habe teilgenommen und eine Flasche bekommen, die wir am Neujahrstag zum Essen tranken: helle Hagebuttenfarbe; sehr schwache Nase; trocken, ziemlich ausdruckslos (der 1982er Veuve Clicquot und der 1970er La Tâche waren besser!). *Januar 1994* **

EINE AUSWAHL WEITERER 1982ER, die gegen Ende der 1980er in optimalem Zustand waren oder gutes Potenzial zeigten: **Grands-Echézeaux** DRC Bei den Eröffnungsverkostungen 1985 kraftvoll, mit würziger Frucht und guter Länge. Vier Jahre nach der Lese gesunder rubinroter Glanz; angenehmes Gewicht, Frucht und duftiger Nachgeschmack. *1986* ****; **Beaune, Clos des Ursules** L. Jadot 1984 kirschrot, trocken und würzig. Drei Jahre später: voll ausgebaut, gute Nase, stilvoll. *Zuletzt 1987 verkostet* ** *Vermutlich noch gut trinkbar*; **Beaune, Teurons** *(sic)* Bouchard Père Zwei Einträge. Mit sechs Jahren angenehm und wahrscheinlich kurz vor dem Gipfel. *1988* **; **Chambertin, Clos de Bèze** A. Rousseau Zum Glück mit der Vielschichtigkeit eines *Grand cru*; herrlich reiche Nase; eichenwürziger Geschmack und Nachgeschmack. *1987* ***; **Corton, Bressandes** Philippe Bouzereau Von einer 0,15 ha großen Parzelle in der Lage Bressandes. Gut gemacht: wohlriechende Pinot-Nase; Gewicht, Geschmack und Abgang angenehm. *1989* ***; **Nuits-St-Georges** Daniel Rion Mit der Farbe eines 30-jährigen Tawny Port; sehr reife Pinot-Nase und ebensolcher Geschmack, ausgesprochen trockener, eichenbetonter Abgang. *1989* ***; **Nuits-St-Georges, Vaucrains** H. Gouges Wenigstens etwas Rubinrot; brombeerartige Sortennase; ziemlich kraftvoll, voll im Geschmack. *1988* *** *Hat sich vermutlich gut gehalten*; **Savigny-lès-Beaune** Chandon de Briailles Stammt natürlich von alten Rebstöcken direkt neben der Domaine. Regelmäßig eine der großen Überraschungen unter den Burgundern, da er schon im Frühjahr nach der Lese völlig trinkreif wirkte. Köstlich entgegenkommend. Sechs Jahre später noch immer ein Charmeur, blumig, wohlschmeckend. *1989* **** *Könnte durchaus in Form geblieben sein*; **Savigny-lès-Beaune** Simon Bize Damals ein aufstrebender Erzeuger mit ausgezeichnetem Ruf. Der Wein war schon mit fünf Jahren reif und braun getönt; ein weiches, verschlossenes Bukett, das nach 30 Minuten einen fabelhaften Wohlgeruch verströmte; überraschend viel Körper, Alkohol und Kraft, sehr guter Geschmack. *1987* ***; **Volnay** H. de Montille Ein weiterer Star. Hielt trotz der jahrgangstypischen Blässe geschickt das Gleichgewicht zwischen hohem Alkoholgehalt und Delikatesse im Geschmack, Tannin und Säure ausgeprägt. *1987* *** *Fast vier Sterne. Könnte durchaus überlebt haben*; **Volnay, Caillerets, Clos des 60 Ouvrées** La Pousse d'Or Ein *monopole* und *clos* innerhalb der Lage Caillerets, die sich zu 60 % im Besitz der Domaine befindet. Ziemlich blass; sehr »süße«, etwas karamellisierte Nase; leicht im Stil, aber ziemlich alkoholstark. Angenehmer Geschmack. *1987. Damals* *** *Hat sich wahrscheinlich gut gehalten*; **Vosne-Romanée, Beaumonts** J. Grivot Ein ganz anderer Stil: gewisse Farbintensität; Nase und Geschmack reich und warm, »Cassis und Haselnüsse«. »Süß«, ziemlich körperreich, Tannin und Säure gut. Attraktiv. *1988* ****; **Nuits-St-Georges, Boudots** Grivot

Von 60-jährigen Rebstöcken, und **Clos Vougeot**, ebenfalls **Grivot**, beide in ihrer Jugend sehr beeindruckend ***

Andere 1982er der DRC, die ich nur bei der Eröffnungsverkostung für den Handel 1985 degustiert habe: **Romanée-Conti** Ausgesprochen beeindruckend, außerordentlich reiche, parfümierte Nase; kraftvoll und durchdringend, wesentlich besser als der 1981er. Ich gab ihm potenzielle ****; **Richebourg** Robust, aromatisch; **Echézeaux** Strahlend, vegetabil, wohlriechend, eindringlich. *Alle *** und mit interessanter Zukunft.*

1983 *** uneinheitlich

»Schießen Sie nicht auf den Pianisten, er gibt sein Bestes.« Ein schwieriger, höchst kontroverser Jahrgang. Die Vegetationsperiode war eine Folge von Katastrophen mit Frost, Hagel, Hitze, Nässe und Fäule und ergab extrem harte, tanninbetonte Weine. Rückblickend wird außerdem klar, dass eine viel zu frühe Freigabe und ein skandalöser Bericht über die DRC-Weine in einem großen amerikanischen Weinmagazin viel Schaden anrichteten. Einige unserer amerikanischen Freunde neigen dazu, immer wieder die Erzeuger für problematische Provenienzen verantwortlich zu machen. Dabei vergessen sie geflissentlich (falls sie es überhaupt je wussten), dass in erster Linie ein unvorhersehbares und nicht zu beeinflussendes Klima über das Werden eines Weins bestimmt.

Was aber waren die Probleme gewesen und wie wirkten sie sich aus? Ein kühler, nasser, unfreundlicher Frühling mit örtlichen Hagelschauern im Mai suchte die Côte de Nuits heim. Die Weinberge von Chambolle-Musigny und Vosne-Romanée waren besonders stark betroffen: Sie verloren ein Drittel ihres potenziellen Ertrags. Die anschließende Blüte aber verlief zufriedenstellend. Der Juni und Juli waren von großer Hitze geprägt, was die Entwicklung der Trauben vorantrieb, ihr Fruchtfleisch konzentrierte und die Beerenschalen dick werden ließ. Dann verdüsterte sich der Himmel und von Ende August bis Mitte September war es trüb und nass, was einen beträchtlichen Fäulnisbefall zur Folge hatte. Während der Lese wiederum war das Wetter wechselhaft. Wer spät las und rigoros selektierte, kam noch am besten weg.

Eines der beiden Hauptprobleme war zweifellos die Fäule, denn wenn man befallene Beeren nicht einzeln aus einer Traube entfernt, können sie den Geschmack des Weins negativ beeinflussen. Die dicken, sonnengereiften Schalen gaben den Gewächsen zwar eine beeindruckende Farbtiefe mit, sodass sie im Aussehen das krasse Gegenteil der unbestimmten 1982er waren, doch verursachten sie auch das zweite Hauptproblem: die außerordentlich harten Tannine.

Damals präsentierte Drouhin seine Weine sehr früh, nämlich schon im Frühjahr nach der Lese. Ich kann mich noch daran erinnern, wie schockierend dunkel, deutlich hart und tanninbeladen diese Gewächse waren – fast hätte ich »teuflisch hart« geschrieben, womit ich gar nicht so daneben gelegen hätte.

Das Tannin war auch für die Kreszenzen der Domaine de la Romanée-Conti ein Problem. Deshalb entschied man sich dort für eine späte Abfüllung zwischen März und Mai 1986. Dagegen lässt sich nichts einwenden, doch machte man – vielleicht auf Drängen der amerikanischen Importeure – den großen Fehler, die Flaschen bald nach der Abfüllung auszuliefern. So lagen sie im Herbst des Jahres schon in den Regalen der Händler – und waren doch noch völlig unreif und ungenießbar. Die amerikanischen Einzelhändler und Kunden sind daran gewöhnt, dass US-Kellereien den »Freigabe«-Zeitpunkt ihrer eigenen Weine festlegen, die wesentlich früher zugänglich, fruchtig und trinkreif werden als ein gleichaltriger Bordeaux oder Burgunder. Man nahm also vermutlich an, dass die 1983er der DRC »freigegeben« worden waren und damit getrunken werden konnten, denn schließlich hatte man sie ja bereits an die Händler und Restaurants in den Staaten versandt. Dem war aber nicht so – und deshalb erschien im Herbst 1986 jener beißende Artikel, in dem das gesamte DRC-Sortiment vernichtend kritisiert wurde.

Ich war damals zufällig in San Francisco und die Importeure, die ich gut kannte, ließen mir eilends jeweils ein Exemplar jedes DRC-Weins kommen, damit ich sie verkostete. Bei meiner Rückkehr nach London taten die britischen Importeure es ihnen nach. Es handelte sich in der Tat um harte, tanninbeladene Weine, die zu diesem Zeitpunkt keineswegs trinkreif waren. Es war einfach töricht gewesen, sie vorschnell auf den Markt zu bringen und sich damit eine nicht minder voreilige Kritik einzuhandeln.

Romanée-Conti Entweder braucht er noch ein halbes Jahrhundert Entwicklungszeit in der Flasche oder die Tannine werden ihn bis in alle Ewigkeit beherrschen. Ich fürchte, ich werde es nie erfahren. Erstmals am 2. November 1986 in San Francisco verkostet; der farbtiefste DRC von 1983, mit purpurnem Zentrum und intensiv violettem Rand; ein tiefes, klassisches Pinot-Aroma, das sich opulent entwickelte, brombeerartige Frucht; massiv, konzentriert und tanninbeladen, dabei weich und zum Kauen. Ein ähnlicher Eintrag einen Monat später in London (ich werfe beim Verkosten niemals einen Blick auf ältere Notizen, sondern degustiere immer unbeeinflusst und vergleiche meine Bewertungen erst im Nachhinein): ein mächtiger, samtiger, fruchtbepackter Wein, dessen Extrakt das Tannin und die Säure halbwegs ummantelte. »Großes Potenzial.«

Die Domaine hatte mir ungefragt zwei Magnums geschickt, weil ich in ihrem Namen einen scharf formulierten Brief geschrieben hatte, in dem ich den kritischen US-Artikel zerpflückte. Die erste dieser Flaschen nahm ich 1991 mit zu Christie's. Nachdem ich ein paar Tage gewartet hatte, bis sie sich gesetzt hatte, dekantierte ich sie um 12.30 Uhr für ein Essen, das im Sitzungssaal stattfand. Beim Dekantieren fiel mir die ziemlich tiefe Farbe auf, die eher rosig als rot war; ein verhaltenes Aroma, aber am Gaumen wuchtig und trocken. Um 13.20 Uhr serviert: ausgesprochen mächtig und unnachgiebig, stark, aber mit sehr duftigem Nachgeschmack. Ich behielt einen Rest zurück: nach drei Stunden hatte sich das Bukett reich geöffnet, aber am Gaumen war der Wein noch immer unnachgiebig. Als Wein zum Trinken offen gesagt enttäuschend und noch immer viel zu unreif. Ich werde meine zweite Magnum so lange wie möglich aufbewahren. *Zuletzt im März 1991 verkostet* **(***) *In 15 oder 50 Jahren so weit? Man wird sehen.*

La Tâche Bei jeder der Verkostungen im November 1986 degustiert: reiche Farbe; ein ungeduldig hervordrängendes Aroma, zum Ende hin kantig, aber mit herrlicher Entwicklung im Glas; lebhaft, wohlriechend, schlank, mit durchdringendem Geschmack, der sich im Mund ausweitete. Hart. Tanninbetont. Vor einiger Zeit bei Manfred Wagners La-Tâche-Vertikalverkostung eine Magnum zum Essen zwischen den beiden Sitzungen. Mitteltiefe, attraktive Farbe, reifer werdend; eine blumige Sortennase, in der ich einen Hauch von Fäule entdeckte, was sich aber am Gaumen nicht bestätigte. Nach einer halben Stunde »teeartig«. »Süß«, keineswegs massiv, weich, zum Kauen, trockener Abgang mit Zitrusnote. *Zuletzt im April 1998 verkostet* ***(*) *mit leichten Vorbehalten.*

Grands-Echézeaux DRC Bei beiden Verkostungen im November 1986 degustiert: klassisches Pinot-Aroma, fest, Geschmack und Länge gut, würziger, tanninbetonter Abgang. Drei Jahre später mit ersten Reifespuren am Rand; sehr ansprechend im Bukett; »süß«, ausgewogen, gut gebaut, schöner Körper. Später reife Farbe, aber noch immer mit rubinrotem Einschlag; reiche Nase; füllig, sehr ansprechend, ich bemerkte weder einen Fäulniston noch übermäßig viel Tannin. Der Preis betrug übrigens umgerechnet 700 Euro für die 12er-Kiste (inkl. Zoll- und Versandgebühren). *Zuletzt im April 1992 bei einer DRC-Verkostung in London degustiert* ***(*)

Romanée-St-Vivant **DRC** 1986 schöne, klare Farbe, wirkte aber frühreif; delikates, kräuterwürziges Bukett; elegant, dabei fest, Tannin und Säure sehr eindringlich. Vier Jahre später: merklicher Farbverlust, reif; sehr gutes Bukett; jetzt »süßer« und weicher, ansprechender Geschmack und Nachgeschmack, aber eine Bitternote im Abgang. Als Nächstes im April 1992: verschlossen, aber am Gaumen voll und reich, außerdem noch immer spürbar tanninstark (der Preis lag übrigens bei umgerechnet über 800 Euro für die 12er-Kiste). Kürzlich bei der St-Vivant-Vertikalverkostung auf der Domaine: rötliche Farbe; reicher, angesengter Geschmack, ausgewogen, brach aber nach einer Stunde etwas ein; ausgeprägt »süß«, interessant, schön, noch immer ziemlich hart. Ich stufte ihn geringfügig niedriger ein als den 1980er. *Zuletzt im November 1995 verkostet* **(*)

Echézeaux **DRC** Der schwächste der DRC-Weine, 1986 (in San Francisco) außerdem mit Flaschenabweichungen. In London ähnlich: »Gekochte« Pinot-Nase, flüchtige Säure, etwas scharf. Auch 1990 wieder unterschiedliche Flaschen, beide in der Nase wohlriechend, aber meines Erachtens mit leichtem Fäulniston. Eindeutig unterdurchschnittlich. Zwei Jahre später wieder Flaschenabweichungen: deutlich reif im Aussehen; die Nase bei beiden verkosteten Exemplaren anfangs »süß« und ansprechend, eine Flasche aber mit leichtem Korkengeschmack (oder war es die Fäule?); »süß«, weich, trockener Abgang und wie immer mit umgerechnet knapp 540 Euro das Dutzend vergleichsweise preiswert für einen DRC. *Zuletzt im April 1992 verkostet* **?

Chambertin **A. Rousseau** Zwei Mitte der 1990er entstandene Einträge. 1994 bei Neville Abrahams' Dinner zum 20-jährigen Jubiläum im Soho-Soho: reif; »süß«, guter Geschmack, »zu Käse hoffnungslos«. Im darauf folgenden Frühjahr voll entwickeltes Erscheinungsbild; subtile, komplexe Nase, fast schon zu »süß«; Geschmack, Kraft, Länge, Tannin und Säure gut. *Zuletzt im März 1995 bei einer Rousseau-Verkostung in Florida degustiert* **** *Dürfte jetzt ausgezeichnet sein.*

Chambertin, Clos de Bèze **A. Rousseau** Ziemlich tief, reich; weich, ausgewogen, starke Alkoholnote; ziemlich »süß«, körperreich. Ein Geschmack, der sich ausweitete. *Im März 1995 bei derselben Veranstaltung der Hollywood Wine Society in Florida degustiert* **** *Hat ein gutes Leben vor sich.*

Chambertin, Cuvée Héritiers Latour **L. Latour** Mit zehn Jahren mittelblass, offen, reif; »süße«, sehr attraktive Nase und schöner Geschmack. *Bekam bei einer Verkostung vor der Versteigerung eines »herausragenden Kellers feiner und seltener Weine« im Dezember 1993 eine hohe Bewertung* ****

Chambolle-Musigny, Charmes **Moillard** Mittelmäßige Nase; außerordentlich trockener, sehr harter, tanninbetonter Abgang. Von »Charme« nichts zu spüren. *Im Februar 1997 beim Essen nach einer Verkostung in Lyford Cay auf den Bahamas degustiert* * *Ich glaube nicht, dass er durch Flaschenalterung besser wird.*

Charmes-Chambertin **A. Rousseau** Die größte *Grand-cru*-Lage in Gevrey und eine der größten in Burgund überhaupt. Schöne Farbe, sanfte Abstufungen; in der Nase nicht minder sanft, ausgewogen, mehr Parfüm- als Sortenduft; etwas »Süße«, elegant, lebhaft, gute Tannine. *Im März 1995 bei der Rousseau-Verkostung in Florida degustiert* ****

Charmes-Chambertin **Taupenot-Merme** Der 66. Wein und älteste Jahrgang bei einer British-Airways-Verkostung von roten Burgundern für die Concorde. Tief, zu braun; korrekte alte Pinot-Nase, auf seine Art ansprechend, aber mitgeflogen ist er nicht. *Juni 1999* *

Ch. Corton-Grancey **L. Latour** Im Oktober 1985 eine gute, tiefe Fassprobe »zum Kauen«. Vier Jahre später stark veränderte Farbe, jetzt reif und mit Hagebuttenton; voll entwickelter, sehr »süßer«, guter, reicher Geschmack, spürbar tanninstark. Unlängst: trügerisch orange-hellbraun in der Farbe; attraktive, zarte, verhaltene, reife Pinot-Nase; schlank, gut im Geschmack, aber ausgesprochen griffig, hart und säurebetont. *Im Juni 1997 bei der Eröffnungsverkostung zum 200-jährigen Jubiläum degustiert* **? *Ich kann mir nicht vorstellen, dass die Frucht das Tannin überlebt. Man darf gespannt sein.*

Corton, Hospices, Cuvée Charlotte Dumay **Lupé-Cholet** »Warmes«, reifes Erscheinungsbild; gekochte Pinot-Nase, hart; ausgesprochen unattraktiv, »farnkrautartig«, trockener Abgang. *Eine Verkostungsprobe in meinem Büro. Wurde nicht für den Verkauf angenommen. September 1994.*

Corton, Hospices, Cuvée Dr Peste **Rossignol** »Süß«, kraftvoll, sehr tanninbetont. *September 1991* **(*)? *Die Chancen sind gut, dass er sich öffnet und weicher wird – eine Garantie dafür gibt es aber nicht.*

Echézeaux **Pierre Bourrée** Gekochte, harte Pinot-Nase; »süß«, wohlschmeckend, gute Länge, aber mit die Zähne belegenden Tanninen. *Im Dezember 1993 bei einer Vorverkaufsverkostung degustiert* **(*)

Gevrey-Chambertin, Les Cazetiers **A. Rousseau** Reich, reif; eine Pinot-typische »Rote-Bete«-Nase, die sich wunderschön entfaltete, ein Anflug von Himbeeren; »süß«, kraftvoll, sehr tanninbetont. *Im März 1995 bei Rousseaus Degustation in Florida verkostet* ***(*)? *Alles hängt davon ab, ob sich die Tannine abbauen.*

Gevrey-Chambertin, Clos St-Jacques **A. Rousseau** Erstmals bei der Rousseau-Verkostung 1995 in Florida degustiert: reifer Rand; lebhaft, wohlriechend; sehr wohlschmeckend, aber mit lebhafter, zitrusartiger Säure. Acht Monate später in Gesellschaft von Charles Rousseau beim Marcobrunn- und Chambertin-Essen auf Schloss Reinhartshausen im Rheingau: wirkte im Kerzenlicht sehr tief; nussiger, durchdringender Sortenduft; stämmig, zum Kauen, kraftvoll, aggressiv und enorm tanninbeladen. Nicht einmal das üppige Essen konnte ihn zähmen. *Zuletzt im November 1995 verkostet* **** *wegen des Eindrucks, den er hinterließ,* ** *für die Trinkbarkeit. Welche Zukunft er hat? Ich hoffe das Beste.*

Clos de la Roche **A. Rousseau** Ziemlich tief, mit rötlichem Ton; eine reiche, erdige Nase, die sich schön, aber mit einer schweißelnden Tannindosis öffnete; kraftvoll, abgerundet und mit die Zähne belegenden Tanninen. *Im März 1995 auf der Rousseau-Verkostung in Florida degustiert* **(**)? *Ein typisch unergründlicher 1983er. Welchen Weg wird er wohl gehen? Er könnte sich als gut erweisen, darauf wetten würde ich aber nicht.*

Ruchottes-Chambertin **A. Rousseau** Farbtief; reich, hoher Extrakt, jetzt attraktiv; ziemlich »süß«, körperreich, schöne Frucht und Tannin. *Im März 1995 bei der Rousseau-Verkostung in Florida degustiert* ***(*) *Noch ein Wein mit zu viel Tannin, ich glaube aber, er wird sich gut entwickeln.*

Volnay, Clos des Angles **Prosper Maufoux** Wenig beeindruckend, sehr tanninbetont. Nicht einmal *Filo borek* (eine Art Käse im Teigmantel) konnte ihn zähmen. *Im Oktober 1996 bei einem Essen des Saintsbury Club mit ungewöhnlich vielen*

Burgundern und zwei kalifornischen Pinot-noir-Weinen verkostet. Wir alten Knaben sollten besser bei Bordelaiser Roten bleiben.

Einige andere 1983er, die ich alle zuletzt 1990 verkostet habe

Beaune, Clos des Mouches **J. Drouhin** 1984 bei der Eröffnungsverkostung in guter Verfassung, natürlich purpurn getönt und eichenlastig. Nach sechs Jahren: vollreifes Aussehen; eine Spur Erdbeeren und Lakritze; eindringlich, Frucht und Geschmack gut. Einer der besten Weine des Jahrzehnts. *Im Oktober 1990 bei Drouhin verkostet* ****

Beaune, Toussaints **René Monnier** Sehr ausgeprägtes Sortenaroma; Geschmack, Körper, Frucht und Extrakt gut, aber mit ziemlich hartem tanninbetontem Abgang. *März 1990* ***

Beaune, Clos des Ursules **L. Jadot** Tief, doch reif; mit einem Bukett, das sich wohlriechend entfaltete; voller Frucht, Extrakt und samtiger Tannine. *Im Oktober 1990 mit André Gagey verkostet* ****

Chambertin, Clos de Bèze **Damoy** »Süße«, ziemlich übelriechende alte Rote-Bete-Nase, tanninbetont und überreif. Trockener, lederiger, tanninbetonter Abgang. *Februar 1990* **?

Chambertin, Clos de Bèze **L. Jadot** Reiche Nase, jedoch mit schweißelnden, nach alten Socken riechenden Tanninen – verbesserte sich aber unter Luftzufuhr, wie es alte Socken so an sich haben; sehr charakteristischer »fischiger«, Chambertin-typischer Pinot-Geschmack. Eigen. Etwas hohl. Vielleicht besser als meine Notizen. *Oktober 1990* ***?

Gevrey-Chambertin, Estournelles St-Jacques **Clair-Daü** Ein Geruch wie angesengte Fußabtreter; »süß«, zum Kauen, wohlschmeckend, aber mit ziemlich bitterem, tanninbetontem Abgang. *Januar 1990* *

Pommard **Thomas Bassot** Blässlich, rosiger Ton; harte, gekochte Pinot-Nase und ebensolcher Geschmack. Sehr trockener, tanninbetonter Abgang. *Januar 1990* *

Clos de Tart Lebhafte Farbe; wohlriechend, kirschartig, dann mit eigenartigem Geruch wie bleifreies Benzin – angeblich eine Folge des Hagels. Voll im Geschmack, aber sehr adstringierend, mit aggressivem, stieligem Abgang. *Im Oktober 1990 auf der Domaine verkostet* *

Vosne-Romanée **J. Grivot** Blass; brombeerartige Pinot-Nase, die sich angenehm öffnete; ziemlich »süß«, im Geschmack süße Rote Bete, gute Länge. Natürlich tanninbetont, aber nicht aggressiv. *Im Februar 1990 im Le Gavroche in Mayfair, London, verkostet* ****

Einige weitere 1983er, die ich zuletzt in den späten 1980ern verkostet habe

Gevrey-Chambertin, Cazetiers **L. Latour** 1985 eine tiefe, brombeerartige Fassprobe, die sich gerade zu öffnen begann. Vier Jahre später: beträchtlicher Farbverlust, blässliches, warmes Hellbraun; »süßer«, guter Geschmack, aber tanninbetont. *Zuletzt im November 1989 verkostet* ***?; **Gevrey-Chambertin, Cazetiers** **P. Leclerc** Karminroter Glanz; fast Pauillac-artiger Austernmuschelduft, eine Abwandlung des Chambertin-typischen »fischigen« Pinot-Buketts; »süß«, weich, körperreich, fruchtig, köstlich. *Februar 1989* ****; **Gevrey-Chambertin, Cazetiers** **H. Magnien** Ziegelrot; zarte, blumige Nase nach Walnüssen und getrockneten Rosinen; kraftvoll, gute Länge, extrem tanninbetont. (Magnien ist von einer langen Vergärung überzeugt. Seine Weine neigen zu Sprödheit.) *Februar 1989. Damals* **(**); **Pommard, Epenots** **L. Latour** Eine Fassprobe, die vorzeitig gealtert aussah; mächtig, sehr tanninbetont. Später mit rosigem Leuchten; reifes Bukett; »süß«, nicht mehr so massiv, trotz der Tannine weich. *November 1989* ***; **Romanée-St-Vivant, Les Quatre Journaux** **L. Latour** Eine elegante Fassprobe, gute Länge und Zukunft. Vier Jahre später: leuchtender Reifeton; wohlriechend; »süß«, füllig, schöner Geschmack, wieder »Eleganz« notiert. *November 1989* ****; **Vosne-Romanée, Orveaux** **Mongeard-Mugneret** Vollreif im Aussehen; gute »vegetabile« Pinot-Nase, die unter dem Einfluss von Luft reicher und glatter wurde. Entsprechender Geschmack. Alkoholreich. Braucht Flaschenalterung. *Februar 1988* ****

1984

Einer der glanzlosesten Jahrgänge des Jahrzehnts. Kann man getrost vergessen. Wieder einmal aber lag die Schuld nicht nur an den Erzeugern, denn gegen den schlechten Frühling, die späte Blüte und das Verrieseln konnten sie nichts ausrichten. Es folgte ein heißer, sonniger Juli, doch die Erholungspause währte nicht lange, denn mit einem stürmischen August und einem sehr regenreichen September – einem der nässesten seit Beginn der Aufzeichnungen – verlief der Sommer alles andere als ideal. Eine späte Ernte, die ins Wasser fiel und schlichtweg schlecht war.

La Tâche 1990 bei der Verkostung des Importeurs ziemlich blass, mit Orangeton, in der Nase ebenfalls voll entwickelt, aber reichlich Tannin. Ohne das Flair und die Eleganz eines La Tâche in Bestform, trotzdem ziemlich beeindruckend. Zwei Jahre später auf einer DRC-Verkostung in London: schokoladige Nase; »süß«, zum Kauen, guter Geschmack. Trinkreif. Unlängst bei Wagners La-Tâche-Vertikalverkostung: jetzt blass, bernsteinorange und mit müdem braunem Rand – wie ein Herbstblatt. In der Nase interessanter, wohlriechend, reif, ein Hauch von Malz, öffnete sich reich, schien sich aber nach 30 Minuten zu verschließen; »mittelsüß«, mittlerer Körper, anständiger Geschmack, aber ohne die übliche Länge. *Zuletzt im April 1998 verkostet* *

Romanée-St-Vivant **DRC** 1990 mit orangebraunem Rand; angesengte, schokoladige, chaptalisierte Nase; stämmig, angenehm. 1992 auf der DRC-Verkostung wirkte das Bukett weich und schien sich angenehm zu öffnen; am Gaumen »süß«, wieder »angenehm«, trockener, leicht säurebetonter Abgang (kostete halb so viel wie der 1983er). Später auf der Domaine zu *Faisan en cocotte lutée*. Der Wein war, ganz unüblich für Burgund, dekantiert worden: ansprechend reiche Farbe und Nase, anfangs etwas schokoladig, dann minzig; »süß«, aber tanninbetont, etwas Kraft und Griff, aber ohne Länge und mit etwas grobem Abgang. *Zuletzt im November 1995 verkostet* **

Grands-Echézeaux **DRC** Nur ein Eintrag. Ziemlich tief; gute Frucht; »süß« und gut trinkbar. *Im April 1992 bei der DRC-Verkostung in der Londoner Painters' Hall degustiert* *** *Austrinken.*

Echézeaux **DRC** Mit acht Jahren: blass und schimmernd; reiche Nase nach »gekochtem Obst«; »süß«, angemessene Frucht, ein pfefferiger Hauch und ein trockener, leicht bitterer Abgang. Etwa halb so teuer wie der 1983er und der La Tâche von 1984. *Im April 1992 in der Londoner Painters' Hall verkostet* **

Die folgenden Weine verkostete ich alle Anfang der 1990er

Beaune, Clos des Mouches **J. Drouhin** Wenig Alkohol: 12,3 %, 3,8 g/l Säure. Ziemlich schwach und mit wässerigem Rand; leichte, blumige Nase; raue Frucht, säurebetont. Nach dem 1981er der am wenigsten zufriedenstellende Jahrgang der Dekade. *Im Oktober 1990 bei Drouhin verkostet.*

Gevrey-Chambertin L. Trapet Blass, rosa Reflexe; unverwoben; merkwürdiger, pikanter Rote-Bete-Geschmack. *März 1990.*

Musigny de Vogüé Der blasseste und im Aussehen am weitesten entwickelte Musigny des Jahrzehnts. Mit »süßer«, vegetabiler, hochgetönter Nase, die sich im Glas gut entfaltete, angenehmer Duft; erdig, eine Spur Lakritze. *Im Oktober 1990 auf der Domaine verkostet* ** *(gerade noch).*

Beaune, Grèves, Vignes de l'Enfant Jésus Dom. du Ch. de Beaune Ab 2. Oktober gelesen. Unattraktive, schweißelnde Pilznase; trocken, mittelmäßig, rau. *Im November 1994 bei Bouchard Père verkostet.*

Chapelle-Chambertin L. Trapet Für einen 1984er überraschend angenehm. Gute reiche Pinot-Nase und ebensolcher Geschmack. *Im November 1994 im Londoner Restaurant Le Jardin des Gourmets zu* Salmis de Faisan *verkostet* ***

Echézeaux H. Jayer Ich war sehr gespannt auf diesen Wein von Jayer. Er korkelte. *Im Februar 1998 auf einer Vorverkaufsverkostung in Los Angeles degustiert. Ich bin sicher, er wäre der beste 1984er gewesen.*

Vosne-Romanée Gérard Mugneret Helles Hagebutten-Rotbraun; milde, gekochte Pinot-Nase; trocken, etwas griffig, Nicht beeindruckend. *April 1990* *

Und der Vollständigkeit halber drei Hospices-de-Beaune-Weine, die Rossignol für einen Schweizer Käufer ausbaute und abfüllte und die alle dieselben Unzulänglichkeiten aufwiesen: **Beaune, Hospices, Cuvée Dr Peste** Viel Frucht, aber schmeckte nach jungem Port. *September 1991*; **Corton, Dr Peste** (der alte Doktor war bei seinen Spenden für die Hospices sehr großzügig) Etwas Frucht, wohlschmeckend, aber rau. *Juli 1992*; **Mazis-Chambertin, Cuvée Madeleine-Collignon** Trocken, schlank – oje. *September 1991.* Sie hatten alle etwas gemeinsam: eine schlechte, firnisartige, malzige Nase mit einem Löffel voll Marmelade. Lag's am Ausbau oder der schlechten Lagerung?

1985 *****

Einer meiner Lieblings-Jahrgänge aus Burgund. Selten fielen meine Verkostungsnotizen so durchweg begeistert aus.

Interessante Witterungsbedingungen: noch nie dagewesene Niedrigsttemperaturen im Januar, Schnee im Februar, der den Austrieb verzögerte, dadurch aber auch die Gefahr von Schäden durch Spätfröste reduzierte. Verspätete Blüte; ein relativ normaler Juni und Juli, ab der ersten Augustwoche Hitze und Trockenheit, dann Hagelstürme: In Aloxe-Corton wurden 25 % der Ernte vernichtet, doch die heil gebliebenen Trauben erbrachten ausgezeichnete Weine – siehe die Einträge zu den Corton-Weinen des Jahrgangs. Ab 1. September ununterbrochener Sonnenschein. Reifes, gesundes Lesegut und einer der besten Jahrgänge, so weit die meisten Erzeuger zurückdenken konnten.

Ich habe eine große Bandbreite von 1985ern verkostet. Die Einträge geben Aufschluss über die Überlegenheit und außerordentliche Tiefe der *Grands crus*, die Qualität der *Premiers crus* und – sogar in einem Jahrgang wie diesem – die Abweichungen zwischen den Village-Weinen. Zu den Klassifizierungsstufen kamen die Unterschiede zwischen den Erzeuger- und *négociant*-Abfüllungen hinzu (englische Abfüllungen gab es nicht).

Romanée-Conti Leider nur ein Eintrag: konzentrierte Nase; sehr »süß«, reich, vielschichtig. *Im Februar 1996 bei der Verkostung der Bestände eines Kunden in New York degustiert* *****

La Tâche Erstmals im Oktober 1990 auf der Domaine verkostet: tief, reich, intensiv, doch bereits mit ersten Anzeichen von Reife; außergewöhnliches Aroma, präsentierte sich nach den miserablen Jahrgängen der letzten Jahre endlich wieder in Hochform, wie ein Vogel, der nach dem Regen seine Flügel ausbreitet und sie flatternd trocknet. Die »Süße« von reifen Trauben und Alkohol, eindringlich, große Länge, trockener Abgang. Sechs Jahre später eine Flasche aus einem amerikanischen Keller in gutem Zustand. 1997 bei einem BYOB-Essen in New York – unsere amerikanischen Freunde bringen zu diesen zwanglosen Zusammenkünften aber auch wirklich köstliche, extravagante Kreszenzen mit. Ein schöner Wein. Im Jahr darauf bei Wagners Vertikalverkostung: jetzt mittelblass, attraktiv; ein leichtes, duftendes Pinot-Aroma, das sich wunderschön öffnete und nach 30 Minuten voll entwickelt war. Unglaublich, aber wahr: Nach vier Stunden im Glas (ich ließ nur ganz wenig übrig!) noch immer sehr schön und charmant; nach einer weiteren Stunde erinnerte er mich an einen Laden mit Duftölen für Aromatherapien. Am Gaumen »süß«, gutes Gewicht, ansprechender Geschmack, perfekt im Gleichgewicht. Einer der besten der insgesamt 60 Jahrgänge auf Wagners Verkostung. Kürzlich: in jeder Hinsicht wunderschön. Ein herrlich duftender La Tâche in Höchstform. *Zuletzt im April 2000 beim Abschlussessen von Stephen Kaplans 1985er-Verkostung in Chicago degustiert* *****

Richebourg DRC Erstmals 1996 verkostet: stämmig; sehr trockener Abgang. Kürzlich: noch immer farbtief; erneut »stämmig«, außerdem mit dem Zusatz »grandios«; ein massiver, äußerst griffiger Wein. Tanninbetont. Überragend, aber kein zugänglicher Wein. Braucht Zeit. *Zuletzt im April 2000 bei Kaplans Abschlussessen im Four Seasons in Chicago verkostet* **(***) *Etwa 2006 bis 2020.*

Grands-Echézeaux DRC 1990 beim Essen auf der Domaine: noch immer jugendlich; gute Frucht, aber unreif; selbstbewusster Auftakt, groß im Stil, seidige Tannine. 1996 bei einer Verkostung mit allen anderen 1985ern der DRC relativ verhalten, aber sehr gut. Kürzlich: ausgezeichnetes, reifes Pinot-Bukett und ebensolcher Geschmack. Große Länge, fabelhafter Wohlgeruch. *Zuletzt im November 1999 bei einer Vorverkaufsverkostung von Christie's im American Club in Tokio verkostet* *****

Romanée-St-Vivant DRC Meine höchste allgemeine Bewertung bei der St-Vivant-Vertikalverkostung der Jahrgänge 1978 bis 1991 im November 1995: überbordend duftend, weiche Mokkanote, dann Walnüsse und Herbstbeeren; dehnte sich im Mund rasch aus, Geschmack und Abgang herrlich. Drei Monate später: sehr »süß«, reich, köstlich. *Zuletzt im Februar 1996 verkostet* ***** *Jetzt trinken oder noch rund fünf Jahre warten.*

Echézeaux DRC Parfümiert; »süß« und ansprechend. *Februar 1996* ****

Beaune, La Mignotte Leroy Rubinrot und für einen reifen 1985er noch immer jugendlich; gute Frucht, weicher, kräftiger, durchdringender Geschmack. *Im November 1999 auf einer Christie's-Vorverkaufsverkostung in Tokio degustiert* ****

Beaune, Boucherottes L. Jadot Einer der acht 1985er, die ich in der City of London bei der Haberdashers' Company blind verkostete: reif; gute, reife Sortennase; »süß«, lebhaft, guter Geschmack, im Abgang etwas hart, aber ich empfahl: »Trinken.« *Januar 1993* *** *Jetzt zweifellos voll entwickelt.*

Bonnes-Mares Clair-Daü Eine gute Dosis Vanille war alles, was ich in die Nase bekam. Wurde zu »süß«. Am Gaumen lebhaft, sehr wohlschmeckend. *Im September 1999 bei einem Essen der Bacchus Society in Memphis verkostet* ***

Bonnes-Mares L. Jadot Reiche, ausgewogene, »gekochte« Pinot-Nase; ziemlich »süß«, füllig, kräftige Tannine und Säure. Meine Empfehlung damals: »Noch lagern.« *Im Januar 1993 bei der Haberdashers' Company in der City of London verkostet. Damals* **(*) *Müsste jetzt trinkreif sein.*

Chambertin A. Rousseau 1990 bei einer Burgunderverkostung für »Wine Japan« degustiert: enorme Kraft und Tiefe; »süß«, vollmundig, schöner Nachgeschmack. »Für ihn lohnt es sich, nach Tokio zu fliegen.« Kürzlich: jetzt mitteltief, ansprechende Farbe, reifer Rand; ausgezeichnetes Bukett; magische, sehr feinnervige Frucht, elegant, perfekter Zustand. *Zuletzt im August 2000 beim Essen mit Andrea und Christian Sauska in deren Appartement mit herrlichem Blick auf Budapest verkostet* *****

Chambertin, Clos de Bèze A. Rousseau Mitteltief, ziemlich schwacher Rand; recht gute, klassische »fischige« Pinot-Nase; sehr wohlschmeckend, aber reichlich Eiche. Meine Empfehlung: »Noch liegen lassen.« *Im Januar 1993 bei der Haberdashers' Company in der City of London verkostet. Damals* **(**) *Jetzt zweifellos voll entwickelt.*

Corton J. Drouhin Ziemlich tief; vollendet ausgewogen, zart, ein Hauch von Gewürzen; »mittelsüß«, entsprechender Geschmack, glatt, schön. Perfekt. *Zwei Flaschen beim Essen mit Kate und Bill Baker im Januar 2001 in Somerset verkostet* *****

Corton Dom. Sénard Noch immer eine Spur Rubinrot; brombeerartige Frucht und »Roastbeef«; ein kraftvoller, tanninbetonter Wein mit gutem Potenzial. Sénard war ein äußerst sympathischer alter Mann, der hervorragend Englisch sprach. Ich vermisse ihn sehr. *Zuletzt im Januar 1996 beim Essen im Restaurant De Biggarden am Rand von Brüssel verkostet* **(*)

Corton Tollot-Beaut »Süß«, karamellbonbonartig (weiche Toffees); »süß«, reich, zugänglich, sehr angenehm. *Im November 2000 bei einer Vorverkaufsverkostung in New York degustiert* ***

Corton, Clos des Cortons Faiveley 1993 »süß«, reich, köstlich. Ein Jahr später: mitteltief, mit rubinrotem Zentrum, reifer werdend; schönes Sortenaroma und entsprechender Geschmack; ziemlich »süß«, zum Kauen, würzig und tanninbetont. *Zuletzt im Juni 1994 beim Essen mit Freiherr von Kühlmann auf Schloss Ramholz vor dem Einpacken seiner Weine degustiert* ***

Corton, Maréchaudes de Mérode Tiefe, erdige, fast fleischige Pinot-Nase. Ehrlich gesagt nicht sonderlich interessant. Warum ich ihn dann überhaupt erwähne? Nicht alle 1985er können überragend sein. *Im Februar 1992 auf einer Vorverkaufsverkostung degustiert* **

Ch. Corton-Grancey L. Latour Vier Einträge. Der Beste einer interessanten Reihe von Jahrgängen, die ich 1990 bei einer Latour-Verkostung degustierte: noch immer ziemlich tief und jugendlich; unreifer, brombeerartiger, »nussiger« Corton-Geschmack, gute Länge. Sieben Jahre später bei der Verkostung anlässlich des 200-jährigen Bestehens von Latour, dann bei einem Essen in Beaune: noch immer ziemlich tief; in der Nase und am Gaumen sehr reif, feigen- und pflaumenartig. Stämmig, körperreich, hoher Extrakt, ein altmodischer Wein. Guter Geschmack. Unlängst bei einem von mir geleiteten Latour-Seminar für die Hollywood Wine Society einer der besten von ingesamt acht Jahrgängen aus der Zeit von 1961 bis 1995: »Süß«, gute Frucht, schön entwickelt. *Zuletzt im März 1998 verkostet* ****

Echézeaux Jacques Cacheux et Fils Vollreif, aber mit etwas Härte in der Nase; ziemlich »süß«, gute lebhafte Frucht. Ich hatte Cacheux nicht gekannt, weshalb ich ihn in Hansons Buch *Burgundy* nachschlug. Dem Gut gehören sechs Parzellen mit insgesamt 4,57 ha, davon 0,66 ha des *Grand cru* Echézeaux. *Im November 1997 aus Bob Dickinsons ausgezeichnetem Keller in Miami geholt* ***

Echézeaux Thomas Bassot Ziemlich blass, rosiger Ton, sehr reifes Aussehen, aber besserer Geschmack und mehr Kraft als erwartet. *Im März 1999 bei einer Vorverkaufsverkostung in Los Angeles degustiert* *** *(gerade noch).*

Gevrey-Chambertin, Combe aux Moines P. Leclerc Reif; wohlriechend; attraktive Frucht. Sehr gut trinkbar. *Im März 1999 bei einer Vorverkaufsverkostung degustiert* *** *Bald trinken.*

Gevrey-Chambertin, Clos St-Jacques L. Jadot Frucht und Körper herrlich. *Zuletzt im Februar 1993 verkostet* *****

Gevrey-Chambertin, Clos St-Jacques A. Rousseau Reif; faszinierend entgegenkommender Duft, voll entwickelt, perfekt ausgereift; »süß«, herrlich üppig im Geschmack. Ein Pinot in Vollendung. *Im März 1995 bei der Rousseau-/St-Jacques-Vertikalverkostung in Florida degustiert* ***** *Jetzt perfekt.*

Clos des Lambrays Ziemlich tief, lebhaft; schöne, reiche, angesengte Pinot-Nase; perfektes Gewicht, griffig, zugänglich. *Im April 1994 während eines Essens bei Bill Baker verkostet* ****

Latricières-Chambertin L. Ponsot Herrlicher Duft, Geschmack, Körper und Gleichgewicht ausgezeichnet. *Im November 2000 bei der Josey-Vorverkaufsverkostung zu Rinderfilet getrunken* **** *Jetzt voll entwickelt.*

Mazis-Chambertin J. Faiveley Der wohl unbekannteste *Grand cru* der riesigen Faiveley-Besitzungen. Gute Farbe, überraschend intensiv; sehr gutes vegetabiles Pinot-Aroma; ziemlich »süß« und voll, schöner Geschmack, im Abgang eine Bitternote. *Im Februar 1995 im Gidleigh Park Hotel in Devon verkostet.* **** *Müsste jetzt auf dem Höhepunkt sein.*

Mazis-Chambertin, Hospices, Cuvée Madeleine-Collignon Leroy Ziemlich tief; »warm«; parfümiert, Vanillenote; »süß«, duftig, leicht, köstlich. *Im Februar 1996 in New York verkostet* ****

Musigny, Vieilles Vignes de Vogüé In guter Verfassung, vollreif, sehr reich und attraktiv (1996 in New York). Zwei Jahre später ein sehr ähnlicher Eintrag mit dem Zusatz »gut, aber nicht groß«. *Im August 1998 während des Abendessens bei Christopher Burr nach dem Musizieren verkostet* ****

Nuits-Meurgers H. Jayer Überraschend tief; fast »italianide«, brombeerartige Frucht, öffnete sich gut; »mittelsüß«, keineswegs leicht (13 % Alkohol), ansprechend im Geschmack, griffig. *Im März 1995 beim Essen mit Jo Gryn in der Brüsseler »Wine Bar« verkostet* ****

Nuits-St-Georges R. Ampeau Nicht schlecht. Aber auch nicht gut genug. *Im März 1996 in Lyford Cay auf den Bahamas verkostet* **

Nuits-St-Georges Leroy Hätte dekantiert werden sollen. Gut gemacht, reichlich Geschmack, trinkreif. *Im Februar 1998 in Lyford Cay verkostet* ***

Nuits-St-Georges, Clos des Argillières L. Latour Im Erscheinungsbild nicht überzeugend; leicht »gekochte« Pinot-Nase; recht gut im Geschmack, leicht griffig. Würde mich nicht verleiten, hoch zu bieten. *Im Dezember 1993 bei einer Vorverkaufsverkostung in London degustiert* **

Nuits-St-Georges, Clos de la Maréchale Faiveley Gute Nase; »mittelsüß«, fülliger Körper; reich, lebhaft, gute Länge, tanninbetont. *Im Januar 1993 bei der Haberdashers' Company in der City of London verkostet* **** *(gerade noch). Müsste jetzt voll ausgebaut sein.*

Nuits-St-Georges, Les Poirets R. Arnoux Gute, reiche, angesengte Pinot-Nase; »süß«, mittelschwer, angenehm und gefällig im Stil – dabei steht Arnoux von jeher im Ruf, kraftvolle Weine zu bereiten. *Im August 1994 beim Sonntagsessen auf Chippenham Lodge verkostet* ***

Pommard **Olivier Leflaive** »Süß«, lebhaft, gute Säure. *Im Januar 1993 bei der Haberdashers' Company in der City of London verkostet* ***

Richebourg **J. Gros** Geruch nach Bratensauce (typisch für einen körperreichen Pinot); »süß«, attraktiv. *Im November 2000 bei der Josey-Vorverkaufsverkostung degustiert* ***

Clos de la Roche **A. Rousseau** Reif; gut, reich, mit Sortennase und -geschmack. Ziemlich »süß« und körperreich. Gewicht und Ausgewogenheit ansehnlich. *Im April 1994 während eines Essens bei Bill Baker verkostet* ****

Romanée-St-Vivant, Les Quatre Journaux **L. Latour** 1992 voller Frucht und Tannin. Länge und Abgang gut. Drei Jahre später: »Süß«, reich, Vanillenote; sehr »süß«, fruchtig, etwas »gekocht«, aber ansprechend. *Zuletzt im Februar 1995 bei einem Weindinner im Gidleigh Park Hotel in Devon verkostet* **** *Dürfte mittlerweile voll entwickelt sein.*

Savigny-lès-Beaune, Les Lavières **R. Ampeau** Nicht mehr viel Rot; echtes Pinot-Aroma, subtil, weich, ausgewogen; beinahe schon die Karikatur eines Pinot. Fast lakritzartig. Auf seine Weise sehr gut. *Im Februar 1998 bei meiner Burgunderverkostung in Lyford Cay auf den Bahamas degustiert* ****

Volnay **Lafarge** Ich bewundere die Volnay-Gewächse der Familie Lafarge normalerweise, aber dieser Jahrgang hat mich nicht sonderlich überzeugt. Unspektakulär, trocken und tanninbetont. *Im Januar 1993 bei der Haberdashers' Company verkostet* **

Volnay, Clos des Chênes **Lafarge** Dem Village-Wein des Erzeugers weit überlegen. Schönes, reiches Rubinrot; lebhafte, köstliche Nase; lebhaft und ansprechend im Geschmack, perfekte Säure. *Im Februar 1996 beim Essen mit meinem Agenten Bob Lescher im Restaurant Montrachet in New York verkostet* ****

Vosne-Romanée, Suchots **Thomas Bassot** Trocken und uninteressant. Warum ich ihn dann erwähne? Raten Sie mal. *Im September 1997 bei einer Vorverkaufsverkostung in New York degustiert* *

WEITERE 1985ER, DIE SICH IN GUTER VERFASSUNG ZEIGTEN, ALS ICH SIE ZWISCHEN 1990 UND 1992 DAS LETZTE MAL VERKOSTETE Beaune, Bressandes **A. Morot** ****; Beaune, Clos des Mouches **J. Drouhin** *****; Beaune, Clos des Ursules **L. Jadot** ****; Bonnes-Mares **G. Roumier** ****; Chambertin, Héritiers Latour **L. Latour** *****; Le Corton, Dom. du Ch. de Beaune **Bouchard Père** ****; Echézeaux **J. Drouhin** *****; Musigny **J.-F. Mugnier** ****; Musigny **de Vogüé** *****; Nuits-St-Georges, Porrets-St-Georges **H. Gouges**, Nuits-St-Georges, Les Pruliers **H. Gouges** und Nuits-St-Georges, Les-St-Georges **H. Gouges**, alle ****; Pommard, Hospices, Cuvée Billardet **Boissot** ****; Clos de la Roche **Dujac** *****; Clos de Tart **Dujac** *****; Vosne-Romanée, Suchots **J. Drouhin** und Clos Vougeot **J. Drouhin**, beide *****

1986 ****

Ich hätte diesen Jahrgang fast mit drei Sternen abgetan, hielt es dann aber für unfair, denn bei vielen Anfang der 1990er verkosteten Weinen war das Entwicklungspotenzial noch sehr offen. Die Wachstumssaison verlief relativ zufriedenstellend. Auf einen milden Frühling folgte ein warmer, sonniger Juni mit einer ausgezeichneten Blüte. Das schöne Wetter setzte sich fort und wurde nur von gelegentlichen Stürmen Ende August und Anfang September unterbrochen, die allerdings Fäule mit sich brachten. Auch während der späten Lese ab 28. September blieb es freundlich. Die besten Weine entstanden dort, wo man die Trauben möglichst spät erntete. Leider ist dieser Jahrgang zum Großteil in Vergessenheit geraten, doch halte ich nach jedem Gewächs Ausschau, das auf den Markt kommt.

La Tâche Schon in den frühen 1990ern zeigte er erste Reifespuren; sehr guter, reicher, vegetabiler Duft; reife »Süße«, körperreich, eine Bitternote, unnachahmlicher Nachgeschmack. Unlängst auf Wagners sehr aufschlussreicher La-Tâche-Vertikalverkostung. Jetzt reif, ein angesengtes, würziges Pinot-Bukett, das zunächst unverwoben wirkte, sich jedoch wohlriechend öffnete, wobei der Rest sich im Glas über vier Stunden gut hielt. Gut, fest, füllig, wohlschmeckend. *Zuletzt im April 1998 verkostet* **** *Jetzt bis 2010.*

Richebourg **DRC** Erstmals 1989 verkostet. Für einen solch kraftvollen, tanninbeladenen Wein ein irreführend blasses Erscheinungsbild. Im darauf folgenden Jahr: weiches, herbstliches Rotbraun; schöne, zarte, offene Nase; seidige, ledrige Tannine. *Zuletzt im Januar 1990 verkostet. Damals* *(****) *Ab 2006 vermutlich auf dem Höhepunkt.*

Grands-Echézeaux **DRC** Erstmals 1990 verkostet: »Süß«, reich, tanninbetont. Im darauf folgenden Jahr ziemlich tief, aber mit brauner werdendem Rand; reich, weich, harmonisch, aber noch immer sehr tanninstark. *Seit November 1991 nicht mehr verkostet. Damals* (****) *Jetzt zweifellos voll entwickelt, dürfte aber bis 2010 noch in guter Verfassung bleiben.*

Romanée-St-Vivant **DRC** Hat einen völlig anderen Stil als der Richebourg, obwohl die Weinberge nahe beeinander liegen. 1990 zweimal verkostet: in der Nase Kaffee, Mokka, Trüffeln, aber tanninbetont, fast rau. Ein Sprung von vier Jahren zur St-Vivant-Vertikalverkostung der DRC: überraschend blass, offen, mit schwachem Rand und Orangeton; voll ausgebaute, angesengte, reife Nase, wohlriechend, vegetabil. Reich, aber ohne Entwicklung, obwohl er sich jetzt ganz harmonisch zeigt; mitteltrocken, attraktiv in Geschmack und Stil, schlanker, trockener, tanninbetonter Abgang. *Zuletzt im November 1995 verkostet* *** *Jetzt bis 2010?*

NACHFOLGEND DIE BESTEN BZW. ANGENEHMSTEN 1986ER, die ich zwischen 1990 und 1993 verkostet habe. In jüngster Zeit habe ich keinen von ihnen mehr degustiert.

Beaune, Clos des Mouches **J. Drouhin** Bescheidene 12,6 % Alkohol, Säure mit 4 g/l etwas höher als üblich. Bei der Vertikalverkostung der Dekade in guter Verfassung: rosiger Schimmer; entgegenkommend, wohlriechend; eigenständig, eindringlich, hoher Tanningehalt. *Oktober 1990* *(***) *Jetzt sicher voll entwickelt.*

Beaune, Hospices, Cuvée Hugues et L. Bétault Firnisartiger Oberton, wie ein alter Tabakbeutel, außerdem die Cuvée Maurice Drouhin, beide trocken und schlank, der letztere Wein weicher und länger. Aus einem Schweizer Keller. *September 1991* **

Beaune, Teurons **Dom. du Ch. de Beaune** 1988 blässliche, jugendliche Farbe. 1990 nicht mehr viel Rot vorhanden. Ein Jahr später mit rosigem Ton; »süß« und attraktiv, mit mehr Kraft und Biss als erwartet. *Zuletzt im Februar 1991 verkostet. Damals* ***(*), *aber wahrscheinlich von mir überbewertet.*

Beaune, Clos des Ursules **L. Jadot** Der Önologe meinte, dass es zu den Eigenheiten eines Pinot noir gehöre, mit der Zeit mehr Farbe anzunehmen. Weiche, sehr parfümierte Nase; eher leicht im Stil, aber gestützt von Tannin und Säure. *Oktober 1990 *(***) Jetzt wahrscheinlich gut trinkbar.*

Bonnes-Mares L. Jadot Ein weiterer irreführend blasser Jadot-Wein. In der Nase süß, aber sehr tanninbetont. *Juni 1990 (***) Hat vermutlich an Statur gewonnen und ist jetzt mit Sicherheit besser zu trinken.*

Le Corton Dom. du Ch. de Beaune Das Gegenteil der beiden Jadot-Gewächse. Nach zwei Jahren nicht mehr so tief, aber mit einer ähnlichen parfümierten Vanillenase; fülliger, Corton-typischer Körper. Sehr angenehm. *Zuletzt im Oktober 1990 verkostet. Damals *(***) Jetzt vermutlich köstlich.*

Corton, Clos du Roi Prince de Mérode Die Tannine drängten die Frucht in den Hintergrund. *Im Februar 1992 bei einer Vorverkaufsverkostung degustiert (**) Hat seine Härte hoffentlich abgelegt.*

Gevrey-Chambertin, Cazetiers J. Drouhin Schwach; gekocht; nicht überzeugend. *Dezember 1990 ***

Gevrey-Chambertin, Estournelles-St-Jacques L. Jadot 13,2 % Alkohol. Ansprechende, reiche, keksartige Nase; gut im Geschmack, sehr tanninbetont. *Im Februar 1993 bei Kobrands Jadot-Degustation in New York verkostet ****

Musigny de Vogüé Wohlriechend, parfümiert – wie ein Pinot noir aus Oregon, schlank, würzig, gute Zukunft. *Oktober 1990. Damals *(***) Derzeit zweifellos gut zu trinken.*

Nuits-St-Georges, Porrets-St-Georges H. Gouges Wohlriechend, voll, fest ***(*); **Les Pruliers** Wohlriechend, Bitternote, braucht Zeit (***); **Les St-Georges** Stämmig, fruchtig, ausgesprochen griffig (****). *Alle im August 1991 verkostet.*

Clos de Tart Zwei Einträge aus dem Jahr 1990: unreif; brombeerartig, rauchig; gut im Geschmack, fest, tanninbetont. Zwei Jahre später der älteste von vier Jahrgängen: schöne, wohlduftende Nase; guter Geschmack, aber sehr tanninbetont, ziemlich griffig. *Zuletzt im März 1992 bei Mommessin verkostet *(**) Eventuell vier Sterne, aber fraglich.*

Clos Vougeot, Musigni *(sic)* Gros Frères Gute Farbe; sehr gute Pinot-Nase und ebensolcher Geschmack. »Jetzt perfekt.« *Im Januar 1993 beim Essen mit Bill Baker und Terence Conran im Londoner Le Pont de la Tour verkostet **** Ich kann mir nicht vorstellen, wie er sich noch verbessern könnte.*

DIE BESTEN UND AUSSICHTSREICHSTEN 1986ER, DIE ICH ENDE DER 1980ER VERKOSTET HABE **Beaune, Grèves** Lafarge ****; **Volnay, Clos au Ch. des Ducs** Lafarge ****; **Beaune, Grèves, Vignes de l'Enfant Jésus** Bouchard Père ****; **Beaune, Montrevenots** André Mussy ***; **Chambolle-Musigny** G. Roumier ***; **Gevrey-Chambertin, Vieilles Vignes** Alain Burguet Aus der 4-ha-Parzelle von Burguet und (gemäß Hanson) »sein verlässlichster Wein« ***; **Mazis-Chambertin** Faiveley ****; **Pommard, Champans** Monthelie-Douhairet ***; **Chambolle-Musigny, Amoureuses** J.-F. Mugnier ***; **Fuées** J.-F. Mugnier ***; **Le Musigny** J.-F. Mugnier ****

1987 ***

Gut, aber nicht so gut, wie die ersten Berichte andeuteten. Die Ernte fiel zwar gering aus und erbrachte Beeren mit einem guten Saft-Schalen-Verhältnis, doch geht aus meinen Verkostungsnotizen hervor, dass man kräftig chaptalisierte. Aufgezuckerte Weine sind in ihrer Jugend oft sehr ansprechend, doch verfliegt ihr Reiz schnell.

Die Wachstumsbedingungen waren nicht einfach, obwohl der Austrieb früh erfolgte. Wegen der starken Regenfälle im Mai und Juni verzögerte sich die Blüte, was einen schlechten Fruchtansatz und damit eine kleine, späte Lese nach sich zog. Der Sommer verlief wechselhaft. Ab 5. Oktober wurde bei warmem, sonnigem Wetter gelesen. Wer spät erntete, war wie so oft im Vorteil.

La Tâche Nicht zum ersten Mal ein widerspenstiger Jahrgang. Bei der Eröffnungsverkostung im Februar 1990: finessereiche Nase, wohlriechend; »süß«, schlank, lang. Elf Monate später: »Reiche, aber keine tiefe Farbe«; eindringlicher und tanninbetonter als erwartet. Im darauf folgenden Frühjahr (1992) in der Painters' Hall weder tief noch blass; charakteristische Pinot-Nase; gute Frucht, aber spröde (und »schockierender« Preis: umgerechnet rund 1300 Euro die Kiste, fast doppelt so viel wie für den 1984er). Bei Wagners Vertikalverkostung 1998 konnte ich ihn gut mit den anderen Jahrgängen vergleichen: damals ziemlich blass, mit schwachem hellbraun-bernsteinfarbenem Rand; roch nach nassem Retriever, »süß«, karamellig und nicht überzeugend; »mittelsüß«, eher leicht, ganz angenehme Entwicklung, aber kurz. Ein Jahr später: blass, jetzt im Erscheinungsbild »nicht überzeugend«; »süße«, leicht angesengte, voll entwickelte Nase; reicher und gehaltvoller, als die Farbe andeutete. *Zuletzt im Mai 1999 bei einer Vorverkaufsverkostung in New York degustiert *** Aber ohne Begeisterung.*

Romanée-St-Vivant DRC Bei der Eröffnungsverkostung im Februar 1990 leichte Flaschenabweichungen: unbestimmtes Erscheinungsbild; verschlossen, vegetabil. Das zweite Exemplar war besser, griffiger und eleganter. Ein Jahr später: reif; weich, ziemlich schokoladig; »süß«, sehr wohlschmeckend, guter Abgang. »Mein Weinstil.« 1992 wieder schokoladige Nase, erneut elegant. Trocken, kraftvoll, tanninbetont. Als Nächstes bei der St-Vivant-Verkostung der DRC: weiche Farbe, offen, reif; »süß«, erneut »schokoladig«; die zweite Flasche fast ungesund »süß«, beide mit merklicher Vanillenote. Die erste am Gaumen trocken, etwas leicht, eindeutig chaptalisiert und mit kurzem, grobem, trockenem Abgang, die zweite schrecklich »süß«, ebenfalls grob und tanninbetont. Alle verkosteten Exemplare stammten aus DRC-Kellern. *Zuletzt im November 1995 verkostet ***

WAS SOLL MAN ALSO VON DEN 1987ERN DER DRC HALTEN? Ich habe den Rest des Sortiments seit den frühen 1990ern nicht mehr verkostet.

Romanée-Conti Blass; verschlossen, aber wahrhaft komplex; eindringlich, beträchtliche Länge, Tannin und Säure. *Februar 1990 (***)?*

Richebourg 1991 leichte Abweichungen zwischen den Flaschen. Beide Exemplare blasser als erwartet, beide körperreich und trocken, eine etwas wohlriechender. Im darauf folgenden Jahr etwas »süßer«, für einen Richebourg blumig, aber gut, reich und um die Hüfte füllig. Trockener Abgang. (Hoher Preis: etwa 1200 Euro.) *Zuletzt im Mai 1992 verkostet (****)*

Grands-Echézeaux 1990 verschlossen, bittere Tannine. Im darauf folgenden Jahr: blässlich, offen, schimmernd; schokoladig (war chaptalisiert), leicht gekochte Nase; weiche Frucht, Tannin und Säure angemessen. *Zuletzt im Januar 1991 verkostet (1993 nicht für eine Verkostung verfügbar) *** Anscheinend ein Frühentwickler.*

Echézeaux 1990 leichte Abweichungen zwischen den einzelnen Flaschen, bei der DRC-Eröffnungsverkostung besser. Ziemlich parfümierter, köstlicher Geschmack, aber tanninbetont. 1991 eine blasse Pflaumenfarbe, braun werdend; weiche Frucht, wie zerdrückte Erdbeeren. Ziemlich schlank und tanninbetont, aber ohne die Kraft des älteren Bruders Grands-Echézeaux. Im Jahr darauf überraschend »süß«, erneut erdbeerartig; insgesamt trockener und kraftvoller als erwartet. *Zuletzt im April 1992 verkostet ****

EINIGE DER WENIGEN 1987ER, DIE ICH MITTE DER 1990ER VERKOSTET HABE

Beaune, Grèves, Vignes de L'Enfant Jésus Dom. du Ch. de Beaune Lese ab 29. September. Schwacher Rand; angesengte, gekochte, chaptalisierte Nase und ebensolcher Geschmack. Raue Tannine. *Im November 1995 in den Kellern von Bouchard Père verkostet. Nicht sehr gut.*

Le Corton Dom. du Ch. de Beaune Mittlere Tiefe, Anzeichen von Reife; Nase und Geschmack nicht schlecht, aber trotzdem eines *grand vin* nicht würdig. *Im November 1995 in den Kellern von Bouchard Père verkostet* **

La Romanée »Grand Cru Exclusivité« Dom. du Ch. de Vosne-Romanée Lese ab 22. September. Offen, reif; sehr parfümierte, chaptalisierte Nase und entsprechender Geschmack. »Süß«, kurz. *Im November 1995 in den Kellern von Bouchard Père verkostet* *

Vosne-Romanée, Champs Perdrix Perrin-Rossin Blässlich, reifer werdend; leicht vegetabile Nase; »mittelsüß«, mittlerer Körper, ziemlich guter Geschmack. Es war interessant zu sehen, wie er in verschiedenen Gläsern schmeckte. In einem Burgunderglas von Riedel machte er einen wesentlich besseren Eindruck. (Hanson schreibt, dass der umstrittene Berater Guy Accad von 1982 bis 1988 an der Bereitung beteiligt gewesen sei, man aber wegen der gemischten Ergebnisse im Jahr 1987 einen anderen Önologen engagiert habe.) *Georg Riedel zauberte diese Flasche im April 1996 bei Christie's hervor* ***

UNTER DEN VIELEN ANDEREN, IN DER ERSTEN HÄLFTE DER 1990ER VERKOSTETEN 1987ERN bewegten sich die meisten im Dreisterne-Bereich, unter anderem **Beaune, Clos des Mouches** J. Drouhin Rosa Wangen, ziemlich attraktiv, mehr Säure als Tannin (Robert Drouhin erzählte mir, dass er seine 1987er den 1986ern vorzog, selbst an der Côte de Nuits); **Chambertin, Clos de Bèze** L. Jadot Tief, aggressiv, wegen der 26-tägigen Maischegärung mit viel Tannin; **Chambolle-Musigny** J.-F. Mugnier Ausgewogen; **Chambolle-Musigny, Sentiers** R. Groffier Köstlich, würzig; **Chassagne-Montrachet, Premier Cru** Fontaine-Gagnard Körperreich, kraftvoll, tanninbetont; **Corton-Bressandes** Chandon de Briailles Kraftvoll ****; **Corton, Clos des Cortons** Faiveley ****; **Morey-St-Denis, Clos des Ormes** J. Drouhin; **Clos de la Roche** Dujac; **Vosne-Romanée** D. Rion Kraftvoll, ein guter Mundfüller ****; **Clos Vougeot** J. Drouhin

1988 *****

Neben dem 1985er einer der beiden besten Jahrgänge der Dekade. Während aber der 1985er von trügerisch zugänglichem Charme war, zeigte sich der 1988er nicht so gefällig, war fester und langlebiger. Trotz des hohen Gesamtniveaus zeichneten sich alle Weine durch viel Tannin aus.

Auf den milden Winter folgte ein nasses Frühjahr. Auch danach war es noch kühl und feucht, obwohl die Blüte zufriedenstellend verlief. Das Hauptmerkmal der Saison aber war der außergewöhnlich schöne Sommer: Von Ende Juli bis Ende Oktober blieb es drei Monate lang heiß und trocken – für willkommene Abwechslung sorgten lediglich einige erfrischende Schauer. In der Hitze bildeten sich dickschalige, reife Trauben mit konzentriertem Fleisch und Farbe, ziemlich viel Alkohol und einer ganzen Menge Tannin. Alle Anzeichen deuten darauf hin, dass dem 1988er ein langes Leben beschieden ist, doch besteht wie immer bei solch tanninstarken Weinen die Gefahr, dass die Gerbstoffe die Frucht überleben. Wegen ihres Extraktreichtums und ihrer Komplexität reifen die Gewächse aber auf jeden Fall zu einem selten angenehmen Trinkgenuss für die ersten beiden Jahrzehnte des neuen Jahrhunderts heran.

Romanée-Conti Erstmals im Oktober 1990 auf der Domaine verkostet: sehr tief, reiche Farbe; opulent, ein alles durchdringendes Aroma, ziemlich »süß« und körperreich, mit hohem, die Tannine verhüllendem Extrakt, abgerundet. Als Nächstes bei der Verkostung des Londoner Importeurs (damals Percy Fox) im Januar 1991 degustiert: ein ähnlicher Eintrag. Zwei Monate später: ein »Kraftwerk« mit großer Zukunft. *Zuletzt im März 1991 verkostet. Damals* (*****) *Seither nicht mehr probiert.*

La Tâche Bei der Eröffnungsverkostung 1990: tiefe, ziemlich intensive Farbe; voller exotischer Pinot-Aromen und Geschmacksnoten. Elegant. Große Länge, seidige Tannine. Im Januar und März 1991: leuchtendes Kirschrot; lebhaft, wohlriechend; konzentriert, würzig, intensiv, sehr tanninbetont. Kürzlich auf Wagners Vertikalverkostung: jetzt nicht mehr so tief, etwas Reife; vegetabiles Pinot-Aroma, »süß«, wie leicht angebranntes Karamell; schweißelnde Tannine, aber nach einer Stunde im Glas reich und von großer Tiefe, nach vier Stunden im Glas mit erdbeerartiger Frucht, später noch immer würzig. Ziemlich »süße«, eindringliche, pikante Frucht und etwas Adstringenz. *Zuletzt im April 1998 verkostet* **(***) *Etwa 2008 bis 2020.*

Richebourg DRC Zwei Jahre nach der Lese ebenfalls sehr tief. Im Januar und März 1991 zwei gute Einträge. Ein voller, stämmiger, tanninbetonter Wein, trocken, mit seidig strukturierten Tanninen und duftigem Nachgeschmack. »Große Zukunft.« *Zuletzt im März 1991 degustiert, damals* (*****), *seither aber nicht mehr verkostet. Dürfte Steherqualitäten haben.*

Romanée-St-Vivant DRC Bei der Verkostung auf der Domaine ein unmittelbar ansprechender Wein, würzig, dabei harmonisch, reich und abgerundet. Im Januar und März 1991 mit rötlicher Farbe, Kirschton; durchdringende DRC-typische Pinot-Aromen; kraftvoll, dabei elegant, gute Länge – kurzum: alle Tugenden, die ein Wein haben sollte. Vor einiger Zeit bei der St-Vivant-Vertikalverkostung auf der Domaine: jetzt mitteltief; glanzhell, offen, schwere »Tränen«; »süße«, ausgewogene Nase mit einer Spur Vanille und einer anfänglichen Härte, die sich aber verlor. Nach ein, zwei Stunden im Glas fast dekadent »süß«. »Mittelsüßer« Auftakt, der in einen sehr trockenen, tanninbetonten Abgang mündete, körperreich, lebhaft, fest. Ein feiner Wein, der Zeit braucht. *Zuletzt im November 1995 verkostet. Damals* *(****) *2008 bis 2020 vermutlich voll entwickelt.*

Grands-Echézeaux DRC 1990 tief purpurrot; lebhafte Frucht; eindringlich, große Länge. Zwei Einträge später: fruchtbepackt, wundervoller Wohlgeruch, stilvoll, schöner Nachgeschmack. Große Zukunft. *Zuletzt im März 1991 verkostet. Damals* (*****), *jetzt vermutlich* ***(**) *Etwa 2008 bis 2020.*

Echézeaux DRC Pflaumenfarben; »süßes« Pinot-Aroma nach »gekochter Roter Bete«, trocken, lebhaft. Fünf Monate später: rosa getönt; lebhafte Frucht; trocken, fest, sehr tanninbetont. Reicht in Stil und Tiefe nie an den Grands-Echézeaux heran, dürfte sich aber gut entwickeln. *Seit Oktober 1991 nicht mehr verkostet. Damals* (***) *Möglicherweise vier Sterne und jetzt bis 2010 auf dem Höhepunkt.*

Beaune-Chouacheux Héritiers L. Jadot Rubinrot; Duft nach Kirschen und Eiche; noch immer tanninstark. *Februar 1993. Damals optimistische* (****) *Trinkt sich jetzt aller Voraussicht nach gut, mindestens drei Sterne.*

Beaune, Clos des Fèves Chanson Bei zwei Verkostungen des Weinausschusses der Distillers' Company degustiert, das erste

Mal 1995: nicht sehr beeindruckend; von neuer Eiche beherrscht. Zwölf Monate später: neutrale Nase; im Geschmack weder schlecht noch gut. Rauer Abgang. Ich hoffe, wir haben beschlossen, ihn bei unseren Essen nicht zu servieren. *Zuletzt im September 1996 verkostet. Diese Art von* négociant-*Wein ist offen gesagt nicht gerade die beste Werbung für Burgunder.*

Beaune, Montrevenots **J. M. Boillot** 1990 gute Farbe; tief, reich, parfümiert; kraftvoll, komplett, Tannin und Säure ziemlich dominierend. Kürzlich bei einer Verkostung, die ich in Lyford Cay leitete. Ich notierte mir: Lesebeginn am 26. September, Gärtemperatur bis 32 °C und 13 % Alkohol. Jetzt mitteltief, kirschrot, am Rand reifer werdend; sehr wohlriechend, würzig, schöner Duft, »ein echter Burgunder«; erneut »kraftvoll« und »komplett«. Ein sehr gut gemachter Wein. *Zuletzt im Februar 1998 verkostet* **(**) *2005 bis 2012.*

Beaune, Clos des Ursules **L. Jadot** Im Juni 1990 abgefüllt und verkostet: fruchtig, wohlriechend; guter Geschmack und griffig. Im Herbst desselben Jahres: beeindruckend, gute Zukunft. Kürzlich: etwas schwächere Farbe, Nase und Geschmack attraktiv. Zwar recht gut trinkbar, aber leider war ich nicht so begeistert, wie man es von mir erwartet hatte. *Zuletzt im September 1997 bei einem Damenbankett der Distillers' Company im Mansion House in der City of London verkostet* ***

Beaune, Toussaints **Mathouillet-Besancenot** Eine Domaine, die ich bis dato nicht gekannt hatte, die mir jedoch der junge Sommelier im Cliveden empfahl. Ziemlich beeindruckend; relativ farbtief; ansprechende, weiche, wohlriechende Pinot-Nase; reich im Geschmack, aber mit ziemlichem Biss und etwas bitteren Tanninen im Abgang, die nicht einmal das ausgezeichnete Rindfleisch ganz bändigen konnte. *Juli 2000* **(**)

Chambertin, Clos de Bèze **L. Jadot** Im Juni 1990 abgefüllt und im Oktober desselben Jahres erstmals verkostet: tief; kräftiger Austern- und Jodduft (infolge der Anthocyanine, einem rein pflanzlichen Aroma, das für Pinot-Gewächse der Chambertin-*Crus* typisch ist – ich war froh, dass man mich darüber aufklärte, denn der »fischige« Pinot-Duft der Chambertin-Weine war mir schon lange aufgefallen); trocken, kraftvoll, reichlich Frucht, große Länge, etwas metallisches Tannin. Unlängst notierte ich mir bei einer Vorverkaufsverkostung in New York nur: »Sehr tanninbetont.« *Zuletzt im September 1997 verkostet* *(***) *Wann er trinkbar sein wird? Schätzungsweise zwischen 2005 und 2016.*

Charmes-Chambertin **Taupenot Merme** Eine relativ große 1,5-ha-Parzelle einer Domaine mit 9 ha Rebland. Der vorletzte für die Concorde degustierte Wein. Leider mit mehr als reifem Erscheinungsbild, zu braun; stämmige alte Pinot-Nase, leicht käsig. Offen gesagt so miserabel, dass ich mir nicht einmal mehr die Mühe machte, ihn auch zu verkosten. Ich frage mich, warum man ihn überhaupt eingereicht hat. Er kostete so viel wie andere sehr gute, jüngere *Grand-cru*-Weine. *Juni 1999.*

Le Corton **Dom. du Ch. de Beaune** Erstmals 1991 verkostet: ziemlich tief, purpurner Schimmer; schwacher Rand; ausgewogen; »süß«, voll, fest, tanninbetont. Unlängst ähnlich, jetzt pflaumenfarben, mit ersten Anzeichen von Reife; mineralische, leicht medizinale Nase; ein großer, körperreicher Wein mit sehr viel griffigem Tannin. *Zuletzt im November 1995 während eines Essens bei Bouchard Père in Beaune verkostet* **(*)

Corton, Bressandes **Chandon de Briailles** Zwei Einträge Mitte der 1990er: mitteltiefes Rubinrot; ansprechende reiche Nase; ziemlich »süß«, weich und voll (13 % Alkohol). Ich gab ihm 1994 auf einer Verkostung für British Airways bei Hugh Johnson vier Sterne. Fast zwölf Monate später nach einer British-Airways-Sitzung zum Essen: leicht parfümierte Nase; schöner Pinot-Geschmack, ziemlicher Biss. *Zuletzt im Januar 1995 bei Mosimann verkostet* ***(*) *Müsste jetzt gerade richtig sein.*

Ch. Corton-Grancey **L. Latour** Erstmals 1990 bei einer Latour-Verkostung degustiert: nicht so farbtief wie erwartet; attraktive leichte Frucht; »süß«, weich, aber meines Erachtens etwas wenig Substanz für einen Corton dieses Jahrgangs. Ein Jahr später weiter entwickelt, parfümiert, angenehm. Unlängst bei einer Vertikalverkostung von Corton-Grancey-Weinen: jetzt ziemlich blass und vollreif im Aussehen; reine Pinot-Nase; schlanker und trockener als der 1990er oder 1985er, lebhaft, gut im Geschmack, aber mit sehr trockenem, tanninbetontem Abgang. *Zuletzt im März 1998 bei meinem Seminar über L. Latour in Florida verkostet* ***(*) *Strebt dem Gipfel zu, ist aber immer noch tanninbetont.*

Corton, Maréchaudes **Prince de Mérode** Rosa; »süße«, weiche, ausgewogene Nase; trocken, lebhaft, attraktiv. *Februar 1992. Damals* ***(*) *»Für frühen Trinkgenuss«, was für einen Corton dieses Jahrgangs ganz untypisch ist.*

Corton, Pougets **L. Jadot** Ansprechend, weich, reif. *Juni 1992* ***(*) *Was allerdings im Widerspruch zum vorausgegangenen Eintrag steht. Vielleicht waren einige dieser tanninstarken 1988er relativ früh reif.*

Echézeaux **René Engel** Ziemlich gut entwickelt; reiche, fleischige Pinot-Nase; tanninbetont, beeindruckend. *Im März 1999 bei einer Vorverkaufsverkostung in Los Angeles degustiert* ***(*)

Gevrey-Chambertin, Cazetiers **Faiveley** Mitteltief, ein Anflug von Kirschrot; verschlossen; am Gaumen besser als in der Nase, lebhafte Frucht. *Im Mai 1999 bei einem Verkauf vor der Jahrtausendwende in New York verkostet* ***

Gevrey-Chambertin, Clos St-Jacques **L. Jadot** Zwei Einträge in den frühen 1990ern. 1991 nussig, wohlriechend; überraschend weich und körperreich, mit seidigen Tanninen. Zwei Jahre später auf einer Jadot-Verkostung im Savoy: blässlich, »süß«, ziemlich gekochte Pinot-Nase; wieder »weich«, guter Geschmack, leicht bitterer Abgang. *Zuletzt im Juni 1993 verkostet* *** *Lässt sich wahrscheinlich jetzt ausgezeichnet trinken.*

Gevrey-Chambertin, Clos St-Jacques **A. Rousseau** Mitteltief, reifend; weich, erdig, leicht rauchig, harmonisch, guter Geschmack, lebhaft, mit zitrusartiger Säure, die den Tanninen zur Seite standen. *Im März 1995 bei Rousseaus St-Jacques-Vertikalverkostung bei einem Seminar der Hollywood Wine Society in Florida degustiert* ***(*) *Lässt sich jetzt sicher gut trinken.*

Nuits-St-Georges, Clos de la Maréchale **Faiveley** In der Farbe und Nase ähnlich wie Faiveleys Cazetiers; trocken, sehr griffig, braucht Zeit. *Mai 1999* *(**)

Nuits-St-Georges, Vaucrains **H. Gouges** 1991 ansprechend, lebhaft, mit jugendlicher Frucht. Fünf Jahre später Farbe, Pinot-Aroma und Geschmack nach wie vor gut. Leidliches Tannin, passable Säure. *Zuletzt im November 1996 verkostet. Damals* **(*) *Jetzt zweifellos gut trinkbar.*

Pommard, Grands Epenots **L. Jadot** 0,6 ha, die nicht der Domaine gehören. Jadot hat jedoch eine langfristige Vereinbarung mit dem Weinbauern abgeschlossen. Mitteltief, reifer Rand und kräftige »Tränen«; gute Frucht, in der Nase ausgeprägtes Tannin, beträchtliche Tiefe; »mittelsüß«, mittlerer Körper, duftig, so reich, wie er aussah, der Geschmack entfaltete sich im Glas herrlich, würzig, trockener Abgang. *Im Oktober 1999 zusammen mit dem 1996er beim »Transformations«-Seminar verkostet, das Matt Kramer mit gewohntem Schwung und Flair auf der New Yorker Wine-Experience-Veranstaltung leitete* ****(*) *Jetzt bis 2010.*

Clos de Tart Vier Einträge. Erstmals bei Mommessins Londoner Verkostung im März 1990 degustiert: unreif; leicht parfümiertes Aroma; schlank, wohlschmeckend, pikant. Im Herbst desselben Jahres: eine Spur Kirschrot; »Gewürznelkenöl«; ziemlich körperreich, komplett. »Ein spitziger Wein mit Herz.« Als Nächstes 1992 bei der Mommessin-Vertikalverkostung degustiert: noch immer unreif, blasser als erwartet; in der Nase wieder würzig; trocken, mittelschwer (13 % Alkohol), fest, gute Länge. Kürzlich: weiches Kirschrot; ansprechender, reifer »Hühnermist«-Geruch; »süßer«, köstlicher Geschmack, sehr ausgeprägte Endsäure. *Zuletzt im September 2001 beim Essen zu Hause verkostet* ***(*) *Vielleicht überbewertet, aber ein voller Wein.*

Clos Vougeot **Méo-Camuzet** Gute Farbe, glänzend, kräftige »Tränen«; verglichen mit den Weinen aus der Neuen Welt in Nase und Geschmack zurückhaltend. Mittlere »Süße«, weich, gute Länge. *Einer von insgesamt nur zwei Burgundern, die bei einer Verkostung mit 15 Weinen im März 1998 in Florida degustiert wurden; die anderen Gewächse waren amerikanische Pinot-noir-Weine* *** *Schlug sich ganz wacker.*

EINIGE ANDERE 1988ER, DIE SICH IN DEN FRÜHEN 1990ERN IN GUTER VERFASSUNG ZEIGTEN Die Bewertung entspricht dem damaligen Stand der Dinge: Beaune, Clos des Mouches **J. Drouhin** Sehr süß, sehr tanninbetont (****); Beaune, Vignes Franches **L. Latour** Voll, fleischig (****); Bonnes-Mares **de Vogüé** Herrliche Nase, weiche Tannine (*****); Chambertin **L. Trapet** Spröde (***); Chambertin, Clos de Bèze **Bouchard Père** Eindringlich (****); Chambertin, Vieilles Vignes **L. Trapet** Schwer, wohlriechend (*****); Chambolle-Musigny, Les Baudes und Hauts Doix **J. Drouhin**, beide neu für mich, beide (***); Chambolle-Musigny, Clos du Village **A. Guyon** Wohlriechend, kraftvoll (****); Corton, Clos du Roi **Chandon de Briailles** Parfümiert, sehr reich (*****); Gevrey-Chambertin **Philippe Rossignol** (****); Clos des Lambrays Hat Klasse (****); Latricières-Chambertin **L. Trapet** Voll im Geschmack (****)?; Musigny **Jacques Prieur** (****); Le Musigny **de Vogüé** Überragend, konzentrierte Frucht, sehr tanninbetont (*****); Nuits-St-Georges **Alain Michelot** Fabelhafter Geschmack, »süß«, würzig, sehr tanninstark (****); Cailles **Alain Michelot** Beeindruckend (****); Chaignots **Alain Michelot** Großartig reif und wohlriechend (*****); Nuits-St-Georges, Porrets-St-Georges **H. Gouges** Fest, voll, zäh und tanninbetont (****); Pruliers **H. Gouges** »Veilchen«, lebhafte Frucht, schlank spröde (****); Pommard, Epenots **Ch. de Meursault** (****); Pommard, Sausilles **J.-M. Boillot** Eichenbetont, »süß«, tanninstark (****); Clos de la Roche **Dujac** Ansprechende Frucht, eindringlich (****); Volnay, Clos des Chênes **Ch. de Meursault** Guter, intensiver Geschmack (****); Volnay, Hospices, Jehan de Massol **Bouchard Père** Frucht, Kraft, Länge (****)

1989 ****

Nicht so tanninbetont wie der 1988er, aber gut gebaut und insgesamt sehr zufriedenstellend. Die besten und bestgelagerten Weine lassen sich im ersten und sogar zweiten Jahrzehnt des neuen Jahrtausends gut trinken. Aber so sollte es auch sein, denn die Wachstumssaison verlief günstig: Dank eines milden Winters und zeitigen Frühjahrs war die Vegetation zwei Wochen früher dran als üblich. Der lange, heiße Sommer zog eine baldige Ernte nach sich, bei der unter Idealbedingungen ab 13. September gesunde, reife Trauben gelesen wurden.

Romanée-Conti Erstmals im Oktober 1990 mit Lalou Bize-Leroy, Aubert de Villaine und seinem Vater auf der Domaine verkostet. Mit zwölf Monaten: tiefes samtiges Purpurrot; gute reiche Nase; körperreich, viel Frucht und Extrakt. »Großes Potenzial.« Als Nächstes bei einer Bin-Club-Verkostung im Juni 1992: ziemlich tief, ansprechend, weich, Vanillenase; intensiv, eindringlich, große Länge – womit er sich eine außergewöhnlich hohe Bewertung verdiente (die bei dem enormen Preis von umgerechnet über 5000 Euro die 12er-Kiste, unverzollt, aber auch angemessen war – Anfang der 1990er, wohlgemerkt). *Leider habe ich meinen jüngsten Eintrag falsch eingeordnet und finde ihn nicht mehr, was mich sehr ärgert. Damals* ***(**)

La Tâche Auf der Eröffnungsverkostung 1990: gute Farbe; »süße«, aber tanninbetonte Nase; schlank, lebhafte Frucht, tanninstarker Abgang – eindeutig nicht so üppig, wie ich gedacht hatte. 1992 mit verhaltenem Bukett, aber sehr wohlriechend, und eine viel eher seinem Charakter entsprechende Notiz zum Geschmack: »Süß«, voll, reich, schöne Frucht, eine Tannin- und Säureattacke auf den Gaumen, außerdem große Länge (sehr hohe Bewertung; der Bin-Club-Preis betrug unverzollt umgerechnet fast 1700 Euro das Dutzend). Sechs Jahre später bei einem Zachys/Christie's-Essen im Restaurant Spago in Los Angeles: jetzt mitteltief; eine reife, fleischige Nase mit Pfeffernote, die mich irgendwie an »Tee und Toast« erinnerte. Am Gaumen »süß«, voll, üppig, aber noch immer mit griffigen Tanninen. Vor einiger Zeit auf Wagners Vertikalverkostung in Zürich: ziemlich reifes Erscheinungsbild; in der Nase nicht mehr so intensiv, offener, als ich erwartet hatte, mit einem etwas schokoladigen Duft, der nach langer Zeit im Glas eine erdbeerartige Frucht entwickelte, nach sechs Stunden noch immer würzig. Ziemlich »süß«, voll, nach wie vor eindringlich, merklich tanninbetont und mit langem pikantem, fruchtigem Abgang. *Zuletzt im April 1998 verkostet* ***(**)

Richebourg **DRC** Nur zwei Einträge. Vorhersehbar tiefe Farbe; weiche, reiche, fleischige Nase; mit Alkohol und Frucht gut ausgestattet, ja, förmlich beladen, wobei der Extrakt die beträchtlichen Tannine gut kaschierte. Eine extrem hohe Bewertung bei der Verkostung des Bin Club: weiche, ansprechende Nase; überraschend elegant, stilvoll, Geschmack und Länge gut (damaliger Preis: umgerechnet mehr als 1200 Euro, unverzollt). *Seit Juni 1992 nicht mehr verkostet. Damals* *(****) *Müsste jetzt sehr schön zu trinken sein.*

Romanée-St-Vivant **DRC** Fünf Einträge. Erstmals 1990 verkostet: ein wirklich sehr schöner Wein, weich und »süß«. 1992 aber farbtief, körperreich, lebhaft, kraftvoller Geschmack und beträchtliche Tannine. Bei der St-Vivant-Vertikalverkostung 1995 auf der Domaine: jetzt mitteltief, weiter entwickelt als der 1990er und mit herrlicher Nase, körperreich, weiche Frucht, wohlriechend; entsprechender Geschmack, sieht man einmal von einem leicht »hohlen« säurebetonten Abgang ab. Seinen nächsten überraschenden Auftritt hatte er zusammen mit dem 1990er – beide in Jeroboams – auf Karl-Heinz Wolfs Essen während der Weinart-Verkostung von J. J. Prüms 83 Moselweinen im April 1999: reiche, gedämpfte Pinot-Nase nach »gekochten Roten Beten«; ein großer Wein, fruchtbeladen, aber etwas grob (ich bewertete den 1990er höher). Kürzlich bei der zweiten St-Vivant-Vertikalverkostung: noch immer ziemlich tief, dunkles Kirschrot; vegetabile Nase, »Brokkoli«, »süß«, reich, alkoholstark, eindringlich und griffiger als der 1990er. *Zuletzt im Oktober 2001 auf der Domaine verkostet* ***(**) *Könnte etwas Flaschenalterung noch gut gebrauchen.*

Grands-Echézeaux DRC Nur zwei frühe Einträge. 1990 reiche Farbe; ein hartes, würziges, jugendliches Aroma, dabei »süß«, zum Kauen, mit reichlich Frucht. Zwei Jahre später eine hohe Bewertung für den Geschmack, weiche Frucht, aber gut mit Tannin und Säure ausgestattet. (Preis umgerechnet 800 Euro, unverzollt.) *Zuletzt im Juni 1992 verkostet. Damals* **(***)
Echézeaux DRC 1990 reich, glänzend; jugendlich aromatische Frucht; »süß«, aber sehr tanninbetont. 1992 bei der Bin-Club-Verkostung: ansprechender Duft, sehr sortentypische Nase; füllig, gute Frucht und überdurchschnittlich gut (er ist sonst auch gut, aber es klafft doch eine Lücke zwischen ihm und seinem älteren Bruder, dem »Grands«; der Preis betrug 1992 umgerechnet 570 Euro, unverzollt). Kürzlich zwar mit reifer Nase, am Gaumen aber noch immer unreif. Ein ziemlich großer Wein mit tanninbitterer Note. *Zuletzt im September 2000 bei einer Wein- und Nahrungsmittelmesse in der Cask Hall von Rothbury im Hunter Valley verkostet* **(**) *Man muss ihm noch Zeit lassen.*
Beaune, Clos de la Chaume, Gauffroy Hippolyte Thévenot/Guyon Weiß der Himmel, wo ich diesen Wein aufgetrieben habe – er war mir jedenfalls neu. Süßer Duft; ziemlich kraftvoll, aber leicht im Stil. *Im Dezember 1992 beim Essen auf dem Land verkostet* ***
Chambertin, Clos de Bèze A. Rousseau Irreführend blass und rosa getönt; in der Nase anfangs ziemlich delikat und unbestimmt, entfaltete sich aber und erinnerte mich nach 90 Minuten an Vollmilchschokolade; »süß«, sehr fest, ein guter Wein, der noch Zeit brauchte. *Im Mai 1994 bei meiner Klassischen Weindegustation in Zürich verkostet* ****(*)
Corton, Bressandes Chandon de Briailles Ein Vorrat, der dem Verkostungsausschuss von British Airways zu einem bemerkenswert moderaten Preis angeboten wurde: wohlriechende Pinot-Nase; sehr wohlschmeckend, schlank, wohlriechend. Er gefiel mir. *Februar 1994* **** *(gerade noch).*
Corton, Clos du Roi Chandon de Briailles Zufällig einen Monat später ebenfalls bei einer British-Airways-Sitzung verkostet: leichtes Rubinrot; schöne reife Pinot-Nase; ziemlich »süßer«, ansprechender Geschmack, aber mit einer Bitternote im Abgang, die mich an den 1972er-Jahrgang erinnerte. *März 1994* ***
Ch. Corton-Grancey L. Latour Im Oktober 1990 eine sensationell attraktive, purpurn getönte Fassprobe: wohlriechend, reich, fester Nachgeschmack. Als Nächstes 1996 bei einer Verkostung mit Essen in Latours Londoner Büro: jetzt überraschend blass, aber kraftvoll (14 % Alkohol) und nach wie vor tanninbetont. Im darauf folgenden Jahr unter freiem Himmel: nun mit Orangeton; eigenartige Nase; lebhafte Frucht, voll, merklich griffig und tanninbetont. *Zuletzt im Juni 1997 bei der Verkostung anlässlich des 200-jährigen Bestehens von Latour im Weinberg degustiert* *** *Am besten zum Essen trinken.*
Gevrey-Chambertin, Vieilles Vignes Dom. Bachelet Bei zwei Christie's-Weinkursen im Abstand von zwei Monaten verkostet. Ein altmodischer, ungefilterter Wein. Beruhigend gleichförmige Einträge: weich, »süß«, »warm«, allerdings mit einem Anflug von übelriechendem Schwefelwasserstoff, der später verschwand; ein »süßer«, reicher Wein, voll im Geschmack und mit passablem Tannin. *Zuletzt im März 1993 verkostet* ***
Musigny de Vogüé Im Oktober 1990 aus dem Fass verkostet, der jüngste einer Reihe von Musigny-Jahrgängen aus den 1980ern: schon in diesem frühen Stadium ein ansprechender Wein, wohlriechend, weich und geschmeidig. Als Nächstes Mitte der 1990er: erste Anzeichen von Reife; eine zarte, blumige Nase, die sich im Glas herrlich mit Anklängen an Himbeeren entfaltete; körperreich, nach wie vor mit einem Hauch jugendlicher Härte. Erfrischende Säure, bittere Tannine. »Braucht noch fünf Jahre.« *Zuletzt im Mai 1994 bei meiner Verkostung in Zürich degustiert. Damals* ***(**) *Jetzt zweifellos trinkreif, kann sich aber noch steigern.*
Pommard, Fremiers *(sic)* de Courcel Ein Familiengut mit 400-jähriger Tradition in Pommard. Man bemüht sich um optimale Extraktion, entrappt nicht und baut die Weine lange in Tanks aus. Wegen des zweijährigen Aufenthalts in neuer Eiche und der Flaschenalterung fällt der Wein relativ blass aus, hat aber eine ansprechende, weiche Farbabstufung und einen schönen Glanz; rauchige Vanillenase; am Gaumen »süß« und weich, aber auch mit tanninbetontem Abgang. *Im Februar 1998 bei meiner Burgunder-Verkostung auf den Bahamas degustiert* ***(*)
Richebourg Méo-Camuzet »Süß«, voll, sehr reich. *Oktober 1992. Damals* ***(**) *Müsste jetzt sehr schön sein.*
La Romanée Dom. du Ch. de Vosne-Romanée Blässlich; »süß«, Vanille, weiche Frucht; reich, abgerundet, aber griffig. *Im November 1995 in den Kellern von Bouchard Père in Beaune degustiert* ***(*)
Romanée-St-Vivant, Les Quatre Journaux L. Latour Ein hübscher Wein. Bitternote. Sehr gut zu einer burgundischen Eierspeise. *Im Januar 1997 bei frischer Kellertemperatur zum Essen während der Zweihundertjahrfeier von L. Latour auf Ch. du Clos de Vougeot verkostet* ***
Clos de Vougeot, Tasteviné Ziemlich tief, außerdem reich und sehr ansprechend, wie man es von ihm erwartet. *Im November 1995 bei den Chevaliers du Tastevin verkostet* ****

EIN PAAR ANDERE SEHR GUTE 1989ER, DIE ICH ANFANG DER 1990ER VERKOSTET HABE Die Bewertung entspricht dem damaligen Stand: **Beaune, Clos des Mouches** J. Drouhin Ein schöner Wein (****); **Epenottes** J. Drouhin Reich (****); **Beaune, Clos des Ursules** L. Jadot Tief, eichenbetont, wohlriechend (****); **Bonnes-Mares** de Vogüé Als »Großonkel« von Graf Georges de Vogüés Weinfamilie beschrieben. In Nevers-Eiche ausgebaut (Allier-Eiche für den Musigny) (*****); **Chambertin, Clos de Bèze** L. Jadot Reich, mit dem typischen Charme der 1989er (*****); **Chambertin, Cuvée Héritiers Latour** L. Latour Leuchtende Farbe, körperreich (*****); **Chambolle-Musigny, Amoureuses** de Vogüé Schlank und geschmeidig (****); **Chambolle-Musigny, Haut-Doix** J. Drouhin Reich (****); **Le Corton, Dom. du Ch. de Beaune** Bouchard Père (****); **Clos de la Roche** Dujac Wohlschmeckend, charmant (****); **Clos de Tart** Duftend, lebhafte Frucht (****)

1990–1999

Sicher eines der besten Jahrzehnte, das Burgund je erlebt hat. Schon der fulminante Auftakt gab einen Vorgeschmack auf das, was noch kommen würde. Noch begrüßenswerter aber war das gestiegene Qualitätsbewusstsein bei Erzeugern und Verbrauchern. Man schien neues Vertrauen in die Region zu setzen, vergessen waren die Probleme und Tricksereien der Vergangenheit. Zudem orientierte sich der Preis für guten Burgunder – die Besten waren nie in großen Mengen verfügbar – eher an der Qualität und dem konkreten Bedarf und nicht an der schwankenden, zum Teil inflationären Nachfrage in einem von »spekulativen« Investitionen getragenen Sekundärmarkt.

Die Jahrgänge auf einen Blick

Hervorragend *****
1990, 1999
Sehr gut ****
1993, 1995, 1996, 1997, 1998
Gut ***
1992, 1994 (u)

1990 *****

Ein großartiger Jahrgang. Wie 1989 konnten sich die Weinbauern über einen heißen Sommer freuen, doch gab es auch wichtige Unterschiede zum Vorjahr. Schon im Winter war es ungewöhnlich warm gewesen. Im Februar und März kletterte die Quecksilbersäule zum Teil auf bis zu 23 °C, was die Vegetation früh voranbrachte. Wesentlich kühler und ziemlich regenreich fielen die Monate April, Mai und Juni aus. Die Blüte setzte später ein als üblich; der potenziell hohe Ertrag wurde durch das Verrieseln reduziert. Im Sommer wiederum war es heiß und so niederschlagsarm, dass man fast von einer Trockenheit sprach. Trotzdem setzte die Traubenreife früh ein. An der Côte d'Or startete man die Lese daher schon am 17. September. Die Beeren waren klein, gesund und dickschalig, hatten konzentriertes Fleisch und einen hohen Zuckergehalt, zeigten gute Farbextraktion und gaben den Weinen viel Tannin mit auf den Weg.

Ich kann mich noch gut an die große Justerini-&-Brooks-Verkostung der jugendlichen 1990er im Januar 1992 erinnern. Sie öffnete mir die Augen. Schwächliche, unbestimmte, farblose Weine suchte man hier vergebens. In den nachfolgenden Einträgen fasse ich meine frühen Eindrücke zusammen. Einen breiten Raum nehmen aber auch Verkostungen Mitte der 1990er und natürlich aus jüngerer Zeit ein. Die zweitrangigen Gewächse, die preisgünstigen Roten aus dem Süden Burgunds und die billigen Village-Weine der Abfüller sollten bereits aufgebraucht worden sein. Ich konzentriere mich daher wie üblich auf die bedeutenden Domainen und die Spitzengewächse der *négociants*.

Der 1990er war zweifellos weltweit ein herausragender Rotweinjahrgang. Bei der außergewöhnlichen Blindverkostung von 144 der weltbesten, zu zwölf »Serien« zusammengefassten Gewächse von Walter Eigensatz, Johann Willsberger und Jürg Reinshagen im Luzerner Palace Hotel im Juni 1996 zeigten sich die Burgunder in gutem Licht.

La Tâche Bei der Verkostung in Luzern Mitte der 1990er das erste Mal degustiert. Der La Tâche gehörte zur zwölften und letzten »Serie«, die unter anderem noch einen Latour, Le Pin, Pétrus und La Turque sowie einen Barbaresco Riserva Speciale von Giacosa und einen großartigen australischen Syrah, den Clarendon Hill von Roman Bratasiuk, enthielt. Der La Tâche zeigte sich gut in Form: ziemlich tief, kräftige »Tränen«; eigenartig exotisch; »süß«, fruchtbeladen, griffiger, Pinot-typischer Rote-Bete-Charakter (nach einigen Zweifeln habe ich ihn daran erkannt). Zwei Jahre später auf Wagners La-Tâche-Vertikalverkostung in Zürich: reich, guter Extrakt, erdiger Duft, perfekte Entfaltung; »süß«, voller Körper, Frucht und alle anderen Komponenten gut. *Zuletzt im April 1998 verkostet* ***(**) *Nähert sich der vollen Reife, aber hat noch ein langes Leben vor sich.*

Romanée-St-Vivant DRC Im November 1995 bei der ersten St-Vivant-Vertikalverkostung auf der Domaine degustiert: ziemlich tief, weich, dabei mit festem, reichem Erscheinungsbild; wundervoll harmonische Nase, komplett, eine Spur Vanille und »schweißelnde« Tannine, beträchtliche Tiefe, entwickelte einen blumigen Duft und nach einer Stunde eine Erdbeernote, die mir beim DRC schon früher aufgefallen war. Ziemlich körperreich, lebhaft, dabei weich, abgerundet und mit einer Substanz, die die Tannine verhüllte. Sehr lang. »Großes Potenzial.« Vier Jahre später eine Jeroboam (mit dem bereits beschriebenen 1989er) in Karl-Heinz Wolfs Villa über dem Attersee: ein »Kraftwerk«, ziemlich »süß«, doch sehr tanninbetont, sehr wohlriechend, »braucht noch viel Zeit«. Setzte dem geschmorten Rind ganz schön zu. Kürzlich bei der zweiten der beiden St-Vivant-Vertikalverkostungen: noch immer tiefe, ziemlich intensive Farbe; perfekte, ausgewogene Pinot-Nase; »süß«, vollmundig, reich, komplett, verhülltes Tannin – war von allen jungen Jahrgängen am zugänglichsten. Aubert de Villaine berichtete unserem Grüppchen, dem unter anderem auch der »Beste Sommelier Frankreichs« angehörte, dass man 33,86 hl/ha erzeugt und 24 026 Flaschen abgefüllt habe, was zwischen 1989 und 2000 der mit Abstand größte Ertrag gewesen sei. *Zuletzt im Oktober 2001 verkostet* ***(**) *Ein großer Wein. Jetzt bis 2012.*

Beaune, Clos des Mouches J. Drouhin Erstmals im Oktober 1990 frisch aus dem Fass verkostet. Wegen des natürlich hohen Tanningehalts in den Trauben hatte man das Lesegut entstielt, aber Robert Drouhin meinte, dass man trotzdem auf neue Eiche verzichten werde. Bei der Bin-Club-Verkostung 1992 in guter Verfassung. Dann 1994 bei einem Weinwochenende im Gidleigh Park Hotel mit Burgundern von 1990: fast Oregonartiges Pinot-noir-Aroma (Robert Drouhins charmante Tochter Véronique führt übrigens ein Weingut in Oregon), wohlriechend, unmittelbar ansprechend. Ein schöner, jetzt angenehm zu trinkender Wein. Kürzlich bei Drouhin der älteste Clos-des-Mouches-Jahrgang der Dekade: nicht sehr tief, jetzt vollreif mit Orangeton am Rand; überraschend schwache Nase, leicht marmeladig; »süß«, gute Frucht, aber etwas rau. Enttäuschend. Lag es an der Flasche? Oder an der Lagerung (in Drouhins Keller)? In einem guten kalten britischen Keller hätte sie sich vielleicht besser gehalten. *Zuletzt im Oktober 2001 verkostet. Im Zweifel für den Wein* *** *Eventuell vier Sterne. Jetzt trinken.*

Beaune, Clos des Ursules L. Jadot Erstmals im September 2000 bei einem Essen der Distillers' Company verkostet: gut, aber ich hatte das Gefühl, dass er bereits voll ausgereift war und getrunken werden musste. Kürzlich war er auf einer höchst aufschlussreichen Degustation bei Jadot der älteste Jahrgang der Dekade. Anthony Hanson und ich verkosteten jeder für sich und verglichen anschließend unsere Notizen mit Pierre-Henry Gagey und seinem brillanten Kellermeister Jacques Lardière, der uns anvertraute, dass der Wein 33 bis 35 Tage lang an der Maische gelegen habe. Noch immer dunkel kirschrot; gute Frucht, reicher Extrakt, brombeerartig, ein teeriger Anflug; »süß«, komplett, verhülltes Tannin, gute Länge. *Zuletzt im Oktober 2001 verkostet **** Jetzt bis 2008 trinken.*

Beaune, Hospices, Cuvée Domaines Hospitaliers Erstmals in Mosimanns kulinarischem Zentrum in Battersea nach einer Sitzung des British-Airways-Weinausschusses aus einer Magnum verkostet: ein schöner Wein, »hält sich«. Die nächsten beiden Male während des Flugs BA 001 (in der Concorde) degustiert. Sehr gut und auch auf jeden Fall beeindruckend, aber sehr tanninbetont, »unreif«. Im darauf folgenden Jahr etwas besser: »süße«, ausgewogene Nase, Länge und Geschmack gut, aber noch immer ziemlich tanninstark. *Zuletzt im Oktober 1995 auf 17 000 Meter Höhe verkostet **** Jetzt bis 2008.*

Chambertin, Clos de Bèze Faiveley Bei einer Vorverkaufsverkostung 1997 in New York eindeutig als »gekocht« charakterisiert. Beim siebten »Tour-de-France«-Abend auf der Domaine de Chevalier noch immer fest und tanninbetont. *Zuletzt kurz im Juni 2001 verkostet. Die Jury macht Pause. Er müsste aber erstklassig sein.*

Chambertin, Clos de Bèze A. Rousseau Bei der Eigensatz-Verkostung mit Weltklasseroten in der Mitte der dritten »Serie« aus sechs Burgundern und sechs anderen Pinot-noir-Gewächsen verkostet – natürlich wie alle Weine blind. Die Nase und der Geschmack erschienen mir seltsam verschlossen. »Süß«, doch sehr tanninbetont. Er schaffte es zwar unter die vier Besten, bekam aber nur wenige Stimmen, unter anderem meine. Vielleicht braucht er noch Zeit, um seinen Tanninmantel abzuwerfen. *Juni 1996* **(**)?

Chassagne-Montrachet, Clos de la Boudriotte Ramonet Delikat, wohlriechend, köstlich; ziemlich voll und »süß«, Geschmack, Länge und Nachgeschmack schön. *Im Juni 1996 in Luzern verkostet **** Jetzt trinkreif.*

Corton Bonneau du Martray Der König von Corton: mitteltief; »süß«, ausgewogen, sortentypisch; weich, reich, fleischig und wohlriechend. Passte perfekt zu Kalbslende. *Im Oktober 1995 als Gastgeber eines Christie's-Essens im Grand Hyatt in Hongkong verkostet ***** Jetzt sehr schön zu trinken.*

Corton, Hospices, Cuvée Domaines Hospitaliers Ein schöner Wein, »hält sich«; außerdem die **Cuvée Dr Peste** Farbtief; Veilchenduft; voll, tanninbetont, großartig ***** *Beide im Januar 1995 nach einer Weinverkostung für British Airways bei Mosimann verkostet.*

Corton, Clos Rognet Méo-Camuzet Ansprechende Frucht, tief, wohlriechend; sehr »süß«, Frucht und Geschmack schön. *Im Juni 1996 in Luzern verkostet **** Jetzt bis 2008.*

Ch. Corton-Grancey L. Latour 1997 in den Weinbergen verkostet: ausgewogen, reich, voll (14 % Alkohol). Als Nächstes 1998 bei einem Seminar auf der Domaine von Latour: wunderbare Nase, große Wärme, konzentriert; »süß«, vollmundig, gute Länge, alle Komponenten schön. Einer der besten Corton-Grancey, die ich je getrunken habe. Kürzlich: nicht mehr so farbtief, hellbrauner Rand mit Orangeton; perfekt ausgewogen; reich, komplett, eichenbetonter Nachgeschmack. Hat trotz des reifen Erscheinungsbilds noch viel Zeit. *Zuletzt im Juli 2000 zum 10-jährigen Bestehen von Latours Londoner Büro verkostet **** Jetzt bis 2008.*

Gevrey-Chambertin, Combottes Leroy Tief; Bukett und Geschmack sehr gut. *Im November 2000 auf der Josey-Vorverkaufsverkostung in New York degustiert **** Bald trinken.*

Gevrey-Chambertin, Clos St-Jacques L. Jadot Gutes, reiches Erscheinungsbild; eine pflanzliche Nase, die sich exotisch entfaltete; voll im Geschmack, Frucht, Länge und Nachgeschmack ausgezeichnet. Sehr tanninbetont. *Im Juni 1996 in Luzern verkostet. Damals ***(*) Dürfte jetzt weicher werden.*

Nuits-St-Georges, Clos des Argillières Dom. du Clos St-Martin Reich in Farbe, Nase und Geschmack. Voll. Griffig. *Im November 1995 bei Bouchard Père in Beaune verkostet *** Bald trinken.*

Nuits-St-Georges, Ch. Gris Lupé-Cholet Immer wenn ich den Namen dieses Guts lese, muss ich daran denken, wie ich einmal mit den Lupé-Schwestern in ihrem alten Stadthaus mit viel Vergnügen Tee getrunken und geplaudert habe. Die beiden waren wundervoll, aber grundverschieden. Ihre Leidenschaft war der Jahrgangsport. Wohlriechend; lebhafte Frucht – weder überdeutlich Pinot-noir-typisch noch vordergründig burgundisch, aber ziemlich gut. *Im März 1999 bei meinem dänischen Verlag Gyldendal in Kopenhagen verkostet *** Jetzt trinken.*

Pommard Coste-Caumartin Ein mir bis dato unbekanntes, sehr altes Familiengut mit noch älterem Gebäude und Keller. Sehr farbtief; gute Frucht; beeindruckend, sehr trocken. *Im März 1995 bei einer Verkostung von Christie's für VIP-Kunden in Florida degustiert *** Bald trinken.*

Pommard, Clos des Epéneaux Comte Armands »Monopole« Erstmals 1994 im Gidleigh Park Hotel verkostet: beeindruckend tief, intensiv; in der Nase zunächst hart, öffnete sich aber, Anklänge an Mandarinen; gute Frucht, jedoch tanninbeladen. Als Nächstes einer von Eigensatz' »weltbesten Roten«: hochgetönter Duft, erinnerte mich an gekochte Süßigkeiten; lebhafte, parfümierte Frucht, dominierendes Tannin. *Zuletzt im Juni 1996 verkostet **(**) Braucht noch Zeit.*

Pommard, Rugiens Gaunoux Eine sehr traditionelle Kellerei, in der die Weine vor der Marktfreigabe in der Barrique und in der Flasche ausgebaut werden. Tief, reich, beeindruckend; man konnte die Wärme des Sommers förmlich riechen, wundervolle, aber verhaltene Frucht, ein altmodisches Burgunder-Bukett, das sich herrlich entfaltete. »Süß«, füllig, köstlich. *Im Februar 1997 in Lyford Cay auf den Bahamas verkostet ****(*) Jetzt bis 2008.*

Clos de la Roche Dujac Gute Farbe, aber reifer Orangeton; weiche, ausgewogene Sortennase; voll, komplett, reich, perfekt im Gleichgewicht. *Im Oktober 2001 auf der Domaine mit Jeremy Seysses verkostet ***** Jetzt wunderschön zu trinken.*

Romanée-St-Vivant Leroy Tiefes Rubinrot; fabelhafte Frucht; ein schöner, nach wie vor tanninbetonter Wein. *Im Oktober 1996 auf einer Vorverkaufsverkostung in New York degustiert* ***(*)

Ruchottes-Chambertin Duvergey-Taboureau Ein altes Unternehmen, von dem ich jedoch noch nichts gehört hatte. Etwas rau, selbst zu Täubchen-Confit. *Im Mai 1995 beim alljährlichen Essen der Champagne Academy im Ritz verkostet* **(*)?

Volnay, Taillepieds d'Angerville Dunkles Kirschrot; zurückhaltende Frucht; guter Geschmack, seidige Tannine. *Im Juni 1996 in Luzern verkostet* ***

Vosne-Romanée, Beaumonts Leroy Fast undurchsichtig; sehr wohlriechend, auf seine Weise außergewöhnlich; »süß«, mit etwas zu parfümierter, fast schon künstlicher Frucht. Er fand aber Anklang bei sehr vielen erfahrenen Degustatorinnen und Degustatoren, darunter auch Madame Bize-Leroy (und ihr

Hund), und bekam von allen Weinen der Pinot-»Serie« die höchste Stimmenzahl. *Im Juni 1996 in Luzern verkostet* **** *Jetzt bis 2008.*

Vosne-Romanée, Les Beaux-Monts Tastevinage-Etikett (1994) **Clavelier Brosson** Gute Farbe; in der Nase zurückhaltend, nicht aber am Gaumen; »süß«, fest, hoher Extrakt, reichlich Frucht, herrlich komplett. *Im Februar 1998 in Lyford Cay verkostet* ***** *und bemerkenswert preisgünstig, wie ich nach einem Blick auf den Preis feststellte: Er kostete bei Howard Ripley umgerechnet etwa 36 Euro.*

Vosne-Romanée, Cros Parantoux **H. Jayer** Sehr tiefe, reiche Farbe; in der Nase merkwürdig »süß«, dann duftend, würzig; sehr »süße«, herrliche Frucht und ebensolcher Geschmack, sehr charakteristisch. Ich empfand ihn als etwas übertrieben, aber bevor man ihn aufdeckte, wurde er von ziemlich vielen Degustatoren zum Spitzenwein der verkosteten Reihe erwählt. *Im Juni 1996 in Luzern verkostet* **** *Jetzt trinken.*

BEI EINER VERKOSTUNG VON BURGUNDERN DES JAHRGANGS 1990 habe ich im Februar 1994 im Gidleigh Park Hotel in Devon ein hervorragendes Spektrum an Weinen degustiert (einige sind bereits weiter oben beschrieben). Hier eine Zusammenfassung weiterer Einträge: **Chambolle-Musigny** **Michèle et Patrice Rion** Rubinrot; reich und rustikal; »süß«, elegant, ansprechende Textur ***; **Corton, Bressandes** **Tollot-Beaut** Intensiv; glatt, elegant; kraftvoll (13,5 % Alkohol), attraktiv, tanninbetont ***(*); **Les Echézeaux** **Jean Mongeard** Blässlich, mit Orangeton; weich, »gekochte Rote Bete«, ausgewogen; überraschend eindringlich, tanninbetont **(**); **Gevrey-Chambertin, Clos St-Jacques** **A. Rousseau** Angesengtes, vegetabiles Pinot-Aroma; sehr »süß«, weich, dabei leicht im Charakter, erfrischend, ansprechend ****; **Morey-St-Denis** **Dujac** Sehr ansprechend, parfümiert in Nase und Geschmack. Tanninbetont ***(*); **Nuits-St-Georges, Vignes-Rondes** **Daniel Rion** Sehr farbtief; exotisches, Oregon-artiges Pinot-Aroma; sehr »süß«, stämmig, altmodisch im Stil **(*); **Richebourg** **Anne et François Gros** Tief; klassische, sehr duftende Pinot-Nase; kraftvoll (13,5 % Alkohol). Ein reicher Bilderbuch-Burgunder, jetzt sehr schön, mit verhülltem Tannin ***(**) *Hält sich*; **Savigny-lès-Beaune, Serpentières** **J. Drouhin** Bekömmlich, undramatisch; angenehm (mit dem niedrigsten Alkoholgehalt: 12,5 %) ***; **Volnay, Clos du Verseuil** **Y. Clerget** Sanft, wohlriechend; leicht im Stil, charmant, feminin, nicht für lange Lagerung geeignet ***; **Vosne-Romanée** **Méo-Camuzet** Delikat, parfümiert; stilvoll. Mittellang haltbar ***; **Clos de Vougeot** **Méo-Camuzet** Anfangs ausdruckslos, schöne Frucht, erdbeerartig, elegant; mundfüllender Extrakt, neue Eiche, köstlich, aber »braucht Zeit« ***(*); **Clos Vougeot, Musigni** *(sic)* **Gros Frère et Sœur** Tief, rosa, glänzend; reich parfümierte Pinot-Nase; mild, seidig, elegant ****

UNTER DEN ANDEREN IN IHRER JUGEND VERKOSTETEN 1990ERN zeigten die folgenden Weine großartiges Potenzial: **Bonnes-Mares** **Drouhin-Laroze**; **Clos de Tart; Musigny** **J. Drouhin**; **Mazis-Chambertin** **J. Drouhin**; **Griottes-Chambertin** **J. Drouhin**; **Clos Vougeot** **R. Arnoux**; **Echézeaux** **Haegelin-Jayer**; **Grands-Echézeaux** **R. Engel**; **Clos Vougeot** **Anne et François Gros.**

1991 ** sehr uneinheitlich

Nach meinen Einträgen zu urteilen kein sonderlich anregender Jahrgang. Man kann ihn getrost vergessen, sieht man einmal von den außergewöhnlichen DRC-Provenienzen ab.

Die Wachstumsbedingungen hätten wechselhafter und schwieriger nicht sein können. Der warme April ließ die Vegetation früh austreiben, doch der Mai und Juni waren kalt, was die Blüte verzögerte. Das wiederum hatte ein Verrieseln und damit eine Verringerung des zu erwartenden Ertrags zur Folge. Hitze und Trockenheit prägten den Sommer, doch Ende September gingen kurz vor der Lese schwere Regenfälle auf die Trauben nieder. Auch anschließend regnete es noch ein paar Mal. Wer den rechten Lesezeitpunkt erwischte und stark selektierte, kelterte Weine mit passabler Farbe und Konzentration.

Da es in der Auktionszeit immer hektisch zugeht, konnte ich Burgund nicht so oft einen Besuch abstatten, wie mir lieb gewesen wäre. Deshalb waren die Eröffnungsverkostungen von Corney & Barrow, der Londoner DRC-Verkaufsvertretung, besonders aufschlussreich für mich. Meine Notizen konnte ich diesmal um eine zusätzliche Facette bereichern, denn ich traf ziemlich spät ein (gegen 12.45 Uhr). Während der Duft und Geschmack der Weine in den ISO-Standard-Verkostungsgläsern sich nur schwer erfassen ließ, hatten sich Gewächse, die man gegen 10.00 Uhr morgens in große Burgundergläser eingegossen hatte, so weit geöffnet, dass man sie für ganz andere Weine hätte halten können. (Mittlerweile verwenden Corney & Barrow bei den Degustationen kleine Burgundergläser.)

Verkostung roter Burgunder

Das vielleicht am meisten falsch interpretierte Merkmal roter Burgunder ist ihre Farbe, besser gesagt, ihr häufiger Farbmangel. Manchmal erscheint die Bezeichnung »roter« Burgunder fast unangemessen, etwa beim 1982er. Für die Blässe ist vor allem die Rebsorte verantwortlich: Die Schalen der Pinot noir sind dünn, weshalb sich bei der Vergärung weniger Farbpigmente lösen können. Dabei fallen die Weine oft bemerkenswert extraktreich und alkoholstark aus, selbst wenn man es ihnen nicht ansieht. Und auch die Nase roter Burgunder ist oft schwierig einzuschätzen und entwickelt sich im Glas nicht unbedingt weiter. Man darf von ihnen nicht das ausgeprägte Aroma eines Pinot noir aus der Neuen Welt erwarten – manchmal riechen sie weder fruchtig noch blumig. Weit häufiger ist ihnen ein erdiger, an Rote Bete erinnernder, vegetabiler oder sogar busch-, brombeer- und weißdornartiger Duft eigen. Das Hauptmerkmal eines Burgunders ist daher meiner Erfahrung nach der Geschmack.

Im Gegensatz zu einem Gewächs aus Bordeaux spielt sich beim Burgunder alles im Mund ab. Am Gaumen öffnet er sein sprichwörtliches »Pfauenrad«. Ihm ist die seltsame Fähigkeit eigen, sich so auszudehnen, dass er jeden Winkel des Mundes mit seinem Geschmack ausfüllt und nach dem Schlucken sogar noch einen duftigen Nachgeschmack freigibt. Ein Burgunder ist »süßer« als ein Bordeaux und nicht ganz so offensichtlich tanninstark, was in der Natur der Pinot-noir-Traube liegt, zum Teil aber auch auf die in Burgund völlig normale Chaptalisierung und den damit zusammenhängenden hohen Alkoholgehalt zurückzuführen ist. Ein Spitzenburgunder ist für mich ein sublimes Ereignis.

Romanée-Conti Ertrag 22 hl/ha, Gesamtproduktion 224 Kisten. Preis pro Flasche, verzollt, umgerechnet 575 Euro (Stand: 1994). Mitteltiefe, weiche Farbe, ein Hauch von Orange; in der Nase verhalten, aber reich (nach drei Stunden in einem Burgunderglas); trocken, massiv, konzentriert, fest gewirkt.

Für einen 1991er beeindruckend. *Im Februar 1994 bei Corney & Barrow verkostet* ****?

La Tâche 23 hl/ha, 1428 Kisten. Erstmals auf der Eröffnungsverkostung im Februar 1994 in London degustiert. Preis inkl. Zollgebühren umgerechnet 477 Euro pro Flasche. Tief, wesentlich intensiver als der Romanée-Conti oder Richebourg; reiches, erdiges Pinot-Aroma; »süß«, würzig – nach drei Stunden wohlriechend, aber schwer fassbar; sehr eindringlich, konzentriert, gut im Gleichgewicht, beeindruckend, mit Charme. Als Nächstes auf Wagners Vertikalverkostung 1998: tief, schöne Farbe; »süß«, reich, sortentypisch. Nach einer Stunde mit köstlich erdbeerartiger Frucht, nach vier Stunden mit reicher, marmeladiger Frucht; »mittelsüß«, füllig, adstringierender Abgang, aber nachhaltig. Im darauf folgenden Jahr eine Magnum (blind verkostet – ich tippte auf einen Richebourg): schöne Farbe, ein Anflug von Kirschrot; wohlriechende, ziemlich kirschartige Pinot-Nase; köstlich »süße«, herrliche Frucht, geschmeidig, trockener Abgang. Ausgezeichnet zu Käse, braucht aber noch Zeit. *Zuletzt im April 1999 beim Essen mit Karl-Heinz Wolf in seinem Landart-Restaurant im österreichischen Tanglberg verkostet* ***(**) *Erstaunlich attraktiv – der Wein und das Ambiente.*

Richebourg DRC 24 hl/ha, 937 Kisten; bei der Eröffnungsverkostung umgerechnet 126 Euro die Flasche. Reiche Farbe; anfangs verhalten, aber nach drei Stunden im offenen Glas voll entwickelt, sehr wohlriechend; positiv, guter Geschmack, reichlich Tannin, Säure und Eiche. *Februar 1994* ***

Romanée-St-Vivant DRC 27 hl/ha, 1548 Kisten, bei der Eröffnungsverkostung 1994 umgerechnet 84 Euro die Flasche: nicht tiefe, aber reiche Farbe; fleischig, hart, ziemlich verschlossen; positiv, eindringlich; lebhafte Frucht, ziemlich tanninbetont, passabler Nachgeschmack. Als Nächstes im Herbst des Jahres bei der ersten St-Vivant-Vertikalverkostung auf der Domaine: rubinroter Schimmer; weich, Vanille, Brombeerfrucht, wohlriechend; überraschend stilvoll, attraktiv, lebhaft, lose verwoben. 1999 bei einer Vorverkaufsverkostung von Christie's in Tokio: noch immer jugendliches Erscheinungsbild; Bitternote und »gewaltiger Biss«. Kürzlich auf der zweiten St-Vivant-Vertikalverkostung: reich, marmeladig, Erdbeernase; ziemlich »süß«, gute Textur, aber weiche Frucht, »irgendetwas fehlte«, adstringierend. *Zuletzt im Oktober 2001 auf der Domaine verkostet* **(*) *Jung war er mir lieber.*

Grands-Echézeaux DRC 23 hl/ha, 799 Kisten, umgerechnet 98 Euro die Flasche. Im Aussehen und in der Nase weich und reich, im offenen Glas außerordentlich tief; merklich »süß«, gute Frucht, präsentes, aber nicht aufdringliches Tannin. *Februar 1994. Damals* *** *Trinkt sich vermutlich jetzt bis 2010 gut.*

Echézeaux DRC 30 hl/ha, 1474 Kisten, umgerechnet 67 Euro die Flasche. Blässlich, jugendliches Rosa; unmittelbar nach dem Eingießen hart und verschlossen, hatte sich aber nach drei Stunden ansprechend geöffnet; eindringlich, schlank, würzige neue Eiche, sehr trockener, tanninbetonter Abgang. *Februar 1994* *** *Jetzt bis 2006.*

Beaune, Clos des Mouches J. Drouhin 13 % Alkohol, 3,9 g/l Säure. Frédéric Drouhin beschrieb ihn als »übersehenen Jahrgang«. Ich lasse eine korkelnde Flasche außer Acht und komme zu einem Exemplar mit vollreifem Aussehen, offen, leicht orangefarbener Anflug nach dem Eingießen; angenehmer Sortenduft, aber kurz darauf mit ziemlich übelriechendem Oberton; im Geschmack besser als in der Nase, ein Hauch von »Süße«, »zu wenig reifes Tannin«. So lala. Wie der 1990er etwas enttäuschend. *Im Oktober 2001 bei der Verkostung aller 1990er bei Drouhin degustiert* ** *Austrinken.*

Beaune, Grèves, Vignes de l'Enfant Jésus Dom. du Ch. de Beaune Lesebeginn am 25. September. Tief; eigenartiger, angesengter, zedriger Duft; »süß«, gute Frucht, lebhaft, trockener Abgang. *Im November 1995 in den Kellern der Domaine zur Qualitätsbeurteilung für den neuen Eigentümer von Bouchard Père et Fils, Joseph Henriot, verkostet* *** *Für frühen Trinkgenuss gedacht.*

Beaune, Marconnets Dom. du Ch. de Beaune Im Mai 1995 eine bescheidene halbe Flasche beim Essen auf den Brittany Ferries, der französischen Fährschiffslinie mit dem besten Essen, zwischen Portsmouth und St-Malo verkostet: pflaumenfarben; »italianide« Brombeernase; ziemlich gut. Eine weitere Flasche im darauf folgenden Monat auf demselben Schiff und derselben Kanalroute auf dem Weg nach Burgund, verkostet in Bouchard Pères Keller. Noch einmal ein paar Monate später: ziemlich gut. *Zuletzt im November 1995 verkostet* ** *Nicht schlecht, aber auch nicht gut genug. Austrinken.*

Beaune, Clos des Ursules L. Jadot Jacques Lardière informierte Anthony Hanson und mich, dass Hagel und schlechtes Wetter die Erträge reduziert habe. 18 Tage Maischegärung. Ziemlich farbtief, reifer werdend; laubartige Frucht, Melasse und nach 20 Minuten Teer; »süß«, weich, melasseartig auch im Geschmack, aber mit Tannin und stilettospitzer Säure. Rauer Abgang. *Im Oktober 2001 bei Jadot verkostet* ** *Ob die Spitze je rund werden wird?*

Bonnes-Mares de Vogüé Tief; überraschend malzig; reich, gekocht, sehr merkwürdig. *Oktober 1993. Bewertung? Ich muss ihn noch einmal verkosten.*

Chambolle-Musigny de Vogüé Farbtief; eigenartige, verschlossene, gekochte Pinot-Nase und ebensolcher Geschmack. *Oktober 1993* **?

Chénas L. Champagnon Klassische marmeladige Gamay-Frucht; mitteltrocken, eher leicht, positiver Geschmack, erfrischende Säure. Ein Beaujolais-Villages, wie ich ihn mag. *Zuletzt im November 1993 verkostet* *** *Austrinken.*

Echézeaux J. Drouhin Verhaltene Frucht; lose verwoben, trockener Abgang. *Oktober 1993* **?

Gevrey-Chambertin, Clos St-Jacques A. Rousseau Der jüngste Jahrgang bei Rousseaus St-Jacques-Vertikalverkostung: rubinrot; eine reiche Brombeernase, die sich angenehm auffächerte, Himbeernote; »mittelsüß«, lebhaft, griffig und attraktiv. *Im März 1995 in Florida verkostet. Damals* *** *Lässt sich jetzt zweifellos gut trinken, ist aber nicht für längere Einlagerung geeignet.*

Grands-Echézeaux J. Drouhin Kirschrot; ansprechende Frucht; reich, eichenbetont, sehr tanninstark. *Oktober 1993* *(**) *Braucht Zeit.*

Mazis-Chambertin Sélection des Jurés-Gourmets de la Confrérie des Chevaliers du Tastevin, der ich natürlich angehöre. Macht viel Spaß. Nachdem ich bei einem Bankett auf Clos Vougeot den Vorsitz geführt hatte, bekam ich vom Grand-Connétable zwei Flaschen überreicht. Die erste verkostete ich 1997 beim Abendessen auf dem Land: attraktives, schimmerndes Erscheinungsbild; lebhafte Frucht, sehr wohlriechend; bemerkenswert »süß«, stämmig, dabei weich und fruchtig, mit trockenem Abgang. Die zweite Flasche trank ich zwei Jahre später, diesmal zum Mittagessen: jetzt mit Reifespuren; »gekochte« Pinot-Nase und ebensolcher Geschmack; nach wie vor »süß« und weich, aber mit Bitternote im Abgang. *Zuletzt im Mai 1999 verkostet* ***, *weil ich nicht so sein will.*

Morey-St-Denis, En la Rue de Vergy Bruno Clair Ein 1980 neu bestockter Weinberg direkt oberhalb des Clos de Tart. Leicht, stilvoll, tanninbetont. *Im März 1995 auf einer Handelsverkostung von Heyman, Barwell & Jones degustiert* **(*) *Mit* *umgerechnet knapp 17 Euro die Flasche zzgl. Mehrwertsteuer etwas erschwinglicher als die DRC-Gewächse von 1991.*

Musigny de Vogüé Sehr tief, intensiv, purpurn; reich, tanninbetont. Nichts von Eleganz oder Femininität zu spüren. Braucht Zeit. *Oktober 1993* (★★)? *Ruft nach einer weiteren Verkostung.*

Nuits-St-Georges, Les Pruliers H. Gouges Noch immer jugendliches Kirschrot; verschlossen, Vanille, leicht erdig, angenehme Frucht; trocken, lebhaft; erfrischend, Bitternote. »Braucht eine Mahlzeit als Begleitung.« *Im Juni 1997 beim France-in-Your-Glass-Dinner auf Château de Bagnols verkostet* ★★★ *Jetzt bis 2005.*

Clos de la Roche Dujac Blässlich, weiches Rubinrot; interessanter Duft nach Mist und Runkelrüben; am Gaumen gekochte Rote Bete, guter, trockener Abgang. (Daphne schrieb: »Pinot-Nase und -Nachgeschmack. Ein anständiger Wochenendwein«.) *Im Oktober 2001 auf der Domaine verkostet* ★★★

1992 ★★★

Ein akzeptabler, gut verkäuflicher und vor dem Jahrtausendwechsel trinkbarer Jahrgang. Ich stufe ihn generell als »gut« ein, habe aber den Eindruck, dass er an Glanz eingebüßt hat. Trotzdem haben mir einige Weine viel Freude gemacht, wie man sehen wird.

Die Saison begann verheißungsvoll, nachdem der außerordentlich milde Winter und Frühling der Vegetation zu einem Frühstart verholfen hatte. Auch die Blüte stellte sich relativ zeitig von Ende Mai bis Anfang Juni ein. Etwas Verrieseln schmälerte den zu erwartenden Ertrag, der aber trotzdem noch beunruhigend hoch zu werden versprach. Im August war es heiß und sonnig, was den Reifeprozess förderte und die Winzer zu einer frühen Lese ab 12. September an der Côte de Beaune und ab 18. des Monats an der Côte de Nuits veranlasste. Sie war in der dritten Septemberwoche, als der Regen einsetzte, größtenteils abgeschlossen.

La Tâche Nur ein Eintrag, entstanden auf Manfred Wagners Vertikalverkostung in Zürich: mitteltief, früh entwickelt – sah bereits ziemlich reif aus; ein leichtes, vegetabiles Pinot-Aroma, das sich rasch entfaltete, wohlriechend, lebhaft und sogar nach vier Stunden im Glas noch ein Charmeur; etwas trocken, relativ leichter Körper und Stil, aber mit einer an den Zähnen kratzenden Säure. *April 1998* ★★★ *Knapp daneben. Bald trinken.*

Romanée-St-Vivant DRC Erstmals bei der St-Vivant-Vertikalverkostung 1995 auf der Domaine degustiert: blässlich, offene, hübsche Farbe, fortgeschritttene Reife; weiche fruchtige Nase, ein Anflug von Zitrus, später verschlossen, »medizinal«, nach 40 Minuten ansprechend, ausgewogen, aber keine Weiterentwicklung mehr; gefälliger weicher Fruchtgeschmack, etwas hohl. Als Nächstes bei einer Dinnerparty im Januar 2000 zu Hause zusammen mit Jayers 1992er Echézeaux verkostet: jetzt vollreifes Erscheinungsbild; ein unmittelbarer Duftausbruch, fabelhafte, weiche, sehr sortentypische Nase; das Aussehen täuschte, denn er hatte erstaunlich viel Kraft, Biss und Länge und einen schönen lebhaften Geschmack, der später ins Adstringierende umschlug. Kürzlich bei der zweiten Vertikalverkostung: offen, reif; gleich nach dem ersten Eingießen mit sehr vegetabiler Nase, gekochte Rote Bete, Kohl, aber nach kaum 30 Minuten sehr wohlriechend und »süß«; feste Frucht, schlank, passable Länge, trocken, etwas adstringierender Abgang. *Zuletzt im Oktober 2001 auf der Domaine verkostet. Am DRC-Standard gemessen* ★★, *nach normalen Maßstäben* ★★★ *Jetzt bis 2006.*

Echézeaux DRC Späte Lese. Erstmals im November 1995 im Essensraum der Lesehelfer (zu gegrilltem Hummer) verkostet: blässlich, jugendliches Rosa; eine gekochte, vegetabile Nase, die sich ansprechend öffnete; leicht im Stil, gute Länge, parfümiert, lebhaft, erfrischende Säure, aber ausgesprochen tanninbetont. Noch im selben Monat während eines Essens bei Corney & Barrow: sehr wohlriechend; schöner Auftakt im Mittelteil, gute Länge, mehr Säure als Tannin. Köstlich. *Zuletzt im November 1995 verkostet* ★★★ *Bald trinken.*

Beaune, Grèves, Vignes de l'Enfant Jésus Dom. du Ch. de Beaune Frühe Lese ab 12. September. Zwei Einträge, entstanden im Abstand von nur einem Tag in den Kellern von Bouchard Père: weder blass noch tief; zederige, »süße«, leicht gekochte Nase; ansehnliches Gewicht, ein schlanker Zug, passable Länge. Kein schlechter Wein. *November 1995* ★★

Beaune, Clos des Mouches J. Drouhin Am Heiligabend 1998 im Gidleigh Park Hotel in Devon verkostet: schön reifend; »süße«, erdbeerartige Frucht; »süß«, ansehnlicher Körper (13 % Alkohol), aber leicht im Stil, ansprechend, ein weicher Zug, gut trinkbar. Obwohl mir der Geldbeutel im Restaurant nie besonders locker sitzt, bestellte ich noch drei weitere halbe Flaschen für umgerechnet 36 Euro das Stück und ging satt und zufrieden zu Bett. Kürzlich bei der Verkostung von Weinen aus den 1990ern bei Drouhin: rötliche Farbe, offener Rand; marmeladige, erdbeerartige Pinot-Nase und entsprechender Geschmack, schöne Frucht. Ganz angenehm. *Zuletzt im Oktober 2001 verkostet* ★★★ *Bald trinken.*

Chambertin A. Rousseau Zwei Monate nach der Abfüllung: gute Farbe, Rubin- und Kirschrot; öffnete sich sehr wohlriechend; lebhafte Frucht; trocken, füllig, schlank, sehr griffig und mit Tannin, das dem Kalbsfuß bewundernswert Paroli bot und ganz gut zu Fisch passte. *Im November 1995 der Eröffnungswein beim bemerkenswerten Essen auf Schloss Reinhartshausen im Rheingau, das unter dem Motto »Marcobrunn und Chambertin« stand. Damals* ★★(★) *Nicht perfekt im Gleichgewicht, müsste sich jetzt aber sehr gut trinken lassen.*

Corton Bonneau du Martray Blässlich, aber für sein Alter jugendlich; sehr »süße«, sehr gute, reiche, lebhafte Pinot-Nase und ebensolcher Geschmack. Ein ausgezeichneter 1992er. *Im April beim jährlichen Wein- und Essens-»Gipfel« von British Airways mit Verkostung und Abendessen bei Mosimann degustiert* ★★★★ *Jetzt trinken.*

Ch. Corton-Grancey L. Latour Das Haus Latour feierte 1997 sein zweihundertjähriges Bestehen. Als Erstes fand im Juni eine Verkostung statt. Zum Glück herrschte schönes Wetter, denn man hatte eine Vertikaldegustation von Corton-Grancey- und Corton-Charlemagne-Jahrgängen arrangiert, die zwischen den Rebzeilen auf Fässern standen. Der Grancey von 1992: sehr weit entwickelte Farbe mit Orangeton; warme, gekochte Pinot-Nase und ebensolcher Geschmack, körperreich (14 % Alkohol), »süßlich«. Als Nächstes bei den Feiern zum 10-jährigen Bestehen von Louis Latours Londoner Büro: noch immer rosa getönt, am Rand schwach; sehr entgegenkommende, reife Sortennase; wesentlich kraftvoller, als die Farbe vermuten ließ, und mit scharfem, hartem Abgang. *Zuletzt im Juli 2000 verkostet* ★★(★) *Müsste noch etwas weicher werden.*

Echézeaux G. Jayer »Produit vinifié, élevé et mis en bouteille par Henri Jayer« (Georges' Bruder). Einer von über 30 Burgundern des Jahrgangs 1992, die im Januar 1994 auf einer Bibendum-Verkostung degustiert wurden. Ich war sogleich von ihm angetan, bestellte ihn auf der Stelle und habe ihn seither bei mehreren Mittag- und Abendessen zu Hause serviert. Hat er sich in den letzten neun Jahren verändert? Nach

Durchsicht meiner Verkostungsnotizen lautet die Antwort: nicht sehr. Er war bei der ersten Verkostung »süß«, kraftvoll, großartig, komplett, mit guter Länge und gutem Abgang, was auch heute noch zutrifft. Bestenfalls ist er etwas weicher geworden. Der ausführlichste Eintrag entstand 1997 bei einem Abendessen: nur 13% Alkohol, obwohl er stärker wirkte, wuchtig, würzig, gut dosierte neue Eiche. Irreführend schwaches Erscheinungsbild mit offenem Rand, aber das ist vielen Burgundern eigen. Ein schöner Wein. Wie er sich gehört. *Zuletzt im November 2001 verkostet* **** *Ich werde ihn weiter genießen.*

Echézeaux **E. Rouget** Zufällig ebenfalls bei der Bibendum-Verkostung 1994 erstmals degustiert, aber ihn habe ich nicht gekauft: anständige Farbe; Nase und Geschmack geradlinig, leicht würzig, gute Tannine, guter Nachgeschmack. Als Nächstes drei Jahre später in Miami eine Flasche aus Bob Dickinsons ausgezeichnetem Keller: angenehm; weich, »süß«, Anklänge an Gewürznelken (Eiche). Ein ansprechender Wein. *Zuletzt im November 1997 verkostet* **** *Austrinken.*

Beaune, Clos des Ursules **L. Jadot** Als Anthony Hanson und ich bei Jadot dessen Weine aus den 1990ern verkosteten, erzählte uns Jacques Lardière, dass man 15 % des Mosts durch das Saignée-Verfahren abgezogen habe (um ihn zu konzentrieren). Reif; »süße«, chaptalisierte Nase, eine Andeutung an Rosinen; weicher, ziemlich reicher, brombeerartiger, intensiver Geschmack. Relativ leicht im Stil, aber erfrischend griffig. *Im Oktober 2001 verkostet* *** *Bald trinken.*

Chambertin, Clos de Bèze **L. Jadot** Gute Farbe, Erdbeer- und Rubinrot; gute Frucht, reichlich neue Eiche; trocken, eindringlich, tanninbetont. *Im Februar 1993 bei Jadots Verkostung degustiert* **(*) *Jetzt bis 2008.*

Mazis-Chambertin **»De noble linéage«** Beim »Chapitre de la Vigne en Fleur«, dem Juni-Bankett der Chevaliers du Tastevin, zu *bons fromages de Bourgogne* verkostet: gute Farbe; ansprechender Vanilleduft; »süß«, lebhaft, wohlriechend und positiv. *Zuletzt im Juni 1997 auf Château du Clos de Vougeot verkostet* ***(*) *Damals: »Könnte noch etwas Zeit gebrauchen.« Jetzt müsste er voll entwickelt sein.*

La Romanée **Dom. du Ch. de Vosne-Romanée** Früher Lesebeginn am 12. September: reiche, voll ausgebaute, würzige Nase; sehr ansprechend, aber zu viel Eiche. *Im November 1995 in den Kellern von Bouchard Père verkostet* *** *(gerade noch). Austrinken.*

Savigny-lès-Beaune **Chandon de Briailles** Eher blass; leicht, lebhaft, für sein Gewicht zu eichenbetont, ansonsten aber ein preiswerter Charmeur. *Im März 1995 bei der Verkostung von Heyman, Barwell & Jones degustiert* ** *Ein freundlicher Trinkgenuss für frühen Verbrauch.*

Volnay, Vendanges Sélectionnées **Lafarge** »Eine Komposition überwiegend aus *Premier-cru*-Gewächsen von Rebstöcken, die alle älter als 30 Jahre sind.« Ebenfalls 1994 erstmals verkostet. Gute Farbe, sehr wohlriechend, fabelhafte Frucht – und halb so teuer wie Jayers Echézeaux, weshalb ich einen Posten für zu Hause erstand. Seither mehrere Einträge: nicht groß, keine herausragenden Merkmale, aber ein guter Wein zum Sonntagsessen in geselliger Runde. *Zuletzt im Januar 1999 verkostet* *** *Bald trinken.*

Volnay, Hospices, Cuvée Général Muteau Im November 1992 bei der Hospices-Versteigerung von Don Zacharia (von Zachys, einem führenden New Yorker Händler) und Marvin Shanken (vom *Wine Spectator*) gekauft, von L. Jadot ausgebaut und abgefüllt. Den Namen des Käufers oder des Händlers, in dessen Kellern die Barriques bis zur Abfüllung liegen, erfährt man nur selten. Ein ausgesprochen attraktiver Wein. *Im April 1995 während eines Mittagessens bei Christie's in der New Yorker Park Avenue degustiert* **** *»Gute Zukunft.« Don und Marvin können mit ihrem Kauf zufrieden sein.*

WEITERE 1992ER, DIE ICH NUR AUF DER BURGUNDER-VERKOSTUNG VON BIBENDUM IM JANUAR 1994 DEGUSTIERT HABE **Beaune, Clos du Roi** **Luc Camus** Unverwoben, ein Hauch von Klebstoff; Bitternote *?; **Chambolle-Musigny, Aux Beaux Bruns** **Ghislaine Barthod** Angenehm in Stil und Gewicht ***; **Charmes** **Ghislaine Barthod** Trocken und tanninbetont ***; **Les Fuées** **Ghislaine Barthod** Ansprechende Frucht; »süß«, leicht und charmant ***; **Gevrey-Chambertin, Les Champeaux** **Denis Mortet** Gute Frucht, weich, etwas Tiefe, ansprechend ***; **Nuits-St-Georges, Aux Murgers** **Méo-Camuzet** Tiefes, dickes Erscheinungsbild; Duft nach Zelluloid; eindringlich, tanninstark **?; **Vosne-Romanée, Aux Brûlées** **Méo-Camuzet** Ähnlicher Geruch, außerdem Eiche; sehr gut im Geschmack, würzig und sehr tanninbetont; **Cros Parantoux** **Méo-Camuzet** Reich, würzig, köstlich ****; **Richebourg** **Méo-Camuzet** Schön, aber sündhaft teuer ****; **Pommard, Les Jarollières** **J.-M. Boillot** Pikante Säure **; **Volnay, Les Pitures** **J.-M. Boillot** Ziemlich tiefes Rubinrot; stielig, würzig; reich, lebhaft, attraktiv ***

1993 ****

Ich hatte ganz vergessen, wie ansprechend die 1993er waren, bis ich die Einträge für diesen Überblick zusammenstellte.

Die Wachstumssaison begann vielversprechend mit einem frühen Austrieb und einer erfolgreichen Blüte. Der warme, feuchte Sommer begünstigte allerdings die Ausbreitung des Mehltaus, dem man nur mit viel Sorgfalt und Arbeitseinsatz beikommen konnte. Zum Glück war der August heiß und trocken. Dank guter Reifebedingungen entwickelten sich dicke Beerenschalen – ein Glücksfall, denn die Trauben brauchten einen guten Schutz vor den schweren Regenfällen in der dritten Septemberwoche. Die meisten Weine sind jetzt trinkreif, doch die tanninstärksten haben noch ein kleines Stück Weg vor sich.

Romanée-Conti Ich habe das gesamte DRC-Sortiment an 1993ern das erste Mal im März 1996 bei Aubert de Villaines Präsentation für die wie immer ziemlich kleine – ich weiß allerdings nicht, wie stark handverlesene – Gruppe von Händlern und Weinautoren bei Corney & Barrow degustiert. Ich versuche immer, dabei zu sein, um die Weine in diesem frühen Stadium zu verkosten, kann ihnen allerdings meist nicht viel abgewinnen. Deshalb ist es stets hilfreich, dem Auge, der Nase und dem Gaumen einen zweiten Eindruck zu verschaffen, um den Wein und den Jahrgang einordnen zu können. Der Romanée-Conti hatte eine blumige und überraschend weiche Nase; im Geschmack voll, fruchtbepackt, gute Länge. Natürlich völlig unreif. *März 1996* (****)

La Tâche Bei der Eröffnungsverkostung in der Nase zurückhaltend, aber auch sehr geschmacksintensiv und mit überraschend hartem, maskulinem Abgang. Fast exakt zwei Jahre später detailliertere, überlegtere Notizen: ziemlich tief; eine unmittelbar entgegenkommende Nase, sehr reich, mit wohlriechendem Pinot-Aroma, »süß«, Vanille, dann ein Hauch Karamell, nach vier und sogar sechs Stunden im Glas noch immer reich, mit erdbeerartiger Frucht. Am Gaumen »süßer« und weicher als der 1994er und zugänglicher als der 1992er. Mir gefiel er. *Zuletzt im April 1998 auf Wagners Vertikalverkostung degustiert* ***(*) *Entwickelt sich gut, mittlere Lagerfähigkeit.*

Richebourg DRC Sehr entgegenkommende, offene, wohlriechende, blumige Nase; ein kraftvoller Wein mit langem, trockenem Abgang und gutem Nachgeschmack. *März 1996. Damals* *(***) *Entwickelt sich jetzt zweifellos gut.*

Romanée-St-Vivant DRC Erstmals im November 1995 auf der Domaine verkostet, als ich im Speiseraum der Erntehelfer mit den de Villaines und einem erstaunlichen Aufgebot erlesener Gäste, darunter Michel Bettane, Luigi Veronelli und Armin Diel, zu Abend aß: pflaumenfarben; eine anfangs verschlossene Nase mit Frucht und Vanille, die sich jedoch ansprechend öffnete; »süß«, mittleres Gewicht, lose verwoben, attraktiv, aber noch zu jung. Drei Monate später bemerkte ich eine fleischige, wenngleich lebhafte Note, Stil und Länge großartig. Kürzlich: ziemlich farbtief, pflaumenfarben; Abweichungen zwischen den Flaschen, die eine schokoladig, die andere kirschartig; »süß«, lebhaft, vollmundig, tanninbetont. *Zuletzt im Oktober 2001 auf der zweiten St-Vivant-Vertikalverkostung auf der Domaine degustiert* **(**)

Grands-Echézeaux DRC Sehr angesengte, wohlriechende, blumige Nase; »süß«, reich, schmackhaft. *März 1996* **(**)

Echézeaux DRC Hell rubinrot; eine Art nach oben hin offener Nase, schöne Frucht, entfaltete sich gut. Lebhaft, tanninbetont, erfrischend. *März 1996* *** *Ein Frühentwickler.*

Beaune, Clos des Mouches J. Drouhin Detaillierte Einträge, entstanden bei einer Burgunder- und Bordeaux-Verkostung 1996 in Lyford Cay auf den Bahamas: gute, weiche Schwarzkirschenfarbe, jugendlicher Rand; bei der morgendlichen Vorverkostung »süß« und wohlriechend, lebhafte Frucht und Vanille, die im Glas süßer zu werden schien; trocken, tanninbetont, dabei herrlich im Geschmack, später am Gaumen lebendig, erdig, köstlich, wundervoll. Ein ansprechender Wein mit mittlerer Lebenserwartung. Kürzlich bei der Verkostung von Weinen aus den 1990ern: nicht mehr so tief, ein merklich stärkerer Rosaton; angenehme Himbeerfrucht; relativ hohe Säure (4,1 g/l), aber gute Frucht und stützende Tannine. Ein hübscher Wein, doch ich war nicht so begeistert wie auf den Bahamas! *Zuletzt im Oktober 2001 bei Drouhin verkostet* *** *Jetzt bis 2008.*

Beaune, Clos des Ursules L. Jadot Bei der Verkostung von Weinen aus den 1990ern am Tag nach Drouhins Palette erstmals degustiert. Dunkles Kirschrot, etwas Intensität, noch immer unreif (mit acht Jahren); dicke, schokoladige, reiche, etwas harte Brombeernase; »süß«, kraftvoll, merklich teerig im Geschmack, vollmundig und mit ziemlich viel Tannin und Säure ausgestattet. Seltsamerweise hatte er einen Zug, der mich (ich weiß, es klingt prahlerisch) an den 1887er Margaux erinnerte. *Im Oktober 2001 bei Jadot verkostet* *** *Braucht noch Zeit, aber nicht mehr viel.*

Corton Bonneau du Martray Ziemlich farbtief; sehr wohlriechend, gute Fruchtunterlage; »süß«, attraktiv, Textur, Länge und Nachgeschmack schön. Tanninbetont. »Braucht Zeit.« *Im Juni 1999 bei einer Verkostung für British Airways degustiert* ***(*)

Ch. Corton-Grancey L. Latour Schwacher violetter Ton; sehr parfümierte, kirschartige Frucht; guter positiver Geschmack, viel Substanz (14 % Alkohol) und in recht guter Verfassung. *Im Juni 1997 bei der Grancey-Verkostung im Weinberg degustiert* *** *Bald trinken.*

Gevrey-Chambertin Antonin-Guyon Ein für Burgund sehr großes Weingut, dessen Rebflächen über die gesamte Côte d'Or verstreut zu finden sind. Ziemlich tief; reich und wohlriechend; sehr attraktive Frucht, eine fast schon übertriebene »Süße«, die die Tannine wirkungsvoll kaschierte. *Im Juni 1999 bei einer British-Airways-Degustation verkostet* *** *Bald trinken.*

Gevrey-Chambertin, Clos St-Jacques A. Rousseau Rousseau gehört zu den bedeutendsten Domainen in Gevrey. Ihr St-Jacques-Weinberg ist 2,5 ha groß und erbrachte 1993 22 *pièces* (Barriques). Mitteltief und noch jugendlich, mit offenem, blauviolettem Ton; schöner Duft, ein mustergültiger Pinot noir, »süß«, reich, lebhafte Frucht, köstlicher Geschmack. *Ich nippte an ihm in Charles Rousseaus Büro, nachdem ich im Oktober 2001 mit seiner Tochter Corinne einige seiner 2000er vom Village-Wein bis zur Einzellage Chambertin verkostet hatte* ***(*) *Hat noch Zeit.*

Musigny J. Drouhin Aus dem 0,7 ha großen Rebhang des Hauses. Bei der Vorverkostung am Morgen: parfümiert; elegant, Geschmack und Textur herrlich. Am Abend: delikater Duft, eingelegte Veilchen; »süß«, feminin, bezaubernd – »eine echte Schönheit«. *Im Februar 1996 in Lyford Cay auf den Bahamas verkostet. Damals* ***(*) *Müsste jetzt köstlich sein.*

Clos de la Roche Dujac Voll entwickelt; reife, weiche, ausgewogene Pinot-Nase; ziemlich »süß«, schön, seidige Tannine. *Bekam im Oktober 2000 bei der Vertikalverkostung auf der Domaine eine meiner höchsten Bewertungen* **** *Jetzt bis 2008.*

Savigny-lès-Beaune Simon Bize Nicht sehr eigenständige, aber ausgesprochen angenehme Nase; leicht im Stil, Gewicht, Tannin und Säure fast Bordeaux-artig. *Ein Schnäppchen von Zachys in New York, verkostet im Februar 1997 bei der Degustation in Lyford Cay* ***

Clos de Tart Mommessin Gutes, reifes Sortenaroma, das sich herrlich entfaltete; würziger Pinot-Charakter, überraschend tanninbetont, ausgezeichneter Nachgeschmack. *Im Oktober 1999 bei einer Verkostung mit Christopher Burr für Crédit Suisse in Hongkong degustiert* ***(*) *Jetzt bis 2006.*

Vosne-Romanée J. Gros Verschlossen, leicht vegetabil, leichte Teernote, trotz seiner »Süße« sehr tanninbetont, aber gut im Geschmack. Braucht eine Mahlzeit als Begleitung. *Im Oktober 1998 bei einer Verkostung von Club-to-Concorde-Class-Weinen für ein sehr aufmerksames British-Airways-Kabinenpersonal degustiert* *** *2004 bis 2006.*

Clos Vougeot J. J. Confuron Aus einer 0,52 ha großen Parzelle im oberen Bereich dieses unter vielen Besitzern aufgeteilten Weinbergs: tief, aber reifer werdend; wohlriechend, lebhaft, köstlich, Tannin und Säure ausgezeichnet. *Im März 1998 bei einem Pinot-noir-Seminar der Hollywood Wine Society verkostet* ****

Clos Vougeot D. Rion 50 % neue Eiche, rund 18 Monate Ausbau im Barrique, 13,5 % Alkohol. Verblüffend farbtief – fast wie ein Latour, jugendlich, pflaumenfarben; »süße«, harmonische, geröstete Mokkanase; ein maskuliner, fruchtbepackter Wein, fabelhaft, aber sehr tanninbetont. Muss zum Essen getrunken werden. *Im Februar 1996 bei meiner Verkostung in Lyford Cay auf den Bahamas degustiert* *(***) *Die lebensspendenden Tannine müssten allmählich begonnen haben, sich abzubauen.*

ZUM ABSCHLUSS EINIGE 1993ER, DIE ICH AUF DER VERKOSTUNG VON POL ROGER UND FAIVELEY IM MÄRZ 1996 DEGUSTIERT HABE. Alle Gewächse wurden unfiltriert von Hand abgefüllt: **Chambertin, Clos de Bèze** Sehr reich, gute Länge ****; **Corton, »Clos des Cortons«** Ein vorhersehbar großer, tanninbetonter Wein **(*); **Latricières-Chambertin** Wohlriechend, mit geringen Anklängen an Liguster und Veilchen; »süß«, reich, sehr ansprechend ****; **Mazis-Chambertin** Schimmerndes Rubinrot; lebhaft, finessereich; vollmundig, duftig **** *Jetzt größtenteils trinkreif.*

1994 ★ bis ★★★

Ich kann mir ehrlich gesagt keinen rechten Reim auf diesen Jahrgang machen. Einige Erzeuger legten einen ziemlich spektakulären Start hin, meine jüngsten Einträge allerdings klingen nicht gerade begeistert. Ist der 1994er ein Blindgänger? Jadot sprach von einem schrecklichen Jahrgang an der Côte de Beaune. Dabei waren die Wachstumsbedingungen gar nicht so schlecht. Nach einem kalten Auftakt folgte im Mai angenehmes Wetter. Anfang Juni fand die Blüte unter sehr günstigen Umständen statt. Die Hitze setzte sich im Juli und August fort, sodass man auf eine gute Ernte gesunder Trauben hoffte. Kaum aber hatte die frühe Lese bei zuversichtlicher Stimmung begonnen, da begann es auch schon zu regnen. Die Fäule wurde zum Problem und obwohl ab 20. September die Sonne zurückkehrte, waren die Trauben in Mitleidenschaft gezogen worden. Wer spät erntete, kam noch am besten weg.

Abgesehen von den DRC-Degustationen waren die verschiedenen Vertikalverkostungen von Weinen aus den 1990ern am aufschlussreichsten. Sie wurden freundlicherweise von Drouhin, Jadot sowie unverhofft auch von Dujac angeboten und ermöglichten eine gute vergleichende Beurteilung der einzelnen Jahrgänge. Die 1994er allerdings schnitten jedesmal am schlechtesten ab. Eine große Zukunft ist ihnen nicht beschieden.

Die gesamte Palette der DRC-Kreszenzen habe ich erstmals im November 1995 auf der Domaine verkostet. Alle Weine lagen noch verspundet in François Frères Fässern. Die nächste Verkostung fand im Februar 1997 bei Corney & Barrow statt. Auf den Etiketten aller von mir degustierten Gewächse war derselbe Alkoholgehalt von 13 % angegeben, in der Regel aber nimmt man es mit dieser Angabe nicht so genau.

Romanée-Conti Ich habe 14 Barriques im Hauptkeller und weitere 14 in den St-Vivant-Kellern auf der anderen Straßenseite gesehen, bin mir aber nicht sicher, ob ich richtig gezählt habe. Anfangs verschlossen, obwohl die Frucht auch im leeren Glas noch anhielt; im Mund erwies der Wein sich als enorm kraftvoll und lang. 15 Monate später in London wesentlich weniger farbtief, sogar überraschend frühreif; noch immer verhalten, aber reich, verließ das Glas nur unwillig; eindringlich, tanninbetont. *Zuletzt im Februar 1997 verkostet* ★(★★)? *Braucht noch einen längeren Aufenthalt in der Flasche.*

La Tâche 61 Barriques, 58 weitere im St-Vivant-Keller. Frucht- und Eichennase; verhüllte Tannine, aber Bitternote, »weder feminin noch blumig«. Als Nächstes 1997 in London viel farbtiefer als der Romanée-Conti, fast schon undurchsichtig; die Nase vier Stunden nach dem Eingießen im Glas wesentlich weiter entwickelt; »süß«, eindringlich, pikante Frucht, gute Länge, sehr tanninstark. Ein Jahr später auf Wagners La-Tâche-Vertikalverkostung: die Farbe lediglich »ziemlich tief«, aber in der Nase schon fast die Karikatur eines Pinot – »gekochte Rote Bete«. Sie öffnete sich vanilleartig und fleischig, anschließend ein Hauch Karamell. Nach mehr als vier Stunden im Glas wohlriechend, nach sechs Stunden eine erstaunliche Fruchtexplosion. Am Gaumen (kurz nach dem Eingießen verkostet) sehr trocken, tanninbetont, leicht adstringierend. Ein Wein, der Zeit und Luft braucht, um seinen Geschmack zur Geltung zu bringen. *Zuletzt im April 1998 verkostet* ★(★★)? *(Vielleicht bin ich zu optimistisch.)*

Richebourg DRC Im Fass verhalten, aber charakteristisch; trocken, groß, streng. In London nicht so farbtief wie erwartet; breite, fleischige, würzige Nase, Gewürze und Tiefe; am Gaumen kraftvoll, intensiv, würzig, lang, trocken, tanninbetonter Abgang. *Zuletzt im Februar 1997 verkostet.* ★(★★)? *Die Zeit wird es zeigen.*

Romanée-St-Vivant DRC Ertrag 25,94 hl/ha, Produktion 11 425 Flaschen. Erstmals im November 1995 im Keller der Domaine und einen Tag darauf im St-Vivant-Keller aus dem Fass verkostet. In beiden Fällen in der Nase und im Geschmack wesentlich entgegenkommender und weiter entwickelt als der Richebourg. »Süßer«, duftiger, herrlicher Geschmack und Nachgeschmack – allerdings sehr tanninbetont. Drei Monate später in London nicht begeisternd, aber sehr gut, schöne lebhafte Frucht und Intensität. Kürzlich bei der St-Vivant-Vertikalverkostung: anfangs schokoladig, mit Frucht und Eiche, dann eine Melange aus Erdbeeren und Lakritze; »mittelsüß«, schlank, locker verwoben, trocken, leicht rauer Abgang. Die Blüte seiner Jugend war verwelkt, doch von den Vorzügen der Reife war nichts zu erkennen. *Zuletzt im Oktober 2001 auf der Domaine verkostet* ★★?

Grands-Echézeaux DRC Im Fass ziemlich kratzig, hart und tanninstark. In der Flasche wesentlich entgegenkommender; reich, würzig; ziemlich »süß« und voll im Geschmack, gute Frucht und Länge. Merklich tanninbetont. *Zuletzt im Februar 1997 verkostet* (★★)? *Langsamer Start, früher Verfall?*

Echézeaux DRC Im Fass lebhaft, gute Frucht, schlank, sehr tanninbetont. Als Nächstes aus der Flasche, um 9.00 Uhr eingegossen, um 13.00 Uhr daran gerochen: sanfte Frucht. In einem frisch eingegossenen Glas aber etwas übelriechend. »Süß«, wohlschmeckend, aber hart, sehr tanninbetonter Abgang. *Zuletzt im Februar 1997 verkostet* (★★) *Ich mochte ihn nicht.*

Einige der nicht besonders zahlreichen 1994er, die ich in jüngster Zeit verkostet habe

Beaune, Clos des Mouches Chanson Brombeerfrucht, Eiche, elegant, in Nase und Geschmack recht ansprechend, allerdings auch trocken und eine Spur zu spitzig. *Juni 1999* ★★

Beaune, Clos des Mouches J. Drouhin Weich, reif, eigenartig, leicht gekocht; seltsam widersprüchlich, gefälliger Auftakt, »grüner« tanninbetonter Ausklang. Einer der unattraktivsten Weine auf der Vertikalverkostung mit Gewächsen aus den 1990er-Jahren. *Oktober 2001.*

Beaune, Clos des Ursules L. Jadot Pierre-Henry Gagey und Jacques Lardière waren sich einig: ein schrecklicher Jahrgang. Allerdings keine schlechte Farbe, wenngleich mit gewissen Reifespuren; brombeerartige Pinot-Nase, ein Hauch von Teer, unverwoben, eindeutig chaptalisiert; am Gaumen besser, duftig, passable Länge, ledriger tanninbetonter Abgang. *Im Oktober 2001 bei Jadot verkostet* ★

Corton Bouchard Père Frucht und Stil angenehm; am Gaumen gute Frucht und Eiche, aber adstringierend. *Im Juni 1999 verkostet* ★★ *Macht als Essensbegleiter mit Sicherheit eine bessere Figur. Aber nicht einlagern.*

Corton, Pougets Pierre André Ein imposantes, wie die Hospices de Beaune mit typisch burgundischem Rautenmusterdach versehenes Château ist Sitz dieser Kellerei. Sie schickt mir regelmäßig Berichte zu; ich muss aber leider eingestehen, dass mir ihre Weine nur selten unterkommen und ich speziell von diesem Jahrgang auch nicht viel halte: gekochte, gedünstete Rote-Bete-Nase, ein Anflug von Pfefferminze; »süß«, unverwoben, kaffeeartiger Geschmack und ziemlich säurebetont. *Im Juni 1999 verkostet.*

Nuits-St-Georges Méo-Camuzet Henri Jayer ist der Mentor des Wirtschaftsfachmanns Méo. Eine von den Berry Bros. gekaufte Flasche aus meinen eigenen Beständen korkelte. Die zweite, einen Monat später verkostete war allerdings in gutem Zustand: mitteltief, reifte ansprechend heran; wohlriechende, brombeerartige Pinot-Nase, ein geringfügig harter Zug; leidliche »Süße«, Körper (13 % Alkohol), guter Geschmack und

Säure. Erstmals um 12 Uhr Mittag verkostet, ließ sich angenehm trinken, um 13.30 Uhr allerdings bereits zurückhaltend. *Im Dezember 2000 beim Mittagessen auf Chippenham Lodge verkostet* ***

Clos de la Roche **Dujac** Weich, offen, granatrot; Mistgeruch; »süß«, fast überreif wie gut abgehangenes Wild, Karamellnote, rau. Wenn Jacques Seysses den Karren schon nicht aus dem Dreck ziehen kann, wer dann? *Im Oktober 2001 auf der Domaine verkostet.*

Vosne-Romanée, Les Beaux-Monts **Leroy** Sehr wohlschmeckend, ein Hauch Karamell, griffig. *Im Mai 1999 bei der ersten Vorverkaufs-Weinverkostung nach dem Umzug von Christie's in das New Yorker Rockefeller Center degustiert *** Jetzt bis 2005.*

Clos de Vougeot **Leroy** Sehr offenes und entspanntes Aussehen; fleischige Pinot-Nase; Geschmack und Körper gut, griffig. *Im Mai 1999 bei einer Vorverkaufsverkostung degustiert *** Bald trinken.*

1995 ****

Zweifellos ein attraktiver Jahrgang, aber nach meinen Verkostungsnotizen zu urteilen ist er reichlich, vielleicht sogar zu reichlich mit Tannin ausgestattet. Geringer Ertrag, hohe Qualität – so könnte man ihn zusammenfassen.

Die Wachstumsbedingungen waren nicht gerade unproblematisch: milder Winter, kühler März und ein Austrieb, der sich bis Mitte April verzögerte. Niedrige Temperaturen mit Frostgefahr, langgezogene und unregelmäßige Blüte. Zum Glück fiel der Sommer heiß aus, sodass die Trauben schnell ausreifen konnten. Regen in der ersten Septemberhälfte brachte Fäulnisprobleme mit sich, doch dann besserte sich das Wetter und sorgte für einen zufrieden stellenden Abschluss der Saison. Wieder einmal verbuchten Weinbauern, die möglichst spät ernteten, die besten Ergebnisse.

Die Gewächse der Spitzenerzeuger an der Côte d'Or waren in Stil und Qualität ziemlich einheitlich. Der 1995er ist auf jeden Fall ein Jahrgang, den man im Auge behalten sollte. Leider konnte ich an der Eröffnungsverkostung der DRC nicht teilnehmen.

Romanée-St-Vivant **DRC** Zumindest konnte ich ihn bei der kürzlichen Vertikalverkostung auf der Domaine degustieren, mir die Produktionsdaten – 17,92 hl/ha Ertrag, 12 221 Flaschen – notieren und feststellen, dass es sich um einen außerordentlich ansprechenden Wein in Aussehen, Nase und Geschmack handelt: reift schön heran; lose verwoben, doch mit wohlriechender Nase, die nach einer Stunde gähnte, sich streckte und einen Hauch von Erdbeeren ausatmete; angenehme »Süße«, gutes Fleisch; köstlich im Geschmack und charmant. *Im Oktober 2001 auf der Domaine verkostet ***(*) Schätzungsweise jetzt bis 2010.*

Beaune, Clos des Mouches **J. Drouhin** Erstmals 1999 bei einem Essen der Wine & Food Society in Lyford Cay auf den Bahamas verkostet: gute, tiefe Farbe; in der Nase und am Gaumen attraktiv, aber so tanninbetont wie der rote Bordeaux von 1994, der auf der vorangegangenen Degustation getrunken wurde. Kürzlich bei einer Verkostung aller Jahrgänge aus den 1990ern: weiches Granatrot; Vanille. Gute Frucht; ansprechender Geschmack, Körper (13 % Alkohol), aber etwas viel Tannin. *Zuletzt im Oktober 2000 verkostet ***(*) Könnte noch ein paar Jahre gebrauchen.*

Beaune, Clos des Ursules **L. Jadot** »Sehr geringer Ertrag, minimal chaptalisiert, braucht noch einmal fünf Jahre«. Gute, noch immer jugendliche Farbe; »süß«, schwache Vanillenote, ansprechendes, brombeerartiges Pinot-Aroma; »süß«, weich, ansehnlicher Körper, gute Länge. Kompletter, aber sehr tanninbetonter Abgang. *Im Oktober 2001 bei Jadots Verkostung von Weinen aus den 1990ern degustiert **(**) 2006 bis 2010.*

Chambertin **A. Rousseau** Im März 1999 in Los Angeles: »Mit Michael Broadbent ins 21. Jahrhundert – Eine moderierte Verkostung feiner Weine« und darunter »Bösartig, launisch und großartig», was nicht mir galt, wie sich herausstellte, sondern ein Zitat aus meinen Verkostungsnotizen zum 1975er Mouton war. Wie dem auch sei, von insgesamt 30 Barriques *grand vin*, die die 2,5 ha der Kellerei 1995 erbrachten, rannen ein, zwei Flaschen auch meine Kehle hinunter. Als Vierjähriger mit ersten Anzeichen von Reife; sehr charakteristisches, pflanzliches Pinot-Aroma, ein Hauch Mottenkugeln und angesengte Rosinen, keine scharfen Kanten; guter Geschmack, weicher Mittelteil, erfrischende Säure, aber überraschend tanninbetont. Kürzlich eine Flasche, die Charles Rousseau großzügigerweise in seinem Büro an einem Samstag nach dem Mittagessen öffnete: kräftige »Tränen«; »süße«, ausgewogene Brombeernase; wie unser Gastgeber groß in jedem Sinne des Wortes, in der Farbe, im Charakter, im Körper (über 13 % Alkohol). Alle Komponenten vorhanden, reicher Etrakt, gut modulierte Tannine und Säure. *Zuletzt im Oktober 2001 auf der Domaine verkostet ****(*) Jetzt bereits schön, aber profitiert sicherlich von mehr Flaschenalterung.*

Corton **L. Jadot** Tief, reich, reifer werdend; leicht parfümiert, angesengt, brombeerartig; sehr »süß«, reich, körperreich (dabei nur 13 % Alkohol), mit ziemlich viel Tannin, das aber unter Kontrolle war. *Im April 2001 bei einer Jadot-Verkostung in London degustiert ***(*) Etwa 2006 bis 2012.*

Corton, Bressandes **Ch. de Citeaux, Philippe Bouzereau** Gute Farbe; harmonisch; ziemlich »süß«, körperreich, attraktiver Geschmack, lebhafter, trockener Abgang, ja, mit ausgeprägtem Biss. *Im Oktober 1998 beim Essen auf Château de Bagnols bei Villefranche degustiert ***(*) 2004 bis 2010.*

Ch. Corton-Grancey **L. Latour** Erstmals 1997 bei den Feiern zum 200-jährigen Bestehen von Latour im Weinberg verkostet: weiches Rot; Textur und Körper gut (14 % Alkohol), ausgesprochen griffig. Als Nächstes 1998 bei der Corton-Grancey-Vertikalverkostung in Florida: verhaltene, undramatische Pinot-Nase, aber gute Frucht; warmer, frischer Geschmack, als würde man in eine Kirsche beißen, ausgeprägte Säure. Im Juli 2000: gute Farbe, am Rand rosa; jetzt schön entwickelte, reiche, tiefe Pinot-Nase; mundfüllend, reichlich Tannin. Kürzlich: reif; schönes ausgebautes Bukett; sehr »süß«, »warm« – absolut köstlich. *Zuletzt im März 2001 verkostet **** Jetzt reif, hat aber noch ein langes Leben vor sich.*

Gevrey-Chambertin **L. Latour** Der Anlass war interessanter als der Wein – eine Verkostung für das Personal von Butler & Sands, dem führenden Weinhändler in Nassau: eine erstaunlich scharfsinnige, kenntnisreiche Gruppe aus Jung und Alt, Schwarz und Weiß, Männern und Frauen. Der Wein war ganz angenehm, ohne harte Kanten, für sein Alter reif, aber mit den jahrgangstypischen, die Zähne belegenden Tanninen. *Februar 1999 **(*)*

Clos des Lambrays **Dom. des Lambrays, Saier** Reif; gekocht. So schlecht, dass ich ihn gar nicht mehr verkostete. *Von einem sehr renommierten Händler für eine British-Airways-Degustation eingereicht. Juni 1999.*

Nuits-St-Georges, Les Porrets-St-Georges **Faiveley** Reif; seltsame, leicht fleischige Nase; »süß«, weicher, beerenartiger Geschmack, trockener Abgang. *April 2001 *** Jetzt bis 2008.*

Savigny-lès-Beaune, Les Hauts-Jarrons **Ecard** Ein 2 ha großer Rebberg dieses 21,5 ha großen Weinguts. Mitteltiefe, eher blasse Farbe; nicht schlecht, aber knapp daneben. Ich bin immer am Ungewöhnlichen interessiert, doch für den pfirsichkernartigen Abgang hatte ich wenig übrig. Dem Anlass aber war der Wein nicht unangemessen. *Im September 1999 bei Hal Lewis' Spanferkel-Grillfest in Memphis verkostet* ⋆

Savigny-lès-Beaune, Les Vergelesses **Simon Bize** Blässlich; gutes, frisches, säurebetontes Pinot-Aroma; trocken, lebhafte Frucht, aber adstringierend. *Im Februar 2002 im Londoner Restaurant Square verkostet* ⋆⋆

KURZE NOTIZEN ZU EINER REIHE VON 1995ERN, DIE ICH IM JANUAR 1997 BEI JUSTERINI & BROOKS VERKOSTEN KONNTE **Beaune, Grèves** **Tollot-Beaut** Dieser Wein gefällt mir immer wieder, gute Frucht, entfaltete sich im Mund schön ⋆⋆⋆; **Corton, Bressandes** **Tollot-Beaut** »Nussiger« Corton-Charakter, kraftvoll und sehr tanninbetont ⋆⋆(⋆⋆⋆); **Corton** **Bonneau du Martray** Ziemlich farbtief; sehr nussig, fast schon hölzern; überraschend »süß«, gut in Geschmack und Textur ⋆⋆(⋆⋆); **Chambertin, Clos de Bèze** **Bruno Clair** Unentwickelt; »süß«, ein beeindruckender Mundfüller, dem man aber auf jeden Fall noch viel Zeit geben muss ⋆(⋆⋆⋆); **Gevrey-Chambertin, Cazetiers** **Bruno Clair** Wesentlich zugänglicher. Ein schöner Wein ⋆⋆⋆; **Chambolle-Musigny, Les Fuées** **Ghislaine Barthod** Leicht, aber sehr schweißelnde (tanninstarke) Nase; lebhafter, attraktiver Geschmack ⋆⋆(⋆); **Les Véroilles** **Ghislaine Barthod** Ebenfalls eigenartig schweißelnd und extrem tanninbeladen. Justerini & Brooks präsentieren Barthods Weine regelmäßig, aber ich wusste nicht so recht, was ich von diesen Tanninen halten sollte; **Pernand-Vergelesses, Ile de Vergelesses** **Rollin** Sehr »süße«, attraktive Nase und ebensolcher Geschmack, aber mit seinen rund 16 Monaten ziemlich kräftige Tannine; **Volnay, Champans** **d'Angerville** (der Marquis selbst goss ein) Eine gefällige, ansprechende Nase; sehr »süß«, aber tanninbetont ⋆⋆⋆(⋆); **Clos des Ducs** **d'Angerville** Nussig, »süß«, aber tanninbeladen ⋆⋆(⋆⋆); **Nuits-St-Georges, Vaucrains** **R. Chevillon** Beeindruckend »süß« und kraftvoll ⋆⋆(⋆⋆); **Les St-Georges** **R. Chevillon** Sehr reich, guter Extrakt ⋆⋆(⋆⋆); **Vosne-Romanée, Cros Parantoux** **Emmanuel Rouget** Sündhaft teuer, aber rau und viel zu unreif für eine Verkostung.

ZWEI JAHRE NACH DER LESE VERKOSTETE ICH EIN QUARTETT SEHR GUTER ROTER auf einer Berkmann-Degustation, obwohl ich dort überwiegend an den Weißweinen interessiert war: **Volnay, Santenots** **Vincent Giradin** Bescheidener Körper (12,5 % Alkohol), ausgezeichnet im Geschmack, gute Säure und eichenbetonter Abgang ⋆⋆⋆; **Nuits-St-Georges** **Alain Michelot** Ein ausgesprochen preisgünstiger Village-Wein mit guter, reicher Frucht ⋆⋆⋆; **Chambolle-Musigny, Vieilles Vignes** **Perrot-Minot** Ein für den Burgunder Fleckenteppich typisches, 10 ha großes Weingut mit einer Hand voll kleiner, vorwiegend über die Côte de Nuits verstreuter *climats*, unter anderem 0,5 ha in Chambolle: gute weiche Frucht, jahrgangstypische Tannine ⋆⋆⋆; **Echézeaux** **Mugneret-Gibourg** Ein ausgezeichneter Wein, der von der Witwe und den beiden Töchtern des angesehenen Dr. Georges Mugneret bereitet wird: sehr wohlriechend, trocken, lebhafte Frucht, kraftvoll und griffig ⋆⋆(⋆⋆⋆)

1996 ⋆⋆⋆⋆

Ein guter Jahrgang, quantitativ wie qualitativ, die unbedeutenderen Weine müssen bald getrunken werden, die der Spitzenerzeuger brauchen Flaschenalterung.

Die Wachstumsbedingungen hätten kaum besser sein können: ein kalter Winter, ein kühles Frühjahr mit nassem Mai, der Frostschäden vorbeugte. Im Juni war es warm, sodass die Blüte frühzeitig und schnell über die Bühne ging. Der lange Sommer fiel eher kühl als heiß aus, brachte jedoch viel Sonne mit sich, die die Beeren ausreifen ließ. Gleichzeitig war er von einem kühlen Nordwind geprägt, der den Säurepegel auf hohem Niveau hielt. Die Lese fand Ende September und Anfang Oktober bei freundlichem, nicht jedoch warmem Wetter statt. Der Mangel an echter Sommerwärme war auch für den ausgeprägten Tannin- und Säuregehalt der Weine verantwortlich, der sich wie schon 1995 bisweilen an der Grenze zur Adstringenz bewegt.

Romanée-St-Vivant **DRC** 19031 Flaschen, die größte Produktion der letzten Jahre, 27,15 hl/ha Ertrag. Nach Auskunft von Aubert de Villaine verfehlten die Trauben die Vollreife um drei bis vier Tage. Mitteltiefe, in Ansätzen reifende Farbe; lebendige, schlanke, feste Frucht, komplett, seidig-ledrige Tannine, große Länge, kraftvoller Abgang. Reichlich Tannin. *Im Oktober 2001 auf der St-Vivant-Vertikalverkostung degustiert* (⋆⋆⋆⋆)

Beaune, Premier Cru, Cuvée Famille Chanson Blässlich; lebhafte, eichenbetonte Nase, entsprechender Geschmack. *Im Juni 2000 bei einer Verkostung im Londoner Savoy Hotel anlässlich des 250-jährigen Bestehens von Chanson Père et fils verkostet (ausgerechnet zum Jubiläum wurde das Haus von Bollinger übernommen)* ⋆⋆ *Bald trinken.*

Elevage

… wörtlich die »Erziehung« des Weins, also die Zeit zwischen dem Verlassen des Gärtanks und der Abfüllung für den Verkauf. Diese Ausbauphase ist von enormer Bedeutung: Wie oft ein Jahrgang abgestochen wird, wie viele Male die Fässer (wegen der Verdunstung) wieder aufgefüllt werden, wie lange der Wein im Fass liegt, woher das Fass stammt (französische Eiche aus den Wäldern des Tronçais, aus Nevers oder aus Allier) und wie viel Zeit ein Wein vor der Freigabe noch in der Flasche verbringt – all das beeinflusst das Endergebnis entscheidend. Jeder Erzeuger hat sein eigenes Rezept, weshalb Weine in unzähligen Variationen entstehen. Gerade das aber macht Burgund so faszinierend.

Beaune, Clos des Mouches **J. Drouhin** Mitteltief, Rosaton; gute Nase, harmonisch, leicht, rauchig; »süß«, schlank, aber ansprechend im Geschmack, passable Frucht, die anfangs hohe Säure beruhigt sich. *Im Oktober 2001 auf der Vertikalverkostung von 1990ern bei Drouhin degustiert* ⋆(⋆⋆)

Beaune, Clos des Ursules **L. Jadot** Großer Ertrag, 32 Tage an der Maische, keine Chaptalisierung. Tief, reicher im Aussehen als der 1995er; ein Hauch von Rosinen, »süß«, entfaltete sich wohlriechend; »süß«, reich, dabei schlank und guter Körper. Lebhafter als der 1995er. Ausgedehnter und sehr trockener Abgang. *Im Oktober 2001 auf der Verkostung von 1990ern bei Jadot degustiert* ⋆⋆(⋆⋆) *2004 bis 2008.*

Charmes-Chambertin **C. Dugat** Sehr tief, dick, pflaumenfarben; in der Nase und am Gaumen stämmig und grob, »süßlich«, fleischig, ohne Charme. *Im August 2000 mit den Joseys im Restaurant Annie's in Houston verkostet* ⋆⋆

Charmes-Chambertin **A. Rousseau** Charles Rousseau zufolge »der zugänglichste unter den *Grands crus*«. Mit Liguster- und Karamellnote; dank dicker Beerenschalen hart – und noch ziemlich unreif. *Im Oktober 2001 auf der Domaine verkostet* (⋆⋆⋆) *Etwa 2005 bis 2010.*

Chassagne-Montrachet, Vieilles Vignes **Colin-Deléger** Läuft der Verkauf der Roten aus Chassagne deshalb so schleppend, weil man den Namen eher mit Weißen verbindet? Als die Berry Bros. diesen Wein zum Sonderpreis von umgerechnet 19 Euro anboten, habe ich sofort zugegriffen und ein paar Flaschen für zu Hause gekauft: weiches, jugendliches Rubinrot; eine »italianide«, brombeerartige Pinot-Nase, die einen schönen Wohlgeruch entwickelte; mäßig »süß«, 13 % Alkohol gemäß Etikett, aber der tatsächliche Wert dürfte etwas höher sein, angenehme Frucht, gute Textur, Zitrusnote. *Im November 2000 zum Sonntagsessen getrunken* ***

Ch. Corton-Grancey L. Latour Erstmals 1997 unter freiem Himmel verkostet. Der jüngste Jahrgang bei Latours Verkostung zur 200-Jahr-Feier; attraktive Farbe, jugendlich violetter Rand; in der Nase und am Gaumen lebhafte Frucht (14 % Alkohol), gute Säure. Drei Jahre später zum 10-jährigen Bestehen von Latours Londoner Büro: in der Farbe nicht mehr so tief, jetzt mit Rosaton; verhalten, aber komplett, tanninbetont. Kräftige Säure. *Zuletzt im Juli 2000 verkostet* ***(*) *2004 bis 2010.*

Echézeaux Chanson Sehr charakteristisch, eine Art Veilchenduft; im Geschmack etwas gekocht, eichenbetont, würzig, anständige Länge. *Im Juni 2000 verkostet* *** *(gerade noch). Kein Wein zum Lagern.*

Richebourg A. F. Gros Nur 12 Barriques wurden bereitet: gutes Kirsch- und Rubinrot; ein unmittelbar entgegenkommender Duft, der später nussige Züge annahm; ein vollmundiger Wein mit der Vielschichtigkeit eines *Grand cru.* Sehr trockener Abgang. *Im Januar 2002 bei Charles Hawkins' Weindinner mit den Gutsbesitzern im Londoner Restaurant Ransome's Dock verkostet* **(**) *Vermutlich zwischen 2006 und 2015 auf dem Gipfel.*

Santenay, Clos de Malte L. Jadot Wenn ich Santenay höre, denke ich leider immer an die ziemlich hässliche Kuranlage und das Casino im Ort. Eine Reihe von Einträgen entstand, als ich an Bord der *Crystal Symphony* auf einer Kreuzfahrt und Vortragsreise unterwegs war. Ein verlässlicher Jadot-Wein, aber etwas leicht im Stil, passable, aber unkonturierte, schwer fassbare Nase. Ein gut gemachter, angenehmer Wein zum Trinken. Ich kenne mich mit Kreuzfahrtschiffen nicht sehr aus, habe aber den Eindruck, dass ihre Weinlisten ziemlich unspektakulär sind, obwohl die *Crystal* sicher zu den besten Schiffen ihrer Art gehört. Aufgefallen ist mir das Engagement der Sommeliers, die ich nach Dienstschluss bei einer privaten Verkostung kennen lernte. *Im September 1999 im Mittelmeer verkostet* *** *(gerade noch). Bald trinken.*

Volnay, Cuvée Sélectionnée Lafarge Ziemlich tief; Nase und Geschmack gut. Insgesamt trocken, schlank, aber gut gebaut. Erfrischende Säure. *Im Oktober 2001 beim Essen im Restaurant Au Gourmet in Beaune verkostet* **(*) *Verlässlich, könnte aber noch etwas Flaschenalterung gebrauchen.*

Volnay, Les Caillerets, Clos des 60 Ouvrées (Monopole) Dom. de la Pousse d'Or Der letzte Jahrgang von Gérard Potel, Kellermeister und früherer Besitzer der Kellerei. Ich kaufte den Wein von den Berry Bros. für den privaten Verbrauch. Noch immer jugendlich; Geschmack und Länge gut, lebhafter, trockener Abgang. *Im Oktober 2000 beim Essen verkostet* **(*) *Ich lasse ihm noch drei, vier Jahre.*

Vosne-Romanée, Aux Réas A. F. Gros Ziemlich tiefes Rubinrot; gute Tiefe; angenehme »Süße«, Körper und Länge gut. Ein voller, reicher, stilvoller Wein. Nach wie vor tanninbetont. *Im Januar 2002 bei Hawkins' Essen im Londoner Restaurant Ransome's Dock verkostet* ***(*) *2005 bis 2010.*

Vosne-Romanée, Les Chaumes Daniel Rion Ziemlich tief, intensiv und noch immer unreif; »süßes« Brombeeraroma, saftig und mit etwas grünem Unterbau; Frucht und Geschmack gut, präsente neue Eiche, ziemliche Säure, etwas adstringierender Abgang. *Im November 1998 der einzige Burgunder bei einer Pinot-noir-Blindverkostung auf der New Yorker Wine-Experience-Veranstaltung* **(*) *Jetzt zweifellos weiter entwickelt, braucht aber Zeit.*

Der Verkostungsausschuss von British Airways, dem ich viele Jahre lang angehörte, bekam immer wieder überraschende Weine zur Prüfung – im guten wie im schlechten Sinne. BA setzt auf verlässliche Lieferanten, achtet nicht ausschließlich auf den Preis und lässt immer blind degustieren. Trotzdem war ich oft entsetzt über die Qualität der von Händlern zur Verfügung gestellten Weine, ganz gleich, von wem sie stammten, welches Renommee sie hatten und wie teuer sie waren. Von den 66 Burgundern, die 1999 für die Concorde zur Verkostung eingereicht wurden, erwies sich genau die Hälfte schon in der Nase als so schlecht, dass ich mir nicht einmal mehr die Mühe machte, sie auch noch in den Mund zu nehmen. Und von den 14 1996ern – elf *Premiers crus* und drei *Grands crus* – hatten neun nicht einmal den Hauch einer Chance. Händler-Weine, *négociants*-Weine, keine Angaben zur Domaine auf dem Etikett und alle teuer. Das sind genau die Weine, die dem Ruf Burgunds schaden. Bei der Verkostung stufte ich folgende Gewächse als überdurchschnittlich ein: **Volnay-Champans** Bichot Köstliche Frucht; **Beaune, Clos des Mouches** Chanson Braucht Zeit; **Pommard, Les Chanlains** Parisot Zu eichenbetont; **Pommard, Rugiens** Michael Morgan und nur ein *Grand cru*, ebenfalls von Morgan, der **Corton »La Grande Famille des Domaines«** Würzig und attraktiv.

1997 ****

Der dritte sehr gute Jahrgang in Folge. Nach meinen ziemlich willkürlich ausgewählten Einträgen zu urteilen empfand ich die Weine als recht ansprechend.

Abgesehen von einem kalten und nassen Juli verlief die Saison günstig. Dank eines warmen und trockenen Frühlings war die Vegetation ihrer Zeit voraus. Die Schönwetterperiode hielt auch während der alles entscheidenden Blüte an. Ende Juni stellte sich für die Jahreszeit zu kühles, feuchtes Wetter ein, das den ganz Juli hindurch anhielt. Im August wiederum herrschten Hitze und Trockenheit vor, doch war die Luftfeuchtigkeit beunruhigend hoch. Abgesehen von ein paar Regentropfen, die glücklicherweise nur vor der früh eingeleiteten Lese fielen, konnte man sich auch im September über sommerliche Hitze freuen. Die Ernte fiel geringer als 1996 aus, war aber von sehr guter Qualität.

Romanée-Conti Dank Corney & Barrow konnte ich alle sechs Roten der DRC verkosten. Bei diesen Degustationen ist immer auch Aubert de Villaine mit dabei, um seine Weine zu erörtern. Sie sind zwar in der Reihenfolge ihrer (qualitativen und preislichen) Bedeutung aufgelistet, doch degustiere ich sie stets in aufsteigender Rangordnung, beginne also mit dem Echézeaux. Hier ein paar Informationen, die mir zur Verfügung gestellt wurden: Rebfläche 1,8 ha – damit man nicht vergisst, wie klein Romanée-Conti eigentlich ist –, Durchschnittsalter der Rebstöcke 52 Jahre, 21,85 hl/ha Ertrag (1997), eine unter dem alljährlichen Durchschnitt liegende Produktion von 401 12er-Kisten. Von den DRC-Gewächsen sagt mir der La Tâche oft mehr zu, aber dieser Romanée-Conti hatte eine reiche Unmittelbarkeit in der Nase und war voller und »süßer«, charakteristisch vielschichtig und relativ konzentriert. Ein Mundfüller. Gute Frucht. *Februar 2000* *(***) *Hält sich bis weit ins 21. Jahrhundert hinein.*

La Tâche Rebfläche 6,06 ha. Das Durchschnittsalter der Stöcke betrug 46 Jahre. 1997 lag der Ertrag mit 19,60 hl/ha weit unter dem Schnitt. Abgefüllt wurden 1272 Kisten, ein Drittel weniger als üblich. Der Wein hatte ein ausgeprägt brombeerartiges Pinot-Aroma; trockener als erwartet, schlank, fest, natürlich wohlschmeckend, mit an den Zähnen kratzendem Tannin, aber köstlichem Endgeschmack. *Februar 2000 (****) 2008 bis 2016.*

Richebourg DRC 3,51 ha Rebfläche, durchschnittliches Alter der Rebstöcke 39 Jahre. 1997 produzierte man 29,16 hl/ha, was 1015 Kisten entsprach. Mitteltief, relativ offener Rand, frühreif; reich, rund, körperreich; ziemlich »süß«, breit im Charakter, wie immer kraftvoll, gute Länge, sehr trockener, tanninbetonter Abgang. *Februar 2000 (****) Ein langlebiger Wein.*

Romanée-St-Vivant DRC Rebfläche 5,28 ha, Durchschnittsalter der Reben 33 Jahre. 22,27 hl/ha Ertrag (1997), Produktion 792 Kisten, was gerade einmal 50 % der durchschnittlichen Menge entspricht. Im Februar 2000 war der Wein ziemlich tief, pflaumen- und brombeerfarben; »süß«, leichte Ligusternote; streng, aber elegant, sehr tanninbetont. Kürzlich sagte man mir, dass der Ertrag nur 13,6 hl/ha betragen habe, was mir angesichts der geringen Menge an Kisten plausibler als der oben genannte Wert erscheint: im Aussehen nicht mehr so tief, aber noch immer mit blauviolettem Rand; eine »süße«, leicht angesengte, rosinenartige Nase, die sich wunderschön entfaltete, honigartig; lebhafte Frucht, im Stil eher leicht, aber gut mit Tannin und Säure ausgestattet. *Zuletzt im Oktober 2001 auf der Domaine verkostet **(**) Hat noch ein gutes Leben vor sich.*

Grands-Echézeaux DRC Die Rebfläche beträgt 3,52 ha, die Stöcke sind mit durchschnittlich 51 Jahren ziemlich alt. 1997 belief sich der Ertrag auf 20,98 hl/ha und die Produktion auf 673 Kisten, nicht einmal halb so viel wie sonst üblich. Ziemlich tief, Purpurton; die anfängliche Wirkung war etwas enttäuschend, doch entfaltete sich die Nase später, tief, reich, maulbeerartig; gute Konzentration und Länge, Eiche, ziemlich Biss, gut mit Tannin und Säure ausgestattet. *Februar 2000 (****)*

Echézeaux DRC Echézeaux ist zwar wie die benachbarte Lage ein *Grand cru*, gilt aber in der Regel als deren jüngerer Ableger und erbringt oft zugänglichere Weine. 4,67 ha Rebfläche, Durchschnittsalter der Stöcke 31 Jahre, 26,03 hl/ha Ertrag (1997) und eine Produktion von 1240 Kisten, nur 100 Kisten unter dem Schnitt. Irreführend blässlich und offen im Erscheinungsbild; sehr wohlriechend; lebhaft, sehr eichenbetont und würzig, köstlich im Geschmack. Trockener Abgang, aber erfrischende Säure. *Februar 2000 *(**) Relativ frühreif.*

Beaune, Les Cras Sélection Jean Germain Rubinrot; marmeladig; geradlinig, aber ohne Schwung. *Im Februar 2002 bei einem Essen im Londoner Restaurant The Square verkostet, zu dem Christie's geladen hatte ***

Beaune, Clos des Fèves Chanson Ein *Premier cru* aus der Chanson-eigenen Domaine, der bei der Verkostung anlässlich der 250-Jahr-Feier präsentiert wurde. Schöne, lebhafte Frucht in Nase und Geschmack. Etwas »Süße«, aber sehr eichenbetont. *Juni 2000 **(*) Möglicherweise vier Sterne, wenn er voll entwickelt ist, was etwa 2005 bis 2010 der Fall sein wird.*

Beaune, Grèves, Vignes de l'Enfant Jésus Bouchard Père Gute Farbe, verschlossen, aber stilvoll und gut zu trinken. *November 2000 *** Jetzt bis 2007.*

Beaune, Clos des Mouches J. Drouhin Erstmals im April 2001 in London verkostet: lebhaft, etwas Tiefe; merklich »süß«, weich, guter Körper, trockener Abgang. Sehr ansprechend. Sechs Monate später in Beaune: noch immer mit purpurnen Spuren; eine Kombinaton aus Eiche und Frucht; der »süßeste« Wein der 1990er, im Charakter fast überreif, niedrige Säure, sehr eichenbetont. *Zuletzt im Oktober 2001 bei Drouhin in Beaune verkostet *** Jetzt bis 2007.*

Beaune, Clos des Ursules L. Jadot 26 hl/ha Ertrag. Sehr farbtief, aber reifer werdend; »süßes«, brombeerartiges Aroma, gute Tiefe, in guter Verfassung; ziemlich »süß«, aus perfekt ausgereiften Trauben (wie 1996 musste nicht chaptalisiert werden), lebhafte Frucht, sehr tanninbetont. *Im Oktober 2001 bei Jadot in Beaune verkostet **(*) 2005 bis 2010.*

Beaune, Vignes-Franches L. Latour Mitteltief, reifer werdend; sehr »süße«, weiche Toffee-Nase und ebensolcher Geschmack. Köstlich. *Im April 2001 in London verkostet *** Jetzt bis 2007 trinken.*

Bonnes-Mares de Vogüé Mitteltief, unreif; kurz nach dem Eingießen sehr »süß«, klassisch, von beträchtlicher Tiefe, aber nach 90 Minuten voll erblüht; »dicker« Extrakt und Anklänge an Karamell; trocken, komplett, schöner Geschmack, beträchtliche Länge. *Im März 2002 bei der »Club-50«-Degustation in Düsseldorf verkostet; gehörte zur »Serie 2«, die sich aus Pinot-Weinen zusammensetzte ***(*) 2005 bis 2015.*

Charmes-Chambertin J. Drouhin Im Juni 1999: unmittelbar entgegenkommende und sehr wohlriechende Nase, ziemlich viel neue Eiche; sehr »süß« und ansprechend, Schokoladennote, fast zu offenkundig attraktiv. Kürzlich ein Eintrag, der nicht mit den früheren Notizen übereinstimmt, wie ich zugeben muss. Entweder der Wein hatte seinen jugendlichen Charme verloren oder ich widmete ihm nicht die Aufmerksamkeit, die er verdiente. Trotzdem ganz hübsch, eher leicht im Stil, trocken. *Zuletzt im Januar 2002 bei einem Essen nach der ziemlich ermüdenden Dreyfus-Ashby-Degustation mit Hugel-, Jaboulet- und Drouhin-Weinen kurz verkostet. Im Zweifel für den Wein ***(*) Bald trinken.*

Ch. Corton-Grancey L. Latour Der jüngste Jahrgang auf der Vertikalverkostung zum 10-jährigen Bestehen des Londoner Büros von Latour. Blässlich und rosa; »süße«, angenehme, geringfügig gekochte Pinot-Nase; köstlicher Geschmack, Himbeernote, Corton-typischer Körper (14 % Alkohol), Tannin und Säure gut. *Juli 2000 **(*) Schätzungsweise 2005 bis 2012.*

Gevrey-Chambertin, Combes aux Moines Chanson Blässlich, offener Rand; etwas marmeladig; vollmundig, eichenbetont, trocken. *Im Juni 2000 bei der Verkostung zum 250-jährigen Bestehen von Chanson verkostet *** Bald trinken.*

Nuits-St-Georges, Clos de la Maréchale Faiveley Blässlich; verhaltene, parfümierte Rote-Bete-Nase; »süße«, weiche, attraktive Frucht, angenehm im Gewicht (13 % Alkohol), trockener Abgang. *Im April 2001 bei der Burgunder-Verkostung im London House degustiert *** Jetzt bis 2007.*

Clos de la Roche Dujac Mittelblass, leicht im Stil, blauvioletter Rand; reife Pinot-typische Rote-Bete-Nase; »süß«, ausgesprochen attraktiver Sortengeschmack und guter trockener Abgang. *Im Oktober 2001 bei der Vertikalverkostung von allen 1990ern auf der Domaine degustiert **(**) Etwa 2005 bis 2012.*

Vosne-Romanée, Cros Parantoux E. Rouget Wunderschön schimmernd und reich, aber nicht farbtief; reif, blumig; ein Wein mit Charme und Stil. *Im August 2000 beim Essen im Restaurant Annie's in Houston mit den Joseys verkostet, nachdem ich einen Tag lang ihren Keller inspiziert hatte **** Köstlich zum Essen und mit langer Lebenserwartung.*

Vosne-Romanée, Les Chaumes Méo-Camuzet Jugendlich, verlockend offen; kurz nach dem Eingießen unmittelbar wohlriechend, wurde nach einer gewissen Zeit im Glas aber immer »süßer« und tiefer; guter Geschmack »moderner Prägung«, ansprechend, aber mit fragwürdiger Länge. *Im März 2000 bei der »Club-50«-Verkostung in Düsseldorf degustiert ***?*

ICH HABE VON JANUAR BIS JUNI 1999 EINE GROSSE BANDBREITE VON 1997ERN VERKOSTET, die meisten in London. Hier eine kleine Auswahl:

Beaune, Belissand J. Garaudet Ein Erzeuger, den ich bislang nicht kannte. Es heißt, er legte Wert auf kraftvolle, extrakt- und tanninreiche Weine, die lange Zeit gelagert werden müssen. Sein 1997er galt als »einer der besten Jahrgänge, die er je bereitet hat«. Auf jeden Fall recht massiv im Aussehen; in der Nase reich und tief; ziemlich körperreich, Frucht und alle anderen Komponenten gut. *Im Januar 1999 bei Layton in London verkostet* *(***)

Chambolle-Musigny, Les Sentiers R. Groffier Robert Groffier gehört zu den wenigen Weinbauern, die sich noch an die Lese von 1947 erinnern können. Seine Entwicklung in den 1990ern ist beispielhaft für den Wandel zum Besseren, der in Burgund stattfand: Man begann die Rebstöcke stärker zu schneiden, was reduzierte Erträge und konzentriertere Weine ergab. Farbtief, jugendlich; reiche »warme« Pinot-Nase, ein leichter Anflug von Erdbeeren; etwas »Süße«, auf jeden Fall reich, sehr guter Geschmack, komplett. *Im Januar 1999 bei Layton in London verkostet* ***(*) *2007 bis 2015.*

Echézeaux D. Bocquenet Ein weiterer Erzeuger, den ich bis dato noch nicht kannte. Er setzt auf Edelstahltanks und ein langes Einmaischen. Dabei entstehen undurchsichtige Weine mit purpurrotem Rand, herrlich große Mundfüller also. *Im Januar 1999 bei Layton in London verkostet* **(**) *2006 bis 2012.*

Gevrey-Chambertin R. Groffier Farbtief; fleischig, hart, aber abgerundet. »Mittelsüß«, stämmig im Stil. *Im Februar 1999 bei Layton in London verkostet* **(**) *2005 bis 2010.*

Gevrey-Chambertin Dom. Humbert Mir neu. Anscheinend ist Humbert ein begeisterter Rugby-Spieler. Zwischen den Matches gelingt es ihm, sehr ansprechende Weine zu bereiten. Ich bin ihnen förmlich verfallen: herrlich opulentes Pinot-Aroma und entsprechender Geschmack. *Im Januar 1999 bei Layton verkostet* **** *Jetzt trinken.*

Gevrey-Chambertin, Estournelles-St-Jacques J.-P. Marchand »Süß«, attraktiv, jugendlicher Duft. *Juni 1999* **** *Jetzt trinken.*

La Grande-Rue (Monopole) François Lamarche Diese *Grand-cru*-Lage liegt eingezwängt zwischen La Tâche und Romanée-Conti auf der anderen Seite des Wegs und befindet sich im Alleinbesitz von Lamarche. Ich kann mich noch gut daran erinnern, als ich in den 1960ern und 1970ern des Öfteren Henri Lamarche, einen munteren, vogelartigen alten Mann, traf und seinen Wein bewundern durfte. Der 1997er ist sehr tief, mit schwachem Rand; sehr eigenartiger, auf jeden Fall aber charakteristischer Duft und Geschmack. Trocken, schlank und vegetabil. Interessant, aber den exorbitanten Preis nicht wert. *Im Januar 1999 bei Layton verkostet* **?

Richebourg Anne Gros Ziemlich reifes Aussehen; gut ausgebautes, vegetabiles, Pinot-typisches Rote-Bete-Aroma und ebensolcher Geschmack. Gute Länge. Kleiner Ertrag. Extrem hoher Preis. *Im Januar 1999 bei Layton verkostet* ***(*) *2007 bis 2015.*

Savigny-lès-Beaune, Les Pimentiers Maurice Ecard Maurice Ecard, einer der »ernsthaftesten« Winzer in Savigny, meinte, dass man auf seinem Gut seit 1947 nicht mehr so gute Trauben wie 1997 geerntet habe und der Jahrgang mit dem 1959er, 1971er, 1985er und 1990er vergleichbar sei. Reiche, weiche, eichenbetonte Pinot-Nase mit guter Tiefe; fest, gut im Geschmack, ohne unnützes Beiwerk, bittere Tanninnote. Sein **Narbantons** fällt noch besser und tiefer aus; sehr positiver, lebhafter Pinot-Geschmack. *Bei der Layton-Verkostung im Januar 1999 degustiert* **(**)

Volnay, Clos des Chênes Fontaine-Gagnard Die Verflechtungen zwischen den Familiengütern sind sehr kompliziert und verwirrend. Richard Fontaine stieg 1985 durch Heirat in das Weingeschäft ein. Sein Schwiegervater Jacques gehört der allgegenwärtigen Familie Gagnard an. Ziemlich farbtief; noch immer hart, gute Frucht und Eiche; komplett. *Im Januar 1999 bei Layton verkostet* ***(*) *2004 bis 2008.*

Vosne-Romanée, Les Hautes Maizières R. Arnoux Robert Arnoux ist bekannt für seine kompromisslosen Weine, die nicht für schnellen Trinkgenuss gemacht sind, sondern lange Lagerung brauchen. Sein Schwiegersohn Pascale Lachaux führt mittlerweile dieses große 12-ha-Weingut. Der 1997er wurde ohne Pumpen, allein durch Schwerkraft, früh abgefüllt, nicht geschönt und nicht filtriert – was einigen Weinautoren gefallen wird. Ich empfand den Wein als wohlriechend, mit leichten Anklängen an frisch geschnittenes Holz; fest, gut im Geschmack. *Im Juni 1999 bei Layton verkostet* ***(*) *Jetzt bis 2010.*

Vougeot Bertagna Weder ein *Premier-cru-* noch ein *Grand-cru-*Wein, aber trotz des schwachen Rands und der ziemlich vordergründigen, eichenbetonten Nase zufrieden stellend. »Süß« und wohlschmeckend, mit den Mund zusammenziehenden Tanninen. *Juni 1999* **(*) *Vermutlich jetzt bis 2010.*

EINIGE ANDERE, PASSABLE BIS ZIEMLICH GUTE 1997ER **Santenay, La Comme** Mestre-Michelot ***; **Volnay, Les Caillerets, Cuvée Carnot** Bouchard Père ***; **Vosne-Romanée, Les Chaumes** F. Lamarche ***

1998 ****

Ein weiterer bemerkenswerter Jahrgang der ganz außergewöhnlichen Serie in der zweiten Hälfte der 1990er. Schon erstaunlich, wie gut die Erzeuger mit den wechselhaften Bedingungen zurechtkamen. Der Winter 1997/1998 war regenreich, aber relativ mild. Ende März trieben die Reben aus, doch über das Osterwochenende suchten Fröste die Region heim und zogen vor allem die unteren Hänge der Côte d'Or in Mitleidenschaft. Anfang Mai kam die Sonne heraus und sorgte für einen Wachstumsschub. Wie 1996 und 1997 setzte die Blüte relativ früh ein, verlief jedoch unregelmäßig und zog sich über drei Wochen hin. Anfang Juni ging die Natur ihren gewohnten Gang, doch in der zweiten Woche wurde es kühl, was die Ausbreitung des Echten Mehltaus förderte. Im Juli wechselten sich kühle und sehr heiße Tage (mit Temperaturen bis 38 °C am 14. des Monats) ab. Eine zweite Hitzewelle folgte im August. Trockenheit und Hitze setzten den Stöcken zu und versengten die Trauben. Der Regen in der ersten Septemberhälfte war ein willkommener Segen. Anschließend schien eine Woche lang wieder die Sonne, bis erneut Niederschläge einsetzten. Die Trauben aber waren gesund und so verlief die Lese erfolgreich.

Romanée-Conti Im Juni und Juli 2000 abgefüllt. 422 12er-Kisten bzw. äquivalente Formate. Keine sehr beeindruckende Farbe, aber DRC-Gewächse haben oft ein irreführendes Aussehen und werden mit der Zeit in der Flasche farbtiefer. Ich traf spät zur Verkostung von Corney & Barrow ein und nutzte sogleich die Gelegenheit, an einem Wein zu riechen, der sich schon seit mindestens drei Stunden im Glas befand. Durch die Luftzufuhr war er aufgeweckt worden und präsentierte sich sehr schön, während sein frisch eingegossenes Pendant fester, härter, würzig und konzentriert ausfiel. Am Gaumen ziemlich »süß«, voll, reich, überbordende Frucht und gute Länge. Wie immer vielschichtig. *Februar 2001* (****) *Ein Langstreckenläufer.*

La Tâche 1410 Kisten. Im offenen Glas blumig, schön. Frisch eingegossen quoll er vor Duft und Frucht förmlich über; »mittelsüß«, voll, reich, legte eindringlich Zeugnis ab von seiner Klasse, Geschmack und Länge herrlich. Würziger Nachgeschmack. *Februar 2001* (****)

Richebourg DRC Die Luftzufuhr hatte ihm nicht geholfen. Kurz nach dem Eingießen empfand ich ihn als verschlossen, aber komplett; am Gaumen interessanter, ziemlich »süß«, fleischig, abgerundet, gut gebaut. Seine Reichhaltigkeit verhüllte die beträchtlichen Tannine. *Februar 2001* (****)

Romanée-St-Vivant DRC Ein relativ niedriger Etrag von 18,60 hl/ha, 1085 Kisten. Bei der Eröffnungsverkostung von Corney & Barrow ziemlich dunkel. Um 8.15 Uhr eingegossen und fast vier Stunden später daran gerochen: wundervoll tiefer, samtiger Duft. Im frisch eingegossenen Glas völlig anders, brombeerartiger, »italianid«; »mittelsüß«, aber mit groberer Textur als die anderen Weine, ausgesprochen griffig, sogar sehr tanninbetont. Kürzlich bei der St-Vivant-Vertikalverkostung attraktive Farbe, nicht mehr ganz so tief, weich und von mittlerer Intensität; nach dem Eingießen genau so wie das soeben beschriebene Exemplar, wieder »italianid«, mit einer brombeerartigen Frucht, die sich würzig öffnete, zum Schluss »mit Honigüberzug«; grobere Textur als der 1999er und mit relativ hartem, unreifem, tanninbetontem Abgang. *Zuletzt im Oktober 2001 in der Domaine verkostet* (****) *Braucht Zeit.*

Grands-Echézeaux DRC In dem schon länger eingegossenen Glas völlig anders als der Echézeaux, der die Verkostung eröffnete, gut entwickelt und »ernsthafter«. Im frischen Glas charakteristische Frucht. Am Gaumen überraschend »süß«, füllig, reich, komplett und gute Länge. Der elegante Grands-Echézeaux-Stil hat mir schon immer gefallen. *Februar 2001* (****) *Etwa 2008 bis 2016.*

Echézeaux DRC Mitteltief, blauvioletter Rand; in dem vor geraumer Zeit eingegossenen Glas bezaubernd, wohlriechend, ansprechend, frisch eingeschenkt jedoch hart, würzig und vergleichsweise unnachgiebig. »Süß«, weicher Auftakt, lebhaft, sehr würzig, eichenbetonter Geschmack, Abgang und Nachgeschmack. *Februar 2001* (****) *Sehr gut, hat aber wohl nicht die zusätzlichen Facetten und das lange Leben der fünf anderen DRC-Kreszenzen. Schätzungsweise 2006 bis 2012.*

Beaune, Clos des Epenottes Parent Erstmals im Dezember 2000 verkostet: mäßige Farbe; weiche, warme Nase; angenehmer Geschmack, aber irgendetwas fehlte. Sechs Monate später mit Rosaton; Nase wie beschrieben, aber nicht sehr sortentypisch. Überraschend trockener Abgang. *Zuletzt im Januar 2001 verkostet* *** *(gerade noch). Nicht sonderlich aufregend.*

Beaune, Grèves, Vignes de l'Enfant Jésus Bouchard Père Noch immer jungfräulich rosa; »süß«, sanft gekochte Nase und ebensolcher Geschmack. Leicht griffig. Ganz angenehm. *März 2001* *** *Für frühen Trinkgenuss.*

Beaune, Clos des Mouches J. Drouhin Jugendliches Blauviolett; ausgeprägtes Sortenaroma, eichenbetont; ein sehr guter Geschmack, der den anfänglichen tanninlastigen Eindruck verdrängte. Schöner Wein, gute Zukunft. *Im Oktober 2001 bei Drouhin verkostet* **(**)

Beaune, Clos des Ursules L. Jadot Mitteltief, offener Rand, frühreif; offen gewirkt, leicht schokoladig (chaptalisiert), »süß«, Vanille, öffnete sich ansprechend; süße Brombeerfrucht, zugänglich, sehr »süßer« Abgang. *Ganz ordentlich, aber ziemlich aufgezuckert. Im Oktober 2001 bei Jadot verkostet* **(*)

Corton, Clos des Cortons Faiveley Mitteltief, noch immer mit blauviolettem Rand; Nase und Geschmack lebhaft und brombeerartig. »Süß«. *April 2001* ***, *vielleicht* **(*) *Sehr angenehm, mittellang lagerfähig.*

Corton, Clos des Fiètres Mitteltiefe Farbe, weicher Kirschton; ich konnte wegen des Essens, der Kerzen und all der anderen Gerüche nicht viel erschnüffeln, am Gaumen aber ein kraftvoller Wein, der gut zu »feinem Käse aus Burgund und anderen Regionen« passte. *Im Oktober 2001 beim Festbankett der Chevaliers du Tastevin auf Château du Clos de Vougeot verkostet* ****

Nuits-St-Georges, Les Cailles Bouchard Père Sanfte Frucht; »süß«, sehr attraktiv, griffig. *April 2001* *** *2005 bis 2010.*

Pernand-Vergelesses, Ile de Vergelesses Tasteviné Zu *Œufs en meurette vigneronne* getrunken, einer burgundischen Spezialität, die bei den Banketten der Chevaliers oft serviert wird und zu meiner Überraschung gut zum Wein passte. Er war lebhaft, attraktiv und hatte die nötige Säure, um mit den pochierten Eiern in dicker brauner Sauce fertig zu werden. *Im Oktober 2001 auf Château du Clos de Vougeot verkostet* *** *Bald trinken.*

Volnay, Clos des Chênes Bouchard Père Verhalten, nicht sehr charaktervoll; sehr trocken, rau und tanninbetont. Ohne den Volnay-typischen femininen Charme. *Im April 2001 im London House verkostet* **

EINIGE DER WENIGEN 1998ER, DIE ICH BEI DER JUSTERINI-&-BROOKS-DEGUSTATION IM JANUAR 2000 VERKOSTET HABE **Beaune, Grèves** Tollot-Beaut So attraktiv wie immer – ein gutes altes Pferd im J&B-Stall! Köstliche, ausgeprägte Frucht in der Nase und am Gaumen, gute Länge, sehr eichenbetont **(*); **Corton, Bressandes** Tollot-Beaut Kraftvoll (»Puh!«), sehr tanninstark, sehr eichenbetont (****); **Volnay, Champans** d'Angerville Unverwoben, aber sehr attraktiv, ausgesprochen griffig **(**); **Volnay, Taillepieds** d'Angerville Nussig, hart, sehr tanninstark *(***); **Volnay, Clos des Ducs** d'Angerville Entgegenkommend, gute Länge **(**)

1999 *****

Ein großer Jahrgang, der mit seiner Reife und Finesse sogar den 1990er übertrifft. Ein echtes Muss.

Er macht auch deutlich, wie unvorhersehbar das Wetter doch ist. Die Saison begann ziemlich schlecht mit einem ungewöhnlich nassen Frühjahr. Es regnete fast ununterbrochen, sodass die Erde zwischen den Rebzeilen völlig aufgeweicht war. Den ganzen April und Mai hindurch blieb es nass und regnerisch. In der ersten Junihälfte wurde es plötzlich außerordentlich sonnig und heiß: Am 1., 2. und 3. Juni kletterte das Quecksilber den DRC-Aufzeichnungen zufolge auf 34 °C und am 13. und 14. noch einmal auf 28 °C – Idealbedingungen für die Blüte. In der zweiten Junihälfte und im Juli war es wechselhaft, doch rechtzeitig zur entscheidenden Reifephase im August und September stellte sich wieder Hitze und Trockenheit ein. Die Photosynthese des üppigen Laubs ließ den Zuckergehalt der Trauben ansteigen und die Wasserreserven, die sich dank der anfänglichen Regenfälle gebildet hatten, verhinderten, dass die Dürreperiode nachteilige Folgen für die Reben hatte, vor allem als die Temperaturen in den ersten drei Augusttagen bis auf 37 °C kletterten und Ende des Monats mit 36,5 °C noch einmal tropisches Niveau erreichten. Selbst während der Lese war es über weite Strecken hinweg brütend heiß, genauer gesagt, vom 9. bis 15. September. Die Winzer konnten sich über einen der höchsten Erträge aller Zeiten und Lesegut von bester Qualität freuen. Die Weine zeichneten sich durch außerordentliche Reife aus. Alles in allem war der 1999er also ein unproblematischer Jahrgang.

Ich nutzte natürlich die Gelegenheit, um bei Corney & Barrow mit Aubert de Villaine die gesamte Palette der DRC-

Roten zu verkosten. Die Gewächse waren wie immer faszinierend und eine echte Herausforderung. Den Anfang machte ich diesmal mit dem brandneuen *Premier cru* Vosne-Romanée, dann verkostete ich die übliche Reihenfolge mit dem Echézeaux als erstem und dem Romanée-Conti als letztem Wein. Zunächst roch ich an allen Weinen in den großen, schon lange im Voraus eingegossenen Gläsern, dann degustierte ich sie frisch serviert.

Romanée-Conti Die Lese fand vom 20. bis 27. September und in einem zweiten Durchgang vom 27. bis 29. September statt. Der Ertrag aus dem 1,8 ha großen Weinberg lag bei beachtlichen 31,5 hl/ha. Man füllte eine weit über dem Durchschnitt liegende Zahl von 576 Dutzend Flaschen ab (die zu einem astronomisch hohen Preis angeboten wurden). Würzige Nase, gewürznelkenartig, sehr präsente neue Eiche. Kein dramatischer Wein, aber von großer Tiefe. Ausgesprochen trocken, maskulin, konzentriert, zum Kauen und natürlich tanninbetont. Wie eine scharfe Bombe. *Im Februar 2002 verkostet* (*****) *Eine Verheißung für die wenigen Glücklichen und Superreichen, die es sich leisten können, diesen Wein zu kaufen und ihn lange genug zu lagern, und eine schreckliche Verschwendung für die, die ihn für den sofortigen Konsum trinken, was leider durchaus vorkommt – vor allem in den Vereinigten Staaten – und dem Ruf der Domaine ungewollt schadet. Ab 2020 trinkreif.*

La Tâche Er wurde von allen *Grands crus* als Letzter geerntet. 22,6 hl/ha Ertrag, 1387 Dutzend Flaschen, weit mehr als üblich. In dem bereits lange im Voraus eingegossenen Glas herrliche Frucht und blumige Nase, im frisch eingeschenkten ein ungeduldig herausdrängendes Aroma. Spektakulär und unbeschreiblich. Am Gaumen fabelhaft reif und weich, dabei sehr würzig, Tannin und Säure ausgezeichnet. Große Länge. Ein schöner Wein. Mit Sicherheit einer der größten La Tâche aller Zeiten. *Im Februar 2002 bei Corney & Barrow verkostet* (*****) *Voraussichtlich ab 2012 am besten, hat aber zweifellos ein mindestens 40-jähriges Leben vor sich.*

Richebourg DRC 35,2 hl/ha, 1231 Kisten, 25 % mehr als im Durchschnitt; sehr tief, pflaumenfarbener Rand; sehr charakteristische, aber verhaltene Nase; »süß«, kraftvoll, ein breiter, »brütender« Wein mit schönem, würzigem Abgang. *Februar 2002* (*****) *Ein Langstreckenläufer, dem das Großspurige des La Tâche fehlt, der aber auf seine Weise großartig ist. Ab 2012, mit fast ewigem Leben.*

Romanée-St-Vivant DRC Der vorletzte DRC-Weinberg, der abgeerntet wurde. Niedriger Ertrag: 18,2 hl/ha. 1071 Kisten, zwei Drittel der durchschnittlichen Produktionsmenge. Erstmals im Oktober 2001 auf der Domaine verkostet: tief, intensiv, dunkel kirschrot; unmittelbarer Wohlgeruch, Cassis-Aroma mit Lakritze; sehr »süß«, voll, körperreich, schöner Geschmack, Länge und weicher, sehr »süßer« Abgang. Kürzlich: eine etwas ausgeprägtere Eisennote in Frucht und Würze. Schöner, reicher Geschmack und langer, trockener Abgang. Exotisch und ätherisch. Superb. Wahrscheinlich eine der besten St-Vivant-Kreszenzen aller Zeiten. *Zuletzt im Februar 2002 verkostet* (*****) *2012 bis 2030.*

Grands-Echézeaux DRC 28 hl/ha Ertrag, nur 839 Kisten. Mitteltiefes Kirschrot; nach ein paar Stunden Verweildauer im Glas würzig, fast schokoladig, frisch eingegossen lebhafter. »Mittelsüß«, schöner Geschmack, ausgeprägtes Tannin und perfekte Säure. Vereint Eleganz, Finesse und große Länge. Ein großartiger Wein. *Februar 2002* (*****) *2012 bis 2030 und darüber hinaus.*

Echézeaux DRC 31,4 hl/ha, 1221 Kisten, etwas unter dem Schnitt. Ziemlich tief. Nach vier Stunden im Glas kräuterwürzig, aber bereits etwas erschöpft. Neu eingegossen lebhafter, frischer und sortentypischer; »süß«, köstlich, ein relativ zugänglicher Charmeur, aber gut mit Tannin und Säure ausgestattet. Der Echézeaux hinkt seinen großen Brüdern manchmal etwas hinterher, ist aber natürlich auch zu einem Bruchteil ihres Preises zu haben. Er kostet zwei Drittel des Grands-Echézeaux und gerade einmal 12 % des Romanée-Conti, der außerdem in doppelter Menge erzeugt wird. Trotzdem ein sehr guter Echézeaux. *Februar 2002* (****) *Dürfte zwischen 2005 und 2015 köstlich sein, bleibt aber wahrscheinlich noch wesentlich länger in Bestform.*

Vosne-Romanée, Premier cru, Cuvée Duvault-Blochet DRC Es war schon eine Überraschung, diesen *Premier cru* im Gefolge der *Grands crus* aus der DRC zu finden. Aubert de Villaine meinte, er und sein Kollege H.-F. Roch hätten wegen der Überreife des Leseguts beschlossen, aus den bemerkenswert guten Trauben der jungen Stöcke aller fünf *Grand-cru*-Lagen einen Zweitwein zu keltern. Benannt wurde die Cuvée nach einem Vorfahren von Aubert de Villaine, der das Weingut 1865 erwarb. Ich war sehr angetan von diesem Gewächs: ziemlich tief, mit unreifem violettem Rand. Der Wein, der schon einige Zeit im Glas lag, hatte eine herrliche Nase, fleischig, schokoladig, würzig, der frisch eingegossene eine angenehme »Süße« und Gewicht. Trotz der Einschränkungen, die man bei einem Zweitwein machen muss, attraktiv und elegant. *Im Februar 2002 bei Corney & Barrow verkostet* *(***) *Etwa 2004 bis 2012. (Ich habe mir einen kleinen Posten gesichert und kann es gar nicht erwarten, bis er trinkreif ist.)*

AUSGEWÄHLTE 1999ER, DIE ICH KÜRZLICH VERKOSTET HABE (Zur generellen Trinkreife: Drei-Sterne-Weine von jetzt bis 2009, Vier- und Fünf-Sterne-Weine 2005 bis 2015 und Côte de Beaune vor Côte de Nuits)

Beaune, Boucherottes Dom. Héritiers Jadot Wohlriechend, große Tiefe; »süß«, füllig (13,5 % Alkohol), attraktiv. Tanninbetont. *Februar 2001* (****)

Beaune, Cent Vignes L. Jadot Schimmernd; parfümiert; köstlich. *Im Februar 2001 bei Jadots En-Primeur-Verkostung der 1999er im Mandarin Oriental Hotel in Knightsbridge degustiert* (****)

Beaune, Clos des Mouches J. Drouhin Reines Blauviolett; gut gebaute Frucht und Eiche in der Nase; äußerst attraktiv im Geschmack. Trocken. Tanninbetont. Frédéric Drouhin zufolge war der 1999er einer jener relativ seltenen Jahrgänge, in denen Quantität und Qualität sich nicht ausschließen. *Im Oktober 2001 bei Drouhin verkostet* (****)

Beaune, Teurons Dom. Jadot Im Tank vergoren, 12 bis 15 Monate in Barriques ausgebaut. Mitteltief, pflaumenfarben; angenehm aromatisch; sehr »süß«, komplett, reich, dabei fest, Tannin und Säure perfekt. *Im Februar 2001 bei Jadots Verkostung degustiert* (****)

Beaune, Clos des Ursules (Monopole) Héritiers Jadot Louis Henry Denis Jadot kaufte den Weinberg 1826; er ist das Juwel im Portfolio der Dom. Héritiers Jadot. Erstmals auf Jadots En-Primeur-Verkostung im Februar 2001 degustiert. Die größte Ernte aller Zeiten, doppelt so hoch wie 1998. Sehr wohlriechend, in der Nase und am Gaumen eichenbetont. Ausgesprochen griffig. Im Herbst des Jahres: schöne, jugendliche Farbe; lebhaft, aber weich, Beerenfrucht; sehr »süß«, reich, würziger (Zimt-)Geschmack und Nachgeschmack. *Zuletzt im Oktober 2001 bei Jadot verkostet* (****)

Bonnes-Mares L. Jadot Ein 1,6 ha großer Weinberg; »süß«, sehr wohlriechend, ein schöner Wein. Länge und Finesse. *Im Februar 2001 bei Jadots Verkostung degustiert* (*****)

Chambertin, Clos de Bèze Dom. Jadot Eine selten schöne Nase, wenngleich mit merkwürdigem, walnussartigem Charakter; »süß«, griffig, große Länge. *Der mit Abstand teuerste Wein bei Jadots Verkostung vom Februar 2001* (*****)
Chambolle-Musigny Géantet-Pansiot Ein unbekanntes 11-ha-Gut. Die Fassprobe war von hoher Qualität. Sie zeigte Tiefe und langen Atem gleichzeitig; reich, attraktiv. *Im Januar 2001 bei Howard Ripleys Eröffnungsverkostung im St James's Club degustiert, der passenderweise an die Rückseite meines Büros angrenzt* (****)
Chambolle-Musigny Roumier Charmant, korrekt, sehr tanninstark. *Januar 2001* (****)
Chambolle-Musigny, Les Fuées Dom. Jadot Lebhaft, wohlriechend, stilvoll. *Im Februar 2001 bei Jadots Verkostung degustiert* (****)
Charmes-Chambertin Géantet-Pansiot Reich und fleischig. Ein guter Wein. *Januar 2001* (***)
Chassagne-Montrachet, Clos St-Jean Guy Amiot Nicht sehr farbtief; weich, wohlriechend, Erdbeernote; trocken, lebhaft, eher schlank, aber mit beträchtlichem Charme. *Januar 2001* (****)
Chassagne-Montrachet, Clos St-Jean Ch. de Maltroye Außergewöhnlich stechend, aber mit reichlich Frucht; »süß«, eher weich, moderates Gewicht (13 % Alkohol). *Januar 2001* (***)
Corton, Pougets Héritiers Jadot Eine 1914 erworbene, 1,5 ha große Parzelle. Ziemlich tief; ausgeprägt »süß«, fleischig, mit Corton-Charakter; auch am Gaumen »süß«, körperreich, guter Bau. *Februar 2001* (*****)
Echézeaux L. Jadot Wohlriechend, elegant, klassisch, tanninstark. *Im Februar 2001 auf Jadots Verkostung degustiert* (*****)
Gevrey-Chambertin, Vieilles Vignes Géantet-Pansiot Ziemlich tief; reiche Frucht; »süß«, attraktiv. *Januar 2001* (****)
Gevrey-Chambertin, Cazetiers Dom. Jadot Voll, lebhafte Frucht; »süß«, kraftvoll, fein im Geschmack, tanninbetont. *Im Februar 2001 auf Jadots Verkostung degustiert* (****)
Gevrey-Chambertin, Aux Echézeaux Dom. Fourrier Blass; eine leicht himbeerartige und zu eichenbetonte Fassprobe. *Januar 2001* **?
Gevrey-Chambertin, Clos St-Jacques Dom. Jadot Dieser 1,5 ha große Weinberg kam 1985 mit dem Kauf des Mehrheitsanteils an Clair-Daü zu Jadot. Offener Rand; in der Nase ebenso offen, großzügiger Wohlgeruch, Vanillenote; »süßer«, fast schokoladiger Gehalt. *Im Februar 2001 bei Jadots Degustation verkostet* (****)
Griottes-Chambertin Dom. Fourrier Stämmiges Pinot-Aroma; ein köstlicher Wein. *Januar 2001* (*****)
Clos des Lambrays Fast Mouton-artige Nase, Frucht und frisch geschnittenes Holz; sehr reicher, ansprechender Geschmack, lang. *Januar 2001* (*****) *Scheint wieder auf der Höhe zu sein.*
Nuits-St-Georges, Les Boudots Dom. Gagey Aus einer von der Familie Gagey (Jadot) erworbenen 0,5-ha-Parzelle im 6,5 ha großen Weinberg Les Boudots. Ein fester, »ernsthafter« Wein; überraschend »süß«, passable Länge, sehr attraktiv. Natürlich tanninbetont. *Februar 2001* (****)
Nuits-St-Georges, Chaînes Carteaux L. Jadot Das erste Mal überhaupt verkostet. Aus einem 3-ha-Weinberg oberhalb von Les St-Georges an der Grenze zu Prémeaux: gute Farbe, faszinierender Duft nach kandierten Veilchen und ebensolcher Geschmack. *Im Februar 2001 auf Jadots Verkostung degustiert* (****)
Clos de la Roche Dujac »Kugelsicher« nennt der junge Jeremy Seysses seinen 1999er. Gute Brombeerfrucht; sehr positiv, noch verschlossen, aber mit großartigem Potenzial. *Im Oktober 2001 auf der Domaine verkostet* (****) *Hat möglicherweise eine Fünf-Sterne-Zukunft.*
Savigny-lès-Beaune, La Dominode Dom. Jadot Ein überaus attraktiver, lebhafter, würziger Duft und Geschmack. Ziemlicher Biss. *Im Februar 2001 auf Jadots Verkostung probiert* (***)
Savigny-lès-Beaune, Les Guettes Dom. Gagey Gute, »süße« Frucht, aber rauer Abgang. Braucht Zeit. *Februar 2001* (***)?
Volnay, Premier Cru de Montille Farbtief; sehr gutes Sortenaroma; trocken, kraftvoll, gute Länge, beträchtliches Potenzial. Kein femininer Volnay. (De Montilles Village-Wein: wesentlich blasser; Himbeerfrucht; fest.) *Januar 2001* (****)
Volnay, Clos de la Barre (Monopole) L. Jadot Ansprechende Farbe, Rosaton; »süße«, wohlriechende, sehr vanillegetönte Nase und ebensolcher Geschmack. *Im Februar 2001 bei Jadots Verkostung degustiert* (****)
Volnay, Clos des Chênes J. M. Gaunoux »Süß«, duftend; lebhaft, ansprechend. *Januar 2001* (****)
Volnay, Taillepieds d'Angerville Verschlossen; köstlich im Geschmack, aber mit bitteren Tanninen, die etwas Zeit brauchen, um sich zu beruhigen. *Im Januar 2001 bei Justerini & Brooks verkostet* (***)?
Vosne-Romanée, Les Beaux-Monts L. Jadot Ziemlich tief; fleischig im Stil; gute ernsthafte Frucht; sehr »süß«, Körper, 13,5 % Alkohol, gut im Gleichgewicht. Attraktiv. *Im Februar 2001 bei Jadots Verkostung degustiert* (****)
Vosne-Romanée, Aux Réas A. F. Gros Kirschrot; sehr wohlriechend, ein Hauch Erdbeeren, schöne Frucht; »mittelsüß«, reich, Geschmack, Tannin und Säure gut. Erfrischend, aber unreif. *Im Januar 2002 beim Essen mit den Besitzern im Londoner Restaurant Ransome's Dock verkostet* (****)

2000 und die Zukunft

Es ist noch früh für eine Bewertung des neuen Jahrzehnts, aber derzeit deutet einiges darauf hin, dass Burgund wirtschaftlich und qualitativ weiter auf Erfolgskurs bleibt. Ich stelle bei Erzeugern und Händlern eine vernünftige Einstellung und bei den Verbrauchern wesentlich mehr Wertschätzung für die Weine als früher fest. Längst vergangen sind die Zeiten, da die Winzer mit fast schon zynischem Gleichmut Produkte anboten, die einfach nicht gut genug waren. Ich bin Optimist. In Burgund gibt es zum Glück keinen ungesunden, verzerrenden, von Spekulanten und »Investoren« beherrschten Zweitmarkt. Die internationale Nachfrage nach den geringen Mengen Wein der allerbesten Kellereien hat damit nichts zu tun. Wenn beispielsweise die Kreszenzen der Domaine de la Romanée-Conti so begehrt bleiben, wie sie es von jeher sind, dann wird man auch weiterhin diese astronomischen Preise zahlen müssen. Es hat wenig Sinn, sich darüber aufzuregen: Die feinsten Burgunder waren schon immer teuer und ein Privileg der Reichen und Mächtigen. Vielmehr sollte man dafür sorgen, dass unterhalb dieser für Normalsterbliche unerreichbaren Regionen anständige, gut gemachte Weine bereitet werden, die dem Ruf ihrer Herkunftsregion gerecht werden. Letzten Endes aber bekommt man die Qualiät, für die man bezahlt. Dazu muss man allerdings die verlässlichen Erzeuger und Händler kennen. Lesen Sie sich Wissen an – versuchen Sie Ihren Weg durch den burgundischen Weindschungel zu finden. Dann werden Sie auch belohnt.

Gerade wenn es um Burgund geht, sollte man aber nicht allzu sehr auf professionelle Weinkritiker hören. Manche von ihnen – vor allem die amerikanischen (ich kann mich aber auch irren) – haben bei jeder Rotweinverkostung, sogar wenn es um Bordeaux geht, nur ihre stämmigen, vordergründigen Cabernet-Sauvignon-Gewächse im Sinn. Ein Burgunder ist in seiner Jugend äußerst ansprechend, doch der erstaunlich fruchtige Charakter im Frühjahr nach der Lese durchläuft bis zum Herbst eine Metamorphose, und wenn der Wein schließlich auf Flaschen gezogen wird, hat er nur noch wenig Ähnlichkeit mit seinem Larvenstadium. Am Anfang ist er Frucht, in der Flasche wird er Wein.

Deshalb nutze ich gerne die vielen Verkostungen für die Fachwelt, die traditionell am Anfang des zweiten Jahres nach der Lese stattfinden, denn die spezialisierten Importeure und Händler haben hier bereits eine Vorauswahl für die Restaurantbesitzer und Verbraucher vorgenommen. Vielleicht bin ich aber auch einfach nur faul. Ich warne Sie: Meine Eindrücke und Sternebewertungen sind vielleicht etwas optimistisch.

2000 ★★★

Manche stufen den 2000er ebenso hoch wie den hervorragenden 1999er ein, wenn nicht sogar noch höher. Das trifft auf die weißen Burgunder sicherlich zu, doch fielen die Roten uneinheitlicher und nicht ganz so gut aus. Die Saison begann mit einem milden Frühjahr und einem fast sommerlichen Mai sehr gut. Auch im Juni blieb es warm, sodass die Blüte zügig und erfolgreich über die Bühne ging. Im Juli war es kalt und nass, doch der sonnige, heiße August brachte den Reifeprozess gut voran. Im September kehrte der Regen zurück und schickte Mitte des Monats kurz vor dem offiziellen Lesebeginn einen kräftigen Sturm über Burgund, der vor allem die Côte de Beaune in Mitleidenschaft zog. Die Fäulnisgefahr war groß, weshalb manche Weinbauern eilends die Pinot-noir-Trauben aus den Weinbergen holten, sobald die Niederschläge nachgelassen hatten, und die Chardonnay-Ernte hinausschoben. Die spät gelesenen Roten von der Côte de Nuits fallen wahrscheinlich am besten aus.

Wie immer hängt die Qualität davon ab, wie stark die Weinbauern ihre Reben schneiden und wie selektiv sie ernten. Die Vinifizierung bereitete wenig Probleme. In der Regel liegt der Gehalt an reifen Tanninen niedriger als beim 1999er.

Ich habe relativ wenige rote 2000er verkostet. Die gesamte Palette der DRC-Gewächse wird erst im Februar 2003 lückenlos vorgestellt und auch die Verkostungen für den Handel finden in Großbritannien in etwa um dieselbe Zeit statt. Meine nachfolgenden Notizen vermitteln einen vorläufigen ersten, willkürlichen Eindruck vom 2000er-Jahrgang. Sie entstanden zum Teil bei Verkostungen aus dem Fass im Oktober 2001, vorwiegend aber bei den ersten Präsentationen im Januar und Februar 2002 in London. Dabei konzentrierte ich mich auf die besseren und interessanteren Kellereien, deren Weine eine Zukunft haben, und nicht so sehr auf die einfachen, wenngleich durchaus attraktiven Appellations- und Village-Weine, die von Restaurants und Einzelhändlern für den raschen Konsum eingekauft werden. Ich danke folgenden Importeuren und Händlern für ihre Unterstützung: Howard Ripley, Justerini & Brooks, Dreyfus Ashby (J. Drouhin) und Louis Jadot. Deutlich herauskristallisiert hat sich bei den Degustationen die Vielschichtigkeit der *Grand-cru*-Weine; deshalb stehen sie hier an erster Stelle.

DIE *GRAND-CRU*-WEINE

Romanée-St-Vivant DRC Ein niedriger Ertrag von 19,83 hl/ha, 1160 Kisten, zwei Drittel des Durchschnittswerts. Eine Fassprobe bei der St-Vivant-Vertikalverkostung auf der Domaine: mitteltief, pflaumenfarben, blass blauvioletter Rand; direkt nach dem Eingießen wohlriechend, würzig, dann ein Anflug unreifer Stieligkeit, doch der Wohlgeruch kehrte zurück und war nach 90 Minuten herrlich. Ausgeprägt »süß«, mittelschwer – voller Körper, gutes Fleisch, sehr angenehme Frucht, Finesse, im Abgang eine Bitternote. *Im Oktober 2001 auf der Domaine verkostet* (★★★★) *Schätzungsweise 2006 bis 2012.*

Bonnes-Mares J. Drouhin Tiefe, scharfe Nase; ziemlich eindringlich, gute Länge, Bitternote und ausgeprägte Säure. *Januar 2002* (★★★★) *Braucht Zeit, um sich zu setzen.*

Chambertin **A. Rousseau** 2,15 ha; Charles Rousseau zufolge ist der 2000er im Gegensatz zum 1999er ein uneinheitlicher Jahrgang. Kraftvoll, würzig und tanninbetont. *Im Oktober 2001 aus dem Fass verkostet* (****)

Chambertin, Clos de Bèze **Bruno Clair** Sehr gute, »süße«, eichenbetonte Nase; gute Länge. *Januar 2002* (****) *2008 bis 2015.*

Chambertin, Clos de Bèze **J. Drouhin** Ziemlich farbtief; gute Nase; sehr reich, zum Kauen, kraftvoll, Länge, Tannin und Säure gut. *Januar 2002 (****) Klassisch. 2008 bis 2015.*

Chambertin, Clos de Bèze **A. Rousseau** Der älteste Gevrey-Weinberg: Die Mönche der Abtei de Bèze bestockten ihn schon um 630 n. Chr. Sehr pfefferiges, würziges (eukalyptusartiges) Aroma; im Mund beeindruckend persistent. *Im Oktober 2001 aus dem Fass verkostet* (****)

Le Corton **J. Drouhin** Mitteltief, lebhaft, Kirschton; kraftvolle, reiche, fleischige Nase; ziemlich körperreich, gut, »angesengter« Corton-Geschmack, trockener Abgang. *Januar 2002* (***) *2008 bis 2015.*

Le Corton **Follin-Arbelet** Mitteltief, pflaumenfarben; verhaltene Nase, schwer einzuschätzen; sehr trocken, kraftvoll, rau. *Januar 2002* (***) *Braucht Zeit. 2010 bis 2015.*

Corton, Bressandes **J. Drouhin** »Süßer«, nicht so körperreich und charmanter als der Corton, reich, schöner Geschmack. *Januar 2002* (****) *2006 bis 2012.*

Corton, Bressandes **Follin-Arbelet** Mitteltief; wohlriechend, nussig; sehr »süß«, sein Gehalt kaschierte die Tannine. *Januar 2002* (***) *2006 bis 2012.*

Corton, Bressandes **Tollot-Beaut** Mitteltief, pflaumenfarben; reich, nussig; schöner, scharfer Geschmack, sehr tanninstark. *Januar 2002* (***) *2006 bis 2012.*

Echézeaux **E. Rouget** In der Nase und am Gaumen viel Kraft und Tiefe. *Januar 2002* (****) *2010 bis 2015.*

Gevrey-Chambertin, Clos des Ruchottes **(Monopole) A. Rousseau** 1,06 ha; würzig, komplex; sehr reich und kraftvoll. Ein Anflug von Eukalyptus. Corinne Rousseau zufolge braucht er noch fünf bis sieben Jahre Zeit. *Im Oktober 2001 aus dem Fass verkostet* (****) *2005 bis 2012.*

Grands-Echézeaux **R. Engel** Eine Fassprobe: verschlossen, im Aroma Himbeeren und Feigen; Geschmack und Länge sehr gut. Ausgesprochen tanninstark. *Januar 2002* (****) *2008 bis 2015.*

Grands-Echézeaux **J. Drouhin** 0,5 ha; kirschfarben, offener Rand; Erdbeerduft, beträchtliche Tiefe; »süßer«, guter Geschmack, ziemlich griffig. *Januar 2002* (****) *2008 bis 2012.*

Griottes-Chambertin **J. Drouhin** Blumig, wohlriechend, harmonisch; sehr »süßer«, ansprechender Geschmack, große Länge. Durchweg »süß«. *Januar 2002* (****) *2006 bis 2012.*

Clos des Lambrays Eine Fassprobe: hart, aber wohlriechend, himbeerartige junge Frucht, Bitternote: trocken, gute Länge. *Januar 2002* (****) *2006 bis 2012.*

Mazis-Chambertin **A. Rousseau** 0,53 ha; auf dem Korken »Mazis«, auf dem Etikett »Mazy«. Ein beeindruckender Mundfüller, der lange im Keller liegen muss. *Im Oktober 2001 aus dem Fass verkostet* (****) *2008 bis 2015.*

Musigny **J. Drouhin** Gute Farbe; verschlossener und eleganter als Drouhins Bonnes-Mares; außerdem »süßer«, weicher. Reich, sehr wohlriechend, köstlich. Der teuerste Wein von Drouhin. *Januar 2002* (*****) *Herrliche Zukunft. 2006 bis 2012.*

Romanée-St-Vivant **Follin-Arbelet** Sehr nussige, brombeerartige Nase; ausgesprochen eichengetönt, »Süße« und Preis enorm. *Januar 2002. Hoffentlich* (****) *2006 bis 2012.*

Clos de Tart Gute Farbe; würzige, eichengetönte Nase, lebhafte Frucht, Tiefe; erstaunliche Kraft, sehr eichenlastig. *Januar 2002* (****) *Ein Langstreckenläufer. 2008 bis 2015.*

Clos Vougeot **J. Grivot** Eine Fassprobe. Jugendliches Himbeeraroma; schlank, lebhaft, lang, sehr eichengetönt. *Januar 2002* (****) *2006 bis 2012.*

Clos de Vougeot **J. Drouhin** Ziemlich farbtief, dunkel kirschrotes Zentrum; reich, ein »fischiger« Anflug, den ich eigentlich eher mit einem Chambertin verbinde; überraschend »süß«, seidige Tannine, trockener Abgang. *Januar 2002* (****) *2006 bis 2012.*

DIE *PREMIER-CRU*-WEINE

Aloxe-Corton, Les Vercots **Follin-Arbelet** War mir neu. Gute Farbe; unverwobene Nase; am Gaumen besser, aber sehr trocken und rau. *Januar 2002* (**)? *2005 bis 2010.*

Auxey-Duresses **Comte Armand** Eine Fassprobe: tief; erdig, rau. *Januar 2002* (***)? *2005 bis 2010.*

Beaune, Grèves **Tollot-Beaut** Mitteltief; »süße«, reiche Brombeernase; sehr »süß«, köstlich. *Januar 2002* (***) *2004 bis 2005.*

Beaune, Clos des Mouches **J. Drouhin** Ich nehme Drouhins »Mouches« jedes Jahr besonders genau in Augenschein, um einen zeitlichen Überblick über die Entwicklung der Jahrgänge eines bestimmten Guts zu bekommen. Erstmals im Oktober 2001 verkostet. Er war erst eine Woche in der Flasche: blauviolett; gute junge Frucht, aber unverwoben. Vier Monate später: mittelblass, ein Anflug von Kirschrot; auch in der Nase kirschartige Frucht, außerdem Veilchen; »süß«, sehr attraktiv, duftig, mit angenehmem Endgeschmack. *Zuletzt im Januar 2002 verkostet* (***) *2005 bis 2010.*

Chambolle-Musigny, Les Amoureuses **J. Drouhin** Ein fleischiger Zug, Brombeeren und kalte Asche; »süß«, weiche Frucht, Säure und Tannin gut. *Januar 2002* (***) *2006 bis 2010.*

Chambolle-Musigny, Les Véroilles **Ghislaine Barthod** Sehr wohlriechend, »süß«, aber mit ziemlichem Biss. *Januar 2002* (***) *2006 bis 2010.*

Chambolle-Musigny, Les Fuées **Ghislaine Barthod** »Süße«, leicht fleischige, karamellartige Nase; »süß«, köstlich, seidige Tannine. *Januar 2002* (****) *2006 bis 2010.*

Gevrey-Chambertin, Cazetiers **A. Rousseau** 0,75 ha. Rousseau verwendet für alle seine Weine mit Ausnahme der *Grands crus* zwei Jahre alte Barriques. Eine Fassprobe: pflaumenfarben; trocken, würzig. Etwas Eleganz. *Oktober 2001* (***)? *2006 bis 2010.*

Gevrey-Chambertin, Clos St-Jacques **A. Rousseau** Eine Fassprobe: gute Farbe, kraftvolles Aroma; sehr tanninstark. *Oktober 2001* (****) *2008 bis 2012.*

Gevrey-Chambertin, Clos St-Jacques **Bruno Clair** Nussig, wohlriechend; schöne Frucht, gute Länge. *Januar 2002* (****) *2005 bis 2010.*

Morey-St-Denis **Dujac** Vanille; ansprechend im Geschmack, weich, würzig, gute Tannine. *Im Oktober 2001 aus dem Fass verkostet* (****) *2005 bis 2010.*

Nuits-St-Georges, Les Corvées Pagets **R. Arnoux** Eine Fassprobe: eindringliche Frucht; sehr »süß«, Eiche, gute Länge. *Januar 2002* (****) *2006 bis 2012.*

Nuits-St-Georges, Les Perrières **R. Chevillon** Wohlriechend; sehr »süß«, würzig, eichenbetont. *Januar 2002* (***) *2005 bis 2010.*

Nuits-St-Georges, Les Cailles **R. Chevillon** Ziemlich tief; sehr »süß« und sehr eichenbetont. *Januar 2002* (***) *2005 bis 2010.*

Nuits-St-Georges, Les St-Georges **R. Chevillon** Tief, »dick« (Extrakt); nussig, »italianid«, Brombeeren; »süß«, guter Geschmack, aber trockene, sandige Textur. Sehr tanninbetont. *Januar 2002* (****) *2006 bis 2012.*

Pernand-Vergelesses, Ile de Vergelesses **Rapet** Eine Fassprobe: ansprechende, erdbeerartige Frucht; am Gaumen weiche Frucht, trockener Abgang. *Januar 2002 (★★★) Jetzt bis 2006.*

Pommard, Les Rugiens **de Courcel** Eine Fassprobe. Rau. Unfertig. *Januar 2002? Zu früh für eine Bewertung.*

Savigny-lès-Beaune, Aux Vergelesses **Simon Bize** Eine Fassprobe: Karamell und Himbeeren in Nase und Geschmack, angenehm, guter Abgang. *Januar 2002 (★★★) Jetzt bis 2006.*

Savigny-lès-Beaune, La Dominode **Bruno Clair** Wohlriechend; trocken, lebhaft, guter Geschmack. *Januar 2002 (★★★) Jetzt bis 2006.*

Volnay, Champans **Marquis d'Angerville** Verschlossen, lebhafte Frucht, guter Preis, klassisch. *Januar 2002 (★★★) 2005 bis 2009.*

Volnay, Clos des Ducs **Marquis d'Angerville** Ziemlich tief; »süß«, reich, zum Kauen. Ein ansprechender Wein. *Januar 2002 (★★★) 2005 bis 2009.*

Volnay, Taillepieds **Marquis d'Angerville** Ziemlich tief; »nussig«; »süß«, köstlich. *Januar 2002 (★★★) 2005 bis 2009.*

Volnay, Clos des Chênes **J. Drouhin** Mitteltiefe Farbe; angenehmer Duft; etwas »Süße«. *Januar 2002 (★★★) Jetzt bis 2008.*

Vosne-Romanée, Les Hautes Maizières **R. Arnoux** Eine Fassprobe mit verschlossener Nase, aber guter Frucht; »Süße« und Gewicht angenehm, sehr guter Geschmack, schön im Gleichgewicht. *Januar 2002 (★★★★) Müsste einmal »eine gute Flasche« werden, schätzungsweise 2006 bis 2012.*

Vosne-Romanée, Aux Brûlées, Vieilles Vignes **Bruno Clavelier** Fassprobe. Außerordentlich hochgetönte Nase; sehr säurebetont. *Januar 2002 (★★) Ich kann mir kaum vorstellen, dass daraus noch etwas wird.*

Vosne-Romanée, Clos du Château **(Monopole) Vicomte Liger-Belair** Der junge Vicomte war bei der J&B-Verkostung zugegen, um einzugießen und mit Interessenten zu reden: mitteltief; angenehme Frucht; »süß«, guter Geschmack, griffig. *Januar 2002 (★★★★) 2006 bis 2010.*

Die Village-Weine

Gevrey-Chambertin **A. Rousseau** 2,26ha. Der gewöhnlichste Wein aus dem Rousseau-Sortiment: blässliches Kirschrot; in der Nase und am Gaumen himbeerartige Frucht. Lebhaft, aber für frühen Trinkgenuss gedacht. *Im Oktober 2001 aus dem Fass verkostet (★★) Schätzungsweise 2004 bis 2010.*

Morey-St-Denis-Villages **Dujac** Mittelblasses Blauviolett; leicht im Stil, elegant. *Im Oktober 2001 aus dem Fass verkostet (★★★) 2004 bis 2008.*

Weißer Burgunder

Wie ich schon in der Einführung zu diesem Buch geschrieben habe, ist Frankreich die Wiege des guten Weins. Und Burgund setzt seit langem weltweit den Maßstab bei den trockenen Weißen. Die burgundische Weißweintraube Chardonnay hat rund um den Erdball eine Flut von Kopien – oder Möchtegern-Kopien – des Originals hervorgebracht, deren qualitative Bandbreite von sehr gut bis grotesk reicht. »Grotesk« aber ist ein Wort, das man im Zusammenhang mit weißem Burgunder nie zu verwenden braucht. Er ist oft diskret, subtil und in Bestform ein finessenreicher, vornehmer Wein. Die Rebsorte wird, wie man weiß, auf dem Etikett nicht genannt. Das bleibt hoffentlich auch so, denn weißer Burgunder würde sein Ansehen verlieren, sollte man ihn je in einen Topf mit den modischen Chardonnay-Produkten auf dem Weltmarkt werfen. Gleichzeitig aber hat das enorme Angebot an Chardonnay-Erzeugnissen etwas Druck von den Weißweinen an der Côte de Beaune genommen. Dessen ungeachtet wird die Nachfrage nach den relativ geringen Mengen an Spitzenweinen jedoch weiter für ein hohes Preisniveau sorgen.

Ich unterteile die Burgunder Weißweinlandschaft in drei Hauptregionen: Chablis, die Côte de Beaune und das südliche Burgund, ein sehr ausgedehntes Gebiet also. Chablis liegt in etwa auf halbem Weg zwischen Beaune und Paris und damit ziemlich abseits. Mit dem eigentlichen Burgund hat die Anbauzone im Grunde nur den trockenen Weinstil und die Rebsorte Chardonnay gemein. Chablis-Freunde sind bei der Durchsicht dieses Kapitels vielleicht verwundert über die geringe Zahl von Einträgen zu ihrem Lieblingswein. Trotz des Entwicklungspotenzials der *Grands crus* in guten Jahren wird Chablis größtenteils jung und frisch getrunken – und das Thema dieses Buchs sind nun einmal Weine, die Flaschenalterung nicht nur vertragen, sondern sogar brauchen. Ich habe die klassischen, stahligen, knochentrockenen Chablis-Gewächse von jeher den vordergründigen, eichenbetonten Versionen vorgezogen, die ich persönlich für charakterlos halte, obwohl sie sich in unserer Zeit gut verkaufen. Das südliche Burgund – die Côte Chalonnaise und das Mâconnais – liefert mit guten, preiswerten Gewächsen wie Montagny, Mâcon-Villages und Pouilly-Fuissé trockene Weiße, die fast ausschließlich für den Alltagskonsum gedacht sind. Auch sie sind hier kaum vertreten. Damit bleiben nur noch die Hauptgemeinden an der Côte de Beaune übrig, nämlich Corton-Charlemagne, Meursault, Puligny-Montrachet und Chassagne-Montrachet. Ihre Kreszenzen sind das Maß aller Dinge – und in Bestform einfach unübertrefflich.

19. Jahrhundert bis 1949

Selbst wenn man noch irgendwo eine Flasche weißen Burgunder aus einem alten Jahrgang auftreibt, so gibt sie keinen Aufschluss mehr darüber, wie der Wein in seinen frühen Tagen geschmeckt hat. Auch ein Blick auf die Klimabedingungen ist nicht sehr aufschlussreich und kann nur einen allgemeinen Hinweis auf die Qualität geben, denn die Weinbergpflege und insbesondere die Bereitungsmethoden haben sich im Lauf der Zeit geändert.

Der erste, den alten Jahrgängen gewidmete Abschnitt des nachfolgenden Kapitels soll lediglich eine Einordnung weißer Burgunder in den historischen Kontext ermöglichen. Die Qualitätsangaben basieren auf ausreichend dokumentierten Berichten und in geringerem Maß auf meiner subjektiven Beurteilung, die sich ihrerseits auf eine ziemlich unsystematische Degustation alter Weine und den Schluss gründet, dass ein weißer Burgunder, der in seinem Alter bemerkenswert gut ist, auch in seiner Jugend gut gewesen sein muss. Freilich spielen seine Herkunft und seine Lagerbedingungen eine alles entscheidende Rolle – bei den Bouchard-Kreszenzen aus der Zeit vor der Reblausinvasion und den vor einiger Zeit in Umlauf gebrachten Barolet-Erzeugnissen außerdem auch die Politik der Neuverkorkung.

Ich muss wohl kaum hinzufügen, dass der Inhalt alter Flaschen risikobehaftet ist und die Weine sich selbst in Bestzustand nicht trinken lassen wie ihre modernen, speziell ab den 1980ern erzeugten Nachfolger. Sie sind aller Voraussicht nach farbtiefer, im Idealfall kräftig goldgelb und verströmen ein süßes, honigartiges, durch Flaschenalterung entstandenes Bukett. Am Gaumen sind sie ebenfalls süßer und substanzreicher – die leichten, blitzsauberen, schlanken Gewächse, wie man sie heute kennt, gab es entweder früher nicht oder sie haben nicht überlebt. Aber alte Weine können köstlich sein und verdienen eine aufmerksame Zuwendung.

Die Jahrgänge auf einen Blick

Hervorragend ★★★★★
1864, 1865, 1906, 1928, 1947
Sehr gut ★★★★
1899, 1919, 1923, 1929, 1934, 1937, 1945, 1949
Gut ★★★
1941

1864 ★★★★★

Le Montrachet **Dom. du Ch. de Beaune** Der älteste weiße Burgunder mit verbürgter Herkunft, den ich je verkostet habe. Aus Bouchards Kellern unter der Wallanlage von Beaune. Die Flaschen werden regelmäßig neu verkorkt. Erstmals bei einer Heublein-Vorverkaufsverkostung 1981 degustiert. Ein gleichlautender Eintrag entstand bei einer Degustation von Lloyd Flatt (Lloyd gehörte zu den ersten und wichtigsten Käufern von alten Burgundern). In letzter Zeit habe ich diesen Jahrgang zwar nicht mehr verkostet, doch lohnt es sich, die beiden Einträge wiederzugeben: glanzhelles Strohgold; fehlerlos, entfaltete sich im Glas; körperreich, wundervoller, honigartiger Geschmack – eine Folge des Flaschenalters, lebenserhaltende Säure. *Zuletzt im Oktober 1987 bei Lloyd Flatts Verkostung in New Orleans degustiert* ★★★★★

1865 ★★★★★

Ein weiterer großer Jahrgang aus der Zeit vor der Reblausinvasion. Zwei alte Einträge: **Meursault** **Bouchard Père** »Warmes Stroh«; firnisartig; ein Bukett wie ein *Vin jaune*; trocken, spitzig, hohe Säure. *1987* ★★; **Meursault, Charmes** **Bouchard Père** Glanzhelles Buttergold; rauchige alte Chardonnay-Nase; trocken, gesund, köstlich. *1981* ★★★★★

1899 ★★★★

Ein guter Jahrgang vom *Fin de siècle*.
Montrachet **Audibert & Delas** Ziemlich tiefe Bernsteinfarbe; »süß«, karamellisiert, maderisiert; am Gaumen besser, mitteltrocken, mittlerer Körper, gute Säure. *Im März 2001 bei Rodenstocks Eröffnungsessen blind verkostet* ★ *Interessant, mehr nicht.*

1906 ★★★★★

Ein großer Jahrgang
Le Montrachet **»Quancard-Sammlung«** Aus einem 1978 bei Christie's versteigerten und von Peter (Lord) Palumbo gekauften burgundischen Privatkeller mit alten Weinen. Ein alter Eintrag, entstanden in ungewöhnlicher Umgebung. Strohgelb; Bukett und Geschmack ausgezeichnet. *Im Februar 1981 in Palumbos Loge in der Londoner Royal Albert Hall verkostet* ★★★★★

1919 ★★★★

Clos Blanc de Vougeot **Jules Regnier** Nicht nur äußerst selten, sondern seinerzeit (bis zum Montrachet von 1864) auch der älteste weiße Burgunder, den ich je verkostet hatte. Bei den Berry Bros. gekauft und blind bei einer Dinnerparty serviert, bei der Barney (Dr. Bernard) Rhodes seine brillanten Degustationsfähigkeiten unter Beweis stellte, indem er den Wein identifizierte. Altgold; große Tiefe; reif, »süß«, honigartig. *Im Januar 1965 zu Hause verkostet* ★★★★

1923 ★★★★

Montrachet **Bouchard Père** Zwei fürchterliche Exemplare auf einer der enttäuschendsten Verkostungen seltener Weine, an denen ich je teilgenommen habe. Sie wurde von Arnaud Canoen von Oudendyche im Pariser Musée Baccarat organisiert. Die erste Flasche: eine Farbe wie alter Amontillado; maderisiert, karamellbonbonartige Nase; sehr »süß«, reich, aber mit an den Zähnen kratzender Säure. Die zweite Flasche trüb und mit dem Geruch alter Aprikosen. *Mai 2000.*

1928 ★★★★★

Ein großer Jahrgang mit fest gebauten Weinen.
ICH HABE LEIDER NUR EINEN EINZIGEN 1928ER VERKOSTET
Meursault Cuvée Réservée au Restaurant Les Fevriers aus dem Keller eines französischen Adeligen. In den 1970ern von Christie's versteigert und von Peter Palumbo und Lloyd Flatt erworben. Die erste Flasche beim Mittagessen in Paris verkostet, die zweite beim Abendessen in New Orleans, beide Male in den 1980ern. Ich erwähne das nicht, um mit berühmten Namen zu prahlen, sondern um zu zeigen, in welch glücklicher Lage ich mich befand: Ich durfte großen Sammlern bei Auktionen seltene Weine verkaufen und wurde auch noch eingeladen, sie gemeinsam mit ihnen zu genießen. Beide Exemplare waren bemerkenswert gut zu trinken. *Zuletzt im Mai 1981 verkostet. In Bestform* ★★★★

1929 ★★★★

Bâtard-Montrachet **L. Poirier** Unbedruckte Bleikapsel, etikettiert. Sehr gutes helles Gold; zunächst ein Alterston, dann reiche Entfaltung, tief honigartig; ziemlich trocken, körperreich, sehr gute Säure, wie ein alter, aber trockener Sauternes. *Im Juli 1994 im Büro verkostet* ★★★
Bâtard-Montrachet **Seguin-Manuel** Zwei Flaschen; ziemlich tiefes Bernsteingold; in der Nase die für Flaschenalterung typischen Noten, Rauch und alte Äpfel; erstaunlich »süß«, füllig, guter, wenngleich alter Geschmack, gute Länge. *Der erste Wein der Bâtard-»Serie« auf Rodenstocks Galadiner im September 1994* ★★★
Corton-Charlemagne **L. Latour** Helles Orangegold; »süß«, sahnig, pfirsichartig, überraschend gut; trocken, fest, sehr gute Säure, aber leicht oxidiert. *Im Mai 1995 auf einer Verkostung alter Burgunder bei Corney & Barrow degustiert* ★★
Corton-Charlemagne **Seguin-Manuel** Originalflasche mit neuen Etiketten. Anfangs in der Nase Pilze, aber recht gut, zerfiel jedoch bald; trocken, spröde, körperreich, sehr gute Säure. *Der älteste von sechs Corton-Charlemagne-Weinen beim Eröffnungsessen auf Rodenstocks 15. Raritäten-Weinprobe im September 1994* ★

1934 ★★★★

Der zweitbeste Jahrgang des Jahrzehnts. Ich habe in letzter Zeit keine 1934er mehr verkostet. Hier die beiden besten, zwei Weine von **Dr. Barolet**: **Meursault** Mehrmals degustiert, immer gut, als Erstes bei der Vorverkaufsverkostung 1969 probiert. *Zuletzt 1981 degustiert*; **Meursault, Charmes** Ein Dutzend uneinheitliche Einträge, viele davon gut; Gelbgold; Duft nach alten Äpfeln; weit über den Höhepunkt hinaus, aber die Säure hielt ihn zusammen. *Zuletzt im Dezember 1982 bei Jancis Robinsons Wine Programme degustiert. In Bestform* ★★★

1937 ★★★★

Meursault Jacques Sourdillat Für sein Alter sehr blass; mit zitronen- bzw. limonengelbem Rand; noch immer frisch und jugendlich, mit einem Duft wie Lemon Curd (Zitroneneierbutter) und »Zitronenkäse«; etwas trocken, weich, leichter, säurebetonter Abgang. *Im September 1998 bei Rodenstocks Verkostung vor dem Essen degustiert* ★★

Puligny-Montrachet, Combettes Leflaive Bernsteinorange; zunächst verhaltene Nase, entfaltete sich aber zunächst Cointreau-artig, dann mit einem Anflug von alten Birnen; knochentrocken, körperreich, Geschmack, Länge und Säure gut. *Im September 1990 auf Rodenstocks Weinwochendende in Österreich degustiert* ★★★★

1941 ★★★

Ein guter Kriegsjahrgang, der dem britischen Markt vorenthalten blieb, bis der Barolet-Keller 1969 ans Tageslicht kam.

Meursault, Charmes Dr. Barolet Ziemlich tiefes Gelbgold, sehr schön für sein Alter; »süß«, überraschend gut, Sortenduft und Flaschenalter; Geschmack und Säure bemerkenswert. *Im Juli 1995 bei Duncan McEuens Verkostung für den III Form Club bei Christie's degustiert* ★★★

1945 ★★★★

Ein ertragsarmer Jahrgang mit festen Weinen. Nur die besten und bestgelagerten haben überlebt.

Bâtard-Montrachet Thévenin Gelbgold, ein Hauch von Orange; maderisiert, alte Toffees; trocken, alter apfelartiger Geschmack und unsauberer Abgang. Der älteste von vier großen Bâtard-Jahrgängen. Schade. *Im September 1998 bei Rodenstock in München verkostet.*

Chablis, Grand Cru, Les Preuses Simonnet-Febvre Für sein Alter blass, vermutlich ein hoher Kohlendioxidanteil; Brot, teigartig, leicht fleischig, Zitrusnote; nussig im Geschmack. Dem Anlass nicht angemessen. *Im Dezember 1995 beim Essen mit 1945ern in der Britischen Botschaft in Paris verkostet* ★★

ZWEI ÄLTERE UND BESSERE EINTRÄGE **Meursault, Hospices, Cuvée Jean Humblot** Aus dem Hotel Claridge in Paris, kam Ende der 1970er bei Christie's unter den Hammer. Seither achtmal verkostet, leichte Qualitätsunterschiede, von Gelbgold bis hin zu tieferem Gold; im Bukett zwischen altem Stroh und nussigen Noten; trocken, dabei reich, fest und würzig. Elegant. *Zuletzt 1982 verkostet. In Bestform* ★★★★; **Meursault, Perrières** Leroy Blass, trocken, fest. *1984* ★★★

1947 ★★★★★

Reiche, abgerundete Weine, die nach den rund ein Dutzend Einträgen zu urteilen die Jahre erstaunlich besser überstanden als die festeren 1945er. Nur aus tadellosen Kellern kaufen.

Montrachet Thévenin Sehr glanzhell, goldene Reflexe; sahnig; honigartige Flaschenreife; trocken, spröde, für sein Alter gut. *Im September 1998 bei einer Rodenstock-Verkostung degustiert* ★★★

Le Montrachet Belgische Abfüllung von Vandermeulen Reingolden, schwere »Tränen«; sauberes Bukett, zum Auftakt Lemon Curd (Zitroneneierbutter), entfaltete sich mit Blancmanger-Noten, weiße Schokolade mit süßen Ananasstückchen; mitteltrocken, mittlerer Körper, etwas ungehobelt, Karamellnote, ansonsten gesund. *Der erste der von Vandermeulen abgefüllten weißen Burgunder, die im Dezember 1995 auf Frans de Cocks Verkostung in Paris degustiert wurden* ★★★

Meursault, Charmes Leroy Leichte Abweichungen: eine Flasche goldgelb, die zweite eher orange getönt; eine mit unsauberem Abgang, die andere sahnig, ausgewogen; eindringlich, Minze, Würze, ausgezeichnete Säure. *Im September 1990 bei Stephen Kaplans Verkostung in Chicago degustiert. In Bestform* ★★★

Meursault, Perrières Seguin-Manuel Überraschend blass; weich, ausgewogen, rauchig, ein Anflug von Pilzen und honigartiger Flaschenreife; knochentrocken, spröde, gute Säure und insgesamt für sein Alter in ausgezeichnetem Zustand. *Im September 1994 auf Rodenstocks 15. Weinprobe verkostet* ★★★★

EINIGE ANDERE, ZULETZT IN DEN 1980ERN VERKOSTETE 1947ER **Bâtard-Montrachet, Cuvée Exceptionnelle** Avery In jeder Beziehung reich. *1984* ★★★★; **Chassagne-Montrachet** Dr. Barolet Fest, trocken. *1981* ★★★; **Corton-Charlemagne** L. Violland Fast zu gut, um wahr zu sein. *1985* ★★★★

1948 ★★

Vom britischen Handel übergangen. Zu meiner Überraschung habe ich während meiner Tätigkeit bei Saccone und Harvey's Mitte der 1950er keinen einzigen Wein aus diesem Jahrgang verkostet.

NUR EIN EINTRAG **Chevalier-Montrachet** Bouchard Père Bei einer Heublein-Auktion von Lloyd Flatt gekauft. Ein reicher, kraftvoller Wein. *Im September 1990 bei der Flatt-Vorverkaufsverkostung in Chicago degustiert* ★★★

1949 ★★★★

Ein herausragender Jahrgang bei den weißen Burgundern. Ich habe in letzter Zeit nur noch wenige dieser Kreszenzen verkostet, doch es lohnt sich, nach ihnen Ausschau zu halten, selbst wenn die meisten mittlerweile wohl müde werden.

Corton-Charlemagne Ancien Dom. du Ch. Grancey, abgefüllt von Dolamore in London Warmes Gold; geröstete Kokosnuss; körperreich, wundervoller Geschmack, gute Säure. *Im November 1989 beim Essen mit Jack Plumb im Christ's College in Cambridge verkostet* ★★★★★

ANDERE ERWÄHNENSWERTE ÄLTERE EINTRÄGE **Le Montrachet** Baron Thénard Ähnliche Farbe; »süß«, am Verblühen, aber gut; warmer, nussiger Geschmack. *1975 auf einer Heublein-Vorverkaufsverkostung in Las Vegas degustiert* ★★★★; **Chassagne-Montrachet** Ch. de la Maltroye Altgold; feines altes Bukett; reich, schöne Geschmackstiefe. *1975 während eines Essens bei Justerini & Brooks verkostet* ★★★★

1950–1979

Drei Dekaden, in deren Verlauf einige bemerkenswerte Kreszenzen entstanden. Allerdings klaffte eine tiefe Kluft zwischen den relativ raren Spitzengewächsen alteingeführter Güter und den unzähligen Massenweinen, deren Qualität damals als normal akzeptiert wurde.

Meine Lehrjahre im Weinhandel fielen in die 1950er-Jahre, deshalb kann ich über diese Zeit aus eigener Erfahrung sprechen. Weißer Burgunder ging damals auf Dinnerpartys rotem Bordeaux voraus. Beim Kauf orientierte man sich an Preis und Namen, ging also generell davon aus, dass ein teurer Wein besser sei als ein billiger und ein Montrachet besser als ein Meursault und unendlich viel besser als ein Mâcon Blanc. Erzeugernamen waren seltsamerweise kaum bekannt, doch wusste man, dass einige *négociants* und Händler bessere Qualität lieferten und verlässlicher waren als andere.

In den Herrenclubs an der Pall Mall und in St James's sowie ihren Pendants in der Provinz galt das Servieren von weißem Burgunder als selbstverständlich. Die meisten weißen »Clubweine« wurden einfach nur »Chablis« genannt, hatten aber wenig mit den Erzeugnissen von der Yonne zu tun. Das Wort »Chardonnay« tauchte auf keinem Etikett und in keiner Verkaufsliste auf. Selbst wenn die Briten von der Existenz dieser Rebsorte wussten, erwähnt wurde sie nie: Weißer Burgunder war weißer Burgunder. »Chardonnay«, wie ihn die Kalifornier Mitte der 1960er ins Gespräch brachten, spielte noch keine Rolle.

Apropos Chablis: Obwohl er allgegenwärtig war, führte Saccone & Speed, ein bedeutender Händler, einen einzigen Wein aus dieser Anbauzone, versteckt zwischen gerade einmal acht Weißen. Dagegen hatte man 40 rote Burgunder im Angebot. Harvey's offerierte 1955 24 Weiße, darunter nur sieben Erzeugerabfüllungen, wie den Laguiche von 1952 und den Montrachet von 1953. Der Rest wurde im Fass importiert und in Bristol abgefüllt, einschließlich eines 1952er Chablis, zu dem ich mir notierte: »Ein guter Wein, aber kein Chablis!« Zum Schluss möchte ich noch herausstreichen, dass Sonnenjahre wie 1959 und 1964 herausragende rote Burgunder hervorbrachten, für die Weißen aber weit weniger vorteilhaft waren, da diese bei der Hitze ziemlich schlaff gerieten. Weißer Burgunder braucht die Säure kühler Jahre.

Die Jahrgänge auf einen Blick

Hervorragend ★★★★★
1962, 1966

Sehr gut ★★★★
1952, 1953, 1955, 1961, 1967, 1969, 1971, 1973, 1976, 1978, 1979

Gut ★★★
1950, 1957, 1959, 1964, 1970

1950 ★★★

Galt damals als guter und »nützlicher« Jahrgang.

IN LETZTER ZEIT HABE ICH KEINEN 1950ER MEHR VERKOSTET, aber in den 1970ern einen ausgezeichneten Montrachet **Laguiche** im Restaurant Darroze in Villeneuve-de-Marsan, in dessen Keller meine Frau und ich einige großartige Weine für die Versteigerung bei Christie's einpackten. *1978* ★★★★

1952 ★★★★

Bei bei den roten Burgundern ein sehr guter, fest strukturierter Jahrgang.

Corton-Charlemagne **J.-M. Garnier** Ein guter Wein. Erstmals 1987 beim Essen im Crockfords verkostet, stahlig und nussig zugleich. Unlängst eine Flasche, die Stephen Kaplan zum Essen ins Restaurant The Park Avenue in New York brachte: ansprechendes Gelb, wächsernes Bukett, Karamellnote; guter Geschmack, ein gewisser Alterston und trotz der Säure etwas ungehobelt. *Zuletzt im Februar 1997 verkostet* ★★★

1953 ★★★★

Schöne Weine, die Ende der 1950er und Anfang der 1960er zu Recht beliebt waren. Ich habe viele 1953er – zum größten Teil britische Abfüllungen – verkostet, in letzter Zeit aber nur noch wenige. Die meisten sind wohl inzwischen schlaff und müde geworden.

1954 ★

Weil der 1953er und 1955er so gut waren, zeigte man verständlicherweise wenig Interesse für diesen Jahrgang. Es wurden nur wenige Weine exportiert.

1955 ★★★★

Ausgewogen und in ihrer Blütezeit sehr beliebt.

VON DEN SPÄTEN 1960ERN BIS IN DIE FRÜHEN 1980ER habe ich einige herausragende Provenienzen verkostet, seither aber keine einzige mehr. Mit dabei waren drei Corton-Charlemagnes von **L. Latour**, **Bouchard Père** und **J. Drouhin**, die alle ★★★★ bekamen.

1957 ★★★

Wie ihre roten Gegenstücke waren die weißen 1957er mit der Art von Säure ausgestattet, durch die ein Wein entweder gewinnt oder an der er zerbricht. Der Handel nahm den Jahrgang dankbar an. Das Serein-Tal und die Hänge um die Stadt Chablis hatten von jeher mit Frost zu kämpfen, doch 1957 wurde die Ernte einschließlich der besseren Lagen zum Großteil völlig ausgelöscht.

Ich habe in den frühen 1960ern eine ganze Reihe von Weinen dieses Jahrgangs verkostet. Manche überlebten mühelos 20 Jahre. Der beste war ein **Bâtard-Montrachet** **Labaume-Aîmé**, den ich 1977 in Sydney mit Len Evans trank.

1959 ★★★

Ein heißes Jahr. Die Trauben reiften zu stark aus und hatten zu wenig Säure. Hoher Alkoholgehalt. In letzter Zeit habe ich nur noch wenige 1959er degustiert – doch keiner von ihnen war so gut, dass es sich gelohnt hätte, nach ihnen zu suchen.
Puligny-Montrachet **L. d'Armont** Helles Butterblumengelb; eine reiche, wächserne Vanillenase mit Flaschenalter; ziemlich gut. *Im Mai 1996 in Genf verkostet* ★★
Puligny-Montrachet, Clos de la Mouchère **H. Boillot** Blässliches Strohgelb; rauchige Chardonnay-Nase; trocken, ein Anflug von Fäule und altem Schwefeldioxid. *Der schlechteste Wein einer »Serie« mit interessanten alten Jahrgängen auf einer Rodenstock-Verkostung im September 1994 in Österreich.*

1960 ★★

Unreife Trauben, schlechte Weine.

1961 ★★★★

Die weißen Burgunder fielen besser aus als die roten. Ihren Höhepunkt erreichten sie Mitte der 1960er.
Corton-Charlemagne **Berry Bros. & Rudd** Blassgold; ein altes Bukett, das sich reich öffnete; knochentrocken, stahlig, schön zu trinken, aber wenig Charakter. *Im September 1990 zu Hause verkostet* ★★★
Meursault, Genevrières **L. Jadot** Strahlende warme Goldfarbe; in der Nase frisch geschälte Pilze, Pfirsiche und Ananas; trocken, sehr gute Säure. Die zweite Flasche sehr säurebetont. *Im Mai 2000 im Pariser Musée Baccarat verkostet. In Bestform* ★★★

1962 ★★★★★

Ein ausgezeichneter Jahrgang. Die besten Provenienzen, etwa der **Corton-Charlemagne** von **L. Latour**, waren in den 1980ern in Bestform. In letzter Zeit habe ich nur noch einen Wein verkostet. Es lohnt sich, nach den Spitzengewächsen Ausschau zu halten.
Chevalier-Montrachet **Dom. du Ch. de Beaune** Ziemlich tiefes Gelbgold; verhaltene, aber ausgewogene Nase; mitteltrocken, körperreich; gehaltvoll, Vanilleton und gute Säure. *Im November 1995 beim Essen in den Kellern von Bouchard Père verkostet* ★★★

1963 ★★

Mittelmäßige Weine.

1964 ★★★

Wie 1959 ein heißer Sommer und sehr reife Trauben. Die Weine gerieten nicht gerade subtil oder schwungvoll. Vorsicht ist geboten.
Le Montrachet **Laguiche** Schon 1968 kam mir eine unterdurchschnittliche, oxidierte Flasche unter und 1972 noch einmal ein fades, schlaffes Exemplar. Vor einiger Zeit überraschend blass (Schwefel?), aber nicht glanzhell; die maderisierte Nase erinnerte mich an abgestandenen trockenen Tokaji Szamorodni, der Geschmack an einen alten Amontillado. *Zuletzt im September 1990 verkostet.*
Bâtard-Montrachet **Camille Giroud** Giroud war für sein Lager an reifen Weinen bekannt. Dieser hatte eine Farbe wie Tutanchamun-Gold; ein honigartiger, reicher, vom Flaschenalter geprägter Duft, der sich im Glas entfaltete; ziemlich trocken, schöne Textur und gute Länge. *Der amerikanische Makler Becky Wasserman präsentierte diese Flasche bei einem Weinwochenende der Hollywood Wine Society im Januar 1990* ★★★
Musigny blanc **de Vogüé** Ein seltener Wein: für sein Alter gute Farbe; attraktive butterige, rauchig-eichenbetonte Nase mit Honignoten dank der Flaschenalterung; »Süße«, Körper und Geschmack angenehm. *Im Dezember 1997 bei einer Vorverkaufsverkostung von Christie's in New York verkostet* ★★★★

1965

Ein fürchterlicher Jahrgang. Dünne, säuerliche Weine.

1966 ★★★★★

Ausgezeichnet. Alle Komponenten gleichgewichtig vorhanden. In letzter Zeit begegnet man allerdings kaum noch Weinen dieses Jahrgangs. Lediglich die allerbesten Flaschen aus guten Kellern sind mehr als nur interessant. Ich habe ziemlich viele 1966er in der zweiten Hälfte der 1970er verkostet, als sie sich auf ihrem Höhepunkt befanden. In den 1980ern sind mir aber nur noch fünf untergekommen, vorwiegend Montrachet – und alle großartig. Ich würde nicht zögern, noch ein, zwei Flaschen zu kaufen, wenn sie auf den Markt kämen.
Le Montrachet **DRC** Die letzte Verkostung liegt zwar weit zurück, doch die außergewöhnliche Klasse dieses Weins und die Umstände, unter denen ich ihn degustiert habe, lohnen eine Erwähnung. Der 1966er war, glaube ich, der erste auf der Domaine erzeugte Jahrgang, für den man auch Trauben der alten De-Moucheron-Parzelle verwendete. Erstmals 1976 verkostet: »Kraft, Wohlgeruch und Zukunft fabelhaft.« Als Nächstes mit Herbert Allen, dem Erfinder des Screwpull-Korkenziehers, der ein guter Freund von mir wurde. Wir tranken den Montrachet, nachdem wir 1980 seine Werkstatt und seinen Keller in Houston besichtigt hatten. Ein weiteres Mal auf der denkwürdigen La-Tâche-Vertikalverkostung auf der Domaine zu einem einfachen Mittagessen im Probenraum: Gelbgold; ein fabelhaftes Bukett, das einem förmlich aus dem Glas entgegendrängte, und ein nicht minder erstaunlicher Geschmack, der immer ausgedehnter und vielschichtiger wurde. Der feinste trockene Weiße, den ich je getrunken habe. *Zuletzt im Mai 1983 verkostet und nie vergessen* ★★★★★
Chassagne-Montrachet **Louis d'Armant** Dieses Exemplar beweist, dass nur die allerbesten Weine von untadeliger Herkunft einen Kauf lohnen: Es war am Ende seiner Kräfte. *Im Mai 1996 in Genf verkostet.*
Meursault **C. Marey Liger-Belair** Reingolden; honigartig, aber mit Altersspuren; trocken, füllig in Körper und Geschmack. Gute Säure. *Im September 1996 im Büro verkostet* ★★
Puligny-Montrachet **E. Sauzet** Ausgeprägtes Gelb; rauchig, Vanille; Pfirsichkernnote in der Nase und am Gaumen; eindringlicher, karamellartiger Abgang. *September 1998* ★★

1967 ★★★★

Sehr gut, schwungvoll, Mitte der 1970er auf dem Höhepunkt. Zahlreiche Weine bekamen vier Sterne. Ende der 1980er zeigten sich viele noch in guter Verfassung.

1968

Gemeinsam mit dem 1965er der schlimmste Jahrgang der Dekade.

1969 ★★★★

Ein sehr guter Jahrgang mit festen, gut gebauten, vor Leben sprühenden Weinen. Erreichte in den 1970ern seinen Gipfel. Ich habe viele 1969er verkostet, in letzter Zeit aber nur mehr drei.

Le Montrachet Leroy Schöne Farbe, mittleres Gelbgold; eine rauchig-eichengetönte Nase, die mich an ein Freudenfeuer erinnerte, glatt, ausgewogen, Ananasnote. Nachhaltig. Sehr kraftvoll, intensiv, gute Länge und köstlicher Geschmack. Hat noch Leben. *Im März 2000 mit Brie de Meaux bei einem von mir geleiteten Weindinner im Hamburger Hotel Louis C. Jacob verkostet* ★★★★

Die Serviertemperatur von weißem Burgunder

Viele machen den Fehler, guten weißen Burgunder zu kalt zu servieren. Dabei zeigt er sich bei Raumtemperatur fast immer in einem besseren Licht. Ist er zu stark gekühlt, verschließt er sich und verliert seinen Ausdruck – im Gegensatz zu den meisten anderen Weißen wie zum Beispiel Sauvignon blanc, die man wohlgekühlt genießen sollte. Warum? Ich denke, es liegt im Charakter der Rebsorte und des daraus gewonnenen Weins. Einmal verkostete ich den ausgezeichneten 1969er Montrachet der DRC. Er war fast eiskalt. Zunächst präsentierte er sich lebhaft und erfrischend, aber erst mit zunehmender Temperatur öffnete sich seine Nase. Ich leerte mein Glas nicht ganz und nahm ihn mir eine Stunde später noch einmal vor. Nun hatte sich das Bukett völlig verändert, war »süßer« und entgegenkommender geworden. Ich reichte mein Glas herum und meine Kollegen Degustatoren konnten wahrnehmen, was ihnen zuvor entgangen war!

Meursault Leroy Ausgeprägtes Gelbgold; Eiche, nussig; sehr eindringlich, viel Eiche, hart, aber wohlriechend, gute Säure. *Im September 1998 bei einem Rodenstock-Essen in München verkostet* ★★★

Meursault, Charmes Leroy Eine 1999 direkt von Leroy gekaufte Flasche, die bei einem Weinessen serviert wurde: sehr blass für ihr Alter; eine charakteristische, »süße«, fleischige, nussige Nase mit einem Anflug von Lindenblüten; entsprechender Geschmack. Angemessene Säure, trockener Abgang. *Im März 2000 im Hamburger Hotel Louis C. Jacob zu Bresse-Hähnchen verkostet* ★★★

1970 ★★★

Die Weine waren weich, aber angenehm. Im Großen und Ganzen fehlte ihnen die Säure, um über ihre Entstehungsdekade hinaus interessant zu bleiben. Von den in den 1980ern verkosteten Gewächsen bekamen nur wenige mehr als zwei Sterne. Die mit Abstand beste Provenienz war der Montrachet der Domaine de la Romanée-Conti.

Le Montrachet Laguiche Eine schwache Magnum. Blässlich; milde Nase; trocken, ziemlich körperreich, weich, ohne Schwung. *Im Juni 1991 beim Christie's-Essen zu Jack Plumbs 80. Geburtstag verkostet* ★★

Bâtard-Montrachet Geisweiler Lanolingelb; fleischige Pfirsichkernnase; »trocken, rau, schrecklich«. *Im Juli 1995 bei einer Verkostung des III Form Club im Londoner Boodle's Club verkostet.*

Corton-Charlemagne Bonneau du Martray Blass für sein Alter, ein seltsames Bukett, das nach 15 Minuten eine eigenartige Mischung aus Bauernhofgerüchen, Bananen und Mangos verströmte; körperreich, fest, spröde, mit trockenem, säurebetontem Abgang. Keine Ahnung, warum ich diesem Wein eine hohe Bewertung gab. *Das älteste von sechs Gewächsen einer Corton-Charlemagne-»Staffel« beim Eröffnungsessen von Rodenstocks 15. Raritäten-Weinprobe, die im September 1994 im Arlberg Hospiz in St. Anton stattfand.*

1971 ★★★★

Einer der besten Jahrgänge der Dekade. Er war die ganzen 1980er hindurch noch gut zu trinken. Die vorzüglichsten Kreszenzen haben bis in die 1990er hinein überlebt.

Chevalier-Montrachet J. Drouhin Schöne Farbe; Duft nach Toffees; trocken, trotz einer maderisierten Note gut. *Im Dezember 1997 auf einer Vorverkaufsverkostung in New York degustiert* ★★★

Corton-Charlemagne Ancien Dom. des Comtes de Grancey, L. Latour 1976 fabelhaft reich, breit gefächerter Geschmack; ein paar Jahre später ein Hauch von Zitrone und charakteristisch nussig in der Nase sowie im Geschmack. 1982 ein rauchiger, fast salziger Geschmack und trotz Körperfülle eine gewisse Delikatesse. Kürzlich blassgolden; sehr gutes Bukett, ein Unterton von Vanille und frischer Frucht; Gleichgewicht und Geschmack perfekt. *Zuletzt im November 1997 beim Essen an Bord der* Carnival Destiny *als Gast von Bob Dickinson verkostet, dem Geschäftsführer von Carnival Cruise Lines, der zufällig auch »Mr. Gourmet« war* ★★★★★ *Beeindruckend, aber trotzdem war ich froh, als wir wieder an Land durften.*

Meursault, Charmes, Hospices, Philippe le Bon P.-A. André Flaschenabweichungen: die eine butterig, fast mit Corton-Nase und -Geschmack, die andere ohne Charme, nicht gut. *Im September 1990 verkostet. In Bestform* ★★

Meursault, Perrières Leroy Golden; butterig, nussig, kraftvoll, dabei mild. Ausgezeichnet zu Steinkrabben – so stelle ich mir ein gelungenes Bankett vor. *Im Oktober 1997 bei Bob Dickinsons Eröffnungsessen für die Bacchus Society in Joe's Stone Crabs in Miami verkostet* ★★★★

1972 ★★

Viele Erzeuger chaptalisierten ihre Weine, um deren übermäßig hohe Säure auszugleichen. Nur wenige Gewächse haben in den 1970ern davon tatsächlich profitiert. Einige bedachte ich zwar damals mit drei Sternen, aber mittlerweile kann man den Jahrgang getrost vergessen.

1973 ★★★★

Damals herrschte Einigkeit darüber, dass der 1973er besser war als der 1970er, aber nicht so gut wie der 1971er. Die besten Weine zeigten sich delikat, wohlriechend, attraktiv und hatten ein stützendes Säurerückgrat, die schlechtesten waren unausgewogen und zu säurebetont.

Anscheinend habe ich im letzten Jahrzehnt nur einen einzigen 1973er verkostet

Le Montrachet Baron Thénard/Remoissenet 1974 rau und unreif, 1979 »herrlich vollmundig«. Drei Jahre später rein goldgelbe Farbe; rauchig, würzig, ein Bukett, das sich im Glas entfaltete, perfekt im Gleichgewicht, klassisch, elegant. Vor einiger Zeit: mittleres Blassgelb; reiche, leicht fleischige Nase; gut im Geschmack, aber mit Altersspuren. *Zuletzt im März 1993 beim Essen zu Edmund Penning-Rowsells 80. Geburtstag im Londoner Travellers' Club zu Morecambe-Bay-Shrimps getrunken* **** *(ein bescheidenes Vorspiel zum 1961er Palmer und 1945er Latour).*

DIE BESTEN DER ZULETZT IN DEN 1980ERN VERKOSTETEN 1973ER **Montrachet** Laguiche/Drouhin *1989* ****; **Chevalier-Montrachet, Les Demoiselles** L. Latour Die Geschichte vom »Ritter« und dem nahen »Fräulein«, aus deren Liaison ein wie aus Fels gemeißelter Bâtard entstand, hat mir schon immer gefallen. *1983* *****; **Criots-Bâtard-Montrachet** Delagrange-Bachelet Superb. *1981* *****; **Corton-Charlemagne** L. Latour *1984* ****; **Meursault, Les Narvaux** und **Meursault, Poruzots**, beide von Leroy und beide *1988 verkostet* ****

1974 *

Schlechtes Wetter, Wirtschaftskrise und mangelnde Weinqualität. Ein praktisch ignorierter Jahrgang.

Chevalier-Montrachet L. Latour Von Latour-eigenen Rebstöcken bereitet: Butterblumengelb; überraschend »süß«, weich, reich und butterig, Nase und Geschmack angenehm rauchig-eichenbetont. *Im Juli 1996 beim Essen zur Feier des 10-jährigen Bestehens von Louis Latours Londoner Büro verkostet* ***

Puligny-Montrachet, Les Combettes P. Matrot Strohgelber Ton; Vanille, in der Nase und am Gaumen leicht malzig und nussig. Hat seinen bescheidenen Höhepunkt schon lange hinter sich. *Im November 1996 auf einer Vorverkaufsverkostung in Amsterdam degustiert.*

EINIGE IN DEN 1980ERN VERKOSTETE 1974ER **Le Montrachet** Die Familie Lafon erzählte mir, dass sie von all ihren 1974ern begeistert sei: »Sechs Monate dauert es, bis der Zucker in Alkohol umgewandelt ist, dann folgen zwei Jahre im Fass«, hieß es, außerdem komme die Anis- und Lakritzenase, die mir auffiel, in einem reifen Jahrgang nie vor. Abgang mit Fenchelnuancen. Ein ganz eigener Wein. *September 1984* ****; **Bienvenues-Bâtard-Montrachet** Leflaive Golden; reich, körperreich, malzig. *Juni 1986* **

1975

Kein guter Jahrgang. Die Weine waren glanzlos und kurz. Die meisten der rund zwei Dutzend in den späten 1970ern verkosteten Gewächse waren unterdurchschnittlich – nur eines bekam drei Sterne. In den 1980ern habe ich noch weniger verkostet und im letzten Jahrzehnt entstand sogar nur eine Notiz.

Corton-Charlemagne Bonneau du Martray Nach dem 1975er Bollinger der erste von insgesamt 15 1975ern aus aller Welt, die beim Essen zu Professor Nils Sternbys 65. Geburtstag serviert wurden: goldene Farbe; rauchige alte Chardonnay-Nase, die herrliche, durch Flaschenalterung entstandene Honignoten entwickelte; sehr trocken, füllig, körperreich. Trotz seines Alters sehr gut. Wie unser Gastgeber. *Im April 1995 in Malmö verkostet* ***

1976 ****

Ein sehr guter Jahrgang, der aber wegen der enormen Sommerhitze, der überreifen Trauben und einem gewissen Säuremangel uneinheitlich ausfiel. Trotzdem wurde er nach zwei schlechten Jahrgängen und der Wirtschaftskrise mit Begeisterung aufgenommen. In den 1970ern und 1980ern entstanden Dutzende von Einträgen – in den 1990ern waren es schon beträchtlich weniger. Die Spitzengewächse können sich nach wie vor in gutem Zustand befinden.

Montrachet Sélection A. Lichine Die Rebstöcke gehörten Milan, der seine Trauben an Delagrange-Bachelet verkaufte, der den Wein wiederum von Lichine abfüllen ließ. Sehr kompliziert das Ganze. Gute Farbe, mittelblasses Gold; rauchig, dann »süß«, Blancmanger-Nase, Pilznote (alte Fässer?); ausgesprochen trocken, füllig, mit appetitanregender Säure. *Im August 1998 bei einer abendlichen Rodenstock-Verkostung degustiert* **

Montrachet R. Thévenin Mitteltiefes Orangegold; ein oxidierter Ton; sehr trocken, Geschmack nach alten Äpfeln, unsauberer Abgang. *Der schlimmste von fünf enttäuschenden Montrachet-Jahrgängen von Thévenin aus den Jahren 1945 bis 1979, die bei einer Rodenstock-Degustation im September 1998 in München verkostet wurden.*

Corton-Charlemagne Bouchard Père Etwas unverwoben; am Gaumen besser, mitteltrocken, mittlerer Körper, »warmer« Abgang. *Im Dezember 1997 auf einer Vorverkaufsverkostung in New York degustiert* **

Corton-Charlemagne L. Latour Erstmals im Herbst 1977 verkostet: ansprechender jugendlicher Charakter, entwickelte sich nur langsam. 1980 aber bereits nussig und duftend. 1986 sehr eindringlicher Geschmack, im Jahr darauf nach wie vor blass, frische zitronige Nase, am Gaumen ausgewogen, vollmundig, Eiche, herrlicher Geschmack und Nachgeschmack. Kürzlich für sein Alter noch immer blass; Bukett, Geschmack und Länge gut. *Im Dezember 1997 auf einer Vorverkaufsverkostung in New York degustiert* ****

ICH HABE IN DEN 1980ERN VIELE ERSTKLASSIGE 1976ER VERKOSTET. Hier einige der besten: **Montrachet** DRC Mehrere Einträge seit 1979, zum Schluss wohlriechend, aber schlank, braucht Zeit. *1987* ****; **Bâtard-Montrachet** und **Chassagne-Montrachet, La Romanée**, beide von Jean Bachelet *1987, beide* ****; **Bâtard-Montrachet** Ramonet-Prudhon Herausragend. Entfaltete sich im Mund. *1983* *****; **Chevalier-Montrachet** G. Déléger Kraftvoll, beeindruckend. *1989* ****; **Chevalier-Montrachet** L. Latour Ebenfalls kraftvoll, mit schöner Textur. *1989* ****; **Corton-Charlemagne** L. Latour Viele Einträge, herrlich vollmundig. *Zuletzt 1987 verkostet* ****; **Meursault, Les Narvaux** Leroy Köstlich. *1988* ****; **Puligny-Montrachet, Les Pucelles** Leflaive Stahlig, geröstet, schöne Säure. *1983* ****

1977 *

Ein feuchtes, fürchterliches Jahr mit sintflutartigen Regenfällen den ganzen Sommer hindurch. Wegen der geringen Lagerbestände und der anscheinend unstillbaren Nachfrage nach weißem Burgunder standen die Preise in keinem Verhältnis mehr zur Qualität. Von den einigen Dutzend bis Mitte der 1980er verkosteten Weinen holten sich nur wenige zwei Sterne. In den 1990ern habe ich nur noch einen einzigen 1977er verkostet.

Corton-Charlemagne Bonneau du Martray Reif, reich, Nase wie »Kalbsfußsülze«; mitteltrocken, klassischer, vielschichtiger Geschmack. *Im September 1994 bei einer Rodenstock-Verkostung im österreichischen Arlberg Hospiz verkostet* ***

ZULETZT MITTE DER 1980ER VERKOSTET **Montrachet** DRC Unverwoben, blumig, aber säurebetont. *Oktober 1987* **;

Meursault-Perrières **Guy Roulot** Sahnige, ansprechende Chardonnay-Nase, nussiger, toastartiger Duft. Erfrischende Säure. *Oktober 1985* ★★; **Musigny blanc** **de Vogüé** Ein Hauch von Stil und Eleganz. *März 1982* ★★

1978 ★★★★

Endlich wieder ein großer weißer Burgunder-Jahrgang. Geschmeidige, gut gebaute, überraschend kraftvolle Weine. Drouhins Flaggschiff hatte zwischen 13,8 und 14,2 % Alkohol – man sollte »weiß« also nicht mit »leicht« verwechseln. Natürlich gibt es Qualitätsunterschiede, die aber mehr auf das Können des Erzeugers als auf die Herkunft zurückzuführen sind. Wie immer mussten die einfachen Gewächse aus unbedeutenden Distrikten oder die (bestenfalls) durchschnittlichen Massenweine in den ersten Jahren, in diesem Fall etwa bis Mitte der 1980er, weggetrunken werden. Zum Glück liegen mir viele Einträge zu Spitzenkreszenzen vor.

Montrachet **DRC** Mehrere Einträge, darunter zwei herausragende, die seltsamerweise beide in Australien entstanden, der erste 1985 bei einer Verkostung, die ich in Melbourne für Emerald Wines leitete, die Agenten von DRC und Leroy: Gelbgold; »ein die Nase ausfüllender, rauch- und eichengetönter Gehalt«, geröstet, butterig; voll, reich, wohlschmeckend, mit fabelhaftem Nachgeschmack (fünf Sterne). Zum Abendessen danach fast schon zu gehaltvoll. 1996 leider eine Flasche mit Korkengeschmack aus einem amerikanischen Keller. Kürzlich zwei Flaschen, die beim Empfang zu Len Evans' 70. Geburtstag serviert wurden. Eine war zu meinem größten Bedauern »dumpf«, die andere blass für ihr Alter; sehr »süß«, reich, Vanillenase, tief, aber nicht schwerfällig; trocken, lebhaft, nussig. Ganz und gar nicht schlecht! *Zuletzt im September 2000 verkostet. In Bestform* ★★★★

Montrachet **A. Ramonet** Gelbgold, schwere »Tränen«; eine zunächst verhaltene Nase, die sich jedoch bei Zimmertemperatur öffnete, »süß«, nussig, Lemon Curd (Zitroneneierbutter), klassisch, mit rauchigem Eichenton, dann eine weitere Entwicklung, Ananas und Vanille; »mittelsüß«, sehr körperreich, ein Mammutwein mit Kraft, Länge, ausgezeichneter, lebensspendender Säure und »noch 20 Jahren Zukunft«. *Im Dezember 1995 bei Frans de Cocks Essen im Pariser Carré des Feuillants verkostet* ★★★★★ *Ist sicher auch heute noch fabelhaft.*

Montrachet **Baron Thénard/Remoissenet** Gehörte zu einer ganzen Reihe schlecht gelagerter Flaschen mit nicht gut sitzendem Korken: strohfarben, Orange- und Braunton; verdorben, säuerlich. *Im Februar 1996 bei einer Büroverkostung in New York degustiert. Das soll mir eine Lehre sein.*

Montrachet **Thévenin** Helles Gelb; goldene Reflexe; verhaltene, sahnige Nase; sehr trocken, leidlich gut, säurebetont. *Ein Wein aus einer enttäuschenden »Serie« von Rodenstock, verkostet im September 1998 in Österreich* ★

Bâtard-Montrachet **L. Latour** Zweimal verkostet, das erste Mal bei der Khoury-Vorverkaufsverkostung und das zweite Mal am Abend desselben Tages: herrliches Limonengold; reiches, fleischiges Bukett; im Geschmack »süß«, voll, reich und schön, ausgezeichnete Säure. Der zweite Eintrag ähnlich, aber mit dem Zusatz »rauchig, nussig«. *Im Februar 1997 in New York degustiert* ★★★★★

Bâtard-Montrachet **Leflaive** 1982 ansprechendes Aussehen; der Geschmack dehnte sich im Mund aus wie der eines La Tâche. 1987 eine Magnum: goldgelb; Eiche, fächerte sich auf; kraftvoll (über 13,5 % Alkohol) und im darauf folgenden Jahr entgegenkommend wie eine »Springquelle«, reich, butterig, reif, große Länge. *Zuletzt im Oktober 1990 beim Essen mit Vincent Leflaive und seiner Tochter in Meursault verkostet* ★★★★★

Bienvenues-Bâtard-Montrachet **A. Ramonet** Frans de Cock ist ein großer Bewunderer von Ramonet – und ich verstehe, warum: schöne positive Farbe, ein Anflug von Limonengelb; sahnige, fast Sémillon-artige Nase, die sich reich, »süß« und wonnig duftend entfaltete; ziemlich »süß«, körperreich, perfekte Eichennote; gute Länge und Säure. Kraftvoll, aber trotzdem elegant. Bleibt noch Jahre in Bestform. *Im Dezember 1995 in Paris verkostet* ★★★★★

Corton-Charlemagne **Bonneau du Martray** Mitte der 1980er blass goldgelb; wohlriechend, parfümiert, hat noch Zeit vor sich. Kürzlich nach wie vor blass, honigartiges Bukett von großer Tiefe; trocken, nussig, eindringlich, gute Länge, ziemlich hohe Säure. Zuletzt im Juli 1990 verkostet. Damals ★★★★ Ist sicher noch immer gut.

Puligny-Montrachet, Les Pucelles **Leflaive** Gelb, wächserner Glanz; trügerisch mild, glatt, ruhig, aber mit sehr guter Länge und Säure. Ein schöner, verhaltener Wein. *November 1990* ★★★★

AUS DEN SEHR ZAHLREICHEN FÜNFSTERNE-WEINEN, DIE ICH IN DER ZWEITEN HÄLFTE DER 1980ER VERKOSTEN UND TRINKEN DURFTE, ragten die folgenden Kreszenzen heraus: **Montrachets:** **Laguiche** Intensiv; **L. Latour** Vollmundig, großartig; **Baron Thénard** Sehr reich. Und noch zwei der bemerkenswertesten **Bâtard-Montrachets:** **Bachelet-Ramonet** Reich, kraftvoll; **J. Drouhin** Intensiv.

EINIGE DER (MINDESTENS) MIT VIER STERNEN BEWERTETEN WEINE **Chassagne-Montrachet, La Boudriotte** **Gagnard** Perfekt; **Chevalier-Montrachet** **L. Latour** Großartiger Stil; **Corton-Charlemagne** und **Meursault, Genevrières**, beide **L. Latour** Außerordentlich reich; **Corton-Charlemagne** **L. Jadot** Schön; **Puligny-Montrachet, Clos de la Mouchère** **H. Boillot** Stahlig, ausgewogen, gute Länge.

1979 ★★★★

Der 1979er wetteiferte mit dem 1978er um die Gunst der Weinwelt. Er hatte einen frühreifen Charme, war zugänglich, aber doch von edler Struktur. Die meisten Provenienzen erreichten in der zweiten Hälfte der 1980er ihren Höhepunkt, doch die Spitzengewächse sind bis heute in Bestform geblieben.

Montrachet **A. Ramonet** Schöne Farbe, goldene Reflexe, schwere »Tränen«; zu kalt serviert, in der Nase zunächst leichte Fisch- und Zitronennote, entfaltete sich aber mit Erreichen der Zimmertemperatur keksartig und würzig, nach einer Stunde fabelhaft und nach fast zwei Stunden im Glas »Ananas pur«; mitteltrocken, eindringlich, unglaublich kraftvoll, Vanillegeschmack und -nachgeschmack, ausgezeichnete Säure und Länge. Ein großer Wein. *Im Dezember 1995 bei Frans de Cocks Eröffnungsdinner in Paris verkostet* ★★★★★

Montrachet **Bouchard Père** Mittelblass; kresseartige Nase; nussig im Geschmack. *Im Dezember 1997 bei einer Vorverkaufsverkostung in New York eilends degustiert* ★★?

Bâtard-Montrachet **Bachelet-Ramonet** Zwei nah aufeinanderfolgende Einträge, die allerdings schon einige Zeit zurückliegen: herrlich rauchige Eichennase, Anklänge an Limonen, geröstete Kokosnuss und türkischen Honig; angenehme »Süße«, sehr reich, eindringlich, fruchtbeladen. Herrlich. *Zuletzt im September 1990 verkostet. Damals* ★★★★★, *die er sicher auch heute noch verdient.*

Bienvenues-Bâtard-Montrachet **Leflaive** Blässlich, Limonenton; zu kalt serviert, Walnussnote, öffnete sich aber nach

30 Minuten, reich, keksartig, rauchig; ziemlich trocken, füllig, noch immer kraftvoll, aber mit eher hartem Abgang. *Im Januar 1995 beim Essen im Restaurant The White Hart in Chilgrove verkostet* ★★★

Beaune, Clos des Mouches **J. Drouhin** Im Herbst 1981 fruchtig, hohe Säure; entwickelte sich Mitte der 1980er gut, hatte 1988 etwas mehr Farbe angenommen, in der Nase butteriger, Frucht, Eiche; positiv, eindringlich, aber mit leicht hartem, säurebetontem Abgang. *Zuletzt im Oktober 1990 bei Drouhin in Beaune verkostet* ★★★★

Corton-Charlemagne **Bonneau du Martray** Helles Gelb; anfangs hart, öffnete sich aber, mild honiggetönte Gewürznelken; körperreich, sehr guter Geschmack, Vanille, apfelartige Säure, bleibt noch Jahre auf der Höhe. *Im September 1994 bei Rodenstocks 15. Weinwochenende im Arlberg Hospiz in Österreich verkostet* ★★★★★

Meursault, Tasteviné **Jaffelin** Tiefgelb; kräftig, leicht karamellisierter Vanilleton, öffnete sich in der Nase und am Gaumen mit klassisch rauchiger Eichennote. Füllig, aber nicht in Bestzustand. *Im Februar 1996 eine Flasche aus Adrian Miles' Keller in Lyford Cay auf den Bahamas verkostet* ★★

Puligny-Montrachet, Clavoillon **Leflaive** Tief, reich, toastartig, weinig; »mittelsüß«, voll im Geschmack, körperreich, kurz: reich und schön. *Im November 1995 während eines Essens bei Corney & Barrow, den Importeuren von Leflaive, verkostet* ★★★★

Puligny-Montrachet, Les Pucelles **Leflaive** »Fast die Karikatur eines Chardonnay«, herrlich honigartige Nase; stahlig, fest, lebhafte Säure (1985). 1990 war er farbtiefer geworden und hatte einen ganz eigenen Gelbton angenommen; wächsernes, butteriges, würziges Bukett, das sich im Glas fabelhaft öffnete; trocken, lebhaft, nussiger Nachgeschmack. Unlängst ziemlich blass, was aber wohl an der Beleuchtung lag; sehr eichenbetont, trocken, schlank. *Zuletzt im Februar 1996 bei einem BYOB-Dinner im Tribeca Grill in New York verkostet* ★★★★

Puligny-Montrachet, Les Pucelles **H. Moroni** Eine Magnum und zwei Normalflaschen: eine Spur zu tief, golden; sehr weich, in der Nase und im Geschmack ein ausgeprägter rauchiger Eichen-/Vanilleton. Mitteltrocken, körperreich. Etwas zu stämmig und ohne die Puligny-typische Stahligkeit. *Im September 1994 im Arlberg Hospiz in Österreich verkostet* ★★★ *(gerade noch).*

Einige Spitzen-1979er, die ich in den 1980ern verkostet habe (mit der damaligen Bewertung) **Montrachet** **DRC** Von Anfang an ansprechend, doch mit allen Anzeichen für ein langes Leben. *1983* ★★★★★; **Montrachet** **L. Latour** Trocken, körperreich, eingebrannte Eiche, sehr gute Säure. *1983* ★★★★★; **Bâtard-Montrachet** **Blain-Gagnard** Weich, reich, schön ★★★★; **Bâtard-Montrachet** **L. Latour** Voll im Geschmack ★★★★; **Bâtard-Montrachet** **E. Sauzet** Köstlich ★★★; **Bienvenues-Bâtard-Montrachet** **Leflaive** Sehr trocken, schön. *1989* ★★★★; **Bienvenues-Bâtard-Montrachet** **A. Ramonet** In der Nase geröstetes Brot, voll, fest, stämmig, aber delikat. *1988* ★★★★★; **Chevalier-Montrachet** **Leflaive** Delikat, subtil, gute Länge ★★★★; **Meursault, Charmes, Hospices, Cuvée Albert Grivault** **M. Amance** Viele Einträge, alle fabelhaft. Ein »Gentleman« mit Stil. *1989* ★★★★; **Meursault, Ch. de Meursault** **de Moucheron** Lebhaft, klassisch, ausgefeilt. *1986* ★★★★★; **Meursault, Perrières, Réserve Personnelle** **Leroy** Ansprechende, butterige Nase; trocken, füllig, spröde. *1988* ★★★★; **Puligny-Montrachet, Combettes** **Leflaive** Schöner, sich ausdehnender Geschmack. *1988* ★★★★; **Puligny-Montrachet, Combettes** **Sauzet** Uneinheitlich, eine gewisse Weichheit, Vanille und Eiche. *Oktober 1985* ★★

1980–1999

Für alle, die mit weißem Burgunder handeln oder ihn trinken, sind dies die beiden wichtigsten Jahrzehnte – natürlich abgesehen von den Weinen, die in den ersten Jahren des neuen Jahrtausends bereitet und auf den Markt gebracht wurden.

Ich möchte noch einmal darauf hinweisen, dass die nachfolgende Liste keinen erschöpfenden Überblick bieten kann. Die Region ist so komplex, dass man nicht einmal alle Weine eines einzigen Jahrgangs erfassen kann, geschweige denn die Gewächse aus mehreren Jahrzehnten.

Wir leben zum Glück in einer Zeit mit außergewöhnlich vielen guten Jahrgängen. Das Markenzeichen feiner weißer Burgunder ist ihre Subtilität, Länge und Finesse. Zudem haben sie die seltene Eigenschaft, einen intensiven Genuss zu bereiten, der sich manchmal schwer beschreiben lässt.

Die Jahrgänge auf einen Blick

Hervorragend *****
1986 (u), 1989 (u), 1996, 1997

Sehr gut ****
1982 (u), 1983, 1985 (u), 1990 (u), 1995, 1998, 1999

Gut ***
1988, 1991 (u), 1992, 1993 (u), 1994 (u)

1980 **

Ein unspektakulärer Auftakt der Dekade. Glanzlose Weine, die heute kaum noch von Interesse sind. Ich habe nur wenige degustiert – und in den letzten zehn Jahren überhaupt keinen mehr.

Montrachet **Laguiche/Drouhin** Ein Wein aus dem Laguiche-Gut, der von Drouhin bereitet, ausgebaut und abgefüllt wurde. Wohlriechend, angenehm, gute Länge und Säure. *Im Oktober 1990 bei Drouhin in Beaune verkostet* *** *Kein Langstreckenläufer.*

Beaune, Clos des Mouches **J. Drouhin** Würzig, säurebetont, »grün«, aber mit gewissem Wohlgeruch, lebhaft und wohlschmeckend. »Pappige Säure«. *Im Oktober 1990 bei Drouhin in Beaune degustiert* **

1981 *

Mittelmäßige Qualität. Aus irgendeinem Grund aber liegen mir sehr viele Einträge vor. Schon damals waren nicht viele Weine wirklich interessant – und heute sind es noch weniger.

Chassagne-Montrachet, Première Cuvée **Ch. de la Maltroye** Blass; undefinierbare Nase; Geschmack und Länge nicht schlecht, gute Säure. *Im Februar 1996 bei einer Vorverkaufsverkostung in New York degustiert* **

Puligny-Montrachet, Combettes **R. Ampeau** Sehr blass; Grünton; weiche, grasige, minzige Nase; trocken, leicht im Stil, aber alkoholstark (13,5 %). Für sein Alter gut. *Im März 1996 während eines Essens an einem Weinwochenende im Gidleigh Park Hotel in Devon verkostet* **

Puligny-Montrachet, Les Folatières **Remoissenet** Blässlich; gute Vanillenase, Noisette; Vanillepuddinggeschmack, eichenbetonter Nachgeschmack. *Im April 1997 in Michael Rugers Seminar beim Weinfest in Sarasota verkostet* **** *(gerade noch).*

Puligny-Montrachet, Les Pucelles **Leflaive** 1990 noch immer ziemlich blass, Nase und Geschmack rauchig, aber zu wenig Länge. Kürzlich ein ähnliches Erscheinungsbild, aber die Nase erschien mir sehr ansprechend und entwickelte sich im Glas gut; relativ kraftvoll (13,5 % Alkohol), Geschmack und Säure ausgezeichnet. *Im März 1996 im Gidleigh Park Hotel in Devon degustiert* ***

UNTER DEN ANDEREN, IN DEN 1980ERN VERKOSTETEN WEINEN DIESES JAHRGANGS waren die folgenden am besten: Montrachet **Laguiche** Der niedrigste Alkoholgehalt aller 1980er-Jahrgänge (12,4 %), schwach, wässerig und hölzern. *1988 bei Drouhin verkostet*; Beaune, Clos des Mouches **Drouhin** Chaptalisiert, weich, leidlich angenehm, aber ohne Zukunft. *1988* *; Corton-Charlemagne **Drouhin** Ziemlich voll und reich, aber säuerlich. Nicht gut. *1987* *; Meursault, Genevrières **L. Latour** Keine Nase, eindringlich, aber fast hölzern. *1987* *; Musigny blanc **de Vogüé** Helles Goldgelb; Ananas und Vanille, dann Brotkruste; lebhaft, wohlschmeckend, moderate Länge. Ein guter 1981er, aber auch nicht mehr. *1987* **. Kein einziger anderer Wein erreichte mehr als zwei Sterne oder wäre heute noch eine Erwähnung wert.

1982 unterschiedlich, bis ****

Entweder sie waren gut – oder sie waren gleich entsetzlich schlecht. Zunächst präsentierte sich der 1982er als reifer, ansprechender Jahrgang. Obwohl man ihn aber nicht unbedingt als schlaff bezeichnen konnte, fehlte ihm doch das nötige Säurerückgrat, um den Weinen Schwung und Leben zu geben. Ein bekannter *négociant* pries ihn einst als »durchschlagenden Erfolg«, ein anderer glaubte zu wissen, dass er »in Chablis noch erfolgreicher sei«. Mich würde interessieren, was sie heute über ihn denken. Meine Empfehlungen: Hände weg von Importweinen und austrinken.

Das Gros meiner Verkostungsnotizen stammt nicht aus jüngerer Zeit. Ich beginne mit den Montrachets, denn sie sind die Crème de la crème des Jahrgangs.

Montrachet **Bouchard Père** Mit fünfeinhalb Jahren schwere, goldgelbe Farbe; fette, butterige Nase; körperreich (14 % Alkohol). Beeindruckend, aber ohne Schwung. *März 1988* **** *(gerade noch). Bald trinken.*

Montrachet **L. Jadot** Schön, wächsern schimmerndes Gelb; sahnig, Vanille, ausgewogene Nase; ansprechend, voll, reich und butterig im Geschmack. *Im Oktober 1995 genossen, während ich die schöne Sammlung amerikanischer Möbel aus dem 18. Jahrhundert im Haus von Frank Hohmann II. in New York bewunderte* ****

Montrachet **Comtes Lafon** Erstmals im Herbst 1984 verkostet: warm, Brotkruste, ansprechend, aber nicht sonderlich lang. Fünf Jahre später: strohgolden; herrlich, sahnig, fast puddingartiges Bukett; voll, fett, abgerundet, eichengetönt, Bitternote. *Zuletzt im September 1989 auf der Domaine in Meursault degustiert* ★★★★

Montrachet Laguiche/Drouhin Ziemlich blass; hochgetönt, noch jugendliche Ananasnote, öffnete sich nachhaltig; eine gewisse »Süße«, ziemlich körperreich (13,5 % Alkohol), faszinierender Geschmack, passable Länge, leidliche Säure (3,8 g/l). *Im Oktober 1990 bei Drouhin in Beaune verkostet* ★★★★ *Jetzt trinkreif.*

Die Größe der Lagen in Burgund

Viele Burgunder Lagen sind sehr klein – Le Montrachet beispielsweise hat gerade einmal 8 ha. Diese Fläche teilen sich zehn glückliche Besitzer. Auf jeden entfallen daher nicht mehr als ein paar Rebzeilen. So gehören der Domaine de la Romanée-Conti lediglich 0,68 ha, Comtes Lafon kommt sogar auf nur 0,31 ha und die Domaine Leflaive bewirtschaftet 0,8 ha. Und mit diesen wenigen Reben soll eine weltweite Nachfrage befriedigt werden? Wie viele Flaschen Montrachet kann man überhaupt aus einer so kleinen Lage gewinnen? Ich habe in den späten 1980ern und frühen 1990ern sechs verschiedene Montrachets von 1982 verkostet. Sie alle unterschieden sich qualitativ und im Stil, was faszinierende Vergleiche zwischen ihnen ermöglichte.

Montrachet Jacques Prieur Ziemlich blass, Gelb mit Limonenton; wohlriechend; Schwefeldioxid und ein Geruch wie italienisches Vanilleeis. »Süßlich«, weich, dabei eindringlich, spröde, aber zu wenig Säure. *Im September 1990 bei einem Essen an Rodenstocks Weinwochenende in Österreich verkostet* ★★★

Montrachet DRC Überraschend blass, in der Jugend golden, mit zitronengelbem Ton; außergewöhnliche Nase, Brotkruste, Rohrzucker und Toast, ein körperreicher, nussiger, würziger Wein. *Im November 1985 auf einer früh angesetzten DRC-Handelsverkostung bei Corney & Barrow degustiert* ★★★★

Bâtard-Montrachet E. Sauzet Butterig, wächsern; reich im Geschmack, Bitternote. *Im Oktober 1990 während eines Essens bei Christie's in London verkostet* ★★★★ *Bald trinken.*

Beaune, Clos des Mouches J. Drouhin Erstmals 1990 bei Drouhins Verkostung von 1980ern degustiert: blässlich; reiche, entgegenkommende Nase, Butter, Vanille, entwickelte bald ein außerordentliches Duft-Potpourri; mäßig körperreich (13,3 % Alkohol), positiv (3,9 g/l Säure), mit hartem, trockenem Abgang. Trotz der exotischen Nase bewertete ich ihn nicht hoch. Kürzlich: wächsernes Limonengelb; ausgewogene Vanillenase; trocken, angenehm, Geschmack nach Eiche/Vanille und ziemlich gute Länge. *Zuletzt im April 1994 beim Essen mit Bill Baker im Anschluss an seine anstrengende Verkostung alter Madeira-Weine in Somerset degustiert* ★★★

Chevalier-Montrachet Leflaive Erstmals 1986 verkostet. Verschlossene, schwefelige, gedämpfte Nase, die sich nur langsam öffnete; am Gaumen besser, aber weich und leicht. Später blässlich, limonengelb getönt; Nase und Geschmack sahnig, aber nicht sehr charaktervoll, duftiger Nachgeschmack. Er begann mir zwar zu gefallen, doch fehlte ihm der Chevalier-typische Habitus. *Im Januar 1995 bei Hugh Johnsons Essen für den Bordeaux Club verkostet* ★★★

Corton-Charlemagne Bonneau du Martray Kräftiges, klares Gelb; köstliche Nase, Brotkruste; körperreich, voll im Geschmack, für einen 1982er überraschend gute Säure. *Im Juli 1994 beim Essen mit Karina Eigensatz verkostet. In Walters Abwesenheit durfte ich seinen Keller plündern* ★★★★

Corton-Charlemagne, Hospices, Cuvée François de Salins Jaboulet-Vercherre Ziemlich tiefes Gelb; wächserne, butterige Chardonnay-Nase; moderate Länge. Meines Erachtens durch einen Anflug von Mandeln in Nase und Geschmack verdorben. *Januar 1990* ★★

Meursault Ch. de Meursault Blassgolden; weich, am Altern; fleischig, Karamellnote. »Muss getrunken werden.« *Im Dezember 1996 bei einer Verkostung weißer Burgunder in New York degustiert* ★

Meursault, Clos de la Barre Comtes Lafon Im Keller: limonengelb getönt; ansprechend (alle Weine von Lafon werden ungeschönt und ungefiltert von Hand abgefüllt; pro Tag zieht man zwei Fässer auf Flaschen). Kürzlich: für sein Alter blass, noch immer mit limonengelbem Ton; »süß«, schönes Bukett mit Brotkrustennote; »mittelsüß«, köstlicher Geschmack und ausgezeichnete Säure. *Im Oktober 2000 bei einem Essen zum 18-jährigen Bestehen des Christie's-Weinkurses mit dem ganzen Team im Londoner Boodle's Club verkostet* ★★★★

Meursault, Blagny L. Jadot Blass; keine Alterserscheinungen; etwas spröde. Unbedeutend und überteuert. *Juni 1990* ★★ *Austrinken.*

Meursault, Genevrières Bouchard Père Zwei Einträge. Wächsernes Gelb; eichengetönte Vanillenase; reich, glich einem altmodischen kalifornischen Chardonnay – sehr ansprechender Geschmack und Nachgeschmack. *Zuletzt im September 1990 verkostet* ★★★★ *Bald trinken.*

Meursault, Genevrières Jobard Sehr trocken, Eiche, spröde, fast hölzern. Trocknet er aus? *Im Februar 1996 beim Essen mit meinem Agenten im New Yorker Restaurant Le Montrachet verkostet* ★

Puligny-Montrachet, Les Pucelles Leflaive Blässlich; breit, zu fleischig für einen Pucelles; merkwürdiger Geschmack. Reichte nicht an den Clos de la Barre weiter oben heran. *Im Oktober 2000 im Londoner Boodle's Club verkostet* ★★

EINIGE ANDERE 1982ER, DIE SICH IN DER ZWEITEN HÄLFTE DER 1980ER IN GUTER VERFASSUNG ZEIGTEN **Bâtard-Montrachet** A. Ramonet Blass und delikat; fabelhaftes Bukett, wohlriechend, harmonisch. Mitteltrocken, mittelvoll, weich, doch lebhaft genug. Ein viel versprechender Start, aber schien dann zu versickern. *1986* ★★★; **Chassagne-Montrachet** L. Jadot Ausgezeichnet. *1987* ★★★★; **Bâtard-Montrachet** L. Latour Nussig, eichengetönt, reich im Geschmack. *1985* ★★★★; **Corton-Charlemagne** J. Drouhin Wohlriechend, nussig, eichengetönt; lebhaft, gute Länge. *1986* ★★★★; **Ch. de Meursault** Aus Trauben von den Lagen Charmes und Perrières: ein Chardonnay in Reinkultur, ausgezeichneter Geschmack und Nachgeschmack. *1985* ★★★★

1983 ★★★★

Eine enorme Steigerung gegenüber dem 1982er. Gut ausgestattete Weiße mit Körper und Säure; die besten sind nach wie vor gut zu trinken.

Montrachet Laguiche/Drouhin Ausgeprägtes Gelb; tiefe, reiche Nase, nach zwei Stunden im Glas mit würzigem Duft; »süß«, reich, guter Körper (14,1 % Alkohol, mehr noch als der große 1978er), gute Säure (3,7 g/l) wie beim 1986er, aber seltsamerweise leicht niedriger als beim 1982er. Ein schöner Wein. *Im Oktober 1990 bei Drouhin in Beaune verkostet* ★★★★★ *Jetzt bis etwa 2010.*

Montrachet Jacques Prieur Blässliches Gold; stämmige, toastartige, eichengetönte Nase und ebensolcher Geschmack. Unverwoben. Ziemlich hohe Säure. *Im August 1998 bei einem*

Weindinner am ersten Tag von Rodenstocks fünftägigem Yquem-Marathon in München degustiert ★★

Montrachet DRC Blässlich gelb; verschlossene Nase; am Gaumen wesentlich interessanter, ziemlich »süß«, Geschmack, Frucht und Körper voll. Beeindruckend, aber noch immer hart. »Braucht Zeit.« *Der älteste Jahrgang einer Montrachet-»Staffel« auf Rodenstocks Galadiner im September 1995. Damals* ★★(★★★) *Mittlerweile wahrscheinlich uneingeschränkt fünf Sterne. Ein Langstrecken-Montrachet.*

Bâtard-Montrachet Leflaive Blässlich; wundervoll duftend, nussiges, eichenbetontes Bukett und entsprechender Geschmack. Reich, dabei schlank und stahlig. Zitronenartige Säure. Sehr hohe Bewertung. *Ging im September 1995 (siehe oben) dem Montrachet der DRC voraus* ★★★★★

Beaune, Clos des Mouches J. Drouhin Erstmals im Frühjahr 1984 eine Fassprobe bei Drouhins Eröffnungsverkostung von 1983ern. Damals sehr blass; jugendliche »Aceton«-Nase; trocken, anschwellender Geschmack, köstlicher Nachgeschmack. Mit sieben Jahren tieferes Gelb; eine Vanillenase, die sich sehr schön öffnete; angenehmer Geschmack, seine Reichhaltigkeit verhüllte den hohen Alkoholgehalt (13,7 %), den höchsten des Jahrzehnts, während die Säure (3,8 g/l) für das richtige Gleichgewicht, Schwung und eine gute Lebenserwartung sorgte. *Zuletzt im Oktober 1990 bei Drouhin in Beaune verkostet* ★★★★ *Müsste jetzt ausgezeichnet sein, aber demnächst trinken.*

Bienvenues-Bâtard-Montrachet Leflaive Erstmals 1990 beim Essen mit Vincent Leflaive verkostet: damals noch immer grünspurig; leicht parfümiert; kraftvoller, als das Auge oder die Nase erahnen ließ. Reich, gut gebaut, vollmundig. Unlängst: blässlich, wächserner Schimmer; verschlossen, etwas ölig, öffnete sich zwar etwas, aber eine karamellartige Maderisierung hinderte ihn an der Entfaltung; trocken, voll, nussig, kraftvoll, aber ohne Charme. *Im November 1997 mehrere Magnumflaschen bei Bob Dickinsons Einführungsessen nach der Ernennung zum »Mr. Gourmet« im Biltmore Hotel in Coral Gables verkostet. In Bestform* ★★★?

Chassagne-Montrachet J. Drouhin Schön. *Mai 1991* ★★★

Chevalier-Montrachet Leflaive Erstmals 1987 beim Essen auf der Domaine de Chevalier verkostet. »Ein großer Wein.« Elegante Eichennote, finessenreich, langer zitroniger Abgang, langlebig. Unlängst aus Magnumflaschen: noch immer blass; sehr rauchiges Eichenbukett; sehr trocken, schlank, dabei eindringlich. Zu kalt serviert, aber köstlich. *Zuletzt im November 1997 bei Bob Dickinsons »Mr.-Gourmet«-Essen verkostet* ★★★★

Chevalier-Montrachet, Les Demoiselles L. Jadot Bukett mit Altersspuren, aber gut; mitteltrocken, mittlerer Körper, rauchiger Geschmack, elegant, trinkreif. *Im September 1994 beim Essen mit Madeleine und Andrew Lloyd-Webber verkostet* ★★★★

Meursault, Les Chevaliers Guy Prieur Öffnete sich hübsch; schöner Geschmack und sehr gute Säure. Eine lebhaftere Flasche bei einem Essen des Saintsbury Club. *April 1995* ★★★

Meursault, Poruzots F. Jobard Hellgelb; Nase und Geschmack ansprechend, minzig. »Mittelsüß«, mittlerer Körper. Lanolinnote. Gute Säure. *Im November 1997 bei den Dickinsons in Miami verkostet* ★★★

Puligny-Montrachet L. Jadot Ein »K.o.-Tropfen«! Erstaunlich viel Alkohol (14,6 %) und Säure (4,6 g/l – auch wenn das im Vergleich mit einem deutschen Riesling niedrig ist). Gelbton; sehr reiches Bukett; die »Süße« reifer Trauben und alkoholstark. Für einen Puligny schwerfällig. *Im Oktober 1990 mit André Gagey bei Jadot verkostet* ★★★★★ *Sicher nach wie vor ein erstaunlicher Wein, falls noch etwas von ihm übrig ist.*

Corton-Charlemagne Bonneau du Martray Erstmals 1987 verkostet, schön gebaut, gute Zukunft. Kürzlich Goldgelb; ein unmittelbar entgegenkommender Duft, grasig, parfümiert, lebhaft, positiv; sehr attraktiv, minzig statt der Corton-typischen Nussigkeit, schlanker als der Charlemagne von Latour, gute Säure. *Im Mai 1994 beim Essen mit Jancis Robinson verkostet* ★★★★ *Ihr Mann Nick kochte wie üblich. Belle und Barney Rhodes (aus dem Napa Valley) stellten die Weine zur Verfügung, die aus ihrem Londoner Keller stammten. Insgesamt tranken wir zehn Weine – der Port von 1955 war so gut, dass ich gleich zwei Gläser leerte. Auf der Heimfahrt wurde ich von der Polizei aufgehalten, die mich fragte, ob ich etwas getrunken hätte. Ich sagte, dass wir gerade von einem Essen kämen. Der Polizist meinte, dass er mir keinen Strafzettel ausschreiben würde, weil ich 35 Meilen statt der erlaubten 30 gefahren sei. Allerdings müsse ich aussteigen und mich einem Alkoholtest unterziehen. Ich blies lange und kräftig ins Röhrchen, aber es tat sich nichts. Ich durfte weiterfahren. »Niedriger Blutdruck«, meinte Daphne. Ein kaputtes Röhrchen, dachte ich, oder göttliche Fügung.*

Corton-Charlemagne L. Jadot Grandios. Schöne Frucht und weinig. *Im Oktober 1990 bei Jadot verkostet* ★★★★★ *Müsste nach wie vor ausgezeichnet sein.*

Corton-Charlemagne L. Latour Etwa sieben Einträge, der erste aus dem Jahr 1989: ein leuchtendes Traubengelb; schöne Nase; voll, reich, nussig, trockener Abgang. Als Nächstes zusammen mit dem Bonneau du Martray bei Jancis' bescheidener kleiner Dinnerparty (siehe oben) verkostet. Tiefer als der Bonneau, reingolden; in der Nase zunächst stumpf und schwerfällig, nach einiger Zeit im Glas aber immer lebhafter. Bei der Verkostung zum 200-jährigen Bestehen von Latour in gutem Zustand: wohlriechend und »süß«. Im Herbst desselben Jahres: stämmig, nussig, ein leichter Säureanflug (bei einem Essen der Bacchus Society). Im Jahr darauf: reiche Nase, aber »gekocht«, wie Äpfel auf einem Heuboden; »süß«, fett, kraftvoll. *Zuletzt im März 1998 bei meinem Latour-Seminar für die Hollywood Wine Society verkostet* ★★★ *Ehrlich gesagt etwas schwerfällig.*

Meursault, Charmes Prosper Maufoux Für sein Alter blass und unbeeindruckend. Muss getrunken werden. *Im Oktober 1994 bei einem Essen des Saintsbury Club zu Filet »Moneybags« vom Seeteufel verkostet* ★

Meursault, Charmes, Hospices, Cuvée Bahèzres de Lanlay (Abfüller unbekannt) Genau so, wie ein Meursault sein sollte. Reich, interessant, reif, schön. *Februar 1990. Damals* ★★★★ *Müsste noch gut sein, aber austrinken.*

AUS DEN VIELEN IN DER ZWEITEN HÄLFTE DER 1980ER-JAHRE VERKOSTETEN 1983ERN ragen folgende Weine heraus: **Meursault, Chevalières** Jean-Paul Gauffroy Wunderbare Farbe; in der Nase geröstete Kokosnuss und Makronen; stämmig, doch fein und lebhaft. *1987* ★★★★; **Meursault, Les Grands Charrons** Philippe Bouzereau Herrlich reich, kraftvoll, Säure. *1988* ★★★★; **Meursault, Tillets** Javillier Eindringlich, gute Frucht und Säure. *1987* ★★★★; **Musigny blanc** de Vogüé Ausgezeichnete Jugend, alle Komponenten schön. *1997* ★★★★, *möglicherweise fünf Sterne*; **Puligny-Montrachet, Folatières** H. Clerc Vollmundig, aber lebhaft. *1985* ★★★★

1984 ★

Ein ausgesprochen schlechter Jahrgang, was ausschließlich an dem Wetter im September lag, der einer der schlechtesten seit Beginn der Aufzeichnungen war: Es regnete unaufhörlich bis in den Oktober hinein. Die Trauben waren zwar relativ gesund (im Juli und August herrschte Trockenheit), doch blieben sie unreif, sodass kräftig chaptalisiert werden musste. Der Zucker bildete ein Gegengewicht zur Säure und machte die Weine in ihren Anfangsjahren recht gut zu trinken. Aus den wenigen Einträgen weiter unten geht klar die Mittelmäßigkeit und der im Großen und Ganzen schlechte Zustand der Weine hervor. Meiden.

Montrachet **Laguiche/Drouhin** Eine eigenartig künstliche Nase nach »gekochten Süßigkeiten« und Vanille; trocken, mittleres Gewicht (13,2 % Alkohol), positiv, aber hart, säurebetont (4,2 g/l Gesamtsäure), was an der mangelnden Reife der ansonsten gesunden Trauben lag, rau, mit eigenartig parfümiertem Nachgeschmack. *Im Oktober 1990 bei Drouhin in Beaune verkostet. Damals ★★ Keine Verbesserung zu erwarten.*

Montrachet **DRC** Mittleres, blasses Gelb; stämmig, leicht karamellisierte Frucht; ziemlich »süß«, körperreich, etwas grob, aber mit recht guter Länge. Herkunft unbekannt. *Im Februar 1996 bei Christie's in New York verkostet ★★?*

Bienvenues-Bâtard-Montrachet **Remoissenet** Farbe, Nase und Geschmack nicht schlecht, was nicht viel aussagt. Seltsamer Geschmack, parfümiert, etwas säurebetont. *Im Februar 1996 in New York verkostet ★*

Chassagne-Montrachet **L. Latour** Gekocht, Vanille, zitronenartige Säure. Mittelmäßig. *März 1991 ★*

Chassagne-Montrachet **Olivier Leflaive** Blass; wohlriechend; etwas »pappig« und eichengetönt, aber ziemlich attraktiv. *Im Juni 1999 beim Essen auf der Domaine de Chevalier in Bordeaux verkostet ★★*

Chassagne-Montrachet, Morgeot **G. Déléger** Eigenartig, in der Nase und am Gaumen unattraktiv. Säuerlich. *Februar 1996.*

Meursault, Charmes **Pierre Morey** Viele Einträge. In seiner Jugend ziemlich blass; in der Nase und am Gaumen eine Zitronen- und Ananasnote, etwas Frucht und Eiche, aber merklich trocken. Später merkte ich seine Schlankheit und Sprödheit an. »Zu wenig Länge.« Mit sechs Jahren: reiche Vanillenase, leidlich trocken, passabler Geschmack. *Im Juli 1992 beim Essen mit James Halliday zu Hause verkostet. Der Wein beeindruckte uns beide nicht ★ Jetzt sicher nicht mehr gut.*

Puligny-Montrachet, Les Folatières **L. Jadot** Tiefes Gold; fett, parfümiert, Vanillenase. Man hatte den Most erhitzt und den Wein stark chaptalisiert. Seine Rauheit war auf das unreife Lesegut zurückzuführen. *Im Oktober 1990 mit André Gagey verkostet. Den Wein kann man vergessen, André Gagey hingegen war unvergesslich.*

EINE AUSWAHL VON 1984ERN, DIE ICH IN DEN SPÄTEN 1980ERN VERKOSTET HABE **Montrachet** **Ramonet** Zitronen-Goldgelb; in der Nase zitrusartige Säure und Eiche, hohl, blechern; trocken, weicher Geschmack, trotz der schlanken Sprödheit und Säure nicht schlecht. *1989 ★ Wenn schon Ramonet in diesem Jahr keinen guten Wein zustande bringt, wer dann?*; **Beaune, Clos des Mouches** **J. Drouhin** Ich erwähne ihn lediglich, um die wesentlichen Komponenten in einem Jahrgang wie diesem aufzuzeigen: 13,6 % Alkohol nach der Chaptalisierung, pH-Wert 3,34, 3,9 g/l Gesamtsäure, davon 0,9° Weinsäure und 0,44° flüchtige Säure. Unter dem Strich gar nicht einmal so schlecht ★ *Eine im März 1986 in London verkostete Fassprobe*; **Meursault, Charmes** **L. Jadot** Passabel. *1989 ★★*; **Puligny-Montrachet** **Leflaive** Trocken, eindringlich, eine gute Domaine, die in einem schlechten Jahr erfolgreich ihr Bestes gab. *1989 ★★★*

1985 uneinheitlich, in Bestform ★★★★

Eigentlich hätte 1985 ein beispielhafter Jahrgang werden sollen. Er sah auf jeden Fall vielversprechend aus, doch als ich meine Verkostungsnotizen zusammenstellte, merkte ich erst, wie ungleichmäßig er war – und noch immer ist. Die Lese begann spät, verlief aber gut und ergab ausgereifte Trauben. Wenn ich mir die Beschreibungen ansehe, hätte ich vielleicht einigen Viersterne-Weinen fünf Sterne geben können. Die 1985er waren nach sieben bis zehn Jahren auf dem Höhepunkt, doch gab es Ausnahmen, die nach oben und unten abwichen. Die einfachen Gewächse boten schnellen, erfreulichen Trinkgenuss, die gut gemachten Klassiker sind noch auf der Höhe. Generell aber kann man raten: Austrinken.

Ein Wort zum Montrachet: Es erstaunt mich, wie bereits erwähnt, immer wieder, dass so viele Erzeuger und Händler an einem Weinberg beteiligt sind, der nur 7,68 ha umfasst und 4000 bis 5000 Kisten im Jahr abwirft. Fünf Montrachets eröffnen diesen recht interessanten Jahrgang.

Montrachet **Dom. du Ch. de Beaune** Lesebeginn am 25. September. Mit zehn Jahren blass, zitronengelber Ton; in der Nase Zitronen und Vanille; ziemlich »süß«, weich, trockener Abgang. (Bei der Verkostung ging es darum herauszufinden, ob die Spitzengewächse von Bouchard Père *Grand-cru*-Qualität hatten. Dieser hier fiel unterdurchschnittlich aus, aber ich weiß nicht, ob er damals auf *Premier-cru*-Rang oder noch weiter zurückgestuft wurde.) Als Nächstes bei einem Galadiner von Rodenstock: jetzt golden – eine Art gebräuntes Gold; sehr alter Geruch, butterig, ölig, minzig und blechern; am Gaumen »ziemlich flach«. *Zuletzt im September 1998 verkostet. Ein schlechter Wein.*

Montrachet **Chartron et Trébuchet** Blassgelb, wächserner Schimmer; in der Nase zunächst minzig, dann rauchig, würzig, Vanille; trocken, ziemlich körperreich, gute Länge, spröde. *Im Juli 1990 verkostet. Damals ★★★(★)*

Montrachet **Laguiche/Drouhin** Erstmals im März 1986 bei Drouhins Eröffnungsverkostung in London degustiert: sehr blass; unreif, unverwoben, raue Ananasnase; sehr eichenbetont. Als Nächstes 1990: Flaschenabweichungen, ein im Probenraum degustiertes Exemplar mit zu wenig Frucht und hölzern, ein anderes wohlriechender, mit schönem Geschmack, und ein drittes später beim Essen mit Robert Drouhin superb: glanzhell; delikater, eichenbetonter Duft; Gewicht und Gleichgewicht perfekt (13,3 % Alkohol, 3,4 g/l Säure), reich, butteriger Geschmack – Gott sei Dank. Acht Jahre später eine Flasche von Diane Klat am Nachbartisch: sehr wohlriechend, leicht rauchiges Bukett, das sich gut entwickelte, am Gaumen explosiv, darauf erpicht, seine Klasse zu zeigen, Länge und Nachgeschmack fabelhaft. *Zuletzt am 22. Juli 1998 im Waterside Inn in Bray bei einem Essen zu Daphnes Geburtstag verkostet ★★★★*

Montrachet **Baron Thénard** Eine Jeroboam beim Essen im zweiten Herbst nach der Lese: viel zu unreif, aber beeindruckend, mit rauchiger, zitronenartiger Nase, die sich bereitwillig öffnete und eine ansprechend jugendliche Frucht darbot; am Gaumen anhaltend, würzig, kraftvoll und elegant zugleich. Elf Jahre später bei der ersten »Serie« einer Degustation, diesmal aus einer Normalflasche: blass, noch immer mit einem Anflug von jugendlichem Grün; zu kalt serviert, dabei wohlriechend, öffnete sich, als sie Zimmertemperatur erreichte, nussig, Vanille; sehr guter, sauberer, frischer Geschmack, lang, ansprechender zitroniger, eichenbetonter Abgang. *Zuletzt im September 1998 beim Essen am vierten Abend von Rodenstocks Yquem-Marathon verkostet ★★★★*

Montrachet DRC Ein kräftiger Wein mit überzeugendem Erscheinungsbild; reich, rund, weich, brotartig – aber mehr Teig als Kruste, Ananasnote. Körperreich (ich tippte auf 13,8 %, aber unsere Gastgeber, die es wissen müssen, gaben 14 bis 14,5 % an), auf jeden Fall sehr reich, nussig im Geschmack, gute Säure. Ein schöner Wein. *Im November 1995 nach der DRC-Verkostung von 1994ern und vor dem Essen auf der Domaine bei Zimmertemperatur serviert (Aubert de Villaine hielt 15 °C für optimal)* ★★★★

Beaune, Clos des Mouches J. Drouhin Fünf Einträge, erstmals auf der Eröffnungsverkostung im März 1986 bei Drouhin degustiert: milde, angenehm junge Frucht, ziemlich kraftvoll (13,3 % Alkohol); gute Säure (3,7 g/l). Im Jahr darauf fiel mir die Art und Weise auf, wie sich der Geschmack im Mund intensivierte, was immer ein gutes Zeichen ist. 1990 sehr detaillierte Notizen. Kurz: eine lebhafte Frucht, die sich großzügig öffnete, breit, pfirsichartig, klang mit einem weichen, zurückhaltenden Vanilleduft aus; die »Süße« reifer Trauben, weich, dabei eindringlich. »Braucht Zeit.« Mit zehn Jahren schien er einen seidigen Glanz angenommen zu haben; herrlich entwickeltes Bukett; köstlicher, Chardonnay-typischer Geschmack mit Eichennote, reich, perfekt im Gleichgewicht und mit schönem eichenbetontem Nachgeschmack. *Zuletzt im Juli 1995 bei Hugh Johnsons Essen für den Bordeaux Club auf Saling Hall in Essex degustiert* ★★★★ *Einer der besten Clos des Mouches von Drouhin, der gerade das richtige Alter und die optimale Temperatur hatte. Und wir Gleichgesinnte wussten ihn zum Glück auch zu schätzen.*

Bienvenues-Bâtard-Montrachet Remoissenet Überraschend blass, perfekt, ausgewogen, leicht brotkrustige Nase; reich, voller Körper und Geschmack, perfekt im Gleichgewicht, sehr gute Säure. *Im Februar 1999 als Gast von Ron Weiser im feinen (und teuren), in englischer Hand befindlichen Eden Roc Hotel auf Saint-Barthélémy beim Essen verkostet* ★★★★

Chassagne-Montrachet, Les Vergers Delauney Zitronen-Goldgelb; Nase und Geschmack ansprechend, aber mit Altersspuren, nicht erstklassig. Die hohe Säure rettete ihn. *Im November 1996 als Gastredner bei einem Essen mit neun Weinen im Athenaeum Club an der Pall Mall verkostet* ★★

Chevalier-Montrachet Dom. du Ch. de Beaune Bei der »Jurytest«-Verkostung in den Kellern von Bouchard Père degustiert. Ölige, unsaubere Nase; fade, stämmig (13,5 % Alkohol), kurz. Produktion 4000 Flaschen. Keine Ahnung, wie viele noch auf Lager liegen und was aus ihnen geworden ist. *November 1995.*

Chevalier-Montrachet Leflaive Blässlich; Vanille, Malznote; gehaltvoll, ziemlich körperreich, wenig Finesse. *Im Juli 1992 bei meinem Essen für den Bordeaux Club bei Christie's degustiert* ★★

Chevalier-Montrachet, Les Demoiselles L. Latour Blässliches Strohgelb; leichte, honigartige, aber »gekochte« Nase; nicht schlecht, aber nicht lebhaft genug, dürftiger Abgang. *Im Februar 1996 bei einer Probeverkostung in New York degustiert. (Ich führte den Zustand auf die schlechte Lagerung zurück, aber der 1989 verkostete Chevalier-Montrachet von 1985 – nicht der Demoiselles – entwickelte ebenfalls einen »süßen«, malzigen Charakter und hatte zu wenig Schwung.)*

Corton-Charlemagne Bonneau du Martray Im Abstand von sechs Monaten zweimal verkostet, jedes Mal nicht gut. Das erste Mal auf einer Vorverkaufsverkostung: hochglänzendes Gelb mit limonenfarbenem Rand; in der Nase ein Anflug von Lanolin und Öligkeit. Etwas Corton-typisches Fleisch, aber unterdurchschnittlich. Als Nächstes ein Exemplar aus einem englischen Privatkeller: nicht schlecht, aber meines Erachtens durch eine Mandelnote und einen bitteren Endgeschmack verdorben. *Im März 1994 im Probenraum von Christie's degustiert.*

Corton-Charlemagne Dom. du Ch. de Beaune Die Lese begann am 25. September, Produktion 8500 Flaschen. Reiches Goldgelb; ölig, sogar nach zehn Jahren noch »grün« in der Nase und ehrlich gesagt auch leicht übelriechend; trocken, abstoßender Mandelgeschmack. *Im November 1995 in den Kellern von Bouchard Père in Beaune verkostet. Gehört deklassiert.*

Corton-Charlemagne L. Latour Mehrere Einträge. Erstmals im Juni 1997 bei der Verkostung zum 200-jährigen Jubiläum im Weinberg degustiert: ansprechende Farbe; Vanillenase, ölig, nussig, aber von einem ausgeprägten Pfirsichkerngeschmack verdorben. Eine weit bessere Bewertung im Herbst desselben Jahres bei einem »Mr.-Gourmet«-Essen von Bob Dickinson (im Norman's, einem modischen Restaurant in Coral Gables; Norman, der Chefkoch, scheint verliebt gewesen zu sein): »Reich, nussig, sahnig« (Nase); »mittelsüß«, stämmig, komplett. Vielleicht hat ihn der gegrillte »Golf-Escolat mit Pfifferlingen und Malanga-Püree (?) in Räucherlachs-…« (ich kann meine Schrift nicht lesen) aufgewertet. Bei meinem Latour-Seminar im darauf folgenden Jahr gefiel er mir von den sieben Corton-Charlemagne-Weinen am wenigsten: pfirsich- und apfelartig, unverwoben; kernartig, mit trockenem, säurebetontem Abgang (Hollywood Wine Society, 1998). Und auch auf einer meiner eigenen Dinnerpartys mochte ich ihn nicht. *Zuletzt im Juni 2000 verkostet. Insgesamt Daumen nach unten.*

Meursault, Perrières Leroy Enttäuschend, füllig, nussig, Geschmack so lala. Konnte dem 1971er nicht das Wasser reichen. *Im Oktober 1997 bei Joe's in Miami zu Steinkrabben getrunken* ★

Puligny-Montrachet, Les Folatières L. Jadot Späte Lese Anfang Oktober, der Saft blieb einen Tag an der Maische, zu 20 % in neuer Eiche vergoren, 14 Monate Ausbau in der Barrique, Schönung mit entrahmter Milch. Erstmals 1988 verkostet: blass, aber reines Goldgelb; reiche, rauchig-eichige, butterige Nase; trocken, kraftvoll, fest, braucht Flaschenalterung. Im darauf folgenden Jahr: Wohlgeruch, Entfaltung, am Gaumen allerdings immer noch etwas rau. Nach nur drei weiteren Jahren aber weich, sehr eichenbetont, »muss getrunken werden«. *Zuletzt im März 1992 beim Essen mit Jadots Londoner Vertretern Hatch und Mansfield verkostet* ★★★ *Ich vermute, er ist mittlerweile müde geworden.*

Puligny-Montrachet, Les Truffières L. Latour 1989 herrlich, abgerundet, vollmundig und köstlich. Trank sich auch drei Jahre später noch gut: schöne Nase; leidlich »süß«, ziemlich körperreich, ausgezeichneter Geschmack. *Zuletzt im Juni 1992 bei Jean-Pierre Louqiaud in Bordeaux verkostet* ★★★★ *Könnte durchaus noch köstlich sein.*

EINIGE GUTE, 1990 VERKOSTETE 1985ER **Meursault, Charmes** Olivier Leflaive Blass, schön, lebhaft, trocken und köstlich. *Juni 1990* ★★★★; **Meursault, Genevrières** Leroy Blumig, attraktiv, beträchtliche Länge. *September 1990* ★★★★; **Les Narvaux** Leroy Würzig, trocken, eindringlich. *September 1990* ★★★★; **Musigny blanc** de Vogüé Eine relativ junge, aber ansprechende Jeroboam aus Hardy Rodenstocks Keller: blass; exquisites Bukett, Anis, Vanille; subtil, delikat im Gleichgewicht, elegant. *Im September 1990 im Arlberg Hospiz in Österreich degustiert* ★★★★★

1986 bis ★★★★★

Zweifellos ein sehr attraktiver und erfolgreicher Weißwein-Jahrgang in Burgund: dichte, gut strukturierte, feste Gewächse mit ausgezeichneter Säure. Es versteht sich von selbst, dass die meisten jung und frisch getrunken wurden – und einige nicht so gut ausfielen, wie das der Fall hätte sein müssen. Die besten aber versprechen noch immer hohen Trinkgenuss.

Wieder einmal stelle ich ein halbes Dutzend Montrachets voran. Ein Montrachet in Hochform ist ein Chardonnay in seiner reinsten Ausprägung – der größte Weißwein der Welt.

Montrachet **Dom. du Ch. de Beaune** Interessanterweise 1995 bei der Verkostung in Bouchards Keller nicht getestet. Mein einziger Eintrag entstand am zweiten Tag von Rodenstocks Weinwochenende: nicht glanzhell (ich warf einen Blick auf andere Weine, die genauso aussahen); abgesehen von einer Spur Vanille bemerkte ich eine Note, die ich nicht präzise beschreiben kann, denn sie erinnerte mich an die Färberei meiner Großmutter mütterlicherseits in Delph (sie war Witwe und besaß eine Mühle, in der ich als Kind viele glückliche Stunden verbrachte, fasziniert von den riesigen, kohlebefeuerten Kesseln und dem stechenden Geruch feuchter Stoffe. Außerdem hatte sie einen Bechstein-Flügel, auf dem ich zu gern spielte). Am Gaumen leidlich voll und fest, aber unspektakulär. *September 1996* ★★

Montrachet **Laguiche/Drouhin** Lediglich in seiner Jugend verkostet: eine verschlossene Nase, die nur langsam aus sich herauskam; mitteltrocken, mittlerer Körper (13,3 % Alkohol), gute Länge, an den Zähnen kratzende Säure (3,7 g/l). Braucht viel Flaschenalterung, um sich zu öffnen und sich zu setzen. *Im Oktober 1990 bei Drouhin in Beaune verkostet. Damals* ★(★★★★) *Befindet sich vermutlich jetzt auf dem Gipfel und wird dort auch noch eine Zeit lang bleiben.*

Montrachet **L. Latour** Gehörte bei einem von Rodenstocks Galadiners in München zu einer »Serie« mit zwei Bâtards und vier Montrachets. Sehr blass, zitronengelber Ton; Nase und Geschmack mäßig attraktiv, gute Säure. Ich war nicht begeistert. *September 1995* ★★

Montrachet **Jacques Prieur** Gelb mit strohgelbem Anflug; nussig, erste Anzeichen von Flaschenalter; trocken, fest, ziemlich körperreich, gute Säure. Viele Flaschen verkostet, denn er wurde bei einem weiteren Rodenstock-Diner mit 50 Leuten serviert. *München, September 1996* ★★★

Montrachet **A. Ramonet** Mit seiner Salmanazar übertraf Bob Dickinson sogar noch Hardy Rodenstock. Sie muss einen Großteil des gesamten Weins aus der 0,25 ha großen Parzelle enthalten haben! Sehr blass; reiches, toastartiges Bukett, das sich großartig entfaltete; ausgeprägte »Süße«, körperreich, nussiger Geschmack – welch eine kümmerliche, unzureichende Beschreibung für einen solchen Wein; natürlich reich und mit sehr guter Säure. »Braucht Zeit.« Zu »frischen weißen Trüffeln und in der Pfanne angebratenem Hummer mit Boniato Vichyssoise« serviert. Das nenne ich Stil. *Im November 1997 bei Bobs »Mr.-Gourmet«-Einführungsessen in Coral Gables verkostet* ★★★★★ *Hält sich fast ewig.*

Montrachet **DRC** Blässlich; Duft nach gerösteter Kokosnuss, schöne Entfaltung; vollmundig, ziemlich kräftige Säure, passte gut zu einem Fischgericht, das wesentlich weniger exotisch war als bei Dickinson (siehe oben), nämlich zu »Filet vom Seehecht mit Colcannon und Tomaten-Velouté«. Meinem Gastgeber gehörte einer der größten Weinkeller in Amerika – er befindet sich zufällig in Coral Gables. *Im Oktober 1997 bei einem Essen des Saintsbury Club verkostet* ★★★★★

Bâtard-Montrachet **Marc Jomain** Mir neu. Ein *négociant-éleveur* aus Puligny. Blass; schwache Nase; kräftige Gripfix-Note (ein britischer Leim mit marzipanähnlichem Geruch) und abschreckend sauer. Zwei identische Flaschen. *September 1996.*

Bâtard-Montrachet **Pierre Morey** Ein klassischer junger Chardonnay-Charakter: nussig, Eiche, Vanille und raue Ananas; trocken, lebhaft, fest, wohlriechend. *Januar 1990. Damals* ★★(★★) *Müsste mittlerweile schön ausgereift sein.*

Beaune, Clos des Mouches **J. Drouhin** Er dient mir jedes Jahr als Maßstab. Von allen 1990 bei Drouhin verkosteten weißen Mouches-Weinen der Jahrgänge 1979 bis 1989 bekam er die beste Bewertung. Er war gut mit Alkohol (13,5 %) und Säure (3,9 g/l) ausgestattet. Zwei Jahre davor schon hatten Hugh Johnson und Master of Wine Colin Anderson ihn bei einer British-Airways-Blindverkostung von 26 weißen *Grand-cru-* und *Premier-cru-*Jahrgängen aus Burgund als ihren Favoriten ausgewählt. Natürlich wollten wir sehen, wie er sich in 17 000 Meter Höhe machen würde, weshalb der Verkostungsausschuss von British Airways mit der Concorde nach Barbados flog. Das waren noch Zeiten! Der Wein und das Team haben überlebt. Dabei erschien er mir in seiner Jugend fast ein bisschen zu eichenbetont, aber das kommt bei den BA-Fluggästen immer an. Er war kraftvoll und wohlriechend. Kürzlich: vollreif, statt blassgelb wie früher jetzt mittelgolden; die Nase beschwörte Walddüfte – wir befanden uns ja auch nur ein paar Meter von Hughs Baumgarten entfernt – und Anklänge an frisch gesammelte Pilze herauf. Nach 15 Minuten entwickelte er einen subtilen Duft und nach einer weiteren Viertelstunde eine ansprechende Melange aus Vanille und Ananasstückchen; »mittelsüß«, Gewicht und Geschmack perfekt. Makelloses Gleichgewicht, voll ausgereift. Er erblühte im Glas. *Zuletzt im August 1999 bei einem Essen des Bordeaux Club auf Saling Hall in Essex verkostet* ★★★★★

Bienvenues-Bâtard-Montrachet **Leflaive** Sehr blass, Limonenton; lebhaft, würzig, zitrusartige Säure; ziemlich trocken, wohlriechend, stilvoll, mit einer Säure, die im Wind flatterte. *Im Februar 1995 bei einem Weindinner im Gidleigh Park Hotel in Devon verkostet* ★★★ *Dürfte sich jetzt gut trinken lassen.*

Chevalier-Montrachet **Leflaive** Blässlich, glanzhell, Zitrusnote, mitteltrocken, mittleres Gewicht, lebhaft, elegant. *Im Juli 1992 beim Mittagessen in der Park Street Nr. 47 im Apartment der Gebrüder Roux verkostet* ★★★

Chevalier-Montrachet, Les Demoiselles **L. Jadot** Zitronengelb; reich, Tiefe, Geschmack, Länge und Nachgeschmack gut. *Juli 1992* ★★★★

Chevalier-Montrachet, Les Demoiselles **L. Latour** In der Nase und am Gaumen sehr nussig. Ziemlich »süß«, ausgesprochen reich und nach wie vor in Entwicklung begriffen. *Im Juni 1997 bei Latours Zweihundertjahrfeier auf Château de Clos Vougeot verkostet. Damals* ★★★(★) *Jetzt zweifellos voll ausgereift.*

Corton-Charlemagne **Bonneau du Martray** Erstmals 1995 bei John Jenkins' Essen für den Bordeaux Club zu »Jakobsmuscheln in Esau-Sauce« getrunken. Erfrischende, jahrgangstypische, zitronenartige Säure in der Nase und am Gaumen; außerdem Eiche; ziemlich »süß«, weich (der Charakter, nicht die Säure) und vollmundig, voll entwickelt, ausgezeichnete Säure. Seither mehrere Einträge: beim Essen zum 20-jährigen Bestehen der Zeitschrift *Decanter* in voller Blüte »fast im Stil der Neuen Welt« (Gott bewahre!). Noch einmal auf Childerley Hall zu einem sehr ähnlichen Gericht wie schon 1995, »Kammmuschel-Mousse mit Miesmuschelsauce« (ausgezeichnet – Chloë Jenkins ist eine begabte Köchin). Der Wein: sehr schöne, positive Farbe; sehr gehaltvolles, minziges Bukett; überhaupt war alles an diesem Wein gehaltvoll. Einfach perfekt. *Zuletzt im Oktober 2000 verkostet* ★★★★★ *Jetzt im Zenit.*

Corton-Charlemagne L. Latour Der dritte von insgesamt drei Jahrgängen, die bei Bob Dickinsons Essen im Restaurant Norman's in Coral Gables serviert wurden: blass, grünspurig; wohlriechend, aber unverwoben, grasig, fast wie Sauvignon blanc; trocken, kräftiger Mandelgeschmack, schlank, leicht blechern. Der 1985er gefiel mir wesentlich besser. *November 1997* ★★
Corton-Charlemagne Remoissenet Sehr gut, voll im Geschmack, perfekt (damals), gute Säure. *Im Juli 1994 während eines Mittagessens bei Stuart Levers in Lechlade bei sommerlicher Hitze im Freien verkostet* ★★★★
Meursault, Charmes Comtes Lafon Schöner goldener Schimmer; rauchig, Zitrusnote; »süß«, reich im Geschmack. *Der älteste Jahrgang bei einer Lafon-»Serie« der Hollywood Wine Society im März 1995* ★★★★
Meursault, Charmes, Hospices, Cuvée Albert Grivot Abfüllung von Prosper Maufoux 1995 bei einer Vorverkaufsverkostung degustiert. Ich empfand seine unverwobene, ölige Nase als so abstoßend, dass ich den Wein gar nicht mehr verkostete. Zufällig habe ich ihn ein paar Jahre später bei einem Saintsbury-Club-Essen noch einmal getrunken. Flaschenabweichungen: blass bis relativ tiefes Gelb; Vanille, in der Nase eine Zitronennote; trocken, mittelmäßiger Geschmack, gute Säure, aber bestenfalls uninteressant. *Zuletzt im April 1997 verkostet. Nicht zu empfehlen.*

EIN PAAR WEITERE MEURSAULT-WEINE, DIE ICH 1990 UND 1991 VERKOSTET HABE J.-P. Gauffroy Ziemlich schwer und zum Kauen, aber ausverkauft! ★★★; F. Jobard Stilvoll, archetypisch, nur gut ★★★; **Charmes** H. Bouzereau Greure Reich im Geschmack, fest, gute Säure ★★★; **Clos du Cromin** P. Javillier Köstlich ★★★★

ICH HABE IN LETZTER ZEIT NUR NOCH WENIGE PULIGNY-MONTRACHETS VERKOSTET. Hier einige 1990 und 1991 degustierte Versionen: E. Sauzet Enttäuschend ★★; **Folatières** Bouchard Père Reich, nussig, lang ★★★; L. Jadot Wirklich sehr gut ★★★★; **Perrières** Leflaive Mustergültig ★★★★

1987 ★★

Die Weißen gerieten nicht so zufriedenstellend wie die Roten. Der Jahrgang wirkte damals ziemlich ansprechend und verkaufte sich gut, letzten Endes aber war er äußerst uneinheitlich, wie die folgenden Notizen zeigen.
Montrachet Dom. du Ch. de Beaune Leider eine schwierige Zeit für Bouchard. Späte Lese und eine Produktion von 5000 Flaschen, die jedoch weit unterdurchschnittlich waren und alles andere als *Grand-cru*-Qualität hatten: zu viel Farbe; in der Nase und am Gaumen ölig und karamellig. Fast Kerngeschmack. Schrecklich. *Im November 1995 in den Kellern von Bouchard Père in Beaune verkostet.*
Montrachet Laguiche/Drouhin Nur in seiner Jugend verkostet. Bereits gelb, leicht golden getönt; ansprechende, aber unverwobene Nase, die meisten Komponenten noch nicht im Einklang miteinander; vollmundig (13,4 % Alkohol), abgerundet, ziemlich gute Säure (3,7 g/l), »vielleicht etwas kurz«. *Im Oktober 1990 bei Drouhin in Beaune verkostet. Ich gab ihm ★★★ und empfahl: »Bald trinken.« Mittlerweile vom Warten wohl eher müder als reifer.*
Montrachet A. Ramonet Ich war gespannt darauf zu sehen, was der »Meister« aus dem 1987er machen würde: etwas zu tiefes Gelb, aber glanzhell; Duft nach Geleebonbons und Fruchtgummis; ziemlich körperreich, aber nicht auf zufriedenstellendem Niveau. Ich dachte zunächst, die Herkunft könnte vielleicht schuld gewesen sein, heute aber glaube ich, dass es einfach am Jahrgang lag. *Im Dezember 1996 in New York verkostet ★ Siehe aber auch die Ramonet-Weine weiter unten.*
Beaune, Clos des Mouches J. Drouhin Zwei Einträge aus seiner Anfangsphase. Im August 1989 leichte Frucht und Eiche, öffnete sich angenehm. Als Nächstes auf einer Vertikalverkostung bei Drouhin: ausgeprägtes Gelb; Vanille und Würze, aber mit blühender Frucht; körperreich (13,7 % Alkohol), gute Säure (4,1 g/l), abgerundet, köstlich. *Zuletzt im Oktober 1990 verkostet. Damals ★★★, fast vier Sterne, er dürfte aber jetzt mehr als trinkreif sein.*
Bienvenues-Bâtard-Montrachet A. Ramonet Es hieß, die Trauben von den ertragsarmen alten Bienvenues- und Bâtard-Rebstöcken seien zusammen vinifiziert und anschließend in einzelne, zu 35 % neue, leicht eingebrannte Barriques gefüllt worden. Das Hefedepot sei nicht aufgerührt worden (keine Stahltanks). Das Ergebnis kann sich sehen lassen: blässlich; schöne, reiche, weiche, eichengetönte Nase, die sich rasch öffnete und recht intensiv entfaltete; ziemlich »süß« und körperreich (13,5 % Alkohol), sehr reicher, eichenbetonter Chardonnay-Charakter mit ausgezeichnetem Nachgeschmack. *Im Februar 1995 bei einem Essen während eines Weinwochenendes im Gidleigh Park Hotel in Devon verkostet ★★★★ Ein sehr guter 1987er, der mittlerweile auf dem Höhepunkt sein dürfte.*
Chassagne-Montrachet J.-N. Gagnard Sehr gut, reich, nussig, fast im »Neue-Welt-Stil«; Geschmack und Gleichgewicht ausgezeichnet. Ließ sich gut trinken. *Im Juli 1994 beim Essen mit Colin Harris im Londoner Stadtteil Chelsea verkostet. Damals ★★★★ Jetzt wahrscheinlich über den Höhepunkt hinaus.*
Chassagne-Montrachet A. Ramonet Sehr blass, Limonenton; unmittelbar entgegenkommend, eine köstliche, rauchig-eichenbetonte Duftentfaltung, von der nach über einer Stunde noch immer etwas im Glas war, fabelhaft reich; trockener als erwartet, kraftvoll (13,5 % Alkohol), aber sehr guter Geschmack und Nachgeschmack. *Im Februar 1994 bei einem Essen im Gidleigh Park Hotel in Devon zu gegrillter Meerbarbe getrunken* ★★★★
Chassagne-Montrachet, Morgeot Gagnard Delagrange Unser »Kellermeister« lobte ihn zwar in höchsten Tönen, doch ich fand ihn nicht sonderlich beeindruckend. Trocken, »recht passabel«. *Im Oktober 1996 bei einem Essen des Saintsbury Club in London verkostet* ★★
Chevalier-Montrachet Dom. du Ch. de Beaune Ab 29. September gelesen, 6900 Flaschen abgefüllt. Er war noch schlechter als der 1985er: stämmig, obwohl er »nur« 13 % Alkohol hatte, ölig, chaptalisierte Nase; Marzipangeschmack. Schrecklich. *Im November 1995 bei Bouchard Père in Beaune verkostet.*
Corton-Charlemagne, Fourget *(sic)* Bouchard Père Der älteste, 25. und letzte einer gelinde gesagt uneinheitlichen »Serie« von weißen Burgundern, die bei einer Verkostung von British Airways für die First Class und die Concorde degustiert wurden. Dieser Wein ist nie mitgeflogen. *Februar 1999.*
Meursault, Charmes Jadot Ein alter Weinberg, alte Rebstöcke und ein kleiner Ertrag. Jadot gab wieder einmal sein Bestes, um das Ruder herumzureißen und einen anständigen, passablen 1987er zu erzeugen: offene Nase, sahnig, ein Anflug von Öl und Malz; am Gaumen besser, »süß«, weich, trinkreif. *Im März 1995 bei einer Lafon-Verkostung von Charmes-Weinen degustiert ★★★ Gerade noch. Jetzt aber zweifellos am Ende.*

ICH HABE UM 1990 ZIEMLICH VIELE 1987ER VERKOSTET, doch nur wenigen von ihnen drei Sterne gegeben; die meisten dürften ihre besten Jahre mittlerweile hinter sich haben.

1988 ★★★

Ein guter Jahrgang, der zu Recht beliebt war, als er auf den Markt kam. Die Erträge aber lagen hoch und so fehlte es den Weinen der Erzeuger, die nicht radikal zurückgeschnitten oder selektiert hatten, an Konzentration. Dennoch konnte man relativ viele reife, frische, ausgewogene Gewächse bekommen. Wie immer sind die einfacheren Provenienzen längst weggetrunken. Auf den Listen der Händler fand man nach 1995 nur noch wenige Exemplare. Die besten trinken sich nach wie vor gut.

Montrachet **DRC** Nur in seiner Jugend verkostet, aber schon damals sehr ansprechend, gute Nase, ziemlich körperreich, Frucht und Säure gut. *Im Oktober 1990 auf der Domaine verkostet. Damals (★★★★) Jetzt mit Sicherheit gut zu trinken.*

Montrachet **Laguiche/Drouhin** Im dritten Jahr wohlriechend und ansprechend. *März 1991* (★★★★)

Montrachet **Dom. du Ch. de Beaune** Lesebeginn am 20. September. Noch der erträglichste Wein aus der Bouchard-Schreckenskammer jener Zeit: mittelblasses Gelb; angenehm, Ananasnote, Chardonnay-Charakter; sehr reich, aber etwas zu stämmig und schwerfällig; »süß«, voll, reich, Eiche, vollmundig. *Im November 1995 in den Kellern von Bouchard Père verkostet* ★★★

Montrachet **Lionel Bruck** Gehört mittlerweile zum großen Boisset-Imperium. Herrliche Farbe, wächserner Schimmer und eine Spur Grün; verschlossene, rauchige, honigartige Nase mit Limonennote; trocken, ziemlich körperreich, einigermaßen fest, aber letzten Endes doch unspektakulär. *Eröffnete die erste verkostete »Serie« auf Rodenstocks Weinwochenende im September 1996* ★★★ *(gerade noch).*

Beaune, Clos des Mouches **J. Drouhin** Meine »Jahrgangs-Messlatte«. Allerdings habe ich den Wein nur in seiner Jugend verkostet: seinerzeit blass; unreif, Ananas und Eiche; mitteltrocken, angenehme Säure. Passabel. *Bei Drouhin verkostet. Damals (★★★) Jetzt zweifellos voll ausgereift. Man sollte nicht darauf spekulieren, dass sich seine Qualität oder Trinkbarkeit mit der Zeit verbessert haben.*

Chablis, Montmains **J.-M. Brocard** Das Brocard-Weingut ist nach burgundischen Maßstäben riesig. Dieser *Premier cru* wurde bei einem Essen des British-Airways-Ausschusses bei Mosimann in einer Magnum serviert. Sehr hell und glänzend, blässlich, mit einer noch immer jugendlichen Grünspur; in der Nase »süß«, weich, rauchig, mit zitronigem Unterton: leidlich trocken, schlank, dabei ziemlich stämmig, sehr gute Säure – wie ein mit Sauvignon gemischter Chardonnay. Passte gut zu gedünstetem Heilbutt. *April 1998* ★★★ *Ein guter Zehnjähriger.*

Chassagne-Montrachet **Ch. de la Maltroye** Blässliches Strohgelb; gute Nase. Ein Chardonnay mit etwas Flaschenalter; Geschmack und Länge ausgezeichnet. *Im November 1994 bei einem bescheidenen Mittagessen mit Taylor Thomson, einem ganz außergewöhnlichen Weinsammler, im Londoner Restaurant Wiltons verkostet* ★★★★

Chassagne-Montrachet, Les Chevenottes **Ch. de la Maltroye** Goldgelb, die zweite Flaschen blasser; ausgewogen; trocken, Marzipan, Leimnote und blecherne Säure. Nicht so spritzig wie die gewandte, energiegeladene Joan Oliphant-Frazer, die mich als Dankeschön für mein Vorwort zu ihrem Buch zum Essen in das Londoner Café Royal eingeladen hatte. *Januar 1995* ★

Chevalier-Montrachet **Dom. du Ch. de Beaune** In seiner Jugend (1990) ein anständiger, ausgewogener, vollmundiger und wohlschmeckender Wein. Nur fünf Jahre später war er das beste Gewächs einer unterdurchschnittlichen Zusammenstellung: jetzt Goldgelb; stämmig (13,5 % Alkohol), offen gesagt ziemlich stumpf, ohne den lebhaften Stil eines wirklich guten Chevalier. *Zuletzt im November 1995 in Bouchards Kellern verkostet* ★★★ *(gerade noch).*

Corton-Charlemagne **Bonneau du Martray** Nach 36 blind verkosteten Weinen, die alle jünger waren, fand ich diesen gar nicht gut. Er hatte eine »gekochte« Nase und war trocken, rau und säurebetont. Bei dem hohen Preis hätte er besser sein müssen. *April 1994.*

Corton-Charlemagne **J.-F. Coche-Dury** Das Caius College kann sich glücklich schätzen, einen so weitblickenden, geschmackssicheren Don zu haben. Vielleicht wurde dieser »Kultwein« – Coche Dury hätte sicher etwas gegen die Bezeichnung – aber auch nur für Neil McKendricks Keller gekauft (er ist mittlerweile Master). Bei McKendricks Essen für den Bordeaux Club öffneten wir gleich zwei Jahrgänge, als Erstes den 1988er: ziemlich blass; eine ansprechende, wohlriechende, rauchige Vanillenase, die einen Anflug von Schokolade erkennen ließ; ziemlich »süß«, köstlicher Geschmack, kraftvoll (13,5 % Alkohol), aber nicht übertrieben, mit gutem, sauberem, trockenem Abgang. *Im Juni 1998 im Caius College in Cambridge verkostet* ★★★★

Corton-Charlemagne **L. Latour** Ein schöner Wein. Erstmals im März 1991 verkostet. Blass, aber alles andere als fade: in der Nase ansprechend, nussig, parfümiert, neue Eiche; voller, weicher, würziger Geschmack. 1997 einer der besten Weine bei einer Vertikalverkostung der Jahrgänge 1983 bis 1996: ziemlich »süß«, körperreich (14 % Alkohol) und griffig. Unlängst bei einer fast identischen Vertikaldegustation, die ich während eines Weinwochenendes der Hollywood Wine Society leitete: fast fleischig gehaltvoll, gute Säure, eichenbetonter Nachgeschmack. Ein perfekt trinkreifer Zehnjähriger. *Zuletzt im März 1998 verkostet* ★★★★ *Hält sich noch.*

Corton-Charlemagne **E. Voarick** Gehörte zu einer Sechser-»Serie«: sehr blass; eigenartige, käsige, ölige Nase; trocken, spröde, fest und sehr gut zu einer Mahlzeit. Trotz seiner Nase bekam er von mir eine ziemlich hohe Bewertung. *Im September 1994 bei einer Rodenstock-Verkostung im österreichischen Arlberg Hospiz degustiert* ★★★?

Meursault, Charmes **Comtes Lafon** Rauchig, Vanille und eine durch Flaschenalterung entstandene Honignote; »mittelsüß«, körperreich, vollmundig, fest, sogar ein spröder Zug, hohe Säure. *Im März 1995 bei einer Lafon-Vertikalverkostung von Charmes-Jahrgängen degustiert* ★★★

Puligny-Montrachet **Leflaive** Lese ab 27. September. Mit zwei Jahren blass; traubig, Pfefferminze und jugendliches Ananasaroma; weich, dabei fest, aber mit Pfirsichkernnote. Den letzteren Eindruck fand ich 1993 bei einer Verkostung von 1988ern bestätigt: »kühl«, trocken, pfirsichkernartiger Abgang. Ganz und gar nicht mein Geschmack. Leider noch eine schlechte Flasche, die ein bekannter Makler zu Christie's zurückbrachte: Der Wein war selbst für Leflaive-Verhältnisse ungewöhnlich blass, in der Nase kernartig, Geschmack wie Cyanid. *Zuletzt im Februar 1996 verkostet. Was war schief gegangen? Probleme bei der Schönung?*

Puligny-Montrachet **Prosper Maufoux** Trocken, lebhaft, nicht sehr ansprechend. *Juli 1995* ★

Puligny-Montrachet, Les Folatières **H. Clerc** Goldton; eigenartig getoastete Nase, die mich an gebratenen Schinken und Gentleman's Relish (eine britische Fischpaste mit Butter und Kräutern) erinnerte; ziemlich körperreich, sehr eichenbetont, würzig – knusprig gebratener Schinken. Also wirklich! *September 1996* ★★★

Puligny-Montrachet, Les Folatières **Prosper Maufoux** Karamellnote, trocken, voll, lebhaft, nicht schlecht, aber ehrlich gesagt auch nicht gut genug. *Im Juli 1995 auf einer Vorverkaufsverkostung bei Christie's degustiert* ★★

Puligny-Montrachet, Les Pucelles **Leflaive** Blass, glanzhell, limonengelb, schon der Anblick ließ einem das Wasser im Mund zusammenlaufen; fest, frisch, Zitrone und Vanille; unerwartet »süß« – zu Lachs serviert – und noch immer jugendlich. *Im September 1995 überraschend bei einem Essen mit Sara und Esmée Johnstone während der Lese auf Château de Sours in Entre-Deux-Mers serviert* ★★★★

Eine kleine Auswahl aus den zahlreichen 1988ern, die ich in ihrer Jugend verkostet habe **Bâtard-Montrachet** von **L. Latour** und **Leflaive** ★★★★; kein **Chablis** bekam mehr als ★★★, die meisten lagen sogar weit darunter; **Chassagne-Montrachet, Boudriotte** **Gagnard-Delagrange** Klassisch ★★★★; **Corton-Charlemagne** **Bouchard Père** ★★★ *(gerade noch)*; **Puligny-Montrachet, Clos de la Garenne** **J. Drouhin** Herausragend ★★★★★

Aus der Vielzahl von Meursaults ragten die folgenden Weine heraus: **Boyer-Martenot** Sehr wohlschmeckend, aber etwas spröde ★★★★; **Les Charmes** **Bouchard Père** und **L. Latour** ★★★★; **Genevrières, Hospices, Cuvée Baudot** **F. Protheau** Superb ★★★★★; **Poruzot** **René Manuel** Wohlriechend ★★★★

1989 bis ★★★★★

Burgund ist eine komplexe Region und bringt Weine hervor, die sich sehr stark voneinander unterscheiden. Das liegt nicht so sehr am Jahrgang, sondern am Können, der Beharrlichkeit, dem Qualitätsbewusstsein und natürlich auch an den Zielsetzungen der Erzeuger und Händler. 1989 waren die Trauben reif und konnten früh gelesen werden. Die Weine zeigten sich schon in ihrer Jugend attraktiv und erreichten zum Großteil Mitte der 1990er ihren Höhepunkt. Einige der Spitzengewächse allerdings lassen sich auch jetzt noch sehr schön genießen, wie man gleich sehen wird.

Nachfolgend sind sehr viele Montrachets, Bâtards, Chassagnes und Corton-Charlemagnes aufgelistet. Das liegt nicht nur daran, dass ich sie in letzter Zeit sehr häufig verkostet habe; an ihnen lassen sich auch die Stil- und Qualitätsunterschiede sehr gut aufzeigen. Daneben aber hat mich die unverzeihlich hohe Zahl schlechter weißer Burgunder schockiert. Sie haben den Chardonnays aus der Neuen Welt praktisch das Feld überlassen. Die besten weißen Burgunder hingegen sind eine Offenbarung.

Le Montrachet **DRC** Es ist schon sehr selten, dass man eine Probeflasche verkosten kann, selbst auf der ziemlich exklusiven Handels- und Pressedegustation bei Corney & Barrow. Und noch seltener bekommt man die Erlaubnis, den Wein im Fass zu degustieren. Als ich die zehn kleinen Fässer – die Gesamtproduktion – sah, wurde mir wieder bewusst, welch verschwindend geringe Mengen von dieser Kreszenz existieren und es schlicht unmöglich ist, die Nachfrage unter den Wohlhabenden dieser Welt auch nur teilweise zu erfüllen. Auf jeden Fall durfte ich ihn nur zwölf Monate nach der Bereitung verkosten: im Glas ausgeprägt limonengelb; ein intensives reiches, wächsernes, würziges Vanillearoma, nach wenigen Minuten außerdem der Duft von gemahlenem Kaffee; ein Anflug reifer »Süße«, trug sein Gewicht mühelos; wohlriechend und schöne Säure. *Im Oktober 1990 auf der Domaine verkostet* (★★★★★) *Damals großartig. Ist jetzt mit Sicherheit fabelhaft und wird sich noch weiter entwickeln.*

Montrachet **Laguiche/Drouhin** Als Erstes eine Fassprobe bei Drouhin im Oktober 1990: gute Farbe; bereits wohlriechend, mit eichengezähmter Fruchtfülle; ziemlich »süß«, Geschmack, Länge und Nachgeschmack sehr schön. Bekam bei einer Verkostung 1992 meine höchste Bewertung: wohlriechend, lebhaft, köstlich. Mit vier Jahren ausgezeichnet, leichte Röstnote; klassisch, fächerte sich immer weiter auf; auf einer Rodenstock-Verkostung mit Abstand der beste Wein einer Reihe weißer Spitzen-Burgunder. Wie soll man beschreiben, was perfekt ist? *Zuletzt im September 1993 im österreichischen Arlberg Hospiz verkostet. Damals* ★★(★★★) *Jetzt auf dem Höhepunkt.*

Montrachet **Baron Thénard** Erstmals 1995 bei Jardines Cellar-Club-Verkostung in Tokio degustiert: reiche Farbe; in der Nase und am Gaumen sehr ausgeprägte rauchige Eichennote, voll, eindringlich, großartig. Im darauf folgenden Jahr bei einem Rodenstock-Essen in München: fast zu eichenbetont, sehr, sehr reich, Toastnote, kraftvoll, fabelhafter Geschmack. Und noch einmal 1998 bei Rodenstock – Hardy scheint auf diesen Wein abonniert zu sein. Eine weitere Flasche, die als Remoissenet in der Liste stand, aber ein Thénard-Etikett hatte, zu »Drachenkopffisch mit Tat Soi, Wasserkastanien und Ingwer-Soja-Hijiti-Sauce« bei einem extravaganten Millenniums-Dinner von Zachys und Christie's in New York (der Besitzer und Chefkoch Charlie Trotter und sein gesamtes Team waren aus Chicago eingeflogen worden – ein Luxus, den man sich nur einmal leisten kann, auch wenn die Speisen großartig waren). Das Tat Soi drängte den Montrachet allerdings etwas in den Hintergrund. Am Tag danach konnte die erwartungsvolle Christie's-Klientel ihn bei der Millenniums-Vorverkaufsverkostung zusammen mit 28 weiteren ausgezeichneten Weinen degustieren. Beeindruckend, bemerkenswert »süß«, sehr wohlschmeckend, aber viel zu viel Eiche. *Zuletzt im Mai 1999 im Rockefeller Plaza verkostet* ★★★★

Montrachet **Dom. du Ch. de Beaune** Erstmals im Oktober 1990 aus dem Fass verkostet: eine enorme Steigerung gegenüber den unterdurchschnittlichen Weinen, die Mitte der 1980er auf der Domaine entstanden: wohlriechend, Eiche; ziemlich »süß« und körperreich; weich, aber schön. Zwei Jahre später notierte ich mir für die Nase und den Geschmack nur »klassisch«; war auf jeden Fall sehr gut und bekam eine hohe Bewertung. *Zuletzt im Juni 1992 bei einer monumentalen Bin-Club-Verkostung in Gloucestershire degustiert* ★★★★★ *Leider seither nicht mehr probiert.*

Montrachet **L. Jadot** Malzig, fleischig. Sehr dürftige Nase, deshalb gar nicht mehr verkostet. Sicher eine schlechte Flasche. *Im Juni 1992 bei der Verkostung des Bin Club degustiert.*

Montrachet **L. Latour** Gute Farbe; klassische Frucht und Vanillenote; zu eichenlastig. Eine bescheidene Bewertung. Ziemlich enttäuschend. *Ebenfalls bei der Bin-Club-Verkostung im Juni 1992 degustiert* ★★

Bâtard-Montrachet **Bouchard Père** Überraschend tiefe Goldfarbe; sahnige Vanillenase, Karamell- und Rauchnote; für seine Klasse und den Jahrgang ein ungewöhnlich niedriger Alkoholgehalt (12 %). Reich, doch etwas flau. Über den Höhepunkt hinaus, aber gut zu trinken. *Eine Flasche aus einem temperaturgeregelten Keller auf den Bahamas, die nach New York gebracht wurde, damit ich sie prüfen konnte. Was ich denn auch tat, nachdem ich sie bei einem Essen des Knickerbocker Club im Dezember 1996 größtenteils geleert hatte. Sie hatte meiner Meinung nach zu irgendeinem Zeitpunkt auf den Transportwegen etwas Sonne erwischt, aber wenn ich an die Qualität* *einiger* Grands crus *von Bouchard in den 1980ern denke, dann bin ich mir da gar nicht mehr so sicher.*

Bâtard-Montrachet **L. Latour** Im Oktober 1990 aus dem Fass verkostet: sehr korrekt. Ausgesprochen attraktiv, kraftvoll. Ein nicht ganz so überschwänglicher Eintrag entstand bei einer Bin-Club-Verkostung: weich, reich, nur recht gut. *Zuletzt im Juni 1992 verkostet *** (gerade noch).*

Bâtard-Montrachet **Niéllon** Ausgezeichnet: in der Nase und am Gaumen äußerst ansprechend, rauchig, weich, reich, langer rauchiger Abgang. *Im Oktober 1995 beim Essen im Restaurant Le Montrachet in New York verkostet *****

Bâtard-Montrachet **Leflaive** Ziemlich blass; in Nase und Geschmack viel zu eichig, in einem Jahrgang wie diesem für einen Bâtard nicht fett genug. *Im September 1997 bei der* Grand-cru-*Vorverkaufsverkostung bei Christie's degustiert ****

Bâtard-Montrachet **Olivier Leflaive** Nur sechs Barriques, aber nach einer Fassverkostung zu urteilen wesentlich attraktiver als der Wein seines Onkels. Köstlich. Vollmundig. *Im Oktober 1990 bei Olivier Leflaive verkostet. Ich gab dem Wein begeistert fünf Sterne und nehme an, dass er jetzt voll ausgereift ist und sich gut trinken lässt, aber vielleicht sind **** realistischer?*

Chassagne-Montrachet **A. Ramonet** Ein Klassewein. Reich, ziemlich kraftvoll, gute Säure. *Im Februar 1994 im Gidleigh Park Hotel in Devon verkostet **** Dürfte noch immer sehr schön sein.*

Chassagne-Montrachet **L. Latour** Zufällig im Abstand von zwei Monaten verkostet, einmal im Gidleigh Park Hotel und das zweite Mal bei einem Hofdinner in der Saddlers' Hall in der City of London. Zum Glück gleichlautende Einträge: die Nase zunächst verschlossen, öffnete sich aber wohlriechend; schöner Geschmack, ausgewogen. *Zuletzt im März 1994 degustiert ****

Chassagne-Montrachet, La Boudriotte **Gagnard-Delagrange** 20 bis 25 % neue Eiche, wird in der Regel nach 15 bis 16 Monaten abgefüllt. Blass, limonengelb getönt; eine absolut köstliche, rauchige Nase mit Zitronennote und ein ebensolcher Geschmack. Duftiger Nachgeschmack. *Im Februar 1995 im Gidleigh Park Hotel in Devon verkostet ******

Chassagne-Montrachet, Les Caillerets **A. Ramonet** Glanzhell, blassgolden; »süße«, rauchige Eichennase und entsprechender Geschmack, körperreich, sehr gute Säure. *Im September 1997 beim Essen am zweiten Abend einer Cheval-Blanc-Verkostung am Bodensee degustiert *****

Chassagne-Montrachet, Les Chaumées **Colin-Déléger** Die Kellerei bewirtschaftet 12 ha je zur Hälfte mit weißen und roten Rebsorten bestockter Fläche, 2 ha davon nimmt dieser Weinberg ein. Eine verhaltene Nase, die sich schön öffnete; für einen so reifen Jahrgang trockener und spröder als erwartet, trotz des relativ geringen Alkoholgehalts von nur 13 % kraftvoll. *Im Februar 1995 bei einem Weindinner im Gidleigh Park Hotel in Devon verkostet **** Müsste jetzt hervorragend sein.*

Corton-Charlemagne **Coche-Dury** Fabelhaft, verdiente seinen glamourösen Ruf: unbeschreiblich »süßes«, »dicksahniges«, entgegenkommendes Bukett; im Geschmack ziemlich »süß«, weich, reich, stämmiger als der 1988er – ich könnte noch lange so fortfahren. *Im Juni 1998 bei Neil McKendricks Essen für den Bordeaux Club im Caius College in Cambridge degustiert ******

Corton-Charlemagne **L. Latour** Eine ansprechende Fassprobe, die 1990 nach London gebracht wurde, weicher als der 1988er, reicher, bezaubernder. Als Nächstes 1997 bei der 200-Jahr-Feier von Latour unter freiem Himmel verkostet: kraftvoll und körperreich – sie hatten alle 14 %, aber trotzdem Schwung und Flair. Später bei der Vertikalverkostung zum Latour-Seminar: ein wundervoll »süßer«, weicher, voller, reicher Wein. *Zuletzt im März 1998 bei einem Weinwochenende der Hollywood Wine Society verkostet *****

Corton-Charlemagne **E. Voarick** So eigenartig und spröde wie sein 1988er: Geruch nach Vanille, Fleisch und Käserinde; trocken, zu streng. *September 1994 ***

Meursault, Charmes **Comtes Lafon** Das Gut stufte den 1992er und den 1989er, der einer kleinen Ernte reifer, gesunder Trauben entstammte, als seine beiden besten Jahrgänge ein. Bei der Lafon-Vertikalverkostung 1995: reingoldener Ton; köstliche Butter- und Eichennase – nicht gerade eine originelle Beschreibung – wie ein Labrador, der auf dem Rücken liegt und darauf wartet, dass man ihm den Bauch krault; »süß«, sehr körperreich, mit toastartigem, eichengefärbtem Geschmack und zitrusartiger Säure. Im Jahr darauf in ungewöhnlicher Umgebung hervorragend: in der Nase ausgesprochen opulent und fast schon zu kraftvoll (allerdings folgte er auf einige weit weniger alkoholreiche Nahe-Weine). *Zuletzt im November 1996 beim Essen mit Armin Diel auf dem Schlossgut Diel an der Nahe verkostet ******

Meursault, Genevrières **Chauvenet** Vanille und ein Anflug von Karamell; trocken, nussig, gute Säure, aber in einer anderen Liga wie der Lafon. *Im Mai 1997 beim Essen auf Chippenham Lodge getrunken ***

Meursault, Perrières **Comtes Lafon** Ausgeprägtes Gelb; ausgewogene, subtile Nase; ansprechend, voll im Geschmack, rauchig, eichengefärbt. *Im Oktober 1994 beim 5. Dîner Classique des Weinhauses Reichmuth im Hotel Baur au Lac in Zürich verkostet *****

Pouilly-Fuissé, Vieilles Vignes **Ch. Fuissé/Vincent** Bei einer Verkostung von Vincents wunderschön duftigem und delikatem 1983er hat mir auch dieser Wein sogleich gefallen. Als er eines Tages bei Christie's hereinkam, weil er dort versteigert werden sollte, habe ich einige Flaschen gekauft. Ab Juni 1995 sind daher viele Einträge entstanden: goldgelb; voll, reich, Limone und Eiche; stämmig (13,5 % Alkohol), sehr ansprechend. Keineswegs wohlriechend und delikat, sondern ein großer, alkohol- und extraktreicher Wein – fast ein »K.o.-Tropfen«. Hier einige Notizen vom Herbst 1996 (mir liegen jedoch wesentlich mehr vor): blässlich, aber ausgeprägtes Gelb; gute, jedoch nicht sonderlich eigenständige Nase; am Gaumen wesentlich beeindruckender, ein Wein von beträchtlicher Tiefe. Er ist zwar nicht mehr preiswert, doch lohnt es sich, nach ihm Ausschau zu halten. *Zuletzt im Oktober 1996 verkostet ****

Puligny-Montrachet, Grands Champs **Sélection Jean Germain** Ausgeprägt senfgelb; positiv, Eiche, Vanillenase, nach einiger Zeit im Glas wie Ambrosia Creamed Rice (britischer Reispudding in Dosen); etwas »süß«, schwerfällig, fleischig, leicht fett – wie eine 40-jährige erfahrene Bardame, die sich ein bisschen gehen lässt. *Im November 1996 beim Essen mit dem Weinausschuss im Athenaeum Club verkostet *** (gerade noch).*

Puligny-Montrachet, Les Pucelles **Leflaive** Erstmals im Oktober 1990 aus dem Stahltank verkostet (er war bis zum Abschluss der malolaktischen Säureumwandlung im Fass gewesen): trotz seiner Jugend überraschend harmonisch. Ein Zeitsprung von acht Jahren: ein merkwürdiges, fischiges Exemplar mit Kernnote, flau, dürftiger Abgang, verkostet 1998 zwischen den Yquem-»Serien« von Rodenstock. Zwei Monate später wohlriechend, aber in der Nase etwas zu alt, mit Pfirsichkernnote und einem reichen, eichenbetonten Endgeschmack. Passte jedoch gut zu eingemachten Shrimps (in der

Londoner Weinbar Boot & Flogger mit dem amüsanten, redseligen Russen Boris Voladarsky und meiner Frau). *Zuletzt im April 1999 bei einem Essen des Saintsbury Club in London zu Heilbutt verkostet *** Gut, mehr nicht.*

1990 **** uneinheitlich

Ich habe mehr erwartet. Die Qualitätsabweichungen waren gelinde gesagt überraschend. Manche Weine – die Spitzengewächse – gerieten allerdings großartig. Die Wachstumssaison verlief gut, aber die Hitze und Trockenheit begünstigte eher die Roten. Man erzielte einen hohen – zu hohen – Ertrag. Die Weißen waren zwar reich, oftmals auch elegant und gut ausgewogen, doch mussten sie früh getrunken werden.

Montrachet **Laguiche/Drouhin** Erstmals 1990 in Drouhins Kellern verkostet. Trotz des unreifen Zustands mit eindeutig großem Potenzial. Als Nächstes 1994: blass; zunächst verhalten, entfaltete sich aber dann großartig und war nach 90 Minuten herrlich entwickelt; trocken, nussig, eichengetönt, spröde, aber attraktiv (Höchstnote). Zwei Jahre später: sehr wohlriechend, toastartige, rauchige Nase; wirkte ziemlich »süß«, ziemlich reich, fett, mit einer höheren Säure als der 1989er, die jedoch gut eingehüllt war. *Zuletzt im Februar 1996 bei der Montrachet/Laguiche-Verkostung im Institute of Directors in London degustiert ***(**)*

Montrachet **Comtes Lafon** Bei einer von Dominique Lafon geleiteten, kombinierten Vertikal- und Horizontalverkostung degustiert: anfangs verhalten, entwickelte aber nach 20 Minuten eine herrliche Duftfülle: Geschmack, Länge und Nachgeschmack großartig, mit leichter, aber erfrischender Säure. *März 1995. Damals **(***) Dürfte jetzt sehr schön sein.*

Domaine Comtes Lafon

Lafon ist für seine weißen Burgunder berühmt, was nicht verwundert, denn schließlich befindet sich die Kellerei in Meursault. Ungewöhnlich aber sind ihre Vinifizierungsmethoden: Die Weine liegen traditionell wesentlich länger an der Maische als in jeder anderen Domaine (fast zwei Jahre) und werden spät abgefüllt. Das Ziel sind langlebige Weiße. Nichts wird überstürzt, man lässt den Gewächsen so viel Zeit, wie sie brauchen – ein Vorgehen, das sich bestens bewährt.

Montrachet **Thénard/Remoissenet** Erstmals kurz nach der Vergärung verkostet: große Kraft, viel Potenzial. 1994 erschien er mir sehr blass, mit kräftiger, aber verschlossener Nase; trocken, körperreich, gute Eiche, klassisch, ausgezeichneter Nachgeschmack. Ein Jahr darauf weich, dabei lebhaft und ziemlich eindringlich, erneut ein Hinweis auf den Nachgeschmack. Die beiden letztgenannten Einträge entstanden bei Galadiners von Rodenstock. Unlängst: blass; sehr eichenbetonte Nase; guter Geschmack, griffig. *Zuletzt bei der Millenniums-Vorverkaufsverkostung in New York im Mai 1999 degustiert ***** Voll entwickelt. Hält sich.*

Bâtard-Montrachet **Fernand Coffinet** Vorher noch nie getrunken. Sehr »süß«, intensive, rauchige Nase nach gerösteter Kokosnuss; körperreich, ein anständiger Mundfüller mit solidem Unterbau. *September 1995 *** Jetzt vollreif.*

Beaune, Clos des Mouches **J. Drouhin** Erstmals im Oktober 1990 verkostet, als er noch in der Wiege lag: »süß«, lebhaft, reichlich Frucht. Ein Sprung zu zwei Einträgen aus jüngerer Zeit, der erste entstand bei einem Essen des Saintsbury Club 1999: reifes, weiches Gelb; voll entwickelte Vanillenase; »mittelsüß«, mittlerer Körper, ansprechend, aber wenig Säure. Später als ältesten Wein bei einer Verkostung von 1990ern degustiert: ausgeprägtes Gelb, dicke »Tränen«; in der Nase mit reichlich Altersspuren, honigartig, leicht karamellisiert – Restschwefel? Entsprechender Geschmack. Zum Kauen. Müde und enttäuschend. *Zuletzt im Oktober 2001 bei Drouhin verkostet ** Austrinken.*

Chassagne-Montrachet **L. Latour** Blässlich; neutrale Nase; trocken, ziemlich voll, fest und vollmundig. Gute Länge. *Im März 1994 bei einer Verkostung in Lyford Cay auf den Bahamas degustiert *** Bald trinken.*

Chassagne-Montrachet **A. Ramonet** Blass; gute Nase, aber nicht markant; Geschmack und Säure sehr zufriedenstellend. Hat Klasse. *Im Juli 2000 beim Essen mit Carol und Jamie Guise verkostet **** (Jamies betagter Vater Sir Anselme hatte in den Kellern von Elmore Court einen Bestand alter Weine zusammengetragen, darunter einen Château d'Yquem von 1867, siehe Seite 208).*

Chevalier-Montrachet **Leflaive** Kaum Farbe, lediglich ein Anflug von Limonengelb; eigenartig fleischige Nase und schrecklicher Bittermandelgeschmack. *Im März 1999 in Los Angeles verkostet. Lag es am Wein oder der Lagerung?*

Chevalier-Montrachet, Les Demoiselles **L. Jadot** Ausgezeichnet. Eine perfekte Mischung aus Frucht und Eiche. *Im Dezember 1997 beim Weihnachtsessen der Weinabteilung von Christie's verkostet *****

Corton-Charlemagne **Bonneau du Martray** Zufällig entstanden die zwei jüngsten Einträge beide im Fernen Osten. Einmal zu »Wonton vom Boston-Hummer« bei einem Crédit-Suisse-Essen in Hongkong verkostet: zu kalt serviert, aber gut, nach 30 Minuten hatte sich das Bukett enorm gesteigert (ich ließ wie üblich einen Rest im Glas, um ihn später noch einmal zu verkosten); trocken, mittelschwer (13 % Alkohol), sehr guter, duftiger Geschmack. Ein paar Tage später (in halben Flaschen) bei einem Büfett im American Club in Tokio: köstliche Nase, wie konzentriertes Vanilleeis; ausgeprägt »süß«, eine perfekte Mischung aus Frucht und Eiche, rauchig, elegant, guter Abgang. *Zuletzt im November 1999 verkostet ***** Viel besser kann er nicht mehr werden.*

Corton-Charlemagne **L. Latour** Latour schloss die Lese im Oktober als letzter Winzer ab. Der natürliche Zuckergehalt erreichte 14 %. Eine enorme Zahl von Einträgen; der erste entstand im März 1995 bei einem Gourmet-Dinner in Florida: reich, Eiche; sehr gut in Geschmack und Gleichgewicht, aber »braucht Zeit«. Einige Monate später in Hongkong zu Schwertfisch, der seinen Geschmack betonte; bei der Verkostung mit Essen zum 200-jährigen Bestehen von Latour 1997 schön entwickelt, dank seines Gehalts ein guter Begleiter von *Foie gras*. Und so weiter – stets gut. Bei der Vertikalverkostung 1998 umschrieb jemand den Geschmack mit »gelben Pflaumen«. Der Latour war der beste aller degustierten Weine, jetzt mit einem gerösteten Ananas- und Pfirsichton in der Nase. 1999 gut zu Steinkrabben.

Kürzlich bei Hugh Johnsons Essen für den Bordeaux Club zu einem enormen *Petit choux farci au crabe* (ich scheine der Einzige zu sein, der zu diesen Treffen weißen Burgunder mitbringt): jetzt wächsernes Goldgelb; »süßes«, reiches, sahniges Vanillebukett und wundervoll reicher, vollmundiger Geschmack. Sehr gute Säure. *Zuletzt im Dezember 2001 verkostet ***** Einer der besten Charlemagnes aller Zeiten von »LL«. Jetzt voll entwickelt.*

Meursault, Clos de la Barre **Comtes Lafon** Mit 2,1 ha ein für burgundische Verhältnisse großer Weinberg. Körperreich, gute Frucht, feste Säure. *Im März 1995 bei der Lafon-Verkostung in Florida degustiert* ★★★★

WEITERE MEURSAULTS, DIE ICH BEI DER LAFON-VERKOSTUNG IM MÄRZ 1995 DEGUSTIERT HABE Charmes Schöne Farbe; himmlische Frucht, schwerfällig, Ananas; ziemlich »süß« und körperreich, fein, reich im Geschmack, erfrischende Säure ★★★★; »Désirée« Aus dem Santenots-Bereich von Meursault. Sehr hoher Ertrag. Ausgeprägtes Gelb; positiv, fest, attraktiv. Der erste Wein auf der Lafon/Mersault-Horizontalverkostung ★★★; Perrières Schön, trocken, fest, duftig ★★★★★

WEITERE WEINE AUS DER LAGE CHARMES IN MEURSAULT **J. Monnier** Sahnig, Geschmack und Länge gut. *1994* ★★★; **J. Drouhin** Flaschenabweichungen: einige Exemplare zu gelb, zu orange oder zu stumpf; aus einem guten Keller (Vintners' Hall), trotzdem ziemlich flau. *1998*; **C. Viénot** Farbe, Nase und Geschmack gut. *1994* ★★★

Meursault, Genevrières **F. Jobart** Blässliches Gelb; wohlriechend, walnussartig, trocken (warum servieren Restaurants weißen Burgunder nur so kalt?); auch am Gaumen trocken, klassisch. *Im April 1999 im österreichischen Tanglberg verkostet* ★★★

Meursault, Genevrières **L. Latour** Entwickelte sich recht gut, in der Nase und am Gaumen Butter und Eiche. Ansprechend, aber etwas ungehobelt. *Im Juli 1997 bei einem Einführungsessen der Vintners' Company verkostet* ★★★

Meursault, Perrières **Coche-Dury** Frans de Cock stürzte sich in Paris wirklich in Unkosten. Er servierte den 1978er Coche-Dury Ruchottes beim Mittagessen zu frischen geriebenen Trüffeln und diesen großartigen Wein beim Abendessen zu Austern auf Sahnebett, mit Kaviar bestreut. Es schmeckte absolut köstlich! Mild, dabei eindringlich, ziemlich »süß«, voll, reich – großer, butteriger Geschmack und exzellenter Abgang. *Im Dezember 1995 im Pariser Restaurant Carré des Feuillants verkostet* ★★★★★

Pouilly-Fuissé, Vieilles Vignes **Manciot-Poncet** Eine 13 ha große Domaine, die ich bis dato nicht gekannt hatte. Ich verbinde Puilly-Fuissé Vieilles Vignes normalerweise mit dem bewundernswerten Monsieur Vincent, aber dieser Wein war eine angenehme Überraschung. Ich entdeckte ihn in den Kellern meines eigenen Clubs. Gute Farbe; sehr angenehme, sahnige Nase; ziemlich trocken, gutes Gewicht, sehr attraktiv – so wie Laetizia, Georg Riedels Tochter, die damals bei Christie's ein Praktikum machte. *Im Juni 1995 im Londoner Brooks's Club verkostet* ★★★

PULIGNY-MONTRACHET Zu meiner Überraschung kann ich nicht eine einzige wirklich gute Bewertung finden. Sowohl der **Leflaive** als auch der **Sauzet** enttäuschten: Ersterer war spröde, mit nussigem, kernartigem Geschmack (*1997* ★), Letzterer meines Erachtens ebenfalls durch eine Pfirsichkernnote verdorben (*1999* ★★); Puligny-Montrachet, Clavoillon **Leflaive** Ebenfalls enttäuschend. *1995* ★★; Puligny-Montrachet, Folatières **G. Chavy** Bei einer British-Airways-Verkostung 1994 der Einäugige unter den Blinden: sahnig, reich; positiv, fast aggressiv, gute Länge ★★★

1991 ★★★ uneinheitlich

Eine schreckliche Saison. Louis Latour berichtete, dass es in den ersten Juliwochen sehr heiß gewesen sei, was die Reife verzögert habe. Die Trauben hätten in Corton-Charlemagne ab 20. September gelesen werden sollen, doch der offizielle Lesebeginn wurde für den 25. des Monats angesetzt. Ab dem 29. September regnete es stark. Die Reben waren wegen der Trockenheit durstig und warfen das Laub ab. Das Ergebnis: Weine wie 1982. Aufpassen.

Montrachet **Laguiche/Drouhin** Frühe Abfüllung im Oktober 1992. Erstmals bei Drouhins Verkostung im Oktober 1993 in London degustiert: gerösteter Vanilleton; voll, eindringlich, gute Länge, scharfer Abgang. Als Nächstes im Vorbeigehen bei den »Wine Experience Grand Tastings« 1995 in New York verkostet: blass; gut; stilvoll, große Länge. Im Jahr darauf auf der Montrachet-Verkostung von Laguiche: gute »Tränen«, die ich immer bewundere; in der Nase relativ verschlossen, aber intensiv und leicht würzig; mittelsüß, fülliger Körper. Reich, abgerundet, gute Länge und Säure. Ich war überrascht. *Zuletzt im Februar 1996 verkostet* ★★★

Montrachet **DRC** Schönes Goldgelb; sogleich nach dem Eingießen reich, minzig, karamellige Vanillenote, Renekloden als Unterton, öffnete sich wohlriechend; fast malzige Fülle, eindringlich, lebhafte Säure. *Im April 1998 beim Essen zwischen Wagners La-Tâche-»Serien« degustiert* ★★★

Montrachet **Thénard/Remoissenet** Ein Anflug von Pfirsichkernen; ziemlich »süß«, sehr wohlschmeckend; Eiche, kraftvoll. *Im Mai 1999 bei der Millenniums-Vorverkaufsverkostung von Christie's in New York degustiert* ★★★

Montrachet **Verget** Blässlich; ich meine mich erinnern zu können, dass Hugh Johnson den Geruch mit verdünntem Cognac verglich. Ich notierte mir: außerordentliche Kraft, dabei schlank und geschmeidig, mit guter Länge. Bei einem Essen von Hardy verkostet, der einzigen Rodenstock-Veranstaltung, an der sowohl Hugh Johnson als auch Robert Parker je teilnahmen. Parker war überraschend zurückhaltend und räumte in seinem anschließenden Rundbrief bescheiden ein, dass er bei diesem Ereignis nicht der große Star gewesen sei. *September 1995* ★★★

Bâtard-Montrachet **Niéllon** Helles Grüngelb; unreif, säurebetont, später blumig; »schockierend trocken«, schlank. Für seinen Stil und sein Gewicht viel zu viel neue Eiche. Zu einem Fleischgericht zu leicht. *Im September 1994 bei einem Rodenstock-Essen verkostet* ★★

Beaune, Clos des Mouches **J. Drouhin** Erstmals bei einer Drouhin-Verkostung in London degustiert: sehr wohlriechend; ansprechend, aber leicht seifiges Mundgefühl, jugendlicher Ananas- und Vanilleton, gute Säure, eichenbetonter Abgang. Einer der Spitzenweine 1994 auf einer Blindverkostung von British Airways. Kürzlich bei einer Verkostung aller 1990er-Jahrgänge bei Drouhin (alle hatten 13,5 % Alkohol und waren zu 30 % in neuer Eiche ausgebaut worden): noch immer ziemlich blass; unverwobene Stachelbeer- und Karamellnase, rauchiger Vanilleton; »mittelsüß«, am Gaumen besser als in der Nase; leichte Endsäure. *Zuletzt im Oktober 2001 verkostet* ★★ *Scheint seinen anfänglichen Schwung verloren zu haben.*

Bienvenues-Bâtard-Montrachet **A. Ramonet** Bei einem Rodenstock-Essen für 50 Gäste aus Magnumflaschen verkostet. Neben den Degustatoren waren wie üblich einige bekannte Persönlichkeiten anwesend, unter anderem auch Dr. Scheel, Bundespräsident a. D. Im Verlauf des Wochenendes wurden 88 Gewächse verkostet; viele davon sind in diesem Buch erwähnt. Blass, mit leichtem Grünton; eichenbetonte, parfümierte Vanillenase, schlank, fast scharf; schöner lebhafter Eichengeschmack, gute Länge, zitrusartige Säure. *Im September 1996 im Hotel Königshof in München verkostet* ★★★★ *Jetzt vermutlich auf dem Höhepunkt.*

Chassagne-Montrachet, Les Caillerets **A. Ramonet** Eine 0,4 ha große Parzelle dieser 14-ha-Kellerei. Alte Rebstöcke, Ausbau in zu einem Drittel neuer Eiche, zwölf bis 15 Monate in der Barrique. Blass, butterig; erstaunlich im Geschmack, vielschichtig, körperreich (13,5 %), aber zweifelhafte Länge. Letzten Endes etwas rau und enttäuschend ★★ (*Der 1991er Kistler, Durell Vineyard Sonoma Chardonnay hingegen war unendlich besser – reich und aufregend* ★★★★)

WEITERE CHASSAGNE-MONTRACHETS **Fontaine-Gagnard** Drei Einträge: schwerfällig, ohne Schwung; parfümiert, weich, butterig, etwas besser als der Ramonet. *1996* ★★; **Laguiche/Drouhin** »Geröstete« Nase; trocken, zu viel Eiche. *1993* ★★; **Niéllon** Weicher, eichengefärbter Geschmack und »warmer«, trockener Abgang. *1998* ★★★; **La Boudriotte** **Gagnard-Delagrange** Rustikal, dürftige Nase. *1994*; **Morgeot** **L. Latour** Gewicht und Geschmack gut. *2001* ★★★; **Morgeot, Clos de la Chapelle** **L. Jadot** Ein attraktiver Wein, gute Säure. *1994* ★★★

Chevalier-Montrachet **Leflaive** Eigenartig minzig; trocken, ziemlich kraftvoll, Eiche, Gewürznelkennote, schlanker Abgang. *April 1998* ★★
Chevalier-Montrachet **Dom. du Ch. de Beaune** Lesebeginn am 25. September. Sehr entgegenkommende, nussige Vanillenase; ziemlich »süß« und körperreich (13,5 % Alkohol), eichenbetonter, würziger Geschmack. Viel besser als erwartet. *Im November 1995 in den Kellern von Bouchard Père in Beaune verkostet* ★★★
Chevalier-Montrachet, Les Demoiselles **Niéllon** Voll, ziemlich eindringlich, ganz gut. *Im November 1995 bei Christie's verkostet* ★★★
Corton-Charlemagne **Dom. du Ch. de Beaune** Gute Farbe; »süß«, völlig von Eiche beherrscht. Kurz. *Im November 1995 in den Kellern von Bouchard Père in Beaune degustiert* ★

WEITERE CORTON-CHARLEMAGNES **L. Latour** Mehrere Einträge. Sehr ausgeprägte Eichennase, die sich fabelhaft entfaltete, allerdings ein Hauch Karamell (1996). Im Jahr darauf beim Essen: ziemlich vordergründig, zu »süß«, einnehmend. Kürzlich: sehr blass; verhalten; »süß«, aber schlank, Vanille und eine leichte Kernnote, trockener Abgang. *Juli 2000* ★★; **Bonneau du Martray** Gute Nase, korrekt, mehr nicht. *Mai 1999* ★★; **J. Drouhin** Körperreich, nussig, passabel. *Oktober 1993* ★★★

Meursault, Charmes **Comtes Lafon** Alte Rebstöcke. Sehr kleine Ernte. Es regnete vor der Lese. Karamell- und Vanillenote; schöner, butteriger Geschmack (1995). Fünf Jahre später: zu kalt serviert, aber die Nase öffnete sich schön, »süß«, Vanille; füllig, eindringlicher Geschmack, gute Länge für einen 1991er. *Verkostet im November 2000 in New York bei einem Essen zu Ehren von Lenoir M. Josey – mit seinen eigenen Weinen!* ★★★
Puligny-Montrachet, Champs-Canet **E. Sauzet** Trocken, schlank, Eiche, lebhafte Säure. *Juli 1995* ★★★
Puligny-Montrachet, Clavoillon **Leflaive** Gute Farbe, wohlriechend, honigartig; anfangs kraftvoll (13,5 % Alkohol) und eindringlich, verflachte aber. Zu Hecht serviert, der den Geschmack unterstrich. *Im Mai 1995 bei einem Hallwag-Verkostungsessen im Hamburger Restaurant Le Canard degustiert* ★★
Puligny-Montrachet, Clos de la Mouchère **H. Boillot** Im April 1994 bei einer Blindverkostung für die Concorde aus 37 weißen Burgundern von sehr unterschiedlicher Qualität ausgewählt. Im darauf folgenden Februar nach einer umfassenden Degustation deutscher Weine zu sehr guten Sandwiches von British Airways getrunken. Als Nächstes, man höre und staune, an Bord der Concorde: mittelblass; keine Nase, zum Teil wegen der Höhe und der Kabinenluft, aber auch wegen der (damals) hoffnungslos ungeeigneten Gläser, am Gaumen hingegen ausgesprochen exotisch, leicht süß, sehr ansprechend. *Zuletzt im März 1997 auf dem Flug nach New York verkostet* ★★★

WEITERE PULIGNY-MONTRACHETS **Clos du Cailleret** **Dom. Chartron** Annehmbar. *1994* ★★; **Champs-Gains** **L. Jadot** Würzig, ganz gut. *1994* ★★; **Folatières** **J. Drouhin** Neutrale Nase, traubig und eichenbetont. 1993 und *1994*; **Folatières** **Maroslavac-Léger** Ansprechende Nase; nicht schlecht, harter Abgang. *1994* ★★; **Perrières** **J. Drouhin** Wenn man die Eiche weglässt, keine Nase mehr und nur noch wenig Geschmack. *1993* ★; **Ch. de Puligny-Montrachet** **Laroche** Positiv, schlank, attraktiv. *1994* ★★

1992 ★★★

Eine bemerkenswert gute Saison. Bei hohen Temperaturen konnten die Trauben im August unter perfekten Bedingungen ausreifen. Das herrlich sonnige Wetter hielt praktisch die gesamte, relativ früh begonnene Lese hindurch an. Die Weißen waren voll ausgereift und abgerundet, allerdings enthielten sie etwas wenig fruchtige Säure als Gegengewicht zur »Süße« und zum Körper. Insgesamt einige attraktive Weine mit den üblichen Überraschungen und Enttäuschungen. Die besten Vertreter lassen sich jetzt gut trinken.
Montrachet **Laguiche/Drouhin** Sehr entgegenkommende Nase, Eiche, minzig, etwas Tiefe; ziemlich eindringlich, Ananasnote, an den Zähnen kratzende Säure. *Im Februar 1996 bei der Montrachet/Laguiche-Verkostung im Londoner Institute of Directors verkostet* ★★★
Montrachet **Bernard Morey** Zwei Flaschen, eine korkelnd, die andere mit leichtem, unreifem Ananasaroma; Geschmack und Säure gut. Großartiger Abgang, eichenbetonter, rauchiger Endgeschmack. Zu meiner großen Überraschung gab ich ihm in einer »Serie« mit Montrachets und Chevaliers meine höchste Bewertung, obwohl es sich bei den anderen Gewächsen ausnahmslos um 1994er handelte. *Im September 1996 – natürlich bei Rodenstock – verkostet* ★★★★
Montrachet **Thénard/Remoissenet** Sehr blass; fleischig, karamellig; schlank, kratzende Säure. *Im Mai 1999 bei der Millenniums-Verkostung von Christie's in New York degustiert. Der mit Abstand schlechteste Wein einer Vertikalverkostung der Jahrgänge 1989 bis 1993 von Thénard.*
Bâtard-Montrachet **Blain-Gagnard** Stachelbeerartige Säure, aber recht gute Länge. *Ein früher Eintrag von der Bibendum-Verkostung von 1992ern im Januar 1994* ★★★
Bâtard-Montrachet **L. Latour** Trocken, scharfer, säurebetonter Abgang. Nicht gut, selbst wenn man berücksichtigt, dass er im Freien verkostet wurde. *Juni 1997* ★
Bâtard-Montrachet **Leflaive** Vanillenote, parfümiert, öffnete sich nach und nach; milder Mittelteil, aber stahlig und nussig. *Im September 1995 bei Hardy Rodenstocks Eröffnungsessen in München verkostet* ★★
Bâtard-Montrachet **A. Ramonet** Erstmals 1994 verkostet: schöne, klassische Nase; körperreich, guter Geschmack, aber sehr eichenbetont, würzig. Im darauf folgenden Jahr: zitronengelb getönt, glanzhell; schöner, sanfter Duft; herrlicher Geschmack (Hugh Johnson meinte: »Mirabelle«), sehr eichenbetont, aber elegant und mit ausgezeichneter Säure. *Im September 1995 bei einem Galadiner von Rodenstock degustiert* ★★★★

Bâtard-Montrachet **E. Sauzet** Ganz anders als der Ramonet: mild, leicht vanillig, harmonisch; trocken, voll, eindringlich, eichengetönter, rauchiger Geschmack und Nachgeschmack. Gute Säure. *Im September 1994 bei Rodenstock verkostet* *** *(gerade noch). Die Eiche ist die Stütze, die das Dach vor dem Einsturz bewahrt.*
Beaune, Clos des Mouches **J. Drouhin** Blässlich; säurebetont, unverwoben, Ananas und Vanille, aber nicht unattraktiv; überraschend »süß« und reich, gut mit Frucht und Eiche ausgestattet. *Im Oktober 2001 bei der Vertikalverkostung aller 1990er-Jahrgänge bei Drouhin degustiert* **
Bienvenues-Bâtard-Montrachet **J.-C. Bachelet** Von 80-jährigen Stöcken. 18–20 hl/ha Ertrag. Schon in seiner Jugend strohfarben; leichte Apfelnote; junge Nase; reich und kraftvoll, griffig und mit guter Säure. *Im Januar 1994 bei Bibendum verkostet* *** *Gewisses Potenzial. Wäre interessant zu erfahren, was aus ihm geworden ist.*
Bienvenues-Bâtard-Montrachet **Leflaive** Zwischen dem 1893er Yquem (zu *Foie gras*) und dem 1926er La Mission Haut-Brion verkostet, ein starkes, ja, radikales Kontrastprogramm. Sehr kalt serviert. Leicht, malzig, öffnete sich mit Erreichen der Zimmertemperatur, aufschlussreiche Vanillenote und ein Anflug von Honig; leidlich trocken, fest, eichenbetonter Chardonnay-Geschmack. Schien mir in der Nase und am Gaumen immer »süßer« zu werden. Fast zu »süß«. *Im April 1996 bei Christen Sveaas' großartigem Weindinner in Oslo verkostet* ***

DIE FOLGENDEN 1992ER CHABLIS-WEINE HABE ICH WILLKÜRLICH AUSGEWÄHLT. Sie sind daher von unterschiedlichem Interesse. *Grands crus*: **Bougros** **William Fèvre** Stachelbeerartige Säure, trocken, etwas Qualität und Länge. *1995* ***; **Les Clos** **William Fèvre** Voller und körperreicher; trocken, Frucht und Geschmack gut, positiv, ziemlicher Biss, gute Länge. *1995* ****; **Les Clos** **J.-M. Brocard** Sehr parfümiert; butterig und eichenbetont – nicht mein Chablis-Stil, aber recht ansprechend. *1995* **; **Valmur** **J.-P. Droin** Grasig; eindringlich. *1994* ***. *Premiers crus*: **Vaulorent** **William Fèvre** Sehr blass; parfümiert, Vanillenote; trocken, lebhaft, positiv. *1995* **; **Mont de Milieu** **L. Moreau** Gute Frucht; fest, nachhaltig. *Im Februar 1998 bei einer Taste-of-France-Verkostung in Palm Beach degustiert* ***

Chassagne-Montrachet, Les Chevenottes **J.-N. Gagnard** Blässlich, Grünton; reich, voll, eichenbetont; vollmundig. *Im April 1996 mit Georg Riedel nach dessen Weinprobe mit unterschiedlichen Verkostungsgläsern bei Christie's degustiert* ***

WEITERE CHASSAGNE-MONTRACHETS **Clos St-Jean** **Blain Gagnard** Unverwoben, grün; trocken, gute Frucht, stachelbeerartige Säure. Ein erfrischender Wein, der früh getrunken werden muss. *Bei der Bibendum-Verkostung im Januar 1994 degustiert* **; **Clos de la Maltroye** **M. Niéllon** Komplett, harmonisch; mitteltrocken, mittleres Gewicht, nussig, guter Nachgeschmack. *Im September 1995 bei Rodenstocks Weinprobe in München verkostet* ***; **Clos St-Jean** Wohlriechend, schöner Geschmack, aber spröde. *Im September 1995 bei Rodenstocks 16. Raritäten-Weinprobe in München verkostet* ***

Chevalier-Montrachet **Leflaive** Reines Butterblumengelb mit goldenen Reflexen. Im Riedel-Glas: schöne Vanillenase; »süß«, weich, etwas Fett, ansprechend; im »Grands-Blancs«-Glas von Baccarat erschien er mir eine Spur rauer, grober und karamellig; am Gaumen aber etwas besser. Beide 1998 bei N. K. Yongs Essen in Singapur verkostet. Vor einiger Zeit: blumig; attraktiv. *Zuletzt im Juni 1999 zu Perlhuhnbrust bei einem Essen verkostet, zu dem Anne-Claude Leflaive in die Londoner Vintners' Hall geladen hatte* ****

N. K. Yong

Yong ist Chirurg und leitet in Singapur ein großes Hospital. Alle nennen ihn nur »NK«. Er ist der renommierteste Weinsammler in der Region und weltweit bekannt. Mit seiner Frau Melina steht ihm eine brillante Köchin zur Seite. Yong hat einen außergewöhnlichen Keller und war früher ein sehr aktives Mitglied im Rat der International Wine and Food Society. Ich habe mit ihm, seiner Familie und seinen sehr kenntnisreichen Freunden manch großartige Flasche zum Essen bei ihm zu Hause getrunken.

Chevalier-Montrachet **Dom. du Ch. de Beaune** Golden; leicht ölig, ansonsten sehr gut; trocken, interessante Textur, etwas Fleisch, sehr schwache Karamell-, Kern- und Nussnote. *Im Januar 2000 beim Essen auf dem Land verkostet* *** *(gerade noch).*
Corton-Charlemagne **L. Latour** Wie immer mehrere Einträge, der erste vom Mai 1995, entstanden bei einem Essen der James Beard Foundation bei Christie's in New York: rauchige Eichennase; stämmig im Stil, gute Länge – passte aber nicht zu Kaviar. Unter freiem Himmel weniger beeindruckend (1997), scharf und ziemlich säurebetont. 1998 auf der Vertikalverkostung wieder ganz anders: volle, offene, butterige, würzige Nase mit einem Hauch stachelbeerartiger Säure. Wieder »stämmig«, toastartiger, trockener Abgang. Kürzlich: eindringlich, körperreich, ein rauer Anflug. *Zuletzt im Juli 2000 verkostet. Insgesamt* ***, *er lässt sich aber noch ein Weilchen trinken.*
Meursault, Charmes **Comtes Lafon** 1,7 ha Fläche, Jahresproduktion 5000 bis 8000 Flaschen. Dominic Lafon zufolge fiel der 1992er bei den Weißen hervorragend aus, was dieser Wein eindeutig unter Beweis stellt. Er war der jüngste Jahrgang einer Vertikalverkostung, die bis 1986 zurückreichte: mittelblasses Gelb, limonengelber Ton; ein sanftes, jugendliches Ananasaroma, das sich angenehm duftig entwickelte; lebhaft, gute Länge, herrlicher Geschmack. *Im März 1995 bei einem Weinwochenende der Hollywood Wine Society verkostet* ****

WEITERE MEURSAULTS **Charmes** **J. Drouhin** Sehr blass; in der Nase und am Gaumen von Eiche beherrscht. Vordergründig attraktiv. *1995* ***; **Charmes** **Alain Coche** Butterig; ziemlich »süß« und voll, positiv, gute Länge, im Abgang Vanille. *1994* ***; **L'Ormeau** **Alain Coche** Wohlriechend, säurebetont. *1994* **

Pouilly-Fuissé, Vieilles-Vignes **Ch. Fuissé/Vincent** Frühe Lese. Die Ernte im Mâconnais begann am 10. September. Frisch, ansprechend; leidlich trocken, köstlicher Geschmack und Stil. Er erinnerte mich an den 1983er. Ich ziehe diese Art von Pouilly-Fuissé den meisten Chablis-Weinen vor. *Im Juli 1998 beim Essen mit Miriam und Jonathan Lyons verkostet* ***
Puligny-Montrachet, Les Referts **J.-M. Boillot** Jean-Marcs Referts gehörte einst zu Etienne Sauzets Weingut. Lebhaft, würzig, wohlriechend, leichte Honignote; mitteltrocken, nussig, eichengetönter Geschmack, appetitanregende, frisch zitrusartige Säure, sehr wohlriechender Nachgeschmack. *Im*

März 1997 bei einem Eröffnungsdinner im Gidleigh Park Hotel in Devon verkostet ****

Weitere Puligny-Montrachets Clos du Cailleret **Dom Chartron** Jung, apfelartig; voll im Geschmack, säurebetont und sehr eichig. *1994* **; Champs-Gains **Remoissenet** Trocken, schlank, nicht gut genug. *1994*; Clavoillon **Leflaive** In der Nase nicht sehr charaktervoll; am Gaumen besser, reich, gute Länge, interessanter Geschmack. 1995 und *1996* **; Folatières **J. Drouhin** Kräftige Farbe, Nase und Geschmack gut, ansprechende Lanolin- und Eichennote. *Im Oktober 1998 beim Essen nach Dows Vertikalverkostung degustiert* ***; Folatières **Maroslavac-Léger** Unverwoben, fast zu reich; voll im Geschmack. *1994* **; Sous les Puits **J.-C. Bachelet** Ein Weinberg neben Blagny, der im Charakter einem St-Aubin ähnelt. Überraschend »süß«, reich, dabei spröde und eindringlich. Könnte sich gut entwickeln. *1994* ***

1993 *** uneinheitlich

Ein nützlicher Jahrgang, bei dem allerdings besonders sorgfältig selektiert werden musste. Bei den einfachen weißen Burgundern wurden zu hohe Erträge erzielt. Generell hatten die Weine einen überdurchschnittlichen Säuregehalt. Der Lesezeitpunkt – ob vor, während oder nach dem Regen – spielt nun einmal eine entscheidende Rolle.

Die führenden Erzeuger von *Grands crus* und *Premiers crus* ernteten vor dem Regen und bereiteten einige ausgezeichnete Gewächse, die derzeit nicht nur gut zu trinken sind, sondern sich noch steigern können. Das Gros der einfachen Produkte und die Village-Weine der *négociants* hingegen hätten vor dem Ende der 1990er-Jahre getrunken werden müssen.

Montrachet **Laguiche/Drouhin** Ende April 1995 abgefüllt. Erstmals im Februar 1996 bei der Montrachet/Laguiche-Verkostung degustiert: blass; leichter duftiger Stil, würzig, gewisse Tiefe; trocken, schlank, säurebetont. Als Nächstes 1998 bei der großen Verkostung für das Magazin *Vinum* in Zürich: jetzt kräftigere, gelbere Farbe; zunächst verschlossen, öffnete sich aber wie alle guten weißen Burgunder wunderschön im Glas und hielt während der gesamten Degustation gut durch; trocken, fest, positiv, ausgezeichneter Abgang. Brauchte Zeit. Zwei Jahre später beim *Primum-Familiae-Vini*-Dinner im Vinopolis: ausgeprägtes Gelb; Bukett und Geschmack klassisch, füllig, »gut abgestimmt«. Kürzlich beim Essen mit Claude und Frédéric Drouhin: lebhaft, unnachahmliche Montrachet-Nase, Geschmack, Länge und Nachgeschmack herrlich. Körperreich (14 % Alkohol), zeigte Kraft und Schönheit zugleich. *Zuletzt im Oktober 2001 verkostet* ***** *Jetzt schön und noch mindestens zehn Jahre lang auf der Höhe.*

Montrachet **Fleurot-Larose** Winzige Produktion. Mittelblasses Gold; schönes, wohlriechendes, voll entfaltetes Bukett, ein Anflug von Vanille-Blancmanger; »mittelsüß«, voller, reicher, eichenbetonter, nussiger Geschmack und duftiger Nachgeschmack. *Eröffnete im August 1998 die erste »Serie« von Rodenstocks Weinwochenende im Hotel Königshof* *****

Montrachet **Chartron et Trébuchet** Dieser *négociant* in Puligny kaufte angeblich den Wein für Fleurot-Larose. Ich dachte, Letzterer hätte eigentlich viel zu geringe Mengen gehabt, um ihn zu verkaufen. Zumindest aber konnte man sicher sein, dass Chartron ihn gut vermarkten würde. Erwartungsgemäß waren meine Notizen zum einen Tag vorher verkosteten Wein von Fleurot-Larose und diesem hier ähnlich, der Chartron war vielleicht etwas unverwobener, in der Nase zunächst leicht metallisch und pfefferig, öffnete sich aber dann, erneut »Blancmanger«. Ich wies außerdem auf den »schlanken Chartron-Stil« hin, aber ich denke, der Name hatte mich beeinflusst. *Im August 1998 beim Essen im Hotel Königshof in München verkostet* ****

Montrachet **Thénard** Sehr blass; schwache Nase; ziemlich trocken, attraktiv, aber mit leicht karamellartigem Nachgeschmack. *Im Mai 1999 bei einer Vorverkaufsverkostung in New York degustiert* **

Bâtard-Montrachet **A. Ramonet** Erstmals 1987 verkostet: glanzhell, grünspurig; nicht so gut entwickelte Nase wie der zuvor verkostete 1989er Caillerets, aber leicht »süß«, sehr körperreich, Geschmack, Textur und Gleichgewicht schön, allerdings ein jugendlich rauer Anflug. Kürzlich ein Methusalem-Großformat: rauchiges, eichenbetontes, keksartiges Bukett und ebensolcher Geschmack, reich, kraftvoll. *Im September 1999 zu Maine-Hummer im Restaurant River Terrace auf Mud Island in Memphis getrunken* ****

Beaune, Clos des Mouches **J. Drouhin** Jugendliche Säure, leicht geröstete Nase, die sich reich entfaltete; ziemlich »süß«, aber mit an den Zähnen kratzender, scharfer, rauer Säure. *Im Oktober 2001 bei Drouhin in Beaune verkostet* **?

Chablis Ein guter, gleichmäßigerer Jahrgang für Chablis: **Dom. Laroche** Sehr blass; in der Nase ausgesprochen leicht; sehr trocken, stahlig, parfümiert und säurebetont. *1995* **; Vaudésir **Parisot** Stahlig; Länge und Geschmack gut. *1999* ***; Montée de Tonnerre Der beste von mir verkostete Chablis. Leider habe ich mir den Namen des Erzeugers nicht aufgeschrieben. *1996* ***

Chassagne-Montrachet, La Boudriotte **A. Ramonet** Wie üblich glanzhell; stämmige, rauchige, reiche, attraktive Nase; ziemlich trocken, körperreich (13,5 % Alkohol), reich und kraftvoll wie mein Gastgeber, mit guter Säure. *Im Dezember 1996 in Florida mit einem Freund, der nicht genannt werden will, verkostet* ****

Chassagne-Montrachet, Vergers **A. Ramonet** Breiter, reicher, weiche Ananasfrucht und Vollkornkekse; »süßer«, weicher (als der Boudriotte), reich, abgerundet, ansprechend. *Ebenfalls im Dezember 1996 in Florida verkostet* ****

Chassagne-Montrachet, »La Grande-Montagne« **Fontaine-Gagnard** Schönes helles Gelb; würzig, eichenbetont, wohlriechend; attraktiver, rauchiger, eichiger Geschmack, gute Länge, prickelnde Säure. *Im September 1996 eine Probeflasche von Layton verkostet* ****

Chevalier-Montrachet **Leflaive** Wesentlich besser als der 1992er: Vanillenase; schöner, reicher, nussiger Geschmack. Passenderweise auf der Domaine de Chevalier in Bordeaux verkostet – mit weiteren Leuten aus meiner Gruppe, darunter Paul Jaboulet und Zind-Humbrecht, die sich auf jeder Vinexpo an einem Abend treffen. *Juni 1997* ***

Chevalier-Montrachet **E. Sauzet** In Riedel-Gläsern erschien er mir blumiger, in »Grands-Blancs«-Gläsern von Baccarat in der Nase rauer und am Gaumen mit etwas mehr Biss. Jedenfalls ein hübscher Wein. *Januar 1998* ***

Corton-Charlemagne **Bonneau du Martray** Reich, aber unverwoben; etwas »Süße«, gut im Geschmack und auf jeden Fall interessant. Bei einer BA-Blindverkostung war er zwar auch gut, kam aber trotzdem nicht in die engere Wahl. *Im Mai 1999 bei einer Degustation von British Airways verkostet* *** *Schmeckt zweifellos besser, wenn ich das Etikett sehe!*

Corton-Charlemagne **Coche-Dury** Ziemlich blass; eindeutig sehr gut, mit einem nussigen Vanille-Bukett, das sich im Glas fabelhaft öffnete; trocken, eindringlich, ein Kraftwerk. *Im November 2000 bei einem Essen zu Ehren von Lenoir M. Josey in New York verkostet* ****

Corton-Charlemagne **L. Latour** Im Juli Behangausdünnung. Der Lesebeginn wurde für den 15. September angekündigt, aber Latour begann erst am 20. September mit der Ernte, also kurz vor dem Regen, der am Vorabend des 22. einsetzte und bis zum 4. Oktober anhielt. Erstmals im Juni 1997 bei den 200-Jahr-Feiern von Latour in den Weinbergen verkostet: blass, zitronengelber Anflug; verschlossen, korrekt; Geschmack, Körper (14 % Alkohol), Länge und Säure gut. Kürzlich (viel zu kalt serviert): trocken, stahlig, kraftvoll, beeindruckend. *Zuletzt im Juli 2000 verkostet* ***(*)

Meursault, Ch. de Blagny **L. Latour** Ein ansprechender, praktischer, verlässlicher Wein zum fairen Preis. Erstmals 1995 blind verkostet. Nase, Länge, Säure gut. *Zuletzt im Juli 1996 beim Essen in Latours Londoner Büro verkostet* ***

Meursault, Sous la Velle **Dom. Michelot** Eine 2-ha-Parzelle in einem bedeutenden 23-ha-Weingut. Auf 15 700 Meter Höhe, bei zweifacher Schallgeschwindigkeit (2220 km/h) und einer Außentemperatur von −58 °C war ich froh, drinnen zu sitzen und gemütlich an meinem Glas zu nippen. Die Nase war – für eine Verkostung in einem Flugzeug höchst ungewöhnlich – sofort zugänglich, sehr wohlriechend, mit Eichenton; ziemlich trocken, aber reich und butterig – gehörte schon fast zur Neuen Welt, auf die ich zuraste. Länge, Säure und Nachgeschmack gut. *Im Dezember 1997 an Bord der Concorde verkostet* ****

DREI WEITERE MEURSAULTS von der **Domaine Michelot**, die ich alle im Mai 1999 blind verkostete: **Clos du Cromin** Kräftiges Gelb; Nase und Geschmack reich und butterig, aber mit einer geringfügigen Leimnote, fast marzipanartig *** *(gerade noch)*; **Grands Charrons** Etwas zu tiefe Farbe, geradlinig ***; **Clos St-Felix** Der Beste des Trios; kraftvoll, positiv, komplett, gutes Potenzial ****

Puligny-Montrachet, Clavoillon **Leflaive** Wieder einmal zu kalt serviert, aber »süß«, außerdem setzte sich allmählich eine Vanillenote durch; lebhaft, dabei butterig, Eiche, gute Länge und Säure. Ich mochte seine Lebendigkeit. Er passte zu gegrillten Kammmuscheln. *Im Mai 1998 bei einem Essen des St-James's-Kapitels der IWFS im Londoner Halcyon Hotel verkostet* ***

Puligny-Montrachet, Les Folatières **Leflaive** Blass; »süß«, wohlriechend, ein Hauch von Würze, Karamellnote; trocken, schlank, säurebetont, kernartiger Nachgeschmack – und teuer. *Dezember 1996* ***

Puligny-Montrachet, Les Pucelles **Dom. Verger** Gutes Bukett, Eichennote; trocken, lebhafter Puligny-Charakter und sehr gute Säure. *Im Dezember 1996 beim Weihnachtsessen der Christie's-Weinabteilung verkostet* ***

1995 HABE ICH EINE VIELZAHL VON CHABLIS, MEURSAULTS UND PULIGNYS AUS *NÉGOCIANTS*-HÄUSERN VERKOSTET. Sie bewegten sich zwischen gewöhnlich und akzeptabel – nur wenige waren wirklich schlecht, aber noch weniger waren überdurchschnittlich. Zu den Besten gehörten drei **Chablis *Grands crus*: Grenouilles** **La Chablisienne**, **Les Preuses** **Henri Dupas** und **Bougros** **Fèvre**. Die meisten Meursaults und Puligny-Montrachets von Importeuren fielen enttäuschend mittelmäßig aus.

1994 *** uneinheitlich

Louis Latour fasste in seinem Kommentar zu diesem Jahrgang (siehe Corton-Charlemagne nächste Seite) die Schwierigkeiten der Erzeuger zusammen und machte deutlich, welches Glücksspiel die Weinbereitung bisweilen ist: Soll man früh lesen, die Trauben eilends von den Rebstöcken schneiden, sobald sich Regen ankündigt, oder darauf hoffen, dass sich die Wolken bald wieder verziehen und man später mit der Ernte fortfahren kann? 1994 standen die Weinbauern vor genau diesem klassischen Dilemma. Auch auf die Gefahr hin, dass ich mich wiederhole: Wer es sich leisten konnte, in Weinberg und Keller mit hohem Aufwand zu arbeiten, erzielte letztendlich gute Resultate. Den Rest kann man getrost vergessen.

Montrachet **Laguiche/Drouhin** Eine Fassprobe, die in etwa zu der Zeit nach London gebracht wurde, als man den Wein in der Kellerei abfüllte. Ausgeprägtes Gelb; sehr wohlriechend, Zitrusnote, Eiche, jugendlicher Vanille- und Ananaston; ziemlich »süß«, körperreich, »scharfer«, reicher Geschmack, sehr gute kräftige Säure. Ein großer, aber noch recht unreifer »Mundfüller«. *Februar 1996* ***, *Potenzial bis* ****

Montrachet **Fleurot-Larose** Sehr kleine Produktion – 1994 füllte der Wein gerade einmal eine Barrique. Eigenartig, unverwoben, leicht ölige Nase; »mittelsüß«, körperreich, stämmig, aber auch leicht weich, »eingebettete Eiche« (ich meinte damit wahrscheinlich, dass der ausgeprägte Eichengeschmack durch die anderen Komponenten verhüllt wurde). Hohe, scharfe Endsäure. *Im August 1998 bei Rodenstocks Montrachet-»Serie« verkostet, mit der die Degustation eröffnet wurde* ** *Ist einen Versuch wert, aber ich hielt nicht allzu viel von ihm.*

Montrachet **L. Jadot** Blass, Grünton; verschlossene Nase, Zitrusnote, ein Hauch von Frucht; am Gaumen positiver, etwas trocken, mittlerer Körper, schlank, sehr säurebetont. *Im September 1998 am fünften Tag von Rodenstocks Yquem-Marathon verkostet* *** *Braucht mehr Flaschenalterung, eventuell ein Anwärter auf vier Sterne.*

Montrachet **E. Sauzet** Zwei Einträge, die beide auf Rodenstock-Degustationen entstanden, der erste 1996: blass; positiv, Vanille, Karamell- und Eichennote, zum Fischgericht fast schon zu intensiv, brauchte Zeit. Als Nächstes zwei Jahre später bei einer blind verkosteten »Serie«, die das Abendessen am dritten Tag des Yquem-Marathons eröffnete. (Um einen Eindruck von den Dimensionen von Hardy Rodenstocks Degustationen und seiner unglaublichen Großzügigkeit zu vermitteln: 1998 wurden im Laufe von fünf Vormittagen nicht nur 125 Yquem-Jahrgänge degustiert, es gab jeden Tag auch ein Mittagessen mit mindestens vier Kreszenzen, eine Dinnerverkostung mit durchschnittlich 20 Weinen und ein Galadiner am letzten Abend, bei dem 37 Gewächse gereicht wurden. An den Degustationen und Mittagessen nahmen 24 Personen und am Galadiner 50 bis 60 Personen teil.) Der Montrachet erschien mir beim zweiten Mal weiter entwickelt, mit kraftvollerer Nase, reich, hervordrängend, rauchige Ananasnote; trocken, Kraft und Geschmack, Länge und gute Säure. *Im September 1998 zu Spanferkel und hauchdünn geschnittenem Carpaccio verkostet* ****

Beaune, Clos des Mouches **J. Drouhin** Verhaltene, noch immer jugendliche Ananasnase; ziemlich trocken, etwas schwerfällig (Daphne mochte ihn ganz gerne). *Im Oktober 2001 bei Drouhin verkostet* *** *(höchstens).*

Chassagne-Montrachet **Laguiche/Drouhin** Im September 1995 abgefüllt. Blässlich; wohlriechende, hochgetönte, dabei weiche Blancmanger-Nase; ziemlich »süß«, überraschend vollmundig, sehr angenehm. *Im Februar 1996 im Londoner Institute of Directors verkostet* ****

Chassagne-Montrachet, Les Vergers **Marc Morey** Ziemlich blass; recht ansprechende Frucht; ausgeprägt »süß«, guter Körper (13,5 % Alkohol) und Geschmack. *Im September 1996* *bei einer Verkostung von Haynes, Hanson und Clark degustiert. Damals* ★(★★) *Müsste jetzt voll ausgereift sein.*

Chassagne-Montrachet, Virondot **Marc Morey** Eine 0,6 ha große Parzelle, die ich noch nicht kannte: nicht so »süß«, aber voll, fruchtig und ansprechend ★(★★)

Chevalier-Montrachet **E. Sauzet** Blass; hochgetönt, würzig (Gewürznelken), gute Frucht, aber grob im Stil und mit mehr Säure als der Leflaive; erdig, eindringlich, streng – gut zu Fisch (1996). Als Nächstes noch immer jugendlich minzig, säurebetont; zu kalt serviert, trocken, fest, im Abgang Eiche, fast spitzige Säure. *Zuletzt im September 1998 bei Rodenstocks Dinnerverkostung blind degustiert* ★★★

Chevalier-Montrachet **Leflaive** Blass; leicht, wohlriechend, leicht minzig, offen und harmonisch zugleich, später machte sich Vanille bemerkbar; trocken, fest, stahlig, gute Säure. Ein köstlicher Wein, der beste einer kleinen »Serie« mit 1994ern. *Im September 1996 bei Rodenstock verkostet* ★★★(★) *Jetzt wahrscheinlich perfekt.*

Corton-Charlemagne **Bonneau du Martray** Eine halbe Flasche, eingekeilt zwischen sechs ausgezeichneten Weinen im Emeril's, dem »In«-Restaurant von New Orleans. Blässliches Gelb; ein eher nussiger als sahniger Corton-Charlemagne. In gutem Zustand. *November 1997* ★★★★

Corton-Charlemagne **L. Latour** Nach einem außerordentlich warmen Sommer schlug das Wetter am 31. August um. Zwei Wochen sintflutartiger Niederschläge folgten. Latour begann am 19. September mit der Lese und beschäftigte für den Corton-Charlemagne 70 Erntearbeiter. Vier Einträge. Erstmals im Londoner Latour-Büro verkostet: sehr blass; in der Nase und am Gaumen angenehm eichengetönt. Körperreich (14 % Alkohol). Passte bei einem Christie's-Essen zu Ehren des großen Sammlers Tawfiq Khoury und seiner Freunde (1997) gut zu gebratenem Kabeljau. Bei der Verkostung unter freiem Himmel im selben Sommer jedoch weniger zufriedenstellend – eine nette Idee, direkt neben dem Weinberg zu degustieren, aber die Bedingungen waren nicht ideal. Kürzlich: in der Farbe nun »welk und gelb«; leicht karamellisiert; etwas »Süße«, vermutlich chaptalisiert, um auf 14 % Alkohol zu kommen, Vanillegeschmack und rauer Abgang. *Zuletzt im Juli 2000 in Latours Londoner Büro verkostet. In Bestform* ★★★

Meursault **F. Jobard** Eine kleine Kellerei mit 4,5 ha Rebfläche, davon 1,87 ha in Meursault: gute Säure und Vanille; spröde, passabel, leidliche Länge, trockener Abgang. Aus den Schiffsbeständen für eine vergleichende Weißweindegustation ausgewählt. *Im Januar 1998 in der Straße von Malakka an Bord der* Seabourn Spirit, *dem Rolls-Royce unter den Kreuzfahrtschiffen, verkostet* ★★

Meursault, Perrières **Ropiteau-Mignon** Frisch, noch immer jugendlich, ausgesprochen trocken, eichenbetont, positiv und ansprechend. *Im September 1997 an Bord der Concorde auf dem Flug BA 001 Richtung New York gut zu trinken* ★★★

Pouilly-Fuissé **G. Dubœuf** Dieser bescheidene Wein wurde in Paul Bocuses Restaurant in Lyon einer ziemlich großen Gruppe von Amerikanern serviert. Die Flaschen waren in unterschiedlichem Zustand, manche blass, glanzhell und frisch (wenngleich zu eichenbetont), andere tiefer und alles andere als gut und wiederum andere fade, strohfarben und oxidiert. Der Kellner schien es nicht zu bemerken oder nicht zur Kenntnis nehmen zu wollen. Am Alter des Weins konnte es nicht gelegen haben; auch hätte der geschätzte Monsieur Dubœuf Bocuse keinen gepanschten Wein verkauft, also muss es an der schlechten Lagerung gelegen haben. Auf jeden Fall schrieb ich im *Decanter* einen äußerst kritischen Artikel unter der Überschrift »Paul wer?« Ich bezweifle, ob der Maître ihn je gelesen hat, aber meine französischen Freunde amüsierten sich köstlich. Noch nie zuvor war eine der großen französischen Ikonen so offen kritisiert worden. *1997 bei Bocuse in Lyon verkostet.*

Puligny-Montrachet, Les Champs-Gains **Remoissenet** Blässlich; leichte »Brotkorb«-Nase; ein Anflug von »Süße«, weich, nicht zu viel Eiche, für die Corncorde gut genug. *Im Oktober 1998 bei einer Verkostung für ein sehr aufmerksames Kabinenpersonal von British Airways in Heathrow verkostet* ★★★

Puligny-Montrachet, Les Pucelles **Leflaive** Blass; blumige Nase, Limonen und Ananas, lebhaft; mitteltrocken, schöner Geschmack, eichenbetonter Abgang. *Im Januar 1999 bei der jährlichen »Bunch«-Verkostung im Groucho Club in Soho degustiert* ★★; außerdem **Puligny-Montrachet, Clavoillon** Ebenfalls ziemlich gut, in der Nase eine Stachelbeernote, solider als der Les Pucelles, pfefferiger Abgang ★★

Santenay **Vincent Girardin** Ich glaube, das war der erste Weißwein, den ich je vom südlichen Ende der Côte de Beaune getrunken hatte: sehr ansprechendes Goldgelb; sehr gute, leichte, eichenbetonte Nase; mitteltrocken, körperreich (13,5 % Alkohol), sehr ansprechend, schön abgerundeter Geschmack, gut bemessene Eiche und gute Säure. *Im März 1997 als Gast von John Wheeler verkostet, dem ich erstmals 1955 bei einem Essen der Broderers' Company in Bordeaux begegnete. Ich gab ihm vier Sterne (nicht weil der Hund dort so gut sang, sondern weil er überhaupt singen konnte). Sagen wir* ★★★★, *aber er wird wohl jetzt müde, ja, verstimmt sein.*

1995 ★★★★

Trotz der wechselhaften Saison ein äußerst attraktiver und insgesamt sehr erfolgreicher Jahrgang: Die Trauben konnten im Verlauf des heißen Sommers gut ausreifen, doch die frühe Lese wurde vom Regen beeinträchtigt. In der ersten Septemberhälfte drohte Fäule. Einer der Erzeuger erzählte mir, dass es wegen Morgennebeln, Nachmittagssonne und zugleich nützlichem wie schädlichem Botrytis-Befall eine dreistufige Lese gegeben habe. Die Erträge sanken um 30 % gegenüber dem Vorjahr, doch ein Hauch von Edelfäule verlieh den Weinen mehr Gehalt und Konzentration, einen hohen Zuckergehalt und gute Säure. »Ende gut, alles gut«, könnte man sagen. Die besten Gewächse sind jetzt sehr schön zu trinken.

Montrachet **DRC** Gesamtproduktion 150 Kisten. Sehr blass; um 20.30 Uhr eingegossen (zu kalt), um 20.45 Uhr parfümiert, um 22.00 Uhr voll entwickelte Vanillenase mit Karamellnote; erstaunlich kraftvoll, feine Eiche, würzig. *Im Februar 1998 bei einem Zachys/Christie's-Essen im Restaurant Spago in Los Angeles verkostet* ★★★(★★)

Montrachet **Laguiche/Drouhin** Als ich mich eines Tages mit Len Evans und Brian Croser im Gidleigh Park Hotel in Devon traf, bat man mich, zwei Gläser blind zu verkosten. Ich hatte nicht die leiseste Ahnung, um was für Kreszenzen es sich handelte. Der Wein in meiner rechten Hand war sehr blass und hatte einen Grünton; eindeutig sehr jugendlich; »mittelsüß«, Ananasnote, eher schlank, viel zu viel würzige Eiche und eine Bitternote im Abgang. Ich tippte auf einen ziemlich offensichtlichen »Neue-Welt-Wein« und – weil ich die beiden kannte – einen australischen Chardonnay. Ihre Gesichter wurden lang. Der Wein in meiner Linken war blass; fest, stahlig; dieselbe »Süße«, ziemlich körperreich, besser im Gleichgewicht, kompletter. »Ein klassischer weißer Burgunder von guter Qualität.« Evans und Croser waren gar nicht amüsiert. Der erste Wein war Crosers 1996er Petaluma Chardonnay und soeben abgefüllt worden – der erste australische 85-Euro-

Chardonnay. Beim zweiten handelte es sich um Laguiches 1995er Montrachet. Als Nächstes verkostete ich ihn 1998: hochgetönt, rauchig, sehr reich; schöner Geschmack, gute Säure, sehr hohe Bewertung. Kürzlich eine Jeroboam: jugendliche Zitronennote, fast grapefruitartig; wirklich sehr gut, schmiegte sich widerwillig, aber geduldig an das Glas. *Im September 1999 bei Hal Lewis' Einführungsessen für die Bacchus Society im Peabody Hotel in Memphis verkostet* ****(*) *Wird noch besser, schätzungsweise 2005 bis 2020.*

Montrachet L. Latour Sehr blass; stämmig; Geschmack nach Pfirsichkernen, enttäuschend. *Im Dezember 2000 bei einem Essen nach Mikhail Pletnevs Konzert auf historischen Klavieren (von Chopin, Beethoven und Liszt) in Hatchlands, Surrey, verkostet* **

Montrachet Thénard/Remoissenet Eine Jeroboam: blass; Vanilleton, aber gut gebaute, harmonische Nase; mitteltrocken, ziemlich kraftvoll, guter Geschmack, würzig. *Im September 1999 mit John Dory im Peabody Hotel in Memphis verkostet* ***(*) *Hat noch viel Zeit.*

Montrachet Bouchard Père Elf *pièces*, das entspricht 275 Dutzend Flaschen. Aus dem Fass verkostet: noch immer trüb (man sagte uns, dass die Weine sehr lange Zeit bräuchten, um sich zu beruhigen). Überraschend tief und mit persistentem, jugendlichem Aroma; offen gesagt schwer einzuschätzen, aber mit unverkennbarem Potenzial. *Im November 1995 in den Kellern von Bouchard Père in Beaune verkostet* (****)?

Montrachet Fleurot-Larose Mittelblass, glanzhell; in der Nase dem 1994er nicht unähnlich; am Gaumen wesentlich besser: mitteltrocken, ziemlich körperreich, ein Anflug von lanolinartigem Fett, schwerfällig, entgegenkommender als der 1994er, mit appetitanregender Säure. Selten und gut, aber nicht sensationell. *Im August 1998 bei Rodenstocks Verkostung in München degustiert* ***

Bâtard-Montrachet Leflaive Füllig, nussig, minzig, mit »grünem«, jugendlich säurebetontem Unterton, öffnete sich wohlriechend; mittelsüß, körperreich, Geschmack, Extrakt und Säure gut. Begann flügge zu werden. Hohe Bewertung. *September 1998* ***(**)

Bâtard-Montrachet E. Sauzet Erstmals im Januar 1997 verkostet: positiv, voll im Geschmack. 20 Monate später: blässlich, Grünspur; in der Nase köstlich, schlank, dabei körperreich, herrlicher Geschmack, gute Länge (Jancis Robinson – ich glaube, es war ihre zweite Rodenstock-Degustation – fügte »nervig« hinzu). *September 1998* ****(*)

Bâtard-Montrachet L. Jadot Magnumflaschen: blässlich, glanzhell; verschlossen – zu kalt serviert, öffnete sich aber schön, als er sich auf Zimmertemperatur erwärmte; reicher Auftakt, insgesamt jedoch trocken, mit rauchigem Eichenabgang. Ziemlich schlank und ätherisch. *Im März 2000 im Hamburger Hotel Louis C. Jacob zu Bresse-Hähnchen verkostet* ***(*)

Bâtard-Montrachet J.-N. Gagnard Schön, eichengetönt; herrlich, ein Kraftpaket, wohlriechender Nachgeschmack – was angesichts des Preises von umgerechnet fast 1400 Euro das Dutzend auch angemessen war. *Januar 1997. Damals* **(***) *Entwickelt sich derzeit zweifellos großartig.*

Bâtard-Montrachet Albert Morey Ein fabelhafter Mundfüller. *Oktober 1997* **(***)

Beaune, Clos des Mouches J. Drouhin Mittelblass, kräftige »Tränen«; schön weinig, was immer ich damit auch meine, anfangs harmonisch, aber dann empfand ich ihn als etwas unverwoben und fleischig; am Gaumen besser, ziemlich süß, reich, eindringlich, körperreich (auf dem Etikett standen 13,5 % Alkohol, aber er hatte 14 %). *Im Oktober 2001 bei Drouhin in Beaune verkostet* **(**) *Ich denke, er wird's schaffen.*

Chablis, Valmur J.-P. Droin Blass; in der Nase und am Gaumen sehr ansprechend, charakteristisch, ungewöhnlich, gute Textur. *Im Februar 1998 beim Kaviaressen im Sampsons' verkostet* **** *Wahrscheinlich jetzt auf dem Höhepunkt.*

Chablis, Vaulignot *(sic)* Louis Moreau Ein *Premier cru* aus Chablis, den ich noch nicht kannte. Trotzdem habe ich den Wein sehr genossen. Außerordentlich blass; Vanillenote; knochentrocken, leicht stahlig, so wie ein Chablis meiner Meinung auch sein sollte, delikate Frucht, gute Länge. Mit Moreau bei der Verkostung »A Taste of France« degustiert, die ich im erstklassigen Mar-a-Lago-Club in Palm Beach leitete. (Ich kannte die Anlage früher als Merryweather Post's House. Sie hatte der Familie von Merryweather Post, der Post-Toasties-Erbin, als Strand-»Hütte« gedient, bis Donald Trump sie in einen Club umfunktionierte.) *Februar 1998* ***

Chablis, Les Preuses Simonnet-Febvre Blass; fast fleischig; ein stahliger, kraftvoller, parfümierter *Grand cru. Im Oktober 1999 bei Pontis alljährlicher Weinmesse in Hongkong verkostet* ****

Chassagne-Montrachet, Morgeot L. Latour Sehr blass; verschlossen; mitteltrocken, ziemlich körperreich. *Im November 2001 beim Swan Feast in der Londoner Vintners' Hall zu angebratenem Pfeffer-Thunfisch getrunken* ***

DIE FOLGENDEN CHASSAGNE-MONTRACHETS habe ich alle bei Eröffnungsverkostungen 1997 degustiert: **Chevenottes** Jean-Noël Gagnard Wohlriechend; positiv, »warm«, nussig ***; **Caillerets** Jean-Noël Gagnard Ebenfalls gut, aber vielschichtiger, trocken, körperreich, ausgezeichnete Säure ****; **Chaumées** Marc Colin-Déléger Kraftvoll, eindringlich, sehr gute Säure ***; **En Rémilly** Marc Colin-Déléger Neutrale Nase, aber positiver Geschmack, lebhaft, sehr hohe Säure ***; **Les Vergers** Marc Colin-Déléger Weiche, sahnige Nase; reich im Geschmack, Eiche, gute Länge, harter Abgang; braucht noch Flaschenalterung ***; **Les Embrazées** Bernard Morey Charakteristisch; brotkrustenartiger, gerösteter, vollmundiger, köstlicher Geschmack, gute Länge ****; **Les Caillerets** Bernard Morey »Süßer«, schöner Geschmack, Eiche und Säure ****

Chevalier-Montrachet Dom. du Ch. de Beaune Eine Methusalem: blass; anfangs verschlossen, da zu kalt serviert, nach 30 Minuten aber blumig und duftend; schlank, Vanille- und Ananasgeschmack, gute Länge und Säure. Fast die Schlankheit und Eleganz eines Leflaive-Chevalier in Bestform – ein Weinstil, wie man ihn jenseits der burgundischen Grenzen nicht hinbekommt. *Verkostet im September 1999 bei einem Essen der Bacchus Society in Memphis, Tennessee, das unter dem Motto »Der Osten trifft den Westen im Süden« stand* ***(*) *Noch immer jugendlich. Braucht mehr Zeit.*

Chevalier-Montrachet L. Latour Sehr blass; »eine Leflaive-Imitation«; mitteltrocken, mittleres Gewicht, eigenartiger Geschmack, zunächst sehr rau (zu kalt), später angenehm lebhaft und »nussig«. *Im Dezember 2000 in Hatchlands in der englischen Grafschaft Surrey verkostet* ***

Corton-Charlemagne L. Latour Behangausdünnung, gute Frucht, niedriger Ertrag. Ein halbes Dutzend Einträge, der erste entstand 1997 auf der Verkostung bei der 200-Jahr-Feier von Latour: blasses Zitronengelb; eine schwer erfassbare Nase, was verständlich ist, denn die Degustation fand neben dem Weinberg unter freiem Himmel statt. Etwas reife »Süße«, weich und leicht seifig. Im Herbst desselben Jahres zu Hause: in der Nase wesentlich positiver, Eiche und Vanille, diesmal

»etwas spröde«. 1998 bei einer Vertikalverkostung war er der jüngste Charlemagne und in wesentlich besserer Verfassung: rauchiger Chardonnay-Charakter, etwas »Süße«, lebhaft, frisch, Geschmack und Säure schön. Und so weiter bis zur letzten Verkostung: noch immer blass; lebhafte, angenehme Frucht, ansprechend. Gut, aber keineswegs groß. *Zuletzt im Juli 2000 degustiert* ***

FRÜHE EINTRÄGE ZUM CORTON-CHARLEMAGNE **Bouchard Père** Kurz nach der Vergärung verkostet: noch trüb, in der Nase aber süß und fruchtig; reich, gute Säure. Morgennebel, Nachmittagssonne – in mehreren Durchgängen gelesen, um die Fäulnisgefahr zu bannen. *November 1995* ***; **Bonneau du Martray** Ziemlich farbtief; in der Nase noch immer jugendlich; positiv, kraftvoll, gute Länge, herrliches Potenzial. *Januar 1997* ****; **Dom. Rollin** Eine 0,7 ha große Parzelle in einem 12-ha-Familienweingut. Ich hatte es bis dato nicht gekannt, aber der Wein war sehr beeindruckend: gute Frucht, Wohlgeruch und Tiefe, kraftvoll, eichenbetont. *Januar 1997* ****

Mâcon-Clessé, Dom. de la Bon Gran **Jean Thévenot** Thévenots meiner Meinung nach einzigartige Süßweine sind seine große Leidenschaft. Der 1995er »Levouté«: blasse Goldfarbe; honig- und pfirsichartige Nase, die mich an Robert Weils Auslesen erinnerte; »mittelsüß«, reich, kraftvoll (14,5 % Alkohol), mit hartem, trockenem Abgang. Brauchte noch Flaschenalterung. Und der »Bon Gran« aus 100 % edelfaulen Trauben, Produktion 4000 Flaschen: blassgolden; schöne, reiche Nase; sehr »süß«, reich, pfirsichartig im Geschmack, ausgezeichnete Länge und Säure. *Im Oktober 1999 auf dem Weingut verkostet* ***** *Eine Klasse für sich!*

DIE FOLGENDEN MEURSAULTS habe ich alle 1997 verkostet: Les Perrières **Albert Grivault** Wohlriechend, noch immer ananasartig; mitteltrocken, guter Geschmack ***; Clos Les Perrières **Albert Grivault** Neutrale Nase, am Gaumen positiver, köstlicher Geschmack, gute Länge ****; Perrières **J. Drouhin** Lebhaft, Eiche; schöne Frucht und Säure ***; Genevrières **F. Jobard** Ziemlich »süß«, kraftvoll, Eiche, gute Länge (bei einer Blindverkostung hielt ich ihn für einen australischen Chardonnay) ****; Les Narvaux **Vincent Girardin** Sehr attraktiv, nussig, Eiche, moderates Gewicht (12,5 % Alkohol – die meisten anderen hatten 13,5 %) ***

Pouilly-Fuissé, Vieilles Vignes **Ch. Fuissé/Vincent** Ein weiterer schöner Wein vom König von Pouilly-Fuissé: blässliches Gelb; gute »Tränen«, reich, nussig, Vanille, etwas Eiche; Geschmack, Gleichgewicht und Säure sehr gut. Recht vollmundig (13,5 % Alkohol). *Im Oktober 1997 bei einem Galadiner von France in Your Glass auf Château de Bagnols verkostet* ***
Puligny-Montrachet, Clavoillon **Leflaive** Dieser 4,8 ha große Weinberg gehört einem Weingut mit insgesamt 22,37 ha Rebfläche. Vincent Leflaive starb 1993; seither führt seine Tochter Anne-Claude den Betrieb. Durch den Ausbau in Edelstahltanks gewährleistet man die fruchtige Frische der Weine. Der 1995er wurde von Februar bis April abgefüllt. Sehr blass, Limonenton, glanzhell; reine, verhaltende Chardonnay-Nase, jugendliches Ananas- und Vanillearoma, leicht rauchig, mit appetitanregender Säure. Klassisch. *Bei einer Verkostung degustiert, die ich im März 1999 in Los Angeles leitete* ***(*)
Puligny-Montrachet, Perrières **E. Sauzet** Blass, glanzhell; lebhaft, rauchig, trocken, schlank, aber eindringlich. *Im August 2000 im Restaurant Annie's in Houston mit den Joseys verkostet* *** *Sommelier und Weinliste ausgezeichnet.*

Puligny-Montrachet, Les Folatières **H. Clerc** Blass; Vanille, Eiche; leidlich trocken, geradlinig. Denkwürdiger war eher der Anlass, ein von der Vintners' Company speziell ausgerichtetes Festbankett für den Bischof von London und mich nach dem »Court of Binding« im November 2001, bei dem seine Exzellenz und ich zu Ehrenmitgliedern der Company gewählt wurden ***

1997 HABE ICH DIE FOLGENDEN PULIGNY-MONTRACHETS VERKOSTET Combettes **E. Sauzet** Positiv, wohlriechend, eindringlich ****; Garenne **E. Sauzet** Wesentlich süßer als erwartet, guter Geschmack und Nachgeschmack ****; Les Folatières **Philippe Chavy** Gute Farbe; wohlriechend; lebhaft, Geschmack und Säure gut ***; Perrières **Vincent Girardin** Gelb, schlank, schnittig-elegant, hohe Säure, gute Länge ****; La Truffière **B. Morey** Nussig, reich, kraftvoll ****

Verkostung weißer Burgunder

Wie die meisten trockenen Weißweine müssen weiße Burgunder jung und frisch getrunken werden. Die besten allerdings sind nicht nur lagerfähig, sondern profitieren sogar deutlich von einem gewissen Ausbau in der Flasche – wie lange er sein sollte, hängt von der Qualität des Jahrgangs ab. Auf ein gutes Alterungspotenzial deuten mehrere Faktoren hin. Die (relativ unwichtige) Farbe kann bei jungen Weinen ins Grünliche schlagen, während bei »großen« Provenienzen wie Meursault und Le Montrachet ein tieferes Buttergelb üblich ist. Mit zunehmendem Alter nehmen die Kreszenzen einen immer stärkeren Goldton an. Wie bei rotem Burgunder lässt sich die Nase oft nur schwer einschätzen. Man sollte nicht den übertriebenen, wächsernen, butterigen Geruch australischer Chardonnays erwarten, sondern eher ein verhaltenes, toast- oder leicht brotartiges Bukett, das sich im Glas entfaltet (sofern der Wein nicht zu kalt serviert wurde). Am Gaumen gibt sich weißer Burgunder zunächst trocken bis mitteltrocken (nie süß). Er kann überraschend alkoholstark ausfallen und Nuss-, Eichen-, Toast- sowie mit zunehmendem Flaschenalter auch ziemlich ausgeprägte Honignoten entwickeln. Die Säure sollte erfrischend, aber nicht spitzig sein. Seine Qualität lässt sich an der Länge des Geschmacks, seiner Entfaltung im Mund und der Verweildauer am Gaumen bemessen.

1996 *****

Schon 1995 konnten sich die Winzer über gute Weine freuen, doch die 1996er fielen noch besser aus. Sie waren vielschichtig und im Grunde so, wie weißer Burgunder sein sollte. Louis Latour vermeldete sehr gute Wachstumsbedingungen, geringe Niederschläge, eine lange Reifephase und gesunde Trauben, die einen hohen Zuckergehalt und nach dem kältesten September seit Beginn der Wetteraufzeichnung auch viel Säure aufwiesen.

Bei der Zusammenstellung meiner Verkostungsnotizen muss ich allerdings mit Schrecken feststellen, dass ich nur sehr wenige 1996er verkostet habe. Und noch haarsträubender ist die Vielzahl der miserablen Weine, auf die ich bei Verkostungen für den Handel gestoßen bin. Man sollte sich auf die Erzeugnisse der besten *négociants* und Kellereien beschränken.
Montrachet **Thénard/Remoissenet** Vielleicht lag es an der am Vormittag verkosteten »Serie« mit 121 Yquem-Kreszenzen, die den Eröffnungswein zum Mittagessen säurebetonter und spröder erscheinen ließen, als er wirklich war. Nein – es lag an seiner Unreife. Blässlich, grünspurig, sehr glanzhell – ließ

einem förmlich das Wasser im Mund zusammenlaufen; in der Nase überraschend minzig, eichenbetont, gut, aber noch nicht ganz harmonisch; mitteltrocken, ziemlich körperreich, dabei eher schlank, rau, pappige, ananasartige Säure. *September 1998 (★★★★) Zu gegebener Zeit vielleicht fünf Sterne.*

Montrachet **Parisot** Sehr wohlriechend; etwas »süß« und weich, ansprechend, aber mit einem Anflug von Würze und Eiche. Viel zu jung und weit außerhalb unseres Preisrahmens. *Im Mai 1999 bei einer British-Airways-Verkostung für die Concorde degustiert* (★★★★)?

Bâtard-Montrachet **DRC** Lediglich ein einziges Fass wurde »für den Familiengebrauch« erzeugt. Schöne Farbe, gelb mit grüngoldenen Reflexen; wohlriechend, gerösteter Chardonnay-Duft, rauchige Eiche und Frucht; »süß«, weich, körperreich, schöne reiche Frucht, fabelhafte Säure. *Im Oktober 2001 beim Essen auf der Domaine im Anschluss an die St-Vivant-Verkostung blind degustiert ★★★(★★) Wir ließen uns alle täuschen.*

Beaune **L. Latour** Eine ganz angenehme Überraschung; goldene Farbe; sehr attraktive und interessante Minze- und Eichennase; positiv im Geschmack, gute Säure. *Februar 1999 ★★★ oder ★★★★ für seine Kategorie.*

Beaune, Clos des Mouches **J. Drouhin** Gute Farbe; ansprechende, tiefe Einheit aus Frucht und Eiche; harmonisch, »mittelsüß«, gute Struktur, Gewicht (die üblichen 13,5 % Alkohol), schlanker, lebhafter und säurebetonter als der reifere, vollere 1995er. *Einer der besten Weine auf der Verkostung aller 1990er-Jahrgänge bei Drouhin in Beaune im Oktober 2001 ★★(★★) Ein guter »Mittelstreckenläufer«.*

Chablis, Les Clos **J.-M. Brocard** Sehr glanzhell; betörendes himbeergetöntes Aroma; trocken, gute Säure und Gott sei Dank keines von diesen vordergründig eichenbeladenen Chablis-Erzeugnissen. *Februar 1999 ★★★*

Chablis, Vaillons **William Fèvre** Ein sehr ansehnlicher *Premier cru*. Blassgelb; Nase, Geschmack und Körper sehr gut. *Nach der Verkostung von 24 Jahrgangs-Portweinen im November 2000 in Fells Büros äußerst erfrischend ★★★*

Chablis, Valmur **J.-M. Brocard** Erstmals im Februar 1999 bei einer Verkostung für British Airways degustiert; dem Les Clos von Brocard nicht unähnlich. Schien an der Luft immer mehr Statur zu gewinnen – aber gar nicht so sehr im Glas, sondern darüber: ausgesprochen attraktive Nase; nicht zu trocken, guter Geschmack und Länge. *Zuletzt im August 2000 während des Flugs BA 15 von London nach Singapur degustiert ★★★*

Chassagne-Montrachet, Les Caillerets **J.-N. Gagnard** Fast so blass wie viele Moselweine von 1996; jung, fruchtig; »mittelsüß«, schöner Geschmack, Eiche, würzig, ausgezeichnetes Gewicht. *Stach bei einem Rodenstock-Essen im September 1998 sechs ältere Montrachets aus ★★★★(★) Jetzt bis 2010.*

Corton-Charlemagne **L. Latour** Zu 100 % in Eichenfässern aus der gutseigenen Küferei vergoren. Mehrere Einträge. Ein bewährtes Gewächs, zu dem man immer greifen kann. Der jüngste Jahrgang bei der Verkostung zur 200-Jahr-Feier im Juni 1997: blässlich, zitronengelber Ton; mild würzig, angenehm jugendlich; im Auftakt etwas »Süße«, aber insgesamt trocken, noch immer hart, mit einer Bitternote im Abgang. Als Nächstes bei Stephen Kaplans »zwangloser Verkostung« im April 2000 in Chicago: lebhaft, in der Nase parfümiert; reife »Süße«, der übliche kräftige Körper (14 % Alkohol, trotzdem ausgewogen und nicht stämmig). Geschmack und Säure sehr gut. Drei Monate später zeigte er sich mit einem lebhaften Duft in Bestform; erneut »insgesamt trocken« angemerkt, fest, frisch, Länge und Abgang gut. *Zuletzt im Juli 2000 bei Louis Latours Essen in seinem Londoner Büro verkostet ★★★★(★)*

Mâcon-Clessé, Dom. de la Bon Gran **Jean Thévenot** Thévenot erntet immer als Letzter, aber der 1996er wurde nicht von derselben vorteilhaften Edelfäule befallen wie der 1995er. Ein blasser Wein; weiche Nase mit einer Melange aus Honig- und Spargeltönen; mittel – weder zu trocken noch zu »süß«, kraftvoll, komplett, gute Länge und Säure. *Im Oktober 1999 auf dem Weingut verkostet ★★★*

Mâcon-Uchizy **Gallet** Blässlich; saubere, ansprechende Nase; nicht zu trocken, angenehmes Gewicht, gute Säure. Ein sehr attraktiver Wein. *Im November 1999 beim Essen im Londoner Restaurant The Square verkostet ★★★*

Puligny-Montrachet **L. Jadot** Gute Farbe und Nase, köstlicher Geschmack, ausgeprägte Eichennote, gute Säure. *Im Juli 2001 beim Essen mit Anthony Hanson im Carlton Club verkostet ★★★ (Ich halte Anthony Hansons Buch über Burgund für äußerst nützlich.)*

Puligny-Montrachet, Les Referts **L. Latour** Zwei Einträge, beide in Hongkong entstanden: passte ausgezeichnet zu chinesischem Essen. *Im Oktober 1999 nach der Crédit-Suisse-Verkostung im Restaurant China Lan Kwai Fong degustiert ★★★*

1997 ★★★★★

Ein sehr zufriedenstellender Jahrgang. Der heiße Sommer und günstige Reifebedingungen brachten recht hohe Erträge und überaus attraktive Weine mit sich. Nach meinen Verkostungsnotizen zu urteilen war die allgemeine Qualität ungewöhnlich gleichmäßig, obwohl mancherorts ein Säuredefizit zu verzeichnen war. Ich empfand die Reife und den Körper der schön ausgewogenen Weine als sehr ansprechend. Die meisten befinden sich gegenwärtig im Zenit, die festeren, säurebetonteren Provenienzen indes brauchen noch eine gewisse Zeit.

Montrachet **DRC** Mittelblasses Gelb; zunächst verschlossen, entfaltete sich aber »süß«, nach einer Stunde viel zu exotisch, aber mit ausgeprägtem Duft nach Vanille und weichen Toffees; ziemlich »süß«, körperreich, nussig, Eiche, würzig im Geschmack, im Abgang ein leichtes Kohlensäureprickeln. *Im November 2000 mit Manfred Wagner nach seiner Margaux-Vertikalverkostung in Zürich beim Essen im Hotel Seerose in Pfäffikon verkostet ★★★*

Montrachet **Thénard/Remoissenet** Blässliches Gelb; eine gewisse »Süße«, kraftvoll, fleischig, gute Weinigkeit und Länge. *Januar 2000 ★★★? Schätzungsweise jetzt bis 2010.*

Montrachet **A. Ramonet** Blassgelb; rauchig, Vanilleton, ein Hauch Kokosnuss; trocken, körperreich, kraftvoll (wahrscheinlich über 14 % Alkohol), lebhaft, Geschmack und Säure wunderbar. *Im März 2001 bei Rodenstocks Eröffnungsessen im Münchner Hotel Königshof verkostet ★★★★(★)*

Montrachet **Jacques Prieur** Blassgolden; schön, reich, nussig, geröstete Kokosnuss; ziemlich »süß«, körperreich, stämmig im Stil, köstlich reicher Geschmack. *Im März 2001 im Münchner Hotel Königshof verkostet ★★★★*

Bâtard-Montrachet **Leflaive** Sehr kraftvoll, ausgesprochen wohlriechend, butterig – tut sofort seinen *Grand-cru*-Status kund; reich, massiv, jedoch nicht überwältigend oder schwerfällig, wundervoller Geschmack, grandiose Länge, nussiger Vanilleabgang. *Verkostet im Juni 1999 in der Londoner Vintners' Hall bei einem Essen der Domaine Leflaive, zu dem Anne-Claude Leflaive und Corney & Barrow geladen hatten ★★(★★★) Schätzungsweise 2005 bis 2015.*

Beaune, Clos des Fèves **Chanson** Ansprechende, lebendige Frucht, aber sehr eichenbetont. *Juni 2000 ★★★*

Beaune, Clos des Mouches **Chanson** Guter Geschmack, dominierende Eiche. Trockener Abgang. *Juni 2000 ★★★*

Beaune, Clos des Mouches **J. Drouhin** Ausgezeichnet. Einer der besten Weine einer beeindruckenden Verkostung von 1990er-Jahrgängen. Jugendliche, eichenbetonte Nase, aber nach nur Minuten sahnig, harmonisch; ziemlich »süß«, sehr reich, im Abgang noch immer etwas rau. *Im Oktober 2001 bei Drouhin in Beaune verkostet* ★★(★★★) *Bald bis 2008.*
Chablis, La Fourchaume **Guy Mothe** Angenehm, parfümiert; trocken, ziemlich gut. Passte zu »jungfräulichem Seebarsch« – keine Ahnung, wie man feststellt, ob ein Fischweibchen noch »unberührt« ist. *Im September 2000 bei einem prachtvollen Diner anlässlich der Vorstellung der neuen Weinliste von Mothe im Spencer House in St James's verkostet* ★★★
Chablis, Montmains, Vieilles Vignes **Dom. des Malandes** Der Geschmack war nicht so lang wie der Name, trotzdem floss der Wein beim Millenniums-Dinner der Distillers' Company ganz gut durch die Kehle. *Im Mai 2000 in der spektakulären Painted Hall in Greenwich verkostet* ★★
Chablis, Vaillons, Vieilles Vignes **Laroche** Sehr blass; gut, offen, aber nicht außergewöhnlich; eher trocken, sehr wohlriechend, köstlich im Geschmack. Von Daniel Boulud vom Restaurant Daniel sowie seinem Sommelier Jean-Luc Le Du, zwei Größen der New Yorker Wein- und Gastronomieszene, zu vier verschiedenen Gängen gereicht. *Im Oktober 1999 auf der Wine Experience in New York verkostet* ★★★

EINIGE *GRANDS CRUS* AUS CHABLIS, DIE ICH 1999 VERKOSTET HABE Alle Weine waren von beständig guter, aber keinesfalls außergewöhnlicher Qualität. Die besten stammten von **Moreau** und **William Fèvre**. Auf Einzelheiten verzichte ich. Die meisten dieser Gewächse sind für den frühen Genuss gedacht.

Chassagne-Montrachet, Les Chevenottes **Marc Morey** Blass; reiche, fleischige Nase; voll im Geschmack und sehr ansprechend. *Im Januar 1999 bei den Laytons in London verkostet* ★★★(★) *Jetzt bis 2004.*
Chassagne-Montrachet, La Maltroie **Fontaine-Gagnard** Blassgelb; in der Nase und am Gaumen reich und nussig. Fest, an den Zähnen kratzend. *Januar 1999* ★★★(★) *Braucht noch Zeit.*
Chevalier-Montrachet **Leflaive** Sehr blass, limonengelb getönt; »klassisch«; süßer als erwartet, fein, aber noch immer rau und jugendlich. Sehr trockener Abgang. Braucht mehr Flaschenalterung. *Im Dezember 2000 während Donald Kahns Essen bei Mosimann in London verkostet* ★★★(★)
Corton-Charlemagne **Coche-Dury** Blassgelb; zitrusartige Säure; trocken, schlank. Sehr gut, aber profitiert von weiterer Lagerung. *Im März 2001 auf der Josey-Vorverkaufsverkostung in New York degustiert* ★★(★★)
Corton-Charlemagne **Louis Latour** Feuersteinartige, rauchige Nase, leicht metallisch (Kalkboden); reifer Auftakt, sehr trockener Abgang, Vanillegeschmack, raue Säure. Braucht noch Zeit. *Im Juli 2000 vor dem Essen von Louis Latour in London verkostet* ★★★(★) *Jetzt bis 2010.*
Mâcon-Viré, Dom. Gillet **Jean Thévenot** Ein interessanter Wein, der vom 5. bis 10. Oktober, also recht spät gelesen wurde: blass; in der Nase noch immer jugendlich, Birnen und Äpfel; »mittelsüß« (4,5 g/l Restzucker), voll im Geschmack, reich, köstlich. *Oktober 1999* ★★★★
Mâcon-Clessé, Dom. de la Bon Gran **Jean Thévenot** Honigartiger; »süßer«, reich, Ananasnote im Geschmack, gute Säure. *Im Oktober 1999 in Thévenots Keller verkostet* ★★★★
Meursault, Charmes, Hospices, Bahèzre de Lanlay **Chanson** Wohlriechend, eichenbetont; ansprechend im Geschmack, trockener Abgang, aber zu viel Eiche – und ein exorbitanter Preis. *Degustiert im Juni 2000 bei einer vom englischen Agenten Richard Banks und dem neuen Chanson-Eigentümer Bollinger organisierten Verkostung während der 250-Jahr-Feier von Chanson Père et fils* ★★★
Meursault, Les Genevrières **Dom. Michelot** Würzig, eichenbetont, in der Nase und am Gaumen ungewöhnlich. Gewicht und Frucht im Mittelteil gut, ausgezeichnete Säure. *Im Januar 1999 bei Layton in London verkostet* ★★★(★)
Meursault, Les Genevrières, Tastevinè Trocken, rau, säurebetont, aber hielt den *Suprêmes d'empereur au verjus* gut stand. *Im Oktober 2001 beim Chapitre des Vendanges auf Château du Clos de Vougeot verkostet* ★★
Pouilly-Fuissé, Tête de Cuvée **Verget** Fast farblos; nussige Nase, positiv, sehr gut; lebhafter, trockener Geschmack und gute Länge. Ein Wein mit einer interessanten Entwicklung: in den 1950ern und 1960ern unbeachtet, dann plötzlich auf dem amerikanischen Markt in Mode (und überteuert) und jetzt auf einem vernünftigen Niveau, d. h. sehr erfolgreich, aber in einem Jahr wie 1997 zu einem nicht überzogenen Preis erhältlich. *Im Januar 2000 bei Farr Vintners verkostet* ★★★ *Jetzt trinkreif.*
Puligny-Montrachet, Clos du Cailleret **(Monopole) Dom. Chartron** Sehr blass; ansprechend, wohldosierte Eichennote; geringfügig fetter als erwartet, gute fleischige Frucht im Mittelteil und ausgezeichnete Säure. *Im Januar 1999 bei Layton in London verkostet* ★★★(★)

1998 ★★★★

Trotz der schwierigen Witterungsbedingungen ein bemerkenswert guter Jahrgang für Weißweine. Einige Erzeuger an der Côte de Beaune bewerteten ihn sogar höher als den 1997er. Alles in allem entstanden feste, elegante, wohlriechende Weine und einige gute aromatische Chablis-Gewächse, also klassische weiße Burgunder mit mittlerer Lebenserwartung. Leider habe ich aus irgendeinem Grund keinen einzigen Montrachet verkostet. Aber es ist ja noch genug Zeit …
Bâtard-Montrachet **J.-N. Gagnard** Blass; wundervoll »geröstete« Nase; leicht »süß«, Geschmack, Länge und Säure ausgezeichnet. Ein Spitzengewächs, aber was für ein Preis. *Im Januar 2000 bei einer Justerini-&-Brooks-Degustation von 1998ern und anschließend bei Farr Vintners degustiert* ★★(★★★) *Etwa 2005 bis 2015.*
Bâtard-Montrachet Nussige Nase; kraftvoll und so reich, wie der Käufer sein muss, der ihn sich leisten kann (über 1400 Euro die 12er-Kiste). *Im Januar 2000 bei Justerini & Brooks verkostet* ★★(★★★) *2005 bis 2015.*
Beaune, Clos des Mouches **J. Drouhin** Hellgelb; eine jugendliche Ananasnase, die sich wohlriechend entfaltete; mitteltrocken, mundfüllende Frucht und Eiche (13,2 % Alkohol, obwohl auf dem Etikett 13,5 % angegeben waren). Köstlicher Geschmack, perfekt im Gleichgewicht. *Im Oktober 2001 bei Drouhin in Beaune verkostet* ★★★(★) *2005 bis 2010.*

CHABLIS Mit Ausnahme einer ganzen Reihe von 1999 verkosteten Chablis-Erzeugnissen aus dem Haus William Fèvre waren die meisten 1998er aus dieser Anbauzone leider schlecht bis bestenfalls nicht sehr interessant. **Montmains** **J.-P. Droin** Blässlich; minzig; Karamellnote, säurebetont. *Im Dezember 2001 während eines Abendessens der Wine & Food Society bei Bibendum verkostet* ★; **Vieilles Vignes** **Jean Durup** Trocken, mild, uninteressant, passabel. *Im März 2001 im Brown's Hotel verkostet* ★★; **Bougros** **William Fèvre** Eine Flasche oxidiert (Februar 1999), die nächste wie eichengetönter Apfelsaft. *Im Mai 1999 bei einer Verkostung von British Airways degustiert*

★★; **Mont de Milieu** Pinson Unscheinbare Nase; im Geschmack nicht schlecht, gute Säure. *Mai 2001* ★★

William Fèvre Kaum hatte der tatkräftige Joseph Henriot Bouchard Père aufgekauft, wandte er seine Aufmerksamkeit Chablis zu und erwarb das Unternehmen Fèvre mit dem größten Besitz von *Grand-cru*-Weinbergen in Chablis (Hanson zufolge 15 % der gesamten Rebfläche). Auf der Vinexpo im Juni 1999 lud Henriot zu einer lückenlosen Verkostung der Palette von Fèvre-Spitzenweinen ein. Alle *Premiers crus* waren sehr blass, fast schon farblos, der erste, ein **Montmains**, erschien mir ansprechend, aber zu eichenbetont – allerdings versteht sich Fèvre auf den Eichenausbau; der **Vaillons** mit seinem jugendlichen, unreifen Ananasduft erinnert mich immer an Pingpongbälle und war sehr wohlschmeckend; der **Montée de Tonnerre** hatte eine schöne Frucht, aber einen scharfen, säurebetonten Abgang. Den **Fourchaume** habe ich nicht verkostet.

Alle *Grands crus* von Fèvre waren vielschichtiger: **Blanchots** Würzig, Geschmack und Länge gut; **Bougros, »Côte de Bougerots«** (6 ha) Hätte fast genau meiner Vorstellung von einem stahligen Chablis entsprochen, wenn da nicht diese Leim- und Pfirsichkernnote gewesen wäre; **Valmur** (1,66 ha) Wohlriechend, fest, stahlig, attraktiv; **Vaudésir** (1,2 ha) In der Nase erneut Pingpongbälle – wie Aceton –, würzig, sehr gut, voll im Geschmack und gute Länge; **Grenouilles** (0,57 ha) Gelber; in der Nase unreif, aber ziemlich kraftvoll; **Les Preuses** (2,4 ha) Mitteltrocken, Geschmack, Länge und Säure sehr positiv; bald trinkreif; **Les Clos** Fèvre gehören 3,5 ha dieser größten *Grand-cru*-Lage in Chablis mit insgesamt über 26 ha: sehr wohlriechend; gute Frucht und ausgezeichnete Säure. Profitiert von Flaschenalterung.

Wann trinkt man diese Chablis-Kreszenzen? Die *Premiers crus* meines Erachtens am besten zwei bis vier Jahre nach der Lese, die *Grands crus* mit vielleicht drei bis fünf Jahren. Generell wird ein Chablis wie ein Sancerre am besten jung und frisch genossen.

Chassagne-Montrachet Da ich gerade William Fèvres Chablis-Provenienzen aufgezählt habe, könnte ich auch gleich die 1998er von Jean-Noël Gagnard erwähnen, unter denen sich einige *Premiers crus* finden, die übrigens alle von seiner Tochter Caroline Lestiné erzeugt werden. Um einen besseren Vergleich zu ermöglichen, habe ich sie in leicht absteigender Preisrangfolge geordnet: **Les Chevenottes** Sehr blass, köstlich, nussig, gute Frucht; mitteltrocken, ansprechend, ein Anflug von zitrusartiger Säure; **Les Champs-Gains** Leichte Walnussnase; sehr gut, voll im Geschmack, eindringlich; **Clos de la Maltroye** (ein winziger *climat* mit 0,33 ha) Würzig; etwas ausgeprägtere Vanillenote, positiv im Geschmack, ziemlich körperreich (13,5 % Alkohol), leicht pappige Säure. Braucht Flaschenalterung; **Morgeot** (eine lediglich 0,8 ha große Parzelle) Schwer zu bestimmende Nase, aber sehr gute Qualität und Länge; **Les Caillerets** (1 ha) Wunderschön im Aroma und Geschmack, würzig, köstlich – ich habe ihn auf der Stelle bestellt. *Sämtliche Weine im Juni 2000 bei Farr Vintners in London verkostet. Ich würde sie alle in etwa bei ★★★★ einordnen. Sie müssen ausnahmslos noch reifen und sind schätzungsweise 2005 bis 2010 auf dem Höhepunkt, vielleicht auch noch darüber hinaus.*

Corton-Charlemagne L. Latour Bei den Verkostungen während der 200-Jahr-Feier degustiert: blass, ungewöhnlich, interessant, kraftvoll, ananasartig; unreife »Aceton«-Note; ausgeprägt trocken, lebhaft, körperreich (14 % Alkohol) und noch immer relativ unreif. *Juli 2000* ★★(★★) *2005 bis 2010.*

Mâcon, Monbellet »Wen en Pattes« Jean Rijckaert Ein etwas eigener, nicht ganz alltäglicher weißer Mâcon, in der Nase und am Gaumen sehr charakteristisch, gute Länge. *Im Januar 2000 bei Farr Vintners in London verkostet* ★★★ *Bald trinken.*

Mâcon-Viré André Bonhomme Ein interessanter Besuch auf dieser 9-ha-Domaine, die zeitweise eine kritische Phase gehabt haben muss. Bonhomme ist sehr stolz auf seine Arbeit. Er verwendet 25 % neue Eiche für seine Spitzenweine von alten Reben. Die anderen reifen in zwei- bis vierjährigen Barriques oder kommen überhaupt nicht mit Holz in Berührung. Der erste Jahrgang, den ich von ihm verkostete, war der von den Trauben junger Rebstöcke gekelterte 1998er ohne Ausbau in Eiche (zu meiner Überraschung hat er einen Kunden in Philadelphia, der keine Eiche will): natürlich blass; saubere, frische, minzige Nase; mitteltrocken, mittelkräftig (13 % Alkohol), ansprechend, jugendlich, Ananasnote, etwas kurz. Seine **Cuvée Spéciale** von 20- bis 50-jährigen Reben lag sieben Monate in Eiche und wurde Ende August 1999 abgefüllt: blass; bessere Frucht, tiefer, ein Hauch Pfefferminze; guter Geschmack, mehr Körper, scharfer Abgang. André Bonhomme füllt fast im Alleingang 50 000 bis 60 000 Flaschen pro Jahr ab. *Im Oktober 1999 auf der Domaine verkostet. In Bestform* ★★★ *Seine Weine sollten nach zwei bis fünf Jahren getrunken werden.*

Pouilly-Fuissé, Vieilles Vignes Ch. Fuissé/Vincent Sehr blass; sehr reich, kraftvoll (13,5 % Alkohol), erinnerte mich an den 1989er, gute Länge. Befindet sich preislich schon auf Côte-de-Beaune-Niveau. *Januar 2000* ★★(★★)

Puligny-Montrachet J. Drouhin Ein relativ preiswerter Village-Wein, was jedoch auch angemessen war. »Aufdringlich«, aber tadellos zu trinken. *Im März 2001 bei einer Blindverkostung von British Airways zusammen mit 46 anderen weißen Burgundern degustiert* ★★

Puligny-Montrachet, Clos de Cailleret Chartron et Trébuchet Eine interessante Allianz zwischen dem Winzer und früheren Bürgermeister von Puligny, Jean-Louis Chartron, und Louis Trébuchet, einem Politiker aus Beaune. Ihre ausnahmslos weißen Weine erschienen mir meist ziemlich schlank und stahlig, doch dieser 1998er aus ihrem 2,45 ha großen Weinberg war sehr ansprechend: ordentliche Farbe; »süße« Nase und positiver Geschmack. *Mai 1999* ★★★(★)

Puligny-Montrachet, Les Combettes E. Sauzet Kraftvoll und teuer. *Juni 2000* ★★(★★) *Etwa 2005 bis 2010.*

Puligny-Montrachet, Clos de la Garenne E. Sauzet Sehr blass; unreife »Zelluloid«-Note; mitteltrocken, voll im Geschmack, sehr säurebetont. Braucht noch Flaschenalterung. *Januar 2000* ★(★★★) *Schätzungsweise 2005 bis 2010.*

1999 ★★★★

Noch ein guter Jahrgang? Burgund hatte in letzter Zeit eine Glückssträhne, wobei die Weißen allerdings nicht ganz so bemerkenswert ausfielen wie die Roten. Dank eines sonnigen Spätsommers und Frühherbsts erreichte das Lesegut rekordverdächtige Reifegrade. Vor allem die Chardonnay-Trauben verzeichneten einen beträchtlichen Gehalt an Zucker (180 g/l) und Weinsäure (7,5 g/l) – zu Lesebeginn wurden die höchsten Werte seit zehn Jahren gemessen. Deshalb fielen die Weine auch sehr alkohol- und extraktreich aus und hatten viel ausgleichende Säure. Die einfacheren Gewächse sollten jung und frisch getrunken werden, während die Klassiker sich in der Regel lange lagern lassen. Alle 1999er wurden in London verkostet, falls nichts anderes angegeben ist.

Montrachet L. Jadot Sehr blass; wohlriechend, ein Schuss Zitrone; ziemlich »süß«, körperreich (13,5 % Alkohol), Geschmack und Länge sehr schön. *Im Februar 2001 bei Jadots* En-Primeur-*Verkostung degustiert* (★★★★★) *und bereits ausverkauft!*

Bâtard-Montrachet **L. Jadot** In neuen Eichen-Barriques vinifiziert. Sehr blass; limonengelb getönt; lebhaft, wohlriechend, eine Vanillenote durch den Kontakt mit dem Fassholz; »mittelsüß«, ziemlich körperreich (13,5 %), sehr guter, positiver Geschmack. Harter Abgang. Braucht noch Flaschenreife. *Im Januar 2001 bei Jadots* En-Primeur-*Verkostung degustiert* (★★★★★) *2006 bis 2016.*

Bâtard-Montrachet **E. Sauzet** Sehr blass; fleischig; kraftvoll, nussig, Eiche. *Im Januar 2001 bei Justerini & Brooks verkostet* (★★★★) *2006 bis 2016.*

Bâtard-Montrachet **P. Jomain** Extrem blass, fast farblos; wohlriechend, ein Anflug von Zitrone; trocken, fest, fein, stahlig. *Im Januar 2001 bei Howard Ripleys Verkostung degustiert* (★★★★)

Bâtard-Montrachet **Lequin-Colin** Von dieser Domaine hatte ich bislang noch nie gehört. Ihr gehört nur eine winzige Parzelle mit 0,12 ha. Sehr blass; sehr fleischig; reich, harter Abgang. Braucht noch Zeit. *Im Januar 2001 bei Howard Ripley verkostet* (★★★★)

Bienvenues-Bâtard-Montrachet **Paul Perrot** Das 19-ha-Gut besitzt eine 0,38 ha große Parzelle in diesem *Cru* und verkauft regelmäßig Weine an J. Drouhin: reiche, scharfe Nase; ziemlich »süß«, sehr reich, sehr kraftvoll. *Im Januar 2001 bei Howard Ripleys Verkostung degustiert* (★★★★★) *Mir hat die für Bienvenues typische Kombination von Kraft und Eleganz schon immer gefallen. Ich bin gespannt, wie sich dieser Wein entwickelt.*

Chablis, Grenouilles **L. Jadot** Grenouilles ist eine 9 ha große *Grand-cru*-Lage mit östlicher Ausrichtung und leichtem Boden. Jadots Wein wird in Eiche vinifiziert. Blässliche, ansprechende Farbe; noch immer jung und apfelfruchtig; überraschend »süß«, körperreich (13,5 % Alkohol), Blancmanger-Note. Ein kraftvoller Chablis, dem etwas Flaschenalterung noch gut tut. *Im Februar 2001 bei Hatch Mansfield verkostet* ★★(★★) *Schätzungsweise jetzt bis 2006.*

Mehrere Einträge zu 1999ern aus Chablis entstanden auf einer großen Blindverkostung im März 2001 in London, bei der sieben *Premiers crus* und sieben *Grands crus* degustiert wurden. Ich habe ihnen ziemlich hohe Bewertungen gegeben. Zu den besten gehörten: **Vaillons** **Long-Depaquit** Angenehm, aber unspektakulär (★★★); **Côte de Léchet** **William Fèvre** Wohlriechend; gute Frucht, ansprechender Geschmack und gute Säure (★★★★); **Montmains** **William Fèvre** Gewöhnliche junge Nase, aber angenehm und gefällig (★★★); **Bougros** **Bouchard Père** Vergnüglich (★★★); **Vaudésir** **Bouchard Père, »La Grande Famille des Domaines«** Butterig, eichenbetont; nicht mein Stil, aber gute Länge und passabler Geschmack (★★★)

Chassagne-Montrachet **Morin** In der Nase und im Geschmack recht ansprechend. *März 2001* ★(★★)

Chassagne-Montrachet, Les Benoites **Chartron et Trébuchet** In der Nase grasig und nicht allzu sauber; am Gaumen besser, stämmig, alkoholisch und säurebetont. *März 2001* ★★ *Nach einiger Zeit in der Flasche vielleicht drei Sterne.*

Chassagne-Montrachet **Ch. de la Maltroye** Praktisch farblos; wohlriechend, blumig; sehr positiv (13 % Alkohol), ansehnlicher Biss und ausgeprägte Säure. Braucht Flaschenalterung. *Im Januar 2001 bei Howard Ripley verkostet* ★★(★)

Chassagne-Montrachet, Clos du Ch. de Maltroye **Ch. de Maltroye** Es gibt verwirrend viele Maltroyes. Der hohe Preis dieser Version war allerdings angemessen. Ebenfalls so gut wie farblos; gute Tiefe; ziemlich »süß«, herrlicher Geschmack, Eiche, gute Länge. *Im Januar 2001 bei Howard Ripleys Verkostung degustiert* ★★(★★)

Chevalier-Montrachet **Dom. des Héritiers, Jadot** Eine 1,04 ha große Parzelle, die die erste Generation der Familie Jadot 1794 nach ihrer Übersiedlung von Belgien nach Beaune erwarb. Sie gehört heute zu gleichen Teilen Jadot (0,5 ha) und L. Latour. Blass; ausladend, lebhaft; »süß«, schöner Geschmack und appetitanregende Säure. *Im Februar 2001 bei Jadot verkostet* ★★★★

Corton-Charlemagne **Dom des Héritiers, Jadot** Jadots Anteil an dieser Lage umfasst 2 ha. Gute, charakteristisch nussige Vanillenase; überraschend »süß«, natürlich körperreich. *Im Februar 2001 bei Jadot verkostet (noch nicht abgefüllt)* (★★★★) *Gute Zukunft.*

Corton-Charlemagne **L. Latour** Eher blass; leicht zitronengelber Ton; außerordentlich kräftige Vanillenote, gute Frucht; »mittelsüß«, sehr reich, vollmundig. *Im April 2001 bei einer Latour-Verkostung degustiert* ★(★★★)

Corton-Charlemagne **Rapet Père et fils** Diesem 19-ha-Familienbetrieb gehört eine große Parzelle mit 2,5 ha. Klassisch nussige Eichennase; ziemlich »süß«, ausgesprochen reich und kräftig (13,5 % Alkohol), sehr eichenbetont, schöner Geschmack. *Im Januar 2001 bei Howard Ripley verkostet* (★★★★) *2000 bis 2015.*

Meursault, Charmes **L. Jadot** Sehr blass; reichlich Vanille (neue Eiche), extrovertiert, fast prahlerisch; für einen trockenen weißen Burgunder außerordentlich süß; eichenbetont, vollmundig. Attraktiv. *Im Februar 2001 bei Jadot verkostet* ★★(★★) *Ein reicher Wein mit mittlerer Lebenserwartung.*

Meursault, Genevrières **L. Jadot** Sehr blass; überraschend »süß«, körperreich (13,5 % Alkohol), wohlriechend, neue Eiche, sehr attraktiv. *Im Februar 2001 bei Jadot verkostet* ★★(★★) *Zum Zeitpunkt der Verkostung waren nur noch 15 Kisten übrig.*

Meursault Bei einer vergleichenden Blindverkostung von 47 weißen Burgundern bei British Airways im März 2001 waren elf 1999er Mersaults mit von der Partie. Die meisten erwiesen sich als unspektakulär, doch gab es auch einige Überraschungen. Die besseren Provenienzen stammten von folgenden Erzeugern: **Chartron et Trébuchet** Gut gemacht, guter Abgang (★★★); **Vincent Girardin** Vordergründig eichenbetont, aber attraktiv; stämmig, adstringierend – braucht noch Zeit in der Flasche (★★★); **Patriarche** ★(★★) (besser als sein Ch. de Meursault); **Pierre André** Positiv, stämmig, wohlschmeckend (★★★). Die anderen waren zwar alle gut zu trinken, aber mittelmäßig.

Puligny-Montrachet **Leflaive** Sehr blass; leicht grünspurig; gute Nase; sehr wohlschmeckend, noch immer hart, stahlig und säurebetont. *Im Juni 2001 auf der Domaine de Chevalier in Bordeaux verkostet* ★(★★★) *Braucht noch Zeit.*

Puligny-Montrachet, Les Combettes **E. Sauzet** Sehr blass; unreif, kraftvoll, eichenbetont. *Im Januar 2000 bei Justerini verkostet* ★(★★★)

Puligny-Montrachet, Les Folatières **L. Jadot** Sehr blass; unmittelbar ansprechend, parfümierte Vanillenase und ebensolcher Geschmack; »eigenartiger Liebreiz«, im Nachgeschmack ein Anflug von Veilchen. *Im Februar 2001 auf der Jadot-Verkostung degustiert* ★★(★★)

2000 und die Zukunft

An den wechselhaften und völlig unberechenbaren Anbaubedingungen in Burgund wird sich nichts ändern. Lässt man aber einmal das Klima außer Acht, dann sieht die Zukunft dank Qualitätsverbesserungen und einer scheinbar unstillbaren Nachfrage nach den besten Kreszenzen ganz rosig aus. Die großen Gewächse von der Côte de Beaune werden überragend bleiben und sich durch immer mehr Aufwand im Weinberg sowie eine weitere Verbesserung der Bereitungsmethoden sogar noch steigern.

Problematisch für Burgund sind vielmehr die kleinen Erzeuger, für die der Weinbau fast ein Nebenerwerb ist, aber auch die Überproduktion und die deprimierend schlechten Massenweine, die den Chardonnays aus der Neuen Welt Tür und Tor öffnen, obwohl diese nicht mehr so preiswert sind wie ehedem.

Man muss nur nach Süden über Chagny hinaus zur Côte Chalonnaise und zum Mâconnais fahren, um zu erkennen, welches Potenzial in diesen viel versprechenden Anbaubereichen steckt. Weine wie der Montagny von der Côte Chalonnaise oder die verschiedenen Mâcon-Villages können noch zulegen und damit den Nachfragedruck von Meursault und Puligny an der Côte de Beaune nehmen, indem tadellose weiße Burgunder bereitet und zu einem Preis verkauft werden, der den kleineren, nicht so gut gestellten Winzern die Möglichkeit einräumt, immer bessere Gewächse zu erzeugen und sich damit ein Auskommen zu sichern.

2000 ★★★

Die Wetterbedingungen waren nicht gerade unproblematisch, wie bereits im Kapitel Roter Burgunder ausgeführt (siehe Seite 325). Die Weißen von der Côte de Beaune wurden nach den Roten und in etwa zur selben Zeit wie ihre Pendants von der Côte de Nuits geerntet. Ein kalter Nordwind trocknete die Trauben. Die Lese im weit nördlich der Côte d'Or gelegenen Chablis beginnt immer sehr spät und erbrachte in diesem Jahr bei strahlend blauem Himmel reife und gesunde Trauben.

Montrachet **Laguiche/Drouhin** Eine Fassprobe: natürlich sehr blass; verschlossen, aber ausgesprochen wohlriechend; süßer Auftakt, kraftvoll, jugendlicher Ananasgeschmack, kräftige Säure. *Im Januar 2002 bei einer Drouhin-Verkostung in London degustiert* (★★★★)

Montrachet **L. Jadot** Fast farblos; nussig, ein herrlicher Wein mit einer bemerkenswerten Geschmackspersistenz, für die man eine Stoppuhr braucht, gute Säure. Großes Potenzial. *Januar 2002* (★★★)

Bâtard-Montrachet **L. Jadot** Bâtard ist mit 11,5 ha der größte Weißwein-*Grand-cru* an der Côte de Beaune, hat aber etliche Besitzer und ist daher völlig zerstückelt: Die größte Parzelle umfasst gerade einmal 1,9 ha. Produktion durchschnittlich 53 000 Flaschen pro Jahr (rund 4400 Kisten). Äußerst blass; eine weiche Frucht im Mittelteil, die die Säure überdeckte. Beeindruckend. (Die Preise wurden verwirrenderweise damals schon in Euro angegeben!) *Februar 2002* (★★★★)

Bâtard-Montrachet **Dom. Vincent/François Jobard** Nase und Geschmack sehr beeindruckend, obwohl mir der Pfirsichkerngeschmack nicht sehr zusagte. Bâtard-typische Kraft. Wird sich aller Voraussicht nach gut entwickeln. *Januar 2002* (★★★★)?

Bâtard-Montrachet **Ch. de Maltroye** Eindringlich, beeindruckend, aber viel zu viel Eiche. Außerdem ziemlich teuer. *Im Januar 2002 bei Howard Ripley in London verkostet* (★★★★)

Beaune, Clos des Mouches **J. Drouhin** Jugendliche Ananasnote; etwas »Süße«, reich, weich, fülliger Körper und eichenbetonte Frucht. *Januar 2002* (★★★★) *Ein schöner Wein. Wahrscheinlich 2004 bis 2007 auf dem Höhepunkt.*

Bienvenues-Bâtard-Montrachet **Dom. Paul Pernot** Das 19-ha-Weingut besitzt einen 0,38 ha großen *climat* in diesem *Grand cru*, außerdem über ein Dutzend weiterer kleiner Parzellen, die über die ganze Côte de Beaune verstreut sind. Die Familie Pernot verkauft ihre weißen Trauben regelmäßig an Drouhin. Der Wein: schlank und nussig. Braucht Zeit, um seinen »sehr willkommenen« Charme zur Geltung zu bringen. *Januar 2002* (★★★)?

Chablis, Grenouilles **L. Jadot** In Eiche vinifiziert. Etwas »fleischiger« als der Preuses, ein Anflug von Veilchen; weich, eichenbetont, zitrusartige Säure. Attraktiv. *Februar 2002* (★★★) *Ich würde diesen Wein nicht länger als fünf oder sechs Jahre lagern. Und ich wage zu behaupten, dass er schon lange vorher weggetrunken sein wird.*

Chablis, Les Preuses **L. Jadot** Die 8 ha des *Grand cru* Les Preuses erstrecken sich auf leichten Böden. Vinifizierung in Eiche. Fast farblos, allerdings mit schwachem jugendlichem Grünton; unmittelbar entgegenkommende Frucht und Vanillenote; angenehm fruchtiger Auftakt, jung, aber nicht rau, Ananas und reichlich Vanille durch den Ausbau in Eiche. Gute Säure. »Hält sich länger als zehn Jahre« – meint Jadot, nicht ich. Ich werde nicht widersprechen. *Februar 2002* (★★★)?

Chassagne-Montrachet, Les Caillerets **Dom. Guy Amiot** Strohgelber Ton; schlank, etwas blecherne Säure. Fragwürdige Länge. *Januar 2002* (★★★)?

Chassagne-Montrachet, Les Chaumes, Clos de la Truffière **Dom. Vincent/François Jobard** Praktisch farblos; trocken, Länge, Säure und Zukunftsaussichten gut. *Januar 2002* (★★★★)

Chassagne-Montrachet, Les Grandes Rouchottes **Ch. de Maltroye** Eine Kellerei mit 16 ha Rebfläche und 0,5 ha Anteil an dieser Lage. Nase und Geschmack leicht minzig und nussig. Mitteltrocken, gute Länge. *Januar 2002*.

Chassagne-Montrachet, Clos du Ch. de Maltroye **(Monopole)** **Ch. de Maltroye** Eine 2,5 ha große Parzelle mit Rot- und Weißweinreben. In der Nase und am Gaumen reich, kraftvoll, eichenbetont. *Januar 2002* (★★★★)

Chassagne-Montrachet, Morgeot, Vignes Blanches **Ch. de Maltroye** Ein Hauch von Zelluloid; trocken, säurebetont. *Januar 2002* (★★)

Chevalier-Montrachet, Les Demoiselles **Dom. des Héritiers, Jadot** Herrlich entgegenkommend. Die Nähe der Demoiselles hat den Chevalier eindeutig in Aufregung versetzt. Eichenbeont; »mittelsüß«, wie Weißwein eben so ist, schlank und fit, gute Säure. *Im Februar 2002 bei der Jadot-Verkostung in London degustiert* (★★★★)

Corton-Charlemagne **J. Drouhin** Tief, ziemlich reich, fleischig/fruchtig, unverwoben; ziemlich körperreich, ein guter Geschmack, der allerdings noch sein Gleichgewicht finden muss. Schöne Säure. *Januar 2002* (★★★★)

Corton-Charlemagne **Dom. des Héritiers, Jadot** Sehr fleischig; »mittelsüß«, voll, weich, nussig. Ein Corton-Charlemagne, wie er im Buch steht. *Februar 2002* (★★★★★)

Criots-Bâtard-Montrachet **L. Jadot** Der einzige *Grand cru*, der ausschließlich in der Gemeinde Chassagne liegt. Auf dem hellen steinigen Boden entstehen delikatere Weine als die breitschulterigen Bâtard-Montrachets. Äußerst blass; in der Nase Brotkruste; sehr vollmundig, ein Anflug von zitrusartiger Säure, trockener Abgang. *Februar 2002* (★★★★)

Mâcon-Azé, »Chardonnay« **Dom. de Rochebin** Ich erwähne diesen Wein zum einen, weil er der erste weiße Burgunder des Jahrgangs 2000 war, den ich verkostet habe, zum anderen aber auch, weil auf dem Etikett die Rebsorte erwähnt war, was nicht nur in Burgund, sondern in ganz Frankreich unüblich ist. So ganz behagt mir das nicht, denn erstens biedert man sich damit dem Massengeschmack an und zweitens liefert man diesen relativ angenehmen Wein nur dem bereits überfüllten Chardonnay-Markt aus. Blass; frisch, aber unauffällig; ein leichter, trockener Wein mit erfrischender Säure. *Im August 2001 während einer Pause im Royal Opera House in Covent Garden degustiert* ★★

Mâcon, Lugny **L. Latour** Ein anständiger, verlässlicher Clubwein. Er ist zwar nichts Besonderes, nimmt aber den Marktdruck von den klassischen Weißen von der Côte de Beaune, zu denen man früher ganz selbstverständlich gegriffen hat. Und billiger als diese ist er obendrein. *Im November 2001 beim Essen im Brooks's Club in St James's verkostet* ★

Meursault, Charmes **L. Jadot** Aus einem von Vertragsweinbauern bewirtschafteten Weinberg, dessen Boden fetter und schwerer ist als der von Meursault-Perrières weiter oben am Hang. Blass; Zitrus- und Eichennote; reich, Eiche und eine den Mund zusammenziehende Säure. *Februar 2002* (★★★)

Puligny-Montrachet, Les Folatières **J. Drouhin** Sehr blass; in der Nase stachelbeerartige Säure, die sich am Gaumen als Grapefruitnote bemerkbar machte. Schöner Geschmack, gute Länge, rauchig-eichenbetonter Nachgeschmack. *Januar 2002* (★★★★) *2005 bis 2010.*

Puligny-Montrachet, Les Folatières **L. Jadot** Fast farblos; breit, offen, Brotkruste mit leichtem Zelluloid-Einschlag; reich, gut eingebundene Eiche, sehr harter, säurebetonter, trockener Abgang. *Februar 2002* (★★★★) *Braucht Zeit. Schätzungsweise 2004 bis 2008.*

Puligny-Montrachet, Clos de la Garenne **(Monopole) Duc de Magenta** Praktisch farblos; verschlossen, lebhaft, Vanilleton; im Stil breiter und reicher, Geschmack und Länge sehr gut. *Zuletzt im Februar 2002 auf der Jadot-Verkostung degustiert* (★★★★) *Ein guter Wein, der sich aber noch Zeit ausbedingt.*

Puligny-Montrachet, Les Referts **L. Jadot** Sehr blass; köstlich wohlriechende, lebhafte, eichenbetonte Nase. Geschmack und Nachgeschmack entsprechend. Weich und schlank. *Februar 2002* (★★★)

Rhône

Die Weine von den Ufern der beiden größten französischen Flüsse haben mich von jeher fasziniert – die überwiegend leichten, säurebetonten Weißen von der Loire ebenso wie die größtenteils stämmigen Roten von der Rhône. Dabei kann man das Anbaugebiet an der Rhône kaum als zusammenhängend bezeichnen, denn die Unterschiede zwischen dem nördlichen und dem südlichen Abschnitt sind groß. Die steilen Hänge der AOC Côte Rôtie beginnen am rechten Ufer bei Vienne unweit von Lyon, während sich flussabwärts südlich von Orange bei Châteauneuf-du-Pape die Weinberge in eine breite Ebene mit fast provenzalischem Klima und »Ambiente« hinziehen. Im Norden werden die Gewächse von der Côte Rôtie bis Hermitage in der Regel reinsortig bereitet; hier ist das Reich der Syrah-Traube. Im Süden dominiert zwar die Grenache, doch sind allein in Châteauneuf 13 rote Rebsorten zugelassen.

Die besten Weißen – ausschließlich trockene Provenienzen – kommen aus Condrieu, einer winzigen Appellation bei Vienne, wo die Viognier regiert, und weiter südlich aus Châteauneuf. Ich beschränke mich hier jedoch aus denselben Gründen wie in den anderen Kapiteln auf die Roten: Fast alle Weißen trinkt man am besten jung und frisch. Selbst die klassischen Condrieu-Jahrgänge erreichen generell im zweiten oder dritten Jahr ihren Höhepunkt. Weißer Hermitage wiederum kann durch Flaschenalterung interessante Charakterzüge entwickeln. Außerdem sind mir schon einige weiße Châteauneufs begegnet, die nach zehn Jahren noch sehr gut schmeckten.

Der Unterschied zwischen Nord und Süd lässt sich am besten durch eine Gegenüberstellung der folgenden Roten veranschaulichen: Guigals Côte Rôtie, ein in neuer Eiche ausgebauter, reinsortiger Syrah; der früh abgefüllte Châteauneuf-du-Pape aus dem Château de Beaucastel, der alle zugelassenen 13 Rebsorten enthält; und Jaboulets klassischer Hermitage La Chapelle, der überwiegend aus Syrah besteht (die Traubenkomposition in dieser AOC darf geringe Mengen Marsanne und Roussanne enthalten) und eine Art Brücke schlägt zwischen Nord und Süd. Rote Rhône-Weine gibt es also für jeden Gusto!

Zwei Jahrhunderte bis 1977

Rhône-Wein wird schon fast seit einer Ewigkeit nach England importiert, hatte jedoch nie eine große Anhängerschaft, wie aus den Aufzeichnungen von Christie's hervorgeht. Immerhin waren in den Kellern einzelner honorabler Herren schon 1768 ein paar Flaschen Coti Roti (Côte Rôtie) und 1773 einige Flaschen Hermitage zu finden. Anfang des 19. Jahrhunderts wurde Hermitage oft nach Bordeaux gebracht, um den dortigen Roten in schwachen Jahrgängen Körper und Substanz zu verleihen. Berichten zufolge wurde sogar Latour »hermitagiert« und noch 1850 fand sich in einem Katalog von Christie's ein »mit rotem Bordeaux assemblierter Hermitage« – unter der Rubrik Bordeaux wohlgemerkt. Nur wenige alte Rhône-Jahrgänge haben überlebt. Allerdings entdeckte man in den späten 1960ern in einem Keller bei Lyon einige Flaschen 1825er Lanerthe (ein berühmtes Weingut in Châteauneuf-du-Pape) und 1832er »Ermitage«. Sie tauchten bei mehreren Heublein-Auktionen auf und wurden jedes Mal bei Vorverkaufsverkostungem degustiert. Die Bandbreite reichte von sauer bis überraschend gut trinkbar.

In der zweiten Hälfte des 19. Jahrhunderts schien sich in Großbritannien niemand mehr für Gewächse von der Rhône zu interessieren. Als einzigen Jahrgang habe ich aus dieser Zeit 1990 einen 1871er Hermitage verkostet: Er war mehr als nur interessant. Auf einer Preisliste von Saccone & Speed aus den 1920ern waren Rhône-Weine überhaupt nicht vertreten. Harvey's bot in den 1950ern eine kleine Auswahl an – überwiegend Tavel, Hermitage und Châteauneuf-du-Pape. Côte Rôtie tauchte erstmals 1958 mit dem 1955er-Jahrgang auf. Das spiegelt zum einen das mangelnde Interesse an dieser Appellation mit ihren steilen, von jeher nur mit unökonomisch hohem Aufwand zu bewirtschaftenden Weinbergen wider, zum anderen aber auch die Knappheit dieser Provenienzen.

1984 überredeten die Yapp Brothers Gérard Chave, einige alte Hermitage-Flaschen nach London zu bringen: Der 1929er und der 1942er waren bemerkenswert gut (***). Ich habe die besten Jahre zwischen 1929 und 1977 in der Übersicht auf der nächsten Seite aufgelistet. Verkostungsnotizen gebe ich nur zu ausgewählten Nachkriegsjahrgängen wieder.

Rotwein-Jahrgänge auf einen Blick

NÖRDLICHE RHÔNE
(CÔTE RÔTIE, ST-JOSEPH, HERMITAGE, CROZES-HERMITAGE, CORNAS)

Hervorragend *****
1929, 1945, 1949, 1959, 1961, 1969, 1971

Sehr gut ****
1933, 1937, 1943, 1947, 1952, 1953, 1955, 1957, 1962, 1964, 1966, 1967, 1970, 1972 (u) (ausgenommen Côte Rôtie)

Gut ***
1934, 1942, 1976 (u)

SÜDLICHE RHÔNE
(ÜBERWIEGEND CHÂTEAUNEUF-DU-PAPE)

Hervorragend *****
1929, 1945, 1949, 1952, 1959, 1961, 1970

Sehr gut ****
1934, 1937, 1947, 1955, 1957, 1962, 1967, 1964, 1969, 1971

Gut ***
1939, 1944, 1953, 1966, 1972 (u)

Die Bewertungen beziehen sich auf die gesamte Region, Nord wie Süd, sofern nichts anderes angegeben ist.

1945 *****

Ein großer Jahrgang. Kleine Produktion. Besonders fein geriet der Hermitage, den ich allerdings schon seit *1973* nicht mehr verkostet habe (als der Chapelle fabelhaft war).

1947 ****

Ein heißer Jahrgang. Reife, reiche, alkoholische, sinnliche Weine. Mittlerweile voll ausgereift, womöglich überreif. Kaum noch zu finden.
Hermitage, Rochefine Jaboulet-Vercherre Scheinbar alterslos, viel Charme. *1989* ***; **Châteauneuf-du-Pape** A. Establet Stämmig, für den Massengeschmack. *1989* **

1949 *****

Im gesamten Rhône-Tal ein sozusagen perfekter Saisonverlauf. Sehr selten. Die besten und bestgelagerten Gewächse können nach wie vor ausgezeichnet sein.
Hermitage, La Chapelle P. Jaboulet Aîné Gleichgewicht und Zustand perfekt. *1985* *****

1952 **** im Norden, ***** im Süden

Feste, langlebige Weine.
Hermitage Chave Reich, schön. *1984* ****

1961 *****

Idealbedingungen in der gesamten Region. Der Hermitage-Jahrgang war angeblich der beste des Jahrhunderts. La Chapelle fast nicht mehr bezahlbar.
Hermitage Jaboulet-Isnard Ziemlich tief, reif; opulente Frucht; »süß«, reich, ausgezeichneter Geschmack. *Im Februar 2000 verkostet* ****

Hermitage, La Chapelle P. Jaboulet Aîné 1967 mächtig; 1983 fruchtbeladen; 1990 fantastisch. Bekam eine meiner höchsten Bewertungen auf der Verkostung »Parker 100« in Hamburg. *Zuletzt im Oktober 1993 verkostet* *****

1966 **** im Norden, *** im Süden

Mitte der 1980er auf dem Höhepunkt, kürzlich aber ein überragender Chapelle.
Hermitage, La Chapelle P. Jaboulet Aîné Reif; ausgewogen, »süß«, ziemlich weich, sehr wohlriechend. *Im März 1995 bei einer Grange/Chapelle-Verkostung der Hollywood Wine Society degustiert* ****

1967 ****

Gute Bedingungen in der gesamten Region. Die 1967er Châteauneuf-du-Pape gelten heute als den 1978ern ebenbürtig, waren jedoch größtenteils in den späten 1970ern in ihrem Zenit. Einige Weine zeigten sich Mitte der 1980er in gutem Licht, insbesondere der **Côte Rôtie, Les Jumelles** P. Jaboulet Schöne Textur, elegant. *Dezember 1984* *****, seither aber nicht mehr verkostet.*

1969 ***** im Norden, **** im Süden

In Châteauneuf gut bis sehr gut, besser noch in Hermitage und eine kleine, aber herausragende Ernte an der Côte Rôtie.
Hermitage Chave Großartig. *März 1984* *****
Hermitage, La Chapelle P. Jaboulet Aîné Wundervoll weinig, markante Frucht; seidig, aber mit Altersspuren. *Im Mai 1992 bei der Masters-of-Wine-Verkostung von Grange und La Chapelle in London degustiert* ***

Chapoutier

Ein großes, bedeutendes Handelshaus in Tain L'Hermitage. In den ersten Jahrzehnten nach dem Zweiten Weltkrieg wurde Chapoutier in Großbritannien von Hellmers vertreten. An dessen Spitze stand der väterliche Mr. Scott, den niemand Ronald nannte, geschweige denn Ron oder Ronnie. Als ich 1952 Tommy Laytons Lieferwagen fuhr und öfter Weine aus den Hellmer-Kellern holte, ließ Mr. Scott mich immer einige Gewächse verkosten.

Später lud er mich regelmäßig zu seinen alljährlichen Verkostungen ein – nichts Großartiges, aber immer interessant. Als ich 1961 gerade bei Harvey's in Bristol tätig war, bot mir Mr. Scott einmal aus heiterem Himmel an, mit ihm vier Tage lang (per Bahn) Chapoutier zu besuchen. Als ich vorschlug, meine Reisekosten selbst zu übernehmen, lehnte er ab und meinte, ich solle lieber Harvey's danken. Meine Firma hatte nämlich eifrig direkt von Chapoutier gekauft, um Hellmers zu umgehen, doch Chapoutier hatte ihr den vollen Preis in Rechnung gestellt und Hellmers die reguläre Kommission bezahlt. Ein sehr feiner Zug von Chapoutier, wie ich fand. Und Harvey's geschah es recht!

1970 **** im Norden, ***** im Süden

Im Süden ein hervorragendes Jahr und auch im Norden sehr gut. Ein schöner Jahrgang in Châteauneuf, sogar noch besser in Hermitage und eine kleine, jedoch ausgezeichnete Ernte an der Côte Rôtie. Langer Winter, etwas Frost im Norden, sehr warmer Sommer, hohe Erträge in Hermitage. Nach diesen Weinen lohnt es sich noch Ausschau zu halten.

Hermitage **Jaboulet-Isnard** Ziemlich tief; passable Qualität, sehr tanninbetont. *Im September 1997 bei einer Vorverkaufsverkostung in New York degustiert* ★★★

Hermitage, La Chapelle **P. Jaboulet Aîné** 1972 mächtig und hart – eindeutig ein Wein aus einem heißen Jahr. 1989 aus Magnumflaschen verkostet: herrlicher Duft; Geschmack, Textur und Gleichgewicht gut. Wenig später: reiche Farbe; reif, fast Bordeaux-artige Nase; »süß«, körperreich, viel Frucht, ausgewogen. Große Kraft und Länge. Vor zehn Jahren schön und sicher auch jetzt noch superb. *Zuletzt im Mai 1992 bei der Masters-of-Wine-Verkostung von Grange und La Chapelle degustiert* ★★★★★

1971 ★★★★★ im Norden, ★★★★ im Süden

Besonders erfolgreich an der Côte Rôtie. Körperreiche Weine mit Alterungspotenzial.

Hermitage, La Chapelle **P. Jaboulet Aîné** 1972 hart und mächtig. 1989 wohlriechend, grandios. Vor einiger Zeit: ein kräuterwürziges Bukett, das sich gut entfaltete; seidige, ledrige Tannine, »überraschend attraktiv«. *Zuletzt im Mai 1992 bei der Masters-of-Wine-Verkostung von Grange und La Chapelle degustiert* ★★★★★

ÄLTERE EINTRÄGE **Côte Rôtie, Les Jumelles** **Jaboulet** Ein herausragender Vertreter, »erstaunlich reich und kraftvoll«, schrieb ich 1984. Jetzt vermutlich schön. In **Hermitage** entstanden charakteristisch ausgewogene Weine: der **Chave** (ebenfalls 1984 verkostet) Superb. Im Süden waren die Weine aus **Châteauneuf** gut, hatten aber niedrigere Säurewerte. Der **Ch. Rayas** war mit zehn Jahren trotzdem ausgezeichnet, der **Clos des Papes** von **Paul Avril** Mitte der 1980er reich und tanninstark.

1972 ★ bis ★★★★ uneinheitlich

Ein kalter Frühling und mäßiger Sommer. Attraktive Gewächse in Châteauneuf-du-Pape, ausgezeichnete im mittleren Norden in Cornas und Hermitage (geringe Erträge), an der Côte Rôtie hingegen mittelmäßig mit säurebetonten, harten Weinen.

Crozes-Hermitage, Dom. de Thalabert **P. Jaboulet Aîné** Angesengte Vanillenote; ziemlich »süß«, voll, fleischig, gute Säure. *Im November 1991 beim Essen im Londoner Sloane Club verkostet* ★★★

Hermitage, La Chapelle **P. Jaboulet Aîné** Wegen eines Hagelsturms am 14. Juli sehr kleine Ernte. Eher blass, vollreif; kräuterwürzig; überraschend attraktiv. *Im Mai 1992 bei der Masters-of-Wine-Verkostung degustiert* ★★★

1973 ★ bis ★★

Weil es zum Septemberbeginn sehr stark regnete, wurden in der ganzen Region enorme Erträge geerntet – die Qualität indes war uneinheitlich. Finger weg von diesem Jahrgang. Ich habe nur einen einzigen Wein verkostet.

Côte Rôtie, Les Jumelles **P. Jaboulet Aîné** Chaptalisiert; schwach, zugänglich. Ein Wein, den man nach dem Theater trinkt. *Im November 1991 im Londoner Sloane Club verkostet* ★

1974 ★ im Norden, ★★ im Süden

Reichliche Erträge, aber in Châteauneuf-du-Pape bescheidene, in Hermitage – seit der zweiten Hälfte der 1980er-Jahre nicht mehr degustiert – mittelmäßige und an der Côte Rôtie schlechte Qualität. In den 1990ern nur einmal verkostet. Austrinken.

Côte Rôtie, Les Jumelles **P. Jaboulet Aîné** Chaptalisiert, schwach, aber recht wohlschmeckend. *November 1991.*

1975 ★ bis ★★

Mittelmäßige Qualität an der ganzen Rhône und vor allem im Süden, der im August unter schweren Regenfällen und Mitte September unter einem heißen, trockenen Schirokko litt. Ich habe in letzter Zeit nur noch eine einzige letzte Flasche verkostet.

Châteauneuf-du-Pape **Abfüllung der Berry Bros.** Eine einzelne halbe Flasche: gute Füllhöhe; eher blasses, weiches Rubinrot; gesund, mild, leicht erdige Frucht; ziemlich »süß«, ungewöhnlicher Geschmack wie leicht gekochte Süßigkeiten, gute Säure. Attraktiv. *Im Februar 2000 bei Rosebank verkostet* ★★

1976 ★★★ im Norden, ★★ im Süden

Variable Qualität in Châteauneuf-du-Pape, weil es zur Lesezeit regnete. Die nördliche Rhône kam besser weg – der heiße, trockene Sommer erbrachte reife, konzentrierte Weine, obwohl auch hier Niederschläge im Herbst Probleme bereiteten. Ich habe in den 1980ern einige gute Flaschen verkostet, darunter ansehnliche Hermitage-Weine, aus denen der 1984 verkostete von Chave herausragte. Nur ein Eintrag aus jüngerer Zeit.

Hermitage, La Chapelle **P. Jaboulet Aîné** Blässliches, offenes Erscheinungsbild; eigenartige, schlanke, dabei malzige Nase; »süß«, seidige Textur, passable Länge, scharfer Abgang. *Im Mai 1992 bei der Masters-of-Wine-Verkostung degustiert* ★★★ *(gerade noch). Keine Zukunft.*

1977 ★ bis ★★

Die schlechte Witterung an der nördlichen Rhône ließ dünne, säurebetonte Weine entstehen. Im Süden gelangen den Winzern dank schönem Herbstwetter einige recht ansprechende Erzeugnisse. Ich habe Mitte der 1980er eine Reihe ordentlicher Gewächse verkostet – die besten stammten von Jaboulet in Hermitage und Chapoutier in Châteauneuf. Heute nicht mehr interessant.

1978–1999

Ich fasse in diesem Kapitel ausnahmsweise nicht nur die 1980er und 1990er zusammen, sondern breche das übliche Schema auf, indem ich mit dem 1978er-Jahrgang beginne – nicht nur, weil er einen willkommenen Kontrapunkt zu den uneinheitlichen, größtenteils mageren Vorjahren bildete, sondern auch, weil sich mit ihm ein Wandel anzukündigen schien. Man blickte mit Optimismus in die Zukunft – und der 1978er gab die Initialzündung.

In den 1960ern und 1970ern hatte man kaum Interesse für Rhône-Weine gezeigt. Den britischen – und wohl auch amerikanischen – Händlern und Verbrauchern waren nur wenige Namen ein Begriff. Zu den bekanntesten gehörten Produzenten- und Handelshäuser wie Chapoutier, der zwar zeitweise eine uneinheitliche Formkurve zeigte, sich mittlerweile aber wieder gefangen hat, und Paul Jaboulet Aîné. Unter den englischen Importeuren taten sich der damals noch junge Spezialist Robin Yapp und Chapoutiers Agent, Mr. Scott von Hellmers, hervor (siehe Kasten Seite 363). 1978 wurde die Côte Rôtie wiederentdeckt und erwachte zu neuem Leben. Guigal kam zu Ruhm und machte mit seinen Weinen Furore, was er nicht zuletzt dem engagierten Robert Parker verdankte.

Während die 1980er eine Zeit des Experimentierens waren, startete man in den 1990ern durch und schlug einen Vorteil aus den Witterungsbedingungen, die an der Rhône besser waren als in Bordeaux. Bis zu einem gewissen Grad stieg das Interesse für Weine von der Rhône, zur gleichen Zeit, als auch Italien eine Renaissance erlebte. Und auch mit der Qualität ging es bergauf. Wie in anderen französischen Anbauregionen machen sich derzeit ein paar jüngere Erzeuger einen Namen, während wie überall Önologen gefällige, fruchtige, zugängliche Weine bereiten, die auf den derzeitigen Modegeschmack zugeschnitten sind.

An der Rhône aber sind die Preise mit Ausnahme von Guigals Côte Rôtie und Jaboulets La Chapelle immer im Rahmen geblieben.

Rotwein-Jahrgänge auf einen Blick

NÖRDLICHE RHÔNE
(CÔTE RÔTIE, ST-JOSEPH, HERMITAGE, CROZES-HERMITAGE, CORNAS)

Hervorragend *****
1978, 1983, 1985, 1990, 1998, 1999

Sehr gut ****
1979, 1982, 1988, 1989, 1995

Gut ***
1981 (u), 1986 (u), 1991, 1992 (u), 1996 (u), 1997

SÜDLICHE RHÔNE
(ÜBERWIEGEND CHÂTEAUNEUF-DU-PAPE)

Hervorragend *****
1978, 1983, 1985, 1989, 1990, 1995, 1998

Sehr gut ****
1982, 1999

Gut ***
1979, 1980, 1981 (u), 1986 (u), 1988, 1992 (u), 1996 (u), 1997

1978 *****

Trotz des schrecklichen Wetters fraglos ein großer Rhône-Jahrgang – angeblich der beste seit 1911. Mit ihm kündigte sich die Renaissance dieser Region an.

Châteauneuf-du-Pape **Ch. de Beaucastel/Perrin** 1991 noch immer sehr tiefes Rubinrot; lebhafte Frucht; voll, sehr positiv, Tannin und Säure gut, aber mit reifem, etwas gar rustikalem Abgang. Kürzlich: jetzt vollreif; entwickeltes, angesengtes Bukett; »süß«, Alterston. *Zuletzt im Mai 2001 bei Paolo Pongs Beaucastel- und Rayas-Verkostung degustiert* ****

Châteauneuf-du-Pape **Ch. Rayas** Mitteltiefes, weiches Rubinrot; ebenfalls angesengtes, reifes, für einen heißen Jahrgang typisches Bukett; Frucht und Geschmack attraktiv. *Im Mai 2001 verkostet* ***** *Hat noch Zeit.*

Côte Rôtie, Brune et Blonde **Guigal** Noch fünf Jahre nach der Lese von der Hitze des Jahrgangs geprägt. Stämmig. Unreif. 1988 noch immer sehr farbtief; reiche, fleischige, angesengte Nase; »süß«, körperreich, ein sich herrlich ausdehnender Geschmack, gute Länge und hervorragender Nachgeschmack. In den frühen 1990ern wahrscheinlich auf dem Höhepunkt, denn bei der letzten Verkostung zwar noch immer tief, samtig und sehr gut, doch meines Erachtens etwas am Austrocknen. *Zuletzt im Dezember 2000 eine Flasche aus dem Keller meines Sohnes in San Francisco degustiert* ****

Paolo Pong

Der junge Mann mit dem klingenden Namen entstammt einer reichen Familie in Hongkong. Als leidenschaftlicher Weinliebhaber hat er sich bereits einen beachtlichen Keller mit Spitzengewächsen und seltenen Jahrgängen aufgebaut. Er brachte gelegentlich Wein zum Essen in unsere Londoner Wohnung mit, doch die Verkostungen, bei denen ich zugegen war, fanden vorwiegend im Londoner Haus von Jancis Robinson und ihrem Mann Nick Lander statt. Dabei werden nicht nur alte, große rote Bordeaux-Kreszenzen geöffnet, sondern auch Rhône-Weine der beiden Spitzenerzeuger in Châteauneuf-du-Pape, Château Beaucastel und Château Rayas.

Côte Rôtie, Les Jumelles **P. Jaboulet Aîné** »Les Jumelles« heißt »die Zwillinge«, doch sind die Côte Brune und die Côte Blonde keineswegs eineiig. Mit zehn Jahren perfekte Flaschen. Mitteltief, reiche Farbe; tiefe, sehr reife Nase und ebensolcher Geschmack. »Mittelsüß«, ziemlich körperreich, schöner Geschmack, trockener Abgang. Unlängst eine 20 Jahre alte Magnum: jetzt mitteltief und voll entwickelt; wirkte überreif, entfaltete sich aber souverän. Reich, voll, schön. *Im Oktober 1998 der perfekte Wein zu einem Essen bei Christie's* ★★★★★

Côte Rôtie, La Landonne Guigal Der erste Jahrgang, nachdem Marcel Guigal den Weinberg La Landonne am Côte-Brune-Hang wieder zu einem *monopole* vereint hatte. Die Rebstöcke wurden im Geburtsjahr von Marcels Sohn Philippe gepflanzt. Außerordentlich beeindruckend. 1988 anders als der Mouline. Gewicht, Kraft und Extrakt enorm groß. Noch mit zehn Jahren völlig unreif. Fünf Sterne. Kürzlich mit Philippe in der Kellerei verkostet: noch immer ziemlich farbtief; nach der Verkostung des 1998ers und 1999ers fast ein Schock, höchst ungewöhnliches, leicht feigenartiges (Syrah), medizinales Lakritze-Bukett und ebensolcher Geschmack; sehr reich, ziemlich viel Körper, fabelhafter alter Geschmack, nach wie vor tanninbetont, aber mit »süßem« Abgang. *Zuletzt im Oktober 2001 verkostet* ★★★★★ *Hat aber den Zenit überschritten.*

Côte Rôtie, La Mouline Guigal Zehn Jahre nach der Lese: undurchsichtig, neben ihm wirkten die Weine vom Brune- und Blonde-Hang blass. Fest gewirkt, ausgewogen; reich, komplex und konzentriert. Tanninbeladen. Herrliche Frucht. Neun Jahre darauf verkostete ich ihn leider in der falschen Reihenfolge und in falscher Umgebung, nämlich bei einem BYOB-Essen, bei dem sich die Gäste an den Flaschen anderer vergreifen. Nach dem Yquem wirkte er natürlich ziemlich rau und schwach. *Zuletzt im Februar 1997 in New York verkostet. In Bestform* ★★★★★

Hermitage Guigal Ziemlich farbtief und reich; feigenartig, rauchig; »mittelsüß«, reich, reif, noch immer kraftvoll. Sehr gut. *Im Dezember 1997 auf einer Vorverkaufsverkostung in New York degustiert* ★★★★

Hermitage, La Chapelle P. Jaboulet Aîné So massiv, dass man ihn ein Jahr länger als üblich im Fass ließ. Erstmals im dritten Jahr nach der Lese verkostet: undurchsichtig, purpurrot; pfefferig; fruchtbepackt. Tanninbetont. Ein Sprung von elf Jahren: »Jetzt perfekt.« Drei Jahre später (1995) auf der Masters-of-Wine-Verkostung von Penfolds-Grange- und La-Chapelle-Jahrgängen: weicher und vom australischen Klassiker etwas in den Hintergrund gedrängt. Als Nächstes 1998 beim Jaboulet-Seminar: jetzt mitteltief, noch immer ein leicht jugendlicher Ton; sehr wohlriechendes Bukett; reich, Gleichgewicht und Zustand perfekt. In Paris eine samtige Magnum, kraftvoll (15 % Alkohol). Kürzlich zu Lammrücken: noch immer mit Rubinton; ansprechendes Bukett; etwas »süß«, weich, perfekt im Gleichgewicht. *Zuletzt im März 2001 bei einem Essen des Saintsbury Club verkostet* ★★★★★

Hermitage, La Sizeranne Chapoutier Weiches, burgunderartiges Rot, reif, offen; ein perfekt ausgewogenes Bukett, das sich fabelhaft entfaltete und an reife Feigen erinnerte; sehr »süß«, reich im Geschmack, nach wie vor von pfefferiger Markanz, trockener Abgang und parfümierter Nachgeschmack. *Im März 1999 in Kopenhagen degustiert* ★★★★★

1979 ★★★★ im Norden, ★★★ im Süden

Qualität und Wetter wechselhaft: Die Côte Rôtie im Norden kam in den Genuss einer reichlichen Ernte, die ab Ende September eingefahren wurde. In Hermitage verzögerten Regenfälle die Lese bis Anfang Oktober. Und im Süden entstanden erfolgreiche, wohlriechende und weiche Châteauneuf-Weine.

Châteauneuf-du-Pape Ch. de Beaucastel/Perrin Zartfarben, vollreif; gut entwickelte Nase mit Zitrusnote; wohlschmeckend, mehr Säure und leichter gewoben als der Rayas. *Im Mai 2001 während Paolo Pongs Châteauneuf-Verkostung bei Jancis Robinson degustiert* ★★★

Châteauneuf-du-Pape Ch. Rayas Mitteltief, reif; sehr offen und duftig; »mittelsüß«, sehr guter Geschmack, griffig. *Im Mai 2001 bei Paolo Pongs Verkostung degustiert* ★★★★

Côte Rôtie, La Mouline Guigal Mitteltief, vollreif; verschlossen, aber ausgewogen; pfefferig, mit einem adstringierenden Abgang, jedoch trinkreif. *Im April 1998 bei der großen Verkostung der Zeitschrift* Vinum *in Zürich degustiert* ★★★

Weitere Côte-Rôtie-Weine, die sich in der zweiten Hälfte der 1980er in guter Verfassung zeigten **Côte Rôtie, Brune et Blonde** Guigal *1988* ★★★★; **Côte Rôtie, Les Jumelles** Jaboulet *1983* ★★★

Crozes-Hermitage, Dom. de Thalabert P. Jaboulet Aîné Mitteltief, irreführend jugendliches Erscheinungsbild; warmes, süßes, ausgewogenes Bukett; »süß«, sehr tanninbetont und mit Alterston. *Im März 1998 beim Jaboulet-Seminar der Hollywood Wine Society verkostet* ★★★

Hermitage, La Chapelle P. Jaboulet Aîné 1992 wohlriechend, offen; trocken, schlank, leicht säurebetont. Unlängst mittlere Farbtiefe; kirschartige Frucht; geschmeidig, köstlich im Geschmack, schön ausgewogen. Eindeutig ein Überlebenskünstler – der sogar das Avocado-Sorbet mit eingelegtem Ingwer überlebte. *Zuletzt im März 1998 beim Galadiner der Hollywood Wine Society in Coconut Grove in Florida verkostet* ★★★★

Weitere Hermitages, die in der zweiten Hälfte der 1980er gut waren **Hermitage** Chave *1984* ★★★★; **Hermitage** Guigal *1985* ★★★★

1980 ★★ im Norden, ★★★ im Süden

Ein starker Kontrast zwischen dem Norden und dem Süden, was wie üblich auf die Witterungsbedingungen zurückzuführen war. Die Côte Rôtie litt unter einem misslungenen Frühling mit magerer Blüte, auch wenn sich das Wetter zur späten Lese hin besserte. Châteauneuf-du-Pape und der Süden kamen wesentlich besser weg und erzielten die größte Ernte seit Beginn der Aufzeichnungen. Die Lese begann am 25. September und erbrachte im Großen und Ganzen früh reifende Weine, die ich überwiegend in der zweiten Hälfte der 1980er verkostet habe. Sie sind heute kaum noch von Interesse.

1981 ★★ bis ★★★

Im Norden regnete es während der Blüte und der Lese, trotzdem wurden an der Côte Rôtie einige gute Gewächse bereitet. Im Süden verlief die Blüte zwar ebenfalls ungleichmäßig, aber die Trockenperiode im Sommer ließ einen annehmbaren Jahrgang mit reichen, konzentrierten Weinen entstehen.

Châteauneuf-du-Pape Ch. de Beaucastel/Perrin In zwei Einträgen aus den späten 1980ern erwähne ich die überraschende Farbtiefe und -intensität, außerdem seine Fülle. 1997 zweimal verkostet: noch immer ziemlich tief; gut entwickelte Frucht; »süß«, reich, gut zu trinken. Kürzlich: mitteltief, Rosaton; reif, leicht angesengt; nicht so »süß« wie der Rayas und und mit weicherer Textur, Länge, Tannin und Säure gut. *Zuletzt im Mai 2001 auf Paolo Pongs Beaucastel- und Rayas-Verkostung degustiert* ★★★

Châteauneuf-du-Pape Ch. Rayas Mitteltief, aber intensiv; wohlriechend; »süß«, weich, attraktiv, trockener Abgang. *Im Mai 2001 bei Paolo Pongs Verkostung degustiert* ★★★★

Côte Rôtie In letzter Zeit nicht mehr verkostet, aber La Mouline von **Guigal** war reich und voll entwickelt. *1988* ★★★★ *Sollte nach wie vor trinkbar sein.*
Hermitage **Chave** und La Chapelle **Jaboulet** Mitte der 1980er gutes Potenzial.

1982 ★★★★

Selbst für das Rhône-Tal war der Sommer außergewöhnlich heiß und trocken. Trotz schwerem Regen im August konnte man früh mit der Lese beginnen. Den Weinbauern bereiteten die in der Sonne gebackenen Trauben, die Vergärung bei hohen Temperaturen und der niedrige Säuregehalt der Trauben Probleme. Sie hatten es nicht leicht. Den kompetenteren Erzeugern aber gelangen sehr gute Weine.
Châteauneuf-du-Pape **Brunier/Dom. du Vieux Télégraphe** Ich habe leider nicht viele dieser Weine verkostet und nur einen einzigen aussagekräftigen Eintrag aus ihrer Anfangsphase vorliegen. Bei einem Weinkurs von Christie's: köstlich weich und »süß«, aber mit bitterer Tanninnote. *1985* ★★★★ *Hat wahrscheinlich überlebt.*
Côte Rôtie, Les Jumelles **P. Jaboulet Aîné** Mitteltiefes, jugendliches Rot, aber reifer Rand; sehr fleischige, leicht karamellige Nase; »süß«, reich, für sein Alter gut zu trinken. *Im April 2002 bei einem Essen des Saintsbury Club verkostet* ★★★
Hermitage **Chave** Mehrere Einträge. 1984 zeigte er gutes Potenzial. Ein Jahrzehnt später Magnumflaschen beim Essen zum 25-jährigen Jubiläum der Yapp Brothers in Mere: reiche Farbe, vollreif; angesengte, für heiße Jahrgänge typische Duftnoten; ein »süßer«, reicher Wein, der sich perfekt trinken ließ. Als Nächstes bei der Masters-of-Wine-Verkostung von Hermitage-Gewächsen in London, bei der uns Jean-Louis Chave von den Schwierigkeiten berichtete, die die hohen Temperaturen während des Gärprozesses mit sich brachten. Die Farbe jetzt »voluminös« und vollreif; ein herrliches Bukett nach »alter Eiche«, reich, weich, angesengt; ziemlich körperreich, weich, reif. Im Stil recht altmodisch und rustikal, entwickelte sich etwas wildbretartig. *Zuletzt im Mai 1999 verkostet. Auf dem Gipfel* ★★★★ *Jetzt über den Höhepunkt hinaus, aber ein guter, reifer Mundfüller* ★★★
Hermitage, La Chapelle **P. Jaboulet Aîné** In seiner Jugend (1987) beeindruckend tief; reich, entfaltete sich wunderschön im Glas; voll, fleischig, gehaltvoll. Noch immer vollmundig und ansprechend. *Zuletzt im Mai 1992 verkostet. Damals* ★★★★ *Jetzt zweifellos vollreif.*

1983 ★★★★★

Ein strahlender Sommer, einer der heißesten und trockensten seit Beginn der Aufzeichnungen. Der Norden und Süden waren gleichermaßen erfolgreich. Die Weine zeigten sich in ihrer Jugend reich, konzentriert und von harten Tanninen geprägt. Wenn der 1978er die Initialzündung für die Anbauregion gab, dann war der 1983er der Turbo, der sie in Fahrt brachte. Die Roten lassen sich nach wie vor gut trinken.
Châteauneuf-du-Pape **Ch. de Beaucastel/Perrin** 1997 vollreif; aufgrund des hohen Tanningehalts schweißelnde, angesengte, für heiße Jahrgänge typische Nase, trocken, überreif, mit rustikalem, tannin- und säurebetontem Bauernhofgeschmack und -nachgeschmack. Im März 2001 bei einem Essen des Saintsbury Club aus Magnumflaschen: gut zu trinken. Zwei Monate später bei Paolo Pongs Verkostung: schwacher Rand; angenehme Frucht, aber beißend. Im Herbst des Jahres: mittlere Reife, weiche, schöne Farbe, leicht orangegetönter Rand; sehr wohlriechend, weich und würzig – braucht Luft, sagte man mir; »Süße« und Gewicht (12,5 % Alkohol) angenehm, schöner Kaffeebohnengeschmack, Tannin und Säure »sehr gut«. *Zuletzt im Oktober 2001 im Keller von Château de Beaucastel verkostet* ★★★★
Châteauneuf-du-Pape **Ch. Rayas** Zwei Einträge in den frühen 1990ern. Die erste Flasche wohlriechend, mit einem Geschmack, der sich im Mund aufzufächern schien. Als Nächstes 1993 bei einem Essen im Brooks's Club. Ich stellte einen Orangeton fest und eine gekochte Note in der Nase und am Gaumen – was, wie ich später herausfand, daran lag, dass man sie im Club zwei, drei Jahre lang bei rund 24° C im Verteilerraum gelagert hatte! Ich las deshalb dem Sekretär die Leviten, was sich sogar in einem Vermerk in meinen Clubpapieren niederschlug. Kürzlich: angenehmes, »süßes«, reifes Bukett; wohlriechend, attraktiv, scharfer Abgang. *Zuletzt im Mai 2001 bei Paolo Pongs Verkostung degustiert* ★★★(★)
Cornas **Auguste Clape** Rustikal, Bauernhofnote, »süß«, aber mit spitzigem, tanninbetontem Abgang. *Im April 1999 bei einem Essen des St-James's-Kapitels der IWFS in London verkostet* ★★
Cornas **P. Jaboulet Aîné** Von einem Granithang südlich von Hermitage. Weiches Rot, fast mahagonifarbener Reifeton; angesengte Karamellnote, aber ausgewogen und reif; »süß«, weich, sehr angenehm, milde Tannine. Komplett, trinkreif. *Im Januar 1998 bei einer Syrah-Verkostung für das Singapur-Kapitel der IWFS degustiert* ★★★
Crozes-Hermitage, Dom. de Thalabert **P. Jaboulet Aîné** Mitteltief, schöne Reife; ansprechende Frucht, subtiler Duft; »süß«, angesengt, erdig, trockener Abgang. *Im März 1998 bei einem Jaboulet-Seminar der Hollywood Wine Society verkostet* ★★★★
Hermitage, La Chapelle **P. Jaboulet Aîné** 1987 intensiv, beeindruckend; scharfe, angesengte Nase; Geschmack nach Feigen, Pflaumen und Schokolade. 1992: »Braucht Zeit; noch immer unnachgiebig.« Elf Jahre später zwei Einträge: attraktives Schimmern in der Farbe, »süß«, gut zu trinken. Auf Maliners Jaboulet-Seminar: weiches Rot; sehr wohlriechender Abgang, etwas scharf. Später teerig und melasseartig; sehr wohlschmeckend, mit kirschartiger Frucht, die aber durch einen adstringierenden Abgang verdorben wurde. Kürzlich: entwickelt einen orangefarbenen Rand; im Geschmack besser als in der Nase, gute Länge, etwas säurebetont. *Zuletzt beim Essen zu Hause verkostet* ★★★ *Gut zu trinken, aber das sollte man nun auch tun.*
Hermitage, La Sizeranne **Chapoutier** 1989 feigenartige Frucht, wohlschmeckend, sehr tanninbetont. Als Nächstes zu gekochtem Rindfleisch und Knödeln beim »Einführungsessen« des neuen Oberbürgermeisters von London: reich, reif (der OB muss beides sein). Sehr charakteristischer Duft und Geschmack, Malznote. *Zuletzt im November 1993 im Londoner Mansion House verkostet* ★★★★

1984 ★★

Kleine Ernte größtenteils mittelmäßiger Weine. Obwohl die Blüte bei guten Bedingungen über die Bühne ging, wurde das Wetter im weiteren Verlauf immer kälter und nasser. Drei Wochen Regen dämpften die Erwartungen endgültig. Die Lese zog sich vom 16. September bis zum 11. Oktober hin. Bei strenger Selektion gelangen dem einen oder anderen Erzeuger aber gute Weine. Ich habe diesen Jahrgang kaum verkostet.
Hermitage, La Chapelle **P. Jaboulet Aîné** 1989 mittelschwer, relativ lang und tanninbetont. Drei Jahre später: reich, gut zu trinken, mit dem Gleichgewicht, das ein Wein braucht, um sich zu verbessern und zu überleben. *Zuletzt im Oktober 1992 bei einer Rodenstock-Verkostung in Deutschland degustiert* ★★★

DIE FOLGENDEN WEINE ZEIGTEN SICH GEGEN ENDE DER 1980ER IN RECHT GUTER VERFASSUNG **Châteauneuf-du-Pape: Les Cèdres** Jaboulet *1987* ★★★; Dom. de Marcoux *1987* ★★★; **Côte Rôtie: Brune et Blonde** Guigal *1988* ★★★; **Les Jumelles** Jaboulet *1987* ★★★; **Hermitage** Guigal *1988* ★★★

1985 ★★★★★

Trotz kühlem Frühjahr und später Blüte ein hervorragender Jahrgang. Der Sommer war heiß, trocken und sonnig – im Süden regnete es bis nach der Lese überhaupt nicht. Viele Einträge.

Châteauneuf-du-Pape Ch. de Beaucastel/Perrin Zu jeweils rund einem Drittel aus Syrah, Mourvèdre und Grenache, außerdem mit geringen Anteilen der zehn anderen zugelassenen Rebsorten. Mehrere Einträge, der erste vom November 1988: sehr tief; opulent; erdig, extraktreich, seidige Tannine. Als Nächstes bei einem Abendessen im Januar 2000: hochgetönt; fantastischer Geschmack, Mokkanote, trockener Abgang. Kürzlich bei Paolo Pongs Verkostung zusammen mit dem 1985er Château Rayas: noch immer ein Hauch von Rubinrot; fleischige, alkoholische Nase; ziemlich körperreich und fest. *Im Mai 2001 bei Paolo Pongs Verkostung degustiert* ★★★★★

Châteauneuf-du-Pape

Das »neue Schloss des Papstes« wurde angeblich von Papst Johannes XXII. zwischen 1318 und 1333 als Sommerresidenz gebaut, in die er vor der Hitze von Avignon fliehen konnte. 1944 sprengten deutsche Truppen die Burg, die sie als Munitionslager genutzt hatten, in die Luft. Die Ruinen wurden zum Teil restauriert und sind heute für die Winzer der Zone zum Symbol geworden. Eine der Eigenarten der AOC ist die Vielzahl zugelassener Rebsorten: Ein roter Châteauneuf-du-Pape kann aus bis zu 13 Traubensorten bereitet werden.

Châteauneuf-du-Pape Ch. Rayas Ansprechende Farbe; weiches, offenes, ausgewogenes Bukett; »süßer« als der Château de Beaucastel (oben), sehr angenehm im Geschmack. Lediglich die Länge mit Fragezeichen. *Im Mai 2001 bei Paolo Pongs Verkostung degustiert* ★★★★★ *Absolut trinkreif.*

Châteauneuf-du-Pape, La Bernadine Chapoutier »Süß«, gefällig. *September 1990* ★★★ *Austrinken.*

WEITERE CHÂTEAUNEUF-DU-PAPE, DIE SICH ENDE DER 1980ER IN GUTER VERFASSUNG ZEIGTEN **Châteauneuf-du-Pape, Le Bosquet des Papes** Boiron *1988* ★★★★; **Châteauneuf-du-Pape, Les Cèdres** Jaboulet *1987* ★★★★

Cornas Einige äußerst erfolgreiche 1985er, aber mir liegen nur wenige Einträge aus neuerer Zeit vor. Herausragend der **Cornas, La Geynale** Robert Michel *1990* ★★★★★; **Cornas** A. Clape *1987* ★★★★★; **Cornas** Jaboulet *1987* ★★★★

Côte Rôtie, Brune et Blonde Guigal Mit vier Jahren sehr tief; herrliches Bukett, fleischige, feigenartige Frucht, würzig; kraftvoll, aber erfrischend. Ausgezeichnet, braucht jedoch noch Flaschenalterung. Unlängst nach wie vor überraschend tief, Schwarzkirschenfarbe mit jugendlichem Einschlag; sehr gute Frucht in der Nase und am Gaumen. »Süß.« Köstlich. *Zuletzt im April 1999 bei einem Essen des St-James's-Kapitels der IWFS in London verkostet* ★★★★(★) *Wird sich noch steigern.*

Côte Rôtie, La Landonne Guigal Der am besten entwickelte 1985er von Guigal. Wohlriechend; gut gebaut. *Oktober 1993* ★★★★ *Jetzt bis 2005.*

Côte Rôtie, La Mouline Guigal Undurchsichtig; harmonisch, verhalten; sehr »süß«, körperreich, schöne Frucht, seidige Textur, gute Länge. *Im Oktober 1993 bei Arne Bergers Verkostung »Parker 100« in Hamburg degustiert* ★★★★★ *Jetzt bis 2010.*

Côte Rôtie, La Turque Guigal 1993 undurchsichtig; fleischige, angesengte Syrah-Nase; »süß«, körperreich, schöne Textur, kraftvoll und doch elegant. Kürzlich noch immer farbtief, unreif, intensiv; mit reicher feigenartiger Nase, die sich herrlich entfaltete; in der Nase und am Gaumen mit himmlischer Rote-Bete-Frucht. *Zuletzt im April 2000 bei Kaplans herausragendem Essen mit 1985ern verkostet* ★★★★★ *Schätzungsweise 2005 bis 2025.*

ANDERE CÔTE-RÔTIE-WEINE, DIE IN DEN SPÄTEN 1980ERN VIEL VERSPRECHENDES POTENZIAL ZEIGTEN Emile Champet *1987* ★★★★★; Robert Jasmin *1997* ★★★★★; **Chantillonne** Vidal-Fleury *1988* ★★★★; **Les Jumelles** Jaboulet *1987* ★★★★★

Gigondas Diese Appellation in den Bergen unweit nordöstlich von Châteauneuf ist für ihre angenehmen, fruchtigen, jung zu trinkenden Roten mit gutem Preis-Leistungs-Verhältnis bekannt. Sie brauchen keinen Ausbau in der Flasche und profitieren auch nicht davon, weshalb sie eigentlich nicht in dieses Buch gehören. Robin Yapp holte jedoch 1985 für ein Essen in seinem Garten einen Dom. St-Gayon hervor, der nach 15 Jahren ausgesprochen reif aussah, mit einem Orangeton; in der Nase und am Gaumen eine eigenartig ansprechende, minzige Eukalyptusnote; »mittelsüß«, gute Säure. *Im August 2000 verkostet* ★★★, *weil er bewies, dass er lange hält. Ich denke aber, dass er jung besser schmeckte.*

Hermitage, La Chapelle P. Jaboulet Aîné Drei Wochen Maischegärung, kein neues Holz, dafür 12 bis 18 Monate Ausbau in zwei- bis dreijährigen Burgunder-Barriques. Zehn Einträge. Als Erstes nach zwei Jahren eine würzige, tanninbetonte Flasche mit großer Zukunft. 1988 und ein weiteres Mal 1992: warm, substanzreich. Auch später eine Reihe guter Bewertungen. 1997 – in dem Jahr, in dem der verehrte Gérard Jaboulet unerwartet starb – im Gidleigh Park Hotel tief und samtig. 1998 in Zürich bei der Verkostung der Bank Bär. 2000 bei Kaplans Degustation von 1985ern: elegant, komplett, schön. Und kürzlich beim alljährlichen Essen von Primum Familiae Vinum: noch immer ziemlich tief, sehr wohlriechend; reiche Textur, viel Substanz. *Zuletzt im November 2000 im Londoner Vinopolis verkostet* ★★★(★) *Jetzt schön, aber noch mit Zukunft.*

Hermitage Guigal Mitteltiefe Farbe; »süß«, tanninbetont, Feigennote; reich, guter Geschmack, aber leicht adstringierend. *Im November 1997 bei einem Weindinner im Gidleigh Park Hotel in Devon verkostet* ★★★★

ZWEI WEITERE HERMITAGES, DIE UM 1990 IN GUTEM ZUSTAND WAREN Chave *1989* ★★★★; **La Sizeranne** Chapoutier *1990* ★★★★

1986 ★★★ im Süden

Ein ungleichmäßiger, schwieriger Jahrgang, in dem stark selektiert werden musste. Warmes, trockenes Wetter, Regen ab Ende August und ein überwiegend verhangener September. Dann verwässerten starke Niederschläge die Ernte und förderten im Norden die Ausbreitung der Fäule. Der Süden kam wesentlich besser weg, doch die späte Lese ab 4. Oktober dauerte einen Monat und erbrachte hohe Erträge bei uneinheitlicher Qualität. Nur wenige Weine verkostet.

Côte Rôtie, Les Jumelles P. Jaboulet Aîné Ganz anders als Guigals Weinstil und auch mit kürzerem Fassausbau. Mit fünf Jahren weich und reif im Erscheinungsbild; feigenartige Frucht; trocken, brombeerartiger Geschmack, eindringlicher, als das Aussehen erahnen ließ. Tanninbetont. *Februar 1991* ★★★

Côte Rôtie, La Landonne Guigal 1990 tief, unreif; stämmig, Geruch nach Roastbeef; sehr reich, vollmundig, beladen mit Frucht, Alkohol und Tannin. Kürzlich: noch immer sehr tief, unreif, undurchsichtiges Zentrum; sehr charakteristischer Duft, blumig, feigenartig; trocken, massiv, sehr tanninbeladen, durch und durch unreif. Ich wage zu behaupten, dass er eine Goldmedaille gewinnen und sich 100 Punkte sichern würde. Aber nicht mehr zu meinen Lebzeiten. *Zuletzt im November 2000 bei einem Vorverkaufsessen bei Christie's zu Ehren von Lenoir Josey in New York verkostet* (★★★★)?

Côte Rôtie, La Mouline Guigal Erstmals im Oktober 1990 verkostet: vielschichtige Farbe, aber nicht tief; leicht stielige, nussige Nase; lebhaft, brombeerartige Frucht, ausgeprägt tanninstark. Kürzlich eigenartig, mit einem Anflug von Teer und Melasse in der Nase; »scharf«, dabei schlank und noch immer tanninbetont. Enttäuschend. *Im November 2000 bei der Josey-Vorverkaufsverkostung in New York degustiert* ★★ *Schwer einzuschätzen. Zur Sicherheit eher meiden.*

Côte Rôtie, La Turque Guigal Früher ein Vidal-Fleurie-Weinberg an der Côte Brune. Nur ein einziges Mal vier Jahre nach der Lese verkostet: undurchsichtig; enorm reich, harmonisch, Vanille- und Erdbeerdüfte; gut gebaut, sehr eichenbetont, schön. *Im Oktober 1990 bei einer Verkostung des französischen Weinbauernverbands degustiert. Damals* (★★★★)

Hermitage, La Chapelle P. Jaboulet Aîné In seinem sechsten Lebensjahr zwar noch immer verschlossen und sehr tanninbetont, doch lebhaft und wohlschmeckend. *Im Mai 1992 bei der Masters-of-Wine-Verkostung von Grange und La Chapelle degustiert* ★★(★★)

1987

Der schlechteste Sommer des ganzen Jahrzehnts. An der nördlichen Rhône anhaltender Regen im August, im Süden war es sogar noch schlimmer. Kann man vergessen. Guigal bereitete einen passablen Côte Rôtie und Hermitage; Jaboulet einen gekochten Hermitage, La Chapelle, aber überhaupt keinen Wein in Châteauneuf.

Châteauneuf-du-Pape Dom. de Mont-Redon Der einzige anständige 1987er, den ich je verkostet habe: harmonisch, seidige Textur. Ließ sich gut trinken. (Aber wie wird er wohl heute, zehn Jahre später, aussehen?) *Im März 1992 bei einer Verkostung von Harrods Gourmet Club degustiert* ★★★

1988 ★★★★ im Norden, ★★★ im Süden

Insgesamt ein ausgezeichneter Jahrgang, speziell im Norden. Die Rebhänge an der Côte Rôtie wurden während der Blüte von zwei schweren Hagelstürmen heimgesucht, die den Ertrag reduzierten, was wiederum konzentriertere Weine nach sich zog. Im Süden war die hohe Luftfeuchtigkeit ein Problem, doch begegnete man ihr durch Spritzen der Trauben und eine frühe Lese, mit der man gleichzeitig dem nachfolgenden Regen entkam.

Châteauneuf-du-Pape Ch. de Beaucastel/Perrin 1993 Doppelmagnums: rubinrot; hart, pfefferig; gute Frucht. Tanninbetont. Kürzlich aus Magnumflaschen: weiches, reifes Aussehen; eigenartige, ausgetrocknete Nase, Herbstlaub, altes Holz (?); am Gaumen besser. »Süß«, reich im Geschmack, käsig, verhüllte (weiche) Tannine. *Zuletzt im April 2000 bei Stephen Kaplans »zwangloser Verkostung« in Chicago degustiert* ★★★

Châteauneuf-du-Pape Ch. Rayas Weich, offen, reif; »süße«, zugängliche, angenehme Nase; attraktiver Geschmack. Adstringierendes Tannin. *Im Mai 2001 bei Paolo Pongs Verkostung degustiert* ★★★★★

Hermitage Chave 1988 »runde und weiche Tannine«. Noch immer jugendliches Aussehen; in der Nase schöne lebhafte Frucht; angenehm »süß« und voll, weiche Frucht, schöner Geschmack. *Zuletzt im Mai 1999 bei der Masters-of-Wine-Verkostung von Rhône-Weinen in der Londoner Painters' Hall degustiert* ★★★★

Fünf weitere 1988er Châteauneuf-du-Pape, die ich in ihrer frühesten Jugend verkostet habe Guigal ★★★; **Petite Cuvée** Chapoutier – und »petite« war sie wirklich, die Cuvée! ★★; Dom. de Beaurenard ★★★★; Clos de Brusquières ★★★; Dom. de Mont-Redon ★★★★; Ch. de Vaudieu ★★★

Côte Rôtie, La Landonne Guigal Mit sechs Jahren undurchsichtig; seltsame Nase, würzige neue Eiche; sehr »süß«, körperreich, attraktiv, beeindruckend. Unlängst beim Millenniums-Dinner von Zachys und Christie's in New York zu »Matsuzaka-Rind«: tiefes Rubinrot; gute Nase; ein merkwürdiger, Bordeaux-artiger Stil, guter Geschmack, fest und etwas spröde. *Zuletzt im Mai 1999 verkostet* ★★★(★)

Côte Rôtie, La Mouline Guigal Würzige Nase; auf »süße« Weise elegant, neue Eiche, raues Tannin. Spröde. Zweifellos beeindruckend. *Im Oktober 1993 bei der »Parker-100«-Verkostung in Hamburg degustiert* (★★★★)

Côte Rôtie, La Turque Guigal Im Oktober 1993: sehr tief, intensiv; »süß«, reich, sehr wohlschmeckend. Scheinbar spritzig, neue Eiche. Kürzlich: noch immer undurchsichtig und jugendlich; teerartige Nase; ein typischer »100-Parker-Punkte«-Wein. Hatte nicht einmal dem Käse etwas entgegenzusetzen. *Zuletzt im Dezember 2000 beim Essen des Russischen Nationalorchesters in Hatchlands, Surrey, verkostet* (★★★★)

Crozes-Hermitage, Guiraude Dom. Graillot Newcomer Alain Graillot brachte 1985 seinen ersten Jahrgang heraus. Mitteltief, reifend; gebackene Nase; »Süße« und Körper mittel, eher weich, guter Geschmack. *Im Mai 1999 auf der Masters-of-Wine-Verkostung von Rhône-Weinen in der Painters' Hall in London verkostet* ★★★

Crozes-Hermitage, La Petite Ruche Chapoutier »Süß«, marmeladig, schweißelnd (Tannin); ziemlich blecherne Frucht, bittere Tannine und etwas säurelastig. *Mai 1990* ★★

Crozes-Hermitage, Dom. de Thalabert P. Jaboulet Aîné Intensives Schwarzkirschenrot; massiver Duft nach schwarzer Melasse; reif, aber noch tanninbetont. Ein Wein zu »Ossobuco«. *November 1991* ★★★★

Hermitage, La Chapelle P. Jaboulet Aîné 1992 ein hölzernes, schlechtes Exemplar. Sechs Jahre später: gute tanninbetonte Textur. Noch immer sehr tief, reich und ziemlich intensiv. Kürzlich bei Paolo Pongs Verkostung: jetzt mitteltief; reif, reich, fruchtig; weicher Auftakt, aber sehr tanninlastiger Abgang. *Zuletzt im Mai 2001 verkostet* ★★★(★★) *Er wird sich gewiss noch weiter verbessern.*

1989 ★★★★ im Norden, ★★★★★ im Süden

Ein von Trockenheit geprägter Jahrgang. Die älteren Reben mit tief reichendem, reich verzweigtem Wurzelsystem kamen am besten damit zurecht, was besonders an der Côte Rôtie auffiel. In Hermitage entstanden reiche Gewächse. Die frühe Lese in Châteauneuf-du-Pape erbrachte reiche, komplette Rote.

Châteauneuf-du-Pape Ch. de Beaucastel/Perrin Mehrere Einträge. 1993 ungewöhnlich opak, aber »süß«, voll, fruchtig, elegant – und tanninbetont. 1999 farbtief, aber jetzt reif; Lakritzenote; sehr »süß«, schöne reiche Frucht, fleischig, herrlicher Geschmack (bei einer Verkostung für Crédit Suisse in Hongkong). Kurz darauf bei einer Vorverkaufsverkostung von Christie's in Tokio: ein schöner Wein. Kürzlich auf Paolo Pongs Verkostung bei Jancis Robinson: jetzt mitteltief, mit kirschrotem Ton; ansprechende, feste Frucht in der Nase und am Gaumen, ein Anflug von sich rundender Reife. *Zuletzt im Mai 2001 in London verkostet* ★★★★★

Châteauneuf-du-Pape Ch. Rayas Offen gewirkt, reif, schwacher, rosafarbener Rand; fast »übersüß«, maulbeerreife Frucht; »süß«, schön, allerdings mit trockenem Abgang. *Im Mai 2001 auf Paolo Pongs Verkostung bei Jancis Robinson degustiert* ★★★★★

Mont-Redon

Das auffälligste Merkmal mancher Weinberge an der südlichen Rhône ist der Boden. Dabei handelt es sich jedoch nicht um Erdreich, wie man es aus dem Garten kennt, sondern um große, sandfarbene, vom Wetter gerundete Kiesel, die galets. Sie speichern die Hitze des Tages und geben sie in der Nacht wieder ab, was den natürlichen Reifeprozess der Reben beschleunigt. Viele Jahre lang verbrachten meine Frau und ich unsere Sommerferien, indem wir Weinregionen bereisten – später auch mit unseren Kindern. So fuhren wir 1960 das Rhône-Tal hinunter. Das erste Gut im Süden, dem wir einen Besuch abstatteten, war Mont-Redon, der größte Erzeugerbetrieb in Châteauneuf-du-Pape. Als Souvenir ließ ich ein paar große Kiesel von dort mitgehen. Einen verwendete ich jahrelang in meinem Büro als Türstopper – zum Ärgernis meiner Sekretärin Rosemary, die sich daran immer wieder die Zehen anstieß.

ZWEI ÄLTERE EINTRÄGE Châteauneuf-du-Pape, Les Cèdres Jaboulet Schön, großes Potenzial. *1991* ★★★★; **Châteauneuf-du-Pape, La Bernadine** Chapoutier In guter Verfassung. Aussichtsreiche Zukunft. *1990* ★★★★

Côte Rôtie, Les Jumelles Sowohl Chapoutiers als auch Jaboulets Wein zeigten Anfang der 1990er gutes Potenzial.

Côte Rôtie, La Mouline Guigal Schöne Farbe; »süß«, weich und burgunderartig (warum auch nicht – die Côte Rôtie liegt näher an der Côte de Beaune als an Châteauneuf-du-Pape); reich, köstlich. *Im November 2000 auf der Josey-Vorverkaufsverkostung in New York degustiert* ★★★★★

Crozes-Hermitage, Dom. de Thalabert P. Jaboulet Aîné Drei Einträge. Als Erstes im Mai 1990 eine undurchsichtige Fassprobe mit außergewöhnlichem Aroma, intensiv und wohlschmeckend. Im Jahr darauf: würzig, weich, angenehm. Mitte der 1990er gut trinkbar und preisgünstig! *Zuletzt im August 1999 bei unserem jährlichen Moorhuhnessen im Wilton in der Jermyn Street verkostet* ★★★

Hermitage Chave Mitteltiefe, reiche Farbe; sehr gute, leicht fleischige, angesengte Nase; »mittelsüß«, schön ausgewogen, attraktiv, ja, mehr noch: köstlich. *Im November 2000 bei einer Vorverkaufsverkostung in New York degustiert* ★★★★★

Hermitage, La Chapelle P. Jaboulet Aîné Mehrere Einträge. Erstmals 1991 verkostet: in der Nase und am Gaumen charakteristisch; reich, tanninbetont. Als Nächstes 1998 beim Jaboulet-Seminar der Hollywood Wine Society: feine, tiefe Farbe; verhaltene, aber lebhafte Frucht, ausgewogen; sehr »süß« (der süßeste der degustierten Palette), ausgezeichneter Geschmack, komplett und tanninbetont. Kürzlich aus Magnumflaschen: noch immer eher unfertig, aber reifer werdend; köstliches, entgegenkommendes Bukett, warm, reich – kämpfte aber trotzdem noch um Ausgewogenheit, entwickelte sich vielfältig. Ziemlich »süß«, voll im Geschmack, sehr gute Frucht, Tannin und Säure ausgezeichnet. *Zuletzt im April 2000 bei Stephen Kaplans Verkostung in Chicago degustiert* ★★★★★

1990 ★★★★★

Ein herrliches Jahr am gesamten Flusslauf. Ein milder Frühling mit früher Blüte, ein heißer, trockener Sommer, der allerdings nicht so sengend heiß ausfiel wie 1989, und eine zeitige Lese, die im Norden zur Septembermitte und im Süden schon ab dem 9. des Monats begann. Die Weine waren fester und kraftvoller als die 1989er.

Châteauneuf-du-Pape Ch. de Beaucastel/Perrin Erstmals 1993 aus Magnumflaschen verkostet: undurchsichtig, reich, voll, seidige Tannine. 1998 gönnten Daphne und ich uns ein ruhiges Weihnachtsfest ohne Familie. Am Heiligabend leisteten wir uns ein Abendessen mit drei anständigen halben Flaschen, denen wir einen Whisky mit Zitrone und einen Moscato d'Asti vorausschickten. Es gefiel mir nicht sonderlich, umgerechnet 50 Euro für eine halbe Flasche des Beaucastel zu zahlen, doch zumindest war er hervorragend. Kürzlich bei Paolo Pongs Beaucastel- und Rayas-Verkostung: jetzt wesentlich weniger farbtief, reif; eine voll entwickelte, offene Nase, die mich an Melone und Parmaschinken erinnerte; guter Geschmack, schärfer, trockener Abgang. Mit Biss. *Zuletzt im Mai 2001 bei Jancis Robinson verkostet* ★★★★(★) *Steigert sich noch.*

Châteauneuf-du-Pape Ch. La Nerthe Ein historisches Gut mit einem Namen, der für mich einen sehr nostalgischen Klang hat – er erinnert mich an den Posten »Lanerthe« von 1825, den ich in der Einführung zu diesem Kapitel erwähne (siehe Seite 362). Der 1990er war tief, reich, eichengetönt, mit guter Frucht. Ich habe ihn bei einer weiteren Gelegenheit verkostet, als ich nämlich bei einer Ordensverleihung von »Le Verre et L'Assiette« mit dem »Rame d'Honneur« ausgezeichnet wurde, einem ziemlich merkwürdigen Ruder mit Quaste. Tröstlich war, dass die anderen fünf Gewürdigten ebenfalls Persönlichkeiten aus der Weinwelt waren: Serena Sutcliffe, Jancis Robinson, Georges Lepré (aus Paris) und die Gebrüder Albert und Michel Roux. *Im Mai 1994 in der Royal Agricultural Hall in London verkostet* ★★★

Châteauneuf-du-Pape Ch. Rayas Es ist nicht leicht, gegen 144 der weltbesten 1990er antreten zu müssen (auf der Eigensatz-Verkostung 1996). Der Rayas schlug sich recht wacker. Ich verkostete ihn blind zwischen dem Turque und Giacosas Asili und erkannte eine pikante, hochgetönte, heidelbeerartige Frucht; sehr »süß«, enorm reich, voller Frucht. »Ganz und gar ungewöhnlich.« Kürzlich zusammen mit dem Château de Beaucastel degustiert: reich, würzig; weich, voll, fleischig, mit enorm tanninbeladenem Abgang. *Zuletzt im Mai 2001 verkostet* ★★★★(★) *Weitere fünf Jahre im Keller werden ihm gut tun.*

Châteauneuf-du-Pape Clos des Papes/Paul Avril Erstmals 1995 in der Londoner Vintners' Hall beim INAO-Dinner verkostet: undurchsichtig; eigenartig, sehr tanninbetont. Ich mochte ihn nicht. Beim abschließenden Essen von France in Your Glass auf Château de Bagnols: noch immer beeindruckend tief; diesmal aber gut, mit reicher, reifer Nase; ziemlich »süß«, substanziell, reife Frucht, vollmundiger Geschmack. *Juni 1997* ★★★★

Châteauneuf-du-Pape, Hommage à Jacques Perrin Ch. de Beaucastel/Perrin Eine 1989 erstmals auf den Markt gebrachte

Spezial-Cuvée von François und Jean-Pierre Perrin zu Ehren ihres Vaters, »un grand homme«, der 1978 starb. Es gibt sie nicht jedes Jahr. Sehr farbtief, undurchsichtiges Zentrum, intensiv; verschlossen, ausgesprochen weinig, leicht malzig; sozusagen der »Latour« auf Paolo Pongs Verkostung von Châteauneuf-Jahrgängen von 1978 bis 1998: überaus beeindruckend. *Mai 2001* ★★★(★★) *2005 bis 2020.*

Cornas **A. Clape** Farbtief, sehr wohlriechend; »süß«, schöne Frucht, weiche Tannine. *Im Juli 1992 verkostet* ★(★★★★) *Jetzt wahrscheinlich ausgezeichnet.*

Cornas, Les Ruchets **Jean-Luc Colombo** Merkwürdiger Duft, Veilchen, umgeschlagen. Dazu passend ein ziemlich ungewöhnlicher Geschmack. *Bekam im Juni 1996 auf der Eigensatz-Verkostung mit 144 internationalen Spitzenweinen des Jahrgangs 1990 eine meiner niedrigsten Bewertungen* ★?

Côte Rôtie **R. Jasmin** Intensives Purpurrot; Duft nach Feigensirup; sehr »süß«, kraftvoll. Wie Port. *Im Juli 1992 bei Robin Yapp verkostet. Damals* (★★★★★) *Jetzt mit Sicherheit köstlich.*

Côte Rôtie, La Turque **Guigal** Bekam im Jahr 1996 auf Eigensatz' Verkostung von 144 Spitzen-1990ern aus aller Welt meine höchste Bewertung einer »Serie« mit zwölf verdeckt servierten Weinen, zu der unter anderen ein Pétrus, ein Le Pin und ein Penfold's Grange gehörten: eine höchst ungestüm entgegenkommende, blumige, parfümierte Nase, scheinbar etwas oberflächlich, aber von großer Tiefe; herrlicher Geschmack, himmlische Frucht, duftiger Nachgeschmack. Einige Monate später gab ich ihm erneut die Höchstnote in einer »Serie« aus zehn 1990ern, die wieder einen Pétrus und einen Le Pin enthielt, außerdem noch einen Margaux und einen Latour, und blind in beliebiger Reihenfolge verkostet wurde. Meine Degustationsnotizen waren praktisch identisch mit dem ersten Eintrag. *Zuletzt im September 1996 bei Rodenstocks Weindinner im Münchner Hotel Königshof verkostet* ★★★★★

Crozes-Hermitage Guiraude **Dom. Graillot** 100 % neue Eiche, Abfüllung meist im Dezember des Jahres nach der Lese. Tief; »süß«, ziemlich Richebourg-artig; positiv, erdiger, vegetabiler Geschmack. Ausgewogen. *Im Mai 1995 auf der Masters-of-Wine-Verkostung von Rhône-Gewächsen degustiert* ★★★★

Crozes-Hermitage, Les Launes **Delas** Mitteltief; nicht sehr ausgeprägte Nase; füllig, entgegenkommend, aber nichts Besonderes. *Im Oktober 1994 beim »Past-Masters'«-Essen mit den Jahrgängen 1990 und 1991 in der Londoner Innholders' Hall verkostet* ★★

Crozes-Hermitage, Dom. de Thalabert **Jaboulet** Tief; verschlossene, feigenartige Nase; ein »süßer«, großer, attraktiver Wein mit angesengtem Geschmack. *Im März 1998 auf einem Jaboulet-Seminar der Hollywood Wine Society in Florida verkostet* ★★★★

Hermitage **Chave** Reiche Farbe, mittlere Intensität, gute »Tränen«; ein eigenartiger Geruch nach Feuerstelle, rauchig, rindfleischartig, Lakritzenote; zu »süß« und mit seltsam ledrigen Tanninen. *Im Juni 1996 auf der Eigensatz-Verkostung von 1990ern in Luzern degustiert* ★★?

Hermitage, La Chapelle **P. Jaboulet Aîné** Mehrere Einträge. 1996 undurchsichtig, intensiv; verhaltene, feigenartige Nase mit Malznote; »süß«, voll, stämmig – hohe Punktzahl für seine Kraft. Als Nächstes auf einer Syrah-Degustation 1998 in Singapur: homogeneres Bukett, sehr charakteristischer Geschmack, ein Anflug von rauen Tanninen. Kurz darauf beim Jaboulet-Seminar in Florida: fantastisch, komplett, »süß«, voll (13,9 % Alkohol), köstlich. Unlängst: noch immer beeindruckend tief; köstlicher Geschmack und lebhafte Frucht. *Zuletzt im Mai 1999 bei der Millenniums-Vorverkaufsverkostung von Christie's in New York degustiert* ★★★★★

Hermitage, Monnier de la Sizeranne **Chapoutier** Tiefes, reiches Rubinrot; »süß«, gute Frucht – aber nach stark gewürztem Rindfleisch wie ausgetrocknet. *Im Juni 1995 beim Essen im Good Earth, einem China-Restaurant in London, degustiert* ★★★★ *(vor dem gewürzten Fleisch).*

»Ermitage«, Le Pavillon **Chapoutier** Ich stieß erstmals bei der Eigensatz-Verkostung von 1990ern in Luzern auf diesen Wein. Undurchsichtig, intensiv und reich; verhalten, aber erdig und charaktervoll; etwas »süß«, körperreich, Frucht und Geschmack sehr gut. Für den Geschmack bekam er eine höhere Beurteilung als für die Nase; außerdem bewertete ich ihn besser als den Pétrus. *Im Juni 1996 blind degustiert* ★★★★★

St-Joseph **Grippat** Milde Frucht; trocken, stilvoll, gute Säure. *Im Juli 1992 verkostet* ★★(★) *Wahrscheinlich jetzt über den Höhepunkt hinaus.*

1991 ★★★ im Norden, ★★ im Süden

Ein Jahr, das ungleichmäßig verlief. Die Rhône wurde als einzige große Anbauregion in Frankreich nicht von schweren Spätfrösten heimgesucht. Im Juli und August war es heiß und trocken zugleich, doch die Regenfälle Mitte September machten alle Hoffnungen auf einen Spitzenjahrgang zunichte. Im Süden konnte die Grenache-Traube, die schon während der Blüte unter dem Verrieseln gelitten hatte, nicht so recht ausreifen. Außerdem förderten Stürme und hohe Luftfeuchtigkeit im Spätsommer die Ausbreitung der Fäule. In Châteauneuf wurde ein kleiner Ertrag leichter Weine geerntet. Wer im Norden die Lese noch vor den Niederschlägen abschloss, kam etwas besser weg.

Châteauneuf-du-Pape **Guigal** Mitteltief; nicht sehr charakteristisch. *Im September 1998 während eines Essens bei Stanley-Clarks verkostet* ★★

Cornas, Les Ruchets **Jean-Luc Colombo** Cornas hat insgesamt nur 100 ha Rebfläche. Wie an der Côte Rôtie ziehen sich die Weinberge mit ihren überwiegend aus porösem Granit zusammengesetzten Böden die steilen Hänge hinter dem kleinen Dorf hoch bzw. liegen über eine stark bewaldete Fläche verstreut. Mitteltief, mit Spuren von Reife; ziemlich reiche Nase, offene Frucht; trocken, schlank, saftig, mit trockenem, leicht säurebetontem Abgang. *Im Mai 1999 bei der Masters-of-Wine-Verkostung von Rhône-Weinen in London degustiert* ★★★ *Austrinken.*

Côte Rôtie, La Mouline **Guigal** Mitteltief, reifend; ausgewogen; »mittelsüß«, gutes Gewicht, ansprechender Geschmack. Etwas Charme. *Im November 2000 bei einem vor der Versteigerung angesetzten Essen zu Ehren von Lenoir Josey in New York zu gebratenen Wachteln mit Rosmarin degustiert* ★★★ *Bald trinken.*

Côte Rôtie, La Turque **Guigal** Tief, reich, beeindruckend; »süß«, weich, burgunderartig; reich, köstlich. *Im November 2000 bei der Josey-Vorverkaufsverkostung degustiert* ★★★★ *(ein Beweis dafür, was Guigal in einem mittelmäßigen Jahrgang zu leisten vermag).*

Hermitage, La Chapelle **Jaboulet** Ich habe den 1991er Chapelle erstmals während der Vinexpo im Juni 1995 auf der Domaine de Chevalier verkostet, außerdem ein zweites Mal 1997. Gleichlautende Einträge: tiefes Rubinrot; eigenartige Nase nach Esskastanien; kraftvoll für einen (nicht von Jaboulet) schlecht geredeten Jahrgang. Als Nächstes 1998 beim Jaboulet-Seminar in Florida: tief, noch immer jugendlich; kirschartige Frucht, voll entwickelt; »süß«, weich, ausgezeichnete Textur; schön gereift. Ein Zeitsprung von einigen Jahren zu einer Jeroboam bei einem Essen mit französischen Weinen in Hamburg: komplett, keine harten Kanten, ein Bilderbuch-Hermitage. *Zuletzt im März 2000 verkostet* ★★★★ *Bald trinken.*

Hermitage, La Sizeranne **Chapoutier** Ziemlich farbtief, noch immer jugendlich. In der Nase und am Gaumen gut. *Ein angenehmer Wein zum Mittagessen. Im Juli 1998 mit Don Zacharia, dem Weinauktionspartner von Christie's, im New Yorker Restaurant Daniel's degustiert ★★★*

St-Joseph **Grippat** Von Yapp 1994 für den Eigengebrauch gekauft. Ziemlich tief, aber leicht im Stil. Schöne, lebhafte Frucht und ebensolcher Geschmack. Ein Anflug von »Süße«. Als Nächstes bei einem noblen Essen im Restaurant Troisgros in Roanne: gute tiefe Frucht. Trinkreif. *Zuletzt im Oktober 1998 degustiert ★★★*

1992 ★★★ im Süden

Ein mäßig gutes Jahr. Dabei hatte das Frühjahr ganz gut begonnen. Auch die Blüte verlief erfolgreich, doch anschließend regnete es sechs Wochen lang, was die Trauben faulen und ungleichmäßig ausreifen ließ. Der August war heiß, der September wiederum nass und stürmisch. Im Norden fuhr man zwar nur geringe Erträge ein, doch trotz aller Probleme entstanden einige recht gute Gewächse. Ich habe allerdings nur wenige verkostet. Früh trinken.

Châteauneuf-du-Pape **M. Bernard** Mitteltiefes, weiches Rubinrot; recht gute Frucht, zugänglich, passable Länge. Angenehm. *Im März 1995 beim Essen zu Hause getrunken ★★★*

Châteauneuf-du-Pape **A. Brunet** Farbtief; ziemlich »süß« und voll. Recht gut im Geschmack. *Im April 1995 bei meinem bevorzugten Flug mit BA 178 tagsüber von New York nach London verkostet ★★★*

Cornas **Chave** Reich im Aussehen, aber mit nicht sehr ausgeprägter Nase. Trotzdem ganz angenehm. *Im September 1995 bei Yapps Verkostung degustiert ★★★*

Hermitage **Chave** Erstmals im September 1995 bei der Yapp-Verkostung degustiert. Mitteltief, offen, reifend; ansprechende Frucht, »mittelsüß«, reich, schöner Geschmack, perfekte Frucht und Eiche. Ich muss ein paar Flaschen gekauft haben, denn meine nächsten Einträge aus den Jahren 1996, 1998 und 1999 entstanden alle beim Essen zu Hause. Zum Schluss zeigte er gewisse Reifespuren; schöne, leicht burgundische Nase; reich, erdig, charakteristisch. Ein Genuss. *Zuletzt im Mai 1999 auf Chippenham Lodge getrunken ★★★★*

1993 ★★

Ein weiteres Jahr der ziemlich trostlosen Phase von 1991 bis 1994. Im Sommer hatte zwar gutes Wetter geherrscht, doch schwere Regenfälle ab der Septembermitte mit Überschwemmungsschäden im Süden wuschen alle Hoffnungen hinweg. Es entstanden überwiegend leichtere Weine, die oft chaptalisiert wurden. Als Lückenfüller gut, aber nicht für längere Lagerung geeignet.

Châteauneuf-du-Pape **Ch. de Beaucastel/Perrin** Mitteltief, vollreif; schweißelnde, angesengte Bauernhofgerüche und entsprechender Geschmack. Befand sich in einer eigenartigen, für ihn typischen Zwischenphase. Perrins Wein sollte man vorzugsweise entweder jung oder mit rund sieben Jahren trinken. Der 1983er schmeckte wesentlich besser. *Im April 1997 bei Michael Rugers Verkostung auf dem Winefest in Sarasota degustiert ★★*

Cornas, Les Ruchets **Jean-Luc Colombo** 100 % Syrah. Jean-Luc, dessen Weine ich bis dato noch nicht gekannt hatte, berichtete, dass der Jahrgang insgesamt nicht sehr gut ausgefallen sei, er aber durch Behangausdünnung einen anständigen Wein zustande gebracht habe. Ich stimme ihm zu: ein »süßliches« Gewächs mit angenehmer Frucht und guter Länge. Weich, dabei schlank. *Im Mai 1999 bei der Masters-of-Wine-Verkostung von Rhône-Weinen in der Londoner Painters' Hall degustiert ★★★*

Côte Rôtie **Jasmin** Mitteltief, jugendlich, kräftige »Tränen«; ein Anflug der ziemlich verbreiteten Stieligkeit; »mittelsüß«, mittleres Gewicht. Ganz hübsch, mehr nicht. *Im September 1995 bei der Yapp-Verkostung degustiert ★★★*

Côte Rôtie, Brune et Blonde **Guigal** Ziemlich tiefes, jugendliches Rubinrot; zunächst enorm rau und tanninbeladen, verbesserte sich aber im Glas und wurde zunehmend »süßer«. Paul Bocuses Essen half ihm. *Oktober 1997 ★★*

Hermitage **Chave** Irreführend blass; ansprechende Nase; ziemlich »süß«, reich, kraftvoll. Ein großer Wein, der Zeit braucht. *Im September 1995 bei der Yapp-Verkostung in London degustiert ★★★ Jetzt wahrscheinlich auf seinem Höhepunkt.*

St-Joseph **Dom. de Chèze/Rostaing** Ziemlich farbtief; mitteltrocken und -voll, guter Geschmack. *Im September 2000 bei unserem jährlichen Moorhuhnessen im Restaurant Wilton verkostet ★★★*

1994 ★★ im Norden, ★ im Süden

Erneut zerstörten schwere Regenfälle Mitte September die Hoffnungen der Winzer – diesmal umso mehr, als der Sommer trotz anfänglicher Probleme mit dem Verrieseln der Blüte außergewöhnlich heiß war und die Quecksilbersäule auf einen Spitzenwert von 42 °C kletterte, sodass man bereits von einem »Jahrhundert-Jahrgang« sprach. (Wie oft schon sind solche Aussagen fromme Wünsche geblieben!) Die steilen Hänge leiteten einen Teil des übermäßigen Regens zwar gut ab, aber in anderen Weinbergen staute sich das Wasser. Die Trauben waren nicht reif genug, es fehlte ihnen an Säure. Vielerorts wurde chaptalisiert.

Der Markt war nicht begeistert vom 1994er und auch ich nahm ihn kaum zur Kenntnis. Einige Erzeuger erzielten annehmbare Resultate.

Châteauneuf-du-Pape **Guigal** War bei Transatlantikflügen von British Airways in der Club Class sehr beliebt: ausgesprochen gut trinkbar. *Im Oktober und Dezember 1997 sowie im Februar 1998 verkostet ★★★ Dann war der Vorrat aufgebraucht.*

Châteauneuf-du-Pape, Hommage à Jacques Perrin **Ch. de Beaucastel/Perrin** Ziemlich intensives Schwarzkirschenrot; sehr charakteristische, feigen- und teerartige Nase; relativ »süß« und körperreich, feste Frucht, etwas raue Tannine. *Im Mai 2001 bei Paolo Pongs Verkostung von Beaucastel- und Rayas-Weinen degustiert ★★(★)*

Côte Rôtie **Rostaing** Reif, unspektakulär; guter, trockener Abgang. Dem Anlass nicht ganz angemessen. *Im September 2000 bei der Präsentation einer neuen Weinliste im wunderschön restaurierten Spencer House am Londoner St James's Place verkostet ★★*

Crozes-Hermitage, Guiraude **Dom. Graillot** Ordentliche Farbe; eine ausgeprägt »süße«, duftende, eichenbetonte, leicht vegetabile Nase, die fast an eine Kreszenz aus der Domaine de la Romanée-Conti erinnerte; schlank und grün, vegetabil, leicht metallisch, eichen- und tanninbetonter Abgang. Ein beherzter Versuch. *Im Mai 1999 bei der Masters-of-Wine-Verkostung von Rhône-Gewächsen in London degustiert ★★★ (gerade noch).*

St-Joseph, La Grande Pompée **P. Jaboulet Aîné** Tief, jugendlich, pflaumenfarben; seltsame, harte Nase; etwas rau, »so lala«. *Im September 1997 bei einer Verkostung für die britische Supermarktkette Saintsbury degustiert ★*

1995 ★★★★ im Norden, ★★★★★ im Süden

Nach vier alles andere als erfolgreichen Jahren – schuld war das Wetter, nicht die Weinbauern und Kellermeister – konnte man sich 1995 endlich wieder über einen sehr zufriedenstellenden Jahrgang freuen. Wie so oft herrschten im Norden und Süden leicht unterschiedliche Bedingungen. Im Norden reduzierte das Verrieseln während der Blüte den zu erwartenden Ertrag um 20 %, dennoch gerieten die Roten elegant und charmant. Im Süden trocknete der Mistral Ende September die Trauben, die dadurch sehr reif, ziemlich konzentriert, tanninbetont und säurehaltig wurden – man verglich sie gar mit dem Lesegut, das man 1990 von den Rebstöcken schnitt. Die Weine sind alterungsfähig und schön trinkbar. Was will man mehr?

Châteauneuf-du-Pape Ch. de Beaucastel/Perrin Mittlere Tiefe und Intensität; attraktive, sehr charakteristische Frucht; ein köstlicher Mundfüller mit guter Frucht, noch immer tanninbetont und mit einem Zitruseinschlag, der die erfrischende Säure unterstrich. *Im Mai 2001 bei Paolo Pongs aufschlussreicher Beaucastel- und Rayas-Verkostung während des Essens bei Jancis Robinson in London degustiert* ★★★★(★)

Châteauneuf-du-Pape Ch. Rayas Schwarzkirschenrot, noch immer jugendliches Erscheinungsbild; unverwoben und etwas scharf; »süße«, faszinierende Frucht, mit Biss. *Mai 2001* ★★★(★★)

Châteauneuf-du-Pape, Hommage à Jacques Perrin Ch. de Beaucastel/Perrin Sehr tiefes Rubinrot, intensiv, noch immer jugendlich; sehr »süße«, reife, feigenartige Frucht; reich, fleischig; trockener Abgang. Länge mit Fragezeichen. *Im Mai 2001 bei Paolo Pongs Verkostung degustiert* ★★★(★★)?

Châteauneuf-du-Pape Dom. du Vieux Télégraphe Farbtief, reifer Rand; verschlossene, fleischige Nase; »süß«, reich, beerenfruchtig. Gut zu trinken. *Im Oktober 2001 beim Essen im Londoner Restaurant The Square verkostet* ★★★

Cornas, La Louvée Jean-Luc Colombo Ein Einzellagenwein von 60- bis 70-jährigen Rebstöcken. 100 % neue Eiche. Mitteltief, reiches Zentrum; reiche, pflaumige Frucht, »süß«, parfümiert; Frucht und Geschmack gut. *Im Mai 1991 bei der Masters-of-Wine-Verkostung degustiert* ★★★(★)

Cornas, Les Ruchets Jean-Luc Colombo Nach Auskunft von Jean-Luc beträgt das Durchschnittsalter seiner Reben 50 bis 60 Jahre. Überraschenderweise handelt es sich weder um veredelte Reben noch um Klone. Er setzt zu 30 % neue Eiche ein. Mitteltief; pflaumenfarben; reiche »italianide« Frucht und Eiche; gehaltvoller und runder als der Louvée, mit leicht angesengter Feigenfrucht und guter Länge. *Im Mai 1999 bei der Masters-of-Wine-Verkostung in London degustiert* ★★★(★)

Côte Rôtie P. Jaboulet Aîné Mitteltiefes, weiches Rot mit jugendlich violettem Rand; mild, verhalten, aber harmonisch; eine bezaubernde Weichheit, voll im Geschmack, aber nicht schwer (12,5 % Alkohol), gute Länge, lebhaft, braucht Zeit. *Im Januar 1998 bei der Syrah-Verkostung für die IWFS in Singapur degustiert* ★★★(★)

Côte Rôtie, Ch. d'Ampuis Guigal Sechs Weinberge, zwei an der Côte Brune und drei an der Côte Blonde. Zu 75 % in neuen 222-l-Barriques ausgebaut, die von den Einheimischen *tung* genannt werden. Ziemlich tief, unreif, kräftige »Tränen«; lebhaft, eichenbetont, Würze mit tiefer feigenartiger Frucht; »süß«, voll, reiche Frucht, Eichengeschmack und -nachgeschmack. Trockener Abgang. (Nach Auskunft von Marcel Guigal heißt die Syrah an der Côte Rôtie Sirène, in Hermitage Sirené oder Durif und im Napa Valley Petite Sirah. Vielleicht sollte ich hinzufügen, dass sie im Hérault und andernorts auch Sirah geschrieben wird, während sie in Australien sogar unter »Hermitage« firmiert.) *Im Mai 1999 bei der Masters-of-Wine-Verkostung von Rhône-Weinen degustiert* ★★★★★

Côte Rôtie, Brune et Blonde Guigal 30 % neue Eiche. Mitteltief, jugendlich; »süß«, lebhaft, Heidelbeerfrucht; »Süße« und Körper mittel, schlank und lang. *Im Mai 1999 auf der Masters-of-Wine-Verkostung von Rhône-Gewächsen degustiert* ★★★

Côte Rôtie, La Turque Guigal Aus Syrah von der Côte Brune mit 5 % Viognier-Anteil bereitet. Drei Jahre Ausbau in zu 100 % neuer Eiche, ungeschönt und unfiltriert. Tief, attraktiv, kräftige »Tränen«; reiche, feigenartige Brombeerfrucht; süßfruchtig, konzentriert und tanninbetont, aber weich. *Mai 1999* ★★★(★★)

Crozes-Hermitage, Dom. de Thalabert Jaboulet Tief; schwache Nase, aber köstlich »süß«, mit guter Frucht. Komplett. *Im März 1998 auf dem Jaboulet-Seminar in Florida verkostet* ★★★(★)

Hermitage, La Chapelle Jaboulet Im Januar 1998 in Singapur: reich, klassisch, gut entwickelt, würzig. Zwei Monate später: tief, noch immer jugendlich, kräftige »Tränen«; verschlossen, aber wohlriechend, entfaltete sich im Glas würzig; fest verwoben, konzentriert, lebhaft, Frucht, Tannin und Säure sehr gut. *Zuletzt im März 1998 in Florida verkostet* ★★(★★★)

Hermitage

Der Name Hermitage, auch Ermitage geschrieben, leitet sich angeblich von einem Eremiten ab, der einst an diesem Hang hauste. Es gibt zahlreiche Legenden darüber. Eine besagt, dass es sich um einen Ritter namens Gaspard de Stérimberg handelte, der bei einem Kreuzzug im 13. Jahrhundert verwundet wurde und hier Zuflucht suchte, Rebstöcke pflanzte und den Rest seiner Tage verbrachte. Wie aber kam der Ermitage zu seinem »H«? Möglicherweise tauften ihn die Briten in die ihnen genehme Schreibweise um (im Englischen heißt der Eremit hermit*), denn im 17. Jahrhundert fand die Lage häufig Erwähnung in der englischen Literatur. Auf jeden Fall genoss der Hermitage die Gunst des Adels und erzielte zu gewissen Zeiten höhere Preise als die Provenienzen der meisten Châteaux in Bordeaux, sieht man einmal von den Hochgewächsen ab, die bis Mitte des 19. Jahrhunderts ohnehin gelegentlich von Hermitage-Wein »unterstützt« wurden. Berühmheit erlangte er wegen seiner Kraft und Ausgewogenheit, ebenso aber wegen seiner Fähigkeit, über 30 Jahre lang in der Flasche zu reifen und sich dabei weiterzuentwickeln. In den 1880er-Jahren forderte die Reblaus ihren Tribut und auch die beiden Weltkriege überstand der Hang nicht unbeschadet. Erst in den 1970ern begann man sich wieder für seine Weißen und Roten zu interessieren. Ins Gedächtnis gerufen wurde die Lage der Weinwelt vor allem dank der Pionierleistungen von Chapoutier und Jaboulet.*

1996 ★★ bis ★★★

Ein ähnlich verregneter Jahrgang wie der 1994er. Allerdings hatte der Süden diesmal mehr Probleme – ein weiterer Beleg dafür, dass man die Anbaugebiete an der Rhône nicht alle über einen Kamm scheren kann, da oft ein Nord-Süd-Gefälle herrscht. Die Saison begann mit einer zufrieden stellenden Blüte. Anfang August wurde es kühl und nass, weshalb der Zuckergehalt in den Beeren niedrig blieb. Zum Glück kam Ende August im Norden wieder die Sonne hervor, sodass man sich bis zum Leseende über das Wetter nicht zu beklagen brauchte und eine gesunde, reichliche Ernte einfuhr. Im Süden hielt der Regen bis in den September hinein an, wobei der Mistral die Trauben vor Fäulnis bewahrte.

Châteauneuf-du-Pape Ch. de Beaucastel/Perrin Mitteltiefes Rubinrot; Bauernhofgeruch – junger Mourvèdre braucht angeblich viel Luft; »mittelsüß«, reif, gute Frucht, eine Spur Kohlensäure, schöne Säure. *Im Oktober 2001 in den Kellern von Beaucastel verkostet (★★★★) Braucht weitere Flaschenalterung.*

Châteauneuf-du-Pape, Les Cailloux Alain Brunet Lebhaftes, aber überraschend reifes Erscheinungsbild; ausgezeichnete Nase; schöner Geschmack, sehr angenehmer, trockener Abgang. Jetzt gut. *Im Oktober 1999 auf der Wine Experience in New York verkostet* ★★★★

Cornas, Dom. St-Pierre P. Jaboulet Aîné Ein 3 ha großer Weinberg, den Jaboulet 1993 erwarb: gefällige Frucht; hübsches Gewicht, köstlicher Geschmack. Etwas Eiche. Erfrischend. *Im Juni 1999 auf der Vinexpo in Bordeaux verkostet* ★★(★)

Côte Rôtie Jasmin Tief, unreif; erstaunlicher Duft nach Veilchen, Liguster und Perserkatzen; sehr charakteristisch – mir gefiel er. Anscheinend entstielt Robert Jasmin die Trauben, um die Farbe zu verbessern. *Im Januar 1998 bei der Bunch-Verkostung im Groucho Club am Yapp-Tisch degustiert* ★★(★★) *Ich bin gespannt, wie er sich entwickelt.*

Côtes-du-Rhône, Coudoulet de Beaucastel Ch. de Beaucastel/Perrin Immer angenehm zu trinken. *Im September 2001 in Daphnes Londoner Lieblingsrestaurant Monkeys verkostet und für preiswert befunden* ★★

Crozes-Hermitage, »Famille 2000« Jaboulet Undurchsichtig, hart. Alles andere als trinkreif. *Im Juni 1999 nach der Vinexpo beim Abendessen auf der Domaine de Chevalier in Bordeaux verkostet* (★★★)

Crozes-Hermitage, Dom. de Thalabert Jaboulet Beim Jaboulet-Seminar in Miami eine Fassprobe: tiefes Purpurrot; verschlossene Nase; trocken, lebhaft, fruchtig, tanninbetont, spröde. *März 1998* (★★★)

Hermitage Chave Jean-Louis Chave möchte einen guten Appellationswein und keinen »Chave« bereiten. Er komponiert stets Trauben aus verschiedenen *lieux-dits* mit sieben unterschiedlichen Bodentypen, um das optimale Frucht- und Tanninverhältnis zu erreichen. 1996 verwendete er Wein von alten Rebstöcken in Lagen mit guter Exposition. Mitteltief, pflaumenfarben, ausgeprägte »Tränen«; »süße«, leicht verhaltene Nase mit brombeerartiger Frucht; »mittelsüß«, Gleichgewicht und Körper gut, lebhafte Frucht, trockener Abgang. Finesse. *Im Mai 1999 bei der Masters-of-Wine-Verkostung von Rhône-Weinen in London degustiert* ★★(★)

Hermitage, La Chapelle P. Jaboulet Aîné Erstmals im März 1998 bei der Jaboulet-Verkostung in Florida degustiert: undurchsichtig, intensiv; extrem feigenartiges Syrah-Aroma; entsprechender Geschmack, ein kraftvoller, pfefferiger Wein. 1999 nicht mehr so farbkräftig; gute Tiefe, Länge und Tannine. Kürzlich noch immer jugendlich, mit reichem, angesengtem Geschmack. Sehr tanninbetont. *Im Juni 2001 auf der Domaine de Chevalier verkostet* ★★★(★★) *Braucht noch Zeit in der Flasche.*

1997 ★★★

Ein nützlicher, attraktiver Jahrgang. Sowohl im Norden als auch im Süden trieben die Reben früh aus. Die Blüte setzte ohne Verzögerung ein. Im Sommer war es zunächst relativ kühl, bis Ende August eine Hitzewelle die gesamte Region erfasste. Günstige Bedingungen herrschten auch während der Reifephase und der Lese, obwohl einige Stürme über die Weinberge hinwegzogen. Im Norden wurden die Rotweintrauben ab 25. September geerntet. Bemängeln könnte man höchstens, dass die extreme Sommerhitze einige Trauben »verbrannt« hatte. Es entstanden farbtiefe Weine, denen allem Anschein nach ein langes Leben bevorsteht. Im Süden las man wesentlich früher und erzeugte gefälligere, angenehmere Gewächse für baldigen Trinkgenuss.

Châteauneuf-du-Pape Ch. de Beaucastel/Perrin Nuancierte Farbe; sehr gute, himbeerartige Frucht; leicht »süß«, schöner Geschmack – köstlich. *Im Januar 2000 bei Farr Vintners in London verkostet* ★★★ *Ein relativ früher, unbeschwerter Trinkgenuss.*

Châteauneuf-du-Pape Ch. Mont-Redon Sehr tief; angenehme Frucht; »süß«, reich, sehr gut zu trinken. *Im Oktober 2001 beim Essen im etwas angeberischen Près du Moulin bei Orange verkostet* ★★★

Châteauneuf-du-Pape, »Le Crau« Dom. du Vieux Télégraphe Mitteltiefes, weiches Kirschrot mit ersten Anzeichen von Reife; zugängliche, gefällige, weiche Brombeerfrucht; »süß«, weich, reiche Frucht, angenehmer Geschmack mit erfrischendem, lebhaftem Abgang. *Gehörte zu einem Posten halber Flaschen, die ich von den Berry Bros. für den privaten Verbrauch erstanden hatte (Daphne trinkt immer den Löwenanteil einer Flasche, ganz gleich, wie groß sie ist). Verkostet im Februar 2002* ★★★

Côte Rôtie, Ch. d'Ampuis Guigal Aus sechs Weinbergen in der Umgebung von La Turque und La Mouline komponiert. Marcels überaus kompetentem Sohn und Erben Philippe zufolge fand die lange, späte Lese bei großer Hitze statt. Der Wein wurde 38 Monate in neuer Eiche ausgebaut. Sehr tiefe, reiche Farbe; würzig; im Geschmack sehr »süß«, körperreich, fruchtbepackt, ausgesprochen tanninbetont, aber mit samtiger Textur. Beeindruckend. *Im Oktober 2001 in den Guigal-Kellern verkostet* (★★★★)

Côte Rôtie, Les Jumelles P. Jaboulet Aîné Ziemlich tief; süße, »warme«, schöne Frucht; ziemlich »süßer«, leicht angesengter Rosinengeschmack. Attraktiv. *Im Juni 1999 auf der Domaine de Chevalier in Bordeaux verkostet* ★(★★)

Côtes du Rhône Die Roten aus dieser Appellation sind für frühen Trinkgenuss gedacht. Das Gleiche gilt für das Gros der köstlichen, fruchtigen und sehr süffigen Weine wie den Gigondas im Hinterland von Châteauneuf. Doch auch der einfache und sehr uneinheitliche AC Côtes du Rhône kann ausgezeichnet geraten, wie mir Guigals 1997er ins Gedächtnis rief, den meine Familie Weihnachten 2001 mit großem Vergnügen trank. Er hatte genau das richtige Alter, was auch für den nachfolgenden Beaucastel gilt.

Côtes-du-Rhône, Coudoulet de Beaucastel Ch. de Beaucastel/Perrin Erstmals im Januar 2000 bei Farr Vintners verkostet und auf der Stelle bestellt – ein Alltagswein mit einem ausgezeichneten Preis-Leistungs-Verhältnis. Bei meiner Tochter verkostet: reich nuancierte Farbe; außergewöhnliche Nase, ein Anflug von feinem Cognac und zerdrückten Himbeeren; köstlich und trinkreif. Füllig, weich, sehr fruchtig und köstlich. *Anscheinend tranken wir ihn ziemlich rasch weg, denn nach März 2000 entstanden keine weiteren Einträge mehr* ★★★

Crozes-Hermitage, Réserve Perrin Jugendlich; in der Nase und am Gaumen sehr eigenartig. Teernote. Weder teuer noch gut. *Im Januar bei Farr Vintners in London verkostet.*

1998 ★★★★★

Ein großer Jahrgang. Mit Ausnahme starker Aprilfröste verlief die Vegetationsphase durchweg gut: Ein heißer, trockener Sommer, ein paar Regentropfen und im August intensive Hitze, die den Reben zusetzte. Regen zur rechten Zeit ließ die etwas schrumpeligen Trauben zum Glück anschwellen. Anschließend wurde es wieder trocken und sonnig. Die in der Sonne dunkel gewordenen Schalen verliehen den Roten eine große Farbtiefe, während der hohe Zuckergehalt für einen beträchtlichen Alkoholgehalt sorgte.

Châteauneuf-du-Pape **Ch. de Beaucastel/Perrin** Erstmals im Mai 2001 verkostet. Mitteltief; voll geöffnete Nase; lebhafte Frucht, aber tanninbetont. Kürzlich pflaumenfarben; fast überreif, leicht übelriechend; rau, tanninbetont. Braucht noch Zeit in der Flasche. *Zuletzt im Oktober 2001 bei Farr Vintners verkostet* (★★★★)

Châteauneuf-du-Pape, Hommage à Jacques Perrin **Ch. de Beaucastel/Perrin** Fünf Rebsorten kamen zum Einsatz, den Löwenanteil hält Grenache mit 60 %. Erstmals im Mai 2001 blind verkostet: undurchsichtiges Zentrum, intensiv, samtig; eine pfefferige Frucht, die sich süß öffnete; substanzreich, weich, komplett. Fünf Monate später »dick«, dicht, in der Nase fast wie ein Port; »süß«, voller Fruchtgeschmack, hoher Alkoholgehalt (etwa 15 %), leicht feigenartig, verhülltes Tannin, große Länge. Ein Klassiker im Werden. *Zuletzt im Oktober 2001 in den Kellern verkostet* (★★★★★)

Châteauneuf-du-Pape **Dom. de la Mordorée/Dom. de la Reine** Tief, pflaumenfarben, gute »Tränen«; sehr »süß« und wohlriechend; am Gaumen fast zu »süß«, allerdings schön griffig. Körperreich. Ein Mundfüller. *Im Oktober 2001 im Londoner Stafford Hotel verkostet* ★★★(★)

Châteauneuf-du-Pape **Ch. Rayas** Eher blass, offener Rand, leicht im Stil; weiche Frucht; etwas schlank, »süß«, wildbretartiger, eigenartiger Geschmack, enorm tanninbeladen. *Im Mai 2001 auf Paolo Pongs Verkostung degustiert* ★★(★★)?

Côte Rôtie, Brune et Blonde **Guigal** Ausbau zu 30 % in neuer Eiche, Abfüllung Ende Juli 2001. Schwarzkirschenrot; »süße«, brombeerartige Frucht, tanninbetont. *Im Oktober 2001 bei Guigal verkostet* (★★★)

Côte Rôtie, La Landonne **Guigal** Undurchsichtiges Zentrum, samtig; körperreicher und nicht so eichenbetont wie der Turque weiter unten; fest, mineralisch, füllig (13,5 % Alkohol), pfefferiger Abgang. Langlebig. *Im Oktober 2001 aus dem Fass verkostet* (★★★★★)

Côte Rôtie, La Mouline Ein leichtes Gewächs von der Côte Blonde mit einem 12-prozentigen Viognier-Anteil. Undurchsichtig; ein schöner Wein, sehr wohlriechend, sehr würzig. *Im Oktober 2001 aus dem Fass verkostet* (★★★★)

Côte Rôtie, La Turque **Guigal** Von der Côte Brune. Undurchsichtig; Brombeerfrucht; »mittelsüß«, in Geschmack und Charakter völlig anders als der Mouline. *Im Oktober 2001 aus dem Fass verkostet* (★★★★★)

Côtes-du-Rhône, Coudoulet de Beaucastel **Ch. de Beaucastel/Perrin** 30 % Grenache, 30 % Mourvèdre, 20 % Syrah für Farbe und Tannin und 20 % Cinsault für die Finesse – so ähnlich erzählte es mir Mike Rijken, der uns freundlicherweise herumführte. Ziemlich tiefes, weiches, samtiges Rubinrot; Frucht, Feigen, schweißelndes Tannin; trocken, guter, fruchtiger Geschmack, Tannin aus den Beerenhäuten (keine neue Eiche). *Im Oktober 2001 in den Gutskellern verkostet* (★★★★) *Ein früher, unbeschwerter Trinkgenuss.*

1999 ★★★★★ im Norden, ★★★★ im Süden

Ein besonders an der nördlichen Rhône erfolgreicher Jahrgang. Die Trauben an der Côte Rôtie reiften früh aus und erreichten einen rekordverdächtigen Zuckergehalt. Manche Erzeuger stellten ihren 1999er auf eine Stufe mit den 1998ern – einer verglich ihn sogar mit den Besten des Jahrhunderts. In Châteauneuf-du-Pape war man nicht ganz so zufrieden, denn schwere Regenfälle Ende September hatten die Qualität etwas beeinträchtigt.

Châteauneuf-du-Pape **Ch. de Beaucastel/Perrin** Ziemlich tief, rubinrot; lebhaft, würzig, wildbretartig, Mourvèdre-typisch; schöne junge Frucht, lebhaft, gute Länge, tanninbetont. *Im Oktober 2001 im Keller verkostet* (★★★★)

Châteauneuf-du-Pape **Dom. de Père Pape** Sehr tief; ausgesprochen »süß«, zum Kauen, schokoladig, von der Eiche erdrückt. *Im Februar 2002 während des Flugs BA 285 von London nach San Francisco degustiert* ★★

Côte Rôtie, La Landonne **Guigal** Undurchsichtig; intensiv; schweißelnde Tannine und Feigen; »mittelsüß«, körperreich, fleischig, Lakritzenote. *Im Oktober 2001 aus dem Fass verkostet* ★★(★★★)

Côte Rôtie, La Mouline **Guigal** Undurchsichtig, lebhaftes Purpurrot; körperreich (14,7 % Alkohol bei Syrah), fest, aber fleischig und trotz der Tannine samtig am Gaumen. *Im Oktober 2001 aus dem Fass verkostet* ★★(★★★)

Côte Rôtie, La Turque **Guigal** Tief; wundervoll weinig, außerdem ein Duft nach frisch geschnittenem Holz; sehr »süß«, füllig (13,5 % Alkohol), schöner Geschmack. *Im Oktober 2001 bei Guigal verkostet* ★★(★★★)

2000 und die Zukunft

Noch gar nicht allzu lange her sind die düsteren Zeiten, als der Châteauneuf-du-Pape der einzige Wein von der Rhône war, den die meisten Menschen kannten – wenngleich davon ein Großteil vermutlich nicht einmal unverfälscht und mit Sicherheit nicht auf dem heutigen Qualitätsstandard war. Nicht weit zurück liegen auch die Tage, da die steilen Hänge der Côte Rôtie größtenteils brach lagen, weil die Preise, die die Weine erzielten, die mühsame Arbeit dort nicht lohnten. Seither hat sich an der Rhône einiges zum Besseren gewendet. Trotzdem ist – zumindest auf den Exportmärkten – Konkurrenz aus dem Ausland erwachsen: aus Australien und seit kurzem auch aus Kalifornien, wo Syrah sozusagen der letzte Schrei ist. »Nachahmung ist die ehrlichste Form der Anerkennung« – das mag ja richtig sein, beruhigen aber wird die Erzeuger in erster Linie, dass der Boden und das Klima im heißen Rhône-Tal etwas ganz Besonderes sind. Es winkt ihnen eine aussichtsreiche Zukunft.

2000 ★★★

Ein guter, aber nicht unproblematischer Jahrgang. Im Winter und Frühjahr war es ungewöhnlich trocken, die Temperaturen allerdings lagen in der Regel über dem Schnitt. Von April bis Juni fiel ziemlich viel Regen, während im Juli äußerst kühles Wetter vorherrschte. Der September wiederum verwöhnte mit schönen, warmen, von gelegentlichen Schauern durchsetzten Spätsommertagen.

Châteauneuf-du-Pape **Le Bosquet des Papes/Boiron** Leicht käsig und spritig; »süß«, weicher Auftakt, zum Kauen, Tannin und Säure angemessen. *Im März 2002 auf der Loeb-Verkostung in London degustiert* ★★(★★)

Châteauneuf-du-Pape **Clos Val Seille** Mitteltiefe Farbe; süße Brombeerfrucht; sehr wohlschmeckend, vollmundig (14 % Alkohol), Tannin und Säure gut. *Im März 2002 auf der Loeb-Verkostung degustiert* ★★(★★)

Châteauneuf-du-Pape **Dom. de la Vieille Julienne** Eine Fassprobe: blumig, wohlriechend; sehr »süß«, ansprechender Geschmack, gute Länge, schön integrierte Tannine und Säure. *März 2002* ★(★★★)

Cornas, Dom. de Rochepertuis **Dom. Lionnet** Angenehme »Süße«, lebhafte Frucht, gute Tiefe. *März 2002* ★★★(★)

Cornas, Dom. St-Pierre **P. Jaboulet Aîné** Jaboulets 3-ha-Weinberg, dessen erster Jahrgang 1994 vorgestellt wurde. Mitteltief; sehr entgegenkommend, fruchtig, Feigen und Karamellbonbons; »süß«, füllig (13,5 % Alkohol), attraktiver Geschmack, leichtes Tannin und säurebetonter Abgang. Ich habe ihn sehr genossen. *Im Januar 2002 bei der Dreyfus-Ashby-Verkostung in der Londoner Vintners' Hall degustiert* ★★(★★)

Côte Rôtie **Dom. Daubrée** Mitteltiefe Farbe; wohlriechend, gute Frucht, jugendliche Säure; »mittelsüß«, mittlerer Körper (12 % Alkohol), geringfügig schlank und mit sehr eichenbetontem, würzigem Nachgeschmack. Mäßig beeindruckend. *März 2002* ★★(★★)

Côte Rôtie **Dom. J. M. Stephan** Sehr tief; wohlriechend, eichengetönt; ansprechend, moderates Gewicht, schlank, tanninbetont. *März 2002* ★★(★★)

Côte Rôtie, Les Jumelles **P. Jaboulet Aîné** Tief, ziemlich intensiv; reich, stämmig, aber nur 13 % Alkohol; in der Nase und am Gaumen vollfruchtig. Feigennote. *Im Januar 2002 bei der Dreyfus-Ashby-Verkostung degustiert* ★(★★★)

Crozes-Hermitage, Les Armandiers **Dom. de Murinais** Farbtief; ziemlich gewöhnlicher Himbeerduft; am Gaumen besser als in der Nase. Sehr eichenlastig. Preiswert. *März 2002* ★★(★)

Crozes-Hermitage, Les Jalets **P. Jaboulet Aîné** Ziemlich tief; hochgetönt, die übliche Syrah-Nase; sehr duftig im Geschmack, moderates Gewicht (13 % Alkohol), sehr tanninbetont. *März 2002* ★(★★)

Crozes-Hermitage, Dom. de Thalabert **P. Jaboulet Aîné** Ziemlich tief; ausgesprochen »süß«, fleischig, Karamellnote, ledrig; der sehr eigenartige Geschmack erinnerte mich an einen jungen Jahrgangsport (obwohl der Alkohol nur bei 13 % lag). *Im Januar 2002 in London verkostet* ★★?

Hermitage, La Chapelle **P. Jaboulet Aîné** Jaboulets Flaggschiff: tief; feigenartiges Syrah-Aroma; »mittelsüß«, fülliger Körper, gute Frucht. *Januar 2002* ★★(★★)

Hermitage, Le Pied de la Côte **P. Jaboulet Aîné** Zu rund 50 % aus Wein, der nicht für die La-Chapelle-Komposition verwendet wurde, die anderen 50 % aus zugekauften Trauben. Mitteltiefe Farbe, leuchtendes Rubinrot; in der Nase unverwoben; ziemlich »süß«, sehr reich (13 % Alkohol), feigenartige Frucht. Halb so teuer wie Jaboulets La Chapelle. *Januar 2002* ★★(★) *Bald trinkreif.*

St-Joseph **Dom. du Cornilhac** Sehr tief; außerordentlicher Veilchenduft; trocken, Frucht wie »gekochte Süßigkeiten« und sehr tanninbetont. *März 2002* ★★★

St-Joseph **Dom. du Mortier** Mitteltief; ansprechend, wohlriechend, ein Anflug von Himbeeren; weich, Gewicht und Geschmack sehr angenehm. Eichengetönt. *März 2002* ★★★

Loire

Ich habe schon immer mit Staunen und Bewunderung zur Kenntnis genommen, welch völlig entgegengesetzte Weinstile an den Ufern der beiden größten französischen Flüsse entstehen. Während die bewegte Rhône sich ins Mittelmeer ergießt, schiebt sich die Loire, Frankreichs längster Wasserlauf, wesentlich gemächlicher vom Zentralmassiv in Richtung Atlantik. Ungefähr auf halbem Weg – dort, wo die Loire unweit von Orléans plötzlich die Richtung ändert und nicht mehr nach Norden, sondern nach Westen strebt – liegen sich zwei große Anbaugebiete gegenüber: Nah am rechten Ufer erstreckt sich Pouilly-sur-Loire, die Heimat des Pouilly-Fumé (nicht zu verwechseln mit dem Pouilly-Fuissé im Mâconnais), während auf der gegenüber liegenden Seite an den Hängen zum Fluss hin die Weinberge von Sancerre grüßen. In beiden Zonen enstehen archetypische Sauvignon-blanc-Gewächse – weiß, trocken und spritzig. Wie die allermeisten Erzeugnisse aus dieser Traube brauchen sie keine Flaschenalterung. In der Regel sind sie von mäßiger Qualität, doch findet man in der Region auch eine Hand voll ganz außergewöhnlicher Erzeuger. Weiter flussabwärts, kurz vor der Mündung, hat man bei Nantes die AOC Muscadet eingerichtet, benannt nach dem dortigen Weißwein. Man genießt ihn am besten jung und frisch. Ich mag ihn gerne, doch ist er nicht Thema dieses Kapitels. Das gilt auch für die erfrischend köstlichen, trockenen Provenienzen aus Anjou und Vouvray.

Die Rebsorte Chenin bringt in ihrer Heimat Anjou und Touraine eine enorme Vielfalt von Stilen hervor – Stillweine ebenso wie Schaumweine, trockene und halbtrockene ebenso wie liebliche und süße Gewächse. In den nachfolgenden Einträgen beschränke ich mich vorwiegend auf die lieblichen und süßen Kresenzen aus guten Jahrgängen, vor allem wenn sie, wie in Sauternes und Barsac, aus edelfaulen Trauben bereitet werden. Mit Ausnahme einiger Spitzen-Savennières profitieren die trockenen Weißen kaum von einer Flaschenlagerung.

Voranstellen möchte ich hier zunächst eine Erläuterung des auf den Etiketten von Weißen aus Vouvray und Anjou angegebenen Süßegrads. *Sec* ist trocken, *demi-sec*, wörtlich halbtrocken, variiert je nach Jahrgang, *moelleux* bewegt sich ebenfalls je nach Jahrgang zwischen halbtrocken und ziemlich süß und *doux* ist eindeutig süß, obwohl die Säure, ein ausgeprägtes Merkmal aller Weine von der Loire, die Süßweine im Abgang zuweilen trocken erscheinen lässt. Die süßesten aller Erzeugnisse werden oft als *liquoreux* beschrieben. Praktisch alle gehaltvolleren, süßeren Weißen halten sich nicht nur gut, sondern steigern ihre Qualität mit zunehmendem Flaschenalter.

Zuletzt möchte ich noch die meiner Meinung nach unbedeutendsten Produkte von der Loire erwähnen: die Roten aus Chinon, Bourgueil und Saumur-Champigny. Sie werden überwiegend aus Cabernet franc gekeltert, bisweilen auch aus Pinot noir und Gamay, und fallen meist säurereich aus. Nur wenn sie aus Spitzenjahren stammen, also zu einer Entwicklung in der Flasche fähig sind, lohnt es sich, nach ihnen Ausschau zu halten.

Die älteren, klassischen Jahrgänge: 1928–1959

Es lag nicht allein an der Weltwirtschaftskrise der 1930er Jahre, dass die leichten, säurebetonten Weine von der Loire kaum über die Grenzen ihrer Heimat hinausgelangten: Sie »reisten nicht gern«, dessen war man sich einig. Man konsumierte sie am besten vor Ort während der Sommerfrische – in der Bretagne floss der billige, harmlose Muscadet die Urlauberkehlen hinunter, in den Bistros von Paris der Sancerre. Beide passten ausgezeichnet zu Austern, die in Frankreich ganzjährig auf den Teller kommen und nicht nur in Monaten mit einem »R«. In der Nachkriegszeit war das nicht viel anders. Nur wenige Händler importierten überhaupt Loire-Weine nach England, obwohl ich feststelle, dass Saccone & Speed 1951 drei Gewächse aus dieser Region führten: einen 1945er, einen 1946er und einen 1947er, Letzterer ein »Clos le Mont Vouvray« zum Preis von 16 Shilling und 6 Pence, einen Shilling mehr als der im Schloss abgefüllte 1947er Léoville-Lascases. Zu verdanken war dies einem kenntnisreichen Kunden, Sir Guy Fison. Bei Harvey's tauchten Gewächse von der Loire erstmals im Frühjahr 1957 auf der Liste auf. Man beschränkte sich auf vier Provenienzen, angefangen von einem Muscadet für 8 Shilling die Flasche bis hin zu einem »Pouilly Fumé (Château du Nozet)« für 22 Shilling, was erheblich über dem Preis des besten in Bristol abgefüllten roten Bordeaux und nur 3 Shilling unter dem Latour von 1950 lag.

Süßwein-Jahrgänge auf einen Blick

Hervorragend ★★★★★
1928, 1937, 1947, 1949, 1959
Sehr gut ★★★★
1934, 1945
Gut ★★★
1933, 1953, 1955

1928 ★★★★★

Ein großer Jahrgang. Gut strukturierte Gewächse mit ausgezeichneter Säure. Jetzt selten. Einige wenige Süßweine sind erhalten geblieben.
Anjou, Rablay **Caves de la Maison Prunier** Ein wundervoller Wein, den ich über ein Dutzend Mal verkostet habe, das erste Mal 1982, als ich auf Betreiben von Mme Prunier, die ich von ihrem berühmten Restaurant in der Londoner St James's Street her kannte, die Prunier-Traktir-Keller in Paris besuchte. Dort stieß ich zu meinem Erstaunen inmitten von altem Sauternes auf eine enorme Menge des Rablay von 1928. Mme Pruniers Vater hatte ihn bei seinen jährlichen Fahrten an die Loire nach der Lese gekauft und im Frühjahr 1929 in seine Keller zur Abfüllung bringen lassen. Dann kam die Weltwirtschaftskrise und anschließend der Zweite Weltkrieg. Nach dem Krieg galt der Wein nicht nur als zu alt, auch der Geschmack hatte sich geändert: Hoch im Kurs standen nunmehr Chablis-Erzeugnisse und trockene, säurebetonte Gewächse aus Sancerre.

Nach meiner Bestandsaufnahme schlug Monsieur Barnagaud-Prunier vor, dass ich beim Mittagessen eine halbe Flasche des 1928ers zu seiner Dover-Seezunge probieren solle. Ich leerte die ganze Flasche, was ich sonst nie tue! Als Erstes fiel mir die Flasche selbst auf, ein schweres Stück mit Drahtkorb über dem Korken – wahrscheinlich für den Fall einer Zweitgärung, denn schließlich handelte es sich um einen Süßwein. Der Inhalt war relativ blass, völlig gesund, mit Honigtönen infolge des Flaschenalters, noch immer ziemlich süß (ich glaube, er war ursprünglich eher *moelleux* als *doux* gewesen – Monsieur Prunier zufolge wurde zur Seezunge traditonell lieblicher Loire-Wein getrunken), mit schönem Geschmack, Körper und stützender Säure. Eine herausragende Kreszenz. Das Problem: Wie sollte man 100 Dutzend Flaschen und ebenso viele Halbflaschen verkaufen? Ich beschloss, sie alle in eine einzige Auktion zu stellen. Auf der Versteigerung im Dezember 1982 bei Christie's, bei der den Interessenten Verkostungsnotizen und Probeflaschen zur Verfügung standen, kaufte ich einige Exemplare für die Weinabteilung von Christie's und für mich. Jede seither verkostete Flasche war zwar gut, doch gab es gewisse Abweichungen zwischen ihnen. Deshalb hat es gar keinen Sinn, hier einen einzelnen Eintrag im Detail wiederzugeben.

Ich servierte die Christie's-Flaschen zwischen 1991 und 1993 bei Sitzungsessen. Als ich den goldenen Wein eingoss, rätselten die Gäste zwar, um welchen es sich handelte, doch waren sie sich alle einig, dass er perfekt zu Seezunge Véronique passte. Meine Flaschen trank ich zu Hause zum Essen. Hier ein willkürlich ausgewähltes Beispiel, ein im August 1977 zum Sonntagsessen auf dem Land verkostetes Exemplar: fabelhaftes Bernsteingold, mit apfelgrünem Rand; schönes, sehr Chenin-blanc-typisches Honigbukett mit einem erfrischenden Anflug von zitrusartiger Säure; lieblich, grandioser Geschmack, guter Körper und perfekte Säure – nach zwei Stunden im Glas sogar noch besser geworden. Vor kurzem in der Nase noch immer herrlich reich, mit perfekter Säure. *Zuletzt im Mai 2001 bei einem Weindinner zu Hause serviert* ★★★★

Moulin-Touchais Eines der größten Güter an der Loire mit 145 ha Rebfläche, weshalb dieser Coteaux du Layon nur einen Bruchteil der Produktion darstellte. Der Eintrag ist zwar alt, doch erwähne ich ihn, weil er sich auf den ältesten Jahrgang eines riesigen, in den 1970ern auf den britischen Markt gekommenen Bestands aus den Kellern der Familie Touchais bezieht. Gelb, goldene Reflexe; der Geruch nach dem feuchten Stroh in einem Pferdestall; lieblich, reich, stützende Säure. *1981 verkostet* ★★★★

1933 ★★★

Ein guter Jahrgang, rar und in letzter Zeit nicht mehr verkostet. Der einst allgegenwärtige **Moulin-Touchais** und der **Ch. de Fesles** von Bonnezeaux waren in den frühen 1980ern beide in gutem Zustand.

1934 ★★★★

Der zweitbeste Loire-Jahrgang der 1930er. **Vouvray, Clos Baudoin** **Poniatowski** In den frühen 1980ern gut.

1937 ★★★★★

Der 1937er wetteifert mit dem 1921er und dem 1928er um den Rang des besten Jahrgangs zwischen 1900 und 1939. **Saché** **Arrault** Mit 40 Jahren ausgezeichnet; **Moulin-Touchais** Dank Edelfäule (nicht alle süßen Touchais-Weine waren damit gesegnet) in den 1980ern wie »Tate and Lyle Golden Syrup«, ein englischer Rohrzuckersirup.

1945 ★★★★

Geringe Erträge, ausgezeichnete Weine. **Ch. de Breuil, Coteaux du Layon** **Marc Bougrier** und **Moulin-Touchais** alle gut.

1947 ★★★★★

Der großartigste Nachkriegsjahrgang. 1947 entstanden wunderschöne Weine, die von den Käufern streng gehütet wurden. In den letzten Jahren allerdings brachten die Originalgüter vereinzelt Flaschen auf den Markt, insbesondere feine, gut erhaltene Vouvrays, die von einem herrlich heißen Sommer und Frühherbst mit idealen Voraussetzungen für einen Befall der Trauben durch *Botrytis cinerea,* Edelfäule, profitierten.
Moulin-Touchais Erstmals 1982 verkostet: eine Nase wie eine Beerenauslese, schöner Geschmack, lebhafter Abgang. Unlängst bei einem von Stephen Kaplans Weinessen das erste Gewächs eines Trios aus 1947ern, die zur Sicherheit jeweils in doppelter Ausführung vertreten waren. Leichte Unterschiede zwischen den Flaschen, beide mit ansprechendem, reichem Goldgelb; eine mit einem Anflug von Bratensauce, die andere mit einem Hauch Linoleum; beide lieblich, eine eher stämmig, mit einem Geschmack nach Gerstenzucker und Karamell, die andere eindringlicher. *Zuletzt im April 1997 in Chicago verkostet* ★★ *Faszinierend, aber über den Höhepunkt hinaus.*
Vouvray, Colnot **Marc Brédif** Aus Brédifs 20-ha-Weingut in Rochecorbon. Mehrere Einträge. In den 1980ern in guter Verfassung: golden; honigartig; lieblich, komplett. Bei Kaplans Dinner 1997: zwei Flaschen, die dem Etikett zufolge von »Fenton Wines ausgewählt« worden waren. Colin Fenton und ich waren Mitte der 1950er Kollegen bei Harvey's gewesen. Er war von großer Geschmackssicherheit und als er die Firma Anfang der 1960er verließ, begann er mit dem Import von Champag-

ner aus dem Hause Salon und anderen feinen Weinen. Zwei Flaschen und zwei Gläser, die zur besseren Unterscheidung durch farbige Scheiben gekennzeichnet waren. Das blau gekennzeichnete Glas zu meiner Linken: leicht verschwommene Bernsteinfarbe; süße, reiche, brombeerartige Nase; süß, schlank, Geschmack und Säure schön. Der Wein im rot markierten Glas: helles Bernsteingold; frisch, minzig; nicht so süß, lebhaft, trockener Abgang. Kein edelfauler Honigton zu bemerken. Kürzlich bei einem Essen im Garten von Robin Yapp, einem langjährigen Freund und Spezialisten für Rhône- und Loire-Weine: auf dem Etikett »Carte Noire«; obwohl die Flasche einen Schwund von 11 cm aufwies und der Inhalt leicht trüb war, leuchtete das Bernsteingold mit apfelgrünem Rand großartig im Sonnenlicht; gesunde Nase; jetzt halbtrocken – vielleicht war der Wein nie *doux* gewesen –, guter Körper; köstlicher Geschmack, lebhafter, trockener Abgang. Daphne und ich waren auf dem Weg zu einem Begräbnis in Dorset und Yapps Dorf lag auf dem Weg. Leider waren wir spät dran, verfuhren uns zu allem Übel und kamen gerade an, als alle aufbrachen. *Zuletzt im August 2000 verkostet* ★★★

Vouvray **Bourrillon-Dorléans** Ebenfalls aus Rochecorbon. Einer von zwei 1947ern, die der ehrwürdige Professor Jacques Puisais, einer der größten Degustatoren der Welt aus Tours im Herzen des Loire-Tals, und Jacques Coulis auf einer Verkostung »einiger Spitzenjahrgänge von der Loire aus diesem Jahrhundert« in London vorstellten. Bernsteingold; in der Nase und am Gaumen wie frisch gesammelte Pilze, die Säure stützte ihn, überraschend guter Abgang. *Juni 1999* ★★

Vouvray **Jean-Pierre Laisement** Außerordentlich reiches Bukett mit Anklängen an Rosinen und alte Äpfel; süß, köstlich. *Im Juni 1999 bei Puisais' Loire-Degustation in London verkostet* ★★★★

Vouvray, Le Haut-Lieu, moelleux **Huët** Ein großartiger Wein aus dem berühmten *clos* an den Hängen oberhalb der Kleinstadt Vouvray. Ob der ehrenwerte, mittlerweile über 80-jährige Gaston Huët diesen Wein bereitete oder nur zusah, weiß ich nicht. Vier Einträge aus jüngerer Zeit, der erste bezieht sich auf ein Flaschenpaar, das auf Kaplans Dinner im April 1997 geöffnet wurde. Beide hatten eine herrliche, warme, orangegoldene Farbe; die Flasche mit »blauem Etikett« eine ausgezeichnete, wenngleich rustikale Nase; süß, mit einer hübschen Mischung aus Fett und Säure, das Exemplar mit «rotem Etikett« süßer und reicher, ein kraftvoller Wein mit ausgezeichneter Säure – beide hervorragend zu Käse. In guter Verfassung auch im Oktober 1997 bei Bob Dickinsons Einführungsessen für die Bacchus Society im Restaurant Joe's Stone Crabs in Miami, wo mehrere Flaschen geöffnet wurden – alle fehlerlos. Zufällig noch ein Exemplar nur einen Monat später: mitteltiefe, warme Bernsteinfarbe mit goldenen Reflexen; ausgeprägtes Honigbukett, getrocknete Aprikosen und Vanille; noch immer köstlich süß, reich, wie *Crème brûlée*, Säure und Gesamtzustand ausgezeichnet. Bewältigte die *Foie-gras*-Terrine von der Ente mühelos. *Zuletzt im November 1997 mit allergrößtem Vergnügen bei einem Weinwochenende im Gidleigh Park Hotel in Devon verkostet. In Bestform* ★★★★★

Vouvray **Caves de la Maison Prunier** Beide Flaschen stammten aus der Prunier-Versteigerung bei Christie's. Eine mit Aprikosenduft, ziemlich süß, hohe Säure, die andere leicht trüb, mit Tokajer-artiger Apfelnase, zwar maderisiert, eigenartigerweise aber trotzdem reicher. *Im September 1999 bei einem Essen der Bacchus Society in Memphis degustiert. In Bestform* ★★

Vouvray **Foreau** Ich möchte ihn erwähnen, weil ich ihn schon immer für den besten 1947er gehalten habe. *Zuletzt 1986 verkostet* ★★★★★

1949 ★★★★★

Ein ausgezeichneter Jahrgang, nicht so köstlich saftig wie der 1947er, aber mit guter Frucht und fester Struktur. Zwei sehr gute Viersterne-Weine bei der letzten Degustation in den frühen 1980ern: Chaume **Ch. de la Guimonière** Die beste von sieben Gemeinden in der AOC Coteaux du Layon; außerdem der allgegenwärtige Moulin-Touchais.

1953 ★★★

Gut, aber ohne den Gehalt und die Klasse der Jahrgänge 1947 und 1949. Wahrscheinlich nicht genügend Edelfäule.

Vouvray, Le Mont **Huët** Le Mont ist einer der drei besten Weinberge von Huët. Mittleres Goldgelb; eigenartige Nase wie trockener Tokaji Szamorodni – erinnerte Daphne an ein altes Geschirrtuch. Um Süße bemüht, aber mit sehr trockenem Abgang. *Im Oktober 1997 im Restaurant Joe's Stone Crabs in Miami verkostet* ★

1955 ★★★

Dem Sommer fehlte die nötige Hitze, doch die Edelfäule wertete die Weine auf. Drei alte Einträge, die alle Anfang der 1980er entstanden. Der bei weitem beste Wein war der Chaume **Ch. de la Guimonière** ★★★★; Moulin-Touchais Nicht in Bestform ★★; Vouvray **Brédif** Trocken, spröde, aber gut zu trinken ★★★

Quarts de Chaume und Bonnezeaux

In den beiden Enklaven innerhalb der Appellation Coteaux du Layon südlich von Angers entstehen überragende Süßweine aus edelfaulen Chenin-blanc-Trauben. Sie profitieren von den Herbstnebeln, die über dem Layon, einem kleinen Nebenfluss der Loire, aufsteigen und wie in Sauternes die Ausbreitung des Botrytis-Pilzes begünstigen. Allerdings ist die erzeugte Weinmenge sehr gering und nicht für jedes Jahr garantiert, denn eine unabdingbare Voraussetzung für die Bereitung der süßen Kreszenzen ist die Edelfäule. Der natürlich hohe Säuregehalt der Chenin-Traube bildet das ideale Gegengewicht zur intensiven Süße der köstlichen, goldenen, konzentrierten, dichten Weine, die sich über viele Jahrzehnte halten und verbessern können. Ich stattete der Gegend erstmals 1959 einen Besuch ab und erinnere mich noch an ein Picknick am Ufer des Layon.

Chinon, Clos de L'Olive **Couly-Dutheil** Weich, reif, reich; ungewöhnlicher, sehr charakteristischer Duft; Geschmack nach getrockneten Himbeeren und Walderdbeeren. Trockener, säurebetonter Abgang. *Im Juni 1999 bei der Verkostung »Vins de la Loire« im Londoner Hotel Searcy's degustiert* ★★★ *Selten, bemerkenswert.*

1959 ★★★★★

Ein großartiger Jahrgang, der beste seit 1947, entstanden in einem außergewöhnlich heißen Sommer.

Bonnezeaux **Ch. des Gauliers, Foarlinne-Boivin** Jean Boivin setzte durch, dass Bonnezeaux südlich von Angers als erstem Distrikt von der INAO *Cru*-Status verliehen wurde. (Jeans Sohn beschreibt die Unterschiede zwischen einem Bonnezeaux und einem Quarts de Chaume in Jacqueline Friedrichs Buch über die Loire mit typisch französischer Gewandtheit: »Die beiden sind Brüder, aber keine Zwillinge. Der Bonnezeaux zeigt sich nerviger, der Quarts fetter. Ein guter Bonnezeaux ist ein vor Leben sprühender Wein für alle Tage; er lehnt sich nicht zurück wie Mme Récamier in Davids berühmtem Bild. Der Quarts hingegen ist träger.) Boivins 1959er hat eine schöne goldene Farbe; ziemlich karamellig, in der Nase »Kalbsfußgelee«; lieblich, stämmig, ausgezeichnete Säure, trockener Abgang. *Im August 2000 bei Yapps Mittagessen in der Sonne verkostet* ★★★

Coteaux du Layon, Chaume **Ch. de la Guimonière** Erstmals 1982 verkostet: Farbe, Nase und Geschmack perfekt, aber spröde, wahrscheinlich kein Botrytis-Befall. Kürzlich eine sahnige Chenin-Nase; ziemlich süß und eindringlich, mit schönem Geschmack und Gewicht. Perfekt zu trinken, keinerlei Anzeichen von Müdigkeit. *Im März 1995 bei einem großartigen Weindinner mit meinem alten Freund Lou Skinner in seinem nostalgischen Haus in Coral Gables in Florida verkostet* ★★★★

Moulin-Touchais Sieben Einträge. 1991 der jüngste und beeindruckendste Jahrgang bei einer Verkostung des Imperial College. Sicherlich ein ganz eigener Wein, allerdings mit beträchtlichen Flaschenabweichungen; insgesamt auf seine Art sehr gut. Kürzlich mittelblasses Gold, für seinen Gehalt und sein Alter eine gute Farbe; reife Chenin-Nase mit geringfügig firnisartigen Obertönen (wie ich schon bei früheren Verkostungen mehrfach festgestellt hatte); ziemlich süß, füllig, fest, mit angesengtem Butterkeksgeschmack. Wieder »auf seine Art sehr gut«. *Zuletzt im Februar 1998 bei einem Kaplan-Essen in Los Angeles verkostet* ★★★★

Vouvray **Marc Brédif** Nicht glanzhell, eine dünne Schicht Bodensatz, so dekantiert, dass das schimmernde Goldgelb erhalten blieb; gute Nase; lieblich, korrektes Gewicht, herkunftstypischer Geschmack, gute Säure. *Passte im Mai 2000 auf einer weinseligen Dinnerparty gut zu Daphnes Hühnerleber-Pâté* ★★★

Vouvray **Foreau** Stumpfes Gelb; sehr gute honigartige Nase; halbtrocken, guter Geschmack und noch viel Leben. *Oktober 1982* ★★★★

Vouvray, Clos Naudin, moelleux **Foreau** Nur alte Einträge, aber in den frühen 1980ern ein wundervoller Viersterne-Wein »mit zehn bis 15 Jahren« Leben vor sich. Wahrscheinlich nach wie vor gut.

1960–1989

Seit der generellen Lockerung von Reise- und Währungsbeschränkungen in Europa ist der »Garten Frankreichs« zum beliebten Reiseziel avanciert. Besonders hoch im Kurs stehen die grandiosen Châteaux an der Loire. Es geht nichts über eine frische Forelle mit dem dazugehörigen Wein eines einheimischen Winzers. Zurück zu Hause allerdings schmecken die Mitbringsel anders. Der bescheidene Anjou Rosé ist nicht mehr so ansprechend wie in seiner Heimat.

In den Restaurants zu Hause gab es den immer gleichen Muscadet, Sancerre und Pouilly-Fumé. Nur ein kleines Unternehmen, das in meinen Verkostungsnotizen immer wieder erwähnt wird, bereicherte das Angebot: die Yapp Brothers. Robin Yapp, ein ehemaliger Zahnarzt, erkannte, dass die zwei relativ unbeachtet gebliebenen Weinregionen, die sich zufällig beide die zwei größten französischen Flüsse entlangzogen, einen »Nischenmarkt« ausfüllen könnten. Das Yapp-Unternehmen in Mere, einem Dorf auf halbem Weg zwischen London und dem West Country, spürte kleine, aber qualitätsbewusste Erzeuger auf. Seit langem sind die Yapps nun schon die wichtigsten Lieferanten unserer »Vormittagsweine«, denn in dieser Tageszeit trinkt man die süßeren Weißen aus Anjou und der Touraine am besten. Selbst die älteren Gewächse der besten Jahrgänge können nach wie vor köstlich sein.

Süßwein-Jahrgänge auf einen Blick

Hervorragend *****
1964, 1989
Sehr gut ****
1962, 1971, 1976, 1985, 1986, 1988
Gut ***
1966, 1969, 1975, 1978, 1982

1960

Ein schlechter Auftakt der Dekade, doch auch die Jahrgänge 1963, 1965, 1967, 1968 (besonders schrecklich), 1972, 1974, 1977 sind es nicht wert, erwähnt zu werden.

1961 **

Ein guter Jahrgang für trockene, nicht aber für süße Loire-Weine. Selbst der Moulin-Touchais fiel unterdurchschnittlich aus. *1982* **

1962 ****

Zu meiner Überraschung liegen mir wenige Einträge vor, denn eigentlich war der 1962er ein sehr guter Jahrgang, obwohl er vom reichen 1964er überschattet wurde. Moulin-Touchais *1981* ****

1964 *****

Für *Demi-sec*-, *Moelleux*- und *Doux*-Weine der beste Jahrgang des ganzen Jahrzehnts. Den trockenen Weißen fehlte es an Säure – sie weilen schon lange nicht mehr unter uns. Viele der süßeren Gewächse wurden in den 1970ern mit Genuss getrunken und befanden sich in den frühen 1980ern auf dem Gipfel.

Bonnezeaux **Ch. des Gauliers** Anfang der 1970er so gut, dass ich 1973 einige Flaschen von Robin Yapp kaufte. In den nächsten sieben Jahren war er köstlich: glanzhelles, lebhaftes Gelb; eine mittlere Süße, die sich im Mund auszubreiten schien, für einen reifen Loire-Wein aber sehr ausgefeilt und mit genug Säure als Gegengewicht zu seinem Gehalt. Kürzlich mit 21 Jahren: tiefes Strohgold; überaltert, leicht maderisiert; jetzt halbtrocken, am Austrocknen, aber guter Geschmack nach alten Aprikosen und stützende Säure. *Zuletzt im März 1995 bei Lou Skinner verkostet* **

Vouvray, moelleux **Marc Brédif** Lanolingelb; auch in der Nase Lanolin. Reifes Chenin-Bukett, erinnerte mich an Zitronenkäsekuchen. Jetzt trocken, aber mit schönem Geschmack. *Im November 1997 bei Jodi und Bob Dickinson in Miami verkostet* ***

Weitere gute 1964er der Viersterne-Kategorie, die ich zuletzt zwischen 1982 und 1984 verkostet habe: Bonnezeaux **Ch. de Fesles** Ein mit Medaillen ausgezeichneter Wein; Coteaux du Layon **Ch. de Guimonière**; Moulin-Touchais Schwerfällig, aber gut gebaut, »auf seltsame Weise attraktiv«.

1966 ***

Die trockenen Weißen fielen besser aus als die Süßweine.
Bonnezeaux **Ch. de Fesles** Eher trocken, ohne Schwung. *1982* **

1969 ***

Das Gegenteil des 1966ers: Die süßen Provenienzen gelangen diesmal besser als die trockenen. Den gehaltvolleren Anjou- und Vouvray-Weinen bot die Säure ein gutes stützendes Rückgrat. In letzter Zeit habe ich jedoch keinen 1969er mehr verkostet. Anfang der 1980er waren die besten der Bonnezeaux **Ch. de Fesles**, der Vouvray demi-sec **Brédif** und der Moulin-Touchais.

St-Nicolas-de-Bourgueil, Vignoble de la Jarnoterie **Mabileau-Rèze** Der einzige rote 1969er, den ich in letzter Zeit verkostet habe: sehr reif, Braunton; ausgewogene, weiche Rohrzuckernase und entsprechender Geschmack. Auf seine Weise gut. *Im Juni 1999 bei der Verkostung »Vins de la Loire« degustiert* **

1970 **

Masse statt Klasse. Einige anständige *Demi-sec*-Gewächse, ansonsten aber kein Süßweinjahr.

1971 ****

Ein sehr guter Jahrgang. Stilvoll, elegant, mit Schwung und stützender Säure. Die besten Süßweine sind nach wie vor ausgezeichnet.

Quarts de Chaume Dom. Baumard Überraschend blass für sein Alter (damals fast 20 Jahre!); schönes, wächsernes Chenin-Aroma, das mich immer wieder an das eines Sémillon erinnert, aber ohne dessen Säure. Ein schöner Wein. Perfekte Säure. *Im August 1989 bei einem Essen der Wine & Food Society aus einer Marie-Jeanne verkostet* ★★★★

Vouvray, Clos du Bourg, sec Huët Eine seltene Gelegenheit, einen 26-jährigen trockenen Wein guter Qualität von einem führenden Erzeuger zu verkosten: bemerkenswert blass für sein Alter und sehr hell; trocken, Länge, Geschmack und Säure gut. *Im November 1997 bei einem Weindinner im Gidleigh Park Hotel in Devon verkostet* ★★★

Vouvray, Clos du Bourg, moelleux Huët Schon die trockenen Weißen gelangen Gaston Huët gut, doch seine weichen Süßweine waren schlichtweg ausgezeichnet. So wie dieser hier: blässlich; ausgesprochen attraktive, honigartige Botrytis-Nase; ziemlich süßer, schöner Geschmack, perfekte Säure. Hut ab vor Paul Henderson, weil er für seine Weinwochenenden so faszinierende Kreszenzen auftreibt. Er und sein Chefkoch erledigen die ganze Arbeit. Ich bin nur der »Affe mit den Kunststückchen«. *Im November 1997 im Gidleigh Park Hotel in Devon verkostet* ★★★★

1973 ★★

Die trockenen Weißen kamen besser weg, aber einige Vouvray- und Layon-Erzeugnisse waren in ihrer Jugend ansprechend.

Quarts de Chaume Dom. Baumard Wohlriechend, halbsüß, gehaltvoll mit ersten Malzspuren. *April 1989* ★★

1975 ★★★

Gut für trockene wie süße Weine. Jetzt größtenteils passé.

Moulin-Touchais In den frühen 1980ern: süß, reich, kraftvoll, fast aufdringlich. Kürzlich eher blasses Goldgelb; sehr merkwürdige Nase, duftender Chenin-Charakter, Vanille, Veilchen und Marzipan; auch am Gaumen seltsam, rau, künstlich, säurebetont. Oje, oje! Mein alter Freund Nils Sternby hatte die ganze Welt durchkämmt auf der Suche nach 1975ern für seinen 65. Geburtstag und das Essen, mit dem er seinen Rückzug in den Ruhestand feierte. *Zuletzt im April 1995 verkostet. Früher* ★★

Quarts de Chaume Dom. Baumard Sahnig, gute Frucht, lebhaft. *August 1985* ★★★

1976 ★★★★

Ein extrem heißer Sommer – in Nordeuropa herrschte sogar Trockenheit. Die frühzeitige Lese erbrachte hochreife Trauben. Ich habe in den 1980ern viele Süßweine dieses Jahrgangs genossen, aber zu meiner Überraschung seither keine einzige Flasche mehr degustiert. In heißen Jahren wie diesen entstehen an der Loire die besten Roten, so auch 1976, allerdings sind sie mittlerweile natürlich nur noch schwer zu bekommen.

Bourgueil, Cuvée Ploquin, Dom. du Chêne Arrault Christophe Deschamps Ziemlich farbtief, weich, rot, nuanciertes Zentrum; weiche, doch stämmige Frucht, gewisser Alterston; am Gaumen für sein Alter äußerst gut. Noch immer sehr tanninbetont. *Im Juni 1999 bei der Verkostung »Vins de la Loire« im Londoner Hotel Searcy's degustiert* ★★★★

1978 ★★★

Ein guter Jahrgang für die trockenen Weißweine. Heute nicht mehr interessant.

1979 ★★

Ein weiteres gutes Jahr für die trockenen Weine von der Loire. Damit meine ich die Gewächse aus dem äußersten Westen (Muscadet) und Osten (Sancerre und Pouilly-Fumé), außerdem die guten trockenen Vouvrays aus der Touraine dazwischen. Auch einige ansprechende Coteaux du Layon kamen auf den Markt, doch sie sind mittlerweile den Weg allen Fleisches gegangen!

Gidleigh Park

Ein geheimes Weinschatzkästlein am Ende einer langen, gewundenen Landstraße in Chagford in der englichen Grafschaft Devon. Gidleigh Park ist nicht nur ein wunderbar ruhiges, beschauliches Hotel mit herrlichem Blick auf die Landschaft, sondern lohnt auch wegen Paul Hendersons beispielloser Weinliste einen Besuch. In seinem Keller lagern ehrenwerte alte Bordeaux-Kreszenzen, Burgunder und Rhône-Weine, aber auch alte Gewächse von der Loire sowie Klassiker aus Italien, Spanien und Kalifornien. Gidleigh hat sich als idealer Schauplatz einer Reihe denkwürdiger Degustationen erwiesen. Eine Zeit lang moderierte ich jedes Jahr eines von Pauls Weinwochenenden. Zahlreiche in diesem Buch erwähnte Provenienzen habe ich in Gidleigh Park verkostet.

1980 ★★

Der schlimmste Sommer in dieser Zeit. Sechs Wochen ununterbrochener Regen, für die trockenen Weißen katastrophal. Eine späte Lese in der zweiten Oktoberhälfte; die Ernte der edelfaulen, für Süßweine bestimmten Trauben wurde jäh durch Schneefall unterbrochen! Den Widrigkeiten zum Trotz entstanden einige angenehme *Demi-sec*-Weine, unter anderem der **Vouvray** von Brédif *Im Oktober 1989 verkostet* ★★★

1981 ★★

Geringe Erträge, mittelmäßige Weine.

1982 ★★★

Eine große Ernte reifer Trauben. Die trockenen Weine hatten zwar zu wenig Säure, waren aber in ihrer Jugend beliebt. Ein ausgezeichneter Rotweinjahrgang. Keine Süßen verkostet.

St-Nicolas de Bourgueil, Dom. Les Quarterons Clos des Quarterons Gute Farbe, nuanciert, rubinrot, mit reifem Rand; reife Cabernet-franc-Nase; ungewöhnlich reich und fleischig, guter Geschmack. Langlebig. *Im Juni 1999 bei der Verkostung »Vins de la Loire« degustiert* ★★★★

1983 ★★

Sehr durchwachsenes Wetter, einige mittelmäßige Weine. Nur einen Süßwein überhaupt verkostet.

Moulin-Touchais Schöne Farbe; schwere, ölige, seltsame Nase mit Ziegengeruch; süß, stämmig, grob. Gehörte zu einer erstaunlichen Palette von insgesamt 31 Kreszenzen bei einer Verkostung von British Airways, unter anderem mit Weinen aus Sauternes, dem Elsass, Deutschland und Österreich sowie einem Tokajer. Keine Ahnung, wie ich das überlebt habe. *Juli 1992* ★★

1984 ★

Der letzte einer Reihe sehr unterschiedlicher, zum Großteil mittelmäßiger Jahrgänge an der Loire. Mir taten die Erzeuger Leid. Ein Saumur-Champigny passte gut zu Würstchen!

1985 ★★★★

Eine enorme Steigerung gegenüber den letzten Jahren. Vor allem die Anbaugebiete Anjou und Vouvray an der mittleren Loire konnten sich von der dritten Augustwoche bis Anfang November über ununterbrochen heißes und trockenes Wetter freuen. Und auch für die Roten aus Chinon, Bourgueil und Saumur-Champigny war es ein gutes Jahr.

Ich habe nur wenige Süßweine verkostet – in den 1990ern sogar nur einen einzigen.

Coteaux du Layon, Chaume **Ch. de la Roulerie** Wächsernes Gelb; parfümierte, honigartige Chenin-Nase und ebensolcher Geschmack. Gute Säure. *Juni 1991* ★★★★ *Wein dieser Qualität dürfte noch immer gut sein.*

1986 ★★★★

Ein sehr gutes, ja, ideales Jahr für die trockenen Weißen – in Sancerre und Pouilly-Fumé entstanden die besten Weine des ganzen Jahrzehnts. Nur einen Süßwein verkostet.

Quarts de Chaume **Dom. Baumard** Blässlich; lieblich, schöner Geschmack, gute Säure, aber am Altern. Musste getrunken werden. *Im August 1992 bei einem Pub-Essen im Nobody Inn in Doddiscombsleigh bei Exeter verkostet, einem winzigen Dorf, an dem einzig und allein dieses Gasthaus mit einer der besten Wein- und Scotch-Listen in ganz England bemerkenswert ist* ★★★

1987 ★

Nur trockene Weine, die das Verfallsdatum schon längst überschritten haben.

1988 ★★★★

Ein sehr zufriedenstellender Allround-Jahrgang für Rote und trockene sowie liebliche Weiße. In den frühen 1990ern habe ich mehrere *Demi-sec*-Gewächse verkostet. Nicht für längere Lagerung geeignet.

Bourgueil **Dom. de la Closerie** Himbeerrot, schwacher Rand; Aroma nach zerdrückten Himbeeren; halbtrocken, weich, erdig, rustikaler Charakter. *Im Juni 1999 in London auf der »Vins-de-la-Loire«-Verkostung degustiert* ★★★

1989 ★★★★★

Ein außergewöhnlicher Winter, früher Austrieb, eine Blüte drei Wochen vor der Zeit und ein sehr heißer Sommer. Für süße und liebliche Weiße hervorragende Bedingungen, das Chenin-Jahr schlechthin, gleichzusetzen mit dem 1947er. Die Roten aus Chinon und Bourgueil waren ebenfalls ausgezeichnet, die trockenen Weißen aus Sancerre und Pouilly-Fumé atypisch, etwas zu schwerfällig, alkoholisch und säurearm.

Bonnezeaux **Ch. de Fesles, J. Boivin** Blass; in der Nase und am Gaumen ansprechend, süß und minzig. Noch immer unreif, obwohl der harte Abgang ausgezeichnet zu Käse passte. *Ebenfalls im August 1992 im Nobody Inn in Devon verkostet. Damals* ★★★(★★) *Wahrscheinlich jetzt perfekt.*

Coteaux du Layon **Ch. de la Roulerie** Butterblumengelb, honigartig; süß, ziemlich eindringlich, sehr attraktiv. *Im September 1993 beim Essen auf dem Land verkostet* ★★★★ *Jetzt schön, hält sich aber noch zehn Jahre.*

Coteaux du Layon, Clos Ste-Cathérine **Baumard** Überraschend blass; ein sehr ursprünglicher Duft, reif, Melone und Pfirsich; ziemlich süß, gutes Fleisch, fabelhafter Geschmack, Gleichgewicht und Säure perfekt. Noch immer ein Hauch unreifer Härte. *Im April 1997 bei einem IWFS-Dinner im Cadogan, einem ruhigen, sehr charaktervollen und traditionellen Hotel in der Londoner Sloane Street, zu Birnen-Tarte-Tatin verkostet* ★★★★(★)

Jasnières, Les Truffières, moelleux **J.-B. Pinon** Ein kleiner Erzeuger in La Chartre-sur-le-Loir (der Loir ist ein Nebenfluss der Loire). Gehörte zu einem von zwei Posten, die ich bei den Yapp Brothers erstand – Robin Yapps Listen sind so informativ, dass man einfach nicht anders kann, als zu kaufen. Erstmals im Juli 1994 kurz nach dem ersten Kauf verkostet. Ich merkte an, dass er in der Liste als »seltener *moelleux* aus einem Kometenjahrgang« stand: blässliches Gelb, aber noch immer mit jugendlichem Grünton; süß, leicht honigartige Chenin-Nase; lieblich, weich, köstlicher Geschmack, aber nach wie vor ein bisschen hart. Außerdem hatte er meiner Meinung nach etwas wenig Charme, weshalb ich beschloss, den Rest noch reifen zu lassen. Sechs Jahre später öffnete ich zwei Flaschen für ein spätes Frühstück an einem Wochenende auf Chippenham Lodge. Mittelblass, wächsernes Gelb; wohlriechendes, klassisches, grasiges, kresseartiges Chenin-blanc-Bukett; moderates Gewicht (12,5 % Alkohol), angenehmer Geschmack, im Abgang weicher, aber weiterhin eher unspektakulär. *Zuletzt im Dezember 2000 verkostet* ★★★ *Ich habe noch weitere Flaschen, bezweifle aber, ob aus ihm eines Tages mehr als ein angenehmes spätmorgendliches Getränk werden wird. Vielleicht macht er sich ja gut zu Käse.*

Quarts de Chaume **Ch. de Suronde, Zuffourade** Eher blass; ziemlich süß, Gewicht und Säure perfekt, sahnige Textur, schöner Geschmack. *Im März 1995 bei Lou Skinner in Coral Gables verkostet* ★★★★

St-Nicolas-de-Bourgueil, »Les Harquerets« **Dom. de la Cotelleraie, Maison Gérald Vallée** Mittelblass, weiches Rot, rosa Rand; eine reife, äußerst ansprechende, himbeerartige (Cabernet-franc-)Nase; süßer und gehaltvoller als üblich. Köstlich. Ich bin kein großer Liebhaber der Roten von der Loire, aber in einem reifen Jahrgang wie diesem können sie ausgesprochen attraktiv geraten. *Im Juni 1999 bei der Verkostung »Vins de la Loire« im Hotel Searcy's in London degustiert* ★★★★

Vouvray, demi-sec **Bourillon-Dorléans** Viele Einträge, die kurz nach dem Kauf 1992 entstanden: blässlich, halbtrocken, wie der Name schon sagt. Zu Käse und zum spätmorgendlichen Frühstück auf dem Land getrunken. Wurde nach etwas mehr Flaschenreife besser, in der Nase honigartiger und wie ein wächserner Sémillon. Leider ist nichts mehr übrig. *Mein letzter Eintrag entstand im April 1994 zu Hause* ★★★

Vouvray, moelleux, Réserve **Daniel Jarry** Noch ein bei Yapp gekaufter Wein. Erstmals im Juli 1994 verkostet: helles, kräftiges Gelb; wächserne, laubartige Chenin-Nase; lieblich, schöner »Gewürznelken«-Geschmack, angenehmes Gewicht (12,5 % Alkohol), eine sehr gute Säure, die ihm einen harten, aber erfrischenden Abgang verlieh. Das perfekte Erfrischungsgetränk für den späten Vormittag – und den nächsten Tag. Vier Jahre später zwischen Jarrys *Demi-sec* von 1996 und Pruniers Anjou von 1928 degustiert: grasige Nase, Flaschenalter und ein edelfauler Honig-Unterton; leichte Karamellnote. *Zuletzt im August 1998 zum Essen verkostet* ★★★ *Jetzt vermutlich im Zenit.*

Vouvray, doux/liquoreux **Daniel Jarry** Ausgeprägtes Gelb mit zitronengoldenen Reflexen; sehr gute, honigartige, wächserne Chenin-Nase und ebensolcher Geschmack, nicht viel süßer (und teurer) als der *moelleux*, aber mit weichem, reichem Mittelteil und ausgleichender Säure. Ebenfalls von den Yapp Brothers erstanden. *Der perfekte Sommerwein, verkostet im Juli 2000* ★★★★

Vouvray, Clos Baudoin **Prince Poniatowski** Der Urgroßonkel des Prinzen war der letzte König von Polen. Die Familie wanderte 1855 nach Frankreich aus. Philippe Poniatowskis Großvater kaufte das Gut, weil ihm der Wein schmeckte. Jacqueline Friedrich zufolge ist der Clos Baudoin das »Aushängeschild« des Guts. Erstmals bei einer Verkostung von British Airways im Juni 1992 degustiert: blass; grasige, minzige Nase; lieblich, Geschmack und Säure sehr gut, aber als Dessertwein ungeeignet. Kürzlich bei Jacques Puisais Verkostung von Spitzengewächsen von der Loire: jetzt leicht tieferes Gelb; verhaltene, aber reife Nase; lieblich, schöner Geschmack und gute Länge mit lebhaftem, trockenem Abgang. Köstlich. *Zuletzt im Juni 1999 verkostet* ★★★★ *Jetzt perfekt zu trinken oder noch einmal zehn Jahre lagerfähig.*

Vouvray, Cuvée Florent **Duplessis-Maury** Gute klassische Chenin-Nase und ebensolcher Geschmack. Wahrscheinlich halbtrocken. Ein perfekter Käsebegleiter. *Im September 1992 beim Essen im Hotel The Lodge in Lanai auf Hawaii verkostet* ★★★

Vouvray, Le Haut-Lieu, moelleux, 1er tri **Huët** Ein schöner Wein, den ich erstmals im Mai 1991 verkostet habe: damals wächsern grüngelb; honigartige Botrytis-Nase; lieblich (100 g/l Restzucker), ziemlich kraftvoll (12,9 % Alkohol) und mit ausgezeichneter Säure (5,70 g/l). Herrlich im Geschmack, aber immer noch ein bisschen hart. Kürzlich: jetzt goldgelb; ausgewogenes Bukett; köstlicher Geschmack, perfekt im Gleichgewicht. *Zuletzt im Mai 1999 auf einer Vorverkaufsverkostung in Genf degustiert* ★★★★ *Noch fünf bis zehn Jahre lang auf der Höhe.*

WEITERE SEHR GUTE 1989ER, die ich alle im Mai 1991 verkostet habe und die sich nach wie vor gut trinken lassen müssten: **Bonnezeaux, La Montagne** **Dom. de Petit Val** Lieblich, körperreich, gute Frucht und Säure ★★★★; **Coteaux du Layon, Beaulieu, Clos des Ortinières** **Dom. d'Ambinos** Schön, weich, doch mit ausgezeichneter Säure ★★★★ *Langlebig*; **Quarts de Chaume** **Ch. de Bellerive** Körperreich, gute Säure, »braucht Zeit« ★★★★; **Vouvray, Clos du Bourg, moelleux** **Huët** Ziemlich tiefes Gelb; Nase wie »Butterkekse mit Minze«; Geschmack, Länge und Nachgeschmack wundervoll ★★★★★; **Vouvray, Cuvée Constance, moelleux** **Huët** Von edelfaulen Trauben aus den drei Weinbergen Le Haut Lieu, Le Mont und Le Clos du Bourg bereitet. Ertrag lediglich 5 hl/ha, 390 g/l Zucker im Saft, lange Vergärung im Fass auf nur 10,9 % Alkohol, sodass 162 g/l Restzucker im Wein verblieben. Eine Art Beerenauslese von der Loire. Selbst mit erst zwei Jahren nuancierte, goldene Farbe; reine edelfaule Honignase und entsprechender Geschmack. Der beste Loire-Wein, den ich je getrunken habe ★★★★★★ *(sechs Sterne). Jetzt schön zu trinken, bleibt aber wohl noch mindestens 20 Jahre lang köstlich.*

1990–1999

Eine mit überdurchschnittlich vielen guten Jahrgängen und schönen Weinen gesegnete Dekade, wie aus meinen eher willkürlich ausgewählten Verkostungsnotizen hervorgeht. Manche Gewächse haben gerade ihren Zenit erreicht, anderen wird ein Verbleib in der Flasche gut tun.

Die Jahrgänge auf einen Blick

Hervorragend *****
1990, 1997
Sehr gut ****
1995, 1996
Gut ***
1993, 1998 (u), 1999

1990 *****

Ein weiterer exzellenter Jahrgang für Rotweine, früh gelesene trockene Weißweine und liebliche bis süße Weine. Die Witterungsbedingungen waren allerdings nicht ideal, denn die frühe Blüte verlief unregelmäßig. Dann folgte eine Trockenperiode mit sengender Sonne, die von Regenfällen abgelöst wurde. Frühnebel im Oktober förderte die Entstehung hervorragender Süßweine. Mir hat dieser Jahrgang gut gefallen. Die Weine waren fester und nicht so üppig-saftig wie 1989; ich habe viele Flaschen gekauft und getrunken.

Azay-le-Rideau, moelleux G. Pavy et Saché Überraschend blass; etwas honiggetönte Chenin-Nase; trockener als erwartet, leicht (11,5 % Alkohol), angenehmer, gefälliger Stil, gute Säure: der perfekte Wein zum zweiten Frühstück an einem Sommerwochenende. *Juli 1993* ****

Coteaux du Layon, Chaume, Les Aunis, Cuvée Louis Ch. de la Roulerie Erstmals zum Mittagessen am Ersten Weihnachtsfeiertag 1993 getrunken: ein ausgesprochen attraktiver Wein, aber gar nicht gut zu Plumpudding! Einen Monat später: schon jetzt ein ausgeprägtes Goldgelb; herrliche Nase; bemerkenswert süß, körperreich (14 % Alkohol), fett, köstlich. Eine weitere halbe Flasche, die Daphne und ich uns genüsslich teilten. *Die letzten beiden Einträge entstanden 1996 bei Abendessen nach Theaterbesuchen; ideale* *****

Coteaux du Layon, Ch. La Tomaze, Cuvée Les Lys Lecointre Erstmals im Juni 1994 beim Jubiläumsessen zum 25-jährigen Bestehen von Yapp Brothers verkostet: blässlich, ein Anflug von jugendlichem Grün; grasig, parfümiert, lieblich, ein Genuss. Ich muss mir einen Posten zugelegt haben, denn mein nächster Eintrag entstand schon im darauf folgenden Monat: als spätmorgendliches Getränk besser denn als Essensbegleiter. Köstlich. Ein paar Monate darauf merkte ich seinen sehr minzigen, pfirsichartigen Geschmack an; Mandelnote. Kürzlich: jetzt schimmernd, Lanolin- und Butterblumengelb; eigenartiges wächsernes Bukett, rau, Aprikosen und Honig, »puderiger Blancmanger-Duft«; aber noch immer süß, fett, voll und reich, Säure und Abgang sehr gut. *Zuletzt im Januar 2001 bei einem zweiten Frühstück verkostet* **** *Hat wahrscheinlich noch viele Jahre vor sich.*

Montlouis, Grains Nobles Michel et Laurent Berger Erstmals im September 1995 bei einer Yapp-Verkostung degustiert. Früher hatte man selbst für die allerbesten Flaschen bei Yapp nur selten mehr als umgerechnet 14 Euro zahlen müssen, dieser Wein hier aber kostete den stolzen Preis von 380 Euro das Dutzend. Ein süßer, ziemlich himbeergetönter Duft; natürlich reich, schöner Geschmack und mit der für Loire-Weine üblichen Säure. Als Nächstes probierte ich ihn 1998: jetzt mit ausgeprägterem, wächsernem Gelb, aber noch immer ein köstliches, delikates Lindenblüten- und Honigbukett und ein Geschmack wie reife Melonen und Pfirsiche. Zuletzt bei einem zweiten Frühstück: reifes Melonengelb; süß, pfirsich- und rosinenartig; Frucht und Fleisch schön, herrlicher Mittelteil, perfektes Gewicht (13 % Alkohol), sein Gehalt hüllte die Loire-typische Säure ein. Köstlich zu reifen Aprikosen. *Juli 1999* *****

Quarts de Chaume Dom. Baumard Mittelblasses Gelb; wächserne, Chenin-typische Pfirsichschalennase; lieblich, Geschmack und Säure gut. Harter Abgang. *Im August 2000 beim Essen mit der Familie Josey in Houston degustiert* ***(*) *Selbst nach zehn Jahren noch immer nicht voll entwickelt.*

Quarts de Chaume Ch. de l'Echarderie Erstmals im Dezember 1993 verkostet: ziemlich blass; schönes, süßes Chenin-Aroma (am besten nicht zu kalt servieren); Geschmack und Gleichgewicht ausgezeichnet. Seither viele Flaschen verkostet – ich muss einer von Robin Yapps besten Kunden gewesen sein. 1997 trockener als erwartet, eher halbtrocken als lieblich. Kürzlich: glatte Textur, reicher Geschmack und gute Länge. *Zuletzt im Juli 2000 bei einem zweiten Sonntagsfrühstück verkostet* **** *Zum Glück habe ich noch ein paar Flaschen übrig.*

Savennières, Clos du Papillon Joly Ein berühmtes Gut, dessen trockener Weißer zu meinen Lieblingsweinen von der Loire gehört. Ich hatte diese Flasche ganz vergessen und öffnete sie, um zu sehen, wie sie sich gehalten hatte. Jetzt mit ausgeprägtem Gelbton; verschlossene Nase, merkliches Flaschenalter, aber gesund; knochentrocken (wie die meisten Savennières), spröde, fest, charakteristischer, persistenter Geschmack. *Im März 2002 auf Chippenham Lodge verkostet* ****

»Elevenses« – das zweite Frühstück

Die Gepflogenheit, ein zweites Frühstück, »elevenses« genannt, einzunehmen, ist außerhalb Großbritanniens nicht sehr bekannt. Man trinkt im Lauf des Vormittags Kaffee oder Tee und isst dazu vielleicht ein paar Kekse. Im Büro reiche ich Besuchern keinen Kaffee, sondern einen Madeira. Zu Hause besteht unser zweites Frühstück fast immer aus einem lieblichen Wein von der Loire oder aus Deutschland, vor allem im Frühling und Sommer. Meist sind es Gewächse, die nicht trocken genug sind, um als Aperitif oder zum Essen serviert zu werden (höchstens als Begleiter zu Käse), aber auch nicht süß genug, um als Dessertwein durchzugehen.

Zu unseren »elevenses« auf Chippenham Lodge trinken wir – in Maßen – eine vom Erzeuger abgefüllte Auslese vom Rhein, häufiger aber einen moelleux *aus Vouvray oder von den Coteaux du Layon. Wir öffnen am Samstagmorgen eine Flasche, gießen uns ein paar Gläschen ein, stellen sie wieder in den Kühlschrank neben die Milch und leeren sie am Sonntagmorgen anstelle von Messwein!*

Vouvray, Tri des Grains Nobles Dom. des Aubuisières Eine köstliche halbe Flasche im März 1994, die Daphne und ich uns auf dem Flug BA 244 von Santiago nach London teilten, nachdem wir auf Einladung des chilenischen Handelsministers Chile besucht hatten. Ich glaube, es war nur eine einzige halbe Flasche an Bord – die anderen Passagiere in der First Class wussten nicht, was ihnen entging. Ein schönes Gold mit wächsernem Glanz; Nase und Geschmack herrlich süß, »Honig und Blumen« (hört sich wie Shampoo an). *Zuletzt im Januar 1995, diesmal bei einem Essen des Weinausschusses von British Airways bei Mosimann zu Käse verkostet. Perfekt* *****

Vouvray, Clos Naudin, moelleux Foreau Herausragend schöne Nase, immenser Duft; süß, fett, weich – nur 9,5 % Alkohol – und perfekte Säure. *Im Januar 1996 im Brüsseler Restaurant De Bijgaarden verkostet* *****

Vouvray, Clos Baudoin, moelleux Prince Poniatowski Blasser als sein 1989er; minzige, säurebetonte Nase; seltsam süß. Gut, aber es fehlte ihm das Fett des 1989ers. *Im Juni 1999 verkostet* ***

1991

Ein haarsträubender Vegetationsverlauf. In Frankreich wüteten die Frühjahrsfröste am schlimmsten an der Loire und richteten in den Weinbergen große Schäden an. Trotz eines heißen Sommers verdarben Regenfälle die Ernte. Dank Botrytis konnten einige wenige Süßweine bereitet werden – verkostet aber habe ich keinen.

1992 **

Schönes Wetter bis Ende Juli, danach wechselten sich Sonne, Regen und hohe Luftfeuchtigkeit ab. Es entstanden einige gute Weiße, über die man sich nach den Frösten des Vorjahres sehr freute. Die Muscadet- und Sauvignon-blanc-Weine aus Sancerre und Pouilly-Fumé sind heute kaum noch von Interesse. Recht erfolgreich waren die Roten aus Chinon und Bourgueil – die besten dürften überlebt haben. Einige Süßweine.

Coteaux du Layon, La Roche Ch. de la Genaiserie Attraktive Nase; etwas Süße, viel Säure; **Les Simonelles** Neutrale Nase; hart, etwas medizinal. *Beides »Wochenendweine«, die ich im April 1999 zu Hause verkostete* **

Vouvray, demi-sec Daniel Jarry Blässliches Gelb mit Limonenton; lebhafte, säurebetonte, junge Frucht; eher *sec* als *demi.* Trocken, stachelbeerartige Säure. Recht angenehm, ein jugendlicher Erfrischer. Entsprach nicht ganz unserer Vorstellung von einem Wein für das zweite Frühstück, besser zu Forelle. *Juli 1994* ** *Jetzt zu alt.*

IN DEN FRÜHEN 1990ERN HABE ICH MEHRERE ERFRISCHENDE TROCKENE 1992ER VERKOSTET. Zu den besten Sancerres gehörten: **Cuvée St-Francis** A. Vatan Wohlriechend. *1994* **; **Clos du Roy** Paul Millerioux Gute Frucht und Säure. *1994* ***; **Les Roysiers** Pierre Bonnet Weiße Johannisbeeren und »Kater«. *1994* ***. Die meisten Weine aber waren wie der **Pouilly-Fumé** von Pabiot lediglich annehmbar. **

1993 ***

Etwas bessere Witterung als im restlichen Frankreich. In Sancerre und Pouilly-Fumé erntete man erst ab 8. Oktober und wurde prompt vom Regen überrascht. Von den später gelesenen edelfaulen Trauben aber konnte man einige gute Süßweine bereiten.

Bonnezeaux, Cuvée Mathilde Marc Angeli Erstmals 1995 bei einer Yapp-Verkostung degustiert. Damals blässlich; honigartig; süß, schöner Aprikosengeschmack. 1996 kraftvoll und lang. 1998 kräftigere Farbe; in der Nase Pfirsiche und Aprikosen. Kürzlich orangegetönte Bernsteinfarbe; sehr gutes, süßes Honigbukett aufgrund von Flaschenalter und Edelfäule; lieblich, köstlicher Geschmack, mit erfrischend säurebetontem Abgang. Hoffnungslos zu gekochten Birnen. *Im Oktober 1999 beim Essen zu Hause verkostet* ****

Coteaux du Layon, La Roche Ch. de la Genaiserie Eigenartige Nase; süß, lebhaft, nicht schlecht. *Im April 1996 bei einer British-Airways-Verkostung von Dessertweinen für die First Class degustiert* **

Vouvray Dom. des Aubuisières Süße Nase; lieblich, ansprechend im Geschmack, gute Säure. *April 1994* *** *Damals jugendlich – müsste jetzt voll entwickelt sein.*

1994 **

Mitte April suchten schwere Fröste die Region heim. Von Juni bis Mitte August wiederum war es sehr heiß, dann setzte nasses Wetter ein. Nach dem 26. September kam die Sonne heraus und sorgte zusammen mit der Edelfäule dafür, dass einige Süßweine bereitet werden konnten. Die trockenen Weißen konnte man vergessen.

Coteaux du Layon, Sélection des Grains Nobles Philippe Delesvaux Mitteltiefes Bernsteingold; eigenartiger öliger Einschlag, aber eine leichte honigartige Botrytis-Note, knapp an einem »sehr gut« vorbei; ziemlich süß, fülliger Körper, nicht schlecht, aber auch nicht ganz o.k. *Im März 1999 als Gastgeber eines Essens nach einer Verkostung im Brüsseler Maison du Cygne verkostet* * *Enttäuschend.*

1995 ****

Ein Erfolg an der ganzen Loire – von Muscadet bis Sancerre und Pouilly-Fumé, obwohl die beiden letztgenannten Nachbar-Appellationen untypisch gehaltvolle Gewächse hervorbrachten. Die Roten waren gut und die weißen Süßweine dort, wo man das Traubengut sorgfältig selektierte, sogar sehr gut – genau die Art von Wein, die ich mag.

Ich erwähne interessehalber ein, zwei Sancerre-Weine, allerdings trank man sie am besten etwa zwei Jahre nach der Lese. Auf jeden Fall durfte man sie nicht lange im Keller liegen lassen.

Coteaux du Layon, Ch. la Tomaze Lecointre 1999 der ideale Vormittagswein an einem Frühlingstag: mittelblass, strohgelb; verschlossen, leicht grasig, »kristallisierter Honig«; lieblich, mittlerer Körper (12,5 % Alkohol), erinnerte mich an die Kokosbonbons aus dem Haribo-Konfekt, die mir so gut schmecken. Gute Säure. Ein ausgesprochen angenehmer, geradliniger Layon zu einem moderaten Preis (ich zahlte Yapp umgerechnet 9 Euro die Flasche). Ungewöhnlich weicher, Chenin-blanc-typischer Lanolingeschmack mit etwas Fett und Fleisch. Gleichlautende Notizen im Frühjahr der beiden nächsten Jahre, jedes Mal am Vormittag verkostet. In beiden Fällen hatte sich die Nase süß und blumig entfaltet; am Gaumen süßer. *Zuletzt im März 2001 degustiert* **** *Ich hoffe, er verbessert sich weiter, denn ich habe noch einige Flaschen vorrätig.*

Sancerre Ch. de Sancerre Sehr gute, lebhafte Sauvignon-blanc-Nase; knochentrocken, spröde. *Mai 1997* ***

Sancerre, Cuvée Pierre J. Balland-Chapuis Blässlich, Limonenton; reich, blumig, nicht zu trocken, weich, offen ansprechender Geschmack. Hat sein Höchstalter erreicht, für längere Lagerung ungeeignet. *Mai 1999* ***

Sancerre, Clos La Néole A. Vatan Blass, grünspurig; sehr wohlriechend, minzig; nicht zu trocken, würzig im Geschmack, gute Säure. *Ging im Oktober 1997 beim Eröffnungsessen der Bacchus Society im Restaurant Joe's Stone Crabs in Miami korrekterweise den Meursaults und Vouvrays voraus* ★★★ *Damals perfekt. Kein Wein zum Lagern.* (Manche Einheimischen halten Joe's Stone Crabs für eine Touristenfalle, dabei handelt es sich um ein ausgezeichnetes Restaurant. Ich will aber gar nicht daran denken, wie viele Krabben für unser Mahl ihr Leben gelassen haben.)

Sancerre, Les Roches Dom. Vacheron Sehr blass; minzige, erfrischende Sauvignon-blanc-Nase; trocken, schlank, lebhaft, gute Länge. Ein Bilderbuch-Sancerre, trinkt sich jung und frisch am besten. *Im November 1997 im Gidleigh Park Hotel in Devon verkostet* ★★★★

Quincy Denis Jaumier Lebhaft, wohlriechend; trocken, minzig, eigen, gute Säure. Etwas spröde. *Im August 1997 im Bluebird Club in Chelsea verkostet* ★★★

Vouvray, moelleux Dom. des Aubuisières Blass; grasig; nicht sehr süß, mild, kurz. Der **Le Marigny** der Domaine ziemlich attraktiv. Beide zu jung und mit zu wenig fleischiger Frucht und Säure. *April 1996* ★★(★)

Vouvray, Le Clos du Bourg, 1er tri Huët Blässlich; reine Kresse in der Nase; lieblich, relativ leicht (12 % Alkohol), köstlicher Geschmack, perfekte Säure. Das scheinbar mühelose Werk eines alten Meisters. *Im Juni 1999 während einer Verkostung bei Christie's für die »Star Group« degustiert* ★★★(★) *So sieht für mich ein Bilderbuch-Vouvray aus.*

Vouvray, sec Huët Schwache Nase, trocken, leicht, ziemlich neutraler Geschmack, gute Säure. Ein anständiger Wein, dem jedoch die Attraktivität der süßeren Huët-Gewächse fehlt. *Im Juli 1999 beim Essen im Londoner Restaurant Le Pont de la Tour verkostet* ★★

1996 ★★★★

Eine gute Wachstumssaison, die im Frühjahr jedoch ungleichmäßig ablief. Die Vegetation holte den Rückstand auf und die Rebenblüte Ende Juni war sehr erfolgreich. Allerdings reduzierte Trockenheit im Sommer den Ertrag. Im Herbst stellte sich willkommener Regen ein, der die Trauben im September anschwellen ließ. Ab dem Monatsende konnten die Lesearbeiter in die Weinberge geschickt werden. Herbstwinde verringerten das Fäulnisrisiko, aber auch die Ausbreitung der vorteilhaften Edelfäule. Nichtsdestotrotz entstanden einige wirklich schöne Süßweine, die aller Voraussicht nach bis weit in das erste Jahrzehnt des neuen Jahrtausends auf der Höhe bleiben werden.

Bonnezeaux Ch. de Fesles Herrliches Gelb; Minze und Honig; ziemlich süß, reich, gute Frucht, schöner, leicht ingwerartiger Geschmack, gute Länge und Finesse. So viel zum ausgebliebenen Botrytis-Befall. Ich glaube, dieser Wein kam *doch* in den Genuss der Edelfäule. *Dezember 1997* ★★★★

Coteaux du Layon, Beaulieu Pierre-Bise Ein Hauch von Minze und Karamell; ziemlich süß, ansprechend. Wir haben ihn nicht bestellt, doch der stets begeisterungsfähige Jean Luc Le Du, der wohl beste Sommelier von New York, bestand darauf, dass wir ihn verkosten. *Im Juni 1998 im Restaurant Daniel's in New York degustiert* ★★★(★) *Hätte noch etwas Flaschenalterung gebrauchen können.*

Coteaux du Layon, Chaume, Les Aunis, Ch. de la Roulerie Ch. de Fesles Das Etikett wird allmählich so kompliziert wie das eines deutschen Weins, doch die Länge des Namens verhält sich direkt proportional zur Qualität: eher blass, wächsernes Gelb; herrlich reiche Nase, getrocknete Aprikosen und Honig; sehr süß, voll, reich, vollmundig, mit ungewöhnlichem, aber gutem, eichen- und säurebetontem Abgang. *Im Dezember 1997 auf Chippenham Lodge zum zweiten Frühstück getrunken* ★★★★

Coteaux du Layon, Chaume, Les Julines Ch. de Fesles Mittelblasses Gelb; schöne, honigartige Nase – der reinste Ausdruck eines reifen Chenin blanc; sehr süß, reich, ziemlich kraftvoll (13 % Akohol), ansprechende Frucht – jugendliche Ananas- und Melonennote. *Im Dezember 1997 auf Chippenham Lodge zum zweiten Frühstück um die Mittagszeit getrunken (wir frühstückten spät)* ★★★★★

Coteaux du Layon, Dom. Pierre Blanche Lecointre Blass; limonengelber Ton; süße, reiche, butterige Nase und ebensolcher Geschmack. Etwas Fett, völlig integrierte Säure. *Im März 2002 zum zweiten Frühstück verkostet* ★★★(★) *Von den Yapp Brothers gekauft. Mit umgerechnet knapp 9 Euro ein gutes Preis-Leistungs-Verhältnis.*

Coteaux du Layon, Les Omnis, Dom. des Forges Dom. Banchereau Ein bedeutendes Weingut mit 35 ha, von denen rund 25 ha der Produktion von Süßweinen gewidmet sind. Die Lese erfolgt ausnahmslos von Hand in verschiedenen *tris* – man durchkämmt die Weinberge nach den besten reifen, edelfaulen Trauben. Vergärung in Stahltanks. Schöne Nase, Honig und Minze; ziemlich süß, im Stil eher leicht, absolut grandioser Geschmack; lebhaft, mit ausgezeichneter Säure. *Im Januar 1998 von Tanners aus Shrewsbury bei der Bunch-Verkostung in London vorgestellt* ★★★★

Jasnières, Dom. de la Charrière, Sélection de Raisins Nobles Joël Gigou Blässlich gelb, limonengelbe Reflexe; grasig – wie der 1995er; lieblich, ganz angenehm, passables Fleisch, leichte Endsäure. Kostete zweimal so viel wie der Domaine Pierre Blanche Coteaux du Layon weiter oben, war aber nicht mehr wert. *Im März 2002 zum zweiten Frühstück auf Chippenham Lodge getrunken* ★★★ *(gerade noch).*

Pouilly-Fumé Ch. de Ladoucette Zweifellos die wichtigste Kellerei in Pouilly-sur-Loire. Sie befindet sich in einem riesigen, imposanten, fast viktorianisch anmutenden Herrenhaus, dem Daphne und ich erst ein einziges Mal, Mitte der 1950er, einen Besuch abstatteten. Die Weine des Baron de Ladoucette indes habe ich viele Male degustiert, den 1996er erstmals auf den Bahamas bei einer Verkostung, die ich im Februar 1999 für die Belegschaft des Weinhändlers Butler und Sands leitete, und ein zweites Mal im darauf folgenden Monat bei einem Essen in Brüssel: sehr blass, glanzhell, ein leichter Grünton, dessen Anblick allein den Mund schon wässerig machte; delikat, subtil, leicht minziges Sauvignon-blanc-Aroma mit rauer, stachelbeerartiger Säure; trocken, aber keineswegs knochentrocken, gutes Gewicht (12,5 % Alkohol), schöner frischer Geschmack, etwas Körper, ausgezeichnete Säure. Perfekt, wenn auch vielleicht etwas kurz. *Zuletzt im März 1999 verkostet* ★★★★ *Ist sicher auch heute noch erfrischend attraktiv.*

Pouilly-Fumé, Dom. Berthiers J.-C. Dagueneau Sehr blass; ein vollerer, breiterer Weinstil als beim Sancerre von Vacheron, nicht so säurebetont, auf seine Weise sehr gut. *Im November 1997 im Gidleigh Park Hotel in Devon verkostet* ★★★ *Ich war nicht sicher, ob man diesen Wein am besten mit einem Jahr trinken sollte oder ob er sich nach ein, zwei weiteren Jahren vielleicht etwas mehr öffnen würde. Doch das sind rein theoretische Überlegungen, denn die Sauvignon-blanc-Gewächse von der Loire werden in der Regel konsumiert, sobald sie auf dem Markt sind.*

Pouilly-Fumé, Ch. de Tracy Comtesse A. d'Estutt d'Assay Blass, grünspurig; sehr blumige, duftende Sauvignon-blanc-Nase; ein Hauch von »Süße«, ansehnlicher Körper (13 % Alkohol), aber insgesamt trocken, mit appetitanregender Säure. Eines der ältesten Güter der Appellation: Es feierte 1996 seinen 600. Geburtstag. *Im August 1998 zu unserem Picknick nach Glyndebourne mitgenommen* ★★★

Quincy Jacques Sallé Jacques, ein etwas unsteter Journalist und Verleger, besitzt einen Weinberg in der AOC Quincy, die sich vor allem dadurch auszeichnet, dass sie nach Châteauneuf-du-Pape als zweite Anbauzone in Frankreich AOC-Status verliehen bekam (ich danke Jacqueline Friedrich für diese Information und anderes Wissenswertes über die Loire-Region). Charakteristisches Melonengelb; lebhaftes Sauvignon-blanc-Aroma; ziemlich trocken, jugendliche Grapefruit- und Ananasfrucht, gute Säure. *Im Januar 1999 bei einem Essen zu Hause verkostet* ★★

Sancerre, La Porte de Caillou H. Bourgeois Ein korrekt gemachter, aber unspektakulärer Sauvignon blanc. Etwas zu parfümiert. Ein guter Wein zum Essen. *Februar 1998* ★★

Vouvray, demi-sec Daniel Jarry Sehr blass; fast Sauvignon-blanc-artige Säure. Eher trocken als halbtrocken. Ich gab Johannisbeerlikör dazu und mixte mir einen Kir. *Im August 1998 beim Essen auf dem Land verkostet* ★★

Vouvray, moelleux Daniel Jarry Diesmal eher halbtrocken als lieblich, eine angenehme, weiche Reife, aber ein sehr trockener, säurebetonter Abgang. *Im April 2001 zu Hause verkostet* ★★★

Vouvray, Clos Naudin, sec Foreau Blass; leichtes, bezauberndes Chenin-Aroma; trocken, sauber, lebhaft. Ich ziehe offen gesagt einen guten trockenen Vouvray den Massenweinen aus Sancerre vor und werde nie verstehen, warum dieser Wein außerhalb der Region so unbekannt ist. *Im Juni 1998 mit Don Zacharia im New Yorker Restaurant Daniel's verkostet* ★★★

Vouvray, La Gaudrelle, Réserve Personnelle Alexandre Monmousseau Ein 14-ha-Betrieb, der sich auf halbtrockene Weine konzentriert. Auf jeden Fall interessant und ganz sicher nicht nur halbtrocken: orange getöntes Gold; pfirsichartige Nase; süß, ungewöhnlich leichtgewichtig (11,5 % Alkohol), sehr attraktiver Honig- und Aprikosengeschmack. *Im Juni 2001 bei einem Essen von British Airways im Londoner Restaurant Chelsea Garden verkostet* ★★★★

1997 ★★★★★

Der dritte bemerkenswert gute Loire-Jahrgang in Folge. Überragende, stark von Edelfäule geprägte Weine. Wie bei Sauternes- und deutschen Süßweinen verleiht der Botrytis-Befall den überreifen Trauben eine zusätzliche Dimension. Dennoch mussten die Weinbauern zunächst um die Ernte zittern, denn die letzten Junitage waren die kältesten und nassesten seit 30 Jahren. Zum Glück folgte ein langer, heißer Sommer mit vereinzelten Regenfällen, die den in der Sonne gebackenen Trauben eine erfrischende Abkühlung boten. Die Lese für den Muscadet begann bereits Ende August, während man die Chenin blanc ab Anfang September las und die überreifen edelfaulen Trauben erst bis Ende Oktober einbrachte. Die Reife der Sauvignon-blanc-Weine aus Sancerre und Pouilly-Fumé wurde durch angemessene Säure austariert. Auch für die Roten aus Chinon, Bourgueil und Saumur-Champigny war 1997 ein ausgezeichnetes Jahr

Azay-le-Rideau, moelleux G. Pavy Blass, leicht spritzig; angenehme, junge, grasige Nase; lieblich, leicht (10,8 % Alkohol), ziemlich gute Frucht, erfrischende Säure. *Juli 2000* ★★★ *(In Azay findet man auch das eleganteste Château an der Loire.)*

Bonnezeaux Ch. de Fesles Erstmals 1998 bei einem Weindinner des Magazins *Decanter* verkostet: ausgeprägtes Butterblumengelb, wächserner Glanz; schönes, reifes, edelfaules Chenin-blanc-Aroma; süß, Gewicht und Geschmack perfekt, ausgezeichnete Säure. Zu Apfelkuchen mit Zimteis! Zwei Jahre später eine ähnliche Beschreibung, außerdem: in der Nase »fleischige Edelfäule«; himmlischer Geschmack. *Zuletzt im Januar 2000 verkostet* ★★★★(★) *Langlebig.*

Coteaux du Layon, Chaume, Les Aunis Ch. de la Roulerie Erstmals im November 1999 während des Flugs BA 008 von Tokio nach London verkostet. Wieder einmal waren Daphne und ich wohl die einzigen Fluggäste, die ihn tranken – das Kabinenpersonal war begeistert. Schöne goldene Farbe; lebhaft, Honignote; süß, Körper, Geschmack und Textur schön. Kürzlich in einer angemessenen, praktischen Halbliterflasche: Lindenblüten, herrlich reich, perfekte Säure. Superb. *Zuletzt im Februar 2001 (vormittags) verkostet* ★★★★(★)

Coteaux du Layon, Le Clos du Bois Jo Pithon Strohgelb; ziemlich süß. Köstlich. Pithon bewirtschaftet nur etwas mehr als 4 ha Rebland. Er konzentriert sich auf die Erzeugung von Chenin-Weinen hoher Qualität. Ich hatte den Eindruck, dass dieses Gewächs aus edelfaulem Traubengut bereitet worden war. *Im Januar 2000 bei Farr Vintners verkostet* ★★★★

Coteaux du Layon, Chaume Ch. de la Guimonière Helles Gelb; Honig und Gewürznelken; süß, Körper und Geschmack schön. Sehr gute und auch dringend notwendige Säure. *Im September 2001 auf Chippenham Lodge verkostet* ★★★★★ *Eine köstliche halbe Flasche.*

Sancerre, La Grande Cuvée Pascal Jolivet Aus einem 1 ha großen Weinberg mit 40-jährigen Sauvignon-blanc-Reben. Von der ersten Pressung, umfassender biologischer Säureabbau. »Braucht zwei bis fünf Jahre.« Blässlich; duftendes, minziges Sauvignon-blanc-Aroma; halbtrocken, köstliche junge Ananas-Note. *Im Januar 2000 im Maison Marques et Domaines in London verkostet* ★★★

Sancerre Rouge, »Génération ★★★« Alphonse Mellot Frische Frucht mit himbeerartigem Cabernet-franc-Aroma; am Gaumen trocken, schöne, kernige Frucht und Säure. Ausgesprochen erfrischend. »Ideal für ein Essen an einem warmen Sommerabend.« *Im Juni 1999 auf der Domaine de Chevalier verkostet* ★★★★ *Mellot gehört zu einer Gruppe unabhängiger Erzeuger, die bei jeder Vinexpo zu einer Abendverkostung auf der Domaine de Chevalier in Bordeaux laden.*

Sancerre, La Grande Cuvée Rouge Pascal Jolivet Von 40-jährigen Pinot-noir-Rebstöcken. Mittelblasses Rot; sehr wohlriechend; leicht im Stil, sehr angenehme Frucht und gute Säure. *Januar 2000* ★★(★) *Braucht noch etwas Zeit in der Flasche.*

1998 uneinheitlich, in Bestform ★★★

Die Wachstumssaison verlief sehr ungleichmäßig mit einem milden Frühjahrsbeginn, aber starken Regenfällen mit Frost im April. Der Mai und Juni waren halbwegs warm – für die Blüte allerdings reichte es nicht ganz. Sehr heißer August, dann Regen, der in der zweiten Septemberhälfte so weit nachließ, dass man die Sauvignon-blanc-Trauben ernten konnte. Die später reifenden Cabernet franc (für die Roten) und Chenin blanc wurden bei unbeständigem Wetter im Oktober unter Dach und Fach gebracht. Die spät gelesenen Weine fielen besser aus.

Coteaux du Layon, Chaume, Les Aunis Ch. de la Roulerie Ein »Grand Vin Liquoureux« aus dem Château de Fesles in praktischer Halbliterflasche. Gelb; honigartiger Chenin-Duft; ausgeprägt süß, leicht rosinig im Geschmack, reich und attraktiv, gute Säure. *Im August 2000 zu Hause verkostet* ★★★★

Montlouis, Vieilles Vignes Dom. des Liards Halbsüß; sehr schöner Geschmack. Vollmundig, aber nicht schwer (12,5 % Alkohol). *Im August 2000 bei den Yapp Brothers verkostet* ★★★

Pouilly-Fumé **Ch. de Ladoucette** Wie immer verlässliche Qualität: sehr blass; gutes, lebhaftes Sauvignon-blanc-Aroma und ebensolcher Geschmack. Erfrischend. Perfekt zu Austern. *Im Juni 2000 im Wilton verkostet, dem Londoner »Restaurant des Establishments«* ★★★

Pouilly-Fumé, Les Griottes **Pascal Jolivet** Anscheinend eine einmalige Lage. Lange Vergärung. Sehr blass; noch immer jugendlich, aber meiner Meinung nach mit einem hölzernen Ton; heißt nicht umsonst »Griottes«, Sauerkirschen, denn ich merkte einen Kirschkerngeschmack an (ich zog seinen preiswerteren Village-Wein vor). *Januar 2000* ★★

Pouilly-Fumé Ich habe mehr Sancerres als Pouilly-Fumés verkostet, doch gefielen mir Letztere wesentlich besser. Hier die besten: **La Moynerie** **Michel Redde** ★★★; **Les Logères** **Guy Saget** ★★★ und die Version von **Pascal Jolivet** ★★★

St-Nicolas-de-Bourgueil **Dom. de la Rodail** Ziemlich tiefes Kirschrot; noch immer sehr jugendlich, gute Frucht, marmeladiges Cabernet-franc-Aroma; trocken, lebhaft-frische Frucht, gute Säure. Ein unreifer Bourgueil. Brauchte ganz dringend eine Mahlzeit als Begleitung. *Im Mai 2000 beim Essen in Ardres bei Calais verkostet* ★★

Sancerre, Cuvée François de Montigny **Henry Natter** Sehr blass; ein herrlich aufsteigendes, parfümiertes Sauvignon-blanc-Aroma; trocken, ganz und gar ungewöhnlich, weich, nicht säurebetont, auf seine Weise ansprechend. *Im Dezember 2001 bei Bibendum – dem Weinhändler, nicht dem Restaurant – in London verkostet* ★★★

Sancerre, Dom. la Moussière **Alphonse Mellot** Pikantes, sortentypisches Aroma und entsprechender Geschmack. Natürlich trocken. Bringt den typischen Sancerre-Charakter gut zum Ausdruck. *Im Juni 1999 auf der Domaine de Chevalier in Bordeaux verkostet* ★★★

Sancerre, Les Roches **Dom. Vacheron** Blass, frisch, trocken, lebhaft. *Dezember 2000* ★★

Vouvray, Le Mont, demi-sec **Huët** Eher blass; etwas hart und unterentwickelt; mehr trocken als halbtrocken, leichtgewichtig (12 % Alkohol), anständiger Geschmack, gute Säure. *Im Dezember 2001 bei einem Kaviar- und Weinessen der IWFS bei Bibendum in London verkostet* ★★★

Im März 1999 habe ich sehr viele Sancerre-Weine verkostet. Von 19 Erzeugnissen waren die meisten mittelmäßig, einige sogar schlichtweg schlecht. Kein Wunder, dass die neuseeländischen Sauvignon-blanc-Gewächse so beliebt sind. Zu den besten gehörten: **Les Tuilières** **Michel Redde** Elegant, aber sehr säurebetont ★★★ und die Version von **Monmousseau** Noch nicht trinkreif, aber mit gutem Potenzial ★★★

1999 ★★★

Das Jahr begann gut: ideales Frühlingswetter, keine Fröste, eine erfolgreiche Blüte und ein wunderschön warmer Sommer. Dann aber öffnete sich ab Mitte September der Himmel. Lediglich Anfang Oktober machte der Regen zehn Tage Pause. Die trockenen Weißen, von Muscadet bis Sancerre, kamen noch am besten weg, doch die Erzeuger von Chenin-blanc-Gewächsen mussten sich sehr ins Zeug legen und viele teure *tris* durchführen, um reife, edelfaule Trauben für ihre Süßweine zu finden. Die trockenen Weißen sollten mittlerweile größtenteils weggetrunken worden sein. Ich habe nicht genug Süßweine verkostet, um generelle Ratschläge zu erteilen, bezweifle jedoch, ob viele von angemessener Qualität sind.

Chinon, Jeunes Vignes **C. Joguet** Erstaunlich tief, Schwarzkirschenfarbe; fast undurchsichtig, mit unreifem blauviolettem Rand; sehr ausgeprägtes Aroma, erinnerte eher an einen marmeladigen Gamay als an einen himbeergetönten Cabernet franc; trocken, ein anständiger, wenngleich säurebetonter Mundfüller (Joguets Cuvée Terroir war im Erscheinungsbild und in der Nase nicht so überzeugend). *Dezember 2000. In Bestform* ★★ *Ein ganz eigener Geschmack, an den man gewöhnt sein muss und der nur in guten, heißen, reifen Jahren nicht präsent ist.*

Coteaux du Layon, Les Clos **Dom. Leduc-Frouin** Goldgelb; schönes reifes Chenin-Aroma; süß, eindringlich (13,5 % Alkohol), guter Geschmack. Eine köstliche Überraschung! *Im Juli 2001 an Bord der Brittany Ferries zwischen Santander und Plymouth verkostet* ★★★ (Die in französischer Hand befindliche Fährschiffslinie hat auf Kanalrouten das mit Abstand beste Essen zu bieten – besonders köstlich sind die Garnelen in großen Schüsseln.)

Menetou-Salon **Henri Pellé** Eine angenehme Sancerre-Kopie zu einem vernünftigen Preis aus einer AOC bei Bourges: blass; ansprechendes, lebhaftes Sortenaroma (Sauvignon blanc); ziemlich trocken, leicht, sehr angenehmer Geschmack, gute Säure. *Im Oktober 2000 in New York verkostet* ★★

Muscadet **Dom. de la Grange** Muscadet trinke ich eigentlich nur in Restaurants am Kai eines Kanalhafens oder während des Winterurlaubs auf der Antilleninsel St-Barthélémy. Der Wein muss jung und gekühlt genossen werden und ist zwischen ziemlich neutral und angemessen angesiedelt. Blass; sehr schwache Nase; trocken, leicht, sauber, kurz. *Im Februar 2001 ideal zu frisch eingeflogenen Miesmuscheln im Restaurant La Marine in Gustavia verkostet* ★★

Muscadet de Sèvre-et-Maine, Dom. de Noë **Guy Saget** Saget muss einer der wichtigsten Exporteure nach St-Barthélémy sein. Blass, frisch, trocken, sehr angenehm – wie geschaffen für gefüllte Krabben. *Im Februar 2001 in unserem Lieblings-Strandrestaurant La Gloriette auf St-Barthélémy verkostet* ★★★

Sancerre, La Chapelle, Ch. de Thauvenay **Henri Bourgeois** Ein weiterer verlässlicher Wein für die Insel. Äußerst blass, praktisch farblos; Aroma und Geschmack sehr Sauvignon-blanc-typisch und eigen, köstlich, ausgezeichnete Säure. Ideal zu »Thon-Sashimi und scharf gewürztem Hähnchen«. *Im Februar 2001 in unserem zweiten Stammrestaurant Maya's auf St-Barthélémy verkostet* ★★★

Sancerre, »Edmond« **Alphonse Mellot** Ausgezeichnet, wohlriechend, Eichennote, gute Länge. *Im Juni 2001 auf der Domaine de Chevalier in Bordeaux degustiert* ★★★

Sancerre Rosé, Cuvée Moulin Bèle **André Vatan** Sehr blass, ziemlich stumpfes Metallic-Rosa; ansprechende, frische, junge Frucht (Pinot noir), erfrischend; trocken, fest, mittelschwer (12,5 % Alkohol), aber leicht im Stil und sehr säurebetont. Ein überdurchschnittlicher Rosé, ideal für ein Sommerpicknick. *Im Juli 2000 auf Chippenham Lodge verkostet* ★★

Sancerre Rouge **Alphonse Mellot** Mitteltiefes Kirschrot; gute Frucht; sehr säurebetont, zu rau. *Juni 2001* ★★? *Braucht noch ein paar Jahre Flaschenalterung.*

2000 und die Zukunft

Der merkliche Qualitätsaufschwung an der Loire stimmt zuversichtlich. Die Hausse hat meiner Ansicht nach aber weniger mit der Konkurrenz aus der Neuen Welt als vielmehr mit der neuen Winzergeneration zu tun, die sich zum Ziel gesetzt hat, die bestmöglichen Weine zu erzeugen – vorausgesetzt, das Wetter lässt es zu. Ich habe zwar vor kurzem einen ausgezeichneten Chenin blanc aus Monterey in Kalifornien verkostet, glaube aber nicht, dass er je an das Beste heranreichen wird, was diese unterbewertete Traube an der Loire hervorzubringen vermag. Seltsamerweise scheint die Flut von Sauvignon-blanc-Gewächsen aus der Neuen Welt den Verkauf der Sancerre- und Pouilly-Fumé-Kreszenzen, die den typischen Weinen aus dieser heute allgegenwärtigen Rebsorte als Vorbild dienten, auch nicht zu beeinträchtigen.

Ich nehme mir für das Neue Jahr immer wieder vor (Vorsätze haben es anscheinend an sich, alljährlich neu gefasst zu werden), diese Region bei meinem Frühlingsurlaub einmal länger zu bereisen. Schließlich liegt ein Großteil der Loire nur ein paar Fahrstunden vom nächsten Kanalhafen entfernt. Jacqueline Friedrich, eine Amerikanerin in Paris, deren Buch *A Wine & Food Guide to the Loire* ich sehr genossen habe, versprach mir, mich an der Hand zu nehmen und mit mir traditionelle Winzer ebenso wie Vertreter der *Nouvelle Vague* aufzusuchen – das heißt, wenn ich gerade einmal nicht die vielen schönen Schlösser entlang des Flusses zeichne.

2000 ★★★

Nach schweren Niederschlägen im Frühjahr stellte sich Anfang Juni die Blüte ein, die leidlich erfolgreich verlief. Der Juli war wieder kühl und regenreich, was die Ausbreitung des Mehltaus förderte. Zum Glück verwöhnte der August die Reben mit warmem, trockenem Wetter. Die Trauben für die trockenen Weißen wurden früh gelesen. Muscadet, Sancerre und Pouilly gerieten gut, aber nur ein paar wenigen wagemutigen Erzeugern gelang es, Süßweine aus Ende November geerntetem Lesegut zu bereiten. Verkostet habe ich allerdings noch keinen.

Bourgueil, Dom. Chesnaies **Lamé-Delisle-Boucard** Ziemlich tiefes Purpurrot; gut, frisch, himbeerartig, sortentypisches Cabernet-franc-Aroma; eher trocken, mittleres Gewicht (12,6 % Alkohol), Geschmack und Säure gut. *Im Juli 2001 auf einer Fähre von Brittany Ferries verkostet* ★★(★) *Braucht vielleicht noch etwas mehr Zeit in der Flasche.*

Menetou-Salon Erzeuger unbekannt. Ein entgegenkommendes, volles, raues, sortentypisches (Sauvignon-blanc-)Aroma; trocken, dabei reich, voll und wohlschmeckend. *Im April 2001 bei einer Verkostung von British Airways degustiert* ★★★

Pouilly-Fumé Sehr uneinheitliche Weine, von rau und blechern bis charakteristisch und erfrischend. Der beste stammte von **Pascal Jolivet**: blumige Nase; lebhafte Frucht, ausgewogen, gut, trockener Abgang. *April 2001* ★★★

Quincy **Joseph Mellot** Intensiv, wohlriechend; gut, schmackhaft, sehr trockener säurebetonter Abgang. *April 2001* ★★★

Quincy, Les Victoires **Henri Bourgeois** Süßer Cassis-Duft; leicht »süß« und reich, aber mit rauem, scharfem, säurebetontem Abgang. *März 2001* ★★

Quincy, Les Belles Dames **H. Quancard** Sehr blass; rau, aber mit duftendem »Kater«-Aroma; nicht zu trocken, attraktiv, blumiger Geschmack, rauer, säurebetonter Abgang. *April 2001* ★★

Sancerre **Henri Bourgeois** Beim Essen mit meinen Verlegern im Pétrus in der St James's Street verkostet. Sehr geradlinig, blass, trocken, erfrischend. Auf ihn folgte aber ein Pommard und kein Pétrus. Wir mussten irgendwo die Grenze ziehen! *August 2001* ★★

Sancerre, La Croix au Garde **Henry Pellé** Blässlich; in der Nase und am Gaumen ganz und gar ungewöhnlich duftig. Ziemlich trocken, ansprechender Geschmack und auffallend säurearm. *Im Dezember 2001 beim Mittagessen im Stafford Hotel in London verkostet* ★★★

Sancerre Einige andere Sancerre-Erzeugnisse habe ich im April 2001 bei einer Verkostung von British Airways degustiert. Sie zeigten beträchtliche Qualitätsschwankungen und reichten von schlecht, blechern und fade bis neutral und uninteressant. Hier die besten: **Pascal Jolivet** Sehr blass; blumig, blecherne Obertöne, ausgeprägte Säure; überraschend »süß«, reich im Geschmack, guter Mittelteil, der übliche säurebetonte Abgang ★★★; **Henry Pellé** Rustikales, aber reiches Sauvignon-blanc-Aroma; eindringlich, überraschend reich und weich, wohlschmeckender, rauer Abgang ★★★

Elsass

Ich mag die Elsässer Weine. Für mich sind sie die mehr oder weniger ehrlichsten und verlässlichsten Weine überhaupt. Wer einen Riesling kauft, bekommt einen Riesling – nicht mehr, aber auch nicht weniger. Elsässische Weine sind nie überteuert.

Das Elsass ist eine ganz eigene Region: Sie gehört geographisch zu Frankreich, hat aber viele deutsche Eigenheiten. Das gilt auch für die Weine. In keinem anderen französischen Anbaugebiet werden reinsortige Gewächse produziert, die unter dem Namen der Traube auf den Markt kommen. Die besten keltert man aus einer der vier »edlen« Rebsorten *(cépages nobles)* Riesling, Gewurztraminer (im Elsass ohne Pünktchen auf dem »u«), Pinot gris (noch immer oft als Tokay-Pinot gris bezeichnet) und Muscat. Ferner findet man Sylvaner und Pinot blanc. Der preiswerte »Zwicker« ist eine Komposition aus »edlen« oder anderen einheimischen Sorten.

Im viel zu kurzen nachfolgenden Kapitel taucht der Name Hugel am häufigsten auf. Dafür gibt es mehrere Gründe. Ich bin mit der Familie seit langem befreundet. Jean Hugel begegnete ich erstmals in den 1950ern, als er wie jedes Jahr mit Ronald Barton nach London kam, wo sie zusammen ihre unterschiedlichen, sich aber durchaus ergänzenden Weine vorstellten. Hugels Sohn Johnny ist seit langem einer meiner engen Freunde und wie ich schon halb im Ruhestand, aber noch immer sehr aktiv. Außerdem hat er ein Auge auf die Geschäfte seiner beiden Neffen Etienne und Marc. Hugel-Weine leisteten mit ihrem charakteristischen gelben Etikett Pionierdienste für die Elsässer Provenienzen – nicht nur im England der Nachkriegszeit, sondern über Dreyfus Ashby und den cleveren walisischen Agenten Parry de Winton auch in den USA.

So verlässlich und gut die Gewächse aus der Region am Rhein sein mögen, ihr Absatz war nicht immer ganz einfach. Dank einer Hand voll großer Firmen und begabter Kellermeister aber hat sich der Elsässer Horizont feiner Weine erweitert. Die Festlegung von *Grand-cru*-Lagen im Jahr 1985 trug ebenfalls dazu bei, das Bewusstsein der Weinwelt für die Leistungen der Winzer dort zu schärfen. Und auch Robert Parker – man muss es ihm lassen – hat die Aufmerksamkeit auf die herausragenden Kreszenzen gelenkt, die im Elsass und insbesondere auf dem Weingut von Zind-Humbrecht gekeltert werden. Ich bewundere seit langem die Erzeugnisse von Trimbach, der einen delikateren Stil bevorzugt, und einige der monumentalen Gewächse von Schlumberger. Doch findet man im Elsass eine große Zahl weiterer verlässlicher Kellereien, etwa die von den Faller-Frauen geführte Domaine Weinbach.

Die vielen preiswerten Alltagsweine aus dem Elsass sind lobenswert, doch muss ich mich aus Platzgründen hier auf die besseren, reicheren, alterungsfähigen Kreszenzen und die Jahrgänge beschränken, die gut waren, noch auf der Höhe sind oder eine strahlende Zukunft vor sich haben.

1865–1970

Das Elsass hat eine bewegte Geschichte. Erst war es deutsch, dann französisch und von 1871 bis zum Ersten Weltkrieg wieder deutsch. 1918 kam es erneut zu Frankreich, aber nur 22 Jahre lang bis zum Zweiten Weltkrieg. Seit dem Kriegsende gehört es endgültig zu Frankreich. Unter diesen Wirren der Geschichte scheint der Wein gelitten zu haben, denn über lange Zeit blieb er ein einfaches Getränk. Erst in den 1930ern krempelten die Erzeuger die Ärmel hoch und rodeten die minderwertigen Reben. Die Familie Hugel trug wesentlich zur Renaissance der Elsässer Weine und zur Verschärfung der Qualitätsvorschriften bei. Sie führte auch als erstes Gut zwei Weinstile ein, die heute untrennbar mit der Region verbunden sind: die Vendange Tardive und die Sélection des Grains Nobles (aus edelfaulen Trauben, in meinen Notizen mit SGN abgekürzt). Wie man sehen wird, gibt es tatsächlich noch alte Elsässer Weine und – unglaublich, aber wahr – sie haben sogar überlebt.

Die Jahrgänge auf einen Blick

Hervorragend ★★★★★
1865, 1900, 1937, 1945, 1959, 1961
Sehr gut ★★★★
1921, 1928, 1934, 1964, 1967
Gut ★★★
1935, 1953, 1966

1865 ★★★★★

Tokay d'Alsace **Hugel** Die Familie Hugel ist seit über 350 Jahren in Riquewihr ansässig. In ihren Kellern lagert noch ein kleiner Bestand uralter Flaschen. Johnny Hugel öffnete diesen 1865er spätabends, nachdem wir den ganzen Tag lang bei Peter Zieglers Degustation auf Burg Windeck einige der größten Weine aller Zeiten verkostet hatten: tiefe warme Bernsteinfarbe; honigartiges, traubiges Bukett – keinerlei Anzeichen von Verfall. Süß. Die Hugels schätzten ihn auf über 200° Öchsle – reich, Geschmack und Säure perfekt. *Im Mai 1983 bei den Hugels in Riquewihr verkostet* ★★★★★

1900 ★★★★★

Riesling **Hugel** Blässliches Bernsteinbraun, Bodensatz; überraschend gute alte Riesling-Nase, nicht oxidiert, wie das Bukett vermuten ließ; trocken, aber verlor rasch an Kraft und Schwung. *Der älteste Wein bei einem Essen in der Auberge de l'Ill anlässlich des 350-jährigen Bestehens von Hugel, verkostet im Januar 1989.*
Riesling SGN **Hugel** Alte Bernsteinfarbe; sehr reiches, intensives Bukett, aber ausgetrocknet. Hohe Säure. *Im September 1985 verkostet* ★★

1921 ★★★★

Ein großer Jahrgang, aber das Elsass war nach fast einem halben Jahrhundert deutscher Besatzung ziemlich am Boden. Keinen Wein verkostet.

1928 ★★★★

Riesling Kaefferkopf **Albert Schoer** Tiefes Goldgelb; wohlriechend, traubig; halbtrocken, ausgewogen, dank guter Säure lebhaft geblieben. *Im April 1979 beim Essen mit Mme Teysonneau in Bordeaux verkostet* ★★★★ *Der jüngste Weißwein in ihrem Keller!*

1934 ★★★★

Einer der besten Jahrgänge zwischen den Kriegen.
Riesling Mittelbergheim Stein **E. Boeckel** Schöne Bernsteinfarbe; reich, aber trocken. Gute Länge. *Im März 1985 vor der Versteigerung verkostet* ★★
Traminer Réserve Exceptionnelle **Hugel** (würde heute als »Sélection des Grains Nobles« etikettiert) Aus edelfaulen Trauben vom *Grand cru* Spoerren *(sic)* gekeltert. Potenzieller Alkoholgehalt bei der Lese 18,6 %, 190° Öchsle und 55 g/l Restzucker. Zwei Einträge, beide Weine ausgezeichnet: schönes Altgold; süßer, alter Gerstenzucker- und Butterkeksduft; einst sehr süß, jetzt am Austrocknen, aber reich und kraftvoll, mit fabelhafter Säure. *Zuletzt im Juni 1989 bei der SGN-Verkostung zum 350-jährigen Jubiläum der Firma Hugel in Riquewihr degustiert* ★★★★★

1935 ★★★

Riesling Vendange Tardive **Hugel** Bernsteingold; sehr gutes, honigartiges Flaschenalter-Bukett; jetzt trocken, eindringlich, gesund (13,2 % Alkohol) und auf seine Art sehr gut. *Im Dezember 1995 bei Peter Zieglers Essen und Verkostung seltener Weine im Schlosshotel Erbach degustiert* ★★★

1937 ★★★★★

Ein großer Jahrgang, doch ist mir bislang nur ein einziger Wein untergekommen. Er war trocken und säuerlich, außerdem in schlechtem Zustand – entweder ausgetrocknet oder falsch gelagert.

1945 ★★★★★

Heißer Sommer, geringe Erträge. Nach den Verheerungen der Ardennenschlacht gegen Kriegsende eine schwierige Zeit für das Elsass. Johnny Hugel erzählte mir einmal, dass es vom November 1944 bis zum September 1945 keinerlei Stromversorgung gegeben habe.
Gewurztraminer SGN **Hugel** Eine Nase wie Tokaji Eszencia; Geschmack nach Rosinen, ausgezeichnete Säure. *Im Juni 1989 bei Hugel in Riquewihr verkostet* ★★★★
Riesling Vendange Tardive **Hugel** Mittleres Bernsteingold; Vanille, Pfirsiche, eine leichte Maderisierung, die mich an einen trockenen Tokaji Szamorodni erinnerte; lieblich, reich und kraftvoll. *Im Dezember 1995 bei Peter Zieglers Verkostung im Schlosshotel Erbach degustiert* ★★★

Vendange Tardive und Sélection des Grains Nobles (SGN)

Vendange Tardive heißt »Spätlese« und bezeichnet im Elsass einen Wein, der aus spät gelesenen Trauben mit hohem natürlichem Zuckergehalt bereitet wird, also nicht chaptalisiert ist. Vendange-Tardive-Weine können im Stil völlig trocken und gehaltvoll sein, aber auch sehr süß, ohne dass auf dem Etikett ein Hinweis auf den Süßegrad gegeben wird. Das ist manchmal recht ärgerlich, doch bürgt die Bezeichnung immer für gute Qualität. Die Sélection des Grains Nobles wird nicht nur aus spät geerntetem Lesegut gekeltert, sondern auch aus selektierten, spät gereiften und edelfaulen Beeren. Diese Weine sind ausnahmslos süß, selten und teuer.

1953 ★★★

Ein guter Sommer. Reife Trauben, allerdings entwickelten sich die einfacheren Weine schnell und hatten etwas wenig Säure.
Riesling Vendange Tardive **Hugel** Auf dem Originaletikett als »Réserve Exceptionnelle Auslese« bezeichnet. Am 15. Oktober gelesen, 13 % Alkohol, 6,0 g/l Restzucker, 6,3 g/l Säure. Drei Einträge, der erste aus dem Jahr 1980: Die Säure reichte nicht aus, um ein Gegengewicht zur Süße zu bilden. 1995 eine wesentlich bessere Flasche bei Zieglers Verkostung: reingolden; sehr charakteristisch, wohlriechend; trocken, eindringlich, mit sehr intensiv duftigem Vanille-Nachgeschmack. Kürzlich aus einer Magnum: blasser als erwartet; leicht würzig, dann »rauchig«; sehr trocken, leichte Pfirsichnote im Geschmack, fast stahlig, mit schnittiger Säure. Bemerkenswert lebhaft für sein

Alter. *Zuletzt im April 2002 bei Hugels Vendange-Tardive-Verkostung im Londoner Cinnamon Club degustiert* ★★★★

1959 ★★★★★

Ein heißer Sommer. Wie 1953 reiften die Weine schnell, wobei sich die reicheren am besten hielten. Der Jahrgang war seinerzeit in den Preislisten von Harvey's in Bristol gut vertreten. Damals exportierte man die meisten Elsässer im Fass – sogar Hugels Gewurztraminer Réserve Exceptionnelle, die von Harvey's abgefüllt wurde.

Gewurztraminer SGN **Hugel** Abfüllung von Hugel. Noch immer großartig und süß, fest, weich und würzig. *Im Juni 1989 bei Hugels SGN-Jubiläumsverkostung zum 350-jährigen Bestehen des Weinguts in Riquewihr degustiert* ★★★★★

Riesling Vendange Tardive **Hugel** Reines Gold; klassische Riesling-Nase, in seiner Reichhaltigkeit fast sahnig; lieblich, voll, körperreich, mit »warmem«, nussigem Abgang. Der perfekte Ausdruck eines großen Jahrgangs mit einem Vierteljahrhundert Flaschenalter. *Im Dezember 1995 bei Peter Zieglers Essen mit Verkostung seltener Weine im Schlosshotel Erbach degustiert* ★★★★

Ältere Bewertungen Riesling Sélection Spéciale »Cuvée 27« **Schlumberger** ★★★; Gewurztraminer »Cuvée 37« **Schlumberger** ★★★; Traminer Cuvée Exceptionnelle **Beyer** ★★★★

1961 ★★★★★

Ein sehr guter Jahrgang. Nicht so überreif und mit besserer Säure als der 1959er. Die meisten Weine befanden sich in den späten 1960ern und frühen 1970ern auf dem Höhepunkt.

Gewurztraminer Vendange Tardive **Hugel** Hellbraun, orange Reflexe; hochgetönt, Nase und Geschmack mit Pfirsichnote. Am Austrocknen, mit bitterem Anflug im Abgang. *Im September 2000 bei Len Evans' Essen für den »Single Bottle Club« im Hunter Valley verkostet* ★★

Riesling Vendange Tardive **Hugel** Lese ab 28. Oktober, 12,85 % Alkohol, 8,2 g/l Restzucker, 5,8 g/l Säure. 1995 bei Ziegler aus einer Magnum verkostet: wohlriechend, ein Anflug von Melone und Minze, entfaltete sich pfirsichartig und sehr ausgewogen; lieblich, körperreich, herrliche Kraft und Klasse. Kürzlich Altgold; anfangs verschlossen, öffnete sich aber, traubig, honigartig; halbtrocken, reich, ziemlich eindringlich, in ausgezeichnetem Zustand. *Zuletzt im April 2002 bei Hugels Vendange-Tardive-Verkostung in London degustiert* ★★★★

Weitere 1961er Gewurztraminer SGN **Hugel** Perfekt im Gleichgewicht. *1989* ★★★★; Gewurztraminer Cuvée Exceptionnelle **Beyer** *1973* ★★★★

1964 ★★★★

Ein weiteres heißes Jahr. Es entstanden ausgezeichnete Spätlesen. Zu diesem Jahrgang liegen mir zahlreiche Verkostungsnotizen aus den späten 1960ern und frühen 1970ern vor. Alle degustierten Gewächse gut, der herausragendste Wein aber war der Gewurztraminer Vendange Tardive Réserve Exceptionnelle Auslese **Hugel** *1966 verkostet. Damals* ★★★★ *Könnte durchaus überlebt haben.*

1966 ★★★

Ein gelungener Jahrgang. Schön strukturierte Weine mit guter Säure.

Riesling Vendange Tardive **Hugel** Lese ab 25. Oktober, 13,3 % Alkohol, 7,4 g/l Restzucker, 5,2 g/l Säure. Erstmals 1991 bei der »Verkostung des Jahrhunderts« von Christie's auf der Vinexpo degustiert: eher blasses Gold; reifes Riesling-Bukett mit klassischer Kerosinnote und einem Anflug von Honig infolge des Flaschenalters; reich, aber überraschend trocken, füllig, fest, gute Säure. Kürzlich: für sein Alter blass; anfangs eine Spur von Flaschenalter, dann minzig, öffnete sich lebhaft mit einer rauen Säure; sehr trocken, schlank, säurebetonter, als die Analysedaten vermuten ließen. Anhaltend. *Zuletzt im April 2002 verkostet* ★★★

Weitere 1966er, die ich vorwiegend Mitte der 1970er-Jahre verkostet bzw. getrunken habe Aus den Spitzenweinen ragte der Gewurztraminer Vendange Tardive von **Hugel** heraus.

1967 ★★★★

Ein sehr guter Jahrgang, in dem wie in der Pfalz einige Spätlesen der Spitzenqualität entstanden. Hervorzuheben sind insbesondere zwei **Hugel**-Weine, ein Tokay und ein Gewurztraminer, beide eine Réserve Exceptionnelle Vendange Tardive. Mit Ausnahme einer kürzlich degustierten Flasche alle Mitte der 1970er verkostet.

Gewurztraminer SGN **Hugel** Warmes Gold; alt, aber weich, pfirsichartiges Bukett wie Tokaji Aszú; lieblich, körperreich. *Im Juni 1989 verkostet* ★★ *Mittlerweile zweifellos ausgetrocknet.*

1970 ★★

Ein mittelmäßiger Ausklang dieser Ära. Man fuhr einen hohen Ertrag reifer Trauben ein, doch fehlte es den Weinen an Schwung. Ich habe sie überwiegend in den frühen 1970ern verkostet. Keiner ist heute noch so gut, dass es sich lohnen würde, ihn hier zu erwähnen.

1971–1989

Insgesamt eine erfolgreiche Zeitspanne mit sehr vielen gut gemachten trockenen Weinen, die mit wenigen Ausnahmen in den ersten drei bis sechs Jahren nach der Lese getrunken wurden – werden mussten.

Wieder einmal konzentriere ich mich auf die süßen Gewächse höherer Qualität, die einen Aufenthalt in der Flasche nicht nur überleben, sondern sogar davon profitieren, da sie mit der Zeit zusätzliche Nuancen entwickeln und in der Nase und am Gaumen vielschichtiger werden.

Die Jahrgänge auf einen Blick

Hervorragend *****
1971, 1976, 1983, 1988 (u), 1989
Sehr gut ****
1981, 1985, 1986 (u)
Gut ***
1975

1971 *****

Ein ausgezeichneter Jahrgang für die gehaltvolleren Gewächse, doch wegen Verrieseln im Juni musste man sich mit dem niedrigsten Ertrag des gesamten Jahrzehnts begnügen. Insgesamt eine sehr trockene Vegetationsperiode. Eine Hitzewelle im Herbst ließ einige überreife Spätlesen von hoher Qualität entstehen. Ich konnte glücklicherweise eine ganze Reihe dieser Kreszenzen verkosten, die ausnahmslos sehr gut waren.

Gewurztraminer SGN Hugel Süß, fett, erdig im Stil. *Zuletzt im Juni 1989 verkostet* **** *Voll entwickelt.*

Riesling Cuvée Particulière Beyer Trocken; delikat, von der ausgezeichneten Säure in Schuss gehalten. *Im September 1989 auf Michael Druitts »Essen mit alten Jahrgängen« in London verkostet* ***

Riesling Vendange Tardive Hugel Lese ab 15. Oktober, 12,3 % Alkohol, 10 g/l Restzucker, 7,6 g/l Säure. Blasser als erwartet (1995 bei Zieglers Verkostung), aber mit klassischem reifem Riesling-Bukett, das sich im Glas entfaltete. Auch trockener als vermutet, voll im Körper und Geschmack, aber leicht spröde. Kürzlich schien er in der Farbe etwas kräftiger geworden zu sein, jetzt Messinggold; vom Anfang bis zum Ende reich, klassische Kerosinnote, dann rauchig, Grapefruit; trocken und gehaltvoll zugleich, wundervoller Extrakt, voll, komplett. *Zuletzt im April 2002 auf Hugels Vendange-Tardive-Verkostung in London degustiert* *****

1975 ***

Ein guter Sommer und eine späte Lese im Oktober. Nur wenige Weine verkostet.

Riesling Clos Ste-Hune Trimbach Glanzhell; reine, Riesling-typische Kerosinnote. Wie immer wunderschön gemacht, halbtrocken, fest, erfrischendes Prickeln, wohlschmeckender Abgang. *Im Dezember 1995 im Pariser Restaurant Carré des Feuillants zu* Cassoulette de Homard Breton *verkostet* **** *Ein herausragender 20-Jähriger.*

1976 *****

Ein großes Jahr, vor allem für die substanzreicheren Weine. Die Reben blühten Mitte Juni bei heißem, trockenem Wetter. Ein fast perfekter Sommer mit gelegentlichen Schauern, die die Trauben anschwellen ließen. Die Lese ab Anfang Oktober erbrachte einen durchschnittlich hohen Ertrag. Idealbedingungen für Spätlesen, von denen viele bis heute überlebt haben und relativ häufig bei Versteigerungen auftauchen. Mir liegen zahlreiche Einträge vor. Sie beziehen sich überwiegend auf Hugel-Weine.

Gewurztraminer Vendange Tardive »SGN par Jean Hugel«, Fût 20 Hugel Der alte Jean Hugel erklärte seinem Sohn »Johnny«, dass er in seinem ganzen Leben keine besseren Trauben gesehen habe und der Junior sich bloß nicht unterstehen solle, sie zu verderben! Fût 20 ist Hugels größtes Fass. 135° Öchsle, 13,7 % Alkohol, 53 g/l Restzucker, 100 % edelfaule Trauben. Mehrere Einträge: goldener Glanz; himmlischer Geschmack (Feigen), intensiv reich und wohlriechend. *Zuletzt im Januar 1990 bei der Hugel-Verkostung der Hollywood Wine Society degustiert* *****

Riesling Clos Ste-Hune Trimbach Eher blasses Gold; sehr ausgeprägter Riesling-Charakter, eine leichte, vom Flaschenalter herrührende Apfelnote; knochentrocken, fest, Geschmack und Säure gut. *Im September 1998 vor einem Rodenstock-Weinessen in München verkostet* ****

Riesling SGN Hugel Einer der größten Hugel-Rieslinge überhaupt. Lese ab 20. Oktober, 142° Öchsle, Vergärung vom 20. Oktober bis Mitte Juli 1977, 12,8 % Alkohol, 51 g/l Restzucker, 7,2 g/l (Wein-)Säure. Produktion 5500 Flaschen. Stand vermutlich 1989 im Zenit: Butterblumengelb; traubig, reif, wohlriechend; lieblich, aber reich, mit fabelhaft lebhafter Säure. 1997 im Gidleigh Park Hotel eine halbe Flasche: gute Farbe, fantastisches, immens tiefes Honigbukett; ziemlich süß, noch immer mit ziemlichem Biss. Kürzlich auf einer von Etienne Hugel geleiteten Masterclass im Vinopolis: jetzt mit rosa-goldenem Orangeton; konzentrierte, sultaninenartige Frucht; am Austrocknen, aber nach wie vor reich und reif; von der sehr guten Säure gestützt. Kürzlich ein messingartiger Ton im Altgold, aber glanzhell; perfekt ausgewogene, sahnige Nase; sehr süß, schöne Textur, pfirsichartiger Geschmack, komplett, schön im Gleichgewicht. *Zuletzt im April 2002 bei Hugels Vendange-Tardive-Verkostung in London degustiert* *****

Riesling Vendange Tardive Hugel Lese ab 20. Oktober, 13,05 % Alkohol, 13,6 g/l Restzucker, 6,1 g/l Säure. Erstmals 1995 bei Peter Ziegler verkostet: eher blass; klassischer Riesling-Duft; lieblich, körper- und substanzreich, schöner Geschmack, komplett. »Steigert sich noch.« Kürzlich: mittelgolden, mit orange-goldenen Reflexen; breites, ausgewogenes Bukett mit Karamellnote; trocken, eigenartig, leicht würzig im Geschmack, ziemlich kraftvoll, mit hartem Abgang. *Zuletzt im April 2002 bei Hugels Verkostung von Vendange-Tardive-Weinen in London degustiert. In Bestform* ****

Tokay-Pinot Gris SGN Hugel Hugels erste SGN von Pinot-gris-Trauben seit dem weiter oben erwähnten 1865er-Jahrgang. 1989 ein Bukett nach würziger Pfirsichhaut, Rosenpastillen und kandierten Veilchen; sehr süß, reich, weich, abgerundet, herrlich mild. Fünf Jahre später eine Flasche mit der Etikettaufschrift »Tokay d'Alsace, Grands Nobles, Sélection Jean Hugel«. Ziemlich stämmig, konzentriert, aber etwas ungehobelt, guter Abgang. *Zuletzt im Juli 1994 eine Flasche aus meinem Keller beim Essen mit der Familie verkostet* ★★★★

1978 ★★

Wegen der späten, unbefriedigenden Blüte fiel auch der Ertrag gering aus. Dennoch entstanden einige recht gute Weine.

Riesling Clos Ste-Hune **Trimbach** Erstmals 1984 verkostet: delikat und wohlriechend; trocken, lebhaft. Neun Jahre später trocken und trinkbar beim Mittagessen mit Magnus von Kühlmann auf Schloss Ramholz, einem imposanten, wagnerianisch anmutenden Bauwerk, in dem wir den Verkauf seiner Weine besprachen. Anschließend verpackten meine »Gefährtin« Daphne und ein junger Kollege seinen umfassenden Bestand – eine staubige, ermüdende Tätigkeit, die allerdings durch die würdige Umgebung mehr als wettgemacht wurde. *Zuletzt im Dezember 1993 verkostet* ★★

Tokay-Pinot Gris Clos St-Urbain **Zind-Humbrecht** Zwar ein alter Eintrag, doch war das, soweit ich mich erinnere, der erste Wein, den ich von diesem mittlerweile weltberühmten Familiengut verkostet habe, wahrscheinlich weil Olivier Humbrecht als erster Franzose überhaupt die Master-of-Wine-Prüfung ablegte und bestand. Außerdem war sein Wein der wohl beste 1978er: 105° Öchsle, 14,3 % Alkohol; Butterblumengold; ein Bukett wie »Milch und Honig«; ziemlich trocken, dabei reich und kraftvoll. *Im September 1986 verkostet* ★★★★ *Hat mit Sicherheit überlebt.*

1979 ★★

Große Ernte. Die Gewächse hatten überwiegend »Massenwein-Qualität«.

Riesling Clos Ste-Hune **Trimbach** Erstmals 1985 verkostet: ein »leichter Wein, ideal zum Mittagessen«. Kürzlich bei einer Blindverkostung zusammen mit dem Petaluma Rhine Riesling von 1979 verkostet. Zwei völlig entgegengesetzte Weine: der Australier würzig, attraktiv, vollmundig, mit ansprechender Säure und guter Länge; Trimbachs Gewächs stahliger, aber mit einem Bukett, das sich im Glas exotisch entfaltete. Trocken, reich, aber spröde, komplett. *Zuletzt im November 1997 mit Brian Crozer und Len Evans im Gidleigh Park Hotel in Devon verkostet* ★★★

Riesling »Jubilee« **Hugel** Blass; sehr entgegenkommend, »öliges« Sortenaroma; trocken, gut, aber unspektakulär, mit ziemlich kraftvollem Beigeschmack. *Im November 1994 beim Essen zu Johnny Hugels 70. Geburtstag im Savoy Hotel in London verkostet* ★★★

Riesling Mambourg, Cuvée Centenaire **Sparr** Sehr blass; noch immer grüne Reflexe; lebhaftes, blumiges, leicht traubiges Bukett; ziemlich trocken, wohlriechend, elegant, klar konturiert, sehr guter Nachgeschmack. *Im September 2000, wieder bei einer Feier zu einem 70. Geburtstag, diesmal von Len Evans, verkostet* ★★★

1981 ★★★★

Ein sehr befriedigendes Jahr. Die Quantität reichte, um den Markt zu bedienen, und die Qualität, um den Kenner zufrieden zu stellen. Gute Blüte, sonniger Sommer und eine frühe Lese. Fast perfekte Bedingungen für die Spätlesen.

Ich habe überraschend viele Weine aus diesem Jahrgang degustiert, viele in der zweiten Hälfte der 1980er. Nachfolgend einige der besten und interessantesten.

Gewurztraminer SGN **Hugel** Ziemlich süß, reich, würzig. Klassisch. *Im Juni 1989 verkostet. Damals* ★★★★(★) *Müsste jetzt auf dem Höhepunkt sein.*

Pinot noir Die Elsässer Rotweine waren zu dieser Zeit so uninteressant wie jene aus Deutschland, die von **Hugel** und **Kuentz-Bas** allerdings nicht schlecht.

Riesling Réserve Personnelle (mittlerweile »Jubilee« genannt) **Hugel** Blass; ein reifer Riesling mit Kerosinnote, hervorgerufen durch Flaschenalter; trocken, bemerkenswert gut für sein Alter. *Eine überraschende Magnum, verkostet beim Essen nach der Hugel-Degustation im Januar 2002 in London* ★★★

Riesling Vendange Tardive **Hugel** Späte Lese ab 16. November, 12,6 % Alkohol, 8,0 g/l Restzucker, 7,2 g/l Säure. Eine sehr untypische Spätlese: mittelblasses Gelb; verhaltene, grasige, minzige Nase; extrem trocken, fast rau, melonenartiger Geschmack, schlank und säurebetont. *Im April 2002 bei Hugels Vendange-Tardive-Verkostung in London degustiert* ★★

Tokay-Pinot Gris Vendange Tardive **Hugel** Nur 100 Kisten produziert. Ein äußerst ansprechender Wein. Schöne Farbe; kresseartige Nase; Geschmack nach Trauben und reifen Melonen. *Im Januar 1990 bei einem Seminar der Hollywood Wine Society degustiert. Damals* ★★★★ *Dürfte noch immer auf der Höhe sein.*

ZWEI GRAND-CRU-RIESLINGE, DIE ICH 1990 VERKOSTET HABE **Rangen** **Zind-Humbrecht** Flach, Pfirsichkernnote, gefiel mir nicht; **Schoenenbourg** **Dopff au Moulin** Trocken, lebhaft, fruchtig ★★★

1982 ★★

Eine riesige Ernte größtenteils uninteressanter Weine, die ich alle Mitte der 1980er ohne große Begeisterung verkostet habe.

1983 ★★★★★

Ein ausgezeichneter Jahrgang, ertragreich und dennoch von hoher Qualität. Viele Spitzengewächse sind heute noch großartig. Ein Klima der Superlative mit »dem wärmsten Winter, nassesten Frühjahr und trockensten Sommer seit Beginn der Aufzeichnungen«. Die Ernte dauerte ziemlich lange und zog sich von Anfang Oktober bis Mitte November hin, wobei die Spätlesen wie immer zuletzt eingefahren wurden. Viele Einträge, hier die jüngsten:

Gewurztraminer Cuvée Seigneurs de Ribeaupierre **Trimbach** Erstmals 1987 verkostet: ausgeprägtes Gelb; ein Bilderbuch-Gewurztraminer; würzig, traubig, fünf Sterne. Kürzlich: herrlicher, weicher, reifer Rosenpastillenduft; halbtrocken, füllig, reich, dabei mild. *Zuletzt im August 1994 beim Essen im Walnut Tree in Abergavenny nach einer Radfahrt über die Black Mountains verkostet (ich musste mich auf der Toilette umziehen; Daphne war im Auto mitgefahren)* ★★★★

Gewurztraminer SGN **Hugel** Perfekt. *Im Februar 1991 bei der Loeb/Hugel-Verkostung in London degustiert* ★★★★★

Riesling Clos Ste-Hune **Trimbach** Eine Magnum: blass, blumig, süß, pfirsichartig, ein Anflug von Vanille; ziemlich trocken, körperreich (95° Öchsle, aber voll ausgegoren), großartig, aber etwas spröde. *Im Dezember 1995 auf Peter Zieglers*

Essen mit Verkostung seltener Weine im Schlosshotel Erbach degustiert ★★★★★

Riesling Vendange Tardive Hugel Selbst in einem ergiebigen Jahrgang machte dieser Wein nur 1 % der Hugelschen Produktion aus. Vor der Freigabe sechs Jahre Ausbau. Vier Einträge, der erste aus dem Jahr 1990: sehr ausgeprägtes Goldgelb; harmonisch, honigartig, lebhaft, traubig; nicht so süß wie erwartet. Würzig. Abgerundet. Das nächste Mal 1992 verkostet. Dann bei Peter Zieglers Weinprobe zusammen mit dem Trimbach: klassische Riesling-Nase; lieblich, körperreich, schöner Geschmack, ein weicher Anflug, elegant. Auf dem Gipfel. Kürzlich bei Etienne Hugels Masterclass im Londoner Vinopolis. Nur 5 % der Trauben waren von Edelfäule befallen, berichtete man uns: mittelgolden; subtile, honigartige Nase, wächsern, würzig, ein Anflug von Pfirsichkernen; reich, nicht so süß wie der 1989er oder der 1995er, aber alle Komponenten vorhanden. Gute Säure. Ein Wein, der zu Steinbutt passte. *Zuletzt im November 1999 verkostet* ★★★★

Riesling Vendange Tardive, Cuvée Frédéric Emile Trimbach Sehr blass, Limonenton; klassische reife Riesling-Nase mit Kerosinnote, zart, Melone; überraschend trocken, delikat, aber fest. *Verkostet im Februar 1994 im Gidleigh Park Hotel in Devon; passte hervorragend zu Käse* ★★★★

Tokay-Pinot Gris Réserve Personnelle Kuentz-Bas Wohlriechend, sahnig, voll im Geschmack, traubig, schön. *Zuletzt im Juni 1993 verkostet* ★★★★

Tokay-Pinot Gris SGN Hugel 192° Öchsle, erstaunliche 220 g/l Restsüße; ziemlich tiefes Gelb; rauchig, harmonisch, »Williamsbirne«; fabelhaft, süß, substanzreich, fleischig, eine perfekte – und auch dringend notwendige – Säure. *Im Juni 1989 bei Hugels SGN-Verkostung zum 350-jährigen Firmenjubiläum in Riquewihr degustiert* ★★★★★ *Dieser Wein ist mit Sicherheit noch ausgezeichnet.*

Tokay-Pinot Gris Vendange Tardive, Sélection Jean Hugel Blass; schöne, würzige, traubige Nase; ein bisschen ungehobelt – hätte etwas Edelfäule gebraucht, aber gut im Geschmack. 13,5 % Alkohol. *Zuletzt im Dezember 1999 bei der Loeb/Hugel-Verkostung in London degustiert* ★★★

WEITERE GROSSARTIGE 1983ER, DIE ICH 1989 UND 1990 VERKOSTET HABE und die aller Voraussicht nach noch immer großartig sind: **Gewurztraminer Altenberg** G. Lorenz Reif, schön. *1990* ★★★★; **Gewurztraminer Gueberschwihr Vendange Tardive** Zind-Humbrecht Trocken, eindringlich. *1990* ★★★★; **Gewurztraminer SGN** Hugel Große Länge. *1989* ★★★★★; **Tokay-Pinot Gris Réserve Personnelle** Hugel Ziemlich trocken und sehr charakteristisch. *1990* ★★★★

1984 ★

Das Frühjahr stellte sich recht spät ein, die Blüte verlief ungleichmäßig und der Sommer war nass und kühl. Halbwegs gerettet wurde der Jahrgang von einem goldenen Oktober. Ich habe nur wenige Weine verkostet; sie sind heute auch kaum noch interessant. Zind-Humbrecht bewies, wozu er in einem ungünstigen Jahr fähig ist, und bereitete dank strenger Selektion zwei *Grand-cru*-Rieslinge, einen passablen Rangen und einen guten Brand.

1985 ★★★★

Auf einen schönen, trockenen Sommer folgte eine ertragreiche Lese, die gute Weine erbrachte. Sie wurde Anfang Oktober begonnen und setzte sich – bei den SGN-Weinen – bis in den Dezember hinein fort. In jedem Qualitätssegment gab es attraktive Erzeugnisse. Ich habe viele Weine in ihrer Jugend verkostet; die allermeisten waren mindestens sehr gut.

Mit diesem Jahrgang wurde die neue Appellation Alsace Grand Cru eingeführt. Sie war nicht so unkompliziert, wie man meinen könnte. Die einzigen zugelassenen Rebsorten waren Gewurztraminer, Riesling, Tokay-Pinot gris und Muscat, wobei jede *Grand-cru*-Lage nur für bestimmte Trauben galt. So konnte ein Gewurztraminer nicht als *Grand cru* etikettiert werden, wenn er aus einem Riesling-*Grand-cru* stammte. Kamen die Trauben von einer *Grand-cru*-Einzellage, durfte diese auf dem Etikett angegeben werden; stammten sie hingegen aus mehreren klassifizierten Einzellagen – was erlaubt war –, durften diese nicht genannt werden. Verschnitte waren unzulässig. Außerdem wurden Höchsterträge vorgegeben. (Leider gibt es diese komplizierten Regelungen noch immer.)

Gewurztraminer Clos St-Landelin Muré Ein 1,6 ha großer, terrassierter Weinberg, der mich an mein erstes Jahr im Weinhandel erinnert, obwohl Tommy Layton damals keinen solchen »Knüller« im Angebot hatte: reiche, erdige, parfümierte Gewurztraminer-Nase; fast zu kraftvoll zum Trinken (15,8 % Alkohol!). *Im September 1988 verkostet* ★★★★★ *Dürfte sich mittlerweile beruhigt haben.*

Muscat Rangen Zind-Humbrecht Ein guter *Grand cru*, ein gelungener Jahrgang und ein begabter Kellermeister – welch großartige Kombination. Halbtrocken, eindringlich. *Im Juni 1990 bei einer umfassenden Zind-Humbrecht-Verkostung in London degustiert* ★★★★★

Muscat Rotenberg Vendange Tardive Zind-Humbrecht Reich, würzig. *Im Juni 1990 in London verkostet* ★★★★★

Alsace Grand Cru

Die besten Elsässer Weine stammen von Einzellagen. Sie müssen von Trauben aus einem bestimmten Jahrgang und aus einer der vier »edlen« Elsässer Rebsorten Riesling, Muscat, Gewurztraminer und Pinot gris bereitet werden. Die Behörden haben Höchsterträge festgelegt und unterziehen die Weine regelmäßig Prüfdegustationen. 1983 wurden 25 Grands crus *ausgewiesen – mittlerweile hat man ihre Zahl auf über 50 erhöht. Die* Grands crus *gehören zwar zweifellos zu den besten Lagen, doch nicht jeder Erzeuger möchte seinen Wein als solchen auf den Markt bringen, denn oft werden die AOC-Vorschriften als zu streng erachtet – vor allem was die Erträge anbelangt.*

Riesling Rangen Grand Cru Zind-Humbrecht Spröde, aber von hoher Qualität. *Im Juni 1990 auf einer Zind-Humbrecht-Degustation in London verkostet* ★★★(★) *Jetzt wahrscheinlich gut zu trinken.*

Riesling TBA Hugel Eher blasses Gelb; jugendliches, kerosinartiges Riesling-Aroma; nicht so süß wie erwartet, voll im Körper und Geschmack. Markanter Abgang. *Im Dezember 1995 bei Peter Zieglers Essen mit Verkostung seltener Weine im Schlosshotel Erbach degustiert* ★★★★★

Riesling Vendange Tardive Hugel Ein ungewöhnlich delikater Wein, lebhaft, ein Hugel-Riesling in Bestform. *Im Februar 1991 bei der Loeb-Verkostung in London degustiert* ★★★★ *Jetzt wahrscheinlich voll ausgereift, muss getrunken werden.*

Tokay-Pinot Gris Comtes d'Eguisheim Beyer Erdig, leicht traubig; trocken, dabei gehaltvoll, körperreich (14,5 % Alkohol), sehr duftig, aber mit langem, hartem Abgang. Ideal zu *Foie gras* und *Timbale de brochet*. *Im Oktober 1994 bei einem*

Abend des Diners Club mit internationalen Weinen im Waterside Inn in Bray verkostet ★★★★
Tokay-Pinot Gris Vendange Tardive **Hugel** Stämmig, sehr gut. *Im Februar 1991 auf der Loeb-Verkostung in der Londoner Vintners' Hall degustiert* ★★★★

1986 uneinheitlich, in Bestform ★★★★

Die Saison begann zunächst alles andere als gut, doch im Juni herrschte ein für die Blüte ideales Wetter. Der Spätsommer brachte Kälte und Fäulnisgefahr mit sich, aber bald zeigte sich wieder die Sonne. Am 9. Oktober leitete man die Lese ein. Der Morgennebel förderte den Botrytis-Befall, die anschließende Sonne die Reife. Es enstanden viele sehr gute Vendanges Tardives, die ich in den späten 1980ern und frühen 1990ern verkostete. Hier einige Notizen aus der letzten Zeit.
Gewurztraminer Kitterlé Grand Cru **Schlumberger** Sublimes Bukett; halbtrocken, kraftvoll, herrlich duftiger Geschmack. Langes Leben. *Im Februar 1991 verkostet* ★★★★★ *Erreicht vermutlich jetzt allmählich seinen Gipfel.*
Gewurztraminer SGN **Zind-Humbrecht** Reingolden; exotisches Bukett; ziemlich süß, köstlicher Geschmack und eine verheißungsvolle Zukunft. *Im Juni 1999 auf der Domaine de Chevalier in Bordeaux verkostet* ★★★★(★)
Riesling Cuvée Frédéric Emile **Trimbach** Überraschend blass; perfektes Bukett, leicht pfirsichartig; ein ganz und gar ungewöhnlicher und köstlicher Wein, halbtrocken, gute Länge, fest, tadellos ausgereift. *Im April 1997 bei einem Essen des St-James's-Kapitels der IWFS im Cadogan Hotel in der Londoner Sloane Street zu Roter Meerbarbe aus dem Ofen verkostet* ★★★★
Riesling Clos Ste-Hune **Trimbach** Das erste Mal im September 1998 vor einem Rodenstock-Essen als Aperitif getrunken: blass; feuersteinartig, mineralisch; sehr trocken, lebhaft, fest, ein ausgezeichneter, typischer Riesling. Kürzlich für sein Alter noch immer blass; spröde, Pfirsichkernnote. Trimbach hat es in der Kunst, einen interessanten knochentrockenen Wein zu bereiten, zur Meisterschaft gebracht. *Im Dezember 1998 bei einem Heiligabendessen im Gidleigh Park Hotel in Devon eine sehr teure Flasche verkostet (eine von mehreren)* ★★★★
Tokay-Pinot Gris »Jubilee« **Hugel** Trocken, körperreich (14,3 % Alkohol), gute Frucht, ausgewogen. *Im November 1994 beim Essen zu Johnny Hugels 70. Geburtstag im Londoner Savoy Hotel verkostet* ★★★

1987 ★★

Wein und Wetter wechselhaft. Das Ungewöhnlichste an diesem Jahrgang war eine fünftägige Periode im Frühjahr, als sämtliche Rebsorten gleichzeitig blühten. Anschließend wurde es heiß, doch der August zeigte sich von seiner kalten und nassen Seite. Im September folgte eine Hitzewelle, die bis Anfang Oktober anhielt. Die Lese fand Mitte Oktober bei durchwachsenem Wetter statt. Ich habe relativ wenige 1987er verkostet, das Gros zwischen 1989 und 1991. Keiner dieser Weine ist noch eine Erwähnung wert.

1988 ★★★ bis ★★★★★

Ein herrlicher Frühling und Sommer, doch starke Niederschläge vor der Lese trübten die Aussichten etwas. Der warme November und Edelfäulebefall ließen hochwertige Spätlesen entstehen. Die besten sind nach wie vor großartig.
Gewurztraminer Cuvée Anne **Schlumberger** Lese ab Mitte November nach spätherbstlichem Sonnenschein. Der erste zu 100 Prozent aus edelfaulen Trauben bereitete Wein seit 1976. Ausbeute: ein einziges 60-l-Fass. Goldgelb; himmlische, honigartige Botrytis-Nase; körperreich. Perfekt. *Der letzte Wein einer beeindruckenden Folge von Schlumberger-Gewächsen, die ich im Mai 1991 auf der Londoner Weinmesse verkostete (er war ausverkauft, also orderte ich den 1989er)* ★★★★★ *Jetzt bis 2010.*
Gewurztraminer SGN **Hugel** 1991 honigartig; fabelhafter Geschmack und Nachgeschmack. Kürzlich blässlich; wohlriechend, grasig, minzig; süß, guter Geschmack, aber scharfer, harter Abgang. *April 1996* ★★★(★★) *Jetzt bis 2010.*
Riesling »Jubilee« (früher Réserve Personnelle) **Hugel** Honigartige Riesling-Nase; sehr trocken, eindringlich, spröde. *Februar 1991* ★★★★ *Dürfte jetzt in Topform sein.*
Riesling Vendange Tardive **Hugel** (Späte Lese ab 9. November, sehr hoher potenzieller Alkoholgehalt von 14,7 %, tatsächlicher Gehalt 13,5 %, Restzucker 19,5 g/l, Säure 6,6 g/l) Erstmals 1991 verkostet: herrliche Pfirsichnase; halbtrocken, schön, weich, wie das Fruchtfleisch einer reifen Traube, mit duftigem Nachgeschmack. Kürzlich mittleres Goldgelb; in der Nase ein Hauch von Limonen, grüne Säure, entfaltete sich und wurde honigartiger; überraschend trocken, fest, gute Säure, aber etwas unspektakulär. Noch etwas mehr Flaschenalterung wird ihm gut tun. *Zuletzt im April 2002 bei Hugels Vendange-Tardive-Verkostung in London degustiert* ★★★
Tokay-Pinot Gris Cuvée Tradition **Hugel** 1991 eine schwer definierbare Nase (es ist mir nie leicht gefallen, einen Pinot gris zu beschreiben, ganz im Gegensatz zu einem Riesling oder Gewurztraminer). Leicht traubig, ein Anflug von Melonen; fest, duftig. Kürzlich ziemlich trocken, körperreich, gute Frucht und Säure. *Zuletzt im August 1996 beim Essen auf Chippenham Lodge mit den Averys und Penning-Rowsells verkostet* ★★★

Weitere Spitzen-1988er, die ich in ihrer Jugend verkostet habe

Gewurztraminer Goldert Grand Cru **Zind-Humbrecht** Ein schöner Wein. *1990* ★★★★; **»Jubilee«** **Hugel** Kraftvoll. *1991* ★★★★; **Cuvée Tradition** **Kuentz-Bas** Delikat und wohlriechend. *1991* ★★★★; **Clos Windsbuhl** **Zind-Humbrecht** Reich und wohlriechend. *1990* ★★★★
Riesling SGN **Hugel** Ein erstaunlicher Wein: stämmig; minzig; süß, lebhaft, würzig. *1989* ★★★★★ *Aller Wahrscheinlichkeit nach noch immer überragend.*
Tokay-Pinot Gris Clos Jebsal **Zind-Humbrecht** Parfümiert; körperreich; schön, braucht Zeit. *1990* ★★★★ *Dürfte jetzt vollreif sein*; **»Jubilee«** **Hugel** Trocken, würzig, Länge und Nachgeschmack gut. *1991* ★★★★; **Vendange Tardive** **Hugel** Fantastischer Geschmack und Duft, aber hart. *1991* ★★★★★ *Jetzt zweifellos perfekt.*

Und zum Schluss der **Vin de Paille du Jubilee** von **Hugel** Selten, Produktion nur 200 halbe Flaschen. Blassgolden; herrlicher Duft – eine Melange aus Muscat, Gewurztraminer und Riesling; leicht süß, delikat, schön. *Im Juni 1989 bei den Feiern zum 350-jährigen Bestehen der Kellerei Hugel in der Auberge de l'Ill im Elsass verkostet* ★★★★★ *Man hat mir nach meiner Abschlussrede eine halbe Flasche geschenkt. Sie wird mich überleben.*

1989 ★★★★★

Ein großartiger Jahrgang, der reichliche Erträge mit generell hoher Qualität verband. Der heiße, trockene Sommer ließ die Trauben wesentlich früher reifen als sonst. Ungewöhnlich frühe Lese ab 29. September. Die größte Produktion von Spätlesen und SGN-Weinen aller Zeiten – sehr gehaltvolle, langlebige Kreszenzen.

Gewurztraminer, Clos des Capucins, Cuvée Théo Dom. Weinbach/Faller Sehr charakteristische Rosenpastillennase mit subtilem Duft; lieblich, körperreich, ziemlich stämmig, aber gerundet, ausgezeichnet, doch etwas schwer. *Im März 1995 bei den Pauls in Coral Gables nach Steinkrabben getrunken* ★★★★

Gewurztraminer Heimbourg SGN Zind-Humbrecht Herrliches Bukett nach duftenden Rosen; ziemlich süß, sehr reich. Ein unglaublich schöner Wein. *Im Juni 1997 beim alljährlichen Büfett mit Verkostung auf der Domaine de Chevalier in Bordeaux während der Vinexpo degustiert* ★★★★★ *Jetzt grandios, wird sich aber noch 20 Jahre halten und sogar entwickeln.*

Gewurztraminer Réserve Willm Schön, parfümiert, ausgewogen; lieblich, weich, köstlich reifer Geschmack. Ein Anflug von Pfirsichkernen. *Im April 1994 beim Essen im Rosebank in London verkostet* ★★★★

Gewurztraminer SGN »S« Hugel Erstmals 1994 verkostet. Der fabelhafteste Wein beim Essen zu Johnny Hugels 70. Geburtstag im Savoy: gelb; köstlich reich, »reife Melonen«; atemberaubend, vollmundig. Kürzlich beim Primum-Familiae-Vini-Dinner von Etienne Hugel vorgestellt: jetzt ziemlich tiefe Goldfarbe; in Bukett und Geschmack herrlich. Voll, reich, superber Nachgeschmack. *Der 350. Jahrgang der Familie Hugel, zuletzt im November 2000 im Londoner Vinopolis verkostet* ★★★★★

Gewurztraminer Vendange Tardive Hugel Passte 1994 bei einem Galadiner anlässlich der fünften jährlichen Versteigerung seltener Weine des American Institute of Food and Wine in New York perfekt zu »Burger von frischer Enten-*Foie-gras*«: sahnige Nase; ziemlich süß und voll, weiche Textur, herrlicher Geschmack ★★★★ *Hat noch Jahre vor sich.*

Muscat Rolly Gassmann Bemerkenswert blass für sein Alter und den Jahrgang; lebhafte Duftnoten, wohlschmeckend, traubiges »Kater«-Aroma, Cassis-Bonbons und erfrischende Säure. Wie alle Elsässer Muscat-Weine nach der exotischen Nase immer überraschend trocken am Gaumen. Sehr wohlschmeckend, aber spröde. Duftiger Nachgeschmack. *Im Oktober 1998 auf Château de Bagnols im südlichen Beaujolais vor dem Essen verkostet* ★★★

Riesling Comtes d'Eguisheim Beyer Echtes Riesling-Aroma; sehr trocken, dabei reich, Geschmack und Länge gut. Komplett. *Im November 1996 bei einer Catering- und Weinsitzung von British Airways im Waterside Inn in Bray verkostet* ★★★★ *(Das waren noch Zeiten!)*

Riesling »Quintessences de Sélection des Grains Nobles« Dom. Weinbach/Faller Goldene Farbe; enorm reiches, kerosinartiges Riesling-Aroma mit Karamellnote und honigartiger Edelfäule; süß, reich, Gewicht (13,5 % Alkohol), Länge und Abgang perfekt. *Im September 1997 auf der Faller-Verkostung bei Justerini & Brooks in London degustiert* ★★★★★ *Hat noch Jahre vor sich.*

Riesling Clos Ste-Hune Vendange Tardive Trimbach Überraschend blass; reine Riesling-Nase mit öligem Kerosinaroma; trocken, fest, voll (14 % Alkohol), gut gebaut. Eindeutig aus sehr reifen Trauben und voll ausgegoren. *Passte im März 1997 im Gidleigh Park Hotel in Devon ausgezeichnet zu Käse* ★★★(★)

Riesling Vendange Tardive Hugel Lese ab 26. Oktober, 30 % edelfaule Trauben, 13,8 % Alkohol, ein hoher Restzucker von 25,7 g/l, normale Säure (6,4 g/l). Über 1000 Kisten. Erstmals 1999 bei Etienne Hugels Masterclass verkostet: tiefgolden; schönes, ausgewogenes, reines Riesling-Bukett; nach dem 1995er am Gaumen enttäuschend. Positiv, eindringlich, reich, aber trockener Abgang. Als Nächstes im Januar 2002: weiche, reiche Nase, aber trockener als erwartet. Kürzlich: warmes Gold; voll entwickelt, ausgewogen, leicht parfümiert, Honig und Minze; halbtrocken, stämmig, gute Säure, trockener Abgang. *Zuletzt im April 2002 bei Hugels Vendange-Tardive-Verkostung in London degustiert* ★★★★

Riesling Clos Windsbuhl SGN Zind-Humbrecht Überraschend diskrete Nase; süß, angesichts seines ungewöhnlich niedrigen Alkoholgehalts von 11,9 % erstaunlich reich und voll. Scharfer, stechender Abgang. *Im November 1997 im Gidleigh Park Hotel in Devon nach dem Essen degustiert* ★★★(★★) *Braucht noch Zeit.*

Weitere 1989er, die 1991 in viel versprechendem Zustand waren

Gewurztraminer Brand Grand Cru Dopff au Moulin ★★★★; **Cuvée Christine** Schlumberger ★★★★★
Muscat Réserve Schlumberger Trocken, pikant ★★★★
Riesling Brand Grand Cru Zind-Humbrecht Stahlig ★★★★; **Les Princes Abbés** Schlumberger ★★★★; **Saering Grand Cru** Schlumberger Kraftvoll ★★★★; **Schloss** Dietrich Spröde ★★★★
Tokay-Pinot Gris Zind-Humbrecht ★★★★; **Kitterlé Grand Cru** Schlumberger ★★★★★

1990–1999

Die erfolgreichste Dekade, die die Elsässer Weingüter je erlebt haben. Nur ein einziger Jahrgang bekam weniger als drei Sterne – wobei man natürlich hinzufügen muss, dass es immer Ausnahmen gibt und manche Weine eben nicht so gut sind wie andere. Aber wie bereits in der Einführung erwähnt: Zuverlässigkeit wird im Elsass groß geschrieben.

Die Jahrgänge auf einen Blick

Hervorragend *****
1990, 1995 (u), 1997
Sehr gut ****
1992 (u), 1993, 1996, 1998
Gut ***
1994 (u), 1999 (u)

1990 *****

Der zweite der außergewöhnlichen Zwillingsjahrgänge. Er ähnelte in Stil und Qualität dem 1989er, fiel aber weit weniger voluminös aus. Der einzige Wermutstropfen (sogar ein dicker): Die Wachstumssaison war kalt und während der Blüte regnete es, was ein Verrieseln nach sich zog und die Ernte verglichen mit 1989 um rund 25% reduzierte. Am stärksten betroffen waren die relativ anfälligen Sorten Gewurztraminer, Muscat und Tokay-Pinot gris. Den restlichen Sommer über herrschte ausgezeichnetes Wetter, sodass die Weinbauern ab 4. Oktober gesunde Trauben von den Stöcken schneiden konnten.

Der Zuckergehalt der Beeren war hoch und es entstanden viele Vendanges Tardives, weil aber die Edelfäule ausblieb, gab es nur wenige SGNs. Die besten Süßweine fielen hervorragend aus, doch gab es auch einige Enttäuschungen. Die sehr guten trockenen Gewächse hätten bis Mitte der 1990er weggetrunken werden müssen.

Gewurztraminer, Cuvée Anne **Schlumberger** Ziemlich süß, voll, reich, parfümierter Geschmack, ausgezeichneter Abgang und Nachgeschmack. *Im September 1996 bei den BBC Food Awards verkostet *** Jetzt bis nach 2010 trinken.*

Gewurztraminer Fronholz Ostertag **André Ostertag** Ostertag ist ein umstrittener Kellermeister mit einer Art Kultgemeinde. Er besitzt ein 12 ha großes Weingut in Epfig und bereitet nur wenig Gewurztraminer: helles Gelb; parfümiert; halbtrocken, relativ leicht (11% Alkohol), ungewöhnlich im Stil und mit veilchengetöntem Geschmack. Kurz. *Im November 1995 beim Presseempfang zur Ausstellung »Les Arts du Vin« in Brüssel verkostet *** Er war keine gute Wahl, hatte aber auch einen schweren Stand, denn er folgte auf den 1993er Mouton-Rothschild von Philippine de Rothschild.*

Gewurztraminer SGN **Dopff au Moulin** Schönes Goldgelb; ausgeprägt edelfaule Nase von beträchtlicher Tiefe; süß, körperreich, sehr gut im Geschmack. *April 1996 *****

Gewurztraminer Vendange Tardive **Dopff au Moulin** Sehr blass – zu blass; sehr gute, wohlriechende, würzige Nase; lieblich, am Gaumen enttäuschend. *Im April 1996 verkostet ***

Gewurztraminer Vendange Tardive **Wolfberger** Blässlich, Limonenton; ungewöhnliche, interessante Nase; zu trocken, schlechter Geschmack. *April 1996 **

Riesling, Cuvée Frédéric Emile **Trimbach** Nur in seiner Jugend verkostet. Lebhaft, traubig; trocken, körperreich, weich, Geschmack und Länge gut. *Im Mai 1993 verkostet **** Dürfte jetzt seinen Höhepunkt erreicht haben.*

Riesling Grand Cru Saering **Schlumberger** Sehr gute, reiche, reife Nase; klassischer Geschmack, aber nicht begeisternd. *Im März 1993 verkostet. Damals ***, sollte aber mittlerweile schon weggetrunken sein.*

Riesling Vendange Tardive **Hugel** Lese am 23. und 26. Oktober, 12,8% Alkohol, 16,5 g/l Restsüße, 7,0 g/l (Wein-)Säure. Eher blasses Gelb, reingoldene Reflexe; entgegenkommend, ausgewogen, Lindenblüten, ein Hauch von Würze; knochentrocken, stahlig, anhaltender Abgang. Ein Essensbegleiter hoch zwei! *Im April 2002 bei Hugels Vendange-Tardive-Verkostung in London degustiert ***(*) Nicht jedermanns Sache, wird sich aber halten und sogar noch zusätzliche Nuancen entwickeln.*

Tokay-Pinot Gris Vendange Tardive **Caves de Ribeauvillé** Eine der ältesten Genossenschaften in Frankreich mit rund 90 Mitgliedern. Mittelblasses Gelb; erinnerte an (den ungarischen) Tokajer; lieblich, körperreich, insgesamt etwas spröde. Unbeeindruckend – aber dafür auch nicht teuer. *April 1996 ***

Tokay-Pinot Gris Vendange Tardive **Dom. Weinbach/Faller** Leicht minzige, undefinierbare Nase, aber gut; süß, weich, schöner Geschmack, körperreich, dabei delikat und duftig. Diese Kreszenz beweist, was die brillanten Faller-Frauen zu leisten imstande sind! Ideal zu *Millefeuille de Foie gras. Im Januar 1996 im Brüsseler Restaurant Bijgaarden verkostet ***** Damals perfekt. Hält sich noch.*

1991 **

Der einzige wirklich misslungene Jahrgang der Dekade. Nach drei sehr trockenen Jahren war Regen bitter nötig, doch kam er zur falschen Zeit. Das einzig Gute an diesem Jahr: Das Elsass wurde nicht wie die meisten französischen Anbauregionen von schweren Frühjahrsfrösten heimgesucht. Dafür richteten Hagelstürme im August beträchtliche, wenn auch begrenzte Schäden an. Dann setzte schwerer Regen ein, der sich im September noch intensivierte, was die Lese verzögerte.

So entstanden 1991 einige miserable Weine und selbst die besseren trockenen Gewächse hätten spätestens Mitte der 1990er konsumiert werden müssen. Dennoch gab es einige überraschend gute Erzeugnisse von Gütern, die spät gelesen und damit alles riskiert hatten, um mehr als nur annehmbare Weine zu bereiten. Hier eine Auswahl aus meinen Verkostungsnotizen.

Gewurztraminer Grand Cru Mambourg **Sparr** Blässlich; korrekter Duft; weder zu trocken noch zu süß, fülliger Körper und ziemlich kraftvoll, mit Gewurztraminer-typischem stumpfem Abgang. *Im Oktober 1994 während des Flugs BA 255 nach Barbados verkostet, bevor ich im Urlaub auf Rumpunch umsattelte *** Wird jetzt wohl über den Höhepunkt hinaus sein.*

Riesling Turkheim **Zind-Humbrecht** Blässlich, glanzhell; attraktives Sortenaroma; knochentrocken, etwas spröde, sehr gut, aber wenig geeignet als Begleiter von scharf gewürztem Essen. *Im Januar 1996 im Londoner Restaurant Vong verkostet ****

Tokay-Pinot Gris Blanck Mitteltrocken; fülliger Körper (13,5 bis 14 % Alkohol), ein gut gemachter, solider Wein, der mich aber nicht begeisterte. (Damals gefielen mir die noch nicht sehr bekannten Pinot-gris-Weine ganz gut, inzwischen aber empfinde ich sie als etwas zu schwer zum Mittagessen.) *Im Mai 1994 verkostet *** (gerade noch).*

Tokay-Pinot Gris »A 360 P« Ostertag Man verweigerte Ostertags fassvergorenem Muenchberg Pinot Gris den rechtmäßigen *Grand-cru*-Status, weshalb er ihn unter seiner Katasterbezeichnung A 360 P vermarktete. Überraschende Farbe; halbtrocken, Geschmack, Konsistenz (Textur) und Ausgewogenheit sehr gut. Ein interessanter Erzeuger, der seinen Weinen eine zusätzliche Dimension verleiht. *Im Dezember 1994 beim Mittagessen bei Sally Clarke in Kensington verkostet **** Damals gut zu trinken, heute wohl nicht mehr.*

Tokay-Pinot Gris Patergarten Blanck Eher blass; ausgezeichneter Geschmack und lebhafter Stil. Gute Säure. *Im Februar 1994 beim Essen mit meinem norwegischen Freund, dem ebenfalls Klavier spielenden Weinautor Stig Lundberg, in meiner Londoner Stamm-Weinbar Balls Bros. verkostet ****

Tokay-Pinot Gris Clos Jebsal SGN Zind-Humbrecht Eine kleine Produktion. Aus spät gelesenen edelfaulen Beeren bereitet. Eine halbe Flasche im New Yorker Restaurant Le Montrachet: nuanciertes Gold; in der Nase und am Gaumen herrlich honiggetönt und pfirsichartig. Süß, reich, aber mit einer lebhaften, säurebetonten Note, die ihm einen erfrischenden Abgang verlieh. *Oktober 1995. Überrascht und hellauf begeistert gab ich ihm ******

1992 ** bis ****

Wieder einmal konnten sich die elsässischen Erzeuger dank der geschützten Lage an den unteren Vogesenhängen mit östlicher Ausrichtung zum Rhein über fast perfekte Vegetationsbedingungen freuen. Ein früher Austrieb, keine Frühjahrsfröste, ausgezeichnete Blüte und ein warmer, trockener Sommer mit dem heißesten August seit 1921. Auch im September war den Weinbauern das Glück hold, sodass man schon am 30. des Monats mit der Lese beginnen konnte und von den sintflutartigen Regenfällen verschont blieb, die das restliche Frankreich plagten.

Ich habe einige anständige trockene Weiße in ihrer Jugend verkostet, aber auch einige der feinsten Pinot-gris-Gewächse aller Zeiten. Ansonsten sind mir keine Süßweine untergekommen.

Tokay-Pinot Gris Grand Cru Kitterlé Schlumberger Außergewöhnliche, mitteltiefe, bernsteingoldene Farbe; sehr reiches, honigartiges Flaschenalter-Bukett; ein Duft fast wie Gewurztraminer; halbtrocken, körperreich (14 % Alkohol), etwas ungehobelt, aber mit ausgezeichnetem Geschmack. Gute Länge. Sehr eindrucksvoll. *Im Oktober 2000 bei der jährlichen Weinverkostung mit Gourmet-Essen im New Yorker Knickerbocker Club zu Jakobsmuscheln auf Trüffeln degustiert ***** Der Beweis, dass ein Pinot gris der Spitzenkategorie nicht nur lagerfähig ist, sondern mit fortschreitendem Flaschenalter auch vielschichtiger werden kann.*

Tokay-Pinot Gris Patergarten Blanck Ich dachte mir, dass dieser Wein ein guter Nachfolger für den 1991er sei, den ich des Öfteren getrunken hatte, der mich aber etwas zu langweilen begann. Er war in der Tat wesentlich besser als sonst: ausgeprägtes, wächsernes Gelb; gute Nase; trocken, ziemlich körperreich, sehr charakteristischer, ansprechender Geschmack, gute Länge. Ich habe diesen recht verlässlichen Typ Wein, den man am besten zu Steinbutt oder Ähnlichem trinkt, mehrere Male verkostet. *Im Januar 1995 in der Londoner Weinbar Balls Bros. getrunken *** Allerdings nicht lang lagerfähig.*

1993 ****

Wieder einmal bewahrten die aufragenden Vogesen das Elsass vor den schweren frühherbstlichen Regenfällen, die über dem restlichen Frankreich niedergingen. Die Lese wurde am 23. September eingeleitet – so früh wie seit 1976 nicht mehr. Trotz wechselhafter Bedingungen in den Wochen davor brachte man alle Rebsorten gut unter Dach und Fach, wenngleich es zwischendurch immer wieder regnete. Die Erträge lagen unter denen von 1992, doch die Qualität war höher, denn die Trauben erreichten fast die Reifegrade der Jahrgänge 1988 und 1989. Die späte Lese wurde allerdings durch die Niederschläge beeinträchtigt, sodass nur wenige Süßweine entstanden. Mit Ausnahme der allerbesten trockenen Gewächse sollten alle Flaschen mittlerweile weggetrunken sein.

Gewurztraminer Vendange Tardive Sparr Mittelblass, leicht spritzig; schöner, mild würziger, sortentypischer Gewürztraminer-Duft; lieblich, nicht süß, ausgezeichneter Geschmack. Ein Wein wie dieser ist schwer einzuordnen. Kein Dessertwein. Wahrscheinlich gut zu Steinbutt, aber am besten zu Käse. *Im April 1996 bei einer Blindverkostung von British Airways degustiert ****

Riesling Clos des Capucins Cuvée Théo Dom. Weinbach/Faller Schön gemacht. Trocken, körperreich. So, wie ein Elsässer Riesling sein sollte. *Im Februar 1996 in Coral Gables verkostet *****

Riesling Cuvée Frédéric Emile Trimbach Zwei Einträge, entstanden binnen weniger Tage. Eher blass; lebhafte, stahlige Nase; sehr gut, fest, trocken und stilvoll. Ausgezeichneter Geschmack und fabelhafte Länge. *Im Dezember 1998 verkostet *****

Riesling Grand Cru Kirchberg de Barr Willm Trocken, charakteristisch, ein Anflug von Pfirsichkernen, den ich nie mag, und ohne Schwung. *Im Januar 1996 verkostet **

Riesling Clos Ste-Hune Trimbach Sehr gutes Sortenaroma; trocken, blitzsauber, mit hartem, trockenem Abgang. Eher unbeeindruckend. *Im August 1998 bei einem Rodenstock-Essen in München verkostet ****

Riesling Grand Cru Schlossberg Cave de Kientzheim Eine ziemlich gute Genossenschaft. Der Schlossberg zieht sich hinter Kaysersberg den Hang hoch. Berühmtheit erlangte das Städtchen unter anderem als Geburtsort von Dr. Albert Schweitzer, Arzt, Theologe, Organist und Bach-Experte, der später ein Hospital in Afrika errichtete. In Kaysersberg verbrachten Daphne und ich unsere allererste Nacht im Elsass. Unser Zimmer in einem Gasthaus ging auf den Dorfplatz und die Kirche hinaus. Das Plätschern des Brunnens und das Läuten der Glocken zu jeder Viertelstunde hielten uns die ganze Nacht wach. Das nahe gelegene Schloss von Kientzheim ist übrigens der Hauptsitz der Confrérie St-Etienne. *Im Januar 1997 verkostet ** Für baldigen Trinkgenuss gedacht.*

Tokay-Pinot Gris Kuentz-Bas Kresseartiger Duft; reifer, trockener Abgang, ansprechend. *Im Februar 1996 in Coral Gables mit Lou Skinner zum Nachmittagstee verkostet ****

1994 ** bis ***

Für die Weinbauern ein schwieriges Jahr. Ein kalter, nasser Frühling mit einer Niederschlagsperiode, die am 8. Juni vor der Blüte endete. Der Sommer war leidlich warm und trocken, klang aber im September mit 30 Tagen anhaltendem, schwerem

Regen aus. In allen Lagen faulten die Trauben, besonders die Riesling-Reben waren davon betroffen. Lediglich der Gewurztraminer überstand die Sintflut unbeschadet. Winzer, die mit der Lese zuwarteten, waren im Vorteil. Sie profitierten von gutem Wetter im Herbst.

Einige Gewurztraminer fielen etwas besser aus als der Rest der 1993er – besser auch als die spät gelesenen und edelfaulen Gewächse. Sie sind deshalb heute als einzige Weine aus diesem Jahrgang noch von Interesse.

Gewurztraminer **B. H. Geyl** Mittelblasses Gelb; sehr charakteristischer Rosenpastillenduft; lieblich, ein Bilderbuchgeschmack. *Im Januar 1997 bei einem Weinkurs von Christie's in London speziell ausgewählt, um die Sortencharakteristiken des Gewurztraminers zu veranschaulichen* ★★★

Gewurztraminer Cuvée d'Or Quintessences de SGN **Dom. Weinbach/Faller** Golden; herrlich reife, honigartige, würzige Botrytis-Nase; süß, voll (14 % Alkohol), weich und lang. Ein grandioser Wein. *Im September 1997 verkostet* ★★★★(★) *Jetzt bis nach 2010.*

Gewurztraminer Goldert Vendange Tardive **Zind-Humbrecht** Verschwenderisch reich, doch mit weicher, würziger Gewurztraminer-Nase; ziemlich süß, Geschmack und Gleichgewicht herausragend. *Im September 1999 bei Hal Lewis' »Bar-B-Que« für die Bacchus Society in Memphis verkostet* ★★★★ *Damals sehr schön. Hält sich noch.*

Gewurztraminer SGN **Rolly Gassman** Leicht trübes Strohgold; herrliche Lychee-Nase; ziemlich süß, sehr reich, honigartiger Botrytis-Geschmack, der mich an einen Tokaji 6 putts erinnerte. *Im Oktober 1998 bei einem France-in-Your-Glass-Essen auf Château de Bagnols in der Nähe von Villefranche verkostet* ★★★★

1995 ★★★★ bis ★★★★★

Später Austrieb, feuchtes Frühjahr und eine ungleichmäßige Blüte mit dem ertragmindernden Verrieseln. Der September war regnerisch und kühl, doch ein goldener Oktober entschädigte für die Unbilden der Witterung. Wer spät erntete, kam am besten weg. Hatte der Riesling 1995 noch am meisten gelitten, so geriet er diesmal perfekt und durchweg besser als der Gewurztraminer, obwohl es natürlich wie immer Ausnahmen von der Regel gab. Auch einige herausragende Pinot gris entstanden (der Name »Tokay« wurde wegen der Verwechslung mit dem Tokajer aus Ungarn endlich aufgegeben).

Die besseren Weine aller Rebsorten und Klassen lassen sich nach wie vor mit Genuss trinken – allzu lange aber sollte man nicht mehr warten. Die Spitzen-Süßweine hingegen haben noch Zeit.

Gewurztraminer Grand Cru Furstentum SGN **Dom. Weinbach/Faller** Gelb; opulentes Aroma, Rosenpastillen, Litschis; sehr süß, saftig, moderates Gewicht (12 % Akohol), die (für Gewurztraminer) ungewöhnlich hohe Säure verleiht seinem Gehalt und Fett Konturen. Ein brillanter Wein. *September 1997* ★★★★(★) *Jetzt schön, hält und entwickelt sich aber noch.*

Riesling Grand Cru Schoenenbourg de Riquewihr **Dopff au Moulin** Blass, glanzhell; in der Nase hart; ziemlich trocken, eigenständiger Geschmack, gute Säure. Klassisch. Trotzdem hätte ich etwas Besseres erwartet. *Im Juni 1997 verkostet* ★★★

Riesling Muhlforst **Caves de Ribeauvillé** Trocken, scharf und hart. Ein nicht sonderlich brillanter Genossenschaftswein. *Im Januar 1997 verkostet* ★

Riesling Vendange Tardive **Hugel** Lese ab 26. Oktober, 60 % edelfaule Trauben, 12,6 % Alkohol, ein enorm hoher Restzuckergehalt von 45 g/l, ziemlich hohe Säure (8,7 g/l). Produktion 250 Kisten. Erstmals bei Etienne Hugels Masterclass 1999 verkostet. Tiefgolden; herrlich frisches, sehr wohlriechendes Kleehonig-Bukett; köstlich süß, mit ausgleichender Säure. Kürzlich: reingolden; ausgeprägt traubige, grasige Honignase; süß, reich, Textur und Gleichgewicht schön. Absolut köstlich. *Zuletzt im April 2002 bei Hugels Vendange-Tardive-Verkostung in London degustiert* ★★★★★

Tokay-Pinot Gris Altenbourg Cuvée Laurence **Dom. Weinbach/Faller** Von Colette Faller und ihrer Tochter bereitet. Blässliches, helles Gelb; stämmige Pfirsich- und Minzenase; ziemlich süß, körperreich (14 % Alkohol), superber Geschmack, perfekte Säure. *Im Dezember 2001 während meines Live-Chats auf der Website des Magazins* Decanter *verkostet* ★★★★

(Tokay) Pinot Gris Clos Jebsal SGN **Zind-Humbrecht** Goldene Farbe; herrlich exotischer, honigartiger Botrytis-Duft; sehr süß, immens reich, aber nicht pappig, schöner Geschmack, große Tiefe, perfekte Säure. *Der mit Abstand beste Wein bei der »VIIe Tour de France des Appellations«. Im Juni 2001 auf der Domaine de Chevalier in Bordeaux verkostet* ★★★★★ *Jetzt großartig, wird aber noch weit über das Jahr 2010 hinaus bezaubern.*

Tokay-Pinot Gris Vendange Tardive **Dom. Weinbach/Faller** Sehr gute Frucht, Reneklоden; lieblich, reich, eher pfirsichartig am Gaumen, für einen Pinot gris leicht (12 % Alkohol), sehr gute Säure. Die Faller-Frauen hatten das richtige Gespür. *Im September 1997 bei der Verkostung von Justerini & Brooks degustiert* ★★★★ *Dürfte jetzt perfekt sein.*

1996 ★★★★

Ein in vielerlei Hinsicht idealer Jahrgang, in dem lebhafte, trockene Weine entstanden. Für mich waren die Rieslinge besonders ansprechend – auf drei der schönsten gehe ich weiter unten ein. Der Wetterverlauf: ein spätes Frühjahr mit ungleichmäßigem Austrieb, ein überwiegend warmer und trockener Juni, die Blüte setzte am 6. Juni ein, etwas Verrieseln beim Gewurztraminer, ein warmer, trockener Sommer. Die Lese begann Anfang Oktober bei kühlem Wetter und dauerte bei den Spätlesen fast bis Mitte November, allerdings behinderte Trockenheit die Ausbreitung der Edelfäule.

Die meisten Weine wurden in den späten 1990ern getrunken, die besseren aber sind nach wie vor köstlich.

Riesling Cuvée Ste-Cathérine II **Dom. Weinbach/Faller** Aus dem unteren Schlossberg-Bereich, der vor seiner Klassifizierung als *Grand cru* 1975 Ste-Cathérine genannt wurde. Ziemlich verwirrend das Ganze. Völlig anderes Erscheinungsbild als der Schlossberg II weiter unten: ausgeprägt gelb; noch immer hart, aber mit beträchtlicher Tiefe; süßer, würzig, höherer Extrakt, aber mit demselben Alkoholgehalt, gute Länge, »scharfer«, trockener Abgang. *Im September 1997 verkostet* ★★★(★★) *Wahrscheinlich 2003 bis 2008 in Bestform.*

Riesling Grand Cru Schlossberg II **Dom. Weinbach/Faller** Die Familie besitzt 8 ha im *Grand cru* Schlossberg. Fast farblos; gutes, leichtes, wohlriechendes Riesling-Aroma; ziemlich trocken, ausgezeichnet im Geschmack, angenehmes Gewicht (13 % Alkohol), fest, lebhaft, lang, trockener Abgang. *Im September 1997 bei der Justerini-&-Brooks-Verkostung in London degustiert* ★★★★

Riesling »Les Princes Abbés« **Schlumberger** Blass, gutes, frisches Sortenaroma; lebhaft, köstlich, leicht in Stil und Gewicht (12,5 % Alkohol), sehr gutes Preis-Leistungs-Verhältnis. *Im Januar 2000 bei einer Maison-Marques-et-Domaines-Verkostung in London degustiert* ★★★

Riesling Vendange Tardive Hugel Lese am 14.und 17. Oktober, 12,6 % Alkohol, 25 g/l Restzucker, sehr hohe Säure (10,2 g/l). Zwei Einträge aus jüngerer Zeit: ein Hauch von Gelb; sehr reiche Nase, fett und fleischig; dabei überraschend trocken, Geschmack und Länge ausgezeichnet. Zwei Monate später: schöne Honig- und Orangenblüten-Nase, fast wie Pinot gris; enorm trocken (kein biologischer Säureabbau), aber guter Geschmack und anhaltende Länge. Voll ausgegoren, was mich wieder einmal an eine feine trockene Auslese aus dem Rheingau erinnerte (obwohl den Hugels der Vergleich wahrscheinlich missfallen würde). *Zuletzt im April 2002 bei Hugels Vendange-Tardive-Verkostung im Londoner Cinnamon Club degustiert* ★★★★

1997 ★★★★★

Noch ein Spitzenjahrgang, obwohl er anfangs nicht unproblematisch war, denn der Austrieb verlief ungleichmäßig und der Regen im Juni und Juli brachte ein Verrieseln mit sich. Den August und September prägten dann allerdings Hitze und viel blauer Himmel: Die Zahl der Sonnenstunden erreichte Rekordwerte und war doppelt so hoch wie 1995. Ab 1. Oktober wurden voll ausgereifte Trauben gelesen – der Riesling war exzellent, mit sehr hohen Reifegraden, der Gewurztraminer allerdings litt wieder einmal unter dem Verrieseln, was den Ertrag minderte. Morgennebel im Oktober ließ mancherorts etwas Edelfäule entstehen. Die Lese endete am 4. November.

Der Jahrgang war für trockene Weine ideal. Viele dieser Erzeugnisse mussten natürlich jung und frisch getrunken werden. Ich habe eine Hand voll Einträge ausgewählt, um die reicheren Stile der drei wichtigen Rebsorten zu veranschaulichen.

Gewurztraminer »Jubilee« Hugel Mittelblasses Gelb; schöne weiche Litschi- und Rosenpastillen-Nase; lieblich, reich, mild würzig. *Im April 2002 beim Essen nach Hugels Vendange-Tardive-Verkostung im Londoner Cinnamon Club degustiert* ★★★★

Gewurztraminer SGN Hugel Potenzieller Alkoholgehalt 22 %, 165° Öchsle, 13,5 % tatsächlicher Alkoholgehalt. Zwei Einträge aus der letzten Zeit: goldgelb; prachtvolles, köstlich duftendes Gewurztraminer-Aroma; sehr süß, unglaublich reich, kraftvoll und komplett. Zwei Monate später beim Essen nach der denkwürdigen Vendange-Tardive-Verkostung von Hugel: reingolden; perfekt im Gleichgewicht, die Quintessenz eines Gewurztraminers; fabelhaft reich, mit Kraft und doch Finesse. Einer der größten Gewurztraminer aus dem Hause Hugel. *Im April 2002 verkostet* ★★★★★

Riesling Rangen de Thann Clos St-Urbain Zind-Humbrecht Ausgeprägtes Gelb; sehr gute, klassische Riesling-Nase; halbtrocken, schöner Geschmack, jugendliche Ananasnote; sehr gute Säure. Ein Bilderbuch-Riesling. *Im Juni 1999 auf der Domaine de Chevalier in Bordeaux verkostet* ★★★★ *Damals erfrischend und jetzt wahrscheinlich auf dem Höhepunkt.*

Riesling Vendange Tardive Hugel Lese ab 2. November, sehr wenig Edelfäule. 12,75 % Alkohol, 6,6 g/l Säure. Blässliches Gelb; ausgewogene, leicht wächserne, fast Chenin-artige Nase, lebhaft und traubig; lieblich, köstlicher Geschmack, duftig, guter Abgang. *Im April 2002 bei Hugels Vendange-Tardive-Verkostung degustiert* ★★★★ *Sehr schön. Hält sich. 2005 bis 2010 wahrscheinlich auf dem Gipfel.*

Tokay-Pinot Gris Altenbourg Cuvée Laurence Dom. Weinbach/Faller Helles Gelb; kräftige, minzige Pfirsichnase; lieblich, körperreich (14 % Alkohol), gehaltvoll, herausragender Geschmack und perfekte Säure. *Im Dezember 2002 während meines Live-Chats auf der Website des Magazins* Decanter *verkostet* ★★★(★★) *Jetzt wunderschön, wird aber mit weiterem Flaschenalter noch besser werden.* Ich bin ziemlich sicher, dass man beim *Decanter* keine Ahnung hatte, wie lang der Chat dauern und wie teuer die Einrichtung einer Website kommen würde. Und ich dachte in meiner Unschuld, dass dieser Chat wirklich live sei!

1998 ★★★★

Vier ausgezeichnete, ja, bislang einzigartige Jahrgänge in Folge! Dabei war das Wetter im Vegetationsverlauf ein einziges Auf und Ab: ein kühler April, der Mai heiß und trocken, eine unspektakuläre Blüte, ein nasser Juli, dann sengende Hitze von Anfang August bis Mitte September. Die frühe Lese begann am 25. September bei Sonnenschein, wurde aber wegen eines kurzen, heftigen Regeneinbruchs weitgehend unterbrochen und konnte erst Anfang Oktober fortgesetzt werden. Wie immer sind die einfacheren trockenen Weine für den raschen Verbrauch gedacht. Es entstanden viele gute Gewurztraminer und schwungvolle Rieslinge. Die Kluft zwischen den leidlichen und wirklich guten Gewächsen vertiefte sich jedoch weiter.

Gewurztraminer Schléret Er wurde eine Zeit lang bei den Einführungssitzungen der Weinkurse von Christie's zur Veranschaulichung der charakteristischen Gewürztraminer-Nase und des Stils dieser Rebsorte verkostet. Sehr beständiges, typisches Aroma mit Rosenpastillen und Litschis; halbtrocken, leicht würzig im Geschmack, recht kurz und mit stumpfem Ende, ohne die schwungvolle Säure eines Rieslings. *Zuletzt im November 2001 degustiert* ★★★ *Für baldigen Trinkgenuss.*

Gewurztraminer Vendange Tardive Hugel Blass, limonengelbe Nuancen; lieblich, schöner Geschmack, leicht (12 % Alkohol), etwas ausdruckslos. *Januar 2002* ★★★

Riesling Schoenenbourg Vendange Tardive Hugel Lese ab 21. Oktober, 12,35 % Alkohol, hoher Restzuckergehalt (43 g/l), 7,1 g/l Säure. Zwei Einträge aus jüngster Zeit: blass, Limonenton; kräuterwürzig, blumig, erinnerte mich an einen reifen Riesling von der Saar; ziemlich süß, herrliche, aprikosenartige Frucht, aber harter, säurebetonter Abgang. Braucht noch Zeit. Zwei Monate später: blass, geringfügig grünspurig; sehr offen entgegenkommend, blumiger Duft, Renekloden- und Limonennote; lieblich, ansprechend, delikat, lebhaft, mit erfrischender Säure. *Zuletzt im April 2002 bei Hugels Vendange-Tardive-Verkostung im Londoner Cinnamon Club verkostet, der jüngste von insgesamt 13 Jahrgängen* ★★★(★) *Jetzt köstlich. Hält und entwickelt sich aber noch.*

Tokay-Pinot Gris »Jubilee« Hugel Blass; blumig, köstlich; mittel – weder trocken noch süß, körperreich (13,5 % Alkohol), köstlicher Geschmack. *Januar 2002* ★★★(★)

IM MÄRZ 2000 FAND IN LONDON EINE VERKOSTUNG MIT 1998ERN VON ZIND-HUMBRECHT STATT. Die 14 vorgestellten Weine boten einen perfekten Überblick über die Sorten- und Qualitätsunterschiede dieses Jahrgangs. Für mich war es eine der interessantesten Verkostungen von Elsässer Gewächsen der letzten Zeit. Ich fasse die degustierten Kreszenzen kurz zusammen:

Gewürztraminer Heimbourg (Kalkboden) Relativ verschlossen; ziemlich süß (14,5 %) ★★★(★); **Clos Windsbuhl** Würzig; halbtrocken, schöner Geschmack (14 % Alkohol), trockener Abgang ★★★★; **Grand Cru Hengst** 127° Öchsle, 40 g/l Restzucker, erstaunliche 16 % Alkohol. Halbtrocken, reich, würzig, intensiv. Harter Abgang. Weit von der Reife entfernt. Nach Auskunft von Olivier Humbrecht braucht er noch mindestens zehn Jahre ★(★★★★); **Goldert Vendange Tardive** Schönes Aro-

ma, Minze und Orangenblüten; ziemlich süß, noch immer hart. Juni 2001 ★★★(★★)
Riesling Gueberschwihr Zum Zeitpunkt der Verkostung erst seit zehn Wochen in der Flasche. Blass, ungewöhnlich würzig; schöner Geschmack, 13 % Alkohol, kurz (der preiswerteste Wein des Sortiments) ★★★; **Grand Cru Brand** Ein Jahr lang vergoren, 8 g/l Restzucker, 14,8 % Alkohol: eher blass; voll, reife Melonennote; trocken, aber sehr reich, mit pfirsichartigem Geschmack. Ähnelte einer trockenen Auslese aus dem Rheingau ★★(★★★); **Grand Cru Rangen de Thann, Clos St-Urbain** Gute Farbe; verschlossen, aber mit reifer Melonen- und Honignote – ein Hauch von Edelfäule; lieblich, voll im Geschmack, »wärmend« (13,5 % Alkohol). Herrlich ★★★(★★); **Clos Hauserer** Blass; traubig, reneklodenartige Säure; merklich kraftvoller als der Gueberschwihr und der Turkheim, aber nur 0,5 % mehr Alkohol. Braucht Zeit ★★(★★); **Clos Heimbourg** Mittelblass; stärkere Melonennote, wohlriechend; lieblich, köstlicher Geschmack (13 % Alkohol), guter Abgang ★★★(★); **Herrenweg** Sehr blass; lebhaft, wohlriechend, leicht würzig; eher trocken, sehr angenehmer Geschmack, gute Säure. Ein erfrischender Bilderbuchwein zum vernünftigen Preis ★★★; **Turkheim** Abfüllung Ende Februar 2000. Ausgeprägte Farbe; gutes, lebhaftes Riesling-Aroma; halbtrocken, weich, aber scharfer Abgang (13 % Alkohol) ★★(★) *Braucht Zeit.*
Pinot Gris Heimbourg 118° Öchsle, 49 g/l Restzucker, 13,5 % Alkohol. Blass; subtil, honigartige Botrytis-Note; lieblich, herrlicher Geschmack. Am besten allein für sich zu trinken, aber auch perfekt zu ausgewählten Käsesorten ★★★(★★) *Steigert sich mit zunehmendem Flaschenalter*; **Rothenbourg** Eine für das Elsass ungewöhnliche Lage mit westlicher Ausrichtung, die am späten Nachmittag von der Sonne beschienen wird, was die Ausbreitung der Edelfäule begünstigt: blass; honigartiges Bukett; lieblich, reich, dank der Edelfäule vielschichtiger ★★★★(★); **Clos Windsbuhl** Reife Quittengelee- und Marmelade-Noten; lieblich, kraftvoll, aber nicht stämmig, köstlicher edelfauler Geschmack ★★★(★)

1999 uneinheitlich, in Bestform ★★★

Mit der Serie ausgezeichneter Jahrgänge konnte es ja nicht ewig weitergehen – 1999 war damit Schluss. Die Saison begann gut mit einem angenehmen Frühjahr, einem heißen Mai und einer relativ zeitigen Blüte, die sich allerdings bis Mitte Juni hinzog, was auf die hohe Luftfeuchtigkeit zurückzuführen war. Probleme bereitete der Mehltau, vor allem als das Wetter Ende Juli ziemlich wechselhaft wurde. So ging es zunächst auch im August weiter, doch ab der Monatsmitte wurde es heiß und trocken. Diese Wetterlage hielt bis zur dritten Septemberwoche an und man hoffte schon auf eine ideale Lesezeit, dann kam der Regen und es schüttete fünf Wochen lang. Die Winzer hatten die Wahl, zwischen den Schauern eilends zu ernten oder sich nicht vom Regen beirren zu lassen und dafür streng zu selektieren. Einige Erzeuger ernteten bis Ende November. Insgesamt aber gab es einige gute Weine mit rassiger Säure. Der Optimismus ist verständlich, schließlich geht es um ihre Existenz.
Pinot Noir »Les Neveux« Hugel Von roten Elsässern habe ich nie viel gehalten. Es fehlte ihnen, wie den deutschen Spätburgundern früher, an Charakter, wobei ihre Farbe von zwiebelschalenbraun bis pflaumenfarben und schwachrandig reichte. Dieser beim Essen nach der Hugel-Degustation servierte Wein indes war überraschend tief und beeindruckend; ausgeprägtes Pinot-Aroma; trocken, körperreich (14,5 % Alkohol) und bemerkenswert guter Geschmack. *Januar 2002* ★★(★) *Ernsthaft, angenehm. Es wäre interessant zu sehen, was ihm Flaschenalterung bringt.*
Riesling Cuvée Ste-Cathérine II Dom. Weinbach/Faller Blässliches Gelb; stahlig, ein Anflug von Lindenblüten; trocken, feste Frucht, guter Nachgeschmack. *Im Januar 2001 verkostet* ★★(★)
Riesling Rangen Zind-Humbrecht Blumig; trockener, guter Geschmack und Nachgeschmack. *Im Juni 2001 in London verkostet* ★★★ *Bald trinken.*

2000 und die Zukunft

Die Rückschau hilft mir, nach vorn zu blicken. In den letzten zehn Jahren hat im Elsass eine Hand voll intelligenter und einsatzfreudiger, um nicht zu sagen, brillanter Erzeuger und Kellermeister immer bessere, eigenständigere Weine bereitet. Diese Pioniere haben neue Maßstäbe gesetzt. Das Mittelfeld gehört nach wie vor den guten, etablierten Händlern/Erzeugern und das untere Segment den stur am niedrigen Niveau festhaltenden Weinbauern. Alles in allem aber begegnet man nur selten einem wirklich schlechten Elsässer Wein.

Ich hoffe – und ich bin sicher, die elsässischen Winzer teilen diese Hoffnung –, dass der Markt die Weine aus der Region immer mehr schätzen wird, denn trotz des intensiven internationalen Wettbewerbs um Regal- und Kellerplätze sind die besten Elsässer Gewächse ohne Beispiel.

Noch ein Wort zum Schluss: Fahren Sie ins Elsass. Es ist eine der schönsten Weinregionen überhaupt. Genießen Sie die malerischen Dörfer, die Vielzahl guter einheimischer Restaurants und die angenehmen Übernachtungsmöglichkeiten.

2000 vorsichtige ★★★, möglicherweise ★★★★

Wechselhaftes Wetter, ein früher Austrieb, große Hitze im Mai und Juni, eine zufrieden stellende Blüte, dann ein sehr kühler Juli, ein warmer, sonniger August und Septemberanfang, später wieder wechselhaftes Wetter. Die Lese begann ungewöhnlich früh in der dritten Septemberwoche. Das Hauptproblem war nicht die Reife, sondern die Überproduktion im unteren Qualitätssegment.

Doch es gibt auch Positives zu vermelden: Die Edelfäule konnte sich ausbreiten, sodass einige interessante Spätlesen und SGNs entstanden, allerdings nur in geringer Menge. Nur wenige waren verkostungsreif, als diese Zeilen entstanden.

Gewurztraminer **Hugel** Sehr blass, Limonenton; frisch, jugendliche, minzige Nase mit charakteristischem Litschi-Aroma; halbtrocken, köstlich, trockener Abgang. *Im April 2002 verkostet, ideal zum scharf gewürzten Essen des Cinnamon Club in London ★★★★ für seine Frische und seinen Charme.*

Gewurztraminer Cuvée Laurence **Dom. Weinbach/Faller** Herrliches Sortenaroma, aber mit hartem Kern; süß, reich, ansprechend. *Im Januar 2002 bei der alljährlichen Verkostung von Justerini & Brooks degustiert* ★★(★★)

Riesling Grand Cru Schlossberg Cuvée Ste-Cathérine »L'Inédit« **Dom. Weinbach/Faller** Sehr blass; schöne Ananasnase; lieblich, reich, weich, Geschmack nach »Brotkruste«. *Januar 2002* ★(★★★)

Eine Reihe von Hugel-Weinen, die ich im Januar 2002 verkostet habe. Reihenfolge in aufsteigender Qualität.

Riesling »Hugel« Aus zu 95 % zugekauften Trauben vinifiziert. Sehr blass, limonengetönt; köstliche, entgegenkommende, blumige, minzige Nase; trocken, leicht (11,5 % Alkohol), noch immer jung und rau. Gute Säure. Preiswert (★★★)

Riesling »Tradition« Eine Selektion der besten zugekauften Trauben. Fast farblos; in der Nase und im Geschmack eine Mandel- und Marzipannote. Trocken, wohlriechend (12 % Alkohol) (★★)?

Riesling Grand Cru »Jubilee« Aus Hugels eigener *Grand-cru*-Lage. Sehr blass; gute Tiefe; halbtrocken, 12 % Alkohol, mehr Länge und Tiefe ★★(★★)

Tokay-Pinot Gris »Jubilee« Blässlich, leicht nussig, gute Frucht, stachelbeerartige Säure; lieblich, körperreich (13,5 % Alkohol), guter Geschmack, Melonennote, traubig ★★(★★)

Mas de Daumas Gassac

Warum ein ganzes Kapitel einer einzigen, relativ kleinen Domaine widmen? Erstens, weil sie beispielhaft das verkörpert, was zwei Menschen – Aimé und Véronique Guibert – mit Mut, visionärem Unternehmungsgeist, Beharrlichkeit, dem weisen Rat zweier berühmter Professoren und einem Quäntchen Glück erreichen können, und zweitens, weil ich die ungewöhnliche Gelegenheit hatte, die Entwicklung ihres Weins vom ersten Jahrgang 1978 bis zum heutigen Tag verfolgen zu dürfen.

Aimé Guibert stammt aus Millau, dem traditionellen französischen Zentrum der Handschuhherstellung. Seine Familie war seit Generationen in der Lederindustrie tätig. Als er und seine Frau den Hof (»mas«) erwarben, trugen sie sich zunächst mit dem Gedanken, einen lokalen Wein zu erzeugen. Doch schon damals hatten sie den Verdacht, dass das kleine Tal des Hérault-Nebenflusses Gassac mit einem ganz eigenen Mikroklima gesegnet war. Das bestätigte ihnen denn auch Henri Enjalbert, Professor für Geographie an der Universität von Bordeaux. Er meinte, dass auf dem Besitz dank der vorherrschenden geologischen Strukturen durchaus ein Wein von *Grand-cru*-Qualität entstehen könne. 1971 begann man mit dem Vorbereiten des Areals. Nachdem Felsen weggeschafft, Gestrüpp gerodet und Bäume gefällt worden waren, pflanzten die Guiberts in einer 1,6 ha großen Parzelle die ersten Reben, vorwiegend Cabernet Sauvignon. (Mittlerweile ist die Fläche auf 40 ha Rebland angewachsen; davon sind 28 ha mit roten und 12 ha mit weißen Rebsorten bestockt.) Über Freunde nahmen die Guiberts Kontakt zu Professor Emile Peynaud auf, der zunächst nichts mit dem Projekt zu tun haben wollte, sich aber letztendlich doch überreden ließ, dem Winzerpaar beratend zur Seite zu stehen. Zu ihrer Überraschung stieg er rechtzeitig für den ersten Jahrgang der Guiberts 1978 mit ein.

Seinen ersten Weißwein bereitete Aimé Guibert 1986. Ich konnte diesen und alle anderen Jahrgänge bis zum heutigen Tage lückenlos verkosten. Trockenen Weißweinen wird in diesem Buch zwar nicht besonders viel Raum gegeben, doch Guiberts Experimente mit Rebsorten und der Weinbereitung sind so interessant, dass ich sie erwähnen möchte. Einige Jahrgänge sind mittlerweile natürlich schon zu alt und andere noch unreif, aber der überragende 1998er, den ich zum Essen anlässlich meines 75. Geburtstags servierte, ist derzeit voll entwickelt und köstlich.

Es ist nicht meine Aufgabe, mich zur Wahl der Rebsorten oder den anfänglichen Vermarktungsproblemen und ihrer Lösung zu äußern – das würde auch den Rahmen dieses Buchs sprengen. Ich werde mich auf meine sehr subjektiven Verkostungsnotizen beschränken, die zu Hause beim Essen, aber auch auf den großen Vertikaldegustationen entstanden. Die erste wurde 1994 bei meinem ersten Besuch auf dem Gut veranstaltet, eine weitere fand im September 2001 im Beisein von Alastair Mackenzie, Jancis Robinson und Freddie Price bei mir zu Hause statt, wo wir sämtliche Jahrgänge von Guibert verkosteten. 1992 schrieb Peynaud in einem Brief an die Guiberts: »Vertikaldegustationen sind wie Familienfotos: Sie veralten schnell. Deshalb braucht man ständig neue.« Voilà.

Mas de Daumas Gassac (rot)

1978 Von jungen Reben. Der erste Jahrgang, der auf den Markt kam. Auf dem Etikett stand zwar »pur Cabernet Sauvignon«, aber die Komposition setzte sich aus 87 % Cabernet Sauvignon, 8 % Tannat, 4 % Malbec und 1 % Syrah zusammen. Erstmals im Dezember 1989 zu Hause verkostet – zu Steak und Kidney Pie: tief, attraktiv, noch immer jugendlich; ziemlich medizinale, Talbot-ähnliche Nase; gute Frucht, tanninbetont. Als Nächstes auf einer groß angelegten Vertikalverkostung 1990 in London: verschlossen, keine wesentliche Weiterentwicklung, aber mit gewisser Pikanz. Dann 1994 bei der lückenlosen Vertikaldegustation auf dem Gut: eine Nase, die sich fabelhaft entfaltete, aber tanninbetont und spröde. 1998 am Altern, aber noch immer etwas »Süße« und Frucht. Kürzlich zu Hause degustiert: jetzt verständlicherweise mit Alterston, undefinierbare Farbe; oxidierende Nase, teerig, »angesengte Melasse«, mit schweißelnden alten Tanninen, die ihn am Leben hielten. Ausgetrocknet und etwas spitzig. *Zuletzt im September 2001 verkostet. Jetzt über den Höhepunkt hinaus. In Bestform* ★★

1979 80 % Cabernet Sauvignon, 15 % Tannat, 3 % Syrah und 2 % Malbec, aber noch immer als reinsortiger Cabernet Sauvignon etikettiert. Ebenfalls 1989 zum Mittagessen erstmals verkostet: pflaumenfarben; schweißelnde, tanninbetonte Nase, aber gute Frucht; trocken, schlank, seidige Tannine, spröde. Ein Jahr später auf der Vertikalverkostung: verschlossene Nase mit Altersspuren, ledrige, tanninbetonte Textur. Kurz darauf der älteste von fünf Jahrgängen, die wir zu Hause bei einem Sonntagsessen tranken – besser gesagt, teilweise tranken: sehr trocken, tanninbetont, sogar zum Essen spröde (1990). Dann 1994 auf Gassac: Brombeer- und Cassis-Aroma; seidige, tanninbetonte Textur. Schlank und spröde. Kürzlich: reiche, aber unbestimmte Farbe; reiche, käsige Nase mit anhaltendem Duft – nach neun Stunden Vanille und »alte Eiche«. Mehr Kraft und

Fleisch als der 1978er. Guter Geschmack, aber das Tannin und die Säure hatten den Wein fest im Griff. *Zuletzt im September 2001 verkostet* ★★

1980 Erstmals im Mai 1987 verkostet, der älteste von sechs Jahrgängen, vom Importeur Mistral Wines gekauft. Wieder angeblich »100 % Cabernet Sauvignon«, aber in Wirklichkeit eine Komposition aus 80 % Cabernet Sauvignon, 10 % Malbec, 6 % Syrah und 4 % Tannat. Diesmal bekamen wir sogar noch weitere ausführliche Informationen über seine Zusammensetzung: 12,9 % Alkohol, 27 g/l Trockenextrakt, pH-Wert 3,45, 0,52 g/l flüchtige Säure und 3,5 g/l Gesamtsäure. Starkfarben; schweißelnde Tannine, nasses Leder und Achselschweiß; mitteltrocken, rau, tanninbetont. Keine große Länge. Als Nächstes 1990 beim Essen: nuancierte Farbe; etwas »Süße«, fruchtbeladen, aber tanninbetont. Ein ähnlicher Eintrag einen Monat später, außerdem mit dem Zusatz: schlank und »sehr griffig«. 1994 auf Gassac: lebhafte Frucht, gut entwickelte Nase; gutes Gewicht, insgesamt trocken, aber wohlriechend. Kürzlich: noch immer ziemlich tief und intensiv; harte, tanninbetonte Nase, aber mit lebhafter Frucht, »angesengtes Farnkraut«, teerige Obertöne; ausgesprochen gute Frucht, etwas weiches Fleisch, »Süße« kontra Tannin, etwas spitzig. *Zuletzt im September 2001 verkostet* ★★

1981 Der erste Daumas-Gassac-Jahrgang, den ich je degustierte. Ich hatte von Guiberts Weinen bereits gehört, aber Aimé schickte mir freundlicherweise eine Flasche zum Probieren. Da er damals noch von Emile Peynaud beraten wurde und in der Komposition außerdem Cabernet Sauvignon dominierte, ähnelte der Wein im Stil einem Bordeaux. Guibert muss auch dem dänischen Magazin *Alt om Mad* (Alles über Essen) eine Probeflasche geschickt haben, denn kurz darauf verkostete ich ihn bei einem *Alt-om-Mad*-Essen für die Presse im Kopenhagener Restaurant Le Cocotte: purpurrot, intensiv; würzige Nase; sehr straff und tanninbetont, aber mit guter Frucht (mein Beitrag war eine Flasche Anjou Rablay von 1928). Als Nächstes bei der Verkostung von Mistral Wines 1987 in guter Verfassung: schönes Bukett, von Cabernet dominiert (gemäß Etikett 100 %, aber in Wirklichkeit nur 81 %, mit 12 % Malbec, 6 % Syrah und 1 % Tannat – ich werde nicht mit den anderen statistischen Daten langweilen; sie ähnelten denen zum 1980er); schlank, aber gut gebaut, noch immer mit jugendlichem Tannin. Ein guter Wein mit verheißungsvoller Zukunft. 1990 gleich zweimal degustiert: fleischig, fest, tanninbetont. Auf der Gassac-Vertikalverkostung 1994 empfand ich ihn als relativ leicht, zugänglich und kurz. Ich freute mich schon auf die nächste Flasche – leider korkelte sie. *Zuletzt im September 2001 geprüft – aber nur mit der Nase. In Bestform* ★★★

1982 Auf einer Christie's-Vorverkaufsverkostung im Juli 1986 versetzte mich der Wein zum ersten Mal in Erstaunen. Zunächst einmal war ich überrascht, dass er bei einem Verkauf feiner Weine auftauchte. Doch er war äußerst beeindruckend: charakteristisch, intensiv, purpurrot; ausgezeichnete Nase, bei der ich auf Cabernet Sauvignon oder Cabernet franc tippte; »eine reife alkoholische Süße«, reich, fruchtig, tanninbetont. Zufällig ein weiteres Mal einen Monat später bei Hugh Johnson. Mein Gastgeber holte ein Dekantiergefäß hervor und forderte mich auf, den Wein zu identifizieren. Es passiert höchst selten, dass man einen Wein am Erscheinungsbild erkennt, aber in diesem Fall genügte ein Blick auf die Farbe und ich wusste Bescheid. Ohne ihn überhaupt zu riechen oder zu schmecken, sagte ich: »Mas de Daumas Gassac« und fügte »1982« hinzu. Hugh war völlig verblüfft. An diesem Wochenende gab es keine Blindverkostungen mehr!

Als Nächstes im Juli 1988 bei einem »Betriebsausflug« verkostet, meinem jährlichen Picknick für die Weinabteilung von Christie's auf Chippenham Lodge: gutes, weiches Fleisch. Eine sehr hohe Bewertung auf der Vertikalverkostung 1990: weicher werdend, köstlich. Und noch zwei weitere Male in diesem Jahr, allerdings beim Essen: zwar beeindruckend, aber »ohne Charme«. Bei der lückenlosen Vertikalverkostung auf Gassac im Jahr 1994 bekam er zusammen mit dem 1990er meine höchste Bewertung: voll, reich, weich, würzig, *à point*. Kürzlich: reich, samtig, reifer bräunlicher Rand. Bedingt durch die Assemblage (Cabernet Sauvignon als dominierende Rebsorte, außerdem Merlot, Malbec und Cabernet franc) mit ausgeprägter Bordeaux-Nase, ziegelartig, entgegenkommend, ein Anflug von Eisen, große Tiefe und noch nach neun Stunden im Glas sehr wohlriechend. Am Gaumen weich, fleischig, mit einem Körper, der das Tannin umhüllte. Freddie Price meinte, der 1982er habe als erster Jahrgang sein Terroir widergespiegelt, während ich den typischen Charakter auf die Komposition zurückführte. Auf jeden Fall war er ausgezeichnet und der zweitbeste von 23 Jahrgängen. *Zuletzt im September 2001 verkostet* ★★★★★ *Bald trinken.*

1983 In diesem Jahr waren die Rebstöcke schon relativ ausgereift und auch die Bereitung hatte Guibert nun gut im Griff. Erstmals auf der Vertikalverkostung von Mistral Wines 1987 degustiert. Diesmal keine widersprüchlichen Informationen: 80 % Cabernet Sauvignon, allerdings im Gegensatz zum 1982er mit Pinot noir und Syrah, aber ohne Tannat. Noch mehr Alkohol und Extrakt als der 1982er. Wohlriechend, kräftig, aufregende Frucht, würzig; schöner Geschmack, elegant, gute Textur. Als Nächstes 1990 zwei Einträge, beide sehr gut, wenngleich der Ton diesmal nicht ganz so begeistert war. 1994 auf Gassac: offen, ausgewogen, Kirschnote. »Süß«, Geschmack und Textur ähnlich wie ein Pomerol. Voll entwickelt. Kürzlich: noch immer mit wunderschön tiefer Samtfarbe; reiche, ziegelige, hochgetönte Nase, dann teerig und nach einer Stunde »süß« und kräuterwürzig. Hielt sich neun Stunden lang. Am Gaumen weich, fleischig, nach wie vor tanninbetont. Bekam meine höchste Bewertung aller verkosteten Weine. *Zuletzt im September 2001 degustiert* ★★★★★ *Bald trinken.*

1984 80 % Cabernet Sauvignon, der Rest Malbec, Merlot, Cabernet franc, Pinot, Syra *(sic)* und Tannat. Erstmals 1987 verkostet: in der Nase stielig, Zitrusnote, zederig; trocken, füllig, spröde, raue Tannine, keine besondere Länge. Auf der Vertikalverkostung 1990 schwere »Tränen«, wieder Tannin, Bitternote. Auf Rodenstocks Weinwochenende 1990 unverwoben, aber attraktiv, 1994 auf dem Gut verschlossen, wohlschmeckend, aber spitzig. Kürzlich: reif, warm, reich, angesengtes Bukett, »süß«, wohlschmeckend, aber leicht bitter und spitzig. *Zuletzt im September 2001 verkostet* ★ *Austrinken.*

1985 Es ist interessant, die Entwicklung eines Weins von der Wiege bis zur Reife zu verfolgen: eine im Januar abgezogene und im Mai 1987 verkostete Fassprobe (Abfüllung im April): 60 000 Flaschen, 1000 Magnums, 30 Jeroboams, 12 Methusalems. Natürlich undurchsichtig; würzig, Zimt, neue Eiche, »süß«, rau, Cassis-Duft (Schwarze Johannisbeere), feigenartig, fast wie Port, Geschmack, Länge und Abgang schön. Elegant, aber schlank. Ein guter Anfang. Exakt drei Jahre später: »Süß«, voll, sehr reich, samtig. Als Nächstes 1991 beim Essen: noch immer sehr tief, voll, weich, fleischig, schön. 1994 bekam er bei der Vertikalverkostung auf Gassac gemeinsam mit dem 1983er meine zweithöchste Bewertung: ein wirklich schöner Wein, komplett, gute Zukunft. Kürzlich noch immer auf vielschichtige Weise beeindruckend, wohlriechend, ausgewogen; etwas »Süße«, Geschmack, Frucht, Tannine und Säure gut. Gehörte zu den drei höchstbewerteten Gewächsen. *Zuletzt im September 2001 verkostet* ★★★★★ *Jetzt schön. Warum noch länger warten?*

1986 Der Cabernet-Sauvignon-Anteil sank auf 75 %; der Rest Cabernet franc, Merlot, Malbec, Syra, Pinot noir, Tannat. Im Mai 1990 noch immer intensiv, wohlriechend, würzige neue Eiche; frische, lebhafte Frucht, tanninbetont. Ein guter Wein. 1994 auf Gassac frucht- und tanninbeladen. Mehr als zehn Jahre später: eigenartige, aber ansprechende Frucht, entfaltete sich duftend; sehr positiv, schöner Geschmack, ledrige Tannine. Kann sich durchaus noch entwickeln. *Zuletzt im September 2001 verkostet* ★★(★) *Jetzt bis 2006?*

1987 Diesmal nur noch 70 % Cabernet Sauvignon, außerdem sechs andere Rebsorten. Auch der Alkoholgehalt war gesunken und lag nun bei 12,7 %. Drei Vertikalverkostungen, die erste 1990. Pflaumenfarben; »süß«, weich, angenehm. Als Nächstes 1994 auf Gassac sehr »süß«, schokoladig, »Caramac«-Schokoriegelnote; stämmig, würzig, tanninbetont, aber »kurz vor der Reife«. 1998 gut trinkbar, weich und fleischig. Kürzlich voll ausgereift, mit schwachem Rand; sehr »süße«, karamellartige Nase, »Melasse«; »süß«, die Weichheit verlor den Kampf mit den rauen, griffigen Tanninen. Nach einiger Zeit im Glas Mokka- und Schokoladenoten in der Nase und am Gaumen. *Zuletzt im September 2001 verkostet* ★★ *Austrinken.*

1988 Ein großer Jahrgang mit einer ähnlichen Komposition wie 1987. Im Mai 1990 undurchsichtig; sehr reich; ziemlich »süß«, körperreich, Frucht, Tannin und Säure gut. Zwei Monate später ein ähnlicher Eintrag, ich fügte jedoch noch hinzu: hoher Extrakt, würzig, fleischig. 1994 auf Gassac: schwere »Tränen«; grüne, vegetabile, medizinale Nase; voll im Geschmack, ein schlanker Zug; nach wie vor schöne Farbe; ein nachhaltiges Bukett, das sich wohlriechend entfaltete; »süße«, lebhafte Frucht, fest, weiterhin tanninbetont. Im September 2001 meinte Freddie Price, dass der Daumas Gassac sich mit den Jahrgängen 1988, 1989 und 1990 zu einem wahren Crescendo steigere. *Zuletzt im Mai 2002 verkostet* ★★★★★ *Im Zenit.*

1989 Erstmals im Frühjahr nach der Lese verkostet. Ziemlich grobe Textur, aber gutes Potenzial. 1994 auf Gassac: 13 % Alkohol, mehr Firnis als Frucht, aber schöne Entfaltung; seidig, doch mit adstringierenden Tanninen. Jetzt ziemlich tief, noch immer jugendlich; angesengte, ziegelige, würzige Nase; sehr »süß«, mit warmer, reifer Frucht. Ein schönes Gewächs. *Zuletzt im September 2001 verkostet* ★★★★★ *Jetzt bis 2009.*

1990 Wieder eine ähnliche Komposition wie 1987 und 1988. 1994 auf Gassac verkostet und sehr hoch bewertet: tief, ziemlich intensiv; sehr reiche, tiefe »Tee-und-Schokolade«-Nase; merklich »süß«, ausgeprägte Frucht; gutes Gewicht (12,7 % Alkohol), ähnlich wie die vier vorausgegangenen Jahrgänge. *Zuletzt im September 2001 verkostet* ★★★(★) *Jetzt bis 2010.*

1991 Erstmals im Dezember 1993 zu Hause verkostet: eindringlich, fruchtbeladen, natürlich noch unreif. Die Cabernet-Sauvignon-Reben hatten nun eindeutig ihre volle Reife erlangt; 90 % der Cabernet-Trauben in dieser Assemblage stammten von alten Stöcken. Ansonsten Cabernet franc, Malbec und Syra. 1994 auf Gassac: überraschend tief und intensiv; gut entwickelte, reiche, keksartige Nase; lebhafter guter Extrakt, aber sehr tanninbetont. 1997 Frucht und Fleisch gut. Mit zehn Jahren eine wohlriechende, kräuterwürzige Nase, die sich wunderschön entfaltete; am Gaumen zwar »süß«, aber etwas hölzern und adstringierend. *Zuletzt im September 2001 verkostet* ★★(★)

1992 Über ein halbes Dutzend Mal verkostet, das erste Mal im September 1994 auf Gassac: starke »Tränen«; offen gewirkt, jugendliche Frucht – ein frühreifer Wein? Eigenartig, robust. Als Nächstes 1997: jugendlich, rau, adstringierend. Schon ein Jahr später aber gut zu trinken, wenngleich noch tanninbetont. 1999 beim Picknick in Glyndebourne gut. Bei einem weiteren Picknick unter dem Motto »The Fourth of June« in Eton nach dem weißen 1994er mit der Familie getrunken – farbtief, aber alles andere als ideale Verkostungsbedingungen. Kürzlich: noch immer tief, reich, pflaumenfarben; gut entwickelte Nase, Mokka, dann Karamell; trocken, lebhaft, gute Länge und, sieht man einmal von den kantigen Tanninen ab, ein reicher Nachgeschmack. *Zuletzt im September 2001 verkostet* ★★★ *Bald trinken.*

1993 Eine ähnliche Komposition wie der 1991er, diesmal aber mit Tannat. Erstmals im September 1994 auf Gassac aus dem Fass verkostet: purpurrot, sehr angenehme junge Frucht, zugänglich im Stil, etwas hohe Säure. Dann zwei Einträge 1998: mitteltief, weich, pflaumenfarben; lebendige, ansprechende Frucht; ein Hauch von »Süße«, integrierte Tannine und Säure, obwohl Letztere ziemlich ausgeprägt war (beide Male auf Chippenham Lodge zum Essen getrunken). Unter erschwerten Bedingungen, wieder beim Picknick »The Fourth of June«, im Mai 2000. Exakt ein Jahr später aber gut zu trinken. Kürzlich mit dem typischen Aussehen eines frühreifen Weins; in der Nase Erdbeeren und Rosinen; »süß«, sehr fruchtig, griffig, guter Abgang. *Zuletzt im September 2001 verkostet* ★★★(★)

1994 Ein ähnlicher Traubenmix wie 1992. Ich war Aimé Guibert zwar schon mehrmals begegnet – meist auf der Vinexpo – und wir standen auch regelmäßig in Briefkontakt, doch erst in diesem Jahr stattete ich dem Gut einen Besuch ab. Der Zeitpunkt war gut gewählt: Wir aßen nach der Ernte gemeinsam mit den Lesearbeitern und der Familie zu Abend – eine sehr fröhliche Runde mit Musik (Véronique Guibert hat eine schöne Stimme). Es gab nur ein kleines Problem: Nach wochenlanger Hitze und Trockenheit hatten einen Tag vor unserer Ankunft sintflutartige Regenfälle eingesetzt und man hatte vergessen, in unserem Gästezimmer das Oberlicht zu schließen. Das war im September, und weil der Wein zu dieser Zeit gerade gärte, verkostete ich ihn erstmals auf der Londoner Weinmesse im Mai des darauf folgenden Jahres mit Aimé (er hielt ihn für seinen bislang besten Jahrgang): natürlich undurchsichtig, Frucht und Geschmack sehr gut. Als Nächstes 1992 zu Hause: schön, lebhaft, wohlriechend; reich, dicke Textur, zum Kauen, tanninbetont. Mit vier Jahren noch jugendliche Erscheinung, aber gut zu trinken. Bei der jüngsten Verkostung aber enttäuschte er mich: eine seltsame, milchige, korkelnde Nase; spitzig und adstringierend. Ich hoffe, es lag an der Flasche. (Vielleicht sollte ich hinzufügen, dass Alastair Mackenzie der Meinung war, dass er sich am Gaumen in guter Verfassung zeigte, ausgewogen und mit schöner Struktur.) *Zuletzt im September 2001 verkostet. In Bestform* ★★★★★

1995 Im Mai 1997 in der Nase »süß«, fast karamellartig; am Gaumen sehr trocken, Eiche und griffige Tannine. Ein paar

Jahre später: gute Frucht, köstlich, wohlschmeckend, Eiche und Tannin dezent. Kürzlich: noch immer sehr farbtief; ziegelige, Bordeaux-artige Nase (die Trauben der »alten« Reben machten jetzt fast 90 % der Assemblage aus), entfaltete sich vielschichtig; ziemlich »süß« (Alastair Mackenzie glaubte Melasse und altes Leder zu entdecken), gute weiche Frucht und trockener Abgang. *Zuletzt im September 2001 verkostet* ★★★(★) *Jetzt bis 2010.*

1996 Vier Einträge. Anfangs viel Farbe, Frucht und Extrakt. 1998 noch immer praktisch undurchsichtig; in der Nase und am Gaumen sehr reich und »süß«, aber tanninbetont. Jetzt mit reifem Aussehen; intensiv; gutes Fleisch, aber viel Tannin. *Zuletzt im September 2001 verkostet* ★★(★) *2005 bis 2010 wahrscheinlich auf dem Höhepunkt.*

1997 Süße Frucht, wie aufgezuckert. Nach einer Weile im Glas glaubte ich einen Anflug von Mercaptan auszumachen. Reich, aber sehr tanninbetonte Textur. Mackenzie und ich waren hinsichtlich seines Potenzials skeptisch. *Zuletzt im September 2001 verkostet* ★?

1998 Diesmal zu 80 % aus Cabernet Sauvignon. Einige Einträge im Mai 2000. Teernote in der Nase; ziemlich körperreich (13 % Alkohol). Mit reifer Frucht beladen. Der Gehalt kaschierte das Tannin. Kürzlich: tief und samtig; eindringliche Nase; sehr tanninbetont, gute Säure. *Zuletzt im September 2001 verkostet* ★★★(★) *2006 bis 2012.*

1999 Erstmals im Mai 2001 verkostet, brauchte aber noch Zeit. 13 % Alkohol. Nicht so tief und im Stil weicher und leichter als der 1998er, köstliche Nase mit Rosinen, Pflaumen und Feigen; offen gewirkt, zugänglich, sehr fruchtig. Ein frühreifer Wein. *Zuletzt im September 2001 verkostet* ★★★ *Jetzt bis 2006.*

2000 Erstmals zwölf Monate nach der Lese verkostet: dunkles Kirschrot; volle, ausgeprägte Frucht; kraftvoll, konzentriert, natürlich tanninbetont. Als Nächstes nach dem Ende des Fassausbaus und vor dem Umzug in den Stahltank degustiert, »wo er das Holz verdauen konnte«, um schließlich Mitte Februar 2002 abgefüllt zu werden: ziemlich tief, pflaumenfarben; reiche erdbeerartige Nase, »süß«, harmonisch; mittlerer Körper (13 % Alkohol), reich, weiche Tannine, gute Länge. Ein guter Wein mit aussichtsreicher Zukunft. *Zuletzt im Mai 2002 verkostet* (★★★★)

2001 Das Gassac-Tal erlebte im September einen unglaublichen Temperaturschock, der Guibert zufolge eine »fabelhafte Farb- und Tanninextraktion« nach sich zog. Nach den ersten drei Monaten im Fass ziemlich tief, dunkel kirschrot; verschlossene Brombeernase, gute Tiefe; guter Körper, weiche Tannine, noch etwas rau. Abfüllung im März 2003. *Januar 2002* (★★★★) *Die Zeit wird zeigen, wie er sich entwickelt.*

Cuvée Emile Peynaud Ein neuer »Super-Gassac«, von ganz anderer Machart als der reguläre Wein: 100 % Cabernet Sauvignon mit Trauben von 30-jährigen Reben aus Peyra Fioc, einem kleinen Weinberg auf dem magersten Gassac-Boden: undurchsichtiges Zentrum, intensiv purpurner Rand; ebenso intensives Aroma; parfümierte Eiche – in diesem Stadium war es schwierig, die Eiche zu überwinden und bis zur eindeutig reichlich vorhandenen Frucht vorzudringen; ziemlich »süß«, voller Körper, hoher Extrakt, eine samtige Fülle, die die weichen Tannine und die Säure einhüllte. Auf jeden Fall eine »tour de force«! *Januar 2002* (★★★★★) *Im Auge behalten.*

Mas de Daumas Gassac (weiß)

1986 Aimé Guiberts erster Weißer. 80 % Viognier (aus 1981 gepflanzten Reben von Georges Verney aus Condrieu), 10 % Chardonnay und 10 % Muscat de Frontignan. Zwei Monate Ausbau in Eiche. Erstmals im Juni 1987 verkostet, damals blasses, wächsernes Gelb; jugendliche Ananasnase und etwas Kohlendioxid; mitteltrocken, gute Frucht, ausgezeichnete Säure, würziger, eichenbetonter Abgang. Seither nicht mehr verkostet.

1987 Auf 60 % reduzierter Viognier-Anteil, 30 % Chardonnay, 10 % Muscat. Im August 1989 blass, grünspurig; wohlriechend; trocken, fest, Vanille und Eiche, stahlig, aber duftig. Kürzlich strohfarben; ungewöhnlich fleischige, wächserne Nase; Fenchelgeschmack. Attraktiv, aber kurz. *Zuletzt im April 1991 verkostet. Damals* ★★★ *Jetzt wahrscheinlich verblasst.*

1988 Wieder 60 % Viognier, 20 % Chardonnay, 5 % Muscat und 15 % Petit Manseng (eine Traube, die in Jurançon in Südwestfrankreich gute Ergebnisse erbringt). Von diesem Jahrgang konnte ich die Entwicklung verfolgen. Bei der ersten Verkostung im Juni 1989 bereits nuanciertes, positives Strohgelb; leicht parfümierte Vanille- und Walnussnase; mitteltrocken, mittlerer Körper, reicher eichenbetonter Geschmack und gute Länge. Später mit Goldton; im Geschmack reicher, weicher und eichenbetonter. Kürzlich bernsteingolden; reiches honigartiges Flaschenalter; wie Barsac, nur trocken. *Zuletzt im September 2001 verkostet* ★★★ *Für sein Alter gut, aber auf der Kippe.*

1989 Eine merkliche Änderung der Komposition: jetzt 40 % Chardonnay, nur noch 25 % Viognier, 25 % Petit Manseng, 5 % Muscat und 5 % verschiedene einheimische Weißweintrauben wie Marsanne oder Roussanne. Erstmals im Mai 1990 verkostet: rau, junge Ananasschalen-Nase; leicht »süß«, körperreich. Kürzlich noch immer blässliches Gelb; reiche, reife Frucht; »süß« und ansprechend. *Zuletzt im September 2001 verkostet* ★★★★★

1990 30 % Chardonnay, 30 % Viognier, 30 % Petit Manseng, 5 % Muscat und 5 % andere Rebsorten. Zwei Einträge aus dem Jahr 2001: ziemlich blass; entgegenkommend – mit der üblichen jugendlichen Ananasnote; mitteltrocken; fruchtig, attraktiv, aber kurz. *Zuletzt im September 2001 verkostet* ★★ *Austrinken.*

1991 Ähnlich assembliert. Eine von Aimé für die Vertikalverkostung vom September 2001 zugestellte Flasche war leider oxidiert, der Ersatz besser: reingoldene Reflexe, nussig, Wachs, Vanille, ein Anflug von Aprikosen und Honignoten dank Flaschenalter. Nach 90 Minuten Honig und Karamell; am Gaumen trocken, aber reich (13 % Alkohol), etwas schwerfällig – auf halbem Weg zwischen der Frische der Jugend und der Gelassenheit des Alters. *Zuletzt im Januar 2002 verkostet* ★★★

1992 Die Anteile der einzelnen Rebsorten blieben nun mehr oder weniger jedes Jahr gleich – 35 % Viognier, 30 % Chardonnay, 30 % Petit Manseng und 5 % andere Trauben. Erstmals im März 1993 verkostet: schönes junges Aroma und ebensolcher Geschmack. Frucht, Säure und Nachgeschmack gut. 1995 eine zitronig-wächserne Chardonnay- und Vanillenase; ziemlich stämmig, interessant, aber nicht begeisternd. Perfekt zu Hühnerleber-Pâté. Kürzlich sahnig, ungewöhnlich, ansprechend, »wie milder Rheinwein«. *Zuletzt im September 2001 verkostet* ★★★

1993 Erstmals im September 1994 beim Abendessen während der Lese auf Gassac verkostet: sehr alte Nase; mitteltrocken, attraktiv in Geschmack, Körper und Gleichgewicht. »Dürfte mit zunehmendem Flaschenalter immer köstlicher werden«. Was sich sieben Jahre später bestätigte: ziemlich »süß«, gute Säure. Ein sehr attraktiver Wein. *Zuletzt im September 2001 verkostet* ★★★★ *Bald trinken.*

1994 Ertragsreduzierung bei allen Rebsorten. Mehrere Einträge. Während der Lese den Most verkostet: Duft nach reinem Ananassaft; süß, köstlich, nicht so konzentriert wie erwartet. Als Nächstes im Frühjahr nach der Lese: überraschend attraktiv und trinkbar, »wird sich aber noch steigern«. Im Juni 2000 hatte er weder die aufregende Lebendigkeit der Jugend noch die Vorteile der Altersmilde – wie ich! – zu bieten. Kürzlich aber in gutem Zustand: noch immer blass, Limonenton; in der Nase eine Mixtur aus Vaseline, Ananas und frisch geschälten Birnen. Ein schöner Wein. *Zuletzt im September 2001 verkostet* ★★★★

1995 Erstmals im Frühjahr 1996 verkostet: fabelhafte, jugendliche Aromen; überraschend süß (8 g/l Restsüße), schöner reicher Geschmack, guter Körper (13 % Alkohol), etwas hohe Säure, eichenbetonter Nachgeschmack. Wie der 1989er Laville Haut-Brion in seiner Jugend. Im Mai 2000 ausgeprägt gelb; süß, weich, reich, sehr eichenbetont, attraktiv. Ein ähnlicher Eintrag von der Verkostung im September 2001, allerdings säurebetont. *Zuletzt im Januar bei einem Mittagessen mit Gästen zu Hause verkostet* ★★★

1996 Die Assemblage blieb in den Jahren 1996 bis 1999 praktisch unverändert: jeweils 30 % Viognier, Chardonnay und Petit Manseng, außerdem 10 % andere Rebsorten. Im Mai nach der Lese mit einem Hauch von Kohlensäure, raue Ananasnase, sehr eichenbetont; guter Geschmack, aber mit einem Einschlag, den ich wahrscheinlich nicht ganz korrekt als Acetonnote beschreibe. Mit fünf Jahren: reiche Nase; fleischig, sahnig, zu süß. Kürzlich sehr gehaltvoll, schien im Glas immer reicher zu werden. Beeindruckend. *Zuletzt im Januar 2002 beim Essen zu Hause verkostet* ★★★

1997 Erstmals im August 1998 zum Mittagessen getrunken: ziemlich blass; unreife Apfel-, Grapefruit- und Ananasschalen-Aromen; mitteltrocken, Pfirsich, verschiedene weitere Fruchtnoten und leicht bitterer, eichenbetonter Abgang. Kürzlich eigenartige, hochgetönte Nase; ziemlich reich, minzig – kein besonders aufschlussreicher Eintrag. *Zuletzt im September 2001 verkostet* ★★ *Profitiert vielleicht noch von einer ein- oder mehrjährigen Flaschenlagerung.*

1998 Auf der Vertikalverkostung vom September 2001 degustiert: blass; sehr wohlriechend, pikante Frucht; sehr guter Geschmack, »süß«, aber mit trockenem Abgang. Beim Essen zu meinem 75. Geburtstag in der Vintners' Hall serviert. Köstlich. *Zuletzt im Mai 2002 verkostet* ★★★★ *Auf dem Gipfel.*

1999 Fünf Einträge, der erste vom Mai nach der Lese: etwas blass, eine Spur Grün und leichte Kohlensäureperlen am Glas; sehr eindringliche junge Aromen, eichenbetonter Nachgeschmack. Bei der Verkostung vom September 2001 in guter Form, aber noch jugendlich, mit charakteristischer Ananasnase und Eichennote. Kürzlich nahm ich ihn mit in das libanesische Restaurant in unserer Nähe: perfekt zu scharf gewürztem Essen. Gute Länge, absolut zufriedenstellend. *Zuletzt im Januar 2002 im Restaurant Mes Amis in Fulham, London, degustiert* ★★★(★)

2000 Mittlerweile wirklich kompliziert: »ungefähr 15 traditionelle Rebsorten«, jeweils 25 % Petit Manseng, Viognier und Chardonnay, außerdem 25 % andere Trauben, manche mit einem Anteil von 1 bis 3 %, andere nicht einmal 1 %. 2001 relativ blass; mit jugendlichem Reiz; mitteltrocken, fruchtig, attraktiv, aber kurz, gute Frucht und Säure. »Dürfte sich gut entwickeln.« *Zuletzt im Mai 2001 verkostet* ★(★★)

2001 Gute Farbe, limonengoldene Reflexe; unreifes Ananasaroma; mitteltrocken, weiche Frucht, aber jugendliche Säure. *Im Mai 2002 verkostet. Braucht Zeit, um sich zu beruhigen. Schätzungsweise 2003 bis 2006.*

Deutschland

Ich mag deutsche Weine. Damit meine ich die außerordentlich vielfältigen, zwischen knochentrocken und exquisit süß angesiedelten Qualitätsweine gut geführter Weingüter und nicht die billigen Zuckerwässer in den traditionellen Langflaschen (»Flûtes«). Deutscher Qualitätswein hat für den Verbraucher zwei Vorteile. Der erste ist sein Preis: Er besetzt einen Nischenmarkt, die Nachfrage nach ihm ist begrenzt und er wird kaum als Spekulations- oder Investitionsobjekt gekauft, weshalb selbst die höherwertigen Gewächse günstig zu haben sind. Der zweite Vorteil ist seine Zugänglichkeit: Von allen großen klassischen Provenienzen Europas lässt deutscher Wein sich am unbeschwertesten genießen.

Man braucht kein Experte zu sein, um sich am Duft und Geschmack eines wirklich guten deutschen Produkts zu erfreuen, auch wenn das Etikett auf den ersten Blick eher kompliziert aussieht. Wer Süßweine von vornherein ablehnt – davon gibt es nicht wenige – oder sich beim ersten Blick auf die Beschriftung kopfschüttelnd abwendet, versagt sich eine der Freuden des Weintrinkens. Dabei dauert es gar nicht einmal so lange, bis man die Logik hinter den im Grunde sehr aufschlussreichen Namen verstanden hat.

Überdies halte ich den Riesling, aus dem so viele deutsche Spitzenkreszenzen gekeltert sind, für die interessanteste und vielseitigste weiße Rebsorte überhaupt. Zwar wird sie allenthalben kultiviert, doch nur in Deutschland entstehen aus ihr Weine, die Charme und Delikatesse mit lebhaftem Schwung verbinden.

Warum beschreibe ich so viele alte Jahrgänge, von feinen Auslesen bis zu Trockenbeerenauslesen? In erster Linie, um ihre außerordentliche Qualität und Langlebigkeit zu veranschaulichen und meine Liebe und Bewunderung für sie zum Ausdruck zu bringen, so unzureichend das auch geschehen mag. Freilich ist für die meisten Leser die Lektüre meiner Verkostungsnotizen eine Ersatzbefriedigung – doch sind die beschriebenen seltenen Provenienzen keineswegs unerreichbar, denn von Zeit zu Zeit tauchen auf Versteigerungen noch Flaschen aus den Kellern von privaten Sammlern oder Weingütern auf. Während aber meine Einträge zu alten und seltenen Kreszenzen in erster Linie eine Verbeugung vor großen Weinen und Winzern sind, haben die jüngeren Notizen durchaus praktischen Wert.

Erzeuger deutscher Weine von hoher Qualität streben nach dem perfekten Gleichgewicht zwischen Frucht und Säure. Die alkoholarmen, fruchtigen Gewächse genießt man am besten als köstliches Getränk für sich, also ohne eine Mahlzeit. Man hat sich zwar zeitweise an trockenen Essensbegleitern versucht, doch der Erfolg wollte sich nicht so recht einstellen. Nahm man die Frucht weg, blieb an Geschmack nicht mehr viel übrig. Mittlerweile entstehen aber einige ausgezeichnete trockene »Erste Gewächse«.

Das Gros meiner Verkostungsnotizen entstand über die Jahre hinweg zu Hause, mit Freunden, bei Verkostungen des Fachhandels und auf den verschiedenen Gütern. Als Leiter der jährlichen Weinversteigerungen für den VDP im Rheingau konnte ich viele der besten jungen Jahrgänge verkosten. Zu besonderem Dank bin ich den Breuer-Brüdern verpflichtet, die mich zu ihren Essen mit seltenen Weinen eingeladen haben, dem allgegenwärtigen Hardy Rodenstock und den Weingütern Schloss Johannisberg, Schloss Reinhartshausen, Robert Weil, Egon Müller in Scharzhof und vielen anderen, die ich im Text erwähne.

Im Text verwendete Abkürzungen für die deutschen Anbaugebiete

(Rg) Rheingau – Das historische Herz des deutschen Weins erstreckt sich am rechten Rheinufer östlich und westlich von Wiesbaden und umfasst die meisten Ersten Gewächse. Fest, von trocken und stahlig bis zu feinsten TBAs.

(M) Mosel-Saar-Ruwer – Das Moseltal mit den beiden bedeutenden Nebenflüssen Saar und Ruwer ist die nördlichste der klassischen europäischen Weinregionen. Leichte, fruchtige, erfrischende Weine, von sehr trocken bis hin zu feinsten TBAs.

(N) Nahe – Geographisch und stilistisch zwischen der Mosel und dem Rheingau gelegen. Weine mit ausgeprägter Frucht.

(Rh) Rheinhessen – Am linken Rheinufer, mit einer Hand voll großartiger Güter an den Flusshängen. Im Hinterland entstehen ganze Seen gewöhnlicher Weine aus Müller-Thurgau und weiteren unproblematischen, früh reifenden Rebsorten.

(P) Pfalz – Die südliche Verlängerung von Rheinhessen. Von hier stammen die besten Gewürztraminer.

(F) Franken – Stahlige Gewächse aus Silvaner und dem rassigen Rieslaner.

Gelegentlich erwähne ich in meinen Verkostungsnotizen noch vier weitere Anbaugebiete:

(B) Baden – Deutschlands südlichstes Anbaugebiet. Eine sehr große Produktion weißer und roter Gewächse.

(W) Württemberg – Weine in Weiß und Rot.

(HB) Hessische Bergstraße – Gelangt kaum in den Export.

(A) Ahr – Ein auf Rotweine spezialisiertes Tal nördlich der Mosel.

18. und 19. Jahrhundert

Ein kurzer Ausflug in die Geschichte – nur um zu veranschaulichen, dass die Zeiten früher anders waren. Rheinweine, im angelsächsischen Raum »Rhenish« genannt, werden seit tausend Jahren nach Großbritannien ausgeführt. Sie waren nicht nur schmackhaft, sondern auch relativ sicher und leicht zu transportieren. Man brauchte sie bloß rheinabwärts zu verschiffen, ein paar räuberischen Landesherren unterwegs Zölle zu zahlen, die Nordsee zu überqueren, und schon war man auf der Insel. Vom Mittelalter bis ins 18. und 19. Jahrhundert stand »Hock« und insbesondere »Old Hock«, wie die Engländer den Rheinwein nannten, hoch im Kurs und erzielte einen entsprechend hohen Preis. Die einzigartigen Archive von Christie's geben Aufschluss darüber. »Hock (fine old)« tauchte erstmals in einem Auktionskatalog vom Februar 1767 auf – nur zwei Monate nachdem James Christie seine erste Versteigerung überhaupt veranstaltet hatte. Der erste Jahrgangswein in einem Weinkatalog war der 1748er, der bei Christie's anno 1772 angeboten wurde. Er hatte seinen Preis: Ein Dutzend Flaschen »Very Old Hock« wechselte 1808 für über 10 Pfund Sterling den Besitzer, die höchste Summe, die zwischen 1766 und den 1880er-Jahren bei einer Versteigerung je für einen Wein bezahlt wurde.

»Old Hock« hatte keinerlei Ähnlichkeit mit den leichten, fruchtigen Gewächsen unserer Zeit. Aufschluss über den damals üblichen Stil gibt mein Eintrag zum 1727er weiter unten. Der im Bremer Ratskeller aus dem Fass verkostete Rüdesheimer von 1653 (siehe Kasten Seite 414) schmeckte 1977 wie alter trockener Madeira: stechend und sehr säurebetont (andernfalls hätte er auch nie überlebt), interessant in der Nase und am Gaumen, aber auch nicht mehr. So richtig populär in England wurde guter deutscher Wein – in erster Linie stammte er aus dem Rheingau und aus Franken – allerdings in viktorianischer Zeit.

Die Jahrgänge auf einen Blick

Hervorragend ★★★★★
1748, 1749, 1811, 1822, 1831, 1834, 1846, 1847, 1857, 1858, 1861, 1865, 1869, 1893

Sehr gut ★★★★
1727, 1738, 1746, 1750, 1779, 1781, 1783, 1794, 1798, 1806, 1807, 1825, 1826, 1827, 1942, 1959, 1862, 1880, 1886

Gut ★★★
21 Jahrgänge im 18. Jahrhundert, davon wird im Text der 1748er erwähnt
20 Jahrgänge im 19. Jahrhundert

1727 ★★★★

Rüdesheimer Apostelwein (Rg) Dieser Wein stammt aus einem großen Fass im Apostelkeller des berühmten Bremer Ratskellers (siehe Kasten Seite 414). Er wurde im Christie's-Weinkatalog erstmals 1829 angeboten und für fünf Pfund Sterling verkauft, ein damals hoher Preis. Seither erscheinen vereinzelt halbe Flasche auf Auktionen, die meisten in den letzten 30 Jahren. Man zieht sie aus dem Mutterfass ab, das man anschließend wieder mit einem jungen Rüdesheimer von angemessener Qualität auffüllt. So wird der Inhalt ständig erneuert. Ich habe den 1727er erstmals 1973 auf Schloss Vollrads bei einer Weinprobe mit internationalen Gewächsen zum 80. Geburtstag von Graf Matuschka degustiert (siehe Kasten Seite 434).

Eine weitere denkwürdige Verkostung fand während meines ersten Besuchs in Australien im Februar 1977 bei einem Abendessen statt. Mein rühriger Gastgeber Len Evans hatte den australischen Premier und einige der »besten Gaumen« des Landes eingeladen. Unter den seltenen Kreszenzen fand sich auch dieser 250-jährige Apostelwein. Gerade als er serviert werden sollte, hörte man ein ohrenbetäubendes Splittern und eine verzweifelte Stimme sagte: »Oje, Len, es tut mir wirklich Leid, aber ich glaube, wir müssen den 1728er nehmen«! Die

Ein Wort zu deutschen Weinen

Rebsorten Auf dem Etikett und in meinen Verkostungsnotizen stehen sie immer hinter den Orts- und Lagennamen. Die wichtigsten Trauben sind Riesling und Silvaner bzw. Sylvaner, Gewürztraminer, Spätburgunder (Pinot noir), Grauer Burgunder (Pinot gris) und Weißer Burgunder (Pinot blanc). Unter den Neuzüchtungen haben Müller-Thurgau, Scheurebe, Rieslaner und Siegerrebe einen hohen Stellenwert. Gelegentlich werden in diesem Kapitel noch Bacchus, Huxelrebe, Optima und Ortega erwähnt.

Stile und Qualitätsstufen Deutscher Wein wird nach dem natürlichen Zuckergehalt des Traubensafts zur Lesezeit klassifiziert. Man misst das Mostgewicht in Grad Öchsle. *QbA* – »Qualitätswein bestimmter Anbaugebiete«: Er stammt aus einem der 13 deutschen Anbaugebiete. Trotz der »Qualität« im Namen handelt es sich um einen ziemlich einfachen, für raschen Konsum gedachten Wein. *QmP* – »Qualitätswein mit Prädikat«: Er darf nicht mit Zucker angereichert werden. Die Kategorie umfasst folgende Stufen (nach aufsteigendem Reifegrad geordnet): *Kabinett*: trocken bis halbtrocken, meist leichte Weine; *Spätlese*: höheres Mostgewicht; *Auslese*: von vollreifen Trauben; *Beerenauslese* (BA): aus überreifen, meist edelfaulen, selektierten Trauben, immer süß; *Eiswein*: Süßwein aus Trauben, die am Rebstock gefroren sind, mit konzentrierter Süße. Eisweine müssen dasselbe Mindestmostgewicht wie BA aufweisen; *Trockenbeerenauslese* (TBA): aus überreifen, edelfaulen Beeren, seltene, außerordentlich süße, konzentrierte Weine.

Vor 1971 konnten Erzeuger ihre besseren Gewächse mit dem Zusatz *feine*, *feinste*, *allerfeinste* oder *edle Auslese* etikettieren. Diese höherwertigen Weine werden heute oft durch die Farbe und Länge der Kapsel – *Goldkapsel*, *lange Goldkapsel* – oder, wenn sie aus bestimmten Fässern stammen, durch die *Fuder-Nummer* gekennzeichnet. Die Bezeichnung *Erstes Gewächs* kennzeichnet trockene Weine aus klassifizierten Lagen im Rheingau, die besonders hohe Qualitätskriterien erfüllen müssen.

Stimme gehörte dem »Kellner« Anders Ousbach, einem für seine Scherze bekannten Weinexperten und Opernsänger. Er hatte eine Hand voll Löffel fallen lassen.

Bei meinem zweiten Besuch in Bremen 1981 durfte ich den Wein sogar aus dem Fass verkosten. Er hatte eine bernsteingelbe Strohfarbe, einen Duft nach alten Äpfeln und einen nussigen, apfelartigen Geschmack. Trocken, gute Länge. Hohe Säure. Später eine halbe Flasche »Réserve du Bremer Ratskeller«: blasser als zuvor, eine Farbe wie Sercial Madeira; auch ein Bukett wie alter Madeira, später eher wie Raya Sherry. Nach zwei Stunden im Glas ein Geruch nach alten Ställen und nach einer weiteren Stunde ein erstaunlich stechender Ton im leeren Glas. Am Gaumen mitteltrocken, eher leicht im Gewicht, ein weicher, milder, leicht gerösteter Geschmack nach altem Stroh, annehmbare Säure und sauberer Abgang. *Zuletzt verkostet bei einem Essen, gegeben vom Weinhaus Reichmuth anlässlich der Veröffentlichung der ersten deutschen Ausgabe dieses Buchs im Oktober 1983 im Grandhotel Dolder in Zürich ★★ für den Genuss, ★★★★★ für den Seltenheitswert.*

1748 ★★★

Schloss Johannisberger Riesling Cabinets-Wein (Rg) In der Original-»Flûte« mit dem ältesten Etikett des Schlosskellers. Kurzer, schwarz gewordener Originalkorken. Dekantiert. Sehr helle, warme Farbe wie alter Bernstein, ein rosiger Schimmer, fast wie verblasster alter Rotwein; Geruch nach nassen Haselund Walnüssen; unerträglich hohe Säure, ungenießbar. *Eine Flasche aus den Kellern von Schloss Johannisberg auf Hardy Rodenstocks jährlicher Weinprobe im Oktober 1985 in Wiesbaden.*

1846 ★★★★★

Schloss Johannisberger Blaulack (Blaues Etikett) (Rg) Der älteste Wein auf der unvergesslichen Degustation von Johannisberg- und Yquem-Jahrgängen. Fürst Metternich zufolge geht aus den Kellerbüchern hervor, dass die Lese am 12. Oktober begann. Mittleres Bernsteingold; leicht, aber unmittelbar nach dem Eingießen sauber, Linoleum und alte Frucht, doch wohlriechend, erinnerte an Holzkohle und Sultaninen, zerfiel nach zehn Minuten; trocken, positiver Geschmack, wie feiner alter Amontillado, gute Länge und bemerkenswert für sein Alter. *Im November 1984 auf Schloss Johannisberg verkostet. Als Getränk ★★★, für sein Alter ★★★★*

1862 ★★★★

Eine sehr große Ernte guter Weine, von denen viele nach England exportiert wurden.

Schloss Johannisberger Riesling Goldblaulack Auslese (Rg) Warme Bernsteinfarbe; leicht rauchiges, minziges, rosinenartiges Bukett, entwickelte eine reiche Nase nach altem Stroh, wie ein Tokaji Aszú 5 putts, dann angekohlt, ähnlich wie altes Feuer im offenen Kamin. Lieblich, sehr eindringlich, hohe Säure, wohlriechend, aufregend. *Im November 1984 auf dem Schloss verkostet ★★★★*

Schloss Johannisberger Riesling Goldlack TBA (Rg) Der älteste Jahrgang bei einer Verkostung auf dem Schloss anlässlich des 900-jährigen Bestehens von Johannisberg: mitteltiefe Bernsteinfarbe; konzentriert, toffeeartiges Bukett von beträchtlicher Tiefe, leicht malzig, erinnerte mich an »Kalbsfußgelee«, dann alte Ställe, nach einer Stunde eine reiche Nase nach altem Stroh; noch immer ziemlich süß, auf jeden Fall reich und kraftvoll, trockener Abgang mit beißender Säure. *November 2001 ★★★*

1870 ★★

»Castle Johannisberg« (Rg) Aus den Archivaufzeichnungen von Schloss Johannisberg geht hervor, dass man eine bescheidene Ernte (312 hl) von »mittelmäßiger« Qualität einfuhr, die jedoch als ausreichend für den englischen Markt erachtet wurde. Das in englischer Sprache gehaltene Etikett war überaus verkaufsfördernd: »1870 Fürst Metternichs Schloss Johannisberg, Erstes Gewächs«, seitlich die Schriftzüge »Kaiserlicher Hoflieferant seiner Majestät des Deutschen Kaisers« und »Königlicher Hoflieferant seiner Königlichen Hoheit Prinz Georg von Preußen«, außerdem in Großbuchstaben *»MANNSKOPF & SÖHNE FRANKFURT °M«*.

Ich hatte den Wein bei Christie's gekauft und öffnete ihn bei einem Essen im Sitzungssaal. Zufällig befand sich gerade ein alter Freund von mir, Hermann Segnitz, ein renommierter Bremer Weinhändler, in London, der in letzter Minute als Gast erschien. Zu seiner Überraschung und auch der unseren war der Wein blass für sein Alter, ziemlich trocken und gut trinkbar. *Oktober 1979 ★★★*

1893 ★★★★★

Mit dem 1811er und dem 1865er der beste Jahrgang des Jahrhunderts. Starker Botrytis-Befall.

Assmannshäuser Spätburgunder Auslese (Rg) **N. Sahl Weinhändler** Blasser als erwartet, ein leichter hellbrauner Ton, glanzhell und gesund; milde, saubere, sich öffnende Nase, firnisartig, erdbeerartige Frucht; trocken, spröde, angesengter Geschmack. *Im November 1998 während eines Essens mit seltenen Weinen bei den Breuers in Rüdesheim verkostet ★★*

Erbacher Marcobrunn Riesling BA (Rg) **Schloss Reinhartshausen** Tiefe Bernsteinfarbe mit Orangeton und reingoldenen Reflexen; fehlerlos; noch immer süß, ein Geschmack nach »Gerstenzucker«, trockener, rosinenartiger Abgang. *Im November 1995 auf Schloss Reinhartshausen verkostet ★★★★*

Schloss Johannisberger Riesling Goldlack (Rg) Sehr reife Trauben, sehr hohes Mostgewicht: 130° Öchsle. Überraschend blass für sein Alter; anfangs ein Duft nach altem Tee und leicht puderigem Muskateller. Nach 30 Minuten würzig, komplex, honigartig, Sultaninen; halbtrocken, aber in einen sehr trockenen Abgang übergehend. Trotz des vorübergehenden Wohlgeruchs zu schlank und spröde. *Im November 1984 auf dem Schloss verkostet ★★*

Marcobrunner Cabinet Riesling feinste Auslese (Rg) Herrliche, helle Hagebuttenfarbe; Bukett nach Sultaninen und Aprikosen; trocken, recht gehaltvoller Geschmack und hohe pappige Säure. *Eine von drei Flaschen aus einem englischen Privatkeller, erstanden von Hardy Rodenstock und im September 1986 auf Château d'Yquem verkostet ★★*

1897 ★★

Stein Auslese (wahrscheinlich Silvaner) (F) **Bürgerspital zum Heiligen Geist** Farbe wie kräftiger Tee, trübe und leblos; oxidiert, aber mit einem Duft nach würzigen alten Birnen. Nur gerochen, nicht verkostet. *Von Christie's gekauft und im September 1986 auf Yquem geöffnet.*

Steinberger Riesling Cabinet Wein (Rg) **Staatsweingut (Eltville)** Helles Goldgelb; fabelhaftes, ungewöhnliches, charakteristisches Honigbukett; reich, aber trocken, Geschmack, Tiefe und Länge sehr gut. *Im November 1997 während eines Essens mit seltenen Weinen bei den Breuers in Rüdesheim verkostet ★★★*

1900–1939

In den Jahrzehnten vor Ausbruch des Ersten Weltkriegs waren die besten deutschen Rheinweine so gefragt wie nie zuvor. Die Preise im Kloster Eberbach erreichten astronomische Höhen. Um die Qualität der Bereitungsmethoden und die Unverfälschtheit der Produkte zu gewährleisten, erließ man 1909 das Reichsweingesetz, das die Bezeichnungen »Naturwein« und »naturrein« für nicht aufgezuckerte Gewächse einführte und vorschrieb, dass Wein aus der auf dem Etikett angegebenen Lage stammen müsse. Die enorme Beliebtheit deutscher Provenienzen im viktorianischen Zeitalter sank in England erstaunlicherweise nach dem Ersten Weltkrieg nicht völlig auf Null. Mr. Rudd beispielsweise wurde 1920 wegen seiner profunden Kenntnis deutscher Weine von den Berry Bros. eingestellt; bei Arbeitssitzungen dieses renommierten Handelshauses in St James's kamen immer einmal wieder Gewächse aus deutschen Landen auf den Tisch.

Trotzdem hatten der Krieg und insbesondere die verheerende Inflation in den 1920ern katastrophale Folgen für den traditionellen Markt, obwohl sie sich gar nicht so sehr auf die Qualität der Weine selbst auswirkten. Neuerlichen Auftrieb bekamen die Winzer zum Glück mit dem 1921er, der als der größte Jahrgang des 20. Jahrhunderts gilt und endlich auch die hohe Qualität der Moselweine unterstrich. Abnehmer aber waren nun nicht mehr die Weintrinker der ruinierten Mittel- und Oberschicht, sondern die neu zu Wohlstand gelangten Bürger. In den 1930ern gab es zwar einige gute Jahrgänge, doch litt der Markt ab 1933 erneut unter der Machtübernahme der Nationalsozialisten: Die jüdischen Händler, in deren fähigen Händen ein Großteil des deutschen Weinhandels gelegen hatte, wurden ins Exil gezwungen oder verschwanden in den Konzentrationslagern.

In den 1920ern und 1930er blieb die Qualität der Weinbereitung auf hohem Niveau, doch der Verbrauch in Großbritannien sank während der Weltwirtschaftskrise stark ab. Mit Ausnahme der bedeutendsten Güter verschifften die meisten Winzer ihren Wein im Fass nach England, wo er von britischen Händlern abgefüllt wurde. Ich kann mich noch gut an einen von Block, Fearon abgefüllten Erbacher Honigberg naturrein erinnern, von dem ich in den späten 1970ern etwa ein Dutzend Flaschen kaufte. Er stammte aus dem kalten, feuchten Keller eines College in Cambridge. Jede einzelne Flasche war köstlich und nach rund 45 Jahren noch so frisch wie am ersten Tag.

Die Jahrgänge auf einen Blick

Hervorragend *****
1911, 1921, 1937
Sehr gut ****
1904, 1915, 1917, 1920, 1929, 1934
Gut ***
1900, 1901, 1905, 1907, 1926

1904 ★★★★

Geisenheimer Mäuerchen Riesling BA (Rg) **Friedrich v. Lader** Sehr kurzer Korken. Ausgesprochen tiefes Braun; ein erstaunlicher Duft, frisch, eindringlich, wie Muskateller; sehr reich, angesengter Traubengeschmack. *Im Oktober 1984 bei der ersten Rodenstock-Weinprobe, an der ich je teilnahm, im Restaurant Fuente in Mülheim verkostet* ★★★

1911 ★★★★★

Ein großartiger Jahrgang, der beste zwischen 1900 und 1921.

Erbacher Marcobrunn Riesling TBA (Rg) **Schloss Reinhartshausen** 182° Öchsle, 10,6 g/l Säure. Reiche Bernsteinfarbe; schön, wohlriechend, blumig, ausgewogen; noch immer süß, intensiv, mit sauberem Gerstenzuckergeschmack und fantastischer, lebenserhaltender Säure. *Aus der bemerkenswerten Schatzkammer mit alten Jahrgängen auf Schloss Reinhartshausen, verkostet im November 1995* ★★★★★

Steinberger Riesling Cabinet BA (Rg) **H. Sichel Söhne** Farbe wie Orange-Pekoe-Tee; sehr kraftvoll, aber »zusammengefallen«, Mercaptan; lieblich, stechend, doch mit duftigem Schwung im Abgang. *Im Oktober 1984 bei Rodenstocks Degustation in Mülheim verkostet.*

1915 ★★★★

Große Ernte, sehr gute Qualität.

Berncasteler Doctor Riesling (M) **Deinhard** Hatte den Schwund gerade noch überlebt. Unsauberer Abgang. *Aus einem alten schottischen Keller, verkostet im September 1994* ★

Berncasteler Hintergraben Riesling (M) **Kgl. Frevich** Überlebte einen Schwund von 21 cm. Trocken. Sauber. *Aus demselben schottischen Keller wie der soeben erwähnte Wein, verkostet im September 1994* ★

Erbacher Marcobrunn Riesling Auslese Cabinet (Rg) **Schloss Reinhartshausen** 110° Öchsle. Reiche Bernsteinfarbe mit orangegoldenen Reflexen; sehr saubere Nase, Honignote; lieblich, guter Geschmack, trocken, ziemlich spröder, säurebetonter Abgang, insgesamt aber in gutem Zustand. *Im November 1995 auf Schloss Reinhartshausen degustiert* ★★★

Hochheimer Stein Riesling TBA (Rg) **Weingut Kroeschell** Neu verkorkt, Schwefeldioxid zugesetzt, deshalb ein Hauch Mercaptan. Gute gelbliche Farbe und ein leichtes, sahniges, honigartiges altes Bukett. Am Austrocknen. *Im Dezember 1995 der erste Wein des achten »Gangs« von insgesamt 52 Provenienzen auf Peter Zieglers herausragender Verkostung seltener Weine im Schlosshotel Erbach* ★

1920 ★★★★

Erbacher Honigberg Riesling Auslese (Rg) **Schloss Reinhartshausen** 1981 filtriert, geschwefelt und neu verkorkt. Helles

Orange-Braungold; schönes altes, edelfaules Bukett; ausgetrocknet, aber reich. Ein Anflug von alten Pilzen, säurebetonter Abgang. *Im Februar 2001 auf dem Schloss verkostet* ★★★ *angesichts des Alters.*

Forster Ungeheuer Riesling Auslese (P) **v. Bühl** Farbe nach getrockneten Aprikosen; im Bukett Sultaninen, edelfaule Honig- und Flaschenalternote; lieblich, ziemlich körperreich, schöner alter Gerstenzuckergeschmack, Extrakt, Länge und Nachgeschmack gut. *Bei Christie's gekauft und im Oktober 1988 zu Hause zum Essen serviert* ★★★★

Schloss Johannisberger Riesling Goldlack Auslese (Rg) Ungewöhnliche Komposition: 55 % Riesling, 45 % Sylvaner. 115° Öchsle. Bis zur Abfüllung 1930 in Eiche. Bernsteingold; schön, honigartig, traubig – keine Alterszeichen, anhaltend; lieblich, Geschmack und Säure sehr eindringlich. Schwungvoll und duftig, etwas Charme, aber nach der schönen Nase ein bisschen spröde. *Im November 1984 auf dem Schloss verkostet* ★★★★

1921 ★★★★★

Meiner Meinung nach der größte Jahrgang des Jahrhunderts. Ein kleiner Ertrag extrem reifer, gesunder Trauben, die nach dem sengend heißen Sommer früh gelesen wurden. Außerordentlich reiche Weine.

Assmannshäuser Höllenberg Spätburgunder (Rg) **Staatsweingut** Erstaunliche Farbe; im Bukett Erdbeeren und Räucherkäse; zeigt sein Alter, rau, noch immer tanninbetont. *Im November 1996 während eines Essens mit seltenen Weinen bei den Breuers degustiert* ★

Erbacher Honigberg Riesling Auslese (Rg) **Schloss Reinhartshausen** Sehr tiefes Hellbraun, wie Bual Madeira; Bukett und Geschmack sehr süß, alter Honig und Toffees, beträchtliche Kraft und wundervoller Nachgeschmack. Beerenauslese-Qualität. *Im Februar 2002 auf dem Schloss verkostet* ★★★★★

Erbacher Rheinhell Riesling Auslese (Rg) **Schloss Reinhartshausen** Warmgolden; sauber, ausgewogen, aber anfänglich verhalten, entfaltete sich sanft und honigartig; ausgeprägt trocken, fest, in ausgezeichnetem Zustand, aber geschmacksarm und ohne Charme. *Im November 1995 auf dem Schloss verkostet* ★★

Erbacher Siegelsberg »Original« (Rg) **Schloss Reinhartshausen** Mittleres Goldgelb mit blassen, reingoldenen Reflexen; leicht karamellisierte alte Riesling-Nase, Korkengeschmack – nach 45 Minuten definitiv korkelnd. Bei der Verkostung aber zunächst trocken, sauber und frisch, jedoch alt. Rätselhaft. *Im Februar 2002 auf dem Schloss verkostet* ★★?

Schloss Johannisberger Riesling Cabinet (Rg) 105° Öchsle. Reines gebräuntes Gold; leicht traubig in der Nase, bemerkenswert frisch für sein Alter, aber nach 30 Minuten am Ermüden, mit einem Anflug von Harz; trocken, ziemlich eindringlich, »Kerosin« (Rieslinge haben oft einen leicht öligen Petrolgeruch und -geschmack). Gute Säure. *Im November 1984 auf dem Schloss verkostet* ★★★

Liebfraumilch feinste Auslese (Rh) **B. M. & J. Strauss** (London) Von Goldspuren durchwirkte Bernsteinfarbe; erstaunlicher Duft nach Lilien und Rosinen, leicht tokajer- und firnisartig; lieblich, guter, reicher Geschmack nach gerösteten Trauben, der sich aber verlor. (Als frühe, seltene »Liebfraumilch« angeboten.) *Von Hardy Rodenstock bei einer Auktion ersteigert und im Oktober 1984 in Mülheim serviert* ★★

Nackenheimer Rothenberg Riesling TBA Naturrein (Rh) **Staatsweingut** Bernsteinfarbe; fabelhaft rosiniges Bukett; sehr süß, exquisiter Pfirsichgeschmack, wundervolle Säure, große Länge. *Bei Rodenstocks Essen im März 2001 zusammen mit dem 1847er Yquem serviert* ★★★★★★ *(wie der Yquem sechs Sterne).*

Niersteiner Auflangen Riesling Auslese (Rh) **Franz Karl Schmitt** Herrlich reich in Farbe, Nase und Geschmack. Reingolden; honigartige Gerstenzuckernase, später minzig; lieblich, ziemlich körperreich, doch sanft, weich, gute Länge, perfekte Säure. *Aus den Kellern von Schloss Aalholm in Dänemark, verkostet im August 1989* ★★★★★

Wehlener Sonnenuhr Riesling Auslese (M) **J. J. Prüm** Von Manfreds Großvater bereitet (siehe Kasten Seite 415). Der älteste Jahrgang auf der Prüm-Verkostung von Weinart in Österreich. Trotz seiner ansprechenden Farbe war das Bukett nur noch schwach und der Wein ausgetrocknet. Eigenartig und enttäuschend. *April 1999* ★

1927 ★★

Kleine Produktion, unterdurchschnittliche Qualität.

Deidesheimer Hohenrain Riesling TBA (P) **v. Bassermann-Jordan** Ein Geburtstagsgeschenk des Gutes, nachdem ich 1999 in Wiesbaden die große VDP-Versteigerung geleitet hatte. Füllhöhe bis zum bröseligen Originalkorken; sehr tiefes Braun mit grüngelbem Rand, wie ein alter Malmsey; köstlich süß, himmlisch, ein Bukett wie ein alter australischer Muskateller, Butterkekse, Kruste von der *Crème brûlée*; noch immer sehr süß, Muskatellernote und ein Hauch von Malz, mit ausgezeichneter, lebenserhaltender Säure. *Im Mai 2002 auf Chippenham Lodge mit Daphne und den Kindern drei Tage nach meinem 75. Geburtstag verkostet* ★★★★

Der Bremer Ratskeller

Die alte Hansestadt Bremen gilt nicht unbedingt als erste Adresse für Weinliebhaber. Dabei lagert in den Gewölben unter dem Ratskeller großer Wein. Die »Zwölf Apostel« sind riesige Prunkfässer mit aufwändig geschnitzten Verzierungen, die nach wie vor Wein enthalten. Gleich daneben im Rosekeller befinden sich Weine zurück bis ins Jahr 1653 – sehr stechend und nicht gerade angenehm. Berühmt ist auch der Rüdesheimer von 1727 (siehe Seite 411), den ich bei meinem ersten Besuch im Jahr 1973 verkostet habe. Nach der Kellerbesichtigung kann man sich in die Weinstube zurückziehen, wo eine erstaunliche Bandbreite deutscher Weine bewundert und getrunken werden kann. Läge der Bremer Ratskeller in Frankreich, würde ihm der Guide Michelin drei Sterne verleihen und vermerken: »Eine Reise wert!«

Erbacher Marcobrunn Riesling Kabinett (Rg) **Schloss Reinhartshausen** Farbe wie altes poliertes Messing; honigartiges Flaschenalter, ein Hauch Karamell, aber wirklich sehr gut; knochentrocken, unbestimmte Frucht, aber ausgezeichnete Säure. *Im Februar 2002 auf dem Schloss verkostet* ★★

Kiedricher Gräfenberg Riesling Spätlese (Rg) **Robert Weil** Blind verkostet: Farbe wie ein Aszú-Eszencia; in der Nase verschlossen, erinnerte an Äpfel auf dem Heuboden; trocken, leicht karamellisiert, aber mit sehr guter Säure. Am Altern – wie ich. Ich hätte es mir denken können. *Im April 1998 der letzte Wein auf einem Presseessen von Wilhelm Weil und dem Falken Verlag in Kiedrich* ★

1929 ★★★★

Ein eher mageres Jahrzehnt in Deutschland: Der 1929er war nach dem 1921er der zweitbeste Jahrgang. Seine reifen, ansprechenden Weine wurden fast alle in den 1930ern weggetrunken. Nur drei Einträge aus neuerer Zeit.

Erbacher Marcobrunn Riesling Auslese (Rg) **Schloss Reinhartshausen** Ziemlich tiefes Altgold mit limonengelbem Rand; schönes altes Honig- und Aprikosenbukett; süß, erwartungsgemäß mit Altersspuren, aber sehr reicher alter traubiger Geschmack, Säure und Nachgeschmack gut. *Im Februar 2002 auf dem Schloss verkostet* ★★★★

Nierstein *(sic)* Riesling (Rh) **H. Sichel Söhne** Goldene Farbe; reiches, leicht rauchiges Bukett; sehr trocken, für seine relativ geringe Qualitätsstufe und sein Alter sehr guter Geschmack. *Aus einem amerikanischen Keller, verkostet im Juni 1983 bei einer Vorverkaufsverkostung von Christie's in Chicago* ★★★

1930

Der erste von zwei miserablen Jahrgängen.

Erbacher Marcobrunn Riesling Cabinet (Rg) **Schloss Reinhartshausen** Als »Kabinett trocken« etikettiert. Tiefes Altgold; Nase wie weicher Rohrzucker, süß, Pfirsiche, Vanille; ziemlich trocken, mehr Körper und besserer Geschmack als erwartet, alt, jedoch mit sauberem Abgang. *Im Februar 2002 auf dem Schloss verkostet* ★

1931

Erbacher Rheinhell Riesling Kabinett (Rg) **Schloss Reinhartshausen** Mitteltiefes Orange-Hellbraun mit sehr blassem limonengelbem Rand; gutes, tiefes Honigbukett; süß, reich, gute Länge. Eine große Überraschung. Eindeutig Auslese-Qualität. *Im Februar 2002 auf dem Schloss verkostet* ★★★

1933 ★★

Ein Jahrgang mit reichlichen Erträgen und angenehm zu trinkenden Weinen. Ich habe mehrere Drei- und Viersterne-Weine verkostet, aus jüngerer Zeit aber liegt mir nur ein Eintrag vor.

Rauenthaler Baiken Riesling TBA (Rg) **Staatsweingut, Eltville** Blässliches Gold; Pilznote; am Austrocknen, Geschmack nach angesengten Sultaninen, gute Säure. *Im Mai 1983 bei Peter Zieglers Verkostung mit Essen auf Burg Windeck degustiert* ★★

1934 ★★★★

Ein sehr zufriedenstellender Jahrgang. Es liegen mir einige ältere Verkostungsnotizen zu Weinen bis Fünfsterne-Qualität und -Zustand vor, in letzter Zeit aber sind mir nur noch drei 1934er begegnet.

Erbacher Hohenrain Riesling Spätlese (Rg) **Schloss Reinhartshausen** Mitteltiefes, helles Orangebraun; leicht angesengte, rauchige alte Sultaninennase; ziemlich trocken, zeigt sein Alter, spröde, mit an den Zähnen kratzender, aber sehr guter Säure, honigartiger Nachgeschmack. *Im Februar 2002 auf dem Schloss verkostet* ★★

Schloss Johannisberg Riesling Dunkelblaulack (Dunkelblaue Kapsel) (Rg) Die Lese begann am 4. Oktober, bei den Auslesen der früheste Start seit 30 Jahren. Reingolden, blass für sein Alter; delikat, rauchig, aber etwas übelriechend – am Zerfallen. Halbtrocken, eher leicht, eigenartiger öliger Geschmack mit Limonen- und Bitternote. *Im Juni 1983 auf dem Schloss verkostet* ★★★

Niersteiner Pettenthal und Auflangen Riesling TBA (Rh) **Franz Karl Schmitt** Pflaumenblau getönte Bernsteinfarbe; sehr kraftvoll in Bukett und Geschmack, Flaschenalter und Edelfäule. Noch immer süß, enorm reich, Pfirsiche, Aprikosen und Karamell. Großartig. *Im September 1996 bei einem Weinwochenende von Rodenstock verkostet* ★★★★★

Piesporter Goldtröpfchen Riesling Auslese (M) Abfüllung der Berry Bros. Blassgolden; fast Sémillon-artige, butterige, wächserne Nase; halbtrocken, Geschmack und Säure ausgezeichnet. *Im Juni 1983 auf einer Vorverkaufsverkostung in Chicago degustiert* ★★★

J. J. Prüm

Das Weingut Joh. Jos. Prüm wurde 1991 vom Großvater des hoch geachteten Dr. Manfred Prüm gegründet. Die Kellerei verfügt zwar über beste Lagen im Bernkasteler Lay, im Graacher Himmelreich und in der Zeltinger Sonnenuhr, am bekanntesten jedoch ist die Wehlener Sonnenuhr des Guts geworden. Von der Terrasse des Prüm-Anwesens am Moselufer hat man einen Panoramablick auf die gegenüber liegenden Rebhänge und die berühmte Sonnenuhr – eine Aussicht, die sich mit einem Glas von Manfreds Wein in der Hand noch besser genießen lässt. Ich nehme in diesem Kapitel des Öfteren Bezug auf die Prüm-Kreszenzen, insbesondere im Zusammenhang mit der beispiellosen Verkostung von 125 Jahrgängen, die Manfred Prüm im April 1999 bei Karl-Heinz Wolfs Weinart-Degustation in Österreich vorstellte. Sie begann mit der Wehlener Sonnenuhr Riesling Auslese von 1921 und endete mit der absolut perfekten TBA von 1971, der ich sechs Sterne gab.

1935

Hattenheimer Wisselbrunnen Riesling Spätlese (Rg) **Schloss Reinhartshausen** Helles Orangebraun; ein Anflug von Holzfeuer, das mit Wasser gelöscht wurde, leichte Honignote. Sehr trocken, essigsauer. Oje… *Im Februar 2002 auf dem Schloss verkostet.*

1937 ★★★★★

Ein großer Jahrgang in Deutschland – wie überhaupt für Weißweine in ganz Europa. Die besten sind bei guter Lagerung nach wie vor ausgezeichnet. Fraglos mein deutscher Lieblings-Jahrgang.

Brauneberger Juffer-Sonnenuhr Riesling Auslese (M) **Fritz Haag** Organgegolden; schön, honigartig, Orangenblüten; am Austrocknen, Geschmack nach Pfirsichschalen, fest, erdig, fabelhafte Säure. *Juni 1992* ★★★★

Erbacher Marcobrunn Riesling TBA (Rg) **Schloss Reinhartshausen** Zwei Einträge. Erstmals 1998 auf Rodenstocks Festival des Jahrgangs 1937 in Arlberg verkostet: schöne Farbe; perfekter Pfirsichblütenduft; ziemlich süßer, schöner Geschmack. Unlängst ein relativ ähnlicher Eintrag: nuancierte Bernsteinfarbe mit apfelgrünem Rand; köstliches Bukett, Rosinen, Butterkekse, »die letzte Rose des Sommers«, ähnlich einem feinen alten Verdelho; reich, aber am Austrocknen, sehr hohe Säure, etwas kurz. Öffnete sich im Glas nachhaltig. *Zuletzt im November 1997 bei einem Essen auf Schloss Reinhartshausen degustiert* ★★★★

Schloss Johannisberger Riesling Auslese (Rg) Abfüllung nach zwei Jahren in Eiche. Perfekt glänzendes Gold; ein altes Riesling-Bukett, die Eichen- und Rauchnoten erinnerten mich an einen ehrwürdigen alten Chardonnay; süßer als erwartet, mit sehr lebhaftem, frischem, fruchtigem Geschmack und guter Länge. Zum wirklich großen Wein fehlten ihm lediglich die Nachhaltigkeit und der Nachgeschmack. *Im November 1984 auf dem Schloss verkostet* ★★★★

Rauenthaler Baiken Riesling TBA (Rg) **Staatsweingut** Tiefe, fast hellbraune Farbe; perfektes *Crème-brûlée*-Bukett, sehr Sauternes-artig; süß, vollmundig im Geschmack, frischer, rosiniger Stil, Zustand und Säure perfekt. *Im Mai 1983 bei Peter Zieglers Weinprobe auf Burg Windeck verkostet* ★★★★★

Steinberger Riesling TBA (Rg) **Staatsweingut** Farbe wie Bual Madeira; herrliches, schokoladiges Bukett mit Rosinennote; sehr süß, weiches Fleisch, Aprikosen, perfekte Säure. *Im Januar 1997 auf Wagners Degustation in einer Pause zwischen den Margaux-Jahrgängen verkostet* ★★★★

Wachenheimer Goldbächel-Gerümpel Riesling allerfeinste Goldbeeren TBA (P) **L. Wolf-Erben** Schönes Hellbraun mit grünlich-bernsteinfarbenem Rand; eine herrlich konzentrierte Honig- und Rosinenessenz; sehr reich, sehr konzentriert, mit intensivem Extrakt und Geschmack. Pflaumennote. Fabelhafte Länge. *Im September 1986 bei Rodenstocks jährlicher Weinprobe auf Château d'Yquem verkostet* ★★★★★

Wachenheimer Mandelgarten Natur (P) **Winzerverein Dürkheim** Ein Import von Kjaer und Sommerfeldt in Kopenhagen. Bernsteingold; reiches, honigartiges Bukett, Aprikosen und Lanolin, fehlerlos; halbtrocken, doch reich, weich, honigartiges Flaschenalter. Guter, trockener Abgang. *Im August 1989 eine Flasche aus den Kellern von Schloss Aalholm in Dänemark verkostet* ★★★★

1938 ★★

Ein durchschnittlicher Jahrgang. Einige gute Weine, die man aber nur noch selten antrifft.

Assmannshäuser Höllenberg Rot-Weiss Riesling Auslese (Rg) **Staatsweingut** Eine Farbe wie ein 10-jähriger Tawny Port mit rötlichem Leuchten; köstlich reiche Erdbeermarmelade, dann rosinenartig wie ein Aszú 5 putts. Süß, herrlich, fabelhafter Nachgeschmack. Für einen 60-jährigen deutschen Roten bemerkenswert. *Im November 1998 während des Weindinners mit seltenen Jahrgängen bei den Breuers verkostet* ★★★★

1939 ★

Erbacher Marcobrunn Riesling (Rg) **Schloss Reinhartshausen** Sehr gute Nase; halbtrocken, positiver Geschmack, anhaltend. *Der älteste Wein einer Verkostung von »Jahrgängen mit der Endziffer 9«, die im Februar 2000 bei einem Christie's-Essen von Bernhard Breuer vorgestellt wurden* ★★

1940–1959

Der Zweite Weltkrieg war für die deutschen Winzer eine ebenso schwere Zeit wie für ihre Berufskollegen jenseits des Rheins. Es fehlte an Arbeitskräften und Ausrüstung. Als nach der Kapitulation alles zusammenbrach und alliierte Truppen die Güter verwüsteten – vor allem die französischen Soldaten standen hier an vorderster Front, denn sie hatten allen Grund, sich an deutschem Wein gütlich zu tun –, wurde das Leben für sie unerträglich. Es ist ein Wunder, dass 1945 überhaupt Wein entstand. Nur dank ihres eisernen Durchhaltewillens konnten die Erzeuger einen Nutzen aus den hervorragenden Nachkriegsjahrgängen und vor allem dem 1949er ziehen, der mit der Gründung der Bundesrepublik Deutschland zusammenfiel.

Die Nachkriegszeit war geprägt von technologischen Verbesserungen und Experimenten mit neuen Rebsorten. Man war auf der Suche nach Trauben, die sich im schwierigen nördlichen Klima leichter kultivieren ließen, die früher ausreiften und ertragreicher waren. Verständliche Ziele zwar, mit deren Verwirklichung jedoch unweigerlich eine Verwässerung der Weinqualität und der Reputation deutscher Winzer einhergegangen wäre.

Mitte der 1950er führten die meisten renommierten britischen Händler ein umfangreiches Sortiment deutscher Weine, die ihnen von Importeuren geliefert wurden. Diese waren oftmals jüdische Emigranten, denen vor dem Krieg die Flucht nach England gelungen war. Der 1959er stellte sich als einer der größten Jahrgänge in der zweiten Hälfte des 20. Jahrhunderts heraus.

Die Jahrgänge auf einen Blick

Hervorragend *****
1945, 1949, 1953, 1959
Sehr gut ****
1947
Gut ***
1942 (u), 1943, 1946, 1952

1940

Hattenheimer Wisselbrunnen Riesling Kabinett (Rg) **Schloss Reinhartshausen** Ansprechendes Altgold; eine alte Riesling-Nase, die sich über die Jahrzehnte gerettet hatte, Karamellnote; trocken, alternd und nur noch von historischem Interesse. *Im Februar 2002 auf dem Schloss verkostet.*

1941

Erbacher Hohenrain Riesling Kabinett (Rg) **Schloss Reinhartshausen** Blasses Altgold; blumig, kräuterwürzig, altes Honigbukett; knochentrocken, sauber, gesund, wenig Tiefe, sehr hohe Säure. *Im Februar 2002 auf dem Schloss degustiert* ** *angesichts seines Alters und des Jahrgangs.*

1942 ** bis ***

Ein durchschnittlicher bis guter Kriegsjahrgang.

Erbacher Marcobrunn Riesling TBA (Rg) **Schloss Reinhartshausen** Warmes Orangegold; Pfirsichblüten und Aprikosen; noch immer ziemlich süß, schöner Geschmack. *Im September 1988 bei Rodenstocks jährlicher Weinprobe im Arlberg Hospiz in Österreich verkostet* ****

1943 ***

Wie in Frankreich der beste der Kriegsjahrgänge.

Assmannshäuser Höllenberg Riesling Spätburgunder (Rg) **Staatsweingut** Mittleres, weiches Rot; hochgetönter Duft nach zerdrückten Erdbeeren und Kirschen; sehr wohlschmeckend, für sein Alter frisch, passte gut zum nächsten Gang. *Im November 1998 während eines Essens mit seltenen Weinen bei den Breuers in Rüdesheim verkostet* ***

Deidesheimer Kieselberg Riesling Auslese (P) **v. Bassermann-Jordan** Unterschiedliche Flaschen. Die erste Bernsteingold; durch Flaschenalter entstandene Honignote; Restsüße, gute Frucht. Die zweite ausgetrocknet, aber mit guter Länge. *Im Oktober 1998 bei dem von mir geleiteten Weinwochenende »The Taste of Germany« im kanadischen Banff Springs verkostet* **

Schloss Johannisberger Riesling BA Fass Nr. 92 (Rg) Lebhaftes Gold; ein Bukett, das sich wunderschön entfaltete, eine fast Gewürztraminer-artige Würze entwickelte und selbst nach zwei Stunden im Glas noch einen himmlischen Rosenpastillen- und Litschi-Duft verströmte; lieblich, gut, aber relativ eindimensional und etwas schlank. *Im November 1984 bei der Schloss-Johannisberg- und Yquem-Verkostung degustiert* ****

Schloss Johannisberger Riesling Goldlack BA (Rg) Produktion 900 l. 1973 neu verkorkt. Nuancenreiches Gold; blumiges Bukett, parfümierte reife Riesling-Nase. Lieblich, reich, dabei delikat – nur 5,5 % Alkohol. Unbeschwerter Trinkgenuss, aber ein Anflug von Erdigkeit, fast Fäule. *Im Juni 1987 während eines Mittagessens bei Eigensatz in Wiesbaden verkostet* ****

Benediktiner und Zisterzienser

Einige der besten deutschen Weinberge waren ursprünglich klösterliche Besitzungen der Benediktiner und der strengeren Zisterzienser (gegründet 1098). Zu den bemerkenswertesten gehören die Lagen von Schloss Johannisberg (gegründet um 1100), Kloster Eberbach (gegründet 1136) und Karthäuserhof (gegründet 1335). Die derzeitige Lagenstruktur im Rheingau beispielsweise war größtenteils das Werk der Mönche. Sie machten auch umfangreiche Aufzeichnungen über Verbesserungen in Weinberg und Keller. Auch viele ihrer imposanten Bauwerke sind erhalten geblieben, allen voran das Kloster Eberbach.

Wehlener Sonnenuhr Riesling feinste Auslese (M) **J. J. Prüm** Reingolden; würzige, honigartige Nase; ziemlich trocken, gut, aber ungewöhnlich im Geschmack, perfekt ausgereift, aber etwas stumpf, wie ein roter 1943er Bordeaux. *Im Mai 1983 bei Peter Zieglers Weinprobe auf Burg Windeck degustiert* ★★★★

1945 ★★★★★

Ein großer, aber überaus ertragsarmer Jahrgang. Schuld daran waren der trockene, heiße Sommer und der Mangel an Arbeitskräften. Nur wenige Weine gelangten in den Export oder wurden auf dem Markt gesichtet. Ich konnte glücklicherweise über ein Dutzend Flaschen verkosten und trinken – sechs davon nach 1990.

Deidesheimer Kieselberg Riesling BA (P) **v. Bühl** Tiefe Bernsteinfarbe; in der Nase und am Gaumen sehr ausgeprägte *Crème-brûlée*-Note wie ein Sauternes; fleischig, eindringlich, voll, reich im Geschmack. *Im Dezember 1995 bei Peter Zieglers Verkostung im Schlosshotel Erbach degustiert* ★★★★

Deidesheimer Kränzler Riesling BA (P) **v. Bassermann-Jordan** Unser Gastgeber Peter Ziegler informierte uns, dass dieses Gewächs auf dem Weingut mit 3 % des 1983er-Jahrgangs »aufgefrischt« worden sei. Egal – das Ergebnis war verblüffend: Der Wein bekam eine meiner höchsten Bewertungen der gesamten Weinprobe. Wie soll man beschreiben, was perfekt ist? Reich und gleichzeitig delikat, der duftigste Nachgeschmack, den man sich vorstellen kann. *Im Dezember 1995 im Schlosshotel Erbach verkostet* ★★★★★

Erbacher Marcobrunn Riesling Auslese (Rg) **Schloss Reinhartshausen** Reiches Orange, blass limonengelber Rand; sehr reich, weich, süßes Orangenschalen- und Gerstenzucker-Bukett; ziemlich süß, kraftvoll, geschmacksintensiv. Guter trockener Abgang. *Im Februar 2002 auf dem Schloss verkostet* ★★★

Erbacher Marcobrunn Riesling Auslese (Rg) **Schloss Reinhartshausen** Fein abgestuftes Gold; leicht honigartig, keinerlei Altersspuren, ein Charmeur; mit einer leichten Süße, die die ziemlich hohe Säure trug, sauberer, guter, aber nicht sehr ausgeprägter Geschmack. *Im November 1995 auf dem Schloss verkostet* ★★★

Johannisberger Mittelhölle Riesling BA (Rg) **v. Mumm** Für sein Alter blass; völlig ausgetrocknet. *Im Dezember 1995 bei Peter Zieglers Verkostung im Schlosshotel Erbach degustiert.*

Schloss Johannisberger Riesling Auslese Fass Nr. 62 (Rg) Stumpfes Bernstein, schwacher Rand; zunächst verhaltene Nase, teigartig, ohne stützende Frucht, reich, doch mit Verfallsspuren. Nach einer Stunde weiße Schokolade, nach zwei Stunden Apfel- und Tokajer-Note. Am Gaumen überraschend süß, ein alter rauchiger Geschmack, lebhafter, trockener, säurebetonter Abgang. *Im November 1984 auf dem Schloss verkostet* ★★★

Schloss Johannisberger Riesling Rosagoldlack BA (Rg) Nachdem drei Flaschen für die Welt-Raritätenprobe geöffnet wurden, liegen »nur« noch 180 im Keller. Enttäuschend: von historischem Wert, aber unspektakulär. Konzentriert, aber ausgetrocknet und deutlich alternd. *Im November 2000 auf dem Schloss degustiert* ★

Marcobrunner Riesling feinste TBA (Rg) **Schloss Schönborn** So kann man einen Samstag auch verbringen: um die Mittagszeit einen 1976er Krug, dann acht Wein-»Serien« und ebenso viele Gänge. Wir reisten um 18.45 Uhr abends ab, noch ganz schwindlig – nicht vom Wein, sondern von den Eindrücken. Diese hervorragende Kreszenz war das letzte von 56 großartigen Gewächsen: himmlisch, noch immer süß, mit etwas hoher, aber ausgezeichneter Säure. *Im Dezember 1995 bei Peter Zieglers Verkostung im Schlosshotel Erbach verkostet* ★★★★★

Schloss Vollrads Riesling Kabinett (Rg) Helles Gold; eine saubere, verschlossene Nase, die sich jedoch bald öffnete; süßer als erwartet, schöner Geschmack, lebhafte Säure, im Abgang eine Aprikosennote. *Im November 1996 bei der Raritäten-Weinprobe mit Essen bei den Breuers in Rüdesheim verkostet* ★★★★

1946 ★★★

Wird eigenartigerweise als »guter« Jahrgang geführt. Die Produktion war fast doppelt so hoch wie im mageren 1945er-Jahrgang. Heute nur noch selten anzutreffen.

Assmannshäuser Höllenberg Riesling Spätburgunder Kabinett (Rg) **Staatsweingut** Müdes Hellbraun, ein Anflug von Orangerot; leichte Walderdbeernote; natürlich trocken, schlank, ein Hauch von Fäule. *Noch eine Rarität von Breuer, verkostet im November 1997 in Rüdesheim* ★

Steinberger Riesling naturrein Fass Nr. 58 (Rg) **Staatsweingut** »Niedriger pH-Wert, was die (für sein Alter) blasse Goldfarbe erklärt.« Nussige, hölzerne Pilznase; trocken, rau. Eine Kuriosität. *Im November 1996 beim Essen der Breuers mit seltenen Weinen verkostet.*

1947 ★★★★

Ein sehr heißes Jahr mit halb so viel Regen wie üblich. Sehr reiche, weiche Weine hoher Qualität.

Eltviller Sandgrub Riesling (Rg) **Fischer Erben** Ein ganz außergewöhnlicher, hochgetönter, durchdringender Duft, so scharf, dass er in der Nase kitzelte. Trocken. Eindringlich. Hat sein Verfallsdatum bereits weit überschritten. *Im November 1998 um Mitternacht serviert, als das großartige Weindinner der Breuers noch immer in vollem Gange war.*

Schloss Johannisberger Riesling Goldlack TBA (Rg) Mitteltiefe, bernsteingoldene Reflexe, am Rand limonengelb; perfekt im Gleichgewicht, parfümiert, Pfirsiche, Aprikosen; süß, perfekt gebaut, Fleisch, Geschmack und Säure wunderschön. Ein großer Wein. *Im November 2001 bei der Verkostung zum 900-jährigen Bestehen des Schlosses auf Johannisberg degustiert* ★★★★★

Schloss Johannisberger Riesling TBA Fass Nr. 163 (Rg) 155° Öchsle. Bernsteingolden; honigartig, würzige Note. Nach einer Stunde entwickelte die Nase einen zitronigen Kölnisch-Wasser-Duft. Jetzt lieblich, aber mit ausgezeichnetem Geschmack, schwungvoll, mit appetitanregender Säure. *Im November 1984 auf dem Schloss verkostet* ★★★★★

Niersteiner Orbel Silvaner Riesling Auslese (Rh) **Guntrum** Überraschend blass für sein Alter, noch immer mit Limonenton; malzige Honignase, alt und leicht »ölig«. *Im Juni 1997 eine Flasche, die Hajo Guntrum auf der Vinexpo in Bordeaux überraschend präsentierte* ★

Schloss Vollrads Riesling TBA (Rg) Tiefe Bernsteinfarbe mit apfelgrünem Rand; sehr kraftvolles Bukett mit großer Tiefe, angesengte Rosinen und Honig; süß, voll im Geschmack, hoher Extrakt, gleichzeitig delikat. Länge und Nachgeschmack herrlich. Ein großer Wein. *Im September 1988 mit Graf Matuschka und anderen Mitgliedern der »Winzerstolz«-Gruppe auf dem Schloss verkostet* ★★★★★

1948 ★★

Als durchschnittlich bis gut bewertet. Nicht häufig, da nur wenige Flaschen nach Großbritannien importiert wurden. Die folgenden drei Weine servierte Bernhard Breuer im November

1998 im Hotel Rüdesheimer Schloss, das ihm und seinem Bruder gehört.

Hattenheimer Mannberg Riesling (Rg) **Staatsweingut** Orangegold; sehr entgegenkommende, nussige, Madeira-artige Nase; ausgesprochen trocken, spröde ★★

Mittelheimer Edelmann Riesling Auslese (Rg) **G. Bäumer** Drei Einträge, die alle bei den Raritäten-Weindinners der Breuers entstanden. Die ersten beiden, 1996 verkosteten Flaschen (gut zu Aal!) waren unterschiedlich: orangefarben, trüb; eine Flasche maderisiert, beide spröde. Zwei Jahre später eine bessere Farbe; sehr reich, schwer, sahnig, rauchig, eine Nase wie »alter Sauternes«; eigenartig fleischiger Geschmack, reiche Textur. Diesmal zu Flusskrebsen. *In Bestform* ★★

Steinberger Riesling naturrein (Rg) **Staatsweingut** Goldgelb; reich, Pilznote – ähnlich wie der 1727er Rüdesheimer; knochentrocken, fest, Geschmack wie »alter Rheinwein«, mit Biss ★

1949 ★★★★★

Ein wunderschöner, sehr beliebter Jahrgang. Perfekt ausgewogene Weine. 1949 hatten sich die Weinberge und der Handel erholt. Viele Gewächse habe ich ab 1954 zum ersten Mal verkostet. Das Gros meiner von der Mitte der 1950er bis in die frühen 1960er hinein entstandenen Notizen ist heute nicht mehr aussagekräftig, denn die Weine sind mittlerweile über den Höhepunkt hinaus. Die zehn besten zwischen 1961 und 1973 verkosteten Provenienzen habe ich in der ersten Ausgabe meiner *Weinnotizen* beschrieben.

Erbacher Bühl Riesling Auslese (Rg) **Schloss Reinhartshausen** (der Brühl heißt heute Schlossberg) Mitteltiefes Orange-Hellbraun; ein Anflug von Muskatellertrauben und Zitrus, honigartige Tiefe; lieblich, reich, Geschmack und Nachgeschmack wie kandierte Orangenschalen. Trockener Abgang. *Im Februar 2002 auf dem Schloss degustiert* ★★★★

Freiherr v. Fahnenberg Auslese (B) **Nepomuk Steiert** Wenn eine Verkostung von Jahrgängen mit der Endziffer »9« angesetzt ist, dann kann man sich darauf verlassen, dass Bernhard Breuer einen äußerst seltenen und komplizierten Badener Wein mitbringt. Freiherr von Fahnenberg heißt die Lage, Steiert war der Großvater von Wolf Sellweg, der Wein eine Komposition aus 80% Pinot gris und 20% Riesling. Mit 13% ungewöhnlich alkoholstark. Mokkanase; trocken, gute Länge, die Hintergrundinformationen waren interessanter als der Geschmack. *Im Februar 2000 bei Christie's verkostet* ★

Hattenheimer Hassel Riesling BA (Rg) **Adam Albert** Ein altes Privatgut, das noch immer existiert. Reines Goldgelb; etwas Eleganz, aber ohne das honigartige Flaschenalter und die Edelfäule, mit denen ich gerechnet hatte. Vanille, Marshmallow-Geschmack, am Austrocknen. *Eine interessante Rarität, verkostet im November 1996 beim Weindinner der Breuers* ★

Schloss Johannisberger Riesling Auslese (Rg) **Schloss Johannisberg** 110° Öchsle. Ein Anflug von alten Äpfeln; ziemlich süß, reich, persistent. Der älteste Jahrgang auf einer Raritäten-Weinprobe, die ich für den VDP im Rheingau leitete. Bei der Auktion im Vorjahr hatte der Wein für DM 2200 den Besitzer gewechselt. *Im November 1998 in der Krone in Assmannshausen degustiert* ★★★★

Niersteiner Oberrehbach Riesling BA (Rh) **Geschwister Schuch** Helles Strohgelb; Melonenduft; leider ausgetrocknet, aber reich, mit guter Säure. *Im November 2000 beim Essen nach Manfred Wagners Margaux-Verkostung in Pfäffikon zu* Flan de Thé *getrunken* ★

Steinberger Riesling Auslese (Rg) **Staatsweingut** Orangegold; Pilznote; ziemlich süß, reich, eigenständig, sahnig. *Im Februar 2000 bei Bernhard Breuers Essen zum Abschluss der Verkostung von Jahrgängen mit der Endziffer »9« getrunken* ★★★★

Wehlener Sonnenuhr Riesling Auslese (M) **J. J. Prüm** Reingolden; schönes, blumiges, honigartiges Bukett und ebensolcher Geschmack; perfekt ausgewogen. Lieblich. *Juni 1992* ★★★★★

Wehlener Sonnenuhr Riesling feine Auslese (M) **J. J. Prüm** Schönes Bernsteingold; ein reicher Mundfüller, aber mit Altersspuren. Geschmack nach »altem Riesling«, spitziger Einschlag. *Im April 1999 auf der Weinart/Prüm-Verkostung degustiert* ★★★

1950 ★★

Harvey's stellte den 1950er in der Weinliste von 1954 auf eine Stufe mit dem 1947er und gab an, dass beide ausgezeichnete Jahrgänge seien. Trotz dieses vorschnellen Urteils war die angebotene Menge vergleichsweise bescheiden – und Mitte der 1950er verschwanden die Weine denn auch von der Liste. Trotzdem war damals eine Gutsabfüllung der Schloss Johannisberger Spätlese teurer als alle erstklassifizierten 1950er aus Bordeaux, eine Auslese aus Deidesheim kostete sogar doppelt so viel. J. J. Prüms Wehlener Zeltinger Sonnenuhr BA erzielte übrigens bei der Auktion des Großen Rings im Oktober 2000 einen Preis von 6500 DM. Ich habe seit den späten 1950ern nur noch wenige Weine dieses Jahrgangs verkostet, seit Ende der 1980er sogar nur noch insgesamt drei.

Hochheimer Domdechaney Riesling Auslese (Rg) **Aschrott** Der älteste von 38 Aschrott-Weinen, die ich mit Professor Michael Jaffé und seinen Geschäftsführern verkostete. Warmes Gold; Bukett nach Pfefferminze, Honig und Kiefern; am Gaumen ausgetrocknet, aber reich, Alterston. *Im Juni 1994 auf dem in britischer Hand befindlichen Gut degustiert* ★★

Steinberger Riesling naturrein (Rg) **Staatsweingut** 75° Öchsle, sehr hohe Säure (12,5 g/l). Blass, glanzhell; reiches, rauchiges Bukett; trocken, stieliger, positiver Geschmack, überlebte die enorm hohe Säure. *Im November 1996 beim Essen mit seltenen Weinen bei den Breuers verkostet* ★

Wehlener Nonnenberg Natur (M) **S. A. Prüm** Schöne Frucht, honigartiges Flaschenalter; ausgesprochen trocken, schlank, spröde, etwas spitzig. *Im September 1988 mit Raymond Prüm in Wehlen verkostet* ★

1951

Schlechte, dünne Weine, die kaum exportiert wurden. Nur ein einziger, ziemlich alter Eintrag.

Graacher Humberg Riesling Natur (M) **S. A. Prüm** Der Humberg gehört mittlerweile zur Lage Himmelreich. Buttergold; leicht erdiges, honigartiges Flaschenalter; mitteltrocken, etwas leicht, im Geschmack älter als in der Nase. Wie man es schaffte, diesen Wein ohne Aufzuckerung zu bereiten, weiß ich nicht, aber dem Geschmack nach zu urteilen wurde er offensichtlich mit Schwefel haltbar gemacht. Trotzdem nicht schlecht. *Im September 1988 bei S.A. Prüm in Wehlen verkostet* ★★

1952 ★★★

Ein guter Jahrgang. Harvey's listete 1954 18 Weine auf, von denen die Hälfte in Bristol abgefüllt worden war. Ich habe viele verkostet; sie wurden größtenteils in der zweiten Hälfte der 1980er verkauft und getrunken. Nur ein Eintrag aus jüngerer Zeit.

Hattenheimer Stabel Riesling Spätlese (Rg) **Schloss Reinhartshausen** Reingolden; zunächst schal, dann Bienenwaben, schön, sahnig; ziemlich strenger, jahrgangstypischer Charakter, guter Körper, sauberer, trockener Abgang. *März 1991* ★★★

1953 ★★★★★

Äußerst charmante, ansprechende Weine, die zu Recht sehr beliebt waren. Damals wurde ein Jahrgang in der Regel im zweiten Frühjahr nach der Lese erstmals in den Weinlisten geführt. Ich habe in der ersten Zeit Unmengen dieses Jahrgangs verkostet und auch später sind mir noch viele Flaschen untergekommen. Vorsicht: Mitte der 1950er verwendeten die deutschen Winzer Korken von variabler und oft schlechter Qualität. Allerdings waren die Weine in erster Linie für den raschen Genuss und nicht für einen zehn- oder zwanzigjährigen Kelleraufenthalt gedacht. Trotzdem lassen sich die besten heute manchmal noch schön trinken.

Eitelsbacher Karthäuserhofberg Burgberg Riesling feinste Auslese (M) Frisches, pfirsichartiges Bukett; halbtrocken, leichtgewichtig, aber voll im Geschmack. Ziemlich kurz, mit stumpfem Ende. *Im Mai 1983 bei Peter Zieglers Verkostung auf Burg Windeck degustiert* ★★★

Erbacher Herrenberg Riesling Auslese Cabinet (Rg) **Schloss Reinhartshausen** Der Herrenberg heißt mittlerweile Schlossberg. Erstaunlich warmes Orangegold; Honig- und Rosinennote; ziemlich süß, karamellisierter Geschmack, ein Hauch von Schoko-Orangen, trockener Abgang. In der Tat eine »feinste Auslese« und in mancherlei Hinsicht einem Yquem von 1953 nicht unähnlich. *Im November 1995 auf dem Schloss verkostet* ★★★★

Hochheimer Kirchenstück Stielweg Riesling Auslese (Rg) **Aschrott** Golden; ziemlich süß, reich, Karamell- und Sahnenote. *Im Juni 1994 bei den Aschrotts verkostet* ★★★

Maximin Grünhäuser Herrenberg Riesling BA (M) **v. Schubert** Goldgelb; Vanillenote, himmlisch reife Pfirsiche; lieblich, voller, ja, eindringlicher Geschmack. Kraftvoll, bleibt noch auf Jahre hinaus lebendig, trocknet allerdings allmählich aus. *Im Mai 1983 bei Peter Zieglers Verkostung auf Burg Windeck degustiert* ★★★★

Niersteiner Oberrehbach Riesling BA (Rh) **Heyl zu Herrnsheim** Die beste Lage am Rheinufer, ein Steilhang auf rotem Schiefer. Insgesamt fünf Einträge, entstanden bei verschiedenen Sitzungen des ausgezeichneten Weinwochenendes im Banff Springs Hotel, das unter dem Motto »The Taste of Germany« – »So schmeckt Deutschland« – stand und deutschen Gewächsen gewidmet war. 122° Öchsle, 8,1 g/l Säure. Leichte Flaschenabweichungen. Schönes Blassgelb mit Reflexen; wohlriechendes, blumiges, delikates Bukett und ebensolcher Geschmack. Etwas am Austrocknen, mit Eleganz am Verblühen. *Im Oktober 1998 verkostet. In Bestform* ★★★★

Niersteiner Rehbach Riesling BA (Rh) **Heyl zu Herrnsheim** Der älteste Jahrgang auf einer Vorverkaufsverkostung, die der Präsident des VDP, Prinz zu Salm, und ich bei Christie's leiteten. »Tutanchamun«-Gold; sahnig, honigartig; eigenartiger, rauchiger, leicht karamelliger Geschmack und schöner Nachgeschmack. *Oktober 1997* ★★★★

Rauenthaler Baiken Riesling TBA (Rg) **Schloss Eltz** Bernsteingold; Orangenblüten – ziemlich Yquem-ähnlich; reich, aber am Austrocknen. Fester Abgang. *Im November 1997 beim Breuer-Essen mit seltenen Weinen verkostet* ★★★★

Rauenthaler Pfaffenberg Riesling TBA (Rg) **Staatsweingüter, Eltville** Blasses Orange-Hellbraun; sahnig, perfekt; süß, fett, Länge, Gleichgewicht und Geschmack fabelhaft. Dem 1937er Baiken ebenbürtig, wenngleich ohne dessen Intensität. *Im Mai 1983 bei Peter Zieglers Verkostung auf Burg Windeck degustiert* ★★★★★

Russelheimer Riesling Spätlese (Rg) **Aschrott** Eine historische Lage, angeblich die Heimat des Riesling. Für sein Alter und seine Qualitätsstufe reich und bemerkenswert gut. *Im Oktober 1996 bei einer VDP-Vorverkaufsverkostung degustiert* ★★★

Tommy Layton und meine erste Verkostungsnotiz

Nachdem ich mich auf eine Anzeige in der Times *für die Stelle eines Auszubildenden beworben hatte und angestellt worden war, fing ich im September 1952 bei Laytons Wine Merchants an. (Später las ich in seinen Büchern, dass er mich wegen meiner italienisch anmutenden Handschrift genommen hatte!) Mit 25 Jahren war ich ein Späteinsteiger. Zu meinen Aufgaben gehörte das Fegen des Kellers, die Bearbeitung von Bestellungen und das Ausliefern von Wein.*

Tommy Layton war ein fleißiger Weinautor, ein viel zu wenig geschätzter Erneuerer der Nachkriegszeit und ein exzentrischer, aufbrausender Autokrat. Als »freier Weinhändler« (so genannter Free Vintner) durfte er Wein ohne Lizenz verkaufen. Er besaß eine Weinbar in der Duke Street in der Nähe des Manchester Square, ein Weinrestaurant – für damalige Verhältnisse etwas ganz Neues – und einen Großhandel. Außerdem leitete er den Circle of Wine Tasters, einen Verkostungsclub. Während meiner einjährigen Tätigkeit bei Tommy lernte ich viel, etwa wie man Wein degustiert oder wie man keinesfalls ein Unternehmen führt. »TAL« riet mir von Anfang an, Notizen zu machen. Der erste Eintrag in meinem kleinen roten Verkostungsbüchlein stammt vom 17. September 1952 und liest sich wie folgt: »Graacher (Mosel) Deinhard 107/- das Dutzend. Volles honigartiges Bukett und entsprechender Geschmack.« Weitere bei dieser Handelsverkostung probierte Weine waren ein Luxemburger Riesling von 1946, eine 1949er Liebfraumilch und ein billiger Elsässer.

Noch im selben Monat konnte ich wundervollen alten Jahrgangsport – den 1920er Graham und den1896er Tuke – und gute rote Bordeaux-Weine verkosten, unter anderem einen »Ch. Palmer Margaux 1949, englische Abfüllung. Eine lange Kellerruhe würde ihm gut tun«. Preis: 110/-, nur drei Shilling mehr für das Dutzend als der jahrgangslose Graacher! Das waren noch Zeiten.

Steinberger Riesling edel BA (Rg) **Staatsweingut** Der älteste von zehn Steinberger Jahrgängen, die Dr. Serbé 1994 vorstellte: reiches Orangegold; herrliches Gerstenzucker-Bukett (Edelfäule und Flaschenalter); sehr süß, fast sirupartig gehaltvoll, himmlischer Geschmack. Kürzlich ein ähnlicher Eintrag: angesengte Toffeenote, Geschmack, Säure und Länge ausgezeichnet. Ein großer Wein. *Zuletzt im November 2000 bei der Raritäten-Weinprobe auf Schloss Johannisberg degustiert* ★★★★★

Steinberger Riesling Spätlese naturrein (Rg) Ausgewogen, honigartiges Flaschenalter; trocken, fest, ziemlich eindringlich. Persistent. *Im November 1998 bei der Raritäten-Weinprobe der Breuers degustiert* ★★★

Wehlener Sonnenuhr Riesling BA (M) **J.J.Prüm** Zwei Einträge, der erste von Peter Zieglers Degustation 1984: gelb; fabelhaftes Bukett, wie ambrosische »Lemon Curd« (Zitroneneierbutter); entsprechender Geschmack. Ziemlich süß, fleischig, butterige Textur. Schön. Kürzlich ein ähnlicher, aber nicht ganz so begeisterter Eintrag. *Zuletzt im April 1999 auf der Prüm-Vertikalverkostung von Weinart degustiert. In Bestform* ★★★★★

1954

Fürchterliches Wetter. Nur einen Wein überhaupt verkostet, und zwar Anfang 1955. Er war nicht gut gealtert!

1955 ★★

Ein leidlich guter Jahrgang, der in etwa im Herbst 1957, als deutsche Weine bei Harvey's Hochkonjunktur hatten, gelegentlich auf den Weinlisten britischer Einzelhändler auftauchte. Alle waren für raschen Konsum gedacht und so habe ich seit den späten 1950ern nur mehr eine einzige Flasche verkostet.

Durbacher Schlossberg Clevner Traminer (B) **Wolff-Metternich** Von dieser Rarität wurden insgesamt nur 300 Flaschen abgefüllt. Eine ungewöhnliche Kombination aus roten und weißen Rebsorten, die miteinander erstaunliche 200° Öchsle erreichten. Reich, hellbrauner Anflug; sehr blumig (unser Gastgeber Peter Ziegler meinte nur: »Rosen«); sehr süß, herrlicher Geschmack, aber – um das Haar in der Suppe zu finden – etwas kurz. *Dezember 1995* ★★★★★

1956

Noch schlimmer als der 1954er. Frostschäden und ein fürchterlich kalter und nasser Sommer. Im Juni stattete ich Deutschland meinen ersten Besuch ab: Es goss jeden Tag (siehe Kasten rechts). Fäulnis griff um sich und die Weinberge waren zum Großteil verwaist.

1957 ★★

Ungleichmäßige Qualität. Schwere Frostschäden Anfang Mai, ein warmer und sonniger Hochsommer, aber im August und September fast durchgehend Regen. 1959 kauften die Händler einige Weine als Ersatz für den 1955er. Schon in den frühen 1960ern war der Jahrgang größtenteils weggetrunken. Das Gros meiner Einträge entstand zwischen 1958 und 1967. Seither habe ich nur noch zwei Weine verkostet.

Graacher Domprobst Riesling Natur (M) **S.A. Prüm** Minzeblätter und honigartiges Flaschenalter, unverwoben; etwas trocken, sauber, ansprechend, aber wenig Säure und eine Bitternote. *Im September 1988 mit Raymond Prüm in Wehlen verkostet* ★

Wehlener Sonnenuhr Riesling BA (M) **J.J. Prüm** Orangegold; sehr süße, rosinige Nase; am Gaumen wesentlich trockener. Ein Hauch von Fäule, aber trockener, duftiger Abgang. Er wurde blind verkostet – doch niemand erkannte ihn! *Im April 1999 auf der Prüm/Weinart-Verkostung degustiert* ★★

1958 ★★

Ein mittelmäßiger, aber ertragreicher Jahrgang. Auf einen wechselhaften Saisonbeginn folgten ein schöner August und September. Der Regen während der außerordentlich langgezogenen Ernte ließ die Beeren anschwellen, verwässerte aber auch die Qualität. Hätte der britische Handel seine Einkäufe schon im Frühjahr nach der Lese getätigt, wie es heute üblich ist, wären wohl mehr Weine importiert worden. Zum Glück aber erkannte man die Qualität des 1959ers, bevor man die Lager mit dem 1958er füllte. Ich habe nur wenige Flaschen verkostet.

Graacher Himmelreich Riesling Natur (M) **S.A. Prüm** Goldgelb; eine weiche, milchige Nase, die sich nach einiger Zeit setzte und einen kühlen Duft entwickelte; ziemlich trocken, noch immer einigermaßen frisch und attraktiv. Der Geschmack erinnerte mich an Vaseline und Vanille. Fester, trockener Abgang. *Im September 1988 mit Raymond Prüm in Wehlen verkostet* ★★

1959 ★★★★★

Zum Abschluss eines gemischten, größtenteils enttäuschenden Jahrzehnts endlich wieder ein großartiger Jahrgang. Allerdings hatten die Winzer wegen der sengenden Hitze mit ungewöhnlichen Bedingungen zu kämpfen, wie sie sie bislang noch nicht erlebt hatten. Aus den sonnenverwöhnten Trauben entstanden Gewächse mit außerordentlich hohem Zuckergehalt, sodass im Anbaugebiet Mosel-Saar-Ruwer eine Rekordzahl an Beeren- und Trockenbeerenauslesen gekeltert wurde.

Der 1959er war früher einmal mein deutscher Lieblingsjahrgang nach dem 1937er, mittlerweile aber sind seine Weine von uneinheitlicher Qualität und haben ihren Höhepunkt zumeist überschritten. Lediglich die Spitzenkreszenzen können nach wie vor wunderschön zu trinken sein.

Assmannshäuser Hinterkirch Spätburgunder Kabinett (Rg) **Staatsweingut** Weiches, reifes Rot; ausgewogen, entfaltete sich facettenreich, trockener, guter, fester Abgang. Noch immer etwas Tannin. Passte gut zu Fasan. *Im November 1996 beim Essen der Breuers mit seltenen Weinen verkostet* ★★★

Berncasteler Doctor Riesling feine Auslese (M) **Thanisch** Für sein Alter blass; eigenartige, minzige Kerosinnase; am Austrocknen, erdig, enttäuschend. *Juni 1992* ★

Mein erster Besuch in Deutschland

In den ersten Jahren unserer Ehe verbrachten wir jeden Sommerurlaub in einer anderen Weinregion. Unser erster Deutschlandbesuch führte uns im Juni 1956 an die Mosel. Wir fuhren die gesamte Strecke von London hin und zurück mit unserem Vespa-Motorroller. Während unserer Reise regnete es zwei Wochen lang tagtäglich. Unvergesslich war der Urlaub vor allem für Daphne, weil sie jedes Mal das Gepäck tragen musste, wenn wir bergauf fuhren. Wir hatten, nein, ich hatte mir damals außerdem zum Ziel gesetzt, Daphne in einem berühmten Weinberg zu lieben – was notwendigerweise nachts und in aller Heimlichkeit geschehen musste. Ich kann mich noch gut an eine Gelegenheit erinnern. Ich hatte den Bernkasteler Doctor gewählt, der praktischerweise genau gegenüber dem kleinen Hotel lag, in dem wir übernachteten. Es war, wie gesagt, ungewöhnlich kalt und regnerisch und daher eine ziemlich schlammige Angelegenheit. Dies dämpfte meine Ambitionen etwas …

Brüssele Lemberger Auslese (W) **Graf Adelmann** Der Lemberger ist eine alte rote Rebsorte, die ausschließlich in Württemberg angebaut wird. Ansprechende Farbe, schwacher Rand; sehr süße, fast aufdringliche Nase, wie Erdbeermarmelade, schweißelnd; trocken, füllig, fest. Etwas neutraler Geschmack. *Eine weitere Kuriosität bei Peter Zieglers Weinprobe auf Burg Windeck im Mai 1983. Auf seine Weise* ★★★

Erbacher Marcobrunn Riesling Spätlese Cabinet Fass Nr. 59/24 (Rg) **Eberhard Ritter und Edler v. Oetinger** In Dänemark von Kjaer & Sommerfeldt abgefüllt. Ungewöhnlich blass für einen 30-jährigen Riesling; in der Nase noch immer sehr frisch und jugendlich, Minzeblätter; trocken, mild, ein Hauch von Pfirsichkernen. *Eine Flasche aus Schloss Aalholm in Dänemark, verkostet im August 1989*★★

Erbacher Marcobrunn Riesling Auslese Cabinet (Rg) **Schloss Reinhartshausen** Erstmals 1988 auf Rodenstocks Weinwochenende in Arlberg verkostet; süßer, herrlicher Geschmack, reif, reich, perfekt im Gleichgewicht. Kürzlich: warmgolden, orangefarbene Reflexe; in Bukett und Geschmack ähnlich wie die 1988 verkostete Flasche, fast Wort für Wort die gleichen Notizen, ich fügte lediglich noch »angesengte Rosinen« hinzu. Länge und Geschmack gut, aber etwas am Austrocknen. *Im Februar 2002 auf dem Schloss verkostet* ★★★

Erbacher Marcobrunn Riesling TBA (Rg) **Schloss Reinhartshausen** Warme Bernsteinfarbe; Muskateller-artiger Orangenduft; schöner angesengter Geschmack, wie Tokajer, mit wunderschönem honigartigem Nachgeschmack. Kürzlich ein in vielerlei Hinsicht ähnliches Exemplar: sehr reich, wohlriechend; süß und kraftvoll. Säure und Nachgeschmack sehr gut. *Zuletzt im November 2000 bei der Welt-Raritätenweinprobe auf Schloss Johannisberg verkostet* ★★★★★

Hallgartener Schönhell Riesling TBA (Rg) **Fürst Löwenstein** Eine köstliche halbe Flasche zur Abrundung eines Abendessens mit Steinkrebsen bei Bob Paul in Florida: tiefes Bernsteingold; herrliches, leicht angesengtes, rosiniges, rauchiges Bukett und ebensolcher Geschmack. Noch immer fett und fleischig, aber am Austrocknen. *Februar 2001* ★★★★

Hattenheimer Wisselbrunnen Riesling BA (Rg) **Schloss Reinhartshausen** Der Wisselbrunnen wurde 1959 höher eingestuft als die Lage Marcobrunn. Erstmals 1995 in den Schlosskellern verkostet: Bernsteingold; honigartig, blumig, wohlriechend; sehr reich, aber leichter im Stil und trockener als erwartet. Kürzlich ein fast identischer Eintrag mit dem Zusatz »Pfefferminz- und Marmeladenote, fabelhafte Säure«. *Zuletzt im Februar 2002 auf dem Schloss verkostet* ★★★★★

Schloss Johannisberger Riesling feine Spätlese (Rg) Warmes Gold; reich und entgegenkommend, alte Aprikosen; etwas ungehobelt. *Im Februar 2000 bei Bernhard Breuers Essen mit Jahrgängen mit der Endziffer »9« verkostet* ★★

Schloss Layer Pittermännchen Riesling Cabinet TBA (N) **Schlossgut Diel** Orange-Bernsteingold; schöne karamellisierte Aprikosennase; reich, aber etwas am Austrocknen. Ein stämmiger, altmodischer Stil ohne Schwung und Säure. Der von Armins Vater bereitete Wein hatte die Auszeichnung »Bestes Fass der Jahrhundert-Ernte 1959« bekommen. *Im November 1996 beim Essen mit Armin Diel auf Schlossgut Diel verkostet* ★★ *Ruhm und Wein sind schon lange verblasst.*

Maximin Grünhäuser Herrenberg Riesling (M) **v. Schubert** Auf dem Etikett wurde zwar keine Angabe zur Qualität gemacht, doch musste es sich mindestens um eine feinste Auslese handeln: mittleres Orange; Rosinen, Rosenblütenblätter, Limonennote; sehr süß, perfekt im Gleichgewicht und ausgezeichnete Säure. *Im September 2000 bei Len Evans' Essen für den »Single Bottle Club« im Hunter Valley verkostet* ★★★★★

Oestricher Lenchen Riesling Auslese (Rg) **Wegeler** Am Austrocknen. Enttäuschend. *Im November 1998 während der Versteigerung feiner Weine in der Krone Assmannshausen verkostet.*

Oestricher Lenchen Riesling hochfeine Auslese (Rg) **J. Spreitzer** Goldgelb; Honig und Kresse; lieblich, für einen 1959er mit ziemlichem Biss. *Im November 1999 auf der VDP-Vorverkaufsverkostung degustiert* ★★

Rauenthaler Baiken Riesling TBA (Rg) **Staatsweingüter** Erstaunliche 248° Öchsle, 13 g/l Gesamtsäure. Reichgolden; intensives Bukett nach angesengten Rosinen; hoher Extrakt, konzentriert, rosinig, wundervolle Säure. Fabelhaft. *Der beste Wein einer herausragenden Serie, die Peter Ziegler im Mai 1983 auf Burg Windeck servierte* ★★★★★★ *(sechs Sterne).*

Rauenthaler Herrberg Riesling Spätlese (Rg) **v. Simmern** Der Beweis, dass sich auch eine Spätlese von 1959 gut halten kann. Ein Hauch Orange; halbtrocken, Struktur, Zustand und Länge gut. *Im Februar 2000 bei Breuers Essen mit Weinen mit der Endziffer »9« verkostet* ★★★

Scharzhofberger Riesling Auslese (M) **Egon Müller** Erstmals 1996 gemeinsam mit Müller Vater und Sohn verkostet. Etwas am Austrocknen und ohne Schwung. Ein ähnlicher Eintrag vier Jahre später. Die Trauben waren angeblich sehr reif, doch fehlte ihnen die Edelfäule. *Zuletzt im Mai 2000 auf dem Gut verkostet* ★★

Steinberger Riesling BA (Rg) **Staatsweingut** Zwei Flaschen, eine korkelnd, die zweite zwar mit gutem Geschmack und Länge, aber am Austrocknen. Für einen 1959er überraschend hohe Säure. Nicht mit der TBA zu vergleichen. *Im November 1997 während des Essens mit seltenen Weinen bei den Breuers in Rüdesheim verkostet* ★★

Steinberger Riesling TBA (Rg) **Staatsweingut** Erstmals 1987 verkostet: reiche Bernsteinfarbe mit ausgeprägt apfelgrünem Rand; fabelhaft reich, rosinig, wie Tokaji Eszencia; sehr süß, vollmundig, herrlicher Gerstenzuckergeschmack, große Länge, ausgezeichnete Säure. 231° Öchsle, 148 g/l Restsüße. Der Zuckergehalt war so hoch, dass die Vergärung sich bis März hinzog. Drei Einträge. Zwei Jahre später eine ähnlich beurteilte, unvergessliche Flasche in Michael's Restaurant in Santa Monica. Unlängst bei einer VDP-Verkostung von Spitzen-Versteigerungsweinen (er hatte 1991 einen Preis von 3000 DM erzielt): bernsteingolden; Bukett nach angesengter *Crème brûlée*; noch immer süß, intensiv, Muskateller-artiger Geschmack, Länge und Säure herrlich. Ein großer Wein. *Zuletzt im November 1998 in der Krone in Assmannshausen verkostet* ★★★★★

Wehlener Sonnenuhr Riesling Spätlese (M) **J. J. Prüm** Am Nachmittag vor dem zweitägigen Verkostungsmarathon mit 83 Prüm-Weinen saßen unser Gastgeber Karl-Heinz Wolf, Manfred Prüm, unsere Frauen und ich am Attersee in der Sonne, warteten auf das Eintreffen der anderen Gäste und tranken diesen Wein. Man merkte ihm sein Alter an: butterblumengelb; insgesamt trocken, ein Anflug von Oxidation. Am Sonntag eine Flasche aus dem besten Fass, Fuder 38: golden; klassische Riesling-Nase; würzig, weit über den Höhepunkt hinaus. *April 1999* ★★

Wehlener Sonnenuhr Riesling feinste Auslese (M) **J. J. Prüm** Drei Einträge. Erstmals 1985 bei einem Essen der Hollywood Wine Society verkostet. Für einen 1959er bemerkenswert blassgelb, noch immer mit jugendlichem Grünton; leicht kräuterwürzig; traubig; lieblich, fleischig, weich, perfekter Geschmack, Säure gerade noch ausreichend. Ein überraschend ähnlicher Eintrag 14 Jahre später, obwohl eine Flasche nach Pilzsuppe roch. *Zuletzt im April 1999 verkostet. In Bestform* ★★★★

Wehlener Sonnenuhr Riesling feinste Auslese (M) **S. A. Prüm** Eine ähnliche feinste Auslese von einem anderen Prüm. Mild, dann eine Duftexplosion; lieblich, schwerfällig, gute Länge und Säure. *Im September 1988 in Wehlen verkostet* ★★★★

Wehlener Sonnenuhr Riesling TBA (M) **J. J. Prüm** Der letzte Wein der letzten »Serie« auf der Verkostung von 83 Prüm-Gewächsen. Manfred erzählte uns, dass sein Vater Sebastian den 1959er bereitet habe. Reiche Orange-Bernsteinfarbe; mit einem Geruch nach nassen Geschirrtüchern; »Kalbsfußgelee« und ein Anflug von Essig. (Daphne: »Wie Vanilleeis mit Karamellbonbonsauce«), Himbeernote. Wurde leider von der 1976er und der 1971er TBA völlig in den Schatten gestellt. *April 1999* ★★★

1960–1979

Man trieb in diesem Zeitraum die Entwicklung neuer Vinifikationsmethoden und Rebsorten weiter voran. Federführend war die berühmte Weinbauforschungsanstalt in Geisenheim. Meiner Ansicht nach wurde der Quantität allerdings mehr Aufmerksamkeit gewidmet als der Qualität. Der Schwerpunkt lag auf der Züchtung früh reifender Trauben wie der ertragreichen Müller-Thurgau, während edlen Rebsorten wie dem Riesling nicht ausreichend Beachtung geschenkt wurde. Zucker statt Charakter, lautete die Devise. Immer mehr Züchtungen wurden eingeführt. Mit ihnen bestockte man das Schwemmland in der Ebene, das viel leichter zu bewirtschaften war als die steilen Schieferhänge an der Mosel, und damit kam die Produktion gefälliger, ziemlich süßer, billig zu bereitender Weine so richtig in Schwung. Mit der Vereinfachung der Lagenbezeichnungen gemäß dem deutschen Weingesetz von 1971 wollte man angeblich die Vermarktung deutscher Weine fördern – die Folgen waren verheerend. Billige Zuckerwässer gelangten mit vertrauten Namen wie Niersteiner Gutes Domtal und Piesporter Michelsberg in Umlauf, begleitet von einer Flut preiswerter Spätlesen und Auslesen aus nicht traditionellen Reben und zweitklassigen Weinbaubereichen. Das alles schadete dem Ruf des deutschen Weins und damit letztendlich den alteingeführten Qualitätserzeugern.

Die Jahrgänge auf einen Blick

Hervorragend ★★★★★
1967 (u), 1971, 1973 (u)
Sehr gut ★★★★
1964, 1975, 1976
Gut ★★★
1961 (u), 1963 (u), 1966, 1969, 1970, 1979

1960 ★

Ein Schlechtwetterjahr. Ähnlich wie 1958 entstanden mittelmäßige Weine in rauen Mengen. In jüngster Zeit habe ich nur eine einzige Flasche verkostet.

Hattenheimer Wisselbrunnen Riesling Kabinett (Rg) **Schloss Reinhartshausen** Blässliche Limonenfarbe mit goldenen Reflexen; Nase wie frische »Lemon Curd« (Zitroneneierbutter); wohlschmeckend. Sehr säurebetont. *Im Februar 2002 auf dem Schloss verkostet* ★

1961 ★ bis ★★★

Noch ein missratener Sommer, flankiert von einem viel versprechenden Frühjahr und einem außergewöhnlich heißen September, der die Ernte halbwegs rettete. Starke Qualitätsschwankungen von ziemlich gewöhnlich bis Spätleseniveau; keine großen Süßweine. In der letzten Zeit habe ich diesen Jahrgang nicht mehr verkostet.

1962 ★ bis ★★

Ein bescheidender Jahrgang, der vor allem für seine Eisweine bekannt wurde. Die Vegetationsperiode verlief schwierig mit einem späten, kalten Frühjahr und der ungleichmäßigen Blüte. Ein Jahr der Extreme: trocken und heiß, trotzdem unreife Trauben, und nachdem schon alles verloren schien, ein Wetterumschwung Anfang Oktober. Die Lese zog sich bis in den November hin, die letzten Trauben wurden sogar Anfang Dezember bei Minustemperaturen gelesen. Nur wenige Einträge.

Forster Mühlweg Riesling Auslese (P) **Bürklin-Wolf** Den Mühlweg gibt es nicht mehr. Gute Farbe für sein Alter; leicht ölige Nase; ausgesprochen trocken, Geschmack nach Pfirsichkernen, rau. *Im September 1980 auf dem Gut verkostet.*

Wehlener Sonnenuhr Riesling feine Auslese (M) **S. A. Prüm** Im November gelesen und anfangs als feinste Auslese klassifiziert, obwohl es eigentlich ein Eiswein hätte werden sollen: schwerfällig, keineswegs süß. Zufällig sechs Jahre später auf dem Gut noch einmal verkostet: Limonengold; ausgewogen, traubig, leicht honigartige Kerosinnote; lieblich, schöner Geschmack, weich, dabei fest, perfekt, verhaltene Säure. *Zuletzt im September 1988 in Wehlen verkostet* ★★★

Wöllsteiner Äffchen Sämling Auslese Eiswein (W) **Weingut Wirth** Ein preisgekröntes Gewächs; strohgolden; reifer, reicher Nektarinenduft, Petrolnote; sehr süß, aber leicht im Stil und am Gaumen eine kleine Enttäuschung; Strohgeschmack. *September 1987* ★★★

1963 ★ bis ★★★

Schon erstaunlich, wie man nach einer solchen Saison überhaupt noch einen trinkbaren Wein zustande brachte: der Rhein im Winter zugefroren, kaltes Frühjahr, späte Blüte, ein sonniger Juli, dann Regen bis Ende Oktober, als unvermittelt ein goldener Herbst einsetzte. Mir liegt eine erstaunliche Zahl guter Bewertungen vor, in letzter Zeit aber habe ich nur noch wenige Weine degustiert.

Casteller Schlossberg Rieslaner Spätlese (F) **Fürst Castell** Eine Rarität, geöffnet bei einer improvisierten Verkostung auf dem Schloss zwischen Tee auf der Terrasse und einem Spaziergang über den Rasenhang hinunter zum jährlichen Castell-Weinfest, an dem die Gutsbeschäftigten, ihre Familien und Besucher teilnehmen. Eine sehr bodenständige Feier mit viel »Humpatätarä«. Der Wein war für einen so sonderbaren Jahrgang überraschend gut, trocken, aber voll und wohlriechend. *An einem Sonntag, dem 7. Juli 1997, verkostet* ★★★

Schloss Johannisberger Riesling Rosalack Auslese (Rg) Ich habe nicht die geringste Ahnung, warum man diesen Wein für den Verkauf freigab. Vielleicht als Kuriosität. Trübe; in der Nase so lala; trocken, harter Abgang. *Im November 1995 auf der VDP-Vorverkaufsverkostung auf Schloss Reinhartshausen degustiert.*

Rüdesheimer Berg Mauerwein Riesling Auslese (Rg) **Schloss Schönborn** Aus einer terrassierten Parzelle am Berg. Pfirsichartige Botrytis-Nase; süß, reich, aber ein Hauch übler Fäulnis. *Im November 1998 auf der VDP-Auktionsverkostung in der Krone in Assmannshausen degustiert* ★★

Wachenheimer Rechbächel Riesling Cabinet (P) **Bürklin-Wolf** Helle Bernsteinfarbe wie Tokajer; sehr wohlriechend, bemerkenswert frisch, leicht traubig, würzig wie eine Meeresbrise; trocken, eher leicht, fest, frisch, aber mit Kerngeschmack. *Im Mai 1983 bei Peter Zieglers Verkostung auf Burg Windeck degustiert* ★★

1964 ★★★★

Ein reicher, reifer Jahrgang nach einem fast zu schönen Sommer. Das heißeste Jahr seit Beginn der Wetteraufzeichnungen – die Zahl der Sonnenstunden lag sogar noch höher als 1959, obwohl die Weine nicht so wuchtig gebaut waren, wie man das angesichts der Hitze erwarten hätte können. Allerdings hatten die Winzer mit den typischen Hitzeproblemen zu kämpfen: ein wegen der hohen Temperaturen schwieriger Gärverlauf, reife Trauben, hoher Zuckergehalt und niedrige Säure. Alles in allem aber ein beliebter, ansprechender Jahrgang, der beste zwischen 1959 und 1971. Manche Weine sind noch immer schön zu trinken, andere schon müde geworden.

Am erfolgreichsten war zweifellos die nördliche Region Mosel-Saar-Ruwer, wo die natürlich hohe Säure der Riesling-Trauben von den steilen Schieferhängen die ungewöhnlich reife Süße in Schach hielt.

Bernkasteler Badstube Riesling Auslese Fuder 9 (M) **J. J. Prüm** Gebräuntes Gold; wohlriechende alte Riesling-Nase, Karamellbonbons und Minze; am Vergreisen, jetzt insgesamt trocken und im Abgang versiegend. *Im April 1999 auf der Weinart/Prüm-Verkostung degustiert* ★ *Hat seine beste Zeit hinter sich.*

Bernkasteler Doctor Riesling Spätlese (M) **Thanisch** Thanisch ist einer von insgesamt drei Besitzern, die sich den berühmten Doctor teilen – jenen schlammigen Hang, den Daphne und ich uns an einem nassen Juniabend des Jahres 1956 hochkämpften. Bei einer Vorverkaufsverkostung in New York degustiert. Er war noch immer köstlich. *Dezember 1997* ★★★★

Eitelsbacher Karthäuserhofberg-Kronenberg Riesling feinste Auslese (M) **Rautenstrauch** Eigenartiges, lebhaft gebliebenes Bukett; lieblich, noch immer frisch. Zu wenig Länge. *Juni 1992* ★★★

Erbacher Hohenrain Riesling Spätlese Cabinet (Rg) **Schloss Reinhartshausen** Vor 1971 waren die Spätlese-Cabinet-Abfüllungen, das Äquivalent der Goldkapsel, für die Schatzkammer bestimmt, in die Gewächse für besondere Anlässe oder Versteigerungsweine kamen. Die Weine wurden geöffnet, in einen kleinen Tank gegossen, gefiltert, mit Schwefeldioxid versetzt, abgefüllt und wieder mit neuen Korken verschlossen. Blassgelb (ich schrieb »überraschend«, was aber zweifellos auf das Schwefeldioxid zurückzuführen war); leichte, saubere, rosinige Nase; halbtrocken, reicher Mittelteil, grapefruitartige Endsäure. *Im Februar 2002 im Probierraum des Schlosses degustiert* ★

Erbacher Marcobrunn Riesling Spätlese (Rg) **Staatsweingut** Blass; reif, ausgewogen; ziemlich trocken, mild, voll entwickelt, ermüdete aber zum Abgang hin. *Im November 1999 bei der VDP-Vorverkaufsverkostung auf Schloss Johannisberg degustiert* ★★

Johannisberger Hölle Riesling Auslese (Rg) **Johannishof Eser** Limonengelb; noch immer ziemlich süß, gut für sein Alter. *Auf der VDP-Vorverkaufsverkostung im November 1995 degustiert* ★★★

Niersteiner Hipping und Rehbach Riesling TBA (Rh) **Reinhold Senfter** Hellgelb; honigartig, ziemlich rosinig; lieblich – sehr enttäuschend. *Oktober 1980* ★★

Rauenthaler Baiken Riesling Auslese (Rg) **Schloss Eltz** Ich begegnete dem charmanten Graf Eltz, bevor ihn ein waghalsiges Geschäft ruinierte. Das Hauptschloss der Familie an der unteren Mosel lohnt einen Besuch. Zum 1964er: für sein Alter perfekte Farbe, schöner Geschmack, »mit Eleganz am Austrocknen«. *Im Juni 1996 beim Essen in der Krone in Assmannshausen verkostet* ★★★

Scharzhofberger Riesling Auslese (M) **Egon Müller** Bei unserem ersten Besuch auf diesem im Tal der Saar versteckten, wunderschönen Weingut verkostet. Ein nasser Herbst mit der niedrigsten Säure, an die sich Egon Müller senior erinnern konnte: goldgelb; butterige, sahnige Nase; ziemlich trocken. Außerdem war ich so verwegen, einen Hauch von Fäule zu entdecken. *Mai 2000* ★

Egon Müller

Das Spitzenweingut an der Saar mit 12 ha Rebfläche an den steilsten Schieferhängen, die man sich nur vorstellen kann. Die berühmtesten Lagen der Kellerei in Wiltingen sind der Scharzhofberg und der Alleinbesitz Wiltinger Braune Kupp.

Die Müllers gehören zu den ältesten und renommiertesten Winzerfamilien Deutschland. Sie leben in einem prachtvollen Herrenhaus am Fuße des Scharzhofbergs. Am anderen Ende eines kleinen Hofs stehen die Keller, die als heilig gelten – neugierige Besucher sind dort nicht gern gesehen. 1996 allerdings hatten meine Frau und ich die Ehre, von Egon Müller senior und junior empfangen zu werden und einen Blick in die alten Keller werfen zu dürfen. Von moderner Technologie ist hier nichts zu sehen, trotzdem gelangen aus den niedrigen Gewölben Meisterwerke ans Tageslicht, die bei den Versteigerungen des Großen Rings in Trier alljährlich Höchstpreise erzielen.

Egon Müller senior starb kurz nach unserem Besuch. In seine Fußstapfen ist der bescheidene, zuvorkommende und charmante Junior getreten, der mittlerweile selbst zum »Senior« geworden ist: Seine Frau, die er vor kurzem geheiratet hat, brachte einen neuen Egon junior zur Welt!

Dom Scharzhofberger Riesling Fass Nr. 7 (M) **Hohe Domkirche** Gutes, nuanciertes Gelb; butterig, wohlriechend, ausgewogen; trocken, schöner Geschmack, ausgezeichnete Säure. *Juli 1983* ★★★★

Steinberger Riesling feine Spätlese Kabinett (Rg) **Staatsweingut** Bei einem Steinberg-Essen Flaschenabweichungen. Ein Exemplar stumpf, ohne Schwung, das andere frischer, ideal zu Fasan. *November 1994. In Bestform* ★★

Steinberger Riesling BA (Rg) **Staatsweingut** Halbe Flaschen: ziemlich tiefe Bernsteinfarbe; »Kalbsfußgelee«, glatte, karamellige Nase und ebensolcher Nachgeschmack; süß, Quittennote, gute Säure. *Im November 2000 auf der Welt-Raritäten-Weinprobe auf Schloss Johannisberg verkostet* ★★★★

Steinberger Riesling TBA (Rg) **Staatsweingut** Altgold; Toffees, Lakritze, eine reine alte Riesling-Nase, die im Glas erblühte; noch immer sehr süß, fett, schöner Geschmack und Nachgeschmack. *Einer der feinsten Weine bei Breuers Essen mit 23 Weinen im November 1997* ★★★★★

Wehlener Sonnenuhr Riesling Spätlese (M) **J. J. Prüm** Noch immer bemerkenswert blass und mit grünen Reflexen; sehr zarte Frucht; trocken, etwas leicht, mild, ein bisschen verblasst, aber ausgewogen. *Im Juni 1983 bei einem sonnigen Sonntagsessen auf Chippenham Lodge mit unseren Gästen Herbert »Screwpull« Allen und Ted Hale verkostet* ★★★

Wehlener Sonnenuhr Riesling feine Auslese Fuder 15 (M) **J. J. Prüm** Orangegold; süß, pfirsichartig, in der Nase und am

Gaumen karamellisierte Flaschenalter- und Edelfäulenoten. Für einen 1964er etwas schwach, aber angenehm zu trinken. *April 1999* ★★ *Austrinken.*

1965

Konkurriert mit dem 1956er um den Titel des schlechtesten Jahrgangs des Jahrhunderts. Ungleichmäßiges, verspätetes Wachstum und ein kalter, nasser Sommer. Die Lese verzögerte sich bis November und wurde dann größtenteils abgebrochen. Ich habe zwischen 1966 und 1974 einige gerade noch trinkbare Weine verkostet, seither aber keine einzige Flasche mehr.

1966 ★★★

Gut, aber im Stil ganz anders als der 1964er: Blassere, festere, stahligere Weine mit guter stützender Säure. Die Kälte und die Niederschläge zum Ende einer ansonsten ausgewogenen Saison schmälerten den Ertrag. Wegen der nasskalten Witterung Anfang November entstanden nur wenige Süßweine, lediglich aus einigen sehr spät gelesenen Trauben wurde mit leidlichem Erfolg Eiswein bereitet.

Bei der Durchsicht der in den späten 1960ern und frühen 1970ern entstandenen Einträge fällt die gleichmäßige Qualität der sehr stilvollen Weine ins Auge. Ich habe in letzter Zeit nur noch wenige verkostet. Die nachfolgenden Einträge sollen einen Überblick geben.

Bernkasteler Doctor Riesling Spätlese (M) **Thanisch** Eine klassische »ölige« Riesling-Nase; lieblich. Pfirsichkernnote. *Im Dezember 1997 bei einer Vorverkaufsverkostung in New York degustiert* ★

Erbacher Langenwingert Riesling Kabinett (Rg) **Schloss Reinhartshausen** Ein Weinberg zwischen Erbach und Kiedrich. Eher blass, wie feiner Sherry, limonengoldene Reflexe; zurückhaltende Lindenblütennase; etwas Süße, melonenartig im Geschmack, frisch, erfrischende Säure. *Im Februar 2001 auf dem Schloss verkostet* ★★★

Erdener Prälat Riesling feinste Auslese (M) **Dr. Loosen** 90–94° Öchsle, aus zu 100 % unveredelten Riesling-Reben auf roten Sandsteinböden. Ausbau in 100-l-Fudern. Blässliches Gelb; ziemlich stämmig, leicht malzige Nase; trocken, mittleres Gewicht, mittelvoller Geschmack. Im Endgeschmack Farnkraut. *Der älteste Jahrgang einer umfangreichen Palette von Loosen-Weinen, die Stuart Pigott im September 1988 in London präsentierte* ★★

Hochheimer Domdechaney Riesling Spätlese (Rg) **Werner** Ein erdiger Hochheim, dem man das Alter anmerkte. *Im September 1996 auf einer großen Rheingau-Verkostung des VDP vor einer Werbeverkaufsveranstaltung bei Christie's degustiert* ★

Lorcher Krone Riesling Auslese (Rg) **v. Kanitz** Graf von Kanitz ist der wichtigste Erzeuger am Mittelrhein flussabwärts hinter Bingen. Er verdient es, bekannter zu werden. Schlank und ansprechend. Gehaltvoll, aber nicht süß. *Im November 1995 bei der VDP-Vorverkaufsverkostung degustiert* ★★★

Wehlener Sonnenuhr Riesling Auslese (M) **J. J. Prüm** Helles Goldgelb; lieblich – ich glaubte, einen Hauch von Fäule auszumachen, aber er passte gut zur *Foie gras*. Gewisse Finesse. *April 1999* ★

Zeltinger Schlossberg Riesling feine Auslese (M) **J. J. Prüm** Ein Hinweis darauf, dass Prüm noch andere Eisen im Feuer hat: ähnliche Farbe wie die Wehlener Sonnenuhr weiter oben; in der Nase anfangs eine wächserne, kerosinartige Riesling-Note, die sich auszubreiten schien, Geschmack und Länge gut, trockener Abgang. Ebenfalls zu *Foie gras* serviert. *Im April 1999 auf der Weinart/Prüm-Verkostung in Österreich degustiert* ★★★

1967 ★ bis ★★★★★

Im unteren Qualitätssegment ziemlich gewöhnlich, aber einige exzellente spät gelesene, edelfaule Süße. Das war auf die wechselhaften Klimabedingungen zurückzuführen: ein sehr unbeständiger Frühling, zögerliches Wachstum, ein schöner Sommer, doch die hehren Hoffnungen wurden von schweren Regenfällen im September zerstört, die viele Lagen fast wegschwemmten. Wer beharrlich auf spätherbstlichen Sonnenschein wartete, wurde mit überragenden Trockenbeerenauslesen belohnt.

Sieht man einmal von spezialisierten Importeuren ab, nahm der britische Handel vom 1967er nicht viel Notiz, was vielleicht unbewusst eine Reaktion auf das schwache Abschneiden der französischen Distrikte war. Auch in Bordeaux fiel der 1967er nicht besonders gut aus. Ich habe vor und während einer Deutschlandreise im Jahr 1969 viele Weine aus diesem Land verkostet. Vor allem eine Versteigerung edler Kreszenzen in Wiesbaden im Frühjahr 1969 öffnete mir die Augen für die hohe Qualität der Spitzengewächse aus diesem Jahrgang. Vergessen Sie die einfacheren Weine und halten Sie stattdessen Ausschau nach den »Knüllern« – sie sind stark unterbewertet.

Binger Scharlachberg Riesling TBA (Rh) **Villa Sachsen** Dunkle Gerstenzuckerfarbe, apfelgrüner Rand; kraftvoll, honigartig, Karamellnote; süß, aber mit austrocknender Frucht, geringer Alkoholgehalt, leichter Tabakgeschmack. Sehr gut. »Ein Hauch von Yquem«. *Im Oktober 1997 auf einer Vorverkaufsverkostung bei Christie's degustiert* ★★★★

Casteller Hohnart Silvaner Natur (F) **Fürst Castell** Eher blass; breite Milch-und-Honig-Nase; trocken, kraftvoll, eigenartig, ein ungewohnter, aber attraktiver Frankenwein. *Im September 1988 bei einer von Graf Matuschka ausgerichteten Verkostung mit Weinen eines Winzerzusammenschlusses auf Schloss Vollrads degustiert* ★★★

Deidesheimer Leinhöhle Riesling TBA (P) **v. Bühl** Erstmals 1973 verkostet, damals mittelblasses Zitronen-Goldgelb mit reicher, aber delikater, traubiger Pfalz-Nase; sehr süß. Seither noch mehrere Male degustiert. Mit 22 Jahren reiches Bernsteingold; jetzt ein schwereres Bukett, toffeeartig, mit angesengter Rosinenfrucht, große Tiefe; noch immer sehr süß, voll, fett, mit hoher flüchtiger Säure und karamelligem Nachgeschmack. *Zuletzt im September 1988 verkostet* ★★★★★ *Damals großartig, muss aber getrunken werden.*

Hattenheimer Hassel Riesling BA (Rg) **H. Lang** 140° Öchsle, 9 g/l Säure. Im Abstand von 24 Stunden zweimal verkostet, beide Male beim Weinwochenende mit deutschen Gewächsen in Banff Springs. Fast identische Notizen, unter anderem »sehr deutsch«, »sehr wagnerianisch«, »fast ölig«. Schönes gebräuntes Gold; Feigensirup, »Butterkekse«. Ich mochte ihn! *Zuletzt im Oktober 1998 verkostet* ★★★★

Hattenheimer Schützenhaus Riesling Auslese (Rg) **Balthasar Ress** Stefan Ress betrieb als Präsident des VDP Mitte der 1990er-Jahre sehr aktiv die Öffnung und »Internationalisierung« der jährlichen Weinversteigerungen des Verbands. Er bat mich, die Auktionen zu leiten und für die erste gemeinsame Versteigerung mit Christie's im Herbst 1994 einen Katalog zu erstellen. Außerdem nahm ich während der jährlichen Weinwoche an vielerlei damit zusammenhängenden Weinveranstaltungen teil. Natürlich verkostete ich auch viele Ress-Weine, unter anderem mehrmals diese kraftvolle, honigartige feine Auslese. *Zuletzt bei einer Vorverkaufsverkostung im September 1996 degustiert* ****

Schloss Johannisberger Riesling Auslese (Rg) Strohgold; lebhafte, toffeeartige Nase, die mich an das beim Buchbinden verwendete Pergamentpapier erinnerte; voll im Geschmack, rosinig. Hat seinen Zenit überschritten. *Im Mai 1996 auf der Vorverkaufsverkostung des VDP degustiert* **

Schloss Johannisberger Riesling TBA (Rg) Dieser Wein wurde zum Auftakt des unvergesslichen Johannisberg/Yquem-Marathons im November 1984 auf dem Schloss gemeinsam mit dem Yquem von 1967 verkostet. Beide Weine waren überragend, jeder auf seine Weise einzigartig. Als ich sie verkostete, wurde mir klar, dass es keinen Wettstreit geben würde, sondern einen Stilvergleich. Im Herbst des darauf folgenden Jahres wurde die TBA zufällig wieder mit dem Yquem zu einem Verkostungspaar kombiniert. Da sich beide Einträge ähneln, fasse ich sie zusammen: mitteltief, schönes Bernsteingold mit einem Anflug von Orange; herrliches Bukett, fein, Orangenblüten und eine reiche, lebhafte, sultaninenartige Traubigkeit, die sich im Glas entwickelte, intensive Würze, Zimt, Tee; süß und reich, dabei delikat, fabelhafte Säure, Karamellnote, wohlriechender Abgang. *Zuletzt im Oktober 1985 bei Rodenstocks jährlicher Raritäten-Weinprobe in Wiesbaden verkostet* *****

Schloss Johannisberger Riesling Goldlack TBA (Rg) Bernsteinfarbe; reich, intensiv; süß, lebhaft, schöner Geschmack, eindringlich, karamellartiger Nachgeschmack. Nach dem großen 1947er wirkte er schwerfällig. *Im November 2001 bei der Verkostung anlässlich der 900-Jahr-Feier auf dem Schloss degustiert* ****

Schloss Layer Goldloch Riesling Edel BA (N) **Schlossgut Diel** Angeblich der beste Wein, den Armin Diels Vater je erzeugte. Erstmals 1996 auf dem Schloss verkostet; herrliches Bernsteingold; *Crème-brûlée*-Nase; süß, ähnelte einem Sauternes, hohe Säure (12 g/l). Als Nächstes bei der Welt-Raritäten-Probe auf Schloss Johannisberg: reich, kraftvoll, aber am Austrocknen und mit trockenem, leicht bitterem Abgang. *Zuletzt im November 2000 verkostet. In Bestform* ****

Marcobrunner Riesling Edelbeeren Auslese (Rg) **Schloss Schönborn** Warmes Gold; reiche, klassische, »ölig« reife Riesling-Nase, gekochte Äpfel, *Crème brûlée*; reich, aber trockener als erwartet. Mittlerweile für seine hohe Säure zu trocken. *Der vorletzte Wein auf Breuers Rheingauer Wein-Raritätenprobe in Rüdesheim im November 1998* ***

Rauenthaler Herrberg Riesling Auslese Cabinet (Rg) **v. Simmern** Blässliches Goldgelb; schönes reifes Honigbukett, mit dem für Rauenthal typischen Gehalt; ziemlich süß, fett, jedoch nicht schwer, exquisit im Gleichgewicht – Frucht und Säure perfekt. *Im März 1980 bei einer Vorverkaufsverkostung von Christie's degustiert* ***** *Könnte noch immer schön sein.*

Wachenheimer Rechbächel Riesling TBA (P) **Bürklin-Wolf** Lesebeginn am 12. November, 184° Öchsle, 9,3 g/l Säure. Dreimal habe ich diesen außerordentlichen Wein erlebt, das erste Mal auf H. Sichels »Weinprobe des Jahrhunderts« im Jahr 1975: grandios, aber fast zu fett und pappig. Kürzlich bei Sichels Wiederholung der Originalverkostung: hellbraungolden; die Süße und Konzentration von Melasse! *Zuletzt im September 1992 bei der Royal Society of Arts in London verkostet* *****

Wehlener Sonnenuhr Riesling feinste Auslese (M) **S. A. Prüm** Von meinem Gastgeber erfuhr ich, dass die Trauben trotz 50- bis 60-prozentigem Fäulnisbefall in seinen Weinbergen von ausgezeichneter Qualität gewesen seien. Ich bemerkte außerdem viel Weinstein (natürlich völlig harmlos) am Flaschenboden. Mittelgelb; zunächst verschlossen, mit einer Unterlage aus Wachs und »grüner« Unreife, die mich an Sauvignon blanc erinnerte; lieblich, lebhafter, stachelbeerartiger Geschmack und ebensolche Säure. *Im September 1988 mit Raymond Prüm verkostet* **

1968

Ein schlechtes Jahr in fast jeder europäischen Weinregion, was allein auf die Witterung zurückzuführen war (Kälte, Nässe und die nicht mit ihrer »edlen« Variante zu verwechselnde Schwarzfäule), die den Winzern das Leben manchmal sehr schwer machen kann. Überwiegend dünne, raue Weine von minderer Qualität. Anfang der 1970er habe ich ein, zwei trinkbare Versionen verkostet, seither aber nur noch eine einzige Flasche.

Rüdesheimer Berg Lay Riesling Cabinet (Rg) **Scholl & Hillebrand** Ich kann mich gut daran erinnern, als ich diesem Unternehmen bei meiner ersten Master-of-Wine-Deutschlandreise einen Besuch abstattete, ich glaube, es war 1969. Das genaue Datum ist mir zwar entfallen, doch die außergewöhnlich hübschen, flachshaarigen Mädels, die die Gläser verteilten, werde ich nie vergessen. Die Breuer-Brüder verließen das Unternehmen bald darauf. Bernhard konzentrierte sich auf die familieneigenen Weinberge und brillierte in der Weinbereitung, Heinrich auf das Rüdesheimer Schlosshotel. Dieser versprengte Jahrgang muss für die beiden ein nostalgisches Erlebnis gewesen sein. Fazit der kalten, nassen Lese: blassfarben; sahnige, dann blecherne Nase; weich, offen gewirkt, schlechter Geschmack, fader Abgang. *Im November 1998 beim Essen der Breuers verkostet.*

1969 in Bestform ***

Leidlich gute, feste, säurebetonte Weine. Die gute Wachstumssaison wurde durch zu wenig Regen und dreiwöchigen dicken Nebel während der alles entscheidenden Reifephase verdorben. Am schlimmsten erwischte es die Pfalz und Rheinhessen und dort die früh reifenden Rebsorten. Die Güter im Rheingau und an der Mosel hingegen konnten mit ihrem klassischen, spät reifenden Riesling die Sonne Ende Oktober und Anfang November zu ihrem Vorteil nutzen.

Als die 1971er auf der Bildfläche erschienen, gerieten die 1969er größtenteils in Vergessenheit. Ich habe in der zweiten Hälfte der 1970er viele 1969er verkostet. Die besten können durchaus noch sehr angenehm zu trinken sein.

Eltviller Kalbspflicht Riesling (Rg) **Fischer Erben** Blässliches Grüngelb; Lindenblüten, herrlich; trocken, in der Nase besser als am Gaumen. Appetitanregende Säure. *Im Februar 2000 bei Bernhard Breuers Essen mit Weinen mit der Endziffer »9« bei Christie's verkostet* **

Erbacher Marcobrunn Riesling (Rg) **Staatsweingut** Goldgelb; reiches, blumiges Bukett und entsprechender Geschmack. Halbtrocken. Weich. Sehr angenehm. *Ebenfalls im Februar 2000 bei Breuers Essen verkostet* ***

Erbacher Rheinhell Riesling Kabinett (Rg) **Schloss Reinhartshausen** Blassgolden; süß, aber ein rauer Anflug; lieblich, positiver Geschmack, jedoch im Abgang eine Pfirsichkernnote. *Im Februar 2002 auf dem Schloss verkostet* *

Erdener Prälat Riesling hochfeine Auslese (M) **Dr. Loosen** Natürlicher Zuckergehalt in den Trauben 100–105° Öchsle, fast so viel wie eine Beerenauslese, daher der Zusatz »hochfein«.

Heute fällt ein Wein mit einem Mostgewicht von 83–110° in die Auslese-Kategorie. Mit der Abschaffung dieser feinen Unterscheidungen, der Verschiebung von Weinbergsgrenzen und der Änderung von Lagennamen durch das deutsche Weingesetz von 1971 hat man die besten Güter benachteiligt und die unwissende Öffentlichkeit getäuscht – und alles nur, um anderen Erzeugern so genannte Chancengleichheit einzuräumen! Zurück zum Wein: attraktive gelbe Farbe; durch Flaschenalterung entstandene Honignote, reife Trauben; lieblich, für einen Moselwein ziemlich körperreich, ja, fett, aber mit sehr guter Säure. Im Endgeschmack ein Anflug von Farnkraut. *Im September 1988 bei der Loosen-Verkostung in London degustiert* ★★★

Erdener Treppchen Riesling feinste Auslese (M) **Mönchhof** Goldgelb; reich, reif, kerosingetönte Traubigkeit; lieblich, voll, reich, sahnig, honigartig. Trockener Abgang. *Juni 1992* ★★★★★

Graacher Himmelreich Riesling Eiswein hochfeine Auslese (M) **J. J. Prüm** Golden; schwer fassbar; nicht so süß wie erwartet, sahnig, trockener Abgang. *April 1999* ★★

Hallgartener Deutelsberg Riesling (Rg) **Engelmann** Ein neben dem Steinberg gelegener Rebhang, einst der beste Weinberg im Hallgarten. Für sein Alter blass; verschlossen, kresseartig, öffnete sich ansprechend; lieblich, mittlerer Körper, eigenartiger Geschmack, schöne Säure. *Im Februar 2000 bei Bernhard Breuers »Essen mit Weinen mit der Endziffer 9« bei Christie's degustiert* ★★★

Kallstadter Saumagen Riesling BA (P) **Koehler-Ruprecht** Mittlere Bernsteinfarbe; reich, honigartig, leicht karamellig; lieblich, eindringlicher, »öliger« Riesling-Geschmack. *Im Februar 2000 bei Breuers Essen verkostet* ★★★

Oberemmeler Hütte Riesling feinste Auslese (M) **v. Hövel** Gelb; pfirsichartiges, weiches, süßes Bukett; süßer Auftakt und fester, trockener Abgang. Honignote. *Juni 1992* ★★★★

Wachenheimer Mandelgarten Scheurebe BA (P) **Bürklin-Wolf** Golden; himmlisches, hochgetöntes Honigbukett mit einem Anflug der für die Scheurebe typischen, traubigen »Kater«-Note; süß, reich, das Fett wurde von der hohen Säure (12 g/l) gemildert. *September 1980* ★★★★

Wehlener Abtei Riesling hochfeine Auslese naturrein (M) **Michel Schneider, Zell** Ich habe diesen Wein das erste Mal 1987 und noch einmal zwei Jahre später verkostet. Leuchtendes Butterblumengelb; wächserne, honigartige Botrytis- und Flaschenalternote mit einem Anflug von Pfirsichkernen; ziemlich süß, reich, etwas Fett, gute Säure. *Zuletzt im Oktober 1989 verkostet* ★★★

Wehlener Sonnenuhr Riesling feine Auslese (M) **J. J. Prüm** Dieser Wein wurde zusammen mit den nächsten beiden serviert. Sie hatten alle etwas gemeinsam, aber ich war mir nicht sicher, ob es sich um Flaschenalter oder Fäule handelte. Am Hummer lag es jedenfalls nicht! Wenn dieser Wein schon nur mäßig gut war, wie sahen dann erst die 1969er einfacherer Qualität aus? *Im April 1999 auf der Prüm-Verkostung von Weinart degustiert* ★

Wehlener Sonnenuhr Riesling feinste Auslese (M) **J. J. Prüm** Ähnlich in Aussehen, Nase und Geschmack, aber vielschichtiger. *April 1999* ★★

Wehlener Sonnenuhr Riesling hochfeine Auslese (M) **J. J. Prüm** Warmes Gold; wohlriechende alte Honignase; nicht so süß wie erwartet, ziemlich kraftvoll, gute Länge. *April 1999* ★★★

Winkeler Jesuitengarten Riesling Spätlese (Rg) **Joseph Hamm** Goldgelb, leicht trübe; Geruch und Geschmack wie alter öliger Riesling. Aus reiner Neugier bestellt, um zu sehen, ob eine Spätlese von 1969 überlebt hatte. Hatte sie leider nicht. *Im Mai 2000 im Schlosshotel Krone in Hattenheim verkostet.*

1970 ★★★

Lässt sich auf keinen Fall mit den Weinen aus den besten französischen Anbaugebieten vergleichen. Wegen der späten Blüte, dem trockenen Sommer und dem mittelmäßigen Herbst entstanden ziemlich plumpe Weine. Wer früh erntete, konnte passable Gewächse für den raschen Konsum bereiten. Einige Erzeuger nutzten den spätsommerlichen Sonnenschein zu ihrem Vorteil – ein, zwei Güter ernteten sogar erst am 6. Januar 1971! Überlebt haben bis heute unter anderem die außergewöhnlichen, seltenen Strohweine, die von perfekter Kellerhaltung profitierten.

Erbacher Rheinhell Riesling BA Strohwein (Rg) **Schloss Reinhartshausen** Für diesen Wein wurden die einzeln gelesenen, sehr reifen Trauben auf Wellasbest-Dachplatten getrocknet! Von den 280 abgefüllten Flaschen habe ich nur zwei verkostet. Meine Einträge fielen leicht unterschiedlich aus, was an mir oder an den Flaschen gelegen haben mag. Die erste (Mai 1982): relativ tiefes Strohgold; Edelfäule- und Flaschenalternoten; ziemlich süß, Geschmack, Textur, Gleichgewicht und Nachgeschmack ausgezeichnet. Schöne Entwicklung im Glas. Leicht pappige Endsäure. 18 Monate später: reines Goldgelb; sehr wohlriechend, ähnlich wie Muskateller; gewisse Süße, aber leicht im Stil. Die ursprüngliche Säure offenbar jetzt gut eingebunden. Perfekt. *Zuletzt im Oktober 1983 verkostet. In Bestform* ★★★★★

Forster Pechstein Riesling Auslese (P) **Bürklin-Wolf** Der Schwefelgehalt war niedrig, weil die Trauben schon dreieinhalb Stunden nach der Lese im Fass waren. Ein unglaubliches Gelb; grandioses, breites, butteriges, leicht pfirsichartiges, rosiniges Honigbukett; halbtrocken, mittlerer Körper. Schöner Geschmack. *Im September 1980 auf dem Weingut verkostet* ★★★

Geisenheimer Kirchgrube Riesling feinste Auslese (Rg) **Schumann v. Horadam** Für sein Alter blass; schönes, honigartiges Bukett und ebensolcher Geschmack. *Im Juni 1985 bei Christie's in Chicago verkostet* ★★★

Graacher Himmelreich Riesling BA (M) **J. J. Prüm** Orangegold; honigartige Nase; reich, aber am Austrocknen, ein schlanker Zug. Aprikosen und Säure. *Im April 1999 auf der Weinart/Prüm-Degustation verkostet* ★★★

Hattenheimer Hassel Riesling Kabinett (Rg) **Schloss Reinhartshausen** Warme goldgelbe Reflexe; interessante zedrige Lindenblütenhonignote; etwas Süße, angenehm, positiv, ziemlich reich, mit sauberem, trockenem Abgang. *Im Februar 2002 auf dem Schloss verkostet* ★★

Eiswein

Eiswein entsteht nur in bestimmten Jahren aus Trauben, die in gefrorenem Zustand vom Rebstock geschnitten werden – meist im November oder Dezember um 4 oder 5 Uhr morgens. Anschließend wandern sie direkt in die Presse, wo die Eiskristalle vom nicht gefrorenen, konzentrierten süßen Saft getrennt werden. Die Trauben sind nicht von der Edelfäule befallen, weshalb das fertige Produkt einen sehr klar konturierten Geschmack hat und die erfrischende Säure ein Gegengewicht zur Süße bildet. Gemäß deutschem Weingesetz hat Eiswein eine eigene QmP-Kategorie und besitzt dasselbe Mostgewicht wie eine Beerenauslese. Er ist zwar äußerst ansprechend, doch ziehe ich persönlich Beerenauslesen (und natürlich Trockenbeerenauslesen) vor, da diese subtiler und vielschichtiger sind.

Schlossböckelheimer Kupfergrube Riesling Kabinett (N) **Deinhard** Gelb mit Goldton; butterig, ausgewogen, trocken, vierschrötig, gerade genug Säure zum Überleben. *August 1986* ★★

Trierer Thiergarten Unterm Kreuz Auslese, Weihnachts-Eiswein Edelwein (M) **Fritz v. Nell** Ein bemerkenswerter Wein von Trauben, die am 24. und 25. Dezember gelesen wurden. Blässlich; Flaschenalter und eisweintypische Honignoten; ziemlich süß, gute Säure. Es beschämt mich, dass meine Vorverkaufs-Verkostungsnotiz kürzer ausfiel als der Name des Weins. *Im Juli 1983 bei Christie's degustiert* ★★★

Wehlener Sonnenuhr Riesling feinste Auslese Eiswein (M) **J. J. Prüm** Die gefrorenen, noch immer unreifen Trauben wurden am 24. Dezember gelesen. Manfred Prüm brachte 1995 eine Flasche zu Zieglers Verkostung mit: Limonengelb; rau, mit »Saar-typischer« Säure. Auf der Weinart/Prüm-Verkostung war sein schönes Gelb das beste Merkmal des Weins. Beide Male bemerkte ich Fäule und trotz seines Wohlgeruchs einen spitzigen, scharfen Abgang. *Zuletzt im April 1999 verkostet* ★

Wehlener Sonnenuhr Riesling BA (M) **J. J. Prüm** Orangegold; »Kalbsfußgelee«; ziemlich süß, Honig und Lindenblüten. Ausgezeichnete Säure. *April 1999* ★★★

1971 ★★★★★

Ein fantastischer Jahrgang, der sich schon eher mit dem 1949er und 1953er gleichsetzen lässt als der schwergewichtige 1959er oder der süß-reife 1964er. Frühe, erfolgreiche Blüte; ein feiner Sommer mit Sonnenschein und Wärme von Anfang Juli bis in den Herbst hinein; die Trockenheit konzentrierte das Fleisch. Die vollkommen gesunden, vollreifen Trauben wurden unter Idealbedingungen gelesen. Am hervorragendsten fielen die Weine vielleicht an der Mosel und ihren Nebenflüssen aus – an Saar und Ruwer konnte man sich über die besten Gewächse seit Jahrzehnten freuen. Die frühmorgendlichen Nebel spendeten Feuchtigkeit und lösten sich im Tagesverlauf auf, sodass sich der Reifeprozess fortsetzte. Die Qualität war insgesamt hoch – für die größeren Handelshäuser fast zu hoch.

Die Spätlesen und einfacheren Provenienzen sollte man austrinken, aber die Suche nach den Auslesen aus den besseren Weingütern lohnt sich. Die meisten Flaschen werden bei Versteigerungen schändlich unterbewertet, obwohl sie seit Jahren aus den Händlerlisten verschwunden sind. Die selteneren, teureren Beeren- und Trockenbeerenauslesen trinken sich nach wie vor fabelhaft. Ich habe aus den vielen Dutzend seit den frühen 1980ern entstandenen Einträgen einige ausgewählt, die die Entwicklung, Qualität und den Zustand des Jahrgangs veranschaulichen.

Bernkasteler Doctor und Graben Riesling Auslese (M) **Thanisch** Der einst berühmte Doctor betrug gerade noch 1,52 ha, wurde aber auf einer Sitzung 1970 in Trier um andere Weinberge erweitert und auf 15 ha ausgedehnt. Thanisch, der seinen Ruf mit der 1921er TBA begründete, der ersten Trockenbeerenauslese von der mittleren Mosel, fügte seinem Doctor einen Anteil aus dem Graben hinzu. Lauerberg wiederum, dem nur eine winzige Parzelle gehörte, »vermehrte« seinen Doctor mit Trauben von der Lage Bratenhöfchen. Ein Hauch Kerosin; am Austrocknen und Altern, aber mit sehr guter Säure. *Im März 1995 mit den Pauls nach Florida-Steinkrabben verkostet* ★★

Casteller Trautberg Silvaner Riesling TBA (F) **Castell** Lese am 22. November. 212° Öchsle. Reine Bernsteinfarbe; enorm tiefe Honig- und malzige Karamellnase; sehr reich, aber nicht pappig reich. Eine herrliche Kreszenz. *Im Juli 1997 auf Castell verkostet* ★★★★★

Casteller Trautberg Silvaner TBA (F) **Castell** Mostgewicht bei der Lese 212° Öchsle. Das Geschlecht der Herren von Castell ist seit über 800 Jahren bezeugt. Das bezaubernde Herrenhaus mit Blick auf die Weinberge stammt aus dem 18. Jahrhundert, hoch oben auf dem Berg thront die Burgruine. Der Wein hatte die Farbe eines Verdelho oder süßen Sherry; lebhaftes, köstliches Bukett nach Toffee und Sahne mit entsprechendem Geschmack. Erfrischende Säure. *Im Oktober 1997 auf der VDP-Vorverkaufsverkostung bei Christie's degustiert* ★★★★

Eltviller Sonnenberg Riesling Auslese (Rg) **Schloss Eltz** Ein klassischer Riesling aus dem Rheingau, dokumentiert mit vier Einträgen. Im Sommer 1980 butteriges Gelb; Honignase; sehr gute Frucht, perfekt im Gleichgewicht. 1989 in der Farbe wie eine Beerenauslese, tiefes, warmes Gold; reiches, honigartiges Botrytis-Bukett; lieblich, schön und lebhaft, mit sehr duftigem Nachgeschmack. Vor 1971 wäre dieser Wein sicher als feinste Auslese deklariert worden. Vor einiger Zeit mit Orangeton; herrliches Bukett nach Pfirsichen und Pfirsichschalen; ein himmlischer Wein, zu dem die *Crème brûlée* nicht passte. *Zuletzt im September 1991 verkostet* ★★★★

Eltviller Sonnenberg Riesling BA (Rg) **v. Simmern** Ziemlich tiefes Orange-Bernsteingelb; tiefes, honigartiges Bukett; süß, überzeugend, Fleisch, Geschmack und Gleichgewicht gut. *Im März 1995 von Bob Paul nach dem enttäuschenden Doctor (siehe weiter oben) hervorgeholt* ★★★★

Erbacher Hohenrain Riesling Spätlese (Rg) **Schloss Reinhartshausen** Blässlich; reiche, tiefe, klassische Riesling-Nase mit »Kerosin«-Note; süß, weich, schöner Pfirsichgeschmack, durchweg gut. Auf dem Niveau einer feinsten Spätlese. *Im Februar 2001 auf dem Schloss verkostet* ★★★★★

Erbacher Hohenrain Ruländer Spätlese (Rg) **Schloss Reinhartshausen** Mitteltiefes Goldgelb; delikat, blumig, Zitronen- und Honignoten, die mich an einen Furmint erinnerten; halbtrocken, karamelliger Geschmack, Alterston, flacher Abgang. *Im Februar 2002 auf dem Schloss verkostet* ★★

Erbacher Marcobrunn Riesling Auslese (Rg) **Staatsweingut** Interessante Vergleiche: im Bukett ähnlich wie die Steinberger Spätlese, aber reicher als der oben genannte Wein. Sehr gute Frucht und Säure. *Im November 1997 beim Essen der Breuers verkostet* ★★★★

Erbacher Marcobrunn Riesling Auslese (Rg) **Schloss Reinhartshausen** Ausgewogenes, zartes Honigbukett; reich, schwache Bitternote. Auf einem sehr originellen »Marcobrunn- und Chambertin«-Dinner serviert. *Im November 1995 im Restaurant mit dem passenden Namen Marcobrunn im Hotel Schloss Reinhartshausen verkostet* ★★★

Erbacher Schlossberg Ruländer TBA (Rg) **Schloss Reinhartshausen** 10 % Alkohol, 147 g/l Zucker, 8,9 g/l Säure. Eine der wenigen und vermutlich auch die letzte TBA aus Ruländer (Pinot gris). Zwei praktisch gleichlautende Einträge, der erste entstand 1983 bei einem unvergesslichen Dinner, der zweite im Jahr darauf: Hellbraun-Orange mit limonengrünem Rand; ein Bukett, das nicht von dieser Welt war; hochgetönt, honigartig, Sultaninen; sehr süß, reich konzentriert, fabelhafter Geschmack und karamelliger Nachgeschmack. *Juli 1984* ★★★★★

Erbacher Siegelsberg Spätburgunder Weißherbst BA (rosé) (Rg) **Schloss Reinhartshausen** Kraftvolles Bukett; intensiv süß, aber ohne Länge. *Im Oktober 1992 auf dem Schloss verkostet* ★★★

Geisenheimer Kläuserweg Riesling Spätlese (Rg) **H. H. Eser** Ein schön minziger Wein, dem man allerdings anmerkte, dass er mit Schwefeldioxid haltbar gemacht worden war. *Im September 1996 auf einer Vorverkaufsverkostung von Christie's degustiert* ★★

Graacher Domprobst Riesling Auslese (M) **Weins-Prüm** Melonengelb; tief, reich, honigartig; guter, reifer, traubiger Geschmack. Harter trockener Abgang. *Im Juni 1992 bei einer Verkostung des Großen Rings in London degustiert* ★★★(★)

Graacher Himmelreich Riesling Eiswein BA (M) **J.J. Prüm** Appetitanregender Aprikosenduft; süß, reif, schöner pfirsichartiger Geschmack. Trockener Abgang. *Im Dezember 1995 bei Peter Zieglers Marathon verkostet* ★★★★★

Hattenheimer Engelmannsberg Riesling Auslese (Rg) **G. Müller-Stiftung** Blumig; reich, eindringlich, honigartig, schön. Trockener Abgang. *Im November 1995 bei einer Verkostung vor der VDP-Werbeversteigerung bei Christie's degustiert* ★★★★

Hattenheimer Engelmannsberg Riesling TBA (Rg) **Balthasar Ress** Tiefe Bernsteinfarbe; reich, karamellig; sehr süß, reich, voll, sahnig, gut gebaut. *Im Mai 1996 bei der VDP-Vorverkaufsverkostung mit 46 Weinen degustiert* ★★★★★

Hattenheimer Nussbrunnen Riesling Auslese (Rg) **Balthasar Ress** Honigartig; reich, dabei überraschend trocken. *Bei der VDP-Vorverkaufsverkostung im November 1995 degustiert* ★★★

Hattenheimer Nussbrunnen Riesling BA (Rg) **Schloss Schönborn** Erstmals 1997 mit Paul Graf von Schönborn und seinem Verwalter Gunter Thies im 500-jährigen Keller des Schlosses verkostet. Dann drei Einträge, die alle im Zusammenhang mit einem ausgezeichnet organisierten, von mir geleiteten Weinwochenende in Banff Springs entstanden. Der Wein gehörte zu den Exemplaren, die ich vorverkosten und genehmigen musste, und war auch bei der Veranstaltung »Geschichte in Flaschen« dabei. 130° Öchsle, 73,8 g/l Restzucker, 7,7 g/l Gesamtsäure, 12 % Alkohol, mehrfacher Medaillengewinner. Goldgelb; wohlriechend, mineralisch; nicht übersüß, aber stämmig, mit appetitanregender Säure. *Zuletzt im Oktober 1998 verkostet* ★★★★

Hattenheimer Pfaffenberg Riesling BA (Rg) **Schloss Schönborn** Honigartiges Edelfäule- und Lindenblütenbukett; ein ziemlich »öliger« Riesling, aber mit viel Charme und Finesse. *Im November 1996 beim Weindinner der Breuers in Rüdesheim verkostet* ★★★★

Hattenheimer Wisselbrunnen Riesling TBA (Rg) **Schloss Reinhartshausen** 11 % Alkohol. Bei einem Weindinner von Christopher York im April 1982 verkostet: außergewöhnlich orangerote Farbe, warm, eindeutig auf die Farbextraktion aus den geschrumpften, in der Sonne gebackenen Trauben während des Gärprozesses zurückzuführen. Glanzhell, etwas Weinstein; ambrosisches Bukett, ein Hauch von Muskateller-artiger Traubigkeit; süß, im Stil eher leicht, aber mit jahrgangstypischem Fett und fabelhafter Säure. Hat noch Jahre vor sich. *Zuletzt im Oktober 1992 verkostet* ★★★★(★)

Schloss Johannisberger Riesling BA (Rg) Erstmals 1985 bei einer Weinveranstaltung von Rodenstock in Wiesbaden verkostet: goldgelb, wie ein Yquem von 1967; herrlich honigartige Flaschenalter- und Edelfäulenoten, ein Anflug von Sultaninen; süß, angenehm leicht im Stil, wie eine zarte Balletttänzerin. Elf Jahre später bei einer Raritäten-Weinprobe mit Essen von Breuer verkostet. Reich, aber verliert allmählich seine unverfälschte Süße. Hohe Säure. Perfekt zu Käse. *Zuletzt im November 1996 degustiert* ★★★★ *Überschreitet seinen Höhepunkt.*

Schloss Johannisberger Riesling Rosalack Auslese (Rg) Warmes Orangegold; Kerosin, honigartige Edelfäule- und Flaschenalternote; ziemlich süß, köstlich im Geschmack, gute Säure. Ideal zu *Foie gras. Im März 1999 auf Walter Eigensatz' 60. Geburtstag in Bad Schwalbach verkostet* ★★★★

Schloss Johannisberger Riesling Rosagoldlack BA (Rg) Herrlich honigartig, reich, aber mit sehr trockenem Abgang. *Im November 1995 auf der VDP-Vorverkaufsverkostung degustiert* ★★★★

Kallstadter Saumagen Huxelrebe TBA (P) **Gerhard Schulz** Sehr tiefes Bernsteingold; in der Nase und am Gaumen die für die Huxelrebe typische Traubennote. Noch immer sehr süß, gute Säure. Dürfte sich noch halten. *Im September 1999 in ganz und gar unpassender Umgebung bei Hal Lewis' Spanferkelessen unter freiem Himmel in Memphis, Tennessee, verkostet* ★★★★

Kiedricher Gräfenberg Riesling Auslese (Rg) **Robert Weil** 125° Öchsle. Butterblumengelb; etwas am Altern und Austrocknen, aber gutes, reifes Fleisch. Schön. *Im November 1999 um 11.30 Uhr kurz nach der Ankunft auf dem Weingut verkostet* ★★★★

Kreuznacher Steinweg Riesling BA (N) **Ludwig Herf** Blässlich; in der Nase Fruchtsalat; lieblich, angenehmes Gewicht, köstlicher Geschmack. *Dezember 1992* ★★★★ *Bald trinken.*

Lorcher Bodental-Steinberg Riesling Spätlese (Rg) **v. Kanitz** Sehr Rheingau-typisch, Honig und Kerosinnote; pfefferig, ein Hauch von Pfirsichkernen. *Im November 1999 auf der Vorprobe zur Raritäten-Weinversteigerung verkostet* ★★

Oestricher Lenchen Riesling Auslese (Rg) **Bernhard Eser** Ein typischer, kerosingetönter Riesling mit Flaschenalter- und Botrytis-Noten; kraftvoll, eindringlich, am Austrocknen. *Im November 1999 auf Schloss Johannisberg verkostet* ★★★

Oestricher Lenchen Riesling BA (Rg) **Josef Spreitzer** Zwei Einträge, der erste aus dem Jahr 1983: goldene Farbe mit Orangespuren; eine schöne, in sich ruhende, ausgewogene, honiggetönte Kombination aus Edelfäule- und Flaschenalternoten; ziemlich süß, mittlerer Körper, Geschmack und Säure sehr gut, Letztere etwas hart, mit einem Anflug von Zitronenschalen. Ein beruhigend ähnlicher Eintrag bei der Raritäten-Weinprobe auf Schloss Johannisberg. *Zuletzt im November 2000 verkostet* ★★★★

Rauenthaler Baiken Riesling Spätlese (Rg) **Staatsweingut** Mit zehn Jahren gelb, leicht spritzig; reich, zunächst fast fleischig, entwickelte dann Honig- und Fruchtnoten und einen Anflug von Ananas; halbtrocken, leicht im Stil, der Hauch Kohlensäure verlieh dem Abgang einen erfrischenden Schwung. Nach über einem Vierteljahrhundert eine tiefere Bernsteinfarbe mit Orangeton; leicht karamellisiert und jetzt ausgeprägt trocken. Hat seinen Zenit hinter sich. *Zuletzt im November 1997 beim Essen der Breuers in Rüdesheim verkostet. Jetzt* ★★

Rauenthaler Baiken Riesling Auslese (Rg) **Schloss Eltz** Golden; schönes honigartiges Bukett und entsprechender Geschmack. Lieblich, mittlerer Körper, duftiger Nachgeschmack. *Im September 1994 beim Essen mit Stefan Ress während der Besprechung meiner ersten VDP-Versteigerung verkostet* ★★

Rauenthaler Baiken Riesling Auslese (Rg) **Staatsweingut** Warmes Gold; reich, stämmig, altes honigartiges Bukett; süß, Geschmack wie Milcheierpudding, relativ hohe Säure. *Zuletzt im Februar 1993 bei einem Essen in Miami nach Bob Pauls großer Verkostung von roten 1970ern aus Bordeaux degustiert* ★★★★

Rauenthaler Berg Riesling Auslese (Rg) **Schloss Eltz** Orangeton; ansprechend, Kerosinnote; lieblich, mittlerer Körper, guter Geschmack, schön. *April 1991* ★★★ *Austrinken.*

Rauenthaler Rothenberg Riesling BA (Rg) **August Eser** Blind verkostet. Unverkennbarer, für Rauenthal typischer Gehalt, sehr entgegenkommend; alle Komponenten im Gleichgewicht. Perfekte Säure. Hat noch ein langes Leben vor sich. *Im November 1996 beim Weindinner der Breuers in Rüdesheim verkostet* ★★★★(★)

Rüdesheimer Berg Rottland Riesling Kabinett (Rg) **Scholl & Hillebrand** Sehr ansprechend, sortenreine Nase; am Gaumen nicht so gut. Rauer kernartiger Abgang. *Im November 1998 beim Weindinner der Breuers verkostet.*

Schloss Saarstein Riesling BA (M) Goldgelb; sehr reich, warm, Pfirsich und Honig; nicht so süß wie erwartet, kraftvoll, gute Säure. *Im Juni 1992 bei der Großer-Ring-Weinprobe in London degustiert* ★★★★

Scharzhofberger Riesling Auslese (M) **Egon Müller** Wie ein Adeliger, der in seiner Unterschrift seinen Vornamen nicht nennt, lässt auch Alleinbesitzer Egon Müller den Gemeindenamen Wiltingen bei der Nennung seiner Lage weg. Ich habe diesen Wein zum ersten Mal zusammen mit Egon Müller und seinem Sohn verkostet, nachdem ich 1996 kurz in die Keller vorgelassen wurde – ein seltenes Privileg, denn nur wenige dürfen überhaupt in deren Nähe! Fabelhafte Farbe, warmes Gold; in jeder Hinsicht perfekt, Süße, Gleichgewicht von Frucht und Säure. Als Nächstes bei einer Verkostung für die Bacchus Society degustiert. Die Müllers berichteten, dass der Ertrag niedrig gewesen sei. Wie beim 1983er keine Edelfäule; der 1971er war »in seiner Jugend hart und unzugänglich« – genauso wie der 1990er. Nach vier Jahren hatte sich nicht viel geändert: pfirsichgetönte Perfektion. *Zuletzt im Mai 2000 auf dem Gut verkostet* ★★★★★

Steinberger Riesling Spätlese (Rg) **Staatsweingut** Nach einem Vierteljahrhundert noch immer ziemlich blass, erinnerte in der Nase und am Gaumen an eingelegte Veilchen. Halbtrocken. Komplett. Ausgewogen. *Im November 1997 bei der Marathonverkostung der Breuers degustiert* ★★★

Steinberger Riesling Eiswein Auslese (Rg) **Staatsweingut** Altgold; eine fabelhafte honigartige Süße, die von perfekter Säure ausbalanciert wurde. *Im November 1994 bei der Versteigerungsdegustation der Staatsweingüter verkostet* ★★★★

Wehlener Sonnenuhr Riesling Spätlese (M) **J.J. Prüm** Blumig, schön; trockener als erwartet, aber anhaltend. Der einfachste 1971er des Prüm-Sortiments. *Im April 1999 bei der Weinart/Prüm-Vertikalverkostung degustiert* ★★

Wehlener Sonnenuhr Riesling Auslese Goldkapsel (M) **J.J.Prüm** Schöne goldene Farbe; wohlriechendes, sahniges, ausgewogenes Bukett; lieblich, Geschmack, Gleichgewicht, Länge und duftiger Nachgeschmack schön. Zweimal verkostet, das erste Mal blind. *April 1999* ★★★★★

Wehlener Sonnenuhr Riesling BA (M) **J.J. Prüm** Mitteltiefes, warmes Gold; Honig, Lindenblüten, Sahne; sehr süß, Geschmack und Länge wundervoll. Perfektes Gleichgewicht zwischen Frucht und Säure. *April 1999* ★★★★★ *Jetzt die reine Vollendung.*

Wehlener Sonnenuhr Riesling TBA (M) **J.J. Prüm** Der vorletzte Wein der Prüm-Verkostung von Weinart. Er bekam meine höchste Bewertung des gesamten Wochenendes. Golden; ein Duft und Geschmack, die sich jeder Beschreibung entziehen. Süß, aber nicht übersüß und mit trockenem Abgang. *April 1999* ★★★★★★ *(sechs Sterne).*

Winkeler Hasensprung Riesling TBA (Rg) **v. Hessen** Warmes, herbstliches Hellbraun; stämmig, in der Nase und am Gaumen karamellisiert und sehr konzentriert. Noch immer sehr süß und mit schönem Nachgeschmack. *Im November 1997 beim Weindinner der Breuers in Rüdesheim verkostet* ★★★★

KURZE EINTRÄGE ZU EINIGEN DER 28 BEMERKENSWERTEN 1971ERN, die H. Sichel im September 1992 in London vorstellte (Wiederholung der »Verkostung des Jahrhunderts« aus dem Jahr 1975). Alle waren großartig.

Eitelsbacher Marienholz Riesling Spätlese (M) **Bischöfliches Konvikt** Pfirsich und Sahne; lieblich, ausgezeichnete Säure. Köstlich; **Forster Kirchenstück Riesling Auslese** (P) **Bürklin-Wolf** Gerösteter Honig; sehr reich, kraftvoll; **Hattenheimer Pfaffenberg Riesling TBA** (Rg) **Schloss Schönborn** Ausgewogen, honigartige Edelfäule; ein unglaublich schöner Riesling mit Petrolnote, von intensiver Süße, konzentriert und nicht von dieser Welt; **Iphöfer Julius-Echter-Berg Silvaner BA** (F) **Juliusspital, Würzburg** Tiefes Orangegold; erstaunliches Bukett; sehr süß, wie goldener Sirup; **Münsterer Dautenpflänzer Riesling Auslese** (N) **Staatsweindomäne** Zitronengelb; perfektes »Fruchtsalat«-Bukett und ebensolcher Geschmack; **Niersteiner Pettenthal Riesling Auslese** (Rh) **F.K. Schmitt** Komplett; reif, sehr reich, wohlriechend; **Niersteiner Spiegelberg Silvaner TBA** (Rh) **Bezirks-Winzergenossenschaft** Unglaublich süß, perfekte Säure. Hält sich ewig; **Piesporter Goldtröpfchen Riesling Auslese** (M) **Tobias** Reiches Bukett; lieblich, perfekt; **Piesporter Goldtröpfchen Riesling BA** (M) **Tobias** Sehr süß, pfirsichartig, herrlicher Geschmack; **Rauenthaler Baiken Riesling Spätlese** (Rg) **Schloss Eltz** Reiche, ölige Riesling-Nase; eindringlich, mit wohlbemessener Säure; **Rüdesheimer Berg Rottland Riesling Auslese** (Rg) **Staatsweingut, Eltville** Strohgolden; klassisch, voll, pfirsichartig, fest; **Saarburger Rausch Riesling Auslese** (M) **Forstmeister Geltz** Gelb; weiches, pfirsichartiges, reines Riesling-Bukett; lieblich, voll im Geschmack, reife Frucht, fabelhafte Säure der Qualitätsstufe »fein«; **Wachenheimer Luginsland Riesling BA** (P) **Bürklin-Wolf** Tiefgolden; rosinig; süß, kraftvoll, große Länge.

1972 ★

Ein unbedeutender, nicht nennenswerter Jahrgang. Allerdings lieferte er dem Handel eine Reihe einfacherer Weine, die nach den kostspieligen 1971ern gerade recht kamen. Ich habe einige Dutzend Flaschen verkostet, die meisten allerdings bereits Mitte der 1970er. Nur ein Eintrag aus letzter Zeit.

Erbacher Siegelsberg Riesling Eiswein BA (Rg) **Schloss Reinhartshausen** Wenn Bernhard Breuer eine seltene halbe Flasche wie diese auftreiben will, dann gelingt ihm das auch, obwohl er sich genauso gut aus seinem Schlosskeller hätte bedienen können, denn dieser enthält eine fast beispiellose Sammlung von Jahrgängen, die bis in die 1890er zurückreicht. Cognac-Farbe; überraschend wohlriechend, in der Nase und am Gaumen aber leicht fischig und gummiartig (Mercaptan?). Interessant, mehr nicht. *Im November 1998 beim langen, faszinierenden Weindinner der Breuers in Rüdesheim verkostet.*

1973 ★★ bis ★★★★★ (nur Eiswein)

Eine überreichliche Ernte – die größte seit Beginn der Aufzeichnungen. Es entstanden einige charmante, leichte Weine für den frühen Verbrauch. Ein verzögertes Frühjahr. Die fast tropische Sommerhitze machte jedoch die späte Blüte wieder wett, während Regen Ende September den dürreähnlichen Zuständen ein Ende bereitete. Dennoch entstanden enttäuschende, wegen der überhohen Erträge verwässerte Weine; den gewöhnlicheren fehlte es an Säure. Einige herausragende Kreszenzen ließen das schlechte Abschneiden im unteren Qualitätsbereich vergessen.

Erbacher Michelmark Riesling BA Eiswein (Rg) **zu Knyphausen** Lese bei –16 °C, 12 g/l Säure. 1974 mit einer Goldmedaille ausgezeichnet. Erstmals 1999 zu Hause beim Essen mit den Khourys verkostet: überraschend tiefes Orange; Karamell; intensiv süß, fett, Muskateller-ähnlicher Geschmack, wundervolle Säure. Ein gleichlautender Eintrag auf Schloss Johannisberg. *Zuletzt im November 2000 verkostet* ★★★★★

Mittelheimer Edelmann Riesling Auslese (Rg) **Engelmann, Etikett von Nass** Das Weingut feierte 1987 sein 300-jähriges Bestehen. 1985 wurden die ursprünglich getrennt geführten Erzeugerbetriebe von Karl-Franz Engelmann und Adam Nass vereint. Die Geschichte war interessanter als der sehr geradlinige, aber unspektakuläre Wein. *Im November 1995 bei der VDP-Vorverkaufsverkostung auf Schloss Reinhartshausen degustiert* ★★

Scharzhofberger Riesling Auslese Eiswein (M) **Egon Müller** Altgold; blumig, ähnelte einem Sauternes; süß, voll im Geschmack, herrliche Säure. *Im Juni 1992 bei der Verkostung von Weinraritäten des Großen Rings im Londoner Victoria & Albert Museum degustiert* ★★★★★

Wallhäuser Mühlenberg Grauer Burgunder Eiswein (N) **Prinz zu Salm-Dalberg** Der Grauburgunder (Pinot gris) wurde Anfang Dezember gelesen. Er war Prinz Michael Salms erster Jahrgang auf dem 800 Jahre alten Familiengut. Blässliches Buttergelb; köstliches Pfirsich- und Melonenbukett; süß, Geschmack und Säure schön. *Im September 1988 auf dem Schloss verkostet* ★★★★

Wallhäuser Mühlenberg Ruländer Eiswein TBA (N) **Prinz zu Salm-Dalberg** Sehr positives Gelb; eindeutig minziges, wohlriechendes Bukett; süß, reich, aber nicht fett, mit angenehm leichtem, delikatem Anflug, köstlichem Aprikosengeschmack und schöner Säure. Eine halbe Flasche, der ideale Dessertwein nach einem Theaterbesuch. *Im Oktober 1988 auf Chippenham Lodge verkostet* ★★★★★

1974

Die Klimabedingungen bildeten einen krassen Gegensatz zum Vorjahr: ein schrecklicher Sommer und ein Herbst, der zu den nassesten seit Beginn der Wetteraufzeichnungen gehörte. Ich habe in den 1970ern einige glanzlose Weine verkostet, seither aber keinen mehr.

1975 ★★★★

Ein guter Jahrgang, an dem die Käufer aber das Interesse zu verlieren schienen, kaum dass der unmittelbar ansprechende 1976er auf dem Markt war. Mittlerweile stellen allerdings die festeren, leicht säurebetonteren 1975er die weicheren, gefälligeren 1976er in den Schatten.

Das Frühjahr verzögerte sich zwar, war aber dann warm, sodass die Blüte rasch vonstatten ging. Nach einem extrem heißen Spätsommer mit schweren Regenfällen Anfang September ließ strahlende Sonne die Trauben gut ausreifen. Stil und Qualität der Weine schwankten allerdings, was auf die unterschiedlichen Bereitungsmethoden zurückzuführen war, bei denen sich traditionelle Erzeuger und Aufzuckerer gegenüberstanden. Trotzdem wurden einige sehr gute Weine erzeugt.

Nach meinen Verkostungsnotizen zu urteilen war man in dieser Zeit außerdem mit ungewöhnlicheren Trauben und Neuzüchtungen so experimentierfreudig wie noch nie – vor allem in der Pfalz. Man kultivierte Ehrenfelser (Riesling × Sylvaner), Kanzler und Perle, Optima, Ruländer, den ich immer mag, den älteren Müller-Thurgau (Riesling × Sylvaner) und natürlich den Silvaner bzw. Sylvaner selbst, der in Franken sein ideales Terrain gefunden hat. Alle tauchen in meinen Verkostungsnotizen über 1975er auf. Durch Abwesenheit indes glänzt der Traminer bzw. Gewürztraminer, eine aromatisch duftende Traube, die ich früher vor allem mit den rustikalen, bisweilen nach Ziege schmeckenden Pfalzweinen in Verbindung brachte.

Die guten 1975er sind unglaublich stark unterbewertet, dabei können die Gewächse von echter Auslese-Qualität noch immer sehr schön zu trinken sein. Hier zunächst eine Auswahl neuerer Einträge.

Assmannshäuser Höllenberg Spätburgunder Weißherbst Auslese (Rg) **R. König** Warmes Strohgelb mit orangefarbenen Reflexen; reich, in Nase und Geschmack leicht toffeeartig; lieblich, mittlerer Körper, sehr reich, schöner Nachgeschmack. *Im September 1996 auf der VDP-Vorverkaufsverkostung bei Christie's degustiert* ★★★

Bernkasteler Johannisbrünnchen Müller-Thurgau BA (M) **S. A. Prüm** Blässliches Limonengold; schönes, wohlriechendes, pfirsichartiges Bukett mit unglaublicher Fruchttiefe, blumiger als ein einfacher Riesling; ziemlich süß, eher leicht und für eine Beerenauslese etwas schlank, elegant, blumig, mit leicht kernartigem Nachgeschmack. *Im September 1988 auf dem Gut verkostet* ★★★

Brauneberger Juffer Riesling Auslese (M) **F. Haag** Helles Gelb; in der Nase Sahnekaramellbonbons; ein für alten Riesling typischer Charakter. Müde. *Der älteste Jahrgang bei einer Verkostung von Schloss-Lieser- und Fritz-Haag-Weinen auf dem Schloss, degustiert im Mai 2000* ★

Erbacher Siegelsberg Riesling Kabinett (Rg) **Schloss Reinhartshausen** Bronzegetöntes Gelb; eigenartige Nase, wie in einer Zahnarztpraxis (Daphne schrieb: »Eicheln?«); trocken, etwas reich, aber spröde. Braucht Essen als Begleitung. *Im Februar 2002 auf dem Schloss verkostet.*

Erbacher Siegelsberg Riesling Auslese (Rg) **v. Oetinger** Ein ausgesprochen attraktiver Wein. Nicht zu süß. Gute jahrgangstypische Säure. Bereitet von Eberhard Freiherr von Oetinger, der auch als VDP-Weinauktionator bekannt war, bis ich nach seiner Verabschiedung in den Ruhestand 1994 seinen Posten übernahm. *Im November 1995 bei der VDP-Vorprobe verkostet* ★★★

Johannisberger Klaus Riesling Auslese (Rg) **Prinz v. Hessen** Blass; überraschend trocken und säurebetont. *Im November 1995 auf der VDP-Vorprobe verkostet* ★

Schloss Johannisberger Rosagoldlack Riesling BA (Rg) Vier Einträge, der erste entstand im August 1998 auf dem Balkon unserer Wohnung an der Themse, deren Farbe so dramatisch war wie der Ausblick. Lanolingold; intensiv süß. Dann beim Lunch auf Chippenham Lodge. Als Nächstes ein stämmiger, klassischer Wein bei einer Verkostung des Deutschen Weininstituts im April 2000 im Vinopolis. Ein ähnlicher Eintrag sieben Monate später, als ich ihn nach dem 1976er verkostete: Pfefferminznote und jahrgangstypische Säure. *Zuletzt im November 2000 auf dem Schloss verkostet* ★★★★(★)?

Oestricher Lenchen Riesling Auslese Eiswein (Rg) **Deinhard** Blassgolden; süßer, edelfauler Riesling-Duft; lieblich, attraktiv, gute Säure, aber kurz. Beim Essen auf Nils Sternbys 65. Geburtstag in Malmö blind verkostet; es hätte ein Eiswein von überall her sein können. *April 1995* ★★★

Scharzhofberger Riesling Kabinett (M) **Egon Müller** Die Weine von der Saar können im unteren Qualitätsbereich sehr säurebetont ausfallen, was bei diesem hier auch der Fall war. Interessant ist vor allem ein Vergleich mit den nachfolgenden süßeren Reifestufen. *Dezember 1996* ★

Scharzhofberger Riesling Spätlese (M) **Egon Müller** Reife Frucht, halbtrocken, gute Säure. *Im Dezember 1996 auf der Vorverkaufsverkostung degustiert* ★★★ *Zweifellos noch immer köstlich.*

Scharzhofberger Riesling BA (M) **Egon Müller** Warmes Orange-Bernsteingold; weiches, ausgewogenes Gerstenzucker-Bukett, das sich auffächerte; sehr süß und reich, aber ohne die Konzentration der TBA. Ein tiefer, traubiger Honiggeschmack. *Im Dezember 1995 bei Peter Zieglers großer Weinprobe im Schlosshotel Erbach verkostet* *****

Scharzhofberger Riesling TBA (M) **Egon Müller** Erstaunliche Farbe, Bernstein mit apfelgrünem Rand; reich, wohlriechend, rosinig; sehr süß, fett, fleischig, einfach herrlich. *Im Mai 2000 beim Essen mit der Bacchus Society bei den Müllers verkostet* *****

Serriger Würtzberg Riesling Auslese (M) **Bert Simon** Ein Alleinbesitz und die südlichste Lage an der Saar (flussaufwärts). Verschlossen, pfirsichartig; die zitronige, Saar-typische Säure auf den Lippen besänftigte die Süße etwas. Lebhaft, interessant. *Im Juni 1992 bei der Raritätenverkostung von Großem Ring und VDP degustiert* *** *Jetzt auf dem Höhepunkt.*

Ürziger Würzgarten Riesling Auslese (M) **Christoffel-Berres** Pfirsich- und Fruchtsalat; lieblich, im Mittelteil mild, aber dennoch kraftvoll. Harter, trockener Abgang. *Juni 1992* ***

Wehlener Sonnenuhr Riesling Spätlese (M) **J.J. Prüm** Hochklassig; lieblich, köstlich, lebhaft, sahnig im Geschmack. Gute Säure, aber ohne Länge. *April 1999* *** *Austrinken.*

Wehlener Sonnenuhr Riesling Auslese lange Goldkapsel (M) **J.J. Prüm** Mit 24 Jahren verkostet – wie sich zeigte, der ideale Zeitpunkt, um einen Wein dieser Qualität und dieses Jahrgangs zu trinken. Ansprechendes, schwungvolles, blumiges Bukett; Süße und Säure perfekt im Gleichgewicht. Lebhaft und schön. *April 1999* *****

Wehlener Sonnenuhr Riesling BA (M) **J.J. Prüm** Ungewöhnlich blass; ziemlich raue Apfel- und Birnennote; lieblich, lebhaft, ziemlich ansprechend, aber von der Scharzhofberger BA völlig in den Schatten gestellt. *Im Dezember 1995 bei Peter Zieglers Verkostung im Schlosshotel Erbach degustiert* ***

EINIGE SEHR GUTE 1975ER, DIE ICH MITTE DER 1980ER VERKOSTET HABE und die 2002 vermutlich auf dem Gipfel waren: **Canzemer Altenberg Riesling Auslese** (M) **Bisch. Priesterseminar** Zwei Einträge. Trotz Schwefel erstaunlich reich; weich, gehaltvoll, dabei delikater als der 1976er. Sehr angenehme leichte Frucht ***; **Forster Schnepfenflug an der Weinstraße Ruländer Auslese** (P) **Winzer Forst** Eine äußerst beeindruckende Genossenschaft, die allein schon für ihren Namen eine Goldmedaille verdient! Mehrere Einträge: tiefes, orangegetöntes Bernsteingold; reiche, schwer honigartige Nase mit einer für Ruländer (Pinot gris) typischen grasigen, traubigen Note; ähnelte sehr einer Beerenauslese; lieblich, stämmig, eindringlicher Geschmack. Ein Wein für wagnerianische Mädels vom Rhein ****; **Hochheimer Königin Victoria Berg Riesling Auslese** (Rg) **Pabstmann** Die Trauben wurden mit 106° Öchsle gelesen. Reich, grasig, honigartig, altmodisch im Stil; mittlerer bis trockener Abgang, etwas Fett, aufregender Geschmack. Ausgezeichnet, hält sich noch ****; **Kallstadter Kobnert Silvaner Kabinett** (P) **Eduard Schuster** Ein interessanter Bronzemedaillengewinner aus Silvaner von Kalkböden. Sehr ausgeprägtes Gelb; fast Traminer-artige Würze, Erdbeernote und honigreiche Fruchttiefe; etwas leicht, sauber, frisch, fest und trocken ***; **Niersteiner Klostergarten Riesling TBA** (Rh) **H.F. Schmitt** Strohfarben; süß, in der Nase und am Gaumen sultaninenartig, dabei (trotz Fett) leicht im Stil und mit schöner Säure ****; **Ruppertsberger Linsenbusch Ehrenfelser Spätlese** (P) **v. Bühl** Blässlich; leicht, wohlriechend, ungewöhnlich duftendes Bukett; halbtrocken, zugänglich, attraktiv, perfekt ****

1976 ****

Ein herrlich reifer Jahrgang mit weichen, fleischigen, überaus ansprechenden Gewächsen. Einziger Wermutstropfen: ein gewisser Säuremangel. Den ganzen Sommer über herrschte in Nordeuropa große Hitze und Trockenheit. In Süddeutschland mit seinem milden kontinentalen Klima indes war es von Mitte September bis Anfang Oktober angenehm warm. Das anschließende feuchte Wetter begünstigte die Entstehung von Edelfäule.

In einem Jahr wie diesem entstehen an der Mosel und insbesondere an der Saar und Ruwer, wo normalerweise ziemlich säurebetonte Weine gekeltert werden, vorzügliche Kreszenzen. 1976 wurden überdurchschnittlich viele schöne Auslesen und fantastische Beeren- und Trockenbeerenauslesen bereitet. Alles in allem sind sie noch immer schön zu trinken; einige haben ihren Zenit bereits überschritten, andere bleiben noch eine Zeit lang auf der Höhe. Die meisten Kabinettweine und Spätlesen sollten bereits getrunken sein.

Der 1976er erreicht zwar nicht die Qualitätstiefe des festeren, größeren Alleskönners 1971, doch kenne ich wenige deutsche Jahrgänge, die mir mehr Vergnügen bereiten.

Berncasteler Doctor Riesling Auslese (M) **Thanisch** Goldfarben; blumige Frucht, Renekloden, Liguster; ein schöner, reicher, »öliger« Riesling, allerdings mit seltsam hartem Abgang. *Im August 1996 bei einem Essen im Smag-&-Behag-Büro in Kopenhagen degustiert* ****

Bischoffinger Steinbuck Ruländer TBA (B) **WG Bischoffingen** Drei Einträge, die alle bei Verkostungen vor und während des deutschen Weinwochenendes im kanadischen Banff Springs entstanden. Ein erstaunlicher Wein mit 235° Öchsle, 270 g/l Restzucker, 10,2 g/l Säure und 6,51 % Alkohol. Eine Farbe wie Bual Madeira; die lebhafte Säure bildete ein gutes Gegengewicht zur stämmigen Toffee- und Rosinennote in der Nase und im Geschmack. Enorm süß (einmal schrieb ich: »Lebertran und Malz«!). Große Länge. Köstlich. *Oktober 1998* *****

Brauneberger Juffer-Sonnenuhr Riesling TBA (M) **Fritz Haag** Orange Bernsteinfarbe; angesengte Rosinen; süß, unglaublich reich und konzentriert, superber Nachgeschmack. Ein großer Wein. *Im Mai 2000 auf Schloss Lieser verkostet* *****

Burghornberger Wallmauer Traminer Auslese (W) **v. Gemmingen-Hornberg** Die Wallmauer ist ein sehr steiler, terrassierter Weinberg mit südlicher Ausrichtung; die Traminer-Trauben wurden am 4. November gelesen. Mit zwölf Jahren eine sehr positive gelbe Farbe; parfümierte, würzige Nase, etwas erdig, leicht malzig; halbtrocken, mittleres Gewicht, weich, Geschmack und Textur offen. Eher harter als säurebetonter Abgang – typisch Traminer. *September 1988* *** *Wahrscheinlich noch immer gut zu trinken.*

Erbacher Hohenrain Riesling Spätlese (Rg) **Schloss Reinhartshausen** Schönes orangegetöntes Gold; reifes, honigartiges Botrytis-Bukett; lieblich, schöner Geschmack, süße Frucht und schwungvoller säurebetonter Abgang. *Im Februar 2002 auf dem Schloss verkostet* *****

Erbacher Marcobrunn Riesling Auslese (Rg) **Schloss Schönborn** Mit einer Goldmedaille ausgezeichnet. Bernsteingold; Bukett nach alten Pfirsichen; reich, aber karamellisiert, Bitternote. *Im Mai 1996 beim Essen in der Krone in Assmannshausen verkostet* *** *Hat seine besten Tage hinter sich.*

Erbacher Siegelsberg Riesling Spätlese (Rg) **Schloss Reinhartshausen** Golden; wächsern, honigartig; überraschend süß, eher wie eine feine Auslese. *Im September 1993 bei einem Essen der Berry Bros. verkostet* ****

Erbacher Siegelsberg Weißherbst TBA (Rg) Schloss Reinhartshausen Bernsteinfarbe; reich, rosinig; süß, toffeeartig, kraftvoll, trockener Abgang. *Oktober 1992 ★★★★*

Forster Jesuitengarten Riesling Auslese (P) v. Bassermann-Jordan Vier Einträge. Erstmals 1988 verkostet, als er in Bestform war: Altgold, sehr parfümiert, mit zitrusartigem Schwung; reich, wohlschmeckend, im Abgang eine Zitronen- und Cayennepfeffernote. Die nächsten drei Flaschen mit einem Streifbandetikett von Harvey's in Bristol verkostete ich 1996, 1999 und 2000 beim zweiten Frühstück – der Tageszeit also, in der eine Auslese den größten Genuss bereitet. Mittlerweile am Altern und zwar glatt, aber auch etwas ungehobelt. *Im September 2000 leerte ich auf Chippenham Lodge die letzte Flasche. In Bestform ★★★*

Graacher Domprobst Riesling Auslese (M) Max Ferd. Richter Reiche, kerosinartige Nase mit honigartigen Edelfäule- und Flaschenalternoten; lieblich. *März 1992 ★★★★ Bald trinken.*

Graacher Himmelreich Riesling Auslese (M) J. J. Prüm Goldgelb; reif; nicht so süß wie erwartet. Gesund, aber zu wenig Säure. *Im April 1999 bei der Prüm-Verkostung von Weinart degustiert ★★ Austrinken.*

Graacher Himmelreich Riesling Auslese lange Goldkapsel (M) J. J. Prüm Ziemlich süß, überreif, schön, honig- und pfirsichartiger Geschmack. Eindringlich. *April 1999 ★★★★*

Hallgartener Jungfer Riesling BA (Rg) Engelmann Ein schöner Wein mit perfekter Säure. *Im November 1994 bei einer VDP-Vorverkaufsverkostung probiert ★★★★*

Hattenheimer Engelmannsberg Riesling TBA (Rg) Balthasar Ress Bernsteinfarbe; würzig, Verbenen, Pfefferminze, sahnig; sehr süß, rosinig, leicht karamelliger Geschmack und Nachgeschmack. *Im Mai 1996 auf der VDP-Vorverkaufsverkostung degustiert ★★★★*

Hattenheimer Heiligenberg Riesling Auslese (Rg) H. Lang Strohgolden; honigartig, ziemlich süß und reif, aber mittlerweile etwas müde. *September 1997 ★★ Austrinken.*

Hattenheimer Nussbrunnen Riesling Auslese (Rg) v. Simmern Mehrere Einträge: Mit zehn Jahren perfekt. Noch immer schön: herrliches Butterblumengelb; weiches, reiches, pfirsichartiges Bukett mit einem Anflug von Gerstenzucker; lieblich, reif, fleischig, gute Länge und Säure. Sollte für sich, d. h. ohne Essen, getrunken werden. Auf keinen Fall ein »Dessert«-Wein. *Zuletzt im Juni 1988 verkostet ★★★★ Bald trinken.*

Hattenheimer Nussbrunnen Riesling BA (Rg) Georg Müller-Stiftung Zwei ähnliche Einträge, der erste vom Mai 1996, der zweite entstand vier Monate später. Weiches Goldgelb; schönes, wohlriechendes Bukett; sehr reich, aber mit überraschend scharfer Endsäure. *Zuletzt im September 1996 bei der VDP-Verkostung degustiert ★★★*

Hattenheimer Wisselbrunnen Riesling Auslese (Rg) Balthasar Ress »Kunstedition« mit Künstleretikett. Zwei Einträge. Erstmals beim »Cabaret-Essen« von Ress im Jahr 1994 verkostet. Ziemlich tiefe Goldfarbe; gute honigartige Botrytis-Nase; reich, trockener Abgang. Eine ähnliche Beurteilung ein Jahr später. *Zuletzt im November 1995 auf der VDP-Vorverkaufsverkostung degustiert ★★★*

Hochheimer Hölle Riesling Auslese (Rg) Künstler Kleehonig; lieblich, lebhaft, schön. *Im November 1995 auf der VDP-Vorverkaufsverkostung degustiert ★★★★*

Schloss Johannisberger Riesling Goldlack (TBA) (Rg) Überraschend farbtief, reiches Limonengelb und sehr kräftige »Tränen«; gehaltvoll, ein Anflug von Malz; natürlich süß, die alkoholstärkste TBA, toffeeartiger Geschmack, gute Säure. *Im November 2001 bei der Verkostung zum 900-jährigen Jubiläum von Johannisberg degustiert ★★★*

Laubenheimer Karthäuser Riesling BA (N) Tesch Ein Goldmedaillenwein aus Trauben von jungen (sechsjährigen) Reben. Golden; Honig und Renekloden; süß, reif, sahnig, weicher Nahe-Charakter, aber eine schöne Einheit aus honigartiger Edelfäule und appetitanregendem Abgang. *Im November 2000 auf Schloss Johannisberg degustiert ★★★★★*

Lorcher Bodental-Steinberg Auslese (Rg) v. Kanitz Eine historische, steile 23-ha-Lage flussabwärts hinter Assmanshausen. Wundervolle Farbe; lebhafte Frucht; sehr charakteristischer Geschmack, pfirsichartig, für einen 1976er hohe Säure. *Im November 1998 bei der Verkostung zur Versteigerung seltener Weine in der Krone in Assmannshausen degustiert ★★★★*

Lorcher Bodental-Steinberg Riesling BA (Rg) v. Kanitz Erstmals 1988 verkostet: schon damals ein ziemlich tiefes Orangegold aufgrund überreifer edelfauler Trauben; Pfirsiche, Aprikosen und Honig; ziemlich süß, perfekter Edelfäulegeschmack, aber meines Erachtens etwas wenig Säure. Elf Jahre später eine ähnliche Beschreibung, aber diesmal empfand ich die Säure als hoch und sagte ihm ein langes Leben voraus. Wahrscheinlich jetzt perfekt. *Zuletzt im November 1999 verkostet ★★★★*

Lorcher Pfaffenwies Riesling Auslese (Rg) v. Kanitz Gelb; reich, lieblich, reif, »öliger« Riesling-Charakter. *Im November 1994 bei der Verkostung zur VDP-Versteigerung degustiert ★★*

Maximin Grünhäuser Abtsberg Riesling Spätlese (M) v. Schubert Ein historisches Gut, dessen Besitz im Grunde aus einer steilen 32-ha-Rebfläche an der Ruwer mit dem Abtsberg (11 ha) am oberen Hang, dem Herrenberg im Mittelteil und dem Bruderberg (4 ha) im unteren Bereich besteht. Die Auslesen vom Abtsberg und Herrenberg waren beide in den späten 1980ern reich und ansprechend. Die 1976er Spätlese: schöne Goldfarbe; ziemlich süß, sehr guter Geschmack, etwas Fleisch. Ein attraktiver Wein. *Im Februar 1995 im Gidleigh Park Hotel in Devon verkostet ★★★ Jetzt auf dem Höhepunkt oder knapp darüber hinaus.*

Neipperger Schlossberg Riesling Auslese (W) Graf v. Neipperg 126° Öchsle, 8,1 g/l Säure, 29 g/l Zuckergehalt. Neippergs Bruder Stephan gehört Château Canon-La-Gaffelière in St-Emilion. Sehr tiefes Braungold; rosinig, Edelfäule- und Flaschenalternoten: sehr trocken, fast bitter, ein Anflug von Karamell. *Im Oktober 1997 auf einer Vorverkaufsverkostung in London degustiert ★★*

Niersteiner Hölle Gewürztraminer BA (Rh) Senfter Auffallend gelb; ausgeprägter Rosenpastillen- und Litschi-Duft; ziemlich reich, charakteristischer exotischer Gewürztraminer-Geschmack. *Im April 1998 bei der Vorstellung meines Buchs für den Falken Verlag in Rüsselheim degustiert ★★★*

Ockfener Bockstein Riesling TBA (M) Geltz-Zilliken Ungewöhnliches Bukett; sehr süß, voll im Geschmack, herrlich. *September 1992 ★★★★★*

Oestricher Lenchen Riesling BA (Rg) Querbach Bernsteinorange; rosinig, ausgetrocknet, enttäuschend, die einst straffe Brust des Lenchens hing nur schlaff herunter. *Der letzte Wein beim Essen »Rheingauer Giganten«, verkostet im November 1995 in der Krone in Assmannshausen ★*

Oppenheimer Sackträger Riesling BA (Rh) Staatsweingut Goldene Kammerpreismünze 1979, Großer Preis der DLG 1980. Warmes Orange; Sahne-, Honig- und Aprikosenbukett; süß, weich, reif, schön. Wenig Säure. *Dezember 1991 ★★★★*

Rauenthaler Baiken Riesling Auslese (Rg) v. Simmern Gold mit Orangeton; gut gebaut, komplett, duftend; lieblich, ein Hauch der für Rauenthal typischen, reichen Erdigkeit. *Im Mai 1996 bei der VDP-Versteigerungs-Vorprobe degustiert ★★★★ Jetzt im Zenit.*

Rüdesheimer Berg Schlossberg Riesling Auslese (Rg) **Schloss Groenesteyn** Leichte Honignote; lieblich, lebhaft, attraktiv. Perfekt ausgereift. *Im November 1995 auf der VDP-Versteigerungs-Vorprobe degustiert****

Rüdesheimer Klosterlay Riesling BA (Rg) **Ress** Leuchtendes Bernsteingold; ausgewogen, Pfirsichblüten; süß, gute Säure, fest. Brauchte Zeit. *Im Mai 1996 auf der VDP-Versteigerungs-Vorprobe verkostet. Jetzt mindestens* ***

Scharzhofberger Riesling Kabinett (M) **Egon Müller** Der Beweis für die Langlebigkeit eines 1976ers aus einem Spitzenweingut an der Saar: anfangs blass, jetzt ausgeprägt gelb; reines Riesling-Aroma mit einem Anflug von Limonen; trocken, fest, bemerkenswert frisch. *Im Mai 2000 auf dem Gut verkostet* *** *Jetzt aber austrinken.*

Scharzhofberger Riesling Spätlese (M) **Egon Müller** Die von uns verkostete 1999er Spätlese war praktisch farblos, die 1976er aber mittelblass gelb; Nase mit guter Tiefe; halbtrocken, noch immer frisch, trockener Abgang. Jetzt köstlich. *Im Mai 2000 auf dem Gut verkostet* ***

Scharzhofberger Riesling Auslese (M) **Egon Müller** Vier Einträge. Erstmals 1996 auf einer Vorverkaufsverkostung 1996 degustiert: reif, lieblich, leicht pappige Säure. Als Nächstes 1999 in der deutschen Botschaft in London: sehr ausgeprägte honigartige Flaschenalternote, reifer, pfirsichartiger Charakter. Ein wirklich schöner Wein. Auf seine Sahnigkeit und Länge verwies ich während eines Essens bei Dieter Kaufmann im Mai 2000 in Grevenbroich und ein paar Tage später bei Egon Müller. Mittlerweile ein wunderschönes Goldgelb; der reiche, reife Riesling-Wohlgeruch entwickelte einen pikanten Anflug von Pfefferminze. Ein schöner Wein. Vielleicht sollte ich an dieser Stelle erwähnen, dass Egon Müllers Auslese in der Regel der Goldkapsel (bzw. vor 1971 der feinsten Auslese) anderer Kellereien entspricht, während sich die Beerenauslese hinsichtlich Qualität und Konzentration oft auf Trockenbeerenauslese-Niveau bewegt. *Zuletzt im Mai 2000 verkostet* ****

Scharzhofberger Riesling Auslese Goldkapsel (M) **Egon Müller** Zwei Einträge. Erstmals auf einer Vorverkaufsverkostung von Christie's 1996 degustiert: überreife, kerosinartige Riesling-Nase; süß, fett, reich (vier Sterne). Kürzlich auf dem Gut: jetzt farbtiefer, mit Orangeton und bröseligem Bodensatz, der angeblich auf Kalzium unter dem Einfluss von Edelfäule zurückzuführen war. Etwas schwergewichtig. Voll, reich. *Zuletzt im Mai 2000 verkostet* **** *Austrinken.*

Scharzhofberger Riesling TBA (M) **Egon Müller** Eine von nur neun Trockenbeerenauslesen, die seit 1959 auf dem Gut bereitet wurden. Tiefes Hellbraun, orangefarbene Reflexe; apfelgrüner Rand und kräftige »Tränen«; ein unbeschreiblich schönes Bukett, leicht rosinig, Lindenhonig und Säure (Hugh Johnson meinte nur: »Türkischer Honig«); enorm reich, konzentriert, trockener Abgang, gute Länge. *Im Mai 2000 auf dem Gut verkostet* ****** *(sechs Sterne). Jetzt perfekt.*

Schlossböckelheimer Kupfergrube Riesling Auslese (N) **Staatsweingut** Eine Nahe-typische reife Fruchtsalatnase mit Flaschenalternoten; reich, schöner Geschmack, angemessene Säure. *Im Januar 1999 beim zweiten Frühstück auf Chippenham Lodge getrunken* ****

Schloss Vollrads Riesling TBA (Rg) Ziemlich tief, Orangeton; sehr kräftige Nase, etwas hart und mit der Malzigkeit von bayerischem Bier; süß, voll, sehr reich, fleischig, Toffee und Schokolade, sehr eindringlich, aber auch sehr wohlriechend, mit außergewöhnlichem Minzeblätter-Nachgeschmack. *September 1990* *****

Wallufer Walkenberg Riesling BA (Rg) **Jost** Die Familie Jost besitzt Rebflächen im Rheingau und am Mittelrhein zugleich. Die Trauben aus Walluf bei Wiesbaden transportiert man am Abend der Ernte eilends nach Bacharach und keltert sie noch in derselben Nacht. Der Wein wurde bei zwei Raritäten-Weinproben vorgestellt, die zufällig beide auf Schloss Johannisberg stattfanden, die erste im November 1999, die zweite 12 Monate später. Peter Jost zufolge war 1976 »ein Jahr, für das Winzer beten. Perfekte Lesebedingungen, in der ersten Oktoberwoche konnte man noch im T-Shirt ernten, so heiß war es!« Zweifellos ein schöner Wein. Zum Glück stimmen meine Einträge überein: Bernsteingold; reife Edelfäule und honigartige Flaschenalternoten. Ziemlich kraftvoll, süßer Auftakt, trockener Abgang. *Zuletzt im November 2000 verkostet* ****

Schloss Vollrads – 800 Jahre Weinbau

Ich habe diesem bedeutenden Weingut im Rheingau bereits mehrere Male einen Besuch abgestattet, das erste Mal im Mai 1973, als ich zum 80. Geburtstag von Graf Matuschka-Greiffenclau eingeladen war. Anschließend übernachtete ich in den düsteren, gewölbeartigen Schlossgemächern, weil am nächsten Tag eine internationale Verkostung stattfand. (Man hatte mich gebeten, ein paar Flaschen Wein mitzubringen – keinen englischen, sondern chinesischen: Er war fürchterlich.)

Mein nächster Besuch fiel ins Jahr 1988, als ich die Gruppe »Winzerstolz« beraten sollte, wie man den Bekanntheitsgrad deutscher Spitzengewächse am besten fördert. Zum Abschluss präsentierte Erwein, der Sohn des alten Grafen, eine im wahrsten Sinne des Wortes süße Überraschung: eine herausragende Flasche seiner 1947er Trockenbeerenauslese. Erwein war ein unermüdlicher Förderer deutscher Wein- und Küchenkultur. Wir trafen uns viele Male, unter anderem auch bei einem Weinwochenende auf einem Schlosshotel in Taunton, Somerset, wo wir beide als Redner geladen waren. Mit seinem tragischen Freitod 1997 ging die 800-jährige Weinbautradition der Greiffenclau-Familie auf Vollrads zu Ende.

Wehlener Sonnenuhr Riesling Auslese (M) **Zacharias Bergweiler-Prüm Erben** Noch ein Prüm. Er schlug sich wacker auf Jean und Hal Lewis' »Spanferkelessen« in Memphis, Tennessee. Anhaltend. *September 1999* ****

Wehlener Sonnenuhr Riesling Auslese Goldkapsel (M) **J.J. Prüm** Zwei Flaschen, eine trüb mit weißem Bodensatz (ein mit der Edelfäule und Kalzium zusammenhängender Fehler). Spitzig. Der zweite in Aussehen, Nase und Geschmack schön. Köstlich. *April 1999. In Bestform* ****

Wehlener Sonnenuhr Riesling Auslese lange Goldkapsel (M) **J.J. Prüm** Ansprechende Goldfarbe, Orangeton; süß, reich, herrlich honigartiger Geschmack, gute Säure und Länge. *Im April 1999 auf der Weinart/Prüm-Degustation verkostet* *****

Wehlener Sonnenuhr Riesling BA (M) **J.J. Prüm** Blasser als erwartet; hochgetönt, schwungvolle Reneklodennote; süß, reich, etwas weich, angemessene Säure. *April 1999* ****

Wehlener Sonnenuhr Riesling TBA (M) **J.J. Prüm** Lese am 29. Oktober. Erstmals zum Abschluss von Peter Zieglers siebter »Serie« 1995 verkostet: ziemlich tiefe Bernsteinfarbe; perfekt ausgewogene Nase; sehr süß, aber mit passender Säure. Kürzlich beim Weinart-Marathon ähnlich begeisterte Notizen: ein erster Anflug von Orange; rosinig, wohlriechend, fett, weich, Gerstenzuckergeschmack und -abgang. Einer von Manfred Prüms größten Weinen. *Zuletzt im April 1999 verkostet* *****

Wehlener Sonnenuhr Riesling TBA (M) **Maximinhof** Noch eine Kellerei mit Prüm-Bezug: Sie heißt mit vollem Namen

Weingut Studert-Prüm – Maximinhof und gehört Gerd Studert. Mitteltiefes Orange; konzentriert, rosinig, große Tiefe; süß, sehr reich, fett, kraftvoll, gute Länge und ausgezeichnete Säure. *Juni 1992* ★★★★★

Wiltinger Kupp Riesling Auslese (M) **zu Hoensbroech** Reine, reife Riesling-Nase; ziemlich süß und weich. Ein hübscher Wein. *Im Dezember 1996 auf einer Vorverkaufsverkostung degustiert* ★★★ *Austrinken.*

Winkeler Hasensprung Riesling TBA (Rg) **Deinhard** 1984 herrliche Goldfarbe, sehr süß, konzentriert. Braucht noch Zeit. 1990 ziemlich tiefes, warmes Orangegold; sehr reiche, intensive Nase, fast wie Tokaji Aszú; süß, stämmig, eindringlich, rosinig, große Länge, duftiger Nachgeschmack. Im Abgang etwas hart. Wieder: »Braucht mehr Flaschenalter.« Acht Jahre später aber begann er trotz seines schönen *Crème-brûlée*-Buketts und Geschmacks allmählich etwas auszutrocknen. *Zuletzt im Januar 1998 beim Essen mit N. K. Yong in Singapur zu Melinas köstlichem »Butterbrotpudding« getrunken* ★★★★

Winkeler Jesuitengarten Riesling Auslese (Rg) **Jacob Hamm** Ein kleines Juwel aus dem Jesuitengarten. Reiche Frucht, angenehme Süße, elegant. *November 1995* ★★★ *Muss getrunken werden.*

Von den rund 200 anderen Weinen, die ich zuletzt Mitte der 1980er verkostete, zeigten die folgenden weit überdurchschnittliche Qualität: Bernkasteler Badstube Riesling Auslese (M) **J. J. Prüm** Reif, schön ★★★★; Deidesheimer Herrgottsacker Riesling Auslese (P) **v. Bühl** Großer DLG-Preis – ein Medaillenwein. Zwei Einträge. Perfekt ★★★★★; Eitelsbacher Karthäuserhofberger Burgberg Riesling Spätlese (M) Schön, komplex ★★★; Essinger Ruländer TBA Eiswein (P) **Winfried Frey** 174° Öchsle, 225 g/l Zuckergehalt, 9,1 g/l Säure. Tiefes Bernsteinorange, durchsetzt mit der Farbe geschrumpfter brauner Beerenhäute; honigartig, parfümiert; vom Anfang bis zum Ende sehr süß, aber trotzdem recht schwungvoll ★★★★★; Forster Kirchenstück Riesling Auslese (P) **v. Bühl** Gewinner des Großen Preises der DLG: tiefes, butteriges Gelb; reife Frucht und Honig. Köstlich ★★★★★; Geisenheimer Mäuerchen Riesling BA (P) **Basting-Gimbel** Herrlich, süß, voll, reich – im Endgeschmack eine Bitternote ★★★★; Graacher Himmelreich TBA (M) **S. A. Prüm** Golden; paradiesisches Bukett; weich, exquisiter Geschmack ★★★★(★); Hattenheimer Wisselbrunnen Riesling BA (Rg) **Molitor** Reich. Perfekt im Gleichgewicht ★★★★; Hochheimer Königin Victoria Berg Riesling TBA (Rg) **Pabstmann** 164° Öchsle. Produktion nur 144 Flaschen: wunderschönes Bukett; süß, ein fabelhafter Geschmack, der sich im Mund ausdehnte, große Länge ★★★★★; Kiedricher Gräfenberg Riesling Spätlese (Rg) **Robert Weil** Reich, reif, honigartig, rosinig, in der Nase und am Gaumen ausgewogen. Gut gebaut. Etwas trocken und leicht, zart. Eher wie eine Auslese ★★★; Königschaffhauser Steingrüble Spätburgunder Weißherbst TBA (B) Ein außergewöhnlicher Rosé aus Spätburgunder (Pinot noir), der von einer örtlichen Genossenschaft bereitet und mit zwei Spitzenpreisen ausgezeichnet wurde. Mehrere Einträge: reiches, warmes, rötliches Hellbraun; fabelhafte Nase, traubig, honigartig, ein Anflug von Gras und Stroh; sehr süß, enorm reich, fabelhafte Wagner'sche Dimensionen, schöne Säure ★★★★★; Niersteiner Auflangen Scheurebe TBA (Rh) **Staatsweingut** Mehrere Einträge: reines Goldgelb; überwältigendes, dabei lebhaftes Honigbukett; sehr süß, fett, üppig, große Länge und schwungvolle Säure ★★★★★; Randersackerer Pfülben Silvaner BA (F) **Juliusspital** Gewinner des Großen Preises der DLG 1977 und einer Würzburger Goldmedaille. Mehrere halbe Flaschen verkostet: golden; reiche, rosinige, würzige Nase; lieblich, Sauternes-artiger Geschmack, fett, aber ein durchweg harter, kurzer, trockener Abgang ★★★; Rüdesheimer Berg Roseneck Riesling Auslese (Rg) **Nägler** Bienenwachsartig reich wie eine Beerenauslese, ausgewogen, wie Ananas in Sirup, parfümiert, würzig; lieblich, etwas schwer, aber doch zart und duftig. Perfekt ★★★★; Scharzhofberger Riesling Auslese (M) **v. Hövel** Halbtrocken, ausgezeichnet ★★★★; Scharzhofberger Riesling Auslese (M) **Vereinigte Hospitien** Blassgolden; zarte, honigartige Nase mit reiner Limonennote; halbtrocken, reif, wohlschmeckend – wäre vor 1971 als feinste Auslese deklariert worden ★★★★; Serriger Vogelsang Riesling TBA (M) **Vereinigte Hospitien** Konzentriert, sirupartig; schöner Gehalt, rassige Säure ★★★★★

1977 ★

Bescheidene Weine für raschen Verbrauch. Nach einer späten Blüte und einem schlechten Sommer stellte sich Anfang Oktober herrliches Herbstwetter ein. Im November waren die Bedingungen für die Eisweinerzeugung günstig. Durchschnittliche Produktion und sehr wenig Weine von höherer Qualität.

Ich habe 1980 und 1981 reichlich 1977er verkostet, darunter auch viel zu viele raue, säuerliche Moselweine. In der südlichen Pfalz entstanden einige ganz passable Gewächse. Fast alle hätten schon längst weggetrunken werden müssen. Mir liegen nur zwei relativ neue Einträge vor.

Assmannshäuser Höllenberg Spätburgunder Weißherbst Eiswein BA (Rg) **Staatsweingut** Dieser Wein war ein Kind des berühmten, bisweilen umstrittenen Dr. Hans Ambrosi. Er leitete lange Jahre das Staatsweingut in Eltville, das sieben Güter im Rheingau besitzt und verwaltet. Warme Bernsteinfarbe; sehr gutes, süßes, rosiniges Apfelbukett; sehr süß, fett, große Länge und sehr hohe Säure. Seine Süße wurde vom Pudding etwas gedämpft. *Im November 1998 bei Breuers Essen mit seltenen Weinen in Rüdesheim verkostet* ★★★★

Forster Elster Riesling Spätlese (P) **v. Bühl** Wurde 1978 mit einem Ehrenpreis ausgezeichnet, der noch höher einzustufen ist als eine Goldmedaille. Erstmals 1980 in Deidesheim verkostet: guter Geschmack. 1982 beim Lunch zu Hause: ziemlich stämmige, traubige Nase; halbtrocken. Säure und Abgang passabel. Zuletzt ein reiches, positives, attraktives, aber nicht gänzlich ausgewogenes Fruchtsalat-Bukett mit Flaschenalternoten – mehr Mango als Honig. Sehr fruchtiger, komplexer Geschmack, lebhafte Säure. Der Amerikaner Michael Hiller, der das Gut damals führte, beschrieb ihn als »Wein mit Bart«! *Zuletzt im September 1988 bei den von Bühls verkostet* ★★★

1978 ★★

Mäßige Qualität. Nach einem missratenen Frühling mit später Blüte und einem nassen Sommer rettete eine milde Schönwetterperiode von September bis Oktober die Saison. Die Lese wurde spät in Angriff genommen. Ein kleiner Ertrag brauchbarer, gut verkäuflicher Weine. Ich habe zwischen 1980 und 1983 einen relativ repräsentativen Querschnitt von Erzeugnissen aus unterschiedlichen Regionen und Weingütern verkostet, seit den späten 1980ern aber nur mehr ein Gewächs, einen Eiswein. Insgesamt fielen die Weine ganz angenehm aus; sie waren mild und zart, doch fehlte es ihnen an Charakter und Länge.

Erbacher Hohenrain Riesling Eiswein (Rg) **Schloss Reinhartshausen** Ziemlich tiefes Gold mit orangefarbenen Reflexen; Bukett wie goldener Sirup und »Kalbsfußgelee«; süß, appetitanregende Honignote und Säure, aber mit einem Geschmack, der auf Fäulnisbefall gegen Ende der Saison hindeutete. Langer, säurebetonter Abgang. *Im Februar 2002 auf dem Schloss verkostet* ★★★

1979 ★★★

Alles in allem gefällige, leichte und zugängliche Weine. Schwere Fröste im Januar verursachten verbreitet Schäden an den ruhenden Reben. Durch den unfreundlichen Frühling verzögerte sich die Blüte. Der Sommer fiel ins Wasser, aber der schöne, sonnige, der Reife förderliche Herbst rettete das spät gelesene Traubengut. Allerdings waren regionale Unterschiede zu verzeichnen: Der Rheingau und die Pfalz fuhren höhere Erträge besserer Qualität ein, in Rheinhessen war die Ernte klein, aber fein, an der Mosel ebenfalls klein, aber nur leidlich gut. Der Edelfäulebefall war nicht so ausgeprägt wie im nächsten guten Jahr, 1983, außerdem gab es Probleme mit einem Befall durch die Rote Spinnmilbe.

Mir liegt aus den frühen 1980ern ein breites Spektrum von Einträgen vor. Rückblickend gefielen mir die Weine, und so entstanden mehr positive als negative Bewertungen. Natürlich fehlte den 1979ern die aufregende Grandezza und Finesse eines großen klassischen Jahrgangs, doch ließen sie sich angenehm trinken. Hier eine kleine Auswahl ungewöhnlicher oder unlängst verkosteter Weine.

Bernkasteler Doctor Riesling Auslese (M) **v. Schorlemer** War bei einem von Christie's eingekauften Posten mit dabei. Wächsernes Gelb; in der Nase verhalten, aber ausgewogen; am Austrocknen, mit einem Abgang an der Grenze zur Adstringenz. *Zuletzt im Dezember 1994 zum zweiten Frühstück getrunken. In Bestform* ★★ *Hat seine beste Zeit jetzt weit hinter sich.*

Brauneberger Juffer Sonnenuhr Riesling Auslese Goldkapsel (M) **Fritz Haag** Drei vergleichbare Einträge, die beim Weinwochenende mit deutschen Gewächsen im kanadischen Banff Springs entstanden. 120° Öchsle Mostgewicht, 89 g/l Restzucker, 10 g/l Säure, 7,5 % Alkohol. Blass, Limonenton; delikates, blumiges, fast minziges Bukett, ein Anflug von bienenwachsartiger Süße; lieblich, köstlich im Geschmack, schwungvoll. *Zuletzt im Oktober 1998 verkostet* ★★★★

Dhroner Hofberg Riesling Auslese (M) **Milz-Laurentiushof** Frisch, köstlich, lebhaft; halbtrocken, Gewicht und Geschmack perfekt, delikate Traubigkeit, Charme. *Juni 1992* ★★★

Erbacher Steinmorgen Riesling Eiswein (Rg) **zu Knyphausen** Sehr spät gelesen – am 14. Januar 1980! Wurde mit einer Goldmedaille ausgezeichnet. 122° Öchsle, 11,8 g/l Säure. Ab dem 1979er-Jahrgang musste Eiswein mindestens das Mostgewicht einer Beerenauslese haben. Erstmals 1997 bei einer Vorverkaufsverkostung degustiert: Bernsteingold; fast sirupartige Nase; süß, vollmundig, guter Geschmack. Im darauf folgenden Jahr: schönes, makelloses Bukett; nicht so süß wie erwartet, guter, fester Geschmack, trockener Abgang. *Zuletzt im November 1998 bei der Verkostung »Die besten Weine aus VDP-Versteigerungen« in Assmannshausen im Rheingau degustiert* ★★★★

Graacher Himmelreich Riesling Kabinett (M) **J. J. Prüm** Noch immer sehr blass; sehr trocken, fast mandelartiger Geschmack. So sehr ich Prüm bewundere, dieser Wein war absolut unspektakulär und nicht nach meinem Geschmack. *Im Juni 1990 mit Manfred Prüm degustiert* ★

Kanzemer Altenberg Riesling (M) **v. Othegraven** Ein ganz außergewöhnlicher Wein, der zwar eigentlich ein Sekt ist, aber Aufschluss über Bernhard Breuers großes Talent gibt. Als Berater dieses Weinguts an der Saar fand er dort vor kurzem in den Kellern einen großen Bestand an 1979ern, die er neu vergor, um einen Schaumwein daraus zu bereiten. Die verdeckt servierte Flasche war sechs Monate zuvor degorgiert worden: sehr blass, lebhaft; ziemlich metallische Saar-Nase; trocken, leicht, blitzsauber, ausgezeichnete jugendliche Säure. *Im Februar 2000 bei Bernhard Breuers »Essen mit Weinen mit der Endziffer 9« bei Christie's zu Apfelkuchen verkostet* ★★★

Maximin Grünhäuser Abtsberg Riesling Spätlese (M) **v. Schubert** Für sein Alter blass; attraktive Nase; erfrischend. Nach der Verkostung zum Erscheinen der (ausgezeichneten) englischen Ausgabe des »WeinGuide Deutschland« von Diel & Payne degustiert. *Ein angemessener Aperitif vor dem Essen in der deutschen Botschaft in London, verkostet im Juni 1999* ★★★

Niersteiner Auflangen Silvaner BA Eiswein (Rh) **Guntrum** Die Trauben wurden am 31. Dezember gelesen, von Edelfäule aber war nicht viel zu bemerken. 148° Öchsle, Produktion 1800 Flaschen. Tiefes Gold; schöne honigsüße, reine Rosinennase; ziemlich süß, ein bisschen mollig, aber noch immer hart. Gute Säure. *Im September 1988 nach dem Essen bei »Hajo« Guntrum verkostet* ★★★★

Oestricher Lenchen Riesling Auslese Eiswein (Rg) **Wegeler** Goldgelb; sehr gute reife, kerosinartige Riesling-Nase und ebensolcher Geschmack. Vollmundig. Nicht so süß wie erwartet. *Im November 1999 auf der VDP-Vorverkaufsverkostung degustiert* ★★★

Rüdesheimer Berg Roseneck Riesling BA (Rg) **Staatsweingut** Goldgelb; schal, pilzig; süß, reich, im Geschmack besser als in der Nase. *Im Februar 2000 bei Bernhard Breuers Essen mit Weinen mit der Endziffer »9« bei Christie's verkostet* ★★★ *(gerade noch).*

Wallufer Walkenberg Riesling Kabinett (Rg) **J. B. Becker** Schon interessant, einen 20 Jahre alten Kabinettwein zu verkosten. Butterblumengelb, kräftige »Tränen«; wächserne Riesling-Nase; ziemlich trocken, überraschend gut. Keine Verfallsspuren. *Im November 1999 beim Essen mit Jochen Becker-Kuhn und Frau Büchner, der sehr effizienten VDP-Vorsitzenden, im Hotel Krone in Assmannshausen verkostet* ★★

Wehlener Sonnenuhr Riesling Spätlese (M) **J. J. Prüm** Noch immer ziemlich blass und mit überraschend jugendlicher Nase, hatte aber die 20 Jahre nur mit Ach und Krach überstanden. Trotz der ungewöhnlichen Süße eigenartig und am Austrocknen. Die Säure hielt ihn am Leben. *April 1999* ★

Wehlener Sonnenuhr Riesling Auslese (M) **J. J. Prüm** Ebenfalls blass für sein Alter, mit tieferem Duft, süßer, aber leicht im Stil. *April 1999* ★★

Wöllsteiner Ziffchen Optima Ruländer BA (Rh) **P. Müller** Eine exotische Kombination aus der körperreichen, saftigen Ruländer-Rebe (Pinot gris) und der traubigen Neuzüchtung Optima. Zwei Einträge von 1987: helles Goldgelb; sehr ansprechender, parfümierter, pfirsichartiger Duft; ziemlich süß, schwerfällig, Muskateller-Geschmack, ausgezeichnete Säure. Kürzlich ein ähnlicher Eintrag, aber jetzt etwas tieferes, wächsernes Gold; ein faszinierend neuartiges Bukett, Pfefferminznote; vielleicht etwas kurz, aber mit appetitanregender Säure. *Zuletzt im August 1990 verkostet* ★★★

1980–1989

Ein wichtiges Jahrzehnt. Während nach wie vor billige Zuckerwässer den deutschen Markt beherrschten, überdachten die großen Güter, die in letzter Zeit offen gesagt unterdurchschnittliche Leistung erbracht hatten, ihre Strategie. Dasselbe Phänomen war Mitte der 1970er auch in Bordeaux zu beobachten gewesen: Wenn man seinen Wein nicht für den Preis verkaufen kann, der seiner Qualität eigentlich entspricht, dann ist die Versuchung groß, Kosten einzusparen und auf niedrigerem Niveau weiterzumachen. Leider standen feine fruchtige Gewächse nicht sonderlich hoch im Kurs, denn der Geschmack der Verbraucher war durch die Flut billiger Süßweine verdorben worden. Erstaunlicherweise erreichten die britischen Importe 1985 den Spitzenwert von 17 Millionen Kisten. Als Reaktion auf die minderwertigen Süßen versuchten sich nun viele Kellereien an trockenen Provenienzen, die zum Teil auch als Weine zum Essen taugen sollten – das Ergebnis waren leider viele größtenteils erfolglose trockene oder halbtrockene Erzeugnisse. Die besten wurden aus hochwertigem Lesegut gekeltert, das man voll ausgären ließ, sodass trockene Weine mit einem höheren natürlichen Alkoholgehalt entstanden. Die schlechtesten stammten von unreifen Trauben, die man früh geerntet hatte, um die Säure zu bewahren. Beide waren nicht besonders interessant. Nahm man die »Frucht« weg, blieb nicht mehr viel übrig.

Die Jahrgänge auf einen Blick

Hervorragend *****
Keiner

Sehr gut ****
1983, 1988, 1989 (u)

Gut ***
1985, 1986 (u)

1980

Ein eigenartiger, schwieriger Jahrgang für die Winzer. Nach einem kalten und nassen Winter stellte sich das Frühjahr nur zögerlich ein. Im Mai klarte der Himmel auf und es blieb bis Anfang Juni schön und warm. Man begann schon auf eine Rekordernte zu hoffen, da schlug das Wetter um. Ab Mitte Juni wurde es kalt und feucht. Die anschließende Blüte war die späteste seit Menschengedenken und dauerte bis Ende Juli. Und auch der Fruchtansatz war nur halb so hoch wie üblich. Bei der späten Ernte hatten die Trauben und Beeren eine sehr uneinheitliche Größe, was die Vinifizierung trotz guter Reifebedingungen im Herbst schwierig gestaltete. Seit 1962 hatten die Erträge nicht mehr so niedrig gelegen.

Ich habe wenige Weine dieses Jahrgangs verkostet, darunter nur eine Spätlese, die recht wohlschmeckend ausfiel und eine erfrischende Säure vorzuweisen hatte. Mittlerweile aber sind sie alle passé. Meiden.

1981 **

Dürftige bis mittelmäßige Weine von uneinheitlicher Qualität bei leicht unterdurchschnittlichen Erträgen. Das warme Wetter im April brachte die Vegetation ein gutes Stück voran, doch Fröste zum Monatsende schädigten den verfrühten Austrieb. Von Mai bis Mitte Juni war es ungewöhnlich feucht, aber die anschließende Wärme brachte einen Teil der übrig gebliebenen Knospen zeitig zum Blühen. Der Rest hatte mit keineswegs idealen Bedingungen zu kämpfen und hinkte hinterher. Die Reben, die früh geblüht hatten, reiften auch entsprechend bald. Am 2. September 1981 besichtigte ich den Königin Victoria Berg in Hochheim. Hupfeld meinte, er habe in seinem ganzen Leben noch nicht so früh entwickelte, gut geformte, kompakte Trauben gesehen – sie würden mindestens einen Monat vor der Zeit liegen, denn die Blüte sei bei ihm früher als im restlichen Rheingau eingetreten. Er rechnete mit einer durchschnittlichen Ernte. Leider schlug Ende des Monats das Wetter um und es wurde kühl und feucht. Am besten kam wohl die Pfalz weg.

Ich habe eine ziemlich breite Palette von 1981ern verkostet, das Gros in den Jahren 1983 und 1984. Bei den meisten handelte es sich um QbA-Weine, nur wenige lagen über Spätlese-Niveau. Sie sind heute kaum noch interessant.

Ruppertsberger Linsenbusch Scheurebe Spätlese (P) **Deinhard** Erstmals bei Deinhards Verkostung von 1981ern für den Handel degustiert: ein ziemlich Litschi-artiges Aroma wie Gewürztraminer; ausladender, duftiger Geschmack. Ende der 1980er gelber geworden; schöne traubige Nase, ein Anflug von Passionsfrucht; weder richtig süß noch richtig trocken – als Essensbegleiter jedenfalls ein bisschen zu süß, schwerfällig, aber lebhaft und mit angemessener Säure. Wohlschmeckend. *Zuletzt im Januar 1989 verkostet* ***

Wehlener Sonnenuhr Riesling Eiswein (M) **J. J. Prüm** Blasses Goldgelb; eigenartiger Geruch nach Waschmaschine; am Gaumen nicht minder seltsam, geröstet und spitzig. *Im April 1999 auf der Prüm-Verkostung von Weinart degustiert.*

1982 *

Noch ein mittelmäßiger Jahrgang. Diesmal allerdings konnten enorme Erträge eingefahren werden – sie waren so hoch, dass manche Winzer Lagerprobleme bekamen. Leider fielen die Weine in der Qualität so wechselhaft aus wie das Wetter, das von strengsten Winterfrösten über Sonnenschein bis hin zu Trockenheit und starkem Regen während der Lese alles zu bieten hatte. Man verzeichnete die höchste Ernte aller Zeiten – sie lag sogar noch um die Hälfte höher als im letzten Rekordjahr 1973. Ich habe eine Vielzahl der Weine bei ihrem Erscheinen im Sommer und Herbst 1983 verkostet, nach 1984 aber nur noch wenige. J. J. Prüm konnte als einer der wenigen bedeutenden Erzeuger mit dem 1982er Erfolge vorweisen. Ich habe seine fünf Qualitätsstufen des Wehleners bei der Weinart-Verkostung nebeneinander degustiert.

Casteller Kugelspiel Rieslaner Spätlese (F) **Fürst Castell** Eine Neuzüchtung. Gelb; außerordentlich blumiges Aroma und ein Duft nach Bananen; trocken, eigenartig stechend, mit einem seltsamen Aprikosenschalengeschmack und -nachgeschmack. *September 1988* *?

Graacher Himmelreich Riesling Spätlese (M) J. J. Prüm Geschmack nach getrockneten Aprikosen. Spröde. *Im Mai 2000 bei Prüm verkostet* ★

Graacher Himmelreich Riesling Goldkapsel (M) J. J. Prüm Ein sehr typischer Riesling: »Ölig«, Kerosin, mildernde Pfirsichnote, reich, ganz anders als die Wehlener weiter unten. Etwas bissig im Abgang. *Im April 1999 bei der Weinart/Prüm-Verkostung in Österreich degustiert* ★★

Ingelheimer Spätburgunder (Rh) J. Neus Eine auf weiche Spätburgunder (Pinot noir) spezialisierte Lage. Marmeladige, leicht karamellige Nase; halbtrocken, ziemlich attraktiv, aber mit einem Abgang nach rostigen Nägeln, der an einige frühe Pinot-noir-Rote aus der Neuen Welt erinnerte. *Mai 1987* ★★

Johannisberger Klaus Riesling Auslese (Rg) v. Hessen 1982 waren Auslesen selten. Blässliches Goldgelb; sehr ungewöhnlicher Duft nach »rauchigen Aprikosen«; lieblich, fehlerlos, duftiger Nachgeschmack. Vier Monate später fügte ich meinem alten Eintrag den Zusatz »Stachelbeeren« hinzu, außerdem fabelhafte Säure. Ein sehr guter 1982er. *Zuletzt im September 1996 verkostet* ★★★ *Jetzt zweifellos auf dem Gipfel.*

Wehlener Sonnenuhr Riesling Spätlese (M) J. J. Prüm Zwei Einträge, die kurz nacheinander entstanden. Für einen so schwierigen Jahrgang nicht schlecht: sehr blass; lebhaft, säurebetont, für sein Alter frisch; süßer als erwartet, aber mit hoher Säure. *April 1999* ★

Wehlener Sonnenuhr Riesling Auslese (M) J. J. Prüm 1996 leicht spritzig; harte, aber gute Nase; ziemlich süß, reich, gute Länge, trockener Abgang. Kürzlich gut, aber für eine Auslese spröde. *Im Mai 2000 bei den Prüms verkostet* ★

Wehlener Sonnenuhr Riesling Auslese Goldkapsel (M) J. J. Prüm Fleischig, in der Nase und am Gaumen pfirsichartig. Süß. *April 1999* ★★

Wehlener Sonnenuhr Riesling lange Goldkapsel (M) J. J. Prüm Deutlich vielschichtiger: süßer, reicher, Edelfäule, gute Länge. *April 1999* ★★★★

Wehlener Sonnenuhr Riesling BA (M) J. J. Prüm Kein Erfolg: blass; seltsamer, fischiger Duft; am Austrocknen, faulige Note? *Im April 1999 auf der Prüm-Verkostung von Weinart degustiert.*

1983 ★★★★

Dank besserer Wachstumsbedingungen endlich wieder ein rundum gelungener Jahrgang, der beste seit 1976. Wenn ich »rundum« sage, meine ich: natürlich, nicht aufgezuckert.

Der relativ milde Winter ohne Frostschäden wurde von einem kühlen, nassen Frühjahr mit viel Regen im April und Mai abgelöst. Auf die gute Blüte in der zweiten Junihälfte folgte eine lange, trockene Schönwetterperiode im Juli und August. Ein wohltuendes Zusammenspiel von Regen und Sonne ließ die Trauben im September anschwellen und ausreifen. Edelfäulebefall indes blieb mehr oder weniger aus.

Der 1983er stand seinerzeit zwar hoch im Kurs, doch hat sich die Begeisterung etwas gelegt. An Saar, Ruwer und Nahe aber war er uneingeschränkt erfolgreich. Wie immer bereiteten die besten Erzeuger auch den besten Wein. Ich habe eine Vielzahl unterschiedlichster Gewächse verkostet. Nachfolgend eine Auswahl, in der unter anderem auch einige Exoten beschrieben werden. Viele Weine lohnen noch die Anschaffung – und natürlich das Trinken. Ich mag diesen Jahrgang sehr gerne.

Avelsbacher Hammerstein Riesling Auslese (M) Staatsweingut Leicht traubig, eindringlich, mit sieben Jahren noch immer hart. *September 1990* ★★★ *Jetzt vermutlich auf dem Höhepunkt.*

Berncasteler Doctor Riesling Auslese (M) Lauerberg Blass, limonengrün getönt; positiv reiche, reife, traubige Nase mit Honig- und Melonennote; lieblich, aber mit schönem, leichtem Stil, angenehm traubig im Geschmack. *Im November 1989 bei einer Verkostung für Shibata degustiert, den japanischen Verlag, der meine* Weinnotizen *herausbringt* ★★★

Brauneberger Juffer-Sonnenuhr Riesling Auslese (M) Max Ferd. Richter 1985 mit einer Silbermedaille ausgezeichnet. Pfirsichartig; ein (für Daphne und mich) perfekter Wein für den späten Vormittag – am Samstag geöffnet, am Sonntag leergetrunken. Wenn wir Wochenendgäste hatten, war er schneller weg. Weich, wohlschmeckend, etwas wenig Schwung. *Für unbeschwerten Trinkgenuss. Zuletzt im Juli 1998 verkostet* ★★★

Brüssele Kleinbottwarer Lemberger Kabinett trocken (W) Graf Adelmann Aus einem Württemberger Weinberg, dessen Ursprünge bis in die Römerzeit zurückreichen. Die rote Lemberger-Traube ist in Österreich als Blaufränkisch bekannt. Mitteltief, jugendliches Kirschrot; ziemlich grüne Frucht, brombeerartig, ein Anflug frischer Bananen; leicht süß, mittelvoller Körper, eigenartige Erdigkeit und blecherne Tannine. Ohne Länge, aber immerhin kraftvoller und interessanter als die meisten Roten vom Rhein. *Im September 1988 beim 2. Europäischen Wein-Festival in Frankfurt verkostet* ★★

Casteller Feuerbach Domina Kabinett (F) Fürst Castell 95° Öchsle. Nicht chaptalisiert. Eine weitere deutsche Rotweinkuriosität, diesmal aus der Domina, einer Kreuzung zwischen Portugieser und Spätburgunder. Überraschend tiefes Rot, leicht spritzig; lebhafte, Gamay-artige Frucht; trocken, mittelleicht, korrektes Gleichgewicht von Tannin und Säure. Attraktiv. Wie ein junger Chinon, aber ohne dessen kratzende Säure. Zwei Einträge. *Zuletzt im September 1988 verkostet* ★★★

Erbacher Marcobrunn Riesling Auslese (Rg) zu Knyphausen Die Adelsfamilie Knyphausen besitzt eine sehr kleine Marcobrunn-Parzelle nördlich der Bahnlinie, die diesen berühmten Weinberg durchschneidet. Sehr charakteristisches Bukett von – der Baron möge mir verzeihen – veilchenduftiger Möbelpolitur. Aber ich mochte ihn! *November 1994* ★★★ *(gerade noch).*

Essinger Rossberg Spätburgunder Weißherbst BA (P) Manfred Frey Altgoldene Farbe wie unpolierte Messingknöpfe; fabelhaft, tief, sahnig in Bukett und Geschmack. Süß, Kleehonig, perfekte Säure. *Im Juli 1994 beim Essen mit Karina Eigensatz verkostet – Walter war verreist, also nutzte ich die Gelegenheit, seinen Keller zu plündern* ★★★★

Filzener Herrenberg Riesling Eiswein (M) Reverchon Drei Einträge. Der erste entstand bei einer Vorverkaufsverkostung in London, die nächsten beiden beim Weinwochenende im kanadischen Banff Springs, das deutschen Weinen gewidmet war. Ich hatte die Erzeugnisse dieser sehr guten Kellerei an der Saar vorher noch nicht gekannt. Die Trauben wurden am 15. November bei –9 °C gelesen. 149° Öchsle, 10 % Akohol und ein erstaunlich hoher Säuregehalt von 18 g/l. Abfüllung im Mai 1984 nach nur vier Monaten Ausbau in traditionellen Eichenfässern. Zu Recht mit der Goldenen Kammerpreismünze (Mosel) ausgezeichnet. Helles Goldgelb; Lindenblütenduft; natürlich süß, mit dem Geschmack nach reifen Pfirsichen und stachelbeerartiger, an den Zähnen kratzender Säure. Köstlich. Aufregend. *Zuletzt im Oktober 1998 verkostet* ★★★★

Forster Jesuitengarten Riesling Eiswein (P) v. Bühl Eine köstliche halbe Flasche, süß, ein himmlischer Genuss. *Im Juli 1998 beim Essen mit Miriam und Jonathan Lyons im Londoner Swiss Cottage verkostet* ★★★★

Hallgartener Schönhell Riesling Eiswein (Rg) Engelmann Zwei Einträge, der erste vom Mai 1996, entstanden bei einer VDP-Vorverkaufsverkostung: karamellige Nase wie englischer Custard-Pudding; süßer, lebhafter, schöner Geschmack, reich, dabei delikat – aber mit zahnerweichender Säure. Im selben

Herbst in Deutschland: weiche, goldgelbe Farbe; wieder Sahne-Karamell-Note, aber diesmal etwas maderisiert. Erneut auf die hohe Säure hingewiesen. *Zuletzt im September 1996 verkostet* ★★

Hattenheimer Nussbrunnen Riesling TBA (Rg) **v. Simmern** Herrlich! *Im November 1997 auf der VDP-Vorverkaufsverkostung degustiert* ★★★★★

Hochheimer Domdechaney Riesling Spätlese (Rg) **Werner** Estmals 1988 verkostet: blass; verschlossene Nase; ziemlich trocken, schlank, lebhaft, sehr wohlschmeckend, gute Säure. Elf Jahre später: noch immer reich, gute Frucht, komplett. Daphne gab ihm fünf Sterne. *Zuletzt im November 1999 beim Essen mit »Riesling-Giganten« in der Krone in Assmannshausen verkostet. Für eine Spätlese dieses Alters* ★★★★

Hochheimer Domdechaney Riesling Spätlese (Rg) **Aschrott** Wahrscheinlich mit zehn Jahren auf dem Höhepunkt. Noch immer blässlich, ausgesprochen attraktiv, lebhaft, honigartig, ausgewogen. Ausgezeichnetes Gleichgewicht von Frucht und Säure. *Im Juni 1994 auf dem Gut probiert* ★★★★

Hochheimer Hölle Riesling Auslese (Rg) **Aschrott** Minze und Kresse; lieblich, schöner Geschmack, auf dem Gipfel. *September 1996* ★★★★

Hochheimer Kirchenstück Gewürztraminer Auslese (Rg) **Aschrott** Eine seltene Gelegenheit, einen Rheingauer Gewürztraminer zu verkosten. Charakteristisch würzig; ziemlich süß, kraftvoll. Wäre interessant zu sehen, was aus ihm geworden ist. *Im Juni 1994 auf dem Gut verkostet* ★★★

Hochheimer Kirchenstück Riesling Auslese (Rg) **Aschrott** Erstmals im Mai 1994 auf dem Gut degustiert: Limonengold; sehr saubere Riesling-Nase; lieblich, klassisch. Als Nächstes auf einer Vorverkaufsverkostung: zart, parfümiert; reich, aber trocken. *Zuletzt im September 1994 probiert* ★★★ *Wahrscheinlich jetzt gerade im Zenit.*

Hochheimer Kirchenstück Riesling Auslese (Rg) **Künstler** Eine meiner ersten Bewertungen eines Künstler-Weins. Sie verdeutlichte bereits die Klasse dieses Erzeugers: köstlich wohlriechend; perfekte Frucht und Säure. *Im September 1996 auf der VDP-Vorverkaufsverkostung bei Christie's degustiert* ★★★★

Hochheimer Königin-Victoriaberg Riesling BA (Rg) **Hupfeld** Ein berühmter Weinberg im östlichen Bereich des Rheingaus mit einem Denkmal, das an den Besuch von Königin Viktoria im Jahr 1850 erinnert. Hart. Ziemlich erdig – ein eigenwilliger Geschmack, den man gewöhnt sein muss. *September 1997* ★★?

Hochheimer Königin Victoria Berg Riesling Spätlese (Rg) **Pabstmann** Erstmals im Juli 1984 verkostet. Wohlriechend, ziemlich ungewöhnlich und unfertig, aber weich, zart und angenehm am Gaumen. Sieben Jahre nach der Lese mit ansprechender goldgelber Farbe; tief, warm, erdig, grasig in der Nase und am Gaumen. Schien süßer geworden zu sein. *Zuletzt im Oktober 1990 verkostet* ★★ *Austrinken.*

Hochheimer Stielweg Riesling Eiswein (Rg) **Werner** Dr. Michel war jahrelang Direktor des Deutschen Weininstituts. Seine Frau erbte dieses Gut, ein bezauberndes altes Haus in Hochheim mit einigen Spitzenweinbergen. Eigenartig, dünn, leicht übersüße Pfefferminznase und entsprechender Geschmack, aber ideal zu *Foie gras. Im November 2000 auf Schloss Johannisberg verkostet* ★★

Hohentwieler Olgaberg Traminer Auslese (B) **Staatsweingut Meersberg** Gelb und weich; im Bukett Pfirsiche und Aprikosen; lieblich, herrlicher Geschmack, fleischig, traubig, gute Säure. *Juli 1989* ★★★★

Kreuznacher Krötenpfuhl Riesling Eiswein (N) **Paul Anheuser** Bernsteinorange; im Bukett getrocknete Aprikosenschalen, am Gaumen ein Anflug von Karamell. Sehr reich. Fabelhafte Säure. *Der perfekte Abschluss eines Essens mit Janet und Freddie Price in ihrem sonnigen Wintergarten in Ealing, West London. Verkostet im August 1999* ★★★★

Mülheimer Helenenkloster Riesling Eiswein (M) **Max Ferd. Richter** Vielschichtiges Gelb; schön, stilvoll; bei einem Picknick in Glyndebourne ideal zu Himbeeren. *August 2000* ★★★★

Ockfener Bockstein Riesling Auslese Goldkapsel (M) **Geltz-Zilliken** Blässlich; grasige Nase; lieblich. Enttäuschend. *April 1993* ★★

Oestricher Lenchen Riesling Auslese Eiswein (Rg) **Wegeler** Strohorange; eigenartig fleischig; süß, schöner Geschmack und Nachgeschmack. *Im September 1996 auf der VDP-Verkostung bei Christie's degustiert* ★★★

Scharzhofberger Riesling Kabinett (M) **Egon Müller** Selbst ein »bescheidener« Kabinettwein aus dem Hause Müller kann die Zeiten und einen heißen Tag am Mississippi überstehen. Blass, wohlriechend, trocken, leicht und köstlich erfrischend. *Bei einer Flussfahrt in Tennessee im September 1999 verkostet* ★★★

Scharzhofberger Riesling Auslese (M) **Egon Müller** Den Müllers zufolge erbrachte der heiße, sehr trockene Sommer an der Saar einen großen Ertrag von 80 hl/ha. Typisch reifer Pfirsichduft und -geschmack. Trockener Abgang. *Mai 2000* ★★★★

Serriger Schloss Saarsteiner Riesling Auslese (M) **Schloss Saarstein** Milde Frucht, leicht (8 % Alkohol), Saar-typische Säure, die ihn trockener erscheinen ließ als unsere üblichen »Vormittagsweine« für Wochenenden. *Im Juni 1998 auf Chippenham Lodge degustiert* ★★★ *(um 12.45 Uhr stiegen wir auf unseren Sommer-Drink Pimm's um).*

Siebeldinger Im Sonnenschein Spätburgunder Weißherbst Auslese (P) **Rebholz** Ein ansprechender trockener Weißer aus reifen Rotweintrauben. Eigentlich eher ein blässliches, warmes Bernstein-Orangegold; schöne, ausgewogene, honigartige und traubige Nase; überraschend fest, Länge und Nachgeschmack gut. Ausgezeichnete Säure. Passte gut zu Feigen. *September 1988* ★★★★

Traiser Rotenfels Riesling Eiswein (N) **Dr. Crusius** Mit Hefezusatz, aber die Gärung wurde bei 200 g/l Restzucker abgebrochen. Überraschend blasses Gelb; in der Nase feiner »weicher Karamell« und ausgesprochen duftende, Nahe-typische »Fruchtsalat«-Note; sehr eigenartiger, angesengter, reicher Geschmack, schöne Säure. Hält sich noch. *Im November 2000 auf Schloss Johannisberg verkostet* ★★★(★)

Wallhäuser Mühlenberg Riesling Eiswein (N) **Prinz zu Salm-Dalberg** 154° Öchsle, 7,9 g/l Säure. Reine Topasfarbe; Gerstenzucker und Honig; insgesamt süß, aber mit seltsam trockenem Mittelteil. Glatt, köstlich. Einer der besten Weine von Prinz Salm. *Im Oktober 1997 bei einer von Michael Salm und mir geleiteten Vorverkaufsverkostung bei Christie's degustiert* ★★★★

Wehlener Sonnenuhr Riesling Auslese Goldkapsel (M) **J.J. Prüm** Erstmals 1995 bei Zieglers Verkostung degustiert. Vielleicht lag es am Licht, aber er wirkte sehr blass, was man von der Nase und dem Geschmack nicht behaupten konnte: himmlisches Bukett mit noch immer relativ jugendlicher Säure, »Renekloden«, fast wie Sauvignon blanc; am Gaumen süß, schlank, lebhaft, säurebetont. Kürzlich etwas mehr Farbe; lieblich, trockenerer Abgang als erwartet. *Zuletzt im Mai 2000 bei der Prüm-Verkostung von Weinart degustiert* ★★★ *Austrinken.*

Wehlener Sonnenuhr Riesling Auslese lange Goldkapsel (M) **J.J. Prüm** Für Manfred Prüm verkörpert die lange Goldkapsel den vollkommensten Ausdruck von Jahrgang und Lage, was der 1983er sicherlich bestätigte: schönes Goldgelb; fette, reiche, sahnige Nase; ziemlich süß, dank Edelfäule noch vielschichtiger, fest, duftiger Nachgeschmack. Hat noch Jahre vor sich. *Im April 1999 auf der Weinart/Prüm-Verkostung degustiert* ★★★★(★)

Wehlener Sonnenuhr Riesling BA (M) **J. J. Prüm** Zwei Einträge. Erstmals 1995 bei Ziegler verkostet: himmlische Nase, noch immer relativ jugendliche Säure, »Renekloden«, fast wie Sauvignon blanc; süß, schlank, lebhaft, säurebetont. Als Nächstes: wohlriechend, mineralisch, aromatisch, würzig, Geschmack, Struktur, Textur, Ausgewogenheit und Abgang schön. *Zuletzt im April 1999 verkostet* *****

Wehlener Sonnenuhr Riesling Eiswein (M) **J. J. Prüm** Orangegold; Schokolade, weiche Karamellbonbons, Schuhcreme, Vanille; eine sehr eigenwillige Süße wie goldener Sirup und Tokaji Eszencia. Ganz außergewöhnlich. *Im April 1999 auf der Weinart/Prüm-Verkostung degustiert* *****

Winkeler Honigberg Riesling Spätlese (Rg) **Nägler** Im Lauf von drei Jahren mehrmals verkostet. Gelbton; traubig, mild, aber fett; lieblich, etwas vierschrötig, leichte Kernnote, aber leidlich reich. Muss getrunken werden. *Mai 1990* **

Peter Ziegler

Ein Lehrer und brillanter Denker aus Deutschland. Vom Aussehen her erinnert er mich an Beethoven. Ich war bei zwei seiner Weinproben dabei, auf denen außerordentlich feine und rare Kreszenzen aus den besten Jahrgängen gereicht wurden. Die erste Verkostung fand 1983 auf Burg Windeck im Schwarzwald statt. Ich fuhr mit meinem alten Freund Johnny Hugel, bei dem ich übernachtete, in seinem alten Citroën dorthin. Vorne saßen Johnny am Steuer und sein britischer Agent Parry de Winten auf dem Beifahrersitz, hinten Jane McQuitty von der Times *und ich. Johnny und Parry rauchten wie die Schlote. Jedes Mal, wenn sie sich wieder eine Zigarette anzündeten, kurbelten Jane und ich demonstrativ die Fenster hinunter, um etwas Frischluft zu bekommen. Wir benahmen uns wie ein Haufen kichernder Schulkinder, husteten, keuchten, purzelten jedes Mal durch das Auto, wenn Johnny durch eine Kurve jagte, und hatten viel Spaß.*

ICH HABE ZWISCHEN 1984 UND 1986 EINE ENORME ZAHL VON 1983ERN VERKOSTET. Es wäre ermüdend und platzraubend, sie alle zu erwähnen. Die Bandbreite reichte von QbA bis hin zu Auslesen und Spätlesen, mit dem Schwerpunkt auf letzteren beiden Güteklassen, aus denen auch die ansprechendsten Gewächse stammten – ob von der Mosel oder aus einem anderen Anbaugebiet.

1984

Einer der schlechtesten, wenn nicht gar der schlechteste Jahrgang der Dekade mit kümmerlichen, säurebetonten Weinen. In ganz Nordeuropa spielte das Wetter verrückt. Später Austrieb, verzögerte Blüte. Wegen des miserablen Sommers in Deutschland konnte die Lese erst Mitte Oktober bei einigermaßen warmen, trockenen Bedingungen beginnen. Ich habe insgesamt nur vier Weine verkostet, davon zwei in den 1990ern – sie stammen von den Spitzenerzeugern an der Saar und der mittleren Mosel. Ich verspüre allerdings nicht gerade ein brennendes Verlangen nach mehr 1984ern.

Scharzhofberger Riesling Eiswein (M) **Egon Müller** Bernsteinorange, apfelgrüner Rand; erstaunlicher Aprikosen- und Honigduft; intensiv süß, wächserne Frucht, sehr hohe Säure. *Im Juni 1991 mit Hugh Johnson in seinem Laden in der St James's Street verkostet* ****

Wehlener Sonnenuhr Riesling Kabinett (M) **J. J. Prüm** Leicht, süffig, fruchtig, säurebetont. *Im Februar 1990 bei einem Abendessen nach einer Versteigerung im Cape Cod Room des Drake Hotel in Chicago verkostet* *

1985 ***

Ein attraktiver Jahrgang. Das lange, heiße Sommerwetter zog sich bis in den Herbst hinein und sorgte für ideale Reifebedingungen mit sonnigen Tagen, kühlen Nächten und Frühnebel. Ein paar willkommene Schauer taten den Trauben gut. Die besten Weine zeichnen sich eher durch Charme als durch Substanz aus. Im schlimmsten Fall lässt sich über einige sagen, dass sie ein wenig dumpf, schwach und kurz waren. Ich habe eine ansehnliche Auswahl von Einträgen aus allen Regionen vorliegen. Sie beziehen sich vorwiegend auf Kabinettweine, Spätlesen und Auslesen, allerdings waren für meinen Geschmack viel zu viele trockene Erzeugnisse darunter, die jetzt aber alle ihren Höhepunkt überschritten haben. Hier einige Verkostungsnotizen aus jüngerer Zeit.

Brauneberger Juffer-Sonnenuhr Riesling Auslese Goldkapsel (M) **F. Haag** Ungewöhnlich blass; noch immer sehr frisch; lieblich, mit trockenem, leicht spritzigem Abgang. Leicht (7,2 % Alkohol), schlank. *Im Mai 2000 beim Essen mit der Bacchus Society in Grevenbroich bei Dieter Kaufmann verkostet* **

Brauneberger Juffer-Sonnenuhr Riesling Spätlese (M) **Willi Haag** Sechs Einträge, die alle bei Weinkursen von Christie's entstanden. Stahliges Graugrün; verhaltenes, kerosin- und traubenartiges Aroma, aber, wenn man ganz vorsichtig daran roch, auch ein Hauch von Kleehonig; mittelsüß, leicht (7,8 % Alkohol), doch mit Rückgrat. Ein eleganter Wein, frisch und fruchtig. Köstlich. *Zuletzt im Juni 1991 verkostet* *** *Trinkt sich vermutlich nach wie vor gut.*

Brüssele Kleinbottwarer Riesling Eiswein (W) **Adelmann** Das Mostgewicht der Trauben betrug vor dem Gefrieren 90° Öchsle, der endgültige Gehalt lag bei über 200° Öchsle. Der Eiswein bekam bei Peter Zieglers großartiger Verkostung mit 56 Kreszenzen (im Verlauf eines ausgedehnten Essens) meine höchste Bewertung. Fabelhaft süß und sahnig. Graf Adelmann in absoluter Bestform. *Im Dezember 1995 im Schlosshotel Erbach verkostet* *****

Casteller Bausch Mariensteiner Eiswein (F) **Fürst Castell** Der erste in Franken erzeugte Eiswein. Die Mariensteiner-Reben (eine Züchtung aus Sylvaner und dem Rieslaner, der wiederum eine Kreuzung aus Riesling × Sylvaner ist) wurden am 31. Dezember 1985 und 1. Januar 1986 gelesen. Glanzhell, Butterblumengelb; sehr kräftige Honig- und Gewürznase mit jugendlicher Reneklodenfrucht; sehr süß, sehr reich, mit hoher, geschmacksintensivierender Säure, sauber und frisch. *Zuletzt 1988 verkostet* **** *Jetzt aber wahrscheinlich auf dem absteigenden Ast.*

Durbacher Plauelrain Riesling TBA (B) **WG Durbach** Nur Peter Ziegler kann einen Wein wie diesen aus einer württembergischen Genossenschaft auftreiben. 200° Öchsle. Warme Bernsteinfarbe; vielschichtige Mokkanase; süß, schön, rosiniger Geschmack, ausgezeichnete Säure. *Im Dezember 1995 im Schlosshotel Erbach verkostet* *****

Eltviller Sonnenberg Riesling TBA (Rg) **(Gut unbekannt)** Zusammen mit der Durbacher TBA verkostet und verglichen damit eine aggressiv scharfe, karamellisierte Nase; süß, scharf, eindringlich, grobe Textur. *Im Dezember 1995 auf Zieglers Weinprobe im Schlosshotel Erbach degustiert* *** *Braucht vielleicht noch etwas Zeit, um sich abzurunden.*

Erbacher Steinmorgen Riesling Auslese (Rg) **zu Knyphausen** Lese am 31. Dezember bei 115° Öchsle. Doch eher ein Eiswein? 1988 mit einer Goldmedaille ausgezeichnet. Überraschend blass; nussige Nase; lieblich, ein Hauch Ananas, fabelhafte Säure. *Im November 1995 auf der VDP-Vorverkaufsverkostung degustiert* ★★★

Forster Mariengarten Riesling Kabinett (P) **Bürklin-Wolf** Weich, aber noch immer gut zu trinken. *Im April 1993 interessanterweise bei einem Staatsbankett für den portugiesischen Präsidenten im Buckingham Palace serviert; erinnerte mich an Königin Viktorias Vorliebe für Rheinwein* ★★★

Hallgartener Jungfer Riesling Auslese (Rg) **Nass** Sehr charakteristische Nase; Vanille, Honig, Lindenblüten; lieblich, Kaffeenote und lebhafte Frucht. *Im Mai 1996 auf der VDP-Vorverkaufsverkostung degustiert* ★★★

Hochheimer Stielweg Riesling Spätlese (Rg) **Aschrott** Hagebuttenfarbe; süße, karamellige Nase; trocken, erdiger Hochheim-Charakter. Gewöhnungsbedürftiger Geschmack. *Im Juni 1994 auf dem Gut verkostet* ★

Ingelheimer Schloss Westerhaus Riesling Eiswein (Rh) **v. Opel** Am 31. Dezember und 1. Januar gelesen. 6,1 % Alkohol. Reines Goldgelb; herrlich, schwungvoll, Trauben, Pfirsiche, Mangos und Honig; sehr süß, köstlicher, lebhafter, fruchtiger Geschmack, perfekte Säure. Der beste Eiswein, den ich je getrunken habe. *September 1988* ★★★★★

Schloss Johannisberger Riesling Blaulack Eiswein (Rg) Als Auktionator der großen VDP-Versteigerungen von Spitzenweinen hatte ich nicht viel Zeit zum Verkosten. Das Wiesbadener Kurhaus war zum Bersten voll, der Verkauf begann um 13.45 Uhr und ging ohne Unterbrechung bis 17.15 Uhr. Bevor das erste Lot jedes Weins versteigert wurde, servierte man eine Kostprobe – für über 1000 Leute. Dieser Wein ging Lot Nr. 340 voran und war zum Glück so köstlich, dass ich neue Kräfte schöpfte. *November 1997* ★★★★

Josephshöfer Riesling Auslese (M) **v. Kesselstatt** Ein Alleinbesitz der Kellerei in Graach. 8,5 % Alkohol. Ausgezeichnet mit dem Silbernen Preis der DLG 1988 und der Silbernen Kammerpreismünze 1987. Reiche, stämmige Nase mit Ziegennote; halbtrocken, mit einem Gehalt, der durch die sehr gute Säure ausgeglichen wurde. Im Nachgeschmack Vanille. *November 1990* ★★★(★)

Verrenberger Verrenberg Lemberger Spätlese trocken (W) **zu Hohenlohe-Oehringen** Gemeinde und Lage in Württemberg tragen denselben Namen. Ein interessanter Wein, beeindruckend tief, rubinrote Farbe mit unreifem purpurrotem Rand; schweißelnde Tannine, Vanille und enorme Tiefe; trocken, rau, tanninbetont – eine eigenartige, ziemlich schimmelige Note. Prinz Kraft zu Hohenlohe-Oehringen, der Sohn des Fürsten, meinte, es läge am Terroir. Ich hatte die Fässer im Verdacht. Zu deutschen Würsten oder Wildschwein gut. *Im September 1988 bei einer Rotweinprobe mit Essen in Frankfurt degustiert* ★? *Schwer einzuordnen. Könnte sich jetzt auf dem Höhepunkt befinden.*

Wachenheimer Mandelgarten Scheurebe Spätlese (P) **Bürklin-Wolf** Ein außergewöhnliches, exotisches Bukett, Schwarze Johannisbeeren; halbtrocken, sehr eigenwilliger Geschmack und Nachgeschmack. Wie kandierte Veilchen. *April 1993* ★★★★

Wehlener Sonnenuhr Riesling Auslese (M) **Dr. Loosen** Blässlich; sehr ausgeprägte Pfirsichnote; lieblich, leicht (8,5 % Alkohol), köstlicher Geschmack, aber etwas schwach. *Im August 1998 zum zweiten Frühstück auf Chippenham Lodge degustiert* ★★ *Austrinken.*

Wehlener Sonnenuhr Riesling Auslese lange Goldkapsel (M) **J.J. Prüm** Reichte nicht an den 1983er oder den 1988er heran. Ein Anflug von Holz und sogar Korken, pappige Säure. Der ansprechende Nachgeschmack rettete ihn halbwegs. *Im April 1999 auf der Weinart/Prüm-Verkostung degustiert* ★?

Wehlener Sonnenuhr Riesling BA (M) **J.J. Prüm** Blass; blumig, Stachelbeernote; süß, herrlich reifes Fleisch, aber trotzdem lebhaft. *Bekam im Dezember 1995 auf Peter Zieglers Raritäten-Weinprobe im Schlosshotel Erbach eine meiner besten Bewertungen* ★★★★★ *Schon damals perfekt – und heute mit Sicherheit auch noch.*

1986 ★ bis ★★★

Sehr unterschiedliche Ergebnisse, an denen wie immer das Wetter schuld war. Der Winter fiel außerordentlich streng aus mit Frösten bis −20 °C, die einige Reben schädigten. Trotz des milden Frühjahrs erfolgte der Austrieb spät, doch holte die Vegetation auf, sodass die Blüte in der zweiten Junihälfte einsetzte. Der Juli brachte große Hitze und Trockenheit mit sich. Im August war der Boden bereits steinhart. Es regnete zwar etwas, doch brachten die wenigen Tropfen kaum Linderung. Lediglich im Süden war es kalt und nass, was den Reifeprozess verzögerte. Die Pfalz profitierte von ununterbrochen schönem Lesewetter mit Edelfäulebefall für die Süßweine der höheren Qualitätsstufen. Andernorts allerdings machten wütende Stürme Ende Oktober die Fortsetzung der Lese schwierig. In den nördlicheren Regionen entstanden gute Kabinettweine und Spätlesen, aber relativ wenige Auslesen, Beerenauslesen und Trockenbeerenauslesen. Die besten sind mit fester Säure ausgestattet und halten sich gut.

Assmannshäuser Höllenberg Spätburgunder Kabinett trocken (Rg) **Robert König** Merkwürdige Hagebuttenfarbe; ziemlich ansprechende Frucht; knochentrocken. Ein Pinot noir, der jedoch nicht im Entferntesten einem Burgunder ähnelte. Als Essensbegleiter ganz gut, mehr nicht. *September 1995* ★★

Erbacher Hohenrain Riesling Eiswein (Rg) **v. Oetinger** Warmes Orangegold; süßer, exotischer, mangoartiger Duft; der Geschmack verdorben durch einen Anflug von Fäule und einen harten, scharfen, säurebetonten Abgang. Schade. *Im Mai 1996 bei der VDP-Vorverkaufsverkostung auf Schloss Reinhartshausen degustiert.*

Hochheimer Hölle Riesling Auslese (Rg) **Aschrott** Ein Silbermedaillengewinner. Erstmals 1994 auf dem Gut verkostet: noch immer grünspurig; kraftvoller, reicher, erdiger Charakter. 1995 einige enttäuschende Einträge, die alle am Vormittag auf dem Land entstanden. In der Nase besser als am Gaumen. Im Jahr darauf nicht sehr helles Gelb; angenehm traubige Nase, aber ein Anflug von Fäule im Abgang. *Zuletzt im April 1996 zu Hause verkostet. Kann man vergessen.*

Hochheimer Kirchenstück Riesling Auslese (Rg) **Aschrott** Aus Aschrotts zweiter Spitzenlage. Wesentlich besser als die Hölle, ein schöner, süßer Vormittagswein. *April 1996* ★★★ *Das Beste, was diesem berühmten Gut passieren konnte, war die Übernahme durch Künstler im Jahr 1966.*

Schloss Johannisberger Riesling Eiswein (Rg) Wächsernes Gelb; minzig, traubig, honigartig; süß, sehr säurebetont. *Im September 1996 auf einer Vorverkaufsverkostung bei Christie's degustiert* ★★

Mülheimer Helenenkloster Riesling Eiswein-Christwein (M) **Max Ferd. Richter** Am ersten Weihnachtsfeiertag sanken die Temperaturen auf die erforderlichen −10 °C. 145° Öchsle. Eine himmlische halbe Flasche, die mir mein alter Freund Freddie Price, Richters Importeur, gab und die ich bei einem spätabendlichen Essen nach dem Theaterbesuch zu Zimtäpfeln servierte: schönes Goldgelb, allerdings mit trübem Bodensatz; herrliche Honignase und ebensolcher Geschmack. Sehr süß. Wundervolle Säure. *Im August 1994 auf Chippenham Lodge getrunken* ★★★★★

Rüdesheimer Berg Roseneck Riesling Auslese (Rg) **Heinrich Nägler** Kleehonig; schöner Geschmack, aber überraschend trocken. *Im November 1995 auf einer VDP-Vorverkaufsverkostung degustiert* ★★

Steinberger Riesling Auslese (Rg) **Staatsweingüter Kloster Eberbach** Das 1135 gegründete Gut ist Deutschlands größte Klosterkellerei. Sie gehört mittlerweile dem Land Hessen. Der Steinberg ist mit 130 ha eine der größten unter den berühmten Lagen im Rheingau. Drei Einträge, von denen die ersten zwei bei VDP-Vorverkostungen im Mai 1996 entstanden: überraschend blass; Vanille, Weichkäse und »Mäusedreck«; ziemlich süß, würzig, mineralisch, eigenartige Säure. Vier Monate später ein schmeichelhafterer Eintrag: schöne, traubige, klassische Nase; ziemlich eindringlich, im Abgang eine Karamellnote. Mir hat er auf jeden Fall gefallen. *Zuletzt im September 1996 bei einer Vorverkaufsverkostung von Christie's degustiert* ★★

1987

Ein alles in allem schlechter Jahrgang. Ich habe nur wenige Weine verkostet. Nach einem scheinbar endlosen, kalten Winter, der sogar einige Reben schädigte, brachte der warme Frühling die Vegetation rasch voran, doch der kalte Mai und Juni bewirkten genau das Gegenteil und verzögerten die Blüte bis in den Juli. Anschließend folgte sehr nasses Wetter ohne Sonne, was den Fäulnisbefall förderte. Die trockene Wärme ab der Septembermitte allerdings ließ die Winzer etwas aufatmen. Die Lese wurde sehr spät eingeleitet – die Riesling-Trauben erntete man sogar erst von den allerletzten Oktobertagen bis Ende November.

Aus den relativ hohen Erträgen bereitete man größtenteils sehr säurebetonte Weine von einfacher QbA-Qualität. In manchen begünstigten Lagen entstanden jedoch gute, langlebige Auslesen.

Hochheimer Hölle Riesling Eiswein (Rg) **Aschrott** Lese am 20. September. Goldgelb; sahnig, Vanille, »Milchschokolade«; süßer, lebhafter, schöner Geschmack, gute Säure. *Im Juni 1994 auf dem Gut verkostet* ★★★★

Wehlener Sonnenuhr Riesling Spätlese (M) **J.J. Prüm** Knochentrocken. Spröde. *Juni 1990. Es kommt nicht von ungefähr, dass bei der sehr umfangreichen Prüm-Weinprobe 1999 kein 1987er mit dabei war.*

VON DEN 1988 VERKOSTETEN 1987ERN sind nur zwei Dreisterne-Gewächse eine Erwähnung wert, nämlich die **Erdener Prälat Rieslinge** von **Dr. Loosen**: **Kabinett halbtrocken** Der Prälat ist der beste Weinberg im Treppchen. Er erstreckt sich an einem Südhang unterhalb der Felsen. Sehr blass; sehr wohlriechend; ein überraschend warmer, reicher Wein mit ausladendem, trockenem Abgang; **Spätlese** Vor dem Regen geerntet; mildes, traubiges Cassis-Aroma; halbtrocken, eher leicht, schöner Geschmack, eine sehr gute Säure, die einem das Wasser im Mund zusammenlaufen ließ.

1988 ★★★★

Fast perfekte Wachstums- und Reifebedingungen vom Frühjahr über den Sommer bis Ende September. Der Regen und Nebel vor der Lese allerdings dämpften die Hoffnungen; an Saar und Ruwer gab es außerdem viele Hagelschäden zu beklagen. An der mittleren Mosel wiederum herrschten ausgezeichnete Bedingungen und auch in der Pfalz und an der Nahe gedieh der Riesling. Die Winzer an der Nahe nutzten außerdem die schweren Fröste am 7. November für die Bereitung großartiger Eisweine. Auch in Rheinhessen fiel der Jahrgang gut aus, aber vielleicht nicht ganz so ausgezeichnet wie im Rheingau, sieht man einmal von den am günstigsten gelegenen Weinbergen ab. Insgesamt also ein extrem guter Jahrgang, der allerdings (wie in Bordeaux) vielleicht nicht so gewürdigt wurde, wie er es verdient hätte.

QbA- und Kabinettweine, trockene Gewächse und einfachere Spätlesen hätten bis Mitte der 1990er weggetrunken werden müssen. Provenienzen höherer Qualität sind noch immer auf der Höhe. Ich habe diesen Jahrgang genossen, aber leider nicht so viele Weine verkostet, wie mir lieb gewesen wäre.

Bernkasteler Badstube Riesling Kabinett (M) **J.J. Prüm** Sehr blass; jugendlich, grasig, Lanolin, ausgewogen; leichter, traubiger Geschmack, hart, sehr trocken, leicht metallischer, säurebetonter Abgang. Lebhaft. Erfrischend. *März 1991* ★★ *Damals am besten. Jetzt wahrscheinlich müde.*

Graacher Himmelreich Riesling Auslese (M) **J.J. Prüm** Limonenton; lieblich, weich, Frucht und Fleisch schön, aber mit einer das Zahnfleisch reizenden Säure. *April 1999* ★★★★ *Jetzt bis 2012.*

Hochheimer Hölle Riesling Kabinett (Rg) **Aschrott** Mit dem Silberpreis ausgezeichnet. Frische, lebhafte, traubige Nase und entsprechender Geschmack. Mit sechs Jahren wahrscheinlich auf dem Höhepunkt. *Im Juni 1994 auf dem Gut verkostet* ★★★

Hochheimer Kirchenstück Riesling BA (Rg) **Staatsweingut** Goldgelb; einnehmend, »scharf«, Limonen- und Traubennote, reifes Melonenbukett; sehr süß, fast wie eine TBA. Ausgezeichnete Säure. *Im Mai 1996 auf einer VDP-Vorverkostung degustiert* ★★★★

Iphöfer Julius-Echter-Berg Huxelrebe Auslese (F) **Juliusspital** Bekam seine Goldmedaille zu Recht: reines Tutanchamun-Gold; herrlich traubige, rosinige Nase; lieblich, kombinierte reifes Fleisch mit typisch fränkischer Stahligkeit, kraftvoll (mit 14,5 % ungewöhnlich alkoholstark). *Im Mai 1999 auf Chippenham Lodge verkostet, der perfekte Vormittagswein* ★★★

Königschaffhauser Steingrüble Spätburgunder Weißherbst Eiswein (B) **Winzergenossenschaft Königschaffhausen** Eine kleine Kuriosität: ein süßer Weißwein aus Pinot-noir-Trauben, bereitet von einer Badener Genossenschaft. Einige Pigmente aus den roten Schalen verliehen ihm eine orange-bernsteinbraune Farbe; herrliche Nase, Aprikosen, Rosinen; süß, ziemlich eindringlich, sehr gute Säure. *Im September 1995 bei Rodenstocks Eröffnungsessen degustiert* ★★★★

Oestricher Lenchen Riesling Eiswein (Rg) **Spreitzer** Anflug von Orange; schöne Aprikosennase; reich, aber etwas am Austrocknen – vielleicht lag es auch an der Säure. Guter Geschmack. *Im November 1997 beim Essen mit der musikalischen Familie Bourgeois verkostet* ★★★

Scharzhofberger Riesling Auslese (M) **Egon Müller** Eine Magnum bei einem Essen vor Walter Eigensatz' Weinprobe mit 144 roten 1990ern: leuchtende Farbe; schönes, erfrischendes Bukett; lieblich, delikat, leicht traubiger Geschmack, ausgezeichnete Säure. Ein wunderbarer Stilkontrast zum 1985er Yquem, der gemeinsam mit ihm verkostet wurde. Ich gab beiden gleich hohe Bewertungen. *Im Juni 1996 in Luzern verkostet* ★★★★

Schlossböckelheimer Felsenberg Riesling Kabinett (N) **Paul Anheuser** Bukett und Geschmack außergewöhnlich, würzig, gute Säure. *Im April 2000 im Londoner Vinopolis verkostet* ★★★

Wehlener Sonnenuhr Riesling Spätlese (M) **J.J. Prüm** Der beste Wein einer »Serie« mit Spätlesen aus den 1980ern. Außerordentlich wohlriechende Lindenblüten- und »Kater«-Nase; süßer als erwartet, weich. Kurz, aber köstlich. *Im April 1999 auf der Weinart/Prüm-Verkostung degustiert* ★★★★

Wehlener Sonnenuhr Riesling Auslese (M) **J.J. Prüm** Blässliches Gelb; gut entwickelt, Ananasnote, traubig; nach dem 1989er ziemlich ungehobelt, aber mit schwungvoller Säure und wohlriechendem Abgang. *Im April 1999 auf der Weinart/ Prüm-Vertikalverkostung degustiert* ★★★★

Wehlener Sonnenuhr Riesling Auslese lange Goldkapsel (M) **J. J. Prüm** Säurebetonte »Renekloden«-Nase; ein interessanter Wettstreit zwischen Fleisch, Fett und Säure. Reich, aber mit trockenem Abgang. *Im April 1999 bei der Prüm-Verkostung von Weinart degustiert* ★★★(★)

DIE BESTEN DER ZWISCHEN 1990 UND 1993 VERKOSTETEN 1988ER, mit damaliger Bewertung: Bernkasteler Badstube Riesling Spätlese (M) **Thanisch** Sehr blass; mild, sehr traubiges Aroma; ziemlich trocken, schönes Gewicht, guter, positiver Geschmack, weich, dabei sehr säurebetont ★★★; Brauneberger Juffer-Sonnenuhr Riesling Spätlese (M) **Willi Haag** Sehr blass; Riesling-typische Kerosinnote, schöne Frucht, angenehme Säure; halbtrocken, leicht (7,8 % Alkohol), fruchtig, sehr angenehme Endsäure ★★★★ *Dürfte noch immer schön sein*; Eitelsbacher Karthäuserhofberg Riesling Spätlese (M) **Christoph Tyrell** Sehr trocken, delikat, fest, gute Länge und Säure ★★★ *Austrinken*; Erdener Prälat Riesling Auslese (M) **Dr. F. Weins-Prüm** Erdiges, schweißelndes Bukett; lieblich, reich, reif, duftiger Nachgeschmack ★★★ *Austrinken*; Forster Ungeheuer Riesling Spätlese (P) **Deinhard** Leicht honigartig und würzig; lieblich, mittleres Gewicht, ausgezeichneter Geschmack, Veilchen, Säure und Nachgeschmack gut. Der Rebhang wurde bei der Neuordnung der Lagen nach dem Weingesetz von 1971 neu bepflanzt. Im Wein kommt der schwere, mineralienreiche Boden der Pfalz zum Ausdruck ★★★★; Graacher Himmelreich Riesling Spätlese (M) **Deinhard** Blass; delikat, würzig, säurebetont, »Stachelbeeren«; trocken, leicht in Gewicht und Stil, duftig, gute Säure ★★★ *Austrinken*; Hochheimer Königin Victoria Berg Riesling Spätlese (Rg) **Hupfeld** Reife Trauben, aber eigenartige Nase (Schwefel?); halbtrocken, mittleres Gewicht, eine Spur Fett, sehr positiver, ziemlich erdiger Hochheim-Geschmack und sehr guter Nachgeschmack ★★★; Maximin Grünhäuser Abtsberg Riesling Kabinett (M) **v. Schubert** Ziemlich blass, glanzhell; schöne duftende Frucht, Melone, Ananas; sehr leicht, trockener Abgang. Ein charmantes Leichtgewicht ★★★; Maximin Grünhäuser Abtsberg Riesling Spätlese (M) **v. Schubert** Süß, schwerfälligere Pfirsichnase; ein Anflug von Süße, im Stil schwerer und traubiger, ziemlich harter, säurebetonter Abgang ★★★(★)?; Oberemmeler Hütte Riesling Spätlese (M) **v. Hövel** Gewisse Fruchttiefe; trocken, schlank, spröde, gute Länge. Braucht noch Zeit ★★(★); Oberemmeler Hütte Riesling Auslese (M) **v. Hövel** Goldgelb; honigartige, wächserne Melonennase, noch immer hart; reiche Frucht, aber nach wie vor leicht und erfrischend. Braucht Zeit ★★(★★); Oberemmeler Hütte Riesling Eiswein (M) **v. Hövel** Reiches Honigbukett; intensiv süß, Frucht und Säure in köstlichem Gleichgewicht. Fast eine TBA ★★★(★★); Scharzhofberger Riesling Eiswein (M) **Egon Müller** Bernsteinfarbe; erstaunliche, honigartige Süße; intensiv süß, sehr reich, für einen Saarwein schwerfällig, gute Länge, fabelhafte Säure ★★★★★; Wehlener Sonnenuhr Riesling Auslese (M) **Dr. Loosen** Mehrere Einträge: schönes, traubiges Aroma; lieblich, sehr ansprechende Frucht und Säure. Mein Weinstil ★★★★; Wehlener Sonnenuhr Riesling Auslese (M) **S. A. Prüm** Sehr wohlriechende, leicht pfirsichartige Nase; eher trocken als süß, lebhaft, guter Abgang. Die Goldkapsel-Version hatte eine reiche, honigartige Nase; sehr süß ★★★★; Wehlener Sonnenuhr Riesling Auslese (M) **Marienhof** Faszinierendes Bukett mit Walnuss- und Veilchennoten; lieblich, mittelgewichtig, noch immer hart ★★(★★); Wehlener Sonnenuhr Riesling Auslese Goldkapsel (M) **J. J. Prüm** Die Kellerei hat mehrere Auslese-Stufen zu bieten. Die Goldkapsel-Weine waren großartig, die mit der langen Goldkapsel am besten. Köstlich traubig; lieblich, gute Länge. Schön ★★★★

1989 ★★★ bis ★★★★

Insgesamt ein sehr guter Jahrgang mit hohen Erträgen dank idealer Wachstumsbedingungen: milder Winter und warmer Frühling, der einen frühen Austrieb nach sich zog, eine perfekte Blütephase im Juni und ein heißer, sonniger und relativ trockener Sommer. Erwartungsgemäß reiften unter diesen Umständen sämtliche Rebsorten gut aus, sodass die Lese Anfang September beginnen konnte. Wegen des sehr reifen Traubenguts und des Edelfäulebefalls hatten die Erzeuger mit den leichteren Weinstilen Probleme, wobei sich vor allem der Säuremangel negativ auswirkte. Sehr günstige Bedingungen herrschten hingegen für die reicheren Prädikatweine, denen ein goldener Oktober vom 10. bis zum 29. des Monats zugute kam. Es konnten herrlich konzentrierte Trockenbeerenauslesen bereitet werden.

Die leichteren, trockeneren Gewächse mussten in den frühen 1990ern konsumiert werden. Die besseren Qualitäten sind jetzt schön zu trinken und die Auslesen, Beerenauslesen und Trockenbeerenauslesen haben noch Jahre vor sich.

Assmannshäuser Weißherbst Auslese (Rg) **Allendorf** Warme Bernsteinfarbe; lebhaft, rosinig; lieblich, zimtartige Würze, gute Säure, trockener Abgang. *Im November 1999 beim Essen mit Karen und Leo Gros in Johannisberg verkostet* ★★★ *Auf dem Gipfel.*

Bischoffinger Steinbuck Ruländer TBA (B) **WG Bischoffingen** Ein Genossenschaftswein der Spitzenklasse: weiches Hellbraun; exotisch, Honig- und Muskatellernote; sehr süß, reich, fett, weich. *Im September 1995 auf Rodenstocks Eröffnungsessen verkostet* ★★★★★

Brauneberger Juffer-Sonnenuhr Riesling Auslese (M) **F. Haag** In London vorverkostet und ein paar Tage später beim Seminar »Nur Dessertweine« mit dabei. Die Veranstaltung wurde von Monika Christmann, Direktorin des berühmten Geisenheimer Instituts für Weinbau und Rebenzüchtung, moderiert und von Wilhelm Haag vom Weingut Fritz Haag »präsentiert«. Mostgewicht 99° Öchsle, 70,9 g/l Restzucker, 9,2 g/l Gesamtsäure, 8 % Alkohol. Zum Glück waren meine beiden Notizen vergleichbar: sehr blass, Limonenton; fabelhaftes Bukett, eine Melange aus Aprikosen, Pfirsichen, stachelbeerartiger Säure und Vanille; ziemlich süß, eine die Geschmacksnerven kitzelnde Delikatesse und Säure. Das reinste Vergnügen. Das Weingut Haag gilt zu Recht als eine der besten Kellereien an der mittleren Mosel. *Zuletzt im Oktober 1998 im kanadischen Banff Springs verkostet* ★★★★★

Casteller Kugelspiel Rieslaner BA (F) **Fürst Castell** Duft und Geschmack wie Erdbeeren mit Honig und Sahne. Süß, herrlich, mit der für Rieslaner typischen, himmlischen, stark prägenden Säure. *Im Juni 1997 auf Castell verkostet* ★★★★

Eitelsbacher Karthäuserhofberg Riesling Spätlese trocken (M) **Tyrell** Mit sechs Jahren wahrscheinlich auf dem Höhepunkt. Knochentrocken, 10 % Alkohol, spröde, doch wohlriechend. Hatte dem Hummer nichts entgegenzusetzen. *Im Mai 1999 auf einer für Hallwag im Hamburger Restaurant Le Canard geleiteten Dinnerverkostung degustiert* ★★ *Ich ziehe etwas Frucht vor.*

Eltviller Sonnenberg Riesling Auslese (Rg) **Belz** Produktion nur 550 l. Der Zuckergehalt (53° Öchsle) war so hoch, dass man kein Schwefeldioxid mehr einzusetzen brauchte, daher die überraschend tiefe Farbe; sehr reich, sehr Riesling-typisch, blumig, dick, honigartige Edelfäule; ziemlich süß, Geschmack,

Säure und Nachgeschmack köstlich. *Im November 2000 bei der Raritäten-Weinprobe auf Schloss Johannisberg verkostet* ★★★★

Elysium (Rg) **Breuer** Man kann sich keinen unternehmungsfreudigeren, innovativeren Winzer als Bernhard Breuer vorstellen. Keine Angaben über die Rebsorte! Ausbau in der Barrique, Abfüllung in einer farblosen halben Bordeaux-Flasche. Goldgelb; eine eigenartige Nase, die mich an Pingpongbälle und Markerstifte erinnerte; am Gaumen besser; sehr süß, sehr sahnig, gute Säure. Ein guter Versuch, Bernie! *Mai 1996* ★★?

Erbacher Marcobrunn Riesling Auslese (Rg) **Schloss Reinhartshausen** Bernsteingold; veilchenduftiger Kleehonig; lieblich, reich, lebhafte Säure. Ausgezeichnet zu Vacherin-Käse. *Im November 1995 auf dem Schloss verkostet* ★★★★

Erbacher Marcobrunn Riesling TBA (Rg) **Schloss Reinhartshausen** 180° Öchsle, 170 g/l Restzucker, 15 g/l Säure. Ein stark edelfauler Wein, den ich zweimal verkostet habe. Praktisch identische Einträge. Das erste Mal 1995 auf Schloss Reinhartshausen: orangegolden; reich, rosinig; sehr süß, gehaltvoll, doch überhaupt nicht pappig, fabelhafte Säure. *Zuletzt im April 1999 eine Flasche aus meinem eigenen Keller bei Ronald Holdens Essen im Brooks's Club verkostet* ★★★★★

Erdener Prälat Riesling Spätlese (M) **Vereinigte Hospitien** Sehr blass; jugendlich, pfirsichartig, halbtrocken, leicht, sehr gute Säure. Köstlich. *Juni 1990* ★★★★

Erdener Prälat Riesling Auslese (M) **Christoffel-Berres** 96° Öchsle, 11 % Alkohol: blumige, bienenwachs- und kerosinartige Riesling-Nase; köstliche Frucht und Säure. *Im Oktober 1997 bei einer Vorverkaufsverkostung degustiert* ★★★★

Erdener Treppchen Riesling Auslese (M) **Dr. Loosen** Blass; blumig, »Renekloden«; ziemlich süß, weich und reich (9 % Alkohol). Trägt die Handschrift des Juniorchefs (Ernst). *Im Mai 1998 bei der IWFS-Verkostung des St-James's-Kapitels degustiert* ★★★

Forster Pechstein Riesling Eiswein (P) **Mossbacherhof** Golden; wohlriechend, Limonennote; Ananas, Grapefruit und Honig im Geschmack. Ausgezeichnete Säure. *Im September 1997 bei der VDP-Vorverkaufsverkostung in München degustiert* ★★★★

Hattenheimer Engelmannsberg Riesling Auslese (Rg) **Balthasar Ress** Hellgolden; kerosinartige Riesling-Nase, Honig und Lavendel; ziemlich süß, über 50 g/l Zuckergehalt. Sauber und frisch. *Im November 1997 auf der Riesling-Gala im Kloster Eberbach verkostet* ★★★

Hattenheimer Nussbrunnen Riesling Auslese (Rg) **Balthasar Ress** Erstmals 1994 mit Stefan Ress verkostet: reich, honigartig. Nur fünf Monate später beim Essen mit Freddie Price: erstaunliche, tief goldgelbe Farbe; ein nach dem Entfalten fast schon überwältigendes Bukett; Konsistenz und Gehalt gut. Kürzlich: Orangegold; sehr exotisches Bienenwachsbukett; ein Anflug von Härte und etwas kurz. Stefan Ress meinte, dies sei sein schwierigster Jahrgang und der schlechteste seit 20 Jahren gewesen; allerdings müsste der Wein nach weiteren fünf bis sieben Jahren in der Flasche weicher werden. *Zuletzt im April 1998 beim Presseessen des Falken Verlags bei Robert Weil verkostet* ★★★★ *Jetzt bis 2010.*

Hochheimer Hölle Riesling Auslese (Rg) **Aschrott** Erstmals im Juni 1994 verkostet: ein Bukett wie eine feinste Auslese; erdiger als der 1990er. Enorme Kraft und Länge. »Braucht Zeit.« Drei Monate später: sehr reich, in der Nase und am Gaumen ausgeprägte Honignote. Trockener Abgang. *Im September 1994 auf der Aschrott-Presseverkostung bei Christie's degustiert* ★★★★ *Befindet sich wahrscheinlich jetzt im Zenit.*

Hochheimer Hölle Riesling Auslese (Rg) **Künstler** 112° Öchsle, 9,9 g/l Säure, 10,5 % Alkohol. Zweimal verkostet, das erste Mal auf einer Vorverkaufsverkostung in London, das nächste Mal einen Monat später. Reines neunkarätiges Gold; reiche Honig- und Traubennase; kraftvoll. Seltsamer Endgeschmack. *Zuletzt im September 1997 verkostet* ★★★

Hochheimer Reichestal Riesling Eiswein (Rg) **Künstler** Perfekte Goldfarbe; eigenwillige, ausgewogene, mineralische Walderdbeernase; süß, fein, Länge und Säure perfekt. *Im Mai 1996 auf der VDP-Auktionsverkostung degustiert* ★★★★★

Johannisberger Klaus Riesling Auslese (Rg) **v. Hessen** Mit dem Großen Preis der DLG ausgezeichnet. Grandioses Butterblumengelb; süß, »warm«, karamellig; ziemlich süß, reich, 10 % Alkohol, schöner Geschmack, aber nicht sehr lebhaft. *Im Mai 1997 am Vormittag getrunken* ★★★

Johannisberger Klaus Riesling TBA (Rg) **v. Hessen** Farbe wie goldener Sirup und fast auch ein solcher Geschmack. Intensiv, rosinig. *Im November 1995 auf der VDP-Vorverkaufsverkostung degustiert* ★★★★

Kaseler Kehrnagel Riesling BA (M) **v. Kesselstatt** Klassisch; nicht so süß wie erwartet. Etwas kurz. *Im April 1996 auf einer Blindverkostung von Dessertweinen für die First Class von British Airways degustiert* ★★

Kloster Eberbach Riesling BA (Rg) **Staatsweingüter** Tiefes Orangegold; verschlossen; ziemlich süß, intensiv. Mit umgerechnet 1400 Euro das Dutzend für das British-Airways-Budget doch etwas zu teuer. Außerdem den Preis auch gar nicht wert. *April 1996* ★★★

Kreuznacher Krötenpfuhl Riesling Auslese (N) **P. Anheuser** Perfekt für unser zweites Frühstück auf Chippenham Lodge. Erstaunliche Farbe; himmlisches Bukett; voll im Geschmack, herrliche Frucht und Säure. Unlängst: »Honig und Rosen«; reif. Schön. *Zuletzt im Juni 1997 verkostet* ★★★★

Mülheimer Helenenkloster Riesling Eiswein (M) **Max Ferd. Richter** Hatte die Goldmedaille zu Recht bekommen. Süßer, herrlicher Geschmack, ausgezeichnete Säure. *Eine halbe Flasche zum Abschluss eines leichten Mittagessens mit Janet und Freddie Price im Oktober 1994* ★★★★★ *Ist sicher auch heute noch köstlich.*

Münsterer Königsschloss Scheurebe TBA (N) **M. Schäfer** Tiefe, reiche Bernsteinfarbe; fabelhafte, sahnige Nase; sehr süß, reiche Traubenessenz, sehr gute Säure. *Bekam im April 1996 meine höchste Bewertung von allen 26 für British Airways blind verkosteten Süßweinen* ★★★★★

Oberhäuser Brücke Riesling BA (N) **Dönnhoff** Halbe Flaschen; warmes Orangegold; eine angesengte, geröstete, rosinige Nase, die sich wohlriechend entfaltete; intensiv gehaltvoll und süß, körperreich, sahnige Textur, schöner Nachgeschmack. Ein großer Wein von einem ebenso großen, aber bescheidenen Winzer. *Im November 2000 bei der Welt-Raritäten-Weinprobe auf Schloss Johannisberg verkostet* ★★★★★

Oppenheimer Kreuz Silvaner Eiswein (Rh) **Guntrum** Eindeutig kein Riesling; enttäuschend, fast mit Kernnote, schlaffe Endsäure. *Im Dezember 1995 eine halbe Flasche zu Hause verkostet* ★

Roxheimer Höllenpfad Riesling Auslese (N) **Paul Anheuser** Ausgeprägtes Gelb; schwache Nase; reich, aber trockener als erwartet, ziemlich kraftvoll. *Im Oktober 1994 bei Freddie Price verkostet* ★★

Rüdesheimer Berg Rottland Riesling Auslese (Rg) **Nägler** Zwei auf VDP-Vorverkostungen entstandene Einträge. Eindringlich, fest, ein Anflug von Härte. Brauchte noch Flaschenalterung. *Zuletzt im Mai 1996 verkostet* ★★?

Rüdesheimer Berg Rottland Riesling TBA (Rg) **Breuer** Der beste Wein beim Essen mit Weinen mit der Endziffer »9«: glanzhell und schön; blumig, herrlich, honigartig, »Gesichtspuder«; ein geschmacksintensiver Mammutwein. Ausgezeichnet zu Käse. *Im Februar 2000 bei Christie's verkostet* ★★★★★

Rüdesheimer Berg Schlossberg Riesling Auslese (Rg) **Schloss Schönborn** Herrliche Limonen- und Orangenblütennase; gut, reich, traubig, passable Säure. *Dezember 1996* ★★★ *Jetzt wahrscheinlich auf dem Höhepunkt.*
Rüdesheimer Berg Schlossberg Riesling BA (Rg) **Schloss Schönborn** Reiches Gold; herrlicher Litschi-Duft; süß, wunderbare Konsistenz, Textur, Konzentration. *Im Mai 1996 auf der VDP-Vorverkostung degustiert* ★★★★
Salm-Dalberg BA (N) **Prinz zu Salm-Dalberg** Vermutlich ein Riesling. Eine attraktive, reife halbe Flasche. *Im November 1996 zum Abschluss eines zwanglosen Mittagessens auf Schloss Wallhausen verkostet* ★★★
Scharzhofberger Riesling BA (M) **v. Kesselstatt** Reines Limonengold; klassisch, Honignote, Edelfäule, nicht zu süß, schöner Geschmack. Ausgezeichnete Saar-typische Säure. *April 1996* ★★★★
Steinberger Riesling Auslese (Rg) **Staatsweingut** Zwei an ein und demselben Tag entstandene Einträge, der erste bei einer VDP-Vorverkaufsverkostung: schön. Der zweite spät – viel zu spät – am Abend beim Dinner mit Steinberg-Weinen: reich, golden; wohlriechend; lieblich, Geschmack und Säure sehr schön. Hätte gut zum Gorgonzola-Mascarpone-Kuchen gepasst, aber wir ließen ihn stehen, weil wir für die Auktion am nächsten Tag fit sein mussten. *Zuletzt im November 1994 im Erbacher Kronenschlösschen verkostet* ★★★★
Wallufer Walkenberg Riesling Auslese (Rg) **Jost** Frisch, minzig; süß, köstlich. *Im November 1994 auf der VDP-Versteigerung verkostet* ★★★★
Wawerner Herrenberger Riesling Eiswein (M) **Dr. Fischer** Würziges, traubiges Aroma; unglaublich süß, aber mit Schwung, Kraft und Säure. *Juni 1990* ★★★★(★★) *Dürfte noch immer gut sein.*
Wehlener Sonnenuhr Riesling Auslese (M) **J.J. Prüm** Der mit Abstand beste einer sehr guten »Serie« mit Auslesen des Jahrgangs 1980; reifes, pfirsichartiges Bukett und ebensolcher Geschmack. Lebhafte Säure, schöner Wein. *Im April 1999 auf der Weinart/Prüm-Verkostung in Österreich degustiert* ★★★★★
Wehlener Sonnenuhr Riesling Auslese (M) **S.A. Prüm** Mittelblass; sehr charakteristische, stark duftende, leicht pfirsichartige Nase; halbtrocken, lebhaft, Geschmack und Länge gut, trockener Abgang. Braucht Zeit. *April 1990* ★★(★★)
Wehlener Sonnenuhr Riesling BA (M) **J.J. Prüm** Überraschend blass; reich, aber mineralisch, unverwoben; sehr süß, fett, üppig, mit reichem »Kerosin«-Abgang. *Im April 1996 auf der Weinart/Prüm-Verkostung degustiert* ★★★★★
Wehlener Sonnenuhr Riesling BA (M) **S.A. Prüm** 135° Öchsle, 7,5 g/l Säure, 9 % Alkohol. Tutanchamun-Gold; sahnig, leicht minzig, honigartig; köstlich süß, sahnig, Fleisch und Länge fabelhaft. *Im Oktober 1997 auf einer Vorverkaufsverkostung in London degustiert* ★★★★
Wehlener Sonnenuhr Riesling TBA (M) **J.J. Prüm** Überraschend blass; blumig, minzig; süß, aber nicht übermächtig. Schön. *Der älteste Jahrgang und das letzte Lot der fünfeinhalbstündigen Versteigerung des Großen Rings mit 54 Posten. Erzielte 1250 DM pro Flasche, den höchsten Preis der Auktion. Im September 1997 in Trier verkostet* ★★★★★
Winkeler Hasensprung Riesling Auslese (Rg) **v. Hessen** Drei Einträge, die vor und während des Wochenendes mit deutschen Weinen in Kanada entstanden. 124° Öchsle, 87,5 g/l Restzucker, 12,25 g/l Säure, 10 % Alkohol. In alten Eichenfässern vergoren, kurzer Ausbau in Edelstahltanks. Ziemlich tiefes Goldgelb; Orangenblüten, getrocknete Sultaninen, Pfirsiche; nicht so süß oder stämmig wie erwartet. Trockener Abgang. *Im Oktober 1998 im kanadischen Banff Springs verkostet* ★★★★
Winkeler Jesuitengarten Riesling BA (Rg) **v. Hessen** Reich, rosinig; nicht so süß wie erwartet. Hohe Säure. *Im November 1996 bei der VDP-Vorverkaufsverkostung degustiert* ★★★

WEITERE, ANFANG DER 1990ER VERKOSTETE 1989ER **Bernkasteler Doktor Riesling Auslese** (M) **Thanisch** Das beste Fuder. Unglaublich reiche, reife, honigartige Nase; süß, große Länge. Vor 1971 wäre dieser Wein als feinste Auslese etikettiert worden, aber wegen des restriktiven deutschen Weingesetzes darf er nur als Auslese auf den Markt kommen, weshalb dieses Fass für ganz besondere Freunde und Kunden reserviert ist! ★★★★(★); **Casteller Kugelspiel Rieslaner Auslese** (F) **Fürst Castell** Delikate, honigartige Nase; lieblich, mittlerer Körper, Geschmack, Länge und Nachgeschmack schön ★★★★; **Dalberger Schlossberg Riesling Spätlese** (N) **Prinz zu Salm-Dalberg** Unreif, pfirsichartig, Anklänge an die charakteristische Fruchtsalat-Nase, wie sie für Weine von der Nahe typisch ist; halbtrocken, wohlschmeckend, säurebetont ★★(★); **Eitelsbacher Karthäuserhofberg Riesling Kabinett** (M) **Rautenstrauch** Schönes, delikates Bukett; sehr trocken, wohlriechend, köstliche Endsäure ★★★(★); **Eitelsbacher Karthäuserhofberg Riesling Auslese** (M) **Christoph Tyrell** Praktisch farblos, wird aber zweifellos im Lauf der Zeit noch tiefer werden; jugendliche, traubige, fast Sauvignon-typische Nase mit »Kater«-Note; halbtrocken, überraschend mild, zugänglich und ansprechend, aber meines Erachtens zu kurz ★★★; **Erdener Prälat Riesling Spätlese** (M) **Vereinigte Hospitien** Sehr blass; jugendlich, pfirsichartig; halbtrocken, leicht, sehr gute Säure. Köstlich ★★★★; **Oppenheimer Sackträger Silvaner Auslese** (Rh) **Guntrum** Ein weiterer Wein, der als feinste Auslese auf den Markt gekommen wäre, wenn das noch zulässig gewesen wäre: ausgeprägter Gelbton; herrlich reich, honigartig; fabelhafter Geschmack, Länge, toffeeartiger Nachgeschmack ★★★(★); **Oppenheimer Sackträger Riesling TBA** (Rh) **Guntrum** Goldgelb; ganz außergewöhnliche Nase, würzig, honigartig; eine enorme Süße, die durch die hohe Säure austariert wurde, Konzentration, Länge und Nachgeschmack fabelhaft. Und genau zehnmal so teuer wie die Auslese! ★★★★(★); **Scharzhofberger Riesling Kabinett** (M) **Egon Müller** Praktisch farblos; breite, pfirsichartige, grasige Nase und ebensolcher Geschmack. Trocken ★★(★); **Scharzhofberger Riesling Spätlese** (M) **Egon Müller** Blass; pfirsichartig, beträchtliche Tiefe; trocken, Länge und Geschmack gut ★★★(★); **Scharzhofberger Riesling Auslese** (M) **Egon Müller** Kräftiger Gelbton; nicht minder ausgeprägte, würzige Nase; sehr reich, honigartige Botrytis-Nase ★★★(★); **Scharzhofberger Riesling Spätlese** (M) **v. Hövel** Leichte, feste, traubige Nase. Halbtrocken, taufrisch, gute Länge ★★★; **Scharzhofberger Riesling Auslese** (M) **Vereinigte Hospitien** Schwefelige Nase; ziemlich süß, reich, gute Länge und Säure ★★★(★); **Wehlener Sonnenuhr Riesling Spätlese** (M) **J.J. Prüm** Leicht, lebhaft, attraktiv ★★★; **Wehlener Sonnenuhr Auslese** (M) **Dr. Loosen** Fast farblos; in der Nase und am Gaumen schön traubig und pfirsichartig, lieblich, Säure, Länge, Nachgeschmack ausgezeichnet. Ein Moselwein, wie ich ihn mag ★★★★; **Wiltinger Braune Kupp Riesling Spätlese** (M) **Egon Müller** In der Nase und am Gaumen breit, kraftvoll und pfirsichartig. Gute Säure. Gute Zukunft ★★(★★); **Wiltinger Hölle Riesling Spätlese** (M) **Vereinigte Hospitien** Die Hölle ist im Alleinbesitz der Hospitien. Sehr blass; frisch, leicht, traubig, Anflug jugendlicher Ananasfrucht; halbtrocken, leicht in Gewicht und Stil, noch immer etwas hart ★★(★); **Wiltinger Hölle Riesling Auslese** (M) **Vereinigte Hospitien** Blass; überraschend erdig; lieblich, körperreicher, sehr angenehmer traubiger Geschmack und gute Länge ★★★(★)

1990–1999

In diesem Jahrzehnt hatten die deutschen Winzer Glück: Die Wetterbedingungen waren besser als in Frankreich. Und selbst dort, wo es regnete, kamen sie bemerkenswert gut zurecht.

Der Markt spiegelte die eigentlich hohe Qualität des deutschen Weins nur unzureichend wider. Noch immer herrschte eine hohe Nachfrage nach dem »Zuckerwässern«, bei denen es sich in manchen Fällen nicht einmal um einheimische Gewächse handelte, sondern um EU-Tafelweine aus ziemlich neutralen italienischen Weißen, die in die traditionellen Flûtes abgefüllt, mit einem Spritzer säurebetonter deutscher Erzeugnisse angereichert und mit ansprechenden Etiketten bzw. Fantasienamen in den Handel gebracht wurden. Nichtsdestotrotz bemühte sich der VDP, in dem die ernsthaften Erzeuger und großen Güter aller Regionen zusammengeschlossen sind, sehr um Qualitätsverbesserungen.

Gegen das schlechte Image deutscher Weine kämpfte er beispielsweise, indem er sich um »Internationalisierung« bemühte. Die Gelegenheit dazu bot sich 1994, als man mich einlud, eine Auktion zu leiten. Den Segen dazu hatte Baron von Oetinger gegeben, der »Karajan« der deutschen Weinauktionen. Ich hatte den charmanten Herrn – 1994 eigentlich schon in fortgeschrittenem Ruhestandsalter – bereits 1969 auf den großen VDP-Versteigerungen das erste Mal getroffen. Die erste Auktion »in Zusammenarbeit mit Christie's« fand im Herbst des Jahres im historischen Kloster Eberbach statt. Das 700-köpfige Publikum, das gekommen war, um eine große Palette von Weinen zu verkosten und das Spektakel zu genießen, wusste anscheinend mit einem Engländer im Cutaway und einer Nelke im Knopfloch nicht viel anzufangen. Und auch die starrköpfigen Weinkommissäre, die ihr Versteigerungsmonopol nur ungern aufgaben, waren mir nicht sonderlich gewogen. Die junge Frau von Christie's in Frankfurt half mir zwar zuvorkommend bei den Lot-Nummern, Bietschritten und Bieternummern, doch meine Scherze dolmetschte sie nicht! Ich sei humorlos, hieß es danach …

Später beschloss man dann vernünftigerweise, die große Auktion mit jungen Weinen getrennt von der kleineren mit feinen, seltenen Kreszenzen durchzuführen. Im November des darauf folgenden Jahres fand in etwas intimerer Atmosphäre auf Schloss Reinhartshausen die gemeinsam von VDP und Christie's organisierte erste Raritätenversteigerung mit deutschen Weinsammlern statt, die auch Gebote von Christie's-Kunden aus Übersee annahm. Zum Glück hatte sich mein Verhältnis zu den Kommissären bis zur wirklich großen VDP-Auktion im Jahr 1999 in Wiesbaden gebessert. An dieser Veranstaltung nahmen die besten VDP-Winzer aus allen großen deutschen Anbauregionen teil und stellten Raritäten aus ihren Kellern zur Verfügung. Sie hatten alle in zwei langen Reihen hinter dem Auktionator Platz genommen. Zu meiner Rechten saß ein alter Freund, Professor Dr. Leo Gros (trotz seines ehrwürdigen Titels ein Mann mit einem herrlichen Sinn für Humor) und zu meiner Linken Eberhard von Kunow, der reguläre Auktionator des Großen Rings aus Trier. Organisiert wurde die Versteigerung von einem weiteren guten Freund, Michael Prinz zu Salm-Salm. Das hört sich vielleicht alles nach übertriebenem Marketingaufwand an, aber die großen deutschen Weingüter stellten damit ihren Willen unter Beweis, die Qualität ihrer Erzeugnisse zu unterstreichen und sich der Flut billiger Imitationen entgegenzustemmen, die ihren Ruf und den Markt für gute Weine unterspült hatte. Ein gehöriges Maß an ausgezeichneter Publicity war ihnen auf jeden Fall sicher.

Die Jahrgänge auf einen Blick

Hervorragend *****
1990, 1993 (u)
Sehr gut ****
1992 (u), 1994 (u), 1995 (u), 1996 (u), 1997, 1998, 1999
Gut ***
1991 (u)

1990 *****

Der dritte gute Jahrgang in Folge, der sich jedoch vom 1989er in mehrfacher Hinsicht unterschied. In erster Linie fiel der Ertrag viel kleiner aus und lag unter dem Zehnjahresmittel. Dafür waren die Weine fester: Viele der bedeutenden Güter bereiteten Kreszenzen mit enormem Zucker- und Säuregehalt, die aber selten Edelfäule aufwiesen.

Ein weiterer milder Winter mit frühzeitigem Austrieb, anschließend ein fast perfektes Frühjahr. An der Mosel eine frühe Blüte und ein heißer, trockener Sommer, in Rheinhessen etwas spätere Blüte und einige starke Regenfälle. Mit heftigen Niederschlägen Ende August ging der heiße Sommer abrupt zu Ende. Der kühle nasse September förderte die Entstehung von Fäulnis, die übrig gebliebenen Trauben aber profitierten von Sonne und Wärme Ende September und im Oktober. Ein weiterer klassischer Riesling-Jahrgang mit den vielleicht edelsten Weinen seit 1971.

Bernkasteler Doctor Riesling Auslese Christ-Eiswein (M) **Thanisch** Lockerer Korken. Zu tief und karamellig, aber sehr reich, mit guter Säure. Hätte besser ausfallen müssen. *Mai 1998* **

Bernkasteler Johannisbrünnchen Riesling Eiswein (M) **J. J. Prüm** Mir neu. Reiches Zitronen-Gelbgold; Honig und Minze, komplett, braucht Zeit; süß, schlank, lebhaft, geschmeidiger Körper. Geringfügig klebrig und mit jugendlichem Biss. *April 1999* ***(*)

Brauneberger Juffer Riesling Auslese (M) **Richter** 1991 mit einer Silbermedaille ausgezeichnet. Wächserner Schimmer;

traubige Nase mit minzigem Unterton; lieblich, 8 % Alkohol, gute Frucht und Säure. Ausgezeichnetes Preis-Leistungs-Verhältnis: von Freddie Price für umgerechnet 15 Euro erstanden. Ich schrieb: »Ein perfekter Frühlings-/Sommerwein für den zeitigen/späten Vormittag/Nachmittag«! *Ich habe ihn bei einem zweiten Frühstück auf Chippenham Lodge im April 1995 sehr genossen* ★★★★

Brauneberger Juffer-Sonnenuhr Riesling Auslese (M) **F. Haag** Tief, ausgewogen, reich, komplett. Süßer Abgang. *Im Mai 2000 auf Schloss Lieser verkostet* ★★★ *Voll ausgereift.*

Burg Ravensburger Dicker Franz Schwarzriesling Spätlese trocken (B) **Burg-Ravensburg-Freihe** 94° Öchsle, 13 % Alkohol. Was für ein Brocken (der Name, nicht der Wein). Farbe wie Morellen, brauner werdend; auch in der Nase Kirsche; alkoholisch, etwas Restzucker, attraktiv, sauber, trocken, säurebetonter Endgeschmack. *Im Oktober 1997 auf einer Vorverkaufsverkostung in London degustiert* ★★★ *Jetzt trinkreif.*

Eitelsbacher Karthäuserhofberg Riesling Auslese Fass Nr. 23 (M) **Christoph Tyrell** Nr. 23 bezeichnet jetzt nicht mehr das Fuder, sondern den Tank! Erstmals 1993 an Bord der MS France von Strassburg nach Frankfurt verkostet: schöne Frucht und Säure. 18 Monate später: noch immer sehr frisch, traubige Säure; ziemlich süß, leicht (9 % Alkohol), herrlicher Geschmack. *Zuletzt im Oktober 1994 während eines Essens bei Price verkostet* ★★★★

Erbacher Marcobrunn Riesling Spätlese Blaukapsel (Rg) **v. Simmern** Altmodisch, leicht würzig; halbtrocken, positiv, guter Abgang. *Im November 1999 bei der VDP-Vorverkaufsverkostung degustiert* ★★ *Austrinken.*

Erbacher Marcobrunn Riesling BA (Rg) **v. Simmern** Tief, reich, minzig, Lindenblüten; sehr süß und körperreich, sahnige Textur. *Im November 2000 auf Schloss Johannisberg verkostet* ★★★★★

Erbacher Marcobrunn Riesling TBA (Rg) **Schloss Schönborn** Ziemlich tiefe Bernsteinfarbe; in Bukett und Geschmack sehr reich. Wohlriechend, große Tiefe. Süß, kraftvoll, Säure und Nachgeschmack sehr gut. *Im November 2000 bei der Welt-Raritätenprobe im Rheingau verkostet* ★★★★★ *Langlebig.*

Erbacher Schlossberg Riesling Auslese (Rg) **Schloss Reinhartshausen** Prinz-von-Preußen-Etikett, passenderweise in Preußischblau, aber von nicht besonders königlicher Qualität. *Im November 1997 bei der Riesling-Gala im Kloster Eberbach verkostet* ★

Großkarlbacher Burgweg Scheurebe Auslese (P) **K. & L. Lingenfelder** Herrliche Farbe, mehr honig- als scheurebenartig; lieblich, weich, wohlriechend, aber mit enttäuschendem Abgang – liegt zweifellos an der Traube, sie hat nicht die Klasse des Rieslings. *April 1993. Damals* ★★, *jetzt wahrscheinlich müde.*

Hattenheimer Wisselbrunnen Riesling Auslese (Rg) **Schloss Reinhartshausen** Ein schöner Wein, die klassische Süße wird von der Säure ausbalanciert. *Im Oktober 1999 beim Essen mit August Kesseler verkostet* ★★★★ *Jetzt perfekt.*

Hochheimer Domdechaney Riesling Spätlese (Rg) **Werner** Schon seltsam, dass ich so viele Hochheimer aus einem so guten Jahrgang verkostet habe. Dieser Wein stammt aus einem Bereich im östlichen Rheingau mit ganz eigenem, reichem, vielleicht erdigerem Charakter als üblich. Domdechaney heißt die Spitzenlage, die Hölle liegt einen halben Punkt dahinter und das Kirchenstück ist gut, aber von uneinheitlicherer Qualität. Die Spätlese hatte eine gute Farbe; sehr wohlriechend, traubig, reife Melonennase; halbtrocken, leicht erdig im Geschmack, am Gaumen nicht so einnehmend wie in der Nase. *Im November 1996 auf dem Gut verkostet. Damals* ★★★ *Jetzt wahrscheinlich auf dem Höhepunkt.*

Hochheimer Domdechaney Riesling Auslese (Rg) **Aschrott** Ein Goldmedaillenwein, den ich erstmals 1994 auf dem Gut verkostet habe. Die farbtiefste der drei Auslesen; reich, honigartig; süß, weich, ausgewogen, sahnig, große Länge, 7,5 % Alkohol. Ein schöner Wein, dessen Potenzial mittlerweile erkannt wird. *Zuletzt im September 2001 zum zweiten Frühstück auf Chippenham Lodge verkostet* ★★★★

Hochheimer Domdechaney Riesling Auslese (Rg) **Werner** Durchaus charakteristisch im Stil; Edelfäule, Honig; ziemlich süß, Gleichgewicht (7,5 % Alkohol) und Säure perfekt. Honigartiger Nachgeschmack. *Im November 1996 auf dem Gut verkostet* ★★★★ *Müsste jetzt auf dem Gipfel sein.*

Hochheimer Domdechaney Kirchenstück Riesling TBA (Rg) **Schloss Schönborn** Golden; rauchig, teeartig, konzentrierte Trauben; sehr süß, fett, schön, gut gebaut. *Im November 1997 mit Paul von Schönborn und Günter Thies im 500 Jahre alten Keller in Hattenheim verkostet* ★★★★★ *Hält sich noch.*

Hochheimer Hölle Riesling Auslese (Rg) **Aschrott** Goldmedaille 1991. Fünf Einträge. Erstmals 1994 auf dem Gut verkostet: grüngolden; in Nase und Geschmack reich und sahnig; eindringlich, sehr gute Säure. »Gute Zukunft.« Die nächsten vier Einträge entstanden alle 1995 beim zweiten Frühstück auf Chippenham Lodge; 1997 und 1998 harte, kantige Bienenwabennote, »hält sich noch«. Beständig gute Bewertungen: sehr süß, fett, schön. Der ideale Vormittagswein. *Zuletzt im März 1998 verkostet* ★★★★ *Bleibt noch auf der Höhe.*

Hochheimer Hölle Riesling Auslese (Rg) **Künstler** Überraschend tiefes Goldgelb; reich, in Bukett und Geschmack honigartig, ausgezeichnete Säure. *Im November 1999 bei der VDP-Vorverkaufsverkostung auf Schloss Johannisberg im Rheingau degustiert* ★★★★

Hochheimer Kirchenstück Riesling Auslese (Rg) **Aschrott** Silbermedaille 1991. Fünfmal verkostet, das erste Mal 1994 auf dem Gut: ein wirklich schöner Wein, süß, weich, glatt, elegant (7,5 % Alkohol). Dann bei einer Aschrott-Presseverkostung: renekloden- und stachelbeerartige Säure. Später einen bei Christie's erstandenen Posten nach dem Theaterbesuch und beim zweiten Frühstück getrunken. Bereitete durchweg viel Genuss. *Zuletzt im Oktober 1995 verkostet* ★★★★

Hochheimer Riesling TBA (Rg) **Schloss Schönborn** Je zur Hälfte aus den Lagen Domdechaney und Kirchenstück, wahrscheinlich weil für zwei getrennte Etiketten die produzierte Menge nicht gereicht hätte. Ein höchst erfolgreiches, mit vielen Preisen ausgezeichnetes Gewächs. 176° Öchsle, 240 g/l Restzucker, 8,6 g/l Säure, 7 % Alkohol. Drei Einträge, entstanden vor und während des Wochenendes mit deutschen Weinen in Kanada. Goldgelb; pfirsichartig, minzig, Honig und Säure; sehr süß, um die Hüften etwas dicklich, köstlich. *Im Oktober 1998 in Banff Springs verkostet* ★★★★★

Johannisberger Klaus Riesling TBA (Rg) **v. Hessen** Orangegolden; außergewöhnliche, angesengte *Crème-caramel*-Nase; sehr süß, sehr reich, sehr hohe Säure. *Im November 1999 bei der Raritäten-Weinversteigerungs-Vorprobe auf Schloss Johannisberg degustiert* ★★★★★

Kiedricher Gräfenberg Riesling Auslese Goldkapsel (Rg) **Robert Weil** Blass, mit Weinstein; lebhaft, honigartig; ziemlich süß, schöner Geschmack, elegant, gute Länge. Im typischen Weil-Stil. *Im November 1995 beim Essen »Rheingauer Giganten« verkostet* ★★★(★★)

Kiedricher Sandgrub Riesling Auslese (Rg) **zu Knyphausen** Vier Einträge, die beiden ersten von einer VDP-Vorprobe im Jahr 1996. Ziemlich blass, Gewicht und Geschmack perfekt. Die letzten beiden Einträge entstanden beim »Giganten«-Essen mit Rieslingen in der Krone Assmannshausen, einmal 1997, das andere Mal 1999: pikant, Orangenblüten und Limonen; schöner Traubengeschmack, ein köstlicher, unbeschwerter Trinkgenuss. *Zuletzt im November 1999 verkostet ★★★★ Bald trinken.*

Maximin Grünhäuser Riesling Spätlese (M) **v. Schubert** Blass; parfümiert, blumig; halbtrocken, 9 % Alkohol, angenehme Frucht und Säure. *Im Mai 1998 bei einer Verkostung vor einem Dinner des St-James's-Kapitels der IWFS degustiert ★★★ Kann gar nicht mehr charmanter und besser werden.*

Oppenheimer Herrenberg Silvaner Eiswein (Rh) **Guntrum** Lese am 19. Januar 1991. Gelb; reich, rosinig, honigartig; sehr süß, 10 % Alkohol. Herrlich eindringlicher Geschmack, gute Säure. *Juli 1992. Damals ★★★(★) Bald trinken.*

Rauenthaler Nonnenberg Riesling Charta (Rg) **Breuer** Georg Breuers erster Wein aus diesem 1990 erworbenen 5-ha-Alleinbesitz. Erstmals 1993 verkostet. Positiv, leicht erdig und würzig, fest und trocken. Als Nächstes eine Version mit der Bezeichnung »Spätlese Charta Wein«: delikate, wohlriechende Nase; ein wirklich guter trockener Wein, 11,5 % Alkohol, ausgezeichnete Säure, gute Länge. *Zuletzt im Juni 1997 beim Weindinner von Christie's im Hamburger Übersee-Club verkostet ★★★*

Rüdesheimer Bischofsberg Riesling BA (Rg) **Breuer** Stellt Breuers Können bei den traditionelleren Süßweinen unter Beweis: goldene Farbe; reiches, pfirsichartiges, erfrischendes Bukett; ausgezeichnete Säure. *Im November 1998 bei der von mir geleiteten Verkostung einiger der besten VDP-Weine in der Krone in Assmannshausen degustiert ★★★★*

Scharzhofberger Riesling Spätlese (M) **Egon Müller** Zwei Einträge; der erste entstand bei der Millenniumsgala der Zeitschrift *Alles über Wein*, der zweite zufällig am Abend darauf bei den Müllers. Dank der Kombination aus gutem Jahrgang und gekonnter Weinbereitung überraschend frisch und jugendlich für eine 10-jährige Spätlese. *Zuletzt im Mai 2000 auf dem Scharzhof verkostet ★★★ Jetzt aber bald trinken.*

Wallhäuser Mühlenberg Grauer Burgunder Eiswein (N) **Prinz zu Salm-Dalberg** Sehr ungewöhnlicher Duft nach Rosen und gekochten Äpfeln; sehr süß, reiche Textur. Braucht noch Flaschenalterung. *Juni 1991. Damals ★★(★★) Wahrscheinlich jetzt auf dem Höhepunkt.*

Wehlener Sonnenuhr Riesling Spätlese (M) **J. J. Prüm** Der beste Wein einer nicht beeindruckenden »Serie« aus Spätlesen der Jahre 1990 bis 1995. Außerordentlich wohlriechend und süß, mit reicher, reifer Frucht. Stuart Pigott allerdings meinte, dass er sich in einer verschlossenen Phase befinde und mehr Zeit brauche. *Im April 1999 bei der Weinart/Prüm-Verkostung degustiert ★★★ Jetzt bis 2005.*

Wehlener Sonnenuhr Riesling Auslese (M) **J. J. Prüm** Es war interessant, diese Auslese zusammen mit den Spätlesen zu verkosten, die alle 7,5 % Alkohol hatten. Süßer, erdiger, säurebetonter. *April 1999 ★★★(★) Entwickelt sich aller Voraussicht nach noch weiter.*

Wehlener Sonnenuhr Riesling Auslese Goldkapsel (M) **J. J. Prüm** Ausgewogene, honigartige Botrytis-Note; ziemlich süß, reich, vollmundig, komplett. *April 1999 ★★★★ Jetzt bis 2010.*

Wehlener Sonnenuhr Riesling Auslese lange Goldkapsel (M) **J. J. Prüm** Erstmals 1993 verkostet: herrlicher, pfirsichartiger Geschmack. Die perfekte Auslese, auf derselben Stufe wie die Beerenauslese eines zweitrangigen Weinguts. Dann zwei kurz hintereinander entstandene Einträge: schönes Zitronengoldgelb mit wächsernem Schimmer; eine Nase wie ein großer sahniger Montrachet; außergewöhnlicher Geschmack. Fest. Lebhaft. Gute Länge. Bei der Masterclass verkostet; vielleicht hatte ich zu viel erwartet, allerdings wurde er auch von zwei herausragenden Erzeugnissen von Dr. Weil flankiert. *Zuletzt im September 1999 degustiert. Unter Berücksichtigung der Umstände ★★★(★) Jetzt bis 2010.*

Wiltinger Braune Kupp Riesling Auslese (M) **Egon Müller** Sehr blass, Limonenton; lieblich, leicht, angenehm. *Im Mai 1999 auf einer Vorverkaufsverkostung in Genf degustiert ★★★ Bald trinken.*

Winkeler Hasensprung Riesling Spätlese trocken (Rg) **Querbach** Ich kann mir keinen rechten Reim auf Wilfred Querbachs Weine machen. Dieser hier ist relativ geradlinig: ziemlich komplexe, reife Nase; extrem trocken. Muss zum Essen getrunken werden. Aber sonst? *Im November 1999 auf einer Vorverkaufsverkostung degustiert ★★ »Trinken und testen.«*

WEITERE 1990ER, DIE ICH IM LAUF DER DEKADE VERKOSTET HABE **Dorsheimer Goldloch Riesling Auslese** (N) **Diel** Ein Anflug von Gelb; schönes honigartiges Bukett; halbtrocken, Gewicht und Ausgewogenheit gut. Positiv und attraktiv. Ein Wein, wie ich ihn mag! *April 1993 ★★★(★)*; **Eltviller Kalbspflicht Riesling Auslese** (Rg) **Belz** Blass; eigenartige, säuerliche Nase nach Weißen Johannisbeeren und Limonen; guter, fester traubiger Geschmack. Hohe, aber gut eingebundene Säure. *Im Mai 1996 auf der VDP-Vorprobe degustiert ★★★*; **Eltviller Kalbspflicht Riesling Auslese** (Rg) **Belz** Sehr blass; ebenfalls sehr säurebetonte Nase; »Kater«; trockener als erwartet, aber wohlriechend. *September 1996 ★★★ (gerade noch)*; **Erdener Treppchen Riesling Spätlese** (M) **Dr. Loosen** Ein sehr angenehmer, leichter (8 % Alkohol) Wein für zwischendurch. *Im August 1995 in Hastings verkostet. Damals ★★★, jetzt wahrscheinlich müde*; **Forster Pechstein Riesling BA** (P) **v. Bühl** Unbestimmt; reif, tief, reich, traubig, mit stachelbeerartiger Säure; sehr süß, ein für die Pfalz typisches Fett, 11 % Alkohol, schöne Säure. *Im November 1998 auf Chippenham Lodge verkostet ★★★★★*; **Iphöfer Kalb Scheurebe TBA** (F) **Wirsching** Sehr süß und fleischig, aber mit hartem Abgang. *April 1993 ★★★(★★)*; **Niersteiner Hipping Riesling Spätlese** (Rh) **Reinhold Senfter** Von sechsjährigen Stöcken. Ein sehr attraktives, blumiges Aroma und ein ebensolcher Geschmack. Reich und würzig. Man sagte mir, dass jüngere Reben blumigere, ältere dagegen tiefere Weine ergäben – was eigentlich logisch ist. *April 1993 ★★★(★)*; **Ockfener Bockstein Riesling BA** (M) **Dr. Fischer** Voll entwickelte Nase; offen gewirkt. Nicht so süß wie erwartet. *Im Juni 1996 bei der Verkostung des Großen Rings degustiert ★★★, aber auch nicht mehr*; **Piesporter Goldtröpfchen Riesling Auslese** (M) **v. Kesselstatt** Attraktiv. Schöne Frucht und Säure, was eigentlich reichen sollte. *Im November 1994 beim Essen mit der Familie Bourgeois in Hammersmith verkostet ★★★ Austrinken*; **Rüdesheimer Bischofsberg Riesling BA** (Rg) **Staatsweingut** Goldgelb; lebhafte, entgegenkommende, ligusterartige Nase und ebensolcher Geschmack. Beträchtliche Süße und Intensität. *Im Mai 1996 auf der VDP-Vorverkaufsverkostung degustiert ★★★★(★) Jetzt bis 2015.*

1991 ★★ bis ★★★

Ein milder Winter und guter Start in den Frühling, dann plötzlich schwere Fröste am 20. April und noch einmal eine Woche später. Der dritte Frosteinbruch folgte am 4. Juni. Dennoch verlief die Blüte erfolgreich. Der Sommer war lang, heiß und sonnig. Der dringend benötigte Regen fiel erst gegen Ende September, dämpfte dann allerdings die Erwartungen der Winzer.

So entstand ein alles andere als großer Jahrgang. Die einfacheren, trockeneren Weine waren angenehm, mussten aber jung und frisch getrunken werden. Einigen Gütern gelang Herausragendes. Man sollte eine sorgfältige Auswahl treffen.

Erbacher Hohenrain Riesling Eiswein (Rg) **v. Oetinger** Himmlisch. Fast zu süß. Bemerkenswert, schwungvoller Geschmack. *Im November 1994 im Erbacher Kronenschlösschen verkostet* ★★★★

Essinger Osterberg Scheurebe Eiswein (P) **W. Frey** Außergewöhnliches, hochgetöntes, intensives, aufregendes, aber »grünes« Bukett; süß, leicht im Stil, aber etwas Körper. Ein bisschen zu rau und säurebetont. *Im September 1996 auf einem Rodenstock-Weinwochenende in München verkostet* ★★

Hattenheimer Hassel Riesling Eiswein (Rg) **H. Lang** 165° Öchsle, 237 g/l Restzucker, 12,5 g/l Säure, 8,3 % Alkohol. Erstmals in London bei einer Vorverkostung degustiert, als ich auf seine hohe Säure hinwies. Das nächste Mal auf der Dessertwein-»Session« in Banff Springs, wo er von Gabriele Lang vorgestellt wurde: helles Gelb; mineralisch, ausgewogen, pfirsichartig; erstaunlicher Geschmack, feiner Honig und »appetitanregende« Säure. *Zuletzt im Oktober 1998 verkostet* ★★★★★

Hochheimer Kirchenstück Riesling Auslese (Rg) **Aschrott** Erstmals im Juni 1994 verkostet: schöner Geschmack und Stil (7 % Alkohol). Drei Monate später: voll entwickelt, als klebrig und zugleich frisch bezeichnet, was ein Widerspruch ist. Aber ich mochte ihn. *Zuletzt im September 1994 degustiert* ★★★ *Jetzt wahrscheinlich auf dem Gipfel.*

Hochheimer Kirchenstück Riesling Eiswein (Rg) **Aschrott** Lese am 21. Dezember. 162 g/l Restzucker, 7 % Alkohol. Zwei Einträge 1994, der erste im Juni auf dem Gut, der zweite bei Christie's. Zum Glück stimmten sie überein: überraschend blass; minzig, grasig, »Milchschokolade«; ohne die ausgezeichnete Säure wäre die fast dekadente Süße unerträglich gewesen. Unlängst mit fast Sauvignon-blanc-artiger Nase; schöner traubiger Geschmack, mit seiner hohen Säure passte er gut zu Erdbeeren mit Sahne. *Zuletzt im Juni 1996 beim Picknicken auf dem Parkplatz von Royal Ascot verkostet* ★★★

Schloss Johannisberger Riesling Blaulack Eiswein (Rg) Helles Gelb; eigenartig fleischig, minzig, dann wie nasses Stroh; sehr süß, interessant, aber rustikal. Sahnig. Gute Säure, die jedoch zum Schluss nachließ. *Im November 2001 bei der Verkostung während der 900-Jahr-Feiern auf dem Schloss degustiert* ★★★

Scharzhofberger Riesling Auslese Goldkapsel (M) **Egon Müller** Wäre vor 1971 eine feinste Auslese gewesen. Blass; prächtig, pfirsich- und honigartig, wie eine Beerenauslese; süß, Honig und Trauben, perfekt im Gleichgewicht. *Juni 1992. Damals* ★★★(★) *Dürfte jetzt voll entwickelt sein.*

Schloss Vollrads Riesling Eiswein Goldkapsel (Rg) Blass; honigartige Orangenblüten; schöner Geschmack, extrem hohe Säure. *Im November 1999 bei der VDP-Vorverkostung auf Schloss Johannisberg degustiert* ★★★

1992 ★★ bis ★★★★

Ein sehr uneinheitlicher Jahrgang, was wie immer auf die Unwägbarkeiten des Wetters zurückzuführen war. Die Saison begann mit einem angenehmen Frühling recht verheißungsvoll. Der Sommer war zwar heiß, aber auch regenreich und schwül – eine Kombination, bei der stets Fäule droht. Bei Sonnenschein ab Anfang Oktober konnte die Lese in Angriff genommen werden. Sie verlief zufriedenstellend, wurde aber durch zehn Regentage ab dem 20. des Monats jäh unterbrochen. Wer abwartete, konnte einige großartige Auslesen und Trockenbeerenauslesen bereiten. Ein gutes Jahr war 1992 auch für die Eisweine.

Bischoffinger Rosenkranz Ruländer TBA (B) **WG Bischoffingen** Nur um aufzuzeigen, wozu eine große Badener Genossenschaft imstande ist. 205° Öchsle, 230 g/l Restzucker, 11,6 g/l Gesamtsäure. Zwei Einträge, entstanden vor und während des deutschen Weinwochenendes in Banff Springs. Erstaunliche Farbe, reines Topas mit apfelgrünem Rand; rosinig, wie Tokaji Aszú 6 putts mit einem Anflug von Malz; süß wie Melasse, fast ölig, aber geschmeidig und mit lebenserhaltender Säure. *Im Oktober 1998 in Kanada verkostet* ★★★★★

Brauneberger Juffer-Sonnenuhr Riesling Auslese (M) **Willi Haag** Blass; minzig; lieblich, traubig, säurebetont. *Mai 1999* ★★

Casteller Kugelspiel Silvaner Riesling Auslese (F) **Fürst Castell** Goldfarbe; Karamellcreme; reich, aber nicht süß, 12,5 % Alkohol, für einen Silvaner hohe Säure. *Im Juli 1997 auf Castell verkostet* ★★ *Ist mittlerweile vielleicht weicher geworden und hat sich entwickelt.*

Eitelsbacher Karthäuserhofberg Riesling Spätlese (M) **Tyrell** Jung verkostet. Ich empfand das Aroma in einem Bordeaux-Glas besser, obwohl das Riedel-Glas für deutsche Weine den Geschmack und die schwungvolle Ruwer-Säure perfekt hervorhob. *August 1994* ★★★ *Jetzt vermutlich auf dem Höhepunkt.*

Erbacher Marcobrunn Riesling Spätlese (Rg) **Schloss Reinhartshausen** Über 60 g/l Restzucker. Es heißt, »junger Marcobrunn steckt die Süße in die linke Tasche« – was immer das heißen mag. Traubig; kraftvoll im Mittelteil, sehr trocken, aber nicht säurebetont. Ideal zu Käse. *Im November 1997 beim Essen auf dem Schloss verkostet* ★★ *Bald trinken.*

Erbacher Marcobrunn Riesling BA (Rg) **Schloss Reinhartshausen** 330 g/l Zucker, 7 % Alkohol. Zwei Einträge, der erste von einer Vorverkaufsverkostung 1996. Relativ blass; lebhaft, wohlriechend, »braucht Zeit«; sehr süß, fast sirupartig, herrlicher Körper. Eine ähnliche Verkostungsnotiz entstand einige Jahre später, lediglich die Farbe war tiefer geworden. Erneut Fett und »Fleisch« notiert. *Zuletzt im Oktober 1999 verkostet* ★★★(★)

Erbacher Michelmark Riesling TBA (Rg) **zu Knyphausen** Herrlich. Aber groß? *Im November 1994 auf der VDP-Vorverkostung degustiert* ★★★★ *Kommt jetzt wahrscheinlich allmählich in Fahrt.*

Erbacher Siegelsberg Riesling TBA (Rg) **Schloss Reinhartshausen** Der Siegelsberg ist keine Spitzenlage, aber »erbringt alle Jahre zuverlässig gute Weine«. 180° Öchsle, 8 % Alkohol. Enorm hoher Extrakt, selbst wenn man den Restzucker abzieht. Produktion nur 90 l. Erstaunliche Farbe, Orangegold; ausgewogen, honigartig; massiv süß und konzentriert, enorm hohe Säure. Lebt ewig. *Im November 1997 auf dem Schloss verkostet* ★★★★★

Forster Jesuitengarten Riesling BA (P) **v. Bühl** Ein großes, verpachtetes 50-ha-Privatgut. Ich traf Bühl auf der großen Versteigerung feiner Weine 1969 in Wiesbaden. Er verkörperte den Wein seines Guts: stämmig, imposant, Wagner'sche Dimensionen mit preußischem Zug. Als ich dem Gut einen Besuch abstattete, wurde es von einem tatkräftigen Amerikaner namens Michael Hiller geführt, der es aufwertete und neuen Schwung in die Kellerei brachte. Dieser Riesling muss eine seiner Schöpfungen gewesen sein. Noch immer jugendliches Gelb; schönes Honig- und Limonenbukett und ebensolcher Geschmack. Süß, körperreich, gute Länge. *Im Januar 2000 bei einem zweiten Frühstück an einem Wochenende in unserem Landhaus getrunken* ★★★★★ *Hat viel Leben vor sich.*

Hattenheimer Wisselbrunnen Riesling Auslese (Rg) **Schloss Reinhartshausen** 120 g/l Restzucker, 12 g/l Säure, 9 % Alkohol. Binnen zwei Tagen zweimal verkostet, das erste Mal beim Essen auf dem Schloss, zu dem Jochen Becker-Kuhn und August Kesseler zusammen mit einem weiteren August – »September« Winkler – geladen hatten. Winkler war auch beim jährlichen

»Rheingauer-Giganten«-Weindinner dabei, wo er brillante Kommentare zu den Weinen abgab. Blässliches Goldgelb; delikat, wohlriechend; reich, stilvoll, perfekte, frische Säure. *Zuletzt im November 1997 verkostet* ★★★★★ *Dürfte nun im Zenit stehen.*

Hattenheimer Wisselbrunnen Riesling Auslese (Rg) **zu Knyphausen** Goldene Kammerpreismünze 1993. Ziemlich süß, stämmig im Stil, reich, traubig, gute Säure. *Im April 1998 beim zweiten Frühstück am Ostermontag auf Chippenham Lodge verkostet* ★★★

Hattenheimer Wisselbrunnen Riesling Auslese Goldkapsel (Rg) **zu Knyphausen** Reines Goldgelb; reine Honignase; lieblich, gute Frucht und Säure. Wohlriechend, charmant, braucht aber noch Zeit. *Im November 1996 in der Krone in Assmannshausen verkostet* ★★★(★)

Hochheimer Kirchenstück Riesling Auslese (Rg) **Werner** Außerordentlich hervordrängendes Aroma von frisch geschälten Trauben; in der Nase und am Gaumen ein Hauch von Aprikosen; kraftvoll, aber nicht schwer. Kurz. *Im November 1996 auf dem Weingut Domdechant Werner verkostet* ★★★ *Wahrscheinlich jetzt auf dem Höhepunkt.*

Hochheimer Reichestal Riesling Auslese (Rg) **Künstler** Als Stuart Pigott 1988 sein kritisches Buch »Life Beyond Liebfraumilch« herausbrachte, tauchte Günter Künstler noch nicht einmal im Register auf. Dann begann er sich mit brillanter Kellerkunst einen Namen zu machen. Dieser Wein ist ein schönes Beispiel für sein Können. Ich habe ihn zwar in letzter Zeit nicht mehr verkostet, aber er müsste jetzt eigentlich köstlich sein. *Im November 1994 auf der VDP-Auktionsverkostung im Kloster Eberbach degustiert* ★★★★

Hochheimer Stielweg Spätburgunder Weißherbst Eiswein (Rg) **Aschrott** Lese am 27. Dezember. 135 g/l Restzucker, 8 % Alkohol. Erstmals 1994 bei Christie's verkostet: ein Mundfüller in jeder Hinsicht. Goldgelb; reiches Honigbukett; aufregende Säure als schönes Gegengewicht zur Süße und zum Gehalt. Ein Jahr später verkostete ich den Wein zufällig kurz bevor das seit langem in englischem Besitz befindliche Weingut Aschrott von Künstler übernommen wurde. Köstlich. Muskateller-artige Traubigkeit. *Zuletzt im Oktober 1995 bei einem Kaviar-Abendessen in unserer Wohnung in London verkostet* ★★★★

Kiedricher Gräfenberg Riesling Auslese Goldkapsel (Rg) **Robert Weil** Wilhelm Weil stieg 1987 in das Familienunternehmen ein, aber in diesem Jahr hatte er zum ersten Mal die Alleinverantwortung. Kein schlechter Einstand! Produktion nur 300 Flaschen. 143° Öchsle. Herrlich reiches Bernsteingold; jugendlich, pfefferig, würzige Ligusternote; süß, Körper und Textur herrlich, perfekte Säure. »Noch 20 Jahre Leben.« *Im Mai 1996 mit Wilhelm Weil verkostet* ★★★★(★)

Kiedricher Gräfenberg Riesling BA Goldkapsel (Rg) **Robert Weil** Wilhelm Weil erzählte mir, dass er seine Goldkapselweine für die VDP-Versteigerungen zurückhalte. Bernsteingold; Limonen- und Orangenblüten; sehr süß, vereint Fett, Kraft und Schönheit. Köstlich. *Der letzte Wein, der im November 1996 beim Essen »Rheingauer Giganten« in Assmannshausen verkostet wurde* ★★★★★

Mussbacher Eselshaut Rieslaner Auslese (P) **Müller-Catoir** Blässlich; jugendlich, honigartig; ein lieblicher, reicher, eindringlicher, würziger Wein. Eindeutig ein Erzeuger, der auf niedrige Erträge und hohe Qualität setzt. *April 1993* ★★(★★) *Jetzt zweifellos in Bestform.*

Niederhäuser Hermannshöhle Riesling Auslese (N) **Dönnhoff** Ein weiterer begabter Winzer. Mein erster Eintrag bezieht sich auf eine Flasche, die mir ein ehemaliger Kollege und Experte für deutsche Weine, John Boys, gegeben hatte. Meine Frau und ich tranken sie 1995 mit großem Vergnügen an einem Vormittag (und dem darauf folgenden Morgen). Schöner Geschmack, wenn er auch nicht so aufregend wie der himmlische Pfirsichblütenduft war. Später eine gute, aber etwas weniger euphorische Notiz – ich vermisste den Nahe-typischen »Fruchtsalat«. Sehr preisgünstig, wie viele deutsche Weine dieser Qualitätsstufe. *Zuletzt im März 1997 bei Walter Siegels Jahrhundertverkostung in London degustiert* ★★★

Oppenheimer Sackträger Gewürztraminer TBA (Rh) **Guntrum** Es geht nichts über einen guten reifen, unmittelbar ansprechenden Gewürztraminer. Er war zwar nicht gerade subtil, aber trotzdem ganz verblüffend: außergewöhnliche Farbe; tiefes Bernsteinorange; eine rosinige, mit Karamell und Schokolade überzogene Nase; konzentrierte *Crème brûlée*. Im Abgang wie ein Tokajer. Passte sehr gut zu Erdbeeren. *Im Juni 1999 auf Chippenham Lodge getrunken* ★★★★

Oppenheimer Herrenberg Scheurebe TBA (Rh) **Guntrum** Noch ein Exot von Hajo Guntrum. Diesmal wie getrocknete Aprikosen, Karamellnote. Natürlich süß. *Einer der zehn fabelhaften Weine, die mein Sohn im März 1998 bei einem Essen in San Francisco servierte. Ich hatte keine Ahnung, dass er über einen so guten Keller verfügt* ★★★

Randersackerer Pfülben Rieslaner TBA (F) **Juliusspital** Das Juliusspital ist ähnlich wie die Hospices de Beaune eine uralte Stiftung mitten in Würzburg. Ihr gehört eine bedeutende Rebfläche von 160 ha. Der Rieslaner, wie der Silvaner eine typisch fränkische Rebsorte, erbringt sehr säurebetonte Weine, war aber der ideale Grundstoff für diese Trockenbeerenauslese: 254° Öchsle, »das höchste in Deutschland je gemessene Mostgewicht«. Goldgelb; orange getönt; fantastisch süß, reich, fett. Eine ganz neue Erfahrung. *Im Juli 1997 mit Direktor Horst Kolesch verkostet* ★★★★★

Rauenthaler Nonnenberg Riesling Erstes Gewächs (Rg) **Breuer** Sehr blass, trocken, spröde, aber wohlriechend. 12 % Alkohol. Sehr gut gemacht und viel, viel besser als die meisten trockenen Gewächse. *Im April 1998 eine Magnum bei der Presseverkostung des Falken Verlags bei Robert Weil degustiert* ★★★ *Bald trinken.*

Ruppertsberger Reiterpfad Scheurebe BA (P) **v. Bühl** Die traubige Scheurebe macht als Eiswein mit exotischem Einschlag eine ganz hervorragende Figur: der entgegenkommende Duft eine Mischung aus Aprikosen, Honig, Minze und Grapefruit; im Geschmack »süß-sauer«. Schön. *Im Mai 1998 beim Essen auf Chippenham Lodge mit Christopher Burr degustiert* ★★★★★

Spätburgunder Rotwein BA (Rh) **Senfter** Ohne Nennung von Gemeinde und Lage. Ein ungewöhnlicher, ja, für mich einzigartiger Wein. Aus edelfaulen Pinot-noir-Trauben bereitet, voll ausgegoren und daher knochentrocken, mit erstaunlichen 16 % Alkohol. Warme Bernsteinfarbe, sehr wenig Rot; leicht malzige, pflaumenartige Nase; körperreich. Interessant, mehr nicht. *Bei der Vorstellung meines Buchs in einem Rüsselsheimer Buchladen im April 1998 geöffnet* ★★ *für seine Originalität.*

Steinberger Riesling Eiswein (Rg) **Staatsweingut** Sehr blass; Aroma und Säure stachelbeerartig. Natürlich süß (die trockene Spätlese roch ähnlich, war aber bitterlich trocken – passte gut zu Kalbsbries). *Im November 1994 bei der Auktionsverkostung der Staatsweingüter im Kloster Eberbach degustiert* ★★★

Ungsteiner Bettelhaus Rieslaner TBA (P) **Kurt Darting** Harte, jugendliche, leicht schwefelige Nase; ein schöner, sehr süßer, fetter Wein mit ausgleichender, lebhafter Säure. *Im April 1993 im Hyde Park Hotel degustiert* ★★(★★★) *Dürfte jetzt in Bestform sein.*

Volkacher Karthäuser Weißer Burgunder BA (F) **Juliusspital** Weißer Burgunder ist der deutsche Name für Pinot blanc. Goldgelb; schön, honigartig; ziemlich süß, kraftvoll (15 % Alkohol), strohartiger Geschmack, sehr trockener Abgang. *Im Juli 1997 im Juliusspital in Würzburg verkostet* ★★★★

Wachenheimer Rechbächel Riesling TBA (P) **Bürklin-Wolf** Goldgelb; Aroma und Geschmack herrlich, trotz fehlender Edelfäule sehr süß. Niedrige Säure. Produktion nur 60 halbe Flaschen! *Im April 1993 im Londoner Hyde Park Hotel verkostet* ★★★★★ *Ein Botticelli-Engel, der wohl mittlerweile zur sinnlichen Venus herangereift ist.*

Wehlener Sonnenuhr Riesling Spätlese (M) **J. J. Prüm** Sehr blass; schwache Nase; wenig Säure. *Im April 1999 auf der Weinart/Prüm-Verkostung in Österreich degustiert* ★

Wehlener Sonnenuhr Riesling Auslese (M) **J. J. Prüm** Ebenfalls sehr blass; verschlossen; im Geschmack lieblich, weich und breiter als die Spätlese. *April 1999* ★★ *Bald trinken.*

Wehlener Sonnenuhr Riesling Auslese Goldkapsel (M) **J. J. Prüm** Erstmals 1999 auf der Weinart-Vertikalverkostung degustiert. Eine Flasche korkelte, die andere war strohfarben; minzig; leicht im Stil, etwas Charme. Jetzt gut. Was ein Jahr und eine andere Umgebung ausmachen können: noch immer sehr blass, aber in der Nase und am Gaumen lebhaft und schön. Lieblich. Leicht. Wohlriechender Nachgeschmack. *Zuletzt im Mai 2000 bei einem Essen der Bacchus Society in der großartigen Traube in Grevenbroich degustiert* ★★★★ *Bald trinken.*

Winkeler Hasensprung Riesling Eiswein (Rg) **v. Hessen** Lese am 30. Dezember. Erstmals drei Jahre nach der Ernte beim »Rheingauer-Giganten«-Dinner verkostet: blässlich, glanzhell; köstlich, etwas Fett, Orangenblüten und Limonen. Fünf Jahre später: noch immer ziemlich blass; wohlriechende, karamellige Nase; ziemlich süß, reich, mit hartem trockenem Abgang. *Zuletzt im November 2000 auf Schloss Johannisberg degustiert* ★★★★

1993 ★★★★ bis ★★★★★

Insgesamt ein sehr guter Jahrgang, in dem einige herausragende Weine entstanden, obwohl das Wetter wechselhaft war. Dabei begann die Saison mit einem warmen Frühling und einer ungewöhnlich zeitigen Blüte zunächst gut. Der Sommer allerdings schlug arge Kapriolen: Trockenheit, Kühle und Regen wechselten sich ab, wobei die Witterung von Region zu Region unterschiedlich war. Als es September und Anfang Oktober ausgiebig regnete, begann man mit der Ernte, wenn auch nur zögerlich. Wie immer kamen unter solchen Bedingungen die besseren Lagen mit gut durchlässigem Boden und die Spitzenkellereien mit strenger Selektion besser weg: Sie bereiteten Weine zwischen gut und großartig. Das Aussortieren nicht völlig gesunder Trauben ist eine zeitraubende, teure Angelegenheit und mindert obendrein auch noch die Produktionsmenge. Die einfacheren Gewächse sollte man bereits weggetrunken haben, die Provenienzen höherer Qualitätsstufen hingegen können jetzt eine Offenbarung sein

Assmannshäuser Höllenberg Spätburgunder Spätlese »★★★« (Rg) **A. Kesseler** August wurde zwar von der Grippe gebeutelt, führte mich aber trotzdem in seinen Keller, wo ich eine Auswahl seiner Spätburgunder verkosten durfte, für die er zu Recht berühmt ist. Die Spätlese vom Höllenberg ist sein »Dreisterne-Wein«: schönes tiefes Rubinrot mit kräftigen »Tränen«; ausgeprägter Pinot-noir-typischer Sortencharakter; trocken, lebhaft, beträchtliche Tiefe und Länge. Braucht noch Flaschenalterung. *An einem kalten Novemberabend 1995 verkostet* ★(★★★) *Müsste jetzt sehr gut sein.*

Brauneberger Juffer-Sonnenuhr Riesling BA (M) **Fritz Haag** Blass; minzige, scharfe, stachelbeerartige Nase; süß, leicht im Stil, aber elegant und mit lebhafter Säure. *Der erste der »Luxus«-Süßweine, die Hugh Johnson bei einer Hallwag-Präsentation im September 1997 in Frankfurt vorstellte* ★★★

Erbacher Marcobrunn Riesling Spätlese (Rg) **v. Simmern** Reiche, würzige Nase und ebensolcher Geschmack. Ziemlich altmodisch im Stil. 10 % Alkohol. Im Abgang eine Mandelnote. *April 1998* ★★★ *Aber bald trinken.*

Hattenheimer Nussbrunnen Riesling Auslese (Rg) **Balthasar Ress** Zwei sehr ähnliche Einträge, die im Abstand von genau einem Jahr beim zweiten Frühstück auf Chippenham Lodge entstanden: wächsernes Melonengelb; schöner Ananas- und Reneklodenduft; ziemlich, aber nicht zu süß, relativ reich, nicht so säurebetont, wie die Nase vermuten ließ (10 % Alkohol). Ideal zum spätmorgendlichen Nippen. *Zuletzt im Mai 2000 verkostet* ★★★ *Jetzt bis 2008.*

Kiedricher Gräfenberg Riesling Auslese (Rg) **Robert Weil** Erstmals 1994 auf einer VDP-Auktionsverkostung degustiert und lediglich als »sehr, sehr gut« beschrieben. Unlängst: herrliche Goldfarbe; noch immer frisch und jung; süß, reich, dabei leicht (8,5 % Alkohol), reife Edelfäule, ausgezeichnete Säure. Wunderschön. Wird sich gut lagern lassen. Auch er ist ideal zum zweiten Frühstück am Wochenende – oder zu jedem anderen Zeitpunkt. *Im Juni 1999 auf Chippenham Lodge degustiert* ★★★★ *Jetzt bis 2010.*

Kiedricher Gräfenberg Riesling BA Goldkapsel (Rg) **Robert Weil** Ein superber Wein: 186° Öchsle, 250 g/l Zucker, 12 g/l Säure, 8,5 % Alkohol. Erstmals 1994 verkostet, dann mit Wilhelm Weil im Jahr 1996: herrliches Goldgelb; minzig, würzig, honigartige Ligusternote; phänomenal reich, voll und fett. Zweimal 1998 degustiert, das erste Mal zum Abschluss des Presseessens für den Falken Verlag bei Robert Weil und schließlich sechs Tage später als letzte von 13 hervorragenden Kreszenzen bei einer Weinprobe für das Magazin *Vinum*. Die reinste Perfektion. *Zuletzt im April 1998 in Zürich degustiert* ★★★★★

Kreuznacher Kahlenberg Riesling Auslese (N) **Paul Anheuser** Während meiner Zeit im Handel einer meiner Lieblingsweine. Der 1993er hatte eine charakteristisch pfirsichartige Fruchtsalatnase, doch fehlte ihm etwas Schwung. *Im Juni 1996 bei der Verkostung des Großen Rings degustiert* ★★★ *(gerade noch).*

Lieser Niederberg Helden Riesling Auslese (M) **Schloss Lieser** Sehr blass, grün getönt; lebhafte, frische, leicht raue Stachelbeernase; lieblich, leicht (7,5 % Alkohol), erfrischend, aber kurz. Fritz Haags Sohn Thomas führt mittlerweile das Gut. *Im Mai 2000 auf dem Schloss verkostet* ★★

Lieserer Niederberg-Helden (M) **Kuntz** Eine elegante halbe Flasche mit der Bezeichnung »Sybille Kuntz Riesling Auslese halb trocken« – eindeutig eine Art Kultwein. Sehr blass; sehr leichtes (schwaches) Aroma; trotz 11 % Alkohol sehr leicht im Stil. Mild, reintönig, sehr säurebetont – im Grund war alles an ihm »sehr«. Zum Essen wesentlich besser als ohne. *Dezember 1994* ★★ *Sollte mittlerweile weggetrunken sein.*

Nackenheimer Rothenberg Riesling Auslese (Rh) **Gunderloch** Welch ein Erzeuger. Diesen Wein habe ich nach Gunderlochs ausgezeichneter, ziemlich trockener Spätlese degustiert. Die Auslese war nur geringfügig süßer, aber fest, schön und mit aussichtsreicher Zukunft. *Im März 1997 bei Walter Siegels Jahrhundertverkostung in London degustiert* ★★★

Oberemmeler Hütte Riesling Auslese (M) **v. Hövel** Süße, Gewicht, Geschmack und »Saar-Säure« köstlich. Trotz seiner Jugendlichkeit ansprechend. *Im Juni 1996 auf einer der alljährlichen Weinproben des Großen Rings verkostet, auf denen man nicht nur wunderschöne Weine degustieren, sondern auch regel-*

mäßig alle Gutsbesitzer treffen kann ★★★★ *Müsste jetzt vorzüglich sein.*

Oppenheimer Herrenberg Riesling Auslese (Rh) **Guntrum** Hajo Guntrum ist ein alter Freund von mir – und mein Sohn sein US-Importeur. Deshalb ist es auch kein Wunder, dass meine beiden Einträge entstanden, als ich Bartholomew auf seinen Werbereisen begleitete. Erstmals in Jackson, Mississippi, verkostet. Der Wein war für sich getrunken schön, aber auch ein exzellenter Begleiter von Lachs in Reispapier mit (pfefferiger) Zitrus-Vinegrette *(sic)*. Als Nächstes bei einer weiteren Präsentation von Bartholomews »Broadbent Selections«: für umgerechnet rund 11 Euro meiner Meinung nach ein sehr günstiges Preis-Leistungs-Verhältnis. *Zuletzt im Dezember 1998 auf der ersten (und letzten) Palm Beach International Wine & Food Fair verkostet* ★★★

Piesporter Goldtröpfchen Riesling Auslese (M) **Reinhold Haart** Auf dem Hauptetikett »Reinhold Haart Riesling Auslese« mit dem Gemeinde- und Lagennamen und, wie zur Bekräftigung, »VDP«. Kein billiges Zuckerwasser, sondern ein echter Piesporter: lieblich, leicht (7,5 % Alkohol), leicht spritzig. *Im Februar 1998 am Valentinstag zum zweiten Frühstück natürlich mit meiner Frau getrunken* ★★★

Rüdesheimer Berg Rottland Riesling TBA (Rg) **Balthasar Ress** Stefan Ress öffnete diese Flasche nicht am Vormittag, sondern zur »Tea Time«: gelb; lebhaft, honigartig, etwas grasig; süß, reich, leicht »öliger« Riesling-Charakter, vollmundig, gute Länge. *Deutschlands bester »Tee«, getrunken im September 1995* ★★★

Rüdesheimer Berg Schlossberg Spätburgunder (Rg) **Kesseler** Etwas abseits von Assmannshausen, wo sich Kesselers Gut befindet. Produktion 100 l; entstanden aus zehnjährigen Reben, die unter Wasserstress standen; Abfüllung im April 1995. Brombeerartiger Geschmack und würzige Eiche. *Im November 1995 in August Kesselers Kellern verkostet* ★(★★★)

Rüdesheimer Bischofsberg Riesling TBA (Rg) **Breuer** Lot 465 bis 472 meiner ersten VDP-Versteigerung im langen Refektorium von Kloster Eberbach. Jeder der 700 Anwesenden verkostete jeden der 42 Weine, bevor ich den Hammer hob. Meine Verkostungsnotizen fielen nur kurz aus: »Sehr reich, schöne Säure.« *November 1994* ★★★★★ *Damals schön, aber zu jung. Hält noch 15 bis 20 Jahre.*

Scharzhofberger Riesling BA (M) **Egon Müller** Der 53. von 54 Weinen, die bei der Versteigerung des Großen Rings in Trier verkostet wurden. Ich degustierte ihn exakt um 18.00 Uhr; der Verkauf hatte um 13.00 Uhr begonnen – verglichen mit den Auktionen bei Christie's also ein Schneckentempo, aber die Lots waren entweder sehr groß oder sehr teuer: Dieser Wein kostete über 1000 DM die Flasche. Ich finde, er war den Preis wert. Gelb; in der Nase zunächst schüchtern, dann tief, pfirsichartig, mit schöner Edelfäule; süß, reich, aber elegant, mit herrlichem Geschmack und perfekter Säure. *Im September 1997 in Trier verkostet* ★★★★★

Schloss Schönborn Riesling TBA (Rg) **Schloss Schönborn** Der letzte von zwölf Weißen, die ich bei einem Vergleich von französischen und deutschen Gewächsen für den Herzog und seine Freunde während eines Musikfestivals auf Pommersfelden, dem Schloss der Schönborns fernab jeder Ansiedlung, verkostete – sie haben eben ihre eigene Vorstellung von einem Landhaus! Ein schöner Wein: blassgolden; Rosinen, Honig und Lindenblüten, natürlich sehr süß (157° Öchsle, 194 g/l Restzucker, 7,1 g/l Säure, 8,5 % Alkohol). Produktion nur 300 l. Die halbe Flasche für 250 DM. *Juli 1997* ★★★★★

Steinberger Riesling Auslese (Rg) **Staatsweingut** Die Lage Steinberg ist so etwas wie das Château Lafite des Rheingaus. Kurz verkostet: jugendliche Perfektion, parfümiert, würzig, gute Zukunft. *Im November 1994 in der Gutszentrale in Eltville verkostet* ★★★★

Wehlener Nonnenberg Riesling Auslese Goldkapsel (M) **S. A. Prüm** Ein tapferer Versuch, einen Spitzenwein aus einer Nicht-Spitzenlage zu bereiten: Kernnote; eigenwillig, seltsam. *September 1997* ★

Wehlener Sonnenuhr Riesling Spätlese (M) **J. J. Prüm** Nur 7 % Alkohol. Etwas Süße. Attraktiv. *Im April 1999 auf der Weinart/Prüm-Verkostung in Österreich degustiert* ★★ *Austrinken.*

Wehlener Sonnenuhr Riesling Auslese (M) **J. J. Prüm** Leicht spritzig; Limonen, metallisch; leicht, frisch, gute Säure. *April 1999* ★★ *Bald trinken.*

Wehlener Sonnenuhr Riesling Auslese Goldkapsel (M) **J. J. Prüm** Ein schwererer, fleischigerer Stil als der 1992er oder der 1995er; »leicht wagnerianisch«, insgesamt trockener. *Im April 1999 auf der Weinart/Prüm-Verkostung degustiert* ★★ *Bald trinken.*

Wehlener Sonnenuhr Riesling lange Goldkapsel (M) **J. J. Prüm** Honigartig; süß und wesentlich reicher, fetter und »breiter« als die Goldkapsel. Trockener Abgang. *April 1999* ★★★ *Jetzt bis 2005.*

Wiltinger Braune Kupp Riesling BA (M) **Le Gallais** Eine Linie von Egon Müller: reif, blumig; ziemlich süß, schön, wohlriechend, trockener Abgang. Lot 51 – wechselte auf der Auktion des Großen Rings für 390 DM die Flasche den Besitzer. *Im September 1997 in Trier verkostet* ★★★★

1994 ★★★ bis ★★★★

Ein Spitzenjahrgang für Rieslinge.

Der Winter und Frühling waren mild und ziemlich nass. Sowohl der Austrieb als auch die Blüte erfolgten früh, durch den warmen Sommer wurde das Potenzial noch besser. Der Behang fiel groß und gesund aus – für manche Güter zu groß, weshalb sie sich zur Ausdünnung entschlossen. Nicht zum ersten Mal regnete es im September in allen Regionen, doch die Folgen blieben überschaubar. Das warme, nebelige Wetter erwies sich als ideal für die Ausbreitung der Edelfäule, sodass eine große Zahl von Weinen auf Spätlese-Niveau und darüber entstanden. Es lohnt sich vielleicht darauf hinzuweisen, dass bei Nässe die niedriger gelegenen, flacheren, mit früh reifenden Rebsorten wie Müller-Thurgau bepflanzten Weinberge das Nachsehen gegenüber den gut durchlässigen Hängen mit der spät reifenden Riesling-Traube haben.

Wie immer sollten die einfacheren Weine mittlerweile konsumiert sein, doch einige überragende Gewächse höchster Qualität erreichen jetzt erst allmählich volle Reife, während andere sogar noch Jahre vor sich haben.

Assmannshäuser Höllenberg Spätburgunder Weißherbst Spätlese »★★★« (Rg) **Kesseler** August Kesseler ist der unbestrittene Meister des Anbaugebiets. Für diesen Weißherbst presst er seinen Spätburgunder (Pinot noir) und trennt den (weißen) Saft rasch von den (roten) Schalen. Ein Weißherbst ist streng genommen ein Rosé – blass und glänzend; jugendliche Frucht; langer, trockener Abgang. Hohe Säure. *Im November 1995 bei Kesseler verkostet* ★★★ *Für frühen Trinkgenuss.*

Assmannshäuser Höllenberg Spätburgunder Weißherbst BA (Rg) **A. Kesseler** Lesebeginn bei der Auslese und Beerenauslese am 12. September. Die Trauben und sogar einzelne Beeren wurden nach Qualität und Reife sortiert. Sehr blass; wohlriechend, wie reife Äpfel; sehr süß (198° Öchsle), aber lebhaft, herrlich. *Im November 1995 bei den Kesselers verkostet* ★★★★ *Wahrscheinlich jetzt auf dem Höhepunkt.*

Assmannshäuser Höllenberg Spätburgunder Weißherbst TBA (Rg) A. Kesseler Die Lese erfolgte fünf Tage später als bei den Auslesen und Beerenauslesen. Blass; sehr wohlriechend, pfirsichartig; sehr süß (200° Öchsle), reich, aber geschmeidig, himmlischer Wohlgeruch. *Im November 1995 bei Kesseler verkostet* ★★★★★

Brauneberger Juffer-Sonnenuhr Riesling Auslese (M) F. Haag Wilhelm Haag, vielleicht der Spitzenerzeuger an der mittleren Mosel, präsentierte seine ziemlich trockene Spätlese und die Auslese, die reicher und mit perfekter Säure ausgestattet war. *Im Juni 1995 bei der Verkostung des Großen Rings in London degustiert – beide ★★★, die Spätlese jetzt auf dem Höhepunkt, die Auslese jetzt bis 2006.*

Brauneberger Juffer-Sonnenuhr Riesling Auslese (M) W. Haag Die Haags verwechselt man leicht. Das hier ist Willis Wein. Seine Spätlese war mir zu schlank und säurebetont, die Auslese reicher und mit lebhafter Frucht. *Juni 1995 ★★★ (für die Auslese). Wahrscheinlich jetzt auf dem Gipfel.*

Brauneberger Juffer-Sonnenuhr Riesling BA (M) F. Haag 160° Öchsle, weniger als 7 % Alkohol. Erstmals bei einer Verkostung des Großen Rings im Jahr 1997 degustiert: blässlich; schöne, minzige, blumige Nase; süß, schöne Frucht, appetitanregende Säure. Ein sehr erfolgreiches Jahr für Fritz Haag. *Zuletzt im Mai 2000 auf Schloss Lieser verkostet ★★★★ Jetzt bis 2015.*

Eitelsbacher Karthäuserhofberg Riesling Auslese (M) Tyrell Christoph Tyrell stellte seine Spätlese und Auslese ebenfalls im Juni nach der Lese vor. Beide hatten einen sehr säurebetonten Ruwer-Charakter: Die Spätlese war sehr stahlig, die Auslese etwas reicher. Viel zu rau und jung. *Juni 1995 ★★★? Die Auslese ist hoffentlich mittlerweile weicher geworden.*

Erbacher Steinmorgen Riesling Auslese (Rg) zu Knyphausen Es fällt mir schon schwer, den Wein eines der liebenswertesten Winzer vom Rheingau zu kritisieren, der obendrein noch Ex-Präsident des VDP ist. Trotzdem hat mir diese Auslese nicht gefallen: eigenartiger Kern- und Marzipangeschmack. *Im September 1997 auf der VDP-Weinprobe verkostet* ★

Erdener Prälat Riesling Auslese (M) Dr. Loosen Von einem brillanten Erzeuger an der mittleren Mosel. Ein schöner, reicher Wein mit guter Länge und Zukunft. *Juni 1995 ★★★★ Schätzungsweise jetzt bis 2010.*

Erdener Treppchen Riesling Auslese (M) Dr. Loosen Ernst Loosen stellte auf der Eröffnungsverkostung 1995 eine der besten Spätlesen vor. Seine neun Monate später verkostete Auslese war einfach köstlich und makellos. *Im Februar 1996 bei einem Essen für meinen Agenten Bob Lescher im New Yorker Restaurant Le Montrachet verkostet ★★★★ Wird noch immer schön sein.*

Forster Jesuitengarten Riesling Auslese (P) v. Bühl Ein typisch reifer Pfalzwein. *Der angenehme Auftakt zur Ausstellung »Les Arts du Vin« der Bank Crédit Commercial de Belgique im November 1995 in Brüssel* ★★★★

Forster Ungeheuer Riesling TBA (P) v. Bühl Erstaunliches Bernsteinorange; herrliche, himmlische Rosinen; unglaublich süß, konzentriert, fast übermächtig – und trotzdem fehlte ihm der Charme und Duft des vorausgegangenen Vouvray Moelleux von 1990. *Im Januar 1996 bei einem unvergesslichen Dinner im Brüsseler Bijgaarden verkostet* ★★★★

Fürst Spätburgunder Spätlese (F) Rudolf Fürst Paul Fürst genießt in Franken einen ausgezeichneten Ruf. Weiche Pinot-noir-Farbe; sehr süßes, erdbeerartiges Aroma und ebensolcher Geschmack. Normales Rotweingewicht (13 % Alkohol) und ziemlich markante Säure. Auf seine Weise gut, aber nicht mein Geschmack. *Im Juli 1999 beim Essen auf Chippenham Lodge verkostet* ★★

Geisenheimer Mäuerchen Riesling BA (Rg) F. Allendorf Bernsteinorange; verschlossen; süß, eindringlich, Anflug von Pfirsichkernen, Säure und Nachgeschmack gut. *Im November 2000 beim Essen »Rheingauer Giganten« in der Krone in Assmannshausen verkostet* ★★★

Hallgartener Schönhell Riesling BA (Rg) Hans Lang 154° Öchsle, 170 g/l Restzucker, 10,5 g/l Säure, 8,5 % Alkohol. Blassgolden; blumig, entgegenkommend, Minze und Kresse; süß, aber schlank und gedämpfter Abgang. *Im November 1998 bei einer Verkostung führender VDP-Versteigerungsweine im Kloster Eberbach degustiert ★★★ Jetzt bis 2010.*

Hattenheimer Wisselbrunnen Riesling Spätlese (Rg) Hans Lang Klassische Riesling-Nase mit Kerosinnote; halbtrocken, 10 % Alkohol, sehr charakteristischer Geschmack und duftiger Nachgeschmack. *Mai 2000 ★★★ Bald trinken.*

Hochheimer Domdechaney Riesling Auslese (Rg) Werner Wohlriechend, Limonen, blumig, Liguster; ziemlich süß, reife, fleischige Frucht, Geschmack und Länge schön. (Es freute mich zu sehen, dass ein bekannter Weinhändler in der St James's Street ihn bestellt hatte.) *Im November 1996 auf dem Gut verkostet ★★★★ Jetzt bis 2010.*

Hochheimer Hölle Riesling BA (Rg) Künstler Ein brillanter Wein: blass, schön, leicht honigartiger Beerenauslese-Gehalt; herrlicher Geschmack, lebhafte Säure, erdiger Hochheim-Nachgeschmack. *Der letzte von 15 Weinen, die im November 1997 beim Essen »Rheingauer Giganten« in der Krone in Assmannshausen verkostet wurden* ★★★★

August Kesseler Riesling Spätlese »★★« (Rg) August Kesseler Einer der brillantesten Kellermeister im Rheingau. Ein herrlicher Wein, ideal zu Kalbskopf-Ragout. *Im November 1995 bei einem Essen im Schlosskeller von Reinhartshausen degustiert, als ich August Kesseler zum ersten Mal begegnete* ★★★

Lieser Niederberg Helden Riesling Auslese (M) Schloss Lieser Verschlossen, traubig; lieblich, aber reich in Geschmack und Abgang. *Im Mai 2000 auf dem Schloss verkostet* ★★★

Weingut Robert Weil und der VDP

Die Kellerei wurde zwar bereits 1875 von Dr. Robert Weil gegründet, doch erst in den letzten zehn, fünfzehn Jahren eroberte sie sich einen Platz unter den besten deutschen Weingütern. Schon allein die außergewöhnliche viktorianische Villa ist ein atemberaubender Anblick. Sie wurde von einem englischen Adeligen erbaut, der auch die alte Kirche von Kiedrich restaurierte. Nicht minder beeindruckend ist der breite Gräfenberg auf der gegenüber liegenden Talseite. Das Gut wird mittlerweile von dem aus meiner Sicht jungen Wilhelm Weil geführt, dem derzeitigen Präsidenten des VDP Rheingau, Deutschlands ältestem regionalem Zusammenschluss führender Winzer. Meine Verbindungen zum VDP reichen bis ins Jahr 1994 zurück, als man mich zum ersten Mal bat, die Auktionen zur Förderung der bedeutendsten deutschen Kellereien zu führen. Auch 2003 habe ich die Raritäten-Weinversteigerung des VDP geleitet. Weils Kreszenzen erzielen auf diesen Auktionen regelmäßig Rekordpreise.

Monzinger Frühlingsplätzchen Riesling Auslese Goldkapsel (N) Emrich-Schönleber Das 250 Jahre alte Gut rückte Anfang der 1990er dank dem talentierten Weinbauern und Kellermeister Werner Schönleber ins Rampenlicht. Allerdings ist der unbekannte Name der Gemeinde im äußersten Westen der Nahe und ihrer Hauptlage womöglich ein Handicap. Der 1994er gilt an der Nahe als großer Jahrgang. Dieser Wein zeigt in der Nase und am Gaumen die herrlich duftige Fruchtsalatnote, die ich so schätze. Körper und Säure wundervoll. *Im November 2000 bei der Welt-Raritätenprobe auf Schloss Johannisberg verkostet ★★★★ Langlebig.*

Niederhäuser Hermannsberg Riesling TBA (N) **Staatsweingut** Erstaunlich reich und kraftvoll. 267° Öchsle, 400 g/l Zucker, 108 g/l Restsüße. Bernsteingold; die Nase zwar nuanciert, doch verhalten, dem Gaumen aber teilte sich der Wein bereitwillig mit. Erstaunlich süß und reich. *Das letzte Gewächs der Welt-Raritätenprobe auf Schloss Johannisberg, verkostet im November 2000 ★★★★★*

Niederhäuser Hermannshöhle Riesling Auslese (N) **Dönnhoff** Ein weiterer erstrangiger »Fruchtsalat«-Wein von der Nahe. Köstlich. *Im Juni 1999 für die Star Group bei Christie's vorgestellt ★★★*

Oberemmeler Hütte Riesling Auslese (M) **v. Hövel** Reich, traubig; lieblich, sehr ansprechender Geschmack; angenehme, appetitanregende Saar-Säure. (Eberhard von Kunows Spätlese war ebenfalls gut.) *Im Juni 1995 bei der Eröffnungsverkostung des Großen Rings in London degustiert ★★★★ Müsste jetzt perfekt sein.*

Ockfener Bockstein Riesling Spätlese (M) **Dr. Fischer** Parfümiert; leicht, Körper und Frucht aber ansprechend. *Juni 1995 ★★★ Wahrscheinlich jetzt auf dem Höhepunkt.*

Ockfener Bockstein Riesling Auslese (M) **Dr. Fischer** Süßer, reicher, etwas Fett, guter Abgang. *Juni 1995 ★★★ Jetzt bis 2010.*

Oestricher Doosberg Riesling Spätlese (Rg) **August Eser** Blass; mineralisch; halbtrocken, lebhafte Frucht. Eigenartig, wesentlich ansprechender als der knochentrockene 1990er von Eser. *Im November 1999 bei der VDP-Vorverkaufsverkostung degustiert ★★★ Mit oder ohne Essen gut.*

Randersackerer Marsberg Rieslaner TBA (F) **Staatlicher Hofkeller** Gerade als ich die großartige Würzburger Residenz skizzierte, erspähte mich ganz zufällig Dr. Rowald Hepp. Er zeigte mir die spektakulären Gewölbekeller und arrangierte eine improvisierte Verkostung. Bei diesem Wein blieben wir hängen. 222° Öchsle, zum ersten Mal einer langen Kaltgärung unterzogen. Ende Oktober und Anfang November handgelesene und anschließend sortierte Trauben: apfelgolden; fabelhaftes Bukett, tiefe Honignote, Aprikosen und *Crème brûlée* mit entsprechendem Geschmack. Nur 6 % Alkohol. *Im Juli 1997 in Würzburg verkostet ★★★★★*

Rauenthaler Nonnenberg Riesling (Rg) **Breuer** Es ist nicht leicht, einen interessanten, völlig zufriedenstellenden trockenen Riesling zu bereiten. Gleichzeitig aber muss ein Wein von Niveau nicht unbedingt zur QmP-Stufe (Auslesen aufwärts) gehören. Bernhard Breuer hat mit diesem Gewächs wieder einmal bewiesen, wozu er fähig ist. Der Riesling war einer von insgesamt vier blind verkosteten trockenen 1994ern aus unterschiedlichen Gemeinden. Trocken, lang, charakteristisch. *November 1996 ★★★*

Ruppertsberger Reiterpfad Riesling Auslese (P) **H. Gießen** Ich löse Etiketten normalerweise nicht ab, aber auf dieser war eine so schöne Zeichnung des Gutshauses zu sehen, dass ich sie in mein Verkostungsbüchlein steckte. Ein ziemlich stämmiger Pfalzwein, reif, mit einem Anflug von Mandeln. Kein großer, aber ein ausgesprochen angenehmer Wein für unser zweites Frühstück am Wochenende. *Im Mai 2000 auf Chippenham Lodge verkostet ★★*

Ruppertsberger Reiterpfad Scheurebe TBA (P) **v. Bühl** Dichtes Bernsteinorange; seltsam, zitrusartige hohe Säure; nur 6 % Alkohol, aber der süßeste, fetteste, traubigste Wein, der mir je untergekommen ist. Die Scheurebe verlieh ihm einen eigenartig schweißelnden, stachelbeerartigen Geschmack. Höchst beeindruckend, aber … *Im Januar 1996 im Brüsseler Bijgaarden verkostet ★★★★*

Saarburger Rausch Riesling Spätlese (M) **Geltz-Zilliken** Verhalten, pfirsichartig; »zum Kauen«, pappige Säure. *Im Juni 1995 bei der Verkostung des Großen Rings degustiert ★★ Austrinken.*

Saarburger Rausch Riesling Auslese Goldkapsel (M) **Geltz-Zilliken** Nicht so reich wie erwartet. Sehr säurebetont. *Juni 1995 ★★ Eigentlich müsste der Wein dank der Säure lange leben und sich noch weiterentwickeln. Schwer, eine Prognose zu treffen.*

Saarburger Rausch Riesling BA (M) **Geltz-Zilliken** Überraschend blass, aber natürlich noch immer jugendlich; süß, sahnig, doch mit harter, kantiger Säure. Braucht Zeit. *September 1997 ★★★ Öffnet sich wahrscheinlich noch.*

Scharzhofberger Riesling Spätlese (M) **Egon Müller** Jugendliches Apfel- und Pfirsicharoma; lieblich, lebhaft, sehr säurebetont. *Juni 1995 ★★ Wahrscheinlich jetzt am besten.*

Scharzhofberger Riesling Auslese Goldkapsel (M) **Egon Müller** Ausgezeichnete honigartige Botrytis-Nase, süß, reich, fabelhafter Geschmack, große Zukunft. *Juni 1995 ★★★★ Jetzt bis 2010.*

Scharzhofberger Riesling BA (M) **Egon Müller** Schöne Goldfarbe; Duft nach Liguster und Stachelbeeren; unglaublich süß, Geschmack und Körper herrlich, hohe Säure. Die Müllers gaben bekannt, dass man mit dieser BA und sogar mit der TBA das höchste Mostgewicht aller Zeiten auf dem Gut erzielt habe – die Weine seien so konzentriert gewesen, dass man nicht einmal Schwefel habe einsetzen müssen. Die Beerenauslese wurde bei der Auktion des Großen Rings in Trier angeboten und wechselte für 2300 DM den Besitzer. *Im Mai 2000 mit der Bacchus Society verkostet, die die Müllers mit dem »Distinguished Service Award«, einem Preis für herausragende Leistungen, auszeichnete ★★★(★★★) Ich sehe, ich habe einen sechsten Stern hinzugefügt. Lebt mindestens 30 Jahre.*

Schlossböckelheimer Felsenberg Riesling Auslese (N) **Crusius** Blass, mit einem Anflug von Grün; sehr guter, traubiger Duft; reif, erdig, kraftvoll. *Juni 1995 ★★★ Macht sich langsam. Gute Zukunft.*

Schlossgut Diel Riesling Auslese Goldkapsel (N) **Schlossgut Diel** 130° Öchsle. In der Jugend fabelhaft, reichlich honigartige Edelfäule. *Juni 1995 ★★★(★) 2004 bis 2010.*

Wehlener Sonnenuhr Riesling Spätlese (M) **J.J. Prüm** Zunächst wie jeder andere junge Weißwein, dann aber entdeckte ich mehr, als sich beim ersten Riechen erschlossen hatte; attraktiv, leicht (8 % Alkohol), jetzt gut. *Im April 1999 auf der Weinart/Prüm-Verkostung in Österreich degustiert ★★ Bald trinken.*

Wehlener Sonnenuhr Riesling Auslese (M) **J.J. Prüm** Blass; verhalten, mineralisch; süßer als die Spätlese, attraktiv, aber braucht noch Zeit. *April 1999 ★★(★) 2003 bis 2008.*

Würzburger Abtsleite Muskat Eiswein (F) **Juliusspital** Auffallender Geruch nach Katzen, Minze und Mandarine; süß, reich, schön in Geschmack und Stil. *Im Juli 1997 mit Direktor Horst Kalesch verkostet ★★★★*

1995 ★★ bis ★★★★

Ein weiterer erfolgreicher Jahrgang, was aber in erster Linie für die später gelesenen Rieslinge gilt. Es entstanden jedoch auch einige anständige QbA- und Kabinettweine für baldigen Trinkgenuss.

Alles ging gut. Der Sommer war fast schon idyllisch warm, doch der September fiel bedrückend nass aus und brachte Fäulnisprobleme mit sich. Dann schlug das Wetter um und verwöhnte die Reben mit dem wärmsten Oktober seit zehn Jahren. Erzeuger, die früh lesen und ihre vom Regen durchweichten Trauben sortieren mussten, kamen nicht allzu gut weg. Wer aber bis Oktober wartete, dem gelangen vor allem in der Region Mosel-Saar-Ruwer einige Weine der Spitzenklasse.

Brauneberger Juffer-Sonnenuhr Riesling Auslese (M) **F. Haag** Fest, pfirsichartig, trockener als erwartet. Rauer Abgang. Braucht Flaschenalterung. *Im Juni 1996 bei der Weinprobe des Großen Rings in London verkostet* (★★★)

Eitelsbacher Karthäuserhofberg Riesling Eiswein (M) **Tyrell** Praktisch farblos; wieder reich und pfirsichartig; süß, leicht im Stil, pfiffige Ruwer-Säure, köstlich. *Im September 1997 bei der Verkostung des Großen Rings in Trier degustiert* ★★★★

Erbacher Marcobrunn Riesling Spätlese (Rg) **Schloss Reinhartshausen** Angenehme, pfirsichartige Nase und ebensolcher Geschmack. Halbtrocken, mittlerer Körper, schöne schwungvolle Säure. *Im November 1997 auf dem Schloss verkostet* ★★

Erdener Prälat Riesling Auslese Goldkapsel (M) **Dr. Loosen** Späte Lese nach einem nassen September. Erstmals bei der Eröffnung der Großer-Ring-Weinprobe im Juni 1996 degustiert: reich, fett und wohlriechend, aber mit einem Anflug jugendlicher Härte. Als Nächstes schon 14 Monate später erneut degustiert, jetzt herrlich entwickelt, von vier auf fünf Sterne hochgestuft. Ziemlich süß, pfirsichartige Perfektion. *Zuletzt im August 1997 zum zweiten Frühstück zu Hause getrunken* ★★★★★ *Jetzt bis 2015.*

Erdener Treppchen Riesling Auslese (M) **Dr. Loosen** Um die Vielseitigkeit dieser Art Wein zu veranschaulichen: mit zwei Jahren absolut köstlich, aber trotzdem mit den Komponenten, die eine Lagerung und Entwicklung für weitere fünf bis zehn Jahre ermöglichen. Delikate Pfirsich- und Sahnenoten; lieblich, leicht (7,5 % Alkohol), schöner Geschmack, geringfügig spritzig. *Der perfekte Sommerwein, getrunken im August 1997 auf Chippenham Lodge* ★★★★

Freinsheimer Musikantenbuckel Scheurebe Auslese (P) **Lingenfelder** Messingfarbe; Orangenblüten; süßer Pfirsich- und Tangerinengeschmack, Körper (9 % Alkohol) und ausgezeichnete Säure. Der Wein war mir lieber als der Zungenbrecher von einem Namen. *April 1999* ★★★

Graacher Domprobst Riesling BA (M) **Willi Schaefer** Von dem abgedroschenen Etikett mit dem Mönch, der sich an ein Fass lehnt und ein Glas Wein in der Hand hält, sollte man sich nicht abschrecken lassen. Schaefer steht im Ruf, den besten Wein in Graach zu bereiten, zum Teil weil er Parzellen in zwei Bestlagen besitzt, eine davon im Domprobst. Er bereitete einen überragenden 1995er: blassgelb; honigartig süß, ansprechender Geschmack mit »scharfem« säurebetontem Abgang. Braucht Zeit. *Im September 1997 auf der Weinprobe des Großen Rings in Trier verkostet* ★★★★ *(erzielte einen hohen Preis).*

Graacher Himmelreich Riesling Eiswein (M) **S. A. Prüm** Es wird zwar allmählich langweilig, ständig auf die Pfirsichnote zu verweisen, aber sie ist nun einmal vielen Moselweinen eigen. Harmonisch; Frucht und Körper gut. *Juli 1997* ★★★

Hattenheimer Pfaffenberg Riesling Auslese (Rg) **Schloss Schönborn** Lese am 15. Oktober. 113° Öchsle, 71 g/l Restzucker, 9,8 g/l Säure. Ein Goldmedaillengewinner in einer vernünftigen Halbliterflasche. Und dazu noch sehr gut. *Im Juli 1997 auf Pommersfelden verkostet* ★★★

Schloss Johannisberger Riesling Rosagold (BA) (Rg) Reine Bernsteinfarbe; sehr wohlriechende Kleehonignote; ziemlich süß, sehr säurebetont, mit lang anhaltendem Geschmack. Sehr gut zu St-Félicien-Käse. *Im November 2001 beim Essen auf dem Schloss verkostet* ★★(★) 2005 bis 2020.

Johannisberger Vogelsang Riesling Auslese (Rg) **Johannishof-Eser** Überraschend blass; frisch, hochgetönt; delikate Süße und lebhafter Stil. *Im November 2000 auf der Welt-Raritätenprobe in München verkostet* ★★★

Kiedricher Gräfenberg Riesling Auslese Nr. 19 (Rg) **Robert Weil** Wie macht Weil das bloß? Makellos, himmlisch, ziemlich süß, aber leicht, mit schöner Frucht und schwungvollem Abgang. *Im Februar 1998 bei Christie's in Los Angeles verkostet* ★★★★★ *Hält noch lange.*

Maximin Grünhäuser Abtsberg Riesling Auslese (M) **v. Schubert** Sofort entgegenkommender Duft, kerosinartige Traubigkeit; lieblich, leicht (8,5 % Alkohol). Charmant, mit perfekter Ruwer-Säure. Eines der größten deutschen Weingüter mit Sitz an der Ruwer. Leider habe ich es noch nicht besucht. *Im Dezember 2000 bei einem Essen in San Francisco verkostet* ★★★★ *Hält sich noch.*

Oberemmeler Hütte Riesling Eiswein (M) **v. Hövel** Erstmals bei der Eröffnungsverkostung des Großen Rings 1996 in London degustiert: lebhaft, schön; ein unglaublicher Gehalt, der von der Saar-Säure ausbalanciert wurde. Als Nächstes auf der eigentlichen Auktionsverkostung. Die Nase hatte sich geöffnet; natürlich süß und ein hübscher Ansatz von Fett. *Zuletzt im September 1997 in Trier verkostet* ★★★★

Oberhäuser Brücke Riesling Auslese (N) **Dönnhoff** Verschlossen, pfirsichartig; lieblich, kraftvoll. *Im Juni 1996 bei der Verkostung des Großen Rings degustiert* ★★★ *Beträchtliches Potenzial.*

Oberhäuser Brücke Riesling BA (N) **Dönnhoff** Erstmals bei der Eröffnungsverkostung des Großen Rings degustiert; reine Ananasnase, sehr süß, fett, eindringlich, fabelhafter Nachgeschmack. Als Nächstes bei einem Essen vor einem Konzert: mit dem »Fruchtsalat« von der Nahe, den ich so mag; süß, fleischig, aber lebhaft. Köstlich. *Zuletzt im Mai 1998 verkostet* ★★★★ *Hat noch einmal 10 bis 15 Jahre vor sich.*

Ockfener Bockstein Riesling Auslese (M) **Dr. Fischer** Lieblich, eindringlich, feste Säure (seine Spätlese hatte einen stahligen, trockenen Abgang). *Im Juni 1996 auf der Eröffnungsverkostung des Großen Rings degustiert* ★★★ *Gutes Potenzial. Müsste sich gut entwickeln.*

Piesporter Goldtröpfchen Riesling BA (M) **Reinhold Haart** Lot 46 bei der fünfstündigen Versteigerung des Großen Rings. Nicht das Goldtröpfchen von früher, vielmehr mit seltsamem Unterton. Süß, reich. Ein Wein zum Lagern. (Die Kommissäre zahlten 250 DM die Flasche dafür.) *Im September 1997 bei der Versteigerung des Großen Rings in Trier degustiert* ★★(★)?

Rauenthaler Nonnenberg Riesling Erstes Gewächs (Rg) **Breuer** Bei der ersten Präsentation der 1997 freigegebenen und verkosteten Ersten Gewächse von 1995 war dieser Wein der Beste des Breuer-Trios. Sehr blass; mineralische, metallische Nase, trocken, lebhaft, stilvoll, gute Länge. Einige Zeit später als Charta-Wein verkostet, wieder besser als drei andere. *Im November 1997 zur Eröffnung von Breuers Essen mit feinen Weinen in Rüdesheim verkostet* ★★★ *Wahrscheinlich jetzt auf dem Höhepunkt.*

Rüdesheimer Berg Roseneck Riesling Auslese (Rg) **Allendorf** Duft nach Äpfeln auf einem Heuboden; lieblich, 10 % Alkohol, ein Anflug von Pfirsichkernen, aber duftend. An den Zähnen kratzende Säure. Braucht mehr Zeit. *Im November 1999 beim Essen in Leo Gros' Haus in Johannisberg degustiert* ★(★★)? *(Leo ist mein Ko-Auktionator.)*

Rüdesheimer Berg Schlossberg Riesling BA (Rg) **Hessisches Staatsweingut** Sehr süß, reich, eindringlich, Geschmack und Säure sehr gut. *Im November 2000 beim Essen »Rheingauer Giganten« verkostet* ★★★(★)

Saarburger Rausch Riesling Eiswein (M) **Dr. Wagner** Heinz Wagner ist bekannt für seine schwungvollen Weißen von der

Saar, bereitet aber auch herausragende Süßweine. Der 1995er war einer seiner besten Jahrgänge. Bildete bei der Versteigerung des Großen Rings das Lot mit der Nummer 45 und wurde von mir kurz verkostet, bevor er unter von Kunows Hammer kam. Nicht so süß wie erwartet, aber erstklassig. *Im September 1997 in Trier degustiert* ★★★★

Scharzhofberger Riesling Auslese (M) **v. Hövel** Ein Teil dieser berühmten Lage gehört Eberhard von Kunow, der die Versteigerung des Großen Rings als Auktionator leitet. Nicht so süß wie erwartet. Etwas hohl. *Juni 1996* ★(★)?

Scharzhofberger Riesling Auslese Goldkapsel (M) **Egon Müller** Überraschend blass; pfirsichartig; fest und nicht so süß wie gedacht, aber reich und säurebetont. Braucht noch Zeit. *Im Juni 1996 bei der Versteigerung des Großen Rings verkostet* ★★(★★)?

Schlossböckelheimer Felsenberg Riesling Auslese (N) **Crusius** Ein sehr altes Gut in Traisen, dessen berühmte Bastei-Lage das Juwel in der Crusius-Krone ist, obwohl ich von einigen älteren Jahrgängen enttäuscht war. Unter Peter Crusius allerdings lieferte die Kellerei mit dem 1995er wieder bessere Qualität. Die Bastei Spätlese fiel zwar spröde, aber trocken und würzig aus. Und diese Auslese mit ihrem ungewöhnlichen Geschmack, den ich nur schwer beschreiben kann, war sehr gut. *Beide Weine im Juni 1996 bei der Verkostung des Großen Rings in London degustiert* ★★★ *Beide mit gutem Potenzial.*

Schlossgut Diel Riesling Auslese Goldkapsel (N) **Schlossgut Diel** Erstmals bei der Eröffnungsverkostung des Großen Rings degustiert. 115° Öchsle, traubiges Aroma, schöner Geschmack, minzig, trockener Abgang. Noch im Herbst desselben Jahres erklärte Armin Diel, dass dieser Wein eine 1200-l-Komposition aus Goldloch und Pittermännchen sei und entstand, als man sich an einem Eiswein versucht habe. Eine gelungene Mischung: Nahe-typischer »Fruchtsalat«, lieblich, mit sehr trockenem, säure-betontem Abgang. *Zuletzt im November 1996 auf dem Schlossgut Diel verkostet* ★★★

Schlossgut Diel Riesling Eiswein (N) **Schlossgut Diel** Lese am 5. November, für einen Eiswein sehr früh. Zweimal im Abstand von einem Monat verkostet. Im Juni sehr süß, fleischig, schön. Als Nächstes zu Hause: überraschend blass; kräuterwürzige Nase; ziemlich viel Fett und ein eigenartiger Geschmack wie zerdrückter Fruchtsalat. Zufällig vier Monate später eine weitere halbe Flasche, erneut Fett, aber mit nicht ganz so matschigem Fruchtsalat! *Zuletzt im November 1996 auf dem Schlossgut Diel verkostet* ★★★★

Serriger Schloss Saarsteiner Riesling Eiswein (M) **Schloss Saarstein** Erstmals 1996 bei der Eröffnungsverkostung der VDP-Güter aus der Region Mosel-Saar-Ruwer in London verkostet. Am 5. November mitten während der regulären Ernte eingebracht – der am frühesten gelesene Eiswein aller Zeiten. 140° Öchsle: lebhaft, herrlich. Im darauf folgenden Jahr wurde er bei der Versteigerung des Großen Rings angeboten (Lot 44). Pfirsichartig; charakteristischer Geschmack, gute Frucht, etwas Fett, hohe Säure. *Zuletzt im September 1997 in Trier verkostet* ★★★★ *Hält sich.*

Steinberger Riesling »Erstes Gewächs« (Rg) **Staatsweingut** Ein trockener Stil, an den man sich erst etwas gewöhnen muss. Verschlossen, selbst das Essen konnte ihn nicht aus der Reserve locken. *Im November 1996 beim Essen mit den »Rheingauer Giganten« verkostet* (★)?

Ürziger Würzgarten Riesling Eiswein (M) **J.J. Christoffel-Erben** Praktisch farblos; in der Nase ebenso »farblos«, vielleicht etwas minzig. Die Süße, der fruchtig-säurebetonte Abgang und der Körper machten dieses Manko aber wett. Er erzielte einen recht hohen Preis von 205 DM – ab Keller für den Handel. *Im September 1997 bei der Versteigerung des Großen Rings in Trier verkostet* ★★★ *Wird sich noch öffnen.*

Wehlener Sonnenuhr Riesling Spätlese (M) **J.J. Prüm** Späte Lese Ende Oktober bis Anfang November. Blass; unentwickelte Nase; trocken, leicht (8 % Alkohol). Manfred meinte, es sei noch zu früh, ihn zu trinken. *Im April 1999 auf der Weinart/Prüm-Verkostung degustiert* ★(★★)

Wehlener Sonnenuhr Riesling Auslese (M) **Dr. Loosen** Bei der Eröffnungsverkostung 1996 absolut köstlich: herrlich, reich, vollmundig, mit pfirsichartigem Nachgeschmack (ich gab ihm fünf Sterne). Mein nächster Eintrag bezieht sich auf eine Flasche, die ich von Loosens Importeur gekauft hatte: wächsernes Gelbgrün; ein leicht spritziger Anflug, der dem Wein im Mund einen erfreulichen Schwung verlieh. Lebhafte junge Honig- und Grapefruit-Nase; Frucht und Fleisch sehr angenehm, Säure, Länge und Abgang perfekt. Wie kann man nur so etwas Köstliches aus Trauben bereiten, die unter freiem Himmel gewachsen sind! *Zuletzt am Sonntag, dem 26. Januar 1997, um 11.30 Uhr auf Chippenham Lodge getrunken* ★★★★★

Wehlener Sonnenuhr Riesling Auslese (M) **J.J. Prüm** Bei der Verkostung die beste der Auslesen aus den Jahren 1990 bis 1995. Sehr reintönig. Größere Tiefe und Länge als die Spätlese. 8 % Alkohol. *Im April 1999 auf der Weinart/Prüm-Verkostung degustiert* ★★(★★) *2005 bis 2012.*

Wehlener Sonnenuhr Riesling Auslese Goldkapsel (M) **J.J. Prüm** Binnen fünf Monaten zweimal degustiert, das erste Mal auf der Vertikalverkostung im April 1999 mit drei anderen Goldkapseln, der 1990er, 1992er und 1993er. In gutem Zustand: schöne, honigartige, harmonische Nase; lieblich, sehr wohlriechend, aber mit ziemlichem Biss und spritzigem Schwung. Zum Glück ein gleichlautender Eintrag bei einer Masterclass von Christie's. *Zuletzt im September 1999 verkostet* ★★★(★) *Jetzt bis 2010.*

Wehlener Sonnenuhr Riesling lange Goldkapsel (M) **J.J. Prüm** Goldgelb; hart, minzig, komplex; ziemlich süß, Pfirsichgeschmack, Säure und Abgang schön. Hat noch Jahre vor sich. *April 1999* ★★(★★)

Wehlener Sonnenuhr Riesling BA (M) **Studert-Prüm** Verhalten, aber sahnig und harmonisch; süß, reich, reif, mit ziemlich fischigem, öligem Riesling-Abgang. *Im September 1997 bei der Auktion des Großen Rings in Trier verkostet* ★★, *möglicherweise sogar* ★★(★)

Winkeler Hasensprung Riesling Auslese (Rg) **v. Hessen** Ein Goldmedaillengewinner. Etwas mehr Alkohol als erwartet (10 %), der Gehalt und der angenehme Ansatz von Fett wurden von der guten Säure schön konturiert. *Im Januar 1998 am Vormittag auf Chippenham Lodge verkostet* ★★★

1996 ★ bis ★★★★

Im Gegensatz zu früheren Jahren bereitete der Regen 1996 keine Probleme – oder besser gesagt: Das Problem war, dass es keinen Regen gab. Die Saison fiel extrem trocken aus. Im Juni ließ Kälte die Reben ungleichmäßig blühen, im Juli war es warm und im August wechselhaft mit etwas Kälte und Hagel, im September kühl, aber sonnig. Schließlich hatten die Trauben zu wenig Zucker und zu viel Säure. Anfang Oktober begann man mit der Lese, aber die Güter, die noch warteten, profitierten von sonnigen Herbsttagen, in deren Verlauf sich das Zucker-Säure-Ungleichgewicht ins Gegenteil verkehrte. Die einfacheren, früh gelesenen Weine sind kaum noch interessant, doch entstanden auch einige hervorragende Spätlesen.

Auf Einladung von Wilhelm Haag, dem Präsident des Großen Rings, nahm ich 1997 zum ersten Mal an einer der bedeutenden jährlichen Versteigerungen in Trier teil, auf der führende Erzeuger ihre besten Weine zum Verkauf anbieten. 32 der insgesamt 54 Lots enthielten die ersten Ergebnisse des 1996er-Jahrgangs. Ich war aber nicht nur an den Weinen interessiert, ich wollte auch Eberhard von Kunow in Aktion sehen, denn er sollte mir als Auktionator bei der großen VDP-Versteigerung in Wiesbaden assistieren. Die Auktion dauerte fünf Stunden, weil jeder im überfüllten Saal eine Probe jedes Weins bekam und die Kommissäre (die einzigen Bieter) riesige Posten kauften, die sie dann mit anderen Maklern teilten. Eine faszinierende Erfahrung – aber meinen Flug von Luxemburg nach Hause hätte ich beinahe nicht mehr erwischt. Ich fragte, warum so viele 1996er von Mosel, Saar und Ruwer so farblos ausfielen, und Haag meinte, es habe an den Beerenhäuten gelegen, die einfach so gesund gewesen seien und keine Verfärbungen gehabt hätten.

Bernkasteler Doctor Riesling Auslese lange Goldkapsel (M) **Thanisch** War auf der Versteigerung des Großen Rings der beste Doctor-Wein von Thanisch, die Spätlese dagegen trocken und uninteressant, die Auslese besser (obwohl sie mit 47 DM denselben Preis erzielte); die lange Goldkapsel wechselte für 112 DM den Besitzer. Süße und Fleisch recht ansprechend. *Im September 1997 in Trier verkostet* ★★★

Blauer Spätburgunder »SJ« Karl (B) **K.H. Johner** »Selection Johner«. Wahrscheinlich der beste Wein, den Karl Heinz je bereitet hat, zweifellos ein großer 1996er. Das Gut am Kaiserstuhl verkauft seine Weine merkwürdigerweise nie unter den Lagennamen – was mich allerdings nicht mehr wunderte, als ich gelesen hatte, dass die Johners 93 Parzellen in sieben Lagen besitzen. Attraktives Rot; »warme« schokoladige Nase; süß, köstlich, leichter Himbeergeschmack mit schönem eichenbetontem Abgang (sämtliche Johner-Weine werden in kleinen Holzfässern ausgebaut, eine weitere Eigenart der Kellerei). *Das erste Gewächs, das im Juni 1999 auf der Verkostung »Die Weine Deutschlands« in der deutschen Botschaft in London degustiert wurde* ★★★(★)

Brauneberger Juffer Riesling Auslese lange Goldkapsel (M) **W. Haag** Traubig, eindringlich, guter Geschmack, Länge und ausgezeichnete Säure. *Lot 4 auf der Versteigerung des Großen Rings (für 85 DM die Flasche verkauft), verkostet im September 1997 in Trier* ★★★(★)

Brauneberger Sonnenuhr Riesling Auslese Goldkapsel (M) **F. Haag** Ich wäre mit diesem Wein rundum zufrieden gewesen, hätte ich nicht noch das nächste Lot, die lange Goldkapsel, verkostet. Traubige Nase, Tiefe; recht süß, eher leicht im Stil, ziemlicher Biss. *Im September 1997 bei der Auktion des Großen Rings in Trier verkostet* ★★(★★) *Schätzungsweise jetzt bis 2010.*

Brauneberger Sonnenuhr Riesling Auslese lange Goldkapsel (M) **F. Haag** Erwartungsgemäß ausgezeichnet: süß, herrliche Säure. Er erzielte exakt den doppelten Preis wie die »gewöhnliche« Goldkapsel und war fast dreimal so teuer wie Willi Haags lange Goldkapsel. *Bei der Auktion des Großen Rings im September 1997 verkostet* ★★★(★) *Eventuell fünf Sterne. Langlebig.*

Deidesheimer Hohenmorgen Riesling Auslese (P) **v. Bassermann-Jordan** In London vorverkostet, dann erneut beim Weinwochenende »A Taste of Germany«. Lese am 28. Oktober; 112° Öchsle, 64 g/l Restzucker, 9,6 g/l Gesamtsäure, 10,81 % Alkohol. Blass melonengelb; herrliche, kräuterwürzige, pfirsichartige Honignase mit reneklodenähnlicher Säure, dann Rosenblütenblätter; nicht so süß wie erwartet, schöner Geschmack, sauber, trockener Abgang. *Zuletzt im Oktober 1998 im kanadischen Banff Springs verkostet* ★★★(★) *Jetzt bis 2010.*

Erbacher Marcobrunn Riesling Erstes Gewächs (Rg) **Schloss Reinhartshausen** Ein trockener Wein. Leicht, frisch, etwas traubig und grasig. Anständiger Geschmack, unterstützt vom Zanderfilet. *Im April 1998 beim Presseessen anlässlich der Veröffentlichung von »Meine Lieblingsweine« bei Robert Weil verkostet* ★★ *Wahrscheinlich jetzt auf dem Höhepunkt.*

Erbacher Michelmark Riesling Eiswein (Rg) **J. Jung** Lese am ersten Weihnachtsfeiertag bei −15 °C. 200° Öchsle, sehr hohe Säure (19,5 g/l). Golden, mit orangefarbenen Reflexen; Limonen, Kresse, ziemlich metallisch; natürlich sehr süß, ziemlich guter Körper, milde, appetitanregende Säure. *Im November 1998 in der Krone in Assmannshausen bei einer Verkostung von Spitzenweinen aus der von mir einige Zeit zuvor geleiteten VDP-Versteigerung degustiert* ★★★

Erbacher Schlossberg Riesling Auslese (Rg) **Schloss Reinhartshausen** Lebhaft; süß, etwas Fett, gute Säure. *Im September 1997 auf der VDP-Versteigerungsverkostung degustiert* ★★★

Erbacher Siegelsberg Riesling Auslese (Rg) **Schloss Reinhartshausen** 10 % Alkohol. Zweimal verkostet, beide Male vor kurzem zu Hause, das erste Mal beim zweiten Frühstück, der idealen Zeit für diesen Wein: blässlich; pfirsichartig, minzig; ziemlich süß, Geschmack, Gleichgewicht und Säure schön. *Zuletzt im September 2000 getrunken* ★★★

Erdener Prälat Riesling Auslese (M) **Robert Eymael** Der erste einer erstaunlich hohen Zahl von Prälat-Weinen auf der Versteigerung, die mir einen interessanten Vergleich der Stile und Erzeuger gestatteten. Breiter traubiger Stil, lieblich, leicht spritzig. *Lot 5, verkostet bei der Auktion des Großen Rings 1997 in Trier* ★★★

Erdener Prälat Riesling Auslese (M) **Dr. Loosen** Sehr blass; verschlossen, aber pfirsichartig; lieblich, ausgezeichnete Säure. *Im März 1999 bei Siegels Jahrhundertverkostung degustiert* ★★★(★) *2004 bis 2010.*

Erdener Prälat Riesling Auslese (M) **Dr. F. Weins-Prüm** Sehr blass; lieblich, angenehm, leicht, traubig, Pingpongbälle. *Lot 22, verkostet im September 1997 in Trier bei der Versteigerung des Großen Rings* ★★★ *(gerade noch).*

Erdener Prälat Riesling Auslese Goldkapsel (M) **Christoffel-Berres** Blass; traubig, lebhafte Säure; ziemlich süß, frisch, attraktiv. *Lot 10 auf der Versteigerung des Großen Rings 1997 in Trier* ★★★(★)

Erdener Prälat Riesling Auslese Goldkapsel (M) **Dr. Loosen** Wie oben, aber vielschichtiger. Drei Monate später süß, reich, schöner Geschmack, Säure und Länge. Braucht Zeit. *Zuletzt im Juni 1997 auf der »Masters of Riesling« verkostet* ★★★(★★) *2006 bis 2016.*

Erdener Prälat Riesling Auslese lange Goldkapsel (M) **Dr. Loosen** Mittelblasses Gelb; herrlich, reif, sahnig; süß, dabei leicht, Körper und Fleisch gut. *Lot 18 (dreimal so teuer wie Lot 22 weiter oben und doppelt so teuer wie Lot 10), verkostet auf der Auktion des Großen Rings im September 1997 in Trier* ★★★★(★) *Langlebig.*

Filzener Herrenberg Riesling BA (M) **Edmund Reverchon** Erdige, fette, schweißelnde und ölige Riesling-Nase, Lanolin und getrocknete Aprikosen; nicht sehr süß, aber reich, eindringlich, fast rau, mit sehr starker Säure. Ein bisschen ein Auf-und-ab-Wein. *Im Oktober 1998 bei Ann Nobles Seminar »It's all in the nose« (Die Nase sagt alles) im kanadischen Banff Springs verkostet* ★(★)?

Forster Ungeheuer Riesling Eiswein (P) **v. Bassermann-Jordan** Eine halbe Flasche zum Abschluss eines Essens auf Canon-La-Gaffelière in St-Emilion verkostet: eine außerordentlich exotische Nase; sehr süß, aber von der hohen Endsäure perfekt austariert. 10,5 % Alkohol. *Im April 1998 verkostet und danach herrlich geschlafen* ★★★★

Geisenheimer Rothenberg Riesling Auslese (Rg) **Wegeler** Lieblich, überraschend trockener Abgang. Gefällig, aber nicht groß. *Im September 1997 auf der VDP-Verkostung kurz degustiert* ★★(★)?

Graacher Domprobst Riesling Auslese Goldkapsel (M) **Willi Schaefer** Sehr entgegenkommendes Aroma; kantig. Eher wie ein Saarwein aus einem nicht so reifen Jahrgang. Er erzielte den zweithöchsten Preis der 14 1996er, jemand muss ihn also mehr zu schätzen gewusst haben als ich. *Im September 1997 in Trier verkostet* ★★?

Haardter Bürgergarten Rieslaner Auslese (P) **Müller-Catoir** Strohgolden; charakteristische Pfirsich- und Aprikosennase; ziemlich süß, leicht im Stil (8,5 % Alkohol), aber reich. Mit Müller-Catoir erlebte die Pfalz so etwas wie eine Renaissance. Köstlicher Geschmack, Rieslaner-Säure. *Im Februar 1999 bei einem Weißweinseminar in Lyford Cay auf den Bahamas verkostet* ★★★★

Hattenheimer Pfaffenberg Riesling Spätlese Goldkapsel (Rg) **Schloss Schönborn** Blass; Kresse und Schwefeldioxid; lieblich, gute Länge und Säure. *September 1997* ★★

Hattenheimer Schützenhaus Riesling Goldkapsel (Rg) **zu Knyphausen** Blass; pfirsichartige Frucht und Geschmack. *September 1997* ★★★

Hochheimer Domdechaney Riesling Spätlese (Rg) **Aschrott/Künstler** Künstlers erster Jahrgang, nachdem er das in englischem Besitz befindliche Aschrott-Gut übernommen hatte. Obwohl er noch relativ jung ist, gelang es ihm, Hochheim wieder zu einem Begriff in der Weinwelt zu machen. Der Beweis dafür, was ein Spitzenkellermeister eines alten Weinguts in einem relativ schwierigen Jahr bei den trockeneren Weißen erreichen kann. *Im September 1997 in der deutschen Botschaft in London verkostet* ★★★

Hochheimer Hölle Riesling BA (Rg) **Künstler** Fast farblos; Frucht, Süße, Länge und Nachgeschmack herrlich. *Im September 1997 in der deutschen Botschaft in London verkostet* ★★★★(★)

Hochheimer Kirchenstück Riesling Spätlese (Rg) **Künstler** »Künstlers beste Spätlese aller Zeiten.« Schöne Frucht und Säure. *September 1997. Damals* ★★★(★) *Jetzt bis 2010.*

Schloss Johannisberger Riesling Rosalack Auslese (Rg) Ein besonders erfolgreiches Jahr auf dem Schloss. Blässliches Gelb; Laub, Kräuterwürze, Pfefferminze; süß, lebhafte Säure, Geschmack, Länge und Endgeschmack gut. Braucht Zeit. *Im November 2001 bei der Verkostung während der 900-Jahr-Feiern degustiert* ★★★(★) *2006 bis 2012.*

Kanzemer Altenberg Riesling Spätlese (M) **v. Othegraven** Fast farblos; leicht, geringfügig pfirsichartig, Anflug von Walnüssen; insgesamt ziemlich trocken und mit etwas Saar-typischer Sprödheit. *Im September 1997 bei der Versteigerungsverkostung des Großen Rings in Trier degustiert. Natürlich viel zu jung. Ist wahrscheinlich jetzt gut zu trinken* ★★(★)?

Kanzemer Altenberg Riesling Auslese Goldkapsel (M) **v. Othegraven** Ebenfalls fast farblos; ein breiteres, traubigeres, minziges, pfirsichähnliches Aroma; lieblich, wohlriechend, aber mit trockenem, säurebetontem Abgang. *Im September 1997 bei der Auktion des Großen Rings degustiert. Potenzielle* ★★★, *die er auch erreichen wird.*

Kiedricher Gräfenberg Riesling Spätlese (Rg) **Robert Weil** Leicht traubiges Aroma; etwas süßer als erwartet. Schöner Geschmack, 8,5 % Alkohol, ausgezeichnete Säure. Wein gewordener Charme. *Im Oktober 1997 auf Chippenham Lodge verkostet* ★★★ *Jetzt bis schätzungsweise 2006 auf dem Höhepunkt.*

Kiedricher Gräfenberg Riesling Auslese Goldkapsel (Rg) **Robert Weil** Einer der schönsten Weine, die man sich vorstellen kann. Sechs Einträge. Erstmals 1997 in der deutschen Botschaft in London verkostet, als man dort das 100-jährige Bestehen des VDP Rheingau feierte: honigartige Edelfäule; Geschmack und Länge fabelhaft. Als Nächstes auf einer Weinprobe mit früheren Auktions-Highlights und noch am selben Tag beim Essen mit »Rheingauer Giganten«: sehr süß, körperreich, seidig, herrlich reif. Ein weiteres Mal in der deutschen Botschaft im Jahr 1999: appetitanregende Säure. Jetzt tiefes Bernsteingold, perfekt. *Zuletzt im November 2000 bei der Welt-Raritätenprobe auf Schloss Johannisberg degustiert* ★★★★★

Kiedricher Gräfenberg Riesling BA Goldkapsel (Rg) **Robert Weil** 1997 wie Kleehonig; sehr süß, herrlich. Kürzlich: rosagolden; süß, schwere Lindenblüten- und Honig-Edelfäule; fast so reich wie eine Trockenbeerenauslese – und fast zu süß. Schöner Geschmack. Ziemlich harte Endsäure. Braucht Zeit. *Zuletzt im September 1999 auf einer Masterclass von Christie's degustiert* ★★★★(★) *2001 bis 2020.*

Mülheimer Helenenkloster Riesling Eiswein (M) **Max Ferd. Richter** Am zweiten Weihnachtsfeiertag gelesen. 167,3 g/l Restzucker, sehr hohe Säure (16,5 g/l), 12 % Alkohol. Schöne Farbe; sehr süß, köstlich, Ananasaroma, schwungvolle Säure und lebhafter Abgang. *Im Juni 1997 mit Freddie Price auf der Vinexpo in Bordeaux degustiert* ★★★★

Münzinger »Antigua« Kapellenberg Weißherbst Eiswein (B) **WG Badischer Winzerkeller** Eine von mir vorverkostete halbe Flasche war reich, aber mit Korkengeschmack. In der »Session« mit Dessertweinen in besserem Zustand. Unglaubliche 240 g/l Restzucker, 13,5 g/l Gesamtsäure, 8,9 % Alkohol. Ein sehr deutscher Rosé: rosagolden angehaucht; Rosinen, Karamell und Erdbeeren, sehr hohe flüchtige Säure. Eine Art Turbo-Fruchtsaft. *Im Oktober 1998 im kanadischen Banff Springs verkostet* ★★★★ *für seine Kraft.*

Nackenheimer Rothenberg Riesling Auslese (Rh) **Gunderloch** Schöne Nase; lieblich, eigenartig fischiger Geschmack, erdig, leicht metallischer Abgang. Ein Jahr später bei der Vorverkostung und der »Session« mit Rieslingen, die Fritz Hasselbach vorstellte, eine wesentlich bessere Nase, herrliche Frucht. 100° Öchsle, 65 g/l Restzucker, 9,2 g/l Säure, 9,5 % Alkohol: Renekloden, Stachelbeeren, stahlige Nase; ziemlich süßer Auftakt, trockener Abgang, gute Frucht, ausgezeichnet im Gleichgewicht. Es lohnt sich, wenn man sich beim Verkosten Zeit nimmt. *Im Oktober 1998 in Banff Springs in Kanada verkostet* ★★★★ *2004 bis 2012.*

Neumagener Nusswingert Riesling Spätlese (M) **Milz-Laurentiushof** Lot 1: eine Art Aperitif, leicht, lebhaft, ein attraktiver Wein für frühen Genuss. *Im September 1997 bei der Versteigerung des Großen Rings in Trier verkostet* ★★

Niederhäuser Hermannshöhle Riesling Spätlese (N) **Dönnhoff** Halbtrocken, voll ausgereift. Gute Länge. *Im Januar 2002 bei Justerini & Brooks verkostet* ★★★

Niersteiner Hipping Riesling Auslese (Rh) **Anton Balbach** Stämmige Ananasnase, aber leicht im Stil. Erdig, traubig. Kostete umgerechnet nur 23 Euro die Flasche. Ich hätte etwas zum Einlagern kaufen sollen. *Juni 1997* ★★★(★)

Niersteiner Ölberg Riesling Eiswein (Rh) **Balbach** Das Weingut Balbach gehört mittlerweile Gunderloch. Der Ölberg ist eine klassische rheinhessische Südlage, dessen Boden sich aus rotem Sand mit Ton und etwas Kalk zusammensetzt. 1996 kein Edelfäule-Befall: 168° Öchsle, 225 g/l Restzucker, 13,5 g/l Säure, bescheidene 7 % Alkohol. Ein guter Eintrag entstand auf der Vorverkostung in London, ein etwas umfassenderer bei der Dessertwein-»Session« in Kanada: Orangenblütenduft, Pfirsiche, später scheinbar schlank, nicht direkt schrill, aber wie ein hoch gespielter Ton auf einer Violine; süß, fleischige Frucht, gute Säure, ein Genuss. *Im Oktober 1998 in Banff Springs degustiert* ★★★★★

Oberhäuser Brücke Riesling Auslese (N) Dönnhoff Überraschend blass; in der Nase und am Gaumen Nahe-typische »Fruchtsalat«- und Limonennote. Herrlich, würzig, ausgezeichnet in Geschmack und Abgang. *Im Juni 1997 bei Siegels Verkostung »Masters of Riesling« degustiert* ★★★★(★)

Oestricher Lenchen Riesling Auslese (Rg) Eser In der Nase und am Gaumen sehr eigenwillig, außergewöhnlicher Cassis-Nachgeschmack. *Bei der VDP-Vorverkaufsprobe im September 1997 eilends verkostet* ★★★

Piesporter Goldtröpfchen Riesling Auslese (M) Reinhold Haart Jugendliche Traubigkeit; süß, positiv, leicht erdiger Geschmack und ein bisschen spritzig. *Lot 7 auf der Auktion des Großen Rings im September 1997 in Trier* ★★★

Rüdesheimer Berg Schlossberg Riesling Spätlese (Rg) August Kesseler Der Wein war lang vergoren worden – zwei Monate. Sehr hohes Mostgewicht, 24 g/l Restzucker, 11,5 g/l Säure. Blass; blumig, würzig; halbtrocken, appetitanregende, schwungvolle Säure. Fest. Brauchte damals noch Zeit. *Im November 1997 beim Essen auf Schloss Reinhartshausen verkostet* ★★★ *Jetzt trinkreif.*

Rüdesheimer Berg Schlossberg Spätburgunder Spätlese (Rg) August Kesseler Sehr kleiner Ertrag zwischen 6 und 8 hl/ha, hohe Säure, 12,5 % Alkohol. Ziemlich tiefes Rot, noch immer jugendlich, kräftige »Tränen«; sehr gutes, lebhaftes Pinot-noir-Aroma; trocken, duftend, Tannin und Säure schön, leicht rauchig. Gut zu Rindfleisch. August Kesseler in Hochform. *Im November 1999 auf Schloss Reinhartshausen verkostet* ★★★(★)

Saarburger Rausch Riesling Auslese Goldkapsel (M) Geltz-Zilliken Praktisch farblos; leicht, grasig; ziemlich süß, ein Hauch jugendlicher Grapefruit. Braucht Zeit. *Lot 33 auf der Auktion des Großen Rings, verkostet im September 1997 in Trier. Jetzt* ★★★ *oder mehr.*

Scharzhofberger Riesling Auslese Goldkapsel (M) Egon Müller Vor der Auslese zwei Weine von Müller: Der Kabinettwein hatte ein frisches Grapefruit-Aroma; trockene, schlanke, appetitanregende Säure. Die Spätlese war leicht, minzig; halbtrocken, delikat und wohlriechend. Ein ganz anderes Kaliber die Goldkapsel-Auslese: süß, fleischig, reif, unverfälscht – und mit 330 DM die Flasche mehr als zehnmal so teuer wie der Kabinettwein. *Im September 1997 bei der Versteigerungsverkostung des Großen Rings degustiert* (★★★★) *für die Goldkapsel.*

Trittenheimer Leiterchen Riesling Auslese Goldkapsel (M) Milz-Laurentiushof Halbtrocken – ich hatte Süßeres erwartet. Gut, reif, dabei lebhaft in der Nase und am Gaumen. *Lot 2 bei der Auktion des Großen Rings im September 1997 in Trier* ★★★(★)

Ürziger Würzgarten Riesling Spätlese (M) Dr. Loosen Ein gut gebauter Jugendlicher. Ziemlich trocken, vollmundig, ausgezeichnete Säure. *März 1997* ★★★ *Wahrscheinlich jetzt auf dem Gipfel.*

Ürziger Würzgarten Riesling Auslese Goldkapsel (M) J. J. Christoffel-Erben Spröde und korkig. Aber er verkaufte sich. *Lot 9 bei der Versteigerung des Großen Rings im September 1997 in Trier.*

Ürziger Würzgarten Riesling Auslese Goldkapsel (M) Christoffel-Berres Völlig farblos; angenehmer, leichter, traubiger Geschmack, etwas Charme, ohne Länge. *Im September 1997 bei der Versteigerung des Großen Rings in Trier degustiert* ★★

Ürziger Würzgarten Riesling Auslese Goldkapsel (M) Dr. Loosen Schon Loosens Kabinett und Spätlese fielen überdurchschnittlich aus, aber die Auslese Goldkapsel mit »mehr als 50 % Edelfäule« war noch besser: sehr wohlriechend, lieblich, mit stahliger Säure (auf Walter Siegels Jahrhundertverkostung 1997). Ein paar Monate später bei der »Masters-of-Riesling«-Verkostung köstlich, aber brauchte noch Zeit. Kostete umgerechnet 34 Euro – ein ausgezeichnetes Preis-Leistungs-Verhältnis. Leider auf der Versteigerung des Großen Rings eine spröde, korkelnde Flasche. *Zuletzt im September 1997 verkostet. In Bestform* ★★★★ *Schätzungsweise 2006 bis 2016.*

Ürziger Würzgarten Riesling Auslese lange Goldkapsel (M) Eymael Guter Wein, guter Preis: 125 DM. Süß, fruchtig, fleischig. *Lot 6 im September 1997 in Trier* ★★★★

Wehlener Sonnenuhr Riesling Spätlese (M) J. J. Prüm Ungewöhnlich minzig, wie nasser Liguster; wohlriechend, charakteristisch. *Lot 19 in Trier* ★★★ *Wahrscheinlich jetzt in Bestform.*

Wehlener Sonnenuhr Riesling Auslese (M) J. J. Prüm Praktisch farblos; ziemlich süß, leicht im Stil, duftend. *Lot 20 bei der Versteigerung des Großen Rings im September 1997 in Trier. Erzielte den doppelten Preis der Spätlese* ★★★★

Wehlener Sonnenuhr Riesling Auslese Goldkapsel (M) J. J. Prüm Sehr charakteristische, ausgeprägte Nase; trockener als erwartet, etwas spritzig. Viel zu jung. Braucht Zeit. *Lot 21, erzielte 106 DM, ein Drittel mehr als die Auslese. Verkostet bei der Versteigerung des Großen Rings im September 1997 in Trier* (★★★)?

Wiltinger Braune Kupp Riesling Auslese Goldkapsel (M) Le Gallais Erkennbar ein Egon-Müller-Wein, sowohl stilistisch als auch preislich: herrlicher Pfirsichgeschmack mit Schwung und einem spritzigen Prickeln im Abgang. *Bei der Auktion im September 1997 in Trier verkostet* ★★★

Winkeler Jesuitengarten Riesling Auslese (Rg) Jacob Hamm Die Spätlese sehr trocken und unspektakulär, die Auslese schon mit wesentlich mehr Klasse: schöner, traubiger Geschmack und Säure. *Im September 1997 auf der VDP-Verkostung degustiert* ★★(★★)

Zeltinger Sonnenuhr Riesling Auslese (M) Vereinigte Hospitien Leicht, angenehm. Soviel Süße er auch haben mag, sie wird vom sehr trockenen, säurebetonten Geschmack in den Schatten gestellt. *Im September 1997 bei der Großer-Ring-Versteigerung in Trier verkostet* ★(★★)?

1997 ★★★★

Trotz der Widrigkeiten des Wetters in relativ nördlichen Breiten kommen Deutschlands Anbaugebiete in den Genuss eines kontinentalen Klimas und hatten in den letzten Jahren verglichen mit allen anderen europäischen Weinregionen sehr viel Glück. Der 1997er war einer der besten Jahrgänge der Dekade und zeichnete sich durch sehr geringe Produktion, reife Trauben, hohen Zuckergehalt – allerdings wenig Edelfäulebefall – und gute Säure aus. Dabei sah es zunächst nicht sonderlich gut aus: Die Saison begann mit Frösten im April und kühler Witterung sowie örtlichen Hagelschauern während der Blüte. Das sehr heiße Augustwetter zog sich allerdings bis in den September hinein. In den meisten Regionen freute man sich über rund zehn Wochen perfekter Reifebedingungen mit ein paar Regentropfen, die die Trauben am 12. und 13. September sowie am 15. Oktober erfrischten. Dank des Herbstwetters mit viel Sonne, Wärme und strahlend blauem Himmel konnte Anfang Oktober mit der Lese begonnen werden; viele Weinbauern hatten sie in der zweiten Novemberwoche abgeschlossen.

Alle Qualitätsstufen fielen zufriedenstellend aus, angefangen von den Kabinettweinen und Spätlesen, die 1999 und Anfang 2000 ideal zu trinken waren. Unter den Auslesen und noch höherwertigen Weinen findet man einige überragend reife Rieslinge. Leider habe ich verglichen mit den Jahrgängen davor relativ wenige Weine des 1997er-Jahrgangs verkostet.

Dernauer Pfarrwingert Spätburgunder Rotwein Auslese trocken (A) Meyer-Näkel Ich stattete dem Tal der Ahr erstmals im Juni 1956 einen Besuch ab. Die nördlichste der alten klassischen Weinregionen in Deutschland ist seit langem für ihre Rotweine berühmt. Meyer-Näkels aus voll ausgegorenen Pinot-noir-Trauben bereitete Spätlese ist ein interessantes Beispiel dafür: mitteltiefes Rot; in Aroma und Geschmack erdbeerartig; Bitternote, bitterer Abgang. Bei der Verkostung auf jeden Fall zu jung. Ich hatte Meyer-Näkels Weine zuvor nicht gekannt. Er gehört heute zu den Spitzenerzeugern. *Im Juni 1999 in der deutschen Botschaft in London verkostet ★★(★★) Schätzungsweise jetzt bis 2008.*

Erbacher Marcobrunn Riesling Erstes Gewächs (Rg) Jacob Jung Eines von drei Ersten Gewächsen, die per definitionem trocken sind. Ich empfand sie alle als spröde, zum Teil auch als rau und sehr säurebetont. Die Weine wurden zum Essen getrunken, was auch nötig war. *Beim Essen »Rheingauer Giganten« mit Rieslingen und Spätburgundern im Hotel Krone in Assmannshausen verkostet ★ bis ★★*

Erdener Treppchen Riesling BA (M) Dr. Loosen Blassgolden; sehr reich, schön; mit breiterem Stil als Robert Weils Weine, geringer Alkoholgehalt (6,5 %) und schöne Säure. *Im Juni 1999 in der deutschen Botschaft in London verkostet ★★★★*

Graacher Himmelreich Riesling Spätlese (M) J. J. Prüm Reich, traubig, »ziegenartig«; trocken, lebhaft. Man informierte uns, dass ein Graacher säurebetonter sei als ein Wehlener, was auf das leicht unterschiedliche Mikroklima zurückzuführen sei. Das merkten auch Daphne und ich, als wir im Juni 1956 mit unserem Motorroller unterwegs waren: Es regnete, als wir durch Wehlen fuhren, in Graach hingegen war es trocken – und anschließend genau umgekehrt! *Im Mai 2000 auf dem Gut verkostet ★★★ Bald trinken.*

Graacher Himmelreich Riesling Auslese (M) J. J. Prüm Zwei Einträge: sehr blass; die Nase so stumpf, dass man sie förmlich mit Gewalt aus ihrem Versteck zerren musste! Am Gaumen entgegenkommender. Kürzlich ein Exemplar mit einem holunderbeerenartigen, mineralischen Blütenduft; milder, traubiger Geschmack. *Zuletzt im Mai 2000 auf Manfred Prüms Terrasse verkostet ★★★*

Hattenheimer Wisselbrunnen Riesling BA (Rg) Eser Extrem blass, Limonenton; leicht, duftend, ein Anflug von Minze und Pfirsichkernen; süß, eigenartiger leichter Stil mit sehr duftigem Geschmack und Nachgeschmack und guter Säure. *Im November 2000 auf Schloss Johannisberg verkostet ★★★★ Jetzt bis 2010.*

Hochheimer Hölle Riesling Spätlese halbtrocken (Rg) Künstler Delikat, wohlriechend, ein Anflug von Schwefeldioxid; halbtrocken, schöner Geschmack, perfekter Abgang. *Im Juni 1999 in der deutschen Botschaft verkostet ★★★*

Hochheimer Hölle Riesling Eiswein (Rg) Joachim Flick Blässlich, Limonenfarbe; pfirsichartige Frucht und Säure; süß, sehr wohlriechend. *Im November 1998 bei der »Giganten«-Gala verkostet ★★★★ Jetzt bis 2010?*

Ihringer Winklerberg Grauer Burgunder Spätlese trocken »★★★« (B) Dr. Heger Die drei Sterne stehen für die gutseigene Qualitätsklassifizierung. Dr. Heger gehört zu den bedeutendsten Kellereien in Baden und bereitete den wahrscheinlich besten 1997er in der Region. Der Wein: attraktiv, mittleres Rot; »warme« schokoladige Nase; süß, stämmiges burgundisches Gewicht (13,5 % Alkohol), köstlicher himbeerartiger Geschmack und schöner eichenbetonter Abgang. *Im Juni 1999 in der deutschen Botschaft in London verkostet ★★★(★) Jetzt bis 2010.*

Ihringer Winklerberg Spätburgunder Rotwein »★★★« Auslese (B) Dr. Heger Ein »Dreisterne-Pinot-noir« aus einem Weingut, das zweifellos mehr als drei Sterne verdient. Sehr reiches Sortenaroma, das sich schön öffnete; duftende Pinot-Nase, Karamell und Teer; leicht süß, sehr guter eichenbetonter Pinot-Geschmack, vielleicht etwas marmeladig. *Im März 2000 bei der »Club-50«-Verkostung in Düsseldorf degustiert ★★★*

Iphöfer Kalb Ehrenfelser Eiswein (F) Wirsching Gelb; schöne Honignase; süß, köstlicher Geschmack mit sehr trockenem, säurebetontem Abgang. *April 2000 ★★(★) Etwa 2006 bis 2010.*

Kiedricher Gräfenberg Riesling Spätlese (Rg) Robert Weil Eine mir zugesandte Flasche, die ich nicht einmal ein Jahr nach der Lese zum zweiten Frühstück verkostete. In seiner Leichtigkeit und Delikatesse fast wie ein Moselwein, etwas Körper, köstlich im Geschmack, schwungvoller Abgang. *August 1998 ★★★★ Jetzt bis 2006.*

Kiedricher Gräfenberg Riesling Auslese Goldkapsel (Rg) Robert Weil Wilhelm Weil leistet sich so gut wie keinen Fehler. Das Markenzeichen seiner Weine sind fruchtige Süße und Charme. Dreimal verkostet, das erste Mal eine halbe Flasche beim spätabendlichen Essen nach dem Theaterbesuch: Duft nach Melonen und Renekloden, stachelbeerartige Säure; süß, weich, fett, 8 % Alkohol, herrliche Frucht und Säure. Ein pfirsich- und honigartiger Fünfsterne-Wein, degustiert bei einer Verkostung mit deutschen Gewächsen in der deutschen Botschaft. Unlängst zum großen Finale beim »Giganten«-Essen: sehr blass; außerordentlich entgegenkommendes Bukett; sehr süß, sehr originell. *Zuletzt im November 1999 in der Krone in Assmannshausen degustiert ★★★★(★) Jetzt bis 2015.*

Der VDP und die große Weinversteigerung

Dem Verband Deutscher Prädikats- und Qualitätsweingüter (VDP) gehören rund 150 der bedeutendsten deutschen Weingüter an. Der gegenwärtige Verbandspräsident, Michael Prinz zu Salm-Salm, besitzt ein 800 Jahre altes Familiengut an der Nahe. Er lud mich ein, die Spitzenweinversteigerung zu leiten, die alle zehn Jahre stattfindet und zu der die Kellereien ihre allerbesten und seltensten Kreszenzen einreichen. Sie fand »in Zusammenarbeit mit Christie's« am 15. November 1997 in Wiesbaden statt. Über tausend Anwesende füllten den großen Saal des Kurhauses – eine Rekordteilnahme. Hinter dem Pult saßen die Gutsbesitzer, im vorderen »Gestühl« die Weinkommissäre (Makler) mit ihren Kunden.

Ich war sehr besorgt über den zeitlichen Rahmen, denn jeder konnte jeden Wein verkosten, bevor das Lot ausgerufen wurde. Ein weiteres Problem waren die Kommissäre, die ich alle kannte; sie ließen sich gewohnheitsmäßig viel Zeit. Mit Prinz Michaels Unterstützung sprach ich mit ihnen ein Wort, bevor die Auktion begann. Ich erklärte, dass ich nicht aus gesundheitlichen Gründen oder zur Selbstdarstellung ins Wiesbadener Kurhaus gekommen war, sondern um die Bekanntheit und den Verkauf deutscher Weine zu fördern. Zum Glück ging alles gut.

Lieser Niederberg Helden Riesling Auslese »★★★« (M) Schloss Lieser Wilhelm und Thomas Haag zufolge konnte man einen sehr guten Oktober und einen der besten Jahrgänge der ganzen Dekade verzeichnen. 115° Öchsle, keine Edelfäule, 7,5 % Alkohol. Einfach köstlich. Süß, sahnig, pfirsichartig. Gleichgewicht und Abgang schön. *Im Mai 2000 auf dem Schloss verkostet ★★★(★) Jetzt bis 2010.*

Riesling Kabinett »Charta« (Rg) Eser Johannishof Charta-Weine sind von Haus aus trocken oder werden zumindest nicht aufgezuckert. Frisch, mineralisch; halbtrocken, wohlriechend, attraktiv, etwas kurz. *Im November 1999 beim »Giganten«-Essen in der Krone in Assmannshausen verkostet* ★★★

Schloss Vollrads Riesling Kabinett trocken (Rg) Würzige Nase, aber spröde. Er war speziell als Essensbegleiter erzeugt worden – und brauchte auch dringend ein Gericht neben sich. *Im November 1999 beim Essen »Rheingauer Giganten« verkostet* ★

Wehlener Sonnenuhr Riesling Kabinett (M) **J. J. Prüm** Der Eröffnungswein einer »Serie« mit 1997ern zur Veranschaulichung der verschiedenen Qualitätsstufen. Jugendliche Säure, minzig, Weiße Johannisbeeren; ziemlich trocken, 8,5 % Alkohol, wohlriechend. Ein guter, jung zu trinkender Essensbegleiter. *Im April 1999 bei der Weinart/Prüm-Verkostung in Österreich degustiert* ★★ *Jetzt trinken.*

Wehlener Sonnenuhr Riesling Spätlese (M) **J. J. Prüm** Insgesamt viermal verkostet, das erste Mal im April 1999. Damals sehr blass; verschlossen; fest, aber brauchte noch Flaschenalterung. Nur zwei Monate später zeigte er in der deutschen Botschaft in London, wo ich ihn mit sechs weiteren 1997ern degustierte, enormes Potenzial. Herrliche Frucht, aber noch unverwoben. Ähnliche Einträge bei einer Christie's-Masterclass im September des Jahres: hat noch wesentlich mehr zu bieten. Kürzlich: öffnet sich allmählich, traubiger Geschmack. *Zuletzt im Mai 2000 auf dem Gut verkostet* ★★(★★) *Schätzungsweise jetzt bis 2007.*

Wehlener Sonnenuhr Riesling Auslese (M) **J. J. Prüm** Produktion rund 7000 Flaschen. Erstmals im April 1999 verkostet. Jugendlich, Limonenton; mineralische Nase; lieblich, wohlriechend, 7,5 % Alkohol, trockener Abgang. Fünf Monate später mehr oder weniger derselbe Eindruck. Bei beiden Verkostungen leicht spritzig. *Zuletzt im September 1999 bei einer Masterclass von Christie's degustiert* ★★(★) *2005 bis 2010.*

Wehlener Sonnenuhr Riesling Auslese Goldkapsel Fass Nr. 29 (M) **J. J. Prüm** Ein Spitzenwein dieses Jahrgangs. Produktion nur 300 bis 400 Flaschen. Farbschwach; mineralische Nase; süß, weicher Pfirsichgeschmack. Schön. 8 % Alkohol. Ganz anders als die geradlinige Auslese. Jetzt schön, aber mit großer Zukunft. *Im April 1999 auf der Prüm-Verkostung von Weinart degustiert* ★★★(★)

1998 ★★★★

Ein ausgezeichnetes Jahr, wenigstens für die etablierten Weingüter mit gut drainierten Weinbergen, in denen die robusten, spät reifenden Riesling-Reben wuchsen. Den früh reifenden Rebsorten auf fetteren Böden in flacheren Lagen indes tat der reichliche Regen gar nicht gut.

Die Saison wurde mit einem frühen Austrieb eingeleitet, auf den ein sehr nasser April folgte. Zum Glück sorgte der heiße, sonnige Mai für ausgezeichnete Bedingungen während der Blüte, die an der Mosel zwei Wochen früher als üblich ablief und auch im Rheingau nicht besser hätte sein können. Andernorts war es zwar kühl, doch öffneten sich die Gescheine dort ebenfalls zeitig. Die niedrigen Temperaturen setzten sich zunächst fort und es regnete ausgiebig. Der Juli wiederum fiel warm und trocken aus, doch ließ sich die Sonne etwas wenig blicken. Den restlichen Sommer allerdings war es extrem heiß; im Rheingau kletterte das Quecksilber bis auf 40 °C, an der mittleren Mosel sogar auf den absoluten Rekordwert von 41,2 °C. Das gute Reifewetter hielt bis in den frühen September hinein an – danach allerdings regnete es fast ununterbrochen. An der Mosel kam man in den Genuss einer Woche Sonne im Oktober, gefolgt von Stürmen und Überschwemmungen. Trotz der Nässe blieben die Trauben erstaunlich reif und gesund. Das Gros wurde ab Mitte Oktober gelesen. Fazit: eine große, auf wundersame Weise gute Ernte.

Dorsheimer Goldloch Riesling Auslese (N) **Schlossgut Diel** An der Nahe fuhr man eine »sensationelle« Ernte ein. Lieblich, sehr guter Geschmack. Trockener Abgang. Ein breiterer, erdigerer Stil als die Moselweine. *Im Juni 2000 bei der Verkostung des Großen Rings in London degustiert* ★(★★) *2005 bis 2015.*

Erbacher Hohenrain Riesling Erstes Gewächs (Rg) **Jung** Qualitativ hochwertige Weine findet man nicht nur unter den Spätlesen, Auslesen oder noch höherwertigen Kategorien, wie dieser Wein beweist. Erste Gewächse sind eine Stufe höher als Charta-Weine anzusiedeln, fest und trocken. Fast farblos; sehr metallische Nase; trocken, fest, gute Länge. Ein idealer Essensbegleiter – er wurde zu Fisch serviert. *Im November 2000 beim Essen »Rheingauer Giganten« in der Krone in Assmannshausen serviert* ★★★

Graacher Himmelreich Riesling Kabinett (M) **J. J. Prüm** Sehr blass, ausgeprägter Grünton; in der Nase und am Gaumen mineralisch. Halbtrocken, leicht, köstlich. *Im Mai 2000 mit der Bacchus Society of America auf Manfred Prüms Terrasse verkostet* ★★(★) *Jetzt bis 2005.*

Hattenheimer Wisselbrunnen Riesling Auslese (Rg) **Schloss Reinhartshausen** 8 % Alkohol; schöne pfirsichartige Nase; süß, ausgewogen. *November 1999* ★★(★)

Hochheimer Kirchenstück Riesling Spätlese (Rg) **Künstler** Blass; reif, leicht apfelartige Nase; lieblich, reich und reif. *Im Januar 2002 bei Justerini & Brooks verkostet* ★★★ *Jetzt bis 2007.*

Hochheimer Stielweg Riesling Auslese trocken (Rg) **Künstler** Sehr blass, zitronengelb getönt; reich, minzig, Grapefruitnote; trocken, fest, komplett. Ein sehr gut gemachter trockener Wein. *Im November 2000 beim »Giganten«-Essen verkostet* ★★★ *Jetzt bis 2004.*

Iphöfer Kronsberg Rieslaner Spätlese (F) **Hans Wirsching** Das Gut befindet sich seit 1630 im Besitz der Familie Wirsching. Typisch stahliger Rieslaner; die markante Säure wurde vom Alkohol (13 %) und der reifen Frucht im Zaum gehalten. Schöner, traubiger Geschmack. *Im April 2000 im Londoner Vinopolis verkostet* ★★(★) *Sagen wir 2003 bis 2008.*

Kiedricher Gräfenberg Riesling Auslese (Kapsellänge nicht notiert) (Rg) **Robert Weil** Der letzte und schönste Wein beim Essen mit »Rheingauer Giganten« in der Assmannshausener Krone: jugendlich, mineralisch; bezaubernde Süße, pfirsichartiger Geschmack, schöne Säure. *November 2000* ★★★(★)

Kiedricher Gräfenberg Riesling Auslese Goldkapsel (Rg) **Robert Weil** In der Farbe überraschende Flaschenabweichungen. Die erste blass, die zweite reingolden, die dritte bernsteingolden; die erste verschlossen und säurebetont; die zweite pfirsichartiger und vielschichtiger; am Gaumen die erste wunderschön reich und strukturiert, die anderen beiden rosiniger. *Im September 1999 von Weil für eine Masterclass bei Christie's zur Verfügung gestellt. In Bestform* ★★★★

Maximin Grünhäuser Abtsberg Riesling Spätlese (M) **v. Schubert** Fast farblos; leicht, wohlriechend, blumig; halbtrocken, leicht (8 % Alkohol), mit köstlichem Geschmack, trockenem Abgang und appetitanregender Säure. *Im Oktober 2000 beim jährlichen Gourmet Dinner des Knickerbocker Club in New York verkostet* ★★★(★) *Jetzt bis 2010.*

Münsterer Pittersberg Riesling Auslese (N) **Krüger-Rumpf** Zweimal verkostet, das erste Mal bei der Degustation des Großen Rings im Juni 2000, das zweite Mal fünf Monate später: sehr blass; eigenartig puderige Nase; lieblich, leicht, wohlriechender Nahe-Stil mit »tanzender« Säure. Braucht Zeit. *Im November 2000 bei der Raritätenweinprobe auf Schloss Johannisberg verkostet* ★★(★★) *Etwa 2005 bis 2010.*

Nackenheimer Rothenberg Riesling Spätlese (Rh) **Gunderloch** Mit Fritz Hasselbach an der Spitze zweifellos eines der herausragenden Weingüter in Rheinhessen. Als Erstes sein Riesling Kabinett »Jean Baptiste«: stachelbeerartige Säure; trocken, wohlschmeckend, eher schlank, köstlich. Dann diese Spätlese vom Rothenberg mit genau der richtigen milden Süße und erfrischenden Säure. Alles wirkt so mühelos. *Zuletzt im April 2000 im Londoner Vinopolis verkostet ★★(★) Jetzt bis 2006.*

Nackenheimer Rothenberg Riesling Auslese (Rh) **Gunderloch** Zweimal verkostet, das erste Mal im April 2000: enttäuschend blass; Pfirsich- und Reneklodenaroma; schöner, weicher, süßer, delikater, traubiger Geschmack. Vier Monate später in hervorragender Verfassung bei Len Evans' »Imperial Dinner«. Beispielhaftes Gleichgewicht von Frucht und Säure, köstlich. *Zuletzt im September 2000 im Hunter Valley verkostet ★★★(★) An der Grenze zu fünf Sternen. Kann ein Wein perfekt, aber nicht groß sein? 2006 bis 2012 auf der Höhe.*

Niederhäuser Hermannshöhle Riesling Auslese (N) **Dönnhoff** Einige dieser deutschen Lagennamen sind wirklich amüsant. Der bescheidene Helmut Dönnhoff wurde vom einflussreichen »Gault-Millau WeinGuide Deutschland« zum Winzer des Jahres 1999 gewählt. Mit diesem Erzeugnis wird er seinem Ruf auf jeden Fall gerecht. Ein »Fruchtsalat«-Nahewein, wie ich ihn mir wünsche. *Im April 2000 im Londoner Vinopolis verkostet ★★★(★) Schön, aber man sollte ihm noch etwas Zeit für seine Entwicklung lassen. Schätzungsweise 2006 bis 2012.*

»Penguin« Eiswein (Rh) **Guntrum** Hajo Guntrum ist der experimentierfreudige Winzer par excellence. Hinter dem ziemlich offensichtlich verkaufsfördernden Titel und Etikett versteckt sich ein äußerst ansprechender Wein. Grünlich getöntes Gelb; Minze und Honig; sehr süß, Aprikosennote, schöne Säure. Eine halbe Flasche, nur 9 % Alkohol – Daphne und ich putzten sie mühelos weg. *Im Februar 2000 zu Hause verkostet. Versuchen Sie ihn mal zu Baisers ★★★*

Piesporter Goldtröpfchen Riesling Spätlese trocken (M) **Reinhold Haart** Theo Haart hat einen ausgezeichneten Ruf, muss potenzielle Kunden aber unablässig davon überzeugen, dass dieser Wein nichts mit den Goldtröpfchen traditioneller Machart zu tun hat. Er führt noch mehrere trockene Spätlesen im Sortiment. Fast farblos wie so viele 1998er von der Mosel; sehr blumiges, entgegenkommendes Aroma; trocken, frisch, jugendlich. Köstlich. *Im März 2000 verkostet, als ich am Vorabend einer samstäglichen Weinveranstaltung im Hamburger Hotel Louis C. Jacob allein zu Abend aß ★★★*

Schlossböckelheimer Königsfels Riesling Kabinett (N) **Paul Anheuser** Ein altes, 1627 gegründetes Familiengut. Verschlossen, aber in der Nase und am Gaumen sehr attraktive, Nahetypische »Fruchtsalat«-Note. Ziemlich trocken. Gute Säure. *Im April 2000 im Londoner Vinopolis verkostet ★★★ Für baldigen Trinkgenuss.*

Wehlener Sonnenuhr Riesling Kabinett (M) **J.J. Prüm** Sehr blass, leicht grünspurig; würzig; sehr trocken, 8 % Alkohol, etwas spröde, sehr gute Säure. Es war zwar angenehm, an Tischen auf der Terrasse von Manfred Prüms Haus mit Blick auf die Sonnenuhr-Lage eine Reihe von Weinen zu verkosten, doch ideale Verkostungsbedingungen herrschten dort nicht. *Mai 2000 ★★ Muss bald getrunken werden.*

Wehlener Sonnenuhr Riesling Spätlese (M) **J.J. Prüm** Extrem blass, limonengelber Anflug; ein traubigeres Aroma als der Kabinett; halbtrocken, angenehmer »breiter« Riesling-Geschmack. *Im Mai 2000 bei Manfred Prüm verkostet ★★(★) Etwa 2005 bis 2010.*

Wehlener Sonnenuhr Riesling Auslese (M) **J.J. Prüm** Blass; schön, wohlriechend, pfirsichartig; lieblich, ziemlich reicher, traubiger Geschmack, sehr gute Säure. *Im Mai 2000 bei Prüm degustiert ★★★(★) Jetzt köstlich, entwickelt sich aber noch weiter, etwa 2005 bis 2012 auf dem Höhepunkt.*

Wehlener Sonnenuhr Riesling Auslese Goldkapsel (M) **J.J. Prüm** Ziemlich blass; hat eindeutig eine gute Zukunft vor sich und ist zwar sehr gut, doch war das Mehr an Qualität gegenüber der regulären Auslese nicht so ganz erkennbar. Dieselbe Süße und charakteristische, Riesling-typische »Kerosin«-Note. *Im Mai 2000 bei Prüm verkostet ★★★(★) 2006 bis 2015.*

Wehlener Sonnenuhr Riesling Auslese lange Goldkapsel (M) **J.J. Prüm** Mehr Farbe, honigartige Edelfäule; süß, schöner Körper und Geschmack, gute Länge. *Der Höhepunkt der Verkostung bei Prüm im Mai 2000 ★★★(★★) 2008 bis 2020.*

Winkeler Hasensprung Riesling Eiswein (Rg) **Fritz Allendorf** Glanzhell; Lindenblütenduft; schöne, lebhafte Frucht, Fleisch und Säure. *Im November 1999 beim Essen »Rheingauer Giganten« in der Krone zu Assmannshausen verkostet ★★★(★) Jetzt köstlich. Warum noch warten?*

1999 ★★★★

Angeblich einer der besten Jahrgänge seit 1976, was dem langen, warmen und außerordentlich sonnigen Sommer zu verdanken ist, obwohl es wie 1998 während der gesamten Lese regnete. Wieder einmal überstanden die gut ausgereiften Trauben an den wasserdurchlässigsten Hängen die Niederschläge am besten. In allen Regionen waren sehr reife Frucht und ungewöhnlich niedrige Säure zu verzeichnen – womit dieser Jahrgang durchaus mit dem 1976er vergleichbar ist. Besonders erfolgreich fiel er denn auch an Saar und Ruwer aus, wo die hohe Säure oft ein Problem ist.

Wie bei anderen Jahrgängen der letzten Zeit konzentriere ich mich eher auf hochwertige, entwicklungsfähige Kreszenzen. Natürlich gibt es auch Unmengen sehr ansprechender, preiswerter QbA- und Kabinettweine für raschen Verbrauch.

Berncasteler Doktor Riesling Auslese (M) **Thanisch** Mineralisch, traubig; lieblich, spröder Abgang. Braucht Zeit. *Im Juni 2000 bei der Verkostung des Großen Rings in London degustiert (★★★) 2005 bis 2010.*

Brauneberger Juffer-Sonnenuhr Riesling Kabinett (M) **F. Haag** Sehr blass; frische, jugendliche Traubigkeit; nicht zu trocken, sehr leicht (7,5 % Alkohol), erfrischend. *Im Mai 2000 bei einer für die Bacchus Society organisierten Verkostung von Fritz-Haag- und Schloss-Lieser-Weinen mit Wilhelm Haag und seinem Sohn auf dem Schloss degustiert ★★★ Für relativ frühen Trinkgenuss.*

Brauneberger Juffer-Sonnenuhr Riesling Spätlese (M) **F. Haag** Blass; ansprechend, sahnig, erdig-fruchtiger Brauneberg-Charakter; halbtrocken, leicht (7,5 % Alkohol), ein angenehmer, unbeschwerter Trinkgenuss. *Im Mai 2000 auf Schloss Lieser verkostet ★★(★) 2005 bis 2010.*

Brauneberger Juffer-Sonnenuhr Riesling Auslese Goldkapsel (M) **F. Haag** Lebhaft, klassisch; sehr gut, ziemlich süß, reich, aber nur 7 % Alkohol, leichter, traubiger Geschmack. *Im Mai 2000 auf Schloss Lieser degustiert ★★★(★) Schätzungsweise 2006 bis 2012.*

Eitelsbacher Karthäuserhofberg Riesling Auslese (M) **Tyrell** Erstmals im Juni 2000 verkostet: kaum Farbe; leichte, jugendliche, würzige Nase; lieblich, schwungvoller, junger Geschmack. Im Abgang etwas hart. Christoph Tyrell berichtete, dass seine Trauben 1999 nur sehr wenig Botrytis mitbekommen hätten, was erklärt, warum der Wein eine so blasse, schwache Farbe hat und Tyrell keine Trockenbeerenauslese bereitete. Nach zwei Jahren war er schön weich geworden. *Im Juni 2002 bei der Ver-*

kostung des Großen Rings im Londoner RAC Club degustiert ★★★★ *Jetzt bis 2010. Eine jährlich stattfindende Weinprobe, auf die ich mich immer sehr freue.*

Eitelsbacher Karthäuserhofberg Riesling Auslese Fass Nr. 22 (M) Tyrell Ein besonders gutes Fass, Preis 36,50 DM ab Keller (die Standard-Auslese kostete 22,22 DM). Etwas ausgeprägtere Pfirsichnote. Fest. Schieferiger Abgang. *Juni 2000* ★(★★★) *2009 bis 2018.*

Eitelsbacher Karthäuserhofberg Riesling Auslese Fass Nr. 23 (M) Tyrell Mehr Kraft, größere Länge, schöner Nachgeschmack. Preis 43 DM. *Juni 2000* (★★★★) *2010 bis 2020.*

Erbacher Marcobrunn Riesling Spätlese (Rg) Schloss Reinhartshausen Sehr ansprechend, in der Nase und am Gaumen Pfirsichnote. Halbtrocken, gute Frucht und Säure. *Mai 2000* ★★(★) *2003 bis 2008.*

Die Bedeutung der Schieferböden an der Mosel

Die dramatisch steilen Weinberglagen an der Mosel sind für den Anbau der Riesling-Traube von entscheidender Bedeutung. Erstens halten sich die Stöcke an den oft schwindelerregend abschüssigen Hängen nur deshalb, weil der Schieferfels brüchig ist und seine Schichten gerade im richtigen Neigungswinkel verlaufen, um den Wurzeln Halt zu geben. Zweitens halten Schieferböden die Feuchtigkeit, die die Rebe braucht – an anderen Hängen mit derselben Neigung würde das Wasser oberirdisch ablaufen, sodass man Terrassen anlegen müsste. Und drittens speichert Schiefer Sonnenwärme und gibt sie nachts wieder ab, was für den Reifeprozess in dieser eher kühlen Region eine wichtige Rolle spielt. Außerdem enthält Schiefer angeblich wertvolle Mineralien, die von den Reben verwertet werden und den Weinen Charakter verleihen. Und tatsächlich ist meiner Meinung nach vielen Mosel-Rieslingen eine ausgeprägt mineralische Note eigen.

Erbacher Marcobrunn Riesling Spätlese trocken (Rg) Schloss Reinhartshausen Sehr blass; sanft duftend, sahnige Riesling-Nase, die sich im Glas entfaltete; ohne Zweifel sehr trocken. Erfrischende Säure. Ein guter Essensbegleiter. Kürzlich: blass, glanzhell; ansprechend, aber stahlig, leicht metallisch. Ich glaube, noch ein weiteres Jahr Reife würde ihm gut tun; halbtrocken, mit schönem blumigem Geschmack. *Im Februar 2002 auf dem Schloss verkostet* ★★(★)

Erbacher Marcobrunn Riesling Spätlese fruchtig (Rg) Schloss Reinhartshausen Blass; glanzhell; charakteristisch, kräuterwürzig; ziemlich süß, lebhafter, traubiger Geschmack, gut im Gleichgewicht, köstlich. *Im Februar 2002 auf dem Schloss verkostet* ★★★ *Bald trinken.*

Erbacher Rheinhell Weißburgunder und Chardonnay QbA trocken (Rg) Schloss Reinhartshausen Einmalig. Ein Chardonnay, der von einem Weinberg auf einer schmalen Insel im Rhein gegenüber dem Schloss stammt. Stahlig, attraktiv, mineralisch; trocken, fest, spröde, wie ein Chablis. 12 % Alkohol. Braucht noch Flaschenalterung. *Mai 2000* (★★★) *2003 bis 2009?*

Erbacher Schlossberg Riesling Kabinett trocken (Rg) Schloss Reinhartshausen Blass; mineralisch; trocken, 12,5 % Alkohol, gute Säure. Ein schöner Essensbegleiter für den Alltag. Die glücklichen Deutschen: Sie können diesen Wein im Laden an der Kellertür für nur 19 DM kaufen. *Im Mai 2000 auf dem Schloss verkostet* ★★ *Für baldigen Genuss.*

Erbacher Schlossberg »Erstes Gewächs« (Rg) Schloss Reinhartshausen Gute Farbe; noch immer frisches, ansprechendes Bukett; mittel – weder süß noch trocken. Weich, reifer Geschmack, süßer, fruchtiger Abgang. *Im Februar 2002 auf dem Schloss verkostet* ★★(★)

Erdener Prälat Riesling Auslese (M) Dr. Loosen Es ist nicht übertrieben zu behaupten, dass Ernst Loosen diese Lage bekannt machte – zumindest im Ausland. Der Prälat wird von einem außergewöhnlichen Mikroklima verwöhnt, in dem die reichsten Weine an der ganzen Mosel entstehen. Loosens Kellermeister Bernhard Schug holt das Beste aus dem Weinberg heraus. Die Nase der 1999er Auslese, anfangs wie Gummidrops mit Birnengeschmack, zeigt große Tiefe; am Gaumen fest, schöner Geschmack und ausgezeichnete Säure. *Zuletzt im Juni 2000 verkostet* ★★(★★) *2005 bis 2012.*

Erdener Prälat Riesling Auslese (M) Mönchhof Robert Eymaels Weine sind auf herrlich unbeschwerte Weise ansprechend – die idealen Gewächse für warme Sommertage. Farblos; jugendliches Trauben- und Ananasaroma; lieblich, leicht (8 % Alkohol), säurebetont. *Im Juni 2000 bei der Verkostung des Großen Rings in London degustiert* (★★★) *2005 bis 2010.*

Erdener Prälat Riesling Auslese Goldkapsel (M) Mönchhof Die hier oft wiederholte Beurteilung »pfirsich- und traubenartig« mag auf die Dauer langweilen, doch die Weine von Mosel, Saar und Ruwer haben nun einmal diesen Charakter. Interessanterweise hatte dieser Wein noch weniger Alkohol als die Auslese (7,5 %). Was soll ich lange herumreden: Man trinke ihn in angenehmer Gesellschaft. Ziemlich süß, köstliche Säure. *Juni 2000* ★(★★★) *2006 bis 2012 – oder auch früher.*

Hattenheimer Nussbrunnen Riesling Kabinett trocken (Rg) Schloss Reinhartshausen Buchstäblich farblos; unreife, grapefruitartige Säure; trocken, 11 % Alkohol. Noch ein gut gemachter, vielseitiger Essensbegleiter. *Im Mai 2000 auf dem Schloss verkostet* ★★★ *Jetzt bis 2004.*

Hattenheimer Wisselbrunnen Riesling Kabinett halbtrocken (Rg) Schloss Reinhartshausen Ebenfalls farblos; vollere, entgegenkommendere Nase; so halbtrocken, wie es auch auf dem Etikett stand, im Geschmack ganz gut, aber unspektakulär. *Mai 2000* ★★ *Bald trinken.*

Hochheimer Reichestal Riesling Kabinett (Rg) Künstler Überraschend süß, aber mit lebhafter Säure als Gegengewicht, leicht (7 % Alkohol), schöner Geschmack. Für diese Qualität unglaublich preisgünstig. *Im Januar 2002 bei Justerini & Brooks verkostet* ★★★ *Jetzt bis 2005.*

Iphöfer Kronsberg Silvaner Spätlese (F) Hans Wirsching In manchen Regionen erbringt der Silvaner schale, abgestandene Weine, in Franken aber läuft er zur Hochform auf. Viele Erzeuger vergleichen ihren 1999er mit dem ausgezeichneten 1975er, denn in beiden Jahrgängen unterstrich die etwas hohe Säure die Lebhaftigkeit des Silvaners. Blass, mit gutem Aroma und trockenem, stahligem Geschmack. *Im April 2000 im Londoner Vinopolis verkostet* ★(★★★) *2004 bis 2008.*

Schloss Johannisberger Riesling Rotlack (Kabinett) (Rg) Trocken, stahlig, gute Frucht im Mittelteil und Abgang. Ich habe keine Ahnung, warum die Verbraucher von dieser Art Wein als Essensbegleiter die Finger lassen. *Trank sich gut beim Essen auf dem Schloss im November 2001* ★★★ *Bald aufbrauchen.*

Schloss Johannisberger Riesling Goldlack TBA (Rg) Der jüngste und letzte von zehn Weinen, die bei der 900-Jahr-Feier auf dem Schloss gereicht wurden: mittelblass, wächsernes Gelb; jugendlich; natürlich sehr süß, fleischig, sahnig, ein metallischer Anflug; braucht noch Flaschenalterung. Große Länge und beachtliches Potenzial. *November 2001* (★★★★★) *2015 bis 2040?*

Kanzemer Altenberg Riesling Auslese (M) v. Othegraven Nahezu farblos, wie fast alle Weine von Saar und Ruwer; ein leichtes, aber bezauberndes Aroma wie frisch geschälte Trauben; lieblich, wesentlich körperreicher, als Erscheinungsbild oder Nase vermuten ließen, griffig. Profitiert von Flaschenalterung. *Im Juni 2000 auf der Verkostung des Großen Rings degustiert. Mindestens ★(★★) 2006 bis 2012.*

Kanzemer Altenberg Riesling Auslese Goldkapsel (M) **v. Othegraven** Schöne, reife, pfirsichartige Nase, süßer und noch vollmundiger als die »einfache« Auslese. Dieses Gut hat unter der Leitung der brillanten, begeisterungsfähigen Dr. Heidi Kegel neuen Aufwind bekommen. *Juni 2000 ★(★★★) 2009 bis 2015.*

Lieser Niederberg Helden Riesling Kabinett (M) **Schloss Lieser** Kaum Farbe; seltsam »ziegenartige« Weichkäsenase; ziemlich trocken, 9,8 % Alkohol, leicht fruchtiger Charakter und gute Säure. *Im Mai 2000 auf Schloss Lieser verkostet ★★ Für baldigen Genuss gedacht.*

Lieser Niederberg Helden Riesling Spätlese (M) **Schloss Lieser** Ebenfalls fast farblos; frische Grapefruit-Note; halbtrocken, ziemlich leicht (8 % Alkohol), mild traubig, ansprechender Geschmack. *Mai 2000 ★★★ 2004 bis 2009.*

Lieser Niederberg Helden Riesling Auslese (M) **Schloss Lieser** Sehr blass; reiche, intensive Nase; am Gaumen süßer, reicher, traubiger als die Spätlese, 8 % Alkohol, für sein Alter ziemlich weich. *Mai 2000 ★★(★★) 2008 bis 2015?*

Maximin Grünhäuser Abtsberg Riesling Spätlese (Rg) **v. Schubert** Fast farblos; außerordentlich schwungvoller Duft; lieblich, schöne Säure, aber etwas rau – braucht noch Zeit, um sich abzurunden. *Im Januar 2001 bei einer Verkostung bei Justerini & Brooks degustiert ★(★★)*

Niederhäuser Hermannshöhle Riesling Auslese (N) **Dönnhoff** Fast farblos; ein weiteres Beispiel für Helmut Dönnhoffs tadellose Kellerkunst. *Juni 2000 ★★(★★) 2005 bis 2010.*

Oberemmeler Hütte Riesling Auslese und **Auslese »★«** (M) **v. Hövel** Eberhard von Kunow bereitet wie Christoph Tyrell zwei Arten von Auslese – die höherwertige ist mit einem Stern gekennzeichnet. Beide sind praktisch farblos; beide schön, Letztere mit schwungvoller Saar-Säure. *Bei der Verkostung des Großen Rings im Juni 2000 degustiert ★(★★★) Beide 2008 bis 2020.*

Oberhäuser Leistenberg Riesling Kabinett (N) **Dönnhoff** Ausgesprochen duftende Nase, guter Geschmack und Nachgeschmack. Mit Schwung und einem Anflug von Süße. *Im April 2000 im Londoner Vinopolis verkostet ★★★ Jetzt bis 2006.*

Piesporter Goldtröpfchen Riesling Auslese (M) **Reinhold Haart** Ein Piesporter – aber ein richtiger (siehe auch meinen Eintrag zu Haarts 1998er). Der 1999er: farblos; stahlige, schieferige, sehr mineralische Nase; lieblich, reif, ziemlich eindringlich und wieder dieses schon reichlich abgegriffene Adjektiv »pfirsichartig«. *Im Juni 2000 bei der Verkostung des Großen Rings in London degustiert ★(★★★) 2006 bis 2012.*

Saarburger Rausch Riesling Auslese (M) **Geltz-Zilliken** Hans-Joachim Zilliken ist wie Dönnhoff an der Nahe ein bescheidener Erzeuger, der das Winzerhandwerk vortrefflich beherrscht. Ein klassischer Saarwein mit offenem, reifem Stil. *Im Juni 2000 bei der Verkostung des Großen Rings in London degustiert ★(★★) 2005 bis 2010.*

Saarburger Rausch Riesling Auslese lange Goldkapsel (M) **Geltz-Zilliken** Und dieser Wein beweist es: schön, pfirsichartig, ziemlich eindringlich. Man sollte ihm Zeit lassen. *Juni 2000 ★★★★(★) 2008 bis 2016.*

Schloss Reinhartshausen Gutsriesling trocken (Rg) **Schloss Reinhartshausen** Blass, noch immer mit jugendlichem Ton; süßer, blumiger, attraktiver Duft; am Gaumen etwas Süße, sehr ansprechender Geschmack und im Abgang angenehme Säure. *Im Februar 2002 auf dem Schloss verkostet ★★★ Für baldigen Trinkgenuss gedacht.*

Schloss Saarstein Riesling Spätlese (M) **Schloss Saarstein** Der 11 ha große Alleinbesitz der Familie Ebert. Kabinett und Spätlese waren gleichermaßen attraktiv, die Spätlese seltsamerweise blasser, erdiger, gute, markante Saar-Säure. *Im April 2000 im Londoner Vinopolis verkostet ★★(★) Jetzt bis 2007.*

Scharzhofberger Riesling Kabinett (M) **Egon Müller** Fast farblos; schönes frisches, jugendliches Aroma; etwas süßer als erwartet; leicht im Stil (9 % Alkohol), schöner Geschmack, sehr säurebetont. Die Müllers haben ein Problem: Sie sind zwar mit ihren feinen Süßweinen außerordentlich erfolgreich, doch zieht ihre Klientel die preisgünstigeren Erzeugnisse einfacherer Qualität vor. Der Nachfrage können sie durch Deklassierung um jeweils eine Stufe begegnen – mit dem Ergebnis, dass ein Kabinett gar nicht einmal so selten im Grund eine Spätlese, eine Spätlese eigentlich eine Auslese und so weiter ist. *Im Mai 2000 verkostet ★★★ Jetzt bis 2004.*

Scharzhofberger Riesling Spätlese (M) **Egon Müller** Ebenfalls fast farblos; frisch, jugendlich, Anflug von Limonen; lieblich, etwas »Babyspeck«, leichtgewichtig (8,5 % Alkohol), schöner Geschmack, herrliche Säure. Viele andere Erzeuger erreichen bestenfalls mit ihren Auslesen das Niveau dieser Spätlese. *Im Mai 2000 auf dem Gut verkostet ★(★★★) 2004 bis 2012.*

Scharzhofberger Riesling Spätlese Fuder 36 (M) **Egon Müller** Sehr blass; wohlriechend, delikat; mittel – weder süß noch trocken, leicht, milder, schöner Geschmack, Veilchen im Nachgeschmack. *Im Januar 2001 bei einer Weinprobe von Justerini & Brooks degustiert ★★★(★★) 2005 bis 2012.*

Scharzhofberger Riesling Auslese Goldkapsel (M) **Egon Müller** Diese Auslese war noch nicht abgefüllt, als ich sie Mitte Mai 2000 auf dem Gut verkostete. Sehr blass; in der Nase und am Gaumen einfach herrlich pfirsichartig, süß, reich, nur 8 % Alkohol, perfekte Säure. Als Nächstes exakt einen Monat später mit Egon Müller junior bei der Verkostung des Großen Rings in London: unvergleichlich, würzig, superb. Kürzlich: eine sublime Einheit aus reicher Edelfäule und Säure. *Im November 2000 beim Empfang »Primum Familiae Vini« im Londoner Vinopolis verkostet ★★(★★★)*

Scharzhofberger Riesling BA (M) **Egon Müller** Mittleres Goldgelb; Duft nach köstlichen Pfirsichschalen; natürlich sehr süß, schöne schwere Frucht und perfekte Säure. *Juni 2002 ★★★(★★★) Schon jetzt schön, wird sich aber noch fabelhaft entwickeln.*

Trittenheimer Leiterchen Riesling Auslese (M) **Milz-Laurentiushof** Lage in Alleinbesitz Ich kenne zwar Trittenheim, eine etwas flussaufwärts gelegene Gemeinde an der mittleren Mosel, muss aber zu meinem Bedauern eingestehen, dass ich diesem 500-jährigen Familiengut mit ausgezeichneter Reputation noch nie einen Besuch abgestattet habe. Der Familie Milz gehören das Leiterchen und der Felsenkopf. Die 1999er Auslese hatte eine eigenartige, leicht apfelfruchtige Nase, pfirsichartig; lieblich, ein attraktiver Mundfüller. *Im Juni 2000 bei der Verkostung des Großen Rings degustiert ★★(★) 2005 bis 2010.*

Wallhäuser Johannisberg Riesling Auslese (N) **Schloss Dalberg** Ansprechendes, jugendliches, minziges, traubiges Aroma und ebensolcher Geschmack; lieblich, Ananas und rohe Äpfel. Ein angenehmer Sommerwein. Braucht noch etwas Zeit. *Im Juni 2000 zu Hause verkostet ★(★★) Etwa jetzt bis 2007.*

2000–2001

Es lebe der Riesling! Der König unter Deutschlands Reben hat sich wieder seinen angestammten Platz auf dem Thron erobert und feiert vor allem in der Region Mosel-Saar-Ruwer und im Rheingau Triumphe. Das heißt nicht, dass die Traube nicht auch in anderen deutschen Anbaugebieten gedeiht oder dass die anderen klassischen Sorten wie Gewürztraminer in der Pfalz oder der Silvaner und rassige Rieslaner in Franken nichts zählen. Aber zumindest wurden die etablierten Arbeitspferde Müller-Thurgau und eine Reihe von seltsamen Neuzüchtungen in ihre Schranken verwiesen.

Und eine weitere interessante Entwicklung ist in Deutschland zu beobachten: Gerade einmal eine Hand voll großer, zum Teil noch relativ junger Erzeuger hat die Qualität der deutschen Weine ein gutes Stück vorangebracht. Das kann auch den schwächeren Mitstreitern der letzten Zeit nicht verborgen geblieben sein, die es sich nun – Wetter hin, Markt her – nicht leisten können, den Zug zu verpassen. Ich glaube, die »Stars« und die Preise, die sie für ihre Gewächse auf Versteigerungen erzielen, belegen, dass aus dem Riesling Weltklasseweine gekeltert werden können. Robert Weils Erfolg in New York ist ein gutes Beispiel dafür.

Einen Gegensatz zu den reicheren Weinstilen bilden Georg Breuers brillante, kompromisslose trockene Weine, die sich ausgezeichnet als Essensbegleiter eignen und darüber hinaus von Flaschenalterung profitieren. Ein weiterer Schritt in die richtige Richtung ist die Wiederbelebung der Ersten Gewächse, obwohl das wie in Burgund mit seinen *Grand-cru-* und *Premier-cru-*Lagen nicht ganz ohne Probleme vonstatten geht. Man möchte die Etiketten vereinfachen, indem man den Jahrgang, das Gut, den Markennamen, die Rebsorte und die Qualitätsstufe auf dem Hauptetikett nennt und nur bei den Spitzengewächsen einer Kellerei den Gemeinde- und Lagennamen verwendet. Hilfreich wären auch genauere Angaben über den Süßegrad. Insbesondere aber sollte die Flut deutscher Billigstweine auf die hintersten Plätze verwiesen werden. Eine »ABC«-Kampagne – »*A*lles, *b*loß kein Chardonnay« – gibt es bereits. Wie wäre es mit einer »ABZ«-Kampagne: »*A*lles, *b*loß kein Zuckerwasser«?

2000 ★★ bis ★★★

»Durchschnittlich bis gut« ist zu eng gefasst – mit »schlecht bis ausgezeichnet« wäre dieser alles andere als unproblematische Jahrgang treffender beschrieben. Insgesamt fiel die kleinere Ernte geringer aus als 1999, an Mosel, Saar und Ruwer lag sie sogar um 25 % unter dem Vorjahresergebnis.

Wie üblich war das Wetter an allem schuld. Im September gingen sintflutartige Regenfälle nieder – in manchen Bereichen betrug die gemessene Niederschlagsmenge das Dreifache des Monatsmittels. Am schlimmsten erwischte es die flachen Rebgärten mit fetten Böden und früh reifenden Sorten wie Müller-Thurgau. Wie so oft entstanden die erfolgreichsten Weine an den Hanglagen mit gut wasserdurchlässigem Untergrund. Wer sich Behangausdünnung im August, selektive Handlese, das Wegwerfen der verfaulten Trauben und die behutsame Behandlung und Verarbeitung des restlichen Leseguts leisten konnte, bereitete höchst ansprechende Weine.

Ich habe auf der mittlerweile sehr großen und erfolgreichen Fachmesse Prowein in Düsseldorf eine breite Palette von 2000ern erstmals verkostet. Selbst wenn man ihre Jugend berücksichtigte, hatten wenige das Zeug, einmal dieselbe Qualität wie die 1999er oder 1998er zu erreichen. Stefan Ress räumte ein, dass 2000 sein schwierigster Jahrgang seit 1982 gewesen sei. Einmal musste er den Most sogar vor der Vergärung und noch einmal danach durch große Filter schicken.

Die trockenen Kabinettweine und Spätlesen waren von uneinheitlicher Qualität, aber eindeutig für den baldigen Verbrauch bestimmt. Die erfolgreichsten trockenen Gewächse, die ich verkostet habe, stammten von Georg Breuer, der in Deutschland meines Erachtens fast als einziger von Natur aus knochentrockene Provenienzen mit wirklich beeindruckender Struktur und Länge erzeugt. Angesichts des erfolgreichen 2001ers mit seinem Übergewicht an feinen, reichen Weinen erweisen sich die leichten, trockenen, einfacheren 2000er vielleicht noch als nützliche, erfrischende Alltags- und Restaurantweine für zwischendurch. Hier eine kleine Auswahl aus den verkosteten Gewächsen.

Paul Anheuser Riesling »Classic« (N) **Paul Anheuser** Trocken, würzig, lebhaft. *Im April 2001 auf der Verkostung deutscher Weine im Londoner Vinopolis degustiert* ★★

Deidesheimer Paradiesgarten Riesling Kabinett (P) **v. Bassermann-Jordan** Mild und angenehm und immer interessanter als die trockenen Weine dieses klassischen Weinguts in der Pfalz, wie etwa der spröde Blanc de Pinot Gris. *Im März 2001 auf der Prowein verkostet* ★★

Dorsheimer Pittermännchen Riesling Spätlese (N) **Schlossgut Diel** Leichte, mineralische Pfefferminznase; halbtrocken, lebhaft, leicht (7,5 % Alkohol) und attraktiv. *Im März 2001 auf der Prowein verkostet* ★★(★) *Bald trinken.*

»Frühlingswein« Riesling QbA trocken (Rg) **Schloss Reinhartshausen** Ein passender Name: ziemlich trocken, leicht würzig und fruchtig, 11,5 % Alkohol und mit 9,90 DM ab Keller bemerkenswert preisgünstig. *Im März 2001 auf der Prowein verkostet* ★★ *Für baldigen Konsum.*

Erbacher Rheinhell Weißburgunder und Chardonnay trocken (Rg) **Schloss Reinhartshausen** Glanzhelles Goldgelb; lebhafte Nase – eine interessante Mischung aus Pinot blanc und Chardonnay; ein Anflug von Süße, positiv, wohlriechend, gute Säure. Leicht spritzig. *Im Februar 2002 auf dem Schloss verkostet* ★(★★)

Erbacher Schlossberg Riesling Kabinett trocken (Rg) **Schloss Reinhartshausen** Blass, glänzendes Gelb mit leichtem goldenem Schimmer; attraktives, duftendes Riesling-Aroma; halbtrocken. Ansprechend im Geschmack. *Im Februar 2002 auf dem Schloss verkostet* ★★★ *Für baldigen Genuss.*

Erbacher Siegelsberg Riesling Kabinett fruchtig (Rg) **Schloss Reinhartshausen** Glanzhell, blass, frische Farbe; leicht, aber wohlriechend, etwas minzige Nase; lieblich, dabei leicht im Stil, frisch, wohlschmeckend, abgerundet, charmant. *Im Februar 2002 auf dem Schloss verkostet.*

Erbacher Siegelsberg Riesling BA (Rg) **Schloss Reinhartshausen** Erstaunliches Bernsteingold; süßes, pfirsichartiges, fast rosiniges Bukett; nicht so süß wie erwartet, aber reich, geschmacksintensiv und mit trockenem Abgang. *Im Februar 2002 auf dem Schloss verkostet* ★(★★★)

Hattenheimer Nussbrunnen Riesling Spätlese (Rg) **Balthasar Ress** Eine duftende Fassprobe, die im Mai 2001 abgefüllt werden sollte. *Im März 2001 auf der Prowein verkostet* ★★

Hattenheimer Nussbrunnen Riesling Auslese (Rg) **Balthasar Ress** Trotz einiger Probleme, die den in der Einleitung erwähnten Einsatz von Kohlefiltern erforderlich machten, eine angenehme Süße, gute Frucht und Griff. *Im März 2001 auf der Prowein verkostet* ★★ *Früh zu trinken.*

Hattenheimer Wisselbrunnen Riesling Kabinett halbtrocken (Rg) **Schloss Reinhartshausen** Gute Farbe; kräuterartiges Aroma; halbtrocken, attraktive junge Frucht, dank der Säure Länge und Abgang gut. *Im Februar 2002 auf dem Schloss degustiert* ★★

Hochheimer Kirchenstück Riesling Spätlese (Rg) **Werner** Ein Anflug von Honig, angenehmer Geschmack, aber nicht so gut wie der 1999er oder 1998er des Guts. *Im März 2001 auf der Prowein verkostet* ★★ *Für frühen Trinkgenuss.*

Iphöfer Julius-Echter-Berg Riesling Spätlese trocken »S« (F) **Hans Wirsching** Das »S« steht für »Selection«, also Trauben alter Rebstöcke. Zu meiner Überraschung erzählte mir Wirschings Kellermeister, dass in Franken das Wetter 2000 wesentlich besser gewesen sei als 1999 und die Lese von Mitte September bis Mitte Oktober stattgefunden habe. Obwohl das Gut seinen Riesling und Silvaner auf denselben Böden kultiviert, unterschieden sich die beiden Weine im Sortenstil merklich voneinander. In der Riesling-Nase stärkere Limonennote; trocken, lebhaft (8,5 g/l Säure) und stahlig. Voll ausgegoren auf 13,5 % Alkohol. *Im März 2001 auf der Prowein verkostet* ★(★★) *Jetzt bis 2006?*

Iphöfer Julius-Echter-Berg Silvaner Spätlese trocken (F) **Hans Wirsching** Wohlriechend, lebhaft, säurebetont; trocken, aber reich, sehr eigenwillig, leicht parfümiert, kraftvoll (13,5 % Alkohol), gute Säure. *März 2001* ★(★★) *Jetzt bis 2006?*

Iphöfer Kronsberg Scheurebe Spätlese trocken (F) **Hans Wirsching** Neben der Scheurebe wachsen in den Weinbergen dieses alten Familienguts, das mit 69 ha Rebfläche eine der größten Privatkellereien in Deutschland ist, noch mehr als sieben weitere Rebsorten. Exotisches Scheureben-Aroma nach »Kater« und Parfüm; trocken, in mancherlei Hinsicht wie Sauvignon blanc, aber mit sehr viel Alkohol (14 %). *März 2001* ★(★★)

Schloss Johannisberger Riesling trocken (Rg) So farblos, dass ich dachte, ich hätte mein Wasserglas in der Hand. In der Nase und am Gaumen leidlich angenehm; leicht, am Austrocknen. *Der Eröffnungswein bei Eigensatz' Abendessen vor dem »Rot- und Weißweingipfel« im Oktober 2001* ★

Schloss Johannisberger Riesling Rotlack Kabinett (Rg) Rotlack heißt der erste Premium-Kabinettwein des Guts. Mineralische Pfefferminznase und ebensolcher Geschmack. Halbtrocken. *Im März 2001 auf der Prowein verkostet* ★ *Muss bald getrunken werden.*

Schloss Johannisberger Riesling Grünlack Spätlese trocken (Rg) Der Grünlack hat zwar immer Spätlese-Qualität, doch fördert es den Verkauf, wenn man es auf dem Etikett extra erwähnt. Erstmals im März 2001 auf der Prowein verkostet (er sollte im Mai abgefüllt werden): blass; mild, mineralisch, mit an den Zähnen kratzender Säure. Acht Monate später schien er sich geöffnet zu haben: in der Farbe gelber; reiche, aber jugendliche Nase mit recht angenehmer Frucht; halbtrocken, etwas Fleisch, ansprechender Geschmack. *Der Eröffnungswein auf der Dinnerparty von Tatiana Fürstin von Metternich im Anschluss an die Degustation zum 900-jährigen Bestehen des Schlosses, November 2001* ★★ *Bald trinken.*

Maximin Grünhäuser Riesling Kabinett (M) **v. Schubert** Eine meiner Lieblingsetiketten. Blumiges Aroma, herrliche Frucht; leicht (7,5 % Alkohol); sehr hohe Säure. Gute Länge. *Im Januar 2002 auf einer Verkostung bei Justerini & Brooks degustiert* ★★★

Maximin Grünhäuser Riesling Spätlese (M) **v. Schubert** Breite traubige Nase, etwas Tiefe; eigenartig weich, leicht. Angenehm. *Im Januar 2002 bei Justerini & Brooks verkostet* ★★ *Bald trinken.*

»Panta Rhei« QbA trocken (Rg) **Schloss Reinhartshausen** Inhalt und Aufmachung so ungewöhnlich wie der Name: eine Komposition aus Traminer, Riesling und Chardonnay in einer Klarglas-Bordeauxflasche mit farbenfrohem Etikett. Eigenartig rauchige Nase; trocken, lose verwoben. Ein preiswerter Essensbegleiter. *Im März 2001 auf der Prowein verkostet* ★★

Schloss Reinhartshausen Gutsriesling trocken (Rg) **Schloss Reinhartshausen** Blass und glanzhell; leicht minziges Riesling-»Hausaroma«; halbtrocken, gut, leicht parfümierter Geschmack, gute Länge. *Im Februar 2002 auf dem Schloss verkostet* ★★

Rheingau Chardonnay (Rg) **Fritz Allendorf** Bereitet von Trauben aus seinen Weinbergen im Winkeler Hasensprung und Mittelheimer Edelmann, die Ende September gelesen wurden, und im November abgefüllt. Ein leichter Anflug von Pingpongbällen (Zelluloid), aber überraschend köstlich im Geschmack, wenngleich nicht erkennbar sortentypisch. Trocken, etwas pappige Säure im Abgang. Interessant. Aber warum nicht bei Riesling bleiben? *Im März 2001 auf der Prowein verkostet* ★★

Rheingau Riesling trocken (Rg) **Fritz Allendorf** Praktisch farblos. Sehr trocken, stahlig – muss zum Essen getrunken werden (11,5 % Alkohol, 8,0 g/l Säure). *Im März 2001 auf der Prowein verkostet* ★(★)

Rüdesheimer Magdalenenkreuz Riesling Kabinett (Rg) **Joseph Leitz** Mild, traubig, köstlich. *Im April 2001 auf der Verkostung von deutschen Weinen im Londoner Vinopolis degustiert* ★★ *Für frühen Trinkgenuss.*

»Samarkand« Riesling QbA (B) **Badischer Winzerkeller** Diese riesige Winzergenossenschaft setzt sich ihrerseits aus 91 Genossenschaften zusammen, die die Weine von 25 000 Erzeugern verarbeiten. Ich stattete ihr erstmals 1968 einen Besuch ab und fragte mich, wie viele von uns wohl ertrinken würden, wenn ein 1-Million-Liter-Stahltank platzen würde. Der Name »Samarkand« ist ein Hinweis auf den würzigen Charakter. Ich fand ihn trocken, spröde, rau und säurebetont. *April 2001.*

Robert Weil Riesling Kabinett trocken (Rg) **Robert Weil** Wilhelm Weil behält sich das Kiedricher-Gräfenberg-Etikett für seine höherwertigen Kreszenzen vor, die typisch süßen, fruchtigen Charmeure. Unter der Linie »Robert Weil« fasst er die leichten, trockenen, preiswerten, für baldigen Konsum gedachten Weine zusammen, die aus einer Assemblage von Trauben aus dem Wasseros auf schieferigem, mineralischem Boden um den Gräfenberg, aus der Sandgrub mit tieferem Untergrund und aus dem schieferigen Gräfenberg selbst stammen und je nach Jahr und Stil immer wieder anders komponiert werden. Der Kabinett trocken ist, wie der Name schon sagt, trocken, leicht, mit guter Säure. *Im März 2001 auf dem Gut verkostet* ★★

Robert Weil Riesling Kabinett (Rg) **Robert Weil** Praktisch farblos; jetzt pfirsichartig; eher trocken als halbtrocken, köstlicher Geschmack. Ich mag diesen Anflug von Restsüße mit delikat ausgewogener Frucht und Säure. *Im März 2001 auf der Prowein verkostet* ★★★

Robert Weil Riesling Spätlese trocken (Rg) **Robert Weil** Aus reiferen, voll ausgegorenen Trauben: attraktives, traubiges Aroma; trocken, leicht würzig, Veilchennote. *Im März 2001 auf der Prowein verkostet* ★★

Weißburgunder und Chardonnay QbA trocken (Rg) **Schloss Reinhartshausen** Eine weitere kühne Mischung aus gesunden Pinot-blanc- und Chardonnay-Trauben: blass; wohlriechend; trocken, fest, positiver Abgang. 11,5 % Alkohol. Ein wirklich guter Essensbegleiter. *Im März 2001 auf der Prowein verkostet* ★★★

2001 eventuell ★★★★★

In gewisser Weise hat dieser Jahrgang all das, was den 2000ern fehlte, obwohl die Grundvoraussetzungen gleich waren: Um optimale Ergebnisse zu erreichen, mussten Riesling-Trauben von gut wasserdurchlässigen Hängen spät und selektiv gelesen werden. Die Schwächen der früh reifenden Sorten von staunassen Böden waren wieder einmal mehr als offensichtlich.

Durch das kühle Frühjahr verzögerte sich der Austrieb, doch die Blüte in der zweiten Junihälte fiel nach dem angenehm warmen Mai zufriedenstellend aus. Ein warmer, schwüler Juli und ein extrem heißer August beschleunigten die Reife und zogen entsprechend hohe Erwartungen nach sich. Doch die Hoffnungen wurden durch einen fürchterlich nassen September zerschlagen. Wer es wagte zu warten, wurde mit einem fabelhaften Oktober und hohen Temperaturen belohnt, die über einen Monat lang anhielten. Die Lese fand in den klassischen Weinbergen erst ab der dritten Oktoberwoche statt und zog sich bis Mitte November hin.

Es entstanden außerordentlich reife Weine mit hohem Potenzial auf Auslese-, Beerenauslese- und Trockenbeerenauslese-Niveau. Einige Erzeuger vergleichen den 2001er mit dem 1975er und sogar dem 1971er. Ein großes Riesling-Jahr. Man sollte diesen Jahrgang auf jeden Fall im Auge behalten.

Italien

Wo soll man anfangen? Das Thema Italien würde ein umfangreiches eigenes Buch erfordern – und selbst dann wäre es nicht möglich, alle großen Weinregionen von Sizilien mit seinem halb nordafrikanischen, halb mediterranen Klima im äußersten Süden bis hin zu Trentino-Südtirol und Friaul-Julisch Venetien im Norden zu behandeln. Ich kann mich noch gut erinnern, als ich eines Tages während eines großen Weinseminars in Friaul-Julisch Venetien beinahe erfroren wäre (ich übertreibe etwas). Nicht zu vergessen den Nordwesten mit dem Aosta-Tal und Piemont, die Lombardei und das Veneto, Mittelitalien mit der Toskana als dominierendem Anbaugebiet und die vielen Regionen in der südlichen Mitte sowie im Süden: die Marken, die Abruzzen und Apulien an der Adria, Latium und Kampanien am Tyrrhenischen Meer.

Das Gros der italienischen Gewächse wird in Italien getrunken und gelangt nie über die Grenzen des Stiefels hinaus. Gleichzeitig konzentrieren sich viele ernsthafte Weinliebhaber, Sammler und Händler von Spitzenweinen außerhalb Italiens – zumindest in Großbritannien und den USA – auf die Klassiker Piemont und Toskana mit den so genannten »Supertoskanern« an der Spitze.

Nicht bekannt ist in der Regel, wie schlecht italienischer Wein früher war. Eine löbliche Ausnahme bildeten bestenfalls Kreszenzen der Familien Antinori und Frescobaldi sowie einiger ambitionierter Barolo-Erzeuger (siehe den Jahrgang 1997). Verbessert hat sich die Qualität des italienischen Weins erst in jüngster Zeit, genauer gesagt seit den 1980er-Jahren. Ich kann mich noch gut an sein Image vor 50 Jahren erinnern, als man ihn vorwiegend mit den billigen, lauten Trattorie im Londoner Stadtteil Soho in Verbindung brachte. Dort waren die Flaschen in viel zu warmen Regalen gestapelt oder an der Decke festgezurrt, während in der Mitte jedes Tischs eine *fiasco* – welch passender Name – im Strohmantel und mit aufgesteckter Tropfkerze stand.

Vor mir liegen die Preislisten zweier großer Weinhändler, für die ich beide gearbeitet habe: Im Katalog »Winter 1954/1955« von Saccone & Speed ist nur eine Seite italienischem Wein gewidmet. Aufgeführt sind vier Rote, vier Weiße und ein Schaumwein, die alle von größeren Handelshäusern stammten. Das beste Gewächs war ein Chianti Brolio für 17 Shilling und 6 Pence (ohne Jahrgangsangabe). Harvey's in Bristol nahm Weine aus Italien erst Mitte der 1950er in sein Programm auf, genauer gesagt, im Herbst 1954. Gerade einmal zwei Versionen waren erhältlich: ein Chianti Ruffino in Rot und Weiß mit dem Vermerk »abgefüllt in Italien« und zufällig genauso teuer wie die Italiener bei Saccone & Speed. 1959 fand man in der Harvey's-Weinliste noch die gleichen Provenienzen, allerdings kosteten sie nun schon 6 Pence mehr, ferner eine von Harry Waughs Entdeckungen, einen Chianti Nozzole, der in Bristol abgefüllt worden war und bescheidene 8 Shilling kostete. Harry war ein brillanter, findiger Einkäufer von Tischwein und was er aussuchte, verkaufte sich stets wie warme Semmeln. So wurde italienischer Wein entweder als selbstverständlich erachtet – in italienischen Restaurants nämlich – oder nicht ernst genommen. Nur wenige Spezialimporteure befassten sich mit ihm.

Ich mag Italien, seine Landschaft, seine Architektur und seine Menschen, aber auch das Essen von dort, weil es sehr ursprünglich und vielfältig ist. Ich mag gute italienische Restaurants, denn selbst die besten unter ihnen sind ziemlich anders als alle anderen. Das Speisen in einem französischen Restaurant ist für mich wie ein Theaterbesuch, das Essen beim Italiener wie ein Gang ins Kino: ein nicht ganz so außergewöhnliches Ereignis, dafür mit mehr Spaß verbunden. Vor allem aber mag ich italienischen Wein – und trinke ihn auch oft.

Die folgenden Bewertungen sind nicht so sehr als Kritik gedacht (ich bin überzeugt, dass man in Italien leben muss, um die Weine dort wirklich kennen zu lernen), sondern als Kommentar zu den Kreszenzen, die mir untergekommen sind und die ich gemocht habe. Mit ihnen werfe ich einen Blick zurück, blättere gleichsam in einem Tagebuch, denn etwas anderes sind meine Verkostungsnotizen im Grunde nicht. Die Auswahl mag willkürlich erscheinen – und ist es auch bis zu einem gewissen Grad. Eine Hand voll Erzeuger nimmt sehr breiten Raum ein. Ich bin beispielsweise seit langem eng mit Angelo Gaja befreundet. Wir trafen uns das erste Mal auf einer Weinmesse in Deutschland, kurz nachdem ich einen Artikel geschrieben hatte, in dem ich aus der Schreibweise der Namen auf den Etiketten – »Barbaresco« und daneben »GAJA« in wesentlich größeren, dickeren Lettern – darauf geschlossen hatte, dass er ein ebenso großes Ego hat! Er nahm es mir nicht übel und meine Frau und ich haben seither viele Male seine Gesellschaft und Gastfreundschaft in Piemont genossen. Angelos Gegenstück ist der überaus charmante, liebenswerte und lockere Aristokrat Piero Antinori, der nicht minder innovativ und aktiv für seine Weine und damit für seine Heimat wirbt.

Einige ältere Jahrgänge vor 1945

Trotz der Einigung Italiens im Jahr 1861 gingen die einzelnen Regionen – und Erzeuger – nach wie vor ihre eigenen Wege. In den 1920ern bemühte man sich, den Begriff *vini tipici* zu umreißen. Der Dalmasso-Kommission gelang sogar die Einrichtung der Chianti-Classico-Zone – ein wichtiger Anfang, denn »Chianti« war die am häufigsten missbrauchte Weinbezeichnung. Ansonsten aber zählte Quantität, nicht Qualität – und Mussolini war nicht jemand, der dagegen etwas unternahm. Erwartungsgemäß sind Vorkriegsjahrgänge selten.

1930

Carmignano, Riserva **Villa de Capezzana/Bonacossi** Zweimal verkostet, das erste Mal 1983 eine Flasche, die 1960 auf dem Gut neu abgefüllt worden war: blasses Hellbraun-Rosenrot; Salbeiduft; mild, verblasst, aber gesund und köstlich. Als Nächstes ein 1966 neu abgefülltes Exemplar: ein sehr ähnlicher Eintrag, am Gaumen besser als in der Nase. *Zuletzt im April 1995 beim Essen zu Hause verkostet* ★★★

1931

Barolo, Riserva Speciale **Giacomo Borgogno** Ein großer Klassiker aus Piemont. Zweimal verkostet, das erste Mal während eines Essens zu Daphnes 65. Geburtstag (ich sollte es eigentlich nicht verraten, aber es war der 22. Juli 1996), flankiert vom 1931er Richebourg der Domaine de la Romanée-Conti und einem Niepoort desselben Jahrgangs. In der Flasche steckte noch der bröselige Originalkorken, doch die Füllhöhe war ausgezeichnet. Der Wein hatte ein rötliches Bernsteinbraun; maderisiert, in der Nase und am Gaumen ein Anflug von Verfall. Es schimmerte noch etwas Charme durch, doch sein Lebenselixier, die Säure, war stichig.

Vor kurzem eine gedrungene, schöne Flasche mit einem Glassiegel, in das der Schriftzug »Borgogno Barolo« geprägt war, einer Bleikapsel mit dem Aufdruck »vino Classico Borgogno Barolo«, einem vollständigen Hauptetikett und einem Halsetikett mit dem Aufdruck »Riserva 1931«. Füllhöhe für das Alter sehr gut: 4 cm unterhalb des sehr bröseligen Korkens. In wesentlich besserem Zustand als die erste verkostete Flasche: blässlich, warmes Hellbraun mit weit offenem, gelbem Rand. Beim Dekantieren war die Nase etwas sauer und käsig, sie hatte sich jedoch nach 90 Minuten entfaltet (reich, fleischig, alte Ställe) und nach einer weiteren Stunde im Glas, gegen Ende des Essens, bemerkte ich eine Spur alter Tangerinenschalen. Am Gaumen »mittelsüß«, keine Frucht mehr, rauchiger alter Geschmack, kräftiger Körper – meines Erachtens eher 15 % Alkohol als die auf dem Etikett angegebenen 13,5 %. Alles in allem köstlich. *Zuletzt im Mai 2002 zu Hause verkostet. Als Getränk in Bestform* ★★★, *als seltene Erfahrung* ★★★★★

1937

Barolo, Riserva **Giacomo Borgogno** Blässlich, Orangeton; am Altern, »Pferdeställe«; »süß«, eine milde alte Lady, gute Säure. Köstlich. *Im Juli 1996 bei einer Vorverkaufsverkostung von italienischen Weinen degustiert* ★★★

1944

Barolo, Riserva **Giacomo Borgogno** Reif, grüner Rand; »süß«, entwickelte den typischen Stallgeruch; gute Frucht. *Juli 1996* ★★★

1945–1979

Nach dem Ende des Zweiten Weltkriegs begann langsam eine neue Epoche. Zum Glück stand ein ausgezeichneter Jahrgang am Anfang der Entwicklung. In den darauf folgenden Jahren wurden wichtige Gesetze verabschiedet, mit denen man die italienische Weinwildnis zu ordnen und zähmen versuchte. 1963 führte man die Kategorie Denominazione di Origine Controllata (DOC) und eine noch höhere Qualitätsstufe mit dem Zusatz »e Garantita« (DOCG) ein. Die ersten DOCG-Weine waren Barbaresco, Barolo, Brunello di Montalcino, Chianti und Vino Nobile di Montepulciano – alles Rote.

Das neue Konzept der Einzellagenweine wurde Mitte der 1960er in Piemont speziell im Barolo-Gebiet und 1970 von Antinori in der Toskana eingeführt. 1971 erschien zum ersten Mal der Name Tignanello auf dem Etikett einer Antinori-Flasche. Nun begann die Ära der »Supertoskaner«, in der brillante Erzeuger wie der Marchese Mario Incisa della Rocchetta mit seinem Sassicaia Weltgeltung erlangten (siehe Kasten Seite 473). Diese »Überweine« hoben das Ansehen und die Preise italienischer Erzeugnisse und bereiteten den Boden für die »neue Ära« der 1980er.

Rotwein-Jahrgänge auf einen Blick

PIEMONT (BAROLO, BARBARESCO)

Hervorragend ★★★★★
1947, 1958, 1959, 1961, 1964, 1971, 1974, 1978

Sehr gut ★★★★
1945, 1952, 1967, 1970

Gut ★★★
1949, 1955, 1962, 1968, 1969, 1979

TOSKANA (CHIANTI, BRUNELLO DI MONTALCINO)

Hervorragend ★★★★★
1947, 1962, 1964, 1967, 1971, 1978

Sehr gut ★★★★
1945, 1955, 1968, 1975 (u), 1977, 1979

Gut ★★★
1949, 1952, 1958, 1959, 1961, 1970, 1973

1945 ★★★★

Ein schwieriger Nachkriegsjahrgang. Ich habe in den letzten zehn Jahren nur einen einzigen 1945er verkostet.

Brunello di Montalcino, Riserva **Biondi-Santi** Der älteste Jahrgang einer Riserva-Verkostung, die mein guter Freund Gelasio Gaetani freundlicherweise arrangierte. Sie wurde von Franco Biondi-Santi und seinem Sohn Jacopo bei meinem ersten Besuch auf dem Gut Il Greppo im März 1995 ausgerichtet. Die Flasche war zweimal neu verkorkt worden, nämlich 1970 und 1985. Blass, nur noch sehr wenig Rot vorhanden, eine Art warmes Bernstein-Rosenrot; am Altern, aber entwickelte sich rasch, hochgetönt und firnisartig. Nach dem Essen roch er nach würzigen alten Ställen. Am Gaumen etwas Süße, eine verblühte alte Dame mit spitzer Zunge. Aus irgendeinem Grund erinnerte er mich an einen Port von 1908. Eine nach London gebrachte Flasche wurde sechs Tage lang aufrecht gestellt, damit sich das Depot setzen konnte. Er hatte eine ähnliche, ziemlich attraktive, zartrote Farbe; ein Bukett mit der Süße des Verfalls; wie ein sehr alter roter Bordeaux. Sehr adstringierend. *Zuletzt im April 1995 verkostet. Für seinen Seltenheitswert* ★★★★★, *als Wein zum Trinken* ★★

Biondi-Santi und Brunello

Hätte Franco Biondi-Santis Großvater seinen Sangiovese-Klon Brunello registrieren lassen, wäre die Geschichte von Montalcino und dem Familiengut Il Greppo anders verlaufen. Die einst einmalige Kellerei mit ihren ganz besonderen, unverwechselbaren Weinen hätte den Markt für sich gehabt, ähnlich wie Vega Sicilia im spanischen Duero. Heute gibt es in der Anbauzone Brunello di Montalcino um das historische Bergstädtchen Montalcino über 100 Güter, die Brunello bereiten. Die meisten Erzeugnisse haben allerdings nicht mehr viel mit dem von Biondi-Santi geschaffenen Stil gemein, sondern sind oft gefälliger, moderner und zugänglicher.

1947 ★★★★★

Ein großer Jahrgang in ganz Italien.

Barolo, Riserva **Giacomo Borgogno** Blässlich, Anflug von Kirschrot; »süß«, »Weichkäse«; reich, sehr gute Säure. *Im Juli 1996 auf einer Vorverkaufsverkostung degustiert* ★★★★

EIN ÄLTERER EINTRAG **Chianti Rufina** **Selvapiana** Reich, intensiv. *1982* ★★★★

1949 ★★★

In ganz Italien leidlich gut.

Barolo, Classico **E. Serafino** Sehr tief, vollreif; sehr reich, angesengt, mit dem Geruch und Geschmack eines Weins aus einem heißen Jahrgang. Ausgezeichnet. *Im Juli 1996 auf einer Vorverkaufsverkostung degustiert* ★★★★

1952 ★★★ bis ★★★★

Gut, aber am besten in Piemont.

Barolo **Giacomo Borgogno** Ein herausragender Jahrgang, der älteste einer Barolo-Verkostung, die Angelo Gaja im November 1994 an einem Sonntagmorgen in Alba für mich organisierte. Er überredete zehn führende Erzeuger, jeweils zwei Weine mitzubringen: ihren 1990er und einen älteren Jahrgang. Eine Magnum: blass, kaum noch Rot vorhanden, eher wie ein Madeira; in der Nase und am Gaumen mit der Essigsäure des Alters, noch immer tanninstark. Sehr großzügig, eine Magnum für mich zu opfern, aber sie hätte vor 20 Jahren getrunken werden sollen. Später vollreif, Orangeton; eigen und am Ende. *Im Juli 1996 auf einer Vorverkaufsverkostung degustiert. In Bestform* ★★

1954 ★★

Durchschnittliche Qualität.

Barolo, Riserva **Giacomo Borgogno** Blässlich, Orangeton: »süß«, fleischig, Käserinde in der Nase und am Gaumen. Aber sehr reich. *Im Juli 1996 bei einer Vorverkaufsverkostung degustiert* ★★★

1955 ★★★ bis ★★★★

Im Norden gut, in der Toskana noch besser.

Barolo, Monfortino **Giacomo Conterno** Blässlich, sehr reif, orangefarben getönt; angesengt, erdig; sehr »süß«, sehr reich, sehr gut. *Im November 1994 mit Gaja im Il Pescatore bei Mantua verkostet* ★★★★

Brunello di Montalcino, Riserva **Biondi-Santi** 1985 neu verkorkt. Gute Farbe, reich, reif; direkt nach dem Eingießen eine faszinierende Nase, wie eine Meeresbrise, fest, zedrig, wohlriechend, entfaltete sich und hielt sich gut; ziemlich »süß« und körperreich, fabelhaft, Geschmack, Frucht, Griffigkeit und Länge »klassisch« (sagte man mir). *Im März 1995 auf Il Greppo verkostet* ★★★★★

1957 ★★

Unbeeindruckend, obwohl alten Berichten zufolge in Piemont feine Weine entstanden sein sollen.

Barolo, Riserva **Giacomo Borgogno** Blässlich, Hagebuttenfarbe; intensiv, wie Madeira; malzig. Trotz Maderisierung attraktiv. *Juli 1996* ★

1958 ★★★ bis ★★★★★

Ein großes Jahr in Piemont, ein gutes in der Toskana. Nur noch wenige Weine sind erhalten.

Barbaresco **Gaja** Von Angelos Vater bereitet. Blässlich, reich, aber wie Madeira, mit orangefarbenem Rand; zarte, angesengte

alte Nase; am Gaumen besser, »süß«, »warmer«, erdiger Geschmack (14% Alkohol), anhaltendes Tannin und gute Säure. *Der älteste im November 1994 bei Gaja verkostete Jahrgang* ★★
Barolo **Giacomo Borgogno** Bei der ersten Verkostung 1994 ziemlich Madeira-artig, warmes Hellbraun; ungewöhnlicher Veilchenduft; eigenartiger, aber ansprechender Geschmack. Mehr als reif. Zwei Jahre später eine bessere Flasche: reich, mit schönem Leuchten; verschlossene Nase; »süß«, reich, lebhaft, noch immer sehr tanninbetont. *Zuletzt im Juli 1996 auf der Vorverkaufsverkostung von italienischen Weinen bei Christie's degustiert. In Bestform* ★★★

1959 ★★★ bis ★★★★★

Ein großes Jahr in Piemont. In der Toskana nicht so gut.
Barolo **Marchesi di Barolo** Am Altern, aber sehr tanninbetont. *Juli 1996* ★★★
Barolo, Riserva Speciale **Torre del Barolo** Blässlich, offen, schönes Leuchten; gutes, würziges Bukett und ebensolcher Geschmack. *Juli 1996* ★★★★

1960 ★★

Nicht sonderlich gut. In letzter Zeit nicht mehr verkostet.

1961 ★★★ bis ★★★★★

In der Toskana gut, in Piemont groß. Ein außergewöhnlich heißes Jahr.
Barbaresco **Gaja** Von Angelos Vater erzeugt. Zweimal verkostet, das erste Mal 1984 beim Essen im Restaurant Sparks' Steak House in New York. Der mittlerweile verstorbene Pat Cetta brachte großzügigerweise eine Flasche an unseren Tisch – den schönsten, fehlerlosesten italienischen Wein, den ich je getrunken hatte: weich, »warm«, unverwechselbares Bukett; die »Süße« perfekt ausgereifter Trauben und ein Geschmack, der sich zu einem unvergesslichen Crescendo öffnete. Über 20 Jahre später öffnete Enrico Garzaroli zum Abschluss einer Verkostung italienischer Weine, die ich für die Chaîne des Rôtisseurs in Nassau auf den Bahamas leitete, überraschend eine Flasche und ließ mich blind verkosten: Es könne sich, sagte ich, nur um den Gaja von 1961 handeln: schön, reif, die Farbe eines großen Jahrgangs; überragendes, leicht geröstetes Vanillebukett mit Altersspuren; superb im Geschmack und mit seidigem »Mundgefühl«, große Länge, noch immer tanninbetont. *Zuletzt im Februar 1997 verkostet* ★★★★★
Barolo Classico **Torre del Barolo** Blässlich, sehr ansprechende Farbe; würziges Bukett, »schweißelnd«, mit einem Unterbau aus Tanninen; zu tanninbetont. *Juli 1996. Auf seine Weise* ★★★
Barolo, Riserva **Giacomo Borgogno** Nur noch wenig Rot, Braunton; würzig; Geschmack nach alter Eiche und alten Damen – wenn Sie wissen, was ich meine. Noch immer tanninbetont. *Juli 1996* ★★★ *Das Tannin wird übrig bleiben und die Frucht vertrocknen.*

1962 ★★★ bis ★★★★★

Die Gewächse aus der Toskana waren zwar angeblich hervorragend, doch habe ich keinen einzigen 1962er von dort verkostet, sieht man einmal von einem oxidierten Chianti Rufino in den frühen 1980ern ab. Ein guter Jahrgang in Piemont, aber nur zwei Einträge.
Barbaresco, Riserva **Giacomo Borgogno** Gutes, reiches Bukett und ebensolcher Geschmack. *Juli 1996* ★★★★

Barolo, Riserva **Giacomo Borgogno** Reif, wie alter Süßwein mit apfelgrünem Rand; sehr »süß«, reich, geschmacksintensiv. Am Altern, beeindruckend, aber wieder mit übermäßig viel Tannin. *Juli 1996* ★★★

1963

Ein schlechtes Jahr.

1964 ★★★★★

In allen Regionen ein ausgezeichneter Jahrgang und der erste, in dem die Barolo-Einzellagen vermarktet wurden.
Barbaresco **Gaja** Erstmals bei einer Vorverkostung italienischer Weine im Jahr 1996 degustiert: »Süß«, voll, reich. Als Nächstes bei einem Rodenstock-Essen, bei dem der 1964er Barbaresco der älteste von sechs Gaja-Weinen war. Eine Magnum: weiches Erscheinungsbild; seltsame, Bordeaux-artige, leicht minzige, angesengte Nase, Mokkanote; ein »Süß-Sauer«-Wein, lebhaft, schlank, Gleichgewicht und Zustand perfekt. Noch immer tanninbetont. *Zuletzt im September 1998 verkostet* ★★★★
Barolo, Monfortino **Giacomo Conterno** Ein alter Eintrag zwar, doch der Wein war überragend. *Mai 1987* ★★★★
Brunello di Montalcino, Riserva **Biondi-Santi** Erstmals im Oktober 1994 beim 5. Dîner Classique des Weinhauses Reichmuth in Zürich verkostet: tiefes, lebhaftes Kirschrot; Anisnote, entfaltete sich auf ganz außergewöhnliche Weise; sehr trocken, lebhafte Frucht, enorm tanninbetont. Ein eigenartiger, zugleich junger und alter Geschmack. Im Jahr darauf bei der Degustation auf Il Greppo: intensiv, noch immer jugendlich pflaumenfarben, mit Rotton (in der Regel ein Zeichen für hohe flüchtige Säure); schönes, wohlriechendes Bukett, leicht milchig; diesmal »süß«, vollmundig, mit reichem Extrakt, im trockenen, kantigen Abgang mit Altersspuren. *Zuletzt im Mai 1995 verkostet* ★★★★ *Ist sicher noch weiter gealtert, aber könnte durchaus überlebt haben.*

1965 und 1966

Magere Jahre.

1967 ★★★★ bis ★★★★★

Ein sehr guter Jahrgang, der vor allem in der Toskana erfolgreich war.
Barolo, Riserva **Giacomo Borgogno** Erstmals 1983 degustiert: feines, tiefes Rubinrot; hohe flüchtige Säure; guter Geschmack, aber spitzig. 13 Jahre später: vollreif, kräftige »Tränen«; »süß«, wohlriechend, Vanillenote; »süß«. Geschmack und Zustand ausgezeichnet. *Zuletzt im Juli 1996 auf einer Vorverkaufsverkostung degustiert. In Bestform* ★★★★
Barolo, Riserva Speciale **Torre del Barolo** Sehr tief; »süß«, stämmig. *Im Juli 1996 auf einer Vorverkaufsverkostung degustiert* ★★★
Barolo, Riserva Speciale (rotes Etikett) Colline Rionda de Serralunga (im Weiteren »Rionda« genannt) **Bruno Giacosa** Der älteste Jahrgang auf Johann Willsbergers ausgezeichneter Giacosa-Vertikaldegustation im Hotel Victoria in Bad Mergentheim: mittelblass, vollreif, weich, herbstlich, orangefarbener Rand. Kurz vor dem Servieren dekantiert, »süß«, reich, »Farnkraut«, entfaltete sich sehr schön, Karamellnote, dann ein Hauch von Pferdeställen; sehr »süß«, Wildbretnote, exquisit, aber verfallen, noch immer tanninbetont, aus-

gedehnter Abgang. Beeindruckend, aber zu alt. *Februar 2002* ★★★

DREI ÄLTERE EINTRÄGE **Chianti Classico, Riserva** Villa Antinori Magnums: ein guter Wein. Tanninbetont. *1986* ★★★★; **Chianti Classico, Riserva Brolio** Ricasoli Leicht im Stil, feste Textur, tanninbetont. *1982* ★★★★; **Brunello di Montalcino, Riserva** Col d'Orcia Reich, aber tanninbetont. *1986* ★★★★

1968 ★★★ bis ★★★★

Sehr uneinheitliche Qualität. Eine begrenzte Zahl guter Weine in Piemont. In der Toskana ein sehr guter Jahrgang. Der erste Sassicaia kam auf den Markt.

Brunello di Montalcino, Riserva Biondi-Santi Voll entwickelt, Orangeton; unmittelbar entgegenkommend, leicht fleischig und malzig; »mittelsüß«, mittlerer Körper, leicht adstringierend. *Im Mai 1995 auf Il Greppo verkostet* ★★★★

ZWEI ÄLTERE EINTRÄGE **Brunello di Montalcino** Col d'Orcia Reich, aber bitter. *1982* ★★★★; **Rubesco Torgiano** Lungarotti Einer meiner bevorzugten italienischen Roten. Mehrere Einträge. *1982* ★★★★

1969 ★★ bis ★★★

In Piemont eine gute Ernte stämmiger Weine. Andernorts moderate Ergebnisse.

Barbaresco, Santo Stefano di Neive d'Alba Bruno Giacosa Einer der ersten Einzellagenweine aus Barbaresco. Blässlich, warm, weiche Farbe, kräftige »Tränen«; Altersspuren, ein Anflug von Pilzen; »süß«, »Farnkraut«, schlank, sehr tanninbetont. *Im Februar 2002 bei Willsbergers Vertikalverkostung in Bad Mergentheim degustiert* ★★

Barolo, Rionda Bruno Giacosa Ein ähnliches Erscheinungsbild wie der Santo Stefano; »süß«, Schokolade und Kohl, gute Tiefe; »halbsüß«, schlank, dabei reich, kraftvoll, alkoholstark. Rauer, tanninbetonter Abgang. *Februar 2002* ★★★

Brunello di Montalcino, Riserva Biondi-Santi Lese ab 1. Oktober, zehn Tage zu spät. Zwei Flaschen: beide vollreif im Aussehen; die erste alt, knorrig, angesengt, die zweite weiniger, beide öffneten sich reich, stahlig, mit Artischockenduft; ziemlich eindringlich, zitrusartige Frucht und »alte Eiche«, adstringierender Abgang. *Im Mai 1994 bei Christie's verkostet* ★★

Chianti Classico, Riserva Ducale Ruffino Bröseliger Korken, weiche Farbe, offener, reifer Orangeton; alternd, aber gut zu trinken, warm, fleischig, weiche Tannine. *Ein Geschenk von Gelasio Gaetani, geöffnet an Bord der* Crystal Symphony *im September 1999* ★★★ *An der Grenze zu vier Sternen.*

1970 ★★★ bis ★★★★

Ein guter Jahrgang in der Toskana und eine große Ernte sehr guter Weine in Piemont.

Brunello di Montalcino, Riserva Biondi-Santi Die Riserva-Weine entstehen nur in einer hervorragenden Saison (in den 1970ern waren das die Jahre 1970, 1971, 1975 und 1977) aus Trauben von mindestens 25 Jahre alten Rebstöcken. Die Beeren werden von Hand selektiert, die Weine in Holz vergoren. Für den Ausbau kommen sie viereinhalb Jahre in große Fässer aus slowenischer Eiche. Und nach all diesem Aufwand korkelte er – zumindest die Flasche, die ich 1994 verkostete! In der Kellerei hatte ich mehr Glück: reich, Orangeton, voll entwickeltes Erscheinungsbild und Bukett. Würzig, teeartig, dann ein eigenartiger essigsaurer Einschlag, der sich aber bei der erneuten Verkostung im Anschluss an das Essen, drei Stunden nach dem Eingießen, verzogen hatte. Nun wesentlich besser, offen, entspannt, sehr charakteristisch, »süß« und fruchtig. Am Gaumen anfangs trotz Alterston »süß«, mit sehr lebhafter Frucht, Kraft und Länge, aber adstringierend. *Zuletzt im Mai 1995 auf Il Greppo verkostet* ★★★

VIER IN DEN FRÜHEN 1980ERN VERKOSTETE WEINE **Barolo, Riserva** F. Fiorina Faszinierend, reif, hohe flüchtige Säure und hart. Ist er je nachgiebiger geworden, habe ich gefragt. Die Antwort: Ja, er brauchte drei Tage Zeit zum Atmen. Leider konnte ich nicht so lange warten. *1982* ★★?; **Barolo, Riserva Speciale** Giacomo Conterno Beinahe fabelhaft. *1987* ★★★★; **Chianti Rufina, Nipozzano** Frescobaldi Reich, Länge und Abgang gut. *1983* ★★★★; **Rubesco Torgiano** Lungarotti Tiefes Rubinrot; reich, kraftvoll, rustikal. *1984* ★★★

1971 ★★★★★

Ein ausgezeichneter Jahrgang. Antinoris Einzellagenwein Tignanello kam zum ersten Mal auf den Markt.

Barbaresco Gaja Ein paar Tage nachdem ich den großartigen 1961er bei Sparks' in New York getrunken hatte (1984), ging ich wieder in das Restaurant und bestellte den 1971er. Er war nahezu perfekt. Genau zehn Jahre später: noch immer eine schöne Farbe, keinerlei Altersspuren; »süß«, füllig, reich, seidige Tannine, gute Länge. Schön für sich allein zu trinken. *Zuletzt im November 1994 beim Essen mit Angelo Gaja im Restaurant Il Cascinalenuovo in Isola d'Asti verkostet* ★★★★★

Barolo, Riserva Prunotto Mit zehn Jahren: tief; stumpf; massiv, mit allem außer Frucht beladen. 1985: »Braucht noch 20 Jahre.« Zwei Jahrzehnte nach der Lese war er auf dem Weg zum Gipfel: ein weicheres Rot, warm, nuanciert; sehr schöne ziegelige Nase, Frucht und Bukett hochgetönt, entfaltete eine Melange aus Verdelho Madeira und weichen Toffees. Am Gaumen jetzt »süß« und körperreich, mit weicher gewordenen Tanninen. *Zuletzt im Februar 1991 verkostet* ★★★★★ *Ich denke, er befindet sich jetzt auf dem absoluten Höhepunkt.*

Brunello di Montalcino, Riserva Biondi-Santi 1984 bei Christie's: tief, reif; anfangs mit Altersspuren, altes Stroh, aber nach einer Stunde reich, erdig und Latour-ähnlich, entwickelte sich sogar nach sieben Stunden im Glas noch weiter. Am Gaumen eine gewisse »Süße«, körperreich, weich, zum Kauen, robust, leicht würzig. Trockener Abgang. Ein Jahr später auf Il Greppo: reich entwickeltes Bukett, würzig, reicher Tee, keksartig; leicht stielig, substanzreich, aber tanninbetont. *Zuletzt im Mai 1995 verkostet* ★★★★

WEITERE SPITZEN-1971ER, DIE ICH ZULETZT IN DEN 1980ERN VERKOSTET HABE **Barbaresco** Prunotto Fest und fein. *1981* ★★★★; **Barolo, Riserva Speciale** Giacomo Conterno Mächtig, beeindruckend. *1987* ★★★★; **Rubesco Torgiano** Lungarotti Rubinrot, reif, elegant. Köstlich, ob mit oder ohne Essen. *1987* ★★★★; **Tignanello** Antinori Erstmals im Juni 1997 mit Piero Antinori und seither noch drei weitere Male verkostet. Reif, elegant. Ein sehr erfolgreicher *Vino da tavola. Zuletzt 1982 verkostet. Damals* ★★★★

1972

Katastrophal.

1973 ★★ bis ★★★

Ein ungleichmäßiger Jahrgang. In der Toskana besser als in Piemont. Ich habe nur einen einzigen Wein verkostet: **Chianti Classico Riserva** **Antinori** *1982 sehr gut zu trinken* ★★★

1974 ★★ bis ★★★★★

In Piemont ausgezeichnet. Chianti-Weine waren nicht so verlässlich – für langes Leben fehlte ihnen die nötige Kraft.

Barbaresco, Santo Stefano, Riserva Speciale **Bruno Giacosa** Blässlich, ansprechend; gut entwickeltes Bukett aus Käse und Tee (roch besser, als es klingt); sehr »süß«, weich, attraktiv, große Länge. *Im Februar 2002 bei Willsbergers Giacosa-Verkostung in Bad Mergentheim degustiert* ★★★★★

Barolo (weißes Etikett) **Bruno Giacosa** Blässlich, ein Hauch Rosenrot, reifer Rand; süße, warme, ausgewogene Nase, die weicher wurde und mich nach 80 Minuten an Pilzsuppe erinnerte; sehr reich, angesengt, gute Frucht, schlanker als die Version mit rotem Etikett (siehe unten), gut, »süßer« Abgang. *Februar 2002* ★★★★ *Als Getränk zog ich ihn dem Riserva vor.*

Barolo, Bussia Riserva Speciale **Bruno Giacosa** Warmes Hellbraun; lebhaft, angesengtes Packpapier – erinnerte mich an einen Château Ausone, mit ersten Alterserscheinungen, aber beträchtlicher Reichhaltigkeit und Tiefe; »süß«, intensiv, sehr reich, aber nicht reich genug, um die adstringierenden Tannine zu kaschieren. *Februar 2002* ★★★★

1975 ★★ bis ★★★★

In Piemont mittelmäßig, in der Toskana ganz gut. Allerdings einige ausgezeichnete Brunello-Weine.

Barolo, Bussia Riserva Speciale **Bruno Giacosa** Blass, aber vielschichtig; verschlossen, ein blumiger Hauch; sehr »süß«, aber schlank, mit etwas rauem, sehr tanninbetontem Abgang. *Februar 2002* ★★

Brunello di Montalcino, Riserva **Biondi-Santi** Erstmals im April 1994 Probeflaschen verkostet, die Christie's zugeschickt worden waren: tief; zunächst verhalten, entfaltete sich, kraftvoll, pfefferig, würzig und nach zwei Stunden im Glas fabelhaft. Am Gaumen ziemlich »süß«, füllig (13 % Alkohol), lebhafte Frucht, sehr gut.

Ein Jahr später auf Il Greppo. Nach dem 1955er der beste aller Riservas: beeindruckend, pflaumenfarben, reiches Erscheinungsbild; sofort entgegenkommender Duft, würzig, mit guter Frucht, die sich zunächst zurückhielt, sich aber aufschwang zu einem fabelhaften, feigenartigen Bukett von großer Tiefe; ein herrlich reicher Mundfüller. Perfekte Struktur und Ausgewogenheit. *Zuletzt im Mai 1995 verkostet* ★★★★★

EINIGE ANDERE BRUNELLO DI MONTALCINO, DIE ICH IN DEN FRÜHEN 1980ERN VERKOSTET HABE **Castelgiocondo Frescobaldi** Wohlriechend, würzig, elegant. *1982* ★★★(★); **Caparzo** Gute Frucht, aber stark tanninbetont. *1988* ★★(★★); **Riguardo** Säuerlich. *1983*; **Isabella de Medici** »Süß«, parfümiert, lederig. *1982* ★★(★)

1976 ★★

Nur wenige Weine sind erwähnenswert.

Sassicaia **Tenuta San Guido/Marchese Incisa della Rocchetta** Im Weiteren nur noch als Sassicaia bezeichnet. Das scheint mein erster Eintrag zu diesem unglaublich erfolgreichen ersten Supertoskaner zu sein, der 1968 seinen Einstand gab (siehe Kasten). »Geschmack, Gewicht und Ausgewogenheit gut.« *Im Mai 1994 beim Essen verkostet* ★★★ *Seither nicht mehr degustiert.*

1977 ★★ bis ★★★★

Eine kleine Ernte schlechter Weine in Piemont, in der Toskana hingegen ein ausgezeichneter Jahrgang. 1977 kam der erste Supertoskaner aus 100 % Sangiovese auf den Markt (Le Pergole Torte).

Tignanello **Antinori** Der erste Jahrgang wurde zwar bereits 1971 bereitet, doch erst 1975 gelang dem unternehmungsfreudigen Piero Antinori und seinem Önologen Giacomo Tachis der Stil, den sie sich vorgestellt hatten, indem sie die toskanische Sangiovese mit rund 20 % Cabernet Sauvignon assemblierten. Er war – und ist – ein Riesenerfolg. Der 1977er scheint der erste Tignanello-Jahrgang zu sein, den ich je degustiert habe, dabei ist es noch gar nicht lange her: mitteltief, sehr reif; Bukett nach »alter Eiche«; etwas »Süße«, perfektes Gewicht, reich, weich, *à point* – oder wie man das in Italien eben nennt. Ein schöner Wein. *Im Dezember 1998 beim Essen mit Jane und Julius Wile in ihrem Haus in Scarsdale, New York, verkostet* ★★★★

Sassicaia und die »Supertoskaner«

Die in der Maremma an der toskanischen Küste gelegene Kellerei, in der der Sassicaia entsteht, hat nichts Schillerndes oder Hochtrabendes an sich. Das gilt auch für den bescheidenen, zurückhaltenden Eigentümer, den Marchese Niccolò Incisa della Rocchetta, dessen Vater Mitte der 1940er Cabernet-Reben von Château Lafite in seinen Weinbergen pflanzte. Ich stattete dem Gut San Guido erstmals in Begleitung der amerikanischen Bacchus Society einen Besuch ab und fand nirgends ausgefeilte, moderne Anlagen. Der Sassicaia war die erste der heute als »Supertoskaner« bezeichneten Kreszenzen und hat zweifellos den Kultstatus bekommen, den er auch verdient. Dabei sah alles zunächst gar nicht nach einer Erfolgskonstellation aus: Ein riesiges Familiengut in Küstennähe bereitete weit weg von der Chianti-Classico-Zone im Inland aus nichtitalienischen Rebsorten, insbesondere Cabernet Sauvignon, einen neuen Wein im Bordeaux-Stil. Man verstieß damit gegen Gesetze und Vorschriften – aber die Rechnung ging auf. Das Ansehen der einst geschmähten Vino-da-tavola-*Kategorie wurde gehoben. Und noch zwei weitere angenehme Nebeneffekte brachte der Siegeszug des Sassicaia mit sich: Zum einen flammte das Interesse an den Weinen aus der Toskana auf und zum anderen wurde meiner Ansicht nach die Messlatte im Chianti Classico höher gelegt, was andere Erzeuger ebenfalls veranlasste, einen Qualitätssprung nach vorn zu machen.*

1978 ★★★★★

Der rundum beste Jahrgang der Dekade, auch wenn er wegen der Hitze in Piemont als schwierig galt. Viele Einträge, weshalb ich mich auf die jüngsten konzentriere.

Barbaresco **Gaja** Erstmals 1992 verkostet: trocken, voll, aber nicht schwer. »Eisentannat.« Als Nächstes zwei Flaschen mit leichten Unterschieden, beide ziemlich tief, noch immer rubinrot; beide ohne Alterserscheinungen, aber eine reicher und mit schöner Entfaltung. Lebhaft, trocken, großartige Länge. *Im November 1994 beim Essen mit Angelo Gaja in Isola d'Asti verkostet* ★★★★

Barbaresco, Costa Russi Gaja Erstmals im November 1994 in der Kellerei verkostet: warmes Rotbraun mit hellbraunem Rand; reiche, weiche, fleischige Nase; ziemlich »süß«, zum Kauen; noch immer tanninbetont. Ein schöner Wein. *Zuletzt im März 1995 verkostet* ★★★★(★) *Wahrscheinlich jetzt auf dem Höhepunkt.*

Barbaresco, Santo Stefano, Riserva Speciale Bruno Giacosa Mitteltiefe Farbe. Das Schlüsselwort für Erscheinungsbild, Bukett und Geschmack lautet »reich«. Eine enorm vielschichtige Nase. Sehr »süß«, voller Frucht, komplett, trocken, tanninbetonter Abgang. Superb. *Im Februar 2002 bei Willsbergers Giacosa-Verkostung in Bad Mergentheim degustiert* ★★★★★

Barolo Pio Cesare Cesare verwendete zum ersten Mal kleine Fässer. Reich, Orangeton; seltsam feigenartige Frucht, Veilchen; reiche Textur, auf seine Weise attraktiv. Ein Anflug von Eukalyptus, wahrscheinlich von der jugoslawischen Eiche. *Im November 1994 in Alba verkostet* ★★★

Barolo, Falletto Bruno Giacosa Orangebraun, hohe flüchtige Säure; sehr wohlschmeckend. *Im März 1999 in Los Angeles verkostet* ★★

Barolo, Marcenasco Renato Ratti Vollreif, Orangeton; attraktive Flaschenalternoten; sehr »süß«, gutes Gewicht, zugänglich (13 % Alkohol). *Im November 1994 in Alba verkostet* ★★★★

Barolo, Rionda Riserva Speciale Bruno Giacosa Farbtief, weich, rubinrot; Geruch nach Pilzsuppe, dann Mulligatawny, mit Frucht dazwischen; sehr »süß«, sehr reich, kraftvoll (14 % Alkohol). Eigen. Beeindruckend. *Februar 2002* ★★★★

Barolo, Serralunga Riserva Giacomo Conterno Vielschichtige Farbe, reif; »süßer«, herrlicher Geschmack, nach wie vor sehr tanninbetont, aber ausgezeichnet zu Roastbeef. *Im November 1994 mit Angelo Gaja im Restaurant Il Pescatore bei Mantua verkostet* ★★★★★

Sassicaia Erstmals mit zehn Jahren verkostet: undurchsichtig, Schwarzkirschenrot; in der Nase und am Gaumen perfekt ausgewogen. Dann 1990 als ältesten Jahrgang einer Sassicaia-Vertikalverkostung degustiert: nicht mehr so tiefe, aber kräftige Farbe; eigenartige Nase wie Brie-Rinde; etwas Süße, angenehmes Gewicht, griffig. »Muss getrunken werden.« Hugh Johnson servierte diesen reinsortigen Cabernet Sauvignon bei einem Essen des Bordeaux Club geschickt zwischen dem Palmer und dem Cheval Blanc von 1978, die wir zu Steak und Kidney Pudding tranken. Tief, ziemlich intensiv, nach wie vor jugendlich; sehr eigenartige Nase, ein Hauch von Teer; etwas »Süße«, Lakritzenote; adstringierender Abgang. Verglichen mit den beiden Bordeaux-Weinen spröde. *Zuletzt im Dezember 1997 auf Saling Hall verkostet* ★★★(★)

Solaia Antinori Ein Einzellagenwein aus einem neben dem Tignanello gelegenen Weinberg auf Antinoris Gut (zu 75 % mit Cabernet Sauvignon und 25 % Cabernet franc bepflanzt; 18 bis 24 Monate Ausbau in kleinen französischen Eichenfässern). Der 1978er wurde nie freigegeben – der erste Solaia, der auf dem Markt erschien, war der 1979er. Dreimal verkostet, das erste Mal 1988: herrlich reiche Nase mit unverkennbarem Bordeaux-Charakter, wie ein 1982er; würzig, eichenbetont, reich, tanninstark. Erneut 1992. Kürzlich beim Essen mit Piero Antinori und seinen Töchtern im Palazzo Antinori in Florenz: jetzt mitteltief, reich (kräftiger Bodensatz); ausgeprägt »süß«, gehaltvoll mit beträchtlichem Tannin, sehr attraktiv. *Zuletzt im April 1999 verkostet* ★★★★

Tignanello Antinori Zwar kein sonderlich aktueller Eintrag, doch erwähne ich ihn neben dem Sassicaia und dem Solaia, um das Trio der Supertoskaner zu vervollständigen. In der Nase süß, am Gaumen trocken, ausgezeichneter Geschmack. *Februar 1988* ★★★★ *Jetzt wahrscheinlich perfekt.*

Einige andere 1978er, die sich in den 1980ern in besonders guter Verfassung zeigten **Barbera d'Alba** Aldo Conterno Zugegebenermaßen sehr jung, aber enorm beeindruckend. *1980* ★★★★; **Barbaresco, Sorì Tildin** Gaja Mehrere Einträge. 1982 »Fenchel und Walnüsse«. Schlank, kein zugänglicher Wein, vielmehr fordernd. Aber großartig. *1987* ★★★(★) *Jetzt wahrscheinlich auf dem Höhepunkt*; **Barolo** Ceretto Schön. *1986* ★★★; **Barolo, Riserva** Cavallotto Herrlich. *1987* ★★★★; **Brunello di Montalcino** Barbi Wohlschmeckend, tanninbetont. *1988* ★★★★; **Chianti Rufina, Nipozzano** Frescobaldi Großes Potenzial. *1988* ★★★★

1979 ★★★ bis ★★★★

Gute, vorwiegend früh reifende Weine in Piemont. In der Toskana eine riesige Ernte bei Weinen von teilweise hoher Qualität.

Barbaresco, Gallina di Neive Bruno Giacosa Recht blass; sehr gute Nase, ziemlicher Biss. *Im März 1999 auf einer Vorverkaufsverkostung in Los Angeles degustiert* ★★★★

Barolo, Bussia Riserva Speciale Bruno Giacosa Eher blass, vollreif, schwache Farbe, offener Rand; schokoladige, suppige, oxidierte Nase; am Gaumen aber überraschend gut. »Süß«, reich, gute Frucht, schlank, dabei sehr wohlschmeckend, tanninstark. *Im Februar 2002 bei Willsbergers Giacosa-Verkostung degustiert* ★★★ *Sehr merkwürdig.*

Sassicaia Im 11. Jahr der mit Abstand beste Wein auf einer Vertikalverkostung der Jahrgänge 1978 bis 1987: vielschichtige Farbe, reif – wie ein Spitzen-Bordeaux von 1959; ausgewogenes Bukett; bemerkenswert süß, reich, fleischig, abgerundet und mit perfekt integriertem Tannin. *Zuletzt im März 1992 bei einem Essen im Londoner Restaurant Connaught Grill verkostet und dort gut zu trinken* ★★★★★ *Jetzt zweifellos perfekt.*

1980–1999

In den 1970ern bereiteten die »Supertoskaner« den Wandel vor, die eigentliche Renaissance des italienischen Weins jedoch begann in den 1980ern. Zwar waren in der Toskana auch schon vorher gute Gewächse entstanden, wie die Adelsfamilien Antinori und Frescobaldi bewiesen. Aber die größeren Handelsunternehmen erzeugten bestenfalls anständige, einfache Weine, während die Standardabfüllungen der Güter uneinheitlich ausfielen. In den 1990ern war der Erfolg der Supertoskaner Herausforderung und Anreiz zugleich für das Chianti Classico, das mit der Produktion von Qualitätsweinen reagierte.

In Piemont standen sich zwei Lager gegenüber: ein traditionelles, das dunkle, tanninbetonte Rote, insbesondere Barolos, bereitete, und ein moderneres, das erkannt hatte, dass der herkömmliche Stil Geduld und lange Lagerung erforderte und weit vom vorherrschenden Geschmack entfernt war, und das deshalb zugänglichere Weine zu erzeugen begann. In Barbaresco wiederum spielte der Einfluss von Angelo Gaja eine große Rolle, denn die Qualität (und der Preis) seiner Kreszenzen ließ den internationalen Markt aufhorchen.

Der Kontrast zwischen dem Patrizier Piero Antinori und dem dynamischen, vorwärts drängenden Angelo Gaja könnte kaum größer sein. Beide aber sind auf ihre Weise unternehmungsfreudig, innovativ und vor allem qualitätsbewusst. Sie haben sich nicht nur um die Weine ihrer Region verdient gemacht, sondern sind als Botschafter des italienischen Weins an sich hervorgetreten.

Rotwein-Jahrgänge auf einen Blick

PIEMONT (BAROLO, BARBARESCO)

Hervorragend ★★★★★
1982, 1985, 1988, 1990, 1997

Sehr gut ★★★★
1986, 1989, 1996, 1999

Gut ★★★
1983, 1987 (u), 1993 (u), 1995, 1998 (u)

TOSKANA (CHIANTI, BRUNELLO DI MONTALCINO)

Hervorragend ★★★★★
1982, 1985, 1988, 1990, 1995 (u), 1997

Sehr gut ★★★★
1986, 1994 (u), 1996, 1999

Gut ★★★
1981, 1983, 1987 (u), 1989 (u), 1993 (u), 1998 (u)

1980 ★

Für Piemont fiel dieser Start ins neue Jahrzehnt nicht besonders gelungen aus: Der Jahrgang erwies sich letztendlich als der am wenigsten zufriedenstellende der gesamten Dekade. Der kühle Frühling setzte sich bis in den Juni hinein fort, was das Wachstum verzögerte. Mit dem Juli aber holte die Vegetation den Rückstand auf. Der Sommer wurde heiß und trocken. Ende September setzte allerdings Regen ein, der auch im Oktober nicht aufhörte. Manche Erzeuger ernteten Anfang November noch immer und wurden am 4. des Monats sogar vom Schnee überrascht. In der Toskana indes reiften die Trauben trotz ähnlicher Witterungsbedingungen überraschend gesund aus.

Ich habe aus diesem Jahrgang nur wenige Weine verkostet.

Barolo Elio Altare Ein kleiner Erzeuger mit etwas eigenen Weinen: ziemlich blass; in der Nase und am Gaumen zurückhaltend; trocken. Für ein schlechtes Jahr ganz gut. *Im November 1994 auf der Barolo-Verkostung degustiert, die Angelo Gaja an einem Sonntagmorgen in Alba für mich organisierte* ★

Sassicaia Mehrere Einträge. Trank sich Mitte der 1980er ganz gut, aber im zehnten Jahr »unverwoben«, in der Nase krautig und stielig; schlank und kurz. *Der am wenigsten ansprechende Jahrgang der Vertikalverkostung vom März 1990 im Londoner Brooks's Club. Damals gerade noch* ★★ *Jetzt kaum noch interessant.*

NUR ZWEI ÄLTERE EINTRÄGE **Chianti, Nozzole** *1986* und **Chianti Classico Riserva** Badia a Coltibuono *1987* – beide relativ angenehm, aber kurz.

1981 ★ bis ★★★

Variabel. Piemont litt am stärksten unter den Unbilden der Witterung: Der heiße Juni und Juli mit hoher Luftfeuchtigkeit brachten Fäulnisprobleme mit sich. Ende August und Anfang September war es bewölkt und trocken. Die Lese erfolgte spät. In der Toskana kam man nach dem späten Frühjahr in den Genuss guten Wetters. Die ab 20. September eingeleitete Lese wurde von Regenfällen unterbrochen. Erzeuger, die früh lasen, bereiteten die besseren Weine.

Brunello di Montalcino, Riserva Biondi-Santi Erstmals im Mai 1994 bei Christie's verkostet. Er war 1986 freigegeben worden und angeblich von ähnlicher Qualität wie der 1970er. Nicht sehr tief; weiche Frucht, Vanillenote, entfaltete sich reich; »Süße« und Körper passabel (13 % Alkohol), schöne Textur und Frucht. Im darauf folgenden Frühjahr auf Il Greppo ein ähnlicher Eintrag. Ich gab ihm die Höchstnote für die Nase: ausgewogen, schön entwickelt, entfaltete sich vielschichtig und nachhaltig; guter Körper, attraktiv. *Zuletzt im März 1995 verkostet* ★★★★ *Damals vermutlich auf dem absoluten Höhepunkt.*

Sassicaia Nur einmal bei der Vertikalverkostung im Brooks's Club degustiert: nuancierte Farbe; eigenartige Nase, reich, leicht käsig; ausgeprägt »süß«, robust, tanninbetont. *Im März 1990 verkostet. Damals* ★★(★) *Wäre interessant zu sehen, wie er sich entwickelt.*

UNTER DEN NICHT BESONDERS ZAHLREICHEN 1981ERN, DIE ICH IN DER ZWEITEN HÄLFTE DER 1980ER VERKOSTET HABE, waren die folgenden **Chianti**-Weine interessant: **Chianti Classico** Castello di Volpaia Meine erste Begegnung mit diesem Wein: köstlich wohlriechend, zugänglich und angenehm. *1986* ★★★; **Chianti Classico, Riserva** Badia a Coltibuono Wohlriechend, Geschmack und Länge gut. *1987* ★★★; **Chianti Classico, Riserva Prima** Castello di Vicchiomaggio Elegant, gute Länge. *1987* ★★★; **Chianti Rufina, Riserva Montesodi** Frescobaldi *1987* ★★★★

1982 ★★★★★

Ein hervorragender Jahrgang. In der Toskana war es heiß und sonnig, aber trocken. Durchweg gute Qualität; vor allem die Riserva-Weine brillierten. Eine ähnliche Saison in Piemont, obwohl es Ende September und Anfang Oktober vor der Hauptlese etwas regnete.

Barbaresco Gaja Eine Doppelmagnum-»Serie« mit Gaja-Weinen bei einem Rodenstock-Essen. Gute Frucht, schwer definierbar, verhalten, aber wohlriechend; am Gaumen eine Teernote, adstringierend tanninstark. *September 1998* ★★(★★) *Ich kann mir kaum vorstellen, wie er sich noch runden soll.*

Barbaresco, Sorì San Lorenzo Gaja Eine Magnum, die mir Angelo gegeben hatte und die ich bei einer Dinnerparty zu Hause öffnete. Ich wusste, dass es sich um einen großen Wein handelte, weshalb ich ihn zwei Stunden, bevor ich ihn servierte, doppelt dekantierte: ziemlich tief, intensiv; schöne lebhafte Frucht, ein Anflug von Schwarzen Johannisbeeren; enorm tanninbetont. Absolut herrlich, aber so unreif, dass er fast untrinkbar war. *Dezember 1999* ★(★★★★) *Wie der Lafite von 1870 oder der Latour von 1928 ein Wein, der ein halbes Jahrhundert braucht, um sich zu entwickeln. Schätzungsweise 2025 bis 2050. Sagen Sie mir Bescheid, wie er war!*

Barolo Cerequio Michele Chiarlo Sehr reif; ein Anflug von unangenehmem Flaschengeruch, der sich aber verzog, in der Nase und am Gaumen am Altern. Schlank. Tanninbetont. *Im November 1994 in Alba verkostet* ★★

Barolo, Cannubi Marchesi di Barolo Die Erben des alten Falletti-Schlosses, dessen Keller aus dem Jahr 1752 stammen. Ein Wein im alten Stil, der eine lange Maischung im großen Eichenfass durchläuft. Noch immer sehr tief, mit undurchsichtigem Zentrum; Lakritzenote, käsig; süß, etwas hölzern (zu lange im Fass?), guter alter Geschmack, gute Länge und adstringierendes Tannin. Anhaltend. *Der älteste Wein auf einer von Stephen Hobly geleiteten Barolo-Degustation der IWFS im März 2002 in London* ★★★★

Barolo, Ciabot Mentin Ginestra Domenico Clerico Ein kleiner Erzeuger der neuen Schule in Piemont. Sein erster Jahrgang war der 1979er. Mitteltief, reich; ziegelig, wohlriechend, beträchtliche Tiefe; kraftvoll (14,5 % Alkohol), köstlich im Geschmack, schöne Frucht, aber noch immer sehr tanninbetont. *Im November 1994 in Alba verkostet* ★★★★(★)

Barolo, Falletto (weißes Etikett) Bruno Giacosa Blässlich, weiches Rot, lange »Tränen«; würzig, völlig anders als der Rionda Riserva, fast Mouton-artiger Duft und Geschmack. »Süß«, reich. Ein ungewöhnlicher Stil. Köstlicher Endgeschmack. Ich zog ihn dem Rionda vor. Viel zugänglicher. *Februar 2002* ★★★★

Barolo, Gran Bussia Aldo Conterno Erst der vierte »Gran Bussia« seit 1971, gilt jedoch als der beste aller Zeiten. Verschlossen, etwas am Altern; sehr attraktiv, köstlich im Geschmack, Gewicht (13,5 % Alkohol) und Stil schön. *Im November 1994 auf der Barolo-Verkostung in Alba degustiert* ★★★★★ *Damals so gut wie perfekt. Dürfte noch immer köstlich sein.*

Barolo, Rionda Riserva Speciale Bruno Giacosa Zwei Flaschen, die erste weiches Rubinrot, kräftige »Tränen«; lebhaft, aber mit herbstlicher Frucht; ziemlich »süß«, reich, weich, dabei kraftvoll (14 % Alkohol), gute Frucht. Sehr tanninbetont. Die zweite hatte einen Geschmack, der mich an Zwiebelsuppe erinnerte, ihr Charme wurde durch die sandpapierartige Tannintextur etwas geschmälert. *Beide im Februar 2002 bei Willsbergers Giacosa-Verkostung in Deutschland degustiert* ★★(★★)

Brunello di Montalcino, Riserva Biondi-Santi Sehr lebhaftes Erscheinungsbild, Kirschrot, intensiv; öffnete sich nur langsam, aber entwickelte einen schönen Duft, der über zwei Stunden später reich und würzig wurde; ziemlich adstringierend, würzig, gute Länge und Tiefe. *Im März 1995 auf Il Greppo verkostet* ★★(★★) *Nach 2025 wahrscheinlich – hoffentlich – ein Fünfsterne-Wein.*

Sassicaia Mit acht Jahren: reich, pflaumenfarben; in der Nase und am Gaumen sehr »süß«, reichlich Frucht, Extrakt und seidige Tannine. *Seit März 1990 nicht mehr verkostet. Damals* ★★★(★★) *Dürfte jetzt perfekt sein.*

Tignanello Antinori Vollreife Farbe; ziemlich gedämpfte Nase, ein Anflug von Pilzen; weich, reif, mit Altersspuren, am Austrocknen. *Im April 1999 auf einer Verkostung in Antinoris San-Casciano-Kellern degustiert* ★★★ *Austrinken.*

ICH MUSS EINFACH NOCH VIER GROSSARTIGE BAROLOS ERWÄHNEN, DIE ICH IN DEN SPÄTEN 1980ERN VERKOSTET HABE: **Cavallotto** Frucht- und tanninbepackt. Braucht lange Kellerlagerung. *1987* ★★★★; **Fontanafredda** Mächtig, tief, ein Wein für langen Kelleraufenthalt. *1998* ★★★★; **Gran Bussia** Aldo Conterno Schimmernd, schön, »Kirchenfenster« wie romanische Rundbögen; in der Nase und am Gaumen eine unglaubliche Fruchtfülle, Feigen, Grapefruit und schließlich ein sehr tanninlastiger Abgang. *1988* ★★★★★; **Monprivato** Mascarello Voll, weich, fleischig, köstlich. *1987* ★★★★

1983 ★★★

Ein ungleichmäßiges Jahr. In Piemont waren die Wachstumsbedingungen alles andere als gut: Regen während der Blüte und ein schwül-feuchter Sommer. Rechtzeitig zur Lese im Oktober besserte sich das Wetter allerdings. Die Weinbauern in der Toskana kamen mit einer guten Blüte, einem schönen Sommer und einer früheren Lese besser weg.

Mit diesem Jahrgang erwachte mein Interesse an italienischen Weinen im Allgemeinen und am Chianti im Besonderen. Zwei Masters of Wine, Nick Belfrage und David Gleave, die in Süd-London den Laden »Winecellars« betreiben, legten eine interessante, informative Liste mit italienischen Gewächsen vor und ich kaufte regelmäßig von ihnen assortierte Kisten für den Hausgebrauch – die Auswahl überließ ich ihnen. Die 1983er boten ein besonders günstiges Preis-Leistungs-Verhältnis, die 1985er waren besser, aber auch teurer, dann ging es weiter mit neueren, ausgezeichneten Jahrgängen.

Barbaresco, Sorì Tildin Gaja Reif, entspannt; schöner Duft, zitrusartige Frucht, dann kresseartig, Rohrzucker; schön gemacht, mit appetitanregender Säure, tanninbetont, aber charmant. *Im Februar 1997 bei der Italien-Verkostung in Nassau degustiert* ★★★★

Brunello di Montalcino, Riserva Biondi-Santi Reiches Kirschrot; erfrischende Frucht, gute Tiefe, rustikaler Einschlag, entwickelte sich über einen langen Zeitraum hinweg vielschichtig; »süßer« Auftakt, lebhafte Frucht, gute Länge, sehr adstringierend. *Im März 1995 auf Il Greppo verkostet* ★★(★★) *Völlig unreif. Braucht vermutlich noch weitere 20 Jahre.*

Darmagi Gaja (»Wie schade«, meinte Angelo Gajas Vater, als sein Sohn ihm erzählte, dass er einen reinsortigen Cabernet Sauvignon in Barbaresco bereiten würde, der natürlich als *Vino da tavola* klassifiziert werden musste) Tiefes Rubinrot; in der Nase und am Gaumen pfefferig und würzig, dabei aber ziemlich

weich und gefällig. *Passte im März 1996 bei einem italienischen Essen im Gidleigh Park Hotel in Devon gut zu Perlhuhn* ★★★(★)
Sassicaia 1989 trocken, schlank, Cabernet-Charakter. Auf der Vertikalverkostung im Brooks's Club nicht in gutem Zustand. Kürzlich bei einer Sassicaia-Degustation in London: jetzt mit offenem Rand und weichem Erdbeerrot; »süßes«, ausgewogenes Bukett; gute Frucht, aber trockener, beißender Abgang. Muss zum Essen getrunken werden. *Zuletzt im Mai 2002 verkostet* ★★★

NOTIZEN ZU DEN VIER 1983ER CHIANTI-CLASSICO-GEWÄCHSEN, MIT DENEN MEIN INTERESSE AN ITALIENISCHEM WEIN ERWACHTE **Isole e Olena** Weich, zugänglich, köstlich und preisgünstig. *1987, damals* ★★★; **Riserva** Castello di Volpaia Gut, eindringlich. *1988* ★★★; **La Selvanella Riserva** Melini Ausgezeichnete Frucht, abgerundet. *1988* ★★★; schließlich einer meiner Lieblingsweine dieses Jahrgang, der Supertoskaner **Cepparello** Isole e Olena 100 % Sangiovese. Frisch und lebhaft. *1987* ★★★

1984 ★

Ein schlechtes Jahr, das nur im Norden und äußersten Süden besser ausfiel.
Corvo Duca Enrico Rosso Duca di Salaparuta Der erste Corvo-Jahrgang aus Siziliens bekanntestem Gut, der Nero d'Avola enthielt, eine vom langjährigen Kellermeister Franco Giacosa aus Piemont eingeführte Rebe. Mit fünf Jahren beeindruckend tief; scharf, würzig; »süß«, köstlicher Geschmack, reiche Tannine. *Seit Dezember 1989 nicht mehr verkostet. Damals* ★★(★)
Sassicaia Eine Flasche, die mein Sohn am Heiligabend aus dem Keller holte und zum Essen servierte: sehr seltsame Nase, hohe flüchtige Säure; gutes Gewicht (12,5 % Alkohol), wohlschmeckend, aber säurebetont. *Dezember 2000* ★

1985 ★★★★★

Der 1983er gab die Initialzündung, doch mit dem 1985er kam der Motor auf Touren. Ein außerordentlich erfolgreicher Jahrgang zur rechten Zeit. Die Erzeuger nutzten die Chance, um hochklassige Gewächse zu bereiten, die Händler kauften, und ihre erwartungsvollen Kunden – darunter auch ich – entdeckten ihre Liebe zum italienischen Wein. Mit Unterstützung von Belfrage und Gleave erkundete ich eine Vielzahl der besten 1985er. Zweifellos mein Lieblings-Jahrgang aus Italien.
Barbaresco Gaja Dreimal verkostet, die ersten beiden Male 1995 und 1997 bei Essen mit italienischen Weinen im Gidleigh Park Hotel. Ich vergleiche immer gern Einträge, die einige Jahre auseinander liegen – zum einen, um zu sehen, ob und worin Beurteilungsunterschiede bestehen, zum anderen, um die Entwicklung des Weins zu verfolgen. Aber natürlich muss man immer auch den Kontext berücksichtigen, denn es spielt durchaus eine Rolle, welche Weine davor oder danach verkostet wurden. Beide waren mitteltief, reif; relativ ähnlich auch in der Nase, »wohlriechend, brombeerartige Frucht«, würzig; vergleichbar am Gaumen, weich, voll, fruchtig (der erste »zu süß zu Hase«). Im darauf folgenden Jahr bei einer sehr weinseligen Dinnerparty mit der Familie getrunken; ich merkte an, dass es zwei Stunden dauerte, bis sich sein Bukett geöffnet hatte. Kurz: »Süß«, reicher Extrakt, gute Frucht, trockener Abgang. Schön. *Zuletzt im März 1998 verkostet* ★★★★★ *Jetzt trinkreif, hält sich aber noch.*
Barbaresco, Camp Gros Marchesi di Gresy Ein weiterer Erzeuger, dessen Weine ich sehr mag. Dieser stammt aus der Kellerei Martinenga. Erstmals 1989 verkostet: außergewöhnlich »süß« und körperreich (14 % Alkohol), aus stark geschnittenen Subvarietäten von Nebbiolo bereitet und bis zu drei Jahre lang in Eiche ausgebaut. Als Nächstes 1994 beim Essen mit Angelo Gaja im berühmten Restaurant Guido in Costigliole d'Asti degustiert. Eine Magnum: jetzt reif; schönes Bukett, offen, ausgewogen, »süß« und fruchtig; am Gaumen ebenfalls sehr »süß«, trug seinen Körper mühelos und elegant, seidige Tannine, langer, lebhafter Abgang. Kürzlich ein ähnlicher Eintrag zu Hause. Ein schöner Wein. *Zuletzt im April 1999 verkostet* ★★★★★

Angelo Gaja

Ich bin seit langem eng mit Angelo Gaja befreundet. Seine Adresse ist einfach: Gaja, Barbaresco, Italien. Das ist vielleicht nicht die offizielle, von der Post genehmigte Anschrift, doch würde ein so beschrifteter Brief ihn auf jeden Fall erreichen. Mit seiner Energie könnte er ein Kraftwerk befeuern. Wie Antinori steht er der Einführung neuer internationaler Rebsorten nicht ablehnend gegenüber.

Als ich vor einigen Jahren einen Artikel über eines seiner Erzeugnisse schrieb, verwies ich auf den in großen Lettern geschriebenen Namen »Gaja«, der die viel kleinere Weinbezeichnung »Barbaresco« etwas in den Schatten stellte. Ich schloss daraus, dass es sich um einen Mann mit beträchtlichem Ego handeln müsse. Kurz darauf traf ich ihn zufällig auf einer Weinmesse in Deutschland. Ich hatte eine Zurückweisung erwartet, wurde aber zu meiner Überraschung herzlich umarmt. Seither bin ich ein glühender Bewunderer von Angelo Gaja. In Restaurants hat er überhaupt keine Probleme damit, die Weine anderer Güter zu bestellen und zu loben (obwohl böse Zungen behaupten, er tue das nur, weil er sich seine eigenen nicht leisten könne!). Meine Frau und ich erinnern uns gern an die Wochenenden in Alba, die wir mit ihm beim Trüffelsuchen verbrachten, an Besuche auf seinem Gut, vor allem aber an seine unvergleichlichen Kreszenzen.

Barbaresco, Gaiun Marchesi di Gresy Von einer 2 ha großen Parzelle auf di Gresys Weingut Martinenga. Erstmals 1990 degustiert: weicheres Rot als der Camp Gros, aber Tannin und Säure hoch. Als Nächstes 1997 beim Sonntagsessen auf Chippenham Lodge: in der Farbe wie alte Tudor-Ziegel, reif, rostbrauner Ton; in der Nase und am Gaumen »süß«, ein Bukett, das sich öffnete, weich, süß, angesengte Rosinen; schöner Geschmack, körperreich (14 % Alkohol), verlor allerdings etwas Frucht; Tannin und Säure gut. Stand vermutlich im Zenit. Zwei Jahre später bei einem Seminar des redseligen Matt Kramer in New York, bei dem junge und alte Weine einander gegenübergestellt wurden. Übereinstimmende Einträge, verglichen mit dem 1996er sehr reif, aber der größere Jahrgang. *Zuletzt im Oktober 1999 verkostet* ★★★★★
Barbaresco, Santo Stefano, Riserva Speciale Bruno Giacosa Weiches, gesundes Rot; »süß«, sehr voll, sehr reich. Fruchtbepackt, voll im Geschmack und mit geschmeidigen Tanninen. *Im Februar 2002 bei Willsbergers Verkostung zusammen mit Giacosas Barolo degustiert* ★★★★★
Barbaresco, Sorì San Lorenzo Gaja Gajas Spitzengewächs, beim ersten Essen im Gidleigh Park Hotel (siehe weiter oben) im Anschluss an seinen »Standard«-Barbaresco serviert. Gleiches Erscheinungsbild, hatte aber wesentlich mehr zu bieten: in der Nase »süßer« und reicher, kraftvoll, würzig, schöner Duft; am Gaumen fest, vielschichtig, größere Länge, Tannine und

wundervolle Säure. Zwei Jahre später, ebenfalls im Gidleigh Park Hotel, »Pétrus-artiger« Körper, Würze, Gewicht. Ein großer Wein. *Zuletzt im März 1997 verkostet* ★★★★(★)

Barbaresco, Sorì Tildin Gaja Ein weiterer Einzellagenwein: weich, rostbraun; ebenfalls weiche, reiche, fleischige Nase; ziemlich »süß«, zum Kauen, noch immer tanninbetont. *Im November 1994 bei Gaja verkostet* ★★★(★)

Barolo Pio Cesare Wohlriechend, »süß«, gut gebaut. *Im April 1990 in Alba verkostet* ★★★★

Barolo Giacomo Conterno Ziemlich tief, reich; eigenartige Ziegelstaubnase; gute Tiefe; »süß«, voll im Geschmack, lebhafte Frucht, Länge und Abgang gut. *Im November 1994 in Alba verkostet* ★★★★★

Barolo, Falletto, Riserva Speciale Bruno Giacosa Offen, reife Farbe; in der Nase wesentlich reifer als der Barbaresco desselben Guts; reich, reif, kraftvoll (14 % Alkohol), sehr »süß«, voll im Geschmack, großartige Länge. *Februar 2002* ★★★★★

Barolo, Riserva Bricco Boschis Cavalotto Wohlriechend, leichter Anflug von Mandarinen; überraschend lebhafte, frische Frucht, gute Länge, die Säure unterstrich »Kämme und Hirn vom Hahn«, eine Piemonteser Spezialität! *Im November 1999 mit Angelo Gaja und Carlo Petrini in Bra verkostet* ★★★★★

Brunello di Montalcino La Magia Tief, reich; weich, »warm«, »süß«, voll, körperreich. *Im Juli 1994 beim Essen mit Karina Eigensatz verkostet* ★★★

Brunello di Montalcino Poggio Antico Sehr reif; klassisch, »ziegelige« Malznote, entfaltete sich reich; überraschend »süß«, reich, kirschartig, noch immer tanninbetont. *Im Dezember 2000 beim Weihnachtsessen in der Pierce Street Nr. 1915 in San Francisco verkostet* ★★★★

Brunello di Montalcino, Annata Biondi-Santi Aus 10- bis 25-jährigen Reben bereitet. Wird vor der Freigabe drei Jahre im Fass und ein Jahr in der Flasche ausgebaut. Reif, leicht teerartige Nase; mitteltrocken, mittlerer Körper, angenehm, sehr gute Säure. *Im März 1995 beim Essen mit den Biondi-Santis auf Il Greppo verkostet* ★★★

Brunello di Montalcino, Riserva Biondi-Santi Die besten Jahrgänge scheinen alle mit einer »5« zu enden. Entwickelte sich im Erscheinungsbild und in der Nase gut. »Süß«, wohlriechend, öffnete sich wie ein klassischer, zedriger Médoc; etwas schlank, aber überzeugend, hohe Qualität und Kraft, dabei mit dem üblichen »Tannin-und-Säure«-Abgang. *Im März 1995 auf Il Greppo verkostet* ★★★★(★) *Müsste 2005 bis 2015 auf dem Höhepunkt sein.*

Weitere Brunello di Montalcino, die ich alle 1990 verkostet habe: Banfi ★★★; Talenti Enorm tanninbetont ★★★★; **Castelgiocondo** Frescobaldi ★★★★; **Sopozific** Il Poggione ★★★★

Eine Auswahl von Chianti-Classico-Weinen, die ich alle zwischen 1989 und 1993 verkostet habe: Castello di Volpaia ★★★; **Poggio** San Felice ★★★; **Riserva** Felsina Berardenga ★★★★; **Riserva di Fizzano** Rocca delle Macìe ★★★; **Riserva Millennio** Cacchiano ★★★★; **Ser Lapo** Fonterutoli ★★★★

Darmagi Gaja Drei Einträge binnen zwölf Monaten, zweimal bei Weindinners im Gidleigh Park Hotel und einmal dazwischen bei meiner Italien-Weinprobe in Nassau verkostet. Beeindruckend tief, samtig; ziemlich intensiv; sehr gute, verschlossene Cabernet-Sauvignon-Nase; »Respekt!«, Körper und Frucht fabelhaft, Gewicht, Extrakt, Konsistenz perfekt. *Zuletzt im März 1997 verkostet* ★★★(★)

La Poja Allegrini Der dritte Jahrgang aus einer 2,5 ha großen Parzelle in Allegrinis Einzellage La Grola; Ausbau in kleinen französischen Eichenfässern. Eine Insel in einem Meer mittelmäßiger Valpolicellas. Rubinrot; »süß«, leicht schokoladig; voll (13,5 % Alkohol), reich dank selektierter, spät (im November) gelesener Corvino-Trauben (100 %). Als »Meditationswein« beschrieben. *Zuletzt im Januar 1993 verkostet* ★★★★

Sassicaia 1992 sehr tief, »süß«, voll, zum Kauen. Zwei Jahre später mit jugendlicher Frucht, entwickelte einen angenehmen, »keksartigen« Duft; trocken, guter Geschmack, stilvoller Abgang, etwas rau und kantig. *Im September 1994 auf einer Rodenstock-Veranstaltung degustiert* ★★★(★)

Solaia Antinori Tiefe, samtige Farbe; attraktive, zitrusartige Frucht; seidige, ledrige Tannine, sehr komplett. Ein edler Wein. *Im April 2000 bei Stephen Kaplans Essen mit 1985ern in Chicago verkostet* ★★★★

Tignanello Antinori 1990 tief, intensiv; gute Frucht, tanninbetont. Dann als aromatisch beschrieben. Ein attraktives Gewächs. *Zuletzt im Januar 1993 bei einem Italien-Weindinner im Gidleigh Park Hotel in Devon verkostet* ★★★★

1986 ★★★★

Nach dem Erfolg des ertragsarmen, aber ausgezeichneten 1985ers gingen die Erzeuger mit frischer Zuversicht ans Werk – und erhöhten die Preise. Das Wetter fiel in der ganzen Toskana zufriedenstellend aus, sodass nach einem heißen Sommer eine große Ernte eingefahren werden konnte. Im Norden folgten auf die Hitzewelle im Mai schwere, wenngleich örtlich begrenzte Hagelstürme; vor allem in Barolo verloren einige Spitzenerzeuger bis zu 40 % ihrer Ernte. In Piemont wurde ab der letzten Septemberwoche eine geringe Menge hochwertigen Traubenguts gelesen.

Barbaresco Gaja Zwei Flaschen: sehr tief; ziemlich unbestimmtes, etwas hochgetöntes Bukett; »süß«, lebhaft, sehr guter Geschmack, moderates Gewicht (13 % Alkohol), guter, lebhafter, trockener Abgang. *Im März 1998 beim Essen mit meinem Sohn in San Francisco degustiert* ★★★★

Barolo, Falletto Bruno Giacosa Zwei Gläser, beide blind verkostet. Die Weine ähnelten sich ziemlich, beide reif, der erste etwas blasser als der andere, einer mit »weicher Frucht«, der andere mit »lebhafter Frucht«. Beide sehr »süß«, voll im Geschmack, der erste sehr tanninbetont, der zweite weich und zum Kauen. Es handelte sich aber um ein und dasselbe Gewächs: eine Flasche war am Vorabend geöffnet worden, die andere kurz vor dem Eingießen. Wir waren alle ausgetrickst worden, wenn auch nicht schlimm! *Im Februar 2002 auf der Giacosa-Degustation verkostet* ★★★★

Bricco dell'Uccellone Braida di Giacomo Bologna Dieser berühmte Wein von Giacomo Bologna war ein *Vino da tavola* von Barbera-Trauben, die in den auf einem Hügel bei Rocchetta Tanaro gelegenen Weinbergen der Familie herangereift und in kleinen Eichenfässern ausgebaut worden waren. Er erschien erstmals mit dem Jahrgang 1982 und führte den Barbera d'Asti zu neuen, ungeahnten Höhen. Vorgestellt wurde mir dieser Wein von meinem ersten italienischen Weinmentor, Graf Riccardo Riccardi, dem Übersetzer meiner *Weinnotizen*. Dreimal verkostet, das erste Mal 1989: natürlich noch unreif, sehr fruchtig, fleischig, würzig (Eiche) und perfekt im Gleichgewicht. Als Nächstes entstand 1997 bei meinem Seminar über italienische Weine in Nassau ein sehr ausführlicher Eintrag. Hier eine Zusammenfassung: angenehm, offen, reif, im Erscheinungsbild fast wie ein Burgunder; weich, schokoladig, angesengt, mit einer leichten Lakritzenote, die mir auch schon acht Jahre zuvor aufgefallen war. Täuschend weicher Auftakt und kraftvoller Abgang, maulbeerartige, reife Frucht, warm, vollmundig, tanninbetont. Fünf Sterne, keine Frage. Gut auch auf den Verkostungen, die ich für das Weinmagazin *Vinum* in Zürich leitete. *Zuletzt im April 1998 verkostet* ★★★★★ *Jetzt perfekt.*

Carmignano, Capezzana Bonacossi Eine Supertoskaner-Komposition aus Sangiovese und Cabernet. Ein Hauch Lakritze; mitteltrocken, mittleres Gewicht. Weich. Köstlich. *Zuletzt im Oktober 1992 verkostet. Damals* ★★★(★) *Jetzt zweifellos ausgezeichnet.*

Sassicaia Nur einmal in seiner Jugend verkostet. Schöne Frucht, in guter Verfassung, aber »ohne die Grandezza und den Gehalt« des 1985ers. *Auf der Vertikalverkostung vom April 1990 degustiert* ★★★★

Tignanello Antinori Erstmals 1992 verkostet: tiefe, weiche, reiche, reife Frucht, ausgezeichneter Abgang. Kürzlich bei Antinori: jetzt mitteltief, mit reifem Rand; Chianti-ähnlicher als die anderen Weine der Vertikalverkostung. Ausgezeichnet im Gleichgewicht, aber noch immer tanninbetont. Sehr attraktiv. *Zuletzt im April 1995 verkostet* ★★★★

ZWEI WEITERE AUSGEZEICHNETE SUPERTOSKANER, die sich 1990 in guter Verfassung präsentierten: **Sammarco** Rampolla Tief, fleischig, schöne Frucht, samtig – ausdrucksvoll ★★★★; **Fontalloro** Felsina Berardenga Reich, eindringlich und mit lebhafter Frucht ★★★★

1987 ★★ bis ★★★

Schöne Weine, die überwiegend für frühen Trinkgenuss gedacht waren. Nur wenige lohnen eine Erwähnung.

Bricco della Bigotta Braida di Giacomo Bologna Der dritte Jahrgang eines weiteren neuen Barbera-Weins, entstanden auf dem Braida-Gut: sehr tief, samtig; reich, feigenartig, ganz anders als der 1986er Bricco dell'Uccellone; »süß«, voll, reich, Rhône-artig, kraftvoll. »Das Fleisch bedeckte die italianiden Zweige und Büsche.« (Zumindest *ich* weiß, was ich damit meinte.) *Februar 1997* ★★★

Brunello di Montalcino, Riserva Biondi-Santi Im Aussehen bereits reif; ziemlich gut entwickelte Nase, Kellergeruch, Süßholzwurzel (vier Stunden später schön entwickelt und ingwerartig). »Mittelsüß«, mittlerer Körper, reich, zum Kauen, mit wildlederartiger Tannintextur. *Im März 1998 auf Il Greppo verkostet* ★★★(★)

1988 ★★★★★

Ein ausgezeichneter Jahrgang, allerdings fiel die erzeugte Weinmenge gering aus. In der Toskana verzeichnete man die geringste Ernte seit 25 Jahren. In Piemont waren die Bedingungen vor und nach dem heißen, trockenen Sommer alles andere als ideal: Regen bereitete den Nebbiolo-Trauben zur Lesezeit Probleme, aber mit den früher geernteten Barbera-Trauben konnten die Winzer sehr zufrieden sein. Die geringen Erträge in der Toskana waren auf die schwache Blüte und die große Sommerhitze mit Trockenheit zurückzuführen. Die besten Weine entstanden in Montalcino.

Barbaresco Gaja Ziemlich tiefes Rubinrot; nussig, brombeerartig, gute Frucht in der Nase und am Gaumen. Tanninbetont. *Im Februar 1995 bei einem Italien-Weindinner im Gidleigh Park Hotel in Devon verkostet* ★★★

Barbaresco, Asili Michele Chiarlo Schöne Farbe; leicht angesengte Frucht; geringfügig »süß«, voll, fruchtig, guter Biss. *Im Juli 2001 zu Hause verkostet* ★★★

Barbaresco, Santo Stefano, Riserva Speciale Bruno Giacosa Eine Normalflasche und eine Magnum: schönes, weiches, schimmerndes Rubinrot; sehr gute, tiefe, fleischige Nase; sehr »süß«, sehr kraftvoll, schöner Geschmack und Nachgeschmack, aber rau, adstringierend und völlig unreif. *Februar 2002* ★★(★★★)

Barolo, Falletto Bruno Giacosa Eine Doppelmagnum bei einem Essen, zu dem Otto Geisel nach Willsbergers Giacosa-Verkostung geladen hatte: weiches Rubinrot; ausgewogen, gute Frucht; lebhaft, beeindruckend, sehr tanninbetont. »Milderte« den kräftigen Ochsenschwanz sehr schön. *Im Februar 2002 im Hotel Victoria der Familie Geisel in Bad Mergentheim verkostet* ★★★★

Bricco dell'Uccellone Braida di Giacomo Bologna Ich habe diesen Jahrgang kurz nach der Abfüllung degustiert: Schwarzkirschenfarbe; herrliche, himbeerartige Frucht; »süß«, körperreich, lebhafte Frucht, würzig, tanninbetont. Leider erlebte der brillante Giacomo Bologna diesen Wein nicht mehr in reifem Zustand: Er starb noch im selben Jahr. Und auch ich habe ihn noch nicht reif erlebt. *Juni 1991. Damals* (★★★★)

Brunello di Montalcino Argiano Duftend; lebhaft, hochgetönt, schöner Abgang ★★★; **Riserva** Tief, beeindruckender; verschlossen, würzig; schwungvolle Frucht, reich, kraftvoll, tanninbetont ★★★★ *Beide Weine im Oktober 1994 verkostet.*

Brunello di Montalcino, Podere Pian di Conte Talenti Erstmals im April 1990 verkostet, sehr gut, aber noch immer jugendlich. Kürzlich: herrliche Farbe, reifer Rand; ein für heiße Jahrgänge typischer »warmer« Charakter, weich, ausgewogen, etwas rustikal; gute reife »Süße«, guter Körper, irreführend weich, mit tanninbetontem, bissigem Abgang. Köstlich zu Daphnes geschmorten Lammkeulen. *Im November 2000 auf Chippenham Lodge verkostet* ★★★★

Brunello di Montalcino, Tenuta Greppo Biondi-Santi Ziemlich tief, lebhaft; ausgewogen, Anflug von Vanille; »mittelsüß«, mittlerer Körper (12,5 % Alkohol), guter Extrakt, aber ungehobelt. *Oktober 1994* ★★★; **Riserva** Wohlriechend, Brombeerfrucht, entwickelte sich gut, keksartig, subtile Frucht, würzig, anhaltend. Gutes Gewicht, schöner Geschmack, reich, würzig. *Im März 1995 auf Il Greppo verkostet* ★★★★

ZWEI WEITERE BRUNELLO DI MONTALCINO VON 1988, verkostet bei der Wine-Cellars-Degustation im Oktober 1994: Col d'Orcia Attraktive Nase, schlank, trocken ★★; **Riserva** Costanti Ausgewogen, sehr ansprechende Frucht, »süß«, zitrusartige Säure ★★★★

Cepparello Isole e Olena Weiches Rubinrot; zarte Frucht, ausgewogen, entwickelte einen seltsamen portweinartigen Duft im Glas; schlank, stilvoll, gute Säure. Dem Etikett entnehme ich, dass ich dafür 1991 umgerechnet 14 Euro die Flasche bezahlt habe. *Im Dezember 1999 beim Essen auf Chippenham Lodge verkostet* ★★★(★)

Darmagi Gaja Zweimal verkostet, beide Male bei Italien-»Serien« an Weinwochenenden von Rodenstock. Das erste Mal 1994 eine Doppelmagnum, degustiert zwischen zwei Tignanellos, dem 1989er und dem 1988er. Erwartungsgemäß stilistisch ganz anders als die beiden flankierenden Gewächse: ausdruckslos, käsig, ausgewogen, aber keine weitere Entwicklung; köstlich, vollmundig, lebhaft, tanninbetont. Vier Jahre später: noch immer tief, intensiv, hatte sich seine Jugend bewahrt; lebhaft, unverkennbar ein reinsortiger Cabernet Sauvignon; »süßlich«, ziemlich voll, gute Frucht, aber schlank. Im Geschmack »Paprika«. *Zuletzt im September 1998 verkostet* ★★★(★)

Dolcetto d'Alba, Monte Aribaldo Marchesi di Gresy Offen, reif; weiche, »warme«, angesengte Nase und ebensolcher Geschmack, aber erfrischend. Die Nr. 28 037 von insgesamt 29 000 Flaschen – eines der letzten abgefüllten Exemplare! *Im*

April 2002 auf Chippenham Lodge verkostet ★★★★ *Jetzt trinken.*

Tignanello **Antinori** Eine Magnum: sehr gute, würzige Nase, rote Beeren, dann Eukalyptus, nach diesem 30-minütigen Crescendo aber ausgelaugt; lebhafte Frucht, stilvoll, sehr gut. *Im September 1994 bei einer Rodenstock-Degustation verkostet* ★★★★

Torgiano, Riserva Rubesco, Monticchio **Lungarotti** Erstmals im November 1990 bei einer Vorverkaufsverkostung in New York degustiert: weich, reich, rubinrot; schöne Nase; ausgezeichneter Geschmack. *Zuletzt nach einer Vorverkaufsverkostung von Christie's beim Abendessen im »Pfauensaal« degustiert* ★★★★

Valpolicella Classico, La Grola **Allegrini** Gilt als einzige Familie, die die wahre Qualität und den typischen Stil des alten Valpolicella noch bewahrt. Blässlich, helles Rubinrot; sehr eigenwillige Nase; stielig, minzig; trocken, fest, attraktiv, tanninbetont. *Januar 1992. Damals* ★★(★★) *Jetzt zweifellos voll entwickelt.*

Piero Antinori

Es war an einem Sonntagmorgen um 9.00 Uhr in San Francisco. Piero und ich sollten auf einem Wine-Experience-Seminar eine Rede halten. Wir betraten den Saal – doch er war leer. Als wir auf unsere Uhren sahen, erkannten wir beide im selben Augenblick, dass anscheinend über Nacht die Uhren umgestellt worden waren und niemand uns Bescheid gesagt hatte. Die Veranstaltung fand erst in einer Stunde statt. Wir zuckten mit den Schultern, lächelten säuerlich und zogen uns wieder in unsere Zimmer zurück. Man hätte meinen können, dass ein Marchese von altem Adel, dessen Adresse »Palazzo Antinori, Piazza Antinori, Florenz« (passenderweise gleich gegenüber der Antinori-Kapelle) lautet, ein unnahbares Wesen in anderen Sphären sei – oder bestenfalls ein reicher Playboy. Nichts von alledem.

Ihre unangefochtene Position auf dem internationalen Markt haben die Antinori-Weine der Innovationsfreudigkeit, dem Engagement und der harten Arbeit von Piero zu verdanken, der die Leitung der Familiengüter und -unternehmen 1966 übernahm. Antinori brach auch als Erster mit der Chianti-Tradition und pflanzte neue (internationale) Rebsorten wie Cabernet Sauvignon. Sein Tignanello war der Wegbereiter der so genannten »Supertoskaner«; er erschien erstmals im Jahr 1971. Man kann sich keinen besseren Botschafter des italienischen Weins vorstellen als Piero Antinori mit seinem entspannten, unprätentiösen Charme.

1989 ★ bis ★★★★

Eine sehr wechselhafte Saison mit dem kleinsten Ertrag des ganzen Jahrzehnts. In Piemont blieb man vom schlechten Wetter weitgehend verschont und erzeugte deshalb einige der besten Roten der Dekade, obwohl auch hier die Ernte 15 % unter dem Mittel blieb und über einigen Barolo-Bereichen schwere Hagelstürme niedergingen. In manchen Zonen der Toskana regnete es zu wenig, in anderen zu viel. Es entstanden überwiegend leichte Gewächse. Am besten geriet dem Vernehmen nach der Brunello di Montalcino. Leider habe ich von diesem Jahrgang nur wenige Toskaner verkosten können.

Barbaresco **Gaja** Eher tiefes Kirschrot; pfefferige Nase, schweißelnde Tannine; trocken, lebhaft, guter Körper (13,5 % Alkohol) und Geschmack. Sehr tanninbetont. *Im April 1998 bei meiner Verkostung für das Magazin* Vinum *in Zürich degustiert* ★★(★) *Braucht noch etwas Zeit, etwa 2005 bis 2012 auf dem Höhepunkt.*

Barolo, Bricco Boschis, Vigna San Giuseppe **Cavallotto** 100 % Nebbiolo: jetzt reif, lange »Tränen«; weich, fleischig, ausgewogen und zarte Frucht; reife »Süße«, kraftvoll (14 % Alkohol), samtige, seidige Tannine. Verkostet bei einem unvergesslichen Dinner mit Angelo Gaja und Carlo Petrini, dem Gründer der Slow-Food-Bewegung, in einem Restaurant in Bra, dessen Namen ich leider nicht aufgeschrieben habe. *November 1999* ★★★★

Barolo, Riserva, Villero **Bruno Giacosa** Erstmals im November 1994 verkostet. Vollreif; »süß«, reich, voll (14 % Alkohol), »jetzt ausgezeichnet«. Mit Angelo Gaja in unserem außergewöhnlichen Lieblingsrestaurant Cesare in einem winzigen Dorf namens Albaretto del Torre in den Hügeln fernab jeder Zivilisation getrunken. Exakt fünf Jahre später aßen wir wieder dort: Diesmal war Aldo Conterno mit von der Partie. Es stellte sich heraus, dass er und meine Frau im selben Jahr geboren sind. Sie vereinbarten ein weiteres Treffen für 2031. Ein »süßer«, schöner Wein. *Zuletzt im November 1999 verkostet* ★★★★★

Barolo, Sperss **Gaja** (Sperss ist ein Fantasiename für einen von Gajas Weinbergen) Durchscheinendes weiches Kirschrot; »süß«, Aroma wie rote Beeren; »mittelsüß«, körperreich (14 % Alkohol), reich, wärmender Geschmack. Natürlich tanninbetont. *Im November 1994 bei Gaja verkostet* ★★★(★)

Darmagi **Gaja** Vier Einträge. Erstmals 1994 auf Rodenstocks 15. Raritäten-Weinprobe eine Doppelmagnum verkostet: sehr tief; lebhaft, aber eine gedämpfte Frucht; vollmundig, kraftvoll, großartig (auf einer Stufe mit dem 1989er Château La Conseillante). Im Jahr darauf eine weitere Doppelmagnum beim Eröffnungsessen von Rodenstock; diesmal erkennbar reinsortig Cabernet Sauvignon.

1998 geschickt als Nr. 3 in einer blind verkosteten, überwiegend aus Spitzen-Pomerols von 1989 bestehenden »Serie« versteckt. Noch immer undurchsichtig, intensiv, jugendlich; hochgetönte Frucht; »süß«, körperreich, gute Frucht (ich hielt ihn für einen Pétrus). Kürzlich eine Flasche aus meinem eigenen Bestand, die ich zu Hause doppeldekantierte und zum jährlichen Essen für die Belegschaft des Weinkurses von Christie's in den Brooks's Club mitnahm. Jetzt reich rubinrot; »süß« und köstlich. Etwas mehr Flaschenalterung würde ihm aber gut tun. *Oktober 2000* ★★★(★)

Rosso di Montalcino **Biondi-Santi** Der deklassierte Brunello des Hauses. Weich, rubinrot; sehr angenehm; etwas leicht, gut, sauberer Abgang. Von der Familie Biondi-Santi beim Essen am Abend meiner Ankunft auf Il Greppo, einem sehr hübschen alten Gutshaus mit Garten, und beim Mittagessen nach der Verkostung serviert. *Im März 1995 in der Toskana degustiert* ★★★

Solaia **Antinori** Reich, mit merklich reiferem Aussehen als der 1990er; sehr attraktive Frucht mit einem Anflug von Schwarzen Johannisbeeren und Himbeeren, dann weicher, zurückhaltender, schokoladig, gute, lebhafte Frucht, aber schlank und tanninbetont. Nicht so reif, wie er aussah. Zitrusartige Säure. *Im Februar 1997 bei der Italien-Weinprobe verkostet, die ich für die Chaîne des Rôtisseurs in Nassau leitete* ★★★

Tignanello **Antinori** Zur Erinnerung: Antinoris *Vino da tavola* setzt sich aus 90 % Sangiovese und 10 % Cabernet Sauvignon zusammen und enthält keinen weißen Malvasia oder Trebbiano (wie es bei vielen Chianti-Kompositionen damals üblich war). Ausbau in Barriques. Schöne Farbe, Mahagoniton; warmes, reifes »Sommerhitze«-Bukett, angesengt, fleischig, Struktur und Geschmack gut. *Im Februar 1997 bei der Italien-Weinprobe in Nassau verkostet* ★★★(★)

1990 ★★★★★

Ein herausragender Jahrgang, einer der besten seit dem Zweiten Weltkrieg. Von Nord bis Süd eine fast perfekte Wachstumssaison mit einem heißen, trockenen Sommer und gerade dem richtigen Quäntchen Regen, um die Trauben zu nähren und wachsen zu lassen. Ungewöhnlich frühe Lese, aber geringe Erträge.

Meine erste Barolo-Verkostung von 1990ern wurde von Angelo Gaja arrangiert. Er überzeugte zehn Spitzenerzeuger, an einem Sonntagmorgen im November 1994 nach Alba zu kommen und jeweils eine Flasche ihres 1990ers sowie eines älteren Jahrgangs mitzubringen. Im Juni 1996 organisierte Walter Eigensatz außerdem eine zweitägige Blindverkostung mit 144 der feinsten roten 1990er aus den bedeutendsten Weinregionen der Welt. 40 Kreszenzen stammten aus Italien. Es ist nicht möglich, sie hier alle im Detail zu beschreiben, deshalb konzentriere ich mich auf die interessantesten und besten Gewächse und erwähne die restlichen am Ende dieses Jahrgangs nur kurz.

Barbaresco, Asili Bruno Giacosa Erstmals 1996 verkostet: reifende Farbe; erdig, noch unverwoben; sehr »süß«, reich, sehr griffig, weich, aber tanninbetont. »Braucht Zeit.« Kürzlich: ansprechende, schimmernde Farbe; elegant, »süß«, Geschmack und Textur schön. *Zuletzt im Februar 2002 bei Willsbergers Giacosa-Verkostung degustiert* ★★★★(★)

Barbaresco, Costa Russi Gaja Tief, reich, würzig, tanninbetont. *Im November 1994 bei Gaja verkostet* (★★★★)

Barbaresco, Gaiun Marchesi di Gresy Vollreif; fast zu »süß«, nahezu Pomerol-artig im Stil, angenehmer Geschmack, trockener Abgang. Gut. Ein Wein wie ein Gentleman. Beim Eigensatz-Marathon in einer gemischten »Serie« allerdings nicht in sehr guter Verfassung. *Juni 1996* ★★★ *In einem anderen Kontext würde er mindestens* ★★★★ *erreichen, da bin ich mir sicher.*

Barbaresco, Santo Stefano, Riserva Speciale Bruno Giacosa Ziemlich tief, dicht; reiche Mokka-Nase; sehr »süß«, reich; zum Kauen, tanninbetonte Textur. *Februar 2002* ★★★(★★)

Barbaresco, Sorì San Lorenzo Gaja Reich in jeder Hinsicht – im Erscheinungsbild, in der Nase und am Gaumen. Anflug von Veilchen. Ziemlich süß, voll (14 % Alkohol), sehr charakteristisch. Fabelhaft und mit großer Zukunft. *Im November 1994 bei Gaja verkostet* (★★★★)

Barolo, Cannubi Boschis Sandrone Ziemlich tief, samtig, rubinrot, kräftige »Tränen«; lebhafte Frucht; »süß«, körperreich, sehr lebhaft, tanninbetont. *Juni 1996* ★★★(★)

Barolo, Ciabot Mentin Ginestra Clerico Ein schöner Wein, »süß«, voller Frucht, körperreich, ausgewogen ★★★(★); **Pajana** Ein angrenzender Weinberg: tief, reich samtig; gute Frucht; nicht so »süß«, tanninbeladen ★★★(★★) *Beide im November 1994 in Alba verkostet.*

Barolo, Gran Bussia Aldo Conterno Rubinrot; zurückhaltend; lebhaft, fruchtig, ziemlich körperreich (14 % Alkohol), lebendig und tanninbetont zugleich. *November 1994* ★★★★(★)

Barolo, Monfortino Giacomo Conterno Giacomos Sohn Giovanni brachte seine Flaschen zur Verkostung mit. Sein 1990er unterschied sich relativ stark von Aldo Conternos Version (oben): schöne, weiche, warme Farbe; sehr »süß«, in der Nase und am Gaumen reich. Hoher Extrakt. Faszinierend, aber tanninbetont. *November 1994* ★★★(★★)

Barolo, Rionda, Riserva Speciale Bruno Giacosa Schöne, schimmernde Farbe; gute Frucht; sehr »süß«, reich und glatt. *Februar 2002* ★★★★(★)

Barolo, Sperss Gaja Erstmals 1994 bei Gaja verkostet: tief, pflaumenfarben; schön weinig; würzig, tanninbetont. Als Nächstes zwei Jahre später: verschlossen, weich; ziemlich »süß«, füllig, Frucht, Tannin und Säure gut. Kürzlich: rubinrot; eindringliche Frucht, schlank, tanninbetont. Sehr gut zu Rind. *Zuletzt im September 1998 bei einem Rodenstock-Essen verkostet* ★★★(★)

WEITERE 1990ER AUS BAROLO, DIE ICH NUR IM NOVEMBER 1994 IN ALBA VERKOSTET HABE Elio Altare Rubinrot; lebhaft, frisch, gute Länge ★★★(★); **Brunate** Marcarini Unverwoben; frisch, lebhaft, öffnete sich, aber brauchte noch Zeit ★★(★); **Cerequio** (leider habe ich mir den Erzeuger nicht notiert, möglicherweise Chiarlo) Robuste Frucht; »süß«, sehr ansprechend im Geschmack, aber grober, tanninbetonter Abgang ★★(★); **Ornato** Pio Cesare Reich, junge Frucht, mittlerer Körper (13,5 % Alkohol), in erster Linie fest, generell trocken ★★★(★); **Rocche dell'Annunziata** Paolo Scavino Ziemlich tiefes Rubinrot; voller Frucht; »süß«, sehr eichenbetont ★★(★★); **Bric del Fiasc** Paolo Scavino Ein überaus feiner Klassiker ★★★(★★)

WEITERE BAROLOS VON 1990, DIE ICH BEI DER EIGENSATZ-BLINDVERKOSTUNG DEGUSTIERT HABE **Arborina** Elio Altare Beeindruckend tief, samtig; wohlriechend; überraschend »süß«, voll, schöne Frucht, lebhaft, tanninbetont ★★★(★★); **Cannubi** Michele Chiarlo Wohlriechend, »süß«, lose verwoben ★★★(★★); **Cannubi** Cà dei Gancia Mittelmäßig ★★

Brunello di Montalcino Barbi Rubinrot; würzig, kirschartige Frucht; mitteltrocken, lebhaft, gute Frucht, köstlich. Das perfekte Getränk. *Im April 2002 auf Chippenham Lodge verkostet* ★★★★

Brunello di Montalcino, Riserva Quercione Campogiovanni Sehr tief, kräftiges Zentrum; »süß«, duftende Eiche; immens reich, zum Kauen, mit eigenartig duftigem Geschmack, stämmig, ein hoher Extrakt, der das Tannin und die Säure kaschierte. *Im April 2002 auf Chippenham Lodge getrunken* ★★★(★)

WEITERE BRUNELLOS VON 1990, DIE ICH BEI DER EIGENSATZVERKOSTUNG IM JUNI 1996 DEGUSTIERTE **Castelgiocondo Riserva** Frescobaldi Tief, »süß«, fruchtig ★★★★; **Riserva** Ciacci Piccolomini Voll, reich, würzig ★★★; Val di Suga Reich, voll, fruchtig, tanninbetont ★★★★; Vasco Sassetti Lebhaft, tanninbetont ★★★; **Montosoli** Altesino Fest, tanninbetont ★★★; **Riserva** Soldera Hohe flüchtige Säure.

Cepparello Isole e Olena Beeindruckend tiefes Rubinrot; gute Frucht, weich, schön. *November 1994* ★★★(★)

Chianti Classico Zu meiner Überraschung habe ich nur sehr wenige 1990er verkostet; die beste Bewertung ist älteren Datums: Isole e Olena Köstlich weich und gut zu trinken. *Januar 1992* ★★★★

WEITERE CHIANTI-WEINE DES 1990ER-JAHRGANGS, DIE ICH 1996 DEGUSTIERT HABE **Chianti Classico, La Casuccia** Castello di Ama Lebhaft, eichenbetont, sehr trocken ★★★; **Chianti Classico, Riserva** Querciabella Bekam viele Stimmen, aber nicht meine. Ich hielt ihn für »aufgeblasen und rustikal«; **Chianti Rufina, Riserva Villa di Vetrice** Galiga e Vetrice Fruchtig, aber spitzig ★★

Fontalloro Felsina Ein relativ neuer Supertoskaner von Giuseppe Mazzocolin und seinem Önologen Franco Bernabei aus dem Veneto. Frucht und Eiche in schönem Gleichgewicht. *Juni 1996* ★★★★

Ornellaia Tenuta dell'Ornellaia (82 % Cabernet Sauvignon, 14 % Merlot, 4 % Cabernet franc) Erstmals 1996 bei einer

Blindverkostung degustiert: straff, eichenbetont, mit lebhafter Frucht und hoher Säure. Kürzlich: reich, rustikal, Bauernhofgerüche; ein »süß-saurer« Wein, fleischig, fruchtig, noch immer enorm tanninbeladen. *Zuletzt im Februar 2002 in London verkostet* ★★★?

Le Pergole Torte **Montevertine** Dieser »Supertoskaner« wurde erstmals 1977 von dem reichen Sergio Manetti aus alten Sangiovese-Klonen von einem 8 ha großen Weinberg in der Chianti-Zone bereitet und in Eiche ausgebaut. Ich hatte noch nicht viel von ihm gehört, bis ich an einer Verkostung teilnahm, die von Martino Manetti, dem Sohn des verstorbenen Sergio, geleitet wurde. Er berichtete, dass 1990 eine perfekte Wachstumssaison gewesen sei. Die Trauben wurden in der ersten Oktoberwoche und damit früher als sonst gelesen. Erstmals 1996 auf der Eigensatz-Verkostung von 1990ern degustiert: Ich empfand ihn als etwas unentwickelt und spröde, wenngleich mit gutem Geschmack. Als Nächstes auf der Pergole-Torte-Vertikalverkostung in London. Rosa getönt, um Reife bemüht; »rauchig«, wohlriechend, entfaltete sich vielschichtig; ziemlich »süß« und körperreich, gehaltvoll, geschmacksintensiv, sehr gute Länge, teerige Tannine. *Zuletzt im Mai 2001 verkostet* ★★★(★★)

Sassicaia 4,5 ha Rebfläche, die 1942 bestockt wurden. 100 % Cabernet – sowohl Sauvignon als auch franc; 100 % Ausbau in Eiche. 1996: lebhaft, gute Frucht, spröde. Ein detaillierterer Eintrag im darauf folgenden Jahr: lebhaftes, reiches Kirschrot, aber reif; zunächst schlank und hart, entfaltete sich aber, seidig, ausgewogen; trocken, fest, vollmundig, gutes Gewicht (12,5 % Alkohol), gute Länge und Zukunft. *Zuletzt im Februar 1997 verkostet. Damals* ★★★(★) *Wahrscheinlich jetzt auf dem Höhepunkt.*

Solaia **Antinori** Dieser *Vino da tavola* enthält einen hohen Anteil Cabernet Sauvignon. Sehr tief, samtig; in der Nase und am Gaumen makellos; »süß«, körperreich, reiche Frucht, ein schöner Wein, der eine hohe Bewertung bekam. Große Zukunft. *Im Juni 1996 blind verkostet* ★★★★(★)

Tignanello **Antinori** Erstmals 1994 bei der Präsentation der *Larousse Encyclopedia of Wine* bei Fortnum & Mason, Piccadilly, verkostet: beeindruckend, aber sehr trocken (der Wein und das Werk). Überraschenderweise gehörte er bei der Eigensatz-Verkostung 1996 nicht zu den 40 Spitzen-Italienern. Unlängst unterschiedliche Flaschen, eine hölzern und korkig, die andere mit Feigennase, gutem Fleisch und Frucht, aber einem Hauch von flüchtiger Säure. Vielleicht hatte man ihn deshalb übergangen. *Zuletzt im April 1999 auf Antinoris Weingut San Casciano verkostet* ★★★

AUS DEN VIELEN BEIM EIGENSATZ-MARATHON IM JUNI 1996 VERKOSTETEN 1990ERN RAGTEN FOLGENDE WEINE HERAUS: **Castel Schwanberg Cabernet** (Südtirol) Gute Frucht, Textur, Eleganz ★★★★; **La Poja** **Allegrini** (Valpolicella) Würzig, reich, lebhaft, superb ★★★★★; **Percarlo** **San Giusto a Rentennano** Ein reinsortiger Sangiovese-»Supertoskaner«, trügerisch frucht- und eichenbetont, aber ich sehe seinen Reiz ★★★★

1991 ★

Ein magerer Jahrgang. Der Sommer war zwar heiß und trocken, doch davor und danach herrschte schlechtes Wetter. Starke Regenfälle verdarben die Ernte. Ich habe nur wenige 1991er verkostet. Immerhin konnten aus spät gelesenen, selektierten Trauben gute Weine entstehen.

Barbaresco **Gaja** Charakteristisches brombeerartiges Nebbiolo-Aroma; schlank, eichenbetont, tanninstark. Ein Essensbegleiter »zur Überbrückung«. Hat kaum Zukunft. *Im November 1994 bei Gaja verkostet* ★★

Barolo **Gaja** Ich war überrascht, als ich von Angelo hörte, dass dieser Wein gar nicht abgefüllt hätte werden sollen und erst 1996 auf Flaschen gezogen wurde. Ich hielt ihn für köstlich, mit schöner, milder, reicher Nase und ebensolchem Geschmack, sehr »süß«, verhülltes Tannin. *Im November 1994 bei Gaja verkostet* ★★★? *Es lohnt sich, nach diesem Wein Ausschau zu halten.*

Darmagi **Gaja** Zwei Magnumflaschen mit leichten Abweichungen. Sehr tief; »süße«, reife Frucht – Angelos Team muss spät reifende Cabernet-Trauben selektiert haben; ziemlich fleischig, körperreich. Die zweite Flasche war tiefer, lebhafter und trockener. *Im September 1998 bei einem Rodenstock-Essen als Bestandteil einer Gaja-»Serie« verkostet* ★★★

Ornellaia **Tenuta dell'Ornellaia** Sehr tief; »süß«, tanninbetont, köstlich. *Februar 1994* ★★★

1992 ★★

Ein viel versprechender Jahrgang, der allerdings von Stürmen und sintflutartigen Regenfällen während der entscheidenden Phase – von Ende September bis Mitte Oktober – verdorben wurde. Wer früh reifende Sorten früh las, kam noch am besten weg. Nicht zum Einlagern geeignet.

Bricco dell'Uccellone **Braida di Giacomo Bologna** Entsprach vielleicht nicht dem hohen Niveau, das man sonst von den Barbera-Weinen der Familie Bologna gewohnt ist, ließ sich aber in anregender Gesellschaft sehr gut trinken. Mit dabei: Aubert de Villaine, Jack Daniels (der Importeur der Domaine de la Romanée-Conti) und Taylor Thomson, ein wohlhabender kanadischer Sammler. *Im Februar 1998 im italienischen Restaurant Prego direkt neben Christie's in Los Angeles verkostet* ★★

Chianti Classico **Isole e Olena** Trotz Regen gelang Paolo de Marchis Mannschaft ein attraktiver, wenngleich rustikaler und (wegen des Eisens und der Tannine) rostig schmeckender Wein. Er erinnerte mich an einen alten Soldatenwitz: Wachhabender Offizier: Irgendwelche Beschwerden? Mutiger Rekrut: Schmeckt wie Sch…, Herr Hauptfeldwebel. Aber hervorragend zubereitet! *Im November 1994 im River Café am Themse-Ufer unweit von Hammersmith getrunken* ★★

Il Chusio **Castello di Ama** Ein *Vino da tavola di Toscana*. Ich verkostete ihn erstmals 1996 und beschloss, ihm noch etwas Zeit zu geben. Kürzlich: dick, musste dekantiert werden; in der Nase zunächst noch immer ziemlich hart, öffnete sich aber attraktiv; überraschend »süß« und würzig, aber mit trockenem Abgang. *Im Januar 2000 bei einem Weindinner zu Hause verkostet* ★★★(★) *Hat noch viel Zeit vor sich.*

Le Volte **Tenuta dell'Ornellaia** (Sangiovese mit Cabernet Sauvignon und Merlot) Noch sehr jugendlich. Eine Probeflasche von Wine Cellars, meinem damaligen Hauptlieferanten von italienischem Wein. Erfrischende junge Frucht, attraktiv. Unbeschwerter Trinkgenuss. Brauchte damals vielleicht noch ein, zwei Jahre. *Im Dezember 1993 zu Hause verkostet* ★★

Le Pergole Torte **Montevertine** Ein perfekter Sommer, der durch zwei Monate Regen ruiniert wurde. Lese ab 20. Oktober, als es gerade einmal eine Woche nicht regnete. Produktion 10 000 Flaschen, halb so viel wie sonst. Trocken, schlank, rau, mit an den Zähnen kratzender Säure. *Mai 2001* ★★

1993 ★★★ uneinheitlich

Noch ein Jahrgang, der nach einem heißen, trockenen Sommer vom Regen verdorben wurde. Die Weine mussten größtenteils rasch weggetrunken werden. Ich habe bei Angelo Gaja im November 1994 eine Reihe von Fassproben verkostet; am beeindruckendsten war sein Barolo.

Dolcetto d'Alba Giacomo Conterno Sehr tief, undurchsichtiges Zentrum, purpurroter Rand; ziemlich rau und natürlich unreif. Aber ein unvergessliches Erlebnis in unserem Lieblings-Restaurant Cesare in Albaretto del Torre. *November 1994* (★★)

Lupicaia Castello del Terriccio Eine Komposition aus Merlot und Cabernet: tief, samtig; schöne minzige Eukalyptusnase und ebensolcher Geschmack. Reife »Süße«, gutes Gewicht (13 % Alkohol). Ließ sich gut trinken. *Im Mai 2002 auf Chippenham Lodge verkostet* ★★★★

Le Pergole Torte Montevertine Ziemlich tief, reifer werdend; »süß«, scharfer Himbeerduft, der mich an Cabernet franc erinnerte. »Süß«, attraktiv, gute Länge, aber mit adstringierendem Tannin. *Mai 2001* ★★★(★)

San Leonardo Tenuta San Leonardo Ein 1983 erstmals bereiteter Trentiner *Vino da tavola* von Merlot, Cabernet Sauvignon und Cabernet franc. Verantwortlich für ihn zeichnete der Marchese Carlo Guerrieri Gonzaga, Abkömmling einer der nobelsten Familien Italiens – von denen es viele gibt. Unterstützt wurde er bei der Bereitung vom berühmten Önologen Giacomo Tachis. Dunkel und samtig, im Zentrum undurchsichtig; eigenartige Nase wie Melasse; trocken, vollmundig (trotz moderater 13 % Alkohol), ein moderner Weinstil, der mir nicht sonderlich gefällt. Trotzdem war er in einem populären Freiluftrestaurant in Rom ein großes Vergnügen – aber das hat man immer, wenn man mit Gelasio Gaetani zusammen ist. *September 1999* ★★★

Sassicaia Noch immer ziemlich tief; duftend; ausgezeichnete Frucht, gutes Gewicht, stilvoll. *Im April 1999 im berühmten Restaurant Gambero Rosso in San Vincenzo verkostet* ★★★

Tignanello Antinori Etwas firnisartig, aber ziemlich ausgewogen. Ein früh reifender Wein. Gut zu trinken. *Im April 1999 bei Antinori verkostet* ★★

1994 ★★ bis ★★★★

In diesem Jahrgang gab es große Unterschiede zwischen den Weinregionen. Wieder einmal fiel der Sommer trocken und heiß aus, allerdings litt der Weinbau in Piemont unter starken Frösten und örtlichem Hagel. Ab Mitte September regnete es 17 Tage lang. In der Toskana verlief die Saison einschließlich der Lese wesentlich angenehmer. Ich muss gestehen, dass ich nur wenige 1994er verkostet habe. Die folgenden Gewächse gehörten zu den interessantesten einer ganzen Reihe von Erzeugnissen, die ich im Mai 1996 in ihrer Jugend verkostete.

Chianti Classico Castello di Volpaia Wohlriechend, gute Textur, weiche Frucht, säurebetont ★★★; La Capanne Sehr tief, gute Frucht ★★★; Castello di Brolio Gute Frucht, aber zu »süß« ★★★; Rocca delle Macìe Duftend, reich, attraktiv ★★★★

Chianti Classico, Riserva Ducale Ruffino Reifte angenehm; Frucht und Fleisch gut. Passabel – oder was immer das italienische Wort dafür ist. *Im April 2000 bei einem Essen in Florenz verkostet* ★★★ *(gerade noch).*

Le Pergole Torte Montevertine Angesengte »Farnkraut«-Nase, schlank, attraktiv, öffnete sich wohlriechend; ein guter Wein, aber hart und vom tanninbetonten Abgang etwas beeinträchtigt. Braucht noch Zeit. *Im Mai 2001 in London verkostet* ★★(★)?

Santa Cristina Antinori Ich empfand diesen *Vino da tavola* aus Sangiovese und Merlot bei einem Mittagessen in einem bescheidenen Restaurant in Earl's Court als sehr angenehm. *Mai 1996* ★★

I Sodi di San Niccolò Castellare di Castellina Angeblich ein »Supertoskaner«. Positiv, gute Länge, alles in allem ein anständiger Wein. *Im März 2000 beim Abendessen in der Cantina im Vinopolis verkostet* ★★★ *(Die Cantina hat die größte Auswahl an offenen Weinen in London.)*

1995 ★★★ bis ★★★★★

Eine ausgesprochen schwierige und unberechenbare Saison kennzeichnet diesen Jahrgang. In Piemont kam man in den Genuss eines warmen Frühjahrs, das einen erfreulichen Fruchtansatz nach sich zog. Auf den heißen Juli folgte ein kalter August mit beträchtlichen Hagelschäden insbesondere in Barolo. Das schlechte Wetter setzte sich fort, bis strahlendes Herbstwetter einsetzte und eine der längsten Vegetationsperioden mit einer der spätesten Lesen der letzten beiden Jahrzehnte zu Ende ging. Ähnlich wechselhaft war es auch weiter südlich in der Toskana, aber ab Mitte September durfte man sich dort über 45 regenfreie Tage und hohe Temperaturen freuen. Aus den besten, langsam gereiften Trauben konnten gut strukturierte Chianti Classico bereitet werden.

Auch zu diesem Jahrgang liegen mir leider nur wenige Notizen vor.

Barolo, Monprivato, Ca' d' Morissio, Riserva Giuseppe Mascarello Mascarello ist ein Erztraditionalist – dieser Wein lag 25 Tage in großen Eichenfässern an der Maische; anschließend folgte ein bis zu 50-monatiger Ausbau in 30 Jahre alter slowenischer Eiche. Der 1995er wurde im Juli 2000 abgefüllt. Mitteltief, schöne Farbe; in der Nase sehr reich, lebhaft, brombeerartige Frucht; ziemlich süß, voll im Geschmack, nach wie vor sehr tanninbetont. *Im März 2002 bei der Barolo-Verkostung der IWFS degustiert* ★★★(★★)

Barolo, Sperss Gaja Ziemlich farbtief, reif; wohlriechend, eichenbetont, beträchtliche Tiefe; recht »süß«, schöner Geschmack, würzig, große Länge. *Im November 1999 bei Gaja verkostet* ★★★(★★)

Brunello di Montalcino Il Poggione Erstmals im April 1999 verkostet und so hart, dass ich auf das Etikett »Lagern« schrieb. Aber ich konnte der Versuchung nicht widerstehen, nachzuprüfen, wie er sich entwickelte. Ziemlich tief, weich, vollreif, kräftige »Tränen«; beim Dekantieren Rohrzucker und kalter Tee, eine Stunde später alte Ställe; gute Frucht, ein schroffer Zug, sehr tanninbetont. Hat noch Jahre vor sich. *Im Januar 2002 beim Mittagessen auf Chippenham Lodge verkostet* ★★★(★★)

Brunello di Montalcino, Pian delle Vigne Pian delle Vigne/ Antinori Muss sich wohl um einen frühen Ausflug von Antinori nach Montalcino gehandelt haben: schöne rubinrote Farbe; lebhafte Frucht, würzig, ein Wein »mit viel von allem«. *Im Mai 2000 bei einem Galadiner in Wiesbaden verkostet* ★★★

Brunello di Montalcino, »Sugarille« Gaja Der stets rastlose Angelo kaufte einen Weinberg in Montalcino. Dieser frühe reinsortige Sangiovese war ein guter Auftakt: sehr tief, reich, pflaumenfarben; »süße«, harmonische Nase; köstlich im Geschmack, reich, zum Kauen. *Im November 1999 bei Gaja in Barbaresco verkostet* ★★★(★)

Chianti Classico, Riserva Ricasoli/Castello di Brolio Sehr tief, undurchsichtiges Zentrum; sehr wohlriechend, attraktiv, brombeerartige Frucht, schlank, fest. *Zwei Einträge vom November und Dezember 2000, beide entstanden bei British-Airways-Flügen, einmal von New York und ein andermal nach San Francisco* ★★★

Le Pergole Torte Montevertine Tief, rubinrot, intensiv, jugendlich; brombeerartig, wohlriechend, reich; noch immer unreif, großes Potenzial. Bittere Tannine. Gute Zukunft. *Mai 2001* ★★(★★★)

Ornellaia Tenuta dell'Ornellaia In der Nase am Altern; »süß«, doch sehr tanninbetont. Der Weinkellner brachte mir beim

Essen ein Glas zum Verkosten. Einem Kunden war der Wein zu tanninbetont gewesen. Mir auch. *Im September 1999 im Prego, dem italienischen Restaurant an Bord der* Crystal Symphony, *irgendwo vor Italien verkostet* ★★?

Rocca di Montegross' Riserva San Marcellino Samtiges Rubinrot; gute Nase und sehr attraktiver Geschmack. *Perfekt zum Essen mit Robin und Rupert Hambro in ihrer Villa in der Toskana, verkostet im April 2000* ★★★

San Leone Sonnino Merlot und Sangiovese: warmes Rubinrot; süßlich, fleischig und sehr süffig. *Im April 2000 beim Essen mit den Hambros in der Toskana verkostet* ★★

Sassicaia Noch immer jugendlich; sehr reich, angesengt, die für einen heißen Jahrgang typische Nase; voller Frucht, Extrakt und Tannin. Beeindruckend, aber unreif. *Im April 1999 nach einem Besuch von Sassicaia im Gambero Rosso in San Vicente verkostet* ★★★(★)

1996 ★★★★

Ein sehr zufriedenstellender Jahrgang.

Barbera d'Asti Ceppi Storici Noch immer jugendlich, mit blauviolettem Rand; »süße« Nase, Vanille und Schokolade; perfektes Gewicht, kernige Frucht, schlank im Stil, gut zu trinken. *Im Juni 2002 beim Essen auf Chippenham Lodge verkostet* ★★★

Barbaresco Zunächst eine Reihe von Barbarescos, die ich alle im November 1999 auf Gajas Weingut verkostet habe: **Barbaresco** Süß, reich, ziemlicher Biss, adstringierend, aber schön ★★★(★); **Costa Russi** Derselbe Hang wie Sorì Tildin, aber am Fuß des Hügels auf fetterem Boden. Sehr tief, kräftige »Tränen«; stämmig, schokoladig, harmonisch, feigenartige Frucht; beeindruckend in Körper und Geschmack. Gute Frucht ★★★(★★); **Sorì San Lorenzo** Wundervolle Fruchttiefe, zugänglicher als der Tildin, würzig, gute Länge, aber auch enorm tanninbetont ★★★(★★); **Sorì Tildin** Lange »Tränen«; gute, feste Brombeerfrucht; attraktiver Geschmack, aber sehr streng und mit sehr trockenem Abgang. Ich verglich ihn mit dem Monat März: am Anfang wie ein Lamm, am Schluss wie ein Löwe ★★★(★★)

Barbaresco, Martinenga, Gaiun Marchesi di Gresy Attraktives Rubinrot; anfangs gedämpfte, marmeladige Frucht, öffnete sich jedoch nach 20 Minuten wunderschön, konzentriert, feigenartig; trocken, lebhafte Frucht, stilvoll, aber nach wie vor spröde und tanninbetont. Gute Zukunft. *Im Oktober 1999 bei Matt Kramers »Alt-und-Neu«-Seminar in New York verkostet* ★★★(★★)

Barolo, Cerequio Michele Chiarlo Im August 2000: beginnende Reife; hochgetönte Brombeerfrucht; merklich »süß«, sehr wohlschmeckend, aber mit einem Anflug kantiger Säure. Knapp drei Monate später in der Nase und im Abgang wieder hohe flüchtige Säure. *Zuletzt im Oktober 2000 verkostet* ★★

Chianti Classico Querciabella Der Wein war gut, aber die Gesellschaft, in der ich ihn trank, war viel besser. *Im Dezember 1999 beim Mittagessen mit einer bezaubernden Japanerin im Londoner Restaurant Launceston Place verkostet* ★★

Gagliole Rosso Gagliole/Bär Ein neuer Wein mit der Bezeichnung Colli della Toscana Centrale, der überwiegend aus Sangiovese mit einem Anteil Cabernet Sauvignon bereitet und in slowenischen und französischen Eichenfässern ausgebaut wurde. Die Kellerei gehört Thomas Bär von der Züricher Bank Bär, der sie auch restaurierte. Daphne und ich waren im April 1999 auf dem wunderschönen Gut zum Mittagessen eingeladen, in dessen Verlauf uns Bärs Frau gestand, dass man in letzter Zeit nicht mehr so viele Kunstwerke bei Christie's ersteigert habe, weil das Gut so viel Geld verschlinge! Trotzdem ein idyllischer Ort – und ein trefflicher Wein. Kürzlich eine Magnum: mitteltief, rosa getönter Rand; in der Nase eine Bitternote, aber am Gaumen »süß«, weich und köstlich. *Im April 2002 in den Brooks's Club zum Essen mitgenommen* ★★★

Le Pergole Torte Montevertine »Ein eleganter Jahrgang«, aber nicht so konzentriert wie der 1995er oder 1997er. Tief, erste Anzeichen von Reife; eine leicht angesengte, teerige Nase; schlank, Geschmack und Länge gut, spröde und sehr tanninbetont. *Im Mai 2001 bei der Pergole-Torte-Degustation in London verkostet* ★★(★★) *Braucht Zeit und eine Mahlzeit an seiner Seite.*

Sassicaia Aus den ursprünglich 6 ha Rebfläche sind mittlerweile 55 ha geworden (85 % Cabernet Sauvignon, 15 % Cabernet franc). Der Ertrag belief sich auf 30 hl/ha, die Durchschnittsproduktion auf 15 000 Kisten; zwei Jahre Ausbau in zu 40 % neuen französischen Barriques. Der 1996er wurde gerade abgefüllt, als ich dem Gut im April 1999 einen Besuch abstattete: lebhaft, junge Frucht, schlank, stilvoll. Kürzlich: mitteltief, erdbeerrot angehaucht; brombeerartige Frucht in der Nase und am Gaumen. Verschlossen, ziemlich griffig, harter Abgang. Braucht Zeit und eine Mahlzeit als Begleitung. *Zuletzt im Mai 2002 bei einer Sassicaia-Verkostung in London degustiert* ★★★(★)

Seifile (wörtlich »Sechs-Fünf«) Nada Ich habe nicht herausgefunden, warum der Wein so heißt. Undurchsichtig, sehr wohlriechend; trocken, moderner, eichenbetonter Stil. Der ideale Wein zu den Schweinsfüßen. *Im November 1999 beim Essen mit Angelo Gaja in Bra, Piemont, getrunken* ★★(★)

Tignanello Antinori Tief, ziemlich intensiv; reich, feigenartig, mit einer Frucht, die sich »süß« entfaltete; guter Geschmack und Körper. Eher schlank, im Abgang spröde. Braucht Zeit. *Im April 1999 mit der Bacchus Society of America in San Casciano verkostet* ★★(★★) *Wir verbrachten angenehme, sehr aufschlussreiche vier Tage in der Toskana, in die wir in erster Linie gereist waren, um Piero Antinori den Preis der Society für sein Lebenswerk zu überreichen.*

1997 ★★★★★

Die Art von Jahrgang, die italienische Herzen jubeln lässt. »Der erfolgreichste seit einem halben Jahrhundert«, behaupteten einige Weinbauern. Das ist vielleicht etwas übertrieben, aber gut war er zweifellos. Piero Antinori bezeichnete ihn sogar als größten Jahrgang des Jahrhunderts, zumindest aber den besten seiner 40-jährigen Laufbahn im Weingeschäft. Es hat wenig Sinn, im Detail auf die Wetterbedingungen einzugehen, sosehr sie auch zum Endergebnis beitrugen.

Ich empfinde es immer als schwierig, bei einer Verkostung, bei der man von einem Stand zum anderen spaziert, ausführliche Einträge anzufertigen. Deshalb fallen meine bei der Londoner Masters-of-Wine-Verkostung von Barbarescos und 19 Barolos im September 2001 entstandenen Notizen notgedrungen kurz aus. Detailliertere Bewertungen kamen dagegen bei einer im März 2002 von der IWFS organisierten Barolo-Weinprobe zustande, bei der man sitzen konnte. Allerdings geben beide Degustationen unmissverständlich Aufschluss über die Qualität der 1997er. Sie sind gut lagerfähig.

Barbaresco Gaja Ziemlich tief; lebhafte Frucht, wohlschmeckend, griffig. Enorm tanninstark. *September 2001* (★★★★★) *Braucht gut und gern zehn bis 20 Jahre Reifezeit in der Flasche.*

Barbaresco, Martinenga Marchesi di Gresy Irreführend reifes Erscheinungsbild; »süß«, köstlich; außerdem der **Camp Gros** desselben Erzeugers: ähnlicher Orangeton und ebenfalls köstlich. *Beide Weine im September 2001 auf der Masters-of-Wine-Verkostung degustiert* ★★★(★★)

Barbaresco, Vanotù Giorgio Pelissero Ein Winzer, den ich noch nicht gekannt hatte. Angesengte, für einen heißen Jahrgang typische Nase; »süß«, köstliche Frucht. *Im September 2001 auf der Masters-of-Wine-Verkostung von 1997ern degustiert* ★★★(★)

Barbera d'Asti, La Court Michele Chiarlo Tief, intensiv; voll reicher, lebhaft »italianider« Frucht. Köstlich. *Im Juni und Juli 2000 zu Hause verkostet* ★★★ *Braucht noch ein paar Jahre.*

Barbera d'Asti, Quorum Hastae Tief, samtig; eichenbeladen, spitziger Abgang. *Im Januar 2000 beim Essen auf Chippenham Lodge verkostet* ★

Barolo, Cannubi Michele Chiarlo Orangeton; hervorragende Frucht, wohlriechend und natürlich tanninbetont. *Im September 2001 auf der Masters-of-Wine-Verkostung degustiert* ★★★(★★)

Barolo, Cannubi Carretta Tief, ziemlich intensiv; gute, weiche Frucht, ein Anflug von Teer; ziemlich »süß«, reich, zitrusartige Säure, sehr tanninbetont. *Im März 2002 auf der Barolo-Verkostung der IWFS degustiert* ★★(★★★)

Barolo, Cerequio Michele Chiarlo Aus einer 12 ha großen Lage, die zur Hälfte Chiarlo gehört. Erstmals im Juni 2001 auf der Vinexpo verkostet: »süß«, frisch. Reifer werdend; lebhaft, brombeerartig; reich, 13,5 % Alkohol, attraktive Frucht, ziemlicher Biss. *Zuletzt im August 2001 beim Essen auf Chippenham Lodge verkostet* ★★★(★★)

Barolo, Cerequio Roberto Voerzio Der Erzeuger war mir neu. Sein Cerequio stammt aus einer Parzelle in der berühmten Lage La Morra. Dunkel kirschrot, noch immer sehr jugendlich; weiche, brombeerartige, schokoladige Nase; »süß«, schöne Frucht, 14,5 % Alkohol, gute Länge, verhüllte Tannine. Köstlich – aber sündhaft teuer. *März 2002* ★★★(★★)

Barolo, Costa Grimaldi Luigi Einaudi Auf der Masters-of-Wine-Verkostung: ein Hauch von Teer, beeindruckend. Kürzlich: Flaschenabweichungen, eine hölzern-eichig, bei der zweiten Frucht, Geschmack, Länge und Abgang sehr gut. *Zuletzt im März 2002 verkostet* ★★★(★★)

Barolo, Enrico VI Cordero di Montezemolo Ein Traditionalist, der »den modernen Weg« eingeschlagen hat. Der Wein wurde drei Tage lang bei 34 °C vergoren, dann drei Jahre lang in zu 50 % neuen französischen Barriques ausgebaut: würzig, eichenbetont, fest, wohlriechend; sehr »süß«, köstliche Frucht, attraktiv, aber eichenbetont. *März 2002* ★★★(★★)

Barolo, Falletto Bruno Giacosa Mildes Rubinrot; schöne Frucht, entwickelte sich »süß«, Butterkekse; fleischig, schöne Fruchtlänge, tanninstark. Eine zum Essen getrunkene Magnum war köstlich. *Im Februar 2002 bei Willsbergers Giacosa-Verkostung degustiert* ★★★★(★)

Barolo, Marcenasco Renato Ratti Auf der Masters-of-Wine-Verkostung von 2001 ein herrlicher Mundfüller. Kürzlich: dunkel rubinrot; leicht angesengt, schokoladig; fruchtig, »süß«, reich, voll (13,5 % Alkohol), sehr gute Frucht. Köstlich. *Zuletzt im März 2002 verkostet* ★★★(★★)

Barolo, Nei Cannubi Luigi Einaudi Von einem »Weinfanatiker«, der die Erträge niedrig hält. In Edelstahl vergoren und 22 Monate in ein bis zwei Jahre alten Barriques ausgebaut. Bei der Masters-of-Wine-Verkostung: reich, tief, intensiv und ziemlich »süß«. Kürzlich: beeindruckend; wohlriechend; körperreich (14,5 % Alkohol), kernige Frucht, spröde und sehr tanninbetont. *Zuletzt im März 2002 verkostet* ★★(★★★)

WEITERE BAROLOS, DIE ICH BEI DER MASTERS-OF-WINE-VERKOSTUNG IM SEPTEMBER 2001 VERKOSTET HABE **Vigna dei Pola** Ascheri Aus der Lage La Morra: überraschend blass; schwache Nase, sehr tanninbetont ★(★★); **Le Vigne** Luciano Sandrone Sandrone ist ein führender Erzeuger der neuen Schule in Barolo. Er setzt auf schnelle Extraktion und den Einsatz von Barriques, was den Weinen einen reichen, eichenbetonten Charakter verleiht. In der Nase leicht karamellig; sehr »süß«, sehr gute Frucht, reich, gute Länge ★★★(★★); **Cannubi Boschis** Luciano Sandrone Orangeton; lebhaft; »süß«, der Gehalt kaschierte die Tannine ★★★(★★); **Monprivato, Riserva** Giuseppe Mascarello Ebenfalls nicht so tief wie erwartet, mit Orangeton; außerordentlich »süße«, duftende, veilchenartige Nase und ebensolcher Geschmack. Sehr trocken ★★★(★★); **Ca' d' Morissio** Giuseppe Mascarello Eine Fassprobe mit beißenden Tanninen; **Bussia** Prunotto Tief, ziemlich intensiv; sehr »süß«, köstliche Frucht. Ein schöner Wein ★★★(★★); **Bussia Rocche** Parusso Sehr reich, kraftvoll (14,5 % Alkohol), eichenbetont ★★(★★); **Ciabot Manzoni** Silvio Grasso Mir neu. Lebhafte Frucht, aber adstringierende Tannine (★★★); **Colonello** Aldo Conterno Ein Einzellagenwein. Orange getönt; würzige Nase; erdbeerartige Frucht, extrem tanninbetont. Große Zukunft ★(★★★★); **Cicala** Aldo Conterno Schön ★★★(★★); **Vigna La Rosa** Fontanafredda Ebenfalls mit erdbeerartiger Frucht, »süß«, kraftvoll, sehr tanninstark ★★(★★★); **Vigna Rionda** Oddero »Süß«, tief, teerig; körperreich (14,5 % Alkohol), sehr reich, gut zusammengefügt ★★★(★★); **Parafada** Vigna Rionda-Massolino In der Nase melasseartig; enorm »süß«, mit adstringierendem Tannin ★★(★★); **Cascina Francia** Giacomo Conterno Der »Zweitwein« eines großen Erzeugers: eines der blassesten Erzeugnisse der verkosteten Palette; weiche Farbe, orangespurig; sehr wohlriechend, sehr tanninbetont ★★(★★★)

Carmenero Sebino Rosso Ca' del Bosco Maurizio Zanella, der König des italienischen Schaumweins, ist eine große Persönlichkeit – und ein guter Freund von mir. Er bereitet in der Lombardei ausgezeichneten Chardonnay, aber auch diesen beeindruckenden Roten: tief, pflaumenpurpurn, violetter Rand; süße Erdbeer- und Vanillenase und ebensolcher Geschmack. Sehr ansprechende Frucht. Im Abgang ein bisschen zu viel Eiche. *Im Juni 2001 beim Essen auf Chippenham Lodge verkostet* ★★★(★★) *2005 bis 2015.*

Cepparello Isole & Olena Paolo de Marchi präsentierte diesen Wein bei einem »Top-Ten«-Seminar des *Wine Spectator* in New York mit Charme und Humor. Rubinrot, lange »Tränen«; lebhafte Frucht, ausgewogen, braucht noch Flaschenalterung. *Oktober 2000* ★(★★★) *Ich freue mich darauf, diesen Wein zwischen 2005 und 2010 zu trinken.*

Chianti Classico Antinori Das mag ich an Antinori: Er erzeugt bestens trinkbare, sehr preisgünstige Restaurantweine. Ich halte stets Ausschau nach dem Villa-Antinori-Etikett, denn auf diese Gewächse kann man sich absolut verlassen. Den 1997er habe ich in zwei italienischen Restaurants genossen, im Il Falconiere in South Kensington, London, und im Pane & Vino in San Francisco. Ein köstlich zugänglicher Trinkgenuss. *November und Dezember 2000* ★★★

Chianti Classico, Brolio Castello di Brolio/Ricasoli Trank sich im Vinopolis 1999 gut. Perfektes Gewicht, gute Frucht. Verhüllte Tannine. Gutes Preis-Leistungs-Verhältnis. *August 1999* ★★(★★★)

Chianti Classico, Castello di Brolio Castello di Brolio/Ricasoli Lese vom 30. September bis 6. Oktober, 100 % Sangiovese, 18 Monate Ausbau in zu 65 % neuen Barriques. Erstmals eine Flasche verkostet, die mir Francesco Ricasoli zugesandt hatte: undurchsichtig; zitrusartige Frucht; schöner Geschmack, reicher, trockener eichenbetonter Abgang (im März 2000 beim Essen). Kürzlich zufällig im Abstand von zwei Tagen zweimal verkostet, das erste Mal auf Chippenham Lodge, dann im Boodle's Club nach der Haut-Bailly-Masterclass mit Véronique Sanders und Steven Spurrier: undurchsichtig, Schwarzkirschenrot, intensiv; »süß«, lebhaft fruchtige Nase; am Gaumen schöne reiche Frucht, intensiv, gute Zukunft. *Im April 2002 in London verkostet* ★★★★

Chianti Classico, Pèppoli **Antinori** Undurchsichtig; lebhaft, gute Frucht. *Im April 2000 als Gastgeber eines großen, aufwändigen Essens im Restaurant Magna in Siena verkostet* ★★

Chianti Classico, Riserva **Rocca delle Macìe** Sehr verlässlich, sehr trinkbar. *Januar 2000* ★★★

Chianti Classico, Riserva, Badia a Passignano **Antinori** 100 % Sangiovese, Einzellagenwein, Ausbau in kleinen Barriques; ziemlich pfefferiges, jugendliches Aroma; schöne Frucht, Tiefe und Länge. *Im April 1999 bei Antinori auf San Casciano verkostet* ★★(★★★) *Wir statteten noch am selben Tag dem alten Kloster Badia a Passignano einen Besuch ab, das für sein großartiges Wandgemälde im Hauptsaal berühmt ist. Die Keller sind voll von Fässern mit Antinoris Weinen.*

Chianti Classico, Riserva, Tenute Marchese Antinori **Antinori** Ein reinsortiger Sangiovese, der mittlerweile Anrecht auf das Chianti-Classico-Siegel hat, obwohl 2 bis 3 % Cabernet Sauvignon mit dabei sind. Sehr tief, ziemlich intensiv; »süße« Nase, köstliche Frucht; am Gaumen trockener. Sehr gut. *Im April 1999 auf San Casciano verkostet* ★★(★★★)

Dolcetto d'Alba, Cascina Francia **Giacomo Conterno** Purpurn; »süß«, Himbeerduft; trocken, fest, schlank, lebhaft, eichen- und tanninbetont. *Im April 2000 bei einer John-Armit-Verkostung in London degustiert* ★★(★)

Gagliole **Gagliole** Ein toskanischer *Vino da tavola* aus 85 % Sangiovese mit etwas Cabernet Sauvignon. Undurchsichtig, intensiv; verschlossen, brombeerartig, reichlich mit Frucht ausgestattet. *Im April 1999 beim Essen mit Monika Bär im Weinberg verkostet* ★★(★★) *Gut zu trinken, wird sich aber noch steigern.*

Guado al Tasso **Guado al Tasso/Antinori** Aus Bolgheri (Cabernet Sauvignon und Merlot, 2 % Petit Verdot und etwas Syrah, Ausbau zu 60 % in neuer Eiche). In der Nase und am Gaumen kirschartige Frucht. Trocken, lebhaft. *April 1999* (★★★★)? *Wird interessant sein zu sehen, wie er sich entwickelt.*

Monferrato »Countacc!« **Michele Chiarlo** Hut ab vor Michele Chiarlo für seinen Fleiß, seine Fantasie und sein hübsches Etikett. Und auch der Wein ist ziemlich gut! Erstmals im Juni 2000 verkostet: undurchsichtiger Kern; füllig, wohlriechend und wohlschmeckend, aber in diesem Stadium zu eichenbetont. Vier Monate später empfand ich ihn als sehr gut: ein schöner, fruchtiger Wein, dessen Gehalt das Tannin verhüllt. *Zuletzt im Oktober 2000 beim Abendessen auf Chippenham Lodge verkostet* ★★★(★)

Nebbiolo d'Alba **Bruno Giacosa** Mit bereits sehr reifem Aussehen, eher blass, Orangeton; verschlossen, Waldaromen; gute Frucht, aber mit mehr Biss als erwartet. *Im April 2000 bei einer Verkostung von John Armit in London degustiert* ★(★)

Ornellaia **Tenuta dell'Ornellaia** 65 % Cabernet Sauvignon, 30 % Merlot, 5 % Cabernet franc. Bereitet von Tibor Gal, einem brillanten jungen Kellermeister aus Ungarn – ich war von seinem eigenen 1997er Egri Bikaver bei einem Essen in Memphis höchst beeindruckt. Tief, samtig, ziemlich intensiv; förmliche Kaskaden außergewöhnlicher Frucht, »süß«, reich, weiche Tannine, körperreich. Ein großer Wein. *Im Februar 2002 bei der Ornellaia-Verkostung im Londoner Groucho Club verkostet* ★★★(★★) *Es mag verlockend sein, diesen jungen, fruchtigen Wein jetzt schon zu trinken, aber seinen Höhepunkt erreicht er voraussichtlich erst ab 2010.*

Le Pergole Torte **Montevertine** Der jüngste Jahrgang auf der Pergole-Torte-Verkostung. Ein vielschichtiger Wein: schimmernde Tiefe; »süß«, harmonisch, charmant; Geschmack und Länge schön. Köstlich. *Im Mai 2001 in London verkostet* ★★(★★★) *Schätzungsweise 2005 bis 2015.*

Romitorio di Santedame Toscana **Ruffino** Ruffinos Flaggschiff, mit dem er Zeichen setzt: tief, samtig, ziemlich intensiv; würzig; eher trocken, gute Frucht, körperreich (14 % Alkohol) und auf jeden Fall beeindruckend. *Im Juli 2001 mit Gelasio Gaetani in der Osteria ar Galleto in Rom getrunken* ★★★(★★)

Rosso di Toscano **La Brancaia/Mazzei** Reift schön heran; »süß«, rauchige Eiche und Mokkanote; reich, köstlich teeriger Geschmack, Tannin und Säure sehr ausgeprägt. *Im Februar 2002 auf Chippenham Lodge verkostet* ★★(★) *Könnte sich durchaus angenehm entwickeln.*

Sassicaia Satte, noch immer jugendliche Farbe; »süß«, harmonisch, in der Nase und am Gaumen gute Frucht, körperreich, tanninbetont. *Im Mai 2002 in London verkostet* ★★(★★★)

Solaia **Antinori** Antinoris Einzellage in Bolgheri. 80 % Cabernet Sauvignon, 20 % Sangiovese, 100-prozentiger Ausbau in neuer Eiche. Noch immer im Fass. Samtig; lebhafte Frucht, spröde, aber mit reifen Tanninen. *April 1999* (★★★★★)

Tignanello **Antinori** Ein weiterer Einzellagenwein aus dem Hause Antinori, diesmal aber 80 % Sangiovese und 20 % Cabernet Sauvignon, also ein anderer Stil. Eine Fassprobe: wohlriechend, würzig; schlanker als Antinoris Chianti, reichlich Frucht, gute Länge. Köstlich. *April 1999* (★★★★★)

Trinoro **Trinoro/Franchetti** 80 % Cabernet Sauvignon, der Rest Cabernet franc. Ein relativ neuer Wein, einer der ersten Jahrgänge – und macht bereits auf sich aufmerksam. Sehr tief, samtig, intensiv; sehr eigenwillige Nase, Erdbeeren und Vanille; »süß«, ziemlich fruchtig; sehr hoher Alkoholgehalt (16 %), aber nicht übermäßig schwer, fleischig. Bewundernswert, aber nicht unbedingt mein Stil. *Im September 1999 beim Essen im Naranjas mit Gelasio Gaetani, einem Cousin von Andrea Franchetti, verkostet* ★★(★★★)

1998 ★★ bis ★★★

Das Niveau des Vorjahres ließ sich nur schwerlich wieder erreichen. Wegen des wechselhaften Wetters fiel dieser Jahrgang variabel aus. Nach einem heißen, trockenen Sommer war es während der Lese teils sonnig, teils regnerisch.

Die einfachen Roten sollte man vor den 1996ern und 1997ern trinken, die hochklassigen Riserva-Weine aus Piemont und der Toskana aber dürften zwischen 2005 und 2012 ihren Gipfel erreichen.

Barbera d'Asti, La Court **Michele Chiarlo** Ich bin Michele Chiarlo erstmals auf einer Weinmesse in Österreich begegnet. Seither habe ich ihn oft getroffen und etliche seiner Weine verkostet. Sein Moscato d'Asti Nivole gehört zwar eigentlich nicht in dieses Buch, zählt aber zu den Besten seiner Art; ich mag diesen Weinstil, der im Übrigen hervorragend zu Pudding passt. Außerdem verziert Chiarlo seine Weine mit wunderschönen Etiketten. Ich verkostete den La Court von 1998 erstmals auf der Vinexpo im Juni 2001. Michele meinte, dass ein Barbera reif getrunken werden müsse, weil er sonst zu säurebetont wirke. 1998 profitierte der Barbera vom heißen Sommer und auch der Wärme im Herbst. Der Court ruht 18 Monate in zu 50 % neuer Eiche. Schöne, tiefe, samtige, rubinrote Farbe; »süße«, reiche, charakteristische, blumige Nase und schöner Geschmack. Genug Biss, kirschartige Frucht, fester Abgang. *Im September 2001 zu Hause verkostet* ★★(★★)

Barolo, Cerequio **Michele Chiarlo** Im Erscheinungsbild reifer werdend; sehr »süße«, reiche, angenehm duftende Nase; gehaltvoll, sehr trocken, griffige Tannine. Braucht Zeit. *Beim Essen auf Chippenham Lodge verkostet* ★★(★★)

Chianti Classico Antinori Wieder ein idealer, anständig fruchtiger Wein mit angenehmem Körper (13 % Alkohol) – und wie immer zum vernünftigen Preis erhältlich. Der ideale Restaurantwein. *Im Juli 2001 am Kai von Portofino getrunken* ★★★
Cortaccio, Villa Cafaggio Casa Girelli 100 % Cabernet Sauvignon. Undurchsichtig; voller Brombeerfrucht, aber mit hartem, sehr eichenbetontem Abgang. Ich ließ ihm viel Luft, dekantierte ihn in einem offenen Krug und servierte ihn in großen Gläsern. Ein ziemlicher Mundfüller, aber ich glaube, ich würde mir nicht die Mühe machen, ihn einzukellern. *Im November 2001 auf Chippenham Lodge verkostet* ★(★★)?
Dolcetto d'Alba, Fontanazza Marcarini Mit Angelo Gaja in unserem Lieblingsrestaurant di Cesari in Albaretto Torre in Piemont getrunken: tief, samtig; gute Frucht; trotz seiner Jugend attraktiv. *November 1999* ★★(★)
Dolcetto d'Alba, Monte Aribaldo Marchesi di Gresy Köstlich, aber in Erinnerung ist er mir vor allem deshalb geblieben, weil ich ihn beim Essen mit Angelo Gaja in der Osteria del Boccondivino in einem Hof neben den Slow-Food-Büros in Bra getrunken habe. *November 1999* ★★(★)
Lupicaia Castello del Terriccio Dieser *Vino da tavola* wurde aus Merlot und Cabernet Sauvignon assembliert: pflaumenfarben; reiche Frucht; stämmig im Stil, aber nicht zu kräftig (13,5 % Alkohol), reichlich Frucht und Eiche. Ausgezeichnet zu Daphnes Risotto. *Im August 2001 beim Essen auf Chippenham Lodge verkostet* ★★★
Monferrato, »Countacc!« Michele Chiarlo Eine attraktive Komposition aus Barbera, Nebbiolo und Cabernet Sauvignon: »süß«, schön, weiche Frucht, gutes Gewicht (13,5 % Alkohol), Tiefe und Länge. *Im August 2001 auf Chippenham Lodge verkostet* ★★★ *Für baldigen Trinkgenuss.*
Nebbiolo Passito, Nepas Alessandro und Gian Natale Fontino War mir neu. Sehr dunkles Kirschrot; bittere Frucht; sehr trocken, konzentriert. Wahrscheinlich gut zu sehr kräftigem Hartkäse. *Im Februar 2002 zum Abschluss des Abendessens im Hotel Victoria in Bad Mergentheim verkostet* ★★(★★)
Ornellaia Tenuta dell'Ornellaia 60 % Cabernet Sauvignon, 35 % Merlot, 5 % Cabernet franc. Undurchsichtig; in der Nase verschlossen, aber reich und brombeerfruchtig; sehr »süß«, gute Frucht, leicht sandige Textur, adstringierender Abgang. *Im Februar 2002 auf der Ornellaia-Verkostung in London degustiert* (★★★★) *Braucht noch Zeit.*
San Martino, Villa Cafaggio Casa Girelli 100 % Sangiovese. Eine unaufgefordert zugesandte Flasche: rubinrot; sehr wohlriechend; lebhafte Frucht, etwas schlank und spitzig. *Im November 2001 auf Chippenham Lodge verkostet* ★★
Sassicaia Ziemlich tief, nuanciertes Zentrum, am Rand pflaumenfarben; sehr charakteristische Nase, frisch geschnittenes Holz; »mittelsüß«, körperreich, gute Länge, tanninbetont. *Im Mai 2002 in London verkostet* ★★(★★★)
Scasso dei Cesari di Valgiano Ich glaube, das war der erste Wein aus Lucca, den ich je verkostet habe: tief, samtig, rubinrot; sehr ansprechende Frucht, leicht teerig, rauchige Eiche; »süß«, fleischig, 14 % Alkohol, ziemlich schroffer, tanninbetonter Abgang. Ich holte die Flasche hevor, um sie Geoffrey Tucker verkosten zu lassen, der merklich beeindruckt war. *Im Februar 2002 zu Hause degustiert* ★★(★) *Etwas Flaschenalterung dürfte seine Kanten abrunden.*

1999 ★★★★

Insgesamt ein sehr guter Jahrgang, der fünfte gelungene in Folge. Aus Piemont wurde trotz wechselhafter Witterungsbedingungen und fäulnisfördernder Luftfeuchtigkeit eine gute Barolo- und Barbaresco-Ernte vermeldet – angeblich auf dem Niveau des 1995ers, wenn auch nicht ganz so gut wie der 1996er oder 1997er. Hohe Erträge in der Toskana; herausragende Sangiovese-Weine. Einige Erzeuger behaupteten sogar, die besten Trauben des ganzen Jahrzehnts eingefahren zu haben.

Es entstand eine Unmenge anständiger Weine, von denen ich schändlich wenige verkostet habe. Die ganz großen »Knüller« haben sich allerdings noch gar nicht gezeigt.

Barbera d'Asti, La Court Michele Chiarlo Der Wein wurde 12 Monate lang in kleinen Eichenfässern ausgebaut. Sehr tief, pflaumenfarben, samtig; brombeerartig, würzig, Eichennote; reife »Süße«, 13,5 % Alkohol. Eine köstliche Kombination aus Frucht und Eiche, trockener Abgang. *Im Mai 2002 auf Chippenham Lodge verkostet* ★★(★★)
Barbera d'Asti, Superiore, Cipressi della Court Michele Chiarlo Ziemlich »süß«, voll im Geschmack, 13,5 % Alkohol, reich, tanninige Eisennote. Sehr gut zu trinken. *Im August 2001 auf Chippenham Lodge verkostet* ★★(★)
Chianti Classico Antinori Ein weiterer Jahrgang dieses klassischen Restaurantweins. Jung, trinkreif, zugänglich. *Juli 2001* ★★★
Chianti Classico, Riserva Rocca delle Macìe Nicht groß, aber um Lichtjahre besser als die Chianti-Massenweine von einst. *Verkostet im Mai 2001 während eines Essens bei Franco in der Jermyn Street, dem italienischen Restaurant, das meinem Büro am nächsten liegt* ★★
Cincinnato Trinoro/Franchetti Diesen Wein bereitete Franchetti aus der einheimischen Rebsorte Lazio; Produktion nur 1800 Flaschen. Mitteltief – zur Abwechslung einmal; köstliche, kirschartige Frucht, wohlriechende, richtiggehend exotische Nase und entsprechender Geschmack. Stämmig (15 % Alkohol), aber zugänglich. *Im März 2001 von Andrea Franchetti, einer ganz eigenen Persönlichkeit, präsentiert* ★★(★★)
Dolcetto d'Alba Controvento Bava Undurchsichtig; trocken, fest, körperreich, ein Anflug von zitrusartiger Säure. *Im Mai 2000 während eines bescheidenen Geburtstagsessens bei Mosimann verkostet* ★★★
Monferrato, »Countacc!« Michele Chiarlo 35 % Barbera, 35 % Nebbiolo, 30 % Cabernet Sauvignon. Tief, blauviolett, ausgeprägte »Tränen«; in der Nase und am Gaumen attraktive reife Frucht, lebhaft, wohlriechend, tanninbetont. *Im Mai 2002 auf Chippenham Lodge verkostet* ★(★★★)
Ornellaia Tenuta dell'Ornellaia 65 % Cabernet Sauvignon, 30 % Merlot, 5 % Cabernet franc, 18 Monate in zu 60 % neuer, zu 40 % ein Jahr alter französischer Eiche. Undurchsichtig; hart, ein Hauch von Jod; »süß«, gute Frucht, schöne Textur, seidiges, ledriges Tannin. *Im Februar 2002 bei der Ornellaia-Verkostung in London degustiert* (★★★★)
Reggiano »Concerto« Lambrusco Rubino Secco Medici Ermite Ich habe mich mit *Vino Frizzante* nie anfreunden können, aber die eleganten, von einem Drahtkorb über dem Korken gesicherten Flaschen mit ihren ausgefeilten Etiketten, die sogar die deutschen in den Schatten stellen, habe ich stets bewundert. Intensiv, leicht perlendes Purpurrot; hochgetönt an der Grenze zur Essigsäure, Frucht und Stroh; trocken, mit 11,5 % überraschend alkoholschwach, brombeerartiger Geschmack und im Abgang etwas bissig. Ein Concerto? Sicher nicht von Mozart. Nach ein, zwei Gläsern aber gewöhnte ich mich an ihn. *Im Juli 2000 vor dem Essen auf Chippenham Lodge verkostet. Auf seine Weise* ★★★
Sassicaia Ziemlich tief, pflaumenrot; »süß«, minzig, würzige neue Eiche; voll, reich, Geschmack, Körper und Griffigkeit sehr gut. Steht noch ganz am Anfang seiner langen Karriere. *Mai 2002* ★(★★★)

Sangiovese, Rosso di Toscana Paolo Masi Fruchtig, zugänglich, mit erfrischend spritzigem Abgang. Macht Spaß, mehr nicht. *Juli 2001* ★★

Tassinaia Castello del Terriccio Eine in Allier-Eiche ausgebaute Komposition aus Cabernet Sauvignon, Merlot und Sangiovese. Pflaumenpurpurn; hart, lebhaft, Brombeernote, würzig; süßer und weicher als erwartet, gute Frucht, 13,5 % Alkohol. *Eine Flasche von Paolo Gaetani, verkostet im August 2001 auf Chippenham Lodge* ★★(★★)

Trinoro Trinoro/Franchetti Aus einem 7,4 ha großen Weinberg in der Provinz Siena südlich von Montalcino. Produktion 16 000 Kisten. 70 % Cabernet franc, 20 % Merlot, 6 % Cabernet Sauvignon, 4 % Petit Verdot. Kurz nach der Abfüllung verkostet: leuchtendes Rubinrot; eindeutig dominierender Cabernet-franc-Charakter mit grüner Paprika; sehr »süß«, kraftvoll (15 % Alkohol), lebhaft, schöner Geschmack mit »süßem«, »warmem«, tanninbetontem Abgang. Sehr eigen. *Degustiert im März 2001 bei einer Verkostung europäischer Kultweine, die vom schüchternen, aber sehr amüsanten Andrea Franchetti bei Corney & Barrow präsentiert wurden* (★★★★) *Beeindruckend.*

Valpolicella Classico Allegrini Attraktiv, positiv, lebhaft – wie meine Frau. *Im Juli 2000 bei einem Überraschungs-Geburtstagsurlaub für Daphne im Cipriani in Venedig getrunken* ★★(★★)

2000 und die Zukunft

Mit den Weinen dieses großartigen Landes geht es voran. Man braucht dort nichts weiter als schönes Wetter und einen guten Markt. Was soll auch schiefgehen, wenn schon italienisches Essen so gut ist?

Italienische Restaurants sind, wie bereits erwähnt, ein wahres Vergnügen – die unzähligen lebhaften *Trattorie* an Roms Straßen ebenso wie die großartigen Restaurants in den Kleinstädten und Dörfern um Alba. Die besten haben ihren Preis, ihre Weine aber sind angesichts ihrer Qualität nicht überteuert. Daphne und ich tranken in Florenz und Rom faszinierende Gewächse zu erstaunlich moderaten Preisen – vor allem alte Jahrgänge, die von den Einheimischen und Touristen nicht beachtet werden. Einige der allerbesten italienischen Restaurants findet man in New York, heißt es. Ich habe dort tatsächlich ein paar der größten italienischen Kreszenzen genossen. Auch in London hat sich manches getan, obwohl zwischen den mittelmäßigen bis guten Lokalen und den »In«-Restaurants eine Preislücke klafft.

Ich hoffe, dass die bedeutenden Erzeuger in den klassischen Anbauregionen nicht ihre Ursprünge aus den Augen verlieren und auf den bereits von Weinen überfluteten Auslandsmarkt drängen. Damit würden sie nur den unverwechselbaren Charakter ihrer Erzeugnisse opfern und sie an den modischen, aber unechten »internationalen« Geschmack anpassen. Ich bleibe optimistisch!

2000 ★★★★

Allgemeine Aussagen über das Klima dieses Jahrgangs sind unmöglich. Ich konzentriere mich wie üblich auf das Wetter in den beiden wichtigsten Regionen. In der Toskana kam man in den Genuss eines milden Winters, eines warmen, feuchten Frühlings und eines heißen Junis. Der Juli war unbeständig und die zweite Augusthälfte wieder extrem heiß. Dann fegten Stürme und Regen über das Land hinweg. Anschließend besserte sich das Wetter aber wieder, sodass die Lese unter sehr guten Bedingungen vonstatten ging. Die Sangiovese-Trauben wurden ab 20. September geerntet. Zufrieden stellende Qualität, ein hoher Zuckergehalt und beträchtliche Konzentration zeichneten das Lesegut aus. In Piemont war die Qualität zwar ordentlich, doch der Ertrag lag niedriger.

Barbera d'Asti Superiore, Cipressi della Court Michele Chiarlo Würzig, brombeerartig, die für neue Eiche typischen Düfte; ein köstlicher früher Trinkgenuss. *Im Mai 2002 beim Essen auf Chippenham Lodge verkostet* ★★★

Ornellaia Tenuta dell'Ornellaia Klassifiziert als Bolgheri DOC Rosso Superiore. 65 % Cabernet Sauvignon, 15 % Merlot, 20 % Cabernet franc. Eine Fassprobe: undurchsichtig, purpurner Rand, ausgprägte »Tränen«; in der Nase Brombeerfrucht, entfaltete sich »süß«, fast wie Rohrzucker; guter Körper, reiche junge Frucht, Körper und Textur, aber tanninbetonter Abgang. *Der jüngste Jahrgang auf der Ornellaia-Verkostung vom Februar 2002 im Londoner Groucho Club* (★★★★)

Trinoro Trinoro/Franchetti Ein sehr kleiner Ertrag von 15 hl/ha, kleine Beeren, dicke Schalen. Die Merlot-Trauben waren wegen Hitzestress nicht verwertbar und so entstanden insgesamt nur 900 Kisten. Erstaunliche schwarze Farbe; überraschend entgegenkommende Nase, »süß«, weiche Toffees, herrliche Frucht; sehr »süß«, fruchtbepackt, kraftvoll, viel Alkohol (über 15 %), sehr eichen- und tanninbetont. *Vorgestellt im März 2001 von Andrea Franchetti bei Corney & Barrow* (★★★★★)? *Ich bezweifle, ob ich seinen Höhepunkt noch erleben werde!*

Chianti, Colli Senesi Fattoria Sovestro British Airways serviert bei Flügen nach Rom italienische Weine, wie es sich gehört. Tief, etwas »süß«, weich, trotz seiner Jugend recht angenehm – aber sehr eichenlastig. *Im Juli 2001 während des Flugs BA 557 verkostet* ★★ *Ein anständiger kommerzieller Wein.*

Tokajer

Tokaj-Hegyalja, die Tokajer Hügel, erstrecken sich im Nordosten Ungarns an der Grenze zur Slowakei und der Ukraine. In dieser Region wird zwar auch trockener Weißwein bereitet, doch fördert das Klima am Zusammenfluss der beiden Flüsse Bodrog und Tisza die Entstehung der Edelfäule an den spät reifenden Trauben. Deshalb entsteht dort der berühmte süße Aszú, einer meiner Lieblingsweine.

17. Jahrhundert bis 1945

Es lässt sich mit einiger Sicherheit behaupten, dass der Tokaji Aszú der (nach den gesüßten und gepanschten Weinen der Antike) erste große Süßwein war. Schon Mitte des 17. Jahrhunderts stand er in hohem Ansehen. Die Vorteile des Botrytis-Befalls erkannte man in Ungarn also fast ein Jahrhundert vor der zufälligen Entdeckung des Edelfäulepilzes in Deutschland. Obendrein wurden die Rebflächen der Region als weltweit erste klassifiziert: 1700 führte Franz II., Fürst von Siebenbürgen, eine dreistufige Lagenhierarchie ein. Tokajer war der angesehenste und gesuchteste Wein und besonders beim russischen und polnischen Adel beliebt. Die Rebgärten gehörten zu den wertvollsten Besitzungen Ungarns und befanden sich zumeist im Besitz der Aristokratie. (Katharina die Große war unter den allerersten ausländischen Investoren der Weingeschichte: Sie besaß einen großen Weinberg, den sie von ihren eigenen Soldaten bewachen ließ.)

Es gibt vielerlei Anhaltspunkte dafür, dass Tokajer schon im 18. und frühen 19. Jahrhundert von britischen Weinliebhabern geschätzt wurde. So führte Christie's bereits 1770 in seinem Katalog einen Tokajer – nur vier Jahre nachdem James Christie sein Auktionsunternehmen gegründet hatte. Ein weiterer Connaisseur, der den ungarischen Edelwein überaus zu schätzen wusste, war Thomas Jefferson. Er importierte »reichen Tokajer« – »für den ich einen ganzen Guinea die Flasche bezahlte« – und servierte ihn als US-Präsident bei seinen Banketten Anfang des 19. Jahrhunderts.

Die Folgen des Ersten Weltkriegs waren für die ungarischen Landbesitzer verheerend. 1925 wurde ein bemerkenswerter Posten alter Weine buchstäblich ausgegraben und von den Berry Bros. erworben. Auf ihrer Preisliste von 1927 tauchen denn auch Jahrgänge aus dem frühen 19. Jahrhundert »aus dem Fürstlichen Hause Bretzenheim auf, das 1863 ausstarb«. Anscheinend befürchtete die Familie, dass die Revolutionäre von 1848 ihre Besitztümer beschlagnahmen würden, und mauerte ihre wertvollen alten Weine ein.

In seiner Heimat wird der Tokajer als Tokaji und seine Herkunftsregion als Tokaj bezeichnet; in England heißt er traditionell Tokay. Bei allen nachfolgend beschriebenen Weinen war die jeweilige Bezeichnung auf den Etiketten angegeben; genannt wird außerdem der Erzeuger, sofern bekannt.

Die Jahrgänge auf einen Blick

Hervorragend ★★★★★
1834, 1885, 1889, 1900, 1912, 1924, 1937, 1945

Sehr gut ★★★★
1811, 1876, 1901, 1904, 1906, 1935

Gut ★★★
1865, 1917, 1943

1811 ★★★★

Der »Kometenjahrgang«, der möglicherweise in allen europäischen Weinregionen der größte des Jahrhunderts war.

Tokay Essence Aus dem oben erwähnten Bretzenheim-Keller. Ich leistete mir eine dieser teuren Flaschen bei einer Christie's-Auktion. Am 31. Dezember 1972 saßen meine Frau und ich im Bett und begrüßten mit dieser »Essenz« im Glas das Neue Jahr. Alte Bernsteinfarbe und nicht eben glanzhell, was an dem schweren Bodensatz lag, der sich bei altem Tokajer nur schwer setzt (deshalb sollte er stets aufrecht gelagert werden). Sein Duft und Geschmack waren nicht von dieser Welt, »ambrosischer Nektar«, schrieb ich im Überschwang, »pikant, zerdrückte Trauben, konzentriert, üppig«. Der einzige Wein ohne »Abgang«, den ich je verkostet habe: Er blieb einfach im Mund – und blieb und blieb und blieb … *1972/1973 verkostet* ★★★★★★ *(sechs Sterne).*

1834 ★★★★★

Essence Ebenfalls aus dem Bretzenheim-Keller: Zitronen-Bernsteinfarbe; hochgetönt, rosinig; wie der 1811er, aber nicht so konzentriert. Die Säure erinnerte mich an einen alten Sercial Madeira. *Im November 1982 bei Hans Jorissens Verkostung alter Tokajer in Leiden degustiert* ★★★★★

Weitere, ältere Einträge zu Jahrgängen des 19. Jahrhunderts **1865 Aszú, 5-buttig** **Windisch-Graetz** Reich, aber firnisartig. *Leiden, 1982*; **Aszú** (Buttenzahl unbekannt) Wie ein weicher, aber intensiver Sauternes, am Austrocknen, fabelhafte Säure. *1985 bei Hugels Verkostung seltener Dessertweine degustiert* ★★★★; **1876 Tokayer Ausbruch** Von Lorenz Reich in New York vor 1914 importiert. Drei Flaschen mit umfassend markiertem Korken. Schmeckte, als hätte man einen Bual mit einem Yquem gemischt. *1980 bei einer Heublein-Vorverkaufsverkostung degustiert* ★★★★; **1885 »Imperial Tokay«** Zwei Einträge: konzentriert, aber ätherisch. *1972 und 1976* ★★★★★; aus dem Keller von Graf Potulicki: Bernstein, harzig, reich. *1969* ★★

1889 ★★★★★

Essencia **Zimmermann Lipot** Mehrere vergleichbare Einträge. Die denkwürdigste Flasche verkostete ich bei meinem ersten Besuch in Budapest im Jahr 1972 mit Josef Dömötor, dem Direktor der staatlichen ungarischen Weinbaubetriebe, und Fred May, dem britischen Monimpex-Importeur (siehe Seite 492). Keiner hatte je einen alten Eszencia verkostet. Ich öffnete ihn in Dömötors Büro, wo er für Verblüffung und Zufriedenheit sorgte. Die restliche halbe Flasche nahm ich am darauf folgenden Morgen mit nach Tokaj, wo ich in Tarcal mit dem technischen Leiter der Weinbauforschungsanstalt zu Mittag aß. Er mochte ihn nicht! Kurz: tiefe, warme Bernsteinfarbe; herrlicher Duft, reich, schokoladig, würzig; natürlich süß, gehaltvoll, konzentrierter Geschmack nach angesengten Sutaninen, ausgezeichnete Säure. *Zuletzt im November 1982 in Leiden verkostet* ★★★★★

1900–1904

Eine Reihe alter Tokajer-Jahrgänge folgender Stile: **Szamorodni, Aszú** und **Ausbruch** (von österreichischen Händlern). Alle in den frühen 1980ern in Leiden oder bei Vorverkaufsverkostungen von Christie's degustiert. Zu den besten gehörten: **1900 Ausbruch** **Adamoviton** Aus Tolksva: Reich, ätherisch, perfekt ★★★★★; **1901 Szamorodni** (süß) **Imperial Court Cellars** Honig und alte Äpfel ★★★★; **1904 Sweet Szamorodni Borsai Miklos** Reiches Hellbraun; fast malzig, schöner Geschmack ★★★★

1906 ★★★★

Ausbruch **Teringi Henrik** Ein Erzeuger in Tállya. Bernsteinfarbe; noch immer süß, Geschmack und Säure gut. *Im Oktober 1982 verkostet* ★★★

1912 ★★★★★

Wahrscheinlich der letzte große Jahrgang der k.u.k. Monarchie und der älteste bei einer kleinen, aber bedeutenden Tokajer-Verkostung unter der Leitung von Dr. Gábor Rohály, dem Herausgeber des ungarischen Weinführers in der ungarischen Botschaft in Berlin.

Aszú, 6-buttig Mittelblasse Bernsteinfarbe mit limonengelbem Rand; sehr reiche Nase nach »Kalbsfußgelee« und reifem Cheddar-Käse; ziemlich süß, enorm reich, fett, körperreich, kraftvoll, fest, mit verhüllter Säure. *Im September 2001 in Berlin verkostet* ★★★★★

1917 ★★★

Aszú, 4-buttig **Zimmermann Lipot** Wie in Deutschland wurde ein Großteil des Handels mit Tokajer von jüdischen Kaufleuten abgewickelt. Bernsteinfarbe; Bukett nach alten Rosinen und feuchtem Stroh; lieblich, Geschmack und Säure gut. *Von Bob Paul ins Gidleigh Park Hotel in Devon gebracht, wo wir im Dezember 1991 nach Weihnachten alle logierten* ★★★

1924 ★★★★★

Ein großer Jahrgang zwischen den Weltkriegen.
Essencia Aus einer von zwei Ballonflaschen in einem Privatkeller in Sarospatac; verkostet in den Büros der staatlichen ungarischen Weinbaubetriebe. Bauernhofgerüche. Reich, aber von hoher flüchtiger Säure verdorben. *1972 degustiert.*
Aszú, 6-buttig **Zimmermann** Farbe wie ein Oloroso, hervorragendes Bukett, im Geschmack wie ätherischer alter Cognac und Sauternes. *1982 bei Hans Jorissens Verkostung in Leiden degustiert* ★★★★★

1935 ★★★★

Aszú, 6-buttig Mild, wohlriechend, altes Stroh mit einem Anflug von Veilchen; toffeeartiger Geschmack, perfekte Säure und trockener Abgang. *Im September 2001 in der ungarischen Botschaft in Berlin verkostet* ★★★★

Puttonyos

Hölzerne Körbe oder Butten, die traditionell als Maß für die Menge der einem Tokajer hinzugefügten edelfaulen Aszú-Trauben dienen. Die konzentrierten Beeren werden zu einem Teig geknetet und in puttonyos *mit jeweils 20–25 kg Fassungsvermögen gegeben. Diese Butten gibt man einem Göncer Fass mit 136 l Grundwein bei – je nach gewünschter Süße und Qualität drei bis sechs Butten pro Fass. Ein »6-buttiger« Wein (6 puttonyos) ist am süßesten und besten; er enthält bis zu 150 g/l Restzucker, was sich in einem komplexen, sehr intensiven Honig- und Quittencharakter äußert. In besonders guten Jahrgängen wird sogar ein 7-buttiger Tokajer mit einer Restsüße von über 200 g/l bereitet.*

1937 ★★★★★

Wie überall in Europa ein großer Jahrgang für weiße Süßweine.
Aszú-Essencia Trübe Bernsteinfarbe; Duft nach zerdrückten Rosinen; reich, hochgetönt. *1982 in Leiden verkostet* ★★
Aszú, 5-buttig Erzeuger unbekannt, da mein Keller überschwemmt wurde und das Etikett verschmutzte. Er wies jedoch noch die Original-Bleikapsel und den ersten Korken auf. Hohes Füllniveau. Ich hatte ihn zur Sicherheit lange Zeit stehend gelagert, doch zu meiner Überraschung war fast kein Bodensatz zu sehen: schöne, tiefe, warme Bernsteinfarbe mit ausgeprägtem apfelgrünem Rand; süß, reich, in der Nase und am Gaumen kräftige Honignote. Seine ausgezeichnete Säure hielt das Fett im Zaum. Anflug von Karamell, sehr guter Ab-

gang. *Im März 2002 am Karfreitag zum zweiten Frühstück auf Chippenham Lodge getrunken* ★★★★

1942 ★★

Ein schwieriger, in Vergessenheit geratener Kriegsjahrgang.
Aszú, 6-buttig Gealtert, aber noch immer fleischig, karamellig, mit einem Anflug von zerdrücktem Meerrettich; sehr intensiver, durchdringender Geschmack mit trockenem, rauem Abgang. *Im September 2001 in Berlin verkostet.*

Eszencia

In Dokumenten und auf den Etiketten unterschiedlich geschrieben. In meinen Notizen finden sich »Essencia«, »Eszencia« und sogar »Esszencia« oder »Esszenzcia«. Dieser Wein, ob mit oder ohne vorangestelltem »Aszú«, war in der Regel sieben- oder noch etwas höherbuttig und wurde nur selten unverdünnt angeboten.

1943 ★★★

Ein guter Kriegsjahrgang. Lediglich zwei Einträge älteren Datums.
Aszú, 3-buttig **Flegmann** Zwei Flaschen, beide schön, lieblich, reich, aber gleichzeitig delikat. *Im März und April 1980 verkostet* ★★★

1945 ★★★★★

Ein schwieriger Jahrgang, der aber wenigstens noch vor der Verstaatlichung der ungarischen Weinwirtschaft durch die Kommunisten entstand.
Aszú, 5-buttig Von Charles Montrose in London importiert. Süß, aber von mittelmäßiger Qualität. *1989 verkostet* ★★
Essencia Kräftige Farbe, viskos; alte Äpfel und Rosinen; sehr reich, perfekter Geschmack und Nachgeschmack. *Im Oktober 1983 beim 4. Dîner Classique, gegeben vom Weinhaus Albert Reichmuth anlässlich der Publikation der deutschen Ausgabe meiner* Weinnotizen, *in Zürich verkostet* ★★★★★

1947–1989

Dieser Abschnitt befasst sich mit der Zeit von der Machtübernahme durch die Kommunisten 1947 bis zur Entspannung und Einführung eines freien Marktes im Jahr 1989. Während der langen Nachkriegszeit wurden die ungarischen Anbauregionen von den staatlichen Weinbaubetrieben mit Hauptsitz in Budapest buchstäblich zu Tode kontrolliert. Jede Region hatte ihren eigenen Direktor; die Exporte liefen ausschließlich über die staatseigene Monimpex.

Als ich 1972 Ungarn zum ersten Mal einen Besuch abstattete, hatte ich ein Treffen mit dem Direktor der staatlichen Weinbaubetriebe, Josef Dömötor, der mir freundlicherweise einen Überblick über die ungarischen Anbaugebiete verschaffte. In der Plattensee-Region räumten die verantwortlichen Produktions- und Verkaufsdirektoren ein, dass sie durchaus Rieslinge von Spätlese- und Ausleseniveau zu bereiten imstande wären, aber sich auf zwei Sorten von Wein beschränken müssten, eine für die Bevölkerung gedachte einfache Qualität und eine etwas höherwertige für die besten Restaurants und ihre russische Klientel. Allerdings ließ man mich auch einen fabelhaften 1946er Badacsony Aszú probieren. Die Produktion feinerer und teurerer Weine würde die Einführung von »Privilegien« und »kapitalistischen« Preisen erfordern, hieß es. Dasselbe bekam ich in Eger vom örtlichen Leiter (makelloser Anzug, Abstand zwischen Ärmel- und Manschettensaum 5 cm, Clark-Gable-Schnurrbart, Büro im Bischofspalast) zu hören. Auch in Tokaj sprachen die brach liegenden oberen und die bewässerten unteren Hänge Bände: Hier sollte nicht viel mehr produziert werden als Wein für den Export nach Russland.

Trotzdem habe ich vor allem von den späten 1970ern bis Mitte der 1980er eine Reihe sehr guter Tokajer verkostet; außerdem organisierte ich für das staatliche ungarische Weinunternehmen drei Verkostungen und Werbeverkäufe bei Christie's. Alle Weine wurden von Monimpex exportiert. Vielleicht ist es unfair, über den Wein aus der Zeit kommunistischer Herrschaft kategorisch die Nase zu rümpfen. Selbst wenn individuelles Vorgehen nicht erlaubt war, so entstanden doch einige ausgezeichnete, wenn auch altmodische Tokajer.

Die Jahrgänge auf einen Blick

Hervorragend *****
1947, 1952, 1957, 1963, 1968, 1972, 1983
Sehr gut ****
1961, 1964, 1975, 1981, 1988
Gut ***
1956, 1973

1947 *****

Der erfolgreichste Jahrgang der Nachkriegszeit. Mehrmals verkostet.
Essencia Als Erstes ein Aszú Essencia, den ich 1972 in Tarcal verkostete: gut, aber nicht groß. 1974 eine Flasche der staatlichen Weinbaubetriebe. Ich gab ihr nicht genügend Zeit, sich zu setzen, trotzdem war sie gehaltvoll und konzentriert, mit wundervoller Säure. *Zuletzt 1974 verkostet. In Bestform* ****
Aszú, 6-buttig Blasse Bernsteinfarbe, offener Rand; stämmiges, reiches, intensives, wohlriechendes Bukett und ebensolcher Geschmack, ziemlich süß, leicht schlank, aber fleischig und elegant, perfektes Gewicht, hohe, an den Zähnen kratzende Säure. Ein aufregender Wein. *Im September 2001 in Berlin verkostet* ****
Aszú-Essencia **Crown Estates** Tiefe Bernsteinfarbe; reiches Bukett nach angesengten Trauben; sehr süß, schöner Körper, perfekte stützende Säure. *Der Höhepunkt der Castle-Island-Verkostung von Crown Estates in der ungarischen Botschaft in London, September 2000* ***** *(Das 1993 von der ungarischen Regierung gegründete Unternehmen Crown Estates ist zu 100 % in staatlicher Hand. Es verfügt über den größten Tokajer-Keller überhaupt und behauptet von sich, 25 % aller Tokajer zu erzeugen.)*

1952 *****

Aszú, 4-buttig **Crown Estates** Kräftige Farbe; ähnlich angesengtes Rosinenbukett wie der 1947er Aszú Essencia, aber nicht so intensiv; lieblich, stechend. *Im September 2000 auf der Castle-Island-Verkostung degustiert* ***

1956 ***

Aszú, 6-buttig **Crown Estates** 1964 abgefüllt. 12,7 % Alkohol, 128 g/l Restzucker, 8,5 g/l Säure. Tiefe Bernsteinfarbe, limonengelber Rand; wie ein alter Verdelho, hochgetönt, ätherisch; süß, alte Äpfel, im Geschmack ähnlich wie Madeira. *Im Dezember 2000 auf einer Masters-of-Wine-Verkostung von Tokajern degustiert* ***

1957 *****

Ein herausragender Jahrgang, der beste seit 1947.
Aszú-Esszencia *(sic)* **Monimpex** Mehrmals verkostet, das erste Mal 1973. 1989 warme Bernsteinfarbe mit goldenen Reflexen; sehr gehaltvoll, gebackene Äpfel, Rosinen und Honig; eine Süße und Intensität wie eine Trockenbeerenauslese, aber nicht schwer. Weich, fett, herrlich im Geschmack. 1994 zwei Einträge, beide Male auf den blass limonengelben Rand verwiesen, große Tiefe, ein Hauch von Karamell, hohe Säure. *Zuletzt im Mai 2000 im Musée Baccarat in Paris verkostet (nun Escenzia geschrieben). In Bestform* *****

1961 ****

Aszú 5 puttonos *(sic)* **Ausbruch Trockenbeerenauslese Cabinet** Von Monimpex etwas marktschreierisch etikettiert: eher tiefes Bernsteingold; reiche Nase nach alten Äpfeln; nicht ganz so süß wie erwartet, aber Geschmack, Säure und Nachgeschmack schön. *Mai 1971* ★★★★

1963 ★★★★★

Aszú-Essencia Warmes Orange-Bernstein; reiche, fleischige, rosinige Nase und ebensolcher Geschmack. *Im Mai 1992 auf einer Vorverkostung in Genf in guter Verfassung* ★★★★

Muskotàlyos Aszú, 6-buttig Fünf Einträge, die überwiegend in den 1980ern entstanden: ziemlich tiefe Bernsteinfarbe; eigenartiges Aroma wie süße Trauben, Rosinen- und Ananasschalennote; reich, dabei schlank und lebhaft. Kürzlich eine bei Christie's erworbene Flasche: jetzt mitteltiefes Hagebutten-Bernsteinbraun; offenbarte sein Alter mit einer Art Tierfettnote; »Kalbsfußgelee« und honigartiges Bukett; süß, reich, intensiv, ungewöhnlicher Orangen-Muskateller-Geschmack und ausgezeichnete Säure. *Zuletzt im Juli 1994 auf Chippenham Lodge beim Abendessen nach einem Theaterbesuch mit viel Genuss verkostet* ★★★★★

Muskotályos Aszú, 5-buttig Mehrere Einträge. Leuchtendes Bernsteingold; würzige Nase wie eine Beerenauslese; sehr süß, intensiv, aber mit Finesse, Geschmack nach Muskateller und Pfirsichen. *Zuletzt im September 1990 verkostet* ★★★★★

1964 ★★★★

Nach dem Ersten Weltkrieg hatten Berry Bros. & Rudd den großartigen alten Tokay Essence bekannt gemacht. Nun beschlossen sie, dass die Zeit reif sei für eine Tokajer-Renaissance, und begannen Aszú-Eszencia zu importieren.

Aszú-Essencia Monimpex 1972 gut, aber ich hatte das Gefühl, dass ihm etwas mehr Flaschenalterung gut tun würde. Und tatsächlich schien er 1982 einen stärkeren ätherischen Duft entwickelt zu haben; am Gaumen ambrosische Rosinen. Wahrscheinlich Mitte der 1980er auf dem Höhepunkt, denn gegen Ende des Jahrzehnts stellte ich honigartige Noten nach altem Stroh fest. Trotzdem ein Genuss. *Zuletzt im Januar 1989 verkostet. In Bestform* ★★★★

Aszú, 6-buttig Kräftige Bernsteinfarbe; sehr durchdringendes, rosiniges Orangenschalenbukett; süß, enorm gehaltvoll, aber trotzdem lebhaft, mit einem Geschmack nach alten Äpfeln und einem langen, schlanken, allmählich nachlassenden, säurebetonten Abgang. *Im September 2001 in der ungarischen Botschaft in Berlin verkostet* ★★★★

1968 ★★★★★

Ein warmer Sommer, dann Regen und schließlich lange, sonnige Abschnitte. Frühe Lese stark edelfauler Trauben.

Aszú-Essencia Mit 15 Jahren tiefes Orange-Hellbraun; reich, alte Äpfel und Honig, eine *Crème-brûlée*-Note fast wie der Yquem von 1937; süß, mit einem Gehalt, der von der ausgezeichneten Säure gut gemildert wurde. *Seit Oktober 1983 nicht mehr verkostet. Damals* ★★★★★ *Vermutlich noch immer superb.*

Aszú, 6-buttig Crown Estates Sehr gute, rosinige Nase; süß, mittlerer Körper, Geschmack, Länge und Säure gut. *Im September 2000 aus der »Museumssammlung« der Crown Estates in London verkostet* ★★★★

1972 ★★★★★

Qualitativ und quantitativ der Aszú-Spitzenjahrgang des 20. Jahrhunderts in der gesamten Region Tokaj. Das warme, gute Herbstwetter brachte eine starke Ausbreitung der Edelfäule mit sich.

Essence John Lipitch, ein Londoner Importeur, ließ mich reinen, ungepanschten Tokaji Eszencia verkosten – eine seltene Gelegenheit. Selbst nach 13 Jahren »arbeitete« er noch. Im leeren Glas blieb ein enorm gehaltvoller, rosiniger, alles durchdringender, intensiver Duft zurück. Sehr süß, nur 2 % Alkohol, die kräftige Säure wurde vom unglaublich hohen Restzuckergehalt völlig kaschiert. *März 1985* ★★★★★

Eszencia Tief, wie PX-Sherry, fast melasseartig, mit intensivem apfelgrünem Rand; herrliches Bukett, Mokka und ambrosisches Karamell; immens süß, fett, große Länge, sehr hohe Säure, duftiger Nachgeschmack. (Eszencia, so sagte man mir, könne nicht im Fass vinifiziert werden, da er dem Holz Feuchtigkeit entziehe und die Dauben dadurch reißen würden.) *Im September 2001 in Berlin verkostet* ★★★★★

Aszú-Essencia Crown Estates Bernsteinfarbe; eine Nase wie frisch geschälte Pilze in Honig; natürlich sehr süß, fett, gute Länge. *Im September 2000 aus der »Museumssammlung« der Crown Estates verkostet* ★★★★★

Aszú, 6-buttig Bernsteinfarbe, grüner Rand; honigartig, aber mit Korkengeschmack; süß, toffeeartig, gute Säure.

1973 ★★★

Aszú, 5-buttig Monimpex Tiefe Bernsteinfarbe; karamellisiert; süß, gut, in Stil und Geschmack altmodisch. Wäre dem ausgezeichneten Pecannuss-Kuchen fast gewachsen gewesen. *Im September 1999 mit der Bacchus Society an Bord der* Memphis Queen III *in Tennessee verkostet* ★★★

Aszú, 6-buttig, Szarvas Crown Estates Warme Bernsteinfarbe, blass limonengelber Rand; verhaltene, aber reiche, toffeeartige Nase; süß, sehr gehaltvoll, »Kalbsfußgelee«-Note, sehr gute Säure. *September 2000* ★★★★

1975 ★★★★

Aszú, 6-buttig Monimpex Orangegold; rosinig, wohlriechend; süß, schöner Aprikosen- und Rosinengeschmack, Säure und Nachgeschmack ausgezeichnet. *Im April 1995 bei Nils Sternbys Geburtstagsverkostung von 1975ern aus aller Welt blind verkostet, aber unverkennbar* ★★★★

1981 ★★★★

Aszú, 5-buttig Orangegold; im Bukett Honig und Stroh; ziemlich süß, Geschmack und Säure schön. *Im Januar 1993 in London verkostet* ★★★

1983 ★★★★★

Ein großer Jahrgang.

Aszúeszencia Arvay Sechs bis sieben Jahre im Fass. Zweimal verkostet. Das erste Mal eine Flasche, die mir Christian Sauska zugesandt hatte, ein reicher Amerikaner ungarischer Herkunft, der in das Arvay-Gut investierte. Das zweite Mal an einem hektischen Tagesausflug nach Tokaj (eine schnelle, anstrengende zweistündige Fahrt von Budapest aus), wo ich im März 2000 eine Reihe von Arvay-Weinen verkostete: ziemlich tief, kräftig, pfirsichgolden; im Bukett warm, ausgewogen, geröstet, rauchige Mokkanote, honigartig und blumig; sehr süß, aber nicht fett, ein Hauch Karamell, angesengter Aprikosengeschmack und harter, säurebetonter Abgang. Kürzlich: warme Bernsteinfarbe; parfümierte Karamellnote; sehr reich, konzentriert, intensive Säure und scharfer Abgang. *Im September 2001 beim Essen mit dem ungarischen Botschafter in Berlin verkostet und ausgezeichnet zu Roquefort* ***(*) *Wird sich noch steigern.*

1988 ****

Der warme Juli und Regen im August förderten den Botrytis-Befall. 80 bis 90 % der Ernte edelfaul.

Aszú-Essencia **MWB** 80 % Furmint, 20 % Harslévelü. Aus einer *Grand-cru*-Lage in Mad-Holdvölgy, erzeugt und abgefüllt von MWB Pince (*pince* heißt auf Deutsch Keller) in Abaüjszanto. Zwei Flaschen, die mir »MWB«, Marta Wille-Baumkauff, auf der Weinmesse in London gab. Ein schönes Gewächs: mitteltief, orange getönte Bernsteinfarbe, goldene Reflexe; stämmig, einem schokoladigen, fleischigen Bual Madeira nicht unähnlich; süß, gutes Gewicht (10,5 % Alkohol), ziemlich weich, üppig, rosinig und karamellig. *Zuletzt im April 1998 verkostet* *****

Aszú, 6-buttig **MWB** Goldgelbe Reflexe; reich, intensiv. Passte sehr gut zu *Foie gras. Im September 2001 in Berlin verkostet* ***

Aszú, 6-buttig **Crown Estates** Ein Anflug von alten Ställen; sehr süß, sehr gehaltvoll, ein Hauch fleischig-malziger Rosinen. Köstlich. *Im September 2000 auf der Castle-Island-Verkostung degustiert* ****

Aszú, 5-buttig **Ch. Pajzos** Zitronenartiges Goldgelb; schwer, honigartige Botrytis-Note, mehr Sauternes als Tokajer; süß, eindringlich, schöner edelfauler Traubengeschmack. *Im Juni 1995 auf der Vinexpo verkostet* ***

1989

Dem einzigen verkosteten 1989er nach zu urteilen (einem 4-buttigen Aszú des Hétszélö-Guts) sollte man diesen Jahrgang besser meiden. Vielleicht ist das aber auch ein unfaires Urteil.

1990–1999

Schon bald nach der Öffnung des ungarischen Marktes versuchte man ausländische Geldgeber ins Land zu locken. Es flossen auch tatsächlich beträchtliche Summen nach Ungarn. Die Speerspitze der Investoren bildeten der begeisterte Hugh Johnson und seine Royal Tokaji Wine Company; Jean-Michel Cazes (Besitzer von Château Lynch-Bages und Direktor der Weingüter von AXA Millésimes), der den Versicherungskonzern überredete, das Disznókö-Gut wiederzubeleben; David Alvarez von Vega Sicilia in Spanien, der auf dem Oremus-Gut eine spektakuläre neue Kellerei erbauen ließ, und weitere Interessenten. Dank ihres Engagements und der tatkräftigen Unterstützung des sehr erfahrenen István Szepsy bekam die Region Tokaj neuen Aufwind. Allerdings interessieren sich die ausländischen Pioniere und insbesondere die Royal Tokaji Wine Company in erster Linie für Aszú-Kreszenzen, deren Bereitung risikobehaftet und teuer ist, denn die Wachstumsbedingungen sind nicht jedes Jahr gleich gut. Trotzdem entstehen heute einige schöne Weine. Ich begrüße die Renaissance des ungarischen Tokajers.

Die Jahrgänge auf einen Blick

Hervorragend *****
1993, 1999
Sehr gut ****
1991, 1992, 1996
Gut ***
1990, 1997

1990 ***

Ein guter Jahrgang.

Aszú, 5-buttig **Royal Tokaji Wine Company** Der erste Tokajer der neuen Generation, den ich verkostet habe. Er machte auf mich einen eher französischen als ungarischen Eindruck, was mich etwas beunruhigte – das Unternehmen kann wegen der ausländischen Investitionen eine moderne Linie verfolgen und neueste Weinbereitungstechnologien einsetzen. Kanariengelbe Farbe; weich, verhalten – nicht das übliche, intensive nasse Stroh; ziemlich süß, sauber konturiert, honigartig, mit sehr guter Säure. *Im Mai 1995 auf der Londoner Weinmesse verkostet. Als Wein ****, als Tokajer, wie ich ihn schätze ***

Aszú, 5-buttig, Birsalmas **Royal Tokaji Wine Company** Birsalmas ist eine Lage, die 1700 als »secundae« oder zweitklassig eingestuft wurde. Gute gelbe Farbe; ebenfalls sehr verschlossen, leicht malzig; ähnliche Süße, eindringlicher, mit guter Säure. Hat schon eher klassischen Tokajer-Charakter. Und ist viel teurer. *Ebenfalls im Mai 1995 verkostet *****

Aszú, 4-buttig **Crown Estates** Leicht malzig, »Kalbsfußgelee«; sicherlich reicher als das 3-buttige Pendant, mit besserem Geschmack und besserer Säure. *Im September 2000 in der ungarischen Botschaft in London verkostet ****

Aszú, 3-buttig **Ch. Pajzos** Ein bedeutendes 71-ha-Gut in Sarospatak. Blässlich, gelbe Bernsteinfarbe; ein bisschen wie der alte Tokajer-Stil mit seinen Anklängen an alte Äpfel; lieblich, lebhaft, gute Länge und Säure. *Im April 1996 bei einer Verkostung von Miteigentümer Jean-Michel Arcaute im Londoner Ritz verkostet ****

1991 ****

Aszú Esszenzcia *(sic)* **Szepsy** Orangefarbene Reflexe, lange »Tränen«; ein sehr reiches, komplexes Bukett, das mich an grünen Tee erinnerte; sehr süß, 9,5 % Alkohol, fett, blumig, gute Länge und Säure. *Im September 2001 in Berlin verkostet ***** Bekam von den 14 Weinen der Tokajer-Verkostung (mit Mittagessen) in der ungarischen Botschaft meine höchste Bewertung.*

Aszú, 6-buttig, Szarvas **Crown Estates** Bernsteingold; leicht malzig, intensiv, »Raya«-Nase und -Geschmack. Sechs Jahre im Fass. Ziemlich süß (110 g/l Restzucker), relativ leichtgewichtig (11,5 % Alkohol) und gute Säure (insgesamt 8,5 g/l). *Im September 2000 auf der Castle-Island-Degustation verkostet *****

Aszú, 5-buttig, Nyulászó **Royal Tokaji Wine Company** Warme Bernsteinfarbe; in der Nase und am Gaumen reich, rosinig und attraktiv. Wie viele deutsche Süßweine mit eher niedrigem Alkoholgehalt (11 %) und auch mit ähnlicher Säure. Guter, milder Geschmack. Zu »Ananas- und Mango-Halbmond« serviert – für die älteren Mitglieder etwas ganz Neues. *Im April 2000 bei einem Essen des Saintsbury Club verkostet ****

Aszú, 5-buttig, »blaues Etikett« **Royal Tokaji Wine Company** Weine mit blauem Etikett stammen von erst- und zweitklassifizierten Lagen und ausgewählten Erzeugern. Erstmals 1996 verkostet (zu »Triple Chocolate Truffle«): beruhigend typischer Tokajer-Charakter, keinesfalls wie ein Sauternes! Sehr süß. Hohe Säure. Bernsteinorange; leicht malzig; süß, etwas toffeeartiger Geschmack und sehr rosiniger Nachgeschmack. *Im September 1998 auf Waddesdon Manor verkostet *****

Aszú, 5-buttig, Szt Tamas **Royal Tokaji Wine Company** Szt Tamas ist eine erstklassifizierte Lage. Ich bewundere, wie Hugh Johnson sich für die Royal-Tokaji-Weine einsetzt – fast wie Bob Mondavi in Kalifornien. Allerdings besitzt er auch Anteile an dem Unternehmen. Trotzdem profitieren von seiner Begeisterung alle Tokajer. Dieser Einzellagenwein hatte eine sehr typische Stroh- und Rosinennase; nicht so süß wie erwartet, mit langem, trockenem, säurebetontem Abgang. *Einer von Hugh Johnsons »Luxus-Süßweinen«, die er bei einer Hallwag-Präsentation im September 1997 in Frankfurt vorstellte *****

Aszú, 5-buttig, Botja Schweißelnd, rosinig, ledrig; wie Virol, das malzige, fleischige Tonikum, das man früher in Großbritannien schwächlichen Mädchen zur Kräftigung verabreichte! *April 1996.*

Aszú, 5-buttig, Birsalmas Birsalmas ist eine zweitklassifizierte Lage; herrliche Farbe. Süß, reich, kraftvoll, ausgezeichneter Geschmack. Ein anderer Tokajer, leider ohne Lagenangabe, war für mich der im Charakter kräftigste und süßeste der verkosteten Palette, geschmacksintensiv und mit zwar ausgezeichneter, aber etwas zu hoher Säure. *April 1996; alle auf ihre Weise gut.*

Aszú, 4-buttig Vom 40 ha großen Szarvas-Weinberg: eher blass, honigartig, schöner Geschmack; 11,5 % Alkohol, 8,7 g/l

Säure und 110,4 g/l Restzucker. *Im November 1999 bei der Tokajer-Verkostung für den Handel degustiert* ★★★
Aszú, 3-buttig Nicht so reich, alkoholstärker (13,11 %), ähnliche Säure, wirkte aber wegen der niedrigen Restsüße (83,2 g/l) rau. *Im November 1999 bei der obigen Verkostung degustiert* ★★★

1992 ★★★★

Sehr gute Aszú-Tokajer.
Aszú **Disznókö** Eine Reihe von Weinen aus einem der gut finanzierten neuen Tokajer-Unternehmen, das von Jean-Michel Cazes und AXA Millésimes geleitet wird. Alle hatten eine mittlere Bernsteinfarbe: **6-buttig** Verschlossene Nase; süß, voll im Geschmack, kraftvoll, gute Länge ★★★★; **5-buttig** Honigartig, eine Nase fast wie eine Beerenauslese; ebenfalls süß, recht scharf, gute Länge und Säure ★★★★; **4-buttig** Honig und Melone; lieblich, minzig, gute Säure. *Präsentiert von Jean-Michel Cazes im April 1996 in London* ★★★

1993 ★★★★★

Der erste einer Reihe großer Jahrgänge, mit denen die neue Erzeugergeneration zeigen konnte, was in ihr steckte. Die Zahl der Güter und Weine vervielfachte sich. Hier eine Auswahl der insgesamt 22 degustierten Gewächse, aufgelistet in absteigender Qualitätsrangfolge. Die meisten habe ich auf der ausgezeichneten Masters-of-Wine-Verkostung im Dezember 2000 degustiert.
Essencia **Ch. Pajzos** 1997 abgefüllt. Wahrscheinlich ein Aszú-Eszencia und sehr hochbuttig. Auf jeden Fall großartig, intensiv süß, fett, reich und rosinig. *Im Juni 1995 auf der Vinexpo verkostet* ★★★★★
Aszú-Essencia **Royal Tokaji Wine Company** Ein 8-buttiger Wein. Erstmals bei einem Zachys/Christie's-Essen in Los Angeles verkostet: sehr charakteristisch, Karamell und Malz, fett und enorm süß. Als Nächstes auf der Masters-of-Wine-Verkostung: warmes, kräftiges Bernsteingold mit orangefarbenen Reflexen; köstlich, klassische Apfelnote; leicht geröstete Düfte; natürlich sehr süß (263 g/l Restzucker), reich und fett, aber nicht schwer (7 % Alkohol, vergleichbar mit einer deutschen Trockenbeerenauslese), mit schönem klassischem, intensivem Abgang. *Im Dezember 2000 auf der Masters-of-Wine-Verkostung in London degustiert* ★★★★★
Aszú, 6-buttig **Szepsy** István Szepsy aus Tarcal gehört zu den renommiertesten Tokajer-Erzeugern. Ich habe seinen Wein erstmals 1997 in Memphis verkostet: absolut köstlich, wohlriechend, honigartig, Apfelblüten. Beim nächsten Mal: verschlossen, mit einem Duft, der mich an Sauerrahm erinnerte; leicht, eleganter Stil, süß, sahnig (10,3 % Alkohol, 9,55 g/l Säure, 206 g/l Restzucker). *Zuletzt im Dezember 2000 auf der Masters-of-Wine-Verkostung degustiert* ★★★★
Aszú, 6-buttig **Disznókö** Ganz anders als Szepsys Tokajer: süß, reif, weiche Toffees, »Kalbsfußgelee«, malzig-fleischige Nase; trockener als erwartet (ein niedriger Restzucker von 154 g/l) und mit höherer Säure (10,8 g/l) als Szepsys Wein. Leicht körperreicher (12 % Alkohol), aber meines Erachtens von einem Pfirsichkern-Endgeschmack verdorben. *Im Dezember 2000 auf der Masters-of-Wine-Verkostung degustiert* ★★
Aszú, 6-buttig, Szt Tamas **Royal Tokaji Wine Company** Ein Einzellagenwein. Ziemlich tiefe Bernsteinfarbe; süß, weich, reich, Botrytis-Note; auch am Gaumen sehr süß, fett, körperreich. *Im Oktober 2000 nach der bemerkenswerten Verkostung kalifornischer Kultweine auf Waddesdon Manor degustiert* ★★★★
Aszú, 6-buttig, Nyulászó **Royal Tokaji Wine Company** Ebenfalls ein Einzellagenwein. Voll, reich, karamellig, im alten Stil, »Stroh«-Nase; sehr süß, reich, komplett, geschmacksintensiv, gute Säure (11 %, 215 g/l, 10,3 g/l). *Im Dezember 2000 auf der MW-Verkostung degustiert* ★★★★
Aszú, 5-buttig **Ch. Kurucz** (das Zweitetikett des Oremus Estate von Vega Sicilia und Partnern) Schöne Nase; Edelfäule und so geschmacksintensiv, wie es sich für einen echten Tokajer gehört. Sehr hohe Säure. *Im August 2000 bei einem spätabendlichen Essen nach einem hektischen Tag in Tokaj mit Christian Sauska im Restaurant Fortuna am Burgberg von Budapest verkostet* ★★★★

Weitere 5-buttige 1993er Aszú-Tokajer **Crown Estates** Zwei Einträge. Nase wie zerquetschte Rosinen, eigenartiger Geschmack mit dominierendem Hárslevelü-Charakter. Dann wie alte Äpfel auf einem Heuboden. Süß. Reich. *Im September und Dezember 2000 verkostet* ★★; **Disznókö** Eigenartig, hochgetönt, wohlriechend, sahnig; lieblich, reich, sehr intensiv und charakteristisch. *Dezember 2000* ★★★★; **Oremus** Blässlich, gelbgolden; verschlossene Nase; ziemlich süß, eher schlank, Geschmack nach Apfelkerngehäuse, passable Länge. *Dezember 2000* ★★; **Royal Tokaji Wine Company** Erstmals 1998 beim Essen im Wilton verkostet. Hugh Johnson saß an einem Nachbartisch und brachte uns diesen Wein zum Verkosten: ansprechendes Gold; ein Hauch Melasse; ziemlich süß, gute Säure. Als Nächstes zu Hause eine praktische 25-cl-Flasche. Die Säure verlieh dem Wein einen trockenen Abgang. *1999* ★★★; **Tokaji Trading House** Reich, rosinig. *1999* ★★★

Keine 4-buttigen Tokajer und nur einen 3-buttigen auf der Masters-of-Wine-Verkostung: **Aszú, 3-buttig** **Crown Estates** Warme Honignase, wurde von den süßeren Weinen aber in den Schatten gestellt. Schwacher, nicht überzeugender Abgang. *September 2000* ★

1994 ★★

Aszú, 6-buttig **Tokaji Trading House** Warmes Orange; Geschmack nach getrockneten Aprikosen und Karamell. Sehr alkoholstark (14,34 %), für einen Tokajer mäßige Säure (7,47 g/l), 182 g/l Restzucker. *Im November 1999 im Londoner Farmers' Club verkostet* ★★
Aszú, 6-buttig, Szarvas **Crown Estates** Sehr seltsame Madeiraartige Nase, Karamell und kräftiges feuchtes Stroh; sehr süß, weich, interessanter Geschmack, im Abgang ein Anflug von »altem Sherry«. *Im Dezember 2000 auf der Masters-of-Wine-Verkostung degustiert* ★★
Aszú, 5-buttig **Oremus** Fünf Jahre im Fass. Ziemlich reich und wohlriechend, aber mit einem Anflug von Mandeln. Angeblich lief eine kontrollierte Oxidation ab, die an die Stelle der »unkontrollierten« Oxidation alten Stils trat. Ich stehe der blitzsauberen modernen Weinbereitung mit gemischten Gefühlen gegenüber. Der Charakter des Tokajers wurde zu 50 % von der Zeit, die er im Fass verbrachte, und dem Oxidationsgrad geprägt. Lieblich, intensiv, ohne Länge. *Im Dezember 2000 auf der Masters-of-Wine-Verkostung degustiert* ★★

1995

Aszú-Essencia **Oremus** Aus 100 % Furmint. Erstaunlich niedriger Alkoholgehalt (3 %) und ein enormer Restzucker (450 g/l), der von einer ebenso hohen Säure (17,8 g/l) austariert wurde. Bekam meine höchste Bewertung auf der Verkostung: eher blass, goldgelb; wundervoller Duft und attraktives Bukett, süß, lebhaft; am Gaumen unglaublich süß, fett, reich, mit einer die Lippen kitzelnden Säure. *Im Dezember 2000 auf der Masters-of-Wine-Verkostung degustiert* ★★★★★

Aszú, 6-buttig Disznókö Sahniger Stil, ambrosische weiche Karamellbonbons (die aus dem Toffee Shop in Penrith, wo es die besten in ganz England gibt); natürlich gehaltvoll, aber mit seltsamer Pfefferminznote; gute Länge. *Dezember 2000* ★★★★

Aszú, 5-buttig Árvay Altgoldene Farbe; anfangs sahnig, honigartig, verflachte aber zusehends; ziemlich süß, eigenartiger Geschmack, ein öliger Anflug, Karamell und Rosinen. Normalerweise halten sich diese reichen Tokajer nach dem Öffnen ganz gut. Dieser hier aber war nach 24 Stunden fürchterlich geworden. *Im März 2000 zu Hause verkostet.*

1996 ★★★★

Aszú, 6-buttig, »blaues Etikett« Royal Tokaji Wine Company Wurde originellerweise bei einem Essen des Saintsbury Club im September 2000 zu »Entenleber und Armagnac-Parfait mit *Foie gras*, schwarzen Trüffeln und Melba-Toast« serviert (zweifellos Hugh Johnsons Idee, denn es ist ein Wein seines Unternehmens); anschließend folgten ein Chablis zu Arbroath Smokies (geräuchertem Schellfisch), ein 1990er Burgunder, ein roter Bordeaux von 1990 und ein 1983er Offley Boa Vista. Was für ein Abend – ich bin froh, dass meine wie immer pflichtbewusste Frau mich heimfuhr. Der Tokajer war gut. Kürzlich: »Süß und trocken.« *Zuletzt im März 2002 im Büro meines Sohnes Bartholomew in San Francisco verkostet* ★★★

Furmint und Hárslevelü

Furmint ist mit einem Anteil von zwei Dritteln an der Produktion die wichtigste Tokajer-Traube. Sie wird wegen ihrer lebhaften Säure und der hoch erwünschten Anfälligkeit für die Edelfäule geschätzt. Gerade die Säure dieser Rebsorte spielt eine entscheidende Rolle, denn sie bildet das Gegengewicht zur Süße des Weins und garantiert die Langlebigkeit des Tokajers. Die wichtigste Begleiterin der Furmint heißt Hárslevelü, wörtlich die »Lindenblättrige«, eine würzige ungarische Traube mit kraftvollem Geschmack, die für das Aroma im Tokajer zuständig ist. Man stellt Furmint und Hárslevelü gelegentlich noch die aromatische Muskotály zur Seite, die einen rosinigeren bzw. traubigeren Geschmack hat.

Aszú, 6-buttig, Königsberg Tokay Classic Winery Königsberg heißt eine *Grand-cru*-Lage im Distrikt Mád. Wundervolle Farbe: goldgelb mit orangegoldenen Reflexen und leicht apfelgrünem Rand; wohlriechend; sehr reich, intensiv im Geschmack, eher schlank, aber mit gutem Fleisch und schöner Textur. *Im November 2000 zum zweiten Frühstück auf Chippenham Lodge verkostet* ★★★★

Aszú, 6-buttig Szepsy Erstmals im Mai 2000 verkostet. Leuchtendes Bernsteingold; duftend, Orangenblüten, doch intensiv; ziemlich süß, eher leicht im Stil, etwas Fett, aber elegant. Kürzlich: in der Nase Vanille, reich, eindringlich, sehr hohe Säure. *Zuletzt im September 2001 in der ungarischen Botschaft in Berlin verkostet* ★★★★

Aszú, 5- oder 6-buttig Arvay Arvay János war sich nicht sicher, um welche Version es sich handelte! Hellbraun-golden; angesengte, reiche, schokoladige Nase und entsprechender Geschmack. *Im August 2000 im Wohnzimmer des Bürgermeisters von Tokaj verkostet* ★★★

1997 ★★★

Ein ertragsarmer Aszú-Jahrgang. Zwei Weine verkostet.

Aszú, 6-buttig MWB Ich freute mich auf ein Wiedersehen mit Marta Wille-Baumkauff. Die Ungarin ist mit einem Deutschen verheiratet und lebt vorwiegend in Deutschland. Der 1997er war der älteste von vier Jahrgängen, die sie zur Verkostung mitbrachte. Ein schöner Wein: helles Goldgelb mit kräftigen »Tränen«; Pfirsichnote, leicht honigartige Nase; sehr süß, herrlich pfirsichartiger Geschmack. Passend femininer Stil. *Im August 2000 mit Christian Sauska und Arvay János auf Szepsys Weingut in Tarcal verkostet* ★★★★

Aszú, 6-buttig Arvay Zweimal verkostet, das erste Mal bei einer Vorverkostung zu Hause im März und das zweite Mal ein paar Monate später in Tokaj. Eigenwillig, fleischig, rauchig; lieblich, aber ziemlich fett und körperreich. Schöner Geschmack, aber sehr säurebetont. *Zuletzt im August 2000 verkostet* ★★★

1998 ★★

Ich habe die 1998er und 1999er alle im August 2000 in Tokaj oder Tarcal verkostet. Mit dabei war Christian Sauska, dem ich für seine großartige Serie von Verkostungen und seine Rundreisen durch die bemerkenswert ausgedehnten Lagen von Tokaj zu Dank verpflichtet bin.

Aszú, 4-buttig, Deák MWB Deák ist ein alter Weinberg bei Tarcal. 100 % Furmint. Süßer und säurebetonter als der 3-buttige Aszú weiter unten, erinnerte mich an einen lieblichen Loire-Wein ★★★

Aszú, 3-buttig, Deák MWB Ebenfalls würzig, minzig, lieblich (85 g/l, wenig Säure). Für frühen Trinkgenuss gedacht, und da nur 700 Flaschen erzeugt wurden, wird es ihn wohl auch nicht lange geben ★★

»Botrytis Selection« Deák MWB 1999 abgefüllt. Wäre er länger ausgebaut worden, hätte er ein 5- oder 6-buttiger Aszú werden können (geringe Produktion und Kapitalknappheit sind das Problem). Hellgelb; süß, füllig, körperreich, bescheidene Alkoholstärke (11 %) und ansehnlicher Restzuckergehalt (140 g/l). Köstlich ★★★

1999 ★★★★★

Ein großer Jahrgang, der an den 1933er heranreicht.

Natu-essenz Eszencia Hétszölö Hellgelb; kräuterwürzig, Lindenblütenhonig; sehr süß, köstlich duftend und mit anhaltendem Geschmack. *In der ungarischen Botschaft in Berlin verkostet* ★★★(★★)

Ich habe eine ganze Reihe von Tokajern verkostet, einschließlich verschiedener »Experimente« aus Furmint und Hárslevelü in amerikanischer, ungarischer und französischer Eiche, außerdem einige Tafelweine. Von den 6-buttigen, ausnahmslos von Arvay János bereiteten Weinen zog ich die in französischen Barriques ausgebauten Erzeugnisse den jungen Weinen in ungarischen 140-l-Fässern vor. Beide aber schmeckten besser als die Gewächse aus den amerikanischen Fässern, die einen scharfen metallischen Geschmack aufwiesen. Sehr kompliziert das Ganze, aber Tokaj befindet sich nun einmal in einer Experimentierphase. Mein absoluter Liebling war ein Wein aus 30 % Muskotályos (Muscat de Lunel), ein künftiger Aszú.

Das zweite verkostete Sortiment hochinteressanter 1999er waren die Weine von Kiraly, einem Jointventure von István Szepsy und einem Investor aus Hongkong. Ich probierte zunächst einen spätgelesenen Furmint aus einer Einzellage namens Lapis. Er wird im Fass vergoren, in kleinen, vor Ort hergestellten Fässern aus ungarischer Eiche ausgebaut und ist für den US-Markt bestimmt – die glücklichen Amerikaner, kann ich nur sagen. Ansschließend kamen eine kräuterwürzige, fleischige, 4-buttige »Edellese« und ein 6-buttiger Einzellagenwein, »der irgendwann einmal der teuerste auf dem Markt sein wird«, an die Reihe. Zum Abschluss degustierte ich einen Einzellagen-Eszencia aus Lapis. Er roch nach »Brandy Snaps« (Ingwer-Plätzchen mit Brandy), hatte einen toffeeartigen Geschmack und wundervolles, von lebendiger Säure gestütztes Fett. Alkohol? 1 %! *Alle im August 2000 mit István Szepsy verkostet.*

2000 und die Zukunft

Ich genieße seit langem die älteren Jahrgänge, die mir viel Genuss bereiten – und bewundere nun auch die neuen. Es ist schön zu sehen, wie einer der großen europäischen Weinklassiker, der lange ignoriert wurde und zeitweise gar in Vergessenheit geriet, derzeit eine Renaissance erlebt. Obwohl aber neues Kapital in das Land fließt und Werbung für Tokajer gemacht wird, sieht man ihn noch immer als Nischenprodukt und kennt nur die Aszú-Weine der verschiedenen Süßegrade und Qualitätsstufen.

Damit geht eine ganze Reihe von Problemen einher. Den örtlichen Erzeugern – und davon gibt es viele – fehlt das Kapital, um die teuren Aszú-Tokajer zu bereiten; gleichzeitig aber ist der Markt für ihre preiswerteren, trockenen weißen »Arbeitspferde« gesättigt. Die ausländischen Investoren bringen zwar das dringend erforderliche Geld für Neupflanzungen mit und stecken hohe Summen in den Bau moderner Kellereien, doch dürfen sie nicht vergessen, dass das Herbstwetter wie in Sauternes nicht immer Edelfäule entstehen lässt. So wird ein wirklich guter Tokaji Aszú zwar nie billig sein, kann aber uneingeschränkt köstlich ausfallen. Immerhin entstehen dank des günstigen Klimas in der Regel jedes Jahr Spätlesen.

2000 *****

Ein herausragender Jahrgang – manche halten ihn für den größten aller Zeiten. Tokaj kam in den Genuss eines langen Spätsommers mit endlos heißem, trockenem Wetter und lauen Nächten bis in den Herbst hinein. Gerade zur rechten Zeit stellte sich der botrytisfördernde Nebel ein. Der Furmint- und Muscat-Ertrag lag sehr hoch, die Hárslevelü-Trauben hingegen litten unter der Trockenheit und wurden erst spät von der Edelfäule befallen. Es entstanden sehr viele reiche Weine von hoher Qualität.

Spanien – Vega Sicilia

Vor 50 Jahren hätte kein britischer Weinhändler, der etwas auf sich hielt, auch nur im Traum daran gedacht, einen spanischen Wein zu importieren – Sherry einmal ausgenommen. Harvey's in Bristol bot Mitte der 1950er lediglich zwei Tischweine aus Spanien an, einen »roten Rioja« und ein schlicht als »Weißen« bezeichnetes Erzeugnis. Iberische Gewächse wurden in den 1960er-Jahren durch Rioja salonfähig – paradoxerweise nur deshalb, weil der Handel und die Verbraucher die Weine von dort gar nicht mit Spanien in Verbindung brachten. In etwa zur selben Zeit aber leistete die Familie Torres in Penedès Pionierdienste mit Qualitätsweinen zu erschwinglichen Preisen. Torres wurde über Nacht berühmt, als sein Black Label von 1970 bei der zweiten »Olympiade« von Gault-Millau in Paris in der Cabernet-Sauvignon-Klasse die Spitzenposition noch vor dem Latour und La Mission Haut-Brion eroberte.

Seither sind neue Weinregionen, neue Erzeuger und sogar »Kultweine« auf den Plan getreten. Ich bewundere Remelluri in Rioja, Chivite in Navarra, Alvaro Palacios in Priorat und Riscals Weiße in Rueda. In Ribera del Duero hat der Pesquera Berühmtheit erlangt, er wird jedoch mittlerweile vom »Superkultwein« Pingus in den Schatten gestellt. Man muss klar zwischen Alltagsweinen unterscheiden, die einen Ausbau in der Flasche weder brauchen noch bekommen, und den neu in Mode gekommenen, in geringen Mengen erzeugten und extrem teuren Gewächsen, die allerdings noch zu jung sind, als dass man etwas über ihre langfristige Entwicklung sagen könnte. Deshalb lasse ich beide außer Acht und beschränke ich mich hier auf die einzige Kreszenz mit legendärem Ruf – den »spanischen Lafite« Vega Sicilia.

Vega Sicilia Die Kellerei und ihre Rebflächen findet man in Nordspanien, im breiten, etwas trockenen Tal des Duero. Der erstmals in den 1860ern erzeugte Vega Sicilia Unico wurde zwar in erster Linie an reiche Privatkunden und die Madrider Spitzenrestaurants verkauft, erlangte jedoch einen erstaunlichen Ruf. Er ist – oder war bis vor kurzem – ein Wein mit einem äußerst eigenwilligen Geschmack, an den man sich erst gewöhnen musste (er wurde aus roten Bordelaiser Rebsorten bereitet, ungewöhnlich lange in Holzfässern ausgebaut und wies eine hohe flüchtige Säure auf). Ich lernte den Unico erst richtig kennen, als ich im Vorfeld einer Werbeverkaufsveranstaltung bei Christie's dem Gut 1989 einen Besuch abstattete. Er hinterließ bei mir den unauslöschlichen Eindruck eines intensiven Dufts, der mit der sehr hohen Säure im Wettstreit um die Vorherrschaft lag.

Ältere Unico-Jahrgänge, die ich in der Bodega und bei der Vorverkaufsverkostung 1989 degustiert habe, falls nichts anderes angegeben ist: 1941 Spitz und mit ruhigem Abgang; 1942 »Ein charmanter alter Señor«; 1948 Reich und intensiv. Ich habe nur zwei Jahrgänge aus den 1950ern verkostet: 1953 1979 erstaunlich kraftvoll und beeindruckend. Zehn Jahre später mit einem außergewöhnlichen Bukett, das sich im Glas reich entfaltete, am Gaumen feigenartige Frucht. Vor einiger Zeit: »Idiosynkratisch«, »süß«, ein Hauch von Oxidation, sehr eigen. *Zuletzt im September 1994 verkostet. In Bestform* ★★★★

Ältere Unico-Jahrgänge aus der Zeit von Mitte der 1950er bis Mitte der 1970er, die ich überwiegend 1989 und 1990 verkostet habe: 1957 Voll, weich und wohlschmeckend ★★★★; 1960 Sehr »süß«, erdiger ★★★★; 1962 Geschmack und Textur gut ★★★; 1964 Im Verlauf von zehn Jahren mehrmals verkostet, anfangs tanninbetont, aber hatte sich schließlich schön entwickelt ★★★★; 1965 Würzig und trocken ★★; 1966 Binnen eines Jahrzehnts mehrmals verkostet und der mit Abstand beste Jahrgang: schöne Frucht, fein, große Tiefe, stilvoll ★★★★

Nach dem Eingießen wirkten die Weine zunächst etwas stumpf und unnachgiebig, doch entfaltete sich das Bukett vor allem beim 1964er und 1966er nach und nach und war nach einer Stunde im Glas unbeschreiblich schön.

In neuerer Zeit degustierte Unico-Jahrgänge
1975 Tief, noch immer jugendlich; brombeerartiges, ziemlich »italianides« Bukett; »süß«, sehr fruchtig, guter, trockener Abgang. *Im April 1995 in Malmö bei Nils Sternbys Essen mit 1975ern blind verkostet* ★★★
1981 Magnumflaschen: ziemlich tiefes Rubinrot; zunächst verschlossen, entfaltete sich aber dann fabelhaft; mitteltrocken, ziemlich körperreich, weich, schöne Textur. Vermutlich der beste Vega Sicilia aller Zeiten. *Im November 2000 vom derzeitigen Besitzer Pablo Alvarez bei einem von mir »moderierten« Primum-Familiae-Vini-Essen im Vinopolis vorgestellt* ★★★★
1982 Undurchsichtig; zu Beginn scheinbar nicht komplett, brauchte Luft, hatte sich nach 55 Minuten aber wohlriechend entfaltet; reich, etwas rau und säurebetont, was jedoch ausgezeichnet zu »gebratener Asien-Ente« passte. *Im November 1997 bei Bill Dickinsons Essen für die Bacchus Society in Coral Gables, Florida, degustiert* ★★★★ *(ich stufte ihn ebenso hoch wie den Cos d'Estournel und den Grange Hermitage von 1982 ein).*
1990 Sehr tief; enorm tanninbeladen. Viel zu unreif. *Im Oktober 1995 bei den »Großen Verkostungen« von Wine Experience in New York eilends degustiert* (★★★★)

Vega Sicilia, Reserva Especial Der Spitzenwein des Guts, obwohl Jahrgang und Alter auf dem Etikett nie angegeben werden. Sehr tief, undurchsichtiges Zentrum; würzig, nussig, feigenartige Frucht, dann ein Anflug von Vanille; ein wundervoller Mundfüller, aber sehr tanninbetont. *Zuletzt im Juli 1995 bei der Eigensatz-Verkostung auf Mallorca degustiert* ★★★★★

Portugal – zwei Raritäten

Portugals Weine waren im 18. Jahrhundert in Großbritannien sehr beliebt. Mitte des 19. Jahrhunderts allerdings waren portugiesische Gewächse aus der Mode gekommen. Im 20. Jahrhundert wurde der Verkauf durch den populären, äußerst erfolgreichen Mateus Rosé wieder angekurbelt. Gleichzeitig kamen anständige Rote und Weiße aus Dão, der leichte, säurebetonte Vinho Verde und etwas später gute Rote aus Bairrada auf den Markt. Südlich von Lissabon erzeugt die alteingesessene Kellerei J.-M. da Fonseca (nicht zu verwechseln mit dem Portweinhaus) eine Reihe interessanter, charaktervoller Weine, wie z. B. den köstlichen Moscatel de Setúbal. »Kultweine« sind zum Glück weit und breit nicht auszumachen, sieht man einmal ab vom Buçaco und dem »Ersten Gewächs« Barca Velha (siehe unten). Bei den restlichen Provenienzen handelt es sich größtenteils um verlässliche, preiswerte Erzeugnisse.

Wer alte Jahrgänge und die Kreszenzen einst berühmter Regionen wie Bucelas, Carcavela und Colares kennen lernen möchte, dem sei ein Besuch in den ein, zwei traditionellen Spitzenrestaurants in Lissabon empfohlen.

Buçaco Eine Art Unikum. Das Palace Hotel in Buçaco und seine einzigartigen Gewächse sprechen den Romantiker in mir an. Die Trauben stammen aus den hoteleigenen Weinbergen und werden in gewölbeartigen Kellern ausgebaut. Erhältlich sind *Tinto*, *Branco* und *Rosado*, also Roter, Weißer und Rosé.

Bei unserem ersten Besuch in Buçaco 1979 verkostete ich folgende Jahrgänge: **1927** (Rot) In Portugal ein guter Jahrgang und obendrein mein Geburtsjahr – köstlich, aber am Zerfallen ★★★; **1940** Würzig, aber säurebetont ★; **1945 Reserva Especial** Reich und ansprechend ★★★★; **1951 Reserva** Weit jenseits seines Verfallsdatums.

Weitere gute, 1985 verkostete Rote 1953 Ein schöner Wein ★★★★★, *aber mittlerweile wahrscheinlich gebrechlich*; **1959** Großartig, auf seine Weise wie ein Lafite ★★★★★; **1960** ★★★★; **1963** (ein klassischer Portweinjahrgang) Herausragend ★★★★★ *Ich prophezeite ihm noch weitere 20 Jahre Leben.*

Reife Rote, die ich bei unserem bislang letzten Besuch in Buçaco im Oktober 1997 verkostet habe
1982 Etwas süß, guter, reifer Geschmack, Extrakt und Fleisch, mit lobenswert niedrigem Alkoholgehalt (11 %), samtig, burgunderartig ★★★★; **1983** Ziemlich tief, mittlere Intensität, reifes Aussehen; weich, voll im Geschmack, »warm«, ansprechend. *Gut zu trinken* ★★★★ *Einen Besuch wert.*

Barca Velha **Casa Ferreirinha** Ein Rotwein aus dem Douro-Tal. Ferreira erzeugt ihn nur in guten Jahren und auch dann nur in geringem Umfang. Er ist eine Schöpfung des mittlerweile verstorbenen »kleinen Fernando« (Nicolau de Almeida). Ich begegnete dem charmanten, spitzbübischen alten Herrn vor rund 40 Jahren zum ersten Mal und hege große Hochachtung für ihn.

Hier meine jüngsten Verkostungsnotizen zum Barca Velha
1978 Ein großer Wein, den ich ein halbes Dutzend Mal verkostet habe. 1996 kaufte ich einige Flaschen bei Christie's, die mir gute Dienste leisteten. 1997 notierte ich: ein schönes, »süßes«, warmes Bukett – ähnlich wie ein Buçaco; weiche Textur, perfekte Reife. Drei Monate später vor meiner Präsentation der »größten Portweine der Welt« an einem Wochenende der Hollywood Wine Society. Die nächsten drei Male zu Hause; kürzlich mitteltief, noch immer pflaumenfarben; »süß«, köstlich, leicht himbeerartig im Bukett und Geschmack. In Gewicht und Ausgewogenheit perfekt. Noch auf der Höhe. *Leider war das meine letzte Flasche. Im Mai 2001 verkostet* ★★★★
1983 Der älteste von sieben Jahrgängen, die Salvador da Cunha Guedes im März 1996 in der Probierstube von Ferreira vorstellte: tief, pflaumenfarben, aber reifer werdend; eine zarte, attraktive, leicht firnisartige Nase; trocken, ziemlich griffig. Im Jahr darauf beim Essen mit Vito Olazabel auf seiner Quinta do Vale do Meão nach einer halsbrecherischen Fahrt von Porto. Der Wein war köstlich. *Zuletzt im Oktober 1997 verkostet* ★★★★

Weitere im März 1996 verkostete Jahrgänge
1985 Ähnlicher Charakter wie der 1983er, gute Frucht und Länge ★★★★★ *Dürfte jetzt perfekt sein.*
1989 Tief, ebenfalls noch immer pflaumenfarben; harte, staubige, zurückhaltende Nase; ein sehr großer, fleischiger Wein, unreif. Man war angeblich unschlüssig, ob man ihn als Barca Velha oder als den nicht ganz so edlen Reserva auf den Markt bringen sollte ★★(★★★)
1990 Noch immer jugendlich, sehr gute Frucht, aber profitiert von mehr Flaschenalterung ★★(★★★) *Als ich 1997 dem Douro-Tal einen Besuch abstattete, wurde auf der Quinta do Vale do Meão der 1990er Reserva Especial nach dem 1983er Barca Velha serviert. Er war ganz anders, griffig, mit mehr Substanz und guter Länge und passte ausgezeichnet zu einem einheimischen Lammgericht. Der 1990er war der letzte Especial-Jahrgang, denn danach hieß er nur noch Reserva.*
1991 Undurchsichtiges Zentrum; Frucht und Abgang ausgezeichnet (★★★★)
1992 Tief, intensiv, jugendlich; in der Nase eine Kombination aus Frucht und Eiche; ein schöner Wein, hoher Extrakt, gute Länge (★★★★) *Hat eindeutig eine gute Zukunft.*
1994 Ein weiterer sehr guter Jahrgang. Noch immer undurchsichtig, violetter Rand; sehr ausgeprägte Eiche – er verbringt sechs bis zwölf Monate im Fass. Ein schöner Wein (★★★★★) *Hat noch mindestens 20 Jahre vor sich.*
1995 Kurz vor Drucklegung der englischen Ausgabe dieses Buchs freigegeben. Großartig. Monumental. *Juni 2002* (★★★★★)

Chateau Musar

Warum widme ich einem Wein aus dem Libanon ein Kapitel? Und warum gerade dem Chateau Musar? Weil der Wein zwar eigenwillig, vor allem aber ausgezeichnet und vornehm ist. Seine Trauben wachsen im Bekaa-Tal, dem »Brotkorb« des antiken Rom, und werden über die hohe Bergkette an der Küste zum Gut transportiert, wo ein brillanter Kellermeister namens Serge Hochar sie zu großem Wein verarbeitet. Ich begegnete Serge erstmals in den späten 1970ern (siehe 1967 weiter unten) und entdeckte in dieser Zeit auch seinen Wein. Seither hat Serge verdientermaßen eine treue und begeisterte Anhängerschaft um sich geschart. Er verbrachte einige Zeit in Bordeaux und wurde vom dortigen Weinbau beeinflusst. Doch seine Bereitungsmethoden und kunstvollen Assemblages sind allein seinem Fingerspitzengefühl zuzuschreiben, wobei man allerdings auch dem überraschend wechselhaften Klima und dem Charakter jeder Rebsorte Rechnung tragen muss. Man darf also keinen strikten Stil oder ein jahrein, jahraus gleiches Gewicht erwarten – und ebenso wenig sollte man sich von der blässlichen Farbe täuschen lassen. Auf Musar entsteht auch ein Weißwein und seit kurzem sogar ein roter Zweitwein. Die folgenden Einträge beziehen sich auf den klassischen, schlicht Chateau Musar genannten Roten.

1956 Bereitet vom Pionier Gaston Hochar, aber abgefüllt 1959 von seinem Sohn Serge. Für sein Alter gute Farbe; bemerkenswert gesunde, leicht schokoladige Nase; überraschend »süß«, Tannin und Säure ausgezeichnet. Absolut köstlich. *Verkostet im Dezember 1999 beim Essen mit der Familie Hochar – Serge, seinem Bruder Roland, ihren Frauen und Gaston junior – an unserem ersten Tag im Libanon* **** *Austrinken!*

1959 Der älteste Jahrgang, den Serge Hochar im August 1979 in London vorstellte: fein, reich, reif; köstliches Bukett; »süß«, weich, fabelhaft. 20 Jahre später: Orangeton; schöne alte Nase; noch immer köstlich. *Zuletzt im Dezember 1999 auf Musar in Beirut verkostet* *****

1961 Bei Hochars Londoner Verkostung im Jahr 1979 fiel mir das schöne Aussehen des Weins auf: Sein Leuchten erinnerte mich an warme Ziegel. Mit fast 40 Jahren der älteste Jahrgang auf der Vorverkaufsverkostung: blässliche Hagebuttenfarbe; seltsames, himbeerartiges Bukett; am Gaumen besser, noch immer reich, obwohl die Säure allmählich die Oberhand gewann. *Zuletzt im April 2000 auf der Vorverkaufsverkostung von alten Musar-Jahrgängen bei Christie's degustiert* ***

1964 Etikettiert als »Réserve Rouge«, erstmals im August 1979 und ein weiteres Mal im Dezember desselben Jahres degustiert: Nase wie türkischer Honig, köstlicher Geschmack. Vier Einträge in den 1980ern: beeindruckend, im Bordeaux-Stil, körperreich, allerdings zwei »eigenartige« Flaschen. *Seit September 1986 nicht mehr verkostet* ****?

1966 Nur ein Eintrag: blass, sehr reif; »süß«, weich, entgegenkommend; verwelkt, aber sehr wohlschmeckend. Trockener Abgang. *Im April 2000 auf der Vorverkaufsverkostung bei Christie's degustiert* ***

1967 Ihr Debüt vor englischem Publikum gaben die Weine von Chateau Musar 1979 auf der Weinmesse in Bristol, wo ich auch dem unternehmungslustigen Serge Hochar erstmals begegnete (Christie's hatte dort ebenfalls einen Stand) und seine Erzeugnisse verkostete: drei sehr trockene Weiße und drei Rote. Einer der drei letzten erwies sich als hervorragend. Im Januar 1980 schrieb ich im *Decanter*, dass der 1967er einer der beiden Spitzenweine auf der gesamten Messe gewesen sei. Noch im selben Jahr und Anfang 1980: trocken, aber reich und fruchtig. 1988 ein begeisterter Eintrag: schimmernd, wohlriechend. 12 Jahre später nicht minder köstlich: reife Hagebuttenfarbe, noch immer etwas Tannin. *Zuletzt im April 2000 auf einer Vorprobe bei Christie's degustiert* ****

1969 Erstmals 1979 auf der Weinmesse in Bristol verkostet: bereits mit sehr reifem Aussehen, nur noch wenig Rot; außergewöhnlicher Charakter wie ein überreifer, »angesengter« Pinot noir; trocken, überraschend, körperreich und enorm tanninbeladen. Er erinnerte mich an einen südafrikanischen Shiraz. Über 20 Jahre später: Orangeton; leicht rosiniges Bukett; »süß«, gutes Gewicht. Keine harten Kanten. Köstlich. Eine erstaunliche Entwicklung. *Zuletzt im April 2000 bei einer Vorverkostung von Christie's degustiert* ****

1970 1983 kräftige Farbe; Kiefernnadeln und Vanille; weich, samtig, ausgewogen, dabei kraftvoll und fett wie ein Pétrus. Kürzlich eine Flasche mit der Bezeichnung »Réserve Rouge Grand Cru«: noch immer tief und reich, komplett. *Zuletzt im April 2000 auf der Vorverkaufsverkostung bei Christie's degustiert* *****

1972 Serge vertraute mir 1979 an, dass sein Roter eine Komposition aus Cabernet Sauvignon, Cinsault, Merlot und Carignan sei. Bereits ziemlich reif im Aussehen, entwickelt, füllig (13,2 % Alkohol), er erinnerte mich an einen südafrikanischen Kapwein oder einen weichen Roten aus Coonawarra. Vier Einträge, entstanden von den späten 1970ern bis Mitte der 1980er, darunter eine reiche, erdige Flasche beim Konfirmationsessen meiner Tochter, außerdem 1987 in den USA, natürlich zu »Tournedos de Bison«! Eine großartige Kombination. Kürzlich attraktive Farbe, am Gaumen sehr »süß«, schöner Geschmack, gute Länge, komplett. *Zuletzt im April 2000 auf der Vorverkaufsverkostung bei Christie's degustiert* *****

1975 1979 bei Hochars Londoner Verkostung sehr fruchtig, parfümiert. Im Sommer darauf etwas hohe flüchtige Säure, aber wohlschmeckend, mit Flaschenabweichungen. Bei Nils Sternbys Geburtstagsverkostung mit den besten 1975ern aus aller Welt stilvoll, doch säurebetont. Kürzlich aber in guter Verfassung: glänzend, schönes Leuchten; in der Nase und am Gaumen ansprechend, mit erfrischender Säure. *Zuletzt im April 2000 bei der Vorverkostung von Christie's degustiert* ***

1977 Drei Einträge. Beim Millenniums-Dinner der Zeitschrift *Decanter* im Londoner Vinopolis im Juli 1999 »süß«, eindringlich, noch immer tanninbetont. Als Nächstes im Dezember desselben Jahres auf Chateau Musar: angesengt im Geschmack, langer, tanninbetonter Abgang. Kürzlich »süß«, gehaltvoll, trotz irreführend blasser Farbe ziemlich körperreich. *Zuletzt im April 2000 bei der Vorverkaufsverkostung von Christie's degustiert* ★★★★ *(stammte aus einem benachbarten Keller bei Beirut).*

1978 Bei der Eröffnungsverkostung im August 1979: blässlich, blauvioletter Ton, in Aussehen, Aroma und Gewicht ziemlich jugendlich und Beaujolais-artig. Trocken, leicht, angenehm. Einer neuen, versuchsweise angewandten Schnellvergärung unterzogen. Gefiel mir irgendwie nicht so recht. Als Nächstes 1985 verkostet: »In der Nase Eisen und Hühnermist.« 1988 blass, »scharf«, trocken, aber wohlschmeckend. 1999 zwei Flaschen bei den Hochars: leicht im Stil (eine korkelte). Kürzlich wieder eine Enttäuschung – der Korken rutschte bei der Vorverkaufsverkostung in die Flasche. Keiner von Serges Erfolgsweinen. *Zuletzt im April 2000 bei Christie's degustiert.*

1979 Wieder einmal irreführend blass, vollreif; eine Nase wie zerdrückte Erdbeeren; »süß«, lang, köstlich. *Zuletzt im April 2000 auf der Vorverkaufsverkostung bei Christie's degustiert* ★★★★

1981 Erstmals im Dezember 1999 auf Chateau Musar verkostet. Schöne Farbe; »süß«, reif, ziemlich rustikales Bukett; voll, reich, gute Frucht, griffig. *Zuletzt im April 2000 bei der Vorverkaufsverkostung von Christie's degustiert* ★★★★ *Vermutlich jetzt köstlich zu trinken.*

1983 Gute Farbe; in der Nase und am Gaumen warm und ausgewogen. Sehr »süß«, sehr angenehm. *Im Dezember 1999 auf Musar verkostet* ★★★★

1985 Erstmals im Juni 1987 nach der Abfüllung degustiert: überwiegend Cinsault, frühe Lese, lange Vergärung, kein Ausbau in Holz. Schlank und lebhaft, gute Säure. Zwölf Jahre später erinnerte mich die Nase an einen reifen Brane-Cantenac. Sehr tanninbetont. Rau. Ich weiß nicht so recht, was ich von diesem Wein halten soll. *Zuletzt im Dezember 1999 auf Chateau Musar verkostet* (★★)?

1986 Zwei Einträge in kurzen Abständen: Orangeton; »süß«, mit einer schokoladigen Nase, die sich vielschichtig entfaltete; vollreif, im Stil wie ein Pomerol, mit ziemlichem Biss. *Zuletzt im April 2000 auf der Vorverkaufsverkostung bei Christie's degustiert* ★★★(★)

1988 Fünf Einträge: Erstmals 1996 eine halbe Flasche verkostet, die ich in mein bevorzugtes libanesisches Restaurant Mes' Amis *(sic)* mitnahm: rubinrot, angesengt, vollmundig (14 % Alkohol). Ein weiteres Mal im Mai im Commonwealth Club von Richmond, Virginia, bei einem Hochzeits-Probeessen für meinen Sohn und meine künftige Schwiegertochter verkostet. Er ließ sich sehr gut trinken. Beim Millenniums-Dinner des *Decanter* noch besser: sehr burgundisch, perfekt zu Ente. »Süß«, weich und wieder köstlich. Ein gleichlautender Eintrag entstand beim Essen zu meinem 75. Geburtstag in der Londoner Vintners' Hall im Mai 2002 und seither noch dreimal: der perfekteste reife Rote, den man sich vorstellen kann. Er ist auf dem Höhepunkt und ich bin eifrig am Trinken. *Zuletzt im Juni 2002 zu Hause verkostet* ★★★★★

1989 Auf dem Etikett der Hinweis »Für das Millenniumsjahr 2000«. Ein Einzellagenwein vorwiegend aus Carignan, also nicht die übliche Komposition. Gute Farbe, »süß«, voll, reich und schwungvoll im Geschmack. Erstmals 1999 auf Chateau Musar verkostet. *Zuletzt im April 2000 auf der Vorverkaufsverkostung von Christie's degustiert* ★★★(★)

1993 Drei Einträge, die ersten beiden entstanden in den Kellern von Musar und beim Essen mit den Hochars im Dezember 1999 in Libanon: rosige Farbe; reich, fleischig, Mokkanase von beträchtlicher Tiefe. Ziemlich »süß«. Guter Nachgeschmack. Flott. *Zuletzt auf der Vorverkaufsverkostung von Christie's im April 2000 degustiert* ★★★(★)

1994 Ein heißer Sommer im Bekaa-Tal mit Temperaturen bis 40 °C im August und September. Man kann die versengten Trauben im Wein förmlich riechen. Bemerkenswert »süß«. Schöne Frucht. Zwei identische Einträge aus jüngster Zeit. *Zuletzt im August 2000 verkostet* ★★★★

1995 Erstmals im Dezember 1999 in der Probierstube von Musar verkostet: tief und reich, hoher Extrakt. Kürzlich: gute Farbe; leicht angesengte, duftende, hochgetönte Nase; sehr positiv, vollmundig, gute Länge und Säure. *Zuletzt im Mai 2002 mit Serge Hochar auf der Londoner Weinmesse im Excel-Messezentrum verkostet* ★★★★ *Jetzt bis 2010.*

1996 Ein leichter Jahrgang aus einem verregneten Jahr. Erstmals im Dezember 1999 auf Musar verkostet. Jugendlich, schwacher Rand; gefällig, stilvoll, trockener Abgang. Kürzlich merklich schwach, eine fast kiesartige Nase, weicher Abgang. *Zuletzt im Mai 2002 verkostet* ★ *Austrinken.*

1997 Erstmals im Dezember 1999 mit Serge Hochar in den Kellern von Musar verkostet. Der Wein befand sich noch in den einzelnen Fässern. Cinsault aus den *garrigues*-Strauchheiden von Kefraya im Bekaa-Tal: lebhaft, duftend; attraktiv, etwas Eleganz. Carignan aus Ana etwas weiter nördlich: mehr Fleisch, gute Frucht, sehr tanninbetont. Cabernet Sauvignon: unglaublich farbtief; grüne, stielige Nase; spröde, adstringierend. Die Assemblage sollte erst in einem Jahr erfolgen. Kürzlich voll entwickelt, guter Geschmack, schöner Nachgeschmack. *Zuletzt im Mai 2002 verkostet* ★★★★

1998 Verkostung der einzelnen Rebsorten, die sich seit August 1999 in kleinen Eichenfässern befinden. Sehr eigen und unverwechselbar. *Im Dezember 1999 in den Kellern von Chateau Musar probiert.*

1999 Die Grundweine, aus denen Serge Hochar, der beileibe kein trockener Akademiker ist, seine Kompositionen assembliert. Als Erstes ein Cinsault aus einer nährstoffreichen Einzellage in Ana: farbtiefes Zentrum, junger provenzalischer Duft; köstlicher Geschmack, wundervoll reich und fleischig. Weiche Tannine. Als Nächstes ein Cinsault von sehr kiesigem Boden in Ammiq: duftender, leichter im Stil, mehr Charme. Dann ein Carignan von leichterem Untergrund im Ana-Distrikt: tief, samtig; würziger *garrigues*-Duft (erinnerte mich an einen Corbières aus dem Languedoc), aromatischerer Geschmack. Zuletzt ein Cabernet Sauvignon von den steinigen Böden in Kefraya: sehr tiefes Purpur; »süß«, schöner lebhafter Geschmack, ausgezeichnete Tannine und Säure. Im Endgeschmack Veilchen und Schwarze Johannisbeeren. *Im Dezember 1999 in den Kellern von Chateau Musar verkostet.*

Champagner

Ich kann mir kein anderes Gewächs vorstellen, das man so selbstverständlich mit frohen Anlässen verbindet. Champagner ist der Festwein par excellence und hat als solcher in der Weinhierarchie eine fast unangefochtene Stellung. Ich halte – wie könnte es anders sein? – gerade ein Glas (jahrgangslosen) Champagner in der Hand, während ich diese Zeilen schreibe. Mit Champagner trinkt man auf das Wohl von Paaren, die sich nach jahrelangem Zusammensein für die Ehe entschieden haben. Und man versucht mit ihm das andere Geschlecht zu verführen, wenngleich die Tage der galanten Casanovas und der Séparées schon längst vorbei sind (nehme ich einmal an). Kein Wein wird aber auch so bewusst und extravagant verschwendet. Mit einer am Rumpf zerschellenden Flasche und dem Spruch »Ich taufe dich auf den Namen …« wurden schon viele tausend Schiffe auf ihre Jungfernfahrt geschickt. Und der Formel-Eins-Sieger, der eine Magnum schüttelt und den Inhalt über seine Konkurrenten auf den unteren Treppchen verteilt, ist schlichtweg vulgär und eine zweifelhafte Werbung für Champagner.

In diesem Kapitel aber geht es um ernsthafteren Champagner – so wie das ganze Buch von feinen Jahrgängen handelt. Im Gegensatz zu vielen Weißweinen sind die besten Champagner nicht nur lagerfähig, sondern entwickeln sich in der Flasche weiter. Man ist sich einig, dass das Zusammenspiel von Rebsorten (Pinot noir, Pinot Meunier und Chardonnay), Kalkböden und nördlichem Klima Champagner erst zu dem macht, was er ist. Es kommt jedoch noch ein weiterer Faktor hinzu: die Assemblage. Die perlende Elite bilden Jahrgangs-Champagner aus den erstklassifizierten Lagen, die den höchsten alljährlich festgelegten Preis pro Kilo Trauben erzielen: 100 %. (Die Skala geht hinunter bis 75 %.)

Die Franzosen halten die Engländer für verrückt, weil sie alten Champagner zu genießen scheinen. Doch es gibt in der Tat einen Augenblick, wenn ein ehrwürdiger alter Jahrgang sublimen Genuss bietet, vergleichbar mit einem gut abgehangenen Fasan. Mit ein bisschen Glück kann man sich sogar das Beste aus beiden Welten sichern, indem man einen jungen und einen alten Champagner im Verhältnis 50:50 mischt: Der junge sorgt (wie eine junge Frau) für Lebhaftigkeit, der alte (wie ein gesetzter Ehemann) für Gehalt und Charakter. Das ist allerdings eine Mischung, die zumeist nicht lange anhält, d. h. getrunken werden muss.

18. Jahrhundert bis 1919

Champagner war von jeher angesehen, begehrt und teuer. Ein Blick in die Archive von Christie's belegt sein außerordentlich hohes Prestige: Er findet sich schon im Jahr 1768 erstmals in den Katalogen von James Christie – gerade einmal zwei Jahre nach der Gründung des Auktionshauses. Damals erzielte er den zweifachen Preis der allerbesten Roten aus Bordeaux. Doch er war trocken und schäumte noch nicht. Als prestigereichster und teuerster Hersteller galt Sillery.

Die Napoleonischen Kriege gegen Ende des 18. Jahrhunderts brachten naturgemäß einen Mangel an Ausrüstung und Arbeitskräften sowie einen Anstieg der Preise mit sich – trotzdem wurde Champagner in dieser Zeit weiterhin nach Großbritannien exportiert. In der zweiten Hälfte des 19. Jahrhunderts explodierte die Nachfrage: Die Handelspresse vermeldete einen ungesunden Preisdruck. Die Entwicklung gipfelte im 1874er-Jahrgang, dem berühmtesten der damaligen Zeit, der bei Christie's für Rekordsummen den Besitzer wechselte.

Das *Fin de siècle* wird sowohl in Frankreich als auch in Großbritannien von jeher mit dem extravaganten Lebensstil der gehobenen Schichten in Verbindung gebracht. Allerdings war damals Chile der wichtigste Champagner-Importeur. Diese blühende Ära wurde vom Ersten Weltkrieg nicht nur unterbrochen, sondern ging mit ihm jäh zu Ende.

Im Mai 1967 fand im ersten Jahr der wiederbelebten Weinauktionen von Christie's die 24. Versteigerung statt. Auf der ersten Liste mit feinsten und seltensten Provenienzen tauchten auch drei große Sillery-Jahrgänge aus den Kellern von Lord Rosebery auf – der 1857er, der 1870er und der berühmte 1874er. Ich gehe hier kurz auf die Zeit vor dem Ende des Ersten Weltkriegs ein, um den Stil der trockenen, stillen Champagner von damals zu beschreiben.

Die Jahrgänge auf einen Blick

Hervorragend *****
1857, 1874, 1892, 1899, 1904, 1911
Sehr gut ****
1870, 1914
Gut ***
1915, 1919

1857 *****

Sillery Erstmals 1967 bei der Christie's-Vorverkaufsverkostung von Weinen aus Lord Roseberys Keller (siehe Kasten Seite 516) degustiert: trocken, »nussig«, mit einem Bukett wie ein alter Château-Chalon (ein *Vin jaune*) aus dem Jura. Ein Jahrzehnt später ein ähnlicher Eintrag: blassgelbe Bernsteinfarbe, im Bukett »rauchig« – aller Wahrscheinlichkeit nach Pinot noir; ausgesprochen trocken, eindringlich, dabei aber mit einer gewissen Delikatesse. Daraus schloss ich, dass er ursprünglich wie eine Kreuzung aus einem Corton-Charlemagne und einem trockenen Sherry geschmeckt haben musste, fest war, gute Säure aufwies und wahrscheinlich von einer gewissen Flaschenalterung profitiert hatte. *Zuletzt im September 1977 bei einer Dinnerparty mit alten Weinen im Londoner Travellers' Club verkostet* **

1870 ****

Sillery Eine Magnum, ebenfalls aus Lord Roseberys Keller: für einen hundertjährigen Wein blass, knochentrocken, fest, damals als Kreuzung zwischen einem *Vin jaune* aus dem Jura und einem Montilla mit leichtem Sancerre-Einschlag beschrieben. *Im Januar 1969 bei einem Essen von David Dugdale und Tony Hepworth in Yorkshire verkostet* **

1874 *****

Leider ist mir noch nie eine Flasche des berühmten Perrier-Jouët von 1874 untergekommen. Er erzielte bei Christie's den höchsten Preis, der zwischen 1766 und 1967 je für einen Wein bezahlt wurde.
Sillery **Payne** Seinerzeit einer der bedeutendsten Londoner Weinhändler. Strohfarben; trocken, früher einmal kraftvoll, am Verwelken und nicht in Bestzustand. Ich musste meine Fantasie spielen lassen. *Im Mai 1967 bei einer Vorverkaufsverkostung degustiert.*

1892 *****

Neben dem 1874er und dem 1899er einer der besten Champagner-Jahrgänge der damaligen Zeit.
Perrier-Jouët, Extra Originalkorken. Leichte Flaschenabweichungen, das erste Exemplar warmgolden, mit nadelspitzenfeinen Kohlensäurebläschen; verschlossenes, aber schönes Bukett nach altem Stroh; mitteltrocken, guter Körper; Geschmack, Länge und Abgang ausgezeichnet. Mittlerweile eher wie ein alter weißer Burgunder, aber mit einem Prickeln am Rand. Der andere Wein wies ein etwas blasseres Goldgelb auf und hatte überhaupt keine Perlen mehr; »süß«, gesund, guter Geschmack, aber ohne Leben. *Verkostet im Februar 1994 beim Essen im La Maison Belle-Epoque in Epernay mit Thierry Budin und Pierre Ernst (dem das Verdienst gebührt, die berühmte Blumenflasche erfunden zu haben, mit der Perrier-Jouët wieder bekannt wurde). In Bestform* ****

1899 *****

Ein großer Jahrgang, den ich leider nie verkostet habe.

1904 *****

Ideale Bedingungen für einen großen Jahrgang. Ich habe nur zwei Weine degustiert: **Koch** Eine Magnum aus Glamis Castle. *1971* ****; **Moët & Chandon** Frisch degorgiert. Schön. *1957 bei Moët & Chandon verkostet* ****

Brut und andere Champagnerstile

Als »brut« bezeichnen Champagnerhersteller einen knochentrockenen Wein. Wörtlich übersetzt bedeutet dieser französische Begriff »roh«, also ohne Zuckerzusatz. In der Praxis aber wird auch Brut-Champagner eine minimale Dosage beigefügt – es dürfen bis zu 15 g/l sein. Deshalb ist »brut« nur selten so trocken, wie es sich anhört. Seit der Einführung dieser Bezeichnung hat der generelle Geschmack sich allerdings gewandelt und der Verbraucher sich immer trockeneren Weinen zugewandt, sodass man die Kategorie »extra brut« mit höchstens 6 g/l Restzucker und noch weniger Dosage eingeführt hat. Der einzige wirkliche »rohe« Champagner allerdings trägt die Bezeichnung »brut natur« oder »brut intégral«: Er enthält keinerlei Dosage und ist der trockenste Stil überhaupt. Als »sec« (trocken) werden Champagner mit 16-35 g/l Zucker bezeichnet, sie schmecken eigentlich nicht mehr sehr trocken. »Demi-sec« (halbtrocken) steht für 35–50 g/l Zucker und ist schon ziemlich süß. Ein als »doux« (süß) deklarierter Champagner schließlich enthält mehr als 50 g/l Süße, ist intensiv süß und wird nur selten bereitet.

Ich achte ehrlich gesagt nicht allzu sehr auf Angaben wie »brut«, »trocken« oder »extratrocken« auf den Etiketten – ganz gleich, ob es sich um einen Jahrgangs-Champagner oder ein jahrgangsloses Produkt handelt. Und ein »doux« kommt einem nur selten unter; lediglich zu einem Champagner-Dinner oder einer Süßspeise reicht man ihn in Frankreich gelegentlich.

Wenn man jahrgangslosen Champagner kauft, lohnt es sich nicht nur, den bestmöglichen zu nehmen, man sollte ihn auch noch eine gewisse Zeit in der Flasche lassen. Ich habe Louis Roederer immer als das verlässlichste Haus erachtet, bin aber gerade in letzter Zeit von jahrgangslosem Laurent-Perrier, den ich zu meinem 70. Geburtstag erstanden habe, angenehm überrascht worden. Als ich einige Kisten, die ich ganz vergessen hatte (ich bewahre meinen Bestand in Kisten in einem Londoner Zollspeicher auf), zu meinem 75. Geburtstag servierte, stellte ich fest, dass er weicher geworden war, ohne an Leben einzubüßen.

Schließlich gibt es noch Rosé-Champagner. Das Beste an ihm ist seine Farbe, doch selbst sie ist bei einigen kaum zu erkennen, so zum Beispiel bei den Versionen von Krug. Ich kaufe nie rosafarbenen Champagner, denn obwohl ich in diesem Buch auf einige ansprechende Rosés eingehe, so finde ich alles in allem doch, dass es ihnen an Geschmack und Charakter fehlt.

1907 *

Kein großer Jahrgang, aber hat bemerkenswert gut überlebt.
Heidsieck 1916 degorgiert. Originalkapsel. Dickes Wachssiegel mit der Prägung »Monopole Goût Américain«. Ausführlich markierter Korken. Reines Tutanchamun-Goldgelb, für sein

Alter blass und nach dem ersten Eingießen mit erstaunlich guter Mousse; bemerkenswert gute Nase; rauchige Chardonnay-Note, Lanolin und »Lemon Curd« (Zitroneneierbutter); »mittelsüß«, köstlicher Geschmack, eindringlich, gute Säure (sie hielt ihn ebenso am Leben wie die Ablagerungen, die das Eindringen von Luft verhindert hatten). Wenn ich den Wein nicht gesehen – und verkostet – hätte, ich hätte es nicht geglaubt.

Der Wein hat eine interessante Geschichte. Die von mir degustierte Flasche gehörte zu einem großen Posten, der aus dem Wrack der *Jönköping* geborgen wurde – ein schwedisches Schiff, das 1916 vor der finnischen Küste von einem deutschen U-Boot versenkt worden war. Unter den 90 Tonnen Frachtgut für Russland befanden sich 60 Tonnen Wein, darunter 50 Kisten Champagner zu je 100 Flaschen. Sie waren über 80 Jahre lang einer Temperatur von 4 °C ausgesetzt gewesen. Obendrein entsprach der Wasserdruck in 64 Meter Tiefe in der Ostsee ziemlich genau dem Innendruck der Champagnerflaschen. Natürlich aber waren nicht mehr alle gut. 1998 verkaufte man versuchsweise 24 Flaschen über Christie's, um ihren Marktwert auszuloten. Die erzielten Preise reichten von umgerechnet 1200 bis 3000 Euro die Flasche.

Kürzlich verkostete ich einige der bei der Auktion 1998 erstandenen Exemplare; sie wurden beim Essen zu Len Evans' 70. Geburtstag nach einigen Dom Pérignons serviert: goldgelb; nussige »Meeresbrisen«-Nase; ausgeprägte »Süße«, eigenartiger Geschmack, exzellente Säure, für sein Alter und seine Herkunft aus den Tiefen der See in gutem Zustand. *Zuletzt im September 2000 verkostet. In Bestform* ★★★★

1911 ★★★★★

Ein großer Jahrgang, der beste zwischen 1874 und 1921. Kleine Erträge, ausgezeichnete Weine. Nicht alles aber war eitel Sonnenschein. Im Vorjahr hatten die Verkaufszahlen zwar ihren Höhepunkt erreicht, doch der Jahrgang war verheerend klein ausgefallen – statt der üblichen 30 Millionen Flaschen wurden gerade einmal 1 Million abgefüllt, wie Tom Stevenson in seinem Buch *Champagne* schreibt. Die Winzer waren verzweifelt und verärgert zugleich. 1911 entlud sich ihr Zorn und es kam zu den bislang schlimmsten Unruhen. Die Champagne stand kurz vor dem Bürgerkrieg. Der 1911er war der älteste und teuerste Champagner-Jahrgang auf der Verkaufsliste von Harvey's im Jahr 1929. Ein Krug Private Cuvée kostete 290 Shilling das Dutzend (umgerechnet 21 Euro).

Moët & Chandon, Brut Impérial Goldene Farbe, stetig fließende, feinste Perlage; Altersspuren; mitteltrocken, eine sehr trockene, lebenserhaltende Säure, gute Frucht. Öffnete sich einnehmend. *Im August 1999 vor Hugh Johnsons Essen für den Bordeaux Club degustiert* ★★★

Perrier-Jouët, Finest Quality, Extra Brut Originalkorken. Mitteltief, sehr helle alte Bernsteinfarbe mit nur noch geringfügigem Prickeln an der Glaswand; Bukett wie alter Madeira, karamellisierte Walnüsse; trotz seiner Oxidation eine angenehme »Süße«, schöner alter Geschmack (nachdem ich mich daran gewöhnt hatte), leichtes Prickeln, Sherry-artiger Abgang. Nicht mit dem Pol Roger weiter unten zu vergleichen, doch Hugh Johnson bewies sein brillantes Gespür, indem er ihn als Aperitif zu Nuss-Croustadines mit Mascarpone servierte, was den Geschmack des alten Weins unterstrich. *Im Dezember 2001 neben einem lodernden Kaminfeuer auf Saling Hall verkostet* ★★

Pol Roger Wahrscheinlich Mitte der 1950er degorgiert. Erstmals im Jahr 1989 bei einer Pol-Roger-Verkostung degustiert: Strohgolden; weiches, nussiges, gesundes altes Bukett und ebensolcher Geschmack, »fast wie ein sahniger alter Chardonnay«. Die denkwürdigste Flasche servierte Hugh Johnson bei seinem ersten Essen für den Bordeaux Club: Wir Mitglieder nippten mit Ehrerbietung, aber auch allergrößtem Vergnügen an diesem Wein, den wir an einem perfekten Sommerabend in Hughs exquisitem Garten tranken. Ich habe ein von Judy Johnson geschossenes Foto, auf dem Harry Waugh, Jack Plumb (im Strohhut), Neil McKendrick, John Jenkins, Hugh und ich glücklich und zufrieden zu sehen sind. Der Champagner hatte eine ausgezeichnete Farbe, ein sehr leichtes Prickeln und eine leichte Trübung zum Boden hin, weshalb ich mir nicht nachgießen lassen wollte; schöne rauchige Nase; perfekt in Geschmack, Gewicht, Textur, Ausgewogenheit und Abgang. Vollkommen. *Zuletzt im Juli 1993 auf Saling Hall verkostet* ★★★★★

1914 ★★★★

Im August brach der Erste Weltkrieg aus. Die deutsche Armee hatte die Champagner-Weinberge erreicht, noch bevor die Ernte begann. Den Lesearbeitern wurde das Leben schwer gemacht, trotzdem aber entstanden gute Weine.

Pol Roger Erstmals 1989 eine während des Ersten Weltkriegs degorgierte Flasche verkostet: altes Strohgold; in der Nase reiche, feuchte Waldaromen; am Gaumen reich, gute Länge und Säure. Unlängst eine 1944 degorgierte Flasche, die zum Abschluss eines Essens von Danielle und Christian Pol Roger in Epernay serviert wurde: reines Bernsteingold, ziemlich still, keine Bläschen mehr; weiche Nase nach altem Stroh, ein Anflug von Kakao; voll im Geschmack, sehr leichtes Prickeln, bemerkenswert »süß« und wohlschmeckend. *Zuletzt im Juni 1997 verkostet* ★★★

ÄLTERE EINTRÄGE **Bollinger** Um 1955 degorgiert, blässlich; in der Nase und am Gaumen ansprechend und rauchig. *1975* ★★★★★; **Delbeck** Bernsteinfarbe; überraschend »süß«, lebhaft, im Abgang leicht *pétillant*. *1969* ★★; **Moët & Chandon** Lebhaft, jugendlich, gut erhalten. *1958* ★★★

1915 ★★★

Feine, ausgewogene Weine. Frühe Lese. Nur ein älterer Eintrag: **Moët & Chandon, Dry Impérial** Aus einem alten Keller in Devon. Gesund, noch immer mit Anzeichen von Leben, ein guter alter Wein. *1968* ★★★

1916 ★★

Eine kleine Lese ungleichmäßig ausgereifter Trauben. Keinen Wein verkostet.

1917 ★★★

Wieder geringe Erträge und eine Lese unter schwierigen Kriegsbedingungen. Angeblich gute, elegante Weine.

1918 ★

Unregelmäßige Qualität.

1919 ★★★

Endlich herrschte wieder Frieden, doch die Bedingungen blieben schwierig. Der sengend heiße Sommer brachte feste, elegante Gewächse hervor, die alle bald weggetrunken waren. Ich habe keinen 1919er verkostet.

1920–1944

Zwei völlig verschiedene Jahrzehnte und der Zweite Weltkrieg.

Die 1920er kamen mit sechs guten bis hervorragenden Jahren bestens weg – der 1921er und der 1928er hatten sogar Chancen auf den Titel des größten Jahrgangs des Jahrhunderts. Als der 1928er jedoch auf den Markt kam, war von der Euphorie seines Geburtsjahrs wegen der Weltwirtschaftskrise nichts mehr zu spüren.

Trotz der Prohibition wurde weiterhin Champagner in die Vereinigten Staaten exportiert. Auch in England gab es genügend Wohlhabende, die sich ein solches Luxuserzeugnis leisten konnten, selbst wenn sie in der Regel über einen gut ausgestatteten, schon vor der Krise gefüllten Weinkeller verfügten. Die Lager des Handels indes quollen über. Und für die Champagnerhäuser war die erste Hälfte der 1930er-Jahre schlichtweg eine Katastrophe, die durch die hohen Erträge von 1934 noch verschlimmert wurde.

Vom Mai 1940 bis zur Befreiung im August 1944 hielten deutsche Truppen die Champagne besetzt. Eine einzige positive Entwicklung immerhin war in dieser Zeit zu verzeichnen: Die Weinbauern und Hersteller schlossen sich zum Comité Interprofessionnel du Vin de Champagne (CIVC) zusammen, einem Verband, der sämtliche Bereiche der Champagner-Industrie regelte. Einer der wichtigsten Initiatoren war Graf Robert-Jean de Vogüé von Moët & Chandon, den alle nur Bob nannten. Ich kann mich noch gut erinnern, als er 1967 das jährliche Wohltätigkeitsbankett des Weinhandels leitete und in makellosem Englisch eine brillante Rede hielt. Er mockierte sich charmant über unsere nationalen Eigenheiten einschließlich Cricket und zog damit mehr als tausend farblose Vertreter des britischen Handels in seinen Bann. Ein denkwürdiges Erlebnis!

Die Jahrgänge auf einen Blick

Hervorragend *****
1920, 1921, 1928, 1937
Sehr gut ****
1923, 1929, 1934, 1943
Gut ***
1926, 1942

1920 *****

Sehr gute Qualität. Auf den kalten August folgte ein herrlich sonniger September. Die Weine wurden zweifellos irgendwann Mitte der lebensfrohen 1920er konsumiert, denn es hat anscheinend keine Flasche bis heute überlebt.

1921 *****

Wie andernorts in Europa erbrachte der lange, tropisch heiße Sommer herausragende Weißweine – und Champagner machte da keine Ausnahme. Gelesen wurde ab 19. September, die Erträge fielen gering aus. In diesem Jahr gab der Dom Pérignon, die Luxus-Cuvée von Moët & Chandon, sein Debüt.

Ich ziehe in der Regel zwar alten Champagner mit Originalkorken vor, doch Weine diesen Alters verkorkt man doch besser neu.

Pol Roger 80 % Pinot noir, 20 % Chardonnay. Harvey's bot ihn 1929 zum Preis von 150 Shilling das Dutzend an (umgerechnet etwas über 10 Euro). Uneinheitliche Qualität. Ein halbes Dutzend Einträge. Als Erstes zwei enttäuschende, frisch degorgierte Flaschen im Jahr 1978. Zwei weitere, 1974 degorgierte Exemplare waren 1981 nicht viel besser. Dann 1989 eine bessere Flasche mit mehr Leben, die 1988 neu degorgiert worden war. Kürzlich ein im April 1966 degorgierter 1921er: überraschend blass für sein Alter und den Jahrgang, blassgolden, keine Mousse; ein »süßes«, sahniges, ausgewogenes Bukett mit einem Anflug von Toffees; am Gaumen eine leichte »Süße«, herrlicher Geschmack und ausgezeichnete Säure. »Der beste 1921er aller Zeiten.« *Im März 1997 bei einer Champagner-Verkostung im Gidleigh Park Hotel in Devon degustiert* *****

1922, 1924, 1925, 1927

Wegen schlechtem Wetter, Schädlings- und Krankheitsbefall und einer seltsamen Knappheit an Arbeitskräften und Material (1922) wurde kein Jahrgangs-Champagner exportiert.

1923 ****

Wie in Burgund ein sehr guter Jahrgang, aber geringe Erträge.

Heidsieck, Dry Monopole Von sieben unterschiedlichen Flaschen die mit dem größten Schwund: stumpfes Gold; maderisierte Nase wie alte Äpfel; leicht unsauberer Abgang – schon zu verfallen, als dass man ihm mit einem frischen, jahrgangslosen Champagner noch Leben hätte einhauchen können. Fast 20 Jahre später eine halbe Flasche mit gutem hartem Korken. Trotz Bernsteinfarbe, fehlendem Schäumen und leicht karamellisierten Flaschenalternoten hielten ihn die sehr gute Säure und die Spuren von Kohlendioxid aufrecht. Vereinzelte halbe Flaschen, verkostet mit meinem alten Freund Mutsuo Okabayashi sowie mit Isao und Yurie Harada, dem Besitzer und dem Herausgeber des Magazins *Wine Kingdom*, für das ich regelmäßig schreibe. *Im November 1999 im Imperial Hotel in Tokio verkostet.*

(Die Japaner sind überraschend eifrige und gut informierte Weinsammler und -kenner. Ich habe viele von ihnen getroffen, seit ich 1989 die erste Christie's-Auktion feiner Weine in Tokio leitete. Und auch die professionell ausgebildeten und äußerst kenntnisreichen Sommeliers sind eine Klasse für sich.)

Veuve Clicquot, Brut Mehrere Einträge. Ein bemerkenswert guter »Dry England« aus Glamis Castle, serviert vor dem Vorverkaufsessen im Sitzungssaal von Christie's, bei dem ich auch die erste der Magnumflaschen des 1870er Lafite öffnete. Als

Nächstes eine noch lebendige, 1972 neu degorgierte Flasche (1973 beim Essen). Die interessantesten Exemplare aber waren die in Vergessenheit geratenen Flaschen aus den Kellern des White's Club, die bei Christie's unter den Hammer kamen. Ich verkostete sie bei der Vorprobe und legte mir selbst ein Dutzend zu. Leicht uneinheitliche Qualität, zum Großteil aber bemerkenswert gut. Einige blass für ihr Alter, andere bernsteinfarben; manche mit leichtem Kohlensäureprickeln, andere leblos; alle trocken, frisch und in Bestform köstlich, vor allem wenn sie durch Hinzufügung eines jahrgangslosen Weins wiederbelebt wurden. Unlängst zwei Flaschen, eine mit stumpfer Farbe, in der Nase und am Gaumen »süßer« und besser, die andere mit schöner Goldfarbe; »süße« Nase, ein Hauch von Pilzen; trocken, bemerkenswert fest und frisch, aber mit enormer Säure. *Der älteste von zwölf Jahrgängen, der bei Kaplans Clicquot-Verkostung im April 1997 in Chicago degustiert wurde. In Bestform* ★★★★

Hugh Johnson und der Pol Roger von 1921

Als ich 1981 kurz nach der Veröffentlichung meiner Weinnotizen auf Saling Hall eintraf, wurde ich von Hugh mit den Worten begrüßt: »Fabelhaft – aber beim 1921er Pol Roger liegst du falsch.« Prompt brachte er mir eine Flasche aus seinem Keller. Zu seinem Leidwesen passte sie exakt auf die Beschreibung! Großzügig, wie Hugh ist, öffnete er gleich noch einen 1921er von Pol. Er war zwar nun anders, aber noch immer kein großer Champagner.

Im Nachhinein allerdings schien Hugh doch noch Recht zu behalten und meine Theorie falsch zu sein, dass man degorgierte Flaschen nicht mehr allzu lange lagern sollte. Zufällig verkostete ich 1997 einen weiteren 1921er, den Pol Roger 1966 degorgiert hatte. Er war großartig (siehe Seite 506), was wieder einmal beweist, wie unberechenbar alte Weine sein können. Aber welch ein Genuss!

Pommery & Greno, Nature Korken mit der Markierung »Pommery Nature 1926«. Bei einer Auktion erstanden. Leichte Flaschenabweichungen. Mein letzter Eintrag (ich habe aber noch einige Flaschen) lautet: ausgezeichnete Füllhöhe, schönes helles Bernsteinorange mit goldenen Reflexen, noch immer überraschend gute Perlage; in der Nase und am Gaumen ein angenehmer Anflug von altem Stroh; halbtrocken, blitzsauber. *Zuletzt im August 1996 beim Essen auf Chippenham Lodge mit Meg und Eddie Penning-Rowsell sowie Sarah und John Avery verkostet. Auf seine Weise* ★★★

WEITERE, ÄLTERE EINTRÄGE **Moët & Chandon** *1958* ★★★; **Pol Roger** Beständig gut. *Zuletzt 1977 verkostet* ★★★★★

1926 ★★★

Unterdurchschnittliche Erträge, aber Weine von guter Qualität. Ich habe nur zwei 1926er verkostet und auch diese Einträge liegen schon lange zurück: **Moët & Chandon** Leicht, gefällig. *1958* ★★★; **Pol Roger** Durchweg gut. *Zuletzt 1977 verkostet* ★★★★★; **Pommery & Greno** Originalkorken. Wie Cidre, aber attraktiv. *1955* ★★

1928 ★★★★★

Ein ausgezeichneter Jahrgang. Feste, lebhafte, gut gebaute, langlebige Weine. Jetzt aber riskant.

Heidsieck, Dry Monopole Fester Korken, gute Füllhöhe. Schöne Farbe, reines Bernstein; »süß«, reich, fleischig, aber maderisiert; im Geschmack wie alter Sherry oder *Vin jaune*, aber auf seine Weise sehr attraktiv. Die Säure verlieh ihm das dringend nötige Rückgrat und einen trockenen Abgang. Die zweite Flasche hatte etwas mehr Leben, sahnige alte Nase, säurebetont. *Beide im Juli 1995 bei Hugh Johnsons Essen für den Bordeaux Club verkostet* ★★ *oder* ★★★, *je nach Geschmack.*

Perrier-Jouët, Finest Extra Quality, Reserve for Great Britain Was auf dem Etikett zu lesen war, klang vielversprechend und der Inhalt war auch in der Tat sehr gut. Ausgezeichnete Füllhöhe; helles Altgold, aber ohne Leben; in der Nase geröstet, leicht maderisiert; keineswegs »extratrocken«, sondern ziemlich süß. Schöner alter Geschmack und angenehmes, trockenes Prickeln im Abgang. Ich öffnete eine Flasche jahrgangslosen Perrier-Jouët Brut, um dem 1928er auf die Sprünge zu helfen. Kürzlich eine sehr ähnliche Flasche aus meinem eigenen Keller mit besserer, honigartigerer Nase und schönem Geschmack. *Beide bei meinen Essen für den Bordeaux Club verkostet, einmal 1994, das zweite Mal 1998* ★★★★

Veuve Clicquot Erstmals 50 Jahre nach der Lese verkostet. »Eine Schönheit« ★★★★★. 1997 zwei Flaschen bei Kaplans Clicquot-Degustation: sehr ähnlich, beide golden, eine mit einem Hauch mehr Bernstein, aber beide mit reichem altem Geschmack und beträchtlicher Tiefe; »süß«, reich, eindringlich, gute Länge. Im darauf folgenden Jahr eine Flasche zu Hause mit einer Füllhöhe knapp unter der Kapsel: golden, ohne Leben; süße Nase nach altem Stroh und köstlicher alter Geschmack, klar, ausgezeichnete Säure. Gesund genug, um mit einem jugendlichen Champagner (einem jahrgangslosen Delbeck) im Verhältnis 50:50 kombiniert zu werden – der alte Wein sorgte für Geschmack und Charakter, der jahrgangslose junge für Leben. *Zuletzt im März 1998 in der Wohnung meines Sohns und meiner Schwiegertochter in San Francisco mit Belle und Barney Rhodes, den Itchinoses und Jacques Pepin, dem amerikanischen TV-Koch, verkostet. In Bestform* ★★★★

Stephen Kaplan

Ein Geschäftsmann im Ruhestand und großer Menschenfreund, Gastgeber vieler Weinverkostungen und Förderer der amerikanischen Zweigstelle des Institute of Masters of Wine. Ein besonderes Steckenpferd von ihm sind Weinproben mit speziellen Themenschwerpunkten und Essensempfänge, die überwiegend in seiner Heimatstadt Chicago und manchmal auch in Los Angeles stattfinden.

In Erstaunen versetzt nicht nur die Qualität und Bandbreite der Weine, die er zusammenträgt und bei seinen zum Teil den ganzen Tag dauernden Verkostungen präsentiert. Eine Leistung ist auch die detaillierte Planung, die hinter diesen Veranstaltungen steckt, was man – genau wie bei Hardy Rodenstock – oft vergisst. Obendrein bringt er immer wieder Spitzenköche dazu, nicht nur beste kulinarische Genüsse zu kreieren, sondern die Speisen auch mit den Weinen abzustimmen. Kaplan lädt zumeist amerikanische Landsleute ein, weshalb Daphne und ich es stets als Privileg empfinden, ebenfalls zu den Gästen zu zählen, obwohl ich immer ziemlich unvorbereitet etwas über die Weine erzählen soll.

WEITERE, ÄLTERE EINTRÄGE **Krug** Erstmals im Sommer 1957 bei der dritten »Champagner-Akademie« in Frankreich verkostet. Zwei denkwürdige Wochen, in denen sich der 1928er Krug als der großartigste Champagner erwies, den ich je verkostet hatte. Er blieb für mich das Maß aller Champagner, bis er irgendwann doch ermüdete (und der 1961er Dom Pérignon seinen Platz einnahm); **Moët & Chandon** In Bougival perfekt. *1969* ★★★★★; **Roederer** Der erste alte Jahrgangs-Champagner, den ich je degustierte, und sicherlich einer der besten 1928er. *Zuletzt 1978* ★★★★

1929 ★★★★

Ein schöner Jahrgang, hohe Erträge, viel Charme. Nicht so fest oder säurebetont wie der 1928er.

Mumm, Cordon Rouge Füllhöhe knapp unterhalb der Kapsel, was auf Einschluss im oberen Halsbereich entweder von Luft oder Kohlendioxid hindeutete. Es war wohl Luft: alte Bernsteinfarbe, kein Leben; »süß«, Nase nach altem Stroh; trocken, anfangs etwas beißend, aber bemühte sich tapfer, als die Art von altem Champagner zu erscheinen, die einige von uns mögen. Im Abgang aber dann doch zu unsauber, sodass es keinen Sinn hatte, einen jungen Wein zu öffnen, um ihn zu beleben. *Im Dezember 1994 vor dem Essen zu Hause verkostet.*

Pommery, Nature Nostalgisches Halsetikett mit der Aufschrift »Großbritannien und die Kolonien«, ausführlich markierter Originalkorken, fest, ließ sich aber leicht ziehen, gute Füllhöhe. Beim Eingießen: Bernsteingold mit sehr schwachen, nadelspitzenfeinen Bläschen; schöne Nase nach altem Stroh, »süß«, fleischig; ziemlich trocken, aber vollmundig reich, fest, alter Geschmack, Länge, Säure und Abgang ausgezeichnet. *Im Januar 1994 zu Hause verkostet* ★★★★

Veuve Clicquot, Brut Mehrere Einträge. Kürzlich bei Stephen Kaplans Clicquot-Vertikalverkostung degustiert, bei der die Weine überwiegend paarweise serviert wurden, der 1929er aber aus einer Magnum. Da er den Vermerk »Königlicher Hoflieferant Ihrer Majestät Königin Elizabeth II.« trug, musste er nach 1953 beschriftet worden sein. Vermutlich hatte man ihn in den späten 1960ern neu degorgiert. Etwas trüb und mit eigenartig minzigem »Efeublätter«-Duft. Keinesfalls »brut«, mit sehr ausgeprägtem, merklich süßem Geschmack, beträchtlicher Charme, leichtes Prickeln und fabelhafte Säure. *Zuletzt im April 1997 in Chicago verkostet* ★★★★

NUR NOCH ZWEI WEITERE 1929ER VERKOSTET. Im Gedächtnis geblieben ist mir der **Bollinger**, den ich mit Peter Palumbo in seiner Loge in der Royal Albert Hall als Zuschauer bei einem Ringerwettkampf trank! *London, 1981* ★★★★

1934 ★★★★

Ein sehr guter Jahrgang, der vielleicht etwas zu ertragreich ausfiel, aber zur rechten Zeit kam, um jene zu stärken, die sich von der Weltwirtschaftskrise erholten.

Pol Roger Drei Einträge. Die einzige in den 1990ern verkostete Flasche stammte aus einem kleinen alten Champagnerbestand, den ich bei Christie's kaufte. Über der Originalkapsel befand sich ein dickes Wachssiegel, aber das erschien mir, als hätte man die Tür geschlossen, nachdem das Pferd davongelaufen war, denn die Füllhöhe stand knapp unterhalb der Kapsel. Der Korken wirkte fest, hatte aber das Eindringen von Luft nicht verhindern können.

Der Inhalt der Flasche hatte eine schöne, blässliche Bernsteinfarbe, aber kein Leben mehr; in der Nase zwar kraftvoll, aber mit leichter Pilznote und maderisiert. Trotzdem »süß«, reich und ganz angenehm, nachdem man sich an den knorrigen Charakter gewöhnt hatte. Der leicht unsaubere Abgang allerdings versetzte ihm schließlich doch den Todesstoß. Ich hatte eine Ersatzflasche bereitgestellt, einen Pol von 1988, und so tranken wir alle ein Glas mit einer 50:50-Mischung aus beiden Weinen. Es funktionierte: Wir hatten einen Toten auferweckt. *Im Januar 1996 bei meinem Essen für den Bordeaux Club verkostet. Solo* ★, *als »Mixgetränk«* ★★★

EINIGE ALTE EINTRÄGE **Bollinger** Sahnig, schön. *1976* ★★★★; **Heidsieck, Dry Monopole** Trocken, lebendig. *1978* ★★★; **Veuve Clicquot** Reif, weinig. *1967* ★★★

1937 ★★★★★

Ein großartiger Jahrgang. Feste, frische, langlebige Weine, die von der jahrgangstypischen Säure profitierten. Ich habe in letzter Zeit nur noch wenige 1937er verkostet, aber wenn man alten Champagner mag, dann kann man es mit ihm schon riskieren, vorausgesetzt, er stammt aus einem guten Keller.

Mumm, Cordon Rouge Trocken, lebhaft, gut. *Im Dezember 1992 auf einer Vorverkaufsverkostung degustiert* ★★★

Pommery & Greno Ein älterer Eintrag. Stammte aus einem alten Händlerkeller in Dublin. Bemerkenswert gut: in der Nase cremig; fest, positiv, sehr gute Säure. *Dezember 1987* ★★★★

Veuve Clicquot Hellgelb; altes Stroh, leicht malzig; trocken, überraschend gesund. *Im Dezember 1992 bei einer Vorverkaufsverkostung degustiert. Für sein Alter* ★★★

1941 ★★

Ein leidlich guter Kriegsjahrgang. Einige Flaschen, die die Besatzung überlebten, wurden nach dem Krieg exportiert.

NUR ZWEI EINTRÄGE **Pommery & Greno** Aus demselben Keller in Dublin wie der 1937er und in passablem Zustand. *1987* ★★; **Roederer, Brut** Sehr gut, ausgezeichnete Säure. *1987* ★★★

1942 ★★★

Gute Weine.

Pommery & Greno Eine halbe Flasche aus dem oben erwähnten Keller in Dublin. Sauber, positiver Geschmack, gute Länge und Säure. *Dezember 1987* ★★★

Veuve Clicquot, »Dry« Erstmals im Dezember 1992 bei der Vorverkaufsverkostung degustiert: gute Farbe, anhaltend, sehr gute Säure. Als Nächstes bei Stephen Kaplans Clicquot-Vertikalverkostung drei auf einer Christie's-Versteigerung im Jahr 1992 erworbene Flaschen: leichte Abweichungen, aber insgesamt trotz Altersspuren bemerkenswert gut. In Bestform eher süß als trocken, cremig, schöner Geschmack, im Nachgeschmack Vanille. *Zuletzt im April 1997 verkostet* ★★★

1943 ★★★★

Ein sehr gutes Jahr, erfolgreicher als in allen anderen klassischen französischen Weinregionen, außerdem der erste Jahrgang, der nach dem Krieg wieder in den Export gelangte. 1953 wurde er frisch degorgiert und in Großbritannien als Krönungs-Cuvée zur Feier der Thronbesteigung Ihrer Majestät Königin Elizabeth II. verkauft. Die Weine waren damals durchaus attraktiv, haben sich aber meiner Erfahrung nach über die Jahrzehnte nicht gut gehalten.

Delbeck, Extra Sec Ein Eintrag zu einer fast 50 Jahre alten, versprengten halben Flasche in ausgezeichnetem Zustand: blässlich; reiches Bukett; halbtrocken, guter Geschmack. *Im De-*

zember 1992 bei einer Christie's-Vorverkaufsverkostung von alten Champagner-Jahrgängen degustiert ★★★★

Moët & Chandon, Dry Impérial Ein weiterer interessanter Vergleich. Die erste Flasche eine Originalabfüllung: blass; rauchiges Bukett; trocken, fabelhafter Geschmack. Die zweite die Krönungs-Cuvée von Moët aus dem Jahr 1953: in der Nase und am Gaumen eigenartige Strohnote. *Im Dezember 1992 zusammen mit dem Delbeck weiter oben verkostet. In Bestform* ★★★★★

Veuve Clicquot, Dry Mehrmals verkostet. Zwei gegensätzliche, aufschlussreiche Einträge Mitte der 1970er: eine Originalabfüllung in ausgezeichnetem Zustand, die andere, eine 1953 degorgierte Krönungs-Cuvée, hatte fast ein Vierteljahrhundert später ihren Glanz verloren. 1985 eine weitere farbtiefe Flasche, die von der Säure gestützt wurde. Einige Zeit später: golden, leicht moussierend; sahnige Nase; trocken, lebhaft, köstlich. *Zuletzt im Dezember 1992 auf einer Vorverkaufsverkostung degustiert. In Bestform* ★★★

EINIGE ÄLTERE EINTRÄGE **Lanson** Ein ansprechender Wein, Geschmack und Textur schön, aber kurz. *1985* ★★★★; **Pol Roger** Ein munterer 30-Jähriger. *1973* ★★; **Pommery & Greno** Zwei Flaschen, leichte Abweichungen. Die schlechtesten Exemplare aus der Dubliner Sammlung. *1987* ★

1945–1979

Trotz der herausragenden Qualität der ersten Nachkriegsjahrgänge, insbesondere des Trios 1945, 1947 und 1949, häuften sich in Großbritannien noch die Bestände aus Vorkriegszeiten. In den 1950ern und 1960ern konnten sich die Erzeuger jeweils über ein Quartett sehr guter Jahrgänge freuen, deren Weine bei guter Lagerung den Briten auch heute noch schmecken, da sie ihren Champagner ruhig und charaktervoll wie einen reifen Montrachet bevorzugen.

Vielleicht sollte ich in diesem Zusammenhang darauf hinweisen, dass bei Jahrgangs-Champagner im Gegensatz zu allen anderen Weinen eine beträchtliche Zeit zwischen der Produktion und der Freigabe verstreicht. Der köstliche 1976er Pol Roger beispielsweise wurde erst im März 1982 für den britischen Markt freigegeben.

Zwar entstand der Dom Pérignon von Moët, Vorläufer der modernen Luxus-Cuvées, schon vor dem Krieg, doch erst in der Nachkriegszeit schlug die Stunde der Prestige-Erzeugnisse. 1945 erschienen der Roederer Cristal und 1952 der Comtes de Champagne von Taittinger sowie Bernard de Nonancourts Laurent-Perrier Grand Siècle, eine neuartige Komposition aus drei verschiedenen Jahrgängen (siehe Laurent-Perrier auf Seite 519).

Ich kann mich aber auch noch gut daran erinnern, dass Ende der 1950er einige bedeutende Champagnerhäuser in Erwägung zogen, Jahrgangs-Champagner völlig aus ihrem Sortiment zu streichen – angeblich, weil man die besten Trauben eines Jahres besser zur Hebung der Qualität der (gewinnträchtigeren) jahrgangslosen Cuvées nutzen könne. Aber was wären Portweinhäuser ohne ihre »Bannerträger« aus den großen Jahren, könnte man einwenden. Krug ging 1978 sogar so weit, eine jahrgangslose Grande Cuvée zu bereiten (siehe Kasten auf Seite 521).

Die Jahrgänge auf einen Blick

Hervorragend *****
1945, 1952, 1959, 1964, 1971
Sehr gut ****
1947, 1949, 1953, 1955, 1961, 1962, 1966, 1970, 1976, 1979
Gut ***
1969, 1973, 1975

1945 *****

Eine kleine Ernte ausgezeichneter Weine, die sich dank ihrer Festigkeit und Säure durch Kraft und ein langes Leben auszeichneten. Die besten und bestgelagerten sind noch immer köstlich – vorausgesetzt, man trinkt seinen Champagner bevorzugt wie einen schönen alten Burgunder.

Pol Roger Mehrmals verkostet, unter anderem auch eine feine Magnum, die zwischen den einzelnen Runden während eines Ringerwettkampfs in der Albert Hall serviert wurde und mit ihrer Schönheit und Finesse einen Kontrast zu den Raufbolden im Ring bildete. Als Nächstes eine ebenso unvergessliche Flasche, die beim Essen mit Weinen des Jahrgangs 1945 in der britischen Botschaft in Paris gereicht und zehn Tage zuvor degorgiert worden war. Zu dem Empfang hatte der britische Botschafter Sir Christopher Mallaby 1995 geladen. Sehr schwaches Moussieren, eher wie ein Corton-Charlemagne, ausgewogen, schöne, nussige Nase und ebensolcher Geschmack. Unlängst bei einer Verkostung von 11 Champagnern im Gidleigh Park Hotel in Devon. Die letzten fünf Flaschen waren zu einer Pol-Roger-Vertikalverkostung zusammengefasst, wobei der 1945er der älteste Wein war: mittelblass, goldgelb, ganz schwaches Prickeln; Duft und Geschmack nach frisch geschälten Pilzen. Köstliche, wundervolle Frucht (hoher Pinot-noir-Anteil) und Länge. *Zuletzt im März 1997 verkostet* *****

Ruinart Gute Farbe; lebhaft, ausgezeichneter Geschmack und Zustand. *Im Dezember 1992 bei einer Vorverkaufsverkostung degustiert* *****

Weitere 1945er **Pommery & Greno** Mehrere Einträge aus dem Jahr 1955, die letzte verkostete Flasche stammte aus dem Keller in Dublin. Sie wurde aus einer noch ungeöffneten, mit Metallband verschlossenen Holzkiste geholt und war in perfektem Zustand. *Zuletzt im Dezember 1992 verkostet* ****; **Roederer** Mit 30 Jahren perfekt – ich würde sie zu gern noch einmal verkosten; **Heidsieck, Monopole** Ein noch älterer Eintrag. Eine gute Flasche.

1946 *

Nützliche Weine für jahrgangslose Cuvées.

1947 ****

Dank einem sengend heißen Sommer und einer ungewöhnlich frühen Lese sehr gut. Die Produktionsmenge lag wegen des Mangels an Niederschlägen weit unter dem Schnitt.

Bollinger, Extra Quality Die beste von mehreren halben Flaschen, die ich mit meinen japanischen Freunden degustierte. Bernsteinfarben, still – keine Bläschen mehr; am Altern, mit einem Hauch von Karamell in der Nase, aber sehr guter Säure und einem Prickeln, das anfangs nicht zu bemerken gewesen war und ihm etwas Schwung verlieh. Ich habe keine Ahnung, wie der Wein die Reise von Christie's in South Kensington nach Tokio überlebte. *November 1999* *

Krug, Private Cuvée, Brut Strohgolden, leicht trüb; wundervoller, unverwechselbarer, für einen alten Krug typischer Gehalt; schmeckte besser, als er aussah, am Gaumen reich, anständige Säure, aber müde. 1997 in Chicago der Eröffnungswein von Kaplans Weindinner mit 14 Jahrgangs-Champagnern aus dem Jahr 1947. Einen Monat später bei einer Degustation von Rémi, Henri und Olivier Krug erneut verkostet. Die Lese begann angeblich in den letzten Augusttagen. Der Wein, der sich noch immer in der für die erste Zeit nach dem Zweiten Weltkrieg typischen blauen Flasche befand, war Mitte der 1950er degorgiert worden: mittleres Strohgold; wundervoll reich, komplett, Bukett und Geschmack ausgewogen. »Mittel-

süß«, reich, gute Länge, ein Anflug von *Crème brûlée* im Abgang. *Zuletzt im Mai 1997 mit Mitgliedern der Bacchus Society verkostet, die aus den USA angereist waren, um Rémi und Henri in Reims einen Preis für ihr Lebenswerk zu überreichen* *****
Pol Roger Mehrere Einträge, alle verkosteten Flaschen ausgezeichnet, darunter auch ein 1948 abgefülltes, im Mai 1981 degorgiertes und einen Monat später verkostetes Exemplar. Eine weitere Flasche war im September 1988 degorgiert und 1989 bei einer Pol-Roger-Verkostung geöffnet worden. Kürzlich eine Originalabfüllung mit der Aufschrift »Reserve for Great Britain« auf dem Etikett. Schönes helles Gold mit schwacher, feiner Mousse; herrlich voll, reich, altes Strohbukett; ziemlich trocken, nussig, köstlicher alter Geschmack. Für sein Alter sehr gut. *Im April 1997 als Gast von Stephen Kaplan im Restaurant Les Nomades in Chicago verkostet* *****
Veuve Clicquot, Dry Viele 1955 entstandene Einträge. Eine jüngere Bewertung von 1992: für sein Alter blass; trocken, schöner Geschmack, ausgezeichnete Länge. Dann eine Magnum (brut) aus den Clicquot-Kellern, die drei Monate zuvor degorgiert worden war: wunderschöne Farbe, sehr feine, behäbig steigende Bläschen; Nase wie frisch geschälte Pilze; kompromisslos trocken, ja, spröde, aber komplett und gut zu trinken, mit walnusstrockenem Abgang. *Im April 1997 bei Kaplans Clicquot-Vertikalverkostung degustiert* ****

1949 ****

Ein sehr guter Jahrgang nach einem langen, heißen, trockenen Sommer. Beim Handel und seiner Kundschaft kam er sehr gut an, weshalb ich in meinen Anfangstagen im Weingeschäft viel mit ihm zu tun hatte. Harvey's hatte ihn erstmals 1955 auf der Liste. Ein Charles Heidsieck – etwas vulgär »Dirnendiesel« genannt, weil er sich in Nachtclubs gut verkaufte – kostete 32 Shilling und 6 Pence die Flasche (umgerechnet etwa 2,50 Euro), ein Krug Private Cuvée 37 Shilling und 6 Pence (knapp 3 Euro). Leider habe ich in letzter Zeit keinen Champagner dieses Jahrgangs mehr verkostet; trotzdem lohnt es sich noch, in alten Kellern nach ihm Ausschau zu halten. Etwas riskanter sind »Secondhand«-Flaschen auf Restbestandslisten.

Einige zwischen 1980 und 1990 verkostete Flaschen

Charles Heidsieck Körperreich und gehaltvoll. *1990* ***; **Pommery & Greno** Trocken, fest und in ausgezeichnetem Zustand. *1987* ***; **Veuve Clicquot** Von uneinheitlicher Qualität, in Bestform aber ausgezeichnet. *1984* ****

1952 *****

Ausgezeichnet. Feste, langlebige Weine. Eine Anschaffung kann sich durchaus noch lohnen.
Bollinger Erstmals 1957 verkostet, seither noch mehrere Male. Nahm Mitte der 1980er Farbe an, ein Hauch von Orange; schönes, ausgewogenes Bukett; weich und reich. Kürzlich »die reinste Perfektion«. *Zuletzt im Januar 1991 degustiert* ***** *Müsste noch gut sein – gute Lagerung vorausgesetzt.*
Gosset, Brut 1974 degorgiert, 1 % Dosage. 1991 der älteste von acht Jahrgängen auf einer Gosset-Verkostung: für sein Alter blass, mäßig lebendig; Nase nach trockenem Stroh, gute Tiefe; trocken, ziemlich kraftvoll, gute Länge. Kürzlich der nach dem Monopole von 1907 zweitälteste Wein auf einer Vorverkaufsverkostung von Christie's: blass, nadelspitzenfeine Bläschen; ausgewogenes altes Bukett; trocken, sauber, beträchtliche Delikatesse und sehr duftig. *Zuletzt im Oktober 1998 verkostet* ****
Veuve Clicquot, Brut Lese ab 8. September. Auf Kaplans Clicquot-Vertikalverkostung eine Magnum: goldgelb, sehr feine Bläschen; nussig, eine mit dem Flaschenalter entstandene Strohnase, die sich sahnig entwickelte; halbtrocken, körperreich, fest, eindringlich, köstlich im Geschmack, lebhafte Säure im Abgang. *Im April 1997 in Chicago verkostet* *****

Herausragende 1952er, die ich zuletzt Mitte der 1980er verkostete

Krug Mitte der 1960er bis Mitte der 1970er in absoluter Höchstform. Die beste Flasche war eine Magnum »Private Cuvée Extra Sec for Great Britain«. Seither leichte Flaschenabweichungen, größtenteils aber ausgezeichnet, so auch das zuletzt verkostete Exemplar: reich, golden, mit einer beständigen Kette feiner Perlen; cremig, reich, fleischig, aber auch mit Finesse; nicht zu trocken, gehaltvoll, fest, gute Länge. Eine herrliche Kreszenz. *1987* *****; **Pol Roger** Ebenfalls beständig gut. Fest und lebhaft. *Zuletzt 1983 verkostet* *****

1953 ****

Geschmeidige, elegante Weine, die von der guten Wachstumssaison und einer frühen Lese profitierten. Sie waren beliebter als die festeren 1952er.
Krug Der verstorbene Paul Krug, Vater von Rémi und Henri, hielt diesen Jahrgang für seinen besten zwischen 1945 und 1955. Ich durfte ihn mit ihm verkosten, als ich dem Haus im Herbst 1957 zum ersten Mal einen Besuch abstattete, und konnte auch nachher seine Entwicklung verfolgen. Er war Ende der 1960er perfekt, entwickelte sich aber immer weiter, wurde farbintensiver und nahm Flaschenalternoten an. In letzter Zeit habe ich ihn zwar leider nicht mehr verkostet, aber 1983 war er einfach perfekt. *Damals* *****
Perrier-Jouët Mitte der 1990er lud ich im Sitzungssaal von Christie's zu einer Reihe von Essensempfängen. Bei der Gelegenheit verkostete ich mehrere Flaschen dieses Champagners. Er war von uneinheitlicher Qualität, aber ich hatte Ersatzflaschen für weniger gute Exemplare bereitgestellt (nur eine war maderisiert und mindestens eine frischte ich mit einem guten jahrgangslosen Gewächs auf). Wenigstens die Hälfte fiel sehr gut aus: ziemlich lebhaft, mit schöner, heller, goldgelber Farbe; feines altes Strohbukett, gute Frucht; halbtrocken, attraktiv, milde Mousse, sehr gute Säure. *Zuletzt im März 1995 bei Christie's degustiert* ***
Veuve Clicquot Mehrere Einträge, mit denen ich seine Entwicklung nachzeichnen konnte: mit sieben Jahren weich, aber erfrischend, mit 14 voll entwickelt, mit 24 sehr reif. Kürzlich eine Magnum, brut, die nicht im Handel erhältlich war, sondern am 31. Januar 1997 speziell für Kaplans Clicquot-Vertikalverkostung, die drei Monate später stattfand, degorgiert wurde. Ziemlich blass, die Perlage wurde bald lockerer, hielt aber an; der Duft erinnerte mich an einen Swimmingpool, leicht minzig, gute Tiefe. Nicht zu trocken; attraktiver, nussiger Geschmack, weich, aber mit leicht bitterem, säurebetontem Abgang. Passte ziemlich gut zu »sautierten Kammmuscheln, Garnelen mit Shellfisch-Sauce und Beluga-Kaviar und Brotwürfeln in saurer Sahne« – das war ein einziger Gang! *Zuletzt im April 1997 im Ritz Carlton in Chicago verkostet* ***

1955 ****

Eine große, Ende September und Anfang Oktober eingefahrene Ernte. Sehr gute Qualität, fest, mit erfrischender Säure.
Pol Roger, Brut Aus irgendeinem Grund habe ich diesen Wein nur ein einziges Mal verkostet. Nach 40 Jahren war er blass für

sein Alter, schönes Goldgelb mit perfekter Mousse; schönes sahniges Bukett; überhaupt nicht »brut«, sondern ein hübscher Anflug reifer Süße, perfekt in Geschmack, Gewicht, Ausgewogenheit und Abgang. Pol Roger stellte die Flasche für das Essen auf Château Palmer zur Verfügung, mit dem wir den 40. Jahrestag des ersten Besuchs von Daphne und mir in Bordeaux im Sommer 1955 feierten. Er war vermutlich erst kurz vorher degorgiert worden. *Im Juni 1995 mit Genuss und Dankbarkeit getrunken* ★★★★★

Roederer, Extra Dry Eine Reihe von Magnums beim Weihnachtsessen der Weinabteilung von Christie's im Dezember 1993 – ich glaube, wir waren die einzige Abteilung, die jedes Jahr feierte. In unserem Team herrschte eben ein sehr gutes, freundschaftliches Klima. Eine Magnum war sehr schön, ein Fünfsterne-Wein, goldgelb mit einem Anflug von Orange; herrlich reiches und rauchiges Bukett; geringfügig süß, voll, nussig-rauchiger Geschmack, gute Säure. Die zweite Magnum war nicht ganz so charaktervoll. Es müssen einige Flaschen übrig geblieben sein, denn zwei Monate darauf öffnete ich bei einem Essen im Sitzungssaal ein weiteres Exemplar. Der Wein war sehr gut, mit köstlich zedrigem Geschmack und guter Länge, aber bescheidener Perlage, weshalb ich eine Flasche Sarcey – der Haus-Champagner von Justerini & Brooks – öffnete, um ihn zu beleben. *Zuletzt im Februar 1994 verkostet. In Bestform* ★★★★★

Veuve Clicquot Lese in der ersten Oktoberwoche. Vor allem ab 1967 bis in die späten 1970er hinein entstand eine ganze Reihe von Einträgen. Mitte der 1980er hielt ich den Wein für voll entwickelt. Zehn Jahre später aber hatte das Flaschenalter in einer Magnum seinen Zauber voll entfaltet: herrliche Goldfarbe, sehr leichtes Prickeln; ausgeprägte Nase nach altem Stroh; sehr guter Geschmack und Körper, überraschende Säure und ein geringes Prickeln auch im Abgang. Im Jahr darauf eine weitere Magnum. Brut, blasser als der zuletzt degustierte Wein und mit mehr Leben; verhaltene, rauchige Nase mit angenehmer Intensität; am Gaumen lebhaft, noch immer frisch, sogar etwas spröde, mit trockenem, prickelndem Abgang und einem winzigen Hauch Pilzschalen. Vielleicht ein bisschen wackelig auf den Beinen, aber vom Anfang bis zum Ende interessant. *Zuletzt im April 1997 bei Kaplans Clicquot-Essen in Chicago verkostet. In Bestform* ★★★★

Weitere 1955er, die ich in den 1980ern verkostete

Bollinger, RD Ich glaube, das war der erste RD-Jahrgang. 1969 verkostete ich erstmals eine 1968 degorgierte Flasche. Die beste kam mir 1982 unter: überragend fein und reich. *Seither nicht mehr degustiert* ★★★★

Dom Pérignon Die einzige Magnum, die ich je verkostete, war maderisiert. *1986.*

Charles Heidsieck In den 1960ern und 1970ern recht gut, aber 1982 drei Flaschen von unterschiedlicher Qualität. *Zuletzt 1982 verkostet* ★★★★

Krug Ich habe ihn zwar zuletzt in seinem 25. Lebensjahr verkostet, was schon eine Weile her ist, aber es lohnt sich wiederzugeben, was mir Rémi Krug über die Entstehung des 1955ers erzählte: Die endgültige Assemblage, die ich im Oktober 1957 im Probierraum des Hauses Krug verkosten durfte, bestand aus 23 im Stil unterschiedlichen Weinen, die aus insgesamt vier verschiedenen Weinbergen stammten. Die endgültige Komposition setzte sich aus 59 % Pinot noir, 26 % Chardonnay und 15 % Pinot Meunier zusammen. Der Wein wurde 1962 nach England exportiert und ich konnte ihn danach noch mehrmals verkosten, seit März 1980 aber leider nicht mehr. *Damals natürlich* ★★★★★

Laurent-Perrier Gehörte damals zwar nicht zu den *grandes marques*, stellte 1986 aber sein Potenzial unter Beweis. *Zuletzt 1986 degustiert* ★★★

Pommery & Greno In den frühen 1960ern am besten, aber 1987 noch immer recht gut ★★★

RD

Ein Markenzeichen des Champagnerhauses Bollinger. RD steht für récemment dégorgé, *wörtlich »kürzlich degorgiert«. Damit kennzeichnet man einen Jahrgangswein, der einige Jahre gelagert und erst unmittelbar vor dem Verkauf degorgiert, also von der Hefe getrennt wurde. Auf diese Weise wird gewährleistet, dass der Wein so lange wie möglich mit den toten Hefezellen in Kontakt bleibt und von der Autolyse profitiert. Meiner Meinung nach trinkt man die Weine am besten binnen eines Jahres nach dem Entfernen des Sedimentpropfens, da sich alte RDs in der Flasche nicht mehr verbessern. Deshalb sollte man den Zeitpunkt des Degorgierens kennen.*

1959 ★★★★★

Ein großartiger, ertragreicher Jahrgang, der sich zur rechten Zeit einstellte, denn beim britischen Handel gingen die Vorräte an 1952ern, 1953ern und 1955ern zur Neige.

Dom Pérignon In etwa zu dieser Zeit setzte sich der berühmte Dom Pérignon an die Spitze der Champagner-Charts. Ich verkostete ihn erstmals 1972 aus einer Magnum, empfand ihn damals aber als zu trocken, zwar beeindruckend, doch nicht so recht nach meinem Geschmack (was vielleicht ganz gut war, denn ich hätte ihn mir auch gar nicht leisten können). Mit mehr Flaschenalterung indes gefiel er mir besser und so begann ich ihn in der zweiten Hälfte der 1970er allmählich zu schätzen. Kürzlich der älteste von vier Jahrgängen, die alle im Juni 1998 degorgiert worden waren, wahrscheinlich weil Len Evans' 70. Geburtstag nahte und man ahnte, dass der Wein gebraucht werden würde. Die Flaschen variierten; eine war sehr blass, mit einem Duft nach frisch geschälten Pilzen, einem köstlich nussigen Geschmack und einem sehr trockenen Abgang, die andere hatte eine tiefere, goldenere Farbe und war zwar frischer, aber etwas seltsam. *Zuletzt im September 2000 auf Loggerheads im Hunter Valley bei den Feiern zu Evans' Geburtstag verkostet. In Bestform* ★★★★

Gosset, Brut 1974 degorgiert. Parfümierte Vanillenase; sehr trocken, spröde. *Dezember 1991* ★★★

Krug Mitteltiefes Strohgelb; sehr feine (also sehr kleine) Bläschen; ein Duft nach frischen Pilzen und Walnüssen, der sich wohlriechend entfaltete. Entsprechender Geschmack. Trocken. Überraschend spröde. *Im Mai 1997 mit der Bacchus Society bei Krug in Reims verkostet* ★★★★

Pol Roger Frühe Lese, ab 10. September. Der höchste natürliche Zucker- und Alkoholgehalt seit 1893. In letzter Zeit unter anderem eine im September 1988 degorgierte und im darauf folgenden März geöffnete Flasche degustiert: blasses Goldgelb; frisch, lebhaft, körperreich, ausgezeichnet. Dann ein weiteres relativ frisch degorgiertes Exemplar vor einem Essen an einem Weinwochenende im Gidleigh Park Hotel: blässlich, schöne Farbe, aber keine Mousse; reicher alter Strohduft, große Tiefe; sehr gehaltvoll, körperreich, fleischig, gute Länge, trockener Abgang. *Zuletzt im Februar 1994 verkostet* ★★★★

Veuve Clicquot Lese ab 10. September. Mehrmals verkostet. 1983 eine 1980 degorgierte Flasche, die zwar sehr wohlschmeckend war, aber auch blass und mit etwas wenig Leben. Dann eine Magnum auf Kaplans Clicquot-Vertikalverkostung: noch immer ziemlich blass für sein Alter, strohähnliches Gelb, feine Bläschen; ein schönes, süßes, rauchiges, sehr wohlriechendes, (wal)nussiges Bukett, nach einer Stunde im Glas perfekt; halbtrocken, am Gaumen überraschend prickelnd, reich, mit einem der Nase entsprechenden Geschmack. Kraftvoll, ansprechend, ausgezeichnete Säure. *Zuletzt im April 1997 verkostet ★★★★★ Ein großartiger Wein, der noch immer ausgezeichnet sein dürfte.*

Weitere 1959er, die sich in den 1980ern in guter Verfassung zeigten **Bollinger** Viele Einträge, cremig, rauchig, angekohlter Geschmack, gute Länge. *1983* ★★★★; **Lanson** Tief, reich, klassisch. *Zuletzt 1980 verkostet* ★★★★; **Moët & Chandon** Lebhaft, gute Säure. *1980* ★★★★

1960 ★★

Reichliche Ernte, aber keine Jahrgangsqualität.

1961 ★★★★

Völlig andere Wachstumsbedingungen als 1959. Im Mai war es zwar kalt, aber der warme, sonnige Juni sorgte für ideales Blühwetter. Im Juli wurde es wieder wechselhaft, doch die Wärme kehrte zurück und so blieb es während der ganzen Lese schön.

Nicht so offensichtlich gut wie der 1959er und auch weniger wagnerianisch im Format. Erfrischend im Stil.

Bollinger, Brut Erstmals 1969 bei seiner Präsentation in London verkostet. Merklich leichter und schlanker als der 1959er. In seinem zehnten Jahr voll entwickelt und wesentlich besser als der 1962er. 1975 eine gute Bewertung, »reif«, und noch einmal zehn Jahre später »angesengt, eichenbetont«, weich, aber mit gutem, trockenem Abgang. Zufällig vergingen weitere zehn Jahre, bevor ich ihn wieder trinken konnte: Ich servierte ihn vor meinem Essen für den Bordeaux Club bei Christie's. Für sein Alter blass, mit leichter Mousse; leicht fischige (Pinot-)Nase; sehr trocken, für einen Bollinger leicht im Stil, sehr gute Säure. Ich erwartete mehr Geschmack und Tiefe und öffnete daher eine weitere Flasche, die sich aber als ähnlich erwies und höchstens ein bisschen lebhafter war. *Zuletzt im November 1995 degustiert ★★★ Muss getrunken werden.*

Bollinger, RD Damals begann mir der RD etwas zu missfallen. Ich hätte mehr auf das Degorgierdatum achten sollen, denn es ist von großer Bedeutung. 1982 hatte ich mir beim 1961er RD lediglich notiert, dass er dumpf war. Einige Jahre später bemerkte ich in der Nase einen Duft nach alten Äpfeln, zweifellos aber hatte er gute Länge. Kürzlich eine Magnum, strohfarben, spröde und säurebetont. *Seit März 1990 nicht mehr verkostet und es juckt mich offen gesagt auch nicht sonderlich* ★★

Dom Pérignon Ein großer Wein. Mehrmals verkostet. Mit zehn Jahren fein, klassisch. Nach weiteren zehn Jahren eine »Royal-Marriage«-Magnum. Sie wurde im Jahr der Hochzeit von Prinz Charles und Lady Diana Spencer degorgiert, deren Ehe unter einem schlechten Stern stand.

Dianas Vater, Earl Spencer, war ein umgänglicher, unkomplizierter Mensch, der bei Weinversteigerungen von Christie's regelmäßig antike Korkenzieher und alte Cognacs erwarb. Ich kann mich noch an eine Auktion erinnern, als ich plötzlich bemerkte, dass der Earl gegen sich selbst bot. Mein Kollege Alan Taylor-Restell hatte ohne mein Wissen das Gebot des Earls im Auktionskatalog abgegeben und dafür den Namen von Spencers Frau Rayne verwendet. Als der Hammer fiel, musste ich seine Lordschaft, der im Raum neben Rayne saß, über die Situation aufklären und dann mit der Auktion fortfahren. Zum Glück blieb der Earl gelassen und war, glaube ich, sogar froh darüber, dass er nicht versehentlich weiter gegen sich geboten hatte.

Ich öffnete die »Hochzeitsmagnum« und eine weitere von mir gekaufte Flasche noch im Juli desselben Jahres: trocken, fest, straff. Mitte der 1980er hatte der Wein seine volle Reife erlangt: noch immer blass für sein Alter; ein superbes, cremiges Bukett, das sich im Glas wunderschön entfaltete; ein Hauch von Süße, perfekt in Geschmack, Gewicht, Länge und Säure. Er hatte den 1928er Krug von der Position des besten Champagners verdrängt, der mir je untergekommen war. Deshalb hielt ich weiter nach ihm Ausschau und kaufte bei späteren Auktionen noch ein paar Flaschen. Aber mit ihnen war es wie mit einer zweiten Tasse Tee: Sie erreichten nicht ganz die überragende Qualität der vorherigen Flaschen. Bei einem Exemplar merkte ich an: »Als würde man versuchen, eine alte Liebe neu zu entfachen.«

Die nächste Flasche servierte ich 1994 bei einem Essen für den Bordeaux Club: jetzt goldgelb, mit sehr leichten, ausgesprochen feinen Bläschen; geringfügig rauchige, fleischige Nase, ein Anflug von Pilzen, »elegantes Stroh« (was immer das bedeutete), schwer zu beschreiben; sehr guter Geschmack, gute Länge und ausgezeichnete Säure. Ein paar Monate später öffnete Harry Waugh eine Flasche bei seinem Essen für den Bordeaux Club: lebhaft, nussig, fein. Ich denke, das Wort »fein« fasst all das zusammen, was einen großen Champagner ausmacht. Kürzlich eine 1981 degorgierte Magnum: gute Farbe, feine Mousse; in der Nase und am Gaumen rauchig und mit Altersspuren, aber nach wie vor ein wunderbar vollmundiger Wein. *Zuletzt im März 2001 bei Hardy Rodenstocks Eröffnungsessen verkostet. Auf seinem Höhepunkt sechs Sterne, jetzt nur noch* ★★★★

Gosset, Brut 1983 degorgiert, »zero dosage«. Ein lebhaftes Schäumen, das sich aber bald legte; sehr gutes Bukett, fleischig, nussig, süß, körperreich, gute Säure. In gutem Zustand. *Im Dezember 1991 bei einer Gosset-Vertikalverkostung degustiert* ★★★★

Krug Weit über ein Dutzend Einträge. Entwickelte sich nur langsam und näherte sich erst Mitte der 1970er seinem Höhepunkt. Für mich war er 1982 auf dem Gipfel angelangt, als ich eine großartige Magnum verkostete: goldgelb; reich, fast angekohltes Bukett; körperreich, vollmundig, aber spröde. Zwei schlechte halbe Flaschen – vergeuden Sie Ihre Zeit nicht mit alten Kleinformaten –, dann ein Exemplar, das ich 1986 zusammen mit dem Dom Pérignon von 1961 servierte. Ein interessanter Vergleich. Stilistisch unterschieden sich die beiden sehr stark, aber »neben seinem Rivalen wirkte der Krug schwerfällig und plump«, wie ich anmerkte. 1997 bei Krug eine 1986 degorgierte Flasche: strohfarben, mit überraschend großen, trägen Bläschen; ein altes Bukett nach frisch gesammelten Pilzen, fleischig, rauchig; am Altern. Ich zog den 1962er vor. Kürzlich ein Exemplar, das Joshua Latner zu einem bemerkenswerten Essen servierte (der nächste Wein war der Margaux von 1900): strohgelb, ein paar unternehmungslustige Bläschen; eine Krug-typische, reiche Nase nach altem Stroh, die nach einer Stunde im Glas interessanterweise einen ausgeprägten Erdbeer- und Vanilleduft entwickelte; ein Hauch von Süße, reich, gute Länge und Säure. *Zuletzt im Januar 2000 im Lanesborough Hotel verkostet. In Bestform* ★★★★★

Lanson, Brut Gelblich, aber mit Leben; reich, fest, in der Nase und im Geschmack fischig (typisch für einen Pinot). Sehr positiv, aber spröde. *Oktober 1998* ★★★★

Moët & Chandon 1992 zu Ursula Hermasinskis Geburtstag degorgiert. Sehr feine Bläschen, am Gaumen aber trocken, rauchig und spröde – im Gegensatz zur Jubilarin. *Im Februar 1998 bei einem Essen von Zachys und Chrstie's im Restaurant Spago in Los Angeles verkostet* ★★★

Pol Roger Mehrere Einträge. 1967 ein schwacher Auftakt: korkelnd, stielig. 1974 nahm er allmählich Farbe an, trocken, tief, reich. Vier Jahre später beim Essen auf Château La Mission Haut-Brion (ich stelle fest, dass Pol Roger schon fast der »Haus-Champagner« vieler Spitzen-Châteaux in Bordeaux ist): Farbe wie altes Stroh, aber mit einem steten Strom von Bläschen; gute Nase; trocken. Kürzlich eine Flasche mit Originalkorken, reiches Orangegold, leichtes Schäumen beim Eingießen, danach aber statisch; im Bukett Flaschenalternoten; reicher alter Geschmack, gute Säure, trockener Abgang. *Zuletzt bei Paolo Pongs Weindinner verkostet. In Bestform* ★★★★, *wird aber jetzt allmählich müde.*

Pommery & Greno Meine ersten Notizen über ihn entstanden in der zweiten Hälfte der 1960er, natürlich noch immer blass, aber Nase, Geschmack, Gleichgewicht und Abgang gut. Dann verkostete ich ihn aus irgendeinem Grund nicht mehr, bis die in Dublin eingekellerten Pommerys bei Christie's zur Versteigerung eintrafen. Ich kaufte ein, zwei Kisten für Arbeitsessen von Christie's und habe daher rund ein Dutzend Einträge vorliegen; der erste datiert vom Februar 1988. Trotz seiner hervorragenden Lagerung Flaschenabweichungen, was aber nichts Ungewöhnliches ist; für sein Alter nach wie vor blass, in Bestform mit zartem, sahnigem Duft und schönem Geschmack. Zuletzt in Wiesbaden bei Karl-Heinz Wolfs La-Mission-Weinprobe degustiert. Er hatte bei Christie's einige Pommerys von 1961 gekauft, außerdem das Gros der La-Mission-Roten. Manche werden es als Sakrileg empfinden, aber nachdem ich von dem Pommery getrunken hatte, kippte ich ihn in mein Glas mit dem 1952er, um dem älteren Wein Schwung zu verleihen. *Zuletzt im Juni 1990 verkostet. In Bestform* ★★★★ *Jetzt sicherlich müde.*

1962 ★★★★

Zählt zu den für nördliche Anbauregionen typischen Jahren, in denen ein schöner, heißer, die Reife fördernder September den milden, sonnenlosen Sommer wettmachte. Die Weine ähnelten den 1952ern: fest, etwas spröde, aber langlebig.

Dom Pérignon Mehrere Einträge, aber keiner aus letzter Zeit. Durchweg als sehr trocken, aber fein und mit großer Länge bewertet. Zweifellos ein edler Wein. *Zuletzt im Mai 1981 degustiert. Damals* ★★★★★ *Hat sich vermutlich gut gehalten.*

Henriot Eine Magnum, die mir Joseph Henriot gab, nachdem er seine Aufmerksamkeit Burgund zugewandt und dort zuerst Bouchard Père et fils und anschließend William Fèvre in Chablis erworben und enorm aufgewertet hatte. Herrliches helles Goldgelb mit einem zarten Fluss feiner Bläschen. Etwas trocken, guter Geschmack, stilvoll, vielleicht etwas kurz. Ließ sich mit seinen 30 Jahren aber gut trinken. *Im April 1990 zu Hause verkostet* ★★★

Krug 1981 degorgiert. Nur einmal verkostet: blässlich, sehr feine Bläschen; gut, wohlriechend, charakteristisch reiche Strohnase, cremig; ein Hauch von Süße, wundervoll reich und mit sehr guter Säure. Ich zog ihn dem 1961er vor. *Im Mai 1997 bei einer Verkostung für die Bacchus Society in Reims degustiert* ★★★★

1963

Schlechtes Wetter, schwache Weine.

1964 ★★★★★

Man sollte sich nicht allzu sehr über die Schwankungen in Stil, Charakter und Gewicht der verschiedenen Jahrgänge und sogar in der Entwicklung der einzelnen Champagner wundern. Die Champagne ist ein sehr weit im Norden gelegenes Anbaugebiet, nur wenige Autostunden von Calais entfernt. Es liegt fast an der Grenze der Zone, in der Weinbau in Mitteleuropa überhaupt möglich ist. Wenn wir uns in den südlichen Grafschaften Englands über einen herrlich blauen Himmel freuen, stehen die Chancen gut, dass zur selben Zeit auch die Weinbauern in der Champagne in den Genuss strahlenden Sonnenscheins kommen.

1964 fiel der Sommer ungewöhnlich heiß aus. Mit den Temperaturen aber stieg wie immer auch die Angst vor Trockenheit. Zum Glück gingen über der Champagne wohltuende Schauer nieder, die die ungewöhnlich reifen Trauben anschwellen ließen. Kurzum, ein sehr guter Jahrgang, vergleichbar eher mit dem 1959er als dem 1961er oder 1962er.

Bollinger, RD Mir liegen mehrere Einträge vor, aber erst in jüngerer Zeit habe ich begonnen, mir den Degorgierzeitpunkt zu notieren. Im März 1998 tranken wir beim Essen mit meinem Sohn und meiner Schwiegertochter in San Francisco eine im April 1983 degorgierte Magnum: bemerkenswert blass; leicht fischiges (Pinot-)Aroma; merklich trocken, für sein Alter frisch, mit zitrusartiger Säure. Acht Monate später frisch degorgierte Flaschen bei einer Bollinger-Verkostung auf der California Wine Experience: blassgolden, ein Anflug von Mousse, sehr feine Bläschen; sehr wohlriechend, mit Alterston – ein Hauch von Walnüssen; gute Frucht, fest, trocken, gute Säure und ein zart prickelnder Abgang. *Zuletzt im November 1998 verkostet* ★★★★

Dom Pérignon Erstmals 1973 verkostet, zwar charakteristisch trocken, aber nicht so spröde wie sonst, was zweifellos an den überreifen Trauben lag. Ähnliche Beobachtungen 1976 und 1977, allerdings blass für sein Alter, ferner knochentrocken und fein. Ich empfand ihn als »irgendwie ein bisschen stumpf« und wies darauf hin, dass ein Jahrgang wie 1964 für den Dom Pérignon nicht ideal sei. Dann erst kürzlich wieder verkostet, diesmal eine im Juni 1998 degorgierte Flasche: noch immer ziemlich blass; ein schönes fleischiges, nussiges Flaschenalterbukett; eigenartiger Geschmack, aber gute Säure und sehr trockener Abgang. *Im September 2000 bei Len Evans' 70. Geburtstag im Hunter Valley verkostet* ★★★

Gosset, Brut 1979 degorgiert, Dosage 1 %. Magnumflaschen: bescheidene Perlage; fischige Pinot-Note; trocken, überraschend spröde, anständiger Geschmack und Abgang. *Dezember 1991* ★★

Krug Ein reicher, sehr charaktervoller Wein, aber nicht das erwartete Schwergewicht. Viele Einträge, der erste stammt aus dem Jahr 1971, als ich ihn als duftend, attraktiv und ausgewogen bezeichnete. 1973 eine Magnum, die meinen ersten Eindruck bestätigte, dass er trotz des Jahrgangs nicht so fleischig war, wie man hätte meinen können. Ende der 1970er erreichte er seinen Gipfel: noch immer blass, feine Bläschen; reiche, rauchige, subtile Nase; seine Säure bildete ein gutes Gegengewicht zum Gehalt, der Geschmack öffnete sich majestätisch. Mehrere Einträge auch in den 1980ern. Mit rund 20 Jahren noch immer relativ blass, mit außerordentlich reichem Bukett, das sich im Glas wunderschön entfaltete. 1990 war er farbtiefer geworden und hatte ein ausgeprägtes Strohgold angenommen; im Bukett mit Alterston und Charakter; wirkte trockener, aber mit guter Länge. *Zuletzt im August 1991 beim Essen zu Jack Plumbs 80. Geburtstag im Christ's College in Cambridge degustiert*

★★★★ *Dürfte sich nach wie vor gut trinken lassen, wenngleich man ihm sein Alter jetzt wohl anmerkt.*

Moët & Chandon, Brut Impérial Erstmals bei einem Essen der Champagne Academy 1970 vorgestellt: natürlich mit lebhafter Mousse, aber überraschend trocken, brauchte noch Flaschenalterung. In der zweiten Hälfte der 1970er wesentlich interessanter. Dann eine Lücke von zehn Jahren. Magnumflaschen: gute Farbe, sehr feine Bläschen; in der Nase und am Gaumen sehr gut und rauchig. Wirkte recht süß, köstlicher Geschmack und appetitanregende Säure. *Zuletzt im Juli 1998 als eine Art Präludium zur Veranstaltung »Eine Nacht im Pomerol-Himmel« mit Denis Durantou und den Farr-Vintners-Partnern im Restaurant Ransome's Dock degustiert* ★★★★ *Hätte fast zur Liebesroman-Prosa des Titels gepasst.*

Moët & Chandon, Demi-Sec, Grand Crémant Impérial Zwar nicht ganz so beeindruckend wie sein Name, aber nicht schlecht für einen 31-Jährigen, der eigentlich dafür gedacht war, bald weggetrunken zu werden. Nuanciertes Strohgold, keine Anzeichen von perlendem Leben mehr; gut, honigartig, Nase nach altem Stroh und Flaschenalter; süß, überraschend schöner Geschmack und in sehr gutem Zustand. *Im März 1995 vor einem monumentalen Essen mit 12 Weinen bei Lou Skinner in Coral Gables, Florida, verkostet* ★★★

Salon Eine von Jancis Robinson und Nick Lander nach dem 1973er servierte Magnum: fein, trocken und in ausgezeichnetem Zustand. *Mai 1994* ★★★★

Weitere 1964er, die bei der letzten Verkostung in den 1980ern in gutem Zustand waren **Ayala, Brut** *1985* ★★★; **Bollinger** Reich, fleischig. *1985* ★★★★; **Pol Roger** Ein schöner Wein. *1986* ★★★★; **Roederer, Cristal Brut** Vielschichtig. *1981, damals* ★★★★★

1965

Ein verhangener Sommer, schwere Stürme, Kälte und Hagel. Der trockene, warme September kam zu spät – der Schaden war nicht wieder gutzumachen.

1966 ★★★★

Nicht gerade die unproblematischsten Bedingungen: Die harten Fröste zu Jahresanfang ließen einige Reben gänzlich erfrieren. Von Mai bis August hagelte es immer wieder, wenngleich es im Juni zur Blüte heiß wurde. Der August verlief nass und sonnenlos, was den Mehltaubefall förderte. Schönes Wetter im September und Anfang Oktober rettete jedoch den Jahrgang, der eine zufrieden stellende Produktion fester, eleganter Weine ermöglichte. Ich habe über zwei Dutzend Marken verkostet, die meisten in den 1970ern, weniger als die Hälfte in den 1980ern und nur ein halbes Dutzend in den 1990ern.

Billecart-Salmon, Blanc de Blancs Ich stieß auf diesen Wein erstmals 1980, war aber gänzlich unbeeindruckt von ihm. Ich empfand ihn als blass, schäumend, substanzlos und nicht sonderlich ausgewogen. Deshalb war ich überrascht, als ich ihn mit 30 Jahren in so bemerkenswert gutem Zustand vorfand: sahnige Nase; ziemlich trocken, schöner Geschmack, voller Leben, fest, sehr gute Säure. *Im April 1996 bei Jane und Barney Wilson in Hungerford verkostet* ★★★★ *Dürfte nach wie vor ausgezeichnet sein.*

Billecart-Salmon, Cuvée N.F. Billecart Für sein Alter angemessen blass; sehr trocken, lebhaft, ausgezeichnete Säure – im Geschmack aber meiner Meinung nach ziemlich fade. *Ebenfalls im April 1996 bei den Wilsons verkostet* ★★

Bollinger, Brut Der erste 1966er, den ich verkostete, als er 1971 dem britischen Markt vorgestellt und wie immer mit Freude aufgenommen wurde. Schon damals wies er einen Strohton, eine »fleischige« Nase und den klassischen Bollinger-Stil auf. In den 1970ern gewann er an Gehalt und Statur, zeigte sich vollmundig, aber dennoch elegant. Mitte der 1980er war seine Strohfarbe etwas tiefer geworden, er zeigte jedoch den feinen Perlenfluss, für den die meisten Leute zahlen, und war von guter Lebenserwartung. Ein Jahrzehnt darauf war er überragend: sehr feine Mousse; butteriges, honigartiges Bukett; halbtrocken und mittleres Gewicht, schöner Geschmack, sehr gute Säure (1997 bei Hugh Johnson). Kürzlich: sehr gute, reiche Nase nach »altem Stroh«; Geschmack und Säure ausgezeichnet. *Zuletzt im Januar 2001 beim Essen mit Kate und Bill Baker verkostet* ★★★★ *Bleibt noch mindestens fünf weitere Jahre auf der Höhe.*

Bollinger, RD 1977 degorgiert. Ich stehe diesen RDs mit gemischten Gefühlen gegenüber. Sie schmecken frisch degorgiert wesentlich besser (siehe 1970). Die Strohfarbe spricht mich selten an. Dieser Wein hatte 30 Jahre nach der Lese und 20 nach dem Degorgieren kein Leben mehr; seine Strohnote, eine Folge des Flaschenalters, kam aus einem alten Stall und seiner Sahnigkeit fehlte die Frische. Obendrein war er kurz und hatte eine merkwürdige, den Mund austrocknende Säure. *Im Dezember 1997 bei Hugh Johnsons Essen für den Bordeaux Club verkostet* ★ *Er hätte Anfang der 1980er getrunken werden müssen.*

Krug, Collection Der Eröffnungswein auf der »Verkostung des Jahrhunderts« von Christie's, die Christopher Burr und ich auf der Vinexpo in Bordeaux leiteten. Strohgelb, goldene Reflexe, leichtes Prickeln; in der Nase und am Gaumen mit Altersspuren, aber herrlich gehaltvoll, lang und mit ausgezeichneter Säure. Er übertraf selbst den allerbesten spanischen Cava noch um Längen und war das Schulbeispiel eines großen Champagners. *Juni 1999* ★★★★★

Veuve Clicquot, Brut In der zweiten Hälfte der 1970er mit schöner Mousse, fest, trocken und elegant. Kürzlich eine Magnum auf Stephen Kaplans »zwangloser Verkostung« (mit drei weiteren Champagnern vor dem eigentlichen, großartigen Diner mit 33 Weinen): jetzt mittleres Goldgelb mit fließender Perlage; in seiner reifen Reichhaltigkeit fast wie ein Krug; nicht im Entferntesten »brut«, sondern köstlich gehaltvoll und mit seltsamem süß-säurebetontem Abang. *Zuletzt im April 2000 im Four Seasons in Chicago verkostet* ★★★★ *Muss jetzt aber getrunken werden.*

1967

Kein »Jahrgangs«-Jahr. Es hatte ganz gut angefangen, bis starke Niederschläge die Ernte ruinierten. Die Blüte war zufriedenstellend verlaufen, und über den heißen Sommer und trockenen August brauchten sich die Weinbauern nicht zu beklagen, doch der September war mehr als feucht, sodass die Trauben nicht ausreiften und sich die Fäule stark ausbreitete. Ich habe nur einen einzigen 1967er verkostet.

Roederer Zwar am Altern, aber überraschend lebendig, mit gutem Geschmack und, wie zu erwarten, ausgeprägter Säure. Roederer hatte eindeutig nur die gesundesten Trauben ausgewählt und dabei keinen Zeit-, Arbeits- und Kostenaufwand gescheut. *Januar 1991* ★★★

1968

Noch schlimmer als der 1967er. Ich bezweifle, ob der Wein überhaupt für jahrgangslose Cuvées taugte.

1969 ★★★

Ich hatte immer angenommen, dass der 1969er gerade zur rechten Zeit kommen würde: Erstens entstand nach zwei mageren Jahren endlich wieder ein Wein von Jahrgangsqualität und zweitens brauchte der aufgeblähte Weinmarkt Nachschub. Als der Champagner dann aber schließlich in den Handel gelangte, steckte die Wirtschaft in der Ölkrise, an die sich nahtlos eine Rezession anschloss.

Aus meinen Notizen geht hervor, dass die Champagner von 1969 selbst als von Haus aus säurebetonte Weine großzügig mit jener scharfen Säure ausgestattet waren, die allen anderen französischen Gewächsen dieses Jahres eigen war. Zum Glück schadet das dem Champagner keineswegs, sondern macht ihn sogar langlebiger.

Dom Pérignon 1989 gab ich ihm fünf Sterne und prognostizierte eine weitere Steigerung. Er war auch wirklich sehr schön, mit einem steten Strom feiner Bläschen, einem überraschend parfümierten Bukett, reich im Geschmack und mit ausgezeichneter (1969er-)Säure. Sechs Jahre später, 1995, hatte er Farbe angenommen und zeigte Altersspuren, war aber merklich trocken, ein hochklassiger Mundfüller mit lebenserhaltender, erfrischender Säure. Als ich ihn die beiden letzten Male verkostete, bildete er den idealen Aperitif zu unserem alljährlichen Steinkrabbenessen mit den Pauls in Coral Gables. *Zuletzt im Februar 2001 verkostet* ★★★★

Alfred Gratien Ich bringe diese Marke stets mit Eddie Penning-Rowsell in Verbindung. Er starb wenige Tage bevor dieser Eintrag entstand. Eddie servierte uns vor jedem seiner Essen mit erstklassifizierten Bordeaux-Gewächsen einen Jahrgangs-Champagner von Gratien. Ich kann mich noch daran erinnern, als der 1969er einmal einer Verkostung mit den großartigen 1945ern vorausging. Nicht schäumend, aber mit einem für einen 21-jährigen Champagner ansehnlichen, steten Steigen feiner Bläschen; in der Nase und am Gaumen angenehm reif, aber mit der typischen Spitzigkeit, die ich mit dem 1969er-Jahrgang verbinde. *Im Juni 1990 auf Wootton verkostet* ★★★

Lord Rosebery

Die allererste Versteigerung »feinster und seltenster Weine« bei Christie's fand am 31. Mai 1967 statt. Im Mittelpunkt standen Flaschen aus den beiden großen Gütern von Lord Rosebery, Mentmore in Hertfordshire und Dalmeny in Schottland. Neben dem sehr seltenen Sillery (siehe Seite 503) enthielten die Keller eine einzigartige Palette von Kreszenzen aus der Zeit vor der Reblausinvasion, in erster Linie Château Lafite, einschließlich zwei »Dreifachmagnums« und 15 Doppelmagnums von 1865 sowie 40 Magnums und 71 Normalflaschen von 1874. Sie waren samt und sonders noch nie bewegt worden und befanden sich in Bestzustand. Mit dem Verkauf machte sich die noch junge Weinabteilung von Christie's erstmals einen Namen in der Weinwelt.

Jacquesson, Blanc de Blancs *Dégorgement Tardive*. Für sein Alter mit sehr viel Leben, was zweifellos am späten Degorgieren lag. Aber war er die Mühe wert? Nein, er hatte eine seltsame, teigartige Nase und einen merkwürdigen Geschmack, der mich an Madeira-Kuchen erinnerte. Ich hätte den Kuchen vorgezogen. *Im Oktober 1998 auf einer Vorverkaufsverkostung degustiert.*

Krug Zehn Jahre nach der Lese bemerkte ich während Michel Roux' Essen im Londoner Restaurant Le Gavroche, dass dieser Jahrgang leichter im Stil und pikanter war als bei Krug sonst üblich – trotzdem war er ein guter, erfrischender Aperitif zu diesem Dinner mit gleichzeitiger Verleihung des »Krug Award for Excellence«. Ein paar Jahre später ein säurebetonter Abgang, aber duftend und wohlschmeckend (1981). 1989 wurde die Krug Collection herausgegeben. Der attraktive Geschenkkarton enthielt die folgenden Jahrgangsinformationen: »Kalter Winter, kalter, verregneter Frühling, trockener, schöner Sommer und ähnlich schöner September.« Die Blüte fand vom 16. Juni bis 17. Juli statt, die kleine Ernte wurde vom 1. bis 13. Oktober gelesen. Der Wein der »Collection« hatte schon ein ganz anderes Format: schön reich, nussig, allerdings war ich überrascht von seinem niedrigen Alkoholgehalt von 10 %. Kürzlich eine »Collection«-Magnum, die Wilf Jaeger vor seiner großen Romanée-Conti-Verkostung mittags servierte: reines »Tutanchamun«-Gold mit guter Mousse; verhalten, aber ein zartes, leicht mineralisches Bukett mit einem Hauch frischer Walnüsse; trocken (nach einem ziemlich salzigen Happen allerdings halbtrocken), Geschmack und Länge gut, jahrgangstypische Säure. Etwas eigen, aber ein eleganter Auftakt zu einem beispiellosen Essen mit großen Burgundern. *Im März 2002 in den Bergen südlich von San Francisco verkostet* ★★★★

Roederer Mehrere Einträge. Das denkwürdigste Exemplar war eine seltene Rehoboam mit dem Fassungsvermögen von sechs Normalflaschen, die vor einem »Doppelmagnum«-Essen zur Feier des 15-jährigen Bestehens von Farr Vintners geöffnet wurde: mittelblasses Gold, sehr feine Mousse; rauchig wie die erlöschende Glut eines Holzfeuers, schöner Geschmack, gute Länge, herrliche Säure. *April 1993* ★★★★★ *Wurde fast mit Sicherheit durch Dekantieren der entsprechenden Anzahl von Normalflaschen eigens für den Anlass abgefüllt.*

1970 ★★★★

Ein kalter Frühling, eine späte Blüte, starke Regenfälle im Juni, dann schönes Wetter bis zur Lese. Gute, ziemlich gewichtige Weine. Die besten halten sich gut.

Bollinger, Tradition, RD Erstmals 1979 Flaschen verkostet, die vermutlich 1977 und 1978 degorgiert worden waren. Ein weiterer Posten wurde 1980 degorgiert. Von den RDs aus den frühen 1970ern gefielen mir alle. Ich erwähnte ihre lebhafte Perlage, die cremige, leicht vanilleartige Nase und den reichen, vollmundigen Geschmack. Außerdem ein Anflug von Walnüssen. Einige 1978 degorgierte und im Jahr darauf degustierte Magnumflaschen wiesen bereits Altersspuren und eine Strohfarbe auf, ließen sich aber gut trinken; trocken, fest, nussig – wieder frische Walnüsse –, ausgezeichneter Geschmack. *Seit Juni 1991 nicht mehr verkostet, damals* ★★★★ *Mittlerweile aber sind diese früh degorgierten Flaschen mit Sicherheit jenseits ihres Höhepunkts (das »Tradition« wurde aus dem Namen gestrichen).*

Bollinger, Vieilles Vignes Françaises Von unveredelten Rebstöcken aus einem 2 ha großen Weinberg. Mir liegt ein relativ alter Eintrag vor, in dem ich darauf hinwies, dass diese seltenen »VVFs« die Quintessenz des Bollinger-Stils sind und um Lichtjahre besser als ihre jahrgangslosen Pendants, die man am besten aus silbernen Krügen trinkt, wie Cyril Ray ganz richtig bemerkte. Ich verkostete den Wein erstmals neun Jahre nach der Lese: sehr blass und schäumend, süßer und reicher als die RDs, weich, doch vollmundig. 1981 ein weiterer bewundernder Eintrag. Dann ein Sprung von zehn Jahren. In dieser Zeit war er farbtiefer geworden, am Gaumen aber zur Perfektion gereift. Weich, auffallend das Fehlen der jahrgangstypischen Säure. *Zuletzt im Juni 1991 verkostet. Damals* ★★★★★ *Jetzt über den Höhepunkt hinaus, aber wahrscheinlich ein köstlich reifer Wein.*

Dom Pérignon Zwei interessante frisch degorgierte Flaschen. Die erste, im September 1996 verkostete war im Vormonat degorgiert worden: blass; ausgezeichnetes, leicht eichig-rauchiges Bukett; trocken, lebhaft, fein. Sehr gut. Als Nächstes ein im Juni 1998 degorgiertes Exemplar: sehr blass; sehr reiche, rauchige Nase; süßer Auftakt, trockener Abschied. Sogar in diesem Alter noch ein sehr ausgeprägter Pinot-Charakter. *Zuletzt im September 2000 auf Len Evans' 70. Geburtstag verkostet* ★★★★

Charles Heidsieck Seit einem Essen der Champagne Academy 1974 oft verkostet. Ein Stil, der mir gefällt, vor allem seit er die Nachtclubexistenz der Nachkriegszeit hinter sich ließ und sich preislich zwischen den anderen jahrgangslosen Champagnern und den Jahrgangsmarken einordnete. (Die Heidsiecks sind eine sehr distinguierte, kultivierte Familie, der ich erstmals 1957 begegnete; ein Mitglied wurde Konzertpianist.) In letzter Zeit nicht mehr verkostet, aber die letzte Flasche war eine ausgesprochen attraktive Magnum, die sechs Monate zuvor degorgiert worden war: leicht süß, körperreich, der 56-prozentige Pinot-noir-Anteil dominierte den Geschmack, Länge und Nachgeschmack gut. *Zuletzt im März 1990 verkostet* ★★★★ *Damals perfekt zu trinken, jetzt wahrscheinlich schon etwas müde.*

1971 ★★★★★

Welch ein Jahrgang! Mehr als gut – in seiner besten Ausprägung der Inbegriff von Eleganz.

Er überlebte alle Unbilden, die das Klima in diesem nördlichen Anbaugebiet – wohlgemerkt, es liegt östlich von Paris – mit sich bringt: Frühjahrsfröste, ein stürmischer Mai, Hagel im Juni, eine ungleichmäßige Blüte bei heißem, aber schwülem Wetter. Im August weitere Stürme, aber der September fiel zum Glück heiß und trocken aus. Kleine Erträge. Eine Selektion war unerlässlich, doch die Ergebnisse können sich sehen lassen: Im Idealfall entstanden feine, lebhafte, stilvolle Weine. Die Spitzenprovenienzen sind lange lagerfähig – wenn man reifen Champagner mag.

Dom Pérignon Mein erster Eintrag entstand bei einem Essen auf Château Saran, dem eleganten Gästehaus von Moët & Chandon in den Hügeln an der Côte des Blancs. Bei dieser Verkostung verdrängte der 1971er Dom Pérignon den großartigen 1961er (und davor den berühmten 1928er von Krug) vom Spitzenplatz meiner Champagner-Hitliste. Er war perfekt, selbst nach fast 30 Jahren: ein Anflug von Süße, wundervoll in Geschmack und Länge. Fein. Nach 30 Jahren dann dasselbe Ergebnis, vielleicht etwas mehr Farbe, allerdings feine Mousse; leichte »Stroh«-Nase; perfekter Geschmack, ausgewogen, ein Anflug von unterschwelliger Süße, große Länge, ausgezeichnete Säure. Wieder »fein«. *Zuletzt im Januar 2001 vor Louis Hughes' Einstandsessen für den Bordeaux Club im Savile Club verkostet* ★★★★★ *Hält ewig.*

Dom Ruinart, Blanc de Blancs In seinem Champagner-Buch erinnert Tom Stevenson daran, dass Ruinart, das älteste Champagnerhaus, 1729 von Nicolas Ruinart gegründet wurde, einem Neffen von Dom Thierry Ruinart, der ein Freund von Dom Pérignon war. Aus den Archivaufzeichnungen bei Christie's geht hervor, dass Ruinard *(sic)* Mitte des 19. Jahrhunderts als erstes Champagnerhaus in einem Weinversteigerungskatalog namentlich erwähnt wurde (1840). Die Marke Dom Ruinart wurde 1959 aus der Taufe gehoben.

Christen Sveaas servierte den 1971er bei seinem Weindiner in Oslo. Noch immer blass, gute Nase; mitteltrocken, mittlerer Körper, ziemlich gut, aber »kein Vergleich mit dem Pérignon von 1971«, wie ich mit Bedauern feststellte. *April 1996* ★★★

Krug Wie viele 1971er anfangs sehr beeindruckend. Erstmals 1978 verkostet: blass, lebhaft, »gute Zukunft«. 1982 »Krug mehr oder weniger in Bestform«: blässlich; sehr fein, perfekt entwickeltes Bukett; wunderschön ausgewogen, ausgezeichnete Säure, Länge. Nach einem Vierteljahrhundert am Altern, tieferes Strohgelb, Stroh auch in Nase und Geschmack. Nichts für französische Gaumen, sondern sehr charaktervoll. *Zuletzt im Februar 1996 bei den Pauls in Coral Gables verkostet* ★★★

Lanson, Brut Ein kurzer, später Eintrag: »Spröde.« *Im Oktober 1998 auf einer Vorverkaufsverkostung degustiert* ★★★

Roederer Während einer Rundreise zu den großen Bordeaux-Châteaux mit den Palumbos, den Lloyd-Webbers, Mark Birley und Olga und Dieter Bock vor einem Essen von David Orr auf Rauzan-Ségla verkostet. Nach 27 Jahren hatte der Wein im Erscheinungsbild, in der Nase und am Gaumen einen reichen, von Flaschenalter geprägten Charakter angenommen. Ein Anflug von reifer Süße. Köstlicher Geschmack. *Im September 1998 auf Rauzan-Ségla verkostet* ★★★★

Roederer, Crémant Ein Privatimport von Jack Rutherford, dessen Familienunternehmen mehrere Generationen lang die großen französischen Weinhäuser vertreten hatte. Jack war auch ein großer Kenner feiner, klassischer Weine. Solche Handelsfachleute der alten Schule mit lebenslanger Weinerfahrung gibt es heute kaum mehr. Ein Crémant wird normalerweise jung getrunken, aber dieser hier war noch immer schön, für sein Alter blass; ein Anflug von Honig, der seinen reifen, nussigen Charakter bereicherte; schöner Geschmack und Abgang. *Januar 1990* ★★★★

Salon Passte überraschend gut zu Trüffel-Surprise in Gewürztraminer-Aspik und Stubenküken-Feuillette »au jus«. Die Bescheidenheit verbietet mir fast zu erwähnen, dass ich ihn bei der zu meinen Ehren abgehaltenen »Frühlingsfeier 1992« der Society of Bacchus verkostete. Die Verkostungsnotiz hätte fast auch auf mich gepasst: blässlich, sehr wenig Perlen; am Altern; trocken, mittlerer Körper, fest und etwas säurebetont. Aber er hatte auch einen Anflug von Gold und war ausgezeichnet. Kürzlich: blässlich, attraktiv, sehr wenig Perlen; fein, altes Stroh und Walnüsse; ziemlich trocken, beträchtliche Reife, aber sehr gut, mit außergewöhnlicher Geschmackspersistenz. Erneut »fein« notiert. *Zuletzt im November 2000 bei einem Vorverkaufsessen zu Ehren von Lenoir M. Josey in New York verkostet* ★★★★

1972

Späte Lese. Keine Jahrgangsqualität.

1973 ★★★

Die zweitgrößte Champagner-Ernte des 20. Jahrhunderts. Die Überproduktion wirkte sich nachteilig auf die Festigkeit und Griffigkeit der Weine aus. Trotzdem entstanden nach dem heißen, trockenen Sommer und den verwässernden, schweren Regenfällen im September einige angenehme, wenn auch eher frühreife Weine.

Bollinger, Tradition, RD Recht viele Einträge von 1979 – »braucht Flaschenalter« – bis Mitte der 1980er. Immer verwies ich auf seine Schlankheit und Sprödheit. Kürzlich bei einer Verkostung von Spitzen-Bollingern bei der Californian Wine Experience in New York eine zwei Monate zuvor degorgierte Flasche: schönes Goldgelb mit lebhaftem Schäumen, das sich beruhigte und in ein zartes Perlen feiner Bläschen überging; sehr wohlriechende Nase, Walnüsse und weiße Trüffeln im Bukett und Geschmack. Ziemlich kraftvoll. *Zuletzt im November 1998 verkostet* ★★★★

Dom Pérignon Magnumflaschen im Jahr 1986: perfektes Alter, perfekter Wein. Überraschend süß und reich (ich empfand den Pérignon früher als trocken und spröde), Geschmack und Länge schön. Elf Jahre später auf einer Vorverkaufsverkostung in New York: sehr blass für sein Alter (24) und nicht viel Mousse; süß, leicht karamellisiert; auch am Gaumen etwas Süße, angenehm und leicht prickelnd. Kürzlich der jüngste einer Reihe von Pérignon-Jahrgängen; er wurde drei Monate vor meiner Ankunft in Australien degorgiert. Noch immer blass; »warme«, reiche Nase, weich, süß, *à point*. Ein sehr angenehmer Wein, der sich überraschend gut gehalten hatte. *Im September 2000 auf Len Evans' 70. Geburtstag im Hunter Valley verkostet* ★★★★

Dom Ruinart, Blanc de Blancs Erstmals 1981 genossen, aber »nicht in derselben Liga« wie der andere ehrwürdige Dom (oben). Sehr blass, lebhaft; cremige Nase; trocken, leicht, frisch, wohlschmeckend. Mit zehn Jahren perfekt, aber »nicht für ein höheres Alter gemacht«. Dennoch überlebte er problemlos weitere 14 Jahre: jetzt mittelblass, überraschend lebhaft, ein guter, steter Strom sehr feiner Perlen. Am Gaumen gealtert, aber attraktiv und »wirklich unglaublich süß«. *Am 31. Dezember 1998 mit der Familie und Übernachtungsgästen, den Pauls aus Florida, zur Silvesterfeier geöffnet* ★★★

Gosset, Brut Kurz vor dem Export degorgiert. Nicht gut: eine Flasche seltsam, die andere hefig. *Auf der Verkostung des Londoner Agenten im Dezember 1991 degustiert. Nicht zum ersten Mal sind mir auf dieser Weinprobe schlechte Flaschen untergekommen. Ich frage mich, warum die Hersteller so nachlässig sind. Sie prüfen die Weine doch hoffentlich vorher. Auf jeden Fall ist so etwas schlecht fürs Geschäft...*

Krug Erstmals im Mai 1980 verkostet. Man gab bekannt, dass die Blüte vom 14. bis 19. Juni und die Lese vom 28. September bis 15. Oktober stattgefunden habe. Ein köstlicher Wein, tief, nussig, wie ein großer Corton-Charlemagne, dem man superfeine Bläschen eingeimpft hatte. 1989 gab Krug den 1973er frei; er war nicht frisch degorgiert und in Einzelkartons mit der Aufschrift »Krug Collection« verpackt. Sehr gut: blass; wohlriechend; für einen 1973er körperreich. Wurde auch auf der Verkostung der Bacchus Society 1997 serviert: jetzt mittelblass, mit trägen Bläschen; süßlich, »komplex« (was bedeutet, dass ich nicht wusste, wie ich ihn beschreiben soll); ungewöhnlich, aber attraktiv, mit ziemlich positiver Wirkung. Kürzlich: jetzt mit tieferer Strohfarbe und verhaltener Mousse; in der Nase beträchtliche Alterserscheinungen, wie alte Äpfel auf einem Heuboden, etwas Süße. *Zuletzt im Juni 2000 während Paolo Pongs Essen bei Nick Lander und Jancis Robinson in London verkostet. In Bestform* ★★★★ *Aber bereits weit jenseits seiner Bestform.*

Brotiger, teigartiger Geruch und Geschmack

Ein »Autolyse«-Charakter mit Keks-, Brot- und Hefenoten ist bei allen guten Champagnern erwünscht. Die Autolyse findet statt, wenn die toten Hefezellen nach der Zweitgärung zu Boden sinken und dort ein Sediment bilden, das weiterhin mit dem Wein reagiert. Man nimmt an, dass es mindestens sieben Jahre dauert, bis die Vorteile des Kontakts mit dem Hefesatz uneingeschränkt zum Tragen kommen, doch kann Champagner mehrere Jahrzehnte lang von einem solchen Ausbau profitieren. Nicht jeder Champagner- oder Schaumweinhersteller allerdings kann es sich leisten, seine Weine so lange zu lagern. Mit dem Degorgieren der Flaschen und dem Entfernen des Sedimentpfropfens wird die Autolyse gestoppt.

Laurent-Perrier, Millésime Rare 55 % Chardonnay, 45 % Pinot noir. Magnumflaschen: überraschend blass für sein Alter; sahnige, getoastete, brotartige Nase; trocken, noch immer frisch, komplett. Zu *Crème brûlée* aber hoffnungslos. *Im Mai 1994 beim jährlichen Essen der Champagne Academy verkostet* ★★★★ *(gerade noch).*

Pol Roger, Extra Dry Buchstäblich Dutzende Male verkostet, angefangen mit einem Posten, den ich 1983 kaufte. 1990 konsumierte ich die letzte Flasche aus meinem Keller. Ich weinte ihr eine Träne nach. Der Wein war durchweg köstlich und unproblematisch gewesen, hatte seine Farbe im Lauf der Zeit von blassgelb bis strohgelb verändert; das anfängliche Perlen war schwächer geworden. 1990 brachte Christian Pol Roger einige im Vorjahr degorgierte Flaschen zu einer Verkostung mit. Dieser Wein war ganz anders. Trocken, schäumend, frisch. Aber irgendwie empfand ich das späte Degorgieren wie Trickserei. Kürzlich eine ebenfalls erst kurz vorher degorgierte Flasche: schönes blässliches Gold, nur wenige, aber feine Bläschen; schön, reif, im Bukett »goldenes Stroh«; ansehnlicher Körper, Geschmack und Länge gut. *Im Februar 1994 vor einem Weindinner im Gidleigh Park Hotel in Devon verkostet* ★★★★

Salon Mittelblass, feine Mousse; allmählich am Altern, mit dem Duft frisch gesammelter Pilze; halbtrocken, ziemlich fein. Müde, aber wohlschmeckend. Der Eröffnungswein eines großartigen Dinners mit acht Weinen bei Nick Lander und Jancis Robinson, bevor mich die Polizei auf dem Heimweg in einer 30-Meilen-Zone mit 35 Meilen/Stunde erwischte. Ich musste ins Röhrchen blasen, doch es passierte gar nichts – die Farbe blieb unverändert. *Mai 1994* ★★

1974 ★

Ein schlechter Jahrgang in einer bedrückenden Zeit. Wegen der Ölkrise ging der Verkauf von Champagner (und anderer Luxusgüter) so stark zurück wie noch nie. Dabei hatte die Saison mit einem milden Frühjahr und zeitigen Sommer gut begonnen. Kurz nach der Blüte wurde es brennend heiß und trocken. Über den Regen im August freuten sich die Weinbauern, doch die Niederschläge während der Lese zerstörten alle Hoffnungen. Ich habe nur drei Weine dieses Jahrgangs verkostet, zwei davon in den 1980ern.

Roederer, Cristal Brut Ich weiß nicht, warum Roederer beschloss, in einem so mäßigen Jahrgang eine De-Luxe-Cuvée auf den Markt zu bringen. Es muss sehr kostspielig gewesen sein, die Weinberge nach gesunden, reifen Trauben abzusuchen. Erstmals 1982 verkostet, damals willkommen, aber nicht sonderlich gut. Dann 1984 relativ angenehm. Sieben Jahre später bei einer Vertikalverkostung von Cristal Brut noch immer blass und recht lebhaft; typische Flaschenalternote nach »altem Stroh« in der Nase; positiv im Geschmack, gute Säure. Aber nicht »de luxe«. *Zuletzt im März 1991 verkostet* ★★

1975 ★★★

Ein populärer, stilvoller Jahrgang. Die Durchschnittstemperaturen lagen im Sommer zwar über dem Mittel, aber weil sich die Sonne zu wenig blicken ließ und die zweite Septemberhälfte nass ausfiel, verzögerte sich die Lese bis Mitte Oktober. Die Erträge waren klein und die Trauben säuerlich, denn sie hatten nicht lange genug reifen können, auch wenn das bei einem von Natur aus säurebetonten Wein kein allzu großer Nachteil ist.

Bollinger, RD Rund zehn Einträge, der erste datiert vom Jahr 1984. Fast vom Start weg ein ausgeprägtes Strohgelb mit einem Anflug von Gold, außerdem ein sehr positives Bukett, reich, komplett, beträchtliche Tiefe und ein Duft nach frischen Walnüssen. Ein klassischer, gehaltvoller Bollinger. 1986 eine Jeroboam, die nicht dem gewohnten Niveau entsprach – wahrscheinlich war sie »dekantiert«, also aus Normalflaschen zusammengefüllt worden. (Bollinger gehört zu den wenigen Champagnerhäusern, die ihren Wein in Magnum- und Normalflaschen reifen lassen. Soweit ich aber weiß, werden die Großformate immer auf Bestellung abgefüllt.) Ich muss zugeben, dass ich mir nicht immer das Degorgierdatum notierte. Eine im September 1985 degorgierte und bei einem Essen 1992 servierte Flasche wirkte für einen RD blass, hatte eine fleischige Nase nach altem Stroh und apfelartige Säure – ein glanzloser Auftakt zu Nils Sternbys Essen mit Weinen des 1975er-Jahrgangs im Jahr 1995.

Aussagekräftiger waren Flaschen, die man zwei Monate vor dem Versand nach New York für eine große Bollinger-Verkostung im Jahr 1998 degorgiert hatte. Sie waren ein anderes Kaliber: sehr stark schäumend, kleine, lebhafte Bläschen; im Bukett süß, reich, brotkrustig, fast hefig; interessant, aber mit schlankem, kratzig säurebetontem Abgang. Kürzlich ein im September 1985 degorgiertes Exemplar: warmes Gold, leichte Mousse; Nase und Geschmack nach altem Stroh. Trocken, müde und säurebetont. *Zuletzt im Dezember 1999 beim Essen mit der Familie Hochar in Libanon verkostet. In Bestform ★★ Jetzt zu alt.*

Deutz Diesem Champagner begegne ich nur selten. Er stammte aus dem Haus eines exzentrischen (Bordeaux-)Château-Besitzers irgendwo in Zentralfrankreich. Neben mir war auch Corinne Gaudron, die »Veuve Clicquot femme du vin« 1992, eingeladen! Gute Farbe (der Champagner), Zitronengold, schöne Perlage, überraschend frisch (auch der Wein); trocken, lebhaft, sehr gute Säure. Fein. *Mai 1995* ★★★

Dom Pérignon Erstmals 1983 verkostet: trocken, nussig, spröde, gute Länge, aber säurebetont. Als Nächstes 1995 beim Essen mit der amerikanischen Bacchus Society im Pied à Terre in London einige kurz zuvor degorgierte Flaschen: blass, elegant; ein Anflug von Zitrone; ziemlich trocken, guter Geschmack, mit rauchigem, eichenbetontem Endgeschmack. Fünf Monate später eine Impériale: blasses Zitronengelb, ein schwacher Schleier sehr feiner Bläschen; cremig; meine erste Reaktion war: »Herrlich, fein«, dann »ein bisschen zahm«, was ziemlich undankbar ist, denn sie muss ein Vermögen gekostet haben. *Zuletzt im September 1995 bei einem Galadiner von Rodenstock in München verkostet* ★★★

Jacquesson Im Dezember 1990 degorgiert. Blässlich, lebhaft; sahniges Bukett; trocken, guter Geschmack, passable Länge. Jahrgangstypische Säure. *Im Dezember 1993 beim Abendessen mit Rudolf Russell und Frau nach dem Weihnachtssingen in Charlton Park verkostet* ★★★

Lanson, Red Label In etwa zu dieser Zeit versuchten die großen Champagnerhäuser alles, um den Wiedererkennungswert ihrer De-Luxe-Marken zu erhöhen. Lanson gelang das auf jeden Fall, als es seine *grande marque* 1984 in einer schlichtweg grauenhaften, kegelförmigen Flasche herausbrachte. Der Wein aber war gut. In den 1980ern und 1990ern auch einige erfrischende Magnums verkostet. *Trank sich im April 1992 bei einem Essen im Sitzungssaal von Christie's gut* ★★★ *Man soll nicht immer nach dem Aussehen gehen.*

Laurent-Perrier, Grand Siècle, La Cuvée Dieser Champagner war eine Idee von Bernard de Nonancourt, der beschloss, seine besten *Grand-cru*-Weine zu einer je rund zur Hälfte aus Pinot und Chardonnay bestehenden Komposition zu assemblieren und so einen perfekt ausgewogenen »Super-Champagner« zu erzeugen. Eine um 1992 degorgierte Magnum, eine Assemblage aus den Jahrgängen 1975, 1976 und 1978: Grünton; keine Altersspuren, schlank, stahlig, Zitronenduft; voll im Geschmack, charaktervoll. Ausgezeichnete Säure. Eröffnete eine »zwanglose Verkostung« vor einem monumentalen Essen von Kaplan. *Im April 2000 in Chicago verkostet* ★★★★

Piper-Heidsieck, Florens Louise Für sein Alter blass; leicht rauchig; trocken, Geschmack und Länge ausgezeichnet. Eine sehr angenehme Überraschung. *Im Februar 2000 bei den Pauls in Coral Gables vor den Steinkrabben verkostet* ★★★★

Pol Roger, Cuvée Sir Winston Churchill Churchill hatte nicht nur ein Faible für Pol Roger, seinen Lieblingswein, sondern auch für die Familie und insbesondere für die mutige, bemerkenswerte Odette Pol Roger. So ist es nur angemessen, die De-Luxe-Cuvée nach dem großen Staatsmann zu benennen. Ich verkostete diese neue Cuvée erstmals 1984: ein Wein mit Charakter und Gewicht, reich und wohlschmeckend. Mit zwölf Jahren (dem meiner Meinung nach idealen Alter für einen Jahrgangs-Champagner) sehr schön. Mit knapp 20 Jahren aus einer Magnum: perfekt zu trinken, wenngleich jetzt mit tieferem Gelb; hatte sich einen kleinen Strom feiner Bläschen bewahrt; schönes, sahniges, ausgewogenes Bukett, lediglich ein Anflug von Flaschenalter; schöner Geschmack, perfekte Länge. *Zuletzt im März 1994 bei einem Arbeitsessen im Sitzungssaal von Christie's verkostet. Damals ★★★★★ Altert zweifellos noch immer mit Eleganz – wie Odette, als ich sie kurz vor ihrem Tod im Dezember 2000 in Epernay noch einmal traf.*

Roederer, Cristal Brut Erstmals 1983 in Houston bei dem unvergesslichen Essen der Wine & Food Society degustiert, zu dem Josey geladen hatte: cremig, elegant, große Länge, erfrischende Säure, die ein paar Jahre später noch ausgeprägter war. 1998 auf einer Dinnerparty von Miriam und Jonathan Lyons in London zusammen mit dem 1978er verkostet. Mit 23 Jahren hatte er nun eine gelbe Bernsteinfarbe angenommen, perlte nicht mehr und war kurz davor zu oxidieren. Ich hielt ihn für einen 1947er oder einen noch älteren Jahrgang. Es stellte sich heraus, dass er aus dem Keller von Jonathans Vater in Florida stammte. *Zuletzt im Juni 1998 verkostet. In Bestform* ★★★

Taittinger, Comtes de Champagne, Blanc de Blancs Erstmals 1984 bei einem aufwändigen abendlichen Dinner zu zweien verkostet, mit dem wir unseren 30. Hochzeitstag im Hotel Bel-Air in Hollywood als Gäste des freundlichen alten Weinliebhabers George Reese feierten. 1986 eine Magnum: zwar vordergründig leicht im Stil, aber mit einer an Härte grenzenden Festigkeit. Brauchte mehr Zeit. Unlängst: blassgelb; leicht minzige Lanolinnase; sehr guter Geschmack, perfekte Säure. *Im Oktober 1998 auf einer Vorverkaufsverkostung degustiert ★★★★★ Dürfte nach wie vor ausgezeichnet sein.*

Veuve Clicquot, Rosé Zwei Rosé-Magnums, die zufällig beide aus Stephen Kaplans Keller stammten, die ich aber bei unterschiedlichen Anlässen verkostete. Die erste auf einer umfangreichen Clicquot-Vertikalverkostung 1997 zu »frischen Beeren der Saison«: blässlich rosa, feine Bläschen; neutrale Nase; sehr trocken, nicht sehr ausgeprägter Geschmack und sowieso von den Beeren ruiniert. Im Jahr darauf bei einem weiteren Dinner im Four Seasons, diesmal als Aperitif: recht gute Farbe; Anflug von honigartigen Flaschenalternoten, unterlegt von altem Stroh; Geschmack, Abgang und Säure gut. *Zuletzt im Februar 1998 in Chicago verkostet. In Bestform* ★★★

WEITERE BEDEUTENDE 1975ER, DIE ICH ZULETZT IN DEN SPÄTEN 1980ERN VERKOSTETE **Bollinger, Brut** ★★★★; **Krug** ★★★★★; **Perrier-Jouët, Brut** ★★★★; **Pol Roger, Brut** ★★★★; **Veuve Clicquot** Trotz schlechtem Wetter zu Anfang der Saison einer der besseren Clicquot-Jahrgänge. 8,5 g/l Säure, was den – gelinde gesagt – erfrischenden Schneid erklärte! ★★★

1976 ★★★★

Einer meiner Lieblingsjahrgänge, voll im Geschmack und einfach köstlich.

In diesem Jahr erlebte England eine der schlimmsten Hitzewellen überhaupt. Und wenn schon in Südengland die Sonne herunterbrennt, dann kann man davon ausgehen, dass es in Nordfrankreich nicht anders ist. Während aber das Wetter in England in den letzten Augusttagen umschlug und monatelanger, sturzflutartiger Regen eine Weinernte ruinierte, die ansonsten großartig ausgefallen wäre, setzte sich in der Champagne (und an der Loire) die Schönwetterperiode fort, sodass überreife Trauben geerntet werden konnten. Allerdings mangelt es ihnen in der Champagne in solchen selten heißen Jahren an Säure. Mal sehen, wie die Häuser damit zurechtkamen.

Bollinger Christian Bizot und Bollingers Londoner Agent Mentzendorff stellten den 1976er im Juni 1982 vor. Ich beschrieb ihn damals als fabelhaft reich, fast die Karikatur von Bollingers viel bewundertem fleischigem Stil, »mit fast betäubender Wirkung am Gaumen« (oder eher auf meinen Kopf!). Mehrere Einträge danach, als er allmählich weicher wurde. In jüngster Zeit aber leider nicht mehr verkostet. *Zuletzt im August 1990 eine ziemlich enttäuschende Flasche degustiert. In Bestform ★★★★*

Dom Pérignon Erstmals bei einem Empfang auf Château Margaux im September 1984 vor einem aufwändigen Diner zum 50-jährigen Bestehen des Handels zwischen Bordeaux und den Vereinigten Staaten verkostet. Er erwies sich als eine Art Paradewein für Sherry Lehmann. Der 1976er Dom Pérignon war trocken und lang, wie Sam Aarons Rede! In den 1980ern wurde er farbtiefer und ich begann seine unvergleichliche Finesse mehr zu schätzen. Unlängst: mittelblasses Strohgelb, sehr feine Bläschen, gut für sein Alter; köstlich sahniges Bukett, das allerdings gegen die Rauchschwaden aus dem frisch entfachten Ofen fast auf verlorenem Posten stand; trocken, fest, etwas spröde, lebhaft, große Länge. *Zuletzt an einem kalten Apriltag 1996 vor Neil McKendricks Essen für den Bordeaux Club im Caius College in Cambridge verkostet ★★★★*

Gosset, Brut Die Briten sind schon ein komisches Inselvolk, das seine Gewohnheiten bei der Auswahl von Marken nur schwer ändert. Dieser Wein stammt von einer der ältesten Familien im Geschäft, die schon seit 1584 Wein erzeugt – lange bevor Bläschen im Champagner populär wurden. Und doch erscheint er nur selten auf den Weinlisten unserer Händler und Restaurants. Blässliches Gelb, feine Mousse; fleischig im Stil; ausgezeichnete Säure, trockener Abgang. *Auf einer Vorverkaufsverkostung im Oktober 1998 in gutem Zustand ★★★★*

Jacquesson Dasselbe wie bei Gosset gilt auch für Jacquesson, obwohl das Haus erst wieder zu Renommee gelangte, nachdem die Familie Chiquet das Traditionsunternehmen 1974 erwarb. Der 1975er muss ihr erster Jahrgang gewesen sein. Er hatte nach 20 Jahren eine sehr gute Farbe mit einem angenehmen Perlen winziger Bläschen; gute Frucht; ein Anflug von Süße, trotz der leichten Apfelnote am Gaumen sehr ansprechend. *Im Januar 1995 zu Hause verkostet ★★★*

Krug Im Mai 1982 beim jährlichen Essen der Champagne Academy erstmals vorgestellt. Schon damals ein tieferes, kräftigeres Gelb als der Pol Roger von 1976, der ihm vorausging, ein reicher Wein, der noch Flaschenalterung benötigte. Trotzdem war er die ganzen 1980er hindurch gut, ja, perfekt zu trinken und schaffte scheinbar mühelos den Spagat zwischen Substanz und Eleganz. Im seinem 19. Lebensjahr eröffnete er Peter Zieglers Verkostung im Schlosshotel Erbach: blässlich, mit limonengelbem Ton; nicht sehr charakteristische Nase; sehr guter Geschmack, lebhaft, frisch, duftend, aber überraschend säurebetont. Kürzlich servierte ich ihn bei meinem Essen für den Bordeaux Club nach dem Perrier-Jouët von 1928: mittelblass, lebhaft, mit nadelspitzenfeinen Bläschen; köstlich, rauchige Nase; trocken, vollmundig, schön, ausgezeichnete Säure. *Zuletzt im Februar 1998 degustiert ★★★★ Wird sich noch weiter entwickeln.*

Lanson, Red Label Viele Einträge. Aus irgendeinem Grund verkaufte Lanson einen großen Bestand des 1976ers über Christie's. Ich erstand einige Flaschen für die Bewirtung von Gästen und öffnete sie zwischen 1992 und 1994 bei verschiedenen Essen im Sitzungssaal von Christie's. Der Wein war jedes Mal blass für sein Alter und sehr lebhaft; »gute« Nase – ich versuchte nicht, sie zu beschreiben. »Gut« ist gut genug. Trocken, fest, füllig, Geschmack, Gleichgewicht und Länge sehr gut. Beide Male waren Jamie Davies von Schramsberg (der Krug des Napa Valley), Tom Stevenson (vielleicht hat ihn dieser Wein dazu inspiriert, sein literarisches Schaffen dem Champagner zu widmen) und Terence Conran, ein alter Freund, mit von der Partie. Wenig später eine Magnum: mittlerweile blassgolden, aber mit noch ziemlich kräftiger Mousse; schönes, reiches Flaschenalterbukett; halbtrocken, ausgezeichneter, rauchiger Geschmack, gute Länge und Säure. *Zuletzt im März 1995 beim Essen mit Carrie und Chris Foulkes degustiert ★★★★*

Laurent-Perrier, Grand Siècle, La Cuvée Eine Cuvée der Jahrgänge 1975, 1976 und 1978, auf die ich bereits unter 1975 eingegangen bin (siehe Seite 519).

Dosage

Die winzige Menge Süße, die mit Ausnahme der Brut-Natur-Versionen allen Champagnern nach der Zweitgärung in der Flasche hinzugefügt wird. Dieser liqueur d'expédition *wird nach dem Degorgieren beigegeben, um das Füllniveau des Weins wieder auf Korkenhöhe zu bringen. Er enthält den Zucker, der bei jungen Weinen oft das Gegengewicht zur hohen Säure bildet. Lagerfähige Weine erfordern einen niedrigeren Zuckergehalt und bekommen daher eine niedrigere Dosage als Champagner, der für den baldigen Verbrauch bestimmt ist, denn die Säure wird im Lauf der Zeit weicher. Mit der Dosage erhöht man die Komplexität des Weins beträchtlich.*

Pol Roger Ich war bezaubert von diesem Wein, als er an einem hellen, sonnigen Frühjahrstag des Jahres 1982 erstmals vorgestellt wurde. »Wird in fünf Jahren perfekt sein«, notierte ich mir und kaufte mehrere Kisten, die uns gute Dienste leisteten, bis der Vorrat 1990 aufgebraucht war. Er wurde etwas farbtiefer und wechselte von Blass- zu Strohgelb; beständig süße, reiche Nase; nicht zu trocken, gut gebaut, mit Charakter, Geschmack und Länge. Er war »erwachsen geworden«, als ich eine 21-jährige, fünf Jahre zuvor degorgierte Flasche verkostete, die Christian Pol Roger – er wusste, dass mir der Wein gefällt – vor einem Essen bei ihm zu Hause öffnete: noch immer blass für sein Alter, mit einem stahlhellen Strom von Bläschen; schönes altes Strohbukett; halbtrocken, schöner, reifer Geschmack, gute Länge und trockener Abgang. *Zuletzt im Juni 1997 in Epernay verkostet ★★★★*

Weitere erwähnenswerte, zuletzt in den späten 1980ern verkostete 1976er Moët & Chandon Viele Einträge, alle gut, bewahrte seine gute Farbe und sein Leben, kernig, frisch, guter Körper und ausgezeichneter Geschmack

★★★★; **Taittinger, Comtes de Champagne, Blanc de Blancs** Fein, stilvoll ★★★★★; **Veuve Clicquot, Gold Label** Mit großem Aufwand während der Henley-Regatta im Juli 1982 in einer brütenden Hitze ähnlich wie im Sommer 1976 vorgestellt. Brauchte noch Flaschenalterung, entwickelte sich gut, mit superfeinen Bläschen und ausgezeichnetem Geschmack ★★★★

1977

Eine feuchte, fürchterliche Saison.

Roederer, Cristal Brut Wie schon 1974 stand der Roederer Cristal Brut auch diesmal wieder allein auf weiter Flur. Ich glaube nicht, dass es dem Ruf des Hauses gut tut, einen unter so schlechten Voraussetzungen entstandenen Jahrgangswein auf den Markt zu bringen. Er war komponiert aus Pinot noir (Lese ab 9. Oktober) und Chardonnay (ab 13. Oktober geerntet). Erstmals 1991 verkostet und für sein Alter und den Jahrgang bemerkenswert gut, obwohl ich im Abgang einen malzigen Anflug bemerkte. Ein weiterer Eintrag aus jüngerer Zeit in ganz und gar unüblichem Verkostungsambiente, nämlich vor dem Essen in Warren Winiarskis Haus im Napa Valley im Anschluss an die Degustation »zum 25-jährigen Bestehen« der Stag's Leap Wine Cellars. Unattraktiv, maderisiert. Ein farbloser Auftakt zu einem ausgezeichneten Dinner. *Zuletzt im März 1998 verkostet.*

1978 ★★

Eine fast so schlechte Vegetationsphase wie 1977. Wie in Bordeaux bewahrte ein schöner, sonniger September die Erzeuger vor dem Allerschlimmsten. In diesem Jahr kam die **Krug Grande Cuvée** heraus (siehe Kasten rechts). Hier die am besten bewerteten Weine von 1977.

Dom Pérignon, Rosé Der Renner von Palm Beach. Ich habe den 1978er nur einmal beim Essen mit einem überfreundlichen Geschäftsmann verkostet. Weder der Jahrgang noch Rosés an sich sagen mir sonderlich zu, aber dieser Wein war überraschend schön, mit vollmundigem Geschmack und ausgezeichneter Säure. *Im September 1990 in Lyford Cay auf den Bahamas verkostet. Damals* ★★★★

Laurent-Perrier, Grand Siècle, La Cuvée Der jüngste der drei Jahrgänge (1975, 1976, 1978), aus denen diese sehr erfolgreiche Cuvée assembliert ist. Siehe Seite 519. *Im April 2000 verkostet.*

Roederer, Cristal Brut Blässlich, bescheidene Mousse; Nase, Geschmack und Leben besser als der mit ihm verkostete 1975er, trotzdem nicht ganz korrekt und mit säurebetontem Abgang. Ich neige dazu, diese Jahre als eine Schwächeperiode von Roederer – eigentlich mein Lieblings-Champagner und einer der beständigsten Weine – zu bezeichnen. *Juli 1998* ★

Veuve Clicquot Nur zwei Einträge. Der erste entstand 1985 an Bord eines Schiffs von Freunden vor Bermuda. Weder die Fahrt noch der Wein machten mir Spaß. 14 Jahre später ein weiterer seltsamer Verkostungsort: ein »schweinewildes Bar-B-Que« *(sic)* in Memphis, Tennessee. Die Flaschen waren mittlerweile von uneinheitlicher Qualität, aber manche hatten eine gute Farbe und tranken sich gut. *Zuletzt im September 1999 bei Hal Lewis' »Mr.-Gourmet«-Feier degustiert. In Bestform* ★★★

1979 ★★★★

Ein guter Jahrgang, der positiv aufgenommen wurde, da er auf dem wesentlich gesünderen Weinmarkt der 1980er erschien.

Interessante Vegetationsbedingungen. Der außergewöhnlich kalte Winter, der sich bis in den Frühling hineinzog, ging erst mit schweren Maifrösten zu Ende. Zum Glück verlief die Blüte erfolgreich. Den ganzen warmen, sonnigen Sommer über herrschte ein günstiges Winzerwetter. Die Lese erfolgte spät, erbrachte aber hohe Erträge. Die Trauben konnten voll ausreifen, hatten jedoch trotzdem die nötige Säure, die den Weinen Schwung gab.

Bollinger, RD Ich habe viele Einträge, die überwiegend aus den späten 1980ern stammen. Sowohl die Normalflaschen als auch die Magnums waren von uneinheitlicher Qualität, was vorwiegend auf die unterschiedlichen Degorgierzeitpunkte zurückzuführen war, die ich mir aus Faulheit und Ignoranz nicht notierte. Aufschlussreicher sind die neueren Einträge. 1994 eine im Juni 1989 degorgierte Flasche, verkostet beim Essen im Coq Blanc in Stockholm: nicht viel Mousse; angenehme, charakteristisch fleischige Strohnase; guter, positiver Geschmack, Körper und Länge gut. Kürzlich bei der Bollinger-Präsentation auf der New Yorker »Wine Experience« zwei Flaschen, die erst zwei Monate zuvor degorgiert worden waren: noch immer blass, lebhaft, kleine Bläschen; gute reiche Nase und reicher Geschmack nach schwarzen Trüffeln. Trocken, etwas säurebetont und ohne Länge. *Zuletzt im November 1998 degustiert* ★★★

Drappier, Carte d'Or, Brut Blässliches Strohgelb; Altersnoten, ein Anflug von frischen Pilzen; trocken, im Geschmack besser als in der Nase, aber nur interessant, mehr nicht. *Im Januar 2000 bei einem Essen des St-James's-Kapitels der IWFS im Londoner Garrick Club verkostet* ★★

Krugs Grande Cuvée

Da dieses Kapitel Jahrgangs-Champagnern gewidmet ist, hat die berühmte, teure Grande Cuvée von Krug hier keinen Platz. Ich kann mich noch gut daran erinnern, als die Familie scharf dagegen protestierte, dass ich ihn im Katalog unter der Rubrik »jahrgangslos« auflistete, also machte ich einen Rückzieher und führte ihn als Grande Cuvée, *stellte ihn jedoch ans Ende einer Reihe von Jahrgangserzeugnissen. (Der einzige Wein von vergleichbarem Format, bei dem eine zeitliche Einordnung ebenfalls Schwierigkeiten bereitet, ist wohl der* Reserva Especial *von Vega Sicilia.) Die Cuvée besteht aus rund vier Dutzend Weinen aus etwa zwei Dutzend Gemeinden, allen drei Rebsorten – Pinot noir, Chardonnay und Pinot Meunier (etwa in dieser Rangfolge) – sowie bis zu zehn verschiedenen Jahrgängen. Zusammen in einen Topf geben und umrühren! Das Ergebnis: Krug in seiner sublimsten Ausprägung.*

Gosset, Grand Millésime Erstmals 1989 verkostet, Gewicht und Geschmack sehr angenehm. Als Nächstes eine 1991 degorgierte Flasche mit einer Dosage von 1,2 %. Geruch nach Tapioca und eigenartiger Geschmack. *Im Dezember 1991 auf einer Werbeverkostung von Gosset degustiert. Es war ein Fehler, ihn zu präsentieren.*

Charles Heidsieck, Brut Mit elf Jahren kam er allmählich in Form: tiefe, reiche Pinot-Nase, guter, fester, positiver Geschmack und lebhafte Säure. Gute Zukunft. Wieder eine Lücke von zehn Jahren, danach hatte er mehr als nur überlebt: lebendig-intensiv duftende Nase und köstliche, reife Süße, nicht im Entferntesten »brut«, reich, stilvoll. *Im April 2000 auf Kaplans »zwangloser Verkostung« in Chicago degustiert* ★★★★ *Wird noch länger bezaubern – wenn man den Stil mag.*

Krug Zwei Einträge, einer entstand 1990 auf Château Pétrus mit Christian Moueix: ausgeprägte Farbe, Bukett und Geschmack reich und fleischig. Hochklassig. Der Eröffnungswein auf Barry Phillips »Silberjubiläumsessen«: eine großartige Magnum, voller Körper, schöner, rauchiger Geschmack, ausgezeichnete Länge. *Zuletzt im Januar 1995 auf Chilgrove verkostet* ★★★★★

Krug, Clos du Mesnil Der erste Jahrgang aus einem 1,87 ha großen, ummauerten Weinberg oder *clos* in Le Mesnil-sur-Oger an der Côte des Blancs. 1971 von Krug ausschließlich mit Chardonnay bepflanzt. Im Dezember 1984 bei den Peppercorns erstmals verkostet. Frisch und attraktiv, aber ohne Länge; ich schätzte, dass seine Lebenszeit bis Anfang der 1990er begrenzt sein würde. Gegen Endes des Jahrzehnts aber war er noch immer sehr lebhaft und kraftvoll: blass für sein Alter; sehr stahlige, ziemlich fischige Pinot-Nase; trocken, dabei reich, mit eichig-rauchigem Chardonnay-Geschmack und harter Säure. Schlank, spröde und im Stil ganz anders als die Grande Cuvée. *Zuletzt im Juni 1998 bei einem Essen von Henri Krug im Restaurant La Caravelle in New York degustiert* ★★★? *Geschmackssache.*

Lanson, Red Label Zwei Einträge, der erste entstand 1990: »Lebhaft, fest, ausgezeichnet, hält sich.« Zwei Jahre später: sehr ausgeprägtes Goldgelb; reiche, wohlriechende, fischige (Pinot-)Nase; trocken, körperreich, eindringlich, gute Länge und Säure. Etwas spröde, aber mit guter Zukunft. *Zuletzt im Juli 1992 bei der Lanson-Vertikalverkostung des Magazins* Decanter *degustiert. Damals* ★★★★

Mumm, René Lalou Das Unternehmen Dubonnet gehörte seit den frühen 1920er-Jahren zu den Haupteigentümern von Mumm. René Lalou heiratete in die Dubonnet-Familie ein und führte Mumm erfolgreich bis 1973. Der 1969 neu eingeführte De-Luxe-Champagner wurde nach ihm benannt. Ich war ehrlich gesagt noch nie von Mumm begeistert, muss allerdings einige Flaschen für Arbeitsessen bei Christie's gekauft haben, denn es liegen mir drei Einträge vor, die alle binnen sechs Monaten beim Speisen mit Kunden oder anderen VIPs entstanden. Abgesehen von einer korkelnden Flasche waren sie alle ziemlich gut, zwar erwartungsgemäß mit Flaschenalternoten, aber relativ lebhaft, Länge und Geschmack gut, obwohl ich mir einmal »ein bisschen säurebetont« notierte. *Zuletzt im Juli 1996 verkostet. In Bestform* ★★★★

Pol Roger, Brut Erstmals im Mai 1985 verkostet. »Erstklassig. Trocken, schön, lebhaft, eichenbetont.« Zwei weitere Einträge in den späten 1980ern, eine Flasche »ziemlich enttäuschend«. Dann eine Lücke von neun Jahren, jetzt mit sehr minziger Nase; überraschend reich, mit unverfälschtem Geschmack (ich degustierte ihn zusammen mit einer ganzen Reihe von Jahrgängen und Marken). *Zuletzt im Juli 1996 verkostet. In Bestform* ★★★★

Pol Roger, Cuvée Sir Winston Churchill Passenderweise als Aperitif serviert, bevor wird uns zu dem von Peter Sichel und Hugh Johnson gemeinsam organisierten Essen in der britischen Botschaft in der Pariser rue St-Honoré begaben, um den 50. Jahrestag des Kriegsendes mit einer großartigen Reihe von 1945ern zu feiern. Der 1979er Pol Roger Sir Winston Churchill war blass und trocken, mit guter Nase, festem Geschmack und guter Länge. Für sein Alter relativ viel Leben. Ich nippte ehrerbietig in erhabener Gesellschaft mit Christian Pol Roger und weiteren distinguierten Gästen an ihm. *Eine der unvergesslichsten Veranstaltungen, an denen ich je teilgenommen habe. Dezember 1995* ★★★★

Roederer Eine Magnum vor dem Essen mit den Rutherfords (Davids Familie vertrat Roederer mehrere Generationen lang als Verkaufsagent). Ausgezeichnete Farbe; verhaltenes Perlen; schöne, reiche, milde Nase und ebensolcher Geschmack, ziemlich Krug-artig, mit guter Säure. *Februar 1999* ★★★★

Roederer, Cristal Brut Erstmals bei einer Vorverkaufsverkostung 1998 degustiert. Überraschend schäumend und, was ich bei Champagner selten feststelle, mit guten »Tränen«; süße Nase, wunderschöner Duft; Geschmack, Länge und Nachgeschmack herrlich. Kürzlich in jeder Hinsicht superb: blässlich, lebhaft; in der Nase und am Gaumen mit absolut positiver Wirkung. In Bukett und Geschmack perfekt ausgereift. *Im April 2002 vor einem Essen im Spencer House in London verkostet* ★★★★★

Salon Erstmals 1993 verkostet: sahnige Nase, der Duft frisch gesammelter Pilze; Gewicht, Stil und Geschmack perfekt. Kürzlich: sehr blass, aber mit Altersspuren in der Nase; ziemlich trocken, eher schlank. Sehr gut, wurde aber vom Roederer Cristal ausgestochen. *Im April 2002 im Londoner Spencer House degustiert* ★★★★

Taittinger, La Française Ich bin mir nicht sicher, wo dieser Champagner in der Taittinger-Hierarchie einzuordnen ist, und habe ihn auch nur einmal verkostet: Gelbton, aber glanzhell und ansprechend; stilvolle, schön alternde Nase; ein Hauch Süße, ausgezeichneter Geschmack, weich. *April 1990* ★★★★

Veuve Clicquot, La Grande Dame Diese Linie erschien erstmals mit dem Jahrgang 1973. La Grande Dame wurde nach Nicole Barbe-Clicquot-Ponsardin benannt, deren Mann 1805 nur sieben Jahre nach der Heirat starb, sodass die 27-jährige Witwe ganz allein auf sich gestellt die Leitung des Geschäfts übernehmen musste. Sie erwies sich als äußerst fähig und führte Clicquot mit Charme, Autorität und Tatkraft. 1866 starb sie 88-jährig als »ungekrönte Champagner-Königin«.

Mir liegen zwei Einträge aus jüngerer Zeit vor. Der erste entstand bei Mosimann nach einer Sitzung von British Airways im Jahr 1995: Walnussduft; ein Hauch von Süße, weich, absolut köstlich. Beim nächsten Mal überraschend schäumend und lebhaft; reich, rauchig (60 % Pinot noir, 40 % Chardonnay); schön, wohlschmeckend, lang und mit guter Säure. *Zuletzt im Oktober 1998 bei einer Vorverkaufsverkostung degustiert* ★★★★ *Hat noch gut zehn Jahre aktives Leben vor sich.*

Veuve Clicquot, Rosé Gute Farbe, positives Rosa (im Gegensatz zu blassem, blutleerem, orangegetöntem oder, noch schlimmer, metallischem Rosa); ziemlich reich, ein Anflug von honigartiger Flaschenalternase mit Anklängen an altes Stroh; Geschmack, Abgang und Säure ausgezeichnet. Eine meiner seltenen guten Rosé-Bewertungen! *Ein bemerkenswerter 19-jähriger »rosa Schäumer«, verkostet auf Stephen Kaplans Dinner mit den Khourys in Chicago* ★★★★

Einige 1979er, die Ende der 1980er gut schmeckten und nach denen es sich auf Auktionen oder anderswo Ausschau zu halten lohnt: **Bollinger, Brut** ★★★; **Charbaut, Certificate** ★★★★; **Charles Heidsieck, Champagne Charlie** ★★★★; **Lanson, Noble Cuvée** ★★★; **Pol Roger, Cuvée Blanc de Chardonnay** ★★★★; **Pommery, Louise** ★★★★

1980–1999

Wenn man an Champagner denkt, kommen einem konstante Qualität, gleich bleibende Verkaufszahlen und die Verlässlichkeit bewährter Marken in den Sinn. Dabei ist die Geschichte des Champagners geprägt von allerlei Wirren. Abgesehen von den natürlichen Unwägbarkeiten des Klimas, auf die die Produzenten keinen Einfluss haben, kam es immer wieder zu Schwierigkeiten, die vorwiegend wirtschaftlicher Natur waren. Aber auch Auseinandersetzungen zwischen den Häusern und den Weinbauern, streitende *grandes marques* und – kaum wage ich es zu schreiben – betrügerische Hersteller bereiteten Probleme. In den letzten beiden Jahrzehnten des 20. Jahrhunderts erholte sich der Champagner wenigstens von der bedrückenden Phase Mitte der 1970er und erlebte 1989 sogar den zweitgrößten Boom seiner Geschichte, als »Schwindel erregende 249 Millionen Flaschen verkauft wurden«, um Tom Stevenson zu zitieren, was einen enormen Abbau der Bestände nach sich zog. Allerdings wurde in dieser Zeit auch die Qualität des Champagners in Frage gestellt. Die Presse zog mit geharnischter Kritik gegen manche Häuser zu Felde, was zum Teil sogar gerechtfertigt war. Dann kam der Golfkrieg, der einen Rückgang der Verkaufszahlen und Preise mit sich brachte, die 1993 beide ihren Tiefpunkt erreicht hatten (Stevenson). Mit dem nahenden Jahrtausendwechsel ging es wieder aufwärts.

Die Jahrgänge auf einen Blick

Hervorragend *****
1982, 1985, 1988, 1990, 1996

Sehr gut ****
1981, 1989, 1992 (u), 1995, 1997, 1998, 1999

Gut ***
1983, 1986 (u), 1993

1980 *

Kleine Erträge und eine der spätesten Lesen seit Beginn der Aufzeichnungen. Schuld daran war die schlechte, ungleichmäßige und verzögerte Blütephase bei katastrophal kaltem, nassem Wetter. Die Weine hatten zu wenig Körper und zu viel Säure. Ich habe nur acht 1980er verkostet und davon nur drei im letzten Jahrzehnt des 20. Jahrhunderts. Am besten vergessen.

Dom Pérignon Vier Einträge, der erste entstand kurz nach der Freigabe. Am stärksten fiel mir die Säure auf, die das Zahnfleisch reizte. Mit zunehmendem Alter wurde sie etwas erträglicher. Mitte der 1990er etwas kräftigere Farbe, rauchig-eichiges Bukett, süßer als erwartet, viel zu angekohlter Geschmack, aber nicht unattraktiv. *Im Dezember 1994 der älteste Jahrgang einer Degustation von 23 De-Luxe-Champagnern, die bei einer Blindverkostung von British Airways für die Concorde zur Wahl standen* **

Lechère, Grand Cru, Blanc de Blancs Lechère ist eine Untermarke von Union Champagne, einer »Supergenossenschaft«, die zehn Einzelgenossenschaften mit insgesamt 1200 Mitgliedern vereint. Dieser Wein muss ihr ganzer Stolz gewesen sein. Er war mir neu, fiel aber zu meiner Überraschung für einen 1980er sehr attraktiv aus: blass, trocken, leicht, lebhaft und fein. *Januar 1990* ****

Pommery, Louise, Rosé Zwei Einträge. Hagebuttenrot; fleischig; etwas Frucht, passabler Abgang. Der Vollständigkeit halber. *Zuletzt im September 1990 verkostet* *

1981 ****

Die kleinste Ernte seit 1978. Aus diesem Grund und auch weil sich der 1982er als so erfolgreich erwies, reagierten die meisten Champagnerhäuser verhalten, obwohl die Qualität des Jahrgangs hoch war. Während aber die Portweinproduzenten je nach Weinqualität und Marktsituation einen Jahrgang ungefähr im zweiten Jahr deklarieren, können sich die Champagnererzeuger viel mehr Zeit lassen, denn sie geben ihre Jahrgangsweine erst nach vier oder sogar sieben Jahren frei.

Schuld an den geringen Erträgen war das Klima: Das milde Wetter zu Jahresbeginn und im Frühjahr regte die Stöcke zu einem starken, verfrühten Austrieb an. In einer einzigen Frostnacht Ende April aber wurden die Knospen buchstäblich »kalt erwischt«. Im Mai zogen Hagelstürme über die Region hinweg und Anfang Juni führte eine Kälteperiode zu einer späten, ungleichmäßigen Blüte. Der August war heiß und sonnig. Das schöne Wetter setzte sich bis in den September fort, sodass die Trauben gut ausreifen konnten, bevor es Ende des Monats wieder zu regnen begann. Leider habe ich nur zehn 1981er verkostet, die meisten um 1990. Viele aber waren von sehr hoher Qualität.

Krug Die schlechten Witterungsbedingungen während der Blüte zogen besonders die Pinot-noir- und Pinot-Meunier-Reben in Mitleidenschaft. Deshalb fiel der Chardonnay-Anteil mit 50 % überdurchschnittlich hoch aus, was sich in einem leichten Stil äußerte. Im Mai 1988 eine Farbe mit Limonenton; gut entwickelte Nase; sehr markanter, attraktiver Geschmack. Reifte gut heran und entwickelte bis Ende des Jahrzehnts einen walnussartigen Duft und große Länge. *Leider seit Januar 1990 nicht mehr verkostet. Damals* ***(*) *Jetzt wahrscheinlich köstlich.*

Krug, Clos du Mesnil Produktion 12 793 Flaschen. Blass, Limonenton, leicht, aber stahlig und mit ziemlich sprödem Chardonnay-Charakter. *Oktober 1989. Damals* **(**) *Müsste jetzt aber perfekt sein*

Lanson Kräftiges Gelb; reiche, fleischige, geröstete Nase und ebensolcher Geschmack. Gute Säure und Länge. *Juli 1992* ***

Pommery, Louise, Cuvée Spéciale Mehrere Einträge. Ende der 1980er bereits mit Goldton; lebhafte, brotkrustige Nase mit delikater Frucht. Gute Länge, ausgezeichnete Säure. *Zuletzt im September 1990 verkostet. Damals* ***(*) *Jetzt wahrscheinlich ausgezeichnet.*

Roederer, Cristal Brut Im Oktober 1987 freigegeben und erstmals verkostet: schäumend wie die Blume auf einem Glas Guinness-Bier. Köstlich erfrischend. Später aus einer Magnum: gelber, nicht mehr ganz so aufwallende Mousse; nussiges Bukett; gute Länge, fein. *Zuletzt im März 1991 verkostet* **** *Jetzt zweifellos perfekt und auf Fünfsterne-Niveau.*

Taittinger, Comtes de Champagne, Blanc de Blancs Mehrmals verkostet, aus Magnum- und Normalflaschen. Trocken. Fein. *Zuletzt im September 1989 degustiert* ★★★★ *Trinkt sich vermutlich noch immer gut.*

1982 ★★★★★

Ein äußerst erfolgreicher, oft »deklarierter« Jahrgang und eine seltene Saison mit praktisch idealen Wachstumsbedingungen. Die größte Ernte seit Beginn der Aufzeichnungen – dreimal so hoch wie 1981. Durchweg ausgezeichnete Qualität.

Billecart-Salmon, Brut Etwas blasses Gold; attraktive, nussig-rauchige Nase; alles andere als »brut«, mit einem Eichengeschmack, der mit zunehmendem Flaschenalter weicher wurde. *Zuletzt im Oktober 1996 während eines Essens bei Christie's in New York verkostet* ★★★★

Bollinger, RD 70 % Pinot noir, 5 % mehr als sonst. Mehrere Einträge, die alle in den 1990ern entstanden. Erstmals im Juli 1994 verkostet; die Flaschen waren vier Monate vorher degorgiert worden, nachdem sie zwölf Jahre lang an der Hefe gelegen hatten: Strohton; eigenartige Nase nach alten Äpfeln und Stroh, wie ein trockener Tokaji Szamorodni; kompromisslos trocken, ziemlich spröde. Mir gefiel dieses Exemplar nicht – und auch nicht ein weiteres mit unbekanntem Degorgierdatum, das der unentwegte N. K. Yong 1995 in einem Londoner Restaurant öffnete. Als Nächstes auf der Bollinger-Vertikalverkostung in New York eine zwei Monate zuvor im September 1998 degorgierte Flasche: noch immer ziemlich lebhaft; auf sonderbare Weise attraktiv, in der Nase mit duftenden Unterholznoten (ich nenne es: Pilze); trüffelartiger Geschmack. Kürzlich eine 1996 degorgierte Version: überraschend blass; gute Nase; lebhaft und jugendlich. »Der beste RD, an den ich mich erinnern kann.« *Zuletzt im Oktober 2000 bei einem Essen des Weinkurses von Christie's im Boodle's Club verkostet. Äußerst uneinheitlich. In Bestform* ★★★★

Dom Pérignon Mehrmals Ende der 1980er verkostet, als er jugendlich, lebhaft, stahlig, körperreich und spröde war und noch Flaschenalterung benötigte. Mitte der 1990er in guter Verfassung. Eine besonders erwähnenswerte Magnum 1997 bei Bob Dickinsons »Mr.-Gourmet«-Empfang in der Suite mit dem etwas finsteren Namen »Al Capone« im Biltmore von Coral Gables: für sein Alter gute Farbe; in der Nase und am Gaumen auffallend eichenbetont und rauchig. Ein attraktiver Mundfüller. Kürzlich: mild, dabei reich, cremig; jetzt weich, schön, perfekt. *Zuletzt im Oktober 2000 vor John Jenkins Essen für den Bordeaux Club auf Childerley Hall in Cambridge verkostet* ★★★★★

Dom Pérignon, Rosé Wie kein anderer Dom Pérignon Rosé so sehr zu Unrecht angepriesen. Erstmals 1993 eine Magnum: blässliches Hellbraun-Rosa; überraschend fleischig, angesengt; trocken, fest, gut, aber nicht inspirierend. Überlebte das »Passionsfrucht-Parfait in Champagnersauce« zum Abschluss eines Kaplan-Essens (April 1997) nur mit Müh und Not. Fünf Monate später rosa, nicht schlecht; einen Monat danach – ich übergehe eine stark korkelnde Flasche – der Eröffnungswein beim oben genannten Empfang von Bob Dickinson. *Zuletzt im Oktober 1997 verkostet. Jedes Mal* ★★★ *Kurzum: überbewertet.*

Dom Ruinart Lebhaft; parfümiert; leidliche Länge und Säure. *Im Januar 1992 mit Calum MacKenna vom Spirituosenhersteller Drambuie verkostet* ★★★

Gosset Im sonnendurchfluteten Hof von Château Langoa vor einem Essen mit den Bartons verkostet: reich, goldgelb, ein Anflug von Strohgelb, gutes Leben; reiches Flaschenalterbukett; leichte Süße, reich, ausgezeichneter Geschmack und Abgang. Superb. Die Umgebung und die Gesellschaft trugen das Ihre dazu bei. *September 1998* ★★★★★

Heidsieck, Diamant Bleu Ein Anflug von Grün; in der Nase und am Gaumen sehr fleischig, nussig und rauchig. *Im Januar 1995 bei Mosimann in London verkostet* ★★★★★

Krug 1990 eine schöne Magnum verkostet: gute Zukunft. Zwei Jahre später beim jährlichen Essen der Champagne Academy: kraftvoll, passte gut zu würzigem Käse. Neben dem 1981er kam er mir 1994 leicht vor. Im April 1997 vor Kaplans Essen mit 33 roten 1982ern aus Bordeaux mit reichem Geschmack. Im Monat darauf mit der Bacchus Society bei Krug: jetzt golden; eine tiefe, reiche, rauchige Nase, die eine weiche, sahnige Note entwickelte; ziemlich süß, voll im Geschmack. Die Art Wein, die nach einem wohlbemessenen Aufenthalt in der Flasche brilliert. Kürzlich ein faszinierendes Exemplar bei einem Weindinner zu Hause: mittelblasses Strohgold mit einem beständigen Strom feiner Bläschen; ein Bukett nach bitteren Walnüssen; halbtrocken, sehr duftiger Geschmack nach altem Stroh, sehr charakteristisch, attraktiv. *Zuletzt im Juni 1999 verkostet* ★★★★★

Krug, Clos du Mesnil Nur zwei Einträge aus jüngerer Zeit. Erstmals während eines Essens bei Krug verkostet: für sein Alter blass; lebhafte Bläschen; nussige, sahnige, brotkrustige Nase; sehr gut zu Käse (1997). Im Jahr darauf: ähnliches Erscheinungsbild; ein winziger Hauch von Kirschkernen; fast bittere Sprödheit. Aus den Krug-Kellern. *Zuletzt im Juni 1998 im Restaurant La Caravelle in New York verkostet* ★★★ *Ich ziehe den regulären Jahrgangs-Champagner von Krug vor.*

Mumm Sehr frisch und wohlriechend; trocken, nussig, gute Länge. *Im Mai 1997 vor einem Essen im Sitzungssaal von Christie's gut zu trinken* ★★★★

Mumm, René Lalou Bei einem Empfang an Bord des Kreuzfahrtschiffs *Carnival Destiny*: sehr gut, vollmundig. *Verkostet, als wir im November 1997 im Hafen von Miami vor Anker lagen* ★★★

Perrier-Jouët, Belle Epoque Eine Magnum: blässlich, sahnig, nussig, köstlich. *Vor einem Arbeitsessen bei Christie's im Januar 1997 kurz verkostet* ★★★★ *(Bei diesen Essen bin ich immer viel mit dem Begrüßen und Vorstellen von Gästen beschäftigt und habe daher keine Zeit für ordentliche Notizen zu den Weinen.)*

Pol Roger Viele Einträge, als Erstes köstliche Magnumflaschen vor einem Essen des Saintsbury Club 1992: hat noch eine Zukunft vor sich. Mitte der 1990er öffnete er sich allmählich. Fleischig, lebhaft und schön (1995 auf Childerley Hall). Hohe Bewerungen bei einer Pol-Roger-Vertikalverkostung im Gidleigh Park Hotel: noch immer jugendlicher Zitronenton; sahniges, ausgewogenes, schönes Bukett; wundervoll reif, nussig im Geschmack, gute Säure. 1997 auf dem Höhepunkt. Kürzlich erneut auf Childerley Hall neben dem Dom Pérignon (siehe oben) verkostet: noch immer lebhaft, in der Nase nun ein leichter Alterston, Stroh und Walnüsse. Gut, aber vom Dom übertroffen. *Zuletzt im Oktober 2000 bei John Jenkins' Essen für den Bordeaux Club getrunken* ★★★★

Pol Roger, Blanc de Chardonnay Zur Begrüßung von Trish und Len Evans aus meinem Eurocave-Schrank geholt: für sein Alter blass; ausgezeichnete Nase; Geschmack und Länge herrlich. Das Beste, was ich tun konnte – Len ist so schwer zufrieden zu stellen! *Im September 1996 in Rosebank verkostet* ★★★★

Pol Roger, Cuvée Sir Winston Churchill Ein halbes Dutzend frühe Einträge: ein schwungvoller, duftender, superfeiner Wein. Kürzlich großartige Magnumflaschen vor dem Abschlussessen des Weinwochenendes im Gidleigh Park Hotel: blassgolden; ein reiches, eichig-rauchiges Bukett von großer Tiefe; halbtrocken, grandioser Geschmack, gute Länge, fester, trockener Abgang.

Zuletzt im März 1997 im Gidleigh Park Hotel in Devon degustiert ★★★★★ *(Ich leitete die Veranstaltung zwar, konnte mich aber einmal davonstehlen und einen kurzen Eintrag schreiben.)*
Pommery & Greno, Super Brut (keine Dosage) Kürzlich degorgiert: eher blass, sehr feine Bläschen; frisch, stahlig, leicht im Stil für einen Pommery und 1982er; knochentrocken, sehr spröde, gute Länge. *Im März 1993 bei der Pommery-Degustation im Londoner Garrick Club verkostet* ★★★
Pommery, Louise Leichter Anflug von Gold; frisch, überraschend jugendlich; ebenfalls überraschend trocken, spröde und stahlig. Mehr Körper, aber auch feiner als der Brut. *März 1993* ★★★(★) *Wahrscheinlich jetzt auf dem Gipfel.*
Roederer, Cristal Brut Aus Magnums und Normalflaschen degustiert: lebhaft; fest, noch immer relativ unreif. *Leider seit März 1991 nicht mehr verkostet. Damals* ★★★(★) *Dürfte sich jetzt zum Fünfsterne-Genuss aufgeschwungen haben.*
Salon Drei Einträge, die alle Mitte der 1990er entstanden. In der Nase seltsam unverwoben, aber trocken und elegant (während eines Essens bei Corney & Barrow 1995 verkostet; mit dabei war auch der inzwischen verstorbene Auberon Waugh, dessen bissige Kolumne im *Daily Telegraph* mir immer wieder großes Vergnügen bereitet hat; wir vermissen ihn sehr). Als Nächstes an Bord der *Carnival Destiny* im Hafen von Miami degustiert, außerdem einen Monat später als Eröffnungswein eines Essens des »Last Friday Club« bei Ranji in Memphis: reines Blassgold, moderate Mousse; in der Nase jetzt am Altern, aber voll im Geschmack, mit sehr trockenem, lebhaftem Abgang. Der Inbegriff von Finesse und Eleganz. *Zuletzt im Dezember 1997 verkostet* ★★★★
Taittinger, Artists' Series Eine »Eintagsfliege«? Für mich schon. Passenderweise zur Eröffnung der »Frühlingsfeier« verkostet: blass, lebhaft; überraschend reich und nussig; trocken, gute Qualität, aber nur knapp »de luxe«, falls es sich überhaupt um so eine Luxusausgabe handelte. *Im März 1992 mit der Bacchus Society verkostet, als sie mir ihren Preis für mein Lebenswerk verlieh* ★★★
Veuve Clicquot Viele Einträge, entstanden bei den unterschiedlichsten Anlässen ab September 1988 – und keine einzige Bewertung weniger als hervorragend. Hier einige Notizen aus jüngerer Zeit. Am Neujahrstag 1994 eine **Carte-d'Or**-Magnum: blassgolden; schöne »Fischschuppen«-Nase; ziemlich trocken, körperreich, Geschmack, Gleichgewicht und Säure schön. Kurz: ein guter Wein. Dann am 22. Juli 1996 vor einem Essen bei Christie's zu Daphnes Geburtstag, wo ich ihn nur kurz und angemessen als »fein und reif« bezeichnete. Unlängst auf Château de La Brède in Graves: für sein Alter blass; reiche, rauchige Nase. Perfekt. *Zuletzt im Juni 1998 mit den Montesquieus verkostet* ★★★★★

WEITERE HERRLICH STILVOLLE 1982ER, denen bei der letzten Verkostung Ende der 1980er und Anfang der 1990er ein potenziell langes Leben bevorstand: **Bollinger, Grande Année** Reich, fein. *1990* ★★★; **Alfred Gratien, Brut** Eindringlich, braucht Zeit. *1989* ★★★; **Charles Heidsieck** Cremig, wohlriechend, fast zu süß. *1990* ★★★; **Moët & Chandon** Sehr guter Geschmack, Körper, Länge. *1989* ★★★★; **Joseph Perrier, Cuvée Royale** Lang, reich, dabei schlank, ruhiger Abgang. *1988* ★★★; **Roederer, Brut** Ausgezeichnet. *1988* ★★★★★ *Dürften sich alle noch gut trinken lassen.*

1983 ★★★

Ein weiterer wichtiger Jahrgang und noch eine Rekordernte – mit 300 Millionen produzierten Flaschen die größte, die in der Champagne je verzeichnet wurde. Nach einem kalten, nassen Frühjahr fand die Blüte vom 25. Juni bis Anfang Juli unter ausgezeichneten Bedingungen statt, was auf hohe Erträge schließen ließ. Danach stellte sich eine warme Schönwetterperiode ein, die gelegentlich von Regentagen unterbrochen wurde. Während der entscheidenden Reifephase Anfang September war es feucht, verhangen und warm. Die Lese fand ab 24. September statt und zog sich bis weit in den Oktober hinein.

Die Ernte war zwar nicht so gut wie vorausgesagt, aber keineswegs schlecht. Die Weine dürften jetzt voll ausgereift sein und sollten bald getrunken werden.
Bollinger, Grande Année Anfang der 1990er tadellose Bewertungen. Zwei Einträge aus jüngerer Zeit entstanden bei Christie's-Essen: blasses Goldgelb; in der Nase und am Gaumen nussig; sehr trocken, aber vollmundig, gute Säure. *Zuletzt im November 1996 verkostet* ★★★★
Dom Pérignon Stilistisch dem 1982er völlig entgegengesetzt, weicher, süßer (1990). »Rauchig«, halbtrocken, schön (auf der Domaine de Chevalier 1994 in Bordeaux). Kürzlich: nadelspitzenfeine Bläschen; schöne Nase; fein, gute Länge. *Im Februar 1996 bei Adrian Miles in Lyford Cay verkostet* ★★★★
Gosset, Grande Millésime Unterschiedliche Bewertungen: schäumend, parfümiert (1991), »kraftvoll« (1994). Ziemlich glanzloses Aussehen; unverwoben, apfelartig, leicht süß. *Zuletzt im Dezember 1994 bei einer Verkostung von 23 De-Luxe-Champagnern degustiert. Nicht gut genug.*
Alfred Gratien Noch immer lebhaft, eher leicht, mit appetitanregender Säure. *Ging im Juni 1996 bei Penning-Rowsell acht wundervollen roten 1985ern aus Bordeaux voraus* ★★★
Charles Heidsieck, Blanc des Millénaires Feine Mousse; fest, Gleichgewicht und Länge ausgezeichnet. *Zuletzt im April 1992 verkostet* ★★★★
Charles Heidsieck, Brut Erstmals 1990 mit Kellermeister Daniel Thibault verkostet, der uns erzählte, dass die Pinot-noir-Trauben leichten Edelfäulebefall aufgewiesen hätten. Köstlich. Wohlriechend. *Zuletzt im April 1992 verkostet* ★★★★ *Müsste jetzt vollreif sein.*
Krug, Clos du Mesnil Ausgewogen. Wahrscheinlich im Zenit: mehr Leben, Schaum und Gehalt als der 1982er. Ein angenehmer Wein, aber keineswegs ein Spitzen-Mesnil. *Im Juni 1998 im Restaurant La Caravelle verkostet* ★★★
Lanson, Blanc de Blancs Sehr eigene Nase; eindringlich, vollmundig, aber mit eigenartig spitzigem Geschmack. *Juli 1993. Hat seine beste Zeit jetzt wahrscheinlich hinter sich.*
Lanson, Brut Mehrere Einträge aus den frühen 1990ern. Blass, recht gut, fest. Der jüngste Jahrgang auf einer *Decanter*-Vertikalverkostung 1992: ziemlich intensiv, für einen 1983er schlank, erfrischende Säure. Mitte der 1990er im Erscheinungsbild und in der Nase am Altern; trocken, positiv, ziemlich säurebetont. *Zuletzt im August 1996 in einer Loge im Theatre Royal in Bath zu Sandwiches mit geräuchertem Lachs verkostet* ★★★ *Mittlerweile wahrscheinlich über den Höhepunkt hinaus.*
Mailly, Cuvée des Echansons, Brut Ungewöhnlich: eine Genossenschaft, deren Mitglieder alle Besitzer der als *Grand cru* klassifizierten Lagen von Mailly sind. 75 % Pinot noir, 25 % Chardonnay. Wohlriechend, nussig; trocken, fülliger Körper. Gut, aber wenig aufregend. *Zuletzt im Dezember 1994 bei einer Degustation von De-Luxe-Champagnern blind verkostet* ★★★
Moët & Chandon, Brut Impérial Schäumend; ziemlich hohe Säure, aber attraktiv. *Zuletzt im September 1993 verkostet* ★★★
Perrier-Jouët, Belle Epoque Die Weinabteilung von Christie's muss sich irgendwie einen ansehnlichen Bestand zugelegt haben, denn es liegen mir mehrere Einträge vor. Als Erstes eine herrlich reiche und cremige Magnum bei unserem Weihnachts-

essen 1996. Noch zweimal verkostet. Leichte Flaschenabweichungen. Beide Exemplare am Altern, eines köstlich reif und schön, das zweite trockener und fester. *Zuletzt im Oktober 1998 bei einem Essen im Sitzungssaal von Christie's verkostet* ****

Roederer, Brut Eine perfekte Flasche vor dem Essen in der Lefevre Gallery in sehr distinguierter Gesellschaft. (Leider hat die Gallery zur Überraschung aller mittlerweile die Geschäftstätigkeit eingestellt.) Zwei weitere Einträge, die bei Christie's entstanden, das trotz der unsicheren Zeiten zum Glück noch sehr gut im Geschäft ist. Lebhaft, trocken, fest, frisch. Keine Anzeichen von Ermüdung. *Zuletzt im Oktober 1995 verkostet* **** *Dürfte sich nach wie vor gut trinken lassen.*

Roederer, Cristal Brut Nur zwei Einträge: 1991 frisch, duftend und äußerst ansprechend. Unlängst: noch immer stark schäumend; Bukett nach frischen Walnüssen; trocken, schlank, anhaltend. *Zuletzt im Oktober 1998 bei einer Vorverkaufsverkostung degustiert* ****

Salon Viermal verkostet, davon allein dreimal 1997: lebhaft, süß, Apfelnase, »eigenwillig, aber ...?« (im Januar, blind). Etwas am Altern, seltsam (im April vor einem Essen auf Château Branaire). Flaschenabweichungen, ein Exemplar wie alter RD, ohne die Salon-typische Eleganz (im Dezember in Memphis). Kürzlich einer von 25 Jahrgangs-Champagnern, die ich verdeckt für das führende dänische Wein- und Gourmetmagazin *Smag & Behag* degustierte: voll, reich, aber irgendwie »ein Geschmack, den man gewöhnt sein muss«. Etwas zu alt. *Zuletzt im März 1999 in Kopenhagen verkostet* *** *(gerade noch). Austrinken.*

Taittinger, Comtes de Champagne, Blanc de Blancs Ausgeprägt süß, aber mit guter Säure, glatt, Brotkruste (1994 in Aschau). Kürzlich zusammen mit dem 1982er verkostet und ganz anders als dieser: sehr blass, »überraschend süß«. *Im Oktober 1998 auf einer Vorverkaufsverkostung degustiert* **** *Bald trinken.*

Veuve Clicquot Gute Einträge von 1989 bis Mitte der 1990er; eine besonders hohe Bewertung bei einem Essen der Saddlers's Company Livery im März 1994 in London, und bei einem Treffen des Saintsbury Club einen Monat später: reif, Geschmack und Länge ausgezeichnet. Wahrscheinlich jetzt auf seinem absoluten Höhepunkt. *Zuletzt im April 1994 in London verkostet* ****

EINIGE ANDERE 1983ER, DIE SICH IN IHRER JUGEND IN GUTEM LICHT ZEIGTEN Zunächst die Viersterne-Weine: **Charles Heidsieck, Champagne Charlie** *1990*; **Pol Roger** Es überrascht mich, dass ich ihn nur einmal verkostet habe. *1990 – ein Frühentwickler*; **Taittinger, Brut** *1989*. Und ein paar Dreisterne-Weine: **Abel Lepitre** *1989*; **Jacquart, Brut** *1990*; **Pommery, Brut**.

1984

Schlechte Wachstumsbedingungen. Keine Jahrgangsqualität.

1985 *****

Wie in so vielen anderen bedeutenden französischen Anbaugebieten ein ausgesprochen attraktiver, ausgewogener, stilvoller Jahrgang. Er gehört auf jeden Fall zu meinen Favoriten.

Dabei waren die Klimabedingungen alles andere als einheitlich gut. Mitte Januar sanken die Temperaturen auf –25 °C, den niedrigsten Wert seit 150 Jahren. Zum Glück befanden sich die Reben noch in ihrer Ruhephase. Das war allerdings im Februar schon nicht mehr der Fall, weshalb Fröste bis –15 °C rund 10 % der Stöcke in der Region erfrieren ließen. Und Ende April, von jeher eine riskante Zeit, sackten die Temperaturen noch einmal auf –5 °C ab. Zum Glück fand die entscheidende Blüte bei warmem Wetter statt, das den ganzen Juli hindurch anhielt. Da der August heiß war und die Temperaturen auch im September noch hoch blieben, konnten die wenigen reifen Trauben schon ab 30. des Monats gelesen werden. Hohe Qualität und ebenso hohe Preise. Viele Einträge.

Billecart-Salmon, Cuvée N. F. Billecart Ich bin immer versucht, diesen Wein »Billycan« zu nennen. Zwei Einträge: Erscheinungsbild, Nase und Geschmack sehr positiv, wenn auch leicht ungewöhnlich (1994 blind verkostet). Dann Magnumflaschen: gut, aber vom Bollinger übertroffen. *Zuletzt im November 1997 verkostet* ***

Bollinger, Brut Beständig köstlich. Meine zwei jüngsten Einträge beziehen sich auf Magnums, die ich im Oktober 1997 mit dem Saintsbury Club – überraschend süß, »jetzt perfekt« – und im darauf folgenden Monat mit der Bacchus Society bei einem Essen in Coral Gables – »klassisch« – verkostete. *Zuletzt im November 1997 degustiert* **** *Für mich einer der besten Bollinger der letzten Zeit.*

Bollinger, RD Ich stand diesem Wein bei der Bollinger-Verkostung im November 1998 in New York mit gemischten Gefühlen gegenüber. Er war zwei Monate vorher degorgiert worden und meiner Ansicht nach ein etwas wirrer Wein. Vielleicht hätten wir ihn verkosten sollen, nachdem er sich beruhigt hatte. Gelblich, sehr schäumend; reich, leicht hefig, mit starkem Brotkrustenduft. Nicht trocken, auf jeden Fall interessant, aber mit schlankem, essigsaurem Abgang. Als Nächstes eine Flasche mit der Aufschrift »extra brut«, kein Degorgierdatum notiert, ebenfalls jugendlich schäumend, säurebetont, trocken, aber attraktiv. *Zuletzt im März 1999 bei der Verkostung von* Smag & Behag *in Kopenhagen blind degustiert* ***?

Bollinger, Vieilles Vignes Françaises Am Altern, in der Nase und am Gaumen enttäuschend müde. *Im Oktober 1998 bei einem Essen des Saintsbury Club verkostet* **

Bricout, Grand Cru, Arthur Bricout Ein alteingesessenes Unternehmen in Avize, das einst als Koch firmierte und im ausgehenden 19. Jahrhundert mit Bricout fusionierte (ich kann mich entsinnen, dass ich in alten schottischen Kellern Koch-Jahrgänge aus der Mitte des 19. Jahrhunderts gesehen hatte). 70 % Chardonnay, 30 % Pinot noir. Ehrlich gesagt war dieser 1985er der mit Abstand schlechteste Jahrgang einer ganzen Reihe von Champagnern, die ich im Januar 1997 blind verkostete. Kein Wunder, dass Bricout 1998 schließlich an das wie Phönix aus der Asche gestiegene Unternehmen Delbeck verkauft wurde. *1997 verkostet.*

Dom Pérignon Mehrere Einträge aus dem Jahr 1993. Beständig gut, erreichte 1996 seinen Zenit. John Jenkins servierte ihn in diesem Jahr auf Childerley Hall: blass, feine Bläschen; wohlriechend, ein Hauch Vanille; fest und trocken, aber nicht im Entferntesten spröde. Lang anhaltender »rauchiger« Geschmack und Abgang. Zuletzt bei einem Essen der Bacchus Society auf Mud Island in Memphis getrunken. Er bot dem Arkansas-Razorback-Kaviar auf »Cork Cake« mit Rührei und frischen Trüffeln bemerkenswert gut Paroli. Köstlich. *Zuletzt im September 1999 verkostet* *****

Dom Pérignon, Rosé Ging dem Rosé von Clicquot voraus und war ehrlich gesagt sogar besser: reich, komplett. *Im April 2000 bei Kaplans Essen in Chicago verkostet* ****

Gosset, Grand Millésime Zeigte sich im Mai 1997 auf einer kombinierten Feier zu meinem Geburtstag und zum 20-jährigen Bestehen des *Decanter*-Magazins in guter Verfassung. Als Nächstes eine 1999 degorgierte Flasche: blässlich, verschlossen, aber mit merklichem Apfelduft und -geschmack. Reich. Sehr eichenbetont. *Im April 2000 bei Stephen Kaplans Essen mit 1985ern verkostet* ★★

Alfred Gratien Zwei Einträge, die beide vor Eddie Penning-Rowsells alljährlichen Verkostungen von erstklassifizierten Bordeaux-Gewächsen entstanden. Das erste Mal 1995 vor den 1985ern, das zweite Mal 1997 vor den 1987ern. In beiden Fällen präsentierte sich der Gratien in Topform: überraschend blass; lebhaft, gute Frucht und Säure. *Zuletzt im Juni 1997 bei Penning-Rowsell degustiert* ★★★

Heidsieck, Diamant Bleu Vier Einträge. Das erste Mal beim Dinner der Champagne Academy 1995 als Begleiter von »warmem Traubenkuchen« verkostet, das zweite Mal 1997 und schließlich beim »Bar-B-Que« der Bacchus Society in Memphis. Jedes Mal hakte ich das Erscheinungsbild, die Nase und den Geschmack ohne Kommentar oder Bewertung ab. Ein anständiger, recht guter Wein. *Zuletzt im September 1999 abgehakt* ✓✓✓

Charles Heidsieck, Blanc des Millénaires, Blanc de Blancs Die ersten beiden Male verkostete ich ihn bei British-Airways-Blinddegustationen, einmal 1993 – »positiv, aber säurebetont« – und einmal 1997 mit fast exakt demselben Wortlaut: »positiv und säurebetont«, wobei ich noch »rauchig« und »klassisch« hinzufügte. Als Nächstes – seltsamer Zufall – bei einem Flug von Singapore Airlines von Bali nach Singapur. Stahlig, aber entfaltete sich süß, vollmundig, prickelnder, säurebetonter Abgang. *Zuletzt im Januar 1998 verkostet* ★★★

Charles Heidsieck, Brut 1991 hart, brauchte noch Flaschenalterung. Dann zwei gute Einträge, die beide bei BA-Flügen im Jahr 1994 entstanden, einer davon bei unserer Rückkehr aus Chile. Kürzlich nummerierte, 1999 degorgierte Flaschen: lebhaft; rauchiges, nussiges Bukett und ebensolcher Abgang. Interessant und attraktiv. *Einer von insgesamt vier Champagnern von 1985, die im April 2000 bei Stephen Kaplans Essen mit 1985er-Weinen verkostet wurden* ★★★

Charles Heidsieck, Champagne Charlie 1993 eine schlechte Flasche, sieben Jahre später allerdings von einem zweiten Exemplar wieder rehabilitiert: nur noch sehr schwaches Perlen; nussige, rauchige Nase nach altem Stroh und Kastanien; trocken, fest, guter Geschmack. *Im April 2000 bei Kaplans 1985er-Verkostung degustiert* ★★★

Krug 50 % Pinot noir, 30 % Chardonnay, 20 % Pinot Meunier. Die endgültige Komposition setzte sich aus 30 verschiedenen Weinen zusammen. Zehnmal verkostet, das erste Mal bei der Präsentation im Mai 1994 – neun Jahre nach der Lese. Schon jetzt cremig, elegant, Gleichgewicht und Geschmack perfekt. »Kein schwergewichtiger Krug«, notierte ich mir. (Bei einer Verkostung 1996 wurde mir gesagt, dass es im 20. Jahrhundert nur 25 Jahrgangs-Champagner von Krug gegeben habe.) Seither bei mehreren denkwürdigen Anlässen verkostet und getrunken. Auf einer Blindverkostung von British Airways im Januar 1997 wurde er von unserem Gremium ausgewählt und ich hatte das Vergnügen, ihn noch im September desselben Jahres bei einem Flug mit der Concorde nach New York trinken zu dürfen. Bei Kaplans Degustation von 1985ern Flaschenabweichungen, bei der letzten Verkostung aus Magnumflaschen aber auszeichnet. Ich wies mehrmals auf den außergewöhnlichen, sehr indiviuellen, parfümierten Charakter hin. Dieser Champagner gehört zu jener Sorte Wein, die einem bei den seltenen Gelegenheiten, bei denen man nicht von Festlichkeiten abgelenkt wird, zusätzliche Dimensionen erschließen. *Zuletzt im Dezember 2000 auf Hatchlands in Surrey degustiert* ★★★★★

Krug, Clos du Mesnil Nur ein Eintrag: blass; Brotkruste; ziemlich trocken, schlank, stahlig, ausgezeichnete Säure. *Mai 1999* ★★★(★)

Krug, Rosé Nicht rosa, sondern blass goldgelb; ich frage mich, warum er Rosé heißt. Eigenartiger Duft. Nicht trocken. Sündhaft teuer. *Dezember 1994* ★★★

Laurent-Perrier, Brut 1992 in guter Verfassung; bekam vier Sterne. Zwei Jahre später war ich nicht mehr so begeistert und wies darauf hin, dass seine Mousse schnell nachließ; zwar voll im Geschmack, aber offen gewirkt, apfelartig und alles in allem so lala. *Zuletzt im Juli 1994 verkostet* ★★ *Müsste eigentlich schon weggetrunken sein.*

Laurent-Perrier, Grand Siècle Ein ganz anderes Kaliber, obwohl ich leider nicht weiß, ob die Komposition bei der letztmaligen Verkostung den 1982er oder 1988er oder beide enthielt. Er war auf jeden Fall von sehr hoher Qualität und hatte einen schönen, cremigen Geschmack. Zuletzt in Gesellschaft von Joan Oliphant-Frazer verkostet, die in einem Body Stocking Sport treibt und mit ebensolcher Energie Champagner trinkt. *Im Januar 1995 im Café Royal in London verkostet* ★★★★

Moët & Chandon, Brut Impérial 1989 hart und kurz, aber auf einem Staatsbankett passte er gut zum Pudding. *Zuletzt im April 1993 im Buckingham Palace verkostet* ★★★

Mumm, Grand Cordon Brut 54 % Pinot noir, 46 % Chardonnay. Noch eine Modemarke. Ich hatte nichts für sie übrig. Zweimal verkostet, wäre gar nicht einmal so schlecht gewesen, wenn die attraktive Nase nicht durch eine Pfirsichkernnote und einen Anflug von Seife verdorben worden wäre. Was eigentlich alles sagt. *Zuletzt im Januar 1995 bei einer Verkostung von British Airways degustiert.*

Mumm de Mumm Damals scheint sich Mumm, eine Tochter von Seagram, in alle möglichen Richtungen orientiert und ständig neue Cuvées produziert zu haben: Cordon Rouge, Vert, de Cramont, René Lalou und jetzt auch noch ein Mumm de Mumm. Im April 1991: eigenartig und stielig, matt. Im darauf folgenden Monat vor einem Wohltätigkeitsbankett des Weinhandels (mit Seagram-Leuten im Vorsitz) einfach nicht gut genug. *Zuletzt im Mai 1991 verkostet* ★★

Mumm, René Lalou 1989 unreif und säurebetont. Weicher, aber unbeeindruckend. *Zuletzt im Juli 1993 blind verkostet* ★★

Perrier-Jouët, Belle Epoque Mehrere Einträge. So blumig wie das Flaschendesign. *Zuletzt im November 1997 verkostet* ★★★★

Piper-Heidsieck Bei der Blindverkostung für British Airways 1996 nicht mein Favorit, aber trotzdem trank ich ihn bei einem Club-Class-Flug nach Miami mit Genuss, wenngleich in einem unpassenden Glas mit geraden Wänden. Der hohe Pinot-noir-Anteil war unverkennbar. Voll im Geschmack, aber im Abgang etwas blechern. *Zuletzt im Oktober 1997 verkostet* ★★★

Pol Roger, Brut und **Extra Dry** Mehrere Einträge. Diese unterschiedlichen Bezeichnungen sind verwirrend. Der Brut war 1994 perfekt im Gleichgewicht ★★★★, der Extra Dry auch wirklich extratrocken und hatte eine metallische Nase mit leichter Pfirsichkernnote. *Zuletzt im April 1998 verkostet* ★★

Pol Roger, Cuvée Sir Winston Churchill Ein halbes Dutzend Mal verkostet, angefangen 1992 mit einer »reichen und vollmundigen« Flasche. 1998 ein großartiges Exemplar bei einem Galadiner der Hollywood Wine Society, das Gehalt und Finesse in sich vereinte. Schließlich eine Magnum, die sehr charakteristisch und perfekt ausgereift war. *Zuletzt im April 2000 bei Kaplans Essen mit 1985ern verkostet* ★★★★★ *Jetzt ausgezeichnet, aber noch weitere zehn Jahre auf der Höhe.*

Pommery, Brut und **Cuvée Louise** Beide gut, der erste eine klassische, reiche, je zur Hälfte aus Pinot noir und Chardonnay komponierte Cuvée, der Louise blumiger und mit mehr Länge. *Beide im März 1993 verkostet,* ★★★ *bzw.* ★★★★

Roederer, Brut Ich neige dazu, vom stets verlässlichen Brut Premier, den ich immer »zapfbereit« halte, zum Cristal Brut überzugehen, von dem ich vereinzelte Flaschen für besondere Anlässe lagere. Der Jahrgangs-Brut ist immer sehr gut, der 1985er (66 % Pinot noir), den ich nur in seiner Jugend verkostet habe, war sogar ausgezeichnet. *Februar 1991* *****

Roederer, Cristal Brut 55 % Pinot noir. 1991 unnachgiebig. Zwei überragende Magnumflaschen, die eine Silvester 1993, die andere am Neujahrstag 1994 getrunken, beide herrlich, mit appetitanregender Säure. Kürzlich fein und elegant. *Zuletzt im Juni 1995 degustiert* ***** *Nähert sich wohl jetzt seinem Höhepunkt.*

Taittinger, Comtes de Champagne, Blanc de Blancs Jetzt reines »Tutanchamun«-Gold; schöne, feuersteinartige Nase; Geschmack, Länge und Säure ausgezeichnet. *Zuletzt im Mai 2000 im Pariser Musée Baccarat verkostet* ***** *Jetzt perfekt, hält sich aber noch.*

Veuve Clicquot Bei der ersten Präsentation 1992 bei einem Essen der Champagne Academy entstanden mehrere sehr gute Einträge: stilvoll, brauchte noch Flaschenalterung. Eine 1998 degorgierte Magnum wunderschön ausgewogen. Kürzlich bei Kaplans Essen mit 1985er-Jahrgängen verkostet. *Zuletzt im April 2000 in Chicago degustiert* *****

Veuve Clicquot, La Grande Dame Von der Freigabe 1989 – sie erfolgte ungewöhnlich früh – bis zur jüngsten Verkostung durchweg ein absolut grandioser Wein. Anfangs klassisch, wohlriechend, jugendlich schäumend. Dann ein warmes, blasses Gold; rauchige Nase – wie ein abgebranntes Streichholz; perfekte Frucht, körperreich, abgerundet. Ich lagerte einige Magnumflaschen für daheim und verwies 1994 auf den Geschmack, der sich im Mund ausdehnte, und die ausgezeichnete Länge. 1997 in den USA eine säuerliche Bewertung – »überraschend säurebetont« – und später im Haus meines Sohnes in San Francisco: noch immer vor Leben vibrierend, fest und scheinbar jugendlich. *Zuletzt im November 1998 verkostet* ****

Veuve Clicquot, Rosé Attraktives Orangerosa; stahlig; lieblich, lebhaft, guter Geschmack. Bei Stephen Kaplans ausgedehntem Essen mit 1985ern zum »Frühjahrsstrauß aus Beeren der Saison« verkostet. *Chicago, April 2000* ***

WEITERE, IN DER ERSTEN HÄLFTE DER 1990ER VERKOSTETE CHAMPAGNER VON 1985 Zunächst die Viersterne-Gewächse: **Billecart Salmon, Brut**; **Binet, Blanc de Blancs**; **Henriot**; **Jacquart, Cuvée Nominée**; **Jacquesson, Signature**; **Lang-Biemont, Blanc de Blancs**; **Lanson, Noble Cuvée**. Die Dreisterne-Weine: **Charbaut, Cuvée de Réserve, Brut**; **Deutz, Blanc de Blancs, Brut**; **Jacquesson, Perfection**; **Lanson**; **Mumm, Cordon Rouge**; **Bruno Paillard, Brut**; **Ruinart, Brut**; **Alain Thienot, Brut**; **de Venoge**.

1986 ** bis ***

Der Frühsommer war heiß und sonnig, doch die Aussicht auf einen guten Jahrgang wurde von Regen im August und Anfang September getrübt. Weinbauern, die gegen Fäule spritzten und selektiv ernteten, kamen noch am besten weg. Die ausgedehnte Lese begann am 28. September und dauerte in manchen Lagen bis November. Man kann sich aber darauf verlassen, dass die besseren Champagnerhäuser in dieser Beziehung schon wissen, was sie tun.

Die Ergebnisse fielen uneinheitlich aus, wie man aus den nachfolgenden Einträgen ersehen kann. Die besten Champagner haben ihren Höhepunkt erreicht. Ich beschränke mich im Wesentlichen auf jene 1986er, zu denen mir mehrere Einträge vorliegen.

Moët & Chandon, Brut Impérial Erstmals 1993 verkostet: angenehm in Gewicht und Geschmack, der Gehalt bildete ein angemessenes Gegengewicht zur ausgeprägten Säure. Seither entstanden noch ein halbes Dutzend Einträge. Fest, lebhaft, fein – das scheint das vorherrschende Thema zu sein. Zuletzt bei einem Essen der Champagne Academy degustiert. Sehr französisch und sehr unangemessen zu »Pistazien-*Crème brûlée*«. Wenn man die Süßspeise stehen ließ, trank er sich gut. *Zuletzt im Mai 1995 verkostet. Damals* ***(*) *Wahrscheinlich jetzt auf dem Höhepunkt.*

Pol Roger, Extra Dry Sehr viele Flaschen verkostet, die überwiegend aus meinem eigenen Keller stammten. Der erste Eintrag entstand 1993: fest, lebhaft, stilvoll. »Braucht noch Zeit.« Die beiden jüngsten Verkostungsnotizen kamen Mitte der 1990er zustande und beziehen sich auf Magnumflaschen, die Pol Roger freundlicherweise für ein Essen zum 30-jährigen Bestehen der Weinabteilung von Christie's zur Verfügung stellte, und weitere Magnums, die zwei Wochen später beim 129. Treffen des Saintsbury Club getrunken wurden. Ich muss zugeben, dass ich ihn bei diesem Anlass für den Pol Roger White Label hielt, denn er war beim ersten Schluck etwas zu süß und im Abgang ein bisschen zu säurebetont. *Zuletzt im Oktober 1996 verkostet* *** *Bald trinken.*

Pol Roger, Cuvée Sir Winston Churchill Ein halbes Dutzend Mal verkostet, das erste Mal an Bord der Concorde zu einem fürchterlichen Lachs-Eier-Gericht: Anflug von Süße, erfrischend, im Mund schäumend. Später an einem Silvesterabend, an dem wir ausnahmsweise einmal in unserer Londoner Wohnung waren: lebhaft, attraktiv, trocken, leicht säurebetonter Abgang. *Zuletzt am 31. Dezember 1997 verkostet* *** *Jetzt zweifellos gut zu trinken, aber keine große Cuvée.*

Taittinger, Comtes de Champagne, Blanc de Blancs Eine überraschend hohe Zahl von Einträgen, die überwiegend in der ersten Hälfte der 1990er entstanden. 1993 eindringlich, Geschmack und Länge gut. Die letzten beiden Male verkostete ich ihn tatsächlich an Bord der Concorde auf dem Weg nach New York (auf rund 17000 m Höhe, bei 2000 km/h und einer Außentemperatur von –64 °C, was noch kälter ist als ein Eiskübel). So kam ich rechtzeitig zu einem Arbeitsessen von Christie's in der Park Avenue, an das sich Vorverkaufsgespräche und die Auktion am nächsten Tag anschlossen. Am Sonntag flog ich mit der Concorde wieder zurück. Die Kabinentemperatur liegt im Gegensatz zu der in Jumbojets im Normalbereich, weshalb der Genuss des Weins nicht durch die Höhe oder die Geschwindigkeit beeinträchtigt wird. Auf jeden Fall hatte der Taittinger genug Körper, um sich bemerkbar zu machen. Kraftvoll, vollmundig, ausgezeichneter Abgang. *Zuletzt im September 1995 verkostet* ****

KURZE NOTIZEN ZU WEITEREN 1986ERN **Billecart-Salmon, Cuvée N. F. Billecart** Rauchig, wohlschmeckend. *1994* ****; **Dom Ruinart, Blanc de Blancs, Brut** Vier Einträge. Uneinheitliche Qualität, von schlecht und Kartongeschmack bis fest, lebhaft und mit Finesse. *Zuletzt im Oktober 1995 verkostet. In Bestform* *** *Viel Glück*; **Krug, Clos du Mesnil** Ganz und gar nicht Krug-artig, sehr blass; »nasses Stroh«, aber fein. *Dezember 2000* ***; **Pol Roger, Blanc de Chardonnay** Lebhaft, gute Länge. Am besten jung und frisch zu trinken. *November 1993* ****; **Roederer, Brut, Rosé** Zwiebelschalenfarbe, aber sehr viel Leben; keine Frucht, eher wie ein feuchtes Geschirrtuch; trocken, spröde, stumpf. *Im Oktober 1996 zu Hause verkostet* *; **Taittinger, Comtes de Champagne, Rosé** Sehr blassrosa; trocken, fein, Länge und gute Säure. Meiner Meinung nach hat Taittinger die besten Rosés. *Februar 1999* ****

1987 ★★

Vielleicht war der Markt nach dem ausgezeichneten 1985er und einigen guten 1986ern nicht bereit für einen dritten guten Jahrgang in Folge. Vielleicht war er aber auch schlichtweg nicht gut genug.

Das Wetter bot ein ständiges Auf und Ab: ein ungewöhnlich nasser Frühling, zur Blüte bessere Bedingungen, dann ein nasser Sommer, allerdings mit drei Wochen Hitze im August und anschließend wieder Kälte und Regen. Ein goldener, aber schwüler Herbst veranlasste manche Weinbauern zur Lese ab 28. September, andere warteten bis 10. Oktober. Die »nützliche« Ernte einigermaßen gesunder Trauben taugte zwar allemal für das Aufstocken der jahrgangslosen Bestände, nur wenige Weine aber wurden als »Jahrgangs-Champagner« exportiert.

Pommery, Louise Vier gute Einträge, die alle in der ersten Hälfte der 1990er entstanden: blass; trocken, dabei reich und etwas Delikatesse (1993). Im Jahr darauf zeigte er sich bei einer Blindverkostung in gutem Licht: zugänglich, angenehm, trinkreif, aber irgendwie fehlte ihm vielleicht etwas. *Zuletzt im Dezember 1994 verkostet ★★★ Für baldigen Verbrauch.*

Die einzigen anderen 1987er, die ich verkostet habe (alle in den frühen 1990ern) **Jacquart** Geradlinig, leidlich gut ★★; **Mumm, Cordon Rouge** Spröde, kurz ★; **Pommery & Greno, Brut** Stark schäumend, säurebetont ★★

1988 ★★★★★

Ein sehr guter Jahrgang. Verglichen mit 1987 10 % weniger Ertrag, dafür hohe Nachfrage und hohe Traubenpreise.

Milder Frühling, gute Blüte Anfang Juni, verhangener Juli und starke Regenfälle vor der Lese, die relativ früh am 19. September eingeleitet wurde. Hohe Durchschnittsqualität und fester Weinstil mit guter Säure. Viele Champagner sind jetzt sehr gut zu trinken, genauso viele aber halten sich noch.

Ich habe rund 30 Marken und Stile verkostet, das Gros Mitte der 1990er. Hier zunächst meine jüngsten Einträge.

Dom Pérignon 1998 ausgezeichnete Magnums. Ein Jahr später Normalflaschen: erstaunliches, blasses Grüngold; köstlich rauchige Nase; lebhaft, gute Länge. Ausgezeichnet, aber profitiert noch von Flaschenalterung. *Zuletzt im September 1999 bei Hal Lewis' »Mr.-Gourmet«-Dinner im Restaurant River Terrace auf Mud Island in Memphis, Tennessee, verkostet ★★★(★) Wahrscheinlich 2005 bis 2015 auf dem Höhepunkt.*

Dom Pérignon, Rosé Ausgeprägtes Hellbraun-Orange mit sehr feinen Bläschen; sehr gute, reiche, lebhafte Nase nach »wildem Knoblauch«; halbtrocken, vollmundig, komplett, ausgezeichneter Geschmack mit gutem, trockenem Abgang. *Im April 2000 bei Stephen Kaplan in Chicago verkostet ★★★★★ Man mag über das Lieblingsgetränk der Reichen von Palm Beach die Nase rümpfen, aber es ist wirklich sehr gut!*

Dom Ruinart, Blanc de Blancs Erstmals im Januar 1997 blind verkostet: blässliches, helles, grüngetöntes Gelb; wohlriechend, rauchig, komplex; überraschend jugendlich und säurebetont, guter Geschmack. Braucht noch Flaschenalterung. Als Nächstes bei einem Essen nach einer Verkostung für das Magazin *Residence*: ähnliche Notizen wie vorher, könnte etwas Reife gut gebrauchen, trinkt sich aber gut. *Zuletzt im April 1998 im Hotel Pulitzer in Amsterdam verkostet ★★★(★)*

Dom Ruinart, Rosé Blässliches Orangerosa; eigenartiger Duft. Abstoßend – schmeckte überhaupt nicht nach Champagner. Vielleicht zerfiel die darin enthaltene rote Rebsorte. Das Dessert half nichts. *Im Mai 2002 beim jährlichen Essen der Champagne Academy verkostet: Minussterne!*

Gosset, Brut Zwei gute Einträge: blass, lebhaft; ansprechend frische Nase; Geschmack, Länge und Säure sehr angenehm. *Zuletzt im April 1998 vor einem Essen des Saintsbury Club in London verkostet ★★★ Jetzt trinken.*

Henriot, Brut Eine Magnum: sehr feine Mousse; wohlriechend, Walnüsse, Zitronenton; leicht im Stil, ein Anflug von Säure. Guter Geschmack. *Im September 1998 auf Childerley Hall verkostet ★★★ Jetzt trinken.*

Krug, Brut Ein ausgezeichneter Wein. In letzter Zeit zweimal verkostet. 1999 in Memphis: schöner Duft, große Länge, Finesse und Zukunft. Kürzlich vor einem Essen auf Château Figeac in St-Emilion: ziemlich tiefes Strohgold; feines, reifes Bukett; fülliger Körper. Ein klassischer Krug. *Zuletzt im Juni 2001 verkostet ★★★★(★) Trinkt sich gut, hält sich aber noch.*

Moët & Chandon, Brut Impérial Aus irgendeinem Grund recht viele Einträge, der erste vom September 1994, als der Wein noch jugendlich war, sich aber gut trinken ließ. Er muss auch Hardy Rodenstock gefallen haben, denn bei seinen großen Weinverkostungen zwischen 1994 und 1998 wurde dieser Champagner in Magnumflaschen gereicht. Ein guter Wein. Mehr braucht man dazu nicht zu sagen. *Zuletzt im September 1998 verkostet ★★★ Ist sicher noch immer auf dem Höhepunkt.*

Pol Roger, Extra Dry Fast 20 Einträge, die überwiegend, aber keineswegs ausschließlich bei meinen eigenen Dinnerpartys entstanden. Das erste Mal allerdings habe ich ihn bei Harry Waughs Essen für den Bordeaux Club im Januar 1995 verkostet: lebhafte Mousse, frisch, nussig, fein, gute Säure. Er wurde allerdings vom 1961er Dom Pérignon in den Schatten gestellt. Beständig gute Bewertungen; ich wies aber auch stets darauf hin, dass er noch etwas mehr Flaschenalterung gebrauchen könnte. Meine jüngste Notiz (jetzt sind alle Flaschen weggetrunken): noch immer ziemlich blass und lebhaft, grandioser Geschmack, herrliche Länge und vor allem mit dem entscheidenden Tüpfelchen auf dem »i«: Finesse. *Zuletzt im Dezember 1998 auf Chippenham Lodge degustiert ★★★★*

Pol Roger, Blanc de Chardonnay Erstmals im April 1996 zu Hause verkostet: schöner Geschmack, jetzt perfekt, ausgezeichnete Säure. Als Nächstes ein »Brut Chardonnay Blanc« – ob diese Flasche für den amerikanischen Markt bestimmt war? Gut, lebhaft, trocken (bei einem Essen der Hollywood Wine Society im März 1998). Einen Monat später in Bordeaux: sehr trocken, hohe Säure. *Zuletzt im April 1998 auf der Domaine de Chevalier verkostet ★★★ Gut, aber säurebetont. Muss getrunken werden.*

Pol Roger, Cuvée Sir Winston Churchill Erstmals im Juni 1997 bei Louis Latours Zweihundertjahrfeier auf Château du Clos de Vougeot verkostet. Dann, zehnjährig, bei einem Essen der Champagne Academy. 1999 einer von zwei 1988ern, die auf einer Blindverkostung in Kopenhagen mit weiteren 23 Weinen degustiert wurden: machte eine gute Figur. Kürzlich vollreif, begann in der Farbe sogar Alterserscheinungen zu zeigen, strohgolden; Nase wie kräftiges »altes Stroh«; am Gaumen kraftvoll und nussig. *Zuletzt im April 2001 bei einem Essen des Weinausschusses des Oxford and Cambridge Club verkostet ★★★★ Jetzt trinken.*

Pommery, Louise Zwei jüngere Einträge. Trocken, fest, braucht Zeit. *Zuletzt im März 2000 bei einem Champagnerfrühstück in Hamburg verkostet ★★★(★) Schätzungsweise jetzt bis 2008.*

Roederer Eine angenehme Überraschung; vor einem Essen des III Form Club wunderschön zu trinken: fest, stilvoll, gute Länge. Die Art Champagner, die sich sofort von der Masse abhebt. *Januar 2002 ★★★★ Jetzt perfekt, aber hält sich noch.*

Salon Salon erzeugt nicht in jeder Saison einen Champagner. Der 1988er war erst der 31. Jahrgang in 76 Jahren. Die Ernte in Mesnil an der Côte des Blancs verlief sehr gut, alle Trauben (100 % Chardonnay) wurden am 26. September gelesen. Zwei Einträge. Passt zum Jahrgang: im Erscheinungsbild, in der Nase und am Gaumen perfekt. In der Nase ein Hauch von Walnüssen; trocken, fest, Geschmack, Länge und Säure ausgezeichnet. *Zuletzt beim Eröffnungsempfang einer Weinveranstaltung im Hotel C. Jacob in Hamburg verkostet ★★★★(★) Zehn weitere Jahre werden ihm gut tun.*

Taittinger, Comtes de Champagne, Blanc de Blancs Ein halbes Dutzend Einträge. Im Dezember 1994 erstmals bei einer Blinddegustation verkostet: Ich fand ihn seltsam und säurebetont. Im darauf folgenden Jahr schon etwas vertrauter: blässlich, trocken, fein. Einer der Spitzenweine bei einer weiteren Blindverkostung von 27 De-Luxe-Champagnern im Jahr 1997. Im Jahr darauf kam er allmählich in Hochform: erneut »lang und fein« notiert. *Zuletzt im April 1998 zum Auftakt einer ausführlichen, von mir geleiteten Degustation für das Magazin* Vinum *in Zürich verkostet ★★★(★) Dürfte jetzt bis weit ins nächste Jahrzehnt hinein perfekt sein.*

Veuve Clicquot Erstmals im Juli 1994 verkostet: sehr blass; ziemlich hart, der 70-prozentige Pinot-Anteil war unverkennbar; trocken, Geschmack und Länge ausgezeichnet, noch immer mit jugendlicher Säure. Kürzlich vor dem Swan Feast in der Vintners' Hall verkostet. Noch immer blass; nicht zu trocken, Geschmack und Länge gut. Wie immer verlässlich. *Zuletzt im November 2001 verkostet ★★★★ Jetzt perfekt zu trinken, aber hält sich noch.*

Veuve Clicquot, Grande Dame, Rosé Bei der Freigabe des 1990ers fand eine interessante Verkostung der einzelnen Bestandteile des 1988ers statt. Der Chardonnay aus Le Mesnil: sehr wohlriechend, trocken, gute Länge, ausgezeichneter Geschmack, sehr säurebetont. Der Pinot noir aus Verzy: sehr blass, nur der allerleichteste Anflug von Rosa aus dieser Traube, trocken, fest, vollerer Körper und runder als der Pinot noir aus Ay, der sehr trocken und stahlig ausfiel. Die Grande Dame Assemblage C21: ziemlich trocken, guter Geschmack, Länge und trockener Abgang. Die endgültige Rosé-Kompositition (Assemblage C112): mehr gelb als rosé, blasses Bernsteingold; Frucht und Flaschenalter gut; etwas trocken, fest, vollmundig, ein Anflug von Härte. Wie bei rotem Bordeaux und Jahrgangsport war die Komposition besser als die einzelnen Bestandteile. *Alle im Januar 2000 in London verkostet ★★★*

EINIGE WEITERE 1988ER, DIE ICH MITTE DER 1990ER DEGUSTIERTE **Bollinger, Grande Année** Braucht Zeit. *1996* ★★★★; **de Castellane** Reich, vollmundig. *1997* ★★★; **Gosset, Celebris, Brut** Strohgold; markant, voller Geschmack, gute Länge. *1997* ★★★; **Heidsieck, Diamant Bleu, Rosé** Fade Farbe, in der Nase und am Gaumen stumpf und schwerfällig. *1994. Meiden*; **Jacquart, La Cuvée Nominée** Feine Mousse; butterig, positiv; leicht süß, guter Geschmack. *1997 blind verkostet* ★★★★; **Lanson, Noble Cuvée** Wohlriechend, apfelartig; sehr positiv, vollmundig, gute Länge, aber bei einer erneuten Verkostung alles andere als edel. *1997 blind verkostet ★★★ (gerade noch)*; **Perrier-Jouët** Fest, gut. *1995* ★★★(★)

1989 ★★★★

Eine große Ernte sehr guter Weine. Ich muss zugeben, dass ich die Qualität dieses Jahrgangs anfangs wie viele andere überschätzte. Nach der Durchsicht meiner Verkostungsnotizen habe ich ihn leicht von fünf auf vier Sterne zurückgestuft. Die Weine sind reich und früh trinkreif.

Die Wachstumssaison verlief nicht völlig problemlos. Schwere Fröste schädigten die knospenden Triebe – Berichten zufolge waren 20 % der ausgedehnten Rebflächen in der Champagne betroffen. Die Blüte wurde durch einen Kälteeinbruch gestoppt, sodass letztendlich zwei Lesen notwendig waren und die Weinbauern damit auch zwei Ernten einfuhren: Die erste begann nach dem ungewöhnlich heißen Sommer außerordentlich früh am 4. September, die zweite am 10. Oktober. Fazit: ansehnliche Erträge reifer Trauben und eine Produktion von rund 274 Millionen Flaschen.

Bollinger, Grande Année Nur ein Eintrag. Ein schöner Wein. *Im April 1998 vor einem Essen auf Château Canon-La-Gaffelière in St-Emilion verkostet ★★★★*

Henriot, Brut Zum Mittagessen in den Kellern von Bouchard Père in Beaune verkostet, kurz nachdem Joseph Henriot das Unternehmen aufkaufte: blass, schlank und trocken. Eine willkommene Erfrischung nach der Verkostung all der *Grands crus* von Bouchard. Dann beim Essen mit Nachbarn: reich, aber säurebetont. *Zuletzt im September 1998 verkostet ★★★ Wahrscheinlich jetzt auf dem Gipfel.*

Jacquesson, »Signature« Obwohl er in Kürze einen guten Ruf erlangte, empfand ich ihn als stämmig, mit einem Anflug alter Äpfel in der Nase und im Geschmack (im Januar 1997 blind verkostet). Später noch immer nicht sonderlich ansprechend, mit eigenartiger, rauchiger Nase nach alten Pilzen und ebenso absonderlichem Geschmack. *Zuletzt im Juli 1999 verkostet.*

Krug Interessanterweise gab Krug den 1989er vor dem 1988er frei, der als Langsamstarter mit größerem Potenzial galt. Erstmals im November 1997 bei einem Essen im Sitzungssaal von Christie's verkostet. Ich notierte mir die grundlegende Assemblage-Formel von Krug: Pinot noir für den Körper, Chardonnay für die Eleganz, Pinot Meunier für den »Charme und die exotischen Noten«. Im Jahr darauf bei N. K. Yong in Singapur zu *Pâté de Foie gras* getrunken: etwas vom fleischigen Krug-Stil erkennbar, ein Weltergewicht (mittelschwer). Ich kritzelte: »Ehrlich gesagt wirft er mich nicht um. Gute Länge, interessant, aber es fehlt ihm an Schwung und Finesse.« *Zuletzt im Januar 1998 verkostet ★★★★*

Lanson, Brut Relativ lebendig; recht gut, etwas Charakter, keineswegs groß. *Im April 1999 bei einem Essen des Saintsbury Club in London verkostet ★★★ Bald trinken.*

Bruno Paillard Vielleicht bin ich nur mit den ursprünglichen zwölf großen Marken aufgezogen worden, aber wie bei Jacquesson konnte ich mich mit diesem neuen Champagner nicht so recht anfreunden. Bei beiden Verkostungen (die erste fand 1997 statt) verwies ich auf die ziemlich tiefe gelbe Farbe, die fleischige, stämmige Nase und den anfänglichen Wohlgeschmack, der aber dann von einer malzigen Strohnote verdorben wurde. *Zuletzt im Dezember 1998 verkostet ★★? Vielleicht sollte ich meine Vorurteile aufgeben.*

Philipponnat, Grand Blanc Brut Weder *grand* noch *blanc* noch *brut*: ein reicher Champagnerstil mit teig-/brotartiger Nase und plumpem Geschmack. Altersspuren. Nachgeschmack mit Fragezeichen. *Im April 1998 bei einer Verkostung der Bank Julius Bär in Zürich degustiert ★★*

Pommery, Louise Im Januar 1997 blind verkostet: hell, lebhaft, wohlschmeckend, komplett. Kürzlich eine enttäuschende Flasche bei einem Essen der Champagne Academy: nicht reich genug. *Zuletzt im Mai 2001 verkostet ★★*

Roederer, Cristal Brut Erstmals im April 1997 beim »Winefest« in Sarasota verkostet: überraschend blass, mit sehr feinen, nadelspitzengroßen Bläschen; leicht (brot)krustig, fein; halbtrocken, fest, fein, am Gaumen lang, sehr gute Säure. Im darauf folgenden Jahr etwas kräftigere Farbe, ähnliche Nase, guter, reifer Geschmack. *Zuletzt im Januar 1998 in Singapur verkostet* ★★★★ *Dürfte jetzt so ziemlich perfekt sein, hat aber noch Zeit vor sich.*

Taittinger, Comtes de Champagne, Blanc de Blancs Erstmals im September 1997 während einer Mittagspause bei der Cheval-Blanc-Verkostung von Wolf und Weinart verkostet. Vielleicht ließ er sich wegen des erfrischenden Kontrasts so gut trinken. Im Herbst des darauf folgenden Jahres nach einem ziemlich gewöhnlichen, wenn auch sauberen und trockenen Wein während eines BYOB-Essens bei Michael Le Marchant ebenfalls in guter Verfassung: Farbe, Nase und Geschmack gut. Etwas süßer als erwartet, doch im Abgang geringfügig hart. *Zuletzt im Oktober 1998 verkostet* ★★★(★) *Mit gutem Potenzial, hat aber noch nicht ganz zu sich gefunden. Schätzungsweise jetzt bis 2006.*

Veuve Clicquot, Brut Magnum. Erstmals im April 1997 verkostet, der jüngste Jahrgang bei Kaplans Clicquot-Vertikaldegustation: brotkrustige Nase; komplett, aber »wird in drei bis fünf Jahren reifer sein«. Vier Einträge und drei Jahre später: hatte sich wunderschön entfaltet; perfekt in Geschmack und Gleichgewicht. *Zuletzt beim 136. Treffen des Saintsbury Club im April 2000 in London verkostet* ★★★★ *Jetzt schön, aber wird noch weitere zehn Jahre gut bleiben.*

Veuve Clicquot, La Grande Dame Blumig, Lindenblüten, aber blecherne Nase; trocken, hart und mit markanter Säure. Braucht Zeit (im Januar 1997 blind verkostet). Im Jahr darauf vor einem fabelhaften Essen auf Château Mouton-Rothschild: öffnete sich mit ausgezeichnetem Geschmack und war, soweit ich mich erinnere, abgerundeter als der 1988er. Noch ein Jahr später verwies ich vor Hal Lewis' Einführungsessen für die Bacchus Society lediglich auf die Farbe, das Gewicht und den Geschmack, die ich für gut befand. *Zuletzt im September 1999 zu Kaviar und anderen Leckerbissen verkostet* ★★★★ *Ein durch und durch zufrieden stellender Champagner mit noch einmal zehn Jahren aktivem Leben.*

Veuve Clicquot, La Grande Dame, Rosé Einschließlich 15 % Pinot noir aus dem Clos Colin. Kein erkennbarer Rosaton, eher gelb, aber mit sehr attraktivem, fruchtigem Geschmack, weicher als der 1988er. *Im Juni 2000 bei Clicquot in London verkostet* ★★★

KURZE EINTRÄGE ZU WEITEREN 1989ERN, DIE ICH MITTE DER 1990ER VERKOSTET HABE **Ayala, Brut** Eigenartiger Duft, leicht künstliche Nase; etwas Süße, eher leicht in Stil und Gewicht, recht angenehm. *1994* ★★★; **Gosset, Grand Millésime** Strohton; Apfelnase und -geschmack, lieblich, sehr positiv, voll ausgereift. *1997* ★★; **Lanson, Blanc de Blancs** Schäumend; sehr entgegenkommend, aber mit hartem Zug, braucht Zeit; positiv, ja, sogar eindringlich, noch immer mit jugendlicher Säure. *1997* ★★(★); **Mumm, Cordon Rouge** Zwei Einträge. Nichts Besonderes (*1990*); ich zog den undatierten **Crémant de Cramant** vor. *1997* ★; **Mumm, René Lalou** Verschlossen, hart, mit unreifem, blechernem, säurebetontem Anflug. *1997* ★★; **Perrier-Jouët, Belle Epoque** Sehr attraktiv (der Wein und die Präsentation). Erstmals im Dezember 1994 blind verkostet: blass, schäumend, ansprechend, aber zu süß. Als Nächstes (1996) ein »Fleur du Champagne« in Magnumflaschen: Farbe, Nase und Geschmack ausgezeichnet. Im darauf folgenden Jahr erneut blind degustiert: in der Farbe kräftiger geworden; gute Frucht, leicht rauchige Nase; wieder ein Anflug von Süße, aber positiv und wohlschmeckend. *Zuletzt 1997 verkostet* ★★★★ *Jetzt wahrscheinlich auf dem Höhepunkt*; **Piper-Heidsieck** Schäumend; blechern; keine Jahrgangsqualität. *1988* ★★

1990 ★★★★★

Ein außergewöhnliches Jahr mit der drittgrößten Ernte aller Zeiten: fast 330 Millionen Kilo Trauben, was 288 Millionen Flaschen ergab (1982 waren es 295 Millionen, 1983 302 Millionen gewesen) – und das trotz schwerer Aprilfröste, die 45 % der gesamten Region bis zu einem gewissen Grad in Mitleidenschaft zogen. Ungeeignetes Wetter während der Blüte führte zu Verrieseln und Kleinbeerigkeit und sorgte dafür, dass sich die Entfaltung der Gescheine von Ende Mai bis Anfang Juli hinzog. Mitte Juli aber wurde klar, dass man nicht nur eine hohe Zahl von Trauben würde ernten können, sondern dass die Beeren auch groß ausfallen würden. Zum Glück war der Sommer heiß und trocken, sodass es zu einer gar nicht einmal so seltenen Erscheinung kam, nämlich einer Zweitblüte, die bis zu 60 % der Ernte betraf. Die erste, frühe Lese fand für Chardonnay am 11. September und für Pinot noir ab 24. September statt; die zweite folgte wesentlich später.

Bollinger, Grande Année Christian Bizot sprach von einem guten, aber nicht außergewöhnlichen Jahr. Nach über einem halben Dutzend Einträgen in den letzten zwei Jahren zu urteilen glaube ich aber, er war viel zu bescheiden. Das Publikum auf der Wine Experience in New York und ich bekamen im November 1998 Gelegenheit, die Erstausgabe dieses Weins zu verkosten. 65 % Pinot noir, Vergärung in (alter) Eiche und Ausbau in (alten) Barriques, sieben Jahre Lagerung an der Hefe. Blässliches Gelb; sehr stark schäumend; sehr wohlriechend; Geschmack und Länge gut, aber spröde, brauchte noch Flaschenalter. Im März 1999 bekam er bei der Blindverkostung von 25 Spitzen-Champagnern von *Smag & Behag* in Kopenhagen meine höchste Bewertung, weshalb ich noch im selben Jahr meine Familie an Weihnachten damit verwöhnte. Zwei Einträge im darauf folgenden Jahr, der jüngste bezog sich auf eine Magnum, die während eines Dinners in Rosebank mit den Brounsteins (von der Kellerei Diamond Creek im Napa Valley) und anderen Freunden serviert wurde: feine Bläschen; volles, nussiges Bukett; vollmundig reich, Geschmack, Länge und Säure wundervoll. *Zuletzt im November 2000 verkostet* ★★★★★ *Ein praktisch perfekter Wein, der noch gut und gern zehn Jahre auf dem Gipfel bleibt.*

Delbeck Dieses sehr alte Champagnerhaus, das Ende des 19. und Anfang des 20. Jahrhunderts in England beliebt war, erlebt seit einiger Zeit eine Renaissance. Da mein Sohn diesen Wein in die USA importiert, versorgte er mich auch gleich zu meinem 70. Geburtstag mit ein paar Kisten, und ich revanchierte mich zu seinem 40. Geburtstag. So tragen mein erster und letzter Eintrag jeweils ein gutes Datum. Erstmals im Mai 1997 in der Vintners' Hall verkostet: blass, träge Bläschen; gute Nase, ein Anflug von Vanille und Zitronen; leidlich trocken, guter Geschmack, Säure. *Zuletzt im Januar 2002 im Brooks's Club verkostet* ★★★ *Mit mehr Flaschenalterung möglicherweise sogar vier Sterne.*

Dom Pérignon Erstmals im September 1997 bei einer Hallwag-Pressekonferenz verkostet, bei der das Überschreiten der Auflage von einer Million für den *Kleinen Johnson*, Hughs jährlichen Taschenführer, und das Erscheinen von Hubrecht Duijkers ausgezeichnetem *Weinatlas Bordeaux* – ich gestehe, dass ein bisschen Eigenlob mit dabei ist, denn ich war daran beteiligt – gefeiert wurde. Mit dem Dom Pérignon würdigte man den Anlass gebührend. Ein schöner, ungewöhnlich reicher Wein. Kürzlich eine Magnum, mit der in Wilf Jaegers Haus auf einem Hügel südlich von San Francisco vor Beginn der Romanée-Conti-Verkostung sieben Gäste begrüßt wurden: blass; elegant; »trocken«, lebhaft, sehr gute Länge, Zitronennote und sehr rauchiger Nachgeschmack. *Zuletzt im März 2002 verkostet* ★★★★★

Dom Ruinart, Blanc de Blancs Gegen den Dom Pérignon, den bekannteren »Dom« (der ebenfalls zu LVMH gehört), hat man einen schweren Stand. Nur zwei Einträge: 1998 drei kommentarlose Haken (für Erscheinungsbild, Nase und Geschmack). Ein paar Monate später: blass, lebhaft, mit kleinen Bläschen, wie es sich gehört; in der Nase etwas »gekocht«, jemand erwähnte »Quitten«; trocken, körperreich (für einen Blancs), gute Länge, aber unbeeindruckender Geschmack. *Zuletzt im November 1998 bei einem Jahrgangsdinner des Weinmagazins* Decanter *verkostet* ★★★

Pol Roger, Brut Oft verkostet, das erste Mal im Juni 1997 bei einem ganz unvergesslichen Besuch bei Odette Pol Roger in ihrem eleganten, mit Erinnerungsstücken vollgestopften Heim gegenüber Christian Pol Roger in Epernay. Ich fühlte mich wie ein schüchterner Schuljunge, der hofft, einmal einer ihrer Jünger werden zu dürfen. Seither mehrere Einträge. Im Oktober 2000 vor einem Essen des Saintsbury Club: jetzt mittlerweile verhaltenes Perlen; Bukett und Geschmack schön, reich, vollmundig, perfekt ausgereift. *Zuletzt im August 2001 zu Hause verkostet* ★★★★ *Hält sich.*

Pol Roger, Brut Chardonnay Bei einer von mir geleiteten Verkostung im März 1999 in Los Angeles: schöne Farbe, zarte, stetig aufsteigende Bläschen; der Inbegriff von Eleganz, aber noch immer mit jugendlicher Säure. Als Nächstes im selben Monat in Kopenhagen eine Flasche mit demselben Etikett: gelber; krustige, wohlriechende, klassische Walnussnase; bekam eine hohe Bewertung. Zwei Monate später, diesmal in London: praktisch perfekt. Fein. *Zuletzt im Mai 1999 verkostet* ★★★(★) *Steigert sich noch.*

Pol Roger, Cuvée Sir Winston Churchill Ist den höheren Preis meines Erachtens wert. Erstmals im Juni 1999 beim Pol-Roger-Stand auf der Vinexpo verkostet: fein; lang, subtil. Danielle und Christian Pol Roger sind stets selbst an ihrem Stand vertreten, was sehr viel ausmacht. Außerdem befanden sich bei den meisten früheren Vinexpos der Christie's- und der Pol-Roger-Stand direkt nebeneinander – wir wurden also gut mit Pol versorgt! Kürzlich Magnumflaschen, die Hubert de Billy, Christian Pol Rogers Neffe, bei der Primum-Familiae-Vini-Präsentation im Vinopolis vorstellte. Ließ sich gut trinken. *Zuletzt im November 2000 verkostet* ★★★★(★) *Steigert sich noch.*

Salon Zwei Einträge: blass, lebhaft; etwas eigenwillige Nase, Stroh und alte Pilze, aber gut (Juni 2001). Als Nächstes am ersten Abend vor Wilf Jaegers beispielloser Degustation seltener Burgunder verkostet: blass, gute Farbe für sein Alter, träge Bläschen; leicht, duftend. Charakteristisches Bukett nach frischen Walnüssen; subtil, perfekt, aber verhalten. Elegant. Große Finesse. *Zuletzt im März 2002 in San Francisco verkostet* ★★★★★

Veuve Clicquot, Brut Viele Einträge, nicht zuletzt deshalb, weil ich ein, zwei Kisten von Justerini & Brooks gekauft und noch immer eine ganze Reihe von Flaschen übrig habe, um über die Runden zu kommen. Erstmals beim Essen auf Grand Mouton mit Hervé Berland verkostet: sehr beeindruckend. Ich gab ihm drei Sterne für den Trinkgenuss und fünf für künftige Reife. Bei der *Smag-&-Behag*-Blindverkostung 1999 in Kopenhagen bekam er meine zweithöchste Bewertung. Ein Jahr später hatte sich seine Entwicklung fortgesetzt: Er ging einem Essen zu Hause voraus, für das Paolo Pong vier 1964er Spitzen-Bordeaux gestiftet hatte – und erwies sich als perfekter Aperitif. Mein jüngster, aber zum Glück nicht letzter Eintrag: einfach und unzweifelhaft gut. Daphne und ich genossen die Flasche ganz für uns allein. *Zuletzt im März 2002 verkostet* ★★★★★ *Jetzt perfekt und wird mich wahrscheinlich überleben.*

Veuve Clicquot, La Grande Dame Warum viel mehr für diese De-Luxe-Marke von Clicquot zahlen, wenn der Brut so gut ist? Ich gab dem Grande Dame bei der Blindverkostung 1999 in Kopenhagen sogar eine wesentlich niedrigere Bewertung: Er war fleischiger, apfelartig (Säure) und ein bisschen zu süß – eine Stilfrage also. Zwei weitere Einträge. Kürzlich: blass, fein; in der Nase und am Gaumen superb, diesmal vermerkte ich ihn als »trocken«, mit guter Länge. *Zuletzt im Oktober 2000 im Restaurant Dairy auf Waddesdon Manor in Buckinghamshire verkostet* ★★★★

Veuve Clicquot, Rosé Mit ausgeprägterer Rosafarbe und auch schäumender als der 1989er. Ideal zum Füllen von Pumps. Unmittelbare Wirkung (wenn die Lady ihn auszieht?), lebhaft, gute Frucht. *Zuletzt im März 2002 verkostet* ★★★★★

Verrieseln (frz. *coulure*)

Ein ungenügender Fruchtansatz. Die frisch heranreifenden Beeren fallen kurz nach der Blüte ab. Bis zu einem gewissen Grad handelt es sich dabei um einen natürlichen Regulierungsprozess, bei dem die Rebe sich der Trauben entledigt, die nicht genügend Kohlehydratreserven enthalten, um auszureifen. Gravierendere Folgen hat das Verrieseln allerdings in den Grenzregionen des Weinbaus (und dazu zählt auch die Champagne), in denen schlechtes Wetter die Photosynthese beeinträchtigt und der Rebstock deshalb nicht so viele Energiereserven anlegen kann, wie er eigentlich bräuchte. Dadurch wird er anfällig für das Verrieseln. Doch auch sehr nährstoffreiche oder überdüngte Böden erhöhen die Anfälligkeit für diese Störung, denn sie schaffen ein Ungleichgewicht, bei dem die Rebe ihre Energie für den Austrieb von Blättern statt für den Fruchtansatz aufwendet.

Einige weitere 1990er, die ich gegen Ende der 1990er-Jahre verkostet habe Ayala *1997* ★★★; **Delamotte, Grand Cru, Blanc de Blancs** Ein Champagnerhaus, das vor 100 Jahren am bekanntesten war. Ein guter Aperitif. *1999* ★★★; **Jacquesson, Brut** Nichts Besonderes ★★; aber der **Rosé** war blassrosa und ziemlich attraktiv ★★★ *Beide im September 1999 in Memphis verkostet*; **Lanson** Er war im Glas, als wir es auf die Sieger der Lanson Awards erhoben – und erwies sich als würdiger Begleiter dieses prickelnden Ereignisses bei Christie's in South Kensington. *1998* ★★★; **Laurent-Perrier, Grand Siècle** Ein guter Wein. *1997* ★★★★; **Mailly, Grand Cru** Voll, stilvoll, reif für sein Alter. *1999* ★★★; **Moët & Chandon, Brut Impérial** Eine Magnum. *1996* ★★★; **Piper-Heidsieck** Zwei Einträge. Unbeeindruckend. *1998* ★★

1991 ★★

Hohe Erträge leichter Weine mit niedriger Säure. Sie eigneten sich zum Auffüllen jahrgangsloser Bestände in einer Rezessionsphase, die weltweit zu einem drastischen Rückgang der Verkaufszahlen führte. Der Grund: 1990 waren die Verhandlungen zwischen Erzeugern und *négociants* über die Verlängerung ihrer langfristigen Verträge gescheitert; hinzu kamen Absatzschwierigkeiten und hohe Erträge. Beide Seiten mussten ihre Position revidieren. Dem Handel und den Verbrauchern in

Übersee kam der 1990er zur Überbrückung gerade recht, weshalb er dort auch guten Absatz fand.

Wäre die Rezession nicht gewesen, hätte das ein Jahrgang werden können, denn die Bedingungen waren trotz zweier Frühjahrsfröste, die die Reben schädigten, und einer späten, ungleichmäßigen Blüte gar nicht einmal so schlecht. Der Sommer verlief heiß und etwas Regen ließ die Trauben anschwellen, bis die Schönwetterperiode am 21. September abrupt zu Ende ging und schlechte Witterung die Beeren faulen ließ. Als die Sonne am 30. des Monats zurückkehrte, begann man mit der Lese.

Pommery Blass, mit minimalem Grünton: feine Mousse; überraschend gute Nase, (brot)krustig, Anflug von Walnüssen; trocken, fein, gute Länge und Säure. *Im November 1998 bei einem Essen mit Pommery-Champagner in San Juan, Puerto Rico, degustiert* ★★★

Roederer, Brut Rosé Zwiebelschalenfarbe, nicht rosa; angekohlter Charakter; mitteltrocken, Länge, Abgang und Säure gut. *Im Januar 1997 bei einer Handelsverkostung degustiert* ★★(★)

1992 bis ★★★★

Zum Abschluss einer günstig verlaufenen Wachstumssaison konnte eine gesunde, hohe Ernte eingefahren werden. Nach einer Flut enttäuschender Weine war man 1992 allerdings in erster Linie damit beschäftigt, selbstregulierende Maßnahmen zur Qualitätskontrolle einzuführen. Für die Weinbauern und Champagnerhäuser stand dieser Punkt ganz oben auf der Tagesordnung, denn man hatte sich anhaltende Kritik eingefangen, die zum Großteil von der britischen Presse und Weinjournalisten ausgegangen war.

Obwohl die Weinqualität hoch war, konnte der Markt keinen Nutzen daraus ziehen. Es ist nicht meine Aufgabe, möglichst viele Erzeugnisse kritisch zu prüfen, und es sind mir auch nur wenige 1992er untergekommen. Aber wenn sie auch nicht repräsentativ sind, so lassen sie doch Rückschlüsse auf die allgemeine Qualität zu. Nach der Hand voll degustierter Champagner zu urteilen steht für mich fest, dass den Spitzenerzeugern durch strikte Selektion eine kleine Menge hochwertiger Weine gelang, während sich die größeren Unternehmen, für die ein solcher Aufwand unwirtschaftlich ist, mit einfacherer Qualität bescheiden mussten.

Bollinger, Grande Année Beim jährlichen Essen der Champagne Academy vorgestellt: blass, gute Perlage; sehr gutes Bukett; lebhaft, guter Abgang und eine hohe Qualität, die man dank einer strengen Auslese auf dem Sortiertisch erreichte, wie man uns berichtete. Von den vielen Bollinger-Marken ist der Grande Année mein Lieblingswein. *Zuletzt im Mai 2001 verkostet* ★★★★

Dom Pérignon Ich bin mir nicht sicher, woher diese Flasche stammte, aber ich servierte sie im August 1999 vor einem Sonntagsessen und testete den Champagner in drei unterschiedlichen Flûtes. Ohne auf Details einzugehen, ergaben sich leichte bis ausgeprägte Unterschiede in der Lebendigkeit, in der Nase und sogar in der Säure. Insgesamt machte der Jahrgang eine gute Figur: lebhaft, nussiger Duft, Länge und Abgang gut. Drei Monate später im American Club in Tokio: sehr blass; ein Hauch zitrusartiger Säure; fest, mit einem Anflug von Süße, die die Stahligkeit dämpfte. Ich gab ihm exakt dieselbe Bewertung wie beim ersten Mal. *Zuletzt im November 1999 verkostet* ★★★(★) *Jetzt wahrscheinlich im Zenit.*

Charles Heidsieck, Brut Réserve, mis en cave 1992 Kein 1992er im strengen Sinne, sondern der 1992 degorgierte jahrgangslose Standardwein. Als erster Champagner wurde er mit dem Datum der Einkellerung gekennzeichnet. Er basierte auf dem 1991er Brut Réserve. Mit dieser Datierung löste sich auch das Problem der Altersbestimmung von jahrganglosen Erzeugnissen, deren Etiketten normalerweise keinen Aufschluss über den Entstehungszeitpunkt geben. Es ist allgemein bekannt, dass die besseren jahrgangslosen Champagner, etwa der Roederer, von Flaschenalterung profitieren. Leider weiß man aber nie, nicht einmal beim Kauf, wie alt sie sind. Mit der neuen Etikettierung löst Charles Heidsieck das Problem. Bei der Kopenhagener Blindverkostung zeigte sich dieser Wein übrigens in ausgezeichneter Verfassung und bekam eine meiner höchsten Bewertungen, obwohl Spitzen-Champagner von De-Luxe-Qualität mit von der Partie waren. *März 1999* ★★★★

Moët & Chandon Erstmals auf dem Winefest in Sarasota im April 1997 verkostet und ziemlich beeindruckend. Neben den wesentlich besseren Weinen, die auf der Verkostung vor dem Essen der Champagne Academy geöffnet wurden, wirkte er allerdings etwas enttäuschend. Hohl. *Zuletzt im Mai 2001 verkostet* ★★

Perrier-Jouët, Brut Millésime Blass, eindeutig anämisch; schwache Nase; trocken, schlank, unbeeindruckend. *Mai 1999* ★

Pommery, Brut Blass, feine Mousse; Nase, Geschmack und Länge gut. Etwas Finesse. *Im Mai 2002 bei dem immer gut organisierten Essen der Champagne Academy verkostet* ★★★ *(Mir fällt auf, dass die Köche sich auf diesen Veranstaltungen immer besonders ins Zeug legen.)*

1993 ★★★

Trotz ganz anderer Wachstumsbedingungen so ziemlich dasselbe Ergebnis wie 1992: Ein, zwei Champagnerhäusern gelang durch Selektion eine Reihe guter Weine. Den meisten aber blieben erfreuliche Ergebnisse versagt.

Dabei verlief die Saison im Großen und Ganzen ganz angenehm: Es gab keine Frühjahrsfröste, der Mai war heiß und lediglich von örtlichen Hagelschauern durchsetzt, im Juni beschleunigten fast tropische Temperaturen das Wachstum und schon am 2. des Monats setzte die frühe Blüte ein, die extrem schnell vonstatten ging. Leichter Regen im Juli, doch kurz vor der Lese begannen sintflutartige Niederschläge, die nicht enden zu wollen schienen. Fäulnis und verwässerte Trauben bereiteten den Weinbauern Kopfzerbrechen.

Deutz, Blanc de Blancs Blass, feine Mousse; ganz angenehmer Geschmack, die Süße kaschierte die Säure. Ein stilvoller Wein, den ich gut bewertete. *Im März 1999 in Kopenhagen blind verkostet* ★★★

Charles Heidsieck, Brut Réserve, mis en cave 1993 (siehe Charles Heidsieck 1992). Eigentlich kein Jahrgangs-Champagner, aber das Degorgierdatum ist angegeben. Schäumend, leicht süß, positiv, aber säurebetont. *Bekam im März 1999 auf der Kopenhagener Verkostung eine bescheidene Bewertung von mir* ★★

Dom Pérignon Blässlich, lebhaft; angenehmer Geschmack, Länge und Säure sehr gut. *Im Juni 2001 auf Flug UA 955 von London nach San Francisco verkostet* ★★★★ *(Ich sollte dort als Gastauktionator an der 20. Napa Valley Wine Auction teilnehmen – was mittlerweile eher Messecharakter hat und sich beträchtlich von den nüchternen Wohltätigkeitsauktionen von früher unterscheidet.)*

Dom Ruinart Lebhaft; in der Nase und am Gaumen überraschend gut. *Im Juni 2001 beim Essen auf Château Paveil de Luze verkostet* ★★★

Pol Roger, Blanc de Chardonnay Wurde ganz unerwartet von Egon Müller Vater und Sohn vor dem Essen in Scharzhof serviert, als ihnen die Bacchus Society of America einen Preis für ihr Lebenswerk überreichte. Egon senior war sehr krank und starb leider kurz danach. Zur Freude aller stellte Egon junior, den man für einen eingefleischten Junggesellen gehalten hatte, seine junge Braut vor – und wenig später kam auch ein Stammhalter zur Welt, der den Namen Müller weiterführen wird. Der Chardonnay von Pol wurde mit Wohlwollen aufgenommen, in Erinnerung geblieben aber sind die Familie Müller und ihr Scharzhofberger. *Im Mai 2000 an der Saar verkostet* ★★★

Pol Roger, Brut Jahr für Jahr stürzen sich die Champagnererzeuger und ihre Agenten mit einer großen Degustation von praktisch jeder auf dem Markt erhältlichen Marke in Unkosten, ob mit Jahrgang oder ohne. Auf der Präsentation sieht es ein bisschen aus wie in einem Biergarten. Die Weine sind in alphabetischer Ordnung im Saal des historischen, spektakulären Banqueting House in Whitehall verteilt. Als ich bei »P« angelangt war, hatte ich die Nase so voll von den vielen schwachen Champagnern, dass mir Pol Roger wie eine Oase erschien, die ich nach einer langen Durststrecke in der Wüste erreichte. Ich bestellte an Ort und Stelle ziemlich mutig fünf Kisten des 1993ers, was mir aber mittlerweile etwas Leid tut. Trotz meiner engen Beziehung zur Familie Pol Roger denke ich, dass dieser Jahrgang einer ihrer schwächeren ist. Allerdings hat er durchaus seinen Charme und bietet köstlichen Trinkgenuss. Entweder ich gewöhne mich an ihn oder er verbessert sich mit zunehmendem Flaschenalter. Wahrscheinlich beides. *Zuletzt im Februar 2002 auf Chippenham Lodge verkostet* ★★★

Roederer Wie immer von hoher Qualität (2001 mit der Champagne Academy). Noch im Herbst desselben Jahres verkosteten wir den Pinot und Chardonnay blind, nachdem wir versucht hatten, unseren eigenen 1997er zu assemblieren. Der 1993er hatte eine würzige, fruchtige Nase und schaffte es, rund und kantig zugleich zu sein. *Zuletzt im September 2001 mit Martine Larson in Roederers Probierraum degustiert* ★★★

Veuve Clicquot, La Grande Dame Blass, lebhaft; sehr gut. Serviert von Comte Alexandre de Lur Saluces bei einem Essen zu Ehren der Bacchus Society of America. *Im Juni 2001 auf Château d'Yquem verkostet* ★★★

1994

Wie im restlichen Frankreich schwemmte der Regen zur Lesezeit wieder einmal sämtliche Hoffnungen auf einen großen Jahrgang hinweg. Dabei hatte es zuvor so vielversprechend ausgesehen. Kein Jahrgang.

1995 ★★★★

Nach zwei schwachen Jahren endlich wieder ein anständiger Jahrgang. Die Wachstumsbedingungen blieben in der Regel den ganzen Sommer über sehr günstig. Als Regen einsetzte und den Fäulnisbefall förderte, war man zunächst etwas beunruhigt, aber rechtzeitig zur langgezogenen Lese stellten sich wieder Idealtemperaturen ein. Nach sorgfältiger Selektion entstanden einige gute Weine.

Einige Häuser »deklarierten« ihren 1995er im Jahr 1999, die meisten aber warteten noch. Die Krug-Champagner werden erst präsentiert, wenn die englische Ausgabe dieses Buchs bereits in Druck gegangen ist; aller Voraussicht nach werden sie gut ausfallen.

Billecart, Blanc de Blancs Nachdem ich den ganzen Tag lang Weine von Château Margaux verkostet hatte, wollte ich eigentlich früh ins Bett gehen, aber es wäre unhöflich gewesen, Manfred Wagners Einladung zum Essen auszuschlagen. Er ließ die Gäste vom Züricher Airport Hilton mit Bussen zu seinem Haus bringen, wo uns der Billecart als Erfrischung serviert wurde. Lebhaft; leicht metallische Nase, frisch geschälte Pilze; ziemlich trocken, vollmundig, aber sehr säurebetont. *Im November 2000 in Pfäffikon am See verkostet* ★★★

Drappier, Carte d'Or, Brut Blass und lebhaft; gute Frucht; ein Hauch Süße, sehr attraktiver Geschmack, leichter säurebetonter Abgang. *Im Januar 2000 bei einem Essen des St-James's-Kapitels der IWFS im Londoner Garrick Club verkostet* ★★★(★) *Noch einmal fünf Jahre Aufenthalt in der Flasche würden ihm gut tun.*

Charles Heidsieck, Brut, Réserve, mis en cave 1995 Wie der 1993er und 1992er eigentlich kein Jahrgangswein. Auf der *Smag-&-Behag*-Blindverkostung, bei der überwiegend De-Luxe-Jahrgangs-Champagner degustiert wurden, bekam er aber eine meiner besten Bewertungen – was beweist, wie erfolgreich er war. Gute Farbe, ein steter Strom von Bläschen; frisch, ein Anflug von Vanille und Walnüssen; halbtrocken, charakteristisch, elegant. *Im März 1999 in Kopenhagen verkostet* ★★★★

Perrier-Jouët, Belle Epoque Eine Jeroboam bei einem Essen der Bacchus Society auf dem Weg zur Mosel: sehr blass, sehr feine Bläschen; sehr trocken, stahlig, dabei leicht im Stil. Das Flaschenformat war beeindruckender als der Inhalt. *Im Mai 2000 in Dieter Kaufmanns berühmtem Restaurant Zur Traube in Grevenbroich verkostet* ★★★

Pol Roger, Blanc de Chardonnay Ein sehr willkommenes Glas mit Christian Pol Roger bei den überfüllten »Grand Tastings« in New York. Blass, lebhaft, erfrischend. *Oktober 2001* ★★★(★) *Ich freue mich darauf, ihn zu gegebener Zeit einkellern zu können.*

»R« de Ruinart Blass, feine Mousse. Gut zu trinken, hat aber noch viel Zeit vor sich. *Mai 2002* ★★★(★)

1996 (★★★★★)

Wird als großer Jahrgang bewertet; manche bezeichnen ihn sogar als »*den* Jahrgang des (20.) Jahrhunderts«. Die Erzeuger hatten eigenen Angaben zufolge seit 1955 nicht mehr eine solche Saison erlebt. Sie waren überzeugt davon, dass die Qualität der Weine die der 1985er und 1990er übertrifft. Im Gegensatz zu den meisten Jahrgängen aus der ersten Hälfte der 1990er verdarb diesmal kein Regen die Ernte. Im Gegenteil: Zwar gingen im August schwere Niederschläge nieder, doch im September herrschten perfekte Reifebedingungen, die das Jahr retteten.

Die Häuser wurden gedrängt, diesen Jahrgang möglichst bald auf den Markt zu bringen. Wir werden sehen. Ich kann es jedenfalls gar nicht erwarten.

1997 (★★★★)

Bemerkenswerte Anbaubedingungen und ein weiteres erfolgreiches Jahr in der Champagne. Nach einem unsicheren Start herrschte von August bis zur Lese Idealwetter. Es wurden fäulnisfreie, gesunde Trauben mit einem hohen Reifegrad geerntet. Ein weiterer Jahrgang mit vollen, reichen Weinen, auf den man sich freuen darf.

1998 (★★★★)?

Und noch ein Erfolgsjahrgang – sowohl quantitativ als auch qualitativ. Man ging davon aus, dass sich mit ihm die für den Jahrtausendwechsel geleerten Bestände wieder auffüllen lassen würden. Doch die Prognosen für die Verkaufszahlen erwiesen sich als zu optimistisch, weshalb der Handel nach den großen Millenniumsfeiern auf etlichen Flaschen sitzenblieb und deshalb etwas in Katerstimmung geriet.

1999 (★★★★)?

Noch ein gutes – zu gutes – Jahr, denn mit ihm sollten wie mit dem 1998er eigentlich die durch die Millenniumsfeierlichkeiten erschöpften Bestände aufgefüllt werden. Ob der 1999er zum Jahrgang erkoren wird, hängt vom Markt, der Wirtschaftslage und zu einem Großteil auch von den Lagervorräten ab. Trotzdem lässt sich die Qualität wie immer an den klimatischen Bedingungen abschätzen.

1999 war der Jahresanfang warm und sonnig. Das zeitige Frühjahr zeigte sich von seiner milden Seite, obwohl Ende April eine Kälteperiode einsetzte, die den Austrieb verzögerte. Im Mai wiederum war es schön und trocken, was die Reben zu kräftigem Wachstum animierte. Mitte Juni herrschten gute Blütebedingungen. In der zweiten Augusthälfte und Anfang September kamen die Trauben in den Genuss von herrlichem Sonnenschein, der sie schnell und gesund reifen ließ. Ein potenzieller Jahrgang.

2000–2001

Den ersten Jahrgängen des neuen Jahrhunderts sah man mit gemischten Gefühlen entgegen. Es war in etwa die Produktion eines Jahres zusätzlich verkauft worden, was die Bestände nach der Jahrtausendwende stark hatte ansteigen lassen. Zusätzlich wirkte sich der 11. September 2001 unmittelbar auf die Verkäufe aus – vor allem natürlich in den Vereinigten Staaten.

»Champagner« hat einen klangvollen Namen. Selbst die besten Schaumweine sind nicht von einer solchen Aura umgeben wie er. Den in anderen Regionen bereiteten, preiswerteren Gegenstücken fehlt, so gut sie auch gemacht sein mögen, nicht nur das Markenzeichen »Champagner«, sondern auch dessen Qualität – solange diese in der Champagne selbst strikt kontrolliert und aufrecht erhalten wird. Der Anbau geeigneter Trauben, insbesondere der beiden wichtigsten Champagner-Rebsorten Pinot noir und Chardonnay, und natürlich ihre Vergärung sowie die Herbeiführung der Zweitgärung in der Flasche erbringen andernorts passable, trinkbare, sogar ziemlich gute Schaumweine, die aber nie wie Champagner sein werden. Sie sind keine Konkurrenz zu den Weinen, deren Hauptkomponenten an den geschwungenen Hängen der Champagne heranreifen. Das eigentliche Erfolgsgeheimnis des Champagners aber ist die Assemblage. Solange die Qualität gewahrt bleibt, kann die Champagne beruhigt ihrer Zukunft entgegensehen. Ich bin ein endloser Optimist.

An welchen Kriterien aber orientieren wir uns – vom Preis einmal abgesehen – bei unserer Markenwahl? An vorderster Stelle steht wohl eine untrennbare Mischung aus Markentreue und -erkennungswert. Wie und von wem wird ein Wein beworben? Wie empfinden wir seinen Stil und seine Qualität? Eine Rolle spielen natürlich auch die Anlässe, zu denen er getrunken wird, das zur Verfügung stehende Budget und das Image, das er vermittelt. Mode und Vorurteile tragen entscheidend zur Wahl bei. Das wurde mir jedes Mal klar, wenn ich an Blindverkostungen von British Airways teilnahm. Jede war interessant, oft sogar eine Offenbarung. Trotzdem aber habe ich mich auf die Champagner-(und Port-) Degustationen vor allem deshalb gefreut, weil ich nach dem Aufdecken sehen wollte, ob meine Verkostungsnotizen dem Bild entsprachen, das ich von der jeweiligen Marke bereits hatte. Dabei ging es gar nicht darum, eine bestimmte Marke zu erraten, was vielleicht ganz gut war, denn ich hätte kaum sonderlich gut abgeschnitten. Ich war betroffen, wenn meine wenig schmeichelhaften Beurteilungen (eigenartig und parfümiert) plötzlich meinen langjährigen Lieblingen galten. Trotzdem halten sich Vorurteile hartnäckig – und die meinen sind in meinen Verkostungsnotizen unschwer zu erkennen.

In diesem Kapitel ging es zwar um Jahrgangs-Champagner, doch weiß ich nur zu gut, dass die jahrgangslosen Cuvées der Treibstoff der Champagnerindustrie sind. Auch sie sind gegen meine Vorurteile nicht gefeit. Da ich sie aber regelmäßig trinke, weiß ich, dass es sich nicht nur lohnt, die besten zu kaufen, man kann ihnen sogar noch drei bis vier Jahre Ausbau in der Flasche gönnen. Aber in erster Linie kann ich Ihnen nur raten: Genießen Sie!

2000 ?

Ich beschränke mich auf die Wachstumsbedingungen, denn sie lassen wie immer Rückschlüsse auf die Qualität und Quantität zu. Der Winter und Frühling waren mild und nass, der Mai und Juni sonnig, die Blüte zufriedenstellend und der Juli wechselhaft. Der August begann verheißungsvoll mit guten Reifebedingungen, aber der September erwies sich als der nässeste seit Beginn der Wetteraufzeichnungen: Es regnete doppelt so viel wie sonst, weshalb Fäulnis auftrat. Großer Ertrag, verwässerte Qualität. Wohl kaum ein Jahrgang.

2001 ?

Die Champagne erlebte die nässeste Lese seit über hundert Jahren. Berichten zufolge wurde eine riesige Ernte eingefahren, aber die Qualität erwies sich erwartungsgemäß als bescheiden. Nur wer den Anreiz und die Mittel zur rigorosen Selektion hatte, dürfte anständige Weine zustande bringen. Wird wohl kaum als Jahrgang deklariert werden – der Markt mit seinen überquellenden Beständen braucht ihn auch gar nicht.

Vintage Port

Schon im 12. Jahrhundert wurde portugiesischer Wein nach England exportiert. Der Vertrag von Windsor aus dem Jahr 1386 regelte die Handelsbeziehungen zwischen beiden Ländern. Portwein in seiner heutigen Form allerdings entstand erst im späten 17. bis frühen 18. Jahrhundert. Die Handelsroute verlief damals oft im »Dreieck«: Vom britischen West Country wurde Wolle nach Neufundland verschifft, von dort aus transportierten die Schiffe Kabeljau in den Norden Portugals und bei ihrer Rückkehr zu einem der vielen Häfen auf den britischen Inseln nahmen sie Wein mit in die Heimat.

Man weiß nicht, wann genau Portwein das erste Mal mit Alkohol verstärkt wurde. Möglicherweise mischte man Tischweinen zunächst Weingeist bei, um ihnen mehr Kraft zu verleihen und sie für die Seereise haltbar zu machen. Bis weit ins 18. Jahrhundert hinein war Port wahrscheinlich trocken und nicht süß. Irgendwann kam man auf die Idee, ihn »aufzuspriten«. Einige Zeit später begann man, ihm den Branntwein schon während des Gärprozesses beizumischen, um die Hefe abzutöten und zu erreichen, dass ein gewisser Anteil von unvergorenem Restzucker im Wein verblieb. Und das hat sich bis heute nicht mehr geändert. Portwein ist immer rot, alkoholstark und süß, sieht man einmal von trockenen weißen Varianten ab.

Einige der bekannten Portweinhäuser wurden im 17. Jahrhundert gegründet, zum Beispiel Taylor, das 1991 sein dreihundertjähriges Bestehen feierte, Warre, um 1670 aus der Taufe gehoben, Croft, seit 1678 bestehend, und Kopke. Ein großer Handelsanreiz war der Methuen Treaty von 1703, der den Warenaustausch zwischen der Iberischen Halbinsel und Großbritannien förderte – allerdings auf Kosten der französischen Weine, die mit wesentlich höheren Importzöllen belegt wurden. Erst Gladstone schaffte in den 1860ern diese Ungerechtigkeit wieder ab.

Im 18. Jahrhundert wurden enorme Mengen Port verschifft und von den Briten konsumiert. Besonders trinkfeste Zeitgenossen nannte man damals »Three Bottle Men«, weil sie an einem einzigen Abend drei Flaschen Port leeren konnten. Der im Fass importierte Wein war zumeist jahrgangslos und immer gleich. Er wurde von Weinhändlern oder den Butlern reicher Familien abgefüllt, wobei sich der Preis pro *pipe* (ein Fass mit rund 500 l) an seiner Qualität orientierte. Vintage Port im Gegensatz zu Wood Port, Ruby oder Tawny, ist ab Mitte des 18. Jahrhunderts urkundlich nachzuweisen. Der erste Jahrgangswein tauchte im Weinkatalog von Christie's zwischen 1765 und 1773 auf.

Bei Jahrgangsport dachte man bis vor kurzem hauptsächlich an den distinguierten Briten mit Backenbart und Gicht, an Herrenclubs und englischen Stilton-Käse. Mit Vintage stieß – und stößt man noch heute – auf den König oder die Königin an; anschließend war Rauchen gestattet. Mittlerweile hat uns Nordamerika zu unserem Leidwesen im Portweinverbrauch überholt. Dort assoziiert man ihn nicht mit erzkonservativen alten Herren und verstaubten Traditionen, sondern schätzt ihn als Dessertwein. Ich habe meinen Sohn gefragt, der sich mit seiner Importfirma in den Staaten auf Portwein spezialisiert hat, warum in den USA heute so viel junger Jahrgangsport getrunken wird. Er passt gut zu Schokopudding, war die Antwort.

Trotz einiger Unwägbarkeiten ist Portwein nach wie vor ein wundervolles Getränk.

Vintage Port und Wood Port

Man unterscheidet zwei grundlegende Arten von Port. Der eine, Vintage Port oder Jahrgangsportwein genannt, reift in der Flasche, der Wood Port ausschließlich im Fass oder Tank. Zwar entstammt jeder Wein einem bestimmten »Vintage«, also einem Jahr, in dem seine Trauben kultiviert, gelesen und ausgebaut werden, doch bei Port hat das Wort eine besondere Bedeutung: Es steht für die Crème de la crème, für einen Wein von hoher Qualität, der nur in außergewöhnlich guten Jahren bereitet, nach zwei Jahren im Fass abgefüllt und zum weiteren Ausbau gelagert wird.

Abgesehen von einigen anderen mit Jahresangabe versehenen Portweinen (siehe Kasten Seite 572) werden alle weiteren, vom Handel als Wood Ports bezeichneten Gewächse assembliert und in »Ruby« und »Tawny« eingeteilt, wobei Letzterer eine längere Reifung im Fass oderTank durchläuft. Sie sind beide unmittelbar nach dem Abfüllen trinkreif und steigern sich in der Flasche nicht mehr. Ich möchte aber hinzufügen, dass ich einen feinen alten Tawny für Portwein in seiner vollendetsten Ausprägung halte und sehr gerne trinke.

In diesem Kapitel stehen die klassischen Jahrgangsportweine im Mittelpunkt. Sofern bekannt, wird der Name des Abfüllers genannt. Seit 1970 müssen Vintage Ports, seit 1997 alle Portweine in Porto abgefüllt werden.

19. Jahrhundert

Zwar erklärte schon George Sandeman bei einem Essen mit dem späteren Duke of Wellington 1809 in Torres Vedras, dass der 1797er »der feinste Portwein aller Zeiten« sei, doch erst im Lauf des 19. Jahrhunderts begann man Qualitätsportwein so richtig zu schätzen. Dazu trug auch der Peninsular War gegen die Franzosen auf der Iberischen Halbinsel bei, bei dem die Offiziere während der Abende in ihren Messen mit Sicherheit dem Port zugesprochen haben dürften. Nach den Napoleonischen Kriegen wurden die berühmten Londoner Militärclubs gegründet, in denen man diese alte Tradition fortführte. Damals wie heute aber war der in Fässern zur Abfüllung an britische Händler verschiffte Vintage Port der einzig wahre Port. Viel zu seiner Popularität trugen auch die geradwandigen Flaschen bei, da sie überhaupt erst eine horizontale Lagerung der Weine bis zur Reife zuließen. In jeder Handelssparte gibt es gute und schlechte Zeiten, doch die enormen Exporte des 18. Jahrhunderts blieben bis heute unerreicht. Bei den meisten Erzeugnissen handelte es sich aber wohl um trinkreife Portweine für den sofortigen Konsum.

Kein Weinberg ist vor Schädlingen und Krankheiten gefeit und auch am Douro blieb man von den beiden verheerendsten Problemen nicht verschont: Anfang der 1850er minderte zunächst der Echte Mehltau die Qualität. Kaum hatten sich die Weinbauern davon erholt, rückte schon die todbringende Reblaus an, die sich an den Wurzeln der Reben festsetzte. Sie wurde erstmals 1868 gesichtet und breitete sich immer weiter aus, bis die Produktion in den 1880ern stark beeinträchtigt war.

Trotz dieser Rückschläge entstanden im 19. Jahrhundert einige der größten Portweinjahrgänge aller Zeiten (siehe unten), angefangen mit dem 1811er, dem ersten der berühmten »Kometenjahrgänge« (in denen der Halley'sche Komet erschien), dem Waterloo-Jahrgang, der sich gerade zur rechten Zeit einstellte, und dem vielleicht größten Vintage Port aller Zeiten, dem 1847er. Die meisten wurden zwar von den Händlern unter ihrem eigenen Namen verkauft, doch die Erzeugnisse der heute so vertraut klingenden Portweinhäuser lagerten schon in der ersten Hälfte des 19. Jahrhunderts in den Kellern der feinen Gesellschaft. Vintage Port ist gemacht, die Zeiten zu überdauern. Einige meiner Einträge sind zwar schon relativ alt, aber ein Wein, der bei der Verkostung bereits ein Jahrhundert hinter sich hatte, wird sich heute in einem nicht viel anderen Zustand zeigen, vorausgesetzt natürlich, er wurde gut gelagert und ist gesund geblieben.

Die Jahrgänge auf einen Blick

Hervorragend *****
1811, 1834, 1847, 1863, 1870, 1878, 1884

Sehr gut ****
1815, 1851, 1853, 1868, 1875, 1896, 1897

Gut ***
1820, 1837, 1840, 1854, 1858, 1869, 1872, 1873, 1877, 1881, 1887, 1890, 1893, 1895

1811 *****

Der berühmte »Kometenjahrgang«. Leider habe ich ihn nicht verkostet.

1815 ****

Von den Engländern »Waterloo-Jahrgang« betitelt.

Ferreira Ferreira besitzt eine großartige, mehr noch, eine einzigartige »Bibliothek« alter Jahrgänge, die in einer Lodge in Vila Nova de Gaia lagern. Die Ferreira-Weine nehmen in diesem Kapitel relativ viel Raum ein. Das hat primär zwei Gründe. Zum einen stiftete die mit mir seit langem befreundete Familie immer wieder alte Weine für Wohltätigkeitsauktionen, die ich geleitet habe, und zum anderen hat sie in letzter Zeit des Öfteren an Verkostungen meines Sohnes Bartholomew teilgenommen, der ihr alleiniger Agent und Importeur in den USA ist.

Der Wein wird rund 50 Jahre im Fass ausgebaut, anschließend abgefüllt und alle 50 Jahre neu verkorkt. (Es dauert zwei Jahre, bis ein alter Port nach dem Verkorken wieder sein altes Bukett erreicht.) Blasse, aber gesunde Bernsteinfarbe mit zitronengelbem Anflug; anfangs hölzern und säurebetont, fing sich aber nach dem Dekantieren, reich, wächsern, noch immer mit Frucht, leichte Esternote, wie alte Spitze; mittelsüß, mittelleicht, ein wundervoll würziger, aber weicher, langer Geschmack und Madeira-artige Säure; trockener Abgang. *Vier vergleichbare Bewertungen, die alle zwischen 1981 und Juli 1991 entstanden* ****

Vesúvio, Qta do **Ferreira** Ein alter Eintrag, doch es lohnt sich, ihn wiederzugeben. Der älteste Jahrgang, den ich auf der berühmtesten Quinta der Familie verkostete. Um 1850 von Ferreira abgefüllt und noch mit dem verblassten Originaletikett versehen. Meine Notizen ähneln dem vorhergehenden Eintrag, es könnte sich also durchaus um denselben Wein handeln. *Im Mai 1978 verkostet* ****

Wenceslaus de Souza **Guimarães** Eine seltene Flasche, eine seltene Erfahrung. Die Nase klärte sich; guter Geschmack – aber *alt*! *Im September 1976 beim Waterloo-Dinner von Christie's verkostet* ***

1820 ***

Nach vielen schlechten Jahren wurde dieser Jahrgang eifrig gekauft.

Ferreira Schöne, helle, blasse Bernsteinfarbe; reich; hochgetönt, etwas firnisartig; mittlere Süße, mittlerer Körper, weich, angenehm. *Im April 1981 auf einer Vorverkaufsverkostung degustiert* ***

Portweinhaus unbekannt Zwar ein weiterer alter Eintrag, doch ist er vielleicht erwähnenswert, weil die Flasche mit einem frühen, voll markierten Korken (mit Jahrgangsangabe und, wenngleich nicht mehr zu erkennen, dem Namen des Londoner Abfüllers) verschlossen worden war – ein Beleg dafür, dass die Häuser in Porto, dem früheren Oporto, bis weit in die Mitte des 19. Jahrhunderts hinein fast nie genannt wurden. Trotz einer Füllhöhe auf der mittleren bis unteren Schulter war der Wein für sein Alter gar nicht schlecht. *Im Juli 1974 verkostet* ★★

1834 ★★★★★

Einer der berühmtesten Jahrgänge aus der Mitte des 19. Jahrhunderts.

Ferreira Zuletzt 1980 neu verkorkt. Wurde angeblich aus einer einzigen Rebsorte bereitet. Blässlich, etwas trübe; hochgetönt; noch immer süß. *Im April 1981 in einem BBC-Aufnahmestudio für die Sendung »Today« verkostet* ★★

Roriz, Qta do Kopkes Roriz, »der Gigant des Jahrgangs«, war nach eineinhalb Jahrhunderten verwittert. *Eine von 13 Flaschen aus einem Keller in Wales. 1878 neu verkorkt, bei Christie's gekauft, im Dezember 1983 verkostet* ★

1837 ★★★

Portweinhaus unbekannt Einer der vielen bemerkenswerten alten Weine aus den Kellern von Fasque (siehe Kasten Seite 539). Originalwachssiegel mit der Prägung »Divie Robertson Port« (der Abfüller), auf dem Kistenetikett die Jahreszahl »1837«. Unmarkierter Korken. Blass, ausgetrocknet, aber noch am Leben. *Im Mai 1972 bei einer Vorverkaufsverkostung degustiert* ★

1840 ★★★

Ferreira Würzig (Gewürznelken); ein reicher Wein mit sehr guter Endsäure. *Im April 1982 bei einer Vorverkaufsverkostung degustiert* ★★★

1844

J. & C. White & Co. Blass und verwelkt. *Im Mai 1972 in der David Frost Show in New York verkostet (siehe Kasten).*

Die David Frost Show

Zweifellos einer der peinlichsten Augenblicke meiner Karriere. Als ich 1972 in New York war, um für die jährliche Heublein-Weinversteigerung zu werben, wurde ich in die David Frost Show eingeladen.

Ich sollte als letzter Gast der Live-Sendung interviewt werden. David und die Gäste setzten sich zusammen, um einen seltenen alten Jahrgangsport, eine englische Abfüllung von 1844, zu trinken. Dafür hatten wir ein paar Minuten Zeit. Allerdings gelang es mir nicht, den Korken zu ziehen, sosehr ich mich auch bemühte, denn er war im Lauf der Zeit förmlich mit dem Flaschenhals verwachsen. Mit einem ziemlich schlechten Korkenzieher bohrte ich schließlich ein Loch durch den Zapfen und träufelte den Wein wie aus einer Essigflasche in die Gläser der ungeduldig wartenden Gäste. Wie peinlich. (In Zukunft werde ich bei solchen Anlässen den alten Korken einfach vorher ziehen und vor laufenden Kameras nur noch so tun, als ob.)

1847 ★★★★★

Zweifellos der größte Jahrgang der damaligen Zeit. Nach England wurden rund 30 000 *pipes* verschifft (ein *pipe* für den Export enthielt im Schnitt rund 500 l Wein).

Ferreira Aufzeichnungen zufolge war dies der süßeste Ferreira-Wein des ganzen Jahrhunderts. 1990 noch immer sehr süß und perfekt im Gleichgewicht. Zwei jüngere Einträge. Erstaunliches Strohgelb; würzig, traubig, vanilleartiges Bukett, leicht firnisartig; mittelsüß, ätherisch, ein Anflug von altem Stroh. Für sein Alter bemerkenswert. *Zuletzt im September 1997 bei einer Ferreira-Vorverkaufsverkostung degustiert* ★★★

1851 ★★★★

Dieser Jahrgang wurde nach Prinz Alberts »Great Exhibition« benannt, der Ersten Weltausstellung überhaupt.

Ferreira Bernsteinfarbe; ziemlich süß und kraftvoll. Ausgeprägte Säure. *Im April 1981 bei einer Vorverkaufsverkostung degustiert* ★★★

Stibbart Zweimal verkostet. Einmal mit Freddie Cockburn, der nicht glauben wollte, dass es sich nicht um einen jüngeren Nachkriegsjahrgang handelte, obwohl die Prägung auf dem Wachssiegel und das Kistenetikett der beste Beweis dafür waren, dass diese Flasche noch nie bewegt worden war, bevor meine Frau und ich sie im Gladstone-Keller auf Fasque für den Verkauf bei Christie's im Jahr 1972 einpackten. Das zweite Mal, als ich sie 1975 während eines Essens bei Christopher wiedererkannte. Beide Male eine erstaunlich tiefe Farbe; gesund, fruchtig; süß, reich, eindringlicher Geschmack. Nach wie vor der großartigste alte Portwein, den ich je getrunken habe. *Alte Einträge, die es aber wiederzugeben lohnt* ★★★★★

Warre Eine seltsam dickliche Flasche. Neu verkorkt. Staubige alte Nase, Lakritze; kein schlechter Geschmack und griffig, aber am Austrocknen. *Im März 1999 in Don Schliffs Keller bei Los Angeles verkostet.*

1853 ★★★★

Hankey Bannister Eine von drei halben Flaschen aus den Kellern von Kingston Lyle Park. Eindeutig neu abgefüllt und mit der Namensprägung dieses Weinhändlers in der Sackville Street auf der Kapsel. Warme Bernsteinfarbe; würziger Duft; ziemlich süß, der Extrakt umhüllte die relativ hohe Säure. Erinnerte mich im Geschmack an einen guten alten Cognac. *Im Mai 1998 recht beiläufig und ohne große Erwartungen geöffnet* ★★★★

1854 ★★★

Ein weiterer guter »Kometenjahrgang«, obwohl er nur von vier britischen Exporteuren deklariert wurde, unter anderem von Dow.

Dow Der älteste Jahrgang während der Verkostung auf Dows Zweihundertjahrfeier. Blässlich, warmes Bernstein; eine fleischige, intensive, teerartige Nase von beträchtlicher Tiefe, die sich im Glas wohlriechend entfaltete; mittlere Süße, schlank, dabei reich, gute Länge und Säure. Am Zerfallen. Aber ein Erlebnis. *Oktober 1998* ★★★

Ferreira Anfang der 1980er eine trübe, noch immer süße Flasche. Vor einiger Zeit der älteste Wein auf der Verkostung »Die größten Jahrgangsportweine der Welt«, die ich für das 13. Jahresseminar der Hollywood Wine Society in Florida leitete. Aus dem Keller von Ferreira. Hellbraun-gelbe Farbe; in der Nase stechend, leicht rosinig und firnisartig; noch immer süß, wenngleich mit Madeira-artiger Intensität und trockenem Abgang. *Zuletzt im März 1998 in Florida verkostet* ★★★

1858 ★★★

Chamisso Kapselprägung »Chamisso Oporto«. Gute Füllhöhe, aber kurzer, bröseliger Korken. Blasses Hellbraun, kein Rot; hochgetönt, firnisartig, alte Rosinen; eher trocken, im Geschmack besser als in der Nase, Madeira-artige Säure. Hätte auch ein alter weißer Portwein sein können. Interessant, mehr nicht. *Im März 1999 bei einem Christie's-Kunden verkostet.*
Ferreira Die erste Flasche maderisiert und säuerlich, die zweite, einen Monat später verkostete: blasses Mahagonibraun mit grünem Rand; gesund, mild, süß, »warm«. *Zuletzt im April 1981 bei einer Vorverkaufsverkostung degustiert. In Bestform* ★★★★

Der 1851er aus Fasque

Kurz nachdem Sir William Gladstone Bt das alte Anwesen Fasque bei Montrose in Schottland geerbt hatte, fand er den verschollenen Schlüssel zum Keller und entdeckte darin einen wahren Schatz alter Weine. Es stellte sich heraus, dass er seit dem Ableben des dritten Baronets im Jahr 1927 nicht mehr geöffnet worden war. Die Weine waren noch größtenteils vom ersten Baronet, dem Bruder des berühmten britischen Premierministers William Gladstone, gekauft und eingelagert worden. Unter ihnen fanden sich eine Vielzahl roter Bordeaux-Weine aus der Zeit vor der Reblausinvasion und noch ältere Madeiras und Ports, darunter auch der seltene 1851er. Es war mir klar, dass die Weine seit dem Einlagern nicht mehr bewegt worden waren und sich dank der niedrigen Temperatur von jahrein, jahraus 8 °C sowie der hohen Luftfeuchtigkeit bestens gehalten hatten.

An einem kalten Pfingstwochenende des Jahres 1972 verpackten meine Frau und ich in dicken Wollsachen und schweren Stiefeln den Wein. Nach der Ankunft in London holte ich ein paar Probeflaschen heraus, um sie vor dem Verkauf bei Christie's noch im selben Jahr im Katalog vorzustellen. Darunter befand sich auch der von Stibbart abgefüllte Vintage Port von 1851, dessen Jahrgang übrigens deutlich in die Wachskapsel eingeprägt war (die Flasche steht noch in meinem Büro). Er war, wie beschrieben, erstaunlich frisch, wie sich überhaupt alle Weine in ausgezeichnetem Zustand befanden. Der Fasque-Keller gehört zu den hochwertigsten Sammlungen, die je auf einer Versteigerung angeboten wurden.

1860

Portweinhaus unbekannt Keine sonderlich hilfreichen Einträge zu zwei 1860ern, beide blässlich gelb, mit sehr dickem Bodensatz, eine Flasche essigsauer, die andere oxidiert, beide nicht trinkbar. Was wieder einmal zeigt, dass sich nicht alle gut gehalten haben. Von 1860ern sollte man daher am besten die Finger lassen. *Zuletzt im Juli 1997 verkostet.*

1863 ★★★★★

Ein großer Jahrgang.
Ferreira Dreimal degustiert, das erste Mal bei der Ferreira-Vorverkaufsverkostung 1981: in der Nase etwas pilzig, süß, mit hoher Säure. 1988 mit Muskateller- und Limonenbukett. Ein schöner alter Wein, mittelsüß, nachhaltig. Vor einiger Zeit in Ferreiras Probierstube: blässliche Bernsteinfarbe, apfelgrüner Rand; eindeutig im Fass gelagert; sehr reich, hochgetöntes, intensives Bukett. Noch immer süß, kraftvoll. Gute Länge. Rosiniger Abgang. *Zuletzt im März 1996 verkostet* ★★★★
Taylor Blass; firnisartige Nase; noch immer etwas Süße und auch mit guter Länge, aber jetzt dünn und ausgemergelt. *Der älteste Jahrgang auf der Verkostung zum dreihundertjährigen Bestehen von Taylor im März 1992 in London* ★★

1864, 1865, 1867

Die ersten beiden Jahrgänge waren nicht sehr gut, aber 1867 entstanden einige passable Weine. Keinen verkostet.

1868 ★★★★

Ein ausgezeichneter Jahrgang aus der Zeit vor der Reblausinvasion. Mit Ausnahme von Croft von allen Häusern deklariert. Als Jahrgangsbester gilt der Sandeman, »der größte Port aller Zeiten« und »sehr trocken«.
Martinez Ein alter Eintrag. Der einzige 1968er, den ich je verkostet habe. Verwelkt, am Austrocknen, aber noch mit etwas Kraft. Säurebetont. *Aus den Kellern von Sherborne Castle, verkostet im September 1976* ★★★

1869 ★★★

Ridleys Handelsjournal vermerkte 1870: »Keinerlei Qualität.« Nur von Croft herausgegeben. Keinen Wein verkostet.

1870 ★★★★★

Entstanden unter äußerst günstigen Bedingungen, allerdings »wurden Verwüstungen durch die Reblaus festgestellt – eine Quinta, deren Produktion Mitte der 1840er bei durchschnittlich 50 *pipes* lag, erzeugte 1870 gerade noch zwei *pipes*« *(Ridley's Wine Trade Monthly)*. 19 Porthäuser deklarierten und exportierten diesen Jahrgang, den besten zwischen 1863 und 1878.
Cockburn Ausgetrocknet, Farbe wie alter Tawny. *Oktober 1976.*
Roriz Die vielleicht berühmteste der alten Quintas am Douro. Ihre Rebflächen wurden Anfang des 18. Jahrhunderts von einem Schotten namens Robert Archibald mit Stecklingen aus Burgund bepflanzt, die er Tinta de França nannte und die später als Tinta francisca oder francesa bekannt wurde. Ab 1770 gehörte Roriz der Familie Kopke, deren Unternehmen 1638 gegründet worden war. Alte Jahrgänge sind sehr selten. Auf dem Wachssiegel der Name des Abfüllers »J. Barrow & Sons, 1870 Roriz Port«. Für sein Alter gute Farbe, gesundes Leuchten; keine Verfallserscheinungen; am Austrocknen, aber lebhaft. Passabler Abgang. *Über ein Jahrhundert später im März 1972 verkostet* ★★★★
Taylor Eine schwere Flasche mit ausgeprägtem altem Schnurwulst am Hals (dadurch ließ sich der obere Teil des Halses besser abschlagen). Füllhöhe oberer Halsbereich – ideal, um die Flasche mit einem schweren Messer zu köpfen. Kurzer, unmarkierter Korken. Blass, schwacher Rand, kein Rot mehr, ansonsten aber gesundes Erscheinungsbild; exquisites Bukett, ein Anflug von Lakritze; mittelsüß, ein bemerkenswert guter Geschmack, der vom Taylor-typischen Rückgrat und Alkohol gestützt wird. Trockener Abgang. *Im Juni 2001 auf Jaegers Verkostung von Weinen aus der Zeit vor der Reblausinvasion in den Bergen südlich von San Francisco degustiert* ★★★★

Warre Auf dem Etikett »Warres 1870er Vintage Port, gereift und 1918 abgefüllt« – ein früher LBV sozusagen! Gelbgetöntes Hellbraun; süß, Bukett mit Acetonnote; sehr reich und würzig, aber mit medizinalem Geschmack, eine Kreuzung aus Hustensaft und Punt è Mes. *März 1985* ★★

1871

Ein kalter, nasser Frühling, Mehltaubefall in den Weinbergen. Im August heiß, während der Lese starke Regenfälle. Nicht deklariert.

Loureiro, Qta de Siehe Serafim Cabral unten.

Serafim Cabral Ein alter »Vintage Tawny«, der unter verschiedenen Pseudonymen auftrat: 1972 bei Christie's, als ich ihn das erste Mal verkostete, mit der Bezeichnung Quinta de Loureiro, außerdem zufällig zweimal bei Dinners der letzten Zeit, jeweils mit dem Etikett »Hambledon Special Reserve/Serafim Cabral/ importiert vom Haus Hambledon« (eine Brauerei in Yorkshire). Korken mit der Markierung »Porto Cabral 1871«. Erstmals bei Jeremy Benson verkostet, einem fanatischen Sammler von Kuriositäten aus der Weinwelt, aber auch aus anderen Bereichen. Dann bei einem Essen des Hauskomitees des Oxford & Cambridge Club. Blasses Hellbraun, das auf einen langen, möglicherweise 50-jährigen Aufenthalt in Holz hindeutete; in der Nase leicht firnisartig, aber noch immer süß und köstlich. *Zuletzt im April 2001 verkostet* ★★★★

1872 ★★★

16 Häuser deklarierten ihn. Nicht verkostet, angeblich gut.

1873 ★★★

Von 16 Portweinhäusern deklariert. Nur einen Wein verkostet:

Meyer Am Austrocknen, aber noch immer gut zu trinken. *1972* ★★

1874 ★

Nach den guten Jahren 1870, 1872 und 1873 deklarierten nur vier Firmen den Jahrgang 1874. Keinen verkostet.

Lot 1, 11. Oktober 1966

Ich ging im Sommer 1966 zu Christie's, um die neu gegründete Weinabteilung zu organisieren und zu leiten. Unsere erste Versteigerung fand im Oktober 1966 statt. Lot 1 setzte sich aus sechs Flaschen des Cockburn von 1875 zusammen, die für 1250 Shilling das Dutzend den Besitzer wechselten (alles wurde »pro Dutzend« angeboten, ausgenommen Einzelflaschen, die »pro Lot« unter den Hammer kamen). Der Käufer war Peter (Lord) Palumbo, der in diesem Buch immer wieder genannt wird. Vor 1966 gab es den internationalen Markt für feine und seltene Weine, wie wir ihn heute kennen, noch nicht. Wie sehr sich die Zeiten geändert haben!

1875 ★★★★

Von 18 Häusern deklariert. Leichte, feine, elegante Weine – wie in Bordeaux –, aber kleine Produktion. Fünf alte Einträge, entstanden fast einhundert Jahre nach der Geburt.

Noval, Qta do Sehr blass; duftend; finessenreich, große Länge. *Zwei vergleichbare Einträge aus den frühen 1970ern* ★★★★

Bell Rannie Weinhändler in Perth, die für die Familie Gladstone abfüllten. Schöne Farbe; essigsaurer Anflug; am Austrocknen, verwelkt, uneinheitlich. *Drei Einträge, entstanden 1972 vor dem Verkauf des berühmten Fasque-Kellers. In Bestform* ★★

1877 ★★★

Ferreira Gutes würziges Bukett und ebensolcher Geschmack, nach wie vor süß. Schöner Nachgeschmack. *Im April 1981 bei der Vorverkaufsverkostung degustiert* ★★★★

1878 ★★★★★

20 Porthäuser deklarierten diesen Jahrgang. Keinen in letzter Zeit verkostet, allerdings liegen mir sechs bemerkenswert gute Bewertungen vor, die von Mitte der 1960er bis Ende der 1970er entstanden, angefangen mit einem noch immer kraftvollen **Dow**, »einem der besten Portweine des Jahrhunderts«, wie Saintsbury in seinen *Notes on a Cellarbook* schreibt. Außerdem zwei ausgezeichnete **Cockburn**, ein blasser, aber phönixgleich aufsteigender **Martinez**, ein fester **Kopke** und eine kraftvolle Abfüllung von **Harvey's**.

1880 ★★

Wurde nur von sechs Firmen deklariert.

1881 ★★★

Von 20 Porthäusern optimistisch deklariert, erfüllte aber nie die Erwartungen. Der Wein von Thompson & Croft (**Croft**) war jedoch Mitte der 1970er wohlriechend, ätherisch und charmant; der **Qta de São** von **Martinho** hatte Mitte der 1980er einen fabelhaft rassigen Geschmack.

1882, 1883

Unterdurchschnittliche Jahrgänge. Nicht deklariert.

1884 ★★★★★

21 Häuser schätzten diesen Jahrgang richtig ein und deklarierten ihn. Ich bin mir aber nicht sicher, ob ihn auch Charles Walter Berry richtig zu beurteilen wusste, als er ihn 1935 als »letzten klassischen Jahrgang« beschrieb. Der **Cockburn** war in den frühen 1970ern noch immer ausgezeichnet.

1885 ★

Bescheidene Qualität. Nur von fünf Häusern deklariert.

1886

Nicht deklariert.

1887 ★★★

Gefragt und gut. 20 Portweinhäuser exportierten den 1887er und widmeten ihn dem goldenen Thronjubiläum von Königin Viktoria. **Cockburn** und **Graham** waren Anfang der 1970er noch immer köstlich. Bis Anfang der 1980er verkostete ich fünf bemerkenswert gut trinkbare englische Abfüllungen.

Niepoort 1897 abgefüllt, 1991 dekantiert und neu abgefüllt: Lakritzeduft; noch immer ziemlich süß, am Gaumen nussig,

ausgezeichnete Säure. *Eine halbe Flasche von Rolf Niepoort, die wir im Mai 1992 auf Chippenham Lodge tranken* ★★★★
Sandeman Vier Flaschen, erinnerungswürdig kredenzt vom Weinhaus meines Übersetzers Hanspeter Reichmuth anlässlich der Publikation der ersten deutschen Ausgabe dieses Buchs: Bernsteinfarbe; ein hochgetöntes Lakritzbukett, das sich in unseren Gläsern entfaltete; am Austrocknen und verwelkt, aber mit guter Länge. Wichtiger noch: nach wie vor gut zu trinken. *Von Tim und David Sandeman zur Verfügung gestellt und im Oktober 1983 in Zürich im Dolder Grand Hotel verkostet* ★★★

1888, 1889

Nicht deklariert.

1890 ★★★

Harte, tanninbetonte Weine. 20 Häuser deklarierten ihn. Ich habe insgesamt vier Einträge vorliegen, die in den 1970ern entstanden. Hier einige davon: **Cockburn**, eine Flasche attraktiv, eine mit hoher flüchtiger Säure; ein feiner, duftender **Dow**, abgefüllt von Schofield (bis in die 1950er hinein die Firma »Fortnum & Mason« in Manchester) und ein staubiger, ausgetrockneter **Gilbey**.

1891, 1892 ★

1891 nicht deklariert, 1892 nur von zehn Firmen. Keinen verkostet.

1893 ★★★

Die Zahl der Häuser, die einen Jahrgang herausgaben, ist nicht bekannt.
Dow Blässliches Hellbraun; gelber Rand; verschlossen, aber gesund; am Austrocken, mild, welk, ansonsten aber in ausgezeichnetem Zustand. *September 1983* ★★★★
Vinho do Porto Zwei Flaschen, die mir zur Verkostung gebracht wurden, eine mit der Aufschrift »Vinho do Porto 1893« sowie den Initialen »V« und »F« mit Krone. Beide mit blasser Bernsteinfarbe und apfelgrünem Rand; etwas hohe flüchtige Säure, Madeira-artige Intensität, aber überraschend süß und mit gutem Geschmack. *Aus einem Privatkeller in Portugal, verkostet im Januar 1997* ★★★

1894 ★★

Mäßige Qualität. Von 13 Häusern deklariert.
Sandeman Drei alte Einträge. Uneinheitliche Qualität: eine Flasche schal und bitter, eine am Abmagern, aber gut, die dritte süß, abgerundet, lebhaft und schön. *Alle 1966 verkostet. In Bestform* ★★★

1895 ★★★

Gut, aber nicht deklariert, wahrscheinlich weil die Portweinhäuser das größere Potenzial des 1896ers erkannt hatten.
Niepoort 1904 abgefüllt, 1990 dekantiert und neu verkorkt. Eine weitere interessante halbe Flasche, die mir mein alter Freund Rolf Niepoort gab. Reiche Bernsteinfarbe; schönes altes Bukett, Walnüsse und Muskatellertrauben; süß, sauber, schöner Geschmack. *Im Dezember 1994 auf Chippenham Lodge verkostet* ★★★★

Das »Köpfen« einer Flasche Portwein

Der Korken einer traditionellen Portflasche lässt sich manchmal nur schwer in einem Stück aus dem Hals ziehen. Altersbedingt zerbröselt er oft, sodass Korkenstückchen in die Flasche fallen. Das kann vermieden werden, indem man den korkfassenden Teil des Flaschenhalses gleich ganz entfernt.

Eine Möglichkeit ist das »Köpfen« der Flasche mit einem schweren Messer (keinem modernen Brotmesser). Noch einfacher aber ist die Verwendung von Portzangen. Dabei wird der Bruch im Hals durch einen plötzlichen Temperaturwechsel herbeigeführt. Man erhitzt die Zange über einem Feuer oder in der Glut und klemmt und erhitzt damit ein paar Sekunden lang den Flaschenhals dort,wo man ihn brechen will. Anschließend berührt man die heiße Stelle mit einem in kaltes Wasser getauchten Tuch. Die plötzliche Kälte lässt das Glas springen. Nun nimmt man den Hals behutsam ab, damit keine Scherben in die Flasche fallen, und dekantiert den Wein.

Die spektakulärste Flaschenöffnung habe ich bei einem alten Freund erlebt, einem Colonel a. D. mit einem ausgezeichneten Keller. Während eines seiner Weinessen hob er ganz unbescheiden eine Flasche alten Portweins mit der Linken hoch. In der anderen hielt er ein Schwert, mit dessen Rückseite er von unten an den Wulst schlug, sodass der Hals sauber abbrach. Die Flasche wurde dabei zwar etwas durchgeschüttelt, aber da die Ablagerungen fest, das heißt krustenund nicht puderförmig waren, ließ sich der Inhalt problemlos dekantieren.

Im Büro oder zu Hause köpfe ich meine Flaschen entweder mit einem Messer oder einer Portzange, vor allem wenn sie Etiketten tragen und die Kapsel keine Prägung aufweist. Sobald der Hals entfernt ist, wickle ich ihn in Zeitungspapier und zerschlage ihn mit einem Hammer, damit ich den Korken herausnehmen und die Namens- und Jahrgangsmarkierung darauf erkennen kann.

1896 ★★★★

Ein guter Jahrgang, der von 24 Häusern deklariert und freudig aufgenommen wurde. Insgesamt 17 Mal über einen langen Zeitraum hinweg verkostet, das erste Mal im Herbst 1992 (siehe Tuke Holdsworth Seite 542).
Cockburn Mehrmals verkostet. Für sein Alter beständig gut. Blasses, aber reiches Hellbraun – eine bessere Farbe als der 1900er; süßes, schokoladiges, lakritzeartiges Bukett; noch immer etwas Süße und beträchtlicher Körper. Ein reicher und sehr kraftvoller Wein. *Zuletzt im Februar 1990 verkostet* ★★★★
Dow Bemerkenswert farbtief für sein Alter, eher wie ein 1945er; in der Nase und am Gaumen nach wie vor süß, ein Anflug von angesengten Rosinen, gute Säure, scharfer Abgang. *Im Oktober 1998 bei der Zweihundertjahrfeier von Dow verkostet* ★★★★
Eira Velha, Qta da Eine der ältesten Quintas am Douro. Seit 1588 ein Weingut und seit 1809 im Besitz der Familie Newman, die seit 1735 einen Woll- und Weinhandel in Porto betrieb. Verwirrenderweise lautete ihr Geschäftsname Hunt, Roope, während ihr Vintage Port aus Eira Velha als Tuke Holdsworth auf den Markt kam.

Zwei Magnumflaschen aus den Familienkellern der Newmans in Devon, wahrscheinlich aus demselben Bestand wie die Magnums des 1896er Tuke, die ich 1952 und 1968 verkostete. Mit 84 Jahren blässliches, aber gesundes Erscheinungsbild. Die erste Flasche hatte eine süße, alte, spritige Nase mit einem Anflug von Pilzen; pflaumig, pfefferig, aber leichte Verfallsspuren. Die zweite mit weichem, süßem Bukett, hinter dem etwas Härte und Weingeist durchschimmerte. Am Austrocknen, leichter als die andere Magnum, verwelkt, aber gesund. *Beide im Oktober 1980 verkostet* ★★

Taylor Bleikapsel mit der Prägung »Skinner & Rook« (der Abfüller). Blass, Hagebuttenorange; leicht, zunächst pfefferig, entfaltete sich aber reich und hatte nach einer Stunde einen herrlichen Duft entwickelt; noch immer überraschend süß, schlank, mit guter Frucht und Textur, elegant, ausgezeichnete Säure. *Im April 1991 aus Barney Rhodes' Keller verkostet* ★★★★★

Tuke Holdsworth Ein sehr alter Eintrag, den ich hier erwähne, weil er für mich eine besondere nostalgische Bedeutung hat. Nachdem ich mein langwieriges Architekturstudium im September 1952 abgebrochen hatte, ging ich als Lehrling zu Laytons Wine Merchants (siehe Kasten Seite 63). Tommy Layton war ein exzentrischer alter Einzelkämpfer und beraumte im November 1952 ein etwas verfrühtes Weihnachtsessen für seinen Verkostungsclub an, bei dem ein Tuke von 1896 in Form einer Magnum aus den Familienkellern der Newmans geöffnet wurde (siehe Eira Velha Seite 541). Leider – ich zitiere aus meinem allerersten roten Verkostungsbüchlein – »enttäuschend. Dünn, fast schon umgekippt. Trinkbar und angenehm, aber nicht unvergesslich«. Die Ersatzflasche war ein Croft von 1920! Eine weitere Magnum im Jahr 1967: reich und nachhaltig. (Derselbe Wein mit derselben Herkunft wie die 1980 verkosteten Magnums aus Eira Velha.) *In Bestform* ★★★

Weitere 1896er, die ich in letzter Zeit nicht mehr verkostet habe **Croft** Herbstlich, wohlriechend, wohlschmeckend. *1984*; **Sandeman** Uneinheitlich, von unsauber und hefig bis gut. *1967–1982*; außerdem zwei gute englische Abfüllungen von **Skinner & Rook** und **Hunter & Oliver** sowie das adstringierende Exemplar eines »unbekannten Porthauses«.

1897 ★★★★

Stand etwas im Schatten des Renners vom Vorjahr. Nur sieben königstreue Porthäuser deklarierten den »Queen Victoria Diamond Jubilee Vintage« zum diamantenen Thronjubiläum.

Sandeman Nach dem viel produzierten 1896er war Branntwein für den 1897er knapp. Sandeman griff in seiner Verzweiflung auf Scotch Whisky zurück. Eine »Tregnum« (ein Großformat mit dem Fassungsvermögen von drei Flaschen) aus Tim Sandemans Keller war 1976 fabelhaft und einer der besten Portweine, die ich je getrunken habe. Den Whisky merkte man nicht!

Später eine Flasche mit einem ziemlich seltsamen Aussehen und dem Schriftzug »Sandeman« auf einem erhabenen Glassiegel: noch immer ein Hauch Rubinrot; gesund, fleischig, aber Madeira-artige Nase; mittelsüß, körperreich, fruchtig, mit kräftigem, intensivem Abgang. *Zuletzt im September 1987 verkostet. In Bestform* ★★★★★

1898, 1899

Das erste Jahr wurde gar nicht deklariert, das zweite nur von einem einzigen Haus. Aber der Markt und die Gaumen der Portliebhaber waren sowieso übersättigt.

Einige der besten traditionellen britischen Portweinabfüller

Army & Navy Cooperative Society (später A & N Stores, London)
Avery (Bristol)
Bell Rannie (Perth)
Block Fearon Block (London)
Block, Grey and Block (London)
Christopher (London)
Churton (Liverpool)
Cobbold (Ipswich)
Corney & Barrow (London)
Divie Robertson (Edinburg?)
Fearon, Block, Ridges, Routh (London)
Grantham (Sherborne)
Hankey Bannister (London)
Harvey's (Bristol)
Hawkers (Plymouth)
Hay & Son (Sheffield)
Hill Thompson (Leith)
Hunter, A & E (Bury St Edmunds)
Hunter & Oliver
IECWS (London)
Justerini & Brooks (London)
Lupton (Bradford)
Muirhead (Schottland)
Arnold Perret (Gloucester)
Rigby & Evans (Liverpool)
C. A. Rookes (Stratford-on-Avon)
Sarson (Leicester)
Schofield (Manchester)
H. & E. Selby (Leeds?)
David Sandeman (Glasgow)
Skinner & Rook (Leicester)
Stallard (Worcester)
Stibbart (?)
Wm Smith (Bishop's Stortford)

1900–1929

Die anschließende Jahrgangstabelle und meine Verkostungsnotizen lassen keinen Zweifel: Die Qualität und der Verkaufserfolg der Portweine war in diesen drei Jahrzehnten so hoch wie nie zuvor. Ein Quartett aus vier großartigen Jahrgängen in gleichmäßigen Abständen – 1900, 1904, 1908 und 1912, leicht zu merken – machte den Anfang. Natürlich war der Erste Weltkrieg eine Zäsur, doch nach einem bescheidenen Neuanfang mit dem 1919er erreichten die Verkäufe in den 1920ern einen erneuten Höhepunkt und gipfelten in dem enorm erfolgreichen 1927er, der gleichzeitig den fulminanten Schlussakkord einer Ära bildete.

Die Jahrgänge auf einen Blick

Hervorragend ★★★★★
1900, 1908, 1912, 1927
Sehr gut ★★★★
1904, 1920, 1924
Gut ★★★
1910, 1911, 1917, 1922

1900 ★★★★★

Der erste von vier klassischen Jahrgängen, die in praktischen Vierjahresintervallen deklariert wurden. Von 22 Porthäusern herausgegeben.

Cockburn 1966 erklärte der damalige Geschäftsführer Wyndham Fletcher diesen Jahrgang zum »größten Cockburn für die feine Gesellschaft«, der je auf den Markt gekommen sei. Nur einmal verkostet, und zwar 80 Jahre nach der Abfüllung. Süßes, weiniges, anhaltendes Bukett. Im Geschmack am Austrocknen, elegant, sehr schöne Textur, komplett und gesund. *Im März 1982 verkostet* ★★★★

Dow Blass, aber mit gesundem Leuchten; eigenartig ausgetrocknete Nase, die aber von einer leichten Lakritzenote gut gestützt wurde; noch immer sehr süß, aber schlanker werdend, mit Schokoladengeschmack und guter Säure. *Im Oktober 1998 bei der Verkostung zur Zweihundertjahrfeier von Dow degustiert* ★★★

Niepoort Ein holzgereifter Colheita, der 1955 in Demijohns kam und 1972 endgültig abgefüllt wurde. In der Farbe wie ein guter alter »Vintage Tawny«; Madeira-artige Nase; süß, am Altern, aber körperreich. *Im März 1988 verkostet* ★★★

Noval, Qta do Ebenfalls spät abgefüllt (um 1940). Blässliche Bernsteinfarbe; hochgetönt, firnisartig, wohlriechend, würzig; noch immer süß, mit gutem rosinenartigem Geschmack, Tiefe und Nachgeschmack ausgezeichnet. Alkohol- und säurereich. *Im November 1989 auf einer Noval-Verkostung in der portugiesischen Botschaft in London degustiert* ★★★

Warre Blässlich, »warm«, hellgelber Rand; süß, duftend, Karamellnote, Feigen; etwas am Austrocknen, schlank und spritig, aber mit köstlichem altem Geschmack und guter Länge. *Im Mai 2002 auf der Symington-Verkostung in London degustiert* ★★★★

Ältere Einträge **Croft** Süß, seidig. *1966 bis 1982*; **Ferreira** Reich, »pflaumig«. *1981* ★★★; **Rebello Valente** Spritig, aber gesund. *1971* ★★★; **Smith Woodhouse** Sanft am Verwelken, komplett. *1968 bis 1969* ★★★

1901, 1902

Nicht deklariert.

1903

Nicht generell als Jahrgang deklariert.

González Byass Möglicherweise Roriz. 1906 in Porto abgefüllt. Ein alter Eintrag. Meiden. *Aus dem Keller des Hauses, verkostet im November 1980. Diese Sherry-Firma war ab 1896 auch auf dem Portmarkt aktiv und sicherte sich ab 1901 die Exklusivrechte für Roriz.*

1904 ★★★★

25 Porthäuser deklarierten diesen Jahrgang. Er galt zwar seinerzeit als etwas leichter als der 1900er, doch haben sich die Weine gut gehalten.

Cockburn Weil einheimischer Branntwein knapp war, ließ ihn Cockburn für seinen 1904er von den Azoren kommen. Zweimal verkostet. 1972 alt, aber fest. Ein Jahrzehnt später eine Abfüllung der Army & Navy Cooperative Society: leicht firnisartige Nase, deutlich zutage tretender Branntwein; mittelsüß, elegant, sauber, trockener Abgang. *Zuletzt im März 1982 verkostet. Könnte noch gut sein* ★★★

Taylor Erstmals 1974 verkostet. Ausgezeichnete Füllhöhe, obwohl der Originalkorken zerfiel. Sehr wenig Rot; süßes, staubiges Bukett, verhalten, aber ätherisch; am Gaumen süß, eher leicht, aber mit kraftvollem, spritigem, trockenem Abgang. Gesund. Duftend. *Zuletzt im April 1991 auf der Feier anlässlich des dreihundertjährigen Bestehens von Taylor in London verkostet* ★★★★

Weitere, zuletzt in den 1980ern verkostete 1904er **Martinez** Sehr blass, keine Frucht mehr, aber reich. *1982* ★★★; **Sandeman** Mehrere Bewertungen, alle gut. *1985* ★★★★; **Smith Woodhouse** Blass, wohlriechend, kraftvoll. *1984* ★★★★; außerdem fünf englische Abfüllungen mit dem Vermerk »Porthaus unbekannt«: verwelkend, aber interessant und sehr gut zu trinken, von ★★ bis ★★★

1905

Nicht deklariert. Ich habe keinen verkostet.

1906

Nicht deklariert, obwohl einige letztendlich doch als Vintage abgefüllt wurden.

1907

Terra Feita, Qta da Eine obskure Taylor-Quinta. Altes Hellbraun; leicht firnisartige Nase, aber noch immer süß, fein, mit nussigem Geschmack. *Im Februar 1996 bei einer Handelsverkostung von Mentzendorf degustiert* ★★

1908 ★★★★★

Ein großer, von 26 Porthäusern deklarierter Jahrgang. Frühe Lese, hohe Mostgewichte.

Cockburn Der vielleicht größte Cockburn aller Zeiten. Mehrere Male degustiert. 1984 auf einer Vorverkaufsverkostung eine Abfüllung von Skinner & Rock: Füllhöhe knapp unterhalb der obersten Schulterhöhe: blässlich, Orangeton, ansprechend; wohlriechend, sultaninenartig, ein Anflug von Terpentin verriet sein Alter; noch immer ziemlich süß, eindringlich, kraftvoll. Kürzlich aus einer alten dreiteiligen Pressglasflasche mit der Prägung »Cockburn's 1908 Port« am oberen Kapselende, voll markierter Korken, Füllhöhe oberste Schulter. Blässliches altes Tawny-Hellbraun mit rosigem Anflug; gute Frucht, ein Hauch Minze und Lakritze, hatte sich nach 40 Minuten voll entfaltet, süß, leicht rosinig, grandios und auch am nächsten Tag noch ausgezeichnet. Mittelsüß, körperreich, sehr gehaltvoll, gute Textur. Ein markantes Schwergewicht, aber trotzdem ätherisch, Cognac-artig, fabelhafter Geschmack. *Zuletzt im November 1990 zu Hause verkostet* ★★★★★

Croft Vier beständig gute Bewertungen, die erste (1972) und die letzte Flasche stammten zufällig aus demselben Bestand. Kürzlich ein Exemplar, das Dr. John Trotter von mir gekauft hatte, als ich bei Harvey's in Manchester arbeitete. Er öffnete die Flasche zu seinem 70. Geburtstag. Nach dem Dekantieren (durch einen Seidenstrumpf!) hell und noch immer mit schöner Farbe; in der Nase ein Alterston und alte Lakritze; noch immer süß und fleischig, aber am Verwelken, mit gutem, trockenem, etwas pfefferigem Abgang. *Zuletzt im März 1990 im Wadham College in Oxford verkostet* ★★★★

Dow Erstmals 1971 verkostet: verwelkt, aber nicht verfallen. Als Nächstes 1990 eine ursprünglich mit dem Vermerk »(Haus) unbekannt, Jahrgang 1908« erstandene Flasche. Auf dem Wachssiegel wie ziseliert die Prägung »Hill Thompson, PORT 1908, Edinburgh«. Nachdem ich die Flasche geköpft und den Hals zerschlagen hatte, um den Korken in einem Stück zu retten, sah ich die deutliche Markierung »DOW'S Vintage 1908 bottled 1910«. Gute Füllhöhe im unteren Halsbereich, aber blasse Farbe mit rosigem Ton. Direkt nach dem Eingießen Geruch nach altem Korken, etwas pilzig; blieb verhalten, schwach. Mittlere Süße und mittleres Gewicht, elegant, sehr wohlschmeckend, gute Länge, aber mit merklich trockenem Abgang. Ein identischer Eintrag ein Jahr später. Dann auf der Zweihundertjahrfeier von Dow: positiv warmes Hellbraun; sehr gutes, reiches, klassisches Bukett; sehr süß, voller Körper und Geschmack, griffig. Fabelhafte Textur. Scharfer, würziger Abgang. *Zuletzt im Oktober 1998 verkostet* ★★★★★

Ferreira 1981 reich und schön. Acht Jahre später: warmes Hellbraun; noch immer süß, Bukett und Geschmack köstlich. Etikettiert, mit altem Wachssiegel und Originalkorken, Füllhohe im oberen Bereich der mittleren Schulter: blässliches Hellbraun, Rand mit einem Anflug von Limonengelb; hochgetöntes Bukett, das mich an verbranntes Siegelwachs erinnerte; noch immer süß, ein interessanter alter Geschmack mit trockenem, pfefferigem, säurebetontem Abgang. *Zuletzt im Januar 2002 zu Hause bei einem Essen mit meinem Sohn Bartholomew, dem Ferreira-Agenten für die Vereinigten Staaten, verkostet* ★★★★

Graham 1967 sehr gut. Kürzlich ein Exemplar mit ausgezeichneter, warmer, rosiger Farbe; grandioses Bukett, würzig, feine Branntweinnote; etwas am Austrocknen, nicht fleischig, aber mit großer Länge, ausgezeichneter Abgang. *Zuletzt 1985 verkostet* ★★★★★

Offley Boa Vista Zwischen 1984 und 1990 mehrere Flaschen verkostet, alle von ziemlich einheitlicher Qualität, gesund, aber mit unterschiedlichen Altersspuren. Zwei Flaschen in jüngster Zeit, die beide im April 1987 von Whitwhams, den auf Neuverkorkungen spezialisierten Weinhändlern in Altrincham, frisch verschlossen worden waren. Originalflaschen, eine schwer und formgeblasen, die andere eine dreiteilige Pressglasflasche von damals üblicher Machart. Beide Portweine hatten eine warme, aber blässlich hellbraune Farbe; harte, ausgetrocknete Nase, aber noch immer süß, mit sehr guter Länge und schönem, warmem, rauchigem Abgang. Ein großer Genuss. Beide zu Hause geöffnet. *Im Mai 1997 zum Mittagessen und im Januar 1999 zum Abendessen verkostet* ★★★

Lodges

Die Port-»Lodges«, oberirdische Lagerhäuser, stehen in Vila Nova de Gaia auf der Porto gegenüberliegenden Seite des Douro. Im Frühjahr nach der Lese wird der junge Port zu den Lodges flussabwärts transportiert, denn im Anbaugebiet am oberen Douro ist es viel zu heiß und zu trocken für den Ausbau. Wer es trotzdem versucht, bekommt einen Wein mit karamellisiertem Geschmack und merklich brauner Färbung, dem typischen »Douro Bake«. Jahrgangsport der Spitzenkategorie wird daher immer flussabwärts zu den Lodges gebracht.

Ursprünglich geschah dieser Transport in Fässern, die in Dhau-artigen barcos rabelos *verschifft wurden. Diese Kähne hatten einen flachen Kiel, um die tückischen Stromschnellen des Douro besser überwinden zu können. Heute ist man auf den vergleichsweise sicheren Straßentransport umgestiegen.*

Das kühlere Klima und die hohe Luftfeuchtigkeit in dem in Küstennähe gelegenen Vila Nova de Gaia minimieren die Verdunstung im gelagerten Port und lassen die Weine sanfter und vorteilhafter reifen.

Sandeman **Abfüllung von A. & E. Hunter** Bleikapsel mit Originalprägung, bröseliger Korken, aber lesbar markiert mit »Sandeman 1908«. Blässliche, warme Bernsteinfarbe, rosig, kaum noch Rot vorhanden; tiefes, reiches, hochgetöntes Bukett; noch immer süß, köstlich im Geschmack, Länge und Abgang gut. *Im Juli 1999 beim Essen zu Hause verkostet* ★★★

Taylor 1970 feiner Geschmack, ausgewogen. Alte Korken können beim Ziehen völlig zerfallen, auch wenn der Wein dabei kaum in Mitleidenschaft gezogen wird. Einen solchen Zapfen hatte eine 1991 verkostete Flasche: pfefferiges, dann fast fleischiges Bukett, schmeckte wie alter Verdelho. Später blasse, aber nuancenreiche Farbe; schöne würzige Nase; noch immer süß und kraftvoll. *Zuletzt im März 1992 auf der Dreihundertjahrfeier von Taylor verkostet* ★★★★

EINIGE ÄLTERE EINTRÄGE Fonseca Noch immer gesund, aber auf dem absteigenden Ast. *1969* ★★★; **Gould Campbell** Harmonisch, köstlich. *1982* ★★★★; **Porthaus unbekannt**, in den 1930ern von Skinner & Rook neu verkorkt: halbsüß, mittlerer Körper, aber ohne Länge. *1984* ★★; **Sandeman's Val de Mendiz** Delikate Frucht, verwelkend, aber fein. *1975* ★★★

1910 ★★★

Gut, aber nicht deklariert. Ein alter Eintrag.

González Byass 1913 abgefüllt. Ein Anflug von Rot; rosiniges Bukett; süß, leicht, köstlich. *November 1980* ★★★

1911 ★★★

Ein guter Jahrgang, aber nur ein einziges königstreues britisches Porthaus exportierte einen Wein zur Krönung von König Georg V. Die anderen konzentrierten sich auf den 1912er.
Sandeman Von Harvey's Mitte der 1950er zum Preis von 35 Shilling die Flasche angeboten. In den 1960ern mehrmals verkostet, bevor im Hopetown House in Schottland ein bemerkenswerter Posten entdeckt und 1967 über Christie's verkauft wurde. Ein schöner Wein. *Ein alter Eintrag vom November 1964* ★★★★ *Ist aber vermutlich noch immer gut.*
Terra Feita, Qta da Ähnlich wie der 1907er. Süß, reich, schöner Geschmack und Zustand. *Im Februar 1996 auf der Mentzendorf-Verkostung degustiert* ★★★

1912 ★★★★★

Der letzte große klassische Jahrgang der Vorkriegsära. 25 Porthäuser deklarierten ihn. Kann nach wie vor ausgezeichnet sein.
Cockburn Oft verkostet: 1965 weich und schön; 1969 ätherisch und fein; 1970 war eine 1914 in Porto für Alex D. Shaw in New York abgefüllte Flasche exzellent. Bei einer Cockburn-Verkostung 1970 sogar noch besser als der 1908er. Zwei nützliche Einträge Mitte der 1980er, beide Flaschen mit umfassend markiertem Korken. Ziemlich blass, aber mit ansprechendem rosigem Ton; wohlriechend, entgegenkommend; noch immer süß, fest, mit der Kraft und dem Rückgrat, das ich normalerweise mit einem Taylor in Verbindung bringe, außerdem zimtige Würze und große Länge. 1993 bei einem Weihnachtsessen der Weinabteilung von Christie's: blass; alte und ziemlich firnisartige Nase; am Austrocknen, aber mit eigenartig süßem Abgang. Etwas schlank, interessant. Kürzlich: blässlich, weich, rosiger Ton; erneut anfangs schlank, spritig, dann reich, intensiv und nach einer Stunde im Glas ätherisch, würzig, schön; mittelsüß, »scharfer«, schlanker, trockener Abgang. Aber in ausgezeichnetem Zustand. *Zuletzt im Mai 2002 bei der Cockburn-Verkostung »Erinnerungen an ein Jahrhundert« im Travellers' Club in London verkostet* ★★★★
Dow Lesebeginn schon am 12. September. Vier Einträge, die erste Flasche »abgefüllt in Porto im November 1914 für W. A. Taylor & Co in New York«, 1971 überraschend süß. Unlängst: Die Farbe war in ein blässliches, warmes Hellbraun übergegangen; reiche, stämmige, schokoladige Nase; süß, aber sehr »scharf« (eine Kombination aus hohem Alkohol und viel Säure). Ein durchaus noch präsenter alter Wein mit attraktivem Abgang. *Zuletzt im Oktober 1998 auf der Dow-Verkostung degustiert* ★★★★
Ferreira Viermal verkostet, alle Flaschen stammten aus den bemerkenswerten Ferreira-Kellern mit alten Weinen. Zwar blass und voll ausgereift, aber eher pflaumenfarben und rosa als das übliche bernsteingetönte Hellbraun, das ich mit Fassausbau verbinde; auch in der Nase stärker pflaumenartige Frucht. Süß, Frucht, Kraft, Länge und Nachgeschmack gut. *Zuletzt im März 1988 verkostet* ★★★★★
Taylor Einer der großen Klassiker. Ich habe ihn von 1968 bis 1987 ein Dutzend Mal verkostet, seither aber leider nicht mehr. Mit Ausnahme einer Flasche handelte es sich durchweg um englische Abfüllungen, insbesondere von Skinner & Rook, darunter auch zwei seltene und sehr gute halbe Flaschen. Ein Exemplar, das Mitte der 1970er in Porto abgefüllt worden war, beschrieb ich als »lebendigen alten Knaben«. Nach über 50 Jahren waren alle ziemlich blass, aber mit gesundem Leuchten; am Austrocknen, doch genügend Süße, reich, aber am Verwelken, fest und wohlriechend. Als Letztes eine neu verkorkte Flasche: überraschend süß, gute Länge, entfaltete sich sehr schön. *Zuletzt im Juni 1987 verkostet. In Bestform* ★★★★★

1913–1916

In den ersten drei Jahren plagten abwechselnd Dürre, Mehltau und mörderische Hitze die Weinbauern. 1916 gut, aber nicht als Jahrgang deklariert, was zweifellos auf den Krieg und wirtschaftliche Faktoren zurückzuführen war.

1917 ★★★

Ein relativ leichter, geschmeidiger, eleganter und attraktiver Jahrgang, den 15 Porthäuser deklarierten. Ein Dutzend Einträge, aber nur wenige aus jüngster Zeit.
Ferreira Erstmals 1981 verkostet: blass; in der Nase und am Gaumen süß und elegant. Eigenartiger Nachgeschmack. Kürzlich reines Bernstein-Hellbraun; hochgetönte, firnisartige, nussige Nase und ebensolcher Geschmack, aber süß und noch immer tanninbetont. *Zuletzt im September 1997 verkostet* ★★★
Taylor Die erste, 1989 verkostete Flasche vermutlich von Taylor: altes Tawny-Hellbraun; sehr alte Nase; am Austrocknen und verwelkt. Als Nächstes 1991 ein Exemplar mit der Markierung »1917« auf dem Korken und der Kapsel. Überraschend tief, warm, rosig; angesengt, fleischig, schokoladig; süß, füllig, guter, langer, reicher Geschmack. *Zuletzt im März 1992 bei der Dreihundertjahrfeier von Taylor degustiert* ★★★

ÄLTERE EINTRÄGE Croft Charmant und attraktiv. 1962 und *1970* ★★★; **Delaforce** Zwei gute Einträge, farbtiefer als erwartet, am Austrocknen, aber fleischig. *1979* ★★★★; **Noval** Schön, lebhaft. *1964* ★★★; **Rebello Valente** 1968 auf dem Gipfel, *1977* am Zerfallen ★; **Sandeman** Mitte der 1960er weich und seidig, *1973* noch immer süß, pikant ★★; **Vargellas, Qta de** Eine verblühte alte Dame. *Im selben Jahr verkostet* ★★

1918, 1919

Im ersten dieser beiden Jahre waren ein sengend heißer Sommer und eine kleine Ernte zu verzeichnen. Nicht deklariert. Im Jahr darauf eine reichliche Ernte, aber wieder deklarierten ihn nur ein paar Häuser als Jahrgang.
Offley Boa Vista Der 1919er, ein ertragreicher Jahrgang, galt in den späten 1940ern als sehr gut.

1920 ★★★★

23 Häuser deklarierten ihn als Jahrgang. Eine kleine Produktion von hoher Qualität. Gute, reife, ziemlich robuste Weine. Stabil und bei guter Lagerung noch immer ausgezeichnet.
Croft Erstmals 1952 verkostet, sieben Einträge, uneinheitliche Qualität. Eine der drei seit 1980 verkosteten Flaschen hatte eine hohe flüchtige Säure. Die anderen beiden: noch immer süß und kraftvoll, fleischig, mit perfektem Geschmack. *Zuletzt im November 1986 verkostet. In Bestform* ★★★★
Graham Vier beständig gute Einträge: ein schöner »fetter alter Wein« (1968), in den 1970ern noch immer süß und schön. Ein Jahrzehnt später: gute Farbe, schöner Rotton; lebhaftes Süßholzbukett; ziemlich süß, verliert aber an Gewicht, etwas spritig, doch delikat und wohlschmeckend. *Zuletzt im November 1980 verkostet* ★★★★ *Bei guter Lagerung wahrscheinlich noch immer gut.*
Taylor Mehrere Einträge, der denkwürdigste entstand beim Essen auf Mentmore mit dem Earl of Rosebery, nachdem ich

vor der historischen Versteigerung »feinster und seltenster Weine« bei Christie's im Mai 1967 (siehe Kasten auf Seite 516) seinen Keller in Augenschein genommen hatte. Diese Kreszenz war sein Alltagswein zum Mittagessen. Anfang der 1970er mit sultaninenartiger Frucht. Später eine Abfüllung von Skinner & Rook: blässliche warme Bernsteinfarbe; zunächst mit Alterston, wohlriechend, Lakritze, entfaltete sich dann sehr schön, ausgewogen, Anklänge an eine gute Havannazigarre, mittelsüß, mittelgewichtig, weich, fein. *Im März 1992 eine ähnliche Bewertung bei der Dreihundertjahrfeier von Taylor* ★★★★

1921 ★

Nicht deklariert. Die Trauben reiften nicht ganz aus. Trotzdem war der **Rebello Valente** mit 40 Jahren delikat und köstlich.

1922 ★★★

Eine weitere kleine Ernte, aber von guter Qualität. Eher leicht im Stil und ähnlich wie der 1917er. 18 Häuser gaben einen Jahrgang heraus.

Avery Eine Komposition aus Weinen verschiedener Porthäuser, abgefüllt in Bristol. Zwei Magnumflaschen, eine ziemlich spritig und am Altern. 1981 die zweite, ein schöner Wein, verkostet beim Essen zur Zweihundertjahrfeier von Avery. *Mai 1993. In Bestform* ★★★

Martinez 1954/1955 von Harvey's für 30 Shilling die Flasche angeboten. Bei altem Jahrgangsport bereitet die Identifikation oft Probleme. 1990 kam ein Kunde mit einer Probeflasche aus seinem Keller zu Christie's. Er hielt den Port für einen 1919er oder 1922er. Die Flasche hatte ein Wachssiegel ohne Prägung. Der Korken bestätigte, dass der Wein von Martinez stammte, aber eine Jahresangabe war nicht sichtbar. Gute Füllhöhe. Blass, nur noch wenig Rot. In der Nase und am Gaumen ausgeprägte Altersspuren. Spritig, ziemlich säurebetont, aber etwas Süße und gute Frucht. Wir entschieden uns für den 1922er. Meine nächste Bewertung bezieht sich auf eine Flasche, die angeblich aus einem schottischen Keller stammte und neu verkorkt worden war (wir wussten aber nicht, wo, wann und von wem): korrekte Farbe für sein Alter und den Jahrgang, aber mit sehr seltsamem, unangenehmem Bukett und Geschmack. *Zuletzt im März 1999 in Don Schliffs Keller in Los Angeles verkostet. In Bestform* ★★

Warre Von Justerini & Brooks abgefüllt: blässlich, rosiger Ton; spritig, Lakritzebukett; mittelsüß, eindringlich, griffig, hohe Säure. Eine ganz ungewöhnliche Flasche mit einem Glassiegel, auf dem »Justerini/Warre/1922/Brooks« zu lesen stand. *Im September 1993 bei einem Rodenstock-Essen im österreichischen Arlberg verkostet* ★★★

ÄLTERE BEWERTUNGEN WEITERER 1922ER **Bom Retiro, Qta do** Geschmack nach kandierten Veilchen. *1955* ★★★; **Croft** Mehrere Einträge, blasses Hellbraun, am Austrocknen und spritig, aber komplett. 1968 bis *1975* ★★; **Gould Campbell** Madeira-artige Säure. *1972* ★; **Taylor** Ausgetrocknet, hölzern. *1973*; **Tuke Holdsworth** Beeindruckend, feiner Geschmack. *Zwei gute Abfüllungen 1970 verkostet* ★★★; außerdem mehrere Flaschen mit dem Vermerk »Exporteur unbekannt«: unterschiedlich, oft säurebetont. *In Bestform* ★★

1923 ★★

Eine größere Ernte als 1922, gute Qualität. Trotzdem wurde der Jahrgang nicht deklariert – wahrscheinlich aus wirtschaftlichen Gründen. **Offley** allerdings, ein Haus, das begonnen hatte, in guten, aber nicht deklarierten Jahrgängen einen aus einer einzigen Quinta stammenden Wein herauszugeben, bot den **Boa Vista** an (andere Häuser folgten später seinem Beispiel). Er war leicht, etwas ätherisch, aber sehr angenehm, als ich ihn Mitte der 1950er und in den späten 1970ern verkostete.

1924 ★★★★

Gute Qualität, aber unterdurchschnittliche Produktion. 18 Häuser deklarierten den 1924er. Der Portweinmarkt zog wieder an.

Dow Wurde bei Harvey's zwischen 1954 und 1956 mit 35 Shilling die Flasche geführt. Mir liegen ein Dutzend Einträge aus der Mitte der 1950er vor: wohlriechend, aber uneinheitlich. Unlängst: ziemlich gute Farbe; eine etwas unnachgiebige Nase; mittelsüß, ziemlich guter Geschmack, aber sehr scharfer Abgang. *Im Oktober 1998 bei der Zweihundertjahrfeier von Dow verkostet. In Bestform* ★★★

Taylor 15-mal verkostet, das erste Mal 1953, seit 1980 aber nur noch sechsmal. Beständig gut, wenngleich hochgetönt und vielleicht etwas kurz. 1991 kam mir eine gute Flasche unter, die für einen Taylor und für ihr Alter ungewöhnlich war. Im Bukett unmittelbar ansprechend, in Bestform reich, mild, ätherisch, parfümiert; sehr positiver Geschmack, mit dem charakteristischen Taylor-Rückgrat, trockener Abgang. Dann eine malzige, oxidierte Flasche 1992. Schließlich eine Flasche, die »angeblich ein Taylor von 1924« war und aus den Kellern eines ehemaligen Taylor-Agenten stammte, jedoch mit einem kurzen, unmarkierten Korken verschlossen war. Lebhafte Farbe; fest, hart, spritig; noch immer süß, lebhaft, mit guter Säure. *Zuletzt im Februar 1995 verkostet. In Bestform* ★★★★

Warre Unterschiedliche Bewertungen: spritiger Abgang (1956), gut gebaut, elegant, sehr gut (1972) und ein relativ neuer Eintrag: mitteltiefes Tawny-Hellbraun mit rubinrotem Ton; in der Nase am Altern, aber noch immer ziemlich süß, schlank, eine Spur Aceton, trockener, leicht bitterer Abgang. *Zuletzt bei einer bemerkenswerten, hochrangigen Catering and Wine Conference mit Essen in Michel Roux' Waterside Inn in Bray verkostet (nicht zu verwechseln mit dem neuen BA-Hauptsitz in Waterside bei Heathrow!). November 1996. In Bestform* ★★★

ÄLTERE EINTRÄGE **Croft** Variabel. Eine sehr gute Flasche von Wm. Smith in Bishop's Stortford: süß, reich, kraftvoll. *1970* ★★★; **Graham** Sechs Einträge aus der Mitte der 1950er, alle gut, der zuletzt verkostete Wein warm, weich und köstlich. *1983* ★★★★★ *Dürfte noch immer gut sein*; **Gould Campbell** Ein guter Wein, reich. *1968* ★★ *Wird jetzt zweifellos müde*; **Rebello Valente** Angenehm, aber hat seinen Zenit in den frühen 1950ern überschritten ★★

1925 ★

Ein von Schädlings- und Krankheitsbefall geprägtes Jahr. Eine späte Lese unter guten Bedingungen machte den schlechten Sommer teilweise wett. Nicht deklariert.

Offley Boa Vista Erstmals 1972 verkostet, eine Abfüllung der Army & Navy Cooperative Society (die »A & N« war berühmt für ihre Abfüllungen). 1979 erneut bewertet: »ätherisch«, aber in ausgezeichnetem Zustand. Einen Monat später eine weitere Abfüllung: attraktiver hellbrauner Anflug; in der Nase noch immer fruchtig, aber ein bisschen »staubig«; süß, sehr angenehm, mit trockenem, leicht spritigem Abgang. *Zuletzt im November 1979 verkostet* ★★★

1926 ★

Fast das Gegenteil des 1925ers, was das Wetter anbelangte. Es war zu heiß und trocken. Geringe Erträge. Nicht deklariert, obwohl ich Mitte der 1960er und Mitte der 1970er mehrere Weine verkostete, unter anderem: **Qta das Lages** 1928 abgefüllt, spritig, im Nachgeschmack Oliven; **Kopke** Zweimal verkostet, noch immer süß, aber am Verwelken; schließlich ein spezielles Quarter-Fass mit **Vargellas** als Inhalt: speziell zu einem Weinhändler in Lancashire für einen seiner Kunden verschifft, dessen Sohn 1926 zur Welt kam. Interessant, aber spritig.

1927 ★★★★★

Ein großer, klassischer, spät gelesener Jahrgang, der beste zwischen 1912 und 1935. Wurde wegen der enormen Nachfrage von der Rekordzahl von 30 Häusern deklariert. Mittlerweile auf dem absteigenden Ast, aber in Bestform noch immer superb.

Cockburn Enorme Produktion: 20 000 Kisten (zu 12 Flaschen)! Der durchschnittliche Einzelhandelspreis lag in den 1930ern bei 60 Shilling das Dutzend. Mitte der 1950er betrug der Preis auf der Liste von Harvey's bereits 30 bis 35 Shilling die Flasche. Ein großer Klassiker.

Ich habe diesen Jahrgang seit 1959 viele Male verkostet (und getrunken) und wurde nie enttäuscht. Von den vier in der zweiten Hälfte der 1980er degustierten Flaschen war die beste eine Abfüllung von Arnold Perret & Co aus Gloucester, die ich im Mai 1987 beim Mittagessen an meinem 60. Geburtstag trank. Krustiges Depot, klar und glanzhell nach dem Dekantieren. Mittlere Tiefe, lebhaft, rosiger Rubinton; perfektes Bukett, zunächst verhalten und spritig, entfaltete sich aber nach 20 Minuten, würzig, nussig; mittelsüß, aber fülliger Körper, fest, schlank, geschmeidig, herrlich reich und würzig, seidige Tannine und Säure, fabelhafte Länge. Es ist immer interessant, eine Flasche für einen Kunden zu öffnen, der seinen Port für einen Cockburn hält, wenn auf dem Kistenetikett nur die Jahreszahl 1927 steht. Der Korken hatte zum Glück die Markierung »Cockburn vintage 1927 bottled 1929«. Der Wein: voll ausgereift, warme Bernsteinfarbe; staubige, hochgetönte Nase. Zwar am Abmagern, aber immer noch süß. Guter Geschmack, mit Altersfinesse (1994). Kürzlich zwei Flaschen: mittleres Hellbraun; sehr wenig Rot und ein generell brauner Ton; süß, fleischig, jedoch verhalten; gute Textur, ausgezeichneter Zustand, aber am Austrocknen. *Zuletzt im Mai 2002 bei der Cockburn-Verkostung »Erinnerungen an ein Jahrhundert« im Londoner Travellers' Club degustiert. In Bestform* ★★★★★

Croft Viele Einträge. Mitte der 1950er, als er für mich auf dem Höhepunkt war, köstlich wohlschmeckend, aber spritig. Seither noch zweimal verkostet: eine gar nicht überzeugende Farbe, trüb; süß, sahnig, hochgetönt; noch immer süß und ziemlich kraftvoll, schlank, alkoholisch und etwas hart. Trockener, säurebetonter Abgang. Klassisch, aber dünner werdend. *Zuletzt im Dezember 1989 verkostet. In Bestform* ★★★

Dow Erstmals 1955 verkostet: weich, voll, attraktiv. Mitte der 1970er mit ausgezeichnetem Geschmack, aber am Austrocknen. In den späten 1980ern: blässliches, rosig getöntes Hellbraun; leichtes, würziges, hochgetöntes, Madeira-artiges Bukett; noch immer ziemlich süß, mittleres Gewicht, verwelkt, aber mit Restspuren von Kraft, gute Länge, Säure. Zwei Flaschen auf der Zweihundertjahrfeier von Dow. Beide für einen 1927er blasser als erwartet, die erste mit Altersspuren, spritig, pilzig; sehr scharf, trocken, alter Sercial-artiger Abgang; die andere süßer und runder, nicht so flüchtig. *Zuletzt im Oktober 1998 verkostet. In Bestform* ★★★

Fonseca Erstmals 1955 verkostet: körperreich, schön ausgewogen; »auf dem Gipfel«! Viele gute Einträge, die besten, von Grantham's aus Sherborne abgefüllten Flaschen stammten aus einem guten Privatkeller in Dorset und wurden 1988 vor einer Versteigerung verkostet. Kürzlich: schöne Farbe, noch immer ziemlich tief; extrem gute, reiche, klassische Nase nach »Lakritzbonbons«; nach wie vor süß, füllig, fabelhafter Geschmack, ein Hauch von Eukalyptus, reichlich Biss und Länge. *Ein großer 1927er. Zuletzt im November 1992 verkostet* ★★★★★

Graham Drei Einträge Mitte der 1960er: sehr süß, reich, schokoladig, aber mit Spuren von Branntwein. 1967 in Porto eine Flasche mit schöner Schokoladenase und Ausgewogenheit. 1971 voll ausgereift, mit gutem, reichem Bukett und ebensolchem Geschmack, allerdings etwas am Austrocknen. Eine eigenartige, hoffentlich nicht repräsentative Flasche bei einer großen Degustation von 1927ern im Jahr 1989. Seltsame Klarglasflasche. Malzige, säurebetonte Nase; ein Hauch von Anis. Etwas später leichte Flaschenabweichungen: süß, wieder schokoladig, wächsern, spritig; Textur und Geschmack schön. *Zuletzt im Mai 1991 bei einer Graham-Degustation verkostet. In Bestform* ★★★★

Martinez Ein Dutzend Einträge aus der Mitte der 1960er, einige uneinheitlich, eine wie »fader Hustensaft«, insgesamt aber gut und in Bestform ausgezeichnet. Noch immer ziemlich farbtief; hochgetönt, zunächst mit merklicher Branntweinnote, wurde aber im Glas weicher; mittelsüß, elegant, würzig. *Zuletzt im April 1992 verkostet. In Bestform* ★★★★

Niepoort Rolf Niepoort ist wie ich 1927 geboren. Sein Vater behielt ein Fass mit diesem Jahrgang und füllte damit 1941 360 Flaschen, die alle 1978 neu verkorkt wurden. Ich bekam mehrere dieser unverwechselbaren, gedrungenen Flaschen geschenkt und trank sie in den 1980ern. Beständige Bewertungen: reiche Mahagonifarbe; gut entwickelt, sehr attraktiv, leicht rosinig, schokoladig, würzige alte Wachs- und Lakritznase; eine beträchtliche Süße, die von lebhaften, leicht zitrusartigen Komponenten ausbalanciert wurde, ein Anflug von Teer, alkoholstark. Ein verblüffender Kontrast zu den klassischen Portweinen der englischen Häuser, aber auf seine Art extrem gut. *Zuletzt im Dezember 1989 verkostet* ★★★★

Noval, Qta do Sieben Einträge, der erste datiert von 1972. Eine durch schlechten Korken verdorbene Flasche. Später ein paar Mal auf hohe Säure hingewiesen. Aber auf jeden Fall kein »Mauerblümchen«. Noch immer ziemlich tiefe, reiche Farbe; enorm beeindruckendes, durchdringendes Bukett, leicht medizinal, aber wohlriechend, reich, würzige Vanille, Melasse; mittelsüß – leicht am Austrocknen, aber ziemlich körperreich. Intensiv, Rückgrat und Tannin fast wie ein Taylor. Feste Frucht. Gute Länge. Trockener Abgang. *Zuletzt im Januar 1991 verkostet* ★★★★

Rebello Valente Auf der Kapsel die Prägung »REBELLO VALENTE PORT«. Der Besitzer hielt ihn für einen 1935er, doch der Korken gab die wahre Identität preis: Auf ihm stand klar und deutlich »1927«. Füllhöhe oberste Schulterhöhe. Blasse, warme Bernsteinfarbe, kein Rot mehr; in der Nase schwach, aber gesund; am Gaumen noch immer sehr süß. Eher leicht, schlank, aber wohlschmeckend. Die Säure drängte allmählich nach vorn. *September 1990* ★★

Rosa, Qta de la Auf der Quinta abgefüllt. Hübsche Farbe; entgegenkommende, ätherische Nase mit Altersspuren; mittelsüß, weich, eigenartiger Geschmack, trockener Abgang. *Im Dezember 1989 verkostet* ★★

Sandeman Erstmals 1955 verkostet, als ich ihn als »stumpf, leblos« beschrieb. Seither aber gute Bewertungen, die beste bezog sich auf eine Tregnum, eine Dreierflasche, auch »Cock«

genannt, aus den Privatkellern der Familie Sandeman. Kürzlich: schöne Farbe mit einem Anflug von Kirschrot und reifem gelbem Rand; in der Nase nussig, entfaltete sich im Glas; ziemlich süß, mittlerweile etwas leicht, lang, schlank, spritig, aber elegant. Trockener Abgang. *Zuletzt im Dezember 1989 verkostet* ★★★★

Britischer und portugiesischer Portweinstil

Schwer zu beschreiben – es wäre einfacher, wenn wir zwei Flaschen als Vergleich hätten. Generell ist Dow ein typischer Vertreter des britischen Vintage Ports: nicht so süß, schlanker, weniger überschwänglich. Die portugiesische Spielart (z. B. der Niepoort weiter oben) ist rosiniger, reich und schokoladig. Finesse gegen Frucht vielleicht? Niepoort spricht eher den neuen Portliebhaber an. Bevor amerikanische »Weinkritiker« diesen Wein entdeckten, galt er beim Handel und den Verbrauchern in Großbritannien als Außenseiter, sofern er überhaupt zur Kenntnis genommen wurde, obwohl er in einigen Märkten hohe Wertschätzung genoss und sehr teuer verkauft wurde.

Taylor Erstmals 1954 verkostet, seither sind noch über 20 Einträge entstanden. Leichte Flaschenabweichungen, die wahrscheinlich zum Teil auf den Abfüller, größtenteils aber auf die Lagerung zurückzuführen waren. Eine der besten Flaschen, 1973 degustiert, war von Justerini & Brooks abgefüllt worden. Eine weitere – sie stammte aus den Kellern des Earl Bathurst auf Cirencester Park – war ein Wunder in einer halben Flasche: sogleich nach dem Öffnen wunderschön, reich, würzig, entwickelte fünf Stunden später eine erdbeerartige Nase. 1989: ziemlich tief, lebhaftes Rubinrot; schöne Farbabstufung; sehr attraktives, klassisches, »britisches« Lakritzebukett; am Austrocknen, körperreich, scharf, alkoholreich, feigenartige Frucht, gute Länge, trockener Abgang. Ein paar Jahre später reich, unglaubliche Tiefe und Kraft; sehr süß, vollmundig, abgerundet, noch immer tanninbetont. 1993 dann bei einem unvergesslichen Essen im Pariser Büro von Christie's anlässlich des Erscheinens der französischen Ausgabe meiner *Weinnotizen*. Ich hatte die Flasche vor meiner Abreise aus London doppeldekantiert. Großartig. Das Bukett hielt sogar noch im leeren Glas an. *Zuletzt im Dezember 1997 eine perfekte Flasche bei einem Essen des »Last Friday Club« im Restaurant Raji in Memphis* ★★★★

Warre Mehrere Einträge, alle gut, angefangen mit einem »weichen, fetten und fruchtigen« Exemplar im Jahr 1966. In den 1970ern zwei überragende Abfüllungen von H. & E. Selby und einer ausgezeichneten Firma namens Stallard's in Worcester. Jetzt Farbverlust, aber wie alle Spitzen-Ports des Jahrgangs 1927 mit lebhaftem Aussehen und rubinrotem Ton; mildes, wohlriechendes, klassisches Bukett von großer Tiefe; sehr süß, körperreich. Viel Alkohol, Extrakt, Tannin und Säure.

Als Nächstes beim Essen auf der Domaine de Chevalier in Bordeaux 1998: vollständig markierter Korken und ein Wachssiegel mit der Prägung »Muirhead«, wahrscheinlich eine schottische Abfüllung. Ansprechende, mitteltiefe, rosige Farbe; ausgesprochen entgegenkommendes, lakritzeartiges Bukett; süß, obwohl sich der Branntwein bemerkbar machte, ein Wein von großer Länge und schlankem Abgang. Kürzlich eine von Cobbold & Co. in Ipswich abgefüllte Flasche: ziemlich blass, kein Rot mehr, offener Rand; hochgetönt, Anflug von Amylacetat, aber noch immer sehr süß, mit einem Geschmack nach zerdrückter Lakritze. *Zuletzt im Mai 2002 bei der Verkostung der Familie Symington in London degustiert . In Bestform* ★★★★★

WEITERE, VOR LÄNGERER ZEIT VERKOSTETE 1927ER Delaforce Sieben beständig gute Einträge, entstanden zwischen 1955 und 1965, »herrlich«, »lebhaft«, »schön«, »ausgewogen«. *Seit 1965 nicht mehr verkostet* ★★★★; **Krohn** Weich, reif. *Mitte der 1970er* ★★★; **Stormont Tait** Schön. *1977* ★★★

1928 ★★

Ein guter Jahrgang, aber als man mit dem Gedanken einer Deklarierung spielte, brach die Weltwirtschaftskrise aus. Außerdem war der damals fast ausschließlich auf Großbritannien beschränkte Markt für Vintage Port mit dem weithin deklarierten 1927er gesättigt.

1929 ★★

Geringer Ertrag, gute Qualität, aber aus ähnlichen Gründen wie 1928 nicht deklariert. **Offley Boa Vista** exportierte ihn: stechend, spröde, aber wohlschmeckend. *1967*.

Mit dem 1929er ging nicht nur ein Jahrzehnt, sondern eine ganze Ära zu Ende. Es sollte noch 30 Jahre dauern, bis sich der Portweinhandel wirklich erholt hatte.

1930–1949

Der Handel litt unter der Weltwirtschaftskrise. Die Situation wurde noch dadurch verschlimmert, dass die Händler und ihre Kunden sich über und über mit dem 1927er eingedeckt hatten. Infolgedessen ließ sich der 1931er nicht an den Mann bringen. Es entstanden zwar einige Weine, aber der Jahrgang wurde nicht deklariert. Der einsame Fels in der Brandung war Noval.

Wie in Frankreich entstanden in den ersten Jahren nach dem Zweiten Weltkrieg einige außergewöhnlich gute Jahrgänge – der kleine, aber oft deklarierte und nach wie vor ausgezeichnete 1945er, aber auch der sehr gute 1947er und der herausragende 1948er, die beide nicht von allen deklariert wurden. Dafür gab es mehrere Gründe: Die Restbestände des 1927ers, dessen Preise unverändert geblieben waren, drückten die Preise für neue Jahrgänge. Hinzu kamen die entbehrungsreichen Nachkriegsjahre und ein nachlassendes Interesse für den »Wein der Engländer«. Portwein schien in Vergessenheit zu geraten.

Die Jahrgänge auf einen Blick

Hervorragend *****
1931, 1935, 1945
Sehr gut ****
1934, 1944, 1947, 1948
Gut ***
1933, 1942

1930

Wechselhaftes Wetter. Mörderische Hitze schädigte die Trauben. Nicht deklariert. Ich habe nur einen Wein verkostet, einen **Vargellas** aus einem Quarter-Fass (etwas über 100 l), das Taylor 1932 für den zweiten Sohn von Horridge an einen Weinhändler in Lancashire schickte. Auf dem Korken »C. R. O. G. H. vintage 1930«. Ein Sammlerstück. Noch immer süß, wenig Körper, spritig, aber sehr angenehm. *Im März 1997 eine Flasche aus dem Familienkeller vor dem Verkauf verkostet* **

1931 *****

Ein ausgezeichneter – nein, ein großer Jahrgang. Allerdings beschlossen die britischen Porthäuser, die damals den Handel dominierten, ihn aus den oben genannten Gründen – Krisenzeiten und die noch immer hohen Bestände des 1927er-Jahrgangs – nicht zu deklarieren. Es entstanden zwar gute Weine, der hervorragende Ruf des Jahrgangs aber wird allein von Noval hochgehalten, dessen Nacional ich schon seit langem als »Everest« unter den Vintage Ports bezeichne.

Niepoort Mehrere Flaschen verkostet. Eine mit der Aufschrift »1938 abgefüllt, 1979 dekantiert [d. h. neu abgefüllt]«: ansprechend süßes, wohlriechendes Bukett; am Gaumen süß. Ein Charmeur. Eine weitere Flasche merklich blasser in der Farbe, mit delikater, traubiger Nase und fabelhaftem, sultaninenartigem Geschmack. Ein weiteres Exemplar: sehr farbtief; eine Nase wie Feigensirup, süß, voll, reich und abgerundet. Alle gut zu trinken und alle Geburtstagsgeschenke von Rolf Niepoort. Die letzte Flasche öffnete ich zum Geburtstag meiner Frau nach dem 1931er Domaine de la Romanée-Conti Richebourg (schön) und Giacomo Borgognos Barolo aus dem gleichen Jahr (Charme kontra Verfall). Der Niepoort war erwartungsgemäß besser als die beiden Roten: blässlich, Bernsteinfarbe, apfelgrüner Rand; süße, Madeira-artige Nase, ein Hauch von Farnkraut, aber insgesamt ein schöner Duft; noch immer süß – wie meine Frau –, gutes Gewicht, ansprechender, leicht rosiniger Geschmack, ausgezeichneter Abgang. *Zuletzt im Juli 1996 während Daphnes Geburtstagsessen bei Christie's verkostet* ****

Noval, Qta do Ich hatte das große Privileg, diesen Wein in relativ regelmäßigen Abständen seit 1962 nicht weniger als 18-mal verkosten zu dürfen. Verschiedene Abfüllungen, alle gut, ein paar ohne Angaben auf dem Korken oder der Kapsel, aber einige von Justerini & Brooks und die vielleicht überragendste, typischste Version, eine Flasche von Fearon, Block, Bridges, Routh, die ich 1985 trank. Außerdem ein seltenes amerikanisches Exemplar aus der Zeit kurz nach der Prohibtion, »von Avery, Bristol, abgefüllt und exportiert, 1933 von Louis Glunz aus Lincolnwood, Ill., importiert«. Es wurde 1982 in Chicago bei einem Mittagessen der Wine and Food Society geöffnet: noch immer sehr tief, im Zentrum undurchsichtig; ein mächtiges, süßes, spritiges Bukett, das mich an karamellisierte Rosinen und, nachdem es sich im Glas entfaltet hatte, an Pflaumen und Gewürznelken erinnerte. Noch immer süß, aber nicht übersüß, körperreich, ein eindringlicher, pflaumenartiger Geschmack, scharf, pfefferig, vollmundig, noch immer schwer, mit fabelhafter Säure. Einige Zeit später drei Flaschen, die auf der von der Hollywood Wine Society veranstalteten Verkostung der »größten Portweine aller Zeiten« geöffnet wurden, zwei davon mit ziemlich verdächtigen neuen, roten Wachssiegeln, ein Wein korkelte, der andere war marmeladig – meiner Ansicht nach nicht korrekt. Aber ein ausgezeichnetes Exemplar mit der Prägung »Sandeman & Co, Glasgow, vintage 1931« auf dem Siegel des Abfüllers: noch immer sehr süß, lebhaft, gute Frucht und großartige Länge. *Zuletzt im März 1998 verkostet* ***** *Die besten Flaschen beeindrucken sicher nach wie vor.*

Noval Nacional Natürlich der großartigste 1931er überhaupt. Auch einige der oben genannten Novals stammen möglicherweise von den 10 % der Rebflächen, auf denen unveredelte Stöcke der traditionellen Rebsorte Nacional wachsen. In der Regel aber findet sich bei Port aus dieser Traube das Wort »Nacional« irgendwo auf dem Kistenetikett, dem Wachssiegel oder dem Korken. Einen typischen Noval Nacional servierte Tawfiq Khoury 1982 bei einem Essen in San Diego: erstaunlich hochgetöntes Bukett, das mich an Kölnisch Wasser, Armagnac und eine Art extrem feiner Lakritze erinnerte. Zwar nur mittelsüß, doch unglaublich körperreich, ein reicher, bittersüßer Wein, würzig und mit großer Länge. *1982 verkostet* *****

WEITERE EINTRÄGE Es handelt sich zwar um alte Verkostungsnotizen, aber sie veranschaulichen, wie viele Weine bereitet wurden, auch wenn der Markt sehr beschränkt aufnahmefähig war. **Bragão, Qta do** Sandeman Produktion nur zwei *pipes*. Abfüllung in Porto. Großartig. 1971 bis *1975* ★★★★; **Offley Boa Vista** Abgefüllt von Henekys, attraktiv, leicht, intensiv. *1970* ★★★; **Burmester** Farbtief, außergewöhnlicher Geschmack, »warm«, griffiger Alkohol, persistent. *1980* ★★★★; **Martinez** Ätherisch, delikat, aber komplett. *1981* ★★★★; **»Pinhão«** Spritig, aber schön. *1967* ★★★★; **Rebello Valente** Die Vintage-Marke von Robertson: reich, hochgetönt, fein (1971), später reich, spritig. *1978* ★★★★; **Roncão, Qta do** Ebenfalls im Besitz von Robertson. Abgefüllt von der Wine Society: ungewöhnlich im Stil, kraftvoll, markant. *1970* ★★★★; **Warre** Ein Einzel-Quinta-Wein: schön ausgewogen, aber nicht herausragend. *1960* ★★★

Ein Glas Port nach dem Mittagessen

Als ich den Eintrag zum Noval Nacional schrieb, musste ich an ein Erlebnis vor einigen Jahren denken. Ich begegnete einem älteren Herrn (ich glaube, er war ein pensionierter Brigadegeneral), der den Government-Hospitality-Keller im Lancaster House führte. Ob ich Lust hätte, diesem Keller einen Besuch abzustatten, fragte er mich. Wir vereinbarten lange im Voraus einen passenden Termin.

Als der Tag kam, arbeitete ich im Büro und hetzte Versteigerungsterminen hinterher. Da der Keller aber nur wenige Schritte von Christie's entfernt lag, erschien ich pflichtbewusst um 12 Uhr mittags und wurde hindurchgeführt. Zu meiner Überraschung enthielt er einige echte Raritäten wie den Noval von 1931 oder den Cheval Blanc von 1947. Anschließend fragte mich der Ex-Offizier, ob ich Zeit für ein gemeinsames Mittagessen hätte. Ich lehnte zunächst ab, weil die Zeit drängte und ich zurück zur Arbeit musste. Er meinte aber, dass ich ja sowieso etwas zu mir nehmen müsse und sein Club ganz in der Nähe sei. Also gab ich nach und aß mit ihm zu Mittag – mit einem Glas rotem Bordeaux.

Anschließend bot mir mein freundlicher Gastgeber noch ein Glas Port an. »Tut mir wirklich Leid«, stotterte ich, »aber ich habe einige ganz knappe Termine. Außerdem wartet der Drucker darauf, dass ich ihm Manuskripte liefere.« Aber er ließ nicht locker: »Trinken Sie doch ein Glas Port mit mir.« Und wieder gab ich nach. Ich bekam ein großes Glas des 1955er Graham, der nicht nur sehr schön zu trinken war, sondern meine ganze Hektik wegblies. Ich kehrte ruhig, glücklich und zufrieden zu Christie's zurück.

Seither bin ich einem Glas Port nach dem Mittagessen nicht mehr abgeneigt. Es ist angenehm – und es entspannt ungemein.

1932

Ein schlechtes Jahr. Nicht deklariert.
González Byass In Porto abgefüllt. Ziemlich stumpfes Bernstein-Hellbraun; welk, aber gesund. *November 1980* ★

1933 ★★★

Frühe Blüte, Hitzewelle, frühe Lese. Wegen der Marktsituation nicht deklariert – aber auch, weil schon der viel versprechende 1934er und der noch bessere 1935er anstanden.
Cais, Qta do Ich weiß nicht mehr, woher diese vereinzelte halbe Flasche stammte. Auf dem Etikett stand »engarrafadem em 1988«. Für sein Alter reiche Farbe; überraschend süß, komplett, fest, gute Länge und Säure. Ein attraktiver Unbekannter. *Im Juli 1997 beim Essen zu Hause verkostet* ★★★

Weitere, ältere Einträge **Cedovim** Ein von der Wine Society abgefüllter Einzel-Quinta-Port: blass, am Altern, aber fest und attraktiv. Vier Einträge, entstanden zwischen 1965 und *1972* ★★★; **Niepoort** 1936 in Porto abgefüllt: blasses, altes Tawny-Hellbraun; süßes, nussiges Bukett; ausgezeichneter Geschmack. *1988* ★★★★

1934 ★★★★

Einer meiner Lieblingsjahrgänge. Ziemlich selten, da nur 12 Porthäuser ihn deklarierten. Es lohnt sich, nach ihm Ausschau zu halten.
Dow Lesebeginn am 24. September. Mehrere gute Einträge zwischen 1960 und 1976. Unlängst: angenehme Farbe, warmes Leuchten; eigenartig reiche, malzige Nase; noch immer ziemlich süß, eindringlich, im Geschmack eine Melange aus Fleisch und Frucht. *Zuletzt im Oktober 1998 auf der Zweihundertjahrfeier von Dow verkostet* ★★★
Ramos-Pinto Blass, hell, schwacher Rand; süßes, schokoladiges Bukett; Gewicht, Geschmack und Zustand ausgezeichnet. *Ein Glas, das mir im März 2001 auf der Prowein in Düsseldorf in die Hand gedrückt wurde* ★★★

Ältere Einträge **Ferreira** Blass, aber eindringlich. *1981* ★★★; **Fonseca** Mehrere ausgezeichnete Bewertungen, »perfekt«. 1953 bis *1983* ★★★★; **Foz, Qta da** Alternd, aber angenehm. *1988* ★★★; **Martinez** Mehrere Einträge. 1957 farbtief, blässlich, voll ausgereift. Bei der letzten Verkostung mit Eleganz älter werdend. *1987* ★★★★; **Noval, Qta do** Mehrmals verkostet. 1961 trocken, weich, sehr attraktiv. 1973 eine Abfüllung der Wine Society: langsam nachlassend. Schlank, wohlschmeckend, schöner Nachgeschmack. *1984* ★★★★; **Sandeman** Neun Einträge, angefangen von tief, fett und weich (1956) über perfekt (1967) bis hin zu nicht mehr so farbtief, allmählich spritig und eher uninteressant. *1971. In Bestform* ★★★★; **Taylor** 1966 reich und ansprechend. Ein seltsamerweise 1977 abgefüllter alter »Vintage Tawny« mit nussigem Geschmack, den ich in Mexico City trank. *1980. In Bestform* ★★★★

1935 ★★★★★

Ein klassischer Jahrgang, abgefüllt 1937, im Krönungsjahr von Georg VI. Ähnliche Lesebedingungen wie 1934, aber kleinere Erträge. Der Markt erholte sich langsam – 15 Häuser deklarierten diesen Jahrgang. Die besten Weine sind nach wie vor herausragend und haben noch viele Jahre vor sich.
Cockburn Mein erster Eintrag entstand 1953, damals »erst 18 Jahre alt« (der Port, nicht ich): »Für einen 1935er voll, fruchtig und spritig.« 1966 in perfektem Zustand. 1990 in Erscheinungsbild, Nase und Geschmack voll ausgereift. Süßes, mildes Bukett; mittelsüß, eher leicht und schlank. Branntwein und Säure etwas aufdringlich. Eine um 1970 wahrscheinlich von Christie's gekaufte »Rick Sajbel Selection«, der beste Port in Don Schliffs bemerkenswertem Keller: Hagebuttenfarbe; mildes, ausgewogenes Bukett; am Austrocknen, aber mit schönem würzigem, sanft nachlassendem Geschmack (1999). Meine einzige übrige Flasche dekantierte ich im Mai 2000 für eine Dinnerparty in unserer Londoner Wohnung: schöne blässliche Hagebuttenfarbe; zunächst verhalten, aber dann tat sich ein wunderschöner süßer Duft auf. Noch immer sehr süß und kraftvoll, verband Weichheit und Griffigkeit. Herrlich. Im November 2000 eine Flasche aus Lenoir Joseys Keller: ein klassisches »wächsernes« Bukett mit Alterserscheinungen, aber nach wie vor süß; perfektes Gewicht, dünner werdend und welkend,

mit ätherischer, feiner Eleganz. Kürzlich: zwei Flaschen, eine mit einem so schrecklichen Nachgeschmack, dass ich mir den Mund ausspülen musste, bevor ich weiterverkosten konnte. Die andere wohlriechend, aber in der Nase und am Gaumen teerig. *Beide im Mai 2002 auf der Cockburn-Verkostung »Erinnerungen an ein Jahrhundert« degustiert. In Bestform* ★★★★★
Delaforce Gute, gesunde Nase; am Austrocknen und Abmagern, aber attraktiv. *November 1992* ★★★
Graham Seit 1955 mehrere Einträge. 1979 perfekt. Mit 30 Jahren: gute, reiche, reife Farbe; fabelhaftes Bukett; Lakritze und Pflaumen, jetzt ein leichter spritiger Anflug; ziemlich süß, Branntwein, eingehüllt in fleischige Frucht, wohlriechend, perfekte Säure, Länge. *Seit Marvin Overtons Essen zu seinem 50. Geburtstag in Fort Worth im Februar 1985 nicht mehr verkostet. In Bestform* ★★★★★
Taylor Der mit Abstand beste 1935er und einer der größten Portweine dieses Jahrhunderts. Seit 1953 27-mal verkostet (und getrunken). Sein Aussehen habe ich verschiedentlich als mittel- bis sehr tief beschrieben, aber das kann ebenso auf die unterschiedliche Beleuchtung in den Verkostungsörtlichkeiten wie auf die Abweichungen zwischen den Abfüllungen zurückzuführen sein. Das Bukett und der Geschmack waren von beständigerer Klasse: voll, reich, würzig, ein Hauch von Vanille und Lakritze, rundum ausgewogen, tief und kraftvoll; noch immer süß, ziemlich körperreich, fast zum Kauen, mit dem unverwechselbaren Taylor-Rückgrat; große Länge und ätherischer Nachgeschmack. Perfekt. 1991 zwei Flaschen, die in Porto abgefüllt und 1986 neu verkorkt worden waren. Eine war fürchterlich, Lebertran und Malz, die andere superb. 1992 zweimal perfekt und auf dem Gipfel, sechs Sterne.

Drei Einträge aus jüngster Zeit: trotz eines ziemlich übelriechenden Korkens, der auch noch zerfiel, ein großartiger Wein, kraftvoll, Länge und Geschmack erstaunlich, verkostet bei einer Dinnerparty im Juni 2000 zu Hause. Eine weitere herrliche Flasche, die allerdings etwas an Farbe verloren hatte; leicht rauchige Nase, Süßholz; große Länge und durchaus noch Kraft – beim Essen im Dairy auf Waddesdon Manor. Klassisches Bukett, etwas am Austrocknen, aber mit unnachahmlichem, Taylor-typischem Rückgrat. Superb. *Zuletzt im Januar 2001 bei Bill Baker getrunken. In Bestform* ★★★★★, *aber warten Sie nicht noch weitere 20 Jahre!*

ÄLTERE EINTRÄGE **Cálem** Weich, mild. *1974* ★★★; **Croft** Drei unterschiedliche Bewertungen, eine Flasche spröde, eine andere delikat und köstlich. 1975 bis *1977. In Bestform* ★★★★; **González Byass** 1938 abgefüllt, mittelmäßig, dekadent süß. *1980* ★★; **Hooper** Eigenartig, unklassisch, aber trotzdem ganz hübsch. 1970 bis *1971* ★★; **Martinez** Leicht und dünn. *1966* ★★; **Niepoort** Colheita-Bernsteinorange; esterig, fein. *1986* ★★★; **Offley Boa Vista** Weich, süß, kraftvoll und doch weich. *1959* ★★★; **Rebello Valente** Unbeeindruckend. Bitternote. *Mitte der 1950er* ★; **Sandeman** Beständig gute Bewertungen zwischen 1970 und *1987*. Noch immer süß, füllig, klassisch ★★★★; **Smith Woodhouse** Süß und mild trotz pfefferigem Abgang. *1980* ★★★

1936 ★★

Gute Weine, aber keine Jahrgangsqualität – es wäre auch zu früh gewesen, nach 1934 und 1935 erneut zu deklarieren.

1937 ★★

Gesund, passable Qualität. Von britischen Häusern nicht deklariert.

Poças Junior Eine Art Rarität. 1974 abgefüllt: blässliches, staubiges Tawny-Hellbraun; Madeira-artige hohe Säure, medizinales altes Stroh! Aber noch immer süß, schlank und überraschend trinkbar. Daphne erinnerte der Geschmack an Quittenkäse, während ich eine angesengte Muskatellernote zu erkennen glaubte. *Im Mai 1994 auf einer »klassischen Weindegustation« in Zürich verkostet* ★★★ *(gerade noch).*

ÄLTERE EINTRÄGE **González Byass** 1940 abgefüllt. Blasses Hellbraun; Frucht, Süße und Fleisch. *1980* ★★; **Hooper** 1972 abgefüllt. Hagebuttenfarbe; hochgetönt; mittelsüß, scharfer, traubiger Geschmack. Ganz gute Qualität. *1988* ★★; **Noval, Qta do** In Holz ausgebaut. Warmes Bernsteingold; in der Nase und am Gaumen nussig; mittleres Gewicht, eher schlank, sehr trockener Abgang. *September 1988* ★; **A.J. da Silva, Reserva** Um 1980 abgefüllt. Wahrscheinlich derselbe Wein wie der Noval (da Silva hieß das Handelsunternehmen). Ähnlicher Stil. Etwas rosiniger. *1987* ★

1938 ★★

Recht gute Weine, die aber wegen der Kriegsbeschränkungen weder deklariert noch exportiert wurden. In letzter Zeit nicht mehr verkostet. **Noval, Qta do** Wie Tawny, etwas unausgewogen. *1970* ★; **Taylor** »Wirklich sehr hübsch.« *1956* ★★

1939

Kleine Produktion, schwache Qualität. Nicht deklariert.
González Byass 1942 abgefüllt. Überraschend attraktiv. Reich, in der Nase und am Gaumen fruchtig, ausgewogen, trockener Abgang. *Gehörte zu einer großen Auswahl von Jahrgängen aus der Unternehmens-Lodge, die ich im September 1980 bei einer Vorprobe verkostete* ★★★ *(Leider kein allzu großartiges Sortiment.)*

1940 ★★

Kleine Ernte. Ziemlich gute Weine. Nicht exportiert.
Niepoort Fast könnte man meinen, es handle sich bei diesem Haus um ein Einmannunternehmen, das jeweils vom Vater an den Sohn weitergegeben wird. Alle Niepoorts sind eigen, aber auf ihre Weise brillant. Ich habe einen Eintrag zu zwei ihrer 1940er vorliegen, der eine 1945 abgefüllt, schon jetzt altes Tawny-Hellbraun, wohlschmeckend, aber mit hoher flüchtiger Säure, der andere aus dem Holz in Demijohns umgefüllt und 1970 auf Flaschen gezogen. Ganz anders. Schwache Nase, aber gute feste Frucht und Säure. *Beide Ende der 1980er verkostet* ★★
Taylor Wachssiegel mit der Prägung »4xx Taylor«, dem Markensymbol von Taylor, neu etikettiert, ausführlich markierter Korken. 1986 neu verkorkt. Mitteltief, rosiger Ton; reich, warm, Stallnote; sehr süß, ziemlich voll, guter, reicher Geschmack, Länge und Zustand ausgezeichnet. *April 1991* ★★★

1941 ★

Bescheidene Qualität. Nicht dekariert.
Dalva Sehr seltsam, mit der Aufschrift »Porto Dalva, House Reserve, in Eiche gereift«. Zweifellos ein Nachkriegsexport, der für einen geringen Preis in die Hände eines Billighändlers gelangte. Stumpfe Bernsteinfarbe, trüb – geschüttelt, nicht gerührt! Mein Gastgeber filterte ihn vor dem Dekantieren, doch das Ergebnis war nicht sehr schmeichelhaft. Ein Wein für Neugierige. *Im November 1997 bei Stanley-Clarks verkostet* ★

NUR NOCH EINEN EINZIGEN WEITEREN 1941ER VERKOSTET **Noval, Qta do** 1944 abgefüllt und zehn Jahre später degustiert; reich und üppig. Mittlerweile wahrscheinlich verwelkt. *1954. Damals* ★★★

1942 ★★★

Ein gutes Kriegsjahr. Wurde zwar von zehn Häusern in Porto deklariert und abgefüllt, aber nur sehr wenige exportierten ihn auch. Es lohnt sich, die Augen nach ihm offen zu halten.

Graham 1955 und 1971 stilvoll, aber ohne die übliche Molligkeit. Kürzlich: blässliches, rosiges Tawny-Hellbraun; verhaltene Nase wie alter Tawny; mittelsüß, mittlerer Körper, gesund, reich, stilvoll. Nach der Farbe und Nase zu schließen wahrscheinlich 1945 abgefüllt. *Zuletzt im April 1990 verkostet* ★★★

Niepoort Zwei sehr ähnliche Einträge. Der erste aus dem Jahr 1985: farbtief; süße, entgegenkommende, weinige Nase; sehr süß, ziemlich körperreich, weich, fleischig, leicht angesengter Geschmack. *Zuletzt im April 1990 verkostet* ★★★

Noval, Qta do 1945 abgefüllt. Erstmals 1955 verkostet. Voll, aber ohne den Körper für ein langes Stehvermögen. Zuletzt blässlich, sehr reifes Erscheinungsbild; ausgewogene, aber etwas staubige Nase; mittelsüß, mittelgewichtig, gute Frucht, stilvoll. Eine bemerkenswerte Ähnlichkeit mit dem Graham, aber mit höherer Säure. *Zuletzt im April 1990 verkostet* ★★★

Taylor Ziemlich blasses Tawny-Hellbraun; reiche, geröstete Nase; süß, relativ körperreich, aber trotzdem leicht im Stil. Gute Länge. Noch immer mit Tannin im Hintergrund und merklicher Säure. Später eine von Taylor 1986 neu verkorkte Flasche: Bernsteinfarbe; staubig, dann ätherisch; elegant, aber am Austrocknen. *Zuletzt im April 1991 verkostet* ★★

ÄLTERE EINTRÄGE **Croft** Voll, süß, der angenehmste der 1942er. *In der zweiten Hälfte der 1950er verkostet* ★★★; **Morgan** Groß, wohlschmeckend. 1965 und *1968* ★★★; **González Byass** Ein eigenartiger Wein, dünn und unattraktiv. *1969*; **Rebello Valente** 1960 Cassis-artige Frucht; für einen 1942er eher leicht; einige Jahrzehnte später köstlich, vollreif. *1980. In Bestform* ★★★

1943 ★★

Keine schlechte Ernte, aber nicht deklariert.

DREI EINTRÄGE, DIE VERANSCHAULICHEN SOLLEN, WAS MÖGLICH GEWESEN WÄRE **Dow** Ziemlich tief, reif; wächserne Lakritzenase; süß, eher leicht, weich, mit einem sehr angenehmen schokoladigen Geschmack. Kurz, aber mit gutem Abgang. Für einen 40-jährigen, nicht deklarierten Jahrgang nicht schlecht. *1983* ★★★; **Eira Velha, Qta da** Blasses Tawny-Hellbraun; ein wunderschönes Bukett, das sich im Glas entfaltete, wohlriechend, nussig; mittelsüß, eher leicht, elegant, gute Textur, ausgewogen, schöner Abgang. *1986* ★★★★; **Sandeman** Leichtes Tawny-Hellbraun; Lakritze; etwas Frucht, aber am Abmagern. *1964* ★★★

1944 ★★★★

Ausgezeichnete Qualität, aber das Gros der Porthäuser konzentrierte sich auf den 1945er. Auf jeden Fall brauchte man guten Wein, um die Bestände aufzustocken und die voraussichtliche Nachfrage decken zu können. In jüngster Zeit keinen 1944er mehr verkostet.

ALTE EINTRÄGE **Delaforce** Fett, voll im Geschmack. *1964* ★★★; **Dow** Ähnlich wie ein 1934er. Interessant. Langer, trockener Abgang. 1959 und *1961* ★★★; **Milieu, Qta do** 1948 in Porto von Guimaraës abgefüllt. Eher leichte, angenehme Weine. *1969* ★★

1945 ★★★★★

Der erste Nachkriegsjahrgang war von überragender Qualität, aber die erzeugte Menge war gering wie in anderen europäischen Anbauregionen. Die Vegetation verlief optimal, obschon die enorme Hitze zur Lese ein paar Probleme während der Weinbereitung mit sich brachte, was sich in einer etwas hohen flüchtigen Säure niederschlug. Von ganz wenigen Ausnahmen abgesehen wurden alle Weine in Porto abgefüllt. 21 Porthäuser gaben diesen Jahrgang heraus – Cockburn zog als einziger bedeutender Erzeuger nicht mit. Die straff gebauten, konzentrierten Weine sind noch immer großartig – sofern sie gut gelagert wurden.

Butler Nephew Auf der Verkostung der Hollywood Wine Society in Florida der schlechteste 1945er: blass, nur noch sehr wenig Rot; *garrafeira* (in Holz ausgebaut), linoleumartiger Geruch, verwelkt; ausgetrocknet. War zu lange im Fass. *Februar 1989. Austrinken.*

Croft 18 ziemlich einheitliche Bewertungen, angefangen mit einer Mitte der 1950er verkosteten Flasche: »Voll, jetzt gut« (24 Shilling die Flasche auf Harvey's Liste). 1966 perfekt zu trinken, aber 1971 schrieb ich: »Noch einmal 20 Jahre.« Anfang der 1980er etwas am Austrocknen. Eine unvergessliche Flasche im Oktober 1997 beim Essen mit Robin Reid, John Burnett und ihren Frauen in der Croft-Lodge in Gaia. Gute Farbe, lebhaft, rosiger Ton; delikates und verhaltenes, aber wohlriechendes Bukett, das mich an Lakritzebonbons erinnerte, große Tiefe; noch immer ziemlich süß, mittleres Gewicht, schlank, aber fest, interessante Textur mit ledrigen, seidigen Tanninen, gute Qualitüt, lebhafter trockener Abgang. 1999 bei einer Dinnerparty zu Hause: Da sich das Originaletikett (in Porto abgefüllt) aufgelöst hatte, brach ich den Flaschenhals ab, um den Korken unbeschadet herauszubekommen – zum Glück war er auch tatsächlich umfassend markiert. Der Wein hatte eine ziemlich verkrustete Ablagerung, weshalb er beim Dekantieren ungetrübt durch mein Silbersieb floss. Kraftvolle Nase; ein schlanker Touch, aber mit schönem, würzigem, wärmendem Geschmack. Kürzlich: Mokka und Lakritze, reiches »Stall«-Bukett; schlank, attraktiv, mit scharfem, säurebetontem Abgang. *Zuletzt im April 2002 bei einem Essen der Förderer des Russischen Nationalorchesters im Londoner Spencer House verkostet. In Bestform* ★★★★ *Bald trinken.*

Dow Ich habe diesen Wein seit 1959, als ich ihn als süß, voll, aber noch unreif beschrieb, viele Male verkostet. Seltsamerweise füllte Dow ihn 1949 ab. Nur fünf *pipes* (mit einem Fassungsvermögen von jeweils rund 55 Dutzend Flaschen) wurden zur Abfüllung nach England verschifft, dem damals so ziemlich einzigen Absatzmarkt. Eine von den British Transport Hotels abgefüllte Flasche, die ich 1989 verkostete, zeigte einen beträchtlichen Farbverlust. Sie hatte eine fruchtige, schlanke Lakritzenase, die nach rund einer Stunde immer stärker zu duften begann. Überraschend süß für einen Dow, relativ leicht für den Jahrgang, fabelhafte Säure, schlank, trockener Abgang. Eine weitere, im Oktober 1947 von Rigby & Evans abgefüllte Flasche mit vollständig markiertem Vorkriegskorken: kein Rot mehr; schlank, ein Hauch von Aceton in der Nase und am Gaumen. Trockener Abgang.

Mir liegen noch viele weitere Einträge vor – allein seit 1990 entstanden acht. Drei Flaschen wurden im Sommer 1994 bei einer Dow-Verkostung in Aspen geöffnet: eine in Porto abgefüllte war essigsauer, während sich die beiden englischen Abfüllungen als sehr gut, süß und wohlriechend erwiesen. Vier Monate später beim 5. Dîner Classique, gegeben vom Weinhaus Reichmuth in einem meiner Lieblingshotels, dem Baur au Lac in Zürich, eine praktisch perfekte Flasche. Im Monat darauf bei einer Symington-Portdegustation ein weiteres, (für einen Dow) überraschend süßes, geschmacksintensives Exemplar. Als Nächstes bei der Verkostung zur Zweihundertjahrfeier von Dow eine enttäuschende, in Porto abgefüllte Flasche mit fadem Aussehen, aber etwas besserem Bukett und Geschmack. Eine weitere, tiefere, süßere und wohlriechendere Flasche, die beim darauf folgenden Mittagessen zusammen mit einer in England abgefüllten Jeroboam serviert wurde, rettete die Dow-Ehre einigermaßen. Die Jeroboam wiederum war zwar ansprechend, aber etwas am Austrocknen. Blässlich, warme Hagebuttenfarbe; leichtes, spritiges Bukett; schlank, sehr trockener Abgang. *Zuletzt im Mai 2002 bei der Verkostung der Familie Symington im Berkeley Hotel an meinem Geburtstag degustiert. In Bestform* ★★★★

Ferreira 1966 noch unreif, Mitte der 1970er schön und Anfang der 1980er perfekt. 1989 blässlich, vollreif, nicht mehr viel Rot und ein leicht schwacher, hellbrauner Rand; lebhaftes, pfefferiges Bukett mit reichlich unverwobenem Branntwein; am Gaumen mehr Frucht und Leben, als die Farbe erahnen ließ. Ein angesengter, rußiger Geschmack nach verbrannten Trauben, mit Endsäure und einer Bitternote. Ein kraftvoller, interessanter Wein mit ein bisschen Graham-typischer Süße und Taylor-artigem Rückgrat. Guter, trockener Abgang. Vor einiger Zeit bei zwei Ferreira-Verkostungen für meinen Sohn, den Ferreira-Importeur für die USA, degustiert, einmal im sehr feinen Turnberry Club in Fort Lauderdale, das andere Mal fünf Monate später bei Christie's in New York. Vergleichbare Einträge, beide ziemlich blass, aber mit würzigem, ausgewogenem Bukett, am Austrocknen, aber schön. *Zuletzt im September 1997 verkostet. In Bestform* ★★★★ *Bald trinken.*

Fonseca Ein Eintrag. Ziemlich welkes Erscheinungsbild, aber gesund. Wie beim Dow war die Farbe etwas irreführend, denn in der Nase zeigte sich der Wein reicher und positiver als erwartet. Ein Anflug von angesengtem Karamell und ein Hauch flüchtiger Säure aufgrund der Lese bei großer Hitze. Entwickelte im Glas einen eigenartigen, explosiven Duft: scharf, hochgetönt, mit einer verblassenden Frucht, die den Alkohol bloßlegte. Ziemlich enttäuschend. *Februar 1989* ★★ *Austrinken.*

Graham In London und in Porto abgefüllt. Mit Abstand der schönste 1945er. Erstmals 1960 verkostet: »Unentwickelt.« 1982 »auf dem Höhepunkt, hat aber noch zehn bis 15 Jahre vor sich«. Viele beständig gute Einträge. Farbtief, ziemlich intensiv, lebhaft, attraktiv, lange »Tränen«; unmittelbar entgegenkommender Duft, die Würze, Süße und Frucht kaschierten den hohen Alkoholgehalt; der süßeste von elf 1945ern, die ich 1989 in Florida degustierte, und auf der Verkostung »Die größten Portweine der Welt« mit Abstand die beste Provenienz (auf dem Etikett: »Finest Reserve 1945 bottled in Oporto 1948 W. & J. Graham & Co«): ein süß riechender, duftender, aber kraftvoller Vintage, noch immer tanninbetont, tief. *Zuletzt im März 1998 bei einem Seminar der Hollywood Wine Society in Florida verkostet* ★★★★★

Niepoort Drei sehr gute Bewertungen in der zweiten Hälfte der 1960er: ein tiefer, kraftvoller, attraktiver Wein, der im März 1948 in Porto abgefüllt worden war, wie ich mir notierte. Fünf Einträge aus neuerer Zeit: noch immer ziemlich tief und intensiv; reiche, eigenwillige, pflaumenartige Nase, eher Fleisch als Frucht; süß, voll, robust, samtig, gute Länge und Lebenserwartung. Das zuletzt verkostete, 1947 abgefüllte Exemplar war herausragend. *Zuletzt im März 1996 beim Essen mit Dirk Niepoort getrunken* ★★★★★

Noval, Qta do Seit 1956 mehrere Male verkostet, in letzter Zeit allerdings nicht mehr. Immer wieder taucht das Wort »Charme« auf. Auf der Verkostung von 1945ern der Hollywood Wine Society eine von Churtons in Liverpool abgefüllte Flasche: blässlich, aber noch immer mit jugendlichem Ton; ein wohlriechendes, reiches, ausgewogenes Bukett; süß, perfektes Gewicht, schöne Frucht, guter trockener Abgang. Ein Wein von femininer Grazie. Später ein Exemplar mit kurzem Korken und der Aufschrift »da Silva« auf dem Etikett: ziemlich unbeeindruckende Farbe; unverwoben und würzig, Orangenblüten- und Kerzenwachsbukett; süß, füllig, schlank, intensiv, zitrusartige Säure. *Zuletzt im November 1989 auf der Noval-Verkostung degustiert. In Bestform* ★★★★★ *Bald trinken.*

Rebello Valente In den späten 1950ern überwältigend, Mitte der 1960er schön. In den 1980ern ein attraktives, lebhaftes, rosiges Erscheinungsbild von einiger Intensität; zunächst scheue, lebhafte, erfrischende Nase, karg, aber fruchtig; schlank, wohlschmeckend, Lakritzenote, ausgeprägte Säure. Ein frischer, geschmeidiger Charmeur. Kürzlich eine Flasche mit geprägter Bleikapsel und einem Etikett mit der Aufschrift »verschifft von Robertson Bros & Co. Ltd.« (den Besitzern): schöne Farbe, klassische Lakritzenase und ebensolcher Geschmack. Schlank. Attraktiv. *Zuletzt im August 1994 bei einem weinseligen Sonntagsessen auf Chippenham Lodge verkostet* ★★★★ *Bald trinken.*

Sandeman Dem Handel wahlweise als portugiesische oder englische Abfüllung angeboten. Mehrmals verkostet, unter anderem auch zwei gute Londoner Abfüllungen. Ende der 1960er und Anfang der 1970er robust, »braucht noch einmal zehn Jahre«, aber nach dieser Frist mit reifem Aussehen, Hagebuttenton, schöne Farbabstufung; schmeichelndes, seidiges, ausgewogenes Bukett; im Geschmack am Austrocknen, jetzt eher leicht, mild, Vanillenote, lebhaft, ohne Länge. Kürzlich eine Porto-Abfüllung in einer grünen Kriegsflasche, mit hervorstehendem Korken und einer Füllhöhe im unteren Halsbereich: ziemlich blasse, aber schöne Farbe; Bukett und Geschmack süß und ebenso schön. Gute Länge. Trockener Abgang. *Zuletzt im November 2000 bei einer Dinnerparty zu Hause verkostet* ★★★★

Taylor Angeblich vom Start weg der mit Abstand beste 1945er. Ein mächtiger, strammer Wein, Mitte der 1960er völlig unreif, Ende der 1970er mit fabelhafter Tiefe und Konzentration. Ziemlich einheitliche Einträge in den 1980ern: pflaumenfarben; sublimes Bukett, frucht- und alkoholbeladen. 1991 bei der Verkostung auf Taylors Dreihundertjahrfeier: schöne Farbe; verhaltenes, aber ausgewogenes Bukett; süß, perfekter Geschmack, nussig, intensiv, große Länge. (Ich kann mich noch erinnern, dass es rege Diskussionen gab, denn die Mehrheit der Degustatoren, darunter auch Jancis Robinson, Len Evans und Hugh Johnson, gab dem 1945er den Vorrang. Ich persönlich hielt den 1948er für besser.) Später eine unvergessliche Flasche bei einem Essen mit 1945ern zum 50. Jahrestag dieses Jahrgangs, zu dem Sir Christopher Mallaby im Dezember 1995 in die Botschaft in Paris geladen hatte: »Kraftvoll, eindringlich, hat noch Jahre vor sich, beeindruckend, aber kein Vergnügen«! Kürzlich merkte ich seine gute Farbe, die positive Frucht, seine Länge und das Taylor-typische Rückgrat an. Auf jeden Fall gut und beeindruckend, aber der 1948er ist feiner. *Zuletzt im März 1998 verkostet* ★★★★★ *Hat noch reichlich Leben vor sich.*

Warre Unterschiedliche Einträge. Eine Flasche mit Himbeerduft (1964), eine hölzern. 1989 auf der Verkostung von 1945ern in Florida in fabelhafter Verfassung: ansprechende Farbe, lebhaft, schöne Abstufung; sehr entgegenkommende, förmlich ungestüme Nase, deutliche Branntweinnote; ein kraftvoller Wein mit herzerwärmendem Alkohol, lebhaft, schöne Textur und Eleganz – für mich die Erkennungszeichen eines Warre. Absolut grandios; perfekt. *Bekam im November 1994 bei der Symington-Verkostung von mir die Höchstnote* ★★★★★ *Hat noch ein herrliches Leben vor sich.*

ÄLTERE EINTRÄGE **Barros** In Porto abgefüllt. Überraschend gut. Süß, reich, ausgewogen, noch viel Leben. *Zwei Einträge 1978* ★★★; **Delaforce** 1961 voll, süß, aber unreif; *1968* weich und samtig, seither aber nicht mehr verkostet ★★★★; **Eira Velha, Qta da** Sehr wohlriechend, etwas hohe Säure. *1980* ★★★; **Mackenzie** Duft nach Schwarzen Johannisbeeren, trotz der dunklen Farbe ohne Körper. *1956* ★★; **Martinez** In Porto abgefüllt, 1948 einige englische Abfüllungen. *1966* fett, reich, süß, aber mit sprödem Abgang. Seither nicht mehr verkostet; **Offley Boa Vista** Wird unterschiedlich bewertet – ich habe ihn aber nicht verkostet; **Quarles Harris** 1947 in Porto abgefüllt: 1968 weich und reich, *Mitte der 1970er* bemerkenswert voll und fruchtig, Rückgrat und reichlich Leben ★★★; **Smith Woodhouse** Ein guter Wein. *1967* ★★★

1946 ★

Ungleichmäßige Qualität. Nicht deklariert.

NUR ZWEI EINTRÄGE **Sandeman** Spritig, würzig, sehr angenehm. *1977* ★★; **Warre** 1949 in Porto abgefüllt: vollreif, leicht im Stil, attraktiv. *1967* ★★

1947 ★★★★

Ein sehr guter Jahrgang, der aber nur von elf Häusern deklariert wurde. In den weindurstigen 1950ern sicher sehr attraktiv und beliebt, weshalb heute nicht mehr viele Flaschen übrig sind und ich ihn in letzter Zeit kaum noch verkostet habe. Gutes Wetter: nasser Frühling, langer, heißer Sommer, etwas Regen vor der Lese, die Ende September begann und unter ausgezeichneten Bedingungen über die Bühne ging.

Cockburn Kleine Produktion. Galt seinerzeit als leicht. Bis zu diesem Jahrgang war Cockburn sehr zurückhaltend mit der Deklarierung: Herausgegeben wurden der 1927er, der 1935er und dann erst wieder der 1947er (der 1945er nicht). Mehrere Einträge Mitte der 1960er. Leicht uneinheitlich, was aber eher auf den Abfüller als auf den Zustand der Flaschen zurückzuführen war. 1971 attraktiv und trinkreif. 1980 eine Flasche mit etwas eigenartigem, medizinalem Geruch und Geschmack und ziemlich hoher, stechender Säure. Ein Jahrzehnt später trotz bröseligem Korken ein gutes, warmes Hellbraun, ziemlich dicke Kruste bzw. Bodensatz; eine weiche Gerstenzuckernase, die einen schönen, puderigen Vanilleduft entwickelte. Ziemlich süß, Gewicht, Körper, Geschmack und Ausgewogenheit gut. Trocken, Lakritze im Abgang. Attraktiv. Als Nächstes 1999 eine Flasche mit Cockburn-Etikett. Blässliche, aber schöne Farbe; wohlriechendes Bukett; mittelsüß, korrektes Gewicht und »wächserner« Geschmack. Gute Frucht, aber mit Eleganz welkend. Kürzlich: ziemlich blass, nur noch wenig Rot, aber rosarote Reflexe; reine Lakritze, ausgewogen, gut entwickelt; fest, guter Geschmack und Körper, glatte Textur, trockener Abgang, köstlicher Nachgeschmack. *Zuletzt im Mai 2002 bei der Cockburn-Degustation »Erinnerungen an ein Jahrhundert« verkostet. In Bestform* ★★★

Delaforce Nur drei Einträge. Blässliches, orangegetöntes Tawny-Hellbraun; ätherisch, wohlriechend, aber unverwoben; süß, mittelgewichtig, ein positiver, aber ziemlich esteriger Geschmack und etwas hohe Säure. *Zuletzt im April 1989 auf einer Delaforce-Verkostung degustiert* ★★ *Austrinken.*

Sandeman Variabel. Erstmals 1958 verkostet: »Typisch« (für Sandeman und Abfüllungen von Harvey's). Anfang der 1960er rubinfarben, ein guter Port »für Offiziersmessen«. 1990 eine schöne Flasche: überraschend tiefes, reiches Aussehen; ausgeprägtes Lakritze- und Vanillebukett; sehr süß, Gewicht und Ausgewogenheit erfreulich. Unlängst: beträchtlicher Farbverlust; schlank, spritig; ohne Körper, verblassende Frucht. *Zuletzt im März 1998 verkostet. In Bestform* ★★★

Taylor's Special Qta (1949 abgefüllt) Taylor deklarierte den 1947er zwar nicht, aber eine begrenzte Anzahl Flaschen wurde trotzdem exportiert. Mehrere Exemplare verkostet, das interessanteste hatte ein Wachssiegel mit der Prägung »1947 SP Quinta Taylor, Dolamore Ltd London W1«, vermutlich von Dolamore abgefüllt. Gutes warmes Tawny-Hellbraun mit roten Spuren; reiches, wohlriechendes Bukett, ein bisschen spritig, wirkte sehr süß, körperreich, eindringlicher Geschmack und Taylor-Rückgrat. Unlängst drei Flaschen unterschiedlicher Herkunft, die beste war eine Abfüllung von Corney & Barrow. *Im April 1997 zum Abschluss eines Essens mit 1947ern verkostet, zu dem Stephen Kaplan in Chicago geladen hatte. In Bestform* ★★★★

Tuke Holdsworth Mehrmals verkostet. Mittlerweile ziemlich blass, rosiger Ton, schwacher Rand; verwelkt. Eher wie ein 1934er. Kürzlich eine halbe Flasche mit bröseligem Korken, aber guter Füllhöhe. Tawny-Hellbraun mit warmen goldenen Reflexen; etwas am Austrocknen und mit Alterston, aber gutem Geschmack. Angesengter, spritiger Abgang. *Zuletzt im Dezember 1997 bei einem Essen mit der Familie verkostet* ★★ *Austrinken.*

ÄLTERE EINTRÄGE **Dow** 1958 hart und unreif, 1964 noch immer rau, gegen Ende der 1960er aber allmählich abgerundet. *1972* in Topform, seither aber nicht mehr verkostet ★★★★; **Noval, Qta do** Zehnmal verkostet, als Erstes 1958 eine gute Abfüllung von Harvey's. *In der zweiten Hälfte der 1960er* eine weitere ausgezeichnete Abfüllung der Berry Bros., gut gerundet, weich, aber fest. Ausgewogen ★★★★; **Noval Nacional** Anfang der *1970er* bemerkenswert jugendlich: reich und abgerundet, einer der besten 1947er. Leider seither nicht mehr degustiert. *Müsste noch großartig sein* ★★★★★; **Smith Woodhouse** Ende der 1950er und Anfang der *1960er* nicht allzu ernst genommen: angenehm, wohlschmeckend, ein Frühstarter. Seither nicht mehr verkostet. Heute wahrscheinlich über seinen Höhepunkt hinaus ★★; **Warre** 1958 eine schroffe Version von Harvey's, Mitte der 1980er gute Einträge, eine vor der Abfüllung geschönte Flasche hatte etwas viel Säure (1972), aber *1982* ein hervorragendes, voll ausgereiftes Exemplar der Berry Bros. *In Bestform* ★★★★

1948 ★★★★

Ein sehr guter Jahrgang, der aber nur von neun Porthäusern deklariert wurde. Rückblickend erwies sich das als unglückliche Fehleinschätzung, denn er war überaus erfolgreich. Erst sieben Jahre später wurde wieder ein echter Qualitätsjahrgang deklariert.

Das Spitzentrio von 1948: Taylor, Graham und Fonseca.

Bomfim, Qta do Blässliches, schwaches Aussehen; verschlossen, entwickelte einen ätherischen Duft; leicht im Stil, ziemlich schlank und etwas scharf. *Im Oktober 1998 auf der Zweihundertjahrfeier von Dow verkostet* ★★

Fonseca Der drittplatzierte eines Trios großer 1948er. Ein Dutzend Einträge zwischen 1958 und 1977, alle gut, »fruchtig«, »perfekt im Gleichgewicht« usw. Im November 1979 eine beeindruckend tiefe, reiche J&B-Abfüllung (Wachssiegel mit der Prägung »Justerini & Brooks Bailey & Co. 1948«) mit eigenartigem, würzigem Geschmack und scharfem Abgang. Neun Jahre später war er der Eröffnungswein auf der Verkostung »Die größten Vintage Ports der Welt« der Hollywood Wine Society. Zu unserer Überraschung hatte man ihn in eine Magnum-Burgunderflasche abgefüllt. Aber zweifellos ein Fonseca von 1948. Wahrscheinlich waren nach dem Krieg, als Harvey's den Wein 1950 abfüllte und mit einem vollständig markierten Korken verschloss, Portmagnumflaschen knapp gewesen. Süß, fest, gut gemacht, aber mit einem leichten Korkengeschmack, nicht ganz sauber. Im darauf folgenden Monat bei einem jährlich stattfindenden Seminar des Weinausschusses von British Airways bei Mosimann: reif, aber lebhaft; wohlriechend – mit einem Anflug von Mottenkugeln; weiche, fleischige Frucht, gutes Rückgrat; pfefferiger, trockener Abgang. Ein guter Wein. *Zuletzt im April 1998 verkostet. In Bestform* ★★★★ *Überlebte mühelos ein halbes Jahrhundert.*

Foz, Qta da Einer der erstaunlichsten Weine, die ich je verkostet habe. Ich degustierte nur eine einzige Flasche, die mir Joachim Cálem, der damalige Besitzer von Cálem, gegeben hatte. Sie hatte einen relativ kleinen, nur schwach markierten Korken und eine sehr dicke Kruste. In der Farbe ähnelte der Wein dem Château Canon von 1985, den ich gleichzeitig dekantierte. Er hatte sogar eine ähnliche Nase wie der wesentlich jugendlichere St-Emilion. Außerdem war er trocken, sehr tanninbetont und spröde. Ich gelangte zu dem Schluss, dass es sich um einen roten Tischwein vom Douro handeln müsse, der auf der Quinta bereitet worden war. Aber als es zwei Stunden später ans Servieren ging, war das Bukett unzweifelhaft portweinartig geworden, erinnerte an Süßholz und war spritig. Obendrein – eine weitere wundersame Wandlung – war der Wein auf einmal süß, hatte einen ansprechenden Geschmack und eine schöne Textur entwickelt, endete aber in einem trockenen Abgang. *Im November 1997 eine Offenbarung bei einem Sonntagsessen* ★★★ *Er bleibt mir ein großes Rätsel.*

Graham Erstmals zehn Jahre nach der Lese verkostet, als er enorm tief und großartig war. Seither sind noch über 20 weitere Einträge entstanden; vor längerer Zeit degustierte ich unter anderem eine wohlriechende Abfüllung von Christopher: für einen Graham etwas schlank und tanninbetont. 1990 eine Flasche, deren Kraft und Rückgrat an einen Taylor erinnerte. Eine herrliche Londoner Abfüllung bekam auf der Symington-Verkostung 1994 und ein weiteres Mal 1995 eine sehr hohe Bewertung von mir. 1998 zwei Exemplare: eine sehr korrekte Version, die von Graham in Porto auf die Flasche gezogen wurde, und eine Abfüllung von J. & G. Thompson in Leith: besser entwickelt, volles, fruchtiges, fleischigeres Bukett. Trockener Abgang. Kürzlich: warme, offene, einladende Hagebuttenfarbe; köstliche Frucht, Feigen, lebhaft, Lakritzenote; ziemlich süß, schlank, aber schön, mit scharfem Abgang. *Zuletzt im Mai 2002 bei einer Verkostung von Erzeugnissen aus Porthäusern der Familie Symington im Berkeley Hotel, London, degustiert. In Bestform* ★★★★★

Taylor Seit 1958, als ich ihn als »fein, weich, äußerst voll und dunkel« beschrieb, 21-mal verkostet. Ausnahmslos großartig. Noch immer ziemlich tief und intensiv; schönes Bukett, ansprechende Frucht, parfümiert, Zitrus, Vanille; süß, körperreich, kraftvoll, aber mit perfektem Geschmack und Gleichgewicht, herrliche, brombeerartige Reife. Der feinste und schönste Jahrgang auf Taylors Dreihundertjahrfeier 1991. Unlängst eine Flasche mit dem Etikett »Superior Vintage Port, bottled by John Harvey & Sons Ltd«: fabelhaft wohlriechend; süß, fest, würzig. Jetzt wahrscheinlich der beste Taylor-Vintage-Port aller Zeiten. Einer der feinsten Portweine überhaupt. *Zuletzt im März 1998 bei einer Verkostung der Hollywood Wine Society in Florida degustiert* ★★★★★

ÄLTERE EINTRÄGE Dow In Porto abgefüllt, aber aus einem dänischen Keller. Ein guter, robuster Wein. *1970* ★★★★; **Mackenzie** Zwei gute Einträge. 1958 und *1970* ★★★; **Smith Woodhouse** Füllig, fruchtig. *1965* ★★★; **Vargellas, Qta de** Schöner Geschmack, leicht rosinig. *1979 während eines Mittagessens bei Taylor verkostet* ★★★; **Warre** 1951 abgefüllt, uneinheitlich, für einen Warre ebenso untypisch wie für einen 1948er. *1976. In Bestform* ★★?

1949

Nicht deklariert. Abnormes Wetter. Trockenheit vom Vorherbst bis Juni, anschließend eine Hitzewelle mit noch nie dagewesenen 45 °C. Später etwas Regen, frühe Lese, kühler. Reduzierte Ernte.

1950–1969

An die Krise, in der die Portweinproduktion 1950 steckte, erinnern sich heute nur noch Erzeuger in meinem Alter. Sie konnten sich damals kaum ein Auskommen sichern. Ich habe es vor Ort erlebt. Im Frühherbst 1953 stattete ich gegen Ende meines ersten Lehrjahres Porto das erste Mal einen Besuch ab. Tommy Layton drückte mir eine Hand voll Empfehlungsschreiben in die Hand und schickte mich auf die Reise. Ich konnte billig auf der *Seamew* mitfahren. Sie gehörte einer kleinen Flotte an, die aus kaum mehr als Küstenschiffen bestand und von der General Steam Navigation Company betrieben wurde. Bevor dieses Unternehmen auf den Container- und Straßentransport umstieg, verschiffte es Wein in Fässern aus Bordeaux, Porto und Cádiz (Sherry) zu den verschiedenen britischen Häfen, wo die Weine von Händlern abgefüllt wurden.

Mein Gedächtnis lässt mich zwar allmählich im Stich, seltsamerweise aber kann ich mich noch gut an den Namen des Kapitäns auf der *Seamew*, Klemp, und meinen Hauptgastgeber Christopher North, den Leiter von Hunt Roope, erinnern. Hunt gehörte dem Portunternehmen der Famlie Newman, dessen Vintage-Marke der Tuke Holdsworth war (noch heute ist Newman im Besitz der schönen alten Quinta da Eira Velha). Schon in den Londoner Docks mussten wir den Gezeitenwechsel abwarten. Und auch als wir an einem warmen sonnigen Morgen an der Mündung des Douro eintrafen, brauchten wir die Flut, um eine Sandbank überwinden und zwischen Porto und Vila Nova de Gaia anlegen zu können.

Die Aussicht vom alten British Club war großartig, nicht aber die unmittelbare Umgebung. In Porto herrschte bittere Armut, zerlumpte Kinder liefen barfuß herum. Auch die Porthäuser lebten von den Reserven; manche standen kurz vor dem Bankrott. Im Club übernachtete ein Unternehmensberater, der ebenso abgebrannt war wie seine Klientel auf der anderen Seite des Flusses. Wir alle hatten das Gefühl, als stünde der Portweinhandel kurz vor dem völligen Zusammenbruch. Zum Glück gab es in den 1950ern einige gute Ernten (der 1955er ist heute mein Lieblingsjahrgang), die Weine aber wurden zu lächerlich geringen Preisen angeboten (siehe unten). In den 1960ern stellten sich außerdem im Dreijahresrhythmus drei sehr gute Jahrgänge ein.

Die Jahrgänge auf einen Blick

Hervorragend *****
1955, 1963, 1966
Sehr gut ****
1960
Gut ***
1954, 1958, 1961

1950 **

Interessant ist ein Blick auf die Preise nach der Deklarierung des Jahrgangs. Alle gelten FOB (frei an Bord, d. h. der Wein wurde an Bord geliefert, was heute mit Lkw oder in Containern geschieht), ex Porto, pro *pipe* mit einem Fassungsvermögen von ungefähr 55 Dutzend Flaschen (rund 500 l). Der Dow, Offley Boa Vista, Noval, Warre, Cockburn kosteten alle 150 Pfund Sterling, der Croft, Quarles Harris und Sandeman 135 Pfund Sterling – für heutige Verhältnisse unglaublich wenig. Den Erzeugern ging es sehr schlecht und davon profitierten die Kunden. Der 1950er stand in der Mitte seiner Dekade bei Harvey's für einen Durchschnittspreis von 17 Shilling die Flasche auf der Liste, doch davon waren allein die Hälfte Zollgebühren, nämlich 8 Shilling und 4 Pence.

Crasto, Qta do Noch immer farbtief; klassisch wächsernes, feigenartiges Bukett; süß, voll, fruchtig, sehr kraftvoll für einen 1950er. *Im März 1996 beim Essen mit der Familie Roquette verkostet, den Besitzern dieser bezaubernden, schön am Douro gelegenen Quinta* ***

Cockburn 16 Einträge seit 1959 und immer für schlank und spritig befunden. Blass, vollreif, wässeriger Rand; wohlriechend, erinnerte aber an einen alten Sercial Madeira; mittelsüß, wohlschmeckend, trockener Abgang. Die jüngste Flasche ziemlich gesichtslos. *Zuletzt im Mai 1922 verkostet. In Bestform* ** *Austrinken.*

Croft Vier Einträge seit der ersten verkosteten, pflaumenfarbenen Abfüllung von Harvey's im Jahr 1962. In den frühen 1970ern: verliert an Farbe, sehr reif, aber noch immer sehr süß. Jetzt blass; alte Lakritzenase, dabei überraschend süß und reich. *Zuletzt im Oktober 1991 verkostet. In Bestform* *** *Austrinken.*

Dow Mehrere Einträge. Früher voll und reich, jetzt uneinheitlich. Allerdings eine attraktive Flasche auf der Zweihundertjahrfeier von Dow: ziemlich gute Farbe; herrliche Nase und köstlicher Geschmack. Sehr komplett, allerdings fehlte ihm vielleicht die Länge eines großen Jahrgangs. Trockener Abgang. *Zuletzt im Oktober 1998 verkostet. In Bestform* ****

Ferreira Als ich diesen Port 1981 zum ersten Mal verkostete, zeigte er eine attraktive, parfümierte Frucht, aber ich empfahl: »Jetzt trinken.« Im Frühjahr 1997 erschien mir das im Nachhinein als guter Ratschlag, denn auf einer Ferreira-Verkostung war er etwas essigsauer und am Austrocknen. Allerdings erwies sich eine wenige Monate später geöffnete Flasche bei einem Vorverkaufsessen in New York als köstliche Überraschung: reife Wärme, schöne Nase, am Gaumen noch immer sehr süß, wenngleich spritig. *Zuletzt im September 1997 verkostet. In Bestform* **** *Gerade noch, aber jetzt wirklich austrinken.*

Malvedos, Qta dos 1952 abgefüllt. Blässlich, Orangeton; reich, schweißelnd, rosinig; mittelsüß, mittleres Gewicht, zum Kauen, sandige Textur, trockener, säurebetonter Abgang. *Mai 1991* *

Noval, Qta do Fünf Einträge, entstanden zwischen 1962 und 1970, alle gut, ausgenommen die Abfüllung von David Sande-

man (Glasgow): dünn, schwer zu beschreiben, ein leichter Wein zum Mittagessen. Eine schöne Version von Corney & Barrow. Schließlich eine Abfüllung von James Hawker in Plymouth: Füllhöhe im oberen Bereich der mittleren Schulter. Warme, schokoladig-hellbraune Farbe; entsprechender Geschmack. Sehr süß, gutes Gewicht, weich und angenehm. *Zuletzt im November 1988 verkostet. In Bestform* ★★★
Noval Nacional Der beste 1950er (zumindest 1969). Eine Sonderabfüllung anlässlich des Besuchs von Königin Elizabeth II. in Porto: Bernstein-Hellbraun; reicher, feiner, nussiger Geschmack und sehr trockener Abgang. *1970 verkostet* ★★★★
Sandeman Häufiger verkostet als jeden anderen 1950er. Wohlriechend, süß, aber etwas spritig und säurebetont. *Zuletzt im Juli 1986 verkostet* ★★★ *Austrinken.*
Sandeman Eine Kuriosität. Eine *pipe* (ca. 500 l), die 1952 an einen Privatkunden in Wales geschickt, aber erst 1985 nach dem Ableben des Besitzers abgefüllt wurde. Der Inhalt war auf 230 l geschwunden und wurde unfiltriert abgefüllt. Er hatte zwar an Volumen verloren, aber an Kraft gewonnen. Schöne Farbe; reiches, intensives, angesengtes Toffeebukett von großer Kraft; süß, voll, sehr reich. Fast brandiger Alkohol und scharfe Säure, trotzdem fett, glatt und samtig. *Bei zwei Gelegenheiten verkostet, einmal mit David Sandeman kurz nach der Abfüllung und ein zweites Mal fünf Monate später im August 1985* ★★★★

ÄLTERE EINTRÄGE **Delaforce** In den frühen 1960ern gute Farbe, gute Bewertungen, blasser, etwas Adstringenz. *Zuletzt 1968 verkostet. In Bestform* ★★★; **Graham** Rauchig, am Austrocknen. *1978* ★★; **Morgan** 1976 blässlich und vollreif. Nicht schlecht ★★; **Offley Boa Vista** Vier uneinheitliche Einträge. 1962 ausdruckslos, 1967 eine trübe Smallwood-Abfüllung, 1970 »reich und kraftvoll« und schließlich »für einen 1950er nicht schlecht«. *Zuletzt 1971 verkostet. In Bestform* ★★★; **Quarles Harris** Eine gute Abfüllung von Harvey's, 1958 schön zu trinken, später ein pfefferiger Anflug. *Zuletzt 1969 verkostet* ★★★; **Smith Woodhouse** In seiner Jugend fett, ein Hauch von Adstringenz. *Zuletzt 1968 verkostet* ★★; **Tuke Holdsworth**, den ich mit auf Flaschen gezogen habe: eher blass, streng, pfefferig. 1969, *1970* ★★; **Warre** Eine schlechte Abfüllung von Harvey's. Geruch und Geschmack nach Asbestfiltern. *1962.*

1951 ★

Nicht schlecht, aber nicht deklariert. Nur ein einziger Eintrag.
Malvedos, Qta dos Blässlich, schwacher Rand; wohlriechend, aber unverwoben; mittelsüß, mittlerer Körper, spritig, stechend, hohe Säure. *Im Juli 1986 eine Magnum bei einer Graham-Verkostung degustiert* ★

1952

Ein feuchtes und fürchterliches Jahr. Nicht deklariert.

VIER ÄLTERE EINTRÄGE **Dow** 1952 in Porto abgefüllt, recht gut, aber noch immer rau ★★; **Graham's Malvedos** Ab 1952 in nicht deklarierten Jahrgängen ohne den Zusatz »Quinta« im Namen verkauft. Tiefer und intensiver als der 1951er: unausgewogene, aber interessante Nase; süß, voll, weich, Weingeist und Säure dominierten. *Im Juli 1986 bei einer Verkostung von Graham degustiert* ★; **Niepoort** Späte Abfüllung 1984. Blasses Tawny-Hellbraun; scharfe, esterige Nase mit flüchtiger Säure, aber süß und nussig; am Austrocknen, leicht, etwas Süße. *August 1985* ★★; **Ramos-Pinto** Reich, fest und fruchtig. Gewürznelken im Geschmack. *1979* ★★★

1953 ★★

Zu trocken, der August enorm heiß. Besser als die beiden vorausgegangenen Jahre, aber kein Vintage-Niveau.

DREI ALTE EINTRÄGE **Eira Velha, Qta da** Sehr blass; reich, geröstet; weich, sehr angenehmer Geschmack, pfefferiger Abgang. *Oktober 1980* ★★★; **Graham's Malvedos** Farbtiefer als der 1952er. Zunächst straff und hart, aber dann entfaltete sich das Bukett angenehm; süß, füllig, weich, körperreich, Frucht und Abgang gut. *Im Juli 1986 auf einer Graham-Verkostung degustiert* ★★★; **Sandeman** Überraschend delikat, mild, wohlschmeckend, sehr süß. *Juni 1977* ★★

1954 ★★★

Ausgezeichnete Traubenqualität, aber kleiner Ertrag. Nach so vielen schwachen bis durchschnittlichen Jahrgängen trug man sich mit dem Gedanken, den 1954er zu deklarieren. Aber die verfügbare Menge war so gering, dass man damit nur potenzielle Käufer verärgert hätte. Außerdem wusste man bereits um die Qualität und Quantität des 1955ers, weshalb man ihn letztendlich nicht deklarierte. Selten.
Foz, Qta da Dreimal verkostet, beim ersten Mal 1975 überraschend farbtief, körperreich; 1977 noch immer relativ tief, rosige Farbe; ziemlich spritige Nase; recht süß und charaktervoll. *Zuletzt im März 1988 verkostet* ★★★
Graham's Malvedos Reich und rosig; mildes, duftendes Bukett, aber irgendetwas fehlte; süß, füllig, sehr gute Frucht, Tannin und Säure. *Im Juli 1986 bei der Graham-Verkostung degustiert* ★★★★

ÄLTERE EINTRÄGE **Offley Boa Vista** Eine Fassprobe 1956 verkostet und dem Graham vorgezogen. Fünf weitere Einträge, entstanden zwischen 1967 und *1971* und alle gut ★★★; **Dow** In Porto abgefüllt, aus einem dänischen Keller. Ein sehr angenehmer Wein. *1970* ★★★; **Graham** 1972 füllig, fett, süß, attraktiv. »Jetzt perfekt.« *1979* ★★★★; **Harvey's** Eine Graham-Fassprobe, die ich 1956 verkostete. Der Jahrgang wurde trotz meiner Zweifel als der 1954er ausgewählt, den Harvey's auf seine Liste nahm (die *pipe* kostete 120 Pfund Sterling, billiger als der Boa Vista, der für 150 Pfund zu haben war!). Fast dekadent süß (1958), aber bei der letzten Verkostung hatte er sich schön beruhigt. Reich, weich, fest. Ein schöner Wein. *1968* ★★★

1955 ★★★★★

Endlich wieder ein Jahrgang, dessen Menge und Qualität den aufnahmebereiten Markt zufrieden stellten. Der beste seit 1948 und obendrein der meistdeklarierte nach 1927: 26 Firmen gaben ihn heraus.

Dabei war das Wetter mit teils übermäßiger Hitze manchmal recht launisch gewesen. Manche halten den 1954er nach wie vor für besser. Aber sie liegen falsch. Der 1955er ist derzeit mein Lieblingsjahrgang.

Die Häuser verlangten noch immer niedrige FOB-Preise. Sie reichten von 140 Pfund Sterling (Rebello) über 150 Pfund (Delaforce und Sandeman) bis 170 Pfund für die meisten anderen Portweine. Harvey's führte den 1955er erstmals 1958 als Wein zum Einlagern. Über 4000 Dutzend Flaschen wurden verkauft, der Einzelhandelspreis für jedes der zwölf aufgeführten Häuser lag bei 20 Shilling die Flasche (ausgenommen Delaforce und Mackenzie, die nur 19 Shilling kosteten). Mittlerweile waren die Zölle auf 6 Shilling und 4 Pence gesenkt worden.

(Damals hatte Harvey's noch beträchtliche Bestände älterer Jahrgänge, die bis 1927 zurückreichten. Der 1927er etwa kostete 36 Shilling und 6 Pence. Ich war damals mit dem Einzelhandelsverkauf von Harvey's in Manchester betraut.) Das waren noch Zeiten – wenn auch nicht für die Erzeuger.

Berry Bros' Own Selection Süß, weich, reich, pfefferig. *März 1989 ★★★*

Cockburn Ich konnte die Entwicklung dieses Portweins vom Fass (1956) – stechend und purpurn – bis zur Reife verfolgen. Eine willkürliche Auswahl: 1980 eine Abfüllung von Hunter & Oliver, noch immer farbtief und pflaumenfarben; eine Version der IECWS (Wine Society), die ich Anfang der 1980er verkostete, mit gutem Geschmack und Gleichgewicht, und in neuerer Zeit unbekannte Abfüllungen: jeweils mitteltief, mit warmem, leuchtendem, hellbraunem Rand; in der Nase machte sich der Branntwein bemerkbar; weiterhin ziemlich süß, eindringlich, mit guter Frucht, ansehnlicher Länge, aber ein bisschen scharf und streng. 1990 eine Flasche, deren Bleikapsel und Korken die Aufschrift »Cockburn's 1955 Vintage« trugen, aber von unbekannt abgefüllt wurden: ausgezeichnete Füllhöhe, ansprechende Farbe, wunderschöne Abstufung; weich, wohlriechend, aber mit einem Anflug von Pfeffer und Lakritze; süß, mittelvoller Körper, schöner Geschmack, Textur. Ausgedehnter, trockener Abgang. Kürzlich: gute Farbe; in der Nase zunächst staubig, dann cremig, öffnete sich reich und wohlriechend; schöner Geschmack, schlanker Anflug, aber fein und blumig. Langer, trockener Abgang, duftiger Nachgeschmack. *Zuletzt im Mai 2002 bei Cockburns Verkostung »Erinnerungen an ein Jahrhundert« in London verkostet. In Bestform ★★★★*

Saccone & Speed (1953–1955)

Ich war ein Späteinsteiger. Nachdem ich ein Jahr lang beim brillanten, aber exzentrischen Tommy Layton als Lehrling (sprich: billige Arbeitskraft) tätig gewesen war, stattete ich Porto und Jerez einen Besuch ab. Zum Abschluss der Reise wartete ich in Gibraltar auf ein Schiff, das mich nach England zurückbringen sollte. Auf der Insel traf ich zufällig den Direktor von Saccone & Speed (die beiden aus Gibraltar stammenden Herren hatten die britische Navy mit Nahrungsmitteln beliefert). Er verwies mich an das Londoner Büro, wo man mir tatsächlich meine erste richtige Arbeit anbot. Im Herbst 1953 meldete ich mich 26-jährig in der Sackville Street zur Arbeit. Obwohl man Saccone vor allem als Lieferant für die britischen Truppen kannte, hatte das Unternehmen auch das traditionsreiche Weinhandelshaus Hankey Bannister erworben und so konnte ich als Nummer Zwei der Privatkundenabteilung (diskretes Büro, keine Flasche in Sicht) meine bescheiden vergütete Karriere im Weinhandel beginnen. Und das Glück war mir weiterhin hold, denn der Einkäufer von Saccone war der geachtete Sir Guy Fison Bt, einer der ersten Masters of Wine (1954). Er wurde mein zweiter Mentor.

Croft Ein Dutzend Einträge. Leichte Flaschenabweichungen. Mitte der 1960er ein »Bilderbuch-Portwein«, also archetypisch, Mitte der 1970er vollreif; fest, aber fruchtig; ziemlich süß, mittleres Gewicht, Geschmack und Gleichgewicht ausgezeichnet. Trocken, leicht spritiger Abgang. Jetzt voll ausgereift; süß, würzig, fleischig, könnte nicht besser sein. *Zuletzt im Oktober 1997 während eines nostalgischen Essens bei Croft in Porto verkostet. In Bestform ★★★★ Bald trinken.*

Delaforce 1961 tief, dicht und unreif. Mitte der 1960er ein eigenartiger Anflug von Holunderblüten, 1969 gut entwickelte Frucht. Später mit warmem, reifem Erscheinungsbild; verschlossen, aber mit ausgewogenem Duft; sehr süß, schöner Geschmack, glatter, blumiger Stil. *Zuletzt im April 1989 verkostet ★★★★ Bald austrinken.*

Dow Ab Mitte der 1960er zahllose gute Bewertungen. Nie sehr farbtief, aber fest und wohlschmeckend. Im Juni 1994 verkostete ich einige Flaschen auf einer Dow-Degustation in Aspen, eine schöne Londoner Abfüllung mit seidiger Tannintextur, außerdem eine sehr duftende Version mit stärker pfefferigem Abgang. In etwa zur selben Zeit andere Flaschen: am Austrocknen, aber sehr wohlschmeckend und mit anhaltendem Abgang. Dann Vanille und Lakritznoten, Säure begann sich bemerkbar zu machen. Bei der Zweihundertjahrfeier allerdings wieder eine überragende Flasche: Ich konnte nicht den geringsten Makel an ihr entdecken. *Zuletzt im Oktober 1998 verkostet und in Topzustand. In Bestform ★★★★★ Ausschau halten lohnt sich.*

Ferreira Mehrere Einträge. In der zweiten Hälfte der 1960er reich und kraftvoll, aber unreif. Mitte der 1980er ein reicher, ansprechender Wein. Dann ein Sprung von zwölf Jahren: noch immer beeindruckend reich im Aussehen; wohlriechende, ausgewogene Nase; Süße, Gewicht und Frucht perfekt. Trockener Abgang. *Zuletzt im September 1997 auf einer Ferreira-Verkostung bei Christie's in der New Yorker Park Avenue degustiert ★★★★ Jetzt gut, aber hat noch Zeit.*

Fonseca Nach 30 Jahren fast so tief und voll wie bei der ersten Verkostung 1958. Lebhaftes, reiches Aussehen; perfektes, komplettes, ausgewogenes Bukett mit einem Hauch von Tabak und Süßholz; süß, kraftvoll – fast Taylor-artiges Rückgrat, aber gut gebaut und körperreich. Auf der Verkostung »Die größten Vintage Ports der Welt« 1998 in Florida ausgewogen, klassisch. Kürzlich mit weichem, reifem Erscheinungsbild; »Lakritze«-Bukett; noch immer sehr süß, lebhaft, Textur, Länge und Abgang sehr schön. *Zuletzt im Januar 2000 bei einem Weindinner zu Hause verkostet ★★★★★ Bleibt noch auf der Höhe.*

Gould Campbell Farbe, Bukett und Geschmack schön. Noch immer ziemlich farbtief; entgegenkommendes Bukett, wächsern, Lakritze; süß, voll, weich, fleischig, gute Länge, scharfer Abgang. *Zuletzt im Dezember 1988 verkostet ★★★★*

Graham Einer meiner Lieblings-Portweine. Seit 1958 sind fast 30 Einträge entstanden, sieben seit 1990. Ein großer Wein, der sich perfekt entwickelt hat. 1991 eine klassische Abfüllung von Harvey's: reif, aber mit rosigen Wangen; herrliches Bukett, ein aus seinen Tiefen emporsteigender, fabelhafter Duft. Süß, fein, seidig, doch noch immer tanninbetont, fleischig, aber fest. Mitte der 1990er bei einer Port-Verkostung im Gidleigh Park Hotel in guter Verfassung: wohlriechend, fast ätherisch, schöne Textur. Dann eine kraftvolle Magnum und vier Flaschen binnen eines Monats, die alle köstlich waren. Ich verwies auf das grandiose, samtfarbene Ende eines der Korken, die öligen »Tränen« im Glas und den glühend warmen Abgang. 1997 bei einem Essen der Bacchus Society in Coral Gables mit dem Taylor von 1955 verkostet und absurderweise zu »Herbstkürbis-Schokolade-Kuchen mit Vanilleeis« serviert. Ich überging die unpassende Kombination und entdeckte einen Rollentausch zwischen beiden Ports: Der Graham zeigte einen ausgeprägteren Charakter als der Taylor. Kürzlich um 18.20 Uhr dekantiert, vollreif; ein leichtes, würziges Bukett, das sich um 22.30 Uhr herrlich entfaltete. Noch immer sehr süß, köstlicher Geschmack, grandiose Länge. Perfekt. *Zuletzt im Oktober 1999 bei einem Abendessen zu Hause verkostet ★★★★★*

Noval, Qta do Elf Einträge, gut, aber nicht groß. Nie sehr farbtief und für einen 1955er relativ leichtgewichtig. Kürzlich blässlich, heller Rand; verhalten und delikat, aber mit etwas

Tiefe, geröstete Lakritze; süß, schlank, stechender, würziger Geschmack, gute Länge, trockener Abgang. *Zuletzt im November 1989 auf der Noval-Degustation eine in Porto abgefüllte Flasche verkostet* ★★★ *Austrinken.*
Noval Nacional Ein alter Eintrag, aber ein sehr präsenter Wein. Mit 25 Jahren nicht so intensiv wie erwartet; sehr reiche Lakritzenase; süß, füllig, herrlicher Geschmack und Charakter. Spritiger Abgang. *November 1980* ★★★★ *Dürfte nun exzellent sein.*
Taylor Zwar schon weit über zwei Dutzend Male verkostet, aber trotzdem komme ich mit ihm noch immer nicht zurecht. In seiner Jugend ein undurchsichtiger »Hammer«, blieb bis in die frühen 1980er hinein adstringierend und unreif. Anfang der 1990er noch immer recht farbtief; sehr ausgedehnte, tiefe, hochgetönte, würzige Nase; ziemlich süß, körperreich, mit Frucht, Extrakt, Tannin und Säure bepackt. Dann im April 1993 eine Flasche bei einem Staatsbankett im Buckingham Palace zu Ehren des portugiesischen Präsidenten (Anlass und Wein beeindruckend). 1994 eine kraftvolle, würzige Flasche beim Essen mit – ich werfe weiter mit berühmten Namen um mich – den Lloyd-Webbers am Eaton Square, gefolgt von einem Exemplar mit viel Biss bei einem Lunch im Sitzungssaal von Christie's. Kürzlich unpassend mit »Schokolade-, Haselnuss-, Kaffee- und Birneneis mit Kirsch- und Vanillesauce« kombiniert. Mein großzügiger Gastgeber, ein Connaisseur in jeder Beziehung, hätte eigentlich wissen müssen, dass das nicht gut geht. Natürlich verkostete ich den Port vor dem Dessert. Allmählicher Farb- und Gewichtsverlust, aber noch mit Rückgrat sowie gutem, klassischem Bukett und Geschmack. *Zuletzt im Februar 1998 bei einem Essen in Los Angeles verkostet* ★★★★ *(Ich bin vielleicht etwas ungnädig, denn er ist weit davon entfernt nachzulassen.)*
Tuke Holdsworth Zwei Flaschen aus jüngerer Zeit, beide mit ausführlich geprägten Wachssiegeln, langen, markierten Korken und Streifbandetiketten der Gough Bros.: mitteltief, reif, aber reich und mit lebhaftem Aussehen; Wachs- und Lakritzebukett; ziemlich süß – ein Exemplar etwas am Austrocknen, mittleres Gewicht, gute Frucht, aber schlank, mit hohem Alkohol- und Säuregehalt. Aber gut zu trinken. *Zuletzt im April 1990 verkostet* ★★★
Warre 15-mal verkostet, das erste Mal 1966. Nicht sehr farbtief, aber beständig als süß, positiv und attraktiv bewertet. Ende der 1960er und sogar Mitte der 1970er noch immer etwas unreif. 1990 drei Flaschen, zwei hervorragend, eine ein bisschen pfefferig und säurebetont. Dann vier Jahre später eine »überschwängliche« Kritik bei einem sonntäglichen Weindinner auf Chippenham Lodge mit meinem Sohn und seiner Frau, die aus San Francisco gekommen waren, und zwei Freunden aus dem Weinhandel. Attraktives, vollreifes Erscheinungsbild; kurz nach dem Mittagessen dekantiert, um 15.00 Uhr hatte er einen wundervollen Zimt-, Lakritze- und Erdbeerduft mit erfrischendem Zitrushauch entwickelt; süß, die Würze von reinem Ingwer mit Warre-typischer Eleganz und Länge. Kürzlich: warme, offene Hagebuttenfarbe; reich, wohlriechend, ein Anflug von Lakritze; sehr süßer, schöner Geschmack. Superb. *Zuletzt im Mai 2002 bei der Verkostung von Portweinen aus Firmen der Familie Symington degustiert* ★★★★★

ÄLTERE EINTRÄGE **Mackenzie** Dreimal Mitte der 1960er verkostet, alles Abfüllungen von Harvey's. Reifte langsam. Müsste jetzt gut sein ★★★; **Martinez** Rau und lederig. Einer der größten 1955er (1958). Ende der 1960er und Anfang der 1970er leicht uneinheitliche Einträge, 1977 verschiedene Händlerabfüllungen, die von Winterschladen noch immer kraftvoll. *Zuletzt 1977 verkostet. In Bestform* ★★★; **Niepoort** Im März 1958 in Porto abgefüllt. 1969 zweimal verkostet, ein fetter, reicher, ausgewogener Wein. *1969* ★★★★; **Offley Boa Vista** 1959 von Harvey's abgefüllt und kurz danach verkostet. Rubinrote Farbe; leicht, geringfügig trocken ★★★; **Rebello Valente** Nur ein Eintrag: undurchsichtig, aber weich im Mund. *1969* ★★★ *Es lohnt sich, noch nach ihm zu suchen*; **Sandeman** Mehr als ein Dutzend Mal verkostet, angefangen 1958: tief, beträchtlicher Biss. In den 1960ern und 1970ern nicht großartig, aber beständig gut, wurde weicher und reifer. *Seit 1978 nicht mehr verkostet* ★★★; **Síbio, Qta do** 1957 verkostet. *1966* ziemlich stumpf, noch immer unreif und pfefferig. Selten ★★; **Smith Woodhouse** »Ein molliger kleiner Wein.« *1980* ★★★ *Dürfte jetzt köstlich sein.*

1956

Der Jahrgang mit dem schlechtesten Wetter der damaligen Zeit. Schnee, dann ein kalter nasser Frühling, Sommer und Herbst. Buchstäblich ins Wasser gefallen.

1957

Wechselhaftes Wetter. Keine Weine von Jahrgangsniveau.
Cálem 1990 abgefüllt. Mittleres Hellbraun; ziemlich hohe flüchtige Säure; süß, füllig, reich, rosiniger Geschmack. Auf seine Weise sehr gut. *Dezember 1990* ★★★
Sandeman Pfefferig; sehr wohlschmeckend, charmant, gute Frucht, trockener Abgang. *Zuletzt im Mai 1991 verkostet* ★★ *Trinkreif.*

EINIGE ÄLTERE EINTRÄGE **Cockburn** Spät abgefüllt. Unspektakulär; **Noval, Qta do** Schrecklich, rau; **Vargellas, Qta de** 1960 abgefüllt, mager, aber wohlschmeckend. *Alle Mitte der 1960er bis Mitte der 1970er verkostet. Meiden.*

1958 ★★★

Ein ganz angenehmer Jahrgang aus einem ungewöhnlich nassen Jahr. 12 Portfirmen deklarierten ihn und nutzten ihn als leichten Lückenfüller. Jetzt ganz gut, muss aber getrunken werden. In letzter Zeit nur noch wenige verkostet.
Delaforce Neun Einträge. Nie farbtief, Mitte der 1960er ganz angenehm. Am besten Mitte der 1970er, aber nach wie vor angenehm, mit rosigem Ton; leicht medizinales Bukett; mittelsüß, weich. *Zuletzt im März 1986 verkostet* ★★ *Austrinken.*
Graham's Malvedos Blässlich; etwas unnachgiebig; recht attraktiv, kurzer, pfefferiger Abgang. *Zuletzt im Juli 1992 verkostet* ★★
Harvey's Enttäuschend, schlank, zu wenig Frucht. *Im November 1992 bei einem traurigen Anlass, dem ersten Essen zum Gedenken an Martin Bamford im Dorchester, verkostet* ★
Noval, Qta do In den 1960ern und 1970ern über zwölf Bewertungen. Ein leichter, attraktiver Wein. Kürzlich eine Abfüllung der Berry Bros.: sehr süß, guter würziger Geschmack, aber kurz. *Zuletzt im November 1989 verkostet* ★★ *Austrinken.*
Noval Nacional 1969 auf der Quinta reich, mit fabelhaftem Abgang. 1980 zwei leicht unterschiedliche Flaschen: beide für einen 1958er sehr tief; eine mit Zitrusduft, die andere ziemlich alkoholisch. Jetzt mit wundervoller, intensiver Traubigkeit. Kürzlich ziemlich tief; reiche, fleischige Mokkanase; sehr süß, schön, aber keineswegs ein »Nacional-Held«. *Zuletzt im Oktober 2000 bei einem Essen des Saintsbury Club verkostet* ★★★★ *Jetzt bis 2015.*
Sandeman Oft verkostet, angefangen 1966 mit einer weichen, ausdruckslosen Abfüllung von Harvey's, in den späten 1960ern

süß, reich und fruchtig, 1978 «dem Höhepunkt entgegenstrebend«. 1986 eine schlanke, kantige (raue, säurebetonte) Flasche, aber zehn Jahre später bei einem Mittagessen des Distillers' Court überraschend süß und gut zu trinken. *Zuletzt im Juni 1996 verkostet ★★★ Austrinken.*

Tuke Holdsworth Zwei in Porto von Hunt, Roope abgefüllte Flaschen verkostet: blässlich, vollreif; angesengtes, kraftvolles Bukett; süß, gutes Gewicht, reich, gute Frucht, fetter als erwartet. Ein sehr angenehmer 1958er. *Zuletzt im Januar 1991 verkostet ★★★ Bald trinken.*

Warre Der gängigste 1958er. 18 Einträge, die durchweg zeigen, dass es sich von jeher um einen süßen, etwas leichten, weichen und sehr angenehmen Wein handelte. *Zuletzt im April 1992 verkostet ★★★ Bald trinken.*

Harvey's in Bristol (1955–1966)

Eine sehr ergiebige Zeit für das Unternehmen. Die Weine standen unter dem günstigen Einfluss meines dritten Mentors Harry Waugh, die Leitung hatte der dynamische Direktor George McWatters.

1955 kehrte ich Saccone den Rücken und ging zu Harvey's. Nach einem kurzen Aufenthalt in Bristol, wo in den alten Kellern unter den Verwaltungsräumen Port, Sherry und fast alle anderen Arten von Wein direkt aus den Fässern auf Flaschen gezogen wurden, kam ich in das Londoner Büro, das sich zufällig in der King Street einen Block weit weg von Christie's befand. 1957 wurde ich nach Manchester versetzt – als Regionalleiter und auch, um dort einen Einzelhandel zu gründen (man dachte wohl, dass ich wie geschaffen sei für diesen Posten, weil ich praktisch von dort stammte). Harvey's führte eine fabelhafte Weinliste; alle klassischen Kreszenzen waren im Überfluss vorhanden. 1960 wurde ich Master of Wine und im darauf folgenden Jahr ganz kurzfristig nach Bristol versetzt, wo ich binnen fünf Jahren die Sparte »Laden im Laden« ausbauen sollte (ich erhöhte die Zahl dieser »Weinabteilungen« in britischen Kaufhäusern landesweit von zwei auf 19). Außerdem gehörte ich dem Einkaufsausschuss an und war seltsamerweise Suchard-Markenmanager für liqueur chocolates, *mit Likör gefüllte Schokoladenfläschchen (über meinen Spruch »Gute liqueur chocolates machen dich betrunken, bevor dir schlecht wird« war man bei Suchard allerdings gar nicht erbaut). Obendrein war ich zuständig für Marketingangelegenheiten (eine unglückselige Zeit, denn der neue Abteilungsleiter hatte keine Ahnung von Wein oder vom Weinhandel) und für das Corporate Design, was bedeutete, dass ich ständig den Mittler zwischen einem starrköpfigen Terence Conran und der reaktionären Direktion spielen musste. Als ich schließlich in Schwindel erregend hohe Sphären aufgestiegen und zum Verkaufsdirektor für Großbritannien ernannt worden war, dachte ich, dass es nun an der Zeit sei für einen Wechsel.*

Ich hatte bei Harvey's viel gelernt – und war nun, mit 40 Jahren, reif für Christie's.

ÄLTERE EINTRÄGE **Butler Nephew** 1961 abgefüllt. Kartonnase. Leicht. Nicht schlecht. *1980* ★; **Dow** 1969 groß, streng und unreif. *Müsste jetzt interessant sein* ★★★?; **Feuerheerd** Eigenartig süß und fett. *1974* ★; **Guimarães** Fein, aber etwas »aggressiv«. 1966 und *1971* ★★; **Mackenzie** Mitte der 1960er kraftvoll und samtig. *Seither nicht mehr verkostet* ★★; **Martinez** Viele Einträge. Schon vom Start weg größer als die anderen 1958er. Noch immer gute Farbe; fruchtige Nase; süß, voll, würzig im Geschmack. *Mitte der 1980er* ★★★; **Quarles Harris** Mitte der 1960er gute Bewertungen, *1969* »schöner Geschmack, jetzt gut«. *Wahrscheinlich mittlerweile verwelkt* ★★★; **Royal Oporto** Blass und portugiesisch. Rosinig. *1972* ★; **Vargellas, Qta de** *Anfang der 1970er* ein schöner Wein ★★ *Jetzt verblüht?*

1959

Enttäuschende Lese – eine unrühmliche Ausnahme in Europa. Nicht deklariert. Nicht verkostet.

1960 ★★★★

Ein deklarierter und begeistert aufgenommener Jahrgang. 24 Häuser exportierten ihn. Das Wetter gab den Weinstil vor. Sehr heißer Sommer.

Die Lese, die in einigen Zonen schon am 12. September bei großer Hitze begann, klang mit Regen aus. Wegen der hohen Temperaturen merkliche Säure und bei spät gelesenen Weinen eine leichte Schwäche. Nichtsdestotrotz angenehme, wohlschmeckende Gewächse. Jetzt mehr oder weniger voll entwickelt.

Cálem Reserve Eine sensationelle Colheita, die 1995 abgefüllt wurde. Diesen Wein trank ich erstmals 1996 mit Joachim Cálem und seiner Frau in ihrem Haus südlich von Porto. Ich war zuvor kein großer Bewunderer von »Vintage Tawny« gewesen, ließ mich aber davon überzeugen, dass es sich um etwas Besonderes handelte. Und tatsächlich: reines, reifes, blässliches Tawny-Hellbraun; nussige Nase und ein schlichtweg herrlicher Geschmack. Süß, fleischig, perfekt. Joachim gab mir eine seiner wenigen noch übrigen Flaschen mit, die ich schließlich bei einem weinseligen Dinner auf Chippenham Lodge öffnete. Meine Frau hat selten so viel Aufhebens um ein Essen gemacht. Schon Tage zuvor machte sie sich Kopfzerbrechen, denn einer unserer Gäste war Michel Roux (der Waterside Inn ist montags geschlossen!). Wie dem auch sei, ich servierte diesen Port. Ein Bukett wie ein süßer, honigartiger Bual Madeira; seidige Textur, nussiger Geschmack, ein Anflug von Lakritze. Anhaltend. *Zuletzt im April 1997 verkostet ★★★★ Jetzt trinken, aber ich bezweifle, ob sich noch irgendwo eine Flasche findet!*

Cockburn Über 20 Einträge seit 1966. In den frühen 1980ern begann seine Farbtiefe allmählich nachzulassen. Mitte der 1980er blässlich; reifes und voll entwickeltes Bukett. Noch immer ziemlich süß, schlank, aber elegant, trocken, leicht säurebetonter Abgang. *Zuletzt im Dezember 1993 verkostet ★★★ Bald trinken.*

Croft Mitte der 1960er besonders beeindruckend. Viele Einträge, die verschiedensten Abfüllungen verkostet, in letzter Zeit allerdings nur noch wenige. Lange Zeit mit ziemlich farbtiefem Rubinrot, bewahrte auch in den 1980ern noch seine Farbe. Jetzt reifer werdend. Stilvoll, attraktiv, süß, dabei schlank, gutes Gewicht, fester, trockener Abgang. Gut zu trinken, aber nicht so nobel wie mein distinguierter Gastgeber, der 21. Earl Mickey Suffolk. *Zuletzt im Dezember 1993 beim Essen auf Charlton Park verkostet ★★★*

Dow Fast 30 Einträge, die überwiegend in den 1970ern und bis Mitte der 1980er entstanden. Ich verzeichnete einen normalen Farbverlust, einige Flaschen mit orangefarbenem Rand, durchweg mit hochgetönter Nase, wohlriechend, aber mit einem Hauch von flüchtiger Säure, schlank, dabei wohlschmeckend. (Michael Symington berichtete, dass die Portweine mehrerer Häuser anno 1960 wegen der Hitze, die während der Lese herrschte, eine hohe flüchtige Säure aufwiesen.) Dann ein Quantensprung zu einer schönen Flasche mit fast Rote-Beteähnlicher Farbe, wohlriechend wie frühere Exemplare, aber mit süßerer Wirkung, schöner Geschmack, komplett, trockener Abgang. *Zuletzt im Oktober 1998 bei Dows Zweihundertjahrfeier verkostet. In Bestform irgendwo bei* ★★★★

Ferreira Erstmals 1981 verkostet. Gute Farbe. Schöne Frucht. Süß, füllig, lebhaft. Als Nächstes auf Bartholomews Ferreira-Verkostung im März 1997 in Fort Lauderdale wesentlich weiter entwickelt. Ein ausgeprägt attraktiver Wein, weder tief noch zu süß, in gutem Zustand. Dann zweimal sechs Monate später, einmal bei einem Arbeitsessen von Christie's in New York angenehm zu trinken, das zweite Mal noch am selben Abend bei einer Ferreira-Verkostung, wo er sich wohlriechend empfahl. Jetzt blässlich, mit rosigem Ton, gutes Gewicht, schlank, mit trockenem Abgang. Leicht über den Höhepunkt hinaus, aber sehr gut trinkbar. *Zuletzt im September 1997 verkostet* ★★★ *Jetzt bis 2005.*

Fonseca In den letzten 30 Jahren oft verkostet. Regen gegen Ende der Lese, deshalb leichter als sonst. Kein großer Fonseca, der auch keineswegs an den 1963er heranreicht, aber sehr attraktiv ist. Schlanker und nicht so strukturiert wie üblich, in der Nase ein Zitrushauch, etwas am Austrocknen, aber ein äußerst angenehmer, wenngleich nicht ganz angemessener Ausklang eines Essens der Commanderie de Bordeaux in Bristol. *Zuletzt im Mai 1995 degustiert* ★★★ *Austrinken.*

Graham Oftmals verkostet. Vom Start weg sehr schön zu trinken. Von der Mitte der 1960er bis in die 1970er hinein immer wieder als »weich« beschrieben. Lebhaft, attraktiv, süß, aber etwas wenig Konzentration. 1991 zwei gute Abfüllungen aus Porto, wohlriechend, aber für einen Graham ziemlich schlank. Zweimal Mitte der 1990er verkostet: jetzt vollreif, schön durchscheinend; ätherisches, delikates Bukett, das sich reich und intensiv öffnete. Noch immer sehr süß, Länge und Nachgeschmack gut. Alkoholreich und ein exquisiter Endgeschmack nach kandierten Veilchen. *Zuletzt im Februar 1995 verkostet* ★★★★ *Jetzt perfekt.*

Martinez Viele Einträge, angefangen 1964: tief, pflaumenfarben und fruchtig. In den 1970ern am Heranreifen, aber ziemlicher Biss. Leicht unterschiedliche Flaschen, doch in Bestform ein gutes Gewächs, schöne Weinigkeit, relativ süß, körperreich, schlank, hart, ziemlich Taylor-typisches Rückgrat, markanter Stil. Würzig, gut zu trinken. *Zuletzt im Mai 2001 beim Essen mit David Carter in Gloucestershire verkostet* ★★★★

Noval, Qta do In mehreren meiner elf Einträge taucht das Wort »Charme« auf. Jetzt blässlich, reif; intensive, attraktive Nase; noch immer ziemlich süß, mittelgewichtig, ziemlich eigenwilliger, würziger Veilchengeschmack. Ausgeprägte Säure. *Zuletzt im November 1989 verkostet* ★★★ *Bald trinken.*

Noval, Nacional Erstmals 1969 verkostet: ein reich bepackter, wohlschmeckender Wein; 1970 undurchsichtig, konzentriert, unreif. Als Nächstes 1992: herrlicher Duft; Frucht, Geschmack und Länge schön. Elegant, perfekt. Kürzlich eine Flasche mit ungewöhnlich ausführlicher Kennzeichnung, Original-Wachskapsel mit der Prägung »1960 Nacional«, ein Etikett mit den Angaben »A. J. da Silva Ltd./Quinta do Noval 1960 Vintage«, auf dem Streifbandetikett »Nacional, erzeugt aus Trauben von Reben aus der Zeit vor der Reblausinvasion« und ein Korken mit der Markierung »Nacional«. Eindeutiger geht es nicht! (Manchmal allerdings ist eine Identifizierung ganz schön schwierig.) Übrigens meine einzige Flasche; ich nahm sie auf einem Frühflug nach Kopenhagen mit und dekantierte sie um 11.35 Uhr in den Büros von *Smag & Behag*, Dänemarks führendem Wein- und Gourmetmagazin. Sie war ein Überraschungsgeschenk zum Mittagessen für Henrik Oldenburg, den Herausgeber, und eine kleine Gruppe dänischer und schwedischer Weinliebhaber, alles alte Freunde von mir. Der Wein überlebte die Reise: schöne Farbe, kräftige »Tränen«; anfangs ziemlich pfefferig, mit trockenem Süßholzduft; ziemlich süß und körperreich, reich, glatt und fleischig, mit schönem Nachgeschmack. Ein wunderschöner Port. *Zuletzt im August 1996 verkostet* ★★★★★ *Jetzt bis 2010 und möglicherweise darüber hinaus.*

Sandeman Viele Male verkostet, am häufigsten zwischen 1966 und 1982. Ein guter Wein mit dem hochgetönten, schlanken Charakter, der typisch für die Ports des Jahrgangs 1960 ist. Dann eine Lücke von zehn Jahren bis 1999: eine gute Harvey's-Abfüllung aus meinem eigenen Keller, die ich mit in den Brooks's Club zu einem Essen für Ronald Holden mitnahm, einen tatkräftigen Organisator von Weinreisen aus Oregon. Jetzt vollreif; gute, klassische Nase; etwas am Austrocknen, gutes Gewicht, nicht zu alkoholisch schwer, attraktiver Geschmack. Drei Monate später eine identische Flasche zu Hause: weich, köstlich. *Zuletzt im Juni 1999 verkostet* ★★★ *Bald trinken.*

Smith Woodhouse Nur ein Eintrag: mitteltief, reif; staubige, pfefferige Nase; mittelsüß, gute Frucht, aber ziemlicher Biss. *Im November 1993 bei einer Vorverkaufsverkostung degustiert* ★★★ *(gerade noch). Bald trinken.*

Taylor 250 *pipes* wurden zur Abfüllung nach Großbritannien exportiert. Viele Einträge, leichte Flaschenabweichungen, was überwiegend auf die unterschiedlichen Händlerabfüllungen zurückzuführen war. Drei Mitte der 1980er degustierte Flaschen aus ein und demselben Keller einer Londoner Zunft waren Variationen eines Themas. Das reifste Aussehen hatte die Flasche, die ich für eine Porto-Abfüllung hielt; in der Nase stämmig, süß, schokoladig; mittelsüß, ziemlich körperreich. Die Abfüllung der Army & Navy Stores war tiefer und pflaumenfarbener; verhaltene, aber alkoholische Nase; süßer, voller, mit besserem, längerem Geschmack. Das dritte Exemplar von einem unbekannten Abfüller: nicht so süß, schlank und am Gaumen kompromisslos, Textur und Endgeschmack gut. Kürzlich eine Abfüllung aus Porto: noch immer süß, fleischig, aber »scharf«, pfefferig und alkoholisch. Ich bin gespannt darauf, wie er sich weiterentwickelt. *Zuletzt im März 1992 verkostet* ★★★(★) *Jetzt bis 2015.*

Tuke Holdsworth 1978 eine köstlich cremige, aber lebhafte Flasche mit intensiver Frucht. Zwei weitere Einträge aus jüngerer Zeit, der erste aus dem Jahr 1989, beide Flaschen in Porto abgefüllt, rosiger Ton, die erste mit reicher, rosiniger Nase, die zweite mit parfümiertem, fast ätherischem Bukett. Beide mittelsüß, mittelleicht, mit guter Länge und trockenem, leicht säurebetontem Abgang. *Zuletzt im Januar 1991 verkostet* ★★★ *Austrinken.*

Warre Ebenfalls viele Einträge, bis 1981 entstanden allein schon fast 20. Unterschiedliche Abfüllungen. Uneinheitlich: eine Abfüllung aus Porto korkelnd, eine andere wohlschmeckend. In der Regel mitteltief, mit reifendem Aussehen; ein ziemlich süßer, klassischer und eleganter Wein, gelegentlich mit einem Anflug der jahrgangstypischen Säure. 1990 eine Flasche mit schönem, leicht angesengtem, fast muskatellerartigem Aroma; sehr süß, Geschmack, Textur und Länge schön. Bei einer Symington-Verkostung von Portweinen 1994 aber zwei enttäuschende Flaschen, beide mit vollreifem Aussehen und ziemlich hoher flüchtiger Säure, am Austrocknen, lebhaft, mit merklichem Säureprickeln. Kürzlich: in der Nase noch immer etwas hart; schlank, gute Länge, trockener Abgang. Kein Spitzen-Warre. *Zuletzt im Mai 2002 bei einer Verkostung von Weinen aus Portfirmen der Familie Symington im Londoner Berkeley Hotel degustiert* ★★★

WEITERE 1960ER **Avery** Reich, wohlschmeckend, engegenkommend. *1973* ★★★; **Burmester** Im März 1962 in Porto abgefüllt: wohlriechend, ein Hauch Lakritze in der Nase, attraktiv, frisch und fruchtig. *Zuletzt 1983 verkostet* ★★★; **Delaforce** Eine Abfüllung von Harvey's. Rötlicher Ton; in der Nase hart, aber auch sehr entgegenkommend; süß, schlank, leicht im Stil, ein Anflug von Säure im Abgang. *April 1989* ★★★; **Feuerheerd** Ziemlich gute Abfüllungen von Harvey's. 1967 und *1972* ★★; **González Byass** Eigenartig, käsig. *1972*; **Morgan** Pflaumenfarben, Süßholznase und -geschmack. *1976* ★; **Poças Junior** Sehr süß, zugänglich, wohlschmeckend. *1981* ★★★; **Quarles Harris** Ansprechend, aber kurz. *1972* ★★; **Rebello Valente** Ein farbtiefer 1960er, guter Geschmack, beißender Abgang. *Zweite Hälfte der 1960er* ★★★; **Serras** Ein Einzel-Quinta-Port, recht gut, süß, weich, fruchtig. *Oktober 1986* ★★; **Sibio, Qta de** Süß, aber hart. *1974* ★★★

1961 ★★★

Obwohl gute Weine entstanden, wurde der Jahrgang nicht deklariert. Er folgte zu rasch auf den 1960er und als die Entscheidung getroffen wurde, wusste man bereits um die hohe Qualität des 1963ers. In gewisser Hinsicht schade, denn der 1961er fiel andernorts und insbesondere in Bordeaux so großartig aus, dass allein das schon den Verkauf auch am Douro angekurbelt hätte. 1961 zeigten nicht nur Einzel-Quinta-Weine, was in ihnen steckte, auch die LBVs (Late-Bottled Vintage Ports) hatten ihren ersten großen Auftritt. Die meisten 1961er sind für baldigen Verbrauch gedacht.

EINE KLEINE AUSWAHL VON EINTRÄGEN **Dow** 1965 abgefüllt. Sehr spritig; pflaumige Frucht, etwas rau. *1984* ★; **Graham's Malvedos** 1963 abgefüllt. 1971 empfahl ich: »Austrinken.« Das war allerdings ein etwas vorschneller Rat, denn Mitte der 1980er und in den frühen 1990ern hatte er ein tiefes, ziemlich intensives Aussehen; wohlriechende Frucht- und Lakritzenase; sehr süß, körperreich, weich, fleischig, gute Länge. *Zuletzt im Mai 1992 verkostet* ★★★; **Vargellas, Qta de** 1964 abgefüllt. Vollreif; in der Nase und am Gaumen sehr süß, reich und rosinig. *Februar 1995* ★★★

1962 ★★

Eigentlich recht gute klimatische Bedingungen, trotzdem wurde der zwischen dem stark exportierten 1960er und dem wichtigen 1963er eingekeilte Jahrgang nicht deklariert. Es entstanden einige angenehme Weine, die sich nach wie vor gut trinken lassen. Einziger Klassiker dieses Jahrgangs: der Noval Nacional.

Graham's Malvedos 1964 abgefüllt. 1982 weiches Rubinrot; lebhaft, wohlschmeckend. Drei Einträge später: jetzt blässlich, sehr reif; leicht, spritig, süß, reich, schöne Textur, ein Hauch von Zitrone. *Zuletzt im Mai 1991 verkostet* ★★ *Austrinken.*

Guimarães, Reserve Blässlich, schwacher Rand; esterige Melassenase; sehr süß, zum Kauen, rosinig, pappige Textur, leicht säurebetont. *Zuletzt im März 1991 verkostet. Kann man vergessen.*

Harvey's Eine Erwähnung wert, weil es sich um eine interessante Mischung aus Cockburn und Martinez handelte, die von Harvey's in Bristol importiert und abgefüllt wurde. Korken mit der Prägung »Harvey's 1962«. Ziemlich schwacher Rand; gewürznelkenartige, angesengte Rosinennase; süß, würzig, weich, aber spritig. *1991 zweimal verkostet* ★★ *Austrinken.*

Noval Nacional Ein großer Wein. Die Trauben stammten aus jenen 10 % der Rebfläche, die mit unveredelten einheimischen Rebsorten bepflanzt waren. Sechs Einträge: 1969 »Rohrzuckermelasse«, 1979 kaum eine Veränderung und 1989 noch immer tief, dick und intensiv, nun aber mit reifem Rand; ein ungewöhnliches Bukett, pfefferig, alte Würze, staubig, alkoholisch und mit ausgeprägtem Teeduft – ein Zeichen für Qualität. Süß, körperreich, kraftvoll, konzentriert, schokoladig, Anflug von Melasse, ausgezeichnete Säure, die ihn ins nächste Jahrhundert bringt. Im Januar 1994 ein tiefer, kräftiger Wein mit leicht malziger Nase, Gehalt und Tiefe großartig. Noch immer pfefferig und würzig. Im Herbst des Jahres der älteste von zwölf Jahrgängen auf einer wahrscheinlich noch nie dagewesenen Nacional-Degustation. Ich stufte ihn hinter dem 1963er gleichrangig mit dem 1982er ein. Kürzlich: noch immer buchstäblich undurchsichtig, mit ausgeprägtem Teergeruch und -geschmack wie konzentrierte Feigen und Lakritze. Kraftvoll, beeindruckend, aber ohne Charme. *Zuletzt im Oktober 1997 im berühmten Restaurant Joe's Stone Crab in Miami bei Bob Dickinsons Einführungsessen für die Bacchus Society verkostet* ★★★★(★)

Offley Boa Vista Fünf Einträge – keiner aus der letzten Zeit. 1973 reich und schön. Ich hielt ihn für einen 1958er. Nach über 20 Jahren elegant, wohlschmeckend, gutes Gewicht. *Zuletzt im Oktober 1985 verkostet* ★★★ *Austrinken.*

WEITERE 1962ER, ÄLTERE EINTRÄGE **Dow** 1966 abgefüllt, in den späten *1970ern* verschlossen, aber attraktiv ★★; **Niepoort** 1985 abgefüllt. Eine typisch eigenwillige, aber gute Niepoort Colheita: Orange-Hellbraun; hochgetönte, rosinige Nase; süß, gute Länge, leicht säurebetont, karamelliger Abgang. *Oktober 1990* ★★; **Sandeman** Mitte der 1970er leidlich gut, aber ohne viel Zukunft. *November 1976* ★★; **Warre** 1966 abgefüllt, blässlich, rosiger Ton, in der Nase und am Gaumen scharf und spritig. *August 1987* ★

1963 ★★★★★

Ein Jahrgang von enormer Bedeutung. 25 Porthäuser deklarierten ihn. Recht günstige Vegetationsbedingungen, obwohl ab Pfingsten den ganzen Sommer hindurch bis in den September hinein eine Trockenheit herrschte. Gute Lese gegen Ende des Monats. Die Portweinproduktion war hoch, so hoch wie seit 1927 nicht mehr, und es entstanden einige sehr schöne Kreszenzen. Die besten: Dow, Warre, Fonseca, Graham und Taylor. Die meisten sind mittlerweile voll ausgereift, verlieren an Farbe und leben vom vergangenen Ruhm.

Avery Wächserne Süßholznase; süß, sehr angenehm in Gewicht und Geschmack. John Avery berichtete, dass es sich um eine Komposition aus Taylor, Fonseca und Sandeman gehandelt habe, die 1965 abgefüllt worden sei. *Im Oktober 2001 bei einem Essen des Saintsbury Club in der Vintners' Hall verkostet* ★★★

Borges & Irmão In den 1970ern ein ziemlich harter Wein, reich und fett, typisch für einen Borges. Kürzlich sogar für einen reifen 1963er ziemlich blass. Schlank, eigenartiger Geschmack und säurebetonter Abgang. *Zuletzt im September 1997 auf einer Vorverkaufsverkostung in New York degustiert. Meiden.*

Cockburn Viele Einträge. Eine ganze Reihe britischer Abfüllungen verkostet. 1965 undurchsichtig, Lakritze und raue Branntweinnote. Entwickelte sich in den 1970ern beständig weiter. 1980 komplett und ausgewogen, auf dem Höhepunkt. 1985 lebhaftes Aussehen mit rubinrotem Leuchten; interessantes Bukett, Tee, Schokolade, Lakritze, Zitrus. Nie besonders süß, schlank, sehnig. Mitte der 1990er aber mit ziemlich guter Farbe. Die Nase erinnerte mich an das verbrauchte Wachs einer abgebrannten Kerze. Am Austrocknen. Kürzlich: blässlich, schimmernd; zunächst verschlossen, öffnete sich aber wohlriechend; schlanker, trockener Abgang, aber insgesamt sehr ansprechend. Gute Länge. *Auf Cockburns Verkostung unter dem Motto »Erinnerungen an ein Jahrhundert« im Mai 2002 in London in guter Verfassung* ★★★★

Croft Dutzende Einträge. Erstmals im Juni 1965 verkostet: schöner Geschmack, kandierte Veilchen. In den 1970ern und 1980ern durchweg gut, allerdings mit leichten Abweichungen zwischen den Flaschen und Abfüllern. Drei Einträge aus der ersten Hälfte der 1990er. Ziemlich beständig süß und weich. Auf einem Essen der Bacchus Society im Brooks's Club eine besonders angenehme Flasche zu »Bread and Butter Pudding«, 1995 allerdings ziemlich staubig, medizinal, schlank und am Austrocknen. Kürzlich eine in Porto abgefüllte Magnum: mitteltief, angemessen reifer Rand; klassisch blumiges Bukett; fast Graham-artige Süße, aber schlank und etwas am Welken. *Zuletzt im Januar 2002 beim Essen mit den Guises in Sherston verkostet* ★★★ *Bald trinken.*

Delaforce Acht Einträge seit der Abfüllung 1965, gefiel mir sehr. Wohlriechend, süß, elegant. In seiner Jugend angenehm, Mitte der 1980er perfekt. Anfang der 1990er Lakritze- und Tangerinengeschmack, gute Länge. Kürzlich vollreif, ziemlich schlank, aber köstlich. *Zuletzt im Juni 1999 nach der Ankunft im Landhaus eines Freundes in der Bretagne kurz nach Mitternacht verkostet* ★★★★ *Der vielleicht beste Delaforce aller Zeiten.*

Dow Ich habe seit 1965 Unmengen dieses Dows verkostet: 11 bis in die späten 1970er, 20 weitere in den 1980ern und weit über ein Dutzend in den 1990ern. Insgesamt waren sie sehr gut, ich kann mich jedoch auch an eine katastrophale, essigsaure Flasche mit wurmigem Korken ganz zu Anfang und einen unglücklich spät gelieferten, schlecht dekantierten, trüben und bitteren Posten erinnern, der beim Essen einer Londoner Zunftgesellschaft geöffnet wurde. Schlechte Behandlung kann einen guten Port verderben. Eine besonders feine Magnum auf der Zweihundertjahrfeier von Dow: sehr farbtief, etwas undefinierbarer Rand, weder jung noch alt; klassisches Süßholzbukett; noch immer süß, reich, Frucht und Körper fabelhaft. Den Symingtons zufolge war das der letzte Dow-Jahrgang, dessen Trauben in traditionellen offenen Stein-*lagares* mit den Füßen zerstampft wurden. Kürzlich ein austrocknendes Exemplar bei einem »schweinewilden« Grillfest im September 1999 in Memphis, Tennessee. Eine Flasche in der Vintners' Hall aber perfekt in Gewicht, Geschmack und Ausgewogenheit. *Zuletzt im April 2001 bei der 138. Sitzung des Saintsbury Club, einem Essen, verkostet* ★★★★ *Jetzt bis 2010.*

Fonseca Vom Start weg (Juni 1965) bis heute ein beständig schöner Wein. Einer der Spitzen-1963er und gleichzeitig einer der besten Fonsecas aller Zeiten. Ein halbes Dutzend Einträge in den 1990ern, zur Mitte des Jahrzehnts verlor er zwar allmählich an Farbe, war aber noch immer schön. 1998 eine duftende, elegante Abfüllung aus Porto, die dunkle Schokoladen- und Haselnuss-Pralinen überlebte (Himmel! – warum machen diese amerikanischen Gourmets das nur?). Kurz danach mitteltief, reiche Farbe; Zimt- und Kresseduft; noch immer süß, ziemlich eindringlich, groß, gut gebaut, geschmeidig. *Zuletzt im Dezember 1998 verkostet* ★★★★★ *Jetzt bis 2015 perfekt.*

Gould Campbell In seinen Anfangsjahren nicht verkostet. Ich kaufte drei Dutzend Flaschen in den 1980ern. Zufällig auf Chippenham Lodge am Neujahrstag 1994 *und* 1995 geöffnet, außerdem ein weiteres Mal im Frühjahr danach. Alle drei Flaschen ein 1965 abgefüllter Fassimport von Clode & Baker, den damaligen britischen Agenten (gemäß Korkenmarkierung). Beständige Bewertungen: mittleres, warmes, reifes Aussehen; in der Nase und am Gaumen ausgeprägt süß. Nussig. Zitrusnote. *Zuletzt im April 1995 verkostet* ★★★ *Bald trinken.*

Graham Drei Dutzend schöne Bewertungen seit 1965 – ganz gleich, wo oder von wem die Flaschen abgefüllt wurden, beispielsweise eine dänische Abfüllung und eine von Grants in St James's, die ich beide (1975 und 1976) als mächtig, kraftvoll und spritig beschrieb. Einer der neueren Einträge bezieht sich auf eine überragende Abfüllung von Corney & Barrow, bei der das Abfülldatum sogar auf dem Korken angegeben war, und eine ausgezeichnete Version aus Porto: mitteltief, leicht pflaumenfarben, schöne Reife; süßes, reiches, kompaktes, leicht schokoladiges Bukett; verglichen mit dem 1960er und 1966er sehr süß, ziemlich körperreich, robuste Frucht, reich, dabei geschmeidig, große Kraft, sehr durchdringend. Noch immer mit großem Potenzial für eine weitere Entwicklung.

Acht Einträge aus der ersten Hälfte der 1990er. 1992 und 1993 zum Weihnachtsessen der Weinabteilung im Sitzungssaal von Christie's schöne Flaschen. Im darauf folgenden Frühjahr zum Abschluss eines Mouton-Rothschild-Essens im Brooks's Club »perfekt zu trinken«. 1994 auf Symington-Verkostungen einer meiner höchstbewerteten Portweine und 1995 eine in Porto abgefüllte Magnum, die meines Erachtens ziemlich viel Farbe verloren hatte, »köstlich, aber am Verwelken«. *Zuletzt im Juli 1965 eine schöne Flasche zu Hause verkostet* ★★★★★ *Jetzt bis 2010.*

Mackenzie Nur drei Einträge. Kurz nach der Abfüllung im Juni 1965 süß, guter Geschmack. Außerdem zwei Flaschen bei Arbeitsessen von Christie's, recht angenehm zu trinken. *Zuletzt im November 1992 verkostet* ★★ *Wegtrinken.*

Martinez Mehrere beständige Einträge. Drei nicht sonderlich beeindruckende, aber absolut angemessene Flaschen bei Mittagessen im Sitzungssaal von Christie's zwischen Dezember 1994 und Neujahr. Nicht sehr tief, aber süß, gutes Gewicht, schön zu trinken. *Zuletzt im Februar 1995 verkostet* ★★ *Austrinken.*

Niepoort Drei Einträge seit der Mitte der 1980er. Die erste Flasche, eindeutig nach zwei Jahren abgefüllt, hatte einen rosighellbraunen Ton, die zuletzt verkostete war ziemlich tief und intensiv. Beide süß, mit vollem, fruchtigem Geschmack und guter Länge. *Zuletzt im August 1990 verkostet* ★★★

Niepoort 1987 abgefüllt. Eine der vielen Portweinvarianten des kleinen, aber feinen Familienunternehmens. Eine Colheita – ich nenne diesen Stil »Vintage Tawny« – mit charakteristisch blasser Bernsteinfarbe und hochgetöntem Walnussbukett; sehr süß, lebhaft. *August 1990* ★★★

Noval, Qta do 1965 erstmals verkostet. Schon damals weich und süß. Viele Einträge, aber nur wenige seit den frühen 1980ern. Gut, aber nicht groß. Mit Ausnahme einer ziemlich scharfen Cockburn-&-Campbell-Abfüllung wohlriechend, elegant, schlank und eher leicht im Stil, würzig, mit leicht scharfem, spritigem, trockenem Abgang. Jetzt vollreif; süßes Bukett, Vanille und Lakritze; noch immer süß, schön. *Zuletzt im September 1993 verkostet* ★★★ *Austrinken.*

Noval Nacional Ein Unterschied wie Tag und Nacht zum vorausgegangenen Wein: 1989 tief, mit intensiver Farbe, um Reife bemüht; eine immense, sich ausdehnende, feigenartige Nase von großer Tiefe; mittelsüß, aber sehr körperreich. Ein mächtiger, würziger Wein von großer Länge. Bekam 1994 meine höchste Bewertung bei einer Verkostung von zwölf Nacional-Jahrgängen; grandios, schwungvoll, eindringlich. Kürzlich bei einer Portweinverkostung vor einem Essen der Bacchus Society: robust, noch immer jugendlich; Biss und Konzentration enorm. *Zuletzt im März 1998 in Miami verkostet* ★★★★(★) *2010 bis 2040.*

Offley Boa Vista Mehrere sehr einheitliche Einträge. Mitte der 1960er ein beeindruckend großer Wein. Mitteltief, lebhaft, reif;

würzig, wohlriechend; ziemlich süß, mittelgewichtig, gute Länge. In der Nase und am Gaumen angesengte Rosinen und Lakritze. Lebhaft. Sehr wohlschmeckend. In der zweiten Hälfte der 1990er zweimal verkostet, überwiegend bei Essen im Sitzungssaal von Christie's, immer in guter Verfassung, »köstlich«, »würzig«. Kürzlich sechs Flaschen bei einer Christie's-Verkostung mit Essen in Belgien. Eine Kombination aus Gedankenlosigkeit und Fahrlässigkeit hätte beinahe fatale Folgen gehabt. Ich war im Eurostar unterwegs und legte den Karton seitlich auf das Gepäckfach, wusste aber nicht, dass ein junger Mitarbeiter nach dem Dekantieren die falschen Verschlüsse verwendet hatte. Einige Flaschen liefen aus. Der Karton war nass vom Wein und roch unangenehm. Eine drittel Flasche ging verloren, der Rest überlebte: mitteltiefe Farbe; sehr gutes Bukett, ein Hauch Lakritze; süß, schönes Gewicht, würzig. Wir alle genossen ihn. *Zuletzt im März 1997 im Brüsseler Maison du Cygne verkostet* ★★★★ *Bald trinken.*
Rebello Valente Zwei Einträge Mitte der 1960er. Kürzlich: in der Nase und am Gaumen süß und köstlich. Lebhaft, attraktiv. Leicht »scharfer« säurebetonter Abgang. *Zuletzt im November 1997 verkostet* ★★★★ *Bald trinken.*
Sandeman Acht überwiegend sehr gute Bewertungen zwischen 1965 und 1978, leicht voneinander abweichende Einträge seit den frühen 1980ern. 1989 ziemlich pfefferig und spritig (ein Hauch von Karamell und Feigen, behauptete meine Frau); nicht sehr süß oder voll – ich sagte »schlank«, mein Gastgeber meinte «elegant«. Kürzlich noch immer gute Farbe, »klassisch«, wohlschmeckend, »ein ziemlich guter 1963er«. *Zuletzt im Dezember 2000 bei einem Essen des Russischen Nationalorchesters auf Hatchlands in Surrey verkostet. (Es regnete in Strömen. Wir verfuhren uns auf dem langen, schmalen Feldweg. Das Auto blieb stecken und wir mussten weit durch den Schlamm stapfen, bis wir einen Bauern fanden, der uns mit dem Traktor herauszog. Wir kamen zu spät.)* ★★★★ *Bald trinken.*
Taylor Als ich diesen Wein kurz nach der Abfüllung 1965 verkostete, beurteilte ich ihn seltsamerweise als »voll, weich, frühreif«. Ende der 1960er bis in die frühen 1980er hinein fein, aber rau und unreif, gewann meiner Meinung nach aber an Format. Eine 1966 in Porto abgefüllte und 1979 degustierte Flasche hatte ihre jugendliche Tiefe bereits eingebüßt, und als ich dieselbe Abfüllung 1990 noch einmal verkostete, hatte sie bereits viel Farbe verloren, war kaum noch rot, aber lebendig am Gaumen.

1994 bei einem Essen in der Londoner Saddlers' Hall, wo ich den Jahrgang als schön beschrieb. Sicherlich der beste Wein bei einem Essen des Saintsbury Club im Oktober 1996: »Perfekt in Gewicht und Geschmack« (passte seltsamerweise bestens zu den traditionellen Cox-Orange-Pippin-Äpfeln und den Vollkornkeksen des Clubs, was auf jeden Fall besser war als die amerikanische Unart, Port zu Schokopudding zu servieren!). Unlängst bemerkte ich ein rötliches Tawny-Hellbraun; ein Bukett, das sich wunderschön entfaltete; guter Geschmack. Und natürlich hatte er das typische Taylor-Rückgrat. *Zuletzt im März 1998 in Miami verkostet* ★★★★★ *Jetzt bis 2020.*
Warre Trotz eines zweifelhaften Starts (1965) und rund zwölf etwas uneinheitlicher Bewertungen im Lauf der 1970er gehört dieser Port heute für mich zu den besten und elegantesten 1963ern. Ich habe insgesamt 16 Einträge seit den frühen 1980ern, als er aus sich herausging, voll entwickelt war und sich absolut köstlich zeigte.

Nur sechs Einträge in den 1990ern. Die nützlichsten entstanden bei den beiden Symington-Verkostungen 1994 und 1996, als ich ihn jedesmal mit dem Graham und dem Dow degustierte. Der Warre hatte das reifste Aussehen der drei und ziemlich viel Farbe verloren, vor allem in der Magnum; sehr wohlriechend, ausgewogen, ein Anflug von Würze, Gewürznelken, Mandarinen; stilvoll, schön ausgewogene, milde Säure. *Zuletzt im September 1999 bei Hal Lewis' hervorragendem »Mr.-Gourmet«-Dinner in Memphis, Tennessee, verkostet und dort in guter Verfassung* ★★★★ *Jetzt bis 2015.*

ÄLTERE EINTRÄGE **Berry Bros' Selection** (stammt angeblich von Taylor) Süß, weich, schön. *Zuletzt im März 1990 verkostet* ★★★★; **Burmester** Im April 1965 abgefüllt. Widersprüchliche Notizen: 1979 »etwas schwach«. 1991 sehr tief, reich, Geruch nach gezuckerten Rosinen; sehr süßer, leichter Stil, wohlschmeckend. Später: Hellbraun; hochgetönt; süß, trockener, säurebetonter Abgang. *Zuletzt im August 1993 verkostet* ★; **Cálem** Tief; reich, Pflaumennote; sehr süß, weich, fleischig. *März 1988* ★★★★; **Feuerheerd** Reich, *Mitte der 1970er* noch immer pfefferig ★★★ *Selten, aber dürfte sich jetzt gut trinken lassen*; **Hunt's** (Hunt, Roope) Für einen 1963er blass; reif; süß, eher leicht, weich, aber würzig. *Juli 1985* ★★★; **Krohn** Orangeton; feigig, bescheiden. *Zwei Einträge vom August 1993, nicht zu empfehlen*; **Rosa, Qta de la** Eine flussabwärts unweit hinter Pinhão gelegene Quinta. Erst seit kurzem als Einzel-Quinta-Wein vermarktet. Anflug von Rubinrot mit hellbraunem Rand; weiche, süße Nase, Lakritzenote; ein sehr süßer, kraftvoller Wein mit reichlich Griff, Tannin und Säure. *November 1988* ★★★(★); **Royal Oporto** Sehr süß, pflaumenartig, fruchtig. *Juni 1987* ★★; **Smith Woodhouse** Nur ein Eintrag aus jüngerer Zeit: mitteltief, reif, etwas schwacher Rand; attraktiv, hochgetönt, gut entwickelt, Zitrusnote; süßer Auftakt, trockener Abgang, lebhaft, noch immer etwas hart. *Dezember 1990* ★★★

1964 ★

Strenger Winter, dann Trockenheit, Regen im Frühjahr. Ein heißer Sommer mit sehr heißer Septembermitte. Der Regen kam zu spät. Problematische Lese. Ein schwieriges Jahr. Nicht deklariert.
Graham's Malvedos 1966 in Porto abgefüllt. Sechs Einträge. Anfang der 1980er farbtief, jetzt sehr reif, orangegetönt; sehr wohlriechend; mittelsüß, Gewicht, Geschmack und Stil ganz gut. Erfrischender Abgang. *Mai 1991* ★★★ *Austrinken.*
Noval Nacional Der am wenigsten beeindruckende der zwölf Nacional-Jahrgänge zwischen 1962 und 1987: vergleichsweise schwache, bernsteinbraune Farbe; schlank und spritig in Nase und Geschmack. Trockener Abgang. *Zuletzt im September 1994 verkostet* ★ *Wegtrinken.*

ÄLTERE EINTRÄGE **Butler Nephew** Fest, einigermaßen fruchtig. *1980* ★★; **González Byass** Tiefes Rubinrot, ziemlich fett, gute Frucht. *November 1980* ★★; **Guimarães, Reserve** 1966 auf Flaschen gezogen. Erstmals kurz nach der Abfüllung verkostet. Mitte der 1980er noch immer dick, pflaumig und sehr süß. Hochgetönt. *Zuletzt im Februar 1984 verkostet* ★★★

1965 ★

Einige schöne, reife Weine, aber da der Jahrgang in strategisch ungünstiger Position zwischen dem 1963er und dem 1966er lag, wurde er nicht deklariert.
Bomfim, Qta do Nur zwei Jahrgangs-*pipes* wurden abgefüllt. Ansprechende Farbe, mittleres Rubinrot; in der Nase und am Gaumen überraschend süß. Wohlriechend. Weich, fleischig, fruchtig. Köstlich! *Im Oktober 1998 auf Dows Zweihundertjahrfeier verkostet* ★★★ *Bald trinken.*

Graham's Malvedos Vier Einträge: schön, lang anhaltender Geschmack, sieht man einmal von einem scharfen, hölzernen Exemplar ab. *Zuletzt im Juli 1986 verkostet. In Bestform* *** *Austrinken.*

Vargellas, Qta de 1968 in Großbritannien abgefüllt. 1973 reich und attraktiv. Mitte der 1980er kraftvolles Taylor-Rückgrat spürbar. Ende der 1980er lebhaft, fruchtig, reifer. Verliert jetzt allmählich Farbe, schwacher Rand; Lakritzenase; schlank, am Austrocknen. *Zuletzt im Mai 1997 in einem Bummelzug von Vargellas am Oberlauf des Douro nach Porto verkostet* ** *Austrinken.*

ÄLTERE EINTRÄGE **Borges & Irmão** 20 Jahre im Fass: Bernsteinfarbe, hohe flüchtige Säure, wie Madeira. *Mai 1985*; **Cálem** 1990 abgefüllt: Hagebutten-Hellbraun; im Bukett Orangen und Spinnweben; süß, weich, rosinig, ruhig geworden. *Dezember 1990* ***

Eine Reise zum Douro

Ein Muss für alle Portweinliebhaber. Aber seien Sie gewarnt: Eine bequeme oder schnelle Route gibt es nicht. Das Fortkommen mit der Kutsche und dem Esel muss früher eine Tortur gewesen sei. Selbst heute noch ist eine Fahrt mit dem Auto recht mühselig, je weiter man flussaufwärts gelangt. Die Straßen zu den einzelnen Quintas können sehr schmal und kurvenreich sein. Am romantischsten – und ermüdendsten – reist es sich mit der Bahn, obwohl der Zug von Porto aus nicht häufig fährt und manchmal scheinbar willkürlich unterwegs anhält. Dafür aber wird man mit herrlichen Ausblicken auf den Fluss und seine rebenbewachsenen Hänge belohnt. Zumindest einmal sollte man eine solche Bahnfahrt unternehmen. Meine letzte führte von der Quinta de Vargellas – sie hat sogar einen eigenen Bahnhof, der aber kaum mehr als eine Haltestelle ist – nach Porto. Ich glaube mich erinnern zu können, dass ich sieben Stunden unterwegs war. Die lange Zeit wurde nur dank guter Weine, guter Gesellschaft (mit den »Distillers«) und eines Spezialwaggons mit Bar und Kellner verkürzt, den einer unserer Gastgeber, Taylor, stellte.

Heute ist der einst wilde, gefährliche Douro gezähmt und kanalisiert. Touristenschiffe verkehren neben Lastkähnen.

1953 besuchte ich Porto zum ersten Mal, wagte mich aber erst Mitte der 1960er flussaufwärts. Ich kann mich noch gut an die brach liegenden Terrassen und gerodeten Felder erinnern. Der Porthandel steckte damals in einer schweren Krise. Heute ist das anders. Über die Jahre hinweg wurden groß angelegte Neupflanzungsprogramme umgesetzt. Keinen Quadratzentimeter scheint man verschenken zu wollen. An den gefährlich steilen Hängen legt man mit Bulldozern neue Terrassen an und sprengt Felsen weg, um Platz für Reben zu schaffen. Hoffentlich übertreibt man nicht.

Aber ich will Sie nicht abschrecken. Im Gegenteil. Ich kann Ihnen nur raten: Besuchen Sie das Douro-Tal.

1966 *****

Ein großartiger Jahrgang, der von 20 Firmen deklariert wurde. Cockburn und Martinez schwammen als Einzige gegen den Strom. Feste, elastische Weine mit perfektem Gewicht und Gleichgewicht. Sehnig und langlebig. Die meisten werden die 1963er überdauern und sich letztendlich als größer erweisen. Der Grund für den Erfolg war ein heißes Jahr, das die Trauben zwar gut reifen ließ, sie aber nicht verbrannte. Etwas Regen zur Lese reduzierte die Konzentration. Ein noch immer etwas unterschätzter und unterbewerteter Jahrgang.

Berry Bros' Selection Ein hervorragend ausgewogener Wein, der im Berry-typischen Stil komponiert und abgefüllt wurde und natürlich nur in der Londoner St James's Street Nr. 3 zu haben war. Noch immer tief, relativ jugendlich für sein Alter; ausgewogenes, wächsernes Bukett, ziemlich süß, gutes Gewicht, elegant und im Gleichgewicht. Kurzum: köstlich. (Ich habe mittlerweile erfahren, dass dieser Wein über Percy Fox & Co, den damaligen Warre-Agenten, importiert worden war.) *Mehrere Einträge, zuletzt im Februar 1989 verkostet* ***** *Trinkreif.*

Cálem 1988 tief, noch immer rubinrot; ein schöner Wein mit langem, trockenem Abgang. Jetzt voll ausgereift. *Zuletzt im August 1993 verkostet* **** *Jetzt bis 2010.*

Cockburn Zwar nicht deklariert, doch konnte ich kürzlich eine Probeflasche verkosten. Attraktiv, aber nicht zufriedenstellend. Flüchtige Säure wie »saure Sahne«; schlank, »spitzig«, aber wohlschmeckend. Nun verstehe ich, warum Cockburn den 1966er nicht deklarieren wollte. *Im August 1993 verkostet.*

Croft Mitte der 1980er: pflaumenfarben; fruchtig, ausgewogen; gute Tiefe, passables Gewicht. Jetzt mit eigenartig pfefferiger Nase; ziemlich süß, ein Anflug von Härte. *Zuletzt im August 1993 verkostet* *** *Jetzt bis 2010.*

Delaforce 1978 reich, kraftvoll, stämmig und intensiv. Elf Jahre später noch immer überraschend farbtief und unreif; in der Nase tief, fest, Zitrusnote; süß, voll, für einen Delaforce robust, Länge, Alkohol und Säure gut. 1993 süßer und körperreicher als der 1963er. Kürzlich blasser als erwartet; firnisartige Nase; sehr süß, hochgetönt, spritig. *Zuletzt im April 2002 bei Christie's verkostet* *** *Jetzt bis 2010.*

Dow Mehrere Einträge, verschiedene Abfüllungen, alle gut. Etwas Farbverlust, aber reich und attraktiv. Seit 1988 nurmehr viermal verkostet, zweimal 1994: die erste Flasche in Aspen elegant, komplett, schöne Textur; später bei einer Symington-Degustation voll entwickelt, überraschend süß, dann sehr gut. 1998 bei der Verkostung anlässlich der Zweihundertjahrfeier von Dow eine praktisch perfekte Flasche, wohlriechend, sehr süß, aber mit Dow-typischem, trockenem Abgang. Kürzlich: schön, entwickelt, leicht spritig; sehr süß für einen Dow, köstlich, jetzt perfekt. *Zuletzt im Mai 2002 bei der Verkostung von Symington-Portweinen in London degustiert* ***** *Jetzt bis 2015.*

Ferreira 1978 etwas streng. Ein Jahrzehnt später schönes Bukett; füllig, fest, stilvoll und elegant. Zwei Einträge aus jüngerer Zeit: entgegenkommender als der 1963er. Sehr süß, weich, reich und abgerundet. Schön. *Zuletzt im August 1993 verkostet* **** *Jetzt bis 2015.*

Fonseca Achtmal verkostet. Mitte der 1970er unter anderem eine feine Abfüllung von Justerini: noch immer undurchsichtig. 1980 eine farbtiefe, aber delikate und blumige Version von Harvey's, 1985 eine reiche, reife Abfüllung der Berry Bros., ebenfalls Mitte der 1980er weitere, nicht minder schöne Exemplare. Dann 1990 eine herrliche Flasche, deren Duft sich fünf Stunden lang im Glas hielt. Die nächsten beiden Gewächse 1994 und 1998 verkostet, zufällig jeweils bei Dinners des Saintsbury Club. Beide Weine ziemlich farbtief für ihr Alter; mit makellosem Bukett, lebhaft, reich, klassisch; süß, mit schöner, fleischiger Textur, Frucht, Geschmack und Abgang. Könnte einmal sogar den 1963er übertreffen. *Zuletzt im Oktober 1998 verkostet* ***** *Jetzt bis 2030.*

Gould Campbell In den frühen 1980ern überraschend farbtief, fast undurchsichtig, gut verwoben, mollig und pfefferig. 1990 mitteltief, reif; sehr parfümiertes Bukett mit leichter Zitrusnote; sehr süß, reich, schöne Textur. 1993 drei Einträge bei vergleichenden Degustationen, nach wie vor beeindruckend kraftvoll, aber trotzdem elegant und schön. *Zuletzt im August 1993 verkostet* **** *Jetzt bis 2020.*

Graham 250 *pipes* zur Abfüllung nach Großbritannien exportiert. Eine weitere Schönheit unter den 1966ern, was Dutzende bewundernder Einträge bestätigen (einzige Ausnahme: eine hölzerne Flasche). Als Erstes im August 1968 ein ansprechendes, volles, fruchtiges Exemplar. Beständig süß, in den 1970ern »kraftvoll«; »fett«; Anfang der 1980er »superb«. Bei einer Symington-Verkostung 1994 eine reife, in Porto abgefüllte Magnum mit Braunton, ziemlich stämmiger Nase und schönem, leicht muskatellerartigem Geschmack. Im Jahr darauf eine ausgewogene britische Abfüllung im Gidleigh Park Hotel: in Seide gehüllt, Körper und Textur wundervoll. Beim großen Dinner zur Feier des 30-jährigen Bestehens der Weinabteilung von Christie's wurden elf Flaschen dekantiert und getrunken: die reine Perfektion. Bei Christie's in Los Angeles eine überragende, weiche, rotbraune Abfüllung der Wine Society mit langen »Tränen«. Noch im selben Monat vor dem ersten Rennen in Ascot ein bemerkenswert festes, lebhaftes Exemplar – wie mein Gastgeber, der ehemalige Geschäftsführer Guy Hannen. Im November 2000 dann Magnumflaschen: schönes, weiches Rubinrot; klassische Nase, Lakritze, ein Hauch Teer; schlanker als erwartet, aber schön. Kürzlich 1968 abgefüllte Flaschen von Christopher & Co: einige farblos, aber Bukett, Geschmack und Textur hervorragend. *Zuletzt im Mai 2001 bei einem Weindinner zu Hause getrunken* ***** *Jetzt bis 2030.*

Niepoort 1969 abgefüllt. Farbtief, scharf, etwas hohe Säure – brauchte reichlich Zeit im Dekantiergefäß. Süß. Struktur, Gewicht und Abgang gut. *Zuletzt im August 1993 verkostet* ***

Noval, Qta do Zwischen 1968 und 1980 viele Einträge, in jüngerer Zeit nur noch einer. In seiner Jugend für einen Noval etwas fleischig. Noch immer sehr tief, mit guten »Tränen«; schöne, feigenartige Nase; sehr süß, guter Körper. Ein ausgezeichneter Noval, der die Süße eines Graham und das Rückgrat eines Taylor in sich vereint. Guter Körper. Noch immer tanninbetont. *Zuletzt im November 1995 bei einem Corney-&-Barrow-Essen verkostet* **** *Jetzt bis 2015.*

Noval Nacional Nicht so tief wie erwartet; schön entwickelte, leicht spritige Nase; mittelsüß, schlank, sehr wohlschmeckend, gute Länge. *Im September 1994 auf einer Nacional-Verkostung degustiert* **** *Jetzt bis 2015.*

Offley Boa Vista Verlor schon in den späten 1970ern etwas Farbe, Anfang der 1980er aber reich und fett, mit guter Frucht. Vor einiger Zeit voll ausgereift, aber noch immer mit ziemlich harter Frucht. Körperreich. *Unterschiedliche Bewertungen, zuletzt im August 1993 verkostet* *** *Jetzt bis 2010.*

Sandeman Acht Einträge, vier seit Mitte der 1980er: süße Nase, Vanille, Lakritze; leichter im Stil, schlank, elegant, gutes Gleichgewicht, scharfer, trockener, leicht säurebetonter Abgang, aber köstlich. *Zuletzt im Februar 1991 verkostet* **** *Bald trinken.*

Smith Woodhouse Mitteltief, reif, aber rötlicher als der Gould Campbell; reiche Frucht; sehr süß, ordentliche Textur. Ein sehr guter Wein. *Dezember 1990* **** *Bald trinken.*

Taylor 250 *pipes* zur Abfüllung nach England exportiert. 16 Einträge. Anfang der 1990er tief, reich, reifer werdend; süß, körperreich, gut gebaut, fest, gute Länge, noch immer tanninbetont. Mitte der 1990er verlor er an Farbe und öffnete sich; unter anderem eine schöne Flasche mit gutem Gewicht und trockenem Abgang beim Weihnachtsessen der Weinabteilung von Christie's 1996. Als Nächstes bei Christie's »Verkostung des Jahrhunderts« auf der Vinexpo alle 1966er mit Master of Wine Christopher Burr verkostet: kraftvolles, reifes Aussehen (Burr und der Wein!), hochgetöntes Bukett mit einem Anflug von Lakritze; süß, schöner Geschmack, leicht scharfer Abgang. Kürzlich überraschend wenig Rot übrig; reich und voll entwickelt; Körper und Geschmack gut. *Zuletzt im April 2002 bei der Fladgate-Partnership-Degustation bei Christie's verkostet* ***** *Aber früher trinken als zunächst vorgeschlagen, schätzungsweise jetzt bis 2012.*

Warre In den späten 1970ern gefällig und blumig. Anfang der 1980er fest und schön im Körper. Die am häufigsten degustierten Exemplare der letzten Zeit schienen Abfüllungen aus Porto zu sein; sie waren durchweg attraktiv und elegant. Ein geschmeidiger, etwas großspuriger Wein. In den letzten zehn Jahren einheitliche Bewertungen. Jetzt mit reifem Aussehen, ja, sogar einem Anflug von Orange; ziemlich, aber nicht sehr süß, Gewicht und Geschmack perfekt. Kürzlich ähnliche Notizen, Textur und Geschmack sehr gut. »Ein Port, wie er im Buche steht.« *Zuletzt im April 2002 bei einem Essen des Saintsbury Club verkostet* ***** *Jetzt bis 2015.*

1967 **

Die Witterungsbedingungen förderten die Entstehung guter Weine, obwohl der Ertrag niedrig lag. Ich war von Anfang an der Meinung, dass Cockburn und Martinez die falsche Entscheidung trafen, als sie den 1966er übergingen und nur den 1967er deklarierten. Marktstrategisch ergab es nicht viel Sinn. Sandeman (ein Haus, das den 1967er nach wie vor für einen seiner unterbewertetsten Jahrgänge hält) und Noval deklarierten ebenfalls. Somit brachten insgesamt vier wichtige Portfirmen Vintage Ports heraus.

Cockburn Über 20 Einträge, die überwiegend zwischen 1972 und 1982 entstanden; ich war größtenteils nicht beeindruckt. Die anfängliche Farbtiefe und der Gehalt wurden in den 1980ern schwächer. Seit 1985 blässlich und reif im Aussehen; ziemlich harte, pappige, spritige Nase; am Austrocknen, mittelgewichtig, schlank, wenngleich mit etwas Körper und ordentlicher Textur. Trockener Abgang. Alles in allem also besser als erwartet, eher leicht in Gewicht und Stil und ganz gut zu trinken. *Zuletzt im Mai 2002 nach der Cockburn-Verkostung in London degustiert* *** *Bald trinken.*

Kopke 1997 abgefüllt. Farblich und charakterlich ein echter »Vintage Tawny«; hochgetöntes, rosiniges Bukett; süß, köstlicher Geschmack. *Im März 1999 verkostet* **** *Bald trinken.*

Martinez In Porto und sonst vermutlich nur noch von Harvey's in Bristol abgefüllt. Die Harvey's-Version präsentierte sich 1980 sehr gut. Generell in der Farbe, der Süße und im Gewicht besser als der Cockburn. Eigenartiges, wohlriechendes, würziges, kiefernduftfrisches Bukett; komplex, dabei ausgewogen. Entfaltete sich ganz gut. *Oktober 1987* *** *Bald trinken.*

Niepoort Ein Garrafeira »Vintage Tawny«, der 1971 wie vorgeschrieben in Demijohns kam. Alles sehr kompliziert, aber das System funktioniert. Schöne granatrote Farbe; Walnüsse und Frucht; süß, voll, opulent, feigenartiger Duft. Auf seine Weise sehr gut. *Oktober 1985* ***

Noval, Qta do Bei der ersten Verkostung im Oktober 1970 noch immer im Fass: pflaumenähnlich. Für späte Abfüllung gedacht. Kürzlich lebhaftes Rubinrot; gut entwickelte, reiche, intensive Nase mit einem Anflug von Traubenschalen; mittelsüß, schlank, würzig, etwas kurz, trockener Abgang. *Januar 1991* ** *Demnächst trinken.*

Noval Nacional Nur zwei Einträge. Ende der 1980er noch immer sehr farbtief, intensiv; stämmige, aber leicht unverwobene Nase; ziemlich süß, kraftvoll, jedoch mit schlankem

Lakritzegeschmack und trockenem, tanninbetontem Abgang. Später mitteltief, beeindruckender als der 1966er, lebhafte Frucht, noch immer ein bisschen hart. Punktete hoch. *Zuletzt im September 1994 bei der Nacional-Verkostung degustiert* ★★★ *Jetzt bis 2020.*

Roêda, Qta da 1969 undurchsichtig, rau und spritig. In den 1970ern wohlschmeckend, aber etwas adstringierend. Fünf Einträge in den 1980ern. Noch immer tief; schlanke, spritige Nase, etwas Säure machte sich bemerkbar. Süß, füllig, überraschend kraftvoll, leicht rau, aber wohlschmeckend. Kürzlich zweimal bei Essensempfängen im Sitzungssaal von Christie's degustiert. Blässliche Reife; angenehm weich, fast cremig, ausgewogene Nase; ziemlich süß, lebhafte Frucht, gut zu trinken. *Zuletzt im Oktober 1998 verkostet* ★★★ *Jetzt bis 2010.*

Sandeman 1976 tief und attraktiv, kürzlich reifer werdend, aber reich; ziemlich harte Nase; sehr süß, füllig, körperreich, attraktiv, aber ich hielt den 1966er für fetter und ausgewogener. *Zuletzt im Oktober 1988 verkostet* ★★★ *Bald trinken.*

Taylor Verkostungsnotizen, die bei einer ungewöhnlichen Degustation dreier Weine entstanden. Sie waren aus unterschiedlichen Rebsorten bereitet und am Douro fünf Jahre im Fass sowie fünf weitere Jahre in Gaia ausgebaut worden. Jeder mit beträchtlichem Farbverlust, blasses Hellbraun, ziemlich Verdelho-ähnliches Aussehen und Bukett. Der beste, eine süße, fette, schöne Version, war eine Assemblage aus Nacional, Tinta francisca, Bastardo, Sousão und Flor de Douro. *Im November 1979 in Taylors Probierraum in Vila Nova de Gaia verkostet.*

Vargellas, Qta de Mehrere Abfüllungen aus Porto und Großbritannien verkostet (1969). In den 1970ern undurchsichtig, reich, positiv, aber mit hartem, trockenem Abgang. Ein Jahrzehnt später noch immer ziemlich tief; ein mäßig süßer, sehr positiver und attraktiver Wein. Ein bisschen hart geblieben. *Zuletzt im Juli 1989 verkostet* ★★★ *Jetzt austrinken.*

1968 ★★

Spätere Blüte; ein sehr trockener, außergewöhnlich heißer Sommer, dann unbeständiges Wetter, das sich allerdings rechtzeitig zur Lese besserte. Einige ordentliche Weine, aber nicht deklariert. Ein Jahr der LBVs und Einzel-Quinta-Weine.

Graham's Malvedos Anfangs eindringlich hart, ohne den Graham-typischen Charme. Vor einiger Zeit scheinbar nussig und am Austrocknen, dann aber zwei weitere, köstliche Exemplare mit wohlriechender, würziger Nase wie ein alter Garrafeira; süß, füllig, dabei schlank, mit einem Geschmack, der sich ausdehnte. *Zuletzt im Mai 1992 verkostet* ★★★ *Jetzt trinken.*

ÄLTERE EINTRÄGE **Croft** Spät abgefüllt, blässlich, rosagetönt; rosinig; angenehm leicht und zugänglich im Stil. *Mitte der 1980er* ★★ *Nicht zum Einlagern*; **Guimarães, Reserve** Noch Mitte der 1980er tief, unreif, körperreich und tanninbetont. Jetzt vermutlich weicher geworden. *Mai 1985* ★★ *Austrinken;* **Noval, Qta do** Ein undurchsichtiger »Johannisbeersaft«, süß, voll, fein, lang ★★★; **Noval Nacional** War merkwürdigerweise nicht so beeindruckend wie der Quinta-Wein ★★ *Beide kurz nach der Abfüllung im Oktober 1970 in Novals Lodge verkostet.*

1969

Kälte und Nässe von Januar bis Ende Juni. Ein heißer Juli und August, dann erneut Regen. Unreife Trauben und säurebetonte Weine. Nicht deklariert.

Noval, Qta do Tiefes Purpurrot; eigenartiger Geruch nach braunem Sherry. Hohe Säure. *Im Oktober 1970 in Gaia aus dem Fass degustiert.*

Noval Nacional Nicht so farbtief; derselbe Geruch; muskatellerartiger Geschmack, sehr spitziger Abgang. Die da Silvas, die Besitzer, wussten nicht, was sie mit diesem Wein anstellen sollten, so schlecht war er.

Vargellas, Qta de Taylors Spitzen-Quinta am oberen Douro lieferte Trauben, die gut genug für einen tiefen, süßen und kraftvollen Wein waren. Ich habe ihn in der ersten Hälfte der 1980er mehrmals verkostet.

Warre's LBV Passabel: ziemlich tief, ordentliches Gewicht, erfrischend. *Zuletzt im März 1986 verkostet. Austrinken.*

1970–1989

Die schweren Zeiten waren noch nicht vorüber. Zu den Portfirmen, die die Krise nicht überlebten, gehörte in den 1970ern Graham. Das Unternehmen erzeugte nicht nur Wein, sondern war auch in der Textilindustrie tätig. Die Familie Symington ging ein sehr großes Risiko ein, als sie Graham mit allem Drum und Dran erwarb, denn sie hatte bereits ein ansehnliches Marken-Portfolio mit Dow, Warre, Quarles Harris, Smith Woodhouse und Gould Campbell. Ich bin sicher, sie hat die Entscheidung nie bereut. Als sie sich aber für die Übernahme entschied, waren die Preise für Portwein noch ganz unten.

1970 hörten die Porthäuser mit den Fasslieferungen auf. Fortan wurde nur noch in den hauseigenen Lodges in Porto in Flaschen abgefüllt. Ich muss zugeben, dass ich über die einseitige Entscheidung entsetzt war – für mich trieb man damit einen weiteren Nagel in den Sarg der traditionellen britischen Händler. Ich musste mich aber von meinen altmodischen, romantischen Vorstellungen trennen, denn in den 1960ern waren Fertigkeiten im Umgang mit Wein und die Kunst der Abfüllung von Hand in England nicht mehr gefragt; stattdessen ratterten Abfüllanlagen. Und an die Stelle des rotnasigen Kellermeisters war der Produktionsleiter getreten. Die Erzeuger selbst garantierten nunmehr einheitliche Qualität.

Als wollte man den leichten Rückgang deklarierter Jahrgänge in den 1970ern wettmachen, rief man in den frühen 1980ern gleich drei Jahrgänge in Folge aus. Allerdings deklarierten die Häuser nie alle drei in Folge, sondern beschränkten sich auf ein oder zwei Jahre. Ich kann mir bis heute nicht merken, wer 1981, 1982 und 1983 wann deklarierte, sondern muss immer wieder in meinen Unterlagen nachsehen.

Eine weitere überraschende Entwicklung kam in Gang. Der US-Markt begann sich für Vintage Ports zu interessieren, die zum Glück als »erste Gewächse« galten. Nach einem verhaltenen Start zu Beginn der 1980er trug das neue Image und auch die aktive Werbung für Portweine Früchte: Die Verkaufszahlen und Preise kletterten nach oben.

Die Jahrgänge auf einen Blick

Hervorragend *****
1970, 1977
Sehr gut ****
1983, 1985
Gut ***
1980, 1982 (u), 1987 (u), 1989

1970 *****

Ideale Anbau- und Lesebedingungen. Ein herausragender Jahrgang. 23 Häuser deklarierten. 1970 brach außerdem eine neue Ära an: Fasslieferungen an britische Abfüller waren nicht mehr zugelassen (siehe oben). Ich schenkte dem 1970er zunächst nicht viel Beachtung, bis Justerini & Brooks Mitte der 1980er eine Verkostung der großen Portweine aus den Jahren 1970 und 1975 veranstaltete. Diese Degustation öffnete mir die Augen. Der Jahrgang war viel stabiler, als ich gedacht hatte, was auch meine späteren Verkostungsnotizen bestätigten. Der 1970er ist ein klassischer Port. Er befindet sich noch immer auf dem Höhepunkt, ein Nachlassen ist nicht in Sicht.

Borges & Irmão Nur ein Eintrag: mitteltief, schwacher Rand; offene, feigenartige Nase; im Geschmack nicht schlecht. *September 1997* **

Cachão, Qta do Ein ungewöhnlich interessanter Wein. Er wurde von Messias eigens für Belle und Barney Rhodes bereitet, die die Trauben auf der Quinta selbst auswählten. Klassische Nase; ausgezeichneter Geschmack, ein Anflug von Vanille und Würze. *Im September 1997 beim Vorverkaufsessen der Rhodes' bei Christie's in der Park Avenue verkostet* ***

Cockburn Zum Zeitpunkt der Abfüllung richtigerweise undurchsichtig. Mit zehn Jahren noch immer ziemlich tief, aber reifer werdend; eine harte, recht unnachgiebige Nase mit Kartonnote; mittelsüß und -schwer. Nicht mehr so feurig wie am Anfang, aber nach wie vor hart. Ein guter langer, schlanker, tanninbetonter Abgang. Elf Einträge seit 1980. Ziemlich unbeeindruckend. Kürzlich: Siegelwachs- und Lakritzenase; süß, aber nicht ganz fest gewirkt und mit seltsam spritigem Methylabgang. *Zuletzt im Mai 2002 bei der Cockburn-Verkostung »Erinnerungen an ein Jahrhundert« in London degustiert* *** *Gerade noch. Kein großer Cockburn.*

Croft Einführungspreis der Porto-Abfüllung für den britischen Handel im Januar 1972: 9,25 Pfund Sterling das Dutzend! Beeindruckende Jugend. In der ersten Hälfte der 1980er süß, Geschmack, Textur und Länge gut. Dann mitteltief, am Rand etwas schwach; hochgetönte, zitrusartige Nase und ebensolcher Geschmack, mit einem Hauch von flüchtiger Säure. Süß, mittleres Gewicht, schlank trotz festem Körper, gute Länge. Als Nächstes zwei unvergessliche Abendessen innerhalb von fünf Monaten: herrliches Aussehen bei Kerzenlicht im Factory House in Porto, außerdem im Oktober 1997 bei Croft: sehr attraktive Nase; süß, Geschmack, Gewicht und Abgang gut. Gut zu trinken. Zeigte sich auch auf der Fladgate-Verkostung kürzlich in gutem Licht: süß, vorzüglicher Geschmack, ein Hauch von Säure im Abgang. *Zuletzt im Mai 2002 verkostet. In Bestform* **** *Jetzt bis 2020.*

Delaforce Erstmals 1977 verkostet: ein guter Wein. Mehrere Einträge aus jüngerer Zeit, der interessanteste entstand auf einer Delaforce-Degustation 1989, als eine Normalflasche und eine Magnum verglichen wurden. Der Wein aus der Normalflasche hatte einen sehr ausgeprägten Zitrusgeschmack (Anklänge an Mandarinen), während die Magnum in der Farbe merklich tiefer und pflaumiger, aber nicht so reif war; ziemlich hartes, käsiges Bukett, das sich reich entfaltete. Beide ziemlich süß, aber die Magnum mit mehr Kraft und Länge. 1990 entgegenkommendes, reiches, hochgetöntes Bukett; süß, körperreich, ausgesprochen griffig. 1995 einige Flaschen, die ich zum Gedenken an meinen alten Freund »Wog« Delaforce für ein Essen des Saintsbury Club stiftete und die zu Cox-Orange-Pippin-Äpfeln getrunken wurden. Jemand bezeichnete die Nase als »rußig«, ich empfand sie als etwas spröde. Hätte fruchtiger sein können. Kürzlich »korrekt«, reif, angenehm zu trinken. *Zuletzt im April 2000 bei einem weiteren Essen des Saintsbury Club verkostet ★★★ Jetzt bis 2010.*

Dow Fast 30 gleichmäßig verteilte, geringfügig uneinheitliche Einträge. In den späten 1980ern noch immer ziemlich tief und mit jugendlicher Pflaumenfarbe; ausgezeichnete Nase, wohlriechend, engegenkommend, fast Cabernet-Sauvignon-artige Frucht, außerdem Lakritze; körperreich, gute Textur, fleischig – typisch Dow eben. Bei zwei Symington-Verkostungen 1994 und 1996 zusammen mit dem Graham und Warre verkostet, bei der ersten nicht gut, bei der zweiten ziemlich gleichauf mit den anderen, wenn auch unterschiedlich im Stil. In Aspen abweichende Flaschen, eine mit hoher flüchtiger Säure, die Porto-Abfüllung aber gut. 1997 attraktiver und süßer als erwartet. 1998 reich, griffig. Bei der Zweihundertjahrfeier in guter Verfassung: reift schön heran; etwas Frucht, wohlriechendes, würziges Bukett und ebensolcher Geschmack. Scharfer, trockener Abgang. *Zuletzt im Oktober 1998 verkostet. In Bestform ★★★★ Jetzt bis 2020.*

Feuerheerd Nur zweimal verkostet. 1974 undurchsichtig, purpurn; süße, fruchtige, pfefferige Nase und entsprechender Geschmack. Kürzlich mitteltief, mit ziemlich schwachem, offenem Rand, nicht mehr so süß, aber Geschmack und Gleichgewicht überraschend gut. *Zuletzt im Dezember 2000 bei der Verabschiedung in den Ruhestand von Odette Ryan verkostet. Odette war 30 Jahre lang eine Stütze der Weinabteilung bei Christie's ★★★ für den Wein, ★★★★★ für Odette.*

Fonseca In seiner Jugend praktisch schwarz. Anfang der 1990er noch immer sehr tief, mit der für nahende Reife typischen Pflaumenfarbe; verhaltene, aber fruchtige Nase; anfangs sehr süß, jetzt nur noch süß, körperreich, reif, fleischig, fruchtig und griffig. Eine zu Hause um 10.10 Uhr dekantierte Flasche: sehr süß und leicht schokoladig. Als meine Gäste um 15.45 Uhr gegangen waren: reif, Lakritze, hochgetönt. Am Gaumen ziemlich süß, reich, positiv, schön, mit trockenem Abgang. Im Oktober 2000 eine Magnum bei einem Port-und-Zigarren-Dinner im Brooks's Club. Als Nächstes im November 2001 in der Vintners' Hall: kein großer Wein, aber köstlich. Schließlich zwei Einträge aus jüngster Zeit, der erste vom April 2002, bei einem »Past-Masters«-Essen: enttäuschend, guter Geschmack, aber schlank, sogar mager. Einen Monat später verhaltene Nase, aber »am Gaumen sehr reich«. *Zuletzt im Mai 2002 auf der Fladgate-Verkostung degustiert. In Bestform ★★★★*

Foz, Qta da Sehr beeindruckend. Anfang der 1980er undurchsichtig; pflaumenartige Frucht; sehr süß und voll. 1990 noch immer ziemlich farbtief, allerdings nun mit Reifespuren am Rand. Eine außergewöhnliche Frucht, die mich an Feigen erinnerte. Körperreich und fleischig. Kürzlich wieder sehr körperreich, fruchtbepackt, gute Textur. Ein schöner Wein. *Zuletzt im Oktober 1994 auf der Cálem-Verkostung bei Christie's degustiert ★★★★ Jetzt bis 2020.*

González Byass Anfang der 1980er pflaumenartig, spritig, besser als erwartet. Vollreifes Erscheinungsbild; süß, weich, recht angenehm. *Im Juli 1996 bei einem Essen im Sitzungssaal von Christie's degustiert ★★ Austrinken.*

Gould Campbell Erstmals 1973 verkostet: tief, fein, reich. Drei gute Einträge Mitte der 1980er, zwei vom Importeur Clode & Baker abgefüllte Flaschen: langsam reifend, aber ausgewogen und lang. Anfang der 1990er zwei Flaschen, von denen mindestens eine in Porto abgefüllt worden war: mitteltief, aber interessanterweise mit einem jugendlicher wirkenden Purpur als der 1975er. Sehr süße, fruchtige Nase, leicht hochgetönt, teeartig; am Gaumen ziemlich voll, aber schlank. Sehr wohlschmeckend. Kürzlich zwei Flaschen, eine unverwoben und leicht hölzern, die andere süß, attraktiv und leicht im Stil. *Zuletzt im Oktober 2000 bei einer Verkostung von Fells degustiert. In Bestform ★★★ Bald trinken.*

Graham Der letzte Jahrgang der Familie Graham. Im Juli 1972 undurchsichtig, noch immer tief, pflaumenfarben und ziemlich intensiv, reicher Extrakt; wohlriechendes, hochgetöntes, aber ausgewogenes Bukett, wenngleich nach wie vor etwas hart; sehr süß, körperreich, reichlich Frucht, Griff, Länge, Tannin und Säure. Schokolade und Würze. Seit 1982 weit über zwei Dutzend Einträge, alle beständig gut. Mitte der 1990er schön, charakteristisch, sehr süß. Bekam eine Spitzenbewertung. Im Gidleigh Park Hotel eine Porto-Abfüllung: noch immer mit ledrigen Tanninen. Passte bei einem Wohltätigkeitsessen von Zachys und Christie's wie durch ein Wunder zu Schokoladensoufflé. In guter Verfassung beim Primum-Familiae-Vini-Dinner im November 2000 im Vinopolis. Im Mai 2001 eine superbe Flasche bei einer Dinnerparty zu Hause. Kürzlich: weiches Tawny-Rot; herrlich wohlriechend und blumig; komplett, ausgezeichnet. *Zuletzt im Mai 2002 bei der Symington-Verkostung degustiert ★★★★★ Jetzt bis 2020.*

Martinez Sieben Einträge seit 1977. Bewahrte sich trotz Flaschenabweichungen viel von seiner ursprünglichen Farbtiefe, seiner Süße und seinem Reichtum. Eine Abfüllung von Gilbey Vintners' zum Beispiel war 1988 im Aussehen mitteltief und reif. Kürzlich eine Flasche von einem unbekannten Abfüller (wahrscheinlich Harvey's): undurchsichtig. In den letzten elf Jahren taucht bei der Charakterisierung der Nase immer wieder »spritig« auf. Ungewöhnlicher Stil, weinig, duftend. Eine Flasche ruiniert, weil sie zu unreifen Äpfeln serviert wurde. *Zuletzt im Februar 1991 verkostet. In Bestform ★★★ Bald trinken.*

Niepoort Ein »normaler« Jahrgang, Abfüllung nach zwei Jahren in ihre attraktiven, gedrungenen Flaschen mit Schablonenschrift. Zweimal verkostet, das erste Mal bei einer sehr ausführlichen Niepoort-Degustation 1985. Noch immer tiefe, reiche Farbe; ziemlich verhaltene Nase, »klassisch«. Auch später wieder klassisch, außerdem sehr süß, ziemlich körperreich, fest, fleischig, noch immer etwas pfefferig. *Zuletzt im August 1990 verkostet ★★★★ Jetzt trinkreif.*

Noval, Qta do Viele Einträge, allein neun seit 1981. Kein großer 1970er, ein Charmeur, so weich, dass man ihn schon zum Zeitpunkt der Abfüllung 1972 gut trinken konnte. Ende der 1980er mitteltief, reifer werdend; ziemlich süß, mittelgewichtig, etwas schlank, aber weich und glatt, stilvoll und ansprechend. 1991 nicht weniger als zehn Mal aus verschiedenen Gläsern verkostet – eher eine Glas- als eine Port-Degustation. Aber Georg Riedel hat Recht: Die Form und Größe des Glases spielt tatsächlich eine Rolle für die Bewertung der Farbtiefe, der Nase und des Geschmacks. Mitte der 1990er in guter Verfassung bei einem Empfang in der Inner Temple Bar, als ich Gast meiner Tochter Emma war; kürzlich noch einmal am selben Ort bei einem Essen zu ihrem 40. Geburtstag, zweifellos aus demselben Bestand, gekauft in weiser Voraussicht, als der Wein auf den Markt gelangte. Ein ausgesprochen attraktiver Port. *Zuletzt im Januar 2002 beim jährlichen Essen des III Form Club verkostet ★★★★ Jetzt bis 2015. Voll ausgereift.*

Noval Nacional Dreimal verkostet, das erste Mal 1989. Nicht so tief wie der 1967er, aber reich und mit hohem Extrakt; hartes

Bukett mit feigenartiger Frucht und beträchtlicher Tiefe; ziemlich süß, körperreich. Beeindruckend. Bei der Nacional-Verkostung mit den Jahrgängen 1962 bis 1987 in guter Verfassung, mit lebhaftem, attraktivem Geschmack. Kürzlich konzentrierter Körper, Extrakt und Geschmack. Tanninbetonter Abgang. »Braucht noch 20 Jahre.« *Zuletzt im Mai 1999 verkostet* ***(**) *2020 bis 2040?*

Offley Boa Vista Viele Einträge. Ursprünglich sehr tief, nach zehn Jahren begann die Farbe in Pflaumenrot überzugehen und Mitte der 1980er zeigte sie erste Reifespuren. Jetzt mit vollreifem Aussehen, ein mittelblasses Tawny-Hellbraun. Weicher geworden, Ende der 1980er voll entwickeltes Bukett. Noch immer süß, aber die ursprünglich schlanke, verhaltene Säure war durchweg zu spüren. Fest, wohlschmeckend. *Zuletzt im August 1990 verkostet* *** *Bald trinken.*

Rebello Valente Nie besonders tief, aber Ende der 1980er vollreif im Erscheinungsbild. Nach fünf Jahren in der Flasche eine harte, spritige Nase. 1990 ziemlich übelriechend, an der Grenze zur Oxidation, allerdings am Gaumen gut. 1995 wiederum eine gute, süße, weiche Flasche bei Hugh Johnson. Im nächsten Jahr ein Exemplar mit einer fürchterlichen, dicken Plastikkapsel, die mich abschreckte – ich nahm gerade eine CD-ROM auf. Unlängst nicht schlecht, ganz angenehmer Geschmack, trockener Abgang. *Zuletzt im Dezember 1998 verkostet. In Bestform* ** *Austrinken.*

Sandeman Elf Einträge, die Hälfte entstand zwischen 1975 und 1979, Flaschenabweichungen erkennbar. 1986 eine Abfüllung von Paten in Peterborough mit kurzem Korken: vollreif, robust, ziemlich sandige Textur. In neuerer Zeit verkostete Flaschen: mitteltief, aber noch immer etwas unreif im Aussehen; süßes, ausgewogenes Bukett mit einer angenehmen Frucht, die den harten Kern und die beträchtliche Tiefe kaschierte. Süß, füllig, guter Geschmack, fest, mit reichlich Tannin und Säure. Ein attraktiver Wein. *Zuletzt im August 1990 verkostet. In Bestform* **** *Jetzt bis 2015.*

Smith Woodhouse Sechs Einträge. Nach fünf Jahren Flaschenalterung tief, in der Nase hart, aber sehr süß. Zehn Jahre später wenig Veränderung. Seit 1987 aber ein gewisser Farbverlust, jetzt mit reifem Aussehen. Das Bukett hat sich entfaltet: Minze, Lakritze, Frucht. Noch immer ziemlich süß, ordentliches Gewicht, wohlschmeckend, aber Tannin und Säure verliehen dem Wein einen trockenen Abgang. *Zuletzt im Oktober 2000 bei der Fells-Verkostung degustiert* *** *Jetzt bis 2010.*

Taylor Erstmals 1972 verkostet, seither sind viele Einträge entstanden, allein 18 seit den frühen 1980ern. Ursprünglich undurchsichtig, »purpurschwarz«, blieb fast 20 Jahre lang pflaumenfarben und ist – mit Ausnahme einer ungewöhnlich frühreifen Abfüllung von Russell und McIver 1983 – noch immer kraftvoll rubinrot. Auch danach noch einige Einträge, weiterhin leichte Abweichungen, vor allen in der Nase; ein Hauch Mercaptan, rau und mit flüchtiger Säure, im besten Fall ausgewogen, aber verschlossen. Ausgesprochen süß, körper- und substanzreich, gute Frucht, schöner Mittelteil, noch immer kraftvoll, hoher Alkoholgehalt, Länge, Tannin und Säure gut. Bei zwei Essen des Saintsbury Club 1996 und 1999 in guter Verfassung: sehr süß, voll im Geschmack, allerdings etwas »kantig«. Kürzlich etwas farbschwächer geworden; sehr gutes, würziges Bukett; relativ süß, vorzüglicher Geschmack. *Zuletzt im November 2001 beim Swan Feast in der Vintners' Hall verkostet* **** *Jetzt schön.*

Vargellas, Qta de Fast perfekt zu Stilton-Käse, süß, reich, »scharf«, alkoholisch, mit trockenem Abgang. *Im Juni 1997 im Hamburger Übersee-Club verkostet* **** *Sollte bald getrunken werden.*

Warre Weit über zwei Dutzend ausnahmslos lobende Einträge. 1990 war das ursprüngliche Purpurrot etwas schwächer geworden, erste Anzeichen von Reife; Frucht, Wohlgeruch und Weinigkeit schön. Eine kraftvolle Flasche 1994, der die Warre-typische Eleganz fehlte, eine weitere, diesmal mit »Eleganz«. Noch im selben Jahr bei einer großen Symington-Verkostung mit festem Geschmack. Im Jahr darauf in Hongkong komplett. Und so weiter. Die Palette reicht von mittelsüß bis sehr süß, aber wie so oft hängt dieser Eindruck vom Kontext ab, in dem der Wein degustiert und getrunken wird. Einigen wir uns auf süß, körperreich, fast zu gehaltvoll, aber nicht überwältigend, mit dem perfekten Gewicht und Gleichgewicht, das ich von einem Warre in Topform erwarte. *Zuletzt im Dezember 1996 verkostet* **** *Jetzt bis 2020.*

WEITERE 1970ER, DIE VIELLEICHT NOCH IN UMLAUF SIND. Ich habe sie überwiegend in den frühen 1990ern verkostet: **Barros** ****; **Berry Bros' Selection** (angeblich von **Warre**) ****; **Burmester** ***; **Butler Nephew** **; **Cabral** *; **Cálem** ***; **Dalva** Schlecht; **Feist** ****; **Ferreira** ***; **Hutcheson** ***; **Krohn** ***; **Osborne** **; **Poças Junior** ***; **Rosa, Qta de la** ***; **Royal Oporto** **; **São Luíz, Qta de** (**Kopke**) ****; **Santos** ***; **Souza** ***

1971 *

Nützliche Weine für Standard-Assemblages. Der Jahrgang wurde nicht deklariert.

1972 *

Schwere Regenfälle, dazwischen Hitze und Trockenheit. Es entstanden zwar einige passable Weine, doch wurde der Jahrgang nicht generell deklariert.

Dow 1979 bescheiden, aber frühreif. Kürzlich bei einem Essen im Sitzungssaal von Christie's verkostet. Ich schließe nun aus meinen Notizen, dass es sich um den spät abgefüllten Reserve handelte, denn er war rosig hellbraun mit ziemlich schwachem Rand, überraschend süß, aber pfefferig. Wir genossen ihn alle. *Zuletzt im Juli 1994 verkostet* * *Austrinken.*

WEITERE 1972ER Cockburn's Crusted In der Nase und am Gaumen hart. Das erinnert mich an ein Mittagessen der schon lange aufgelösten Wine Merchants' Union Anfang der 1970er, als ein Dekantiergefäß herumgereicht wurde. Mein Nachbar, »Wog« Delaforce, begrüßte es mit dem Ausruf: »Ha! Cockburns Cloudy!«, zu Deutsch »der Trübe von Cockburn«. Der Wein war wirklich trübe – und es stellte sich obendrein heraus, dass er tatsächlich von Cockburn stammte; **Eira Velha, Qta da** Schöne Farbe, sehr wohlschmeckend ***; **Rebello Valente** Ziemlich süß, gutes Gewicht, weich, elegant, ziemlich schlank, gute Säure. *1985 zweimal verkostet* ***

1973

Ein ähnliches Wetter wie 1972. Nicht deklariert. Nur einen Wein verkostet: **Taylor's Crusted** Süß, sehr firnisartig, scharfer Abgang. *Im April 2001 im Oxford and Cambridge University Club degustiert* *

1974 *

Schwere Regenfälle verdarben diesen Jahrgang. Hohe Ernte von zumeist mittelmäßiger Qualität.

In den 1980ern drei Weine verkostet **Eira Velha, Qta da** Sehr positiv, ganz ordentlich; **Feist** Charmant; **Rozes** Blasse Bernsteinfarbe, rosinig – aber ansprechend. *Alle* ★★★

1975 ★★

Ein bescheidener Jahrgang, der auch allen Grund hatte, bescheiden zu sein. Seltsamerweise von 17 großen Häusern deklariert und ein seltenes Beispiel für einen Vintage, der die ursprünglichen optimistischen Erwartungen nicht erfüllte. Milder Winter, warmer Frühling, heißer und trockener Sommer. Regen Anfang und Ende September. Lese Anfang Oktober. Ich vermute, dass die Portfirmen nur deshalb deklarierten, weil sie die starken frühherbstlichen Niederschläge nicht berücksichtigten. Dabei wussten sie bereits um die hohe Qualität des 1977ers. Die ersten obligatorisch am Entstehungsort abgefüllten Weine dieses umfassend deklarierten Jahrgangs standen unter keinem sonderlich guten Stern. Trotzdem sind sie alles in allem wohlschmeckend und ziemlich attraktiv. Zukunft allerdings haben sie keine. Bald austrinken.

Cockburn Bei der Abfüllung undurchsichtig, hatte aber bis Mitte der 1980er ziemlich viel Farbe verloren. *Zuletzt im Dezember 1993 verkostet* ★★ *Austrinken.*

Croft In den frühen 1980ern gut umhüllt. Mitte der 1990er wohlschmeckend, aber unentschlossen. Kürzlich blässlich, eher wie ein 30-jähriger Tawny, am Austrocknen, trotzdem attraktiv. *Zuletzt im September 1998 zum Abschluss eines ausgezeichneten Essens im Restaurant Jean Ramet in Bordeaux verkostet* ★★★ *Bald trinken.*

Delaforce Keine Einträge aus jüngerer Zeit. Im Oktober 1977 tief, reich, aber rau. Blass, schlank und rosinig. *1989* ★★ *Austrinken.*

Dow 16-mal verkostet, kurz nach der Abfüllung und in den 1980ern zutiefst beeindruckend. Mit etwa zehn Jahren schien er im Zenit zu sein. Auf der Zweihundertjahrfeier von Dow blässlich, vollreif, etwas am Austrocknen, schlank, aber noch immer ein attraktiver Wein. *Zuletzt im Oktober 1998 verkostet* ★★★ *Bald trinken.*

Ferreira 1977 undurchsichtig, rau, kraftvoll. Elf Jahre später mitteltief, noch immer etwas Rot; sehr süß, mittleres Gewicht, recht wohlschmeckend. Fernando d'Almeida, der für die Assemblage zuständige ehrwürdige Kellermeister, hielt ihn für nicht sonderlich gut und verglich ihn mit dem 1917er, meinte aber, dass er »in hohem Alter am besten sein wird«. *Zuletzt im März 1988 verkostet* ★★★★ *Abwarten.*

Fonseca Anfangs mächtig, undurchsichtig, sehr süß, im Grund ein recht großer Wein, dem allerdings nach zehn Jahren alle drei Elemente abhanden zu kommen schienen. Dann vier vergleichbare Bewertungen, die in ein und demselben Jahr entstanden: mittlere Farbe, mäßig süß, zwar kein Spitzen-Fonseca, aber trotzdem mit Stil und guter Textur. *Ein sehr angenehmer Abschluss unseres jährlichen Moorhuhnessens bei den Wiltons im August 1994* ★★★ *Bald trinken.*

Gould Campbell 1977 purpurn und angenehm, Mitte der 1980er schön heranreifend. In den frühen 1990ern blass; nussig; mittelsüß, mit ziemlich originellem Geschmack. *Zuletzt ein anständiges, aber unspektakuläres Glas im Boot & Flogger in Southwark, London, verkostet im Mai 1999* ★★ *Austrinken.*

Graham In seiner Jugend beeindruckend purpurrot, aber den fast 20 seit 1983 entstandenen Einträgen nach zu urteilen war er vermutlich mit zehn bis zwölf Jahren auf dem Gipfel. Dennoch – und auch trotz des Farbverlusts in den frühen 1990ern – hielt ich ihn für einen konstant attraktiven Wein. 1994 eine ziemlich seltsam duftende Magnum. Unlängst ein reifes, wohlriechendes, »perfekt entwickeltes« Exemplar. Einer der besten 1975er. *Zuletzt im Juli 1998 beim Essen mit den Newalls (Sir Paul war vor einiger Zeit Bürgermeister von London) degustiert* ★★★★ *Bald trinken.*

Niepoort 1979 abgefüllt. Weiche Farbe; süße, nussige, feigenartige Nase mit einem Hauch Karamell und Lakritze; süße, schöne Frucht und Säure. *Im Dezember 2001 zu Hause verkostet* ★★★

Noval, Qta do Angenehm reif; ein optimal entwickeltes Bukett, das sicher nicht mehr besser wird; ziemlich süß, am Gaumen eine Walnussnote, leicht gebaut. *Zuletzt im November 1989 verkostet* ★★ *Bald trinken.*

Noval Nacional Vier Einträge. In der zweiten Hälfte der 1980er ziemlich tief und reich in Farbe, Nase und Geschmack. Seltsam süße, feigenartige Nase; kraftvoll, konzentriert, tanninbetont, unreif. Mit fast 20 Jahren vollreifes Bernsteinorange; charakteristisches, ausgewogenes Bukett; sehr süß, ziemlich ausdruckslos, aber mit scharfem Abgang. Ähnliche Notizen aus jüngster Zeit. Im Geschmack eher wie ein alter Tawny. Am Austrocknen, tanninbetont. *Zuletzt im März 2000 bei einem Weinessen verkostet, das ich im Hamburger Hotel Louis C. Jacob leitete* ★★★ *Jetzt trinken.*

Quarles Harris Im Oktober 1977 tief purpurn und beeindruckend. Hohe flüchtige Säure, aber süß und angenehm. *Zuletzt im Dezember 1992 verkostet* ★★ *Austrinken.*

Smith Woodhouse Jetzt gefällig, aber pflaumenfarben; traubig, ein Anflug von Mandarinen; süß, überraschend kraftvoll, dabei weich und zugänglich. Trockener Abgang. *Zuletzt im Dezember 1990 verkostet* ★★★ *Bald trinken.*

Rebello Valente Nie sonderlich tief und voll, jetzt ziemlich schwach und wässerig, mit einem Anflug von Malz und Eisen in der Nase. Süßlich, ziemlich leicht. Trockener Abgang. *Zuletzt im November 1988 verkostet* ★ *Austrinken.*

Taylor Der mit Abstand beste 1975er. 1977 enorm beeindruckend. Verlor in den frühen 1980ern zwar an Konzentration, aber reich und süß. Anfang der 1990er noch immer relativ tief, jugendlich pflaumenfarben; harte, pflaumenartige Frucht; sehr süß, ziemlich kraftvoll, streng, schlank, aber fleischig für einen 1975er, mit trockenem, tanninbetontem Abgang. Zeigt eine gewisse Reife, aber noch immer hart. Schöner Geschmack. Taylor-typischer »Griff«. *Zuletzt im Dezember 1993 verkostet* ★★★(★) *2005 bis 2020.*

Warre Mehr Einträge als zu allen anderen 1975ern, seit 1980 fast 20. Seine Veränderungen im Erscheinungsbild lassen sich lückenlos verfolgen: 1977 undurchsichtig, 1980 pflaumenfarben, 1983 nicht mehr so tief, aber noch immer pflaumenfarben, 1987 ein Anflug von Rot und 1988 mitteltief, reif, mit schwachem hellbraunem Rand. Gleichzeitig entwickelte sich auch die anfangs jugendlich stielige, spritige Nase, wurde Mitte der 1980er wohlriechender und nahm schließlich einen erfrischend zitrusartigen, schlanken, fruchtigen Charakter an. Am Gaumen von süß, voll und reich über ein elegantes, attraktives Stadium nach zehn Jahren bis hin zu einem Hauch Schlankheit, verliert an Gewicht, noch immer süß, etwas Eleganz, aber hat nicht den Körper, die Finesse und die Länge eines wirklich guten Jahrgangs. *Zuletzt im April 2001 beim Essen mit »den Großen und den Guten« verkostet* ★★★ *Jetzt bis 2012.*

Weitere 1975er **Butler Nephew** Anfang der 1980er unbeeindruckend; **Eira Velha, Qta da** Mit fünf Jahren blass, Mercaptan-Nase, hohe Säure. Zugegebenermaßen aber nur einmal verkostet. *1980*; **Foz, Qta da** Ein recht ordentlicher leichter Port zum Mittagessen. *März 1988* ★★; **González Byass** Rubinrot, süß, fett, nicht schlecht. *1980* ★★; **Martinez** 1977 beeindruckend, *1986* in schöner Entwicklung begriffen, ansprechende Farbe, etwas hart, schlank und pfefferig ★★★? *Noch einmal verkosten?;* **Offley Boa Vista** 1977 voll, fett und reich. Mit nur zehn Jahren attraktiv und gerade trinkreif geworden. *1987* mittelsüß, eher leicht und erfrischend ★★; **Poças Junior** Schwacher Rand; in der Nase und am Gaumen angesengt und rosinig, sehr süß, ganz gut. *Anfang der 1980er verkostet, seither nicht mehr* ★★; **Rozes** Hochgetönt, spritig, sehr süß, voll im Geschmack, ordentliche Qualität, kirschartige Frucht. *1980* ★★

1976 ★

Das Douro-Tal litt unter einer langen Trockenheit, die vom Winter bis Ende August anhielt. Ende September schwere Regenfälle. Nicht deklariert, dennoch entstanden einige ganz gute Weine. Die besten erschienen als Einzel-Quinta-Ports oder LBVs und waren für baldigen Trinkgenuss gedacht.

Fonseca Guimaraens Zwei Einträge, unser »Club Port«. Farbe, Nase und Geschmack recht gut. Süß. Ordentliche Frucht. *Zuletzt im Juni 1997 im Brooks's Club degustiert* ★★ *Austrinken.*

Graham's Malvedos Mehrere Einträge seit Mitte der 1980er. In Farbe und Charakter lebhaft. Süß, guter Geschmack, gute Textur. Erfrischend, zitrusartige Elemente, tanninbitterer Anflug. *Zuletzt im Februar 1990 verkostet* ★★ *Bald trinken.*

LBV, Crusted, Colheita und Einzel-Quinta-Ports

»LBV« steht für Late-Bottled Vintage und bezeichnet einen Portwein aus einem bestimmten Jahrgang, der vor der Abfüllung vier bis sechs Jahre in Holz reift. Er ist nicht so teuer wie der eigentliche Jahrgangsport, schon ab der Marktfreigabe trinkbar und profitiert in der Regel nicht von einem weiteren Ausbau in der Flasche. LBVs werden immer beliebter, denn einerseits tragen sie ein Jahrgangsdatum, andererseits sind sie zu einem erschwinglichen Preis erhältlich. Leider sind sie auf den Weinlisten vieler Restaurants unter der Rubrik »Vintage Ports« aufgeführt; der unkundige Gast glaubt dann, dass er mit ihnen einen klassischen, teuren Jahrgangsport bestellt. Crusted Port wird aus mehreren Jahrgängen assembliert und früh abgefüllt, damit er wie ein echter Vintage eine »Kruste«, also einen Bodensatz, bildet.

»Colheita« ist eine etwas verwirrende und auch relativ schwierig auszusprechende Bezeichnung für eine Art lange gereiften LBV, also einen im Fass ausgebauten Port aus einem bestimmten Jahrgang. Ich nenne ihn gern »Vintage Tawny«, weil er weder wie ein LBV aussieht noch wie einer schmeckt.

Ein Einzel-Quinta-Port wird genau gleich bereitet wie ein Vintage Port, aber unter dem Quinta-Namen herausgegeben und nicht unter dem des Erzeugers in Porto. Mit Ausnahme von Noval, der bekanntesten Quinta am Douro, brachten die Portmarken ihre Einzel-Quinta-Ports nur in nicht deklarierten, also nicht ganz so hochwertigen Jahrgängen heraus. Einzel-Quinta-Weine sind »in«, weshalb die Nachfrage nach ihnen stark gestiegen ist. Sie sind von verlässlicher Qualität, wenngleich die großen Porthäuser einwenden, dass der Gehalt und die Vielschichtigkeit der Spitzen-Vintages nur bei einer Assemblage von Trauben aus unterschiedlichen Einzellagen bzw. Quintas entsteht.

WEITERE 1976ER Noval Spät abgefüllt, wahrscheinlich 1980 oder 1981. Relativ tiefes Rubinrot, trinkbar, aber uninteressant. Jetzt vom Markt verschwunden. Macht nichts. *April 1982;* **Smith Woodhouse** 1980 abgefüllt. Ein schlanker, attraktiver LBV. *Juni 1988* ★★; **Warre** 1980 abgefüllt. Ziemlich eindringlicher Geschmack. Lebhaft. Gute Länge. *Juni 1988* ★★★

1977 ★★★★★

Ein markanter Jahrgang, der in gutem Ansehen stand und von vielen deklariert wurde. Ein nasser Winter, kalter Frühling und kühler Sommer verzögerten die Entwicklung. Anfang September schlug das Wetter um und es folgte der heißeste Herbst seit 1963. 20 Porthäuser deklarierten diesen Jahrgang zwischen März und August 1979, prominente Ausnahmen waren Martinez, Noval und Cockburn. Cockburn hat allerdings mittlerweile eingeräumt, dass die Nichtdeklarierung eine Fehlentscheidung war. Überhaupt gab es damals recht viele marktstrategische Missgriffe. Ob die Geschäftsführung von Cockburn und Martinez vor Ort oder die Unternehmensleitung in England dafür verantwortlich war, konnte ich nicht herausfinden.

Die großen Porthäuser und ihre Londoner Agenten veranstalteten kurz nach der Abfüllung der 1977er im November 1979 eine Verkostung bei Christie's, auf der das Gros meiner ersten Bewertungen dieses Jahrgangs entstand. Ich habe mir ein paar Einführungspreise für den Handel notiert. Sie sind sehr aufschlussreich – und bestürzend niedrig. Aber damals galten sie als relativ hoch. Traditionell wurden sie FOB (frei an Bord geliefert) angegeben.

Croft 1979 auf der Verkostung der 1977er bei Christie's: dicht schwarz, pflaumenartig, intensiv, hohe Säure. Acht Jahre später noch immer ziemlich tief und relativ unreif; verhaltene Nase; süß, körperreich, elegant, gute Länge, pfefferiger Alkohol, Tannin und Säure. 1991 mit ersten Reifespuren; ein Bukett, das sich öffnete; reicher, ziemlich schokoladiger Geschmack. Mit 20 Jahren noch immer tiefes und jugendliches Erscheinungsbild. Süß, gute Frucht, »feigig«. 1999 ein wunderschön entwickeltes Bukett. Sehr wohlschmeckend. Eine nicht allzu begeisterte Bewertung auf der Fladgate-Verkostung, ich gebe jedoch zu, dass ich ihn nur flüchtig verkostet habe. *Zuletzt im April 2002 bei Christie's degustiert* ★★★★ *Jetzt bis 2015.*

Delaforce Im September und Oktober 1979 trügerisch zugänglich im Stil. Zehn Jahre später mehrere Einträge. Noch immer jugendlich; Feigen, Lakritze und Malz; süß, voll im Geschmack, reichlich Tannin und Säure. Reiche Nase; überraschend kraftvoll. Trockener Abgang. *Zuletzt im Oktober 1999 verkostet* ★★★(★)? *2004 bis 2015.*

Dow 1979 lebhafte, purpurrote Rubinfarbe; spritige, fleischigteeartige Nase; süß, voll, alle Komponenten in Fülle vorhanden. Über zwei Dutzend gleichmäßig über die Jahre verteilte Einträge, die ab Mitte der 1980er den beginnenden Farbverlust dokumentieren. Aber weiterhin rubinrot, intensiv, durchscheinend. Endlos faszinierende Nase mit süßer, feigenartiger Frucht, einem Spritzer Mandarine, Cognac-artigem Weingeist, fest verwoben, aber entwickelt allmählich Wohlgeruch. Ein Jahrzehnt später reich, intensiv, fast explosiv eindringlich, mit dem Griff eines guten Vintage und einem langen, schlanken, trockenen Abgang. Ende der 1990er attraktive Flaschen und kürzlich eine sehr wohlriechend parfümierte Magnum fast wie Kölnisch Wasser (es hieß, die sehr ausgeprägte »Kräuter«-Nase sei allen 1977ern eigen). Ungewöhnlich, hochgetönt, köstlich. *Zuletzt im Oktober 1998 auf der Zweihundertjahrfeier von Dow verkostet* ★★★★(★) *Jetzt bis 2020.*

Ferreira Erstmals im November 1979 kurz nach der Abfüllung verkostet: tiefes Pflaumenpurpurrot; süß, aber rau. Entwickelte sich in den 1980ern attraktiv, eher leicht im Stil, aber mit ausgeprägten Tanninen und Säure. Mehrere gleichlautende Einträge entstanden bei Verkostungen in den USA, die von meinem Sohn, dem Ferreira-Importeur für Nordamerika, organisiert wurden. Jetzt reif, mit charakteristischem, lakritzeartigem Wohlgeruch. Ziemlich süß, kein Schwergewicht. Gut zu trinken. *Zuletzt im November 1997 auf einer Wohltätigkeits-Portdegustation in Raleigh Durham verkostet ★★★★ Jetzt bis 2010.*

Fonseca Am 1. Januar 1980 bot der Londoner Fonseca-Agent die sofortige Lieferung von 12er-Holzkisten zu 48 Pfund Sterling FOB an. Flaschen mit »Bleikapsel, eingebrannten Korken, Etikett und Kreidemarkierung«. Mindestbestellung fünf Kisten. Keine kostenlose Lagerung. «Kleine Menge … ausgezeichnete Qualität.« Bei der Eröffnungsverkostung sehr beeindruckend: tiefes Purpurrot; harte, spritige Nase; kraftvoll, ausgewogen. Ende der 1980er noch immer ziemlich tief, pflaumenfarben; klassische Schwarzkirschennase; sehr süß, ziemlich körperreich, schöne Textur. Ich prognostizierte ihm eine große Zukunft. Er begann allerdings Mitte der 1990er wie viele 1977er farbschwächer zu werden, etwas spritig und schlank, aber süß, mit köstlicher Frucht. Im März 1998 bei Warren Winiarskis Essen zum 30-jährigen Bestehen seiner Kellerei im Napa Valley in guter Verfassung. Kürzlich: süß, herrlicher Geschmack, perfekte Nase. *Zuletzt im Oktober 2001 beim Grand-Award-Bankett in New York verkostet ★★★★ Jetzt bis 2025.*

Gould Campbell Auf zwei Degustationen im November 1979 enorm beeindruckend und auf jeden Fall einer meiner Lieblings-1977er: sehr tief, schwarzrotes Zentrum, purpurner Rand. Trotz dieses Erscheinungsbilds in der Nase und am Gaumen ein süßer, zugänglicher, attraktiver Wein. Erst 1990 wieder im Symington-Probierraum in Vila Nova de Gaia verkostet. Noch immer sehr tief, purpurn, intensiv; verhaltene Nase mit eigenartigem Duft, der mich an Speckschwarte erinnerte. Sehr süß, aber schlank, mit trockenem Abgang. Seither nur noch einmal verkostet. Zwar auch in seinem 20. Jahr weiterhin mit überraschend jugendlichem Aussehen, aber nicht mehr so süß und meines Erachtens mit etwas wenig Körper. Nach wie vor sehr tief, mit undurchsichtigem Zentrum; gedämpfte Frucht, Honignote; sehr süß, attraktiv, pikant, trockener Abgang. *Zuletzt im November 2000 zwei Flaschen degustiert ★★★★ Jetzt bis 2020.*

Graham Ein sehr guter Wein. 1979 fast schwarz; ein großer Port mit Apfelnote in der Nase; sehr süß, reich, aber kantig. In den 1980ern allmählicher Farbverlust, aber mit zunehmender Reife eine wundervolle Melange aus Düften mit Lakritze-, Erdbeer- und Feigennoten; fleischige, schöne Frucht. Fast 20 durchweg bewundernde Einträge. 1995 bei einer Portdegustation im Gildeigh Park Hotel gut in Form: mitteltief, mit rotbraunem Rand; sehr reiches, kraftvolles Bukett, das sich wunderschön entfaltete; süß, Körper und Rückgrat gut, fabelhafte Länge, würziger Abgang. Letzter Eintrag: köstlich! *Zuletzt im Dezember 1999 degustiert ★★★★(★) Jetzt bis 2030.*

Offley Boa Vista Im November 1979 fest, fruchtig, aber rau. Auffallend für einen Vintage Port, der Flaschenalterung braucht, war der überraschend kurze Korken. Ich war alles andere als begeistert. Fünf Einträge Mitte der 1990er, unterschiedliche Anlässe, aber vergleichbare Bewertungen, »in guter Verfassung«, gute Frucht, «Gewicht und Ausgewogenheit ordentlich«. *Zuletzt im November 1996 bei einem Christie's-Arbeitsessen degustiert ★★★ Jetzt bis 2010.*

Quarles Harris Ein Wein aus der »zweiten Riege« der allgegenwärtigen Symington-Gruppe. Ich war beeindruckt und bewertete ihn 1988 als wuchtig und »gut bepackt«. Seither insgesamt sieben etwas uneinheitliche Einträge. Ein Exemplar sah eher wie müder Tawny aus und war etwas hölzern, die Ersatzflasche aber ganz anders: wesentlich bessere Farbe, lebhafte Frucht (1997 bei einem Arbeitsessen bei Christie's). 1998 zwar mit schwächer werdender Frucht, aber köstlich. Vielleicht lag es aber auch an der Begleitung. Duft nach Schokolade und angesengten Rosinen. Kürzlich: schwaches Aussehen; staubige Frucht, in der Nase und am Gaumen leicht hölzern, aber süß und sehr reich im Geschmack. *Zuletzt im Dezember 2001 bei einer Vorverkaufsverkostung degustiert ★★ Austrinken.*

»Royal Jubilee« Aus dem Silberjubiläumsjahr von Königin Elizabeth II. 1979 abgefüllt, Korken mit der Markierung »Factory House 1977 Vintage Port«. Eine Assemblage aus 1977ern der zwölf (britischen) Mitglieder des Factory House in Porto. 1980 reiches Rubinrot, voller Frucht und früh entwickelt. *Im März 1981 bei einer Vorverkaufsverkostung von Christie's degustiert ★★★★ Ein seltener Sammlerwein.*

Sandeman Auf der Eröffnungsverkostung bei Christie's: undurchsichtiges Purpurrostbraun; etwas schlank und spritig, aber mit gutem Potenzial. Fünf Jahre später köstlich, aber unreif. Ende der 1980er noch immer mit jugendlichem Aussehen, aber guter Entwicklung. Seither nur noch ein einziger Eintrag: süß, eher schlank und »der beste Wein des ganzen Abends«. *Zuletzt im November 1996 beim »Cyril-Ray«-Essen des Circle of Wine Writers verkostet ★★★ Jetzt bis 2010.*

Smith Woodhouse Einführungspreis 37 britische Pfund das Dutzend, FOB, 39,50 Pfund unter Zollverschluss, London. 1980 abgefüllt, allerdings konnte ich bei der Eröffnungsverkostung 1979 eine Fassprobe degustieren: schwarz, rubinroter Rand; Pflaumen und Brombeeren in der Nase; üppig. 1983 lebhaft, fruchtig, ausgeprägter Geschmack. 1990 noch immer relativ unreif, süß, reich, reichlich mit Tannin und Säure ausgestattet und eindeutig mit guter Zukunft. Noch immer farbtief; attraktiv, wohlschmeckend, eher schlank, ziemlicher Biss. Braucht Zeit. *Zuletzt im November 2000 verkostet ★★(★★) 2005 bis 2015.*

Taylor 1979 bei der Eröffnungsverkostung von Christie's schwarz; harmonisch, aber verschlossen; konzentriert, jedoch auch verhalten. 1991 auf Taylors Verkostung zur Dreihundertjahrfeier: tief und ziemlich intensiv; in der Nase ebenso tief, reich; süß, körperreich, kraftvoll, mit allen notwendigen Komponenten bepackt, vor Leben strotzend, große Länge. 1997 eine enttäuschende Flasche. Am Austrocknen. 1999 unbeeindruckend. Beträchtlicher Farbverlust, aber nach wie vor schön, warm und schimmernd; wohlriechendes Bukett; fast Graham-artige Süße und ungewöhnlich weiche Textur. Kürzlich: in der Nase korkelnd, am Gaumen wesentlich besser, ziemlich kraftvoll, entgegenkommend, fest, guter Abgang. *Zuletzt im April 2002 auf der Fladgate-Verkostung degustiert ★★★★? Muss ich im Auge behalten.*

Warre Einführungspreis für den Handel 40 britische Pfund die Kiste, FOB, oder 43 Pfund unter Zollverschluss, London, Bestellung 25 Kisten Minimum. Bei Mehrabnahme Ermäßigung. 1979 sehr tief, hart, Teeblattaroma. Über 20 Einträge seither, langsame, aber stete Entwicklung. Wohlriechendes, teeartiges Bukett; Ende der 1980er reich, würzig, schön. Während der gesamten 1990er-Jahre beständig gut, unter anderem auf der Symington-Verkostung von 1994, als ich eine praktisch perfekte Flasche degustierte: typische Warre-Eleganz, geschmeidig und schön. Dann herrliche Magnumflaschen, die großzügigerweise von den Symingtons für ein Wohltätigkeitsbankett im Jahr 1996 gestiftet wurden. 1999 im Garrick gut zu trinken. Kürzlich zu Hause: jetzt mit voll ausgereiftem Erscheinungsbild; etwas unverwoben; scharfer, trockener Abgang. Ich fand ihn nach ein, zwei Tagen im Dekantiergefäß besser, insgesamt aber ein bisschen enttäuschend. *Zuletzt im Mai 2002 verkostet. Jetzt auf* ★★★★ *zurückgestuft. Trinkreif.*

WEITERE 1977ER **Cálem** Süß, fruchtbeladen. Beeindruckend. *Oktober 1986* ★★★★; **Diez** Schöne Farbabstufung; zurückhaltende Nase, aber ein gewisses Potenzial; süß, körperreich – merklich hoher Alkoholgehalt, reich, gute Länge. *April 1990* ★★★; **Feuerheerd** Blass und unbeeindruckend. *Juli 1987*; **Foz, Qta da** Sehr süß, voller Frucht, schön. *März 1988* ★★★; **Poças Junior** Pflaumig, sehr fruchtig, attraktiv. *November 1982* ★★★; **Rebello Valente** Ist mir seit der Eröffnungsverkostung nicht mehr untergekommen. Sehr süß, reich, frühreif. *Möglicherweise jetzt* ★★★; **Royal Oporto** Süß, rosinig, ausgewogen; pflaumenartiger Geschmack. *Februar 1986* ★(★★)

1978 ★★

Kein leichtes Jahr. Ein kalter nasser Winter, Frühjahr und Frühsommer, dann Trockenheit von Ende Juni bis Anfang Oktober. Große Hitze im September. Fazit: eine kleine Ernte fleischiger Weine. Noval hatte den 1977er nicht deklariert, gab nun aber als Ausgleich den 1978er als Vintage heraus. Immer mehr Einzel-Quinta-Weine kamen auf den Markt.

Cavadinha, Qta da Eine alte Quinta, die ihre Weine aber bisher nicht als Einzel-Quinta vermarktet hatte. Die Trauben reifen hier spät heran. Nach acht Jahren in der Flasche etwas spritige Nase wie nasser Karton. Sehr süß, füllig, lebhaft, schlank und attraktiv. Noch immer ziemlich viel Tannin und zitrusartige, erfrischende Säure. *Juni 1988* ★★(★)

Côrte, Qta da Der erste Jahrgang, der von Delaforce als Einzel-Quinta-Wein herausgegeben wurde. Zweimal verkostet. Blässlich, rosa Ton; »warme«, rosinige, feigenartige Nase; ziemlich süß, zugänglich, trocken, leicht bitterer Abgang. *Zuletzt im April 1988 verkostet* ★★

Dow Ich nehme normalerweise keine LBVs hier auf, aber dieser 1999 abgefüllte Port war und ist superb. Süß, aber schlank, Geschmack und Länge gut. *Im Oktober 1999 auf Flug BA 001 (Concorde) verkostet* ★★★

Eira Velha, Qta da Im Januar 1981 abgefüllt. Diese berühmte alte Quinta gehörte der Familie Newman, doch der Wein wird von Cockburn ausgebaut und auf Flaschen gezogen und über Harvey's verkauft. Als ich ihn zwei Jahre nach der Lese kurz nach dem Abfüllen das erste Mal verkostete, war er recht beeindruckend, mit angenehmer Fülle und Ausgewogenheit. Mitte der 1980er tiefes, lebhaftes Rubinrot; zurückhaltendes Bukett; mittelsüß und mittelgewichtig, etwas schlanker als erwartet. Ein wenig seltsam. *Zuletzt im Oktober 1986 verkostet* ★★? *Ich muss ihn noch einmal probieren.*

Ferreira Eine echte Entdeckung – wenn man ihn denn entdeckt. Wahrscheinlich der beste 1978er. Erstmals zehn Jahre nach der Lese verkostet, ein Wein von beträchtlicher Farbe und Kraft, voller Frucht, Tannin, Säure. Anfang der 1990er fleischig, schön. Seither vier weitere gute Bewertungen. Jetzt blasser, reif; duftende Nase; sehr süß, noch immer ziemlich kraftvoll, köstliche, kernige Frucht. Trockener Abgang. Ein archetypischer Vintage Port von Ferreira. Im September 1999 »sehr gut zu trinken«. Kürzlich: gute Farbe, reifer Rand; Bau und Textur ansehnlich. Guter trockener Abgang. *Zuletzt im Dezember 2000 in Bartholomews Büro in San Francisco degustiert* ★★★★ *Bald trinken.*

Fonseca Guimaraens Schimmernd; mittelsüß, gutes Gewicht, trockener Abgang. Sehr gut. *Im Mai 1997 an einem sehr nassen Tag während eines Mittagessens bei Taylor in Porto verkostet* ★★★ *Bald trinken.*

Graham's Malvedos Sieben Einträge. Köstlich. Gute Farbe; sehr attraktive Nase, leicht rosiniger Anflug, Lakritzenote; ziemlich süß, mittleres Gewicht, weich, fleischig. *Zuletzt im November 1992 verkostet* ★★★(★) *Demnächst trinken.*

Noval, Qta do Mit elf Jahren reif; in der Nase ziemlich hart, Anflug von Mandarinen; süß, Gewicht und Stil ordentlich. *Seit November 1989 nicht mehr verkostet* ★★ *Muss wahrscheinlich jetzt getrunken werden.*

Noval Nacional 1989 pflaumenfarben; reiche, ausladende, sehr feigenartige Nase von großer Tiefe; sehr süß, körperreich, reich, fett, konzentriert, aber auf der Verkostung von zwölf Nacional-Jahrgängen fünf Jahre später nicht mehr so beeindruckend. Reifer, sehr süß, guter Geschmack, aber ohne Länge. *Zuletzt im September 1994 verkostet* ★★★

Vargellas, Qta de Im November 1979 bekam ich die seltene Gelegenheit, verschiedene Rebsorten von unterschiedlichen Lagen dieses berühmten Guts aus dem Fass zu verkosten. Der Touriga nacional war unglaublich farbtief, ein lebhaftes, klares Purpurrot, süß und fest. Der »Roris« oder Tinta Roriz ebenfalls farbtief, aber nicht so lebhaft. In der Nase und am Gaumen weicher, lockerer verwoben. »Mistura« (eine Traubenmischung) in der Nase am entgegenkommendsten, süß, Fett und Frucht schön. Eindeutig viel versprechende Komponenten. Kürzlich noch immer jugendlich; ziemlich süß, gut, aber schlank. *Zuletzt im Mai 1992 beim jährlichen Wohltätigkeitsbankett des Wine Trade zum Abschluss meiner Amtszeit als Vorsitzender der Gesellschaft verkostet* ★★★ *Bald trinken.*

Das Weinmagazin *Decanter*

Die 1977 gegründete Zeitschrift war Nachfolger des legendären Magazins Wine, *für das ich in den 1960ern regelmäßig die Kolumne »Essen mit einem Master of Wine« verfasste (eine sehr gute, vor allem in den Staaten überaus beliebte Serie, denn dort war das Abstimmen von Speisen und Wein und die Veröffentlichung von Degustationsnotizen etwas ganz Neues). Gegründet hatten den* Decanter *Colin Parnell und der mittlerweile verstorbene Tony Lord, zwei unterhaltsame Medienleute.*

Meine erste Monatskolumne, die später auf eine ganze Seite ausgedehnt wurde, erschien im Februar 1978. Das Thema war Portwein. Meine Artikel verfasse ich stets am Sonntagmorgen im Bett. Von dieser Angewohnheit rücke ich nur sehr ungern ab – sehr zum Leidwesen meiner Redakteure, denn wenn sie am Dienstagmorgen kein Manuskript von mir auf dem Tisch liegen haben, dann wissen sie, dass sie sich eine weitere Woche gedulden müssen. Meines Wissens hat mein Artikel aber noch in keiner Ausgabe gefehlt (im Juni 2002 erschien meine 300. Kolumne). Meine Handschrift allerdings ist im Lauf der Jahre immer schlechter geworden. Seit kurzem erscheint über dem Artikel ein Bild von mir mit meinem bewährten holländischen Fahrrad, was sich als sehr nützliche Neuerung erwiesen hat. Im Herbst 2000 stattete ich einer mir bis dato völlig unbekannten Kellerei in Neuseeland einen Besuch ab – und wurde von der jungen Frau am Empfang tatsächlich gefragt: »Wo haben Sie denn Ihr Rad gelassen?« Dank der Abbildung weiß ich ab jetzt immer, wer meine Kolumne liest!

ÄLTERE EINTRÄGE **Kopke** Noch ein berühmter alter Name, der aber in Großbritannien relativ unbekannt ist. Der 1978er sehr süß, aber kurz. *Oktober 1986* ★★; **Roêda, Qta da** Ein schönes Gut, Crofts Gegenstück zu Grahams Malvedos und

Taylors Vargellas. Blässlich, jugendlich, etwas schwach; leicht spritig, süß, ordentliche Qualität und Länge. *April 1988* ★★; **Rosa, Qta de la** Überraschend blass; in der Nase unreif, erinnerte mich an das Kerngehäuse eines Apfels; mittelsüß, ziemlich kraftvoll, lebhafte Frucht, noch immer tanninbetont. Die Farbe ging wohl im Fass auf der Quinta verloren. *November 1988* ★★; **Royal Oporto** Eines der größten Porthäuser mit riesiger Produktion. Die Engländer und britischen Porthäuser sehen etwas auf dieses Unternehmen herab, aber in den Vereinigten Staaten sind seine Weine der Renner. Vier Einträge Mitte der 1980er. Vollreifes Erscheinungsbild; die Süße und der Gehalt von Feigensirup, weich und angenehm. *Juni 1987* ★★

1979 ★★

Wieder Trockenheit im Sommer, bis kurz vor der Lese Ende September starke Regenfälle einsetzten. Hohe Erträge, überdurchschnittliche Qualität, aber nicht deklariert. Einige nützliche LBVs erschienen. Sie sollten mittlerweile bereits weggetrunken sein.

Dow's LBV Scheint über einen Zeitraum von drei Jahren auf Flaschen gezogen worden zu sein. 1983 kurz nach der Abfüllung schmackhaft, aber rau. Die 1984er Abfüllung war 1985 angenehm fruchtig, die von 1985 ein buntes Potpourri in der Nase, sehr süß und weich, mit traubigem Geschmack, aber kurz. *1986 und 1987 verkostet. Uneinheitliche Qualität.*

Graham's Malvedos Sehr angenehmer süßer, fülliger, lebhafter, fruchtiger Geschmack. Erfrischend säurebetonter Abgang. *Zuletzt im Januar 1993 verkostet* ★★

1980 ★★★

Ein guter Jahrgang, der mittlerweile sehr zugänglich ist, denn der Tanningehalt liegt nun unter dem der 1983er. Er kam gerade recht als Lückenfüller, während man darauf wartete, dass die besseren Jahrgänge heranreiften. Der Sommer fiel besonders trocken aus. Ende September startete man bei schönem, trockenem Wetter die Lese. Cockburn, Martinez und Noval deklarierten nicht. Das Gros meiner frühen Einträge entstand auf einer von Tim Stanley-Clark organisierten Verkostung bei Christie's im Juni 1990. Um einen Eindruck von den damaligen Preisen zu vermitteln, nenne ich einige der Eröffnungsangebote kurz nach der Deklarierung.

Cálem Mitteltief, reift schön heran; sehr süß, schokoladig, im Bukett und Geschmack Vanille. Reich, feigenartig, weich, gute Länge. Machte einen guten Eindruck. *Juni 1990* ★★★ *Bald trinken.*

Croft Kein Jahrgang, sondern ein LBV. Undurchsichtig, pflaumenartig, süß, mit Zitrusmantel, scharfer, säurebetonter Abgang. *Zuletzt im Oktober 2000 verkostet* ★ *Bald trinken.*

Dow Erstmals 1982 bei einer Verkostung von Michael Symington anlässlich der Freigabe des 1980er-Jahrgangs verkostet. Vor der endgültigen Komposition konnte man sechs *lotes* des 1980ers aus den Lodges verkosten, also Weine aus den verschiedenen Traubensorten und Anbauzonen. Der »BFQTA« beispielsweise stammt aus zwei niedrig gelegenen Rebflächen am Nordufer des Douro bei Pinhão und wird in Dows Quinta do Bomfim bereitet: ein harter, bitterer Wein, für sich allein unausgewogen, aber ein wesentlicher Bestandteil der endgültigen Assemblage. Der Einzel-Quinta-Wein »URT« kommt vom Oberlauf des Rio Torto und enthält einen hohen Anteil Trauben von alten Rebstöcken: undurchsichtig, sehr klassisch. Eine ähnliche Verkostung einzelner Rebsorten für den 1980er präsentierte Michael Symington im September. Nach einem Jahr in der Flasche war das Endprodukt in der Nase noch immer hart und feigenartig, am Gaumen außerdem süß, scharf und spritig. Nach zwei weiteren Jahren entwickelte er sich gut, war weicher und zeigte mehr Fleisch. Kürzlich noch immer beeindruckend tief und intensiv; in der Nase ziemlich stielig, ein Anflug von Lakritze; sehr süß, füllig, wohlschmeckend. Reichlich Alkohol, Tannin und Säure. Braucht Zeit. Auf einer Verkostung von 13 Dow-Jahrgängen 1994 in Aspen überraschend süß für einen Dow und voller Frucht. Ähnlich bei einer Symington-Portdegustation noch im selben Monat. An einem Weinwochenende im Gidleigh Park Hotel eine köstliche halbe Flasche. Etwas am Austrocknen auf der Zweihundertjahrfeier von Dow, wo er von anderen Jahrgängen in den Schatten gestellt wurde – überhaupt habe ich bei ihm im Lauf der Jahre immer wieder auf den »trockenen Abgang« verwiesen. Auf einer Vintage-Port-Degustation des Port Wine Institute 1999 fest, wohlriechend, »blumig«, elegant und mit langem trockenem Abgang. *Bei mehreren Anlässen sehr angenehm zu reifem Cheddar (nicht Stilton) im Restaurant Wilton, zuletzt im Mai 2002* ★★★★ *Jetzt bis 2010.*

Ferreira Eine Reihe von Einträgen; erstmals 1988 verkostet. Ein angenehmer, frühreifer Wein. Acht Jahre später zwar mit reiferem Aussehen, aber am Gaumen ziemlich kraftvoll. Entgegenkommend, ziemlich hochgetöntes Bukett. Sehr süß. *Zuletzt im Dezember 2000 in San Francisco verkostet* ★★★ *Jetzt bis 2010.*

Fonseca Eröffnungsangebot für den britischen Weinhandel 55 britische Pfund die Kiste, FOB, Zuteilung 4500 Kisten. Von Anfang an ein blasserer, leichterer Fonseca-Stil als üblich, aber beständig süß. Gegen Ende der 1980er mit beträchtlicher Reife, aber noch immer pfefferig. Mitte der 1990er voll entwickelt. Gleichlautende Bewertungen, allerdings ein Ausreißer bei Pratts, der meines Erachtens zu lange im Dekantiergefäß gewesen war – ein typisches Problem, wenn man Vintage Port in einem Club oder Restaurant glasweise bestellt. Fragen Sie nach, wann er dekantiert wurde. Später (nicht mehr im offenen Ausschank) bei einem Essen mit einem meiner Verleger: fast wie ein 20-jähriger Tawny, der etwas errötet. Leichtgewichtig im Stil, aber köstlich. *Zuletzt im März 1997 bei Segrave Foulkes verkostet* ★★★ *Bald trinken.*

Foz, Qta da Nur zweimal verkostet, beide Male »sehr süß«. Nach vier Jahren in der Flasche weich, voll und reich. Einige Jahre später leicht im Stil, reift schön heran. *Zuletzt im Oktober 1994 auf einer Cálem-Verkostung bei Christie's degustiert* ★★★ *Bald trinken.*

Gould Campbell Erstmals 1982 verkostet: wohlschmeckend, gute Textur. Vier Einträge aus jüngerer Zeit. Machte auf der großen Blindverkostung im Juni 1990 und sechs Monate später einen guten Eindruck. Buchstäblich undurchsichtig, noch immer unreifes pflaumenfarbenes Purpurrot; reiche, feigenartige, ausgewogene Nase; süß, voller Geschmack und Körper, sehr reich, gute Frucht, für einen 1980er fett, gute Länge. *Zuletzt im November 2000 verkostet* ★★★ *Jetzt bis 2010.*

Graham Über ein Dutzend Einträge voll Bewunderung. In der zweiten Hälfte der 1980er tief und intensiv, ein Anflug von Härte, würzig. Viermal Mitte der 1990er verkostet. Noch immer pflaumenfarben und tief; gute reiche, feigenartige Frucht; ausgeprägt süß, wie man es von einem Graham auch erwartet. Gute Länge, etwas tanninbetont. Kürzlich eine herrlich reiche Nase; kraftvoll, gut zu trinken, hat aber noch viel Zeit vor sich. *Zuletzt im Oktober 1998 verkostet* ★★★(★) *Jetzt bis 2015.*

Niepoort Vier Einträge Mitte der 1980er. Angesengte Walnüsse und Rosinen; sehr süß, reich, weich. Ein guter Wein. In letzter Zeit zweimal degustiert: noch immer tief und jugendlich; in der Nase fast dekadent süß, reife Feigen; mittlerer Körper, sehr attraktive Frucht. Trockener Abgang. *Zuletzt im Oktober 1990 verkostet* ★★★ *Bald trinken.*

Noval Nacional Mitteltief, reifer werdend; reiche, angesengte, schokoladige Nase; mittelsüß, schlank und lebhaft. *Im September 1994 auf der Nacional-Verkostung degustiert* ★★★ *Jetzt bis 2015.*

Offley Boa Vista Etwas uneinheitliche Beurteilungen. Ursprünglich tief und schlank. Auf einer umfangreichen Portdegustation in Jackson, Mississippi, in guter Verfassung. Noch immer pflaumenfarben, geradlinig, leicht im Stil, süß, lebhaft. *Zuletzt im Februar 1999 beim Essen eines Fachverbands in Bristol degustiert* ★★★ *(gerade noch). Bald trinken.*

Quarles Harris Einführungspreis 48 Pfund Sterling die Kiste, FOB. Mit zehn Jahren pflaumenfarben; süße, leicht schokoladige, feigenartige Nase und ebensolcher Geschmack. Wohlriechend. Kürzlich trotz Reife überraschend tief; eigenartiges, aber ansprechendes Bukett, kandierte Veilchen; reich, dabei schlank. Etwas hohe Säure. *Zuletzt im November 2000 verkostet* ★★★ *(gerade noch). Jetzt bis 2010.*

Rebello Valente Mittetief, reifer werdend; süße, klassische Vanillenase mit etwas Tiefe; süß, mittleres Gewicht, schlank, aber gut gebaut, schöner Geschmack, gute Länge. *Juni 1990* ★★★ *Bald trinken.*

Sandeman Tiefe, Gewicht und Frucht vor und kurz nach der Abfüllung beeindruckend. Nach sechs Jahren in der Flasche nach wie vor tief, intensiv und unreif; ziemlich körperreich, wohlschmeckend, moderate Länge, Tannin und erfrischende Säure. Nach zehn Jahren mit ersten Anzeichen von Reife; geradlinige, ziemlich spritige Nase; ordentliches Gewicht, schlank, wohlschmeckend. Kürzlich sehr wohlschmeckend, attraktiv. *Zuletzt im Januar 1997 bei einem Essen der Distillers verkostet* ★★★ *Demnächst trinken.*

Smith Woodhouse Einführungspreis 48 Pfund Sterling, FOB. Bekam meine höchste Bewertung der 14 im Juni 1990 bei Christie's blind verkosteten 1980er. Auf der Degustation von James Symington nicht minder beeindruckend: ausgeprägt tief, pflaumenfarben; sehr entgegenkommende Frucht in der Nase, reich, fast malzig; sehr süß, körperreich, schöner Geschmack, intensiv und lang. Zufällig im Jahr 2000 bei Essen des Brooks's Club sowohl auf Château Margaux als auch auf Lafite serviert. Die jahrgangstypische Säure bot dem Stilton-Käse gut Paroli. *Zuletzt im November 2000 verkostet* ★★★★ *Jetzt bis 2010.*

Taylor Aus vier halben Probeflaschen des Porthauses für einen Weinkurs bei Christie's dekantiert: undurchsichtig, purpurn; sehr alkoholisch, aber stumpf; süß, körperreich, mit bitterem, tanninbetontem Abgang (Dezember 1982). Begann sich Anfang der 1990er zu öffnen, aber neben den anderen 1980ern der Port mit dem unreifsten Aussehen, außerdem nach wie vor mit diesem bitteren, tanninbetonten Abgang. Braucht noch Zeit. *Zuletzt im Februar 1995 bei einer Portverkostung im Gidleigh Park Hotel in Devon degustiert* ★★★(★) *2005 bis 2020.*

Warre Einführungspreis 52 Pfund Sterling, FOB. Komischerweise erst 1990 das erste Mal verkostet: reich, pflaumenfarben, ein Frühstarter. Bei zwei Symington-Degustationen Mitte der 1990er mit dem Dow und dem Graham verkostet: Zunächst bewertete ich ihn höher, große Länge, superb; ein Jahr später allerdings fand ich ihn lockerer gewirkt und zog den Graham vor. Bei einem Frauenbankett der Distillers erwartungsgemäß »der beste Wein des Abends«, seither entstanden weitere vier interessante Einträge. Noch immer sehr tief; duftend; außerordentlich dichter, feigenartiger Geschmack und beeindruckender, sehr trockener Abgang. *Zuletzt im Dezember 1999 verkostet* ★★★★ *Jetzt bis 2010.*

ÄLTERE EINTRÄGE **Barros** Ein sehr »portugiesischer« Port, im Gegensatz zum britischen Stil: tief, intensiv; ein süßer, voller, pflaumiger, schokoladiger Wein mit duftigem Nachgeschmack. *Dezember 1999* ★★★ *Bald trinken;* **Hutcheson** (**Barros, Almeida**) Tief, lebhaft, pflaumenfarben; sehr süß, spritig; süß, reich, fest. Harter Abgang. *Oktober 1986* ★★★ *Dürfte jetzt trinkreif sein.*

1981

Nicht deklariert, allerdings entstanden einige recht erfolgreiche LBVs. Der Rest wurde für Standardkompositionen verwendet. Nicht zum Einlagern geeignet.

Niepoort 1986 abgefüllt. Zweimal verkostet, das erste Mal 1990. Mitteltief, im Reifen begriffen; gute Frucht, erinnerte mich an *mincemeat*, eine mit Hackfleisch, Rosinen, Äpfeln, Hammelfett und Rum gefüllte Pastete. Sehr süß. Gute Frucht. Körper und Gleichgewicht angenehm. Trockener Abgang. *Zuletzt im Januar 2002 zu Hause verkostet* ★★★

Dow Späte Abfüllung 1986. Blässlich; unverwoben; sehr süß, angenehm, gefällig, kurz. Trockener, säurebetonter Abgang. *Oktober 1990* ★★★

ZWEI LBVS, DIE ICH ENDE DER 1980ER VERKOSTETE (Abfülljahr unbekannt) **Graham's** Etwas Tiefe, lebhaft ★★; **Taylor's** Tief, süß, kraftvoll ★★★ *Austrinken.*

1982 ★★★, in Bestform ★★★★

Ein wirres Jahr. Nur ein Dutzend großer Häuser deklarierte diesen Jahrgang. Cockburn und Warre hielten sich ganz bedeckt, Graham erklärte nur den Malvedos zum Vintage.

Interessante Wetterbedingungen: ein sehr trockener Winter, erfrischende Frühlingsschauer, gute Blüte im Mai, aber ein außerordentlich heißer, trockener Sommer, der eine ungewöhnlich frühe Lese ab 8. September nach sich zog. Zwar besprenkelten leichte Schauer die Trauben während der Ernte, doch die Vergärung lief bei hohen Temperaturen ab. Es entstanden einige gute, angenehm zu trinkende Weine. Ein sehr unterbewerteter Jahrgang.

Churchill Graham Zur Heirat zwischen Angehörigen der Familien Graham und Churchill kam eine neue Marke heraus – die erste seit vielen Jahren. (Leider erhoben die Symingtons Einspruch gegen die Verwendung des Namens Graham.) Bei der ersten Verkostung 1984 ziemlich beeindruckend, mit passablem Potenzial. Auf einer großen Degustation 1990 nicht besonders gut, scheint sich aber mittlerweile beruhigt zu haben. Jetzt mittlere Tiefe; lebhafte, duftende Nase; süß, gute Frucht. *Zuletzt im Oktober 1998 bei Michael Le Marchant verkostet* ★★★ *Trinkreif.*

Croft Erstmals 1985 verkostet: ausladende, malzige Sultaninennase; süß, voll, Körper und Frucht ordentlich. Gute Länge. Fünf Jahre später mehrere Einträge: blässlich, rosiger Ton, für sein Alter im Erscheinungsbild ziemlich fortgeschrittene Reife. Entgegenkommendes, rosiniges Bukett. Sehr süß, fast schokoladig, voll im Geschmack, stilvoll, seidige Tannine und lebhafte Säure. Unlängst gute Nase, bemerkenswert attraktiv. *Zuletzt im Januar 1996 verkostet* ★★★★ *Jetzt bis 2010.*

Delaforce Der erste deklarierte Jahrgang seit 1977. Kleine Produktion. Zwei Einträge aus jüngerer Zeit: mitteltief, attraktiv, frühreif; süße, rosinige, leicht malzige Nase; am Gaumen süß, füllig, aber schlank, mit lebhaftem, fruchtigem Geschmack, Tannin und etwas hoher Säure. *Zuletzt im Juni 1990 verkostet* ★★(★) *Jetzt bis 2010.*

Dow Nur ein Eintrag, entstanden drei Jahre nach der Abfüllung: damals noch immer undurchsichtig, intensiv; süß, voll, reich, etwas kurz und mit leicht hervortretender Säure. Von Dow gab es außerdem auch eine überraschend süße und schöne Colheita. *Im April 2001 bei British Airways verkostet ★★★ Jetzt bis 2010.*

Ferreira Nach vier 1988 entstandenen Bewertungen zu urteilen einer der besten 1982er, »fruchtbepackt«. Auch Mitte der 1990er verkostet. Attraktives, leuchtendes, tiefes Rubinrot, für sein Alter jugendlich; sehr wohlriechendes, hochgetöntes Bukett; süß, körperreich – viel von allem. Trockener Abgang. *Zuletzt im Oktober 1999 beim jährlichen Weindinner des Knickerbocker Club in New York verkostet. Trank sich gut ★★★(★) Jetzt bis 2015.*

Foz, Qta da 1986 nach zwei Jahren in der Flasche tief, lebhaft, intensiv; jugendlich, fruchtig, spritig. Kürzlich noch immer beeindruckend tief, pflaumenfarben; gute Frucht; sehr süß, mittlerer bis voller Körper. Köstlich. *Zuletzt im Juni 1990 verkostet ★★★(★) Jetzt bis 2010.*

Graham's Malvedos Einige Male verkostet, das erste Mal 1991: reich, pflaumenfarben; eigenartig entwickelte Nase mit Feigen- und Rosinennote; sehr süß, glatt, fleischig, bepackt mit Frucht, Tannin und Säure. Als Nächstes sehr süß, schöner Geschmack, »jetzt perfekt«. *Zuletzt im März 1994 verkostet ★★★ Bald trinken.*

Martinez Gehört zur selben Gruppe wie Cockburn, spielt neben dem viel beworbenen großen Bruder aber immer die zweite Geige. In der Regel ausgezeichnet – so auch 1982. Auf der großen Blindverkostung im Juni 1990 in guter Verfassung. Kürzlich außerdem bei Cockburn degustiert. Ziemlich tief, pflaumenfarben, zaghafte erste Schritte in Richtung Reife; sehr gut, reich, intensiv, ziemlich hochgetönt, feigenartige, rosinige Nase; ein großer, süßer Wein mit sehr attraktivem, leicht rosinigem Geschmack, etwas schlank, ansonsten aber ausgezeichnet im Gleichgewicht. *Zuletzt im Dezember 1990 verkostet ★★★★ Hat fast eine Fünfsterne-Zukunft vor sich. Jetzt bis 2015.*

Niepoort Wie üblich nach zwei Jahren auf die Flasche gezogen. Fünf Einträge seit Mitte der 1980er. Ein Jahr nach der Abfüllung zwar mit intensiver Maulbeerfarbe, schien aber auf frühe Reife zuzusteuern. Ein ungewöhnlicher Stil, am Gaumen angesengte, stielige Rosinen, Ingwer, fleischig. Auf seine Weise attraktiv. Passte in seinem fünften Jahr sehr gut zu Erdbeeren, bei einer Verkostung von zehn 1982ern empfand ich ihn aber als etwas hart und ausdruckslos. *Zuletzt im Juni 1990 verkostet ★★ Bald trinken.*

Noval, Qta do Der erste Jahrgang, der von der neuen Generation der Familie van Zeller deklariert wurde. Ab der Mitte der 1980er vier bewundernde Urteile. Anfangs undurchsichtig, nach fünf Jahren in der Flasche noch immer ziemlich tief, sehr beeindruckend, intensiv und jugendlich. In ihm steckt viel: tiefe, pflaumenartige Frucht, ein Tanningeruch wie weiches Schuhleder, Feigen und Walnüsse. Süß, körperreich, gehaltvoll, hoher Extrakt, Länge, Tannin und Säure ausgezeichnet. Später erneut wie beschrieben, aber mit ersten Anzeichen von Reife. Intensiv. Gutes Potenzial. Ein Spitzen-1982er. *Zuletzt im Juni 1990 verkostet ★★★★ 2005 bis 2015.*

Noval Nacional Abgefüllt im Februar 1985. Zweimal verkostet, beide Male auf Nacional-Degustationen, das erste Mal 1989. Beständig; tiefe, reiche Farbe, reifer werdend; in der Nase und am Gaumen nicht minder reich und würzig; süß, voll, Länge und Nachgeschmack grandios. *Zuletzt im September 1994 verkostet ★★★★★ 2005 bis 2025.*

Offley Boa Vista Drei Einträge. 1990 überraschend farbtief; beständig verschlossene Nase, jedoch sehr süß. Damals noch nicht reif, 1996 aber weiter entwickelt. Kürzlich eine schöne Rubinfarbe; schlanke, spritige Nase, etwas scharfer, säurebetonter Abgang, der gut zu Käse passte. *Zuletzt im Oktober 2000 zu Hause verkostet ★★ Jetzt bis 2010.*

Ramos-Pinto Zwei Einträge 1990: noch immer süß, aber hart, mit einem Anflug von Minze und Feigen; lebhafte, eindringliche Frucht, kraftvoll, schlank, aber gut gebaut. Kürzlich: noch immer jugendlich pflaumenfarben; sehr süß, guter Feigengeschmack. Wird allmählich. *Zuletzt im April 2002 zu Hause verkostet ★★★*

»Rio Tinto« Ein Einzel-Quinta-Wein ohne Quinta-Angabe. Vom Rio Tinto, einem Nebenfluss des Douro, importiert von Eldridge Pope. Ein interessantes Zonenwein-Vermarktungskonzept. Gute Farbe, schöne Frucht, gutes Preis-Leistungs-Verhältnis. *Juli 1990 ★★★ Bald trinken.*

Royal Oporto Bekam bei der Blinddegustation von 1982ern meine niedrigste Bewertung. Beide Flaschen schlecht, eine übelriechend (Sulfid), die andere oxidiert. Beide unsauber. *Juni 1990.*

Sandeman Vier Einträge. Kurz nach der Abfüllung undurchsichtig, mächtig, hart und pfefferig. Nach vier Jahren in der Flasche noch immer jugendlich reiches Rubinrot; eigenartige Nase, nach wie vor hart, Feigen und Brombeeren; ausgeprägt süß, füllig, erfrischende Zitrusnote, gute Länge. Kürzlich nicht mehr so tief, jetzt pflaumenfarben; geradlinige, verhaltene Süßholznase. *Zuletzt im Juni 1990 verkostet ★★★ Jetzt bis 2010.*

Seixo, Qta do Tief, noch immer mit jugendlichem Erscheinungsbild; süß, Frucht und Gleichgewicht gut. *Im Oktober 1997 nach dem Essen auf der Quinta Vale de Meão am Oberlauf des Douro verkostet. Nach der langen, anstrengenden Fahrt brauchte ich ein zweites Glas ★★★ Jetzt bis 2010.*

Warre Colheita. Geschmeidig, schön, mit exquisitem, ätherischem Endgeschmack. *April 2001 ★★★ Bald trinken.*

ÄLTERE EINTRÄGE **Cruzeiro, Qta do** Tief; warme, brotkrustige Nase; angenehm. *Mai 1985, damals ★★★ Bald trinken;* **Vargellas, Qta de** Schon mit knapp drei Jahren ziemlich gut entwickelt. Süß, weich, angenehm. *Mai 1985 ★★★ Demnächst wegtrinken.*

1983 ★★★★

Ein sehr attraktiver Jahrgang. Er ähnelte auf den ersten Blick dem 1982er, wurde aber vom zugänglichen, beliebteren 1985er in den Schatten gestellt. Rund zehn große Porthäuser und einige unbedeutendere Erzeuger deklarierten ihn; außerdem kam eine Reihe von LBVs auf den Markt. Ein guter Wein für mittellange Lagerung.

Der kalte, nasse Mai verursachte *desavinho* (Verrieseln). Im September war es schön und sonnig, die Tagesdurchschnittstemperatur lag fast den ganzen Monat über 30 °C. Ein paar vereinzelte Gewitter in den letzten Septembertagen erfrischten die aufgeheizten, staubigen Trauben etwas, wie es Michael Symington ausdrückte. Doch der Regen unterbrach die lange herbstliche Hitzeperiode nur kurz. Die gute, aber außergewöhnlich spät eingeleitete Lese im Oktober erbrachte eine Ernte mit hohem Zuckergehalt.

Mir liegen ziemlich viele Einträge vor, doch erst durch eine Blindverkostung von neun bedeutenden 1983ern im Mai 1985 in Porto und die umfangreichere Blinddegustation im Juni 1990 bei Christie's mit einem Dutzend Erzeugnissen konnte ich den Jahrgang in seinen zeitlichen und qualitativen Kontext einordnen.

Der 1983er wird derzeit noch unterbewertet, was sich wohl auch nicht so schnell ändern wird. Die gut trinkbaren Weine bieten ein gutes Preis-Leistungs-Verhältnis.

Cálem Ziemlich tiefe, angenehme Farbe, reift schön heran; in der Nase zunächst recht hart, aber entwickelte sich und wurde im Glas süßer; im Geschmack sehr süß, körperreich, lebhaft, Zitrusnote, schlank. Gut. Damals noch immer in Familienbesitz, traditionell und ziemlich britisch im Stil und sehr gut. *Juni 1990* ★★★(★) *Jetzt bis 2015.*

Churchill Churchill-Graham musste das »Graham« aus dem Namen streichen, obwohl es sich wie bei Churchill um einen echten Familiennamen handelte. Mittelsüß. Passable Frucht. *März 1992* ★★★ *Bald trinken.*

Cockburn Der erste deklarierte Jahrgang seit 1975. Nach Angaben eines Direktors, Peter Cobb, »kleine Produktion, aber erstklassige Qualität«. Drei Bewertungen im Sommer 1985: schwarze Farbe, außergewöhnliche Süße, Konzentration, Charakter, Länge und Tannin – alles Anzeichen für ein langes Leben. Im darauf folgenden November (1986) noch immer intensiv, mit harter, unreifer, spritiger Nase. Süß, körperreich, pfefferig (Alkohol) und trockener, tanninbetonter Abgang. 1990 zwei Einträge: nach wie vor beeindruckend tiefes, jugendliches Erscheinungsbild; süße, parfümierte, angenehm pikante Nase, weiterhin pfefferig. Bei beiden Gelegenheiten verwies ich auf die mittlere Süße und den mittleren bis vollen Körper. 1999 ein eher schlanker, langer, intensiver Wein. Sehr wohlschmeckend. Jetzt mit Anzeichen von Reife. Machte kürzlich einen guten Eindruck: überraschend tief und intensiv; nicht sehr klar konturiert, am Gaumen besser. Sehr süß, wohlschmeckend, scharfer, trockener Abgang. *Zuletzt im Mai 2002 verkostet* ★★★(★) *2005 bis 2015.*

Croft Croft deklarierte den 1983er zwar nicht, erzeugte aber einen LBV. Drei Einträge aus jüngerer Zeit: noch immer tief, pflaumenfarben, ziemlich süß, etwas schlank und rau, aber recht wohlschmeckend. Jetzt entspannter und angenehm zu trinken. *Mai 1990* ★★ *Austrinken.*

Dow Rund 15-mal verkostet, als Erstes bei Michael Symingtons Degustation einer Reihe einzelner *lotes* aus den Lodges, die sich allesamt in Farbe und Charakter überraschend stark voneinander unterschieden, einige schlank, andere fleischig, mit einer Reihe von kräuterwürzigen und fruchtigen Aromen. Aus ihnen entstand die endgültige Komposition, so wie ja auch Cabernet Sauvignon, Cabernet franc, Merlot und Petit Verdot zu erstklassifizierten Médoc-Gewächsen assembliert werden. Selbst nach zwei Jahren in der Flasche noch immer undurchsichtig, aber mit ersten Anzeichen einer guten Entwicklung. 1994 neben dem Graham und dem Warre der am wenigsten farbtiefe Wein des Trios, in der Nase sehr entgegenkommend, süß, leicht schokoladig. Vier Jahre später in einem »vertikalen« Kontext auf der Degustation während der Zweihundertjahrfeier des Hauses offener gewirkt als der 1980er, süßer, aber auch leichter im Stil. Unlängst Geschmack und Gleichgewicht gut. Trockener Abgang. Gut zu trinken. *Zuletzt im Dezember 1999 verkostet* ★★★★ *Jetzt bis 2010.*

Ferreira Nur einmal verkostet: mitteltief, pflaumenfarben, aber reifer werdend; süßes Bukett, Vanillenote, würzig; mittelsüß, aber gehaltvoll und körperreich. Trockener, tanninbetonter Abgang. Köstlich. *Im März 1996 auf einer Sogrape-Verkostung in Porto degustiert* ★★★ *Jetzt bis 2010.*

Fonseca Neun Einträge. 1985 erwartungsgemäß undurchsichtig; sehr weinig und fleischig; süß, voll, fruchtig. 1990 pflaumenfarben; ein stämmiges, reiches Bukett und ein Geschmack nach Pflaumen und Feigen. Sehr süß, ziemlich kraftvoll, recht hart, aber auch elegant. Auf einer Mentzendorf-Verkostung schien er eingekeilt zwischen dem 1980er und dem 1985er auch in Farbe und Süße um einen Mittelweg bemüht. Jetzt vollreif, eher leicht, offener Rand, zugänglich und gefällig. *Zuletzt im April 1998 bei einer Buchpräsentation in Deutschland verkostet* ★★★★ *Jetzt bis 2010 zu trinken.*

Gould Campbell Erstmals im Mai 1985 im Probierraum von Symington degustiert. So undurchsichtig wie der Warre und fetter als der Fonseca und der Graham. Auf jeden Fall reich und beeindruckend. Ein paar Monate später in der Nase eine fleischige, fast malzige Fülle, gepaart mit einer Branntweinnote. Gut auch auf der Blindverkostung bei Christie's: schön griffig, fest. 1990 noch immer beachtlich tief, unreif; beträchtliche Fruchttiefe; ziemlich süß, wohlschmeckend, wie ein niedliches Kind mit Stupsnase. Zwei ganz aktuelle Einträge: nicht mehr so farbtief; in der Nase und am Gaumen attraktiv. Lebhaft. Trockener Abgang. *Zuletzt im November 2000 verkostet* ★★★(★) *2005 bis 2015.*

Graham Elf Einträge. 1985 schwarzer Samt und 1986 ein feiner Wein mit großer Länge. Anfang der 1990er noch immer beeindruckend farbtief; ziemlich verschlossene Nase, ähnlich wie der 1980er. Reich, schlank, aber mit gutem Körper. Auf der aufschlussreichen Symington-Verkostung 1994 merklich süßer als seine »Vettern«, Dow und Warre, was typisch für ihn ist. Ein Jahr später noch immer tief und intensiv, Schwarzkirschenfarbe, purpurroter Rand; sehr »Graham-typische« Nase, zitrusartige Frucht, attraktiv, noch immer tanninbetont. Ein sehr guter 1983er. *Zuletzt im Februar 1995 bei einer Verkostung im Gidleigh Park Hotel in Devon degustiert* ★★★★ *Jetzt bis 2020.*

Niepoort 1985 tief purpurn; eigenartige, malzige Kaffeebohnennase; weich, aber mit etwas hoher Säure, gute Länge. Machte 1990 auf der Blindverkostung von 1983ern einen guten Eindruck: ziemlich unreif; gute, pfefferige, fruchtige Nase; sehr süß, voller Frucht, Extrakt und Geschmack. Gute Länge. Kürzlich mit Anzeichen von Reife in der Farbe, kräftige »Tränen«; rauchige Nase; körperreich, rosiniger Geschmack, ziemlicher Biss. Ein attraktiver Wein. *Zuletzt im Januar 2001 zu Hause verkostet* ★★★(★) *Jetzt bis 2015.*

Offley Boa Vista Acht Einträge, die meisten entstanden Mitte der 1990er, der erste bei Offley 1996, dann beim Essen mit Fernando Guedes auf seiner historischen Quinta Azevedo bei einem Besuch mit dem Distillers' Court im Mai 1997, als sintflutartige Niederschläge vom Himmel fielen. Durchweg sehr tief und noch immer mit jugendlichem Aussehen (wie unser Gastgeber), aber köstlich süß und trotz der Fülle mit adstringierendem Tannin. Kürzlich: weiterhin ziemlich farbtief; Lakritzenote; relativ süß, nach wie vor jugendliche, recht gute Frucht. *Zuletzt im Februar 2002 bei einem Essen der Distillers in der Vintners' Hall verkostet* ★★★

Quarles Harris Zwei Einträge: 1992 tief, intensiv, sehr wohlschmeckend. Unlängst: im Geschmack besser als in der Nase. *Zuletzt im November 2000 verkostet* ★★ *Austrinken.*

Ramos-Pinto Zwei Einträge 1990: tief, pflaumenfarben, erste Anzeichen von Reife; hübsche Nase, gute Frucht, leicht rosinig, Feigen, etwas stielig, aber unterschwellig weich und harmonisch. Betonte Süße portugiesischer Prägung, mittlerer bis voller Körper, eindringlich fruchtig, hart, aber trotzdem fleischig. Braucht Zeit. Zwei Einträge aus jüngerer Zeit: noch immer ziemlich farbtief und jugendlich; sehr entgegenkommendes, rustikales, aber duftendes Bukett; sehr süß, feigenartige Frucht. Attraktiv. *Zuletzt im Januar 2000 aus Magnumflaschen degustiert* ★★★(★) *Jetzt bis 2010.*

Rebello Valente Nur einmal verkostet: mitteltief, beträchtliche Reife; voll entwickelter, ausladender, feigenartiger Geruch und Geschmack mit einem Anflug von Raya Sherry. Sehr süß. Auf seine Weise recht gut, aber begeistert bin ich nicht. *Juni 1990* ★★ *Bald trinken.*

Roêda, Qta da Eher blass, ausgereift; voll entwickelte, traubige, rosinige Nase; sehr süß, gutes Gewicht, angenehmer Geschmack. *Im Juni 1998 bei einer Einzel-Quinta-Verkostung des Port Wine Institute degustiert ★★★ Bald trinken.*
Royal Oporto Bekam auf der Blindverkostung von Christie's wie der 1980er und der 1982er meine mit Abstand niedrigste Bewertung. Mitteltief, noch immer ziemlich unreif; hohe flüchtige Säure in der Nase und am Gaumen. Süß und fruchtig, aber nicht zu empfehlen. *Juni 1990.*
Smith Woodhouse Sieben Einträge. Machte auf der Blindverkostung vom Mai 1985 einen guten Eindruck: reich, fett, attraktiv. Kurz darauf süß und angenehm. Zwar bei einer Christie's-Degustation beachtlich tief, intensiv und noch immer mit jugendlichem Erscheinungsbild, aber ich entdeckte in der Nase und am Gaumen eine stielige Note. 1990 und 1992 eine wesentlich bessere Kritik: in der Nase sehr fruchtig; süß, reich, schöner Geschmack. Kürzlich wohlriechend, schlank, wohlschmeckend. *Zuletzt im November 2000 verkostet ★★★(★) Jetzt bis 2015.*
Taylor Neun Einträge. 1985 kurz nach der Abfüllung undurchsichtig, spritig und reich im Geschmack. 1990 beträchtlicher Farbverlust, der Wein entwickelte sich schneller als erwartet. 1996, 1997 und 1998 mitteltief, offen, reifes Aussehen; süße, weiche, rosinige Nase; mittelsüß, passable Länge, würzig, etwas bitterer Abgang. Ehrlich gesagt nicht so beeindruckend, wie ein Taylor eigentlich sein sollte. *Zuletzt im Dezember 1998 eine halbe Flasche zu Hause degustiert ★★(★)? Braucht er noch Zeit? Ich bezweifle es.*
Warre Elf Einträge. 1985 das übliche klassische Erscheinungsbild: undurchsichtiges Zentrum und violetter Rand. Im Herbst 1986 sehr tiefes Pflaumenpurpurn. 1990 kraftvoll, aber verhalten, fast zum Kauen; süß, jedoch nicht pappig, Geschmack und Textur schön, etwas schlank, aber mit Warre-typischer Eleganz und festem, trockenem, tanninbetontem Abgang. Bei der Verkostung von Dow-, Graham- und Warre-Portweinen 1994 verwies ich auf seine Textur und Ausgewogenheit, 1996 auf seine glatte »Eleganz« und sein Fleisch. Unlängst mitteltief, reif, gut zu trinken. Ein attraktiver 1983er. *Zuletzt im September 1997 verkostet ★★★★ Jetzt bis 2015.*

ÄLTERE EINTRÄGE **Cálem LBV** Sehr gut. *März 1988 ★★★*; **Foz, Qta da** Ein schöner, mächtiger, klassischer Wein. *Oktober 1986 ★★★★*; **Hutcheson** Malzig, pfefferig, feigenartig. *Mai 1989 ★★*; **Quarles Harris** Warm, weich, wohlschmeckend. *Juni 1985 ★★★*; **Noval LBV** Gut, reich, wohlschmeckend. *Oktober 1989 ★★★*; **Seixo, Qta do** Fabelhaft intensive Farbe; sehr kraftvolle Nase; süß, ziemlich voll, schöne Frucht mit Zitruseinschlag. *März 1988 ★★(★★)*

1984 ★★

Kein deklarierter Jahrgang, aber mittlerweile bekam man schon eine ganze Reihe von Einzel-Quinta-Weinen und LBVs.
Côrte, Qta da Ziemlich blass und schwach im Aussehen; Fleischextrakt in der Nase und im Geschmack. Süß, aber unbeeindruckend. *Im Juni 1998 ohne große Begeisterung degustiert ★ Austrinken oder meiden.*
Fonseca Guimaraens Die Jahrgangskomposition, nicht identisch mit dem Einzellagenwein. Nur ein Eintrag: mit 13 Jahren noch immer jugendliches Erscheinungsbild; verschlossen; schöner Geschmack, mehr Säure und Biss als der 1985er. *Im Mai 1997 bei Taylor verkostet ★★★ Bald austrinken.*
Graham's Malvedos Von Graham wie vorgeschrieben zwei Jahre nach der Lese abgefüllt. Pflaumenfarben, aber reifer werdend; sehr attraktive, klassische Portnase; sehr süß, guter Geschmack und passable Länge. Duftiger Nachgeschmack. Mir gefiel er. *Zuletzt im November 1995 verkostet ★★★ Aber bald trinken.*

Verkostungen für British Airways

1984 bat mich British Airways, Weine für die Menüs von Michel Roux auszuwählen, die man auf Concorde-Flügen servierte. Anschließend wurde ich Mitglied des BA-Weinausschusses. Ich hatte dafür zu sorgen, dass die Fluggäste der Gesellschaft angemessene Weine gereicht bekamen. Später stießen noch Hugh Johnson und Jancis Robinson zum Ausschuss. Der erstaunlich effiziente und kenntnisreiche Peter Nixson, ein ehemaliges Mitglied des Kabinenpersonals, organisierte die Verkostungen. Wir wählten Gewächse für die Concorde, die First Class und auch für die Club World aus. Ich werde oft gefragt, ob Weine während des Fluges anders schmecken und ob das bei der Auswahl berücksichtigt wird. Im Vordergrund standen der positive Charakter, die gute Farbe und der ausgeprägte Geruch – das Aroma war nicht so wichtig, denn es ist während des Flugs nicht erkennbar. Bei jeder Degustation verkosteten wir zwischen 30 und 50 Weinen blind und wählten etwa sechs davon aus, die uns am meisten zusagten. Erst dann wurden sie aufgedeckt. Der Verkostungsausschuss wurde 2002 aufgelöst.

1985 ★★★★

Ein sehr attraktiver, lebenssprühender Jahrgang, der beste seit 1977. 26 Häuser deklarierten ihn. Sehr kalter, langer, nasser Winter, feuchtes Frühjahr, heißer Sommer und ausgezeichnete Bedingungen während der Lese, die um den 30. September begann. Ich verkostete im Juni 1990 zwanzig 1985er blind auf einer von Tim Stanley-Clark organisierten Weinprobe bei Christie's. Bei dieser Gelegenheit und auch bei weiteren Degustationen davor und danach wurden die Qualität und der feine Stil des Jahrgangs offenkundig.
Baron de Forrester Bei diesem Wein handelt es sich zwar um eine Colheita – von mir gern »Vintage Tawny« genannt und länger im Fass ausgebaut als eine Normalabfüllung, die nach zwei Jahren auf Flaschen gezogen wird –, aber sie hat einen interessanten Hintergrund. Sie wurde nach einer der bedeutendsten Persönlichkeiten im Weinhandel benannt, in dem wahrlich kein Mangel an Größen herrscht.

Joseph James Forrester kam 1809 in Yorkshire zur Welt. 1831 stieg er in das Familienunternehmen Offley Forrester ein. Der begabte Sonntagsmaler und Kartograph – seine Porträts bedeutender Zeitgenossen hängen im British Club in Porto – erstellte als Erster eine Landkarte des Douro-Tals und wurde später zum portugiesischen Baron ernannt. 1962 ertrank er unter mysteriösen Umständen bei einer Schiffsfahrt auf dem Douro.

»Baron de Forrester« ist heute eine Marke von Tuke Holdsworth, die wiederum eine ehemalige Vintage-Marke im Besitz von Ferreira ist (das heute zur Sogrape-Gruppe gehört). Sehr kompliziert, das Ganze! Wie dem auch sei, der Wein hatte eine reife, blässliche, orange Farbe; natürlich süß, mit schöner seidiger Textur und bitterem Abgang. *November 1997 ★★*
Burmester Ich mag die alten Tawnys von Burmester sehr, deshalb folgte ich einer Einladung zur Verkostung einer Reihe von Portweinen im Probierraum des Unternehmens in Vila

Nova de Gaia. 1997 ließ der 1985er erste Anzeichen von Reife erkennen; mittelsüß, etwas schlank im Stil. Leider empfand ich seine Nase in jüngster Zeit als fast überreich; zu feigenartig, aber mit einem Anflug von Härte. *Zuletzt im Oktober 1999 auf einer Degustation des Port Wine Institute verkostet* ★★

Cálem Drei Einträge, entstanden im Sommer und Herbst 1987. Ein guter Wein. Auf der Christie's-Verkostung: noch immer tief, tritt aber gerade in die Reifephase ein; reiche, fruchtige Nase mit der lebhaften Säure, die ich bei vielen 1985ern festgestellt habe. Sehr süß, voll, herrlicher Geschmack. *Zuletzt im Juni 1990 verkostet* ★★★★ *Jetzt bis 2015.*

Churchill Im Juli 1987 intensiv und duftend. 1990 undurchsichtig; hochgetönt, in der Nase und am Gaumen gute Frucht. Ziemlich süß, körperreich. Kürzlich mitteltief; würzig; köstlich im Geschmack, feste Tannine und Säure. Der bis dato beste Jahrgang dieses Hauses. *Zuletzt im Oktober 1999 verkostet* ★★★★ *Jetzt bis 2015.*

Cockburn Auf der Blindverkostung im Juni 1990 und sechs Monate später in Cockburns Probierraum undurchsichtig, intensiv; sehr eigenwillige Nase – Fischhaut und Eisen; ziemlich beladen, insgesamt trocken und mit flüchtiger Säure. Noch immer bemerkenswert tief und jugendlich; gute Frucht und in Geruch und Geschmack entwickelter als der 1983er. Sehr wohlschmeckend, aber mit ziemlich scharfem, nachlassendem Abgang. *Zuletzt im Dezember 1990 verkostet* ★★★ *Jetzt bis 2010 (ich muss ihn noch einmal verkosten).*

Crasto, Qta do Ich stattete dieser alten Quinta in spektakulärer Lage erstmals 1996 einen Besuch ab: tief; klassische Nase; stilvoll, duftend. Im Jahr darauf mit Brombeerfarbe; schöne Frucht; süß, fleischig – in der Mitte zwischen geschmeidig und fett angesiedelt. Sehr attraktiv. *Zuletzt im April 1997 auf einer Verkostung in Jackson, Mississippi, degustiert* ★★★ *Jetzt bis 2015. (Auf Crasto wird auch ein guter Roter vom Douro bereitet.)*

Croft Mit nur zwei Jahren im Erscheinungsbild tief, dick und reich; süße, weiche, malzige Nase; voll, fett, gute Textur. Kürzlich (1990) zwar ziemlich tief und natürlich noch immer unreif, doch wirkte er auf mich wie ein Wein, der sich aller Voraussicht nach relativ schnell entwickeln wird. Extrem gute, reiche Nase und feiner Geschmack. Kürzlich stilvoll und schön. Ein ansprechender, ausgewogener Port. *Zuletzt im Oktober 1999 verkostet* ★★★★ *Jetzt bis 2015.*

Dalva Offen, entwickelt, frühreif; rosiniger, fast femininer Duft; kraftvoll, dabei schlank. Eigenartiger, trockener, »puderiger«, tanninbetonter Abgang. *Oktober 1999* ★★ *Jetzt bis 2010?*

Delaforce Fünf Einträge, die ersten beiden entstanden kurz nach der Abfüllung: sehr tiefes Purpur; sehr süß, mollig und glatt. Im Frühjahr 1989 und Sommer 1990 noch immer ziemlich jugendliches Aussehen; fleischige, fast malzig reiche Nase; wieder ausgeprägt süß. Anfang der 1990er: veränderte Farbe, reift angenehm heran; Geschmack, Körper und Gleichgewicht gut. Einer der besten Delaforce-Jahrgänge, so weit ich zurückdenken kann. *Zuletzt im November 1992 verkostet* ★★★★ *Jetzt bis 2015.*

Dow Viele Einträge. Nach der Abfüllung kraftvoll, sehr griffig. Zwei Jahre später noch immer purpurn, würzige, vom Branntwein überdeckte Frucht: intensiv, kraftvoll. 1990 verwies ich auf seine Schlankheit und Säure – das pulsierende Nervensystem des Weins. Mitte der 1990er überraschend süß, attraktive Frucht, Eleganz, weiche, feigenartige Nase, gute Textur. Kürzlich trockener Abgang, aber perfekte Reife. *Zuletzt im Dezember 2001 verkostet* ★★★★ *Jetzt bis 2015 schön.*

Ferreira Bekam bei einer umfassenden Ferreira-Verkostung 1996 in Porto zusammen mit dem 1982er meine Spitzenbewertung: weiches, mitteltiefes Rubinrot, reift schön heran; gute Frucht; sehr süß, köstlicher Geschmack – eine Beurteilung, die sich ein Jahr später auf zwei weiteren Degustationen in den USA bestätigte. Kürzlich köstlich. *Zuletzt im November 2001 beim Einführungsessen der Distillers verkostet* ★★★★ *Jetzt bis 2010.*

Fonseca Zwei Jahre nach der Lese mit enormem Potenzial. Dieser erste Eindruck bestätigte sich auf späteren Verkostungen. Mitte der 1990er noch immer undurchsichtig und mit jugendlichem Aussehen, wohlriechend, verhalten, gutes Fleisch, herrlicher Geschmack. Vier weitere Einträge, entstanden 1998 bis 2000 in London, Brügge und Chicago bei verschiedenen Anlässen (Verkostungen, Vorträge, Essen), aber stets war ich voll des Lobes über diesen Wein, lässt man einmal die Degustation außer Acht, bei der ich ihn zusammen mit dem Graham und dem Taylor verkostete: noch immer sehr tief; wunderbar entspanntes, ausgewogenes, entgegenkommendes Bukett; Geschmack und Körper ausgezeichnet. Ein schöner Wein. *Zuletzt im April 2002 bei Christie's verkostet* ★★★★(★) *Jetzt bis 2020.*

Gilbert Reif; voll entwickelte Nase; zu starke Feigennote. Nur selten anzutreffen – und ich weiß jetzt auch, warum. *Oktober 1999* ★

González Byass Nur ein Eintrag, entstanden bei einer Büroverkostung vor dem Verkauf eines sehr großen Postens zu einem ausgesprochen günstigen Preis. Ziemlich reifes Aussehen; reiche, rosinige Nase; süß, fleischig, trinkreif. *Februar 1999* ★★★ *Gerade noch. Bald austrinken.*

Gould Campbell Im Juli 1987 tanninbeladen. Bekam auf der Verkostung vom Juni 1990 eine sehr hohe Bewertung: tief, reich, samtig; eine gute Nase, die sich im Glas über drei Stunden lang nuancenreich zu entfalten schien; süß, körperreich, reichlich Frucht, lebenserhaltendes Tannin und gute Säure. 1990 die Bestätigung. Ein schöner, tiefer, reicher Wein. *Zuletzt im November 2000 verkostet* ★★★★ *Jetzt bis 2015 trinken.*

Graham Ziemlich viele Einträge seit den ersten Verkostungen im April und Juli 1987, die alle hervorragend ausfielen; besonders der charakteristische Stil wurde offenkundig. Ein herrlich samtiges Purpurrot; vom Start weg harmonisch. Mit vier Jahren wunderbar komplett. 1990 auf der Graham-Vertikalverkostung superb, mit einem Bukett, das sich schön entwickelte, Geschmack und Textur ansprechend. Mitte der 1990er bei einem Essen auf dem Land nicht mehr so tief, ausgeprägtere Pflaumenfarbe, hatte sich etwas beruhigt, weich, köstlich. In jüngster Zeit dreimal degustiert. Bei einem Essen von Stephen Kaplan mit 1985ern im April 2000 voll, reich, ziemlich kraftvoll. Jetzt voll entwickelt, perfekt im Gleichgewicht. *Im Mai 2000 der ideale Abschluss eines Millenniumsessens der ehrwürdigen Company of Distillers in der Painted Hall in Greenwich* ★★★★★ *Jetzt bis 2020.*

Martinez Bei der ersten Verkostung im Juli 1987 stellte ich einen sehr sonderbaren Geruch und Geschmack fest, außerdem einen trockenen, ziemlich säurebetonten Abgang. Drei Jahre später war der Zitruston der Säure noch immer zu erkennen, ansonsten aber stufte ich ihn recht hoch ein. Tiefe, kräftige Pflaumenfarbe; eine reiche Frucht, die oft an reife Feigen erinnert; süß, fülliger Körper, scharfer, fruchtiger Geschmack. kürzlich im Geschmack besser als in der Nase. *Zuletzt im Oktober 1999 verkostet* ★★★ *Bald trinken.*

Niepoort Im April, Mai und August 1987 halbe Probeflaschen mit Analysewerten auf den Etiketten: natürlicher Alkoholgehalt 12,9 %, Trockenextrakt 27,00 g/l, Gesamtsäure 3,5 g/l, flüchtige Säure 0,52 g/l und 6,2 g/l Eisen. Erwartungsgemäß undurchsichtig; reich, gute Frucht, aber mit unreifer Stieligkeit und Branntweinnote; süß, konzentriert, würzig und fleischig. Machte bei der Blindverkostung von Christie's einen guten Eindruck: noch immer mit undurchsichtigem Zentrum und unreifem purpurrotem Rand; hoher Alkoholgehalt in der Nase, außerdem Feigen und Lakritze. Süß, ordentliches Gewicht, Ausgewogenheit und Frucht gut. *Zuletzt im Juni 1990 verkostet ★★★★ Jetzt bis 2015.*

Noval, Qta do Lesebeginn am 27. September unter ausgezeichneten Bedingungen. Erstmals im Juli 1987 verkostet. Aufregender Geschmack. Schöne Frucht. Zwei Jahre später: kraftvolle, feigenartige Nase; sehr süß, körperreich, ein feiner, wohlgeformter Wein mit guter Länge. Machte auf der Christie's-Verkostung einen guten Eindruck: attraktive Farbe, beginnende Reife; tiefe, reiche Nase; ein Hauch eleganter Schlankheit, lang, trocken, fruchtig-säurebetonter Abgang. Bei einem Weindinner im Brüsseler Maison du Cygne ein Anflug von Weingeist und Schlankheit, sehr gute Säure; bei einem Sonntagsessen »enttäuschend« (beide 1997). Eine Flasche, die ich zu Cordeillan Bages in Pauillac mitnahm, machte im darauf folgenden September allerdings »einen guten Eindruck«; das Gleiche gilt für ein Exemplar, das bei einem Kaplan-Essen in Chicago geöffnet wurde. Kürzlich voll ausgereift, schön entwickeltes Bukett mit Mokkanote, köstlich, Kraft und Länge. *Zuletzt im Januar 2002 bei einem Essen des III Form Club degustiert ★★★★ Jetzt bis 2010.*

Noval Nacional Auf der Noval-Degustation 1989 mitteltief, reich, erste Anzeichen von Reife; harmonische, aber leicht verhaltene Nase mit einem Anflug von Walnüssen; sehr süß, mächtig, kraftvoll, fruchtbepackt und voller Leben. Seither drei Einträge. Bei einer großen Nacional-Verkostung 1994 gut entwickelt, weich, angesengt, schlanker als erwartet, selbst zwischen dem hervorragenden 1982er und dem überraschend guten 1987er. Tief, kraftvoll, griffig und großartige Länge. *Zuletzt im April 2000 bei Kaplans Essen mit 1985ern in Chicago degustiert ★★★(★★) 2010 bis 2030.*

Offley Boa Vista Eine gute Beurteilung im Juli 1987 und eine außergewöhnlich gute, ebenfalls mit Spitzennoten bewertete Flasche bei einer Christie's-Blindverkostung. 1990 noch immer undurchsichtig, intensiv, unreif; klassische Nase mit der reichen, feigenartigen, fast malzigen Note sehr reifer Trauben; sehr süß, körperreich, beladen mit Frucht, Extrakt, Tannin und Säure. Gute Länge. Vier gute Einträge Mitte der 1990er: etwas Reife; köstlich, geschmeidig und elegant. *Die letzten drei Male im November 1997 bei Verkostungen in North Carolina degustiert ★★★★ Jetzt bis 2015.*

Poças Junior 1987 undurchsichtig, voll und feigenartig. Verglichen mit seinen Jahrgangsgenossen empfand ich seine Feigennote als gewöhnlich und seine Textur als grob. *Zuletzt im Oktober 1999 verkostet ★*

Quarles Harris Drei Einträge: 1990 erste Anzeichen von Reife, gut entwickeltes Bukett, das mich an eine Zinfandel-Spätlese erinnerte. Ziemlich gut. 1992 ähnlich. Kürzlich ein helles Rubinrot; marmeladig, reich, aber in der Nase irgendwie nicht überzeugend; sehr süß, doch ohne Länge. *Zuletzt im November 2000 verkostet ★★ Bald trinken.*

Ramos-Pinto Zwei Einträge. Mit fünf Jahren tief, attraktiv, klar konturierte Jugendlichkeit; zunächst staubig und hart, aber mit reicher Frucht im Unterbau; sehr süß, ziemlich körperreich, schöner Geschmack, trotz Tannin und Säure weich und fleischig. Gute Länge. *Zuletzt im Oktober 1990 verkostet ★★★ Jetzt bis 2010.*

Rebello Valente Im Juli 1987 ein guter Einstand. Bei der Christie's-Verkostung ziemlich tief und noch immer purpurrot, wirkte auf mich aber trotzdem wie ein Frühstarter; eigenartige Nase wie eine nasse Decke, hart, spritig, aber mit Frucht im Hintergrund. Am Gaumen wesentlich besser: sehr süß, voll, mit schöner, würziger Frucht, guter Länge und scharfem Abgang. *Zuletzt im Juni 1990 verkostet ★★★ (gerade noch). Bald trinken.*

Royal Oporto Ein weiterer fragwürdiger Auftritt auf der Blindverkostung von 1985ern bei Christie's. Einer der Weine, die die geringste Tiefe hatten und mich am wenigsten beeindruckten. Pflaumenfarben, aber mit ziemlich schwachem Rand. Unverwobene Nase. Nach einiger Zeit im Glas schweißelnd und schroff. Am Gaumen besser. *Ein sehr süßer, kraftvoller Wein voller Frucht. Juni 1990 ★★? Austrinken.*

Sandeman Erstmals im Juli 1987 verkostet: süß und würzig. Ein Jahr später auf einer Vertikalverkostung von Sandeman-Vintages: sehr reich, fleischig, malzig, Pflaumen und Feigen, leicht angesengte Nase; süß, körperreich, beladen mit Tannin, Säure und Alkohol, Vanille und Würze. Ich gab ihm meine höchste Bewertung und stufte ihn sogar noch geringfügig besser als den 1977er ein. Bei der Christie's-Verkostung von 1985ern im Jahr 1990 noch immer ziemlich farbtief, steht kurz vor der beginnenden Reife; reichlich Frucht, Pfeffer und hochgetönte Säure in der Nase und am Gaumen. Sehr wohlschmeckend. Jetzt ziemlich reif, mit Fett und Körper. Gut zu trinken. *Zuletzt im Februar 2001 bei einem Essen der Distillers verkostet ★★★★ Jetzt bis 2010.*

Smith Woodhouse Im Juli 1987: stilvoll, gut zusammengefügt. Auf einer Blindverkostung 1990 in guter Verfassung: ziemlich tief, jugendlich, aber kurz vor dem Eintritt in die Reifephase; schöne reiche Nase, jedoch nach wie vor kantig unreif; süß, mittlerer Körper, gute Frucht. Jetzt mit Zeichen von Reife, etwas Farbverlust; reich, aber unverwoben; schlank, leicht ätherisch, noch immer tanninbetont. *Zuletzt im November 2000 verkostet ★★(★) 2005 bis 2015.*

Taylor Im Juli 1987 ein erwartungsgemäß substanzieller Wein. Tanninbetont. Länge und Nachgeschmack großartig. Machte auf einer Horizontalverkostung von 1985ern im Jahr 1991 einen guten Eindruck, bei der verdeckten Probe einer der acht bestbewerteten Weine. Beeindruckend tief, intensiv, pflaumenfarben; konzentrierte Nase; körperreich, gehaltvoll, gute Länge. Großes Potenzial. Im Mai 1997, als ich ihn während sintflutartiger Regenfälle bei Taylor verkostete, in guter Verfassung, wesentlich besser als der 1983er. Auf der Verkostung einer Hotelfachschule in Brügge und bei einer Degustation im darauf folgenden Frühjahr (April 2000) in Chicago tief, aber strahlend; sehr wohlriechend, würziger und kraftvoller als der Fonseca. Kaffeeartiger Geschmack, eine Festigkeit und ein Rückgrat, wie es für einen Taylor typisch ist. Hat noch Zeit. Wohlriechend, süß, gut auf der Fladgate-Verkostung. *Im April 2002 bei Christie's degustiert ★★★(★★) 2005 bis 2025.*

Warre Neun Einträge seit April 1987. Ein Anflug von Toffees in der Nase (Malz, Fleisch und Toffees spiegeln alle den fast öligen Reichtum des Jahrgangs wider, den außerdem eine große Farbdichte auszeichnet). Zwölf Jahre später ein feines, tiefes Purpurrot; in der Nase außergewöhnlich, ein Anflug von nassem Ölzeug, ausgesprochen weinig, Pflaumen, Feigen; süß, ziemlich körperreich, fleischig, elegant, schön ausgewogen. »Ein archetypischer Warre.« Eine hohe Bewertung auf einer umfassenden Symington-Verkostung 1994 in London. Im darauf folgenden Jahr hoch über dem Lake Toxaway in North Carolina wunderschön zu trinken. Bei einem von der Bank Bär und Christie's ausgerichteten Essen 1999 in Wien ein noch immer jugendlicher, klassischer Warre. Kürzlich in sehr guter Vintage-Gesellschaft ziemlich intensiv; wieder »klassische Nase; Textur und Geschmack schön. Sehr trockener, wohlriechender Abgang. Neben dem Graham der beste 1985er. *Zuletzt im Dezember 2001 verkostet* ★★★★(★) *Jetzt bis 2025.*

Ältere Einträge Foz, Qta da Undurchsichtig, mächtig, opulent, sehr süß, voll, aber schlank. *März 1988* ★★★(★); **Hooper** Unbestimmte Nase; süß, voll, fett, geschmeidig, aber ohne Länge. *Juli 1987* ★★; **Hutcheson** Pflaumige Farbe und Nase; sehr süß, feigenartiger Geschmack. *September 1989* ★★; **Kopke** Mitteltiefe Farbe; hart, schlank, spritig; nicht sehr süß, schlank, lebhaft, ordentliche Länge. *Juli 1987* ★★; **Messias** Dick, pflaumenfarben; süß, glatte Textur, ziemlich sonderbarer, leicht stieliger Geschmack. *Juli 1987* ★★; **Da Silva** Sehr süß, beeindruckend. *Juli 1987* ★★★

1986 ★

Kein sehr günstiges Jahr. Nach dreieinhalb Monaten praktisch ununterbrochener Dürre begann der Wind plötzlich aus südlicher Richtung zu wehen und brachte sintflutartige Regenfälle mit sich, die in der zweiten Septemberwoche die Douro-Region – überhaupt ganz Portugal – förmlich überschwemmten. Allein am Wochenende vom 13. und 14. September wurden in Pinhão 50 mm Niederschlag gemessen. Die Lese am oberen Douro konnte am 24. September unter guten, frischen Herbstbedingungen fortgesetzt werden. Nicht deklariert. Überwiegend LBVs und Einzel-Quinta-Ports, die alle für baldigen Trinkgenuss gedacht waren.

Bomfim, Qta do Pflaumenfarben; angenehm, wohlriechend; ein attraktiver Wein. *Juni 1998* ★★

Dow Im Frühjahr nach der Lese konnte ich Fassproben der beiden führenden klassischen Portwein-Rebsorten vergleichen. Touriga nacional gilt als Spitzentraube: extrem tief und intensiv; enorm ausladendes Aroma nach Pflaumen und Feigen; ziemlich süß, sehr körperreich, sehr gehaltvoll, streng. Touriga francesa (2001 in Touriga franca umgetauft) ergibt nützliche Weine zum Assemblieren: völlig undurchsichtig; weicher, femininer, Zitrusnase und ebensolcher Geschmack; nicht ganz so süß und leichter im Körper, schlanker, sehr wohlschmeckend. Je mehr ich junge Portweine verkoste, desto mehr beginne ich die unglaubliche Ausdauer und Erfahrung der meisterlichen Kompositeure zu schätzen. Von diesen »Supernasen« hängt das Wohl und Wehe aller großen Porthäuser ab.

Fonseca Guimaraens Fest gewirkte, zitrusartige Nase; scharf, duftig, überraschende Länge, trockener Abgang. *Oktober 1999* ★★★

Foz, Qta da Ein intensiv purpurner Wein, verkostet aus der Pipette. Süß, schmackhaft, aber schlank. Beeindruckend. *März 1988* ★★

Graham's Malvedos Undurchsichtig; süß, reich, voll (1992). Noch immer undurchsichtig; gute Frucht, etwas pfefferig. *Zuletzt im Juni 1998 verkostet* ★★

Niepoort 1990 abgefüllt. Tief, jugendlich; Feigensirup; sehr süß, weich, fleischig, lang, scharf, leicht säurebetonter Ausklang. *Oktober 1990* ★★(★)

Sandeman 1990 abgefüllt. Pflaumenfarben; feigenartig, schrecklich; süß, nicht gut. *Februar 1991.*

Vargellas, Qta de Zwei Einträge gegen Ende der 1990er. Feine Farbe, schöne Reife; sehr wohlriechende Nase; süß, herrlicher Geschmack, ziemlich alkoholstark, trockener, tanninbetonter Abgang. Bemerkenswert gut. *Zuletzt im Oktober 1999 verkostet* ★★★(★) *Jetzt bis 2010.*

Warre, Reserve Reif; sehr guter nussiger Geruch und Geschmack; süß, sehr gut. *November 1999* ★★★★ *Bald trinken.*

1987 ★★ bis ★★★

Ein weiteres wechselhaftes Jahr. Der frühe Austrieb wurde wegen der Regenarmut des vorausgegangenen Winters gebremst. Dann eine lange Schönwetterperiode mit rekordverdächtigen 38 °C Anfang August in Porto. Die Rebstöcke waren dicht mit ziemlich kleinen, getrockneten Beeren behängt, die Mitte September bei großer Hitze (bis zu 40 °C in Pinhão) gelesen wurden. Dann setzte Regen ein. Dennoch lagen die Erträge mancherorts über dem Durchschnitt und der Zuckergehalt der früh geernteten Trauben war hoch. Allerdings gab es beträchtliche Unterschiede zwischen den einzelnen Anbauzonen. Die Weine sind größtenteils früh zu trinken.

Cavadinho, Qta da Undurchsichtig, intensiv; reiche feigenartige Nase; ziemlich süß, guter Geschmack. Sehr trockener, tanninbetonter Abgang. Muss zu Käse getrunken werden! *Juni 1998* ★★(★)

Croft Mit zehn Jahren schon beträchtlich an Farbe verloren, jetzt in Aussehen, Nase und Geschmack wie reiner Tawny Port. *Im Mai 1997 bei Croft verkostet* ★★

Ferreira Drei Einträge: 1996 bei Ferreira beachtliche Farbe und Frucht. Zwei Jahre später in Palm Beach: süß, weich, guter Abgang. Nahm es noch am selben Tag mit einem »Gebäck-Trio vom Chefkoch mit Brombeer-*Crème-brûlée*, Krannbeer-Walnuss-Linzertorte und gefrorenem weißem Schokoladen-Soufflé« auf. Fast wäre mir schlecht geworden! *Zuletzt im Februar 1998 ganz unpassend bei einer von mir geleiteten »Taste-of-France«-Veranstaltung im Mar-a-Lago Club in Florida verkostet* ★★★

Foz, Qta da 1988 interessante Fassproben von Weinen aus Lagen an den heißen, trockenen Hängen der ausgezeichneten Anbauzone Cima Corgo und dem niedriger gelegenen Baixa Corgo: beide undurchsichtig, der erste mit scharfer, jugendlicher, strohartiger Nase; voll und schlank, tannin- und säurebeladen; der zweite in der Nase und am Gaumen offener gewirkt, geringfügig süßer, nicht so körperreich. Zehn Jahre später Körper und Geschmack gut. Ein recht guter Wein. *Zuletzt im Juni 1998 verkostet* ★★★

Graham's Malvedos Undurchsichtig, intensiv; sehr reiche, junge Frucht; süß, rosinig, aber schlank. *Mai 1991* ★★★

Martinez Undurchsichtig, intensiv; ziemlich harte, eichenbetonte Nase mit feigenartiger Frucht und ziemlich hoher Säure; mittelsüß, mittelvoller Körper, schlank, trockener Abgang. *Dezember 1990* ★★(★)

Niepoort Rolf Niepoort schlug vor, ich solle doch jungen Port zu Pfeffersteak trinken. Ich versuchte es im Februar 1990 mit seinem 1987er, einem massiven, intensiven Wein mit unreifem Aussehen; überraschend wohlriechend, obwohl seit der Abfüllung nur ein paar Monate vergangen waren; süß, körperreich, beladen mit Frucht, Tannin und Säure, die alle bewundernswert zum Pfeffersteak passten. Der Wein schien den Pfeffer sogar noch schärfer zu machen. Einige Monate später: wie soeben beschrieben, ein guter Mundfüller mit viel versprechender Zukunft. *Zuletzt im Oktober 1990 verkostet* ★★(★)

Noval Nacional Nur ein Eintrag. Auf der bemerkenswerten Vertikalverkostung von zwölf Nacional-Gewächsen der jüngste und neben dem 1962er und dem 1982er auch der höchstbewertete Jahrgang. Natürlich noch immer tief und unreif; wundervoll süße Nase; sehr reich, voller Frucht, ausgedehnter Abgang. *September 1994* ★★★(★★) 2007 bis 2030.

Offley Boa Vista Sehr tief, süß, weiche Textur. *Im März 1996 bei Offley verkostet* ★★★

Tua, Qta do Schon lange in Cockburn-Besitz. Der erste Jahrgang, der als Single-Quinta-Port vermarktet wurde. Die Trauben stammen ausschließlich aus dieser Quinta, die an einem Nebenfluss des Douro direkt gegenüber Graham's Malvedos liegt. Ein beeindruckender, vollmundiger Wein: undurchsichtig, intensiv; sehr gute Frucht; süß, ziemlich körperreich. Ein guter Anfang. *Im Dezember 1990 bei Cockburn verkostet* ★★(★)

Tuke Holdsworth Ich notierte mir im März 1996, dass Ferreira für seinen Tuke Trauben einkauft. Hatte auch tatsächlich einen ganz anderen Charakter als der gleichzeitig verkostete Ferreira, wirkte mit zehn Jahren reif und ganz angenehm. *Zuletzt im Mai 1997 bei Ferreira verkostet* ★★ *Jetzt bis 2010.*

Warre Colheita. Ausgezeichneter Geschmack, geschmeidig, schlank, mit exquisitem Abgang. *April 2001* ★★★★ *Bald trinken.*

1988 ★

Nach den hohen Erträgen der letzten Jahre fiel der Austrieb diesmal relativ spärlich aus. Anschließend folgten drei ungewöhnlich feuchte, stürmische Monate, die sogar Probleme mit Mehltau und *desavinho* (Verrieseln) mit sich brachten. Außerdem Hagelschäden. Anfang September versengte eine Hitzewelle die Trauben etwas, beschleunigte aber gleichzeitig die Reife. Die Lese begann gegen Ende September und erbrachte die kleinste Ernte seit Menschengedenken. Ein finanzielles Desaster für die Weinbauern, während die Porthäuser mit ernsthaften Engpässen zu kämpfen hatten.

Bomfim, Qta do Acht Einträge, aber keiner aus der letzten Zeit. Mit vier Jahren noch immer undurchsichtig; köstlich, aber sehr tanninbetont. *Zuletzt im Oktober 1992 verkostet* ★★★? *Bald trinken.*

Graham's Malvedos Vier Jahre nach der Lese: schwarz! Fabelhaft. Süß, Aroma und Geschmack entgegenkommend. Schlanker als der 1987er. *Zuletzt im Oktober 1996 verkostet* ★★★★ *Jetzt bis 2010.*

Madalena, Qta da Überzeugende Farbe; leicht im Stil, aber ziemlich kräftiger, feigenartiger Geschmack. *Juni 1998* ★★ *Demnächst trinken.*

Rosa, Qta de la Wohlriechend; angenehmer Geschmack, leicht im Stil. *Juni 1998* ★★★ *Bald aufbrauchen.*

Warre Colheita. Reich entwickelte Nase; guter Geschmack, scharfer Abgang. Ein rauer Anflug. *April 2001* ★★(★) *Nicht zum Lagern.*

1989 ★★★

Ein viel zu trockener Winter und auch im Frühjahr nur sporadisch Regen. Der Sommer begann früh und war lang und heiß, wenngleich er im Juni von starken Niederschlägen unterbrochen wurde. Die Lese wurde etwa drei Wochen früher als sonst eingeleitet und Anfang Oktober unter idealen Bedingungen abgeschlossen. Nach dem ertragsarmen 1988er brauchten die Porthäuser Nachschub, eine generelle Deklarierung des Jahrgangs kam daher nicht in Frage.

Burmester Intensiv; in der Nase seltsamerweise überhaupt nicht wie Port; reich, kraftvoll. *Im März 1996 bei Burmester verkostet* ★★? *Bald trinken.*

Croft Ziemlich schnell reifend. Recht rosinige Nase. Nur ein einziger, viel zu kurzer Eintrag. *Im Mai 1997 bei Croft verkostet* ★★★? *Austrinken.*

Offley Boa Vista Enorm farbtief; ein sehr voller, fruchtiger, tanninbeladener Wein. *Im März 1996 bei Offley degustiert* ★★★ *Jetzt bis 2009.*

Vesúvio, Qta de Drei Einträge: 1994 schlanker als der 1990er und 1991er. Zwei Jahre später zwar nach wie vor jugendliches Aussehen, aber ein fabelhaft entgegenkommendes Aroma und ein dazu passender, voller, feigenartiger Geschmack. Kürzlich nicht mehr so farbtief; voll, reich, sehr fleischig. *Zuletzt im Juni 1998 verkostet* ★★★(★) *2006 bis 2030.*

1990–1999

In den letzten zehn Jahren des alten Jahrtausends zeichnete sich eine Marktverschiebung im Portweinhandel ab. War Port zuvor fast ausschließlich eine Domäne der Briten gewesen, so verlagerte sich das Geschäft nun von Europa nach Übersee. Die Verkaufszahlen in Nordamerika schnellten in die Höhe. In den USA gilt Port als Dessertwein und idealer Begleiter von Schokoladenpudding! Man trinkt ihn in Amerika jung – althergebrachte Konventionen und das Image des ehrwürdigen alten Herrn im Londoner Club, der seinen Vintage zu Stilton-Käse genießt, spielen in der Neuen Welt keine Rolle (ich persönlich mag keinen Stilton zu Port, denn mir ist der Käse zu salzig und zu kräftig). In unserer ansonsten recht zivilisierten britischen Gesellschaft hingegen haben die strengen Promillegrenzen den Verbrauch weiter gedrosselt. Nichtsdestotrotz floriert der Verkauf. Von der Krise der 1950er ist man heute weit entfernt – aber auch von den enormen Exporten der 1920er, ganz zu schweigen vom goldenen Zeitalter Mitte des 18. Jahrhunderts! Ein wichtiges Einfuhrland für Portwein ist weiterhin Frankreich – allerdings rein quantitiv und nicht qualitativ.

Die Jahrgänge auf einen Blick

Hervorragend *****
Keiner
Sehr gut ****
1991, 1992 (u), 1994, 1997
Gut ***
1990 (u), 1995, 1996, 1998 (u), 1999

1990 ** bis ***

Ein guter Jahrgang, der aber wegen der Wirtschaftskrise in Großbritannien und den USA, den beiden Hauptmärkten für Vintage Port, nicht deklariert wurde.

Dabei waren die Bedingungen günstig gewesen: Der Austrieb und die Blüte verliefen erfolgreich, sodass eine hohe Ernte zu erwarten war. Die sengende Hitze von Ende Juli bis in den August hinein »verbrannte« allerdings die reifenden Trauben und ließ junge Reben vertrocknen. Durch die starken Regenfälle in der zweiten Augusthälfte wiederum schwollen die Trauben an. So konnte tatsächlich eine große Ernte eingefahren werden, doch statt reifer Früchte bekam man Trauben mit niedrigerem Zuckergehalt und höherer Säure als erhofft. Probleme brachte außerdem eine unvorhergesehene Branntweinknappheit, die dann in einen Überfluss umschlug als Folge von bewilligten Zulassungen, deren Maß weit über der erlaubten Menge lag. Wie bereits 1989 brauchten die Portweinhäuser den 1990er, um die Bestände für ihre wichtigsten Produkte aufzufüllen: die Wood Ports.

Croft LBV Sehr farbtief. Ziemlich süß. Griffig. *April 1997* ** *Austrinken.*

Graham Ich konnte die Rebsorten vor der Assemblage verkosten. Tinta barroca, auf Malvedos angebaut: undurchsichtig, purpurn; raue, stielige Nase; süß, schlank, enorm tanninbeladen. Tinta Roriz, ebenfalls aus Malvedos, weicher, aber mit ziemlicher Kraft. Touriga nacional: noch intensiver, feigenartige Frucht; nicht so süß, körperreich, fest, klassisch. Tinta francisca: unglaubliches Aroma, Veilchen; Geschmack und Länge fabelhaft. *Im Mai 1991 verkostet.*

Graham's Malvedos Zehn Einträge, keiner aus letzter Zeit. Anfangs undurchsichtig; wohlriechend, spritig; süß, lebhaft. *Zuletzt im Oktober 1992 verkostet* ***

Vesúvio, Qta do Der erste Jahrgang der Symingtons, nachdem sie diese berühmte alte Quinta von Ferreira gekauft hatten. Viele Einträge entstanden 1992, als ich mit meinem Sohn Bartholomew duch die Staaten reiste. Er war damals Präsident von Premium Port Wines, dem US-Importunternehmen von Symington*. Damals kraftvoll, doch harmonisch, fleischig, schöner Geschmack. Kürzlich nicht mehr so tief, ein voller, reicher Geschmack. Wird sich wohl ziemlich rasch entwickeln. *Zuletzt im November 1994 verkostet* *** *Jetzt bis 2010.*

1991 ****

Ein sehr gutes Jahr. Nach einem ausgesprochen nassen Jahresanfang und Frühjahr freute man sich im Mai über eine erfolgreiche Blüte, doch der heiße, trockene Sommer ließ das Beerenfleisch schrumpfen und die Schalen dicker werden. Es entstanden farbtiefe Weine mit gutem Potenzial. Ein von vielen Häusern deklarierter Jahrgang, allerdings enthielten sich einige wichtige Unternehmen wie Taylor und Fonseca.

Das Gros meiner frühen Notizen entstand in aller Eile auf der Verkostung, die der East India and Sports Club im Juni 1993 anlässlich der Deklarierung des Jahrgangs 1991 ausrichtete. Der Club lag in bequemer Nähe meines Büros direkt gegenüber von Christie's auf der anderen Straßenseite. In diesem frühen Stadium hatten alle Weine eine tief purpurrote Farbe und waren natürlich sehr tanninstark.

Burmester Bei der Masters-of-Wine-Portverkostung von 1991ern im April 1995 mit gutem Geschmack. Beeindruckend tief; entgegenkommende Nase; ziemlich süß, etwas weich, aber griffig genug. Trockener Abgang. *Zuletzt im März 1996 bei Burmester in Vila Nova de Gaia verkostet* *** *Jetzt bis 2010.*

Churchill Tief, reich, samtig; verschlossen, aber charakteristisch, klassisch; süß, voll, reich, gut gebaut, tanninbetont, beeindruckend. Gute Zukunft. *Im April 1995 bei der Masters-of-Wine-Verkostung degustiert* ***(*) *2005 bis 2025.*

Cockburn 1993 reiches Aussehen, geradlinig, gute Länge. Zwei Jahre später: gute Textur, reicher, feigenartiger Geschmack. Ich bin gespannt, wie er sich entwickelt. *Zuletzt im April 1995 auf der Masters-of-Wine-Verkostung degustiert* *** *Jetzt bis 2010.*

Croft 1993 ausgeprägt süß, schöner Körper, gute Textur. Ich gab ihm auf der Masters-of-Wine-Verkostung 1995 eine hohe Bewertung: intensiv; reich; sehr guter Geschmack. Zwei Jahre später nach wie vor undurchsichtig; harmonisch; elegant. *Zuletzt im Mai 1997 bei Croft verkostet* ***(*) *2003 bis 2020.*

* Nachdem mein Sohn neun Jahre lang die wichtigen Port- und Madeira-Marken von Symington vermarktet hatte, gründete er sein eigenes Importunternehmen, Broadbent Selections, mit Sitz in San Francisco. Er vertritt Ferreira und importiert das Portfolio ihrer Weine.

Dow Fünf beständig gute Einträge. Erstmals 1993 verkostet: sehr eigenwillig. Als Nächstes auf einer Dow-Vertikalverkostung in Aspen im Juni 1994, dann auf einer Symington-Degustation im Herbst des Jahres, als ich ihn sehr hoch bewertete, und 1995 auf der Masters-of-Wine-Verkostung. Anfangs intensive Maulbeerfarbe, noch immer tief, samtig; in der Nase kraftvoll und gleichzeitig harmonisch, reich, feigenartig; sehr süß, lebhaft, Frucht und Körper gut. *Zuletzt im Oktober 1998 auf der Zweihundertjahrfeier von Dow degustiert* ****(*) *2005 bis 2025.*

Ferreira 1993 hart, leicht stielig, pfefferig. Dann zwei Einträge Mitte der 1990er. Beträchtliche Tiefe in der Nase und am Gaumen. Ausgesprochen portugiesisch im Stil. Sehr süß, eindringlich. *Zuletzt im März 1996 verkostet* ***(*) *Jetzt bis 2015.*

Fonseca Guimaraens Fonseca deklarierte den 1991er nicht. Ausgesprochen tief, ein schlanker Anflug, schon in der Jugend sehr elegant (1993). Dann mit vier Jahren undurchsichtig; sehr charakteristisch, würzig, gut gebaut, gute Länge, pfefferiger, tanninbetonter Abgang. *Zuletzt im April 1995 verkostet* ***(*) *2003 bis 2015.*

Foz, Qta da Kurz nach der Abfüllung verkostet: Feigen- und Pflaumenaroma; ziemlich stämmig. Noch immer rau. Cálem wird manchmal unterschätzt. Ich mag den »britischen« Stil dieses Unternehmens. Dieser Wein dürfte sich gut entwickeln. *Zuletzt im Oktober 1994 mit Jeremy Bull, dem damaligen Cálem-Manager, bei Christie's degustiert* ***(*) *2005 bis 2025.*

Gould Campbell Uneinheitliche Bewertungen, um offen zu sein. 1993 schlank, aber sehr süß und fruchtig. Dann schlank und enttäuschend auf der Masters-of-Wine-Verkostung, kürzlich auf der Fells-Degustation allerdings reicher und positiver. Wohlriechend, sehr süß, trockener Abgang. *Zuletzt im November 2000 verkostet* *** *Jetzt bis 2015.*

Graham 1993 herausragend. Mitte der 1990er zwei gute Einträge. Sehr süß, wie es typisch für Graham ist, sehr reich, voller Frucht, komplett, gute Länge. *Zuletzt im April 1995 verkostet* **** *Jetzt bis 2020.*

Hutcheson In der Nase Feigen und Pflaumen. Ein unbedeutender Stern am Portweinhimmel. *Im April 1995 verkostet* * *Bald wegtrinken.*

Martinez 1993 stielig, schlank, aber fruchtig. Mit vier Jahren tief, aber überraschend weit entwickelt; etwas grobe Textur. *Nicht sehr beeindruckend. Im April 1995 verkostet* *? *Bald trinken.*

Niepoort Machte 1993 einen guten Eindruck. Ein sehr eigenwilliger Weinstil. Reich, pfefferig, schlank, tanninbetont. *Zuletzt im April 1995 verkostet* ***(*) *Jetzt bis 2015.*

Noval, Qta do Reich, entgegenkommend, fleischig. Beeindruckend. *Seit Juni 1993 nicht mehr degustiert* ****? *Jetzt bis 2015.*

Poças Junior Recht gut. *Seit Juni 1993 nicht mehr verkostet* ***?

Quarles Harris 1993 intensive Frucht, reich, pikante Säure, auf der Masters-of-Wine-Verkostung 1995 eine sehr hohe Bewertung, grazil, schöne Textur, im Endgeschmack mit Zitrusnote. Kürzlich weich, angenehm, aber ich war nicht mehr so begeistert. *Zuletzt im November 2000 auf der Fells-Verkostung degustiert* *** *Jetzt bis 2015.*

Ramos-Pinto Ein portugiesisches Haus, das es verdienen würde, in britischen Kreisen bekannter zu werden. Attraktiv. Ein Hauch muskatellerartiger Traubigkeit. Ein Wein zum Trinken, nicht zum jahrelangen Lagern. *April 1995* ** *Bald trinken.*

Rozes Sehr tief; hochgetönt; sehr süß, ebenfalls »grazil«, angenehmer Geschmack. *April 1995* ** *Demnächst trinken.*

Smith Woodhouse 1993 schlank, gut gebaut, in guter Verfassung. 1995 charakteristischer Stil, traubige Note. Kürzlich beeindruckend tief, undurchsichtiges Zentrum; eine Nase, die sich im Glas reich entfaltete; gute Frucht, leicht schlank, griffig. *Zuletzt im November 2000 verkostet* ***(*) *2004 bis 2015.*

Souza Eine Flasche mit dem Schablonenaufdruck »Vieira de Souza«. In der Nase fast dekadent süß; malzig, raue Textur. *Im April 1995 verkostet. Uninteressant.*

Vargellas, Qta de 1993 von Taylor abgefüllt und kurz danach zum ersten Mal verkostet. Ich war äußerst beeindruckt und angetan von dem veilchenartigen Duft und der lebhaften Frucht. Anscheinend sollte er erst in zehn Jahren freigegeben werden, aber ich überzeugte das Haus, mir über ihren Agenten Mentzendorf zwei Kisten zu verkaufen. Auch auf der Masters-of-Wine-Verkostung 1995 in guter Verfassung, schlank und elegant, mit schwungvoller Zitrusnote. Fünf Monate später ließ ich mich hinreißen, ihn erneut zu probieren. Ein ausgeprochen origineller Geschmack, erfrischend, aber völlig unreif. Kürzlich wollte ich wieder wissen, wie er sich entwickelt: köstlich, braucht aber noch mehr Zeit. *Zuletzt im Mai 2001 verkostet* **(***) *2006 bis 2015.*

Vesúvio, Qta do Im Mai 1993 ein leichter Anflug von flüchtiger Säure, aber süß und weich trotz lebenserhaltender Tannine. Im November 1994 eine sehr hohe Bewertung auf der Symington-Verkostung: undurchsichtig, körperreich, sehnig und kraftvoll. Im darauf folgenden Frühjahr nicht viel anders: sehr süß, Körper und Länge gut. *Zuletzt im April 1995 verkostet* ***(*) *2005 bis 2020.*

Warre Ich mag den Warre-Stil – in ihm schwingt immer Eleganz mit. 1993 dicht; seidige, tanninbetonte Textur, langer, scharfer Abgang. Zwei Einträge Mitte der 1990er. Schöner Geschmack, fruchtig, lebhaft. Gute Zukunft. *Zuletzt im April 1995 verkostet* ***(*) *2003 bis 2020.*

1992 *** bis ****

Ein launenhaftes Jahr, in dem das Wetter verrückt spielte und auch bei der Deklarierung einige seltsame Entscheidungen getroffen wurden. Zunächst einmal litt der Norden Portugals unter der schlimmsten winterlichen Trockenheit seit Beginn der Wetteraufzeichnungen: Sechs Monate lang fiel kein Regen. Der Frühsommer war sehr heiß und trocken, der anschließende Regen wurde jedoch sehr begrüßt, denn er gab den Trauben neue Kraft und ließ sie rechtzeitig zur kühlen, niederschlagsreichen Lese anschwellen. Am besten kamen die Häuser weg, die spät ernteten. Fonseca und Taylor deklarierten, wobei Taylor den 1992er angeblich dem 1991er vorzieht (obwohl ich den Vargellas von 1991 für überragend halte). Man darf aber auch nicht vergessen, dass Taylor 1992 sein dreihundertjähriges Bestehen feiert.

Burmester Nur einmal von der Qta de Nossa Señora do Carmo verkostet: im Stil ganz anders als der 1991er. Lebhafte Frucht. Ein hübscher Wein. *Im März 1996 bei Burmester degustiert* *** *Jetzt bis 2012.*

Croft Zwei Einträge, einer entstand im Mai 1997 bei Croft, der andere auf einem BA-Flug von Los Angeles. Erste Anzeichen von Reife. Köstlich. *Zuletzt im März 1999 verkostet* *** *Jetzt bis 2010 trinken.*

Delaforce Erstmals im April 1995 verkostet. Verschlossen, fleischig, sehr süß. Kürzlich: reift schön heran; angesengte, schokoladige Nase; Körper und Länge sehr gut. *Zuletzt im April 2002 auf der Fladgate-Verkostung bei Christie's degustiert* *** *Jetzt bis 2012.*

Fonseca Brillierte wieder einmal. Intensive Tiefe, aber trotz seiner Jugend mit tiefer, kompletter, ausgewogener Nase. Sehr süß, griffig, Länge. *Im April 1995 bei der Verkostung im Hin-*

blick auf die Deklarierung des Jahrgans degustiert ★★★★ Jetzt bis 2015.
Foz, Qta da Ein Eintrag, der kurz nach der Abfüllung entstand. Ziemlich stämmig, feigenartige Frucht, raue Tannine. Müsste gut geworden sein. *Oktober 1994 ★★★ Jetzt bis 2010.*
Niepoort Mit drei Jahren undurchsichtig; eigenartige Nase; süß, voll, sehr guter Geschmack. Natürlich tanninbetont. *April 1995 ★★★ Jetzt bis 2015.*
Taylor Sehr farbtief, noch immer jugendlich; sehr süße, marmeladige Nase. Nur kurz verkostet, aber ich war nicht sehr beeindruckt. Rhône-artiger Geschmack. *Im April 2002 auf der Fladgate-Verkostung bei Christie's degustiert ★★(★)? Ich muss ihn noch einmal probieren.*
Vesúvio, Qta do Drei Einträge Mitte der 1990er. Immense Farbtiefe; wohlriechende, reiche, leicht rosinige Nase; voll, fruchtig, stilvoll, sehr griffig – einmal notierte ich mir sogar »enorm tanninbeladen«. *Zuletzt im April 1995 verkostet (★★★★) 2005 bis 2020.*

1993

Nicht deklariert. Eines der schlechtesten Jahre, seit man zurückdenken konnte. Nach einem außergewöhnlich nassen Herbst 1992 und einem Winter, der so regenreich war, dass sogar manche Weinbergterrassen abrutschten, stellte sich ein trockener Frühling ein. Doch die entscheidende Blütephase wurde im Mai durch feuchtwarmes Wetter verdorben. Der Sommer war kühler als üblich und auch danach blieb das Wetter sehr wechselhaft. Spätlesern machte anhaltender Regen einen Strich durch die Rechnung.
Cockburn Etwas verfrüht beim 112. Jahresbankett der Wine & Spirit Trades' Benevolent Society serviert. Tiefes Rubinrot; ziemlich feigengetönt; mittelsüß, mittlerer Körper. Passte gut zu Reblochon-Käse und den Ansprachen. *Mai 1998 ★*
Ramos-Pinto Mitteltief; in der Nase und am Gaumen »warm« und rosinig. Ein angenehmer Wein. *Im Januar 1997 auf einer Handelsverkostung degustiert ★★*

1994 ★★★★

Von vielen Häusern deklariert. 1994 war ein guter Jahrgang und besonders nach dem katastrophalen Vorjahr willkommen. Dabei hatte es zunächst nicht gut ausgesehen. Der nasse Frühling und feuchtwarmes Wetter verzögerten die Blüte. Der Sommer verlief zufriedenstellender, wenngleich eine tropisch heiße Woche im August mit Temperaturen bis 40 °C für etwas Aufregung sorgte. Gute Bedingungen während der Lese in der ersten Septemberhälfte, aber geringe Erträge.
Broadbent Damit der Leser nicht glaubt, es handle sich um Selbstdarstellung, muss ich kurz vorausschicken, dass dieser eigentlich von Niepoort stammende Wein 1997 für die Importfirma meines Sohnes in den USA abgefüllt und versandt wurde. Er war sehr erfolgreich. Erstmals im April 1997 eine Probeflasche verkostet, die Bartholomew zum Winefest in Florida mitbrachte: ein voller, weicher, pflaumenartiger Wein mit guter Länge. Seither noch ein, zwei weitere Flaschen. Im April 2001 ein Exemplar, das ich meiner Gastgeberin auf einem Château in Bordeaux als Geschenk überreichen wollte. Sie war abwesend, also öffnete ich die Flasche und leerte sie mit zwei Autorenkollegen. Noch immer sehr tief; sehr süß, Pflaumen und Feigen, kraftvoll, Anflug von Teer. Er versüßte ein schreckliches Essen. Auf meinem 75. Geburtstag im Mai 2002 – zum Glück – in guter Verfassung. *Zuletzt im Mai 2002 in der Londoner Vintners' Hall verkostet ★★★(★) Jetzt bis 2012.*
Burmester Zweimal verkostet, das erste Mal im März 1996 bei Burmester: lebhaftes Purpurrot; frisch, tanninbetont, attraktiv. Das zweite Mal acht Monate später bei Georg Riedels Portweinglas-Versuchsdegustation. Ein Aroma wie Feigensirup, den ich als Junge öfter getrunken habe; sehr süß, reich, guter Körper, guter Wein. Braucht aber noch Zeit. *Zuletzt im November 1996 verkostet ★(★★★) 2003 bis 2025.*
Cockburn »Ein perfektes Jahr … etwa 6000 Kisten Vintage Port.« Tief, fein, noch immer pflaumenfarben; dicke, reiche, feigige Frucht. Voll, wohlschmeckend, sehr ansprechend. *Zuletzt im Mai 2002 bei der Verkostung »Erinnerungen an ein Jahrhundert« von Cockburn in London verkostet ★★(★★) 2005 bis 2020.*
Crasto, Qta do Tief, pflaumenfarben; sehr süß, weich, attraktive Frucht, gute Textur. *Im April 1997 bei Bartholomews Portverkostung in Jackson, Mississippi, degustiert ★★(★) Jetzt bis 2015.*
Croft 1997 war ich bei einem Besuch vor Ort nicht begeistert und zog den 1991er vor. Aber der 1994er öffnete sich gut: sehr süße, feigenartige, karamellige Nase; süß, fleischig, attraktiv. *Zuletzt im April 2002 bei Christie's verkostet ★★★ Jetzt bis 2012.*
Dow Die Symingtons informierten uns auf ihrer Verkostung im März 1996, dass die Lese auf der Quinta do Bomfim am 16. September begonnen habe, recht früh also, und der Wein sich durch »das Veilchenaroma eines großen Jahres« auszeichne. Und er war in der Tat bemerkenswert, mit einer Art wächserner Frucht, trotz seiner Jugend überhaupt nicht spritig. Unlängst: noch immer undurchsichtig; komplett, opulent; frucht- und fleischbepackt, sehr trockener Abgang. Sehr gute Zukunft. *Zuletzt im Oktober 1998 bei der Zweihundertjahrfeier von Dow verkostet ★(★★★★) 2006 bis 2030.*
Eira Velha, Qta da Reich, exzellente Textur. *Im März 1997 auf Walter Siegels Jahrhundertverkostung degustiert ★★(★★) Jetzt bis 2020.*
Ervamoira, Qta da Süß, fleischig, gute Frucht. *Im Juni 1998 auf der Einzel-Quinta-Verkostung des Port Wine Institute degustiert ★★★ Jetzt bis 2015.*
Ferreira Viermal verkostet, die ersten beiden Male bei einer Tour durch die USA mit meinem Sohn im April 1997. Ein beeindruckender, kraftvoller Wein. Im darauf folgenden Monat bei Ferreira merkte ich die üppige, feigenartige Frucht, den Reichtum und die Tiefe an. Unlängst: ein köstlicher Wein mit fabelhafter Länge und herrlichem Abgang. *Zuletzt im November 1998 bei einer mit Bartholomew geleiteten »Porto-Verkostung« in Seattle degustiert ★★★(★★) 2005 bis 2025.*
Fonseca Im April und Juli 1996 zwei Fassproben mit der Aufschrift »Fonseca Guimaraens«: dick, hoher Extrakt, Intensität, dabei geschmeidig. Bei der »Top-Ten«-Verkostung der Wine Experience 1998 in New York: undurchsichtig, intensiv, mit langen, kräftigen »Tränen«; sehr reiche Nase, natürlich süß, voller Körper, Frucht, schöne samtige Textur. Neben dem Taylor (siehe Seite 587) vom *Wine Spectator* zum besten »100-Punkte-Wein« gekürt. Kürzlich ein ähnlicher Eintrag. Ein höchst beachtlicher Wein. *Zuletzt im April 2002 auf der Fladgate-Verkostung bei Christie's degustiert ★(★★★★) 2006 bis 2025.*
Gould Campbell Zwei etwas uneinheitliche Bewertungen. Auf der Symington-Verkostung vom April 1996: reich, leicht geröstete Nase, recht stilvoll. Kürzlich: noch immer undurchsichtig, pflaumenfarben. Eigenartige Nase, hart, pfefferig, bittere Mokkanote; süß, charakteristisch, ausgesprochen griffig, an der Grenze zum Groben. Man wird sehen. *Im November 2000 auf der Fells-Verkostung degustiert ★★? 2005 bis 2010?*
Graham Ein wundervoller Wein, dessen Gehalt den 20-prozentigen Branntweinanteil kaschierte (Symington-Verkostung

im April 1996). Eine ausgezeichnete, 1999 abgefüllte Version auf einem British-Airways-Flug nach New York im September 1999. Ein großer Wein. *Zuletzt im September 1999 verkostet* ★(★★★★) *2006 bis 2030.*

Offley Boa Vista Zwei Einträge. Im März 1996 bei Offley: unentwickelt, aber stilvoll. Ein Jahr später begann er sich zu öffnen und machte einen guten Eindruck; lebhafte Frucht, schöner Geschmack – köstlich. *Im März 1997 in Jackson, Mississippi, degustiert* ★★(★★)? *2004 bis 2020.*

Quarles Harris Im April 1996 überraschend entgegenkommende, aber unverwobene Nase und lose gewirkter, doch köstlicher Geschmack. Kürzlich überzeugende Farbe, ein eigenartig stämmiger Charakter; sehr süß, schwer, feigenartig, reich. *Zuletzt im November 2000 auf einer Fells-Verkostung von Symingtons »zweiter Riege« degustiert* ★★★(★)? *Jetzt bis 2015.*

Smith Woodhouse Bei denselben beiden Verkostungen degustiert, auf denen ich auch den Gould Campbell und Quarles Harris probierte. Attraktive Farbe; eigenwillige Lakritzbonbon-Nase, feiner als der Gould. Ein kompletter, schöner Wein. *Zuletzt im November 2000 verkostet* ★★★(★★) *2004 bis 2020.*

Taylor Als Taylor Fladgate etikettiert, einem Teil des einstigen Firmennamens Taylor, Fladgate und Yeatman. Auf den britischen Markt kam der Wein aber früher immer nur als »Taylor«. Als Erstes Fassproben im Juni und Juli 1996. »Gewaltiger Biss«, bitterer (tanninbetonter) Abgang, hart, spritig, voller Frucht und mit großartiger Länge. Mit anderen Worten: ein klassischer unreifer Taylor. War neben dem Fonseca (siehe Seite 586) der Spitzen-»100-Punkte-Wein« des *Wine Spectator*, was seine Klasse deutlich macht. Noch immer undurchsichtig und intensiv; eine noch edlere Nase als der Fonseca, lebhafte, schöne Frucht; süßer, mit allen Komponenten, die für eine verheißungsvolle Zukunft nötig sind. *Zuletzt auf der Wine Experience vom Dezember 1998 verkostet* (★★★★★) *2010 bis 2040.*

Vesúvio, Qta do 40 % Touriga francesa, 20 % Touriga nacional, 30 % Tinta barroca, 10 % andere Rebsorten. Erstmals im April 1996 verkostet: stilistisch ganz anders als die großen Symington-Marken, mit köstlichen, leicht schwungvollen Zitrusaromen; nicht so süß, aber herrliche Frucht. Noch immer undurchsichtig; außergewöhnlich, sehr charakteristisch, großes Potenzial. *Zuletzt im Mai 2002 bei der Verkostung von Portweinen der Symington-Firmen degustiert* (★★★★★) *2008 bis 2030.*

Warre Angeblich mit »typischer Zistrosennase«, also einem harzigen Einschlag. Auf jeden Fall der dunkelste Port aller Symingtons von 1994. Sehr süß, schöner Geschmack, perfekt im Gleichgewicht, gute Länge. *Im April 1996 verkostet. Große Zukunft* (★★★★★) *2006 bis 2025.*

1995 ★★★

Trotz der guten Qualität nicht von allen deklariert, da er dem mit Begeisterung aufgenommenen – und exportierten – 1994er so nah auf dem Fuße folgte. Ein recht gutes Wetter zeichnete die Anbausaison mitsamt der Reifephase aus: milder Frühling, zeitiger Austrieb, zufrieden stellende Blüte, aber ein sehr heißer, trockener Juli, der den Reben arg zusetzte. Frühe Lese unter Idealbedingungen. Die hohe Ernte machte die niedrigen Erträge von 1993 und 1994 wieder wett.

Bomfim, Qta do Machte einen guten Eindruck. Sehr trockener Abgang. *Im Juni 1998 auf der Einzel-Quinta-Verkostung des Port Wine Institute degustiert* ★★★ *Jetzt bis 2010.*

Broadbent Eine Fassprobe von Niepoort, der Wein wurde jedoch nicht exportiert. Nicht so süß, lebhafter als der 1994er. Aber gute Frucht und beeindruckend. *Mai 1997* ★★★

Canais, Qta dos Cockburns 150-ha-Lage gegenüber von Vesúvio. Sehr süße, feigenartige Nase; guter Geschmack, zugänglich, attraktiv. *Mai 2002* ★(★★) *2005 bis 2012.*

Cavadinha, Qta da Undurchsichtig (mit vier Jahren): typischer Warre-Duft; ansprechender Charakter. *Juni 1998* ★★★ *Jetzt bis 2010.*

Crasto, Qta do Bis vor kurzem eher unbekannt, aber eine der ältesten und malerischsten Quintas am Douro. Der 1995er machte auf der Londoner Weinmesse im Mai 1997 einen großen Eindruck. Tief, samtig, intensiv; schöner Geschmack, sehr attraktive Frucht, guter Körper, gewürznelkenartiger Abgang. *Zuletzt im November 1998 auf der »Porto-Verkostung« in Seattle degustiert. Es lohnt sich, nach ihm Ausschau zu halten* ★★(★) *2004 bis 2015.*

Ein Besuch auf den Quintas

Unser erster Besuch auf einer Quinta fiel in die Lesezeit des Jahres 1970, als wir vom herrlichen Fernando van Zeller eingeladen wurden (er erinnert mich immer an Fernandel, den großen Komödianten des klassischen französischen Kinos). Wir saßen auf der Terrasse von Noval, knabberten frische Mandeln, nippten an gekühltem weißem Port und waren überwältigt vom Ausblick auf die großartige hügelige Landschaft und das Tal.

1988 genoss ich ein Wochenende mit der Familie Symington auf Malvedos. Im Gedächtnis geblieben sind mir strömender Regen, vor allem aber der unwiderstehliche alte Tawny und die Frage, wie viel ich trinken konnte, ohne nachteilige Folgen befürchten zu müssen. Ich zeichnete die Quinta aus allen Winkeln, um später ein Aquarell für die Familie zu malen. Zwischen den Schauern ging ich die eingleisige Bahnstrecke entlang, eine Abkürzung nach Tua. Unterwegs kam mir eine dunkeläugige einheimische Schönheit entgegen. Sie blieb stehen und setzte sich geduldig auf einen Fels, damit ich sie zeichnen konnte – natürlich bekleidet (wir beide!).

Später (1996) besuchte ich die liebenswerte Familie Roquette auf Crasto, einer malerischen alten Quinta auf einem Ausläufer mit einem Panoramablick auf die gefährlich steilen Weinbergterrassen und den Fluss.

Im Douro-Tal scheint die Zeit stillzustehen.

Croft, LBV Normalerweise schenke ich den sehr kommerziellen LBVs nicht viel Beachtung, aber dieser hier war ausgezeichnet: sehr tief; gute Nase und unglaublich süß, ohne jegliche vordergründige Feigennote. *Im Februar 2002 auf dem Flug BA 285 von London nach San Francisco degustiert* ★★★ *Bald trinken.*

Eira Velha, Qta da Auf der Siegel-Verkostung vom März 1997 eine Fassprobe: eigenartig rustikal. Auf der Einzel-Quinta-Verkostung in besserer Verfassung: lebhaft, intensiv, ziemlicher Biss. *Zuletzt im Juni 1998 verkostet* ★★?

Ferreira Erstmals im September 1997 auf einer Ferreira-Verkostung bei Christie's in New York degustiert. Gut auch in North Carolina: lebhaft, pfefferig. Ein Jahr später fast schwarz, mit rubinrotem Rand; reiche, gute Frucht und Länge, mit wunderschönem trockenem Abgang. *Zuletzt im November 1998 in Seattle degustiert* ★(★★), *möglicherweise* ★(★★★) *2005 bis 2020.*

Fonseca Guimaraens Nur ein Eintrag. Ein schöner Wein. *Mai 1997* ★★★ *Jetzt bis 2010.*

Foz, Qta da Attraktive, angesengte Nase; trocken, lebhaft, gute Frucht. *Juni 1998* ★★(★) *2003 bis 2015.*

Madalena, Qta da Feigenartig; Zitrusnote, das Zahnfleisch reizende Säure. *Juni 1998* (★★)? *Bald trinken.*

Offley Boa Vista Vier Einträge, die alle bei den »Broadbent-Selections«-Degustationen meines Sohns in den USA entstanden. Kraftvolles Erscheinungsbild; wohlriechend; eindringlich, feigenartiger Geschmack, gutes Fleisch, lebhafte Frucht. Bittere Tannine. Braucht noch Zeit. *Zuletzt im November 1998* (★★★) *2005 bis 2015?*

Roêda, Qta da Es wird kein neues Holz mehr verwendet, außerdem kommen eher große hölzerne Tanks als traditionelle *pipes* zum Einsatz. Ein lebhafter, sehr fruchtiger Wein. *Im Mai 1997 bei Croft verkostet* ★(★★) *Jetzt bis 2012.*

Tuke Holdsworth Drei Einträge, die alle in den USA entstanden. Beeindruckend tief, mehr Frucht und Kraft als sein »Vetter«, der Ferreira. *Zuletzt im November 1997 in Charlotte, North Carolina, verkostet* (★★★) *2003 bis 2015.*

Vale da Mina, Qta Zweimal verkostet. Christiano van Zellers neuer Weinberg bei Crasto. Reiches Aussehen. Fest, aber mit üppiger Frucht, lebhafter Abgang. Interessant. *Zuletzt im November 1998 auf der »Porto-Verkostung« in Seattle degustiert* ★★(★)? *Jetzt bis 2012.*

Vargellas, Qta de Fest, schlank, ähnlich wie der 1991er. Sehr tanninbetont. *Mai 1997* (★★★) *2005 bis 2020.*

Vesúvio, Qta do Einmal verkostet. Noch jugendlich, eigen und bemerkenswert. Ob man bei Ferreira je bedauert hat, dass man Vesúvio, eine der großartigsten Quintas am Douro, an die allgegenwärtige Familie Symington verkaufte? *Auf der Einzel-Quinta-Verkostung im Juni 1998 in London degustiert* ★(★★★) *2005 bis 2020.*

1996 ★★★

Eine große Ernte von guter Qualität. Trotzdem nicht deklariert. Nach dem sehr nassen Winter mit Überschwemmungen und Schäden in den Weinbrgen herrschte im Frühling mildes Wetter vor. Zufrieden stellende Blüte. Das völlige Ausbleiben von Niederschlägen von Juni bis August verzögerte den Reifeprozess. Die Lese wurde spät eingeleitet, die besten Trauben erntete man Ende September und Anfang Oktober. Nichtsdestotrotz lag die produzierte Menge generell über dem Durchschnitt, was den Porthäusern ganz recht kam.

Croft Eine Fassprobe. Undurchsichtig; ansprechend. Schwer einzuschätzen. *Im Mai 1997 bei Croft verkostet.*

Vesúvio, Qta do Abfüllung im April 1998. Reich, aber nicht sehr tief; unverwobene, trotzdem sehr ansprechende Nase; Frucht und Geschmack schön. *Juli 1998* (★★★) *Etwa 2005 bis 2010.*

1997 ★★★★

Ein sehr guter, viel deklarierter, teurer Jahrgang. Ungewöhnliche Witterungsbedingungen: ein für die Jahreszeit viel zu warmes Frühjahr, die Blüte begann einen Monat früher als sonst, dann ein kühler Juni und Juli, was die Entwicklung verzögerte; hinzu kamen Regen und hohe Luftfeuchtigkeit. Ende August schlug das Wetter ins Gegenteil um und blieb bis in den September hinein schön, sodass am 15. des Monats bei Sonnenschein mit der Lese begonnen werden konnte. Wegen des wechselhaften Wetters blieben die Erträge gering – die Qualität aber war hoch.

Die Art von Jahrgang, die Portweinfreunde in den USA schon lange vor Erreichen der vollen Reife trinken.

Barros Mitteltief; verschlossene Nase, Walnüsse; himbeerartige Frucht. Attraktiv. *Im Juni 1999 auf der ersten Masters-of-Wine-Verkostung von 1997ern im Reform Club in London degustiert* (★★★) *2003 bis 2012.*

Broadbent Purpurroter Rand; verhalten, Lakritzenote; geschmeidig, gute Länge, würziger und ansprechender Nachgeschmack. *Im Dezember 2000 in Bartholomews Probierraum in San Francisco verkostet. Dürfte ein guter Wein werden* (★★★★) *2004 bis 2020.*

Burmester Sehr feigenartig; süß, angenehmer Geschmack, Tannin und Säure gut. *Juni 1999* (★★★) *2003 bis 2015.*

Cálem Undurchsichtiges Zentrum; reiche, angesengte, feigenartige Frucht; lebhaft, Anflug von Brombeeren, attraktiv. *Juni 1999* (★★★★) *2005 bis 2020.*

Churchill Charakteristisch, nasses Stroh; lebhaft, schlank, scharfer Abgang. Ich muss ihn noch einmal verkosten. *Juni 1999* (★★)?

Cockburn Sehr tief; zwiespältig, unverwoben; süß, scharfer Abgang. *Juni 1999? Neuverkostung unabdingbar.*

Côrte, Qta da Im Juni 1999: tief, samtig; Duft nach nassem Stroh mit himbeerartiger Frucht. Säurebetont. Kürzlich: feigenartig, süß, reich. *April 2002* ★(★★) *2003 bis 2010.*

Crasto, Qta do Gemischte Bewertungen: Auf der Masters-of-Wine-Verkostung: Feigensirup und Schokolade; sehr fruchtig, schöner Geschmack, ausgezeichneter Abgang. Zweifellos voll und reich, aber irgendwie gefiel er mir nicht. *Zuletzt ein Glas nach dem Essen im November 1999. Muss ihn erneut probieren.*

Delaforce Straffe Frucht; mittelsüß, mittlerer Körper. Unreif. *Im November 1999 in der Vinopolis Cantina in London verkostet* (★★★) *2004 bis 2015.*

Dow Auf der Verkostung zur Zweihundertjahrfeier im Oktober 1998 schwarze Brombeerfarbe; prächtig, blumig; sehr ansprechend, gute Frucht, griffig – »wird möglicherweise deklariert«. Machte auf der Masters-of-Wine-Verkostung einen guten Eindruck, klassisch. *Juni 1999* ★(★★★) *2007 bis 2025.*

Eira Velha, Qta da Sehr wohlriechend; geschmeidig, köstlicher Geschmack. *Juni 1999* ★(★★★) *2005 bis 2020.*

Fonseca Markant, feigenartig, aber wohlriechend; Geschmack und Länge schön. Klassisch. *Juni 1999* (★★★★★) *2007 bis 2025.*

Gould Campbell Auf der Masters-of-Wine-Verkostung hochgetönt; leicht angesengt und schokoladig; guter Geschmack, schlanker Abgang, geradlinig. Nichts Außergewöhnliches. *Zuletzt im November 2000 auf der Fells-Verkostung von Symingtons »zweiter Riege« degustiert* ★(★★) *2004 bis 2015.*

Graham Undurchsichtig; stämmiges, entgegenkommendes Aroma; reich, voll im Geschmack, großartige Länge. Möglicherweise ein großer Klassiker. *Juni 1999* (★★★★★) *2007 bis 2030.*

Kopke Verschlossen; am Gaumen positiver. Attraktiver Geschmack. *Juni 1999* ★(★★) *2004 bis 2015.*

Martinez Reift schnell heran, in der Nase und am Gaumen apfel- und strohartig. *Juni 1999* (★★)? *Muss ihn nochmals verkosten.*

Niepoort Tief, samtig; sehr süß, reich, gute Textur, scharfer Abgang. *Juni 1999* (★★★★) *2004 bis 2020.*

Noval, Qta do Sehr attraktiv, sehr Noval-typisch. *Juni 1999* ★(★★★) *2003 bis 2015.*

Offley Boa Vista Nicht tief; leicht im Stil, aber ansprechend. *Juni 1999* (★★★) *2003 bis 2015.*

Quarles Harris Auf der Masters-of-Wine-Verkostung pflaumig, entgegenkommend. In Geruch und Geschmack eigenwillig und ungewöhnlich, reich, aber mit trockenem, säurebetontem Abgang. *Zuletzt im November 2000 auf der Fells-Verkostung von Symingtons »zweiter Riege« degustiert* (★★★)?

Ramos-Pinto »Die feinsten Trauben aus der eigenen Quinta, traditionell im Stein-*lagar* mit den Füßen zerstampft.« Auf der Masters-of-Wine-Verkostung tiefes Königspurpur; außerordentlich parfümierte Birnensaftnase und ebensolcher Geschmack. Kürzlich nicht mehr ganz so exzentrisch: brombeerartige, pfefferige, köstliche Frucht. *Zuletzt im Januar 2000 auf der Verkostung der Maisons Marques & Domaines degustiert* (★★★★) *2005 bis 2020.*

Roêda, Qta da Charakteristisch, leicht angesengt; schlank, Zitrusnote im Abgang. *Juni 1999* ★(★★) *2004 bis 2015.*

Sandeman »Vau« Eine neue Marke, kein Zweitwein, für frühen Verbrauch gedacht. Trotzdem hatte er das tiefe, undurchsichtige Aussehen eines Vintage Port; klassische Nase; sehr süß, guter Geschmack. *Juni 1999* (★★★) *2006 bis 2025.*

Smith Woodhouse Spitzenklasse. Machte auf der Masters-of-Wine-Verkostung einen guten Eindruck, sehr hohe Bewertungen auf der Fells-Verkostung. Interessante Nase, Teer- und Lakritzenote, Anflug von Bienenwaben; schlank, aber fleischig, sehr guter Geschmack und Abgang. *Juni 1999* (★★★★) *2006 bis 2025.*

Taylor Im Juni 1999 undurchsichtig; verschlossen, aber markant, reich, komplex, große Tiefe; ein kraftvoller Wein mit trockenem Abgang. Klassisch. Kürzlich beeindruckend, gute Zukunft. *Zuletzt im April 2002 bei Christie's degustiert* (★★★★★) *2010 bis 2030.*

Warre Reich duftend; elegant, ausgezeichneter Abgang. *Juni 1999* (★★★★★) *2007 bis 2025.*

1998 uneinheitlich, bis ★★★

Die zweitkleinste Ernte des Jahrzehnts. Wurde nicht generell deklariert, doch die Qualität reicht für Einzel-Quinta-Weine und LBVs. Ich habe bislang nur einen einzigen Vintage verkostet. Der Jahrgang wird wahrscheinlich in Vergessenheit geraten, ohne Spuren zu hinterlassen.

Alles andere als ideale Witterungs- und Wuchsbedingungen. Nach dem nassen Winter wurde es heiß und trocken. Schon im Februar war es frühlingshaft, was die Vegetation zu einem Frühstart veranlasste. Im April kehrte jedoch der Regen zurück und hielt zwei Monate lang an; die Niederschläge beeinträchtigten die Blüte, den Fruchtansatz und letztendlich auch den Ertrag ernsthaft. Warmer, trockener Juni, ähnlich der Juli, August und September, doch Ende des Monats schlug das Wetter um und zerstörte alle Hoffnungen auf eine ausgezeichnete Lese.

Senhora da Ribera, Qta Undurchsichtig; reich, feigenartig; süß, voller Frucht, sehr attraktiver Geschmack. Gute Säure. Nicht zu tanninbetont. *Juli 2001* ★(★★) *Wahrscheinlich 2003 bis 2008 auf dem Höhepunkt.*

1999 ★★★

Fast hätte es für einen Vintage gereicht – je nachdem, ob die Trauben früh oder spät gelesen und gepresst wurden. Trotzdem lief ihm der 2000er den Rang ab.

Wegen des außergewöhnlich kalten, trockenen Winters verzögerte sich der Austrieb. Der April und Mai fielen sehr nass aus, doch die Blüte vollzog sich Anfang Juni unter ausgezeichneten Bedingungen, sodass eine hohe Ernte zu erwarten war. Den restlichen Juni und im Juli blieb es warm, gelegentlich erreichten die Temperaturen sogar Extremwerte. Ein paar wohltuende Regenfälle im August und September ließen die Beeren schwellen. Nicht zum ersten Mal aber schlug Ende September das Wetter um. Es wurde kühl und wechselhaft – ausgerechnet in der kritischen Phase regnete es zwölf Tage lang, was die Lese erschwerte. Wer vor oder nach dem Regen erntete, dem gelangen bessere Weine. Nur einen Port verkostet.

Canais, Qta dos Undurchsichtig, intensiv; unreif, aber reich; ziemlich süß, wohlschmeckend, trockener Abgang. Sehr attraktiv. *Im Mai 2002 auf Cockburns Verkostung »Erinnerungen an ein Jahrhundert« in London degustiert* (★★★★) *2009 bis 2018.*

Eine Liste der bedeutenderen Quintas und ihrer aktuellen Besitzer, auf die im Text Bezug genommen wird

Boa Vista, Qta da	Offley (Forrester)
Bomfim, Qta do	Dow (Symington)
Bom Retiro, Qta do	Ramos-Pinto
Cachão, Qta do	Messias
Canais, Qta dos	Cockburn (Allied Domecq)
Cavadinha, Qta da	Warre (Symington)
Côrte, Qta da	von Delaforce vermarktet
Crasto, Qta do	Familie Roquette
Cruzeiro, Qta do	Fonseca (Fladgate Partnership)
Eira Velha, Qta da	Familie Newman. Jetzt von Martinez vermarktet
Ervamoira, Qta da	Ramos-Pinto
Foz, Qta da	Cálem
Lages, Qta da	Familie Ribero (verkauft Weine an Graham)
Loureiro, Qta de	Familie Costa Seixas
Madalena, Qta da	Symington
Malvedos, Qta dos	Graham (Symington)
Milieu, Qta do	The Real Companhia Velha
Noval, Qta do	AXA Millésimes
Passadouro, Qta do	Niepoort
Porto, Qta do	Ferreira (Sogrape)
Roeda, Qta da	Croft (Fladgate Partnership)
Roncão, Qta de	Sandeman (Sogrape)
Roriz, Qta de	Van Zeller und Symington
Rosa, Qta de la	Familie Bergquist
São Luiz, Qta de	Barros, Almeida
Seixo, Qta do	Ferreira (Sogrape)
Senhora da Ribera, Qta	Symington
Sibio, Qta do	Real Companhia Velha
Terra Feita, Qta da	Fladgate Partnership
Tua, Qta do	Cockburn (Allied Domecq)
Vale da Mina, Qta do	Cristiano van Zeller
Vargellas, Qta de	Fladgate Partnership
Vesúvio, Qta do	Symington

2000

Vor einem halben Jahrhundert hätte man es nicht für möglich gehalten: Der Markt für Portwein floriert.

Nach einigen Fusionen, die zum Teil erst vor kurzem abgeschlossen wurden, beherrschen zwei Gruppen den Vintage-Bereich – beide britisch und noch immer in Familienbesitz. Die Symingtons regieren ihr Firmen-Portfolio ganz allein. Ihre wichtigsten Marken sind Dow, Graham und Warre, ihre »Deuxièmes crus« Gould Campbell, Quarles Harris und Smith Woodhouse, alles Firmen mit eigener Erzeugung. Neben Vesúvio und Malvedos gehört den Symingtons außerdem die Hälfte der berühmten alten Quinta da Roriz, die andere Hälfte ist im Besitz von João van Zeller. Die »Fladgate Partnership« besteht aus drei alteingesessenen Portweinfamilien, den Robertsons, den Bowers und den Guimaraens. Ihre wichtigsten Marken sind Taylor und Fonseca, die Zweitmarke heißt Fonseca Guimaraens; kürzlich kamen Croft und Delaforce dazu. Ihre Spitzen-Quinta heißt Vargellas. Ein weiterer berühmter Name der Branche ist Cockburn, das sich nach wie vor in britischer Hand befindet. Noval wiederum gehört dem Versicherungskonzern AXA. Unter dem Banner der allgegenwärtigen Sogrape-Gruppe vereint sind Ferreira, der in Portugal meistverkaufte Portwein, Offley Forrester, die Marke Tuke Holdsworth und das unlängst übernommene Haus Sandeman.

2000 (★★★★★)

Ein absolutes Muss, dank einer Kombination aus gutem Wetter und erwartungsvollem Markt. Im Frühjahr 2002 deklarierten alle großen Häuser diesen Jahrgang. Im April und Mai nahm ich an der Cockburn-Präsentation in London teil, einer im Sitzen durchgeführten Verkostung im Travellers' Club; der »Fladgate-Partnership«-Degustation bei Christie's, bei der man von einem Stand zum anderen eilen musste, und der Weinprobe der »Symington Family Port Companies« im Berkeley Hotel.

Doch zunächst zum Wetter. Der Winter fiel mild und ungewöhnlich trocken aus – so trocken, dass einige Erzeuger wieder einmal auf die Regierung einwirkten, am Douro doch die künstliche Bewässerung im Weinbau zuzulassen. Nach dem frühen Austrieb allerdings wurde es im April kühl und nass. Sechs Wochen lang regnete es fast ununterbrochen. Die Niederschlagsmenge im Mai betrug das Dreifache des Durchschnittswerts.

Die Regenperiode drosselte die Entwicklung der Vegetation und verzögerte auch die Blüte, die (nach Ansicht der Symingtons) unter äußerst widrigen Umständen ablief und die zu erwartenden Erträge enorm reduzierte (bis zu 20 % weniger wurden prognostiziert). Ein weiteres großes Problem war der Mehltau, dessen Ausbreitung durch den Regen und die Luftfeuchtigkeit gefördert wurde, weshalb die Erzeuger oft spritzen mussten.

Trotz Wetterbesserung verzögerte sich auch die *véraison* und war erst Ende Juli abgeschlossen. Nach einigen erfrischenden Regenfällen stellte sich im August eine große Hitze ein, die bis zur Lesezeit anhielt und die Trauben rasch ausreifen ließ. Auf Malvedos von Graham freute man sich über ausgezeichnetes, vollreifes Lesegut mit hohem Zuckergehalt bei sehr niedrigen Erträgen – alles Anzeichen für hohe Qualität.

Die jungen Portweine zeichnen sich fast ausnahmslos durch große Farbtiefe, ein undurchsichtiges Zentrum und einen lebhaft purpurroten Rand aus, dessen Intensität nur geringfügig variiert. Ich verzichte daher in meinen Einträgen auf eine Farbbeschreibung, sofern das Erscheinungsbild nicht von diesem Standard abweicht. Man sollte sich nicht von der saftigen Frucht der 2000er abschrecken lassen: Die »Knüller« des Jahrgangs haben genau die richtigen Komponenten, um bis weit in die Mitte des 21. Jahrhunderts hinein auf der Höhe zu bleiben. Viele Weine sind außerdem mittellang lagerfähig, also etwa 2010 bis 2020 in Bestform. Einige werden zweifellos zu jung getrunken werden, bereiten aber selbst dann schon Genuss.

Die Fünfsterne-Weine des Jahrgangs 2000

Dow Der 25. Jahrgang, der seit 1900 deklariert wurde. Großes Potenzial.

Fonseca Zwei Einträge: undurchsichtig; sehr wohlriechend, Anklänge an kandierte Veilchen; fast erdiger Reichtum. Stilvoll. Einer meiner Lieblinge.

Graham Zwei Einträge. Samtige Intensität; wie immer bemerkenswert süß, blumige Aromen, grandioser Geschmack, der Gehalt kaschiert das Tannin. Ein großer Wein.

Noval Nacional Farbe wie schwarze Melasse; konzentriert, aber schlank. Vielschichtig. Große Länge.

Roriz, Qta do Symingtons zweiter Jahrgang nach der Übernahme eines 50-prozentigen Anteils an diesem Haus im Jahr 1999. Sehr kraftvoll. Ein großer Wein.

Taylor Zwei Einträge. In jeder Hinsicht bemerkenswert: undurchsichtig, kraftvoll, reich, lang. Das Fladgate-Flaggschiff.

Vesúvio, Qta do Von Schüchternheit oder Zurückhaltung nichts zu spüren. In Duft und Frucht großartig entgegenkommend; lebhaft, konzentriert, lang.

Warre Zwei Einträge. Brombeerartige, pfefferige Nase; schöner Geschmack, Länge, Textur, Stil großartig. Spitze.

Die Viersterne-Weine des Jahrgangs 2000

Cockburn Erlebt mit diesem Jahrgang eine Art Renaissance. Beeindruckend, Geschmack und Körper gut. Zweifellos vom ausgezeichneten Quinta dos Canais aufgewertet.

Croft Jetzt unter den Fladgate-Fittichen. Guter Körper, griffig.

Delaforce Ebenfalls ein Fladgate-Haus. Guter Wein.

Ferreira Im klassischen, kraftvollen portugiesischen Stil. Voller Frucht. Köstlich. Wird sich relativ rasch entwickeln, aber gut halten.

Gould Campbell Ein verlässlicher Mitspieler aus Symingtons »zweiter Riege«. Gute Textur. Trockener Abgang.

Martinez Stil und Gewicht ordentlich. Blumig.

Niepoort Eine weitere Meisterleistung von Dirk Niepoort. Herrliche Farbe; Frucht und Nachgeschmack köstlich traubig.

Noval, Qta do Attraktive Frucht, köstlicher Geschmack. Mittellanges Leben.

Offley Boa Vista Lebhafte Frucht, ausgeprägte Tannine.
Smith Woodhouse Meiner Meinung nach der Spitzenwein der »zweiten Riege« von Symington. Trockener Abgang.

Einige unbekanntere Marken, Häuser und Quintas

Broadbent Nach Vorgaben meines Sohns für den US-Markt erzeugt. Ein überragender Niepoort-Wein.
Burmester Reich, feigenartig, sehr süß. Mittellanges Leben.
Crasto, Qta do Faszinierend, mittelsüß, griffig.
Eira Velha, Qta da Charakteristisch. Kraftvoll.
Pasadouro, Qta do Ein weiteres Niepoort-Produkt. Sehr tief; schlank, wohlschmeckend, köstlich.
Ramos Pinto Ich empfand ihn als ziemlich seltsam, aber auf seine Weise ansprechend. Muss ihn nochmals verkosten.
Rosa, Qta de la Schlank, aber gute süße Frucht und Länge. Für mittellange Lagerung.

Madeira

Madeira gehört von jeher zu meinen Lieblingsgewächsen. Ich habe über ein Vierteljahrhundert lang die Abteilung Weinauktion von Christie's geleitet und in dieser Zeit stets eine Flasche Verdelho für Kunden und Freunde – meist in einer Person – bereitgehalten, die ich ihnen anstelle einer Tasse Kaffee anbot, wenn sie morgens in mein Büro kamen. Und am Nachmittag servierte ich ihnen statt Tee einen ungleich köstlicheren Bual. Auch privat trinken meine Frau und ich häufig Madeira. Ich werde regelmäßig nach meinem Lieblingswein gefragt (wo soll ich nach so vielen Jahren mit dem Aufzählen anfangen?) – und nenne dann einen alten Madeira. Und wenn dann noch die Frage kommt, welchen Wein ich auf eine einsame Insel mitnehmen würde, kann ich es sehr präzis sagen: Es müsste ein H. M. Borges Terrantez von 1862 oder ersatzweise von 1846 sein. Abgesehen vom gloriosen, unbeschreiblichen Duft und Geschmack ist Madeira der Wein, der zu warme Lagerbedingungen überlebt und auch, einmal geöffnet, über einen längeren Zeitraum hinweg gut zu trinken bleibt.

Was aber ist Madeira eigentlich? Ein mit Branntwein verstärkter Wein, der auf der gleichnamigen portugiesischen Insel im Atlantischen Ozean rund 650 km westlich von Nordafrika entsteht. Die Insel zeichnet sich durch ein ganzjährig konstantes Klima aus. Ihre nach den jeweiligen Rebsorten benannten Weine (siehe Kasten Seite 600) sind in vielerlei verschiedenen Ausprägungen erhältlich – von trocken bis sehr süß, vom Aperitif bis zum Dessertwein. Madeira wird während der Bereitung erhitzt, ist dadurch stabil und übersteht lange Lagerung auch in tropischen Zonen. Die besten Erzeugnisse gehören wie Tokajer zu den langlebigsten Weinen überhaupt.

Feine alte Madeiras gelten von jeher als etwas gewöhnungsbedürftig, standen aber schon immer in hohem Ansehen und wurden eifrig gesammelt. Während meiner Arbeit bei Christie's sind viele alte Bestände durch meine Hände gegangen. Sie stammten zum Teil aus Privatkellern alter Familien auf der Insel – Acciaioly, Henriques, Lomelino und Blandy fallen mir auf Anhieb ein – oder auch von längst verstorbenen britischen Weinkennern wie Stephen Gazelee, Harry Johnson (ein anglophiler Amerikaner) und Ronald Avery. Zu den ersten Käufern alter Madeiras bei Christie's gehörte Dr. Robert Maliner, die treibende Kraft der Hollywood Wine Society in Florida. Er veranstaltete 1995 die zweifellos beste Madeira-Verkostung aller Zeiten (siehe Kasten Seite 594).

Die Trennlinie zwischen Vintage und Solera Madeira ist fein gezogen (siehe Kasten Seite 601). Meist geben das Etikett oder die Schablonenaufdrucke auf der Flasche nicht klar Auskunft darüber, um welche Version es sich handelt. Selbst echter Vintage Madeira kann während des Ausbaus im Holz durchaus aufgefüllt bzw. aufgefrischt worden sein. Bei Christie's nannten wir im Katalog stets den genauen, auf dem Etikett angegebenen Stil – war er nicht ersichtlich, so brachten wir das durch einen Gedankenstrich zum Ausdruck, also etwa »Bual – 1934«. In den anschließenden Einträgen erwähne ich »Vintage« und »Solera«, sofern bekannt.

Madeira wird heute wie Tawny als trinkreife Assemblage verkauft, die nicht dekantiert werden muss und – ein großer Vorteil – sich nach dem Öffnen gut hält. Bei einem preiswerten, fünfjährigen »Medium Sweet« handelt es sich vermutlich um eine »Verdelho-Kopie« aus Tinta negra mole, während ein zehnjähriger Verdelho – mein Lieblingsstil – aus der Traube besteht, nach der er auch benannt ist, und in der Regel bemerkenswert gut schmeckt. Außerdem feiert Vintage Madeira derzeit ein Comeback, was mich sehr freut.

17. bis 19. Jahrhundert

Wein wird zwar auf Madeira schon seit dem 15. Jahrhundert angebaut, doch erst mit dem Gesetz Karls II. von 1665 kam der Handel mit den Erzeugnissen von der Insel in Schwung. Geschäftstüchtige britische Kaufleute siedelten sich im frühen 18. Jahrhundert auf Madeira an, um Nutzen daraus zu ziehen, dass Schiffe mit Kurs auf Ostindien oder Mittelamerika hier anlegten, um Proviant aufzunehmen. 1780 gab es über 70 englische Handelshäuser auf der Insel; der Weinexport lag damals bei 15 000 bis 17 000 *pipes* (zu rund 500 l). Um die Mitte des 18. Jahrhunderts begann man die für Großbritannien und seine Kolonien bestimmten Weine mit Branntwein zu verstärken und dadurch haltbar zu machen.

Gerade weil Madeira praktisch unverwüstlich ist, stand er in den heißen, feuchten Kolonien in Übersee, den Besitzungen in der Karibik und den Garnisonen und Handelsniederlassungen in Indien in so hohem Ansehen. Das 1745 gegründete Haus Cossart Gordon belieferte allein über hundert britische Regimenter in Indien. Auch in den Vereinigten Staaten wurden zwischen der Erlangung der Unabhängigkeit und dem Sezessionskrieg enorme Mengen Madeira getrunken. Der Madeira Club in Savannah widmet sich bis heute dem edlen Getränk. US-Privatsammler erwarben in den letzten Jahrzehnten viele der besten Flaschen auf dem Markt.

»Fine old Maderia« *(sic)* stand auch bei James Christies erster Versteigerung im Dezember 1766 zum Verkauf. 1768 bot das Auktionshaus »eine *pipe* feinsten, alten, wohlschmeckenden Madeiras« an, der für den Gouverneur von Madras erzeugt worden war. Im selben Jahr legte die HMS *Endeavour* eines gewissen Lieutenant Cook (der später zum Captain ernannt wurde) in der Inselhauptstadt Funchal an, um 3032 Gallonen Madeira für seine zweieinhalbjährige Reise aufzunehmen – nicht nur als nährendes Getränk, sondern zur Prävention gegen Skorbut.

Die Jahrgänge auf einen Blick

Hervorragend *****
1793, 1795, 1798, 1802, 1808, 1822, 1830, 1836, 1846, 1862, 1868

Sehr gut ****
1789, 1792, 1821, 1826, 1827, 1834, 1837, 1839, 1850, 1860, 1863, 1870, 1875, 1893, 1895, 1898, 1899

Gut ***
1811, 1815, 1832, 1845, 1864, 1877, 1879, 1891, 1892

Um 1680

Madeira oder »Canary Sack« Interessant war an diesem Wein vor allem die Herkunft. Er stammte aus dem Originalkeller eines Hauses in der City of London, das 1682 zerstört oder abgerissen und erst kürzlich bei Ausgrabungen entdeckt wurde. Das Gebäude am Rand der City gehörte dem Hauptstückmeister von England und hatte anscheinend sogar den großen Brand von 1666 überstanden.

Im Keller entdeckte man einen Bestand von zwiebelförmigen Flaschen mit kurzem Hals, die aus dem 17. Jahrhundert stammten und Wein enthielten. Bei der Röntgenuntersuchung stellte sich heraus, dass sie mit einem kurzen Korken verschlossen worden waren. Man führte eine Nadel ein und entnahm eine kleine Menge Wein, die einer eingehenden chemischen Analyse unterzogen wurde. Der Alkoholgehalt lag bei 6,5 %, also etwa so hoch wie bei Bier, und die Säure mit 6 g/l im Normalbereich. Außerdem fand man einen recht hohen Anteil Glyzerin und einige ziemlich unangenehme Fuselöle.

Im Museum of London, einem der unbekanntesten, aber interessantesten Museen der britischen Hauptstadt, wurden zwei Flaschen mit großem Pomp geöffnet. Mir wurde das große Privileg zuteil – mehr Privileg als Vergnügen –, die antike Flüssigkeit verkosten zu dürfen. Es handelte sich in der Tat um, nun ja, Wein, genauer gesagt, um einen leichten Tischwein mit würziger, gewürznelkenartiger Nase und weiteren eigenartigen Gerüchen, die im Verborgenen lauerten. Trocken, scharf, stechend. Wahrscheinlich Madeira, der in England und den Kolonien als Tischwein getrunken wurde. Die zweite Flasche hatte einen unangenehmen, scharfen Geruch – einmal schnüffeln und nippen reichte mir. *Im Dezember 1999 vor zahlreichen Fernsehkameras mit viel Aufwand geöffnet und verkostet. Ein seltenes Erlebnis.*

1789 ****

Gran Cama de Lobos Blässliche Bernsteinfarbe mit apfelgrünem Rand; volles, lebhaftes, hochgetöntes, spritiges Bukett; ziemlich süß, kraftvoll, aber mit überraschend glatter Textur und etwas sprödem, leicht firnisartigem, trockenem Abgang. *Der älteste Wein auf Bill Bakers Madeira-Verkostung im April 1994 in Somerset* ****

1792 ****

Ich habe diesen Jahrgang zwar seit Mitte der 1980er nicht mehr verkostet, doch als ich im Sommer 2000 eine Bestandsaufnahme von Lenoir Joseys Keller in Houston machte, befanden sich dort noch zwei Flaschen von guter Herkunft mit den Resten der unverwechselbaren Originaletiketten von 1840.

Madeira, Vintage 1792 Von Blandy 1840 abgefüllt Am 7. August 1815 lief die HMS *Northumberland* Funchal an, um Proviant aufzunehmen. An Bord befand sich Napoleon, der wenige Monate nach der Niederlage bei Waterloo zu seinem Exil auf St. Helena gebracht wurde. Man erstand eine *pipe* des Jahrgangs 1792, die aber weder bezahlt noch angestochen wurde. Nach Napoleons Tod gelangte das Fass nach Madeira zurück, wo es von Blandy abgefüllt wurde. Der Wein hatte zwar eine gute, reiche Bernsteinfarbe, war aber ausgetrocknet. Trotzdem noch immer faszinierend und sehr gut zu trinken. *Im Dezember 1983 in der »Weinbibliothek« der Madeira Wine Association (mit Blandy und anderen angeschlossenen Unternehmen) in Funchal verkostet* ***

1793 ★★★★★

Moscatel Ziemlich tiefe Bernsteinfarbe; herrlich intensive Nase; noch immer sehr süß, köstlich reich, aber in Stil und Gewicht zugänglich. Perfekte Säure. *Im Januar 1994 mit meiner alten Bekannten Manuela de Freitas und ihrem Sohn Riccardo aus Barbeito im Estalgém Quinta Bella Vista, meinem Lieblingshotel auf Madeira, verkostet. Das Hotel gehört Dr. Roberto Ornelas Montero, der englische Möbel des 18. Jahrhunderts sammelt* ★★★★★

1795 ★★★★★

Madeira, Vintage 1795 Auf der Insel abgefüllt. Herkunft unbekannt. Schöne, leuchtende Bernsteinfarbe, limonengelber Rand; orangegoldene Spuren; hohe flüchtige Säure, karamellig, unverwoben; noch immer etwas Süße, säurebetont. Kurz. *Der älteste Wein bei einem ausgezeichneten Madeira-Seminar an einem Weinwochenende der Hollywood Wine Society, verkostet im März 1995* ★★, *weil er genau zweihundert Jahre überlebte.*

Terrantez Barbeito Fast mit Sicherheit kein Vintage, sondern ein Solera. Stammte aus den Kellern der Familie Vasconcellas und wurde von de Freitas, den Besitzern von Barbeito, auf den Markt gebracht. Vom Haus Barbeito weiß man, dass es über einen Bestand älterer Madeiras verfügt, die es jedoch nur ungern in Umlauf bringt. Mehrere Flaschen dieses 1795ers sind im Lauf der Jahre bei Christie's aufgetaucht, weshalb mir insgesamt sechs Einträge vorliegen. Bei der letzten Verkostung: blässliche Bernsteinfarbe; süß, schönes, ätherisches Bukett nach kandierten Veilchen; lieblich, konzentrierter, aber nicht schwerer, durchdringender Geschmack, schnittig-elegante Säure. Superb. *Zuletzt im März 1998 bei einer Degustation der Hollywood Wine Society verkostet* ★★★★★

Terrantez Lomelino Schokoladig; süß, reich, weich, fleischig. *April 1993* ★★★★★

1798 ★★★★★

Terrantez Garrafeira Particular/Engarrafado por Vinhos Barbeito Ein weiterer alter Terrantez von Barbeito (siehe oben). Warme Bernsteinfarbe; kandierte Veilchen; mittlere Süße, mittlerer Körper, schöner ätherischer Geschmack, gute Länge, hohe Säure. *Im September 2000 zum Ausklang von Len Evans' Essen für den »Single Bottle Club« im Hunter Valley nach Mitternacht verkostet* ★★★★★

1802 ★★★★★

Terrantez Acciaioly Etikettiert als »Special Reserve 1802, Erzeugung, Abfüllung und Herkunftsgarantie durch Oscar Acciaioly«.

Der älteste Wein einer großartigen Palette alter Madeiras, die 1989 über Christie's verkauft wurden. Erstmals vor der Katalogisierung und noch einmal kurz danach verkostet: mitteltiefe Bernsteinfarbe mit sehr ausgeprägtem apfelgrünem Rand; fein, mit dem ätherischen Duft nach »kandierten Veilchen«, den ich so mag; süß, typisch körperreich, aber trotzdem schön im Gleichgewicht, mit einer hohen Säure, die seine Kraft und seinen Gehalt gut austarierte. *Von Robert Maliner bei Christie's eingeliefert und zuletzt auf dem herausragenden Terrantez-Seminar der Hollywood Wine Society verkostet* ★★★★★

1808 ★★★★★

Ein großer Jahrgang.

Malmsey, Solera Noël Cossart zufolge der »beste Madeira aller Zeiten«. Drei Einträge: sehr reiches Tawny-Braun; herrlich ausgewogenes Bukett, Karamell, Kaffee, »ätherischer« Duft; noch immer sehr süß, mit einer charakteristisch hohen Säure, die vom Gehalt und der Kraft des Weins aufgewogen wurde. *Zuletzt im Oktober 1984 verkostet* ★★★★★

Die Hollywood Wine Society in Florida

Zu den frühen Kunden von Christie's gehörte der plastische Chirurg Dr. Robert Maliner. Eines Tages kam er auf die Idee, Wochenendseminare für Leute auszurichten, die nicht viel Ahnung von Wein hatten. Den Anfang machte ein Treffen in den frühen 1970ern, zu dem ich eingeladen wurde, um mit Maliners Freunden eine Reihe von roten 1953ern aus Bordeaux zu erörtern. Die Society organisierte ihre Treffen außerordentlich gut und lud auch Gastredner ein. Ich leitete bzw. »moderierte« mehrere jährliche Veranstaltungen, auf die ich in den einzelnen Einträgen immer wieder Bezug nehme.

Die mit Abstand denkwürdigsten Ereignisse waren die Terrantez- und Bastardo-Degustation 1990 und eine weitere Verkostung »großer Madeiras« im Jahr 1995.

1811 ★★★

Der berühmte »Kometenjahrgang«.

Solera Blandy Enthält angeblich Weine bis zurück ins Jahr 1788. 1961 assembliert: warme Bernsteinfarbe; reich, »dick«, hohe flüchtige Säure; noch immer sehr süß, reich, guter »ätherischer« Mittelteil, ausgezeichnete Säure. *Im April 1993 bei Bill Bakers Verkostung seltener Madeiras in seiner Mühle in Somerset degustiert* ★★★★

1815 ★★★

Der »Waterloo«-Jahrgang. Der Bual geriet besonders gut.

»Waterloo« Bual, Solera Cossart Gordon Wachssiegel. Etikettiert. In Funchal abgefüllt und von Cossart-Agent Evans Marshall, London W1, wahrscheinlich in den 1950ern importiert. Schöne Farbe, warmes Bernsteinbraun, Anflug von Orangegold; süß, Karamell und Honig, ätherisch; halbsüß, reich, leicht spritig, elegant, gute Länge und die übliche Säure. *Im November 2000 zum Abschluss von Manfred Wagners Essen in Pfäffikon bei Zürich verkostet* ★★★★

1821 ★★★★

Ein ausgezeichneter Jahrgang. Mehrmals verkostet, allerdings zuletzt Ende der 1970er.

1822 ★★★★★

Verdelho Cossart Gordon Erstmals 1993 bei einer Verkostung der Madeira Wine Company in der portugiesischen Botschaft in London degustiert: leichte Flaschenabweichungen; blässliche Bernsteinfarbe; herrliches Bukett mit meinen Lieblingen, den »kandierten Veilchen«, einem feinen alten Cognac nicht unähnlich; mittlere Süße, schöner Geschmack, großartige Länge und ausgezeichnete Säure. Die zweite Flasche schokoladiger.

Im darauf folgenden Jahr mit apfelgrünem Rand und exquisitem Bukett auf einer Verkostung bei Christie's für ein Madeira-Video von Blandy (Honorar: eine Flasche 10-jähriger Malmsey!). *Zuletzt im Januar 1994 verkostet* ★★★★

1826 ★★★★

Boal Solera Blandy Bernsteinbraun; Bukett wie »Pferdepisse« – fabelhaft!; voll, reich, intensiv. *Im April 1993 bei Bill Bakers Madeira-Degustation verkostet* ★★★★

1827 ★★★★

Bual, Qta do Serrado, Vintage Ein echter Vintage, 108 Jahre im Fass, dann in Demijohns und 1988 schließlich abgefüllt. Aus einem Henriques-Familiengut in Câmara de Lobos (von Antonio Eduardo Henriques). 1990 auf der Vorverkaufsverkostung erstmals degustiert, seither noch weitere sechs Male. Teil eines sehr großen Bestands, der unter anderem auch den 1830er Malmsey umfasste und über einen Zeitraum von zwei Jahren bei Christie's unter den Hammer kam. Ein fabelhafter Wein mit allen großartigen Wesenszügen eines alten Jahrgangs, Konzentration und gleichzeitig Finesse, Länge, Duft. Kürzlich sehr reiche Bernsteinfarbe; süß, die Geschmacksnerven reizend, sehr hohe Säure. *Zuletzt im März 1995 auf einer großen Madeira-Degustation von Maliner verkostet* ★★★★★

1830 ★★★★★

Malmsey Ein weiterer Wein der Familie Henriques, der 105 Jahre lang in Eiche lag, dann in Demijohns umgefüllt und 1988 kurz vor dem Transport nach London auf Flaschen gezogen wurde. Zusammen mit dem Bual von 1827 verkauft. Eine enorme Anzahl von Flaschen, rund 100 Dutzend von jedem Wein, die auf mehrere Versteigerungen verteilt wurden. Der 1830er war am besten. Insgesamt acht Einträge: tiefe, reiche, leuchtende Oloroso-Bernsteinfarbe; schokoladige, süße Nase, fabelhafter, durchdringender, dabei ätherischer Geschmack und Nachgeschmack nach kandierten Veilchen. *Zuletzt im September 1994 eine Flasche aus Hugh Johnsons Keller, degustiert bei einer Hallwag-Pressekonferenz im September 1994 in Frankfurt* ★★★★★ *Noch immer eine ganze Reihe von Flaschen in Umlauf. Halten Sie auf Auktionen Ausschau danach.*
Malmsey Reserve Um 1959 von Harvey's in Bristol aus einem Demijohn abgefüllt: Bernsteinfarbe; kandierte Veilchen; noch immer süß, perfekte Säure. Superb. *April 1992* ★★★★★

1832 ★★★

»Bismark« Madeira »Brown Madère Impériale« Mit einem Etikett von Nicolas (Paris). Bernsteinfarbe; schwacher limonengelber Rand; exquisites Bukett wie – man ahnt es schon – ätherische kandierte Veilchen; anfangs süßlich, aber durch die enorme Säure ein insgesamt trockener Gesamteindruck. Eine seltene Erfahrung. *Im März 2001 auf einem Rodenstock-Essen nach dem Yquem von 1847 genossen* ★★★
Terrantez »Special Reserve, Medium-Sweet« Acciaioly Reiche Bernsteinfarbe; geschmacksintensiv, charakteristischer Terrantez-Charakter, spröde, säurebetont. *April 1989* ★★★

1834 ★★★★

Terrantez, Vintage Barbeito Erstmals auf Robert Maliners Terrantez-Verkostung 1990 degustiert: großartig. Fünf Jahre später verkostete ich ihn erneut: sehr reiche Farbe, limonengelber Rand; ein Kraftpaket von einem Bukett, das förmlich aus dem Glas drängte; sehr süß für einen Terrantez, reich, konzentriert, große Länge; »die Säure hinterließ einen trockenen Eindruck im Mund«. *Zuletzt im März 1995 beim Madeira-Seminar der Hollywood Wine Society verkostet* ★★★★★

1836 ★★★★★

Malmsey »Special Reserve, Sweet« Acciaioly Tiefe Bernsteinfarbe, harmonisch; sehr süß, glatte, reiche Textur, fabelhafter Abgang. *Im April 1989 vor dem Verkauf verkostet* ★★★★★
Sercial Cossart Gordon Mittleres Bernsteinbraun; herrlich reiche, intensive Nase und Geschmack; süßer und nicht so säurebetont wie die meisten alten Sercials, Cognac-artiger Abgang. *Dezember 1994* ★★★★★

Acciaioly

Eine der ältesten Madeira-Familien. Stammvater Simon Acciaioly (oder Acciaioli) verließ 1525 Florenz, um sich auf der Insel niederzulassen. Ich muss zugeben, dass ich weder die Familie noch ihren Wein kannte, bis einer der beiden männlichen Nachfahren, Michael, eines Tages bei Christie's erschien und mir eine Liste der bemerkenswerten Weine in Familienbesitz präsentierte. Da britische Firmen ab dem 18. Jahrhundert fast den gesamten Madeira-Handel kontrollierten, konzentrierten sich die Acciaiolys auf den skandinavischen Markt und brachten es sogar zum »Königlichen Hoflieferanten seiner Majestät König Gustav Adolf VI. von Schweden«. Ich verkostete Probeflaschen des Weins für die Katalogbeschreibung. 1989 kam eine beträchtliche Menge des Acciaioly-Bestands unter den Hammer (siehe 1802, 1832, 1836, 1837 und 1839).

1837 ★★★★

Eine sehr erfolgreiche Periode für Madeira: Sowohl die Vintages als auch der Handel befanden sich auf einem Höhenflug.
Bual »Special Reserve, Medium-Sweet« Acciaioly Korken mit der Markierung »Oscar Acciaioly«. Bernsteingold; hochgetönt, fein; exquisiter Geschmack und große Länge. *Einer meiner Lieblings-Acciaiolys, verkostet vor der Erstellung des Katalogs im April 1989* ★★★★★

1839 ★★★★

Verdelho »Special Reserve, Medium-Sweet« Acciaioly Drei Einträge. Erstmals 1986 und ein weiteres Mal drei Jahre danach verkostet: Bernsteinfarbe; angesengtes Kaffee- und Cognac-Bukett; sicherlich eher süß als »trocken«, sieht man einmal von dem ausgedehnten Abgang ab. Wohlriechend. Schön. Kürzlich eine bei Christie's erstandene Flasche mit der typischen, unvergleichlichen Finesse. *Zuletzt im März 1999 in Don Schliffs bemerkenswertem Keller in Glendale, Kalifornien, verkostet* ★★★★★

1845 ★★★

»Allgemein sehr schön, besonders Bual« (Cossart).
Bual, Solera Cossart Gordon Die »Centenary Solera« des Hauses. Mehrere 1975 abgefüllte Flaschen verkostet: uneinheitliche

Qualität. Machte 1994 auf einer von mir geleiteten Madeira-Verkostung in Aspen einen guten Eindruck: leuchtende Bernsteinfarbe; hochgetönte, ausgewogene, sehr nussige Nase; mittlere Süße, immense Kraft, scharfer Abgang. 1995 Bernsteinbraun; schokoladig, spritig; süß, reich, ausgewogen. Kürzlich, nach 85 Jahren Aufenthalt in amerikanischer Eiche, später in Demijohns und im November 1988 abgefüllt: 21 % Alkohol, 8,7 g/l Säure, 117 g/l Restzucker. Offen gesagt enttäuschend. In der Nase und am Gaumen verschlossen und ohne Charakter. *Der älteste Wein eines Madeira-Seminars der Masters of Wine, das ich im Januar 1999 in der Londoner Painters' Hall leitete. In Bestform* ★★★

1846 ★★★★★

Campanario **Blandy** Alte, bauchige, dreiteilige Pressglasflasche mit dem Schablonenaufdruck »Campanario 1846 Blandy's Madeira«. Schöne warme Bernsteinfarbe mit hellgelbem Rand; hohe flüchtige Säure, dabei delikat und sehr duftend; süß, glatte Textur, sehr reicher, trockener Abgang und exquisiter Nachgeschmack. *Im April 1994 auf Bill Bakers Verkostung alter Madeiras degustiert* ★★★★★

Terrantez **Blandy** Zwei Flaschen auf der Verkostung der Madeira Wine Company in der portugiesischen Botschaft in London. Die erste Flasche in der Nase ziemlich reich, dick und schokoladig; mit kraftvollem Geschmack und Abgang. Die zweite mit wärmerer Bernsteinfarbe; exquisites Bukett nach kandierten Veilchen; Länge und Abgang besser. *Im Dezember 1993 verkostet. In Bestform* ★★★★★

Terrantez **H. M. Borges** Mehrere Einträge. Erstmals 1973 verkostet. Die beste Flasche eine Abfüllung von 1900. Großartig: Orangeton; der Gipfel der Finesse, dabei erstaunlich kraftvoll. Wie ein großer Madeira sein sollte. *Zuletzt im Januar 1990 auf der Terrantez-Verkostung degustiert, die ich für Robert Maliner leitete* ★★★★ *Ich habe meine letzte Flasche im Februar 2002 Wilf Jaeger als Dank für seine DRC-Verkostung gegeben. Mit schwerem Herzen!*

1850 ★★★★

Der vorletzte erfolgreiche Jahrgang, bevor der verheerende Echte Mehltau die Rebflächen von Madeira verwüstete und zahlreiche Erzeuger und Händler ihrer Lebensgrundlage beraubte.

Verdelho **Pereira d'Oliveira** 130 Jahre lang in Eiche, 1980 abgefüllt. Farbe, Bukett und Geschmack fabelhaft. *Im Mai 1990 auf der MADAS-Verkostung in Brügge degustiert* ★★★★

1860 ★★★★

Gute Wachstumssaison. Leichte Erholung, aber kleine Produktion.

Sercial, Solera **Cossart Gordon** Schablonendruck und Etikett. Zweimal verkostet, das erste Mal auf einer Vorprobe 1994: mittlere Bernsteinfarbe; »Cognac und kandierte Veilchen«, so wie ich es mag, wobei ich letztere Note mittlerweile auf imprägnierte amerikanische alte Eiche zurückführe – ich kann mich aber auch täuschen. Trocken, wie ein Sercial sein sollte, fest, fein, perfekt. Kürzlich eine süße, angesengtere, fleischigere Nase; auch am Gaumen süßer, schöner Geschmack, gute Länge und Säure. Eine andere Abfüllung? *Zuletzt im Mai 1997 auf einer von Pat Grubbs Verkostungen in London degustiert. In Bestform* ★★★★★ *(Pat Grubb Selections hat sich auf feine alte Madeiras spezialisiert. Zu empfehlen.)*

Sercial, Solera **Leacock** 65 Jahre in amerikanischer Eiche, im Dezember 1988 abgefüllt. Nase wie »Kalbsfußgelee«, leicht fleischig-malzig; mittlere Süße, 74 g/l Restzucker und typisch hohe Sercial-Säure (12 g/l). *Im Januar 1999 auf dem Masters-of-Wine-Seminar in London degustiert* ★★

1862 ★★★★★

Die Weinberge begannen sich von der Mehltauplage zu erholen. Kleine Produktion. Mit dem Terrantez entstand der beste Madeira aller Zeiten.

Terrantez **H. M. Borges** Auf den Flaschen der Schablonenaufdruck »Terrantez HMB 1862«. Das 1877 gegründete Unternehmen baute sich einen großen Bestand alter Madeiras auf. Den 1862er hatte es von T. T. de Camara Lomelino gekauft. Ich durfte diesen größten Madeira aller Zeiten bei fünf Gelegenheiten verkosten: viermal in den 1980ern, einmal in jüngerer Zeit. Meine Verkostungsnotizen ähneln den Beschreibungen früherer Jahrgänge, doch ist der 1862er vielschichtiger: eine warme Bernsteinfarbe, die man entweder bei Kerzenlicht oder vor einem Fenster genießen sollte, durch das die letzten Strahlen der Abendsonne fallen; Bukett und Geschmack fast überwältigend, hochgetönt, intensiv, duftend, Kraft und Delikatesse in magischer Einheit. Zuletzt eine Flasche mit einem Streifbandetikett von »Esquin Imports« (San Francisco), vermutlich vom großen Weinkenner Barney Rhodes mitgebracht, der ebenfalls Gast auf der Verkostung war. Süßer als mancher andere Terrantez, leichter Anflug von angesengtem Karamell und Schokolade. Blühte an der Luft förmlich auf. *Einer der drei Spitzenweine auf Bill Bakers Madeira-Verkostung vom April 1994. In Bestform* ★★★★★★ *(sechs Sterne!).*

Terrantez **Cossart Gordon** Zwei Flaschen auf der Verkostung der Madeira Wine Company in der portugiesischen Botschaft in London. Warme Bernsteinfarbe; intensiv, scharfer Anflug, fleischig, wie gegrillte Lammkoteletts; lieblich, mündete in einen superfeinen, ausgedehnten, schneidig-eleganten, trockenen, säurebetonten Abgang. Beeindruckend, aber ohne die Brillanz der Version von H. M. Borges. *Dezember 1998* ★★★★

1863 ★★★★

Boal *(sic)* **Barbeito** Bernsteinbraun, ausgeprägter apfelgrüner Rand; mittelsüß, körperreich, sehr gehaltvoll, langer, trockener, säurebetonter Abgang. *Zuletzt im Januar 1994 im Reid's Hotel in Funchal verkostet* ★★★★

Malmsey, Solera **Blandy** 16 vergleichbare Einträge. Vor einiger Zeit: beeindruckend tief; schönes Bukett, sehr süß, weich, reich. Perfekt. *Zuletzt im März 1995 auf Robert Maliners großem Madeira-Seminar verkostet* ★★★★★

1864 ★★★

Ein Jahrgang »zwischen zwei Übeln« – zunächst dem Mehltau, später der Reblaus. Eine kleine Ernte guter Weine.

Cama de Lobos Wahrscheinlich **Blandy**. Reiche Bernsteinfarbe; Schokoladennote, Anflug kandierter Veilchen; süß, voll, reich. Nach dem Abendessen bei Christopher Burr verkostet. Der Stil passte zu Christophers Viola-Spiel, das ich zwei erbauliche, aber anstrengende Stunden lang begleitete. *August 1998* ★★★

Sercial **Blandy** Zwei Flaschen, die erste bernsteinfarben, scharfe flüchtige Säure, trocken, schnittig, die zweite blasser, in der Nase schokoladiger und merklich süßer. *Im Dezember bei der Degustation der Madeira Wine Company in der portugiesischen Botschaft in London verkostet. In Bestform* ★★

Verdelho, Gran Cama de Lobos **Blandy** Wahrscheinlich derselbe Wein wie der Cama de Lobos weiter oben. Über ein halbes Dutzend Mal mit unterschiedlichen Ergebnissen verkostet, vermutlich zu verschiedenen Zeiten abgefüllt. In Bestform aber wie zuletzt degustiert: schönes, intensives, fast teeriges, aber feines Bukett und fabelhafter Geschmack. Ziemlich süß, weich, ausgewogen. *Zuletzt im März 1995 auf Maliners Degustation verkostet. In Bestform* ★★★★

Oidium tuckerii – der Echte Mehltau

Die Ausbreitung des aus Nordamerika stammenden Pilzes im Jahr 1851 war ein Wendepunkt in der Geschichte Madeiras. Innerhalb von nur drei Jahren wurden die Rebflächen auf der Insel fast völlig vernichtet. Das feine, spinnwebenähnliche Geflecht erstickt die Pflanzen buchstäblich und verhindert ein vollständiges Ausreifen der Beeren. Die Pilzsporen werden vom Wind übertragen und können sich daher sehr rasch und weit ausbreiten. Kaum hatte man ein Gegenmittel – das Bestäuben des Rebenlaubs mit Schwefel – entdeckt, nahte mit der Reblaus schon die nächste Plage, die die Wirtschaft hart traf. Erst nach der Einführung resistenter amerikanischer Veredelungsunterlagen einige Jahre später konnten sich die Rebflächen auf Madeira allmählich wieder erholen.

1868 ★★★★★

Boal, Very Old »EBH« **Cossart Gordon** Durchscheinend, ätherisch, kräuterwürzig; voll, reich, schöne Textur, großartige Länge. *Im April 1993 bei Bill Bakers Madeira-Verkostung degustiert* ★★★★★ *(Die in Schablonenschrift auf die Flasche gedruckten Initialen stehen für Doña Eugenia Bianchi Henriques, Enkelin von Carlo de Bianchi, dem Besitzer der Weinberge von Câmara de Lobos. Ein berühmter Wein, der nur noch vom 1862er Terrantez übertroffen wird.)*

1870 ★★★★

Der letzte der ertragsarmen Jahrgänge nach dem Mehltaubefall, über dessen Qualität sich weder die Erzeuger noch die Händler im Klaren waren. Außerdem der letzte große Jahrgang vor der Invasion der Reblaus, die zwei Jahre später mit verheerenden Folgen über die Rebstöcke auf der Insel herfiel.

Bastardo Unbekanntes Haus. Schablonenaufdruck »Bastardo 1870«, importiert von Esquin. Ziemlich stumpf im Aussehen; ungesunde, schweißelnde, unsaubere Nase; am Gaumen aber sehr süß, reich, abgerundet und mit gutem Abgang. *Im April 1994 auf Bill Bakers zweiter Madeira-Verkostung degustiert* ★★

Terrantez **Blandy** Butter- und Karamellnase; harsch, enttäuschend. *Im April 1993 auf Bill Bakers Madeira-Verkostung degustiert* ★

Verdelho, Solera **Blandy** Etikettiert und mit Schablonenschrift. Reich, aber leicht trübe (geschüttelt, nicht gerührt); schokoladig; süß, reich, säurebetonter Abgang. *Im Mai 1997 bei der Verkostung »Pat Grubb Selections« degustiert* ★★

1874 ★★

Sehr kleine Produktion, aber einige gute Weine von Rebhängen, die die Reblaus noch nicht ganz erobert hatte.

Malmsey **Blandy** Fleischig, leicht malzig; origineller Geschmack, süß und doch sehning. Beträchtliche Länge. *Im Dezember 1993 bei der Verkostung der Madeira Wine Company degustiert* ★★★

1875 ★★★★

Winzige Erträge, aber einige herausragende Weine.

Bastardo **Cossart Gordon** Aus Trauben von der Quinta do Satão in Câmara de Lobos bereitet. Erstmals 1990 auf Maliners beispielloser Verkostung alter Terrantez- und Bastardo-Jahrgänge für die Hollywood Wine Society degustiert. Ein exquisiter Wein. Kürzlich eine im Juni 1992 bei Christie's erworbene Flasche, die ich vor der Abreise zu Bill Baker dekantierte und verkostete: mittelblasse Bernsteinfarbe, ein Anflug von Orange, apfelgrüner Rand, leicht puderiger Bodensatz; schönes, wohlriechendes Bukett nach – nein, nicht schon wieder! – »kandierten Veilchen«; mittlere Süße, nicht so stämmig und auch schlanker als der Terrantez, ein Hauch von Karamell, sehr trockener Abgang. Bei unserem Eintreffen ein feinerer, Sercial-artiger Duft; schnittige, zitrusgetönte Säure. Drei Stunden später hatte sich das Bukett voll entwickelt. Ein Charmeur. Bekam zusammen mit dem 1898er Terrantez meine höchste Bewertung auf der Degustation. *Zuletzt im April 1994 verkostet* ★★★★★

1877 ★★★

Sercial **Blandy** Farbtiefer als erwartet, eher wie ein Bual; exquisiter, feiner, ätherischer Duft nach altem Cognac; auch süßer als erwartet, reich, intensiv, schöner Geschmack, fein. *Im März 1995 während eines Essens bei Lou Skinner in Coral Gables verkostet* ★★★★★

Terrantez **H. M. Borges & Sucrs** Schablonenaufdruck »T 1877«. Erstmals 1990 verkostet: gute Nase; beeindruckend. Sehr trocken, ein Anflug von Limonen im Abgang. Als Nächstes bei Bill Baker: wohlriechend, aber leicht firnisartig und karamellig; kraftvoll, eindringlich – sehr ausgeprägter Terrantez-Charakter – und reich, fleischig, intensiv, mit kurzem, gewürznelkenartigem, sehr säurebetontem Abgang. *Zuletzt im April 1994 verkostet* ★★★

1879 ★★★

Verdelho, Torre Bella Einer von mehreren Weinen aus diesem berühmten Gut in Câmara de Lobos. 1987 neu verkorkt, von Captain Fairlie, einem der Nachkömmlinge des Besitzers, aus der *frasqueira* der Familie entnommen und nach England versandt, um dort bei Christie's versteigert zu werden. Zwei Einträge: ein schöner Wein; ätherisches Rosenpastillenbukett; ziemlich süß, lang, kräftig und charakteristisch säurebetont. *Zuletzt im Juni 1988 verkostet* ★★★★★

1880

Terrantez, Reserva **Pereira d'Oliveira** Erstmals 1990 verkostet, »über 100 Jahre im Eichenfass gereift«. Nicht sehr klar; schwefelige, vulkanische Nase; enorme Säure, ob gebunden oder flüchtig. Auf Pat Grubbs Verkostung gefiel er mir auch nicht besser: übelriechende Nase, am Gaumen besser. Trocken. Kurz. *Zuletzt im Mai 1997 verkostet.*

1887 ★

São Felipe, Vintage **Torre Bella** Von Captain Fairlie zu Christie's geschickt, um dort versteigert zu werden, aber die Menge war zu klein, als dass ich das Öffnen einer Flasche für eine Vorverkaufsverkostung hätte rechtfertigen können. Zum Glück von dem unentwegt weinbegeisterten Bob Maliner erworben und bei einem Seminar geöffnet, das ich für seine Hollywood Wine Society leitete: eine wirklich schöne, reiche Bernsteinfarbe; Vanille, Karamell und hohe – zu hohe – flüchtige Säure. *März 1995* ★

1890 ★★

In den fünf Jahren vor 1890 war für Weinbauern wie Händler der Tiefstpunkt erreicht. Alle litten unter der Reblausinvasion, viele gingen bankrott. Geringe Produktion.

Malvazia **Dr. Manuel José Vieira** Ziemlich tiefe Bernsteinfarbe; sehr reiche schokoladige Nase; am Gaumen ebenso reich und eindringlich. Länge und Nachgeschmack gut. *Im Januar 1994 mit der Familie Freitas auf der Quinta Bella Vista in Funchal verkostet* ★★★★

Verdelho **Pereira d'Oliveira** Lag 96 Jahre lang im Fass. Abfüllung 1986. Alkohol hervorstechend (20%); ziemlich pappiger Geschmack und bitterer Abgang. *Im Mai 1990 auf der MADAS-Verkostung in Brügge degustiert* ★

1891 ★★★

Cama de Lobos 1897 abgefüllt, 1953 neu verkorkt, 1960 frisch abgefüllt. Drei Einträge, alle Flaschen aus Beständen, die zuvor in Santana an der Nordküste der Insel gelagert worden waren. Kürzlich ein Exemplar, das mir Richard Blandy gegeben hatte. Ich öffnete es im hundertsten Jahr nach der Lese in der Weinabteilung von Christie's. Der Duft erfüllte mein Büro. Reich, intensiv, gute Länge. *Januar 1991* ★★★★

1892 ★★★

Kleine Ernte. Einige interessante Weine.

Sercial **Barbeito** Möglicherweise derselbe Wein, den ich schon 1980 verkostet hatte: damals mit exquisitem Geschmack und hinreißender Säure. Unlängst eine Art Schlaftrunk nach einem erschöpfenden, faszinierenden, aber sehr späten Weinessen bei den Breuers in Rüdesheim im Rheingau: sehr intensive Nase; gut, aber spröde, unendlich lang und säurebetont. *November 1996* ★★

1893 ★★★★

Die Reblaus bereitete zwar nach wie vor Probleme, doch der 1893er war der erste große Jahrgang, nachdem sie sich in den frühen 1870ern auf der Insel festgesetzt hatte.

Malmsey **Cossart Gordon** Bei diesem Wein handelte es sich möglicherweise um dasselbe anonyme, nur mit Schablonenaufdruck versehene Gewächs, das 1985 auf einer Yalumba-»Museumsverkostung« im Barossa Valley geöffnet worden war: großartig, intensiv duftend, superfein, fünf Sterne. Kürzlich bei der Verkostung der Madeira Wine Company in London: sehr reiches, intensives Bukett und ebensolcher Geschmack. Gute Länge. *Zuletzt im Dezember 1993 verkostet* ★★★★

1895 ★★★★

Malmsey **Pereira d'Oliveira** 92 Jahre in Eiche. 1987 abgefüllt. Tief, reich, füllig, fein. Langer, säurebetonter Abgang. *Im Mai 1990 in Brügge verkostet* ★★★★

1898 ★★★★

Der erfolgreichste Jahrgang seit der Reblausinvasion.

Sercial, Solera **Henriques & Henriques** Sehr gute Nase; großartige Länge und exquisiter Nachgeschmack. *Im März 1995 auf Maliners Madeira-Seminar verkostet* ★★★★

Verdelho, Solera **Henriques & Henriques** 1990 eine fade Flasche. Kürzlich: intensiver bernsteinfarbener Rand; ätherisches, exquisites Bukett, schöner Geschmack, gute Länge und köstlicher Nachgeschmack. *Zuletzt im März 1995 auf Maliners Madeira-Verkostung degustiert. In Bestform* ★★★★

Terrantez **Cossart Gordon** Mit dem Schablonenaufdruck »Terrantez 1890«, auf der Bleikapsel die Prägung »Cossart Gordon«. Etwas blasser als erwartet, aber mit schöner, warmer Bernsteinfarbe; ein grandioses, fast explosives, dabei superfeines Bukett mit allem, was zu einem großen Madeira gehört und bei früheren Jahrgängen immer wieder auftaucht; sehr süß, aber schlank und gut gebaut, exquisiter Geschmack, Länge. Reich, »warm«, Säure und Abgang perfekt. *Bekam im April 1994 bei Bill Bakers Verkostung alter Madeiras in Somerset meine Spitzenbewertung* ★★★★★

1899 ★★★★

Terrantez **Blandy** Schablonenaufdruck »AO-SM«. Ein grandioser Wein. Sehr säurebetont. *Im Januar 1990 auf Maliners Seminar mit »großen Weinen« verkostet* ★★★★

Terrantez **Cossart Gordon** Reiche Farbe; stämmig, Anflug von Teer, süß, im Geschmack ziemlich feigenartig, wie Port. Ein sehr kraftvoller Wein mit die Zähne reizender Säure. *Im Dezember 1993 auf der Verkostung der Madeira Wine Company in der portugiesischen Botschaft in London degustiert* ★★★

1900–1969

Man mag mich einen unverbesserlichen Romantiker nennen, aber ich habe das Gefühl, dass im 20. Jahrhundert etwas vom Glanz und der Glorie des Madeira verloren ging. Die Madeira-Verkäufe waren gegen Ende des 19. Jahrhunderts stark zurückgegangen, zum Teil wahrscheinlich wegen der verheerenden Folgen der Reblausinvasion für Erzeuger und Händler. Doch auch das Interesse der Verbraucher an diesem Wein ließ nach. Allerdings gilt das nur für die preiswerteren Massenverschnitte. Zum Glück entstanden weiterhin – wenngleich in relativ geringer Menge – einige herausragende Vintage und Solera Madeiras für eine kleine, aber gut informierte Klientel, die diese Kreszenzen zu schätzen wusste.

Nicht vergessen darf man außerdem, dass die meisten Madeiras nicht für längere Lagerung gemacht wurden: Sie sind Alltagsweine, die getrunken werden wollen. Wie bei einem Lafite aus Bordeaux konnten nur die Jahrgänge allerhöchster Qualität als seltene Kostbarkeiten für Sammler überleben. Ich kann mich noch gut an eine der größten Enttäuschungen zu Anfang meiner Laufbahn bei Christie's erinnern. Ich reiste nach Schottland, um die Keller des Marquis of Tweeddale in seinem Schloss südlich von Edinburg zu inspizieren: ein Fach nach dem anderen, gefüllt nur mit Madeiras, insgesamt ungefähr hundert Dutzend, alle unetikettiert und anonym, gekauft, um vor dem Ersten Weltkrieg getrunken zu werden. Ich verkostete aus jedem Fach Probeflaschen – sie waren alle oxidiert. Ich kehrte mit leeren Händen zurück.

Die Jahrgänge auf einen Blick

Hervorragend *****
1900, 1901, 1910, 1936

Sehr gut ****
1908, 1911, 1914, 1920, 1926, 1934, 1939, 1940, 1941, 1954, 1957, 1966, 1968

Gut ***
1903, 1905, 1907, 1912, 1913, 1915, 1916, 1927, 1933, 1935, 1945, 1952, 1958, 1960, 1964

1900 *****

Zufällig erwies sich das erste Jahr des neuen Jahrhunderts als durchschlagender Erfolg in Madeira. Das galt auch für andere klassische Anbaugebiete in Europa, insbesondere Portugal – das Mutterland von Madeira, was man leicht vergisst – und dort vor allem die Region am Douro, wo der Vintage Port entstand.

Malmsey **Rutherford & Miles** Tief, in Farbe, Geruch und Geschmack reich. Süß, sehr kraftvoll, große Länge. *Im Dezember 1993 auf der Verkostung der Madeira Wine Company in der portugiesischen Botschaft in London degustiert* ****

Malvazia *(sic)* **Barbeito** Undurchsichtig, bernsteinbraun; süß, sehr reich, in der Nase und im Geschmack schokoladig, aber mit feinem, ätherischem Abgang. Bei Banketten des Lord Mayor, des Bürgermeisters von London, wird zwar seit langem Madeira zu Suppe und insbesondere Schildkrötensuppe vor dem Roastbeef serviert, doch eigentlich sollte das ein Sercial oder Verdelho sein. Dieser Malvazia war zu süß, also ließ ich mein Glas stehen, bis ich den Port getrunken hatte. *Im Januar 2000 beim jährlichen Dinner des III Form Club im Boodle's Club in London verkostet* ****

Moscatel, Vintage **Leacock** Eigenartig attraktive Nase, nicht wie erwartet traubig; süßer, intensiver, schöner Geschmack, ansprechende Säure, aber im leicht bitteren Abgang merkte man ihm sein Alter an. *Der älteste Jahrgang auf der Madeira-Verkostung, die ich im Januar 1994 für meinen Sohn Bartholomew in Aspen, Colorado, leitete* ***

Moscatel **Pereira d'Oliveira** Zweimal verkostet, das erste Mal 1980. Als Nächstes auf der Madeira-Verkostung von MADAS in Brügge: 87 Jahre in Eiche, Abfüllung 1987, der süßeste Wein der angebotenen Palette (6,8° Baumé). Ein enorm schwungvoller Geschmack mit einer Säure, die nach so viel Reichtum ein sauberes, trockenes Gefühl im Mund hinterließ. *Zuletzt im Mai 1990 verkostet* ****

Moscatel **Power Drury** 60 Jahre in Eiche, 1985 abgefüllt, mit 19,6 % Alkohol 1 % weniger als der oben genannte d'Oliveira, außerdem nur 5,4° Baumé. Ein guter Wein, doch der erwartete traubige Geschmack stellte sich nicht ein. Es war schließlich ein Madeira! *Ebenfalls im Mai 1990 in Brügge verkostet* ****

Verdelho **Blandy** Lebhaft, faszinierend, »fischig«, intensiv; halbtrocken, schlank, ruhiger, trockener Abgang. *Im Dezember 1993 auf der Verkostung der Madeira Wine Company in der portugiesischen Botschaft in London degustiert* ***

1901 *****

Malmsey **Rutherford & Miles** Süß, eindringlich, kraftvoll, hohe Säure, große Länge. *Dezember 1993* *****

1903 ***

Kleine Ernte, aber gute Qualität.

Bual, Reserva **Pereira d'Oliveira** Reiche Farbe; eigenartig angesengte Nase; am Gaumen wesentlich besser, süß, fett, enorm hohe Säure. *Im Mai 1992 bei den »Pat Grubb Selections« verkostet* ***

1905 ***

Verdelho, Noguero Ein Weinberg des Guts Torre Bella in Câmara de Lobos. Überraschend süß, reich, schokoladig. Ausgezeichnete Säure. Aus Captain Fairlies Beständen, die versehentlich zu Christie's nach San Francisco geschickt wurden. *Im November 1988 auf der Vorverkaufsverkostung degustiert* ***

Verdelho, Torre Noch ein Weinberg auf demselben Gut in Câmara de Lobos: ganz anders, eher so pikant wie ein Sercial. Trocken. Geschmack nach nassem Karton – aber irgendwie trotzdem exquisit. *Ebenfalls im November 1988 vor dem Verkauf degustiert* ****

1906 ★★

Eine weitere kleine Ernte, aber gute Malmseys.
Ein älterer Eintrag: ein überragender **Malvazia** Leacock *1980*.

1907 ★★★

Bual, Vintage Blandy Drei Einträge aus den späten 1980ern, ein überragender, vollmundiger Wein, kraftvoll und gleichzeitig fein. Unlängst leuchtende Bernsteinfarbe; Bukett und Geschmack herrlich, süß, intensiv. *Von einem großzügigen Gast im Februar 1996 zu einem BYOB-Essen im Tribeca Grill in New York mitgebracht* ★★★★
Malvazia, Reserva Pereira d'Oliveira Tief; unglaublich süß, ohne Finesse. *Mai 1990* ★★

1908 ★★★★

Bual Blandy Unverwobene Nase; Anflug von Minze und Mokka; ziemlich süß, fett, kraftvoll. *Im Dezember 1993 auf der Verkostung der Madeira Wine Company in der portugiesischen Botschaft in London degustiert* ★★★
Bual Cossart Gordon Nach 77 Jahren in amerikanischer Eiche wurde der Wein 1985 abgefüllt. Hohe Säure von 14 g/l und 130 g/l Restzucker. Fabelhafter Geschmack. *Im Januar 1999 auf der Verkostung der Madeira Wine Company in der portugiesischen Botschaft in London degustiert* ★★★★

Die Trauben von Madeira

Die vier »edlen« Rebsorten für Madeira heißen Sercial, Verdelho, Bual (Boal) und Malmsey (oder Malvazia), alles weiße und in ziemlich geringem Umfang kultivierte Trauben. Traditionell wird jede Sorte dieses Spitzenquartetts zu einem bestimmten Madeira-Stil von trocken bis süß verarbeitet. Jahrgangs-Madeira wird stets reinsortig bereitet. Alle Trauben zeichnen sich durch hohe, intensive Säure aus. Sercial ist trocken, Verdelho vielseitig halbtrocken, Bual reicher und süßer, während Malvasia – in England besser als Malmsey bekannt – einen sehr süßen, dunklen, gehaltvollen Dessertwein ergibt. Nachdem die Reblaus in den 1870er-Jahren auf der Insel wütete, griffen die Weinbauern auf die ausdruckslose einheimische Tinta negra mole zurück, die eine robustere Konstitution hatte und bald zur wichtigsten Rebsorte Madeiras avancierte.

Die Tinta negra mole ist das »Chamäleon« unter den Trauben; sie erbringt fast identische Kopien aller vier Madeira-Stile. Allerdings fehlt ihr die Qualität der traditionellen Sorten, die heute dank der neuen europäischen Weingesetzgebung wieder ihren rechtmäßig angestammten Platz eingenommen haben. Als weitere traditionelle Sorten gelten Moscatel, Terrantez und Bastardo. Die letzten beiden sind allerdings schwierig zu kultivieren, ertragsarm und anfällig für Krankheiten und wären von der Reblaus beinahe völlig ausgelöscht worden.

1910 ★★★★★

Ein großer Jahrgang für alle Madeira-Rebsorten, der beste der damaligen Zeit.
Bual Cossart Gordon Ein schöner Wein. *Dezember 1990* ★★★★
Malvasia, Vintage Blandy Sehr süß, körperreich, fett, geschmeidig, weich, aber kraftvoll, verhüllte Säure. *Im Juni 1994 in Aspen verkostet* ★★★
Sercial Cossart Gordon Ganz ungewöhnliche Nase, leicht fleischig, Veilchen; im Geschmack nicht minder eigen, gute Länge, hohe Säure. *Im Dezember 1993 auf der Verkostung der Madeira Wine Company in der portugiesischen Botschaft in London degustiert* ★★★

1911 ★★★★

Bual Blandy Farbe und Bukett herrlich; reich, aber mit fast Sercial-artiger Schlankheit. *Juni 1990* ★★★★

1912 ★★★

Malmsey Cossart Gordon Reiche Bernsteinfarbe; fabelhaftes Bukett, kandierte Veilchen bis hinein in den schönen Nachgeschmack. *November 1983* ★★★★

1913 ★★★

Verdelho MWA Bernsteingold; feines Bukett wie alter Cognac; am Gaumen nicht minder fein, lange, schnittige Säure. Eine Flasche war oxidiert. *Dezember 1984. In Bestform* ★★★

1914 ★★★★

Kleine Ernte, guter Bual.
Bual Rutherford & Miles Überragendes Bukett; sehr reich, intensiv, Vanille; süß, voll, reich, große Persistenz im Geschmack und Nachgeschmack. *Im April 1996 bei einem Essen des Saintsbury Club mit französischer Zwiebelsuppe kleingekriegt* ★★★★★

1915 ★★★

Alles in allem ein erfolgreiches Jahr.
Bual, Solera Cossart Gordon Fabelhaft, hochgetönt, elegant. *1981* ★★★★. Zuletzt seltsamerweise als Colheita beschrieben, was bedeuten sollte: »Aus einem einzigen Jahrgang, aber spät abgefüllt.« Scharfe Nase; halbsüß, aber schlank, mit schnittiger Säure. *Im Dezember 1993 auf der Verkostung der Madeira Wine Company in der portugiesischen Botschaft in London degustiert* ★?

1916 ★★★

Einige traditionelle Lieferanten der russischen Aristokratie mussten damals herbe Umsatzeinbußen hinnehmen, allen voran Acciaioly. Nur einen Wein verkostet: **Malmsey** Cossart Angeblich für den Zarenhof bestimmt, aber abgezweigt; ein schöner, süßer, intensiver Wein. *Oktober 1979* ★★★

1920 ★★★★

Ein ausgezeichneter Nachkriegsjahrgang.
Bual Blandy Wahrscheinlich drei verschiedene Abfüller. Die erste Flasche: 30 Jahre in Holz, relativ geringer Zuckergehalt, 2,9 ° Baumé, eine Nase wie die Kruste von *Crème brûlée*, duftig. *Mai 1990* ★★★★; die zweite Flasche: bernsteinbraun; geröstet, intensiv; süß, voll und reich. *Dezember 1990* ★★★★; die dritte Flasche: malzig, schokoladig, aber mit schönem Geschmack und ausgezeichneter Säure. *Im Juni 1994 in Aspen verkostet* ★★★★

Malmsey, Vintage Cossart Aus den letzten Malvasia-candida-Reben des Weinbergs Faja dos Padres bereitet. Achtmal verkostet und immer perfekt, zuletzt 1995 bei Maliner und zwei Jahre später bei Pat Grubbs Degustation. Hier eine Zusammenfassung: mitteltief, reiche Bernsteinfarbe mit goldenen Reflexen; intensiv duftend, blumig, fast erdbeerartige Frucht oder Grande-Champagne-Cognac; ziemlich süß, fleischig, nicht von dieser Welt, der Gehalt hat der wie üblich hohen Säure etwas entgegenzusetzen. Perfekt im Gleichgewicht. Fabelhafter Geschmack. *Zuletzt im Mai 1997 verkostet* ★★★★★ *(Ich habe nur noch eine Flasche!)*

1926 ★★★★

Ein ausgezeichneter Jahrgang.
Nur ein alter Eintrag: **Malmsey, Vintage** Cossart Wie bei der Bereitung von Port wurde der Gärprozess durch Hinzufügung von Branntwein gestoppt, um einen höheren Restzuckergehalt zu erreichen; ansonsten keine Anreicherung und auch nicht in der *estufa* erhitzt. 40 Jahre im Fass, zehn in Demijohns, 1976 abgefüllt und verkostet. Ein herrlicher Wein. *Oktober 1976* ★★★★

1927 ★★★

Wie auf dem portugiesischen Festland ein guter Jahrgang.
Bastardo (ein unglücklicher Traubenname für einen Wein aus meinem Geburtsjahr) Leacock Selten, verschlossen und schwierig (möglicherweise wie ich). Aber halt: fein, fabelhafte Entwicklung. Süß. Reich. Dick. Geschmacksintensiv. *Januar 1990* ★★★★

1931 ★

Ein schlechter Jahrgang. Der Handel auf einem Tiefpunkt.
Verdelho 1979 abgefüllt. Aus John Blandys Privatkeller. Zwei Einträge: reich, malzig, Acetonnote; für einen Verdelho süß, ausgedehnter, säurebetonter Abgang. *Juni 1990* ★★

1932 ★★

Ein ziemlich guter Jahrgang, aber der Absatzmarkt fehlte.
Verdelho Blandy Veilchenduft; fleischig und fett. Passte zum trockenen Abgang. *Juni 1989* ★★★

1933 ★★★

Noch bessere Qualität als das Vorjahr, doch ein nach wie vor zurückhaltender Markt.
Bual Blandy 1979 abgefüllt. Düfte nach »Limonen und Linoleum«, Minze und Schokolade; sehr süß, gute Länge, duftiger Nachgeschmack. *Zuletzt im Januar 1990 verkostet. In Bestform* ★★★★
Malmsey Justino Henriques Mehrere Einträge. 1995 die erste Flasche mit dem Schablonenaufdruck »VJH« aus einem Privatkeller: hohe Säure, etwas Fett, reich, fleischig. 1996 noch einmal auf einer Vorverkaufsverkostung. Dann während meines ersten Besuchs bei Justino 1997 auf einer Verkostung im Auftrag meines Sohnes, der sich mit dem Gedanken trug, diesen Wein zu importieren. Als Nächstes Weihnachten 1997 sehr passend vor dem offenen Kamin auf der Saintsburyhill Farm im Wahlkreis meines Schwiegersohns. Zuletzt eine Flasche – jetzt bereits mit dem Etikett »Broadbent Selections« – im Büro meines Sohnes in San Francisco, um zu sehen, wie der Wein sich machte. Ätherisch, köstlich; fast so gut wie der Verkauf. *Zuletzt im Dezember 1998 verkostet* ★★★★

1934 ★★★★

Ein sehr gutes Jahr für alle Weine.
Bual Leacock Klassisch, vergeistigt, voll im Geschmack. *Dezember 1990* ★★★★★
Verdelho, Vintage Cossart Gordon Erstmals bei einer Verkostung der Madeira Wine Company 1993 degustiert: intensiv; Fleisch und Gehalt gut. Im darauf folgenden Sommer auf dem Winefest in Aspen: warme Bernsteinfarbe; honigartig, schokoladig; lieblich, ausgewogen. *Zuletzt im Juni 1994 in Colorado degustiert* ★★★
Verdelho, »VJH« Justino Henriques Erstmals 1995 degustiert: sehr hohe Säure, geschmacksintensiv, tief, ziemlich süß, etwas Fett. Als Nächstes 1996 auf einer Vorverkaufsverkostung: weicher, schokoladiger. Ähnlich bei Pat Grubb 1997. Im Herbst desselben Jahres bei Justino: fabelhafte Länge und Konzentration und genau richtig für die »Broadbent Selections« meines Sohnes. *Zuletzt im Oktober 1997 verkostet* ★★★★

1935 ★★★

Bual H. M. Borges Überraschend schokoladig; erfrischende Zitrusnote. Ein guter Wein. *Verkostet im Mai 1997 bei Pat Grubb* ★★★

1936 ★★★★★

Ein hervorragender Jahrgang. Cossart zufolge »der feinste Sercial des Jahrhunderts«, den ich aber leider nicht verkostet habe.
Cama de Lobos Blandy Ausführlich markierter Korken, großartig. *1986* ★★★★★

1937 ★★

Sercial Pereira d'Oliveira Bernsteinbraun; schwerer, schokoladiger D'Oliveira-Stil; im Geschmack besser als in der Nase. Reich, intensiv. Zu süß für einen Sercial, aber mit trockenem Abgang. *März 1999* ★★★ *(gerade noch).*

Vintage und Solera

Vintage Madeira stammt aus einem einzigen Jahrgang und wird mindestens 20 Jahre lang im Fass ausgebaut – ein Zeitraum, der dem Endprodukt sicherlich Stabilität verleiht. Viele Madeiras reifen sogar noch länger oder beenden ihre Reifephase in Ballonflaschen bzw. Demijohns, damit der Kontakt mit Eiche nicht zu lange dauert. Ein Solera Madeira dagegen beginnt seine »Laufbahn« zwar im angegebenen Jahr, wird aber von Zeit zu Zeit mit jüngeren Weinen derselben Traube und Qualität aufgefüllt, weshalb ein 1864er letztendlich nur noch sehr wenig Wein aus diesem Jahr enthält. Vintages haben ihren eigenen Reiz, Soleras aber sind oft besser und preiswerter.

Alte Madeiras findet man zwar nicht mehr allzu oft, sie können aber auf Auktionen oder von spezialisierten Weinhändlern wie »Pat Grubb Selections« zu Preisen von knapp 60 Euro aufwärts erworben werden.

Um bei Madeira auf den Geschmack zu kommen, empfehle ich wärmstens die überall erhältlichen 10-jährigen Kompositionen aus Sercial, Verdelho, Bual und Malmsey. Sie sind bei Blandy, Broadbent (in den USA) und Cossart erhältlich.

1939 ★★★★

Calheta (ein Dorf an der Südküste der Insel) Aus John Blandys Keller. In Holz ausgebaut, 1979 abgefüllt. Reiche Bernsteinfarbe; herrliches Bukett; halbtrocken, aber reich und voll im Geschmack. *Juni 1990* ★★★★★

1940 ★★★★

Ein sehr guter Jahrgang. Cossart zufolge besonders gelungene Sercial Madeiras.

Sercial, Vintage **Blandy** Hochgetönt, stechend, aber auf seine säureintensive Weise großartig. *Im Juni 1994 in Aspen verkostet* ★★★★

Sercial, Vintage **Cossart Gordon** Blässliche Bernsteinfarbe; intensiv duftend, ätherisch; reich, säurebetont. *Im März 1995 bei einer Verkostung der Hollywood Wine Society degustiert* ★★★★

Sercial »VJH« **Justino Henriques** Sehr hohe intensive Säure, guter Geschmack (1995 auf einer Vorverkaufsverkostung). Im Jahr darauf bei Justino: ähnliche Notizen, außerdem noch scharf und aromatisch notiert. *Zuletzt im Dezember 1996 verkostet* ★★★

Sercial **Broadbent, erzeugt und abgefüllt von Justino** Der trockenste und vergeistigtste Madeira aus der Angebotspalette meines Sohnes: blassgelb, grünspurig; mit lebhafter, hoher, jeden Schnupfen heilender Säure; etwas trocken, aber reich, intensive Säure. *Im Januar 1999 von meinem Sohn und mir im Willow Park Liquor Store in Calgary vorgestellt* ★★★ *(Der Laden steht im Ruf, das umfassendste Sortiment von Weinen in ganz Kanada zu führen.)*

Sercial **Leacock** Intensiv, schöner Geschmack, ätherischer Nachgeschmack. *Im Mai 1997 bei Pat Grubbs Verkostung degustiert* ★★★

1941 ★★★★

Besonders gute Bual und Malmsey Madeiras.

Bual, »CDGC« **Cossart Gordon** Ein seltener, geradliniger, nicht assemblierter Vintage. Noël Cossart bereitete ihn anlässlich der Geburt seines Sohnes David, der später in der Weinabteilung von Christie's arbeitete und in dieser Zeit die Prüfung zum Master of Wine ablegte. Ein exquisiter Wein, im Juli 1976 abgefüllt, erstmals 1984 und noch ein weiteres Mal auf einer Vorverkaufsverkostung zehn Jahre später degustiert. Weiches, ätherisches Bukett; mit einem Geschmack, der mich an feine Veilchenpastillen erinnerte. Ein großer Wein. *Zuletzt im Mai 1994 verkostet* ★★★★★

1945 ★★★

Bual, Solera **Cossart Gordon** Tom Groffils kannte meine Vorliebe für Madeira und servierte diesen Wein deshalb bei einem Essen vor einer Verkostung für Dozenten der bedeutendsten belgischen Hotel- und Restaurantakademie: tiefe Bernsteinfarbe; im Bukett eine Mischung aus Mokka und Pferdestall; reich, intensiv. *Im November 1999 in Brügge verkostet* ★★★

1948 ★★

Verdelho **Barbeito** Schokolade und Raya (ein gröberer Sherry-Stil); am Gaumen besser. Trockener Abgang. *Im Mai 1997 bei Pat Grubbs Degustation verkostet* ★★

1950 ★★

Sercial **Cossart Gordon** Süß, gut; sehr kraftvoll, sehr spröde. *Im März 1994 auf einer Vorverkaufsverkostung degustiert* ★★★; Leacock Ähnlich. *1989* ★★★

1952 ★★★

Ein guter Jahrgang. Hervorzuheben sind besonders Malmsey und Verdelho.

Malvasia **Rutherford & Miles** Herrliches Bukett; am Gaumen ein Anflug von Karamell. *Im Dezember 1993 auf der Verkostung der Madeira Wine Company in der portugiesischen Botschaft in London degustiert* ★★★

Verdelho, »Jubilee Selection« **Power Drury** Fleischig, schokoladig; ausgezeichneter Geschmack, lang auslaufender Abgang. *Im Mai 1997 bei Pat Grubb verkostet* ★★★★

1954 ★★★★

Einer der erfolgreichsten Nachkriegsjahrgänge. Viele Einträge.

Bual **Blandy** Sehr reich, kraftvoll (1993 auf der Verkostung der Madeira Wine Company). Als Nächstes eine 1984 abgefüllte Flasche mit der Aufschrift »Vintage«: verschlossen, in der Nase »getrocknete Aprikosen«; intensiv, hohe Säure (April 1994). Schöne Farbe, lieblich, große Länge. *Zuletzt im März 1995 bei Robert Maliners Madeira-Seminar für die Hollywood Wine Society degustiert* ★★★★

Malmsey **Henriques & Henriques** Tawny-Hellbraun; hohe flüchtige Säure; sehr süß, gute Länge. *Im September 2000 bei Len Evans Essen für den »Single Bottle Club« im Hunter Valley verkostet* ★★★★

Negra Mole, Reserva Velho **J.-M. Vieira Pereira** Man begegnet nicht oft einem Madeira, bei dem die allgegenwärtige, chamäleonartige Tinta negra mole auf dem Etikett genannt wird. Diese Flasche gab mir Dr. Montero von der Quinta Bella Vista in Funchal. Ich trank sie nach meiner Rückkehr daheim zu Madeira-Kuchen. Hohe Säure, ein Anflug meiner geliebten kandierten Veilchen; sehr reich, Bual-artig. *Im Oktober 1997 zur »Tea Time« auf Chippenham Lodge degustiert* ★★★★

Verdelho »VJH« **Justino Henriques** Reich, schokoladig, hellbraun (1995). Gute Textur (1996 bei Justino). *Zuletzt im Juni 1999 eine Flasche aus der Reihe »Broadbent Selections« verkostet* ★★★★

Verdelho, Vintage **Rutherford & Miles** Bernstein-Hellbraun; honigartig, angesengt; sehr guter Geschmack. *Im Mai 1997 auf Pat Grubbs Verkostung degustiert* ★★★

1957 ★★★★

Boal *(sic)* **Rutherford & Miles** Schön, vergeistigt. *Dezember 1990* ★★★★

Bual, Vintage **Henriques & Henriques** Henriques klingt portugiesisch, doch handelt es sich um eine von John Cossart geführte Firma in britischer Hand. Zu schokoladig. Ziemlich gewöhnlicher Geschmack. *Im Mai 1997 bei Pat Grubb verkostet.*

1958 ★★★

Bual **Cossart Gordon** 37 Jahre in amerikanischer Eiche. Abfüllung im Juni 1995. Ätherisch; Geschmack, Länge, Finesse herrlich. *Im Januar 1999 auf einem Masters-of-Wine-Seminar in London verkostet* ★★★★

1960 ★★★

Terrantez, Vintage Leacock Schwungvoll, süß, leicht teerig; reich, intensiv. *Im Mai 1997 bei Pat Grubb verkostet* ★★★★

1964 ★★★

Ein guter Jahrgang. Viele Einträge.
Bual, Vintage Blandy 1985 abgefüllt. Exquisites Bukett, ätherisch, geröstet und gebacken, kandierte Veilchen; ziemlich süß, herrlicher Geschmack, feine Säure. *Bekam bei der Verkostung von zehn Spitzen-Madeiras im Januar 1994 in Aspen meine höchste Bewertung* ★★★★★
Bual, möglicherweise **Solera** Blandy Sehr angenehm, aber nicht in derselben Liga wie die Vintage-Version. *Dezember 1993* ★★★
Bual »VJH« Justino Henriques In der Nase und am Gaumen reich und ätherisch (1995). Als Nächstes bei Justino: malziger, im Geschmack besser (1996). Bei einem weiteren Besuch von Justino zur Verkostung von Weinen für Bartholomews Sortiment: sehr tiefe Bernsteinfarbe; malzig, konzentrierter Geruch und Geschmack, reich, ausgewogen (1997). Ein weiteres Mal im Herbst des Jahres. Kürzlich der meines Erachtens beste Wein der »Broadbent Selections«: reich, fleischig. *Zuletzt im Dezember 1998 in New York verkostet* ★★★★
Malmsey Justino Henriques Kraftvoll. *1998* ★★★
Malmsey, Vintage Blandy Zweimal verkostet, das erste Mal 1995: sehr gut; reich, schlanker Touch, lang und säurebetont. *Im Mai 1997 auf Pat Grubbs Verkostung degustiert* ★★★

1966 ★★★★

Bual Leacock In Erscheinungsbild, Geruch und Geschmack wie ein wesentlich älterer, sehr feiner Wein: apfelgrüner Rand; intensiv, ätherisch; reich, intensiv, rassige Säure. *August 1994* ★★★★

1968 ★★★★

Verdelho Blandy 26 Jahre in amerikanischer Eiche. Im Mai 1994 abgefüllt. Blässliche Bernsteinfarbe; hochgetönt, duftend; sehr intensiv, gute Länge, hohe Säure (9 g/l). *Im Januar 1999 beim Masters-of-Wine-Seminar in der Londoner Painters' Hall verkostet* ★★★★

1969

Bastardo, Vintage Cossart Gordon Schön, dass diese seltene alte Rebsorte wiederbelebt wurde. Reiche Farbe; lieblich, intensiv, gute Länge. *Im Mai 1997 auf Pat Grubbs Verkostung degustiert* ★★★
Sercial Rutherford & Miles Erstmals bei der Verkostung der Madeira Wine Company 1993 degustiert: blass; in der Nase ein bisschen zu schokoladig, aber korrekt trocken und geschmacksintensiv. Im Jahr darauf farbtiefer, in der Nase und am Gaumen für einen Sercial merklich süß. *Im November 1994 bei einem Essen der Distillers in London verkostet. Ein bisschen ein Lotteriespiel* ★★★★

1970–1999

Der Augenblick der Wahrheit kam, als Portugal 1986 der Europäischen Gemeinschaft beitrat: Die Namen von edlen Rebsorten durften fortan nicht mehr für Weine verwendet werden, die aus der angenehm unkomplizierten Tinta negra mole bereitet waren (allerdings galten die neuen Vorschriften meines Wissens erst ab 1993). Jahrelang hatte man diese vielseitige und im Gegensatz zu allen anderen Madeira-Trauben seltsamerweise rote Rebsorte verstärkt zur Kostensenkung eingesetzt. Durch niedrigere Preise wollte man einerseits gegenüber dem mutmaßlichen Konkurrenten Sherry marktfähig bleiben und andererseits erreichen, dass Madeira überhaupt noch gekauft wurde. Es hieß, wenn man Tinta negra mole in den höher gelegenen Lagen anbaue, entstehe ein Wein im Sercial-Stil, während sie in den tiefer gelegenen Hängen an der Südküste der Insel in Meeresnähe einen passablen Malmsey erbringe. Fortan allerdings mussten Sercial, Bual, Verdelho und Malmsey ausschließlich aus diesen Rebsorten bereitet werden. Ich muss allerdings zugeben, dass sogar ich schon einige falsch etikettierte Weine aus Tinta negra mole verkostet habe, die bemerkenswert gut und von den Originalen praktisch nicht zu unterscheiden waren. Letzten Endes zählt allein der Geschmack.

Die Jahrgänge auf einen Blick

Hervorragend *****
Keiner
Sehr gut ****
1995
Gut ***
1971

1971 ***

Bual **Cossart Gordon** Zitrusnote; lieblich; reich, köstlich, Länge und Abgang gut. *Im Dezember 1993 auf der Verkostung der Madeira Wine Company in der portugiesischen Botschaft in London degustiert* ****
Bual, Vintage **Blandy** Ein bisschen uneinheitlich: fein, säurebetont, schokoladig, dabei ätherisch. *Im Mai 1997 bei Pat Grubb verkostet. Alles in allem* ***
Malmsey, Vintage **Rutherford & Miles** Passabel. *Mai 1997* **
Sercial Angeblich von **Blandy** 24 Jahre in Eiche, 1995 abgefüllt: blässliches Bernsteingelb; ziemlich trocken (48 g/l Restzucker), durchschnittlicher Alkoholgehalt 20 %, sehr säurebetont (10 g/l). Klassischer Geschmack und Bau. *Im Januar 1999 auf einem Masters-of-Wine-Seminar verkostet* ****

1972–1980 uneinheitlich

Ich habe bei der Madeira Wine Association im Dezember 1983 in Funchal eine ganze Reihe von Weinen aller wichtigen Rebsorten verkostet: Der Malvazia hatte einen zwischen bemerkenswert hohen 23,1 % und ungewöhnlich niedrigen 17,2 % angesiedelten Alkoholgehalt; der Sercial und interessanterweise auch der Bual wiesen 0° Baumé auf, waren also trocken; der Bual war mit Boal Surdo, unvergorenem Most, angereichert. Alle Weine befanden sich in verschiedenen Ausbaustadien und lohnen nicht, im Detail beschrieben zu werden.

1990

Meine Frau und ich verbrachten Weihnachten 1990 im Reid's Hotel in Funchal und nutzten den Aufenthalt für Verkostungen neuer Jahrgänge bei der Madeira Wine Association. Sie waren schon in diesem frühen Stadium überraschend köstlich.

1994

Malmsey, Harvest (Vintage) **Blandy** Der erste Vertreter der neuen fünf- bis zehnjährigen Madeiras, ein Weinstil, der mittlerweile gut eingeführt ist. Ein geradliniger junger, im Jahr 2000 auf den Markt gebrachter Jahrgang. Erstmals eine Probeflasche von Blandy vor einem Theaterbesuch im November 2000 verkostet: mitteltiefe Bernsteinfarbe; sehr gute, klassische, intensive Nase; süß, angenehm im Geschmack, korrekte Säure. Kürzlich ein ähnlicher Eintrag. *Zuletzt im April 2001 verkostet* ***

1995 ****

Broadbent Madeira, Colheita **Justino Henriques** Die erste legale Colheita (das Äquivalent zu dem von mir »Vintage Tawny« genannten Portwein; siehe Kasten Seite 572). Erstmals unter ungewöhnlichen Umständen zum Abschluss eines Essens von France in Your Glass in Eugénie-les-Bains verkostet. Kürzlich: für das zweite Frühstück auf Chippenham Lodge. Warme Bernsteinfarbe; fleischig, leicht parfümiert, rosinig; ziemlich süß, reich, sehr intensiv, gute Länge und typisch säurebetonter Abgang. *Zuletzt im Januar 2002 verkostet* ****

2000 und die Zukunft

Die meisten Menschen denken nicht einmal im Traum daran, Madeira zu trinken. Wenn sie es dann aber doch einmal tun, dann kommen sie rasch auf den Geschmack. Ich habe das oft mit eigenen Augen gesehen, denn wie bereits erwähnt stand in meinem Büro bei Christie's immer eine Flasche Madeira bereit, damit ich Besuchern ein Glas anbieten konnte. In den letzten Jahren habe ich meinen Sohn Bartholomew, der diesen Wein importiert, auf Rundreisen durch die Vereinigten Staaten und Kanada begleitet, auf denen wir Weingesellschaften, Verkostungszirkeln und Händlern Madeiras präsentierten. Wir sind ein eingespieltes Team – ich agiere meist als Conférencier. Die Reaktionen auf Madeira sind aber immer positiv. Ich freue mich, dass in Amerika, einem traditionellen Madeira-Markt, erste Anzeichen einer Renaissance zu erkennen sind.

Nord- und Südamerika

Ursprünglich galten Nord- und Südamerika in der Weingeographie als »Neue Welt«, während man Europa als »Alte Welt« bezeichnete. Vor einiger Zeit vollzog sich jedoch ein Wandel: Zur »Neuen Welt« rechnete man nunmehr auch Australien, Neuseeland und seltsamerweise sogar Südafrika. Heute hat die »Neue Welt« nicht mehr allein geographische Bedeutung, sondern bezieht sich vor allem auf die neuen Weinstile.

Überall auf der Welt scheint man heute Wein zu bereiten, und da es dafür gar nicht genug Abnehmer geben kann, werden über kurz oder lang Probleme auftauchen. Ich beschränke mich wie üblich auf Gewächse, die sich im Lauf der Jahre bewährt haben und eine Flaschenalterung nicht nur vertragen, sondern sogar brauchen. Ich lasse daher Chile oder Argentinien mit ihren gut etablierten Erzeugnissen ebenso außer Acht wie Newcomer Uruguay. Auch Kanada hat hier keinen Platz, obwohl Ontario mittlerweile keine Weinwildnis mehr ist. (Einige der fürchterlichsten Weine, die ich je verkostet habe, stammten von dort: ein Gewurztraminer von einem mittlerweile für seinen Icewine bekannten Erzeuger und ein Chardonnay aus derselben Anbauzone.) Auch British Columbia und das Okanagan Valley haben sich einen Namen gemacht, obwohl dort der Icewine noch Schwierigkeiten bereitet. Damit komme ich zu den USA. Es gibt kaum einen Bundesstaat, in dem man nicht Wein anbaut; trotzdem übergehe ich – vielleicht zu Unrecht – die meisten dieser neuen Regionen wie den immer bedeutenderen Bundesstaat Washington oder auch Oregon mit seinen sehr erfolgreichen Pinot-noir-Weinen und beschränke mich auf Kalifornien.

Vielleicht lohnt es sich an dieser Stelle, kurz auf die Geschichte der Reben einzugehen: Mit Ausnahme einheimischer Arten wie *Vitis labrusca* und *Vitis rupestris*, die überwiegend als Veredelungsunterlagen Verwendung finden, wird Wein von den Früchten der europäischen Spezies *Vitis vinifera* bereitet. Die spanischen Konquistadoren und Missionare nahmen Reben in die Neue Welt mit und legten dort ihre eigenen Weinberge an. Chile importierte im 19. Jahrhundert französische Sorten und ist wegen des günstigen Klimas und der Lage mit dem Pazifik im Westen und den unüberwindlichen Anden im Osten bis heute reblausfrei geblieben.

Den ersten und beständigsten Erfolg verzeichneten die Winzer in der Neuen Welt mit der Bordelaiser Cabernet Sauvignon. Der Wein aus dieser Traube hatte ein internationales Renommee, auf das man bauen konnte. Seine bedeutendsten Förderer waren die Weinbaupioniere insbesondere im Napa Valley und die Wissenschaftler der University of California in Davis. Ich kann mich erinnern, dass sogar der energiegeladene, unermüdlich forschende Robert Mondavi erst Mitte der 1960er Europa erstmals einen Besuch abstattete, um zu sehen, weshalb die Weine aus Bordeaux und Burgund so erfolgreich waren. Er entdeckte, dass die Regionen ihren Erfolg in erster Linie ihren ganz eigenen Trauben verdankten. Paradoxerweise aber waren gerade sie für die Europäer – zumindest die Briten – überhaupt kein Thema. Man nahm sie entweder als selbstverständlich hin oder ignorierte sie völlig. Die Rebsorte war auf keinem Etikett angegeben, sieht man einmal vom Elsass ab. Sie wurde einfach nicht wahrgenommen: Roter Bordeaux war roter Bordeaux – nicht mehr!

Bob Mondavi und die anderen Kalifornier setzten auf das richtige Pferd. Die Cabernet Sauvignon fühlte sich in den Böden an der Westküste so wohl wie ein Fisch im Wasser – nur dass der Fisch etwas dicker ausfiel. So war es auch nur eine Frage der Zeit, bis ihr weitere Bordelaiser Trauben auf dem Fuß folgten: Merlot, Cabernet franc und überraschenderweise sogar Petit Verdot. Als Überflieger erwies sich die fleischige Merlot, die alle vordergründigen Tugenden wie Farbtiefe und Fruchtfülle in sich vereinte.

Für die größte Überraschung indes sorgte die Pinot noir. Noch vor 30 Jahren galt sie als schwierig zu kultivierende Rebe. Mittlerweile aber haben die Weinbauern sie in den Griff bekommen. In Oregon scheint sie ihre zweite Heimat gefunden zu haben, aber auch in Kalifornien reifen ausgezeichnete Pinot-noir-Weine heran, die oft sogar einen sehr ausgeprägten Sortencharakter aufweisen. Wer aber hätte gedacht, dass sogar Syrah, Viognier und Chenin blanc Fuß fassen würden (kürzlich verkostete ich einen ausgezeichneten Chenin von Carmel). All das sind, wohlgemerkt, klassische französische Rebsorten. Die einzigen bedeutenden Trauben, die sich nicht erfolgreich in Nordamerika ansiedeln ließen, waren die verschiedenen Gewürztraminer-Varianten und der Riesling, sieht man einmal von den Spätlesen ab.

Ich bin für Vielfalt: für wuchtige und fruchtige, eichige und vordergründige, aber auch leichte, elegante und finessenreiche Weine – ob rot, weiß, rosa oder schäumend. Kurzum: für Rennpferde statt Ackergäule!

Kalifornien

In der Einleitung habe ich den Begriff »Neue Welt« ins Spiel gebracht, den viele Weinliebhaber insbesondere in Europa ausschließlich mit Erzeugnissen aus Kalifornien in Verbindung bringen. Heute indes ist eine Region von solcher Bedeutung mit »Neuer Welt« nur unzureichend beschrieben. Ich verkneife mir den Hinweis auf spanische Missionare, die am Anfang der kalifornischen Weinbaugeschichte standen, verabschiede mich von einem überkommenen Begriff und nenne Kaliforniens Kreszenzen künftig Weine der *Nouvelle Vague*, der neuen Welle – wenngleich man sie schon fast eine Flutwelle nennen kann. Mit ihrem unablässigen Streben nach Qualität, ihrer Innovationsfreude und ihrer Entschlossenheit haben die kalifornischen Winzer die Welt des Weins nachhaltig verändert.

Ich hatte das Glück, dank meiner engen Freundschaft mit Harry Waugh die kultiviertesten Weinbotschafter überhaupt kennen lernen zu dürfen: Belle und Barney Rhodes, die in den späten 1950ern und 1960ern London regelmäßig mit großartigen Gewächsen im Gepäck einen Besuch abstatteten. Zu Hause in Kalifornien hatten sie großen Einfluss auf die Weinbauszene. »Sie schwirrten wie Bienen von Kellerei zu Kellerei und bestäubten die Winzer mit Ideen und Begeisterung«, bemerkte ich einmal. Überdies investierten sie in Rebflächen und bedeutende Weingüter. Zu besonderem Dank bin ich auch ihren engen Freunden Dottie und (Dr.) Bob Adamson verpflichtet. Vor 30 Jahren nahm sich Bob trotz hohen Arbeitspensums Zeit, mir das Napa Valley zu zeigen. Er stellte mich Louis Martini, Chardonnay-Pionier Fred McCrea in Stonyhill und anderen führenden Persönlichkeiten vor.

Bei Heublein und seinen höchst einflussreichen jährlichen Raritäten-Weinversteigerungen, die ich ab 1969 dreizehn Jahre lang organisierte und leitete, konnte ich regelmäßig alte Jahrgänge von Inglenook und Beaulieu Vineyard verkosten. Im Rahmen der regelmäßigen Heublein-Veranstaltungen in Kalifornien stattete ich außerdem weiteren Erzeugern nördlich wie südlich der San Francisco Bay einen Besuch ab. Ich begegnete dem Doyen des kalifornischen Weinbaus, André Tschelistscheff, dem etwas knorrigen Joe Heitz und natürlich Bob Mondavi, für den das Wort »dynamisch« hätte erfunden werden müssen, hätte es nicht bereits existiert. Ich traf aber auch Maynard Amerine, Professor für Önologie an der University of California in Davis, der mich anfänglich als irgendeinen Weinliebhaber betrachtete. Im Laufe der Zeit aber wurden wir dann doch enge Freunde. Ich bedauere, dass ich in den letzten Jahren nicht mehr so oft Gelegenheit hatte, die Westküste zu bereisen – obwohl mein Sohn seit geraumer Zeit in San Francisco lebt, weshalb mein Fernbleiben doppelt unverzeihlich ist. Ich nutze jedoch nach wie vor Marvin Shankens jährliche Wine-Experience-Verkostungen, um nicht nur eine Reihe neuer Klassiker zu probieren, sondern auch zahlreiche Erzeuger zu treffen (von der ersten Veranstaltung 1981 bis 1987 leitete ich Marvins große Degustationsseminare). Und schließlich war ich auch bei den jährlichen Napa Valley Wine Auctions seit 1981 mehrere Jahre lang als Leiter und Berater mit dabei – ebenfalls ein ideales Umfeld, um Kaliforniens Winzern zu begegnen, die ich alle als die offensten, engagiertesten und begeistertsten Vertreter ihrer Zunft kennen und schätzen gelernt habe.

Es ist gewiss nicht ratsam, sich ständig zu rechtfertigen. Trotzdem möchte ich darauf hinweisen, dass die folgenden Verkostungsnotizen sich auf Weine beziehen, die mir im Lauf meiner Karriere zufällig begegnet sind. Ich habe es nie als meine Hauptaufgabe betrachtet, nach dem Neuen zu suchen, das Alte bis in alle Einzelheiten zu ergründen oder die kalifornische Weinlandschaft im Detail zu kartographieren. Stattdessen möchte ich einen Überblick über einzelne Jahrgänge geben und die Entwicklung von Qualität und Stil von den Anfängen bis zum heutigen Tag nachzeichnen.

1936–1979

Eine aufregende Epoche. Mit dem Ende der Prohibition erwachte der kalifornische Weinbau unvermittelt zu neuem Leben. Nach der Zwangspause begann eine neue Entwicklungsphase. Geniale Kellermeister wie André Tschelistscheff gingen in die Region. Bis weit in die Nachkriegszeit hinein wurde der kalifornische Weinbau sehr stark von Maynard Amerine und seinen Fachkollegen von der University of California in Davis beeinflusst. Zu den etwa einem halben Dutzend großen Kellereien im Napa Valley stießen in den 1950ern viele engagierte Neuankömmlinge, die Maßstäbe setzten. In den 1960ern wurden weitere Wege erschlossen und wichtige Entwicklungen in Gang gebracht. Im Nachhinein erscheint es mir fast unglaublich, dass Robert Mondavi seine Kellerei erst 1966 gründete oder dass Joe Heitz für seinen Cabernet Sauvignon von 1970 im Kellerverkauf 40 US-Dollar verlangte – genauso viel, wie der Château Latour von 1970 kostete. Wie anmaßend!

Und das war erst der Anfang.

Die Jahrgänge auf einen Blick

Hervorragend *****
1941, 1946, 1951, 1958, 1965, 1968, 1969 (u), 1974

Sehr gut ****
1942, 1947, 1956, 1959, 1963, 1964, 1966, 1970, 1973, 1978

Gut ***
1944, 1949, 1955, 1960, 1961, 1967, 1971, 1972 (u), 1975, 1976, 1979

1936 **

Beaulieu Vineyard, Georges de Latour Cabernet Sauvignon Ein älterer Jahrgang, verkostet auf der »Jahrhundertdegustation« von Beaulieu Vineyard im Londoner Vinopolis: mitteltief, feiner reicher Mahagonirand; Anflug von Oxidation, Virol (Malztinktur) und stechende alte Ställe; etwas »süß«, verblasste Frucht, leicht essigsaurer, hefiger Abgang. Nur noch von rein akademischem Interesse. *Im Juli 1999 im Londoner Vinopolis verkostet.*

1939 **

Beaulieu Vineyard, Georges de Latour Cabernet Sauvignon Erstmals 1970 verkostet, am Austrocknen, aber nach wie vor gut zu trinken. Kürzlich mit Flaschenabweichungen: beide Exemplare mit feiner, reicher Farbe; in der Nase aber eine Flasche malzig und oxidiert, die andere fleischig und pfefferig; weiche Textur, runder gewordene Komponenten, gesund. *Zuletzt im Juli 1999 im Londoner Vinopolis verkostet.*

Beaulieu Vineyard (»BV«)

Eine alteingesessene Kellerei, einst das »Blaublut« des Napa Valley. Ihren Ruf begründete in den 1940ern, 1950ern und 1960ern der brillante russische Kellermeister André Tschelistscheff, der 1938 aus Frankreich ausgewandert war. Dank seiner önologischen Kenntnisse half er dem Weingut in der Zeit nach der Prohibition wieder auf die Beine – mehr noch, er führte es zu neuen Höhen. Angespornt wurde er dabei vielleicht von der verbissenen Rivalität mit der Nachbarkellerei Inglenook, die ebenfalls Rebflächen in der erstklassigen Lage Rutherford Bench besaß und auf die Cabernet-Traube setzte, jedoch einen anderen Weg einschlug. Besonders bekannt geworden ist der reinsortige Cabernet Sauvignon »Georges de Latour Private Reserve«. Eine große Bandbreite von BV-Jahrgängen konnte ich auf den Heublein-Vorverkaufsverkostungen und bei den Feiern zum 25- und 50-jährigen Bestehen des Betriebs degustieren.

1941 *****

Beaulieu Vineyard, Georges de Latour Cabernet Sauvignon Zuckergehalt 23,5 Balling. Erstmals 1972 auf einer Heublein-Vorverkaufsverkostung degustiert: tief, reich, ausgedehnter Abgang. Kürzlich mit leichten Unterschieden zwischen den einzelnen Flaschen: mittlerweile schon wesentlich weniger Farbtiefe, Orangeton; reife, sogar überreife, fleischige Nase, dann Anklänge an Bananen, außerdem ein fürchterlicher Geschmack. Die andere Flasche mit besserer Nase; süßer, weicher, dabei eindringlich und sehr tanninbetont. *Zuletzt im Juli 1999 im Londoner Vinopolis verkostet* **

1942 ****

Beaulieu Vineyard, Georges de Latour Cabernet Sauvignon Sehr tief, fast undurchsichtig; die erste Flasche mit beträchtlichem Extrakt, teeartig; »mittelsüß«, reicher, weicher, ziegeliger Cabernet-Geschmack, ausgetrocknet. Die zweite Flasche mit besserer Frucht. *Im Juli 1999 im Londoner Vinopolis degustiert. In Bestform* **

1943

Beaulieu Vineyard, Georges de Latour Cabernet Sauvignon Sehr farbtief, undurchsichtiger Kern, brauner Rand. Eine Flasche oxidiert, die andere reich, käsig, fleischig – erinnerte mich im Geschmack und Abgang an einen nicht sonderlich guten Terrantez (Madeira). Interessant, vollmundig, teerig. *Im Juli 1999 im Londoner Vinopolis verkostet* *

1944 ***

Beaulieu Vineyard, Georges de Latour Cabernet Sauvignon Sehr tief, zu braun; Mokkanase, beträchtliche Fruchttiefe, angesengt; süß, weich, voll, wohlschmeckend, überraschend hohes, die Zähne belegendes Tannin. Die zweite Flasche »o.k.«. *Zuletzt im Juli 1999 im Londoner Vinopolis verkostet* ***

Charles Krug, Cabernet Sauvignon Der älteste Jahrgang der historischen Vertikaldegustation auf dem Mondavi-Gut 1985. Ich hatte die Ehre, sie leiten zu dürfen, brauchte aber jede Menge Taktgefühl, denn auf dieser Veranstaltung trafen sich die Mondavi-Brüder zum ersten Mal wieder, seit Bob 1964 Krug den Rücken gekehrt und Peter zurückgelassen hatte! ****

1946 *****

Beaulieu Vineyard, Georges de Latour Cabernet Sauvignon Sehr attraktive Farbe, reich, offene Reife; leichte Abweichungen zwischen den einzelnen Flaschen, das alte Bukett erinnerte mich an einen Ausone oder sogar einen Haut-Brion, laubartig, intensiv, reich, »mittelsüßer«, weicher Auftakt und trockener Abgang. Die zweite Flasche eleganter, köstlich. *Juli 1999. In Bestform* ***

Beaulieu Vineyard, Pinot Noir Ein alter, aber erwähnenswerter Eintrag. Bei meinem ersten Besuch im Napa Valley im Mai 1970 wurde mir die Ehre zuteil, auf Beaulieu Vineyard von André Tschelistscheff empfangen zu werden, der in dieser Zeit allmählich den Ruf eines Doyen des amerikanischen Weinbaus erlangte. Er öffnete freundlicherweise seine Pinot-noir-Jahrgänge 1945, 1946, 1947 und 1948 für mich. Der 1946er war ein nach allen Maßstäben sehr großer Wein – vielleicht Tschelistscheffs Meisterwerk. Sieben Jahre später noch immer großartig. *Zuletzt im Mai 1977 verkostet* ***** *(Leider hatte ich 1999 keine Zeit mehr, ihn bei der Beaulieu-Vineyard-Degustation im Londoner Vinopolis zu verkosten, weil ich weg musste. Schade.)*

Charles Krug, Cabernet Sauvignon Ich erwähne ihn noch einmal, weil die Verkostung besonders interessant war: Zunächst wurden Peter Mondavis Krug-Jahrgänge lückenlos von 1944 bis 1965 verkostet, dann Robert Mondavis Jahrgänge von 1966 bis zu einer Fassprobe des 1982ers. Sehr auffallend die Stil- und Qualitätsbeständigkeit des Krugs.

1947 ★★★★

Beaulieu Vineyard, Georges de Latour Cabernet Sauvignon (der allererste Jahrgang mit »Georges de Latour, Private Reserve« auf dem Etikett) Erstmals 1972 verkostet. Ich bezeichnete ihn damals als ersten Spitzen-Cabernet-Sauvignon aus dem Napa Valley, den ich je verkostete. Noch einmal 1972 und 1977 degustiert: unglaublich tief, beeindruckend, fruchtbeladen. »Lebt noch Jahre.« Auf eine der beiden 22 Jahre später verkosteten Flaschen traf das auch tatsächlich zu. Die zweite Flasche war brauner, ingwerartig, mit einem Anflug von Essig. *Zuletzt im Juli 1999 im Vinopolis verkostet. In Bestform* ★★★★★

1948 ★

Beaulieu Vineyard, Georges de Latour Cabernet Sauvignon Erstmals 1970 mit Tschelistscheff verkostet, ein zweites Mal außerdem auf den Heublein-Degustationen im Jahr 1972: schon damals eher blass, eine Nase wie kalter Tee – *à point* –, ziemlich trinkreif. Kürzlich eine Flasche braun, trübe, oxidiert, die andere eigenartig, unverwoben; weich, zugänglich, gerade noch trinkbar. *Zuletzt im Juli 1999 im Londoner Vinopolis verkostet* ★

1949 ★★★

Beaulieu Vineyard, Georges de Latour Cabernet Sauvignon Feine Farbe, reifer Rand; die erste Flasche verschlossen, leicht medizinal; gute Frucht, Textur und Länge, allerdings ein adstringierender Anflug. Die andere Flasche sehr wohlriechend, am Gaumen aber am Zerfallen. *Zuletzt im Juli 1999 im Londoner Vinopolis verkostet. In Bestform* ★★★

1950 ★★

Beaulieu Vineyard, Georges de Latour Cabernet Sauvignon Der 1950er Private Reserve eröffnete »Serie« 2 auf der »Jahrhundertverkostung« von Beaulieu Vineyard im Vinopolis. Beide Flaschen hoffnungslos oxidiert, wie überreife Bananenschalen. *Im Juli 1999 im Londoner Vinopolis degustiert.*

1951 ★★★★★

Der erste der großen kalifornischen Jahrgänge aus einem Jahr, das in Bordeaux fürchterlich ausfiel. Dasselbe gilt für 1956, 1965 und 1968 – was verdeutlicht, dass das Napa Valley und das Médoc klimatisch doch sehr weit voneinander entfernt sind.

Beaulieu Vineyard, Georges de Latour Cabernet Sauvignon Erstmals 1971 verkostet und mit 20 Jahren so perfekt, wie ein Wein nur sein kann. Mein dritter Eintrag entstand 1984: nicht minder fabelhaftes Erscheinungsbild; ein verschlossenes Bukett, das sich nur langsam öffnete; »süß«, körperreich, mächtig, samtig – damals bezeichnete ich ihn als Mischung aus einem Latour von 1955 und einem Cheval-Blanc von 1959. Ein wirklich hohes Lob. Wieder ein Sprung, diesmal von 15 Jahren: noch immer sehr tief; anfangs stumm, verschlossen, alte Gewürze, gesund; reich, füllige Frucht, adstringierender Abgang. Die zweite Flasche süßer und weicher. *Zuletzt im Juli 1999 im Londoner Vinopolis verkostet. Als 20-Jähriger* ★★★★★, *jetzt in Bestform* ★★★

1952 ★★

Beaulieu Vineyard, Georges de Latour Cabernet Sauvignon Mitteltief, attraktive, offene Erscheinung; die erste Flasche leicht oxidiert, am Gaumen aber »süß« und recht gut, reiche Frucht, griffig. Die zweite mit besserer Nase und ähnlichem Geschmack. *Im Juli 1999 im Londoner Vinopolis degustiert. In Bestform* ★★

1953 ★★

Beaulieu Vineyard, Georges de Latour Cabernet Sauvignon Reich, attraktiv, offen, reif; eigenartiger Duft und Geschmack, teeartig, Liguster, staubiger Teer. Die zweite Flasche wie ein nach altem Efeu duftender Lafite, »süß«, mit teerigem Geschmack. *Im Juli 1999 im Vinopolis verkostet* ★★

1954 ★★

Beaulieu Vineyard, Georges de Latour Cabernet Sauvignon Starke Abweichungen zwischen den Flaschen, die erste dunkel, stumpfes Braun, oxidierte »Milchschokoladennase«. Spitzig. Die zweite mit gesünderem Aussehen, süß, recht guter Geschmack. Etwas Eleganz. *Im Juli 1999 im Londoner Vinopolis verkostet* ★★★

Inglenook, Cask Res J-3 Cabernet Sauvignon Der einzige andere 1954er, den ich verkostet habe (zweimal, das erste Mal 1978). Schön und auf dem Höhepunkt. *Zuletzt im Mai 1979 degustiert* ★★★★

1955 ★★★

Beaulieu Vineyard, Georges de Latour Cabernet Sauvignon Blässlich; leicht, süß, in der Nase und am Gaumen am Altern. Aber mit passabler Länge. Die zweite Flasche blasser; reichere, angesengte Nase, aber am Gaumen weich und fade. *Im Juli 1999 im Londoner Vinopolis verkostet. In Bestform* ★

1956 ★★★★

Beaulieu Vineyard, Georges de Latour Cabernet Sauvignon Erstmals 1970 verkostet: tief; ausgeprägtes Cabernet-Aroma, fast burgunderartiger Charakter. Kürzlich sehr enttäuschend: eigenartige, angesengte Nase nach kaltem Mokka; süß, weich, irgendwie zu wenig. *Zuletzt im Juli 1999 im Vinopolis in London degustiert. 1970* ★★★, *jetzt* ★

Charles Krug, Cabernet Sauvignon Vintage Selection Ein älterer Eintrag, der aber die hervorragende Qualität dieses Weins verdeutlicht. In Gewicht und Charakter sehr Bordeaux-artig. Fleischige, ausgezeichnete Frucht, Ausgewogenheit, Länge und Abgang exzellent. Ein herausragender 29-Jähriger. *Zuletzt im Juni 1985 auf der Krug/Mondavi-Vertikaldegustation verkostet* ★★★★★ *Wahrscheinlich noch immer superb.*

1957

Beaulieu Vineyard, Georges de Latour Cabernet Sauvignon Farbe, Nase und Geschmack fade. Am Gaumen eine ungesunde »Süße« und sehr unangenehmes, adstringierendes Ende. *Im Juli 1999 im Londoner Vinopolis verkostet.*

1958 ★★★★★

Beaulieu Vineyard, Georges de Latour Cabernet Sauvignon Erstmals 1967 verkostet, damals beeindruckend. Mit etwas über 20 Jahren: fein, reif; komplettes, in sich ruhendes Bukett; reife, weiche »Süße«. Wahrscheinlich auf dem Höhepunkt.

Zehn Jahre später noch immer beeindruckend tief; herrliches Bukett, das aus den Tiefen hervordrang; für einen Beaulieu Vineyard ein kleines bisschen zu schlank und geschmeidig. Lebenserhaltende Säure. Nach weiteren zehn Jahren: zwar tief, aber eine Spur zu braun; attraktiv, aufdringlich, leicht firnisartig, Eukalyptus; herrlich vollmundige, würzige Frucht. Aufregend. Die zweite Flasche mit einem Anflug von Orange, nicht so entgegenkommend und ohne Kraft. Kürzlich mitteltief, noch immer überraschend jugendlich; Altersspuren, Wildbret, leicht malzig; verliert Frucht, aber ein aufregend wildbretartiger Wein mit appetitanregendem Tannin und ausgeprägter Säure (meine Frau meinte: »Wundervoll«, Hugh Johnson: »Superb«). *Zuletzt im Oktober 2000 im Dairy auf Waddesdon Manor in Buckinghamshire verkostet. In der Blüte seiner Jahre* ★★★★★, *jetzt* ★★★★ *(gerade noch).*

WEITERE AUSGEZEICHNETE 1958ER

Inglenook Cask F10, Cabernet Sauvignon Seit 1967 ein halbes Dutzend Mal verkostet. Kürzlich: kraftvoll und etwas stielig. *Zuletzt 1986 beim Essen mit Maynard Amerine verkostet* ★★★★

Charles Krug, Cabernet Sauvignon Vintage Selection Undurchsichtig; Latour-artige Tiefe und Substanz. *Großartig. 1985* ★★★★★

Louis Martini, Special Selection Cabernet Sauvignon Frucht, Gewicht, Ausgewogenheit und Geschmack perfekt. Ich habe Louis' verhaltene Weine immer bewundert. *1981 auf dem Höhepunkt. Damals* ★★★★★

1959 ★★★★

Beaulieu Vineyard, Georges de Latour Cabernet Sauvignon Zwei Einträge aus jüngerer Zeit, die sich auf verblüffende Weise voneinander unterschieden: die eine Flasche zu braun und eindeutig oxidiert, aber mit dem mit Abstand besten Geruch und Geschmack, stämmig, interessant, öffnete sich mit Vanille- und Himbeerduft, am Gaumen »süß« und reich. Der Wein mit dem gesünderen Aussehen in der Nase lebhafter und mit besserer Frucht, am Gaumen aber schrecklich. *Im Juli 1999 im Londoner Vinopolis verkostet. In Bestform* ★★★, *aber welcher?*

EINIGE ÄLTERE EINTRÄGE **Heitz, Cabernet Sauvignon** Wohlriechend. *1985* ★★★★; **Inglenook, Cabernet Sauvignon** Mächtig, fleischig, köstlich. *1986* ★★★★; **Charles Krug, Cabernet Sauvignon Vintage Selection »Lot B«** Großartig, aber zu eichenbetont. *1985* ★★★★★ *Zweifellos nach wie vor gut*; **Louis Martini, »California Mountain« Cabernet Sauvignon** Verhalten, aber perfekt. *1982* ★★★★

1960 ★★★

Beaulieu Vineyard, Georges de Latour Cabernet Sauvignon Erstmals 1967 mit den Weinbotschaftern des Napa Valley, Belle und Barney Rhodes, verkostet (siehe Kasten rechts). Der Wein war wohlriechend und ansprechend. 1981 voll, reif und samtig, »mit 21 Jahren volljährig geworden« und wahrscheinlich auf seinem Höhepunkt. 1986 wirkte er marmeladiger und malziger. Unlängst zwei Flaschen, eine in der Nase und am Gaumen fast seidig »süß«, reich, aber mit Altersspuren, die andere wohlriechender, trockener und würziger. Es hätte sich eigentlich um zwei völlig verschiedene Weine handeln können. Rein organoleptisch hatten sie auch wirklich nichts gemein. *Zuletzt im Juli 1999 im Londoner Vinopolis verkostet. Jetzt riskant.*

1961 ★★★

Beaulieu Vineyard, Georges de Latour Cabernet Sauvignon In seiner Jugend und Blüte nicht verkostet. Kürzlich zwei Flaschen: beide verschlossen, übelriechend, hohl und kurz. *Juli 1999.*
Charles Krug, Cabernet Sauvignon Vintage Selection Herrlich. *1985 verkostet* ★★★★ *Vermutlich noch immer gut.*

1962 ★★

Beaulieu Vineyard, Georges de Latour Cabernet Sauvignon Blass, offen, rosiger Ton; »süß«, wohlriechender Muscat- und Walnuss-Charakter. Eher wie Port. Hefiger, oxidierter Abgang. *Im Juli 1999 im Vinopolis verkostet.*

Belle und Dr. Bernard L. Rhodes

Liebevoll Barney und Belle genannt. Barney übte in den Anfangstagen des kalifornischen Weinbaus einen enormen Einfluss auf das Napa Valley aus, Belle war eine großartige Organisatorin und Köchin. Sie bepflanzten Martha's Vineyard, dann Bella Oaks, finanzierten einige große Kellereien und sorgten dafür, dass in den 1960ern und 1970ern etwas bewegt wurde. Barney hat wie eine emsige Biene im Napa und Sonoma Valley Ideen und Know-how verbreitet. Er brachte den Engländern als Erster kalifornische Weine näher und gehörte obendrein zu den ersten Weinkunden von Christie's. Bei seinen Besuchen in Großbritannien ersteigerte er sich einen hervorragenden Keller. Ein großer Weinliebhaber und meiner Meinung nach ein »Supergaumen«, der seinesgleichen suchte – der kenntnisreichste und zugleich bescheidenste Degustator, den ich je kennen lernte.

1963 ★★★★

Beaulieu Vineyard, Georges de Latour Cabernet Sauvignon Beide Flaschen fade, etwas säuerlich. Himmel! *Im Juli 1999 im Londoner Vinopolis verkostet.*

ÄLTERE EINTRÄGE **Inglenook, Cabernet Sauvignon** *1982* ★★★★; **Charles Krug, Cabernet Sauvignon** Perfekt im Gleichgewicht. *1985* ★★★★

1964 ★★★★

Beaulieu Vineyard, Georges de Latour Cabernet Sauvignon Sehr hoher Zuckergehalt. Ein mächtiger, spröder Wein, 1970 ganz und gar unreif, hatte sich aber bis zum Ende des Jahrzehnts angenehm entwickelt. Bei einer Christie's-Vorverkaufsverkostung 1986 noch immer ein bisschen unnachgiebig, Médoc-artig. Neulich ziemlich tief, reiche Farbe; entsprechendes Bukett, hochgetönt; süß, malzige Frucht und nicht mein Geschmack. Die zweite Flasche lebhafter. Es schien mir, als hätte man ihn aufgesäuert, um seinem anfangs enormen Gehalt etwas entgegenzusetzen. *Zuletzt im Juli 1999 im Londoner Vinopolis verkostet. Ursprünglich* ★★★★, *jetzt von ungleichmäßiger Qualität, deshalb besser meiden.*

1965 ★★★★★

Beaulieu Vineyard, Georges de Latour Cabernet Sauvignon Mit fünf Jahren ansprechend, mit zehn schön heranreifend. Ende der 1970er perfekt, 1983 voll entwickelt, aber 1989 noch

»mit reichlich Leben«. Zehn Jahre später eine oxidierte Flasche und eine andere mit recht attraktivem Geschmack und Griff. *Zuletzt im Juli 1999 im Londoner Vinopolis degustiert. Früher ★★★★★, jetzt bestenfalls ★★★*

EIN ÄLTERER EINTRAG **Charles Krug, Cabernet Sauvignon** Großartig. *1985 ★★★★★ Hat vielleicht überlebt.*

1966 ★★★★

Beaulieu Vineyard, Georges de Latour Cabernet Sauvignon Ein weiterer guter, reifer, früh gelesener Jahrgang. Erstmals 1972 verkostet, ausgewogen, aber unreif. Auf der Degustation in den Gärten von Beaulieu Vineyard anlässlich des 50-jährigen Bestehens der Private-Reserve-Weine erinnerte mich seine Nase an Port. Zwar tanninbetont, aber ohne die Länge eines großen Jahrgangs. Kürzlich zwei Flaschen in guter Verfassung, noch immer farbtief; würzig, attraktiv, wohlriechendes und entgegenkommendes Bukett. »Süß«, reich, gute Frucht. Ein Exemplar leicht adstringierend. *Zuletzt im Juli 1999 im Vinopolis in London verkostet ★★★★*

EINIGE ANDERE, ZULETZT IN DEN 1980ERN VERKOSTETE 1966ER

Robert Mondavi, Cabernet Sauvignon Erwähnenswert, weil er der erste erste Jahrgang aus Bob Mondavis eigenem Weingut war. In der Magnum besser, attraktiv, aber verwelkt. *Zuletzt 1985 verkostet. In Bestform ★★★*

Martin Ray, Cabernet Sauvignon Unglaublich tief; sehr kraftvoll, aber mit merkwürdiger, übelriechender, pfefferiger Nase; fürchterliche Säure. Nicht trinkbar. *Im November 1986 in San Diego verkostet.*

1967 ★★★

Beaulieu Vineyard, Georges de Latour Cabernet Sauvignon Leichte Flaschenabweichungen, eine nicht sehr klar, die andere mit schöner Farbe, Frucht und Gewicht attraktiv. *April 1999 ★★★*

1968 ★★★★★

Ein großer Jahrgang.

Beaulieu Vineyard, Georges de Latour Cabernet Sauvignon Klassisch. Viele Male verkostet, wenn auch nicht in seiner frühesten Jugend. Ende der 1970er »ein Napa in seiner besten Ausprägung«. Anfang der 1980er mit allen Tugenden und Komponenten im Überfluss. Bei der Vorprobe zu einer Auktion »feinster und seltenster Weine« 1997 in New York in guter Verfassung, reich, attraktiv; ebenso bei einem BYOB-Essen 1999. Kürzlich zwei interessante Flaschen, eine farbtief und noch immer jugendlich; gute Nase; sehr »süß«, eindringlich, fruchtbepackt, gute Länge. Die andere dick, stämmig, reich. *Zuletzt im Juli 1999 im Londoner Vinopolis verkostet. In Bestform noch immer ★★★★★*

Nathan Fay's, »Homemade« Cabernet Sauvignon Der älteste Jahrgang auf der »Red«-Adams-Degustation im Meadowood Resort im Napa Valley. »Red« sicherte sich auf der Napa-Valley-Weinauktion im Juni 1997 den Lot der Stag's Leap Wine Cellars – eine Verkostung von Winiarski-Weinen und ein Essen in seinem Haus. Der Wein hatte eine gesunde, reife Farbe; wohlriechende Nase; gutes Gewicht, guter trockener Abgang. Ein schöner, ausdauernder Wein. *März 1998 ★★★★*

Ridge, Monte Bello Cabernet Sauvignon Aus einer Jeroboam mit seltsamem Hintergrund verkostet: Sie wurde von Rick Sajbel – nicht sehr gut – abgefüllt und stammt aus einem Fass, das sein Konsortium kaufte. Sehr tief, noch immer mit jugendlichem Aussehen; würzig, pfefferig, hohe flüchtige Säure; trocken, lebhaft, aber rau, mit hoher Säure. *Von Bob Dickinson wagemutig auf einem seiner Essen für die Bacchus Society im November 1997 in Coral Gables serviert ★★*

MEHRERE AUSGEZEICHNETE 1968ER, DIE ICH IN DEN 1980ERN VERKOSTETE **Heitz, Cabernet Sauvignon** 1979 als Kreuzung aus Pétrus und Mouton-Rothschild beschrieben! Tief, fabelhaft, würzig, fruchtbepackt und tanninbetont. *1986 ★★★★★ Dürfte nach wie vor ausgezeichnet sein*; **Inglenook, Cabernet Sauvignon** *1985 ★★★★*; **Louis Martini, Mountain Cabernet Sauvignon** Herrlich. *1987 ★★★★*; **Robert Mondavi, Cabernet Sauvignon** (mit 8% Cabernet franc) Reich, fest, tanninbetont. *Zuletzt 1988 verkostet ★★★★*

1969 ★★ bis ★★★★★

Beaulieu Vineyard, Georges de Latour Cabernet Sauvignon Erstmals 1985 auf der Verkostung zur Fünfzigjahrfeier von Beaulieu Vineyard degustiert: noch immer rubinrot; lebhafte, duftende, fein ausgewogene Cabernet-Nase; Bordeaux-ähnlich in Stil, Gewicht, Tannin und Säure. Kürzlich zwei Flaschen mit leichten Abweichungen, beide aber sehr gut: mitteltief, attraktiv; minzige, teeartige Aromen stiegen aus dem Glas auf; voll, reich, Länge, Tannin und Säure gut. Die zweite Flasche mit ausgeprägterer Eukalyptusnote ähnelte erstaunlich stark einem Martha's Vineyard, elegant, das Zahnfleisch reizender Abgang. *Zuletzt im Juli 1999 im Londoner Vinopolis verkostet. In Bestform ★★★★★*

Heitz, Martha's Vineyard Cabernet Sauvignon Im September 1973 abgefüllt und 1981 erstmals verkostet. 1985 reich, mit rubinrotem Zentrum; großartige Aromen, unverkennbar würzig, Kiefern, Zimt und – obwohl Joe Heitz das Wort überhaupt nicht mochte – Eukalyptus. (Ich übernachtete mehrmals auf dem Gut von Martha und Tom May; ihr Weinberg war von Eukalyptus-Bäumen umgeben, deren Duft die Luft erfüllte.) Ein großer Wein, hoher Extrakt, fruchtbepackt und trotzdem elegant. Kürzlich bei einem monumentalen Essen mit feinen Weinen, zu dem Bill Gates ins Bistro in Buckland, Atlanta, geladen hatte: noch immer tief, samtig; unmittelbar entgegenkommende Nase, fast eine Karikatur ihrer selbst; grandioser Geschmack mit schlanker und ingwerartiger Frucht, gute Länge. Vor Leben sprühend. *Zuletzt im Oktober 1992 verkostet ★★★★★ Ist sicher noch immer großartig.*

Robert Mondavi

Seit über 30 Jahren ein guter Freund von mir. Nachdem Bob sich mit seinem Bruder Peter überworfen und Charles Krug verlassen hatte, musste er 1966 – in dem Jahr, als ich zu Christie's ging – völlig neu von vorn beginnen. Damals war er 52 Jahre alt. Es gelang ihm, mit der für ihn typischen Energie eine der größten und dynamischsten Kellereien in den Vereinigten Staaten auf die Beine zu stellen. Der unermüdliche Forschergeist gilt heute zu Recht als Doyen nicht nur des Napa Valley, sondern des kalifornischen Weins schlechthin. Er ist mittlerweile Ende 80, sprüht aber weiterhin vor Begeisterung und Ideen und unternimmt mit seiner Frau Margrit, einer talentierten Künstlerin, noch ausgedehnte Reisen. Seit er sich halb in den Ruhestand zurückgezogen hat, führen seine Söhne Tim und Michael die Robert Mondavi Winery.

EINER VON VIELEN 1969ERN, DIE ICH MITTE DER 1980ER VERKOSTETE
Robert Mondavi, Cabernet Sauvignon (mit 15 % Cabernet franc und 3 % Merlot) Anfangs beeindruckend, öffnete sich gut, ließ dann aber ein bisschen nach. Die ungeschönte Version war ausgeprägter rubinrot, pfefferiger, würzig, pikant. Bob hatte erst drei Jahre zuvor seine Winery gegründet und war im Keller noch viel am Experimentieren, vor allem mit Eiche. Wie unterschiedlich die Ergebnisse ausfielen, wurde mir klar, als ich auf der Verkostung der beiden Brüder seine Weine kommentierte. *Im Juni 1985 auf Robert Mondavis Gut in einem brütend heißen Zelt verkostet* ★★★

1970 ★★★★

Kleine Ernte, ein Drittel des normalen Ertrags. Schuld daran waren 28 Frostnächte und ein sengend heißer Sommer.
Beaulieu Vineyard, Georges de Latour Cabernet Sauvignon In den frühen 1970ern stattete ich dem Napa Valley erstmals einen Besuch ab, wurde später aber noch des Öfteren dort gesichtet, insbesondere bei den Heublein-Vorverkaufsverkostungen (siehe Kasten Seite 270). Dieser Jahrgang war 1972 der erste Beaulieu, den ich aus dem Fass verkostete (100 % Eiche): tief purpurn, voller Frucht, stielig. Ich konnte seine Entwicklung über die Jahre gut verfolgen.

Ende der 1970er zwar tief und tanninbetont, aber auch reich und ausgewogen. Bemühte sich 1985 noch immer, seinen Kokon zu verlassen, konzentriert, teerig, »seidig« (Textur), »dabei ledrig« (Tannine). Seither entstand ein weiteres Dutzend Einträge: 1997 intensiv, fleischig. Zwei Jahre später gleich fünfmal verkostet. Bei einem Probeessen, dann bei der großen Beaulieu-Vineyard-Vertikaldegustation: mittlerweile mitteltief, lebhaft, duftend, am Gaumen sehr »süß«, reich, aber mit sehr trockenem, kantigem Abgang. Machte einen guten Eindruck beim ersten Essen im Vinopolis – passenderweise das Millenniumsdinner des Magazins *Decanter*. Wie alle Roten dieser Gattung erwies er sich als idealer Begleiter von »Enten-Confit«. Kurz darauf servierte ihn Hal Lewis bei seinem »Mr.-Gourmet«-Einführungsessen in Memphis, Tennessee. *Zuletzt im September 1999 verkostet* ★★★★

EINIGE WEITERE 1970ER, DIE ICH MITTE DER 1980ER VERKOSTETE Chappellet, Cabernet Sauvignon Ein unterschätzter Wein: wohlriechend, körperreich, dabei weich und samtig. *1982* ★★★; **Inglenook, Cabernet Sauvignon** Undurchsichtig, voll, fleischig. *1986* ★★★★; **Heitz, Martha's Vineyard Cabernet Sauvignon** Im August 1974 abgefüllt. Undurchsichtiges Zentrum; fruchtiger, würziger Extrakt. Ein herrlicher Mundfüller. *1985* ★★★★; **Mayacamas, Cabernet Sauvignon** Reich, »bepackt«. *1982* ★★★; **Robert Mondavi, Cabernet Sauvignon** (80 %) Ungeschönt, massiver als der ungefilterte Cabernet Sauvignon (83 %), ausgezeichneter Geschmack. *Beide im Juni 1985 verkostet* ★★★★; **Ridge, Fulton Zinfandel** Gutes Gewicht, schöne Textur. Paul Draper in unerreichter Hochform.

1971 ★★★

Beaulieu Vineyard, Georges de Latour Cabernet Sauvignon Mitteltief, reif; wohlriechend, »ziegelig«; »süß«, voll, reich, gute Frucht, etwas stechend. *Zwei Flaschen, verkostet im Juli 1995* ★★★
Ridge, Monte Bello Cabernet Sauvignon Im Oktober 1973 abgefüllt, bescheidene 12,2 % Alkohol. Erstmals 1984 zu Hause verkostet: noch immer mit jugendlichem Aussehen; schlank, aber konzentriert. In der Nase und am Gaumen spürbare Eisennote. Als Nächstes im darauf folgenden Jahr bei meinem ersten Besuch auf diesem 100-jährigen Weingut. Ich hatte mich nicht angemeldet und war froh, Paul Draper selbst anzutreffen, denn ich hätte die lange, beschwerliche Fahrt bei hohen Temperaturen über kurvenreiche Straßen bis auf etwa 800 m Höhe nur ungern umsonst gemacht. Der sehr ausgeprägte Charakter der Weine ist auf die Höhenlage und die »Kalkinsel« zurückzuführen, über die sich die Rebflächen erstrecken, aber auch auf die Gepflogenheit, die Trauben nur voll ausgereift zu ernten, und zu guter Letzt natürlich auf Drapers brillante Kellerkunst. Sieben Jahre später in Magnumflaschen vor dem Cheval Blanc 1971, arrangierte sich gut mit dem »Filet de bœuf en croûte«. Meine Notizen fielen kurz aus, denn ich wartete nervös darauf, mit meiner jährlichen Ansprache beginnen zu können. *Zuletzt beim Essen des Saintsbury Club im Oktober 1992 verkostet* ★★★★

Paul Draper/Ridge

Einer der beständigsten und angesehensten kalifornischen Kellermeister – der Schöpfer des Ridge Monte Bello, eines spektakulären (aber nicht aufgeblasenen) Zinfandels und kraftvoller, aber eleganter Cabernets. Seine Weine sind allesamt eher der »Alte-Welt«-Fraktion und nicht so sehr den opulenten, milden, punkteheischenden »Knüllern« zuzuordnen, weshalb ich ihn so sehr schätze. Paul ist ein bescheidener, aber entschlossener Mensch, der der Rolle des Terroir in seinen Weinen sehr viel Bedeutung beimisst. Der Ridge Monte Bello von 1971 gehörte zu jenen kalifornischen Cabernets, die bei Steven Spurriers berühmter Degustation 1976 in Paris fälschlicherweise für Spitzen-Bordeaux gehalten wurden.

1972 ★★★ bis ★★★★

Beaulieu Vineyard, Georges de Latour Cabernet Sauvignon Ziemlich tief; reich, wohlriechend, ingwerartig, kräuterwürzig; sehr »süß«, körperreich, hoher Extrakt, noch immer tanninbetont – brauchte Essen als Begleitung. *Zwei Flaschen im Juli 1999* ★★★

WEITERE, MITTE DER 1980ER VERKOSTETE 1972ER Mayacamas, Late Harvest Zinfandel (17,5 % Alkohol) Ein sonderbarer Klassiker, nicht so farbtief, süß oder stämmig wie erwartet; wohlriechende Frucht, Zwetschgen und Damaszenerpflaumen. Köstlich zu Stilton-Käse. *1985* ★★★★; **Mount Eden, Pinot Noir** 1975 »freigegeben«. Sechs Jahre später: unglaublich reich, ausgewogen; fabelhafte Frucht, opulent. *1981* ★★★★; **Ridge, Monte Bello Cabernet Sauvignon** Farbtief; »vulkanische« Nase. Stilvoll. *1985* ★★★★

1973 ★★★★

Ein sehr guter Jahrgang.
Beaulieu Vineyard, Georges de Latour Cabernet Sauvignon Zwei sehr enttäuschende Flaschen: käsige, leicht essigsaure Nase und ebensolcher Geschmack. *Im Juli 1999 im Londoner Vinopolis verkostet.*
Stag's Leap Wine Cellars, Cabernet Sauvignon »SLV« (Stag's Leap Vineyards) Ein berühmter (für die Franzosen »berüchtigter«) Wein, der aus der Verkostung in Paris (siehe Kasten Seite 614) als Sieger hervorging. Das Besondere an ihm: Warren Winiarski, der brillante Macher dieser Kreszenz,

hatte die Reben erst drei Jahre zuvor gepflanzt. Ich verkostete den Wein erstmals 1985 in Chicago, als er ansprechend reifte. Kürzlich auf »Red« Adams' Degustation (siehe unter 1968). Nach 25 Jahren hatte er sich ein sehr duftendes, würziges Bukett bewahrt; »süß«, aber noch immer mit rauen Tanninen. Die Reben, deren Wein 1976 so einnehmend war, konnten diesem Jahrgang nicht die nötige Lebenskraft mitgeben, weil ihnen dazu die Reife fehlte. Trotzdem für sein Alter noch immer ziemlich gut. *Im März 1998 in Meadowood verkostet* ★★★

BESONDERS GUTE 1973ER, DIE ICH IN DER ZWEITEN HÄLFTE DER 1980ER VERKOSTETE **Forman, Cabernet Sauvignon »Grand Vin«** Aus einem 0,8 ha großen Weinberg im Grass Valley, das zum Lake Tahoe führt. Bereitet von Ric Forman. Erstaunliche Frucht. *1982* ★★★★; **Heitz, Cabernet Sauvignon** *1989* ★★★★; **Heitz, Martha's Vineyard** 1981 abgefüllt. Superb. *1989* ★★★★★; **Robert Mondavi, Cabernet Sauvignon** Herrlich. *1985* ★★★★ **Robert Mondavi, Reserve Cabernet Sauvignon** Anfangs gewaltig. Entwickelte sich gut. *1988 köstlich* ★★★★

1974 ★★★★★

Ein großer Jahrgang. Lange, kühle Saison und sehr heißes Lesewetter. Zuerst die neuesten Einträge.

Beaulieu Vineyard, Georges de Latour Cabernet Sauvignon 1979 und 1981 purpurn, tanninbetont und mit großem Potenzial. Binnen zehn Jahren verlor er allerdings ziemlich an Farbe: noch immer reich, aber reif. 1989 mit ziemlich malzig-medizinaler Nase. Im Mai 1999 leider eine oxidierte Flasche. Zum Glück sicherten sich zwei Exemplare, die Beaulieu Vineyard für die »Jahrhundertverkostung« zwei Monate später zur Verfügung stellte, hohe Bewertungen, vor allem am Gaumen: sehr »süß«, voller Frucht, Geschmack und Gewicht perfekt. Auf die häufig gestellte Frage, ob sich die Cabernet-Sauvignon-Weine von 1974 halten, kann man antworten: ja, wenn sie gut gelagert werden. *Zuletzt im Juli 1999 im Londoner Vinopolis degustiert* ★★★★ *An der Grenze zu fünf Sternen. Ich schlage aber vor, ihn jetzt auszutrinken.*

Conn Creek, Cabernet Sauvignon Von Trauben, die im Napa Valley von Barbara und Milton Eisele kultiviert wurden (enge Freunde von Rhodes und Harry Waugh). Lese ab 17. Oktober bei 24° Brix, langsame Vergärung bei kühlen Temperaturen (20 °C) wegen kühler Nächte. Ausbau in 220-l-Barriques aus Nevers-Eiche, Abfüllung im Februar 1977. Mit 16 Jahren noch immer pflaumenfarben und fast undurchsichtig; sehr ausgeprägte Eisennote, medizinal, sehr Bordeaux-artiger Meeresbrisenduft; reif, fleischig, samtige Textur, seidige Tannine, fest, trockener Abgang. *Im Mai 1991 zusammen mit dem 1974er Phelps (siehe rechts) verkostet* ★★★★★

Hanzell, Pinot Noir Ungewöhnlich, altmodisch. Der älteste von acht Jahrgängen aus dem Keller eines Mitglieds der Familie, vorgestellt von meinen Master-of-Wine-Freunden und früheren Harvey's-Mitstreitern Hicks und Don. Mitteltief, rotbraun, kräftige »Tränen«; ein »süßes«, perfekt ausgewogenes Bukett, das sich im Glas wunderschön entwickelte; am Gaumen »süß«, attraktiver, frischer Geschmack, lebhaftes Tannin. Ein bemerkenswerter 19-Jähriger. *Im Mai 1993 bei Christie's verkostet* ★★★★★

Heitz, Angelica Von Trauben aus dem Central Valley: warme Bernsteinfarbe; eine Nase wie Muscat de Beaumes-de-Venise mit einem Anflug von Madeira und altem Stroh; ein interessanter Dessertwein mit trockenem Abgang. *Im Mai 1997 in New York verkostet* ★★★, *weil er interessant ist.*

Heitz, Martha's Vineyard Cabernet Sauvignon Einer der größten kalifornischen Klassiker. Erstmals 1979 auf dem Weingut verkostet: würzig, großartig. 1982 eine superbe Magnum, undurchsichtig, wohlriechend, aber unreif. 1991 eine überragende Flasche, die mir Belle und Barney Rhodes gegeben hatten. Mittlerweile ein Anflug von Orange am Rand, erstaunlich wohlriechendes Bukett. Ein fabelhafter Mundfüller, dem man aber sein Alter anmerkte. Seither noch drei weitere Einträge. 1997 zurückhaltend, würzig, ausgezeichnet, außerdem eine Jeroboam, sehr starke Eukalyptusnote. Als Nächstes im Januar 2000 eine superbe Magnum und schließlich neun Monate später makellose Flaschen: noch immer tief, ziemlich intensiv; unverkennbare Eukalyptusnase; lebhaft, hoher Extrakt, Geschmack und Länge ausgezeichnet. Ein großer Wein. *Zuletzt im Oktober 2000 bei einem Essen im Dairy auf Waddesdon Manor verkostet, zu dem Lord Rothschild geladen hatte* ★★★★★

Robert Mondavi, Reserve Cabernet Sauvignon In seinem zehnten Jahr blumig, sehr gut zu trinken, schön heranreifend. Verglichen mit dem »gewöhnlichen« Cabernet Sauvignon tiefer, intensiver; schön entwickeltes Bukett; fruchtbepackt. 1988 reich, gut zu trinken. Ein Jahrzehnt später eine Flasche, die Christa und Bob Paul mitbrachten und die wir gemeinsam im Brooks's Club tranken: in der Nase und am Gaumen ausgezeichnet und reif, nachhaltig und gut trinkbar. Geschmack und Gleichgewicht makellos. *Zuletzt im Oktober 1998 verkostet* ★★★★★

Joseph Phelps, Insignia 94 % Cabernet Sauvignon, 6 % Merlot. 1985 »süß« und vielschichtig. Sechs Jahre später: tiefes, samtiges Rubinrot; wohlriechend, trotz der Rebsorten stilistisch nicht im Entferntesten wie ein Bordeaux. Hoher Extrakt, 13,8 % Alkohol, Frucht und Fleisch herrlich, als Essensbegleiter fast zu süß, für sich getrunken aber köstlich. *Im Mai 1991 mit Belle und Barney Rhodes auf Chippenham Lodge getrunken* ★★★★★ *Dürfte nach wie vor gut sein.*

Stag's Leap Wine Cellars, Cabernet Sauvignon »SLV« Bei den ersten Verkostungen 1976 und 1979 enorm beeindruckend, noch immer undurchsichtig, perfekt im Gleichgewicht, große Zukunft. Bei der Wine-Experience-Zehnjahresverkostung reiche Farbe und sehr ausgeprägter, wenngleich etwas eigenwilliger Charakter. Kürzlich zweimal in New York verkostet, das erste Mal auf einer Vorverkaufsdegustation von Tawfiq Khourys Weinen: tief, samtig, reif; gut, leicht angesengte Frucht; »süß«, charakteristisch, köstlich. Noch am selben Abend ein weiteres Mal bei einem BYOB-Essen getrunken. *Zuletzt im Februar 1997 degustiert* ★★★★

EINIGE WEITERE, ZULETZT IN DEN 1980ERN VERKOSTETE 1974ER **Caymus, Cabernet Sauvignon** Schön gemacht, elegant. *1984* ★★★★★; **Chateau Montelena, Cabernet Sauvignon** Kräuterwürzig. *1986* ★★★★; **Clos du Val, Cabernet Sauvignon** Für einen 1974er schlank, aber elegant. *1986* ★★★★★; **Freemark Abbey, Cabernet Sauvignon** Belegte auf der Gault-Millau-»Olympiade« 1979 in Paris den zweiten Platz seiner Kategorie nach dem 1961er Trotanoy. Noch immer reich, eindringlich. *1984* ★★★★; **Freemark Abbey, Bosché Cabernet Sauvignon** *1986* ★★★★★; **Inglenook, Cabernet Sauvignon, Cask A9** Wunderschön. *1984* ★★★★★; **Charles Krug, Cabernet Sauvignon Vintage Selection Lot F1** Unterschiedliche Bewertungen. Sehr reifer, rustikaler Charakter, wohlschmeckend, stilvoll. *1986. In Bestform* ★★★★; **Mayacamas, Mountain Cabernet Sauvignon** Gewaltig, tanninbetont. *1989* ★★★★; **Ridge, Monte Bello Cabernet Sauvignon** Enormes Potenzial. *Zuletzt 1980 verkostet* ★★★★★; **Sterling, Reserve Cabernet Sauvignon** Voll, reich, reif. *1989* ★★★★

1975 ★★★

Ein kaltes Jahr und verzögertes Rebenwachstum. Variable Qualität.

Beaulieu Vineyard, Georges de Latour Cabernet Sauvignon Zwei schlechte Flaschen auf der Jahrhundertverkostung, eine schlimm oxidiert, die andere säuerlich. *Im Juli 1999 im Londoner Vinopolis verkostet.*

Hanzell, Pinot Noir Geschmack, Textur und Säure schön. *Mai 1993* ★★★★

VON DEN VIELEN 1975ERN, DIE ICH IN DER ZWEITEN HÄLFTE DER 1980ER VERKOSTETE, bewegten sich die meisten bei etwa drei Sternen. Hier die besten Gewächse der Viersterne-Kategorie: **Freemark Abbey, Bosché Cabernet Sauvignon** (die Cabernet-Trauben stammten aus dem Weinberg der Familie Bosché) Süß, ausgewogen, voll, reif, weich, fruchtig. *1986* ★★★★; **Heitz, Martha's Vineyard Cabernet Sauvignon** 1979 abgefüllt. Undurchsichtig, würzig, massiv. *1985* ★★★★; **Robert Mondavi, Reserve Cabernet Sauvignon** (einschließlich 10 % Cabernet franc und 5 % Merlot) 33 Monate im Fass, zu 24 % neue Eiche. Trocken, schlank, elegant. Ein guter Essensbegleiter. *1983* ★★★★

1976 ★★★

Ein Dürrejahr. Gestresste Reben und eine kleine Ernte. Austrinken.

Beaulieu Vineyard, Georges de Latour Cabernet Sauvignon Zweimal degustiert, das erste Mal bei der Verkostung zum 50-jährigen Jubiläum auf Beaulieu Vineyard: ausgewogen, aber verschlossen; sehr »süß«, gewaltig, mit Frucht und seidigen Tanninen bepackt. Schade, dass sich viele zur Jahrhundertverkostung nach London gebrachte BV-Weine in so schlechtem Zustand befanden. Auch die beiden 1976er waren einfach nicht gut genug. Einer zwar reich, aber auf der Kippe und ansonsten zu »süß« und malzig. Der andere in der Nase besser, aber mit säuerlichem Anflug. *Zuletzt im Juli 1999 im Londoner Vinopolis verkostet. Müsste eigentlich besser sein, als es hier den Anschein hat.*

Hanzell, Pinot Noir Vegetabile Nase; »süß«, erdig, mächtig (15,1 % Alkohol). Ein weiterer beeindruckender Wein auf der Hicks-und-Don-Verkostung. *Mai 1993* ★★★★

Stag's Leap Wine Cellars, Cabernet Sauvignon »SLV« Tief, am Rand brauner werdend; »süße«, fleischige, leicht medizinale Nase; erdig, »Herbstlaub«-Charakter, rauer Abgang. *März 1998* ★

Stag's Leap Wine Cellars

Warren Winiarskis legendäre Kellerei. Sein Cask 23 gehört zu den ganz Großen im Napa Valley. Er wurde 1976 mit einem Schlag weltberühmt, als er in Paris auf der berühmten, von Steven Spurrier organisierten Verkostung, die unter dem Motto »kalifornische Cabernets kontra rote Bordeaux« stand, von einer Riege illustrer Degustatoren zusammen mit den Bordelaiser Spitzengewächsen blind verkostet wurde und daraus als Sieger hervorging. Das Ergebnis war für alle eine Überraschung – außer vielleicht für Warren, der seither nie wieder zurückgeblickt hat. Er ist ein leidenschaftlicher, kenntnisreicher Verfechter des Terroir, das für ihn an erster Stelle steht, und der Cabernet-Sauvignon-Rebe, die auf seinem Rebland am Silverado Trail im Napa Valley reift.

WEITERE INTERESSANTE 1976ER, DIE ICH IN DEN 1980ERN VERKOSTETE **Chapellet, Cabernet Sauvignon** Tief, reich, wohlriechend. *1985* ★★★; **Chateau Montelena, Cabernet Sauvignon** Ein großer, wohlschmeckender Wein. *1985* ★★★★; **Conn Creek, Cabernet Sauvignon** Fleischige, schöne Frucht. *1984* ★★★★; **Cuvaison, Cabernet Sauvignon** *1986* ★★★★; **Heitz, Bella Oaks Cabernet Sauvignon** Rau, aber stilvoll. *1984* ★★★; **Jordan, Cabernet Sauvignon** Ein weiterer feiner Jahrgang, der über Nacht bekannt wurde. Erstmals direkt nach der Freigabe verkostet. Beeindruckend. *1986* ★★★; **Louis Martini, Special Selection Cabernet Sauvignon** Ein sehr angenehmer Mundfüller. *1989* ★★★; **Robert Mondavi, Cabernet Sauvignon** Wohlschmeckend, attraktiv. *1986* ★★★★ **Robert Mondavi, Reserve Cabernet Sauvignon** Sehr reich. *1985* ★★★★; **Ridge, Monte Bello Cabernet Sauvignon** Charakteristisch wohlriechend, hohe Qualität. *1985* ★★★★

1977 ★★

Noch ein Dürrejahr.

Beaulieu Vineyard, Georges de Latour Cabernet Sauvignon 1984 intensiv rubinrot; voll, samtig, seidige Tannine. Kürzlich reiche, gefällige, aber relativ statische Nase; sehr »süß«, gute Frucht, attraktiv, kraftvoll, tanninbetont. *Zwei Flaschen, verkostet im Juli 1999 im Londoner Vinopolis* ★★★

Heitz, Bella Oaks Cabernet Sauvignon Farbe, Frucht und Länge schön, griffig. *Zuletzt im März 1992 verkostet* ★★★★

Jordan, Cabernet Sauvignon Reich, köstlich. *Zuletzt im Februar 1993 verkostet* ★★★

Ridge, Monte Bello Cabernet Sauvignon (3 % Merlot) Mit zwölf Jahren: erstaunlicher Duft, kandierte Veilchen, charakteristisch, schlank. Mit 20 Jahren: tiefes, lebhaftes Rubinrot; »süßes«, würziges, eichenbetontes Bukett; lebhafte Frucht, im Alkoholgehalt dem Rausan-Ségla von 1933 ähnlich: 11,7 %, Geschmack, Tannin und Säure schön. *Zuletzt im März 1997 verkostet* ★★★★ *Jetzt sicher noch besser.*

Stag's Leap Wine Cellars, Cabernet Sauvignon Fay Vineyard Wohlriechend, füllig, reif, entgegenkommend, keksartig; ausgetrocknet, Geschmack nach Teeblättern. *März 1998* ★★

WEITERE, IN DEN 1980ERN VERKOSTETE 1977ER **Burgess, Vintage Selection Cabernet Sauvignon** Fruchtig, tanninbetont. *1984* ★★★; **Firestone, Vintage Reserve Cabernet Sauvignon** Gut strukturiert. *1984* ★★★★; **Robert Mondavi, Cabernet Sauvignon** *1985* ★★★ **Robert Mondavi, Reserve Cabernet Sauvignon** Intensiv, fleischig, schön. *1987* ★★★★; **Silver Oak, Cabernet Sauvignon** Gut gemacht. *1985* ★★★; **Trefethen, Cabernet Sauvignon** Würzig, schlank, elegant. *1984* ★★★

1978 ★★★★

Ein sehr guter, spät gelesener Jahrgang mit viel Substanz.

Beaulieu Vineyard, Georges de Latour Cabernet Sauvignon Mitte der 1980er noch immer undurchsichtig, brauchte weitere Flaschenalterung. 1989 wohlriechend, aber im Übermaß tanninbetont. Kürzlich: mitteltief, kräftige »Tränen«; »süß«, attraktiv und eine gewisse Delikatesse; köstlicher Geschmack, lebhafte Frucht, Körper, Extrakt und Charme. *Einer der besten BV-Weine, die im Juli 1999 im Londoner Vinopolis degustiert wurden* ★★★★★

Chateau Montelena, Cabernet Sauvignon Superreife Trauben, zehn Tage an der Maische, zwei Jahre im Fass. Der erste auf dem Gut abgefüllte Jahrgang und der älteste, der auf einem Montelena-Seminar auf der New Yorker Wine Experience ver-

kostet wurde. Noch immer ziemlich tief, gute Farbe, reif; wundervolle Frucht, interessante Entwicklung, zunächst Stallgeruch und weinig, dann nach 25 Minuten Pfefferminze; »süß«, Geschmack, Gleichgewicht, Länge und Abgang schön. *Im Oktober 2000 in New York verkostet* ★★★★★
Hanzell, Pinot Noir Ein weiterer beeindruckend »süßer«, voller, reicher Wein, Länge und Abgang gut. *Mai 1993* ★★★★★
Robert Mondavi, Reserve Cabernet Sauvignon Ein Dutzend Einträge ab 1983 und alle voll des Lobes, ausgenommen eine Bewertung, die sich auf eine oxidierte Flasche bezog. Kürzlich mitteltiefes Kirschrot; gutes Bukett; »süß«, füllig, sehr attraktiver und individueller Geschmack, lebhafte Frucht. *Zuletzt im Oktober 1992 auf einem Rodenstock-Wochenende verkostet* ★★★★
Stag's Leap Wine Cellars, Cabernet Sauvignon Lot 2 Mein Favorit auf einer Verkostung von 1978ern im Jahr 1982. Mitte der 1980er rund geworden, fleischig, voll im Geschmack. Braucht noch Schliff. *Zuletzt im September 1984 verkostet. Damals* ★★(★★) *Jetzt zweifellos auf dem Gipfel.*
Stag's Leap Wine Cellars, Cask 23 Eine Magnum auf der Verkostung von »Red« Adams: undurchsichtiges Zentrum; verhaltene Nase; eigenwillig, erdiger, fleischiger Austernmuschelgeschmack, eine Mischung aus Lafite und Haut-Brion. Sehr beeindruckend. Anhaltend. *Zuletzt im März 1998 im Meadowood Resort and Country Club im Napa Valley verkostet* ★★★★★ *Entwickelt sich immer weiter.*

IN DER ZWEITEN HÄLFTE DER 1980ER VERKOSTETE ICH VIELE GUTE 1978ER, die besten holten sich mindestens vier Sterne: **Diamond Creek, Red Rock Terrace Cabernet Sauvignon** Ein beeindruckendes Debüt auf der ersten Napa-Valley-Weinauktion, die ich 1981 leitete. Al Brounstein verstieß gegen all meine Grundsätze für Wohltätigkeitsversteigerungen, indem er auf einem hohen Preislimit bestand. Es wurde zum Glück weit überboten. Seither sind wir sehr gute Freunde! Noch immer kraftvoll und tanninbetont. *1988* ★★★★; **Diamond Creek, Volcanic Hill Cabernet Sauvignon** Von der anderen Seite des kleinen Tals mit unterschiedlichem Boden. Unterschiedlich auch im Charakter: reich, lebhaft, wohlschmeckend. *1989* ★★★★; **Freemark Abbey, Bosché Cabernet Sauvignon** Einer der besten Weine dieses Guts. *1985* ★★★★; **Heitz, Martha's Vineyard Cabernet Sauvignon** Superb. *1984* ★★★★★; **Jordan, Cabernet Sauvignon** Latour-artige Dimensionen. *1985* ★★★★; **Charles Krug, Bosché Cabernet Sauvignon** Ein ausgesprochen schöner Wein, getrunken beim Essen mit Maynard Amerine in San Francisco. *1983* ★★★★; **Louis Martini, Cabernet Sauvignon** Unaufdringlich, Geschmack und Textur schön. *1984* ★★★★; **Joseph Phelps, Cabernet Sauvignon** Elegant. *1985* ★★★★; **Ridge, York Creek Cabernet Sauvignon** Tief, »süß«, körperreich, gute Länge. Schön. *1988* ★★★★★; **Silver Oak, Cabernet Sauvignon** Bordeaux-artig. *1984* ★★★★

1979 ★★★

Ein kühler Jahrgang. Nützliche Weine.
Beaulieu Vineyard, Georges de Latour Cabernet Sauvignon 1990 tief, samtig; sehr reiche Frucht; robust, wohlschmeckend. Vier Jahre später bei einem Essen von Rodenstock aus Magnumflaschen degustiert: rubinrot, noch immer jugendlich; minzig; sehr trocken, lebhaft, tanninbetont, unreif – aber das Perlhuhn versüßte ihn. Kürzlich unterdurchschnittliche Flaschen auf der umfangreichen BV-Vertikalverkostung im Londoner Vinopolis: saurer Käse, pfefferig; am Gaumen besser, reich und voll, aber kantig. *Zuletzt im Juli 1999 verkostet. Müsste normalerweise mindestens* ★★★ *erreichen.*
Chateau Montelena, Cabernet Sauvignon Der zweite Jahrgang und auf der Pariser Verkostung 1976 ein großer Erfolg. Kürzlich: reich, reif; eine verhaltene, »ziegelige« Nase, die sich im Glas schön entwickelte und hielt; generell trocken, hochgetönter Abgang mit etwas flüchtiger Säure, noch immer tanninbetont, leicht adstringierend. *Im Oktober 2000 auf dem Montelena-Seminar in New York degustiert* ★★★
Hanzell, Pinot Noir Erdig. Hohe Säure. *Mai 1993* ★★
Jordan, Cabernet Sauvignon Erstmals aus dem Fass verkostet: hochgetönt, »vollfruchtig«, als habe man ihn an der Maische liegen lassen. Machte 1985 einen guten Eindruck, tanninbetont, Paprikageschmack. Als Nächstes 1992 eine Magnum in Houston: noch immer sehr tief, Schwarzkirschenfarbe; ausgezeichnete Frucht, perfekt im Gleichgewicht, fleischig, schön. *Zuletzt im Januar 1993 verkostet* ★★★★
Stag's Leap Wine Cellars, Cask 23 Auf der »Celebration«-Verkostung 1998: mitteltief, leichter Stich ins Braune; angenehme, ausgewogene Nase, leicht im Stil, am Austrocknen. Kürzlich eine Jeroboam von Warren Winiarski, die zu »Täubchen auf Mais« serviert wurde: ganz anders als die soeben beschriebenen Flaschen, tief, undurchsichtiges Zentrum; variable Nase, leicht rau und pfefferig; trocken, körperreich, tanninbetont wie die 1979er aus dem Médoc. *Zuletzt im Oktober 2000 im Dairy auf Waddesdon Manor in Buckinghamshire verkostet* ★★?

ANDERE 1979ER WAREN VON DEUTLICH UNEINHEITLICHER QUALITÄT. Hier die interessantesten: **Acacia, Pinot Noir** Ausgezeichneter Pinot-Charakter. *1983* ★★★★; **Chalone, Pinnacles Pinot Noir** Ebenfalls mit feinem Pinot-Charakter. *1983* ★★★★; **Opus One** Der erste Jahrgang des Jointventures von Mondavi und Rothschild. Erstmals 1984 verkostet: sehr tanninbetont. Ein Jahr später auf der Krug/Mondavi-Degustation wirkte er wohlriechender, voll im Geschmack. *Machte auf einer Vertikalverkostung im September 1988 einen guten Eindruck* ★★★; **Ridge, York Creek Zinfandel** (einschließlich 12 % Petite Sirah) Abfüllung im Mai 1981. Schöner Rand; sehr fruchtig, Eisen, feste Endsäure. *1987* ★★★★; **Shafer, Cabernet Sauvignon** Ein früher Erfolg für erst siebenjährige Reben: mächtig, würzig. *1985* ★★★★

1980–1999

Zwei Jahrzehnte des Aufschwungs. Innerhalb von nur zehn Jahren waren aus der Hand voll etablierter Kellereien zunächst einige Dutzend und später einige hundert Betriebe mit architektonisch auffallend gestalteten Kellereigebäuden geworden, deren Weinberge den Talboden und die Hänge fast völlig bedeckten. Zwar nahm der Weinbau auch in Sonoma und südlich der San Francisco Bay entlang der Central Coast bis hinunter nach Santa Barbara zu, doch Napa war und ist noch immer das Zentrum. Die Vielzahl der Rebsorten, die Begeisterung und das zunehmende Know-how der kalifornischen »Winemaker« sowie seit kurzem auch ihre Konzentration auf die Qualität der Trauben – denn sie ist die Grundlage jedes feinen Weins – können gar nicht hoch genug geschätzt werden. Aufgefallen ist mir stets die Offenheit und Freundlichkeit der Gutsbesitzer und ihrer Belegschaft, die trotz des Wettbewerbs untereinander Informationen austauschten, wenn es galt, bestimmte Probleme zu lösen. Eine gute Zeit für Erzeuger und Weinliebhaber gleichermaßen. In den 1990ern wiederum schwankte die Qualität etwas, doch entstanden auch in diesem Jahrzehnt beachtliche Gewächse und die bislang beispiellosen »Kultweine«.

Die Jahrgänge auf einen Blick

Hervorragend *****
1985, 1991, 1994 (u), 1997, 1999
Sehr gut ****
1980, 1982, 1989 (u), 1990, 1992, 1993 (u), 1995 (u)
Gut ***
1981 (u), 1984, 1988, 1996, 1998 (u)

1980 ****

Ein guter Jahrgang nach einem langen, kühlen Sommer; fast täglich waren Nebelschwaden vom Pazifik her über die Hügel gezogen. Der warme September klang mit einer Hitzewelle aus, die den Zuckergehalt erhöhte. Die Weine zeichneten sich eher durch Kraft als durch Eleganz aus. Ich habe viele 1980er verkostet, in den letzten zehn Jahren aber nur noch wenige.

Beaulieu Vineyard, Georges de Latour Cabernet Sauvignon Erstmals 1990 zur Fünfzigjahrfeier auf Beaulieu Vineyard verkostet: undurchsichtig, roter Rand; stumpf und staubig, aber dahinter verbarg sich gute Frucht; kraftvoll, gutes, die Zähne belegendes Tannin. Bei der »Jahrhundertverkostung« von Beaulieu Vineyard im Londoner Vinopolis: jetzt mitteltief, kräftige »Tränen«, reifer Rand; in der Nase ein eigenartiger, leicht essigsaurer Strohduft, beruhigte sich aber schnell und entwickelte eine angenehme, maulbeerartige Frucht; »süß«, reich, sehr wohlschmeckend, ein Anflug von Pfefferkörnern. Vollreif. *Zuletzt im Juli 1999 verkostet **** Aber bald trinken.*

Hanzell, Pinot Noir So etwas wie eine Kuriosität. Hanzell bereitete einige glaubwürdige, wenn auch altmodische Pinot-noir-Gewächse und stämmige Chardonnays. Mitte der 1980er erinnerte mich dieser Wein an einen guten, reifen Côtes du Rhône. Später: blumige Nase nach Holunderbeeren; schöner pikanter Geschmack, aber ohne Länge. *Zuletzt im Mai 1993 verkostet ****

Heitz, Bella Oaks Cabernet Sauvignon Mitteltief, mit unglaublich langen, wohlgeformten »Tränen«; ein hölzerner Anflug, aber »süß« und fleischig; reich, kraftvoll, leicht malzig. Bei einem Essen der Bacchus Society gut zu angebratenem Filet mignon und *Foie gras*. Das Dinner fand zu Ehren von Belle Rhodes statt. Dabei wurden nicht weniger als 80 Weine von Gütern verkostet, die ihr und Barney gehörten oder mit denen sie zusammenarbeiteten. *Im März 1992 in Boston degustiert ****

Jordan, Cabernet Sauvignon Ein schöner, voller, reicher Wein, noch immer tanninbetont. *Januar 1993 ***(*) Jetzt sicher voll ausgereift.*

EINIGE ZWISCHEN 1988 UND 1990 VERKOSTETE 1980ER

Kalin Cellars, Pinot Noir Cuvée DD Lebhaft; rauchiges, torfiges Sortenaroma; alkoholstark, sehr gute Frucht, harter tanninbetonter Abgang. *Januar 1990 ***(*)*

Mayacamas, Pinot Noir Bereits reif, mit reicher, erdiger, parfümierter Nase; etwas Süße, gutes Gewicht, seidige Tannine. Ein echtes Vergnügen. *November 1988 **** Dürfte trotz seiner damals schon fortgeschrittenen Entwicklung noch immer köstlich sein.*

Opus One (Cabernet Sauvignon und 4 % Merlot) Sieben Einträge. Erstmals 1984 verkostet und auf der Krug/Mondavi-Degustation ein Jahr später noch immer undurchsichtig und unreif, allerdings auch »trocken, schlank und sehnig wie ein feiner 1966er aus dem Médoc«. Später aus Magnumflaschen: rubinrot; ein zurückhaltender Charmeur, in guter Verfassung. *Zuletzt im September 1988 bei einem Rodenstock-Weinwochenende verkostet ****

Joseph Phelps, Insignia (eine Komposition mit Cabernet als Hauptanteil) Mitte der 1980er »süß«, aber tanninbetont. Später: feines, tiefes Rubinrot; gute Frucht, wohlriechender Cassis-Duft; körperreich (13,8 % Alkohol), schöner Geschmack, Augewogenheit und erfrischende Säure. *Eine Doppelmagnum aus Robert Charpies Keller, verkostet im August 1989 bei einer Ausschusssitzung der Wine & Food Society in London ***(*)*

DIE BESTEN DER MITTE DER 1980ER VERKOSTETEN WEINE DIESES JAHRGANGS **Caymus, Cabernet Sauvignon from the Grace Family Vineyards** **(**); **Chalone, Pinot Noir** ****; **Clos du Bois, Pinot Noir** ***; **Clos du Val, Cabernet Sauvignon** **(**); **Conn Creek, Cabernet Sauvignon** **(**); **Cuvaison, Cabernet Sauvignon** (einschließlich 8 % Merlot) *(**); **Robert Mondavi, Reserve Cabernet Sauvignon** ***; **Ridge, York Creek Cabernet Sauvignon** (einschließlich 15 % Merlot) **(**); **St Clement, Cabernet Sauvignon** **(**); **Simi, Cabernet Sauvignon** (mit 10 % Merlot) ***(*); **Stag's Leap Wine Cellars, Cask 23** ***(*)

1981 in Bestform ★★★

Eine heiße Saison mit der frühesten Lese (ab Mitte August), seit man zurückdenken konnte. Fleischige Rote, bescheidene Qualität. Ich habe zwischen 1987 und 1989 eine ganze Reihe von Gewächsen dieses Jahrgangs degustiert, seither aber nur noch insgesamt acht 1981er.

Beaulieu Vineyard, Georges de Latour Cabernet Sauvignon Drei Flaschen, eine auf der »Jahrhundertverkostung« von Beaulieu Vineyard mit Korkengeschmack, die anderen beiden rau, kantig und fürchterlich. *Zuletzt im Juli 1999 im Londoner Vinopolis verkostet.*

Chalone, Pinot Noir Reif; schöne Nase und sehr guter Sortengeschmack, aber ausgesprochen tanninbetont. *Im März 1997 in New York verkostet* ★★★(★)

Diamond Creek, Volcanic Hill Cabernet Sauvignon Die drei nebeneinander liegenden Weinberge von Diamond Creek sind alle zu 100 % mit Cabernet Sauvignon bestockt. Der älteste Jahrgang bei einem herrlichen Picknick unter Bäumen: sehr wohlriechend; ausgezeichnet, trockener Abgang. *Im Juni 2001 mit Boots und Al Brounstein getrunken* ★★★★

Die Napa Valley Wine Auction

Eine von der Napa Valley Vintners' Association initiierte Versteigerung. Vor über zwei Jahrzehnten beschloss der Winzerverband, in Anlehnung an die jährlichen Versteigerungen der burgundischen Hospices de Beaune örtliche Krankenhäuser mit Erlösen aus einer Auktion finanziell zu unterstützen und damit gleichzeitig die Werbetrommel zu rühren. Das Ergebnis übertraf alle Erwartungen – in beiderlei Hinsicht. Eines Tages rief mich Bob Mondavi an und fragte mich, ob ich bei der Durchführung einer Wohltätigkeitsauktion im Napa Valley mithelfen wolle. Natürlich sagte ich zu.

An einem kochend heißen »Vatertag« im Juni 1981 leitete ich also die erste Napa Valley Wine Auction, eine über zwei Sitzungen verteilte Versteigerung, die sich den ganzen Tag hinzog. Es wurden in einem großen Zelt bei Temperaturen um 43 °C im Schatten binnen fünf Stunden 596 Lots verkauft. Ein guter Anfang mit einem sehr zufriedenstellenden Ergebnis von 334 142 US-Dollar. Ich leitete auch die nächsten fünf jährlichen Versteigerungen und nutzte den Aufenthalt in Übersee jeweils, um zahlreichen Kellereien einen Besuch abzustatten und ihre Weine zu verkosten.

Zur 10. Jubiläumsversteigerung wurde ich noch einmal eingeladen, durch die Veranstaltung zu führen. Und auch beim 20. Mal war ich mit Bob Mondavi und seiner Frau Margrit als »Gastauktionator« anwesend. Mittlerweile ist ein Team von drei Christie's-Auktionatoren fünfeinhalb Stunden damit beschäftigt, knapp 60 Lots zu versteigern. Dabei werden atemberaubende Preise erzielt. Im Juni 2000 betrug der Tageserlös rund 9 Millionen US-Dollar, die in drei (Entzugs-)Kliniken flossen oder für andere gute Zwecke zur Verfügung gestellt wurden. Die Wine Auction ist mittlerweile zur weltweit größten und erfolgreichsten Wohltätigkeitsversteigerung avanciert.

Hanzell, Cabernet Sauvignon Reich, schokoladig, Cabernet-Nase; »süß«, ordentliches Gewicht, guter, lebhafter Geschmack. *Mai 1993* ★★★

Hanzell, Pinot Noir »Warm«, reich, erdig; ziemlich »süß«, attraktiv, gute Säure. Vor einiger Zeit bekam er als jüngster Jahrgang einer Verkostung von Hanzell Pinot Noir eine ähnliche Bewertung: ein schöner, voll ausgereifter Wein. Eine klassische Phase der für ihre sehr kraftvollen Weine berühmten Kellerei. *Zuletzt im Mai 1993 verkostet* ★★★★

Heitz, Bella Oaks Cabernet Sauvignon Mitteltiefe, schöne Farbe; fabelhafter Duft; ziemlich »süß«, delikate Frucht, köstlich. *Eine Flasche, die mir Rhodes vor ewigen Zeiten gegeben hatte und die ich im Mai 2000 für ein Essen zu Hause öffnete* ★★★★

Jordan, Cabernet Sauvignon Das war erst der fünfte Jahrgang von Jordan – und doch gelangen ihm schon überaus beachtliche Weine im Bordeaux-Stil, wie dieser 1981er zeigt. Ich verkostete ihn das erste Mal Mitte der 1980er. Mit zwölf Jahren: reif, dabei tanninbetont, sehr guter Geschmack. *Zuletzt im Juni 1993 verkostet* ★★(★★) *Jetzt zweifellos schön.*

Opus One Zwei Einträge aus dem Jahr 1985: Frucht und Fleisch gut, würzig, aber säurebetont. Drei Jahre später mit eigenartig stieliger Nase, trocken und zu spitzig. Mit 18 Jahren nicht mehr ganz auf der Höhe: noch immer mit tiefer, reicher Farbe, voll, reif, am Rand leichte Bläschen; eine Nase wie alter roter Bordeaux, angesengt, käsig, interessant; trocken, füllig, aber insgesamt ein essigsaurer Anflug, besonders im Abgang. *Zuletzt 1999 auf Chippenham Lodge verkostet* ★★ *Fast hätten wir ihn nicht trinken können, weil ich den harten Korken kaum herausbrachte.*

Weitere 1981er, die sich in der zweiten Hälfte der 1980er in gutem Licht zeigten. Alle ★★★, falls nichts anderes angegeben ist: **Caymus, Cabernet Sauvignon; Clos du Bois, Briarcrest** 100 % Cabernet Sauvignon; **Marlstone** (55 % Cabernet Sauvignon, 40 % Merlot und 5 % Cabernet franc); **Clos du Val, Cabernet Sauvignon; Gundlach Bundschu, Cabernet Sauvignon** (was für ein Name); **Kalin Cellars, Pinot Noir; Joseph Phelps Cabernet Sauvignon** ★★★★; **Ridge, Monte Bello Cabernet Sauvignon** (einschließlich 8 % Merlot) ★★★★; **Simi, Reserve Cabernet Sauvignon; Trefethen, Valley Floor Cabernet Sauvignon**.

1982 ★★★★

In vielerlei Hinsicht so erfolgreich wie der 1982er in Bordeaux. Ein langer, kühler Sommer, erst im August und September kletterten die Temperaturen nach oben, dazwischen aber immer wieder schwere, örtlich begrenzte Regenfälle und vom 23. bis 25. September sogar ein Tropensturm. Eine mäßig hohe Ernte guter Trauben, die einige sehr reife Weine erbrachten. Ich habe vom 1982er vermutlich mehr Einträge vorliegen als von jedem anderen Jahrgang vor 1985.

Beaulieu Vineyard, Georges de Latour Cabernet Sauvignon Bei optimaler Reife gelesene Trauben. 1986 auf einer groß angelegten Blindverkostung in guter Verfassung: ausgezeichneter Geschmack, leicht verständlich. 1990 auf der Fünfzigjahrfeier noch immer sehr tief; in der Nase und am Gaumen ausgesprochen »süß«; körperreich, mit seidig-ledrigen Tanninen, »entfaltete fabelhafte Frucht«. Nach zu vielen »Nieten« – allerdings mit leichten Flaschenabweichungen – nun wieder beeindruckendes Erscheinungsbild; die Nase am Rand der Hinfälligkeit, aber mit wundervoller Frucht, entgegenkommend, mit einem Hauch Rosinen und auf eigenartige Weise attraktiv; am Gaumen sehr »süß«, der hohe Alkohol- und Extraktgehalt kaschierten das Tannin. Kurzum: Ich mochte weder das Gewicht noch den Stil. *Zuletzt im Juli 1999 im Londoner Vinopolis verkostet* ★★★

Carneros Creek, Fay Vineyard Cabernet Sauvignon Eine Flasche fehlerhaft, die andere mit guter süßer Frucht, weich, attraktiv. *Im März 1998 in den Stag's Leap Wine Cellars verkostet* ★★

Grace Family Vineyards, Cabernet Sauvignon Erstmals 1988 verkostet: ein ausgezeichneter, robuster Wein. Kürzlich: Füllhöhe im unteren Halsbereich, mitteltief, reif, etwas Bodensatz; gewisse »Süße«, merkwürdiger Geschmack, lebhafte Frucht, ziemlicher Biss. Nicht so beeindruckend, wie er hätte sein sollen. *Im Juni 1999 bei einem Essen in Rosebank Nr. 88 mit den Khourys verkostet* ★★★

Dunn, Howell Mountain Cabernet Sauvignon Ich hatte von Dunn noch nie gehört, bis mir dieser Wein 1986 bei einer Blindverkostung von 1982er-Spitzengewächsen aus Kalifornien und Bordeaux unterkam. Er gehörte zu einer »Serie« mit dem Lafite, Latour, Mondavi, Beaulieu Vineyard und Martha's Vineyard und wurde zwischen dem Haut-Brion und dem La Mission verkostet. Ich hielt ihn für die beste Provenienz der gesamten Verkostung! Sechs Jahre später noch immer in guter Verfassung. Kürzlich öffnete ich meine letzte Flasche bei einem Mittagessen auf Chippenham Lodge: noch immer tief, reich und samtig; »süßes«, »dickes«, brombeerartiges, persistentes Bukett; ein Hauch von reifer »Süße«, gute Frucht, perfektes Gewicht (13 % Alkohol), aber ein sehr scharfer, trockener, tanninbetonter Abgang. Zuletzt *im November 1997 verkostet* ★★★★ *Bleibt zweifellos noch auf der Höhe.*

Marvin Shanken

Die dynamischste »Triebfeder« der nordamerikanischen Weinszene, Herausgeber des einflussreichen Wine Spectator *und der wahrscheinlich Einzige, der mit durchschlagendem Erfolg eine Zigarrenzeitschrift in einer Zeit herausgeben konnte, in der das Rauchen in den Staaten zunächst mit Missbilligung betrachtet und anschließend in der Öffentlichkeit sogar verboten wurde.*

Marvin gehört zu der Sorte Mensch, die sich mit einem »Nein« nicht zufrieden gibt. Das musste ich 1981 feststellen, als er gegen meinen Willen darauf bestand, dass ich auf seiner ersten »Wine Experience«, einer eintägigen Weinveranstaltung in New York, eine Rede hielt. Umgestimmt hat er mich letztendlich mit einem Rückflugticket – Freitag hin, Sonntag zurück – für die Concorde. Der berühmte Maynard Amerine, Professor für Önologie an der University of California in Davis, hielt am Vormittag eine Rede; ich war die leichtere Kost am Nachmittag. Mittlerweile ist die Wine Experience mit ihren hochkarätigen Seminaren und »großen Verkostungen« das wichtigste Jahresereignis im US-Weinkalender geworden. Über sein Stipendium hat Marvin Millionen Dollar für Bildungs- und Forschungsaktivitäten zum Thema Wein zur Verfügung gestellt.

Unermüdlich, dieser »Kerl«.

Die besten der vielen anderen 1982er, die ich von 1986 bis 1991 verkostete **Beringer, Knights Valley Cabernet Sauvignon** Bei dem 1982er-Seminar, das ich 1986 auf der Wine Experience leitete, war ich mit den zahlreichen anderen Degustatoren einer Meinung und gab ihm eine hohe Bewertung. Einen guten Eindruck machte er auch bei einem Vergleich mit den Bordeaux-Gewächsen am nächsten Tag. Vollmundig und tanninbetont und – ich zitiere aus meinen Verkostungsnotizen – »wie der Achselschweiß eines gesunden, sauberen Jugendlichen nach dem Sport«. Zwei weitere Einträge. *1987* ★★★★; **Caymus Vineyards, Special Selection Cabernet Sauvignon** Bei ihm waren die rund tausend Zuhörer und ich geteilter Meinung. Die Mehrheit wählte ihn unter acht kalifornischen Spitzen-1982ern auf den zweiten Platz, bei mir landete er nur auf dem achten. Etwas übertrieben, vordergründig würzig. Im Mund wie Erdbeermarmelade. *1986* ★★★; **Chateau Montelena, Cabernet Sauvignon** Reif, gute Länge. *1986* ★(★★★); **Diamond Creek, Red Rock Terrace Cabernet Sauvignon** Wohlriechend, wuchtig, schlank, tanninbetont. *1986* ★★(★★); **Douglas Vineyards, Cabernet Sauvignon** (war mir neu) Von Zaca Mesa abgefüllt. Köstlich. *1991* ★★★(★); **Groth, Cabernet Sauvignon** Ein guter Wein. *1989* ★★★(★); **Heitz, Martha's Vineyard Cabernet Sauvignon** Würzig, fruchtbepackt. *1986* ★★★(★★); **William Hill, Cabernet Sauvignon** Pomerol-artige, gute Textur, elegant. *1986* ★★★; **Inglenook, Cabernet Sauvignon Reserve Cask** Bukett und Geschmack außergewöhnlich. *1986* ★★★★; **Jordan, Cabernet Sauvignon** (15,5 % Merlot) Reif, schön. Länge? *1986* ★★★; **Robert Mondavi, Reserve Cabernet Sauvignon** Wohlriechend, trinkreif. *1988* ★★★; **Opus One** Schon 1985 Flaschenabweichungen. Das erste Exemplar hölzern und rau, das zweite wohlriechend, ein wohlschmeckender Charmeur. Später eine Magnum und Normalflasche: Kirschrot, gute Frucht und Länge. *1988* ★★★

Weitere Weine, die mindestens drei Sterne bekamen **David Bruce, Pinot Noir; Chateau Bouchaine, Cabernet Sauvignon; Clos du Bois, Briarcrest Cabernet Sauvignon; Clos du Val, Merlot; Cuvaison, Cabernet Sauvignon; Duckhorn, Merlot; Dry Creek Vineyards, Dry Creek Valley Cabernet Sauvignon; Mayacamas, Cabernet Sauvignon; Ridge, Monte Bello; Ridge, York Creek; Saintsbury, Carneros Pinot Noir; Shafer, Hillside Select Cabernet Sauvignon; Simi, Reserve Cabernet Sauvignon** Seidige Textur; **Sterling Vineyards, Merlot.**

1983 ★★

Der nasseste Winter seit Beginn der Aufzeichnungen. Der Sommer war eher ein Frühling und Mitte August regnete es ausgiebig. Ich verkostete diese Weine überwiegend zwischen 1985 und 1987. Seither nur noch wenige degustiert.

Beaulieu Vineyard, Georges de Latour Cabernet Sauvignon Mitteltief, sehr kräftige »Tränen«; anfangs in der Nase unbestimmte, aber recht duftende Frucht; »süß«, weich, Frucht und Geschmack gut. Adstringierende Tannine. *Im Juli 1999 im Londoner Vinopolis verkostet* ★★★

Jordan, Cabernet Sauvignon Gute Frucht und Länge. Sehr tanninbetont. *Zuletzt im Januar 1993 verkostet* ★★(★)

Stag's Leap Wine Cellars, Cask 23 Eine Magnum auf der »Red«-Adams-Verkostung: sehr farbtief; gute Frucht, komplett; »süß«, Körper und Gleichgewicht ausgezeichnet. *März 1998* ★★★★

Einige weitere 1983er, die ich in den ausgehenden 1980ern und frühen 1990ern verkostete **Clos du Val Pinot Noir** Kraftvoll, würzig. *1987* ★★★; **Clos du Val Zinfandel** Ein Charmeur. *1987* ★★★; **Duckhorn Merlot** »Ein Pétrus ohne Körper.« *1988* ★★?; **Kalin Cellars, Pinot Noir Cuvee DD** Reich, guter Geschmack und ausgeprägte Säure. *1991* ★★★; **Charles Krug, Cabernet Sauvignon** Himmlische Frucht, wie ein Lynch-Bages. *1987* ★★★; **Robert Mondavi, Cabernet Sauvignon** Mehrere Einträge. Ausgewogene Frucht, elegant. *1988* ★★★; **Opus One** Paprikanase, gute Textur, schlank und trocken. *1988* ★★★; **Ridge, Paso Robles Zinfandel** Wohlschmeckend, große Länge. *1987* ★★★★

1984 ★★★

Ein mäßig guter Jahrgang. Eine lange Trockenperiode vom Frühlingsanfang bis zum Ende der Lese; im Mai Rekordtemperaturen. Wenige Einträge aus neuerer Zeit.

Beaulieu Vineyard, Georges de Latour Cabernet Sauvignon Mitteltief, reifer Rand, kräftige »Tränen«; geradlinige, verhaltene, aber wohlriechende Nase; »halbsüß«, Geschmack, Textur und Gleichgewicht angenehm – allerdings ein bisschen ungehobelt. Spitzer, scharfer Abgang. *Im Juli 1999 im Londoner Vinopolis verkostet ★★★ (gerade noch).*

Caymus Vineyards, Special Selection Cabernet Sauvignon Vier Jahre Ausbau in 200-l-Fässern aus Limousin- und Nevers-Eiche. Ziemlich tiefes, weiches Rubinrot; hochgetönt; trocken, fest, lebhafte Frucht, trockener Abgang. *Im November 1998 beim Essen mit Spencer und Bartholomew in San Francisco verkostet ★★★*

Chateau Chevalier, Napa Pinot Noir Ziemlich gewöhnlich. Auf Flug AA 362 in der First Class von Honolulu nach Los Angeles verkostet, nachdem ich mit meinem Sohn auf Hawaii an Verkostungen und Wohltätigkeitsveranstaltungen teilgenommen hatte. *September 1992 ★*

Dominus (75 % Cabernet Sauvignon, 25 % Merlot) Der zweite Jahrgang, den die John Daniel Society (benannt nach dem Gründer von Inglenook) in einem Jointventure mit Christian Moueix aus Pomerol erzeugte. Erstmals 1988 verkostet: ziemlich intensive Schwarzkirschenfarbe; gute süße Frucht, würzig; körperreich, fleischig, gute Länge und Säure. Ein äußerst attraktiver Wein für mittellange Lagerung. *August 1988, damals ★★(★★) Jetzt auf dem Höhepunkt.*

Groth, Cabernet Sauvignon Attraktive Farbe; »süß«, ansprechend; weiche Frucht, gutes Gewicht (12,5 % Alkohol), ein unbeschwerter Trinkgenuss. *Im Dezember 2000 beim Essen mit meinem Sohn und meiner Schwiegertochter am Heiligabend in San Francisco getrunken ★★★*

Einige andere 1984er, die ich zwischen 1988 und 1991 verkostete **Acacia, Iund Vineyard Pinot Noir** Wohlriechend, reich, pflaumenartige Frucht; ausgezeichneter Geschmack. *Juni 1988 ★★★*; **Calera, Jensen Vineyard Pinot Noir** Angesengte Pinot-Nase; kraftvoll, wohlschmeckend. *Juni 1988 ★★★*; **Calera, Selleck Vineyard Pinot Noir** Sehr wohlriechend, »süß«, ansprechend. *Juni 1988 ★★★*; **Clos du Bois, Briarcrest Cabernet Sauvignon** ★★★; **Cuvaison, Merlot** ★★★; **Freemark Abbey, Cabernet Sauvignon** Gute Nase, ordentliches Gewicht, guter Geschmack. *September 1988 ★★★*; **Hess Collection, Cabernet Sauvignon** Tief, »süß«, voll, beeindruckend. *Mai 1999 ★★★*; **Inglenook, Cabernet Sauvignon** ★★★; **Opus One** Verhaltene Frucht; Länge und Körper gut, aber spitzig. *September 1988 ★★?*; **Ridge, Geyserville Zinfandel** Eine ganz außergewöhnliche Nase mit Feigen, Pflaumen und Teer; sehr griffig, würzig. Fabelhaft – auf seine Weise. ★★★★; **Ridge, Monte Bello Cabernet Sauvignon** ★★★★; **Sanford, Pinot Noir** Parfümiert; »süß«, reich, reifer Pinot-Geschmack, tanninbetont. *September 1988 ★★★*

1985 ★★★★★

Hervorragend, einer meiner Lieblingsjahrgänge. Ein schöner, trockener, ziemlich kühler Sommer, sieht man einmal von einer Hitzewelle im Juni ab, an die ich mich noch gut erinnern kann, denn ich war gerade in Kalifornien, um die fünfte Napa Valley Wine Auction zu leiten. Wegen schwerer Regenfälle im September musste die Lese unterbrochen werden; nach den Niederschlägen setzte man sie in kurzen, kühlen Abschnitten fort. Ende des Monats kehrte jedoch die Sonne zurück und brachte den Reifeprozess zu Ende.

Mittlerweile wurde es für einen weit entfernt lebenden Engländer wie mich immer schwieriger, die Vielzahl ausgezeichneter kalifornischer Erzeuger noch in ihren Kontext einordnen zu können. Daher wählte mein guter Freund Robert Paul 1991 55 der besten Cabernets aus seinem mit rund 100 kalifornischen Roten bestückten Keller für eine Blindverkostung aus. Sie öffnete mir die Augen. Hier ist kein Platz für alle degustierten Gewächse, ich beginne also mit jenen Weinen, zu denen mir neuere Aufzeichnungen vorliegen.

Beaulieu Vineyard, Georges de Latour Cabernet Sauvignon Erstmals 1991 auf der soeben erwähnten Blindprobe verkostet: tief, reiche Farbe, reifer werdend; attraktive Frucht; sehr wohlschmeckend, aber mit ziemlich pikantem, säurebetontem Abgang. Unlängst bei der »Jahrhundertverkostung« von Beaulieu Vineyard in London: jetzt mitteltief, noch immer mit guten, kräftigen »Tränen«; verhaltene, gute Frucht, komplett. Sehr gut, aber nicht sensationell. *Im Juli 1999 im Londoner Vinopolis degustiert ★★★★ Wahrscheinlich jetzt auf dem Höhepunkt.*

Caymus, Special Selection Cabernet Sauvignon 1991 pflaumenfarben; schöne, lebhafte, eichenbetonte, würzige Nase, die sich im Glas fabelhaft entfaltete; ziemlich »süß«, gutes Gewicht (13 % Alkohol); voller Frucht und Geschmack, was sich bei einer Verkostung im darauf folgenden Jahr bestätigte. Ein schöner Wein. *Zuletzt beim Essen mit meinem Sohn im September 1992 in San Francisco degustiert ★★★★ Dürfte jetzt perfekt sein.*

Chateau Montelena, Cabernet Sauvignon 1991 sehr beeindruckend: wohlriechend, würzig; körperreich (13,5 % Alkohol), Frucht und Geschmack sehr gut. Unlängst: reiche Farbe; samtig, dabei tanninbetont. *Im September 1997 auf einer Vorverkaufsverkostung in New York degustiert ★★★★ Jetzt trinkreif.*

Dominus Auf dem Etikett wurde weder die Rebsorte noch der Alkoholgehalt erwähnt. 1991 tief, rubinrot; wohlriechend, aber mit unverwobener, grasiger Frucht und käsigen Tanninen; trocken, reichlich Frucht, sehr griffig. Unlängst nach wie vor rubinrot; sehr eigenartige Nase, reich, stämmig, geröstet; trocken, tanninbetont, noch immer rau. *Zuletzt im September 1997 auf einer Vorverkaufsverkostung degustiert ★★(★)*

Groth, Reserve Cabernet Sauvignon Diesen Wein werde ich nie vergessen. Auf der Verkostung 1991 meinte Bob Paul, dass man »für ihn einen Mord begehen würde« – womit er natürlich meinte, dass er nur sehr schwer zu bekommen ist (obwohl er selbst damit nie große Probleme hatte). Bei der Blindverkostung gefiel er mir zwar, aber umgebracht hätte ich dafür niemanden. Zwei Jahre später tauchte er auf einer weiteren Blinddegustation auf, nämlich auf Arne Bergers und Arnold Zaberts Weinprobe »Parker 100«, bei der acht Gewächse verkostet wurden, die irgendwann einmal vom berühmten Robert Parker 100 Punkte bekommen hatten. Ich gebe zu, der Groth von 1985 hatte sie auch tatsächlich verdient: undurchsichtig, intensiv (ein Merkmal im Erscheinungsbild, auf das Parker sehr viel Wert legt); verhalten, weich, Maulbeerfrucht; »süß«, voll im Geschmack und extraktreich (ein weiteres Plus), zum Kauen, Frucht, Geschmack und Länge gut, ein Anflug von Eisen, mit Andeutungen von Kaffee im Nachgeschmack. *Zuletzt im September 1993 im Hamburger Restaurant Le Canard verkostet ★★★★★*

Heitz, Bella Oaks Cabernet Sauvignon 1991 tief, unreif; schöne, reiche, feigenartige Nase; »süß«, voller Frucht, Extrakt, Tannin und Säure. Nur zwölf Monate später: tiefe, brillante, intensive Farbe, sehr ausgeprägte »Tränen«; in der Nase aber merklich hölzern; am Gaumen besser, sehr voll, reich, sehr trocken, tanninbetont – was die Holznote erklärte. *Zuletzt im März 1992 bei einem Essen der Bacchus Society verkostet* ★★★★?

Heitz, Martha's Vineyard Cabernet Sauvignon 1991 blind verkostet, aufschlussreiche Eukalyptusnase; voll, »süß«, fleischig. Kürzlich leider eine korkelnde Flasche auf Kaplans Verkostung von 1985ern. *Zuletzt im April 2000 enttäuscht daran gerochen. In Bestform* ★★★★ *Müsste jetzt perfekt sein und sogar fünf Sterne verdienen.*

Robert (Bob) Paul

Der internationale Anwalt aus Miami begann Mitte der 1970er mit dem Weinsammeln und hat sich mittlerweile einen Keller mit 30 000 Flaschen aufgebaut. Als Weinliebhaber par excellence wurde er mit Ehrungen und Preisen überhäuft, so etwa dem französischen Mérite Agricole. Er gehört vielen Weinzirkeln und -bruderschaften an, schreibt natürlich auch über Wein und veranstaltet große Verkostungen, bei denen Château-Besitzer, Weinprofis und -amateure mit von der Partie sind. Mindestens zwei dieser Degustationen »moderierte« ich: 1988, als 60 Grands crus classés des Jahrgangs 1978 aus Bordeaux degustiert wurden, und 1989, als 90 Grands crus classés aus Saint-Emilion und Pomerol an der Reihe waren. Bipin Desai meinte einmal zu mir: »Michael, das Problem mit dir ist: Wenn du mit deiner Rede fertig bist, hat niemand mehr etwas zu sagen!« Bei Bob Paul achtete ich also sehr darauf, dass jeder vor mir zu Wort kam. Einmal holte Bob im privaten Kreis nur für mich 50 Spitzen-Cabernets des Jahrgangs 1985 aus Kalifornien aus seinem Keller. Ein paar Jahre lang verbrachten er und Christa Neujahr mit uns. Außerdem machten wir auf dem Weg zu unserem langjährigen Urlaubsziel auf St-Barthélémy und zurück regelmäßig bei ihnen Zwischenstation und gingen gemeinsam zum Steinkrabbenessen.

Kendall-Jackson, Cardinale Einer meiner drei Spitzenreiter auf Bob Pauls Blindverkostung von 1985ern im Jahr 1991: tiefes Pflaumenpurpur: ausgezeichnetes, lebhaftes Cabernet-Aroma, das sich herrlich entfaltete; trocken, füllig, dabei schlank, Frucht, Länge und Nachgeschmack ausgezeichnet. Später trank ich die einzige Flasche in meinem Keller bei einem Sonntagsessen auf Chippenham Lodge: jetzt ein weiches dunkles Kirschrot; tiefe, brombeerartige Nase und ebensolcher Geschmack. Voller Frucht und Würze. Ein schöner Wein. *Zuletzt im August 1994 verkostet* ★★★★★ *Zweifellos auch jetzt noch sehr gut.*

Opus One (nicht mehr 100 % Cabernet Sauvignon) Vier gute Bewertungen. Ein weiterer Spitzenwein auf Bob Pauls Blindverkostung 1991. Beeindruckend tief, mit »Kirchenfenstern« wie gotische Spitzbögen; in der Nase schön, reich, würzig und fruchtig; voll weicher Frucht, gutes Fleisch, angenehm leicht (12,1 % Alkohol), dabei aber großartig im Gleichgewicht. *Zuletzt im Februar 1992 in New York verkostet* ★★★★★

Ridge, York Creek Cabernet Sauvignon (einschließlich 10 % Merlot und 2 % Cabernet franc). Im Mai 1987 abgefüllt. Ziemlich tief, reif; am Altern; sehr eigenartige Nase und fischiger, metallischer Geschmack nach »Seetang« und Eisen, zufällig genauso alkoholstark wie der Opus One (12,1 %). Ich weiß nicht so recht, was ich von ihm halten soll. *Am ersten Weihnachtsfeiertag 2000 mit meinem Sohn und meiner Schwiegertochter in der Pierce Street Nr. 1915 in San Francisco verkostet.*

Stag's Leap Wine Cellars, Cask 23 Gehörte zum Spitzentrio der 55 Cabernets, die ich mit Bob Paul 1991 verkostete: fabelhaftes Erscheinungsbild; fruchtbeladen, körperreich (13,8 % Alkohol), mit reichem, reifem, Médoc-typisch medizinalem Geschmack. 1997 eine nicht minder fabelhafte Flasche, die sich bei einem bescheidenen Sonntagsessen auf Chippenham Lodge gegen den 1985er Barbaresco Gaiun Martinenga des Marchese di Grésy und den wonnevollen 1985er Cheval Blanc mehr als behaupten konnte.

Im Jahr darauf nach der »Red«-Adams-Verkostung bei einem Essen mit den Winiarskis: tief, noch immer jugendlich, reich, Kraft und Länge. Kürzlich eine Jeroboam, die Warren Winiarski zu einem Wohltätigkeitsbankett des Russischen Nationalorchesters auf Waddesdon Manor mitbrachte: noch immer sehr tief, undurchsichtiges Zentrum, aber nun mit Anzeichen von Reife; schönes, reifes, ausgewogenes Bukett; »süß«, schöner Geschmack, perfekt im Gleichgewicht. *Zuletzt im Oktober 2000 verkostet* ★★★★★ *In seinem absoluten Zenit.*

Stag's Leap Wine Cellars, Cabernet Sauvignon »SLV« Fein, farbtief, noch immer jugendlich; lebhaftes, beerenartiges Aroma und entsprechender Geschmack. Tannin und Säure perfekt. *Im März 1998 bei den Winiarskis verkostet* ★★★★

VON DEN ANDEREN 45 1985ERN, DIE ICH 1991 BEI BOB PAUL BLIND VERKOSTETE, GAB ICH DEN FOLGENDEN WEINEN FÜNF STERNE: **Mayacamas, Cabernet Sauvignon** Weiche, aber durchdringende Nase; geschmeidig, schlank, fruchtig, tanninbetont; **Joseph Phelps, Insigna** (60 % Cabernet Sauvignon, 25 % Merlot, 15 % Cabernet franc) Außergewöhnlicher Duft, Gemüsepaprika, Anflug von Pfefferminze, dann Lindenblüten; sehr markanter Geschmack, tanninbetont; **Rutherford Hill, »XVS« Napa Cabernet Sauvignon** Beeindruckend tief; sehr wohlriechend; wundervolle Frucht und alle Komponenten gut ausgebildet.

FOLGENDE WEINE LAGEN NICHT WEIT HINTER DEN BESTEN, ALSO BEI ETWA VIER STERNEN: **Beringer, Knights Valley Proprietor's Growth Cabernet Sauvignon; Buena Vista, Private Reserve Carneros Cabernet Sauvignon; Diamond Creek, Red Rock Terrace; Diamond Creek, Volcanic Hill; Grgich Hills, Napa Cabernet Sauvignon; Hess Collection, Cabernet Sauvignon; Robert Mondavi, Reserve Cabernet Sauvignon; Joseph Phelps, Insignia, Auction Reserve; Shafer, Hillside Select Cabernet Sauvignon; Silver Oak, Alexander Valley Cabernet Sauvignon; Simi, Alexander Valley Reserve Cabernet Sauvignon; Sterling, Reserve.**

1986 uneinheitlich

»Ein einziger langer Frühling.« Ausgedehnte Lese, die letzten Cabernet-Trauben wurden erst Anfang Oktober eingebracht.

Beaulieu Vineyard, Georges de Latour Cabernet Sauvignon Auf der Fünfzigjahrfeier 1990 der jüngste Wein der verkosteten Palette: undurchsichtig, purpurn; grünes, unreifes Cabernet-Aroma, »Mottenkugeln«; bescheidene Länge, völlig ungenießbar. Neun Jahre später noch immer feine, tiefe Farbe; die Nase entfaltete sich mit ansprechender Feigenfrucht; etwas »Süße«, gute Frucht, lebhaft, aber trocken, sehr tanninbetont und ein Anflug von kantiger Säure. *Zuletzt im Juli 1999 im Londoner Vinopolis verkostet* ★★★

Chateau Montelena, Cabernet Sauvignon Sehr tief, reich, reifer werdend; wohlriechend, beerenartig, vielschichtige Entwicklung; reich, kraftvoll, alkoholisch, maskulin, tanninbeladen. *Im Oktober 2000 bei der Montelena-Präsentation auf der »California Wine Experience« verkostet* ★★★(★) *Für die, die gern kauen und spucken. Oder zum Einlagern.*

Calera, Selleck Vineyard Pinot Noir Sehr wohlriechendes Pinto-Sortenaroma und ebensolcher Geschmack. »Mittelsüß« und mittelgewichtig (13 % Alkohol), Textur und Geschmack schön. *Im Februar 1994 beim Essen an einem Weinwochenende im Gidleigh Park Hotel in Devon verkostet* ★★★★★

Diamond Creek, Gravelly Meadow Cabernet Sauvignon Sehr tanninbetont ★★(★★)

Diamond Creek, Red Rock Terrace Cabernet Sauvignon Jugendliches Rubinrot; zugänglich, leichter im Stil ★★★

Diamond Creek, Volcanic Hill Cabernet Sauvignon Merklich »süß«, aber auch sehr tanninbetont ★★(★★) *Alle drei Diamond-Creek-Erzeugnisse im Februar 1996 bei einem BYOB-Essen in New York verkostet. Etwa jetzt bis 2012 trinken.*

Opus One(86,5 % Cabernet Sauvignon, 9,6 % Cabernet franc, 3,9 % Merlot) Der älteste Jahrgang auf einer Opus-One-Masterclass von Christie's. Auf diesen Sitzungen entstehen immer ausführliche Einträge, die zu lang sind, um im Detail wiedergegeben zu werden (Daphne schreibt für mich mit). Kurz: dunkles Kirschrot; sehr Bordeaux-artige Frucht, geschmeidig, Leder und Honig, eine Stunde später wohlriechend, Teeblätter; »süßer« Auftakt, ordentliches Gewicht (12,5 % Alkohol), reif, »jetzt sehr angenehm zu trinken«. *Dezember 1997* ★★★★

Stag's Leap Wine Cellars, Cabernet Sauvignon »SLV« Eine Magnum auf der »Red«-Adams-Verkostung im Meadowood Resort: tief; ausgeprägte Kaffee-Mokka-Nase – als würde man an einem Kaffeeladen vorbeigehen. »Süß«, entsprechender Geschmack. Schwarzkirsche. *Im März 1998 bei der Feier zum 25-jährigen Bestehen der Kellerei verkostet* ★★★

Ich habe überraschend wenige Cabernet Sauvignons von 1986 verkostet. Die folgenden Einträge entstanden zwischen 1989 und 1992.

Forman, Cabernet Sauvignon (einschließlich 15 % Merlot, 10 % Cabernet franc und einem kleinen Anteil Petit Verdot – meines Wissens einer der ersten Jahrgänge, in denen diese spät reifende Bordelaiser Rebsorte verwendet wurde) Schöner Duft, würzig; lebhaft, sehr wohlriechend. *Februar 1989* ★★(★★) *Wahrscheinlich jetzt auf dem Höhepunkt.*

Hess Collection, Cabernet Sauvignon Gut, aber sehr tanninbetont. *Mai 1991* (★★★)

Mount Veeder, Cabernet Sauvignon Nase wie frische Erbsen; »süß«, körperreich (13,8 %), reich, verhülltes Tannin. Unzweifelhaft attraktiv. *November 1992* ★★★

Sequoia Grove, Cabernet Sauvignon Weich, fleischig, attraktiv. *Juni 1990* ★★(★)

Andererseits habe ich ziemlich viele Pinot-noir-Weine von 1986 degustiert. Die folgenden machten in ihrer Jugend einen guten Eindruck: **Acacia, St Clair Vineyard** ★★★★; **Calera, Jensen** ★★★; **Carneros Creek, Loath's** ★★★; **Chateau Bouchaine, Carneros Napa** ★★★; **Saintsbury, Carneros** ★★★; **Sanford and Benedict Vineyard Pinot Noir** Eine La-Tâche-Kopie! ★★★★; **Sterling, Winery Lake** ★★★; **Zaca Mesa, Reserve** ★★★★

1987 ★★

Mäßige Qualität. Ein milder Winter und frostfreier Frühling. Der potenzielle Ertrag wurde durch einige Hitzeperioden im Mai dezimiert. Trockener Sommer, kühler September, dann Regen und sengende Hitze. Die früheste Lese seit fünf Jahren.

Beaulieu Vineyard, Georges de Latour Cabernet Sauvignon Drei Jahre in amerikanischer Eiche. Mit zehn Jahren: mitteltief, reifer werdend; Anflug von Käse, etwas stielig; am Gaumen besser. Ordentliches Gewicht. Guter Geschmack. Eisennote. Zwei Jahre später: übelriechende Nase nach gekochtem Kohl, dann weiches Leder, »süß«, stechende Frucht. *Zuletzt im Juli 1999 auf der Jahrhundertverkostung von Beaulieu Vineyard im Londoner Vinopolis degustiert. Meiden.*

Chateau Montelena, Cabernet Sauvignon Tief, reich, dichter, reifer Rand; sehr gute, lebhafte, beerenartige Nase; »süß«, voll, reich, schön. *Im Oktober 2000 auf dem Montelena-Seminar in New York degustiert* ★★★★

Dominus(80 % Cabernet Sauvignon, der Rest Cabernet franc und Merlot). Attraktiv; gute Frucht. Sehr trockener Abgang. *Kurz auf einer Moueix-Verkostung vom März 1993 in London degustiert* ★★(★)

Robert Mondavi, Reserve Pinot Noir Sehr gutes, reifes Pinot-Aroma. Ausgezeichnet. *Im Oktober 1992 auf der »Houston Grand Opera Wine Classic Dinner and Auction« verkostet* ★★★★

Opus One (95 % Cabernet Sauvignon, 3 % Cabernet franc, 2 % Merlot) Erstmals 1991 in Philippe de Rothschilds Londoner Büro verkostet: sehr tief, »dick«, hoher Extraktgehalt; stämmige, reiche Frucht; Geschmack und Komponenten ausgezeichnet. Als Nächstes auf der Opus-One-Masterclass 1997: tief, intensiv; Bordeaux-artige Nase; »süß«, gute Frucht, trockener Abgang. Kürzlich zufällig wieder als »sehr Bordeaux-artig« bezeichnet! Geschmack und Körper gut. *Zuletzt im September 1998 beim Essen auf Mouton-Rothschild verkostet* ★★★★

Joseph Phelps, Insignia Mitteltief; ausgewogen, exzellent. *Im Oktober 1992 kurz zwischen den Lots auf der »Houston Grand Opera Wine Classic Dinner and Auction« verkostet* ★★★★

Nur noch wenige 1987er verkostet. Die folgenden Weine waren in den frühen 1990ern von gewissem Interesse: **Beaulieu Vineyard, Carneros Pinot Noir** Sortentypisch ★★★; **Hess Collection, Cabernet Sauvignon** Ein wirklich guter Essensbegleiter ★★★; **Saintsbury »Garnet« Carneros Pinot Noir** Sehr guter, sortentypischer Charmeur ★★★★; **Shafer Merlot** Fleischig, aber sehr tanninstreng ★★(★★)

1988 ★★★

Ein schwieriges, erneut ertragsarmes Jahr. Auch zu diesem Jahrgang liegen mir leider nur wenige Einträge vor. Aber nach diesen wenigen zu schließen war er eindeutig gut.

Beaulieu Vineyard, Georges de Latour Cabernet Sauvignon Mitteltief, lang, kräftige »Tränen«; ordentliche Frucht, wohlriechend; bemerkenswert weich, »süß«, samtiger Auftakt, köstlicher Geschmack, leicht bitterer, tanninbetonter Abgang. *Im Juli 1999 auf der »Jahrhundertverkostung« im Londoner Vinopolis degustiert* ★★★★

Beringer, Knights Valley Cabernet Sauvignon In der Nase und am Gaumen seltsam verschlossen und unnachgiebig. Raue Tannine. *Im April 1992 blind verkostet* (★★)

Carmenet (85 % Cabernet Sauvignon, 9 % Cabernet franc, 6 % Merlot). War mir neu; das Gut gehört zur Chalone-Gruppe. Sehr tief; schöne, marmeladige, fast klassische Nase; über und über beladen mit allen Komponenten. Herrlich. *Im April 1992 auf einer Blindverkostung von British Airways für die First Class degustiert* ★★★(★)

Dominus (86 % Cabernet Sauvignon, 11 % Cabernet franc, 3 % Merlot) Tief, sehr Bordeaux-ähnlich, Fleisch und Frucht gut, würzig. Gute Zukunft. *März 1992* (★★★★)

Opus One Nur einmal in seiner Jugend verkostet: tief; gute, junge Frucht und Eiche; »süß«, lebhafte Frucht, eher leicht im Stil, tanninbetonter Abgang. *November 1991* (★★★)
Robert Mondavi, Reserve Cabernet Sauvignon Ungefiltert. Undurchsichtiges Zentrum; ziemlich angesengte, »italianide« Frucht; schöne »Süße« und Frucht, ziemlich kraftvoll, würzig, lebhaft, sehr tanninbetont. *Im September 1992 bei einem Essen während eines Galaabends in Mainz verkostet (ein weiterer Sprecher war August Winkler)* (★★★)
Saintsbury, Carneros Pinot Noir Erstmals 1994 verkostet: ein behagliches, warmes »Pinot-in-alten-Socken«-Aroma; angenehme »Süße«, sortentypischer Rote-Bete-Geschmack und scharfer, trockener Abgang. Als Nächstes ganz ungewöhnlich bei einem Essen des Saintsbury Club: tief; fleischig; »süß«, guter Geschmack, aber enorm tanninbetont. *Zuletzt im Oktober 1996 verkostet* ★(★)
Stag's Leap Wine Cellars, Cabernet Sauvignon »SLV« Tief, reich, hoher Extrakt; sehr gute Nase; schöner Duft und eichenbetonter Geschmack. *Im Oktober 1991 an Warren Winiarskis Stand bei den »großen Verkostungen« auf der Wine Experience in New York degustiert* (★★★★) *Müsste sich eigentlich ganz gut entwickelt haben.*

1989 ★★ bis ★★★★

Das dritte trockene Jahr in Folge. Die Dürre wurde allerdings durch Frühlingsregen gelindert. Kühler, aber angenehmer Sommer. Starke Niederschläge, Kälte und Nebel unterbrachen die frühe Lese, Fäule setzte den an den Stöcken verbliebenen Trauben zu. Dann ein Erdbeben! Wer sagt, dass in Kalifornien immer schönes Wetter herrscht? Am besten kam Sonoma weg. Zum Glück habe ich zu diesem Jahr mehr Notizen als zum 1988er, auch mehr aus jüngerer Zeit. Hier ein Überblick über den Jahrgang, den ich alles in allem als attraktiv empfand. Die meisten Weine haben jetzt optimale Trinkreife.
Au Bon Climat, Benedict Vineyard Pinot Noir Ziemlich intensiv; sehr ausgeprägtes Rote-Bete-Sortenaroma; sehr reich, Textur, Geschmack und Säure schön. Ein ausgesprochen zuverlässiger, typischer Pinot. *Im Februar 1994 im Gidleigh Park Hotel in Devon verkostet* ★★★★
Beaulieu Vineyard, Georges de Latour Cabernet Sauvignon Man verwendete für den Ausbau eine neue Generation amerikanischer Eiche. Tief, pflaumenfarben; breit, offen, leicht minzig, öffnete sich mit ansprechender, reifer Frucht in der Nase und am Gaumen. »Süß«, ziemlich stämmig, sehr tanninbetont. *Im Juli 1999 auf der Jahrhundertverkostung im Londoner Vinopolis degustiert* ★★★★(★)
Diamond Creek, Volcanic Hill Cabernet Sauvignon Fabelhafte Frucht in der Nase und am Gaumen; weich, aber griffig. *Im Oktober 1991 an Al Brounsteins Stand auf den »großen Verkostungen« der Wine Experience degustiert* (★★★★) *Großes Potenzial.*
Dominus (89 % Cabernet Sauvignon, 10 % Merlot, 1 % Petit Verdot) Tief; trocken, Anflug von Eisen. Bei meinen »Auktionsgesprächen« mit Christian Moueix getrunken. Während wir redeten, wurde der Wein immer »süßer«. *Im Februar 1997 bei Christie's in der Park Avenue verkostet* ★★(★)
Freemark Abbey, Bosché Cabernet Sauvignon Undurchsichtig; sehr entgegenkommende Frucht; »süß«, interessanter Geschmack, intensiv. *Im Mai 1995 blind verkostet* ★★(★) *Gutes Potenzial.*
Heitz, Martha's Vineyard Cabernet Sauvignon Intensives Rubinrot; lebhaftes, würziges, brombeerartiges Aroma; »süß«, fabelhafte Frucht, sehr tanninbetont. Wirklich sehr gut, aber noch nicht trinkreif. *Im Mai 1995 während eines Essens der James Beard Foundation bei Christie's in New York verkostet* ★★(★★)
Kendall-Jackson, Cabernet Sauvignon Weiche, zugängliche Frucht. Sehr attraktiv. *April 1992* ★★(★★)? *Wahrscheinlich jetzt auf dem Gipfel.*
Peter Michael, Les Pavots Les Pavots wurde nach den Mohnblumen – franz. *pavots* – benannt, die im Frühjahr zuhauf an den Berghängen über dem passenderweise Knights Valley genannten Tal blühen (Sir Peter Michael, ein sehr erfolgreicher Geschäftsmann mit weit reichenden Interessen – unter anderem Wein – wurde 1984 zum »Knight«, zum Ritter, geschlagen). Zufällig war auch der Wein ziemlich blumig in der Nase; »süßer« als erwartet, gute Frucht, seidige, ledrige Tannine. *Im November 1993 beim Essen auf Chippenham Lodge verkostet* ★★★(★)
Robert Mondavi, Reserve Pinot Noir Eigenartiger, aber ansprechender Duft, Kirsche, Liguster und Minze; »mittelsüß«, guter, lebhafter Geschmack. Geschickt in eine Blindverkostung von Spitzenburgundern geschmuggelt und neben dem 1989er Richebourg von Méo-Camuzet degustiert. Er schlug sich wacker. *Im Oktober 1992 auf Rodenstocks 13. Raritäten-Weinprobe im Hotel Schloss Reinhartshausen degustiert* ★★★
Sanford, Santa Barbara Pinot Noir Reiches, angesengtes »Rote-Bete«-Sortenaroma; ziemlich marmeladig, aber wohlriechend. Bitterer Tanninabgang, Jod und Eisen. Braucht noch Zeit. *Im September 1994 im Gidleigh Park Hotel in Devon verkostet* ★(★★)?
Stag's Leap Wine Cellars, Cabernet Sauvignon »SLV« Fay Vineyard Erstmals 1993 auf der jährlichen Verkostung »Weine aus Kalifornien« in London degustiert: würzig, weich; schöner Geschmack – der beste Cabernet. Fünf Jahre später natürlich reifer; leicht vegetabile Nase; zugänglich, stilvoll, elegant. Trockener Abgang. *Im März 1998 auf der »Red«-Adams-Verkostung zum 25-jährigen Bestehen von Winiarskis Kellerei degustiert* ★★★

1990 ★★★★

Eine kleinere Ernte als 1989, aber praktisch ideale Lesebedingungen, vor allem im Napa Valley. Ein ausgezeichneter Jahrgang; die meisten Weine sind jetzt gut trinkbar, von den besten aber ist noch mehr zu erwarten.
Au Bon Climat, Pinot Noir Steven Spurrier ist immer auf der Suche nach Gewächsen mit typischem Sortencharakter und wählte diesen Jahrgang für die Einführungssitzung zum Christie's-Weinkurs aus, die ich normalerweise leite. Deshalb liegen mir mehrere Einträge vor. Ich probierte den Wein aber das erste Mal 1992 nach meiner Wohltätigkeitsverkostung in Charlottesville, Virginia (kurz vorher hatte ich Monticello, Jeffersons prachtvollem Herrenhaus, einen Besuch abgestattet). Zu jung, aber mit gutem, frischem Geschmack. Die leicht bitteren Tannine wurden bei der ersten Verkostung vom Rindfleisch gemildert, aber auf der Degustation traten sie deutlicher hervor. Trotzdem ein guter Wein. Typisches Pinot-Aroma aus schwarzen Trüffeln und Roten Beten. *Mehrere Einträge von 1993 bis 1994, die überwiegend in den Weinkursen von Christie's entstanden* ★★★
Beaulieu Vineyard, Georges de Latour Cabernet Sauvignon Mehrmals verkostet, das erste Mal 1996, machte gegenüber der harten Konkurrenz – 144 der weltbesten Rotweine – eine ganz gute Figur. Als Nächstes 1997 beim Winzeressen auf dem Winefest in Sarasota: komplett, wohlriechend; Frucht, Gewicht und Gleichgewicht ausgezeichnet. »Schön, aber hält sich

noch.« Unlängst: weiche Frucht, öffnete sich wohlriechend; schöne, lebhafte Frucht, »süßer« Mittelteil, trocken, erfrischender Abgang. *Zuletzt im Juli 1999 im Londoner Vinopolis verkostet* ★★★★

Calera, Jensen Vineyard Pinot Noir Reich, kraftvoll, konzentriert, beeindruckend. *Im Februar 1994 bei einem Weindinner im Gidleigh Park Hotel in Devon verkostet* ★★★★(★)

Caymus Vineyards, Special Selection Cabernet Sauvignon (100 %) Erstmals auf Eigensatz' monumentaler Horizontalverkostung von 1990ern aus aller Welt in Luzern degustiert: tief, ziemlich intensiv; marmeladig, wohlriechend; Frucht und Geschmack gut. Ich verkostete ihn blind im Rahmen der Cabernet-»Serie«, gab ihm nur einen halben Punkt weniger als dem Haut-Brion und stufte ihn sogar leicht höher als den Margaux, La Mission Haut-Brion und Dunn ein. Kürzlich der älteste von fünf Jahrgängen bei der Vertikalverkostung »Außergewöhnliche kalifornische Weine« auf Waddesdon Manor degustiert: kraftvoll, sehr wohlriechend und stilvoll. *Zuletzt im Dezember 2000 probiert* ★★★(★)

Dalla Valle, »Maya« (55 % Cabernet Sauvignon, 45 % Cabernet franc) Ein kalifornischer Kultwein. Der älteste von fünf Jahrgängen, die ich bei einer Vertikaldegustation auf Waddesdon Manor verkostete: undurchsichtig; außergewöhnlicher Duft, seltsam, leicht firnisartig; sehr trocken, raue Textur, tanninbetont. Mir gefiel er ebenso wenig wie die anderen Dalla Valles mit Ausnahme des 1993ers. Daphne bezeichnete sie alle als »Parker-Weine«. Übertrieben. *Dezember 2000* (★★)

Dominus (83 % Cabernet Sauvignon, 8 % Cabernet franc, 7 % Merlot, 2 % Petit Verdot) Lag 1996 im Mittelfeld der zweiten, blind verkosteten »Serie« auf der Verkostung der 144 weltbesten Roten. Merkwürdige, entgegenkommende, verhaltene Mokkanase; bescheidene Frucht. Ich glaubte in Geschmack und Textur einen Merlot-Charakter zu erkennen und hielt ihn für einen Pomerol. *Im Juni 1996 in Luzern verkostet* ★★★

Groth, Cabernet Sauvignon Schönes Rubinrot; freimütige, erdbeerartige Nase; voller Frucht, aber zu selbstbewusst, mit überwältigendem Duft. Zu sehr bemüht, aber auf seine Weise damit erfolgreich. *Im Oktober 1996 in New York verkostet* ★★★★

Jade Mountain, Syrah Undurchsichtig; tief, feigenartiges Sortenaroma; beladen mit Frucht, Alkohol, Extrakt und Tannin. Ein mächtiger Wein. *November 1993. Damals* ★★(★★★) *Wahrscheinlich jetzt auf dem Höhepunkt.*

Robert Mondavi, Reserve Cabernet Sauvignon Mehrmals verkostet, beim ersten Mal zu Reh: voller Frucht; braucht noch Zeit. Als Nächstes 1996 auf der Blindverkostung von 1990ern in Luzern. Wurde von anderen Weinen deklassiert. Außerdem bemerkte ich eine leicht blecherne, bierige, »aufgeblasene« Nase mit leichter Fäkalnote; »süß«, stämmig, leicht adstringierend. Kürzlich beim Galadiner der Vintners' auf Meadowood: noch immer sehr tief und intensiv; voll, fruchtig, sehr tanninbetont. Da ich an Bob Mondavis Tisch saß, erzählte ich ihm nicht, dass der Wein meines Erachtens eine »veritable Bauernhof- und Hühnermist-Nase« hatte. Aber die haben auch einige bekannte Châteaux im Médoc. *Zuletzt im Juni 2001 verkostet. Auf seine Weise* ★★★

Olivet Lane, Russian River Pinot Noir Eine Kellerei, die ich bis dato noch nicht gekannt hatte. »Süßes«, charakteristisches Pinot-Aroma und ebensolcher Geschmack. Reich, tanninbetont. Ausgezeichnet. *Februar 1993* ★★(★★)

Opus One (87 % Cabernet Sauvignon, 10 % Cabernet franc, 3 % Merlot). Mehrere Male verkostet, das erste Mal bei einem »Jahrgangsabend« des Diners' Club im Waterside Inn. Ich sollte dort etwas über die Weine erzählen. Leider erdrückte dieser tiefe, würzige, körperreiche und noch immer jugendliche Wein das »Rebhuhn aus dem Ofen« förmlich. Und auch zum »Tête à Tête de Fromage« passte er nicht. Der Yquem von 1986 wäre da schon besser gewesen, doch er sollte zu Michel Roux' überirdisch guter *Crème brûlée* gereicht werden, was wiederum ihm den Garaus gemacht hätte. Also schlug ich vor, den Opus nach dem Rebhuhn beiseite zu stellen, stattdessen den Yquem zum Käse zu probieren, dann den Opus zunächst für sich allein und anschließend probeweise nach einem Mund voll *Crème brûlée* zu degustieren. Natürlich musste ich so diplomatisch wie möglich vorgehen (was ein hartes Stück Arbeit war). Den nächsten 1990er Opus One verkostete ich in Luzern, wo er sich als eines der Spitzengewächse der »Serie« erwies: köstliche Frucht, komplett (1996). Im Jahr darauf auf der Opus-One-Masterclass in hervorragender Verfassung: samtige Frucht; sehr »süß«, vollmundig und wunderschön gebaut. *Zuletzt im Dezember 1997 verkostet* ★★★★(★)

Joseph Phelps, Insignia Beeindruckend farbtief; brombeerartige Frucht und Eiche; positiv, gute Frucht, generell lebhaft und trocken. Ein guter Wein. *Hielt im Juni 1996 der harten Konkurrenz in Luzern gut stand* ★★★★

Ridge, Monte Bello Cabernet Sauvignon Bei der Blinddegustation in Luzern 1996 in Topform: tiefer und reicher im Aussehen als die meisten Cabernet-Weine seiner »Serie«: in der Nase sehr süß, fast malzig, wirklich übertrieben; gute, robuste Frucht. Kürzlich der älteste von sechs Jahrgängen auf Waddesdon Manor: noch immer sehr tief; ausgewogene Nase, elegant, beerenartig; ziemlich süß, füllig, Frucht, Geschmack und Ausgewogenheit gut. *Zuletzt im Dezember 2000 verkostet* ★★★★

Saintsbury, Reserve Pinot Noir Ganz ungewöhnlich, einen oder sogar zwei kalifornische Weine bei einem Essen für den Saintsbury Club zu servieren. »Süß«, reich, gute Länge, ein verdrehter, bitterer, eisengetönter Abgang. Unreif. *Oktober 1996* ★(★★)

Sanford, Pinot Noir Guter Geschmack, aber noch immer hart. Einer meiner Lieblings-Pinots aus Kalifornien. *Februar 1993* ★★(★★) *Müsste jetzt köstlich sein.*

Sanford and Benedict Vineyard Barrel Select Pinot Noir Tief; lebhaftes Pinot-Aroma; trocken, lebhaft, würzig, sehr gut. *Februar 1993* ★★(★★★)

Shafer, Hillside Select Cabernet Sauvignon Erstmals 1993 verkostet: schöne Frucht; weich, voll, fleischig; etwas zu »süß« zum Essen, ziemlich niedrige Punktezahl (1996). Kürzlich malzig und überteuert. *Im November 1998 in San Francisco verkostet* ★★

Shafer, Merlot Weich, leicht marmeladig, aber gut. *Februar 1993* ★★★

Stag's Leap Wine Cellars, Cask 23 Mehrere Einträge, bekam auf der Blindverkostung von 1990ern im Jahr 1996 die gleiche Bewertung wie der Opus One: wohlriechend, schön; sehr »süß«, perfektes Gewicht, köstlicher Geschmack. Auf der »Red«-Adams-Verkostung 1998 wundervoll weinig, ausgewogen und griffig. Auf Waddesdon Manor der beste Jahrgang von vier Cask-23-Weinen: tief, aber im Reifen begriffen; gut entwickelte Nase, reich, Mokkanote; »süß«, komplett, der Gehalt verhüllte das Tannin. *Dezember 2000* ★★★★★

Stag's Leap Wine Cellars, Cabernet Sauvignon »SLV« Tief, reich, samtig; voll im Geschmack, schöne Textur, mit griffigem Tannin; **Fay Vineyard** Von den drei Stag's-Leap-Weinen der mit dem unreifsten Aussehen; wohlriechend, kräuterwürzig; gute Frucht, griffig und lang. *Im März 1998 beide auf der Adams-Verkostung degustiert* ★★★

1991 ★★★★★

Ein ausgezeichneter Jahrgang. Auf den kühlen Frühling folgte eine erfolgreiche Blüte mit Aussicht auf eine reichliche Lese. Allerdings verlief der Sommer für kalifornische Verhältnisse ebenfalls recht kühl. Um die Konzentration und Reife der Beeren zu fördern, dünnte man das Laub und den Traubenbehang aus. Ein ununterbrochen goldener Herbst ließ die Trauben schließlich doch voll ausreifen. Es entstanden farbintensive Weine, die wegen des über lange Strecken hinweg kühlen Sommers einen natürlich hohen Säuregehalt und relativ wenig Alkohol aufwiesen, weshalb sie sich eher durch Finesse als durch mächtige Struktur auszeichneten. Ein Wermutstropfen allerdings war die Reblaus, die besonders im Napa Valley vor allem in den Tallagen ganze Parzellen vernichtete.

Es entstanden einige sehr schöne Weine.

Araujo, Eisele Vineyard Cabernet Sauvignon Der erste der »Kultweine« auf einer Verkostung kalifornischer Spitzengewächse der Jahrgänge 1990 bis 1997, die im Dairy auf Waddesdon Manor stattfand. Ich gestehe, dass ich von Araujo bislang kaum gehört, geschweige denn die Weine verkostet hatte, weshalb diese Weinprobe (und noch vieles mehr auf dieser sündhaft teuren Veranstaltung) ebenso willkommen wie aufschlussreich war. Der 1991er war der erste von fünf Jahrgängen: mitteltief, noch immer mit jugendlichem Rand; sehr Bordeauxartige »Käse«- und Beerennote, würzig, minzig, entfaltete sich gut; mitteltrocken, mittlerer Körper, schlank, guter Geschmack. *Dezember 2000* ★★★(★)

Beaulieu Vineyard, Georges de Latour Cabernet Sauvignon Tief; verhalten, würzig, öffnete sich mit einer Maulbeernote und wurde dann feigenartiger; durchweg »süß«, was auch die ausgeprägten Tannine kaschierte. *Im Juli 1999 auf der Jahrhundertverkostung im Londoner Vinopolis degustiert* ★★★(★)

Caymus Vineyards, Special Selection Cabernet Sauvignon (100 %) Mitteltiefes Rubinrot; gut entwickelte Nase, lebhafte Frucht, öffnete sich würzig; eher trocken, stilvoll, Tannin und Säure ausgeprägt. *Im Dezember 2000 auf Waddesdon Manor in Buckinghamshire degustiert* ★★(★★)

Chateau Montelena, Montelena Estate »Kühle Saison, ein Säurejahr.« Starker Bodensatz. Noch immer ziemlich jugendlich; leicht muffiger Flaschengeruch, der sich jedoch bald verflüchtigte, weich, ausgewogen; sehr attraktiv, würzig, schlank, elegant, Bordeaux-artig, trockener Abgang. *Im Oktober 2000 beim Montelena-Seminar in New York verkostet* ★★★(★)

Dalla Valle, »Maya« (55 % Cabernet Sauvignon, 45 % Cabernet franc) Undurchsichtig; minzig, erkennbar Cabernet-franctypisches, lebhaftes Aroma, harmonisch anhaltend; »mittelsüß«, gute Textur, reife Frucht, markante, ziemlich harte Tannine. Ich zog ihn allen anderen vor, ausgenommen dem 1993er. *Im Dezember 2000 auf Waddesdon Manor in Buckinghamshire verkostet* ★★★(★★)

Diamond Creek, Red Rock Terrace Cabernet Sauvignon Mitteltief; wohlriechend; lebhaft, trocken, mehr Säure als Tannin. *Zuletzt im Juni 2001 mit Al Brounstein unter freiem Himmel verkostet* ★★★

Dominus, Napanook Vineyard (90 % Cabernet Sauvignon, 9 % Cabernet franc, 1 % Petit Verdot) Undurchsichtig, intensiv; sehr »süß«, reif, körperreich (13,5 % Alkohol), gute Frucht. *Im Februar 1997 in New York verkostet* ★★★(★)

Harlan Estate Der erste von fünf direkt aufeinander folgenden Jahrgängen, die ich im Dezember 2000 auf Waddesdon Manor verkostete. Sehr tief; intensiv; kraftvolle Frucht, nach 50 Minuten in der Nase dick, reich; trocken, würzig, tanninbetont. Er sagte mir ehrlich gesagt nicht so recht zu. Daphne war sogar noch viel kategorischer. Wenig später auf dem Galadiner der Vintners' auf Meadowood degustiert: enorm tanninbeladen und schlichtweg untrinkbar. *Zuletzt im Juni 2001 verkostet.*

Robert Mondavi, Reserve Cabernet Sauvignon Undurchsichtiges Zentrum, allerdings mit gewisser Reife; »süß«, voll (13,5 % Alkohol), ein Anflug von Eisen. *Im Juni 2001 beim Essen des Vorsitzenden der Napa Valley Auction im Haus der Mondavis verkostet* ★★★(★)

Robert Mondavi, Woodbridge Zinfandel Woodbridge nennt Mondavi seine preisgünstigere Linie. »Süß«, weich, fruchtig, attraktiv. Gutes Preis-Leistungs-Verhältnis. *Dezember 1993* ★★★ *Für baldigen Trinkgenuss.*

Opus One (88 % Cabernet Sauvignon, 6 % Cabernet franc, 5 % Merlot, 1 % Malbec) Tief, samtig, »Kirchenfenster« wie romanische Rundbögen; lebhaft, fruchtig, appetitanregend, sehr »süß«, ziemlich körperreich (13,5 % Alkohol), annehmbares Tannin, gute Säure. *Im Dezember 1997 auf der Opus-One-Masterclass von Christie's verkostet* ★★★(★)

Qupé, Syrah Gutes, tiefes Rubinrot; beträchtliche Fruchttiefe, »süß«, reich, köstlich. Welch großartige Weine derzeit aus Rebsorten bereitet werden, die in Kalifornien erst seit kurzem kultiviert werden! *Im Februar 1994 von Ursula Hermacinski, der Starauktionatorin von Christie's, mitgebracht* ★★★★

Ridge, Monte Bello Cabernet Sauvignon Der zweite von fünf direkt aufeinander folgenden Jahrgängen, serviert zu Ludgershall-Rind: sehr tief, reich; elegant, harmonisch, frische Beeren; fleischiger als der 1990er; »mittelsüß«, mittlerer Körper, reich, schöner Geschmack. Eine Klasseleistung. *Im Dezember 2000 auf Waddesdon Manor verkostet* ★★★★★

Shafer Merlot Voll, weich, fleischig, abgerundet. Für sich allein getrunken besser als zum Essen. *November 1993* ★★★★ *Dürfte jetzt perfekt sein.*

Stag's Leap Wine Cellars, Cask 23 Mitteltief; verhalten, wohlriechend, ein Anflug von Vanille; »süß«, reicher Extrakt, Tannin und Säure. *Im März 1998 auf der Adams-Verkostung degustiert* ★★★

Stag's Leap Wine Cellars, Cabernet Sauvignon Fay Vineyard Schöne Farbe, noch immer jugendlich; »süß«, leicht angesengter Duft und Geschmack. *März 1998* ★★★

1992 ★★★★

Zum ersten Mal seit sechs Jahren fiel im Winter genug Regen, wodurch sich der ausgetrocknete Boden erholen konnte. Frühe, erfolgreiche Blüte. Ein etwas wechselhafter Frühsommer. Mitte Juli kehrte die Wärme zurück, doch im August kletterten die Temperaturen auf kritische Werte. Zum Ende der Saison wechselten sich warme Tage und kühle Nächte ab, sodass früh gelesen und eine fast perfekte Ernte eingebracht werden konnte.

Araujo, Eisele Vineyard Cabernet Sauvignon Gehörte zu den fünf Jahrgängen, die auf Waddesdon Manor degustiert wurden: ziemlich tief; »süßer«, reicher und harmonischer als der 1991er, nach 30 Minuten im Glas mit reichem, teerigem Anflug; zum Kauen, füllig, andeutungsweise wie ein Latour, gute Frucht und diskrete Eichennote. *Im Dezember 2000 auf der Verkostung »Außergewöhnliche amerikanische Weine« im Dairy auf Waddesdon Manor in Buckinghamshire verkostet* ★★★★(★)

Au Bon Climat, Arroyo Grande Valley Pinot Noir Eine weitere erfolgreich »ausgewanderte« Rebsorte. Dieser Bon Climat wurde auf Weinkursseminaren von Christie's geöffnet, um den sortenypischen Charakter zu veranschaulichen: korrekte »burgundische« Farbe, blässlich, weich, warmes, rotes Braun mit offenem Rand; erdiges, vegetabiles Pinot-Aroma; »süß«, gutes Gewicht, allerdings waren auf dem Hauptetikett 13,6 % Alkohol und auf dem Rückenetikett 12,5 % angegeben. Na und? Guter Sortengeschmack und etwas bitterer tanninbetonter Abgang. Braucht Essen als Begleitung. *Zuletzt im November 1995 verkostet* ★★(★★)

Beaulieu Vineyard, Georges de Latour Cabernet Sauvignon »Tränen«, Nase und Geschmack kräftig. Duft nach Vanille und Himbeeren; sehr »süß«, voll, zum Kauen, Frucht und Gleichgewicht gut. *Im Juli 1999 auf der Jahrhundertverkostung im Londoner Vinopolis degustiert* ★★★(★)

Caymus Vineyards, Special Selection Cabernet Sauvignon Der dritte Jahrgang auf der Caymus-Vertikalverkostung. Sehr tief, aber mit ersten Anzeichen von Reife; verschlossene Nase, jedoch mit guter Frucht und einem Hauch Eukalyptus, öffnete sich lebhaft; »mittelsüß«, schöner Geschmack, wohlriechend, eichenbetonter als der 1991er. Sehr gut zu Wachteln. *Im Dezember 2000 beim Kultwein-Essen auf Waddesdon Manor degustiert* ★★★★(★)

Colgin, Herb Lamb Vineyard Cabernet Sauvignon Ein Kultwein von Kultwinzerin Helen Turley. Der erste von vier aufeinander folgenden Jahrgängen, die während eines Colgin-Essens bei Christie's in der Park Avenue verkostet wurden. Preis 300 US-Dollar die Flasche. Ziemlich tief, kräftige »Tränen«; recht hohe flüchtige Säure; konzentriert, würzig. Beeindruckend, aber kaum als Essensbegleiter geeignet. *Dezember 1998* (★★★★★) *für die, die diese Art Wein mögen.*

Dalla Valle, »Maya« (55 % Cabernet Sauvignon, 45 % Cabernet franc) Ziemlich farbtief; verschlossene, aber tiefe Nase; trocken, schlank, Tannin und Säure etwas rau. Nichts für mich. *Im Dezember 2000 auf Waddesdon Manor verkostet* (★★)?

Dominus, Napanook Vineyard (64 % Cabernet Sauvignon, 15 % Cabernet franc, 19 % Merlot, 2 % Petit Verdot) Von der John Daniel Society in St Helena erzeugt und abgefüllt. Ziemlich tief, samtig, reifer Rand; reiche, anfangs vegetabile Nase, wurde im Glas »süßer«, harmonisch, weich, Toffees, zu guter Letzt schöne Frucht; »süß«, weich. Gute Frucht, aber leicht rauer Abgang. Der älteste von sechs Jahrgängen, die mir Christian Moueix freundlicherweise zum Verkosten zur Verfügung stellte, als er dem Napa Valley einen Besuch abstattete. *Im März 2002 in San Francisco degustiert* ★★★ *Dieser zehnjährige Wein ist weder jung-fruchtig noch »im Herbst seines Lebens«.*

Harlan Estate Mitteltief; gute Frucht, reich, Anflug von Teer; sehr trocken, wie ein »Turbo-Médoc«. Ich empfand ihn am Gaumen etwas ermüdend. *Im Dezember 2000 auf Waddesdon Manor verkostet* ★★(★)

Opus One (90 % Cabernet Sauvignon, 8 % Cabernet franc, 2 % Merlot) Gute Farbe; sehr wohlriechend, lebhafter als der 1991er, mit einer Art tanzender Frucht; faszinierender Geschmack, kirschartige Frucht, körperreich (13,9 % Alkohol), aber nicht schwer. Herrliche Säure. *Im Dezember 1997 auf der Opus-One-Masterclass von Christie's degustiert* ★★★★(★)

Qupé, Syrah Beim Einführungsseminar für den Christie's-Weinkurs zur Veranschaulichung des Sortencharakters degustiert. Tief, beeindruckend, ziemlich intensiv, mit ersten Anzeichen von Reife; ein sehr guter, einnehmender Geruch nach »warmem Terroir«, fast übertriebene Syrah-Nase, ein bisschen wie Feigensirup, das althergebrachte Mittel gegen Verstopfung; reich, voll im Geschmack, aber nicht zu alkoholstark (sogar erstaunlich moderate 12,5 %); schöne Frucht, pfefferiger, tanninbetonter Abgang. *Zuletzt im November 1995 bei Christie's degustiert* ★★★(★)

Ridge, Monte Bello Cabernet Sauvignon Ich habe keine Ahnung, was Paul Drapers etablierter Klassiker unter den Kultweinen der Verkostung zu suchen hatte. Ich nehme an, dass er auf seine Weise auch Kult ist. Beeindruckend tief, aber keineswegs stämmig. »Mittelsüß«, Gewicht und Geschmack attraktiv. *Im Dezember 2000 auf Waddesdon Manor verkostet* ★★★★(★)

Screaming Eagle, Cabernet Sauvignon Der Kultwein unter den Kultweinen! Von einer kleinen Parzelle in einem größeren Weinberg von Jean Phillips. Die Produktion ist auf 175–200 Kisten pro Jahrgang beschränkt. 1992 wurden nur 170 Kisten bereitet und zu einem phänomenalen Preis zugeteilt. Ziemlich tief, reif; anständige Nase; »mittelsüß«, mittleres Gewicht, lebhafte Frucht. Zweifellos gut. Ein sehr angenehmer Wein – nur für Sammler. *Im Dezember 2000 auf Waddesdon Manor verkostet* ★★★★★

Shafer, Hillside Select Cabernet Sauvignon Undurchsichtiges Zentrum; sehr fleischig-malziger Charakter; »süß«, stämmig, lebhaft, würzig, mit »interessanten Tanninen!«. Dough Shafer, ein alter Freund von mir, den ich sehr bewundere, vertraute mir an, dass er für alle seine Weine einschließlich der Chardonnays einen Mindestalkoholgehalt von 14 % anstrebe. Erwartungsgemäß sind sie alle wuchtig. *Im Juni 2001 während eines Essens bei Shafer verkostet* ★★(★★) *Spitzenklasse.*

Stag's Leap Wine Cellars, Cask 23 Erstmals 1998 auf der »Red«-Adams-Verkostung auf Meadowood degustiert: tief, noch immer jugendlich; Fruchttiefe und Textur gut, griffig. Als Nächstes bei der Verkostung »Außergewöhnliche kalifornische Weine« auf Waddesdon Manor degustiert: mitteltief, helles Granatrot; in der Nase sehr reich, aber nicht »süß«, Mokkanote und Fasskellergeruch; »süß«, füllig, sehr attraktiv. *Zuletzt im Dezember 2000 verkostet* ★★★(★) *Möglicherweise fünf Sterne, wenn er voll entwickelt ist.*

Stag's Leap Wine Cellars, Cabernet Sauvignon Fay Vineyard (Warren Winiarski informierte uns, dass er für seine Cask-23-Komposition die besten Weine aus dem Fay Vineyard verwendet.) Mitteltief, offener Rand; sehr wohlriechend, kräuterwürzig, lebhaft. *Im März 1998 auf Meadowood verkostet* ★★★(★)

Stag's Leap Wine Cellars, Cabernet Sauvignon »SLV« Ansprechende Farbe; in der Nase wie nasser Hund, leicht schweißelnd (Tannin); »süß«, kraftvoller als der 1992er Cabernet Fay Vineyard. Griffig. *Im März 1998 auf der Adams-Degustation auf Meadowood verkostet* ★★(★★)

1993 ★★ bis ★★★★

Extrem uneinheitliche Qualität und rund 10 % Ernteverluste wegen des absonderlichen, völlig unberechenbaren Wetters vom Frühjahr bis zur Lese. Im Frühsommer war es ungewöhnlich kalt und regnerisch, anschließend wechselten sich bis in den Oktober hinein Hitzewellen mit Kälteeinbrüchen ab.

Araujo, Eisele Vineyard Cabernet Sauvignon Sehr tief, intensiv, kräftige »Tränen«; Frucht und Würze entwickelten sich minzig und fleischig; »mittelsüß«, körperreich, reichlich mit Frucht und Würze ausgestattet. Sehr tanninbetont. Braucht Essen an seiner Seite. *Degustiert auf der Verkostung »Außergewöhnliche kalifornische Weine«, die im Dezember 2000 von Förderern des Russischen Nationalorchesters und von Lord Rothschild auf Waddesdon Manor organisiert wurde* ★★(★★★) *Bei der RNO-Verkostung bot sich die einmalige Gelegenheit, die so genannten Kultweine im zeitlichen und stilistischen Zusammenhang zu degustieren.*

Beaulieu Vineyard, Georges de Latour Cabernet Sauvignon 100 % Cabernet Sauvignon, Ausbau zu 50 % in amerikanischer und zu 50 % in französischer Eiche. Erstmals 1997 auf dem

Winefest in Sarasota verkostet: Schwarzkirschenfarbe; in der Nase und am Gaumen verschlossen. Körperreich. Ein guter Wein, aber unreif. Kürzlich mit ähnlichem Erscheinungsbild, aber in der Nase wesentlich entgegenkommender, eine enorme, hochgetönte, minzige Duftfülle, später mit Anklängen an grüne Oliven; sehr »süß«, körperreich, zum Kauen, brombeerartige Frucht, ziemlich raue Textur. *Zuletzt im Juli 1999 auf der »Jahrhundertverkostung« von Beaulieu Vineyard im Londoner Vinopolis degustiert* ★★(★★) *2003 bis 2010.*
Beaulieu Vineyard »Tapestry« Reserve Eine Abkehr vom reinsortigen Cabernet Sauvignon. Jetzt 75 % Cabernet Sauvignon, 16 % Merlot, 8 % Cabernet franc, 1 % Malbec. Mitteltief; fleischig, gut gemacht, aber sehr tanninbetont. *Im April 1997 bei den Handelsverkostungen auf dem Florida Winefest degustiert* ★(★★)
Ridge, Monte Bello Cabernet Sauvignon Tief, voll im Geschmack und tanninbetont. Klassisch und eigenwillig zugleich. *Im Dezember 2000 auf Waddesdon Manor verkostet* ★★(★★)
Screaming Eagle, Cabernet Sauvignon Der zweite von vier Jahrgängen: tief, intensiv; reich in Bukett und Geschmack. »Süß«, attraktiv, Cassis-Frucht, Zitrusnote, Tannin. *Im Dezember 2000 auf Waddesdon Manor verkostet* ★★★★(★) *Jetzt bis 2010?*
Shafer, Hillside Select Cabernet Sauvignon Trocken, schlank, lebhaft, gute Säure (war in Shafers großem Keller schwer zu verkosten, denn es roch dort noch immer nach neuem Beton). *Im Juni 2001 vor dem Essen verkostet. Voraussichtlich* ★(★★★)
Colgin, Herb Lamb Vineyard Cabernet Sauvignon (vom unteren Howell Mountain im nordöstlichen Napa Valley) Bereitet von Helen Turley. Ich verkostete ihn erstmals bei einem BYOB-Essen in New York, als ihn ein großzügiger Gast zur Verfügung stellte: sehr tief, samtig, unreif; voller Frucht; äußerst wohlschmeckend und duftend. Ein origineller Geschmack. Als Nächstes bei einem Essen der Weinabteilung von Christie's in der Park Avenue – Ann Colgin arbeitete zunächst für Christie's, bevor sie als Weinauktionatorin Karriere machte. Tiefes Rubinrot; gute Frucht; reich, angenehm zu trinken, aber als »Essensbegleiter« nicht sehr geeignet – ein typischer Makel dieser übertriebenen Kultweine. Unlängst noch immer tief, mit undurchsichtigem Zentrum; sehr fleischig, Duft nach kandierten Veilchen; »süß«, sehr reich und würzig. Ein bisschen großspurig. *Zuletzt im Dezember 1998 verkostet* ★★★ *Beeindruckend, aber nicht mein Weinstil.*
Dalla Valle, »Maya« Produktion nur 300 Kisten. Ziemlich tief; sehr gute, reiche, fleischige Nase, die im Glas »süßer« wurde; Körper, Frucht, Extrakt gut. Für mich der beste der Jahrgänge 1990 bis 1994. *Im Dezember 2000 auf Waddesdon Manor verkostet* ★★★(★★)
Harlan Estate Tief; gute Frucht und Eiche, öffnete sich reich, »dick« und spritig zugleich – schwer zu beschreiben; gute Frucht und Würze, körperreich. Nicht ganz überzeugend. *Im Dezember 2000 auf Waddesdon Manor degustiert* ★(★★)?
Opus One (89 % Cabernet Sauvignon, 7 % Cabernet franc, 4 % Merlot) Gute Farbe, noch immer purpurfarbener Rand; schön, gute Tiefe, komplett – ein ausgesprochen attraktiver Wein, würzig, mit kraftvollem Abgang. Braucht Zeit. *Im Dezember 1997 auf der Opus-One-Masterclass bei Christie's verkostet* ★★(★★★) *2003 bis 2012?*
Qupé, Syrah Wurde nach dem Erfolg des 1992ers als typischer Syrah-Vertreter für die Einführungsveranstaltung des Christie's-Weinkurses ausgewählt. Tief, intensiv, unreif; »scharf«, feigenartige Frucht, süß, reich; vordergründig »süß«, kraftvoll, Extrakt, Länge, Tannin und Säure gut. Kurz: alle Komponenten vorhanden. *Januar 1996* ★★(★) *Jetzt bis 2008.*
Stag's Leap Wine Cellars, Cask 23 Leichte Abweichungen zwischen den Flaschen. Ziemlich tief, intensiv; komplett, gute Frucht, lang und säurebetont. *Im März 1998 auf der Adams-Verkostung degustiert* ★★(★) *Bald bis 2010.*
Stag's Leap Wine Cellars, Cabernet Sauvignon »SLV« Mitteltief, reif; sehr eigenwillig, nach Veilchen duftend, voll entwickelt; »süß«, weich, lose verwoben, aber griffig. *März 1998* ★★★ *Bald trinken.*
Philip Togni, Ca' Togni Ein ziemlich bizarrer Wein und Titel, der allerdings schon verständlicher wird, wenn man den Weltenbummler Philip Togni kennt. Die Stationen seines Lebens: britische Armee, Geologiestudium am Imperial College in London, dann bei Shell, weiter nach Montpellier, Chile, Algerien, Bordeaux (auf Château Lascombes, Önologiestudium unter Professor Peynaud) und Kalifornien (Mayacamus, Gallo, Chappelet und Cuvaison). Ein ziemlich stumpfes, hellbraunes Rot; angesengte Muskatellernase; kühl, »süß«, feigenartiger, traubiger Geschmack. Gute Säure. *Im März 1997 bei einem Weinessen im Gidleigh Park Hotel in Devon verkostet* ★★?

1994 uneinheitlich, bis ★★★★★

Zu viel Regen, kühl – nicht gerade so, wie man sich Kalifornien vorstellt. Generell ungleichmäßige, bescheidene Qualität, obwohl die Roten aus dem Napa und Sonoma Valley besser waren als der Rest und die Cabernet-Sauvignon-Erzeugnisse wirklich ausgezeichnet ausfielen. Ich habe eine ganze Reihe von Weinen verkostet und die besten – oder zumindest die für mich interessantesten – nachstehend aufgelistet.
Araujo, Eisele Vineyard Cabernet Sauvignon (einschließlich 4 % Cabernet franc und 3 % Petit Verdot) Daphne und Bart Araujo kauften die gut eingeführte Kellerei Eisele 1990. Diesen Wein verkostete ich erstmals im November 1998 bei der »Top-Ten-Degustation« auf der Wine Experience. Mit dabei waren vier Kalifornier von 1994, einer davon weiß. Erwartungsgemäß undurchsichtig und so intensiv, dass sich die Farbe förmlich gegen das Glas zu pressen schien; schöne, würzige Eukalyptusnase; »süß«, reiche Frucht, seidige Tannine. Auf Waddesdon Manor: noch immer sehr tief; sehr gute, würzige Nase und ebensolcher Geschmack. Tanninbetont. Im Abgang neue Eiche. *Zuletzt im Dezember 2000 verkostet* ★★(★★★)
Au Bon Climat, Pinot Noir Korrekt, sehr blasser Violettton, offener Rand; »warme«, harmonische, vegetabile Nase, die sich im Glas zufrieden breit machte, ansprechend, mild; etwas »süß«, ziemlich kraftvoll (wie beim 1992er mit unterschiedlichen Angaben zum Alkoholgehalt auf den Etiketten: vorne 13 %, hinten 12,5 %). Geschmack und Frucht gut. Tannin und Säure angemessen. *Im Januar 1996 bei einem Christie's-Weinkurs verkostet* ★★★(★)
Beaulieu Vineyard, Signet Collection Ensemble (südfranzösische Rebsorten: Syrah, Grenache und andere) Mitteltief, weiches Kirschrot; lebhafte, beerenartige Nase; guter Geschmack, aber bittere Tannine. *Im April 1997 beim Winzeressen auf dem Winefest in Sarasota zu Filet Wellington verkostet* (★★) *Diese jährliche Weinmesse findet im Long Boat Key Hotel und Country Club statt. Die Wohltätigkeits-Weinversteigerung wird von meinem Kollegen David Elswood oder, wie 1997, von mir geleitet.*
Beaulieu Vineyard, Reserve Pinot Noir Aus Carneros. Zehn Monate in französischer Eiche. Tief, samtig; »geröstete Rote Bete«, entgegenkommend, reich, tief, würzig; voll, reich, fruchtig. *Auf seine Weise sehr gut, Sarasota, April 1997* ★★★
Beaulieu Vineyard, Georges de Latour Cabernet Sauvignon Ziemlich tief, reich; pflaumen- und feigenartige Frucht, wie

junger Bordeaux; sehr »süß«, reiche Frucht. Alles nur im Auftakt und Mittelteil – angeblich, weil es sich um neue Klone handelte. *Im Juli 1999 auf der Jahrhundertverkostung im Londoner Vinopolis degustiert* (★★★)? *Schwer zu sagen, was daraus noch wird.*

Beringer, Cabernet Sauvignon Eine feste Größe auf den einführenden Weinkursen von Christie's. Acht gute Bewertungen seit Oktober 1997. Gut gemacht und absolut zufriedenstellend. Reifte im Laufe der Zeit. Sehr gute Frucht. Köstlich. *Zuletzt im Januar 1999 verkostet* ★★★(★)

Caymus Vineyards, Napa Valley Cabernet Sauvignon (die Trauben für die »Normalversion«, nicht die Special Selection, werden zu 80 % örtlichen Weinbauern abgekauft) Zum ersten Mal auf der »Top-Ten-Verkostung« des *Wine Spectator* im Jahr 1998 degustiert: sehr tief, samtig; verschlossen, teerig; schöner Geschmack, große Länge, stilvoll, aber sehr tanninbetont, mit bitterem Abgang. Kürzlich eine sehr ähnliche Beschreibung. Sehr wohlriechend, ganz anders als der vorausgegangene 1992er. Köstlich für sich zu trinken. *Zuletzt im Dezember 2000 auf Waddesdon Manor verkostet* ★★★★★

Chateau Montelena, Montelena Estate Beginnt zu reifen; köstlich »süßer« Geruch und Geschmack, reich, mit kantigem Tannin und säurebetontem Abgang. Der Wein hatte angeblich »langkettige« Tannine und seine jugendliche Frucht noch nicht abgelegt. *Im Oktober 2000 auf der Wine Experience in New York degustiert* ★★(★★)

Colgin, Herb Lamb Vineyard Cabernet Sauvignon Tief, reich; hervorquellender Duft, kandierte Veilchen. Zweifellos »flott« und wohlschmeckend. Sehr tanninbetont. *Im Dezember 1998 beim Colgin-Dinner von Christie's in New York verkostet* ★★★★ *Einer solchen Versuchung kann ich nicht widerstehen.*

Dalla Valle, Maya (Maya ist Gustav Dalla Valles Tochter, die den Betrieb nach seinem Tod übernahm) Der jüngste von fünf aufeinander folgenden Jahrgängen: undurchsichtig, unreif; verschlossene Nase, Eiche, fleischig, dann minzig; voller Frucht, gute Länge, aber enorm tanninstarker Abgang. *Im Dezember 2000 auf Waddesdon Manor verkostet* ★★(★★★) *Äußerst beeindruckend, aber einfach kein Wein für mich.*

Diamond Creek, Volcanic Hill Cabernet Sauvignon (100 % Cabernet Sauvignon) Unreifes Blauviolett, kräftige »Tränen«; trocken, sehr lebhaft. *Im Juni 2001 bei einem Picknick im Freien verkostet* (★★★)

Dominus, Napanook Vineyard (72 % Cabernet Sauvignon, der geringste Anteil zwischen dem ersten Jahrgang 1983 und 2000, 11 % Cabernet franc, 12 % Merlot und 5 % Petit Verdot). Auf dem Etikett: »Erzeugt und abgefüllt von der Dominus Estate Corporation«. Tief; außergewöhnliche Düfte nach Teer und Zitrusfrüchten; sehr »süß«, köstlicher Geschmack, ledrige Tannine. Nach zwei Stunden ein raues Mundgefühl. *Im März 2002 in der Pierce Street Nr. 1915 in San Francisco verkostet* ★★★★★ *Schmeckt wahrscheinlich gleich nach dem Öffnen der Flasche am besten.*

Harlan Estate Sehr tief; anfangs fruchtig, fleischig, eichenbetont, aber ich mochte ihn immer weniger (Daphne nahm wie immer kein Blatt vor den Mund und meinte, er erinnere sie an Fernet Branca). Am Gaumen besser: gute Textur, Kraft, Fleisch und Frucht. Trockener Abgang. *Im Dezember 2000 auf Waddesdon Manor verkostet* ★★★(★★) *für die, die diese Art Wein mögen.*

Niebaum-Coppola, Rubicon (Cabernet Sauvignon und Merlot) Tief, jugendlich, brombeerartig, würzig, schön; füllig (14,1 % Alkohol), langer, trockener Abgang. *Im Dezember 1998 bei einem denkwürdigen Essen verkostet, zu dem CIA-Präsident Ferdinand de Metz (nein, nicht vom Geheimdienst, sondern vom Culinary Institute of America) nach einem Rundgang durch die bemerkenswerten Anlagen im Hyde Park im Bundesstaat New York geladen hatte* ★★★★

Opus One (93 % Cabernet Sauvignon, 4 % Cabernet franc, 2 % Merlot, 1 % Malbec) Weiß der Himmel – oder vielleicht sogar der Kellermeister –, was der winzige Malbec-Anteil soll. Gutes, tiefes, beeindruckendes Erscheinungsbild; Bordeaux-artige zedrige Nase, »süß«, sehr parfümiert; ein Kraftwerk, viel zu unreif zum Verkosten. Insgesamt trocken, lebhaft, dominierende Frucht, lange Entwicklung. *Der jüngste Wein der Opus-One-Masterclass bei Christie's, verkostet im Dezember 1997* ★(★★★)? *Ich prophezeie ihm ein langes Leben.*

Die Weinkurse von Christie's

Sie wurden 1982 von Steven Spurrier und mir initiiert und finden seither das ganze Jahr über statt. Jeder Kurs umfasst fünf Sitzungen, in denen jeweils auf einen bestimmten Weintyp eingegangen wird. Zunächst waren die Kurse französischen Weinen gewidmet. Dann überzeugte ich Steven, mindestens einen anständigen deutschen Riesling mit in das Programm aufzunehmen. Mittlerweile stehen bei der Einführungssitzung die Weine der »Neuen Welt« im Mittelpunkt, weil man mit ihnen den Charakter der Rebsorten aus der »Alten Welt« gut veranschaulichen kann. Die Zeiten haben sich aber geändert. Heute finden dort auch Masterclasses mit feinen und seltenen Weinen statt. (Ich beschränke mich darauf, dort etwas über Bordeaux zu erzählen, denn dann brauche ich mich nicht vorzubereiten!) Einmal verwies ich auf die Bedeutung des »Gleichgewichts«, des harmonischen Miteinanders aller Komponenten, in einem Wein. »Ein unausgewogenes Gewächs«, erklärte ich, »ist wie ein Mann mit einem Bein!« Als die Verkostung zu Ende war, sah ich einen Einbeinigen hinaushumpeln. Wie peinlich!

Daphne ist bisher bei allen meinen Sitzungen mit dabei gewesen: Sie sitzt neben mir, schreibt meine Verkostungskommentare mit, drängt mich zur Eile oder erinnert mich, falls ich etwas ausgelassen habe. Sie kommt mit, obwohl sie jede meiner Geschichten bereits Dutzende Male gehört hat. Ich glaube, sie macht das nur, damit ich nachher keinen Unsinn anstelle – so wie sie mich auch nach jedem Weindinner abholt!

Joseph Phelps, Insignia (88 % Cabernet Sauvignon, 10 % Merlot, 2 % Cabernet franc) Überwiegend in den Weinbergen am Rutherford Bench und in der Stags-Leap-Gegend im Napa Valley herangereift. Als Kellermeister Fred Williams diesen Wein vorstellte, berichtete er, dass es im Oktober, als noch 80 % der Cabernet-Sauvignon-Trauben an den Rebstöcken hingen, ein schweres Gewitter gegeben habe, die Beeren danach aber weiter ausgereift seien. Undurchsichtiges Zentrum, intensiv, sehr kräftige »Tränen«; »klassische«, rauchige Note; »süß«, teerige Frucht – ähnlich wie ein Pontet-Canet in manchen Jahrgängen –, gut gemacht, reich, tanninbetont. *Im November 1998 bei der »Top-Ten-Verkostung« des* Wine Spectator *degustiert. Die Weinprobe wurde von Chefredakteur Jim Gordon in New York geleitet* ★★★(★★)

Qupé, Syrah Sehr tief, samtig, undurchsichtig; unnachgiebig, Eisennote; unreif, streng, lebhafte Frucht, tanninbetont. Kurz. Enttäuschend. *Im April 2001 im Gidleigh Park Hotel in Devon verkostet* (★★★)

Ridge, Monte Bello Cabernet Sauvignon Sehr tief; herrliche Frucht, aromatische, würzige Nase; am Gaumen sehr tanninbetont. *Im Dezember 2000 auf Waddesdon Manor degustiert* ★★(★★★) *Ein Langstreckenläufer.*

Saintsbury, Carneros Pinot Noir Weich; sehr gutes Sortenaroma mit Wärme und Tiefe; angenehme »Süße«, lebhafte Frucht, weiche Tannine. *Im Januar 1998 bei einer »Einführung in den Wein und das Weinverkosten« an Bord des Luxusschiffs* Seabourn Spirit *irgendwo vor Sumatra verkostet* ★★★

Screaming Eagle, Cabernet Sauvignon (siehe auch unter 1992) Aussehen, Nase und Geschmack reich. Äußerst attraktiv. *Im Dezember 2000 auf Waddesdon Manor verkostet* ★★★★★ *Jetzt schön. Ich nehme an, die meisten Flaschen wurden mittlerweile von reichen Sammlern getrunken oder gehortet. Nur wenige Menschen werden ihn je ins Glas bekommen.*

Shafer, Hillside Select Cabernet Sauvignon 1999 sehr tief, samtig; ziemlich süß, sehr voll und fruchtig. Viel zu stämmig (14,5 % Alkohol), aber beeindruckend. Kürzlich »süß«, köstlich zu degustieren, doch nicht gerade das, was ich mir unter einem idealen Essensbegleiter vorstelle. Aber ich will mich nicht beklagen. *Im Juni 2001 in Shafers Keller verkostet* ★★★★

Stag's Leap Wine Cellars, Cask 23 Erstmals bei der »Red«-Adams-Verkostung 1998 degustiert: noch immer jugendlich; verschlossene Nase, fabelhafte Frucht, komplett. Kürzlich ziemlich tief, brauner Rand; vegetabil; etwas Süße, körperreich, trank sich recht gut. (Daphne hielt ihn für den besten Wein der »Serie«. Wie üblich gab ich kleinlaut bei.) *Im Dezember 2000 im Dairy auf Waddesdon Manor verkostet* ★★★(★) *Jetzt trinkreif, aber hält sich noch.*

1995 ★★ bis ★★★★

Ein weiteres schwieriges Jahr mit unterschiedlichen Ergebnissen. Die Weinberge wurden überschwemmt, die Blüte zog sich wegen des kalten Wetters in die Länge, was auch dazu führte, dass sich die Lese um zwei bis vier Wochen verzögerte. Es entstanden einige köstliche Weine.

Araujo, Eisele Vineyard Cabernet Sauvignon Tief, ziemlich intensiv; zunächst verschlossen, entfaltete sich aber dann wohlriechend; »mittelsüß«, mittlerer Körper, köstlicher Geschmack, lebhafte Frucht, Tannin und Säure gut. Der fünfte gute Jahrgang in Folge, was mich zu der Überzeugung brachte, dass Araujo seinen Kultstatus verdient. *Im Dezember 2000 auf Waddesdon Manor verkostet* ★★(★★★)

Beaulieu Vineyard, Georges de Latour Cabernet Sauvignon Der aktuelle Jahrgang zum Zeitpunkt der Verkostung, obwohl er noch immer unreif aussah; fast absurd süßes Aroma nach Himbeeren und duftender Vanille; volle, reiche Frucht, eigenartiger, gerösteter Geschmack, weich und würzig. Ein Blender durch und durch, der sich dem Modegeschmack anbiedert, fand ich. Als wir uns durch die Jahrgänge 1996, 1997 und 1998 gearbeitet hatten, hatte ich die Nase gründlich voll und machte mich sehr unbeliebt, indem ich unseren Gastgebern von Beaulieu Vineyard vorschlug, dass sie ihre Nase in zwei der Weinduftzerstäuber stecken – in den einen, auf dem »Eiche« steht und der Vanilleduft verströmt, und in den anderen mit der Aufschrift »Cabernet«, aus dem Himbeerduft kommt. *Im Juli 1999 auf der Jahrhundertverkostung von Beaulieu Vineyard im Londoner Vinopolis degustiert. Kein weiterer Kommentar.*

Caymus Vineyards, Special Selection Cabernet Sauvignon Sehr tief; fleischig, gut entwickelte Nase, köstlich hervortretendes Cabernet-Aroma; gut gebaut. Ziemlich eichenbetont. *Im Dezember 2000 auf Waddesdon Manor verkostet* ★★★(★)

Colgin, Herb Lamb Vineyard Cabernet Sauvignon Der letzte von vier aufeinander folgenden Jahrgängen, die ich beim Essen im Sitzungssaal von Christie's in New York verkostete – Preis weit über 1000 US-Dollar. Undurchsichtig; in der Nase nicht so übertrieben wie der 1993er und der 1994er; komplett, beeindruckend, sogar ein Genuss. *Zuletzt im Dezember 1998 verkostet* ★★★(★) *Ich versuche erst gar nicht, seine Zukunft vorauszusagen.*

Diamond Creek, Volcanic Hill Cabernet Sauvignon (100 % Cabernet Sauvignon) Al Brounsteins Rebfläche hat 3,2 ha (Red Rock Terrace 1,2 ha, Gravelly Meadows 2 ha). Ihm gebührt Respekt für seine Leistung, diese beiden unterschiedlich beschaffenen Böden im winzigen Diamond Mountain Valley 1968 aufgespürt zu haben. Bemerkenswert aber auch seine Energie und der Kenntnisreichtum, mit dem er aus den Trauben von diesen Lagen einen der beständigsten und feinsten Napa-Cabernets bereitet. Der süße und würzige 1995er bildete keine Ausnahme. *Zweimal verkostet, einmal 1998 und ein zweites Mal beim Picknick an seinem See im Juni 2001* ★★★★

Dominus, Napanook Vineyard (80 % Cabernet Sauvignon, 10 % Cabernet franc, 6 % Merlot, 4 % Petit Verdot). Dunkles Kirschrot, noch immer jugendlich; außergewöhnlich parfümiert, reich, würzig, Mokkanote; sehr »süß«, körperreich (14,1 % Alkohol), weicher Auftakt und Mittelteil, gute Länge, reich, weiche Tannine, ein Anflug von Eisen. *Im März 2002 in der Pierce Street Nr. 1915 in San Francisco verkostet* ★★★(★★)

Harlan Estate Der letzte von fünf aufeinander folgenden Jahrgängen. Würzige, eichenbetonte Nase, die sich ziemlich spektakulär entfaltete; gute Frucht, alle Komponenten korrekt, aber merklich tanninbetont. Ich fand die Weine ehrlich gesagt uneinheitlich. Der erste Jahrgang der Kellerei kostet mittlerweile bis zu 1000 US-Dollar die Flasche. Jährliche Produktion 2000 Kisten, Preis bei der Freigabe – falls man einen Posten zugeteilt bekommt – 160 Dollar die Flasche. *Im Dezember 2000 auf Waddesdon Manor verkostet* ★★★(★)

Robert Mondavi, Reserve Cabernet Sauvignon (einschließlich 4 % Merlot und 4 % Cabernet franc) Binnen drei Tagen dreimal verkostet, einmal beim Testessen, dann bei einer Presse- und VIP-Verkostung, deren Vorsitz ich vor dem *Decanter*-Millenniumsdinner führte, und das dritte Mal beim Dinner selbst, als ihn Marcia Mondavi präsentierte. Reiches Kirschrot; noch immer jugendlich; ziemlich verhaltene Frucht, würzig; ein Hauch von »Süße«, lebhaft, aber ich stellte jedes Mal einen bitteren tanninbetonten Abgang fest, der einmal von einem Pilzgericht etwas gemildert wurde. *Im Juli 1999 im Londoner Vinopolis verkostet* ★★(★)

Opus One (86 % Cabernet Sauvignon, 7 % Cabernet franc, 5 % Merlot, 2 % Malbec. 39 Tage an der Maische, 18 Monate in neuer französischer Eiche.) Der erste von drei Jahrgängen, der mir freundlicherweise zum Verkosten überlassen und in das Haus meines Sohnes in San Francisco gebracht wurde: mittlere Tiefe und Intensität; kräftige, wohlriechende, lebhafte Frucht und Eiche, mit einem Bukett, das sich »süß« entfaltete; reiche Frucht, guter Geschmack, passable Länge, Anflug von Teer und Tannin. *März 2002* ★★★(★★)

PlumpJack, Reserve Cabernet Sauvignon Nach einem ziemlich ausgedehnten Essen mit 34 kalifornischen Spitzengewächsen mussten ich und andere Gäste zu einer Blinddegustation antreten. Dieser Wein war der vierte von insgesamt sechs Gewächsen: beeindruckend tief, jugendlich; sehr wohlriechend, der in der Nase Bordeaux-ähnlichste Wein des Tages; Geschmack und Gleichgewicht ausgezeichnet. Ich fügte hinzu: »Ein Klassiker.« Es stellte sich heraus, dass er aus der Kellerei eines der Gastgeber, Gordon Getty, stammte, in dessen Privatflugzeug das gesamte amerikanische Weinkontingent über den Atlantik gebracht worden war. *Im Dezember 2000 auf Waddesdon Manor verkostet* ★★★★

Qupé, Syrah Dunkles Kirschrot; harmonisch, feigenartiges Sortenaroma, schöne Frucht, würzig – wie Kräuter der Provence; voller Charakter, komplett. Ein schöner Wein. *Im Januar 1997 bei einer Sitzung des Christie's-Weinkurses verkostet* ★★★★

Ridge, Monte Bello Cabernet Sauvignon Der jüngste von fünf aufeinander folgenden Jahrgängen. Trocken, fest, sehr gut. *Im Dezember 2000 auf Waddesdon Manor degustiert* ★★★(★)

Screaming Eagle, Cabernet Sauvignon Der letzte von vier Jahrgängen in Folge. Ich muss gestehen, ich hatte mir vorgenommen, diesen Kultwein aller Kultweine in seine Schranken zu weisen. Ich muss aber auch gestehen, dass ich zu der Überzeugung gelangte, dass alle vier Jahrgänge köstlich waren. Wegen seines legendären Rufs und der winzigen Produktionsmenge erzielt er Preise, die einen Romanée-Conti wie ein Schnäppchen erscheinen lassen. Ob ich diese Preise für völlig überzogen halte? Natürlich, aber es verhält sich mit ihm wie mit dem Le Pin und anderen Kultweinen: Sie haben keinen Bezug zur Realität. Deshalb sollten sich die klassischen Erzeuger einfach nicht beirren lassen und so weitermachen wie bisher. *Im Dezember 2000 auf Waddesdon Manor verkostet* ★★★★(★)

Stag's Leap Wine Cellars, Cabernet Sauvignon Fay Vineyard Köstlich, lebhaft, tanninbetont. *November 1998* ★★★(★)

Shafer, Hillside Select Cabernet Sauvignon Undurchsichtig, samtig; unmöglich, die Nase in einem Keller zu beurteilen, in dem der Geruch von jungem Wein und nassem Beton vorherrscht; ziemlich trocken und körperreich, lebhafte Frucht. *Im Juni 2001 bei einer schnellen Verkostung beim Durchspazieren durch den Keller degustiert* ★★(★★)

1996 ★★★

Eine uneinheitliche Saison mit kühlem Frühjahr, aber einem der frühesten Austriebe aller Zeiten, Regen im Mai, der die Blüte beeinträchtigte, Hitzewellen im Juli und August und schließlich einer plötzlichen Abkühlung im Napa Valley, die den Reifeprozess verzögerte. Die Ausweitung der *hang time*, der Zeit zwischen Blüte und Lese, soll den Weinen mehr Komplexität verleihen. Am wenigsten betroffen von den Wirren der Witterung waren Cabernet Sauvignon und Merlot.

Arietta Der erste Wein des neuen Jointventures zwischen Kongsgaard und Hatton, benannt nach einem berühmten Stück von Beethoven. Beim ersten Mal unter schwierigen Umständen verkostet, weil der Lärm und die Ablenkung auf der Wohltätigkeitsversteigerung in San Juan, an der Fritz Hatton und ich teilnahmen, einfach zu groß waren: tiefes Rubinrot; trockene, lebhafte Frucht, bittere Tannine und eisenbetonter Abgang. Kürzlich der älteste Jahrgang einer Vertikalverkostung mit sechs Weinen, die mir Fritz Hatton brachte: noch immer jugendlich und lebenssprühend, wie sein Erzeuger; ungewöhnlich zweigeteilte, sehr parfümierte Mandarinen- und Eichennase und ebensolcher Geschmack, mit spürbarem zitrusartigem Cabernet-franc-Charakter. Sehr gut. Noch ein bisschen rau. *Zuletzt im März 2002 verkostet* ★★★(★)

Beaulieu Vineyard, Georges de Latour Cabernet Sauvignon Abfüllung im Oktober 1998. Übertriebene Himbeer- und Vanillenote, ähnlich wie der 1995er, außerdem glaubte ich eine Spur zu viel flüchtige Säure zu entdecken. Generell trocken und adstringierend. Das Problem: Die Kunden von Beaulieu Vineyard dürften diesen Wein schon kurz nach der Freigabe im November 1999 konsumiert haben. *Im Juli 1999 auf der Jahrhundertverkostung von Beaulieu Vineyard im Londoner Vinopolis verkostet.*

Chateau Montelena, Montelena Estate Sehr tief; gut entwickelt, weich, reich, ein Duft nach »heißem Jahrgang«; »süß«, voll, verhüllte Tannine. *Im Oktober 2000 auf dem Montelena-Seminar in New York degustiert* ★★★(★)

Diamond Creek, Red Rock Terrace Cabernet Sauvignon Fein, tief, samtig; Frucht und Fleisch sehr gut. Komplett. Tanninbetont. Auf einer Wohltätigkeitsverkostung von Weinen aus dem Napa Valley zugunsten Parkinson-Kranker mit einer Einführung von Jancis Robinson verkostet. Die Leitung hatte Master of Wine Hugo Rose von Lay & Wheeler. Al Brounstein, der Diamond Creek Ende der 1960er gründete, leidet an Parkinson im fortgeschrittenen Stadium, was aber weder seine Begeisterung noch seine Fachkenntnis oder seinen Geschäftssinn beeinträchtigt. In Großbritannien kostet dieser Wein umgerechnet 85 Euro die Flasche. *Im November 1999 verkostet* ★★★★

Dominus, Napanook Vineyard (82 % Cabernet Sauvignon, 10 % Cabernet franc, 4 % Merlot, 4 % Petit Verdot) Tief, reich, Anzeichen von Reife; wohlriechend, zitrusartig, entwickelte eine weiche Rohrzuckernote, nach einer Stunde außerordentlich voll und harmonisch; »süß«, weich, köstliche Frucht, kandierte Veilchen. Herausragend. *Im März 2002 in der Pierce Street Nr. 1915 in San Francisco verkostet* ★★★★★

Groth, Napa Cabernet Sauvignon Pflaumenfarben; »süß«, dick, attraktiv, brombeerartiger Geruch und Geschmack. Gut zu trinken. *Im September 1999 an Bord der* Crystal Symphony *verkostet* ★★★

Kongsgaard, Napa Valley Syrah Angeblich 100 % Syrah, enthielt jedoch 3 % Viognier! Erstmals 1998 auf der Auktion in San Juan unter widrigen Umständen verkostet: tief, samtig; Geruch nach Zigarettenschachtel; trocken, noch immer rau. Als Nächstes mit John Kongsgaard degustiert: jetzt schon mehr wie Wein, harmonisch, reiche Frucht, entwickelte einen Anflug von Erdbeeren; »süßer«, aber schlank und adstringierend. Brombeerartige Frucht. *Im März 2002 in der Pierce Street Nr. 1915 in San Francisco verkostet* ★★(★★)

Opus One (86 % Cabernet Sauvignon, 8 % Cabernet franc, 3 % Merlot, 3 % Malbec. Geringer Ertrag, Lese Mitte September, 37 Tage an der Maische, 19 Monate in neuer französischer Eiche) Einer der »Top-Ten«-Weine des *Wine Spectator*, präsentiert im Oktober 2000 von Philippe Sereys de Rothschild, dem Sohn der Baronesse Philippine: pfefferiger, würziger Eukalyptusduft; »süß«, attraktive Frucht, ein reifer, fast Bordeauxartiger Charakter, aber weiter entwickelt. Kürzlich tiefe, blumige, vegetabile Nase, Frucht und Eiche; attraktiver würziger Geschmack, fülliger Körper (13,5 % Alkohol), etwas schlank und sehr tanninbetont. *Im März 2002 in San Francisco verkostet* ★★(★★)

Peter Michael, Les Pavots Gegründet 1987, höher gelegen, kühles Klima. Buchstäblich undurchsichtig; komplett; »süß«, reich, voller Frucht, einigermaßen verhüllte Tannine. *Gehörte ebenfalls zu den »Top Ten« des* Wine Spectator, *verkostet im Oktober 2000 in New York* ★★★(★)

Robert Mondavi, Special Reserve Cabernet Sauvignon (einschließlich 3 % Cabernet franc, 2 % Merlot) Erstmals im November 1998 verkostet und eigens für das Galadiner der Wine Experience in San Francisco abgefüllt. Als Nächstes beim »Top-Ten«-Seminar des *Wine Spectator*: sehr gute Nase, entgegenkommend, leicht parfümiert; Frucht, Körper und Länge gut. *Zuletzt im Oktober 2000 verkostet* ★★(★★)

Robert Mondavi, Barrel-Aged Reserve Cabernet Sauvignon Schöne Farbe; lebhaft; gute Frucht, sehr trockener Abgang. *Gehörte im März 2000 zur Cabernet-»Serie« auf der »Club-50«-Verkostung in Düsseldorf* ★★(★)

Robert Mondavi, Oakville District Cabernet Sauvignon Ein tadelloser, aber nicht sehr ausdrucksvoller Wein, der nach der »Club-50«-Verkostung zum Rippenstück vom Lamm serviert wurde. Ich musste früher aufbrechen, um das Flugzeug nach London noch zu erwischen. Ein schönes Treffen, denn mit dabei war auch Angelo Gaja, der sich sogar noch vor mir verabschiedete. Organisiert wurde das Ganze von einer guten Bekannten, Dorli Muhr von Wine & Partners in Wien. *März 2000* ★★★

Shafer, Hillside Select Cabernet Sauvignon Tiefes Purpurrot, violetter Rand; »süß«, fleischig und wieder stämmig, schöne Frucht, mit einem Extrakt, der das Tannin verhüllte. *Im Juni 2001 in Shafers Keller verkostet* (★★★★)

Shafer, Merlot Farbtief, pflaumenfarben; stämmige, fleischige Frucht; »süß«, fleischig, stämmig, auf seine Weise köstlich. *Im Juni 2001 während eines Essens bei Shafer verkostet* ★★★★

1997 ★★★★★

Nach einer Reihe ertragsarmer Jahrgänge endlich wieder eine große Ernte, die um 24 % über dem Vorjahresergebnis lag. Im August und September fegten Tropenstürme über das Sonoma und das Napa Valley hinweg. Der hohe Anteil von Premium-Weinen dämpfte die Preisinflation etwas.

Acacia, Carneros Pinot Noir Korrekte Farbe; reiche, angesengte Pinot-Nase; »süß«, komplett (13 % Alkohol), ziemlicher Biss. Zu Hause verkoste ich die Weine immer vor dem Servieren und mache mir dazu Notizen. In diesem Fall gefiel mir der Wein frisch geöffnet am besten, während er beim Essen immer schwächer wurde. *Im September 1999 verkostet* ★★★ *Aber austrinken.*

Arietta Kongsgaard und Hatton 81 % Cabernet franc, 19 % Merlot, aus den 1980 bestockten Hudson Vineyards. Erstmals im Juli 1999 verkostet. Gute Frucht, ziemlicher Biss. Kürzlich tief, reich, samtig; lebhafte Frucht, blumig, entwickelte einen extrem süßen Ananasduft; »süß«, reich, Textur und Geschmack schön. Würzig. Tanninbetont. *Zuletzt im März 2000 in San Francisco verkostet* ★★★★(★)

Beaulieu Vineyard, Georges de Latour Cabernet Sauvignon Reserve 1999 assembliert und abgefüllt. Undurchsichtig, intensiv; eine Melange aus Himbeeren und Vanille; »süß«, kräftiger Himbeergeschmack. Mehr Frucht als Wein. Es dürfte mittlerweile klar geworden sein, dass mir dieser neue Stil nicht gefällt. *Im Juli 1999 auf der Jahrhundertverkostung von Beaulieu Vineyard im Londoner Vinopolis degustiert.*

Cain, Cain Five 87 % Cabernet Sauvignon, 11 % Cabernet franc, 1 % Petit Verdot, 1 % Malbec. Ziemlich tief, pflaumenfarben; lebhafte, beerenartige Frucht; »mittelsüß« und mittelgewichtig, voller Frucht, trockener Abgang. *Im Dezember 2001 während eines »Live Chats« des* Decanter *verkostet* ★★★

Chateau Montelena, Montelena Estate Schwarzkirschenfarbe; gute, junge Frucht, entwickelte sich gut, »süß«, reich, ein guter Mundfüller. Der jüngste Wein einer »Serie« von neun Montelena-Jahrängen. *Im Oktober 2000 auf der California Wine Experience in New York verkostet* ★★(★★)

Dominus, Napanook Vineyard 86,5 % Cabernet Sauvignon, 9 % Cabernet franc, 4,5 % Merlot. Sehr tief, reich, samtig und nicht so reif im Aussehen wie der 1996er Opus One, den ich zusammen mit ihm verkostete; reiche, zweigeteilte, noch unverwobene Nase, verschlossene Frucht; am Gaumen »süß«, mit weichem Auftakt, guter Frucht im Mittelteil, aber sehr tanninbetontem, adstringierendem Abgang. *Im März 2002 in der Pierce Street Nr. 1915 in San Francisco verkostet* (★★★★)

Kendall-Jackson, Reserve Cabernet Sauvignon »Süß«, angenehm, gerade richtig für einen Flug. *Ein guter Roter für die »Club World«, verkostet im Oktober 2001 auf Flug BA 175 nach New York* ★★★ *(gerade noch).*

Robert Mondavi, Reserve Cabernet Sauvignon Im November 2000 Geschmack und Länge sehr gut. Als Nächstes ein ähnlicher Eintrag, aber eher schlank und mit erfrischender Säure. Braucht Zeit. *Zuletzt im Juni 2001 beim Galadiner der Vintners' auf Meadowood verkostet* ★★(★★)

Opus One 84 % Cabernet Sauvignon, 10 % Cabernet franc, 4 % Malbec, 2 % Petit Verdot. Früh gelesen. Die größte Ernte des Jahrzehnts, durch Ausdünnen auf einen sehr niedrigen Ertrag pro ha gedrückt. Ein sprudelnder Brunnen voller, reicher Cabernet-Aromen, Kaffee-, Mokka- und Malznote. Wurde nach einer Stunde im Glas schwächer. »Süß«, sehr attraktiver Zitrus- und Gewürzgeschmack. Sehr tanninbetont. *Im März 2002 in der Pierce Street Nr. 1915 in San Francisco verkostet* ★★(★★)

PlumpJack, Reserve Cabernet Sauvignon Der erste von sechs blind degustierten Cabernets (einschließlich eines Bordeaux Supérieur). Wir ließen uns alle hinters Licht führen, lediglich ein Degustator tippte wegen der Eukalyptusnote auf das Napa Valley. Ein würziger, attraktiver Wein. Noch immer sehr tanninbetont. Gordon Getty war mit unseren Reaktionen zufrieden. *Im Dezember 2000 auf Waddesdon Manor verkostet* ★★(★★)

Saintsbury, Carneros Pinot Noir Einer meiner bevorzugten Pinot-noir-Weine, mit dem wir auf unseren Einführungssitzungen bei den Christie's-Weinkursen den Sortencharakter dieser Rebsorte veranschaulichten. Typisch »burgundisch«, nicht tief, aber weich, mit offenem Rand; ein weicher Charakter, der sich im Glas weiterentwickelte, reife, reiche Frucht; »süß«, Textur, Geschmack und Gewicht (13,5 % Alkohol) gut. Trockener Abgang. *Zuletzt im November 1999 bei Christie's verkostet* ★★(★) *Wahrscheinlich jetzt im Zenit.*

Shafer, Hillside Select Cabernet Sauvignon Tief, pflaumenfarben; trocken, lebhaft, gut gebaut, sehr interessant, mit würzigem Nachgeschmack. Der jüngste Jahrgang, den ich in den Shafer-Kellern vor dem Essen verkostete. Ich bewundere Doug Shafer und seinen Sohn sehr; sie bilden ein unterhaltsames Doppel, wenn sie über ihren Wein sprechen – so wie hoffentlich auch Bartholomew und ich, wenn wir auf Tour sind und über seinen Port sprechen. Ihre Weine aber empfand ich als zu alkoholstark; keiner hat weniger als 14 %. Das hat viel mit der Überreife der Trauben und zweifellos auch mit dem amerikanischen Geschmack zu tun. Deshalb sind die schlankeren, nicht so vordergründig kraftvollen Roten aus Bordeaux – sozusagen die Rennpferde unter den Weinen – meiner Meinung nach als Essensbegleiter vorzuziehen, auch wenn sie nicht so offensichtlich ansprechend ausfallen wie die kalifornischen Premium-Gewächse. *Im Juni 2000 bei Shafer verkostet* ★(★★★)

Stag's Leap Wine Cellars, Cask 23 Der jüngste Jahrgang auf Winiarskis Adams-Verkostung und an der Jubiläumsfeier zum 25-jährigen Bestehen der Kellerei auf Meadowood. Natürlich tief; sehr vegetabil, Bordeaux-artig, schweißelnde Tannine; zu »süß« und etwas grob. Die Zeit wird's schon richten (fast hätte ich gesagt: »Aus einem Schweineohr kann durchaus eine feine Ledertasche werden« – aber ich tue es nicht). *Dezember 2000* ★(★★)?

1998 ★★★?

Zweifellos ein schwieriges Jahr für die Erzeuger. Der schlechteste Februar seit Beginn der Aufzeichnungen, ein kühler, nasser Frühling, widriges Wetter während der Blüte und kurze, sprunghafte Hitzeperioden im Sommer. Mitte September war noch kaum eine Traube unter Dach und Fach. Die späteste Lese seit Generationen ging Mitte November zu Ende.

Hinzu kamen die ganzen Krankheiten und Schädlinge – wegen der Reblausinvasion hatten viele Weinberge neu bepflanzt werden müssen. Keine leichte Zeit für die Winzer also. Dank immer besserer Weinbau- und Kellertechniken allerdings entstanden einige sehr gute Weine.

Leider kann ich keinen repräsentativen Überblick bieten. Vielleicht geben die folgenden Weine bedeutender Kellereien Aufschluss über die Qualität des Jahrgangs.

Arietta, Merlot Produktion 400 Kisten. Gute, aber noch unverwobene Nase, Waldaroma, Zitrusnote, entfaltete und beruhigte sich schön; »süß«, fleischig, köstlich. *Im März 2002 mit John und Fritz in der Pierce Street Nr. 1915 in San Francisco verkostet* ★★★★

Arietta, Napa Valley (60 % Cabernet franc, 40 % Merlot) Produktion 500 Kisten. Tiefe, lebhafte Frucht, blumige Düfte, reiche Entfaltung, Mokka und Eiche; der »süßeste« Wein der »Serie« (1996 bis 1999), schöner Geschmack, würzig, trocken, leicht adstringierender Abgang. *Im März 2002 mit John Kongsgaard und Fritz Hatton in der Pierce Street Nr. 1915 in San Francisco degustiert* ★★(★★)

Beaulieu Vineyard, Georges de Latour Cabernet Sauvignon Möglicherweise die endgültige Komposition. Eigens für die Beaulieu-Vineyard-Jahrhundertverkostung in London im Juli 1999 nach Europa gebracht. Ich zog ihn den Himbeer- und Vanilleweinen von 1995, 1996 und 1997 vor. Kaum wage ich es zu sagen, aber er war sehr Bordeaux-artig, mit frischem, jugendlichem, leicht parfümiertem Cabernet-Sauvignon-Aroma; »süß«, sehr eichenbetont, gewürznelkenartige Würze mit einem Geschmack nach frisch geschnittenem Holz. Dann ganz kurz am Beaulieu-Vineyard-Stand bei der »großen Verkostung« auf der Wine Experience in New York degustiert: »Sehr tief, groß und hart« war alles, was ich mir notierte, was zugegebenermaßen nicht besonders hilfreich ist. Kommt Zeit, kommt Rat. *Zuletzt im Oktober 2001 verkostet* (★★★)?

Diamond Creek, Volcanic Hill Cabernet Sauvignon Undurchsichtiges Zentrum, purpurner Rand; schöne, intensive Frucht in der Nase und am Gaumen. Leider hatte ich keine Gelegenheit, die Weine aus den anderen beiden Lagen von Diamond Hill zu verkosten, aber nach dieser Version hier zu urteilen und weil ich Al kenne, werden sie aller Wahrscheinlichkeit nach gut ausfallen. *Im Juni 2001 beim Picknicken auf dem Gut verkostet* ★★(★★★)?

Dominus, Napanook Vineyard (73 % Cabernet Sauvignon, 15 % Cabernet franc, 6 % Merlot, 6 % Petit Verdot) Mit Christian Moueix auf der »großen Verkostung« der California Wine Experience degustiert. Nur Marvin Shanken schafft es, die bedeutendsten Erzeuger, Weinbauern und Kellereibesitzer dazu zu bringen, sich jedes Jahr in überheizter, überfüllter Umgebung zwei Tage lang an einen prosaischen Stand zu stellen. Andererseits aber ist die Veranstaltung eine willkommene Werbung – und bietet Gelegenheit, einmal die Macher hinter den großen Weinen kennen zu lernen. Der Dominus von 1998 war ziemlich beeindruckend. Natürlich sehr tanninbetont. *Oktober 2001* (★★★★)?

Kongsgaard, Napa Valley Syrah (100 %, 1980 gepflanzt, Produktion nur 80 Kisten) Äußerst gute Nase, süß, pflanzlich, eichenbetont, Mandarine, entwickelte sich gut; etwas Geschmack, insgesamt trocken, leicht adstringierend. Braucht mehr Flaschenalter. *Im März 2002 in der Pierce Street Nr. 1915 in San Francisco verkostet.*

Marimar Torres, Don Miguel Pinot Noir Die Schwester von Miguel Torres, eine alte Bekannte von mir. Sie lebt seit langem im Napa Valley und bereitet dort Wein. Wir korrespondieren ziemlich regelmäßig miteinander und sie schickt mir freundlicherweise ihre Pinot-noir- und Chardonnay-Weine zum Verkosten. Dieses Exemplar aber degustierte ich blind während einer Sitzung auf Walter Eigensatz' großartiger Rotweinprobe, die unter dem Motto »Die allerbesten Weine von Miguel Torres« stand. »Süß«, zum Kauen, köstlich. *Im November 2000 in Bad Schwalbach verkostet* ★★★★

1999 ★★★★★

Eine der längsten und kühlsten Reifephasen, die schließlich von einer fast einwöchigen Hitzewelle Ende September beschleunigt wurde. Die Lese, eine der spätesten aller Zeiten, zog sich bis in den November hin. Kleine Erträge. Die roten Hauptrebsorten erbrachten die besten Weine.

Arietta, Merlot **Kongsgaard und Hatton** (950 Kisten, Preis 75 US-Dollar die Flasche) Sehr tief; intensiv, unreif; »süß«, blumig, seltsam toffeeartig; »mittelsüß«, gute Frucht, aber hart, eichenbetont, adstringierende Tannine. *Im März 2002 mit John Kongsgaard und Fritz Hatton im Haus meines Sohnes in San Francisco verkostet* (★★★)?

Arietta, Napa Valley **Kongsgaard und Hatton** (60 % Cabernet franc, 40 % Merlot, Produktion nur 300 Kisten, Preis 75 Dollar die Flasche) Undurchsichtig, samtig; gute lebhafte Frucht, reich, »angesengter« Geruch und Geschmack. »Süß«, würzig, trocken, tanninstark, eichenbetonter Nachgeschmack. Ein schöner Wein. *Im März 2002 in San Francisco verkostet* ★★(★★★)

Au Bon Climat Bien Nacido Pinot Noir Unlängst als typischer Pinot-noir-Vertreter für einen Weinkurs von Christie's ausgewählt: weich, kirschroter Ton; »süß«, harmonisch, sehr gut gemacht. *Zuletzt im September 2001 verkostet* ★(★★★)

Dominus, Napanook Vineyard (75 % Cabernet Sauvignon, 13 % Cabernet franc, 9 % Merlot, 3 % Petit Verdot – kein Einsatz von neuer Eiche) Schwarzkirschenrot; sehr attraktive Nase, entwickelte sich süß und ziemlich marmeladig; »süß«, weich, fest, köstlich, sein Reichtum verhüllte das Tannin. *Im März 2002 in San Francisco verkostet* ★★★(★★) *Wird ein ausgezeichneter Wein werden.*

Marimar Torres, Don Miguel Vineyard Pinot Noir Gutes, parfümiertes Sortenaroma; köstlicher Geschmack, sehr eichenbetonter und würziger Abgang. *Im Oktober 2001 zu Hause verkostet* ★★★(★)

Kongsgaard, Napa Valley Syrah (100 % Syrah, Ausbau in zu 50 % neuer burgundischer Eiche. Zum Zeitpunkt der Verkostung soeben freigegeben, Produktion nur 100 Kisten, Preis pro Flasche 125 US-Dollar) Beeindruckend tief; sehr süße, eichenbetonte, würzige Nase von großer Tiefe, brombeerartige Frucht; »süß«, fleischige Frucht, sehr würzig, tanninbetont. Ich hielt ihn für zu eichenlastig. *Im März 2002 in San Francisco verkostet* ★(★★★) (Ich war John Kongsgaard seit 1986, als er noch als Kellermeister bei Newton im Napa Valley arbeitete, nicht mehr begegnet. Ich freute mich sehr, dass er sich mit meinem ehemaligen Christie's-Kollegen und Mitauktionator Fritz Hatton zusammengetan hatte.)

2000–2001

Amerikaner im Allgemeinen und die amerikanischen Weinerzeuger im Besonderen sind trotz mancher Rückschläge von Natur aus optimistisch und begeisterungsfähig. Die Kellereibesitzer von heute wissen mehr über das Weinbergmanagement als ihre Vorgänger. Eine Verbesserung der Weinbereitung dagegen ist kaum noch möglich. Ob der bereits gesättigte Markt die Vielzahl neu auf der Bildfläche erscheinender Kellereien noch verkraftet, bleibt abzuwarten. Wahrscheinlich wird sich der Markt polarisieren: Auf der einen Seite werden die großen, etablierten Unternehmen mit guten Verteilernetzen stehen, auf der anderen die »Boutique Wineries« mit ihren rationierten Auflagen für Kenner und Sammler. Der jüngsten, 2002 veröffentlichten Untersuchung eines führenden Weinforschungsinstituts zufolge tummeln sich derzeit 5200 kalifornische Weine auf dem Markt – hinzu kommt die Konkurrenz aus Frankreich, Italien, Australien und Chile!

2000 (★★★★)

Ein ausgezeichneter Vegetationsverlauf: Austrieb, Blüte und *véraison* verliefen planmäßig. Durch die lange, kühle Reifephase allerdings zögerte sich die Lese hinaus und wurde erst Anfang November abgeschlossen. Leider sind die Preise für Spitzengewächse zu hoch. Der starke Dollar kurbelt die Importe an und drosselt die Exporte. Hinzu kommt der harte nationale Wettbewerb.

2001 (★★★★★)

Ein herausragender Jahrgang, zumindest im Napa und Sonoma Valley. Dabei hatte es mit einem viel zu frühen Austrieb und den schlimmsten Spätfrösten seit 20 Jahren zunächst gar nicht gut ausgesehen. Im Sommer allerdings herrschten praktisch ideale Bedingungen, sodass früh gelesen werden konnte. Die Cabernet-Sauvignon-Trauben waren kleiner als üblich, hatten dicke Schalen und konzentriertes Fleisch.

Australien

Ein ausgedehnter Kontinent, der Inbegriff der Neuen Welt. Obwohl hier schon vor fast 200 Jahren Reben gepflanzt und Weine bereitet wurden, begann Australien erst in den 1950ern und 1960ern sein bierseliges Image abzulegen und Wein als hochwertiges Getränk anzusehen. So richtig ernst genommen wurde er sogar erst in den 1970ern. Heute macht Australien sich auf, den internationalen Markt zu erobern – zumindest quantitativ. Nicht zum ersten Mal liegt das Volumen der britischen Weinimporte aus Australien über der Zahl der Einfuhren aus Frankreich: Ende der 1920er bis Mitte der 1930er mussten für Waren aus Staaten, die zum »Empire« gehörten, wesentlich niedrigere Zölle gezahlt werden als für Produkte aus Drittländern. Trotzdem war der Wein einfach nur haarsträubend! Die rauen australischen Roten wurden in England abgefüllt und überwiegend als billige »rote Rachenputzer« oder sogar »zur Stärkung« getrunken. Ich kann mich noch gut an die bocksbeutelartigen Flaschen der Nachkriegszeit oder die »herzhaften Burgunder« erinnern, die reichlich Eisen enthielten. Sie erinnerten daran, dass die ersten Erzeuger in New South Wales Wein vor allem als kräftigendes Getränk anbauten, mit dem man in den Strafkolonien Skorbut verhinderte. Deshalb waren die wohlmeinenden Winzer von damals oft Ärzte – wie zum Beispiel Seppelt, noch heute ein bekannter australischer Erzeuger.

Die in den ersten 75 Jahren des 20. Jahrhunderts in den Hauptabnehmermarkt England exportierten Produkte dienten also gleichzeitig als Zechwein für das Volk und als Eisentonikum für die Kranken. Wie bei den Kapweinen erwiesen sich die alkoholverstärkten Portstile (die in North-East Victoria erzeugten Liqueur Muscats sind noch heute hervorragend, siehe Kasten Seite 638) als erfolgreichste Ausfuhrprodukte auf dem Weinmarkt. Gewiss, sie hatten einen recht eigenwilligen, rosinigen Geschmack, waren aber recht gut. Und sie hielten sich lange. Die Tischweinerzeuger hingegen hatten zunächst einen harten Stand.

Beim Durchblättern meiner Verkostungsbüchlein stelle ich mit Erstaunen fest, dass ich sehr viele australische Provenienzen degustiert habe. Ich habe dem Kontinent bereits mehrmals einen Besuch abgestattet – das erste Mal 1977, als ich dort in Zusammenarbeit mit Len Evans die erste Weinversteigerung von Christie's organisierte und leitete. Großzügig und warmherzig wie er war, begleitete Len mich ins Hunter Valley, wo er noch heute lebt, nach Melbourne und ins nordöstliche Victoria, nach Adelaide und ins Barossa Valley. Obwohl ich aber seither noch einige Male in Australien gewesen bin, habe ich noch nie Western Australia gesehen, die neueste der großen Weinregionen, oder auch Tasmanien.

Wie jung die australische Weingeschichte ist, lässt sich am besten am Beispiel des Chardonnay veranschaulichen, der heute als typisch australisches Erzeugnis gilt. Im Februar 1977 saß ich auf einem Sofa in Dr. Max Lakes winzigem Beratungszimmer in Sydney und verkostete die ersten Chardonnays aus seiner Kellerei Lake's Folly im Hunter Valley (mit die ersten Weine von dieser Rebsorte in ganz Australien).

Ich konnte eine sehr große Bandbreite australischer Kreszenzen verkosten, weil ich vielen Weingütern einen Besuch abstattete und bei einigen wichtigen Weinmessen dabei war. Len Evans und seine Freunde öffneten einige alte Klassiker für mich. Zudem konnte ich einige Male Raritäten aus dem Yalumba Wine Museum verkosten, sowohl auf dem Gut im Barossa Valley als auch in London.

Weil sich das Thema Australien unmöglich erschöpfend behandeln lässt und die vor langer Zeit degustierten jungen Weine heute auch gar nicht mehr relevant sind, teile ich dieses Kapitel in drei Abschnitte: Im ersten gehe ich auf den Grange ein, einen alteingeführten Klassiker für Sammler, im zweiten blicke ich kurz zurück in die jüngere Geschichte und im letzten, das auch ein Postskriptum enthält, erwähne ich ein paar beachtliche Erzeugnisse aus jüngerer Zeit.

Grange

The Grange« heißt eine Hütte in einem Weinberg bei Magill an einem Hang vor der Stadt Adelaide. Hier beschloss Dr. Rawson Penfold im Jahr 1844, Wein anzubauen, um mit dem bekömmlichen Getränk die Gesundheit seiner Eltern zu fördern. Er konnte nicht ahnen, dass der »Penfolds Grange Hermitage Claret«, heute kurz »Grange« genannt, einmal zu dem mit Abstand berühmtesten Wein in Australien avancieren würde.

1900 »Dr Penfold, Grange« Die wahrscheinlich einzige noch übrige Flasche dieses Jahrgangs. Hardy Rodenstock kaufte sie bei Christie's und öffnete sie auf einer seiner Raritäten-Weinproben. Der Wein, auch als »Burgunder« beschrieben, wurde einst im Fass nach England verschifft und dort in Bocksbeutelflaschen mit Schraubverschluss abgefüllt, wie es damals bei den herzhaften, stärkenden, bei den Briten bis Mitte des 20. Jahrhunderts populären australischen Roten üblich war. Zwar ziemlich farbtief, doch keinerlei Rot mehr, zu meiner Überraschung aber in der Nase und am Gaumen gesund – mehr noch, fehlerfrei. Trocken, dabei reich, hatte etwas Körper eingebüßt. *Im September 1987 verkostet* ★★★

1951 Grange Hermitage Ein halbes Jahrhundert später ein ganz anderer Wein, eine Schöpfung von Max Schubert, der bei seiner Rückkehr aus Bordeaux ein Spitzengewächs bereiten wollte, »das 20 Jahre hält«. Er verwendete überwiegend Hermitage-Trauben (Shiraz bzw. Syrah) aus dem Grange-Weinberg, die in neuen Eichenfässern vergoren und ausgebaut wurden. Der ungewöhnliche Stil seines ersten Jahrgangs kam nicht an. Seppelt wollte das Projekt ad acta legen, aber Schubert experimentierte weiter.

1955 Grange Hermitage Ein reinsortiger Shiraz »aus Magill und Kalimna, mit einem Schuss Cabernet Sauvignon verstärkt«, acht Monate in neuen amerikanischen Hogsheads aus Eiche ausgebaut und 1956 abgefüllt. Auch er war nicht gerade erfolgreich. 1957 wurde die Erzeugung wegen der hohen Produktionskosten eingestellt. 1962 aber reichte ihn Schubert trotz dieser Enttäuchung bei der Sydney Wine Show für den Jahrgang 1955 ein und bekam sogleich eine Goldmedaille für ihn verliehen – angeblich sind mittlerweile über 170 weitere Auszeichnungen dieser Art dazugekommen. »Seither«, heißt es, »haben er und sein Wein, der heute nur noch Grange genannt wird, einen beispiellosen Siegeszug angetreten.«

Ich verkostete den 1955er Grange das erste Mal 1985 auf Yalumba im Barossa Valley. Er ähnelte mit 30 Jahren auffallend einem reifen Bordeaux. Fünf Jahre später: mitteltief; voll entwickeltes Bukett, das aber nach 20 Minuten zusammenfiel; ziemlich »süß«, gerösteter, Graves-artiger Geschmack und gute Länge. Als Nächstes bei einer Seppelt-Vertikalverkostung 1994 am Altern, aber ausgewogen und etwas schokoladig. Auf einer Verkostung des Yalumba Wine Museum der beste Rote aus der Zeit vor 1960: warme Bernsteinfarbe; karamellige Nase; noch immer sehr »süß«, weiche Textur. *Zuletzt im Mai 1999 verkostet* ★★★★★ *für seine ursprüngliche Qualität und seine Geschichtsträchtigkeit. Jetzt* ★★★

1960 Ein alter Eintrag, aber einer meiner ersten zu diesem Wein. Sehr reich, machte einen guten Eindruck. *Im April 1973 bei John Avery blind verkostet* ★★★

1962 Der erste Grange-Jahrgang, den ich verkostete. 1972 brachte der unermüdlich nach Raritäten suchende Hugh Johnson eine Flasche zu Christie's, damit ich sie degustieren konnte. Er bezeichnete den Wein als Latour von Australien. Als Nächstes bei einer denkwürdigen Probe im Weinberg selbst getrunken. Ein wundervolles Gewächs. *März 1977* ★★★★

1963 Auf dem Etikett **»Bin 95«**. Noch immer 100 % Shiraz. Erstmals 1985 mit Len Evans verkostet: undurchsichtig; ein enorm vielschichtiger Wein, der sich noch steigern konnte. Als Nächstes auf einer bemerkenswerten, vergleichenden Masters-of-Wine-Degustation zwischen dem Grange und Jaboulets Hermitage La Chapelle im Mai 1992, auf der 21 Gewächse geöffnet wurden: schwarze Melassefarbe; eigenartige Nase und Geschmack, am Altern. Voll, reich, leicht malzig. Über den Höhepunkt hinaus, aber faszinierend. 1993 angesengt, leicht Madeira-artiger Einschlag, wie zuvor etwas rustikal; noch immer kraftvoll. Zwei Jahre später nach wie vor tief und intensiv; fabelhaft reiches, »süßes« Bukett und ebensolcher Geschmack, massiv gestützt. Noch immer tanninbetont. *Der älteste Wein einer Grange-Horizontalverkostung der Hollywood Wine Society mit 14 Jahrgängen, verkostet im März 1995* ★★★★(★)

1965 95 % Shiraz, 5 % Cabernet Sauvignon. Die Cabernet-Trauben stammten aus Weinbergen in Magill, Kalimna, Southern Vales und dem Barossa Valley. 18 Monate Ausbau in neuer amerikanischer Eiche. Nur ein Eintrag: tief, reich, reif; schlank, Ziegelstaub und Lakritze; »süß«, raue Textur, tanninbeladen. *Im Oktober 1990 bei Bob Berenson in New York verkostet* ★★

1966 Ein Trockenjahr. Cabernet-Sauvignon-Anteil 12 %. Erstmals 1977 verkostet: undurchsichtig, enorm ausladend und samtig. Als Nächstes 1990: nicht mehr so tief, jetzt »süß«, elegant und ausgewogen; hatte Gewicht verloren, aber schön, mit seidiger Tannintextur. Ich bewertete ihn ebenso hoch wie den 1971er. Zwei Jahre später zwar »süß«, weich und käsig, doch hatte ich den Eindruck, dass er an Markanz verliert. Als Nächstes 1994: Mahagoniton; lebendig, teeartig, gute Weinigkeit, ausgewogen; sehr glatte Textur, trockener Abgang. 1995 wohlriechend, machte einen guten Eindruck. *Zuletzt bei der »Verkostung des Jahrhunderts« von Christie's eine von Penfolds neu abgefüllte Flasche (mit anderen 1966ern) degustiert. Im Juni 1999 auf der Vinexpo verkostet. In Bestform* ★★★★

1967 Einschließlich 6 % Cabernet Sauvignon, 16 Monate in neuer amerikanischer Eiche. Erstmals 1990 verkostet: Schwarzkirschenfarbe; gute, reife Frucht, Anflug von Kaffee; ein ordentlicher Wein. Fünf Jahre später: Reifespuren; lebhaft, Vanille; »süß«, reich, gute Textur und Länge. Köstlich. *Zuletzt im März 1995 auf einer Verkostung der Hollywood Wine Society degustiert* ★★★★

1968 5 % Cabernet Sauvignon, 20 Monate in neuer amerikanischer Eiche. Erstmals 1990 verkostet: gut entwickelt; reif, nach dem Entfalten mit wundervollem Ingwerkeksduft; »süß«, angenehmes Gewicht, Textur und Säure. Fünf Jahre später: vollreif; angesengt, reich, fast Bual-artige Nase; mehr Kraft, als das Erscheinungsbild vermuten ließ, aber diesmal fiel mir ein raues Tannin auf. *Zuletzt im März 1995 auf der Vertikalverkostung der Hollywood Wine Society degustiert* ★★

1970 10 % Cabernet Sauvignon, 18 Monate in Eiche. Ein Eintrag 20 Jahre nach der Lese: mitteltiefes, reifes Aussehen; reiche, entgegenkommende Nase, ein bisschen toffeeartig; ein angenehmer Wein, aber irgendwie hatte ich das Gefühl, es fehlte etwas. *Im Oktober 1990 auf Berensons Verkostung degustiert* ★★

1971 »Bin 95« Sehr hoher Cabernet-Sauvignon-Anteil von 13 %. Mehrmals verkostet, das erste Mal während eines Essens mit Len Evans bei meinem ersten Besuch in Australien im Februar 1977. Enorm beeindruckend: undurchsichtig, bepackt, pfefferig – ich bezeichnete ihn sogar als Kreuzung zwischen Latour und Pétrus. 1982 und 1985 noch immer intensiv und tanninbetont. 1989 unpassenderweise bei einem »französischen Bankett« in Singapur serviert: mächtig, beeindruckend. 1990 in guter Verfassung: hoher Extrakt, gute Frucht, große Tiefe. Diesmal »wie ein reifer Latour«. Ein großer Wein. Zwei Jahre später: mitteltief, schöne Farbe mit ausgeprägtem, reifem Orangeton; herrlich reiches Bukett, perfekt ausgewogen, große Tiefe; entsprechender Geschmack, schöne Textur und Frucht. Sein Reichtum kaschierte das perfekte Tannin und die Säure. »Die Vollendung.« Fünf Monate später in Atlanta: reif, Syrahtypische Nase nach »verschwitztem Sattelleder«; kraftvoll, dabei mild. Ein großer Wein. Ein weiteres Mal 1994: reifer orangefarbener Rand; »süßes Paketpapier«, wohlriechend; herrlich reich und voll, noch immer tanninbetont. Im Jahr darauf: nach wie vor großartig. Der vielleicht feinste Grange aller Zeiten. *Zuletzt bei der Verkostung der Hollywood Wine Society im März 1995 degustiert* ★★★★★

1973 »Bin 95« Erstmals im April 1985 bei Doug Crittenden in Melbourne verkostet: reich, mächtig, konzentriert. Ein Jahrzehnt später: vollreif; angesengte, schokoladige Mokkanase; »süß«, etwas am Altern und ein bisschen hohl. *Zuletzt im März 1995 bei der Vertikalverkostung der Hollywood Wine Society degustiert* ★★

1975 »Bin 95« Zweimal 1984 verkostet, das erste Mal bei der ersten Christie's-Vorverkaufsverkostung mit Weinen der »Neuen Welt«, das zweite Mal an einem Weinwochenende von Rodenstock. Mit neun Jahren großartig, aber ungenießbar; wuchtig, pfefferig, adstringierend. Ein Jahrzehnt später: tief, reich, lebhaft; würzig, »medizinal«; noch immer ziemlich spröde. Im darauf folgenden Jahr nach wie vor undurchsichtig und relativ unreif; Frucht wie »Brombeeren ohne Kerne«. Sehr »süß«, weich, dabei tanninbetont. *Zuletzt im April 1995 auf Nils Sternbys Geburtstagsverkostung von 1975ern degustiert* ★★★★

1976 Grange's 25th vintage 11 % Cabernet Sauvignon, hohe Produktion. Erstmals 1990 verkostet: vegetabile Nase, Brombeeren, Teer, schwarze Melasse, entwickelte sich über eine Stunde lang im Glas wohlriechend; ziemlich »süß«, mit weit offenem Schokoladengeschmack und »eigenartig austrocknendem Abgang«. Als Nächstes noch immer sehr tief, undurchsichtiges Zentrum, kräftige »Tränen«; herrlich entwickeltes Bukett, süß, parfümiert; am Gaumen sehr »süß«, körperreich, angesengte Frucht, reicher, weicher, tanninbetonter Abgang. Zwei Jahre später reiches Rubinrot; sensationelle Nase, herrliche Frucht, noch reichlich Leben. Makellos. Vor einiger Zeit: noch immer undurchsichtig, aber mit etwas Reife; zedriges, ausgewogenes Bukett von großer Tiefe; sehr »süß«, schöner Geschmack, komplett, robustes Tannin. Fabelhaft. *Zuletzt im März 1995 bei der Vertikalverkostung der Hollywood Wine Society degustiert* ★★★★★

1977 9 % Cabernet Sauvignon. 1992: dunkel kirschrot; lebhafter Charakter nach schwarzen Beeren, öffnete sich wohlriechend; »süß«, mit Pomerol-artigen seidigen Tanninen, aber auch erfrischend säurebetontem Abgang. Zwei Jahre später: noch immer ziemlich intensiv; blumig, wohlriechend, aber leicht firnisartig; verglichen mit dem 1976er schlank, sehr spröde. Diesmal nicht so seidig, eher sandpapierartig. *Zuletzt im Mai 1994 bei Searcy verkostet* ★★(★) *Wird nie ein großer Wein sein, aber mittlerweile dürften sich seine harten Kanten gerundet haben.*

1978 10 % Cabernet Sauvignon. 1990 Anzeichen von Reife; zunächst verschlossenes Bukett, das sich aber reich öffnete; »süß«, angenehmes Gewicht, ledrige Tannine. Als Nächstes auf der Masters-of-Wine-Verkostung 1992: ein ähnlicher Eintrag, reich, zum Kauen, etwas kurz. Zwei Jahre später: schöne Farbe; voll entwickelt, wohlriechend, leicht portartige Nase; schlank, aber geschmeidig. Tanninbetont. Kürzlich: tief, reich, aber mit Zeichen von Reife; fabelhaftes, voll entwickeltes, medizinales »Pauillac«-Bukett, wie ein Lafite! »Süß«, aber tanninbetont. Ausgesprochen attraktiv. *Zuletzt im März 1995 auf der Vertikalverkostung der Hollywood Wine Society degustiert* ★★★★

1979 13 % Cabernet Sauvignon. Erstmals 1992 bei Berenson verkostet: schöne Farbe, reich, reifend; wie üblich öffnete sich die Nase wohlriechend; »mittelsüß«, mittlerer Körper, weiche Tannine. Elegant. Wenig später: Bordeaux-artiger Reichtum; explosiv süßes Bukett; fast zu »süß« und reich, würzig und tanninbetont. *Zuletzt im Mai 1994 verkostet* ★★★★

1980 Nur 4 % Cabernet Sauvignon. Aufgesäuert, ungeschönt und 1982 abgefüllt. Erstmals 1990 verkostet: Schwarzkirschenrot; feigenartig – fast wie ein Syrah von der Rhône, voll, schlank, tanninbetont. Als Nächstes 1992: bereits mit braunem Rand; verschlossene, würzige, aber ausgewogene Nase; Bitternote und kurz. Zwei Jahre später: noch immer tief und lebhaft; reiche Frucht, Eukalyptus; wohlriechend, würzig, trockener Abgang. Wenig später: leicht zedrig, »medizinal«; robuste Frucht, ledriges Tannin. *Zuletzt im März 1995 verkostet* ★★

1981 11 % Cabernet Sauvignon. 1988 zum ersten Mal verkostet: lebhaftes Bukett, außergewöhnlicher Geschmack, sehr tanninbetont. 1992: seltsame, apfelartige Nase wie ein Côtes du Rhône. Grobsandige Textur. Zu tanninbetont. Einige Jahre später: brauner Rand; Himbeermarmelade und flüchtige Säure; trocken, kratzendes Tannin. Der schlechteste Wein auf den Vertikalverkostungen von Seppelt und Berenson. *Zuletzt im Mai 1994 verkostet.*

1982 6 % Cabernet Sauvignon. Die üblichen 18 Monate in amerikanischen Eichen-Hogsheads. 1987: undurchsichtig, marmeladig fruchtbepackt, fabelhaft weinig. Gut auch 1990. Zwei Jahre später nicht mehr so tief, jetzt schön heranreifend; weich, erdig, mit brombeerartiger Frucht; gut entwickelt, weich und »süß«, aber mit einer Bitternote im tanninbetonten Abgang. 1994: scharfes, sehr süßes, malziges, aber fruchtiges Bukett; voll, reich, eichenbetont und massive Frucht. Im darauf folgenden Jahr: offener Rand, aber reich; »süß«, zum Kauen, robuste Frucht. Als Nächstes 1996: voll, weich, reich, ausgezeichnet. Unlängst: opulent, feigenartige Syrah-Nase und ebensolcher Geschmack, voller Körper, Frucht, Konzentration. Enorm beeindruckend, aber nicht aufregend. *Zuletzt im November 1997 auf Bob Dickinsons Essen für die Bacchus Society in Coral Gables degustiert* ★★★★★ *Hält ewig.*

1983 6 % Cabernet Sauvignon. 1990 trocken, schlank, rau und unbeeindruckend. 1992 eine ganz andere Bewertung: tief, samtig; schön, reich, brombeerartige Frucht; ziemlich »süß«, voller Frucht, fleischig, aber mit bitteren Tanninen. 1994 noch immer sehr tief, intensiv; stämmiger, Rhône-artiger Charakter; sehr griffig, beeindruckend. Im darauf folgenden Jahr: ein ähnlicher Eintrag, reich, brombeerartig, noch immer pfefferig, attraktiv.

Zuletzt im März 1995 bei der Vertikalverkostung der Hollywood Wine Society degustiert ★★★★

1984 5 % Cabernet Sauvignon. 1992 tief; pfefferig, gute Frucht; »süß«, körperreich, aber abrupt wie ein 1943er Bordeaux. Vor einiger Zeit: reich, ausgewogen; geschmeidig, elegant. Trockener Abgang. *Zuletzt im Mai 1994 verkostet* ★★★ *Austrinken.*

1985 Seltsamerweise fast ausschließlich aus Shiraz, nur 1 % Cabernet Sauvignon. Erstmals 1990 verkostet: ausgewogen, stilvoll, elegant. »Ein Frühentwickler?« 1992 tief; außerordentlich würzig, wie Zimtpulver, öffnete sich wunderschön; ein voller, fleischiger, ansprechender Wein. 1994 tief, aber mit reifem Erscheinungsbild; in der Nase weit weniger beeindruckend, dekadent (»süß«); passable Textur, trockener Abgang. Eine schlechte Flasche? Kürzlich: noch immer tief; die himbeerartige Nase erinnerte mich an einen Cabernet franc; am Gaumen brombeerartig, leicht malzig. Machte neben all den anderen großen 1985ern auf Kaplans Verkostung keine allzu gute Figur. *Zuletzt im April 2000 in Chicago verkostet* ★★★

1986 Ein hoher Cabernet-Sauvignon-Anteil von 13 %. Unveredelte, ertragsarme Rebstöcke. Ausgezeichnete Saisonbedingungen. Kühler, trockener Sommer mit einer der trockensten und spätesten Lesen aller Zeiten. Erstmals 1990 verkostet: zurückhaltende Nase; sehr »süß«, mächtig, mit weicher, reifer Frucht bepackt, der hohe Extrakt kaschierte die hohen Tannine. Als Nächstes 1992 der jüngste Jahrgang auf der Masters-of-Wine-Vertikalverkostung: natürlich noch immer mit jugendlichem Aussehen; anfangs eine grüne, stielige Nase, die sich aber nach 30 Minuten fabelhaft entfaltete; voll, reich, stielige Frucht, ein »scharfer«, trockener, leicht bitterer Abgang. Im Mai 1994: rubinrot; zunächst unverwoben, aber dann fand er sich und entwickelte sich wohlriechend; sehr »süß«, gute Frucht, allerdings mit fragwürdigem Abgang. Im darauf folgenden Frühjahr: noch immer undurchsichtig; würzig, beerenartige Frucht. *Zuletzt im März 1995 auf der Vertikalverkostung der Hollywood Wine Society degustiert* ★★★★★

1987 Nur ein Eintrag: tief, reich; voll entwickelt, fast ungesund »süß«, himbeerartige Nase. Am Gaumen ein völliger Kontrast, irgendwie rau und mit sehr trockenem, tanninbetontem Abgang. *Im Mai 1994 bei Searcy verkostet* ★★

1988 Gute Farbe; fleischig, fast malzig, aber mit attraktiver, maulbeerartiger Frucht. »Süß«, körperreich. *Im Mai 1994 bei Searcy verkostet* ★★★★

1989 Mai 1994: bekam auf Seppelts Vertikalverkostung mit 20 Jahrgängen von 1955 bis 1990 meine höchste Bewertung. Tiefe, reiche Farbe; erstaunliche Frucht; Eukalyptusnote; sehr »süß«, körperreich, herrlich, vollmundig, Pétrus-artiger Reichtum. Im darauf folgenden Frühjahr: Frucht, Fleisch, Wohlgeruch. *Zuletzt im März 1995 auf der Vertikalverkostung der Hollywood Wine Society degustiert* ★★★(★★) *Großartig.*

1990 Undurchsichtig, intensiv, mit leichter Perlenbildung am Rand; nach vier Jahren noch kaum entwickelt. Mitteltrocken. Geradlinig. »Interessante Zukunft.« Im Jahr darauf: wenig Änderung, obwohl sich die Nase herrlich mit brombeer- und himbeerartiger Frucht entfaltete; ein schöner Wein, würzig, gute Länge. 1996 machte er unter den 144 weltbesten 1990ern einen guten Eindruck: ähnliche Notizen, feigenartig, Shiraz-Frucht; opulent, fleischig, beeindruckend. Bekam in seiner »Serie« mit insgesamt zwölf Weinen die zweithöchste Zahl der Stimmen, obwohl ich mir bei dieser Blindverkostung notierte: »Ausgezeichnet, aber nicht mein Stil.« Kürzlich auf der *Decanter*-Verkostung anlässlich der Wahl zum »Mann des Jahres« von Hugh Johnson im Vinopolis präsentiert: außergewöhnliches Bukett, Minze, Anflug von Himbeeren; sehr »süß«, erinnerte mich an einen Beaulieu Vineyard Cabernet Sauvignon in Bestform. *Zuletzt im Juli 1999 verkostet* ★★★★(★)

1992 Nur ein Eintrag: undurchsichtig, intensiv, pflaumenfarbener Rand; schöne, reiche, teerige Nase; süße Melasse; sehr »süß«, konzentriert, Frucht, Tannin und Säure sehr gut. *Im Januar 1998 auf der Syrah-Verkostung der IWFS in Singapur degustiert* ★★(★★) *Hat eine lange Zukunft vor sich.*

Keine Jahrgänge in jüngerer Zeit, aber der 1998er »wird sensationell sein«, wie mein »Brieffreund« Len Evans meinte.

Len Evans

Der unentwegte Botschafter des australischen Weins stammt ursprünglich aus Wales und kommt wie ich aus dem Architektenmetier. Er ist nicht nur ein höchst kenntnisreicher Degustator, dogmatischer Preisrichter und äußerst unterhaltsamer Erzähler, wenn es um das Thema Wein geht, sondern auch eine Persönlichkeit, auf dessen Freundschaft ich sehr stolz bin. Eine seiner ersten Errungenschaften war es, seine Landsleute davon zu überzeugen, dass »echte Männer« nicht nur Bier, sondern auch Tischwein trinken. Später gründete er das erfolgreiche Rothbury-Weingut im Hunter Valley. Er blickt noch immer mit viel Energie nach vorn. Bescheidenheit, Zurückhaltung, Ruhestand? Nicht Lens Ding. Er ist gesellig, witzig und schon zu Lebzeiten zur Legende geworden.

1930er bis 1980er: ein Blick zurück

DIE 1930ER Nur wenige haben bis heute überlebt, was auch nicht verwundert. Einer der frühesten Weine war der 1932er »Sauternes« **Yalumba** (*1995* ★★★) und der einzige in jüngerer Zeit verkostete Rote ein 1937er »Sydney« aus dem Hunter Valley. Nicht schlecht, ein bisschen »kantig« (aber das kann man auch von den 1937ern aus dem Médoc sagen). *Im Mai 1999 bei der Verkostung des Yalumba Museum degustiert* ★★

DIE 1940ER Zwei O'Shea-Klassiker, der 1942er Mount Pleasant, »T. Y.« Hermitage Zwei Flaschen, eine übelriechend, die andere annehmbar *(auf der Yalumba-Verkostung im Mai 1999 degustiert)* und der Hunter Valley »Burgundy« vom selben Hersteller: malzig und medizinal *(Mai 1985)*. Leider hatte O'Sheas legendärer Ruf länger Bestand als seine Weine.

DIE 1950ER Ein leichter Aufwärtstrend in der Qualität, aber der 1955er Grange (siehe Seite 634) lag weit vor **Hardys** St Thomas, einem »multiregionalen Burgunder«, und **Yalumbas** Galway Vintage Claret *(alle drei 1955er im Mai 1999 verkostet)*.

DIE 1960ER Wesentlich bessere Qualität und Alterungsfähigkeit. Der 1962er »Bin 60A« **Penfolds** Ein weiterer Erfolg von Max Schubert (siehe Grange 1951, Seite 634). Von Cabernet-Sauvignon-Trauben aus Coonawarra und Shiraz aus Kalimna (South Australia). Ein Wein mit legendärem Ruf. Köstlich *(zuletzt im Mai 1999 verkostet)*. Der 1963er Cabernet Sauvignon **Mildara** »Liebevoll Peppermint Patty genannt«; der erste und berühmteste Sortenwein von Mildara in Coonawarra. Schön, mit sehr ausgeprägter Eukalyptusnote *(zuletzt im Mai 1999 verkostet)*. Der 1965er Hunter Burgundy »Bin 3110« **Lindemans** Aus dem berühmten Weinberg Ben Ean. In guter Verfassung *(Mai 1999)*, der 1966er, 1967er und 1968er waren alle gute Jahrgänge, aber abgesehen vom Grange habe ich nur wenige Weine seit den 1980ern verkostet.

DIE 1970ER Der beste Jahrgang dieses Jahrzehnts war zweifellos der 1971er (siehe Grange auf Seite 635), aber auch der 1975er und 1976er fielen sehr gut aus. Hill of Grace **Henschke** von 1978, eine in den 1930ern gegründete Marke. Der erste Wein, den Stephen Henschke aus den hundertjährigen Shiraz-Weinbergen im Eden Valley bereitete: gute Frucht, im Abgang aber ein wenig kratzig *(im Mai 1999 auf der Verkostung im Yalumba Museum degustiert)*. Heute natürlich eines der erstklassigsten australischen Gewächse.

DIE 1980ER Cabernet Sauvignon **Vasse Felix** Der 1980er war einer der ersten Jahrgänge aus dem ältesten am Margaret River in Western Australia angelegten Weinberg. Felix wurde bald für seine Qualität und Zuverlässigkeit bekannt. Auf der Verkostung des Yalumba Museum im Mai 1999: natürlich sehr reif, aber »süß«, mit guter Frucht, griffig (der Cabernet Sauvignon **Vasse Felix** von 1999 zeigte sich auf der Australian-Day-Degustation im Januar in guter Verfassung). Gute Jahrgänge auch der 1984er und 1985er. Ich habe viele Weine verkostet, aber keinen mehr in letzter Zeit. 1986 ebenfalls ausgezeichnet. Der 1986er Rockford Basket Press Shiraz **O'Callaghan** Noch immer sehr »süß«, marmeladig, komplett (*Mai 1999* ★★★). Kann man einen Wein als »rustikal« und »fein« zugleich bezeichnen?

Moderne Spitzengewächse und alte Likörweine

Mit gut gemachten, nach wie vor preisgünstigen Roten (und Weißen) ist Australien erfolgreich in die ausländischen Märkte vorgestoßen. Doch das Land hat auch schon einige herausragende Spitzenweine hervorgebracht, die ihre Reifequalitäten und Lagerfähigkeit unter Beweis gestellt haben.

Wie gut aber können sie noch werden? Das Lesegut ist von erster Güte, die Weinbereitung makellos – und nun besinnt man sich auch auf das, was die Franzosen »Terroir« nennen. Der Horizont in Australien ist scheints grenzenlos.

Als Erstes einige Einträge, die auf Walter Eigensatz' monumentaler Verkostung der weltbesten Rotweine des Jahrgangs 1990 entstanden. Unter den 144 in zwölf »Serien« servierten und ausnahmslos blind verkosteten Gewächsen befanden sich neun Australier, darunter auch der Grange (siehe Seite 636).
SERIE EINS No 1 Cabernet Sauvignon **Yarra Yering** Dunkel, intensives Kirschrot; sehr ansprechende Frucht, lebhaft, Brombeeren, konzentriert, fast exotisch; sehr »süß«, voll, reich, fruchtbeladen, tanninbetont ★★★★; SERIE ZWEI Cabernet Sauvignon **Taltarni** Einer meiner Lieblingsweine: mitteltief; Harz-, Cabernet- und Eichennote; Geschmack, Gewicht und seidige Tannine angenehm ★★★★; SERIE FÜNF Armagh Syrah **Jim Barry** Undurchsichtig, ziemlich blecherner Duft; voller Frucht, aber rau ★★★; Syrah **Wendouree** War mir neu. Beeindruckendes Aussehen; stumpf, brombeerartig; sehr attraktiver Geschmack ★★★★; SERIE SECHS »John Riddoch« Cabernet Sauvignon **Wynns** Undurchsichtig, intensiv, noch immer jugendlich; erstaunlich konzentrierte Frucht und Eiche, Brombeeren, Maulbeeren; »süß«, voll, samtig. Ein großer Wein ★★★★★ (der beste der Serie – blind mit dem Opus One, Pichon-Lalande, Stag's Leap Cask 23, La Jota und anderen verkostet; lag einen halben Punkt vor dem nächstplatzierten Gewächs); Basket Press Syrah **Rockford** Sehr wohlriechend, ausgewogen; sehr »süß«, voll, reich, robuste Tannine, herrlich ★★★★★; SERIE SIEBEN »Lloyd Reserve« Syrah **Coriole** Der beste Wein der Serie, trotz großartiger Konkurrenz: köstlich reife Frucht in der Nase und am Gaumen. Fast zu »süß«, weiches Tannin, ausgezeichnet zum Verkosten, aber kein Wein, den ich zum Essen trinken könnte ★★★★; SERIE ACHT Syrah Reserve **Chapel Hill** Beeindruckend tief; zu eichig, übertrieben intensive Nase, aber

vordergründig attraktiv; voller Frucht. Bekam acht Stimmen für seine Kraft, aber nur drei für seine Eleganz ★★★★; SERIE ZWÖLF (die letzte) Syrah **Clarendon Hills** Undurchsichtig; lebhaft, blumig, würzige Eiche, kandierte Frucht, Wohlgeruch und Geschmack fabelhaft. Zu »süß« und übertrieben. Enorm beeindruckend, aber kein »Tischwein« ★★★★

Australischer Liqueur Muscat und »Port«

In Australien entstehen erstaunlich gute gespritete Weine, etwa der begehrte, sündhaft teure »Para Liqueur Port« und die etwas vernachlässigten, aber meiner Meinung nach köstlichen Liqueurs Muscat von Rutherglen and Glenrowan in North-East Victoria, wo ich erstmals im März 1977 einen Besuch abstattete.

»Paras« habe ich bereits mehrfach verkostet, etwa in Form der »Seppelt«-Abfüllung No 112: rötliche Farbe, sehr faszinierende, spritige Schokoladen- und Rosinennase, »angesengter Muskatellergeschmack« mit einem Hauch Lakritze. Die ältesten Exemplare, die ich beide 1993 degustierte, stammten aus den Jahren 1878 und 1893: beide undurchsichtig, mit intensivem Bernsteinrand; der erste Wein mit hochgetöntem Schokoladen- und Melassebukett, voll im Geschmack, sehr intensiv, der jüngere, genau 100 Jahre alte Wein wesentlich süßer, weich und samtig. Wirklich schön.

Meine Favoriten aber – man kann sie nach wie vor kaufen; Chambers versendet sie in drei Qualitätsstufen – sind die Liqueurs Muscat von Rutherglen. Nicht in den Export gelangt allerdings der Wein, der in alten Fässern liegt, um zu evaporieren und konzentrierter zu werden. Bill Chambers zeigte mir einige dieser Schätze, die ebenso alt wie seine Rosewood-Kellerei waren. Ein Fass enthielt unverschnittenen, ungespriteten Muscat aus der Zeit vor der Reblausinvasion (in Australien vor 1910): undurchsichtig, so viskos, dass er sich fast nicht eingießen ließ – und sensationell wohlschmeckend. Eine weitere große Persönlichkeit, Mick Morris, bewahrt ebenfalls solche alten Fässer auf: undurchsichtig, spritiger, überwältigend kraftvoll. Es war wirklich eine andere Zeit.

ABGESEHEN von den Kreszenzen, die sich auf der Eigensatz-Verkostung in bestem Licht zeigten, habe ich auch die folgenden Weine hoch bewertet (Jahrgang in Klammern): Hill of Grace Shiraz **Henschke** (1991); Cabernet Sauvignon **Leeuwin Estate** (1991); Quintet Cabernets **Mount Mary** (1991); Old Block Shiraz **St Hallett** (1990 und vor allem 1999).

VIELE EINTRÄGE zum Penfolds' Bin 707, in jüngster Zeit außerdem auch den Bin 128 Coonawarra Shiraz verkostet.

EINIGE SEHR JUNGE JAHRGÄNGE (1998 bis 2000) Besonders gefallen haben mir der Cabernet-Merlot **Cape Mentelle**; The Vicar **Chapel Hill**; Clare Valley Cabernet Sauvignon **Jim Barry**; Ravenswood Cabernet Sauvignon **Hollick**; Shiraz **Mount Langi Ghiran**; Late Harvest Shiraz **Wild Duck Creek** Definitiv ein Kultwein.

POSTSKRIPTUM Es freut mich zu sehen, dass auch die wirklich großen, für den Massenmarkt produzierenden Unternehmen Qualitätsweine erzeugen. Seit langem bewundere ich Hardys, Lindemans, Penfolds, Rosemount, McWilliams, Wynns und die Pioniere der 1970er und 1980er wie Leeuwin, Peter Lehmann, Petaluma, Rothbury und Tyrrell's. Außerdem exportieren sie nicht nur Wein, sondern obendrein Know-how in Form der »flying winemakers«, der in aller Welt umherreisenden önologischen Berater und Kellermeister.

Meine wichtigste Lektorin des ersten Entwurfs, meine Frau, fragte mich: »Und was ist mit den Weißweinen?« Ich bewundere die australischen Weißen und trinke sie, vor allem die Hunter Chardonnays und South Australian Rieslings. Doch sie sind für den baldigen Verbrauch gedacht. So gut sie ausfallen, als »Meditationsweine« für eingehende Diskussionen unter Kennern, lange Lagerung oder weitere Einträge in einem sowieso schon sehr umfangreichen Buch mit Weinnotizen taugen sie kaum.

Neuseeland

Das »Neue-Welt«-Weinland par excellence. Einst vor allem für sein Lammfleisch und seine Butter bekannt, tauchte der Inselstaat erst vor relativ kurzer Zeit auf der Weltweinkarte auf. Mit dazu beigetragen hat gerade in Großbritannien sein Image als überhaupt nicht »fremdes« Land, das zwar weit entfernt liegt, uns aber irgendwie doch angenehm vertraut ist. Überdies hat das New Zealand Wine Institute eine beispielhafte internationale Kampagne gestartet.

Vor allem aber hat letztendlich der Wein selbst überzeugt. Gerade die Weißen sind wie gemacht für den modernen Geschmack. In Großbritannien gibt es denn auch kaum Händler oder Restaurants, die keinen Sauvignon blanc oder Chardonnay aus Neuseeland auf ihrer Liste führen. Sie werden schnell und in großen Mengen erzeugt, exportiert und verkauft. So wichtig sie aber wirtschaftlich gesehen sind, in diesem Buch mit Lagerweinen haben sie keinen Platz. Warum nicht? Weil niemand auf den Jahrgang sieht, wenn er sich in einem Weinladen eine Flasche Sauvignon blanc schnappt oder im Restaurant einen neuseeländischen Chardonnay bestellt. Diese Weine sind zum Trinken da und nicht zum Lagern, zum unbeschwerten Genießen und nicht zur eingehenden Betrachtung.

Und auch die Roten haben sich mit ein paar wenigen Ausnahmen – beispielsweise einige der Cabernets aus der Hawkes Bay oder Pinot-noir-Weine aus Martinborough bzw. von der Südinsel – trotz ihrer hohen Qualität noch nicht längerfristig bewähren müssen. Das überrascht nicht, denn wie die trockenen Weißen werden sie mehr oder weniger sofort weggetrunken, sobald sie auf dem Markt sind.

Wäre Neuseeland Europa so nah wie die Kanarischen Inseln, würde es von Touristen überschwemmt und ruiniert. Seine Schönheit und sein Charme wären beeinträchtigt. Meine Frau und ich waren erst einmal dort. Weil wir vorher Hausaufgaben gemacht und Rat von guten Freunden (insbesondere Master of Wine Margaret Harvey, einer Neuseeländerin in London, und Rosemary George, ebenfalls Master of Wine und Autorin des Buchs *The Wines of New Zealand*) eingeholt hatten, konnten wir in nur sieben Tagen 21 bedeutenden Kellereien in fast allen der weit verstreuten Anbauzonen einen Besuch abstatten. Man begegnete uns zuvorkommend, effizient und locker (die drei Todsünden des klassischen Vertreters im Anzug). Ich war beeindruckt.

Ausgewählte Weine aus Bordeaux-Rebsorten (im Oktober 2000 in Neuseeland verkostet)

1991 Esk Valley »Terraces« (aus der Hawkes Bay, wo einige der besten neuseeländischen Cabernet-Kompositionen entstehen) Dieser Wein und auch der 1995er zeichneten sich durch köstliche Frucht und ebensolchen Geschmack aus. Der 1991er hatte nur 12 % Alkohol, der 1995er 13,5 % – und das bei einem Preis von 60 Dollar! Beide ★★★★

1991 Te Mata »Coleraine« (Hawkes Bay) Cabernet Sauvignon plus 16 % Cabernet franc. Ließ sich perfekt trinken ★★★★ Und um zu beweisen, dass er seit langem gute Weine bereitet, öffnete John Buck zum Essen seinen 1982er: weich, geschmeidig, noch immer mit ledrigen Tanninen ★★★

1998 Alpha Domus »The Aviator« (Hawkes Bay) Aus den vier wichtigsten roten Bordeaux-Rebsorten: undurchsichtig, intensiv; beeindruckend, kraftvoll, würzig, Eukalyptus – hat wahrscheinlich zu viel neue Eiche abbekommen. Trocken, aber gute Frucht ★★(★★)?

1998 Delegat's (Hawkes Bay) Aus 100 % »handgelesenen« Merlot-Trauben. Aus dem Sortiment stufte ich diesen Wein mit seinem tiefen, samtigen Zentrum und der reichen, fleischigen Frucht hoch ein. Gute Länge. Tanninbetont ★★★(★)

1998 Matariki »Anthology« (Hawkes Bay) 49 % Merlot, 30 % Cabernet Sauvignon, 13 % Syrah und 8 % Cabernet franc. Eine geniale, meiner Meinung nach sehr gelungene Komposition: gute Frucht in der Nase und im Geschmack. Moderater Alkoholgehalt (12,9 %) und guter Abgang ★★★★

1998 Sileni Estates EV (ein außergewöhnliches Jahr mit einem langen heißen Sommer, nach dem einige der reichsten und reifsten Trauben in der ganzen Hawkes Bay geerntet werden konnten) Rebsorten vom »rechten Ufer«: 80 % Merlot, 20 % Cabernet franc. Beeindruckend, aber vielleicht etwas zu »süß« und marmeladig, wenngleich mit adstringierendem Abgang ★★(★)?

1999 Matua Valley (Hawkes Bay) Cabernet Sauvignon und Merlot. Attraktiv, aber mit ziemlich marmeladiger Frucht ★★★

Ausgewählte Pinot-noir-Weine (im Oktober 2000 in Neuseeland verkostet)

1998 Matua Valley (Trauben aus Martinborough) Reich, komplex; angenehme Süße, reich, reif, sehr fruchtig ★★★(★★)

1998 Omihi Hills (Waipara) Der vielseitige, intellektuelle Daniel Schuster arbeitet auch als Berater von Ornellaia in der Toskana. Sein Pinot noir ist ausgewogen, reich, aber unaufdringlich ★★★★. Der 1996er hatte einen ausgeprägteren Sortencharakter, gute Länge, noch immer tanninbetont ★★(★)

1998 Pegasus Bay »Prima Donna« (Waipara) Goldkapsel. Die besten Fässer, 100 % Pinot noir, nicht filtriert. Elegant, ausgezeichneter Geschmack, seidige Tannine ★★★(★)

1999 Mount Difficulty (aus Central Otago, einer Region auf der Südinsel, die man im Auge behalten sollte) Reines Sortenaroma und sehr markanter Geschmack ★★★(★★)
1999 Quarts Reef (Central Otago) Mein Eintrag hatte fast denselben Wortlaut wie die Verkostungsnotiz zum Mount Difficulty ★★★(★★)
1999 Seresin (Marlborough) In der Nase und am Gaumen sehr sortentypisch. Schön ★★★★ Der 1998er: robust und zum Kauen – vielleicht war es für Pinot etwas zu heiß gewesen ★★★
1999 Vavasour (Marlborough) Angenehmer Duft nach Roter Bete und Buchsbaumhecke; guter Körper und Geschmack ★★★(★)
1999 Wither Hills (Marlborough) Wohlriechende Pinot-Nase; reicher, köstlicher Geschmack, der mich an Veilchenpastillen erinnerte ★★★(★★)

Südafrika

Rein historisch gesehen gehören Südafrikas Weine überhaupt nicht zur »Neuen Welt«: Die Reben am Kap wurden von niederländischen Siedlern schon in der zweiten Hälfte des 17. Jahrhunderts gepflanzt. Viele der schönen, traditionellen »Homesteads«, Güter, stammen aus dem 18. Jahrhundert, in dessen zweiter Hälfte Kapweine und allen voran der äußerst begehrte und teure Constantia in Mode kamen. In der ersten Hälfte des 20. Jahrhunderts wiederum war es, als hätte es Kapweine nie gegeben – zumindest was die Ausfuhren anbelangte.

Als ich Mitte der 1950er in den Weinhandel einstieg, bekam man fast nur Weine der South African Wine Farmers' Association (SAWFA). Dieser Verband war zu Recht für seine überraschend guten, preisgünstigen »Sherrys« bekannt. Nederburg in Paarl erlangte einen Ruf für ausgezeichneten Süßwein, den Edelkeur aus edelfaulen Chenin-blanc-Trauben, den ich seit langem sehr schätze. Als ich dem Land 1977 mit anderen Masters of Wine einen Besuch abstattete, tat sich im südafrikanischen Weinbau einiges, obwohl die Exporte durch die starke Anti-Apartheid-Bewegung beeinträchtigt wurden. Dank eifriger Experimente mit Rebsorten, technischer Innovationen, beträchtlicher Neuinvestitionen und des politischen Umschwungs nach der Freilassung von Nelson Mandela 1990 hat sich ein radikaler Wandel der Einstellungen und Weine vollzogen.

Alteingeführte Familiengüter in den Weinbauregionen Paarl und Stellenbosch bereiten seit langem rote und weiße Spitzengewächse. Meine Lieblingsgüter am Kap (in önologischer wie architektonischer Hinsicht) sind Rustenberg und Meerlust. In den neueren, kühleren Küstenregionen im Süden haben Tim Hamilton-Russell und in jüngerer Zeit auch Bouchard Finlayson Pionierdienste mit ausgezeichneten Pinot-noir-Erzeugnissen und Chardonnays geleistet. 1990 schlugen sich auf der Eigensatz-Verkostung der weltbesten Roten von 1996 die drei ausgewählten südafrikanischen Weine wacker: der Kanonkop Paul Sauer, der Thelema Cabernet Sauvignon und insbesondere der Glen Carlou Merlot, der eine meiner höchsten Bewertungen bekam.

1995 Beyerskloof, Cabernet Sauvignon Bei einem Christie's-Weinkurs als typischer Vertreter dieser allgegenwärtigen Rebsorte vorgestellt: beeindruckend tief und samtig; ein gutes, wenngleich stämmiges und ziemlich fleischiges Sortenaroma; ansprechende Frucht, reich, mit den Mund zusammenziehenden Tanninen. *November 1999* ★★(★)? *Jetzt wahrscheinlich schön zu trinken.*

1995 Meerlust, Rubicon Ein Klassiker vom Kap. Das seit fast 300 Jahren im Besitz der Familie Myburgh befindliche Gut ist die schönste »Homestead« am Kap. 18-monatiger Ausbau in zu 80 % neuer Eiche. Gute Frucht, schöner Geschmack und bemerkenswert gutes Preis-Leistungs-Verhältnis. *Im Januar 2000 bei der Verkostung von Maison Marques & Domaines in London verkostet. Damals* ★★★(★) *Dürfte jetzt perfekt sein.*

1996 Bouchard Finlayson, Galpin Peak Pinot Noir Pinot-Farbe mit weichem Zentrum; ein korrektes Sortenaroma, das sich im Glas wunderschön entfaltete; generell trocken, gute Frucht. *Im Juni 1999 bei einem Weinkurs verkostet* ★★★★ Der 1997er »Tête de Cuvée« hatte ein wohlriechendes Pinot-Aroma; ziemlich »italianider« Geschmack mit guten weichen Tanninen. *Im Juni 2001 bei einem Essen des Weinausschusses von British Airways degustiert* ★★★★

1997 Kanonkop, Cabernet Sauvignon Ungewöhnlich tief, beeindruckend, jugendlich; ein sehr kompletter, harmonischer Wein; gut, frisch und ziemlich erdbeerartige Frucht. Sehr tanninbetont. *Zur Veranschaulichung des sortenypischen Charakters bei einem Christie's-Weinkurs im Herbst 2001 verkostet* ★★(★★)

1997 Saxenburg, Private Collection Shiraz Enorme Tiefe; sehr angenehme, leicht marmeladige Frucht in der Nase und am Gaumen. Noch immer sehr tanninbetont. *Im September 2000 bei den Berry Bros. in London verkostet* ★★(★)

1998 Klein Constantia, Vin de Constance Ich kenne die Weine von Klein Constantia – sie sind alle gut, obwohl ich den Sauvignon Blanc mit 14 % Alkohol als ziemlich wuchtig empfinde. Dieser Wein hier ist die ziemlich überzeugende Kopie eines Constantia aus dem späten 18. Jahrhundert und wird sogar in eine Flasche abgefüllt, die wie eine alte niederländische halbe Flasche aussieht: blässliches Gold; ganz und gar eigenwilliges, ungewöhnliches, köstlich pfefferminziges Bukett und ebensolcher Geschmack, ziemlich süß. *Im Mai 1999 in Genf verkostet* ★★★★

1998 Sejana Merlot Im Juli 1999: weiches, junges Rubinrot; gute Frucht, aber mit schweißelndem Geruch; »süß«, fleischig, jedoch mit fragwürdigem Abgang. Im darauf folgenden Jahr noch einmal verkostet: interessanter Geruch, eichenbetont; reich, feigenartig, etwas Fleisch, beträchtlicher Alkoholgehalt (14 %) und Preis, aber durch einen sonderbaren Tannin- und Eisenabgang verdorben. *Zuletzt im April 2000 verkostet.* Der 1999er begann ebenfalls recht gut: voll, weich und fleischig, hatte aber wieder diesen allgegenwärtigen, unangenehmen Endgeschmack. *September 2000.*

1998 Steenberg Merlot Dieser Wein wurde mit der R & R Fredericksburg Trophy für den besten Merlot und mit der David Hughes' Trophy für den besten südafrikanischen Roten ausgezeichnet. David muss es wissen, also nahm ich den Wein sehr ernst. Er war gut in Merlot-typisches Fleisch gehüllt und in der Nase sowie am Gaumen ausgeprägt eukalyptuswürzig. Auf jeden Fall beachtlich. *Im Oktober 2000 beim Wine Challenge Grand Awards Dinner in der Londoner Guildhall verkostet* ★★(★★)

1999 Hamilton Russell, Chardonnay Obwohl mir die ausgezeichneten Pinot-noir-Weine dieses Erzeugers vertrauter sind, hier die kurze Bewertung eines klassischen weißen Sortenweins: ungewöhnlich blass für einen Neue-Welt-Wein, guter Geschmack, aber zu sehr mit neuer Eiche beladen. *Im November 2001 bei einem Einführungsessen der Distillers verkostet* ★★★ Der 1998er hatte eine kräftigere Farbe, eine jugendliche Ananasnase und einen sehr parfümierten, erdbeerartigen Geschmack mit Vanille im Endgeschmack. Ein ansprechender Wein, aber meiner Meinung nach zu süß. *Im Juli 2000 beim Essen verkostet.*

1999 Kloovenburg, Shiraz 14 Monate in amerikanischer Eiche. Ein uraltes Gut, das sehr moderne, vollmundige Shiraz bereitet. 14 % Alkohol. Voller Frucht und sehr eichenbetont. *November 2001* ★★★

Anhang

Persönlichkeiten, Organisationen und Veranstaltungen

Diese Liste ist alles andere als vollständig. Ich bin zahlreichen weiteren Gastgebern zu Dank verpflichtet, in deren Gesellschaft ich so viele feine Weine verkosten und genießen durfte.

Aalholm Der Familiensitz von Raben-Levetzau in Dänemark enthält einen sehr guten Keller mit vielen dänischen Abfüllungen roter Bordeaux-Weine, die von Christie's versteigert wurden.

Académie du Vin de Bordeaux Siehe Kasten Seite 54.

Adams, »Red« Erwarb ein besonderes Lot auf einer Napa-Weinversteigerung: eine groß angelegte Vertikalverkostung mit Essen, die Stag's Leap Wine Cellars zum 25-jährigen Firmenjubiläum gestiftet hatte.

Adamson, Dr. Bob und seine Frau »Dotti«, Winzer und großzügige Gastgeber. Bob war auf meiner ersten Reise zu den Weingütern im Napa Valley mein Reiseführer.

Alles über Wein Deutschlands beste Weinzeitschrift.

d'Ambrumenil, David Versicherungs- und Speditionsunternehmer.

Amerine, Maynard Emeritierter Professor für Önologie an der University of California in Davis. Verfasste gemeinsam mit Professor Edward Roessler *Sensory Evaluation of Wine* (1976 und 1980). Maynard war in der Zeit nach der Prohibition bis in die 1970er hinein eine äußerst einflussreiche Persönlichkeit der amerikanischen Weinszene. Er hatte anfangs für meinen amateurhaften Ansatz wenig übrig (für mich war seiner fast unverständlich). Wir wurden jedoch später sehr gute Freunde.

Antinori, Piero, Marchese Verdiente Leitfigur der etablierten italienischen Weinerzeuger. Siehe Kasten Seite 480.

Arvay, János Tokajer-Erzeuger, der mir die Anbauregion Tokaj zeigte und mich dort ausgezeichnete Weine verkosten ließ (siehe auch *Christian Sauska*).

Avery Bekanntes Weinhandelshaus in Bristol. Der verstorbene Ronald Avery gehörte zu den großen Persönlichkeiten des britischen Weinhandels. Sein »aus altem Holz geschnitzter« Sohn John ist Master of Wine, Vorsitzender der IWFS, internationaler Preisrichter und Förderer von Weinen aus der südlichen Hemisphäre.

AXA Millésimes Französische Unternehmensgruppe, einer der größten Versicherungskonzerne der Welt. Ihr gehören die Bordelaiser Châteaux Pichon-Longueville, Pibran, Cantenac-Brown, Franc-Mayne und Suduiraut, außerdem die Domaine de l'Arlot in Burgund, die Quinta do Noval am Douro und Disznókö in Tokaj.

Bacchus Society of America Jedes Jahr wählen die Mitglieder dieses Zirkels einen »Mr. Gourmet«, der daraufhin eine große zwei- bis dreitägige Wein- und Gourmetveranstaltung organisiert. Siehe auch *Bob Dickinson*, *Hal Lewis* und den Kasten Seite 78.

Baker, Bill Ein alter Freund von mir, Weinhändler und Consultant. Ich war in seinem Mill House in Somerset bei mehreren Verkostungen alter Madeiras zugegen.

Bank Julius Bär Schweizer Privatbank, Präsident Thomas Bär. Ich leitete 1998 eine Verkostung mit Essen für die VIP-Kunden des Hauses. Monika und Thomas Bär sind die Besitzer des Weinguts Antico Podere Gagliole im Chianti, dem wir 1999 einen Besuch abstatteten.

Barolet, Dr. Der mittlerweile verstorbene Arthur Barolet übernahm von seinem Vater ein großes Burgunder-Handelshaus. Der zwei Stockwerke tiefe Keller enthielt Zigtausende Flaschen Wein bis zurück ins Jahr 1911. Eine ganze Reihe davon wurde im Dezember 1969 als »Collection du Dr. Barolet« über Christie's verkauft.

Barton, Anthony Besitzer von Château Léoville-Barton und Langoa-Barton in St-Julien. Siehe Kasten Seite 143.

Beaulieu Vineyard Kurz »BV«. Ein großes, alteingeführtes Weingut im Napa Valley. Der Spitzen-Cabernet-Sauvignon heißt »Private Reserve, Georges de Latour« (benannt nach dem Gründer). Siehe Kasten Seite 608.

de Beaumont Der Familie gehörte einst Château Latour. Die mit Latour-Weinen gefüllten Keller der Comtesse de Beaumont in der Bretagne und des Marquis de Beaumont auf seinem Schloss an der Loire wurden von meiner Familie und mir während der Osterferien 1969 und 1975 verpackt. Anschließend mieteten wir einen Lieferwagen, um die Weine zu Christie's fahren zu können.

Benson, Jeffrey Weinhändler und fanatischer Sammler, der so ziemlich alles zusammenträgt – einschließlich Spazierstöcken.

Berenson, Bob, New York. Arbeitet in der Werbebranche. Er veranstaltete 1990 eine unvergessliche Grange-Hermitage-Verkostung.

Berger, Arne-Curt Christie's-Kunde, Sammler und Organisator der Verkostungen »Parker 100« in Hamburg.

Berkmann, Joseph Restaurator und britischer Weinimporteur österreichischer Herkunft. Veranstaltete in den frühen 1970ern eine Reihe beispielgebender Weinproben. Siehe Kasten Seite 99.

Bernard, Olivier Besitzer der Domaine de Chevalier in Pessac-Léognan. Ich war bei vielen Degustationen auf der Domaine und auch auf Dinnerpartys dabei, bei denen jeweils Weine aus Jahrgängen mit einer bestimmten Endziffer verkostet wurden.

Berry, Anthony Ehemaliger Direktor und jetziger Präsident von *Berry Bros. & Rudd*, seit langem außerdem der ehrenwerte »Kellerverwalter« des *Saintsbury Club*.

Berry Bros. & Rudd 3 St James's Street, London. Ein altes, aber überraschend fortschrittliches Weinhandelshaus, das 1698 als Kaffeehaus gegründet wurde. Siehe Kasten Seite 44.

Bettane, Michel Frankreichs führender Weinkritiker und Degustator. Wir treffen uns regelmäßig bei den Verkostungen der *Union des Grands Crus* in Bordeaux. Michel nahm 1998 auch an *Hardy Rodenstocks* Yquem-Marathon teil. Siehe Kasten Seite 105.

Binaud Henry Binaud (ein Anglophiler, deshalb Henry und nicht Henri) heiratete die Tochter des Besitzers von Château

Cantemerle. Seine Frau und er sind sehr alte Freunde von mir. Mme Binaud und ihre drei Töchter erbten Keller voller alter Weine, die über Christie's versteigert wurden, darunter einige Posten La Tour de Mons und Cantemerle.

Bize-Leroy, Madame Für ihre Freunde »Lalou«. Einstige Mitbesitzerin der *Domaine de la Romanée-Conti*. Sie konzentriert sich nun auf ihre eigene Domaine Leroy. Eine dynamische, energische Frau und geschickte Kletterin.

Bjürkland, Johann Schwedischer Weinhändler, wohnhaft in New York, mit Büros in London und Burgund.

Black, Tom Amerikaner. Für die Verkostung kalifornischer »Kultweine« auf Waddesdon Manor in Buckinghamshire und die Cheval-Blanc-Degustation im Londoner Spencer House stellte er großzügigerweise Flaschen aus seinem eigenen Keller zur Verfügung. Siehe auch *Russisches Nationalorchester*.

Bock, Dieter Deutscher Geschäftsmann und Kunstmäzen.

Bohmrich, Roger Einer der ersten amerikanischen Masters of Wine. Leitete mehrere Seminare der *Hollywood Wine Society*.

Bordeaux Club Sechs Mitglieder teilen auf Weindinners ihre besten Flaschen. Siehe Kasten Seite 57.

Borie Die beiden Söhne des geachteten, mittlerweile verstorbenen Jean-Eugène Borie, Xavier und Bruno, besitzen drei bedeutende Bordelaiser Châteaux: Ducru-Beaucaillou, Haut-Batailley und Grand-Puy-Lacoste. Xavier leitet die Güter und Bruno gehört die Marke Lillet, der Bordeaux-Aperitif schlechthin.

Breuer, Bernhard Brillanter, bisweilen umstrittener Winzer. Er und sein Bruder zeichnen für die besten trockenen Weine im Rheingau verantwortlich (Weingut Georg Breuer). Ich habe an mehreren seiner Raritäten-Weinproben in Rüdesheim und auch an dem Essen mit Weinen mit der Endziffer »9« bei Christie's teilgenommen.

British Airways Wine Committee Der Weinausschuss von British Airways wurde kürzlich aufgelöst. Er führte in den letzten 16 Jahren bemerkenswerte Degustationen durch. Siehe Kasten Seite 579.

Broadbent Meine Frau Daphne, Tochter Emma und Sohn Bartholomew halfen alle mit, wenn ich im Familienurlaub wieder einmal Weine einpacken musste! Bartholomew (verheiratet mit einer Spencer) ist mittlerweile ein erfolgreicher Weinimporteur in San Francisco.

Brooks's Einer der ältesten Herrenclubs in London, gegründet 1764. Einige Nachfahren der Gründungsmitglieder gehören dem Club noch immer an.

Burr, Christopher Master of Wine. Eine Zeit lang Leiter der Weinabteilung von Christie's.

Carter, David Hat einen guten Keller. Seine Frau Clare ist eine mit dem *Cordon bleu* ausgezeichnete Köchin.

Cazes, Jean-Michel Dynamischer Besitzer von Château Lynch-Bages in Pauillac und bis vor kurzem verantwortlich für die Weinbesitzungen von *AXA*.

Chaîne des Rôtisseurs Wein- und Gourmetgesellschaft, die besonders in den USA aktiv ist. Ich gehöre ihr nicht an, habe aber mehrere Verkostungen für sie geleitet.

Champagne Academy Jährliche, einwöchige Schulungen in der Champagne, die von den führenden Champagnerhäusern für jüngere Mitglieder des britischen Weinhandels veranstaltet werden. Ich nahm 1957 am zweiten Seminar teil, das damals noch zwei Wochen dauerte, und habe seither nur ein einziges Jahresessen in London versäumt.

Charpie, Robert Ein früher Christie's-Kunde und einstiger Vorsitzender der *IWFS*.

Christie's Das älteste Auktionshaus für Kunst und Wein besteht seit 1766. Zwei Jahrhunderte nach der Gründung wurde ich zum Leiter der weltweit ersten Weinauktionsabteilung ernannt.

Christie's-Weinkurse 1982 von *Steven Spurrier* und mir gegründet. Die Seminare finden das ganze Jahr über statt. Siehe Kasten Seite 627.

Chevaliers du Tastevin Eine burgundische Weinbruderschaft. Siehe Kasten Seite 290.

Chippenham Lodge, »CL« Unser zweihundert Jahre altes Wochenendrefugium in der Nähe von Bath.

Cock, Frans de Siehe Kasten Seite 271.

Commanderie de Bordeaux 1960 zur Förderung der Bordelaiser Weine gegründet. Siehe Kasten Seite 132.

Cordier Seit den 1920ern bedeutende Bordelaiser *négociants* und Château-Besitzerfamilie (Gruaud-Larose, Talbot, Lafaurie-Peyraguey und Meyney). Seit Jean Cordiers Tod gehört Talbot seinen beiden Töchtern, Mme Bignon und Mme Rustmann.

Crittenden, Doug Prominentes Mitglied des australischen Weinhandels, jetzt im Ruhestand. Große Verkostungen alter Weine.

Cruse Einst sehr bedeutende Bordelaiser Patrizier- oder »Händlerprinzen«-Familie, die auch heute noch im Gesellschaftsleben aktiv ist.

Culinary Institute of America Ein »CIA« der etwas anderen Art. Mit beeindruckendem Campus im US-Bundesstaat New York. Ich stattete ihm erst kürzlich einen Besuch ab. Mittlerweile auch mit einer Zweigstelle im Napa Valley.

Decanter Als ältester regelmäßiger Autor (300. Monatskolumne in der Ausgabe vom Juni 2002) kann ich sagen: Es ist die beste britische Weinzeitschrift. Siehe Kasten Seite 574.

Delmas, Jean-Bernard »Delmas« und Haut-Brion sind fast Synonyme. Langjähriger, hoch geschätzter Direktor dieses Châteaus (und von La Mission) und ein Pionier der Klonenselektion.

Delon, Michel Château Léoville-Las-Cases war schon eine feste Größe in Bordeaux, als der mittlerweile verstorbene Michel Delon das Gut Ende der 1970er von seinem Vater übernahm. Er führte einen «Super Second« ein, war tatkräftig und geschickt, jedoch nicht gerade umgänglich. Trotzdem lernte ich in seinem Fasskeller viel über das Verkosten

Desai, Bipin Meisterlicher Organisator großartiger Verkostungen. Siehe Kasten Seite 130.

Dickinson, Bob (Miami) Präsident der Kreuzschifffahrtsgesellschaft Carnival Cruise Lines und »Mr. Gourmet« des Jahres 1997. Siehe Kasten Seite 78.

Diel, Armin Winzer an der Nahe (Schlossgut Diel) und führender deutscher Weinkritiker.

Dillon Prominente amerikanische Bankiersfamilie. Clarence Dillon erwarb 1935 Château Haut-Brion. Sein Sohn Douglas, früherer US-Botschafter in Paris, verkaufte seinen großartigen Weinkeller über Christie's. Seine Tochter Joan heiratete Herzog Karl von Luxemburg und nach dessen Tod den Duc de Mouchy. Sowohl der Duc als auch die Duchesse sind aktiv an der Leitung von Haut-Brion und dem Nachbargut La Mission beteiligt. Als Geschäftsführender Direktor fungiert mittlerweile Joans Sohn Comte Robert de Luxembourg.

Distillers' Company Die Worshipful Company of Distillers, eine traditionelle Londoner Zunftgesellschaft, deren Master ich 1990 und 1991 war.

Domaine de la Romanée-Conti, kurz »DRC«. Siehe Kasten Seite 266.

Draper, Paul Besitzer von Ridge Vineyards. Einer der renommiertesten, beständigsten Erzeuger Kaliforniens. Siehe Kasten Seite 612.
DRC Domaine de la Romanée-Conti. Siehe Kasten Seite 266.

Edmunds, Richard 1966 wurde Dick Sekretär des Boodle's Club in St James's und ich Leiter der Weinabteilung von Christie's. 1996 feierten wir beide unser 30-jähriges Jubiläum.
Eigensatz, Walter Schweizer Sammler und großzügiger Gastgeber denkwürdiger Verkostungen. Siehe Kasten Seite 157.
Eugénie-les-Bains Winziges Dorf zwischen Bordeaux und Pau. Es wird dominiert von Christine und Michel Guérards Hotel-Restaurant Les Prés d'Eugénie, in dem viele Weinwochenenden stattfinden.
Evans, Len SA, OBE. Legendärer australischer Kellereibesitzer walisischer Abstammung, Gründer von Rothbury im Hunter Valley, Autor, Erzähler, hochrangiger Preisrichter bei Weinwettbewerben, Connaisseur und eine äußerst gesellige, großzügige Persönlichkeit. Siehe Kasten Seite 636.

Farr Vintners Londoner Weinmakler. Siehe Kasten Seite 168.
Fasque Der Sitz der Familie Gladstone in Schottland, der einen großartigen Keller birgt. Siehe Kasten Seite 539.
Flatt, Lloyd Veranstaltete in New Orleans hervorragende Mouton-Rothschild-, Ausone- und Lafite-Degustationen. Siehe Kasten Seite 11.
Florida Winefest »Internationale« Weinshow in Palm Beach mit hohen Zielen. Ich hielt 1998 dort eine Rede.
Foulkes, Chris und Carrie Verleger.
Freitas, Maria Manuela de Angehörige der ehrwürdigen Familie Vasconcelos. Besitzt das Weingut Barbeito (Madeira), das mittlerweile von ihrem Sohn Riccardo geführt wird.
Frericks, Hans-Peter Geschäftsmann. Er veranstaltete 1986 in München eine unvergessene Pétrus-Degustation, bei der Christian Moueix und ich reichlich Beluga-Kaviar und seinen 1980er konsumierten. Siehe den 1980er Pétrus auf Seite 118.
Friedrich, Jacqueline Eine in Paris und an der Loire lebende Amerikanerin, Autorin des nützlichen Buchs *A Wine & Food Guide to the Loire*.
Frost, David Satiriker und TV-Guru. Ich begegnete ihm erstmals in seiner Fernsehshow in New York. Siehe Kasten Seite 538.

Gaetani d'Aragona Lovatelli, Gelasio (Graf) Angehöriger einer römischen Patrizierfamilie. Er sieht aus wie Jesus, fährt wie der Teufel, ist sehr unterhaltsam und kennt jeden, was sehr hilfreich sein kann. Seiner Ex-Frau gehört Argiano in Montalcino.
Gagey, André und Pierre-Henry André Gagey war *gérant* von L. Jadot, dem verlässlichsten Handelshaus in Burgund, das sich mittlerweile in amerikanischem Besitz befindet. André hat sich bereits aus dem Arbeitsleben zurückgezogen, hat aber immer noch ein Auge auf seinen Sohn und Nachfolger Pierre-Henry.
Gaja, Angelo Italiener aus Barbaresco in Piemont. Eine Legende. Siehe Kasten Seite 477.
Gault-Millau Traditionsreiche französische Wein- und Gourmetzeitschrift, die sich durch mutige Kritiken einen Namen machte. Organisierte zwei »Weinolympiaden« in Paris.
Geisel Der Familie gehört das ausgezeichnete Hotel Königshof in München, in dem bereits mehrere Rodenstock-Verkostungen stattfanden. Ein Zweig der Familie besitzt das Hotel Victoria an der Romantischen Straße in Bad Mergentheim bei Würzburg. Ich nahm dort 2002 an der Giacosa-Degustation von *Willsberger* teil.
Gidleigh Park (Devon) Ich habe an vielen Weinwochenenden in diesem Hotel teilgenommen. Siehe Kasten Seite 382.
Glamis Castle (Schottland) Hier kam Ihre Majestät die Königinmutter zur Welt. Einer der großen Keller, in dem auch Magnumflaschen des Lafite von 1870 lagen, wurde 1971 bei Christie's versteigert. Siehe Seite 17.
Großer Ring Ein Verband führender Güter von Mosel, Saar und Ruwer. Organisiert Verkostungen und wichtige jährliche Weinversteigerungen in Trier.
Grubb, Pat Master of Wine. Ein sehr alter Freund aus dem Weinhandel, früher Direktor der Weinabteilung bei Sotheby's. Arbeitet heute als Consultant und Weinhändler. Bietet über seine »Pat Grubb Selections« viele alte Madeiras an
Gryn, Jo Belgischer Weinjournalist und *Gault-Millau*-Korrespondent. Wir treffen uns jedes Jahr auf den Blindverkostungen der *Union des Grands Crus* in Bordeaux, auf denen wir unsere Notizen vergleichen.
Guérard, Michel Legendärer Besitzer und Chefkoch des mit drei Michelin-Sternen augezeichneten Hotel-Restaurants Les Prés d'Eugénie im südwestfranzösischen *Eugénie-les-Bains*.
Guise, Carol und Jamie Wohnen unweit unseres Landhauses und servieren ausgezeichnete Weine zu ausgezeichneten Dinners. Jamies Vater war Sir Anselme Guise Bt. von Elmore Court (siehe den 1867er Yquem auf Seite 208).
Guntrum, Hanns-Joachim (Hajo) Ein alter Freund und Mitbesitzer des Weinguts Louis Guntrum in Rheinhessen. Erzeugt guten Wein in farbigen Flaschen mit auffallenden Etiketten. Mein Sohn verkauft seinen Wein tankweise.

Halliday, James Erfolgreicher Winzer und ehemaliger Anwalt. Heute der bekannteste australische Weinautor.
Hallwag Erfolgreicher deutscher Verlag und Herausgeber meiner *Weinnotizen* sowie meines Buchs *Weine prüfen, kennen, genießen*.
Hanson, Anthony Master of Wine und Burgundexperte. Autor des Werks *Burgundy*, Berater von Haynes, Hanson & Clark und Leitender Direktor der Weinabteilung von Christie's.
Hanson, Matts Schwedischer Weinfachmann, mit dem ich Degustationen durchgeführt habe.
Harris, Colin Wohnt in Chelsea und hat einen guten Keller.
Harvey's (Bristol) Britisches Weinhandels- und -importhaus. Siehe Kasten Seite 560.
Hawkins, Charles Britischer Weinhändler und -importeur.
Hébrard, Jacques Seit langem eng mit Cheval-Blanc verbunden, das bis vor kurzem seiner Frau und ihren beiden Schwestern gehörte. Viele Treffen, viele Verkostungen.
Heublein Ein großer Weinimporteur in den USA. Ich leitete seine äußerst erfolgreichen jährlichen Weinversteigerungen. Siehe Kasten Seite 270.
Holden, Ronald Ein Amerikaner, der die hochkarätigen France-in-Your-Glass-Weinreisen organisiert. Ich moderierte für ihn mehrere Degustationen in *Eugénie-les-Bains*, bei Georges Blanc in Vonnas, auf Château de Bagnols und andernorts.
Hollywood Wine Society (Florida) Siehe Kasten Seite 594.
Hommage à Château d'Yquem und Schloss Johannisberg Eine bis dato beispiellose, einzigartige vergleichende Verkostung, zu der Comte Alexandre de Lur Saluces und Paul Alfons, Fürst von Metternich-Winneburg, 1984 auf Schloss Johannisberg luden.
Hood, Jim Weinhändler aus Bristol im Ruhestand.

Hugel Winzerfamilie im elsässischen Riquewihr, die seit 350 Jahren Wein bereitet. In diesem Buch nenne ich des Öfteren Jean, Sohn »Johnny« und Johnnys Neffen Etienne.

Ichinose, Ben Bedeutender kalifornischer Weinsammler.
Incisa della Rocchetta, Niccolò (Marchese) Siehe Kasten Seite 473.
International Wine and Food Society, »IWFS« Von *André Simon* 1933 in England gegründet. Siehe Kasten Seite 91.

Jacob, Louis C. Sehr gutes Hotel-Restaurant in Hamburg, in dem 2000 ein denkwürdiges Weinwochenende stattfand.
Jaeger, Wilfred Venture-Experte und Besitzer eines großartigen Weinkellers in Kalifornien. Degustationen von DRC-Gewächsen und Weinen aus der Zeit vor der Reblausinvasion. Siehe Kasten Seite 12.
Jaffé, Professor Michael Mittlerweile verstorbener Kunsthistoriker. Mitglied der Familie, der früher das Weingut Aschrott in Hochheim im Rheingau gehörte.
Jefferson, Thomas US-Präsident. Siehe Kasten Seite 206.
Johnson, Hugh Der erfolgreichste Weinautor der Welt. Auch Baumexperte. Siehe die Kästen Seiten 57 und 507.
Jorissen, Hans Belgier. Ein alter Christie's-Kunde. Veranstaltete wichtige Verkostungen, unter anderem von Tokajern.
Josey III, Lenoir Sammler aus Houston in Texas. Siehe Kasten Seite 51.

Kahn, Donald Siehe *Russisches Nationalorchester*.
Kaplan, Stephen A. (Chicago) Philanthrop und Veranstalter großer Verkostungen. Siehe Kasten Seite 507.
Kesseler, August Brillanter Winzer aus Assmannshausen im Rheingau. Bereitet die besten deutschen Roten.
Khoury, Tawfiq (San Diego und Honolulu) Besitzer eines der größten Keller der Welt mit feinen Weinen. Ein Teil davon wurde 1997 bei Christie's zu Rekordpreisen versteigert.
Klatt, Michel Industrieller und bescheidener Besitzer eines guten Kellers.
Knickerbocker Club (Fifth Avenue, New York) Ein Herrenclub, der sich mit dem *Brooks's Club* in St James's im gegenseitigen Austausch befindet. Ich habe zwei seiner jährlichen Weindinners geleitet.
Kramer, Matt Amerikanischer Weinautor und brillanter Leiter der *»Wine-Experience«*-Verkostungsseminare in New York.
Kuhlmann, Magnus Freiherr von Von Schloss Ramholz, einem riesigen deutschen Schlossgut. Sein ausgezeichneter Keller wurde von meiner Frau, Brian Ebbeson, einem Kollegen aus der Weinabteilung von Christie's, und mir eingepackt. Eine Knochenarbeit, die aber viel Spaß gemacht hat!

Laidlaw, Sir Christophor und **Nina**, seine Frau. Perfekte Gastgeber.
Lake, Max Handchirurg aus Sydney. Chardonnay- und Cabernet-Winzerpionier (Lake's Folly im Hunter Valley).
Latner, Joshua Kanadier. Veranstaltete ein ausgezeichnetes Dinner im Londoner Lanesborough Hotel.
Lawther, James Master of Wine. Lebt in Bordeaux.
Lawton, Pierre Angehöriger einer der ältesten Weinfamilien in Bordeaux. Ein sehr erfolgreicher junger *négociant* und brillanter Verkoster.
Lawton, Mme, geb. Lalande. Hat einen großartigen Bordeaux-Keller, der vor allem Léoville-Poyferré-Weine enthält.
Lawton, Tastet et Führende Bordelaiser Makler. Seit dem 18. Jahrhundert aktiv.
Layton, Tommy Siehe die Kästen Seiten 63 und 420.
Lebègue Großer britischer Weinimporteur mit dem einflussreichen Guy Prince an der Spitze. Berühmte jährliche Handelsverkostungen.
Lencquesaing, May de Tatkräftige Besitzerin von Château Pichon-Longueville, Comtesse de Lalande in Pauillac.
Leroy Siehe Bize-Leroy.
Lever, Stuart Hat einen großartigen Keller in einer Scheune in Oxfordshire. 1996 veranstaltete er an einem selten heißen Sommertag ein Weinessen auf dem Rasen.
Lewis, Hal »Mr. Gourmet« von 1999 (siehe Bacchus Society). Veranstaltete eine grandiose Weinverkostung in Memphis, Tennessee. Schwiegersohn des verstorbenen Arthur Hallé, eines alten Freundes mit großartigem Keller.
Lichine, Alexis Amerikaner russischer Herkunft mit enormem Ego und entsprechendem Charme. Sein Werk *Wines of France* war das erste Weinbuch, das ich je gelesen habe. Alexis setzte sich in den späten 1940ern in den USA sehr für Wein ein und kaufte Château Prieuré in Margaux. Das Gut war eine Zeit lang meine regelmäßige Anlaufstelle in Bordeaux.
Lloyd-Webber, Andrew (Lord) Genialer Musical-Komponist, Sammler feinster viktorianischer Gemälde und Weinliebhaber. Siehe Kasten Seite 113.
Loosen, Ernst (»Ernie«) Dynamischer Besitzer des Weinguts Dr. Loosen, einer der führenden Kellereien an der Mosel.
Loubat, Mme Formidable Witwe. Ihr gehörten früher das Château Pétrus und das Hotel-Restaurant Loubat in Libourne.
Löwenstein, Prinz Rupert Management-Berater mit wunderschönem Haus und feinem Weinkeller in Surrey.
Lundberg, Stig Norwegischer Weinautor und Pianist.
Lur Saluces, Comte Alexandre de Über zweihundert Jahre lang gehörte seiner Familie Château d'Yquem. Heute leitet Alexandre das Gut als Direktor. Außerdem ist er Präsident der *Académie du Vin de Bordeaux*. Siehe Kasten Seite 54.
Lurton Den Lurtons gehören mehr Châteaux als jeder anderen Bordelaiser Weinfamilie. Die engsten Beziehungen pflege ich zu André, der vor kurzem mit dem Orden der Légion d'Honneur ausgezeichnet wurde, seiner Nichte Bérénice Lurton-Thomas von Château Climens und Pierre Lurton, dem Direktor von Cheval-Blanc.
Luze, Baron Geoffroy de Mein ältester französischer Freund. Ging bei *Saccone & Speed* in die Lehre. Befindet sich heute im Ruhestand und lebt auf dem prachtvollen Château Paveil in Soussans, Bordeaux.
LVMH Louis Vuitton-Moët Hennessy. Eine französische Luxuswaren-Gruppe, der die Champagnerhäuser Moët & Chandon, Krug, Canard-Duchêne, Mercier, Ruinart, Pommery und Veuve Clicquot gehören, außerdem Château d'Yquem in Bordeaux und zahlreiche Kellereien in Australien, Neuseeland, Kalifornien und Argentinien.
Lyford Cay Eine exklusive Privatresidenz auf den Bahamas, wo die Reichsten der Reichen wohnen. Ich leitete viele jährliche Verkostungen im Lyford Cay Club als Gegenleistung für entspannende Urlaubstage am Pool.
Lyons, Jonathan Geschäftsmann und ehemaliger Besitzer verschiedener Londoner Weinhandelshäuser.

Mackenzie, Alastair Lehrer, Weinautor und Verfasser von *Château Mas de Daumas Gassac, the birth of a grand cru*.
MADAS Ein Handelshaus im belgischen Brügge, das sich auf alte Madeiras spezialisiert hat.
Madeira Club, Savannah Organisiert regelmäßige Madeira-Verkostungen und Essen im historischen Savannah, Georgia.

Mit dem Sezessionskrieg nahm der florierende Baumwoll- und Madeira-Handel in dieser Stadt ein jähes Ende.
Maliner, Dr. Robert Veranstalter überragender Weinwochenenden in Florida. Siehe Kasten Seite 594.
Manoncourt, Thierry Besitzer von Château Figeac in St-Emilion. Er und seine Frau Marie-France sind überaus liebenswerte Gastgeber.
Marchant, Michael le Kunsthändler mit einem Bauernhaus und guten Weinkeller in Somerset.
Masters of Wine, Institute of Ursprünglich als Handelsprüfung für den britischen Weinhandel gedacht, heute offen für Kandidaten aus aller Welt. Masters of Wine gibt es mittlerweile in Frankreich, der Schweiz, Australien, Neuseeland und den Vereinigten Staaten. Siehe Kasten Seite 187.
Mentzelopoulos Weinfamilie (Château Margaux) Siehe Kasten Seite 109.
Metternich Eine altehrwürdige Familie, der ein dankbarer österreichischer Kaiser Anfang des 19. Jahrhunderts Schloss Johannisberg im Rheingau zum Geschenk machte. Die Witwe des letzten Fürsten, Tatiana Fürstin von Metternich-Winneburg, lebt auf dem Schloss. Sie veranstaltete im Jahr 2000 eine Jubiläumsverkostung mit Bankett anlässlich des 900-jährigen Bestehens des Schlosses.
Metz, Ferdinand de Direktor des *Culinary Institute of America*.
Meyrick, Sir George, Bt Großartige Keller mit altem Bordeaux aus Hinton Admiral, Hampshire, und Bodorgan, Anglesey, die 1970 bei Christie's unter den Hammer kamen.
Mondavi, Robert (Bob) Siehe Kasten Seite 611.
Mosimann, Anton Spitzenkoch und Chef des Dining Club Mosimann's, ehemals The Belfry, in Belgravia, London. Schauplatz vieler Verkostungen und Dinners.
Moueix, Jean-Pierre und Christian Die »Fürsten« von Pomerol. Siehe Kasten Seite 52.
Mouchy, Duc und Duchesse de Siehe *Dillon*.
Müller, Egon aus Scharzhof an der Saar. Siehe Kasten Seite 428.
MWA, MWC Die Madeira Wine Association, später umgetauft in Madeira Wine Company, in Funchal. Ihr gehören die Madeira-Marken Blandy, Cossart Gordon, Leacock und Rutherford. Heute im Teilbesitz der Familie Symington in Porto.

Napa Valley Wine Auction Siehe Kasten Seite 617.
Neipperg, Stephan Graf von Erfolgreicher deutscher Besitzer von Château Canon-La-Gaffelière in St-Emilion. Seinem Bruder gehört das Weingut des Grafen von Neipperg in Württemberg.

Okabayashi, Matsuo Langjähriger japanischer Kunde von Christie's. Händler und Sammler seltener Weine.
Orr, David Einstiger Geschäftsführender Direktor von Château Latour und seit kurzem von Château Rauzan-Ségla und Château Canon. Früher bei *Harvey's* in Jerez und Porto tätig.
Overton, Dr. Marvin Amerikanischer Pionier brillanter thematischer Verkostungen. Siehe Kasten Seite 107.

Palumbo, Peter (Lord) Brite. Erwarb am 11. Oktober 1966 Lot 1 auf der ersten Versteigerung der neu gegründeten Weinabteilung von Christie's. War bei allen unseren großen Auktionen dabei. Siehe Kasten Seite 540. Ein echter Weinkenner und Mann mit viel Geschmack.
Parker, Robert (Bob) Amerikaner. Der einflussreichste Weinkritiker unserer Zeit. Siehe Kasten Seite 125.
Paul, Robert (Bob) (Coral Gables, Miami) Besitzer einer umfangreichen Weinsammlung. Veranstaltete viele groß angelegte Degustationen, bei denen ich als »Moderator« dabei war.
Payne, Kerry Amerikanischer Unternehmer, Veranstalter einer frühen Latour-Degustation und Gastgeber großer Weindinner.
Penning-Rowsell, Edmund (Eddie) Einstiger Doyen der Bordelaiser Weinautoren. Siehe Kasten Seite 92.
Peppercorn, David Master of Wine und Angehöriger einer alten Weinhandelsfamilie. Bordeaux-Experte und Ehemann von *Serena Sutcliffe*.
Peynaud, Professor Emile Der einflussreichste Bordelaiser Önologe und Weinberater. Siehe Kasten Seite 59.
Phillips, Barry Ehemaliger Besitzer des White Horse Inn in Chilgrove, Sussex, der für seinen Keller berühmt war.
Pigott, Stuart Britischer Weinautor. Lebt in Berlin. Ein unerschrockener Kritiker deutscher Weine.
Plumb, Professor Sir John (Jack) Berühmter Historiker, Master des Christ's College in Cambridge und Bewahrer seines berühmten Weinkellers. Siehe Kasten Seite 57.
Pol Roger, Danielle und Christian Neben der Familie de Billy die charmantesten, distinguiertesten Vertreter der großen Champagnerdynastien.
Pong, Paolo Weinkenner aus Hongkong. Siehe Kasten Seite 365.
Pontallier, Paul Der beredte Direktor von Château Margaux. An weiteren Weinunternehmen beteiligt, unter anderem mit *Bruno Prats* in Chile aktiv.
Prats, Bruno Fest mit Cos d'Estournel verbunden, das mittlerweile verkauft wurde, aber von seinem Sohn Jean-Guillaume geführt wird. Seine Tochter Michèle hielt einmal einen Vortrag auf einem Seminar der *Hollywood Wine Society*.
Price, Freddie Einer meiner ältesten Freunde im Weinhandel. Arbeitet seit langem für das Handelshaus Dolamore, das feine deutsche Weine importiert. Seine Frau Janet ist Weinfotografin.
Primum Familiae Vinum, »PFV« 1992 gegründet. Ein Verband führender Weinfamilien. Ihre Kreszenzen sind in diesem Buch zahlreich vertreten.
Prince, Guy Siehe *Lebègue*.
Prüm, J. J. Weingut in Wehlen an der Mosel. Siehe Kasten Seite 415.
Puisais, Jacques Einer der führenden französischen Degustatoren. Präsident der Union Nationale des Œnologues, der Union Internationale des Œnologues, des Institut Français du Goût usw.

Raben-Levetzau, Baron Siehe *Aalholm*.
Renaud, Maurice Franzose. Handelt mit feinen und seltenen Weinen.
Réserve, La Londoner Weinhandelshaus. Organisiert Verkostungsseminare.
Rhodes, Belle und Barney Beeinflussten die kalifornische Weinszene lange Zeit entscheidend. Siehe Kasten Seite 610.
Ricard, Claude Er musste sich entscheiden, ob er eine Karriere als Konzertpianist einschlagen oder die kleine, aber feine Domaine de Chevalier in Graves übernehmen sollte. Zeigte sich beiden Aufgaben gewachsen.
Ribereau-Gayon, Professoren Jean war Direktor des Bordelaiser Institut d'Œnologie. Heute ist sein Sohn Pascal in seine Fußstapfen getreten.
Riccardi, Riccardo (Graf) Kein Italiener, sondern Piemonteser! Großgewachsen, hager, kompromisslos. Brachte mir

viel über italienischen Wein bei. Ehemaliger Präsident der Académie Internationale du Vin.
Riedel, Georg Der Mann, der mit Weingläsern Weltruhm erlangte. Qualität, Design und Marketing vom Feinsten.
Robinson, Jancis Weinjournalistin und Weinautorin.
Rodenstock, Hardy Veranstalter beispielloser Degustationen. Siehe die Kästen Seiten 133 und 254.
Rolland, Michel Wohnhaft in Bordeaux. Weinberater mit großem Einfluss auf den internationalen Rotweinstil.
Rosebank Unsere Wohnung und mein Büro an der Themse bei Hammersmith. Schauplatz vieler Weindinners.
Rosebery, Lord Der fünfte Earl. Siehe Kasten Seite 516.
Rothschild, Baron Eric de Direktor der Domaines Barons de Rothschild (Châteaux Lafite, Duhart-Milon, Rieussec, L'Evangile, außerdem Güter in Chile und Portugal).
Rothschild, Baron Philippe de Siehe Kasten Seite 37.
Rothschild, Baroness Philippine de Philippes Tochter und tatkräftige Direktorin der Baron-Philippe-de-Rothschild-Gruppe mit mehrheitlichen Anteilen an Mouton-Rothschild, Clerc-Milon und d'Armailhac, alle in Pauillac, sowie der meistverkauften Bordelaiser Marke Mouton Cadet. Außerdem Mitbesitzerin von Opus One im Napa Valley.
Roux, Brüder Einflussreiche Küchenchefs. Michel kocht im Waterside Inn in Bray, Albert und nun auch Michel junior im Le Gavroche, Mayfair.
Rush, Norman (Jackson, Mississippi) Weinhändler, für den ich Verkostungen und einmal eine Rundreise durch Bordeaux geleitet habe.
Russell, Rudolf (Lord) Jüngerer Sohn des Duke of Bedford. Ein begeisterter, kenntnisreicher Verkoster.
Russisches Nationalorchester Hoch angesehenes, nicht öffentlich subventioniertes, vor allem von reichen Amerikanern wie Gordon Getty finanziertes Orchester. Um Spenden aufzutreiben, veranstaltete es kürzlich große Verkostungen und Bankette in London, auf Waddesdon Manor und Hatchlands, die alle von Donald Kahn organisiert wurden.
Rutherford Prominente britische Weinhändlerfamilie. David, ein alter, heute im Ruhestand befindlicher Freund von mir, trat als ehrenwerter »Kellerverwalter« des *Saintsbury Club* in die Fußstapfen seines Vaters Jack, eines berühmten Bordeaux-Kenners.

Saccone & Speed Weinhändler in London und Gibraltar. Siehe Kasten Seite 558.
Saintsbury Club Siehe Kasten Seite 102.
Salm-Salm, Michael Prinz zu Präsident des VDP und Leiter eines 800 Jahre alten Familienguts, Prinz zu Salm-Dalberg, an der Nahe. Siehe Kasten Seite 460.
Sauska, Christian Amerikaner ungarischer Abstammung, der mit zur Tokajer-Renaissance beitrug.
Schliff, Don Christie's-Kunde und Sammler mit tadellos geordnetem unterirdischem Weinkeller in seinem Haus in Glendale, Kalifornien. Ich verkostete Madeiras und alte Portweine mit ihm und wurde Zeuge seiner genialen Methode, Portzangen zu erhitzen, um die Korken zu entfernen.
Schubert, Max Der australische »Vater« des Grange Hermitage.
Shanken, Marvin New Yorker Weinverleger *(Wine Spectator)* und Unternehmer. Siehe Kasten Seite 618.
Sichel Siehe Kasten Seite 68. Allan Sichel war ein Gründungsmitglied des *Bordeaux Club*.
Simon, André L. Ein Franzose, der die meiste Zeit seines Lebens in England verbrachte. Lehrer, Autor, Gründer der *IWFS*. Eine große Persönlichkeit, »der Churchill des Weins und der Kochkunst«.
Skinner, Louis C. (Lou) Siehe Kasten Seite 80.
Smag & Behag Führende dänische Wein- und Gourmetzeitschrift.
Spurrier, Steven Brachte den Franzosen in seiner *Académie du Vin* in Paris viel über Wein bei. Veranstalter der berühmten Blindverkostung »Franzosen kontra Kalifornier« im Jahr 1976. Gründete mit mir 1982 die *Christie's-Weinkurse.*
Sternby, Professor Nils (Malmö, Schweden) Weitgereistes, führendes Mitglied der *IWFS*.
Stevenson, Tom Champagnerspezialist und Autor der *World Encyclopedia of Champagne and sparkling wine* von Christie's.
Suckling, James In Italien wohnhafter Amerikaner. Weinkritiker und Leiter des europäischen *Wine-Spectator*-Büros.
Suffolk, »Micky« Der 21. Earl. Weinkenner und unterhaltsamer Gastgeber.
Sutcliffe, Serena Master of Wine. Verheiratet mit *David Peppercorn* und Leiterin der Weinabteilung bei Sotheby's.
Sveaas, Christen Bedeutender norwegischer Weinsammler und Gastgeber. Siehe Kasten Seite 210.
Szepsy, Istvàn Einflussreicher Tokajer-Produzent.

Taams, Dr. John Niederländer. Siehe Kasten Seite 79.
Teysonneau, Mme Besitzerin eines hervorragenden Kellers in Bordeaux. Siehe Kasten Seite 28.
Thienpont Belgische Weinhändlerfamilie. Ihr gehören die Bordelaiser Châteaux Vieux Château Certan, Labégorce-Zédé und Le Pin.
Third (III) Form Club Britischer Verkostungsclub. Er wurde von einer Gruppe junger Kriegsheimkehrer gegründet, die in den Weinhandel eingestiegen waren. Siehe Kasten Seite 91.
Thomson, Taylor Kanadier. Bedeutender Sammler.
Torres, Miguel Spanier. Motor des gleichnamigen Familienunternehmens im spanischen Penedès und in Chile. Bruder von Marimar, Weinerzeugerin in Kalifornien.
Tschelistscheff, André Der brillante Kellermeister von Beaulieu Vineyard und Doyen des kalifornischen Weinbaus. 1994 verstorben. Siehe Kasten Seite 25.

Union des Grands Crus Große Gruppe Bordelaiser Châteaux aus allen wichtigen Appellationen. Siehe Kasten Seite 125.

Vandermeulen Berühmter belgischer Abfüller. Das Interesse der Belgier an Burgund wurde angeblich von Philipp dem Kühnen (1342–1404) entfacht, der eine Flamin heiratete und seinen Hof von Dijon nach Brüssel verlegte. *Barolet* hatte überwiegend belgische Kunden.
VDP Verband Deutscher Prädikats- und Qualitätsweingüter. Siehe Kasten Seite 460.
Veronelli, Luigi Italienischer Journalist und Verleger, ein kompromissloser Verfechter von Qualität.
Villaine, Aubert de Besitzer und Mitverwalter *(co-gérant)* der *Domaine de la Romanée-Conti*. Siehe Kasten Seite 266.
Vinexpo Alle zwei Jahre stattfindende Weinhandelsmesse. Siehe Kasten Seite 140.
Vinopolis, die »Weinstadt«. Eine beeindruckende Anlage an der Londoner South Bank. Ständige Ausstellungen mit Besucherverkostungen, Handelsdegustationen und Firmenveranstaltungen.
Vinum Schweizer Weinzeitschrift, für die ich Verkostungen geleitet habe.

Wagner, Manfred Schweizer Veranstalter bedeutender Degustationen. Siehe Kasten Seite 269.
Wassermann, Becky Amerikaner. Angesehener *courtier* (Makler) in Burgund.
Waugh, Harry (1904–2001) Ehemaliger Direktor von *Harvey's* in Bristol und Château Latour. Ein großer Degustator. Siehe Kasten Seite 29.
Weil, Weingut Robert Bedeutendes Gut im Rheingau. Siehe Kasten Seite 453.
Weinart Siehe Kasten Seite 188.
Weinwochenenden Wurden meines Wissens erstmals vom Castle Hotel in Taunton abgehalten. Kurz danach fanden auch in der Studley Priory bei Oxford einige Wochenenden dieser Art statt, die ich mehrere Male leitete. Das Gidleigh Park, ein Relais-&-Châteaux-Hotel am Rand von Dartmoor, organisiert seit langem höchst erfolgreiche und ausgezeichnete Weinwochenenden, bei denen unter anderem *Jancis Robinson*, *Bill Baker* und bis vor kurzem auch ich als Gastgeber fungierten.
Weiser, Ron Prominentes Mitglied der *Bacchus Society of America*. Jetzt US-Botschafter in der Slowakei.
Wheeler, John Wir trafen uns erstmals 1955 in Bordeaux. Mitglied eines bedeutenden privaten Verkostungsclubs.
Wile, Julius Ein hoch geachteter, seit langem im Ruhestand befindlicher amerikanischer Weinhändler, der aber noch im IWFS, in der Wohltätigkeitsarbeit und im *Culinary Institue of America* aktiv ist.
Willsberger, Johann Lebensmittelfotograf von Weltgeltung, der zum Großteil für das Design und die Bilder in der deutschen Zeitschrift *Gourmet* verantwortlich ist. Weinsammler und Veranstalter einer Bruno-Giacosa-Verkostung.
Wilson, »Barney« Ein an den Rollstuhl gefesselter, aber immer fröhlicher englischer Anwalt, der mit seiner Frau Jane hochklassige Weinessen veranstaltet.
Wine Experience Eine groß angelegte Veranstaltung, die in New York und gelegentlich auch in San Francisco stattfindet. Sie wurde 1981 von *Marvin Shanken* vom *Wine Spectator* initiiert. Mit großen Seminaren, Verkostungen mit über 1000 Teilnehmern und einem Galadiner, bei dem der alljährliche Service Award des *Wine Spectator* (ich hatte die Ehre, ihn 1991 in Empfang nehmen zu dürfen) und eine Reihe von Preisen für die besten Weinkarten von Restaurants verliehen werden. Siehe Kasten Seite 618.
Wine & Food Society Siehe *IWFS*.
Wine Magazine Ein in den späten 1940ern von *Tommy Layton* gegründetes britisches Magazin. Unter der redaktionellen Leitung von Kathleen Bourke bekam es ein neues Gesicht und stand Mitte der 1960er in hohem Ansehen, wurde schließlich aber eingestellt – nur um einige Zeit später in Form der Zeitschrift *Decanter* wieder aufzuerstehen. Nicht zu verwechseln mit *Wine*, einem weiteren britischen Weinmagazin.
Wine Society Kurz für die 1874 gegründete International Exhibition Wine Society (IECWS). Ein im Besitz der Mitglieder befindliches Handelshaus von hohem Ansehen.
Wine Spectator Das führende US-Weinjournal. Siehe auch *Marvin Shanken*.
Winiarski, Warren Renommierter Besitzer der Stag's Leap Wine Cellars im Napa Valley. Sein Spitzengewächs ist der berühmte Cask 23. Ich stattete der Kellerei bereits mehrmals einen Besuch ab und leitete auch einige Degustationen im Auftrag von Winiarski, zuletzt die Verkostung für *»Red« Adams*. Siehe Kasten Seite 614.
Winkeler, August In Österreich lebender deutscher Weinautor. Ein gefragter Redner bei großen Weinveranstaltungen, dem ich recht häufig begegne. Ich nenne ihn dann immer »September«. Der Witz nutzt sich allmählich ein bisschen ab.
Wolf, Karl-Heinz Siehe Kasten Seite 188.
Woltner Die berühmten Besitzer von Château La Mission Haut-Brion. Siehe Kasten Seite 62.
Woodperry House Sir John Thompsons grandioser Keller. Siehe Kasten Seite 19.

Yapp, Robin Importeur und Händler für Weine von der Loire und der Rhône sowie mittlerweile auch unbekannterer französischer Anbauzonen wie Madiran. Trug viel dazu bei, diese Regionen bekannt zu machen. Informative Weinlisten.
Yong, N. K. Der »Weinpapst« Südostasiens. Siehe Kasten Seite 350.

Zachys Wichtiges Weinhandelshaus im Besitz von Don Zacharia. Bis vor kurzem der Weinauktionspartner von Christie's in New York.
Ziegler, Peter Deutscher. Organisierte zwei der großartigsten Degustationen, an denen ich je teilgenommen habe. Siehe Kasten Seite 440.
Zur Traube Dieter Kaufmanns bezauberndes Hotel-Restaurant in Grevenbroich bei Düsseldorf. Hier fand im Mai 2000 ein Essen der *Bacchus Society* statt.

Glossar

Alkohol Eine wesentliche Komponente jedes Weins. Alkohol entsteht durch Vergärung von natürlichem Traubenzucker. »Leichte« Tischweine enthalten in der Regel 11,5 bis 13,5 Volumenprozent Alkohol, schwerere Tischweine, insbesondere Sauternes, 14 % bis 14,5 %. Bei deutschen Süßweinen liegt sein Anteil zwischen 7 % und 11,5 %. Alkohol verleiht Wein eine gewisse Süße und Kraft, ist sozusagen sein Knochengerüst. Gespritete, also alkoholverstärkte Stile, denen man zu irgendeinem Zeitpunkt ihres Entstehungsprozesses Branntwein bzw. Weingeist hinzugefügt hat, bringen es auf bis zu 20 %, während Sherry bei 15 % (Fino) bis 19 % anzusiedeln ist.
Amoroso Ein weicher, süßer Oloroso Sherry.
Appellation Contrôlée Französisches System zur Klassifizierung und Kontrolle von Weinen aus bestimmten Herkunftsgebieten.
Assemblage Die Komposition von Weinen aus mehreren Posten bzw. Cuves oder Rebsorten *(cépages)*.
Aszú Süßer, hochwertiger Tokajer, dessen Qualität in *puttonyos* oder Butten gemessen wird.
»Ausbluten« (engl. *bleeding*, frz. *saignée*) Reduzierung des Wassergehalts zwecks Konzentration des Traubensafts vor der Vergärung.
Auslese In Deutschland die dritte QmP-Stufe. Siehe Seite 411.

Balling Maß für den Traubenzuckergehalt des Safts vor der Vergärung. Ähnlich *Brix*.
Ban de vendanges (frz.) Offizielle Ausrufung des Lesebeginns.
Barrique Bordeaux-Fass mit einem Fassungsvermögen von 225 l (25 Dutzend Flaschen).
Bauernhof Rustikaler Charakter in der Nase eines Weins, der an die Gerüche auf einem Bauernhof erinnert.
Baumé In Europa gebräuchlicher Messwert für den Traubenzucker im Most.
Beerenauslese (BA) Die vierte QmP-Stufe der deutschen Weine. Siehe Seite 411.
Behangausdünnung Das Abschneiden einzelner Trauben am Stock, um eine bessere Nährstoffversorgung der restlichen Trauben zu erreichen. Von Erzeugern praktiziert, welche der Qualität den Vorrang vor der Quantität geben.
Blindverkostung Degustation verdeckt servierter Weine. Um eine neutrale, unvoreingenommene Beurteilung zu gewährleisten, wird die Identität des Weins erst nach dem Probieren preisgegeben.
Botrytis Edelfäule. Siehe Kasten Seite 209.
Brix Maß für den Zuckergehalt der Trauben. Ähnlich *Balling*.
Brotig Siehe Kasten Seite 518.
Brut Trocken. Siehe Kasten auf Seite 504.
BYOB Kurz für »Bring Your Own Bottle«. Eine in den USA seit geraumer Zeit verbreitete Gepflogenheit, Weine in Restaurants mitzunehmen, statt sie dort für einen wesentlich höheren Preis bei Tisch zu bestellen. Von vielen Restaurants eingeführt, um den sinkenden Umsatzzahlen entgegenzuwirken. Meist wird für die mitgebrachten Flaschen kein Korkengeld verlangt.

Cave (frz.) Keller.
Cépage (frz.) Rebsorte.
Chai (frz.) Fasskeller.
Chaptalisierung In Jahren mit niedrigem natürlichen Traubenzuckergehalt die erlaubte Hinzufügung von Zucker zum Traubenmost vor der Vergärung, um den Alkoholgehalt zu erhöhen. Chaptalisierte Weine können in ihrer Jugend sehr ansprechend ausfallen, lassen sich jedoch nicht gut lagern.
Chef de culture (frz.) Der weinbauliche Leiter eines Guts.
Climat (frz.) Weinberg.
Clos (frz.) Ein ummauerter Weinberg (in Burgund).
Cochylis Der Traubenwickler, ein Rebenschädling.
Colheita (port.) Port- und Madeira-Stil. Bezeichnet einen fassgereiften Wein aus einem bestimmten Jahrgang. Siehe Kasten Seite 572.
Courtier (frz.) Weinmakler, in Deutschland auch Kommissär genannt. Ein Zwischenhändler zwischen Erzeuger und Händler.
Crusted Portweinstil. Siehe Kasten Seite 572.
Cryoextraction Gefrierkonzentration von Trauben, um die bei der Lese von Eiswein herrschenden Bedingungen künstlich hervorzurufen.

Dégorgement (frz.) Das Entfernen des Sedimentpfropfens aus dem Hals von Champagnerflaschen.
Deklarierung Die Bekanntgabe eines Jahrgangs durch die Porthäuser. Erfolgt meist im zweiten Frühjahr nach der Lese, wenn die Qualität hoch genug ist, um den Wein als »Vintage Port« herauszugeben.
Denominazione di Origine Controllata (DOC) Italienische Herkunftsbezeichnung für Weine.
Denominazione di Origine Controllata e Garantita (DOCG) Höchste italienische Qualitätsweinstufe noch über der *DOC*-Klassifizierung.
»Diagonalverkostung« Degustation, bei der Weine sowohl horizontal (verschiedene Weine desselben Jahrgangs) als auch vertikal (verschiedene Jahrgänge ein und desselben Weins) verglichen werden.
Dosage Der Zusatz zum Auffüllen nach dem Degorgieren von Champagnerflaschen, mit dem der Süßegrad festgelegt wird. Siehe Kasten Seite 520.

Edelfäule Botrytis. Siehe Kasten Seite 411.
Eiche Das von Küfereien seit Jahrhunderten für den Bau von Weinfässern verwendete Holz. Es stammt zumeist von Bäumen aus den riesigen Eichenwäldern in Frankreich und kann zum Nutzen oder zum Schaden eines Gewächses eingesetzt werden. Neue Eiche verleiht dem Wein eine gewürznelken- oder zimtartige Note, die leider gerade in Mode ist. Fehlt allerdings die Frucht und der angemessene Extrakt als Gegengewicht, kann Eiche den Geruch und Geschmack eines Rot- oder Weißweins gleichermaßen dominieren. Bei korrektem Einsatz verleiht sie einem Wein Komplexität, Geschmack und bis zu einem gewissen Grad Tannin und bringt ihn auf den Weg der Reife. Als Billigvariante ist der Einsatz von Eichenspänen gebräuchlich.
Einzel-Quinta Portstil. Siehe Kasten Seite 572.
Eisentannat Ein rostiger Geschmack.
Eiswein Wein aus Trauben, die am Rebstock gefroren sind und dadurch konzentrierten Traubenmost erbringen. Immer süß. Das kanadische Gegenstück heißt Icewine. Siehe Kasten Seite 427.
Elevage, élevé (frz.) Siehe Kasten Seite 318.
En primeur (frz.) Wein, der kurz nach der Abfüllung – mit spekulativem Hintergrund – gekauft wird, was meist im Frühjahr nach der Lese geschieht. Vorwiegend in Bordeaux üblich. Eine nicht neue Gepflogenheit, die jedoch um 1970 und ein weiteres Mal ab 1982 an Popularität gewann.

Erstes Gewächs In Deutschland für trockenen Wein aus hochwertigen Lagen verwendet. Siehe Kasten Seite 411.
Eszencia Intensiv süßer Tokajer aus edelfaulen Trauben. Siehe Kasten Seite 491.
Extrakt Der Gehalt an Komponenten im Wein, die nicht zu den Grundelementen (Zucker, Wasser, *Alkohol* und *Säure*) zu zählen sind.

Fach Regalbrett oder Abteil eines Kellerregals, in dem Weine lagern und reifen.
Flaschengeruch Ein übler Geruch, der der Flasche nach dem Öffnen entweicht. Verzieht sich meist sehr schnell.
Flüchtige Säure Eine normale, aber in der Regel in nur geringen Mengen vorhandene Weinkomponente. Manche Stile, etwa Madeira, haben einen natürlich hohen Anteil flüchtiger Säure, der aber durch den Gehalt des Weins ausgeglichen wird. Übermäßig hohe flüchtige Säure ist das Ergebnis schlechter Weinbereitung oder Lagerung bzw. Oxidation und äußert sich in einem essigartigen Geruch und scharfen Geschmack.
FOB Free On Board. Der Erzeuger oder Händler liefert die Ware bis zum Ablegehafen. Der Käufer ist verantwortlich für Fracht, Versicherung und die anschließend anfallenden Steuern.
Fuder Ein Fass mit rund 1000 l Fassungsvermögen.

Garrafeira (port.) Ein Wein von Reserva-Qualität.
Gérant, gérante (frz.) Verwalter, Verwalterin.
Gerstenzucker Eine britische Süßigkeit aus Zucker und Eiweiß.
Gewicht Wie schwer ein Wein ist, hängt von seinen Komponenten ab, insbesondere vom *Körper*, *Extrakt* und *Alkohol*.
Gibier (frz.) Wildbret, Wildbretnote.
GL (Gay Lussac) Französisches Maß für Alkoholstärke.
Goldkapsel Hinweis auf einen Wein von hoher Qualität (vor 1971 mit vorangestelltem *feine* oder *feinste*). Besonders hohe Qualität wird durch die »lange« Goldkapsel zum Ausdruck gebracht.
Grand cru Siehe die Kästen Seiten 280 und 396.
Grand format (frz.) Großformat oder Übergröße.
Grand vin (frz.) Ein bedeutender Wein, das »Flaggschiff« eines Guts.
Griffig, Griff Mit fester, positiver Säure.
Grün Unfreif, säurebetont, rau.

Hochgetönt Ätherisch und mit schwungvoller Säure. Kommt überwiegend bei Madeira zum Ausdruck.
Hölzern Ein unerwünschter Geruch oder Geschmack, der in der Regel durch alte oder fehlerhafte Fässer hervorgerufen wird. Nicht zu verwechseln mit eichenbetont bzw. eichig.
Horizontalverkostung Degustation verschiedener Weine desselben Jahrgangs.

»Italianid« »Italienisches« Aroma (eher Baum/Busch, nicht Boden oder Frucht.

Kabinett Die erste QmP-Kateorige. Siehe Kasten Seite 411. Früher gelegentlich auch »Cabinet« geschrieben.
»Kirchenfenster« siehe «Tränen«.
Kleinbeerigkeit (frz. *millerandage*) Unzureichender Fruchtansatz wegen schlechter Witterung. Reduziert den zu erwartenden Ertrag.
Kommissär Deutscher Weinmakler.
Korkelnd Beschreibt den Geruch eines schlechten Korkens. Siehe auch Korkengeschmack.
Korkengeschmack Auch Korkschmecker genannt. Ein Weinfehler, der den Geruch und Geschmack eines Weins verdirbt. Auf Trichloranisol zurückzuführen. »Korkelnde« Weine waren früher seltener, als die Kellerarbeiter noch mit der Hand abfüllten und jeden Korken einzeln in Augenschein nehmen konnten.
Körper In der Regel das Gewicht eines Weins, also der Extrakt und Alkohol. Je nach Weintyp unterschiedlich.
Körperreich Beschreibt einen vollmundigen Tischwein mit hohem *Extrakt* und *Alkohol*, aber auch einen robusten Port oder Madeira.
Kruste Fester Bodensatz in der Flasche eines gut gereiften Vintage Port.

Lagerwein Ein zum Einlagern gedachter Wein, der Flaschenalterung braucht und durch sie besser wird. Für den schnellen Verbrauch gedachte Alltagsweine werden nicht eingelagert.
Länge Ein typisches Anzeichen für hohe Qualität ist die Länge eines Weins, also die Zeit, die er am Gaumen nachklingt. Auch Nachhaltigkeit genannt.
LBV Late Bottled Vintage. Siehe Kasten Seite 572.
Leimnote Klebergeruch mit Anklängen an Marzipan.
Lodge Siehe Kasten Seite 544.

Maderisiert Oxidationsgrad, der bei einigen älteren Weinen annehmbar ist. Kommt in einem stumpfen Braunton und flachen Geschmack zum Ausdruck.
Maître de chai (frz.) Vor allem in Bordeaux üblicher Begriff für den Kellermeister mit weit reichender Verantwortung, von der Anlieferung der Trauben bis hin zur Vinifizierung und *Elevage*.
Marque (frz.) Marke. Grande-Marque-Champagner sind die bedeutendsten Marken.
Mercaptan Unangenehmer Gummigeruch, auf den Abbau von Schwefeldioxid zurückzuführen.
Mikroklima Ein weit gefasster, vom Handel und sogar von den Erzeugern gern falsch gebrauchter Begriff. Ich bezeichne damit das Klima eines bestimmten Weinbergs bzw. einer Lage. Im strengen Sinne bezieht sich das Makroklima auf eine Region, das Mesoklima auf ein bestimmtes, enger eingegrenztes Gebiet und das Mikroklima auf die unmittelbare Umgebung einer Rebe.
Moelleux (frz.) Lieblich.
Monopole (Burgund) Weinberg im Alleinbesitz.
Most Unvergorener oder gerade gärender Traubensaft.

Négociant (frz.) Händler. Ein *négociant-éleveur* kauft Wein für den Ausbau in seinem eigenen Keller.

Öchsle In Deutschland übliches Maß für den Zuckergehalt eines Weins.
Oidium Pilzkrankheit. Siehe Kasten Seite 597.
Oxidiert Ein gewisser Grad an Oxidation ist normal, ja, sogar wünschenswert. Etwas Luft dringt immer durch die Fassdauben, den Korken und sogar die Kapsel zum Wein vor. Beeinträchtigt wird die Qualität von Roten wie Weißen allerdings durch einen zu starken Luftkontakt. Der Wein verfärbt sich dann stumpfbraun wie ein angeschnittener Apfel und verflacht im Geschmack, was zudem mit einem unsauberen, hefigen Abgang einhergehen kann. Weist eine Flasche Schwund mit einer Füllhöhe bis zur mittleren oder unteren Schulter auf, dann ist das ein Zeichen für einen gealterten Korken, der Wein ist nicht mehr trinkbar. (Bei altem Champagner kann der Schwund auch auf das Kohlendioxid zurückzuführen sein, das sich verflüchtigt hat. Alles hängt ab von der Korkenqualität.)

Passerillage (frz.) Dieser Begriff deutet auf den Einsatz rosinierter, aber nicht edelfauler Trauben zur Erhöhung des Zuckergehalts von Süßweinen hin.
Pétillant (frz.) Leicht schäumend, perlend.
Pfefferig Charakteristikum eines alkoholreichen jungen Weins, typisch vor allem für Vintage Port.

Pipe Traditionelles Port- und Madeira-Fass. Sein Fassungsvermögen variiert zwischen 475 und 525 l, je nachdem, ob es für den Ausbau oder für den Transport des Weins verwendet wird.
Premier cru (frz.) Wörtlich »erstes Gewächs«. Siehe Kasten Seite 280.
Puttonyos (Butten) Maß für die Menge an konzentriertem Traubenmost, der einem Tokajer beigegeben wird. Siehe Kasten Seite 490.

QbA Qualitätswein bestimmter Anbaugebiete. Qualitätskategorie deutscher Weine. Siehe Seite 411.
QmP Qualitätswein mit Prädikat. Oberste deutsche Qualitätsstufe. Siehe Seite 411.
Quinta (Qta) (port.) Portugiesisches Weingut. Ein *Einzel-Quinta*-Wein (siehe Kasten Seite 572) ist ein Port, der auf einer bestimmten Quinta bereitet wird.

Raya Für Assemblages verwendeter Oloroso Sherry minderer Qualität. Ich verwende den Begriff in einem negativen Sinne und bezeichne damit einen stumpfen, gewöhnlichen, strohartigen Geruch.
RD Siehe Kasten Seite 512.
Reblaus Ein Schadinsekt, das die Wurzeln von Weinreben befällt.
Reif Ein Wein ist reif, wenn sich alle Komponenten im Lauf der Zeit harmonisch miteinander verbunden haben. Wie lange das dauert, hängt vom Weintyp ab. Wichtig sind ein von vornherein ausgewogenes Verhältnis der Komponenten und ideale Kellerbedingungen, damit der Wein den Übergang von der Unreife zur Reife vollziehen kann. Perfekte Reife lässt sich nur schwer genau bestimmen – sie ist gekommen, wenn der Wein seinen Charakter vollendet zum Ausdruck bringt. Eigentlich geht es in diesem Buch genau darum.
Reserva (span., port.), **Réserve** (frz.), **Riserva** (ital.) Diese Angaben auf dem Etikett deuten auf einen Wein höherer Qualität hin.
Robe (frz.) Aussehen und Farbe eines Weins.

Saignée Siehe *»Ausbluten«*.
Säure (insbesondere Weinsäure) Eine wichtige Komponente jedes Weins. Säure bildet das Nervensystems eines Weins, verleiht ihm Schwung und Leben. Säurearmer Wein wirkt flau und hält sich nicht lange. Gewächse mit zu viel Säure hingegen schmecken scharf und spitzig. Siehe auch *flüchtige Säure*.
Schwund Die Verringerung des Weinvolumens, die sich im zunehmenden Abstand zwischen Korkenboden und Weinoberfläche bemerkbar macht. Als nicht normal gilt ein Füllstand, der nicht mehr in den Flaschenhals hineinreicht. Das Füllniveau wird in Weinauktionskatalogen und in meinen Weinnotizen in Relation zur Flaschenform (Halsbereich und Schulter) beschrieben oder in Zentimetern ausgedrückt. Je niedriger die Füllhöhe, desto wahrscheinlicher ist der Inhalt der Flasche oxidiert. Siehe auch Seite 654.
Sélection des Grains Nobles Das Elsässer Pendant der Beerenauslese. Siehe Kasten Seite 392.
»Serie« Eine zu einem »Gang« zusammengefasste Gruppe von Weinen bei einer Degustation.
Sous-marque Die Zweitmarke eines großen Champagnerhauses.
Spätlese Die zweite Qualitätsstufe der QmP-Kategorie. Siehe Kasten Seite 411.
Spitzig An der Grenze zu scharf.
Spritzig Erfrischendes Kohlensäureprickeln, das bei jungen, säurebetonten Weinen von Natur aus vorhanden ist oder hinzugefügt wird.
Stichig Zu säurebetont, mehr als spitzig, an der Grenze zu essigsauer.
Süßholz Ähnlich wie Lakritze schmeckende Wurzel des Süßholzstrauchs.

Tannin Eine wichtige Komponente aller Rotweine, zugleich missverstanden und als selbstverständlich erachtet. Tannin hat antioxidative Eigenschaften und stammt überwiegend aus den Beerenschalen, aber auch aus dem Fassholz. Es macht Wein haltbar und wirkt sich günstig auf die Arterien aus, beeinflusst also das Herz-Kreislauf-System positiv. Es gibt harte Tannine, die adstringierend wirken und ein zusammenziehendes, pelziges, bitteres Gefühl im Mund bewirken, und weiche, reife Tannine, die in der Regel als wünschenswert gelten. Während des Ausbaus zunächst im Fass und dann in der Flasche polymerisieren die Tannine und bilden einen Bodensatz, weshalb man ältere Weine dekantieren sollte. Zu guter Letzt säubert Tannin zwischen den einzelnen Bissen eines Essens den Mund und fördert die Verdauung. Ich bin ein großer Befürworter von Tannin und finde es schade, dass immer mehr weiche, volle, leicht zu verkostende Weine in Umlauf kommen, die zwar oft mit Goldmedaillen ausgezeichnet werden, aber sich nicht gut zum Essen trinken lassen.
Tastevin (frz.) Eine flache Schale, meist aus Silber oder versilbertem Material, die zur Verkostung von Wein in dunklen burgundischen Kellern verwendet wurde. Die runden Vertiefungen reflektieren das Kerzenlicht und ermöglichen eine gute Beurteilung der Klarheit eines Weins. Sie werden allerdings gelegentlich von Sommeliers unpassenderweise eingesetzt oder sogar als Aschenbecher missbraucht!
Tawny Das typische Hellbraun eines sehr reifen Portweins. Siehe Kasten Seite 536.
Terroir (frz.) Ein ebenso gründlich missverstandener wie häufig gebrauchter Begriff. Umfasst sämtliche Aspekte der natürlichen Weinbergumgebung einschließlich Ober- und Unterboden, den Einfluss von Sonne, Wind und Frösten, aber auch das *Mikroklima*.
Tête de cuvée (frz.) Wein aus dem besten *Cuve*, Tank oder Fass, ähnlich einer *Reserva/Réserve*.
Tonneau (frz.) Früher die traditionelle Verkaufseinheit in Bordeaux. Der Preis wurde pro *tonneau* festgesetzt. Der Inhalt belief sich auf vier *Barriques* und damit rund 100 Dutzend Flaschen.
Tonnelier, tonnellerie (frz.) Küfer, Küferei. Fassbauer. Einige Châteaux, etwa Haut-Brion, betreiben ihre eigene Küferei.
»Tränen« oder **»Kirchenfenster«** Die Tropfen, die nach dem Schwenken des Weins an der Innenseite des Glases nach unten laufen. Je enger diese Tropfen, desto höher der Alkoholgehalt und umgekehrt.
Tri Lesedurchgang. Siehe Kasten Seite 233.
Trockenbeerenauslese (TBA) Die höchste Qualitätsstufe der QmP-Kategorie. Wein aus überreifen Beeren. Eine Stufe über der *Beerenauslese*. Siehe Seite 411.

Vendange Tardive (frz.) Spätlese. Siehe Kasten Seite 392.
Véraison (frz.) Das Einsetzen der Beerenreife (im Sommer), wenn die Trauben ihre endgültige Farbe anzunehmen beginnen.
Verrieseln (frz. *coulure*) Eine Störung, die dazu führt, dass die Fruchtansätze einer Rebe nicht reifen und abfallen. Siehe Kasten Seite 532.
Vertikalverkostung Eine vergleichende Degustation unterschiedlicher Jahrgänge ein und desselben Weins.
Vigneron (frz.) Weinbauer, Winzer. Der Begriff ist in Burgund verbreiteter als in Bordeaux.
Vignoble (frz.) Weinberg oder Anbaugebiet.
Vin de garde (frz.) Lagerwein.

Wood Port Reift ausschließlich im Fass oder Tank. Siehe Kasten Seite 536.

»Zweitwein« Wein von jungen Reben oder von *Cuves* bzw. Tanks, deren Qualität nicht ausreicht, um als *Grand vin* verkauft zu werden. Ein Zweitwein wird in der Regel von den größeren, bedeutenderen Châteaux in Bordeaux herausgegeben. Château Lafite beispielsweise verwendete 1999 lediglich 40 % der Ernte für die Bereitung des *Grand vin*. Zweitweine bieten in der Regel gute Qualität zu einem relativ erschwinglichen Preis.

Beschreibung und Interpretation der Füllhöhe

Die Originalzeichnungen und Definitionen für Bordeaux wurden für Weinkataloge von Christie's erarbeitet und erstmals bei der Bordeaux-Versteigerung vom 17. September 1987 veröffentlicht. Die Definitionen für Burgund kamen zum ersten Mal bei einem Verkauf feiner Weine am 29. Oktober des Jahres zur Anwendung.

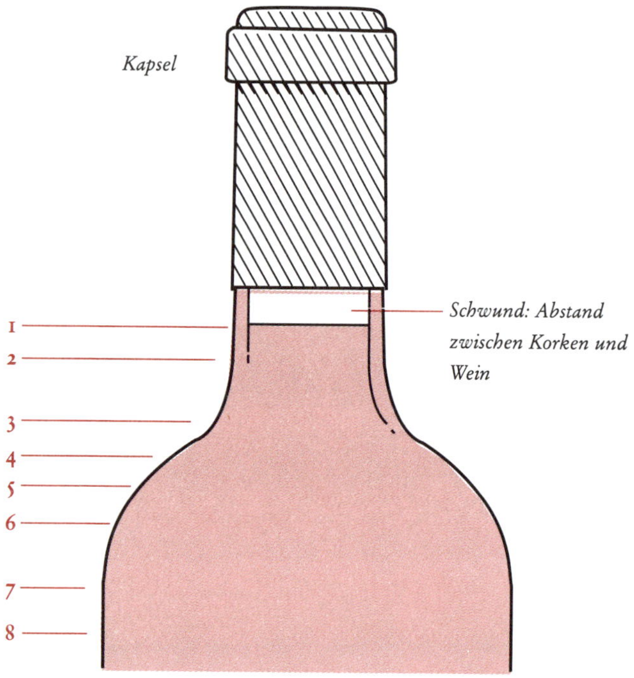

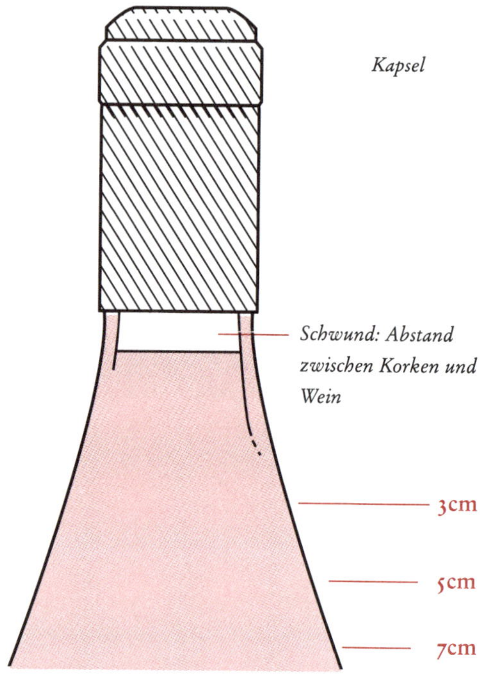

Bordeaux

1 *Normale Füllung:* Das Füllniveau junger Weine (aber oft auch von älteren Jahrgängen, die auf dem Château neu verkorkt wurden).

2 *Im unteren Halsbereich:* Für Wein jeden Alters akzeptabel. Herausragend gut für ein seit mindestens zehn Jahren oder noch länger abgefülltes Exemplar.

3 *Oberste Schulterhöhe:* Normal für jeden roten Bordeaux, der älter als 15 Jahre ist.

4 *Obere Schulter:* Leichter natürlicher Schwund durch Lockerung des Korkens und Evaporation durch Korken und Kapsel. In der Regel unproblematisch. Für jeden Wein mit einem Alter von über 20 Jahren akzeptabel, bei vor 1950 entstandenen Gewächsen außergewöhnlich gut.

5 *Mittlere Schulter:* Wahrscheinlich durch einen schwachen Korken verursacht und etwas risikobehaftet. Für 30- bis 40-jährige Weine nicht ungewöhnlich.

Wird bei Schätzpreisen vor den Versteigerungen meist berücksichtigt.

6 *Untere Schultermitte:* Etwas riskant. Führt zu niedrigeren Schätzungspreisen im Katalog.

7 *Untere Schulter:* Riskant. Wird in der Regel nur akzeptiert, wenn es sich um einen außergewöhnlich seltenen oder interessanten Wein handelt. Immer mit niedrigen Schätzungspreisen angeboten.

8 *Tief:* Weine mit solchem Füllstand sind in der Regel nicht mehr trinkbar und nur noch für den Verkauf geeignet, wenn es sich um ein sehr seltenes Exemplar handelt.

Burgund

Wegen der unterschiedlichen Flaschenform ist eine Bezeichnung der Füllhöhe nicht praktikabel. Deshalb wird der Zwischenraum zwischen Korken und Wein in Zentimetern gemessen und so auch im Auktionskatalog angegeben. Der Zustand und die Trinkbarkeit eines Burgunders werden durch Schwund weniger beeinträchtigt als bei Bordeaux-Weinen. So gilt ein 5 bis 7 cm großer Schwund bei einem 50-jährigen Burgunder als normal und sogar gut für sein Alter, 3,5 bis 4 cm wären ausgezeichnet und selbst mehr als 7 cm kaum riskant.

Flaschengrössen

Magnum	2 Normalflaschen	1,5 l
Marie-Jeanne	3 Normalflaschen	2,25 l
Tregnum (P)	3 Normalflaschen	2,25 l
Jeroboam (Bu, Ch)	4 Normalflaschen	3 l
Doppelmagnum (Bu, Ch)	4 Normalflaschen	3 l
Jeroboam (Bo)	6 Normalflaschen	4,5 l (oder 5 l)
Rehoboam	6 Normalflaschen	4,5 l
Impériale	8 Normalflaschen	6 l
Methusalem (Bu)	8 Normalflaschen	6 l
Salmanasar	12 Normalflaschen	9 l
Balthasar (Ch)	16 Normalflaschen	12 l

Portwein (P), Burgunder (Bu), Bordeaux (Bo), Champagner (Ch)
1 Normalflasche = 0,75 l

Register der Weine

Die Weinnamen sind in alphabetischer Reihenfolge mit Jahrgang und Seitenzahl angegeben. Die Schreibweisen sind nicht immer einheitlich, etwa bei den Gütern und Weinbergen in Burgund, den Rebsorten in Madeira (Boal oder Bual) oder den Lagennamen in Deutschland (Berncasteler/Bernkasteler Doctor/Doktor). Weinberge in Burgund, an der Rhône, im Elsass, an der Loire, in Deutschland und Madeira können unter mehreren Besitzern aufgeteilt sein, die für ihre Weinnamen unterschiedliche Schreibweisen wählen. Um Wiederholungen zu vermeiden, wurden im Register Guts- und Erzeugernamen weggelassen; man findet sie im Hauptteil. Bei kalifornischen Weinen steht der Name der Kellerei bzw. des Erzeugers an erster Stelle.

A

B

C

H

I

J

K

L

N

O

P

Q

R

T

U

V

W

Y

Z

Die englische Originalausgabe ist 2002 unter dem Titel »Michael Broadbent's Vintage Wine« bei Little, Brown, einem Imprint von Time Warner Books UK, Brettenham House, Lancaster Place, London WC2E EN in Zusammenarbeit mit CHRISTIE'S erschienen.

Translated from the book original created and designed by Websters International Publishers Ltd., Axe & Bottle Court, 70 Newcomen Street, London SE1 1YT.

Programmleitung: Dorothee Seeliger
Projektleitung: Marc Strittmatter
Lektorat: Eva Meyer
Herstellung: Maike Harmeier
Satz: Filmsatz Schröter, München
Umschlaggestaltung: H3A GmbH, München
Printed and bound by BOOK PRINT S. L. Barcelona, Spain

1. Auflage 2004

HALLWAG ist ein Unternehmen des
GRÄFE UND UNZER VERLAGS, München,
GANSKE VERLAGSGRUPPE
hallwag-leserservice@graefe-und-unzer.de

ISBN 3-7742-6345-0

Hallwag

GRÄFE UND UNZER
Ein Unternehmen der
GANSKE VERLAGSGRUPPE